文 / 白 / 对 / 照

王陽明全集

一

[明] 王守仁 著

团结出版社

图书在版编目(CIP)数据

文白对照王阳明全集 /（明）王守仁著；《文白对照王阳明全集》编委会主编. -- 北京：团结出版社, 2019.8
ISBN 978-7-5126-7251-2

Ⅰ.①文… Ⅱ.①王… ②文… Ⅲ.①王守仁(1472-1528)—文集②《王阳明全集》—译文 Ⅳ.①B248.2-53

中国版本图书馆CIP数据核字（2019）第152503号

出版：团结出版社
（北京市东城区东皇城根南街84号 邮编：100006）
电话：（010）65228880 65244790（传真）
网址：www.tjpress.com
Email：zb65244790@vip.163.com
经销：全国新华书店
印刷：天宇万达印刷有限公司
开本：145×210 1/32
印张：134.75
字数：2370千字
版次：2020年10月 第1版
印次：2024年4月 第3次印刷
书号：978-7-5126-7251-2
定价：598.00元（全八册）

前　言

一

王守仁，字伯安，号阳明，谥号文成，浙江余姚人，明代思想家、哲学家、文学家、军事家、教育家、书法家，官至南京兵部尚书、都察院左都御史，封新建伯。有人认为他是历史上罕见的立德、立功、立言"三不朽"的儒家圣人，有人认为他是儒家"心学"的集大成者，把他与孔子（儒学创始人）、孟子（儒学集大成者）、朱熹（理学集大成者）并称为孔、孟、朱、王。总之，王阳明是一位十分了不起的人物。

明朝成化八年九月三十日（1472年10月31日），王阳明出生于浙江余姚一个耕读之家。其先祖可以追溯到临沂王氏始祖汉代御史大夫王吉，传至东晋丞相王导迁居金陵成为乌衣王氏，后历经朝代更迭，家族辗转迁至余姚。六世祖王纲经刘基（刘伯温）推荐，被朱元璋亲自任命为兵部郎中，后为国殉职。此后，家族成员都没有出过仕，直至王阳明的父亲王华于成化十七年（1481年）考中状元，后官至南京吏部尚书。

弘治五年（1492年），王阳明参加乡试，中举人第六名，弘治六年（1493年）、弘治九年（1496年）两次参加会试均落第。弘治十二年

（1499年），王阳明第三次参加会试高中第二名，并在随后的殿试中赐二甲进士出身第六名。中进士后，王阳明先后在工部、刑部、兵部任低级官员。正德元年（1506年）十月，王阳明上《乞宥言官去权奸以彰圣德疏》为被陷害入狱的戴铣、牧相等三十人鸣冤，得罪了太监刘瑾，被捕入狱，处廷杖三十，并贬谪贵州龙场驿丞。

在龙场恶劣的环境中，王阳明动心忍性，参悟圣人之道，终于悟出了"格物致知之旨"，走出了一条和朱熹"即物穷理"完全不同的通向圣域之路。"龙场悟道"后，王阳明开始在贵州传播"知行合一"之教。他除了在龙场创立龙岗书院教学授徒外，还应贵州提学副使席书的聘请主教贵阳文明书院，贵州许多官员的子弟都拜在他门下。在龙场时，王阳明创作了许多诗词歌赋，《古文观止》中收录他的三篇文章中，《象祠记》《瘗旅文》就是在龙场期间写的。

正德五年（1510年）春，王阳明到江西就任庐陵知县。八月，太监刘瑾伏诛。十月，王阳明奉旨入朝觐见皇帝，升南京刑部四川清吏司主事，十二月，升吏部验封清吏司主事。正德六年（1511年）十月，升吏部文选清吏司员外郎；次年三月，再升吏部考功清吏司郎中，十二月，升南京太仆寺少卿，该职设在滁州，督马政（有点像弼马温）。王阳明在结束龙场贬谪生涯后的两年内六次升迁。滁州"弼马温"工作相对轻松，他广收弟子，醉心于讲学论道。正德九年（1514年）四月，王阳明升南京鸿胪寺卿，在南京门生越来越多，他几乎是来者不拒，日夜讲学不辍。

正德十一年（1516年），因闽赣粤交界地区连年匪患不断，朝廷任命王阳明为都察院左佥都御史，巡抚南、赣、汀、漳等处，主持剿匪。这些地区有近十万土匪,盘踞几十年,烧杀掠夺、鱼肉百姓、无恶不作,历经几任巡抚、都督,调集"狼达""土兵"都无法剿灭。王阳明只用短短一年时间就把匪患铲除得一干二净,并在当地设置了平和、崇义、和平三个县,以避免官兵走后,盗贼重新聚集,保一方百姓后世几百年的安居乐业。正德十四年(1519年),剿匪结束后不久,王阳明接到朝廷命令,让他到福州处理守卫官兵哗变事件,途经南昌时,遇上宁王朱宸濠起兵叛乱,王阳明毅然放弃福州之行,留在江西募集义兵征讨宁王。平叛战争艰苦卓绝而又富有戏剧性,从王阳明得知宁王反叛到最终平定叛乱只用了四十多天,而从他七月十三日发出平叛檄文擂鼓开战,至二十六日生擒宁王朱宸濠,仅仅用了十四天,创造了世界战争史上的一个奇迹。

　　王阳明平定朱宸濠叛乱非但没有得到皇帝朱厚照的嘉奖,反而招来张忠、许泰等佞臣的诬告和陷害,史称"忠泰之变"。奸臣们污蔑王阳明擅离职守(没有遵旨到福州处理哗变)、越权行事(没有得到朝廷的命令擅自组织军队对抗宁王),甚至诬告他本是宁王一伙的,只因起事不成,才倒戈生擒宁王。在极度凶险的境遇下,王阳明悟出了"致良知"之道,他依良知行事,上疏极力劝阻皇帝御驾亲征,巧妙与带兵进驻南昌城的张忠、许泰巧妙周旋,迫使张、许罢兵班师。正德十六年(1521年)三月,武宗朱厚照驾崩,四月世宗朱厚熜即位。十一月,封王阳明新建伯、奉天翊卫推诚宣力守正文臣、特进光禄大夫、柱国,兼南京兵部尚书。

　　嘉靖元年(1522年)二月,王阳明父亲王华病逝,王阳明循例在绍兴老家丁忧。丁忧结束后,朝廷并没有马上起用王阳明,直至嘉靖六年（1527年），广西思恩、田州发生叛乱，朝野之间实在没有合适的人可用，朝廷只得任命王阳明兼左都御史，总制两广、江西、湖广军务。王阳明利用赋闲在家的六年时间讲学论道，远近来求学、问学者络绎不绝。在赴广西平定"思田之乱"前夕，王阳明与弟子在绍兴府邸中的天泉桥论道，确立了"无善无恶心之体，有善有恶意之动，知善知恶是良知，为善去恶是格物"四句教谕。

嘉靖七年（1528年）春，王阳明经深入调查后，给广西叛军发去劝降告谕，晓之以理，动之以情，七万多叛军悉数归降。王阳明不费一兵一卒，迅速平息了震动朝野的"思田之乱"。随后，王阳明利用归降的叛军，以及之前调到广西准备平叛的湖广、保靖土兵，出其不意地剿灭了盘踞在八寨、断藤峡祸害一方的土匪，彻底根除了这一带近百年的匪祸，得到了当地老百姓的拥护和爱戴。

征战中，王阳明身体每况愈下，已到咯血不止的地步，他在向朝廷上疏报告平定思田叛乱和剿灭八寨、断藤峡匪患消息的同时，也向朝廷乞求告老还乡。在迟迟得不到朝廷答复的情况下，他于嘉靖七年（1528年）八月离开南宁，走上归家之路。他一路走走停停，希望在途中收到朝廷的批复。嘉靖七年十一月廿九日（1529年1月9日），王阳明卒于江西南安青龙铺舟中，享年五十八岁。临终之际，随行人员问遗言，王阳明含笑道："此心光明，亦复何言。"嘉靖八年（1529年）十一月十一日，王阳明遗体葬于绍兴高村洪溪，参加葬礼的门人达数千人。隆庆初，追赠王阳明新建侯，谥号文成。

二

王阳明十几岁时立下"读书学圣贤"的远大志向，几十年间，不论求学问道、科举为官，还是蒙冤受屈、贬谪边陲，不论剿匪平叛、浴血沙场，还是闲居山林、讲学授徒，始终矢志不渝，苦苦追寻。"龙场悟道"之后，王阳明在实践中逐步发展出一套以"万物一体"为思想根基，以"心即理"为基础，以"知行合一"为实践功夫，以"致良知"为大头脑的阳明心学体系。

阳明心学根植于中华民族几千年文明史所孕育的优秀文化沃土之中，而中华文化区别于其他文化的一个根本特征就是"天人合一""天地万物一体"的思想。王阳明在《答顾东桥书》中比较系统地论述了他万物一体的思想：首先，圣人之心以天地万物为一体，圣人看天下苍生，无论内外远近，都像自己的兄弟骨肉一般，都要呵护和教养他们，这是圣人万物一体的本心自然产生的意念。其次，天下所有人的心起初和圣人并没有区别，只是因为受到私心、物欲的遮蔽，本来和圣人一样可以包容宇宙万物的本心变小了，本来很通达的本心被私欲堵塞了，于是各有各的心思，以至于为了各自的私心把父子兄弟都视为仇人，更不要说天下百姓了。第三，圣人对天下人因私隔阂的状况感到忧虑，于是推行他的天地万物一体之仁来教化天下百姓，要使他们都克去私心，解除隔蔽，回到与天地万物一体的本心。这三层意思是一个紧密联系的整体，体现了阳明心学的核心思想，为圣人之心确定了一个内涵，指出常人之心和圣人之心开始是

"同质"的，这是常人可以"学而至"圣人境界的基础，而常人异于圣人的原因是"私欲遮蔽了本心"，所以成圣的路径很简单，就是去私欲以恢复本心。

《王阳明全集·年谱》记载了王阳明龙场悟道的过程："日夜端居默坐，澄心精虑""大悟格物致知之旨""始知圣人之道，吾性自足，向之求理于事物者误也"。可知王阳明悟到了格物致知的要旨，其感悟的实质内容是"圣人之道，吾性自足"。朱熹解"格物致知"为"即物穷理"，王阳明认为这个解释是错误的，"格"不应该解释为"探究、穷尽"，而应该解释为"正"，而"物"即事，也须从心上说，"正其心之不正以归于正"使得"事各归于正"，便是格物。他说："朱子所谓'格物'云者，在即物而穷其理也。即物穷理，是就事事物物上求其所谓定理者也。是以吾心而求理于事事物物之中，析'心'与'理'而为二矣。"批评朱熹到外界的万事万物去求理，是把"心"与"理"打成两截了。龙场悟道八字箴言"圣人之道，吾性自足"，"圣人之道"就是"道"，就是"天理"，就是"理"；这个"道""天理""理"是"吾性自足"的，而"心之体，性也"，"吾性自足"就是"吾心之体自足"，是在我"心"里本来就有的，这样"心"和"理"就统一起来了，理不在外部事物，而完全地内在于我们的心（性）中。那么，这个"道""理""天理"指什么呢？王阳明认为就是"以天地万物为一体"，就是儒家关于宇宙发生形成和万物生生不息的天地万物一体之理。所以说，天地万物一体是心即理的思想根基。

"知行合一"是"心即理"这个理论基础的具体实践，也是对朱熹"知先行后"观点的批判。"心"既然同一于"理"，那么如何在实践中使每个人"心体"中的"天理"自然呈现而又澄明莹彻,从而使思想境界进入圣域,使个体成为圣人,便成为问题的核心。也就是说,如何把这一内在之"知"转变为现实之"行",把同一于天理的心体自身的真实状态体现于现实的生活实践?王阳明将他对这一问题的思考提炼为"知行合一",强调"知""行"不可分离,是一个相互统一的协同系统,呈现为"同一"的实践过程。在王阳明看来,知行合一实质上是"知行同一","知""行"如同一枚硬币的两面,是不能截然相分的,他说:"知是行的主意,行是知的功夫;知是行之始,行是知之成。""未有知而不行者,知而不行,只是未知。"他举例,譬如"孝",只背得出书上关于"孝"的言论,而没有在实际中去孝顺父母,则不能称之为"知孝道"。王阳明还主张"一念发动处便即是行了",如他说:"我今说个'知行合一',正要人晓得一念发动处,便即是行了。发动处有不善,就将这不善的念克倒了,须要彻根彻底,不使那一念不善潜伏在胸中。此是我立言宗旨。"龙场悟道之后第二年(正德四年,1509年)王阳明便开始在贵州讲论知行合一,表明"知行合一"乃是他"龙场悟道"以后的理论结晶。

"致良知"是阳明心学最核心的概念,王阳明于正德十五年(1520年)八月,在赣州通天岩讲学时正式提出致良知说。"致知"是《大学》的一个重要概念,是成为圣人的八个为学阶梯之一,经常与"格物"并称为"格物致知"。"良知"的观念最早出于孟子,《孟子·尽心》中说"人之所不学而能者,其良能也;所不虑而知者,其良知也。"王阳明认为"致知"的"知"就是指"良知","致吾心之良知者,致知也""致知云者,非若后儒所谓充广其知识之谓也,致吾心之良知焉耳。"致知就是致良知，创造性地结合了《大学》的"致知"与《孟子》的"良知"，把大学的致知说发展为致良知说。良知是知，致是行，致良知的一个基本意义就是依良知而行，也就是知行合一，王阳明说"我今信得这良知真是真非，信手行去，更不着些覆藏。"王阳明一贯反对空谈，强调"人须在事上磨，方能立得住"。人人都具有良知，每个人心中本来具有能够判断是非、辨认善恶的"独知"，这就是一个人的"良知"，依着这个独知的良知而行就求得"自慊""心安"，违背自己独知的良知行事就"不自慊""不心安"，这就是良知判断是非、指导行动的机制。但这个判断指导机制并不总是有效，它时常受到好色、好利、好名等私欲的影响、遮蔽、阻挠，而使人做出不正确的判断和选择，导致不正确的行为。所以，需要随时随地、随事随物用"省察克治"的功夫，不断去除心中"私欲"，使独知的良知得以加强、巩固、扩充，把良知的判断指导机制发挥到极致，使自己在做任何事情的时候都"不着一分一毫私意"，完全依照良知而行，知行合一，这样所做的事情就更能符合事物本身的发展规律、更能符合人类社会长期历史发展所形成的共同规则，这就是王阳明所说的"致吾心良知之天理于事事物物，则事事物物皆得其理矣。"

王阳明晚年在绍兴老家讲学，提出了"无善无恶心之体，有善有恶意之动，知善知恶是良知，为善去恶是格物。"四句教谕，这是对心即理、知行合一、致良知思想的高度概括。"无善无恶心之体"是指心的本来状态全体莹彻，廓然大公，没有任何善恶预设，同时心体应物时一过而化，毫不染滞，没有任何善恶滞留。"有善有恶意之动"

是指心体发出的意念因为浸染着个人的私欲而有了善恶的分别。"知善知恶是良知"是指起心动念的意无论善恶都逃不过良知的火眼金睛，"凡意念之发，吾心之良知无有不自知者。其善欤惟吾心之良知自知之，不善欤亦惟吾心之良知自知之。""为善去恶是格物"是王阳明对格物的定义，"正其不正者，去恶之谓也。归于正者，为善之谓也。"

他一生致力于传播圣人之学，他曾坦言"读书讲学，此最吾所宿好"，他最钟情也最得意的事业并非金榜题名，也非戎马倥偬，亦非加官晋爵，而是讲学论道。他自己切实体悟到以天地万物为一体的圣人之心，也希望更多的人跟随他行圣人之道。

三

后人研究王阳明的学问，认为他在悟得"圣人之道"前颇为坎坷曲折，有"三变""五溺"之说。所谓"三变"是指他始"泛滥于词章"，继而"遍读考亭之书"，后又"出入于佛老"。所谓"五溺"是指"初溺于任侠之习，再溺于骑射之习，三溺于辞章之习，四溺于神仙之习，五溺于佛氏之习。""三变""五溺"都略带贬义地提到王阳明曾经爱好词章，王阳明本人对词章之学也多有批评："吾焉能以有限精神为无用之虚文也。""则今之所大患者，岂非记诵词章之习！"这些说法似乎表明王阳明对早年从事辞章之学有悔恨之意，其实，王阳明批评的是毫无实质内容的虚文，并非反对一切文章和诗词歌赋，相反，他一生创作出许多脍炙人口的散文和诗歌，《象祠记》

《瘗旅文》《尊经阁记》被《古文观止》收录,是明代文学家中被收录文章最多的一位,是文学史上公认的一代文学大家。

　　文学是思想的载体,王阳明思想的重要转折点是正德三年(1508年)的龙场悟道,我们不妨以王阳明37岁龙场悟道为界,把他的文学创作分为前后两个时期。37岁之前,大致属于他"溺于辞章"的时期,他爱好文学,精研诗文,工于修辞,更多地注重文章的形式;37岁之后,他经历了龙场悟道的精神洗礼,创立了自己的心学体系,所思所作均为出自本心,是内心世界自然而真实的流露,具有明显的重道轻文、重理求真、返朴还淳特点,他曾说:"凡作文,惟务道其心中之实,达意而止,不必过求雕刻,所谓修辞立诚者也。"后期作品可以说真正做到文以载道,至于文章是否优美则退居其次。

　　本书收录了王阳明不同时期创作的诗歌约600余首,散文约580篇,现选择王阳明前后期散文、诗歌各一篇略加说明,以管窥他文学作品的艺术特色。

(一)《九华山赋》(部分)

　　循长江而南下,指青阳以幽讨。启鸿蒙之神秀,发九华之天巧。非效灵于坤轴,孰构奇于玄造!涉五溪而径入,宿无相之窈窕。访王生于邃谷,掏金沙之清潦。凌风雨乎半霄,登望江而远眺。步千仞之苍壁,俯龙池于深窅。吊谪仙之遗迹,跻化城之缥缈。钦钵盂之朝露,见莲花之孤标。扣云门而望天柱,列仙舞于晴昊。俨双椒之辟门,真人驾阳云而独蹻。翠盖平临乎石照,绮霞掩映乎天姥。二神升于翠微,九子邻于积稻。炎煽起于玉甑,烂石碑之文藻。回澄秋于枕月,建少微之星旗。覆瓯承滴翠之余沥,展旗立云外之旌蠹。下安禅而步逍遥,览双泉于松杪。逾西洪而憩黄石,悬百丈之灏灏。

王阳明中进士后,在工部"观政"(实习)一年后,任刑部云南清吏司主事,弘治十四年(1501年)八月,奉命到直隶、淮安、凤阳、南京等地审决重要囚犯,完成公差回京途中顺道游览了九华山,并于弘治十五年(1502年)正月作《九华山赋》。这个时期的王阳明刚刚步入仕途,醉心于诗文,与"前七子"李梦阳、何景明、徐祯卿等明代文坛巨子交游甚密,共同倡导复古文风。

《九华山赋》采用骚体赋的格式,讲究文采,韵律和节奏,多使用排比、对偶等整齐句法,描写铺张。文章仿古气息和雕琢痕迹依稀可见,除了句法采用骚体赋格式外,"俨双椒之辟门,真人驾阳云而独躅""覆瓯承滴翠之余沥,展旗立云外之旌蠹"等句子也仿佛是屈原时代的语句。上面引用的是文章的首段,描写作者攀登九华山的路线、过程和沿途景色,抒发作者向往大自然的情志,为文章最后远离喧嚣尘世的真情流露打下铺垫。这样大量描写景物的文章基本上都是王阳明早期的作品,龙场悟道后再也没有一篇专门写景的游记文章。

(二)《寻春》
十里湖光放小舟,谩寻春事及西畴。
江鸥意到忽飞去,野老情深只自留。

日暮草香含雨气,九峰晴色散溪流。

吾侪是处皆行乐,何必兰亭说旧游?

王阳明工作学习认真刻苦,"日事案牍,苦读经史,过劳成疾"。弘治十五年(1502年)八月,他请假回绍兴养病。这首诗作于来年春天,此时的王阳明"无案牍之劳形",悠闲自得,诗中对春天景色的描写生动细腻,前三联依次描写了湖水、小船、田野、江鸥、野草、山峰、溪流等景物,融入了作者对春景的迷恋,对乡野的热爱。"江鸥意到忽飞去"运用拟人的写法:江鸥很有灵性,估计我到了近旁,突然飞走了。小鸟活泼可爱与顽皮的形象跃然纸上。诗人想亲近小生命而不得的失落也跃然纸上。尾联在寻春快乐之际点出对生活的感悟,只要融于自然,快乐到处都有。

王阳明一生钟情山水,酷爱游历,"平生山水已成癖""只把山水作课程"。真正热爱大自然的人,平常的田野耕作,农家春事,都能引起他美的共鸣。诗中的江南之春,水光山色,处处如画;田野的乐趣,轻淡而迷人。诗人在对春色诸多意象的点染中,流露出与大自然浑然一体的心灵体会,对人们的精神世界无疑是一种深厚的滋养。

(三)《瘗旅文》(部分)

呜呼伤哉!繄何人?繄何人?吾龙场驿丞余姚王守仁也。吾与尔皆中土之产,吾不知尔郡邑,尔乌为乎来为兹山之鬼乎?古者重去其乡,游宦不逾千里。吾以窜逐而来此,宜也。尔亦何辜乎?闻尔官吏目耳,俸不能五斗,尔率妻子躬耕可有也。乌为乎以五斗而易尔七尺之躯?又不足,而益以尔子与仆乎?

呜呼伤哉!尔诚恋兹五斗而来,则宜欣然就道,胡为乎吾昨望见尔容戚然,盖不胜其忧者?夫冲冒雾露,扳援崖壁,行万峰之顶,饥渴劳顿,筋骨疲惫,而又瘴疠侵其外,忧郁攻其中,其能以无死乎?吾固知尔之必死,然不谓若是其速,又不谓尔子尔仆亦遽然奄忽也!皆尔自取,谓之何哉!吾念尔三骨之无依而来瘞尔,乃使吾有无穷之怆也。

呜呼伤哉!纵不尔瘞,幽崖之狐成群,阴壑之虺如车轮,亦必能葬尔于腹,不致久暴露尔。尔既已无知,然吾何能违心乎?自吾去父母乡国而来此,三年矣,历瘴毒而苟能自全,以吾未尝一日之戚戚也。今悲伤若此,是吾为尔者重,而自为者轻也。吾不宜复为尔悲矣。吾为尔歌,尔听之。

这是一篇祭文,作于正德四年(1509年)秋天,这时候王阳明来到龙场已经近两年时间,经历了生活困顿、地方小官欺侮等诸多磨难,也经历了参透生死的龙场悟道,生活环境和身心状况均得到了较大的改善,并已开始传播知行合一之教。在一个阴雨绵绵日子里,听闻一过路小吏及一子一仆三人惨死在龙场附近的蜈蚣坡,王阳明心生怜悯,就带了两个童子,拿着畚箕和铁锹前去埋葬他们。一开始两个童子面露难色,不太想去。王阳明对他们说:"唉!我和你们就如他们一样啊!"两个童子潸然泪下,很自觉地和王阳明一起去了蜈蚣坡。埋葬三人后,王阳明用一只鸡、三碗饭祭奠了他们,并现场吟唱了这篇祭文。祭文后来被选入《古文观止》，与唐代李华《吊古战场文》和韩愈《祭十二郎文》合称为祭文"三绝"，广为传诵。

祭文采用直接与死者对话的形式，悲伤恳切，哀惋动情，催人泪下。坟墓外面的人刚刚把三个素昧平生的过路人埋到了坟墓里面，手中还粘有挖坑覆土时的新鲜泥土，该对坟墓里的人说点什么呢？"你是什么人？为什么平白无故跑到这荒山野岭做了孤魂野鬼啊？我是得罪了奸臣而被贬官放逐到这里，你又有什么罪过呢？难道是为了区区五斗米俸禄而来吗？如果是为了区区五斗米，你带领妻子儿女耕种也能够得到啊！……就算我不埋葬你，成群的狐狸、毒蛇也把你们葬到它们腹中，不至于使你们暴尸野外。你已经没有知觉了，可我又如何忍心呢？我远离家乡父母来到这里三年了，经历一样的瘴疠毒气侵扰而能苟且保全，是因为我不曾有一天的忧伤。今天如此悲伤，是我为你想得太重，而为自身想得很轻啊。"

问死如问生，问人如问己。墓前祭奠，最悲切者，莫过于这种与死者的直接对话。祭文中，王阳明既为死者因微薄俸禄丢了性命感到惋惜，也为自己遭遇同样的境遇感到悲伤；既责备死者不能欣然接受命运的安排，又抒发自己"既来之则安之"的超然胸襟。坟墓内外，同是天涯沦落人，境遇有许多相似处，而心境不同，结局何止相去万里，不能不引人深思。

（四）《月夜》（二首）

其一

万里中秋月正晴，四山云霭忽然生。

须臾浊雾随风散，依旧青天此月明。
肯信良知原不昧，从他外物岂能撄！
老夫今夜狂歌发，化作钧天满太清。

其二

处处中秋此月明，不知何处亦群英？
须怜绝学经千载，莫负男儿过一生！
影响尚疑朱仲晦，支离羞作郑康成。
铿然舍瑟春风里，点也虽狂得我情。

这两首诗是王阳明晚年的作品。王阳明经过"宸濠之乱"和"忠泰之变"后，回到绍兴老家闲居，远近来求学者络绎不绝，门人弟子从地方官员到山野村夫，从懵懂少年到耄耋老人，许多是父子、兄弟同来问学，王阳明每次讲学，前后左右环坐而听者常常多达数百人，盛况空前。嘉靖三年（1524年）中秋之夜，王阳明在府邸碧霞池天泉桥旁设宴，与门人共度中秋佳节。酒至半酣，门人弹琴击鼓，载歌载舞，吟诗作赋，不亦乐乎。王阳明见大家兴致热烈，有感而发，即兴作了这两首诗。

第一首首联写景，万里长空，明月高悬，四面环山，云雾涌动；颔联承接上两句转为借喻，"浊雾随风散"比喻私欲一扫而空，"青天此月明"比喻本心良知依然昭明莹彻。颈联和尾联中，"撄"是扰乱的意思，"钧天"是指天的中央，《吕氏春秋·有始》："中央曰钧天。"，这里喻指天理，"太清"指天空。这四句阐发良知义理，良知原是虚灵不昧的，只要顺着良知外物就干扰不了；良知即天理，良知之感应，彻通物我内外，心充满宇宙，理亦充满宇宙。

第二首借景抒发作者心中的豪情壮志和"狂者胸次"，神州处处都有此中秋明月，然后哪里才有我们这么多志同道合的"群英"啊！千百年来流传的圣学，是最值得珍惜的；能够将之发扬光大，也不辜负男儿一生的光阴了。颈联直言批判朱熹理论对后学造成的不良影响，批评郑玄对经典的注疏太过于支离，未能发明"道"的本真。(参见蔡仁厚《王阳明哲学》)尾联是点睛之笔，用《论语》"吾与点也"的典故，门人在秋月下尽情欢歌，就如曾点在春风里与"冠者五六人，童子六七人，浴乎沂，风乎舞雩"，虽然闲散疏狂，但是离"大道"更近了。此情此景中，王阳明体悟到了孔子的心境，体悟到人生的天地境界和诗意境界。

总体上讲，不论是散文还是诗歌，王阳明龙场悟道前的作品比较注重形式，对事物形象的刻画生动细腻，抒情色彩浓烈，有些文章会有意无意地模仿古人，刻意求工求奇，有点"有意为文"的味道。后期的作品叙事简约，语言质朴，"一洗近儒影响雕饰之习"，表现出自然、平和的风格与明畅、浅易的语言特色。王阳明的心学理论和文学风格，对明代中后期乃至清代的文学创作产生了深刻的影响。

四

历史的轨迹往往是螺旋式上升的，人类的思想史同样如此。500多年过去了，世界发生了翻天覆地的变化，人类进入21世纪，世界多极化、文化多样化、社会信息化深入发展，人类还需要传统思想、传统文化吗？我们应该看到，当前国际形势的不稳定性、不确定性更加突出，人类面临的全球性挑战更加严峻，全球气候变暖、重大自然灾害、新型传染病疫情、经济和金融危机、不同文明的激烈冲突、局部战争等等，需要世界各国齐心协力、共同应对。应对共同挑战、迈向美好未来，既需要经济科技力量，也需要文化文明力量，需要各民族的古老智慧和时代精神的完美融合。

当代中国在总结、吸收和借鉴几千年中华优秀文化"道法自然""天人合一""天地万物一体""协和万邦"等思想的基础上，提出了"人类命运共同体""生态文明共同体"等重要理念，为解决全球化进程中人类共同面临的问题，贡献了中国智慧、提供了中国方案。从这些理念中，我们可以追寻到中华优秀传统文化的思想渊薮。儒家思想是中华优秀传统文化的主要代表，王阳明的心学是儒家思想的集大成者之一，是中国传统文化中的精华。当代中国人要担负起中华优秀传统文化忠实传承者和弘扬者的责任，坚持创造性转化、创新性发展的原则，深入学习、挖掘包括阳明心学在内的中华优秀传统文化蕴含的思想观念、人文精神、道德规范，结合时代要求继承创新，让中华文化展现出永久魅力和时代风采。

学习历史，学习古人，在于以古为鉴，更在于继承和弘扬有价值的东西，以避免金子般的闪光思想淹没在历史的尘埃中。中华优秀传统文化浩如烟海，儒家思想博大精深，王阳明思想积淀着中华民族最深沉的精神追求，传承着中华民族精神的优秀基因，是现代人学习儒家思想、了解中国优秀传统文化的切入点之一。为了传承和弘扬王阳明思想，便于现代人阅读王阳明著作，我们以隆庆六年《王文成公全集》为蓝本，精心编撰了这部文言文和白话文对照的《王阳明全集》，全书共八册，三十八卷，分为语录、文录、别录、外集、续编和附录六大部分。其中，语录三卷，分别是《传习录》上卷、中卷、下卷，并附《朱子晚年定论》；文录五卷，主要是与友人论学书信和序、记、说、杂著；别录十卷，收录奏疏和公移；外集七卷，主要收录文学作品，包括赋、诗、书信、序、记、说、墓志铭、祭文等；续编六卷，嘉靖年间，王阳明弟子钱德洪等在编撰王阳明文集时，把正录、别录、外集中遗漏的内容都收录到续编中；附录七卷，包括年谱三卷、年谱附录二卷、世德记一卷、世德记附录一卷。

这部《文白对照王阳明全集》是历史上第一套，也是迄今为止唯一一套文白对照版本的《王阳明全集》，由出版人朱双刚于上世纪90年代组织人力整理并进行白话翻译，于1997年首次出版，当时参与工作的人员有杨光、姜波、李林生、李艳玲等。如今，二十多年过去了，这次重新整理出版，由出版人朱双刚和古籍整理专家萧祥剑组织人力对原书稿进行了校勘和修订，并重新进行了排版设计。参加这次修订工作的有朱双刚、萧祥剑、吴江波、陈垂培等。这是一部适合所有人阅读的《王阳明全集》，是一部值得收藏的珍贵文献，也是中国传统文化研究者和爱好者不可多得的参考资料和工具书。

读者要研究王阳明思想，可以在通读全集的基础上，重点研读《传习录》（语录一至三）和《大学问》《〈大学〉古本序》《重修山阴县学记》《应天府重修儒学记》《五经臆说序》《〈五经臆说〉十三条》等文章。了解王阳明生平，可以查阅《年谱》《年谱附录》《世德记》《世德记附录》，以及朋友、弟子及后人写的传、行状、祭文和

《征宸濠反间遗事》《辩忠谗以定国是疏》等。欣赏王阳明文学作品，可以阅读《象祠记》《瘗旅文》《尊经阁记》等经典散文，以及《泛海》《寻春》《九华山赋》《中秋》《月夜二首》《复过钓台》等著名诗赋。学习王阳明做人做事方法，可以研读他写的奏疏、公移、书信等，从《陈言边务疏》以及南赣剿匪、江西平叛、广西戡乱的系列奏疏、公移，如《十家牌法告谕各府父老子弟》《江西捷音疏》《奏报田州思恩平复疏》等可以学习王阳明军事谋略；从王阳明给父母、长辈、诸弟、子侄、朋友、门生的书信中，可以感受到他对待家人、朋友、学生的真挚感情；从《告谕庐陵父老子弟》《告谕新民》《告谕浰头巢贼》等公文中，可以体会到他对黎民百姓的至诚恻怛。总之，开卷有益，《王阳明全集》像一个思想宝库，只要进来就可以找到对自己有用的东西。

由于王阳明思想博大精深，编撰者水平有限，本全集错漏之处在所难免，敬请读者不吝赐教。

本书编委会

（执笔：陈垂培）

2020 年 8 月 16 日

目 录

诰 命 ·· 2
王阳明全集原序 ·· 6
旧 序 ··· 12
    传习录序 ··· 12
    阳明先生文录序 ·· 14
    阳明先生文录序 ·· 20
    重刻阳明先生文录后语 ·· 24
    阳明先生文录续编序 ··· 26
    刻文录叙说 ·· 30

卷之一 语录一
    传习录上 ··· 2

卷之二 语录二
    传习录中 ·· 128

答顾东桥书 …… 130
启问道通书 …… 176
答陆原静书 …… 186
又 …… 188
答欧阳崇一 …… 210
答罗整庵少宰书 …… 220
答聂文蔚 …… 232
二 …… 240
训蒙大意示教读刘伯颂等 …… 254
教约 …… 258

卷之三 语录三

传习录下 …… 264
附录朱子晚年定论 …… 364
朱子晚年定论 …… 364
  答黄直卿书 …… 368
  答吕子约 …… 368
  答何叔京 …… 370
  答潘叔昌 …… 370
  答潘叔度 …… 372
  与吕子约 …… 372
  与周叔谨 …… 372
  答陆象山 …… 374
  答符复仲 …… 374
  答吕子约 …… 376

目录

与吴茂实 ······ 376
答张敬夫 ······ 376
答吕伯恭 ······ 378
答周纯仁 ······ 380
答窦文卿 ······ 380
答吕子约 ······ 380
答林择之 ······ 382
又 ······ 382
答梁文叔 ······ 384
答潘叔恭 ······ 384
答林充之 ······ 384
答何叔景 ······ 386
又 ······ 386
又 ······ 386
答林择之 ······ 388
答杨子直 ······ 388
与田侍郎子真 ······ 390
答陈才卿 ······ 390
与刘子澄 ······ 390
与林择之 ······ 392
答吕子约 ······ 392
答吴德夫 ······ 394
答或人 ······ 396
答刘子澄 ······ 396

卷之四 文录一

书一　始正德己巳至庚辰……406
　　与辰中诸生……406
　　答徐成之……408
　　答黄宗贤应原忠……410
　　答汪石潭内翰……412
　　寄诸用明……416
　　答王虎谷……416
　　与黄宗贤……418
　　二……420
　　三……422
　　四……424
　　五……426
　　六……430
　　七……430
　　与王纯甫……432
　　二……436
　　三……440
　　四……442
　　寄希渊……442
　　二……444
　　三……444
　　四……446
　　与戴子良……448
　　与胡伯忠……450

与黄诚甫	*452*
二	*454*
答天宇书	*454*
二	*456*
寄李道夫	*462*
与陆原静	*464*
二	*466*
与希颜台仲明德尚谦原静	*468*
与杨仕德薛尚谦	*470*
寄闻人邦英邦正	*470*
二	*472*
三	*472*
与薛尚谦	*474*
二	*476*
三	*476*
寄诸弟	*478*
与安之	*480*
答甘泉	*482*
二	*486*
答方叔贤	*486*
与陈国英	*488*
复唐虞佐	*490*

新建侯文成王公小像

诰 命

奉天承运皇帝,制曰:

竭忠尽瘁,固人臣职分之常;崇德报功,实国家激劝之典。矧通侯班爵,崇亚上公;而节惠易名,荣逾华衮。事必待乎论定,恩岂容以久虚?尔故原任新建伯南京兵部尚书兼都察院左都御史王守仁,维岳降灵,自天佑命。爰从弱冠,屹为宇宙人豪;甫拜省郎,独奋乾坤正论。身濒危而志愈壮,道处困而造弥深。绍尧孔之心传,微言式阐;倡周程之道术,来学攸宗。蕴蓄既宏,猷为丕著。遗艰投大,随试皆宜;戡乱解纷,无施勿效。闽、粤之箐巢尽扫,而擒纵如神;东南之黎庶举安,而文武足宪。爰及逆藩称乱,尤资杖钺渊谋。旋凯奏功,速于吴、楚之三月;出奇决胜,迈彼淮、蔡之中宵。是嘉社稷之伟勋,申盟带砺之异数。既复抚夷两广,旋至格苗七旬。谤起功高,赏移罚重。爰遵遗诏,兼采公评。续相国之生封,时而旌伐;追曲江之殁恤,庶以酬劳。兹特赠为新建侯,谥文成,锡之诰命。于戏!钟鼎勒铭,嗣美东征之烈;券纶昭锡,世登南国之功。永为一代之宗臣,实耀千年之史册。冥灵不昧,宠命其承。

隆庆二年十月十七日,制诰之宝。

诰命

奉天承运的皇帝发布命令说：

竭尽忠诚为国效劳，本来是人臣应尽的职分；崇尚德行报答功绩，确实是国家用以激励志士的典制。虽然对王守仁封侯加爵、颁授谥号，可他品行功勋，实远超于这些之上。事情一定依靠定论来实行，恩荣怎么能长久地虚悬呢？原任新建伯南京兵部尚书兼都察院左都御史王守仁，天降灵明，辅助社稷。在弱冠之年，就清秀峻立为宇宙人杰；刚刚被拜为省郎，就独自倡导乾坤正论。愈面临危难处境志气愈宏壮，愈处于困境学术造诣愈深厚。上承唐尧、孔子心传，阐述先圣的微言大义；倡导周敦颐、二程的道术，使学问有所归依。内心蕴藏宏富，韬略尤为深远。派遣艰难制事，委以重大使命，他的才能都很适合；全力平定大乱，解除社会纠纷，他的措施无不奏效。扫荡福建、广东的贼寇，擒获安抚，如有神力一般；东南地区的黎民百姓因此而安定富庶，文治武功都足以为后世效法。宁王叛乱的时候，运筹帷幄，很快就取得胜利，比西汉景帝时平定"吴楚七国之乱"三个月还快；出奇制胜，就像唐宪宗时裴度平定临淮、蔡州割据叛乱一样。这是美好的社稷般的伟大功勋，就应该缔结"带砺河山"的盟约的特殊礼遇。后来王守仁又安抚了两广的夷人叛乱，不久又平定了苗族的变乱。因功勋高迈而遭受诽谤，赏赐移除而惩罚太重。于是遵照先帝的遗诏，采纳公众的评议。就像西汉相国萧何没有军功而功臣封侯第一，对他实施奖赏；就像唐玄宗追祭抚恤开元宰相、曲江人张九龄一样，以示对他的酬劳。因

此特地封赠王守仁为新建侯，谥号为文成，并颁授诰命。哎！应在钟鼎之上镌刻铭文，记载他东征的丰功伟绩；应书写于史册之中，陈述他在南国建立的卓越功勋。他将永为一代的名臣，确实应光耀于千年的史册之中。愿他冥冥之中在天有灵，接受此殊荣。

隆庆二年（1568年）十月十七日，制诰之宝。

王阳明全集原序

《王文成公全书》三十八卷，其首三卷为《语录》，公存时，徐子曰仁辑；次二十八卷为《文录》，为《别录》，为《外集》，为《续编》，皆公薨后钱子洪甫辑；最后七卷为《年谱》，为《世德纪》，则近时洪甫与汝中王子辑而附焉者也。隆庆壬申，侍御新建谢君奉命按浙，首修公祠，置田以供岁祀，已而阅公文，见所谓《录》若《集》，各自为书，惧夫四方之学者或弗克尽读也，遂汇而受诸梓，名曰《全书》，属阶序。

阶闻之，道无隐显，无小大。隐也者，其精微之蕴于心者也，体也；显也者，其光华之著于外者也，用也。小也者，其用之散而为川流者也；大也者，其体之敛而为敦化者也。譬之天然不已之妙，默运于於穆之中，而日月星辰之丽、四时之行、百物之生，灿然呈露而不可掩，是道之全也。古昔圣人具是道于心，而以时出之，或为文章，或为勋业。至其所谓文者，或施之朝廷，或用之邦国，或形诸家庭，或见诸师弟子之问答，与其日用应酬之常，虽制以事殊，语因人异，然莫非道之用也。

《王文成公全书》共有三十八卷,开始的三卷是《语录》,是王文成公在世的时候,徐曰仁先生汇编的;接下来的二十八卷分别是《文录》《别录》《外集》《续编》,都是王文成公去世后,钱洪甫(钱德洪的字)先生汇编的;最后的七卷是《年谱》《世德纪》,是最近钱洪甫和王汝中(王畿的字)编辑附加于后的。隆庆六年岁次壬申(1572年),皇帝侍从新建的谢先生奉命巡视浙江,首先修缮王文成公的祠庙,购置田地来供奉每年的祭祀,不久他细读王文成公的文章,发现称作《录》或《集》的有许多本,各自单独成书,他担心天下的学者,不能全部读到王文成公的书,就把各种书收集起来,付诸印刷,起名为《全书》,他嘱咐我写一篇序言。

我听说过,大道没有晦隐和显明,没有细微和宏大。晦隐不显,是精妙细微蕴含于人心之中,是本体;显明易见,是它的光华表现于外边,是功用。至小细微,是大道的体现分散而成,就像枝杈纵横的河流一样;至大宏伟,是本体汇聚而成,化育万物。就像自然不停运作的精妙一样,悄无声息在广大无垠之间运转,可是日月星辰的壮丽,春夏秋冬四时的更替,百物的滋生,纷然呈现出来没有一点迟滞之弊,这就是大道的全体大用。古代的圣人把大道潜藏于心,而在恰当的时候,使其呈现出来,有的撰述文章,有的建立功业。至于被称作精透文理的人,有时效力于朝廷,有时贡献国家,有时在处理家庭关系中表现出来,有时体现于各位老师和学生的问答之中,以及日用伦常的互相

故在言道者，必该体用之全，斯谓之善言；在学道者，亦必得体用之全，斯谓之善学。尝观《论语》述孔子心法之传，曰"一贯"，即已一言尽之。而其纪孔子之文，则自告时君，告列国之卿大夫，告诸弟子，告避世之徒，以及对阳货，询厥人，答问馈之使，无一弗录。将使学者由显与小，以得其隐与大焉，是善言道者之准也，而其为学，因亦可以见矣。唯文成公奋起圣远之后，慨世之言致知者，求知于见闻，而不可与酬酢，不可以与佑神，于是取《孟子》所谓"良知"，合诸《大学》，以为"致良知"之说。其大要以谓人心虚灵，莫不有知，唯不以私欲蔽塞其虚灵者，则不假外索，而于天下之事，自无所感而不通，无所措而不当。盖诚意、正心、修身、齐家、治国、平天下，必先致知之本旨，而千变万化，一以贯之之道也。故尝语门人云："良知之外更无知，致知之外更无学。"于时曰仁，最称高第弟子，其录《传习》，公微言精义，率已具其中。乃若公他所为文，则是所谓制殊语异，莫非道之用者。汇而梓之，岂唯公之书于是乎全？固读焉者所由以睹道之全也。

交往之中，虽然事情有差异，说话因人而不同，然而没有不是道的功用。

所以对于谈论大道的人来说，一定掌握本体和功用的全部，这才叫作擅长谈论大道的；对于学习大道的人来说，一定领悟本体和功用的全部，这才叫作善于学习大道的人。曾经阅读《论语》里边记述孔子传授心法，用"一贯"来概括，一句话就全部表述了。可是那些记述孔子的文章，却从对当时君王的忠告，对列国的卿大夫的劝告，对各位弟子的谆谆诱导，对逃避时世的隐者的告诫，以及对阳货的驳斥，向饲马人的询问，对询问送赠物品礼节的使者的回答，没有一件不记录下来。这是为了使后来求学的人从显而易见和细小的事上，来得到蕴含其间的晦隐精妙和宏伟博大的道。这是善于言说大道的很好范例，而他的求学，也可以从中看出来。只有王文成公继起于圣人之后，感慨当时言说致知的人只知道从所见所闻来获得知识，不能作用于实际，不能辅助神明，于是摘取《孟子》所说的"良知"，融合《大学》之义，来倡立他的"致良知"的学说。他的主要思想是，认为人心虚空而灵明，没有不具备认知能力的，只是不要让私欲遮蔽堵塞他的虚空与灵明，那么不需要借向外边世界的求索，对于天下的万事，自然没有感触而不通达的，没有实行而不恰当的。所以诚意、正心、修身、齐家、治国、平天下，一定先推广内在良知的本源，而对于万事万物的千变万化一以贯之的是大道。所以王文成公曾经对门人说："除了内在良知之外，再没有别的认知了。致良知之外，再没有别的学问了。"在当时，徐曰仁是被认为最有才华的弟子，他所记录的《传习录》一书，王文成公的微言精义，全都详细地蕴含在里面。就像文成公所作

谢君之为此，其嘉惠后学不已至欤！虽然，谢君所望于后学，非徒读其书已也。凡读书者，以身践之，则书与我为一，以言视之，则判然二耳。

《论语》之为书，世未尝有不读，然而一贯之，唯自曾子，以后无闻焉。岂以言视之之过乎？自公"致良知"之说兴，士之获闻者众矣！其果能自致其良知，卓然践之以身否也？夫能践之以身，则于公所垂训，诵其一而已足，参诸《传习录》而已繁。否则，虽尽读公之书，无益也。阶不敏，愿相与戒之。

谢君名廷杰，字宗圣。其为政，崇节义，育人才，立保甲，厚风俗，动以公为师，盖非徒读公书者也。

赐进士及第、特进光禄大夫、柱国、少师兼太子太师、吏部尚书、建极殿大学士、知制诰、知经筵事、国史总裁致仕后学华亭徐阶序。

的其他文章一样,方法不同,语言各异,但没有不是大道功用的体现。收集起来付诸印刷,难道只是文成公的文章从此全备了吗?实在是读书的人从这里可以一睹完备的大道。

谢先生所做的这件事,对于嘉惠后学已经到极点了。即使这样,谢先生对后学所期望的,不只是读他的书而已。凡是读书的人,自己亲自践行它,那么书和我是合一的,如果只是作为语言来读它的话,那么很显然是两回事。

对于《论语》这部书,世人没有不读的,可是能够体悟孔子所说的"一以贯之"的大道的,只是从曾子以后,再也没有听到过。难道是把它当作语言来读的过错吗?自从王文成公"致良知"的学说兴起,士人听到的很多了,他们果真能够自己推广他们内心的良知,很有成效地亲身践行吗?如果能够亲身践行的话,那么对于文成公所垂训的话,只要记诵一则就足够了,参阅《传习录》都显得有点多余。不这样的话,那么即使把文成公的书全部读完,也没有收获。我不够敏慧,愿和各位共相劝勉。

谢君,名廷杰,字宗圣。他从事政务,崇尚气节和操守,培育有用人才,订立保甲制度,使风俗淳厚,行动师法文成公,并不是只阅读文成公书的人。

赐进士及第、特进光禄大夫、柱国、少师兼太子太师、吏部尚书、建极殿大学士、知制诰、知经筵事、国史总裁致仕后学华亭徐阶序。

旧 序

传习录序

门人徐爱撰

门人有私录阳明先生之言者，先生闻之，谓之曰："圣贤教人，如医用药，皆因病立方，酌其虚实温凉、阴阳内外，而时时加减之，要在去病，初无定说。若拘执一方，鲜不杀人矣。今某与诸君，不过各就偏蔽，箴切砥砺，但能改化，即吾言已为赘疣，若遂守为成训，他日误自误人，某之罪过，可复追赎乎？"

爱既备录先生之教，同门之友有以是相规者，爱因谓之曰："如子之言，即又拘执一方，复失先生之意矣。"孔子谓子贡尝曰："予欲无言。"他日则曰："吾与回言终日。"又何言之不一邪？盖子贡专求圣人于言语之间，故孔子以无言警之，使之实体诸心，以求自得；颜子于孔子之言，默识心通，无不在己，故与之言终日，若决江河而之海也。故孔子于子贡之无言不为少，于颜子之终日言不为多，各当其可而已。

今备录先生之语，固非先生之所欲，使吾侪常在先生

传习录序

门人徐爱撰

有王阳明先生的门人私下辑录了先生的言论，先生听说了这件事后，对他说："圣人贤者教导世人，就像医生用药治病一样，都是按照病情开出方子，反复考虑它的虚和实、温和凉、阴和阳、内和外，根据情况随时增加或减少药材，关键在于去除疾病，本来就没有固定的说法。如果循规蹈矩坚持一种办法，很少有不害死人的。现在我和各位只不过针对各自的偏颇和弊端，互相切磋，只要改正和变化，我的话也已经像赘疣一样成为多余的了。如果继续坚守已成的固定训诫，以后一定会贻误自己，贻误他人，我的罪过还能追赎吗？"

我已经详细辑录了先生的教诲，同门为学的朋友，有的用这件事来劝阻，我于是对他说："像你所说的话，就又拘泥固执于另一个方面，又背离了先生的意思。"孔子曾经对子贡说："我什么都不想说了。"另外一天却说："我和颜回谈了一整天的话。"为什么说法前后不一样呢？大概子贡专门在言辞和话语之间寻求圣人的思想，所以孔子用不说话来警示他，使他在心里着实体会，以便自己有所获得。颜子对于孔子的话，默默地记了下来并用心体会，没有不属于自己的东西，所以和他整天地谈话，就像决开了江河而奔腾入海。所以孔子对子贡说话嫌多，对颜子的终日谈话不显得多，适合各自的情况罢了。

现在详细记录先生的话，固然不是先生的意愿，假使我辈

之门,亦何事于此?惟或有时而去侧,同门之友又皆离群索居。当是之时,仪刑既远,而规切无闻,如爱之驽劣,非得先生之言,时时对越警发之,其不摧堕靡者几希矣。

吾侪于先生之言,苟徒入耳出口,不体诸身,则爱之录此,实先生之罪人矣。使能得之言意之表,而诚诸践履之实,则斯录也,固先生终日言之之心也,可少乎哉?录成,因复识此于首篇,以告同志。门人徐爱序。

阳明先生文录序

门人邹守益

钱子德洪刻先师《文录》于姑苏,自述其衷次之意,以纯于讲学明道者为正录,曰明其志也;以诗赋及酬应者为《外集》,曰尽其全也;以奏疏及文移为《别录》,曰究其施也。于是先师之言,灿然聚矣。

以守益与闻绪言之教也,寓简使序之,守益拜手而言曰:知言诚未易哉!

昔者,孔夫子之在春秋也,从游者三千,速肖者七十矣,而犹有莫我知之叹,叹夫以言语求之而眩其真也。夫子即没,门弟子欲以所事夫子者事有子,夷考其取于有子,亦曰:"甚矣,其言之似夫子也。"则下学上达之功,其著且察者

一直居于先生之门，又何必在这方面下功夫呢？只是有时离开先生的身边，同门求学的朋友又都离开群体、独自生活。在这个时候，可以作典范的形象已经远离了，而且不能再听到规劝的话，像我这样资质驽钝低劣的人，不用先生的话时时警策激励自己，恐怕少有不堕落萎靡了。

我辈对先生的话，如果只是出之于口，听之于耳，不身体力行，那么我辑录这些，实在是先生的罪人呀。假使能够从先生的话语里有所领悟，如果真的付诸实践，那么这个记录，本来就体现了先生终日教导的真心，能够缺少吗？辑录完成，就又写了这篇文章，列于首篇，来告知有志于此的朋友。门人徐爱作序。

阳明先生文录序

门人邹守益

钱德洪先生在苏州刊刻先师的《文录》，自己陈述章目编排的意义在于，把纯粹讲学明道的部分作为正录，说是表明先生的志向；把诗赋和酬应的部分作为《外集》，说是为了把先生的全部文章都汇集起来；把奏疏及文移作为《别录》，说是为了在先生实际处理事务的实践中探究大道。于是先师的言论，煌然汇聚在一起了。

因为我聆听了老师言论的教诲，寓简让我为《文录》作序，我拱手感叹说：懂得言语的意思确实不容易啊！

当年孔夫子在春秋时代，跟随游学的有三千人，成贤的有七十人，孔子还为没有人了解自己而感叹，叹息通过语言来探求人的内在思想，易于遮蔽它的本来面目。孔子去世以后，同门弟子想用侍奉孔子的礼节，来侍奉有子，考察选取有子的原因，也

鲜矣。推尊之词，要亦足以及之，贤于尧舜，尧舜未易贤也。走兽之于麟，飞鸟之于凤，虽勉而企之，其道无由，不几于绝德乎？礼乐之等最为近之，然犹自闻见而求，终不若秋阳江汉，直悟本体，为简易而切实也。

盖在圣门，惟不迁怒不贰过之颜，语之而不惰；其次则忠恕之曾，足以任重而道远。故再传而以祖述宪章，譬诸天地四时；三传而以仕止，久速之时，比诸大成，比诸巧力，宛然江汉秋阳家法也。秦汉以来，专以训诂，杂以佛老，侈以词章，而皓皓肫肫之学，淆杂偏陂，而莫或救之。逮于濂洛始粹然，克续其传，论圣之可学，则以一者无欲为要；答定性之功，则以大公顺应，学天地圣人之常。嗟乎！是岂尝试而悬断之者乎？其后剖析愈精，考拟愈繁，著述愈富，而支离愈甚。间有觉其非而欲挽焉，则又未能尽追橐臼而洗濯之。至我阳明先师，慨然深探其统，历艰履险，磨瑕去垢，独揭良知，力拯群迷，犯天下之谤，而不自恤也。

有志之士，稍稍如梦而觉，泝濂洛以达洙泗，非先师之

说:"是啊,他说的话很像孔夫子。"那么潜心学习透彻懂得贤者的思想的功夫,那些既明显又细致的可算是少了,推崇的话也可以达到比尧舜还贤明的地步,但是超越尧舜的贤德是很不容易的。奔跑的兽类对于麒麟,飞翔的鸟类对于凤凰,即使自我努力企图达到,因为没有道路可通,不是几乎面对无法达到的德性了吗?礼乐这类教化,最为接近美好的德性,然而还是通过听和看来追求,终究不像被炎炎夏日暴晒过,被长江和汉水洗濯过一样,纯净无比,直接参悟本体,这是最简单易行而切实可用的方法。

在圣人的门徒中,只有不迁怒别人,不犯同样错误的颜回,被不断提及;其次就是奉行忠恕之道的曾子,深刻体会任务的重大,道路的遥远。所以孔门再传弟子能遵从圣王之道,如天地四时运行而不乱;到了三传弟子则只能出仕,不过经历了一段时间磨炼之后,较之圣学大成,或巧力,孔门家法仍像江汉秋阳一般光明显耀。秦汉以来儒者专以训诂为事,并杂入佛家、道家学说,更加追求华丽辞章,使圣人自然纯洁之学,杂乱偏颇,而其中也有人想拯救。到了周敦颐与二程才使纯粹的圣学得以续传,阐明了圣人可学,以心一无欲为要经,解答定性功夫,以大公无私顺应天地圣道为日常百用。哎,这难道是尝试着悬空揣测吗?在此之后分析愈深,考证越多,著作越丰富,也越支离破碎。偶有感觉这种错误的人想要挽救,又不能究根问底而洗其污浊。直到我们的王阳明先师,奋然探研圣学传统,历尽艰辛,去除瑕垢,独自揭示良知,拯拔群迷而甘愿被天下人诽谤,奋不顾身。

有志气的后人开始如梦初醒,追溯周程之学而上达孔孟

功乎？以益之不类，再见于虔，再别于南昌，三至于会稽，窃窥先师之道，愈简易，愈广大，愈切实，愈高明，望望然而莫知其所止也。当时有称先师者曰："古之名世，或以文章，或以政事，或以气节，或以勋烈，而公克兼之，独除却讲学一节，即全人矣。"

先师笑曰："某愿从事讲学一节，尽除却四者，亦无愧全人。"又有訾讪之者，先师曰："古之狂者，嘐嘐圣人而行不掩。世所谓败阙也，而圣门以列中行之次；忠信廉洁，刺之无可刺，世所谓完全也，而圣门以为德之贼。某愿为狂以进取，不愿为愿以媚世。"

呜呼！今之不知公者，果疑其为狂乎；其知公者，果能盖除四者而信其为全人乎？良知之明，烝民所同，本自皓皓，本自肫肫，常寂常感，常神常化，常虚常直，常太公，常顺应，患在自私用智之欲所障，始有所尚，始有所倚，不倚不尚，本体呈露。宣之为文章，措之为政事，犯颜敢谏为气节，诛乱讨贼为勋烈，是四者皆一之流行也。学出于一，则以言求心矣；学出于二，则以言求言矣。守益力病于二之而未瘳也，故反覆以质于吾党，吾党欲求知言之要，其惟自致其良知乎？嘉靖丙申春三月。

之道，不都是先生的功绩吗？益虽不才，在虔州、南昌、会稽跟随先生，以体认先生的圣学，我感到先生所传之学，越简易，越广大，越实际，越高明，博大精深而无边际。当时有人称赞先师说："古代闻名于世的人，有的因文章写得好，有的因政绩卓著，有的因气节可嘉，有的为国为民功在史册，而先生兼而有之，除去讲学一事外，就是完人了。"

先生笑着说："我愿意从事讲学，不要其他四项，也无愧完人。"又有谤讪先生的，先生说："古代狂傲的人语言吹嘘自己是圣人而不掩饰自己的行为，这就是世人所说的败阙，而在圣人门下却把他列为合乎中道。讲忠信廉洁，圆滑无毛病，被世人看作完人，在圣人门下则谓为德之贼。我愿意做个进取的狂者，也不愿违背心意去讨好世人。"

咦！现在不了解先生的人，真怀疑先生狂傲吗？了解先生的人果真相信先生只讲学也是完人吗？明明良知，芸芸众生都是一样的，出自纯洁，出自本然，它寂无而有感，神妙而化育，虚而实，常处于大公无私而顺应天理，所患只在私欲蒙蔽，过和偏都不得体，只有不偏不倚，才能显出本体。发为文章，置诸政事，冒死直谏，讨平乱贼，四者都是一个天理的流行。学问要出于天理，顺求之于自己的心，学不循一理，出之于二则只是空言之词。守益特别怕学出于二，所以反复与同门询问，我的同门要知吾学之要，只有自己致自己的良知。嘉靖丙申年（1536年）春三月。

阳明先生文录序

门人钱德洪撰

古之立教有三：有意教，有政教，有言教。太上之世，民涵真性，嗜欲未涉，圣人者，特相示以意已矣，若伏羲陈奇偶以指象是也，而民遂各以意会，不逆于心，群物以游，熙如也，是之谓意教。中古之民，风气渐开，示之以意，若病不足矣，圣人者出，则为之经制立法，使之自厚其生，自利其用，自正其德，而民亦相忘于政化之中，各足其愿，日入于善，而不知谁之所使，是以政教之也。自后圣王不作，皇度不张，民失所趋，俗非其习，而圣人之意，日湮以晦，怀世道者忧之，而处非其任，则哓哓以空言觉天下，是故始有以言教也。噫！立教而至于以言，则难矣！

昔者孔子之在春秋也，其所与世谆谆者，皆性所同也。然于习俗所趋，无征焉，乃哄起而异之曰：是将奋吾之所习，而蹶吾之所趋也。或有非笑而诋訾之者，三千之徒，其庶几能自拔于流俗，不与众非笑诋訾之者乎？然而天下之大也，其能自拔于俗，不与众非笑诋訾者，仅三千人焉。岂非空言动众，终不若躬见于政事之为易也？

阳明先生文录序

门人钱德洪撰

古代倡立教化有三个方面：有意教，有政教，有言教。远古时代，人民保持有纯真的品性，嗜好和欲望不大，圣人只是用意会来告知，如伏羲以阴阳八卦取象，人民就各自用心意来理解，不从心里悖逆它，各种物类共同生存，自由而愉悦，这就叫意教。中古时代的人民，风俗渐渐开化，只是通过意会来告知他们，就显得有些不足了，圣人出现以后，就为他们筹划制度，树立法规，使他们重视自己的生命，有利于日用，自己修正自己的德性，而人民也不知不觉地沉浸在政化之中，各自满足各自的愿望，每天恪守善道，却不知道是受谁的指使，这就是用政令来教化他们。从那以后，圣王没有再出现，大的法令没有建立，人民迷失了前进的方向，风俗也不是原来的样子，而圣人的心意渐渐淹没。关注世道的人忧虑这件事，然而他重视自己的生命，于是就喋喋不休地用言辞来使天下觉悟，因此开始用言论来教化了。哎，倡立教化到了用言辞完成的地步就难了。

从前孔子在春秋时代，他所对世人谆谆告诫的，都是源于本性相同。然而对于习俗所追求的，没有明显的征验，就振作起来，奇怪地说：这是使我习惯的得以张扬，而挫败我所追求的。有的人责怪、嘲笑并且诋毁他，他的三千门徒，都能从流俗中超脱出来，不和一般人一道嘲笑诋毁他吗？然而天下如此之大，能够自己超脱于流俗不和众人一起嘲笑诋毁的，只有三千人呀，难道不是表明用言语来引导人民，终究不如用政令容易达到目的吗？在三千弟子中被称作好学的，除了颜回之外，再也没听说过。难道学成的士人，懂得自己超脱于流俗，却不能够完全脱

夫三千之中，称好学者，颜氏之外，又无多闻焉。岂逮肖之士，知自拔于俗矣，尚未能尽脱乎俗习耶？一洗俗习之陋，直超自性之真，而尽得圣人千古不尽之意者，岂颜氏之所独耶？然而三千之徒，其于夫子之言也，犹面授也；秦火而后，掇拾于汉儒者，多似是而失真矣；后之儒者，复以己见臆说，尽取其言，而支离决裂之。噫！诚面授也，尚未免于俗习焉，并取其言而乱之，则后之怀世道者，复将何恃以自植于世耶？吾师阳明先生，蚤有志于圣人之道，求之俗习，而无取也，求之世儒之学，而无得也。乃一洗俗习之陋、世儒之说，而自证以吾之心焉；殚思力践，竭精瘁志，卒乃豁然有见于良知，而千古圣人不尽之意，复得以大明于世，噫！亦难矣。

世之闻吾先生之言者，其皆肯自拔于流俗，不与众非笑诋訾之乎？其皆肯一洗俗习之陋、世儒之说，而独证以吾之心乎？夫非笑诋訾，在孔子犹不免焉，于当世乎奚病，特病其未之或闻焉耳！如其有闻也，则知先生之所言者，非先生之言也，吾之心也；吾心之知，不以太上而古，不以当世而今，不待示而得，不依政而行，俗习所不能湮，异说所不能淆，特在乎有超世特立之志，自证而自得之耳！有超世特立之志者，而一触其知，真如去目之尘沙，以还光也；拔耳之木楔，以还聪也；解支体之束缚，以自舒也；去污秽而就高明，撤

离习俗的羁绊？一洗俗习的弊陋，直达自性的纯真，而且能够完全领悟圣人的心意，难道只有颜氏一个人吗？

然而孔夫子的三千弟子，他们对于孔夫子的话还是当面接受的；秦代焚书以后，拣拾汉代儒士的文籍，大多似是而非，丧失其本来面目，后代的儒士又凭自己的意见和凭空的想法，全部吸取前儒的言论而加以肢解取舍。哎，诚然是当面接受的还不能去掉习俗的影响，摘取其中的话来扰乱他的思想，那么后代关注世事的人又凭什么在世上自我独立呢？我的先师阳明先生早年就立志探求圣人的大道，向习俗寻求，没有可取的地方；向历代儒士的学理探究，也没有什么收获。于是就一洗俗习的弊陋、世儒的妄说，从自己的内心进行体证；通过深沉的思考，亲身的实行，把全部精力投注于此，砥砺志向，终于透彻地从良知里有所发现，从而千古圣人没有完全表达出来的思想又昭然于世了，哎！也不容易呀。

世上聆听了我的先师言论的人就都能超脱于流俗，不和众人一样非难、嘲笑、诋毁了吗？他们都能够彻底清除俗习的弊陋、世儒的妄说，而独自从内心里体证吗？遭受到非难、嘲笑、诋毁，在孔子那里还不能避免。当代最欠缺的是什么呢？最欠缺的是有的人还没有听到阳明先生的教诲。如果他听了先生的教导，就一定懂得先生所说的话，不只是先生的话而已，是自我的本心；我内心的认识，能不把太上时代作为远古，不把当今之世看作现在，不依靠传授就能获得，不依靠政令就能实行，俗习不能淹没它，邪端异说不能把它混淆，就在于它具有超越俗世，独立不依的高远志向，自己体证自己获得。有超脱俗世志向的

蔽障而合大同，以复中古之政，超太上之意亦已矣，又奚以俗习之陋、世儒之说为哉？先生之言，世之信从者日众矣。特其文字之行于世者，或杂夫少年未定之论，愚惧后之乱先生之学者，即是先生之言始也，乃取其少年未定之论，尽删而去之，详披缔阅，参酌众见，得至一之言五卷焉；其余或发之题咏，或见之政事者，则厘为《外集》《别录》，复以日月前后，顺而次之，庶几知道者读之，其知有所取乎！虽然，是录先生之言也，特入珍藏之扃钥也，珍藏不守，乃屑屑焉扃钥之是竞，岂非舍其所重而自任其所轻耶？兹不能无愧于是录之成云尔。

重刻阳明先生文录后语

门人王畿撰

道必待言而传，夫子尝以无言为警矣。言也，所由以入于道之诠，凡待言而传者，皆下学也。

学者之于言也，犹之暗者之于烛，跛者之于杖也。有触发之义焉，有培栽之义焉，而其机则存乎心悟，不得于心而泥于言，非善于学者也。我阳明先师，倡明圣学，以良知之

人一接触到这种发自内心的良知，真像清除掉了沉伏于眼中的尘沙，重新见到光明；就像拔掉了塞在耳中的木楔，重新具有了听的能力；解除了捆缚肢体的绳索，能够自由地舒展；超脱污秽低俗的境地而接近高远清明，拆除遮蔽的障碍，以后会合于大同，来恢复中古时代的德政，达到太上时代的意会，怎么能把俗习的弊陋、世儒的妄说看作是正确的呢？对于先生的言论，信奉的人渐渐增多，只是先生的文字在世上的传播，有的夹杂着他少年时未成熟的看法，我恐怕以后会干扰了先生的整体思想，就是先生开始所陈述的言论，于是将先生年轻时期思想尚未成熟的言论全部删减，详细阅览，斟酌思考，并参考了众人的见解，获得首尾一致的言论共五卷；其余的文字有的专事题咏，有的表述政事，就分别编为《外集》和《别录》，又按照时间的先后顺序编排，但愿懂得学问的人读了以后，会有所收获吧。即使这样，这只是记录先生的话，如果把它珍藏在外加锁钥的书库里，只知珍藏，不知阅读领会，把珍藏作为最终目的，难道不是轻重颠倒了吗？那就不能不愧对这部《文录》的汇集了。

重刻阳明先生文录后语

门人王畿撰

大道一定依靠语言来传播，孔夫子曾经用不著言辞来警策自己。语言，是入道的大门，凡是依靠语言进行传播的学问都是下等的学问。

做学问的人对于语言，就像陷于黑暗中的人需要蜡烛，脚跛者需要手杖。语言有触发思想的意义，有栽培德性的意义，但它的关键却存留于内心的体悟，内心里没有体悟而只是拘泥

说觉天下，天下靡然从之，是虽入道之玄诠，亦下学事，载诸录者详矣。吾党之从事于师说也，其未得之，果能有所触发否乎？其得之也，果能有所栽培否乎？其得而玩之也，果能有所印正否乎？得也者，非得之于言，得之于心也，契之于心，忘乎言者也；犹之烛之资乎明，杖之辅乎行，其机则存乎目与足，非外物所得而与也。

若夫玩而忘之，从容默识，无所待而自中乎道，斯则无言之旨，上达之机，固吾梅林公重刻是录，相与嘉惠而申警之意也，不然，则圣学亡而先师之意荒矣。吾党勖诸！

阳明先生文录续编序

后学徐阶撰

余姚钱子洪甫，既刻阳明先生《文录》以传，又求诸四方，得先生所著《大学或问》、《五经臆说》、序、书、疏等若干卷，题曰《文录续编》，而属嘉兴守六安徐侯以正刻之；刻成，侯谋于洪甫及王子汝中，遣郡博张编、海宁诸生董启予问序于阶，阶曰：

先生之文，非浅薄所敢序也，虽然，阶尝从洪甫汝中窃

于语言，不是善于学习的人。我们的阳明先师，倡导发明圣人之学，用良知的学说让天下人醒悟，天下的人一致地跟随他，这虽然是入道的路途，但也只是下等的学问，关于这一点在语录中有详细的记载。我辈聆听先师的教诲，在没有心得以前，果真能够有很大启发吗？有所心得以后，果真能够在内心里栽培了自己的德性了吗？有所心得并且深思熟虑，果真能够和先师的言说互相印证吗？有所获得，不是从语言中获得，是从内心之中获得，和内心相契合，而忘记了言辞的存在，就像蜡烛有助于明亮，手杖有助于行走一样，它的关键在于眼睛和脚，不是关乎外物的。

如果内心深思熟虑而忘掉言辞，平静而内心有所得，没有什么依靠而自己内心契合大道，这才是不依靠言辞的宗旨，融会贯通的关键，正是梅林先生重刻《文录》进行劝勉和警策的真实想法，不这样的话，那么圣人之学就要绝灭，先师的心意也就无所继承了。我辈要更加努力啊！

阳明先生文录续编序

后学徐阶撰

浙江余姚的钱洪甫先生，刻印《阳明先生文录》流传于世以后，又向四方索求先生文稿，获得先生所著的《大学或问》、《五经臆说》、序、记、书、疏等很多卷，题名为《文录续编》，嘱托浙江嘉兴的太守六安人徐侯刻印它，刻印完成以后，徐侯和钱洪甫及王汝中商量，派遣郡博张编、海宁的诸生董启予让我作序。我说：

阳明先生的文章不是学识浅薄的人能够敢于作序的，虽然

闻先生之学矣。夫学，非独倡始难也，其传而不失其宗，盖亦不易焉。自孔子没，《大学》格致之旨晦，其在俗儒，率外心以求知，终其身汩溺于见闻记诵，而高明之士，又率慕径约，贵自然，沦入于二氏而不自觉。先生崛起千载之后，毅然以谓致知者，致吾心之良知也。吾心之良知，不待虑而知，不待学而能，是乃天命之性。吾心灵昭明，觉之本体也。

惟不自欺其良知，斯知致而意可诚矣。格者，正也，正其不正以归于正也；物者，事也，事各归于正，而吾良知之所知始无亏缺障蔽，得以极其致矣。

举知而归诸良，举致知而归诸正物。盖先生之学，不汩于俗，亦不入于空，如此于时闻者，幸知口耳之可耻，然其辟之或激于大过。幸有见夫心体之当求，然其拟之或涉于太轻，于是超顿之说兴，至举践履之实，积累之功，尽诋以为不足务。脱于俗顾转而趋于空，则先生之学，有不待夫传之既久，乃始失其宗者，兹岂非学先生者之所忧乎？洪甫辑为是编，其志固将以救之，其自字曰："言近而旨远，此吾师中行之证也。"又曰："吾师之教，平易切实，而圣智神化之机，固已跃然，不必更为别说。"洪甫之于师传，其阐明翼卫，视先生之于孔氏有功等矣。

我曾经跟随洪甫、汝中二位聆听了先生的教诲。学问，不只开始倡导困难，后来流传却不歪曲它原来的宗旨，也是不易的呀。自从孔子去世以后，《大学》里格物致知的要旨就湮灭无闻了，对于那些俗儒，只知道用心向外界求得认识，一辈子沉溺在看听记诵的局限中；而高超明智之士又大都追求捷径，崇尚自然，陷于佛道两家之说而自己没有觉醒。先生从圣人去世千年之后奋然崛起，毅然坚持致知就是推广内心的良知，我内心的良知不依靠思虑而获得，不依靠学习而具有，这是天赋的本性。

我的内心是空灵明觉的本体。只要自己不欺瞒自己的良知，那么良知可以扩充而意念可以诚笃。格，是正的意思，修正那些不正的使它归于正；物，是事的意思，使万事各自归于正，那么我的良知所具有的认识能力才没有缺陷和障碍，能够把它推广到极点。

把知归之于良，把致知归之于正物，先生的学问，不拘泥于流俗，也没有流于空洞之中。这样对于当时听到的人，庆幸懂得只依靠口和耳的可耻，但是有的为避免这种缺欠，愤激太过。庆幸懂得应该从心体进行求索，然而，有的功夫不够，因此兴起了顿悟的学说，以至于把亲身实行，日积月累的功夫尽行诋毁，认为不足效法。从世俗中超脱出来又投入到空之中，那么先生的学问，用不着传播很久，就丧失了它原来的宗旨，这难道不是先生最为担心的吗？钱洪甫先生汇集这部《续编》，他的志向正是打算挽救它，他的自序里说："言辞切近，而意旨深远，这正是我的先师缘中而行不偏颇的证实。"又说："我的先师的教诲平易切实，可是圣人的智慧，神妙的变化，已经很明白地表现出来了，没有必要再说什么了。"钱洪甫先生对于师传，他阐述发明

夫三代以前，学与政合，而出于一；虞廷之命官与其所陈之谟，皆精一执中之运用也，故曰："三代之治，本于道；三代之道，本于心。"而后世论学既指夫俗与空者当之，其论政又指夫期会簿书当之，谬迷日甚，而未已也。

徐侯方从事于政，独能聚诸生，以讲先生之学，汲汲焉刻是编以诏之，其异于世之为者欤？使凡领郡者，皆徐侯其人，先生之学明，而洪甫之忧可释也。

阶生晚，不及登先生之门，然昔孟子自谓于孔子为私淑，至其自任闲先圣之道以承孔子，则虽见目为好辩而不辞，故辄以侯请为之序。呜呼！观者其尚亮阶之志也夫！

刻文录叙说

钱德洪

德洪曰：嘉靖丁亥四月，时邹谦之谪广德，以所录先生文稿请刻。先生止之曰："不可，吾党学问，幸得头脑，须鞭辟进里，务求实得，一切繁文靡好，传之恐眩人耳目，不录可也。"

谦之复请不已，先生乃取近稿三之一，标揭年月，命德洪编次，复遗书曰："所录以年月为次，不复分别体类者，盖

护持先生的学说，把先生看作和孔子一样有功绩的人。

在三代以前，学问和政事合而为一，虞舜时朝廷的任命官员和他陈述的文章都是中庸之道的运用，所以说："三代时国家大治来源于道，而三代的道来源于心。"可是后代讲论学问，专指世俗和空两个方面；讲论政事又专指政令和文书簿册，错误和迷妄一天天厉害起来而不停止。

徐侯正在从事政务，却能够独自聚集诸生，来讲述先生的学问，勤恳地刻印这部《续编》来传播学术，他的所作不是和当世一般人有很大不同吗？假使凡是作郡守的，都像徐侯一样，那么先生的学问就明白于天下，而钱洪甫先生的忧虑也可以消解了。

我出生晚，没有赶得上在阳明先生的身边学习，然而从前孟子自己认为是孔子的私淑弟子，至于他把自己看作直接继承孔子，那么即使被认为擅长辩论也不置一词加以反驳，所以就因为徐侯的请求，我冒失地为这部书作序。哎，但愿读书者能够明白我的心志吧！

刻文录叙说

钱德洪

德洪说：嘉靖丁亥（1527年）四月，当时邹谦之贬官到广德，把所辑录的先生的文稿请求刻印。先生制止他说："不可以，我的学问，侥幸从头脑里获得，必须学理精辟，务必求得切实的心得，一切烦琐的文字、浮夸的修辞，传扬出去恐怕迷惑人们的视听，最好不要辑录。"

谦之又不停地请求，先生才拿出近来写好的文稿三分之一，标注了年月，让德洪编定，又写信说："所辑录的以年月为顺

专以讲学明道为事,不在文辞体制间也。"明日,德洪掇拾所遗,复请刻,先生曰:"此爱惜文辞之心。昔者,孔子删述《六经》,若以文辞为心,如唐虞三代,自《典谟》而下,岂止数篇,正惟一以明道为志,故所述可以垂教万世,吾党志在明道,复以爱惜文字为心,便不可入尧舜之道矣。"德洪复请不已,乃许数篇次为附录,以遣谦之,今之广德板是也。

先生读《文录》,谓学者曰:"此编以年月为次,使后世学者,知吾所学前后进诣不同。"又曰:"某此意思,赖诸贤信而不疑,须口口相传,广布同志,庶几不坠;若笔之于书,乃是异日事,必不得已然后为此耳!"又曰:"讲学须得与人人面授,然后得其所疑,时其浅深而语之,才涉纸笔,便十不能尽一二。"

戊子年冬,先生时在两广,谢病归,将下庾岭,德洪与王汝中闻之,乃自钱塘趋迎至龙游,闻讣,遂趋广信,讣告同门,约每越三年,遣人哀录遗言。明日,又进贵溪,扶丧还玉山,至草萍驿,戒记书箧,故诸稿幸免散逸,自后同门各以所录见遗。

既七年,壬辰,德洪居吴,始校定篇类,复为购遗文一疏,遣安成王生自闽粤由洪都入岭表,抵苍梧,取道荆湘,

序,不再分别体类,因为专心以讲学明道为事业,不在于文辞体制之间。"第二天,德洪收集一些遗稿又请求刻印,先生说:"这是爱惜文辞的心意。从前孔子删订传述《六经》,如果把文辞放在心上,像唐虞三代,从典谟以后,难道只留下几篇?正是只一心把明道作为志向,所以他记述的可以垂教于万世,我们的志向在于明道,又留心爱惜文辞,那么我们就不能进入尧舜那样的大道了。"德洪又多次地请求,就答应以几篇作为附录,把它交给谦之,这就是现在的广德板。

先生读了《文录》后,对学习的人说:"这部书以年月为顺序,使后代的学者知道我的学问前期和后期所达到的程度不同。"又说:"我的想法依靠各位贤者信任而不质疑,经过口口相传,广泛地流传于有共同志向的人,保持了它的基本完整;如果要记录成书,那是以后的事了,一定要到不得已的时候,才这样做。"又说:"讲学必须和人面对面传授,然后知晓他所疑惑不解的地方,或浅或深地告诉他,只是在纸笔上传授,就不能理解到十分之一二。"

戊子年(1528年)冬,先生当时在两广,因病离职回家,将要经过庾岭,德洪和王汝中听说了这件事,就赶忙从钱塘到龙游迎接,听到先生去世的消息,就赶到广信,写讣告通知同门学友,约定每过三年就派人沉痛地记下先生的遗言。第二天又到贵溪,扶护灵柩回到玉山,到了草萍驿,提醒保护书箧,所以各种书稿庆幸没有遗失,从这以后同门学友各自把所记录的文稿收存起来。

七年以后,壬辰年(1532年),德洪居住在吴地开始校定篇目,又收集了一些遗失的文稿,派遣安成的王生从福建和广东出

还自金陵，又获所未备，然后谋诸提学侍御闻人邦正入梓以行，《文录》之有《外集》《别录》，遵附录例也。

先生之学凡三变，其为教也，亦三变。少之时，驰骋于辞章，已而出入二氏，继乃居夷处困，豁然有得于圣贤之旨。是三变而至道也。居贵阳时，首与学者为知行合一之说；自滁阳后，多教学者静坐；江右以来，始单提"致良知"三字，直指本体，令学者言下有悟，是教亦三变也。读《文录》者，当自知之。

先生尝曰："吾始居龙场，乡民言语不通，所可与言者，乃中土亡命之流耳！与之言知行之说，莫不忻忻有入，久之并夷人亦翕然相向，及出与士夫言，则纷纷同异，反多扞格不入，何也？意见先入也。"

德洪自辛巳冬，始见先生于姚，再见于越，于先生教，若恍恍可即，然未得入头处，同门先辈有指以静坐者，遂觅光相僧房，闭门凝神净虑，倏见此心真体，如出蔀屋而睹天日。始知平时一切作用，皆非天则自然，习心浮思，炯炯自照，毫发不容住著，喜驰以告先生曰："吾昔居滁时，见学者徒为口耳同异之辩，无益于得，且教之静坐一时，学者亦若有悟，但久之渐有喜静厌动，流入枯槁之病。故迩来只指破致良知工夫，学者真见得良知本体，昭明洞彻，是是非非，

发,经由洪都到岭表,抵达广西,取道湖南湖北,后到达金陵,又获得了一些缺失的文稿,然后和提学侍御闻人邦正商议付梓刻印,《文录》里有《外集》《别录》,遵照附录的体例。

先生的学问大致经历了三次变化,他的教育也经历了三次变化。年少的时候,在文辞和章法上纵横驰骋,后来出入于佛道两家,接着就居住在蛮夷之地,处于困厄之境,豁然领悟了圣贤之学的根本。这是经历了三次变化而彻悟了大道。居住在贵阳的时候,首先和学者倡导知行合一的学说;从居留滁阳以后,多次教导学者静坐;自从到江西以来,开始只提出"致良知"三个字,直接达到本体,让学者听了教诲以后,从内心里有所参悟,这就是教导也有三次变化。阅读《文录》的人,自当了解。

先生曾经说:"我开始在龙场居住,当地的乡民言语不通,能够与之交谈的,只有从内地流亡过来的人,和他们交谈知行的学说,没有不高兴有所领悟的。时间长了,当地的人也高兴地来听讲,等到出去和士人交谈,却有许多不同的意见,而且格格不入。这是为什么呢?因为他们有先入为主的知见存乎心中。"

德洪从辛巳年(1521年)冬天,第一次在余姚见到先生,第二次在越又见到,对于先生传授的学问,似乎有所领悟,可是始终没有找到入门之处,同门先辈有人指点我静坐,于是就找了僧人的居室,关起门来凝神静思,忽然发现自心的真体,就像从矮小的茅草房里出来重新见到了悬在中天的红日。这时才懂得平时所做的一切,都不是一种自然的功夫,心境沉静使思虑纯正,内心明澈自照,毫发毕现,不用一点力量,高兴地奔驰去告诉先生说:"我从前居住在滁阳时,看到学者只是在进行口耳同异的辩论,对于获得认识没有任何益处,即使教导他们静坐一会

莫非天则；不论有事无事，精察克治，俱归一路，方是格致实功，不落却一边。故较来无出致良知话头。无病何也？良知原无间动静也。"德洪既自喜学得所入，又承点破病痛，退自省究，渐觉得力。良知之说，发于正德辛巳年，盖先生再罹宁藩之变，张许之难，而学又一番证透。故正录书凡三卷，第二卷断自辛巳者，志始也。

格致之辩，莫详于答顾华玉一书，而拔本塞源之论，写出千古同体万物之旨，与末世俗习相沿之弊，百世以俟，读之当为一快。

先生尝曰："吾'良知'二字，自龙场已后，便已不出此意，只是点此二字，不出于学者言，费却多少辞说。今幸见出此意，一语之下，洞见全体，直是痛快！不觉手舞足蹈，学者闻之，亦省却多少寻讨功夫。学问头脑，至此已是说得十分下落，但恐学者不肯直下承当耳！"又曰："某于良知之说，从百死千难中得来，非是容易见得到此。此本是学者究竟话头，可惜此理沦埋已久，学者苦于闻见障蔽，无入头处，不得已与人一口说尽。但恐学者得之容易，只把作一种光景玩弄，辜负此知耳！"

儿，学者也好像有所领悟，但是时间长了，渐渐有喜欢安静厌烦活动的趋向，流入枯槁无力的弊病。所以近来只是修习致良知的工夫，学者真能体验到良知本体，那么认识就明晰透彻，是是非非，没有不是天然的法则；不论有事还是没事，精密观察勤于自治，就回归到同一方向上了，这才是格致实功，没有偏落到一边。所以细细思量没有超出致良知这个话题。没有缺憾为什么呢？良知原本就没有动静的分别。"德洪既欣喜学习有所深入，又承蒙先生指点缺失，退下来自己仔细反省探究，渐渐觉得有了进步。良知的学说，发端于正德辛巳年（1521年），大概是先生再次遭受宁王朱宸濠的变乱，张忠、许泰的发难，而学问得到进一步的体证和透彻。所以正录书共三卷，第二卷从辛巳年间断，标志新的开始。

关于格物致知的辩论，没有比答顾华玉一书更详细的了，它追究大本大源的论述，写出千古一致的万物的根本，和末世俗习相与沿袭的弊端，即是百代之后，读了也定会感到非常欣慰。

先生曾经说："我对'良知'二字，从龙场以后，就已经不离这个意思，只是点出这两个字，不囿于学者的言论，费了许多的文辞。现在庆幸揭示出这个意思，只用一句话，就清楚明白地看到全体，真是痛快极了！不自觉地手舞足蹈，学者听到这句话，也省去了许多寻觅的功夫。学问思路，到这里已经是说得十分透彻明白，只是害怕学者不愿直接接受呢！"又说："我对于良知的学说，从百死千难中得来，不是容易见得到的，这本来是学者最根本的话题，可惜这个问题沦落埋没了很长时间。学者苦于闻见的障蔽，不知入门路径，不得已让别人一句话说得很明白。只是恐怕学者得到它容易，只把它当作一种消遣，辜负了得

甲申年，先生居越。中秋月白如洗，乃燕集群弟子于天泉桥上，时在侍者百十人，酒半行，先生命歌诗，诸弟子比音而作，翕然如协金石，少间，能琴者理丝，善箫者吹竹，或投壶聚算，或鼓棹而歌，远近相答，先生顾而乐之，遂即席赋诗有曰"铿然舍瑟春风里，点也虽狂得我情"之句，既而曰："昔孔门求中行之士不可得，苟求其次，其惟狂者乎？狂者志存古人，一切声利纷华之乐，无所累其衷，真有凤皇翔于千仞气象，得是人而裁之，使之克念，日就平易切实，则去道不远矣。予自鸿胪以前，学者用功尚多拘局，自吾揭示良知，头脑渐觉，见得此意者多，可与裁矣。"

先生自辛巳年初归越，明年，居考丧，德洪辈侍者踪迹尚寥落，既后四方来者日众。癸未以后，环先生之室而居，如天妃光相能仁诸僧舍，每一室常合食者数十人；夜无卧所，更番就席，歌声彻昏旦；南镇禹穴阳明洞诸山，远近古刹徙足所到，无非同志游寓之地。

先生每临席，诸生前后左右环坐而听，常不下数百人，送往迎来月无虚日，至有在侍更岁不能遍记其姓字者。

到的认知！"

嘉靖甲申年（1524年），先生居住在越。中秋节月白如洗，就把弟子们招集在天泉桥上，当时侍立在旁的有百十多人，喝酒到半酣的时候，先生让大家歌咏赋诗，各位弟子有序地歌吟，和乐的样子就像夹杂了金石之音，一会儿，能够操琴的，就拨弄丝弦，能够弄箫的就吹响竹箫，有的投壶以计算多少，有的摇着棹而歌唱，远处的和近处的相互酬答，先生看到后很高兴，就即席赋诗，其中有一句："铿然舍瑟春风里，点也虽狂得我情。"不久之后说："从前孔门寻求能行中道的人，却没有得到，如果退而求其次，只能找到狂狷的人吗？狂狷的人志向保持上古之人的遗风，一切声色利诱纷繁华丽的快乐，没有能够摇动他的内心，确实有凤凰翱翔于千仞之上的气象。得到这样的人进行教化，使他约束自己的思虑，每天接近平易切实，就距离大道不远了。在我担任南京鸿胪寺卿以前，学者用功大多拘执于一定的范围，从我揭示良知头脑以后，渐渐觉得懂得这种意思的人多起来了，能够进行判断了。"

先生从辛巳年（1521年）初回到越地，第二年在家居父丧，侍奉在旁的德洪先生及几个弟子踪迹显得还很寥落稀少，后来四方的来人渐渐增多。到癸未年（1523年）以后，环绕先生的屋室居住，又去天妃、光相、能仁各位僧人的房舍，每一间房常常一起吃饭的有几十人；晚上没有睡觉的地方，就轮流着卧席休息，歌咏之声响彻白天和黑夜；南镇、禹穴、阳明洞等山，远近的古刹，徒步能够达到的，没有一处不是他们游乐、停息的地方。

先生每次临席讲授，各位求学的人前后左右环绕着坐下来听讲。经常不少于几百人，送往迎来，一月没有一天空闲，甚至

诸生每听讲出门，未尝不踊跃称快，以昧入者以明出，以疑入者以悟出，以忧愤愠忆入者，以融释脱落出，呜呼休哉！不图讲学之至于斯也。尝闻之同门，南都以前从游者虽众，未有如在越之盛者，虽讲学日久，孚信渐博，要亦先生之学益进，感召之机亦自不同也。今观《文录》前后论议，大略亦可想见。

先生尝语学者曰："作文字亦无妨工夫，如诗言志，只看尔意向如何，意得处自不能不发之于言，但不必在词语上驰骋；言不可以伪为，且如不见道之人，一片粗鄙心，安能说出和平话，总然都做得，后一两句露出病痛，便觉破此文原非充养得来；若养得此心中和，则其言自别。"

门人有欲汲汲立言者。先生闻之，叹曰："此弊溺人，其来非一日矣！不求自信，而急于人知，正所谓以己昏昏，使人昭昭也。耻其名之无闻于世，而不知知道者视之，反自贻笑耳！宋之儒者，其制行磊荦，本足以取信于人，故其言虽未尽，人亦崇信之，非专以空言动人也。但一言之误，至于误人无穷，不可胜救，亦岂非汲汲于立言者之过耶？"

有的陪侍了一年多还不能记下他的名字。

　　各位学者每次听讲以后走出门去，没有不欢欣鼓舞的。昧暗的人听讲以后变得明白起来，满怀疑虑的人听讲以后变得彻悟起来，忧虑愤恨心神不定的人听讲以后，变得通融释然洒脱起来，真是到了极点了！没想到讲学到了这种地步。曾经听同门的学者说，先生居留南都以前，跟随游学的人虽然也多，但是没有能赶得上在越讲学的盛况，虽然是讲学的时间长了，获得的信任越来越广，但主要还在于先生的学问有了进一步的升华，感召的能力大为不同了。现在看《文录》前后的论述评议，大致也可想见。

　　先生曾经对求学的人说："在文字上用功并不妨碍求学的功夫，像用诗歌来表达志向，只是看你意向怎么样，心有所得不能不用语言表达出来，但没有必要在言辞上过分造作；言辞不能人为地造作，就像没有发现大道的人，一片粗鄙的内心，怎么能说出和顺平易的话呢，纵然能够说出这样的一些话来，后面的一两句就露出缺陷，于是觉察出这些文辞不是从内心充养得来的；如果涵养得内心中和，那么言辞一定有明显的不同。"

　　门人中有迫不及待想著书立说的，先生听了后，感叹地说："这个弊病害人，不是一天了！不求自己内心的满足，而急着想让别人知道自己，正是所说的以自己的昏昧无知，想让别人明白起来。对他不能闻名于世而感到羞耻，却不知道在懂得大道的人看来，只能贻笑于人！宋代有成就的儒士，他们的言行本来足以取信于人，所以他们的言论虽然没有全部表述出来，人们也崇拜信奉他们，不是专门用言辞来感动别人的。但是一句话的失误，能够达到害人无穷的地步，而不能救助，这难道不是那些

或问先生:"所答示门人书稿,删取归并作数篇训语,以示将来如何?"先生曰:"有此意,但今学问自觉所进未止,且终日应酬无暇,他日结庐山中,得如诸贤有笔力者,聚会一处,商议将圣人至紧要之语发挥作一书,然后取零碎文字都烧了,免致累人。"

德洪事先生在越七年,自归省外,无日不侍左右,有所省豁,每得于语默作止之间;或闻时讪议,有动于衷,则益自奋励以自植,有疑义即进见请质,故乐于面炙,一切文辞,俱不收录,每见文稿出示,比之侍坐时,精神鼓舞歉然常见不足;以是知古人书不尽言,言不尽意,非欺我也。不幸先生既没,謦欬无闻,仪刑日远,每思印证,茫无可即,然后取遗稿次第读之,凡所欲言而不能者,先生皆为我先发之矣。

虽其言之不能尽意,引而不发,跃如也。由是自滁以后,文字虽片纸只字,不敢遗弃,四海之远,百世之下,有同此怀者乎?苟取正录,顺其日月以读之,不以言求,而惟以神会,必有沛然江河之决,莫之能御者矣。

《别录》成,同门有病其太繁者,德洪曰:"若以文字之

迫不及待著书立说的人的过错吗?"

　　有的人问先生:"把您回答和提示门人的书稿,加以删取整理,成为几篇训语,来警示将来,怎么样?"先生说:"有这个想法,但是我的学问自己觉得还没有达到完善的境地,况且终日应酬没有空闲,以后在山中结庐而居,找一些像各位贤者一样笔力较强的人,聚会在一起,商议把圣人至关紧要的话加以发挥作成一书,然后把零碎的一些文字全都烧掉,以免累害别人。"

　　德洪在越地侍奉先生七年,除了回家省亲以外,没有一天不侍奉左右,有所领悟也是得之于言默动静之间;有时听到当时人们的议论,内心有所触动,就更加严格要求自己端正品行,有疑惑不解的地方就进见先生请求当面指点,所以很乐意接受当面批评,一切的文辞都不收录,每次见到先生的文稿拿出来让看,比侍坐的时候更加精神鼓舞,谦让的态度表现得经常不够;因此懂得古人的书没有把话说完,话没有把思想全部表达出来,并没有欺骗自己呀。不幸先生去世以后,教诲的声音再也没有听到,可为典范的形象日渐远离,每次想追忆以往,茫然不可达到,然后拿出先生的遗稿从头读起,凡是自己想说但是不能表达的,先生都为我说出来了。

　　虽然他的言辞没能把他的想法全部表述出来,只是引而未发,就跳过去了。因此从居留滁阳以后,对于文字即使是一张纸几个字也不敢丢弃,四海之内,百代以后,有抱着这种志向的人吗?如果拿来正录,顺着年月来阅读,不以言求,只以神会,一定有像江河开决一样奔腾而来,没有能禁锢得了的。

　　《别录》完成以后,同门有的人认为言辞太繁是一个缺点,

心观之，其所取不过数篇；若以先生之学见诸行事之实，则虽琐屑细务，皆精神心术所寓，经时赞化以成天下之事业，千百年来，儒者有用之学，于此亦可见其梗概，又何病其太繁乎？"

昔门人有读《安边八策》者。先生曰："是疏所陈，亦有可用，但当时学问未透，中心激愤抗厉之气。若此气未除，欲与天下共事，恐于事未必有济。"

陈惟浚曰："昔武宗南巡，先生在虔，奸贼在君侧，间有以疑谤危先生者声息日至，诸司文帖，络绎不绝，请先生即下洪，勿处用兵之地，以坚奸人之疑。先生闻之，太然不动，门人乘间言之。先生姑应之曰：'吾将往矣！'一日，惟浚亦以问先生，曰：'吾在省时，权竖如许势焰，疑谤祸在目前，吾亦帖然处之，此何足忧？吾已解兵谢事乞去，只与朋友讲学论道，教童生习礼歌诗，乌足为疑，纵有祸患，亦畏避不得，雷要打便随他打来，何故忧惧？吾所以不轻动，亦有深虑焉尔！'又一人使一友亦告急，先生曰：'此人惜哉，不知学，公辈曷不与之讲学乎？'是友亦释然，谓人曰：'明翁真有赤舄几几气象。'愚谓《别录》所载，不过先生政治之迹耳！其遭时危谤，祸患莫测，先生处之太然，不动声色，而又能出危去险，坐收成功，其致知格物之学至是，岂意见拟议所能及？是皆《别录》所未及详者。"洪感惟浚之言，故表出之，以为读《别录》者相发。

德洪说:"如果用关注文字的心态来看,其中值得选取的不过几篇;如果从先生学问见诸于行事的实际来看,那么即使是琐碎的小事,也都是寄托了精神和心术在里边,经纶时事倡导化育来成就天下的大业,千百年来,儒家有实用的学问,在这儿可以看到大概了,又怎么能认为它文辞繁复是缺点呢?"

从前有个门人读先生的《安边八策》。先生说:"这篇奏疏所陈述的,也有可以采用的地方;但是当时的学问还没有做得很透彻,心中常有激愤抗争的气。如果这种气没有去掉,想和天下的人共成大事,恐怕对事业不一定有帮助。"

陈惟浚说:"从前武宗到南方巡视,先生恭敬地迎候,可是奸贼在国君的旁边,不断地进行怀疑和诽谤,使先生处于危难的境地,这样的消息每天都传到,诸司的文帖,一封接一封地请求先生到下洪去,不要处在用兵的地方,以至让奸人更加疑虑。先生听到这个消息,泰然不动,门人乘这个时机又对他说,先生姑且回答说:'我打算走了!'一天,惟浚也把这件事问先生,先生说:'我在家省亲时,权势小人有那么大的势焰,怀疑、诽谤、灾祸就在眼前,我也冷静地对待它,这有什么可以害怕的?我已被解除兵权,谢绝世事乞求离开,只和朋友讲学论道,教童生演习礼仪,歌咏诗赋,怎能足以引起怀疑,纵然有祸患也畏避不得,雷要打便随他打来,为什么要忧虑害怕呢?我不轻易行动,也有很深的考虑呢!'又有一个人让一位朋友来告急,先生说:'这个人很可惜啊,不懂得学习!你们为什么不和他一块谈论学术呢?'这位朋友也明白了这个意思,对人说:'阳明老先生真有宏大的气象。'我认为《别录》所记载的,不过是先生从事政治的事迹罢了!他遭受当时的诽谤和危难,灾祸和患难不可

复闻人邦正书哀刊《文录》，诸同门聚议不同，久矣。有曰："先生之道，无精粗，随所发言，莫非至教，故集文不必择其可否，概以年月体类为次，使观者随其所取而获焉。"此久庵诸公之言也。又"先生言虽无间于精粗，而终身命意，惟以提揭人心为要，故凡不切讲学明道者，不录可也。"此东廓诸公之言也。

二说相持，罔知裁定，去年广回舟中，反覆思惟，不肖鄙意，窃若有附于东廓子者。夫传言者不贵乎尽其博，而贵乎得其意，得其意，虽一言之约，足以入道；不得其意，而徒示其博，则年久失真，匪徒无益，是眩之也。

且文别体类，非古也，其后世侈词章之心乎？当今天下士，方驰骛于辞章，先生少年亦尝没溺于是矣；卒乃自悔，惕然有志于身心之学，学未归一，出入于二氏者又几年矣；卒乃自悔，省然独得于圣贤之旨，反覆世故，更历险阻，百炼千磨，斑瑕尽去而辉光焕发，超然有悟于良知之说，自辛巳年以后，而先生教益归于约矣。

预知，先生对待这情况很坚毅，不动声色，而又能够脱离危险，坐收成功，他的致知格物的学问到了这种地步，哪里是他人的意见和评议能赶得上的？这些都是《别录》所没有详尽记述的。"德洪从惟浚的话里有所感触，所以一起发表出来，和读《别录》的人互相启发。

又闻人邦正先生汇编文集，准备刊印《文录》，很久以前各位同门学友在一起议论就有不同的看法。有的人说："先生的学说，没有精粗之分，随时阐发的言论，没有不是至上的教导，所以收集文稿，不必选择是否适合，一律按年月和体裁为次序，使读者随便取阅都能有所收获。"这是久庵等各位先生的话。又有的人认为："先生言辞虽然没有粗精的区别，可是一辈子所倡导的，只有提示和启发人心为关键，所以凡是不切近讲学明道的，都可以不载入。"这是东廓等各位先生的话。

两种说法相互对立，不知该怎样裁定，去年我从广东回家的船上，反复思考，想法不是很周到，我认为还是应该听从东廓先生的说法。传述言论不在于追求广博全面，而贵在领会其意旨，即使像一句话那样简约，也足以入道；没有领会其意旨，而只是夸示广博，时间长了极易丧失它的本质，这不只是没有好处，还容易迷惑人。

况且对文章按照体裁进行分类，不是古代就有的，是后代不断强化辞章之学的产物。当今天下的读书人，正在辞章上下很大的工夫，先生年少的时候也曾经沉浸在这里面；后来就自己悔悟，谨慎地立志从事身心学问的探求，学问还没有达到一贯，出入于佛、道两家又几年；后来终于自己醒悟，独自领会了圣人的为学宗旨，经历了世事的变迁，遭遇了多重的险阻，百炼千磨，

故凡在门墙者，不烦辞说，而指见本体，真如日月之丽天，大地山河，万象森列。阴崖鬼魅，皆化而为精光；断溪曲径，皆坦而为大道。虽至愚不肖，一触此体真知，皆可为尧舜。考三王，建天地，质鬼神，俟百世，断断乎知其不可易也。有所不行者，特患不加致之之功耳。

今传言者不揭其独得之旨，而尚吝惜于悔前之遗，未透之说，而混焉以夸博，是爱其毛而不属其里也。不既多乎？既又思之，凡物之珍赏于时者，久而不废，况文章乎？先生之文，既以传诵于时，欲不尽录，不可得也。

自今尚能次其月日，善读者尤可以验其悔悟之渐，后恐迷其岁月，而概以文字取之，混入焉，则并今日之意失之矣。

久庵之虑，殆或以是与？不得已乃两是而俱存之。故以文之纯于讲学明道者，裒为《正录》，余则别为《外集》，而总题曰《文录》；疏奏批评之文，则又特为一书，名曰《别录》。

夫始之以《正录》，明其志也；继之以《外集》，尽其博也；终之以《别录》，究其施也；而文稽其类，以从时也。识道者读之，庶几知所取乎？此又不肖者之意也。问难辩诘，

缺陷和过失全部脱去，真知的光辉焕然迸发，在良知之说上有所体悟，从辛巳年以后，先生的教导更加趋向于简约。

所以凡是入门听讲的人，没有太多的言辞，就直接体悟本体，就像日月照耀于天空，大地山河，天下万物森然陈列，鬼魅阴魂都化为精光，断溪曲径，都直通为大道，即使最愚钝不肖的人一接受这种真学问，都能成为尧舜那样的贤人。考证三王，立于天地，质诸鬼神，以传百世，很明白地知道其学是不能改变的；如有的没有流传，那只是没有进一步致力于它。

现在传述言论的人不揭示他独自体悟到的本旨，只是吝惜以前遗存下来的文稿，没有透彻的论说，把它们混同起来夸耀广博，这是爱惜它的皮毛而没有注重它的实质。不也是很多的吗？后来又想，凡是在当时成为珍赏的事物，时间久了却失去光彩，何况文章呢？先生的文章在现今传播得很远，想不全部记录下来都不可能。

从现在还能按照时间先后进行编排，善于阅读的人还能体会到先生逐渐悔悟的过程，往后恐怕迷乱了年月先后，一概从文字来领会，前后文稿混同起来那么现在的意思就都丧失了。久庵先生的考虑大概就是这样的吧？没有办法的话就两种说法都保留下来。

所以把纯粹讲学明道的文章，排列为正录，其余的就分别为《外集》，而总的题目叫《文录》；上疏奏折批文，就又整理成一书，名叫《别录》。

以正录开始，来表明先生的志向；接下来是《外集》，来保持全面；以《别录》为最后，探究他的施行；编排文稿，考察它的类别，是顺从当时的情况。懂得学理的人读了以后差不多会有所

莫详于书，故《正录》首书，次记，次序，次说，而以杂著终焉；讽咏规切，莫善于诗赋，故《外集》首赋，次记，次序，次说，次杂著，而传志终焉；《别录》则卷以事类，篇以题别，先奏疏而后公移。刻既成，惧读书之病于未察也，敢敬述以求正。乙未年正月。

取舍吗？这又是我的意思。答问非难辩论诘问，没有比书更详细的了，所以把正录作为首书，依次为记、序、说，而以杂著为结尾；讽咏劝诫，没有比诗赋更好的了，所以《外集》首先是赋，依次为诗、记、序、说、杂著，而把传志作为最后；《别录》就用体裁来分卷，用标题来区分篇目，先为奏疏，后为公移。书刻印完成以后，恐怕读者不能加以领会，所以讲了上面的话以求斧正。乙未年（1535年）正月。

编辑《文录》姓氏:

门人余姚徐爱、钱德洪、孙应奎、严中,揭阳薛侃,山阴王畿,渭南南大吉,安成邹守益,临川陈九川,泰和欧阳德,南昌唐尧臣。

校阅《文录》姓氏:

后学吉水罗洪先,滁阳胡松,新昌吕光洵,秀水沈启原。

汇集《全书》姓氏:

提督学校巡按直隶监察御史豫章谢廷杰

督刻《全书》姓氏:

应天府推官太平周恪,上元县知县莆田林大黼,江宁县知县长阳李爵。

卷之一　语录一

传习录上

先生于《大学》"格物"诸说,悉以旧本为正,盖先儒所谓误本者也。爱始闻而骇,既而疑,已而殚精竭思,参互错综,以质于先生。然后知先生之说,若水之寒,若火之热,断断乎百世以俟圣人而不惑者也。先生明睿天授,然和乐坦易,不事边幅,人见其少时豪迈不羁,又尝泛滥于辞章,出入二氏之学。骤闻是说,皆自以为立异好奇,漫不省究,不知先生居夷三载,处困养静,精一之功,固已超入圣域,粹然大中至正之归矣。

爱朝夕炙门下,但见先生之道,即之若易,而仰之愈高,见之若粗,而探之愈精,就之若近,而造之愈益无穷,十余年来,竟未能窥其藩篱。世之君子,或与先生仅交一面,或犹未闻其謦欬,或先怀忽易愤激之心,而遽欲于立谈之间,传闻之说,臆断悬度,如之何其可得也?从游之士,闻先生之教,往往得一而遗二,见其牝牡骊黄而弃其所谓千里者。故爱备录平日之所闻,私以示夫同志,相与考而正之,庶无负先生之教云。门人徐爱书。

先生对于《大学》"格物"的学说，都是以(《礼记》中的)"旧本"为准，可是"旧本"大概就是先儒所说的，文字上错误较多的那种版本。我刚听其学说说时很惊骇，进而很怀疑，后来就用尽精力，费尽心思，相互参照比较，对先生的学说进行质疑。然后才知道，先生的学说思想，像水的禀性寒凉一样，像火的禀性炽热一样。《中庸》有言"百世以俟圣人而不惑"，先生就是《中庸》所言的圣人啊。先生天资聪慧，却随和平易，不修边幅，世人见先生年轻时放荡不羁，又曾热衷于诗词文章，沉溺于佛、道两家学说，骤然之间听说先生自创学说，都以为他是标新立异、荒诞不经而不屑深究。他们不知道先生在蛮荒夷人聚居地龙场居住了三年，于困苦之中修养静思，精一的功夫已超凡入圣，进入精纯至中至正的境界了。

我朝夕于先生门下亲聆教诲，却不能深知先生之道，接触到它好像很容易，但思量仰望它又愈见其高妙，看起来好像很粗浅，而认真钻研探究起来，又是那么精深，学习掌握的时候好像就在眼前，可是走近了又是那么无穷无尽。跟随先生十多年来，我竟然不能完全明白先生思想的深奥和广大。当今的学者，有的仅与先生有一面之交，有的从未听过先生的教诲，但是心中早已怀有轻蔑、愤怒而激动的情绪，没有谈上几句就急于根据传闻臆说，主观臆断，妄加揣度，这样怎么能够真正理解先生的学说呢？那些跟随先生的学生们，聆听先生的教诲，经常是学到的少而遗漏的多，如同相马时只记得那些马的雌和雄，颜色

爱问:"'在亲民',朱子谓当作'新民',后章'作新民'之文,似亦有据,先生以为宜从旧本作'亲民',亦有所据否?"

先生曰:"'作新民'之'新',是自新之民,与'在新民'之'新'不同,此岂足为据?'作'字却与'亲'字相对,然非'亲'字义。下面'治国平天下'处,皆于'新'字无发明。如云'君子贤其贤而亲其亲,小人乐其乐而利其利''如保赤子''民之所好好之,民之所恶恶之,此之谓民之父母'之类,皆是'亲'字意。'亲民'犹《孟子》'亲亲仁民'之谓,亲之即仁之也。百姓不亲,舜使契为司徒,敬敷五教,所以亲之也。《尧典》'克明峻德,便是'明明德';'以亲九族'至'平章''协和',便是'亲民',便是'明明德于天下'。又如孔子言'修己以安百姓','修己'便是'明明德','安百姓'便是'亲民'。说'亲民'便是兼教养意,说'新民'便觉偏了。"

爱问:"'知止而后有定',朱子以为'事事物物皆有定理',似与先生之说相戾。"

先生曰:"于事事物物上求至善,却是义外也。至善是心之本体,只是'明明德',到'至精至一'便是。然亦未尝离却事物,本注所谓'尽夫天理之极,而无一毫人欲之私'者

的黑和黄，而遗弃了千里马一样。所以我把平时听到的教诲全部记录下来，私下里给同学们看，相互考核订正，以不辜负先生的谆谆教诲。门人徐爱书。

徐爱（下文中都用我字代替）问："朱熹认为《大学》中的'在亲民'应为'新民'，后面一章有'作新民'的阐述，读起来似乎也有依据，先生却认为应照旧本写作'亲民'有什么依据吗？"

先生说："'作新民'中的'新'字是自新之民的意思，和'在新民'的'新'不同，'作新民'怎么能作为'在新民'的根据呢？'作'字与'亲'字相对，但不是'亲'字的意思。下面'治国平天下'等处，对于'新'字都没有一点阐发解释。如说：'君子贤其贤而亲其亲，小人乐其乐而利其利'，'如保赤子'，'民之所好好之，民之所恶恶之，此之谓民之父母'如此等等这些都是'亲'的意思。'亲民'就像《孟子》中所说的'亲亲仁民'，亲，就是仁的意思。老百姓不能互相亲近，舜就让契做司徒，要契认真详细地制作五教，以教化人民，为的是使之亲睦。《尧典》中说：'克明峻德'就是'明明德'，'以亲九族'至'平章''协和'便是'亲民'，就是'明明德于天下'。又如孔子也说'修己以安百姓'，'修己'便是'明明德'，'安百姓'就是'亲民'，说'亲民'就是兼有养育教化的意思。朱子说'新民'便有些偏了"。

徐爱问："《大学》中的'知止而后有定'，朱熹认为是万事万物都有其固定的道理，这似乎与先生的学说相抵触。"

先生回答说："在纷繁复杂的事物上去探求最高的善，那就是背离了本意。最高的善就是心的本体，只要"明明德"达到"至精至一"的境界，就是至善了。但是，这一探求的过程一时得之。"

爱问:"至善只求诸心,恐于天下事理有不能尽。"

先生曰:"心即理也。天下又有心外之事,心外之理乎?"

爱曰:"如事父之孝,事君之忠,交友之信,治民之仁,其间有许多理在,恐亦不可不察。"

先生叹曰:"此说之蔽久矣,岂一语所能悟!今姑就所问者言之,且如事父,不成去父上求个孝的理?事君,不成去君上求个忠的理?交友治民,不成去友上、民上求个信与仁的理。都只在此心,心即理也。此心无私欲之蔽,即是天理,不须外面添一分。以此纯乎天理之心,发之事父便是孝,发之事君便是忠,发之交友、治民便是信与仁。只在此心去人欲、存天理上用功便是。"

爱曰:"闻先生如此说,爱已觉有省悟处。但旧说缠于胸中,尚有未脱然者。如事父一事,其间温清定省之类,有许多节目,不亦须讲求否?"

一刻也没有和客观的事物相脱离,朱熹在《大学章句》中说只有'穷尽天理而心中无一毫私心杂念'的人,才能达到至善的境界。"

徐爱问:"只在心中探求最高的善,恐怕就不能穷尽天下万事万物的道理吧。"

先生回答说:"心就是天理,世界上哪还有存在于人心之外的事物和道理呢?"

徐爱问:"比如服侍父亲所体现的孝心、辅助君王所体现的忠心、结交朋友所体现的信用、治理人民所表现的仁爱,在这些事情中也蕴涵了许多道理,恐怕也是我们不能不加以细心体察的吧?"

先生感慨道:"这种错误的说法流传很久了,哪能一两句话就说明白呢?现在只就你所问到的问题谈一谈,不能孝敬服侍父亲,就去父亲身上寻求孝的道理;不能忠诚辅佐君王,就到君王身上寻求忠的道理;不能诚信结交朋友,就到朋友身上寻求信的道理;不能仁慈治理人民,就到人民身上寻求仁的道理。这些都是人心所发出来的,人心就是天理。人心不被私欲蒙蔽,至纯至精,就是天理,不需要从外面添加一丝一毫。这种饱含天理的纯正的人心发出来的,表现在服侍父亲上,就是孝;表现在辅佐君王上,就是忠;表现在结交朋友、治理百姓上,就是信和仁。所以,要做到孝、忠、信、仁等等,只要在人心下功夫,摒弃私欲,存养天理就行了。"

徐爱听了说:"听先生这么一说,我已经有所省悟。但是我旧的观念还缠绕在心中,没有彻底解脱出来,因而心中还有些疑问。如服侍父亲,使其冬暖夏凉、晨昏定省等许多细节,不也先生曰:"如何不讲求?只是有个头脑,只是就此心去人欲、存天理上讲求。就如讲求冬温,也只是要尽此心之孝,恐怕有一毫人欲间杂;讲求夏清,也只是要尽此心之孝,恐怕有一毫人欲间杂。只是讲求得此心。此心若无人欲,纯是天理,是个诚于孝亲的心,冬时自然思量父母的寒,便自要去求个温的道理;夏时自然思量父母的热,便自要去求个清的道理。这都是那诚孝的心发出来的条件。却是须有这诚孝的心,然后有这条件发出来。譬之树木,这诚孝的心便是根,许多条件便是枝叶,须先有根,然后有枝叶,不是先寻了枝叶,然后去种根。《礼记》言:'孝子之有深爱者必有和气,有和气者必有愉色,有愉色者,必有婉容。'须是有个深爱做根,便自然如此。"

郑朝朔问:"至善亦须有从事物上求者?"

先生曰:"至善只是此心纯乎天理之极便是,更于事物上怎生求?且试说几件看。"

朝朔曰:"且如事亲,如何而为温清之节?如何而为奉养之宜,须求个是当,方是至善,所以有学问思辩之功。"

先生曰:"若只是温清之节、奉养之宜,可一日二日讲之需要讲求吗？"

先生回答说："怎么能不讲求呢？只是在探求时要有个根本，只在抛弃私欲，保存天理的功夫上去探求。像父母冬天保暖，仅是尽自己的孝心，唯恐心中夹杂丝毫的私欲；像父母夏天防暑，也仅仅是尽自己的孝心，唯恐心中夹杂丝毫的私欲。只是讲求有这份心。自己心里如果没有丝毫的个人杂念，纯为天理，是颗虔诚不二的心，寒冬自然会想到父母的寒冷，自然会去探求使父母温暖的道理；炎夏自然会想到父母的炎热，自然会去探求使父母清凉的道理。这都是一颗诚孝的心落实到实际行动中的结果。只有先有虔诚的心，才会有这样的结果。比如树木，虔诚的心是树根，那许多具体的结果便是枝叶，必须先有根，然后才能有枝叶，而不是先寻求枝叶，然后才去种树根。《礼记》说'深爱父母的孝子，对待父母一定很和气，有和气的态度，就一定会有愉快气色，有了愉快的气色，就一定会有让父母高兴舒心的表情。'必须先有个深爱做根，然后一切都会自然地做出来。"

郑朝朔问先生："最高的善也有能从具体事物上探求的吗？"

先生回答说："最高的善只是使自己的心达到纯粹天理的境界，怎么能在外在的事物上探求呢？试举几个例子说说看。"

朝朔说："例如服侍亲人，怎么做才算是防寒降暑适度、侍奉赡养适当呢？必须探求一个答案和标准。得到了这个标准，才算是得到了最高善的境界。所以这样就有了学习、询问、思虑、辨别的功夫。"

先生回答说："如果只是防寒降暑、奉养适宜的问题，一两

而尽,用得甚学问思辩?惟于温凊时,也只要此心纯乎天理之极;奉养时,也只要此心纯乎天理之极。此则非有学问思辩之功,将不免于毫厘千里之谬,所以虽在圣人,犹加'精一'之训。若只是那些仪节求得是当,便谓至善,即如今扮戏子,扮得许多温凊奉养的仪节是当,亦可谓之至善矣!"爱于是日又有省。

爱因未会先生"知行合一"之训,与宗贤、惟贤往复辩论,未能决,以问于先生。先生曰:"试举看。"

爱曰:"如今人尽有知得父当孝、兄当悌者,却不能孝、不能弟,便是知与行分明是两件。"

先生曰:"此已被私欲隔断,不是知行的本体了。未有知而不行者,知而不行,只是未知。圣贤教人知行,正是要复那本体,不是着你只恁的便罢。故《大学》指个真知行与人看,说'如好好色,如恶恶臭'。见好色属知,好好色属行。只见那好色时已自好了,不是见了后又立个心去好。闻恶臭属知,恶恶臭属行。只闻那恶臭时已自恶了,不是闻了后别立个心去恶。如鼻塞人虽见恶臭在前,鼻中不曾闻得,便亦不甚恶,亦只是不曾知臭。就如称某人知孝、某人知弟,必是其人已曾行孝行弟,方可称他知孝知弟,不成只是晓得说些孝弟的话,便可称为知孝弟。又如知痛,必已自痛了方知痛;

天就可以讲完,哪里还用得着学习、询问、思考、辨别的功夫呢?在侍奉父母冬夏暖凉时,也只要自己的心至纯至精成为天理就行了。而要做到这一点,便非有学习、思考、辨别的功夫不可,否则就不免差之毫厘,谬之千里了。所以,即使是圣人,也都要用"惟精惟一"的功夫。如果只是讲求那些仪礼的细节,以为做到这些,就得到最高的善了,那么演员在舞台上扮演了许多对父母保暖防寒、侍奉赡养的礼节仪式,也可以称为至善了。"徐爱在这天又有所省悟。

徐爱因为没有领会先生讲论'知行合一'的教导,就和同学宗贤、惟贤反复辩论,但是,仍然没有弄清楚,最后只好向先生求教。先生说:"举几个例子说说看。"

徐爱回答说:"如今的人都知道应当孝顺父亲、恭敬兄长,但实际上,却做不到孝顺、恭敬。由此可以知道知和行分明是两件事。"

先生说:"这样的知和行,已经被个人的欲望所隔断,已经不是本来意义上的知行了。没有知而不行的人,知而不行,说明还是没有真正知道。圣贤教育人们认识、实践,就是要人们恢复知行本来的面目,不是像你随便想的那么简单。所以《大学》给出了一个真正知行的例子,就是'如同喜欢美色,如同厌恶腐朽'。看见美色属于知,喜欢美色属于行。你一看到美色就自然喜欢他了,而不是看见后才生出个心去喜欢;同样,闻到腐臭的气味属于知,厌恶腐臭的气味属于行。当你闻到恶臭的气味,就已经厌恶它了,而不是闻到后才生出个心去厌恶它;像鼻塞不通气的人,虽然有恶臭的气味在面前,但鼻子没有闻到,所以也就不会产生厌恶感,这就是没有认识到恶臭的气味。同样我们知寒，必已自寒了；知饥，必已自饥了；知行如何分得开？此便是知行的本体，不曾有私意隔断的。圣人教人，必要是如此，方可谓之知。不然，只是不曾知。此却是何等紧切着实的功夫！如今苦苦定要说知行做两个，是甚么意？某要说做一个是甚么意？若不知立言宗旨，只管说一个两个，亦有甚用？"

爱曰："古人说知行做两个，亦是要人见个分晓，一行做知的功夫，一行做行的功夫，即功夫始有下落。"

先生曰："此却失了古人宗旨也。某尝说知是行的主意，行是知的功夫；知是行之始，行是知之成。若会得时，只说一个知，已自有行在，只说一个行，已自有知在。古人所以即说一个知，又说一个行者，只为世间有一种人，懵懵懂懂的任意去做，全不解思惟省察，也只是个冥行妄作，所以必说个知，方才行得是；又有一种人，茫茫荡荡悬空去思索，全不肯着实躬行，也只是个揣摸影响，所以必说一个行，方才知得真。此是古人不得已补偏救弊的说话，若见得这个意时，即一言而足。今人却就将知行分作两件去做，以为必先知了然后能行，我如今且去讲习讨论，做知的工夫，待知得真了方去做行的功夫，故遂终身不行，亦遂终身不知。此说，某人孝顺父母、恭敬兄长，一定是他已经做到了孝悌，才说他真正懂得孝悌。难道只是因为他说了些如何孝顺父母、尊敬兄长的话，就断定他真正懂得孝悌了吗？又例如，知道疼痛，一定是自己已经感觉到疼痛了，才知道；知道寒冷，一定是自己已经感觉到寒冷了，才知道；知道饿，一定是自己已经感觉到饿了，才知道。从上面所举的这些例子来看，知行本一，不曾被私欲隔断。圣贤教育人，一定要这样才是真知，不然就不会有真正的知。这是多么重要迫切而又实在的功夫啊！现在非要说知和行是两回事儿，知行不合一，是什么意思呢？我说知行本一是什么意思呢？如果不明白我立言的"大根大本"，只知道去争论知和行是一回事儿和两回事儿，又有什么用呢？"

徐爱说："古人把知和行当做两回事儿，目的是要人对知和行有个正确的理解。一边做认知的功夫，一边做实践的功夫，只有这样，我们做修养身心的功夫才会有个明确的落脚点。"

先生说："这样想就完全丢掉了古人的根本宗旨和目的了。我曾经说过，知是行的宗旨，行是知的落实；知是行的开始，行是知的结果。如果领会了这一学说，谈到知，就已经有行了；谈到行，就已经有知了。古人之所以既说知又说行，只是因为世上有一种人，迷迷糊糊随意去做，不假思索，肆意妄行，所以要强调知的道理，这样他才能正确地知。世上又有一种人，整天胡思乱想，不肯亲手去做，也只是主观猜度，所以要强调行的道理，这样他才能正确地行。这些都是古人为补救弊端不得已才这样说的。若深悟此中妙义，一言便明。现在的人却把知和行当做两件事去做，认为一定得先有知，然后才能行。我现在如果只去讲习讨论如何做到知的功夫，等到真正知了才去做行的不是小病痛,其来已非一日矣。某今说个知行合一,正是对病的药,又不是某凿空杜撰,知行本体原是如此。今若知得宗旨时,即说两个亦不妨,亦只是一个;若不会宗旨,便说一个,亦济得甚事?只是闲说话。

爱问:"昨闻先生'止至善'之教,已觉功夫有用力处。但与朱子'格物'之训,思之终不能合。"

先生曰:"格物是止至善之功,既知至善,即知格物矣。"

爱曰:"昨以先生之教,推之格物之说,似亦见得大略。但朱子之训,其于《书》之'精一',《论语》之'博约',《孟子》之'尽心知性',皆有所证据,以是未能释然。"

先生曰:"子夏笃信圣人,曾子反求诸己。笃信固亦是,然不如反求之切。今既不得于心,安可狃于旧闻,不求是当?就如朱子,亦尊信程子,至其不得于心处,亦何尝苟从?'精一''博约''尽心',本自与吾说吻合,但未之思耳。朱子格物之训,未免牵合附会,非其本旨。精是一之功,博是约之功,曰仁,既明知行合一之说,此可一言而喻。尽心、知性、知天,是生知安行事;存心、养性、事天,是学知利行事;夭寿不贰,修身以俟,是困知勉行事。朱子错训'格物',只为倒看了此意,以'尽心知性'为'物格知至',要初

功夫，那终生都不会去行，也终生一无所知。这种想法可不是小毛病，它的产生已经很久了。我现在说知行合一正是对症下药，而不是我凭空杜撰的，知行的本来面目就是这样。若现在领悟了'大根大本'，即使把它们分开说，本来还是一体。若没有领悟"大根大本"，就是把它们说成一个，又有什么用呢，也只是空说说而已。"

徐爱对先生说："昨天，听了先生讲解"止至善"，我已经知道在哪里下功夫了。但是，我考虑来考虑去，还是觉得与朱熹'格物'的观点不一致。"

先生说："'格物'是"止至善"的实在功夫，既然明白了'至善'，也就明白了'格物'。"

徐爱说："昨天用先生的教诲去推敲朱熹'格物'的学说，我大概了解了。但是朱子解说《尚书》的'精一'、《论语》的'博约'、《孟子》中的'尽心知性'都能找到相应的依据。所以，我还没有完全明白。"

先生说："子夏虔诚地相信圣人，曾子在自己身心上反省探求。虔诚地相信圣人固然不错，却没有自己反省探求理解得深刻。现在，你既然还没有弄懂，怎么能因循旧说，不去寻求正确的答案呢？就拿朱熹来说，朱子十分尊敬、信奉程子，但是他心中不明白的地方，何尝盲从过？'精一''博约''尽心'，这些思想本来与我的学说相吻合，只是你没有用心思考罢了。朱子'格物'的思想不免有牵强附会的地方，并不是《大学》中'格物'的本意。精是一的功夫，通过求精，而达到一。博是约的功夫，通过广博的学习，达到约礼。称之为仁。你领悟了知行合一的思想，这一句就可以说清楚。'尽心、知性、知天'是'生而知之学便去做生知安行事，如何做得？"

爱问："'尽心知性'，何以为'生知安行'？"

先生曰："性是心之体，天是性之原，尽心即是尽性。'惟天下至诚为能尽其性，知天地之化育。'存心者，心有未尽也。知天，如知州、知县之知，是自己分上事，己与天为一。事天，如子之事父，臣之事君，须是恭敬奉承，然后能无失，尚与天为二，此便是圣贤之别。至于'夭寿不贰其心'，乃是教学者一心为善，不可以穷通夭寿之故，便把为善的心变动了，只去修身以俟命，见得穷通寿夭有个命在，我亦不必以此动心。事天虽与天为二，己自见得个天在面前，俟命便是未曾见面，在此等候相似，此便是初学立心之始，有个困勉的意在。今却倒做了，所以使学者无下手处。"

爱曰："昨闻先生之教，亦影影见得功夫须是如此；今

的人能做的事,'存心、养性、事天'是学而知之的人能做的事,'夭寿不贰,修身俟之'是困而学之的人做的事。朱子错误地解释'格物',他颠倒了格物的先后顺序,认为'尽心、知性'就是'格物知至'。于是要求初学者去做生而知之的人能做的事,他们怎么能做得到呢?"

徐爱问:"'尽心知性'怎么会是生而知之的人能做的事呢?"

先生答说:"性是心的本体,天理是性的本源,明白了心,就明白了性。'只有天下最诚的人,才能完全彻底地明白性,才能认识天地万物的生成变化的规律'。所谓'存心',反过来说就是没有做到'尽心'没有完全明白心。'知天'的'知',如同知州、知县的'知',对上天的认识要像州官、县官对他所治理的州和县的认识一样,都是分内之事,已经做到了也就与天合二为一。侍奉上天就像儿子侍奉父亲,大臣侍奉君王那样,一定谨慎恭敬才不会出现丝毫差错,即使这样,还做不到天人合一,这就是圣人和贤人的差别所在。至于'夭寿不贰其心',是学者始终如一地行善,不因为人生夭寿长短动摇行善的本心,而只管去修身养性,至于结果如何,听天由命就是了。通过洞察人生穷通寿夭而知道有个命运的存在,我们也不必因此动摇本心。侍奉上天,即使还不能与天合二为一,但已知道天命的所在了。俟命,就是还不知道天命在哪里,只是在那里等着。这是初学者开始确立志向的时候,会遇到困境,如何勉励初学者,有这个意思。朱熹把这一循序渐进的过程颠倒了,所以使初学者无从下手。"

徐爱又问:"昨天听了先生的教诲,也隐隐约约体会到应该

闻此说，益无可疑。爱昨晓思格物的'物'字即是'事'字，皆从心上说。"

先生曰："然。身之主宰便是心，心之所发便是意，意之本体便是知，意之所在便是物。如意在于事亲，即事亲便是一物；意在于事君，即事君便是一物；意在于仁民爱物，即仁民爱物便是一物；意在于视听言动，即视听言动便是一物。所以某说无心外之理，无心外之物，《中庸》言'不诚无物'，《大学》'明明德'之功，只是个诚意。诚意之功，只是个'格物'。"

先生又曰："格物，如孟子'大人格君心'之'格'，是去其心之不正，以全其本体之正。但意念所在，即要去其不正以全其正，即无时无处不是存天理，即是穷理。天理即是'明德'，穷理即是'明明德'。"

又曰："知是心之本体，心自然会知。见父自然知孝，见兄自然知弟，见孺子入井自然知恻隐，此便是良知，不假外求。若良知之发，更无私意障碍，即所谓'充其恻隐之心，而仁不可胜用矣'。然在常人，不能无私意障碍，所以须用致知格物之功，胜私复理。即心之良知更无障碍，得以充塞流行，便是致其知，知致则意诚。"

这样下功夫。今天又听了先生的开导，心中豁然开朗，再无一丝疑惑了。我昨天早晨想'格物'的'物'字就是'事'字，都是从本心上来说的。"

先生说："是的。心是身体的主宰，心发挥出来的就是意念，意念的本源就是感知，意念所在之地就是事物。例如，我们的意念在侍奉亲人上，那么侍奉亲人就是一件事物；我们的意念在侍奉君王上，那么侍奉君王就是一件事物；我们的意念在关心百姓、爱护万物上，那么关心百姓、爱护万物就是一件事物。我们的意念在视、听、言、行上，那么视、听、言、行就是一件事物。所以，我说'本心之外没有天理，本心之外没有事物'。《中庸》中也说'不诚无物'，《大学》中说'明明德'，讲的都是要意念真诚，意念真诚的功夫，就是'格物'。"

先生又说："'格物'就像《孟子》中所说的'大人格君心'的'格'，就是去除内心的邪念，以保全本体的纯正。一旦意念萌动，就要去除内心的邪念，以保证思想的公正纯粹，也就是要人时时处处保养本心中的天理，这就是穷尽天理。人心本有的天理就是大学所说的"明德"，充分发挥心中的天理就是《大学》所说的'明明德'。

先生又说："知是心的本体，心本来就会感知。儿子见到父亲，自然知道孝顺，小弟见到兄长，自然知道恭敬，大人见到小孩掉到井里，自然会有恻隐之心，这就是良知，不需要我们到本心外去寻求。如果我们心中固有的良知能完全地发挥、运用出来，而又没有个人欲望掺杂阻碍，就像《孟子》所说的那样，'充分发挥恻隐之心，仁爱的感情就取之不尽，用之不竭'。但是对普通人来说，多少都会有私心杂念，所以必须用'致知''格物'

爱问："先生以博文为约礼功夫，深思之未能得，略请开示。"

先生曰："'礼'字即是'理'字。理之发见，可见者谓之文；文之隐微，不可见者谓之理，只是一物。约礼只是要此心纯是一个天理。要此心纯是天理，须就理之发见处用功。如发见于事亲时，就在事亲上学存此天理；发见于事君时，就在事君上学存此天理；发见于处富贵贫贱时，就在处富贵贫贱上学存此天理；发见于处患难夷狄时，就在处患难夷狄上学存此天理。至于作止语默，无处不然，随他发见处，即就那上面学个存天理。这便是博学之于文，便是约礼的功夫。'博文'即是'惟精'，'约礼'即是'惟一'。"

爱问："'道心常为一身之主，而人心每听命。'以先生'精一'之训推之，此语似有弊。"

先生曰："然。心一也，未杂于人谓之道心，杂以人伪谓之人心。人心之得其正者即道心，道心之失其正者即人心，初非有二心也。程子谓人心即人欲，道心即天理，语若分析而意实得之。今曰：道心为主，而人心听命，是二心也。天理人欲不并立，安有天理为主，人欲又从而听命者？"

的功夫，去战胜心中的私欲，恢复天理。也就是要使心中的良知无丝毫人欲的阻碍，使良知充满心田，毫无阻碍地发挥流行，这就是致其知。良知恢复了，思想和意志就能真诚专一。"

徐爱问："先生认为'博文'是'约礼'的功夫，我想了很多，但没有想通，请先生开导。"

先生说："'礼'就是'理'，'理'表现出来被人看见就是'文'，'文'隐微而不能看见就是'理'，'理'和'礼'是一个东西。'约礼'就是要使心至纯至精而为天理，要做到这一点，就要在天理发挥运用的地方上用功夫。例如，发挥运用在侍奉亲人时，就在侍奉双亲上学习存养天理；发挥运用在侍奉君王时，就要在侍奉君王上学习存养天理；发挥运用于享受富贵，忍受贫贱时，就要在享受富贵，忍受贫贱上学习存养天理；天理发挥运用于身逢世道衰败，或夷狄侵扰时，就要在世道衰败和夷狄侵扰上学习存养天理。至于是行动还是静止，说话还是沉默，无不如是，随时随地都要学习存养天理。这就是'博学之于文'，也就是'约礼'的功夫，孔子的"博学"就是《尚书》的"惟精"，孔子的"约礼"就是《尚书》的"惟一"。

徐爱问："'道心常为一身之主，而人心每听命于道心'，根据先生对'精一'之说的解释来推敲，这句话好像有弊病。"

先生说："是的，心就是一个心，没有掺杂人欲时是道心，掺杂了私欲就叫人心。人心达到纯正就是道心，道心失去纯正就是人心，原来并没有二心。程子说：'人心就是人的私欲，道心就是天理。'看似人心、道心一分为二，实则本自为一。天理与人欲不能并存，怎么会有以天理为主宰，人欲又听命于天理呢？"

爱问文中子、韩退之。先生曰:"退之,文人之雄耳。文中子,贤儒也。后人徒以文词之故推尊退之,其实退之去文中子远甚。"

爱问:"何以有拟经之失?"

先生曰:"拟经恐未可尽非。且说后世儒者著述之意,与拟经如何?"

爱曰:"世儒著述,近名之意不无,然期以明道,拟经纯若为名。"

先生曰:"著述以明道,亦何所效法?"

爱曰:"孔子删述六经,以明道也。"

先生曰:"然则拟经独非效法孔子乎?"

爱曰:"著述即于道有所发明,拟经似徒拟其迹,恐于道无补?"

先生曰:"子以明道者,使其反朴还淳,而见诸行事之实乎?抑将美其言辞而徒以譊譊于世也?天下之大乱,由虚文胜而实行衰也,使道明于天下,则《六经》不必述;删述《六经》,孔子不得已也。自伏羲画卦,至于文王、周公,其间言《易》,如《连山》《归藏》之属,纷纷籍籍,不知其几,易道大乱。孔子以天下好文之风日盛,知其说之将无纪极,于是

徐爱向先生请教，如何评价王通和韩愈两人。先生说："韩愈是文人学士中出类拔萃的人物，而王通是贤达的儒者。后来仅仅从诗词文章上看人，所以都推崇韩愈，其实韩愈比王通差远了。"

徐爱问："那么，王通怎么还有仿作经书这样的过失呢？"

先生说："模仿伪造经典恐怕也不能完全否定。你说，后代的儒生著书立说、阐释经典的意图，与仿作经书有什么不同呢？"

徐爱说："后世儒生著书立说，当然不排除有追求声名的私心，但他们的主要目的是为了阐明圣道，仿作经书却完全是为了追求名声。"

先生说："著书阐明圣道，应该遵循什么样的做法呢？"

徐爱说："应遵循孔子删述六经的做法，孔子删改，编辑六经，是为了阐明圣道。"

先生说："难道王通模仿伪造经书就不是以孔子为榜样吗？"

徐爱说："著书立说总会对阐明人道天理有所贡献，而模仿伪造经书只能混淆真伪，恐怕对于阐明人道天理毫无益处。"

先生说："你以为阐述圣道，是使天理返璞归真付诸实践呢，还是用华美的言辞哗众取宠呢？天下社会的混乱，就是由于空谈泛滥，而实践却被人忽视。如果能使圣道为天下人所知晓、明白，那么孔子就没有必要删改、编辑《六经》了。孔子删改，编辑《六经》，这样做是不得已而为之。自从伏羲画八卦开始，到周文王、周公，这期间言易的书，比如《连山易》《归藏易》，多

取文王、周公之说而赞之，以为惟此为得其宗。于是纷纷之说尽废，而天下之言《易》者始一。《书》《诗》《礼》《乐》《春秋》皆然。《书》自《典》《谟》以后，《诗》自《二南》以降，如《九丘》《八索》，一切淫哇逸荡之词，盖不知其几千百篇。《礼》《乐》之名物度数，至是亦不可胜穷。孔子皆删削而述正之，然后其说始废。如《书》《诗》《礼》《乐》中，孔子何尝加一语？今之《礼记》诸说，皆后儒附会而成，已非孔子之旧。至于《春秋》，虽称孔子作之，其实皆鲁史旧文。所谓'笔'者，笔其旧；所谓'削'者，削其繁，是有减无增。孔子述《六经》，惧繁文之乱天下，惟简之而不得，使天下务去其文以求其实，非以文教之也。《春秋》以后，繁文益盛，天下益乱。始皇焚书得罪，是出于私意，又不合焚《六经》。若当时志在明道，其诸反经判理之说，悉取而焚之，亦正暗合删述之意。自秦汉以降，文又日盛，若欲尽去之，断不能去，只宜取法孔子，录其近是者而表章之，则其诸怪悖之说，亦宜渐渐自废。不知文中子当时拟经之意如何？某切深有取于其事，以为圣人复起不能易也。天下所以不治，只因文盛实衰，人出己见，新奇相高，以眩俗取誉，徒以乱天下之聪明，涂天下之耳目，使天下靡然争务修饰文词，以求知于世，而不复知有敦本尚实、反朴还淳之行，是皆著述者有以启之。"

不可胜数,真正的易道,却大乱。孔子发现天下喜欢华而不实的雕饰风气,并且知道这种坏风气将败坏天下纲纪。于是,孔子根据文王、周公所作的《周易》,进行注释,写了易传,加以宣扬推崇,确立易道的正宗。这以后不久,社会上虚浮学说都渐渐地销声匿迹了,世上阐述《易经》的书才开始统一。《书》《诗》《礼》《乐》《春秋》也都是这样统一的。《书》从《典》《谟》以后,《诗》从《周南》《召南》以后,像《九丘》《八索》等一切艳丽浮淫逸荡的辞章,数量之多不下几千篇。《礼》《乐》中的名物揣度解说的,数不胜数。孔子对这些都进行了严格的删除,使之重新恢复正道,然后那些不正之说才能废止。对于《书》《诗》《礼》《乐》,孔子在删除中何曾添加过一句话?现在《礼记》中的许多阐述,大多都是后世的儒生附会而成的,已经不是孔子所删改的原本了。至于《春秋》一书,虽然都说是孔子所作,但实际上都是鲁国的史官记载的原文。所谓"笔"是指抄录原文。所谓'削'即删除,就是删除庞杂,只是减少没有增加。孔子编辑《六经》,是担心华而不实的繁文扰乱天下人心,把《六经》删减到不能再简,使天下人一定要抛弃虚浮的文辞去探求实质,而不是用虚浮好看的文辞来教化天下。《春秋》以后,各种华而不实的繁文缛节,又大肆流行,天下也愈加动荡。秦始皇焚烧经书,犯下大罪,是出于私心,焚烧《六经》。如果当时秦始皇的目的在于阐明圣道,把那些离经叛道的书籍统统烧毁,那就正好与孔子删改《六经》的用意不谋而合了。自从秦汉以来,崇尚虚浮的风气又发展流行起来,想要彻底铲除这种风气是不可能的。只能效法孔子,选取那些与《六经》接近的道理加以宣传表彰。那么,其他学说自会逐渐地自行消亡。我不知道王通当时

爱曰:"著述亦有不可缺者,如《春秋》一经,若无《左传》,恐亦难晓。"

先生曰:"《春秋》必待《传》而后明,是歇后谜语矣。圣人何苦为此艰深隐晦之词?《左传》多是鲁史旧文,若《春秋》须此而后明,孔子何必削之?"

爱曰:"伊川亦云:'《传》是案,《经》是断'。如书弑某君、伐某国,若不明其事,恐亦难断。"

先生曰:"伊川此言,恐亦是相沿世儒之说,未得圣人作经之意。如书'弑君',即弑君便是罪。何必更问其弑君之详?征伐当自天子出,书'伐国',即伐国便是罪,何必更问其伐国之详?圣人述《六经》,只是要正人心,只是要存天理、去人欲。于存天理、去人欲之事,则当言之。或因人请问,各随分量而说,亦不肯多道,恐人专求之言语,故曰:'予欲无言'。若是一切纵人欲、灭天理的事,又安肯详以

模仿伪作经典是何用意？我深切地认为他的做法有可行之处，即是圣人再起，也会如此做。天下所以动乱不已，就在于华而不实的风气日渐流行，迷惑人心，务实之风不断衰落。人人各执己见，标新立异，争奇求怪，结果只能扰乱人心，混淆视听散布谣言，毒害人民。使天下人都争先恐后地去崇尚虚文，而不再有人懂得敦品立德，躬行实践，返璞归真，这都是那些阐释经书的人所开启的。"

徐爱说："著书立说也是不可缺少的，像《春秋》一书，如果没有《左传》注释，恐怕世人难以理解。"

先生说："《春秋》的微言大义，如果必须有《左转》注释才能被理解，那它就成歇后语了。圣人为什么要写出这样晦涩难懂的文章呢？实际上，《左传》大部分都是当时鲁国史书的原文，如果《春秋》一定要参考《左传》才能被理解，那么孔子为何还要删改《春秋》呢？"

徐爱说："程颐也曾说过，'《左传》是案子，《春秋》是对案子的裁断。'例如《春秋》记载杀某个国君，征伐某个国家，如果不明白事情的来龙去脉，恐怕也难以作出判断。"

先生说："程颐先生这句话，恐怕也是沿用了世俗儒生的说法，他没有真正领会圣人作这些经典的用意。如记载'弑君'，弑君本身就犯了大罪，何必还要问他弑君的细节呢？征伐应该由天子作出决断，书中记载某些诸侯擅自讨伐诸侯国，这种做法本身便是犯罪，何必还要去问征伐的详细情况呢？圣人阐述《六经》，目的只是要匡正人心，只是要保养天理，去除人欲，关于保养天理，去除人欲的事情孔子会进行论述。有人请教，就因人因时而作些说明，但圣人也从不肯多说，主要是担

示人？是长乱导奸也，故孟子云："仲尼之门无道桓、文之事者，是以后世无传焉。"此便是孔门家法；世儒只讲得一个伯者的学问，所以要知得许多阴谋诡计，纯是一片功利的心，与圣人作经的意思正相反，如何思量得通？"因叹曰："此非达天德者，未易与言此也！"

又曰："孔子云：'吾犹及史之阙文也。'孟子云：'尽信书不如无书，吾于《武成》取二三策而已。'孔子删《书》，于唐、虞、夏四五百年间不过数篇。岂更无一事？而所述止此，圣人之意可知矣。圣人只是要删去繁文，后儒却只要添上。"

爱曰："圣人作经，只是要去人欲、存天理，如五伯以下事，圣人不欲详以示人，则诚然矣；至如尧、舜以前事，如何略不少见？"

先生曰："羲、黄之世，其事阔疏，传之者鲜矣，此亦可以想见。其时全是淳庞朴素，略无文采的气象，此便是太古之治，非后世可及。"

爱曰："如《三坟》之类，亦有传者，孔子何以删之？"

心人们片面地只注重言语，而忽视了实质和内容，所以圣人说，'予欲无言'。如果是放纵人欲、泯灭天理的事情，圣人又怎么会详细地记述下来，展示给世人看呢？如果这样做，那就是教唆和助长人们去做那些奸诈邪恶的坏事，所以孟子说：'孔子的门生没有记述有关齐桓公、晋文公的事迹，因此他们称霸侵伐的事就没有流传后世。'这就是孔子开创的儒家严格的家法家规。世上的儒生们只探讨研习霸道的学问，所以他们要想方设法知道许多阴谋诡计，这完全是功利之心，与孔子作经的目的完全相反，世儒怎么能悟通经书的本意呢？"先生感叹说："除非是通达天德的人，否则是难以和他们说这些的！"

先生又说："孔子说：'我还见到过史书存疑的地方'，孟子说：'完全地相信《尚书》，不如没有《尚书》。我只从周武王和成王时代的史料书籍中取二三篇看看而已。'孔子删选《尚书》，对于尧、舜及夏朝四五百年的历史，只仅存数篇，难道就再没有一件事可记了？所述就是这些，圣人制作经典的目的用意就可想而知了。圣人只是要删除烦琐的文章，可是后世的儒生却硬要添加繁文。"

徐爱问："圣人制作经书，目的只是为了去除私欲，存养天理。五霸以后的事情，孔子不想详细告诉世人，这自然是应该的。但是，像尧、舜以前的事情，为何也记载得这么简略呢？"

先生说："伏羲、黄帝时代久远，事迹磨灭不清，流传下来很少。这也是可以想象的。那个时候，世风纯朴古雅，几乎没有雕饰文辞、注重形式的风气，这就是远古圣人治理下的太平圣世，不是后世所能比的。"

徐爱问："像《三坟》一类的书也传下来了，孔子为什么也

先生曰:"纵有传者,亦于世变渐非所宜。风气益开,文采日胜,至于周末,虽欲变以夏、商之俗,已不可挽,况唐、虞乎!又况羲、黄之世乎!然其治不同,其道则一。孔子于尧、舜则祖述之,于文、武则宪章之。文、武之法,即是尧、舜之道。但因时致治,其设施政令已自不同。即夏、商事业,施之于周,已有不合。故周公思兼三王,其有不合,仰而思之,夜以继日。况太古之治,岂复能行?斯固圣人之所可略也。"

又曰:"专事无为,不能如三王之因时致治,而必欲行以太古之俗,即是佛、老的学术。因时致治,不能如三王之一本于道,而以功利之心行之,即是伯者以下事业。后世儒者许多讲来讲去,只是讲得个伯术。"

又曰:"唐、虞以上之治,后世不可复也,略之可也。三代以下之治,后世不可法也,削之可也。惟三代之治可行。然而世之论三代者,不明其本,而徒事其末,则亦不可复矣!"

都删除了呢？"

先生说："即使有流传下来的，随着世代的变化，也逐渐不合时宜了。社会风气更加开放，文采日盛往昔，到了周朝末期，想恢复以前夏、商时代纯朴的风俗，已经不可挽回，何况恢复唐尧虞舜时的世风呢？而太古时代伏羲、黄帝时的风俗就更不用说了，虽然各代治国的具体方法不同，但是各个不同时代所遵循的天道准则还是一样的。孔子遵从效法尧、舜和周文王、周武王。因为周文王、周武王所实行的治理国家的方法就体现了尧舜所崇尚的天道。只是他们根据当时的形势要求，因地制宜，所施行的政策措施有所不同而已。即使把夏商时代政策施行于周代已经不合适了，也是行不通的。所以周公经过深思熟虑，对三皇五帝及文王时期的制度兼容并蓄，遇到不合适的地方，反复琢磨，夜以继日，何况是太古时代的典章制度，更难以实行的了。这就是孔子删除前代之事的缘故。"

先生接着又说："采取清静无为的治国政策，不能像三王那样因时制宜进行治理，而一定是想要恢复实行太古时的典章制度，这是佛家和老庄学派宣扬的观点。能因时制宜，但不能像三王那样完全遵循天理，而是以功利心来治理，这就是春秋五霸做下的事业。后世的儒生讲来讲去，说了很多，也只是讲了实行霸道之术而已。"

先生接着又说："唐尧、虞舜以前的清明治世，后代不可恢复，可以删略不记。夏、商、周三代以后的春秋五霸，后世也不可效法，可以删简它。只有三代的治国措施，后世能效法实行。然而后世那些研究讨论三代的儒者，不明白三代治世的根本之道，只看到些细枝末节，所以三代之治也得不到恢复了！"

爱曰:"先儒论《六经》,以《春秋》为史。史专记事,恐与《五经》事体终或稍异。"

先生曰:"以事言谓之史,以道言谓之经。事即道,道即事。《春秋》亦经,《五经》亦史。《易》是包牺氏之史,《书》是尧、舜以下史,《礼》《乐》是三代史,其事同,其道同,安有所谓异?"

又曰:"《五经》亦只是史,史以明善恶,示训戒。善可为训者,特存其迹以示法;恶可为戒者,存其戒而削其事以杜奸。"

爱曰:"存其迹以示法,亦是存天理之本然;削其事以杜奸,亦是遏人欲于将萌否?"

先生曰:"圣人作经,固无非是此意,然又不必泥着文句。"

爱又问:"恶可为戒者,存其戒而削其事以杜奸,何独于《诗》而不删郑、卫?先儒谓'恶者可以惩创人之逸志',然否?"

先生曰:"《诗》非孔门之旧本矣。孔子云:'放郑声,郑声淫。'又曰:'恶郑声之乱雅乐也。郑、卫之音,亡国之音也。'此是孔门家法。孔子所定三百篇,皆所谓雅乐,皆可奏之郊庙,奏之乡党,皆所以宣畅和平,涵泳德性,移风易俗,安得有此?是长淫导奸矣。此必秦火之后,世儒附会,

徐爱问:"先前儒生在论述《六经》时,把《春秋》当作史书。史书专门记事,这恐怕与其他《五经》的体例和宗旨稍有不同。"

先生说:"从记事来说是史书,从它所宣扬、阐述天道来说是经书。事就是天道的表现,天道也就是事的本质。以此来看,《春秋》也是经书,《五经》也是史书。《易》是伏羲氏时的史书,《尚书》是唐尧、虞舜以后的史书,《礼》《乐》是夏、商、周三代时代的史书。它们记述的事情相近,其所宣扬,阐释的天道相同,怎么会有所谓的差异呢?"

先生又说:"《五经》也只是史书而已。史书是用来标明善恶,总结教导训诫的。历史上,可做典范的善事,特意记录保存其具体的善行,为后人树立榜样。历史上,可做警戒的恶事,只把具有警戒作用的深刻教训总结、记述下来,而删除具体的恶行,以杜绝类似的坏事再发生。"

徐爱问:"记述保存具有榜样作用的事迹,也是为了保养天理。删减劣迹杜绝奸邪,是为了遏制人欲于萌芽吗?"

先生说:"孔子制作经书用意无非就是这样,但是不要太拘泥于经书中的语句,要理解它的本质内涵。"

徐爱问:"劣迹可作为教训,保存其教训而删削具体过程以防范奸邪,而唯独不删除《诗经》中《郑风》《卫风》呢?朱熹先生认为'记录坏事可以惩戒人的贪图安逸的思想'是吗?"

先生说:"现在的《诗经》已经不是孔子所删改过的原本了。孔子曾说:'禁止郑国的音乐,郑国的音乐淫荡浮逸。'孔子又说,'我痛恨郑国淫靡的歌曲扰乱、毒害纯正典雅的音乐。郑国、卫国的音乐是亡国之音。'这是儒家门派严格的规范。孔子所定的《诗经》三百篇,都是纯正雅乐,既可以在祭祀天地祖先

以足三百篇之数；盖淫泆之词，世俗多所喜传，如今闾巷皆然。'恶者可以惩创人之逸志'，是求其说而不得，从而为之辞。"

爱因旧说汩没，始闻先生之教，实是骇愕不定，无入头处。其后闻之既久，渐知反身实践，然后始信先生之学为孔门嫡传，舍是皆傍蹊小径、断港绝河矣！如说格物是诚意的工夫，"明善"是"诚身"的工夫，"穷理"是"尽性"的工夫，"道问学"是"尊德性"的工夫，"博文"是"约礼"的工夫，"惟精"是"惟一"的工夫。诸如此类，始皆落落难合，其后思之既久，不觉手舞足蹈。

右曰仁所录。

陆澄问："主一之功，如读书则一心在读书上，接客则一心在接客上，可以为主一乎？"

先生曰："好色则一心在好色上，好货则一心在好货上，可以为主一乎？是所谓逐物，非主一也；主一是专主一个天理。"

问立志。先生曰："只念念要存天理，即是立志。能不忘乎此，久则自然心中凝聚，犹道家所谓'结圣胎'也。此

的地方演奏，也可以在乡村演奏，因为这些音乐都表现了舒畅平和、宁静优雅的情趣，具有宣扬和平、涵养品德、移风易俗的作用，怎么可能会有《郑风》《卫风》呢？这些靡靡之音只会助长淫逸、倡导奸邪的坏风气。这一定是秦始皇'焚书坑儒'以后，后世的儒生牵强附会，为凑足三百篇而加进去的。大概是淫逸之词，民间多有人喜欢互相传唱，今天的街头巷尾还是这样。朱熹说，'记录坏事可以惩治人贪图安逸的思想'，这种说法无法得到正确解释，是不得已才这样说的。"

徐爱因受朱程学说的影响很深，刚开始听先生讲课时，实在是惊愕不已，茫然不知从何处入手。后来渐渐地听得多了，慢慢地亲身实践，才开始相信先生的思想学问真正是孔子的正宗嫡传。其他各家门派都不过是旁门左道、断港绝河。先生的思想博大精深，如说"格物"是"诚意"的功夫，"明善"是"诚身"的功夫，"穷理"是"尽性"的功夫，"道学问"是"尊德性"的功夫，"博文"是"约礼"的功夫，"惟精"是"惟一"的功夫。诸如此类的许多思想，起初觉得很难解，后来思考得深了，不知不觉中就心领神会了。

右曰仁所录。

陆澄问："主一的功夫，就如读书就一心读书，招待客人，就整个心思用在招待客人上。这样做算是做到主一了吗？"

先生说："好色就一心投入到好色上去，喜欢财物就一心投入到财物上去，这怎么能算主一呢？这是追逐物欲，而不是主一，所谓主一就是思想专注在天理上。"

陆澄询问立志的事。先生说："只要念念不忘存养天理，就是立志了。能不忘记做到这一点，时间长了自然而然心思就凝聚

天理之念常存，驯至于美大圣神，亦只从此一念存养扩充去耳。"

"日间工夫，觉纷扰，则静坐；觉懒看书，则且看书，是亦因病而药。"

"处朋友，务相下则得益，相上则损。"

孟源有自是好名之病，先生屡责之。一日，警责方已，一友自陈日来工夫，请正。源从傍曰："此方是寻着源旧时家当。"

先生曰："尔病又发。"源色变，议拟欲有所辨。

先生曰："尔病又发。"因喻之曰："此是汝一生大病根。譬如方丈地内，种此一大树，雨露之滋，土脉之力，只滋养得这个大根。四旁纵要种些嘉谷，上面被此树叶遮覆，下面被此树根盘结，如何生长得成？须用伐去此树，纤根勿留，方可种植嘉种。不然，任汝耕耘培壅，只是滋养得此根。"

问："后世著述之多，恐亦有乱正学？"

先生曰："人心天理浑然，圣贤笔之书，如写真传神，不过示人以形状大略，使之因此而讨求其真耳。其精神意气，言笑动止，固有所不能传也。后世著述，是又将圣人所画，摹仿誊写，而妄自分析加增，以逞其技，其失真愈远矣。"

在天理上,就像道家所说的,'结成圣胎'。时时刻刻心中不忘天理,渐渐达到精美、宏大、神圣的境界,也就从这一念不断丰富,保养、弘扬的结果。"

先生又说:"白天做功夫,受外界干扰觉得心里很乱,就要去练习静坐。懒得看书,那就去看书,这就是对症下药。"

先生还说过:"结交朋友,一定要相互谦让,才会有收获。互相攀比只会招致损失。"

孟源有自以为是、爱好虚名的坏毛病,先生曾多次因此训斥过他。一天,先生刚刚训斥过他,一位朋友陈述自己近来做功夫的情况,请先生指正。交谈中,孟源在一旁插话说:"你所做的这些正和我过去所做的一样。"

先生说:"你的毛病又犯了!"孟源红着脸,还想申辩。

先生说:"你的毛病又犯了!"接着先生又开导他说:"这是你一生最大的毛病。就比如在一丈见方的地上,栽种了一棵大树,雨露的滋润,土壤的肥力只滋养着这棵大树的根。四周要想种些庄稼,上面阳光被大树遮蔽,下面被树根盘结缠绕,这样庄稼怎能长得好?应该砍倒这棵大树,刨净树根,才能种植庄稼。不然,不管你如何耕耘栽培,也只能滋养那个树根。"

陆澄问:"后世著述汗牛充栋,恐怕对正统的儒学有许多不好的影响。"

先生说:"人心天理浑然一体,圣人把天理写在书上,就像给人画像,目的只不过是要给人一个大概的轮廓,使人能据此探求到画像本人。但是人的风格神韵、言谈举止确实有些难以表达。后世儒生的著述,又把圣贤的画像模仿夸大,并且随心所欲地按自己的想法添加增益,以炫耀自己的才能,这样就离圣

问:"圣人应变不穷,莫亦是预先讲求否?"

先生曰:"如何讲求得许多?圣人之心如明镜,只是一个明,则随感而应,无物不照。未有已往之形尚在,未照之形先具者。若后世所讲,却是如此,是以与圣之学大背。周公制礼作乐以文天下,皆圣人所能为。尧、舜何不尽为之而待于周公?孔子删述《六经》以诏万世,亦圣人所能为,周公何不先为之而有待于孔子?是知圣人遇此时,方有此事。只怕镜不明,不怕物来不能照。讲求事变,亦是照时事。然学者却须先有个明的工夫。学者惟患此心之未能明,不患事变之不能尽。"

曰:"然则所谓'冲漠无朕,而万象森然已具'者,其言如何?"
曰:"是说本自好,只不善看,亦便有病痛。"

"义理无定在,无穷尽。吾与子言,不可以少有所得,而遂谓止此也,再言之十年、二十年、五十年,未有止也。"

他日又曰:"圣如尧、舜,然尧、舜之上善无尽;恶如桀、纣,然桀、纣之下恶无尽。使桀、纣未死,恶宁止此乎?

人所要传达的精神实质更远了。"

陆澄问:"圣人们能随时代环境的变化而应变无穷尽,是不是他们预先就研究准备好了呢?"

先生说:"哪能研究准备这么多呢?圣人的心一如明镜,只是明亮可照,能随着感触而应对,遇到什么东西照什么东西,没有照不到的。没有先前照过的物象还能存在于镜子上,也没有未照的影像已预先出现在镜子上。如后世儒生所讲,就是这样,这与圣人的思想学说相违背。周公制做礼仪、音乐以教化世人,这是古人们都能做的。可是尧、舜为什么不做,而偏要等周公来做呢?孔子删改、编辑《六经》教化万世,这也是以往圣人都能做的,但周公为什么不先做,而要等孔子来做呢?这说明,当世代发展到特定的阶段,才会有特定的事情出现。只怕镜子不明亮,不怕它不能照遇到的事物。探索时事的发展变化,也就是用镜子照时事。但学者必须先下功夫,使自己的本心圆明。学者只怕自己的本心不明,而不怕圆明的本心不能穷尽事物的变化。"

陆澄接着问:"那么所谓的'混沌无物而又万象森然'这句话应该如何理解呢?"

先生说:"这句话本来说得很好,只是因为没被正确理解,就出问题了。"

"天理没有什么固定不变的存在,它广大无穷尽。我跟你谈论学问,你不能稍有领悟便浅尝辄止。即使再给你讲十年二十年,乃至五十年,也不会有止境的。"

一天,先生又说:"尧舜已经够圣明贤达了,但在他们之上,善无穷尽;桀、纣已经够残暴凶恶了,但在他们之下,恶也无

使善有尽时,文王何以'望道而未之见'?"

问:"静时亦觉意思好,才遇事便不同,如何?"

先生曰:"是徒知静养而不用克己工夫也。如此,临事便要倾倒。人须在事上磨,方立得住,方能'静亦定,动亦定'。"

问"上达"工夫。

先生曰:"后儒教人,才涉精微,便谓'上达'未当学,且说'下学',是分'下学''上达'为二也。夫目可得见,耳可得闻,口可得言,心可得思者,皆'下学'也;目不可得见、耳不可得闻,口不可得言,心不可得思者,'上达'也。如木之栽培灌溉,是'下学'也;至于日夜之所息,条达畅茂,乃是'上达'。人安能预其力哉?故凡可用功可告语者,皆'下学','上达'只在'下学'里。凡圣人所说,虽极精微,俱是'下学'。学者只从'下学'里用功,自然'上达'去,不必别寻个'上达'的工夫。"

"持志如心痛。一心在痛上,岂有工夫说闲话、管闲事。"

问:"'惟精惟一'是如何用功?"

先生曰:"惟一是惟精主意,惟精是惟一功夫,非惟精穷尽。倘若桀、纣不死，邪恶的事情难道就不再发生了吗？倘若善有穷尽，那么周文王为什么还会苦苦地追求渺茫难觅的天道呢？"

有人问："静守的时候觉得心里想得头头是道的，一遇到事情就不能按那种想法去做，这是为什么呢？"

先生说："这是平时只知道静坐修养，而不知努力克制私欲的功夫。这样一遇到事情，就昏头转向，不知所措了。人应该在万事万物上磨炼心性，这样才能站稳脚跟，才能做到'静止时能守持天理，行动时也能守持天理'。"

陆澄问先生参悟天理的"上达"功夫。

先生说："后世儒生教人，刚刚涉及精微细致的地方，就说这是'上达'的学问，还不适合现在去学，便去讲'下学'的简单学问，这就是人为地把'下学''上达'分开。眼睛可以看见、耳朵可以听见、嘴可以说出来、心可以思考到的，都是'下学'。眼睛看不见，耳朵听不见、嘴不能说出来、心里思考不到，这才是'上达'。这像种树，栽培、灌溉属于'下学'。等到树木日夜不停地生长，枝繁叶茂时，这才是'上达'。这时候，人怎么能出力干预呢？所以，凡是可以用功，可以用语言来表达的，都还属于'下学'。要上达，先要下学。凡是圣人所说的，不管如何精致微妙，也都是'下学'。学者只要在'下学'上不断用功，自然就会达到'上达'，不必另外寻求'上达'的功夫。"

先生又说："坚定自己的志向，就像感觉心痛，一心在痛上，哪还有工夫说闲话，管闲事呢？"

陆澄问："'惟精惟一'应该怎样做功夫？"

先生说："'惟一'是'惟精'的目的，'惟精'是'惟一'的

之外复有惟一也。'精'字从米，姑以米譬之。要得此米纯然洁白，便是惟一意；然非加春簸筛拣惟精之工，则不能纯然洁白也。春簸筛拣是惟精之功，然亦不过要此米到纯然洁白而已。博学、审问、慎思、明辨、笃行者，皆所以为惟精而求惟一也。他如博文者，即约礼之功，格物致知者，即诚意之功，道问学即尊德性之功，明善即诚身之功，无二说也。"

"知者行之始，行者知之成：圣学只一个功夫，知行不可分作两事。"

"漆雕开曰：'吾斯之未能信。'夫子说之；子路使子羔为费宰，子曰：'贼夫人之子。'曾点言志，夫子许之。圣人之意可见矣。"

问："宁静存心时，可为未发之中否？"
先生曰："今人存心，只定得气。当其宁静时，亦只是气宁静，不可以为未发之中。"
曰："'未'便是'中'，莫亦是求'中'功夫？"

曰："只要去人欲、存天理，方是功夫。静时念念去人欲、存天理，动时念念去人欲、存天理，不管宁静不宁静。若靠那宁静，不惟渐有喜静厌动之弊，中间许多病痛，只是潜伏在，终不能绝去，遇事依旧滋长。以循理为主，何尝不宁静？以宁静为主，未必能循理。"

功夫，并不是说'惟精'之外又有一个'惟一'，两者说的是一个事。'精'字从米，就用米来做比喻吧，要使大米纯净洁白，就是'惟一'的意思；然而，如果不对稻子加以舂磕，筛簸的加工，也不能得到纯净洁白的大米。那舂磕、筛簸就是'惟精'的功夫。但是，也不过是要把大米加工到纯净洁白而已。博学、审问、慎思、明辨、笃行等，都是'惟精'的功夫，目的就是为了达到'惟一'。其他的如'博文'就是'约礼'的功夫，'格物致知'就是'诚意'的功夫，'道问学'就是'尊德性'的功夫，'明善'就是'诚身'的功夫。道理是一样的。"

先生又说："知是行的开始，行是知的完成。圣人的学说只有一个功夫，知和行是统一的，不能分开。"

先生说："漆雕开说过：'我还没这样做官的自信。'孔子听了很高兴。子路让子羔做费邑的地方官，孔子知道了说：'这是戕害别人的孩子。'曾点向孔子谈自己的志向，孔子很赞赏。圣人的意图由此可见。"

陆澄问："宁静时存养心神，这算不算是'未发之中'呢？"

先生说："现在的人存养心神，也只是控制着气，当感到宁静时，也只是体内气的宁静，不能看作是'未发之中'。"

陆澄问："情欲还没发出来就是'中'，这难道不也是求'中'的功夫吗？"

先生说："只要除去私欲、保养天理就是功夫。宁静时念念不忘去除私欲，存养天理，动时亦念念不忘去人欲存天理。不管宁静不宁静，都做功夫。如果只靠在宁静时，去做除私欲、存天理的功夫，不但会渐渐地养成喜欢宁静，厌恶活动的弊病。这样，还有许多小毛病都潜伏在心里，不能彻底根除，一遇到问:"孔门言志,由、求任政事,公西赤任礼乐,多少实用。及曾晳说来,却似耍的事,圣人却许他,是意何如?"

曰:"三子是有意必,有意必便偏着一边,能此未必能彼。曾点这意思却无意必,便是'素其位而行,不愿乎其外'。'素夷狄行乎夷狄,素患难行乎患难,无入而不自得'矣。三子所谓'汝器也',曾点便有不器意。然三子之才,各卓然成章,非若世之空言无实者,故夫子亦皆许之。"

问:"知识不长进如何?"
先生曰:"为学须有本原,须从本原上用力,渐渐盈科而进。仙家说婴儿亦善,譬婴儿在母腹时,只是纯气,有何知识?出胎后方始能啼,既而后能笑,又既而后能认识其父母兄弟,又既而后能立、能行、能持、能负,卒乃天下之事无不可能。皆是精气日足,则筋力日强,聪明日开,不是出胎日便讲求推寻得来,故须有个本原。圣人到位天地,育万物,也只从喜怒哀乐未发之中上养来。后儒不明格物之说,见圣

具体的事情便又潜滋暗长。只要以追求天理为目的，什么时候不能使心宁静呢？如果以追求宁静为目的，未必就能追求到天理了。"

陆澄问："孔子的弟子畅谈人生志向，子路、冉求打算从政，公西赤想从事礼乐，都有实用价值。到曾晳说的时候，他所说却像耍着玩似的，可是孔子却赞许他的志向，这是为什么呢？"

先生说："三个学生都主观猜测、武断绝对。有了这两种情况就会执于一个方面，能做这方面未必就能做其他方面了。曾点的志向中没有这两种倾向，这就'顺其本然而行，不为身外事物所牵累。根据自己的处境而行事，不谋求其他。身处夷狄，就做在夷狄能行的事情。身处患难，就做在患难中能行的事情。因时因地制宜，无论什么情况都能怡然自得'。这三个人都是'有某种才能的人'，但曾晳就不局限于某种才能了。但是，子路、冉有、公西华各有自己卓出的才能，并不像世上那些空谈无实的人，所以，孔子也都称赞他们。"

陆澄问："知识没有长进，该怎么办？"

先生说："做学问必须有个根本，必须在这个根本上用功夫，循序渐进，才能有长进。道家用婴儿作譬喻，是非常精辟的。婴儿在母腹中的时候，只是一团精气，能有什么知识？出生后，才能啼哭，不久又会笑，能认识父母兄弟，后来又渐渐能站立行走，能拿东西背东西了，直到最后各种事都学会做了。这是因为婴儿的精气越来越充足，肌肉骨骼越来越强壮，聪明才智也日益增长，而不是一出生就能遍知万物，无所不能，所以必须有个根本。圣人能让天地各安其位，让万物依本性生长，也都人无不知、无不能,便欲于初下手时讲求得尽,岂有此理?"

又曰:"立志用功,如种树然。方其根芽,犹未有干;及其有干,尚未有枝;枝而后叶,叶而后花实。初种根时,只管栽培灌溉,勿作枝想,勿作叶想,勿作花想,勿作实想。悬想何益!但不忘栽培之功,怕没有枝叶花实?"

问:"看书不能明,如何?"
先生曰:"此只是在文义上穿求,故不明。如此,又不如为旧时学问,他到看得多,解得去。只是他为学虽极解明晓,亦终身无得。须于心体上用功,凡明不得,行不去,须反在自心上体当,即可通。盖《四书》《五经》不过说这心体,这心体即所谓'道',心体明即是道明,更无二。此是为学头脑处。"

"虚灵不昧,众理具而万事出。心外无理,心外无事。"

或问:"晦庵先生曰:'人之所以为学者,心与理而已。'此语如何?"
曰:"心即性,性即理,下一'与'字,恐未免为二,此在学者善观之。"

是从喜怒哀乐未发之中培养出来的，后儒不明白格物的学问，看到圣人无所不知、无所不能，就想一次把一切学问都掌握，难道有这样的道理吗？"

先生又说："立志用功做学问，如种树一样。刚开始只是个根芽，等到开始有个树干时，还没长出树枝，长出枝条后，才会生出叶子，有了枝叶以后才会开花结果。刚刚生根时，只管栽培、灌溉，不要想着发枝、长叶、开花、结果。作这些空想有什么用呢？只要你时刻不忘栽培灌溉，精心保养，还怕没有枝叶、花果吗？"

陆澄问："看书时不明白书中的意思，该怎么办？"

先生说："这只是在字面意义上探求，所以还不能明白。这样，不如以前的学问，旧学看得多了，自然会理解。但是，他们即使把意思弄得十分清楚，这种学习最终很难有什么真知灼见，还是一生无所收获。所以做学问必须在自己的心体上下功夫，凡是不明白、行不通的事情，都要反省内求在自己的本心上去体会，这样就会明白。《四书》《五经》不过也就是阐述这个心体，这个本心就是道'。心体明亮也就是道明，别的再没有什么了。这就是做学问的关键核心所在。"

先生说："让心明灵而不糊涂，众理都具备，万事万物都会呈现出来。在人的本心之外没有什么天理，离开人的本心，也就没有什么事物。"

有人问："晦庵先生说'人之所以做学者，不过是心与理罢了'，这话对吗？"

先生说："心就是性，性就是天理，一个"与"字，恐怕难免把心和理一分为二，这需要学者善于观察体会。"

或曰:"人皆有是心,心即理,何以有为善,有为不善?"

先生曰:"恶人之心,失其本体。"

问:"'析之有以极其精而不乱,然后合之有以尽其大而无余',此言如何?"

先生曰:"恐亦未尽。此理岂容分析,又何须凑合得?圣人说'精一',自是尽。"

"省察是有事时存养,存养是无事时省察。"

澄尝问象山在人情事变上做工夫之说。

先生曰:"除了人情事变则无事矣。喜怒哀乐非人情乎?自视听言动,以至富贵贫贱、患难死生,皆事变也。事变亦只在人情里,其要只在'致中和','致中和'只在'谨独'。"

澄问:"仁、义、礼、智之名,因已发而有?"

曰:"然。"

他日,澄曰:"恻隐、羞恶、辞让、是非,是性之表德邪?"

曰:"仁、义、礼、智,也是表德。性一而已,自其形体也谓之天,主宰也谓之帝,流行也谓之命,赋于人也谓之性,主于身也谓之心。心之发也,遇父便谓之孝,遇君便谓之忠。自此以往,名至于无穷,只一性而已。犹人一而已,对父谓之

有人问:"人人都有本心,本心就是天理,可为什么有的善,有的恶?"

先生说:"恶人的心已经失去了心的本体。"

陆澄问:"分析可以让天理非常精确而不混乱,然后再综合让其广大丰富无所不包。'这话对吗?"

先生说:"恐怕也没什么道理,天理怎么可能进行支离破碎的分析呢?又怎么能凑合成统一圆满的天理呢?圣人说精纯一贯就已经把天理说尽了。"

先生说:"省察是有事的时候存养天理,存养是无事的时候反省体察天理。"

陆澄曾经向先生请教陆象山在人情事变上做修养的功夫。

先生说:"世上除了人情事变以外就没有什么事情了。人的喜怒哀乐,难道不是人情吗?。从人的看、听、说、做到人的富贵、贫贱、患难、生死都是事变。所有的事变都体现在人情里,关键是要在人情事变中不走极端,保持'中正平和'的心态。要努力做到'中正平和',关键就在于'慎独'。"

陆澄问:"仁、义、礼、智这些概念,是不是因为本心发出来以后才有的呢?"

先生说:"是这样的。"

又有一天陆澄问:"恻隐、羞恶、辞让、是非,这些都是本心天性的表现吗?"

先生说:"仁慈,信义,礼仪,智慧这些也都是本心自性的表现。人的本性只是一个,从万事万物的外在形式而言叫作'天',从主宰万事万物的生存发展而言叫作'帝',从万事万物的生死变化而言叫作'命',赋予人身称之为人性,主宰人

子，对子谓之父，自此以往，至于无穷，只一人而已。人只要在性上用功，看得一性字分明，即万理灿然。"

一日，论为学工夫。

先生曰："教人为学，不可执一偏。初学时心猿意马，拴缚不定，其所思虑，多是人欲一边，故且教之静坐、息思虑。久之，俟其心意稍定，只悬空静守，如槁木死灰，亦无用，须教他省察克治。省察克治之功，则无时而可间，如去盗贼，须有个扫除廓清之意。无事时，将好色、好货、好名等私，逐一追究，搜寻出来，定要拔去病根，永不复起，方始为快。常如猫之捕鼠，一眼看着，一耳听着，才有一念萌动，即与克去，斩钉截铁，不可姑容。与他方便，不可窝藏，不可放他出路，方是真实用功，方能扫除廓清。到得无私可克，自有端拱时在。虽曰'何思何虑'，非初学时事。初学必须思，省察克治，即是思诚，只思一个天理，到得天理纯全，便是'何思何虑'矣。"

澄问："有人夜怕鬼者，奈何？"

身叫作心。心性发挥出来,对待父亲便是'孝',对待君王就是'忠'。从此以往,无数的名称事物,也只是一个本心天性而已。就好像一个人,对父亲来说是儿子,对儿子来说是父亲。从此以后世代无穷,也只是这一个人而已。人只要在本心天性上下功夫,透彻地体悟到这个本心自性,那么,一切道理都明白了。"

一天,大家讨论做学问的功夫。

先生说:"教人学问,不能偏执于一个方面。人在刚开始学习时心不在焉,不能集中精力,心中所想的大多都是个人私欲,所以要先教他们静坐来平息心中杂念。时间长了,等他们心情稍许安定,还一味地让他们虚心住守,以至于身如槁木、心如死灰,也没有什么用。这时应教他们反省体察克制私欲的功夫,这种功夫任何时候都不能中断,如同铲除盗贼一样,必须要彻底扫清心里的杂念。没事时,将好色、贪财、求名等私欲一一搜寻出来,定要把这些欲望从心中连根拔除,让它永不能再生,方才感到快意。就像猫捕老鼠,眼睛紧盯着,耳朵专注地听着,一有杂念萌发,立即就把它摒弃,态度坚决,斩钉截铁,不能姑息纵容,给它提供一点苟延残喘的避难所,更不能窝藏它、网开一面让它逃走,这才算是真正下功夫摒除私念,也才能扫清心中的一切私欲。等到心中再没有什么欲望要扫除的时候,自然就会端坐拱手轻轻松松。这时候,虽然说没有思想什么,考虑什么,但这时功夫不是初学所能做到的。初学时必须反省体察克制私欲,也就是使思想真诚无妄。一心只想着一个天理,等到心中天理纯净圆满,就达到'无思无虑'的境界了。"

陆澄问:"有人夜里怕鬼,怎么办呢?"

先生曰："只是平日不能'集义'，而心有所慊，故怕。若素行合于神明，何怕之有？"

子莘曰："正直之鬼不须怕，恐邪鬼不管人善恶，故未免怕。"

先生曰："岂有邪鬼能迷正人乎？只此一怕，即是心邪。故有迷之者，非鬼迷也，心自迷耳。如人好色，即是色鬼迷；好货，即是货鬼迷；怒所不当怒，是怒鬼迷；惧所不当惧，是惧鬼迷也。

"定者心之本体，天理也。动静，所遇之时也。"

澄问《学》《庸》同异。

先生曰："子思括《大学》一书之义，为《中庸》首章。"

问："孔子正名，先儒说'上告天子，下告方伯，废辄立郢'。此意如何？"

先生曰："恐难如此。岂有一人致敬尽礼，待我而为政，我就先去废他？岂人情天理？孔子既肯与辄为政，必已是他能倾心委国而听。圣人盛德至诚，必已感化卫辄，使知无父之不可以为人，必将痛哭奔走，往迎其父。父子之爱，本于天性，辄能悔痛真切如此，蒯聩岂不感动底豫。蒯聩既还，辄乃致国请戮。聩已见化于子，又有夫子至诚调和其间，当亦决不肯受，仍以命辄。群臣百姓又必欲得辄为君，辄乃自

先生说:"这只是平时不能注重道义,心中有怨恨,所以才害怕。如果平时做事都合乎神明天理,心中踏实有什么可惧怕的呢?"

马明衡问:"正直的鬼当然不用害怕,怕的就是邪恶的鬼,他们不管好人坏人都要残害,所以心就有些害怕。"

先生说:"哪有恶鬼能迷惑君子呢?仅仅这一点惧怕就说明人心不正。之所以有被鬼迷住的人,不是鬼迷住他们,是他们自心迷惑。如同人喜欢美色,就是被色鬼迷;喜欢财物,就是被财鬼迷;不该发怒的时候发怒,就是被怒鬼迷,害怕不该害怕的东西,就是被怕鬼迷。"

先生说:"稳定不动的是心的本体,也就是天理。动静变化只是它在不同的时空环境中的表现而已。"

陆澄问《大学》《中庸》两书有什么异同。

先生说:"子思总结概括了《大学》一书的主旨,写了《中庸》的第一章。"

陆澄问:"孔子主张端正名分,朱熹说孔子'对上要报告天子,对下要告诉诸侯,废除公子辄而拥立公子郢'。这样解释对吗?"

先生说:"恐怕不能这样吧?哪有一个人恭敬礼貌地对待我,要我帮助他治理国家,而我却要废除他呢?这样做哪还有一点人情天理呢?孔子既然肯帮辄治理国家,一定是辄愿意委托孔子来治理这个地方,倾心听从孔子的指教。孔子品德高尚、心灵真诚,一定已经感化了卫辄,使他懂得不孝顺父亲就不能做一个真正的人。这就一定会使他痛哭流涕,亲自去迎接父亲回来。因为父子之爱是出自人的天性。卫辄能痛改前非,蒯聩又怎能

暴其罪恶，请于天子，告于方伯诸侯，而必欲致国于父。聩与群臣百姓，亦皆表辄悔悟仁孝之美，请于天子，告于方伯诸侯，必欲得辄而为之君。于是集命于辄，使之复君卫国。辄不得已，乃如后世上皇故事，率群臣百姓尊聩为太公，备物致养，而始退复其位焉。则君君、臣臣、父父、子子，名正言顺，一举而可为政于天下矣！孔子正名，或是如此。"

澄在鸿胪寺仓居，忽家信至，言儿病危。澄心甚忧闷，不能堪。

先生曰："此时正宜用功。若此时放过，闲时讲学何用？人正要在此等时磨炼。父之爱子，自是至情，然天理亦自有个中和处，过即是私意。人于此处多认做天理当忧，则一向忧苦，不知已是'有所忧患不得其正'。大抵七情所感，多只是过，少不及者。才过便非心之本体，必须调停适中始得。就如父母之丧，人子岂不欲一哭便死，方快于心。然却曰'毁不灭性'，非圣人强制之也，天理本体自有分限，不可过也。人但要识得心体，自然增减分毫不得。"

不被彻底感动呢？蒯聩回来后，卫辄于是向国人请求杀头以谢罪。蒯聩已被儿子的行为所感化，又有孔子在其中说服调解，蒯聩肯定不接受儿子的请求，仍然叫卫辄治理国家。群臣百姓也一定要卫辄继续担任国君。卫辄于是把自己所犯的罪恶毫不掩盖地揭露出来的，请示天子，并向各方诸侯通报，坚持要把国政交给父亲。蒯聩与群臣百姓都十分赞美卫辄的悔改和仁孝的美德，他们又请示天子，通报各方诸侯，坚持让辄继续做国君。于是上上下下一致同意任命辄继续做卫国的国君。辄推脱不掉，就像后世帝王那样，率领群臣百姓尊奉父亲蒯聩为太公，饮食起居都做了妥善安排。然后，卫辄才重新做了卫国的国君。这样国君、大臣、父亲、儿子各守自己的本分，名正言顺，就可以治理好天下了。孔子端正名分，也许就是这样吧。"

陆澄跟随先生在鸿胪寺住宿，一天，突然收到家信，说儿子病危。陆澄心里很忧虑，难以承受这个打击。

先生说："这时，正应该在身心修养上用功夫，如果放过这个关键时刻，平时的讲习又有什么用？人就是在严峻的艰难关头磨炼身心。父亲疼爱儿子是最深切的感情。但天理也有中正平和的所在，超过这个度就是私欲。人在这时多认为按照天理就该忧虑，但如一味地忧虑，而不懂得自己已经'过度愁苦以至于不能保持心态中正平和'。大抵来说，七情六欲一旦发作，往往过分的就多，不足的少。然而，有一点过分就不是本心，所以应该对人的感情进行调节和控制，使之适中，这样才能不失本心。比如父母死了，做儿子的都会觉得只有痛哭而死，才能化解心中悲伤，但圣人说过"孝子哀伤不会伤害性命"。这不是圣人强人所难，天理本来就有限度，凡事不能太过分。人一旦体悟

"不可谓'未发之中',常人俱有。盖'体用一源',有是体即有是用。有'未发之中',即有'发而皆中节之和'。今人未能有'发而皆中节之和',须知是他'未发之中'亦未能全得。"

"《易》之辞,是'初九,潜龙勿用'六字,《易》之象是初画,《易》之变是值其画,《易》之占是用其辞。"

"'夜气'是就常人说。学者能用功,则日间有事无事,皆是此气翕聚发生处。圣人则不消说'夜气'。"

澄问"操存舍亡"章。

曰:"'出入无时,莫知其乡。'此虽就常人心说,学者亦须是知得心之本体亦元是如此,则操存功夫,始没病痛。不可便谓出为亡,入为存。若论本体,元是无出入的。若论出入,则其思虑运用是出。然主宰常昭昭在此,何出之有?既无所出,何入之有?程子所谓'腔子',亦只是天理而已。虽终日应酬而不出天理,即是在腔子里。若出天理,斯谓之放,斯谓之亡。"

又曰:"出入亦只是动静,动静无端,岂有乡邪?"

了心体，自然就会明白，丝毫不能增减。"

先生说："不能说常人都能做到'感情欲望未发作时的中正状态'。因为本体和作用是统一，有什么本体，就有什么作用。即有'感情欲望未发作时的中正'，也就有'感情欲望发作出来符合中正节度的平和'。现在的人没能做到'感情欲望发作出来符合中正节度的平和'，可知是因为他'感情欲望未发作时的中正'还没有完全做到。"

先生说："《易经》乾卦的初九爻爻辞是：'初九，潜龙勿用'，六个字。《易经》的卦象是指初九爻，其变化是出现新爻。《易经》的变化发展是印证记述的思想。《易经》的占卜用的是卦辞和爻辞。"

先生说："存'夜气'之说，是对平常人而言。学者能在本心修养上下功夫，不管白天有事还是无事，心中都会有清明平和之气聚合散发。圣人根本就不用讲究'夜气'。"

陆澄向先生请教《孟子》中"操存舍亡"这章的内容。

先生说："'心念游移不定，时而复归本心，时而远离本心，无有定时，也不知道它去向何方'。这虽然是就平常人的心念而言，学者也应该知道心的本体原来就是如此，那么，这样磨炼、涵养本心的功夫才不会有问题。不能随便说出就是亡，入就是存。若是论及心的本体，原本是无所谓出入的；若是论及出入，那么人的思考运用就是出，但是，主宰人的本心明明就在那里，哪里有什么出呢？既然没有出，又哪里有入呢？程颐所说的'心腔'也只是天理。虽然整天操劳奔波，也不会超出天理，也就是在心腔里。如果超出了天理，那就是放纵，就会丧失本。"

先生又说："背离和复归本心都是心念的动静而已，而阴阳

王嘉秀问:"佛以出离生死诱人入道,仙以长生久视诱人入道,其心亦不是要人做不好。究其极至,亦是见得圣人上一截,然非入道正路。如今仕者,有由科,有由贡,有由传奉,一般做到大官。毕竟非入仕正路,君子不由也。仙、佛到极处,与儒者略同。但有了上一截,遗了下一截,终不似圣人之全。然其上一截同者,不可诬也。后世儒者,又只得圣人下一截,分裂失真,流而为记诵、词章、功利、训诂,亦卒不免为异端。是四家者,终身劳苦,于身心无分毫益。视彼仙、佛之徒,清心寡欲,超然于世累之外者,反若有所不及矣。今学者不必先排仙、佛,且当笃志为圣人之学。圣人之学明,则仙、佛自泯。不然,则此之所学,恐彼或有不屑,而反欲其俯就,不亦难乎?鄙见如此,先生以为何如?"

先生曰:"所论大略亦是。但谓上一截、下一截,亦是人见偏了如此。若论圣人大中至正之道,彻上彻下,只是一贯,更有甚上一截、下一截?'一阴一阳之谓道',但仁者见之便谓之仁,知者见之便谓之智,百姓又日用而不知,故君子之道鲜矣。仁智岂可不谓之道?但见得偏了,便有弊病。"

互根，动静无常，怎么会有方向呢？"

王家秀问："佛家用超脱生死轮回来劝诱人皈依佛门，道家以长生不老来劝人入道，他们的目的不是要人背道而行。归根到底，他们也是看到了圣人的上半截，但这不是求得天理的正道。就像现在做官的人，有的通过科举考试，有的通过举荐，有的就继承先辈的爵位。这些人都做了大官，但如果走的不是做官的正道，正人君子是不会这样走的。修道、信佛到最高境界，跟儒家也差不多，但他们只看到了上一截，丢了下一截，终究不像圣人儒学那么全面完整。但是，佛、道看到的上一截与儒家的上一截相同，也是不能否认的。后世的儒生，只看到圣学的下一截，分割来了完整的儒学，丧失了儒家的真谛，圣学就流变为记诵、词章、功利、训诂的学问，最终不可避免地蜕变为异端邪说。记诵、词章、功利、训诂这四派的人，一生辛苦劳累，但在身心的修养上毫无益处。再看看那些修道、信佛的人，清心寡欲，超脱于尘世的牵累之外，自己反倒不如人家。现在的儒家学者不要先盲目地排斥道家、佛家，而应当立志于圣人的学说。圣学一旦能发扬光大，那么道学、佛学自然就会泯灭消失。如若不然，儒生所学，佛、道两家不屑一顾，却想使佛、道两家俯首称臣，不是很难吗？这是我的肤浅看法，先生您认为怎么样呢？"

先生说："你说法大致是对的。但你说的上一截和下一截，也是一种片面的认识。若要说圣道，广大中正，通天彻地，完美无缺，哪有什么上一截和下一截？《易经》说，'阴阳的统一即是道'，但是'仁者见仁，智者见智。平民百姓日常生活哪一时能离开这个道呢？但他们不知道他们的日常生活中就有道。所以，正人君子遵循的道很少有人明白'。仁慈、智慧难道不是道的表

"蓍固是《易》，龟亦是《易》。"

问："孔子谓武王未尽善，恐亦有不满意？"

先生曰："在武王自合如此。"
曰："使文王未没，毕竟如何？"
曰："文王在时，天下三分已有其二。若到武王伐商之时，文王若在，或者不致兴兵，必然这一分亦来归了。文王只善处纣，使不得纵恶而已。"

问孟子言："执中无权犹执一。"
先生曰："中只是天理，只是易，随时变易，如何执得？须是因时制宜，难预先定一个规矩在。如后世儒者要将道理一一说得无罅漏，立定个格式，此正是执一。"

唐诩问："立志是常存个善念，要为善去恶否？"
曰："善念存时，即是天理。此念即善，更思何善？此念非恶，更去何恶？此念如树之根芽。立志者长立此善念而已。'从心所欲，不逾矩'，只是志到熟处。"

"精神、道德、言动，大率收敛为主，发散是不得已。天、地、人、物皆然。"

现吗？但只看到仁慈和智慧，是片面的，片面就有弊病。"

先生说："用蓍草占卜是《易经》，用龟甲占卜也是《易经》。"

陆澄问："孔子说周武王还没有达到尽善，恐怕是孔子对武王的行为有些不满？"

先生说："周武王通过武力夺得天下。"

又问："如果周文王没死，那他会怎么样呢？"

先生说："文王在世时，西周已有天下的三分之二。若到武王伐商时，文王还在，或者不动干戈，剩下的一分也会归顺文王。文王会妥善处置商纣，使他不能放纵作恶就是了，而不会像武王那样大动干戈。"

惟乾请教孟子所说"执中无权犹执一"的含义。

先生说："中庸就是天理，天理就是变易的。当因时而变，怎么能固执死板呢？应该因时因地制宜，灵活应变，难以预先确定一个标准。后世的儒生要把各种道理阐述的彻底圆满，确立个固定的模式，这就是执一。"

唐诩问："立志就是要在心中长养善念，要行善去恶吗？"

先生说："善念存心，就是天理。这个念头就是善，哪里还要考虑其他什么善？既然这个善念不是恶，哪里还要去除什么恶呢？这个意念就像是树的根芽，立志的人，就是永远确立这个善的意念。孔子说，'从心所欲不逾矩'，只因为立志修行已十分纯熟。"

先生说："精神、道德、言语、行动，大都以内敛为主，向外发散流行是在不得已的情况下表现的。天、地、人、物都是这样的。"

问:"文中子是如何人?"

先生曰:"文中子庶几具体而微,惜其蚤死!"

问:"如何却有续经之非?"

曰:"续经亦未可尽非。"

请问,良久曰:"更觉良工心独苦。"

"许鲁斋谓'儒者以治生为先'之说,亦误人。"

问仙家元气、元神、元精。

先生曰:"只是一件:流行为气,凝聚为精,妙用为神。"

"喜怒哀乐,本体自是中和的,才自家着些意思,便过不及,便是私。"

问"哭则不歌"。

先生曰:"圣人心体自然如此。"

"克己须要扫除廓清,一毫不存方是。有一毫在,则众恶相引而来。"

问《律吕新书》。

先生曰:"学者当务为急。算得此数熟,亦恐未有用。必须心中先具礼乐之本方可。且如其书说多用管以候气。然至冬至那一刻时,管灰之飞或有先后,须臾之间,焉知那管正值冬至之刻?须自中心先晓得冬至之刻始得。此便有不

陆澄问:"文中子是什么样的人?"

先生说:"文中子差不多已具体入微地体察到天理,可惜死得太早。"

问:"可是,他怎么会做出续经学这样不妥的事呢?"

先生说:"这样做也并不是完全的错事,还是有可取之处的。"

陆澄问先生原因,过了很长时间,先生说:"我倒更觉得'良工心独苦'这句话的意思了。"

先生说:"许鲁斋说的'儒家只言生而不言死的说法',也是误人入歧途。"

陆澄询问道家所说的元气、元神、元精。

先生说:"这三者是同一个事物,它流行发用就是气,气凝聚就是精,精气的精妙运用就是神。"

先生说:"喜怒哀乐,就生发的本体来说是中正平和的。只是人本身有别的意念和所思所想,才会过分或不足,就是人的私欲了。"

陆澄问《论语》,"孔子哭泣却不咏唱"的缘由。

先生说:"圣人本心自然流露,没什么缘由。"

"克制自己的私欲一定要完全彻底,使之不留一丝一毫才行。如果有一丝私欲在,众恶就会接踵而来。"

有人问《律吕新书》。

先生说:"儒家学者的当务之急,首先在心中确立礼乐的根本,否则,只熟悉律吕数等恐怕也没有什么用。这像《律吕新书》书中说,人们大多用律管来查看阴阳二气的变化。但是到冬至那一刻,律管中的芦灰的飞逝有先有后,只是顷刻之间的事,怎么

通处，学者须先从礼乐本原上用功。"

曰仁云："心犹镜也。圣人心如明镜，常人心如昏镜。近世格物之说，如以镜照物，照上用功，不知镜尚昏在，何能照！先生之格物，如磨镜而使之明，磨上用功，明了后亦未尝废照。"

问道之精粗。

先生曰："道无精粗，人之所见有精粗。如这一间房，人初进来，只见一个大规模如此；处久便柱壁之类，一一看得明白；再久，如柱上有些文藻，细细都看出来，然只是一间房。"

先生曰："诸公近见时少疑问，何也？人不用功，莫不自以为已知，为学只循而行之是矣。殊不知私欲日生，如地上尘，一日不扫，便又有一层。着实用功，便见道无终穷，愈探愈深，必使精白无一毫不彻方可。"

问："知至然后可以言诚意。今天理人欲，知之未尽，如何用得克己工夫？"

先生曰："人若真实切己用功不已，则于此心天理之精微日见一日，私欲之细微亦日见一日。若不用克己工夫，终日

知道哪根律管中芦灰的振动正是冬至的时刻呢？必须心中先知晓冬至时刻到了才行。这就有些说不通，所以学者应该首先从礼乐的根本上用功夫。"

曰仁说："本心就像镜子，圣人的心就像明镜，平常人的心就像昏暗的镜子。朱熹的'格物'学说，就像用镜子去照东西，只在照上用功夫，却不知道镜子还很模糊，怎么能去照清呢？先生所说的'格物'学说，就像是去磨镜子，使它变得更加明亮，在磨镜上用功夫。镜子明亮了不会影响去照东西。"

陆澄问先生道的精深、粗浅。

先生说："道无所谓精深、粗浅之分，人们对道德认识有精深、粗浅之分。就像一间房子，人刚进来时，只看到大概轮廓。在里面住得时间长了，才把梁柱、墙壁等一一看清楚；时间住得更长一些，梁柱上的花纹都能看得清清楚楚。但是，房子还是这一间房子。"

先生说："你们近道了，则疑问越少，为什么呢？人学习不下功夫，就会自以为是，认为已知道如何做学问，只要照老样子去实践就行了。殊不知私欲天天生长，就像地上的灰尘，一天不扫，就又积一层。如果踏踏实实地下功夫，就会见到道广大无边，无穷无尽，愈探求愈深入，这样下去，就一定会做到精深纯一，没有一丝一毫不彻底的地方。"

陆澄问："《大学》中说认识彻底，然后就可以使思想真诚。现在对天理人欲还没完全弄明白，怎么做克除私欲的功夫呢？"

先生说："一个人如果真正下决心不断用功修炼，那么，他对天理精妙细微的认识一天比一天深刻，对私欲的认识也是如只是说话而已，天理终不自见，私欲亦终不自见。如人走路一般，走得一段，方认得一段；走到岐路处，有疑便问，问了又走，方渐能到得欲到之处。今人于已知之天理不肯存，已知之人欲不肯去，且只管愁不能尽知，只管闲讲，何益之有？且待克得自己无私可克，方愁不能尽知，亦未迟耳。"

问："道一而已。古人论道往往不同，求之亦有要乎？"

先生曰："道无方体，不可执着，却拘滞于文义上求道，远矣。如今人只说天，其实何尝见天？谓日月风雷即天，不可；谓人物草木不是天，亦不可。道即是天，若识得时，何莫而非道？人但各以其一隅之见认定，以为道止如此，所以不同。若解向里寻求，见得自己心体，即无时无处不是此道。亘古亘今，无终无始，更有甚同异？心即道，道即天，知心则知道、知天。"

又曰："诸君要实见此道，须从自己心上体认，不假外求始得。"

问："名物度数，亦须先讲求否？"

先生曰："人只要成就自家心体，则用在其中。如养得心体，果有未发之中，自然有发而中节之和，自然无施不可。苟无是心，虽预先讲得世上许多名物度数，与己原不相干，

此。如果不能下功夫克制私欲，每天只是空谈，终究不会认识清天理、私欲。这就像人走路一样，走一段路之后才能认识这段路。走到岔路口时，有疑惑就要问别人，问好了继续向前走，才能逐渐地到达目的地。现在有些人对已经体悟到的天理，不愿保存涵养，对明白到的私欲，不愿清除，只顾发愁不能尽知天理，一味地询问，有什么益处呢？等到没什么私欲需要彻底克服时，再发愁不能完全认识天理，也不算迟。"

陆澄问："道只有一个，古人在论述道时却往往不同，求道也有主次之分吗？"

先生说："道没有方向，没有具体的形式，不可执着。拘泥于从语句的字面意义上求道，反而离道越来越远。现在人们讲天，其实他们何尝认识天？他们认为日、月、风、雷这些就是天，这是错的。说人、物、草、木这些不是天，也是错的。道就是天，如果只认识到这一点，那么什么不是道呢？人偏要以自己的一孔之见认定它就是道，认为道只不过如此，所以每个人认识的道才会不同。如果明白向自己的本心里探求，认识到自己的本心，那么时时处处都是这个道。贯穿古今，无始无终，哪有什么同或不同？心就是道，道就是天。认识了自己的本心就能认识道，认识天。"

先生又说："你们要真的认识道，就必须从自己本心下功夫，不要从本心之外去探求才行。"

陆澄问："事物的名称、数量，也必须预先探求吗？"

先生说："人只要能存养本心，并使之发挥流行，它的作用就包含在内了。如果保存涵养本心，达到未发之中的境界，即使情欲发作出来也合乎中正平和，自然没有什么做不到的。如果

只是装缀，临时自行不去。亦不是将名物度数全然不理，只要知所先后，则近道。"

又曰："人要随才成就。才是其所能为，如夔之乐，稷之种，是他资性合下便如此。成就之者，亦只是要他心体纯乎天理。其运用处，皆从天理上发来，然后谓之才。到得纯乎天理处，亦能不器。使夔、稷易艺而为，当亦能之。"

又曰："如'素富贵行乎富贵，素患难行乎患难'，皆是不器，此惟养得心体正者能之。"

"与其为数顷无源之塘水，不若为数尺有源之井水，生意不穷。"
时先生在塘边坐，傍有井，故以之喻学云。

问："世道日降，太古时气象如何复见得？"

先生曰："一日便是一元。人平旦时起坐，未与物接，此心清明景象，便如在伏羲时游一般。"

问："心要逐物，如何则可？"
先生曰："人君端拱清穆，六卿分职，天下乃治。心统五

没有保存涵养本心，即使事先探求世上许多的知识，对自己都没有什么关系，只能点缀装饰，不能行事，又有什么用呢？但也不是根本不管事物的名称、数量，只要知道'先做什么，后做什么，这就接近道了'。"

先生又说："要根据各人的才智禀赋成就道，才能是每个人能做什么，就像夔对于音乐、稷对于种植农耕一样，他们的天性本来就适合做这些。造就一个人，也只是让他的本心纯粹而成为天理。这样他做事就都是天理发挥运用，这时候，称之为才能。本心得到纯然天理的境界，干什么都能成就。如果让夔和稷互换事业，他们也会做得很好。"

先生又说："像《中庸》所说，'身处富贵，就做富贵时能干的事；身处患难，就做患难中能做的事'，这都是'不器'。干什么都能成功，这些只有那些把本心保存涵养得公正平和的人才能做得到。"

"与其去挖一个数顷之大而没有水源的水塘，还不如去挖一口数尺深，却有水源的井，井里的水源源不断受用不尽。"

当时，先生坐在池塘边，旁边有一口水井，他就用井来比喻做学问。

有人问："现在世风日下，人心不古，太古时代的清明风气怎么能再重现呢？"

先生说："一天就是一个世代循环周期。人早晨黎明时分起来，还没有和外物接触，心中清纯明净，一片平和，就和游历伏羲时代一样。"

陆澄问："人心偏要追随外物，该怎么办呢？"

先生说："君王庄严肃穆地端坐，文武大臣各负其责，天下

官,亦要如此。今眼要视时,心便逐在色上;耳要听时,心便逐在声上。如人君要选官时,便自去坐在吏部;要调军时,便自去坐在兵部。如此,岂惟失却君体,六卿亦皆不得其职。"

"善念发而知之,而充之;恶念发而知之,而遏之。知与充与遏者,志也,天聪明也。圣人只有此,学者当存此。"

澄曰:"好色、好利、好名等心,固是私欲。如闲思杂虑,如何亦谓之私欲?"

先生曰:"毕竟从好色、好利、好名等根上起,自寻其根便见。如汝心中,决知是无有做劫盗的思虑,何也?以汝元无是心也。汝若于货色名利等心,一切皆如不做劫盗之心一般,都消灭了,光光只是心之本体,看有甚闲思虑?此便是寂然不动,便是未发之中,便是廓然大公!自然感而遂通,自然发而中节,自然物来顺应。"

问志至、气次。

先生曰:"'志之所至,气亦至焉'之谓,非极至次贰之谓。持其志,则养气在其中,无暴其气,则亦持其志矣。孟

就能太平。人心统率五官也要像这样。现在今人眼要看时,心便追随着颜色;今人耳朵要听时,心便追逐着在声音上。就像君王选拔官员,就去吏部坐镇;要调动军队时,就到兵部坐镇一样。这样不但失去了做君王的名分和体统,文武大臣也不能各负其责。"

先生说:"心中萌发善良的时候,要认识它,不断地去发展壮大它。心中萌发邪恶的意念时,要认识它,遏制、克服它。知道扩充善念、遏制恶念,就是心志,这是上天赋予人的聪明才智。圣人也只是保存这个本心天理而已。所以学者应该努力保存涵养本心。"

陆澄问:"心中喜欢美色,追逐名利等固然是私欲,但是那些闲思杂虑,怎么也叫私欲呢?"

先生说:"闲思杂虑毕竟是从喜欢美色,追逐名利等私欲这些根上生发出来的,从根源上寻找,才能看清楚这些闲思杂念的本质。就像在你自己心中,你一定知道自己绝没有去抢劫、盗窃的想法,为什么呢?因为你心中根本就没有这些念头。如果你贪财、好色、追名、逐利之心等像心中没有去抢劫、盗窃的想法一样,都被清楚了,干干净净只剩下心的本体,看看这时候心里哪还有什么闲思杂念?这就做到了'心宁静不动'也就是'未发之中',便是'浩然博大,公正无私'。这样,自然就能'与万事万物感应相通','感情发出来时贯通无碍,中正平和'。也自然能'万事万物都顺应本心,有条不紊,应对自如'。"

陆澄问"志至""气次"的问题。

先生说:"志向达到的地方,气也就随之而至,并不是如朱熹说,必须首先立定个心志,然后才能养气。'坚持志向'养气

子救告子之偏，故如此夹持说。"

问："先儒曰：'圣人之道，必降而自卑；贤人之言，则引而自高。'如何？"

先生曰："不然，如此却乃伪也。圣人如天，无往而非天，三光之上，天也；九地之下，亦天也。天何尝有降而自卑？此所谓大而化之也。贤人如山岳，守其高而已。然百仞者不能引而为千仞，千仞者不能引而为万仞，是贤人未尝引而自高也，引而自高则伪矣。"

问："伊川谓不当于喜怒哀乐未发之前求中，延平却教学者看未发之前气象，何如？"

先生曰："皆是也。伊川恐人于未发前讨个中，把中做一物看，如吾向所谓认气定时做中，故令只于涵养省察上用功。延平恐人未便有下手处，故令人时时刻刻求未发前气象，使人正目而视惟此，倾耳而听惟此，即是戒慎不睹、恐惧不闻的工夫，皆古人不得已诱人之言也。"

澄问："喜怒哀乐之中和，其全体常人固不能有。如一件小事当喜怒者，平时无有喜怒之心，至其临时，亦能中节，亦可谓之中和乎？"

就在其中。'不意气用事'也就是在'坚持志向'。孟子当年纠正告子的偏弊，才兼顾两方面讲。"

陆澄问："程颐先生说过：'圣人论道一定是越到后世越谦卑，贤人的议论却会越讲越高妙。'这话怎么讲呢？"

先生说："不对。如果像这样，那就是作假了。圣人就像天，到哪里都是天，日月星辰之上是天，九地之下也是天。天什么时候变得卑下呢？这就是孟子说的'大而化之'。贤人就像山岳，只是保持其高耸而已。但百仞的高山不能自拔成千仞的高山，千仞的高山也不能自拔成万仞的高山。所以贤人也不可能抬高自己。若这样说，那就是作假。"

陆澄问："程颐先生说'不应该在喜怒哀乐未发以前追求中正平和'。延平先生却教育学生观察感情未发之前的状况。这是怎么回事？"

先生说："都对。程颐怕人在情欲未发前就追求中正平和，把中正平和看成一个东西，就像我以前所认为的那样，在气定用功夫，做中正平和，所以程颐只要求人在保存涵养本心，反省体察上下功夫。延平先生是怕人开始时不知道从何下手，所以就让人时刻观察感情未发前的状况，使人全神贯注地注视着、倾听着这时的情况，这就是《中庸》所说的'戒慎不睹，恐惧不闻'的功夫，这些都是古人迫不得已用来诱导人修身养性时说的话。"

陆澄问："喜怒哀乐发作出来中正平和，这是一般人都不具有的。比如遇到一件应该高兴或愤怒的事，如果平时心中就没有喜怒哀乐的情感，遇到事时发出来的情感符合中正平和的要求，这算不算是中正平和呢？"

先生曰："在一时一事，固亦可谓之中和，然未可谓之大本达道。人性皆善，中和是人人原有的，岂可谓无？但常人之心既有所昏蔽，则其本体虽亦时时发见，终是暂明暂灭，非其全体大用矣。无所不中，然后谓之大本；无所不和，然后谓之达道；惟天下之至诚，然后能立天下之大本。"

曰："澄于'中'字之义尚未明。"

曰："此须自心体认出来，非言语所能喻。中只是天理。"

曰："何者为天理？"

曰："去得人欲，便识天理。"

曰："天理何以谓之中？"

曰："无所偏倚。"

曰："无所偏倚是何等气象？"

曰："如明镜然，全体莹彻，略无纤尘染着。"

曰："偏倚是有所染着。如着在好色、好利、好名等项上，方见得偏倚；若未发时，美色名利皆未相着，何以便知其有所偏倚？"

曰："虽未相着，然平日好色、好利、好名之心，原未尝无；既未尝无，即谓之有；既谓之有，则亦不可谓无偏倚。譬之病疟之人，虽有时不发，而病根原不曾除，则亦不得谓之无病之人矣。须是平日好色、好利、好名等项一应私心扫除荡涤，无复纤毫留滞，而此心全体廓然，纯是天理，方可谓

先生说："在一时一事上可以说达到了中正平和，但是还不能说得到了大本、达道的境界。人的本性都是善的，中正平和是人人天生具有的，怎么能说没有呢？但是普通人的本心昏昧蒙蔽，他们的本体虽然时时显现，但终究是断断续续，时明时灭，不是本心的全体作用。无时无刻不中正，然后才叫大本；无时无刻不平和，然后才叫达道。只有天下最真诚的人，才能确立天下的大本。"

陆澄问："我对于'中'的含义还不明白。"

先生说："这必须从自己的本心体悟，不能用言语说明白。'中'就是天理"。

陆澄问："什么是天理？"

先生说："摒弃私欲，就知道什么是天理了。"

陆澄问："天理怎么就是中正平和呢？"

先生说："天理不偏不倚。"

陆澄问："不偏不倚是什么状态呢？"

先生说："就像明镜一样，通体晶莹，无一丝灰尘沾染。"

陆澄问："就是有所沾染，如沾染上好色、追名逐利等，才能看出来有所偏倚。如果情感未发作出来，好色、追逐名利等私欲都还没有表现出来，怎么知道它就有所偏倚呢？"

先生说："这时候，虽然还没有表现出来，但平常好色、追逐名利的私欲并不是没有，既然并不是没有，就是有这些念头，既然心中有私欲，也就不能说没有偏倚。就像有疾病的人，虽然有时病症未发作，但病根却没有根除，所以不能说他是没有病的人。必须把平时好色、追逐名利等的私欲杂念彻底清除，使之不留一丝一毫，这样，此心完全至精至纯，全是天理，才能

之喜怒哀乐'未发之中',方是天下之'大本'。"

问:"'颜子没而圣学亡',此语不能无疑。"

先生曰:"见圣道之全者惟颜子。观喟然一叹可见,其谓'夫子循循然善诱人,博我以文,约我以礼',是见破后如此说。博文约礼,如何是善诱人?学者须思之。道之全体,圣人亦难以语人,须是学者自修自悟。颜子虽欲从之,未由也已,即文王'望道未见'意。望道未见,乃是真见。颜子没,而圣学之正派遂不尽传矣。"

问:"身之主为心,心之灵明是知,知之发动是意,意之所着为物,是如此否?"

先生曰:"亦是。

"只存得此心常见在,便是学。过去未来事,思之何益?徒放心耳!

"言语无序,亦足以见心之不存。"

尚谦问孟子之"不动心"与告子异。

先生曰:"告子是硬把捉着此心,要他不动;孟子却是集义到自然不动。"

又曰:"心之本体原自不动。心之本体即是性,性即是理,性元不动,理元不动。集义是复其心之本体。"

说是喜怒哀乐未发作出来的中正，这才是天下的大本。"

陆澄问："'颜子死后，孔子的学说就衰亡了'，这句话不能没有疑问。"

先生说："最深刻全面体悟圣人学说的只有颜回一人，这可以从《论语》中颜回的感叹中看得出来，颜回说'孔子善于循序渐进地诱导我，用文使我博学，并能用简礼规范提高我'，这是他全面领会掌握之后才能说出来的话。博文、约礼怎么能诱导人呢？学者应该好好思考。圆满完整的道，圣人也难以用语言告诉别人，必须靠学者自己修行体悟才行。颜回说'虽然我想追求道，却找不到路径'，也就是周文王说的'我对道的渴求就像永远没见到它一样'。渴求道像从未见过一样，这才是真正见到了道。颜回死后，孔子学说的正宗嫡系就没能完全流传下来。"

陆澄问："心是身体的主宰，心的清灵明彻是认识，认识发动就是思想，思想所涉及的对象就是事物，是这样吗？"

先生说："可以这样说。"

先生说："只要能时刻存养本心，就是学习。过去和将来的事想它有什么用呢？只不过是丧失本心罢了。"

先生说："言语混乱无序，可见已经达到无心的境界。"

尚谦问孟子所讲的'不动心'与告子讲的有何差异。

先生说："告子的不动心，是硬要捉住心，使它不动；孟子是要人不断地保存涵养本心，使它自然不动。"

先生又说："心的本体原本不动，心的本体就是人的天性，天性就是天理。人的天性原是不动的，天理也是这样，不断积累道义就是恢复心的本体。"

"'万象森然'时,亦冲漠无朕;冲漠无朕,即万象森然。冲漠无朕者,'一'之父,万象森然者,'精'之母。'一'中有'精','精'中有'一'。"

"心外无物。如吾心发一念孝亲,即孝亲便是物。"

先生曰:"今为吾所谓格物之学者,尚多流于口耳。况为口耳之学者,能反于此乎?天理人欲,其情微,必时时用力省察克治,方日渐有见。如今一说话之间,虽只讲天理,不知心中倏忽之间,已有多少私欲。盖有窃发而不知者,虽有力察之,尚不易见,况徒口讲而可得尽知乎?今只管讲天理,来顿放着不循,讲人欲,来顿放着不去,岂格物致知之学?后世之学,其极至,只做得个'义袭而取'的工夫。"

问格物。
先生曰:"格者,正也。正其不正,以归于正也。"

问:"'知止'者,知至善只在吾心,元不在外也,而后志定?"
曰:"然。"
问:"格物于动处用功否?"

先生说:"心中万事万物,具体逼真地呈现时,心就达到淡然无碍,寂然无我的境界;心中淡然无碍,寂然无我,万事万物也就会全部呈现在心中。寂然无我是'惟一'的父亲,万事万物在心中呈现是'惟精'的母亲。'惟一'中有'惟精','惟精'中有'惟一',二者统一不可分割。"

先生说:"本心之外没有什么事物。如果我的本心生出孝顺父母的念头,那孝顺父母就是事物。"

先生说:"现在许多学习我的'格物之学'的人,尚且多停留于口说耳听的肤浅程度。何况那些专事道听途说,喜欢空谈的人怎么能不如此呢?存天理去私欲,一定要在平常时时反省体察克治自己的私欲,这样才能渐渐有所得。现在有的人一讲话,虽然嘴里讲着存养天理,可是刹那间心里已经不知道产生多少私欲了!私欲在不知不觉中生发出来,潜滋暗长,即使下功夫反省体察还不容易发现,何况仅仅是空谈,怎么能全部发现自己心中的私欲呢?现在,只讲存养天理,而不遵循去做,谈到去除私欲,而不克制省察。这哪里是学习格物致知呢?所以,后世的学问,发展到顶点,也只能做模仿因袭的功夫,不能真正有所成就。"

陆澄请教格物的意思。

先生说:"'格'就是修正自己的意思,就是纠正错谬使其复归中正。"

陆澄问:"'知止',就是明白了至善只存在于我们的心中,而不在心外,然后志向就能确立坚定了?"

先生说:"是这样的。"

有人问:"格物是要在动中用功夫吗?"

先生曰:"格物无间动静,静亦物也。孟子谓'必有事焉,'是动静皆有事。"

"工夫难处,全在格物致知上。此即诚意之事。意既诚,大段心亦自正,身亦自修。但正心修身功夫,亦各有用力处,修身是已发边,正心是未发边。心正则中,身修则和。"

"自'格物致知'至'平天下',只是一个'明明德'。虽'亲民',亦'明德'事也。'明德'是此心之德,即是仁。'仁者以天地万物为一体',使有一物失所,便是吾仁有未尽处。"

"只说'明明德',而不说'亲民',便似老、佛。"

"至善者,性也,性元无一毫之恶,故曰'至善'。止之,是复其本然而已。"

问:"知至善即吾性,吾性具吾心,吾心乃至善所止之地,则不为向时之纷然外求,而志定矣。定则不扰扰而静,静而不妄动则安,安则一心一意只在此处,千思万想,务求必得此至善,是能虑而得矣。如此说是否?"

先生曰:"大略亦是。"

问:"程子云'仁者以天地万物为一体',何墨氏'兼爱'反不得谓之仁?"

先生说:"格物不分动静,静也是一种事物。孟子说:'必有事焉'的意思就是说无论动静与否都要用功。"

先生说:"修养心性最难的功夫就是格物致知,这就是思虑诚而无私的事。思虑诚而无私,心的大部分自然也就中正,自然就能修身。但是端正心性、修身的功夫,也都有各自切入点。修身是已经发出来而言的,正心是没有表露出来而言的。心端正了就能公正不偏,身修好了就能与天地万物相和。"

先生说:"从'格物致知'到'平天下',只是'明明德'。即使'亲民'也属于'明德'的事情。'明德'就是本心的德性,就是仁爱。'仁爱就是要把天地万物一体看待'。如果有一物被遗漏,那就是我的仁爱还没有彻底完善。"

先生说:"仅谈'明明德'而不讲'亲民',就和道家、佛家差不多了。"

先生说:"至善就是人的天性。人的天性没有丝毫一点恶,止于至善就是恢复人性本来的面目。"

有人问:"明了至善就是人的天性,人的天性就包含在本心之中。人的本心就是至善的所在地,那就不会像从前那样匆匆忙忙地在心外寻求了,志向也就坚定了。坚定了志向,心就不会纷纷扰扰而逐渐宁静下来,心静就不会随意发作,心就会安定下来。心一安定,就会全心全意地追求至善。千思万想,也都是要得到至善,这就是能通过思虑而可以得到的。这样说对吗?"

先生说:"大概是对的。"

有人问:"程颢先生说:'仁爱的人把天地万物看作是一个整体。'为什么墨子'兼爱'反而不被认为是仁爱呢?"

先生曰："此亦甚难言，须是诸君自体认出来始得。仁是造化生生不息之理，虽弥漫周遍，无处不是，然其流行发生，亦只有个渐，所以生生不息。如冬至一阳生，必自一阳生，而后渐渐至于六阳，若无一阳之生，岂有六阳？阴亦然。惟其渐，所以便有个发端处；惟其有个发端处，所以生；惟其生，所以不息。譬之木，其始抽芽，便是木之生意发端处；抽芽然后发干，发干然后生枝生叶，然后是生生不息。若无芽，何以有干、有枝叶？能抽芽，必是下面有个根在。有根方生，无根便死，无根何从抽芽？父子兄弟之爱，便是人心生意发端处，如木之抽芽。自此而仁民，而爱物，便是发干、生枝生叶。墨氏'兼爱'无差等，将自家父子兄弟与途人一般看，便自没了发端处。不抽芽，便知得他无根，便不是生生不息，安得谓之仁？孝弟为仁之本，却是仁理从里面发生出来。"

问："延平云'当理而无私心'。'当理'与'无私心'，如何分别？"

先生曰："心即理也，无私心即是当理，未当理便是私心。若析心与理言之，恐亦未善。"

又问："释氏于世间一切情欲之私都不染着，似无私

先生说:"这很难说清楚,你们必须自己去体悟才能清楚。仁是孕育万物生生不息的天理,虽然它充塞天地,无处不在,但它流行发生也有个发展过程,所以它才能生生不息。就像冬至到了,十二辟卦为复卦,一阳初生,一定是从这一阳出发逐渐地发展到六阳乾卦。如果没有一阳产生,哪能有六阳呢?阴也是这样。就因为它是个不断发展的过程,所以就会有开端,有个开端才会有生命,有生命才能生长不息。就像树木一样,开始抽芽就是树木生长的开端。抽芽生根,然后长出树干,长出树干后,又长出枝叶,最后是生生不息。如果没有发芽,哪会有树干、树枝和树叶呢?能抽芽下面一定有根。有根才能生长,没有根就会枯死,没有根从哪里抽芽?父子、兄弟之间的关爱之情,就是人心生生不息产生的开端。兄弟之情就是人心产生意念的最初出发点,就像树的抽芽一样。从这以后才会有关怀百姓,友爱万物,比如树木发芽。从这里开始关爱百姓、关爱万物,也就是长干生枝叶。墨子"兼爱"毫无差别地友爱一切事物,把自己亲生父亲和同胞兄弟与路人一样看待,这就没有了一个开端。不发芽,就知道他的兼爱无根,不是生生不息,怎么能称为仁呢?孝顺父亲、尊敬兄长是仁德根本,仁就是从这个根本生长出来的。"

陆澄问:"延平说:'合于天理,就会没有私心杂念。'符合天理和没有私心,怎么分别呢?"

先生说:"本心就是天理,没有私心杂念就符合天理。没有符合天理,就有私心杂念。如果把人心与天理分开来讲,恐怕不太好。"

又问:"佛家对人世间一切的人情欲望都丝毫不沾染,好心。但外弃人伦，却似未当理。"

曰："亦只是一统事，都只是成就他一个私己的心。"

侃问："持志如心痛，一心在痛上，安有工夫说闲话，管闲事？"

先生曰："初学工夫如此用亦好，但要使知出入无时，莫知其乡，心之神明原是如此，工夫方有着落。若只死死守着，恐于工夫上又发病。"

侃问："专涵养而不务讲求，将认欲作理，则如之何？"

先生曰："人须是知学，讲求亦只是涵养。不讲求只是涵养之志不切。"

曰："何谓知学？"

曰："且道为何而学？学个甚？"

曰："尝闻先生教，学是学存天理。心之本体即是天理，体认天理，只要自心地无私意。"

曰："如此则只须克去私意便是，又愁甚理欲不明？"

曰："正恐这些私意认不真。"

曰："总是志未切。志切，目视耳听皆在此，安有认不真的道理？'是非之心，人皆有之'，不假外求。讲求亦只是体当自心所见，不成去心外别有个见？"

像没有什么私心。但是，佛家抛弃人理伦常，好像也还没有把握天理。"

先生说："佛教和世人都是一回事儿，都是要满足他那个固执自私的心。"

薛侃问："保持自己的志向，如同心痛，一心全在痛上，哪有时间说闲话、管闲事呢？"

先生说："初学修养，这样下功夫也好。但要做到使知，能够出入无有定时，不知道志向在哪里。本心的神通明彻，原本就是这样，这样功夫才有着落。如果只是死死地守着志向，恐怕又会在下功夫上出错。"

薛侃问："只注重存养本心，而不注重学习研究，就会把私欲看成天理，该怎么办？"

先生说："人应该知道学习，学习研究也就是存养本心。不学习研究就是存养天性的志向不坚定。"

薛侃问："怎么样叫知的学问呢？"

先生说："你先说说为什么要学，学什么？"

薛侃回答说："曾经听先生的教诲，学就是存养天理。心的本体原就是天理，体认天理，只要自己心上无私欲就行了。"

先生说："这样说来，只要克服私欲就行了，还怕什么不明白天理、私欲呢？"

薛侃说："就怕认不清楚私欲。"

先生说："还是志向不坚定迫切，如果志向坚定了，眼看耳听，都集中在天理上，哪有什么认不清私欲的道理？辨别是非的能力，人人与生俱来，不要到心外去寻找。研究探索也就是体认本心的呈现，而不是本心之外还有什么别的呈现。"

先生问在座之友:"比来工夫何似?"

一友举虚明意思。先生曰:"此是说光景。"

一友叙今昔异同。先生曰:"此是说效验。"

二友惘然,请是。

先生曰:"吾辈今日用功,只是要为善之心真切。此心真切,见善即迁,有过即改,方是真切工夫。如此,则人欲日消,天理日有。若只管求光景,说效验,却是助长外驰病痛,不是工夫。"

朋友观书,多有摘议晦庵者。

先生曰:"是有心求异,即不是。吾说与晦庵时有不同者,为入门下手处有毫厘千里之分,不得不辩。然吾之心与晦庵之心未尝异也。若其余文义解得明当处,如何动得一字?"

希渊问:"圣人可学而至,然伯夷、伊尹于孔子才力终不同,其同谓之圣者安在?"

先生曰:"圣人之所以为圣,只是其心纯乎天理,而无人欲之杂。犹精金之所以为精,但以其成色足而无铜铅之杂也。人到纯乎天理方是圣,金到足色方是精。然圣人之才力,亦有大小不同,犹金之分两有轻重。尧、舜犹万镒,文王、孔子有九千镒,禹、汤、武王犹七八千镒,伯夷、伊尹犹四五千镒。才力不同,而纯乎天理则同,皆可谓之圣人。犹

先生问在座的朋友："近来功夫做得怎么样了？"

一个朋友讲心中寂静而光明。先生说："这只是做功夫的情景。"

一个朋友讲了自己过去和现在做功夫的异同。先生说："这是讲做功夫的效果。"

两个朋友一片惘然，向先生请教。

先生说："我们现在下功夫，就是要使求善的心愿更加真诚切实。这颗心真诚切实，见善就靠近了，有过就改正，这才是真正用功夫。能这样，私欲就会一天天消亡，天理就会一天天生长。如果只注重做功夫的情形和效果，这只能助长在心外求理的错误做法，而不是真正做功夫。"

朋友看书，多有摘引批评朱熹的话。

先生说："这是故意在挑毛病，是不应该的。我的学说和朱熹的有许多不同，只是在入门的修行上有毫厘千里的差别。学习时，不得不辨别清楚。但是，我的心与朱熹是相同的。如果朱熹先生文字的含义，解读得明确恰当，怎么能改动一字呢？"

希渊问："可以通过学习而成为圣人，然而伯夷和伊尹与孔子相比的才智能力终究不同，为何孟子都称他们为圣人呢？"

先生说："圣人之所以是圣人，只因为他的心没有掺杂丝毫的私欲而至纯至精为天理。就像纯金之所以是纯金，是因为它的成色足而没有一点铜铅之类的杂质。人要修养到心中至纯为天理时才是圣人，金子要炼到成色十足时才是纯金。圣人的才智能力也有大小差异，就像金子的分量有轻重差别。尧、舜就像万镒的纯金，文王、孔子就像重九千镒的纯金，大禹、商汤、武王就像七八千镒的纯金，伯夷、伊尹就像是四五千镒的纯金。

分两虽不同,而足色则同,皆可谓之精金。以五千镒者而入于万镒之中,其足色同也,以夷、尹而厕之尧、孔之间,其纯乎天理同也。盖所以为精金者,在足色而不在分两,所以为圣者,在纯乎天理而不在才力也。故虽凡人而肯为学,使此心纯乎天理,则亦可为圣人,犹一两之金比之万镒,分两虽悬绝,而其到足色处可以无愧,故曰'人皆可以为尧舜'者以此。学者学圣人,不过是去人欲而存天理耳,犹炼金而求其足色。金之成色所争不多,则锻炼之工省而功易成,成色愈下则锻炼愈难。人之气质清浊粹驳,有中人以上,中人以下。其于道,有生知安行,学知利行,其下者必须人一己百,人十己千,及其成功则一。后世不知作圣之本是纯乎天理,却专去知识才能上求圣人,以为圣人无所不知,无所不能,我须是将圣人许多知识才能逐一理会始得。故不务去天理上着工夫,徒弊精竭力,从册子上钻研,名物上考索,形迹上比拟,知识愈广而人欲愈滋,才力愈多而天理愈蔽。正如见人有万镒精金,不务锻炼成色,求无愧于彼之精纯,而乃妄希分两,务同彼之万镒锡铅铜铁,杂然而投,分两愈增而成色愈下,既其稍末,无复有金矣。"

尽管他们的才智不同，但他们心纯为天理，所以他们都可称为圣人。就像分量不同，但成色十足都是纯金。把五千镒的纯金融入到万镒重的纯金中，它们的成色是相同的。伯夷、伊尹和尧舜、孔子都是圣人，他们心都纯为天理。所以纯金是看它的成色，而不在于它的重量。圣人就在于心纯为天理，而不在于才力大小。所以，即使是平凡普通的人，只要肯努力学习，去除私心杂念，心纯为天理，就能成为圣人，就像重一两的金子与万斤重的金子，分量相差悬殊，但成色十足都是纯金，孟子说，'人人都可以成为尧舜一样的圣人'原因就在这里。学者学习圣人，也不过是去除私欲保存天理罢了，就像冶炼金子使它成色十足。如果这金子成色已经八九成，那么冶炼就省功夫，成色越低，冶炼就越难。人的气质禀性有清有浊，纯杂不一，智力有中上等的人，有中下等的人。他们对于天理，有生来就知道去实践的人，有通过学习才知道，并顺利实践的人，还有资质最下等的人，他们要花比别人多千百倍的功夫去学习，等到成功了都是一样的。后世人不知道成为圣人的根本在于，存养己心到纯为天理，却想在知识才能上努力称为圣人，认为圣人无所不知，无所不能，必须要把圣人的许多知识才能一一学到手才行。所以不在存养天理上用功夫，只是殚精竭虑，钻研书本，探究事物的名称、形态，做各种形式上的比拟推理。殊不知，他们的知识越广博，私欲也就越多。才智越高，天理也就越被遮蔽。正像羡慕别人有万镒纯金，却不去冶炼自己的金子使之成色十足，以和别人的纯金无丝毫差别，而只妄想使自己金子的分量与别人的一样重，把铅、锡、铜、铁一股脑儿都掺和进去熔炼，这样重量越增成色越低。炼到最后，就不再是金子了。"

时曰仁在傍，曰："先生比喻足以破世儒支离之惑，大有功于后学。"

先生又曰："吾辈用功，只求日减，不求日增。减得一分人欲，便是复得一分天理，何等轻快脱洒！何等简易！"

士德问曰："格物之说，如先生所教，明白简易，人人见得。文公聪明绝世，于此反有未审，何也？"

先生曰："文公精神气魄大，是他早年合下便要继往开来，故一向只就考索著述上用功。若先切己自修，自然不暇及此。到得德盛后，果忧道之不明。如孔子退修六籍，删繁就简，开示来学，亦大段不费甚考索。文公早岁便著许多书，晚年方悔是倒做了。"

士德曰："晚年之悔，如谓'向来定本之悟'，又谓'虽读得书，何益于吾事'，又谓'此与守书籍，泥言语，全无交涉'，是他到此方悔从前用功之错，方去切己自修矣。"

曰："然此是文公不可及处。他力量大，一悔便转，可惜不久即去世，平日许多错处皆不及改正。"

侃去花间草，因曰："天地间何善难培，恶难去？"

先生曰："未培未去耳。"少间，曰："此等看善恶，皆从

当时徐爱在旁边，说："先生这个比喻，一定会破除世俗儒生造成的支离破碎的疑惑，对以后学习的人大有裨益。"

先生又说："我们用功，只求一天天减少，不求一天天增加。减少一分人欲，就是恢复一分天理，这样多么的轻松、洒脱，多么简便易行啊。"

杨骥问："先生教的格物思想，明白简单，人人都能懂得做得。为什么朱熹绝世聪明，对格物却没有弄明白呢？"

先生说："朱熹精神高气魄宏大，他幼年时就立志要继往圣、开后学，所以，他一直在刻苦研究历代儒家著述上下功夫。如果他在存养本心上用功夫，反省内求，自然就没有功夫考据著述了。等到德业鼎盛后，担忧圣道不明于天下，如果像孔子那样退而删述《六经》，去繁就简，启示后学，也就不用费劲去考证了。朱熹早年写了许多书，晚年才悔悟过自己一辈子舍本逐末，走错了路。"

杨骥说："朱熹晚年悔悟，比如他说的'当初确定的根本方向的悔悟'，又说'虽然读了那么多的书，对我自己本身有什么益处呢？'，又说'我自己本身，与死守书本，拘泥于言词并没有什么关联'，说到这个时候，朱熹才悔悟自己过去功夫下错了，才开始认真存养自己的本心。"

先生说："对，这是朱熹超出常人的地方。他才高智广，一旦悔悟能马上转到正道上来。可惜，他不久就去世了，以前所著书籍中的许多错误都没来得及改正。"

薛侃去花间除草，一时有感而发："天地间为什么善难以培养，而恶难以除去呢？"

先生说："这都只是人们没培养善、没铲除恶。"过了一

躯壳起念,便会错。"

侃未达。

曰:"天地生意,花草一般,何曾有善恶之分?子欲观花,则以花为善,以草为恶。如欲用草时,复以草为善矣。此等善恶,皆由汝心好恶所生,故知是错。"

曰:"然则无善无恶乎?"

曰:"无善无恶者理之静,有善有恶者气之动。不动于气即无善无恶,是谓至善。"

曰:"佛氏亦无善无恶,何以异?"

曰:"佛氏着在无善无恶上,便一切都不管,不可以治天下。圣人无善无恶,只是无有作好,无有作恶,不动于气。然遵王之道,会其有极,便自一循天理,便有个裁成辅相。"

曰:"草既非恶,即草不宜去矣。"

曰:"如此却是佛、老意见。草若有碍,何妨汝去?"

曰:"如此又是作好作恶?"

曰:"不作好恶,非是全无好恶,却是无知觉的人。谓之不作者,只是好恶一循于理,不去又着一分意思。如此,即是不曾好恶一般。"

曰:"去草如何是一循于理,不着意思?"

会,又说:"这样去看善恶,都是从自身去思考,所以会错。"

薛侃不明白。

先生就说:"天地万物生生不息,就像花草,哪里会有善恶之分呢?你赏花,就以花为善,以草为恶;如果想用草时,就认为草是好的。这样区分善恶,只是你心中的好恶产生的,所以是错的。"

薛侃说:"难道没有善恶之分吗?"

先生说:"心中无善无恶,正是天理宁静自在的表现。心中有善有恶,是思想感情发出的结果。人的思想感情不发动,心中就无善恶,这就是至善。"

薛侃说:"佛家也宣扬无善恶的思想,怎么去区别呢?"

先生说:"佛家抓住无善无恶不放,其他的一切都不管了,这样是不能治理天下的。圣人讲无善无恶,不能从私欲出发,为善为恶,不为气所动。但是,遵循圣人王道,归到终极天理上来,这样就能依照天理,治理天下。"

薛侃说:"草既然不是恶的,那么草也就不应该除去。"

先生说:"佛家和道家就是这样的观点。草如果对花木有妨碍,你除去它又有什么呢?"

薛侃说:"这样做,就又是有意去判断善恶了。"

先生说:"不由私欲去看事物,不是就完全没有好恶之心。如果要这样就成了没有知觉的人了。所讲的不要有意看待善恶,就是要遵循天理去判别善恶,不能掺杂一丝一毫个人的私欲。这样,就和不曾有善恶一样了。"

侃问:"除草怎么能始终遵循天理,不掺杂丝毫人欲呢?"

曰:"草有妨碍,理亦宜去,去之而已。偶未即去,亦不累心。若着了一分意思,即心体便有贻累,便有许多动气处。"

曰:"然则善恶全不在物?"

曰:"只在汝心。循理便是善,动气便是恶。"

曰:"毕竟物无善恶。"

曰:"在心如此,在物亦然。世儒惟不知此,舍心逐物,并格物之学错看了,终日驰求于外,只做得个'义袭而取',终身行不著,习不察。"

曰:"'如好好色,如恶恶臭',则如何?"

曰:"此正是一循于理,是天理合如此,本无私意作好作恶。"

曰:"'如好好色,如恶恶臭'安得非意?"

曰:"却是诚意,不是私意。诚意只是循天理。虽是循天理,亦着不得一分意。故有所忿懥、好乐,则不得其正。须是廓然大公,方是心之本体。知此即知未发之中。"

伯生曰:"先生云'草有妨碍,理亦宜去',缘何又是躯壳起念?"

曰:"此须汝心自体当。汝要去草,是甚么心?周茂叔窗前草不除,是甚么心?"

先生谓学者曰:"为学须得个头脑工夫,方有着落。纵

先生说:"如果草妨碍了花木的生长,按照天理除去就行了。偶尔有的还没铲掉,也不要放在心上。如果放在心上,也就是心有着了,就会牵动念头出来。"

侃说:"那么善恶完全与事物没有关系吗?"

先生说:"善恶在你心里。遵循天理就是善,动了气就是恶。"

薛侃说:"那么事物完全就没有善恶吗?"

先生说:"在心里势这样,在物上也是这样。世俗的儒生不懂这个道理,抛弃了本心的存养,而去追逐外物,错误理解了格物的学问,每天在心外寻求,到头来只能在字面意义上因袭前人,一生做事都不知其然,学习不知其所以然。"

薛侃说:"像喜欢美色,厌恶恶臭,应该如何理解呢?"

先生说:"这就是遵循天理的结果,天理本身就应该这样,这里根本不以自己的意念来区分善恶。"

薛侃说:"喜好美色,厌恶恶臭怎么能是没有意念呢?"

先生说:"是诚意而不是私欲,诚意遵循天理。即使按照天理去做事,也不能夹杂私心去做。因此,如果有什么愤怒、怨恨、喜欢、高兴,心就不再中正平和,只有人恢弘广大、大公无私,才是心的本体。明白了这个道理,也就明白了'未发之中'。"

孟源问:"先生说'草妨碍花木,按理应该除掉',为什么又说这是从自身躯壳的好恶生出来的念头呢?"

先生说:"这应该自己用心体悟,你要除去草是用的什么心?周敦颐先生不除去窗前草,用的是什么心?"

先生对学生们说:"做学问必须确定一个主旨,以后做学问

未能无间，如舟之有舵，一提便醒。不然，虽从事于学，只做个'义袭而取'，只是行不著，习不察，非大本达道也。"

又曰："见得时，横说竖说皆是。若于此处通，彼处不通，只是未见得。"

或问为学以亲故，不免业举之累。

先生曰："以亲之故而业举，为累于学，则治田以养其亲者，亦有累于学乎？先正云'惟患夺志'，但恐为学之志不真切耳。"

崇一问："寻常意思多忙，有事固忙，无事亦忙，何也？"

先生曰："天地气机，元无一息之停；然有个主宰，故不先不后，不急不缓，虽千变万化，而主宰常定，人得此而生。若主宰定时，与天运一般不息，虽酬酢万变，常是从容自在，所谓'天君泰然，百体从令'。若无主宰，便只是这气奔放，如何不忙？"

先生曰："为学大病在好名。"

侃曰："从前岁自谓此病已轻，此来精察，乃知全未，岂必务外为人，只闻誉而喜，闻毁而闷，即是此病发来？"

曰："最是。名与实对，务实之心重一分，则务名之心轻一分；全是务实之心，即全无务名之心；若务实之心如饥之

才有方向，即使中间有间断，也像船一样，一提醒就明白了。否则，即使搞一辈子学问，也只能因袭他人。开始的时候不明其然，习惯后仍不明其所以然，这不是学习的大本大原。"

先生又说："如果明了学习的宗旨，不管怎么说都可以。如果这里懂了，那里又不懂了，这还是没有深刻理解。"

有人问："为父母的缘故去求学，事业不免会受到牵累。"

先生说："为父母的缘故努力读书，会妨碍学习。那么种田养活父母的人，也会妨碍学习吗？程颐先生说'什么都不怕，就怕志不坚'，就怕做学问的志向不够坚定。"

欧阳德问："平常心思很多。有事情时就会忙乱，无事时也忙乱，这是为什么呢？"

先生说："天地万物的变化本来就没有一时一刻停息。但它有个主宰，所以天地万物的运动变化，没有先后差别，也没有快慢不同。虽然千变万化，而主宰却恒定不变。人是有这个主宰得以产生，如果人的主宰安定，像天地日月星辰一样运作永不停息，虽然应酬变化不止，却是从容自在，有条不紊。这就是所说的'天君安然不动，而日月星辰却听令各行其是，奔忙不息'。如果没有主宰，只有事物运动奔放乱窜，怎能会不忙乱呢？"

先生说："做学问最大的弊病就是追逐虚名。"

薛侃说："从去年起，我觉得这一病症已经减轻了，但是近来认真反省，才知道完全不是那回事。难道我一直都喜好虚名吗？听到赞誉就高兴，听到批评就愤懑，这就是追逐虚名病症的发作。"

先生说："正是这样。逐名和务实是相对的，务实之心多一分，贪求虚名的心就少一分；如果心中全都是务实的心，那也就求食,渴之求饮,安得更有功夫好名?"

又曰:"'疾没世而名不称','称'字去声读,亦'声闻过情,君子耻之'之意。实不称名,生犹可补,没则无及矣。'四十、五十而无闻',是不闻道,非无声闻也。孔子云:'是闻也,非达也',安肯以此望人?"

侃多悔。
先生曰:"悔悟是去病之药,然以改之为贵。若留滞于中,则又因药发病。"
德章曰:"闻先生以精金喻圣,以分两喻圣人之分量,以锻炼喻学者之工夫,最为深切。惟谓尧、舜为万镒,孔子为九千镒,疑未安。"

先生曰:"此又是躯壳上起念,故替圣人争分两。若不从躯壳上起念,即尧、舜万镒不为多,孔子九千镒不为少;尧、舜万镒只是孔子的,孔子九千镒只是尧、舜的,原无彼我。所以谓之圣,只论精一,不论多寡。只要此心纯乎天理处同,便同谓之圣。若是力量气魄,如何尽同得!后儒只在分两上较量,所以流入功利。若除去了比较分两的心,各人尽着自己力量精神,只在此心纯天理上用功,即人人自有,个个圆成,便能大以成大,小以成小,不假外慕,无不具足,此便是实实落落明善诚身的事。后儒不明圣学,不知就自己心地良知良能上体认扩充,却去求知其所不知,求能其全无贪求虚名的心。如果就像饥饿要吃饭、口渴要喝水一样,去追求务实,哪还有什么功夫去贪求虚名呢?"

先生又说:"'怕死后的名声与实际不相称','称'字读去声,也就是'名声超过实际,君子感到羞耻'的意思。名不符实,活着还可以想法补救,死后就没办法了。'四五十而无闻',是没有闻道,而不是没名声。孔子说,'这是有名声,但不是达道。'哪里能以是不是有名声来看待人呢?"

薛侃常常后悔。

先生说:"悔悟是治病的良药,但悔悟后,贵在痛改前非。但不能从悔悟中摆脱,就又会因药生病了。"

德章说:"先生用纯金比喻圣人,用纯金的分量比喻圣人才智大小,用炼金来比较学者的修养功夫,这些比喻最为深刻确切。只是把尧、舜比成万镒纯金,孔子为九千镒纯金,似乎有些不妥。"

先生说:"这又是人动了私心念头,总想给圣人争些分量。如不这样考虑问题,那么尧、舜的万镒纯金也不算多,孔子的九千镒纯金也不算少。尧、舜的万镒也都是孔子的,孔子的九千镒也都是尧、舜的。本来没有差别,圣人之所以是圣人,只就本心的纯洁而言,而不看才智大小。只要心至纯至精为天理,那么就都叫圣人。如果讲才智气魄,怎么能完全相同呢?后世儒生只在才能上作比较,所以蜕变只考虑功利。如果去除了只计较才智能力的私心,每个人都尽自己的力量精神存养天理,人人都会功德圆满。能力大的作出大的贡献,能力小的作出小的贡献。总之就是要人尽其才,不外求借助本不具有的东西,无不完美纯粹。这就是实实在在明善诚身、发挥善性。后世儒生不懂所不能,一味只是希高慕大,不知自己是桀、纣心地,动辄要做尧、舜事业,如何做得!终年碌碌,至于老死,竟不知成就了个甚么,可哀也已!"

侃问:"先儒以心之静为体,心之动为用,如何?"

先生曰:"心不可以动静为体用。动静时也,即体而言用在体,即用而言体在用,是谓体用一源。若说静可以见其体,动可以见其用,却不妨。"

问:"上智下愚如何不可移?"
先生曰:"不是不可移,只是不肯移。"
问"子夏门人问交"章。
先生曰:"子夏是言小子之交,子张是言成人之交。若善用之,亦俱是。"
子仁问:"'学而时习之,不亦说乎',先儒以学为效先觉之所为,如何?"
先生曰:"'学'是学去人欲,存天理;从事于去人欲,存天理,则自正诸先觉,考诸古训,自下许多问辨思索、存省克治工夫;然不过欲去此心之人欲,存吾心之天理耳。若曰'效先觉之所为',则只说得学中一件事,亦似专求诸外了。'时习'者,'如坐尸',非专习坐也,坐时习此心也;'立如斋',非专习立也,立时习此心也。'说'是'理义之说我心'

圣学真精神，不知道从自己的本心先天的良知良能上去体察、扩充，却要外求认识自己所不认识的，做自己所不能做的，一味地好高骛远、爱慕虚荣，不知道自己满心都是桀、纣一样邪恶的欲念，却动不动就想去做尧、舜那样的事业。怎么可能呢？一年到头忙忙碌碌直到老死，却不知道干了什么，这样的人不是很悲哀吗？"

侃问："先儒认为静是心的本体，动就是心的功用，这样理解对吗？"

先生说："心不能用动静来说本体和功用。动静都是相对时间而言的，就本体而言，功用在本体之中；就功用而言，本体也寓于功用之中，这就是所谓的'体用一源'。如果说平静时可以呈现本体，发动时可以体现出功用，这还差不多。"

薛侃问："上知的人和下愚的人怎么不可以改变呢？"

先生说："不是不能改变，只是不愿意改变。"

有人请教"子夏门人问交"这一章的思想。

先生说："子夏说的是门徒的交往，子张是讲成人交往的，如果善于区别运用，都是很正确的。"

子仁问："孔子说'学而时习之，不亦说乎'，朱熹认为学习是效法圣贤的所作所为，对吗？"

先生说："学习就是要学去除私欲，存养天理。只要这样不中断用功夫，心自然就公正了。古代先觉圣贤考证教义经典，都在问辨、思考、反省、克制上下了很多功夫。但是，这些不过是为了去除私欲，保存涵养天理而已。如果是效法古圣贤的所作所为，那只说学习中的一件事，好像是专门在心外探求。那时学习修养的人，坐的时候，就像死尸一样寂然不动。不是专门学之'说',人心本自说理义,如目本说色,耳本说声,惟为人欲所蔽所累,始有不说。今人欲日去,则理义日洽浃,安得不说?"

国英问:"曾子三省虽切,恐是未闻一贯时工夫?"

先生曰:"一贯是夫子见曾子未得用功之要,故告之。学者果能忠恕上用功,岂不是一贯?'一'如树之根本,'贯'如树之枝叶,未种根,何枝叶之可得?'体用一源',体未立,用安从生?谓'曾子于其用处,盖已随事精察而力行之,但未知其体之一',此恐未尽。"

黄诚甫问"汝与回也孰愈"章。
先生曰:"子贡多学而识,在闻见上用功,颜子在心地上用功,故圣人问以启之。而子贡所对又只在知见上,故圣人叹惜之,非许之也。"

"颜子不迁怒,不贰过,亦是有'未发之中'始能。"

"种树者必培其根,种德者必养其心。欲树之长,必于始生时删其繁枝;欲德之盛,必于始学时去夫外好。如外好诗文,则精神日渐漏泄在诗文上去,凡百外好皆然。"

习端坐，端坐时是修习本心；站时很整齐，不是专门学习站的，而是站立时修习本心。'悦'是'天理使我心高兴'的'悦'。人的本心本来就喜欢天理仁义，就像眼睛喜欢色彩，耳朵喜欢声音，只是因私欲杂念所蒙蔽牵累，才有不愉悦。如果私欲杂念一天天地被去除，天理仁义一天天滋养身心，又怎么会不高兴呢？"

国英问："曾子一天多次反省内求，虽然很真诚，但恐怕他还没有领悟'一以贯之'的功夫。"

先生说："'一以贯之'是因为孔子发现曾子学习时，没有抓住关键，才告诉他。学习的人如果真正能在忠恕上下功夫，这难道就不是'一以贯之'的功夫吗？就像树根，'贯'就是树木的枝叶，贯通一气，没有树根，哪有树枝和树叶呢？存在的本体和它的功用是统一的，体用同源，没有体哪有用啊？朱熹说'曾子在本心的功用上，已经可以精确体察，并付诸实践，只是他还没体悟到心的本体与作用是完整统一的'，这恐怕不完全对。"

黄诚甫请教论语中"汝与回也，孰愈"一章。

先生说："子贡博学多识，常常在所见所闻上用功夫，颜子却在存养心性上用功夫。所以孔子就问他，以便启发他，而子贡的回答，大多都停留在知见上，以致孔子感叹、惋惜，不赞许他的回答。"

先生说："颜子不迁怒于人，不重犯错误，这是有'未发之中'的功夫才能做到的。"

先生说："种树的必须先培养树根。修养德行，必须保养自己的本心。要想让树长得高大，就必须在树初生时，剪掉乱枝。要想使心性圆满，品德高尚，必须在开始学习时就摒除外在的喜好。比如喜欢诗文，精神就会一天天消耗在诗文上，其他

又曰:"我此论学,是无中生有的工夫,诸公须要信得及只是立志。学者一念为善之志,如树之种,但勿助勿忘,只管培植将去,自然日夜滋长,生气日完,枝叶日茂。树初生时,便抽繁枝,亦须刊落,然后根干能大。初学时亦然,故立志贵专一。"

因论先生之门,某人在涵养上用功,某人在识见上用功,先生曰:"专涵养者日见其不足,专识见者日见其有余。日不足者日有余矣,日有余者日不足矣。"

梁日孚问:"居敬穷理是两事,先生以为一事,何如?"

先生曰:"天地间只有此一事,安有两事?若论万殊,礼仪三百,威仪三千,又何止两?公且道居敬是如何?穷理是如何?"

曰:"居敬是存养工夫,穷理是穷事物之理。"

曰:"存养个甚?"
曰:"是存养此心之天理。"
曰:"如此,亦只是穷理矣。"
曰:"且道如何穷事物之理?"
曰:"如事亲便要穷孝之理,事君便要穷忠之理。"
曰:"忠与孝之理,在君亲身上,在自己心上?若在自己

各种恶习、喜好也都是这样。"

先生又说:"我这样讲学问是无中生有的功夫。你们必须要坚信,只是如何立志。学习的人有一点立志行善的念头,就像种一棵树,只要不拔苗助长,不忘记培植它,这棵树自然就会日夜生长,生机就会日日旺盛,枝叶也会一天天繁茂。树刚刚开始长时,也会生出许多乱枝,必须剪去,这样树根才能长得粗大。开始学习时也是这样,所以立志贵在专一。"

在谈到先生的门人弟子,有的在本心的涵养上用功夫,有人在见识上用功夫。先生说:"注重存养本心的人,每天都发现自己的不足;注重知识见闻的人,每天都发现自己懂得越来越多。每天都发现自己不足的人,德行修养日日提高;每天发现自己知识越来越多的人,德行修养在一天天降低。"

梁日孚问:"程朱理学认为居敬、穷理是两件事,先生以为是一件事,为什么?"

先生说:"天地万物只是一件事,怎么能有两件事呢?如果说到具体事物的千差万别,则礼仪有三百,威仪有三千,又何止两个呢?你先讲一讲,居敬是什么,穷理又是什么?"

梁日孚说:"居敬是保存涵养的功夫。穷理是穷尽各种事物的道理。"

先生问:"保存涵养什么呢?"

梁日孚说:"是保存涵养心中的天理。"

先生说:"这样说,居敬也就是穷理了。"

"你再说说怎样是穷尽事物的道理?"

梁日孚说:如事亲要穷尽孝的理,事君要穷尽忠的理。

先生说:忠诚和孝顺的道理在君王和父母身上呢,还是在

心上，亦只是穷此心之理矣。且道如何是敬？"

曰："只是主一。"
曰"如何是主一？"
曰："如读书便一心在读书上，接事便一心在接事上。"
曰："如此，则饮酒便一心在饮酒上，好色便一心在好色上，却是逐物，成甚居敬功夫？"
日孚请问。
曰："一者天理，主一是一心在天理上。若只知主一，不知一即是理，有事时便是逐物，无事时便是着空。惟其有事无事，一心皆在天理上用功，所以居敬亦即是穷理。就穷理专一处说，便谓之居敬；就居敬精密处说，便谓之穷理；却不是居敬了别有个心穷理，穷理时别有个心居敬。名虽不同，功夫只是一事。就如《易》言'敬以直内，义以方外'，敬即是无事时义，义即是有事时敬，两句合说一件。如孔子言'修己以敬'，即不须言义。孟子言'集义'，即不须言敬。会得时横说竖说，工夫总是一般。若泥文逐句，不识本领，即支离决裂，工夫都无下落。"

问："穷理何以即是尽性？"
曰："心之体，性也，性即理也。穷仁之理，真要仁极仁，穷义之理，真要义极义。仁义只是吾性，故穷理即是尽自己心上呢？如果在自己心上，也仅仅是穷尽此心而已。你再说什么是居敬？"

梁日孚说："就是敬慎地体认心的本体。"

先生问："怎么才算是敬慎地体认心的本体呢？"

梁日孚说："好比读书，全心全意在读书上，好比做事时，一心一意在做事上。"

先生说："如果这样说来，喝酒就一心只扑在喝酒上，好色就一心都扑在好色上，这是追逐物欲，哪是居敬的功夫啊？"

梁日孚请求先生指教。

先生说："一就是天理，主一即敬慎地体认心的本体。如果只知道一心一意在天理上，却不知道一就是天理，那么有事时便是追求物欲，无事时便是胡乱妄想。不管有事无事都只在天理上下功夫，所以居敬就是穷理。就做穷理的功夫要专一而言，穷理就是居敬。就居敬要一丝不苟，认真切实来说，居敬就是穷理。不是恭敬时，还有个心去穷理；或穷理时，还有个心去居敬。两者名字虽然不一样，但功夫是一回事。就像《易经》中说的那样'以敬存心而内直，以义行事而外方'。恭敬就是没事时的义，义就是有事时的恭敬。两句话说的是同一件事。所以孔子说'恭恭敬敬地修养自己'时，就不必再讲义了；孟子说'积累善行使行为合于正义'时，就不必再讲恭敬了。明白了内涵，不管怎么说，功夫都是一样的。如果拘泥于文字，抓不住根本，就会把完整的东西割裂得支离破碎，不知道从什么地方下手。"

梁日孚问："穷尽天理怎么就是彻底地发挥本性呢？"

先生说："心的本体就是本性，天性就是天理。穷尽仁的道理，就是要彻底地发挥本性中的仁爱；穷尽义的道理，就是性。如孟子既充其恻隐之心，至仁不可胜用，这便是穷理工夫。"

日孚曰："先儒谓'一草一木亦皆有理，不可不察'，如何？"

先生曰："夫我则不暇，公且先去理会自己性情，须能尽人之性，然后能尽物之性。"

日孚悚然有悟。

惟乾问："知如何是心之本体？"

先生曰："知是理之灵处。就其主宰处说，便谓之心，就其禀赋处说，便谓之性。孩提之童无不知爱其亲，无不知敬其兄，只是这个灵能不为私欲遮隔，充拓得尽，便完完是他本体，便与天地合德。自圣人以下不能无蔽，故须格物以致其知。"

守衡问："《大学》工夫只是诚意，诚意工夫只是格物。修齐治平，只诚意尽矣。又有'正心之功，有所忿懥好乐，则不得其正'，何也？"

先生曰："此要自思得之，知此则知未发之中矣。"

守衡再三请。

曰："为学工夫有浅深。初时若不着实用意去好善恶恶，如何能为善去恶？这着实用意便是诚意。然不知心之本要彻底地发挥本性中的正义公道。仁、义就是人的本性,所以穷理就是尽性,像孟子所说的,'扩充恻隐之心到仁的程度,就会用之不竭',这就是穷尽天理的功夫。"

梁日孚问:"程颐先生说'一草一木都各有天理,不能不加以研究'这是怎么个意思呢?

先生说:"借用孔子的话来说'我没那闲工夫',你应该先去修养自己的性情,只要能穷尽人的本性,然后就能穷尽事物的道理。"

梁日孚听了,心中惊诧,有所领悟。

惟乾问:"知为什么说是心的本体呢?"

先生说:"知是天理的灵明呈现。从它的主宰来说就是心,从它的先天禀赋来说就是性。儿童没有不知道爱父母、尊敬他们兄长的。只要这个灵性不被私欲杂念遮蔽阻隔,能充分发挥出来,这就完满心的本体,与天地万物的德性合一。除了圣人以外,所有的人心都不可避免受私欲杂念的蒙蔽,所以必须通过格物达到知。"

守衡问:"《大学》的主要思想,就是教人诚意。诚意的功夫就是格物。修身、齐家、治国、平天下的功夫,一个诚意就全包括了。可是《大学》中还有正心的功夫,说'心中有所愤恨喜好等,就失去了心的公正不偏',这是为什么呢?"

先生说:"这要自己去思考体会才能懂。如果明白了这一点,也就明白了未发之中了。"

守衡再三请教。

先生说:"做学问的功夫有深有浅。刚开始时,如果不真正切实地去追求善良,厌恶丑恶,怎么能去做好事,铲除邪恶呢?

体原无一物,一向着意去好善恶恶,便又多了这分意思,便不是廓然大公。《书》所谓'无有作好作恶',方是本体。所以说'有所忿懥好乐,则不得其正'。正心只是诚意工夫,里面体当自家心体,常要鉴空衡平,这便是未发之中。"

正之问:"戒惧是己所不知时工夫,慎独是己所独知时工夫,此说如何?"

先生曰:"只是一个工夫,无事时固是独知,有事时亦是独知。人若不知于此独知之地用力,只在人所共知处用功,便是作伪,便是见君子而后厌然。此独知处便是诚的萌芽。此处不论善念恶念,更无虚假,一是百是,一错百错,正是王霸义利诚伪善恶界头。于此一立立定,便是端本澄源,便是立诚。古人许多诚身的工夫,精神命脉,全体只在此处。真是莫见莫显,无时无处,无终无始,只是此个工夫。今若又分戒惧为己所不知,即工夫便支离,亦有间断。既戒惧即是知,己若不知,是谁戒惧?如此见解,便要流入断灭禅定。"

曰:"不论善念恶念,更无虚假,则独知之地更无无念时邪?"

曰:"戒惧亦是念。戒惧之念无时可息。若戒惧之心稍

这个真正切实的心就是为了达到诚意的境界。但是如果不知道心的本体原本是纯净无物的，一直执着于扬善除恶，心里就多了有意为善去恶的成分，人心本体就不再广阔坦荡中正平和了。像《尚书》中所说的'不有意去为善为恶'，才是心的本体。所以《大学》才说'心中一有什么喜怒哀乐的情感欲念，心就失去了本来的公正'。正心就是要在诚意中去体悟自己心的本体，要经常虚心体察，使它像镜子一样明亮、像秤一样平稳，这就是未发之中。"

黄弘纲问："戒惧是自己在不知道时下的功夫。慎独是独处时下的功夫，这种说法对吗？"

先生说："两者都是同一个功夫，没事时固然是独知，有事时也是独知。人如果不在独知上用功夫，只在人们共知的地方下功夫，这就是装腔作势，就是'见了君子后，厌恶君子'。这种独知的地方就是真诚的发端，这时，不论念头是善是恶，没有丝毫的虚假，一对一切对，一错一切错。这正是王道与霸道、道义与利益、真诚与虚伪、善与恶的分界。在这时树立志向，坚定信心，就是正本清源，也就是立志虔诚。做许多古人诚身的功夫，其全部身心都在这里。不显不见，无时无地，无始无终，都是这个功夫。现在如果要区分戒惧是不知道时的功夫，那就把功夫肢解了，中间隔断了。既然戒惧，那就是自己知道的时候下的功夫，如果自己不知道，那谁在戒惧呢？这样理解，就会沦为佛家所批评的断灭禅定。"

黄弘纲问："不管善念恶念，没有真假的区别，那么独处时，就没有无念头的时候吗？"

先生说："戒惧也是念头，戒惧的念头永不间断。如果戒惧有不存，不是昏聩，便已流入恶念。自朝至暮，自少至老，若要无念，即是已不知，此除是昏睡，除是槁木死灰。"

志道问："荀子云'养心莫善于诚'先儒非之，何也？"

先生曰："此亦未可便以为非。'诚'字有以工夫说者，诚是心之本体，求复其本体，便是思诚的工夫。明道说'以诚敬存之'，亦是此意。《大学》'欲正其心，先诚其意'。荀子之言固多病，然不可一例吹毛求疵。大凡看人言语，若先有个意见，便有过当处。'为富不仁'之言，孟子有取于阳虎，此便见圣贤大公之心。"

萧惠问："己私难克，奈何？"
先生曰："将汝己私来，替汝克。"
先生曰："人须有为己之心，方能克己；能克己，方能成己。"
萧惠曰："惠亦颇有为己之心，不知缘何不能克己？"

先生曰："且说汝有为己之心是如何？"
惠良久曰："惠亦一心要做好人，便自谓颇有为己之心。今思之，看来亦只是为得个躯壳的己，不曾为个真己。"

先生曰："真己何曾离着躯壳？恐汝连那躯壳的己也不

的念头一旦从心中消失，人心不是糊涂，就是被邪恶的欲念所占据。从早到晚，从生到死，如果是完全的无念头，就是不了解这一点的重要，结果要么是一心的糊涂麻木，要么就是心如死灰，身同死尸，毫无生机。"

志道问："荀子说，养心最好的办法就是思诚'，程子不赞同，为什么呢？"

先生说："不能认为这句话不对。'诚'也可以从身心修养的功夫来理解。真诚是心的本体，要想恢复心的本体，就要做思诚的功夫。程颢先生说的'以诚敬存之'也是这个意思。《大学》中'要端正人心，必须先端正他的思想'，也是这样。荀子的话虽然有不少毛病，但我们不应该对这句话吹毛求疵。一般来说，看待别人，如果预先即有偏见，就会做出不恰当的评价。孟子所说的'为富不仁'的话，就是引用阳虎的话，由此可见古代圣贤大公无私的品德。"

萧惠问："自己的私欲难以克服，怎么办呢？"

先生说："把你心中的私欲拿来，我替你克服。"

先生说："人一定要有为自己的心才能克制私欲，才能成全自己。"

萧惠问："我也有为自己的心，却不知为什么不能克制私欲？"

先生说："你说说你为自己心是什么样的？"

萧惠沉默了很长时间才说："我一心想做个好人，就认为很有为自己的心。现在想来，也只是为一个躯体的自己，而不是为真正的自己。"

先生说："真正的我什么时候离开过躯体呢？恐怕连自己的

曾为。且道汝所谓躯壳的己,岂不是耳目口鼻四肢?"

惠曰:"正是。为此,目便要色,耳便要声,口便要味,四肢便要逸乐,所以不能克。"

先生曰:"'美色令人目盲,美声令人耳聋,美味令人口爽,驰骋田猎令人发狂',这都是害汝耳目口鼻四肢的,岂得是为汝耳目口鼻四肢?若为着耳目口鼻四肢时,便须思量耳如何听,目如何视,口如何言,四肢如何动,必须非礼勿视听言动,方才成得个耳目口鼻四肢,这个才是为着耳目口鼻四肢。汝今终日向外驰求,为名为利,这都是为着躯壳外面的物事。汝若为着耳目口鼻四肢,要非礼勿视听言动时,岂是汝之耳目口鼻四肢自能勿视听言动,须由汝心。这视听言动皆是汝心:汝心之视,发窍于目;汝心之听,发窍于耳;汝心之言,发窍于口;汝心之动,发窍于四肢。若无汝心,便无耳目口鼻。所谓汝心,亦不专是那一团血肉。若是那一团血肉,如今已死的人,那一团血肉还在,缘何不能视听言动?所谓汝心,却是那能视听言动的,这个便是性,便是天理。有这个性,才能生。这性之生理,便谓之仁。这性之生理,发在目便会视,发在耳便会听,发在口便会言,发在四肢便会动,都只是那天理发生,以其主宰一身,故谓之心。这心之本体,原只是个天理,原无非礼,这个便是汝之真己。这个真己是躯壳的主宰。若无真己,便无躯壳,真是有之即生,无之即死。汝若真为那个躯壳的己,必须用着这个躯体你也不曾有过。再说难道你所说的躯体，不就是耳朵、眼睛、嘴巴、鼻子和四肢吗？"

萧惠说："是呀，眼睛要看美色，耳朵要听美声，嘴要品尝美味，四肢要安逸享乐，所以不能克制私欲。"

先生说："美色使人眼睛变盲，美声使耳朵变聋，美味使人爽口，骑马打猎使人疯狂，这都是危害你的耳、目、口、鼻、四肢的，怎么是满足你的耳、目、口、鼻、四肢呢？如果真正地想满足眼睛、耳朵、嘴巴、鼻子、四肢的要求，就应该考虑耳怎么听，眼怎么看，口怎样说，四肢怎样运动，只有符合礼仪保证不去听、不去看、不去说、不去做，这才是实现它们的功用，满足它们的要求。你现在整天向外求取，追名逐利，这都是围着心外的物欲转。你要真正为了耳、目、口、鼻、四肢，就应该不看、不听、不说、不做违背礼仪的事。眼睛、耳朵、嘴巴、四肢能自动地不看、不听、不说、不做吗？这都是由你的心决定的，这些看、听、说、做都只是你的心在活动。你的心通过眼睛去看，通过耳朵去听，通过嘴巴去说，通过四肢去活动。如果没有心，也就无所谓耳、目、口、四肢的活动。所谓你的心，也不专指那肉体的心，若专指那一块血肉，现在已经死去的人，他那个血肉心还在，为什么就不能去看、去听、去说、去做了呢？所以你的心就是那个能看、能听、能说、能做的心，这个心是人性，就是天理。有了人性才会产生性的天理，这就是仁。人性的生成，表现到眼睛上，就能看，表现到耳朵上，就能听，表现到嘴上就能说，表现到四肢上，就能动，这就是天理在起作用。因为它主宰我们的整个身体，所以就叫心。心的本体原本就是天理，根本就没有什么不符合人情天理的地方。这个心才是'真我'。这个'真我'是躯体真己,便须常常保守着这个真己的本体,戒慎不睹,恐惧不闻,惟恐亏损了他一些,才有一毫非礼萌动,便如刀割,如针刺,忍耐不过,必须去了刀,拔了针,这才是有为己之心,方能克己。汝今正是认贼作子,缘何却说有为己之心,不能克己?"

有一学者病目,戚戚甚忧。先生曰:"尔乃贵目贱心。"

萧惠好仙、释。

先生警之曰:"吾亦自幼笃志二氏,自谓既有所得,谓儒者为不足学。其后居夷三载,见得圣人之学若是其简易广大,始自叹悔错用了三十年气力。大抵二氏之学,其妙与圣人只有毫厘之间。汝今所学乃其土苴,辄自信自好若此,真鸱鸮窃腐鼠耳!"

惠请问二氏之妙。

先生曰:"向汝说圣人之学简易广大,汝却不问我悟的,只问我悔的!"

惠惭谢,请问圣人之学。

先生曰:"汝今只是了人事问,得汝办个真要求为圣人的心来与汝说。"

惠再三请。

先生曰:"已与汝一句道尽,汝尚自不会。"

的主宰。如果没有'真我',也就没有躯体,有了'真我'人才有生命,失去了'真我'人就会死去。你如果真的想满足躯体的要求,就必须依靠'真我',时常存养'真我'的本体,在独处时谨慎敬戒,在别人听不到时也恐慌畏惧,唯恐对本心有丝毫的损害。于是,刚有一点违背人情天理的念头萌生,如同刀割针刺一般,疼痛难忍,必须拿掉刀子,拔了针刺,才能制止对本心的伤害。这才是有为自己的心,才能战胜私欲。现在认贼作子,为什么还要说有为自己的心,却又不能克制自己的私欲呢?"

有一个学生得了眼病,非常忧愁,先生说:"你这是看重眼睛,而轻视本心。"

萧惠喜好道教和佛教。

先生告诫他说:"我从小就痴迷于道教和佛教,自以为学到不少东西,认为儒家不值得学。后来我在贵州龙场住了三年,体悟到圣人学说是如此简易广大宏深,才开始感叹后悔自己浪费了三十年的时光。大致来讲,道家、佛家的学说与圣人儒学只有细微的差别。你现在所学的都很肤浅,自以为很喜欢道、佛两家的学说到了这种程度,真像猫头鹰捉到了一只腐鼠。"

萧惠向先生请教道教、佛教的精髓。

先生说:"刚对你讲圣人儒学简易广大宏深,你不问我体悟的是什么,只问我所懊悔的。"

萧惠很惭愧,向先生道歉,请教圣人儒学。

先生说:"你现在只是为了敷衍我才来问的,等你真正有切实要做圣人的心愿时,我才告诉你。"

萧惠再三请求。

先生说:"已经一句话给你讲完了,你还没有领会!"

刘观时问:"'未发之中'是如何?"

先生曰:"汝但戒慎不睹,恐惧不闻,养得此心纯是天理,便自然见。"

观时请略示气象。

先生曰:"哑子吃苦瓜,与你说不得。你要知此苦,还须你自吃。"

时曰仁在旁,曰:"如此才是真知,即是行矣。"

一时在座诸友皆有省。

萧惠问死生之道。

先生曰:"知昼夜,即知死生。"

问昼夜之道。

曰:"知昼则知夜。"

曰:"昼亦有所不知乎?"

先生曰:"汝能知昼!懵懵而兴,蠢蠢而食,行不著,习不察,终日昏昏,只是梦昼。惟息有养,瞬有存,此心惺惺明明,天理无一息间断,才是能知昼。这便是天德,便是通乎昼夜之道而知,更有甚么死生?"

马子莘问:"修道之教,旧说谓,圣人品节,吾性之固有,以为法于天下,若礼乐刑政之属。'此意如何?"

先生曰:"道即性即命,本是完完全全,增减不得,不假修饰的,何须要圣人品节?却是不完全的物件。礼乐刑政是治天下之法,固亦可谓之教,但不是子思本旨。若如先儒之刘观时问:"'未发之中'是什么样呢?"

先生说:"你只要戒慎不睹,恐惧不闻,存养心性至纯至精直至天理,自然就明白了。"

刘观时请先生简略地说明一下"未发之中"的状态。

先生说:"这就像哑巴吃苦瓜,没法给你说,你要想知道苦瓜的苦味,还得亲自去品尝。"

徐爱在旁边说:"这才是真正的知,也就是实践。"

一时在座的同学们都很受启发。

萧惠向先生请教死生的道理。

先生说:"知道了昼夜交替,就知道了死生。"

于是,萧惠又问昼夜更替的道理。

先生说:"认识了白昼就认识了黑夜。"

萧惠问:"对白昼也有不知道的吗?"

先生说:"你能知道白天吗?晕晕乎乎起床,傻乎乎吃了早饭,开始不明白是怎么一回事儿,习惯以后也不知道为什么会这样,一天到晚,迷迷蒙蒙,昏昏沉沉,这只是大白天睡觉做梦。只有时时刻刻注意保养本心,保持本心的清醒明白,使天理没有一刻间断,才算是认识了白昼。这就是达到了天德,明白了昼夜更替的道理,进而知,哪还有什么死生呢?"

马子莘问:"'修道之教',朱熹说这是圣人规定人性中固有的道,作为世人遵守的规范,如礼仪、音乐、刑法、政治等。这种说法对吗?"

先生说:"道是人性,也是天命。道本身就是圆满完全的,不需修饰,无须增减,何必要圣人去分门别类地制定呢?只有不完全的东西才需要加以分门别类。礼仪、音乐、刑法、政治等都说,下面由教入道的,缘何舍了圣人礼乐刑政之教,别说出一段'戒慎恐惧'工夫?却是圣人之教为虚设矣。"

子莘请问。

先生曰:"子思性、道、教,皆从本原上说。天命于人,则命便谓之性;率性而行,则性便谓之道;修道而学,则道便谓之教。率性是诚者事,所谓自诚明谓之性也;修道是诚之者事,所谓自明诚谓之教也。圣人率性而行,即是道。圣人以下,未能率性,于道未免有过不及,故须修道。修道则贤知者不得而过,愚不肖者不得而不及,都要循着这个道,则道便是个教。此'教'字与'天道至教''风雨霜露无非教也'之'教'同。'修道'字与'修道以仁'同。人能修道,然后能不违于道,以复其性之本体,则亦是圣人率性之道矣。下面'戒慎恐惧'便是修道的工夫,'中和'便是复其性之本体,如《易》所谓:'穷理尽性以至于命','中和''位育'便是尽性至命。"

是治理天下的制度，固然也可以具有教化的功能，但不是子思所说教化的本意。如果真按照朱熹所说的那样，中下资质的人通过教化才能体悟天道，为什么又丢掉圣人制定的礼仪、音乐、刑法、政治的教化不提，而另讲一套'戒慎恐惧'的功夫呢？这是把圣人制定的教化看成摆设了。"

马子莘请教先生。

先生说："子思所讲的人性、天道、教化，都是从根本上说的。体现在人身上就是天命，也就是人性。完全地遵循人性去行动，那么人性也就是天道。为体悟天道而修身养性，那么道就是教化。完全地遵循人性去行动，只有那些心意真诚，符合天道的人才能做到，也就是《中庸》所说的'自诚明，谓之性'。为修养，体悟天理是那些心意真诚、遵行天道的人才能干的事。就是《中庸》里所说的'自明诚，为之教'。圣人完全遵循天性而行，这就是行天道。所谓的自我觉悟，才是教化。圣人能完全地遵循人性而行动，这就是天道。圣人以下的人，不能完全地遵循天性去行天道，他们不是做得过分，就是做得不够，所以必须修道。修养体悟天道，贤明的人得不到，是因为做过了头，才智低下的人也得不到，是因为做得不够，两者都是要遵循这个天道，那么天道也就有教化的意思。这个'教'字与'天道至教''风雨霜露无非教也'的'教'字相同。'修道'两个字也与'修道以仁'的'修道'相同。人能够修养，体悟天道，不违背天道，然后才能恢复天性的本体，那也就和圣人率性之道一样了。《中庸》所说的'戒慎恐惧'就是修道的功夫，'中和'就是恢复天性的本体。就像《周易》里所说的'彻底地穷尽天理，发挥人性，就能知道天命'，做到思想中正平和就是充分地发挥天性，

黄诚甫问:"先儒于孔子告颜渊为邦之问,是立万世常行之道,如何?"

先生曰:"颜子具体圣人,其于为邦的大本大原都已完备,夫子平日知之已深,到此都不必言,只就制度文为上说。此等处亦不可忽略,须要是如此方尽善。又不可因自己本领是当了,便于防范上疏阔,须是要'放郑声,远佞人'。盖颜子是个克己向里、德上用心的人,孔子恐其外面末节或有疏略,故就他不足处帮补说。若在他人,须告以'为政在人,取人以身,修身以道,修道以仁','达道''九经'及'诚身'许多工夫,方始做得,这个方是万世常行之道。不然,只去行了夏时,乘了殷辂,服了周冕,作了韶舞,天下便治得?后人但见颜子是孔门第一人,又问个'为邦',便把做天大事看了。"

蔡希渊问:"文公《大学》新本,先'格致'而后'诚意'工夫,似与首章次第相合。若如先生从旧本之说,即'诚意'反在'格致'之前,于此尚未释然。"

先生曰:"《大学》工夫即是明明德,明明德只是个诚意,诚意的工夫只是格物致知。若以诚意为主,去用格物致知的工夫,即工夫始有下落,即为善去恶无非是诚意的事。

也就是完全地遵循天命行事。"

黄诚甫问:"朱熹把孔子回答颜渊如何治理国家的思想看作是为万世确立了常行的根本准则,这种看法对吗?"

先生说:"颜渊大体上具备了圣人的素质,他对于治理国家的道理都已掌握。孔子平常已很了解颜渊了,在这里也就没必要再说这么多了。只就典章制度等说了些,这些也不能忽略,加上这些才算完满无缺。不要以为自己的才能胜任治国安邦了,就不重视政策措施的完善,也要注意必须'禁止郑国的靡靡之音,远离阿谀奉承的小人'。尽管颜渊是个严于律己、性格内向、注重德行的人,但孔子还是担心他在制度的细节上有所疏漏,便就他不足的地方加以辅导。如果是对其他人,孔子肯定会告诉他'为政在人,取人以身,修身以道,修道以仁','达道','九经'以及'诚身'等许多功夫,做到这些,才能兴国安邦,这才算是治理国家必须永远遵循的法则。如若不然,只去推行夏朝的历法,乘坐商朝时的车子,穿周朝的服饰,听《韶》《武》那样的音乐,天下就能治理好?后世人只看到颜渊是孔子的第一个高徒,又问了孔子如何治理国家的道理,就把孔子有针对性的回答当作教条了。"

蔡希渊问:"朱熹在修改的《大学》新本中认为先有'格物致知'后有'诚意'的功夫,好像和《大学》第一章内容的安排顺序是一致的。如果依据先生《大学》旧本的观点,那么'诚意'反而在'格物致知'之前,对此我还没有弄明白。"

先生说:"《大学》中讲的功夫就是'明明德'。'明明德'就是'诚意','诚意'的功夫就是'格物致知'。如果以'诚意'为宗旨去做'格物致知'的功夫,功夫才有落脚点,也就是说去恶如新本先去穷格事物之理，即茫茫荡荡，都无着落处，须用添个'敬'字，方才牵扯得向身心上来，然终是没根源。若须用添个'敬'字，缘何孔门倒将一个最紧要的字落了，直待千余年后要人来补出？正谓以诚意为主，即不须添'敬'字，所以提出个诚意来说，正是学问的大头脑处。于此不察，真所谓毫厘之差，千里之谬。大抵《中庸》工夫只是诚身，诚身之极，便是至诚；《大学》工夫只是诚意，诚意之极便是至善。工夫总是一般。今说这里补个'敬'字，那里补个'诚'字，未免画蛇添足。"

行善无非是'诚意'的事情。如果像朱熹先生新本《大学》所讲的那样，首先去探究穷尽事物的道理，就会茫无边际，没有落脚点，很容易迷失方向。必须再加上一个'敬'字，才能在自己的身心上用功夫，但这终究缺少根基。如果必须要加上一个'敬'字，为什么孔子弟子反而将这一最重要环节遗漏了，直到千年以后才被后人补上呢？而如果以'诚意'为根本，就不须要另外再加上'敬'字。《大学》旧本之所以提出'诚意'来，这就是做学问根本的出发点。不明白这一点，就会犯差之毫厘，失之千里的大错。《中庸》的核心也主要是讲'诚身'，'诚身'的功夫发展的最高境界就是'至诚'。《大学》讲的功夫就是'诚意'，'诚意'的最高境界就是'至善'。它们所讲的修养功夫都是一样的，如果在这里另加个'诚'字，那里再加个'敬'字，都是画蛇添足。"

卷之二一　语录二

传习录中

德洪曰：昔南元善刻《传习录》于越，凡二册。下册摘录先师手书，凡八篇。其答徐成之二书，吾师自谓：'天下是朱非陆，论定既久，一旦反之为难。二书姑为调停两可之说，使人自思得之'。

故元善录为下册之首者，意亦以是欤？今朱、陆之辨明于天下久矣。洪刻先师《文录》，置二书于《外集》者，示未全也，故今不复录。其余指"知行之本体"，莫详于《答人论学》与答周道通、陆清伯、欧阳崇一四书；而谓"格物为学者用力日可见之地"，莫详于答罗整庵一书。

平生冒天下之非诋推陷，万死一生，遑遑然不忘讲学，惟恐吾人不闻斯道，流于功利机智，以日堕于夷狄禽兽而不觉。其一体同物之心，譊譊终身，至于毙而后已，此孔、孟已来圣贤苦心，虽门人子弟未足以慰其情也。是情也，莫详于《答聂文蔚》之第一书，此皆仍元善所录之旧。而揭"必有事焉"即"致良知"功夫，明白简切，使人言下即得入手，此又莫详于答文蔚之

德洪谨记：从前南大吉在浙江刻印《传习录》上、下两册，下册摘录了先生八篇亲笔书信。其中两封是给徐成之的信，先生在此信中说："世间肯定朱熹的学说，否定陆九渊的学说，这种局面的形成已经很久了，很难一下子改变过来。"当时社会上占统治地位的不是陆九渊一派的学说思想，而是朱熹一派的学说思想，一时半刻要改变过来是很难的。两封给徐成之的书信就是先生兼采两家思想进行调和，让读者通过自己的思考得出正确结论。

　　所以南大吉把这两封信放在《传习录》下册的卷首，原因也许就在于此。现在，朱熹和陆九渊两派学说的争论已经大白于天下。德洪现在刻印先生的文录时，把这两封信放到《外集》里，以表明这两封信的思想内容是不完善的，所以现在就不再收录了。其余的有关知行本体的记述，最详细的几篇莫过于回答周道通，陆清伯，欧阳崇一等的四封信。而论述学者日常用功学习的格物思想，最详细集中的几篇是先生回答罗整庵的信。

　　先生一生不顾天下人非难、诋毁和迫害，九死一生，始终坚持宣传自己的学说，传道授业，唯恐我们不能体悟圣人之道而流于追名逐利和计谋之中，因此而一天天堕落下去，与蒙昧之徒以及禽兽为伍而不能察觉。先生领悟天地万物一体的道理，先生终生传道，直至死而后已。这是自孔子和孟子以来圣贤的良苦用心，尽管有了门人学生，但仍然不能使先生感到满意。先生在回答聂文蔚的第一封信中，这种情怀表现的最强烈。这封

第二书，故增录之。

元善当时汹汹，乃能以身明斯道，卒至遭奸被斥，油油然惟以此生得闻斯学为庆，而绝无有纤芥愤郁不平之气。

斯录之刻，人见其有功于同志甚大，而不知其处时之甚艰也。今所去取，裁之时义则然，非忍有所加损于其间也。

答顾东桥书

来书云："近时学者务外遗内，博而寡要，故先生特倡'诚意'一义，针砭膏盲，诚大惠也。"

吾子洞见时弊如此矣，亦将何以救之乎？然则鄙人之心，吾子固已一句道尽，复何言哉！复何言哉！若"诚意"之说，自是圣门教人用功第一义，但近世学者乃作第二义看，故稍与提掇紧要出来，非鄙人所能特倡也。

来书云："但恐立说太高，用功太捷，后生师传，影响谬

信原来在南大吉刻印的旧本中就收录了。而揭示人人皆有良知，这种修行清楚明白，简便易行，使人一听就能入门，这些思想讲得最详细的又莫过于回答聂文蔚的第二封信，所以，这次补录进来。

南大吉在当时天下群起攻击先生，先生处境艰难的情况下，能奋不顾身地去彰明圣人的大道，以致最后遭受奸臣的排挤而被罢免，但他仍然能心平气和，并以发扬光大圣人事业看成是人生的幸福，心中没有丝毫愤怒郁闷的不平之气。

许多人都知道他所刻印的《传习录》给学生的帮助很大，却不知道他刻印《传习录》时处境的艰难。我这次刻印对南大吉旧本的取舍，是出于目前情况的考虑，并不是有意进行增加和删减。

答顾东桥书

你来信说："现在的学者，一味在身心之外去追求而忽略存养本心，知识虽然很广博，却不得要领。所以先生特别强调'诚意'这一点，具有针砭时弊，对症下药的作用，这对病入膏肓的学者真是大有裨益啊！"

你既然对这个时代的弊病洞若观火，但怎么去匡正救治呢？我的思想观点，你已经一语道破了，还有什么好说的呢？还有什么好说的呢！至于"诚意"的学说，本来就是圣人教人用功的根本出发点，但近代学者却偏偏把它放到第二位上，所以我才稍微重新把它放到第一位并加以强调而已，并不是我本人特别提倡。

你的来信说："只恐怕先生的学说立论太高，而学习实行起

误,未免坠于佛氏明心见性、定慧顿悟之机,无怪闻者见疑。"

区区"格致诚正"之说,是就学者本心日用事为间,体究践履,实地用功,是多少次第、多少积累在,正与空虚顿悟之说相反。闻者本无求为圣人之志,又未尝讲究其详,遂以见疑,亦无足怪。若吾子之高明,自当一语之下便了然矣!乃亦谓立说太高,用功太捷,何邪?

来书云:"所喻知行并进,不宜分别前后,即《中庸》'尊德性而道问学'之功,交养互发,内外本末,一以贯之之道,然功夫次第不能无先后之差。如知食乃食,知汤乃饮,知衣乃服,知路乃行,未有不见是物,先有是事。此亦毫厘倏忽之间,非谓截然有等今日知之而明日乃行也。"

既云交养互发、内外本末一以贯之,则知行并进之说无复可疑矣。又云工夫次第不能不无先后之差,无乃自相矛盾已乎?"知食乃食"等说,此尤明白易见,但吾子为近闻障蔽,自不察耳。夫人必有欲食之心然后知食,欲食之心即是意,即是行之始矣。食味之美恶,必待入口而后知,岂有不待入口而已先知食味之美恶者邪?必有欲行之心,然后知路,欲行之心即是意,即是行之始矣。路岐之险夷,必待身

来又太简单方便，学生们相互传承时出现错误，恐怕就会误入佛教的明心见性、定慧顿悟的禅机思想中，这也就难怪许多人听了先生的学说会心有疑虑。"

我关于格物、致知、诚意、正心的思想学说，是就学者本心要在日常行事中体悟、研究、实践、落实，实实在在地用功夫，中间可是有很多阶段，很多积累啊！这正好与佛教禅静顿悟的思想完全相反。许多听过我学说的人本来就没有做圣人的志向，又没有仔细的研究，所以他们有疑问也没什么奇怪的。像你这样聪慧高明的人，本应该一点就透，却为什么也说我学说立论太高，学习实行起来又太简单容易呢？

你来信说："你所说的知行齐头并进，不应该分成前后两截，这也就是《中庸》所说的'尊德性而道问学'这两者相互存养，相互促进，本心和外物，本体与发用都贯穿着完整而不可分割的中庸之道。但修行功夫由易而难，由浅入深的次序，不能没有先后的差别。比如认识到是食物才吃，认识到是汤才会喝，认识到是衣服才会穿，认识到路才走。不可能还没看到这个东西就先有这个行为。这种区别也是很细微的，转瞬即逝的，并不是说今天认识了，明天再去做。"

既然你说："互相促进，内心与外物，本与末一以贯之"，那么知行并进的说法也就没有什么可怀疑的了。你又说"修行功夫有一个先后的次序，不能没有前后的差别"。这难道不是相互矛盾了吗？"知食乃食"等说法，更是明白易懂。但你被近世的观点蒙蔽了，而自己没有察觉。人一定是有想吃的心，然后认识食物。想吃的心就是意念，也就是行动的开始。食物味道的好坏，只有吃过才能知道，哪有一口还没尝就先知道食物味道好

亲履历而后知，岂有不待身亲履历而已先知路岐之险夷者邪？"知汤乃饮，知衣乃服"，以此例之，皆无可疑。

若如吾子之喻，是乃所谓"不见是物而先有是事"者矣。吾子又谓"此亦毫厘倏忽之间，非谓截然有等今日知之而明日乃行也"，是亦察之尚有未精。然就如吾子之说，则知行之为合一并进，亦自断无可疑矣。

来书云："真知即所以为行，不行不足谓之知，此为学者吃紧立教，俾务躬行则可。若真谓行即是知，恐其专求本心，遂遗物理，必有暗而不达之处。抑岂圣门知行并进之成法哉？"

知之真切笃实处，即是行；行之明觉精察处，即是知。知行工夫本不可离，只为后世学者分作两截用功，失却知行本体，故有合一并进之说。真知即所以为行，不行不足谓之知，即如来书所云"知食乃食"等说可见，前已略言之矣。此虽吃紧救弊而发，然知行之体本来如是，非以己意抑扬其间，姑为是说以苟一时之效者也。

"专求本心，遂遗物理"，此盖失其本心者也。夫物理不外于吾心，外吾心而求物理，无物理矣；遗物理而求

坏的呢？一定有想走的心，然后才认识路，想走的心就是意念，也就是行走的开始。路途的艰险与平坦，只有亲自走过才能知道，哪里有还没亲自去走就预先知道路途的艰险与平坦呢？"知汤乃饮，知衣乃服"，其他的也都如此，没有什么可怀疑的。

如果像你所说的那样，就正是所说的"没有看到这个东西就先有了这个事情"。你又说"这也有细微的差别，并不是说，今天知道了，等明天再去做那样截然分开"，这也是你反省还不够精细。然而就你所说的这些来看，知行齐头并进的观点，也自然是没什么可怀疑的了。

你来信说："真正的认识就是能够去实践，不能实践的认识是不配叫作认识的。这是给学习的人指出的确切实在的方法。如果使学习的人都去身体力行也可以这样说。如果真的认为实践就是认识，就怕学习的人只注重探求本心，而遗忘了事物上的道理。这样，肯定会有片面和不足，不能把握事物的道理，怎么会是圣人儒学认识和实践齐头并进的一贯方法呢？"

认识的真切笃实就是实践，实践的自觉、细致就是认识。认识和实践的功夫，本来是不可分离的，只是因为后来的学者把认识和实践分成两截来用功夫，才失去了认识和实践的本来面目，所以才有认识就是能够去实践，不能实践的认识不配叫认识。就像你来信所说的"从认识食物才去吃"等的例子中也可以说明，这点前面已经简单谈到过了。这虽然确实是为了纠正时弊才提出来的，但是认识和实践的本体，本来也就是这样，并不是把自己的主观思想掺杂其中，凭空杜撰出一套东西，以求一时的效果。

"专注地探求本心，而遗忘了事物的道理"，这本身就是失去了本心。因为事物的道理不存在于我们的心外，在我们心外

吾心,吾心又何物邪?心之体,性也,性即理也。故有孝亲之心,即有孝之理;无孝亲之心,即无孝之理矣。有忠君之心,即有忠之理;无忠君之心,即无忠之理矣。理岂外于吾心邪?晦庵谓:"人之所以为学者,心与理而已。心虽主乎一身,而实管乎天下之理,理虽散在万事,而实不外乎一人之心。"

是其一分一合之间,而未免已启学者心理为二之弊。此后世所以有专求本心,遂遗物理之患,正由不知心即理耳。夫外心以求物理,是以有暗而不达之处;此告子"义外"之说,孟子所以谓之不知义也。心一而已,以其全体恻怛而言谓之仁,以其得宜而言谓之义,以其条理而言谓之理。不可外心以求仁,不可外心以求义,独可外心以求理乎?外心以求理,此知行之所以二也。求理于吾心,此圣门知行合一之教,吾子又何疑乎?

来书云:"所释《大学》古本,谓致其本体之知,此固孟子尽心之旨。朱子亦以虚灵知觉为此心之量。然尽心由于知性,致知在于格物。"

"尽心由于知性,致知在于格物",此语然矣。然而推

去探求事物的道理，也就没有什么事物的道理了。抛弃事物的道理去探求本心，本心是什么呢？心的本体，就是人性，人性就是道理。所以有孝敬父母的心，就会有孝敬的道理，没有孝敬父母的心，也就没有孝敬的道理；有忠诚君王的心，就会有忠诚的道理，没有忠诚君王的心，也就没有忠诚的道理。理难道存在于人心之外吗？朱熹说："人之所以为学者，心与理而已。心虽主乎一身，而实管乎天下之理。理虽散在万事，而实不外乎一人之心。"

朱熹把理与本心先分开然后又合并起来，难免使学习的人把本心和理看成两个东西，所以后来就有专注探求本心，而遗忘了事物道理的弊病，正是因为他们不知道本心就是理。在心外去探求事物的道理，就会有片面和错误，就不能把握事物的道理。告子认为道义是外在的，孟子认为告子并不知道什么是道义，其原因也就在这里。心是一个整体，本心的恻隐同情就叫作仁爱；以它合乎时宜而言就是义，以它有条理而言就是理。不能在本心之外去探求仁、义，难道可以单独在心外探求理吗？在本心之外去探求理，这样就会把认识和实践一分为二。在我们的心中去探求理，这才是圣人儒学所主张的认识和实践的统一，对此你又有什么值得怀疑的呢？

你来信说："你在注释《大学》旧本时认为，致知是获得对心的本体的认识，这与孟子'尽心'说的宗旨相符。朱熹也用虚灵知觉指人心的全体，而尽心是由于认识了人的本性，致知却依赖于格物。"

"尽心是由于认识了人性，致知依赖于格物"，这样说是

本吾子之意，则其所以为是语者，尚有未明也。朱子以尽心、知性、知天为物格、知致，以存心、养性、事天为诚意、正心、修身，以夭寿不贰、修身以俟为知至、仁尽、圣人之事。若鄙人之见，则与朱子正相反矣。夫尽心、知性、知天者，生知安行，圣人之事也；存心、养性、事天者，学知利行，贤人之事也；夭寿不贰、修身以俟者，困知勉行，学者之事也。岂可专以尽心知性为知，存心养性为行乎？吾子骤闻此言，必又以为大骇矣。然其间实无可疑者，一为吾子言之。夫心之体，性也；性之原，天也。能尽其心，是能尽其性矣。

《中庸》云："惟天下至诚为能尽其性。"又云："知天地之化育，质诸鬼神而无疑，知天也。"此惟圣人而后能然，故曰此"生知安行"，圣人之事也。存其心者，未能尽其心者也，故须加存之之功。必存之既久，不待于存而自无不存，然后可以进而言尽。盖"知天"之"知"，如"知州""知县"之"知"，知州则一州之事皆己事也，知县则一县之事皆己事也，是与天为一者也。"事天"则如子之事父，臣之事君，犹与天为二也。天之所以命于我者，心也，性也，吾但存之而不敢失，养之而不敢害，如"父母全而生之、子全而归之"者也。

对的。但是，我仔细推敲你的用意，你所以说这话是因为还有不明白的地方。朱熹认为"尽心、知性、知天"是格物致知，"存心、养性、事天"是诚意、正心、修身，"夭寿不贰，修身以俟"是认识的最高境界，是仁道的顶点，是圣人的事。但是我的看法与朱熹正好相反。"尽心、知性、知天"就是生而知之，安于所行，是圣人才能做到的事；"存心、养性、事天"是学而知之，利于行，这是贤人才能做到的事情；"夭寿不贰，修身以俟，"是困而知之，勉强而行，是学者的事情。怎么能只把"尽心、知性"看作认识，把"存心、养性"看作实践呢？你乍一听我这样说，肯定又会吃惊不小，但是这实在是没有什么可怀疑的，让我逐一给你解释。心的本体，就是人性；人性的本原，就是天理。能彻底地发挥本心，就能充分地发挥本性。

《中庸》里面说："只有天下最虔诚的人才能充分发挥他的天性。"又说："明白天地万物的生化孕育"，"求证鬼神而没有疑问，这就是知天。"这只有圣人才能做得到。所以说，这就是生而知之，安于所行，是圣人才能做的事。存养本心，是还不能充分发挥本心，所以必须加上保存涵养的功夫。必须保存涵养很长时间，不需要去保存涵养，也自然能无时无刻不在存养，才能进一步充分发挥本心。"知天"的"知"就是知州、知县的"知"。知州，就是一州的事都是自己的事；知县，就是一县的事都是自己的事。"知天"，就是与天合而为一；"事天"，就像儿子侍奉父亲，臣子侍奉君王一样，这还是把人与天分成两个东西，还是没有与天合而为一。上天所赋予我们的，是本心、本性。我只能小心存养而不敢丧失、损害，就像"父母全而生之，子全而归之"一样。

故曰此学知利行，贤人之事也。至于"夭寿不贰"，则与存其心者又有间矣。存其心者虽未能尽其心，固已一心于为善，时有不存，则存之而已。今使之"夭寿不贰"，是犹以夭寿贰其心者也；犹以夭寿贰其心，是其为善之心犹未能一也。存之尚有所未可，而何尽之可云乎？今且使之不以夭寿贰其为善之心，若曰死生夭寿皆有定命，吾但一心于为善，修吾之身以俟天命而已，是其平日尚未知有天命也。"事天"虽与天为二，然已真知天命之所在，但惟恭敬奉承之而已耳。若俟之云者，则尚未能真知天命之所在，犹有所俟者也。

故曰"所以立命"。"立"者，"创立"之"立"，如"立德""立言""立功""立名"之类，凡言"立"者，皆是昔未尝有而今始建立之谓，孔子所谓"不知命，无以为君子"者也，故曰此"困知勉行"，学者之事也。

今以尽心、知性、知天为格物致知，使初学之士尚未能不贰其心者，而遽责之以圣人生知安行之事，如捕风捉影，茫然莫知所措其心，几何而不至于"率天下而路"也？今世致知格物之弊，亦居然可见矣。吾子所谓"务外遗内、博而寡要"者，无乃亦是过欤？此学问最紧要处，于此而差，将无往而不差矣！此鄙人之所以冒天下之非笑，忘其身之陷于罪戮，呶呶其言其不容已者也。

所以说，通过学习致知，能够顺利实践，是贤人所做的事。至于"夭寿不贰"的人，与保存涵养本心的人又有一定的距离。保存涵养本心的人，虽不能充分发挥本心，但已经在一心为善了。只不过有时失去了本心，保存涵养它就行了。现在要求人不管寿命长短都始终如一，是由于还有人因为寿命有长短而心生杂念。因为命长命短而三心二意，行善的心还不能始终如一。这时，说明他对本心的保存和涵养也不一定行，还谈什么充分发挥呢？现在使人不因为寿命长短而改变行善的心，换句话说，生死夭寿都有一定的天命，我只要一心向善，加强修养以等待天命的安排而已，是因为平时还不知道有天命。"事天"虽然本心与天分裂为二，但已经知道天命了，人只要恭恭敬敬地遵循天理就行了。至于说，等待天命的安排，那就是还不能真正了解天命，所以还要等待。

所以说"这就是立命"。"立"就是"创立"的"立"，就像"立德""立言""立功""立名"的"立"，凡说到"立"，都是原来没有，而现在才开始建立的意思，也就是孔子所说的"不知道天命，不能成为君子"的那种人。所以我说，这就是困而知之，勉强而行，是学者的事情。

现在把"尽心、知性、知天"看作格物致知，在初学的人还不能做到专心的时候，就立刻要求他去做圣人那种生而知之，安于所行的事。这就像捕风捉影，让人茫然不知所措。这怎能不把天下人引向疲于奔命的地步呢？如今社会上致知格物的弊病，已经很暴露了。你所说的那种重视外在事物的学习，而忽视存养本心，学识广博而不得要领，难道不也是这种过失造成的吗？这是做学问最重要的地方，这里出差错了，就会处处皆错。

来书云："闻语学者，乃谓即物穷理之说，亦是玩物丧志；又取其厌繁就约，涵养本原数说，标示学者，指为晚年定论，此亦恐非。"

朱子所谓"格物"云者，在即物而穷其理也。即物穷理，是就事事物物上求其所谓定理者也。是以吾心而求理于事事物物之中，析"心"与"理"而为二矣。夫求理于事事物物者，如求孝之理于其亲之谓也。求孝之理于其亲，则孝之理其果在于吾之心邪？抑果在于亲之身邪？假而果在于亲之身，则亲没之后，吾心遂无孝之理欤？

见孺子之入井，必有恻隐之理，是恻隐之理果在于孺子之身欤？抑在于吾心之良知欤？其或不可以从之于井欤？其或可以手而援之欤？是皆所谓理也，是果在于孺子之身欤？抑果出于吾心之良知欤？以是例之，万事万物之理，莫不皆然。是可以知析心与理为二之非矣。夫析心与理而为二，此告子"义外"之说，孟子之所深辟也。"务外遗内，博而寡要"，吾子既已知之矣。是果何谓而然哉？谓之玩物丧志，尚犹以为不可欤？

若鄙人所谓致知格物者，致吾心之良知于事事物物也。吾心之良知，即所谓天理也。致吾心良知之天理于事事

这正是我甘冒着被天下讽刺、讥笑，不顾自己遭受迫害打击的危险，而坚持不息宣传我的学说的原因。

你来信说："听说您对学习的人说，'从事物上探求道理也就是玩物丧志'。却又收录了朱熹的'删繁就简'，'涵养人之本原'的几封书信来开导、启发学生，说这是朱熹晚年所坚持的思想，恐怕并不是这样。"

朱熹所说的"格物"，就是从事事物物上穷究事物的道理。即物穷理，是从事事物物上探究事物固有的道理。这是用我们的心到事事物物上去探求道理，把本"心"和"天理"分成两个东西。在事事物物中探求道理，就如同在父母那里去探求孝敬的道理。在父母那里探求孝敬的道理，那么孝敬的道理是在我们自己的心里呢？还是在父母身上呢？如果在父母身上，那么父母死了以后，我们的心里就再没有什么孝敬的道理了？

看到小孩掉到井里，必然会在心中产生恻隐同情。这个恻隐同情的道理，到底是在小孩身上呢？还是在我们本心的良知上呢？也可能不会跟小孩子一同掉进井里去，也可能用手就可以把孩子救上来，这都是所说的道理。这道理到底是在孩子身上呢？还是出于我们心中的良知呢？从这个例子可以类推及万事万物，都是如此。可见，把本心和理分割开来是错误的。把本心和理分割为二，这正是告子"以义为外"的观点，这也正是孟子所极力反对的。重视外在事物的学问，忽视内在修养，学问广博而不得要领，你既然已经知道这些，应该如何评价它才合适呢？我把它叫作玩物丧志，难道还有什么不对吗？

我所说的格物致知，就是把我心中的良知应用到事事物物上。我心中的良知，也就是所谓的天理，把我心中良知天理应用

物物，则事事物物皆得其理矣。致吾心之良知者，致知也。事事物物皆得其理者，格物也。是合心与理而为一者也。合心与理而为一，则凡区区前之所云，与朱子晚年之论，皆可以不言而喻矣！

来书云："人之心体本无不明，而气拘物蔽，鲜有不昏，非学问思辨以明天下之理，则善恶之机真妄之辨，不能自觉；任情恣意，其害有不可胜言者矣。"

此段大略似是而非，盖承沿旧说之弊，不可以不辨也。夫学、问、思、辨、行皆所以为学，未有学而不行者也。如言学孝，则必服劳奉养，躬身孝道，而后谓之学，岂徒悬空口耳讲说，而遂可以谓之学孝乎？学射则必张弓挟矢，引满中的；学书则必伸纸执笔，操觚染翰。尽天下之学，无有不行而可以言学者，则学之始固已即是行矣。

笃者，敦实笃厚之意，已行矣，而敦笃其行，不息其功之谓尔。盖学之不能以无疑，则有问，问即学也，即行也；又不能无疑，则有思，思即学也，即行也；又不能无疑，则有辨，辨即学也，即行也。辨既明矣，思既慎矣，问既审矣，学既能矣，又从而不息其功焉，斯之谓笃行。非谓学、问、思、辨之后而始措之于行也。

是故以求能其事而言谓之学，以求解其惑而言谓之

到事事物物上，那么事事物物都能得到天理了。致知是获得良知的方法，格物就是使万事万物都得到天理。这就是把本心和天理合而为一了。知道本心和天理的统一，那么我前面所说的这些，和朱子晚年的论述就都不言而喻的了。

你来信说："人心本体，本来都是清楚明白的，由于受气的束缚和外物的蒙蔽，很少有不模糊昏暗的。如果不通过学习、提问、思考、论辩来体悟天下的道理，那么善恶的缘由，真假的区别，都不能知道，于是就会恣意妄为，所产生的危害将是极其可怕的。"

这段话似是而非，这是沿袭以前的错误说法，不能不辩个明白。学习、提问、思考、辩论、实践，这都是所说的学习。没有学习了而不能实践的。比如学习孝敬，就必须服侍奉养父母，亲自实践孝的道理，然后才叫作学习。哪能凭空说说就可以叫作学习孝敬了呢？学习射箭，就必须弯弓搭箭，拉弓弦以击中目标。学习写字，就必须准备好笔墨纸砚。天下所有的学习，没有不去实践就可以叫作学习的。所以学习的开始，本来就已经是实践了。

笃就是切切实实的意思。说的是虽然已经实践了，但是还要做得切切实实，从不间断的下功夫。学习不能没有疑问，有了提问，提问也是学习，也是实践。然而提问后可能还有疑惑，也就有了思考，思考也就是学习，也就是实践。思考后可能还有疑问，所以也就有了辩论，辩论也是学习，也是实践。辩论明白了，思考已经谨慎了，提问已有了答案了，学习也就可以了，还坚持不断地用功，这才叫笃行。并不是说在学习、提问、思考、辩论之后再着手去实践。

所以，求索能够做成某件事来说，叫作学习，求索能够解

问，以求通其说而言谓之思，以求精其察而言谓之辨，以求履其实而言谓之行。盖析其功而言则有五，合其事而言则一而已。此区区心理合一之体，知行并进之功，所以异于后世之说者，正在于是。

今吾子特举学、问、思、辨以穷天下之理，而不及笃行，是专以学、问、思、辨为知，而谓穷理为无行也已。天下岂有不行而学者邪？岂有不行而遂可谓之穷理者邪？明道云："只穷理便尽性至命。"

故必仁极仁，而后谓之能穷仁之理；义极义，而后谓之能穷义之理。仁极仁则尽仁之性矣，义极义则尽义之性矣。学至于穷理，至矣，而尚未措之于行，天下宁有是邪？是故知不行之不可以为学，则知不行之不可以为穷理矣；知不行之不可以为穷理，则知知行之合一并进而不可以分为两节事矣。

夫万事万物之理不外于吾心，而必曰穷天下之理，是殆以吾心之良知为未足，而必外求于天下之广，以裨补增益之，是犹析心与理而为二也。夫学、问、思、辨、笃行之功，虽其困勉至于人一己百，而扩充之极，至于尽性知天，亦不过致吾心之良知而已。良知之外，岂复有加于毫末乎？今必曰穷天下之理，而不知反求诸其心，则凡所谓善恶之机，真

除困惑来说，叫作提问，求索能够通晓事物的道理来说，叫作思考，求索能够精细的考察来说，叫作论辩，求索能够力图切切实实地做来说，叫作实践。分析它们的功用，有五个方面，综合它们所干的事，只是一件。我的这种本心和天理合而为一的本体，认识和实践齐头并进是做功夫的主张，不同于朱熹的地方，就在这里。

而你只举出学习、提问、思考、辩论的例子来穷究天下的道理，而没有说到笃行，这样只把学习、提问、思考、辩论当作认识，而穷理之中就没有实践了。天下哪有不去实践而学习的呢？哪有不实践就可以叫作穷尽天理的呢？程明道说："只穷理，便尽性至命。"

所以，必须把仁爱实践到极点，然后才能穷尽了仁爱的理。把道义实践到极点，然后才能说穷尽了道义的理。把仁爱实践到最高的仁爱，就能彻底发挥仁爱的天性。把道义实践到最高的道义，就是彻底地发挥了道义的天性。学习已经能把天理穷尽到极点，然而还没有付诸实行，天下有这样的情况吗？由此可知，不能实践，就不能被看作是学习，不能实践，也不能被看作是穷尽了天理。不能实践就不能被看作是穷尽天理。可见认识和实践是统一而齐头并进的，不能把认识和实践看成两件事。

万事万物的道理，不存在于我们心外。说一定要穷尽天下的道理，这大概是认为我们心中的良知有什么不完满，所以一定要向外面去探求天下众多的事物，叫弥补本心的不足。这仍然是把本心和天理分成两个东西。学、问、思、辨，切实实践的功夫，虽然有的人因天资较差，要付出比别人多百倍的艰苦努力，但达到了尽性知天这一功夫的最高境界，也只不过是彻底地发挥心

妄之辨者，舍吾心之良知，亦将何所致其体察乎？吾子所谓"气拘物蔽"者，拘此蔽此而已。今欲去此之蔽，不知致力于此，而欲以外求，是犹目之不明者，不务服药调理以治其目，而徒伥伥然求明于其外，明岂可以自外而得哉！任情恣意之害，亦以不能精察天理于此心之良知而已。此诚毫厘千里之谬者，不容于不辨，吾子毋谓其论之太刻也！

来书云："教人以致知明德，而戒其即物穷理，诚使昏暗之士深居端坐，不闻教告，遂能至于知致而德明乎？纵令静而有觉，稍悟本性，则亦定慧无用之见，果能知古今，达事变，而致用于天下国家之实否乎？其曰知者意之体，物者意之用，格物如'格君心之非'之'格'，语虽超悟独得，不踵陈见，抑恐于道未相吻合。"

区区论致知格物，正所以穷理，未尝戒人穷理，使之深居端坐而一无所事也。若谓即物穷理，如前所云务外而遗内者，则有所不可耳。昏暗之士，果能随事随物精察此心之天理，以致其本然之良知，则虽愚必明，虽柔必强，大本立而达道行，九经之属可一以贯之而无遗矣，尚何患其无致用之实乎？彼顽空虚静之徒，正惟不能随事随物精察此心之天理，以致其本然之良知，而遗弃伦理，寂灭虚无以为常，

中的良知而已。良知以外，还能再增加丝毫吗？现在一定要说穷尽天下的道理，而不知道在我们内心去探求，那么所说的善恶的缘由，真假的比别，离开了心中的良知，又到哪里去体察呢？你所说的气的束缚和外物的蒙蔽，不是别的，正是受"穷天下之理"的约束和蒙蔽。如今要想去除这一弊病，不知道在内心用功，却要向外探求。就像眼睛有病的人看不清楚，不服用药物调理来治疗，却盲目地要到身外去找光明。光明怎么能在身外得到呢？纵情恣意的弊病，也就是因为不能在人心的良知中具体入微地体察天理罢了。这样差之毫厘，谬之千里的情况，不能不辨别清楚。请你不要以为我讲得太苛刻了！

你来信说："您要学生去致知、明德，却告诫他们不要去从事物上穷尽天理，假如让糊涂的人深居静坐，不听别人的教诲和告诫，就能有知识，就能明白德行了吗？即使他在宁静中有所觉悟，对本性有所省悟，那也是佛教定慧之类的无用东西，难道他真能知晓古今，通达事变，在安邦治国时派上用场吗？您说：'知是意的体，物是意的用'，格物的'格'就像格去你心中错误的格，话虽说得超悟，有不落俗套的独特之处，只恐怕与道并不吻合吧？"

我所讲的致知格物，正是为了穷理，并没有不让人去穷理，而要他深居静坐，无所事事。如果把从事物上去穷尽天理理解成前面所讲的注重外在知识，轻视内在修养的意思，的确是我所反对的。糊涂的人，如果真能在事物中具体细微地体察人心中的天理，发现其固有的良知，那么，愚昧的一定能变得聪明，弱者也一定能变强者。他就能立大本，行大道，九经之类，也都可以一以贯之而无所遗漏。怎么还会担心没有实际用途

是以"要之不可以治家国天下"。孰谓圣人穷理尽性之学,而亦有是弊哉?

　　心者身之主也,而心之虚灵明觉,即所谓本然之良知也。其虚灵明觉之良知,应感而动者谓之意,有知而后有意,无知则无意矣。知非意之体乎?意之所用,必有其物,物即事也。如意用于事亲,即事亲为一物;意用于治民,即治民为一物;意用于读书,即读书为一物;意用于听讼,即听讼为一物。凡意之所用,无有无物者,有是意即有是物,无是意即无是物矣。物非意之用乎?

　　"格"字之义,有以"至"字训者,如"格于文祖""有苗来格",是以"至"训得也。然"格于文祖",必纯孝诚敬,幽明之间,无一不得其理,而后谓之"格"。有苗之顽,实以文德诞敷而后"格",则亦兼有"正"字之义在其间,未可专以"至"字尽之也。
　　如"格其非心","大臣格君心之非"之类,是则一皆"正其不正以归于正"之义,而不可以"至"字为训矣。且《大学》"格物"之训,又安知其不以"正"字为训,而必以"至"字为义乎?如以"至"字为义者,必曰"穷至事物之理",而后其说始通。是其用功之要全在一"穷"字,用力之地全在一"理"字也。若上去一"穷",下去一"理"字,而直曰"致知在至物",其可通乎?夫"穷理尽性",圣人之成

呢？那些只讲空虚寂静的人，正因为不能在事物中具体入微地体察心中的天理，以发现固有的良知，因而遗弃了伦理，并以寂灭虚无为正常。所以他不能治理好家庭、国家和天下。谁说圣人的穷尽天理，彻底地发挥人性也有这样的弊病呢？

心是身的主宰，而心的昭明灵觉，也就是它本然的良知。虚灵明觉的良知，因感应而发动，叫作意识。有了认识然后才会有意识，没有认识也就不会有意识。认识难道不是意识的本体吗？意识的作用，一定有相应的物，物也就是事物。比如意识到侍奉父母，侍奉父母就是一个事物。意识到治理百姓，治理百姓就是一个事物。意识到读书，读书就是一个事物。意识到断案，断案就是一个事物。凡是意识到的地方，总会有事物存在。有这个意识，就有这个事物。没有这个意识，也就没有这个事物。事物不是意识的功用吗？

"格"的意思，有用"至"来解释的。如"格于文祖"，"有苗来格"的"格"，是用"至"来解释的。但是，到文祖庙前祭奠，必须纯孝恭敬，对世人鬼神的道理，无所不知，然后才叫作"格"。苗人的顽固、愚钝，只有推行礼乐教化，然后才能"格"。可见，"格"也包含有"正"的意思，不能认为"至"就说完了"格"的意思。

如"格其非心""大臣格君心之非"的"格"，都是纠正错误以达到"正"的意思，这就不能用"至"来解释了。对《大学》的"格物"又怎么知道不能用"正"去解释而一定要用"至"去解释呢？如果用"至"的意思，必须说"穷至事物之理。"而后面这种解释才通顺。用功的要点，全在一个"穷"字上。用功的对象，全在一个"理"字上。如果前面去掉了"穷"字，后面去掉了"理"字，而直接说致知在至物，这能说得通吗？"穷理尽性"

训,见于《系辞》者也。苟"格物"之说而果即"穷理"之义,则圣人何不直曰"致知在穷理",而必为此转折不完之语,以启后世之弊邪?

盖《大学》"格物"之说,自与《系辞》"穷理"大旨虽同,而微有分辨。"穷理"者,兼格致诚正而为功也,故言"穷理"则格致诚正之功皆在其中,言"格物"则必兼举致知、诚意、正心,而后其功始备而密。今偏举格物而遂谓之穷理,此所以专以穷理属知,而谓格物未常有行,非惟不得"格物"之旨,并"穷理"之义而失之矣。此后世之学所以析知行为先后两截,日以支离决裂,而圣学益以残晦者,其端实始于此。吾子盖亦未免承沿积习,则见以为于道未相吻合,不为过矣。

来书云:"谓致知之功将如何为温凊?如何为奉养?即是诚意,非别有所谓格物,此亦恐非。"

此乃吾子自以己意揣度鄙见而为是说,非鄙人之所以告吾子者矣。若果如吾子之言,宁复有可通乎?盖鄙人之见,则谓意欲温凊,意欲奉养者,所谓"意"也,而未可谓之"诚意"。必实行其温凊奉养之意,务求自慊而无自欺,然后谓之"诚意"。知如何而为温凊之节,知如何而为奉养之宜者,所谓"知"也,而未可谓之"致知"。必致其知如何为温凊之节者之知,而实以之温凊,致其知如何为奉养之宜者

是圣人早有的教导，已写在《系辞》上了。假如格物果真就是穷理的意思，那么圣人为什么不直接说"致知在穷理"，而一定要多一个转折，使语意不完整，而导致后来的弊病呢？

《大学》的"格物"，与《周易》系辞的"穷理"，大义虽然相同，但又有细小的差别。穷理，包括格物、致知、诚意、正心等成就自己的功夫。所以一说穷理，那么格物、致知、诚意、正心的功夫就都有了。说格物，那就必须再说致知、诚意、正心，然后格物的功夫才能完整而严密。现在片面地把格物提出来，并说它就是穷理。这就是只把穷理看作认识，而认为格物不包括实践。不仅不能明白格物的本义，连穷理的意思也误解了。后世的学问，所以把认识和实践分成两截，使认识和实践日益支离破碎，圣人之学越来越残缺暗淡，其根源就在这里。大概你也难免沿袭了这一观点，于是认为我的主张与道不符，这也就不奇怪了。

你来信说："致知的功夫就是如何使父母冬温夏凉，如何对他们奉养适宜，这就是诚意，此外没有什么所谓的格物。这恐怕也不对。"

这是你用自己的思想来揣度我的学说，并非是我这样对你讲过。如果像你所讲的那样，能说得通吗？我的看法是：想让父母冬温夏凉，想对他们奉养适宜，这只是意念，但不能叫诚意。必须切实做到了使父母冬温夏凉，奉养适宜，并且在做的时候感到愉快而不是违心，这才叫诚意。知道怎样使父母冬温夏凉、知道怎样很好地侍养父母，这仅仅是知，但还不能叫致知。必须知道了，并且切实做到了，这才能叫致知。冬温夏凉，奉养

之知，而实以之奉养，然后谓之"致知"。温凊之事，奉养之事，所谓"物"也，而未可谓之格物。必其于温凊之事也，一如其良知之所知，当如何为温凊之节者而为之，无一毫之不尽；于奉养之事也，一如其良知之所知，当如何为奉养之宜者而为之，无一毫之不尽，然后谓之"格物"。温凊之物格，然后知温凊之良知始致；奉养之物格，然后知奉养之良知始致，故曰："物格而后知至。"致其知温凊之良知，而后温凊之意始诚，致其知奉养之良知，而后奉养之意始诚。故曰"知至而后意诚"。此区区诚意、致知、格物之说盖如此。吾子更熟思之，将亦无可疑者矣。

来书云："道之大端易于明白，所谓'良知良能，愚夫愚妇可与及者'。至于节目时变之详，毫厘千里之谬，必待学而后知。今语孝于温凊定省，孰不知之？至于舜之不告而娶，武之不葬而兴师，养志养口，小杖大杖，割股庐墓等事，处常处变，过与不及之间，必须讨论是非，以为制事之本。然后心体无蔽，临事无失。"

"道之大端易于明白"，此语诚然。顾后之学者，忽其易于明白者而弗由，而求其难于明白者以为学，此其所以"道在迩而求诸远，事在易而求诸难"也。孟子云："夫道若大路然，岂难知哉？人病不由耳。"良知良能，愚夫愚妇与

适宜这些事,这是物,而不能叫作格物。对于使父母冬温夏凉和供养适宜的事,必须按照良知的要求去做,没有丝毫的保留,这才叫作格物。冬温夏凉这个物"格"了,然后很好地奉养父母的"良知"才算是"致"了。所以《大学》说:"物格而后知至"。达到了那个知道冬温夏凉的良知,使父母冬温夏凉的意念才能诚。所以《大学》中说:"知至而后意诚"。我的诚意、致知、格物的观点大致就是这样。希望你再仔细想想,就不会有什么疑问了。

你信中说:"圣道大的方面较容易明白,就如你所说的'良知良能,即使愚夫愚妇也能明白'。至于细节内容随时代而变化,则差之毫厘谬之千里,必须学习以后才能知道。现在要在温清定省上孝敬父母,哪一个人不明白呢?至于舜未禀告父亲就娶妻,武王没安葬文王就兴兵伐纣,曾子赡养父亲是遵从父亲的意愿,而曾元赡养父亲只是让父亲活命,父亲小的惩罚应敢于承受,大的惩罚就逃避,割股疗亲、结庐守孝等事,在正常和不正常,过分和不足之间,必须要讨论出个是非曲直,作为处理事情的根据,然后人心的本体才能不被蒙蔽,遇到事情时才能没有过失。"

"圣道大的方面容易明白",这话很不错。然而看看后来的学者,忽略容易明了的大道理而不去遵循,而却把那些难以明白的东西作为学问,这就是孟子所说的"道在近而求诸远,事在易而求诸难。"孟子说:"圣道就像是大路,难道很难认识吗?人

圣人同。但惟圣人能致其良知，而愚夫愚妇不能致，此圣愚之所由分也。

"节目时变"，圣人夫岂不知？但不专以此为学。而其所谓学者，正惟致其良知，以精审此心之天理，而与后世之学不同耳。吾子未暇良知之致，而汲汲焉雇是之忧，此正求其难于明白者以为学之弊也。夫良知之于节目时变，犹规矩尺度之于方圆长短也。节目时变之不可预定，犹方圆长短之不可胜穷也。故规矩诚立，则不可欺以方圆，而天下之方圆不可胜用矣。尺度诚陈，则不可欺以长短，而天下之长短不可胜用矣。良知诚致，则不可欺以节目时变，而天下之节目时变不可胜应矣。毫厘千里之谬，不于吾心良知一念之微而察之，亦将何所用其学乎？是不以规矩而欲定天下之方圆，不以尺度而欲尽天下之长短，吾见其乖张谬戾，日劳而无成也已。

吾子谓："语孝于温凊定省，孰不知之？"然而能致其知者鲜矣。若谓粗知温凊定省之仪节，而遂谓之能致其知，则凡知君之当仁者皆可谓之能致其仁之知，知臣之当忠者皆可谓之能致其忠之知，则天下孰非致知者邪？以是而言，可以知，"致知"之必在于行，而不行之不可以为"致知"也，明矣。知行合一之体，不益较然矣乎？

们的问题在于不去探求罢了。"在良知良能方面,愚夫愚妇与圣人是相同的,但是只有圣人能致其良知,而愚夫愚妇却不能,这是两者的差别所在。

"具体内容会随时变化",圣人怎能不知道呢?但是,圣人不把它当作学问。圣人所谓的学问,只是致其良知以精确地体察心中的天理,这与后世所说的学问不同。你不花时间去致良知,却念念不忘为这些小问题担忧,这正是把那些难以明白的东西当成学问的弊病。良知对于随时变化的细节性的东西,就像规矩尺度与方圆的大小关系一样。随时变化的细节性的东西不可能预先确定,好比方圆长短无穷无尽。所以,规矩一旦确定,方圆与否就非常明了,而天下的方圆也就用之不尽了。尺度一旦确定,方圆的大小就十分清楚,而天下方圆的大小与否也就用之不尽。确实达到了良知,细节性的东西随时变化也就显露无遗了,而天下不断变化的细节性的东西也就都能应付了。差之毫厘就会有千里之谬,不在我们心中良知的细微处去认真体察它,所学的东西又有什么用呢?这就好像不用规矩却要定天下的方圆,不用尺度却要穷尽天下的长短大小一样。我看这种荒诞的做法,只会是天天辛劳而徒劳无益。

你说在温清定省上要孝敬父母,谁不知道?但是真正能致其良知的人却很少。如果说粗略知道一些温清定省的礼仪,便说他能致良知了。那么,凡是知道做君王应当仁爱的人,都可以说他能致仁爱的良知。凡是知道大臣应当忠心的人,都可以说他能致忠诚的良知了。这样,天下还有谁没有致良知呢?由此看来,"致知"一定要付诸实践,没有实践就算不上致知,这是很清楚的。知行合一的本体,不是更加明了吗?

夫舜之不告则娶，岂舜之前已有不告而娶者为之准则，故舜得以考之何典，问诸何人，而为此邪？抑亦求诸其心一念之良知，权轻重之宜，不得已而为此邪？武之不葬而兴师，岂武之前已有不葬而兴师者为之准则，故武得以考之何典，问诸何人而为此邪？抑亦求诸其心一念之良知，权轻重之宜，不得已而为此邪？使舜之心而非诚于为无后，武之心而非诚于为救民，则其不告而娶，与不葬而兴师，乃不孝不忠之大者。而后之人不务致其良知，以精察义理于此心感应酬酢之间，顾欲悬空讨论此等变常之事，执之以为制事之本，以求临事之无失，其亦远矣。其余数端，皆可类推，则古人致知之学，从可知矣。

来书云："谓《大学》格物之说专求本心，犹可牵合。至于《六经》《四书》所载'多闻多见''前言往行''好古敏求''博学审问''温故知新''博学详说''好问好察'，是皆明白求于事为之际，资于论说之间者，用功节目固不容紊矣。"

格物之义，前已详悉；牵合之疑，想已不俟复解矣。至于"多闻多见"，乃孔子因子张之务外好高，徒欲以多闻多见为学，而不能求诸其心，以阙疑殆，此其言行所以不免于尤悔，而所谓见闻者，适以资其务外好高而已。盖所以救子张多闻多见之病，而非以是教之为学也。夫子常曰："盖有不知而作之者，我无是也。"是犹孟子"是非之心，人皆有

至于舜不征求父亲的意见就娶妻，难道是在舜之前已经有这样的先例作为标准，因而是舜考证于什么典籍，请教了什么人才这样做的吗？还是他根据心中的一念良知，在权衡轻重利弊以后，迫不得已才这样做呢？武王不安葬文王就去讨伐商纣，难道之前就有这样的先例作为标准，因而使武王考证于什么典籍，请教了什么人以后，才这样做？还是他根据自己心中的一念良知，权衡轻重利弊以后，迫不得已才这样做呢？如果舜不是真的害怕没有后代，武王不是真心要救民于水火，那么，不告诉父母就娶妻，不安葬父亲就去讨伐商纣，就是最大的不忠不孝了。但是，后人不努力致良知，不在处理事情时具体细致地体察心中的天理，反而凭空去讨论这些不正常的情况，把这些看成是待人处事的原则，以求遇事时不犯错误，这就离题太远了吧！其余几点，都可以根据上述类比推理，那么古人致知的学问，从这里就可以知道了。

你来信说："你认为《大学》的格物，只是专门探求本心，还勉强说得过去。至于《六经》《四书》中所记载的'多闻多见''前言往行''好古敏求''博学审问''温故知新''博学详说''好问好察'，这些都很明显要在具体的处理事情中探求，下功夫的名目次序是不能混淆的。"

格物的含义，前面已详细讲过，关于"牵强附会"的指责，想来也不必用我再解释了。至于说"多闻多见"，那是孔子针对子张而说的。子张好高骛远，专门在身心之外探求，仅仅以多闻多见为学问，却不能返身内求，所以，他的言行就难免有过错和悔恨。这样，他的所见所闻正好助长了他好高骛远的毛病。因此，孔子的话是为了纠正子张以所见所闻为学问的毛病，而不是教

之"之义也。此言正所以明德性之良知,非由于闻见耳。若曰"多闻择其善者而从之,多见而识之",则是专求诸见闻之末,而已落在第二义矣,故曰:"知之次也"。夫以见闻之知为次,则所谓知之上者果安所指乎?是可以窥圣门致知用力之地矣。夫子谓子贡曰:"赐也,汝以予为多学而识之者欤?非也,予一以贯之。"使诚在于多学而识,则夫子胡乃谬为是说以欺子贡者邪?"一以贯之",非致其良知而何?《易》曰:"君子多识前言往行,以畜其德。"夫以畜其德为心,则凡多识前言往行者,孰非畜德之事?此正知行合一之功矣。

"好古敏求"者,好古人之学而敏求此心之理耳。心即理也。学者,学此心也;求者,求此心也。孟子云:"学问之道无他,求其放心而已矣。"非若后世广记博诵古人之言词,以为好古,而汲汲然惟以求功名利达之具于其外者也。"博学审问",前言已尽。"温故知新",朱子亦以温故属之尊德性矣。德性岂可以外求哉?惟夫"知新"必由于"温故",而"温故"乃所以"知新",则亦可以验知行之非两节矣。"博学而详说之"者,将以反说约也,若无"反约"之云,则"博学详说"者果何事邪?舜之"好问好察",惟以用中而致其精一于道心耳。道心者,良知之谓也。君子之学,何尝离去事为而废论说?但其从事于事为论说者,要皆知行

导子张把多看多听当作学问。孔子曾说:"大概有一种人,并不知道,却作书,我不是这种人。"这句话同孟子说的"是非之心人皆有之"的意思一样。这正说明人的德性良知不是由见闻中来。至于说"多闻,择其善者而从之,多见而识之",则是专门探求见闻上的细枝末节,这已落到第二位上去了,所以孔子说这是"知之次也"。以见闻的东西作为次要学问,那么首要的学问又是什么呢?从这里可以窥见圣人致知用功的地方。孔子对子贡说:"端木赐啊,你认为我是多学多识的人吗?不是的,我的学问是用一个理贯穿着的。"如果良知真的在于多闻多见,那孔子为什么要说这种谬论来欺骗子贡呢?一以贯之,不是致良知又是什么呢?《易经》中说:"君子多识前言往行,以畜其德。"如果目的在于存养德性,那么更多地了解圣人的言行,难道不是积累存养德性的事呢?这正是知行合一的功夫。

"好古敏求",就是喜好古人的学问,勤奋探求心中的天理。心就是理。学,就是要学习这个本心,求就是探求这个本心。孟子说:"学问之道无他,求其放心而已矣。"不像后世人,广泛背诵记忆古人的词句,以为这样就是好古。只是急切地去追求功名利禄等外在的东西。"博学审问",前面已经说过。"温故知新",朱熹也认为"温故"就是尊德性。德性难道可以向身外去探求吗?必须经过温故才能知新,这也可以证明知行并不是两件事。至于"博学而详说之"是为了再返回到简约的表述中来。如果不是为了"以反说约"这一点,那么"博学详说"到底是为了什么呢?大舜好问好察,也就是用中正平和使其心至精至纯达到天道和本心统一的境界。道心就是良知。君子的学问,什么时候离开过实践、抛弃过论辩呢?但是实践和论辩,都要

合一之功，正所以致其本心之良知，而非若世之徒事口耳谈说以为知者，分知行为两事，而果有节目后先之可言也。

来书云："杨、墨之为仁义，乡愿之辞忠信，尧、舜、子之之禅让，汤、武、楚项之放伐，周公、莽、操之摄辅，谩无印正，又焉适从？且于古今事变，礼乐名物，未尝考识，使国家欲兴明堂，建辟雍，制历律，草封禅，又将何所致其用乎？故《论语》曰'生而知之'者，义理耳。若夫礼乐名物，古今事变，亦必待学，而后有以验其行事之实。此则可谓定论矣。"

所喻杨、墨、乡愿、尧、舜、子之、汤、武、楚项、周公、莽、操之辨，与前舜、武之论，大略可以类推。古今事变之疑，前于良知之说，已有规矩尺度之喻，当亦无俟多赘矣。

至于明堂、辟雍诸事，似尚未容于无言者。然其说甚长，姑就吾子之言而取正焉，则吾子之惑，将亦可以少释矣。夫明堂、辟雍之制，始见于《吕氏》之《月令》，汉儒之训疏。《六经》《四书》之中未尝详及也。岂吕氏、汉儒之知，乃贤于三代之贤圣乎？齐宣之时，明堂尚有未毁，则幽、厉之世，周之明堂皆无恙也。尧、舜茅茨土阶，明堂之制未必备，而不害其为治。幽、厉之明堂，固犹文、武、成、康之旧，而无救于其乱。何邪？岂能以不忍人之心而行不忍人之政，则虽茅茨土阶，固亦明堂也，以幽、厉之心而行幽、厉

遵行知行合一的功夫，也就是为了致其本心的良知，不像普通人那样只把口说耳听的东西作为认识，把认识和实践分成两件事，这样才有用功的名目有先有后的观点。

你来信说："杨朱、墨翟的仁与义，乡愿言辞上的忠信，尧、舜、子之的禅让，商汤、武王、项羽的放逐与征伐，周公、王莽、曹操的摄政，这些事烦琐而无从印证，又当听从谁的呢？况且对于古今事变、礼乐名物都没有考察鉴别。假如国家要造明堂、建学校、制定历法乐律、进行封禅，又怎么能发挥作用呢？所以《论语》说'生而知之'者，是义理，若夫礼乐名物，古今事变，亦必待学，而后有以验其行事之真实也。这可以被看作是确定的结论。"

你所说的杨朱、墨子、乡原、尧舜、商汤、武王、项羽、周公、王莽、曹操等人的区别，同前面说到的舜和武王的事儿类似。至于对古今事变的疑问，前面我在谈良知时，已经用规矩尺度与方圆长短的比喻解释过，这里也就不用多讲了。

至于造明堂、建学校等事，似乎还不能不说。但是，这些事说起来话长，仅就你信中所说的话讨论一下，你的困惑也许能减少一些。明堂、学校的制度，最早见于《吕氏春秋》中的《月令》篇与汉代儒生的注释中。在《六经》《四书》中，还没有详细记载，难道吕不韦和汉代儒生的见识，比三代的圣贤还高明吗？齐宣王时，明堂有的还没被毁掉，当周幽王，周厉王时，周朝的明堂应该都完好无损。尧舜时用茅草盖房子，垒土做台阶，明堂的制度还没有完善，但这并不妨碍他们把天下治理好。周幽王、周厉王时的明堂和周文王、武王、成王、和康王时的明堂都一样，但并不能帮助幽王、厉王挽救大乱，为什么呢？这恰好说

之政，则虽明堂，亦暴政所自出之地邪！武帝肇讲于汉，而武后盛作于唐，其治乱何如邪？天子之学曰辟雍，诸侯之学曰泮宫，皆象地形而为之名耳。然三代之学，其要皆所以明人伦，非以辟不辟、泮不泮为重轻也。

孔子云："人而不仁，如礼何？人而不仁，如乐何？"制礼作乐，必具中和之德，声为律而身为度者，然后可以语此。若夫器数之末，乐工之事，祝史之守，故曾子曰"君子所贵乎道者三，笾豆之事，则有司存也。""尧命羲、和，钦若昊天，历象日月星辰"，其重在于"敬授人时"也。"舜在璇玑玉衡"，其重在于"以齐七政"也。是皆汲汲然以仁民之心，而行其养民之政，治历明时之本，固在于此也。羲和历数之学，皋、契未必能之也，禹、稷未必能之也；"尧、舜之知而不遍物"，虽尧、舜亦未必能之也。然至于今，循羲、和之法而世修之，虽曲知小慧之人，星术浅陋之士，亦能推步占候而无所忒。则是后世曲知小慧之人反贤于禹、稷、尧、舜者邪？

封禅之说，尤为不经，是乃后世佞人谀士，所以求媚于其上，倡为夸侈，以荡君心，而靡国费。盖欺天罔人，无耻之

明，用仁爱来推行仁政，即使是茅屋土阶，也和明堂一样。用周幽王、厉王的心来行幽王、厉王的暴政，即使拥有明堂，不也成了实施暴政的地方吗？汉武帝与大臣讨论建明堂的事，唐朝武则天毁了乾元殿建造明堂，他们的治理又怎样呢？天子的学校叫辟雍，诸侯的学校叫泮宫，都是根据地形来命名的。但是夏、商、周三代的学校，目的是为了教导伦理道德，至于是不是像壁环，是否建在泮水边，都无关紧要。

孔子说："人如果没有仁爱之心，有礼又如何？人如果没有仁爱之心，有乐又如何？"制礼作乐，必须具有中正平和的德性。以声为律吕，以身为尺度的人，然后才能去制礼作乐。至于礼仪乐器的具体细节与技巧，那是乐工和祝史们的职责。所以曾子说："君子所重视的道有三个方面，行礼过程中的具体事项，就由有关官员负责安排。""尧命令羲氏、和氏遵从天道，观测推算日月星辰的运行。"他看重的是"恭敬地授予百姓农时"。"舜观察北斗星运行"是为了"安排好七种政事"。这些都是念念不忘以仁爱的心来实行养育老百姓的仁政。制定历法、明晓时令的根本正在于此，羲氏、和氏在历法和算术方面的才能，皋陶和契不一定有，大禹和稷也未必有。以尧舜的智慧也不能通晓万事万物。即使尧、舜也不一定具有羲氏和和氏这方面的才能。可是现在，按照羲氏与和氏的方法，加上历代修正积累，即使稍有才智的人，粗陋的占星术士，也能正确推算制定历法，占验天象，而没有差错。这难道是后世稍有才智的普通人反而比大禹、后稷、尧、舜更贤能吗？

帝王祭祀天地进行封禅，更是荒诞不经。这是后来那些阿谀奉承的人为了讨好献媚，夸大其词，迷惑君心，浪费国力。这

大者，君子之所不道，司马相如之所以见讥于天下后世也。吾子乃以是为儒者所宜学，殆亦未之思邪！

夫圣人之所以为圣者，以其生而知之也。而释《论语》者曰："生而知之者，义理耳。若夫礼乐名物，古今事变，亦必待学而后有以验其行事之实。"夫礼乐名物之类，果有关于作圣之功也，而圣人亦必待学而后能知焉，则是圣人亦不可以谓之生知矣！谓圣人为生知者，专指义理而言，而不以礼乐名物之类，则是礼乐名物之类无关于作圣之功矣。圣人之所以谓之生知者，专指义理而不以礼乐名物之类，则是学而知之者，亦惟当学知此义理而已，困而知之者，亦惟当困知此义理而已。今学者之学圣人，于圣人之所能知者，未能学而知之，而顾汲汲焉求知圣人之所不能知者以为学，无乃失其所以希圣之方欤？凡此，皆就吾子之所惑者，而稍为之分释，未及乎拔本塞源之论也。

夫拔本塞源之论不明于天下，则天下之学圣人者将日繁日难，斯人沦于禽兽夷狄，而犹自以为圣人之学。吾之说虽或暂明于一时，终将冻解于西而冰坚于东，雾释于前而云滃于后，呶呶焉危困以死，而卒无救于天下之分毫也已！

夫圣人之心，以天地万物为一体，其视天下之人，无外内远近，凡有血气，皆其昆弟赤子之亲，莫不欲安全而教养之，以遂其万物一体之念。天下之人心，其始亦非有异于圣人也，特其间于有我之私，隔于物欲之蔽，大者以小，通

是欺世盗名的无耻行为，是君子所不屑于言说的。这也是司马相如受后世人嘲笑的原因所在。你却认为这是儒生应该认真学习的，恐怕是没有仔细思考吧？

圣人之所以是圣人，因为他生而知之，而朱熹解释《论语》时说"生而知之者，义理耳。若夫礼乐名物，古今事变，亦必等学而后有以验其行事之实。"如果说礼乐名物这些都是成为圣人的功夫，那么圣人也必须等学习以后才能知道，那么圣人也就不能说是生而知之了。说圣人是生而知之，是专从义理上说的，不包括礼乐名物这些。因为礼乐名物之类和成为圣人的功夫没有关系。圣人之所以说生而知之，只是指义理，而并非指有关礼乐名物之类的知识，那么，学而知之的人，也只是学习通晓义理而已。困而知之的人，也应当是努力学习通晓义理。现在的学者学习圣人，对圣人能通晓的义理不去学习掌握，反而探求圣人所不知道的东西，并把它当作学问，这不就是迷失了学做圣人的正确方向了吗？以上这些都是就你的困惑稍加简单的分析，还不是从根本上澄清问题的论述。

正本清源的观点一天不明于天下，那么天下学习圣人的人，就会一天天感到繁杂困难，甚至于沦为夷狄禽兽，还自以为是在学习圣人的学问呢。即使暂时懂得我的思想，终究还是解了西边的冻，东边又结了冰，拨开前面的云雾，后面又涌起云，我即使不顾生命喋喋不休地宣扬我的学说，也丝毫不能拯救天下。

圣人的心与天地万物为一体，他对待天下人没有内外远近的差别。凡是有生命血气的，都是兄弟儿女，他都想去教养他们，以实现他万物同一的本心。天下人心最初与圣人的心没有什么差别，只是后来被私心所离间，被物欲所蒙蔽，天下为公的大

者以塞，人各有心，至有视其父子兄弟如仇雠者。圣人有忧之，是以推其天地万物一体之仁以教天下，使之皆有以克其私，去其蔽，以复其心体之同然。其教之大端，则尧、舜、禹之相授受，所谓"道心惟微，惟精惟一，允执厥中"。而其节目，则舜之命契，所谓"父子有亲，君臣有义，夫妇有别，长幼有序，朋友有信"五者而已。唐、虞、三代之世，教者惟以此为教，而学者惟以此为学。当是之时，人无异见，家无异习，安此者谓之圣，勉此者谓之贤，而背此者，虽其启明如朱，亦谓之不肖。下至闾井田野、农、工、商、贾之贱，莫不皆有是学，而惟以成其德行为务。何者？无有闻见之杂，记诵之烦，辞章之靡滥，功利之驰逐，而但使之孝其亲，弟其长，信其朋友，以复其心体之同然。是盖性分之所固有，而非有假于外者，则人亦孰不能之乎？

学校之中，惟以成德为事，而才能之异，或有长于礼乐，长于政教，长于水土播植者，则就其成德，而因使益精其能于学校之中。迨夫举德而任，则使之终身居其职而不易，用之者惟知同心一德，以共安天下之民，视才之称否，而不以崇卑为轻重，劳逸为美恶。效用者亦惟知同心一德，以共安天下之民，苟当其能，则终身处于烦剧而不以为劳，安于卑琐而不以为贱。当是之时，天下之人熙熙皞皞，皆相视如一

心变成了私心，通达的心被阻塞了。人人都各有私心，甚至有人把父、子、兄、弟也看成仇人。圣人对此非常担忧，于是推广天地万物为一体的仁心来教化天下，使人人都能克服私心，除去蒙蔽，恢复人本来所共有的本心。圣人教化的主要精神，就是尧、舜、禹一脉相承的"道心惟微，惟精惟一，允执厥中"。圣人教化的具体内容是舜命契去教化天下的"父子有亲，君臣有义，夫妇有别，长幼有序，朋友有信。"唐尧、虞舜和夏、商、周三代，所教化的仅仅就是这些，所要学习的也仅仅就是这些。那时，人们还没有不同的看法，家家也没有不同的习惯。自然就能做到就是圣人，努力后才能做到的就是贤人。违背这些做不到的，即使像丹朱那样聪明，也是不肖之徒。即使是在街头田间中从事农、工、商、贸的普通人，也都学习这些，都把完善自己的德行当作第一要务。为什么呢？当时他们没有繁杂的见闻，没有烦琐的记诵，也没有数不尽的词句文章，更不用追名逐利。而只要孝敬父母、尊敬兄长、诚实交友、以恢复人心本体共有的良知，这是人性中本来就有的东西，它们不是从外面借来的。哪个人不能做到呢？

　　在学校所做的事，也只是培养人的道德。至于才能方面就各有不同，有的擅长礼乐，有的擅长政治教化，有的擅长水利农事，这就要根据他们各自的禀赋个性，因材施教，培养他们这一方面的特殊才能。根据个人德性的高低让他们担任相应的职务，任用的人只是同心同德，共同努力以便使天下长治久安，看他们的才能是否称职，而不以身份的尊卑贵贱分轻重，也不以职业不同分好坏。被任用的人也只想着同心同德，共同努力使天下百姓安居乐业，如果适合自己的才能，即使终身从事繁重的

家之亲。其才质之下者，则安其农、工、商、贾之分，各勤其业以相生相养，而无有乎希高慕外之心。其才能之异若皋、夔、稷、契者，则出而各效其能，若一家之务，或营其衣食，或通其有无，或备其器用，集谋并力，以求遂其仰事俯育之愿，惟恐当其事者之或怠而重己之累也。故稷勤其稼，而不耻其不知教，视契之善教，即己之善教也；夔司其乐而不耻于不明礼，视夷之通礼，即己之通礼也。盖其心学纯明，而有以全其万物一体之仁，故其精神流贯，志气通达，而无有乎人己之分，物我之间。譬之一人之身，目视、耳听、手持、足行，以济一身之用。目不耻其无聪，而耳之所涉，目必营焉；足不耻其无执，而手之所探，足必前焉。盖其元气充周，血脉条畅，是以痒疴呼吸，感触神应，有不言而喻之妙。此圣人之学所以至易至简，易知易从，学易能而才易成者，正以大端惟在复心体之同然，而知识技能非所与论也。

三代之衰，王道熄而霸术昌；孔、孟既没，圣学晦而邪说横。教者不复以此为教，而学者不复以此为学。霸者之

工作，也不会认为辛劳，一生从事低下琐碎的工作也不会认为是卑贱。那时，天下所有的人都高兴，彼此亲如一家。那些才能资质差的人，就会安心从事于农工商贸的职业本分，兢兢业业，以便相互提供生活必需品，却没有攀比、羡慕的想法。那些像皋、夔、稷、契才能卓越的人，就各自出任某一职务，以发挥自己的才能。天下的事就像是一个家庭的事物一样，有的负责制造衣服和生产粮食，有的经商互通有无，有的制造器物，大家齐心协力，来实现赡养父母，教养子女的心愿。都只怕自己承担的事务做不好，所以都特别尽职尽责。所以后稷不辞劳苦地种庄稼，并不为自己不知道教化而感到羞耻。他把契善于教化，看作是自己善于教化；夔负责礼乐，并不因为自己不明白礼仪为耻辱，伯夷通晓礼看作自己也和他一样通晓礼仪。因为他们的心纯洁明净，能够完全实现万物一体的仁爱。所以，他们的精神博大，心气流畅贯通，没有你我的差别和物我的区分。就像人的身体，眼睛用来看，耳朵用来听，手用来拿东西，脚用来走路，都是为满足自己身体的需要。眼睛不会因为没有耳朵的聪灵就感到耻辱，在耳朵听的时候，眼睛一定会帮忙去看。脚也不会因为不能拿东西而感到耻辱，在手拿东西时，脚也一定会上前迈进。因为人体元气充沛周流，血脉通畅，即使痒痛和呼吸，人的感觉器官也能感觉到，并做出神妙的反应，其中有不言而喻的妙处。圣人的学问之所以最简单，也最容易认识、容易实践、容易成才。正因为它在于恢复人心本体共有的天理，而对具体的知识和技能并不加以论述。

夏、商、周三代以后，王治之道衰落，王霸之术兴起。孔子和孟子死后，圣学晦暗，而邪说横行。教的人不再教圣学，学

徒，窃取先王之近似者，假之于外，以内济其私己之欲，天下靡然而宗之，圣人之道遂以芜塞，相仿相效，日求所以富强之说，倾诈之谋，攻伐之计，一切欺天罔人，苟一时之得，以猎取声利之术，若管、商、苏、张之属者，至不可名数。既其久也，斗争劫夺，不胜其祸，斯人沦于禽兽夷狄，而霸术亦有所不能行矣。

世之儒者，慨然悲伤，蒐猎先圣王之典章法制，而掇拾修补于煨烬之余盖其为心，良亦欲以挽回先王之道。圣学既远，霸术之传积渍已深，虽在贤知，皆不免于习染，其所以讲明修饰，以求宣畅光复于世者，仅足以增霸者之藩篱，而圣学之门墙遂不复可睹。于是乎有训诂之学，而传之以为名；有记诵之学，而言之以为博；有词章之学，而侈之以为丽。若是者纷纷籍籍，群起角立于天下，又不知其几家！万径千蹊，莫知所适。世之学者，如入百戏之场，欢谑跳踉、骋奇斗巧，献笑争妍者，四面而竞出，前瞻后盼，应接不遑，而耳目眩瞀，精神恍惑，日夜遨游淹息其间，如病狂丧心之人，莫自知其家业之所归。时君世主亦皆昏迷颠倒于其说，而终身从事于无用之虚文，莫自知其所谓。间有觉其空疏谬妄，支离牵滞，而卓然自奋，欲以见诸行事之实者，极其所抵，亦不过为富强功利五霸之事业而止。

的人也不再学圣学。施行霸术的人，窃取与先王相似的东西装饰在外，进行欺骗，为了实现一己私欲。天下的人都效法他们。圣人的道路就荒芜阻塞了。世人互相效仿，天天关心的是富强的学说，倾诈的谋略和攻打讨伐的战术。以及一切欺天骗人、得逞一时，获得名利的方法，人人都争相追求。像管仲、商鞅、苏秦、张仪这样的人，多得不可胜数。长此以往，互相争斗，留下无穷的祸患。这样，当人都沦为禽兽夷狄，连行霸道之术也行不通了。

于是，世儒感慨悲伤，搜寻过去圣王的典章法制，从秦始皇焚书的灰烬中收集起来进行修补，其目的就是为了恢复先王的圣道。然而，圣学已经太遥远了，霸术思想流传造成很深远的影响，即使聪明睿智的人也免不了受到影响。他们宣扬修饰圣学，希望圣学发扬光大，实际上只增加了霸术的影响。至于圣学，连一点踪影也看不到了。于是，就有了训诂学，传播授课徒求虚名；有了记诵学，为了博学而去大力推崇它；有了词章学，为了追求华丽而铺排夸张。这种人吵嚷喧嚣，竞相争夺天下，又不知道有多少家！他们流派繁多，使人们无所适从。天下的学者，就像进了一个百戏同演的剧场，到处都是嬉笑跳跃，争奇斗巧，献媚取悦的戏子。四面袭来令人前瞻后顾，应接不暇，以致耳聋眼花，精神恍惚，一天到晚在里面沉溺游弋。就像丧心病狂的人不知道自己的家在哪里。当时的君王也都被这些学问弄得神魂颠倒，一辈子都忙于这些无用的虚文，却不知道自己在说什么。偶尔有人认识到这些学问空洞荒诞，杂乱不通，断然奋起反抗，想在现实中有所作为，他所能做的最多也只不过是像春秋五霸那样富国强兵、建功逐利罢了。

圣人之学日远日晦，而功利之习愈趣愈下。其间虽尝瞽惑于佛老，而佛老之说卒亦未能有以胜其功利之心；虽又尝折衷于群儒，而群儒之论终亦未能有以破真功利之见。盖至于今，功利之毒沦浃于人之心髓，而习以成性也，几千年矣。相矜以知，相轧以势，相争以利，相高以技能，相取以声誉。其出而仕也，理钱谷者则欲兼夫兵刑，典礼乐者又欲与于铨轴，处郡县则思藩臬之高，居台谏则望宰执之要。故不能其事，则不得以兼其官；不通其说，则不可以要其誉。记诵之广，适以长其敖也；知识之多，适以行其恶也；闻见之博，适以肆其辨也；辞章之富，适以饰其伪也。是以皋、夔、稷、契所不能兼之事，而今之初学小生皆欲通其说，究其术。其称名借号，未尝不曰吾欲以共成天下之务，而其诚心实意之所在，以为不如是则无以济其私而满其欲也。

呜呼！以若是之积染，以若是之心志，而又讲之以若是之学术，宜其闻吾圣人之教，而视之以为赘疣枘凿，则其以良知为未足，而谓圣人之学为无所用，亦其势有所必至矣！

呜呼！士生斯世，而尚何以求圣人之学乎！尚何以论圣人之学乎！士生斯世而欲以为学者，不亦劳苦而繁难乎！不亦拘滞而险艰乎！呜呼，可悲也已！所幸天理之在人心，终有所不可泯，而良知之明，万古一日，则其闻吾拔本塞源之

圣学越来越昏暗不明，追逐名利的风气却日盛一日。这期间，虽然有人也曾崇信过佛老的学说，但佛老的学说最终也战胜不了世人追名逐利的心。有人把儒者的学说加以调和折中，但这些群儒的观点最终也不能破除世人追名逐利之心。到现在，追名逐利的思想毒害到人的内心深处，积习成性，已有几千年了。人们在知识上互相夸耀，在权势上互相倾轧，在利害上互相斗争，在技巧上互相攀比，在名声上互相竞争。那些做官的人，掌管钱粮的官员还兼管军事、刑法；掌管礼乐的官又想参与吏部的事物。在郡县做官的，就想升任到藩司和臬司；御史职位的官，又觊觎宰相的高位。所以，本来没有某方面的才能，就不能兼作那方面的官；不通晓某方面的知识，就不能获得某种名誉。记诵的广博，正好助长了这种人的傲慢；知识丰富，正好使他们去作恶；广博的见闻，正好使他们肆意诡辩；言词的华丽，正好掩饰他们的虚伪。于是，皋陶、夔、后稷、契都不能兼管的事，现在初学的孩子都能通晓他们的理论、探究他们的技巧。他们打出的名义招牌，未尝不是为了完成天下共同的事业。而他们的真正想法，是认为如果不这样说，就无法实现他们的私欲。

唉！以这样的积染的习气影响，以这样的心志欲念，又讲求这样的学问技能，当他们听到我讲的圣人的学说时，当然就把它看作累赘和迂腐的学说。他们认为良知不值得一提，把圣人的学说看成没用的东西，这也是大势的逼迫所造成的啊！

唉！生活在这样的社会，人怎么能探求到圣学呢？又怎么有可能讲明圣学呢？生在这样的时代，想成为学者不也太辛苦困难了吗？不也太拘泥艰险了吗？唉！可悲可叹，幸运的是，天理自在人心，终不会泯灭。良知的光明即使万年也一样。所以，

论,必有恻然而悲,戚然而痛,愤然而起,沛然若决江河而有所不可御者矣!非夫豪杰之士无所待而兴起者,吾谁与望乎?

启问道通书

吴、曾两生至,备道道通恳切为道之意,殊慰相念!若道通,真可谓笃信好学者矣。忧病中,曾不能与两生细论,然两生亦自有志向肯用功者,每见辄觉有进,在区区诚不能无负于两生之远来,在两生则亦庶几无负其远来之意矣。临别以此册致道通意,请书数语,荒愦无可言者,辄以道通来书中所问数节,略下转语奉酬。草草殊不详细,两生当亦自能口悉也。

来书云:"日用工夫只是立志。近来於先生诲言时时体验,愈益明白。然于朋友不能一时相离。若得朋友讲习,则此志才精健阔大,才有生意。若三五日不得朋友相讲,便觉微弱,遇事便会困,亦时会忘。乃今无朋友相讲之日,还只静坐,或看书,或游衍经行,凡寓目措身,悉取以培养此志,颇觉意思和适。然终不如朋友讲聚,精神流动,生意更多也。离群索居之人,当更有何法以处之?"

此段足验道通日用工夫所得,工夫大略亦只是如此用,只要无间断,到得纯熟后,意思又自不同矣。大抵吾人为学

听了我正本清源的观点,有识见的君子一定会为之痛心疾首,愤然而起,就像江河决口的洪水一样不可阻挡。若不是那些豪杰之士,自觉地感奋而起,我又寄希望于谁呢?

启问道通书

吴、曾两人到这里以后,详细地介绍了道通恳切求道的意愿,我深感欣慰和想念。像你这样,真可算得上是矢志好学的人。只是我正在为家父守孝,不能与两位详谈。然而,两人也是很有志向,肯下功夫。每次见面,我都发现两位有新的进步。对我来说,确实不能辜负两位远道而来的诚意。对两位来说,我也没有辜负远来的用心。两位在临走时,我写了这封信来表达问候通道。在慌忙昏乱中我也没什么可说的,只通道你在信中所问的几个问题略加说明。草草数语很不详细。他们两位自会详细向你口头转述。

你来信说:"平时功夫只是立志。近来我对先生的教诲,时时体察验证,也更加明白了。然而,我一时也离不开朋友的帮助。如果有朋友在一起讨论,那么我的心志才会深刻专注、广阔宏大,才会富有生机。如果有三五天不能与朋友在一起讨论,就会感觉心志微弱无力,遇到事情时就会感到困难,甚至有时还会忘掉志向。在朋友不能相聚时,我就静坐沉思,有时看看书,或者到处走走。举手投足都不忘记培养心的本体,颇感心态平和舒适。但终究不像和朋友研讨时那样精神抖擞,获益更多。那些离群独居的人,又有什么更好的方法来保持志向呢?"

这段话足以验证你在平日用功中的收获。立志的功夫大概只能这样,只要你不间断,等到功夫纯熟后,感觉自然就不同。

紧要大头脑，只是立志，所谓困忘之病，亦只是志欠真切。今好色之人未尝病于困忘，只是一真切耳。自家痛痒，自家须会知得，自家须会搔摩得。既自知得痛痒，自家须不能不搔摩得。佛家谓之"方便法门"，须是自家调停斟酌，他人总难与力，亦更无别法可设也。

来书云："上蔡尝问：'天下何思何虑？'伊川云：'有此理，只是发得太早。'在学者工夫，固是'必有事焉而勿忘'，然亦须识得'何思何虑'底气象，一并看为是。若不识得这气象，便有'正'与'助长'之病。若认得'何思何虑'，而忘'必有事焉'工夫，恐又堕于无也。须是不滞于有，不堕于无。然乎否也？"

所论亦相去不远矣，只是契悟未尽。上蔡之问与伊川之答，亦只是上蔡、伊川之意，与孔子《系辞》原旨稍有不同。《系》言"何思何虑"，是言所思所虑只是一个天理，更无别思别虑耳，非谓无思无虑也。故曰"同归而殊途，一致而百虑，天下何思何虑"。云"殊途"，云"百虑"，则岂谓"无思无虑"邪？心之本体即是天理，天理只是一个，更有何可思虑得？天理原自寂然不动，原自感而遂通，学者用功虽千思万虑，只是要复他本来体用而已，不是以私意去安排思索出来，故明道云："君子之学，莫若廓然而大公，物来而顺应。"若以私意去安排思索，便是用智自私矣。"何思何虑"正是工夫，在圣人分上便是自然的，在学者分上便是勉然的。伊川却是把作效验看了，所以有"发得太早"之说。既而

一般来说，我们做学问的关键之处就是立志。所谓的困惑、遗忘的毛病，也仅仅是立志不够真实确切。好色的人，从来没有困乏遗忘的事，就是因为好色的意欲真切。自己的痛痒，自己应该能知道，自己也应该会瘙痒按摩。既然自己知道痛痒，也就不得不搔痒按摩。佛教称之为"方便法门"，必须自己去调停斟酌，别人终究帮不上忙，也更没有别的办法。

你来信说："谢良佐先生曾经问'天下何思何虑'，程颐先生说：'有此理，只是发得太早。'从学者的功夫来说，固然是'必有事焉而勿忘'，但也应该看到何思何虑的景象，合起来看才正确。如果不认识这种景象，就会有希望过高与盲目助长的弊病。如果明白'何思何虑'，却又忘了'必有事焉'的功夫，恐怕又会堕入虚无。应该既不被牵累，也不堕于虚无，对不对？"

你说的也差不多，只是你还没领悟得完全。谢良佐先生的问与程颢先生的回答，只是他们自己的看法，与孔子《易经·系辞》的原义稍有差别。《系辞》中所说的"何思何虑"，是说所思所虑只是一个天理，除此以外，再也没有别的思虑，并不是说没有思虑。所以说"同归而殊途，一致而百虑。天下何思何虑。"讲"殊途"，说"百虑"，这难道是"无思无虑"吗？天理本来就宁静寂然，本来就是感应贯通的，学者用功，即使千思百虑，也只是恢复天理本来的存在和功用，不是用私意去安排、思考出来。所以程颢先生说："君子做学问，应当心胸宽阔而公正无私，有事发生时就顺其自然"正是为学的功夫。对圣人来说这是自然而然的，学者便要努力去做到，而程颐先生却把它看作是功夫的效验。所以他说"发得太早"，接着他又说"这正是所要下的功夫"。他已经觉察到前面的话还没有讲完全。周濂溪先生所

云"却好用功",则已自觉其前言之有未尽矣。濂溪"主静"之论,亦是此意。今道通之言虽已不为无见,然亦未免尚有两事也。

来书云:"凡学者才晓得做工夫,便要识认得圣人气象。盖认得圣人气象,把做准的,乃就实地做工夫去,才不会差,才是作圣工夫。未知是否?"

"先认圣人气象",昔人尝有是言矣,然亦欠有头脑。圣人气象自是圣人的,我从何处识认?若不就自己良知上真切体认,如以无星之秤而权轻重,未开之镜而照妍媸,真所谓以小人之腹而度君子之心矣。圣人气象何由认得?自己良知原与圣人一般,若体认得自己良知明白,即圣人气象不在圣人而在我矣。程子尝云:"觑着尧学他行事,无他许多聪明睿智,安能如彼之动容周旋中礼?"又云:"心通于道,然后能辨是非。"今且说通于道在何处?聪明睿智从何处出来?

来书云:"事上磨炼,一日之内不管有事无事,只一意培养本原。若遇事来感,或自己有感,心上既有觉,安可谓无事?但因事凝心一会,大段觉得事理当如此,只如无事处之,尽吾心而已。然仍有处得善与未善,何也?又或事来得多,须要次第与处,每因才力不足,辄为所困,虽极力扶起,而精神已觉衰弱。遇此未免要十分退省,宁不了事,不可不加培养。如何?"

说的主静也是这个意思。你的看法，虽然已有所见识，但也存在时而堕入有、时而堕入无的问题。

你说："学者刚知道做功夫，就要认识圣人的气象。因为，只有把圣人气象当作标准，去脚踏实地地做功夫，才不会有差错，这才是做圣人的功夫。不知是不是这样？"

从前也有人说过要认识圣人的气象，但缺少了要领。圣人的气象自然是圣人的，我们从哪里体认呢？如果不从自己的良知上认真体悟，好比用没有准星的秤去称轻重，用还没有磨开的镜子去照美丑一样，这才真是以小人之腹度君子之心。怎么能够认识圣人的气象呢？自己的良知本来与圣人一样，如果能把自己的良知体察认识明白，那么，圣人的气象就不在圣人那里，而在我们身上了。程颐先生曾经说过："看着尧，学他行事，但没有他的聪明睿智，怎么能像他一样一举一动都符合礼仪呢？"他又说："只有心通于天理，然后才能明辨是非。"你现在能说出心与天道相通的地方在哪里吗？聪明睿智又从哪里来的？

你说："'修养要在事情上磨炼'，就是在一天之内，不管有事没事，只是一心去培养本体。如果遇到事情有了感触，或者自己动了念头，心中既然就有了想法，怎能说是无事呢？但是，如果根据情况仔细考虑一下，就会觉得按情理应当这样。只是当作无事一样对待，尽我的本心罢了。但是为什么仍然有处理得好与不好的情况呢？又或者事情很多，需要一件件处理。往往因为才能欠缺，被事情所困扰。虽然想尽力坚持，但精神已感到疲惫不堪。遇到这种情况，难免要退下来反省自己，宁可不去做事情，也不能不存养本心。这样做对吗？"

所说工夫，就道通分上也只是如此用，然未免有出入在。凡人为学，终身只为这一事，自少至老，自朝至暮，不论有事无事，只是做得这一件，所谓"必有事焉"者也。若说"宁不了事，不可不加培养"，却是尚为两事也。必有事焉而勿忘勿助，事物之来，但尽吾心之良知以应之，所谓"忠恕违道不远"矣。凡处得有善有未善，及有困顿失次之患者，皆是牵于毁誉得丧，不能实致其良知耳。若能实致其良知，然后见得平日所谓善者未必是善，所谓未善者却恐正是牵于毁誉得丧，自贼其良知者也。

来书云："致知之说，春间再承诲益，已颇知用力，觉得比旧尤为简易。但鄙心则谓与初学言之，还须带格物意思，使之知下手处。本来致知格物一并下，但在初学，未知下手用功，还说与格物，方晓得致知。"云云。

格物是致知工夫，知得致知，便已知得格物。若是未知格物，则是致知工夫亦未尝知也。近有一书与友人论此颇悉，今往一通，细观之当自见矣。

来书云："今之为朱、陆之辨者尚未已，每对朋友言正学不明已久，且不须枉费心力为朱、陆争是非。只依先生'立志'二字点化人，若其人果能辨得此志来，决意要知此学，已是大段明白了，朱、陆虽不辨，彼自能觉得。又尝见朋友中见有人议先生之言者，辄为动气。昔在朱、陆二先生所以遗后世纷纷之议者，亦见二先生工夫有未纯熟，分明亦有动气之病，若明道则无此

所说的功夫，对你这样天分的人来说，也只能是这样。但也难免有些出入。凡人做学问，一辈子也只是这一件事。从小到老，从早到晚，不管有事没事，只做这件事，这就是所谓的"必有事焉"。如果说"宁可不做事，也不能不存养本心"，这就成了两件事了。孟子说"必有事焉而勿忘勿助"，事情来了，只要尽自己的良知去应付，这就是"忠恕违道不远"了。凡是事情，处理的有好有坏，以及有困扰和混乱的担心，都是因为被毁誉得失的心连累了，不能切实地追求自己的良知。如果能真正致其良知，然后就可以看到，平时所说的好未必就是好，所说的不好，恐怕正是因为计较毁誉得失而自己毁掉了良知吧。

你说："有关致知的学问，春天再次承蒙教诲，已经深知应在何处用功，我感到比以前更简易多了。然而，我认为，对初学的人讲致知时，还是要加上格物的内容，使他们知道从何处下手。致知格物本来是统一的，然而初学的人不知道从何处下手，还是要先讲格物，他们才能知道致知。"

格物是致知的功夫，明白了致知，也就明白了格物。如果不知道格物，那么致知的功夫也不会清楚。最近在给朋友的一封信中，详细地讨论了这一点。现在也寄给你，仔细看看自然会明白。

你说："现在，为朱熹、陆九渊两派论争的还大有人在。我常常对朋友说，圣学已很久没有发扬光大了，没有必要枉费心力为他们两派争论谁是谁非了。只要按照先生'立志'二字去开导教化人，如果这个人真能辩明这个志向，下定决心要了解圣学，那他已经大体明白了。即使他不去争辩朱熹或陆九渊二人谁对谁错，他自己也能感觉出谁是谁非。曾经看到，有些朋友被先生批评时，自己就非常生气。过去，朱熹和陆九渊两位先生给后世

矣。观其与吴涉礼论介甫之学云:'为我尽达诸介甫,不有益于他,必有益于我也。'气象何等从容!常见先生与人书中亦引此言,愿朋友皆如此。如何?"

此节议论得极是极是,愿道通遍以告于同志,各自且论自己是非,莫论朱、陆是非也。以言语谤人,其谤浅;若自己不能身体实践,而徒入耳出口,呶呶度日,是以身谤也,其谤深矣。凡今天下之论议我者,苟能取以为善,皆是砥砺切磋我也,则在我无非警惕修省进德之地矣。昔人谓"攻吾之短者是吾师",师又可恶乎?

来书云:"有引程子'人生而静以上不容说,才说性,便已不是性',何故不容说?何故不是性?晦庵答云:'不容说者,未有性之可言;不是性者,已不能无气质之杂矣。'二先生之言皆未能晓,每看书至此,辄为一惑,请问。"

"生之谓性","生"字即是"气"字,犹言气即是性也。气即是性,人生而静以上不容说,才说气即是性,即已落在一边,不是性之本原矣。孟子"性善"是从本原上说。然性善之端须在气上始见得,若无气亦无可见矣。恻隐、羞恶、辞让、是非即是气,程子谓:"论性不论气,不备;论气不论性,不明",亦是为学者各认一边,只得如此说。若见得自性留下众多的争议，也可以看出他们的功夫还没有纯熟，也有生气的弊病。而程颢先生就没有。他与吴涉礼在评论王安石的学问时说：'请把我的观点全部告诉王安石，如果对他没有益处，也一定对我有益处。'这是多么从容广大的气魄啊！我曾看到先生在给别人的信中也引用了这段话。我希望朋友都能如此，对吗？"

你这一段议论讲得非常好，希望你能告诉所有志同道合的人。每个人只管反省自己的是非，不要去讨论朱熹和陆九渊的是非。用言语来诽谤人，这种诽谤是很肤浅的；如果自己不能身体力行，而只是高谈阔论，荒废时光，这就是用行动诽谤自己了，这种诽谤就是很严重的。凡是现在天下议论我的人，如果能从中得到益处，那么他们都是在与我砥砺切磋，对我来说，无非是警惕反省，增进道德。荀子说"攻击我缺点的人是我的老师"，老师难道是可恶的人吗？

你信中说："有人引用程子'人生而静以上不容说，才说性，便已不是性'这句话问朱熹为什么不能说，又为什么不是性？朱熹回答说：'不能说，是因为没有性可言说。不是性，说了以后，就不可能没有气混杂其中了。'对他俩的对话我都不明白，每次看到这里就有一阵迷惑，向先生请教。"

"生之谓性"的"生"字也就是"气"字，好比说"气即是性"。气即是性，人天生就能静这以上就不能说了，才说"气就是性"，这样性就偏在一边，就不是性的本原了。孟子提出性善论，是从人性本原上说的。然而人性善的端倪只有在气上才能看到。如果没有气也就看不到性了。恻隐、羞恶、辞让、是非都是气。程子认为"论性不论气就不全面，论气不论性，就不明

明白时，气即是性，性即是气，原无性气之可分也。

答陆原静书

来书云："下手工夫，觉此心无时宁静。妄心固动也，照心亦动也；心既恒动，则无刻暂停也。"

是有意于求宁静，是以愈不宁静耳。夫妄心则动也，照心非动也。恒照则恒动恒静，天地之所以恒久而不已也。照心固照也，妄心亦照也。其为物不贰，则其生物不息，有刻暂停则息矣，非至诚无息之学矣。

来书云"良知亦有起处"云云。

此或听之未审。良知者，心之本体，即前所谓恒照者也。心之本体，无起无不起，虽妄念之发，而良知未尝不在，但人不知存，则有时而或放耳。虽昏塞之极，而良知未尝不明，但人不知察，则有时而或蔽耳。虽有时而或放，其体实未尝不在也，存之而已耳；虽有时而或蔽，其体实未尝不明也，察之而已耳。若谓良知亦有起处，则是有时而不在也，非其本体之谓矣。

"精一"之"精"以理言，"精神"之"精"以气言。理者

白"。这是因为做学问的人都只看到其中的一方面,所以他只得如此说。如果能明白地看到自己的人性,那么,气即是性,性就是气,本来就没有性与气的分别。

答陆原静书

你来信说:"在做功夫时,感到心中没有片刻的安宁。妄想之心固然在活动,澄明的本心也在活动。心既然是一直运动的,那么也就没有片刻的宁静了。"

这是有意去追求宁静,所以才愈加不能宁静下来。妄想心本来就是动荡不安的,本心没有活动,本心常照常明就能使之既能不断地运动又能不断地静止,这样就能使天地万物因此而恒久不止,这是天地永恒运动的原因。本心固然是常常明亮的,妄想心也是明亮的。"其为物不二,则其生物不息",有瞬间的停息,就会灭亡,就不是真诚而毫无停止地实现人心本体的学问了。

你说"良知也有其开始的地方"等等。

这也许是你听得不够明白。良知是心的本体,也就是上面所说的恒照。心的本体是无所谓开始不开始的。即使妄念产生了,但良知依然存在。可是,人不知道时时保存涵养心中的良知,所以有时就会失去它。即使糊涂闭塞到了极点,他的良知也依然明亮。但是,人们不知道反省体察它,有时才会受蒙蔽。虽然有时失去了它,但良知的本体还是存在的,这时只要体察它就行了。如果说良知也有开端,那么良知有时就不存在了,这样,就不是心的本体了。

你信中说:"前几天先生所说的'精一',是不是做圣人的

气之条理，气者理之运用。无条理则不能运用，无运用则亦无以见其所谓条理者矣。精则精，精则明，精则一，精则神，精则诚；一则精，一则明，一则神，一则诚，原非有二事也。但后世儒者之说与养生之说各滞于一偏，是以不相为用。前日"精一"之论，虽为原静爱养精神而发，然而作圣之功实亦不外是矣。

来书云："元神、元气、元精，必各有寄藏发生之处，又有真阴之精，真阳之气。"云云。

夫良知一也，以其妙用而言谓之神，以其流行而言谓之气，以其凝聚而言谓之精，安可以形象方所求哉？真阴之精，即真阳之气之母；真阳之气，即真阴之精之父，阴根阳，阳根阴，亦非有二也。苟吾良知之说明，则凡若此类皆可以不言而喻。不然，则如来书所云"三关七返九还"之属，尚有无穷可疑者也。

又

来书云："良知，心之本体，即所谓'性善'也，'未发之中'也，'寂然不动'之体也，'廓然大公'也。何常人皆不能而必待于学邪？中也，寂也，公也，既以属心之体，则良知是矣。今验之于心，知无不良，而中、寂、大公实未有也。岂良知复超然于体用之外乎？"

功夫呢？""精一"的"精"是从理上说的，"精神"的"精"是从气上说的。理是气的条理化，气是理的应用。没有条理就不能运用，没有应用也无法看见所谓的条理。做到了"精"就能有精神，就能光明照耀，就能"致一"，就能发挥神奇，也就能至诚。至一就能有精神，就能光明照耀，也就能至诚。精和一本来就是一回事儿。然而后来儒生的主张，与道家养生的观点，各执于一方面，不能互相取长补短。前些天我对"精一"的看法，虽然是为了使你保养自己的精神才讲的，然而，学成圣人的功夫也不外乎就是这样。

你说："元神、元气、元精，一定各自都有寄生隐藏的地方。又有真阳之精，真阳之气。"等等。

良知只有一个。就它的奇妙作用来说，就称作神；从它的流行发用来说，叫作气；从它的凝聚来说称作精。怎么能从形象、方位、处所来探求良知呢？真阴之精是真阳之气的母体。真阳之气，也就是真阴之精的父体。阴产生于阳，阳产生于阴，阴阳本来就是统一体。如果你明白了我有关良知的学说，那么，与此类似的问题，都可以不言而喻了。不然的话，就像你信中所说的三关、七返、九还之类的事，还会有无穷无尽的疑问。

又

你来信说："良知是心的本体，也就是所说的'性善'论，'未发之中''寂然不动'的本体，'廓然大公'等。为什么一般人必须通过学习才能做到这些呢？中和寂静、大公无私既然是心的本体，那也就是良知。现在到心中验证，可见良知都是好的，而中和寂静、大公无私等其实却没有。难道良知是超越于体用

性无不善，故知无不良，良知即是未发之中，即是廓然大公，寂然不动之本体，人人之所同具者也。但不能不昏蔽于物欲，故须学以去其昏蔽，然于良知之本体，初不能有加损于毫末也。知无不良，而中、寂、大公未能全者，是昏蔽之未尽去，而存之未纯耳。体即良知之体，用即良知之用，宁复有超然于体用之外者乎？

来书云："周子曰'主静'，程子曰'动亦定，静亦定'，先生曰'定者心之本体'，是静定也，决非不睹不闻、无思无为之谓，必常知、常存、常主于理之谓也。夫常知、常存、常主于理，明是动也，已发也，何以谓之静？何以谓之本体？岂是静定也，又有以贯乎心之动静者邪？"

理无动者也。"常知、常存、常主于理"，即"不睹不闻、无思无为"之谓也。不睹不闻、无思无为，非槁木死灰之谓也，睹闻思为一于理，而未尝有所睹闻思、为，即是动而未尝动也，所谓"动亦定，静亦定"，体用一原者也。

来书云："此心未发之体，其在已发之前乎？其在已发之中而为之主乎？其无前后内外而浑然一体者乎？今谓心之动静者，其主有事无事而言乎？其主寂然感通而言乎？其主循理从欲而言乎？若以循理为静，从欲为动，则于所谓'动中有静，静中有动，动极而静，静极而动'者，不可通矣。若以有事而感通为动，无事而寂然为静，则于所谓'动而无动，静而无静'者，不

之外的吗?"

　　本性没有不善的,所以良知没有不善的。良知就是未发之中,就是廓然大公,寂然不动的本体,它是人人都具有的。但良知不能避免受物欲的遮蔽,所以必须学习来消除物欲的蒙蔽。但是这对于良知的本体,不会有丝毫的损害。良知没有不善的,但是,中和、寂静、廓然大公不能完全呈现是因为物欲的遮蔽没有完全消除,本心保存涵养还不纯粹。体是良知的体,用是良知的用,哪有超越于体用之外的良知呢?

　　你在信中说:"周敦颐先生说'主静',程颐先生说'动亦定,静亦定',先生说'定者,心之本体'。这个静和定,绝不是不听不看、不思不想的意思,而是经常保持认知、保持存养,时刻保持遵从天理。保持认知、保持存养、保持遵从天理,明明就是动,是已经发动的状态,怎么能说是静呢,怎么能称之为本体呢?难道这个静定中又贯穿于心的动静中吗?

　　天理是没有动静的,保持认知、保持存养、保持遵从天理,就是不听、不看、不思、不做的意思。不看不听不思不想,不是朽木死灰。说、看、听、做都与天理合为一体,而不曾有其他的看、听、想、做。这也就是动而未动,也就是程颐先生所谓的动也定、静也定,体用如一。

　　你来信说:"此心未发的本体,是在已发之前还是在已发之中并主宰着已发呢?或是未发、已发不分先后、内外而浑然一体呢?现在讲的心的动、静,是从有事、无事上来说呢?还是从寂然不动与感应相通来说的呢?或是从遵循天理与服从人欲来说呢?如果认为遵循天理就是静止,服从私欲就是运动,那么'动中有静,静中有动','动极而静,静极而动'就说不通了。

可通矣。若谓未发在已发之先，静而生动，是至诚有息也，圣人有复也，又不可矣。若谓未发在已发之中，则不知未发、已发俱当主静乎？抑未发为静，而已发为动乎？抑未发已发俱无动无静乎？俱有动有静乎？幸教。"

"未发之中"即良知也，无前后内外而浑然一体者也。有事无事，可以言动静，而良知无分于有事无事也。寂然感通，可以言动静，而良知无分于寂然感通也。动静者所遇之时，心之本体固无分于动静也。理无动者也，动即为欲。循理则虽酬酢万变而未尝动也。从欲则虽槁心一念而未尝静也。"动中有静，静中有动"，又何疑乎？有事而感通，固可以言动，然而寂然者未尝有增也。无事而寂然，固可以言静，然而感通者未尝有减也。"动而无动，静而无静"，又何疑乎？无前后内外而浑然一体，则至诚有息之疑，不待解矣。"未发"在"已发"之中，而"已发"之中未尝别有"未发"者在；"已发"在"未发"之中，而"未发"之中未尝别有"已发"者存。是未尝无动静，而不可以动静分者也。

凡观古人言语，在以意逆志而得其大旨，若必拘滞于文义，则"靡有孑遗"者，是周果无遗民也。周子"静极而动"之说，苟不善观，亦未免有病。盖其意从"太极动而生阳，静而生阴"说来。太极生生之理，妙用无息，而常体不易。太极之生生，即阴阳之生生。就其生生之中，指其妙用

如果认为有事感应就是运动，无事寂静就是静止，那么'动而无动，静而无静'就讲不通了。如果说'未发'在'已发'之中，我就不知道'未发'和'已发'都主宰静呢？还是'未发'为静，'已发'为动呢？或者是'未发'和'已发'既不是动又不是静，或者是有动有静呢？请指教。"

"未发之中"就是良知，它没有前后、内外的差别而浑然一体。从有无事情上可以分动静，但良知不能分有事、无事。寂然不动和感应相通可以用动静来说，但良知不能用寂然不动和感应相通来说。动和静是根据不同的情况而变化的。心的本体原本没有动静的区别，天理是没有动的，一动就变成私欲了。遵循天理，即使千变万化也不曾动。顺从人的私欲，即使心里有一念思虑也不是静。"动中有静，静中有动"，这又有什么可怀疑呢？遇事感应相通固然可以说是动，但是，良知寂然不动并没增加什么。无事寂然不动固然可以说是静，但是，良知感应相通并没有减少什么。"动而无动，静而无静，"又有什么可怀疑的呢？良知没有先后，内外的区别，是浑然一体的。这样，对至诚有停息的疑问就不用解释了。"未发"在"已发"之中，但"已发"之中，不会另有"未发"存在。"已发"在"未发"之中，但"未发"之中也不曾另有"已发"存在。这里不是没有动、静，只是不能用动静来区别。

凡是看古人的话，都应该用心体察，从而明白其大旨。如果一定要拘泥在文字上，那么，"靡有孑遗"难到真的就是周朝没有遗民了吗？周敦颐先生的"静极而动"，如果不能很好体察，也免不了出问题。因为他的意思是从"太极动而生阳，静而生阴"上来说的。太极运动变化的道理，妙用无穷，但其本体是长

无息者而谓之动,谓之阳之生,非谓动而后生阳也。就其生生之中,指其常体不易者而谓之静,谓之阴之生,非谓静而后生阴也。若果静而后生阴,动而后生阳,则是阴阳动静截然各自为一物矣。阴阳一气也,一气屈伸而为阴阳;动静一理也,一理隐显而为动静。春夏可以为阳为动,而未尝无阴与静也;秋冬可以为阴为静,而未尝无阳与动也。春夏此不息,秋冬此不息,皆可谓之阳、谓之动也。春夏此常体,秋冬此常体,皆可谓之阴、谓之静也。自元、会、运、世、岁、月、日、时,以至刻、秒、忽、微,莫不皆然,所谓"动静无端,阴阳无始",在知道者默而识之,非可以言语穷也。若只牵文泥句,比拟仿像,则所谓"心从《法华》转,非是转《法华》"矣。

　　来书云:"尝试于心,喜、怒、忧、惧之感发也,虽动气之极,而吾心良知一觉,即罔然消阻,或遏于初,或制于中,或悔于后。然则良知常若居优闲无事之地而为之主,于喜、怒、忧、惧若不与焉者,何欤?"

　　知此则知未发之中,寂然不动之体,而有发而中节之和,感而遂通之妙矣。然谓"良知常若居于优闲无事之地",语尚有病。盖良知虽不滞于喜、怒、忧、惧,而喜、怒、忧、惧亦不外于良知也。

　　来书云:"夫子昨以良知为照心。窃谓:良知,心之本体也;照心,人所用功,乃戒慎恐惧之心也,犹思也。而遂以戒慎

久不变的。太极的运动变化也就是阴阳的运动变化，在不断产生的变化中，它的妙用无穷就是动，这就是阳的产生，而不是运动之后才产生阳。在不断产生的变化中，它本体的永恒不变来说就是静，也就是阴的产生，而不是静止之后产生出阴。如果真是静止后生阴，运动后生阳，那么动静、阴阳就是截然不同的两个事物了。阴阳，是一种气，这种气的屈伸就产生了阴阳。动静都指同一个理，它的隐藏、显露就是动和静。春夏两季可以说是阳是动，但也未尝没有阴和静。秋冬可以说是阴是静，但也未尝没有阳和动。春夏秋冬是生生不息，变化不止，都可以叫作阳和动。春夏秋冬的本体长久不变，都可以叫作阴和静。从元、会、运、世、岁、日、时、刻、分、秒，没有不是这样的。程颐先生所谓的"动静无端，阴阳无始"，这需要明白天道的人慢慢地体悟，不可用言语表达尽。如果只拘泥于文辞，比拟模仿，那就是心随《法华》转，而不是用心转《法华》了。

你来信说："我曾经在心中验证，喜、怒、哀、乐等感情出现时，即使特别生气，只要我心中良知觉悟，也就能慢慢地缓和消解。有时在一开始就能被制止，有时在发作的过程中被制止，有时在事后有所悔悟。可是，良知好像经常在闲静无事的地方主宰着感情，与喜、怒、哀、乐好像没有什么关系，这是为什么呢？"

你明白了这一点，也就能认知，从"未发之中"，"寂然不动"的本体到发而中节之和，都有感应相通的妙用了。但是，你说良知好像常常处在闲静无事的地方，这话是有毛病的。良知虽然不会滞留在喜怒忧惧乐上，但喜怒忧惧也不在良知之外。

你来信说："先生昨天认为良知就是能照的心。我以为良知是心的本体，能照的心是人所用的功夫，就是谨慎恐惧的心，犹

恐惧为良知,何欤?"

能戒慎恐惧者,是良知也。

来书云:"先生又曰'照心非动也',岂以其循理而谓之静欤?'妄心亦照也'岂以其良知未尝不在于其中,未尝不明于其中,而视听言动之不过则者皆天理欤?且既曰妄心,则在妄心可谓之照,而在照心则谓之妄矣。妄与息何异?今假妄之照以续至诚之无息,穷所未明,幸再启蒙。"

"照心非动"者,以其发于本体明觉之自然,而未尝有所动也。有所动即妄矣。"妄心亦照"者,以其本体明觉之自然者,未尝不在于其中,但有所动耳。无所动即照矣。无妄无照,非以妄为照,以照为妄也。照心为照,妄心为妄,是犹有妄有照也。有妄有照则犹贰也,贰则息矣。无妄、无照则不贰,不贰则不息矣。

来书云:"养生以清心寡欲为要。夫清心寡欲,作圣之功毕矣。然欲寡则心自清,清心非舍弃人事而独居求静之谓也。盖欲使此心纯乎天理,而无一毫人欲之私耳。今欲为此之功,而随人欲生而克之,则病根常在,未免灭于东而生于西。若欲刊剥洗荡于众欲未萌之先,则又无所用其力,徒使此心之不清。且欲未萌而搜剔以求去之,是犹引犬上堂而逐之也,愈不可矣。"

且有思。可以这么说吗？"

能让人谨慎恐惧的，就是良知。

你信中说："先生认为'照心非动也'，难道是因为能照的心遵循天理就说它静吗？'妄心亦照也'，是不是因为良知未尝不在妄心之中，又未尝不在妄心中明照，而人不违背原则的视听言动就都是天理吗？既然说是妄心，那么，良知在妄心上就是照，但对于能照之心就是妄了。"妄"与"息"有什么不同？现在把'妄心有照'和'至诚无息'联系起来，我还不清楚，请先生开导。"

"照心非动"，因为它来自本体天然的明觉，所以不曾有动。有所动就是妄了。"妄心亦照"，因为本体的明觉未尝不在妄心之中，只是有所动罢了，无所动就是照心。无妄无照，并不是把妄心当作照心，把照心当作妄心。如果认为照心就是照，妄心就是妄，这依然是妄心、照心并立而存。没看到妄心的本体依然是恒照，认为有妄有照仍然是两个心。把心分为两个，就有了停息。无所谓妄和照就是本心，成为完整的一个整体，那么良知就能不停息了。

你来信说："养生最关键的就是清心寡欲。能做到清心寡欲，做圣人的功夫也就完成了。然而，欲望少则心自然就清明，清心寡欲并不是要舍弃人事而隐居独处来求得安宁。而是存养此心纯粹为天理，没有一丝一毫的私欲。但要在这方面下功夫，私欲一旦产生，就在私欲的地方去克服，既然病根存在，就难免这边的私欲消灭了那边的私欲就又生出来了。如果想在私欲还没有萌发之前就铲除殆尽，又不知道从何处下手，反而使这个心不清明。而且，在人欲还没萌发的时候就去搜寻以便能剔

必欲此心纯乎天理，而无一毫人欲之私，此作圣之功也。必欲此心纯乎天理，而无一毫人欲之私，非防于未萌之先，而克于方萌之际不能也。防于未萌之先，而克于方萌之际，此正《中庸》"戒慎恐惧"、《大学》"致知格物"之功，舍此之外，无别功矣。夫谓"灭于东而生于西"，"引犬上堂而逐之"者，是自私自利、将迎意必之为累，而非克治洗荡之为患也。今曰"养生以清心寡欲为要"，只"养生"二字，便是自私自利、将迎意必之根。有此病根潜伏于中，宜其有"灭于东而生于西"，"引犬上堂而逐之"之患也。

来书云："佛氏于不思善不思恶时认本来面目，与吾儒'随物而格'之功不同。吾若于不思善不思恶时用致知之功，则已涉于思善矣。欲善恶不思，而心之良知清静自在，惟有寐而方醒之时耳。斯正孟子'夜气'之说。但于斯光景不能久，倏忽之际，思虑已生。不知用功久者，其常寐初醒而思未起之时否乎？今澄欲求宁静，愈不宁静，欲念无生，则念愈生，如之何而能使此心前念易灭，后念不生，良知独显，而与造物者游乎？"

"不思善不思恶时认本来面目"，此佛氏为未识本来面目者设此方便。"本来面目"即吾圣门所谓"良知"。今既认得良知明白，即已不消如此说矣。"随物而格"，是"致知"之功，即佛氏之"常惺惺"，亦是常存他本来面目耳。体段

除它，就好比把狗引进屋子再把它赶出去，这就更说不通了。"

一定要使此心没有丝毫的私欲，而纯粹为天理，这就是做圣人的功夫。想做到这一点，就必须在私欲还没有产生之前就加以防止它，并在私欲刚刚萌发时就克制它，这正是《中庸》里"戒慎恐惧"的功夫，也是《大学》里"格物致知"的功夫。除此之外，再也没有什么其他的功夫。所谓的私欲此消彼长，先引狗后驱赶的情况，这都是由于自私自利、刻意追求所造成的，并不是由克制洗涤引起的。现在说养生的关键就是清心寡欲，这养生二字就是自私自利、刻意追求的根源。心里有这个病根在，就会产生私欲此消彼长，先引狗后驱赶的毛病了。

你来信说："佛教主张'不思善不思恶时，认识本来面目，这和我们儒家所说的在事物上格除私欲的功夫有所不同。我如果在不想善不想恶的时候做致知的功夫，那么就是已经在想善了。要想让心不思善恶，使心中的良知清静自在，只有在刚睡醒时才能实现。这就是孟子所说的'夜气'，但是这种情形不能维持长久。转眼之间，思虑就会产生了。我不知道用功时间长的人，能不能经常像睡觉刚醒，思虑还没有萌生的时候那样呢？现在，我想摒弃私欲求得安宁，心里却更加不安宁，想没有思虑时，思虑却更多。怎样才能使心中前念易灭而后念不生，良知独自显现，而与造物主同游呢？"

"在不想善不想恶的时候认识人心的本来面目"，这是佛教对那些不知本来面目的人讲的简易方法。本来面目也就是儒家所说的良知。现在既然能认识清楚良知也就不用这样说了。在具体事物上去格除物欲，这是致知的功夫。也就是佛教里面说的"经常保持清醒明白"，也就是常常保存涵养他的本来

工夫，大略相似。但佛氏有个自私自利之心，所以便有不同耳。今"欲善恶不思，而心之良知清静自在"，此便有自私自利、将迎意必之心，所以有"不思善、不思恶时用致知之功，则已涉于思善"之患。孟子说"夜气"，亦只是为失其良心之人指出个良心萌动处，使他从此培养将去。今已知得良知明白，常用致知之功，即已不消说"夜气"，却是得兔后不知守兔而仍去守株，兔将复失之矣。"欲求宁静，欲念无生"，此正是自私自利、将迎意必之病，是以念愈生而愈不宁静。良知只是一个良知，而善恶自辨，更有何善何恶可思？良知之体本自宁静，今却又添一个求宁静；本自无生，今却又添一个欲无生；非独圣门致知之功不如此，虽佛氏之学亦未如此将迎意必也。只是一念良知，彻头彻尾，无始无终，即是前念不灭，后念不生。今却欲前念易灭，而后念不生，是佛氏所谓"断灭种性"，入于槁木死灰之谓矣。

来书云："佛氏又有'常提念头'之说，其犹孟子所谓'必有事'，夫子所谓'致良知'之说乎？其即常惺惺，常记得，常知得，常存得者乎？于此念头提起之时，而事至物来，应之必有其道。但恐此念头提起时少，放下时多，则工夫间断耳。且念头放失，多因私欲客气之动而始，忽然惊醒而后提。其放而未提之

面目。儒释两家的形式、功夫大体相似，但是佛教有自私自利的心念，这就和圣人的儒学有所不同了。现在如果要不思善恶而保持涵养心中的良知，使其清净自在，这就有了自私自利、刻意追求的心念了，所以才会有"不思善恶的时候，来做致知得到功夫，就有了思考善念"的错误。孟子所谓的"夜气"，也就是给那些失去良心的人指出良心所在的地方，使他们以便于存养和保持良心。现在你已经很明白地认识到了良知，常常做致知的功夫，那就不用谈所谓的"夜气"了。否则，就好像得到了兔子，却不知道守住它，只仍然看守着树，那样兔子依然会丢失的。要想求得宁静，要想一念不生，这正是自私自利、刻意去追求的弊病，所以才会出现念头越萌生，就越得不到安宁。良知唯有一个，自会分辨善恶，又怎么会想什么善恶呢？良知的本体本来就是宁静的，现在却又增加了一个求得宁静；良知本来就是生生不息，现在却又增加了一个要一念不生，不但圣人儒学的致知功夫不是这样，即使佛教的学说也不是这样可以追求的。只要存心涵养在良知上，从头到尾，无始无终，也就是前念不生，后念不起。现在你却想要前念易灭、后念不生，这就是佛教所说的"断灭种性"，也就是泯灭了心灵的明觉，使身体如槁木，心如死灰了。

你来信说："佛教所说的'常提起念头'和孟子所谓的'必有事'，先生的致良知差不多吗？"也就是佛教所说的'常惺惺、常记得、常知得、常存得'吗？在提起这个念头时，应付繁多事情一定会有恰当的方法去应对。但恐怕这个念头提起的时候很少，而丧失的却很多，那么功夫就会中断了。况且念头的丧失，大多是以人内心私欲的萌动造成的。突然惊醒之后才能提起来。

间，心之昏杂多不自觉。今欲日精日明，常提不放，以何道乎？只此常提不放，即全功乎？抑于常提不放之中，更宜加省克之功乎？虽曰常提不放，而不加戒惧克治之功，恐私欲不去；若加戒惧克治之功焉，又为'思善'之事，而于'本来面目'又未达一间也。如之何则可？"

"戒惧克治"，即是"常提不放"之功，即是"必有事焉"，岂有两事邪？此节所问，前一段已自说得分晓，末后却是自生迷惑，说得支离，及有"本来面目，未达一间"之疑，都是自私自利将迎意必之为病。去此病，自无此疑矣。

来书云："'质美者明得尽，渣滓便浑化。'如何谓'明得尽'？如何而能'便浑化'？"

良知本来自明。气质不美者，渣滓多，障蔽厚，不易开明。质美者查滓原少，无多障蔽，略加致知之功，此良知便自莹彻，些少查滓如汤中浮雪，如何能作障蔽？此本不甚难晓。原静所以致疑于此，想是因一"明"字不明白，亦是稍有欲速之心。向曾面论"明善"之义，"明则诚矣"，非若后儒所谓"明善"之浅也。

来书云："聪明睿知果质乎？仁义礼智果性乎？喜怒哀乐果情乎？私欲客气果一物乎？二物乎？古之英才若子房、仲舒、叔度、孔明、文中、韩、范诸公，德业表著，皆良知中所发也，而

但是在丧失后还没有提起前，由于心的昏暗和杂乱往往自己不能觉察。现在要想让念头更加精进光明，常提不忘，又有什么办法呢？只要这个念头常提不忘，这就是全部的功夫了吗？还是要在常记不忘中多加反省探求，克己自律的功夫呢？就算做到了常提不忘，但如果没有戒惧克制的功夫，恐怕还不能清除私欲。如果加上戒惧克制的功夫，又成了'思善'，而这和本来面目又不一样了。到底怎样做才行呢？"

"戒惧克制"就是常提不忘的功夫，就是"必有事焉"，怎么会是两回事呢？你在这里所提的问题，我在前一部分已经说得很清楚，后来你自己又迷惑了，讲得支离破碎，还有与本来面目不相符的疑问，这都是自私自利、刻意追求所造成的弊病。除去这个毛病，自然就没有这些疑问了。

你来信说："'质美者明得尽，渣滓便浑化'，怎么叫'明得尽'？怎么样才能'便浑化'呢？"

良知本来就是光明的，本质差的人身上的毛病缺点就很多，遮蔽也就厚，良知不容易呈现光明。本质好的人，毛病缺点就少，也没有多少遮蔽，稍微用点致知的功夫，良知就能晶莹透彻地彰显出来，有点儿习气毛病的人就像热汤中漂浮的雪花一样，怎么能遮蔽呢？这本来并不难懂。你之所以对此有疑问，想必是对"明"字的意思不理解不清楚，这也是由于你稍微有些太心急了。从前我曾和你当面讨论过"明善"的意思，"明善就是诚身"，并不像朱熹所讲的"明善"解释的那么简单。

你说："聪明才智真的是人天生的资质吗？仁义礼智真的是人的本性吗？喜怒哀乐真的是人的感情吗？私欲和外来的习气是一回事还是两回事呢？古代许多杰出的人物，如张良、董仲舒、黄

不得谓之闻道者,果何在乎?苟曰此特生质之美耳,则生知安行者,不愈于学知困勉者乎?愚意窃云谓诸公见道偏则可,谓全无闻,则恐后儒崇尚记诵训诂之过也。然乎?否乎?

性一而已。仁、义、礼、智,性之性也;聪、明、睿、知,性之质也;喜、怒、哀、乐,性之情也;私欲客气,性之蔽也。质有清浊,故情有过不及,而蔽有浅深也。私欲客气,一病两痛,非二物也。张、黄、诸葛及韩、范诸公,皆天质之美,自多暗合道妙;虽未可尽谓之知学,尽谓之闻道,然亦自其有学违道不远者也。使其闻学知道,即伊、傅、周、召矣。若文中子则又不可谓之不知学者,其书虽多出于其徒,亦多有未是处,然其大略则亦居然可见,但今相去辽远,无有的然凭证,不可悬断其所至矣。

夫良知即是道,良知之在人心,不但圣贤,虽常人亦无不如此。若无有物欲牵蔽,但循着良知发用流行将去,即无不是道。但在常人多为物欲牵蔽,不能循得良知。如数公者,天质既自清明,自少物欲为之牵蔽,则其良知之发用流行处,自然是多,自然违道不远。学者学循此良知而已,谓之知学,只是知得专在学循良知。数公虽未知专在良知上用

宪、诸葛亮、王通、韩琦、范仲淹等人，他们德业卓著，这都是从他们的良知中发出来。但是，却不能说他们是明白道的人，为何呢？如果说他们天资卓绝，那么生知安行的人难道还不如学知利行、困知勉行的人吗？我认为，可以说他们认识道不全面。如果说他们完全不明白道，恐怕是后世的儒生因为崇尚记诵训诂才形成的偏见。这样理解对吗？"

　　本性只有一个，仁义礼智是本性的本质，聪明才智是本性的资质，喜怒哀乐是本性的情感，私欲、外来的习气是本性的障碍。人的资质有清有浊，所以，感情有过分也有不足，而蒙蔽也有深浅。私欲、外来的习气是一种，引发了两种表现，并不是两回事。张良、黄宪、诸葛亮及其韩琦、范仲淹等人，都是天资极好的人，自然与道有很多巧合的地方。虽然不能说他们完全通晓圣道，但他们的学问、识见与天道相近。如果他们能明白道，那他们就成了伊尹、傅说、周公、召公了。至于王通，就不能说他不明白圣道，他的书虽然大多出自他的学生和后人之手，也有许多错误。但是其学问的大概还是能看出来的。可是，现在相隔的年代久远，又没有真凭实据，所以不能凭空断定他的学问和道有多远。

　　良知就是道，良知自在人心，不仅圣贤，普通人也都是如此。如果没有物欲的牵累和蒙蔽，全凭良知去发挥作用，那没有什么不是道的。但是普通人往往被物欲蒙蔽，不能遵循良知。至于所说的这些杰出人物，天生资质就非常明觉，当然也就很少受到物欲的遮蔽，所以良知发挥运行起作用的地方就多一点，自然离道也就更近一些。学习也就是要学会遵循良知去做事。所谓的知学，也就是应该知道专心在遵从良知上用功夫。上

功,而或泛滥于多岐,疑迷于影响,是以或离或合而未纯。若知得时,便是圣人矣。后儒尝以数子者尚皆是气质用事,未免于行不著,习不察,此亦未为过论。但后儒之所谓著察者,亦是狃于闻见之狭,蔽于沿习之非,而依拟仿像于影响形迹之间,尚非圣门之所谓著察者也。则亦安得以己之昏昏,而求人之昭昭也乎?所谓"生知安行","知行"二字亦是就用功上说。若是知行本体,即是良知良能,虽在困勉之人,亦皆可谓之"生知安行"矣。"知行"二字更宜精察。

来书云:"昔周茂叔每令伯淳寻仲尼、颜子乐处。敢问是乐也,与七情之乐,同乎?否乎?若同,则常人之一遂所欲,皆能乐矣,何必圣贤?若别有真乐,则圣贤之遇大忧、大怒、大惊、大惧之事,此乐亦在否乎?且君子之心常存戒惧,是盖终身之忧也,恶得乐?澄平生多闷,未尝见真乐之趣,今切愿寻之。"

乐是心之本体,虽不同于七情之乐,而亦不外于七情之乐。虽则圣贤别有真乐,而亦常人之所同有。但常人有之而不自知,反自求许多忧苦,自加迷弃。虽在忧苦迷弃之中,而此乐又未尝不存。但一念开明,反身而诚,则即此而在矣。每与原静论,无非此意,而原静尚有何道可得之问,是犹未免于"骑驴觅驴"之蔽也。

面谈到的杰出人物虽然不知道在良知上用功夫，有的人爱好广泛，就会受到其他事物的诱惑，所以他们有时偏离道，有时符合道，没有达到纯粹的境界。如果他们能够认识到在良知上用功夫，那他们就是圣人了。后世儒生都认为他们凭天资才能有所作为，难免有"做了也不知道为什么"，"习惯了也不知道为何是这样"的情况出现。这样的看法也并不过分。只是后来的儒生所说的著和察，也拘泥于狭窄的见闻，受到旧有风气的蒙蔽，把似是而非的现象加以比拟模仿，并不是圣人所谓的著和察。自己都糊涂又怎么能使别人明白呢？所谓生知安行，这知行二字也是从用功上说的。至于知行的本体，那都是良知良能，从这个角度讲，即使是"困知勉行"的人，也都可说是"生知安行"的。对"知行"这两个字，更应该仔细考察。

你来信说："从前周敦颐先生常常要程颐寻找孔子和颜回都乐在哪里。试问，这种乐和七情六欲的乐是否相同呢？如果相同，普通人一旦满足了欲望也能感到快乐，那还为啥要去做圣贤呢？如果还另外有真正的乐趣，那么，圣贤在遇到大忧虑、大愤怒、大惊诧、大恐惧的事情，这个乐还存在吗？况且，君子的心里常常怀有戒惧的心理，又怎么能快乐呢？我平时有很多烦恼，还未曾见到真正的快乐，现在我真切地希望能找到这种乐趣。"

乐是心的本体，是性天之真乐，虽然和人感情欲望的满足有所不同，但它也不在人的感情欲望之外。虽然圣贤们有他们真正的乐，但普通人也都有的，只是普通人有这种性天之乐却不能体察到，反而去寻找许多烦恼，自己迷惑抛弃了这种真正的乐趣。但即使在迷茫苦恼的时候，这个真正的乐也从来没有消失过。只要一念明觉，反省探求自己的真诚，实现与性天的合

来书云:"《大学》以心有好乐、忿懥、忧患、恐惧为不得其正,而程子亦谓'圣人情顺万事而无情'。所谓'有'者,《传习录》中以病疟譬之,极精切矣。若程子之言,则是圣人之情不生于心而生于物也,何谓耶?且事感而情应,则是是非非可以就格。事或未感时,谓之有,则未形也;谓之无则病根在,有无之间,何以致吾知乎?学务无情,累虽轻,而出儒入佛矣,可乎?"

圣人致知之功,至诚无息,其良知之体皦如明镜,略无纤翳。妍媸之来,随物见形,而明镜曾无留染,所谓"情顺万事而无情"也。"无所住而生其心",佛氏曾有是言,未为非也。明镜之应物,妍者妍,媸者媸,一照而皆真,即是生其心处。妍者妍,媸者媸,一过而不留,即是无所住处。病疟之喻,既已见其精切,则此节所问可以释然。病疟之人,疟虽未发,而病根自在,则亦安可以其疟之未发而遂忘其服药调理之功乎?若必待疟发而后服药调理,则既晚矣。

致知之功无间于有事无事,而岂论于病之已发未发

一,那这种真正的乐也就能感觉到。我每次和你讲的,都是这个意思,而你却还要问有什么办法能获得这种真正的快乐,这就难免犯"骑驴找驴"的毛病了。

你来信说:"《大学》认为心中有好乐、愤怒、忧患、恐惧等,就是不能公正平和。而程颢先生却说圣人顺应万物的性情而自己没有情。这里所谓的有情,在《传习录》中曾经用疟疾来做比喻,十分精辟恰当。如果按照程颢先生的说法,圣人的情感不是产生于心而是产生于物。为什么这样说呢?如果事情临到头上时就有了相应的情,那么其中的是非可以辨别革除。在事情还没到来时,说有情,情并没有显现,说无情,可情就像病根一样潜伏着,似有似无。怎么能做到致知呢?学习必须要做到无情,这样牵累虽然少了,烦恼少了,但又陷入佛家的泥潭,没有情怎么能行呢?"

圣人致知的功夫是至诚无息的,圣人的良知本体,皎洁的像明镜一样,没有丝毫纤尘的沾染。美丑随时在镜子面前现出它的本来面貌,但在明镜上什么也不会留下,这就是所谓的情顺应万物而无情。"无所住而生其心",佛家这样认为并没有错。用明镜照物,美者自美,丑者自丑,一照就能现出真实面貌,这就是"生其心"。美者自美,丑者自丑,照过之后镜子上不会留下什么东西,这就是"无所住"。你既然认为疟疾的比喻非常准确恰当,那么这里的问题自然就能迎刃而解了。患疟疾的人,病虽然没有犯,但病根在,怎么能因为疟疾没有发作就不吃药调理呢?如果一定要等到疟疾发作之后再去吃药治疗,那就太晚了。

致知的功夫不管有事无事都要做的,哪管病是不是发作

邪？大抵原静所疑，前后虽若不一，然皆起于自私自利、将迎意必之为崇。此根一去，则前后所疑自将冰消雾释，有不待于问辨者矣。

答原静书出，读者皆喜澄善问，师善答，皆得闻所未闻。师曰："原静所问，只是知解上转，不得已与之逐节分疏。若信得良知，只在良知上用功，虽千经万典，无不吻合，异端曲学一勘尽破矣。何必如此节节分解？佛家有扑人逐块之喻，见块扑人，则得人矣，见块逐块，于块奚得哉？"在坐诸友闻知畅然，似有惺悟。此学贵反求，非知解可入也。

答欧阳崇一

崇一来书云："师云：'德性之良知，非由于闻见。若曰多闻择其善者而从之，多见而识之，则是专求之见闻之末，而已落在第二义。'窃意良知虽不由见闻而有，然学者之知未尝不由见闻而发。滞于见闻固非，而见闻亦良知之用也。今日落在第二义，恐为专以见闻为学者而言。若致其良知而求之见闻，似亦知行合一之功矣。如何？"

良知不由见闻而有，而见闻莫非良知之用，故良知不

呢？你的主要疑问，虽然前后不一样，但都是由于自私自利、刻意追求导致的，这个病根一去，那么，你的许多疑问，自然就会烟消云散，用不着再去询问辩论了。

德洪说：回答给陆原静的信公开以后，读者们都很高兴，认为陆澄问得好，老师回答得也很好，这些都是以前没有听说过的内容。先生说："原静所问的问题，都只是从认知上提问，我没办法只得逐节讲解。如果真的能相信良知，只在良知上用功夫。即使面对千经万典没有不符合的，对于异端邪说，就可以一触即溃，又何必要如此逐一解释呢？佛教中有用狗不咬人而追逐石头的比喻。狗看到石头去扑人才能咬到人，看见石头就去追石头，在石头上又能得到什么呢？"在座的同学、朋友听后，都心怀警惧，有所省悟。先生致良知的学问贵在反身内求，不是从认知上去了解获得。

答欧阳崇一

欧阳崇一你来信说："先生认为：'人的德性良知不依赖见闻知识，如果要选择更好的见闻知识来遵循，见多就会识广，这只算在见闻的细枝末节上下功夫，这已经走到次要的问题上了。我以为，良知虽然不是来自见闻，但学者的知识也未尝不是由见闻衍发出来的。拘泥在见闻的范围内当然不对，但见闻也是良知的具体运用。现在先生说见闻的东西都是次要的，恐怕是针对那些专门把见闻当作学问功夫的人来说的吧。如果为了致良知，而只在见闻知识上探求，似乎也是知行合一的功夫，这样说对吗？"

良知不是来自见闻知识，但是见闻知识都是良知的运用。

滞于见闻，而亦不离于见闻。孔子云："吾有知乎哉？无知也。"良知之外别无知矣。故"致良知"是学问大头脑，是圣人教人第一义。今云专求之见闻之末，则是失却头脑，而已落在第二义矣。近时同志中盖已莫不知有致良知之说，然其功夫尚多鹘突者，正是欠此一问。

大抵学问工夫，只要主意头脑是当，若主意头脑专以致良知为事，则凡多闻多见，莫非致良知之功。盖日用之间，见闻酬酢，虽千头万绪，莫非良知之发用流行，除却见闻酬酢，亦无良知可致矣。故只是一事。若曰致其良知而求之见闻，则语意之间未免为二，此与专求之见闻之末者虽稍不同，其为未得精一之旨，则一而已。"多闻，择其善者而从之，多见而识之"，既云"择"，又云"识"，其良知亦未尝不行于其间，但其用意乃专在多闻多见上去择识，则已失却头脑矣。崇一于此等处见得当已分晓，今日之问，正为发明此学，于同志中极有益。但语意未莹，则毫厘千里，亦不容不精察之也。

来书云："师云：'《系》言何思何虑，是言所思所虑只是天理，更无别思别虑耳，非谓无思无虑也。心之本体即是天理，有何可思虑得？学者用功，虽千思万虑，只是要复他本体，不是

因此，良知不会局限在见闻上，也不脱离见闻。孔子说："我有知乎哉？无知也。"良知之外没有其他什么真正的知识了。所以致良知是做学问的关键，这是圣贤教人的第一要义。现在专在见闻等细枝末节上探求，那就失去了主宰，已经落到了次要的问题上了。近来志同道合的朋友已经知道了致良知的学说，但他们的功夫仍然有很多糊涂的地方，正是因为缺少你这一疑问造成的。

大致来说，学问功夫必须要抓住最关键的环节，如果把致良知看作是最关键的环节，那么，多见多闻，也就是致良知的功夫。随着光阴流逝，见闻知识头绪繁多，即便千变万化，也无非是良知的运用罢了。脱离了多种多样的见闻应酬也就没有办法致良知。所以良知和见闻知识都是一回事。如果说致良知要从见闻上探求，那么，言语之间就难免把良知和见闻看成两件事情。这虽然与专门从见闻知识的细枝末节上探求的人稍有不同，但是，他们都不懂得"惟精惟一"的宗旨，只有一。"多闻，择其善者而从之，多见而识之。"既然说了"择"，又说"识"，可见良知也已经在其中发挥作用了。但是，其用意还是只从多见多闻上选择、认知、把握，已经丧失了最关键的环节。你在这些地方想必已经十分清楚了。现在你这一问，正是为了阐明良知的学问，对同学们很有益处。只是有些意思表达得还不太清楚明白，为了避免出现差之毫厘，失之千里的情况，因此不能不详细地考察。

你来信中说："老师认为'《系辞》上的"何思何虑"，是说所思考的只是天理，此外再没有别的思虑了，并不是说完全无思无虑。心的本体即是天理，有什么可思虑的呢？学者的功夫，

以私意去安排思索出来。若安排思索，便是自私用智矣。学者之蔽，大率非沉空守寂，则安排思索。'德辛壬之岁着前一病，近又着后一病。但思索亦是良知发用，其与私意安排者何所取别？恐认贼作子，惑而不知也。"

"思曰睿，睿作圣。""心之官则思，思则得之。"思其可少乎？沉空守寂与安排思索，正是自私用智，其为丧失良知，一也。良知是天理之昭明灵觉处，故良知即是天理。思是良知之发用。若是良知发用之思，则所思莫非天理矣。良知发用之思自然明白简易，良知亦自能知得。若是私意安排之思，自是纷纭劳扰，良知亦自会分别得。盖思之是非邪正，良知无有不自知者。所以认贼作子，正为致知之学不明，不知在良知上体认之耳。

来书又云："师云：'为学终身只是一事，不论有事无事，只是这一件。若说宁不了事，不可不加培养，却是分为两事也。'窃意觉精力衰弱，不足以终事者，良知也。宁不了事，且加休养，致知也。如何却为两事？若事变之来，有事势不容不了，而精力虽衰，稍鼓舞亦能支持，则持志以帅气可矣。然言动终无气力，毕事则困惫已甚，不几于暴其气已乎？此其轻重缓急，良知固未尝不知，然或迫于事势，安能顾精力？或困于精力，安能顾事势？如之何则可？"

虽然思虑万千，也只是要恢复他的本体。不是以私意去安排思考出天理来，如果要安排思索，那就是自作聪明了。'学者的弊病，大多不是死守空寂，就是去安排思考。我在辛巳年到壬午年犯有前一种毛病，近来又犯后一种毛病。然而，思考也是良知的发挥运用，这和凭借私意去安排有什么区别呢？我害怕担心自己认贼做子，因为糊涂而不知道其中的区别。"

"思曰睿，睿作圣。""心之官则思，思则得之。"怎么能缺少思考呢？死守空寂和安排思考都是自作聪明，他们都同样丧失了良知。良知是天理光明灵觉的所在，所以良知就是天理。思考是良知在发挥运用。如果是良知发挥运用思考，那么，所思考的也无非都是天理而已。从良知上所产生的思考，自然明白简易。良知也自然可以认清楚。如果是凭私意安排的思考，自然思绪万千，纷纭繁扰，但良知自然也能区别分辨。因而思考的是非好坏，良知是没有不知道的。所以会出现认贼做子的情况，正是由于不明白致良知的学问，不知道在良知上去体察认知。

你来信又说："老师说：'为学终身只是一件事，不论有事没事也都只是这一件事。如果说宁可不处理事情，不可不加以培养，这样就是两件事了。'我认为，感觉精力衰竭，而不能做完事务的，是良知。宁可不去处理事务也要认真培养好本原，这就是致良知。这怎么会是两件事呢？若遇到不能不处理的事情，即使精力衰微了，但是只要稍一振奋，也能坚持下来。可见，只要让意志去统率气力是可以的。但是，言行举止都总是软弱无力的，做完事情也就疲惫不堪了，这和滥用气力不差不多吗？这其中的轻重缓急，良知固然明白。但是有时为形势所迫，怎么能顾及精力呢？有时精力的确不够，又怎能兼顾到形势呢？这该怎么办才好

"宁不了事，不可不加培养"之意，且与初学如此说亦不为无益。但作两事看了，便有病痛。在孟子言："必有事焉"，则君子之学，终身只是"集义"一事。义者宜也。心得其宜之谓义。能致良知，则心得其宜矣，故"集义"亦只是致良知。君子之酬酢万变，当行则行，当止则止，当生则生，当死则死，斟酌调停，无非是致其良知，以求自慊而已。故"君子素其位而行"，"思不出其位"，凡谋其力之所不及，而强其知之所不能者，皆不得为致良知。而凡"劳其筋骨，饿其体肤，空乏其身，行拂乱其所为，动心忍性，以增益其所不能"者，皆所以致其良知也。若云"宁不了事，不可不加培养"者，亦是先有功利之心，计较成败利钝而爱憎取舍于其间，是以将了事自作一事，而培养又别作一事，此便有是内非外之意，便是"自私用智"，便是"义外"，便有"不得于心，勿求于气"之病，便不是致良知以求自慊之功矣。

所云"鼓舞支持，毕事则惫已甚"，又云："迫于事势，困于精力"，皆是把作两事做了，所以有此。凡学问之功，一则诚，二则伪，凡此皆是致良知之意欠诚一真切之故。《大学》言诚其意者，"如恶恶臭，如好好色，此之谓自慊"。曾见有恶恶臭，好好色，而须鼓舞支持者乎？曾见毕事则困备已甚者乎？曾有迫于事势，困于精力者乎？此可以知其受病之所从来矣。

呢？"

"宁可不做事，也不能不去存养本原"，对初学者来说也有好处。但把处理事情和存养本原当成两件事看就有弊端了。孟子说："必有事焉"，那么君子做学问也就是终生"集义"这一件事。义就是宜，心做到它应该做的就是义。能致良知，那么心就做到了它应该做的事情。所以集义也就是致良知。君子待人接物应对种种事变，该做就做，该止就止，该生则生，该死则死。考虑斟酌都是致其良知，以求自我心安理得而已。所以"君子素其位而行"，"思不出其位"，凡是谋求自己力所不能及的事，勉强做自己才智不能胜任的事，都不能看成是致良知。但凡是所有"劳其筋骨，饿其体肤，空乏其身，行拂乱其所为，动心忍性，以增益其所不能"的情况，都是为了致其良知。如果说宁可不去处理事也不能不去存养本原，这也是首先有了功利心，去计较其中的利弊得失，而后再做出爱憎取舍。所以把做事和存养本原当作两件事看。这样就有了看重本原而忽视做事的心态倾向，这就是自作聪明，把义看成是外在的东西，就会出现"不得于心，勿求于气"的弊病，就不是致良知以求得心安理得的功夫了。

你所说的"振作坚持下来，做完事后就会疲惫不堪"，还有你说"被形势所迫，受精力的限制"都是你把做事与存养本原看成两件事，所以才会有这样的疑问。一切做学问的功夫，精一就是真诚，三心二意就是虚伪，这些都是由于致良知的心还不够诚信、精一、真切。《大学》中说："诚其意者，如恶恶臭，如好好色，此之谓自谦。"你曾见过这些事儿做完后就疲惫不堪吗？还会出现为形势所迫而精力不够做这些事的情况吗？由此可以知

来书又有云:"人情机诈百出,御之以不疑,往往为所欺,觉则自入于逆亿。夫逆诈即诈也亿不信即非信也。为人欺又非觉也。不逆不亿而常先觉,其惟良知莹彻乎?"然而出入毫忽之间,背觉合诈者多矣。"

"不逆不亿而先觉",此孔子因当时人专以逆诈亿不信为心,而自陷于诈与不信,又有不逆不亿者,然不知致良知之功,而往往又为人所欺诈,故有是言。非教人以是存心,而专欲先觉人之诈与不信也。以是存心,即是后世猜忌险薄者之事,而只此一念,已不可与入尧、舜之道矣。不逆不亿而为人所欺者,尚亦不失为善,但不如能致其良知而自然先觉者之尤为贤耳。崇一谓其惟良知莹彻者,盖已得其旨矣。然亦颖悟所及,恐未实际也。

盖良知之在人心,亘万古,塞宇宙,而无不同。"不虑而知","恒易以知险","不学而能","恒简以知阻","先天而天不违,天且不违,而况于人乎?况于鬼神乎?"夫谓"背觉合诈"者,是虽不逆人,而或未能无自欺也;虽不亿人,而或未能果自信也。是或常有求先觉之心,而未能常自觉也。常有求先觉之心,即已流于逆亿而足以自蔽其良知矣,此

道病根在什么地方了。

你来信说:"人情的奸诈多变,如果用诚信去防止它,往往会被欺骗。要想发现他人的奸诈就会事先怀疑别人是否诚信。逆诈也就是欺诈,臆不信也就是不诚信。被别人欺骗了,自然也就不是觉悟的了。能事先做到不欺诈,讲诚信,而且又能及时预先感知一切的,只有光明纯洁的良知才能做到吧。然而欺诈和诚信的差别很细微,因此背离觉悟,欺诈不实的人都很多。

不事先怀疑别人的欺诈和不诚信,而且又能先知先觉,这是孔子针对当时情况说的。当时,许多人一心欺诈别人,做不诚信的事,就深陷欺诈和不诚信的泥潭。也有一些人不欺诈、不随意猜测别人,但他们不知道致良知的功夫,常常被别人欺骗。因而,孔子的话并不是教人要事先觉察别人的欺诈和不诚信。存心去发现别人的欺诈和不守信,正是后世猜忌、阴险、薄情的人所干的事。只要存有这样的念头,就已经进不了尧舜的圣道了。不猜忌别人的欺诈,不臆断别人的不诚信而被人欺骗,还算不坏。但不如那些能致其良知,自然能事先察觉奸伪的人更为贤明。你认为只有良知光明纯洁的人才能如此,可见,你已经领悟了孔子思想的宗旨。但是,这恐怕也只是你的聪明悟性所能领悟到的,而在实际生活中恐怕还并没有落实。

人心中的良知,横贯古今,充塞宇宙,都是相同的。所以古人的"不虑而知","恒易以知险","不学而能","恒简以知阻","先天而天不违,天且不违,而况人乎?况于鬼神乎?"那些不能觉悟而欺诈不实的人,虽然不猜度别人的欺诈,但他们也许不能不自欺;虽然他不臆断别人是否能诚信,但他可能做不到真有诚信。他也许常常希望能先觉悟,但却不能经常自我觉

"背觉合诈"之所以未免也。

君子学以为己,未尝虞人之欺己也,恒不自欺其良知而已;未尝虞人之不信己也,恒自信其良知而已;未尝求先觉人之诈与不信也,恒务自觉其良知而已。是故不欺,则良知无所伪而诚,"诚则明"矣;自信,则良知无所惑而明,"明则诚"矣。明诚相生,是故良知常觉常照。常觉常照,则如明镜之悬,而物之来者自不能遁其妍媸矣。何者?不欺而诚,则无所容其欺,苟有欺焉而觉矣;自信而明则无所容其不信,苟不信焉而觉矣。是谓"易以知险,简以知阻",子思所谓"至诚如神,可以前知"者也。然子思谓"如神",谓"可以前知",犹二而言之。是盖推言思诚者之功效,是犹为不能先觉者说也。若就至诚而言,则至诚之妙用即谓之"神",不必言"如神"。至诚则"无知而无不知",不必言"可以前知"矣。

答罗整庵少宰书

某顿首启:昨承教及《大学》,发舟匆匆,未能奉答。晓来江行稍暇,复取手教而读之。恐至赣后人事复纷沓,先具

醒。常有希望先觉悟的心，这样也就已经陷入事先猜测别人欺诈和不诚信的境地了，这已足以蒙蔽他们的良知了。这就是为什么他难免背离觉悟而欺诈不实的缘故。

　　君子学习是为了自己，从不去猜度别人会不会欺骗自己，只是永远相信自己的良知罢了；君子不担忧别人不信任自己，只是永远相信自己的良知而已；君子不追求事先觉察别人的欺诈与不信任，只是永远努力去追求自己的良知而已。所以，君子不自欺欺人，良知就能虔诚做到不虚伪，虔诚则良知晶莹剔透；君子自信，良知不受疑惑而能晶莹剔透，这样，良知也就能虔诚了。晶莹剔透和诚信互相促进，所以良知就能不断地觉悟，不断照耀。常觉、常照的良知就像是高悬的明镜，万事万物来到镜前，美和丑都不能有丝毫的隐藏。为什么这样说呢？因为良知不欺诈而诚实，那么也就不能容纳别人的欺诈，即使有了欺诈也能发现它。良知自信明澈，也就无法容纳不信任，如果有什么不信任存在就能觉察。这就是所谓的"易以知险，简以知阻"和子思所说的"至诚如神，可以前知"差不多。但是，子思所说的"如神""可以前知"仍然是分成了两件事来说。因为他是从思诚的功效上来说，也还是给那些不能先知先觉的人说的。如果针对至诚来说，那么，至诚的妙用就叫作神，就不必再说"如神"了。如能至诚就能无知而又无所不知，也就不必再说"可以前知"了。

答罗整庵少宰书

　　某顿首启：昨天承蒙教诲了《大学》，匆忙乘船，没有能给予回复。今天清早，在船上趁着有些空闲，我又把你的信看了一

其略以请。

来教云:"见道固难,而体道尤难。道诚未易明,而学诚不可不讲。恐未可安于所见而遂以为极则也。"

幸甚幸甚!何以得闻斯言乎?其敢自以为极则而安之乎?正思就天下之有道以讲明之耳。而数年以来,闻其说而非笑之者有矣,诟訾之者有矣,置之不足较量辨议之者有矣,其肯遂以教我乎?其肯遂以教我而反复晓谕,恻然惟恐不及救正之乎?然则天下之爱我者,固莫有如执事之心深且至矣!感激当何如哉!夫"德之不修,学之不讲",孔子以为忧。而世之学者稍能传习训诂,即皆自以为知学,不复有所谓讲学之求,可悲矣!夫道必体而后见,非已见道而后加体道之功也;道必学而后明,非外讲学而复有所谓明道之事也。然世之讲学者有二:有讲之以身心者,有讲之以口耳者。讲之以口耳,揣摸测度,求之影响者也;讲之以身心,行著习察,实有诸己者也。知此则知孔门之学矣。

来教谓某"《大学》古本之复,以人之为学但当求之于内,而程、朱格物之说不免求之于外,遂去朱子之分章,而削其所补之传"。

非敢然也。学岂有内外乎?《大学》古本乃孔门相传旧本耳。朱子疑其有所脱误,而改正补缉之。在某则谓其本

遍。恐怕到江西之后事情繁多，先在这里简单地回复，并请求您的指教。

你来信说："认识道固然很难，要切身去体悟道就更难。道的确不容易明白，但学问也的确不能不做。恐怕不能把自己的学识看成是学问的最高标准吧。"

真是荣幸得很！我从哪里会听到这样的教诲呢？我怎么敢心安理得地认为自己得到了学问的顶点呢？我正想着要向天下有道的人求教以便阐明大道。数年来，听到我的学说，有的人嘲笑，有的人谩骂，有的人就不屑一顾。这些人愿意开导教诲我吗？他们愿意不倦的开导我，心存仁慈唯恐不能纠正拯救我吗？可见，天下关心爱护我的人中，没有谁像你这样对我关怀备至。我该怎样感激你呢？对于"德之不修，学之不讲"，孔子曾为之担忧。可后来的学者只要能读书训诂，就自以为把学问融会贯通了，就不再对学问去讲究探求了。这真可悲啊！圣道只有深切体会后才能明白，并不是明白之后追加的体会。圣道只有学习之后，才能明白，除了讲学之外，是不能明白道的。但是现在讲学的有两种人，一是用身心来讲学，一是用口耳来讲学。用口耳来讲学的，揣摩测度，讲的是捕风捉影的事。用身心来讲学的人，所言所行，都是自己确实具有的良知。明白了这些，就能通晓圣学了。

你说："我之所以要恢复《大学》古本，是认为人做学问只应当向内心探求，而程、朱的格物学说却是要到心外去探求。于是，否定了朱子章节的分析，删去了他增补的传。"

其实，我不敢那样做。学问难道有什么内外之分呢？《大学》古本也就是孔门相传的旧本。朱子怀疑其中有遗漏和错

无脱误，悉从其旧而已矣。失在于过信孔子则有之，非故去朱子之分章而削其传也。夫学贵得之心，求之于心而非也，虽其言之出于孔子，不敢以为是也，而况其未及孔子者乎！求之于心而是也，虽其言之出于庸常，不敢以为非也，而况其出于孔子者乎！且旧本之传数千载矣，今读其文词，既明白而可通；论其工夫，又易简而可入，亦何所按据，而断其此段之必在于彼，彼段之必在于此，与此之如何而缺，彼之如何而补，而遂改正补缉之，无乃重于背朱而轻于叛孔已乎？

来教谓："如必以学不资于外求，但当反观内省以为务，则'正心诚意'四字亦何不尽之有？何必于入门之际，便困以'格物'一段工夫也？"

诚然诚然。若语其要，则"修身"二字亦足矣，何必又言"正心"？"正心"二字亦足矣，何必又言"诚意"？"诚意"二字亦足矣，何必又言"致知"，又言"格物"？惟其工夫之详密，而要之只是一事，此所以为"精一"之学，此正不可不思者也。夫理无内外，性无内外，故学无内外。讲习讨论，未尝非内也；反观内省，未尝遗外也。夫谓学必资于外求，是以己性为有外也，是"义外"也，"用智"者也；谓反观内省为求之于内，是以己性为有内也，是"有我"也，"自私"者也；是皆不知性之无内外也。故曰："精义入神，以致用也；利

误，于是给它补充和改正。而我认为旧本却没有遗漏和错误，应完全遵从旧本。我的过失，可能在于过分相信孔子，而不在于去掉朱熹的分章，删掉他补充的传。做学问可贵的是用心去体量。自己心中认为是错误的，即使是孔子的话也不敢认为对，更何况那些不如孔子的人呢？如果心里认为是对的，虽是普通人说的话，也不敢说它不对，何况是孔子说的呢？况且，旧本《大学》的流传已经有几千年了。现在阅读起来，字里行间既明白又通顺，就书中讲得功夫而言，既简单又可行。又有什么根据来断定这段一定在这里，那段一定在那里，这里遗漏了什么，那里有什么错误，于是，要加以补充改正呢？你是不是对违背朱子很在意，而对违背孔子却无所谓了呢？

你说："如果认定学问不必到心外探求，只要专心致志地去反省内求就行了，那么'正心诚意'这四个字还有什么没说尽的吗？又何必在学问初始的地方用'格物'的功夫而困惑人呢？"

很对！很对！如果说学问最关键的，"修身"这两个字也就足够了，何必还要说"正心"呢？"正心"两个字也就足够了，又何必说"诚意"呢？"诚意"这两字也就足够了，又何必再说"致知"，又说"格物"呢？只是因为学问的功夫很详细周密。但是，概括起来也只是一件事，这样才称之为"精一"的学问，这正是要认真思考的地方。天理是没有内外之分的，人性也没有内外的区别，所以学问也没有什么内外之分。讲习讨论未尝不是内；反省内求也并非遗弃了外。如果认为学习一定离不开外求，那就是认为人性还有外在的成分，这就是"义外"，"用智"。如果认为反省内求只是在身心内探求，那么这就是认为人性还有

用安身,以崇德也";"性之德也,合内外之道也。"此可以知"格物"之学矣。

"格物"者,《大学》之实下手处,彻首彻尾,自始学至圣人,只此工夫而已。非但入门之际有此一段也。夫"正心""诚意""致知""格物",皆所以"修身",而"格物"者,其所用力,日可见之地。故"格物"者,格其心之物也,格其意之物也,格其知之物也;"正心"者,正其物之心也;"诚意"者,诚其物之意也;"致知"者,致其物之知也。此岂有内外彼此之分哉!理一而已。以其理之凝聚而言,则谓之性;以其凝聚之主宰而言,则谓之心;以其主宰之发动而言,则谓之意;以其发动之明觉而言,则谓之知;以其明觉之感应而言,而谓之物。故就物而言谓之格,就知而言谓之致,就意而言谓之诚,就心而言谓之正。正者,正此也;诚者,诚此也;致者,致此也;格者,格此也。皆所谓穷理以尽性也。天下无性外之理,无性外之物。学之不明,皆由世之儒者认理为外,认物为外,而不知"义外"之说,孟子盖尝辟之,乃至袭陷其内而不觉,岂非亦有似是而难明者欤?不可以不察也。

凡执事所以致疑于"格物"之说者,必谓其是内而非外也;必谓其专事于反观内省之为,而遗弃其讲习讨论之功也;必谓其一意于纳领本原之约,而脱略于支条节目之详

内在的成分。这正是"有我""自私"。两者都是不知道人性无内外之分。所以说:"精义入神,以致用也,利用安身,以崇德也。""性之德也,合内外之道也。"从这里就可以明白'格物'的学问了。

"格物"是《大学》确切的下手处,从头到尾,从入门学习到成为圣人,也只是这个功夫而已,并不是入门时的功夫。"正心""诚意""致知""格物",都是为了"修身"。"格物"是人们所用的功夫中可以看见的地方。所以,"格物"就是格除心中的物欲,格除意念中的物欲,格除认识中的物欲;"正心",也就是端正物欲的心;"诚意",就是使物欲的心做到虔诚;"致知",就是寻求达到对心中物欲的真正认识。这哪有内外彼此的分别呢?天理只有一个。从天理的凝聚而言叫作性,从天理凝聚的主宰和核心而言,就叫作心,从天理主宰的发动而言叫作意,从天理凝聚的清明觉悟来说叫作知,从清明觉悟的感应来说叫作物。所以从物来说叫作格,从知而言叫作致,从意而言叫作诚,从心而言叫作正,正就是纠正内心,诚就是使意真诚,致就致这个行为,格就是格除物欲。都是所说的穷尽天理,充分发挥人的本性。天下没有人性之外的天理,也没有人性之外的事物。圣学不畅明,就是因为后世儒者认为天理在人心之外,事物也在心外,却不知道"义外"的观点正是孟子曾经批判的,以至于沿袭错误而不自觉。这难道不是也有似是而非、难以弄明白的吗?这是不能不加以体察的。

总的来说,你怀疑我的"格物"学说,必定认为我认定内在的而否定外在的;认为我只肯定反省内求而忽视讲学讨论的功夫;认为我只重视简单的纲领条目,而忽略详细的条目;认为我

也；必谓其沉溺于枯槁虚寂之偏，而不尽于物理人事之变也。审如是，岂但获罪于圣门，获罪于朱子，是邪说诬民，叛道乱正，人得而诛之也，而况于执事之正直哉？审如是，世之稍明训诂，闻先哲之绪论者，皆知其非也，而况执事之高明哉？凡某之所谓"格物"，其于朱子九条之说，皆包罗统括于其中，但为之有要，作用不同，正所谓毫厘之差耳。然毫厘之差，而千里之谬实起于此，不可不辨。

孟子辟杨、墨至于"无父无君"。二子亦当时之贤者，使与孟子并世而生，未必不以之为贤。墨子"兼爱"，行仁而过耳；杨子"为我"，行义而过耳。此其为说，亦岂灭理乱常之甚，而足以眩天下哉？而其流之弊，孟子至比于禽兽夷狄，所谓"以学术杀天下后世"也。

今世学术之弊，其谓之学仁而过者乎？谓之学义而过者乎？抑谓之学不仁不义而过者乎？吾不知其于洪水猛兽何如也！孟子云："予岂好辨哉？予不得已也！"杨、墨之道塞天下，孟子之时，天下尊信杨、墨，当不下于今日之崇尚朱说，而孟子独以一人呶呶于其间，噫，可哀矣！韩氏云："佛、老之害甚于杨、墨。"韩愈之贤不及孟子，孟子不能救之于未坏之先，而韩愈乃欲全之于已坏之后，其亦不量其力，且见其身之危，莫之救以死也！呜呼！若某者，其尤不量其力，果见其身之危，莫之救以死也矣。夫众方嘻嘻之中，而独出涕

沉溺于枯槁虚寂之中，而不能穷尽人情物理的变化。如果真是这样，我难道只是圣学的罪人，朱子的罪人吗？如果真是这样，我简直就是用邪教欺骗老百姓，背离纲常扰乱正道。人人都有权讨伐杀掉我，何况像你这样正直的人呢？如果真是这样，世上稍微懂一点训诂，知道一点圣贤言论的人，就都能知道我是错误的，何况像你这样高明的人呢？我所说的"格物"，涵盖了朱子所讲的九条。但我的格物学说的要领，就是其作用和朱子有所不同。这就是所说的有毫厘之差。但是差之毫厘，谬以千里。是不能不辨别清楚的。

孟子批评杨朱和墨子是无父无君。其实他们也是当时的贤人，如果和孟子同处在一个时代，也不一定不被看作贤明的人。墨子主张兼爱，这是行仁爱太过了。杨朱主张为我，是行义过了头。他们的学说也并不是要泯灭天理，扰乱伦常以迷惑天下人心，但他们学说所产生的弊端，孟子把它比喻为禽兽、夷狄，这也就是用学术来杀害天下正气、世道人心。

当今的学术弊端，能说是学仁爱太过了吗？能说是学行义过了头吗？还是学不仁不义过了头呢？我真不知道它们和洪水猛兽相比有什么不同！孟子说："我难道好辩论吗？我是不得已罢了。"孟子所处的时代，天下人对杨朱、墨子的信仰不下于现在人们对朱子的推崇。但孟子独自一人敢和他们争辩。唉，真是可悲啊！韩愈说："佛家学说的毒害比杨朱、墨子的学说还要厉害。"韩愈的贤明远远比不上孟子。孟子不能在世道人心变坏之前去拯救，而韩愈却想在世道人心已经败坏之后去匡正补救，他也是不自量力，而且我们都知道即使他陷于困境，也没有人去救。唉！像我看到了自己面临的危险，到死也没有人救我。正

嗟若，举世恬然以趋，而独疾首蹙额以为忧，此其非病狂丧心，殆必诚有大苦者隐于其中，而非天下之至仁，其孰能察之？

其为《朱子晚年定论》，盖亦不得已而然。中间年岁早晚诚有所未考，虽不必尽出于晚年，固多出于晚年者矣。然大意在委曲调停，以明此学为重，平生于朱子之说如神明蓍龟，一旦与之背驰，心诚有所未忍，故不得已而为此。"知我者，谓我心忧；不知我者，谓我何求"，盖不忍抵牾朱子者，其本心也；不得已而与之抵牾者，道固如是，"不直则道不见"也。执事所谓"决与朱子异"者，仆敢自欺其心哉？夫道，天下之公道也；学，天下之公学也，非朱子可得而私也，非孔子可得而私也。天下之公也，公言之而已矣。故言之而是，虽异于己，乃益于己也；言之而非，虽同于己，适损于己也。益于己者，己必喜之；损于己者，己必恶之。然则某今日之论，虽或与朱子异，未必非其所喜也。君子之过，如日月之食，其更也，人皆仰之，而"小人之过也必文"。某虽不肖，固不敢以小人之心事朱子也。

执事所以教，反覆数百言，皆以未悉鄙人"格物"之说。若鄙说一明，则此数百言皆可以不待辨说而释然无滞。故今不敢缕缕，以滋琐屑之渎。然鄙说非面陈口析，断亦未能了了于纸笔间也。嗟乎！执事所以开导启迪于我者，可谓恳到

当众人欢天喜地之时，我却独自泪流满面，正当天下人恬然自得地与世道同流合污时，我却独自痛心疾首，深感忧虑。这如果不是我丧心病狂，失去了理智，就一定有极大的痛苦深埋在心中。如果不是天下最仁爱的人，谁又能觉察到我心中的愁苦呢？

我写了《朱子晚年定论》一书，也是迫不得已。其中年代的早晚，的确不能一一考证。虽然不一定全是朱子晚年写的，但绝大部分都是他晚年的文章。我的主要目的婉转地调和朱子和陆九渊的争论，以把圣学阐明清楚。我一生始终把朱子的思想奉作神明，一旦要和它背道而驰，的确很不忍心。所以不得已，我写了《朱子晚年定论》。"知我者谓我心忧，不知我者谓我何求"。我的本心是不忍与朱子思想相抵触，而不得不这样做，因为天道本来就是这样。"不说直话，圣道就不能显现"啊。你以为我"有意要和朱子的学说相对立"，我怎么敢自己欺骗自己呢？道，是天下共同的道；圣学是天下公有的学，不是朱子独自占有的，也不是孔子自己占有的。对天下公有的东西，只应秉公而论。所以，讲得对的，即使和自己的见解不相同，仍然是对自己有所帮助；讲得不对，即便和自己的一样，也是有害自己的。有益于自己的，一定会喜欢；有害于自己的，就一定要厌恶抛弃它。虽然我现在所讲的和朱子的不同，但他也未必就不喜欢。"君子之过，如日月之食。其更也，人皆仰之"，但是"小人之过也必文"。我虽然不肖，怎么敢用小人的心态来猜度朱子呢？

你对我的教诲反复有数百言，都是因为没完全了解我的"格物"学说。如果明白我的观点，那么这数百言不用辩论也会没有什么疑问。所以，我现在不敢详细陈述，以免烦琐。但是，我的学说不是写信可以明白的，一定要当面分析陈述方可。哎！

详切矣！人之爱我，宁有如执事者乎？仆虽甚愚下，宁不知所感刻佩服，然而不敢遽舍其中心之诚然而姑以听受云者，正不敢有负于深爱，亦思有以报之耳。秋尽东还，必求一面，以卒所请，千万终！

答聂文蔚

春间远劳迂途枉顾，问证倦倦，此情何可当也！已期二三同志，更处静地，扳留旬日，少效其鄙见，以求切劘之益，而公期俗绊，势有不能，别去极怏怏，如有所失。忽承笺惠，反覆千余言，读之无甚浣慰。中间推许太过，盖亦奖掖之盛心，而规砺真切，思欲纳之于贤圣之域；又托诸崇一以致其勤勤恳恳之怀，此非深交笃爱，何以及是！知感知愧，且惧其无以堪之也。虽然，仆亦何敢不自鞭勉，而徒以感愧辞让为乎哉？其谓"思、孟、周、程无意相遭于千载之下，与其尽信于天下，不若真信于一人。道固自在，学亦自在，天下信之不为多，一人信之不为少"者，斯固君子"不见是而无闷"之心，岂世之谍谍屑屑者知足以及之乎？乃仆之情则有大不得已者存乎其间，而非以计人之信与不信也。

你对我的启发教诲，可以说是诚恳详细了。关爱我的人之中，哪有像你这样的呢？虽然我很愚笨，怎能不感激敬佩你呢？但是，我不能放弃心中真实的想法，而来轻易听从你的教导，正是我不敢辜负你的厚爱，我想就用坦诚的自信来报答你。等到秋后我回家时，一定会再前去拜访你的，以便当面请教，万望你不吝赐教。

答聂文蔚（一）

春季时有劳你绕道光临，又不知疲倦地询问求证，这种感情让人如何敢当呢？本已约好几个志同道合的朋友找一个安静的地方，住上个十天半月，讨论一下我的观点，以便在共同切磋中有所收获，但因公务缠身，形势不由人愿，不得不离开。离别后我感觉甚是不乐，如有所失。忽然收到你的来信，洋洋千言，读后让我深感快慰。信中你对在下的推重与赞许太过，这也是对我的一种激励与提掖的深切之情吧，其中的规劝和砥砺真切感人，希望我能进入到圣贤的境界，此外你又托崇一转达了深切的关怀之情。这如果不是深交厚爱，又怎么会如此呢？我既感激又愧疚，且担心辜负了你的深情厚爱。虽然如此，我又怎敢不自我鞭策勉励，而只在那里感激、惭愧与辞让呢？你在信中说"子思、孟子、周敦颐和二程，他们并不期望于千年后仍被人理解，与其想让全天下人相信，还不如让一个人真正相信。圣道自然存在，儒家学问自然也会存在，即使全天下人都相信也不算多，哪怕只有一个人相信也不算少"，这本就是君子"不见是而无闷"的心境，这又怎么是世上那些浅薄烦琐的人能知道的呢？对于我来说，则有迫不得已的苦衷在其中，而不是要去计较别人是信还是不信。

夫人者，天地之心。天地万物本吾一体者也，生民之困若荼毒，孰非疾痛之切于吾身者乎？不知吾身之疾痛，无是非之心者也。是非之心，不虑而知，不学而能，所谓良知也。良知之在人心，无间于圣愚，天下古今之所同也。世之君子惟务致其良知，则自能公是非，同好恶，视人犹己，视国犹家，而以天地万物为一体，求天下无治，不可得矣。

古之人所以能见善不啻若己出，见恶不啻若己入，视民之饥溺犹己之饥溺，而一夫不获，若己推而纳诸沟中者，非故为是而以蕲天下之信己也，务致其良知，求自慊而已矣。尧、舜、三王之圣，言而民莫不信者，致其良知而言之也；行而民莫不悦者，致其良知而行之也。是以其民熙熙皞皞，杀之不怨，利之不庸。施及蛮貊，而凡有血气者莫不尊亲，为其良知之同也。呜呼！圣人之治天下，何其简且易哉！

后世良知之学不明，天下之人用其私智以相比轧，是以人各有心，而偏琐僻陋之见，狡伪阴邪之术，至于不可胜说。外假仁义之名，而内以行其自私自利之实，诡辞以阿俗，矫行以干誉，掩人之善而袭以为己长，讦人之私而窃以为己直。忿以相胜，而犹谓之徇义；险以相倾，而犹谓之疾恶；妒贤忌能，而犹自以为公是非；恣情纵欲，而犹自以为同

人，是天地的心，天地万物与我本来就是一体的。老百姓的困苦和荼毒，哪样不是自己的切肤之痛呢？不知道自身痛苦的人，是没有是非之心的人。人的是非之心，不用考虑就能知道，不用学习就能具有，这就是所说的良知。良知存在于人心，不分圣贤或是愚笨，天下古今之人都是一样的。世上的君子，只要致力于致良知，那么自然能公正判辨是非，同样好善憎恶，待人如待己，爱国如爱家，又视天地万物如一体，这样要想天下不大治也不行了。

古人之所以能看见别人行善就好像自己行善一样，看见别人为恶就如自己做了恶事，看到百姓痛苦就如自己痛苦，如果有一人没被安顿好就像是自己把他推到沟里去的，这并不是古人想以此来博取天下人的信任，而是他们专门致其良知以求得自己的快乐罢了。尧、舜、禹、汤和文武王等圣人之话百姓没有不相信的，是因为他们所说的是他们致自己良知之后说的，他们的行为百姓没有不喜欢的，也是因为他们所做的是他们致自己良知之后做的。所以，他们的老百姓安乐祥和，即使被杀也没有什么怨恨，获得了好处也不酬谢。把这些推广到未开化蛮荒之地，凡是有血气的人没有不尊为亲人，因为人的良知是相同的。唉！圣人治理天下，是多么简单容易啊！

后世良知之学已不昌明，天下之人各自凭自己的私欲才智相互倾轧，所以每个人都有了自己的私心，而那些偏激粗陋的见解，狡诈阴险的手段，到了数不胜数的地步。他们表面打着仁义的名号，实际上干的都是自私自利的勾当；用诡辩来迎合世俗，用虚伪来博取名誉；把掩盖他人善行作为自己的长处，攻击他人隐私以显示自己的正直；为了私怨而相互争斗，却还要说成

好恶。相陵相贼，自其一家骨肉之亲，已不能无尔我胜负之意，彼此藩篱之形，而况于天下之大，民物之众，又何能一体而视之？则无怪于纷纷籍籍而祸乱相寻于无穷矣！

仆诚赖天之灵，偶有见于良知之学，以为必由此而后天下可得而治。是以每念斯民之陷溺，则为之戚然痛心，忘其身之不肖，而思以此救之，亦不自知其量者。天下之人见其若是，遂相与非笑而诋斥之，以为是病狂丧心之人耳。呜呼！是奚足恤哉！吾方疾痛之切体，而暇计人之非笑乎！人固有见其父子兄弟之坠溺于深渊者，呼号匍匐，裸跣颠顿，扳悬崖壁而下拯之。士之见者，方相与揖让谈笑于其傍，以为是弃其礼貌衣冠而呼号颠顿若此，是病狂丧心者也。故夫揖让谈笑于溺人之傍而不知救，此惟行路之人，无亲戚骨肉之情者能之，然已谓之无"恻隐之心，非人矣"。若夫在父子兄弟之爱者，则固未有不痛心疾首，狂奔尽气，匍匐而拯之。彼将陷溺之祸有不顾，而况于病狂丧心之讥乎？而又况于蕲人之信与不信乎？呜呼！今之人虽谓仆为病狂丧心之人，亦无不可矣。天下之人心皆吾之心也，天下之人犹有病狂者矣，吾安得而非病狂乎？犹有丧心者矣，吾安得而非丧心乎？

是为了正义而献身；以阴险的手段相互倾轧，却还要自我标榜嫉恶如仇；嫉贤妒能，却还自认为是坚持公义；恣情纵欲，却还自认为是爱憎分明。他们相互欺凌，相互残害，即使骨肉同胞的一家，彼此间也有争强好胜，隔阂很深，更何况天下广大，百姓事物众多，他们又如何能把它们看成是与自己一体的呢？这就难怪天下动荡不安，祸乱不止了。

  托老天保佑，我偶然发现了良知的学问，我认为只有致良知，然后天下才能得到大治。所以，一想到老百姓的痛苦和灾难，我就感到悲痛伤心，忘了自己才疏学浅，而期望能用良知来拯救天下的苦难，真是有点不自量力啊。天下之人见我如此，便都纷纷嘲笑、诋毁我，把我当成了一个丧心病狂的人。唉，这有什么值得顾忌的呢！我正感到切肤之痛，哪有闲心无能为力计较他人的讥笑呢？如果有人看到他的父子兄弟掉进深渊里了，一定会大喊着爬过去，不管鞋、帽是否掉了，攀着悬崖峭壁下去拯救。看到这种情况的士人们，却在旁边打恭作揖，谈笑风生，以为是这个人不要衣帽、不顾礼节，大喊大叫，疯疯癫癫，一定是个精神不正常的人。所以，看到旁边有人落水了，他们却仍在那里打恭作揖，谈笑风生而不去救人，这只有那些没有骨肉亲情的陌生路人才会这样做。然而孟子曾说过，"没有恻隐之心的人，那不是人"。如果是父子兄弟骨肉亲情的人看见了，则没有不痛心疾首，狂奔猛跑，以至于连滚带爬过去救人的。他连可能溺死的危险都不顾了，何况是对于精神失常之类的讥笑呢？又怎么会在乎别人的信或不信呢？唉！现在虽然有人说我神经不正常，这也无所谓了。天下人之心就是我的心。天下之人中还有神经失常的，我又怎么能不神经失常呢？天下之人中还有丧失理

昔者孔子之在当时，有议其为谄者，有讥其为佞者，有毁其未贤，诋其为不知礼，而侮之以为"东家丘"者，有嫉而沮之者，有恶而欲杀之者。晨门、荷蒉之徒，皆当时之贤士，且曰"是知其不可而为之者欤"，"鄙哉！硁硁乎！莫己知也，斯己而已矣"。虽子路在升堂之列，尚不能无疑于其所见，不悦于其所欲往，而且以之为迂，则当时之不信夫子者，岂特十之二三而已乎？然而夫子汲汲遑遑，若求亡子于道路，而不暇于煖席者，宁以蕲人之知我信我而已哉？盖其天地万物一体之仁，疾痛迫切，虽欲已之而自有所不容已，故其言曰："吾非斯人之徒与而谁与！欲洁其身而乱大伦，果哉，末之难矣！"呜呼！此非诚以天地万物为一体者，孰能以知夫子之心乎？若其"遁世无闷"，"乐天知命"者，则固"无入而不自得"，"道并行而不相悖"也。

仆之不肖，何敢以夫子之道为己任？顾其心亦已稍知疾痛之在身，是以傍徨四顾，将求其有助于我者，相与讲去其病耳。今诚得豪杰同志之士扶持匡翼，共明良知之学于天下，使天下之人皆知自致其良知，以相安相养，去其自私自利之蔽，一洗谗妒胜忿之习，以济于大同，则仆之狂病，固将脱然以愈，而终免于丧心之患矣，岂不快哉！

嗟乎！今诚欲求豪杰同志之士于天下，非如吾文蔚者

智的，我又怎么能不丧失理智呢？

　　从前孔子在世之时，有人说他谄媚，有人讥笑他花言巧语，有人诽谤他不贤能，有人诋毁他不知礼节，有人蔑称他是"东家丘"，有人嫉妒他并且沮丧，有人憎恨他并且想杀死他。晨门、荷蒉等人，都是当时号称贤士之人，连他们也都说孔子是"知其不可为而为之者欤？鄙哉！硁硁乎！莫己知也，斯已而已矣。"即使子路的学问已登堂，对孔子的学问尚且有所疑问，对他想去的地方感到不高兴，而且因此认为孔子迂腐。由此可见，当时不相信孔子的人，何止是十分之二三呢？然而，孔子仍然匆匆忙忙，好像是在路途寻找失踪的儿子一样，四处奔波，坐不暖席，难道这是为了让人了解自己、相信自己吗？这是因为他有一颗天地万物为一体的仁爱之心，对世人的疾苦深感疼痛，即使想撒手不管也身不由己呀。所以孔子说："吾非斯人之徒与而谁与？欲洁其身，而乱大伦。"，"果哉！末之难矣！"。唉！如果不是真正把天地万物融为一体的人，谁又能够理解孔子的心情呢？像那些"遁世无闷""乐天知命"的人，则自然能够"无入而不自得"，"道并行而不相悖"。

　　在下不才，怎敢以孔子的圣道为己任？只是我心中稍稍能感受到一点身上的病痛，所以心中彷徨，四处寻找那些能够帮助我的人，共同想法根治病痛。现在如果确实能够得到志同道合的豪杰人士的支持帮助，共同让良知的学说昌明天下，使天下人都知道自致良知，相互帮助、存养，去除自私自利的毛病，抛弃诋毁、忌妒、好胜和易怒的恶习，以实现天下大同，那么我的狂病将会马上得以痊愈，最终得以免于丧心病狂。这多痛快！

　　唉！现在如果真的想要寻找天下的豪杰志士，除了文蔚你

而谁望之乎？如吾文蔚之才与志，诚足以援天下之溺者，今又既知其具之在我而无假于外求矣，循是而充，若决河注海，孰得而御哉？文蔚所谓"一人信之不为少"，其又能逊以委之何人乎？

会稽素号山水之区，深林长谷，信步皆是，寒暑晦明，无时不宜，安居饱食，尘嚣无扰，良朋四集，道义日新，优哉游哉，天地之间宁复有乐于是者！孔子云："不怨天，不尤人，下学而上达。"仆与二三同志，方将请事斯语，奚暇外慕？独其切肤之痛，乃有未能恝然者，辄复云云尔。咳疾暑毒，书札绝懒。盛使远来，迟留经月，临岐执笔，又不觉累纸。盖于相知之深，虽已缕缕至此，殊觉有所未能尽也。

二

得书见近来所学之骤进，喜慰不可言。谛视数过，其间虽亦有一二未莹彻处，却是致良知之功尚未纯熟，到纯熟时自无此矣。譬之驱车，既已由于康庄大道之中，或时横斜迂曲者，乃马性未调，衔勒不齐之故，然已只在康庄大道中，决不赚入傍蹊曲径矣。近时海内同志到此地位者曾未多见，喜慰不可言，斯道之幸也！

贱躯旧有咳嗽畏热之病，近入炎方，辄复大作。主上圣

这样的人,还能指望谁呢?像文蔚你这样的才能和志向,的确能够拯救天下的苦难之人。现在又已经知道一切都在于自己的本心,而不必向外探求,遵循这个道理并加以扩充,就会像决堤的江河注入大海,谁又能抵御得住呢?文蔚你所讲的"一人信之不为少",又能推让给谁呢?

会稽素有山清水秀的美名,这里深林幽谷,随处可见;阴晴寒暖,气候宜人;生活安定,没有世俗的干扰;朋友聚会,交流道义,多么悠闲自在啊!天地之间难道还有比这更快乐的吗?"孔子说:"不怨天,不尤人,下学而上达。"我与几位朋友正是想按孔子的这些教导去做,哪有工夫去向外探求呢?只是对这切肤之痛不能漠视,于是唠叨再三写了这封信。因为暑热咳嗽之病又发作了,懒于写信,你派人远来停留了一个多月,临别提笔,不知不觉写了这么多。大概是我们相知颇深,虽然唠叨不绝,但仍觉得还有好多话没说。

二

来信收到,看到你近来学问大有长进,欣喜之情不可言表。你的信我仔细读了几遍,信中还有一两处讲得不够透彻,这是致良知的功夫还不够纯熟的缘故,等到功夫纯熟时自然就没有这种情况了。这就像赶马车,已经走上康庄大道,有时马车也会出现迂回曲折的情况,这是马性没有调教好,或者马缰勒得不整齐的缘故。然而已经走在康庄大道上了,就绝不会再误入岔道小路。近来海内的同志,能达到你这种程度的还不多见,我高兴得说不出话来,这是我们儒学圣道的大幸事呀!

我身体原来就有咳嗽怕热的毛病,现在到了炎热的地方,明洞察，责付甚重，不敢遽辞。地方军务冗沓，皆舆疾从事。今却幸已平定，已具本乞回养病。得在林下，稍就清凉，或可瘳耳。人还，伏枕草草，不尽倾企。外惟濬一简，幸达致之！

来书所询，草草奉复一二：

近岁来山中讲学者，往往多说"勿忘勿助"工夫甚难，问之，则云："才著意便是助，才不著意便是忘，所以甚难。"区区因问之云："忘是忘个甚么？助是助个甚么？"其人默然无对。始请问。区区因与说我此间讲学，却只说个"必有事焉"，不说"勿忘勿助"。"必有事焉"者，只是时时去"集义"。若时时去用"必有事"的工夫，而或有时间断，此便是忘了，即须"勿忘"。时时去用"必有事"的工夫，而或有时欲速求效，此便是助了，即须"勿助"。其工夫全在"必有事焉"上用，"勿忘勿助"，只就其间提撕警觉而已。若是工夫原不间断，即不须更说勿忘；原不欲速求效，即不须更说勿助。此其工夫何等明白简易，何等洒脱自在！今却不去"必有事"上用工，而乃悬空守着一个"勿忘勿助"，此正如烧锅煮饭，锅内不曾渍水下米，而乃专去添柴放火，不知毕竟煮出个甚么物来。吾恐火候未及调停，而锅已先破裂矣。近日一种专在勿忘勿助上用工者，其病正是如此。终日悬空去做个勿忘，又悬空去做个勿助，渀渀荡荡，全无实落下手处，究竟工夫只做得个沉空守寂，学成一个痴呆汉，才

又复发得厉害。皇上圣明洞察,托付的责任重大,我不敢推辞。地方上的军务繁杂,不得不带病处理。现在好在动乱已经平定,我已奏请皇上,请求回家养病,如果能在家中避暑养病,或许能够痊愈。即将回去,我趴在枕上写信,匆忙间不能尽述。另外,给惟浚的一封信请你转交给他。

你信中所提的几个问题,我简单回复如下。

近年来到山中讲学的人,常说勿忘勿助的功夫很难。我问其原因,他们说只要刚起意念就是助,一不用心就是忘,所以很是难以把握。我因而问他们:"忘是忘了什么?助是助的什么?"他们都无言以对,便向我请教。我于是对他们说,我这里讲学,只说一个"必有事焉",而不会讲"勿忘勿助"。"必有事焉"就是时刻去"集义"。如果时刻都在做"必有事"的功夫,但偶尔有间断,这便是"忘",就必须"勿忘";时刻去做"必有事"的功夫,但有时想求速效,这便是"助",就必须"勿助"。这其中的功夫全在"必有事焉"上,"勿忘勿助"只在其中起提醒警告的作用。如果这功夫原本没有间断,便不必再说"勿忘";如果原本不求速效,也就不必再说"勿助"。这当中的功夫是多么简单明了!多么洒脱自在!现在他们不在"必有事"上去下功夫,却去空守着一个"勿忘勿助",这就好比烧火做饭,锅里还没有盛水放米,而就使劲添柴烧火,不知道最终会煮出什么东西来?我担心火候还没有调好,锅就已经烧裂了。近来,那些专在"勿忘勿助"上用功的人,他们的毛病就是这样。整天不切实际地去做个"勿忘"的功夫,又不切实际地去做个"勿助"的功夫,渺渺茫茫,完全没有落实下手的地方。到头来也只落得个死守空寂,学成了个痴呆汉。才遇到一点点事情,便心烦意乱,不能妥善应对。

遇些子事来，即便牵滞纷扰，不复能经纶宰制。此皆有志之士，而乃使之劳苦缠缚，担阁一生，皆由学术误人之故，甚可悯矣！

夫"必有事焉"只是"集义"，"集义"只是致良知。说"集义"则一时未见头脑，说致良知即当下便有实地步可用工。故区区专说致良知。随时就事上致其良知，便是"格物"；著实去致良知，便是"诚意"；著实致其良知而无一毫意必固我，便是"正心"；著实致良知则自无忘之病；无一毫意必固我，则自无助之病，故说格致诚正则不必更说个忘助。

孟子说忘助，亦就告子得病处立方。告子强制其心，是助的病痛，故孟子专说助长之害。告子助长，亦是他以义为外，不知就自心上"集义"，在"必有事焉"上用功，是以如此。若时时刻刻就自心上"集义"，则良知之体洞然明白，自然是是非非纤毫莫遁，又焉有"不得于言，勿求于心，不得于心，勿求于气"之弊乎？孟子"集义""养气"之说，固大有功于后学，然亦是因病立方，说得大段，不若《大学》格、致、诚、正之功，尤极精一简易，为彻上彻下，万世无弊者也。

圣贤论学，多是随时就事，虽言若人殊，而要其工夫头脑，若合符节。缘天地之间，原只有此性，只有此理，只有此良知，只有此一件事耳。故凡就古人论学处说工夫，更不必搀和兼搭而说，自然无不吻合贯通者。才须搀和兼搭而说，这些人都是些有志之士，却因此劳苦困扰，耽搁了一生，都是因为学术误人的缘故，真是可悲呀。

　　"必有事焉"就是"集义"，"集义"只是致良知。说"集义"可能一时还抓不住关键，说致良知当下便可着实用功了，所以我专说致良知。随时在事上致良知，便是"格物"；切实去致良知，便是"诚意"；切实去致良知，而没有丝毫的意必固我，便是"正心"。如果能够切实去致良知，那么自然就不会有"忘"的毛病；如果没有一丝一毫的意必固我，也就不会有"助"的毛病。所以说能够格物、致知、诚意、正心，就没必要再说"勿忘勿助"了。

　　孟子主张"勿忘勿助"，也是针对告子的毛病开的方子。告子主张强行制人心，犯了"助"的毛病，所以孟子专讲"助"的危害。告子犯助长的毛病，也是因为他认为义是外在的，不知道在自己心上"集义"，在"必有事焉"上用功，所以才会这样。如果是时刻能在自己心中"集义"，那么良知本体就会豁然开朗，是是非非自然也就能够纤毫毕现了，又怎么会有"不得于言，勿求于心；不得于心，勿求于气"的毛病呢？孟子"集义""养气"的学说，对于后学当然有很大贡献，但他也是对症下药，说得详细，不如《大学》中所说的格物、致知、诚意、正心等功夫，特别精一简易，是上下贯通，千秋万世也不会出现弊端。

　　圣贤讲学，往往是因时因事而发，虽然他们的说法好像各不相同，但他们所讲功夫的要点却还是一致的。因为天地之间，本来就只有这个人性，只有这个天理，只有这个良知，只有这一件事。所以，凡是古人就论学上讲的功夫，更不必要掺杂搭配即是自己工夫未明彻也。

近时有谓"集义"之功，必须兼搭个致良知而后备者，则是"集义"之功尚未了彻也。"集义"之功尚未了彻，适足以为致良知之累而已矣。谓致良知之功必须兼搭一个"勿忘勿助"而后明者，则是致良知之功尚未了彻也；致良知之功尚未了彻，适足以为"勿忘勿助"之累而已矣。若此者，皆是就文义上解释牵附，以求混融凑泊，而不曾就自己实工夫上体验，是以论之愈精，而去之愈远。

文蔚之论，其于"大本达道"既已沛然无疑，至于"致知""穷理"及"忘助"等说，时亦有搀和兼搭处，却是区区所谓康庄大道之中，或时横斜迂曲者。到得工夫熟后，自将释然矣。

文蔚谓"致知之说，求之事亲从兄之间，便觉有所持循"者，此段最见近来真切笃实之功。但以此自为，不妨自有得力处；以此遂为定说教人，却未免又有因药发病之患，亦不可不一讲也。

盖良知只是一个天理自然明觉发见处，只是一个真诚恻怛，便是他本体。故致此良知之真诚恻怛以事亲，便是孝；致此良知之真诚恻怛以从兄便是弟；致此良知之真诚恻怛以事君，便是忠：只是一个良知，一个真诚恻怛。若是

来说，自然没有不吻合贯通的。如果需要掺杂搭配的话，就表明自己的功夫还不够明晰透彻。

近来有人说"集义"的功夫必须与致良知搭配起来，然后才觉得完整，这是他们对"集义"功夫的理解还不够明晰透彻。"集义"的功夫不能明晰透彻，这就正好成为致良知的负担。那些认为致良知的功夫必须与"勿忘勿助"搭配起来才能明白的人，是因为他们对致良知的功夫还不明了透彻呀。致良知的功夫不明了透彻，这又正好成为"勿忘勿助"的负担。像这样的情况，都是因为只在文义上牵强附会地加以解释，以求能够融会贯通，而不是从自己的实体功夫上来体验，所以论证得越精越细，偏离得也就越远。

文蔚你所讲的观点，从"大本达道"上来说已完全没有什么疑问，至于"致知""穷理"和"忘助"的观点，偶尔也有掺杂搭配的地方。这正是我开始讲的所谓在康庄大道上，有时也会出现迂回曲折的情况，等到驾车功夫熟练后，这种情况自然就会消失了。

文蔚你所说的"致良知的学说，要从孝顺父母，尊敬兄长中去寻求，才会感觉有所遵循"一段话，最能看出你近来所下功夫是真切笃实的。然而你自己这样下功夫倒也没什么，自然会有得力的地方，但如果把这作为教导他人的定论，却难免又有用药不当反而致病的情况，也不能不讲一讲。

良知只是一个天理，良知自然明白地显现只是一个真诚恻怛，这是它的本体。所以，用致良知显发的真诚恻隐之心去侍奉双亲便是孝，用致良知显发的真诚恻隐之心去顺从兄长便是悌，用致良知显发的真诚恻隐之心去侍奉君主便是忠。这一切从兄的良知不能致其真诚恻怛,即是事亲的良知不能致其真诚恻怛矣;事君的良知不能致其真诚恻怛,即是从兄的良知不能致其真诚恻怛矣。故致得事君的良知,便是致却从兄的良知;致得从兄的良知,便是致却事亲的良知。不是事君的良知不能致,却须又从事亲的良知上去扩充将来,如此又是脱却本原,着在支节上求了。良知只是一个,随他发见流行处,当下具足,更无去求,不须假借。然其发见流行处却自有轻重厚薄,毫发不容增减者,所谓"天然自有之中"也。虽则轻重厚薄毫发不容增减,而厚又只是一个;虽则只是一个,而其间轻重厚薄又毫发不容增减,若可得增减,若须假借,即已非其真诚恻怛之本体矣。此良知之妙用,所以无方体,无穷尽,"语大天下莫能载,语小天下莫能破"者也。

孟氏"尧、舜之道,孝弟而已"者,是就人之良知发见得最真切笃厚、不容蔽昧处提省人,使人于事君处友,仁民爱物,与凡动静语默间,皆只是致他那一念事亲从兄真诚恻怛的良知,即自然无不是道。盖天下之事虽千变万化,至于不可穷诘,而但惟致此事亲从兄、一念真诚恻怛之良知以应之,则更无有遗缺渗漏者,正谓其只有此一个良知故也。事亲从兄一念良知之外,更无有良知可致得者,故曰"尧、舜之道,孝弟而已矣。"此所以为"惟精惟一"之学,放之四海

都只是一个良知，一个真诚恻隐之心。如果顺从兄长的良知不能达到真诚恻怛，那么也就是侍奉双亲的良知不能达到真诚恻怛；如果侍奉君主的良知不能达到真诚恻怛，那么也就是顺从兄长的良知不能达到真诚恻怛。所以，能致辅佐君主的良知，就能致顺从兄长的良知；能致顺从兄长的良知，就能致孝敬双亲的良知。这不是说侍奉君主的良知不能致，必须从侍奉父母的良知上去扩充。如果这样就又脱离了致良知的根本，只在细枝末节上去探求了。良知只有一个，随着它的显发和扩充，自然马上就会完备充足，更不会有来有去，也不必向外去假借、探求。然而，良知的显发和运用，却有着轻重厚薄的区别，不能有丝毫的增减，这就是所谓的"天然自有之中"。虽然良知的轻重厚薄不能有丝毫的增减，但良知原本就只有一个。虽然说良知只是一个，但其中的轻重厚薄又丝毫不能增减。如果可以增减，如果需要向外求借，那也就不是真诚恻怛的本体了。这就是良知的妙用，之所以会无形无体，无穷无尽，正是"语大天下能载，语小天下莫能破"的原因呀。

孟子所说"尧舜之道，孝悌而已"，是从人的良知显发的最真切笃实、最深刻的地方来提醒人，让人在忠君、交友、爱民、爱物以及动静语默中，都只是一心一意致那孝敬父母、尊敬兄长的真诚恻怛的良知，就自然会无处不是道。天下的事情虽然千变万化，无穷无尽，但是只要用致这个一心孝敬双亲、尊敬兄长的真诚恻怛的良知来应对，就不会有什么遗漏和缺失的，这正是因为只有这一个良知的缘故。除孝顺父母、尊敬兄长的良知之外，再也没有别的良知可致，所以才让孟子生出"尧舜之道，孝悌而已矣"的感叹。这就是"唯精唯一"的学问，放之四海而

而皆准,"施诸后世而无朝夕"者也。

文蔚云:"欲于事亲从兄之间,而求所谓良知之学。"就自己用工得力处如此说,亦无不可。若曰"致其良知之真诚恻怛,以求尽夫事亲从兄之道焉",亦无不可也。明道云:"行仁自孝弟始,孝弟是仁之一事,谓之行仁之本则可,谓是仁之本则不可。"其说是矣。

"亿""逆""先觉"之说,文蔚谓"诚则旁行曲防,皆良知之用",甚善甚善!间有搀搭处,则前已言之矣。惟濬之言亦未为不是,在文蔚须有取于惟濬之言而后尽,在惟濬又须有取于文蔚之言而后明,不然,则亦未免各有倚着之病也。"舜察迩言,而询刍荛",非是以迩言当察,刍荛当询,而后如此,乃良知之发见流行,光明圆莹,更无挂碍遮隔处,此所以谓之大知。才有执着意必,其知便小矣。讲学中自有去取分辨,然就心地上着实用工夫,却须如此方是。

"尽心"三节,区区曾有生知、学知、困知之说,颇已明白,无可疑者。盖尽心、知性、知天者,不必说存心、养性、事天,不必说"夭寿不贰、修身以俟",而存心养性与"修身以俟"之功已在其中矣。存心、养性、事天者,虽未到得尽心、知天的地位,然已是在那里做个求到尽心、知天的功夫,更不必说"夭寿不贰、修身以俟",而"夭寿不贰、修身皆准,"在后世实施一朝一夕"也不会有例外。

文蔚你说,"想在孝顺双亲、尊敬兄长中寻找良知的学问",如果是从自己用功得力的地方来说,这是可行的;如果说要从致良知的真诚恻怛中去探求孝敬双亲、尊敬兄长的道理,也是可以的。明道先生说:"行仁从孝悌开始,孝悌是行仁的其中之一,说它是行仁的根本也是可以的,说它是仁的本体就不对了。"明道先生说得很对呀。

关于"不臆不信""不逆诈"和"先觉"等学说,你认为"只要真诚,那么即使是旁门小道、曲意提防也都是良知的运用"。这话说得很对很对。其中或许会有些掺杂搭配,前面已经说过。惟浚的话也不能说不对。对你来说,应当吸收采纳惟浚的观点才能让自己的观点详尽完备,惟浚也应当吸收采纳你的观点才能让他的思想更清楚明白。否则,你们难免各会犯偏执的毛病。舜喜欢思考浅显的话并向樵夫请教,并不是因为浅显之言应当思考,樵夫应当去请教,舜才会这样做,而是舜的良知自然呈现,他的良知光明圆融,没有任何障碍和遮蔽,这就是所谓的大智。一有执着和意必,他的智就变小了。在讲学中自然有取舍和分辨,但在心地上切实用功,却必须这样才行。

关于"尽心"三节,我曾用生而知之、学而知之和困而知之来说明,这已经很清楚了,没什么值得怀疑。对于尽心、知性、知天的人,没必要再说存心、养性、事天,也没必要再说"夭寿不贰,修身以俟",而存心、养性、"修身以俟"的功夫已经包含在其中了。能存心、养性、事天的人,虽然没有达到尽心、知天的地位,但是已经在那做探求尽心、知天的功夫,更不用说"夭寿不贰,修身以俟",而"夭寿不贰,修身以俟"的功夫已在其中

譬之行路，尽心、知天者，如年力壮健之人，既能奔走往来于数千百里之间者也；存心事天者，如童稚之年，使之学习步趋于庭除之间者也；"夭寿不贰、修身以俟"者，如襁抱之孩，方使之扶墙傍壁而渐学起立移步者也。既已能奔走往来于数千里之间者，则不必更使之于庭除之间而学步趋，而步越于庭除之间自无弗能矣；既已能步趋于庭除之间，则不必更使之扶墙傍壁而学起立移步，而起立移步自无弗能矣。然学起立移步，便是学步趋庭除之始；学步趋庭除，便是学奔走往来于数千里之基，固非有二事。但其工夫之难易，则相去悬绝矣。

心也，性也，天也，一也，故及其知之成功则一，然而三者人品力量自有阶级，不可躐等而能也。细观文蔚之论，其意以恐尽心知天者废却存心修身之功，而反为尽心知天之病。是盖为圣人忧工夫之或间断，而不知为自己忧工夫之未真切也。吾侪用工，却须专心致志在"夭寿不贰、修身以俟"上做，只此便是做尽心知天功夫之始。正如学起立移步，便是学奔走千里之始。吾方自虑其不能起立移步，而岂遽虑其不能奔走千里，又况为奔走千里者而虑其或遗忘于起立移步之习哉？

文蔚识见，本自超绝迈往，而所论云然者，亦是未能脱去旧时解说文义之习。是为此三段书分疏比合，以求融会贯

了。

　　这就好比走路，尽心、知天的人，就像年轻力壮的人，能够来回奔跑于数千里的道路之间；存心、事天的人，就像幼童，只能在院子里教他如何走路；"夭寿不贰，修身以俟"的人，就好比襁褓中的婴儿，只能让他扶着墙壁慢慢学习起立移步。既然已经能奔跑往来于数千里，那么就没有必要让他在庭院里学习走路了，因为在庭院中走路自然已不成问题；既然已能在院子中走路，那么也就没有必要让他扶着墙壁来学着起立走步了，因为起立走步自然已没有问题。然而，学习起立走步，是在院子里学习走路的基础；在院子里学习走路又是来回奔走于数千里间的基础。这本就不是两回事，但其中功夫的难易程度，却相去甚远。

　　心、性、天，本质上是一样的。所以，等到这三种人能明白这个道理，最终的效果是一样的。但是，这三种人的人品、才能各有高低，不能越过各自的等级去行事。细细思量你的观点，你是担心尽心、知天的人，犯放弃存心、修身的功夫，却反而妨害了尽心、知天的毛病吧。这大概就是担心圣人的功夫会有间断，却不知道应该为自己的功夫还不够真切而担心呀。我等用功，必须专心致志在"夭寿不贰，修身以俟"上下功夫，这样做便是尽心、知天的开始。这正如学习起立走步，是学习奔走于千里的开始。我现在正担心不能站立移动，又怎么会去忧虑不能奔走千里呢？更何况为那奔走千里的人去担忧他们会忘了站立移动的本领呢？

　　你的见识原本就超凡脱俗，但是从你所言来看，也还是不能脱离过去解说文意的习惯，所以你才把知天、事天，夭寿不贰

通,而自添许多意见缠绕,反使用工不专一也。近时悬空去做"勿忘勿助"者,其意见正有此病,最能耽误人,不可不涤除耳。

所论"尊德性而道问学"一节,至当归一,更无可疑。此便是文蔚曾著实用工,然后能为此言。此本不是险僻难见的道理,人或意见不同者,还是良知尚有纤翳潜伏。若除去此纤翳,即自无不洞然矣。

已作书后,移卧檐间,偶遇无事,遂复答此。文蔚之学既已得其大者,此等处久当释然自解,本不必屑屑如此分疏。但承相爱之厚,千里差人远及,谆谆下问,而竟虚来意,又自不能已于言也。然直戆烦缕已甚,恃在信爱,当不为罪。惟潴及谦之、崇一处,各得转录一通,寄视之,尤承一体之好也。

右南大吉录

训蒙大意示教读刘伯颂等

古之教者,教以人伦。后世记诵词章之习起,而先王之教亡。今教童子,惟当以孝、悌、忠、信、礼、义、廉、耻为专务。其栽培涵养之方,则宜诱之歌诗以发志意,导之习礼以肃其威仪,讽之读书以开其知觉。今人往往以歌诗、习礼为不切时务,此皆末俗庸鄙之见,乌足以知古人立教之意哉?

看成了三个部分，加以分析、综合、比较，以求融会贯通，且自己添加了许多纠缠不清的意见，这样反而使自己的功夫不够专一了。近来那些脱离实际凭空去做"勿忘勿助"功夫的人，正是犯了这一毛病，害人不浅，不能不彻底铲除啊。

你所说的"尊德性而道问学"一节，非常恰当、统一，没有什么可疑的地方。这是因为你曾切实用功，所以才能说出这样的话。这本来不是什么生僻难懂的道理。各人有不同的意见看法，还是因为良知中还潜伏有细微的尘垢。如果能除去这些尘垢，良知自然就会豁然光明。

信写完后，躺卧在屋檐下，正好没有别的事，我就又写了这几句话。文蔚你的学问已经抓住了重点和关键，上面这些问题时间长了自然就会明白，本来没必要与你这样烦琐细讲。但是承蒙厚爱，不远千里派人来虚心请教，为了不辜负你的一片心意，又不能不说。然而，我过于直白烦琐，好在依仗你对我的信任与厚爱，想必你也不会怪罪于我吧。惟浚那里，以及谦之、崇一那里，请你把这封信抄录几份送给他们，以全让他们承受与你一体的情意。

上南大吉录

训蒙大意示教读刘伯颂等

古代教人的人，教给子弟们以人伦之理。现在教育童子，也还是应当以孝、悌、忠、信、礼、义、廉、耻最为紧要而且是必需的，而栽培童子涵养他们性情的方法，则适合用歌吟诗句的方法来诱导，用诗歌来引发他们的志趣和意念；引导他们学习礼仪，用来规整庄重他们的威仪；让他们读诵经典就是来开启

大抵童子之情，乐嬉游而惮拘检，如草木之始萌芽，舒畅之则条达，摧挠之则衰痿。今教童子，必使其趋向鼓舞，中心喜悦，则其进自不能已。譬之时雨春风，沾被卉木，莫不萌动发越，自然日长月化。若冰霜剥落，则生意萧索，日就枯槁矣。故凡诱之歌诗者，非但发其志意而已，亦所以泄其跳号呼啸于咏歌，宣其幽抑结滞于音节也。导之习礼者，非但肃其威仪而已，亦所以周旋揖让而动荡其血脉，拜起屈伸而固束其筋骸也；讽之读书者，非但开其知觉而已，亦所以沈潜反复而存其心，抑扬讽诵以宣其志也。凡此皆所以顺导其志意，调理其性情，潜消其鄙吝，默化其粗顽，日使之渐于礼义而不苦其难，入于中和而不知其故。是盖先王立教之微意也。

若近世之训蒙稚者，日惟督以句读课仿，责其检束，而不知导之以礼；求其聪明，而不知养之以善；鞭挞绳缚，若待拘囚。彼视学舍如囹狱而不肯入，视师长如寇仇而不欲见，窥避掩覆以遂其嬉游，设诈饰诡以肆其顽鄙，偷薄庸劣，日趋下流。是盖驱之于恶而求其为善也，何可得乎？凡吾所以教，其意实在于此。恐时俗不察，视以为迂，且吾亦将去，故特叮咛以告。尔诸教读，其务体吾意，永以为训；毋辄因时俗之言，改废其绳墨，庶成"蒙以养正"之功矣。念之

他们本有的智慧和觉悟。现在的人都认为吟咏诗歌、学习礼仪是没有实用的，这些都是末俗平庸鄙夷的见解，哪里能够知道古人立教的意义之所在呢？一般来说，童子的性情喜欢嬉戏游乐而害怕拘束监管。他们如同草木刚刚萌芽，让它们舒张自如，它们就长得枝条茂盛，摧折阻挠它们，它们就会衰败萎蔫。现在教育童子，就必须使他们的内心受到激发，让他们的内心感到喜悦欢畅，那么他们就会自发的努力向上。所以凡是诱导他们吟咏诗歌，不但是激发他们的志向和意趣，也可以让他们的活力在歌吟中得到发泄，让他们幽禁、抑郁、郁结的情怀在优美和谐的音律中得到舒展。引导子弟们学习礼仪，不但使其威仪变得庄重肃穆，也能让他们学会行礼进退作揖礼让，并且可以使身躯血脉活跃起来，通过身体的一拜一起、一曲一伸，使他们的筋骨变得坚固。让子弟们读书不单单是开发他们的智慧，也是让他们在对圣贤经典的反复诵读和温习、体悟中领会人生的真谛，通过高低起伏的诗歌吟咏使情感得到抒发。这就是先王立教微妙的含义。

　　而近代训导童稚的人仅仅督促他们学习句读做好功课，要求他们检点和约束自己，而不知道用礼节来教导他们。渴求他们能够变得聪明睿智而不知道用伦理道德来教养他们。用鞭打他们、用绳捆缚他们，就好像是对待囚禁的犯人一样，因此，他们也把学舍看成是牢狱而不愿意进入，把师长看成是仇敌而不想见，窥探躲避掩身自己偷偷地嬉戏打闹，设计诡诈的小计谋肆意顽劣鄙陋，轻薄庸俗顽劣日渐趋于下流。这样做就等于是一面在把他们驱赶到邪恶当中去，一面又要让他们从善，怎么可能做到呢？凡是我所提出的教育主张，用意都在这里。就怕

念之!

教约

每日清晨,诸生参揖毕,教读以次。遍询诸生:在家所以爱亲敬长之心,得无懈忽,未能真切否?温清定省之仪,得无亏缺,未能实践否?往来街衢,步趋礼节,得无放荡,未能谨饬否?一应言行心术,得无欺妄非僻,未能忠信笃敬否?诸童子务要各以实对,有则改之,无则加勉。教读复随时就事,曲加诲谕开发。然后各退就席肄业。

凡歌诗,须要整容定气,清朗其声音,均审其节调;毋躁而急,毋荡而嚣,毋馁而慑。久则精神宣畅,心气和平矣。每学量童生多寡,分为四班,每日轮一班歌诗,其余皆就席,敛容肃听。每五日则总四班递歌于本学。每朔望,集各学合歌于书院。

凡习礼,须要澄心肃虑,审其仪节,度其容止;毋忽而惰,毋沮而怍,毋径而野;从容而不失之迂缓,修谨而不失之拘局。久则礼貌习熟,德性坚定矣。童生班次,皆如歌

人们不能明白，认为我很迂腐，何况我不久将要离开这里，所以特意再三嘱咐你们，希望你们一定要体察我的用意，并永远遵守，不要因为世俗的言论而废除我定的规矩。也许可以有"蒙以养正"的成效吧。切记为盼！

教约

每天早晨，所有的学生参拜老师作揖完毕。学堂的老师就要依次问遍所有的学生：在家里敬爱双亲、尊敬长辈之心，有没有懈怠轻忽，是不是真正做到了？冬温夏清早请安晚省视之事，有没有亏漏缺失，是不是能够实际做到了？在大街上往来行走，行步走路的礼节方面有没有放逸之处，是不是做到了谨慎整饬？所有的言谈举止和用心，有没有欺骗和狂妄，错误和邪僻，是不是做到了忠诚有信，笃实恭敬？各个童子都必须据事实回答，有错的就改正，没有错的就继续努力，学堂的老师再随机就事，多方加以教导启发。然后，童子们都各自退回到自己的席位上继续学习。

凡是吟咏诗歌，应该要整肃容颜稳定气息，使声音清晰明朗，使音节平调均匀，不要因为急躁而慌张，不要因为放逸而浮躁轻狂，不要因为气馁而害怕，时间长了精神自然而然便会疏通流畅，心平气和了。每一次学诗分为四个班，每天都要轮到一个班来吟咏诗歌，其余的子弟们都退回到自己的席位，表情严肃凝神聆听，每到第五天，就让四班接着循环歌咏。

凡是学习礼节，就要澄澈心念肃静思虑，审慎自己的仪容礼节，使自己的仪容举止适度，不要轻忽怠惰，不要沮丧而惭愧，不要任性而粗野。从容而不能丢掉徐缓，修持谨慎而不能失去

诗。每间一日,则轮一班习礼,其余皆就席,敛容肃观。习礼之日,免其课仿。每十日则总四班递习于本学。每朔望,则集各学会习于书院。

凡授书不在徒多,但贵精熟。量其资禀,能二百字者,止可授以一百字。常使精神力量有余,则无厌苦之患,而有自得之美。讽诵之际,务令专心一志,口诵心惟,字字句句绌绎反覆,抑扬其音节,宽虚其心意。久则义礼浃洽,聪明日开矣。

每日工夫,先考德,次背书诵书,次习礼,或作课仿,次复诵书讲书,次歌诗。凡习礼歌诗之类,皆所以常存童子之心,使其乐习不倦,而无暇及于邪僻。教者知此,则知所施矣。虽然,此其大略也,"神而明之,则存乎其人。"

气度胸襟。时间长了就会行止风度习练娴熟,道德人性坚定了。童子学生的分班和次第都和吟咏诗歌一样,每隔一天就轮一班学习礼节,其余的童子都退回自己的席位,表情严肃凝神观看,学习礼节这一天可以免去这一天的功课。每十天,这四个班就要再循环学习。

　　凡是教授读书,不在于求多,只是贵在精炼纯熟。要根据各人的资质秉性,可以教给他们200字的,就只能教给他们一百字。常常使他们的精神力量充沛,那么就不会有厌倦苦恼的忧虑,而是有自己得到掌握经典的快乐。在朗诵诗书的时候,一定要让子弟们专心致志,嘴里面诵念,心里面默记,一字一句,反复地理清头绪,使音节高低起伏,使心意宽缓虚静,时间长了义理礼节就会学得融会贯通,一天比一天聪明了。

　　每天的功夫,先要考查德行,其次再考查背书、诵书的情况,再其次就是学习礼仪或做功课,再其次就是背诵书讲解书,再其次就是吟咏诗歌。凡是习礼咏诗这一类,都是让子弟们常存童子的天真良善之心,让他们乐于学习而不知疲倦,而没有时间顾及学习那些邪僻的行径,做老师的如果明白了这一点,那么就懂得如何施教了。即使这样,我也只是说了个大概。"大家要领会明白主要精神,就在于各人的努力了。"

卷之三　语录三

传习录下

正德乙亥，九川初见先生于龙江，先生与甘泉先生论"格物"之说，甘泉持旧说。先生曰："是求之于外了。"甘泉曰："若以格物理为外，是自小其心也。"九川甚喜旧说之是，先生又论"尽心"一章，九川一闻，却遂无疑。

后家居，复以"格物"遗质。先生答云："但能实地用功，久当自释。"山间乃自录《大学》旧本读之，觉朱子"格物"之说非是，然亦疑先生以意之所在为物，"物"字未明。己卯，归自京师，再见先生于洪都。先生兵务倥偬，乘隙讲授。

首问："近年用功何如？"九川曰："近年体验得'明明德'功夫只是'诚意'。自'明明德于天下'，步步推入根源，到'诚意'上再去不得，如何以前又有格致工夫？后又体验，觉得意之诚伪，必先知觉乃可，以颜子'有不善未尝知之，知之未尝复行'为证，豁然若无疑，却又多了'格物'功夫。又思来吾心之灵，何有不知意之善恶，只是物欲蔽了，须格去物欲，始能如颜子未尝不知耳。又自疑功夫颠倒，与诚意不成片段。后问希颜，希颜曰：'先生谓格物致知是诚意功夫，极好。'九川曰：'如何是"诚意"功夫？'希颜令再思体

正德十年(1515年)，九川在龙江第一次见到先生。当时先生正和甘泉先生在讨论"格物"的学说，而甘泉先生坚持朱子的观点。先生说："这是在身外去求了。"甘泉先生说："如果认为探求事理是外求，那是自己小看了心。"九川很是喜欢朱子的格物之说，先生又讲到了《孟子》中的"尽心"一章，九川听后，对先生的格物之说也就不再怀疑。

后来闲居在家，九川又以有关"格物"的问题请教先生。先生说："只要能踏踏实实地用功，时间一长自然就会明白。"后来住在山中时，九川抄录了旧本《大学》来读，觉得朱子的格物之说似乎不对，然而又觉得先生把意识所在当作物，有疑问，对这个"物"字说得不清楚。己卯年(1519年)，九川从京城回家，在洪都又见到了先生。先生当时正忙于军务，只能抽空给我讲课。

先生首先问九川："近年来用功怎么样？"九川说："这几年来，我明白了'明明德'的功夫就是'诚意'。从'明明德于天下'，一步一步追根溯源，到'诚意'上就再也推进不得，为什么'诚意'之前会有'格物''致知'的功夫呢？经过体验，我觉得意的真诚与否必须先明白才行，以颜回的'有不善未尝知之，知之未尝复行'作为例证，便会豁然开解，且还多了一个'格物'的功夫。后来又想，我的心灵怎会不明白意的善恶呢？只是受到了物欲的蒙蔽，必须格除物欲，才能像颜回那样没有不知善恶的意念。后来我又怀疑自己所用功夫颠倒了，以至于'格物'与'诚意'联系不起来。后来我问希颜，希颜说：'先生说格物、

看。九川终不悟,请问。"先生曰:"惜哉!此可一言而悟!惟濬所举颜子事便是了,只要知身、心、意、知、物是一件。"

九川疑曰:"物在外,如何与身、心、意、知是一件?"先生曰:"耳、目、口、鼻、四肢,身也,非心安能视、听、言、动?心欲视、听、言、动,无耳、目、口、鼻、四肢亦不能,故无心则无身,无身则无心。但指其充塞处言之谓之身,指其主宰处言之谓之心,指心之发动处谓之意,指意之灵明处谓之知,指意之涉着处谓之物,只是一件。意未有悬空的,必着事物,故欲'诚意'则随意所在某事而格之,去其人欲而归于天理,则良知之在此事者无蔽而得致矣。此便是'诚意'的工夫。"

九川乃释然,破数年之疑。又问:"甘泉近亦信用《大学》古本,谓'格物'犹言造道。又谓穷理如穷其巢穴之穷,以身至之也。故'格物'亦只是随处体认天理,似与先生之说渐同。"先生曰:"甘泉用功,所以转得来。当时与说'亲民'字不须改,他亦不信,今论'格物'亦近,但不须'换物'字作'理'字,只还他一'物'字便是。"

后有人问九川曰:"今何不疑'物'字?"曰:"《中庸》曰'不诚无物',程子曰'物来顺应',又如'物各付物''胸中

致知是诚意的功夫,说得对极了。'我追问:'为什么是诚意的功夫呢?'希颜让我再仔细思考体会,但我始终没能悟出什么。请先生指点。"先生说:"可惜啊!这个问题本来一句话就能说明白的。你所说颜回的事例便能说明这个问题,只要知道身、心、意、知、物都是一回事,就会明白了。"

九川仍疑惑不解,便问:"物在体外,怎么与身、心、意、知是一回事呢?"先生说:"耳、目、口、鼻和四肢,是身体的构成部分,但如果没有心,人还能够看、听、说、动吗?心中想要看、听、说话、行动,但是如果没有耳、目、口、鼻、四肢也是做不到的。所以,没有心就不会有身,没有身体也就不会有心。但要明白,就充塞地方而言是身,就主宰作用而言是心,心的发动就是意,意的灵明就是知,意所涉及的就是物,这些都是一回事。意不能凭空存在,必须附着于物。所以,想要'诚意',就要随着意所涉及的事物去格,格掉人的欲望而回复天性。这样,良知在这件事情上就不会受到蒙蔽,因而就能'致知'了。这就是诚意的功夫。"

听后,九川不觉释然,数年来心中的疑惑得到了解答。九川又问先生说:"甘泉先生近来也相信《大学》旧本所说,认为'格物'就像求道。他认为穷理的穷就如穷其巢穴的穷,要亲自到巢穴里去才行,所以'格物'也就只是随体悟天性,似乎与先生的学说渐渐一致了。"先生说:"甘泉先生肯下功夫,所以能转过弯来。当时我给他讲'亲民'不须改为'新民',他也不相信。现在他所讲'格物'大致与我接近了,但没有必要把'物'字改成'理'字,还是用原来的'物'字就行了。"

后来,有人问九川说:"现在为什么不怀疑'物'字了呢?"九川说:"《中庸》中有讲'不诚无物',程颐先生也有说'物来无物'之类,皆古人常用字也。"他日,先生亦云然。

九川问:"近年因厌泛滥之学,每要静坐,求屏息念虑。非惟不能,愈觉扰扰,如何?"先生曰:"念如何可息?只是要正。"曰:"当自有无念时否?"先生曰:"实无无念时。"曰:"如此却如何言静?"曰:"静未尝不动,动未尝不静。戒谨恐惧即是念,何分动静?"曰:"周子何以言'定之以中正仁义而主静'?"曰:"'无欲故静',是'静亦定,动亦定'的'定'字,主其本体也。戒惧之念是活泼泼地,此是天机不息处,所谓'维天之命,於穆不已',一息便是死。非本体之念,即是私念。"

又问:"用功收心时,有声色在前,如常闻见,恐不是专一。"曰:"如何欲不闻见?除是槁木死灰,耳聋目盲则可。只是虽闻见而不流去便是。"曰:"昔有人静坐,其子隔壁读书,不知其勤惰,程子称其甚敬。何如?"曰:"伊川恐亦是讥他。"

又问:"静坐用功,颇觉此心收敛,遇事又断了。旋起个念头,去事上省察。事过又寻旧功,还觉有内外,打不作一片。"先生曰:"此'格物'之说未透。心何尝有内外?即如惟濬,今在此讲论,又岂有一心在内照管?这听讲说时专敬,顺应',又如'物各付物''胸中无物'之类,由此可见,'物'是古人常用的字。"后来,先生也这样说。

九川问:"近年来因厌恶流行的浅薄学问,我总是想着静坐,以期平息心中的各种念头。可非但不能如愿,反而更是心神不安,这是为何?"先生说:"念虑怎么能消除呢?只能是让念虑更纯正。"九川问:"有没有无念的时候呢?"先生说:"确实是没有无念的时候。"九川又问:"既然这样,为什么却又要求静呢?"先生说:"静不一定是不动,动也不一定是不静。戒谨恐惧就是念头,又怎么分动与静?"九川又问:"周敦颐先生为什么说'定之以中正仁义而主静'呢?"先生说:"无欲所以能静,这是'静亦定,动亦定'的'定'字之义,强调的是天性本体。戒慎恐惧的念头是生动活泼的,这正是天机流动不息的地方,就是所谓的'天之道,幽远深邃,永不停歇',一旦停息便会死亡。所以,只要不是天性本体所有的念头,便是私念。"

九川又问:"当用功收心时,如果有声、色在眼前,仍像平常一样去听去看,恐怕就不是专一了吧。"先生说:"为什么要不去听不去看?除非是身如枯木心如死灰或耳聋眼瞎之人。只是虽然听了看了,但心不随着声色流转就行了。"九川问:"过去有个人静坐,他儿子就在隔壁读书,可他却不知道儿子读书是勤是惰,程颐先生因此称他很是持敬。这是为什么?"先生回答说:"伊川先生恐怕也是在讥笑他呀。"

九川又问:"静坐用功,感觉特别能收敛身心,但一遇到事情就又中断了。心中马上就会起一个念头,到事情上去省察。事情过后,又再继续原来的功夫,还是有内外的区别,不能打成一片。"先生说:"这是对'格物'的理解还不够透彻。心又怎么会即是那静坐时心,功夫一贯,何须更起念头?人须在事上磨炼,做功夫乃有益。若只好静,遇事便乱,终无长进。那静时功夫亦差,似收敛而实放溺也。"后在洪都,复与于中、国裳论内外之说。渠皆云:"物自有内外,但要内外并着功夫,不可有间耳!"以质先生,曰:"功夫不离本体,本体原无内外。只为后来做功夫的分了内外,失其本体了。如今正要讲明功夫不要有内外,乃是本体功夫。"是日俱有省。

又问:"陆子之学何如?"先生曰:"濂溪、明道之后,还是象山,只是粗些。"九川曰:"看他论学,篇篇说出骨髓,句句似针膏肓,却不见他粗。"先生曰:"然他心上用过功夫,与揣摹依仿求之文义自不同。但细看有粗处,用功久当见之。"

庚辰往虔州,再见先生,问:"近来功夫虽若稍知头脑,然难寻个稳当快乐处。"先生曰:"尔却去心上寻个天理,此正所谓理障。此间有个诀窍。"曰:"请问如何?"曰:"只是'致知'。"曰:"如何致?"曰:"尔那一点良知,是尔自家底准则。尔意念着处,他是便知是,非便知非,更瞒他一些不得。尔只不要欺他,实实落落依着他做去,善便存,恶便去。他这里何等稳当快乐!此便是'格物'的真诀,'致知'

有内外的区别呢？就像惟浚你，现在在这里谈论，难道还有一个心在里边管理？这个听讲说话专敬的心，便是静坐时的那个心，功夫一以贯穿，何须再起念头？人只有在事上磨炼下功夫，才会有益。如果只一味求静，遇到事情便乱，那样终究不会有长进。那种一味求静的功夫，好像也是收敛身心，实际上是一种放纵、沉溺呀。"后来在洪都，又和于中、国裳讨论"内外"的学说，他们都说："事物本身都有内外之分呀，只是要内外一起用功，不能有间断。"于是以此请教先生。先生说："功夫不能离开本体，而本体本来也没有内外之分。只是后来做功夫的人将功夫分为了内外，因而失去了本体。现在正是要清楚，不要将功夫区分为内、外，这才是真正的本体功夫。"这一日，在场之人都有所悟。

九川问："请问陆象山的学说如何？"先生说："濂溪、明道先生之后，学问之说就数象山先生了，只是他的学说略显粗糙了些。"九川说："看他讲学，篇篇都说出精髓，句句像刺到了膏肓，没有见到有粗糙的地方呀。"先生说："是的，他确实在心上用过功夫，这与那些揣测模仿，只求文义的人自然不同，但如果仔细看就会发现粗糙的地方，用功久了自然能发现。"

正德庚辰年（1520年），九川到虔州再次见先生，问："近来用功夫，虽然好像稍有眉目，然而却难以找到一种稳当快乐的方法。"先生说："你想从心上去寻找天理，这就是所说的'理障'。要想实现，这当中有一个诀窍。"九川问："请问这个诀窍是什么？"先生说："就是'致知'。"九川问："请问如何'致知'？"先生说："你的那一点良知，就是你自己的准则。你的意念所想，对的便知道是对的，错的便知道是错的，丝毫也的实功。若不靠着这些真机,如何去'格物'?我亦近年体贴出来如此分明,初犹疑只依他恐有不足,精细看无些小欠阙。"

在虔,与于中、谦之同待。先生曰:"人胸中各有个圣人,只自信不及,都自埋倒了。"因顾于中,曰:"尔胸中原是圣人。"于中起,不敢当。先生曰:"此是尔自家有的,如何要推?"于中又曰:"不敢。"先生曰:"众人皆有之,况在于中,却何故谦起来?谦亦不得。"于中乃笑受。

又论:"良知在人,随你如何不能泯灭,虽盗贼亦自知不当为盗,唤他做贼,他还忸怩。"于中曰:"只是物欲遮蔽,良心在内,自不会失,如云自蔽日,日何尝失了!"先生曰:"于中如此聪明,他人见不及此。"先生曰:"这些子看得透彻,随他千言万语,是非诚伪,到前便明。合得的便是,合不得的便非。如佛家说心印相似,真是个试金石、指南针。"

先生曰:"人若知这良知诀窍,随他多少邪思枉念,这里一觉,都自消融。真个是灵丹一粒,点铁成金。"

崇一曰:"先生致知之旨,发尽精蕴,看来这里再去不隐瞒不了。你只要不欺骗自己的良知，实实在在依着良知去做，善的便能保存，恶的便能去除，这是何等稳当快乐呀！这便是'格物'的真正窍门、'致知'的真实功夫。如果不靠这些关键、诀窍，怎么去格物？我也是近几年才有如此清楚的体会，刚开始时还怀疑只依靠良知恐怕会不够，仔细斟酌后，却发现没有任何缺陷。

在虔州时，和于中、谦之一同陪着先生。先生说："每人心中都有个圣人，只是因自信不够，自己将心中的圣人埋没了。"顺势看着于中说："你的胸中本来有圣人。"于中站起身，表示不敢当。先生说："这是你自己本就有的，为何要推辞？"于中又说："不敢。"先生说："众人心中都有，何况于中你呢。为什么要谦让起来了？这是谦让不得的。"于中于是笑着接受了。

先生又说道："良知在人心中，不管你怎样都是泯灭不了的，即使是盗贼也明白自己不应做偷盗。如果喊他是贼，他也会不好意思。"于中说："这只是由于被物欲蒙蔽，良知在人的心中，自然不会丧失，这就如同乌云蔽日，而太阳又怎么会失了呢？"先生说："于中真是聪明，其他人的见识达不到这种境界呀。"先生说："把良知的这些道理认识透彻了，不管他千言万语，是非真假，一看就会明白。符合的就是对的，不符合的就是错的，就像佛家所说的'心印'一样，真是个试金石、指南针啊！"

先生说："人如果知道良知的诀窍，不管有多少杂念私心，只要良知发现，便自会消除。这真像一粒灵丹，可以点铁成金。"

崇一说："先生把'致知'的意旨已阐述得淋漓尽致，看来

得。"先生曰:"何言之易也?再用功半年,看如何?又用功一年,看如何?功夫愈久,愈觉不同,此难口说。"

先生问九川:"于'致知'之说体验如何?"九川曰:"自觉不同往时,操持常不得个恰好处,此乃是恰好处。"先生曰:"可知是体来与听讲不同。我初与讲时,知尔只是忽易,未有滋味。只这个要妙,再体到深处,日见不同,是无穷尽的。"又曰:"此'致知'二字,真是个千古圣传之秘。见到这里,百世以俟圣人而不惑!"

九川问曰:"伊川说到'体用一原,显微无间'处,门人已说是泄天机。先生'致知'之说,莫亦泄天机太甚否?"先生曰:"圣人已指以示人,只为后人掩匿,我发明耳,何故说泄?此是人人自有的,觉来甚不打紧一般。然与不用实功人说,亦甚轻忽,可惜彼此无益。与实用功而不得其要者提撕之,甚沛然得力。"

又曰:"知来本无知,觉来本无觉,然不知则遂沦埋。"

先生曰:"大凡朋友,须箴规指摘处少,诱掖奖劝意多,方是。"后又戒九川云:"与朋友论学,须委曲谦下,宽以居

在这个问题上已没什么可阐发的空间了。"先生说:"怎么能轻易这样说!再用功半年看看结果会如何?再用功一年又看看结果会如何?功夫时间下得越久,感觉就会越不一样,这难以用语言来表达。"

先生问:"九川你对'致知'之说有何体会?"九川说:"我自觉和以前有所不同。从前操持时常不知要如何做才最合适,现在却能感知这就是最好的。"先生说:"由此可见,自己亲身体会到的和听到的是不一样的。刚开始给你讲的时候,我知道你不会重视,因此不会有什么体会。只是从恰到好处,再深入体会,每天都会有不同的感受,这个变化是没有止境的。"先生又说:"这'致知'二字,真是千古圣贤相承的秘诀。明白了这个,即是'百世以俟圣人而不惑'。"

九川问:"当伊川先生说到'体用一原,显微无间'时,门人说他泄露了天机。先生的'致知'之说,不会也泄露太多天机了吧?"先生说:"圣人早已把'致良知'之说告诉世人了,只是被后人掩藏了,我只是重新让它示人而已,为什么说是泄露天机呢?良知是人本性具足的,只是人们觉察到了却没有重视。然而,与那些不实地用功的人谈论,可惜他们也很轻视,这对彼此来说都没有好处。给予那些确实用功但不得要领的人以揭示,他们就会觉得很有帮助。"

先生又说:"只有明白了才知道本来无所谓明白与否,觉悟了才知道本无所谓觉悟。但是如果不明白,自己的良知便会沦落埋没。"

先生说:"大凡朋友之间,应当少一些批评指责,多一些开导鼓励才是。"先生又告诫九川说:"与朋友讨论学问,应当委之。"

九川卧病虔州，先生云："病物亦难格，觉得如何？"对曰"功夫甚难。"先生曰："常快活便是功夫。"

九川问："自省念虑或涉邪妄，或预料理天下事，思到极处，井井有味，便缱绻难屏。觉得早则易，觉迟则难，用力克治，愈觉扞格。惟稍迁念他事，则随两忘。如此廓清，亦似无害。"先生曰："何须如此！只要在良知上着功夫。"

九川曰："正谓那一时不知。"先生曰："我这里自有功夫，何缘得他来？只为尔功夫断了，便蔽其知。既断了则继续旧功便是，何必如此。"九川曰："直是难鏖，虽知，丢他不去。"先生曰："须是勇。用功久，自有勇。故曰'是集义所生者'，胜得容易，便是大贤。"

九川问："此功夫却于心上体验明白，只解书不通。"先生曰："只要解心。心明白，书自然融会。若心上不通，只要书上文义通，却自生意见。"

有一属官，因久听讲先生之学，曰："此学甚好。只是簿书讼狱繁难，不得为学。"先生闻之，曰："我何尝教尔离了簿书讼狱，悬空去讲学？尔既有官司之事，便从官司的事上为学，才是真'格物'。如问一词讼，不可因其应对无状，起婉谦虚，宽以待人。"

九川在虔州生病了。先生说："病这东西也很难格正，你觉得如何？"九川说："这个功夫的确很难。"先生说："常保持心情愉悦，便是功夫。"

九川问："我反省自己的思虑，有时会涉及邪妄，有时又想着去治理天下，想到最深处时，也会觉得津津有味，便会感觉难以取舍。发觉得早还容易去改变，发觉晚了就很难克制了，用力去克制，越发觉得矛盾，只有去想别的事情，才能把所有的事情忘掉。这样净化思想，好像也没什么害处。"先生说："不必这样，只要在良知上下功夫就行了。"

九川说："我说的正是不知道良知一说时的情况。"先生说："自己这里有功夫，又怎么会有这种情况呢？恐怕只是因为你功夫中断了，蒙蔽了自己的良知。既然功夫间断了，那再继续原来的功夫就好了，何必要这样呢？"九川说："那真是一场苦战呀。虽然我知道了，可就是难以去除。"先生说："这确实需要勇气。不过用功久了，自然会有勇气。所以说'是集义所生者'，如果能轻易得胜，那便是大贤人了。"

九川问："这种致良知的功夫在心中能够体验明白，但却解释不了书本上的字句。"先生说："只要从心上体验明白就行了。心里明白了，书中字句的意思自然就能理解。如果心里没想明白，却想去解释书本上的字句，自然会产生不同的理解。"

有一位下属官员，长期听先生讲学，他说："先生的学说确实很好，只是我要处理的文件和案子太多，没有时间去学啊。"先生听后说："我什么时候教你撒开文牍案件凭空去学呀？你既然有案要办，那便可从办案中去学嘛，这才是真正的'格物'。

个怒心；不可因他言语圆转，生个喜心；不可恶其嘱托，加意治之；不可因其请求，屈意从之；不可因自己事务烦冗，随意苟且断之；不可因旁人谮毁罗织，随人意思处之。这许多意思皆私，只尔自知，须精细省察克治，惟恐此心有一毫偏倚，杜人是非，这便是'格物''致知'。簿书讼狱之间，无非实学，若离了事物为学，却是着空。"

虔州将归，有诗别先生云："良知何事系多闻，妙合当时已种根。好恶从之为圣学，将迎无处是乾元。"先生曰："若未来讲此学，不知说'好恶从之'从个甚么？"敷英在座，曰："诚然。尝读先生《大学古本序》，不知所说何事。及来听讲许时，乃稍知大意。"

于中、国裳辈同侍食。先生曰："凡饮食只是要养我身，食了要消化。若徒蓄积在肚里，便成痞了，如何长得肌肤？后世学者博闻多识，留滞胸中，皆伤食之病也。"

先生曰："圣人亦是'学知'，众人亦是'生知'。"问曰："何如？"曰："这良知人人皆有，圣人只是保全，无些障蔽，兢兢业业，亹亹翼翼，自然不息，便也是学。只是生的分数多，所以谓之'生知安行'。众人自孩提之童，莫不完具此知，只是障蔽多，然本体之知自难泯息，虽问学克治，也只凭他，只是学的分数多，所以谓之'学知利行'。"

比如审讯时，不能因为当事人回答无礼而发怒，也不能因为对方言辞婉转就高兴，不能因厌恶他的请求而故意惩罚他，也不能因当事人的要求而违背自己的原则答应他，不能因为自己事务繁忙而随意草率结案，也不能因别人罗织罪名诽谤陷害而按他人的想法处置。以上讲的这些都是私念，只有你自己知道，必须认真反省体察克制，唯恐心中有一点点的偏私而错判了是非，这就是'格物''致知'。处理文件与审理案情，都是实实在在的学问，如果脱离了事物去做学问，那只会是竹篮打水一场空。"

即将离开虔州时，九川写了首诗向先生告别："良知何事系多闻，妙合当时已种根。好恶从之为圣学，将迎无处是乾元。"先生说："你如果没来这里讨论良知，那么怎么知道'好恶从之'从的是个什么呀。"敷英当时在座，他听后说："确实是这样。我曾经读过先生的《大学古本序》，当时不知道说的是什么。等到后来到这里听了先生一段时间的讲授，才稍稍理解了些大意。"

于中、国裳等人陪同先生吃饭。先生说："吃饭只是为了养我们的身体，吃了要消化。如果只是把吃的东西全都积蓄在肚子里，便会成痞积了，身体又怎么会长出肌肉呢？后世的学者大多都是博闻强记，把知识全部积累在胸中，都犯了吃饭消化不良的毛病呀。"

先生说："圣人也是'学而知之'，众人也同样是'生而知之'。"九川问："为什么？"先生说："这个良知是人人都有的，圣人只是能保全良知不被其他事物蒙蔽，他们兢兢业业，勤勤恳恳，良知自然就会常存，这也就是学习。只是'生知'的成分多，所以叫作'生知安行'。众人从孩提时起就没有不具备这良知的，只是被遮蔽得太多。但是本体的良知是难以泯灭的，即使

黄以方问:"先生'格致'之说,随时'格物'以致其知,则'知'是一节之'知',非全体之'知'也。何以到得'溥博如天,渊泉如渊'地位?"先生曰:"人心是天、渊。心之本体无所不该,原是一个天,只为私欲障碍,则天之本体失了。心之理无穷尽,原是一个渊。只为私欲窒塞,则渊之本体失了。如今念念致良知,将此障碍窒塞一齐去尽,则本体已复,便是天渊了。"乃指天以示之曰:"比如面前见天,是昭昭之天;四外见天,也只是昭昭之天。只为许多房子墙壁遮蔽,便不见天之全体。若撤去房子墙壁,总是一个天矣。不可道眼前天是昭昭之天,外面又不是昭昭之天也。于此便见一节之知,即全体之知;全体之知,即一节之知:总是一个本体。"

先生曰:"圣贤非无功业气节,但其循着这天理,则便是道,不可以事功气节名矣。"

"'发愤忘食'是圣人之志如此,真无有已时;'乐以忘忧'是圣人之道如此,真无有戚时。恐不必云得不得也。"

先生曰:"我辈'致知',只是各随分限所及。今日良知见在如此,只随今日所知扩充到底;明日良知又有开悟,便从明日所知扩充到底。如此方是'精一'功夫。与人论学,亦须随人分限所及。如树有这些萌芽,只把这些水去灌溉。

是求学克治也需要凭借良知才行，只是'学知'的成分多，所以叫'学知利行'。"

黄以方问："先生的'格物致知'之说，是随时'格物'以致良知的。那么，这个'知'只能是部分的'知'，而不会是全部的'知'了，如何能达到'周遍广大如天、幽深有如本渊'的境界呢？"先生说："人心就是天，就是渊，心的本体无所不包，原本就是一个天，只是被私欲蒙蔽后，才丧失了天的本来面目。心之天理是无穷尽的，本就是一个渊，只是被私欲阻塞，才失去了渊的本来面目。现在的念头时刻都是致良知，将这些蒙蔽物和阻塞一起清除，恢复心的本体，那么心便恢复为天和渊了。"然后先生手指天空，说："比如眼前这天，是明朗的天，在外四周看天，看到的也还是这明朗的天，只是在这里，因为被许多房子墙壁遮挡，所以看不到天的全体。如果拆掉这些房子墙壁，就会看到一个完整的天了。不能说眼前的天是明朗的天，外面的天就不是明朗的天了。由此可以见，部分的良知便是全部的良知，全体的良知也就是部分的良知，良知的本体只有一个。"

先生说："圣贤不是没有功业气节，但是他们能遵循天理，这就是道。他们不是因为功业和气节而出名。"

"'发愤忘食'是圣人之志，他们这样从来没有停息的时候；'乐以忘忧'是圣人之道，且是真没有忧伤的时候。这恐怕谈不上得与失了。"

先生说："我等人要'致良知'，也只是各人自尽其力而已。今天对良知的认识只是这样，那就将今天的认识扩充到底；明天对良知有了新的领悟，那就根据明天的认识，将良知扩充到底。这样，才是'精一'的功夫。与别人讨论学问，也必须根据别萌芽再长，便又加水。自拱把以至合抱，灌溉之功皆是随其分限所及。若些小萌芽，有一桶水在，尽要倾上，便浸坏他了。"

问"知行合一"。先生曰："此须识我立言宗旨。今人学问，只因知行分作两件，故有一念发动，虽是不善，然却未曾行，便不去禁止。我今说个知行合一，正要人晓得一念发动处，便即是行了。发动处有不善，就将这不善的念克倒了。须要彻根彻底，不使那一念不善潜伏在胸中。此是我立言宗旨。"

"圣人无所不知，只是知个天理；无所不能，只是能个天理。圣人本体明白，故事事知个天理所在，便去尽个天理。不是本体明后，却于天下事物都便知得，便做得来也。天下事物，如名物度数、草木鸟兽之类，不胜其烦。圣人虽是本体明了，亦何缘能尽知得？但不必知的，圣人自不消求知；其所当知的，圣人自能问人。如'子入太庙，每事问'之类，先儒谓'虽知亦问，敬谨之至'。此说不可通。圣人于礼乐名物不必尽知，然他知得一个天理，便自有许多节文度数出来。不知能问，亦即是天理节文所在。"

问："先生尝谓'善恶只是一物'。善恶两端，如冰炭相反，如何谓只一物？"先生曰："至善者，心之本体。本体上才过当些子，便是恶了。不是有一个善，却又有一个恶来相对也。故善恶只是一物。"直因闻先生之说，则知程子所谓人的能力而定。例如树刚发芽时，只要用少量水浇灌就行了，树长大点后，便再多浇一些水。树从手能相握到双臂合抱大小，水浇灌的多少，都是根据树的大小而定的。如树刚发芽，便把一桶水一下子都浇上，那就会把树淹死。"

有人问"知行合一"。先生说："这需要了解我立言的主旨。现在人做学问，总是把'知'与'行'看成是两件事，所以，一个念头的产生，即使是恶的，但因为没有付诸行动，便不去禁止。现在我说知行合一，便是要人知道一念萌生了便是行动了。念头产生时有不善，便要克制去除，而且必须是彻底铲除，不能让那恶念埋藏在胸中。这就是我所主张学说的宗旨。"

"圣人无所不知，也就只是知道个天理；无所不能，能的也就只是个天理。圣人的本体明白纯洁，所以，事事都能知道天理所在，更能去穷尽这个天理。而不是本体明白后，天下的事物就都能知道，都能做的。天下的事物，如名物、度数、草木、鸟兽等，不可计数，圣人虽然本体必须明白纯洁，但又怎会什么都知道呢？对于那些不必知道的，圣人不需要去知道；对那些应该知道的，圣人自然能向人求问。如'孔子每进入太庙，遇事就问'之类的事，先儒解释说是'孔子虽然全都知晓但还要问，这是他恭敬谨慎的表现'，这说不通。圣人对于礼乐、名物，没必要全都知晓，但他知道一个天理，就自然会明白许多规章制度。不明白就问，这也是天理法则的体现。"

有人问："先生曾说'善恶只是一个东西'。善与恶就像冰和炭一样，是相互对立的两个极端，为什么说是同一个东西呢？"先生说："善的极致就是心的本体，本体稍有过失就是恶。不是说有了一个善，然后会有一个恶与它相对。所以说，善恶只是一

"善固性也,恶亦不可不谓之性";又曰:"善恶皆天理。谓之恶者本非恶,但于本性上过与不及之间耳"。其说皆无可疑。

先生尝谓:"人但得好善如好好色,恶恶如恶恶臭,便是圣人。"直初时闻之觉甚易,后体验得来,此个功夫着实是难。如一念虽知好善恶恶,然不知不觉,又夹杂去了。才有夹杂,便不是好善如好好色,恶恶如恶恶臭的心。善能实实的好,是无念不善矣;恶能实实的恶,是无念及恶矣。如何不是圣人?故圣人之学,只是一诚而已。

问:"《修道说》言:'率性之谓道'属圣人分上事;'修道之谓教'属贤人分上事。"先生曰:"众人亦'率性'也,但'率性'在圣人分上较多,故'率性之谓道'属圣人事。圣人亦'修道'也,但'修道'在贤人分上多,故'修道之谓教'属贤人事。"又曰:"《中庸》一书,大抵皆是说'修道'的事。故后面凡说君子,说颜渊,说子路,皆是能修道的;说小人,说贤、知、愚不肖;说庶民,皆是不能'修道'的;其他言舜、文、周公、仲尼至诚至圣之类,则又圣人之自能'修道'者也。"

问:"儒者到三更时分,扫荡胸中思虑,空空静静,与释氏之静只一般,两下皆不用,此时何所分别?"先生曰:"动个东西。"听了先生的解释,黄直于是明白了程子所说的两句话:"善固性也,恶亦不可不谓之性。"又说:"善恶皆天理。谓之恶者本非恶,但于本性上过与不及之间。"黄直对这些说法都不再有疑问。

先生曾说过:"人只要能喜欢美德像爱好美色,厌恶过失像厌恶恶臭那样,就是圣人。"黄直刚听到这话时,觉得很容易做到,后来经过体验,才知道这个功夫其实很难。比如一念之间虽然知道好善恶恶,然而不知不觉中却又掺杂进了别的东西。一掺杂进了其他的东西,便不会再有像爱好美色那样爱好善行、像厌恶恶行那样厌恶恶臭的心了。如能确确实实好善,那么就没有什么念头是不善的了;如能确确实实厌恶恶行,那就不会有什么恶念了。这样,又怎么会不是圣人呢?所以,圣人的学问,也只是一个诚而已。

有人就先生在《修道说》中说"率性之谓道"是圣人分内的事,"修道之谓教"是贤人分内的事,向先生请教。先生说:"普通人也能'率性',但是'率性'在圣人身上体现较多,所以说'率性之谓道'是圣人的事。圣人也'修道',但'修道'主要体现在贤人身上,所以说'修道之谓教'是贤人事。"先生又说:"《中庸》一书中大部分都是讲'修道'的事,所以后面凡是讲到的君子,讲到的颜回、子路,都是能'修道'的;凡是讲到的小人,包括贤者、智者、愚者、不肖者;讲到庶民,都是不能'修道'的人;其他所讲的舜帝、文王、周公、孔子等至诚至圣之人,则又是自然能'修道'的圣人。"

有人问:"儒者到三更时分,扫清胸中思虑,空空静静,与佛教所说的静差不多。此时,儒家和佛家功夫都不用,又如何区静只是一个。那三更时分空空静静的，只是存天理，即是如今应事接物的心；如今应事接物的心，亦是循此天理，便是那三更时分空空静静的心。故动静只是一个，分别不得。知得动静合一，释氏毫厘差处亦自莫掩矣。"

门人在座，有动止甚矜持者。先生曰："人若矜持太过，终是有弊。"曰："矜持太过，如何有弊？"曰："人只有许多精神，若专在容貌上用功，则于中心照管不及者多矣。"有太直率者。先生曰："如今讲此学，却外面全不检束，又分心与事为二矣。"

门人作文送友行，问先生曰："作文字不免费思，作了后又一二日常记在怀。"曰："文字思索亦无害。但作了常记在怀，则为文所累，心中有一物矣，此则未可也。"又作诗送人，先生看诗毕，谓曰："凡作文字要随我分限所及。若说得太过了，亦非'修辞立诚'矣。"

"文公'格物'之说，只是少头脑，如所谓'察之于念虑之微'，此一句不该与'求之文字之中'、'验之于事为之著'、'索之讲论之际'混作一例看，是无轻重也。"

问"有所忿懥"一条。先生曰："忿懥几件，人心怎能无得？只是不可'有所'耳！凡人忿懥着了一分意思，便怒得过当，非廓然大公之体了。故有所忿懥，便不得其正也。如今于凡忿懥等件，只是个物来顺应，不要着一分意思，便心体廓然大公，得其本体之正了。且如出外见人相斗，其不是别它们呢？"先生说："动与静是一回事。三更时分空空静静，只是存养天理，也就是现在应对事物的心。现在这个应对事物的心，也要遵循天理，也就是三更时分空空静静的心。所以动与静是一回事，不能分开。明白动静合一的道理，儒家与佛教的细微差别自然也就不能掩盖了。"

在座的门人中，有人举止过于矜持。先生说："人如果过于矜持，终究会有弊病。"门人追问："太矜持了，怎么会有弊病？"先生说："人只有这么多精力，如果只在容貌仪表上下功夫，那么就会经常照顾不到内心了。"有的门人太直率。先生说："现在讲良知的学问，如果生活中完全不检点仪容，就又是把心和事一分为二了。"

有一个学生写了篇文章为朋友送行，他对先生说："写文章难免费心劳神，写完一两天之后都还不能忘记。"先生说："作文思索并没有坏处，但写后还总记在心里，就会被文章所牵累。这样，心里就有了羁绊，这样就不好了。"还有学生写诗送人，先生看完诗后，对他说："凡是写诗作文，都要根据自己的能力特长，如果辞藻用得太过分了，就不是'修辞之诚'了。"

"朱熹先生的'格物'之说，只是少了一个主旨。如他所说的'察之念虑之微'这句话不应与'求之文字之中''验之于事为之著''索之讲论之际'混为一谈，这样是不分轻重啊。"

有人向先生请教《大学》中"有所忿懥"的意思。先生说："忿懥、恐惧、好乐和忧患等情绪，人心里怎么会没有呢？只是不应该有而已！人在忿懥时，只要多一分在意就会过度愤怒，从而失去宽广无私的本心。所以只要心中有忿懥，就不会保持中正平和。现在，对于忿懥、恐惧、好乐、忧患等情绪，只要顺其自的,我心亦怒。然虽怒,却此心廓然,不曾动些子气。如今怒人,亦得如此,方才是正。"

先生尝言:"佛氏不着相,其实着了相。吾儒着相,其实不着相。"请问。曰:"佛怕父子累,却逃了父子;怕君臣累,却逃了君臣;怕夫妇累,却逃了夫妇。都是为个君臣、父子、夫妇着了相,便须逃避。如吾儒有个父子,还他以仁;有个君臣,还他以义;有个夫妇,还他以别,何曾着父子、君臣、夫妇的相?"

黄勉叔问:"心无恶念时,此心空空荡荡的,不知亦须存个善念否?"先生曰:"既去恶念,便是善念,便复心之本休矣。譬如日光被云来遮蔽,云去光已复矣。若恶念既去,又要存个善念,即是日光之中添燃一灯。"

问:"近来用功,亦颇觉妄念不生,但腔子里黑窣窣的,不知如何打得光明?"先生曰:"初下手用功,如何腔子里便得光明?譬如奔流浊水,才贮在缸里,初然虽定,也只是昏浊的。须俟澄定既久,自然渣滓尽去,复得清来。汝只要在良知上用功。良知存久,黑窣窣自能光明矣。今便要责效,却是助长,不成功夫。"

先生曰:"吾教人致良知,在'格物'上用功,却是有根

然，不要过度关注，便会做到本心宽广无私，从而保持本心的中正平和了。就像外出时见到有人相斗，对于无理的一方，我心里就会感到愤怒。虽然愤怒，但我的心是坦然公正的，不会生哪怕一点点的气。现在对别人发怒时，也应该这样，这才是中正之道。"

先生曾说："佛教不执着于相，实际却着于相了。我们儒家执着于相，其实并没有着相。"特请教先生。先生说："佛教害怕受父子关系牵累，就抛弃了父子之情；怕受君臣关系连累，就抛开了君臣之义；怕受夫妻关系连累，就抛弃了夫妻情分。这些都是因为执着于君臣、父子、夫妻的相，才要逃避。像我们儒家就不一样，有父子关系，便给予仁爱；有君臣关系，便报以忠义；有夫妇关系，便待以礼节。这又哪有执着于君臣、父子、夫妇的相了呢？"

黄勉叔问先生："心中没有恶念时，便空空荡荡的，不知是否需要存养一个善念？"先生说："既然驱除了恶念，这便是善念了，心的本体也就恢复了。就好像阳光，被乌云遮住，当乌云过后，阳光便又出来了。如果恶念已经清除，又要存养一个善念，就像是在阳光下再添一盏灯。"

有人问先生："近来用功，常常觉得妄念不再产生，但是心里面却是漆黑一片，不知道要如何才能使它光明？"先生说："你才刚用功，怎么就能即刻使你的心里光明呢？比如奔流的浑水，才贮放到水缸里，即使一开始就静止了，但还是浑浊的。必须等得时间长了，水中的渣滓才会沉淀，才能成为清水。你只要在良知上用功夫，良知存养久了，心中的黑暗自然会成为光明。现在马上就想要见效，反而是拔苗助长，不是真正的修养功夫。"

先生说："我教人致良知在'格物'上用功，这是有根基的

本的学问。日长进一日，愈久愈觉精明。世儒教人事事物物上去寻讨，却是无根本的学问。方其壮时，虽暂能外面修饰，不见有过，老则精神衰迈，终须放倒。譬如无根之树，移栽水边，虽暂时鲜好，终久要憔悴。"

问"志于道"一章。先生曰："只'志道'一句，便含下面数句功夫，自住不得。譬如做此屋，'志于道'是念念要去择地鸠材，经营成个区宅；'据德'却是经画已成，有可据矣；'依仁'却是常常住在区宅内，更不离去；'游艺'却是加些画采，美此区宅。艺者，义也，理之所宜者也。如诵诗、读书、弹琴、习射之类，皆所以调习此心，使之熟于道也。苟不'志道'而'游艺'，却如无状小子，不先去置造区宅，只管要去买画挂，做门面，不知将挂在何处？"

问："读书所以调摄此心，不可缺的。但读之之时，一种科目意思牵引而来，不知何以免此？"先生曰："只要良知真切，虽做举业，不为心累；总有累亦易觉，克之而已。且如读书时，良知知得强记之心不是，即克去之；有欲速之心不是，即克去之；有夸多斗靡之心不是，即克去之。如此，亦只是终日与圣贤印对，是个纯乎天理之心。任他读书，亦只是调摄此心而已，何累之有？"

曰："虽蒙开示，奈资质庸下，实难免累。穷闻穷通有命，上智之人恐不屑此；不肖为声利牵缠，甘心为此，徒自苦

学问。每天都有进步，时间越久越能精确明白。世俗儒生教人到各种事物上去寻求，这是没有根基的学问。人在壮年时，虽然还能对外表进行修饰，让人看不出破绽，但人老了时，精神衰弱，终究会支持不住倒下。这就像把没有根的树，移栽到水边，虽然暂时能保持鲜活，但终究会憔悴枯死。"

有人向先生请教《论语》中"志于道"这一章的内容。先生说："只是'志于道'这一句，便包含了下面几句的功夫，自然不能停留在这。比如建造这房屋，'志于道'就是时刻想着选地挑材，建成房屋；'据德'就是房屋已建成，可以在这居住了；'依仁'就是经常住在这个屋子里，不再离开；'游艺'就是加些画和色彩，装饰美化屋子。艺就是义，是理的恰当处，如咏诗、读书、弹琴和射箭等，都是为了调节本心，使心能够更熟练于道。如果不'志道'就去'游艺'，那就像一个毛头小伙子，不先去建造房子，只知去买画来装饰门面，那么画要挂在哪里？"

有人问先生："读书是为了调节我们的本心，是不可或缺的。但读书之时，科举功名的想法难免会产生，不知道如何可以避免这种情况？"先生说："只要良知功夫真切实在，即便参加科举考试，也不会为心增加负担；即使有了负担也容易觉察，只要克服就行了。就像读书时，良知明白强记之心不好，便去克服它；明白急于求成之心不好，便去克服它；明白争强好胜之心不好，便去克服它。这样，也只是在整天与圣贤印证，保持的是颗纯为天理的心。不管如何读书，也只是在调节本心而已，又有什么负担呢？"

又问："虽然承蒙先生开导，奈何我资质低下，实在是难以摒除考取功名的念头。我听说人的穷困与通达都是命中注定

耳。欲屏弃之，又制于亲，不能舍去，奈何？"先生曰："此事归辞于亲者多矣，其实只是无志。志立得时，良知千事万为，只是一事，读书作文，安能累人？人自累于得失耳。"因叹曰："此学不明，不知此处耽搁了几多英雄汉！"

问："'生之谓性'，告子亦说得是，孟子如何非之？"先生曰："固是性，但告子认得一边去了，不晓得头脑。若晓得头脑，如此说亦是。孟子亦曰'形色天性也'，这也是指气说。"又曰："凡人信口说，任意行，皆说此是依我心性出来，此是所谓'生之谓性'，然却要有过差。若晓得头脑，依吾良知上说出来，行将去，便自是停当。然良知亦只是这口说、这身行，岂能外得气，别有个去行去说？故曰'论性不论气不备，论气不论性不明'。气亦性也，性亦气也，但须认得头脑是当。"

又曰："诸君功夫最不可助长。上智绝少，学者无超入圣人之理。一起一伏，一进一退，自是功夫节次。不可以我前日用得功夫了，今却不济，便要矫强，做出一个没破绽的模样。这便是助长，连前些子功夫都坏了。此非小过。譬如行路的人，遭一蹶跌，起来便走，不要欺人做那不曾跌倒的样子出来。诸君只要常常怀个'遁世无闷，不见是而无闷'

的，天资聪慧的人，对科举恐怕不屑一顾吧。而我不肖，被声色名利纠缠，心甘情愿为科举考试而读书，只是又感到痛苦。我想摒弃这个念头，却又受制于父母，不能割舍弃。我该如何？"先生说："很多人把这种事归咎于父母，其实是自己没有志向。志向确立后，无论何事在良知的主宰下，也只是一件事。所以，读书作文又怎会是人的负担呢？是人自己被得失的心所困扰啊。"先生因而感慨地说："良知之学不昌明，不知这耽误了多少英雄好汉啊。"

有人问："告子说的'生之谓性'，我认为并没什么错呀，为什么孟子要否定他呢？"先生说："固然是性，但告子只看到了一个方面，没有认识到问题的本质。如果他能抓住问题的关键，他这么说也是对的。孟子也说过'形色，天性也'，这也是针对气说的。"先生又说："凡是一个人信口开河、任意妄为，说这都是遵从自己的心性做的，这就是所谓的'生之谓性'。然而这样会造成许多过失。如果知道事情的关键，依从自己的良知出发，去说话做事，那自然会正确无误。然而，良知也只是靠我们的嘴来说，靠我们的身体来做，又怎么能离开气，靠另外一个东西去说、去做呢？所以程颐先生说'论性不论气不备，论气不论性不明'。气也是性，性也是气。但是必须认识到它的本质才行。"

先生又说："诸位用功，但千万不能拔苗助长，急于求成。拥有上智的人很少，学者没有直接成为圣人的道理。有起有伏，有进有退，才是做功夫的正常次序。不能因为自己前天用了功夫，现在却不管用了，便要假装做出一副没有破绽的模样。这便是拔苗助长，会把以前做的功夫也都给废了。这可不是小过失。比如走路的人摔了一跤，爬起来就走，不要欺骗人，装出之心,依此良知,忍耐做去,不管人非笑,不管人毁谤,不管人荣辱,任他功夫有进有退,我只是这致良知的主宰不息,久久自然有得力处,一切外事亦自能不动。"又曰:"人若着实用功,随人毁谤,随人欺慢,处处得益,处处是进德之资。若不用功,只是魔也,终被累倒。"

先生一日出游禹穴,顾田间禾曰:"能几何时,又如此长了!"范兆期在旁曰:"此只是有根。学问能自植根,亦不患无长。"先生曰:"人孰无根?良知即是天植灵根,自生生不息,但着了私累,把此根戕贼蔽塞,不得发生耳。"

一友常易动气责人,先生警之曰:"学须反己。若徒责人,只见得人不是,不见自己非;若能反己,方见自己有许多未尽处,奚暇责人?舜能化得象的傲,其机括只是不见象的不是。若舜只要正他的奸恶,就见得象的不是矣。象是傲人,必不肯相下,如何感化得他?"是友感悔。曰:"你今后只不要去论人之是非,凡当责辨人时,就把做一件大己私克去,方可!"

先生曰:"凡朋友问难,纵有浅近粗疏,或露才扬己,皆是病发。当因其病而乐之可也,不可便怀鄙薄之心,非君子

一副没有摔跤的样子。你们只要常常存有'遁世无闷,不见是而无闷'的心态,按照良知的指引耐心去做,不要管别人的非难讥笑、诽谤,不管别人的赞誉和侮辱,任凭功夫是前进或后退,我们只要抓住良知的本质不放,时间久了自然会有效果,外在的一切事物自然不能干扰我。"先生又说:"人如果能切切实实用功,随人诽谤,任人欺侮,自然会处处受益,处处是增长德行的资本。如果不用功,别人的诽谤和欺侮就会像魔鬼一样,最终会被它们累倒。"

先生一天到禹穴去游览,看着田间的禾苗说:"这么短时间,禾苗就长这么长了啊!"范兆期在先生旁边说:"这只是因为禾苗有根。做学问如果能自己种下根,就不怕学问不会进步。"先生说:"谁人没有根?良知就是天生的灵根,本来就是生生不息的;只是因为受自己私欲的连累,把灵根蒙蔽和阻塞了,从而使良知不能生长发育。"

一位朋友经常容易生气指责他人,先生因而告诫他说:"学习必须要常反省自己。如果只去指责他人,就只会看到别人的缺点,而看不到自身的不足;如果能自我反省,才会发现自身的许多不足,哪有闲工夫去指责别人呢?舜之所以能够感化傲慢的象,关键在于舜不去挑剔象的缺点。如果舜只想着要纠正象的奸邪,那就会看到许多象的缺点。象是个傲慢的人,肯定不肯认错,又怎么能感化他呢?"这个朋友又感动又后悔。先生说:"你今后只不要去议论别人的是非对错,凡是要责备别人的时候,就把它当作一个大私欲克服掉,那样才行。"

先生说:"凡是朋友间辩论,即使有浅近粗浅的地方,或是表露才华借此显示自己,这都是不对的做法。应该针对各自的与人为善之心矣。"

问:"《易》,朱子主卜筮,程《传》主理,何如?"先生曰:"卜筮是理,理亦是卜筮。天下之理,孰有大于卜筮者乎?只为后世将卜筮专主在占卦上看了,所以看得卜筮似小艺。不知今之师友问答、博学、审问、慎思、明辨、笃行之类,皆是卜筮,卜筮者,不过求决狐疑,神明吾心而已。《易》是问诸天,人有疑,自信不及,故以《易》问天。谓人心尚有所涉,惟天不容伪耳。"

黄勉之问:"'无适也,无莫也,义之与比',事事要如此否?"先生曰:"固是事事要如此,须是识得个头脑乃可。义即是良知,晓得良知是个头脑,方无执着。且如受人馈送,也有今日当受的,他日不当受的;也有今日不当受的,他日当受的。你若执着了今日当受的便一切受去,执着了今日不当受的,便一切不受去,便是'适''莫',便不是良知的本体,如何唤得做义?"

问:"'思无邪'一言,如何便盖得三百篇之义?"先生曰:"岂特三百篇,《六经》只此一言便可该贯,以至穷古今天下圣贤的话,'思无邪'一言也可该贯。此外更有何说?此是一了百当的功夫。"

问"道心""人心",先生曰:"'率性之谓道'便是'道心';但着些人的意思在,便是'人心'。'道心'本是无声无缺点加以纠正，而不要因此便胸怀轻视之心，因为这不是君子与人为善的心。"

有人问先生："朱子认为《易经》重在卜筮，程颐先生义为《易经》重在讲究天道。先生您如何看待？"先生说："卜筮就是天理，天理也是卜筮。天下的道理还有比卜筮更大的吗？只是后世之人仅仅把卜筮当作占卦，所以认为卜筮只是雕虫小技，却不知道现在师生间的问答、博学、审问、慎思、明辨、笃行等都属卜筮。卜筮只不过是为了解疑释惑，使人心灵变得神明而已。《易经》是向天请教，心中有疑而不自信，所以用《易经》来向天询问。人心仍有偏向，只有天是容不得一点虚假的。"

黄勉之问："《论语》中说'无适也，无莫也，义之与比'，事事都需要这样吗？"先生说："本来事事就要这样，且必须明白事物的本质才行。义就是良知，知道良知是根本，才不会执着。就好比接受他人的馈赠，有今天可以接受而其他时候不能接受的，也有今天不能接受而其他时候可以接受的。如果你只执着今天可以接受，便不问情况接受所有馈赠，或者执着今天不能接受就不问情况拒绝所有馈赠，这便是'适'与'莫'，这不是良知的本体，又怎么能叫作义呢？"

黄勉之问："'思无邪'这句话，怎么能概括《诗经》三百篇的意思呢？"先生说："何止是《诗经》三百篇，就是《六经》的内容也都可以用这句话来概括贯通，甚至是古往今来所有圣贤的话，都可以用'思无邪'来概括贯通，除此之外还能用什么话来概括呢？这是个一了百当的功夫。"

黄勉之请教"道心"与"人心"。先生说："'率性之谓道'就是'道心'；但是沾染了一些人的世俗欲望后便是'人心'了。

臭，故曰'微'。依着'人心'行去，便有许多不安稳处，故曰'惟危'。"

问："''中人以下不可以语上'，愚的人与之语上尚且不进，况不与之语，可乎？"先生曰："不是圣人终不与语。圣人的心忧不得人人都做圣人。只是人的资质不同，施教不可躐等。中人以下的人，便与他说性、说命，他也不省得，也须慢慢琢磨他起来。"

一友问："读书不记得，如何？"先生曰："只要晓得，如何要记得？要晓得已是落第二义了，只要明得自家本体。若徒要记得，便不晓得；若徒要晓得，便明不得自家的本体。"

问："'逝者如斯'，是说自家心性活泼泼地否？"先生曰："然。须要时时用致良知的功夫，方才活泼泼地，方才与他川水一般。若须臾间断，便与天地不相似。此是学问极至处，圣人也只如此。"

问"志士仁人"章。先生曰："只为世上人都把生身命子看得来太重，不问当死不当死，定要宛转委曲保全，以此把天理却丢去了。忍心害理，何者不为？若违了天理，便与禽兽无异，便偷生在世上百千年，也不过做了千百年的禽兽。学者要于此等处看得明白。比干、龙逄只为他看得分明，所以能成就得他的人。"

'道心'本来是无声无味的,所以说是'微'。如果按照'人心'去做,便会有许多不安稳的地方,所以叫'惟危'。"

有人问:"孔子说'中人以下,不可以语上',给愚笨之人讲高深的学问,他们都不能有所进步,何况什么都不给他们讲,行吗?"先生说:"不是圣人始终都不会去给愚笨之人讲。圣人的心里希望人人都能成为圣人。只是由于人的资质不同,教育时不能不因人而异。中等资质以下的人,即便给他讲解性命之学,他们也不全懂得,必须慢慢引导启发他们。"

一位朋友问:"读了书之后却不记得,该如何?"先生说:"只要明白了就行,为何非要记住呢?明白道理已经落在第二位了,关键是要让自己的本体光明纯洁。如果只求记住内容,便不会明白道理;如果只求明白道理,便不能使自己的心体明亮纯洁。"

有人问:"孔子说'逝者如斯',是说自己的心性本体生动活泼吗?"先生说:"是的。必须要时时用致良知的功夫,才能使自己的心性本体生动活泼,就像那河水一样。如果有片刻的间断,就会与天地万物的生机不一样了。这是做学问的最高境界,圣人做的也就只是这样。"

有人向先生请教《论语》中"志士仁人"章的思想。先生说:"只因为世人把生身性命看得太重,不管是不是应当死,一定都要想方设法委曲求全,保住性命,因此把天理都丢了。伤天害理的事都忍心去干,还有什么事干不出来呢?如果违背了天理,便与禽兽无异,那即便是苟且偷生于世千百年,也不过是做了千百年的禽兽而已。学问之人要在这些地方看得清楚明白。比干、龙逢他们只是因为在这个问题上看得清楚明白,所以能够成就他问:"叔孙武叔毁仲尼,大圣人如何犹不免于毁谤?"先生曰:"毁谤自外来的,虽圣人如何免得?人只贵于自修,若自己实实落落是个圣贤,纵然人都毁他,也说他不着,却若浮云揜日,如何损得日的光明?若自己是个象恭色庄、不坚不介的,纵然没一个人说他,他的恶慝终须一日发露。所以孟子说'有求全之毁,有不虞之誉'。毁誉在外的,安能避得?只要自修何如尔!"

刘君亮要在山中静坐。先生曰:"汝若以厌外物之心去求之静,是反养成一个骄惰之气了。汝若不厌外物,复于静处涵养,却好。"

王汝中、省曾待坐。先生握扇命曰:"你们用扇。"省曾起对曰:"不敢。"先生曰:"圣人之学,不是这等捆缚苦楚的,不是装做道学的模样。"汝中曰:"观'仲尼与曾点言志'一章略见。"先生曰:"然。以此章视之,圣人何等宽洪包含气象!且为师者问志于群弟子,三子皆整顿以对。至于曾点,飘飘然不看那三子在眼,自去鼓起瑟来,何等狂态!及至言志,又不对师之问目,都是狂言。设在伊川,或斥骂起来了。圣人乃复称许他,何等气象!圣人教人,不是个束缚他通做一般,只如狂者便从狂处成就他,狷者便从狷处成就他。人之才气如何同得?"

们的仁。"

有人问:"《论语》中记载叔孙武叔他们毁谤孔子,像他这样的大圣人为什么也免不了遭人诽谤呢?"先生说:"诽谤是从外面来的,即使是圣人又如何能避免呢?人贵在自我修养,如果自己确确实实是个圣贤,纵然是大家都毁谤他,也伤害不到他。就像浮云掩日,怎么能伤害到太阳的光辉呢?如果自己只是个表面恭敬端庄而内心却空虚无德的人,纵然没有一个人说他坏话,他内心潜藏的恶终有一天会暴露出来。所以,孟子说'有求全之毁,有不虞之誉'。毁谤、赞誉来自身外,怎么能避免呢?只要不断加强自我修养,外面的毁誉又算得了什么!"

刘君亮要去山中静坐修养。先生说:"你如果是抱着厌弃外物的心思去静中探求,这反而会养成一种骄傲懒惰的习气。你如果不厌弃外物,再去寂静中涵养,会更好。"

王汝中、黄省曾陪先生坐着。先生拿着扇子对他们说:"你们用扇子吧。"黄省曾站起来说:"不敢。"先生说:"圣人的学问,不是这样让人束手束脚、痛苦不堪的,不是要装成一副道学的样子。"王汝中说:"从《论语》中'仲尼与曾点言志'这章可以看出这一点。"先生说:"是啊。从这章来看,圣人的心胸是多么宽宏博大啊!且老师问学生们的志向,子路、冉有、公西华都神色庄重地回答了问题。至于曾点,却飘飘然不把那三人放在眼里,独自去弹起瑟来,这是何等狂傲啊。等到谈到自己的志向时,却又不直接回答老师的提问,满口狂言。假设是程颐先生,或许就会痛骂起来了。孔子却仍称赞他,这是何等的胸怀气度啊!圣人教人,不是通搬按照一个模式,就像狂傲之人便从狂处去成就他,对于胆小不敢作为之人便从胆小不敢作为处去成先生语陆元静曰:"元静少年亦要解《五经》,志亦好博。但圣人教人,只怕人不简易,他说的皆是简易之规。以今人好博之心观之,却似圣人教人差了。"

先生曰:"孔子无不知而作,颜子有不善未尝不知,此是圣学真血脉路。"

何廷仁、黄正之、李侯璧、汝中、德洪侍坐。先生顾而言曰:"汝辈学问不得长进,只是未立志。"侯璧起而对曰:"琪亦愿立志。"先生曰:"难说不立,未是必为圣人之志耳。"对曰:"愿立必为圣人之志。"先生曰:"你真有圣人之志,良知上更无不尽。良知上留得些子别念挂带,便非必为圣人之志矣。"洪初闻时,心若未服,听说到此,不觉悚汗。

先生曰:"良知是造化的精灵。这些精灵,生天生地,成鬼成帝,皆从此出,真是与物无对。人若复得他完完全全,无少亏欠,自不觉手舞足蹈,不知天地间更有何乐可代!"

一友静坐有见,驰问先生。答曰:"吾昔居滁时,见诸生多务知解口耳异同,无益于得,姑教之静坐,一时窥见光景,颇收近效;久之,渐有喜静厌动、流入枯槁之病,或务为玄解妙觉,动人听闻,故迩来只说'致良知'。良知明白,随你去静处体悟也好,随你去事上磨炼也好,良知本体原是

就他。人的才能和气质，怎么会都一样呢？"

先生对陆元静说："元静在年轻时也想要注解《五经》，志向也在于博学。但是圣人教育人，只怕不能简易，他讲的都是简易的方法。从现在的人喜好博学的心思来看，却好像是圣人教育人的方法错了。"

先生说："孔子从不无知而妄作，颜子对于过失没有不知道的，这便是圣学的真正精髓、脉络。"

何廷仁、黄正之、李候壁、王汝中、钱德洪陪先生坐着。先生看着大家说："你们的学问不能长进，只是因为没有立志。"候壁起身回答说："我愿意立志。"先生说："很难说你没有立志，只是你立的不一定是做圣人的志向。"候壁回答说："我愿意立成为圣人的志向。"先生说："你真有做圣人的志向，良知便不会有不圆满的地方。如果良知上还存留着一些别的私心杂念，就不是一定要成为圣人的志向了。"钱德洪刚听时，心里还不服气，听到这里，不觉浑身是汗。

先生说："良知是造化的精灵。这些精灵产生了天、地，成就了鬼、和上帝，一切都是从这里产生的，任何事物都不能和它相比。如果人能够彻底恢复良知，没有一点点亏欠，不知不觉中自然就会高兴地手舞足蹈，不知道天地间还有什么快乐能取代这种快乐！"

一位朋友在静坐中有所领悟，急忙跑去问先生。先生说："我以前在滁州时，见学生们大多只注重在见闻知识上的理解，争辩异同，没有什么收获，就暂且教他们练习静坐。没多久他们就在静坐中领悟到了些东西，短期内很有效果。时间久了，他们便逐渐有了喜静厌动、沦入枯槁的毛病。有的人只追求那无动无静的。此便是学问头脑。我这个话头,自滁州到今,亦较过几番,只是'致良知'三字无病。医经拆肱,方能察人病理。"

一友问:"功夫欲得此知时时接续,一切应感处反觉照管不及。若去事上周旋,又觉不见了。如何则可?"先生曰:"此只认良知未真,尚有内外之间。我这里功夫,不由人急心,认得良知头脑是当,去朴实用功,自会透彻。到此便是内外两忘,又何心事不合一?"

又曰:"功夫不是透得这个真机,如何得他充实光辉?若能透得时,不由你聪明知解接得来。须胸中渣滓浑化,不使有毫发沾滞始得。"

先生曰:"'天命之谓性',命即是性。'率性之谓道',性即是道。'修道之谓教',道即是教。"问:"如何道即是教?"曰:"道即是良知。良知原是完完全全,是的还他是,非的还他非,是非只依着他,更无有不是处。这良知还是你的明师。"

问:"'不睹不闻'是说本体,'戒慎恐惧'是说功夫否?"先生曰:"此处须信得本体原是'不睹不闻'的,亦原是'戒慎恐惧'的。'戒慎恐惧'不曾在'不睹不闻'上加得些子。见得真时,便谓'戒慎恐惧'是本体,'不睹不闻'是功夫种玄幻、奇妙的感悟，以此耸人动听。所以，近来我只讲解'致良知'。良知明白了，随便你是在静中体悟也好，还是在事情上磨炼也好，良知的本体原本是没有动静的。这就是做学问的关键。对这个问题，我从滁州到现在已经反复斟酌过了，只有'致良知'这三个字没有弊病。这就好像医生，只有自己经历过骨折，才能明白骨折之人的病理。"

一位朋友问："我下功夫想让良知周行不断，但在应付事物时却感觉反而照顾不到。如果在事情上周旋，又感觉不到良知了。该如何才好？"先生说："这只是因为对良知的认识还不够真切，还有内外的分别。我这致良知的功夫，是不能急于求成的。致良知的关键，应当是踏实用功，这样自然会了解透彻。到了这种程度便会内外两忘，又怎么会有心和事不能融合的情况呢？"

先生又说："做功夫如果不能透彻掌握这个关键，如何能使本心充实光明呢？要想透彻领悟，不能靠着你的聪明和掌握的知识就能做到的。必须净化心中的私欲，使本心没有丝毫的污染才行。"

先生说："'天命之谓性'中的命就是性，'率性之谓道'中的性就是道，'修道之谓教'中的道就是教。"有人问："为什么道就是教呢？"先生说："道就是良知。良知原本是完美无缺的，是的就还它个是，不是的就还它个非，是非只以良知为依据来判断，更不会有其他差错。这个良知就是你高明的老师。"

有人问："《中庸》中的'不睹不闻'讲的是本体，而'戒慎恐惧'讲的是功夫吗？"先生说："这里应当坚信本体原本就是'不睹不闻'的，也是'戒慎恐惧'的。'戒慎恐惧'不会在'不睹不闻'上增加任何东西。如果能认识真切了，便且说'戒慎恐惧'

亦得。"

问"通乎昼夜之道而知"。先生曰："良知原是知昼知夜的。"又问："人睡熟时良知亦不知了。"曰："不知，何以一叫便应？"曰："良知常知，如何有睡熟时？"曰："向晦宴息，此亦造化常理。夜来天地混沌，形色俱泯，人亦耳目无所睹闻，众窍俱翕，此即良知收敛凝一时。天地既开，庶物露生，人亦耳目有所睹闻，众窍俱辟，此即良知妙用发生时。可见人心与天地一体，故'上下与天地同流'。今人不会宴息，夜来不是昏睡，即是妄思魇寐。"曰："睡时功夫如何用？"先生曰："知昼即知夜矣。日间良知是顺应无滞的，夜间良知即是收敛凝一的，有梦即先兆。"

又曰："良知在'夜气'发的，方是本体，以其无物欲之杂也。学者要使事物纷扰之时，常如夜气一般，就是'通乎昼夜之道而知'。"

先生曰："仙家说到虚，圣人岂能虚上加得一毫实？佛氏说到无，圣人岂能无上加得一毫有？但仙家说虚，从养生上来；佛氏说无，从出离生死苦海上来，却于本体上加却这些子意思在，便不是他虚无的本色了，便于本体有障碍。圣人只是还他良知的本色，更不着些子意在。良知之虚，便是天之太虚；良知之无，便是太虚之无形。日、月、风、雷、山、是本体,'不睹不闻'是功夫也是可以的。"

有人问《易传》中所说"通乎昼夜之道而知"的意思。先生说:"良知本来就知道白天与黑夜如何用功。"那人又问:"人熟睡时,良知就什么也不知道了吗?"先生说:"不知道怎么会别人一叫就应答呢?"接着问:"良知如果是常知的,如何会有熟睡的时候?"先生说:"夜晚休息,这也是万物常理。夜晚来临时,天地间一片朦胧,事物的形状颜色都消失了,人也是眼睛耳朵都看不见听不到了,所有的感官都停止了活动,这就是良知收敛、凝聚时的情形。白天来临后,万物复苏,人的眼睛耳朵也能看到颜色听见声音了,所有的感官开始活动,这就是良知发挥奇妙作用的时刻。可见,人心与天地万物是一体的,所以孟子说'上下与天地同流'。现在的人不会休息,晚上不是昏睡就是胡思乱想恶梦不断。"再问:"睡觉时如何用功呢?"先生说:"知道白天如何用功,就能知道夜晚如何用功。白天良知是通畅无阻的,晚上良知就是凝聚收敛的。有梦就是先兆。"

先生又说:"在'夜气'中生发的良知,才是良知本体,因为良知在此时不会夹杂任何物欲。学者要使自己在万事纷扰纠缠之时,常常像'夜气'生发良知一样,就是'通乎昼夜之道而知'。"

先生说:"道家讲究'虚'境,圣人怎么能在'虚'上加一丝丝'实'呢?佛家讲究'无',圣人又怎么能在'无'上增加一丝丝'有'呢?但道家说的'虚'是从养生的角度讲的;佛家说的'无'是从脱离生死苦海方面说的。佛道两家在本体上增加了这些意思,便不是'虚''无'的本来面目了,对本体便有了障碍。而圣人只是还原良知的本体面目,没有增加任何其他意思。良知川、民、物，凡有貌、象、形、色，皆在太虚无形中发用流行，未尝作得天的障碍。圣人只是顺其良知之发用，天地万物，俱在我良知的发用流行中，何尝又有一物超于良知之外，能作得障碍？"

或问："释氏亦务养心，然要之不可以治天下，何也？"先生曰："吾儒养心，未尝离却事物，只顺其天则自然就是功夫。释氏却要尽绝事物，把心看做幻相，渐入虚寂去了，与世间若无些子交涉，所以不可治天下。"

或问异端。先生曰："与愚夫愚妇同的，是谓同德；与愚夫愚妇异的，是谓异端。"

先生曰："孟子不动心，与告子不动心，所异只在毫厘间。告子只在不动心上着功，孟子便直从此心原不动处分晓。心之本体原是不动的，只为所行有不合义便动了。孟子不论心之动与不动，只是'集义'，所行无不是义，此心自然无可动处。若告子只要此心不动，便是把捉此心，将他生生不息之根反阻挠了。此非徒无益，而又害之。孟子'集义'工夫，自是养得充满，并无馁歉；自是纵横自在，活泼泼地，此便是浩然之气。"

又曰："告子病源从'性无善无不善'上见来。性无善无不善，虽如此说亦无大差，但告子执定看了，便有个无善无不善的性在内。有善有恶又在物感上看，便有个物在外却做的'虚'就是天的'太虚',良知的'无'就是'太虚'的无形。日、月、风、雷、山、川、民、物,凡是有相貌、形状、颜色的东西,都是在'太虚'无形中运动发展的,从未能成为天的障碍。圣人只是顺着良知的生发运用,天地万物都在我们良知的生发运动中,又怎么会有一样事物是超然于良知之外,从而成为良知障碍的呢?"

有人问:"佛教也讲求修心,但总之是不能用来治理天下,这是为什么?"先生说:"我们儒家修养身心从未离开过事物,只是顺应事物的天性自然发展,这就是功夫。佛教却要求完全绝离事物,把心看作幻相,逐渐陷入了虚无之境,与世间事物似乎没有任何关联,所以佛教功夫不能用来治理天下。"

有的人向先生请教异端。先生说:"和愚夫愚妇相同的叫作同德,与愚夫愚妇不同的就叫作异端。"

先生说:"孟子所说的不动心与告子所说的不动心,差别只在毫厘之间。告子只在不动心上下功夫,孟子却直接从心的原本不动处用功。心的本体本来就是静止不动的,只因为行为中有不合于义的,心便动了。孟子不管心动与否,只是'集义',所做所为都符合义,心自然就没有什么可动的了。而告子只是要求心不动,也就是抓住这个心不放,因而阻碍了这个心生生不息的灵根的生长。这不但没有益处,反而有损本心。孟子'集义'的功夫,自然将这个心修养得充实圆满,没有亏欠,自由自在,生机勃发。这就是浩然之气。"

先生又说:"告子的病根,在于他认为'人性无所谓善与恶'。虽然这种说法没有什么大错,但告子在这个问题上太过死板,于是心里就有了个无所谓善恶的人性。再从对事物的感觉两边看了，便会差。无善无不善，性原是如此，悟得及时，只此一句便尽了，更无有内外之间。告子见一个性在内，见一个物在外，便见他于性有未透彻处。"

朱本思问："人有虚灵，方有良知。若草、木、瓦、石之类，亦有良知否？"先生曰："人的良知，就是草木瓦石的良知。若草木瓦石无人的良知，不可以为草木瓦矣。岂惟草木瓦石为然，天地无人的良知，亦不可为天地矣。盖天地万物与人原是一体，其发窍之最精处，是人心一点灵明。风、雨、露、雷、日、月、星、辰、禽、兽、草、木、山、川、土、石，与人原只一体。故五谷禽兽之类，皆可以养人；药石之类皆可以疗疾，只为同此一气，故能相通耳。"

先生游南镇，一友指岩中花树问曰："天下无心外之物，如此花树，在深山中自开自落，于我心亦何相关？"先生曰："你未看此花时，此花与汝心同归于寂；你来看此花时，则此花颜色一时明白起来，便知此花不在你的心外。"

问："大人与物同体，如何《大学》又说个厚薄？"先生曰："惟是道理自有厚薄。比如身是一体，把手足捍头目，岂是偏要薄手足，其道理合如此。禽兽与草木同是爱的，把草木去养禽兽，心又忍得？人与禽兽同是爱的，宰禽兽以养亲，与供祭祀、宴宾客，心又忍得？至亲与路人同是爱的，如箪食豆羹，得则生，不得则死，不能两全，宁救至亲，不救路上来看，认为人性有善恶，就会以为有个物在心外。这样就把心和物分开了，这便会出现错误。人性本无所谓善与恶，省悟得快的，只要一句话就够了，更没有什么内外的区别。告子认为心中有个人性，身外有个事物，便可看出他对人性的认识不够彻底。"

朱本思问先生："人有清静的心灵，才会有良知。像草本瓦石之类的事物，也有良知吗？"先生说："人的良知，就是草本瓦石的良知。要是草木瓦石没有人的良知，那也就不是草木瓦石了。仅仅草木瓦石是这样吗？就是天、地，如果没有人的良知，也不能成为天和地了。因为天地万物和人本就是一体的，其最精妙的关键处，便是人心的一点灵明。风、雨、露、雷、日、月、星、辰、禽、兽、草、木、山、川、土、石，与人原本就是一体。所以，五谷禽兽等物都可以养人，药石之类都可治病。只因为万物的气是相同的，所以能够相通。"

一次，先生游览南镇。一位朋友指着岩石中的花树问："先生说天下没有心外之物，像这花树，在深山中自开自落，和我们的心又有何关系呢？"先生说："你没有看到这花时，这花与你的心同样处于寂静状态。你来看这花时，这花的颜色便一下清晰起来，由此便知道这花不在你的心外。"

有人问："大人和事物同是一个整体，为什么《大学》中又要区分个厚薄呢？"先生说："只因这个道理本身是有厚薄差别的。比如人的身体是个整体，我们用手和脚来保护大脑和眼睛，难道是故意要薄待手脚吗？只是理该如此。我们对草木禽兽同样热爱，但又怎么忍心用草木去喂养禽兽呢？同样热爱人和禽兽，但又怎么忍心宰杀禽兽来奉养亲人、祭祀祖先和招待宾客呢？对于至亲好友和陌生的路人同样热爱，但如果只有一篮饭、人，心又忍得？这是道理合该如此。及至吾身与至亲，更不得分别彼此厚薄。盖以仁民爱物，皆从此出。此处可忍，更无所不忍矣。《大学》所谓厚薄，是良知上自然的条理，不可逾越，此便谓之义；顺这个条理，便谓之礼；知此条理，便谓之智；终始是这条理，便谓之信。"

又曰："目无体，以万物之色为体；耳无体，以万物之声为体；鼻无体，以万物之臭为体；口无体，以万物之味为体；心无体，以天地万物感应之是非为体。"

问"夭寿不贰"。先生曰："学问功夫，于一切声利嗜好俱能脱落殆尽，尚有一种生死念头毫发挂带，便于全体有未融释处。人于生死念头，本从生身命根上带来，故不易去。若于此处见得破，透得过，此心全体方是流行无碍，方是尽性至命之学。"

一友问："欲于静坐时将好名、好色、好货等根逐一搜寻，扫除廓清，恐是剜肉做疮否？"先生正色曰："这是我医人的方子，真是去得人病根。更有大本事人，过了十数年亦还用得着。你如不用，且放起，不要作坏我的方子。"是友愧谢。少间，曰："此量非你事，必吾门稍知意思者为此说以误汝。"在坐者皆悚然。

一碗汤,得到就能活命,得不到就会饿死,又不能同时救济两个人,这时我们宁愿去救亲人而不救路人,这又怎么忍心呢?这是因为道理本就是这样。至于自己和至亲,更不会分彼此厚薄。因为对人的仁和对物的爱,都是从亲情中产生的;对人的仁和对物的爱能忍心,那就没有什么不能忍心的了。《大学》中所说的厚薄,是良知本身自有的条理,不能逾越,这便叫作义;顺着良知这个条理,便叫作礼;明白这个条理,便叫作智;始终坚持这个条理,便叫作信。"

先生又说:"眼睛没有本体,万物的颜色便是它的本体;耳朵没有本体,万物的声音便是它的本体;鼻子没有本体,万物的气味便是它的本体;嘴唇没有本体,万物的味道便是它的本体;心没有本体,天地万物相互感应到的是非便是它的本体。"

有人向先生请教"夭寿不贰"的意思。先生说:"学问功夫,可以彻底摆脱一切声色、名利和嗜好,但只要还有一丝贪生怕死的念头滞留心中,便不能和整个本体完全融合。人的生死念头,原来就是从生身性命的根上带来的,所以不易去除。如果能在这个问题上看破识透,这整个身心才能通畅无阻,这才是尽性至命的学问。"

一位朋友请教先生:"我想在静坐时将好名、好色、好货等病根逐一找出来,彻底清除,又担心这会不会是割肉成疮?"先生正色回答说:"这是我治病救人的药方,真正能够去除人的病根。即使是有更大本事的人,十几年后也还用得着。你如果不用,那么就把它放起来吧,不要糟蹋了我的药方。"这位朋友惭愧地道了歉。过了会儿先生又说:"想必这也不是你的过错,一定是我那些略知皮毛的门生这样说的,以致误导了你。"在座的一友问功夫不切。先生曰："学问功夫，我已曾一句道尽，如何今日转说转远，都不着根？"对曰："'致良知'盖闻教矣，然亦须讲明。"先生曰："既知'致良知'，又何可讲明？良知本是明白，实落用功便是。不肯用功，只在语言上转说转糊涂。"曰："正求讲明致之之功。"先生曰："此亦须你自家求，我亦无别法可道。昔有禅师，人来问法，只把麈尾提起。一日，其徒将麈尾藏过，试他如何设法。禅师寻麈尾不见，又只空手提起。我这个良知就是设法的麈尾。舍了这个，有何可提得？"少间，又一友请问功夫切要。先生旁顾曰："我麈尾安在？"一时在坐者皆跃然。

若问"至诚""前知"。先生曰："诚是实理，只是一个良知。实理之妙用流行就是神，其萌动处就是几，'诚、神、几曰圣人'。圣人不贵前知。祸福之来，虽圣人有所不免。圣人只是知几，遇变而通耳。良知无前后，只知得见在的几，便是一了百了。若有个'前知'的心，就是私心，就有趋避利害的意。邵子必于前知，终是利害心未尽处。"

先生曰："无知无不知，本体原是如此。譬如日未尝有心照物，而自无物不照。无照无不照，原是日的本体。良知人听了，心中惊恐不已。

　　一位朋友问先生功夫不真切该怎么办。先生说："关于学问功夫，我已经用一句话说完了，为什么现在越说越远，都抓不住关键了呢？"这位朋友说："我曾听您讲过'致良知'。然而也需要进一步加以说明。"先生说："既然知道了'致良知'，那还有什么可说明的呢？良知本来就是明明白白的，切实用功就行了。不肯用功夫，只在言语上说说，就会越说越糊涂。"朋友说："我正是希望您讲明白如何'致良知'的功夫。"先生说："这需要你自己去探求，我也没有什么别的方法可说。过去曾有一位禅师，有人向他寻问佛法，他只把拂尘提起。一天，他的徒弟把拂尘藏起来了，想看他再如何讲佛法。禅师没找到拂尘，只好空手做了个提拂尘的动作。我所说的良知就是用来引导人的拂尘，除了这个，还有什么可提的呢？"过了一会儿，又有一位朋友向先生请教做功夫的要领。先生往旁边看了看，说："我的拂尘在哪里？"一时间在座的人哄堂大笑。

　　有人向先生请教"至诚""前知"的道理。先生说："诚是实在道理，只是一个良知。实理的奇妙作用就是神，其萌动处就是几，诚、神、几的人就是圣人。圣人不会注重未来的预知，祸福的到来，即便是圣人有时也难以避免。圣人只是明白事物的发展规律，遇到事情能够随机应变而已。良知不分前后，只要能知道当下事物的规律，就能解决所有问题。如果有想要'前知'的想法，那么这个心就是私心，就有了趋吉避凶之意。邵雍行事都想要预知未来，原因是他不能完全清除趋利避害的私心。"

　　先生说："本体原本就不存在所谓的知或不知。就比如太阳，未必就会有意去普照万物，但事实上却无物不照。无意去照本无知，今却要有知；本无不知，今却疑有不知，只是信不及耳！"

先生曰："'惟天下至圣，为能聪明睿知'，旧看何等玄妙，今看来原是人人自有的。耳原是聪，目原是明，心思原是睿知，圣人只是一能之尔。能处正是良知，众人不能，只是个不致知，何等明白简易！"

问："孔子所谓'远虑'，周公'夜以继日'，与'将迎'不同。何如？"先生曰："'远虑'不是茫茫荡荡去思虑，只是要存这天理。天理在人心，亘古亘今，无有终始。天理即是良知，千思万虑，只是要致良知。良知愈思愈精明，若不精思，漫然随事应去，良知便粗了。若只着在事上茫茫荡荡去思，教做远虑，便不免有毁誉、得丧、人欲搀入其中，就是'将迎'了。周公终夜以思，只是'戒慎不睹、恐惧不闻'的功夫，见得时，其气象与'将迎'自别。"

问："'一日克己复礼，天下归仁。'朱子作效验说，如何？"先生曰："圣贤只是为己之学，重功夫不重效验。仁者以万物为体，不能一体，只是己私未忘。全得仁体，则天下皆归于吾。仁就是'八荒皆在我闼'意，天下皆与，其仁亦在其中。如'在邦无怨，在家无怨'，亦只是自家不怨，如'不怨天，不尤人'之意。然家邦无怨，于我亦在其中，但所重不在此。"

却又无所不照，原本就是太阳的本体。良知本来是无知的，现在却要它有知；良知本来是没有不知的，现在却又怀疑它有所不知，这都只是因为对良知的相信程度不够罢了。"

先生说："《中庸》中说'只有天下的至圣之人，才能做到聪明睿智'，以前觉得这句话是多么玄妙，现在看来这本是人人就具有的。耳朵原本就聪，眼睛原本就明，心思原本就睿智，圣人只是具备一种才能而已，这种才能就是致良知。普通人做不到聪明睿智，只是因为他们不能致良知。这是多么简单明白的事情啊！"

有人问先生："孔子所说的'远虑'，周公的'夜以继日'，与'将迎'不同，是这样吗？"先生说："'远虑'不是漫无边际地去思想，只是要存养这个天理。天理存在人心中，从古至今，无始无终。天理就是良知，千思万虑只是想要致良知。良知越想越明白，如果不仔细思考，漫不经心地随事应付，良知就粗疏了。如果把只在事上漫无边际地胡思乱想当做远虑，便难免会有毁誉、得失、私欲掺杂其中，这就会变成刻意的'将迎'了。周公整夜思索，只是一个'戒慎不睹，恐惧不闻'的功夫。能明白这些，自然就知道周公的气象与刻意而为的区别了。"

有人问："朱子认为《论语》中所说'一日克己复礼，天下归仁'，是从效验上来讲的，是这样吗？"先生说："圣贤所做学问只是一种成就自己的学问，注重功夫而不注重效验。仁爱之人以天下万物为体，如不能和万物成为一体，只是因为不能忘记自己的私欲，如果能全部恢复仁体，那么天下万物就能与我一体了。仁就是'八荒皆在我闼'的意思，天下万物也都一样，仁也就都包含在其中。例如对国家无怨，对家庭无怨，也只是自己无怨，也问:"孟子'巧、力、圣、智'之说,朱子云:'三子力有余而巧不足。'何如?"先生曰:"三子固有力,亦有巧,巧、力实非两事。巧亦只在用力处,力而不巧,亦是徒力。三子譬如射:一能步箭,一能马箭,一能远箭。他射得到,俱谓之力,中处俱可谓之巧。但步不能马,马不能远,各有所长,便是才力分限有不同处。孔子则三者皆长。然孔子之和,只到得柳下惠而极;清,只到得伯夷而极;任,只到得伊尹而极。何曾加得些子?若谓三子力有余而巧不足,则其力反过孔子了。巧、力只是发明圣、知之义,若识得圣、知本体是何物,便自了然。"

先生曰:"'先天而天弗违',天即良知也;'后天而奉天时',良知即天也"。

"良知只是个是非之心,是非只是个好恶,只好恶就尽了是非,只是非就尽了万事万变。"又曰:"是非两字是个大规矩,巧处则存乎其人。"

"圣人之知如青天之日,贤人如浮云天日,愚人如阴霾天日,虽有昏明不同,其能辨黑白则一。虽昏黑夜里,亦影影见得黑白,就是日之余光未尽处。困学功夫,亦只从这点就是'不怨天，不尤人'的意思。然而，如对国家、对家人无怨，那么对自己自然也就无所怨了，但是圣贤重视的不是这些。"

有人问："对于孟子关于巧、力、圣、智的说法，朱子认为'三子力有余而巧不足'。这说法对吗？"先生说："伯夷、伊尹、柳下惠三个人当然有'力'，也有'巧'，'力'和'巧'并不是两回事。'巧'也只能是用在'力'处，有'力'而无'巧'，也只能是白费力。这三个人可以用射箭来形容：一个人能步行射箭，一个人能骑马射箭，另一个人能远射。他们能射到靶子跟前，这都是力，能射中靶子，这便是巧。但是步行射箭的人不能骑马射箭，骑马射箭的人不能远射，各有所长，这便是各人的才能与力量的不同。孔子则兼具这三个人的长处。然而，孔子的'和'最多只达到柳下惠的水平，'清'最多也只有伯夷的程度，'任'最多也只有伊尹的程度，又哪有再增加一点点？如果说伯夷、伊尹和柳下惠三人'力'有余而'巧'不足，那么他们的'力'反超过孔子了。'巧'与'力'只是为了阐明'圣'与'智'的意义，如果能明白'圣'与'智'的本体是什么，那么一切自会了然于心。"

先生说："'先天而天弗违'，因为天就是良知；'后天而奉天时'，因为良知就是天。"

"良知只是一个辨别是非的心，是非只是个好恶，知道好恶就会穷尽是非，明白了是非就会穷尽万事万物的变化。"先生又说："是非这两个字，是个大原则，具体如何应用就要因人而异了。"

先生又说："圣人的良知，就像晴空中的太阳，贤人的良知就像空中飘着浮云的太阳，愚人的良知就像天空乌云密布时的太阳，虽然昏暗光明有所不同，但是在辨认黑白上是一样的。即使明处精察去耳。"

问："知譬日，欲譬云，云虽能蔽日，亦是天之一气合有的，欲亦莫非人心合有否？"先生曰："喜、怒、哀、惧、爱、恶、欲，谓之七情。七者俱是人心合有的，但要认得良知明白。比如日光，亦不可指着方所；一隙通明，皆是日光所在，虽云雾四塞，太虚中色象可辨，亦是日光不灭处，不可以云能蔽日，教天不要生云。七情顺其自然之流行，皆是良知之用，不可分别善恶，但不可有所着。七情有着，俱谓之欲，俱为良知之蔽。然才有着时，良知亦自会觉，觉即蔽去，复其体矣！此处能勘得破，方是简易透彻功夫。"

问："圣人生知安行是自然的，如何有甚功夫？"先生曰："'知行'二字，即是功夫，但有浅深难易之殊耳。良知原是精精明明的。如欲孝亲，'生知安行'的，只是依此良知，实落尽孝而已；'学知利行'者，只是时时省觉，务要依此良知尽孝而已；至于'困知勉行'者，蔽锢已深，虽要依此良知去孝，又为私欲所阻，是以不能，必须加人一己百、人十己千之功，方能依此良知以尽其孝。圣人虽是'生知安行'，然其心不敢自是，肯做'困知勉行'的功夫。困知勉行的，却要思量做'生知安行'的事，怎生成得？"

在昏暗的夜晚，也能隐隐约约看清黑白，这是因为太阳的余光还未完全消失。在困境中努力学习的功夫，也只能从这点光明的地方去认真体察。"

有人问："良知有如太阳，私欲有如乌云。乌云虽能遮蔽太阳，但也是天气中本来就有的，而私欲难道也是人心本就有的吗？"先生说："喜、怒、哀、惧、爱、恶、欲，叫七情。七情都是人心本就具有的，但是得把良知认识清楚。比如阳光，也不能只照射一个地方，只要有一线缝隙的地方，都是阳光所照射的地方。即使云雾弥漫，但只要天空中还能辨认出颜色与形象，就是日光不会消失的地方，不可以因云能蔽日，就想让天不生乌云。七情能够自然而然流露，都是良知的作用，不可以分成善的恶的，但是也不能太过执着。执着于七情，就都是欲望，都是遮蔽良知的。当然，刚执着于七情时，良知也自然会发觉，发觉了就会去除遮蔽，良知的本体自然就恢复了。能够看破这个问题，明白这个道理，才算是简单透彻的功夫。"

有人问："圣人生来就知道如何做事是天生的，如何能做到这样？"先生说："'知行'这两个字就是功夫，只是有深有浅有难有易的区别而已。良知本来是精纯明洁的。例如，想孝养父母，'生知安行'的人，只是顺应良知去落实尽孝就行了；'学知利行'的人，就要时刻反省体察，务必要保证按良知去尽孝才行；至于那些'困知勉行'的人，良知受的蒙蔽禁锢太重，虽然想要按照良知去行孝，却又为私欲阻碍，所以不能尽孝道，必须付出比别人多百倍、千倍的努力，才能顺着良知来尽孝道。圣人虽然是'生知安行'，但是他的心里头不敢自以为是，宁愿做'困知勉行'的功夫。'困知勉行'的人，却想着去做'生知安

问:"乐是心之本体,不知遇大故,于哀哭时,此乐还在否?"先生曰:"须是大哭一番了方乐,不哭便不乐矣。虽哭,此心安处,即是乐也,本体未尝有动。"

问:"良知一而已。文王作彖,周公系爻,孔子赞《易》,何以各自看理不同?"先生曰:"圣人何能拘得死格?大要出于良知同,便各为说何害?且如一园竹,只要同此枝节,便是大同;若拘定枝枝节节,都要高下大小一样,便非造化妙手矣。汝辈只要去培养良知。良知,同更不妨有异处。汝辈若不肯用功,连笋也不曾抽得,何处去论枝节?"

乡人有父子讼狱,请诉于先生,侍者欲阻之。先生听之,言不终辞,其父子相抱恸哭而去。柴鸣治入问曰:"先生何言,致伊感悔之速?"先生曰:"我言舜是世间大不孝的子,瞽瞍是世间大慈的父。"鸣治愕然,请问。先生曰:"舜常自以为大不孝,所以能孝;瞽瞍常自以为大慈,所以不能慈。瞽瞍只记得舜是我提孩长的,今何不曾豫悦我?不知自心已为后妻所移了,尚谓自家能慈,所以愈不能慈。舜只思父提孩我时如何爱我,今日不爱,只是我不能尽孝,日思所以不能尽孝处,所以愈能孝。及至瞽瞍底豫时,又不过复得此心原慈的本体。所以后世称舜是个古今大孝的子,瞽瞍

行'的事,这又怎么能成功呢。"

有人请教先生:"乐是心的本体,不知道因遇大变故而哀痛时,这个乐还在不在?"先生说:"遇到这种情况,必须大哭一场后才能快乐,不哭就不能快乐。虽然痛哭,但心灵得到了安慰,这也就是快乐,心的本体并未因此而有什么变化。"

有人问:"良知只有一个,而周文王作卦辞,周公写爻辞,孔子作十翼赞《易》,为何他们各自对《易》理的认识不一样呢?"先生说:"圣人怎么能拘泥死守教条陈规呢?只要大的方面都是出于一个良知,即便各有说法又有何害处呢?就像一个竹园,只要是同样的枝节,就是根本相同了;如果一定要拘泥于每根竹子的枝枝节节,要求高低大小都要一样,那就不是自然造化的神妙了。你们只要用心去培养良知就行了。良知一致了,其他方面有差异也无妨。你们如果不肯用功,就像连竹笋都还没有,又到哪去讨论枝枝节节呢?"

乡里有父子俩打官司,请先生裁断,先生的手下想阻止父子俩。先生听完他们的情况,劝解的话还没有说完,父子俩就抱头痛哭而去。柴鸣治进来问:"请问先生说了什么,让他们这么快就感动悔悟了?"先生说:"我说舜是世上最不孝的儿子,他的父亲瞽叟是世间最慈爱的父亲。"柴鸣治听了惊诧不已,请教原因。先生说:"舜常常认为自己很不孝,所以他才能行孝;瞽叟常常以为自己很慈爱,所以他不慈爱。瞽叟只记得舜是他从小拉扯大的,现在为什么不能让自己高兴?他却不知道自己的心已被后妻改变了,还认为自己对舜很慈爱,所以他对舜就更不能慈爱了。舜只想着父亲小时候是如何爱他的,现在却不爱他了,是因为自己没能尽孝,天天想着自己不能尽孝的地方,所以他更亦做成个慈父。"

先生曰："孔子有鄙夫来问，未尝先有知识以应之，其心只空空而已；但叩他自知的是非两端，与之一剖决，鄙夫之心便已了然。鄙夫自知的是非，便是他本来天则，虽圣人聪明，如何可与增减得一毫？他只不能自信，夫子与之一剖决，便已竭尽无余了。若夫子与鄙夫言时，留得些子知识在，便是不能竭他的良知，道体即有二了。"

先生曰："'烝烝，乂不格奸'，本注说象已进进于义，不至大为奸恶。舜征庸后，象犹日以杀舜为事，何大奸恶加之！舜只是自进于义，以乂熏烝，不去正他奸恶。凡文过掩慝，此是恶人常态，若要指摘他是非，反去激他恶性。舜初时致得象要杀己，亦是要象好的心太急，此就是舜之过处。经过来，乃知功夫只在自己，不去责人，所以致得'克谐'，此是舜'动心忍性，增益不能处'。古人言语，俱是自家经历过来，所以说得亲切，遗之后世，曲尽人情。若非自家经过，如何得他许多苦心处？"

先生曰："古乐不作久矣。今之戏子，尚与古乐意思相

能尽孝了。等到瞽叟高兴的时候，只不过是恢复了原本就慈爱的心的本体。所以，后世之人称赞舜是古今以来最大的孝子，瞽叟也变成了一个慈父。"

先生说："山野村夫来向孔子请教时，孔子心中并未预先有准备知识来回答他，心里也是空空的；但他通过询问来人自己知道的是非两端，对事情加以分析，来人心里便明白了。普通人自认为的是与非，便是他心中固有的原则，即使聪明如圣人，又怎能增减一丝一毫呢？他们只是不能相信自己，孔子给他们一分析，是非黑白就一览无余了。如果孔子在和那村夫讲的时候心中预先准备了些知识，那便不能让他穷尽自己的良知，这样道的本体也就会分裂成两个了。"

先生说："《尚书》中的'蒸蒸乂，不格奸'，孔安国的注释认为象已进步到接近于义了，不至于去做大奸大恶之事。舜被征召为官后，象还整天想着要谋杀舜，还有什么事比这更为奸恶！舜只是自我约束的方法，用自己这样的行为来安抚感化象，而不去直接纠正象的奸恶。文过饰非而掩盖罪恶，这是邪恶之人的行事习惯，如果去指责他们的错误，反而会激起他们的恶性。当初，导致象要杀害舜，是因为舜希望象变好的心过于急切，这就是舜自己的过失。经历了这事，舜才知道功夫只在自己，而不是指责他人，所以最后他才能和象和睦相处。这是舜能改变心念，坚定意志，不断进步的体现。古人的话语，都是自己亲身经历的总结，所以能够说得贴切，留传到后世，仍能间接委婉地合乎人情世故。如果不是自己亲身经历过，又如何能理解他们所言话语的苦心呢？"

先生说："古乐已经被人遗忘很久了。现在的残曲和古乐近。"未达,请问。先生曰:"《韶》之九成,便是舜的一本戏子;《武》之九变,便是武王的一本戏子。圣人一生实事,俱播在乐中。所以有德者闻之,便知他尽善尽美,与尽美未尽善处。若后世作乐,只是做些词调,于民俗风化绝无关涉,何以化民善俗?今要民俗反朴还淳,取今之戏子,将妖淫词调俱去了,只取忠臣孝子故事,使愚俗百姓人人易晓,无意中感激他良知起来,却于风化有益。然后古乐渐次可复矣。"

曰:"洪要求元声不可得,恐于古乐亦难复。"先生曰:"你说元声在何处求?"对曰:"古人制管候气,恐是求元声之法。"先生曰:"若要去葭灰黍粒中求元声,却如水底捞月,如何可得?元声只在你心上求。"曰:"心如何求?"先生曰:"古人为治,先养得人心和平,然后作乐。比如在此歌诗,你的心气和平,听者自然悦怿兴起。只此便是元声之始。《书》云'诗言志',志便是乐的本;'歌永言',歌便是作乐的本。'声依永,律和声',律只要和声,和声便是制律的本。何尝求之于外?"曰:"古人制候气法,是意何取?"先生曰:"古人具中和之体以作乐。我的中和,原与天地之气相应;候天地之气,协凤凰之音,不过去验我的气果和否。此是成律已后事,非必待此以成律也。今要候灰管,先须定至日。然至日子时恐又不准,又何处取得准来?"

的意韵还略相近。"德洪不能理解，于是请教先生。先生说："《韶》乐九章，便是舜的曲子，《武》乐九变就是武王的戏曲，圣人一生的功业事迹，都蕴涵在音乐中。所以，有德行的人听了后，便能知道其中尽善尽美和不完善的地方。像后世之人创作的音乐，只是作一些词曲小调，对于民风教化却没有一点关系，又怎么能用来教化百姓、改善民风呢？现在想使民风恢复淳朴，就应当把现今音乐戏曲的淫词滥调删除，只保留其中忠臣孝子的故事，使那些愚昧俗气的平民百姓都能理解，在潜移默化中激发他们的良知，这对于风俗教化非常有益。这样，古乐就能慢慢恢复了。"

德洪说："我想寻找元声却找不到，恐怕要恢复古乐也是很难的吧。"先生说："你说元声应该在哪里找？"德洪说："古人制造了律管来测定声气，可能就是寻找元声的方法。"先生说："如果想要去草灰黍粒中去找元声，就会像水底捞月一样，怎么可能找到呢？元声只能在你的心里去求。"德洪问："怎么在心里求？"先生说："古人治理天下，先是把人心培养得心气平和，然后制作音乐来教化天下。比如在这里唱歌咏诗，你的心气平和，听的人自然能高兴快乐起来，这便是元声开始的地方。《尚书》中说的'诗言志'，志就是音乐的根本；'歌咏言'，歌就是制作音乐的根本；'声依永，律和声'，音律只要声音和谐，声音和谐便是制律的根本，哪里要到心外去求呢？"德洪说："古人制作律管来测声气的方法，其依据是什么？"先生说："古人是在有了中正平和的本心后才会制作音乐。我们心中的中正平和与天地之气原本就是相感应的。测定天地之气，协调凤凰的鸣叫声，只不过是为了验证我们心中的气是否中正平和，这是制成音先生曰:"学问也要点化,但不如自家解化者,自一了百当。不然,亦点化许多不得。"

"孔子气魄极大,凡帝王事业无不一一理会,也只从那心上来。譬如大树有多少枝叶,也只是根本上用得培养功夫,故自然能如此,非是从枝叶上用功做得根本也。学者学孔子,不在心上用功,汲汲然去学那气魄,却倒做了。"

"人有过,多于过上用功,就是补甑,其流必归于文过。"

"今人于吃饭时,虽无一事在前,其心常役役不宁,只缘此心忙惯了,所以收摄不住。"

"琴瑟简编,学者不可无。盖有业以居之,心就不放。"

先生叹曰:"世间知学的人,只有这些病痛打不破,就不是'善与人同'。"崇一曰:"这病痛只是个好高不能忘己尔!"

问:"良知原是中和的,如何却有过不及?"先生曰:"知得过不及处,就是中和。""'所恶于上',是良知;'毋以使下',即是致知。"

律之后的事,并非一定要根据这才能制成音律。现在通过律管测气,必须先就要确定冬至的日子。然而,到了冬至的子时,又担心不准确,那么要到哪里才能找到标准呢?"

先生说:"做学问也需要别人的点化,但这不如自己的体悟理解,那样能够一通百通。如果自己不理解领悟,即使有人点化也不会有多少收获。"

先生又说:"孔子的气魄极大,凡是有关帝王之业,他没有不能领会的,但这也只是他本心的自然流露。就如一棵大树,决定枝叶的多少,也只是从树根上下功夫去培养,所以自然能枝繁叶茂,而不是从枝叶上下功夫去培养根本。学者学习孔子,不从自己心上用功,却急切地想去学习孔子的气魄,这是本末颠倒了。"

先生说:"人有了过失,如果多在过失上用功,就像修补破碎了的瓦罐,其结果必然会导致文过饰非。"

先生说:"现在的人吃饭时,虽然眼前没事,但心里却仍胡思乱想,不得安宁。这只是因为他的心忙惯了,所以收束不住。"

先生说:"琴瑟和书籍,做学问之人不能不有。因为有了这些正当之事,心就不会放纵。"

先生感叹说:"世上懂得学习的人,只要这些毛病改不了,就不能做到'善与人同'。"崇一说:"这个毛病就是好高骛远,念念不能放下自我。"

有人请教先生:"良知本来是中正平和的,如何还会有过与不及的区分?"先生说:"能够明白过与不及,就是中正平和了。"先生说:"'所恶于上'体现的是良知,'用以使下'就是致知。"

先生曰:"苏秦、张仪之智,也是圣人之资。后世事业文章,许多豪杰名家,只是学得仪、秦故智。仪、秦学术善揣摸人情,无一些不中人肯綮,故其说不能穷。仪、秦亦是窥见得良知妙用处,但用之于不善尔。"

或问"未发""已发"。先生曰:"只缘后儒将'未发''已发'分说了,只得劈头说个无'未发''已发',使人自思得之。若说有个'已发''未发',听者依旧落在后儒见解。若真见得无'未发''已发',说个有'未发''已发',原不妨,原有个'未发''已发'在。"问曰:"'未发'未尝不和,'已发'未尝不中。譬如钟声,未扣不可谓无,既扣不可谓有。毕竟有个扣与不扣,何如?"先生曰:"未扣时原是惊天动地,即扣时也只是寂天寞地。"

问:"古人论性,各有异同,何者乃为定论?"先生曰:"性无定体,论亦无定体。有自本体上说者,有自发用上说者,有自源头上说者,有自流弊处说者。总而言之,只是这个性,但所见有浅深尔。若执定一边,便不是了。性之本体原是无善无恶的,发用上也原是可以为善,可以为不善的,其流弊也原是一定善一定恶的。譬如眼,有喜时的眼,有怒时的眼,直视就是看的眼,微视就是觑的眼。总而言之,只是这个眼,若见得怒时眼,就说未尝有喜的眼,见得看时眼,就说未尝有觑的眼,皆是执定,就知是错。孟子说性,直从先生说:"张仪和苏秦的才智,是圣人的资质。后世的许多事业文章、英雄豪杰,却只学到了张仪、苏秦曾用的纵横捭阖的才智。张仪、苏秦的学问在于擅长揣摩人心,没有不是击中对方要害的,所以他们的学说不能穷尽。张仪、苏秦也是见到了良知的妙用,只是没有用在正道上而已。"

有人向先生请教"未发"与"已发"之意。先生说:"只因后世儒生把'未发''已发'分开讲了,所以我只能一开始就说没有'未发'与'已发',让人自己去思考体悟。如果说存在'已发'与'未发',听讲者仍然会落入后儒见解的窠臼。如果能够真正明白没有'未发'与'已发',即使说有'未发'与'已发',也不妨碍说原本就有'未发'与'已发'。"有人问:"'未发'并非不平和,'已发'也不是不中正。就像钟声,未敲时不能说钟声不存在,敲响后也不能说钟声就存在,只是毕竟有敲和不敲的区别,是这样吗?"先生说:"未敲时钟声本来就是惊天动地的,敲了后也只是寂静无声。"

有人问:"古人对人性的看法、论述,各有异同,谁的说法可以作为定论呢?"先生说:"人性没有固定的体,对它的论述也就没有一定的体,有从本体上说的,有从应用上说的,有从源头上说的,有从弊端上说的。总而言之,讲的都只是一个人性。只是看法有深有浅而已,如果执着一种说法,那就错了。人性的本体本是不分善恶的,从人性的作用上讲,也是可以行善可以行恶的;人性的流弊本来也是有些一定是善的,有些一定是恶的。就像眼睛,有高兴时的眼睛,有发怒时的眼睛,直视时就是正视的眼睛,微视时就是觑视的眼睛,总之都是这个眼睛。如果看到发怒时的眼睛,就说没有高兴时的眼睛;看到正视的眼源头上说来，亦是说个大概如此。荀子性恶之说，是从流弊上说来，也未可尽说他不是，只是见得未精耳。众人则失了心之本体。"问："孟子从源头上说性，要人用功在源头上明彻；荀子从流弊说性，功夫只在末流上救正，便费力了。"先生曰："然。"

先生曰："用功到精处，愈着不得言语，说理愈难。若着意在精微上，全体功夫反蔽泥了。"

"杨慈湖不为无见，又着在无声无息上见了。"

"人一日间，古今世界都经过一番，只是人不见耳。'夜气'清明时，无视无听，无思无作，淡然平怀，就是羲皇世界。平旦时，神清气朗，雍雍穆穆，就是尧、舜世界。日中以前，礼仪交会，气象秩然，就是三代世界。日中以后，神气渐昏，往来杂扰，就是春秋、战国世界。渐渐昏夜，万物寝息，景象寂寥，就是人消物尽世界。学者信得良知过，不为气所乱，便常做个羲皇已上人。"

薛尚谦、邹谦之、马子莘、王汝止侍坐，因叹先生自征宁藩已来，天下谤议益众，请各言其故。有言先生功业势位日隆，天下忌之者日众；有言先生之学日明，故为宋儒争是非者亦日博；有言先生自南都以后，同志信从者日众，而四

睛,就说没有觑视的眼睛,这都是执着的表现,是一种错误的说法。孟子说的人性,是直接从源头上来说的,也只是说大概是这样。荀子的性恶说,是从流弊方面来讲的,也不能说他讲的完全不对,只是见解还不够精确而已。但一般人却失了心的本体。"有人问:"孟子从源头上讲人性,要求在源头上用功,使人性明净清澈;荀子从流弊方面讲人性,只是要人在末流上下功夫补救人性,这就很费劲了。"先生说:"确实是这样。"

先生说:"功夫到了精妙的地方,就更无法用语言来表达了,说理也就越来越难。如果执着于功夫的精妙,那么功夫的整体方面反会被蒙蔽了。"

先生说:"杨慈湖不是没有见识,只是太过执着于在无声无味中求得见识。"

先生说:"人在一天之中,已经把古今世界都重新经历一遍,只是无人意识到而已。在'夜气'清明的时候,不看不听,不想不做,恬静平和,这是羲皇时的社会;清晨时神清气爽,肃穆安详,这是尧舜时的社会。正午时人与人之间以礼相交,井然有序,这是夏、商、周三代时期的社会。正午后,人的精神逐渐昏沉,来往纷繁杂乱,这是春秋战国时的社会。夜幕降临时,万物休眠,空旷寂寥,这是人与事物消失的世界。学者如果能坚信良知,不被气的变化干扰,就能常做个羲皇时代以上的人。"

薛尚谦、邹谦之、马子莘、王汝止陪先生坐聊,大家感叹先生自从征讨宁王以来,天下诽谤先生的人越来越多了,于是先生让大家谈谈各自的看法。有人认为是因为先生的功业与地位越来越显赫,导致天下忌妒之人越来越多的缘故;有人认为这方排阻者日益力。先生曰:"诸君之言,信皆有之,但吾一段自知处,诸君俱未道及耳。"诸友请问。先生曰:"我在南都以前,尚有些子乡愿的意思在。我今信得这良知真是真非,信手行去,更不着些覆藏。我今才做得个狂者的胸次,使天下之人都说我行不掩言也罢。"尚谦出,曰:"信得此过,方是圣人的真血脉。"

先生锻炼人处,一言之下,感人最深。一日,王汝止出游归,先生问曰:"游何见?"对曰:"见满街人都是圣人。"先生曰:"你看满街人是圣人,满街人倒看你是圣人在。"又一日,董萝石出游而归,见先生曰:"今日见一异事。"先生曰:"何异?"对曰:"见满街人都是圣人。"先生曰:"此亦常事耳,何足为异?"盖汝止圭角未融,萝石恍见有悟,故问同答异,皆反其言而进之。

洪与黄正之、张叔谦、汝中丙戌会试归,为先生道途中讲学,有信有不信。先生曰:"你们拿一个圣人去与人讲学,人见圣人来,都怕走了,如何讲得行?须做得个愚夫愚妇,方可与人讲学。"洪又言:"今日要见人品高下最易。"先生曰:"何以见之?"对曰:"先生譬如泰山在前,有不知仰者,须是无目人。"先生曰:"泰山不如平地大,平地有何可见?"先生一言剪裁,剖破终年为外好高之病,在座者莫不悚惧。

是因为先生的学说影响日益昌明，所以为宋代程朱学说争地位的人日益增多的缘故；有人认为这是因为先生在南京讲学后，同志与追随者越来越多，于是各方那些排挤阻挠的人也就更加卖力。先生说："你们所说的原因，我相信都有。但是，我有一点感受，大家没有说到。"在座之人请教先生。先生说："我在去南京之前，还有一些当好好先生的思想。现在，我坚信良知的真是真非，做事随手顺心，更不会去掩饰。所以到现在，我才有了敢说敢做的胸怀，即使天下之人都说我做少言多也没什么关系。"尚谦站出来说："有这样的信念，才是圣人的真正血脉。"

先生在锻炼点化人的时候，一句话就能让人感受颇深。一天，王汝止外出旅行归来，先生问他说："这次旅行看到了些什么？"王汝止回答说："我看到了满街的圣人。"先生说："你看到满街的人都是圣人，那满街的人反过来看你也是个圣人。"又有一天，董萝石外出回来见到先生，对先生说："我今天看到了一件怪事。"先生说："什么怪事？"他回答说："我看见满街的人都是圣人。"先生说："这是很正常的事呀，何足为怪！"大概是因为王汝止锋芒太露，董萝石恍然有所悟，所以相同的问题，先生的回答却不一样，这都是针对他们的话反过来启发他们。

钱德洪、黄正之、张叔谦与王汝中参加丙戌年的会试归来，途中讲授先生的学说，听说之人有的信，有的不信。先生说："你们端着个圣人的架子去给别人讲学，别人看见是圣人来了都被吓跑了，怎么能讲好呢？必须先做个愚夫愚妇之人，才能给别人讲学。"德洪说："现在这个时期要鉴别人品的高下很容易。"先生问："何以见得呢？"德洪回答说："先生就好像眼前的泰山，那些不知道敬仰的，一定是没长眼睛的人。"先生说：

癸未春，邹谦之来越问学，居数日，先生送别于浮峰。是夕，与希渊诸友移舟宿延寿寺，秉烛夜坐。先生慨怅不已，曰："江涛烟柳，故人倏在百里外矣！"一友问曰："先生何念谦之之深也？"先生曰："曾子所谓'以能问于不能，以多问于寡；有若无，实若虚，犯而不校'，若谦之者，良近之矣。"

丁亥年九月，先生起复、征思、田。将命行时，德洪与汝中论学。汝中举先生教言，曰："无善无恶是心之体，有善有恶是意之动，知善知恶是良知，为善去恶是格物。"

德洪曰："此意如何？"汝中曰："此恐未是究竟话头。若说心体是无善无恶，意亦是无善无恶的意，知亦是无善无恶的知，物是无善无恶的物矣。若说意有善恶，毕竟心体还有善恶在。"

德洪曰："心体是天命之性，原是无善无恶的。但人有习心，意念上见有善恶在，格、致、诚、正、修，此正是复那性体功夫。若原无善无恶，功夫亦不消说矣。"

是夕侍坐天泉桥，各举请正。先生曰："我今将行，正要你们来讲破此意。二君之见正好相资为用，不可各执一边。

"泰山没有平地广阔,那么在平地上能看到什么呢?"先生一句话点拨,破除了我们常年好高骛远的毛病,在座的人没有不心惊的。

癸未年春天,邹谦之来浙江向先生请教学问。住了几天,走时先生送到浮峰。这天傍晚,先生与希渊等人坐船到延寿寺过夜,秉烛夜谈,先生感慨不已。他说:"江水浩荡,柳树如烟,老友转眼就在百里之外了!"一位朋友问:"先生为何如此挂念谦之呢?"先生说:"曾子所说'以能问于不能,以多问于寡;有若无,实若虚;犯而不校'的人,像谦之一样,很相近了呀。"

丁亥年九月,先生守孝期满后上任,再次征讨思恩、田州。出征前,钱德洪和王汝中讨论先生的学问,王汝中引用先生教导的话说:"无善无恶是心的本体,有善有恶是意的发动,知道善和恶是良知,行善去恶是格物。"

钱德洪说:"你觉得这话怎么样?"汝中说:"这话恐怕说得还不透彻。如果说心的本体是没有善恶的,那么意也应该是没有善恶的意,知也应该是没有善恶的知,物也应该是没有善恶的物。如果说意有善恶之分,那么终究是因为心的本体有善恶的存在。"

德洪说:"心的本体是天生的性,本来是没有善恶之分的。只是人心受习俗的影响,在意念上就有了善恶之分。格物、致知、正心、诚意、修身,这些正是那恢复人性本体的功夫。如果意原本没有善恶,也就谈不上功夫了。"

这天晚上,德洪、汝中与先生一起坐在天泉桥上,各自讲了自己的观点,请先生指正。先生说:"我就要出征了,正想要我这里接人原有此二种；利根之人直从本源上悟入。人心本体原是明莹无滞的，原是个'未发之中'。利根之人一悟本体，即是功夫，人己内外，一齐俱透了；其次不免有习心在，本体受蔽，故且教在意念上实落为善去恶。功夫熟后，渣滓去得尽时，本体亦明尽了。汝中之见，是我这里接利根人的；德洪之见，是我这里为其次立法的。二君相取为用，则中人上下皆可引入于道。若各执一边，眼前便有失人，便于道体各有未尽。"

既而曰："已后与朋友讲学，切不可失了我的宗旨：无善无恶是心之体，有善有恶是意之动，知善知恶的是良知，为善去恶是格物，只依我这话头随人指点，自没病痛。此原是彻上彻下功夫。利根之人，世亦难遇，本体功夫，一悟尽透。此颜子、明道所不敢承当，岂可轻易望人？人有习心，不教他在良知上实用为善去恶功夫，只去悬空想个本体，一切事为俱不着实，不过养成一个虚寂。此个病痛不是小小，不可不早说破。"是日德洪、汝中俱有省。

先生初归越时，朋友踪迹尚寥落。既后四方来游者日进。癸未年已后，环先生而居者比屋，如天妃、光相诸刹，每当一

和你们讲明这个意思。你们两位的看法正好可以互为补充，不能各执一端。我这开导人的方法有两种：天性聪明有慧根之人，可以直接从本原上去体悟。人心本体本来就是晶莹明澈的，本来就是一个'未发之中'，天性聪慧的人一下就领悟了心的本体，这就是功夫，人和己、内与外都贯通透彻了。资质稍差的人，心难免会受到世俗习性的污染，本体受到蒙蔽，所以暂且教他们在意念上落实去恶存善的功夫，功夫熟练后，等到沉渣污垢完全去除，本体也就能明亮干净了。汝中的见解，是我用来开导那些聪明人的方法；德洪的主张，是我用来开导那些资质稍差之人的方法。二位的主张相互补充，那么资质中等上下的人也就都能被引入正道了。如果各执己见，眼前就会有许多人不能走上正道，就不可能穷尽道的本体。"

然后先生又说："以后和朋友讲学，你们千万不能忘了我的宗旨：'无善无恶是心的本体，有善有恶是意的发动，知善知恶是良知，行善去恶是格物。'只要按照我这话的意思，随人资质加以指点，自然就不会有什么毛病，因为这原本就是贯通上下的功夫。天资高的人，世上也很难遇到，对本体功夫能一悟就透，就是连颜回、明道先生也不敢自认，又怎么能轻易指望于别人呢？人心往往易受习俗的污染影响，如果不教他们在良知上切实应用行善去恶的功夫，只去凭空想那个本体，对所有事情都不切实处理，那只不过是养成一个贪求虚寂的毛病而已。这个毛病可不能小看，不能不早给你们讲清楚。"这天，德洪和汝中都有所省悟。

先生刚回浙江时，前来拜访请教的朋友寥寥无几，但后来四方来访游拜见先生的人却一天比一天多了起来。癸未年以后，

室，常合食者数十人；夜无卧处，更相就席；歌声彻昏旦。南镇、禹穴、阳明洞诸山，远近寺刹，徒足所到，无非同志游寓所在。先生每临讲座，前后左右环坐而听者常不下数百人，送往迎来，月无虚日。至有在侍更岁，不能遍记其姓名者。每临别，先生常叹曰："君等虽别，不出在天地间，苟同此志，吾亦可以忘形似矣。"诸生每听讲，出门未尝不跳跃称快。尝闻之同门先辈曰："南都以前，朋友从游者虽众，未有如在越之盛者。"此虽讲学日久，孚信渐博，要亦先生之学日进，感召之机申变无方，亦自有不同也。"

此后黄以方录。

黄以方问："博学于文，为随事学存此天理，然则谓'行有余力，则以学文'，其说似不相合。"先生曰："《诗》《书》、六艺皆是天理之发见，文字都包在其中。考之《诗》《书》、六艺，皆所以学存此天理也。不特发见于事为者方为文耳。余力学文，亦只博学于文中事。"

或问"学而不思"二句。曰："此亦有为而言，其实思即学也。学有所疑，便须思之。思而不学者，盖有此等人，只悬空去思，要想出一个道理，却不在身心上实用其力，以学存此天理。思与学作两事做，故有'罔'与'殆'之病。其实思

住在先生周围的学生比比皆是，如天妃，光相等寺庙中，每间屋子里常常是几十个人一起吃饭，晚上没有睡觉的地方，大家就轮换着睡，歌声通宵达旦。在南镇、禹穴、阳明洞等山附近的寺庙，凡是步行能到的，无不是志同道合者寄宿的地方。先生每次讲学，前后左右环坐而听的，常常不下数百人，每天迎来送往，一月中没有一天是休息的。甚至有的人在这听先生讲了一年多，先生也不能完全记住他们的名字。每到分别时，先生常常感叹说："你们虽然离去了，但也不会超出这天地之间，只要我们有着共同的志向，我也可以相忘于江湖了。"学生每次在听完课出门时，没有不跳跃称快的。曾听同门先辈们说："在来南京之前，跟随先生求教的朋友虽多，但从没有像在浙江时这么多。"这虽然是先生讲学的时间长了，得到的信任日渐增多，但关键还是先生的学问日益精进成熟，感化教育学生的时机和技巧方法运用自如，效果自然也就不同了。

此后黄以方录。

黄以方问："先生说'博学于文'是在事情上学习存养天理，而孔子却说'行有余力，则以学文'，这说法好像与先生的不一致。"先生说："《诗》《书》等六经都是天理的显现，文字都包括在其中了。考证《诗》《书》等六经，都是为了学习存养天理，不只是说表现在具体事物上的东西才是文。孔子说的'余力学文'，也只是'博学于文'的内容。"

有人向先生请教"学而不思则罔，思而不学则殆"的意思。先生说："孔子这两句话是有所指的。其实，思就是学，学习时有疑问就需要思考。也有思而不学的人，他们只是凭空乱想，想要想出一个道理，却不在身心上切实用功，以学习存养天理。把

只是思其所学，原非两事也。"

先生曰："先儒解'格物'为格天下之物，天下之物如何格得？且谓'一草一木亦皆有理'，今如何去格？纵格得草木来，如何反来诚得自家意？我解'格'作'正'字义，'物'作'事'字义，《大学》之所谓'身'，即耳、目、口、鼻、四肢是也。欲'修身'，便是要目非礼勿视，耳非礼勿听，口非礼勿言，四肢非礼勿动。要修这个身，身上如何用得功夫？心者身之主宰，目虽视而所以视者心也，耳虽听而所以听者心也，口与四肢虽言动而所以言动者心也。故欲'修身'，在于体当自家心体，常令廓然大公，无有些子不正处。主宰一正，则发窍于目，自无非礼之视；发窍于耳，自无非礼之听；发窍于口与四肢，自无非礼之言、动，此便是'修身'在正其心。然至善者，心之本体也。心之本体，那有不善？如今要'正心'，本体上何处用得功？必就心之发动处才可着力也。心之发动不能无不善，故须就此处着力，便是在'诚意'。如一念发在好善上，便实实落落去好善；一念发在恶恶上，便实实落落去恶恶。意之所发，既无不诚，则其本体如何有不正的？故欲正其心在'诚意'。工夫到'诚意'，始有着落处。然'诚意'之本，又在于'致知'也。所谓'人虽不知，而己所独知'者，此正是吾心良知处。然知得善，却不依这个良知便做去，知得不善，却不依这个良知便不去做，则这个良知便遮蔽了，是不能'致知'也。吾心良知既不能扩充到底，则

思和学当作两件事做，所以才有了'罔'和'殆'的毛病。其实，思只是思考自己所学的内容，本来就不是两回事。"

先生说："先儒们认为'格物'就是格天下的事物，天下的事物要怎么去格呢？比如说'一草一木亦皆有理'，现在怎样去格呢？纵使能格出个草木的道理来，又要如何才能反过来诚得自己的意呢？我把'格'字理解为'正'，把'物'理解为'事'。《大学》中所说的'身'，就是指耳、目、口、鼻和四肢。要想修身，就是要做到眼睛非礼勿视，耳朵非礼勿听，嘴巴非礼勿言，四肢非礼勿动。要修身养性，要如何在身体上用功夫呢？心是身的主宰，眼睛虽然能看，但让眼睛能看的是心，耳朵虽然能听，但让耳朵能听的是心，口和四肢能说能动，但让口和四肢能说、能动的是心。所以要想'修身'，在于体悟自己的心体，经常保持心体的宏大公正，使之没有一点点不中正平和的地方。身体的主宰一中正了，看的时候眼睛自然能非礼勿视，听的时候耳朵自然能非礼勿听，口和四肢自然也就能非礼勿言，非礼勿动，这便是'修身'在于正心。然而，至善是心的本体，心的本体哪有不善的呢？现在要'正心'，那要在本体的什么地方用功呢？必定只有在心的发动处才可以用功。心的发动不可能没有善，所以必须在这里用功，也就是在'诚意'上用功。如果有了一个好善的念头，就要实实在在去好善；如果生发了一个讨厌恶的念头，就要实实在在去除恶。意的生发既然没有不诚，那么心的本体又怎会有不正的呢？所以，想要'正心'就在于'诚意'，功夫做到了实处，'诚意'才有着落。然而'诚意'的根本在于'致知'。所谓的'人虽不知而己所独知'，这正是我们心中良知之所在。然而知道了善却不按照这个良知去做，知道了不善却不依照这个良善虽知好，不能着实好了；恶虽知恶，不能着实恶了，如何得意诚？故'致知'者，意诚之本也。然亦不是悬空的'致知'，'致知'在实事上格。如意在于为善，便就这件事上去为；意在于去恶，便就这件事上去不为。去恶固是格不正以归于正，为善则不善正了，亦是格不正以归于正也。如此，则吾心良知无私欲蔽了，得以致其极，而意之所发，好善去恶，无有不诚矣。'诚意'工夫，实下手处在'格物'也。若如此'格物'，人人便做得，'人皆可以为尧、舜'，正在此也。"

先生曰："众人只说'格物'要依晦翁，何曾把他的说去用？我着实曾用来。初年与钱友同论做圣贤，要格天下之物，如今安得这等大的力量？因指亭前竹子，令去格看。钱子早夜去穷格竹子的道理，竭其心思，至于三日，便致劳神成疾。当初说他这是精力不足，某因自去穷格。早夜不得其理，到七日，亦以劳思致疾。遂相与叹圣贤是做不得的，无他大力量去格物了。及在夷中三年，颇见得此意思，乃知天下之物本无可格者。其'格物'之功，只在身心上做，决然以圣人为人人可到，便自有担当了。这里意思，却要说与诸公知道。"

门人有言邵端峰论童子不能'格物'，只教以洒扫应对知不去做,那么这个良知就会被蒙蔽,这样就不能'致知'了。我们心中的良知既然不能扩充到底,那么,虽然知道好善,却不能切实去落实了;虽然知道讨厌恶,却也不能切实地去除恶了,这又怎么能做到'意诚'呢?所以说,'致知'是意诚的根本。然而也不是要凭空去'致知','致知'要在实际的事物上去格。如果意在于行善,就应在行善的事情上去实践;意在于除恶,就应在除恶的事情上去实践。去恶固然是格除不正使之回归中正,行善则让不善恢复善了,这也是纠正不正使之回归中正。这样,我们心中的良知就不会被私欲遮蔽,就能将致知发挥到极致,那么意的发动,好善去恶就没有不诚的了。'诚意'的功夫,切实的下手处在于'格'。如果能像这样'格物',人人便都能做得到了。孟子讲'人人都可以成为尧舜',正是这个意思。"

先生说:"人们都说'格物'要依照朱子的观点,但他们又何曾把他的思想真正付诸实践了呢?我是实实在在实践过的。早年我与一钱姓朋友讨论,做圣贤就要格天下万物,现在我们哪有这么大的力量?我指着亭子前的竹子,让他去格格看。钱姓朋友便从早到晚去穷究竹子的道理,竭尽心力,到了第三天便因过度劳神而生病了。当时我还说他这是精力不够,就自己去穷究,从早到晚也没有弄明白竹子的理。到了第七天,自己也因劳神过度病倒了。于是我们相互感慨,说圣贤是做不成了,我们没有那么大力量去'格物'。等到在夷中的三年,对此颇有些体会,才知道天下万物本来就没什么可格的,'格物'的功夫只能在身心上做。于是才坚信人人都可以成为圣人,便有了圣人的一丝担当。这个意思,我要让你们知道。"

有门生说,邵端峰认为小孩不能"格物",只能教给他们之说。先生曰:"洒扫应对就是一件物,童子良知只到此,便教去洒扫应对,就是致他这一点良知了。又如童子知畏先生长者,此亦是他良知处。故虽嬉戏中,见了先生长者,便去作揖恭敬,是他能'格物'以致敬师长之良知了。童子自有童子的'格物''致知'。"又曰:"我这里言'格物',自童子以至圣人,皆是此等工夫。但圣人'格物',便更熟得些子,不消费力。如此'格物',虽卖柴人亦是做得,虽公卿大夫以至天子,皆是如此做。"

或疑知行不合一,以"知之匪艰"二句为问。先生曰:"良知自知,原是容易的。只是不能致那良知,便是'知之匪艰,行之惟艰'。"

门人问曰:"知行如何得合一?且如《中庸》言'博学之',又说个'笃行之',分明知行是两件。"先生曰:"博学只是事事学存此天理,笃行只是学之不已之意。"又问:"《易》'学以聚之',又言'仁以行之',此是如何?"先生曰:"也是如此。事事去学存此天理,则此心更无放失时,故曰'学以聚之',然常常学存此天理,更无私欲间断,此即是此心不息处,故曰'仁以行之'。"又问:"孔子言'知及之,仁不能守之',知行却是两个了。"先生曰:"说'及之',已是行了,但不能常常行,已为私欲间断,便是'仁不能守'。"

又问:"心即理之说,程子云'在物为理',如何谓'心洒扫应对的道理。先生说:"洒扫应对就是一件事,小孩的良知只达到这个程度,便教他们去洒扫应对,这也就是致他们的那点良知了。又如儿童知道敬畏师长,这也是他们的良知所在,所以即使是在嬉戏玩耍的时候,见到了师长,他们也会上前打恭作揖,这就是他们'格物'致敬师长的良知了。儿童自有儿童的'格物''致知'。"先生又说:"我这里所讲的'格物',从儿童到圣人,都是一样的功夫,只是圣人的'格物'功夫更熟练些,不要费什么力气。这样去'格物',即使是卖柴人也能做到,从公卿大夫到天子,都是这样做的。"

有的人怀疑知行不能合一,并以《尚书》中"知之匪艰,行之惟艰"两句话请教先生。先生说:"良知自然能知,这原本是很容易的事。只是因为不能致良知,这才会'知之匪艰,行之惟艰'。"

有门生问先生:"知行怎样才能合一?就如《中庸》中说'博学之'又说一个'笃行之',分明知、行就是两件事。"先生说:"博学只是在每件事情上学习存养这个天理,笃行只是不断学习的意思。"学生又问:"《易经》上说'学以聚之',又说'仁以行之',这是为什么"?先生说:"确实也是这样。在每个事物上学习存养天理,那么这个心就没有放纵丢失的时候了,所以说'学以聚之'。然而经常这样不断学习存养这个天理,又没有欲中断,这就是本心生生不息的地方,所以说'仁以行之'。"学生又问:"孔子说'知及之,仁不能守之',知和行却成两件事了。"先生说:"说'及之'就是已经行了,只是不能常常行,已被私欲所间断,这就是'仁不能守'了。"

学生又问:"关于'心即理'的说法,程子说'在物即理',先

即理'?"先生曰:"'在物为理','在'字上当添一'心'字,此心在物则为理。如此心在事父则为孝,在事君则为忠之类。"

先生因谓之曰:"诸君要识得我立言宗旨。我如今说个'心即理'是如何,只为世人分心与理为二故,便有许多病痛。如五伯攘夷狄,尊周室,都是一个私心,便不当理。人却说他做得当理,只心有未纯,往往悦慕其所为,要来外面做得好看,却与心全不相干。分心与理为二,其流至于伯道之伪而不自知。故我说个'心即理',要使知心理是一个,便来心上做工夫,不去袭义于义,便是王道之真。此我立言宗旨。"

又问:"圣贤言语许多,如何却要打做一个?"曰:"我不是要打做一个,如曰'夫道,一而已矣',又曰'其为物不二,则其生物不测',天地圣人皆是一个,如何二得?"

"心不是一块血肉,凡知觉处便是心,如耳目之知视听,手足之知痛痒,此知觉便是心也。"

以方问曰:"先生之说'格物',凡《中庸》之'慎独'及'集义''博约'等说,皆为'格物'之事。"先生曰:"非也。'格物'即'慎独',即'戒惧'。至于'集义''博约',工夫只一般,不是以那数件都做'格物'底事。"

生您如何说心就是理呢?"先生说:"'在物为理','在'字上应当加个'心'字,这个心在物上就是理。就如这个心在事父上就是孝,在事君上就是忠等等。"

先生因此又说:"你们要明白我言论的宗旨。我现在为什么要讲一个'心即理'?只因为世人把心和理分开了,所以就有了许多的弊病。例如春秋五霸抗击夷狄,尊崇周朝王室,都存了一个私心,所以就不符合天理。而人们却说他们的行为符合理,这只是因为人们的心不够纯洁,常常羡慕他们的所做所为,只求表面做得好看,却与己心完全不相干。把心和理当作两件事,其弊病就是陷入了虚伪的霸道,自己却毫无知觉。所以,我说这个'心即理',就是要让人们知道心和理是一个东西,让大家从本心上下功夫,不去心外求义,这才是真正的王道。这就是我立论的宗旨。"

学生又说:"圣贤有很多的言语,为什么非要把它概括成一个呢?"先生说:"我不是要把那些话概括成一个,如《孟子》中就说'夫道,一而已矣',《中庸》中也说'其为物不二,则其生物不测'。天地、圣人都是一个,又怎么能分成两个呢?"

先生说:"心不只是指一块血肉器官,凡是有知觉的地方就是心。如耳朵眼睛知道去听去看,手脚知道痛痒,这种知觉便是心。"

以方问先生:"先生所说的'格物',是不是把《中庸》中所说的'慎独',《孟子》中所说的'集义',《论语》中所说的'博约',都包括在其中了呢"?先生说:"不是这样。'格物'就是'慎独',就是'戒惧'。至于'集义'和'博约',只是一般功夫,不能把它们当作是'格物'。"

以方问"尊德性"一条。先生曰:"'道问学'即所以'尊德性'也。晦翁言:'子静以"尊德性"诲人,某教人岂不是"道问学"处多了些子?'是分'尊德性''道问学'作两件。且如今讲习讨论,下许多工夫,无非只是存此心,不失其德性而已。岂有'尊德性'只空空去尊,更不去问学?问学只是空空去问学,更与德性无关涉?如此,则不知今之所以讲习讨论者,更学何事!"

问"致广大"二句。曰:"'尽精微'即所以'致广大'也,'道中庸'即所以'极高明'也。盖心之本体自是广大底,人不能'尽精微',则便为私欲所蔽,有不胜其小者矣。故能细微曲折无所不尽,则私意不足以蔽之,自无许多障碍遮隔处,如何广大不致?"又问:"精微还是念虑之精微,是事理之精微?"曰:"念虑之精微即理事之精微也。"

先生曰:"今之论性者纷纷异同,皆是说性,非见性也。见性者,无异同之可言矣。"

问:"声、色、货、利,恐良知亦不能无。"先生曰:"固然,但初学用功,却须扫除荡涤,勿使留积,则适然来遇,始不为累,自然顺而应之。良知只在声、色、货、利上用功,能致得良知精精明明,毫发无蔽,则声、色、货、利之交,无非天则流行矣。"

先生曰:"吾与诸公讲'致知''格物',日日是此,讲

以方向先生请教《中庸》中"尊德性"这一条的意思。先生说："'道问学'就是为了'尊德性'。朱子认为'子静以"尊德性"诲人，某教人岂不是"道问学"处多了些子'，这就把'尊德性'和'道问学'看成两件事了。就像现在我们讲习讨论，下了很大功夫，无非是为了存养这个心，使它不失去德性罢了。哪有只凭空去'尊德性'而不再去问学，只凭空去问学而与尊德性毫无关系的呢？如果是这样，那么不知道现在我们讲习讨论，究竟学的是什么？"

以方又以《中庸》中"致广大而尽精微，极高明而道中庸"这两句话请教先生。先生说："'尽精微'就是为了'致广大'，'道中庸'就是为了'极高明'。因为心的本体本就是广大的，人不能'尽精微'，心就会被私欲所蒙蔽，在细微的地方就不能战胜私欲。所以，只要能够在细微曲折的地方'尽精微'，那么私欲就不能蒙蔽本心，自然就没有多少障碍和隔绝了，这样心体又怎能不广大呢？"以方又问："精是指念虑上的精微还是事理上的精微呢？"先生说："念虑上的精微就是事理上的精微。"

先生说："现在讨论性的人，各种观念纷争不断，他们都在谈性却不是见性。凡是见性的人是没有什么异同可争论的。"

有人问："对于声、色、货、利，恐怕良知中也不能没有吧？"先生说："确实是这样。但初学之人用功时，必须扫除涤荡，不要有一点保留，这样以后偶尔遇到也不会成为负担，自然能按良知的要求顺利应对。如果良知只在声、色、货、利上用功夫，就能使得良知精纯明亮，没有丝毫的遮蔽。那么，与声、色、货、利打交道，也就都是天理在起作用了。"

先生说："我与你们讲'致知''格物'，天天是这样，再讲

一二十年俱是如此。诸君听吾言，实去用功，见吾讲一番，自觉长进一番。否则只作一场话说，虽听之亦何用？"

先生曰："人之本体常常是寂然不动的，常常是感而遂通的。'未应不是先，已应不是后'。"

一友举"佛家以手指显出，问曰：'众曾见否？'众曰：'见之。'复以手指入袖，问曰：'众还见否？'众曰：'不见。'佛说还未见性。"此义未明。先生曰："手指有见有不见，尔之见性常在。人之心神只在有睹有闻上驰骛，不在不睹不闻上着实用功。盖不睹不闻是良知本体，'戒慎恐惧'是致良知的工夫。学者时时刻刻常睹其所不睹，常闻其所不闻，工夫方有个实落处。久久成熟后，则不须着力，不待防检，而真性自不息矣。岂以在外者之闻见为累哉？"

问："先儒谓'鸢飞鱼跃'与'必有事焉'同一活泼泼地。"先生曰："亦是。天地间活泼泼地，无非此理，便是吾良知的流行不息。致良知便是'必有事'的工夫。此理非惟不可离，实亦不得而离也。无往而非道，无往而非工夫。"

先生曰："诸公在此，务要立个必为圣人之心。时时刻刻须是'一棒一条痕，一掴一掌血'，方能听吾说话句句得力。若茫茫荡荡度日，譬如一块死肉，打也不知得痛痒，恐终不济事。回家只寻得旧时伎俩而已，岂不惜哉？"

一二十年也还是这样。你们听我的话去切实用功，那么每听我讲一次，就自然会长进一次。不然的话，把我所讲的话仅仅当作一次闲谈，即使听了又有什么用呢？"

先生说："人的本体，常常是寂然不动的，又常常是感应相通的。正如程颐先生所说的'未应不是先，已应不是后'。"

一个朋友举了一个佛教的例子，佛伸出手指问："大家看见了吗？"众人说："看见了。"佛又把手指缩回袖子，问："你们还能看见吗？"众人道："看不见了。"佛说："你们还没有见性呀。"这位朋友不理解佛的意思。先生说："手指有看得见和看不见的时候，但你能悟到的性却是永恒存在的。人的心神只在有见有闻的东西上驰骋，而不在不闻不见上切实用功，这是因为不闻不见是良知的本体，'戒慎恐惧'是致良知的功夫。求学之人只有时时刻刻去看他看不见，听他听不见的东西，功夫才会有着落的地方。时间久了功夫熟练后，就不需费力，也不需特意提防省察，而真性就自然能够生生不息了。又怎么会被外在的见闻所牵累呢？"

有人问："程颢先生认为'鸢飞鱼跃'和'必有事焉'同样生动活泼，是这样吗？"先生说："这样说也对。在天地间生动活泼的无非就是这个天理，也就是我们良知的不断运动变化。致良知就是'必有事'的功夫。这个天理不但不可脱离，事实上它也脱离不了。所有的事物都是道，所有的事情都是功夫。"

先生说："你们在这里，一定要树立成为圣人的决心。时刻都应保持'打一棒留下一条迹，打一巴掌留下一个血印'的精神，才能从我说的每句话中受益。如果是浑浑噩噩混日子，就像一块死肉，打也不知道痛痒，恐怕最后什么也学不到。回家后，问:"近来妄念也觉少,亦觉不曾着想定要如何用功,不知此是工夫否?"先生曰:"汝且去着实用工,便多这些着想也不妨,久久自会妥帖。若才下得些功,便说效验,何足为恃?"

一友自叹:"私意萌时,分明自心知得,只是不能使他即去。"先生曰:"你萌时这一知处,便是你的命根。当下即去消磨,便是立命功夫。"

"夫子说'性相近',即孟子说'性善',不可专在气质上说。若说气质,如刚与柔对,如何相近得?惟'性善'则同耳。人生初时,善原是同的。但刚的习于善则为刚善,习于恶则为刚恶;柔的习于善则为柔善,习于恶则为柔恶,便日相远了。"

先生尝语学者曰:"心体上着不得一念留滞,就如眼着不得些子尘沙。些子能得几多?满眼便昏天黑地了。"又曰:"这一念不但是私念,便好的念头,亦着不得些子。如眼中放些金玉屑,眼亦开不得了。"

问:"人心与物同体,如吾身原是血气流通的,所以谓之同体。若于人便异体了,禽兽草木盖远矣,而何谓之同体?"先生曰:"你只在感应之几上看,岂但禽草木虽天地也与我同体的,鬼神也与我同体的。"请问。先生曰:"你看这还是只能用以前的老一套，难道这不可惜吗？"

有人问："近来我感到虚妄的念头少了，也没有想要怎样去做功夫，不知道这是不是也算功夫？"先生说："你只管去切实用功，就是有这些想法也没什么关系，时间长了，自然会妥当。如果刚用了一点功夫，就想要有效果，怎么靠得住呢？"

一位朋友叹惜说："私念在心头萌发时，自己心里清清楚楚，只是不能立即清除掉。"先生说："你的私念萌发时你能觉察，这便是你的命根子。当时如果能立即清除，这便是立命的功夫。"

"孔子说的'性相近'，就是孟子所说的'性善'，不能只从气质上来讲人性。如果只说气质，像刚和柔便是对立的，又怎么能相近呢？只有'性善'是相同的。人刚出生时，性善本来是一样的，只是气质刚强的人受善行的影响就表现为刚善，受恶习的影响就表现为刚恶；气质柔弱的人受善行的影响就表现为柔善，受恶习的影响就表现为柔恶，这样人性的差距也就越来越远了。"

先生曾经对学者说："心体上不能有一丝丝念头存留，这就好像眼睛中不能揉得一粒沙子。一点沙子能有多少，却能让人满眼天昏地暗。"先生又说："这一念头不仅指私念，便是好的念头也不能有一点存留，就如眼睛里如果放一些金玉碎屑，眼睛也就睁不开了。"

有人问："人心和事物是同体的，就像我的身体原本是血气流通的，所以叫作同体。如果是相对于其他人，就是异体了，与草木禽兽相比就差距更远了，为什么还要说是同体呢？"先生说："你只要从人与万物的微妙感应来看，不仅禽兽草木，就是个天地中间，甚么是天地的心？"对曰："尝闻人是天地的心。"曰："人又甚么教做心？"对曰："只是一个灵明。""可知充天塞地中间，只有这个灵明，人只为形体自间隔了。我的灵明，便是天地鬼神的主宰。天没有我的灵明，谁去仰他高？地没有我的灵明，谁去俯他深？鬼神没有我的灵明，谁去辩他吉凶灾祥？天地鬼神万物离却我的灵明，便没有天地鬼神万物了；我的灵明离却天地鬼神万物，亦没有我的灵明。如此，便是一气流通的，如何与他间隔得？"又问："天地鬼神万物，千古见在，何没了我的灵明，便俱无了？"曰："今看死的人，他这些精灵游散了，他的天地万物尚在何处？"

先生起行征思、田，德洪与汝中追送严滩，汝中举佛家实相、幻相之说。先生曰："有心俱是实，无心俱是幻。无心俱是实，有心俱是幻。"汝中曰："有心俱是实，无心俱是幻，是本体上说功夫；无心俱是实，有心俱是幻，是功夫上说本体。"先生然其言。洪于是时尚未了达，数年用功，始信本体功夫合一。但先生是时因问偶谈，若吾儒指点人处，不必借此立言耳。

尝见先生送二三耆宿出门，退坐于中轩，若有忧色。德洪趋进请问，先生曰："顷与诸老论及此学，真圆凿方枘。

天地也是与我们同体的，鬼神也与我们同体。"有人请先生详细解释。先生说："你看在这天地之间，什么是天地的心？"回答说："曾听说人是天地的心。"先生问："人又为什么是天地的心呢？"回答说："只是因为人有灵明。"先生说："由此可见，充满天地之中的只有人的灵明，人只是因为有了形体而彼此隔绝了。我们的灵明就是天地鬼神的主宰。天如果没有我们的灵明，谁会去仰望它的高远？地如果没有我们的灵明，谁会去俯察它的深厚？鬼神如果没有我们的灵明，谁又会去分辨它的吉凶祸福？天地、鬼神、万物离开我们的灵明，就不成为天地、鬼神、万物了；我们的灵明如果离开天地、万物、鬼神，也就不存在我们的灵明了。如此看来，我与天地万物鬼神是一气相通的，怎么能把它们分开呢？"又问："天地、万物、鬼神是亘古永存的，为什么没有了我们的灵明，它们便会不存在了呢？"先生说："看看那些现在死了的人，他们的精灵消散了，他们的天地、鬼神、万物又在哪里呢？"

　　先生起程去征伐思恩、田州，钱德洪和王汝中把先生一直送到严滩。王汝中向先生请教佛教中的实相与幻相。先生说："有心都是实相，无心都是幻相。无心都是实相，有心都是幻相。"王汝中说："有心都是实相，无心都是幻相，是从本体上来说功夫；无心都是实相，有心都是幻相，这是从功夫上来说本体。"先生表示同意。德洪当时尚不能理解，经过几年用功，才相信本体和功夫是统一的。但先生只是因为当时汝中的问题偶然谈起，如果我们儒家要指点人，就不必借用这说法来立论了。

　　先生曾送几个老人出门，回来后坐在门廊里，似乎面有忧色。德洪上前询问有什么事，先生说："刚才我和那几位老先生

此道坦如道路，世儒往往自加荒塞，终身陷荆棘之场而不悔，吾不知其何说也！"德洪退，谓朋友曰："先生诲人，不择衰朽，仁人悯物之心也。"

先生曰："人生大病，只是一'傲'字。为子而傲必不孝，为臣而傲必不忠，为父而傲必不慈，为友而傲必不信。故象与丹朱俱不肖，亦只一'傲'字，便结果了此生。诸君常要体此。人心本是天然之理，精精明明，无纤介染着，只是一'无我'而已。胸中切不可'有'，'有'即傲也。古先圣人许多好处，也只是'无我'而已，'无我'自能谦。谦者众善之基，傲者众恶之魁。"

又曰："此道至简至易的，亦至精致微的。孔子曰：'其如示诸掌乎？'且人于掌，何日不见？及至问他掌中多少文理，却便不知。即如我'良知'二字，一讲便明，谁不知得？若欲的见良知，却谁能见得？"问曰："此如恐是无方体的，最难捉摸。"先生曰："良知即是《易》，'其为道也屡迁，变动不居，周流六虚，上下无常，刚柔相易，不可为典要，惟变所适'。此知如何捉摸得？见得透时便是圣人。"

问："孔子曰：'回也非助我者也。'是圣人果以相助望

谈到致良知的学说，彼此间的看法真像圆孔和方枘一样格格不入。良知之道就像大路一样平坦，世间的儒生往往自己把它荒废阻塞了，一辈子陷落在了荆棘丛中却不知悔悟，我不知道该说什么了。"德洪退下后对朋友说："先生教诲人不选择对方是否老迈，真是颗仁人爱物的心啊。"

先生说："人生最大的毛病就是一个'傲'字。为人之子的如果傲慢，必定不会孝顺；为人臣子的如果傲慢，必定不会忠诚；为人父母者如果傲慢，必定不会慈爱；为人朋友者如果傲慢，必定不会诚信。所以，象和丹朱都不孝，也就是因为这个'傲'字而断送了自己的一生。你们要经常体会这一点。人心本来就是天然的性理，精纯明净，没有丝毫的污染，只是一个'无我'而已。所以心中万万不能有'我'，有'我'便是'傲'了。古代先贤圣人的许多好处，也只是'无我'而已。'无我'自然能够谦虚，谦虚是一切善的基础，傲慢是一切恶的根源。"

先生又说："良知之道是极其简单易行的，也是极其精妙细微的。孔子说：'它就像自己手掌上的东西一样简单明了。'何况对于自己的手掌，哪天不会看见？但是到了问他手掌有多少纹路时他就不知道了。这就像我说的'良知'两个字一样，一讲就明白，谁不知道？如果要让真的致良知，又有谁能做到呢？"有人问先生："这良知恐怕是没有方位、形体的，因此最难捉摸。"先生说："良知就是《易经》中所说的，'其为道也屡迁，变动不居，周流六虚，上下无常，刚柔相易，不可为典要，惟变所适。'由此可知，这个良知要怎么样才能捉摸到呢？能把这个问题认识透便能成为圣人了。"

有人请教先生："孔子说：'回也，非助我者也。'圣人是不

门弟子否？"先生曰："亦是实话。此道本无穷尽，问难愈多，则精微愈显。圣人之言本自周遍，但有问难的人胸中窒碍，圣人被他一难，发挥得愈加精神，若颜子闻一知十，胸中了然，如何得问难？故圣人亦寂然不动，无所发挥，故曰'非助'。"

邹谦之尝语德洪曰："舒国裳曾持一张纸，请先生写'拱把之桐梓'一章。先生悬笔为书，到'至于身而不知所以养之者'，顾而笑曰：'国裳读书中过状元来，岂诚不知身之所以当养，还须诵此以求警？'一时在侍诸友皆惕然。"

嘉靖戊子冬，德洪与王汝中奔师丧，至广信，讣告同门，约三年收录遗言。继后同门各以所记见遗。洪择其切于问正者，合所私录，得若干条。居吴时，将与《文录》并刻矣，适以忧去，未遂。当是时也，四方讲学日众，师门宗旨既明，若无事于赘刻者，故不复萦念。

去年，同门曾子才汉得洪手抄，复傍为采辑，名曰《遗言》，以刻行于荆。洪读之，觉当时采录未精，乃为删其重复，削去芜蔓，存其三之一，名曰《传习续录》，复刻于宁国之水西精舍。

是真的希望学生能帮助他呢？"先生说："这说的也是实话。良知之道本就是没有穷尽的，问题疑难越多，它的精微奇妙处就显露得越多。圣人的话本来就周全完备，但有问题疑难的人胸中有困惑，圣人被他一问难，就把良知之道发挥得更加精微神妙了。如果像颜回那样闻一知十，胸中什么都明了，又怎么会去问难呢？所以圣人也就寂然不动，没有发挥，所以孔子说'颜回不是在帮助我'。"

邹谦之曾经对德洪说："舒国裳曾拿了一张纸请先生写'拱把之桐梓'一章。先生提笔为他书写，当写到'至于身而不知所以养之者'时，回头笑道：'国裳读书时曾经中过状元，难道真的不知道如何修身吗？还需要读诵这一章来警戒自己？'一时间在坐的那些朋友都很警醒起来。"

嘉靖戊子年冬，德洪和王汝中到广信料理先生的丧事，向同门同学发出讣告，约定三年内收录先生的遗言。后来，同门将各自所记录的先生的遗言寄了过来，德洪从中选择了那些能正确反映先生思想的，加上自己记录的，共有若干条。在苏州时，德洪打算把这些记录与先生的《文录》一起刻印，正好赶上我回家守丧，未能如愿。当时，全国各地讲学的人越来越多，先生的学说宗旨已经昌明，好像没有必要再去刻印刊发，所以德洪也就没再考虑这件事了。

去年，同学曾才汉先生得到了德洪的手抄本，又再收辑了一些，取名为《遗言》，在荆刻印出版。德洪读了之后，觉得当时采集的言论还不够精确，于是删除了其中重复的部分，去掉了许多芜杂的东西，保存了其三分之一的内容，取名为《传习续录》，在安徽宁国的水西精舍重新刻印出版。

今年夏，洪来游蕲，沈君思畏曰："师门之教久行于四方，而独未及于蕲。蕲之士得读《遗言》，若亲炙夫子之教；指见良知，若重睹日月之光。惟恐传习之不博，而未以重复之为繁也。请哀其所逸者增刻之，若何？"洪曰："然。师门'致知格物'之旨，开示来学，学者躬修默悟，不敢以知解承，而惟以实体得，故吾师终日言是，而不惮其烦；学者终日听是，而不厌其数。益指示专一则体悟日精，几迎于言前，神发于言外，感遇诚也。

今吾师之没未及三纪，而格言微旨渐觉沦晦，岂非吾党身践之不力，多言有以病之耶？学者之趋不一，师门之教不宣也。"乃复取逸稿，采其语之不背者，得一卷，其余影响不真，与《文录》既载者，皆削之，并易中卷为问答语，以付黄梅尹张君增刻之，庶几读者不以知解承而惟以实体得，则无疑于是录矣。

嘉靖丙辰夏四月，门人钱德洪拜书于蕲之崇正书院。

今年夏天，德洪到湖北蕲春，沈思畏说："先生的学说在全国其他地方传播流行已经很长时间了，但却单单没有在蕲春传播。蕲春的士人读到《遗言》，就像亲自聆听先生的教诲，明白了良知，就像重新看见了日月的光辉。他们就担心收集的不够广博，并不因为其中有重复而感到繁杂。请你把散佚的部分搜集起来增订出版，如何？"德洪说："好。"先生"格物致知"学问的宗旨，开示了后来的学风方向，学者们亲身体悟，默默潜修，不敢只在知识上理解继承先生的学问，而希望通过身体力行来体悟。所以先生在世时整天不厌其烦地宣讲，学生们也整天不厌其烦地重复听教。因为先生指导的专一，所以学生们体会得越精细。先生还没有说话，学生就已提前领悟了先生的意思，先生的言外之意也能心领神会，这切实体现了师生之间相互感应的真诚。

现在，先生逝世还不到三纪，他所说的格言与宗旨却已逐渐沦落暗淡了。这难道不是我等身体力行实践不够、过多空谈造成的弊端吗？学生的志向、目标不一，先生的学术思想就不能发扬光大。"于是，我又收集了一些散逸的稿子，采纳其中不违先生主张的内容，编成一卷。其他不够真切的和《文录》上已经刻印的全部删除，并把中卷改成问答的形式，交给黄梅的县令张先生增订刻印。希望读者不只是从文字意义的解释上来继承，还要通过自己的亲身实践来体悟，那么这本书的价值也就毫无疑问了。

嘉靖丙辰年夏四月，学生钱德洪谨书于蕲春崇正书院。

附录朱子晚年定论

《定论》首刻于南、赣。朱子病目静久，忽悟圣学之渊薮，乃大悔中年注述误己误人，遍告同志。师阅之，喜己学与晦翁同，手录一卷，门人刻行之。自是为朱子论异同者寡矣。师曰："无意中得此一助！"隆庆壬申，虬峰谢君廷杰刻师《全书》，命刻《定论》附《语录》后，见师之学与朱子无相谬戾，则千古正学同一源矣。并师首叙与袁庆麟跋凡若干条，洪僭引其说。

朱子晚年定论

阳明子序曰：洙、泗之传，至孟氏而息；千五百余年，濂溪、明道始复追寻其绪；自后辨析日详，然亦日就支离决裂，旋复湮晦。吾尝深求其故，大抵皆世儒之多言有以乱之。

守仁早岁业举，溺志词章之习，既乃稍知从事正学，而苦于众说之纷挠疲癃，茫无可入，因求诸老、释，欣然有会于心，以为圣人之学在此矣！然于孔子之教间相出入，而措之日用，往往缺漏无归，依违往返，且信且疑。其后谪官龙场，居夷处困，动心忍性之余，恍若有悟，体念探求，再更寒暑，证诸五经、四子，沛然若决江河而放诸海也。然后叹圣

《定论》首刻于南、赣。朱子患眼疾，长久静坐，忽然悟到圣学的根源，于是大悔以前的著述误己误人，把这些广泛的告知朋友。老师阅读后，欣喜于自己所学和朱子相同，便用手抄录了一卷，门人将其刊刻流通。自然是和朱子论异同的人太少了。老师说："这是无意中得到的帮助！"隆庆壬申，虬峰谢廷杰刊刻老师的《全书》，命令刻《定论》附于《语录》之后，看到老师的学问和朱子的没有相悖谬的地方，可见千古正学同出一源。一并附上老师的首次叙述和袁庆麟跋若干条，洪偕引其说。

朱子晚年定论

　　王阳明作序说："孔门儒学传到孟子以后，就逐渐衰微了。一千五百多年后，濂溪先生和明道先生才重新寻究儒学的精髓。从此以后，学者对儒学的理解才日益深刻，但也因此变得支离破碎，影响越来越小，然后再次消失。我曾深入研究过儒学兴衰变迁的原因，大多是由于当时的儒生一味空谈，纷纷立言，从而颠覆了真正的儒学。

　　我早年参加科举考试，曾沉溺于学习诗词歌赋，后来才逐渐明白并开始正统儒学的研究学习，只是却苦于当时儒学门派林立，众说纷纭，茫然不知道从何入手，因此就求助于道家和佛教学说。让人欣喜的是，其中竟然有许多与我想法一致的观点，让我以为圣人的学问就在这道家和佛教之中。然而，这些思想与孔子的学说有较多出入，而且在日常运用中，往往有许多缺憾和不足的地方，在时而遵从时而背弃的反复中，让人将人之道坦如大路，而世之儒者妄开窦迳，蹈荆棘，堕坑堑，究其为说，反出二氏之下。宜乎世之高明之士厌此而趋彼也！此岂二氏之罪哉！间尝以语同志，而闻者竞相非议，目以为立异好奇。虽每痛反深抑，务自搜剔斑瑕，而愈益精明的确，洞然无复可疑。独于朱子之说有相抵牾，恒疚于心，切疑朱子之贤，而岂其于此尚有未察？及官留都，复取朱子之书而检求之，然后知其晚岁固已大悟旧说之非，痛悔极艾，至以为自诳诳人之罪，不可胜赎。世之所传"集注""或问"之类，乃其中年未定之说，自咎以为旧本之误，思改正而未及，而其诸"语类"之属，又其门人挟胜心以附己见，固于朱子平日之说犹有大相缪戾者，而世之学者局于见闻，不过持循讲习于此。其于悟后之论，概乎其未有闻，则亦何怪乎予言之不信、而朱子之心无以自暴于后世也乎？

予既自幸其说之不缪于朱子，又喜朱子之先得我心之

信将疑。后来我被贬官到龙场，居住于少数民族区，生活困苦，在历经困苦磨炼后，心中似乎有所体悟。通过几年寒暑的深入体验，探求与努力，求证于四书五经，真正的儒家思想喷薄而出，有如决堤的江河浩浩荡荡地流向大海。这之后，我才感叹圣人之道有如平坦大路，可世上的儒生却乱辟狭径，以致脚踏荆棘，身陷沟壑。细究他们的言论，反而不及佛、道两家。许多高明人士因厌恶这些伪儒者的行径而纷纷投身佛、道两教。这难道是佛、道两家的罪过吗？这期间我曾与许多同志谈论此事，但听过我言论的人都争相批评我，认为我是标新立异。虽然每次我都痛苦反省自察，不断追求观念的精细化，自己的思想也确实因此变得精炼明确，再没有什么让人生疑之处了。但唯独与朱子的学说仍有相互矛盾的地方。对此，我总是觉得心中歉疚，心里疑惑以朱子的贤能，对此怎么会没有觉察呢？等到后来我到南京为官，又重新翻看朱子的著作仔细探求，然后才知道朱子晚年其实已经明白了自己过去学说中的错误，并极度痛悔，以至于认为自己犯下了自欺欺人的罪过，不可饶恕。世间流传的《朱子集注》《或问》之类的著作，乃是朱子中年思想未成熟定型时的学说。他对这些旧本中的错误观点很是自责，想改正却没来得及。其他的像《朱子语录》等，也都是因为他的门生争强好胜表达己见的牵强附会的产物，本就与朱子平常的说法大相径庭。然而当时的学者因受限于自己的见闻知识，遵循讲习的不过就是朱子早年的这些知识而已。他们对于朱子晚年悔悟后的言论，几乎没有听说过，那么我的这些观点不被人相信而朱子真正的想法不被后人知晓，这又有什么奇怪的呢？

我既庆幸自己的学说和朱子的思想不矛盾，又为朱子在我

同然，且慨夫世之学者徒守朱子中年未定之说，而不复知求其晚岁既悟之论，竞相呶呶，以乱正学，不自知其已入于异端，辄采录而裒集之，私以示夫同志，庶几无疑于吾说，而圣学之明可冀矣！

正德乙亥冬十一月朔，后学余姚王守仁序。

答黄直卿书

为学直是先要立本。文义却可且与说出正意，令其宽心玩味，未可便令考校同异，研究纤密，恐其意思促迫，难得长进。将来见得大意，略举一二节目，渐次理会，盖未晚也。此是向来定本之误。今幸见得，却烦勇革。不可苟避讥笑，却误人也。

答吕子约

日用工夫，此复何如？文字虽不可废，然涵养本原而察于天理人欲之判，此是日用动静之间，不可顷刻间断底事。若于此处见得分明，自然不到得流入世俗功利权谋里去矣。

熹亦近日方实见得向日支离之病，虽与彼中证候不同，然忘己逐物，贪外虚内之失，则一而已。程子说"不得以天

之前就领悟到了与我相同的思想而高兴，然而令人感慨的是，世上的学者竟徒劳地守着朱子中年思想未定的学说不放，而不知道去探求朱子晚年省悟后的思想，竟相喋喋不休，扰乱了真正的儒学，却不知道自己陷入异端了。于是，我把朱子晚年的言论收录编辑成册，私下给志同道合之人看阅，希望他们不再怀疑我的观点，而圣人儒学的复兴就有希望了。

正德乙亥年冬，十一月初一后学生余姚王守仁序。

答黄直卿书

做学问直接要做的就是先确立根本，而文章的字面意义却可暂时只讲个大概意思，让学者放宽心意去思索、体会，不能一开始就马上让他们去考校异同，细密研究，这样恐怕对他们领悟文意会过于仓促，难有长进。等将来他们逐渐明白了大意，再简单列举一二节的内容进行解说，按先后慢慢去理解体会，为时也不算晚。这是以前做学问确定根本时常犯的错误。现在庆幸得以发现这个问题，要不怕麻烦，勇于改正，不能因为苟且躲避别人的讥笑，却误了别人。

答吕子约

现在的日用功夫，与以前相比做得如何呢？文字虽然不能废除，但对于根本的涵养，省察天理与人欲的区别，这是日常生活动静之中不可间断的事情。如果能在这个问题上看得明白，自然就不会沦落于世俗的功利、权谋中去了。

我也是近段时间才切实明白自己过去思想支离破碎的弊病，虽然和别的病症不同，但是忘了本我，追逐外物，贪图外欲

下万物挠己,己立后自能了得天下万物",今自家一个身心不知安顿去处,而谈王说伯,将经世事业别作一个伎俩商量讲究,不亦误乎!相去远,不得面论;书问终说不尽,临风叹息而已!

答何叔京

前此僭易拜禀博观之敝,诚不自揆。乃蒙见是,何幸如此!然观来谕,似有未能遽舍之意,何邪?此理甚明,何疑之有?若使道可以多闻博观而得,则世之知道者为不少矣。

熹近日因事方有少省发处,如"鸢飞鱼跃",明道以为与"必有事焉勿正"之意同者,今乃晓然无疑。日用之间,观此流行之体,初无间断处,有下工夫处。乃知日前自诳诳人之罪,盖不可胜赎也。此与守书册,泥言语,全无交涉,幸于日用间察之,知此则知仁矣。

答潘叔昌

示喻"天上无不识字底神仙",此论甚中一偏之弊。然亦恐只学得识字,却不曾学得上天,即不如且学上天耳。上得天了,却旋学上天人,亦不妨也。

而内在空虚的病根则是一样的。程子说："不能因天下万物干扰了自己，自己能立以后自然能明了天下的万事万物。"现在，连自己的身心都不知道如何安顿，却去妄谈王道霸术，做经世伟业当作一种手段伎俩来商量研究，这不是大错特错吗？相距遥远，不能当面与先生讨论，靠书信往来终究不能详尽论述，只能临风叹息了。

答何叔京

前些时日书信中冒昧指出了广泛观览的弊病，的确是我没有深思熟虑。承蒙您教导，这是何其荣幸之事！然而看了先生的来信，您似乎还有不能立刻舍弃之意，这是为什么呢？这个道理很是明白，还有什么疑问呢？如果天道可以通过多听多看而获得，那么世上明了天道之人，应该不在少数了。

我近几天来因遇事才稍有点省悟之处。就如"鸢飞鱼跃"，明道先生认为与"必有事焉，勿正"的意义相同，现在才明白无疑。在日用生活当中，就如观看这些流动的水体，只有一开始就没有间断的去处才有下功夫的地方，这才明白以前所犯自欺欺人的罪过，是不可饶恕的。这与固守书本，拘泥于言语没有关联，而是侥幸能于日常生活中省察。能明白这个道理，那么就能知道仁了。

答潘叔昌

您来信说"天上无不识字的神仙"，这个观点正好犯了片面的毛病，照此说来恐怕只学会识字，却不曾学会上天，还不如暂且先学习如何上天好了。上天之后，再回头来学习天上的人也

中年以后，气血精神能有几何？不是记故事时节。熹以目昏，不敢着力读书。闲中静坐，收敛身心，颇觉得力。间起看书，聊复遮眼，遇有会心处，时一喟然耳。

答潘叔度

熹衰病，今岁幸不至剧，但精力益衰，目力全短，看文字不得。冥目静坐，却得收拾放心，觉得日前外面走作不少，颇恨盲废之不早也。看书鲜识之喻，诚然！然严霜大冻之中，岂无些小风和日暖意思？要是多者胜耳！

与吕子约

孟子言"学问之道，惟在求其放心"，而程子亦言"心要在腔子里"。今一向耽着文字，令此心全体都奔在册子上，更不知有己，便是个无知觉不识痛痒之人，虽读得书，亦何益于吾事邪？

与周叔谨

应之甚恨未得相见，其为学规模次第如何？近来吕、陆门人互相排斥，此由各徇所见之偏，而不能公天下之心以观天下之理，甚觉不满人意。应之盖尝学于两家，未知其于此

无妨啊。

人到中年后,气血精神还能有多少?不再是记忆故事的年纪了,我因为眼花,不敢再用心读书了。只是抽空闲静坐会儿,收敛身心,感很是受益。再间断着看书,使用一下眼睛,偶尔读到会心处时,还会感叹不已。

答潘叔度

我因病体衰,今年幸好病得不怎么厉害,但精力却越来越衰弱,视力大减,书上的字已看不清了。闭目静坐时,却得以收敛放逸之心,才发觉以前在外面活动太多,很是痛恨自己不早点瞎了,看书难得看到一些比喻恰当的观点,确实是这样!严霜大冻的天气里,怎么会没有一丝清风和暖日呢?只是多者取胜,这一丝清风和暖日又管什么用呢!

与吕子约

孟子说"学问之道,只不过就是把那失去了的本心找回来罢了",而程子也说做学问"心要在这个躯体中"。现在一直执着于文字,使得这个心整个儿都放在书籍中,更是忘记了自己的存在,这就成了个没有知觉,不知痛痒的人。这样即使读了很多书,但对自己身心又有何用?

与周叔谨

很是遗憾没能见到应之先生。他做学问涉猎的范围、次序如何?近来吕祖谦、陆九渊两家的门人相互攻击,排斥,这是由于他们各自执著于自己的偏见,因为不能以天下公正之心来看天

看得果如何？因话扣之，因书谕及为幸也。

熹近日亦觉向来说话有大支离处，反身以求，正坐自己用功亦未切耳。因此减去文字功夫，觉得闲中气象甚适。每劝学者且亦看《孟子》"道性善""求放心"两章，着实体察收拾为要，其余文字，且大概讽诵涵养，未须大段着力考索也。

答陆象山

熹衰病日侵，去年灾患亦不少，比来病躯方似略可支吾。然精神耗减，日甚一日，恐终非能久于世者。所幸迩来日用功夫颇觉有力，无复向来支离之病。甚恨未得从容面论。未知异时相见，尚复有异同否耳？

答符复仲

闻向道之意甚勤。向所喻义利之间，诚有难择者；但意所疑，以为近利者，即便舍去可也。向后见得亲切，却看旧事，又有见未尽舍未尽者，不解有过当也。见陆丈回书，其言明当，且就此持守，自见功效，不须多疑多问，却转迷惑也。

下的理，很是让人觉得不满意。应之先生曾师学吕、陆两家，不知道他对于这件事如何看待？最好是根据他的话去推敲，根据他的书信去判断。

我近来也觉得以前所说观点有很多支离破碎的地方，反省探求，发现正是自己用功也不够切实的原因。因此我减去了在文字上的功夫，觉得闲下来时心中的感觉很舒适。每次劝告为学之人也应看看《孟子》中"道性善"和"求放心"两章，主要是要切实体察与理顺观念，对于其他的文字，大概读一读，体悟一下就行了，不需要大段大段地下功夫去考证研究。

答陆象山

我现在病体一天比一天衰弱，去年遇到的灾患也不少，近来病体好像略能支撑，但是精神的消耗却一天比一天严重，恐怕不能久于人世了。庆幸的是近来日用功夫，感觉到很得力，不再像以前那样支离破碎了。很是遗憾不能和你当面从容细谈，不知道改日相见，你我观点是否还有异同？

答符复仲

听说你追求道的意愿很强烈，一直认为在义、利之间，确实是让人难以抉择。只是我心中疑惑，认为趋利的即便是舍弃也是可以的。后来认为看得准确了，再回头看以前的事，发现又有许多没有弄明白的和舍弃不尽的地方，不知如何把握分寸。见到了陆丈的回信，语言明白得当，如果就坚持守住这涵养功夫，自然会看到功效；不需要多疑多问，那样反而会变得迷惑了。

答吕子约

日用功夫，不敢以老病而自懈；觉得此心操存舍亡，只在反掌之间。向来诚是太涉支离，盖无本以自立，则事事皆病耳。又闻讲授亦颇勤劳，此恐或有未便。今日正要清源正本，以察事变之几微，岂可一向汩溺于故纸堆中，使精神昏弊，失后忘前，而可以谓之学乎？

与吴茂实

近来自觉向时工夫，止是讲论文义，以为积集义理，久当自有得力处，却于日用工夫全少检点。诸朋友往往亦只如此做工夫，所以多不得力。今方深省而痛惩之，亦欲与诸同志勉焉。幸老兄遍以告之也。

答张敬夫

熹穷居如昨，无足言者。自远去师友之益，兀兀度日。读书反己，固不无警省处，终是旁无彊辅，因循汩没，寻复失之。近日一种向外走作，心悦之而不能自已者，皆准止酒例，戒而绝之，似觉省事。此前辈所谓"下士晚闻道，聊以拙自修"者，若充扩不已，补复前非，庶其有日。

答吕子约

日用功夫的操持,不敢因为年老多病而松懈;感觉这个心的存养和失落,只在反掌之间。以前自己的思想确实是太过支离破碎,因为没有自立的根本,那么无论做什么事都会存在弊病。又听说你讲学授课也很勤劳,这恐怕有些不合适。现在应做的就是要正本清源,以便能细致体察事情的变化,怎么能一直沉溺于旧说书本中,以致精神混乱蒙蔽,顾首不顾尾,而这也可以叫作学问吗?

与吴茂实

近来我觉得自己以前所用功夫只是在讲论文意,以为这样多积累些义理,时间长了自然就会有收获,对于日常功夫却没一点检点。众多朋友们往往也只是这样做功夫,所以多数没有收获。现在才深刻反省并对此深恶痛绝,也希望和同志们共勉。庆幸老兄能告诉大家。

答张敬夫

我仍过着以前一样的清贫生活,没什么值得说的。但自从远离了良师益友,便只是昏昏沉沉过日子,虽有读书自我反省,有不少警醒的地方,但终究因没人在旁帮助,只能在旧说中浮浮沉沉,得到的东西重又失去。近来有一种外出放逸的欲望,心里高兴得不能自抑,最后都以大禹厌恶美酒之例而彻底戒除了这种欲望,似乎因此省了很多事。这大概就是先辈们所说的"下士晚闻道,聊以拙自修"吧。如果能够这样不断扩充积累,补救以前的过失,来日成就还是有希望的。

旧读《中庸》"慎独"、《大学》"诚意""毋自欺"处,常苦求之太过,措词烦猥,近日乃觉其非,此正是最切近处,最分明处。乃舍之而谈空于冥漠之间,其亦误矣。方窃以此意痛自检勒,懔然度日,惟恐有怠而失之也。至于文字之间,亦觉向来病痛不少。盖平日解经最为守章句者,然亦多是推衍文义,自做一片文字,非惟屋下架屋,说得意味淡薄,且是使人看者将注与经作两项工夫,做了下稍,看得支离,至于本旨全不相照。以此方知汉儒可谓善说经者,不过只说训诂,使人以此训诂玩索经文。训诂经文不相离异,只做一道看了,直是意味深长也。

答吕伯恭

道间与季通讲论,因悟向来涵养功夫全少,而讲说又多,彊探必取寻流逐末之弊。推类以求,众病非一,而其源皆在此,恍然自失,似有顿进之功。若保此不懈,庶有望于将来。然非如近日诸贤所谓顿悟之机也。向来所闻诲谕诸说之未契者,今日细思,吻合无疑。大抵前日之病,皆是气质躁妄之偏,不曾涵养克治,任意直前之弊耳。

过去读《中庸》中的"慎独"及《大学》中的"诚意""不自欺"等处时,对其意思的理解往往过分苛求,用词造句烦琐而庸俗,近来才认识到这种做法的错误,这是最切近、最明显的地方。于是舍弃了这些而空泛地谈论些佛教义理,这也是错误的。因此我私下里这样要求自己,每天谨小慎微,唯恐因有所怠慢而造成损失。至于遣词造句方面,也感到先前有不少的弊病。因为平常解释儒家经典时,虽然严格遵照其他人的观点或语句,但最多也只是推论演绎文章的义理,自己写一篇文字,这不仅仅是在屋下架屋,把原来经典的思想说得粗浅淡薄了,而且让看了这些东西的人以为经和注是两种不同的功夫,只做了些细枝末节的事,看到的也是些支离破碎的东西,至于经典的主旨,却完全不能相互对应。由此才知道汉代儒者所谓擅长解说经典的人,也只不过是做了些训诂,使人循此去体味探求经文的意思。用训诂之法研究经文,不使相互分离,把经文与训诂看作是一个整体,这真是意味深长啊。

答吕伯恭

　　途中和季通讨论,才感悟到以前涵养功夫做得太少,而讲说得太多,勉强探求的话必定会犯舍本逐末的毛病。以此类推,可知各种各样的毛病虽然症状不一样,但它们的病根都在于此,好像失去了什么,又好像有顿然长进的功效。如果能保持这种状态长期不懈,将来就会有希望,但这并非像近日众多贤士所讲的顿悟的机缘。以前听到的众多圣贤教诲之所以不能彼此和谐统一,现在仔细想想,竟完全符合,没有疑议了。大概以前的毛病,都是因气质浮躁、虚妄、偏执,没有去涵养克治,而

答周纯仁

闲中无事,固宜谨出,然想亦不能一并读得许多。似此专人来往劳费,亦是未能省事,随寓而安之病。又如多服燥热药,亦使人血气偏胜,不得和平,不但非所以卫生,亦非所以养心。窃恐更须深自思省,收拾身心,渐令向里,令宁静闲退之意胜,而飞扬躁扰之气消,则治心养气、处世接物自然安稳,一时长进,无复前日内外之患矣。

答窦文卿

为学之要,只在着实操存,密切体认,自己身心上理会。切忌轻自表襮,引惹外人辩论,枉费酬应,分却向里工夫。

答吕子约

闻欲与二友俱来而复不果,深以为恨!年来觉得日前为学不得要领,自做身主不起,反为文字夺却精神,不是小病。每一念之,惕然自惧,且为朋友忧之。而每得子约书,辄复恍然,尤不知所以为贤者谋也。且如临事迟回,瞻前顾后,只此亦可见得心术影子。当时若得相聚一番,彼此极论,庶几或有剖决之助。今又失此几会,极令人怅恨也!训导后生,若说得是,当极有可自警省处,不会减人气力。若只如

随心所欲造成的。

答周纯仁

闲暇无事之时，确实应当谨慎外出，但想来也不能一下子读很多书。像这样一个人跑来跑去劳神费力，也是不能因事省察随遇而安的毛病。就像服多了燥热的药，也会使人血气偏盛，不能安静平和，这样不但生人的卫气，，也不能以此涵养本心。我私下认为，这恐怕更需要深刻自我反省，调整身心，使之逐渐内敛，使宁静自适退让的意蕴发展壮大，而飞扬焦躁忿郁的气血逐渐削减。那么修心养气、处世接物自然就会安稳妥帖，一时间的长进，不再有以前内外的忧患了。

答窦文卿

做学问的关键，只在于切实存养本心，密切体认天理，从自己的身心上去理会。千万不要自我轻慢炫耀，引起外人争议，以致忙于应酬，徒劳无功，耽误了修身的功夫。

答吕子约

听说您想要和两个朋友一起来，但后来却没有结果，对此我深感遗憾。近年来我觉得现在做学问总是抓不住要领，自己做不了自己的主，反而被文字夺去了精神，这可不是小病啊。每次想到这些，心里不禁惶恐，并且为此也替朋友们担忧。而每次收到子约您的信，又意是变得茫然，更不知为什么要为贤士出谋划策。而且一旦遇事就会迟疑不决，瞻前顾后，只从这也可以看出心术的影子。那个时候，如果能和朋友们相聚、彼此讨论一

此支离，漫无绝纪，则虽不教后生，亦只见得展转迷惑，无出头处也。

答林择之

熹哀苦之余，无他外诱，日用之间，痛自敛饬，乃知"敬"字之功，亲切要妙乃如此。而前日不知于此用力，徒以口耳浪费光阴，人欲横流，天理几灭。今而思之，怛然震悚，盖不知所以措其躬也。

又

此中见有朋友数人讲学，其间亦难得朴实头负荷得者。因思日前讲论，只是口说，不曾实体于身，故在己在人，都不得力。今方欲与朋友说日用之间，常切点检气习偏处、意欲萌处，与平日所讲相似与不相似，就此痛着工夫，庶几有益。

陆子寿兄弟近日议论，却肯向讲学上理会。其门人有相访者，气象皆好，但其间亦有旧病。此间学者却是与渠相反，初谓只如此讲学，渐涵自能入德，不谓末流之弊只成说话，至于人偷日用最切近处，亦都不得毫毛气力。此不可不深惩而痛警也。

番，也许会有剖析引导的启发和帮助。现在又失去了这样一个机会，让人非常惆怅遗憾！教导后生，如果教导得正确，也会给自己些许警醒，不会削弱人的气力。如果只是这样支离破碎，没有根本和原则，就是不教导后生，也只能在迷惑中辗转，毫无出头的地方。

答林择之

我哀伤苦恼之余，没有什么外在的东西诱惑，日常生活中，痛心地自敛整饬，才认识到敬字的功夫，是这样的亲切、恰当、重要、精妙。而以前却不知道在这上面用功夫，白白地在讲说听闻中浪费时光，致使人欲横流，天理几乎毁灭，现在想起这些，内心很受震动，根本不知道如何是好。

又

这段时间，看到几个朋友讲学，其间很难看到几个朴实，有思想头脑的人。于是考虑到目前的讲论，只是口头上说之，并不曾亲身去体验，实践过，所以对于自己或是对于别人，都是不得力的。现在才想和朋友谈论日常生活，时常真切地检点自己身上偏狭的习气和萌发的欲念，和平常所讲的有的相似，有的不相似，这就痛下功夫，是会很有益的。

陆子寿兄弟近来讲学议论，愿意在讲学的过程中去理会。他们的门人有来拜访的，看上去气象都很好，但是其中也还有些老毛病。这其间做学问的人却和他们相反。开始主张这样讲学，渐渐地能自己涵养入德，不能说这是学术末流的弊端。只想在说话上有所成就，对日常生活中的人伦事理这些最重要的地

答梁文叔

近看孟子见人即道性善，称尧舜，此是第一义。若于此看得透，信得及，直下便是圣贤，便无一毫人欲之私做得病痛。若信不及，孟子又说个第二节工夫，又只引"成覸""颜渊""公明仪"三段说话教人如此，发愤勇猛向前，日用之间，不得存留一毫人欲之私在这里，此外更无别法。若于此有个奋迅兴起处，方有田地可下功夫。不然，即是画脂镂冰，无真实得力处也。近日见得如此，自觉颇得力，与前日不同，故此奉报。

答潘叔恭

学问根本在日用间，持敬集义工夫，直是要得念念省察。读书求义，乃其间之一事耳。旧来虽知此意，然于缓急之间，终是不觉有倒置处，误人不少。今方自悔耳！

答林充之

充之近读何书？恐更当于日用之间为人之本者深加省察，而去其有害于此者为佳。不然，诵说虽精，而不践其实，君子盖深耻之。此固充之平日所讲闻也。

方,却都不能得到丝毫的帮助,这是不能不给予深刻注意和痛切的警惕啊。

答梁文叔

近来看书,书中有这样的记载,说孟子见到人就讲人性善,就称颂尧舜,这是最有意义的事情。如果在这件事情上能看得透彻,信得坚定,发展下去就能成为圣贤,就会没有一丝一毫的人欲,就不会产生疾病、痛苦。如果没有像孟子那样信得坚定彻底,那就再说个第二等的功夫,只引用"成覸功""颜渊""公明仪"三段内容说话,教导人发愤学习,勇猛前进,日常生活中不能存留一丝一毫的私欲在胸中,除此之外再没有别的方法。如果在这里有所奋起和发展,才有地方下功夫。不然的话,就是"画脂镂冰",功夫就没有真实得力的地方。近来这样理会,自己觉得很得力,和以前有所不同,故此奉报。

答潘叔恭

学问的根本在日常生活之中。"持敬""集义"的功夫,就是要念之不忘反省探求。通过读书探求其义只是其中的一个方面。以前虽然也知道这些,但是在轻重缓急之中,总是没有觉到其中有颠倒的地方。延误了不少人,现在自己才感到懊悔啊!

答林充之

你近来在读什么书?恐怕更应该在日常生活中探求人的本性,深刻地进行体察,去除那些对此有害的东西为好。不然的话,吟咏讲说得即使很精,但不去亲身实践,君子也是以之为耻

答何叔景

李先生教人，大抵令于静中体认大本未发时气象分明，即处事应物，自然中节。此乃龟山门下相传指诀，然当时亲炙之时，贪听讲论，又方窃好章句训诂之习，不得尽心于此，至今若存若亡，无一的实见处，辜负教育之意。每一念此，未尝不愧汗沾衣也。

又

熹近来尤觉昏愦无进步处，盖缘日前偷堕苟简，无深探力行之志。凡所论说，皆出入口耳之余，以故全不得力。今方觉悟，欲勇革旧习，而血气已衰，心志亦不复彊，不知终能有所济否？

又

向来妄论"持敬"之说，亦不自记其云何。但因其良心发见之微，猛省提撕，使心不昧，则是做工夫底本领。本领既立，自然下学而上达矣。若不察良心发见处，即渺渺茫茫，恐无下手处也。

中间一书论"必有事焉"之说，却尽有病，殊不蒙辨辱的。这些本来是你所知道的。

答何叔景

李先生教导人，大都是叫人在静中体认本体没有表现出来时的气象，清清楚楚，这就是接人待物，自然就能符合中正的节度。这是杨山门人传承的要诀，但当时亲身学习的时候，过分地注重听别人的讲论，又刚刚养成喜欢章句、训诂的习惯，不能一心一意地去体认本体，一直到现在还是时断时续，没有一个始终一贯的真修实证，辜负了先师教育的期望。每当想到这些，惭愧得汗流湿衣。

又

我最近感到特别昏愦，没有什么进步，这都是因为以前苟且偷安，避难就简，没有深刻探求用力实践的志向。所论说的东西，都是停留在口耳之间，结果都不得力。现在才觉悟到，想勇敢地革除旧习，但血气已经衰微，心志也不再坚强，不知道最终能否有所改善？

又

从前一直对"持敬"一说妄加议论，自己也不记得都说了些什么。但是因为良心发现得精微，猛然有悟，挣扎而上，使人不暗昧，这才是做功夫的根本。根本树立起来了，自然能够"下学而上达"。如果不在良心发现的地方用心体察，就是渺渺茫茫，恐怕不知道从何处着手。

其中有一本书，论述"必有事焉"的，错误百出，根本不值

诘，何邪？所喻多识前言往行，固君子之所急，熹向来所见亦是如此。近因反求未得个安稳处，却始知此未免支离，如所谓"因诸公以求程氏，因程氏以求圣人"，是隔几重公案，曷若默会诸心，以立其本，而其言之得失，自不能逃吾之鉴邪？钦夫之学所以超脱自在，见得分明，不为言句所桎梏，只为合下入处亲切。今日说话虽未能绝无渗漏，终是本领。是当非吾辈所及，但详观所论，自可见矣。

答林择之

所论颜、孟不同处，极善极善！正要见此曲折，始无窒碍耳！比来想亦只如此用功。熹近只就此处见得向来未见底意思，乃知"存久自明，何待穷索"之语，是真实不诳语。今未能久，已有此验，况真能久邪？但当益加勉励，不敢少弛其劳耳！

答杨子直

学者堕在语言，心实无得，固为大病，然于语言中，罕见有究竟得彻头彻尾者。盖资质已是不及古人，而功夫又草草，所以终身于此，若存若亡，未有卓然可恃之实。近因病后，不敢极力读书，闲中却觉有进步处，大抵孟子所论"求

得一驳,为什么呢?所引用论述的都是前言往行的老一套。所以君子们都为我以前所看到的现象而焦急,也是这样的。近来由于反省探求,虽然没有能找到一个安稳妥当的地方,却由此认识到原来的功夫未免有些支离破碎。就像所说的"因诸公以求程氏,因程氏以求圣人。"那样间隔了几重公案,哪里如默默地在心中理会以树立根本,理会说话的得失,使之完全不能逃脱我的名鉴呢?钦夫的学问所以超脱自在,看得分明,不被语句所局限,只是因为入门的时候真切体会过。现在说话,虽然不能说绝对没有遗漏,但终究是根本。这当然不是我们这些人所能赶得上的,只要详细地看他的论述,自然就能看得出来。

答林择之

你所论述颜渊和孟子不相同的地方,很好很好!正是要经过这样的曲折,才能开始没有疑惑和障碍啊!从那以后想想也只要这样用功就可以了。我近来也就是只在这个地方发现了以前没有发现的意思,于是才知道"存久自明,何待穷索"这句话的意思,是真实的、不虚妄的。现在还没有能长久的用功,就已经有了这些体验,更何况能真的长久坚持下去呢?但是我还应该更加勤勉努力,思想上丝毫不敢松懈啊!

答杨子直

学者身陷语言文字之中,实际上心里没有获得什么,这本来就是一大错误。然而,在语言文字中很少能看见有人研究得完全彻底,资质已没有古人那么高了,功夫又做得马虎,所以一辈子这样,若有若无,不具有牢固的基础可以依靠。近来因为病刚

其放心"是要诀尔!

与田侍郎子真

吾辈今日事事做不得,只有向里存心穷理,外人无交涉。然亦不免违条碍贯,看来无着力处,只有更攒近里面,安身立命尔。不审比日,何所用心?因书及之,深所欲闻也。

答陈才卿

详来示,知日用工夫精进如此,尤以为喜。若知此心此理端的在我,则参前倚衡,自有不容舍者,亦不待求而得,不待操而存矣。格物致知,亦是因其所已知者推之,以及其所未知。只是一本,原无两样工夫也。

与刘子澄

"居官无修业之益",若以俗学言之,诚是如此,若论圣门所谓德业者,却初不在日用之外,只押文字,便是进德修业地头,不必编缀异闻,乃为修业也。

近觉向来为学,实有向外浮泛之弊,不惟自误,而误人亦不少。方别寻得一头绪,似差简约端的,始知文字言语之

好,不敢太努力读书,娴静的时候反而觉得有了进步,大概孟子所讲的"求其放心"是要诀。

与田侍郎子真

我们这些人现在什么事也做不成,只有向内存养心体穷尽天理,这和外人没有关系。但也不可避免地违背条理,妨碍贯通,我找不到着力的地方。只有更进一步地钻到里面去才能安身立命。你不考虑现在,怎么去用心呢?根据你信中内容写了这些,很想听听你的意见。

答陈才卿

详细地读你的来信,知道你在日常生活中功夫取得了如此大的长进,特别高兴。如果知道这个心,这个理,真正是在自己里面。那么参考以前的经验,以中正平稳的东西为依靠,自然就不会有所遗漏了。也不要等到探求就能得到,不等到操练就能保存了。格物致知,也是根据已知的东西去推演,以得到未知的东西。只有一个本体,本来就没有两样功夫。

与刘子澄

做官对修行德业没有什么益处,如果用庸俗的学术观点来看,的确是这样。如果说圣人所说的有德的人,开始就不在日常生活之外用功,只是利用文字,这就是增进德性成就事业的开始。不要热衷于奇闻异趣,这就是修行德业了。

近来觉得以前做学问,实在有向外探求,浮泛不实的弊病,不仅误了自己,也误了不少人,这才开始另找一条道路,它好像外，真别有用心处，恨未得面论也。浙中后来事体，大段支离乖僻，恐不止似正似邪而已，极令人难说，只得惶恐，痛自警省，恐未可专执旧说以为取舍也。

与林择之

熹近觉向来乘缪处不可缕数，方惕然思所以自新者，而日用之间，悔吝潜积，又已甚多。朝夕惴惧，不知所以为计。若择之能一来辅此不逮，幸甚！然讲学之功，比旧却觉稍有寸进，以此知初学得些静中功夫，亦为助不小。

答吕子约

示喻日用工夫如此，甚善，然亦且要见一大头脑分明，便于操舍之间有用力处；如实有一物，把住放行在自家手里，不是漫说求其放心，实却茫茫无把捉处也。

子约复书云："某盖尝深体之，此个大头脑本非外面物事，是我元初本有底。其曰'人生而静'，其曰'喜怒哀乐之未发'，其曰'寂然不动'，人汩汩地过了日月，不曾存息，不曾实见此体段，如何会有用力处？程子谓'这个义理，仁者又看做仁了，智者又看做智了，百姓日用而不知，此所以君子之道鲜'。此个亦不少，亦不剩，只是人看他不见，不大段信得此话。及其言于勿忘勿助长间认取者，认乎此也。认得粗糙简单，但我开始真正认识到在文字言语之外，真还另有可用心的地方，遗憾的是没有能和你面谈。到浙江以后。我的思想基础，大部分是支离破碎的，古怪的，恐怕不仅有是而非的弊病，让人难以解说。自己惶恐不安只能痛心地警惕省察，恐怕不能只抱着旧学说，作为取舍了。

与林择之

我近来觉得以前许多荒谬的地方，难以计数，这才紧张地想到要改过自新。但在日常生活中潜藏积累的悔恨已经很多，早晚心里总是惴惴不安，不知怎么办。如果你能来在这个问题上给我帮助，那就太好了。然而讲学的功夫，比以前也觉得有些进步，由此知道当初学的那些静中功夫也帮助不小。

答吕子约

你来信说日用功夫已是这样，很好！但也要看清楚大本大源，这样就会在操存取舍之间，找到用力之处，如果真有一个东西，抓住放开都在自己手里，不是随便说这是求放心，实际上茫然不知所措。

你来信说："我曾经深刻体会过。这个大本大源，本来就不是身外的东西，是我们天生就有的。就是"人生而静"，就是"喜怒哀乐之未发"，就是"寂然不动"，人像流水一样度过自己的岁月，不曾保存这点气息，不曾见到这个本体，怎么会有用力的地方呢？程子说："这个义理，仁者又看作仁，智者又看作智了。百姓日用而不知，所以君子之道鲜。此个也不少，也不剩，只是人看它不见"。大概相信这话以及程子所说的要在不忘却不助

此，则一动一静皆不昧矣！恻隐、羞恶、辞让、是非，四端之著也，操存久则发见多。

忿懥、忧患、好乐、恐惧，不得其正也，放舍甚则日滋长。记得南轩先生谓'验厥操舍，乃知出入'，乃是见得主脑，于操舍间有用力处之实话。盖苟知主脑不放下，虽是未能常常操存，然语默应酬间历历能自省验，虽其实有一物在我手里，然可欲者是我底物，不可放失；不可欲者非是我物，不可留藏。虽谓之实有一物在我手里，亦可也。若是谩说，既无归宿，亦无依据，纵使彊把捉得住，亦止是袭取，夫岂是我元有底邪？愚见如此，敢望指教。"朱子答书云："此段大概，甚正当亲切。"

答吴德夫

承喻"仁"字之说，足见用力之深。熹意不欲如此坐谈，但直以孔子、程子所示求仁之方，择其一二切于吾身者，笃志而力行之，于动静语默间勿令间断，则久久自当知味矣。去人欲，存天理，且据所见去之存之。工夫既深，则所谓似天理而实人欲者次第可见。今大体未正，而便察及细微，恐有放饭流啜，而问无齿决之讥也。如何如何？

长的情况下去体认的人，能认识到这些。认识到这些，那么一动一静之中就不会昏昧无知了。"恻隐""羞恶""辞让""是非"这四端的呈现，操存的越久呈现得越多。

愤恨、忧患、好乐、恐惧是不能中正平和的表现，越是忽视它们，它们越是滋长得厉害。记得南轩先生说"验厥操舍，乃知出入"，这才是在操存取舍之间见得大本大源，发现用力地方的实在话。所以，如果能认识到大本大源，毫不放弃，即使是不能经常操持存养，但是默默不语的应酬之中，也能清楚地自我反省体验。虽然实际上有一物在我手里，但是我所想要的，是我的物不放弃失却；我所不需要的，不是我的物不能存留保藏。即使把这称之为实际上有一物在我手里，也是可以的。如果是随便说，就已经是没有归宿，没有依据了，即使勉强把握得住，也只能是因循守旧。哪里是我天生固有的呢？我的看法就是这样，希望你给以指教"。我回信是："你这一段大体上是非常正当亲切的"。

答吴德夫

接到你论述仁的信，足以见得你用力深厚。我的意思是不要这样坐着闲读，而是直接按照孔子、程子所揭示的探求仁的方法，选择其中一两个切合我们自己的，立志去身体力行，在动静语默之中，使之从不间断，这样时间长久了自然就能知道其中滋味了。去人欲，存天理，就根据所看见的去存天理、去除人欲。功夫深了，那么所谓的表面上好像是天理而实际上是人欲的东西，都先后可以看见。现在主要的东西还没有摆正，就去体察细微的东西，恐怕有吃饭漏饭，喝汤流水，却说没有牙齿去

答或人

"中和"二字,皆道之体用。旧闻李先生论此最详,后来所见不同,遂不复致思。今乃知其为人深切,然恨已不能尽记其曲折矣。如云"人固有无所喜怒哀乐之时,然谓之未发,则不可言无主也",又如先言"慎独",然后及"中和",此亦尝言之。但当时既不领略,后来又不深思,遂成蹉过,孤负此翁耳!

答刘子澄

日前为学,缓于反己,追思凡百多,可悔者。所论注文字,亦坐此病,多无着实处。回首茫然,计非岁月功夫所能救治,以此愈不自快。前时犹得敬夫、伯恭时惠规益,得以自警省;二友云亡,耳中绝不闻此等语。今乃深有望于吾子澄。自此惠书,痛加镌诲,乃君子爱人之意也。

朱子之后,如真西山、许鲁斋、吴草庐亦皆有见于此,而草庐见之尤真,悔之尤切。今不能备录,取草庐一说附于后。

临川吴氏曰:"天之所以生人,人之所以为人,以此德性也。然自圣传不嗣,士学靡宗,汉、唐千余年间,董、韩二子依稀数语近之,而原本竟昧昧也。逮夫周、程、张、邵兴,

清除疏通的笑话了。怎么办？怎么办？

答或人

"中和"二字，分别是道的体用，从前听李先生论述中和最为详尽。后来看法发生了变化，就不再去思虑它了。现在才知道它对人是多么迫切重要，但遗憾的是已经不能完全记得老师论述的曲折了。如说："人固有喜怒哀乐之时，然谓之未发，则不可言无主也。"又如先生先论"慎独"，然后论述"中和"。这些也曾说过，但当时却不能理解，后来又不曾深刻思考，于是就蹉跎了人生，辜负了先生的希望。

答刘子澄

目前做学问，多不注重自己反省内求，追念思考繁多，令人后悔的不少。我的许多论述注释亦都有这个毛病，很多都没有实在的东西。茫然回首，想这不是岁月功夫所能救治的，因为这些就更加高兴不起来。前段时间还常常得到敬夫、伯恭的惠顾安慰，能够自我警醒。二位朋友死了以后，耳中再也听不到安慰规劝的话了，现在才寄希望于你。自从你来信以后，我痛加悔悟，这才是君子爱人的情意啊！

朱子之后，像真西山、许鲁斋、吴草庐也都有这样的看法。而以草庐看得最真切，悔悟得最痛切，这里就再备录，仅取草庐的一篇文章附在后面。

临川吴氏说："天地之所以生人，人之所以为人，就因为有这个德性。然而自从圣人儒学断绝不传，士学没了归宗，从汉到唐千余年的时间，董仲舒、韩愈二人，好像说过几句接近圣学

始能上通孟氏而为一。程氏四传而至朱,文义之精密,又孟氏以来所未有者,其学徒往往滞于此而溺其心。夫既以世儒记诵词章为俗学矣,而其为学亦未离乎言语文字之末。此则嘉定以后朱门末学之敝,而未有能救之者也。夫所贵乎圣人之学,以能全天之所以与我者尔。天之与我,德性是也,是为仁义礼智之根株,是为形质血气之主宰。舍此而他求,所学何学哉?假而行如司马文正公,才如诸葛忠武侯,亦不免为习不著,行不察;亦不过为资器之超于人,而谓有得于圣学则未也。况止于训诂之精,讲说之密,如北溪之陈,双峰之饶,则与彼记诵词章之俗学,相去何能以寸哉?圣学大明于宋代,而踵其后者如此,可叹已!澄也钻研于文义,毫分缕析,每以陈为未精,饶为未密也。堕此科臼中垂四十年,而始觉其非。自今以往,一日之内子而亥,一月之内朔而晦,一岁之内春而冬,常见吾德性之昭昭,如天之运转,如日月之往来,不使有须臾之间断,则于尊之之道殆庶几乎?于此有未能,则问于人,学于己,而必欲其至。若其用力之方,非言之可喻,亦味于《中庸》首章、订顽终篇而自悟可也。"

儒道的话，但对本原是昏昧无知的。到周敦颐、二程、张载、邵雍等兴起，才开始向上承通孟子形成统一的流派。程氏二兄弟承传四代到朱熹，儒学文意的精湛细密，又是自孟子以来所没有过的，后来的儒家学者往往滞留于此，丧失了本心。他既然把世上儒家学者的记诵词章当作庸俗的学业，但他也未能脱离言语文字这些细枝末节，这就是嘉定以后，朱熹学派末流的弊病，当时没有能救治这种病的人。好在圣人儒学能够成全上天给予我们的东西，天所给予我们的东西就是德性，这是仁、义、礼、智的根本，是具有形质血气的众生命的主宰。抛弃德性去追求其他东西，所学到的东西算什么学呢？就是能像司马文正公那样行动实践，像诸葛亮那样富有才智，也免不了做出"习不著、行不察"的事情，也不过是个具有超常资质的人，但要说学到了圣人的学问那是没有的事。何况只是精通训诂，讲学细致，就是像北溪的陈双峰那样学识丰饶，可是和那种记诵词章的庸俗学术相比能有多大差距呢？圣人儒学在宋代繁荣昌盛，可是紧随其后的是这般光景，真是可叹啊！我也钻研过文字书籍，条分析缕，每次都认为文章的内容陈旧就不精妙，文章的内容丰富就不周密。堕落在这样的窠臼之中四十多年，才开始感觉到这样做的错误。从此以后，一日之内不觉已由子时到了亥时，一月之内不觉已从月头到了月尾，一年之中不觉已从春天到了冬天。常常看到我的德性清晰可见，像天体的运转，像日月往来，从来没有片刻的间断，那么对于"尊德性"的道理，也就差不多领会了。对于其中有不知道的，就向别人请教，自己揣摩，一定要弄懂。如果其中用力的方法，不能用语言表达出来，就从《中庸》的第一章开始阅读体会，直至最后一页，这样就可以通过自己体悟得到。"

《朱子晚年定论》，我阳明先生在留都时所采集者也。揭阳薛君尚谦旧录一本，同志见之，至有不及抄写，袖之而去者。众皆惮于翻录，乃谋而寿诸梓。谓："子以齿，当志一言。"惟朱子一生勤苦，以惠来学，凡一言一字，皆所当守；而独表章是、尊崇乎此者，盖以为朱子之定见也。今学者不求诸此，而犹踵其所悔，是蹈舛也，岂善学朱子者哉？麟无似，从事于朱子之训余三十年，非不专且笃，而竟亦未有居安资深之地，则犹以为知之未详，而览之未博也。

戊寅夏，持所著论若干卷来见先生。闻其言，如日中天，睹之即见。如五谷之艺地，种之即生；不假外求，而真切简易，恍然有悟。退求其故而不合，则又不免迟疑于其间。及读是编，始释然，尽投其所业，假馆而受学，盖三月而若将有闻焉。然后知向之所学，乃朱子中年未定之论，是故三十年而无获。今赖天之灵，始克从事于其所谓定见者，故能三月而若将有闻也。非吾先生，几乎已矣！敢以告夫同志，使无若麟之晚而后悔也。若夫直求本原于言语之外，真有以验其必然而无疑者，则存乎其人之自力，是编特为之指迷耳！

　　　　正德戊寅六月望，门人雩都袁庆麟谨识。

《朱子晚年定论》，是王阳明先生在留都（南京）时就收集选择编辑而成的集子。揭阳人薛尚谦过去抄录过一本，同志们看过它，所以没有及时抄录，放在袖里带走，是因为大家都嫌抄录麻烦。于是就商量决定刻版付印，说是朱子以此警醒自己当年志向的一些言论。朱子一生勤勉清苦，为有益于后学，集子上的一字一句都应当信守并给予弘扬。所以这样推崇这个集子，大概是因为先生认为这是朱子确定成熟的思想结论。现在的学者不在这上面探求，还要重蹈朱子悔恨的覆辙，这是步朱子错误的后尘。哪里是善于向朱子学习呢？我不这样，我遵循朱子的教导三十余年，志向和功夫不是不专不笃，但竟然也没有得到从容安居，资深质厚的境地，还认为自己知道不够详细，见识得不够广博。

戊寅年夏天，我拿着几卷自己写的论著来拜见先生，听他说话，如日中天，仰之既见，满眼光华。如五谷生长在大地上，播种就能生长。不向外界探求，其功夫真切简易，听后恍然有所省悟，回来以后探求其中原因，遇到有不契合的地方，就不免在其中迟疑徘徊。等读到这个集子，才豁然明白，全身心地投入到圣贤所从事的事业中，到书院从师学习，大约三个月才好像能够闻道了。然后才知道从前所学的，是朱子中年没有成熟确定的思想，因此三十多年而一无所获。现在仰赖于上天的灵明，才开始克服以前的错误，从事于朱子晚年成熟确定的思想的学习，所以能在三个月之中就好像有闻道之效了。要不是因为有了先生，我几乎毫无希望了。把这些告诉给那些志同道合的人，让他们不要再像我那样到晚年才后悔。如果在言语文字之外直接探求本原，真正有用来检验那确凿无疑的德性的东西，那是在于

每个人自己的功力,这个集子是专门为修行的人们指点迷津的啊!

正德戊寅年六月十五日,学生零都人袁庆麟谨识。

卷之四　文录一

书一　始正德己巳至庚辰

与辰中诸生

己巳

谪居两年,可与语者;归途乃得诸友,何幸何幸!方以为喜,又遽尔别去,极怏怏也。

绝学之余,求道者少;一齐众楚,最易摇夺。自非豪杰,鲜有卓然不变者;诸友宜相砥砺夹持,务期有成。

近世士夫亦有稍知求道者,皆因实德未成而先揭标榜,以来世俗之谤,是以往往隳堕无立,反为斯道之梗。诸友宜以是为鉴,刊落声华,务于切己处着实用力。

前在寺中所云静坐事,非欲坐禅入定。盖因吾辈平日为事物纷拏,未知为己,欲以此补小学收放心一段工夫耳。

明道云:"才学便须知有着力处,既学便须知有得力处。"诸友宜于此处着力,方有进步,异时始有得力处也。

"学要鞭辟近裹着己""君子之道暗然而日章""为名与为利,虽清独不同,然其利心则一""谦受益""不求异于

与辰中诸生

己巳

在被谪放之地居住了两年，没有在一起可以交流的人；在归去的路途中才见到各位朋友，这是何等的荣幸啊！刚刚为这件事而高兴，又马上要分手离别，十分令人懊丧。

失传的学问到今天，求取道的人少，人多聚集在一起，最容易动摇、退惧。不是豪杰英雄，很少能有卓然而立、坚定不变的；各位朋友应该互相鼓励、帮助、支持，务必要有所成就。

近室，士大夫们也有稍微知道求取道的人，但都因为德行没有达到很高的层次，而先标榜结果招来世上习俗的诋毁诽谤；因此往往没有根基成就，反而成为道学上的阻碍；各位朋友应该把这作为借鉴，削除减弱那些奢华的声音，务必要从切入自身的角度下功夫。

以前在庙中所说的关于静坐的事情，不是想要坐禅入定，都因为我们这些人平日为那些外在事物所困扰，不知道良知就在内心中，想用这种办法来弥补小学问、收敛安放心灵的一段功夫罢了。

明道说过："刚开始求学时应知道有要下功夫的地方，已经学习后应知道有适宜下功夫的地方。"各位朋友应该在己身下功夫，才会有进步，其他的时候开始会有得到功的地方。

学问要鞭策近处以切合己身，君子的道德，做文章、求学问，为功名利禄，虽然清浊程度不同，但是他们的利心却是一致

人,而求同于理",此数语宜书之壁间,常目在之。

举业不患妨功,惟患夺志;只如前日所约,循循为之,亦自两无相碍;所谓知得洒扫应对,便是精义入神也。

答徐成之

辛未

汝华相见于逆旅,闻成之启居甚悉,然无因一面,徒增悒怏!吾乡学者几人,求其笃信好学如吾成之者谁欤?求其喜闻过,忠告善道如吾成之者谁欤!过而莫吾告也,学而莫吾与也,非吾成之之思而谁思欤!嗟吾成之,幸自爱重!自人之失其所好,仁之难成也久矣。

向吾成之在乡党中,刻厉自立,众皆非笑,以为迂腐,成之不为少变。仆时虽稍知爱敬,不从众非笑,然尚未知成之之难得如此也;今知成之之难得,则又不获朝夕相与,岂非大可憾欤!修己治人,本无二道。政事虽剧,亦皆学问之地,谅吾成之随在有得。然何从一闻至论,以洗凡近之见乎?爱莫为助。近为成之思进学之功,微觉过苦;先儒所谓志道恳切,固是诚意,然急迫求之,则反为私己,不可不察也。

的；谦虚了就要受到益处，不要求各个人的差异，只要求在追求道上相同，这几句话应该写在墙壁，经常看看它。

建立功业不害怕功劳受损而害怕志气被剥夺；只要像前日的约定，循循序序去做，也就没有隔阂；所谓明白应对扫洒的事理，便是精微的道义进入神化的境地。

答徐成之

辛未

与汝华在旅途里相见，听说了成之生活的许多情况，然而没有能够谋上一面，只白白地增加丧气灰心！我们同乡中的求学之人，像成之这样，信仰真诚、热爱钻研的能有几个人呢？像成之这样，喜欢听别人指出错误，善良忠诚的有几个人呢？他的过错不是我告诉指正的，他的学业不是我帮助的，不是我们成之的思考，那么谁在思考呢？唉，成之要多自爱珍重！自从人们放弃了追求的目标，仁就很难造就了。

徐成之在家乡刻苦钻研，自立自强，众人都以之为迂腐，嘲笑愚弄他，成之不因为此而动摇。我当时虽然知道明白敬重爱戴成之，不跟随别人嘲笑愚弄，但是还不明白成之难得如此做的艰辛，又不能够朝夕一起求学，难道不是一大遗憾吗！修养自己与治理他人，本来没有第二种道理，政治事务虽然繁杂厉害，也都是学问所量到的境地，理解徐成之随处有心得收获，然而从什么地方听说过一次公正的言论，来说清凡人的短浅见识呢？爱护但帮助不了，近来考虑徐成之求学的功夫，稍稍感觉过于清苦；先儒所说的志道恳切，固然是诚意的体现，然而过于急切地追求，反而为了自己的私利，不能不注意到。

日用间何莫非天理流行，但此心常存而不放，则义理自熟，孟子所谓"勿忘勿助，深造自得"者矣。学问之功何可缓，但恐著意把持振作，纵复有得，居之恐不能安耳。成之之学，想亦正不如此。以仆所见，微觉其有近似者，是以不敢不尽，亦以成之平日之乐闻，且欲以是求教也。

答黄宗贤应原忠

辛未

昨晚言似太多，然遇二君，亦不得不多耳。其间以造诣未熟，言之未莹则有之，然却自是吾侪一段的实工夫。思之未合，请勿轻放过，当有豁然处也。

圣人之心，纤翳自无所容，自不消磨刮；若常人之心，如斑垢驳杂之镜，须痛加刮磨一番，尽去其驳蚀，然后纤尘即见，才拂便去，亦自不消费力，到此已是识得仁体矣。若驳杂未去，其间固自有一点明处，尘埃之落，固亦见得，亦才拂便去；至于堆积于驳蚀之上，终弗之能见也。此学利困勉之所由异，幸弗以为烦难而疑之也。

凡人情好易而恶离，其间亦自有私意气习缠蔽，在识破后，自然不见其难矣。古之人至有出万死而乐为之者，亦见得耳。向时未见得向里面意思，此工夫自无可讲处；今已见此一面，却恐好易恶难，便流入禅释去也。

平日日常间何尝不是天理在流传盛行，但是这心中常顾而不放下，那么义理自然成熟了，孟子所说的勿忘勿助，那么谦道之功自得成就了。学问的功夫，怎么可以缓慢下来呢？但是恐怕有意把持、纵得振作，有得到居留的忧虑，不能安下心来。成之的学问，想要纠正这种情况，以我所见，稍稍觉得有些类似相仿，所以不敢不尽言所想，也因为徐成之平日喜欢听他人讲，并且以这些话作为求教。

答黄宗贤应原忠

辛未

昨天晚上说的话似乎太多了，然而碰到了你们两位，也不能不多说。其间因为学问造诣还不够成熟，说话言辞不够华丽，然而这是我的实际工夫。思考的结果没有契合，请求不要轻易放过，应当会有豁然开朗的地方。

圣人的心思，容不下丝毫的尘障，自不用消磨削刮；像常人的心灵，如同布满了斑垢的镜子，驳杂纷乱，须要狠狠加以削刮消磨，把上面的驳蚀都除去，然后可以看到纤细的尘土，一拂就可以去掉了；至于在驳蚀的堆积上面，终于不能看到真实面目。这种学问利于在困难中勉励所相异的由来，幸好不因为遇到麻烦、困难而性情。

凡人的性情，喜欢容易、讨厌困难，里面也有私人的意气缠绕蒙蔽，识破后自然看不到困难之处了。古代的人，有出入万死而乐于做事的，也可以发现这个道理。向来没有到里面寻求事物的道理，这种功夫自然没有讲授的地方，今天已经看到这一层道理，却害怕喜易厌难，便流入禅学佛释去了。

昨论儒释之异,明道所谓"敬以直内"则有之,"义以方外"则未;毕竟连"敬以直内"亦不是者,已说到入、八九分矣。

答汪石潭内翰

辛未

承批教,连日疮甚,不能书,未暇请益。来教云:"昨日所论乃是一大疑难。"又云:"此事关系颇大,不敢不言。"仆意亦以为然,是以不能遽已。

夫喜怒哀乐,情也。既曰不可谓未发矣,喜怒哀乐之未发,则是指其本体而言性也;斯言自子思,非程子而始有;执事既不以为然,则当自子思《中庸》始矣。

喜怒哀乐之与思,与知觉,皆心之所发,心统性情。性,心体也;情,心用也。程子云:"心,一也。有指体而言者,寂然不动是也;有指用而言者,感而遂通是也。"斯言既无以加矣,执事姑求之体用之说。

夫体用一源也,知体之所以为用;则知用之所以为体者矣。虽然,体微而难知也,用显而易见也;执事之云,不亦宜乎?夫谓"自朝至暮,未尝有寂然不动之时"者,是见其用而不得其所谓体也;君子之于学也,因用以求其体。凡程子所谓"既思",即是已发;既有知觉,即是动者。皆为求中于喜怒哀乐未发之时者言也,非谓其无未发者也。

昨天讨论的儒家与佛释的区别，明道所说的敬以直内有此意思，义以方外也不尽完善；毕竟连敬以直内外也不是真正的意图，但已经说到了八九分的程度。

答汪石潭内翰

辛未

承蒙来信指教，连日生疮，十分厉害，不能写信，没有空闲请教。来信上说："昨天所讨论的，是一大疑难。"又说道："这件事关系重大，不敢不说话。"我的想法也认为这样，不能急促而就。

喜怒哀乐，是性情，既然说不可，是没有发作罢了。没有发作的喜、怒、哀、乐，是指的性情之本体；这种言论从子思开始有，不是从程子而起的；执事不以为然，则应该从子思和《中庸》开始的。

喜怒哀乐的兴致与知觉，都是心所发作的表观，心统率性情，性是心的本体，情是心的用处。程子说的"心一也，"有指心本体而说的意思，说心寂然不动，指心用的意思，是说心感触而通发；这话既然不加以修饰，执事姑且追求体用的学说。

体和用是同一本源，知道体所以作为用，就知道用要所以作为体了。虽然本体细微很难知道，用处明显容易发现，执事所说的话不也很合适吗？所说的从早晨到日暮，未尝有寂然不动的时候；是发现了用处而不是发现本体。君子在求学时，凭借用处探求本体，凡是程子所说的，已思考就是已发作，已经有了知觉，即是发动了，这些都是那些在喜怒哀乐没有发作时所说的话；不是说没有不发作。

朱子于未发之说，其始亦尝疑之，今其集中所与南轩论难辩析者，盖往复数十而后决，其说则今之《中庸》注疏是也，其于此亦非苟矣。

独其所谓"自戒惧而约之，以至于至静之中；自谨独而精之，以至于应物之处"者，亦若过于剖析。而后之读者，遂以分为两节，而疑其别有寂然不动、静而存养之时，不知常存戒慎恐惧之心，则其工夫未始有一息之间，非必自其不睹不闻而存养也。吾兄且于动处加工，勿使间断。动无不和，即静无不中，而所谓寂然不动之体，当自知之矣。未至而揣度之，终不免于对答说相论耳。

然朱子但有知觉者在，而未有知觉之说，则亦未莹。吾兄疑之，盖亦有见；但其所以疑之者，则有因噎废食之过，不可以不审也。

君子之论，苟有以异于古，姑毋以为决然；宜且循其说而究之，极其说，而果有不达也，然后从而断之；是以其辩之也，明而析之也。当盖在我者，有以得其情也。今学如吾兄，聪明超特如吾兄，深潜缜密如吾兄，而犹有未悉如此，何邪？吾兄之心，非若世之立异自高者，要在求其是而已；故敢言之无讳。有所未尽，不惜教论，不有益于兄，必有益于我也。

朱子的未发之说，开始时也曾经怀疑，今天集中他与南轩讨论中很难辨析的问题，都是反复十余次讨论才决定的，也就是《中庸》的注疏，在这方面不能马虎。

唯独他所说的谨慎小心、约束自己，以至于达到至静的地步；自己谨慎精进，达到道的地方；也如过于剖析，然后解读的人，就要分为两节功夫，而疑其别有寂然不动，安静地下功夫，不要使之间断，发动了没有不和，即是静没有不中，而所说的是寂然不动之体，自然就明白了。没有到达就揣摩度量终止，不免于对答、相互讨论了。

然而朱子只有知觉者存在，而没有知觉的学说，也没有透莹通明，我兄长怀疑它，也有了一些见解；但他所怀疑的原因，就有些因噎废食的毛病，不可以不好好审视。

君子的谈论，假若有与古人不同的地方，暂且不要以为是必然的；应该循着学说进行探究，达到学说的终极，而果真有不到之处，然后进行判断，这样就把学问辨析得十分明了透彻，对我来说，也陶冶了性情。今天像我的兄长一样求学；像兄长一样聪明特殊、深思熟虑、逻辑缜密的人，还没有达到如此的理解程度，为什么呢？我兄长的心地，不像那些特立不驯、自高自大的，要在追求本来面目上面；所以敢于没有忌讳的说话。有说不到的地方，请您多加指教j对兄长没有益处、帮助，必定会对我有所教益。

寄诸用明

辛未

得书,足知迩来学力之长,甚喜!君子惟患学业之不修,科第迟速,所不论也。况吾平日所望于贤弟,固有大于此者,不识亦尝有意于此否耶?便中时报知之。

阶阳诸侄,闻去岁皆出投试。非不喜其年少有志,然私心切不以为然;不幸遂至于得志,岂不误却此生耶?凡后生美质,须令晦养厚积。天道不翕聚,则不能发散,况人乎?花之千叶者无实,为其华美太发露耳。

诸贤侄不以吾言为迂,便当有进步处矣。书来劝吾仕,吾亦非洁身者,所以汲汲于是,非独以时当敛晦,亦以吾学未成,岁月不待,再过数年,精神益弊,虽欲勉进而有所不能,则将终于无成,皆吾所以势有不容已也。但老祖而下,意皆不悦;今亦岂能决然行之,徒付之浩叹而已!

答王虎谷

辛未

承示:别后看得一'性'字亲切。孟子云:"尽其心者,知其性也;知其性,则知天矣;此吾道之幸也。"喜慰何可

寄诸用明

辛未

来信收到，已经知道最近你的学问功力提高，十分高兴！君子只担心学业能不能成就，至于科举考试得到提拔是否快或慢，先不要议论；况且我平日对贤弟寄予厚望，要比现在这些成绩期望值高，没记住是否应当在这方面有意努力呢？到了科举中时要告诉我。

我听说阶阳诸位侄儿，去年都出去参加科举考试，不是我不高兴他们年少有志，然而私下里却不以为这样做正确；如果认为得志是人之不幸，那么难道不就耽误遗憾终生吗？凡是后生中有良好资质的，须令他们认真修养、耐心积累，天道不积累聚集便不能发作散开，何况人呢？花有千叶，没有实在，因为它的华美太外露了。诸位贤侄不认为我的话迂腐，就应当会进步提高。

来信劝我走上仕途，我也不是那种洁身自好之人，所以在这方面汲汲努力，不是独独因为时代应当收敛晦暗，也因为我的学问没有完成，岁月不等待我而流逝，再过几年后，精神更加败坏，虽然想勉励自己前进，而有所不能，那么就将终生无成，都是我所处的情势不允许自己啊。但从老祖以下，心情都不高兴；今天坚定不移地向前迸发，而不要白白地发出感叹罢了！

答王虎谷

辛未

承蒙来信告知，分别后发现一个性字亲切。孟子说过："心尽到了，就会知道性；知道了性，就会明白天道；这是我求学之

言！弘毅之说极是，但云："既不可以弃去，又不可以减轻；既不可以住歇，又不可以不至"，则是犹有不得已之意也。

不得已之意与自有不能已者，尚隔一层。程子云："知之而至，则循理为乐；不循理为不乐。"自有不能已者，循理为乐者也；非真能知性者未易及此；知性则知仁矣。仁，人心也。心体本自弘毅；不弘者敝之也；不毅者累之也；故烛理明，则私欲自不能敝累；私欲不能敝累；则自无不弘毅矣。弘非有所扩而大之也，毅非有所作而强之也，盖本分之内，不加毫末焉。

曾子"弘毅"之说，为学者言，故曰："不可以不弘毅。"此曾子穷理之本，真见仁体而后有是言；学者徒知不可不弘毅；不知穷理，而惟扩而大之以为弘，作而强之以为毅，是亦出于一时意气之私，其去仁道尚远也。

此寔公私义利之辩，因执事之诲而并以请正。

与黄宗贤

辛未

所喻：皆近思切问，足知为功之密也，甚慰！夫加诸我者，我所不欲也；无加诸人，我所欲也，出乎其心之所欲，皆自然而然；非有所强；勿施于人，则勉而后能，此仁恕之别

道的荣幸啊。"高兴、宽慰地还能说什么！关于弘毅如言说极有道理，只说道："既不可以丢弃、放弃它，又不可以减轻；既不可以住宿休息，又不可以不达到终点。"就是有些不得已而为的意思。

不得已的意思与自己有不能做到的，还隔着一层。程子说："知道它而到达，循着理为欢乐；不循着理就不欢乐。"是自己不能做到的，遵循理而高兴欢乐；不是真知道性的含义，还没有到达知性的程度；知道性就知道了仁。仁是人的心，心本体本来宏大忠毅；不宏大，是因为被蒙蔽了；不忠毅，是因为心受累了，所以道理如同烛光分明，那么私欲自然不能蒙蔽连累了；私欲不能蒙蔽连累本心，那么心就不会不宏大忠毅了。弘不是扩大而成的，毅不是勉强坚定而成的，都是在本分之内，不加毫末。

曾子的弘毅之说，为学者们言传，所以说："不可以不弘毅。"这是曾子穷究事理的根本，真正地发现了仁本体而后有这句话；学者之人只知道不可以不弘毅，不知道探究事理，而只知道扩充放大为弘，努力强健为毅，是出于一时私人的意气，离仁道还有很远的距离。

这实际上是关于公与私、义与利的辩论，因为执事的教诲，并请指正。

与黄宗贤

辛未

来信中所言都是近来的思考和体切的学问，足以知道您做学问的严密。十分宽慰！加到我身上的，是我所不愿意的；不加到他人身上，是我所希望的，超出了心所想的范围，一切都自

也。然恕,求仁之方,正吾侪之所有事也。

子路之勇,而夫子未许其仁者;好勇而无所取材,所勇未必皆出天理之公也。事君而不避其难,仁者不过如是;然而'不知食辄之禄为非义,则勇非其所宜,勇不得为仁矣。

然勇为仁之资,正吾侪之所尚欠也。鄙见如此,明者以为何如? 未尽,望便示!

二

壬申

使至,知近来有如许忙,想亦因是大有得力处也。仆到家,即欲与曰仁成雁荡之约,宗族亲友相牵绊,时刻弗能自由;五月终,决意往. 值烈暑,阻者益众且坚,复不果;时与曰仁稍寻傍近诸小山,其东南林壑最胜绝处,与数友相期候,宗贤一至即往;又月余,曰仁凭限过甚,乃翁督促,势不可复待;乃从上虞入四明,观白水,寻龙溪之源,登杖锡至于雪窦;上千丈岩以望天姥、华顶,若可睹焉;欲遂从奉化取道至赤城;适彼中多旱,山田尽龟裂,道傍人家徬徨望雨,意惨然不乐,遂自宁波买舟还余姚,往返亦半月余,相从诸友亦微有所得,然无大发明,其最所歉然,宗贤不同兹行耳。归又半月,曰仁行去,使来时已十余日,思往时在京,每恨不得还故山,往返当益易,乃今益难,自后精神意气当

然而然，不是有所强大，就不要施加于人，勉励后能做到这一点，是仁和恕的区别。然而恕是求仁的方法，以正我辈所做的事情。

子路勇敢，但是孔夫子没有称许他仁义；勇敢好战，如果没有衡量标准，他的勇敢未必符合公正的天理。侍奉君主而不逃避艰难，仁义的人不过如此；吃官家的俸禄而不作为是不义之举，那么在不宜勇敢的地方勇敢就不是仁义的行为。

然而勇敢作为仁的一部分，正是我辈之所欠缺的。鄙人这样认为，明智的人怎么想呢？未尽之处请多加指教。

二

壬申

使者到来，知道近来有这么繁忙，想必也是因为有十分得力的地方。刚刚到家，便想与曰仁完成在雁荡湖的约定，被亲族里的亲戚朋友牵制羁绊，得不到片刻自由；五月份我决心前往，正赶上炎热的暑天，阻拦我的人众多，态度坚决，又没有实现愿望；时而与曰仁只得寻找附近的几座小山，山的东南方树林和沟壑是最为绝妙幽静的游览胜地，与几位朋友相互约定等候，等黄亲贤一到，就前往；又过了月余，曰仁看时限超过的太多，加上家翁催促的厉害，不可以再作等候；就从上虞进入四明，观赏白水，寻找龙溪的源头，登上杖锡峰，到达雪宝，登上千丈山崖以观望天姥山和华山的顶峰，好像可以观看；准备就从奉化取道到达赤城；正遇到那地方多旱灾，山和田地都龟裂了，在路边的人家中，彷徨地盼望着雨，惨然而不快乐，就从宁波买船还余姚，往返也用了半个多月，随从的各位朋友，也有些小小

日不逮前；不知回视今日又何如也？念之可叹可惧！留居之说，竟成虚约。

亲友以曰仁既往，催促日至，滁阳之行，难更迟迟，亦不能出是月；闻彼中山水颇佳胜，事亦闲散。

宗贤有惜阴之念，明春之期，亦既后矣。此间同往者，后辈中亦三四人，习气已深，虽有美质，亦消化渐尽。此事正如淘沙，会有见金时，但目下未可必得耳。

三

癸酉

滁阳之行，相从者亦二三子，兼复山水清远，胜事闲旷，诚有足乐者！故人不忘久要，果能乘兴一来耶？得应元忠书，诚如其言，亦大可喜！牵制文义，自宋儒已然，不独今时。学者遂求脱然洗涤，恐亦甚难，但得渐能疑辩，当亦终有觉悟矣。

自归越后，时时默念年来交游，益觉人才难得，如元忠者，岂易得哉？京师诸友，迭来略无消息，每因己私难克，辄

的收获，但是没有大的提高，感到非常抱歉，宗贤没有加入这一行程。回去半个月后，曰仁告辞而去，使者到来时已过十余日，想起往时在京城，每每遗憾自己不能返还故里，那时往返应当会容易，到今天更加困难，从此以后的精神意气，不如以前好，不知回头看今天，又怎么样呢？想到后可叹可悲！留居故里的约定，竟然成为空话。

亲友因为曰仁已经前往，每天催促，滁阳之行虽困难重重，迟迟未发，也不能出这个月；听说那里的山水十分美丽奇胜，事情也变得闲来无聊了。

宗贤有惜取光阴的念头，明年春天的期约，也往后退了。这次同去的，有后辈的三四个人，习俗风气已经很深，虽然品质较好，但是也消减的差不多了；这件事正如淘沙，会有看到金子的时候，但是眼下不一定能够实现。

三

癸酉

到滁阳的旅行，跟随的也有二三位人，加上山水清静幽远，兴致极高，悠闲旷达，诚然让我十分的快乐！不忘记在一起经常要约的老朋友，果然能够乘兴一起前来吗？收到了应兀忠的来信，果真像他所说的那样，也真让人喜欢！牵制文义，自从宋代儒生开始已经这样，不独独是今天的当代学者们，就要求超脱、洗涤本心，恐怕也很困难。但是能够渐渐有能力解疑分辨，应当最终会有所觉悟。

自从回到越地以后，经常在心中想着近年来的交往、游历，越发觉得人才难得；像兀忠这样的人才难道很容易地会得到

为诸友忧虑一番；诚得相聚一堂，早晚当有多少砥砺切磋之益！然此在各人，非可愿望得。

四

癸酉

春初，姜翁自天台来，得书，闻山间况味，悬企之极！且承结亭相待，既感深谊，复愧其未有以副也。

甘泉丁乃堂夫人忧，近有书来索铭，不久且还增城。道途邈绝，草亭席虚，相聚尚未有日；仆虽相去伊迩，而家累所牵，迟迟未决，所举遂成北山之移文矣。

应原忠久不得音问，想数会聚？闻亦北上，果然否？此间往来极多，友道则实寥落；敦夫虽住近，不甚讲学；纯甫近改北验封，且行；曰仁又公善未还；宗贤之思，靡日不切！又得草堂报，益使人神魂飞越，若不能一日留此也。如何如何！？去冬解册吏到，承欲与原忠来访，此诚千里命驾矣。

喜慰之极！日切瞻望，然又自度鄙劣，不足以承此。曰仁入夏当道越中来此，其时得与共载，何乐如之！

吗？在京师的各位朋友，最近没有什么消息，每当因为个人私利，很难克服困难，就为各位朋友忧虑一番；难得大伙儿相聚一堂，早晚应当会有许多切磋讨论的收益。然而，这对于每个人来说，不是想做就能实现的。

四

癸酉

春初，姜翁从天台归来。听闻说，山间的情况与境况，十分的向往与羡慕！并且承受结亭等待的礼遇，感到了深深的情谊，又惭愧没有受到一般客人的接待。

甘泉为他的堂夫人服丧，近来有书信来索要铭文，不久就要返还增城，一路上深远绝寂，草亭下席子空着，相聚还没有时间可企，我虽然距离很近，但是亲中之事拖累、牵制，迟迟不能作出决定，所做的举动成为北山的移文了。

应原忠很久没有询问打听过了，想到了几次聚会吗？听说他也北上了，有这回事吗？这一段时间有很多的来往，但是友道就寥落了；敦夫虽然住得很近，不可以讲授学问；纯甫改任北验封，马上要出发了；曰仁出去当公差，还没有回来；宗贤的思考，终日还不贴切深刻，又得到牵草来的报信，更加让人的神魂飞到了越地，不能再在此地停留一日啦。怎么办，怎么办呢？去年冬天，解册官吏来到，准备与应原忠来拜访，这诚然是千里之命驾啊。

十分高兴与宽慰！每天等待期望，然而又恐怕自己卑劣低贱，不足以承受这种待遇。曰仁到夏天时，会从越中取道而来，那时候与他在一起乘车出行，该是何等的快乐！

五

癸酉

书来及纯甫事，恳恳不一而足，足知朋友忠爱之至。世衰俗降，友朋中虽平日最所爱敬者，亦多改头换面，持两端之说，以希俗取容，意思殊为衰飒可悯；若吾兄真可谓信道之笃而执德之弘矣。

何幸何幸！仆在留都，与纯甫往密迩，或一月一见，或间月不一见，辄有所规切，皆发于诚爱恳恻，中心未尝怀纤毫较计，纯甫或有所疏外，此心直可质诸鬼神；其后纯甫转官北上，始觉其有恝然者。寻亦痛自悔责，以为吾人相与，岂宜有如此芥蒂，却是坠入世间较计坑陷中，亦成何等胸次？当下冰消雾释矣。其后人言屡屡而至，至有为我愤辞厉色者，仆皆惟以前意处之，实是未忍一日而忘纯甫；盖平日相爱之极，情之所锺，自如此也。

旬月间，复有相知自北京来，备传纯甫所论仆；窃疑有浮薄之徒，幸吾党间隙，鼓弄交构，增饰其间，未必尽出于纯甫之口；仆非矫为此说，实是故人情厚，不忍以此相疑耳。

仆平日之厚纯甫，本非私厚；纵纯甫今日薄我，当亦非私薄；然则仆未尝厚纯甫，纯甫未尝薄仆也；亦何所容心于其间哉？往往见世俗朋友易生嫌隙，以为彼盖苟合于外，而

五

癸酉

来信收到，提及纯甫一事，态度恳切，不一而足，可以发现您对朋友的忠心爱护之至。世道衰败，风俗颓废，朋友中虽然有平日所最为敬重、爱护的，也大部分改头换面，宣扬两端学说，以希望世俗提供容身之地，意思殊为豪情衰减，十分可怜，像我兄长这样，真可以说是坚持自己的信仰，发扬良好的道德。

多么荣幸啊！我在留都的时候，与王纯甫来往密切，或一个月见一次面，或隔月份不见一次，有所规劝、忠告，都是发于我的诚爱恳切的本心，没有斤斤计较；或许王纯甫有些疏忽之外，我的心不怕鬼神的质疑；后来王纯甫转任官职北上，开始发觉有不对劲的地方，思前想后，悔恨痛责，以为我们这些人参与其中，难道会有这样的芥蒂？却是坠入了人世间斤斤计较的泥潭陷坑之中，这是何等的胸怀道次？眼下冰消雾释了。以后人言屡屡到来，甚至有为我感到愤辞厉色的，我都是以从前的心意来对待处理，实际上是没有一天忘记纯甫；大盖平时相亲相爱、感情深厚所致吧！

旬月间，有位相知从北京回来，对我详细叙说了所传纯甫关于我的言论；我私下里认为有些轻浮浅薄之徒，利用我们的间隙，鼓弄是非，胡编乱道，矫揉造作，未必都出自纯甫口中，我不是要矫正这种传言，实际上是念及老朋友深厚的交情，不忍心加以猜疑。

我平日厚待纯甫，本来不是因为私情深厚；从纯甫今日冷待我，也应当不会是私情冷薄；然而我没有厚待过纯甫，纯甫也没有冷待过我；心间又有什么不可以容得下的地方呢？往往我非有性分之契，是以如此，私窃叹悯。自谓吾党数人，纵使散处敌国仇家，当亦断不至是；不谓今日亦有此等议论，此亦惟宜自反自责而已。

孟子云："爱人不亲反其仁，行有不得者皆反求诸己。"自非履涉亲切，应未识斯言味，永而意恳也。仆近时与朋友论学，惟说"立诚"二字；杀人须就咽喉上著刀，吾人为学，当从心髓入微处用力，自然笃实光辉；虽私欲之萌，真是洪炉点雪，天下之大本立矣。

若就标末妆缀比拟，凡平日所谓学问思辩者，适足以为长傲遂非之资，自以为进于高明光大，而不知陷于狼戾险嫉，亦诚可哀也已！以近事观之，益见得吾侪往时所论，自是向里；此盖圣学的传。惜乎沦落堙埋已久，往时见得，犹自恍惚；仆近来无所进，只于此处看较分晓，直是痛快，无复可疑，但与吾兄别久，无告语处耳。

原忠数聚论否？近尝得渠一书，所见迥然与旧不同；殊慰殊慰！今亦寄一简，不能详细，见时望并出此。归计尚未遂，旬月后且图再举，会期未定，临楮耿耿！

看到那些世俗的朋友，容易产生嫌隙，认为他们都是表面上苟合，不是真正的性情融洽，这样的话，我私下里感叹，自认为我们几个同党，纵然即使分散到敌国、仇家去，应当不会到如此断交的地步，不说今天也有这样的议论，惟应当自己反省、自责。

孟子说过："爱人不亲近你，要实行仁义，行为不成功时，要反省自身。"自己没有待人真诚恳切，不会理解这话的隽永含义和恳切情意。我最近与朋友们讨论学问，只说"立诚"两个字；杀人要在咽喉上放刀，我们求学，要从心髓细微的地方下功夫，自然就笃实光辉；虽然私欲刚刚萌芽时，真好像是洪炉点雪，天下大的本体树立了。

如果从标志、末节装饰点缀的角度来比拟，凡是平日所作的称为学问思辨的东西，足可以成为长久骄傲、贬驳是非的基础，自己认为进入了高明光大的境界，而不知道陷入了凶残、危险和嫉恨的包围，也真够可悲哀的了！从最近的事情来观看，更加发现我们同辈以前所发的议论，自是深入其中；这些大概是圣学的流传，可惜沦落埋没已经有很长时间，以前看到后，还自己有些恍惚遗憾；我近来没有什么进步提高，只是在这一点上还比较分明知晓，真是很痛快，没有什么可以再怀疑的了，但是与兄长您分别时间太长，没有可以说话交流的地方。

原忠还经常聚会谈论吗？近期曾经收到他的一封信，所持的见解与以前差别极大，迥然不同，真让人欣慰啊！今天也寄去封信，不能够详细备至，相见时希望能够一起探讨。归去的计划还没有实现，旬月过后再做图谋打算，相见之日还没有定下来，面对着信纸，心中十分不安啊！

六

丙子

宅老数承远来，重以嘉贶，相念之厚，愧何以堪？令兄又辱书惠，礼恭而意笃；意家庭旦夕之论，必于此学有相发明者，是以波及仆，喜幸之余，愧何以堪？别后工夫，无因一扣，如书中所云，大略知之；"用力习熟，然后居山"之说，昔人尝有此，然亦须得其源；吾辈通患，正如池面浮萍，随开随蔽；未论江海，但在活水浮萍，即不能蔽，何者？活水有源，池水无源，有源者由己，无源者从物；故凡不息者有源，作辍者皆无源故耳。

七

戊寅

得书，见相念之厚；所引一诗，尤恳恻至情，读之既感且愧，几欲涕下！人生动多牵滞，反不若他流外道之脱然也。奈何奈何！

近收甘泉书，颇同此憾。士风日偷，素所目为善类者，亦皆雷同附和，以学为讳；吾人尚栖栖未即逃避，真处堂之燕雀耳。

六

丙子

数次承蒙家中老人从远方赶来,送来很贵重的赠礼,相念之情深厚,我这么惭愧如何能够接受?您的哥哥又写来书信,礼节恭敬,情意真诚;回想在家中庭院,从早到晚的辩论,一定在这种学问中有新的理解,这样波及我身上,高兴庆幸之余,惭愧如何接受这种厚待?分别以来,没有因缘再相叩问,正如信中所说的那样,大概的情况已经了解;用功学习,熟练技艺,然后居山之说,古代的人们应该会有,然而也要找到它的源头;我们同辈之人的通病在于像水池面上的浮萍,随时开放又随时掩蔽,不用谈及江流和大海,只说在活动水中的浮萍,就不能合蔽,为什么呢?因为活动的水有源头,池中的水没有源头;有源头的水就能够自己作主,没有源头的水就只能够随从外物役使;所以凡是不停息、有生命的东西就有源头,停止不动的都是因为失去了源头的缘故。

七

戊寅

收到来信,知道想念之情十分深厚;所引用的一首诗,尤其恳切、恻隐,十分动情,读到以后既感到激动又感到惭愧,几次都想要落下泪来!人生漂泊迁动,有许多牵制、滞停之处,如果不使之流自身外,就不能够解脱,又能如何呢!

近来收到甘泉的书信,也有这种感受,遗憾后悔。士人的风气一天天变坏,平时那些看着是善良的人们,也都跟着附和雷同,把真学作为忌讳;我们这些人还在这里,没有躲避,真成

原忠闻且北上,恐亦非其本心?仕途如烂泥坑,勿入其中,鲜易复出,吾人便是失脚样子,不可不鉴也。

承欲枉顾,幸甚幸甚!好事多阻,恐亦未易如愿,努力图之!笼中病翼,或能附冥鸿之末而归,未可知也。

与王纯甫

壬申

别后,有人自武城来,云:"纯甫始到家,尊翁颇不喜,归计尚多抵牾。"始闻而惋然,已而复大喜;久之,又有人自南都来者,云:"纯甫已莅任,上下多不相能。"始闻而惋然,已而复大喜;吾之惋然者,世俗之私情,所为大喜者,纯甫当自知之;吾安能小不忍于纯甫,不使动心忍性,以大其所就乎?譬之金之在冶,经烈焰,受钳锤,当此之时。为金者甚苦;然自他人视之,方喜金之益精炼,而惟恐火力锤锻之不至,既其出冶,金亦自喜其挫折锻炼之有成矣。

某平日亦每有傲视行辈,轻忽世故之心,后虽稍知惩创,亦惟支持抵塞于外而已;及谪贵州三年,百难备尝,然后能有所见;始信孟氏"生于忧患"之言非欺我也。尝以为

了处在堂庭上的燕雀了。

听说原忠想要北上，恐怕这不是他本来的心意吧？官仕之途像烂泥坑一般，不要掉进去，很少有轻易摆脱的，我们这些人就是失足后悔的例子，不能够不加以分析鉴别啊。

你要来看我，庆幸庆幸啊！事情想要取得好的结果会有许多艰难险阻，恐怕也没有轻易便能实现的，要努力争取啊！在笼中生病的鸟儿，或许能够附着天上的大雁尾巴而归去，前途还不能够把握。

与王纯甫

壬申

分别以后，有人从武城来，说道："纯甫刚刚来到家中，他的父亲不大高兴，回去的时候还有许多矛盾。"我开始听到感到失落，后来又十分高兴；时间很长了，又有人从南都过来，说道："纯甫已经就任，上下之间大多数不能够和睦融洽。"我开始听到很同情，后来又十分高兴，我之所以感到同情，是因为世俗的私情，之所以十分高兴，纯甫应当会自己明白；我怎么能够不稍稍忍耐住纯甫，不致使他动心忍性，从而成就他的事业呢？好像那金子在冶炼中，经受烈焰的燃烧，受到钳子和锤子的敲打，这时，作为金子很是痛苦；然而在他人看来，正喜爱那金子益发精炼，而唯独害怕火力和锤炼的功夫不到家，等到冶炼以后，金子也高兴自己能够经受住火烧和锤打，从而成就完毕了。

我平日也经常傲视他人，对世故之心轻视忽略，后来虽然稍稍明白理解了教训和惩戒，也只是勉强应付外界的变化而已；等到被贬谪到贵州三年的时间，尝遍了许许多多的艰难，之后

君子素其位而行，不愿乎其外，素富贵行乎富贵；素贫贱行乎贫贱；素患难行乎患难；故无入而不自得。后之君子，亦当素其位而学，不愿乎其外，素富贵，学处乎富贵；素贫贱患难，学处乎贫贱患难；则亦可以无入而不自得。向尝为纯甫言之，纯甫深以为然；不审迩来用力，却如何耳？近日相与讲学者，宗贤之外，亦复数人，每相聚，辄叹纯甫之高明。今复遭时磨励若此，其进益不可量，纯甫勉之！汪景颜近亦出宰大名，临行请益；某告以"变化气质，居常无所见，惟当利害，经变故，遭屈辱，平时愤怒者，到此能不愤怒；忧惶失措者，到此能不忧惶失措；始是能有得力处，亦便是用力处。天下事虽万变，吾所以应之，不出乎喜怒哀乐四者，此为学之要，而为政亦在其中矣。"景颜闻之，跃然如有所得也。

甘泉近有书来，已卜居萧山之湘湖，去阳明洞方数十里耳；书屋亦将落成，闻之喜极！诚得良友相聚会，共进此道，人间更复有何乐？区区在外之荣辱得丧，又足挂之齿牙间哉？

能够有所发觉察见，我开始相信孟子所说的"生于忧患"，并不是欺人之言。曾经认为君子在岗位上平淡而不顾视外界的变化，平时高贵就行高贵之道；平时贫贱就行贫贱之道；平时处于患难，就行患难之道；所以没有进入就不能够自我有所收获。后来的君子，也曾经平淡朴实追求学问，不愿外界的变化，平时高贵就在高贵处求学；平时贫贱患难就在贫贱患难的地方求学；那么也可以不进入患难而不能够自我有所收获；以前曾对纯甫所说的话，他深深地认为正确，不观察审视就下功夫，想要如何呢？近来在一起讲学授业的，除黄宗贤外，还有几个人，每次聚集在一块，就感慨说如此高明的纯甫今天又遭受这样的磨难，他的进步不可以估量，希望纯甫要勉励前进！汪景颜最近也出外任大名的宰府，临行前来求教，我告诉他说："变化的气质，隐藏在经常看不到的地方，只有当利害产生，经受变故，遭受屈辱，平时愤怒的人，到时候又不愤怒；忧伤慌乱无措的人到时候不忧伤失措；这样才有能够下功夫的地方，也就是下功夫的地方。天下的事虽然经历万变，我用来应付的，不外乎喜怒哀乐四种感觉，这就是学问的紧要处，而做官从政也在其中含蕴着。"汪景颜听后，好像收获不小的样子。

　　甘泉近日有书信寄来，已经居住在萧山的湘湖上，距离阳明洞有几十里路远，书屋也就要落成了，我听后十分的高兴。诚然能和好朋友相聚，共同来探求学问，人间还有什么比这更快乐呢？身外的荣辱得失区区小事，又何足挂齿呢？

二

癸酉

纯甫所问，辞则谦下，而语意之间，实自以为是矣；夫既自以为是，则非求益之心矣；吾初不欲答，恐答之亦无所入也。

故前书因发其端，以俟明春渡江而悉；既而思之，人生聚散无常，纯甫之自是，盖其心尚有所惑而然，亦非自知其非，而又故为自是，以要我者；吾何可以遂已？故复备举其说，以告纯甫。来书云："学以明善诚身，固也；但不知何者谓之善？原从何处得来？今在何处？其明之之功当何如？入头当何如？与诚身有先后次第否？诚是诚个甚的？此等处细微曲折，尽欲扣求启发，而因献所疑，以自附于助我者。"反覆此语，则纯甫近来得力处在此，其受病处亦在此矣。

纯甫平日，徒知存心之说，而未尝实加克治之功，故未能动静合一，而遇事辄有纷扰之患；今乃能推究若此，必以渐悟往日之堕空虚矣；故曰："纯甫近来用功得力处在此。"然已失之支离外驰，而不觉矣。夫心主于身，性具于心，善原于性，孟子之言，性善是也。善即吾之性，无形体可指，无方所可定；夫岂自为一物，可从何处得来者乎？故曰："受病处

二

癸酉

纯甫信中所提出的问题，文辞表面上谦卑低下，而语意之间，实际上自以为是；既然自以为是，那么就不是出于求学上进的心意；我开始不想回答，恐怕回答了也难于使他能够听得进去。

所以前面的书信就发现了端倪，为等到明年春天渡江详细地阐述。后来又想了想，人生相聚、离散，没有固定的规律，纯甫的自以为是，大盖是他的心中还存有困惑，而又不知道自己的不是，所以才自以为是，来耍弄于我；我为什么能够就罢了呢？所以又详细完备地举述我的道理，告诉纯甫。他的来信中写道："学习是为明白善道、精诚自身，这是确切的道理；但是不知道什么才是善？又从何处产生寻找得到它？现在善于何处？明白了，下了功夫，应当如何呢？进入头脑中又怎么样呢？善与诚身有没有先后的次序排列之分呢？诚是指单个的诚吗？这种问题曲折细微，想找到开启钥匙引子，就把疑问提出来，求教于能够帮助我的人。"这种话反复的说，看出纯甫近来一直在这种地方下功夫，他的毛病问题也正出在这个地方。

纯甫在平常的时候，只知道存心的学说，而没有加上克制治身的功夫，所以就不能够动静合一，而一旦遇上事就有纷扰的忧患袭来，今天才能够像这样进行推理探究，必须渐渐醒悟以前求的学问落入空虚之中了；所以说道："纯甫最近用功夫、下力气的地方就是这里。"然而已经失落，外界事物支离破碎，而没有感觉得到，心是身体的主宰，性在心中所其有，善是从性中缘起发生的，孟子所说的性善就是这个道理；善是我的本性，

亦在此。"

纯甫之意，盖未察夫圣门之实学，而尚狃于后世之训诂，以为事事物物，各有至善；必须从事事物物求个至善，而后谓之明善，故有"原从何处得来，今在何处？"之语。

纯甫之心，殆亦疑我之或堕于空虚也；故假是说以发我之蔽，吾亦非不知感；纯甫此意，其实不然也。夫在物为理，处物为义，在性为善；因所指而异其名，实皆吾之心也。

心外无物，心外无事，心外无理，心外无义，心外无善；吾心之处事物，纯乎理而无人为之杂，谓之善，非在事物有定所之可求也。处物为义，是吾心之得其宜也，义非在外可袭而取也。

格者，格此也；致者，致此也；必曰："事事物物上求个至善，"是离而二之也。伊川所云："才用彼，即晓此"，是犹谓之二；性无彼此，理无彼此，善无彼此也。纯甫所谓："明之之功，当何如？入头处，当何如？与诚身有先后次第否？诚是诚个甚的？"且纯甫之意，必以明善自有明善之功，诚身又有诚身之功也；若区区之意，则以明善为诚身之功也。

没有什么形状可以指出，没有什么方法可以断定；难道可以为了一件事物而追问也是人何处得来吗？所以说："毛病问题就出在这里。"

纯甫的本意大盖是没有觉察到圣门的实学，还被后世的训诂所陷住，以为每件事情，每种物体，都各自有至善；必须从事物中来寻找个善出来，而后来所说的明善，所以就有了从何处而来、现在位于何处的疑问。

纯甫大概是怀疑我也陷入了空虚之中，所以特地假借这种说法来引发我的遮蔽困惑，我也不是不能感觉得到；纯甫的这种意思，其实是不正确的。物体的所在是理，物体的关系是义，性的本质是善，因而所指向的东西都与名字不符，实际上是我的认识了。

在心之外没有物，心之外没有事，心之外没有理，心之外没有义，心之外没有善，我的心处理应对事物，纯粹的是理，而没有人为的纷杂，称作为善；不是在事物有了固定的居住所在就可以探求。处理物的关系是义，这是我心得到了适宜安置的；义不是在外界可以获取的。

格物所格的是这种东西，致知的人也在此处致求；必须指出："每个事物、每件事情上求出来个至善，"是把心与物分一为二了。程伊川所说的："刚刚开始用那种方法，就明白了这一种。"是还在称作二；性没有彼此之分，理也没有彼此这分，善也没有彼此之分。纯甫所说的："明白了，下功夫又当如何？进入了头脑，又怎么样呢？善与诚身有没有先后的次序之分？诚是否指单个人的诚呢？"纯甫的意图，必须有明善自会有明善的功夫，诚身又有诚身的功夫；好像那区区之意，就把明善当作是诚

夫诚者，无妄之谓；诚身之诚，则欲其无妄之谓；诚之功，则明善是也。故博学者，学此也；审问者，问此也；慎思者，思此也；明辩者，辩此也；笃行者，行此也；皆所以明善，而为诚之之功也。故诚身有道，明善者，诚身之道也；不明乎善，不诚乎身矣。非明善之外，别有所谓诚身之功也。

诚身之始，身犹未诚也，故谓之明善；明善之极，则身诚矣。若谓自有明善之功，又有诚身之功，是离而二之也，难乎免余毫厘千里之谬矣。其间欲为纯甫言者尚多，纸笔未能详悉，尚有未合，不妨往复。

三

甲戌

得曰仁书，知纯甫近来用工甚力，可喜可喜！学以明善诚身，只兀兀守此昏昧杂扰之心，却是坐禅入定，非所谓必有事焉者矣；圣门宁有是哉？但其毫厘之差，千里之谬，非实地用功，则亦未易辩别。后世之学，琐屑支离，正所谓采摘汲引，其间亦宁无小补？然终非积本求原之学；句句是，字字合，然而终不可入尧舜之道也。

身功夫了。

　　诚没有虚妄的，诚身中的诚，就想要它没有虚妄；诚的功夫，就是指明善。所以博学的人，学的这种学问；审察究问的人，问的是这种问题；慎重思考的人，思考的是这方面的问题；明辨之人，辨别的是这种道理；行为笃实的人，行为遵循这种准则，都是用于明善，而使用为诚的功夫。

　　所以诚身有道理，明善的人，诚身便可以身诚。如果说自会有明善的功夫，又有诚身的功夫，是把一分离为二了。这样就难免会造成毫厘与千里间谬误，还有许多想对纯甫说的话，限于笔墨，没有能够详细备至，不妨以后通信补充完善。

三

甲戌

　　收到了曰仁的来信，知道纯甫近来十分用功，可喜得很！求学是为明白善道、精诚自身，只是兀自守住这昏昧不明、杂绕纷扰的心灵；却是坐禅入定，不是所说的一定有事可为了；圣门难道有这种情况吗？但是毫厘的差距，千里的谬误，若不是在实地用功夫，那么就不太容易分辨区别。后世的学问，琐碎细小、支离破碎，正所说的采取摘录、汲收牵引，这中间也难道没有小的弥补？然而终归不是积累成本、求取源头的学问；句句都正确，字字都合道，然而终归不可以达到尧舜之道的境地。

四

甲戌

屡得汪叔宪书，又两得纯甫书，备悉相念之厚，感愧多矣！近又见与曰仁书，贬损益至，三复赧然！夫趋向同而论学或异，不害其为同也；论学同而趋向或异，不害其为异也；不能积诚反躬，而徒腾口说，此仆往年之罪，纯甫何尤乎？因便布此区区，临楮倾念无已。

寄希渊

壬申

所遇如此，希渊归计良是，但稍伤急迫；若再迟二三月，托疾而行，彼此形迹泯然，既不激怒于人，亦不失己之介矣。圣贤处末世，待人应物，有时而委曲，其道未尝不直也。若己为君子，而使人为小人，亦非仁人忠恕恻怛之心；希渊必以区区此说为太周旋，然道理实如此也。

区区叨厚禄，有地方之责，欲脱身潜逃固难；若希渊所处，自宜进退绰然，今亦牵制若此；乃知古人挂冠解绶，其时亦不易值也。

四

甲戌

屡屡收到汪叔宪的来信,又两次收到纯甫的书信;十分了解彼此挂念的情意深厚,十分感到惭愧!近来又看到与曰仁的信,贬低挖苦越加厉害,又一次感到羞愧!道路趋势相同,而论学或许有差异,不伤害他是为了求同;论学相同而道路趋向相异,不伤害他是为了存异;不能够积累忠诚,反躬自身,而只是白白地浪费口舌,这都是我往年的罪过,纯甫有什么过错呢?因而随便写下这短短几句话,临纸倾诉思念之情没有止境。

寄希渊

壬申

遇到这样的情况,希渊定下归去的打算倒也可以,只是稍微显得急迫了一些,如果再推迟二三个月,声称有疾病而出行,这样形迹就不太明显,既没有使众人激怒,也没有失去自己的介正。圣贤之人身处于末世之中,待人接物,有时要委曲一下,他的道义并不见得不端直。如果自己是君子,而使他人作小人,也不是圣贤仁士的忠恕恻怛之心;希渊必须要用这区区学说作为太周旋的理论,然而道理实际上就是这样。

鄙人我享受厚禄,有地方首长的尊贵,想要脱身潜逃固然很困难;像希渊所处的地位,自当进退绰然有余,今天也被牵制到这种地步;才知道古时的人挂冠解绶,时机真不容易遇到啊!

二

壬申

向得林苏州书,知希颜在苏州,其时守忠在山阴矣;近张山阴来,知希颜已还山阴矣,而守忠又有金华之出;往岁希颜居乡,而守忠客祁;今兹复尔。二友之每每相违,岂亦有数存焉邪?为仁由己,固非他人所能与,而相观砥砺之益,则友诚不可一日无者;外是子雍、明德辈,相去数十里,决不能朝夕继见;希颜无亦有独立无与之叹欤!曩评半圭,诚然诚然!方今山林枯槁之士,要亦未可多得;去之奔走声利之场者,则远矣。

人品不齐,圣贤亦因材成就,孔门之教,言人人殊;后世儒者,始有归一之论。然而成德达材者鲜,又何居乎?希颜诚于此思之,定以为何如也?

三

癸酉

希颜茕然在疚,道远无因一慰;闻友朋中多言希颜孝心纯笃,哀伤过节,其素知希颜者,宜为终身之慕,毋徒毁伤为也。守忠来,承手札喻及出处,此见希颜爱我之深,他人无此也。然此义亦惟希颜有之,他人无此也。牵于世,故未能即日引决,为愧为怍,然亦终须如希颜所示耳。患难忧苦,莫非实学,今虽倚庐,意思亦须有进;向见季明德书,观

二

壬申

得到苏州林氏的来信，知道希颜在苏州，那时候守忠在山阴了；近日张氏从山阴归来，知道希颜已经返还山阴了，而守忠又出外到金华去了；往年希颜居住于乡间，而守忠在祁地做客；今天复还，二位朋友每次都相距甚远，难道也有天数存在着吗？为仁道在自身，固然不是他人所能够参与的，而互相观察、指点讨论互相增益，就不能一日没有朋友的忠诚，与子雍、明德之辈相距有几十里远，绝对不能早晨和晚上接连相见；希颜也没有孤独无助的感叹吗？以前评判半块圭玉，的确是这样啊！当今山林中面色枯槁的士子，实在也不能够多得；除去那些四处奔走，为了声利忙碌的人，就更少了。

人品不能够完全一致，圣贤也能够因材而成就，孔门的教义，说每个人都不一样；后代世上的儒者，才有归一的说法，然而成就道德、人才贤达的太少了，又在哪里呢？希颜要在这问题上好好地思考一下，要定下来如何的发展？

三

癸酉

希颜很孤独伤心，道路遥远，不能够找到机会来安慰他；听到朋友中很多说希颜的孝心笃直纯正，哀痛悲伤逾过了节道，那些平日了解希颜的人，应该终身羡慕他，不要只是作毁损打击的事情。守忠派人送来手写之信，说道出处，可见希颜对我多么深厚的爱心，他人做不到这一点。然而这种情义也只能希颜有，他人就不能做到。被世上俗务所牵制，所以不能够马上引发决

其意向甚正,但未及与之细讲耳。学问之道无他,求其放心而已,盖一言而足;至其功夫节目,则愈讲而愈无穷者。

孔子犹曰:"学之不讲,是吾忧也。"今世无志于学者,无足言;幸有一二笃志之士,又为无师友之讲明,认气作理,寞悍自信,终身勤苦,而卒无所得,斯诚可哀矣!读礼之余,与明德相论否?幸以其所造者示知;某无大知识,亦非好为人言者;顾今之时,人心陷溺已久,得一善人,惟恐其无成,期与诸君共明此学,固不以自任为嫌而避之;譬之婚姻,聊为诸君之媒约而已。

乡里后进中,有可言者,即与接引,此本分内事,勿谓不暇也。楼居已完否,糊口之出,非得已;然其间亦有说,闻朋友中多欲希颜高尚不出,就中亦须权其轻重,使亲老饘粥稍可继,则不必言高尚,自不宜出;不然却恐正其私心,不可不察也。

四

己卯

正月初二得家信,祖母于去冬十月皆弃,痛割之极!縻

定,感到十分惭愧不安,然而也终归应像希颜所揭示的那样。患难忧苦,莫不是实学,今天虽然倚在庐舍上,意思也终须有些长进;看到季明德的来信,观察他的意思十分正直,但没有来得及与他详细讲述。学问之道没有其他的要求,只求要放下心,大概这一点就足够了;至于功夫的事情,就越讲下去就越没有穷尽了。

　　孔子还说:"学问不讲述,是我的忧虑。"今天世上没有志向求学的人,不用一提;幸而有一二位志向坚定的人,没有老师、朋友在一起讲明,认气作理,寂寞独处又自信坚强,终身勤劳辛苦,而终于没有得到什么,诚然让人可悲啊!读《礼记》之余,与明德还相互讨论吗?幸好拿我所构造的学说来示明他人;我没有什么大的学问,也不是喜欢他人发言,看看今天这种情况,人心被陷落溺坠很长时间了,好不容易有一位善人出现,只恐怕他没有成就,期待着与诸位君子共同阐明学问,固然不以为自己有嫌疑的缘故而回避;好像那婚姻一样,姑且为众人作一次媒人说客而已。

　　乡里有后来上进之人中,有可以言说的人才,就把他接纳过来,这是分内之事,不要说没有空闲时间。栖居之地已经安顿好,糊口之事不是能够解决的;然而这中间听说朋友中很多人想要希颜高尚不出,就中也应该权衡一下轻重,使亲老能够吃一下粥,稍微喘口气,就不必说什么高尚,自不宜出来;不这样,又恐怕放纵了私欲之心,不能够不审察啊。

四

己卯

　　正月初二收到了家中的来信,祖母于去年冬天十月去世,极

于职守，无由归遁，今复恳疏；若终不可得，将遂为径往之图矣。近得郑子冲书，闻与当事者颇相抵牾；希渊德性谦厚和平，其于世间荣辱炎凉之故，视之何异飘风浮霭，岂得尚有芥蒂于其中耶？即而询之，果然出于意料之外，非贤者之所自取也。

虽然，有人于此，其待我以横逆，则君子必自反曰："我必无礼。"自反而有礼，又自反曰："我必不忠。"希渊克己之功，日精日切，其肯遂自以为忠乎？往年区区谪官贵州，横逆之加，无月无有；迄今思之，最是动心忍性，砥砺切磋之地；当时亦止搪塞排遣，竟成空过，甚可惜也！闻教下士甚有兴起者，莆故文献之区，其士人素多根器，今得希渊为之师，真如此雨化之而已。吾道幸甚！近有责委，不得已，不久且入闽；苟求了事，或能乘便至莆一间语，不尽不尽。

与戴子良

癸酉

汝成相见于滁，知吾兄之质，温然纯粹者也，今兹乃得其为志；盖将从事于圣人之学，不安于善人而已也。

何幸何幸！有志者事竟成，吾兄勉之！学之不明，已非

度的伤痛如刀割般！在职位上被拴住牵制，不能够有理由归去逃遁，今天再一次恳切上疏；如果终归不能够实现，那么就要作径直前去的打算了。近期收到郑子冲的信，听说与当事之人有些矛盾抵触，希渊德性谦虚厚重、祥和平静，看待世间的荣辱炎凉的变故，像飘动的风和浮着的云雾一样，难道在里面还会生出事端吗？立即去询问这件事，果然出乎我的意料之外，不是贤者所自己造成的。

虽然如此，有人在这件事上，对待我像横逆一样，那么君子就要自我反省说："我一定是没有礼节。"自己反省了，有了礼节，又反省说："我一定不忠厚。"希渊克制自己的功夫，每天越加精致恳切，难道肯于自认为忠厚吗？往年我被贬官到贵州，横逆没有一个月没有的；到如今思想一下，这里是我动心忍性、切磋磨炼的地方；当时也不过搪塞排遣，竟然空空地错过时光，甚为可惜！听说教下士中有很多兴起的，莆是以前文献地区，这里的士人平常基础很好，现在得到希渊这样的老师，真好像是及时雨。我们的道学真是幸运的很！近期有责任派下，不得已，不久要到福建去。但愿好歹了事可以乘方便到莆地谈一谈，有不尽的需要倾诉。

与戴子良

癸酉

与汝成在滁州相见，知道老兄的气质，温和纯净粹然，现在已作为志向的一部分；准备将要从事于圣人之学，不安于作善人而已。

多么的庆幸啊！有志向的人一定会获得成功！希望兄长勉

一日，皆由有志者少。好德，民之秉彝，可谓尽无其人乎？然不能胜其私欲，竟沦陷于习俗，则亦无志而已。故朋友之间，有志者甚可喜，然志之难立而易坠也，则亦深可惧也。

吾兄以为何如？宗贤已南还，相见且未有日；京师友朋，如贵同年陈佑卿、顾惟贤，其他如汪汝成、梁仲用、王舜卿、苏天秀，皆尝相见。从事于此者，其余尚三四人，吾见与诸友当自识之。自古有志之士，未有不求助于师友。匆匆别来，所欲为吾兄言者百未及一；沿途歆叹雅意，诚切怏怏！相会未卜，惟勇往直前，以遂成此志是望。

与胡伯忠

癸酉

某往在京，虽极歆慕，彼此以事，未及从容一叙，别去以为憾。期异时相遇，决当尽意剧谈一番耳。昨未出京师，即已预期彭城之会，谓所未决于心，在兹行矣；及相见，又复匆匆而别，别又复以为恨，不知执事之心，亦何如也？君子与小人居，决无苟同之理，不幸势穷理极，而为彼所中伤，则安之而已；处之未尽于道，或过于疾恶，或伤于愤激，无益于事，而致彼之怨恨雠毒，则皆君子之过也。

励上时！学问的暧昧不明，已经不是一天的事了，都是由于有志向的人太少，喜好道德、具有美德的人可以说没有人了吗？然而不能够满足自己的私欲，竟沦落于习俗之中，就也是没有志向的缘故。所以在朋友之间，有志向的十分可喜，然而志向难于树立、容易坠地，也是十分令人恐惧的。

兄长认为怎么样呢？宗贤已经还回南方，还没有来得及相见，京师的朋友中，比如你的同年陈佑卿、顾惟贤等人，其他的如汪汝成、梁仲用、王舜卿、苏天秀，都应当会从事于这方面；其余的还有三四个人，我看诸位朋友应当会自我认清楚。自古以来的有志之士，没有不求助于老师和朋友的，匆匆告别以来，想要对兄长所讲的话，还不及一百分之一；沿途中感叹那高雅的意义，诚切而不快！相见之日没有预料得到，只好勇往直前，来成就志向，希望能够实现。

与胡伯忠

癸酉

我住在京城的时候，虽然十分羡慕敬重你，但彼此都有事情，没有时间来得及从容叙谈一次；分别后感到遗憾，期望着什么时候相遇，一定要尽兴畅谈一番。昨天还没有走出京师，就已经预料到在彭城相见，所说的还没有定下来的决心，就在这次行程中；等到相见时，又是匆匆告别而去，分别后又感到痛恨，不知道执事的心意又怎么样呢？君子与小人在一起居住，绝对没有苟同的道理，不幸的是气势穷尽、道理极致，而被那些人中伤，就安心了；相处没有尽于道，或者太过的疾恨丑恶，或者为愤慨激烈所伤，对事情没有补益，而招致他们的怨恨毒

昔人有言："事之无害于义者，从俗可也。"君子岂轻于从俗？独不以异俗为心耳。与恶人居，"如以朝衣朝冠坐于涂炭者"，伯夷之清也；"虽袒裼裸裎于我侧，彼焉能浼我哉"，柳下惠之和也。君子以变化气质为学，则惠之和，似亦执事之所宜从者。不以三公易其介，彼固未尝无伯夷之清也。"德輶如毛，民鲜克举之，我仪图之，惟仲山甫举之，爱莫助之。"仆于执事之谓矣。

正人难得，正学难明，流俗难变，直道难容。临笔惘然，如有所失。言不尽意，惟心亮。

与黄诚甫

癸酉

立志之说，已近烦渎，然为知己言，竟亦不能舍是也。

志于道德者，功名不足以累其心；志于功名者，富贵不足以累其心；但近世所谓道德，功名而已；所谓功名，富贵而已。

"仁人者，正其谊，不谋其利；明其道，不计其功。"一有谋计之心，则虽正谊明道，亦功利耳。诸友既索居，曰仁又将远别，会中须时相警发，庶不就弛靡。诚甫之足，自当一日千里，任重道远，吾非诚甫谁望邪？临别数语，彼此晤

害，这些就是君子的过错了。

过去有人说过："事情如果不伤害到义，就可以从俗。"君子难道轻视从俗吗？独独不以异俗放于心上。与可恶之人在一起居住，好像穿戴朝衣朝冠坐在涂炭之上一样，伯夷是清廉的；虽然袒裸裼裎在我的身侧，怎么能够污染我呢？柳下惠是平和的。君子用变化的气质求学，那么柳下惠的平和好似执事所直于跟从的。不因为三公的变易而变换原则，那样固然未尝没有伯夷的清廉。"道德像毛发一样轻微，民众很少能够克制举发，我准备图谋之，只有仲山甫能够举发，爱惜但不能够帮助。"我对于执事这样称谓罢了。

正直的人很难找到，正统的学问很难明晰，流俗是难以变易的，正直的道义很难容得下人，举笔感到十分惆怅悯然！好像失去了什么一样。言语有不够尽意之处，只有心是透亮的。

与黄诚甫

癸酉

关于立志的说法，已经快烦琐的不能再讲了，但是为了知己之人说议，也不能够舍去。

有志于道德修养的人，功名不足以连累他的本心；而有志于功名的人，富贵不足以连累其本心；但是近代世上所说的道德，只是功名罢了；所说的功名，只是富贵罢了。

仁人，端正情谊，不谋求私利；明确他的道学，不计较功劳多少；一旦有谋计的心思，那么即使明确了道学，也只是功利罢了。诸位友人既然已经孤单地居住，曰仁又将要远别，相见之时须要相互警醒，尽可能不要荒废懈弛了学问。诚甫的速度，自

然，终能不忘，乃为深爱。

二

丁丑

区区正月十八日始抵赣即兵事纷纷；二月往征漳寇，四月班师，中间曾无一日之暇，故音问缺然；然虽扰扰中，意念所在，未尝不在诸友也。

养病之举，恐已寝停，此亦顺亲之心，未为不是；不得以此日萦于怀，无益于事，徒使为善之念不专；何处非道？何处非学？岂必山林中耶？希颜、尚谦、清伯登第，闻之喜而不寐。近尝寄书云："非为今日诸君喜，为阳明山中异日得良伴喜也。"吾于诚甫之未归，亦然。

答天宇书

甲戌

书来，见平日为学用功之概，深用喜慰！今之时，能稍有志圣贤之学，已不可多见；况又果能实用其力者，是岂易得哉？辱推拟过当，诚有所不敢居；然求善自辅，则鄙心实亦未尝不切切也。

当会一日行千里，任务繁重，道路遥远，我除了诚甫还能指望谁？临分别时的几句话，彼此都很黯然！最终不能够忘记，就深深地想念思恋着。

二

丁丑

鄙人正月十八日，刚刚抵达赣州，就发生了纷杂的兵事。二月我前往漳州征伐贼寇，四月班师回返，中间没有一天的空暇时间，所以音讯全无；然而虽然受到扰乱忧伤，意念还在，未尝没有念及诸位友人。

养病的举动，恐怕已经暂停下来，这也是顺应亲人的心意，未为不是之处；不能够终日怀念，思绪萦绕，无益于事，只能使得为善之念不能专一；什么地方没有道学？什么地方没有学问？难道一定要在山林中吗？希颜、尚谦、清伯登科举升第，听到后很高兴，睡不着觉。近来曾经寄信说："不是为今天诸位君子而高兴，是为他日在阳明山中找到良友伴侣而高兴啊！"我对于诚甫的还未归来，也这么看。

答天宇书

甲戌

来信收到，平日用功钻研学问，十分令人高兴欣慰！如今这个年代，有志于圣贤之学的人，已经不多见了；况且又果真能够下功夫力气的，难道是容易得来的吗？我的推理判断有过分失当之处，诚然有所不敢居位自高；然而追求善道，自我辅助，那么我的心也未尝不切切。

今乃又得吾天宇,其为喜幸可胜言哉?厚意之及,良不敢虚,然又自叹爱莫为助;聊就来谕,商榷一二。天宇自谓:"有志而不能笃";不知所谓志者,果何如?其不能笃者,又谁也?谓:"圣贤之学,能静可以制动";不知若何而能静?静与动有二心乎?谓:"临政行事之际,把捉摸拟,强之使归于道,固亦卒有所未能,然造次颠沛必于是"者,不知如何其为功?谓:"开卷有得,接贤人君子便自触发";不知所触发者何物?又"赖二事而后触发",则二事之外所作何务?当是之时,所谓志者,果何在也?凡此数语,非天宇实用其力不能有,然亦足以见讲学之未明,故尚有此耳。或思之有得,不厌寄示。

二

甲戌

承书惠感,感中间问学之意,恳切有加于旧,足知进于斯道也。喜幸何如!但其间犹有未尽区区之意者,既承不鄙,何敢不竭?然望详察,庶于斯道有所发明耳。

来书云:"诚身以格物,乍读不能无疑;既而细询之希颜,始悉其说。"

区区未尝有"诚身格物"之说,岂出于希颜邪?鄙意但

今天才又得到天字的书信，感到的喜悦和庆幸，能够表达得完吗？您的情谊深厚，我实在不敢虚妄，但又自己感叹爱莫能助，姑且就随便聊一聊，商讨议论一二。天字说自己"有志气但不能够笃直"，不知道所说的有志气的人，究竟怎么样呢？那些不能够笃直的人，又是谁呢？来信说："圣贤的学问，能够以静制动"；不知道到什么程度才可以平静？静与动有二心吗？信中说："从政处理事务的时候，捉摸测度，拟比类推，勉强使这种事情归于大道，最后也固然有不能够做到的。"然而造次颠沛流离，必须在这方面努力的，不知道怎么样才能努力呢？信中说："打开书卷就有收获，接触贤人君子，就自己受到触动启发了"。不知道您所说的触动启发的是因为什么事物？又依赖二事而后触动启发，那么二事之外，所做的是什么呢？当在此时，您所说的有志气的人，究竟在哪里呢？这些话语，不是天字努力下功夫所不能够有的，但又可以发现学问阐释的不明白，所以才有这种言语。也许思考后会有收获，不厌其烦寄给你启示。

二

甲戌

承蒙寄来书信，十分感慨！信中求教学问的意思，比以前更加恳切，足以知道你在道学上有了长进，真是喜悦和庆幸得很！但是信中还有没有表达完的意思，既然你不耻下问，我如何敢怠慢呢？然而还望你详细察看，希望对你的道学能有所启发明示。

来信说："精诚自身去格外物，乍一读到不能没有疑问，但后来仔细询问了希颜，开始了解他的学说。"

没有听过那诚身格物的学说，难道还是希颜所创的吗？我

谓君子之学，以诚意为主。格物致知者，诚意之功也；犹饥者以求饱为事，饮食者，求饱之事也。希颜颇悉鄙意，不应有此；或恐一时言之未莹耳。幸更细讲之！

又云："《大学》一书，古人为学次第。朱先生谓'穷理之极而后意诚'，其与所谓'居敬穷理'，'非存心无以致知'者，固相为矛盾矣。盖居敬存心之说补于传文，而圣经所指，直谓其穷理而后心正。初学之士，执经而不考传，其流之弊，安得不至于支离邪？"

《大学》次第，但言物格而后知至，知至而后意诚；若"穷理之极而后意诚"，此则朱先生之说如此。其间亦自无大相矛盾，但于《大学》本旨，却恐未尽合耳！"非存心无以致知"，此语不独于《大学》未尽，就于《中庸》"尊德性而道问学"之旨，亦或有未尽。然此等处言之甚长，非面悉不可。后之学者，附会于补传而不深考于经旨，牵制于文义而不体认于身心，是以往往失之支离而卒无所得，恐非执经而不考传之过也。

又云："不由穷理而遽加诚身之功，恐诚非所诚，适足以为伪而已矣。"

此言甚善。但不知诚身之功又何如作用耳？幸体认之！

又言："譬之行道者，如大都为所归宿之地，犹所谓至善

的意思是君子求学以诚意为主。格物致知的人，下的是诚意的功夫；好像饥饿的人以求得温饱为目标，吃饭的人，做的是求得饱之事。希颜很是理解我的意思，不应该有这种说法；或许恐怕一时言语没有明白，请让我更加细致地讲解！

信中又说道："《大学》一书，古人为学有顺次之分，朱先生说穷理到极致，而后意图精诚，这里与所记的居敬穷理，不是存心不能够致知，固然构成了矛盾。大盖是居敬存心的说法，是传文的补充，而圣经中所说的是直接说穷尽理后心端正。初学的人，拿着经书而不去考究流变，这种弊端，怎么能够不带来学说的支离破碎呢？"

《大学》中所说的求学顺序，只是指格物后知道了，知道后而心意精诚；如果说穷尽了理的极致而后心意诚了，这就是朱先生的学说，里面也没有什么大的矛盾；但是相对于《大学》的本旨，却又恐怕不是完全的契合！不是存心便不能够致知的说法，不只是《大学》所未能讲透，就是对于《中庸》里尊德性而道问学的本旨，或许也不能够穷尽吧。然而这里的言论很长，非当面悉解不可。后来的学者，只是对增补学问进行附和体会，而不深深考究经书的本旨；被文义所牵制，而不用身心去体认，这样往往搞得支离破碎，而最后没有什么收获。恐怕不是拿着经书而不去考察传言的过错吧。

信中又说道："不去穷尽理的极致而就下诚身的功夫，恐怕诚不是应该的诚，恰恰成了一种作伪而已。"

这句话很好；但是不知道诚身之功又是如何发挥作用？希望认真地体会理解！

还有："好像那行路人，如果大都为他所去的归宿之地，还

也；行道者不辞险阻艰难，决意向前，犹存心也；如使斯人不识大都所在，而泛焉欲往，其不南走越而北走吴几希矣。"

此譬大略皆是。但以不辞险阻艰难，决意向前，别为存心，未免牵合之苦，而不得其要耳。夫不辞险阻艰难，决意向前，此正是诚意之意；审如是，则其所以问道途，具资斧，戒舟车，皆有不容已者。不然，又安在其为决意向前，而亦安所前乎？夫不识大都所在而泛焉欲往，则亦欲往而已，未尝真往也。惟其欲往而未尝真往，是以道途之不问，资斧之不具，舟车之不戒。若决意向前，则真往矣。真往者能如是乎？此最工夫切要者。以天字之高明笃实而反求之，自当不言而喻矣。

又云："格物之说，昔人以扞去外物为言矣。扞去外物则此心存矣。心存，则所以致知者，皆是为己。"

比如此说，却是"扞去外物"为一事，"致知"又为一事。扞去外物"之说，亦未为甚害，然止捍御于其外，则亦未有拔去病根之意，非所谓"克己求仁"之功矣。

区区格物之说，亦不如此。《大学》之所谓"诚意"，即《中庸》之所谓"诚身"也；《大学》之所谓"格物致知"，即《中庸》之所谓"明善"也；博学、审问、慎思、明辩、笃行，皆所谓明善而为诚身之功也；非明善之外，别有所谓诚身之功也；格物致知之外，又岂别有所谓诚意之功乎？《书》

可以说是至善处；行路的人不辞险阻艰难，决心向前，还是存心；如果使他不知道大都的所在地，而泛泛地想去往大都，不是走到南方的越地，就是走到北方的吴地了。"

这里是大概的说法。但是以不辞艰难险阻，决心向前，定为存心，未免有牵强附会的意味了，不能够得到要领。那些人不辞艰难险阻，决心向前，这正是诚意的意；这样来分析，那么询问道路征途，不具有辅助工具，缺少船和车，如果下决心要去往，则是真去往。决心向前，在前方能安心吗？不认识大都在什么地方，只是泛泛地想前往，也只是想去而已，未尝真的要去。只有想去而未尝真去，这样不问路途，不具备工具，不戒免舟和车，如果决心向前，应真的前往了。真的前往的人能像这样吗？这是工夫的最为切要之处，以天宇的高明笃实反身去求学，自会不用说就明白领会了。

信中又说道："关于格物的学说，过去的人用扦去外物来解释，这样此心就存放了；心存放了，所用来致求知的都是为了自己而求。"

这种说法，把扦去外物作为一件事情，把致知又作为一件事情。除去外物的说法，也没有什么大的危害，然而只是在外部进行一下论证，也没有什么去除病根的意图，不是所说的克己求仁的功夫。

鄙人格物的学说，也不是这样的。《大学》中所说的诚意，就是《中庸》中所说的诚身；《大学》中所说的格物致知，是指《中庸》中所说的明善，学问广博，审视询问、慎重思考、明理分辨、踏实行事，都是所说的明善，而为诚身的功夫，不是在明善之外还有什么所谓诚身的功夫；格物致知之外，又有什么另外

之所谓"精一",《语》之所谓"博文约礼",《中庸》之所谓"尊德性而道问学",皆若此而已。

是乃学问用功之要,所谓毫厘之差,千里之谬者也。心之精微,口莫能述,亦岂笔端所能尽已?喜荣擢,北上有期矣;倘能迂道江滨,谋一夕之话,庶几能有所发明,冗遽中不悉。

寄李道夫

乙亥

此学不讲久矣。鄙人之见,自谓于此颇有发明,而闻者往往诋以为异,独执事倾心相信,确然不疑,其为喜慰,何啻空谷之足音。

别后时闻士夫传说,近又徐曰仁自西江还,益得备闻执事任道之勇、执德之坚,令人起跃奋迅。"士不可以不弘毅,任重而道远",诚得弘毅如执事者二三人,自足以为天下倡。彼依阿傔儗之徒虽多,亦奚以为哉?幸甚幸甚!比闻列郡之始,即欲以此学为教,仁者之心自然若此,仆诚甚为执事喜;然又甚为执事忧也。

学绝道丧,俗之陷溺,如人在大海波涛中,且须援之登岸;然后可授之衣,而与之食,若以衣食投之波涛中,是适重其溺;彼将不以为德,而反以为尤矣。

的所谓诚意之功呢?《书》中所指的精一,说的是文采广博,礼仪约敛,《中庸》中所说的尊德性、道问学,都像这样。

如此看来,学问下功夫的要领,所谓毫厘之差,千里之谬了。心是精致细微的,言语不能够描述,难道是文字所能够穷尽表达的?如果下决心要去往,则是真去往。很高兴升迁,不久就会北上;如果能够取道江滨,找一晚上谈心,也许能够有所启发明示,来打消去除心中的困惑不解。

寄李道夫

乙亥

不讲这种学问有很长时间了。我认为,自己在这方面还稍稍有些启发明示之处,而听到的人往往诋毁我的学说是异端,唯独执事真心地相信,而且态度坚决,毫不迟疑,真让人感到高兴和欣慰,何异于在空荡荡的山谷中听到有人的脚步声。

分别之后,有时听士大夫们在传说,近期徐曰仁又从西江返回,更加知道执事坚持道学的勇敢气概和坚决态度,令人愤然而起,士人不可以不来弘扬坚毅,任务繁重,道路遥远,果真能得到像执事这种宏大坚毅的二三个人,便足可以作天下人的表率,那些依附投靠的人虽然很多,但是能有何作为呢?真是庆幸得很!听说在列郡之始,就准备用这各种学问来传教于仁者的心灵,自然像这种情况,我真的为执事感到高兴,然而又为执事感到忧虑。

学问绝灭,道德沦丧,风俗陷落沉溺,好像人处在大海的波涛之中,况且需要借助他物来登上海岸;然后可以授予衣服,送与饭食,如果把衣服和食物投入大海的波涛之中,是要沉入

故凡居今之时，且须随机导引，因事启沃，宽心平气，以熏陶之；俟其感发兴起，而后开之以其说，是故为力易而收效溥；不然将有扞格不胜之患，而且为君子爱人之累；不知尊意以为何如耶？病疏已再上，尚未得报；果遂此图，舟过嘉禾，面话有日。

与陆原静

丙子

书来，知贵恙已平复，甚喜！书中勤勤问学，惟恐失坠，足知进修之志不怠，又甚喜。异时发挥斯道，使来者有所兴起，非吾子谁望乎？所问《大学》《中庸》注，向尝略具草稿，自以所养未纯，未免务外欲速之病，寻已焚毁；近虽觉稍进，意亦未敢便以为至，姑俟异日山中，与诸贤商量，共成之。故皆未有书；其意旨大略，则固平日已为清伯言之矣。因是益加体认研究，当自有见，汲汲求此，恐犹未免旧日之病也。

"博学"之说，向已详论，今犹牵制若此，何邪？此亦恐是志不坚定，为世习所挠之故。使在我果无功利之心，虽钱谷兵甲搬柴运水，何往而非实学？何事而非天理？况子史诗文之类乎？使在我尚存功利之心，则虽日谈道德仁义，亦只是功利之事，况子史诗文之类乎？"一切屏绝"之说，是犹泥

水中的，那就不把这作为德行，反而为之怨尤。

所以凡是处于今日的境况下，须要随着时机转换策略，因事情状况而启发沃土，心宽气平，来熏陶民众；等到他们感悟发觉了怎么样呢？疏已经在病中送上去，还没有收到回复，如果最终实现，乘船路过嘉禾，咱们当面谈论的日子也就不太远了。

与陆原静

丙子

来信收到，知道您的病已经康复稳定，十分高兴！书信中殷勤求教询问学业，唯恐有所失落，足以知道你的进一步探究学问的志向没有懈怠，很让我高兴，以后什么时候发扬光大道学，使后来的人能够乘兴而起，除了你我还指望谁？你所问的《大学》《中庸》的注释，我以前也大致收了一些草稿，自己认为修养还不纯正，未免有些务求外部、过于迅速的毛病，思寻后将之焚烧灭毁；近来虽然觉得稍有长进，但还不敢随便认为自己到了极点，姑且等到他日与山中诸位贤人一起商量，共同完成注释，所以还没有书稿问世；它的意旨大略，我平日已对清伯讲过了。因为这要更加体切认真研究，当会有自己的见解，汲汲不止地求寻，恐怕还没有去除昨日的病痛。

博学的说法，已经详细阐述过了，今天还被客观存在牵制到这种程度，为什么呢？这也恐怕是志向不够坚定，为世上的习俗所侵扰的缘故，如果我真的没有功利之心，虽然钱谷、兵甲、搬柴、运水，哪一样不是实学的呢？哪一件事不是天理呢？何况是子史诗文一类的东西呢？如果我还存有功利之心，即使每天谈

于旧习,平日用功未有得力处。

故云尔请一洗俗见,还复初志;更思平日饮食养身之喻,种树栽培灌溉之喻,自当释然融解矣。

"物有本末,事有终始,知所先后,则近道矣。"吾子之言,是犹未是终始本末之一致也,是不循本末终始天然之序,而欲以私意速成之也。

二

戊寅

尚谦至,闻元静志坚信笃,喜慰莫逾!人在仕途,如马行淖田中,纵复驰逸,足起足陷;其在驽下,坐见沦没耳。乃今得还故乡,此亦譬之小歇田塍,若自此急寻平路,可以直去康庄,驰骋万里;不知到家工夫,却如何也。自曰仁没后,吾道益孤,致望元静者亦不浅,子夏,圣门高弟,曾子数其失,则曰:"吾过矣,吾离群而索居亦已久矣。"夫离群索居之在昔贤,已不能无过,况吾侪乎?以元静之英敏,自应未即摧堕,山间切磋砥砺,还复几人?深造自得,便间亦可写寄否?尚谦至此,日有所进;自去年十二月到今,已八逾月,尚未肯归;视其室,非其志有所专,宜不能声音笑貌及此也。

论仁义道德，也只是功利的事情，何况子史诗文一类呢？一切屏绝的学说，还是被旧习俗牵制，平日用功不够得力。

所以先清洗掉世俗之见，复还到初始的志向上；更要想到平日的养身、饮食之喻，种树我培灌溉之喻，自然会释然融解了。

物都有本末之分，事情有始终顺序，知道了先后次序，那么就接近了道。你的话，还没有达到终始本末一致，没有循着终始本末的天然顺序，而私下里想要迅速地达到目标。

二

戊寅

尚谦来到，听他说元静志向坚定、信念笃实，不能再高兴宽慰了。人在官仕途中，好像马在田中的泥沼中行路，纵使不断反复奔驰，足抬起来又要陷进去；这样若是劣等马，恐怕要沦没在其中了。如今能够还回故乡，这也比如在田地上小作安歇，如果自己这时急着寻找平坦的道路，就可以直达康庄，驰骋万里；不知道到家的工夫，又是怎么样的呢。自从曰仁沦没以后，我的道路上越发孤单，企望元静的也不浅。子夏是圣贤门下的高足，曾子数落他的过失，说道："我错了，我离开群体时间太长，孤单居住不短了。"离群索居在昔日贤人已不能算没有过失，何况我们这些人呢？以元静的敏捷才质，自应当没被摧毁坠落，在山中切磋讨论，还能有几个人呢？深深造诣若有所收获，乘便也可以写信来吗？尚谦到这里，每天都有长进，自从去年十二月到如今已是八个多月了，还不肯回去；看他的房间，不是有志向可以专一，也不能有这样的声音、笑貌。

区区两疏辞乞，尚未得报；决意两不允则三，三不允则五、则六，必得而后已。若再一举辄须三月，二举则又六七月矣。计吾舟东抵吴越，元静之旆，当已北指幽冀；会晤未期，如之何则可。

与希颜台仲明德尚谦原静

丁丑

闻诸友皆登第，喜不自胜，非为诸友今日喜；为野夫异日山中得良伴喜也。入仕之始，意况未免摇动，如絮在风中，若非粘泥贴网，恐自张主未得，不知诸友却何如？想平时工夫，亦须有得力处耳。野夫失脚落渡船，未知何时得到彼岸？且南赣事极多掣肘，缘地连四省，各有抚镇，乃今亦不过因仍度日。自古未有事权不一，而能有成者。

告病之兴虽动，恐成虚文，未敢轻举，欲俟地方稍靖；今又得诸友在，吾终有望矣。曰仁春来颇病，闻之极忧念，昨书去，欲与二三友来田雪上，因寄一诗，今录去，聊同此怀也。

鄙人已经上了两疏请辞，还没有得到回复，决心两疏不行就第三次上疏，三次不行就来五次，五次不行就来六次，必定会最终实现。如果再次行动就要到三月了，二次就要到六七月了。准备乘舟到东边的吴越之地，元静应当打算到北方的幽冀之地去；会晤没有时间，这样又该如何。

与希颜台仲明德尚谦原静

丁丑

听说诸位朋友都登上科第，我禁不住高兴起来，不是为诸友今日而高兴，为的是我这个山村野夫他日在山中得到好伙伴而高兴。刚进入仕途的时候，心意和境况未免动摇浮动，好像絮在风中飘，如果不是粘上泥土附于网上，恐怕要自己做主不可能做到，不知道诸位朋友如何想呢？想到平时所下的功夫，也应该找到得力的地方。山村野夫失足落到了渡船之上，不知道什么时候能够到达对岸呢？而且南赣的事务有很多牵连，地处四省交界处，各自有自己安抚的策略，到如今也不过度日罢了。自古以来还没有事权不一，而就成功之人。

虽然生发了告病归乡的念头，但恐怕又是白写一场，不敢轻举妄动，想等到地方上稍稍平静安定下来；今天又有诸位朋友在，我终归有了希望。曰仁春天来时很多疾病，听到后极感忧虑挂念，昨天寄了一封信，想与二三位朋友到田地上来，因而寄上一首诗，今天录抄而去，姑且表一表我这样的心情。

与杨仕德薛尚谦

丁丑

即日已抵龙南，明白入巢，四路兵皆已如期并进，贼有必破之势。某向在横水，尝寄书仕德云："破山中贼易；破心中贼难。区区翦除鼠窃，何足为异，若诸贤扫荡心腹之寇，以收廓清平定之功，此诚大丈夫不世之伟绩。"数日来谅已得必胜之策，捷奏有期矣。

何喜如之！日孚美质，诚可与共学，此时计已发舟；倘未行，出此同致意。廨中事以累尚谦，想不厌烦琐？小儿正宪，犹望时赐督责。

寄闻人邦英邦正

戊寅

昆季敏而好学，吾家两弟得以朝夕亲资磨励，闻之甚喜！得书备见向往之诚，尤极浣慰。家贫亲老，岂可不求禄仕。求禄仕而不工举业，却是不尽人事，而徒责天命，无是理矣。但能立志坚定，随事尽道，不以得失动念，则虽勉习举业，亦自无妨，圣贤之学，若是原无求为圣贤之志，虽不业举，日谈道德，亦只成就得务外好高之病而已。此昔人所以有"不患妨功，惟患夺志"之说也。夫谓之夺志，则已有志可夺；若尚未有可夺之志，却又不可以不深思疑省，而早

与杨仕德薛尚谦

丁丑

　　今天已抵达龙南，明天进入巢州，四路兵马都已经如期行进，寇贼一定会被击破。我在横水的时候，曾经寄信给仕德说："击破山中的贼寇是容易的，而击破心中的贼寇是困难的，鄙人剪灭除去鼠辈贼寇是小事，没有什么可以担忧，如果请贤人扫去荡除心腹中的贼寇，用来平定、清治、收复疆土的功夫，这确实是世上大丈夫的丰功伟绩。"几天来已经差不多有必胜的计谋，捷奏有期可待了。

　　多么的高兴啊！日孚气质极佳，诚然可与他共同求学，此时准备开船了；倘若不行军，应出来一起致敬。官廨中的事情多么连累尚谦，想必不会厌烦吧？小儿正宪，还请你们多么赐教、监督责学。

寄闻人邦英邦正

戊寅

　　昆季都聪敏好学，我家的两位弟弟，朝夕亲身资历、切磋勉励，听到后十分高兴！收到来信，详细完备地看到你们向往的热诚，尤其感到欣慰！家境贫寒，亲近诸老，怎么能不求取禄仕。求取禄仕而不工于举业，却是不尽于人事，而白白地责怪天命，没有这种道理。但是能够立下坚定的志向，随事情而尽到道义，不因为得失动摇了心念，那么勉励、学习、举业，也没有妨碍。圣贤求学时，如果是原本没有追求成为圣贤的志向，即使不举业，每天谈论道德，也只能得到务求外部、好高骛远之病而已。这是过去人们之所以不害怕功劳被碍，而害怕被夺去志气的说

图之！每念贤弟资质之美，未尝不切拳拳；夫美质难得而易坏；至道难闻而易失；盛年难遇而易过；习俗难革而易流；昆玉勉之！

二

戊寅

得书，见昆季用志之不凡，此固区区所深望者，何幸何幸！世俗之见，岂足与论？君子惟求其是而已。"仕非为贫也，而有时乎为贫"。古之人皆用之，吾何为独不然？然谓举业与圣人之学相戾者，非也。程子云："心苟不忘。则虽应接俗事，莫非实学，无非道也；而况于举业乎？"谓举业与圣人之学不相戾者，亦非也。程子云："心苟忘之，则虽终身由之，只是俗事；而况于举业乎？"忘与不忘之间，不能以发，要在深思默识，所指谓不忘者，果何事耶？知此则知学矣。

贤弟精之熟之，不使有毫厘之差，千里之谬，可也。

三

庚辰

书来，意思甚恳切，足慰远怀，持此不懈，即吾立志之说矣。源泉混混，不舍昼夜，盈科而后进，放乎四海，有本者

法。我们说夺去志气,就是有志可夺;如果还没有可夺去的志气,那么又不可以不加以深思、怀疑、反省,早早地打算吧!每次念及贤弟好的资质,未尝没有拳拳的真切;资质难得,容易败坏;至道难于听说,却容易失落;丰盛之年难遇,却容易过去;习俗难于革新,却容易流传,昆玉要勤勉努力啊!

二

戊寅

收到来信,看到昆季立下了不凡的志向,这是我深深期望的,多么庆幸啊!世俗的看法,难道能与此相比较吗?君子只追求实事求是。做官不是为了贫穷,但有时也会贫穷。古代的人都用它,我为什么唯独不行呢?然而说到举业与圣人的学问相冲突就错了。程子说过:"心苟不能忘,那么虽然应接世俗之事,莫不是实学,不过是道,而何况于举业呢?"说举业与圣人的学问不矛盾也不对。程子说:"心忘记了,那么虽然终身由任,也只是俗世之事,而何况举业呢?"忘与不忘之间,不能够把握,要在深深思考、默默地牢记,所说的不忘,果真指什么事呢?知道这个就知道学问了。

贤弟如此精通熟练,不要因为有一点小小的差错,而招致千里的谬传啊。

三

庚辰

来信收到,态度、心意十分恳切,足以宽慰我这远方的心情。坚持不松懈,就是我关于立志的学说。源头混混沌沌,不舍

如是；立志者其本也。有有志而无成者矣；未有无志而能有成者也。贤弟勉之！色养之暇，怡怡切切，可想而知，交修罔怠，庶吾望之不孤矣。地方稍平，退休有日，预想山间讲习之乐，不觉先已欣然。

与薛尚谦

戊寅

沿途意思如何？得无亦有走作否？数年切磋，只得立志辩义利，若于此未有得力处，却是平日所讲尽成虚语，平日所见，皆非实得，不可以不猛省也。经一蹶者长一智，今日之失，未必不为后日之得，但已落第二义；须从第一义上着力，一真一切真，若这些子既是，更无讨不是处矣。此间朋友聚集渐众，比旧颇觉兴起。

尚谦既去，仕德又往，欧阳崇一病归，独惟乾留；此精神亦不足，诸友中未有倚靠得者，苦于接济乏人耳。乞休本至，今未回，未免坐待。尚谦更静养几月，若进步欠力，更来火坑中乘凉如何？

白昼和黑夜，充盈科而后有长进，放到四海之内，有准则的人都是如此；也就是立下志向之人的准则。有的人有志向但没有成功，但是没有那种无志向却取得成功之人。贤弟要勤勉啊！奉养双亲的闲暇，愉快安逸，真真切切，可想而知，交朋友没有懈怠，我可望不会孤独了。等地方上稍稍平息下来，退隐休养的日子快到了，事先想到山间讲授学问的快乐，不觉得自己先高兴起来。

与薛尚谦

戊寅

沿途的情况怎么样呢？也没有行程中的作品吗？几年来的切磋交流，只是立志向、分辨义利，如果在这方面没有得力的地方，却是平日所讲授的内容，都成了空虚的话语；平日所看到的，都不是真实得到的，不可以不能猛然反省。经过一次挫折的人就长出一智，今天的损失，未必不是以后的收获，但是已经在第二义上陷落，须要从第一义上着重下力，一真就会一切都真，如果这些已是如此，更没有讨问不是的地方了。这期间朋友的聚会渐渐多起来，比较以前更觉得有兴致。

尚谦已经走了，仕德又去了，欧阳崇一生病归去，独独惟乾留了下来；这精神也不太好，诸位朋友中没有倚靠的人，后济无人，十分辛苦。乞求归养的批示到来，到今天还没有，未免坐在那里等待了。尚谦更是静养几个月，像这样进步不太迅速，到火坑中乘凉又怎么样呢？

二

得书,知日孚停舟郁孤,迟迟未发,此诚出于意望之外。日孚好学如此,豪杰之士,必有闻风而起者矣,何喜如之!何喜如之!昨见太和报效人,知欧、王二生者至,不识曾与一言否?欧生有一书,可谓有志;中间述子晦语,颇失真,恐亦子晦一时言之未莹尔?大抵工夫须实落做去,始能有见,料想臆度,未有不自误误人者矣。

此间贼巢,乃与广东山后诸贼相连,余党往往有从遁者,若非斩绝根株,意恐日后必相联而起,重为两省之患;故须更迟迟旬日,与之剪除;兵难遥度,不可预料,大抵如此。

小儿劳诸公勤勤开诲,多感多感!昔人谓教小儿有四益,验之果何如耶?正之闻已到,何因复归?区区久顿于外,徒劳诸友往返,念之极切悬悬!今后但有至者,须诸君为我尽意吐露,纵彼不久留,亦无负其来可也。

三

日来因兵事纷扰,贱躯怯弱,以此益见得工夫有得力处。只是从前大段未曾实落用力,虚度虚说过了;自今当与诸君努力鞭策,誓死进步,庶亦收之桑榆耳。日孚停馆郁孤,恐风气太高,数日之留则可,倘更稍久,终恐早晚寒暖欠适!区区初拟日下即回,因从前征勤,徹兵太速,致遗今

二

收到来信，知道日孚在郁孤停泊船只，迟迟没有引发，这的确是出乎我的意料之外。日孚这样喜好学习，豪杰之士，一定有闻风而起的，多么令人高兴啊！昨天看见太和的报信人，知道欧、王二位书生来到，不记得曾经与他们的一席话吗？欧生有一封信，可以说有志向；中间说到子晦的言论，有很多失真之处，恐怕是子晦一时的言语没有说的透彻？大抵上工夫要在实处去做，才能有真正的见解，猜测、臆度，没有不自误误人的。

这一段时间，贼寇的老巢，与广东山后的贼寇们相联系，余党往往有从那里逃跑的，如果不是斩草除根的话，恐怕以后两方必定会相互勾结而起，重新成为两个省的隐患，所以须要迟缓旬日，一起剪灭除去；兵事很难长远把握，不可预料，大抵是这样的。

我的小儿烦劳诸位殷勤教诲，十分感动！过去的人说教育小儿有四点，再检验果真如何呢？听说正之已经到了，是什么原因又归去呢？长久地滞留于外界的事务，徒使几位朋友往返，极为悬念！今后只要有来到的人，尽管为我尽情透露心意，即使不来久住，也不辜负这一趟前来。

三

近来因为兵事纷扰复杂，我这贱躯怯懦体弱，从这里更加看得见工夫有得力的地方。只是从前很多时间没有实实在在地下功夫，白白度过，白白说过了；从今天开始，应当与诸位君子努力鞭策，誓死进步，也差不多可以在晚年收山了。日孚在郁孤安歇停留，恐怕风和节气太高，停留几天还可以，倘若时间再稍微

日之患；故且示以久屯之形，正恐后之罪今，亦犹今之罪昔耳。但从征官属，已萌归心，更相倡和，已有不必久屯之说。天下事不能尽如人意，大抵皆坐此辈。可叹可叹！闻仕德失调，意思何如？大抵心病愈则身病亦自易去，纵血气衰弱，未便即除；亦自不能为心患也。小儿劳开教，驽骀之质，无复望其千里，但得帖然于皂枥之间，斯已矣。门户勤早晚，得无亦厌琐屑否？不一。

寄诸弟

戊寅

屡得弟辈书，皆有悔悟奋发之意，喜慰无尽！但不知弟辈果出于诚心乎？亦谩为之说云尔。本心之明，皎如白日，无有有过而不自知者；但患不能改耳。一念改过，当时即得本心；人孰无过，改之为贵。蘧伯玉大贤也，惟曰："欲寡其过，而未能。"成汤孔子大圣也，亦惟曰："改过不吝，可以无大过而已。"人皆曰："人非尧舜，安能无过。"

此亦相沿之说，未足以知尧舜之心；若尧舜之心，而自以为无过，即非所以为圣人矣。其相授受之言曰："人心惟危，道心惟微，惟精惟一，允执厥中。"彼其自以为人心之惟危也，则其心亦与人同耳。危，即过也；惟其兢兢业业，尝

长一些,终担心早晚寒暖不太适宜!开始拟定当下回军,因从前征兵讨伐,撤兵的速度过快,以致造成今天的隐患;所以姑且明示久久屯伍的布形,正担心后来的人们怪罪今天的举措,也是今天怪罪过去一样的。但是随同讨伐的官员家属,已经萌生了归去的心情,还相互鼓动、应和,已经有不必长久驻扎的说法。天下的事情不能够尽如人意,大抵是因为有这些人搞鬼。真让人感叹啊!听说仕德失调,究竟怎么回事?大概是心病好了,而身上的病也自己去除了,纵然血气衰弱,不能很快就好;但也不能成为心患了。我的小儿烦劳指点、教育,驽马的质料,我也不期望他能行千里,只要能够听话、懂事,就满足了。门户早晚很勤快,也不厌烦那些琐屑吗?不一而论。

寄诸弟

戊寅

屡次收到弟辈们的来信,都有悔恨、醒悟、奋发进取的意思,无尽的高兴与欣慰!但是不知道他们是出于真心,还是随便说上几句呢?心本体的明亮,好像那白天的太阳般皎洁,没有自己有过错而不晓得,只担心不去改正它。改过的念头一生,当时就发现了本心;人谁能没有过错,改正了就很珍贵。蘧伯玉是大大的贤人,只说过:"想减少过错,但是却不能办到。"成汤、孔子是大圣人,也只说过:"不吝于改正过错,就可以没有大的过错了。"

人们都说过:"人不是尧舜,怎么会没有过错。"这些都是沿传下来的说法,不足以知晓尧舜的心意;如果尧舜的心,自以为没有过错,那么他们就不是圣人了。其传授下来的说:"人心是危险的,道心是精微的,惟求精致、同一,执中守一。"那些自

加"精一"之功,是以能"允执厥中",而免于过。古人之圣贤,时时自见己过而改之,是以能无过,非其心果与人异也。"戒慎不睹,恐惧不闻"者,时时自见己过之功。吾近来实见此学有用力处,但为平日习染深痼,克治欠勇,故切切预为弟辈言之;毋使亦如吾之习染既深,而后克治之难也。人方少时,精神意气,既足鼓舞,而身家之累,尚未切心,故用力颇易;迨其渐长,世累日深,而精神意气,亦日渐以减,然能汲汲备志于学,则犹尚可有为;至于四十五十,即如下山之日,渐以微减,不复可挽矣。故孔子云:"四十五十而无闻焉,斯亦不足畏也已。"

又曰:"及其老也,血气既衰,戒之在得。"吾亦近来实见此病,故亦切切预为弟辈言之,宜及时勉力,毋使过时而徒悔也。

与安之

己卯

闻安之肯向学,不胜欣愿!得奋励如此,庶不负彼此相爱之情也。留都时,偶因饶舌,遂致多口,攻之者环四面,取朱子晚年悔悟之说,集为定论,聊借以解纷耳。门人辈近刻之虔都,初闻,甚不喜;然士夫见之,乃往往遂有开发者,无

认为人心是不安的人，其心也同人一样。危，就是过错；只有兢兢业业，再加上精一的功夫，才能够做到执中守一，而免于过错。古代的圣贤时时发现自己的过错并加以改正，这样就会没有过错，不是他们的心果真与人不同。不看戒慎，不闻恐惧的人，有时时自己看见自己犯错的功夫。我近来实际上发现这种学问应注重用力之处，但是被平日的习俗深深地痼制，欲克制而缺乏勇气，所以才这样提前对弟辈们说这些切切之言；不要像我这种被习俗深染，后来再克制就困难了。人年轻时，精神充足，意气风发，已经足可以鼓舞自己，而身家的劳累还没有切入内心，所以用起功来很容易；等到渐渐长大，世上事情连累的太深，而精神气也一天天地减弱，然而能够奋发立志、汲汲求学，还可以有所作为；到了四五十岁，就像落下山的太阳，一天天地光线减弱，不可以再挽回了。所以孔子说过："到了四十、五十岁还没有闻道，这个人就不必令人敬畏了。"

又说过："等到他年老了，血气已经衰败了，要戒掉自以为是。"我近些天来也实际上看到了这种毛病，所以也准备对弟辈们说这些切切之语，应当及时勉励用功，不要等到时机已过，徒劳地后悔莫及。

与安之

己卯

听说安之肯于学习，不胜欢欣！能够这样发奋图强，差不多不会辜负彼此间的相爱之情。留在都城的时候，偶尔因为饶舌，所以导致多人参与，攻击的人遍布四周；录取朱子晚年悔悟的学说，集结为定论，姑且凭借着解除了纷扰。门人近来到了

意中得此一助，亦预省颊舌之劳。近年篁墩诸公，尝有道一等编见者，先怀党同伐异之念，故卒不能有入，反激而怒；今但取朱子所自言者，表章之，不加一辞，虽有褊心，将无所施其怒矣。

尊意以为何如耶？聊往数册，有志向者，一出指示之，所须文字，非不欲承命；荒疏既久，无下笔处耳。贫汉作事大难，富人岂知之？

答甘泉

己卯

旬日前杨仕德人来，领手教，及答子莘书，具悉造诣用功之详，喜跃何可言。盖自是而吾党之学归一矣；此某之幸，后学之幸也。来简勤勤训责仆以久无请益，此吾兄爱仆之厚，仆之罪也。

此心同，此理同，苟知用力于此，虽百虑殊途，同归一致。不然，虽字字而证，句句而求；其始也毫厘，其末也千里。老兄造诣之深，涵养之久，仆何敢望；至其向往直前，以求必得乎此之志，则有不约而契，不求而合者；其间所见时或不能无小异；然吾兄既不屑屑于仆，而仆亦不以汲汲于兄者，正以志向既同，如两人同适京都，虽所由之途，间有迂直，知其异日之归终同耳。

雾都,刚刚听说,十分不悦;然而士大夫们看到了,就往往有开启引发的,无意中得到了一个帮助,也准备省去颊舌的攻势之辛劳。近年篁墩诸公,曾经有道一等编见的人,先怀有勾结同党、攻击讨伐他人的意图,所以终归不能有所深入,反而激动乃至发怒;今天只取朱子所自说的话,来表述一下,不加上任何言辞,即使有偏袒的心意,也不能够施发我的愤怒。

您的意图认为怎么样呢?姑且过去几册,有志向的人,出来指导明示,所需的文字,不是不想接受的;好久没有勤于笔耕了,没有下笔的地方。贫穷的汉子做事十分困难,富人怎么能知道呢?

答甘泉

己卯

旬日前扬仕德前来,听我的教导,说到答子莘的书信,十分了解他用功、造诣很深,高兴地不可用语言来表达。大盖是我们的学问归一了;这是我的幸运,是后学的幸运了。来信很频繁,责备我很长时间没有去信请教,这是我兄长对我的厚爱,是我的罪过。

心相同,道理相同,即使知道在这方面下功夫,虽然道路不同,最后要归于一致;如果不这样,虽字字求证,句句探究,其开始毫厘之差,但是末端要差到千里。老兄有较深的造诣,有长期的涵养,我怎么敢相望呢;至于向往直前,以追求并实现这个志向,就有不约而契、不求而合的情况,这中间所看到的或许不能够没有小的差异;然而兄长既然不屑于我,我也不做向兄长汲汲请教之人,正因志向相同,好像两人同到京都,虽然所取的道

向在龙江舟次，亦尝进其《大学》旧本，及格物诸说，兄时未以为然；而仆亦遂置不复强聒者，知兄之不久自当释然于此也。乃今果获所愿，喜跃何可言！昆仑之源，有时而伏流，终必达于海也。仆嫠人也，虽获夜光之璧，人将不信，必且以谓其为妄，为伪；金璧入于猗顿之室，自此至宝得以昭明于天下，仅亦免于遗璧之罪矣。

虽然，是喻夜二也；夜光之璧，外求而得也，此则于吾所固有，无待于外也。偶遗忘之耳，未尝遗忘也，偶蒙翳之耳。叔贤所进超卓，海内诸友，实罕其俦；同处西樵，又资丽泽，所造可量乎？仆年未半百，而衰疾已如六七十翁，日夜思归阳明，为夕死之图，疏三上而未遂欲；弃印长往以从大夫之后，恐形迹大骇，必俟允报，则须冬尽春初，乃可遂也。

一一世事，如狂风骤雨中落叶，倏忽之间，宁复可定所耶？两承楚人之诲，此非骨肉，念不及此感刻。祖母益耄，思一见，老父亦书来促归，于是情思愈恶；所幸吾兄道明德立，宗盟有人，用此可以自慰；其诸所欲，请仕德能有述，有所未当，便间不惜指示！

路，中间有迂直之分，但知道有一天最后归途总要同一。

以前在龙江停泊，也曾给您呈递《大学》旧本，以及格物等说，您当时不以为然；而我也不再强行论说，知道您不久自然会对此有所了解。如今果真如愿以偿，多么令我高兴！昆仑的源头，有时候是伏流，终归要流入远方的大海。我是一个贫穷的人，即使得到了夜光之璧，人们也将不相信是宝物，一定说它是假的，是伪造的，金璧进入猗顿豪华的房中，算是终于昭明于天下，我也免除了丢失金璧的罪过。

虽然这样，这种喻示还是两个方面；夜光之璧是在外部求得的；这是我所固有的东西，不用在外部等待。人家会偶尔遗忘，没有曾经遗忘过宝物的，只是偶尔被蒙蔽罢了。叔贤进步卓绝迅超，在海内的朋友中，很少与他为同行；同在西樵相处，又资借丽泽，造化有没有限量呢？我还没有过五十岁，衰老、生疾病，如同一六七十岁的老翁，每天想念着回到阳明山，作死后的打算，上了三次疏，没有结果；跟在大夫的后面，恐怕形迹大骇，必须等到允报来到，这样就要到冬尽春初了，便可以如愿了。

一件一件，世上的事像狂风骤雨中的落叶，忽忽之间，还可以安定下来吗？两次承蒙楚人的教诲，这不是骨肉，还没有达到感刻的思念。祖母年纪更老，想见一次面，老父也来信催促回程，于是情思更加急切；所幸的是兄长明白道义、树立德行，亲族有人才，以此我可以自我安慰一下；想要说的话，请让仕德能够有所叙述，没有讲到的，有时间不妨请来信指点。

二

庚辰

得正月书,知大事已毕,当亦稍慰纯孝之思矣。近承避地发履冢下,进德修业,善类幸甚!传闻贵邑盗势方张;果尔,则远去家室,独留旷寂之野,恐亦未可长也。某告病未遂,今且蹙告归省,去住亦未可必,悠悠尘世,毕竟作何税驾?当亦时时念及,幸以教之,叔贤志节远出流俗;渭先虽未久处,一见知为忠信之士,乃闻不时一相见,何耶?英贤之生,何幸同时共地,又可虚度光阴,容易失却此大机会,是使后人而复惜后人也?二君曾各寄一书,托宋以道转致,相见幸问之。

答方叔贤

己卯

近得手教,及与甘泉往复两书。快读一过,洒然如热者之濯清风,何子之见超卓而速也?真可谓一日千里矣。《大学》旧本之复,功尤不小,幸甚幸甚!其论象山处,举孟子"放心"数条;而甘泉以为未足,复举"东西南北海有圣人出,此心此理同",及"宇宙内事皆己分内事"数语。甘泉所举,诚得其大,然吾独爱西樵子之近而切也。

二

庚辰

收到正月的来信，知道大事已经办理完毕，应当稍稍安慰纯孝的思念了。近来避到发履冢下，修炼道德，培养学问，多么庆幸啊！传言听说你的邑地盗贼的气势开始嚣张，果真如此就远远离开家室，独自待在空旷、寂静的原野上，恐怕也不是长久之计。我告病还乡的请求没有批准，今天姑且赶快要归去省亲，去去也不是必需的，尘世悠悠，毕竟要做什么税驾？应当时时念及，幸好有人教诲！叔贤的志向气节超凡脱俗，虽然长久没有相见，但知道他是忠义守信之人，才听说不时就要见面，怎么样呢？英雄、贤人，在同时同地相聚是何等的荣幸，又可以虚度光阴，容易使大机会白白流走，这样使后代的人再为后代人可惜感叹吗？两位各自寄来一封信，托宋以道转交致谢，相见之时要好好问一下情况。

答方叔贤

己卯

近来收到手教，以及与甘泉回复的两封信。迅速读过一遍，洒脱的好像炎热不安的人被清凉的风濯洗过一样，什么人的见解能这么超脱、卓然而又迅忽？真可以说是一天行了千里的路啊。《大学》旧传本被补复完成，功劳尤其不小，多么庆幸的事啊！其中议论象山的地方，所举孟子关于放心的几条论证；而甘泉认为还没有充分，又举到"东西南北海有圣人出来，这颗心这个理，一直到宇宙内都是自己的分内之事。"一席话。甘泉所举证的，的确很大。然而我偏偏喜爱西樵子的亲切、贴近。

见其大者,则其功不得不近而切;然非实加切近之功,而所谓大者,亦虚见而已耳。自孟子道性善心性之原,世儒往往能言,然其学卒入于支离外索,而不自觉者,正以其功之未切耳。此吾所以独有喜于西樵之言,固今时对证之药也。

古人之学,切实为己,不徒事于讲说;书札往来,终不若面语之能尽,且易使人溺情于文辞,崇浮气而长胜心;求其说之无病,而不知其心病之已多矣。此近世之通患,贤知者不免焉,不可以不察也。杨仕德去,草草复此;诸所欲言仕德能悉。

与陈国英

庚辰

别久矣!虽彼此音问阔疏,而消息动静,时时及闻。国英天资笃厚,加以静养日久,其所造当必大异于畴昔,惜无因一面叩之耳。凡人之学,不日进者,必日退。譬诸草木,生意日滋,则日益畅茂;苟生意日息,则亦日就衰落矣。

国英之于此学,且十余年矣;其日益畅茂者乎?其日就衰落者乎?君子之学,非有同志之友,日相规切,则亦易以悠悠度日,而无有乎激励警发之益。山中友朋,亦有以此学日相请求者乎?孔子云:"德之不修,学之不讲,是吾忧

看到那大的人，功力就不得不贴近、切实。然而如果不是实在加上切近的功力，那么我们所说的大，也不过是白白看见罢了。自从孟子说性善是心性的本始，世上的儒生们往往能够言语一番，然而学问最后流于支离外索，而自己却不能够察觉，正因为功力没有能够贴切。这就是我为什么独独喜爱西樵子的缘故，也固然是今天的对症之药。

古代人求学，切切实实为了个人进步，不徒劳地白费口舌，往来书信，终归比不上当面说话尽意，而且易使人们沉溺于文辞之中，崇尚浮夸的文气而滋长好胜之心，求的是言语没有语病，却不知道已经有了很多心病。这是近来世上的通病，贤达知礼的人也不能逃脱，不可以不加以察觉。杨仕德离去，草草回这封信；大家想说的话，仕德能够了解。

与陈国英

庚辰

分别的时间太长啦！虽然彼此间音讯很少，但是消息动静，还能不断听到。国英天资笃实纯厚，如果加以长时间的修养，他的造化必定会大不相同，可惜没有机会叩见上一面。凡人求学，不是每天进步就必要退步。好像那些草木，每天滋生出生机，就会天天繁盛茂畅；如果生机每天平息，就会一天天衰败残落。

国英在这个学问上，已经钻研十多年了；他是每天更加繁盛茂畅吗？还是每天衰败残落呢？君子求学，没有同志向的朋友相互规劝勉励，就容易会悠悠地度日子，而没有那种激励警发的收益。山中的朋友们，也有这种每天相互请求、讲授这

也。"而况于吾侪乎哉?

复唐虞佐

庚辰

承示诗二韵五章,语益工,兴寄益无尽,深叹多才;但不欲以是为有道者称颂耳。"撤讲慎择"之喻,爱我良多,深知感怍。但区区之心,亦自有不容已者。圣贤之道,坦若大路,夫妇之愚,可以与知。而后之论者忽近求远,舍易图难,辽使老师宿儒,皆不敢轻议。

故在今时,非独其庸下者自分以为不可为,虽高者特达,皆以此学为长物,视之为虚谈赘说,亦许时矣。当此之时,苟有一念相寻于此,真所谓"空谷足音,见似人者喜矣";况其章缝而来者,宁不忻忻然以接之乎?然要其间亦岂无滥竽假道之弊?但在我不可以此意逆之,亦将于此以求其真者耳。正如淘金于沙,非不知沙之汰而去者且十九,然亦未能即舍沙而别以淘金为也。

孔子云:"与其进也,不与其退也,唯何甚?"孟子云:"君子之设科也,来者不拒,往者不追,苟以是心至斯,受之而已矣。"盖"不愤不启"者,君子施教之方;"有教无类",则其本心焉耳。

种学问的人吗？孔子说："不清理道德，不讲授学问，是我的忧虑。"而何况我们这些人呢？

复唐虞佐

庚辰

承蒙来展示二韵五章的诗作，文辞更加工整，随寄的意兴是无穷尽的，深深的佩服你的才能，但是不想以此为有道的人称颂。关于撤讲、慎择的喻示，对我十分爱护，深深地被感动了，但是我这区区之心，也有不容已的地方。圣贤的道路，像大路般平坦，夫妇的愚昧，可以让他们知道，议论的人忽近求远，舍去容易图取困难，就使老师和宿儒，都不敢轻易议论。

所以在今天这种时候，不独独是那些平庸低下的人自己认为不可有为，虽然是高明、通达的，也把这种学问看作是长物，认为是虚谈和累赘之说，也有时候了。这时候，即使有一种想法产生，真是我们所说的空旷山谷中听到脚步声，看见像人的就高兴了；况且那些章缝而来的，宁愿不高兴的连接吗？然而中间难道会没有滥竽充数、假借道学的弊病吗？但是在我不能用这种意思来对抗，也将要在这方面寻找真切的。正好像在沙中淘金，不是不知道淘汰去的沙要有十分之九，然而也还不能舍沙而不作淘金了。

孔子说："与它前进，不与它后退，怎么样呢？"孟子说："君子设下了刑科，来者不加以拒绝，过去的不再追究，如果以这种心境对待，就受用了。"大盖不愤慨就不能受启发，君子施教有方；教育不分类别，注重他的本心。

多病之躯，重为知己忧，惓惓惠喻及此，感爱何有穷已！然区区之心，亦不敢不为知己一倾倒也。行且会面，悉所未尽。

身体疾病很多,重为知己之人担忧,写了这么多,感动和敬爱哪里有穷尽!然而我这区区之心,也不敢不为知己一诉衷肠。行路时会面之际,当会把没有讲完的话说透。

文 / 白 / 对 / 照

王陽明全集

二

〔明〕王守仁 著

团结出版社

目录

卷之五 文录二

书二 始正德辛巳至嘉靖乙酉 ································· 496
    与邹谦之 ································· 496
    二 ································· 496
    与夏敦夫 ································· 498
    与朱守忠 ································· 500
    与席元山 ································· 500
    答甘泉 ································· 504
    答伦彦式 ································· 506
    与唐虞佐侍御 ································· 508
    答方叔贤 ································· 510
    二 ································· 512
    与杨仕鸣 ································· 512
    二 ································· 516
    三 ································· 516
    与陆元静 ································· 518

二 ··· 520

答舒国用 ··· 526

与刘元道 ··· 530

答路宾阳 ··· 530

与黄勉之 ··· 532

二 ··· 534

答刘内重 ··· 544

与王公弼 ··· 546

答董沄萝石 ······································ 548

与黄宗贤 ··· 550

寄薛尚谦 ··· 552

卷之六 文录三

书三 始嘉靖丙戌至戊子 ························· 558

寄邹谦之 ··· 558

二 ··· 560

三 ··· 566

四 ··· 570

五 ··· 572

答友人 ·· 576

答友人问 ··· 578

答南元善 ··· 584

二 ··· 588

答季明德 ··· 590

与王公弼 ··· 596

目录

二 *596*
  与欧阳崇一 *596*
  寄陆原静 *598*
  答甘泉 *600*
  答魏师说 *602*
  与马子莘 *604*
  与毛古庵宪副 *606*
  与黄宗贤 *608*
  答以乘宪副 *610*
  与戚秀夫 *612*
  与陈惟濬 *614*
  寄安福诸同志 *616*
  与钱德洪王汝中 *618*
  二 *618*
  三 *620*
  答何廷仁 *622*

卷之七　文录四
  序记说 *626*
    别三子序 *626*
    赠林以吉归省序 *630*
    送宗伯乔白岩序 *632*
    赠王尧卿序 *634*
    别张常甫序 *636*
    别湛甘泉序 *638*

- 别方叔贤序 ············· *640*
- 别王纯甫序 ············· *642*
- 别黄宗贤归天台序 ········· *644*
- 赠周莹归省序 ············ *648*
- 赠林典卿归省序 ··········· *650*
- 赠陆清伯归省序 ··········· *652*
- 赠周以善归省序 ··········· *654*
- 赠郭善甫归省序 ··········· *658*
- 赠郑德夫归省序 ··········· *658*
- 紫阳书院集序 ············ *662*
- 朱子晚年定论序 ··········· *664*
- 别梁日孚序 ············· *668*
- 《大学》古本序 ············ *672*
- 《礼记纂言》序 ············ *674*
- 《象山文集》序 ············ *678*
- 观德亭记 ·············· *682*
- 重修文山祠记 ············ *684*
- 从吾道人记 ············· *688*
- 亲民堂记 ·············· *694*
- 万松书院记 ············· *700*
- 稽山书院尊经阁记 ········· *704*
- 重修山阴县学记 ··········· *710*
- 梁仲用默斋说 ············ *716*
- 示弟立志说 ············· *718*
- 约斋说 ··············· *724*

见斋说 ……………………………………… 726

矫亭说 ……………………………………… 728

谨斋说 ……………………………………… 730

夜气说 ……………………………………… 732

修道说 ……………………………………… 732

自得斋说 …………………………………… 734

博约说 ……………………………………… 736

惜阴说 ……………………………………… 740

卷之八　文录五

杂　著 ……………………………………………… 744

书汪汝成格物卷 …………………………… 744

书石川卷 …………………………………… 744

与傅生凤 …………………………………… 748

书王天宇卷 ………………………………… 750

书王嘉秀请益卷 …………………………… 752

书孟源卷 …………………………………… 754

书杨思元卷 ………………………………… 756

书玄默卷 …………………………………… 758

书顾维贤卷 ………………………………… 758

壁帖 ………………………………………… 762

书王一为卷 ………………………………… 762

书朱守谐卷 ………………………………… 764

书诸阳伯卷 ………………………………… 766

书张思钦卷 ………………………………… 768

书中天阁勉诸生 ··· 770

书朱守乾卷 ··· 772

书正宪扇 ··· 772

书魏师孟卷 ··· 774

书朱子礼卷 ··· 776

书林司训卷 ··· 778

书黄梦星卷 ··· 780

卷之九　别录一

奏疏一 ··· 788

陈言边务疏 ··· 788

乞养病疏 ··· 804

乞宥言官去权奸以章圣德疏 ································· 806

自劾乞休疏 ··· 808

乞养病疏 ··· 810

谏迎佛疏 ··· 812

辞新任乞以旧职致仕疏 ····································· 820

谢恩疏 ··· 822

给由疏 ··· 824

参失事官员疏 ··· 826

闽广捷音疏 ··· 832

申明赏罚以励人心疏 ··· 844

攻治盗贼二策疏 ··· 854

类奏擒斩功次疏 ··· 866

添设清平县治疏 ··· 872

疏通盐法疏 *878*

卷之十　别录二

奏疏二 *890*

议夹剿兵粮疏 *890*

南赣擒斩功次疏 *898*

议夹剿方略疏 *904*

换敕谢恩疏 *910*

交收旗牌疏 *914*

议南赣商税疏 *914*

升赏谢恩疏 *918*

横水桶冈捷音疏 *922*

立崇义县治疏 *950*

卷之十一　别录三

奏疏三 *960*

乞休致疏 *960*

移置驿传疏 *962*

浰头捷音疏 *966*

添设和平县治疏 *994*

三省夹剿捷音疏 *1008*

辞免升荫乞以原职致仕疏 *1020*

再议崇义县治疏 *1024*

再议平和县治疏 *1036*

再请疏通盐法疏 *1044*

升荫谢恩疏 …………………………………………… *1054*
乞放归田里疏 ………………………………………… *1056*

卷之五　文录二

书二　始正德辛巳至嘉靖乙酉

与邹谦之

辛巳

别后德闻日至，虽不相面，嘉慰殊深。近来此意见得益亲切，国裳亦已笃信，得谦之更一来，愈当沛然矣。适吴守欲以府志奉渎，同事者于中、国裳、汝信、惟濬，遂令开馆于白鹿，醉翁之意，盖有在不专以此烦劳也。

区区归遁有日，圣天子新政英明，如谦之亦宜束装北上，此会宜急图之，不当徐徐而来也。蔡希渊近已主白鹿，诸同志须俟已到山却来相讲，尤妙！此时却匆匆不能尽意也，幸以语之！

二

乙酉

乡人自广德来，时常得闻动履，兼悉政教之善，殊慰倾想；远使吊赙，尤感忧念之深！所喻"猝临盘错，盖非独以别利器，正以精吾格致之功耳"，又能以怠荒自惧，其进可知矣。

近时四方来游之士颇众，其间虽甚鲁钝，但以良知之

与邹谦之

辛巳

分别后每天听到闻达贤德的消息，虽然不能相见，但很让我宽慰。最近以来，这种情意更加亲切，国裳（舒芬的字）也已经笃实信念，再加上谦之过来一趟，会更加丰盛了。正赶上绍兴知府准备把府志拿来奉渎，同事之人于中、国裳、汝信（万潮的字）、惟濬（陈九川的字），就命令在白鹿开设学馆，醉翁之意，大盖有其他事情需要烦劳。

回归、逃逸也没有多少天了，天子新主政事，英明圣达，像谦之也应该收拾行装准备北上，这种会面适于急忙图谋，不应该慢慢地来。蔡希渊最近已经主持白鹿学馆，诸位志同道合的人和我一起到山中来讲授，尤为奇妙！这个时候却匆匆忙忙，不能够尽意，就说这些话吧！

二

乙酉

同乡的人从广德赶来的时候，经常听到得动摇，又了解到政教的好处，十分宽慰我的心怀；远方的人出钱帮助办丧事，尤为感到忧虑和挂念！听说的"猛然面临着复杂的局面，大概不是独独用来分辨利器、端正精究我的格物致知之功的"，又以怠慢荒芜学业而害怕，进步可想而知了。

近来四面来游的人士很多，中间也有鲁莽迟钝的人，但是

说，略加点缀，无不即有开悟；以是益信得此二字，真吾圣门正法眼藏。谦之近来所见，不审又如何矣？南元善益信此学，日觉有进，其见诸施设，亦大非其旧；便间更相奖掖之，固朋友切磋之心也。方治葬事，使还，草草疏谢不尽。

与夏敦夫

辛巳

不相见者几时？每念吾兄忠信笃厚之资，学得其要，断能一日千里；惜无因亟会，亲睹其所谓历块过都者，以为快耳。昔夫子谓子贡曰："赐也，汝以予为多学而识之者与？"对曰："然，非与？"子曰："非也。予一以贯之。"

然则圣人之学，乃不有要乎？彼释氏之外人伦，遗物理，而堕于空寂者，固不得谓之明其心矣。若世儒之外务讲求考索，而不知本诸其心者，其亦可以谓穷理乎？此区区之心，深欲就正于有道者，因便辄及之，幸有以教我也。

区区两年来血气亦渐衰，无复用世之志，近始奉敕北上，将遂便道归省老亲，为终养之图矣。冗次不尽所怀。

拿良知的学说，稍微加上一些装饰点缀，没有不立即醒悟开窍的；因此更加相信这两个字，真是我们圣门正法眼藏。邹谦之近来所看到的，不审察一番又怎么样呢？南元善更加相信这种学说，每天感觉有些长进，所看到的几种措施，也大都不是以前的样子；于是有更加相互奖励提携，增强朋友切磋的心意。刚刚办完葬礼事宜，使者还回时，草草写下一封，感谢不尽。

与夏敦夫

辛巳

不相见有多长时间啦？每当想到我兄长那忠诚、笃实、敦厚、守信的天资，学到要旨，我一定一日行千里；可惜没有机会见面，亲眼看见所谓的"历块过都"（经过山阜，越过都市。意指纵横驰骋，施展才能。），以为快乐之事。过去夫子对子贡说过："你认为我是广泛学习而能记住的人吗？"子贡说："是的，难道不是吗？"孔子说："不是的，我只是一以贯之。"

那么圣人的学问，难道没有要旨吗？那佛家学说脱离人的伦常，抛弃事物的理，而坠入了空旷寂寥之中，固然不能说它明了心本体。像世上儒生重视外部而到外面去考究索求，不知道心是根本的，难道也可以说是穷尽了道理吗？这微不足道的一点看法，十分想到有道之人处端正，所以就到此为止了，幸好有教导我的人。

这两年来，血气也渐渐衰败，不再有治世的志向，近来将要奉命北上，准备取道拜访长辈亲友，做终年养老的打算了。信中表述不完我的心怀。

与朱守忠

辛巳

乍别忽旬余，沿途人事扰扰，每得稍暇，或遇景感触，辄复兴怀。赍诏官来，承手札，知警省不懈，幸甚幸甚！此意不忘，即是时时相见，虽别非别矣。道之不明，皆由吾辈明之于口而不明之于身，是以徒腾颊舌，未能不言而信。要在立诚而已。

向日谦虚之说，其病端亦起于不诚。使能如好好色，如恶恶臭，亦安有不谦不虚时邪？虞佐相爱之情甚厚，别后益见其真切，所恨爱莫为助。但愿渠实落做个圣贤，以此为报而已；相见时以此意规之，谦之当已不可留，国裳亦时时相见否？学问之益，莫大于朋友切磋，聚会不厌频数也。

明日当发玉山，到家渐可计日；但与守忠相去益远，临纸怅然！

与席元山

辛巳

向承教札及《鸣冤录》，读之，见别后学力所到，卓然斯道之任，庶几乎天下非之而不顾；非独与世之附和雷同，从人悲笑者，相去万万而已。

与朱守忠

辛巳

一分别忽然十多天的时间了,沿途人事频频骚扰,每当有稍许空暇时间,偶尔遇到景物生出感触,就抒发心怀。带着诏书的官员前来,承蒙亲笔的书信,知道您不断警省自身,十分的难得啊!这种情意不忘记,即是时时相见,虽然分别了还不算分别。道理的含混不明,都因我们这一代口里明晰但在行动上却不实践,这样就徒劳白费面颊和口舌,没有能够不说话就能立信,要旨在立下诚意罢了。

向日谦虚的学说,毛病也发起于不诚恳,假使能够看到美好的东西就爱好它,看到丑恶的东西就厌恶它,也难道有不谦虚的时候吗?虞佐(唐龙的字)与我情意深厚,分别以后更加发现他的真切,所遗憾是爱莫为助。但愿他能踏踏实实做一个圣贤,以此作为报答;相见时拿这个意思来规劝他,谦之应当已留不住,国裳也时时能相见吗?学问的益处,莫大于朋友之间的切磋,聚会应不厌其烦。

明日应当出发到玉山,到家的日子也渐渐可以计算了;但是与守忠却离得更加遥远,面对书纸我感到惆怅!

与席元山

辛巳

收到您的来信和《鸣冤录》,读过之后认为分别之后学问的功力所达到程度,卓然担负这道的任务,天下之人中差不多除了您就没有人可以胜任了;不是独独附庸应和世上之人,雷同地跟从人悲哀、欢笑,相差太远了。

喜幸何极！中间乃有须面论者，但恨无因一会，近闻内台之擢，决知必从铅山取道，而仆亦有归省之便，庶得停舟途次，为信宿之谈；使人候于分水，乃未有前驱之报；驻信城者五日，怅怏而去，天之不假缘也，可如何哉？

大抵此学之不明，皆由吾人入耳出口，未尝诚诸其身。譬之谈饮说食，何由得见醉饱之实乎？仆自近年来始实见得此学，真有百世以俟圣人而不惑者。朋友之中，亦渐有三数辈笃信不回，其疑信相半，顾瞻不定者，多以旧说沈痼，且有得失毁誉之虞，未能专心致志以听，亦坐相处不久，或交臂而别，无后与之细说耳。

象山之学，简易直截，孟子之后一人；其学问思辩、致知格物之说，虽亦未免沿袭之累；然其大本大原，断非余子所及也。执事素能深信其学，此亦不可不察；正如求精金者，必务煅炼足色，勿使有纤毫之杂，然后可无亏损变动；盖是非之悬绝，所争毫厘耳。用熙近闻已赴京。知公故旧之情极厚，倘犹未出，亦劝之学问而已。存心养性之外，无别学也。

相见时，亦望遂以此言致之。

多么的高兴、庆幸啊！中间有必须要当面讨论的，但是因为没有机会见上一面，近来听说要提拔到御史台，审知辨识必须从铅山取道而行，而我也有归乡探亲的便利条件，可以在途中停船，进行两个晚上的深谈；使人在分水等候，就没有前导的报告；驻扎在信城的人五日之内，怅然怏怏而去，上天不赐给机缘，又能怎么样呢？

大概学问问不明晰，都是因为我们这些人从耳朵中进，从口中出，未尝真心要求自身。好像谈论饮食，何必要看见酒足饭饱的事实呢？我近年来才开始发现这种学问的实际面目，真有百世以等待圣人而不困惑的人。朋友之中，也开始有一些人笃信而不回头，半信半疑，徘徊而犹豫不定的人，大多因为旧学的沉痼，而且有得失毁誉的担心，不能够专心致志地听，也因为相处时间不长，或者交臂而别，没有机会与之一起细细叙说。

象山的学问，简易直接，孟子之后的一个人；他的学问思辨、致知格物的学说，虽然未免是沿袭以来的积累，但是其大本大原，断然不是其他人所能达到的。执事平素深深相信这种学问，这也不可以不审察；正如要得到精炼的金子，必须烧炼的颜色足足的，不要使之有丝毫的杂色，然后可以没有变动亏损；大概是非界限很小，所争的只是毫厘之差。听说用熙已经赶赴京城。知道与您的友情极其深厚，倘若还没有出发，也要劝他求进学问。在存心养性以外，没有其他的学问。

相见时，也希望用这种话来说他。

答甘泉

辛巳

　　世杰来，承示《学》《庸》测，喜幸喜幸！中间极有发明处，但于鄙见尚大同小异耳。"随处体认天理"是真实不诳语，鄙说初亦如是；及根究老兄命意发端处，却似有毫厘未协，然亦终当殊途同归也。

　　修齐治平，总是格物，但欲知此节节分疏，亦觉说话太多。且语意务为简古，比之本文反更深晦，读者愈难寻求，此中不无亦有心病？莫若明白浅易其词，略指路径，使人自思得之，更觉意味深长也。高明以为何如？致知之说，鄙见恐不可易，亦望老兄更一致意，便间示知之；此是圣学传心之要，于此既明，其余洞然矣。

　　意到恳切处，不得不直，幸不罪其僭妄也。叔贤《大学》《洪范》之说，其用力已深，一时恐难转移；此须面论，始有可辩正耳，会间先一及之。去冬有方叟者过此，传示高文，其人习于神仙之说，谓之志于圣贤之学，恐非其本心？人便，草草不尽。

答甘泉

辛巳

世杰前来，带来显示《大学》《中庸》的感受，高兴而又庆幸！中间有许多创造发挥的地方，但是在我个人看来，还只是大同小异。"随处可以体验确认天理"这是真实而不虚假的话，我的说法开始也是如此；待到根究考察老兄意思的发端，却好像有一些毫厘之处不协调，但是也最终要殊途同归。

修身、齐家、治国、平天下，都是格物；但是要想逐字逐句辨析，又觉得说的话太多。而且话的意思力求精炼、古朴，比较本文来说反而更觉得深奥晦涩，读者更加难于寻求，这中间难道不是也有心病吗？不如使自己的语词明白、浅显，稍微指点一下途径、方法，使人们自己去思考，找到答案，更加觉得意味深长了。认为这样是不是高明呢？致知的学说，我的看法是恐怕不可以易变，还望老兄能一致意，趁便明示告知于我；这是圣学传心的要旨，在这方面既然已经明晰，那么其余的都洞然豁达了。

用意到了恳切的程度，不得不直率，幸好没有人加我罪名，说我虚妄欺骗。叔贤（方献夫的字）关于《大学》《洪范》的学说，用的力气已经很深彻了，一时恐怕难于转移；这个要当面谈论，才可以有机会辨明是非、改正错误，趁此机会先写一下。去年冬天有位姓方的老头从这里经过，他传阅、示意其文章，他是向神仙的学说研习，说他有志于圣贤之学，恐怕不是他的本心吧？随便说了这么多不尽意的话。

答伦彦式

辛巳

往岁仙舟过赣,承不自满足,执礼谦而下问恳,古所谓敏而好学,于吾彦式见之。别后连冗,不及以时奉问,极切驰想!近令弟过省,复承惠教,志道之笃,趋向之正,勤倦有加,浅薄何以当此?悚息悚息!谕论及"学无静根,感物易动,处事多悔",即是三言,尤是近时用工之实,仆罔所知识,何足以辱贤者之问?大抵三言者,病亦相因。惟学而别求静根,故感物而惧其易动;感物而怀其易动,是故处事而多悔也。

心,无动静者也;其静也者,以言其体也;其动也者,以言其用也。故君子之学,无间于动静。其静也,常觉而未尝无也,故常应;其动也,常定而未尝有也,故常寂;常应常寂,动静皆有事焉,是之谓集义;集义故能无祗悔,所谓动亦定,静亦定者也。心一而已。静,其体也,而复求静根焉,是挠其体也;动,其用也,而惧其易动焉,是废其用也。故求静之心即动也,恶动之心非静也,是之谓动亦动,静亦动,将迎起伏,相寻于无穷矣。故循理之谓静,从欲之谓动。欲也者,非必声色货利外诱也,有心之私皆欲也。

故循理焉,虽酬酢万变皆静也;濂溪所谓"主静",无欲

答伦彦式

辛巳

往年乘舟经过赣州，自己不满足所学，礼节恭敬，谦虚向我询问，态度诚恳，古代人所说的聪敏、好学，从吾辈彦式身上可以看到。分别以后事情连连，来不及找时间询问请教，极端想前往！最近您的弟弟从省经过，又承蒙教益，在道的追求上志向坚定，趋向端正的目标，勤勤勉勉，诚挚谦虚，浅薄的人如何能比呢？紧张得屏住了呼吸！谈论到"学业没有安静的根基，感应外物容易变动，处理事情时有很多悔恨"，就这三句话，便可看出你近来学问功夫的实在，我所有的知识，怎么能够有资格辱没贤者的问题？大抵说这三句话，就是毛病的原因。只是求学不追求安静的根基，所以感应外物而害怕事物的变动；感应外物而怀念事物的变动，因为这个缘故处理事情有许多后悔。

心，没有动静的分别；说心静，是指心的本体；说心动，是指心的用处。所以君子求学时，动静之间没有空闲。静，是指常常感觉而未尝没有过，所以常常感应；动，是指常常安定而未尝有过，所以常常静寂；常感应常静寂，动静都曾经有过，所以说集义；集义，所以才能不会后悔，所说的动也安定，静也安定。心是一统的。静，是其本体，而又追求静根，则是扰乱了心的本体；动，是心的用处，为事物变易而害怕，是废除了心的用处。所以求静的心，就是动；厌恶动的心，不是安静，这样说动是动，静也是动，将要起伏迎送，相寻到无穷的地方。所以遵循理叫作静，须从欲求叫作动。欲求，不一定是指声、色、货、利这些外在的诱惑，心的私处，就是欲求。

所以遵循理，虽然变化多端，但都是静，濂溪先生所说的

之谓也，是谓集义者也。从欲焉，虽心斋坐忘，亦动也；告子之强制正助之谓也，是外义者也。虽然，仆盖从事于此而未之能焉，聊为贤者陈其所见云尔。以为何如？便间示知之。

与唐虞佐侍御

辛巳

相与两年，情日益厚，意日益真，此皆彼此所心喻，不以言谢者；别后又承雄文追送，称许过情，末又重以傅说之事，所拟益非其伦，感怍何既！虽然，故人之赐也，敢不拜受！果如是，非独进以有为，将退而隐于岩穴之下，要亦不失其为贤也已，敢不拜赐！昔人有言："投我以木桃，报之以琼瑶。"今投我以琼瑶矣，我又何以报之？报之以其所赐，可乎？说之言曰："学于古训乃有获。"夫谓学于古训者，非谓其通于文辞，讲说于口耳之间，义袭而取诸其外也；获也者，得之于心之谓，非外铄也。

必如古训，而学其所学焉，诚诸其身，所谓"默而成之""不言而信"，乃为有得也。夫谓逊志务时敏者，非谓其饰情卑礼于其外，汲汲于事功声誉之间也。其逊志也，如地之下，而无所不承也；如海之虚，而无所不纳也；其时敏也，一于天德，戒惧于不睹不闻，如太和之运而不息也。夫然，百世以俟圣人而不惑，溥博渊泉而时出之，言而民莫不信，

"主静",没有欲求,是指的集义之人。顺从欲求,即使端坐忘情,也还是动;告子说的强制正助指的这个道理,是"外义"的人。即使这样,我大概做事到这种程度而没有能够成功,姑且为贤德之人陈述我的见解吧。你以为怎么样呢?来信请明白告知。

与唐虞佐侍御

辛巳

交往两年,情意一天天深厚,心意一天天越发真挚,这些咱们都彼此心领神会,不拿言语来表示我的谢意了;分别以后,又承蒙写了一篇语言雄壮的文章来追送于我,叙说一些往日友情,后来又以傅说的事来比拟我,真是不能与之相匹敌,我多么感动和惭愧啊!即使这样,是老朋友赐于我,敢不拜谢接受!如果真的是这样,不是孤独前进才会有作为,将要退居隐没到山岩穴洞之中,也大致不失为贤人,怎么敢不拜谢接受!过去人们说过:"投给我木桃,我要回报他美玉。"今天有人投给了我美玉,我又应该拿什么回报他呢?回报他所赐与的东西,行吗?傅说说过:"向古代遗训学习才有收获。"向古代遗训学习的人,不是说他文辞精通,能说会道,笼统到外界中去获得义理;有收获,是指心中有得,不是在有外力的情况形成的。

必须像古代训导一样,学习所应学的东西,成就自身,所说的"默默成就""不说话而有信用",就是心中的收获。所说的志谦恭、务时务的聪敏,不是指在外表上感情矫饰,礼节卑下,在声誉、功利上追求不停息。志谦恭,好像地下,没有不承接负担的;好像海的虚怀,没有不接纳包容的;所说的时务聪敏,一如天德,看不到听不着也不担心,好像太和的天运永不停息。

行而民莫不悦,施及蛮貊而道德流于无穷,斯固说之所以为说也。以是为报虞佐,其能以却我乎?孟氏云:"责难之谓恭。"吾其敢以后世文章之士,期虞佐乎?颜氏云:"舜何人也?予何人也?"虞佐其能不以说自期乎?人还灯下,草草为谢;相去益远,临楮怏悒!

答方叔贤

辛巳

承示《大学》原知,用心于此,深密矣。道一而已,论其大本大原,则《六经》《四书》,无不可推之而同者,又不特《洪范》之于《大学》而已。此意亦仆平日于朋友中所常言者。譬之草木,其同者,生意也;其花实之疏密,枝叶之高下,亦欲尽比而同之,吾恐化工不如是之雕刻也。今吾兄方自喜以为独见新得,锐意主张是说,虽素蒙信爱如鄙人者,一时论说,当亦未能遽入;且愿吾兄以所见者,实体诸身,必将有疑;果无疑,必将有得;果无得,又必有见;然后鄙说可得而进也。

学之不明,几百年矣。近幸同志如甘泉,如吾兄者,相与切磋讲求,颇有端绪;而吾兄忽复牵滞文义若此,吾又将谁望乎?君子论学,固惟是之从,非以必同为贵;至于入门下手处,则有不容于不辩者,所谓毫厘之差,千里之谬

这样的话，百世等待圣人而不疑惑，广大博深的渊泉时而涌出，说了之后民众没有不信，做了之后民众没有不高兴的，施行到蛮夷之地，道德流芳无穷境，这固然是说之所创的学说。以这来回报虞佐，难道能不接受吗？孟子说："责问诘难称为恭敬。"我怎么敢以后世文章来期望虞佐你呢？颜回也说过："舜是什么人？我又是什么人呢？"虞佐能够不以傅说为自己期望的对象吗？在灯下草草几句，表示感谢；离这么远，下笔很是惆怅不快！

答方叔贤

辛巳

承蒙寄来《大学》的体会，知道在这方面用功，深奥精密了。道是一体，谈论到大本大原时，那么《六经》和《四书》，没有不可以推沿而相同的，又不特指《洪范》对于《大学》而言。这种意思，我平日在朋友中也经常表达。好像那草木一样，相同的是生命的意识；但花朵、果实的密集、疏落，枝叶的高下，也要尽量争取相同，我恐怕天工也不能这么精雕细刻的造化。今日吾兄正当欣喜地认为自己有了新的体会，锐意主张这种学说，虽然平素您相信、喜爱，一时的讨论叙说，应该还不能马上进入；而且希望明白吾兄见解的事，在实施自身时，必定有疑问；如果没有疑问，必将有收获；如果没有收获，必将会有看法；然后这种学说就可以进步发展了。

学问的不明不白，有几百年了。近来幸好有志向相同的人，比如甘泉，像我兄叔贤，一起切磋研究，有些收获；而您忽然又有这样的文辞义理，我又能指望谁呢？君子讨论学问，固然是顺从是的一面，不是以必须追求相同一致为显贵；至于入门下手

矣。致知格物,甘泉之说,与仆尚微有异;然不害其为大同;若吾兄之说,似又与甘泉异矣;相去远,恐辞不足以达意,故言语直冒,不复有所逊让。近与甘泉书,亦道此,当不以为罪也。

二

癸未

此学蓁芜,今幸吾侪复知讲求于此,固宜急急遑遑,并心同志,务求其实,以身明道学;虽所入之途稍异,要其所志而同,斯可矣。不肖之谬劣,已无足论:若叔贤之于甘泉,亦乃牵制于文义,纷争于辩说,益重世人之惑,以启哓哓者之口,斯诚不能无憾焉。

忧病中不能数奉问,偶有所闻,因谦之去,辄附此。言无伦次。渭先相见,望并出此。

与杨仕鸣

辛巳

差人来,知令兄已于去冬安厝,墓有宿草矣,无由一哭,伤哉!所委志铭,既病且冗,须朋友中相知深者一为之,始能有发耳。喻及"日用讲求功夫,只是各依自家良知所及,自去其障,扩充以尽其本体,不可迁就气习以趋时好"。幸甚幸甚!果如是,方是致知格物,方是明善诚身;果如是,

的地方；则有不能不分辨的地方，所说的毫厘之差，千里之谬就是这个道理。甘泉的格物致知之说，与我的稍微有些差异；然而不影响紧要的地方；好似您的学说与甘泉的又有不同；相离太远，恐怕辞不达意，所以言语直率，不作谦让。近来寄与甘泉（湛若水的号）的信，也谈到此，应当不以这怪罪我吧。

二

癸未

这种学问刚刚发起，今日幸好我们同辈之人知道在这方面讲习探求，固然适宜于快速急迫一些，心同道合，追求实际的东西，身体力行，说明道学；虽然所进入的路途稍微不同，但大致的方向相同就可以了。我的荒谬顽劣，已不值一提；像叔贤对于甘泉，也是牵制于文义，在辩说上纷争，更加重世上之人的困惑，以开启散布流言蜚语的人之口，确实不能够没有遗憾之处。

在生病，不能经常问候请教，偶然听说过一些，因为邹谦之离去，就附上这几句话。言语没有次序条理。与渭先（霍韬的字）相见，希望把这封信也给他看看。

与杨仕鸣

辛巳

差人前来，知道你的兄长已经在去年冬天安葬了，墓地上都长出了草，没有机会哭上一场，十分忧伤！所委托的墓志铭，又是生病，又是繁忙，须要朋友中相知深厚的一位提醒，才开始有所启发。说到"平日所用，讲习所求功夫，只是各自依据自家的良知所达到的，自己除去障碍，扩充能尽到他的本体，不可以

德安得而不日新！业安得而不富！有谓："每日自检，未有终日浑成片段者，亦只是致知工夫间断。"夫仁，亦在乎熟之而已。又云："以此磨勘先辈文字同异，工夫不合，常生疑虑。"又何为其然哉？区区所论"致知"二字，乃是孔门正法眼藏，于此见得真的，直是建诸天地而不悖，质诸鬼神而无疑，考诸三王而不谬，百世以俟圣人而不惑。知此者，方谓之知道；得此者，方谓之有德。异此而学，即谓之异端；离此而说，即谓之邪说；迷此而行，即谓之冥行。虽千魔万怪，眩瞀变幻于前，自当触之而碎，迎之而解，如太阳一出，而鬼魅魍魉，自无所逃其形矣。尚何疑虑之有，而何异同之足惑乎？所谓"此学如立在空中，四面皆无倚靠，万事不容染着，色色信他本来，不容一毫增减。若涉些安排，着些意思，便不是合一功夫"，虽言句时有未莹，亦是仕鸣见得处，足可喜矣。但须切实用力，始不落空；若只如此说，未免亦是议拟仿象，已后只做得一个弄精魄的汉，虽与近世检物者症候稍有不同，其为病痛，一而已矣。

诗文之习，儒者虽亦不废，孔子所谓"有德者，必有言"也；若着意安排组织，未有不起于胜心者，先辈号为有志斯道，而亦复如是，亦只是习心未除耳。仕鸣既知致知之说，

迁就风气、习惯来趋从附和当下的喜好"。十分幸运啊！果真这样的话，才是致知格物，才是明善诚身；果真这样的话，道德怎么能够不日日完善，事业怎么能够不更加富有呢？有的说："每天检查自己的行为，没有终日里浑然成为片段的，也只是致知工夫的间断。"仁，也在熟悉罢了。又有人说："这样琢磨、分析先辈文字的相同与差异，功夫有不相合之处，经常生出疑虑。"又怎么会这样呢？鄙人所议论的"致知"二字，才是孔门正法眼藏，在这里发现了真的本质，真是建于天地而不相矛盾，对质于鬼神而没有疑问，以三王标准来考究而没有谬误，百世等待圣人而不困惑。知道这，才算明白了道；得到这，才算是有道德。与这学说不同，就是异端；离开这学说，就是邪说；迷惑于此学说而行事，就说是糊里糊涂作事。虽然有千万魔怪，在眼前炫目耀眼，变幻不定，自当会触击敲碎，迎面解决，好像太阳一出来，那些鬼怪精灵，自然没有地方去躲藏形迹了。还有什么可以疑心忧虑的，异同又有什么可以疑惑的呢？所说的"这种学问好像立于空中，四面都没有什么倚靠，万事都没有沾染影响，都听任他本来面目，不容许有一毫的增添减少。如果特地作些安排，置些意思，就不是合一的功夫"，虽然言语、句子有时不能明白，但是仕鸣能够有所发现、体会，足让人可以高兴。但须切实用力，才能不落空；如果只这么说，未免也是"议拟仿象"，之后只做得一个玩弄精魄的汉（意指空学心法的人），虽然与近世检验事物的人的症候稍微有些不同，但却是一个病痛而已。

作诗为文的风习，儒者虽然也不废除，孔子所说的"有才德的人，一定有言可发"；如果有意地安排组织，没有不生起好胜之心的，先辈号召要在这条道路上立下志向，也不过还是这样，

此等处自当一勘而破，瞒他些子不得也。

二

癸未

别后极想念，向得尚谦书，知仕鸣功夫日有所进，殊慰所期！大抵吾党既知学问头脑，已不虑无下手处；只恐客气为患，不肯实致其良知耳。

后进中，如柯生辈，亦颇有力量可进，只是客气为害亦不小；行时尝与痛说一番，不知近来果能克去否？书至，来相见，出此共勉之！前辈之于后进，无不欲其入于善，则其规切砥砺之间，亦容有直情过当者，却恐后学未易承当得起；既不我德，反以我为仇者，有矣，往往无益而有损；故莫若且就其力量之所可及者诱掖奖劝之。往时亦尝与仕鸣论及此，想能不忘也。

三

癸未

前者是备录区区之语，或未尽区区之心，此册乃直述仕鸣所得，反不失区区之见，可见学贵乎自得也。

古人谓"得意忘言"。学苟自得，何以言为乎？若欲有所记札，以为日后印证之资，则直以己意之所得者书之而已，

也不过还是没有革除旧习。仕鸣既然知道致知的学说，这种地方的问题自会一击而破，一点也瞒不过啊！

二

癸未

分别以后十分地想念，收到尚谦的来信，知道仕鸣的功夫每天都有所长进，真可以安慰我对他的期待！大抵上我们这些人已经知道学问的核心首脑，已经不会担忧没有下手的地方；只是害怕客气为害，不肯实地致其良知罢了。

后来上进之人中，像柯生一辈，十分有力量可以增进，只是"客气"的危害也不小；做时应当痛快叙说一番，不知道近来果真能够克服得掉吗？来信收到后，如可与你相见，可拿此信与他共勉！前辈对于后进之人，没有不愿意他进入善道的，那么在规劝、切磋之间，也容许过于直率但又担心后学之人不能容易承担得起；既然不感激我，反而视我为仇人了，往往没有益处，却有损害；所以不如暂且就他们的力量所能达到之处，引诱、提携、奖励、劝勉他。以前也曾经与仕鸣议论过这种事，想来不能忘记吧。

三

癸未

之前详细记载鄙人说过的话，或许没有表白尽我的心，这封信就直接叙说仕鸣的收获，反而体现出鄙人的见解，可见学贵自得。

古人说过"得意忘言"。学问只要自有收获，又何必说什么呢？如果想要有一些记载的札记书信，为以后作为印证的资料，

不必一一拘其言辞，反有所不达也。中间词语，时有未莹，病中不暇细为点检。

与陆元静

辛巳

赍奏人回，得佳稿及手札，殊慰！闻以多病之故，将从事于养生。区区往年，盖尝弊力于此矣；后乃知其不必如是，始复一意于圣贤之学。大抵养德养身，只是一事。元静所云"真我"者，果能戒谨不睹，恐惧不闻，而专志于是，则神住、气住、精住，而仙家所谓长生久视之说，亦在其中矣。神仙之学，与圣人异，然其造端托始，亦惟欲引人于道。

《悟真篇》后序中所谓："黄老悲其贪着，乃以神仙之术，渐次导之者。"元静试取而观之，其微旨亦自可识。自尧、舜、禹、汤、文、武，至于周公、孔子，其仁民爱物之心，盖无所不至；苟有可以长生不死者，亦何惜以示人？如老子、彭篯之徒，乃其禀赋有若此者，非可以学而至。后世如白玉蟾、丘长春之属，皆是彼学中所称述以为祖师者，其得寿皆不过五六十，则所谓长生之说，当必有所指矣。元静气弱多病，但遗弃声名，清心寡欲，一意圣贤，如前所谓"真我"之说；不宜轻信异道，徒自惑乱聪明，弊精劳神，废靡岁

那么就直接把自己的心情,意解中的收获写下来就行了,不必太过拘泥于它的言辞,使之反而辞不达意。信中间的词语,时有不明白之处,生病期间没有时间一一细致检查、指点。

与陆元静

辛巳

送奏章的人归来,得到你的文稿和手写书信,十分欣慰!听说是许多疾病的缘故,将要专门从事养生长寿。过去几年,鄙人也曾在这方面浪费过精力;以后才知道不一定必须是这样子生活,才重新钻研圣贤的学问。大抵上,修养德行与保养身体,只是一件事。元静所说的"真我",果真能小心谨慎、不乱看,不闻听恐惧,而是专心致志在学问上下功夫,那么神灵、仙气、精怪就住下来,而仙家所说的长生久视之说,也包含在里面了。神仙的学说,与圣人的学问不同,然而他们的造化开端和托语,也只是想把人引向道。

《悟真篇》后序中所说的:"黄老悲叹他的贪心,就用神仙的方术,渐渐按次序引导开化他。"元静试探着取来观察,其中微妙的意旨也可以自己明白了解。自从尧、舜、禹、商汤、周文、周武到周公、孔子,他们慈爱人民、爱护万物的心灵,是无所不至;假使有可以长生不死的办法,又何必吝啬来告示他人?像老子、彭祖这些人,是他们的天赋就是这样,不是通过学习而达到的。后来世上像白玉蟾、丘长春(丘处机)这些人,则是那些学者中所称述作为祖师的人,他们的年龄都不超过五六十岁,那么所谓的长生不老的说法,应当必定有所旨意了。元静气势很弱,疾病很多,但是不追求声誉、名气,清静的心灵,欲求很少,

月。久而不返,将遂为病狂丧心之人不难矣。昔人谓"三折肱为良医",区区非良医,盖尝"三折肱"者。

元静其慎听毋忽!区区省亲本,闻部中已准覆,但得旨即当长遁山泽。不久朝廷且大赉,则元静推封亦有日;果能访我于阳明之麓,当能为元静决此大疑也。

二

壬午

某不孝不忠,延祸先人,酷罚未敷,致兹多口,亦其宜然;及劳贤者触冒忌讳,为之辩雪,雅承道谊之爱,深切恳至,甚非不肖孤之所敢望也。"无辩止谤",尝闻昔人之教矣,况今何止于是?四方英杰以讲学异同之故,议论方兴,吾侪可胜辩乎?惟当反求诸己,苟其言而是欤?吾斯尚有所未信欤?则当务求其是,不得辄是己而非人也。

使其言而非欤?吾斯既已自信欤?则当益致其践覆之实,以务求于自谦,所谓"默而成之""不言而信"者也。然则今日之多口,孰非吾侪动心忍性,砥砺切磋之地乎?且彼

一心一意求圣贤学问，比如以前所说的关于"真我"的理论；不应该轻易相信异端的道统，徒然使自己困惑不解，扰乱了聪明，精神操劳弊败，荒芜浪费了岁月。长久地而不返回来，将要成为丧心病狂的人也不难了。过去人们说"三次折断肱骨的人，可以为良医"，鄙人虽不是良医，但已经"三次折断肱骨"了。

元静一定要慎重，不可轻听疏忽了！我回乡探亲的奏章，听说部中刚刚批复下来，只要得到旨意，我就马上归隐到山野与水泽之中。不久朝廷就要提拔人才，那么元静被封爵也有日可待了；如果能够到阳明山来访问，应该可以为元静解决这大大的疑问。

二

壬午

我不孝顺父母，不忠于朋友，惹上祸端，冒犯先人，酷刑严罚不能够抵消，招致许多人的议论，也是很正常的现象；劳累贤达的人触犯冒昧忌讳，为我辩白昭雪，让我高雅地承受道德与友谊的爱护，并且深切、诚恳到了极点，绝不是我这种不肖之徒所敢仰望的。"不辩白而能止住诽谤"，曾经听说过这是古人的教诲，何况今天在什么地方中断停止呢？四面八方的英雄豪杰，因为讲授学问的异同而议论探讨，议论刚刚发展，我们可以胜辩吗？只有反过来省察自身，苟且发言就正确吗？我们还有什么没有相信的呢？那么应当务求正确一面，不能够动不动说自己正确而说别人错误。

别人的话就错误吗？我们就已经自信了吗？应该更加到实践中去体验感受，务必做到自身很谦虚，所说的"默默地完成""不说话就获得信任"就是这个道理。然而今日这么多人说

议论之兴，非必有所私怨于我；彼其为说，亦将自以为卫夫道也；况其说本自出于先儒之绪论，固各有所凭据，而吾侪之言骤异于昔，反若凿空杜撰者；乃不知圣人之学本来如是，而流传失真，先儒之论所以日益支离，则亦由后学沿习乖谬，积渐所致；彼既先横不信之念，莫肯虚心讲究，加以吾侪议论之间或为胜心浮气所乘，未免过为矫激，则固宜其非笑而骇惑矣。此吾侪之责，未可专以罪彼为也。

嗟乎！吾侪今日之讲学，将求异其说于人邪？亦求同其学于人邪？将求以善而胜人邪？亦求以善而养人邪？知行合一之学，吾侪但口说耳；何尝知行合一邪？推寻所自，则如不肖者，为罪尤重；盖在平时，徒以口舌讲解，而未尝体诸其身，名浮于实，行不掩言。己未尝实致其知，而谓昔人致知之说未有尽。如贫子之说金，乃未免从人乞食。诸君病于相信相爱之过，好而不知其恶，遂及共成今日纷纷之议，皆不肖之罪也。虽然，昔之君子，盖有举世非之而不顾，千百世非之而不顾者，亦求其是而已矣，岂以一时毁誉而动其心邪？惟其在我者，有未尽，则亦安可遂以人言为尽非？伊川晦庵之在当时，尚不免于诋毁斥逐，况在吾辈行有所未至，则夫人之诋毁斥逐，正其宜耳。

话，哪里不是我们同辈动心忍性，切蹉探讨的地方呢？而且那些议论的兴致，不是必定与我有私人的仇怨；他们所倡导的学说，也将自认为是捍卫那道义；何况这种说法本来就出自先儒的绪论之中，固然各自有凭证、依据，而我们同辈的言语，骤然与以往不同，反而像凭空捏造、杜撰而成；不知道圣人的学问本来就是这样，而在流行传播中失去了真谛，先前儒生的议论，之所以一天天越发支离破碎，那么也是由后学之人沿习下来的谬误，逐渐积累导致而成；他们既然先横下不相信的念头，不肯虚心钻研、探究，加上我们这些人的议论之间，有时为胜心浮气所乘入，未免有些太过分激进，那么就让人不发笑而是惊骇、疑惑了。这就是我们这些人的责任，不可以单单地怪罪他人。

唉呀！我们今天讲学问，难道追求对人讲怪异不同的学说吗？还是追求与他人学说相同一致呢？将要追求以善来把握学生兴趣呢？还是以善来培养人呢？知和行合为一的学说，我们这些人只是口中说一下；何尝在实践中实现过呢？推理寻找这其中的源头，就好像不肖之人，犯下了深重的罪行；大盖在平时，只用口舌讲解表达，而没有在实际生活中体行过，名不符实，言与行不相符。自己没有实际上追求知，却说古代人的致知理论没有穷尽。好像贫穷的人说金子很多，却仍未免跟从人乞讨。诸位君子的病在于因相互信任、爱慕而过分，只说好而不知道其中的恶，于是导致今天这纷纷不休的争议，都是不肖之罪。虽然过去的君子中，大概有全世界都反对他而不在乎、千百世都反对也不在乎的人，也是求取他的真理而已。怎么能够因为一时诋毁、斥逐，就动了心思呢？只有那在我这儿的，本有未穷尽之处，也可以就认为别人的言语全错了吗？伊川、晦庵在他们所处的年

凡今争辩学术之士，亦必有志于学者也，未可以其异己，而遂有所疏外。是非之心，人皆有之，彼其但蔽于积习，故于吾说卒未易解。就如诸君，初闻鄙说时，其间宁无非笑诋毁之者？久而释然以悟，甚至反有激为过当之论者矣。又安知今日相诋之力，不为异时相信之深者乎！衰経哀苦中，非论学时，而道之兴废，乃有不容于泯默者，不觉叨叨至此，言无伦次，幸亮其心也。致知之说，向与惟濬及崇一诸友极论于江西，近日杨仕鸣来过，亦尝一及，颇为详悉；今原忠、宗贤二君复往，诸君更相与细心体究一番，当无余蕴矣。孟子云："是非之心，知也。""是非之心，人皆有之。"即所谓良知也。孰无是良知乎？但不能致之耳。

《易》谓"知至至之"。知至者，知也；至之者，致知也。此知行之所以一也。

近世格物致知之说，只一"知"字尚未有下落，若"致"字工夫，全不曾道著矣；此知行之所以二也。

代，还不免于被人诋毁、贬斥、放逐，何况我们这些人，本来行动就有没有做到之处，那么人们的诋毁、贬斥、放逐，正合适啊。

如今争论辩解学术的人，也必定有志于研究学问，不能够因为别人与自己主张不同，就有所疏远隔离。人们都有判别是非的心灵，那些人被旧的习俗蒙蔽住了，所以对我的说法不能轻易理解，就如同你们几位开始听到我的学说之时，中间难道没有笑语、诋毁过我吗？时间长了，慢慢就领悟了，甚至反而有激烈超过合理的论点主张了。又怎么知道今天这么下力气攻击诋毁的人，以后什么时候不成为理解我们的学说特别深刻的人呢！服丧期间悲哀痛苦，不是讨论学术的时候，而道的兴盛与衰败，才不容得沉默无言，不觉中唠唠叨叨说了这么多话，语言没有次序条理，庆幸自己表白了心意。致知的学说，以前与惟濬和崇一（欧阳德的字）等诸位朋友在江西讨论，近日杨仕鸣前来，也曾经谈论过一番，很是详细完全；今天原忠和宗贤两位又前来，诸位应该更加仔细认真地体会、研究一下，应当没有什么余下的含蕴了。孟子说："是非的心，就是知啊。""是非的心，人人都有。"就是所说的良知。谁能没有良知啊？但是不能够达到它罢了。

《周易》中所说"知道穷尽到知道"，至人知道了；到了至尽的人，就是致良知了。这就是知与行统一的原因。

近来世上关于格物致知的学说，只是一个"知"字，还没有什么下落，如果"致"字的功夫全然没有曾找到着落；这样就造成了知与行的分离为二。

答舒国用

癸未

来书足见为学笃切之志。学患不知要,知要矣,患无笃切之志。国用既知其要,又能立志笃切如此,其进也孰御!中间所疑一二节,皆工夫未熟,而欲速助长之为病耳。以国用之所志向而去其欲速助长之心,循循日进,自当有至;前所疑一二节,自将涣然冰释矣,何俟于予言?譬之饮食,其味之美恶,食者当自知之,非人之能以其美恶告之也。

虽然,国用所疑一二节者,近时同志中往往皆有之,然吾未尝以告也,今且姑为国用一言之。夫谓"敬畏之增,不能不为洒落之累",又谓"敬畏为有心,如何可以无心而出于自然,不疑其所行"。凡此皆吾所谓欲速助长之为病也。夫君子之所谓敬畏者,非有所恐惧忧患之谓也;乃戒慎不睹,恐惧不闻之谓耳。君子之所谓洒落者,非旷荡放逸,纵情肆意之谓也;乃其心体不累,于欲无入,而不自得之谓耳。夫心之本体,即天理也;天理之昭明灵觉,所谓良知也。君子之戒慎恐惧,惟恐其昭明灵觉者,或有所昏昧放逸,流于非僻邪妄,而失其本体之正耳。戒慎恐惧之功,无时或间,则天理常存;而其昭明灵觉之本体,无所亏蔽,无所牵扰,无所恐惧忧患,无所好乐忿懥,无所意必固我,无所歉馁愧怍;和融莹彻,充塞流行,动容周旋而中礼,从心所欲而

答舒国用

癸未

　　来信中足可以看得出你学习用功，志向坚定。学习就担忧不知道要领，知道了要领，就害怕没有坚定的志向。国用既能知道学习的要领，又有坚定真切的志向，这个样子，就会取得进步不是吗？信中间所表示怀疑困惑的一二节文字，都是功夫没有到火候而想要迅速成长造成的毛病。凭借国用所立下的志向，除去想迅速帮助成长的心意，每天不断进步，自会应当达到顶点；前面所表示困惑疑虑的一二节文字，自然将要涣然冰释了，何必等到我来说话？好像饮食一样，味道的好与坏，吃饭的人应当自己会知道，不是人们来告诉他什么东西好吃、什么不好吃的。

　　即使这样，国用所疑惑的一二节，近来这些志向相同的人中往往都有这种情况，而我还没有告诉过他们，今天暂且为你说几句话。有人说"敬畏不断增加，不能够不为洒脱所连累"，又说道"敬畏是有心的表征，如何可以无心地出于自然，不会怀疑他所做的行为"。凡是这些，都是我所说想要迅速助长的毛病。君子所说的敬畏，不是恐惧、害怕、忧患某种东西的含义；而是不睹戒慎、不闻恐惧的含义。君子听说的洒脱，不是指放荡飘逸、纵情肆意的含义，而是心和体不劳累，欲求不能进入而不可满足的意思。心的本体，就是天理；天理的昭明灵觉之处，就是所说的良知。君子所说的戒慎恐惧，是唯恐本心的昭明灵觉有所昏昧放逸，而使自己流于非僻邪妄，失去本体的中正。戒慎恐惧的功力，没有时间或空隙，但天理常久存下来；而昭明灵觉的本体，没有被遮蔽掩藏，没有被牵制骚忧，没有什么担忧害怕的，没有什么喜好、讨厌的，没有什么一定合我的心

不逾，斯乃所谓其洒落矣。是洒落生于天理之常存，天理常存，生于戒慎恐怕之无间。孰谓"敬畏之增，乃反为洒落之累"耶？惟夫不知洒落为吾心之体，敬畏为洒落之功，岐为二物，而分用其心，是以互相抵牾，动多拂戾，而流于欲速助长。是国用之所谓"敬畏"者，乃《大学》之"恐惧忧患"，非《中庸》"戒慎恐惧"之谓矣。

程子常言："人言无心，只可言无私心，不可言无心。"戒慎不睹，恐惧不闻，是心不可无也；有所恐惧，有所忧患，是私心，不可有也。尧舜之兢兢业业，文王之小心翼翼，皆敬畏之谓也，皆出乎其心体之自然也；出乎心体，非有所为而为之者，自然之谓也。敬畏之功无间于动静，是所谓"敬以直内，义以方外"也；敬义立而天道达，则不疑其所行矣。所寄诈说大意亦好，以此自励，可矣，不必以责人也。

君子不蕲人之信也，自信而已；不蕲人之知也，自知而已。因先茔未毕功，人事纷沓，来使立候，冻笔潦草无次。

意，没有什么道歉惭愧的；融合清澈碧莹，流动行进，周旋有余地，礼节适度，从心所欲而没有超过必要的界限，这才是我们所说的真正的洒脱。这样洒脱从常存的天理中延伸出来，天理常存，生于没有间隙的戒慎恐惧。谁说的"增加敬畏，反而为洒脱所连累呢"？他们只是不明白洒脱是我心的本体，敬畏是洒脱的功夫，作为二件事物，分开使用心情，这样就会相互冲突，动一下就会有许多麻烦，而流于想要迅速助长。是国用所说的"敬畏"，才是《大学》中的"恐惧忧患"，而不是《中庸》中的"恐惧戒慎"的说法。

程子常说："人言没有心，只可以说他没有私心，不能说他没有心。"戒慎不睹，恐惧不闻，是心不能没有；有了恐惧，有了忧患，是私心，不应有啊。尧、舜兢兢业业，文王小心翼翼，都是敬畏的表现啊，都是发自于心本体的自然流露；出自心的本体，没有能够有所作为而为的，是自然而然的行为。敬畏的功劳与动静没有隔离，是所说的"内心恭敬，外表忠义"；做事严肃认真符合正义的思想确定而天道畅达，就没有人怀疑你的行为了。所寄去这封信说是大意也好，用来自勉鼓励，是可行的，不必用来责备他人。

君子不打击他人的自信，只是相信自己而已；不去打击他人所知道的东西，只是相信自己而已。因为先祖的墓地还没有完成，人事纷涌而至，派来的使者在站立等候，因寒冷而冻结的毛笔就潦草写下这么多无次序的话。

与刘元道

癸未

来喻:"欲入坐穷山,绝世故,屏思虑,养吾灵明。必自验至于通昼夜而不息,然后以无情应世故。"且云:"于静求之,似为径直,但勿流于空寂而已。"

观此,足见任道之刚毅,立志之不凡,且前后所论,皆不为无见者矣,可喜可喜!夫良医之治病,随其疾之虚实强弱,寒热内外,而斟酌加减;调理补泄之要,在去病而已,初无一定之方;不问证候之如何,而必使人人服之也。君子养心之学,亦何以异于是?元道自量其受病之深浅,气血之强弱,自可知其所云者而斟酌为之,亦自无伤;且专欲绝世故,屏思虑,偏于虚静!则恐既已养成空寂之性,虽欲勿流于空寂,不可得矣。大抵治病,虽无一定之方,而以去病为主,则是一定之法;若但知随病用药,而不知因药发病,其失一而已矣。闲中且将明道定性书熟味,意况当又不同。忧病不能一一,信笔草草无次。

答路宾阳

癸未

忧病中,远使惠问,哀感何己!守忠之讣,方尔痛心,

与刘元道

癸未

信已收到:"想要进入山中端坐,与世故绝交,屏神思考,炼养我的灵明,一定会体验到白天黑夜而不停息,然后以无情来对付世故。"又说道:"从静的角度着手来探求,似乎是一条直的道路,但是千万不要流落于空寂了。"

看到这里,足可以发现遵守正道的刚毅,立下的志向不同凡响,而且前后所发的议论,都不是没有见地的人的看法,真是值得高兴!好医生在看病时,根据疾病的虚实、强弱、热冷的内外之别,而加以斟酌,增加减少药物;调节理顺补养与发泄关系的要领,在于能够去除病痛,开始没有固定的药方,不询问症状怎么样,而一定使人人都信服。君子修养心灵的学问,怎么可以与这不同呢?元道自己估量所遭受病情的深浅程度,气血的强盛衰弱,自便像所说的那样以斟酌判断,也可以没有损伤;而且专门想要与世故绝交,屏神思考,偏偏着重的是虚静!恐怕自己已经养成了空寂心性,虽然想要不致于流于空寂,但是不可能做到了。大抵上治病虽然没有固定的药方,而把除去病痛作为主要目标,就是一定的方法;如果只知道根据病情用药,而不知道因为药而发病,就是失去第一位东西了。休闲中将阐明道理、要定心性的书熟读体味,情况又不太相同。忧虑生病,不能够一一回复,潦草书写,没有条理。

答路宾阳

癸未

正在病中,远方来人安慰询问,感受多么的悲哀!守忠的讣

而复□□起，惨割如何可言！死者已矣，生者益子立寡助。不及今奋发砥砺，坐待澌尽灯灭，固将抱恨无穷。自来山间朋友，远近至者百余人，因此颇有警发，见得此学益的确简易，真是考诸三王而不谬，百世以俟圣人而不惑者。惜无因复与宾阳一面语耳。

郡务虽繁，然民人社稷，莫非实学；以宾阳才质之美，行之以忠信，坚其必为圣人之志，勿为时议所摇，近名所动；吾见其德日进，而业日广矣。荒愦不能多及，心亮！

与黄勉之

甲申

屡承书惠，兼示述作，足知才识之迈，向道恳切之难得也。何幸何幸！然未由一面，鄙心之所欲效者，尚尔郁而未申，有负盛情多矣！君子学以为己。成己成物，虽本一事，而先后之序，有不容紊。

孟子云："学问之道无他，求其放心而已矣。"诵习经史，本亦学问之事，不可废者；而忘本逐末，明道尚有"玩物丧志"之戒，若立言垂训，尤非学者所宜汲汲矣。所示《格物说》《修道注》，诚荷不鄙之盛，切深惭悚，然非浅劣之所敢望于足下者也。

告,刚刚为之痛心疾首,而我又不能起身,惨痛如刀割,如何可以说话?死者去了,生者更加孤单无助。不能够再相互切磋奋发立志,坐等油干灯灭,固然将要遗恨无穷。自己来到山中的朋友,最近到的有一百余人,所以很有些启发警示,发现这种学问更加确实简单便易,真正的是到三王考证而不荒谬,百代世人等待圣人出现而不疑惑,可惜没有机会和宾阳见上一面详细谈话。

郡中的事务虽然繁杂,然而百姓、社稷,莫不是实学;以宾阳的才能和聪慧气质,忠义守信的行动,坚定做圣人的志向,不要被时下的议论所动摇,为近前的名声所打动;我觉得你的道德一天天长进,而事业一天天宽广了。我很糊涂,不能多写,心里明白就行了!

与黄勉之

甲申

经常收到您的来信,并且展示记述和作品,足可以知道您的才学、知识渊博,追求道学的态度诚恳真切,十分难得。多么的庆幸啊!然而没有机会见上一面,我私下里想要仿效,还没有能够申诉,辜负了您的这么多盛情!君子求学是为自我充善。自我成就与事物成就,虽然本来是一回事,而先后的次序之分,不能混淆其中。

孟子说:"学问的道理没有其他,只要追求放心就行了。"诵读学习经书、史书,本来也是学问的事情,不能够荒废;而忘记了根本去追逐末节,申明道学尚且有"玩物丧志"的教训,如果立下教训指导的训语,尤其不是学习的人汲汲不停地适宜办法。所展示的关于《格物说》与《修道注》,的确抵住了时俗风

且其为说，亦于鄙见微有未尽。何时合并，当悉其义，愿且勿以示人。孔子云："五十以学《易》，可以无大过矣。"充足下之才志，当一日千里，何所不可到？而不胜骏逸之气，急于驰骤奔放，抵突若此，将恐自蹶其足，非任重致远之道也。

古本之释，不得已也；然不敢多为辞说，正恐葛藤缠绕，则枝干反为蒙翳耳。短序亦尝三易稿，石刻其最后者。今各往一本，亦足以知初年之见，未可据以为定也。

二

甲申

勉之别去后，家人病益狼狈，贱躯亦咳逆泄泻相仍，曾无间日，人事纷沓未论也。用是，《大学》古本曾无下笔处，有辜勤勤之意；然此亦自可徐徐图之，但古本白文之在吾心者，未能时时发明，却有可忧耳。来问数条，实亦无暇作答，缔观简末恳恳之诚，又自不容己于言也。

来书云："以良知之教涵泳之，觉其彻动彻静，彻昼彻夜，彻古彻今，彻生彻死，无非此物；不假纤毫思索，不得纤毫助长，亭亭当当，灵灵明明，触而应，感而通，无所不照，无所不

气的盛行，感受深切，慢慢害怕了，然而不是浅劣粗俗的人敢于向足下仰望。

并且这种学说，也在我的想法中浅微没有尽头。什么时候合并应当熟悉它的含义，希望暂且不要拿给人看。孔子说："五十岁学习《易经》，就可以没有大的过错了。"以您的才能与志向，应该是一天行进千里，哪儿不能够到达？但是禁不住骏马飘逸之气，急着奔驰骤进奔放，抵挡冲突这种情境，恐怕将要蹶断自己的脚，不是任重求远之道啊。

古本的注释，是不得已；然而不敢多作解说，正害怕被葛藤缠绕，那么枝叶就会蒙蔽住视线了。短短的序言也曾经三次修改原稿，将最后一篇石版印刷。现在各寄一本也足以明白当年的见解，未必可以据此作为判断的标准啊。

二

甲申

勉之离别以后，家人的病情更加严重狼狈，身体衰弱，还咳嗽、下泄，接连不断，中间没有停息过，人事纷纷而来没有定论。用的是《大学》的古本，曾经没有下笔的地方，有想辜负勤勤恳恳的意思；然而这也自可以慢慢地来打算图谋，但是在我心中的古本、白文，不能时时启发说明，却有值得我忧虑的地方。来问几条问题，实在没有时间来回答，观看信尾恳恳切切的诚意，又不容许自己不说话。

来信中说："凭借着良知的教化，凭着涵泳的感觉，贯彻于动和静，贯彻于昼和夜，贯彻于古和今，贯彻于生和死之间，没有不是这种东西的；不借助于一点思索，就不能够有丝毫长进，正

觉，无所不达，千圣同途，万贤合辙。无他如神，此即为神；无他希天，此即为天；无他顺帝，此即为帝。本无不中，本无不公。终日酬酢，不见其有动；终日闲居，不见其有静。真乾坤之灵体，吾人之妙用也。窃又以为《中庸》诚者之明，即此良知为明；诚之者之戒慎恐惧，即此良知为戒慎恐惧。当与恻隐羞恶一般，俱是良知条件。知戒惧恐惧，知恻隐，知羞恶，通是良知，亦即是明"云云。

此节论得已甚分晓。知此，则知致知之外无余功矣。知此，则知所谓建诸天地而不悖，质诸鬼神而无疑，百世以俟圣人而不惑者，非虚语矣。

诚明戒惧，效验功夫，本非两义。既知彻动彻静，彻死彻生，无非此物，则诚明戒惧与恻隐羞恶，人安得别有一物为之欤？

来书云："阴阳之气，訢合和畅而生万物。物之有生，皆得此和畅之气。故人之生理，本自和畅，本无不乐。观之鸢飞鱼跃，鸟鸣兽舞，草木欣欣向荣，皆同此乐。但为客气物欲搅此和畅之气，始有间断不乐。孔子曰'学而时习之'，便立个无间断功夫，悦则乐之萌矣。朋来则学成，而吾性本体之乐复矣。故曰：'不亦乐乎？'在人虽不我知，吾无一毫愠怒以间断吾性之乐，圣人恐学者乐之有息也，故又言此。所谓'不怨''不尤'，与夫

正当当，灵灵明明，触动而感应，感应就贯通，没有不照耀到的地方，没有不感觉到的地方，没有不达到的地方，千圣来到这条道上，万贤也合并于此路，没有其他的是神，这就是神；没有其他的像天，这就是天；没有其他的顺应帝王，这就是帝王；本来没有不中正，本来没有不公平。终日里应酬招待，不见它有动静；终日里安闲居住，不见它有静止。真正是乾坤的精灵本体，我们的精妙用处啊。私下里认为《中庸》里提到的诚者之明，就是这良知的明通；诚者的戒慎恐惧，就是良知带来的戒慎恐惧。这当与恻隐、羞恶一样，都是良知的条件。戒慎恐惧明白了，恻隐与羞恶知晓了，通是良知，也就是明通。"

　　这一节文字的议论已经十分分明了，知道这个道理，那么在致知明了以外，没有其他的需用功的了。知道这个道理，那么就明白了建于天地之间而不相悖，质问诸位鬼神而没有疑问，百世等待圣人而不困惑，并不是空话了。

　　诚明戒惧效验的功夫，本来不是两种含义。既然知道贯彻于动静、生死，没有不是这种事物的，那么诚明戒惧与恻隐羞恶，又怎么是另外一种事物呢？

　　来信中说："阴气和阳气，结合就畅通顺和，生出万物。物的生长都是因为有了这和畅的气。所以人们的生命道理，本来自我和畅，本来没有不快乐的。观看鹰飞鱼跃，鸟鸣兽舞，草木欣欣向荣，都同享这种欢乐。但是因为客体之气和外物之欲搅乱了和畅之气，开始有间断、感到不快乐。孔子说：'学习要经常温习。'就立下一个没有间断的功夫，高兴了，那么乐就萌发生成了。朋友来，学问就成功，而我性本体的快乐又恢复了。所以说："'难道不也很高兴吗？'人们即使不了解我，我也不生气

'乐在其中''不改其乐',皆是乐无间断否?"云云。

乐是心之本体。仁人之心,以天地万物为一体,訢合和畅,原无间隔。

来书谓:"人之生理,本自和畅,本无不乐,但为客气物欲搅此和畅之气,始有间断不乐"是也。时习者,求复此心之本体也,悦则本体渐复矣;朋来则本体之訢合和畅,充周无间;本体之訢合和畅,本来如是,初未尝有所增也;就使无朋来,而天下莫我知焉,亦未尝有所减也。来书云"无间断"意思,亦是圣人,亦只是至诚无息而已,其工夫只是时习。时习之要,只是谨独;谨独即是致良知;良知即是乐之本体。此节论得大意亦皆是,但不宜便有所执着。

来书云:"韩昌黎'博爱之谓仁'一句,看来大段不错,不知宋儒何故非之?以为爱自是情,仁自是性,岂可以爱为仁?愚意则曰:'性即未发之情,情即已发之性,仁即未发之爱,爱即已发之仁。如何唤爱作仁不得?言爱则仁在其中矣。'孟子曰:'恻隐之心,仁也。'周子曰:'爱曰仁。'昌黎此言,与孟、周之旨无甚差别,不可以其文人而忽之也。"云云。

博爱之说,本与周子之旨无大相远。樊迟问仁,子曰:

发怒，来间断我快乐的心性，圣人恐怕学者的快乐会停息，所以又说了这些话。所谓的'不埋怨''不怪罪'和'快乐在其中''不改变他的快乐'，都是快乐没间断的意思吗？"

乐是心的本体。仁爱之人的心，把天地万物看作是一体的，阳阴之气结合就通畅顺和，原本就没有间隙断隔。

来信中说："人生命的道理，本来是很和畅的，本来没有不快乐的，但是因为客体之气和外在物欲扰乱了和畅之气，才开始有间断，感到不快乐"是这个道理。时时学习的人，追求的是恢复这心的本体，悦，本体就会渐渐恢复了；朋友来，本体就会和畅契合，充溢周围，没有空间；本体的和畅契合，本来是这样的，开始没有有所增加；即使没有朋友来，天下的人都不了解我，也没有有所减少。来信说的"没有间断"的意思，即使圣人也只是至诚没有停息而已，功夫只是时刻温习。时刻温习就是要谨慎独善，谨慎独善就是要追求良知，而良知就是乐的本体。这一节的议论大意也都是这些，但是不适合马上有所执着。

来信中说道："韩愈说过一句'博爱称为仁'的话，看起来大体上不错，不知道宋代儒生为什么要非议它？认为爱是情，仁是性的东西，难道可以把爱作为仁吗？我就认为：'性是没有发作的情，情就是已经发作的性，仁是没有发作的爱，爱就是已经发作的仁。怎么说爱是仁，不可以呢？说爱那么仁都在其中了。'孟子说过：'恻隐之心'是指的仁。周子说的'爱'是说的'仁'。韩昌黎的这句话，与孟子和周子的意旨没有什么差别，不能够因为他的文章，人们就忽视他啊。"

博爱的说法，本来与周子的意旨没有大的区别。樊迟询问

"爱人。""爱"字何尝不可谓之仁欤？昔儒看古人言语，亦多有因人重轻之病，正是此等处耳。然爱之本体，固可谓之仁，但亦有爱得是与不是者，须爱得是方是爱之本体，方可谓之仁。若只知博爱而不论是与不是，亦便有差处。

吾尝谓"博"字不若"公"字为尽。大抵训释字义，亦只是得其大概，若其精微奥蕴，在人思而自得，非言语所能喻。后人多有泥文著相，专在字眼上穿求，却是心从法华转也。

来书云："《大学》云：'如好好色，如恶恶臭。'所谓恶之云者，凡见恶臭，无处不恶，固无妨碍。至于好色，无处不好，则将凡美色之经于目也，亦尽好之乎？《大学》之训，当是借流俗好恶之常情，以喻圣贤好善恶恶之诚耳。抑将好色亦为圣贤之所同，好经于目，虽知其姣，而思则无邪，未尝少累其心体否乎？诗云'有女如云'，未尝不知其姣也。其姣也，'匪我思存'，言匪我见存，则思无邪而不累其心体矣。如见轩冕金玉，亦知其为轩冕金玉也，但无歆羡希觊之心则可矣。如此看，不知通否？"云云。

人于寻常好恶，或亦有不真切处，惟是好好色，恶恶臭，则皆是发于真心，自求快足，曾无纤假者。

关于仁的问题，孔子说："爱人们。""爱"字为什么不可以叫作仁呢？过去儒者看待古代人的话语，也多因为根据人判别轻重的毛病，正是在这种地方啊。然而爱的本体，固然可以称作为仁，但是也有爱得正确与不正确之分，要爱得是正确的，才是爱得本体，才可以称作为仁。如果只说博爱，而不管爱得正确与不正确，那么就会有出入差别了。

我曾经认为"博"字不如"公"字能表述得完全。大抵上训解释注字义，也只是一个大概的意思，如果想要得到精微、深奥、积蕴的东西，在于人的思考才能找到，不是用语言所能够说明的。后来人们大多有拘泥于原文执着于表相，专门在字眼上下功夫，却是心随从法华而转动。

来信中说："《大学》讲：'像看到好的东西就喜爱它，看到丑恶的东西就厌恶它。'所说的丑恶一类的东西，凡是看到的丑恶的东西厌恶的，没有地方不丑恶，固然没有什么妨碍。至于好的颜色，没有地方不好，就把凡是经过眼睛的好颜色，也喜欢它吗？《大学》的教诲，应当是借助于流俗喜爱与厌恶的常情，来说明圣贤喜欢美好、厌恶丑恶的诚意罢了。大概好颜色也被圣贤认同，好的东西经过眼睛，虽然知道它姣美，但是思想没有邪恶，不是很少连累他的心本体吗？诗中说'美女多如云'，不是不知道她的姣美，'我不去思量'，说我没有看见，那么思想中没有邪恶，不连累他的心本体。如同看到贵重的宝物一样，也知道东西的贵重，但是并不美慕，不想要夺取过来，这就可以了。这样来看，不知道是否通顺呢？"

人们寻常的喜欢、厌恶，或许有不真切的地方，只是看到美好的颜色就喜欢、看到恶臭的东西就厌恶，都是发自于真心

《大学》是就人人好恶真切易见处,指示人以好善恶恶之诚当如是耳,亦只是形容一"诚"字。今若又于好色字上生如许意见,却未免有执指为月之病。昔人多有为一字一句所牵蔽,遂致错解圣经者,正是此症候耳,不可不察也。中间云"无处不恶,固无妨碍",亦便有受病处,更详之。

来书云:"有人因薛文清'过思亦是暴气'之说,乃欲截然不思者。窃以孔子曰:'吾尝终日不食,终夜不寝以思。'亦将谓孔子过而暴其气乎?以愚推之,惟思而外于良知,乃谓之过;若念念在良知上体认,即如孔子终日终夜以思,亦不为过。不外良知,即是何思何虑,尚何过哉?"云云。

"过思亦是暴气",此语说得亦是。若遂欲截然不思,却是因噎而废食者也。来书谓:"思而外于良知,乃谓之过。若念念在良知上体认,即终日终夜以思,亦不为过。不外良知,即是何思何虑。"此语甚得鄙意。孔子所谓"吾尝终日不食,终夜不寝以思,无益,如不学也"者,圣人未必然,乃是指出徒思而不学之病以诲人耳。若徒思而不学,安得不谓之过思欤!

的，自己追求快意满足，曾经没有作假捏造的东西。

　　《大学》是从人们喜欢、厌恶这些真切、容易看得见的地方，指示人们要有喜欢善良、厌恶丑恶的诚意，应该这样来理解，也只是形容的一个"诚"字。如果又在好色字上下功夫，生出一些想法，未免有点"执指为月"的毛病。过去的人们大多为一个字、一句话所牵制蒙蔽，所以造成错误的理解圣人经典，正是这种缺点，不能够不体察啊。中间说的"没有地方不丑恶，固然没有妨碍"，但也有不妥之处，更详细地回复你。

　　来信上说："有的人因为薛文清'思考太多，就是气质暴戾'的说法，就想截然停止思考。我认为孔子所讲过的：'我应当终日里不吃饭，终夜里不睡觉用来思考。'也要将孔子说成气质暴戾的人吗？以我的想法来推断，只有思考离开良知在外，才可以说逾越了界限；如果各种思念都在良知上体会确认，即使像孔子这种终日终夜里的思考，也不能认为过分。只要不脱离良知，想念什么都不重要，还有什么过分的说法呢？"

　　"思考过多也是暴气"，这话说得也有道理。如果想要停止思考，就是因噎废食的做法了。来信中说："只有思考离开了良知，才可以说它逾越了界限。如果各种思考都在良知上体会确认，即使终日终夜里地思考，也不能认为它过分。只要不脱离良知，想念什么都可以。"这话说得十分贴近我的心意。孔子所说的"我曾经终日里不吃饭，终夜里不睡觉用来思考，没有益处，好像没有学习一样"，圣人未必这种想法，而是指出徒劳的思考而不学习的毛病，来教诲人们罢了。如果徒劳思考而不学习，难道不能说思考逾越了界限吗？

答刘内重

乙酉

书来，警发良多，知感知感！腹疾，不欲作答，但内重为学工夫，尚有可商量者，不可以虚来意之辱，辄复书此耳。程子云："所见所期，不可不远且大。然而为之亦须量力有渐，志大心劳，力小任重，恐终败事。"夫学者既立有必为圣人之志，只消就自己良知明觉处朴实头致了去，自然循循日有所至，原无许多门面折数也；外面是非毁誉，亦好资之以为警切砥砺之地，却不得以此稍动其心，便将流于心劳日拙，而不自知矣。内重强刚笃实，自是任道之器，然于此等处尚须与谦之从容一商量，又当有见也。

眼前路径须放开阔，才好容人来往，若太拘窄，恐自己亦无展足之地矣。圣人之行，初不远于人情。鲁人猎较，孔子亦猎较。乡人傩朝服而立于阼阶。难言之互乡，亦与进其童子。在当时固不能无惑之者矣。

子见南子，子路且有不悦。夫子到此，如何更与子路说得是非？只好矢之而已。何也？若要说见南子是，得多少气力来说？且若依着子路认个不是，则子路终身不识圣人之心，此学终将不明矣。此等苦心处，惟颜子便能识得，故曰："于吾言无所不悦。"此正是大头脑处，区区举似内重，亦

答刘内重

乙酉

来信已经收到，给我的提醒和启发很多，十分的明白和感动！因肚子疼痛，不想答复，但是内重做学问的功夫，还有可以商量的方面，不能够使您的心意白白地流失，就回了这封信。程子说："所看到、所期望的，不可以不长远而且宏大。然而在行动时须量力而行，循序渐进，志向远大，劳累力量和心思，力量微小，任务繁重，恐怕最终要失败落空。"学习的人，既然已经树立了一定要成为圣人的志向，只需要把自己的良知光明发觉的地方朴实致求，自然就会循序渐进，每天都有所长进，本来没有许多门面折数；外界的是非毁誉，也可以用来作为凭借来警惕、勉励、切磋的方面，却不能够因为这就动了心思，于是就变得心神劳累，每天拙劣行事，而自己不知道。内重坚强刚直，笃实稳重，自是承担重任的人才，然而在这个方面的处置还要和邹谦之好好地商量一下，又应该有所见解。

眼前的道路，要放得开阔广大，才好容许人家来往，如果太拘限狭窄，恐怕连自己都没有展示才能的机会。圣人的行为，开始离人情并不遥远。鲁地之人打猎较量，孔子也打猎较量。同乡的人身穿朝服，立于台阶之上，很难说乡亲的感情，也同进来的童子，在当时固然不能没有感到困惑的人。

孔子前往拜访卫灵公夫人南子，子路不太高兴。夫子来到后，怎么样对子路说事情的正确、错误？只好说大的目标。为什么呢？如果说看到南子，是得到多少力气的角度来讲？姑且依从子路，认个不是，那么子路就终生不了解圣人的心意，学问也将最终不得明确。这种苦心的用处，只有颜子才能够发觉，所

欲内重谦虚其心，宏大其量，去人我之见，绝意必之私，则此大头脑处，自将卓尔有见，当有"虽欲从之，未由也已"之叹矣！大抵奇特斩绝之行，多后世希高慕大者之所喜，圣贤不以是为贵也。故索隐行怪，则后世有述焉，依乎中庸，固有遁世不见知者矣。学绝道丧之余，苟有以讲学来者，所谓空谷之足音，得似人者可矣；必如内重所云，则今之可讲学者，止可如内重辈二三人而止矣。然如内重者，亦不能时时来讲也，则法堂前草深一丈矣。内重有进道之资，而微失之于隘。吾固不敢避饰非自是之嫌，而叨叨至此，内重宜悉此意，弗徒求之言语之间可也。

与王公弼

乙酉

前王汝止家人去，因在妻丧中，草草未能作书。人来，远承问惠，得闻动履，殊慰殊慰！书中所云："斯道广大，无处欠缺，动静穷达，无往非学；自到任以来，钱谷狱讼，事上接下，皆不敢放过。但反观于独，犹未是夭寿不二根基，毁誉得丧之间未能脱然。"足知用功之密。只此自知之明，便是良知。致此良知以求自慊，便是致知矣。殊慰殊慰！

以说："对我来说，没有让我不高兴的话。"这正是大头脑的地方，他的举动像内重，也想要内重谦虚的心意和宏大的气量，去除人我之分的见解，绝意断绝私心，这就是大头脑的用处，自将会超越有见地，应该有"虽然想要跟从在后面没有理由罢了"的叹息。大抵上奇特、绝断的行为，多数为后世那些羡慕高大的人所欢喜，圣贤并不以为可贵。所以离索隐居，行为怪僻，那么后世有记述叙说，依照着中庸之道，固然有逃遁世界而不为人知的了。学问绝灭、道德沦丧之余，如果使有讲学的人前来，所说的在空旷山谷中听到脚步声，得到像人的就可以了；必定像内重所说的那样，当今可以讲学的人，只有内重同辈二三个人。然而像内重这样的人，也不能时刻过来讲述了，那么法堂前就会生出一丈深的野草了。内重有在道学上进步的资质，而微微失落得有些狭隘。我当然不敢菲薄他人，鼓吹自己的意思，唠唠叨叨说了这么多，内重应该清楚我的心意，不要光从言语中找毛病就可以了。

与王公弼

乙酉

前些时候王汝止（王艮的字）的家人过来，因为正在妻子的丧期中，草草没有能够写信。人过来了，承蒙从远方问候施惠，得以闻听行动的消息，十分的欣慰啊！信中所写的："道广阔远大，没有地方欠缺，动静穷达，没有过来的便不是学问；自从到任以来，因为钱财纠纷诉讼的事情，接二连三而来，都不敢轻易放过。但是反过来看看自己，还不是夭寿不二的根基，诋毁、赞誉得到和丧失之间，不能够超脱飘然。"足以知道你下的

师伊、师颜兄弟,久居于此。黄正之来此亦已两月余。何廷仁到亦数日。朋友聚此,颇觉有益。惟齐不得力而归。此友性气殊别,变化甚难,殊为可忧尔。间及之。

答董沄萝石

乙酉

问:"某赋性平直守分,每遇能言之士,则以己之迟钝为惭,恐是根器弱甚。"

此皆未免有外重内轻之患。若平日能集义,则浩然之气至大至公,充塞天地自然富贵不能淫,贫贱不能移,威武不能屈;自然能知人之言,而凡詖淫邪遁之词皆无所施于前矣。况肯自以为惭乎!集义只是致良知。心得其宜为义,致良知则心得其宜矣。

问:"某因亲弟粮役,与之谋,败,致累多人。因思皆不老实之过也。如何?"

谓之老实,须是实致其良知始得,不然,却恐所谓老实者,正是老实不好也。昔人亦有为手足之情受污辱者,然不致知,此等事于良知亦自有不安。

功夫，只这一点自知之明，就是良知。得到了这个良知，来追求自我的不满足，便是致知了。十分的欣慰！

师伊（魏良政的字）和师颜（魏良器的字）兄弟，在这里长久地居住。黄正之来这儿也有两个多月了，何廷仁到来有几天的时间。朋友相聚在这里，更觉得十分有益处。只有齐不能够前来，这位朋友性情、气质十分特别，变化比较困难，很让人担忧。乘空写了这么多话。

答董沄萝石

乙酉

有人问道："我的天赋禀性平和迂直，安守本分，每当遇到能言能语的人士，就以自己的迟钝为惭愧，恐怕是根器太弱了吧？"

这都是未免有了重外轻内的病患。如果平日里能够集义，那么浩浩然然的气，极其广大公正，充塞在天地之间，自然就会不屈服于富贵的淫威，贫贱时不能动摇心志，威武不能压倒屈从；自然就能知晓别人的语言，而凡是邪恶、奸淫的言词，都没有办法施展、发挥作用了。何况要自己感受到惭愧呢？集义只是致良知，心得到合适的托付就是义，实现了致良知，那么心就会得到合适的托付了。"

问道："我因为亲弟弟的赋税粮饷，与人谋划失败，连累了许多人，于是就思考这些都是不老实的缘故。怎么办呢？"

说是老实，须是真正地致良知才可以，不这样却又担心所说的老实人，正是老实才不好的。过去人们也有手足之情，受到了污辱的人，然而不致知，这种事在良知方面也自有不安稳的地方。

问:"某因海宁县丞卢珂居官廉甚而极贫,饥寒饿死,遂走拜之,赠以诗、袜,归而胸次帖帖然,自以为得也。只此自以为得也,恐亦不宜。"

知得自以为得之非宜,只此便是良知矣。民之秉彝也,故好是懿德。又多着一分意思不得。多着一分意思,便是私矣。

问:"某见人有善行,每好录之,时以展阅。常见二医,一姓'韩',一姓'郭',者,以利相让,亦必录之。"

录善人以自勉,此亦多闻多见而识,乃是致良知之功。此等人只是欠学问,恐不能到头如此。吾辈中亦未易得也。

与黄宗贤

癸未

南行想亦从心所欲,职守闲静,益得专志于学,闻之殊慰!贱躯入夏来,山中感暑痢,归卧两月余,变成痰咳。今虽稍平,然咳尚未已也。

四方朋友,来去无定,中间不无切磋砥砺之益,但真有力量,能担荷得,亦自少见。大抵近世学者,只是无有必为圣人之志。近与尚谦、子莘、诚甫讲《孟子》"乡原狂狷"一章,颇觉有所省发,相见时试更一论如何?闻接引同志,孳孳不怠,甚善甚善!但论议之际,必须谦虚简明为佳。若自

问道:"我因为海宁的县丞卢珂在官任上清正廉洁而极其贫穷,饥寒交迫几乎饿死,就过去拜访,赠给诗、袜,回来后,胸中十分舒服,自认为有所收获。只这一点就认为自己有收获,恐怕也不适合吧。"

知道有了收获,以为收获得不合适,只这一点就是良知了。民众遵守法规,所以推崇美好的道行,又不能够多有一点意思;因为多有一点意思,就是私了。

问道:"我看到人们有善良的行为,每次就要录下来,时而展示阅读,经常看到二位医生,一位姓'韩',一位姓'郭',因为利益互相推让,也录了下来。"

记载善良的人的行为来勉励自己,这也是多听多看的见识,就是致良知的功夫。这种人只是欠缺学问,恐怕不能够到头都是这样。我们的同辈中也没有能轻易就这样的。

与黄宗贤

癸未

南行时想要也从心所欲,在职位上安闲悠静,更加能够在学业上专心致志,听说后十分欣慰!我的身体自从夏天以来,在山中一直感冒、闹痢疾,归来躺在病床上两个多月,病情演变成痰咳,今时虽然稍微平息下来,但是咳嗽还没有痊愈。

四方的朋友,来来去去,没有固定的规律,中间不是没有切蹉探讨的益处,但是真正有力量,能够担负承受得了的也不多见。大抵上近来世上学者,只是没有一定要成为圣人的志向。近来与尚谦、子莘、诚甫讲授《孟子》"乡原狂狷"的一章内容,很是觉得有一定的启发。相见时,咱们一起探讨研究一次如何呢?

处过任,而词意重复,却恐无益有损;在高明断无此,因见旧时友朋,往往不免斯病,谩一言之。

寄薛尚谦

癸未

承谕:"自咎罪疾,只缘'轻傲'二字累倒。"足知用力恳切。但知得轻傲处,便学良知;"致此"良知,除却轻傲,便是格物。"致知"二字,是千古圣学之秘,向在虔时终日论此,同志中尚多有未彻。近于《古本序》中,改数语,颇发此意。然见者往往亦不能察。今寄一纸,幸熟味!此是孔门正法眼藏,从前儒者,多不曾悟到,故其说卒入于支离。

仕鸣过虔,常与细说,不审闲中曾论及否?谕及甘泉论仕德处,殆一时意有所向而云,益亦未见其止之叹耳。仕德之学,未敢便以为至,即其信道之笃,临死不贰,眼前曾有几人?所云"心心相持,如髢如钳",正恐同辈中亦未见有能知此者也。

书来,谓:"仕鸣、海崖大进此学,近得数友,皆有根力处,久当能发挥,幸甚!"闻之喜而不寐也。海崖为谁氏?便

听说接引的志同之人,孜孜不倦,毫不松懈,非常好!但是在议论的同时,必须要态度谦虚,简明扼要才好,如果自己担负过多的任务,词语经常重复,却害怕没有益处,反而有损害;你这种高明的人绝对不会这样做,因为看到了旧时的朋友,往往就免不了要发作这样的毛病,随便写信说一下。

寄薛尚谦

癸未

来信收到:"自己归咎罪责,只因为'轻傲'两个字,被它们击败。"足以知道你的态度恳切,十分下力气。但是知道了轻慢傲慢的方面,就学得了良知,"致此"良知,除去轻狂傲慢,就是格物。"致知"两个字,是千古以来圣学的秘诀,以前在虔州的时候,终日里谈论这种问题,志向相同的人中还有许多没有清楚明了的。最近在《古本序》中,改动几句话,很有些发明了这个意思。然而看到的人往往不能够察觉。今天寄去一张纸,希望你好好体味!这是孔门正法眼藏,从前的儒生,大多没有领悟过,所以学说最终要走向支离分解。

杨仕鸣路过虔州的时候,经常与他仔细地探讨,不知道其闲暇时是否提及此事?书信说到甘泉议论杨仕德的地方,我想大概是一时有所意念而发,也没有见他只是感叹。仕德的学问,我不敢以为学到了,就算他那种对道信仰的笃实,临死前也不二心,眼前能有几个人做到呢?所说的"心心相持,好像发髦和钳子",正恐怕同辈之中也没有发现能知道这个道理的人。

来信收到,说:"仕鸣、海崖在学问上进步很大,近来得到几位朋友,都是有一些功底根基的,长久相处应该会发挥出自中寄知之。

己的才智,十分的幸运啊!"听说这个消息,我高兴得没能睡着觉。海崖是什么人?请于方便时写信来告诉我。

卷之六　文录三

书三　始嘉靖丙戌至戊子

寄邹谦之

丙戌

比遭家多难，工夫极费力，因见得"良知"两字比旧愈加亲切，真所谓大本达道，舍此更无学问可讲矣。"随处体认天理"之说，大约未尝不是，只要根究下落，即未免捕风捉影，纵令鞭辟向里，亦与圣门致良知之功，尚隔一尘；若复失之毫厘，便有千里之谬矣。四方同志之至此者，但以此意提掇之，无不即有省发。只是著实能透彻者，甚亦不易得也。世间无志之人；既已见驱于声利词章之习，间有知得自己性分当求者，又被一种似是而非之学，兜绊羁縻，终身不得出头。缘人未有真为圣人之志，未免挟有见小欲速之私，则此种学问，极足支吾眼前得过；是以虽在豪杰之士，而任重道远；志稍不力，即且安顿其中者多矣。

谦之之学，既以得其大原，近想涉历弥久，则功夫当益精明矣。无因接席一论，以资切劘，倾企如何！范祠之建，实亦有裨风教；仆于大字，本非所长，况已久不作，所须祠扁，必大笔自挥之乃佳也。使还，值岁冗，不欲尽言。

寄邹谦之

丙戌

及至家里多次遭难，时日极为艰难的时候，我才发现"良知"二字对于我比原来更为亲切了。这真是所谓大本达道啊，除此而外再也没有学问可讲了。"随时随处体认天理"的说法，大概未尝不对，但要仔细根究起来，则未免有些捕风捉影，即使这种学说鞭辟入里，但仍与圣人致良知的学说有一尘之隔；若失之毫厘，便谬以千里。各地同仁学术境界到达上述地步的，只要以致良知的意念贯穿统率其学问，都能有所省悟。但要切切实实透彻地掌握它，却是非常不容易的。人世间那些没有志向的人，本来已被热衷于名声、利益和花言巧语的习惯所驱使。即使偶而迷途知返，转而恢复其本来性分的人，却又被一些似是而非的学问所迷惑、阻碍，终其一生都没有出头之日。这是因为如果人没有真正树立圣人之志，未免有易满足，图快速的私意，而那种似是而非的学问，又非常能使人满足于眼前，得过且过；因而即使是豪杰之士，因为任重道远而力不能支时，也就安顿于其中，得过且过的人也不在少数。

您的学问，本来已得其真意，且涉猎其中的时间很长久，那么功夫应当是更加精明了。无法同你坐在一起议论，待您指正，真叫我倾慕企盼啊！范祠的建立，确实有助于风俗教化；本人对于写大字，本来就不是我的长处，何况荒疏已久，所需的祠匾，需由大手笔写成为好。出使归来，恰好是岁末闲居，就不再

二

丙戌

承示《谕俗礼要》,大抵一宗《文公家礼》而简约之,切近人情,甚善甚善!非吾谦之诚有意于化民成俗,未肯汲汲为此也。古礼之存于世者,老师宿儒,当年不能穷其说,世之人苦其烦且难,遂皆废置而不行。故今之为人上而欲导民于礼者,非详且备之为难,惟简切明白,而使人易行之为贵耳。

中间如四代位次,及祔祭之类,固区区向时欲稍改以从俗者,今皆斟酌为之,于人情甚协。盖天下古今之人,其情一而已矣;先王制礼,皆因人情而为之节文,是以行之万世而皆准;其或反之吾心,而有所未安者,非其传记之讹阙;则必古今风气习俗之异宜者矣。此虽先王未之有,亦可以义起。三王之所以不相袭,礼也;若徒拘泥于古,不得于心,而冥行焉,是乃非礼之礼,行不著而习不察者矣。

后世心学不讲,人失其情,难乎与之言礼;然良知之在人心,则万古如一日,苟顺吾心之良知以致之,则所谓不知足而为屦,我知其不为蒉矣。非天子不议礼制度,今之为此,非以议礼为也;徒以末世废礼之极,聊为之兆,以兴起之。故特为此简易之说,欲使之易知易从焉耳。冠、婚、丧、祭之

多说了。

二

丙戌

承蒙您把《谕俗礼要》出示给我，大意是完全取法《文公家礼》而使之简化，使之切近人情，很好很好！要不是咱邹谦之确实有志于化民成俗，是不肯在这方面尽心尽力的。古代周礼流传于世，但年长的老师和资历很深的儒生，一辈子都不能弄通它的学说，世人苦于烦难，因而都废弃一边而不推行。所以现在圣上要用礼来引导百姓，难处不在于详尽完备，而真正可贵的在于使礼简单明白，使人们容易遵行。

如其中的四代位次和祔祭之类的东西，本原略为过时而要稍为加以改动以从民俗，现在都谨慎地做了，使之与世俗民情很是一致。大约古人与今人的情感都是一样的；先王制定礼，都是依照人情而做的，所以通行万世而不会有差错；其中有的我们在内心反省它，而觉得有所不妥的，不是因为礼的传播记录有错误或缺漏；则是因为古今风俗习气有所不同。这虽然是先王没有料到的，也可以从头再制定。古代尧舜禹三代之间不相互沿袭，是遵循礼的；如果只是拘泥于古人，而不领会其精神，这是不遵循礼的行为，它的推行就不会广泛，遵循它也不会容易。

后世的人讲习心学，人们都失去了他本来的情感，与他讲礼就很难；然而人心之中存在着良知，则是万古如一日，如果按照我们内心的良知去领会礼，那么对礼的理解则会八九不离十，就像孟子所说的，即使不知道脚的大小而去编鞋，也绝不会把它织成一只筐子。非天子不谈论礼制、制定法度，现在这样

外，附以乡约，其于民俗，亦甚有补；至于射礼，似宜别为一书，以教学者，而非所以求谕于俗；今以附于其间，却恐民间以非所常行，视为不切，又见其说之难晓，遂并其冠、婚、丧、祭之易晓者，而弃之也。

《文公家礼》所以不及于射，或亦此意也欤？幸更裁之。令先公墓表，决不负约，但向在纷冗忧病中，近复咳患盛作，更求假以日月耳。施、濮两生，知解甚利，但已经炉鞴，则煅炼为易；自此益淬砺之，吾见其成之速也。

书院新成，欲为诸生择师，此诚盛德之事。但刘伯光以家事促归；魏师伊乃兄适有官务，仓卒往视，何廷仁近亦归省，惟黄正之尚留彼；意以登坛说法，非吾谦之身自任之不可。

须事定后，却与二三同志造访，因而连留旬月，相与砥砺开发，效匡翼之劳，亦所不辞也。祠堂位次祔祭之义，往年曾与徐曰仁备论，曰仁尝记其略，今使录一通，奉览以备采择。

做，并不是按照礼本来要这样做；只是因为时处末世，礼制废弛到了极点，姑且为之开个头以使之蓬勃发展。所以采用这种简易的说法，希望它能易于了解，易于遵从。在冠、婚、丧、祭四礼之外，再附加一个乡约，这对于民俗，也很有益处；至于射礼，似乎应当专门编成一书，这倒不是要对民俗感发议论，而是要用以教育学习的人；现在把射礼也放在礼里面，因为担心民间以不常用等原因把它看成不切实际的东西，再加上其难以晓畅明白，所以就废弃它而把它并入冠、婚、丧、祭四礼等容易掌握的礼里面。

《文公家礼》里也没有涉及射礼，或者也是这个原因？如果您能断定，我将十分荣幸。您的尊敬的先父的墓表，决不辜负约定，但前些日子事务繁杂，又在生病，近来咳嗽也十分厉害，希望再宽限一些时间。施、濮两位书生，在学问上很有见解，就像钢一样，只要经过炉火熬炼，那么锻炼成型就比较容易了；现在再把它拿去淬火、磨砺，那么他们成才将是指日可待的。

书院新近落成，希望为书生们选择老师，这确实是一个具有盛大德行的事情。但刘伯光因为家事回家了，魏师尹（魏良政的字）呢，因为他的哥哥刚好有官务在身，临时仓促前往探视，何廷仁最近也回家探亲了，只有黄正之还把这件事放在心上，准备登坛讲课，那么非谦之你本人自己任课不可了。

等事情定下来之后，准备与两三位志同道合的人前往你处造访，在您那里暂住一个月，相互切磋阐发学问，效匡翼之劳，也在所不辞，有关祠堂里先人的位次及祔祭等问题，先前我曾与徐曰仁仔细讨论过，徐曰仁当时曾大略地记录了下来，现在我再把它抄下来，奉上请您看一看，择其中可留的东西。

或问："《文公家礼》，高、曾、祖、祢之位皆西上，以次而东，于心切有未安。"阳明子曰："古者庙门皆南向，主皆东向。合祭之时，昭之迁主列于北牖，穆之迁主列于南牖，皆统于太祖东向之尊。是故西上，以次而东；今祠堂之制既异于古，而又无太祖东向之统，则西上之说，诚有所未安。"曰："然则今当何如？"曰："礼以时为大，若事死如事生，则宜以高祖南向，而曾、祖、祢东西分列，席皆稍降，而弗正对，似于人心为安；曾见浦江郑氏之祭，四代考妣皆异席。高考妣南向，曾、祖、祢考皆西向，妣皆东向，各依世次，稍退半席。其于男女之列，尊卑之等，两得其宜；今吾家亦如此行。但恐民间厅事多浅隘，而器物亦有所不备，则不能以通行耳。"又问："无后者之祔，于已之子侄，固可下列矣；若在祖宗之行，宜可如祔？"阳明子曰："古者大夫三庙，不及其高矣；适士二庙，不及其曾矣；今民间得祀高、曾，盖亦体顺人情之至，例以古制，则既为僭，况在其行之无后者乎！古者士大夫无子，则为之置后，无后者鲜矣；后世人情偷薄，始有弃贫贱而不问者。古所为无后，皆殇子之类耳。祭法，王下祭殇五，适子，适孙，适曾孙，适玄孙，适来孙；诸侯下祭三；大夫二，适士及庶人祭子而止。则无后之祔，皆子孙属也。今民间既得假四代之祀，以义起之，虽及弟侄可矣。往年湖湘一士人家，有曾伯祖与堂叔祖，皆贤而无后者，欲为立嗣，则族众不可；欲弗祀，则思其贤有所不忍也，以问于某，某曰："不祀二三十年矣，而追为之嗣，势有所

有的问:"根据《文公家礼》,高、曾、祖、祢的位次都在祠堂西边的上位,依次往东,逐渐降低,心里总觉得有点不妥。"阳明子回答道:"古时候的庙门都是朝南的,始祖的牌位都是朝东的。合祭的时候,昭辈的人家把始祖的牌位迁到北窗之下,穆辈的人家把始祖的牌位迁到南窗之下,都要服从于太祖的牌位东向而立的尊荣。所以,先祖们的牌位以西向为尊,从西向东逐渐降低;这种位次的排法与古代是不同的,并且也不符合太祖的牌位应东向而立的尊荣。因此,以西为尊的说法,确实有些不妥。"问:"那么现在怎么办呢?"答:"礼以顺应时代为最首要的问题,如果对待死去的先人们像对待他们生前一样,那么,应该是高祖的牌位朝南,而曾祖辈的牌位应分别列于祠堂的东西,席位稍微低一点,而且不要正对,这似乎于人心更觉妥当;我曾见过浦江郑氏的祭祀,四代的先父先母们都不同席。高祖父高祖母都朝南,曾祖父都向西,曾祖母都向东,依照辈份高低,相互相距半席。这在男女之别,尊卑之分等问题上,都处理得很妥当。现在我们家也想如此办理,但担心民间老百姓见闻浅薄狭隘,而且器件物什也不完备,就不容易通行。"又问:"没有后代的人的祔祭,可以由他本人的侄辈的人祭祀;如果是在祖宗那一辈,又如何祔祭?"阳明子说:"古时大夫家族有三个庙,祭礼已经不供其高祖的牌位,适士家族有两个庙,祭祀已经不及其曾祖,现在民间祭祀已经达到其高祖和曾祖,这也算非常体贴人情了,如果按照古代的制度,那么这本来已经算僭越了,更何况他那一支已经没有后人了呢?古时士大夫没有后人的则为他过继一个后人,没有后代的人就非常少;及至后世,人情薄如纸,才会有因嫌弃贫困而不过问的情况,古代没有后代

不行矣。若在士大夫家，自可依古族属之义，于春秋二社之次，特设一祭，凡族之无后而亲者，各以昭穆之次配祔之，于义亦可也。"

三

丙戌

教札时及，足慰离索；兼示《论语》讲章，明白痛快，足以发朱注之所未及。诸生听之，当有油然而兴者矣。后世人心陷溺，祸乱相寻，皆由此学不明之故；只将此学字头脑处指掇得透彻，使人洞然知得是自己生身立命之原，不假外求，如木之有根，畅茂条达，自有所不容已，则所谓悦乐不愠者，皆不待言而喻。书院记文，整严精确，迥尔不群，皆是直写胸中实见，一洗近儒影响雕饰之习，不徒作矣。

的，是儿子夭折之类的情况。按祭礼，天子对夭折的儿子要下祭五代，为：亲生的儿子、孙子、曾孙、玄孙、来孙；诸侯下祭三代；大夫下祭两代，适士及庶人只要由儿子祭祀就可以了。那么，没有后代的人的祔祭，则由子孙之类的人来执行。现在民间由死者以下的四代人都参加祭祀，是按照人情而兴起的，实际上只要由弟侄祭祀就可以了。前年，湖湘一代有一个士人家族，他有一个曾伯祖和堂叔祖，都很贤明但没有后代，想为他重新立一个后代，但族里没有人愿意；想不祭祀呢，想到他们的贤明又于心不忍。他来问我，我说："已经有二十几年不祭祀他们了，现在再为他们立一个后代，情况不允许。如果是士大夫家里，就可以古代族属的情义，在春秋二季祭祀土地神时，专门设立一个祭坛，全族中没有后代但与他们有亲属联系的，分别按照昭穆辈分的次序，依次祔祭他们，在情理上也可以说得过去。"

三

丙戌

您的讲义不时地送过来，对我离群索居的孤独感也可以算是一个安慰；您附带送览的有关《论语》的讲章，明白痛快，可以说把朱熹注释中没有阐发的地方都阐发出来了。学生们听了您的讲义，肯定会自然而然地非常感兴趣。后世人心不古，灾祸战乱接二连三，都是没有弄懂《论语》这个学问的缘故；所以只要将其中的字字句句都理解掌握得非常清楚，使人们非常清楚地知道，这是自己安身立命之本，不需从外面寻找，就像树木有了树根就会根深叶茂一样，对自己的过失不加原谅，那么，所谓愉快的、没有烦恼的生活，自然是不言而喻的。为书院所作的

其近来却见得"良知"两字,日益真切简易。朝夕与朋辈讲习,只是发挥此两字不出。缘此两字,人人各所自有,故虽至愚下品,一提便省觉;若致其极,虽圣人天地不能无憾,故说此两字穷劫不能尽。世儒尚有致疑于此,谓未足以尽道者,只是未尝实见得耳。

近有乡大夫,请某讲学者,云:"除却良知,还有甚么说得?"某答云:"除却良知,还有甚么说得?"不审迩来谦之於此两字,见得比旧又如何矣?无因一面扣之,以快倾渴;正之去,当能略尽鄙怀,不能一一。后世大患,全是士夫以虚文相诳,略不知有诚心实意。流积成风,虽有忠信之质,亦且迷溺其间,不自知觉。是故以之为子,则非孝;以之为臣,则非忠;流毒扇祸,生民之乱,尚未知所抵极。今欲救之,惟有返朴还淳是对症之剂。故吾侪今日用工,务在鞭辟近里,删削繁文始得。然鞭辟近里,删削繁文,亦非草率可能,必须讲明致良知之学。每以言于同志,不识谦之亦以为何如也?讲学之后,望时及之。

记文,整齐、严谨、精当、确切,与众不同,完全是直接抒发胸中确实存在的见解,摆脱了近代儒生相互沿袭、造作矫饰的毛病,确实是一篇好文章。

近来我却悟出了"良知"这两个字,更加简单明白,真实确切。过去经常与志同道合的人讲习学问,就发挥不出这两个字来。原因在于,良知是每一个人都具有的,所以即使最愚蠢最低贱的人,只要一提起便有所觉悟;若要说到良知的极致境界,即使是圣人天地也会有缺憾,因此良知这两个字,人们经历万世万劫也达不到它的极致境界。儒生在这个问题上存在着疑问,认为人们不可能达到良知的极致境界,其实只是他们没有实在看见过罢了。

不久前有一个请我讲学的乡大夫说:"除了良知,还有什么可讲的?"我回答说:"是的,除了良知,还有什么可讲的?"不知谦之您近来对这两个字的见解比原来又怎么样了呢?不能前去当面拜见您,以表达我的渴慕,实在遗憾;正之到你那儿去了,也能稍微表达我的心意,这里就不再一一提起了。后世的大患,都在于士大夫之流用花言巧语、矫揉造作相互欺骗,一点也不知道对人应该真心诚意。这种恶劣的举动流传已久,渐成风气,即使是忠诚耿直的人,也沉迷于其中,一点也不反省。这样,如果秉持这样一种态度,做儿子的一定不孝,做臣子一定不忠,传播恶习,煽动祸乱,使老百姓作乱生事,真不知何时是个尽头。现在要扭转这种风气,只有使民风民俗返璞归真才是真正能起作用的良药。所以,我们今天用功,任务在于使学术精辟,削减繁文缛节。然而要鞭辟入里,削减繁文缛节,并不是草率粗造就能达到的。必须精切阐明致良知的学问,经常用它来

四

丙戌

正之归，备谈政教之善，勤勤恳恳，开诱来学，毅然以斯道为己任，其为喜幸如何可言！前书"虚文相诳"之说，独以慨夫后儒之没溺词章，雕镂文字，以希世盗名，虽贤知有所不免，而其流毒之深，非得根器力量如吾谦之者，莫能挽而回之也。

而谦之顾犹歉然，欲以猛省寡过，此正吾谦之之所以为不可及也。欣叹欣叹！学绝道丧之余，苟有兴起向慕于是学者，皆可以为同志，不必寻称寸度而求其尽合于此，以之待人可也。若在我之所以为造端立命者，则不容有毫发之或爽矣。

道一而已，仁者见之谓之仁，知者见之谓之知；释氏之所以为释，老氏之所以为老，百姓日用而不知，皆是道也，宁有二乎？今古学术之诚伪邪正，何啻碔砆美玉，然有眩惑终身，而不能辩者，正以此道之无二，而其变动不拘，充塞无间，纵横颠倒，皆可推之而通；世之儒者，各就其一偏之见，而又饰之以比疑仿像之功，文之以章句假借之训，其为习熟既足以自信，而条目又足以自安，此其所以诳己诳人，终身

教育同志，不知道谦之认为怎样？希望您在讲学之后，讲义能不时地送来。

四

丙戌

正之从您那里回来，大谈政教的好处。您勤勤恳恳，启发教育后生，坚定地以此作为自己的责任，这作为一种可喜之事和荣幸，用言语又怎么能表达呢？在前一封信中我说儒生们以"空洞的文章相互炫耀"的说法，不过是感慨后世的儒生们沉醉于文章形式，在文字上仔细雕琢，以此来欺世盗名，即使是贤明的人也有所不免，其流毒之深，如果没有谦之您这样可以根除它的力量是不可能扭转的。

而谦之却反而觉得做得不够，这样可以使自己经常保持警醒而少犯错误，这正是我不及谦之的地方。真让人感叹！在学问思想绝灭丧失的时刻，如果能够对之保持兴趣和仰慕的人都可以算是同志，不必去斤斤计较，要求完全符合学说的要求，这样待人就可以了。对我来说，那些有关安身立命的东西，则不能有丝毫的差错。

大道本来是一样的，只不过仁者见仁，智者见智罢了；佛家学说所阐述的，道家所阐述的，以及老百姓天天在使用但并没有意识的，都是道，没有什么差别吧？古今真切正义的学说和虚假邪妄的学说的区别，就像碔砆（像玉的石头）和美玉一样，是可以辨别的，然而有的人终生对此困惑而不能区别开来，正是因为道本身虽然只有一个，但是它不断地变化运动着，无处不在，横竖上下都可以仔细推敲而悟出它；但世间的儒生们把它们的

没溺而不悟焉耳!

然其毫厘之差,而乃致千里之谬。非诚有求为圣人之志,而从事于惟精惟一之学者,莫能得其受病之源,而发其神奸之所由伏也。若某之不肖,盖亦尝陷溺于其间者几年,伥伥然既自以为是矣,赖天之灵,偶有悟于良知之学,然后悔其向之所为者,固包藏祸机,作伪于外,而心劳日拙者也。

十余年来,虽痛自洗剔创艾,而病根深痼,萌蘖时生;所幸良知在我操得其要,譬犹舟之得舵,虽惊风巨浪,颠沛不无,尚犹得免于倾覆者也。夫旧习之溺人,虽已觉悔悟,而其克治之功,尚且其难若此,又况溺而不悟,日益以深者,亦将何所抵极乎!以谦之精神力量,又以有觉于良知,自当如江河之注海,沛然无复能有为之障碍者矣!默成深造之余,必有日新之得,可以警发昏惰者,便间不惜款款示及之。

五

丙戌

张、陈二生来,适归余姚祭扫,遂不及相见,殊负深情也。随事体认天理,即戒慎恐惧功夫,以为尚隔一尘,为世

一孔之见当成宝贝,各不相容,并且苦心孤诣地用尽比拟、类比等手法,引经据典地加以论证,其流畅通达足以使他们自信没有错,文字论证条分缕析也可以自圆其说,因此自欺欺人,终生沉醉在其中也不觉悟!

然而,差以毫厘,谬以千里。如果没有求为圣人志向,安心从事非常精妙的学问,就不可能发现错误的原因以及错误存在的地方。就像我这种不肖之人,也曾沉醉那种错误学说中好几年,并且信心十足地认为不可能错,幸好有神灵的帮助,偶然地悟出了良知学说,非常悔恨以前的所作所为,以前的所作所为实在是祸乱的根源,使我心劳神伤并且对外显出一副虚假做作的样子。

十多年来,我虽然彻底地消除着过去的错误,但由于它根深蒂固,仍然不时犯着错误,幸好我把握了良知学说的要害,就像操着船上的舵一样,虽然也有惊风巨浪,使船不断摇摆,但终于没有翻船。旧习使人沉溺其中,即使已经悔悟的人要根绝它就这么困难,那么沉迷其中,越陷越深的人,又何日是个尽头?以谦之的精神力量,再加上对良知的悟性,您的成功应该像江河注入海洋一般,没有什么可以阻碍的!在您默成深造之后,每天必将有新的收获,如有可以使我这个昏聩懒惰的人有所警醒和发现的地方,就不时地诚恳地来信告诉我。

五

丙戌

张、陈两位后生来看望我,恰好我回余姚祭扫去了,就没能见面,实在对不住我俩之间的深情。在世间大小万事中随时

之所谓事事物物皆有定理而求之于外者言之耳。若致良知之功明，则此语亦自无害，不然，即犹未免于毫厘千里也。来喻以为恐主于事者，盖已深烛其弊矣。寄示甘泉《尊经阁记》，甚善甚善！其间大意亦与区区稽山书院之作相同。稽山之作，向尝以寄甘泉，自谓于此学颇有分毫发明。今甘泉乃谓："今之谓聪明知觉，不必外求诸经者，不必呼而能觉"之类，则似急于立言，而未暇细察鄙人之意矣。

后世学术之不明，非为后人聪明识见之不及古人，大抵多由胜心为患，不能取善相下；明知其说之已是矣，而又务为一说以高之，是以其说愈多，而惑人愈甚；凡今学术之不明，使后学无所适从，徒以致人之多言者，皆吾党自相求胜之罪也。今良知之说，已将学问头脑说得十分下落，只是各去胜心，务在共明。此学随人分限，以此循循善诱之，自当各有所至；若只要自立门户，外假卫道之名，而内行求胜之实，不顾正学之因此而益荒，人心之因此而愈惑，党同伐异，覆短争长，而惟以成其自私自利之谋，仁者之心，有所不忍也。甘泉之意，未必由此，因事感触，辄漫及之。

体认天理，即朱熹所说的戒慎恐惧的功夫，我认为和真理还有微小的距离，是因为世间所说的事事物物都有定理，实际上是说天理是从外面寻找来的了。如果致良知的功夫弄透彻了，这种说法倒也无妨，如果没有弄透彻了，则未免差以毫厘，谬以千里了。佛教中关于来世的说法，认为恐惧心理是由身外的事情决定的，大概已经把那种说法的弊端很清楚地揭示出来了。把甘泉的《尊经阁记》寄给我看，很好很好！其中的大意和拙作稽山书院的作品一样。我在稽山书院的作品，以前也曾寄给甘泉，自认为对致良知的学说有小小的阐发。现在甘泉在他的文章中说："现在所说的聪明和知觉，不必向外寻求的说法，意思即无须启发就能觉悟之类。"这似乎是他急于建立学说，而没有花时间仔细研究我的意思。

后世的学术不能阐明真理，并不是后世人的智力及见识赶不上古人，多半是由于好大喜功，不能仔细研究细小的事物，尊重事物的本来面目；明知某种学说已经阐发了真理，是对的，但必须重新建立一门学说以高过它。因此学说却多，就迷惑人更厉害；现在学说不能阐明事理，使后面的学生无所适从，使别人枉费口舌，都是我们互相之间想胜过别人的想法的罪过。现在致良知的学说已经将学问的要害阐述得清清楚楚，任务只在于要我们各自去掉好胜心，而去共同阐发学问。致良知的学说随不同的人分别成不同的研究重点，各人在各人的范围内孜孜以求，循循善诱，自然会各有所得；如果要自立门户，外面打着卫道的招牌，而实际上想以此高人一等，不顾正统的学问因此而更加荒疏，人心因此而更加混乱，党同伐异，覆短争长，只图达到他那自私自利的计划，凡是具有仁者之心的人，是不忍心这

盖今时讲学者，大抵多犯此症，在鄙人亦或有所未免，然不敢不痛自克治也。如何如何？

答友人

丙戌

君子之学，务求在己而已。毁誉荣辱之来，非独不以动其心，且资之以为切磋砥砺之地。故君子无入而不自得，正以其无入而非学也。若夫闻誉而喜，闻毁而戚，则将惶惶于外，惟日之不足矣，其何以为君子？往年驾在留都，左右交谗某于武庙。当时祸且不测，僚属咸危惧谓："群疑若此，宜图所以自解者。"

某曰："君子不求天下之信己也，自信而已。吾方求以自信之不暇，而暇求人之信己乎？"某于执事为世交，执事之心，某素能信之，而顾以相讯若此，岂亦犹有未能自信也乎？虽然，执事之心，又焉有所不自信者！至于洪范之外，意料所不及；若校人之于子产者，亦安能保其必无？则执事之恳恳以询于仆，固君子之严于自治，宜如此也。昔楚人有宿于其友之家者，其仆窃友人之履以归，楚人不知也；适使其仆市履于肆，仆私其直而以窃履进，楚人不知也。他日，友

样干的。甘泉的做法,未必是这样产生的,因为这件事而触发感想,因此扯得很远。

现在讲学的人,好多都犯这样的毛病,在我本人有时也在所难免,然而不敢不彻底地加以克服。你认为如何?

答友人

丙戌

君子治学,一定要严格要求自己。毁誉荣辱,不但不为所动,而且要把它当作切磋学问、磨炼意志的机会。君子无论置身于何时何地都会有收获,他正是通过这种方式来学习的。如果听到赞赏就沾沾自喜,听到批评就伤心不已,那么就会对外界恐惧不安,只觉时日不够,这怎么又能成为君子呢?前年,天子驾幸留都,他左右的人都在武庙交相弹劾我。当时是福是祸还无法预料,朝廷官员们都很害怕,对我说:"大家都这样怀疑你,你赶快找个办法自我解脱吧。"

我回答说:"君子不求天下的人都能相信自己,只要问心无愧就可以了。我连做到自信都没有时间,哪还有时间去要求人们都相信自己呢?"我和执事是交往很深的朋友,我也素来相信他,他却对我这样不客气地讯问,难道也还有不能自信之处吗?虽然是这样,执事的内心又怎么能有不自信之处呢?在自然法则之外的东西,是人的意志所不能达到的东西;就像乡里的人对待子产那样,又怎能保证他一定没有呢?但是执事非常诚恳地询问我,这是君子严于自律的表现,本来就应该这样。以前,有个楚国人到朋友家中留宿,他的仆人把友人的鞋子偷了回来,

人来过，见其履在楚人之足，大骇曰："吾固疑之，果然窃吾履。"遂与之绝。逾年而事暴，友人踵楚人之门而悔谢曰："吾不能知子，而缪以疑子，吾之罪也。请为友如初。"今执事之见疑于人，其有其无，某皆不得而知；纵或有之，亦何伤于执事之自信乎？不俟逾年，吾见有踵执事之门，而悔谢者矣。执事其益自信无怠，固将无入而非学，亦无入而不自得也矣。

答友人问

丙戌

问："自来儒先皆以学问思辩属知，而以笃行属行，分明是两截事；今先生独谓知行合一，不能无疑。"

曰："此事吾已言之屡屡。凡谓之行者，只是著实去做这件事；若著实做学问思辩的工夫，则学问思辩亦便是行矣。学是学做这件事，问是问做这件事，思辩是思辩做这件事，则行亦便是学问思辩矣。若谓学问思辩之，然后去行，却如何悬空先去学问思辩得？行时又如何去得个学问思辩的事？行之明觉精察处，便是知；知之真切笃实处，便楚国人不知道这事；恰好这个楚国人派他的仆人去市场买鞋，仆人就把买鞋钱私吞了，而把他偷来的那双鞋给了主人，楚国人还是不知道。有一天，友人前来拜访，见那个楚国人脚上穿着他的鞋，大吃一惊说："我本来就怀疑，不料果然是他偷了我的鞋。"就和那个楚国人断绝了关系。过了一年，事情暴露了，友人亲自登门道歉，后悔不迭："我对您不够了解，而错误地怀疑您，这是我的过错。希望我们还能像原来一样做好朋友。"现在执事被人怀疑，是真有其事还是没有，不得而知；即使有，这对执事的自信心又有什么伤害呢？我想不到一年，那些误解他的人就会像那个楚国人的友人一样登门道歉。只要执事更加自信而不气馁，这就会成为没有情况下不可以治学，没有境遇下不可以有所收获的典范。

答友人问

丙戌

问："自古以来的儒家学者都以治学思考为知，而以切实的实行为行，知和行分明是不同的两回事，现在先生偏偏提出知行合一的观点，我不会没有疑问。"

答："这个事情我已经说过多次了。凡是说行，便是老老实实去做这件事情；如果是切切实实去做学问思辨的工夫，那么学问思辨也就是行。学就是做学这个事，问就是做问这个事，思辨就是做思辨这个事，这样一来，行也就是学问思辨了。如果说是先学问思辨了然后才去行，又如何凭空去学问思辨？做事情时又怎么会把学问思辨的工夫去掉了？做事的过程中仔细思考，便是知；知道之后又切切实实地去实践，便是行；如果行的时候是行；若行而不能精察明觉，便是冥行，便是"学而不思则罔"，所以必须说个知。知而不能真切笃实，便是妄想，便是"思而不学则殆"，所以必须说个行：元来只是一个工夫。凡古人说知行，皆是就一个工夫上补偏救弊说，不似今人截然分作两件事做。某今说知行合一，虽亦是就今时补偏救弊说，然知行体段，亦本来如是。吾契但著实就身心上体履，当下便自知得；今却只从言语文义上窥测，所以牵制支离，转说转糊涂，正是不能知行合一之弊耳。"

"象山论学，与晦庵大有同异，先生尝称象山'于学问头脑处，见得直截分明'，今观象山之论，却有谓学有讲明，有践履，及以致知格物为讲明之事，乃与晦庵之说无异，而与先生知行合一之说，反有不同。何也？"

曰："君子之学，岂有心于同异？惟其是而已。吾于象山之学有同者，非是苟同；其异者，自不掩其为异也。吾于晦庵之论有异者，非是求异；其同者，自不害其为同也。假使伯夷、柳下惠与孔、孟同处一堂之上，就其所见之偏全，其议论断亦不能皆合；然要之不害其同为圣贤也。若后世论学之士，则全是党同伐异，私心浮气所使，将圣贤事业作一场儿戏看了也。"

又问："知行合一之说，是先生论学最要紧处。今既与象山没有仔细思考就是盲目地行,这就是孔子所说的'学而不思则罔',所以必须说个知。知道了却不去切切实实地实践,就是妄想,这就是孔子说的'思而不学则殆',所以必须说个行:知和行本来就是一个工夫。凡是古人所说的知行,都是为了相互补充说明一个工夫的说法,并不像现代人一样把知和行截然分成两件事。我现在提出的知行合一的说法,虽然也是对现在错误说法的一个纠正,但事实上知和行本来就这样的。我们只要实实在在从身心上,实践中仔细揣摩就可以明白;但好多人却只从语言文字上去理解,所以始终弄不明白,越搞越糊涂,这正是不明白知行合一的道理的结果。"

问:"陆象山的学说与朱晦庵的学说很有不同,先生曾经说过陆象山的学说'对一些精妙细微的地方讲得直截分明',现在再看陆象山的论述,却说学问有讲求,有实践两个过程,致知格物便是讲求的过程,这与朱晦庵的学说没有什么区别,与先生知行合一的说法却反有不同。这是为什么?"

答:"君子讲求学问,难道存心和谁同与不同吗?只要它是正确的就行了。我的说法和陆象山的说法有相同的地方,绝不是苟同;和他有不同的地方,我也不加以掩盖。和朱晦庵的说法有不同的地方,但并不是存心要和他区别开来;有相同的地方,我也不加以损害。假使伯夷、柳下惠与孔子、孟子同处一堂之上,就其所见解的偏颇,要想把孔孟的议论论述得十全十美,绝对不可能都正确,然而从总体上说,并不妨碍他们成为圣人。如果后代的学者们,全是党同伐异,被私心、虚浮之心所驱使,就会把圣贤的事业做成一场儿戏。"

又问:"知行合一的说法,是先生学说中最要害的观点。

之说异矣，敢问其所以同。"

曰："知行原是两个字说一个工夫，这一个工夫须著此两个字，方说得完全无弊病；若头脑处见得分明，见得原是一个头脑，则虽把知行分作两个说，毕竟将来做那一个工夫，则始或未便融会，终所谓百虑而一致矣。若头脑见得不分明，原看做两个了，则虽把知行合作一个说，亦恐终未有凑泊处，况又分作两截去做，则是从头至尾更没讨下落处也。"

又问："致良知之说，真是百世以俟圣人而不惑者；象山已于头脑上见得分明，如何于此尚有不同。"

曰："致知格物，自来儒者皆相沿如此说，故象山亦遂相沿得来，不复致疑耳。然此毕竟亦是象山见得未精一处，不可掩也。"

又曰："知之真切笃实处，便是行；行之明觉精察处，便是知；若知时其心不能真切笃实，则其知便不能明觉精察；不是知之时只要明觉精察，更不要真切笃实也。行之时，其心不能明觉精察，则其行便不能真切笃实；不是行之时只要真切笃实，更不要明觉精察也。知天地之化育，心体原是如此；乾知大始，心体亦原是如此。"

现在既然与陆象山的说法不同，请问它们相同的地方又在何处。"

答："知行原来是两个字，说它们是一个工夫，必须从知和行两个方面才说得完全而没有弊病。如果把要害的地方讲清楚了，知道它们本来是一个工夫，即使把它们分成两个字来说，知道它毕竟是一个工夫，开始也许没有把它们融会贯通起来，但最后还是会百虑一致，达到统一。如果要害处没有理解清楚，本来就把它看成两个字，即使把知行合成一个字来说，但恐怕最终还是会有牵强附会的地方，何况分成两截去说，那更是从头到尾都没有抓住根本了。"

又问："致良知的说法，真可以说是百世以来，可以与圣人之说媲美的观点。陆象山在根本观点上已经说得很精辟，为何在这一点上又与你不同？"

答："致知格物，自古以来儒家学者都是这样说，相互沿袭，所以陆象山也是沿袭这种说法，不用再提出疑问了。但这到底是陆象山见解不精的一个地方，这不用隐瞒。"

又答："知的切切实实的地方便是行；行中详细思考的地方便是知；如果知的时候，他内心里并不准备切实笃行，那么他的知便不能算是鞭辟入里；不是知的时候只要详细思考，更不要切实笃行。行的时候，他的心没有仔细思量，那么他的行便不是切实笃行；不是行的时候只要切实笃行，更不要详细思考。知道天地的培育，内心和身体原本就是如此；乾卦主导着万物的创始，内心和身体原本是如此。"

答南元善

丙戌

别去忽逾三月,居尝思念,辄与诸生私相慨叹。计归程之所及,此时当到家久矣。太夫人康强,贵眷无恙,渭南风景,当与柴桑无异,而元善之识见兴趣,则又有出于元亮之上者矣。

近得中途寄来书,读之恍然如接颜色;勤勤恳恳,惟以得闻道为喜,急问学为事,恐卒不得为圣人为忧,亹亹千数百言,略无一字及于得丧荣辱之间,此非真有朝闻夕死之志者,未易以涉斯境也;浣慰何如?诸生逸观传诵,相与叹仰歆服,因而兴起者多矣。

世之高抗通脱之士,捐富贵,轻利害,弃爵禄,决然长往而不顾者,亦皆有之;彼其或从好于外道诡异之说,投情于诗酒山水技艺之乐,又或奋发于意气,感激于愤悱,牵溺于嗜好,有待于物以相胜,是以去彼取此而后能。及其所之既倦,意衡心郁,情随事移,则忧愁悲苦随之而作;果能捐富贵,轻利害,弃爵禄,快然终身,无入而不自得已乎?夫惟有道之士,真有以见其良知之昭明灵觉,圆融洞澈,廓然与太虚而同体。太虚之中,何物不有?而无一物能为太虚之障碍。盖吾良知之体,本自聪明睿知,本自宽裕温柔,本自发强刚毅,本自斋庄中正、文理密察,本自溥博渊泉而时出之,本无富贵之可慕,本无贫贱之可忧,本无得丧之可欣戚、爱

答南元善

丙戌

咱们分别，倏忽已经三个多月了。平时一思念你，就与诸位学生互发感慨。计算你回家已经走到什么地方了，大概这时已经到家很久了吧。太夫人身体康强，家眷也很好，渭南的风景应该和柴桑的没有什么差别，而元善的见识和趣味又在元亮之上了。

不久前得到你在半途中寄来的一封信，读到它就好像看见你在眼前；你勤勤恳恳，惟以闻道为最大的乐趣，以提高学问为当务之急，惟恐到死时未能明白对圣贤的道理。洋洋洒洒一千几百字没有一个字提及个人的得失荣辱。这要不是具有"朝闻道，夕死可也"的精神，是不可能达到这种境界，宽慰怎么样？学生们长时间地读着你的信，互相传诵，都是叹服，因此努力学习的人更多了。

世间有那种刚正不屈、通达脱俗的人士，抛弃富贵，看轻利害，抛弃官位和俸禄，毅然一去不返而义无反顾的人，也都是有的；他们有的喜好邪道和诡秘的、与众不同的学说，有的纵情于诗酒山水，或者意气激昂，在愤怒憋闷的时候感情激发，沉溺于自己的嗜好之中，寄希望于通过玩物来忘记自己的痛苦，因此必须放弃这个获取那个，不断变换才行。等到他所嗜好的东西已经失去意义，他又心情忧郁，感情随着事情而转移，那么忧愁悲苦也随之发作；难道这真的是抛弃富贵，看轻利害，抛弃官位和俸禄，一辈子毫不反悔，无处不自得其乐吗？凡是那些有德行的人，必然会觉得他的良知昭明灵觉、圆融洞澈，充实得与宇宙同为一体。宇宙之中，什么事物没有呢？但没有一个事物能成为宇宙的障碍。大概我们良知的本体，本来就聪明睿智，

憎之可取舍。盖吾之耳而非良知，则不能以听矣，又何有于聪？目而非良知，则不能以视矣，又何有于明？心而非良知，则不能以思与觉矣，又何有于睿知？然则又何有于宽裕温柔乎？又何有于发强刚毅乎？又何有于斋庄中正，文理密察乎？又何有于溥博渊泉而时出之乎？故凡慕富贵、忧贫贱、欣戚得丧、爱憎取舍之类，皆足以蔽吾聪明睿知之体，而窒吾渊泉时出之用。若此者，如明目之中而翳之以尘沙，聪耳之中，而塞之以木楔也；其疾痛郁逆，将必速去之为快，而何能忍于时刻乎？故凡有道之士，其于慕富贵，忧贫贱，欣戚得丧而取舍爱憎也，若洗目中之尘而拔耳中之楔；其于富贵、贫贱、得丧、爱憎之相值，若飘风浮霭之往来变化于太虚，而太虚之体，固常廓然其无碍也。元善今日之所造，其殆庶几于是矣乎？是岂有待于物以相胜而去彼取此，激昂于一时之意气者所能强而声音笑貌以为之乎？元善自爱！元善自爱！关中自古多豪杰，其忠信沈毅之质，明达英伟之器，四方之士，吾见亦多矣，未有如关中之盛者也。然自横渠之后，此学不讲，或亦与四方无异矣。自此关中之士有所振发兴起，进其文艺于道德之归，变其气节为圣贤之学，将必自吾元善昆季始也。今日之归，谓天为无意乎？谓天为无意乎？元贞以病，不及别简，盖心同道同而学同，吾所以告之，亦不能有他说也。亮之亮之！

本来就宽裕温柔，本来就发强刚毅，本来就斋庄中正、文理密察，本来就普遍广大而不时地表现出来。因此，本来就没有富贵可以美慕的，本来就没有贫困可以忧虑的，本来就没有得失可以高兴和悲伤、爱憎可以取舍的。大概我们的耳朵如果没有良知，就会失去听力，那么耳朵对听力又有什么帮助？我们的眼睛如果没有良知，就会看不见东西，那么眼睛对于视力又有什么帮助？人心如果没有良知，就不能思考与感觉，那么人心对人的睿智又会有什么帮助？既然是这样，那么它们又对温柔富贵、发强刚毅、斋庄中正文理密察有什么帮助？又怎能像普遍博大的渊潭和泉水一样不时地展现出来？因此，凡是仰慕富贵、担心贫贱、忧虑得失、爱憎取舍之类的东西，都会蒙蔽我们的聪明睿智，窒息它们，使它们不能像潭水和泉水一样不断地涌现。如果是这样，就像视力很好的眼睛中揉进了沙子，听力很好的耳朵之中塞进了木楔，痛苦得使我们必欲除之而后快，怎能忍耐了片刻？所以，凡是有德行的人，对于敬慕富贵的感情，对于贫贱的忧虑，对得失的喜怒，就像洗去眼睛中的沙粒，拔去耳朵中的木楔一样坚决去掉。富贵贫贱、得失爱憎在他们眼里，就像宇宙中的浮云和风一样，虽然在宇宙中运动变化，但宇宙本体却仍然广大而没有什么障碍。元善今天的所作所为，和这种态度也差不多了吧！这难道还需要外物来克服某种情绪，必须舍此取彼，为一时的冲动所激发、勉强地用音容笑貌所表现出来吗？元善要自爱啊！关中自古以来多出豪杰之士，各方人才中具有忠信诚毅的品质的，具有明达英伟的才能的人，我也见得多了，但远不比关中人才的众多繁盛。但自横渠先生（张载）之后，他的学说没有人再讲习，关中和其他地方也就没有什么差别了。从

二

丙戌

五月初得苏州书，后月，适遇王驿丞去，草草曾附短启。其时私计行笍，到家必已久矣。是月三日，余门子回复，领手教，始知六月尚留汴城。世途之险涩难料，每每若此也。贱躯入夏咳作，兼以毒暑大旱，舟楫无所往，日与二三子讲息池傍小阁中。每及贤昆玉，则喟然兴叹而已！郡中今岁之旱，比往年尤甚。河渠曾蒙开浚者，百姓皆得资灌溉之利，相与啧啧追颂功德，然已控吁无及矣。彼奸妒憸人号称士类者，乃独谗疾排构，无所不至，曾细民之不若，亦独何哉！亦独何哉！色养之暇，埙篪协奏，切磋讲习，当日益深造矣。里中英俊相从论学者几人？学绝道丧且几百年，居今之时，而苟知趋向于是，正所谓空谷之足音，皆今之豪杰矣。便中示知之。窃尝喜晦翁涵育熏陶之说，以为今时朋友相与必有此意，而后彼此交益；近来一二同志与人讲学，乃有规砺太刻，遂相愤戾而去者，大抵皆不免于以善服人之病耳。楚国宝又尔忧去，子京诸友亦不能亟相会，一齐众楚。"道之不明也，我知之矣。"

此以后,关中的人才要奋发崛起,把文艺上升到道德的附属品的地位,把气节转变成圣贤学问,必将从元善兄弟开始。你今天回家,难道说天是无意的吗?难道说天是无意的吗?元贞病了,我不再给他另外写信了,大概心同道同学问也相同,我对他也不会有别的说法,请原谅,原谅。

二

丙戌

五月初得到从苏州来的信,第二个月恰好王驿丞去苏州,我草草写成一封信让他带去。当时我想你到家已经很久了吧。那个月的三号,我的儿子从你那里回来,又带回来你的教义,我这才知道六月份你还滞留在汴京城。世途艰险难以预料,常常是这样。我入夏以后咳嗽发作,加上气温高,天气大旱,不能造访任何地方,每天与几个儿子在水池边的小阁中讲习和休息。每每涉及贤人的后代,我们都要感叹一阵。今年郡中的旱情比往年更为严重,河渠曾经被疏通过的,人们都得到它的益处,人们交口称赞,歌功颂德,然而已经来不及控制感慨。那些奸诈阴险的人,自命为士人,却往往陷害排挤他人,无所不用其极,这比老百姓还不如,这又是为什么呢?又是为什么呢?在身体有好转的空隙,埙篪协奏,和人切磋讲习学问,对学问的掌握应当日益精深了。你们当地豪杰之士不少,讲习学问的也有好几个,但他们的学说没有继承人,丧失流传,已经快到一百年了。处在现在这个时代,如果在这个问题上明白了它的趋向,就正如空旷的山谷里突然传来了的脚步声。你是当今的豪杰之士,就和你说一说。我曾经很佩服朱晦庵(朱熹)涵育熏陶的说法,以为现在

虽然,"风雨如晦,鸡鸣不已","至诚而不动者,未之有也"。非贤昆玉,畴足以语于斯乎!其余世情,真若浮虚之变态,亮非元善之所屑闻者也,遂不一一及。

答季明德

丙戌

书惠远及,以咳恙未平,忧念备至,感愧良深!食姜太多,非东南所宜,诚然。此亦不过暂时劫剂耳。近有一友为易"贝母丸"服之,颇亦有效,乃终不若来谕"用养生之法拔去病根"者为得本源之论。然此又不但治病为然,学问之功亦当如是矣。承示:"立志益坚,谓圣人必可以学而至。兢兢焉,常磨炼于事为朋友之间,而厌烦之心比前差少。"喜幸殊极!又谓:"圣人之学,不能无积累之渐。"意亦切实。中间以尧、舜、文王、孔老诸说,发明"志学"一章之意,足知近来进修不懈;居有司之烦而能精思力究若此,非朋辈所及;然此在吾明德自以此意奋起其精神,砥切其志意,则可矣;必欲如此节节分疏引证,以为圣人进道一定之阶级,

朋友们相互交往，和我同样有此意，因而可以互相促进；近来有一二同志和人讲习学问，言语要求过于苛刻，因此有愤而离去的，这大概也算是不以善服人的表现。楚国宝再次忧愤离去，子京等许多朋友也不能马上就能见面，我们之间的分歧很大，就像一个齐国人和众多楚国人。"学问讲不清楚，我当然是明白的。"

即使是这样，"风雨如晦，外界干扰不断""但是至诚笃行而不为之心动的人，却是以前未有过的"。如果不是贤良的人，怎么能够和他谈起这些事情？其余人情世故，就像虚浮变幻的东西一样变幻无常，我料想也不是元善所愿意听的。就不一一提及了。

答季明德

丙戌

你关怀的书信从遥远的地方寄来，信中对我的咳嗽未愈而关怀备至，这使我十分感激，十分惭愧！在东南吃太多的姜确实是不适当的，但这不过是一时用的救急的药罢了。不久前有一朋友做了易"贝母丸"，服了过后很有效，但究竟不如来说"用养生之法拔去病根"，才是根本的道理。然而又不仅仅是治病才这样，学问的功夫也同样是如此。承蒙你显示出："立志日益坚决，说是圣人必须经过学习才能达到，兢兢业业地在各种境遇中磨炼，朋友之间，厌烦的心情比以前少多了。"非常高兴，非常荣幸！又说："圣人治学不能没有一个渐渐积累的过程。"立意很中肯，中间根据尧、舜、文王、孔子、老子等人的学说来阐明"志学"这一章，足以表明你近来进修研习没有懈怠，身为有司，政务烦冗，却能像样仔细思考用力研究，这是我自愧不及的。如果

又连掇数圣人纸上之陈迹，而入之以此一款条例之中，如以尧之试鲧为示能不惑，子夏之"启予"为未能耳顺之类，则是尚有比拟牵滞之累。以此论圣人之亦必由学而至，则虽有所发明，然其阶级悬难，反觉高远深奥，而未见其为人皆可学。乃不如末后一节，谓："至其极而矩之不逾，亦不过自此志之不已所积；而'不逾'之上，亦必有学可进，圣人岂绝然与人异哉！"又云："善者，圣之体也.害此善者，人欲而已；人欲，吾之所本无。去其本无之人欲则善在我而圣体全；圣无有余，我无不足，此以知圣人之必可学也；然非有求为圣人之志，则亦不能以有成。"只如此论，自是亲切简易。以此开喻来学，足以兴起之矣。

若如前说，未免使柔怯者畏缩而不敢当，高明者希高而外逐，不能无弊也。圣贤垂训，固有书不尽言，言不尽意者。凡看经书，要在致吾之良知，取其有益于学而已。则千经万典，颠倒纵横，皆为我之所用。一涉拘执比拟，则反为所缚。虽或特见妙诣，开发之益一时不无，而意必之见流注潜伏，盖有反为良知之障蔽而不自知觉者矣。

这样做的用意在于阐明道理,让人们自此奋发振作精神,磨炼其意志,那么就没有什么不对的,但如果非要这样一节一节地分别疏理引证,认为圣人进学一定要经过一定的阶段,还把圣人的论述编述起来加进去,如某一款条例中,把尧试验鲧认为是不糊涂,把夏和启认为是听不进劝诫的例子之类的情况,则有些牵强附会的嫌疑,如果这样来论述圣人要成为圣人必须要通过学习才行,虽然有新的见解,但对他们经过的阶段和磨炼的论述,反而觉得高深玄奥,不是人人都能弄懂的。这还不如最后一节的论述:"人修养到了极高的境界,自然就不会违反规范了。这不过也是人自强不息所积累起来的。而在此不违反规范之上还有学问需要进修,圣人在这一点上和常人并不是完全不同。"又说:"善是圣的体,伤害这种善的是人欲。人欲是人本来所有的,去掉我本来就不应该有的人欲,那么善就在我了,那么圣体就完全了。圣人没有多余的地方,我没有不足的地方,从这儿我们就可以知道圣人是可以作为榜样的,但如果一个人没有希望成为圣人的志向,也不可能有新成就。"只要像这个议论一样简单亲切,这样来启发后来的学者,那么就能使他们振奋起来。

如果像前面那样说话,难免使软弱的人畏缩而不敢承当,高明的人自命清高而不加理睬,不能说没有毛病。圣贤教导我们,固然有书不尽言,言不尽意的地方,但看经书的人,根本的在于发现我们的良知,取其中有益于我们的地方。如果是这样,那么千经万典,颠倒纵横都为我所用;如果牵强附会,则会反为其所束缚。虽然不时也会有独到的见解,但立得住脚的意见,被掩盖起来,成了良知的障碍,你却还不知道。

其云"善者圣之体"，意固已好，善即良知，言良知则使人尤为易晓。故区区近有"心之良知是谓圣"之说。其间又云："人之为学，求尽乎天而已。"此明德之意，本欲合天人而为一，而未免反离而二之也。人者，天地万物之心也；心者，天地万物之主也。心即天，言心则天地万物皆举之矣，而又亲切简易；故不若言"人之为学，求尽乎心而已。"知行之答，大段切实明白，词气亦平和，有足启发人者。惟贤一书，识见甚进，间有语疵，则前所谓"意必之见流注潜伏"者之为病。今既照破，久当自融释矣。以"效"训"学"之说，凡字义之难通者，则以一字之相类而易晓者释之。若今"学"字之义，本自明白，不必训释；今遂以"效"训"学"，以"学"训"效"，皆无不可，不必有所拘执，但"效"字终不若"学"字之混成耳。率性而行，则性谓之道；修道而学，则道谓之为教。谓修道之为教，可也。谓修道之为学，亦可也。自其道之示人无隐者而言，则道谓之教；自其功夫之修习无违者而言，则道谓之学；教也，学也，皆道也，非人之所能为也。知此，则又何训释之有！所须学记，因病未能着笔，俟后便为之。

你说"善是圣的本体",只要在思想上好善,就是有良知了,如果说良知,人们就容易明白。所以本人的"致良知的说法,可以说是符合圣道"的说法。你在信中又说:"人们做学问,不过是体贴天意罢了。"这种说法的本意,本来是想把天地合而为一,但却反而未免有把他们分割为二的弊端。人,是天地万物的心;而心,又是天地万物之主。心就是天,说心则天地万物都说到了,并且简明亲切,所以还不如说成:"人们做学问,不过是体贴人们的内心罢了。"关于知行学说的问答,大部分准确清楚,语气也很平和,足以启发人们的思考。惟贤(顾应祥的字)所写的那本书,见解已经有了很大的提高,偶尔有语病,即前面我说的:"主观臆断的见解,漫延潜伏,成为良知的障碍"的那种毛病。现在我既然已经给他点破了,自然不久他就会消除的。以"效"训"学"的说法就是,凡是字义不好解释明白的,就有一个相类似但通俗易懂的字来解释它。当然,今天"学"字的意义,本来已经很清楚,不必解释了,所以,现在以"效"训"学",以"学"训"效",都不是不可以的,没有必要拘泥于哪一种,只是类比的办法没有研习的办法能够触类旁通罢了。按照人的本性行事,那么性就是道;研习大道,努力学习,这称为教,说教是修道也可以,说学习是修道也可以。从讲习大道,使人明白无误这一点来说,修道就是教;从研习学问没有丝毫差错这一点来说,修道就是学习;教和学都是研习大道,不是人力所能违背的。知道了这个道理,那么训释又有什么!可以必须学习,这一点因为有病不能详细谈论,今后再说。

与王公弼

丙戌

来书,比旧所见益进,可喜可喜!中间谓"弃置富贵与轻于方父兄之命,只是一事;当弃富贵即弃富贵,只是致良知;当从父兄之命,即从父兄之命,亦只是致良知;其间权量轻重,稍有私意,于良知便自不安。凡认贼作子者,缘不知在良知上用功,是以有此;若只在良知上体认,所谓"虽不中,不远矣"。

二

丁亥

老年得子,实出望外;承相知爱念,勤惓若此,又重之以厚仪,感愧何可当也!两广之役,积衰久病之余,何能堪此!已具本辞免,但未知遂能得允否耳?来书"提醒良知"之说,甚善甚善!所云"困勉之功",亦只是提醒工夫,未能纯熟;须加人一己百之力,然后能无间断,非是提醒之外别有一段困勉之事也。

与欧阳崇一

丙戌

正之诸友下第归,备谈在京相与之详,近虽仕途纷扰中,而功力略无退转,甚难甚难!得来书,自咎真切,论学数

与王公弼

丙戌

从来信中可以看出,你比原来学问又增进了不少,可喜可喜!信中所说的"放弃富贵和轻视父亲和兄长的命令,不过是一件事;应当放弃富贵的就应当放弃富贵,是达到良知;应当遵从父亲和兄长的命令,就遵从父亲和兄长的命令,也是达到良知;在这中间权衡轻重,稍有私意掺杂其中便内心不安。那些认贼作子的人,根源在于不在发现良知的问题上下功夫,才导致这样的结果;如果是从良知方面来体认,就是"即使不全对,也不会差很远了"。

二

丁亥

我老年得子,实在是未曾料到;承蒙您相知挂念,如此频繁,还以厚礼相送,使我实在感激和惭愧!关于两广战争,我卧床久病,怎能担此重任!我已经写好奏本请求免除,不知皇上同不同意?来信中"提醒良知"的学说,很好很好!你所说的"在困难的境遇中仍很勤勉的功夫",也只是提醒一下罢了。也不是熟稔于心;必须用百倍于人的努力,并且勤勉不辍,才能在提醒之外说些什么在困境中勤勉学习的事情。

与欧阳崇一

丙戌

正之等朋友们从京城应试回来,仔细谈了在京城和你交往的情况,你近年来虽然处在仕途纷扰之中,但功力一点也没有退

条，卓有定见，非独无退转，且大有所进矣；文蔚所疑，良不为过。

孟子谓："有诸己之谓信。"今吾未能有诸己，是未能自信也，宜乎文蔚之未能信我矣。乃劳崇一逐一为我解嘲，然又不敢尽谓崇一解嘲之言为口给；但在区区，则亦未能一一尽如崇一之所解者，为不能无愧耳！固不敢不勉力也！

寄陆原静

丙戌

原静虽在忧苦中，其学问功夫所谓"颠沛必于是"者，不言可知矣，奚必论说讲究而后可以为学乎？南元善曾将原静后来论学数条刊入后录中，初心甚不欲渠如此，近日朋辈见之，却因此多有省悟；始知古人相与辩论穷诘，亦不独要自己明白，直欲共明此学于天下耳。

盖此数条，同志中肯用功者，亦时有疑及之，然非原静则亦莫肯如此披豁吐露；就欲如此披豁吐露，亦不能如此曲折群尽。故此原静一问，其有益于同志，良不浅浅也。自后但有可相启发者，不惜时寄及之，幸甚幸甚！近得施聘之书，意向卓然出于流辈。往年尝窃异其人，今果与俗不同也。

步,很是难得!来信中谈论学问的几条,很有真知灼见,看来你不但没有退步,而且大有进步;文蔚(聂豹的字)对我的怀疑,并不是他的过错。

孟子说:"严格要求自己就是信用。"我没能严格要求自己,所以不敢自信,怪不得文蔚怀疑我。这就要劳驾崇一为我一一解嘲,但我不敢把崇一解嘲的话当成空话,只是凡是未能做到崇一解嘲的话那样的要求的,是不能没有愧!本来就不敢不努力。

寄陆原静

丙戌

原静即使处在困境中,但他在学问上所下的功夫,正如孔子说的"在颠沛流离的时候也一定会按仁德办事",这是不用说就可以知道的。为什么一定要先相互讨论讲习,而后才可以治学呢?南元善曾将原静论述学问的几条语录编在合集里,开始对他这样做很不以为然。不久前,朋友们见到这些语录,却因此明白了很多道理;我这才明白古人们一定要相互辩论,追根问底,这并不是只要自己明白,而是要与朋友等志同道合的人为天下人阐明学问。

原静的这几条语录,同志中肯用心的,也不时对它提出疑问,但如果不是原静,肯定不会这样豁达坦然地将自己的意见表露出来,即使愿意坦白地表露出来,也不可能这样详尽。所以原静的这几条论述,对于同志们的帮助实在是不浅啊!今后凡是对我的学术有新启发的,一定不要吝惜,多多不时寄来,我是不胜荣幸!不久前收到施聘之的信,见解卓尔不群,与众不同。

闲中曾相往复否？大事今冬能举得，便可无他绊系，如聘之者，不妨时时一会；穷居独处，无朋友相砥切，最是大一患也。贵乡有韦友名商臣者，闻其用工笃实，尤为难得，亦曾一相讲否？

答甘泉

丙戌

音问虽疏，道德之声无日不闻于耳，所以启聩消鄙者多矣。向承狂生之谕，初闻极骇，彼虽愚悖之甚，不应遽至于尔。既而细询其故，良亦有因；近复来此，始得其实。

盖此生素有老佛之溺，为朋辈所攻激，遂高自矜大，以夸愚泄愤；盖亦不过怪诞妖妄，如近世方士呼雷斩蛟之说之类，而闻者不察，又从而增饰之耳。近已与之痛绝，而此生深自悔责，若无所措其躬。赖其资性颇可，或自此遂能改创，未可知也。学绝道丧之余，苟以是心至，斯受之矣。忠信明敏之资，绝不可得；如生者，良亦千百中之一二，而又复不免于陷溺若此，可如何哉？可如何哉？龚生来访，自言素沐教极深，其资性甚纯谨，惜无可以进之者；今复远求陶铸，自此当见其有成也。

以前我也曾私下里认为这人很特别，现在果然是与众不同。

你们平时有书信往来吗？那件大事今年冬天如果能够成功，那么我再也没有别的羁绊了。像施聘之这样的人，不妨经常见一见。离群索居，没有志同道合的人相互切磋，最是一大弊端。贵乡有一个叫韦商臣的朋友，听说他用功非常扎实，非常难得，是否也曾相互切磋过？

答甘泉

丙戌

我们来往书信，相互问候的时候虽然不是很多，但讲习道德的声音每天都可以听到。可以用来消除愚昧的手段确实很多。以前听到那个狂妄的书生的长篇大说，开始十分震惊。他即使愚蠢悖理到了极点，也不应该突然达到那种程度。后来仔细询问其中的原因，才发现这里面大有文章。他后来又来到我这儿，我才弄明白了究竟。

原来这个儒生素来沉迷于佛老之说，被朋友们攻击激发，就转而自高自大，目空一切，以发泄内心的愤懑；大概也不过是怪异荒诞之说，就像近来的一些方士，搞一些呼风唤雨、斩蛟杀龙的把戏，而传闻的人不仔细考察，反而夸大其词，绘声绘色。现在他已经彻底地与之决裂，深切地悔恨自责，如果再没有什么事情来打击他。凭借他的禀赋，也许可能从此以后改过自新，从头开始也说不准。在现在这个学绝道丧的时候，应当以这种诚心真诚地对待这种事情。忠信明敏的天赋，绝对是不可多得的；像这个学生，其天赋之高也可以说是千里挑一，还不免如此堕落过，这又如何对待？这又如何对待？有个姓龚的学生来访，

答魏师说

丁亥

师伊至，备闻日新之功，兼得来书，志意恳切，喜慰无尽！所云"任情任意，认作良知，及作意为之，不依本来良知，而自谓良知者，既已察识其病矣"，意与良知当分别明白。凡应物起念处，皆谓之意；意则有是有非，能知得意之是与非者，则谓之良知；依得良知，即无有不是矣。所疑拘于体面，格于事势等患，皆是致良知之心未能诚切专一；若能诚切专一，自无此也。凡作事不能谋始，与有轻忽苟且之弊者，亦皆致知之心未以诚一，亦是见得良知未透彻。若见得透彻，即体面事势中，莫非良知之妙用；除却体面事势之外，亦别无良知矣，岂得又为体面所局，事势所格？即已动于私意，非复良知之本然矣。今时同志中，虽皆知得良知无所不在，一涉酬应，便又将人情物理与良知看作两事，此诚不可以不察也。

自称十分敬佩我的学说，他个性十分淳朴严谨，可惜我没有什么可以帮助他的。现在写信给你请你帮助培养，今后一定会见到他的成功。

答魏师说

丁亥

师伊到我这里来，仔细听他讲了你每天学习都有所长进的功夫，同时收到你的信，言语恳切，对我是一个很大的安慰。你所说"任情任意是良知，其实，你有意做某件事，不依本来的良知而自认为它是良知，你就可以发现其中的毛病了"，意识和良知应当辨析清楚，凡是一个事物引起我们的念头，都叫作意识；意识有对有错，能够识别意识的对错的是良知；如果按照人本来的良知办事，则不会有什么差错了。凡是拘泥于体面，被形势所逼迫而做一些不合要求的事的毛病，都是因为致良知之心没能诚切专一；如果能够诚切专一，自然就没有这种毛病了。凡是作事不能周密思考，以致有轻率苟且的毛病的地方，这也是因致良知之心没能诚切专一，也是没能透彻明白地发现自己的良知。如果能透彻明白地发现自己的良知，则所谓体面的形势，不过是人的良知的巧妙运用，离开了体面和形势，也就没有良知可言了，又怎么会被自己的良知束缚呢？既然已经动了私心邪念，那么也就不可能弄清良知的本来面目了。现在我们的好多的同志们虽然都知道良知无所不在，但一涉及应酬之事，便又将人情物理和良知看成两回事，这确实不能不引起我们的注意。

与马子莘

丁亥

连得所寄书,诚慰倾渴。缔观来书,其字画文彩皆有加于畴昔,根本盛而枝叶茂,理固宜然;然草木之花,千叶者无实,其花繁者,其实鲜矣。迩来子莘之志,得无微有所溺乎?是亦不可以不省也。良知之说,往时亦尝备讲,不审迩来能益莹彻否?明道云:"吾学虽有所受,然'天理'二字,却是自家体认出来。"良知即是天理。体认者,实有诸己之谓耳,非若世之想像讲说者之为也。

近时同志莫不知以良知为说,然亦未见有能实体认之者,是以尚未免于疑惑。盖有谓良知,不足以尽天下之理,而必假于穷索以增益之者;又以为徒致良知,未必能合于天理,须以良知讲求其所谓天理者,而执之以为一定之则,然后可以率由而无弊。是其为说,非实加体认之功,而真有以见夫良知者,则亦莫能辩其言之似是而非也。莆中故多贤,国英及志道二三同志之外,相与切磋砥砺者,亦复几人?良知之外,更无知;致知之外,更无学;外良知以求知者,邪妄之知矣。外致知以为学者,异端之学矣。道丧千载,良知之学,久为赘疣,今之友朋,知以此事日相讲求者,殆空谷之足音欤!想念虽切,无因面会,一罄此怀,临书惘惘不尽。

与马子莘

丁亥

接连收到你的好几封来信,对我热切企盼你的来信的心情来说是一个安慰。仔细阅读你的来信,发现你的书法和文采比以前都有进步,树只有根深才能叶茂,理本来就是这样;然而草木之花,树叶很多的倒不结果实,花很多的结的果实一定很少。近来子莘(马明衡的字)你的思想,是否有一些偏差?这不得不引起重视。良知学说,以前也曾仔细讲解,不知近来是否明白了?明道曾说:"我学习虽然有人指教,但'天理'这两个字,却是我自己体认出来的。"良知就是天理,所谓体认,即是自己有亲身经历,而不是像世上有些所谓讲道者的信口开河。

近来同志们都知道良知学说,但没有见谁有亲身体验,所以对这个学说不免将信将疑。有人认为,良知不足以涵盖天理,而必须通过仔细探求事物的道理来相补充;或者认为仅仅是发现良知,不一定都与天理相契合,必须通过良知来讲求天理,并把它作为一个定则,然后才能统观全局而不会出现差错。对于这种说法,如果没有体认的功夫从而真正发现良知的话,那么就不可能辨别这种说法似是而非的错误。莆田这个地方原来有很多贤达之士,现在除了国英(陈杰的字)和志道(林达的字)等两三个志同道合的人之外,能够相互讲求学问的又有几个人呢?在良知之外没有什么知识,在发现良知之外,不会有什么学问。在良知之外去求知识,所得到的一定是邪妄的知识,在发现良知之外去寻求学问,所得到的一定是异端邪说。在大道失传已经达千年的时刻,良知学说,也很久不盛行了。现在我的朋友们,知道以此相互讲求切磋,就像空旷的山谷中突然传来

与毛古庵宪副

丁亥

亟承书惠，既荷不遗；中间欿然下问之意，尤足以仰见贤者进修之功，勤勤不懈，喜幸何可言也。无因促膝，一陈鄙见以求是正，可胜瞻驰！凡鄙人所谓致良知之说，与今之所谓体认天理之说，本亦无大相远，但微有直截迂曲之差耳。譬之种植，致良知者，是培其根本之生意而达之枝叶者也；体认天理者，是茂其枝叶之生意而求以复之根本者也。然培其根本之生意，固自有以达之枝叶矣；欲茂其枝叶之生意，亦安能舍根本而别有生意可以茂之枝叶之间者乎？吾兄忠信近道之资，既自出于侪辈之上；近见胡正人，备谈吾兄平日工夫，又皆笃实恳切，非若世之徇名远迹，而徒以支离於其外者；只如此用力不已，自当循循有至，所谓殊途而同归者也。

亦奚必改途易业，而别求所谓为学之方乎！惟吾兄益就平日用功得力处，进步不息，譬之适京都者，始在偏州僻壤，未免经历于傍蹊曲径之中；苟志往不懈，未有不达于通衢大路者也。病躯咳作，不能多及，寄去鄙录，末后论学一书，亦颇发明鄙见，暇中幸示及之！

人的脚步声一样让人欣慰。非常想念你们,却没有机会见面。在此表达我的心情,在下笔的时候惆怅不已。

与毛古庵宪副

丁亥

多次收到你的来信,本来已经很劳驾你不辞辛劳,而在信中又很诚恳的不耻下问,尤其可以表现你进修的功夫,勤勤恳恳,不稍懈怠,欣喜和荣幸无法用言语表达。没有机会和你促膝谈心,只有陈述一下鄙人的见解,请你批评指正,希望能早日送到你的书桌上。我的所谓致良知的说法和现在所谓体认天理的说法,本来也相差不远,但稍微有些直截了当与迂回曲折的差别。就像种树一样,致良知的说法是培养树的根,使其生长良好,最后表现在枝叶上;而体认天理的说法,则是竭力使枝叶生长繁茂,最后希望它能使根生长良好。使树的根生长良好,必然会使枝叶生长良好,而希望枝叶生长良好,除去使树根繁茂的办法之外还会有别的办法吗?吾兄忠信近道的禀赋,本来就在同辈人之上,不久前见到胡正人,他仔细谈了吾兄平日所下的工夫,认为你笃实恳切,不像世间那些保全名节,远离尘世,只以支离破碎的学问炫耀于外的人;只要这样不断用功,一定会慢慢地有收获,这就是所谓的殊途同归罢!

为什么一定要改途易业,去另外寻求什么治学的方法呢?吾兄只要在平时用功的地方更加努力,不会不进步的。譬如要到京都去的,开始时是处在偏僻地区的,不免要经过一些弯曲小路,但只要坚持不懈,一定会走上通衢大道的。我这多病的身体,咳嗽又犯了,不能多写,现在给你寄去鄙人的集子,其中最

与黄宗贤

丁亥

人在仕途，比之退处山林时，其工夫之难十倍，非得良友时时警发砥砺，则其平日之所志向，鲜有不潜移默夺，弛然日就于颓靡者。近与诚甫言，在京师相与者少，二君必须预先相约定，彼此但见微有动气处，即须提起致良知话头，互相规切；凡人言语正到快意时，便截然能忍默得；意气正到发扬时，便翕然能收敛得；愤怒嗜欲正到腾沸时，便廓然能消化得：此非天下之大勇者不能也。

然见得良知亲切时，其工夫又自不难。缘此数病，良知之所本无，只因良知昏昧蔽塞而后有，若良知一提醒时，即如白日一出，而魍魉自消矣。

《中庸》谓："知耻近乎勇。"所谓知耻，只是耻其不能致得自己良知耳。今人多以言语不能屈服得人为耻，意气不能陵轧得人为耻，愤怒嗜欲不能直意任情得为耻，殊不知此数病者，皆是蔽塞自己良知之事，正君子之所宜深耻者；今乃反以不能蔽塞自己良知为耻，正是耻非其所当耻，而不知耻其所当耻也；可不大哀乎！诸君皆平日所知厚者，区区之心，爱莫为助，只愿诸君都做个古之大臣；古之所谓大臣

后一章谈论学术,我的个人的见解有很多阐述。希望你在有空时能多给我写信,我将会倍感荣幸!

与黄宗贤

丁亥

人一旦步入仕途,则比之退处山林之时,致良知的功夫上要难上十倍。如果没有良友时时在旁鞭策、激励,那么其平日的远大志向,很少有没潜移默化掉的,以致慢慢地变得颓靡起来。最近与诚甫(黄宗明的字)谈起,在京师所遇到的朋友太少,二人必须预先相互约定好,只要发现谁稍有动气而与良知相悖时,即须提起致良知的话头,加以规劝。凡是在言谈正到得意时,而被迅速忍住沉默的;意气正到风发时,而能迅速加以收敛的;愤怒纵情正到极致时,而能迅速消解的:这些都不是天下大勇之人所不能做到的。

然而,当发现良知其实很亲切而非遥远时,致良知的功夫自是不难。上面所说的几个毛病,是良知本没有的,只因良知后来被堵塞才产生,如果良知一旦被提醒,就会像白日出现,而鬼魅就会自行消散一样。

《中庸》里说:"知耻近乎勇。"所谓知耻,只是以不能致得自己的良知为耻。而今人却多以言谈不能使人屈服为耻,意气不能凌驾于人为耻,愤怒纵情不能任意而为耻,殊不知这几个毛病都是自己良知被堵塞的表现,是正人君子所应深以为耻的;而今人却反不能以堵塞自己的良知为耻,正是耻其所不应当耻,而不知耻其所应当耻,这不是大悲哀吗?诸君都是平日有知识及厚道之人,我的这番心思,只怕爱莫能助,只希望诸君都做

者,更不称他有甚知谋才略,只是一个断断无他技,休休如有容而已。诸君知谋才略,自是超然出于众人之上,所未能自信者,只是未能致得自己良知,未全得断断休休体段耳。今天下事势,如沈疴积痿,所望以起死回生者,实有在于诸君子;若自己病痛未能除得,何以能疗得天下之病!此区区一念之诚,所以不能不为诸君一竭尽者也。诸君每相见时,幸默以此意相规切之,须是克去己私,真能以天地万物为一体,实康济得天下,挽回三代之治,方是不负如此圣明之君,方能报得如此知遇,不枉了因此一大事来出世一遭也。

病卧山林,只好修药饵,苟延喘息;但于诸君出处,亦有痛痒相关者,不觉缕缕至此,幸亮此情也。

答以乘宪副

丁亥

此学不明于世久矣,而旧闻旧习障蔽缠绕,一旦骤闻吾说,未有不非诋疑议者;然此心之良知,昭然不昧,万古一日。但肯平心易气,而以吾说反之于心,亦未有不洞然明白者;然不能即此奋志进步,勇脱窠臼,而犹依违观望于其间,则旧闻旧习又从而牵滞蔽塞之矣。

此近时同志中,往往皆有是病,不识以乘别后意思却如何耳?昔有十家之村,皆荒其百亩,而日惟转籴于市,取其赢余以赡朝夕者;邻村之农劝之曰:"尔朝夕转籴,劳费无

像古代大臣那样的人。古代的所谓大臣,不是因其有什么智谋才略,只是因其无有其他技能,心境平和,保持住良知而已。诸君智谋才略自是远高于众人之上,所不能自信的,只是不能致得自己的良知,没有全是专诚乐善的状态。现在天下形势,如同沉重的病情,想起死回生的希望,都在你们身上;如果自己的病痛都不能治愈,如何疗得天下之病!这区区一念之诚,正是我不能不为诸君进言的原因。诸君日后每有相见之时,希望记住以这个意思相互规劝,如能除去自己的私欲,真能以天地万物为一体,实现安民济世得到天下,挽回三代的大治,才方不负如今的圣明之君,才能报得如此的知遇之恩,才不枉了因此一大事而出世一遭。

我病卧山林,只好休养生息,使能暂时延长寿命;只是对诸君的出处,也有密切的关系,不由得详尽到这里,希望能谅解我这份情意。

答以乘宪副

丁亥

这种学问在世上得不到倡明很久了,而由于旧闻旧习的障蔽缠绕,使得一旦猛然听到我的学说,没有不诋毁生疑的;然而这心的良知,昭然不被蒙昧,几千年如一日。只要能平心易气,且在心中加以思索我的学说,没有不洞然而明白的。但是,如不能按此发奋进步,勇敢摆脱以往窠臼的约束,而依然在其间犹豫观望,那么旧闻旧习又因而拘泥闭塞他了。

这在近来的一些人中,都有这个毛病,不知道在乘别后的意思如何?过去有一个十户人家的小村子,百亩的土地都荒芜了,人们每日只是在市场上倒卖粮食,获得多余的钱供养早晨

期,曷若三年耕则余一年之食;数年耕可积而富矣。"其二人听之,舍籴而田;八家之人竞相非沮遏,室人老幼亦交遍归谪曰:"我朝不籴,则无以为饔;暮不籴,则无以为餐。朝夕不保,安能待秋而食乎?"其一人力田不顾,卒成富家;其一人不得已,复弃田而籴,竟贫馁终身焉。

今天下之人,方皆转籴于市,忽有舍籴而田者,宁能免于非谪乎!要在深信弗疑,力田而不顾,乃克有成耳。两承书来,皆有迈往直进、相信不疑之志,殊为浣慰。人还,附知少致切劚之诚,当不以为迂也。

与戚秀夫

丁亥

德洪诸友时时谈及盛德深情,追忆留都之会,恍若梦寐中矣。盛使远辱,兼以书仪,感怍何既!此道之在人心,皎如白日,虽阴晴晦明,千态万状,而白日之光,未尝增减变动。足下以迈特之资,而能笃志问学,勤勤若是,其于此道真如扫云雾而睹白日耳,奚假于区区之为问乎?病废既久,偶承两广之命,方具辞疏。使还,正当纷沓,草草不尽鄙怀。

和晚上的生活所需。邻村的人见此，劝说道："你们早晚倒卖粮食，劳作费时没有期限，何不如耕作三年那么就得一年的粮食；耕作数年就可积累起来致富了。"有两人听后，舍弃倒卖粮食而耕起田来，其余八户却竞相阻拦，老老幼幼互相谈起而贬斥说："我们早上不买进粮食，就没有早饭，晚上不买进粮食，就没有晚饭。朝夕不保，又怎能保证秋收后再吃饭呢？"其中一人依然耕田而不顾别人的非议，最终成了富家；而另外一人听后动摇，又转而弃田倒卖粮食，最终贫穷饥饿终身。

现在天下的人，都在集市上倒卖粮食，忽然出现有舍弃粮食而耕田的人，难道能免于非议吗？关键在于深信不疑，致力于耕种就不要管别人的非议，这样才能有所成就。我两次接到你的来信，都有勇往直前的气概和坚信不疑的志向，很是欣慰。人回来了，捎信知道很少达到切磋的诚意，你能这样做，自不是迂阔的表现。

与戚秀夫

丁亥

德洪的各位朋友时时谈及盛隆的德行及深厚的情谊，追忆留都时的会见，好像在梦中一样。盛情相邀，兼以书仪伴同，感激不已。这个良知存在于人心，便如白日那样光明，即使有阴晴暗明，千姿百态，而像白日一样的光明，却未曾因之增减变动。阁下以万贯之资财，而能专心致志地求学，又那样的勤奋，其实于良知的道理，如同扫去云雾而白日出现一样，哪里用得着来问鄙人呢？我发病已久，偶然收到两广衙门之命，才准备好奏章，使者将要出发，在这世事纷沓之时，草草而成的这些话不能充

与陈惟濬

丁亥

江西之会极草草，尚意得同舟旬日，从容一谈，不谓既入省城，人事纷沓，及登舟时，惟濬已行矣；沿途甚怏怏。抵梧后，即赴南宁，日不暇给，亦欲遣人相期来此，早晚略暇时可闲话。而此中风土绝异，炎瘴尤不可当，家人辈到此，无不病者。区区咳患亦因热大作，痰痢肿毒交攻。度惟濬断亦不可以居此，又复已之。近得聂文蔚书，知已入漳。患难困苦之余，所以动心忍性，增益其所不能者，宜必日有所进。养之以福，正在此时，不得空放过也。圣贤论学，无不可用之工，只是"致良知"三字，尤简易明白，有实下手处，更无走失。

近时同志，亦已无不知有致良知之说，然能于此实用功者绝少，皆缘见得良知未真，又将"致"字看太易了，是以多未有得力处；虽比往时支离之说稍有头绪，然亦只是五十步百步之间耳。就中亦有肯精心体究者，不觉又转入旧时窠臼中，反为文义所牵滞，工夫不得洒脱精一，此君子之道所以鲜也。

此事必须得师友时时相讲习切劘，自然意思日新。自出山来，不觉便是一年。山中同志结庐相待者，尚数十人，时有分表达我心中的意思。

与陈惟濬

丁亥

江西相会过于匆忙，故而期望能够同舟旬日，能从容地谈一谈，不想一入省城，人事纷沓而至，等到登舟之时，惟濬已走了，让我沿途之中心情怏怏憾然。到达梧州后，又即赴南宁，整日奔忙，期间本想派人去与你约好时间来此地，早晚没事后也好闲聊。却不料此地风土与别处不同，炎瘴之病灾流行，我家人一行到这儿没有不病倒的，连我那咳喘毛病，也因受热大发作，痰多痫疾浮肿交攻，估计惟濬断不能居住此地，又罢免。最近收到聂文蔚的信，知其已经到达漳州，在患难困苦之余，而能修身养性，增益所不能的方面，一定每日有所进步，借着福正在此时，不要放过这个机会。古代圣贤论及学问，没有不能用的功夫，只是"致良知"这三个字，尤其简单明了，且有实际着手的地方，更不会走失。

近来人们没有不知道有致良知这一学说的，但能在这方面确实下功夫的却很少，都因为不知道什么是真正的良知，而且又将"致"字看得太简单，因而多没有效果。虽然有某些人在此方面稍有头绪，也不过如五十步与百步没什么差别。其中即便有精心研究的人，也多不自觉地陷入旧时的窠臼中，反被文章义理所滞留堵塞，使得所做工夫不能洒脱精粹，故此君子之道，能达到的很少。

此中道理必须有师友时时相讲习切磋，这样自然意思日新，收获日增。自我出山以来，不知不觉又是一年过去，留在山中的

书来，尽令人感动；而地方重务，势难轻脱，病躯又日狼狈若此，不知天意竟如何也。文蔚书中所论，迥然大进，真有一日千里之势，可喜可喜！颇有所询，病中草草答大略。见时可取视之，亦有所发也。

寄安福诸同志

丁亥

诸友始为惜阴之会，当时惟恐只成虚语。迩来乃闻远近豪杰闻风而至者以百数，此可以见良知之同。然而斯道大明之几，于此亦可以卜之矣。喜慰可胜言耶！得虞卿及诸同志寄来书，所见比旧又加亲切，足验工夫之进，可喜可喜！只如此用工去，当不能有他岐之惑矣。明道有云："宁学圣人而不至，不以一善而成名。"

此为有志圣人而未能真得圣人之学者，则可如此说。若今日所讲良知之说，乃真是圣学之的传，但从此学圣人，却无有不至者。惟恐吾侪尚有一善成名之意，未肯专心致志于此耳。在会诸同志，虽未及一一面见，固已神交于千里之外，相见时幸出此共勉之。王子茂寄问数条，亦皆明切；中间所疑，在子茂亦是更须诚切用功。到融化时，并其所疑亦皆释然沛然，不复有相阻碍，然后为真得也。

同志一起协调做事的尚有数十人，经常有书信来，所做所为很让人感动不已。而对于我自己，繁重的地方事务在肩，实难轻易摆脱，加之有病的身子一日比一日狼狈，真不知天意若何？从文蔚信中的所及看，又有了很大的进步，真有一日千里的气势，可喜可贺！所要询问的很多，病中只能回答个大概，读时可有所选取，能有发现最好。

寄安福诸同志

丁亥

各位友人当时准备惜阴之会时，初时还恐成为空话，但到后来却听说远近众多豪杰之士，闻听此事而要参加者能以百数计，由此可见人们对良知说的赞同，而且此道理得到倡明的征兆，由此也可以推算出的。我真是太高兴了！收到虞卿及诸位同志寄来的书信，信中所说比之以前更让我觉得亲切，足以表明你们致良知的工夫又进了一步，可喜可喜！如一直能这样的去用功，则自不会再有被歧义所迷惑的现象。明道曾说过："宁学圣人而不至，不以一善而成名。"

这是有志做一位圣人但其实并没有真正得到圣人之学的人，才会说这样的话。像今日所讲的良知学说，才真可以说是圣学传下的核心，则从此刻起学圣人，是没有达不到的。怕只怕吾辈中还有因"一善成名"的想法，以致不能专心致志于此说的现象。参加会的各位同志，虽然我无法与他们一一见面，却已是在千里之外神交已久，在相见时希望能提出我的意思共勉之。王子茂来信提出的几个问题，都很明确；中间所存在的疑问，对于子茂是需要去更踏实用功的。等到所学融为一体时，所存的

凡工夫只是要简易真切。愈真切，愈简易；愈简易，愈真切。病咳中不能多及，亦不能一一备列姓字，幸以意亮之而已！

与钱德洪王汝中

丁亥

家事赖廷豹纠正，而德洪、汝中又相与薰陶切劘于其间，吾可以无内顾矣。绍兴书院中同志，不审近来意向如何？德洪、汝中既任其责，当能振作接引，有所兴起；会讲之约但得不废，其间纵有一二懈弛，亦可因此夹持，不致遂有倾倒。余姚又得应元诸友作兴鼓舞，想益日异而月不同。老夫虽出山林，亦每以自慰。诸贤皆一日千里之足，岂俟区区有所警策？聊亦以此示鞭影耳。

即日已抵肇庆，去梧不三四日可到。方入冗场，未能多及，千万心亮！绍兴书院及余姚各会同志诸贤，不能一一列名字，幸亮！

二

戊子

地方事幸遂平息，相见渐可期矣。近来不审同志叙会如何？得无法堂前今已草深一丈否？想卧龙之会，虽不能大有所益，亦不宜遂致荒落；且存饩羊，后或兴起亦未可知。

疑问自会消失而豁然开朗，不会再有阻碍，这样之后才是真正得到。

凡是工夫务必要简易真切。愈是真切，才会愈简易；愈简易，才会愈真切。因为病中，不能多谈，也不能一一备列姓名问候，见谅。

与钱德洪王汝中

丁亥

家事幸有魏廷豹处理，且又有德洪、汝中在其间熏陶切磋，我可以无后顾之忧了。绍兴书院的同志，不知近来意向如何？德洪、汝中既担负责任，则应当振作发奋，使所负责的事情有所起色。会讲的惯例，不要取消，其间如有一二懈怠松弛的人，则要严格要求不使其退步。在余姚又得到应元诸位朋友的鼓舞激励，想来更是每日每月都有新的变化。我虽然出于山林，也每每以此自慰。诸位贤者都表现出一日千里的上进气势，哪里用等到我的鞭策？只不过亮亮鞭影就行了。

即日已到达肇庆，再不过三四日可到梧州。刚刚涉入俗世，事多不能多谈，千万见谅！绍兴书院及余姚各会同志诸贤，这儿不能一一列名问候，见谅！

二

戊子

地方上的事幸好被平息了，相见指日可待。近来，不知诸位同志会讲的情况怎样了？恐怕法堂前的草现在已经有一丈深了吧？想到卧龙之会，虽说不上有极大的好处，也不致会衰落下

余姚得应元诸友相与倡率,为益不小;近有人自家乡来,闻龙山之讲至今不废,亦殊可喜。书到,望为寄声,益相与勉之。九、十弟与正宪辈,不审早晚能来亲近否?或彼自绝望,且诱掖接引之,谅与人为善之心,当不俟多喋也。魏廷豹决能不负所托,儿辈或不能率教,亦望相与夹持之;人行匆匆,百不一及;诸同志不能尽列姓字,均致此意。

三

戊子

德洪、汝中书来,见近日工夫之有进,足为喜慰。而余姚绍兴诸同志,又能相聚会讲切,奋发兴起,日勤不懈。吾道之昌,真有火燃泉达之机矣。喜幸当何如哉?喜幸当何如哉?此间地方悉已平靖,只因二三大贼巢,为两省盗贼之根株渊薮,积为民患者,心亦不忍不为一除翦,又复迟留二三月。今亦了事矣,旬月间便当就归途也。守俭、守文二弟,近承夹持启迪,想亦渐有所进。正宪尤极懒惰,若不痛加针砭,其病未易能去。父子兄弟之间,情既迫切,责善反难,其任乃在师友之间。想平日骨肉道义之爱,当不俟于多嘱也。

书院规制,近闻颇加修葺,是亦可喜;寄去银二十两,

去。不妨暂且保存着饩羊等供奉品，以备日后此地再次兴起所需，也说不定。在余姚得到应元诸位朋友的帮助，收益不小；近来有人从家乡来，听说龙山会讲至今没有停止，实在可喜！信到后望给以转达，相与共勉之！九弟、十弟与正宪等人，不知能否来我这儿，也好亲近一下吗？如有彼自绝望的时候，则请引导扶持，体谅到这一与人为善的心情，自不必我多啰嗦。魏廷豹必会不负所托，儿辈一行如有的不能率而教之，则希望对其严格要求。寄书人忙着上路，所说百不及一，诸位同志不能尽列姓名，这儿一并致以问候。

三

戊子

德洪、汝中的信已收到，从信中可以看出近日的工夫又有了大进步，让人欣慰！而余姚绍兴诸位同志，又能相互合作坚持会讲，发奋兴起，每日勤奋不懈，可见我这学说之昌明，真有如火苗燃起、泉水达通那样的好机遇啊。让人太高兴了！让人太高兴了！这里地方之乱皆已平息，只因二三大贼巢是两省盗贼的根据地，长年为民所患，因而我不能不一一剪除这些祸害，从而又迟留了二三月。现在已了却此事，一旬半月间就能踏上归途的。守俭、守文二弟，因近来承受师教启迪，想必是有所进步吧。正宪尤其懒散，如不及时痛加贬责，其毛病恐怕不会轻易除去。父子兄弟之间，亲情本就极深，而使得褒扬善易，惩罚恶就难以下手，其中的责任乃在于老师与朋友两者间。多想想平日骨肉道义的互爱之情，该怎样做，应当不必让我多叮嘱吧。

书院规制，近来我听说又得到进一步修葺，可喜可喜。今寄

稍助工费。墙垣之未坚完及一应合整备者，酌量为之；余情面话不久。

答何廷仁

戊子

区区病势日狼狈，自至广城，又增水泻，日夜数行，不得止，今遂两足不能坐立。须稍定，即逾岭而东矣。诸友皆不必相候。果有山阴之兴，即须早鼓钱塘之舵，得与德洪、汝中辈一会聚，彼此当必有益。区区养病本去已三月，旬日后必得旨，亦遂发舟而东。纵未能遂归田之愿，亦必得一还阳明，与诸友一面而别，且后会又有可期也。千万勿复迟疑，徒耽误日月。总及随舟而行，沿途官吏送迎请谒，断亦不能有须臾之暇，宜悉此意；书至，即拨冗。德洪、汝中辈亦可促之早为北上之图。伏枕潦草。

去二十两白银，希望对工费有所资助，对于不坚固的墙壁及应当整备的方面，希望酌量为之。余情不久见面再叙。

答何廷仁

戊子

我的病情日渐恶化，自到广城，又出现水肿，由于几天日夜不停地行进，以致现在两脚都无法站立，必须稍作休息方能越岭东行，各位朋友皆不必等候。如有山阴的相遇，应立即驾钱塘江之船，能与德洪、汝中辈聚会，彼此必然十分有益。我养病奏本已呈上三个月，不久必会得圣旨，就乘舟出发东行。即使不能实现我归田的愿望，也必会得一机会回去看看，让我与诸友见上一面，其次以后相会也指日可待。因此，你们千万不要迟疑，耽误时日，而我随舟东行，沿途官吏必会送迎效力，因而恐怕难有短暂的闲暇时间。基于此，你们应一接到我这封信，就要迅速出发，与我相会，德洪、汝中辈也要时时加以督促，以早做北上之举。潦草写于枕上。

卷之七　文录四

序记说

别三子序

丁卯

自程、朱诸大儒没而师友之道遂亡。六经分裂于训诂,支离芜蔓于辞章业举之习,圣学几于息矣。

有志之士思起而兴之,然卒徘徊嗟咨,逡巡而不振,因弛然自废者,亦志之弗立,弗讲于师友之道也。

夫一人为之,二人从而翼之,已而翼之者益众焉,虽有难为之事,其弗成者鲜矣。一人为之,二人从而危之,已而危之者益众焉,虽有易成之功,其克济者亦鲜矣。故凡有志之士,必求助于师友。无师友之助者,志之弗立弗求者也。

自予始知学,即求师于天下,而莫予诲也;求友于天下,而与予者寡矣;又求同志之士,二三子之外,邈乎其寥寥也。

殆予之志有未立邪?盖自近年而又得蔡希颜、朱守忠于山阴之白洋,得徐曰仁于余姚之马堰。曰仁,予妹婿也。希颜之深潜,守忠之明敏,曰仁之温恭,皆予所不逮。三子者,徒以一日之长,视予以先辈,予亦居之而弗辞。非能有加也,姑欲假三子者而为之证,遂忘其非有也。

别三子序

丁卯

　　自程颐、程颢、朱熹等各位儒学大家去世之后,师生朋友之道随之消亡。六经因为训诂学繁琐考证而分裂,因为辞章而支离破碎,芜杂蔓生,学业科举几乎没有再研习圣学了。

　　有志之士想要起来振兴它,然而终于徘徊叹息,畏葸瞻顾,振奋不起。终于徒劳而废弛的原因,也是志向不立,不讲师友之道。

　　如果一个人行动起来,两个人跟随帮助,随即跟从辅助的人更多了,虽有难行之事,干不成功的就很少了。如果一个人行动起来,两个人跟着危害破坏,不久危害破坏的人更多了,这样虽有易成之功,能够达成的也极少了。所以,大凡有志之士,必须求助于师生朋友,没有师生朋友相助的,就是志向不能树立、没有什么追求的人了。

　　自从我一开始知道学习,就求师于全天下,却没有人教诲我;求朋友于全天下,却很少有人参加;又求志同道合的人,除了两三个人之外,寥寥无几。

　　难道是我志向不曾树立吗?大约从近几年来,与山阴县白洋的蔡希颜、朱守忠,余姚县马堰的徐曰仁结为朋友。曰仁是我的妹夫;希颜为人深沉、守忠为人机敏、曰仁为人温和恭敬,这都是我所不能比得上的三位先生。只因为我比他们年长一点,他们把我看作前辈,我也接受而不推辞。不是能力有过人之处,暂时想而三子者，亦姑欲假予而存师友之饩羊，不谓其不可也。当是之时，其相与也，亦渺乎难哉！予有归隐之图，方将与三子就云霞，依泉石，追濂、洛之遗风，求孔、颜之真趣，洒然而乐，超然而游，忽焉而忘吾之老也。

今年三子者为有司所选，一举而尽之；何予得之之难，而有司者袭取之之易也！予未暇以得举为三子喜，而先以失助为予憾；三子亦无喜于其得举，而方且戚于其去予也。

漆雕开有言："吾斯之未能信。"斯三子之心欤？鲁点志于咏歌浴沂，而夫子喟然与之，斯予兴三子之冥然而契，不言而得之者欤？三子行矣，遂使举进士，任职就列，吾知其能也，然而非所欲也。

使遂不进而归，咏歌优游有日，吾知其乐也，然而未可必也。天将降大任于是人，必先违其所乐而投之于其所不欲，所以衡心拂虑而增其所不能。是玉之成也，其在兹行欤！三子则焉往而非学矣，而予终寡于同志之助也。

三子行矣！"深潜刚克，高明柔克"，非箕子之言乎？温恭亦沉潜也，三子识之，焉往而非学矣。苟三子之学成，虽不吾迩，其为同志之助也不多乎哉！增城湛原明宦于京师，吾之同道友也，三子往见焉，犹吾见也已。

借三位的尊崇做师友之道的证明，就忘了自己没有多大能力了。

而这三个人，也是想暂借我的名义保存师友之道，不说他不可以了。当这个时候，我们几个人的交往过从，也淡然难以密切！我有隐居之意，想和这三位漫游于云霞缭绕的山林泉石之间，效仿濂洛一带学者遗风，追求孔子、颜渊的真趣，洒脱快乐，超然物外、尽兴游荡，飘飘然忘记自己已经老了。

今年这三位被官府选拔，一起都中举了，为什么我求之不得，如此之难，而官府却如此容易就将他们罗致去了？我没时间为他们三人中举而高兴，却先为失去辅助而遗憾；三人也并不因得以中举而高兴，却正为离我而去而伤怀。

漆雕开有句话说："我对此不能相信。"这是三位的真实心理吧？鲁点抒发志向是吟诗歌唱，在沂水中沐浴，而孔老夫子感叹着赞同他，这像我和三位之间的默契，不需言辞就得达到的情况吧？三位走了！就让他们得中进士，为官作宦，位列大臣去吧，我知道他们能成功，却不是他们内心所愿。

如果让他们不去科举为官而归隐，每天吟咏诗歌优哉游哉，我知道他们也快乐，然而他们未必这么做。上天将要降大任给予这个人，必然会违背这人内心乐事，而将他投到他不愿意的地方，并使他静心澄虑，增加他所不能的事，这是促成他，助他成功。就是指的这件事吧？三位到哪里去不是学习呢，我却终于少了志同道合之士的辅助了。

三位走了！"深沉稳健，能刚能柔，见识高超而英明"，这不是箕子的话吗？温和恭敬也是深沉稳健，三位记住，到什么地方去不是学习呢？如果三位学业成就，虽在与我相别甚远，作为相辅助的同志之士，不也多起来了吗？增城的湛原明，

赠林以吉归省序

辛未

阳明子曰："求圣人之学而弗成者，殆以志之弗立欤？天下之人，志轮而轮焉，志裘而裘焉，志巫医而巫医焉，志其事而弗成者，吾未之见也。轮、裘、巫医遍天下，求圣人之学者，间数百年而弗一二见，为其事之难欤？亦其志之难欤？弗志其事而能有成者，吾亦未之见也。"

林以吉将求圣人之事，过予而论学。予曰："子盍论子之志乎？志定矣，而后学可得而论。子闽也，将闽是求，而予言子以越之道路，弗之听也；予越也，将越是求，而子言予以闽之道路，弗之听也。夫久溺于流俗，而骤语以求圣人之事，其始也，必将有自馁而不敢当；已而旧习牵焉，又必有自眩而不能决；已而外议夺焉，又必有自沮而或以懈。失馁而求有以胜之，眩而求有以信之，沮而求有以进之，吾见立志之难能也已。志立而学半，四子之言，圣人之学备矣；苟志立而于是乎求焉，其切磋讲明之益，以吉自取之，尚其有穷也哉？见素先生，子诸父也，子归而以予言正之，且以为何如？"

在京城做官，是我的志同道合的朋友，三位前去拜见，就像我去拜见一样。

赠林以吉归省序

辛未

阳明先生说："追求圣人的学问却未能成功的，大概是因为志向没树立吧？天下之人，立志做车轮就做成车轮、立志做裘衣就做成裘衣，立志做巫师或医生就做成巫师或医生，立志做什么事却不成功的，我没见过。车轮木工、裘衣裁缝、巫师医生遍地都是，追求圣人学问的人，隔数百年见不着一两个人，是因为这件事难做吗？还是因为这个志向难立呢？在这件事上不立志，却能有所成功的，我也没见过。"

林以吉将要追求圣人学问，来访问我并讨论学问。我说："您何必讨论您的志向呢？志向定了，即使后辈学生也可以讨论。你是福建人，要到福建去，而我给你讲去绍兴的道路，你不会听；我是绍兴人，要到绍兴去，而你给我讲到福建去的道路，我不会听。长时间沉溺在流俗之中，忽然听他讲追求圣人之道，虽有开始，必将有他气馁的时候，而不能够善始善终；旧有习惯的牵扯，又必然会有蒙住自己的视线却不能明了决断的；外界议论的冲击，又必然会有自己沮丧或者懈怠。气馁之后，要求有办法克服，迷蒙之后，要求有办法确证，沮丧懈怠停步不前的，要求有办法推进，由此可见立志是多么难。志向之下，学业之事就有一半成功了，四书之言，圣人学问就具备了。如果志向立定在这里面追求，切磋学问、讲求明白的好处，以吉你自己选取，难道还有个穷尽吗？见素先生是你的长辈、你回去将我的话讲给

送宗伯乔白岩序

辛未

大宗伯白岩乔先生将之南都，过阳明子而论学。阳明子曰："学贵专。"先生曰："然！予少而好奕，食忘味，寝忘寐，目无改观，耳无改听。盖一年而诎乡之人，三年而国中莫有予当者。学贵专哉！"阳明子曰："学贵精。"先生曰："然！予长而好文词，字字而求焉，句句而鸠焉，研众史，核百氏。盖始而希迹于宋唐，终焉浸入于汉魏。学贵精哉！"阳明子曰："学贵正。"先生曰："然！予中年而好圣贤之道。奕吾悔焉，文词吾愧焉，吾无所容心矣。子以为奚若？"阳明子曰："可哉！学奕则谓之学，学文词则谓之学，学道则谓之学，然而其归远也。道，大路也。外是，荆棘之蹊，鲜克达矣。是故专于道，斯谓之专；精于道，斯谓之精。专于奕而不专道，其专溺也；精于文词而不精于道，其精僻也。夫道广矣大矣，文词技能于是乎出，而以文词技能为者，去道远矣。"

"是故非专则不能以精，非精则不能以明，非明则不能以诚，故曰：'惟精惟一。'精、精也；专，一也。精则明矣，明则诚矣。是故明，精之为也；诚，一之基也！一，天下之大本也；精，天下之大用也；知天地之化育，而况于文词技能之

他听，让他评论、看他认为怎样？"

送宗伯乔白岩序

辛未

　　大宗伯乔白岩先生将要到南京去，到我阳明先生这里来探讨学问。阳明先生说："学习贵在专心。"乔白岩先生说："对！我年少时好下棋，吃饭不知味道，躺下不知睡觉，眼睛从不看别处，耳朵从不听旁声，大约一年打败乡里之人，三年就全国无敌了。学习贵在专心啊！"阳阳先生说："学习贵在精绝。"乔先生说："对！我成年以后喜好文词，字字句句地追求，研究各家经史子集，开始希望模仿唐宋，最后又沉浸于汉魏，学习贵在精绝啊！"阳明先生说："学习贵在端正。"乔先生说："对！我中年之后好圣贤之道，我悔恨自己少年好下棋，也为自己成年后好文词而羞愧，我心思没处可放了，你认为应该怎么办呢？"阳明先生说："好办！学下棋可以说是学，学文词可以说是学，学道也可以称作学，然而各自的归宿却相差甚远。道，是大路，此外是布满荆棘的小路，很少有能达到目的地的，所以专心一意地行大道，这才叫作专；精心修道，才叫作精绝；专心于下棋而不专心于大道，这是专心于沉沦；精心讲求文词而不精心讲求大道，这是精绝得偏僻。大道既广又大，文词技能等等从这里生发出来，而用文词技能来求大道，离开大道就更远了。"

　　"所以不能专心一意就不能做到精绝，不能做到精绝就不能做到精通明晰，不能做到精通明晰，就不能做到精诚忠实。所以说要：'惟精惟一。'精，就是要精心、精细、精绝；专，就是专心一意。精就能明，明就能诚。所以说，明，是精的结果；

末乎?"先生曰:"然哉!予将终身焉,而悔其晚也。"

阳明子曰:"岂易哉?公卿之不讲学也久矣。昔者卫武公年九十而犹诏于国人曰:'毋以老耄而弃予。'先生之年半于武公,而功可倍之也。先生其不愧于武公哉?某也,敢忘国士之交警!"

赠王尧卿序

辛未

终南王尧卿为谏官三月,以病致其事而去,交游之赠言者以十数,而犹乞言于予。甚哉,吾党之多言也!

夫言日茂而行益荒,吾欲无言也久矣。自学术之不明,世之君子以名为实。凡今之所谓务乎其实,皆其务乎其名者也,可无察乎!尧卿之行,人皆以为高矣;才,人皆以为美矣;学,人皆以为博矣;是可以无察乎?自喜于一节者,不足与进于全德之地;求免于乡人者,不可以语于圣贤之途;气浮者,其志不确;心粗者,其造不深;外夸者,其中日陋;已矣,吾恶夫言之多也!

虎谷有君子,类无言者;尧卿过焉,其以予言质之。

诚,是专一的基础。专一,是天下的根本;精绝,是天下最实用的方法。由此而能知道天地的繁衍生息,何况文词技能这些细枝末节的东西呢?"乔先生说:"对啊!可惜我人快死了,后悔我明白晚了。"

阳明先生说:"这不是在轻易放弃了吗?达官公卿不讲学问已很久了,当年卫武公年纪九十,还下诏告诫臣民:'不要因为我年纪太老而抛弃我。'您年纪才是卫武公的一半,而功业可以超过他一倍,您与卫武公相比难道不羞愧吗?我,不敢忘记国士要互相警劝的道理。"

赠王尧卿序

辛未

终南山王尧卿做谏官三个月,因病退休而离任。有来往交情的,向他临别赠言的人有十几个,仍请求我赠言。太多啦!我们这些人太多言了。

言语越来越多而行动越来越少,我想闭口无言,很久了。自从学术的问题越来越不明,社会上的知识者将形式当作实际内容,大凡今天所谓的务实,都是在追求虚名形式,能不仔细考察吗?尧卿的品行,人们都说高尚;才能,人们都说优秀;学问,人们都说博大。这可以不考察吗?自己沾沾自喜于一点小小的气节,不足以修养到至善至美的境地;只求在本乡里没有过失的,不足以跟他谈论圣贤之道;心气浮躁的,他的志向不确定;心神不定的,所以达到的成就不高深;喜欢向外夸夸其谈的,内心越来越浅薄疏陋;算了吧,我讨厌言语如此之多!

虎谷那地方有一位君子,像是没有话的,尧卿要见了他,将我

别张常甫序

辛未

太史张常甫将归省，告别于司封王某曰："期之别也，何以赠我乎？"某曰："处九月矣，未尝有言焉，期之别，又多乎哉？"常甫曰："斯邦期之过也；虽然必有以赠我。"

某曰："工文词，多论说，广探极览，以为博也，可以为学乎？"常甫曰："知之。"

"辩名物，考度数，释经正史，以为密也，可以为学乎？"常甫曰："知之。"

"整容色，修辞气，言必信，动必果，谈说仁义，以为行也，可以为学乎？"常甫曰："知之。"

曰："去是三者，而恬淡其心，专一其气，廓然而虚，湛然而定，以为静也，可以为学乎？"常甫默然良久曰："亦知之。"

某曰："然，知之；古之君子，惟有所不知也，而后能知之；后之君子，惟无所不知，是以容有不知也。夫道有本，而学有要。是非之辩精矣，义利之间微矣，斯吾未之能信焉。曷亦姑无以为知之也，而姑疑之，而姑思之乎？"常甫曰："唯！吾姑无以为知之，而姑疑之，而姑思之。期而见，吾有以复于子。"

的话向他探讨。

别张常甫序

辛未

太史张常甫将要回家省亲,向司封王某告别说:"不久就要分别了,以什么来赠我呢?"王某说:"咱们相处有九个月了,没有什么话说,不久就分别,又何必多言呢?"常甫说:"这是时间太紧的原因,虽然如此,一定要有什么来赠我。"

王某说:"善于文词,多有论说,广泛探索、竭力阅览,来达到博学,可以说是治学了吗?"常甫说:"知道了。"

"辩论事物的名与实,考证度量数目,解释经典,校正史实,来达到精密,可以说是治学了吗?"常甫说:"知道了。"

王某说:"调整面容表情,修养文辞语气,说话必定讲信用,行动必定有结果,谈论仁义,把这作为品行,可以说是治学了吗?"常甫说:"知道了。"

王某说:"丢弃这三个方面,使内心恬静淡泊,心气专一,胸怀宽阔而谦虚,纯洁安定,来达到沉静的境界,可以说是治学了吗?"常甫沉默很长时间说:"也知道。"

王某说:"对,知道。古代的君子,认为有所不知,然后才能有所知;后代的君子,认为无所不知,才可以容许有所不知。大道有本原,而学问有关键要领,有关是与非的辩论精妙,有关义与利的差别细微,我对此也不敢自信。为什么不姑且认为自己无所知,而先存疑思考呢?"常甫说:"是!我要先认为自己无知,先存疑思考,然后期望能有心得体会向您汇报。"

别湛甘泉序

壬申

颜子没而圣人之学亡，曾子唯"一贯"之旨传之孟轲，终又二千余年而周、程续。自是而后，言益详，道益晦；析理益精，学益支离无本，而事于外者益繁以难。盖孟氏患杨、墨，周、程之际，释、老大行。今世学者，皆知宗孔、孟，贱杨墨，摈释、老，圣人之道，若大明于世。然吾从而求之，圣人不得而见之矣。

其能有若墨氏之兼爱者乎？其能有若杨氏之为我者乎？其能有若老氏之清净自守、释氏之究心性命者乎？吾何以杨、墨、老、释之思哉？彼于圣人之道异，然独有自得也。

而世之学者，章绘句琢以夸俗，诡心色取，相饰以伪，谓圣人之道劳苦无功，非复人之所可为，而徒取辩于言词之间；古之人有终身不能究者，今吾皆能言其略，自以为若是亦足矣，而圣人之学遂废；则今之所大患者，岂非记诵词章之习，而弊之所从来，无亦言之太详、析之太精者之过欤！夫杨、墨、老、释，学仁义求性命不得其道而偏焉，固非若今之学者以仁义为不可学，性命之为无益也。

居今之时而有学仁义，求性命，外记诵辞章而不为者，虽其陷于杨、墨、老、释之偏，吾犹且以为贤，彼其心犹求以自得也。夫求以自得，而后可与之言学圣人之道。

别湛甘泉序

壬申

颜回死后,圣人之学消亡;曾子坚持"一以贯之"的宗旨,传给孟轲,现在已有两千余年,而周敦颐、程氏兄弟继承。从此之后,言辞越详细,而道理却越晦涩难懂;分析道理越精细,学问越支离破碎丢失本原,而专门从事外在东西的,越来越多,也越来越难。大约孟子时以杨、墨两家为患,周、程之时佛家道家盛行。现在的学者,都知道尊崇孔、孟,而轻视杨、墨两家,摒弃佛家道家,圣人之道才能在世上大放光明。可是我们亲自跟从学习,圣人是不可能看到了。

世上有能像墨家那样兼爱的人吗?世上有能像杨朱那样为我的人吗?世上有能像道家老子那样清静自守、佛家那样探究心性的人吗?我如何解释杨、墨、佛、道的思想理论呢?他们与圣人之道差别很大,却有自己的独到之处。

而世上的学者、字雕句琢,来炫耀欺骗,极尽修饰来伪装,认为圣人之道劳苦无功,已不是常人所能做到,而只不过在言词之间辩来说去罢了。古时候的人,有终身研究不透的,现在我都能说出个大概,自己认为能够如此也就差不多了,而圣人之学就此废弃了。现在最大的祸患,难道不是记诵词章这些事吗?弊端的来源,难道不是说得太详细、分析得太精细繁琐的过错吗?杨、墨、道、佛各家,学仁义,求性命,不得其要而偏离了,却不像现在的学者,认为仁义不可学,性命也没什么用。

生活于现在如果有除了学仁义求性命之外,对记诵辞章不屑一为的,虽然他陷入杨、墨、道、佛的偏执之中,我们仍然认为他是贤者。因为他的心仍在追求有所获得。正因为他的心仍然追

某幼不问学，陷溺于邪僻者二十年，而始究心于老、释。赖天之灵，因有所觉，始乃沿周、程之说求之，而若有得焉。顾一二同志之外，莫予翼也，岌岌乎仆而后兴。晚得友于甘泉湛子，而后吾之志益坚，毅然若不可遏，则予之资于甘泉多矣。

甘泉之学，务求自得者也。世未之能知，其知者且疑其为禅。诚禅也，吾独未得而见，而况其所志卓尔若此。

则如甘泉者，非圣人之徒欤！多言又乌足病也！夫多言不足以病甘泉，与甘泉之不为多言病也，吾信之。吾与甘泉友意之所在，不言而会；论之所及，不约而同；期于斯道，毙而后已者。今日之别，吾容无言？

夫惟圣人之学难明而易惑，习俗之降，愈下而益不可回，任重道远，虽已无俟于言，顾复于吾心若有不容已也，则甘泉亦岂以予言为缀乎？

别方叔贤序

辛未

予与叔贤处二年，见叔贤之学凡三变：始而尚辞，再变而讲说，又再变而慨然有志圣人之道。

求有所获得，而后才能和他谈学习圣人之道。

我自幼不爱学习，沉溺于歪门邪道二十余年。一开始致力于研究道佛两家，仗着天赋聪明，有所心得，才能按照周、程学说来追求学问，像是有所进取。回头看除了一两个志同道合的人之外，没有和我相齐的，简直是险些跌倒而后爬起来。到了晚年，得与湛甘泉先生为友，之后我的志向更加坚定，毅然前往不可阻挡，我从甘泉那里得到的就更多了。

甘泉做学问，力求有自己的见解，对世人未能明白而他自己能明白的，他尚且怀疑是不是邪说；即使是邪说，我还没有能认识到的，何况他志向坚定到如此与众不同。

像甘泉这样的人，难道不是圣人一类的人吗？多说又不足以担心了。多说不足以影响甘泉，与甘泉不被多言影响，我相信。我和甘泉心里所想，不必说就想到一起；言论不约而同。相约共同探求这圣人之道，死而后已。今天要分别了，我能还有什么话说？

只是那圣人之学，难以弄明却易于迷惑；习惯风俗往下流传却越传越不容易恢复正道。任重道远，虽然已不再期待有什么话，但反过来想对于我，自己的心，却有不得不如此的原因。而甘泉又岂是因为我的话才有所补益吗？

别方叔贤序

辛未

我和方叔贤交往二年，见叔贤做学问有三次变化：开始崇尚辞章，接着变为崇尚讲道辩论，又再变为慷慨激昂有志于圣人之道。

方其辞章之尚,于予若冰炭焉;讲说矣,则违合者半;及其有志圣人之道,而沛然于予同趣。将遂去之西樵山中,以成其志,叔贤亦可谓善变矣。

圣人之学,以无我为本,而勇以成之;予始与叔贤为僚,叔贤以郎中,故事位吾上。及其学之每变,而礼予日恭,卒乃自称门生,而待予以先觉。此非脱去世俗之见,超然于无我者,不能也。虽横渠子之勇撤皋比,亦何以加于此?独愧予之非其人,而何以当之?

夫以叔贤之善变,而进之以无我之勇,其于圣人之道也何有!斯道也,绝响于世余三百年矣,叔贤之美有若是,是以乐为吾党道之。

别王纯甫序

辛未

王纯甫之掌教应天也,阳明子既勉之以孟氏之言。纯甫谓"未尽也",请益曰:"道未之尝学,而以教为职,鳏官其罪矣。敢问教何以哉?"阳明子曰:"其学乎!尽吾之所以学者而教行焉耳。"

曰:"学何以哉?"曰:"其教乎!尽吾之所以教者而学成焉耳。古之君子,有诸己而后求诸人也。"曰:"刚柔淳漓之异质矣,而尽之我教,其可一乎?"曰:"不一所以一之也。

当他崇尚辞章的时候，我们有如冰炭一样不相容；当他崇尚讲道辩论时，与我相违背或相符合的各半；到了他有志于圣人之道，与我志趣非常相同。他要到西樵山中去完成他的志向，叔贤真可以说是善于改变自己了。

圣人学问，以无我为本源，而勇于进取才能达成；我起初和叔贤为同僚，他因为官是郎中，就位在我上，当他求学每一次变化，对我都更加以礼相待，到最后竟自称门生，把我当作他的先知。这要不是抛弃世俗之见，超然无我的人，是不能做到的。即使有横渠先生的勇气，又拿什么超过他呢？我只觉得有愧，不是他本人，我以什么来担当？

因为叔贤善于改变而进到无我的勇敢境界，这对圣人之道是多么难得。这圣人之道，在世间绝迹已有三百余年了，叔贤的美德，有如此之高，所以被我们这些人称道。

别王纯甫序

辛未

王纯甫（王道的字）将要到应天去教书，我就拿孟子的话来勉励他，纯甫认为"还没有完全理解我所说的话"，就进一步请教，问我说："以前没有很好地学习道，现在却要去从事教书的职业，实在是很惭愧。能不能向您请教一下，我凭着什么去教书呢？"我就对他说："用你以前所说的东西，只要把你所学的东西讲出来，教学就可以进行了。"

纯甫又问："用学到的什么东西呢？"我回答他说："用我所教你的，完全掌握了我教给你的知识，就可说是学业有成了。古时候的君子，先是严格要求自己然后才能去要求别人。"又问：

天之于物也，巨微修短之殊位，而生成之一也；惟技也，亦然；弓冶不相为能，而其足于用亦一也；匠斫也，陶垣也，圬墁也，其足以成室亦一也。是故立法而考之，技也；各诣其巧矣，而同足于用；因人而施之，教也；各成其材矣，而同归于善。仲尼之答仁孝也，孟氏之论货色也，可以观教矣。"
曰："然则教无定法乎？昔之辩者，则何严也？"

曰："无定矣，而以之必天下，则弓焉而冶废。匠焉而陶圬废。圣人不欲人人而圣之乎？然而质人人殊，故辩之严者，曲之致也；是故或失则隘，或失则支，或失则流矣；是故因人而施者，定法矣；同归于善者，定法矣；因人而施，质异也；同归于善，性同也；夫教，以复其性而已；由尧、舜而来，未之有改，而谓无定乎？"

别黄宗贤归天台序

壬申

君子之学，以明其心。其心，本无昧也，而欲为之蔽，习为之害。故去蔽与害，而明复，匪自外得也。心犹水也，污入

"人们有性情刚烈的，有温顺柔和的，而他们都要靠我来教，难道我可以用同一种方法来教他们吗？"我回答说："正因为不一样，所以，才用一样的道理。上天对于万物，大小长短，有着极大的不同，然而，却都是生成一体之中。就拿技艺来说，也是如此，射箭和冶铁，看起来是极不相同的，然而，两者可上升到同一种技术原理。土坯、砖瓦、树木，它们可以组合成一所房子，也是同一个道理。因此立下制度来考核他的，是技艺，各有各的技巧，然而，它们归根到底是为了用来使用；因人而施，是教学的方法；学生们各自成材，然而都应同归于善。孔子主要讲仁义道理，忠孝廉耻，孟子则主要谈论货色，从中可以看出教学的道理来。"纯甫接着又问道："然而，难道不是教无定法吗？古时候善辩的人，怎能敢这样说呢？"

我回答说："无定法，但是用它肯定天下，那么射箭在而冶铁废除。工匠在而泥瓦匠废除。圣人不想使每个人都成为圣贤吗？然而，每个人的素质却不一样，所以辨别越严格，越容易导致偏邪；因此要么过失在于狭隘，要么过失在于分支，要么过失在于传播；因此，因人而施，是一个准则；同归于善，是一个准则。因人而施，是因为素质各异；同归于善，是因为人性相同。因此教书，就是为了恢复人的本性罢了。从尧、舜至今，并没有什么改变，能说是没有定法吗？"

别黄宗贤归天台序

壬申

君子学习，是为了使心中明白。人心，本来没有什么淤塞蒙蔽的，但是欲望会蒙蔽它，习惯会侵害它。所以除去蒙蔽与侵

之而流浊；犹鉴也，垢积之而光昧；孔子告颜渊"克己复礼为仁"，孟轲氏谓"万物皆备于我""反身而诚"。

夫己克而诚，固无待乎其外也；世儒既叛孔孟之说，昧于《大学》"格致"之训，而徒务博乎其外，以求益乎其内，皆入污以求清，积垢以求明者也，弗可得已。

守仁幼不知学，陷溺于邪僻者，二十年；疾疢之余，求诸孔子、子思、孟轲之言，而恍若有见其非，守仁之能也。

宗贤于我，自为童子，即知弃去举业，励志圣贤之学，循世儒之说而穷之，愈勤而益难，非宗贤之罪也。学之难易失得也有原。

吾尝为宗贤言之，宗贤于吾言，犹渴而饮，无弗入也，每见溢于面；今既豁然，吾党之良，莫有及者，谢病去不忍予别，而需予言。

夫言之而莫予听，倡之而莫予和，自今失吾助矣。吾则忍于宗贤之别，而容无言乎？宗贤归矣！为我结庐天台雁荡之间，吾将老焉，终不使宗贤之独往也。

害,使它重新明澈,不是从外界得成。心就像水,污物流入那么水流就污浊;心就像镜子,污垢积累那么镜子就无光。孔子告诫颜回"要克制自己,恢复周礼,行仁义之事",孟子说"天下万物都是为我准备的""反省自身就可以达到心诚"。

如果自己能克制而且诚实,根本就不必有求于外界。世上儒家学者背叛孔孟学说,不懂《大学》中"格物致知"的训诫,而只泛泛地追求广博外界知识,以求对内心有帮助,这都是到污水中追求清洁,积累污垢却追求光明的做法,不能成功。

我幼年时不知道学习,沉溺于异端邪说之中二十年,痛恨内疲之余,向孔子、子思、孟子的言论求助,恍惚之中,好像这不是我能弄通的。

宗贤自从童生开始就知道抛弃中举的追求,勉励自己有志于圣贤之学,遵循大儒学者的学说,并极力探求。虽然越是勤力探求而越困难,这不是宗贤你的过错。学问的难易得失,自有原因。

我曾向宗贤谈到过,宗贤对我的话,像渴了以后得到水喝,没有听不进去的,常常看到他求学若渴的样子溢于言表;现在已经心中豁然开朗,我们这些人中,没有像他这样贤良的,因为有病而辞去,不忍与我当面辞别,却需要我的赠言。

从此以后,我说话没有人来听,我倡导没有人来响应,我失去辅助的人了。我怎能忍心宗贤离去而没有话相送呢?宗贤回天台走了!请你替我在天台山、雁荡山之间建一个草堂,我要老了,我终究不会让宗贤独自去天台。

赠周莹归省序

乙亥

永康周莹德纯尝学于应子元忠；既乃复见阳明子而请益。阳明子曰："子从应子之所来乎？"曰："然。""应子则何以教子？"曰："无他言也，惟日诲之以希圣希贤之学，毋溺于流俗。且曰：'斯吾所尝就正于阳明子者也，子而不吾信，则盍亲往焉。'莹是以不远千里而来谒。"

曰："子之来也独有所未信乎？"曰："信之。"

曰："信之而又来，何也？"曰："未得其方也。"

阳明子曰："子既得其方矣，无所事于吾。"周生悚然。有间，曰："先生以应子之故，望卒赐之教。"

阳明子曰："子既得其方矣，无所事于吾。"

周生悚然而起，茫然有间，曰："莹愚不得其方，先生毋乃以莹为戏？望幸卒赐之教。"

阳明子曰："子之自永康而来也，程几何？"曰："千里而遥。"

曰："远矣！从舟乎？"曰："从舟，而又登陆也。"曰："劳矣！当兹六月，亦暑乎？"曰："途之暑，特甚也。"

曰："难矣，具资粮，从童仆乎？"曰："中途而仆病，乃舍贷而行。"

曰："兹益难矣！"曰："子之来，既远且劳，其难若此

赠周莹归省序

乙亥

永康人周莹字德纯曾经跟从应元忠先生学习,之后又见我来请求学习有所进益。我说:"您从应先生那里来的吗?"他回答说:"是的。""应先生教您什么?"回答说:"没有别的话,只是每天教我向圣贤看齐的学问,不要沉溺于流俗。还说:'这就是我曾得到阳明先生请教的,您如果不信服我,就亲自去拜访他吧。'我就不远千里来拜访您。"

我说:"你这次来,还有什么不曾信服的吗?"他说:"都信服了。"

我说:"都已信服了却又为何而来?"他说:"没有摸索到做学问的门径。"

我说:"您已经得到门径了,没有必要再跟从我了。"周生惊愕了半天,说:"希望先生看在应先生的份上,到底还是赐教吧。"

我说:"您已经得到门径了,没有必要再跟从我了。"

周生惊愕地站起来,茫然片刻,说:"我愚笨没有得到门径,先生难道把我的话当成儿戏吗?还望先生赐教。"

我问道:"您从永康来,多远路程?"答:"千里之外。"

我说:"太远啦!乘船了吗?"他说:"乘船了,后来又登陆。"我说:"太劳苦了!当这六月天气,也太热了吧?"他说:"路上的暑热特别厉害。"

我说:"太难了,带盘缠干粮、有童仆跟随吗?"他说:"到了半路童仆病了,就把他转雇别人,我自己上路。"

我说:"这样就更难了!"我又说:"您这次来,又远又劳

也,何不遂返而必来乎?将亦无有强子者乎?"曰:"莹至于夫子之门,劳苦艰难,诚乐之宁以是而遂返,又俟乎人之强之也乎?"

曰:"斯吾之所谓子之既得其方也。子之志,欲至于吾门也,则遂至于吾门,无假于人;子而志于圣贤之学,有不至于圣贤者乎?而假于人乎?子之舍舟从陆,捐仆贷粮,冒毒暑而来也,则又安所从受之方也。"

生跃然起拜,曰:"方乃命之方也已?抑莹由于其方,而迷于其说,必俟夫子之言而后跃如也,则何居?"阳明子曰:"子未睹乎爇石以求灰者乎?火力具足矣,乃得水而遂化;子归,就应子而足其火力焉。吾将储担石之水,以俟子之再见。"

赠林典卿归省序

乙亥

林典卿与其弟游于大学,且归,辞于阳明子曰:"元叙尝闻'立诚'于夫子矣。今兹归,敢请益!"阳明子曰:"立诚。"典卿曰:"学固此乎?天地之大也,而星辰丽焉,日月明焉,四时行焉,引类而言之,不可穷也。人物之富也,而草木蕃焉,禽兽群焉,中国夷狄分焉,引类而言之,不可尽也;夫古之学者,殚智虑,弊精力,而莫究其绪焉;靡昼夜,

苦，如此困难，为什么不半路上回去，却非要来到我这里呢？是不是有什么事强迫您呢？"他说："我来到了先生您的门，虽然劳苦艰难，心底里却高兴，哪能因为这些劳苦艰难就回去，又哪能等别人强迫我来呢？"

我说："这就是我所说的您已经摸索到的学问的门径了。您的志向，打算到我的门上，就到达我的门上，不必借助于别人；您如果有志于圣贤之学，还能有达不到圣贤境界的吗？还需要借助于别人吗？您舍弃船只而登陆步行，舍去童仆，卖出粮食，冒着酷暑，来到这里，那您还用到哪里去找从师受教的门径呢？"

周生猛然起身辞谢，说："这不是最为重要的门径吗？这大概就是我从这个门径而来，却自己不明白其中道理，却一定要等先生您说明以后才豁然开朗。我现在要做什么呢？"我告诉他："您没见过烧石头造石灰吗？火力充足到了一定程度，见水就化了；现在您先回去，到应先生那里把火力烧足，我将准备好水，来等待您再来见我。"

赠林典卿归省序

乙亥

林典卿和他弟弟在太学里学习，要回家乡去，向我来辞行，说："我曾经听先生您讲'立诚'的道理，今天要回家乡去，请您再详地加讲解。"我告诉他："就是要立诚。"典卿说："求学就只是这一点吗？天地如此之大，有明亮的日月星辰，四季按顺序运行，依次类推，不可究尽。也不可穷尽；古代的学者，殚精竭虑、穷尽智慧，也不能探究到头绪；夜以继日，一年到头，年复一

极年岁,而莫竟其说焉;析蚕丝,擢牛尾而莫既其奥焉;而曰:'立诚,'。立诚尽之矣乎?"阳明子曰:"立诚尽之矣。夫诚,实理也。其在天地,则其丽焉者,则其明焉者,则其行焉者,则其引类而言之不可穷焉者,皆诚也;其在人物,则其蕃焉者,则其群焉者,则其分焉者,则其引类而言之不可尽焉者,皆诚也;是故殚智虑,弊精力,而莫究其绪也;靡昼夜,极年岁,而莫竟其说也;析蚕丝,擢牛尾,而莫既其奥也。夫诚,一而已矣,故不可复有所益。益之是为二也,二则伪,故诚不可益;不可益,故至诚无息。"

典卿起拜曰:"吾今乃知夫子之教若是其要也!请终身事之,不敢复有所疑。"阳明子曰:"子归,有黄宗贤氏者、应元忠氏者,方与讲学于天台、雁荡之间,倘遇焉,其遂以吾言谂之。"

赠陆清伯归省序

乙亥

陆清伯澄归归安,与其友二三子论绎所学,赠处焉。二三子或曰:"清伯之学日进矣。始吾见清伯,其气扬扬然若浮云,其言滔滔然,若流波;今而日默默尔,日慊慊尔,日雍雍尔,日休体尔,有大径庭焉。以是知其进也。"

或曰:"清伯始见夫子,一月一至;既而旬一至;又既而五六日三四日而一至;又既而迁居于夫子之傍。后乃请于夫

年，也说不尽其中的道理；像抽蚕丝、拔牛尾一样精微分析，也不能探究其中奥妙。却说：'立诚，'立诚就能穷尽它了吗？"我说："立诚就可以穷尽它了。诚，实质上是理，在天地之间，就是明亮的日月星辰，按顺序运行的四季，依次类推不可穷尽的，都是诚；在人或事物，草木繁盛、鸟兽群聚、夷夏有别，依次类推也不可穷尽的，也是诚。所以殚精竭虑，穷尽智慧，也不能探求到头绪，夜以继日，一年到头，年复一年，也说不尽其中道理，像抽蚕丝、拔牛毛一样精微分析也不能探究其中奥妙。诚，就是专一罢了，所以不能有所增加，增加了就是二，二就是假，所以诚不能增加；不能增加，所以至诚就不会滋生增加。"

林典卿起身拜谢说："我今天才知道先生的教诲，这才是关键所在！请让我终生信奉，不敢再有什么怀疑。"我说："您回去，有黄宗贤、庆元中两人在天台山、雁荡山之间讲学，如果您遇到他们，就把我的话告诉他们。"

赠陆清伯归省序

乙亥

陆澄，字清伯，要回归安去，与他两三个朋友讨论学问。这两三个人中有的说："清伯的学问天天在进步。一开始我看到清伯时，意气扬扬好像浮云，言论滔滔不绝，好像溪流波涛；而现在，每天沉默寡言。恬然舒泰，谦和处事，心情愉快，与以前大相径庭，由此可知清伯进步了。"

有的说："清伯刚开始见到老师时，一个月拜见一次；此后十天一次，又以后六天或三四天一次；再到后来迁到老师家旁边

子扫庾下之室,而日暮侍焉。夫德,莫淑于尊贤;学,莫遄于亲师。故趋权门者,日进于势;游市肆者,日进于利。清伯于夫子之道,日加亲附焉。吾未遑其他,即是可以知其学之进也矣。"

清伯曰:"有是哉!澄则以为日退也。澄闻夫子之教,而茫然。已而歆然,忽耿然而疑,已而大疑焉,又闪然大骇,乃忽闯然若有睹也。当是时,则亦几有所益矣。自是且数月,盖悠焉游焉,业不加修焉。反而求焉,怅怅然,颓颓然,昏蔽扩而愈进,私累息而愈兴,众妄攻而愈固。如上滩之舟,屡失屡下,力挽而不能前,以为日退也。"

明月,又辞于阳明子,二三子偕焉,各言其所以。阳明子曰:"其然乎?其然乎?谓己为日退者,进修之励,善日进矣;谓人为日进者,与人为善者,其善亦日进矣。虽然,谓己为日退也,而意阻焉,能无日退乎?谓人为日进也。而气歉焉,亦能无日退乎?斯又进退之机,吉凶之所由分也,可无慎乎!"

赠周以善归省序

乙亥

江山周以善究心格物致知之学有年矣,苦其难而不能

居住；最后请求打扫露天谷仓房屋，一天到晚地侍奉老师。品德的美好莫过于尊奉贤者，好学莫过于亲近老师。所以巴结权贵的，一天比一天更趋炎附势；游荡市场的，一天比一天更追求利。而清伯对于老师的道德学问却一天天亲近追随了，我且不论其他，就这一条就可以知道他学问的长进了。"

清伯说："有这回事！我却以为自己每天都在退步。我听老师讲学，茫然不懂，接着羡慕在心，忽然又闷在心里怀有疑问，接着更加怀疑；后来恍然惊骇，最后又豁然开朗，好像亲眼所见。当这种时候，也是有所进步。从此后几个月，悠哉游哉，学业也不加以修炼，回过头来再学习，昏昏迷迷，不明白的地方越来越多，心里解不开的问题更多。许多妄加揣测的思想更顽固。正如往滩上航行的船，多次失手多次被冲下，用尽力气往上拉也不能前进。我认为自己每天在退步。"

下个月，又来向我辞行，那两三个人陪他一起来，各自说自己的感想。我说："是不是这样？是不是这样？说自己每天退步的，每天都在积极修炼学业，这是善于学习进步的；说别人每天进步的，这是与人为善的，他自己的优点也每天在进步。虽然如此，如果说自己每天都在退步，并且意气阻遏或消沉，能不每天退步吗？说别人每天进步的，自己每天意气不振，同样能不每天退步吗？这就是进步与退步的关键，吉凶就由此分出了。这能不慎重对待吗？"

赠周以善归省序

乙亥

江山县的周以善致力于研究事物，获得知识的学业，已有

有所进也。闻阳明子之说而异之,意其或有见也,就而问之。闻其说,戚然若有所省;归,求其故而不合,则迟疑旬日又往,闻其说,则又戚然若有所省;归,求其故而不合,则又迟疑者旬日。如是往复数月,求之既无所获,去之又弗能也,乃往告之以其故。

阳明子曰:"子未闻昔人之论奕乎?'奕之为数,小数也,不专致志,则亦不可以得也。'今子入而闻吾之说,出而有鸿鹄之思焉,亦何怪乎勤而弗获矣。"于是退而斋洁,而以弟子之礼请。阳明子与之坐。盖默然良久,乃告之以立诚之说,耸然若仆而兴也。

明日,又言之加密焉,证之以《大学》;明日,又言之加密焉,证之以《论》《孟》;明日,又言之加密焉,证之以《中庸》。乃跃然喜,避席而言曰:"积今而后无疑于夫子之言,而后知圣贤之教若是其深切简易也,而后知所以格物致知以诚吾之身。吾喜焉,吾悔焉,十年之攻,徒以毙精神而乱吾之心术也。悲夫!积将以夫子之言告同志,俾及时从事于此,无若积之底于悔也。庶以报夫子之德,而无负于夫子之教!"居月余,告归。阳明子叙其言以遗之,使无忘于得之之难也。

许多年了，苦于学业太难而不能有所进步。听到我的说学，觉得不同一般，心想这里或许有见地，就来我里求教。听了我的学说，恍惚感到好像明白了许多。回去以后与他以前的知识见解相参证，不相符合，就迟迟疑疑了十几天。再来，听了我讲解以后又恍惚觉得明白了。回去与他的旧知识见解相参证，又不相符合，就又迟迟疑疑地过了十几天。就这样反反复复几个月。追求吧，无所获；放弃吧，又舍不得，就来我这里告诉我。

我说："你没曾听说古代人论下棋吗？'下棋作为一项技艺，本是一种小技艺，不专心致志，也不能学得到。'现在您进来听我的讲解，出去就像那位古代学下棋的人想射下天边鸿鹄，这就无怪乎勤奋学习却没有收获了。"于是，他回去沐浴斋戒，以弟子之礼请我与他对面坐好。我沉默了好长时间，才告诉他专心诚意的学说。他听了以后精神为之一振，就像跌倒的人又爬了起来。

第二天，给他的讲解加深了。阐述《大学》中的道理；过了一天又加深，阐述《论语》《孟子》中的道理；过了一天再加深，阐述《中庸》的道理。他欢喜雀跃，高兴地离开座席，说："从今往后，再不怀疑老师您的话；从今后知道圣贤的教诲，原来像您阐述的那样深入浅出，简单平易啊，从此后我知道研究事物获得知识，来使我专心诚意。我高兴啊，我后悔啊！十年来探求学问，却只是白白耗费精神，迷乱我的心智啊！可悲啊！从此后我要把老师您的话，告诉同学朋友，使他们及时按照这样去做，不要像我以前那样做，令人追悔莫及。争取报答老师的恩德，不辜负老师的教诲。"又过了一个多月请求回家，我把他的话记录下来并赠送给他，使他不要忘了有此获得的难处。

赠郭善甫归省序

乙亥

郭子自黄来学,逾年而告归,曰:"庆闻夫子立志之说,亦既知所从事矣。今兹将远去,敢请一言以为夙夜勖。"阳明子曰:"君子之于学也,犹农夫子于田也。既善其嘉种矣,又深耕易耨,去其蟊莠,时其灌溉;早作而夜思,皇皇惟嘉种之是忧也,而后可望于有秋。夫志犹种也,学问思辩而笃行之,是耕耨灌溉以求于有秋也。志之弗端,是莨稗也。志端矣,而功之弗继,是五谷之弗熟,弗如莨稗也。吾尝见子之求嘉种矣,然犹惧其或莨稗也;见子之勤耕耨矣,然犹惧其莨稗之弗如也。夫农,春种而秋成,时也;由志学而至于立,自春而徂夏也。由立而至于不惑,去夏而秋矣。已过其时,犹种之未定,不亦大可惧乎?过时之学,非人一己百,未之敢望,而犹或作辍焉,不亦大可哀乎?从吾游者众矣,虽开说之多,未有出于立志者。故吾于子之行,卒不能舍是而别有所说。子亦可以无疑于用力之方矣。"

赠郑德夫归省序

乙亥

西安郑德夫将学于阳明子,闻士大夫之议者,以为禅学

赠郭善甫归省序

乙亥

郭先生从黄州来太学学习，过了一年要请求回家，说："很庆幸能听老师讲立志的学说，也知道了以后如何行动。今天要离您远去，请求赠我一句话，作为日夜不忘的勉励。"我说："君子修习学业，就像农夫经营田地。既慎重仔细选好了良种以后，又深耕锄草，除去害虫和杂草，经常灌溉；早早起来干活，夜里还要仔细盘算。每天为了良种惶惶不安，然后才可有秋天好收成的希望。志向，就像种子，学习询问思考辩论然后切实行动，就是深耕锄草灌溉以求有秋天的收获。志向不端正，就像是野草杂生。志向端正，而功夫不能接上，就像五谷不成熟，还不如野草。我曾看见您选求良种，都仍担心这是不是选了野草；我曾看见您勤耕细耙，却仍担心连野草也不如。农业春种秋收，这是节气；十五岁立志学习到三十而立之年，这是自春到夏。从而立之年到四十不惑之年，这是过了夏天到秋天了。已过了季节时气，却没有选定种子，不是太可担忧了吗？过了节气而学习，非用别人学一遍自己学百遍的功夫也不敢希望有所成就，而况且还有时劳作有时停工呢，不是太悲哀了吗？跟随我学习的人多了，虽然开讲的科目很多，但没有脱出立志的。所以我对于您要辞行赠言，也到底不能抛开这些而有别的说法。您也可以不必怀疑这个用功的途径了。"

赠郑德夫归省序

乙亥

西安郑德夫当初要来跟从我学习时，听到士大夫议论，以

也，复已之，则与江山周以善者，姑就阳明子之门人而考其说，若非禅者也，则又姑与就阳明子，亲听其说焉。

盖旬有九日，而后释然于阳明子之学非禅也，始具弟子之礼，师事之，问于阳明子曰："释与儒孰异乎？"阳明子曰："子无求其异同于儒、释，求其是者而学焉可矣。"

曰："是与非孰辨乎？曰："子无求其是非于讲说，求诸心而安焉者是矣。"曰："心又何以能定是非乎？"曰："无是非之心，非人也。口之于甘苦也，与易牙同；目之于妍媸也，与离娄同；心之于是非也，与圣人同；其有昧焉者，其心之于道，不能如口之于味、目之于色之诚切也，然后私得而蔽之；子务立其诚而已。子惟虑夫心之于道，不能如口之于味、目之于色之诚切也，而何虑夫甘苦妍媸之无辩也乎？"曰："然则《五经》之所载，《四书》之所传，其皆无所用乎？"曰："孰为而无所用乎？是甘苦妍媸之所在也。使无诚心以求之，是谈味论色而已也，又孰从而得甘苦妍媸之真乎？"既而告归，请阳明子为书其说，遂书之。

为我讲的是禅学,暂时停下来;就和江山县的周以善暂且到我的学生那里去考察,看起来似乎又不像禅学,后来又暂且跟着我亲耳听我讲学。

大约过了十九天,终于放心,认为我讲的学问不是禅学。才开始准备了弟子之礼来拜我为师,向我问道:"佛家与儒家有什么异同?"我说:"您不要在佛家与儒家两家之间寻求什么异同,探求它们中间正确的道理去学习就行了。"

又问:"是与非的问题上哪家明辨?"我说:"你不要再解释讲说里面追求是是非非,只在自心能够安宁的地方去探求就是了。"又问:"心又如何能判定是非呢?"我回答说:"没有是非之心的,不是人。口对于尝苦甜,和易牙相同;眼对于看美丑,和离娄相同;心对于辨是非,和圣人相同。而有愚昧不明的,是因为人心对于大道,不能像口对于味道,眼对于景象颜色那样反应直接、真实。然后还自以为见到、尝到绝味,从而自己蒙蔽自己。所以您一定要保持心诚才行。您只有忧虑人心对于大道不能像口对于味道、眼对于影响颜色那样反应直接和真实,却又何必再忧虑甜苦美丑没有判断的标准呢?"他又问:"那么《五经》所记载和《四书》所阐述的,都没有什么用处吗?"我说:"谁认为没有用处?这就是甜苦美丑所在的地方。假使没有诚心去研究探索,那就只不过空谈味道色彩罢了。谁又能从这里知道苦甜美丑的真假呢?"接着,他告诉我,要回家乡去,请我为他写下这段论说言语,我就写上了。

紫阳书院集序

乙亥

豫章熊侯世芳之守徽也,既敷政其境内,乃大新紫阳书院以明朱子之学;萃七校之秀,而躬教之。于是校士程曾氏采摭书院之兴废为集,而弁以白鹿之规,明政教也。来请予言,以谂多士。

夫为学之方,白鹿之规尽矣;警劝之道,熊侯之意勤矣;兴废之故,程生之集备矣;又奚以予言为乎?然予闻之,德有本,而学有要,不于其本,而泛焉以从事,高之而虚无,卑之而支离,终亦流荡失宗,劳而无得矣。

是故君子之学,惟求得其心,虽至于位天地,育万物,未有出于吾心之外也。孟氏所谓"学问之道无他,求其放心而已矣"者,一言以蔽之。故博学者,学此者也;审问者,问此者也;慎思者,思此者也;明辩者,辩此者也;笃行者,行此者也。心外无事,心外无理,故心外无学。

是故于父子尽吾心之仁,于君臣尽吾心之义;言吾心之忠信,行吾心之笃敬;惩心忿,窒心欲,迁心善,改心过;处事接物,无所往而非求尽吾心以自慊也。譬之植焉,心其根也;学也者,其培拥之者也,灌溉之者也,扶植而删锄之者也,无非有事于根焉耳矣。

紫阳书院集序

乙亥

豫章府侯君熊世芳镇守徽州，在境内上任施政之后，对紫阳书院大加整修来光大朱子学说，选拔了七个学校的优秀学生并亲自教育，于是，书院的校士程曾先生收集书院的兴废之事编为集子，并仿照白鹿书院的规章来确定管理教化的方针。请我讲几句话来训诫众多学子。

治学的方法，白鹿书院的规章已尽有了；警劝的道理，熊侯的主张够周全了；兴废的规章，程曾的集子已够完备了。我又何必多说呢？但是我听说，道德有根本，学术有关键。如果不从根本出发，而只泛泛地随意地行动，往高处讲是虚无，往低处讲是支离破碎，最终是流荡不定，失去本原，劳而无功。

因此，君子治学，只在追求得到关键思想与抓住中心，虽然到了顶天立地，育化万物的境界也没有超出自己思想范围之外的。孟子所讲的"学问之道，没别的，追求放心罢了"，这就是一言以蔽之。所以博学的人就学的这个；严格探问的，问的就是这个；谨慎思考的，思考的就是这个；仔细辨别的，辨别的就是这个；切实执行的，执行的就是这个。心外没有别的事情，心外没有别的道理，所以心外没有别的学问。

因此，对于父子之道要尽我心中的仁，对于君臣之道要尽我心中的义；说话要说明我心中的忠信，行事要行我心中的诚实敬重；克制心中的忿恨，熄灭心中的欲望，将心灵转向善良，改正心中的过错；处事接物，没有不求尽我心力的，以此来满足自己。这好比植树，心就是树根；学习，是为了培土巩固，浇水灌溉，扶植、剪枝、锄草，无非为了培育好根部。

朱子白鹿之规，首之以五教之目，次之以为学之方，又次之以处事接物之要，若各为一事而不相蒙者。斯殆朱子平日之意，所谓随事精察而力行之，庶几一旦贯通之妙也欤？然而世之学者，往往遂失之支离琐屑，色庄外驰，而流入于口耳声利之习。岂朱子教使然哉？故吾因诸士之请，而特原其本以相勖，庶几乎操存讲习之有要，亦所以发明朱子未尽之意也。

朱子晚年定论序

戊寅

洙泗之传，至孟子而息。千五百余年，濂溪、明道始复追寻其绪。自后辩析日详，然亦日就支离决裂，旋复湮晦。

吾尝深求其故，大抵皆世儒之多言有以乱之。守仁蚤岁业举，溺志辞章之习。既乃稍知从事正学，而苦于众说之纷挠疲尔，茫无可入，因求诸老、释，欣然有会于心，以为圣人之学在此矣，然于孔子之教间相出入，而措之日用，往往阙漏无归。依违往返，且信且疑。

其后谪官龙场，居夷处困，动心忍性之余，恍若有悟。体验探求，再更寒暑，证诸《六经》四子，沛然若决江河而

朱子白鹿书院的规章，首先立下五教的条目，其次是治学方法，再次是处事接物的准则，这些内容各自单列一条而不相混淆。大概就是朱子平日的思想，即每件事都精心观察，然后极力实行，这样才能达到一下子融会贯通的妙境吧？但是世上的学者往往最终落得支离破碎，表面很严肃认真，内心却已跑远，流入追求声色货利、口福之享的俗套。这难道是朱子的教义让他们这样的吗？因此，我借着大家的请求，特地指出学业的根本来勉励大家，这样才能保持讲习抓住关键，也就是借此来阐发朱子没有完全阐发出来的意思。

朱子晚年定论序

戊寅

洙泗之学传到孟子就停止了，此后一千五百余年不流传了，周敦颐开始阐明大道，重新追求其来龙去脉，从此以后辨析得越来越详细，然而同时也就越来越支离破碎，割裂分立，接着就是归于淹没，晦涩难懂。

我曾经深入地探究其中原因，大约都是因为世上儒生言论太多，有人把它弄混乱了。我早年开始致力学业，沉溺醉心于学习辞章，然后才稍微知道从事正经学问，却苦于众家学说扰乱疲困，使人茫然没有门径可入；因而向道家佛家追寻，欣喜地有所心领意会，还以为圣人之学就在里面了；却对孔子的学说，经常互相出入，而把它投入平常运用，往往缺漏没有着落，有时信奉有时违背，来来回回，半信半疑。

后来贬官贵州龙场，居住在边境贫困之地，苦心忍耐之后，恍然好像有所醒悟。体会、验证、探索、寻求，又过两遍寒暑，与

放之海也。

然后叹圣人之道坦如大路,而世之儒者妄开窦径,蹈荆棘,随坑堑,究其为说,反出二氏之下,宜乎世之高明之士厌此而趋彼也!

此岂二氏之罪哉?间尝以此语同志,而闻者竞相非议,自以为立异好奇,虽每痛反深抑,务自搜剔斑瑕,而愈益精明的确,洞然无复可疑。

独于朱子之说,有相抵牾,恒疚于心。切疑朱子之贤,而岂其于此尚有未察?及官留都,复取朱子之书而检求之,然后知其晚岁固已大悟旧说之非,痛悔极艾,至以为自诳诳人之罪不可胜赎。世之所传集注、或问之类,乃其中年未定之说,自咎以为旧本之误,思改正而未及;而其诸语类之属,又其门人挟胜心以附己见,固于朱子平日之说犹有大相缪戾者;而世之学者局于见闻,不过持循讲习于此,其于悟后之论,概乎其未有闻,则亦何怪乎予言之不信,而朱子之心无以自暴于后世也乎?予既自幸其说之不缪于朱子,又喜朱子之先得我心之同;然且慨夫世之学者,徒守朱子中年未定之说,而不复知求其晚岁既悟之论,竞相呶呶,以乱正学,不自知其已入于异端。

《六经》四子相对证，如同决开江河流向大海一样盛大充沛了。

然后感叹圣人之道，如大路一样平坦，而世上的儒生却妄开偏僻小路，踩荆棘，落壕沟。研究一下他们的学说反而连道、佛两家也不如。难怪世上许多高明之士，厌恶他们转而趋向道、佛学说了。

这难道是道佛两家的罪过吗？我曾将这话向同学朋友说了，不料听到的人争相非议。我也自以为标新立异，追求奇特，虽然时常痛悔深责自己，极力寻求自己的缺点，却是更加清楚明白精细准确，清清楚楚没有什么可疑的。

唯独对于朱子学说，有相矛盾的地方，好长时间心里内疚不已。深疑朱子如此贤明，难道对于这些方面还有没曾考察到？等到回京都为官，再搜求朱子的著作来仔细研究，才知道他晚年已经大大醒悟早年学说的错误，极其痛悔自责，以至于自认为自欺欺人之罪，赎也赎不清。世间所传的集注语录问答之类，都是他中年时不曾定论的学说，自责不已，认为这是旧本的错误，想改正而没能来得及。而他的语录问答之类，又是他的弟子怀着好胜之心把自己的见解牵强附会上去，根本和朱子平素的学说大相径庭。世上的学者，由于见闻有限，不过依着讲解研习到此。他们对于朱子晚年大悟后的言论，一概没有能够听说，这就难怪了。我说了你们不信，那么朱子的心情岂不是无法显示给全世之人了吗？我既然庆幸我这相见解并不违背朱子，更欣喜于朱子已先得到与我心相同的结论。但是，我还是慨叹世上的学者徒劳地死守朱子中年时未定论的学说，却不知去寻求他晚年已大彻大悟的理论，反而竟相喋喋不休地争论不已，扰乱了正经学问，尚且不知道自己已经滑到异端邪说上去了。

辄采录而衷集之，私以示夫同志，庶几无疑于吾说，而圣学之明可冀矣。

别梁日孚序

戊寅

圣人之道若大路，虽有跛鳖，行而不已，未有不至。而世之君子，顾以为圣人之异于人，若彼其甚远也，其为功亦必若彼其甚难也，而浅易若此，岂其可及乎！则从而求之艰深恍惚，溺于支离，骛于虚高，率以为圣人之道必不可至，而甘于其质之所便，日以沦于污下。有从而求之者，竞相嗤讪曰："狂诞不自量者也。"

呜呼！其弊也，亦岂一朝一夕之故哉！孟子云："徐行后，长者谓之弟；疾行先，长者谓之不弟。"夫徐行者，岂人所不能哉？所不为也。世之人，不知咎其不为，而归咎于其不能，其亦不思而已矣。

进士梁日孚，携家谒选于京，过赣停舟见予，始与之语，移时而别。明日又来，与之语，日昃而别。又明日又来，日入而未忍去。又明日，则假馆而请受业焉。同舟之人，强之北者，开譬百端，日孚皆笑而不应，莫不嚣且异。

其最亲爱者曰："子有万里之行，戒僮仆，聚资斧，具舟楫，又挈其家室，经营阅岁而始就道，行未数百里而中止，

于是我就把朱子晚年的定论搜集起来，私下传给志同道合的朋友们阅览，以求不要怀疑我的观点，从而圣人之学能够得到发扬光大，就有了希望。

别梁日孚序

戊寅

圣人之道像大路，即使是跛足瘸腿之人，走个不停，也没有达不到达目的地的。然而世上君子，却反而认为圣人不同于常人，他们超出常人太远，他们下的功夫也不同常人，真是太难了。如此浅薄的常人，哪里能达到圣人境界？于是跟着别人追求艰深恍惚，沉溺于支离破碎，致力于虚无高远的学问，轻率地认为这就是圣人之道，根本达不到，却自甘于自身资质的偏好，一天天沦落于污浊与卑贱。有人去求索的，就竟相嗤笑说："狂妄荒唐，不自量力。"

唉呀！这种弊端，又岂是一朝一夕的原因！孟子说："在长者后面慢慢地走，长者认作门生；猛跑超过长者的，长者不认作门生。"慢慢地走，难道谁还不会？只是不这么做。世上人不知道怪罪自己不去做，而是归咎于不会做，这也是不加思考罢了。

进士梁日孚，携带家口到京城等候选官，经过江西停下船来见我，刚开始同他谈话，过了一会儿就告别。第二天又来，和他交谈，过了中午才回。又过了一天来了，太阳落后了还不忍离去。再过一天，竟然租了住所，来请求向我拜师了。同船的人强行劝他北上，百般劝说，日孚都笑而不答应，别人没有不笑话并感到他怪异的。

他最亲密的朋友说："你有万里路要走，带了僮仆干粮盘缠行李，准备了船只，又带着家属，准备了一年才开始上路，走了不

此不有大苦，必有大乐者乎？子亦可以语我乎？"

日孚笑曰："吾今则有大苦，亦诚有大乐者。然未易以语子也。子见病狂丧心者乎？方其昏逸瞶乱，赴汤火，蹈荆棘，莫不恬然自信，以为是也；比遇良医，沃之以清冷之浆，而投之以神明之剂，始苏然以醒；告之以其向之所为，又始骇然以苦；示之以其所从归之途，又始欣然以喜，且恨遇斯人之晚也。彼病狂不复者，反从而哂啍之，以为是变其常；今吾与子之事，亦何以异于此矣。"

居无何，予以军旅之役出，而远日孚者且两月，谓日孚既去矣。及旋而日孚居然以待。既以委其资斧于逆旅，归其家室于故乡，泊然而乐，若将终身焉；扣其学，日有所明，而月有所异矣。然后益叹圣人之学，非夫自暴自弃，未有不可由之而至。而日孚出于流俗，殆孟子所谓"豪杰之士"者矣。

复留余三月，其母使人来谓曰："姑北行，以毕吾愿，然后从尔所好。"知日孚者，亦交以是劝。日孚请曰："焞焉能一日而去夫子，将复赴汤火，蹈荆棘矣！"予曰："其然哉？子以圣人之道，为有方体乎？为可拘之以时，限之以地乎？世未有既醒之人，而复赴汤火、蹈荆棘者。子务醒其心，毋徒汤火荆棘之为惧！"

到几百里就半途而废,这不是因为有太大苦处,就是这里有什么太大快乐之处吗?您能不能跟我说说?"

日孚笑着说:"我现在是有大苦,也真有大乐。只不过不容易告诉您。您见过病得发狂,丧失心智的人吗?当他昏迷狂乱的时候让他赴汤蹈火,钻荆棘丛,也无不高兴异常,确信不疑,以为这就对。等遇到良医,浇上清冷的药水,再给开一副清醒精神的药剂,才开始苏醒过来。告诉他以前所做所为,又开始后怕,原来这么苦;把他以前走过的路指给他看,又开始高兴起来,并且遗憾自己遇到这个人太晚了。而那些疯狂不再恢复的人,反而狂笑大叫,认为这是改变他正常的生活;现在我与您的情形,与这又有什么不同呢?"

过了没多久,我因为军旅上的差遣,离日孚远去,已有两个月之久,我说日孚可能已经离去了。等回来以后,日孚居然还在等着我,他把行李盘缠寄在旅店,把家属送回家乡,淡泊而快乐,像是要终身安在这里。考查他的学业,每天都有所明显进步,而每月都有不同的进境。然后更加叹服圣人之学,只要不自暴自弃,没有不可通达的地方。日孚能够超脱出平庸流俗,达到孟子所说的"豪杰之士"境界了。

又留三个多月,他母亲派人来告诉他:"暂时先北上完成我的心愿,然后随你的心愿去。"与他知心的朋友也纷纷拿他母亲的话来劝说。日孚来告诉我说:"我梁焯怎能离开老师哪怕一天?如果离去,那是又去赴汤蹈火,钻荆棘丛了。"我说:"是这样吗?您认为圣人之道是有形有体的吗?是可以用时间,空间来限制的吗?世上没有已经醒来的人却去赴汤蹈火,钻荆棘丛。您一定要使自己的心清醒,不要只认为热水烈火与荆棘为可怕

曰孚良久曰："焯近之矣。圣人之道，求之于心，故不滞于事；出之以理，故不泥于物；根之以性，故不拘以时；动之以神，故不限以地。苟知此矣，焉往而非学也！奚必恒于夫子之门乎？焯请暂辞而北，疑而复求正。"予芜尔而笑曰："近之矣！近之矣！"

《大学》古本序

戊寅

大学之要，诚意而已矣；诚意之功，格物而已矣；诚意之极，止至善而已矣；止至善之则，致知而已矣。正心，复其体也；修身，著其用也。以言乎己，谓之明德，以言乎人，谓之亲民；以言乎天地之间，则备矣。是故至善也者，心之本体也。动而后有不善，而本体之知，未尝不知也。

意者，其动也；物者，其事也；致其本体之知，而动无不善；然非即其事而格之，则亦无以致其知；故致知者，诚意之本也。

格物者，致知之实也。物格则知致，意诚而有以复其本体，是之谓止至善。圣人惧人之求之于外也，而反覆其辞。旧本析而圣人之意亡矣。是故不务于诚意而徒以格物者，

的东西。"

日孚过了好久,说:"我越来越接近圣人之道了。圣人之道,在自己心中寻求,所以不因为任何事而有所阻塞;圣人之道,从天理中生发,所以不拘泥于外界事物;植根于人的本性,所以不受时间的限制;受精神的驱动,所以不受空间的限制。如果明白了这些,到哪里去不是学习?何必长久追随老师您的门下?我请求暂且告辞北上,如果有疑问,再回来请求指点。"我微微一笑,说:"接近圣人之道了!接近圣人之道了!"

《大学》古本序

戊寅

《大学》的要义,在于诚心专一罢了;诚心专一的功夫,在于研究事物罢了;诚心专一达到极点,即达到至善至美罢了;达到尽善尽美境地,就可以获得知识了。端正心术,是为了回复本体;修养自身,是为了用于做事。将这个道理告诫自己,叫作修明道德;将这个道理告诫别人,叫作亲附百姓;把它广布于天地之间,就万事俱备了。因此,所谓达到尽善尽美境地,就是心的本体。行动之后有所不善的行为,而心的本体的良知,没有不知晓的。

意念,是本体的运动;事物,就是本体的目标;本着这个本体的良知去行动,就没有不善的行为;但是,如果所研究的对象不正确,也无法获得知识;所以,获得知识也是诚心专一的本来目标。

研究事物,是获得知识的实际方法。事物被研究,就可以获得知识;诚心专一才有可能恢复到本体上去,这才叫达到尽善尽美境界。圣人担心人们从心外追求大道,所以话说

谓之支；不事于格物而徒以诚意者谓之虚；不本于致知而徒以格物诚意者，谓之妄；支与虚与妄，其于至善也远矣。

合之以经而益缀，补之以传而益离；吾惧学之日远于至善也，去分章而复旧本，傍为之什，以引其义，庶几复见圣人之心，而求之者有其要。噫！乃若致知，则存乎心，悟致知焉，尽矣。

《礼记纂言》序

庚辰

礼也者，理也；理也者，性也；性也者，命也。"维天之命，于穆不已"，而其在于人也谓之性，其粲然而条理也谓之礼，其纯然而粹善也谓之仁，其截然而裁制也谓之义，其昭然而明觉也谓之知，其浑然于其性也，则理一而已矣。故仁也者，礼之体也；义也者，礼之宜也；知也者，礼之通也。《经礼》三百，《曲礼》三千，无一而非仁也，无一而非性也。天叙天秩，圣人何心焉，盖无一而非命也。

故克己复礼则谓之仁，穷理则尽性以至于命，尽性则动容周旋中礼矣。后之言礼者，吾惑焉。纷纭器数之争，而牵制刑名之末，穷年矻矻，弊精于祝史之糟粕，而忘其所谓

得有些故意含糊。但圣人著作的旧本一旦被寻章摘句地解析，它的本义也就被曲解而消亡了。因此，不从诚心专一的方面入手，而只是从事研究事物，这叫作肢解；不从事研究事物，而只搞所谓的诚心专一，这叫作虚无；不从根本上致知，而只用格物表达自己的意思，这叫作荒诞；肢解、虚无、荒诞，对于达到尽善的目的更远了。

配合经意就更显得啰嗦，补充上解释文字就更破碎；我担心这样越学离尽善境界越远了。去掉分章，恢复旧本，别的都当作杂物处理，这样来阐发本意，才可以重见圣人的本心。而寻求的学者才可得要义。唉！获得知识的道理存在于中心，明白了达到真知的道理，就可以达到尽善了。

《礼记纂言》序

庚辰

礼，就是理；理，就是人性；性，就是命；"只有天命，才永不停息"，而表现在人身上，就是人的天性。天性光明正大而又有条理，就叫作礼；天性极其纯洁厚道，叫作仁；天性断然明了并能约束自身的，叫作义；天性清醒明白善于明察的，叫作智。这一切都完美结合在天性之中，就是理的统一。所以，仁就是礼的本体，义就是礼的权变运用，智就是礼的通达畅行。《经礼》三百条，《曲礼》三千条，没有一条不是体现着仁，没有一条不是体现着天性。大讲天道运行规律，圣人是怎么想的？无非是讲天命。

所以，克制自己，恢复周礼，就叫作仁，精天理，极尽天性、达到知晓天命，极尽天性，则举止仪容就合乎礼。后世谈论礼的，使我感到迷惑。乱纷纷地争论礼器数目，被刑名法家

"经纶天下之大经，立天下之大本"者。"礼云礼云，玉帛云乎"，而人之不仁也，其如礼何哉？故老、庄之徒，外礼以言性，而谓礼为道德之衰，仁义之失，既已堕于空虚漭荡，而世儒之说，复外性以求礼，遂谓礼止于器数制度之间，而议拟仿像于影响形迹，以为天下之礼尽在是矣。

故凡先王之礼烟蒙灰散，而卒以煨烬于天下，要亦未可专委罪于秦火者。僭不自度，尝欲取《礼记》之所载，揭其大经大本，而疏其条理节目，庶几器道本末之一致。又惧其德之弗任，而时亦有所未及也。

间尝为之说，曰："礼之于节文也，犹规矩之于方圆也。非方圆无以见规矩之用，非节文则亦无从而睹所谓礼矣。"然方圆者，规矩之所出，而不可遂以方圆为规矩。故执规矩以为方圆，则方圆不可胜用；舍规矩以为方圆，而遂以方圆为之规矩，则规矩之用息矣。故规矩者，无一定之方圆；而方圆者，有一定之规矩。此学礼之要，盛德者之所以动容周旋而中也。"

宋儒朱仲晦氏慨《礼经》之芜乱，尝欲考正而删定之，以《仪礼》为之经，《礼记》为之传，而其志竟亦弗就。其后吴幼清氏因而为《纂言》，亦不数数于朱说，而于先后轻重之间，固已多所发明。二子之见，其规条指画则既出于汉儒

的末流困扰,终年勤劳不懈,把精力却耗费在巫师祝史的糟粕里去了,却忘记了"经纶天下的大经典,立天下的大根本"。"礼啊,礼啊!难道就是讲玉帛这些礼物吗",而一个人要是存心不仁,礼对他又能如何呢?因此老庄道家徒众,摒弃礼来谈天性,而认为礼是道德衰败,仁义丧失的表现,并且已经沦落到空洞虚无、漂荡无定的地步,而世间儒生却撇开本性去追求礼,认为礼就存在于礼器制度之中,商议准备仿照形状、声响等外在的东西,以为天下的礼都在这里了。

所以举凡先代的礼,烟蒙灰散,终于以最后的余温来影响天下;更不可把全部罪过都推到秦朝焚书之举头上。我曾冒昧自不量力地想把《礼记》的记载,摘取其中主干和根本内容,整出条理节目,使其中大大小小的道理或事实的来龙去脉有个统一规划。却又担心自己品德不能胜任,时间也有些来不及。

也时常就此谈论道:"礼相对于具体礼节仪式,就像规矩相对于方圆。没有方圆就看不到规矩的功用,没有一般具体礼节仪式,也无从看见所谓大礼了。"然而,方圆是按规矩画出来的,但不能就把方圆当规矩。所以拿了规矩画方圆,那么方圆就用不完。舍弃规矩来画方圆,那就只能以这个方圆当作规矩,原来规矩的用处就消失了。所以,规矩是没有具体的方圆,而方圆却出自具体的规矩。这是学习礼的关键所在,也是有崇高品德的人举止仪容能合乎礼的原故。"

宋儒朱熹,慨叹《礼经》太芜杂混乱,曾想考据订正,加以删除定稿,以《仪礼》为经,《礼记》为传,但他的志向却没能实现。此后吴幼清就编成《纂言》,也不死守朱子的观点,而在先后轻重之间,就已有很多新的见解了。这两位先生的观

矣,其所谓"观其会通,以行其典礼之原",则尚恨吾生之晚,而未及与闻之也。

虽然,后圣而有作,则无所容言矣。后圣而未有作也,则知《纂言》者,固学礼者之箕裘筌蹄,而可以少之乎?姻友胡汝登忠信而好礼,其为宁国也,将以是而施之。刻纂言以敷其说,而属序于予。予将进汝登之道而推之于其本也,故为序之若此云。

《象山文集》序

庚辰

圣人之学,学心也。尧、舜、禹之相授受,曰:"人心惟危,道心惟微,惟精惟一,允执厥中。"此心学之源也。中也者,道心之谓也;道心精一之谓仁,所谓中也。孔孟之学,惟务求仁,盖精一之传也。

而当时之弊,固已有外求之者,故子贡致疑于多学而识,而以博施济众为仁。夫子告之以一贯,而教以能近取譬,盖使之求诸其心也。适于孟氏之时,墨氏之言仁,至于摩顶放踵,而告子之徒又有"仁内义外"之说,心学大坏。孟子辟义外之说,而曰:"仁人心也;学问之道无他,求其放心而已矣。"

又曰:"仁义礼智,非由外铄我也,我固有之弗思耳

点,其中的条目体例,都出于汉儒。他们听说的"读通了原书,来实行典礼的评论",我只遗憾自己晚生了许多年,没能赶得上亲自听到。

虽然如此,后来的圣人如果有著作,就不去说了。后来的圣人没有著作,那么《纂言》就是学礼的人必须继承发扬,而不可少的著作。我的姻亲胡汝登,忠信并且好礼,他到宁国做官,要按礼的要求行事,刻《纂言》来陈述他的理论。请我给他作一篇序。我就把胡汝登的观点加以阐发并述及这一理论的本源。因此作了这样一篇序。

《象山文集》序

庚辰

圣人的学问,是心的学问。尧舜禹相禅让的话说:"人心很危险,大道之心很微妙,必须精细专一,才能够把握适中。"这是心学的渊源。中,是说大道之心。对大道之心精细专一,称为仁,这才是适中。孔孟之道只求仁,大约就是精细专一的传授了。

而当时的弊病,本来就有从另外的角度来寻求的了,所以子贡就因为多学而造成疑问,他认为广泛施舍来周济众人为仁,孔子告诉他"一以贯之"的道理,教他能够就近得到旁证,使他能够从自心中去寻求。到了孟子的时候,有墨家也讲仁,并且提倡不辞辛劳。而告子一些人又有"仁内义外"的观点,使心学大坏。孟子批判分析义外之说,他说:"仁,就是人心,学问之道,没别的,就是为了控制自己的决心罢了。"

又说:"仁义礼智,不是从外面来熔化我的心,而是我内

矣。"盖王道息而伯术行。功利之徒,外假天理之近似,以济其私,而以欺于人,曰:"天理固如是。"不知既无其心矣,而尚何有所谓天理者乎?

自是而后,析心与理而为二,而精一之学亡;世儒之支离,外索于刑名器数之末,以求明其所谓物理者,而不知吾心即物理,初无假于外也。

佛、老之空虚,遗弃其人伦事物之常,以求其所谓吾心者,而不知物理即吾心,不可得而遗也。至宋周、程二子,始复追求孔、颜之宗而有"无极而太极""定之以仁义中正,而主静"之说,动亦定,静亦定,无内外,无将迎之论,庶几精一之旨矣。

自是而后,有象山陆氏,虽其纯粹和平若不逮于二子,而简易直截,真有可接孟子之传;其议论开辟时有异者,乃其气质章见之殊,而要其学之必求诸心,则一而已。

故吾尝断以陆氏之学,孟氏之学也而世之议者。以其尝与晦翁之有同异,而遂抵以为禅;夫禅之说,弃人伦,遗物理,而要其归极,不可以为天下国家。苟陆氏之学而果若是也,乃所以为禅也;今禅之说与陆氏之说,其书具存,学者苟取而观之,其是非同异,当有不待于辩说者。

而顾一倡群和,剿说雷同,如矮人之观场,莫知悲笑之

心固有，却未能想到罢了。"大概王道淹没，而霸道通行。追求功利的人们，外面假借天理一类的模糊概念达到满足私心的目的，却以天理来欺骗世人，说："天理本来就是如此。"真不知道他们为什么既然没有人心了，还谈什么天理？

从此之后，将人心与天理分裂为两部分，而精细专一的学说就消亡了；世上儒者从外在的刑名器数来支离破碎地求索，来追求弄清所谓的事物之理，却不知自己的心就是事物之理，根本不必假借于外物。

佛道两家空谈虚无，抛弃人伦事物的常理，来追求明白所谓自心，却不知道事物之理就是自心，不是可以轻易抛弃的。到了宋代周、程两家先生，才开始追求孔子颜回的正统学说，认为有"无极生太极""把它规定为仁义中正，坚持静"的观点，动也是定，静也是定，没有内外之别，没有所谓领携或迎合之说，差不多达到精细专一的宗旨。

从此以后，有陆象山先生，虽然他在纯粹和平方面不如这两位先生，但是他的简易直截，真有得了孟子真传的样子。他议论褒贬，经常有不同于一般人的见解，这是因为他的气质见识与众不同。总括他的学问，是必定从内心中寻求，务求专一。

所以我曾经断定陆氏学问，属于孟子学说。世上有人议论，因为他常与朱子的观点有出入，就诋毁他的学说是禅学。禅学是抛弃人伦、舍弃事物之理，总括其宗旨，不可用来治理天下国家。如果陆氏学说真的如此，那真的是禅学了。而现在禅学与陆氏学说，书籍都在，学者如果拿来看看，其中是非异同，不需要再辩论就明白了。

回头看这种一呼百应，一片讨伐之声，正像矮子看戏，不知

所自,岂非贵耳贱目,不得于言而勿求诸心者之过欤! 夫是非同异,每起于人持胜心,便旧习而是己见。故胜心旧习之为患,贤者不免焉。抚守李茂元氏将重刊象山之文集,而请一言为之序,予何所容言哉? 惟读先生之文者务求诸心,而无以旧习己见先焉,则糠秕精凿之美恶,入口而知之矣。

观德亭记

戊寅

君子之于射也,内志正,外体直,持弓矢审固,而后可以言中。故古者射以观德。德也者,得之于其心也。君子之学,求以得之于其心,故君子之于射,以存其心也。

是故慄于其心者其动妄,荡于其心者其视浮,歉于其心者其气馁,忽于其心者其貌惰,傲于其心者其色矜。五者,心之不存也不存也者,不学也。君子之学于射,以存其心也。

是故心端则体正,心敬则容肃,心平则气舒,心专则视审,心通故时而理,心纯故让而恪,心宏故胜而不张,负而不弛。七者备,而君子之德成。君子无所不用其学也,于射见之矣。

故曰:"为人君者以为君鹄,为人臣者以为臣鹄,为人父

人家为什么哭笑，这岂不是贵耳贱目——只重听不重亲眼见吗？这不是听到什么话，却不用自己的心去探求验证的人的过错吗？是非异同，常常是因为人人有好胜心，因循旧习惯自以为是而起。所以好胜心，旧习会造成祸患，连贤者也避免不了。抚州太守李茂元将要重新刊印陆象山文集，请我说一段话当作序，我能说些什么呢？只愿读了陆先生文章的，务必从自己的心出发去探求，而不要先怀着旧习惯和一己之见去看。这样，是糟糠还是美食，一尝就知道了。

观德亭记

戊寅

君子射箭，内心端正，身体站直，抓住弓箭，瞄准了然后才可以谈得上射中。所以古代人以射箭来观察人的道德品质。德是从每个人的心中得出，君子学习是为了追求从内心中得到知识，所以君子射箭，借以修养心性。

因此凡是心气浮躁的，行动妄作；心性动荡的，视线飘忽；心底不安的，气馁；心里恍惚的，表情懒散；心中有傲气的，表情神色自满。这五个方面，却是心性不稳定，没有修炼，因此不可做学问。君子学射箭，是借此来修炼心性使之稳定。

所以内心端正，身体就端正；心怀敬意，表情就严肃；心气平和，呼吸就舒缓；心里专注，视线就专一；心里畅通，能以行动合乎时机又有条理，心里纯净，所以谦让又谨慎恭敬心性宽宏，所以胜利了也不张狂，失败了也不颓废。具备了这七个方面，君子之德就养成了。君子无处不用自己所学，在射箭方面就可以看出。

所以说："为人君的，以人君为目标；为人臣的，以人臣为目

者以为父鹄，为人子者以为子鹄。射也者，射己之鹄也；鹄也者，心也，各射己之心也，各得其心而已。"故曰："可以观德矣。"作观德亭记。

重修文山祠记

戊寅

宋丞相文山文公之祠，旧在庐陵之富田。今螺川之有祠，实肇于我孝皇之朝，然亦因废为新，多缺陋而未称。正德戊寅，县令邵德容始恢其议于郡守伍文定，相与白诸巡抚巡按守巡诸司，皆以是为风化之所系也，争措财鸠工，图拓而新之。协守令之力，不再瑜月而工莘。圮者完，隘者辟，遗者举，巍然焕然，不独庙貌之改观，而吉之人士奔走瞻叹，翕然益起其忠孝之心，则是举之益于名教也诚大矣！使来请记。

呜乎！公之忠，天下之达忠也。结椎异类，犹知敬慕，而况其乡之人乎！逆旅经行，犹存尸祝，而况其乡之士乎？凡有职守，皆知尊尚，而况其土之官乎？然而乡人之慕之也，三有司之崇尚之也。文公之没，今且三百年矣，吉士之以气节行义，后先炳耀，谓非闻公之风而兴不可也。

然忠义之降，激而为气节；气节之弊，流而为客气。其上焉者，无所为而为，固公所谓成仁取义者矣。其次有所为

标；为人父的以人父为目标；为人子的，以人子为目标；射箭，就是射自己的目标；目标，就是自己的心。各自射自己的心，就是达到各自内心的目标而已。"所以说："射箭可以观察一个人的品德。"以这篇文章作观德亭记。

重修文山祠记

戊寅

宋朝丞相文山文天祥的祠堂，以前曾在庐陵的富田，现在螺川有文丞相祠堂，实际上是从孝宗皇帝那一朝开始，但是又是旧祠堂翻新，有许多残破简陋，尚未完全称意。正德戊寅年，县令邵德容才开始重新向郡守伍文定提议，先后向巡抚、巡按报告。各级官员都认为这是关系到风化的问题，争相筹款招工，力图扩展而翻新。借着太守县令的力量，不到两个月就竣工了。倾塌的地方修整，狭窄的地方拓宽，遗漏的地方补充上，巍然耸立，焕然一新。不仅祠堂外貌为之改观，而且当地人士，奔走前来瞻仰，感叹不已，不约而同地唤起忠孝之心。所以这个举措有益于名教，效果非常显著。使者前来请求作记。

唉呀！文公忠心，是天下最大的忠心。异族之人，尚且知道敬慕，又何况他的家乡人民呢？旅途之中的人们，尚且祭奠，又何况他的家乡本土呢？凡是有职有任的，都知道尊奉崇拜，又何况他家乡的官员呢？家乡人民敬慕他，三级官员崇拜他，但文公已死了三百年了，吉水士人以气节行义，古今相互辉映，不能不说这是受了文公的影响。

然而忠义之下，激发成为气节；气节进入弊端，就转化为血性之气。上乘的是无所求却有所作为，就是文公成仁取义的

矣,然犹其气之近于正者也。迨其弊也,遂有凭其愤戾粗鄙之气,以行其媢嫉褊骜之私。士流于矫拂,民入于健讼,人欲炽而天理灭,而犹自视以为气节。若是者容有之乎?则于公之道,非所谓操戈入室者欤?吾故备而论之,以勖夫兹乡之后进,使之去其偏以归于全,克其私以反于正,不愧于公而已矣。

今巡抚暨诸有司之表励崇饰,固将以行其好德之心,振扬风教,诗所谓"民之秉彝,好是懿德"者也。人亦孰无是心?苟能充之,公之忠义在我矣,而又何羡乎?然而时之表励崇饰,有好其实而崇之者,有慕其名而崇之者,有假其迹而崇之者。忠义有诸己,思以喻诸人,因而表其祠宇,树之风声,是好其实者也。知其美而未能诚诸身,姑以修其祠宇,彰其事迹,是慕其名者也;饰之祠宇而坏之于其身,矫之文具而败之于其行。奸以掩其外,而袭以阱其中,是假其迹者也。

若是者容有之乎?则于公之道,非所谓毁瓦画墁者欤?吾故备而论之,以勖夫后之官兹土者,使无徒慕其名而务求其实,毋徒修公之祠,而务修公之行,不愧于公而已矣。某尝令兹邑,睹公祠之圮陋而未能恢,既有愧于诸有司,慨其风声气习之或弊,而未能讲去其偏,复有愧于诸人士。乐兹举之有成也,推其愧心之言而为之记。

道理。其次，有所追求，然而其意气还近似于正气。到了流入弊端，就有凭着愤恨暴戾、粗俗鄙薄之气，来干嫉妒偏狭，桀骜不驯的私事了。士人流于无理取闹，违背情理；百姓流于喜好终日打官司。人欲越来越强烈；而天理越来越湮没，却仍然自认为是有气节。这样的不是大有人在吗？这与文公的道行相比，不是所谓持刀入室、强悍为盗的人吗？我专门在此论及，来勉励本乡后进，使他们除去偏狭而归于礼义周全，克服私心而恢复正气，无愧于文公。

今天，巡抚以及各级官员修葺祠堂，作为崇敬文公的场所，实质上是为了倡导好德之心，发扬风气教化，正像《诗经》所说的："百姓捧着祭器，表明他们喜欢美好的德行。"人，谁没有这个心？如果能够实行，那我也有文公的忠义之心了，我又何必羡慕他呢？而现在修葺一新作为崇拜场所来劝导世人，有追求实际来崇拜的，有敬慕名声来崇拜的，有假借古迹来崇拜的。忠义在自己的心里，又想把它告知别人，所以建祠堂来树立风范，这是追求实际的。知晓美德而没能在自己身上体现的，姑且以修祠堂宣传事迹，这是敬慕名声的；对祠堂大加修饰，而自身德性却极坏，表面装作善良而行为败坏，施奸计掩饰而内心却充满陷阱，这是假借古迹来崇拜的。

像这样的，岂不是大有人在吗？这对文公的道行，不是一种污浊破坏吗？于是我反复论说，来勉励后来到此地为官者，使他们不要只敬慕名声，而要追求实际，不要光知修文公祠堂，而要追求文公的行为，无愧于文公的才行。本乡之人眼看着文公祠堂崩塌漏雨，我却不能请他们修复，这已经有愧于各级官府；慨叹本乡风俗习惯是气节流入弊端，我却未能讲习道德，教导

从吾道人记

乙酉

海宁董萝石者,年六十有八矣,以能诗闻江湖间。与其乡之业诗者十数辈为诗社,旦夕操纸吟鸣,相与求句字之工,至废寝食,遗生业。时俗共非笑之,不顾,以为是天下之至乐矣。

嘉靖甲申春,萝石来游会稽,闻阳明子方与其徒讲学山中,以杖肩其瓢笠诗卷来访。入门,长揖上坐。阳明子异其气貌,且年老矣,礼敬之。又询知其为董萝石也,与之语连日夜。萝石辞弥谦,礼弥下,不觉其席之弥侧也。退谓阳明子之徒何生秦曰:"吾见世之儒者支离琐屑,修饰边幅,为偶人之状;其下者,贪饕争夺于富贵利欲之场,而尝不屑其所为,以为世岂真有所谓圣贤之学乎,直假道于是以求济其私耳。故遂笃志于诗,而放浪于山水。今吾闻夫子良知之说,而忽若大寐之得醒,然后知吾向之所为,日夜弊精劳力者,其与世之营营利禄之徒,特清浊之分,而其间不能以寸也。幸哉!吾非至于夫子之门,则几于虚此生矣。吾将北面夫子而终身焉,得无既老而有所不可乎?"

他们除去偏狭,又有愧于各位人士。现在很高兴地看到修祠堂的事办成了。将自己有愧之心表达出来,作为重修文山祠堂的记。

从吾道人记

乙酉

　　海宁人董萝石,年纪有六十八了,由于善于写诗而闻名江湖之间;和他本乡以写诗为业的十几个人成立诗社,终日写诗、吟诵,一起追求字字句句的工整妥当,到了废寝忘食抛弃生计的程度。当时人们都笑话他,他却不顾,只认为写诗是天下最快乐的事。

　　嘉靖三年甲申春天,萝石来游览会稽山,听说阳明先生正和他的学生们在山中讲学,就用拐杖扛着斗笠水瓢还有诗卷来访。进了门拱手行了个大礼坐下,阳明先生很惊异他的气质相貌,年纪又老,就以礼相待。一问才知道他就是董萝石,就与他交谈了几天几夜。萝石言辞更谦和,礼节更周全,不知不觉间,他的座席更偏了,不敢正对阳明先生。他回到下边,问阳明先生的弟子何秦道:"我见世上儒者,都支离破碎,修饰边幅,把自己弄成个玩偶模样;还有更低下的,在富贵利欲场上,贪婪争夺。我觉得他们的行为可耻,怀疑世上真有所谓圣贤之学吗?只不过假借道学来满足自己的私欲罢了!所以才一门心思地写诗,而且放浪形骸,纵情山水之间。今天听了阳明先生关于良知的学说,就像大梦刚醒。然后才知道我以前所做的,日夜耗费精神与气力的行为。这与世上营营苟苟于利禄之辈相比,只不过有清白与浑浊的区别,而其中区别不过一寸。幸运啊!我要不是来到先生的门下,就几乎虚度一生了。我将要尊奉先生,终身追随

秦起拜贺曰："先生之年则老矣，先生之志何壮哉！"入以请于阳明子。阳明子喟然叹曰："有是哉！吾未或见此翁也。虽然，齿长于我矣。师友一也，苟吾言之见信，奚必北面而后为礼乎？"萝石闻之，曰："夫子殆以予诚之未积欤？"辞归两月，弃其瓢笠，持一缣而来。谓秦曰："此吾老妻之所织也。吾之诚积若此缕矣，夫子其许我乎？"

秦入以请。阳明子曰："有是哉！吾未或见此翁也。今之后生晚进，苟知执笔为文辞，稍记习训诂，则已侈然自大，不复知有从师学问之事；见有或从师问学者，则哄然共非笑指斥若怪物。翁以能诗训后进，从之游者遍于江湖，盖居然先辈矣。一旦闻予言，而弃去其数十年之成业如敝屣，遂求北面而屈礼焉，岂独今之时而未见若人，将古之记传所载，亦未多数也。夫君子之学，求以变化其气质焉尔。气质之难变者，以客气之为患，而不能以屈下于人，遂至自是自欺，饰非长敖，卒归于凶顽鄙倍。"

故凡世之为子而不能孝，为弟而不能敬，为臣而不能忠者，其始皆起于不能屈下，而客气之为患耳。苟惟理是从，而不难于屈下，则客气消而天理行。非天下之大勇，不足以与于此，则知萝石，固吾之师也。而吾岂足以师萝石乎？"

他。可不要因为我老了就不同意啊？"

何秦起身向他祝贺说："您的年纪的确老了，先生您的志气又是等雄壮！"进屋向阳明先生报告，阳明先生感叹着说："有这等事！我很少见到这样的老人。虽然比我年纪还大，但是师生朋友一个道理。如果相信我的话，又何必行尊奉老师的大礼呢？"萝石听了，问道："先生难道认为我的诚意不够多吗？"告辞回家，两个月后，没带斗笠水瓢，却带了一匹细绢来了，对何秦说："这是我老妻织的，我的诚意，就像这匹织的一丝一缕积累起的。先生答应我了吗？"

何秦进来报告阳明先生，阳明先生说："有这等事！我很少见到这样的老人。现在的后辈学生，刚一知道握笔写文章，稍微知道一点训诂，就已经自高自大，不再知道还有跟从老师学习的事了；见到有人跟从老师学习，就一齐哄笑，把人家当作怪物。这位老人懂得诗，跟他学习的遍及江湖，完全是个先辈了。一旦听到我的讲学，就抛下他几十年的成就，像扔了双旧鞋子一样，请求以尊师之礼来对待我。这哪里是唯独今天没见过这样的人，即使古代史书记载，也不多见。君子学习，是力求改变气质；气质很难改变，是因为傲气矜持，人不能委屈。于是自以为是，自欺欺人，文过饰非，傲气增高，终于归到凶恶蛮横卑鄙浅薄之类。"

"所以，世上凡是身为人子却不能孝顺，身为人弟却不能尊敬，身为臣子却不能忠诚，都是因为起初都不能甘属人下，傲气矜持的品性作怪。如果一切顺从天理，不以屈身事人为难事，那么傲气就消除而天理就通行。没有天下大勇不能够达到这种程度，而像萝石这样，简直就是我的老师了。我怎么能够得上称

萝石曰:"甚哉!夫子之拒我也,吾不能以俟请矣。"入而强纳拜焉。阳明子固辞不获,则计之以师友之间。与之探禹穴,登炉峰,陟秦望,寻兰亭之遗迹,徜徉于云门、若耶、鉴湖、剡曲。萝石日有所闻,益充然有得,欣然乐而忘归也。

其乡党之子弟亲友与其平日之为社者,或笑而非,或为诗而招之返,且曰:"翁老矣,何乃自苦若是耶?"萝石笑曰:"吾方幸逃于苦海,方知悯若之自苦也,顾以吾为苦耶?吾方扬鬐于渤澥,而振羽于云霄之上,安能复投网罟而入樊笼乎?去矣,吾将从吾之所好!"遂自号曰"从吾道人"。

阳明子闻之,叹曰:"卓哉萝石!'血气既衰,戒之在得'矣,孰能挺特奋发,而复若少年英锐者之为乎?真可谓之能从吾所好矣。世之人从其名之好也,而竞以相高;从其利之好也,而贪以相取;从其心意耳目之好也,而诈以相欺。亦皆自以为从吾所好矣,而岂知吾之所谓真吾者乎!夫吾之所谓真吾者,良知之谓也。父而慈焉,子而孝焉,吾良知所能好也。不慈不孝焉,斯恶之矣。言而忠信焉,行而笃敬焉,吾良知所好也。不忠信焉,不笃敬焉,斯恶之矣。故夫名利物欲之好,私吾之好也,天下之所恶也;良知之好,真吾之好也,天下之所同好也。是故从私吾之好,则天下之人皆恶之矣,将心劳日拙而忧苦终身,是之谓物之役。从真吾之好,则天下之人皆好之矣,将家国天下无所处而不当;富贵、贫贱、

为是萝石的老师呢?"

萝石说:"先生拒绝我太厉害了!我不能这样等下去。"就进屋强行叩头拜师。阳明先生坚决推辞不过,就商量着介于师友之间。一起探访禹穴,攀登炉峰,跋涉秦望之地,寻访兰亭遗迹,徜徉于云门、若耶、鉴湖、剡曲之间。萝石每天都有所见闻,更加有所获取和进步,高兴得忘了回家。

他的乡里亲友子弟,和他平时结诗社的,有的笑话他乱来,有的为了诗社来招他回去。还说:"这老头老糊涂了,为什么这么自讨苦吃呢?"萝石笑着说:"我正庆幸自己逃离苦海,才知道可怜你们自寻烦恼,反而以为我自讨苦吃吗?我刚扬鳍在渤海,振翅在云霄之上,怎么能再投入罗网樊笼呢?去吧!我要随着我的喜好心愿。"于是自己取了个别名,叫"从吾道人"。

阳明先生听到后,感叹说:"萝石,太超众了!'血气衰弱了,人老了,要防止自己自满'。谁能奋发昂扬,再像青少年那样英姿勃勃,锐气不减地行动呢?你真够得上是随自己心愿喜好了。世上的人,从来都追求名声,并竞相求抬高;追求好利,就贪图相夺;追求自己心里满足,身体欲望满足,就互相欺诈。这也都是随自己的心愿喜好,哪里懂得我所说的追求纯真的自我呢?我所说的纯真的自我,就是良知。为父的慈爱,为子的孝顺,这是我的良知所喜好的。不慈爱,不孝顺,就厌恶它。言语忠信,行为恭敬,这是我的良知所喜好的。不忠信,不恭敬,就厌恶它。所以名利物欲的喜好,是自私自利的喜好,是天下人所共同厌恶的;有良知的喜好,是纯真的自我,是天下人所共同喜好的。所以,随自己自私自利的喜好,那么天下之人都厌恶他。他会终日心受劳苦,忧虑终生,这叫作被外物驱使了。随

患难、夷狄，无入而不自得。斯之谓能从吾之所好也矣。夫子尝曰'吾十有五而志于学'，是从吾之始也；'七十而从心所欲，不逾矩'，则从吾而化矣。"

"萝石逾耳顺而始知从吾之学，毋自以为既晚也。充萝石之勇，其进于化也何有哉？呜呼！世之营营于物欲者，闻萝石之风，亦可以知所适从也乎？"

亲民堂记

乙酉

南子元善之治越也，过阳明子而问政焉。阳明子曰："政在亲民。"曰："亲民何以乎？"曰："在明明德。"曰："明明德何以乎？"曰："在亲民。"曰："明德、亲民，一乎？"曰："一也。明德者，天命之性，灵昭不昧，而万理之所从出也。人之于其父也，而莫不知孝焉；于其兄也，而莫不知弟焉；于凡事物之感，莫不有自然之明焉；是其灵昭之在人心，亘万古而无不同，无或昧者也，是故谓之明德。其或蔽焉，物欲也。明之者，去其物欲之蔽，以全其本体之明焉耳，非能有以增益之也。"

自己的纯真的喜好，那么天下人都喜好，将每个家庭、国家、天下，怎么处置怎么得当；不管是富贵贫贱，还是祸患灾难，还是夷狄之邦，没有不应付自如的，这才叫能随心所欲。孔夫子曾说：'我十五岁立志学习。'这是随我志愿的开始；'七十岁随心所欲，却不会超越规矩。'这是随我志愿达到出神入化的极高境界了。"

"萝石年纪已过了耳顺之年即六十岁才知道随我志愿的道理，但你自己不要认为太晚了。萝石的勇气如此之大，进入出神入化境界有什么不可以？唉呀！世上营营苟苟追求物欲之人，听到萝石的精神，也可以知道应该如何做事了吧？"

亲民堂记

乙酉

南元善先生治理越地，到阳明先生这里来访并询问如何行政。阳明先生说："行政在于使百姓亲附。"问："怎样使百姓亲附？"阳明先生说："在于使百姓懂得道德教化。"问："如何使百姓懂得道德教化？"阳明先生说："在于使百姓亲附。"问："道德教化和百姓亲附是一回事吗？"阳明先生说："是一回事，懂得道德教化，就是符合天命的本性，灵验光明，是各种道理的来源。人，对于自己的父亲，没有不知道孝顺；对于自己兄长，没有不知道尊重；对于各种事物的感受，没有不具备自然自觉的明白能力。这就因为灵验光明的特点在人心里，万古以来没有不同的，没有不光明的，所以称为明德。有的被蒙蔽了，是由于物质欲望。使之光明发扬，就是除去物质欲望的蒙蔽，来恢复本来的光明，并非能有什么增加。

曰:"何以在亲民乎?"曰:"德不可以徒明也。人之欲明其孝之德也,则必亲于其父,而后孝之德明矣;欲明其弟之德也,则必亲于其兄,而后弟之德明矣;君臣也,夫妇也,朋友也,皆然也。故明明德必在于亲民,而亲民乃所以明其明德也。故曰一也。"

曰:"亲民以明其明德,修身焉可矣,而何家、国、天下之有乎?"曰:"人者,天地之心也;民者,对己之称也;曰民焉,则三才之道举矣。是故亲吾之父以及人之父,而天下之父子莫不亲矣;亲吾之兄以及人之兄,而天下之兄弟莫不亲矣;君臣也,夫妇也,朋友也,推而至于鸟兽草木也,而皆有以亲之,无非求尽吾心焉,以自明其明德也。是之谓明明德于天下,是之谓家齐国治而天下平。"

曰:"然则乌在其为止至善者乎?""昔之人固有欲明其明德矣,然或失之虚罔空寂,而无有乎家国天下之施者,是不知明明德之在于亲民,而二氏之流是矣。固有欲亲其民者矣,然或失之知谋权术,而无有乎仁爱恻怛之诚者,是不知亲民之所以明其明德,而五伯功利之徒是矣。是皆不知止于至善之过也。是故至善也者,明德亲民之极则也。

问:"使百姓亲附有什么具体方法?"阳明先生说:"道德不能空洞地表现什么光明。人要表现他孝顺的品德,就一定要亲近他的父亲,然后孝顺的品德才显明出来;要表现他对兄长恭敬的品德,就一定要去亲近他的兄长,然后恭敬兄长的品德才会显明。君臣、夫妇、朋友之间都是这样。所以显明道德教化,必须在于使百姓亲附,而使百姓亲附就是使道德更加显明。所以说是一回事。"

问:"使百姓亲附来显明道德,用于修养自身德性就可以了。为什么又要扩展到家庭、国家、天下方面去呢?"阳明先生说:"人,是天地的心;民,是与自己相对的广泛称呼。一提到民,天地人三者之间的关系就具备了。因此,亲近自己的父亲,来类推到人人的父亲,那么天下的父子没有不相互亲近的了;亲近我自己的兄长,来类推到别人的兄长,那么天下的兄弟就没有不相互亲近的了。君臣、夫妇、朋友,类推到鸟兽草木,都可以有理由亲近,无非求得尽我的心,自己使道德之心更显明。这就是所谓向全天下来发扬光大道德教化,这正是所谓达到:齐家、治国、平天下的境界。"

问:"那么行为达到尽善程度又表现在哪里?""古代人当然有想要发扬光大道德教化的,然而多数陷入空洞虚无,没有具体施行到家庭、国家和天下。是因为他们不知道发扬道德教化在于使百姓亲附,佛道两家就是这样。当然也有要使百姓亲附的,却多数陷入和懂得谋略权术,而没有仁爱怜悯恻隐的诚心。这是不懂得亲附百姓就是为了发扬光大道德教化,这是春秋五霸那种功利之徒。这些都是不懂得达到尽善境界的道理的过错。因此达到尽善境界,就是发扬道德亲附百姓的最

天命之性，粹然至善。其灵昭不昧者，皆其至善之发见，是皆明德之本体，而所谓良知者也。至善之发见，是而是焉，非而非焉，固吾心天然自有之则，而不容有所拟议加损于其间也。有所拟议加损于其间，则是私意小智，而非至善之谓矣。人惟不知至善之在吾心，而用其私智以求之于外，是以昧其是非之则，至于横骛决裂，人欲肆而天理亡，明德亲民之学大乱于天下。故止至善之于明德亲民也，犹之规矩之于方圆也，尺度之于长短也，权衡之于轻重也。方圆而不止于规矩，爽其度矣；长短而不止于尺度，乖其制矣；轻重而不止于权衡，失其准矣；明德亲民而不止于至善，亡其则矣。夫是之谓大人之学。大人者，以天地万物为一体也，夫然后能以天地万物为一体。"

元善喟然而叹曰："甚哉！大人之学若是其易简也。吾乃今知天地万物之一体矣！吾乃今知天下之为一家、中国之为一人矣！'一夫不被其泽，若己推而内诸沟中'，伊尹其先得我心之同然乎！"于是名其莅政之堂曰"亲民"，而曰："吾以亲民为职者也，吾务亲吾之民，以求明吾之明德也夫！"爱书其言于壁而为之记。

高原则。

　　天命的本性，纯粹而又最善。它灵验光明，都是尽善境界的表现，都是发扬道德的本体，也就是所谓良知。尽善境界的表现是，对就是对，错就是错，本是我心里天然就有的是非标准，中间不允许有任何杜撰、褒贬、增加或减损。如果中间有所杜撰、褒贬、增加或减损，就是自私心和小聪明，却不是尽善境界。人就是不知道尽善境界在自己心中，却运用私心小聪明从心外追求。所以不明白是非标准，甚至强横凶暴，为害大众；人欲横行而天理消亡，"明德亲民"的道理被冲得乱七八糟。所以达到尽善境界与发扬道德和亲附百姓之间的关系，就像规矩和方圆的关系，尺度和长短之间的关系，秤砣秤杆和轻重之间的关系。方圆如果不受规矩的约束，就乱了标准了；长短如不受尺度的限制，就改变了标准了；轻重要不受秤的衡量，也就失去标准了。同样，发扬道德的亲附百姓若不受尽善境界的制约，也就同样没有标准了。如此，才称得上是"大人"之学，所谓"大人"是以天地万物为一体的人，然后才能将天地万物合为一体。"

　　元善感叹说："太好啦！大人之学，那么简单易学！我今天才知道天地万物是为一体，我今天才知道天下是一家，中国是一个人了。对于，一个没受到恩惠的人，就像自己把他推到水沟里。伊尹就是那位生比我早却与我有同感的人吧？"于是将自己处理政事的厅堂命名为"亲民堂"。说："我要以亲附百姓为自己的职责，我一定要使自己辖区的百姓互相亲附，来发扬光大我的道德教化。"于是将他的话写在墙壁上，我为之作此作为题记。

万松书院记

乙酉

万松书院在浙省南门外,当湖山之间。弘治初,参政周君近仁因废寺之址而改为之,庙貌规制略如学宫,延孔氏之裔以奉祀事。近年以来,有司相继缉理,地益以胜,然亦止为游观之所,而讲诵之道未备也。

嘉靖乙酉,侍御潘君景哲奉命来巡,宪度丕肃,文风聿新。既简乡闱,收一省之贤而上之南宫矣,又以遗才之不能尽取为憾,思有以大成之。乃增备书院,益广楼居斋舍为三十六楹;具其器用,置赡田若干顷;揭白鹿之规,抡彦选俊,肄习其间,以倡列郡之士,而以属之提学佥事万君汝信。汝信曰:"是固潮之责也。"藩臬诸君咸赞厥成,使知事严纲董其役,知府陈力,推官陈篪辈相协经理。阅月逾旬,工讫事举,乃来请言以纪其事。

惟我皇明,自国都至于郡邑,咸建庙学,群士之秀,专官列职而教育之。其于学校之制,可谓详且备矣。而名区胜地,往往复有书院之设,何哉?所以匡翼夫学校之不逮也。

夫三代之学,皆所以明人伦。今之学宫皆以"明伦"名堂,则其所以立学者,固未尝非三代意也。然自科举之业盛,士皆驰骛于记诵辞章,而功利得丧分惑其心,于是师之所教,弟子之所学者,遂不复知有明伦之意矣。怀世道之忧者思挽而复之,则亦未知所措其力。

万松书院记

乙酉

万松书院,在浙江省府南门外的湖山之间。弘治初年,参政周近仁先生借着废旧寺庙的废址改成书院。寺庙的外观规模有些像学宫,聘请了孔子后裔,来从事祭祀。近年以来,经官府相继修葺整理,这地方越来越有名声。但也只不过是个游览的地方,而用来讲学的条件却还不具备。

嘉靖四年乙酉,侍御潘景哲先生,奉命来巡视。法制大为严明,文风为之一新。又进行乡试,选择一省贤才,送上礼部。又觉得不能将余下的人才全部取尽为遗憾,想着做件大事。就新开书院,增建房舍三十六间,配备用具,买下若干顷田地为养学之用;按照白鹿书院的规章,选拔优秀人才,让他们在这里学习,来鼓励各郡学生,又派提学佥事万汝信先生主持。万汝信说:"这就是我的责任。"省府各位官员都大加赞成,派知事严纲负责工程,知府陈力、推官陈麓等人协助办理。四十天,工程完毕,就来请我写段话作为纪事。

我大明皇朝,从国都到郡县,都建立了学校。选取优秀学子,专门设官员进行教育。对于学校各项制度,可以说详细完备。名胜之地往又有书院设立,为什么呢?这是为了匡正辅佐学校的不足。

三代时的学校都为了教人明白伦理,现在的学宫,都用"明伦"堂命名。所以这些学校的建立都不曾违背三代的本意。然而自从科举选官兴盛起来,士人都忙着记诵辞章;功利得失,迷惑了他们的心。因此老师所教的,学生所学的,再也不知道还有明白人伦道理的本意。忧虑世道的,想挽回并使之恢复,终究

譬之兵事，当玩弛偷惰之余，则必选将阅伍，更其号令旌旗，悬非格之赏以倡敢勇，然后士气可得而振也。今书院之设，固亦此类也欤？士之来集于此者，其必相与思之曰："既进我于学校矣，而复忧我于是何为乎？宁独以精吾之举业而已乎？便吾之进取而已乎？则学校之中，未尝不可以精吾专业，而进取之心，自吾所汲汲，非有待于人之从而趋之也。是必有进于是者矣，是固期我以古圣贤之学也。"

古圣贤之学，明伦而已。尧、舜之相授受曰："人心惟危，道心惟微，惟精惟一，允执厥中。"斯明伦之学矣。道心也者，率性之谓也，人心则伪矣。不杂于人伪，率是道心而发之于用也，以言其情则为喜怒哀乐；以言其事则为中节之和，为三千三百《经曲》之礼，以言其伦则为父子之亲，君臣之义，夫妇之别，长幼之序，朋友之信，而三才之道尽此矣。

舜使契为司徒以教天下者，教之以此也。是固天下古今圣愚之所同具，其或未焉者，物欲蔽之，非其中之所有不备，而假求之于外者也。是固所谓不虑而知，其良知也；不学而能，其良能也；孩提之童，无不知爱其亲者也。孔子之圣，则曰所求乎子，以事父未能也。是明伦之学，孩提之童亦无不能；而及其至也，虽圣人有所不能尽也。

人伦明于上，小民亲于下，家齐国治而天下平矣。是故

也不知道从哪里着手用力。

这好比军事，当士兵军备松弛，偷闲懒惰长久了，必须选将阅兵，改换号令旌旗，格外悬赏来鼓励勇敢。然后才可以振奋士气。现在设立书院，不也属于这类情况吗？学生们集中到这里，相互之间必然谈论："把我们选进学校了，又优待我们，这是为什么呢？难道仅仅是为了使我们精于科举吗？不是为了使我们进取吗？学校当然会使我们精于科举，而进取之心，自然是我心情急切、努力追求的，并不需要谁去推动，这样做必定有更深一层的道理，那就是期望我们得到古代圣贤的学问。"

古代圣贤学问，明白伦理罢了。尧传舜说："人民危险，大道之心微妙，只有慎重专一，才可以达到不偏不倚。"这是明白伦理的学问。大道之心，就是自然本性的意思。人心就难保不虚伪了。不掺杂人心的虚伪，率直行事就是道心的运用，用来表达感情，则是喜怒哀乐；用来说明处事，就是符合节度。用来规定三千三百条《经曲》的仪礼，说到伦理，就是父子之亲，君臣之义，夫妇之别，长幼之序，朋友之信，天地人之间的大道理都在这里。

舜任命契为司徒，来教育天下百姓，就是教的这些内容。这些是天下从古到今圣人普通人都具备的。其中有人不具备、是由于物欲掩盖住了，并不是内心不具备却须从外界借助。这就是不必思考而自然知道的，是良知；不必学习而能做到的是良能。小孩子也没有不知道爱他的亲人的。孔子也说要像孩子对待父亲一样对待别人是不可能的。明白伦理的学问，小孩子也没有不能达到，然而其最高程度，却即使是圣人也有达不到的。

上面提倡人伦，下面老百姓就亲附，那么家庭、国家、天下

明伦之外无学矣。外此而学者，谓之异端；非此而论者，谓之邪说；假此而行者，谓之伯术；饰此而言者，谓之文辞；背此而驰者，谓之功利之徒，乱世之政。虽今之举业，必自此而精之，而谓不愧于敷奏明试；虽今之仕进，必由此而施之，而后无忝于行义达道。斯固国家建学之初意，诸君缉书院以兴多士之盛心也，故为多士诵之。

稽山书院尊经阁记

乙酉

经，常道也。其在于天谓之命，其赋于人谓之性，其主于身谓之心；心也，性也，命也，一也。通人物，达四海，塞天地，亘古今；无有乎弗具，无有乎弗同，无有乎或变者也。是常道也。

其应乎感也，则为恻隐，为羞恶，为辞让，为是非；其见于事也，则为父子之亲，为君臣之义，为夫妇之别，为长幼之序，为朋友之信；是恻隐也，羞恶也，辞让也，是非也；是亲也，义也，序也，别也，信也，一也；皆所谓心也，性也，命也；通人物，达四海，塞天地，亘古今，无有乎弗具，无有乎弗同，无有乎或变者也，是常道也。是常道也，以言其阴阳消息之行焉，则谓之《易》；以言其纪纲政事之施焉，则谓之

的事情就做好了。所以明白伦理之外没有学问了。除此之外的学问都是异端，除此之外的言论都是邪说，假借这伦理来达到自己的目的，就是霸道的权术；把这当作言谈的装饰，就是花言巧语；与此背道而驰，就是功利之徒或者扰乱国家的政策。今天的科举选官之事，也一定要从这个方面严格进行，才算得上不愧于应试时的详细奏陈。现在的选官，一定要由此方式进行，然后才无愧于行仁义之事符合大道。这才是国家兴建学校的本意，各位先生兴办书院来培养众多士人的热情。因此，我向众多士人讲这些话。

稽山书院尊经阁记

乙酉

经，就是最普通的道理或规律。在天叫作天命；表现在人身上，就是人性；作为人身的主宰，就是心。心，就是人的本性，就是天命的体现，是统一的。数遍人物，走遍四海，天地之间，从古到今，没有不具备的，没有不相同的，也没有稍加改变的。所以说，这是最普通的道理或规律。

它表现在情感上，就是怜悯恻隐之心，耻于作恶之心，谦虚忍让之心，是明辨是非之心；它表现在人事上，就是父子之亲，君臣之义，夫妇之别，长幼之序，朋友之信。而所有这些怜悯恻隐、耻于作恶、谦虚忍让、明辨是非，以及所有这些亲呀、义呀、别呀、序呀、信呀，都是一回事，都是所谓人心，所谓人性，所谓天命。数遍人物、走遍四海，天地之间、从古到今，没有不具备的，没有不相通的，也没有稍加改变的，这就是最普遍的道理。这就是最一般的规律，用它来说明阴阳变化发

《书》；以言其歌咏性情之发焉，则谓之《诗》；以言其条理节文之著焉，则谓之《礼》；以言其欣喜和平之生焉，则谓之《乐》；以言其诚伪邪正之辩焉，则谓之《春秋》。是阴阳消息之行也，以至于诚伪邪正之辩也，一也。皆所谓心也，性也，命也，通人物，达四海，塞天地，亘古今，无有乎弗具，无有乎弗同，无有乎或变者也。夫是之谓《六经》。《六经》者非他，吾心之常道也。

故《易》也者，志吾心之阴阳消息者也；《书》也者，志吾心之纪纲政事者也；《诗》也者，志吾心之歌咏性情者也；《礼》也者，志吾心之条理节文者也；《乐》也者，志吾心之欣喜和平者也；《春秋》也者，志吾心之诚伪邪正者也；君子之于《六经》也；求之吾心之阴阳消息，而时行焉，所以尊《易》也；求之吾心之纪纲政事而时施焉，所以尊《书》也；求之吾心之歌咏性情而时发焉，所以尊《诗》也；求之吾心之条理节文，而时著焉，所以尊《礼》也；求之吾心之欣喜和平，而时生焉，所以尊《乐》也；求之吾心之诚伪邪正，而时辩焉；所以尊《春秋》也。

盖昔者，圣人之扶人极，忧后世而述《六经》也；犹之富家者之父祖，虑其产业库藏之积，其子孙者或至于遗忘

展或消亡的规律的经,就是《易》;用它来记载典章制度和政事行施的经,就是《书》;用它来传达歌咏性情的感发的经,就是《诗》;用它来记载处事规则程序、礼节、仪式的经,就是《礼》;用它来记录欣喜和平的景象的经,就是《乐》;用它来记载真诚还是欺诈、邪恶还是正义的区别的经,就是《春秋》。这些所有从阴阳变化,发展和消亡的规律,到真诚还是欺诈,邪恶还是正义的区别的经,都是一回事,都是说的心、人性、天命。数遍人物,走遍天下,天地之间,从古到今,没有不具备的,没有不相同的,也没有稍加改变的。这就是《六经》。《六经》不是别的,就是我们每个人的心中大道,即一般规律。

所以,《易》就是记录我们每个人自己心中阴阳变化,发展或消亡的规律的;《书》就是记录自己心中的典章制度和政事的;《诗》就是记录自己心中的歌颂咏唱、性情抒发的;《礼》就是记录自己心中的规则、程序、礼节、仪式的;《乐》就是记录自己心中的欣喜和平的;《春秋》就是记录自己心中的真诚或欺诈,邪恶或正义的。君子对于六经,在自己心中体验阴阳变化,发展或消亡的规律而时刻加以运用,因此尊奉《易》;在自己心中研究典章制度和政事而经常加以施行,因此尊奉《书》,在自己心中经常歌颂吟唱,抒发感情,因此尊奉《诗》;在自己心中追求规则、程度、礼节、仪式并时常加以执行,因此尊奉《礼》;在自己心中体验欣喜和平的心情,并时常保持,因此来尊奉《乐》;在自己心中判断真诚、欺诈邪恶、正义并时常加以区别,因此来尊奉《春秋》。

大概古代圣人教育帮助众人,非常忧虑后世,所以著作《六经》。这就像富家的祖辈、父辈,考虑到为了子孙积累了产

散失，卒因穷而无以自全也。而记籍其家之所有以贻之，使之世守其产业库藏之积，而享用焉，以免于困穷之患。故《六经》者，吾心之记籍也。而《六经》之实，则具于吾心，犹之产业库藏之实积，种种色色，具存于其家。其记籍者，特名状数目而已。而世之学者，不知求《六经》之实于吾心，而徒考索于影声之间，牵制于文义之末；硁硁然以为是《六经》矣。是犹富家之子孙，不务守视享用其产业库藏之实积，日遗忘散失，至于窭人丐夫，而犹嚣嚣然指其记籍曰："斯吾产业库藏之积也。"何以异于是？呜呼！《六经》之学，其不明于世，非一朝一夕之故矣。尚功利，崇邪说，是谓乱经。习训诂，传记诵，没溺于浅闻小见，以涂天下之耳目，是谓侮经；侈淫辞，竞诡辩，饰奸心，盗行逐世，垄断而自以为通经，是谓贼经。若是者，是并其所谓记籍者而割裂弃毁之矣。宁复知所以为尊经也乎？越城旧有稽山书院，在卧龙西冈，荒废久矣。郡守渭南南君大吉，既敷政于民，则慨然悼末学之支离，将进之以圣贤之道。于是使山阴令吴君瀛，拓书院而一新之。又为尊经之阁于其后，曰："经正则庶民兴，庶民兴，斯无邪慝矣。"

阁成，请予一言，以谂多士。予既不获辞，则为记之若是。呜呼！世之学者既得吾说而求诸其心焉，其亦庶乎知所以为尊经也矣。

业库藏。生怕子孙说不准遗忘或散失，弄到穷困不能自保活命的地步。就把家中所拥有的财富登记下，来交给他们，让他们世世代代守着产业库藏中的积蓄来享用，来免除他们穷困的担忧。所以说，《六经》就是我心中的账簿。而《六经》的主要内容，就像在我心中装着产业库藏的积累，各种各样，都收存在家中。而那些账簿，就是专门为了记录各色数量的罢了。而世上的学者，不知道探求《六经》的主要内容记在心中，只会追求表面现象，在经文的细枝末节上下功夫，浅薄而又固执地以为这就是六经的要义。这就好像富家子，不善于看护和享用产业和库藏的积蓄，天天遗忘散失，沦落成了穷光蛋乞丐。还大嚷大叫指着账簿说："这就是我们产业库藏的积蓄。"与这有什么区别？唉呀！《六经》的学问，不被世人明白，不是一朝一夕的原因。崇尚功利，迷信邪说，这就是混乱了经典。只学习解释字词、背诵文章，沉溺在浮浅细微的见闻里面，来糊弄天下人的耳目，这是侮辱了经典；夸夸其谈，竞相诡辩，掩饰奸恶之心，行为不光明，追逐世俗名利，思维狭窄还自以为弄通了经典，这是危害了经典。这些人，就像连同账簿一起割裂毁坏扔弃的一样。哪里还知道如何尊奉经典呢？绍兴以前有个稽山书院，在卧龙西冈，荒废时间很久了。郡守渭南县南大吉先生，开始上任以后，就伤感普通学者学问的残缺，想使他们向圣贤之道努力。就派山阴县令吴瀛先生开辟稽山书院并修葺一新，又在后面建了一座尊经阁，说："经典端正了，百姓就振兴；百姓振兴，就没有邪恶了。"

尊经阁建成了，请我讲一句话，来告诫众多学生。我推辞不过，就作了这篇记。唉呀！世上的学者，看了我的言论并在自己心中研究一番，也许就知道如何才能尊奉经典了吧。

重修山阴县学记

乙酉

山阴之学，岁久弥敝。教谕汪君瀚辈，以谋于县尹顾君铎，而一新之；请所以诏士之言于予。时予方在疢，辞未有以告也。已而顾君入为秋官郎，洛阳吴君瀛来代，复增其所未备而申前之请。

昔予官留都，因京兆之请，记其学而尝有说矣。其大意以为朝廷之所以养士者，不专于举业，而实望之以圣贤之学。今殿庑堂舍，拓而缉之，饩廪条教，具而察之者，是有司之修学也。求天下之广居安宅者，而修诸其身焉，此为师，为弟子者之修学也。其时闻者皆惕然有省。然于凡所以为学之说，则犹未之及详。今请吾为越之士一言之。夫圣人之学，心学也。学以求尽其心而已。尧、舜、禹之相授受曰："人心惟危，道心惟微，惟精惟一，允执厥中。"

道心者，率性之谓，而未杂于人，无声无臭，至微而显，诚之源也。人心，则杂于人而危矣，伪之端矣。见孺子之入井而恻隐，率性之道也；从而内交于其父母焉，要誉于乡党焉，则人心矣。饥而食，渴而饮，率性之道也；从而极滋味之美焉，恣口腹之饕焉，则人心矣。"惟一"者，一于道心也；"惟精"者，虑道心之不一而或二之以人心也；道无不中，一于道心而不息，是谓"允执厥中"矣。

一于道心，则存之无不中，而发之无不和，是故率是道

重修山阴县学记

乙酉

山阴县的学校，由于年久失修而显得破烂不堪。县教谕汪瀚等人，找县官顾铎商议整修之事。县官顾铎派人来求我写篇训示学子的文字。我当时正在生病，身体不太好，来人就没把来意告诉我。不久，顾铎调任京城担任秋官郎一职，洛阳的吴瀛来山阴县主政，就整修学校之事，吴瀛也派人来重申以前的请求。

以前我在南京做官时，由于京兆的请求，为北京城学校作述记，因而有些议论。其大意是：朝廷之所以养士，并不只注重他们的科举学业，而实在是指望他们学好圣贤的学问。而现在学校疲敝，因此政府需要做的修学任务就是出钱整修学校，而广大师生要积极配合政府引导民众遵纪守法，加强自身修养，并为他们的修学服务。至于为学之道，士人多不知其精髓，就我个人看认为，所谓圣人之学，就是心学，为学的实质就是尽心而已。尧舜禹三人禅让时，常说："人心惟危，道心惟微，惟精惟一，允执厥中。"

道心指的就是人性，人性没被玷污之人，至微而显，光明磊落。这一切都是"诚"的本原。如人心芜杂，人性就很危险了。这一切是"伪"的本源。看见有小孩不慎掉入水井之内，而产生恻隐之心，这就是人性的显露；在家侍奉父母，在外交往朋友，这是人心的欲求；饥饿了想吃饭，口渴了想喝水，这也是人性的要求，而品尝食物之美味，茶水之甘甜，这却指的是人心了。"惟一"指的是人性的单一，"惟精"指的是人心的控制和约束。人之所以为人，依赖于人性。人性不息，即所谓的"允执厥中"。

至于人性，则无处不存，无时不在。对于父子而言，人性无

心。而发之于父子也，无不亲；发之于君臣也，无不义；发之于夫妇、长幼、朋友也，无不别，无不序，无不信，是谓中节之和。天下之达道也，放四海而皆准，亘古今而不穷。天下之人同此心，同此性，同此达道也。

舜使契为司徒，而教以人伦，教之以此达道也。当是之时，人皆君子，而比屋可封。盖教者惟以是为教，而学者惟以是为学也。圣人既没，心学晦而人伪行。功利、训诂、记诵、辞章之徒，纷沓而起；支离决裂，岁盛月新；相沿相袭，各是其非。人心日炽，而不复知有道心之微。间有觉其纰缪，而略知反本求源者，则又哄然指为禅学而群訾之。

呜呼！心学何由而复明乎？夫禅之学，与圣人之学，皆求尽其心也，亦相去毫厘耳。圣人之求尽其心也，以天地万物为一体也。

吾之父子亲矣，而天下有未亲者焉，吾心未尽也；吾之君臣义矣，而天下有未义者焉，吾心未尽也；吾之夫妇别矣，长幼序矣，朋友信矣，而天下有未别、未序、未信者焉，吾心未尽也；吾之一家饱暖逸乐矣，而天下有未饱暖逸乐者焉，其能以亲乎？义乎？别、序、信乎？吾心未尽也；故于是有纪纲政事之设焉；有礼乐教化之施焉。凡以裁成辅相，成己成物，而求尽吾心焉耳。

心尽，而家以齐，国以治，天下以平。故圣人之学，不出乎尽心。禅之学，非不以心为说，然其意以为是达道也者，固吾之心也。

不表现得亲情万千；对于君臣而言，人性无不表现仁义万千；对于夫妇朋友，也无不长幼尊卑有别，这就是人世的正道，可谓是放之四海而皆准贯通古今而不穷的真理。所有天下之人，同心同性，也都能崇尚这古今不变之理。

舜让契任司徒而教化人民，凭借的就是这人心人性之理。当时，人们都很善良、正直，而且社会安定。教的都以此为教，学的也都以此为学。到后来，圣人无，心学也就衰落了。人们也就随之出现各种不良之举。追逐名利之徒，纷沓而起；各种伪论，悄然而出；人心不古，不再知晓有心性之学，其中也不乏有人觉悟，但却舍其根本而去探求其支流，投身到禅学的怀抱之中。

唉，实在是可悲可叹，心学何时才能复兴呢！禅学和心学（圣人之学），都是追求其心灵，但却差别很大。圣人之学，讲的是尽其心，把天下万事万物都融为一心。

比如讲父子亲情，如果天下还有父子不亲的话，那就表明还未尽心；讲君臣之义，如果天下还有不义之举，那么也不能算是尽心。朋友、夫妇之间有别、有序、有信，但天下有未别、无序、无序之行的话，也只能说是心不尽也。我一家衣食饭饱共享天伦，而天下还有人吃不饱、穿不暖的话，能说是义吗？能说是亲吗？能说是有序、有别、有信吗？只能说是我心还未尽，所有以才有了纲纪法规，伦理教化。以此相辅相成，来达到天下尽心的目的。

如果人人尽心，则可以齐家、治国、天下也就太平了。所以，圣人之学，都讲究尽心。而禅学，虽然也讲人们的心性，但是它却把人心作为追求的正道。

吾惟不昧吾心于其中，则亦已矣。而亦岂必屑屑于其外？其外有未当也，则亦岂必屑屑于其中？斯亦其所谓尽心者矣。而不知已陷于自私自利之偏。是以外人伦，遗事物，以之独善或能之；而要之不可以治家国天下。

盖圣人之学，无人己，无内外，一天地万物以为心；而禅之学，起于自私自利，而未免于内外之分，斯其所以为异也。今之为心性之学者，而果外人伦，遗事物，则诚所谓禅矣。使其未尝外人伦，遗事物，而专以存心养性为事，则固圣门精一之学也，而可谓之禅乎哉？世之学者，承沿其举业词章之习，以荒秽戕伐其心，既与圣人尽心之学，相背而驰，日骛日远，莫知其所抵极矣。有以心性之说而招之来归者，则顾骇以为禅，而反仇雠视之，不亦大可哀乎？夫不自知其为非，而以非人者，是旧习之为蔽，而未可遽以为罪也。有知其非者矣，藐然视人之非，而不以告人者，自私者也。既告之矣，既知之矣，而犹冥然不以自反者，自弃者也。

吾越多豪杰之士，其特然无所待而兴者，为不少矣。而亦容有蔽于旧习者乎？故吾因诸君之请，而特为一言之。呜呼！吾岂特为吾越之士一言之而已乎？

我认为只要人们不昧良心就算是达到正果了；没有必要去顾及心外之物。心外不正确的东西，何必去关心它呢？这实质上是追求的一种自我尽心。讲究禅学的人，无疑都陷入自私自利之中。他们逃避人生，以为只要自己为善就足够了；不顾天下事，只顾我一人。这种理论，很显然是无法齐家、治国、平天下的。

　　圣人之学，无自己、别人之分，无内外之分，而是把天下万物都一并融为一心。可是，禅学却是从自私自利出发，强调自己、别人之分，内外之分。以上这些，可以说是圣人之学与禅学的根本区别。今天所说的心性之学，如果仍然是如禅学一样，逃避人生，强调自己。那么它就不能算是真正的心学，只有当其不再强调内外有别，不再逃避社会，而专心致志地进行修身养性时，才可谓是圣人之学也。可是仍有不少世人，沿袭前人的举业词章之习。让芜杂玷污其内心；追名逐利，与圣人之学相去甚远，背道而驰，实在不明白他们到底想干什么。有人以心学的旗帜号召人们学习，可世人却疑是禅学而弃之不学，甚至恶言诋毁。这类事的发生，难道不是天下之悲哀吗？哎，世人不辨其是非而一概弃之，都是传统习惯作怪。那些知其真伪却弃之的人们，只能算作是自私自利之徒了。对于那些被人告之是非而冥然不化的人，即所谓的不知自省的人。他们只能是"社会的弃儿"了。

　　像我一样，越来越多的人，开始注重圣人之学了。今天我受邀特意说了这番话。哎，这权作为我的一点呼吁罢了。

梁仲用默斋说

辛未

仲用识高而气豪,既举进士锐然有志天下之务。一旦责其志曰:"於呼!予乃太早,乌有己之弗治,而能治人者!"于是专心为己之学,深思其气质之偏,而病其言之多也,以"默"名庵;过予而请其方。

予亦天下之多言人也,岂足以知默之道?然予尝自验之,气浮则多言,志轻则多言;气浮者耀于外,志轻者放其中。予请诵古之训,而仲用自取之。

夫默有四伪:疑而不知问,蔽而不知辩,冥然以自罔,谓之默之愚;以不言餂人者谓之默之狡;虑人之觇其长短也,掩覆以为默,谓之默之诬;深为之情,厚为之貌,渊毒阱狠,自托于默,以售其奸者,谓之默之贼。夫是之谓四伪。又有八诚焉;孔子曰:"君子耻其言而过其行。"古者言之不出,耻躬之不逮也。故诚知耻,而后知默。又曰:"君子欲讷于言而敏于行。"夫诚敏于行,而后欲默矣。"仁者言也訒。"非以为默而默存焉。又曰"默而识之",是故必有所识也。"终日不违如愚"者也;"默而成之",是故必有所成也,"退而省其私,亦足以发"者也。故善默者,莫如颜子。"晬然而日章",默之积也;"不言而信",而默之道成矣。"天何言哉?四时行焉,万物生焉。"而默之道至矣。非圣人其

梁仲用默斋说

辛未

梁仲用学识高，意气豪放。考中进士后更锐意进取，以理天下为己任。一天，仲用反思自己的志向，说："啊！我太年轻了，即有自己还没能治理，而能去治理别人的？"于是专心于增长自己的学识，深思反省自己气质的偏颇，而责备自己说话太随便了，因而用"默"来给自己的住所命名；到我这是来请教，如何能做到慎言。

我说，我也是喜欢多说话的人，怎么能知道"默"的道理呢？然而，据我体会，如果气浮就容易多言，志轻就容易多言。气浮的人，金玉其外，显示荣耀；志轻的人，多言是其内心的放纵。我说几句古训，你可以择取之。

沉默，主要有四种：对某东西不甚明了，有所疑问，而不请教，有所掩蔽，却不知辩明，自欺欺人，谓之"贼"；不说有害别人的话，谓之"狡"；恐别人知道自己的实际情况而采取沉默的方式进行掩盖，谓之"诬"；外貌谦恭内心却奸诈，以沉默代替其内心凶残者，谓之"贼"。以上四种，可以说是"四伪"。与此相反，还有"八诚"。孔子说："君子以言过其实为耻。"古人不随便讲话，是以不能身体力引为耻。孔子又说："君子欲讷于言而敏于行。"所以，要首先敏于做事，而后再沉默。又说："仁义之人，语言常常是迟钝的。"并不是故意保持沉默，又说："把所见所闻默默记在心里。"因此一定有见解。"整天不违背，如同愚人"一样，"默默地成功"，因此一定有所成，"退下之后，考察他私下的言论，也有所发挥"。擅长沉默的人，当数颜回。他"深藏不露而日益彰明"，默默地积累；"不注重语

孰能与于此哉？夫是之谓八诚。仲用盍亦知所以自取之。

示弟立志说

乙亥

子弟守文来学，告之以立志。守文因请次第其语，使得时时观省；且请浅近其辞，则易于通晓也。因书以与之：夫学莫先于立志。志之不立，犹不种其根而徒事培拥灌溉，劳苦无成矣。世之所以因循苟且，随俗习非而卒归于污下者，凡以志之弗立也。

故程子曰："有求为圣人之志，然后可与共学。"人苟诚有求为圣人之志，则必思圣人之所以为圣人者安在，非以其心之纯乎天理，而无人欲之私欤？圣人之所以为圣人，惟以其心之纯乎天理而无人欲，则我之欲为圣人，亦惟在于此心之纯乎天理而无人欲耳。欲此心之纯乎天理，而无人欲，则必去人欲，而存天理；务去人欲而存天理，则必求所以去人欲而存天理之方；求所以去人欲而存天理之方，则必正诸先觉，考诸古训。而凡所谓学问之功者，然后可得而讲，而亦有所不容已矣。

夫所谓正诸先觉者，既以其人为先觉，而师之矣，则当专心致志，惟先觉之为听；言有不合，不得弃置，必从而

言,而专心以行动",这样沉默的道路就开通了。"苍天说什么了吗?春夏秋冬四时不息,万物繁衍。"沉默的道路,威力无比。如果不是圣人,谁能做到这些呢!这就是所说的"八诚"。仲用你大概也知道吧,望你引以为戒。

示弟立志说

乙亥

我弟王守文来我处求学,我告诉他要先立志。守文要我讲详细些,便于时时提醒自己,讲得浅显通俗些,便于自己贯通知晓它,于是我就写了这篇言志文。人想成就大事,须先立志。志不立,就好像无根之花,虽终日浇水,但最终也只能是劳苦无成。现在社会因循守旧,苟且偷生,随波逐流,不辨是非。其最终原因却源于志不立。

所以程子说:"只有希望自己成为圣人的人,我才愿意与其交往、学习。"人想成为圣人,就必须思索圣人之所以成为圣人的原因是什么,难道不是他思想合乎天理,没有个人欲望吗?圣人之所以成为圣人,既然在于存天理,灭人欲,那么,如果我们想成为圣人,也只能是存天理、灭人欲;要想自己的思想合乎天理、无个人欲望,必先强制自己消除克制个人欲望,使之合乎天理;要想灭人欲,存天理,必须探寻灭人欲,存天理的方法;要想探寻灭人欲,存天理的方法,必须诚恳地向先觉学习,仔细地考察古训。而只有做到了上述各端之后,才能讲论学问的功用,而不能在此之前就讲学问的功用。

所谓向先觉们学习,首先要尊重其先觉的地位,然后才能虚心学习,恭恭敬敬地唯先觉是瞻。即使它不合乎自己的思想,也

思之；思之不得，又从而辩之；务求了释，不敢辄生疑惑。故记曰："师严，然后道尊；道尊，然后民知敬学。"苟无尊崇笃信之心，则必有轻忽慢易之意。言之而听之不审，犹不听也；听之而思之不慎，犹不思也；是则虽曰师之，犹不师也。

夫所谓考诸古训者，圣贤垂训，莫非教人去人欲，而存天理之方，若五经、四书是已。吾惟欲去吾之人欲，存吾之天理，而不得其方，是以求之于此，则其展卷之际，真如饥者之于食，求饱而已。病者之于药，求愈而已；暗者之于灯，求照而已；跛者之于杖，求行而已。曾有徒事记诵讲说，以资口耳之弊哉！

夫立志亦不易矣。孔子，圣人也，犹曰："吾十有五而志于学，三十而立。"立者，志立也；虽至于"不逾矩"，亦志之不逾矩也。

志岂可易而视哉？夫志，气之帅也，人之命也，木之根也，水之源也。源不濬，则流息；根不植，则木枯；命不续则人死；志不立，则气昏。是以君子之学，无时无处而不以立志为事。

正目而视之，无他见也；倾耳而听之，无他闻也；如猫捕鼠，如鸡覆卵，精神心思，凝聚融结，而不复知有其他。然后此志常立，神气精明，义理昭著；一有私欲，即便知觉，自然容住不得矣。故凡一毫私欲之萌，只责此志不立，即私

不抛弃它,而是自己进行反思,即使自己考虑不出所以然来,也要强制自己进行辨明,以求最终使自己明白。断不可以此产生怀疑,所以说:"师严,然后道尊;道尊,然后民知敬。"如果对先觉、古训没有崇敬、笃信之诚意,就容易产生轻视,傲慢之心。说完后听了不明白,还不如不听;听后思考不慎重,还不如不思考;虽然称老师,不如不师。

考证古人的言语,圣人的言语,莫不是教育人们去人欲而存天理的方法。其中当数四书五经。我们想去人欲,存天理,但苦于无计可施,于是只好求助于四书五经等古训。打开书的时候,就好比是饥饿的人遇到食物,吃饱就可以了;有病的人遇到良药,就可以痊愈了;黑暗中的人看到烛光,有光照就可以,跛脚的人拿到拐杖,能行走就可以。对于只求记住的人来讲,只是增长口耳见闻罢了。

立志也不是易事。孔子,圣人呀,曾说:"我十五岁就开始立志学习,可直到三十岁才算真正找到了自己的志向所在。"立者,志立了;人们言行不超越规矩,也就是指其志向不超越规矩。

立志岂能是轻而易举之事?志,乃是气的主导,像人的生命,树的根本,水的源泉。水的源流阻塞,则河水自然干涸,树的根本不立,树叶自然蔫萎,生命不再延续,则人必死无疑。人不立志,气则昏昏然无赖。所以,君子求学,无不把立志放在首要位置。

眼睛认真看,不见外物;耳朵认真听,不听外音。就好像猫捕鼠时的专注,鸡孵卵时的用心,精神心思完全贯注,而不知有其他事情。只有这样,志才得以立,气也才能从昏昏然中精明起来,义理也才能显露出来,如有私欲扰乱,志则难立。所以私欲便退；听一毫客气之动，只责此志不立，即客气便消除；或怠心生，责此志，即不怠；忽心生，责此志，即不忽；懆心生，责此志，即不懆；妒心生，责此志，即不妒；忿心生，责此志，即不忿；贪心生，责此志，即不贪；傲心生，责此志，即不傲；吝心生，责此志，即不吝。盖无一息而非立志责志之时，无一事而非立志责志之地。故责志之功，其于去人欲，有如烈火之燎毛，太阳一出而魍魉潜消也。自古圣贤，因时立教。虽若不同，其用功大指无或少异。

书谓："惟精惟一。"易谓："敬以直内，义以方外。"孔子谓："格致、诚正、博文、约礼。"曾子谓："忠恕。"子思谓："尊德性而道问学。"孟子谓："集义养气，求其放心。"虽若人自为说，有不可强同者；而求其要领归宿，合若符契。何者？夫道一而已。

道同，则心同；心同则学同；其卒不同者，皆邪说也。后世大患，尤在无志。故今以立志为说，中间字字句句，莫非立志；盖终身问学之功。只是立得志而已。若以是说而合精一，则字字句句，皆精一之功；以是说而合敬义，则字字句欲一萌，只要内心谴责"如此将志不立"，私欲便退了；客气一动，只要内心谴责"如此将不立志"，客气便消失了；怠倦之心一生，只要内心谴责"如此将不立志"，便不再怠倦了；疏忽之心一生，只要谴责"如此将不立志"，便不复疏忽了；忧虑之心一生，只要谴责"如此将不立志"，忧虑便不复存在；妒忌之心一生，只要谴责"如此将不立志"，便不再妒忌了；愤怒之心一生，只要内心谴责"如此将不立志"，怒气也便消失了；贪婪之心一生，只要内心谴责，贪欲便隐去了，骄傲之心一生；只要内心谴责，人就不复有傲气了；吝啬之心一生，只要内心谴，人也就不再吝啬了。所以，每时每刻都在进行立志、对志反思，每处每地也都需要立志对志反思，所以，对志反思的作用，在于消除个人欲望，这好比是烈火烧燎毛发一样自然有效，真可谓太阳一出，鬼怪四遁。自古圣贤创业学说，是与时俱进的教育，虽论述各不相同，但其用功方向是大同小异的。

《尚书》上写道："惟精惟一。"《易经》上写道："教以直内，义以方外。"孔子说："一个高尚的人要懂规矩、知诚实、贯古今、讲礼仪。"曾子说："待人以诚，待人以宽。"子思说："人们要讲德性、重学道。"孟子说："人们只要有加强自我修行，集义养气，才能探求到内心的平静。"他们立论各异，但其中的要领和归宿，却有惊人的统一。这是什么原因呢？就是因为天道是统一的。

为学之道相同，则思想相同，思想相同，则学习相同，对于那样与之不同的学问，都是些异端学说罢了。后世最令人担心的是人们不立志。所以今天我写了这篇立志文，其中的字字句句，无不是为了立志。我认为做学问的作用，也不过是为了立得

句皆敬义之功。其诸"格致""博约""忠恕"等说，无不吻合。但能实心体之，然后信予言之非妄也。

约斋说

甲戌

滁阳刘生韶既学于阳明子，乃自悔其平日所尝致力者，泛滥而无功，琐杂而不得其要也；思得夫简易可久之道，而固守之；乃以"约斋"自号。求所以为约之说于予。予曰："子欲其约，乃所以为烦也。其惟循理乎？理一而已，人欲则有万其殊，是故一则约，万则烦矣。虽然，理亦万殊也，何以求其一乎？理虽万殊，而皆具于吾心，心固一也。吾惟求诸吾心而已。求诸心，而皆出乎天理之公焉。斯其行之简易所以为约也。彼其胶于人欲之私，则利害相攻，毁誉相制，得失相形，荣辱相缠，是非相倾，顾瞻牵滞，纷纭舛戾。吾见其烦且难也。然而世之知约者鲜矣。孟子曰：'学问之道，无他，求其放心而已。'其知所以为约之道欤？吾子勉之！吾言则亦以烦。"

志而已。如果把这些话从人性专一的角度衡量，那么其中字字句句都是人性专一的作用；如果把这些话从恭敬，仁义，那么其中字字句句都是恭敬、仁义的功劳；我的这些话，也是与圣人讲的"格致""博约""忠恕"等理论，无不吻合。望你要静下心来，仔细地体会体会，然后你就会明白我说的是不会错的。

约斋说

甲戌

滁阳一个叫刘韶的学生跟我学习之后，就不断反思地以前所致力学习的，尽是些芜琐、繁杂的东西，劳而无功，不知要领；所以要求找一个简易可行的办法，坚持下去，直至有成。于是就号称"约斋"，并向我请教，怎样能做到"约"。我说："你为了避免烦杂而要寻约道(简易的办法)，那只好按理行事了。理是纯一的、统一的。人们欲望有万千，且各个不相同。所以"一"就可谓是简易，"万"就可谓是繁琐了。但是天理也有万千，你怎么才能寻到一条统一之途呢？我认为，天理虽多，但却出于我的心中，而我心只有一个。我只不过是求助我心罢了，只有出自我心，才能合乎天理，这样简单易行，我认为是真正的约道。你看重私欲，很容易陷入利害冲突，毁誉得失，是非不辨之中。这只能是繁琐，统一、单一就更不容易做到了。现在世人真正理解约道的人很少，孟子说'做学问的途径，没有别的，只有求助内心罢了。'这难道不是指的约道吧？你自勉吧！我就说到这里了"。

见斋说

乙亥

辰阳刘观时学于潘子,既有见矣,复学于阳明子。尝自言曰:"吾名观时,观必有所见,而吾犹懵懵无睹也,扁其居曰见斋,以自励。"问于阳明子曰:"道有可见乎?"曰:"有,有而未尝有也。"曰:"然则无可见乎?"曰:"无,无而未尝无也。"曰:"然则何以为见乎?"曰:"见而未尝见也。"观时曰:"弟子之惑滋甚矣。夫子则明言之,以教我乎?"阳明子曰:"道不可言也,强为之言而益晦;道无可见也,妄为之见而益远。夫有而未尝有,是真有也;无而未尝无,是真无也;见而未尝见,是真见也。子未观于天乎?谓天为无可见,则苍苍耳,昭昭耳;日月之代明,四时之错行,未尝无也。谓天为可见,则即之而无所,指之而无定,执之而无得,未尝有也。夫天,道也;道,天也。风可捉也?影可拾也?道可见也?"曰:"然则吾终无所见乎?古之人,则亦终无所见乎?"曰:"神无方而道无体,仁者见之谓之仁,知者见之谓之知。是有方体者也,见之而未尽者也。颜子则如有所立,卓尔;夫谓之'如',则非有也;谓之'有',则非无也;是故虽欲从之,未由已也。故夫颜氏之子,为庶几也。文王望道而未之见,斯真见也已。"曰:"然则,吾何所用心乎?"曰:"沦于无者,无所用其心者也,荡而无归;滞于有者,用其心于无用者也。劳而无功。夫有无之间,见与不见之妙,非可以言求也;而子顾切切焉,吾又从而强言其不可见,是以瞽导瞽

见斋说

乙亥

辰阳人刘观时先是跟着一个姓潘的先生学习,后来又投到我的门下。他曾经说:"我名叫观时,其意是对事物要有自己的见解。但是这些年来总是懵懵忽忽,谈不上是明白什么。我把我居住的地方改名为'见斋'来自励。"他问我:"道,有能看见的吗?"我告诉他:"有,但不一定有。"又问:"有看不见的吗?"我说:"无,但不一定无。"刘观时继续问:"怎么才能看得见呢?"我说:"看得见,但又不一定见。"刘观时说:"我越来越不明白了,你能详细地给我说一下吗?"我说:"道,是没有用语言表达的,如果要强行表达,那么道就会越隐晦;道也是看不见的,如果要强行去看,道就会离我们越来越远。有但又没有,是真有;无但又不一定是无,是真无,见但又不一定见,是真见。你没观察过天吗?说天是看不见的,但它却青青的、亮亮的;日月迭代着照明,四季交替运行,不一定是没有吧!说天是看得见的,但又接触不到,触摸不到,又可以说是没有。简言之,天就是道,道就是天,风能捉到吗?影子能拾起来吗?道怎么能看得见呢? 刘观时又问:"难道我们就终究也看不见吗?古人也终究看不见吗?"我说:"人的精神无形,道也无体,仁者看见了称为仁,智者看见了称为智,这又是有体有形了,看见了而没有竭尽。颜回如有所立,是卓越的。但既然说如,就不是有,说是有,却又无;所以虽然想跟从,也找不到门径。所以颜氏的子孙还差不多。只不过看得不全面。周文王寻觅道,但未见,这实际上是真见。"刘观时又问:"我应该怎么做呢?"我回答说:陷入无的人,找不到恰当地方用心,因而动荡没有归宿;拘泥于有的人,

也。夫言饮者，不可以为醉；见食者不可以为饱。子求其醉饱则盍饮食之。子求其见也，其惟人之所不见乎？夫亦戒慎乎其所不睹也已，斯真睹也已，斯求见之道也已。"

矫亭说

乙亥

君子之行，顺乎理而已，无所事乎矫。然有气质之偏焉，偏于柔者，矫之以刚，然或失则傲；偏于慈者，矫之以毅，然或失则刻；偏于奢者，矫之以俭，然或失则陋；凡矫而无节，则过；过则复为偏。

故君子之论学也，不曰"矫"，而曰"克"。克以胜其私，私胜而理复，无过不及矣。矫犹未免于意必也，意必亦私也。故克己则矫不必言。矫者未必能尽于克己之道也。虽然，矫而当其可。亦克己之道矣。行其克己之实，而矫以名焉，何伤乎。古之君子也，其取名也廉；后之君子，实未至而名先之。故不曰"克"，而曰"矫"，亦矫世之意也。方君时举以"矫"名亭，请予为之说。

把心用在没有用的地方，劳而无功，有与无的区别，见与不见的奥妙，是无法言传的。你既然急切想知道了这些，我也就勉强同你说不可见的东西，这还好像盲人给盲人领路一样。谈论饮酒，不可以认为已经醉了，看见吃饭的，不可以认为已经饱了，你如果想吃饱喝醉，则何不亲自去呢？你想有所见解，难道别人就不想了吗？望你要戒骄戒躁，没有见解，其实是真有见解，望你要注意你的学习方法。"

矫亭说

乙亥

君子的品行，只要合乎天理，就无须进行矫正了。可是有人气质偏于柔弱，常用阳刚之气进行矫正，如果过正了就成了傲气；有人偏于仁慈，常用坚毅进行矫正，如果过正了就成了尖刻；有人偏于奢侈，常用节俭进行矫正，如果过正了就成吝啬。进行矫正时，如果没有限度，很容易又出现偏斜。这就是所谓的矫枉过正。

所以君子们谈论学问，不说"矫正"，而说"克服"。克服指的是克服自己的私欲。如果私欲克服不了，那么天理将不存。在这里没有超过和不及的情况。而矫正未免固执己见，固执己见也是偏私。所以克己就是矫正固执。谈论矫正的人不一定能达到克己的宗旨。虽然矫正适度时，也能克己。如果行克己之道、而用矫正来命名，这有什么妨害呢？古代君子以廉正之心命名后来的君子，事实不到限度，但名字却已经起了。所以不说"克服"，而说"矫正"，也就是矫正社会的意思。姓方的君子想从"矫"来为亭命名，请我写了这篇文章。

谨斋说

乙亥

君子之学，心学也。心，性也；性，天也。圣人之心，纯乎天理，故无事于学；下是则心有不存，而汩其性，丧其天矣。故必学以存其心。学以存其心者，何求哉？求诸其心而已矣。求诸其心何为哉？谨守其心而已矣。

博学也，审问也，慎思也，明辩也，笃行也，皆谨守其心之功也。谨守其心者，无声之中，而常若闻焉。无形之中，而常若睹焉。故倾耳而听之，惟恐其或缪也；注目而视之，惟恐其或逸也。是故至微而显，至隐而见，善恶之萌，而纤毫莫遁，由其能谨也。

谨则存，存则明，明则其察之也精；其存之也一。昧焉而弗知，过焉而弗觉，弗之谨也已，故谨守其心。于其善之萌焉，若食之充饱也；若抱赤子而履春冰，惟恐其或陷也；若捧万金之璧，临险千仞之崖，惟恐其或坠也。其不善之萌焉，若鸩毒之投于羹也；若虎蛇横集而思所以避之也；若盗贼之侵陵而思所以胜之也。

古之君子所以凝至道而成盛德，未有不由于斯者。虽尧、舜、文王之圣，然且兢兢业业，而况于学者乎？后之言学者，舍心而外求，是以支离决裂，愈难而愈远。吾甚悲焉！吾友侍御杨景瑞以"谨"名其斋，其知所以为学之要矣。

谨斋说

乙亥

君子的学问，实际上就是心学。心学，就是性；性，就是天。圣人的心，合乎天理，因而无须学。圣人以下则心有时不存，性有所流失，也就丧失了天；因此，一定要通过学来保存自己的心。学不过为的是存心，除此之外还有什么目的呢？存心要从求心做起。求心又为了什么？为了谨守自己的心而已。

君子博学、慎思、善问、明辨、笃行，这都是守护其心的结果。如果能谨慎地守护自己的心，那么在无声之中，而常常好像听见了什么；在无形之中而常常好像看到了什么。所以仔细去听，只恐怕声音模糊起来；去看，只怕形状逃逸而去。所以，最微小之处，就会变得明显起来；最隐匿的就会显露出来。善恶之念一出现，马上就能捕捉到。这都是用心谨慎的缘故。

谨慎则容易保存自己的思想，保存自己的思想则容易明辨是非。明则其观察就精细；其存心就纯一。蒙昧而不自知，犯错误而不自觉，就因为不谨。所以谨慎地守护自己的心，特别是在好的思想出现之时，这就好像吃饭，希望吃饱一样；又好像抱着小儿子走在春天的冰上，惟恐坠下去一样；就好像捧着价值万金的宝贝站在千仞高的悬崖上，惟恐坠下去一样。在坏的思想出现时，就好像在饭菜中投入毒药，就好像虎蛇群集而不得不逃避，就好像盗贼正在行窃，而考虑战胜它。

古代君子，都依此来成就德行。就连尧、舜、文王也是这样兢兢业业，何况那些学者呢？可是后来的学者，都舍弃内心，而探讨外面的世界，因而学问支离破碎，越难且越远。我有个叫杨景瑞的朋友，用"谨"来为他的书房命名，他是知道做学问

景瑞尝游白沙陈先生之门，归而求之，自以为有见；又二十年，而忽若有得；然后知其向之所见，犹未也。一旦告病而归，将从事焉，必底于成而后出，君之笃志若此，其进于道也孰御乎？君遣其子思元从予学，亦将别予以归，因论君之所以名斋之义，以告思元，而遂以为君赠。

夜气说

乙亥

天泽每过辄与之论夜气之训，津津既有所兴起。至是告归请益，复谓之曰："夜气之息，由于旦昼所养；苟梏亡之反复，则亦不足以存矣。今夫师友之相聚于兹也，切磋于道义，而砥砺乎德业，渐而入焉，反而愧焉。虽有非僻之萌，其所滋也，亦已罕矣。适其离群索居，情可得肆，而莫之警也；欲可得纵，而莫之泥也；物交引焉，志交丧焉。虽有理义之萌，其所滋也亦罕矣。故曰：'苟得其养，无物不长；苟失其养，无物不消。'夫人亦孰无理义之心乎？然而不得其养者多矣。是以若是其寥寥也。天泽勉之！"

修道说

戊寅

率性之谓道，诚者也；修道之谓教，诚之者也。故曰：

的根本的。

　　杨景瑞曾经到白沙陈先生那里求学,回来以后,自己以为有了真知灼见。二十年后,好像有所成就,才知道了以前的所谓真知灼见,皆是子虚乌有。有一天生病回来后,就要专门从事学问,一定要坚持到底。杨君志向如此诚笃,还有什么能阻挡他得道呢?他让儿子杨思元也跟从我学习,即将先别我回家,我就让杨思元把我的关于"谨"斋的话捎给你。

夜气说

乙亥

　　天泽每次见到我,一定要和我谈论半天有关夜气的事。他告假还乡时来请我再讲讲,我又对他说:"夜气,是由白天所滋生的,如果反复地为利欲所动,接受失去本心,那么它也就不存在了。今天咱们朋友相聚于此,切磋道义、探讨德业,逐步进入佳境,可是我却越觉得惭愧,虽偶有离经叛道的心萌发但很少能滋蔓。等到离群独居时,感情可能放肆,但得不到警惕;欲望可能放纵,但没有淤泥。外物再引诱志气一再丧失,此时虽然不是没有理义的念头萌发,但却无从滋长了。所以说:'如果有依靠,则事物就有成,如果失去依靠,没有什么东西能存在下去的。'难道人们没有理义之心吗?但是大都没有得到培养。所以达到理义之心的很少。天泽共勉!"

修道说

戊寅

　　人性的真谛,在于道,这是诚的缘故,修道之所以被称为

"自诚明,谓之性;自明诚,谓之教。"中庸为诚之者而作,修道之事也。道也者,性也,不可须臾离也;而过焉,不及焉离也。是故君子有修道之功,戒慎乎其所不睹;恐惧乎其所不闻。微之显,诚之不可掩也。修道之功,若是,其无间,诚之也。夫然后喜怒哀乐之未发,谓之中;发而皆中节,谓之和;道修而性复矣。

致中和,则大本立,而达道行,知天地之化育矣。非至诚尽性,其孰能与于此哉!是修道之极功也,而世之言修道者离矣,故特著其说。

自得斋说

甲申

孟子云:"君子深造之以道,欲其自得之也。自得之,则居之安;居之安,则资之深;资之深,则取之左右逢其原。故君子欲其自得之也。"夫率性之谓道。道吾性也;性,吾生也,而何事于外求?世之学者,业辞章,习训诂,工技艺;探赜而索隐;弊精极力,勤苦终身。非无所谓深造之者,然亦辞章而已耳,训诂而已耳,技艺而已耳。非所以深造于道也。则亦外物而已耳,宁有所谓自得逢原者哉?古之君子,戒慎不睹,恐惧不闻,致其良知而不敢须臾或离者,斯所以深造乎?是矣。是以大本立,而达道行,天地以位,万物以教，其原因也在于诚。所以说："性也就是诚，教也就是诚。"《中庸》是为诚而作的，它探讨的就是修道的理义。道，也就是性，人是片刻也不得与之分离的。超过和不及都是离道。修道的作用，在于于不见处而见，于不闻处而闻，越是微小，才越是明显，诚也如此，是不能掩盖住的。修道的功夫，像这样，没有间断，就是诚。然后喜、怒、哀、乐才能克制住，这叫作"中"；有所流露，但克制适当，这叫作"和"。只有修道，才能恢复人的本性。

如果达到"中和"境界，就建立起牢固的根本，找到通达的道路，融天地于一心也，不到了完善到至诚尽性，谁又能达到呢？这是修道的最高境界。修道是比较困难的，所以特意写了这篇文章。

自得斋说

甲申

孟子说："君子探研究学问之道，是发自内心之事。发自内心，则处之安然；处之安然，则资历深厚；资历深厚，则左右逢源。所以君子都渴求其内心修养。"性，也就是道；道，也就是我的性；性，也就我自己的生命。所以做学问为何要向外界探求呢？社会上的学者，整日研究词章，学习训诂，苦练技艺、探寻本源，索求隐藏，费心竭力，劳苦终身。这并不是我们所说的研究学问之道，而不过是看重词章、训诂、技艺而已。探求的都是些心之外的东西罢了，又怎么能达到左右逢源呢？古代的君子，看不到的地方常警惕谨慎，听不到的地方唯恐有失，静心修行，不敢片刻分心，牢固地守护本性，所以才能找到学问之道。只要有这育，于左右逢原乎何有？

黄勉之省曾氏，以"自得"名斋，盖有志于道者。请学于予而蕲为之说。予不能有出于孟氏之言也，为之书孟氏之言。嘉靖甲申六月朔。

博约说

乙酉

南元真之学于阳明子也，闻致知之说，而恍若有见矣。既而疑于博约先后之训，复来请曰："致良知以格物，格物以以致其良知也，则既闻教矣，敢问先博我以文，而后约我以礼也，则先儒之说，得无亦有所不同欤？"

阳明子曰："理，一而已矣；心，一而已矣。故圣人无二教，而学者无二学。博文以约礼，格物以致其良知。一也；故先后之说，后儒支缪之见也。夫礼者也，天理也；天命之性，具于吾心，其浑然全体之中，而条理节目，森然毕具，是故谓之天理。天理之条理，谓之礼。是礼也，其发见于外，则有五常百行，酬酢变化，语默动静、升降周旋，隆杀厚薄之属；宣之于言而成章；措之于为而成行；书之于册而成训；炳然蔚然，其条理节目之繁，至于不可穷诘，是皆所谓文也。是文也者，礼之见于外者也；礼也者，文之存于中者也。文显而可见之礼也；礼微而难见之文也。是谓体用一源，而显微无间者也。

样，才能建立起人生根本，找到畅通的大道。使得天地、万物都融于我悟，最终达到左右逢源。

黄勉之把自己的书斋命名为"自得斋"，大概是有志于此道的。请求向我学习，请我给他讲一讲，我不能比孟子高明，为他录一孟子的话吧。嘉靖甲申六月朔。

博约说

乙酉

南元真求学于阳明子，听致知的学说，而恍惚有所见地了。进而怀疑博约的先后训言，又来请问说："致良知是为了格物，格物是为了致良知，也听到了教诲了。敢问先是以文章学习使我知识广博，然后用礼仪约束我，那么这与先儒的学说不是有所不同吗？"

阳明子说："道理是一样的，思想是一样的，所以圣人没有二教，而求的人没有二学。博览书籍用礼来约束，格物是为了致良知。所以先后儒之说，是后儒支离的谬论罢了。礼即天理，天命之性全在我，它浑然一体，而条理节目就是天理的具体现，因此称他们为天理。天理之条理称为礼。这就是礼，它们表现在外就有五常百行，酬酢变化，语默动静，升降周旋，隆杀厚薄的等类事物；宣之于语言就成文章；用它指导去做事就成了行动；记录下来就成了古训；炳然蔚然，它的条理节目的繁杂，不可说尽，这都是所说的"文"。这"文"是礼的外在表现，礼存在于文中，文显现就可见到了礼；礼衰微很难出现在文章中，这就是说体用出于一源。

是故君子之学也，于酬酢变化、语默动静之间，而求尽其条理节目焉。非他也，求尽吾心之天理焉耳矣。于升降周旋隆杀厚薄之间，而求尽其条理节目焉。非他也，求尽吾心之天理焉耳矣。求尽其条理节目焉者，博文也；求尽吾心之天理焉者，约礼也。文散于事而万殊者也。故曰："博礼根于心而一本者也"。故曰："约博文而非约之以礼，则其文为虚文，而后世功利辞章之学矣；约礼而非博学于文，则其礼为虚礼，而佛、老空寂之学矣。"

是故约礼必在于博文，而博文乃所以约礼；二之而分先后焉者，是圣学之不明，而功利异端之说乱之也。昔者，颜子之始学于夫子也，盖亦未知道之无方体形象也，而以为有方体形象也；未知道之无穷尽止极也，而以为有穷尽止极也。是犹后儒之见事事物物，皆有定理者也。是以求之仰钻瞻忽之间，而莫得其所谓。及闻夫子博约之训，既竭吾才以求之，然后知天下之事，虽千变万化，而皆不出于此心之一理。然后知殊途而同归，百虑而一致。然后知斯道之本无方体形像，而不可以方体形象求之也；本无穷尽止极，而不可以穷尽止极求之也。故曰："虽欲从之，末由也已。"盖颜子至是而始有真实之见矣。博文以约礼，格物以致其良知也，亦宁有二学乎哉？

因此君子之学也在酬酢变化，语默动静之间，苦寻其条理节目，没有其他的目的，是找我心中的天理。在升降周旋、隆杀厚薄之间去苦求它的条理节目，没有其他目的，是苦求我心中的天理。苦求它的条理节目，是为了广泛地掌握知识；苦求我心中的天理，是为了用礼约束自己。文散见于事而又很不相同，所以说："博与礼都植根在心同一本原。"所以说："约束获得广博知识而没有用礼来约束，那么这文章为虚文，是后世功利辞章之学；用礼约束而没有广泛的知识，那么这礼为虚礼，是佛学的空寂之学。"

因此，约礼一定在于博文，而博文是约礼的原因。二者分先后是圣学的不明，是功利异端的学说乱了它。过去颜子求学于孔子，大概也不知道"道"没有言体形像，而认为有方体形象；不知道"道"的无穷尽却认为"道"可以穷尽的；这如同后来儒家见事物所有定理一样，所以在变化莫测之间寻找它，而没有谁得到它的真实情况。听到孔夫子博约之训，就竭尽我的才能来寻求它们。然后知道天下的事，虽然千变万化，但都不超出天理这一理，也知道殊途同归和百虑而一致了。后来也知道这"道"本来没有方体形像，而不可以从方体形象中寻求它；本来没有穷尽而不可以从无穷尽中寻找它。所以说："虽追随其后，也无由赶上。"颜子到这里才有其实在的见解。博文是为了约礼，格物是为致知，哪里是两种不同学说呢？

惜阴说

丙戌

同志之在安成者,间月为会五日,谓之"惜阴"。其志笃矣,然五日之外,孰非惜阴时乎?离群而索居,志不能无少懈;故五日之会,所以相稽切焉耳。

呜乎!天道之运,无一息之或停;吾心良知之运,亦无一息之或停。良知即天道,谓之"亦"则犹二之负。知良知之运无一息之或停者,则知惜阴矣。知惜阴者,则知致其良知矣。子在川上曰:"逝者如斯夫!不舍昼夜。"此其所以学如不及,至于发愤忘食也。尧舜兢兢业业;成汤日新又新,文王纯亦不已;周公坐以待旦;惜阴之功,宁独大禹为然?子思曰:"戒慎乎其所不睹,恐惧乎其所不闻,知微之显,可以入德矣。"

或曰:"鸡鸣而起,孳孳为利,凶人为不善,亦惟日不足。"然则小人亦可谓之惜阴乎?

惜阴说

丙戌

　　有志同道合的人在安城,每月聚会五日,称之为"惜阴"。其志笃信。然而,五天之外,就不是惜阴的时候吗?离群而居,志气不可能不稍有松懈;所以五天之会,是用来互相考察检验罢了。

　　唉!天道之运没有一息停顿;我的思想良知之运也没有一刻的停顿。良知就是天道,只不过称呼不同罢了,了解良知之运,没有一刻地停顿就是知道"惜阴"了。知道惜阴,就知道产生良知的原因。子在岸上说:"流失的时光就像河里的水一样,不分昼夜地流去。"这就是勤奋苦学的人赶不上的原因,以至于不得不发愤忘食了。尧、舜兢兢业业;成、汤日新又新,文王纯朴不止。周公夜以继日,坐以待旦;珍惜时间之功,唯独只有大禹是这样吗?子思说:"警惕小心那不必看的东西,恐惧害怕那不必听到的东西,知道微小的变化,就可以进入崇高的境界了。"

　　或说:"鸡鸣而起床是为了获到,凶人做不好的事也感到时间的不足。"难道小人也可以说是珍惜光阴吗?

卷之八　文录五

杂　著

书汪汝成格物卷

癸酉

予于汝成"格物致知"之说,"博文约礼"之说,"博学荐行"之说,"一贯忠恕"之说,盖不独一论再论,五六论,数十论不止矣。汝成于吾言,始而骇以拂;既而疑焉,又既而大疑焉;又既而稍释焉,而稍喜焉;而又疑焉;最后与予游于玉泉,盖论之连日夜,而始快然以释;油然以喜;冥然以契;不知予言之非汝成也;不知汝成之言非予言也。

於戏!若汝成可谓不苟同于予;亦非苟异于予者矣。卷首汝成之请,盖其时尚有疑于予。今既释然,予可以无言也。已叙其所以而归之。

书石川卷

甲戌

先儒之学,得有浅深,则其为言,亦不能无同异。学者惟当反之于心,不必苟求其同,亦不必故求其异,要在于是而已。今学者于先儒之说,苟有未合,不妨致思;思之而终有不同,固亦未为甚害。但不当因此而遂加非毁,则其为罪

书汪汝成格物卷

癸酉

对于汝成的"格物致知""博文约礼""博学笃行"以及"博学荐行""一贯忠恕"的学说,我说过大概不止一次,两次或五次六次的,差不多有几十次了吧。汝成对我说的话,起先很惊讶而且很不高兴;不久后他有了一些半信半疑,后来更迷惑了;尔后他对我的话稍微明白了一些,并因此而高兴。接着他又陷进一种怀疑当中。如此反反复复。直到我们同游玉泉时,连续讨论了好几天,他最后恍然大悟,从心底生出许多喜悦来。对此我们俩也心领神会,不知道我所说的不是汝成的思想,不知道汝成的话不是我的话。

啊!汝成不会随随便便反驳我,他也不会不加判断地同意我。在卷首汝成对我提出要写几句话的请求时,他还有很多不理解的。既然现在已经解释清楚了,也就没什么可说的了。我把这前后叙述下来给汝成,作为后记附在上面让他带回去。

书石川卷

甲戌

学先儒的东西,所得有浅有深。所以说就会没有相同或不同之处。作为一名学者,应当在内心里反复加以思考判断,而不应该或随声附和,或故意说出与先儒相反的观点来。公正一些是最好的。现在做学问的人,对于先儒们的学说,如果有不同

大矣。同志中往往似有此病，故特及之。程先生云："贤，且学他是处，未须论他不是处。"此言最可以自警。

见贤思齐焉，见不贤而内自省，则不至于责人已甚，而自治严矣。议论好胜，亦是今时学者大病。今学者于道，如管中窥天；少有所见，即自足自是，傲然居之不疑；与人言论，不待其辞之终，而已先怀轻忽非笑之意；訑訑之声音颜色，拒人于千里之外；不知有道者从傍视之，方为之疏息汗颜，若无所容；而彼悍然不顾，略无省觉，斯亦可哀也已。近时同辈中往往亦有是病者，相见时可出此以警励之。

某之于道，虽亦略有所见，未敢尽以为是也。其于后儒之说，虽亦时有异同，未敢尽以为非也。朋友之来问者，皆相爱者也，何敢以不尽吾所见？正期体之于心，务期真有所见。其孰是孰非，而身发明之，庶有益于斯道也。若徒入耳出口，互相标立门户，以为能学，则非某之初心，其所以见罪之者至矣。近闻同志中亦有类此者，切须戒勉，乃为无负。孔子云："默而识之，学而不厌。"斯乃深望于同志者也！

意的，不妨仔细思考一下。最后确实不同意他的观点，本来也不会有什么大的害处。但假如因此而对他加些不必要的诋毁，那他就大错了。我们当中有些人常有这种毛病，因此我特意将它提出来。程先生说："对于贤明的人，我们应该学他好的地方；而没有必要议论他的不好的地方。"这一句话最让人警醒了。

看到别人贤明，应该考虑向他看齐，看到别人不贤明，就应该反省自己。这样也不至于对别人太苛刻，对自己要求太严厉。议论别人，争强好胜，是现在学者们的一大毛病。他们对于道，就像从竹管中看天一样，只见到一点点，便很满足，自以为是，而且对此深信不疑；和人讨论问题时，不等别人说完，内心里已先有了轻蔑讥笑的意思。那副洋洋自得的样子，从声音，脸色上表现得很明显，将别人拒于千里之外。却不知那些真正有道的人从旁边看他，正为他惭愧汗颜，无地自容呢。而他自己却蛮横得很，毫不顾虑到这些，一点也没有醒悟的意思，这确实让人感到悲哀。

现在与我同辈的人中往往也有这样毛病的人。见到这种情况可将这给他们看看，让他们警觉起来不可太狂妄无知。我对于道，虽然稍微有些自己的看法，但也不敢认为自己全是对的。对后儒的学说，有时与他们不一致的地方，但我不敢因此而否定他们。有朋友来询问有关学问的事，我们都互相敬重，怎么敢不把自己的见解说清楚呢？况且我们都希望对方能在内心好好体验它，得到些真正有见解的意思，对与不对，自己好好地体会它，这对于道的体悟是很有用的。假如双方只是听是听，说是说，互相标榜自己的学说，以为自成一家；认为这样才可学到东西，这并不是我最初的愿望。这样做，其过错太大了。最近听说

与傅生凤

甲戌

祁生傅凤志在养亲，而苦于贫。徐曰仁之为祁也，悯其志，尝育而教之。及曰仁去祁，生乃来京师。谒予，遂从予而南。闻予言，若有省，将从事于学。然痛其亲之贫且老。其继母弟又瞽而愚，无所资以为养。乃记诵训诂学文辞；冀以是干升斗之禄。日夜不息，遂以是得危疾，几不可救。同门之士，百计宽譬之，不能已，乃以质于予。

予曰："嘻！若生者，亦诚可怜者也。生之志诚出于孝亲。然已陷于不孝，而不之觉矣。若生者，亦诚可怜者也。"生闻之，悚然来问，曰："家贫亲老，而不为禄仕，得为孝乎？"予曰："不得为孝矣。欲求禄仕，而至于成疾，以殒其躯，得为孝乎？"生曰："不得为孝矣。"

"殒其躯，而欲读书学文，以求禄仕，禄仕可得乎？"生曰："不可得禄仕矣。"曰："然则，尔何以能免于不孝？"于是泫然泣下甚悔。且曰："凤何如而可以免于不孝？"予曰：

我们当中有些人就是这样的，因此切记要戒除这一点，以免产生不良影响。孔子说："默默地记住所学的东西，学习不感到厌烦。"这是我对大家的一种深切的愿望。

与傅生凤

甲戌

祁门县书生傅凤想好好孝敬父母，可苦于家贫。徐曰仁在祁门县时，很同情他，曾经抚养过他并教他读书。等曰仁离开祁地后，傅凤便到京师来见我，从此跟着我每天听我讲学。听我讲的，如果有一些感想，他便继续孜孜不倦地读书。可由于父母贫困且年事已高，他同父异母的弟弟又是个盲人，家里没钱糊口供养他。于是他便读训诂类的文章，学习如何写文章遣词造句，希望借此获得功名，得到俸禄。由于夜以继日地用功，没有好好休息，傅凤因此染上疾病，差不多快不能救了。同门的学生，千方百计地宽慰他，没有办法，跑来问我。

我说："唉，像傅凤这样的，实在是值得人同情。他本来的愿望是想好好孝敬父母，但现在他却陷在一种不孝之中而且自己觉察不到，像他这样，确实值得人同情啊！"傅凤听了这话，很惊惧，跑来问我道："家里贫寒，父母衰老，做儿子的不去求功名利禄，算得上孝吗？"我回答说："当然不算孝了。但假如为了功名利禄，以至积劳成疾，损坏自己的身体，这算孝吗？"傅凤说："这称不上孝。"

"损害自己的身体，想去读书学写文章，以求得功名利禄，这种功名利禄值得吗？"傅凤回答道："不应该得这种功名利禄。"我接着问道："既然这样，你怎么能说是孝呢？"他听了，

"保尔精,毋绝尔生;正尔情,毋辱尔亲;尽尔职,毋以得失为尔惕;安尔命,毋以外物戕尔性;斯可以免矣。"

其父闻其疾危来视,遂欲携之同归。予怜凤之志,而不能成也。哀凤之贫,而不能赈也;悯凤之去,而不能留也。临别书此遗之。

书王天宇卷

甲戌

徐曰仁数为予言天宇之为人,予既知之矣。今年春,始与相见于姑苏,话通宵。益信曰仁之言天宇,诚忠信者也;才敏而沉潜者也。于是乎慨然有志于圣贤之学,非豪杰之士能然哉!出兹卷请予言。予不敢虚,则为诵古人之言曰:"圣,诚而已矣。"君子之学,以诚身'格物'。致知者,立诚之功也。譬之植焉,诚其根也。格致,其培壅而灌溉之者也。后之言格致者,或异于是矣。不以植根,而徒培壅焉、灌溉焉,弊精劳力而不知其终何所成矣。是故闻日博而心日外;识益广而伪益增;涉猎考究之愈详,而所以缘饰其奸者,愈深以甚。是其为弊亦既可睹矣。顾犹泥其说而莫之察也,独何欤?

泫然泪下，很是后悔，问我道："我怎么才可以免于不孝？"我回答道："保持你的精力，不要让生活没有着落；让心情愉快，不要让父母不高兴；尽自己的职责，不要斤斤计较于得与失；稳定自己的情绪，不要让外物破坏自己的心性。这样做，你便可以免于不孝了。"

当时傅凤的父亲听说儿子病得很厉害，亲自来看他，想让他和自己一起回家。我同情傅凤的志气，却不能帮他满足；可怜他家里贫寒，又不能接济他一些；可惜他的离去，却不能留住他。送别时将这记下来赠送给他。

书王天宇卷

甲戌

徐曰仁多次跟我提到天宇的为人，我早就很熟悉他了。但直到今年春天才在姑苏和他第一次见面。我们谈了一通宵。我更加相信曰仁对天宇的评价了。他对人真诚、忠实、讲信用、才思敏捷又很谦虚。有志于学习圣贤的学问，若不是豪杰之士才会做到吗？天宇给我看他写的文章，让我评论一下，我不敢马虎应付，因此背了一句古人的话说："圣，诚而已矣。"君子的学说，以一颗至诚的心去'格物'。得到真知的人，主要在于他的心诚。就像种树一样，把树根护理好就像有诚心一样，而培土灌溉的过程则是一个致知的过程。后人中说到格物致知的，有人与这很不相同；不护理好树苗的根部，而只知道培土灌溉，殚精竭虑，费心劳神却不知它最终会成什么样。因此学得很广博，而思维却越来越偏离；知识越丰富，谬误也日益增加；涉猎的范围越广，考察研究得越详细，其对错误的方面掩饰得越

今之君子，或疑予言之为禅矣；或疑予言之求异矣。然吾不敢苟避其说，而内以诬于己，外以诬于人也。非吾天宇之高明，其孰与信之？

书王嘉秀请益卷

甲戌

仁者以天地万物为一体，莫非己也。故曰："己欲立而立人；己欲达而达人。"古之人，所以能见人之善，若己有之；见人之不善，则恻然若己推而纳诸沟中者，亦仁而已矣。

今见善而妒其胜己，见不善而疾视轻蔑不复比数者，无乃自陷于不仁之甚，而弗之觉者邪？夫可欲之谓善，"人之秉彝，好是懿德。"故凡见恶于人者，必其在己有未善也；瑞凤祥麟，人争快睹；虎狼蛇蝎，见者持挺刃而向之矣。

夫虎狼蛇蝎，未必有害人之心，而见之必恶。为其有虎狼蛇蝎之形也。今之见恶于人者，虽其自取，未必尽恶。无亦在外者，犹有恶之形欤？此不可以不自省也。

深,对人的影响也越坏。这种弊端是可以看出来的。但那些拘泥于这一看法却仍没有丝毫觉察,这是为什么?

现在的君子,有人怀疑我的话像禅一般;有人怀疑我是在故意标新立异。但我不敢苟且避开他们的议论,这向内对不起自己,向外对不起别人。要不是天宇慧心独具,有谁会相信我呢?

书王嘉秀请益卷

甲戌

仁爱的人认为天地万物是一个整体,而莫非自己。所以说:"自己要想站得住,必须使别人也站得住;自己要显达,也必须让别人显达。"古代的人,之所以能看见别人善的一面,就好像自己也具备这些善;看到别人不善的地方,就诚心在内心里反省自己,只不过由于仁。

现在有些人看到别人善,就嫉妒他超过自己,看到别人不善就鄙视轻蔑地对他,这种人还不少,其实这不过将自己处于一种很不仁的境地罢了,可他自己还不觉得呢。正确对待欲望叫作善,"执守天之常道,爱好美德。"因此,凡是看到别人恶的方面,那在他自己一定有不善的地方,吉祥的凤凰和麒麟,人们争先恐后一睹为快;而虎狼蛇蝎,看到它们的人总会拿东西去杀死它们。

那些虎狼蛇蝎,未必就有害人之心,可人见了它们就感到厌恶,不过因为它们有虎狼蛇蝎的样子而已。现在叫别人厌恶的人,虽然是自身的一种恶,但不一定是绝对的恶,大概是他外在且有一种让人厌恶的形象吧?对此不能不加以自我反省的。

君子之学,为己之学也。为己故,必克己;克己则无己;无己者无我也。世之学者,执其自私自利之心,而自任以为为己,瀞焉入于隳堕断灭之中。而自任以为无我者,吾见亦多矣。

呜呼!自以为有志圣人之学,乃堕于末世佛、老邪僻之见而弗觉,亦可哀也夫。有一言而可以终身行之者,其恕乎?强恕而行,求仁莫近焉。恕之一言,最学者所吃紧。其在吾子,则犹对病之良药,宜时时勤服之也。见贤思齐焉;见不贤而内自省。夫能见不贤而内自省,则躬自厚而薄责于人矣,此远怨之道也。

书孟源卷

乙亥

圣贤之学,坦如大路。但知所从入,苟循循而进,各随分量,皆有所至。后学厌常喜异,往往时入断蹊曲径。用力愈劳。去道愈远。向在滁阳论学,亦惩末俗卑污,未免专就高明一路开导引接。盖矫枉救偏,以拯时弊,不得不然。若终迷陋习者,已无所责;其间亦多兴起感发之士,一时趋向,皆有可喜。近来又复渐流空虚,为脱落新奇之论。使人闻之甚为足忧。

君子学做学问，就是为了完善自身，就因为是为了自身的缘故，因此一定要克制自己；克制自己达到一种忘我的境界，忘我则自己不复存在。世间做学问的人，守着一颗自私自利之心，而自己认为自己是为了完善自己，最后竟往坏里变，走向自我毁灭之路，那些自以为达到无我之境的人，我见得也很多了。

　　唉！那些自以为自己有志于圣人之学，却堕落到末世佛老之学的歪门邪道上，可自己竟毫不觉察，实在可悲得很。有一个字可让人终生去践行的，那不就是恕吗？勉强实行恕道在行动中追求仁，离仁并不近。恕这一个字，是学者们最看重的。它对你先生，就好像对症的良药一样，应该时时多服下它。看到贤明的人就考虑向他看齐，看到不贤的人就好好反省自己。那些看见不贤的人就向内心反省自己的人，那他一定对自己厚责，而不太责备别人，这实在是远离怨恨的方法。

书孟源卷

乙亥

　　圣贤的学问，像大路一样平坦，只要知道他学问的出发点，如果循序渐进，注重主次之分，一定会有所收获的；后世做学问，不喜欢恒常而乐意标新立异。这往往进入一种断蹊曲径中，花的力气越多越辛苦，离道也越来越远。以前在滁阳与人论学，也苦于这些末俗卑污的学风，不免只就高明这一路进行了些指导。这是矫正错误，挽救偏离，以拯救时弊，不得不这样。如果那些完全沉迷在这种陋习中的人，已无法要求他们；而他们中间有所思悟的人，趋向于这一高明学风，这是很让人高兴的。而近来又渐渐流于空虚疏落，只求泛而新奇的言论，使人听了

虽其人品高下，若与终迷陋习者亦微有间。然究其归极，相去能几何哉？孟源伯生复来金陵请益。察其意向，不为无进；而说谈之弊，亦或未免。故因其归而告之以此，遂使归告同志，务相勉于平实简易之道。庶无负相期云耳。

书杨思元卷

乙亥

杨生思元，自广来学。既而告归。曰："夫子之教，思元既略闻之。惧不克任，请所以砭其疾者，而书诸绅。"予曰："子强明者也，警敏者也，强明者，病于矜高，是故亢而不能下；警敏者，病于浅陋，是故浮而不能实；砭子之疾，其谦默乎？谦则虚，虚则无不容。是故受而不溢，德斯聚矣；默则慎，慎则无不密，是故积而愈坚，诚斯立矣。彼少得而自盈者，不知谦者也；少见而自衒者，不知默者也。自盈者，吾必恶之。自衒者，吾必耻之。而人有不我恶者乎？有不吾耻者乎？故君子之观人，而必自省也。其谦默乎？"

很替他们担忧。

尽管就他们的人品高下不一而论，与那些一直沉迷于陋习的人也是稍微有些不同的。但仔细推究他们的结果，差别又有多大呢？孟源(伯生)再次到金陵来请教。我观察他，揣摩他的心思，不能说没有进步。但其说谈中流露的弊病，也有些并没有消失。因此在他回去时把这些告诉他，也让他转告志同道合之人，一定要以一种平实简易的风气来自勉，这也不负我们相互的心情啊！

书杨思元卷

乙亥

书生杨思元从广来求学，不久要回去。他说："先生的教诲，我已大致听了些，担心自己没有完全听懂，请您指出我的不是之处吧，我写在腰带上(座右铭)。"我说："你要强明和警敏。所谓强明，意指其不是之处在于矜持高傲，因此高得无法谦虚一些；所谓警敏，其毛病在于浅薄粗陋，因此很浮而不实际。我看治你的毛病的药就在于谦与默吧？谦和就显得虚心，虚心则什么都容得下。因此接受了很多而不向外流溢，这样培养了德行。沉默则显得慎重，慎重则没有不周到的，因此聚起来就很坚固了，这就可以立起来了。那些学得的东西很少却自己向外炫耀的人，不知道谦虚；见得少而自我夸耀，是不知道沉默的人。自满的人，我很厌恶；自夸的人，我很替他羞愧；然而，难道没有人也讨厌我，也替我羞耻的呢？因此，君子看别人，一定要多自我反省。这也是一种谦与默吧？"

书玄默卷

乙亥

玄默志于道矣。而犹有诗文之好,何耶?奕,小技也,不专心致志则不得。况君子之求道,而可分情于他好乎?孔子曰:"词达而已矣。"盖世之为词章者,莫不以是借其口。亦独不曰:"有德者必有言,有言者不必有德乎?"

德,犹根也,言,犹枝叶也。根之不植,而徒以枝叶为者,吾未见其能生也。予别玄默久。友朋得玄默所为诗者,见其辞藻日益以进。其在玄默,固所为根盛而枝叶茂者耶?玄默过留都,示予以斯卷。书此而遗之。玄默尚有以告我矣。

书顾维贤卷

辛巳

维贤以予将远去,持此卷,求书警戒之辞。只此"警戒"二字,便是予所最丁宁者。今时朋友大患,不能立志。是以因循懈弛,散漫度日。若立志则警戒之意,当自有不容已。故警戒者,立志之辅。能警戒,则学问思辩之功,切磋琢磨之益,将日新又新,沛然莫之能御矣。程先生云:"学者为气所胜,习所夺,只好责志。"又云:"凡为诗文,亦丧志。"又言:"且省外事,但明乎善,惟尽诚心,其文章虽不中,不远矣。"所守不约,泛滥无功。学问之道,《四书》中

书玄默卷

乙亥

玄默有志于德行，而仍然爱好诗词文章，为何呢？下棋是一种微不足道的技艺，但不专心致志就学不会。君子学道，难道还可以分情于别的爱好吗？孔子说："词句通达就行了。"大概世间做文章的人，没有不以此为借口的，然而单单不说："有德的人一定立了言，立了言的人不一定有德吗？"

德行，就像树根一样；言论，就像树的枝叶一样。没有树根而只有枝叶栽在那，我没有见它还能生长。我与玄默分别很久，朋友得到玄默写的诗文，见他文章的辞藻用得越来越好。这在玄默来说，是不是因为他注意德行这个根本的培养，因而作为枝叶的文章也越来越好了？玄默经过南京，拿这卷给我看。我记下上面这些赠给他。玄默认为如何请告诉我。

书顾维贤卷

辛巳

维贤因为我将要出远门，拿这卷让我写一些警戒性的话，就只这"警戒"两个字，便是我最为关心的。现今很多朋友最大的毛病在于不能立志，因此因循懈弛，散漫度日。如果立了志，那么警戒的意思，当然是不容许这样的了。所以说警戒便是立志的一种辅助。能有所警戒，那么学问思辨的功夫，切磋琢磨的好处，就会一天比一天进步。精力充沛没有什么可以阻止的了。程先生说："学者因困于浊气陋习，只好看重志向。"又说："凡是作诗写文章，也会使人消磨掉志气。"还说："反省身外之物中就明了善，只要尽心尽意了，文章即使不好，离善也不远了。"

备矣。后儒之论，未免互有得失。其得者不能出于《四书》之外；失者遂有毫厘千里之谬。故莫如专求之《四书》。《四书》之言简实。苟以忠信进德之心求之，亦自明白易见。

与不善人居，如入鲍鱼之肆，久而不觉其臭，则与之俱化。孔子大圣，尚赖"三益"之资，致"三损"之戒。吾侪从事于学，顾随俗同污，不思辅仁之友。欲求致道，恐无是理矣。非笑诋毁，圣贤所不免。伊川有涪州之行，孔子尚微服过宋。今日风俗益偷，人心日以沦溺。苟欲自立，违俗拂众，指摘非笑纷然而起，势所必至，亦多由所养未深，高自标榜所至。学者便不当自立门户，以招谤速毁；亦不当故避非毁。同流合污。维贤温雅，朋友中最为难得，似非微失之弱。恐诋笑之来，不能无动；逸为所动，即依阿隐忍，久将沦胥以溺。每到此便须反身痛自切责，为己之志未能坚定；亦便志气激昂奋发。但知明已之善，立已之诚，以求快，足乎己。岂暇顾人非笑指摘？故学者只须责自家为己之志，未能坚定。志苟坚定，则非笑诋毁，不足动摇，反皆为砥砺切磋之地矣。今时人多言人之非毁，亦当顾恤。此皆随俗习非之久相沿其说，莫知以为非；不知里许，尽是私意，为害不小，不可以不察也。

对那些坚持不简略浮泛。而又没有用处的学问之道的方法，《四书》中说得很完备了。后儒们的评论未免都有所得失，但所得的没有能超出《四书》之外的；所失则虽有，但与《四书》就相差一点。但其谬误很大的。因此不如只去看《四书》。《四书》中的言论简洁实在，如果诚心诚意，想提高自己的德行，去看这本书，自然会觉得明白易见的。

　　和不好的人在一起，就像到一个卖咸鱼的铺子里，时间久了便不会觉得它的臭，这其实是和它同化了。孔子虽然是个大圣人，尚且还依赖"三益"之资，坚持"三损"之戒呢。我同辈中从事学问的人，却与世俗同流合污，不想那些有仁德的朋友。想这样得到道，恐怕没有这个道理的。嘲笑诋毁之言，即使是圣贤也会难免出现。伊川就有涪州之行，孔子还微服过宋呢。现在风俗日益不厚道，人心也一天比一天沉沦。一个人如果想自立一言，违背常理，与众人不一；那么指责嘲笑，纷纷不断，这是必然出现的。也有人是由于涵养不深，自己孤高自傲，自我标榜而招致指责嘲笑。做学问的人不应该自立门户，以致招来诽谤，毁了自己。也不应该为避免非议而与人同流合污。维贤温文尔雅，朋友中最为难得了，似乎不是那种因小失大的人。担心别人的诋毁嘲笑，因此不去行动；因为自己的行为遭到别人的坏话，就忍气吞声，时间一长就会沉溺没有信心。这种情况下，就应该好好反省自己。为了自己的志向还不坚定，就应该斗志昂扬，奋发图强。如果知道自己是明明为善，诚心立己，希望尽快实现。哪有时间顾及别人的讥笑指责呢？因此做学问只要责备自己为了自己的志向没能坚定。如果志向坚定，那么讥笑指责便不会动摇人的决心。反过来它还会磨炼自己，提高自己呢。现在的人大都说

壁帖

壬午

　　守仁鄙劣无所知识；且在忧病奄奄中。故凡四方同志之辱临者，皆不敢相见。或不得已而相见，亦不敢有所论说。各请归而求诸孔孟之训可矣。

　　夫孔孟之训，昭如日月。凡支离决裂似是而非者，皆异说也。志有于圣人之学者，外孔孟之训而他求，是舍日月之明，而希光于萤爝之微也。不亦谬乎？有负远来之情，聊此以谢荒迷。不次。

书王一为卷

癸未

　　王生一为自惠负笈来学。居数月，皆随众参谒，默然未尝有所请。视其色，津津若有所喜。然一日众皆退，乃独复入堂下，而请曰："致知之训，千圣不传之秘也。一为既领之矣。敢请益！"

　　予曰："千丈之木，起于肤寸之萌芽。予谓肤寸之外，无所益欤。则何以至于千丈？予谓肤寸之外，有所益欤。则肤寸之外，子将何以益之？"一为跃然起拜，曰："闻教矣！"又

别人的诋毁讥笑，也应该反省体察。这大都是因循旧习太久，没人知道这不对，不知道这里包含了很多私心。而这为害不小，不能不有所觉察。

壁帖

壬午

我本鄙俗，没有什么学问；加之近日重病缠身。各位到此，都不敢相见；万不得已见面，也不敢有所论说。请大家回去学习孔孟的教诲，就行了。

孔孟之训，如日月之光明显。那些支离破碎似是而非的东西，都属异说。有志于圣人之学的，疏远孔孟之训而从别的文章中求学。实在是舍日月之明，而从萤光烛火那里寻求光亮啊。这不是很荒谬吗？有远道而来的，我辜负了你们的一片心情，谨以此感谢你们。不再赘述。

书王一为卷

癸未

书生王一为背着书籍从惠州到这里来求学。居住了好几个月，都和大家一起听我讲课，不说话也不曾有请教的时候。看他的脸色，听得津津有味很是高兴。然而有一天，众人都退下去了，他一个人又来到堂下，请教说："致知的教诲，是古圣先贤不教导的秘密。我已经领会它了，请先生再加以指导！"

我回答说："参天大树，起于肤寸（喻指极小之处）萌芽。我说这肤寸萌芽之外，没有可以增加的。那又怎么长到参天大树？我说这肤寸萌芽之外，有可以增加的。那么这肤寸之外，我将用

三月,思其母老于家,告归省视。因书以与之。

书朱守谐卷

甲申

守谐问为学,予曰:"立志而已。"问立志,予曰:"为学而已。"守谐未达。予曰:"人之学为圣人也,非有必为圣人之志;虽欲为学,谁为学?有其志矣。而不日用其力以为之,虽欲立志,亦乌在其为志乎?故立志者,为学之心也;为学者,立志之事也;譬之奕焉。奕者其事也,'专心致志'者,其心一也;'以为鸿鹄将至'者,其心二也。'惟奕秋之为听',其事专也;'思援弓缴而射之',其事分也。"守谐曰:"人之言曰:'知之未至,行之不力。'予未有知也,何以能行乎?"予曰:"是非之心,知也。人皆有之。子无患其无知,惟患不肯知耳,无患其知之未至;惟患不致其知耳。故曰:'知之非艰,行之惟艰。'今执途之人,而告之以凡为仁义之事。彼皆能知其为善也;告之以凡为不仁不义之事。彼皆能知其为不善也。途之人皆能知之,而子有弗知乎?如知其为善也,致其知为善之知而必为之,则知至矣。如知其为不善也,致其知为不善之知而必不为之,则知至矣。知犹水也。人心之无不知,犹水之无不就下也。决而行之无有不就下者。决而行之者。致知之谓也。此吾所谓知行合一者也。

什么来增加呢？"一为听了迅速站起来拜道："我明白了！"又过了三个月，一为想念他在家的老母，请求回去看望她。我因此将它写下来给他。

书朱守谐卷

甲申

朱守谐来询问如何做学问，我说："立志罢了。"他又问立志，我说："为学罢了。"守谐不懂，我说："人们学做圣人，不是有一定要成为圣人的志向；虽然想做学问，他做学问就应该有其志向。但如果每天不用功去做学问，即使他想立志，又怎么能说他是为了他的志向呢？所以立志，是为学之心；为学，是立志之事。这就像与人下棋一样。下棋是在做的事情。而'专心致志'，说明他是一心一意的。'认为鸿鹄快要来了'，说明他是三心二意的。只听弈秋的讲解，仍然专心致志；想看拿弓箭将鸟射下来，他做事分心了。"守谐说："人有言说，'知道得不是那么完全，行动起来就不会特别卖力。'我还没有这方面的知识，又怎么能有所行动呢？"我说："是非之心，就是一种知。人们都有这种是非之心。你不用担心他们无法知道它，只担心他们不肯知道这种心罢了；不用担心他们知道得不完全，只担心他们不做到这种知。所以说：'知并不难，行动才是困难的。'现在拉住大路上的任何一个人告诉他，大凡那些仁义的事，他们都能知道这是一种为善之举；拿那些不仁不义的事告诉他，他们都能知道那是一种不善。途中的人都能知道，难道你还有不知道的吗？如果知道它为善，知道这种为善之知而一定要去实现它，那么这种知就很完全了；如果知道它是一种不善，知道这种不善

吾子疑吾言乎？夫道，一而已矣。"

书诸阳伯卷

甲申

妻侄诸阳伯复请学。既告之以格物致知之说矣。他日复请，曰："致知者，致吾心之良知也，是既闻教矣。然天下事物之理无穷，果惟致吾之良知而可尽乎？抑尚有所求于其外也乎？"

复告之曰："心之体，性也。性即理也。天下宁有心外之性？宁有性外之理乎？宁有理外之心乎？外心以求理。此告子'义外'之说也。理也者，心之条理也。是理也，发之于亲，则为孝；发之于君，则为忠；发之于朋友，则为信。千变万化，至不可穷竭，而莫非发于吾之一心。故谓端庄静一为养心。而以学问思辩为穷理者，析心与理而为二矣。若吾之说，则端庄静一，亦所以穷理；而学问思辩，亦所以养心。非谓养心之时，无有所谓理；而穷理之时，无有所谓心也。

此古人之学，所以知行并进，而收合一之功。后世之学，所以分知行为先后，而不免于支离之病者也。"曰："然

而之而一定不去实现它，那么这种知就很完全了。知就像水一样，人心对此没有不知道的，就像水没有不往下流一样。水道疏通，水没有不往低处流的。疏通水道让水流动，也就是所谓的致知。这就是我所说的知行合一。你还怀疑我的话吗？所谓道，也就是这样罢了。"

书诸阳伯卷

甲申

妻侄诸阳（伯复）请教学问。我把格物致知的学说告诉他。几天后他又来请教，说："所谓致知就是体察发挥我内心的良知，对此我已听过您的教诲。只是天下万事万物的理无穷无尽，难道真的只要致了良知便可涵盖一切了吗？或者还有需要向良知以外寻求的吧？"

我又告诉他说："心的本体是性，性就是理。天下万事万物难道还有心外之性吗？难道还有性外之理吗？难道还有理外之心吗？越过心而求理，这是告子学说的'言外之意'。理指的是心的条理。这个理，表现在父母那里，便是孝；表现在君主那里，便是忠；表现在朋友那里，便是信。千变万化，以至无穷无尽，都没有不是表现的是我的良心。因此，说端庄静一是为了养心，而学问思辩则是为了穷理，这样分析来便是将心与理分为二了。在我看来，那么端庄静一，也是在穷理，而学问思辩，也就是在养心，并不是说养心的时候，没有涉及所谓的理，而穷理的时候，没有涉及所谓的心。"

"这也就是古人学说中，强调知行并进，最后归结为一的功夫。后世的学说里，将知行分为失后顺序，因而不免有些支

则朱子所谓如何而为'温清之节'；如何而为'奉养之宜'者。非致知之功乎？"曰："是所谓知矣，而未可以为致知也。知其如何而为温清之节，则必实致其温清之功，而后吾之知始至；知其如何而为奉养之宜，则必实致其奉养之力，而后吾之知始至。如是乃可以为致知耳。若但空然知之为如何温清奉养，而遂谓之致知，则孰非致知者耶？《易》曰：'知至至之知。'至者，知也；至之者，致知也。此孔门不易之教，百世以俟圣人而不惑者也。"

书张思钦卷

乙酉

三原张思钦元相，将葬其亲。卜有日矣。南走数千里，而来请铭于予。予之不为文也久矣。辞之固，而请弗已。则与之坐，而问曰："子之乞铭于我也，将以图不朽于其亲也，则亦宁非孝子之心乎？虽然，子以为孝子之图不朽于其亲也。尽于是而已乎？将犹有进于是者也。夫图之于人也，则曷若图之于子乎？传之于其人之口也，则曷若传之于其子之身乎？故子为贤人也，则其父为贤人之父矣；子为圣人也，则其父为圣人之父矣。其与托之于人之言也，孰愈？夫叔梁纥之名，至今为不朽矣。则亦以仲尼之为子耶？抑亦以他人为之铭耶？"思钦蹩然而起，稽颡而后拜曰："元相非至于夫子

离破碎的毛病。"诸阳又问道："既然这样，那么朱子所说的怎么算'温清之节'以及如何才是'奉养之宜'，这些就不是致知的功夫吗？"我回答说："这就是我们所说的知，而不是我们说的致知。知道如何算是温清之节，那么一定会实实在在去修养这种温清的功夫，然后我所说的知才达到；知道如何算是奉养之宜，那么一定会实实在在去践行这种奉养的能力，然后我所说的知才达到。这样才可以称为致知。如果泛泛地知道如何为温清奉养，然后就说是致知，这样谁又会不是致知呢？"《易》中说：'知至至之知。'所谓至便是知，至之者便是致知。这是孔门千古不变的教诲。虽经百世再出现圣人，也不为对此感到疑惑。"

书张思钦卷

乙酉

三原的张思钦(元相)准备安葬他的父亲。日子都看好了，他从北至南走了很远的路，到我这请我给他父亲写墓志铭。我已很久不写文章了，委婉拒绝了他。他坚持请我写。我便与他坐在一起，问他说："你请我给你父亲写墓志铭，是为了让父亲不朽，这难道说不上是孝子的心情吗？虽是这样，你作为孝子以图父亲的不朽，难道这样就行了吗？还有比这更需要注意的。你希望借别人称诵让你父亲不朽，何不去希图你自己呢？借别人说的话而流传于世，不如借他儿子的身体流传后世呢？因此做儿子的，若为贤人，那么他的父亲便是贤人之父了；儿子若为圣人，那么他的父亲便是圣人的父亲了。这大胜过托别人的话而流传于世。叔梁纥的名字到现在仍然不朽，是因为仲尼是他儿

之门，则几失所以图不朽于其亲者矣。"

明日，入而问圣人之学，则语以格致之说焉；求格致之要，则语之以良知之说焉。思钦跃然而起，拜而复稽曰："元相苟非至于夫子之门，则尚未知有其心，又何以图不朽于其亲乎！请归葬吾亲，而来卒业于夫子之门，则庶几其不朽之图矣。"

书中天阁勉诸生

乙酉

"虽有天下易生之物，一日暴之，十日寒之，未有能生者也。"承诸君之不鄙，每予来归，咸集于此，以问学为事，甚盛意也。

然不能旬日之留。而旬日之间，又不过三四会。一别之后，辄复离群索居，不相见者，动经年岁。然则岂惟十日之寒而已乎？若是而求萌蘖之畅茂条达，不可得矣。故予切望诸君勿以予之去留为聚散。或五六日、八九日，虽有俗事相妨，亦须破冗一会于此。务在诱掖奖劝，砥砺切磋，使道德仁义之习日亲日近，则世利纷华之染亦日远日疏。所谓"相观而善，百工居肆以成其事"者也。

子呢?还是他请人为他作了墓志铭呢?"思钦窘迫地站起来,稽首而拜说:"我如果没有到先生的门下,几乎失去了让我父亲不朽的机会了。"

第二天,他到我这询问有关圣人的学问。我把格物致知说告诉他,学习格物致知说的关键,又告诉了他致良知的学问。思钦迅速起来,然后又稽首拜道:"我如果没到先生的门下,那么还不知道有良知这一说,又拿什么使父亲不朽呢?请允许我回去安葬了父亲,然后来完成先生的教诲。实现使父亲不朽的愿望。"

书中天阁勉诸生

乙酉

"虽然天下万事万物都是生生不息,不断产生。然而若是一曝十寒,时而勤奋,时而懈怠,也没有能不断产生的。"承蒙诸君的厚爱,每次我回来,都聚集到这里。询问有关学问的事,这种盛情很让人感动。

可是我不能整天都留在这里。十天之间,也不过三四回与大家见面。走了以后,就又离群索居。与大家不能见面,动不动便是一年半载。这样又怎么只有十日之寒呢?如果这样,希望从我这里学得学问就没有什么收获了。因此我深切希望诸君不要因为我的来去来聚散。过五六天或八九天,即使有一些杂事缠身,也应该耽误一下到这里。一定要互相引导扶持,奖励劝勉,磨炼切磋使道德仁义的学问一天比一天完善;这样世间的利欲繁华的熏染就会一日比一日远离诸君,这就是所谓"众人一起为善,百工居肆,最终可以达到目的,成就大事"。

相会之时，尤须虚心逊志，相亲相敬。大抵朋友之交，以相下为益。或议论未合，要在从容涵育，相感以诚；不得动气求胜，长傲遂非；务在默而成之，不言而信；其或矜己之长，攻人之短，粗心浮气，矫以沽名，评以为直。挟胜心而行愤嫉，以圮族败群为志。则虽日讲时习于此，亦无益矣。诸君念之念之！

书朱守乾卷

乙酉

黄州朱生守乾请学而归，为书"致良知"三字。夫良知者，即所谓"是非之心，人皆有之"，不待学而有，不待虑而得者也！人孰无是良知乎？独有不能致之耳。自圣人以至于愚人，自一人之心，以达于四海之远；自千古之前，以至于万代之后。无有不同是良知也者。是所谓"天下之大本"也。致是良知而行，则所谓"天下之达道"也。天地以位，万物以育。将富贵贫贱患难夷狄，无所入而弗自得也矣。

书正宪扇

乙酉

今人病痛大段，只是傲。千罪百恶，皆从傲上来。傲则自高，自是不肯屈下人。故为子而傲，必不能孝；为弟而傲，

大家相会的时候，一定要谦虚谨慎，相亲相敬。一般来说，朋友的交往以谦逊为最好。即使讨论时意见不一致，也应该从容说出自己的见解，互相以诚动人；而不应该气势胜过对方，助长一种傲慢的心态，形成许多错误；还须默而成之，不言而信；其中有人以己之长，攻人之短。粗心浮气，以沽名钓誉，对此应以矫正。如果好胜心切，行动中显出愤怨嫉恨，以破坏这个群体的目的，那即使每天都到这里来学习，也没有什么好处。请君对此一定要切记，切记！

书朱守乾卷

乙酉

黄州书生朱守乾到我这求学即将回去，我为他写下"致良知"三个字。所谓良知，就是人们所说的"是非之心，皆有之"，不用学就有，不用思考便能得到！谁没有这种良知呢？只有不能致良知的罢了。从圣人以下到愚人，从一个人的内心到四海以远的地方；从千古以前往后至万代之后，没有什么与这种良知不同的。因此可说"良知是天下最大的根本"，修养达到这种良知而采取的行动，就是"所说的天下达道的途径"。天地以位，万物以育。这样一来，将富贵贫贱、患难夷狄全入不了我心，就没有不能得的了。

书正宪扇

乙酉

现在人们的许多毛病，都在一个傲字上。千罪百恶，都是从傲上生出来的。骄傲则自以为了不起，当然不愿委屈自己迁就别

必不能弟。为臣而傲，必不能忠。象之不仁，丹朱之不肖，皆只是一"傲"字，使结果了一生；做个极恶大罪的人，更无解救得处。汝曹为学，先要除此病根，方才有地步可进。

"傲"之反为"谦"，"谦"字便是对症之药。非但是外貌卑逊，须是中心恭敬，撙节退让，常见自己不是，真能虚己受人。故为子而谦，斯能孝；为弟而谦，斯能弟；为臣而谦，斯能忠。尧舜之圣，只是谦到至诚处，便是允恭克让，温恭允塞也。汝曹勉之敬之，其毋若伯鲁之简哉！

书魏师孟卷

乙酉

心之良知是谓圣。圣人之学，惟是致此良知而已。自然而致之者，圣人也；勉然而致之者，贤人也；自蔽自昧而不肯致之者，愚不肖者也。愚不肖者，虽其蔽昧之极，良知又未尝不存也；苟能致之，即与圣人无异矣。

此良知所以为圣愚之同具，而人皆可以为尧舜者，以此也。是故致良知之外无学矣。自孔孟既没，此学失传几千百年。赖天之灵，偶复有见。诚千古之一快，百世以俟圣人而不惑者也。每以启夫同志，无不跃然以喜者，此亦可以验夫良知之同然矣。

人。因此做儿子骄傲了就一定不能孝顺父母。做弟弟的骄傲,则一定不会顺从兄长;做臣子的骄傲,则一定不会忠诚。象的品行不端,丹朱的不肖,都只是因为一个"傲"字;便毁了他们自己的一生,成了个罪大恶极的人,连解脱他们的地方也没有。你们这一辈人做学问,首先得根除这个病根,才有可能取得进步。

"傲"的反面是"谦",一个"谦"字便是傲的对症良药,谦虚不仅要外貌显得谦卑谦逊。内心也一定要恭恭敬敬;控制自己进行谦让,经常看到自己的不足之处,真正做到谦虚接受别人的意见。因此做儿子的谦虚,就会孝顺;做弟弟的谦虚,就能顺从;做臣子的谦虚,就会忠诚。尧舜之所以成为圣人,只不过谦虚到至诚处,做到允恭克让,温和恭敬而诚信笃实。你们这辈人一定要勉之,敬之!一定不要像伯鲁一样荒废了!

书魏师孟卷

乙酉

人心中的良知便是圣。圣人之学,也不过是致良知这一点罢了。自然而然致良知的是圣人;勉强而致良知的人是贤人;自己蒙蔽愚昧而不肯致良知的人,是愚笨而不贤的人。虽然他们蒙昧到极点,但良知却不是不曾存在的。如果能达到它,就和圣人没什么差别了。

这就是良知为圣愚之人共同具备,因而每个人都可以成为尧舜的原因。正是从这一点来说的,因此致良知以外,没有别的学问了。自孔孟去世后,这种学说便失传了,差不多千百年。全赖上天之灵,偶尔有再现的时候。这实在是千古一快的大事,历经百世等圣人出现而不再对此疑惑。每次拿这来启迪同志,没有不

间有听之而疑者,则是支离之习;没溺既久,先横不信之心而然。使能姑置其旧见,而平气以绎吾说,盖亦未有不幡然而悔悟者也。南昌魏氏兄弟旧学于予,既皆有得于良知之说矣。其季良贵师孟,因其诸兄而来请。其资禀甚颖,而意向甚笃。然以偕计北上,不得久从于此。吾虽略以言之,而未能悉也,故特书此以遗之。

书朱子礼卷

甲申

子礼为诸暨宰,问政阳明子;与之言学而不及政。子礼退而省其身。惩己之忿,而因以得民之所恶也;窒己之欲,而因以得民之所好也;舍己之利,而因以得民之所趋也;惕己之易,而因以得民之所忽也;去己之蠹,而因以得民之所患也;明己之性,而因以得民之所同也。三月而政举。叹曰:"吾乃今知学之可以为政也已。"

他日又见,而问学阳明子,与之言政而不及学。子礼退而修其职,平民之所恶,而因以惩己之忿也;从民之所好,而因以窒己之欲也;顺民之所趋,而因以舍己之利也;警民之所忽,而因以惕己之易也;拯民之所患,而因以去己之蠹也;复民之所同,而因以明己之性也。期年而化行。

感到高兴的,这也可以检验良知同一的道理。

间或有人听了而怀疑这一学说的,大概是沉溺于支离破碎的旧习中太久了。先以一个不信的心横阻在那里的原故。如果将他们的陈见放一边,让他们平心静气听我的解释,一般也没有不恍然大悟的。南昌的魏氏兄弟以前随我学习,他们都从良知之说中得到了很多。最小的魏良贵(字师孟)和他的哥哥们一起来请教教学问。他天资聪颖,而且学习刻苦用功。然而由于要与哥哥们一起北上,不能长期滞留在这。我虽然大致跟他说了些,终究不能讲完,因此特意记下来送给他。

书朱子礼卷

甲申

子礼出任诸暨县令,向我问政,我与他讨论学问而不涉及政治。子礼回去后反省自己,责罚自己的怨恨,因此得以知道老百姓所厌恶的;压制自己的欲望,因而得以知道老百姓所爱好的;舍弃自己的小利,因而得以知道老百姓所趋求的;警惕自己的治理,因而得以知道老百姓所忽略的;远离自己的不是,因而得以知道老百姓所担忧的;明白自己的心性,因而得以知道老百姓所赞同的。过了三月政绩显要。子礼因此长叹说:"我现在才知道治学可以为政!"

过了几天我们又见面。他向我问学。我与他讨论政治而不涉及学问。子礼回去后研究他的政治,平了老百姓所厌恶的,因而得以责罚了自己的怨恨;顺从老百姓所喜好的,因而得以抑制自己的欲望;顺着老百姓所趋求的,因而得以舍弃自己的小利;意识到老百姓所忽视的,因而得以警惕到自己的治理;去了老百

叹曰："吾乃今知政之可以为学也已。"

他日又见，而问政与学之要，阳明子曰："明德亲民一也。古之人，明明德以亲其民，亲民所以明其明德也。是故明明德，体也；亲民，用也；而止至善，其要矣。"

子礼退而求至善之说，炯然见其良知焉。曰："吾乃今知学所以为政，而政所以为学，皆不外乎良知焉。信乎，止至善其要也矣。"

书林司训卷

丙戌

林司训年七十九矣，走数千里谒予于越。予悯其既老且贫，愧无以为济也。嗟乎！昔王道之大行也，分田制禄，四民皆有定制。壮者修其孝弟忠信；老者衣帛食肉，不负戴于道路，死徙无出乡，出入相友，疾病相扶持。乌有耄耋之年而犹走衣食于道路者乎？

周衰而王迹熄，民始有无恒产者。然其时圣学尚明，士虽贫困，犹有固穷之节；里闾族党，犹知有相恤之义。逮其后世功利之说，日浸以盛，不复知有明德亲民之实。士皆巧文博诃以饰诈，相规以伪，相轧以利，外冠裳而内禽兽。而犹或自以为从事于圣贤之学。如是而欲挽而复之三代，呜

姓所担忧的，因而得以远离自己的不是；赞同老百姓所赞同的，因而得以明白了自己的心性。一年后自己的行动得到教化。

子礼因此长叹说："我现在才知道为政可以治学。"

不久我们又见面，他问为政与治学的关键，我说："明德与亲民是一致的，古代的人明明德是为了亲其民，亲其民是为了明其明德。因此可以说，明明德是根本，而亲民则是用；达到一种至善，便是它们的关键。"

子礼回去后探求至善的学问，豁然开朗知道是自己的良知。因此说："我现在才知道治学是为了为政，为政是为了为学，双方都不外乎是良知，而达到一种至善是他们的关键。"

书林司训卷

丙戌

林司训已经七十九岁了，走了几千里到绍兴来见我。我同情他年老又贫困，很惭愧没有东西来接济他。唉！从前王道大行时，分给田地，发放俸禄，四方百姓都有一定的制度。壮年人讲究孝悌忠信；老年人有衣帛食肉，路上不见背负重东西，死后也不会离开乡里；来来往往的人，以朋友相称；有了疾病，大家都来帮助。哪里有耄耋之年的人还会为了生计而在路上奔波呢？

周朝衰落后，王道便慢慢消失，老百姓开始没有固定的财产。然而当时圣贤之学还很明显，士人虽然贫困，还有鄙视贫穷的气节；里间族党，还知道互相体恤的意义。到了后世功利之说，越来越盛行，浸到人们的生活中。不再知道有明德亲民的实训；士人都用巧文博词来粉饰欺诈，互相以伪德规劝，以私

呼！其难哉！

吾为此惧，揭知行合一之说，订致知格物之谬；思有以正人心，息邪说，以求明先圣之学。庶几君子闻大道之要，小人蒙至治之泽。而哓哓者皆视以为狂惑丧心。诋笑訾怒。予亦不自知其力之不足，日挤于颠危，莫之救以死而不顾也，不亦悲夫！予过彭泽时，尝悯林之穷，使邑令延为社学师；至是又失其业于归也。不能有所资给，聊书此以遗之。

书黄梦星卷

丁亥

潮有处士黄翁保号坦夫者。其子梦星来越，从予学。越去潮数千里。梦星居数月，辄一告归省其父。去二三月，辄复来，如是者屡屡。梦星质性温然，善人也，而甚孝。然禀气差弱，若不任于劳者。窃怪其乃不惮道途之阻远，而勤苦无已也。因谓之曰："生既闻吾说，可以家居养亲，而从事矣；奚必往来跋涉若是乎？"

梦星踧而言曰："吾父生长海滨，知慕圣贤之道，而无所从求入。既乃获见吾乡之薛、杨诸子者，得夫子之学，与闻其说而乐之。乃以责梦星曰：'吾衰矣，吾不希汝业举以

利互相倾轧，外表衣冠楚楚，内心却如禽兽一般。而他们自己还自以为是在从事圣人之学，如此而想挽救世风回到三代，唉，太难了！

我因此以惊惧的心，揭示知行合一的学说，修订致知格物的谬误；思考那些可以正人心，批判荒唐的言论，来明白先圣之学的学问。差不多君子都听了大道的关键，小人也得到一些恩泽。然而害怕我的人都认为我是发了疯，想迷惑人失其本心。诋毁嘲笑，毁谤愤怒纷纷而来。我也不知道自己的力量不足，每天在颠困艰危中尽力拯救这种世风，而顾不上许多了。这不也让人感到可悲吗！我经过彭泽时，曾经怜悯林司训的贫穷，让县官请他做社学的老师。到现在他又失去了这个职业而回到我这里。我没有什么可以资助的，姑且将这写下来送给他。

书黄梦星卷

丁亥

潮州处士黄翁保，号坦夫。他的儿子梦星到绍兴来，跟随我学习。绍兴离潮州有好几千里。梦星过了几个月，就请求回去探望父母一次，去了两三个月就又回来了，像这样有好几次了。梦星本性温良，是个善良之人，而且十分孝顺。但他体质很差，根本禁不起劳苦。因此我私下里很奇怪，他不害怕路途的遥远而艰难，还是这么勤苦。于是对他说："你已经听了我的教诲，可以在家里孝敬父母，同时学习，何必还像这样来回奔波呢？"

梦星跪着说道："我父亲在海滨出生长大，很羡慕圣贤们的学说，可惜没有办法来学到。以后看到我们同乡薛、杨等人，得了您的教诲。父亲与他们交谈并很欣赏他们，因此要求我说：

干禄,汝但能若数子者,一闻夫子之道焉。吾虽啜粥饮水,死填沟壑,无不足也矣。'梦星是以不远数千里而来从。每归省,求为三月之留,以奉菽水。不许,则求为逾月之留。亦不许,居未旬日,即已具资粮,戒童仆,促之启行。梦星涕泣以请。则责之曰:'唉!儿女子欲以是为孝我乎?不能黄鹄千里,而思为翼下之雏,徒使吾心益自苦。'故亟游夫子之门者,固梦星之本心。然不能久留于亲侧,而倏往倏来,吾父之命,不敢违也。"

予曰:"贤哉!处士之为父;孝哉!梦星之为子也。勉之哉!卒成乃父之志,斯可矣。"今年四月上旬,其家忽使人来讣云:"处士没矣。"

呜呼惜哉!呜呼惜哉!圣贤之学,其久见弃于世也,不啻如土苴。苟有言论及之,则众共非笑诋斥,以为怪物。惟世之号称贤士大夫者,乃始或有以之而相讲究。然至考其立身行己之实,与其平日家庭之间,所以训督期望其子孙者,则又未尝不汲汲焉,惟功利之为务。而所谓圣贤之学者,则徒以资其谈论、粉饰文具于其外,如是者常十而八九矣。求其诚心一志实以圣贤之学,督教其子如处士者,可多得乎?而今亡矣,岂不惜哉!岂不惜哉!阻远无由往哭,遥寄一奠,以致吾伤悼之怀,而叙其遣子来学之故。若此以风励夫世之为父

'我老了，不希望你的学业只给你带来一些俸禄。只要你像他们几个，听听先生的学说，我即使在生前只能吃稀饭，喝生水，死后葬身沟壑，也没有什么不满足的。'因此我不远千里而来跟随您。每次回家探望父母，请他们让我住上三个月，以尽我的孝心。父亲不同意，请他们让我呆一个多月，父亲也不答应。过了不到十天，父亲就已为我准备了路费干粮，告诉仆人，催我早日启程。我哭着要再停留日子。父亲就责备我说：'做儿女的想这样来孝敬我吗？不学黄鹄，志在千里，而只想做一只翼翅下的雏鸟，这不过让我的心情不好罢了。'因此我急忙回到先生的门下，这也是我的本心。但不能长久陪在父母的身边以尽孝心，只好来来往往，父亲的命令我不敢违抗。"

我说："像处士这样做父亲的，真是贤明啊！像梦星这样做儿子的，真是孝顺啊！以此激励自己！最终满足了父亲的愿望，确实值得称道。"今年四月上旬，梦星家里忽然派人来报丧说："处士去世了。"

唉，可惜！唉，可惜啊！圣贤之学，很久以来就被世人弃之不顾了，连土苴都不如。即使说到这些，众人对此都加以讥笑指责，认为这些是怪物。只有那些被人称为贤士大夫的人，才有人偶尔提及它重视它。然而考察他实际依靠立身的方面，以及平日在家庭里用来训导监督其子孙的言论，则没有不是以功利之心为根本，殷殷希望自己和子孙都实现这种功利之心。所谓圣贤之学，不过是借以在谈话中，粉饰美化自己的外在罢了。像这样的，总是有十分之八九的人。那些诚心诚意确实拿圣贤之学来督促教育他们的儿子的，就像处士一样，又有多少呢？处士现在去世了，真的太让人惋惜了，太让人惋惜了啊！道路险阻而遥

兄者。亦因以益励梦星使之务底于有成，以无忘乃父之志。

远，我无法亲自去凭吊。遥寄一奠，以表达我伤悼的心情。同时记下他派儿子来求学的原因。以此来激励世间做父兄的人，也以此激励梦星。使他务必学而有成，而不要忘了父亲的殷殷希望。

卷之九　别录一

奏疏一

陈言边务疏

<small>弘治十二年时进士</small>

迩者，窃见皇上以彗星之变，警戒修省，又以虏寇猖獗，命将出师，宵旰忧勤，不遑宁处，此诚圣主遇灾能警，临事而惧之盛心也当兹多故，主忧臣辱，孰敢爱其死？况有一二之见，而忍不以上闻耶？臣愚，以为今之大患，在于为大臣者，外托慎重老成之名，而内为固禄希宠之计；为左左者，内挟交蟠蔽壅之资，而外肆招权纳贿之恶；习以成俗，互相为奸，忧世者谓之迂狂，进言者目以浮躁，沮抑正大刚直之气，而养成怯懦因循之风，故其衰耗颓塌，将至于不可支持，而不自觉。

今幸上天仁爱，适有边陲之患，是忧虑警省，易辕改辙之机也。此在陛下，必宜自有所以痛革弊源，惩艾而振作之者矣。新进小臣，何敢僭闻其事，以干出位之诛？至于军情之利害，事机之得失，苟有所见，是固刍荛之所可进，卒伍之所得言者也；臣亦何为而不可之有？虽其所陈，未必尽合时论，然私心窃以为必宜如此，则又不可以苟避乖剌，而遂已于言也。

陈言边务疏

弘治十二年时进士

近来听说皇上因为天上出现彗星，认为是上天示警，因而作自我反省。又因为社会上盗匪横行故而派官军征剿，所以日夜辛苦得不到休息。这的确是皇上看到灾异知道反省自身，遇到事变能谨慎处置的英明举措啊！当今天下变故迭起，皇上的忧虑就是臣下的耻辱，谁不珍惜生命？难道此时臣子的一些可能有益的见解还能不让皇上知道吗？臣识见浅陋，认为当今的主要问题是大臣们表面上装得慎重老成，骨子里却是尽力保住各自的功名利禄。主政大臣内部结党营私，欺上瞒下，对外则滥用职权，贪赃枉法，积重难返已成官场习俗。对于看不惯这些丑恶现象的有识之士大家说他们迂腐；对于敢于批评这些现象的人大家认为他们浮躁。正气受到压抑，因循苟且，畏葸不前的邪风盛行。昏庸颓堕之风充斥社会，使国势濒危而不自觉。

现在的边境外患一方面应看作是上天的警告，另一方面还应当看作是上天不欲亡大明的仁爱之心的体现。这是因为国家完全可以借此机会改弦更张，奋发图强。在此形势下皇上自然应该顺天应人清除祸患的根源，惩治妖邪而振作风气。新入仕途的小臣本来不该妄言此等大事，以致可能招引杀身之祸。但军情的利害，谋略的得失如有可取的话就是平民百姓，兵士走卒也应该陈说。臣哪还有不敢说的道理呢？虽然臣所说的不一定合乎时论。但私心以为不应计个人得失，为国为民应该向皇上陈

谨陈便宜八事，以备采择：一曰蓄材以备急；二曰舍短以用长；三曰简师以省费；四曰屯田以足食；五曰行法以振威；六曰敷恩以激怒；七曰捐小以全大；八曰严守以乘弊。

何谓蓄材以备急？臣惟将者，三军之所恃，以动得其人，则克以胜；非其人，则败以亡；其可以不豫蓄哉？今者边方小寇，曾未足以辱偏裨，而朝廷会议，推举，固已仓皇失措，不得已而思其次，一二人之外，曾无可以继之者矣。

如是而求其克敌致胜，其将何恃而能乎？夫以南宋之偏安，犹且宗泽、岳飞、韩世忠、刘锜之徒以为之将，李纲之徒以为之相，尚不能止金人之冲突；今以一统之大，求其任事如数子者，曾未见有一人，万如虏寇长驱而入，不知陛下之臣，孰可使以御之？若之何其犹不寒心而早图之也！臣愚，以为今之武举，仅可以得骑射搏击之士；而不足以收韬略统驭之才。

今公侯之家，虽有教读之设，不过虚应故事，而实无所裨益；诚使公侯之子皆聚之一所，择文武兼济之才，如今之

直言。

所以就提了以下八个方面的建议以备采纳：第一是蓄材以备急，就是储备人才以对付可能的紧急事变；第二是舍短以用长，就是充分利用人的长处，不要斤斤计较他的小节；第三是简师以省费，就是裁减老弱兵员，以节省军费；第四是屯田以足食，就是在无战事时组织军队种田以补充军粮；第五是行法以振威，就是严格执行军法以发扬军威；第六是敷恩以激怒，就是广施恩惠以鼓舞士气；第七是捐小以全大，就是舍弃小利顾全大局；第八是严守以乘弊，就是先加强护御以待敌人犯错误。

什么叫作蓄材以备急呢？臣以为一个好的将领是整个军队的仗恃，如果选择将领适当打起仗来可能取胜，选人不当可能招致失败，所以将才一定要预先储备。现在边境上仅有小股敌寇捣乱，实际上动摇不了大局，朝廷在选将御敌这样大事上就拿不出主意，不知怎么办好啦，就是推举了一两个不一定是一流人才的人出来，再选可作他们第二梯队的人也找不到了。

这样能打胜仗吗？当年南宋偏安一隅还有名将宗泽、岳飞、韩世忠、刘锜等统率军队，有李纲那样的能臣作宰相，尚且不能阻止金人的侵略。当今虽然大明一统天下想找几个像宗泽、李纲那样的人才，到现在还没发现一个。万一敌寇长驱直入地打进来，不知陛下的哪个臣子能去领兵抵抗。这样能不寒心而早作准备吗？臣虽愚陋，以为现在的武科取士仅仅可以取一些骑马、射箭、拳击技术较好的人，而缺乏深通韬略的将才。

当今大官宦之家几乎家家设有家学，教育其子弟，但多形同虚设而无实效。如果把贵族子弟集中起来，任命一位文武全才

提学之职者一人，以教育之，习之以书史骑射，授之以韬略谋猷；又于武学生之内，岁升其超异者，于此使之相与磨砻砥砺，日稽月考，别其才否，比年而校试，三年而选举；至于兵部，自尚书以下，其两侍郎，使之每岁更迭巡边；于科道部属之内，择其通变特达者二三人以从，因使之得以周知道里之远近，边关之要害，虏情之虚实，事势之缓急，无不深谙熟察于平日，则一旦有急，所以遥度而往莅之者，不虑无其人矣。孟轲有云："苟为不畜，终身不得。"臣愿自今畜之也。

何谓舍以用长？臣惟人之才能，自非圣贤，有所长必有所短；有所明必有所蔽；而人之常情，亦必有所惩于前，而后有所警于后；吴起杀妻，忍人也，而称名将；陈平受金，贪夫也，而称谋臣；管仲被囚而建霸；孟明三北而成功；顾上之所以驾驭而鼓动之者何如耳？故曰：用人之仁，去其贪；用人之智，去其诈；用人之勇，去其怒；夫求才于仓卒艰难之际，而必欲拘于规矩绳墨之中，吾知其必不克矣。

臣尝闻诸道路之言："曩者，边关将士，以骁勇强悍称者，多以过失罪名，摈弃于闲散之地。"夫有过失罪名，其在

的人授给他提学使的官职以教育这些人，主要教他们经、史、骑、射、军事谋略。另外每一年选拔一批优秀的武学生给以再教育以进一步提高他们的水平，并经常考查，看他们是否确有才干。一年一校试，三年一选拔。说到兵部自尚书以下它的两个侍郎每年必须轮流巡视边境一次，在科道部属之内选两三个比较干练的官员作为侍郎们的随员。使这些人详细了解道路的远近，边关的要害形势，敌情的虚实，军情的缓急。平时把这些熟记在心，一旦发生事变，不论在后方坐镇或亲临前线指挥都不怕没有人材。这就是孟子说的："苟为不畜，终身不得。"意思是平时不注意培养人才，你就什么时候也得不到人才。臣希望从现在就开始储备人材吧！

　　什么叫作舍短以用长呢？臣以为人非圣贤，有长处必有短处，有聪明的时候也有愚鲁的时候。多数人可以做到犯了错误知道接受教训。战国时的吴起杀妻求将，可以算作一个不近人情的残忍的人，但终于成了魏国的名将。汉朝的陈平接受别人金钱贿赂，可以认为是个贪夫，但他却是汉高祖的一个重要谋臣。春秋时管仲曾是一个囚犯，但后来佐齐桓公终成霸业。秦国的孟明虽然打过三次败仗，但最后在同晋国一次重大战役中还是取得了完全胜利。以上这些人的成败与否全在于当时他们的领导者用人的艺术是否高明。所以说用人的仁爱之心不用他的贪心；用人的智谋不用他虚伪奸诈；用人的勇敢不用他的鲁莽。在形势艰难危急时选拔人才若斤斤计较他们的小节是一定不能达到目的的。

　　臣经常听到外面的人说："从前边关上以骁勇强悍而闻名的将士后来很多因为犯过小过而被罢官不用。"如果在和平时

平居无事，诚不可使处于人上；至于今日之多事，则彼之骁勇强悍，亦诚有足用也。

且被摈弃之久，必且悔艾前非，以思奋励，今诚委以数千之众，使得立功自赎，彼又素熟于边事，加之以积惯之余，其与不习地利，志图保守者，功宜相远矣。古人有言："使功不如使过，"是所谓"使过"也。

何谓简师以省费？臣闻之，兵法曰："日费千金，然后十万之师举。"夫古之善用兵者，取用于国，因粮于敌，犹且"日费千金"；今以中国而御夷虏，非漕挽则无粟，非征输则无财，是故固不可以言"因粮于敌"矣。然则今日之师，可以轻出乎？臣以公差在外，甫归旬日，遥闻出师，窃以为不必然者，何则？北地多寒，今炎暑渐炽，虏性不耐，我得其时，一也；虏恃弓矢，今大雨时行，勅胶解弛，二也；虏逐水草以为居，射生畜以为食，今已蜂屯两月，边草殆尽，野无所猎，三也；以臣料之，官军甫至，虏迹遁矣。

夫兵，固有先声而后实者，今师旅既行，言已无及，惟有简师一事，犹可以省虚费而得实用。夫兵贵精不贵多，今速诏诸将，密于万人之内取精健足用者三分之一，而余皆归之京师；万人之声既扬矣，念密归京师，边关固不知也；是万人之威犹在也，而其实又可以省无穷之费，岂不为两便

期这些人犯了错误确实不应当再让他们做领导。然而现在正值国家多事之秋正好可以利用他们骁勇强悍的长处，为国家效力。

而且他们被闲置得越久，对过去所犯过错反思得越深刻，一些人必定设想万一重新被起用一定再立新功以补旧过。如果现在真的再让他们带几千人马立功赎罪，他们对边境战况熟悉加以原有的勇气和那些不熟地理一味保守的人相比，功效肯定不同。所以古人说"使功不如使过"就是这个意思。

什么叫作简师以省费呢？臣知道兵法上说过："每天花费千金，然后十万大军才可以出发上战场。"古时的军事家的办法是军费出自国家，军粮却征自敌国，尚且"日费千金"；现在中国抵御少数民族，没有水陆运输没有粮食，不征税没有钱财，因此本来不可以说"因粮于敌"了。可是现在我国的军队能够轻易出动吗？臣因公出差，回来还没有几天就听说我国已经出兵。对此臣不赞成这次行动，为什么呢？北方的边外一年之中寒冷季节占了多半，现在正值暑季，敌人不耐炎热，我方就占了天时。敌寇作战主要仗着弓箭，现正值雨季弓弦上的胶粘不牢固，弓就无力，这是第二。敌寇以游牧射猎为生。现在大兵云集已两月，附近的草都被他们的牛马吃尽了，野地里再也猎不到动物，这是第三。以臣预料，官军还到不了，敌寇早就逃跑了。

用兵本来就有先虚张声势而后出兵的规律。现在官军已经出动，再说也晚了。只有精简数量这条办法，还可以节省军费而得到实效。用兵贵精不贵多，现在赶快令诸将秘密地从每一万人中选取精健有战斗力的三千余人留用，其余的调回京城。这样官军号称数万的声势远扬，边关并不知道实情，但官军的军威是依然存在的，军费又省下了，这不是两全其美的办法吗？何况

哉？况今官军之出，战则退后，功则争先，亦非边将之所喜；彼之请兵，徒以事之不济，则责有所分焉耳。今诚于边塞之卒，以其所以养京军者而养之，以其所以赏京军者而赏之，旬日之间，数万之众可立募于帐下，奚必自京而出哉？何谓屯田以给食？臣惟兵以食为主，无食是无兵也。

边关转输，水陆千里，蹛顿捐弃，十而致一。故兵法曰："国之贫于师者远输，远输则百姓贫；近师贵卖，贵卖则百姓财竭。"此之谓也。

今之军官，既不堪战阵，又使无事坐食，以益边困，是与敌为谋也。三边之戍，方以战守，不暇耕农，诚使京军分屯其地，给种授器，待其秋成，使之各食其力；寇至则授甲归屯，遥为声势，以相犄角；寇去仍复其业，因以其暇，缮完房所拆役边墙亭堡，以遏冲突；如此虽未能尽给塞下之食，亦可以少息输馈矣。

此诚持久俟时之道，王师出于万全之长策也。何谓行法以振威？臣闻李光弼之代子仪也，张用济斩于辕门；狄青之至广南也，陈曙戮于戏下；是以皆能振疲散之卒，而摧力强之虏。今边臣之失机者，往往以计幸脱，朝丧师于东陲，暮调守于西鄙，罚无所加，兵因纵弛，如此则是陛下不惟不置之罪，而复为曲全之地也。彼亦何惮而致其死力哉？夫法之不行，自上犯之也；今总兵官之头目，动以一二百计，彼其

现在官军出动，有战斗往往退缩，有小胜就乱争功，这是边将们不乐意见到的。他们之所以请求发兵，是因为看到边境事难解决，有责任大家分担罢了。如果我们在边境就地招兵，待遇、奖赏和驻扎京城的官军一样，臣以为不出十天数万之众可立即招来。所以守边的官军要一定来自京城吗？什么叫作屯田以给食？臣以为没有粮食军队就不能支持，也可以说无粮食就无军队。

边关遥远，道路险阻，运输方法笨重落后，运到军营的粮食仅占原计划的十分之一。兵法上曾说："国之贫于师者远输，远输则百姓贫；近师贵卖，贵卖则百姓财竭。"说的就是这个道理。

现在的官军作战不力，无事白费粮食，使边境困难日增，这实际上是帮助了敌人。驻扎在三边的官军现在或战或守没有余暇去种田。如果让京城附近的驻军分一部分边境土地，发给他们种子和农具，待秋收之后使他们自食其力。敌寇来了就发给他们兵器甲仗，使之开赴防地和前方将士成互相呼应的掎角之势。敌寇退去则仍从事农耕。在农闲时则去修筑被敌人毁坏的防御工事，防止敌寇突然袭击。这样虽然不能完全解决边境的军粮问题，至少可以部分缓解运输的困难。

这是一种长久之计，为国家军队的万全之策啊！什么叫作行法以振威呢？臣听说唐朝的名将李光弼取代郭子仪为将时先杀了张用济；北宋的大将狄青领兵至广南平叛时先斩了陈曙。他们这样做就震慑了军纪松弛毫无斗志的部下官兵，发扬了军威，提高了士气，以后挫败了强虏。现在守边的臣子打了败仗，用计逃脱责任。早晨在东边吃了败仗，晚上就调去西边照常领兵。这样有罪受不到惩罚，军法形同虚设，军纪能不松弛吗？像这样的人，陛下不仅不治他的罪还要找理由为他开脱罪责，犯了法也

诚以武勇而收录之也。则亦何不可之有？然而此辈非势家之子弟，即豪门之夤缘，皆以权力而强委之也；彼且需求刻剥，骚扰道路，伏势以夺功，无劳而冒赏，懈战士之心，兴边戍之怨；为总兵者，且复资其权力，以相后先，其委之也，敢以不受乎？其受之也，其肯以不庇乎？苟戾于法，又敢斩之以殉乎？是将军之威，固已因此辈而索然矣。

其又何以临师服众哉？众愿陛下，手敕提督等官，发令之日，即以先所丧师者，斩于辕门，以正军法；而所谓头目之属，悉皆禁令发回，毋使渎扰侵冒，以挠将权；则士卒奋励，军威振肃，克敌制胜，皆原于此。不然，虽有百万之众，徒以虚国劳民，而亦无所用之也。

何谓敷恩以激怒？臣闻杀敌者，怒也。今师方失利，士气消沮，三边之戍，其死亡者，非其父母子弟，则其宗族亲戚也。今诚抚其疮痍，问其疾苦，恤其孤寡，振其空乏，其死者皆无怨尤，则生者自宜感动；然后简其强壮，宣以国恩，喻以虏雠，明以天伦，激以大义，悬赏以鼓其勇，暴恶以深其怒，痛心疾首，日夜淬砺，务与之俱杀父兄之雠，以报朝廷之德；则我之兵势日张，士气日奋，而区区丑虏，有不足破者矣。

无所顾忌,他还会拼死作战吗?所以不能严格执行军法的责任在上面。现在总兵官的头目动辄一二百,如果真是以他们的武勇而录用的,那就面对任何强敌都无所畏惧。然而这些人不是官僚子弟就是依托豪门关系上来的。他们的官职是通过不正当的权力硬授给的。他们一旦权在手就盘剥军民,骚扰地方,钩心斗角,夺功冒赏什么坏事都干得出来,使一般士兵灰心,使正直的领导者怨恨。当总兵的还要根据他们的背景,贿赂的多少分别先后授以不同的权力。他们向总兵行贿,总兵不能不接受,接受了对他们就得多方包庇。假如他们犯了法,总兵们能杀他们的头吗?所以将军的威望就被这帮小人彻底破坏了。

又怎么能继续统率大军使下级心服呢?臣请陛下诏谕提督等官,出兵时先斩了先前打了败仗的昏官以正军法。对于通过非正当途径上来的所有大小头目一律发回,不使他们在军中继续捣乱。如此则士气奋发,军威整肃,就有了克敌制胜的基础。不然的话虽然拥有百万大军也只是消耗国力,扰害百姓,结果使国家更贫弱。

什么叫作敷恩以激怒呢?臣听说杀敌全凭勇气。目前我军刚刚失利,士气消沉。防守三边的兵士,战死者除了有他们的同伴还可能有他们的父兄或亲邻。目前应该吊死问伤,救济遗属,令死者无怨,生者感动。然后挑选精壮,向他们施以教育,激发其正气感,明确为保国安民而战,悬赏以鼓起勇气,展示敌寇的残暴以激其仇敌情绪。使其痛心疾首时刻不忘报国恩、报父兄之仇。这样我军士气必定高涨,我军声势必定强大,区区敌寇不难消灭。

何谓捐小以全大？臣闻之，兵法曰："将欲取之，必固与之。"又曰："佯北勿从，饵兵勿食。"皆捐小全大之谓也。今虏势方张，我若按兵不动，彼必出锐以挑战；挑战不已，则必设诈以致师；或捐弃牛马而伪逃，或撑匿精悍以示弱，或诈溃而埋伏，或潜军而请和，是皆诱我以利也。

信而从之，则堕其计矣。然今边关守帅，人各有心；虏情虚实，事难卒办，当其挑诱之时，畜而不应，未免必有剽掠之虞；一以为当救，一以为可邀；从之则必陷于危亡之地，不从则又惧于坐视之诛；此王师之所以奔逐疲劳，损失威重，而丑虏之所以得志也。

今若恣其操纵，许以便宜，其纵之也，不以其坐视；其捐之也，不以为失机；养威为愤，惟欲责以大成，而小小挫失，皆置不问，则我师常逸，而兵威无损，此诚胜败存亡之机也。

何谓严守以乘弊？臣闻古之善战者，先为不可胜以待敌之可胜，盖中国工于自守，而胡虏长于野战，今边卒新破，虏势方剧，若复与之交战，是投其所长，而以胜予敌也。

为今之计，惟宜婴城固守，远斥候以防奸；勤间谍以谋

什么叫作捐小以全大呢？臣见兵法上说："将欲取之，必固与之。"又说："佯北勿从，饵兵勿食。"意思是打算战胜对方先要舍弃一些小利给他们。对于诈败的敌人千万不要追击，敌人设下当诱饵的小利千万不要贪功冒进。现在敌势正盛，我方如按兵不动，敌人必出精兵挑战。挑战还不算，必定设埋伏以引诱我军，或抛弃一些牛马假装逃跑，或藏匿精锐以示软弱，或假称哗变设埋伏，或暂时退避而要求讲和。这都是拿小利以引诱我军上当。

如信了他们，正好中了他们的奸计。可是现在的守边将帅各有自己的打算，敌情虚实又一下子难以认清，如果敌人引诱我们，我军静观不动，边境不免遭到一些掳掠，有人以为应当出兵救援，有人以为应静以待变。这时出兵可能中敌奸计，不出兵又怕上级怪罪。难以承担坐视不救的罪名。这就是我军穷于应付，疲于奔命的原因。这也是敌寇得意洋洋的原因。

现在如果给守边将帅以相机行事的权利，任敌人引诱，我军不动，不认为是坐视不救。任小股敌人逃去，我军不追，不认为是坐失战机。培养士气令士兵跃跃欲试，令将帅们敢于决战决胜，争取全胜，小小挫折不用计较。这样我军常安如泰山，军威日增，能不能做到这些，真是关系胜败存亡的大事啊！

什么叫作严守以乘弊呢？臣听说古人善于指挥战争的是先加强自己，使之不可战胜，等待敌军的失误而战胜之。从来中国利于自守而胡人长于野战。现在我们的边防暂时失利，敌势正盛，此时我军若出兵与之作战，正好让敌人发挥长处，让敌人取胜。

现在最好的办法是固守城池，多派侦察兵去刺探军情并防

房；熟训练以用长；严号令以肃惰；而又频加犒享，使皆畜力养锐；譬之积水，俟其盈满充溢，而后乘怒急决之，则其势并力骤，至于崩山漂石而未已。昔李牧备边，日以牛酒享士，士皆乐为一战，而牧屡抑止之，至其不可禁遏，而始奋威并出，若不得已而后从之，是以一战而破强胡。

今我食既足，我威既盛，我怒既深，我师既逸，我守既坚，我气既锐，则是周悉万全，而所谓不可胜者既在于我矣。

由是我足，则虏日以匮；我盛，则虏日以衰；我怒，则虏日以曲；我逸，则虏日以劳；我坚，则虏日以虚；我锐，则虏日以钝；索情较计，必将疲罢奔逃，然后用奇设伏，悉师振旅，出其所不趋，趋其所不意，迎邀夹攻，首尾横击，是乃以足当匮，以盛敌衰，以怒加曲，以逸击劳，以坚破虚，以锐攻钝，所谓胜于万全，立于不败之地，而不失敌之败者也。

右臣所陈，非有奇特出人之见，固皆兵家之常谈，今之为将者之所共见也。但今边关将帅，虽或知之而不能行，类皆视为常谈，漫不加省，势有所轶，则委于无可奈何；事惮烦难则为因循苟且；是以玩习弛废，一至于此。

陛下不忽其微，乞敕兵部将臣所奏熟议可否转行提督等官？即为斟酌施行，毋使视为虚文，务责以实效，庶于军机必有少补，臣不胜为国惓惓之至！

止敌军偷袭；加强训练发挥我军长处；严明号令，惩治懒惰。对士兵经常犒赏，使其养精蓄锐。这好像以容器蓄水，待盈满将要溢出时，乘势打破此容器，则水势猛烈，甚至可以崩山漂石而无法遏止。战国时代赵国名将李牧守边，经常以牛、酒犒赏三军，而士兵乐于打仗，但李牧却常去制止，以致达到再也制止不了的程度，乘势出击，其势如摧枯拉朽，一战而打败了强胡。

今天如果我们的粮食充足，士气高昂，战士经过休整，防守坚固，锐气正不可当。总之我军实而敌寇虚，我军盛而敌寇衰，我军安逸而敌寇疲劳等等一切优势在我而不在敌。

因此我充足，那么敌寇就匮乏；我强盛，那么敌寇就衰败；我盛大，那么敌寇就退缩；我安逸，那么敌寇就劳苦；我坚固，那么敌寇就虚空；我锐利，那么敌寇就笨拙；按索情较计的兵法，一定会疲惫奔逃，然后出奇兵设埋伏，出敌不意，攻敌无备，使我军立于万全不败之地，在战役战术上决策正确，保证能够大获全胜。

臣以上所提各条并没有出乎平常人的见解，几乎都是用兵的常识，是现在的将领们都能认识到的。但今天守边的将帅虽然知道而不能实行，大概都把这些当作老生常谈，漫不经心，形势如迫使我军一时失利，则认为无可奈何。畏难苟安，玩忽职守达到如此程度，陛下切切不可再轻视了。

请陛下敕令兵部看是否能将臣的奏议转发至各提督行营，斟酌情况执行，不得再虚应故事，务求实效。对官军今后的行动一定有所补益。臣为国家的拳拳之意望陛下明鉴。

乞养病疏

十五年八月时官刑部主事

臣原籍浙江绍兴府余姚县人，由弘治十二年二甲进士，弘治十三年六月除授前职，弘治十四年八月奉命前往直隶、淮安等府会同各该巡按、御史审决重囚，已行遵奉奏报外，切缘臣自去岁三月，忽患虚弱咳嗽之疾，剂灸交攻，入秋稍愈。遽欲谢去药石，医师不可，以为病根既植，当复萌芽。勉强服饮，颇亦臻效；及奉命南行，渐益平复。遂以为无复他虑；竟废医言，捐弃药饵；冲冒风寒，恬无顾忌，内耗外侵，旧患仍作。及事竣北上，行至扬州，转增烦热，迁延三月，尫羸日甚。心虽恋阙，势不能前；追诵医言，则既晚矣。先民有云："忠言逆耳利于行，良药苦口利于病。"臣之致此，则是不信医者逆耳之言，而畏难苦口之药之过也。今虽悔之，其可能乎！

臣自惟田野竖儒，粗通章句；遭遇圣明，窃禄部署。未效答于涓埃，惧遂填于沟壑。蝼蚁之私，期得暂离职任，投养幽闲，苟全余生，庶申初志。伏望圣恩垂悯，乞敕吏部容臣暂归原籍就医调治。病痊之日，仍赴前项衙门办事，以图补报。臣不胜迫切愿望之至！

乞养病疏

十五年八月时官刑部主事

臣原籍是浙江绍兴府余姚县人,弘治十二年得中二甲进士,弘治十三年六月授予前职,弘治十四年八月奉命前往直隶、淮安等府和该地巡按、御史一起审理、判决重囚。遵照圣命而行的事都已经奏报了。除此之外,还因为臣自从去年三月忽然患上了虚弱咳嗽的病,药剂针灸齐下,入秋后才稍有起色。本想立刻就再不服药了,医师认为还不行,由于病根既已种下,稍不留神还会重发。勉为其难地继续服药,倒也快痊愈了;等到奉命南行时,渐渐地没有问题了。于是便觉得没什么可顾虑的,居然也就不记医师的话,不再服药饵了;顶风冒寒,一点也不顾忌,身子弱了,外病又来侵害,旧病于是又复发。及至事情处理完北上而来到扬州时,辗转增病,又添烦热,连绵不断地病了三个月,身子一天比一天虚弱。虽然满心想念圣上之事,但在这种情形下迟迟难进;现在追思医师的话,实在是晚了啊!前人曾说过:"忠言逆耳却对自己的行为有利,良药苦口却对自己的病有利。"臣之所以到了这个地步,实在是因为不相信医师逆耳的忠言,而且又畏难于苦口良药的过错啊!现在虽然感到后悔,但又有什么作用呢?

臣自认为不过是一个田野竖儒,略微懂得一点章句;幸而遇到圣明天子,让我荣幸地得到了部署的禄位。还没能报答像尘埃那么丁点功劳,恐怕马上就要离开人世。臣有一点点像蝼蚁那么大的私心,期望能够准许暂时离开现在的职位,回到幽静清闲的地方静养一段,若是苟且能保全余生,或许还可重申最初的志愿。恳求圣恩垂怜,请下令吏部能让臣暂回原籍求医调

乞宥言官去权奸以章圣德疏

正德元年时官兵部主事

臣闻君仁则臣直。大舜之所以圣，以能隐恶而扬善也。臣迩者窃见陛下以南京户科给事中戴铣等上言时事，特敕锦衣卫差官校拿解赴京。臣不知所言之当理与否，意其间必有触冒忌讳，上干雷霆之怒者。但铣等职居谏司，以言为责；其言而善，自宜嘉纳施行；如其未善，亦宜包容隐覆，以开忠谠之路。乃今赫然下令，远事拘囚，在陛下之心，不过少示惩创，使其后日不敢轻率妄有论列，非果有意怒绝之也。下民无知，妄生疑惧，臣切惜之！今在廷之臣，莫不以此举为非宜，然而莫敢为陛下言者，岂其无忧国爱君之心哉？惧陛下复以罪铣等者罪之，则非惟无补于国事，而徒足以增陛下之过举耳。然则自是而后，虽有上关宗社危疑不制之事，陛下孰从而闻之？陛下聪明超绝，苟念及此，宁不寒心！况今天时冻沍，万一差去官校督束过严，铣等在道或致失所，遂填沟壑，使陛下有杀谏臣之名，兴群臣纷纷之议，其时陛下必将追咎左右莫有言者，则既晚矣。伏愿陛下追收前旨，使铣等仍旧供职；扩大公无我之仁，明改过不吝之勇；圣德昭布远迩，人民胥悦，岂不休哉！

治。病愈之日，依然到原来所属衙门办事，以此作为补救。臣怀着迫切的希望恳求圣上。

乞宥言官去权奸以章圣德疏

正德元年时官兵部主事

臣听说君主仁则臣子直。大舜所以成为圣人，是因为他能隐匿恶而褒扬善。臣近来私下见到陛下因为南京户科给事中戴铣等人上书言时下之事，特命锦衣卫差派官校将戴铣等抓起来押进京师。臣不知道他们所说的是不是有理，但揣意其中必然有触犯了忌讳的话，以至于让圣上动了雷霆之怒。但戴铣等人职位就在进谏的部门，以进言作为职责；他的话如是好的，自是应当嘉许、采纳并施行；如果不好，也应当包含隐匿不公布，以便忠臣能广进言路。如今陛下大怒下令远赴南京抓人，在陛下心里，只不过略示惩戒，使他以后再不敢轻率地妄加谈论举例，并非真是大怒之下要杀了他们。然而下面百姓无知，胡思乱想地生疑惊惧，臣痛切地感到可惜！如今在朝廷上的众臣，没有不认为抓戴铣这件事是不恰当的，可是却没人敢向陛下进言，难道他们没有忧国爱君的心思吗？实在是畏惧陛下会以给戴铣等的罪来加在他们头上啊！这样不仅对国事没什么帮助，而只不过是增加陛下过错的举动。但是从此往后，纵然有关系到宗社危急无法克制的事，陛下又从哪里听到呢？陛下聪明绝伦，假如有怀于此，难道不寒心吗？何况如今天寒地冻，万一派去的官校督束过于严厉，戴铣等人在路上有人支持不住以至于死亡，则使陛下有杀谏臣的名声，其时群臣纷纷兴起议论。陛下又要追究当初左右群臣没有进言的，这都太晚了。臣拜伏请求陛下收回前

臣又惟君者，元首也；臣者，耳目手足也。陛下思耳目之不可使壅塞，手足之不可使痿痹，必将恻然而有所不忍。臣承乏下僚，僭言实罪。伏睹陛下明旨有"政事行失，许诸人直言无隐"之条，故敢昧死为陛下一言。伏惟俯垂宥察，不胜干冒战栗之至！

自劾乞休疏

十年时官鸿胪寺卿

臣由弘治十二年进士，历任今职，盖叨位窃禄十有六年，中间鳏旷之罪多矣。迩者朝廷举考察之典，拣汰群僚。臣反顾内省，点检其平日，正合摈废之列。虽以阶资稍崇，偶幸漏网，然其不职之罪，臣自知之，不敢重以欺陛下。况其气体素弱，近年以来，疾病交攻，非独才之不堪，亦且力有不任。夫幸人之不知，而鼠窜苟免，臣之所甚耻也；淑慝混淆，使劝惩之典不明，臣之所甚惧也。伏惟陛下明烛其罪，以之为显罚，使天下晓然知不肖者之不得以幸免，臣之愿，死且不朽。若从末减，罢归田里，使得自附於乞休之末，臣之大幸，亦死且不朽。臣不胜惶恐待罪之至！

旨，让戴铣等依然充任旧职；广扩大公无私的仁义，显明不吝惜改正错误的勇气；圣上的恩德广布远近，人民欢悦，难道不是很好吗？

臣认为，君，是首脑；臣，是耳目手足。陛下想，耳目不应当使它拥塞，手足不应使它缩痿麻痹，就必然会对臣子们有恻然不忍之心。臣只是一个下级官员，越级僭言实属有罪。只是看到陛下圣旨中有"政事得失，准许诸人直言不要有所隐瞒"的条文，所以冒昧以死为陛下进言。请圣上俯垂下情宽察，臣不禁为冒犯而战栗到了极点。

自劾乞休疏

十年时官鸿胪寺卿

臣自从弘治十二年中进士，历任各职直至如今担任的官职，接受国家的官位窃取国家的俸禄已有十六年，中间无所依靠地荒废时日的罪过已经很多了。近来朝廷举出考察的典章，对众官进行拣汰。臣反躬内省，检点平日作为，正属于应摈弃之列。虽然因凭借官阶和资历略高而侥幸漏网，然而不称职的罪过，臣自己是知道的，不敢再隐瞒来欺骗陛下。况且本人身体向来虚弱，近年来疾病一直侵扰，不仅单单才不足用，就连力气也不堪负担。侥幸于别人不知道，像逃跑的老鼠那样苟且偷生，臣以为这是耻辱；好坏混淆，使奖惩的典章不够彰明，这是臣所忧惧的。惟愿陛下明白指出我的罪过，将我作为明显的惩罚例子，使天下都知道不肖的人不能够侥幸过关，这正是臣所愿望的，死了也不遗憾。假如划归最后减汰的官员中而去职回乡，使得我能自附于乞求归休的人后面，是臣的大幸，死了也没什么遗憾了。臣禁不

乞养病疏

十年八月

顷者臣以朝廷举行考察，自陈不职之状，席藁待罪，其时臣疾已作。然不敢以疾请者，人臣鳏旷废职，自宜摈逐以彰国法，疾非所言矣。陛下宽恩曲成，留使供职，臣虽冥顽，亦宁不知感激自奋！及其壮齿，陈力就列，少效犬马。然臣病侵气弱，力不能从其心。臣自往岁投窜荒夷，往来道路，前后五载，蒙犯瘴雾；魑魅之与游，蛊毒之与处。其时虽未即死，而病势因仍，渐肌入骨，日以深积。后值圣恩汪濊，掩瑕纳垢，复玷清班；收敛精魂，旋回光泽；其实内病潜滋，外强中槁。顷来南都，寒暑失节，病遂大作。且臣自幼失母，鞠于祖母岑，今年九十有六，耄甚不可迎侍，日夜望臣一归为诀。臣之疾痛，抱此苦怀，万无生理。陛下至仁天覆，惟恐一物不遂其生。伏乞放臣暂回田里，就医调治，使得目见祖母之终，臣虽殒越下土，永衔犬马帷盖之恩！倘得因是苟延残喘，复为完人，臣齿未甚衰暮，犹有图效之日。臣不胜恳切愿望之至！

住惶恐等待罪过的到来!

乞养病疏

十年八月

近日臣趁着朝廷举行考察官员的时机,自己上书说明自己不称职的状况,铺开草席以待罪,那时臣的病已发作了。然而不敢因为有病而告请(退职),因为作为人臣独身旷日而失职,自然应当摈弃放逐以明国法,疾病并不成为理由。陛下宽厚地加以恩典,留下我继续供职,臣虽然冥顽,难道还不知道感激而发奋吗?在年轻力壮的时候,在列官中出力,略微贡献像犬马一样的效劳。可是臣由于疾病侵害,气息暗弱,虽心有余而力不足。臣自从前几年到蛮荒之地,来来往往,前后已有五年,多次碰到瘴气毒雾;魑魅跟随在身边,蛊毒常常和我在一起。那时候虽然没有立即死去,而病势一点点递延叠加,渐渐由肌肤进到了骨头,一日日加深了。后来遇到圣恩浩荡,掩去了缺点,纳下了污垢,使我重新回到了健康;收敛了精气魂魄,找回了容貌光泽;但实际上内病潜伏滋长,外面看起来还强壮,里面已经空干了。过一段时间又去南都,冬夏相交攻,天气混乱,于是病又大发作,而且臣自幼没有母亲,一直由祖母岑氏抚养,她今年已经九十六岁,年纪太老已不能把她接来侍候,她日夜希望臣能回去一趟与她诀别。臣的疾痛,又抱着这苦心,万万没有生还的道理。陛下至高的仁义覆盖天下,惟恐一物不能够得遂它的生长。乞求放臣暂回故里,请医调治,使得我能亲眼见到祖母的终老,臣虽然会死去,也永远像犬马一样记得皇上的恩情!倘若因为这次休养而苟延残喘,重新恢复为完人,臣年纪还不算老,还

谏迎佛疏

稿具未上

臣自七月以来，切见道路流传之言，以为陛下遣使外夷，远迎佛教，郡臣纷纷进谏；皆斥而不纳。臣始闻不信，既知其实，然独窃喜幸，以为此乃陛下圣智之开明，善端之萌蘖，郡臣之谏，虽亦出于忠爱至情，然而未能推原陛下此念之所从起。是乃为善之端，作圣之本，正当将顺扩充，溯流求原。而乃狃于世儒崇正之说，徒尔纷争力沮，宜乎陛下之有所拂而不受，忽而不省矣。愚臣之见独异于是，乃惟恐陛下好佛之心有所未至耳。诚使陛下好佛之心果已真切恳至，不徒好其名而必务得其实，不但好其末而必务求其本，则尧、舜之圣可至，三代之盛可复矣。岂非天下之幸，宗社之福哉！臣请为陛下言其好佛之实。

陛下聪明圣知，昔者青宫，固已播传四海。即位以来，偶值多故，未暇请求五帝、三王神圣之道。虽或时御经筵，儒臣进说，不过日袭故事，就文敷衍。立谈之间，岂能遽有所开发陛下听之，以为圣贤之道不过如此，则亦有何可乐？故渐移志于骑射之能，纵观於游心之乐。盖亦无所用其聪明，施其才力，而偶托寄于此。陛下聪明，岂固遂安于是，而不知此等皆无益有损之事也哉？驰逐困惫之余，夜气清明之

有可以报效的时候。臣不禁恳切地愿望这件事到了极点!

谏迎佛疏

稿具未上

臣自从七月以来,痛切地听道路上流传的话,即认为陛下派遣使者奔赴外夷,远迎佛教,郡臣纷纷进谏,都斥退而不采纳。臣开始听了并不相信,后来得知实情,但还是暗自欢喜庆幸,以为这是陛下圣智的开明,善端的初萌。郡臣的进谏,虽也出于忠君爱国之情,然而没能推知陛下这个念头从何所起。这是行善的开端,作圣的根本,正应为将顺着它而扩充,逆流而求本源。于是有悖于世上儒者崇尚正道的说法,徒劳地纷争力劝,陛下拂开他们而不接受,忽略而不反省是正确的。愚臣我的看法同这种看法不同,乃是惟恐陛下好佛之心还有所未至。诚如陛下好佛的心思果然真切恳至,不只是好个名而是必得其实,不仅好它的枝末而务必求得它的本质,则像尧、舜那样的圣人也很快可以达到了,上古三代盛况又可重现了。难道不是天下的幸运、宗社的福气吗?臣请求给陛下说说爱好佛的情况。

陛下聪明圣智,昔日在东宫时,就已经传播于四海。即位以来,碰巧赶上多种事情,没有空来讲求五帝三王之神圣的道理。虽然有时到讲经之处,儒臣进讲的也只不过日日沿袭旧说,就文义而敷衍。这么一会儿谈话之中,哪里能够马上有所启发的呢?陛下听了,会以为圣贤的道理不过如此,那么还有什么乐趣呢?所以渐渐把志趣移向骑射的本领,放任自己观赏使心动的乐舞。大概也是无处使用自己的聪明,施展自己的才力,而偶尔寄托一下。陛下聪明,哪里能就安守这些,而不知道这些都是没

际，固将厌倦日生，悔悟日切。而左右前后又莫有以神圣之道为陛下言者，故遂远思西方佛氏之教，以为其道能使人清心绝欲，求全性命，以出离生死；又能慈悲普爱，济度群生，去其苦恼而跻之快乐。今灾害日兴，盗贼日炽，财力日竭，天下之民困苦已极。使诚身得佛氏之道而拯救之，岂徒息精养气，保全性命？岂徒一身之乐？将天下万民之困苦，亦可因是而苏息！故遂特降纶音，发币遣使，不惮数万里之遥，不爱数万金之费，不惜数万生灵之困毙，不厌数年往返之迟久，远迎学佛之徒。是盖陛下思欲一洗旧习之非，而幡然於高明光大之业也。陛下试以臣言反而思之，陛下之心，岂不如此乎？然则圣知之开明，善端之萌蘖者，亦岂过为谀言以佞陛下哉！陛下好佛之心诚至，则臣请毋好其名而务得其实，毋好其末而务求其本。陛下诚欲得其实而求其本，则请毋求诸佛而求诸圣人，毋求诸外夷而求诸中国。此又非臣之苟为游说之谈以诳陛下，臣又请得而备言之。

夫佛者，夷狄之圣人；圣人者，中国之佛也。在彼夷狄，则可用佛氏之教以化导愚顽；在我中国，自当用圣人之道以参赞化育，犹行陆者必用车马，渡海者必以舟航。今居中国而师佛教，是犹以车马渡海，虽使造父为御，王良为右，非但不能利涉，必且有沉溺之患。夫车马本致远之具，岂不利器乎？然而用非其地，则技无所施。陛下若谓佛氏之道虽不

有好处只有损害的事的呢？奔驰追逐得困倦疲惫的时刻，夜里气息清朗明晰的时刻，就将生出许多厌倦，一日日痛切悔悟。而左右前后又没有人用神圣的道理讲给陛下听，所以就远思西方的佛教，认为它的道能使人清心寡欲，得求保全性命，凭借它脱离出生死之患；又能发慈悲普爱、帮助超度众生，去除苦恼而升之以快乐。如今灾害一日日兴起，盗贼一日日嚣张，财力一日日枯竭，天下百姓困苦已到了极点。使诚身之人能得到佛氏的道而拯救他们，哪里只是息精养气、保全性命？哪里只是图一身的快乐？天下万民的困苦，也可因为这佛而解脱！所以才特意发授天音，指发财币、派使者，不忌数万里远的距离，不爱惜数万金的费用，不可惜数万生灵的困苦倒毙，不厌倦数年往返持续时间之久，远迎学佛之人。这大概是陛下想一改旧习的错处，幡然悔悟于高明光大的事业吧。陛下尝试用臣的话反思一下，陛下的心思，难道不是这样吗？然而圣知的开明，善端的初发，也难道过分为阿谀的言来讨好陛下吗？陛下好佛的心思真正到了，那么臣请求不要只好其名而务必得其实，不要好其末而务必求其本。陛下如真想得其实而求其本质，那请别求佛而求于圣人，别求于外夷而求于中国。这又不是臣仅作游说的话来蒙骗陛下，臣还请求能详细地说一下。

佛，是夷狄的圣人；圣人，是中国的佛。在那夷狄地方，可以用佛教来感化引导愚笨顽劣之人；在我们中国，自然应当用圣人的道来配合感化养育，就像在陆上必用车马，渡海的人必用航船。如今住在中国而师从于佛教，这是像用车马渡海，尽管使造父为驾，王良为右，不但不能有利于渡水，还必定有沉溺的危险。车马本来是行走远方的工具，难道不是利器吗？然而用的

可以平治天下，或亦可以脱离一身之生死；虽不可以参赞化育，而时亦可以导群品之嚚顽；就此二说，亦复不过得吾圣人之余绪。陛下不信，则臣请比而论之。臣亦切尝学佛，最所尊信，自谓悟得其蕴奥。后乃窥见圣道之大，始遂弃置其说，臣请毋言其短，言其长者。夫西方之佛，以释迦为最；中国之圣人，以尧、舜为最。臣请以释迦与尧、舜比而论之。夫世之最所崇慕释迦者，慕尚于脱离生死，超然独存于世。今佛氏之书具载始末，谓释迦住世说法四十余年，寿八十二岁而没，则其寿亦诚可谓高矣；然舜年百有十岁，尧年一百二十岁，其寿比之释迦则又高也。佛能慈悲施舍，不惜头目脑髓以救人之急难，则其仁爱及物，亦诚可谓至矣；然必苦行于雪山，奔走于道路，而后能有所济。若尧、舜则端拱无为，而天下各得其所。惟"克明峻德，以亲九族"，则九族既睦；平章百姓，则百姓昭明；协和万邦，则黎民于变时雍；极而至于上下草木鸟兽，无不咸若。其仁爱及物，比之释迦则又至也。佛能方便说法，开悟群迷，戒人之酒，止人之杀，去人之贪，绝人之嗔，其神通妙用，亦诚可谓大矣，然必耳提面诲而后能。若在尧、舜，则光被四表，格于上下，其至诚所运，自然不言而信，不动而变，无为而成。盖"与天地合其德，与日月合其明，与四时合其序，与鬼神合其吉凶"，其神化无方而妙用无体，比之释迦则又大也。若乃诅咒变幻，眩怪捏妖，以欺惑愚冥，是故佛氏之所深排极诋，谓之外道邪魔，正与佛道相反者。不应好佛而乃好其所相反，求

不是地方，则无所施展。陛下若说佛氏这道虽不能平治天下，或许也可脱离一身的生死；虽不能配合以感化养育，而时时也可引导百姓之中凶嚣顽劣的人；这两种说法，也不过是我国圣人的余绪罢了。陛下不信，那臣请求对比着来论述一下。臣也曾确学过佛，最虔诚地尊敬相信，自认为悟得它蕴藏的奥妙。后来窥见圣道的广大，才开始抛弃它的说法。臣请不说它的短处，而说它的长处。西方佛以释迦为最尊，中国圣人以尧舜为最尊，臣请把释迦和尧舜对比来说一下。世上最崇慕释迦的地方，在于脱离生死，超然独自存在于上。现在佛教的书记载他的开始与结束，说释迦在世上说法四十多年，八十二岁而终，那他的寿命也的确算长了；可是舜有一百一十岁，尧则一百二十岁，他们比释迦寿命又长。佛能发慈悲行施舍，不惜头眼脑髓来救别人的急难，则它的仁爱对于事物，也确可说是到顶了；然而必定在雪山中苦苦修行，在道路上风尘仆仆地奔走，然后才能有所济助。像尧、舜无为而治，天下各得其所。惟"能够明白大的品行，用来使九族亲睦"，则所有亲族都和睦；公平地规定百姓，使百姓明白如朗日；使万邦协和，则黎民在突然事件中也能守时和谐；极至于上下草木鸟兽，没有不一样的。他们的仁爱及于事物，和释迦比较起来又有过之。佛能方便讲述法理，使迷惑的大众开悟，戒除人的嗜酒，阻止人的杀戮，脱去人的贪婪，根除人的嗔怒，它的神通妙用，也确可谓大了，然而必须耳提面命地教诲才能做到这些。如果是尧舜，则光芒照于四方，纠正上下，他的至诚所运用，自然而然地不言而信，不用有动作而有变动，无为而成功。大概"与天地的德相合，与日月的明相合，与四时的序相合，与鬼神的吉凶相合"，他变化没有固定标准而极妙的用处没

佛而乃求其所排诋者也。陛下若以尧、舜既没，必欲求之于彼，则释迦之亡亦已久矣；若谓彼中学佛之徒能传释迦之道，则吾中国之大，顾岂无人能传尧、舜之道者乎？陛下未之求耳。陛下试求大臣之中，苟其能明尧、舜之道者，日日与之推求讲究，乃必有能明神圣之道，致陛下于尧、舜之域者矣。故臣以为陛下好佛之心诚至，则请毋好其名而务得其实，毋好其末而务求其本；务得其实而求其本，则请毋求诸佛而求诸圣人，毋求诸夷狄而求诸中国者，果非妄为游说之谈以诳陛下者矣。

陛下果能以好佛之心而好圣人，以求释迦之诚而求诸尧、舜之道，则不必涉数万里之遥，而西方极乐，只在目前；则不必縻数万之费，毙数万之命，历数年之久，而一尘不动，弹指之间，可以立跻圣地；神通妙用，随形随足。此又非臣之缪为大言以欺陛下；必欲讨究其说，则皆凿凿可证之言。孔子云：“我欲仁，斯仁圣矣。”"一日克己复礼，而天下归仁。"孟轲云：“人皆可以为尧、舜”，岂欺我哉？陛下反而思之，又试以询之大臣，询之群臣。果臣言出于虚缪，则甘受欺妄之戮。

臣不知讳忌，伏见陛下善心之萌，不觉踊跃喜幸，辄进

有固定的成体,和释迦相比又大了许多神功妙用。至于那些靠诅咒变幻、令人目眩的怪异、捏造的妖魔等来欺骗、迷惑愚顽冥化之人的东西,也是佛家所以深深排斥根本诋除的东西,称之为外道邪魔,正好与佛道相反。不应喜好佛却偏好和它所相反的,求佛却求它所根本排斥的。陛下若是因为尧舜已经没世,必定要求之于彼处,那么释迦也亡故很久了;假如说那里学佛的人能够传习释迦的道,则我们中国这么大,难道会没人能传尧舜之道的人吗?陛下没访求罢了。陛下试着在大臣中访求,如果有能阐明尧舜之道的,日日与他推求讲句研究,必定有能阐明神圣之道,从而将陛下导致到尧舜的领域中的人。所以臣以为陛下果有好佛的心思,就请别好其名而务必得其实,别好枝末而务求其本质;务必得其实而求其本质,就请别求于佛而求于圣人,别求于夷狄而求于中国,这绝不是妄作游说的话来蒙骗陛下。

陛下果然能用好佛的心思来好圣人,用求释迦的诚意来求。尧舜之道,就不用到数万里远,而西方极乐天地,就在眼前;则不必花费数万钱财,困死数万百姓,历经数年之久,而一颗尘土也不用动,弹指之间,可以立刻登堂圣地;神通妙用,随时而行,随时而成。这也不是臣荒谬地说大话来欺骗陛下;必定要追究说法,这都是确凿有证的话。孔子说:"我想得仁,这仁就到了。""一天克制自己回复礼,天下就回归到仁了。"孟轲说:"人都可以成为尧舜,"难道是骗我们吗?陛下反思一下,再试着把它问于大臣,问于群臣。如果臣的话出于虚谬,则甘愿受欺君妄语的戮刑。

臣不知忌讳,只见陛下善心初发,不觉高兴欢欣而庆幸,于

其将顺扩充之说。惟陛下垂察,则宗社幸甚!天下幸甚!万世幸甚!臣不胜祝望恳切殒越之至!专差舍人某具疏奏上以闻。

辞新任乞以旧职致仕疏

十一年十月时升南赣佥都御史

臣原任南京鸿胪寺卿,去岁四月,尝以不职自劾求退;后至八月,又以旧疾交作,复乞天恩,赦回调理,皆未蒙准允,黾勉尸素,因循日月。至今年九月十四日,忽接吏部咨文,蒙恩升授前职,闻命惊惶感泣之余,莫知攸措。窃念臣才本庸劣,性复迂疏,兼以疾病多端,气体羸弱,待罪鸿胪闲散之地,犹惧不称;况兹巡抚重任,其将何才以堪?夫因才器使,朝廷之大政也;量力受任,人臣之大分也;膴仕显官,臣心岂独不愿?一时贪幸苟受,后至溃政偾事,臣一身戮辱,亦奚足惜;其如陛下之事何?况臣疾病未已,精力益衰,平居无事,尚尔奄奄;军旅驱驰,岂复堪任?臣在少年,粗心浮气,狂诞自居;自后涉历渐久,稍知惭沮;逮今思之,悔创靡及。

人或未考其实,臣之自知,则既审矣,又何敢崇饰旧恶,以误国事?伏愿陛下,念朝廷之大政不可轻,地方之重寄不可苟,体物情之有短长,悯凡愚之所不逮,别选贤能,委以兹任。悯臣之愚,不加谪逐,容令仍以鸿胪寺卿退归田里,以免负乘之诛。臣虽颠殒,敢忘衔结?臣自幼失慈,鞠是就进将要顺之扩充的话。惟愿陛下垂询究察，则宗社大幸运！天下大幸运！万世大幸运！臣不禁祝愿并恳切地希望了极点！专差舍人某写下此疏奏于圣上来听。

辞新任乞以旧职致仕疏

十一年十月时升南赣佥都御史

臣原任南京鸿胪寺卿，去年四月，曾以不称职为由，要求引退，到了八月又因旧病复发，请求皇上开恩，准允回籍调养，均未获准。勉强敷衍岁月，至今年九月十四日忽接吏部咨文，蒙皇恩升任南赣佥都御史。接咨文后，臣感愧惶恐不知所措。臣自念本属庸碌迂腐之辈，加以体弱多病，任鸿胪寺闲职还很不胜任。何况巡抚重任，以臣之德才更难承担。量才使用，本是朝廷大政。衡量本身能力大小，接受任命是做臣之本分。臣也并非不愿荣升高位。恐怕一时贸然接任，以后如因才薄德浅，贻误大事。臣甘当处罚事小，误了陛下大事损失无可挽回事大。况且臣病未愈，精力不济，平居无事仅勉强支持。如遇军情紧急，往返驱驰，臣之病体实在无力适应。臣在年轻时心粗气浮，不知高低，多出狂言。以后阅历渐多，才知道书生之识见易误大事，现在反思，后悔莫及。

外人不明实情，臣既然尚能自知就不该重蹈覆辙，贻误国事，对臣之愚衷，请陛下考虑，不要忽视国家的大政，地方百姓的寄托不能随便放任于人，根据个人能力有长短并念我愚鲁无能，最好另选贤能担此重任。陛下怜臣愚钝，不加斥逐，仍让臣暂任鸿胪寺卿至退归乡里，以免将来误国受诛，臣至死不忘陛下天恩。臣自幼丧母，由祖母抚养成人，祖母岑氏今年九十七岁，於祖母岑，今年九十有七，旦暮思臣一见为诀。去岁乞休，虽迫疾病，实亦因此；臣敢辄以蝼蚁苦切之情，控于陛下，冀得便道先归省视岑疾，少伸反哺之私，以俟矜允之命。臣衷情迫切，不自知其触昧条宪臣不胜受恩感激，渎冒战惧，哀恳祈望之至！

谢恩疏

十二年正月二十六日

臣原任南京鸿胪寺卿；正德十一年九月十四日，准吏部咨：为缺官事，该部题奉圣旨："王守仁升都察院左佥都御史，巡抚南、赣、汀、漳等处地方，写敕与他。钦此！"钦遵！臣自以菲才多病，惧不胜任，以致偾事，当具本乞恩辞免，容令原职致仕。

随于十月二十四日，节该钦奉敕谕："尔前去巡抚江西南安、赣州、福建、汀州、漳州、广东南雄、韶州、惠州、潮州各府，及湖广郴州地方，抚安军民，修理城池，禁革奸弊，一应地方贼情、军马、钱粮事宜，小则径自区画，大则奏请定夺。钦此！"钦遵！外；十一月十四日，续准兵部咨："为紧急贼情事内开：都御史文森迁延误事，见奉敕书切责，乃敢托疾避难，奏回养病，见今盗贼劫掠，民遭荼毒，万一王守仁因见地方有事，假托辞免，不无愈加误事；该本部题奉圣旨："既地方有事，王守仁着上紧去，不许辞避迟误。钦此！"

闻报忧惭，不遑宁处。一面扶疾候旨，至浙江杭州府地日益思念，想最后见臣一面。去年臣请求离职，虽然因病，实际能见祖母亦为重要原因，臣这次以蜷蟷苦切之情斗胆向陛下叙说请求。允许臣顺便回家看望祖母岑氏的病情，使臣稍微尽一尽反哺之孝。等待陛下恩准臣的请求。臣心情迫切，不知自己是否触犯定例。臣受天恩，不胜惶恐，感激之至。

谢恩疏

十二年正月二十六日

臣原任南京鸿胪寺卿，正德十一年九月十四日准吏部咨：为缺官事，该部题奉圣旨："王守仁升都察院左佥都御史，巡抚南赣汀漳等处地方，写敕与他。钦此！"钦遵！臣本体弱乏才，怕不能胜任，以致贻误国事。当时曾奏本乞恩，仍任原职。

后于十月二十四日节录该钦奉敕谕："你前去巡抚江西南安赣州，福建汀州、漳州，广东南雄、韶州、惠州、潮州各府，及湖广彬州地方，安抚军民，修理城池，打击邪恶。所有地方贼情，军马钱粮事宜，小则径自处理，大则上奏朝廷决定。钦此！"钦遵！十一月十四日复接兵部咨文，为贼情紧急事其中有：都御史文森行动迟缓，贻误军机，现降旨斥责。文森竟敢托病避难，上奏请准养病。现今盗贼横行，民不聊生。万一王守仁见地方多事也托病不赴任，岂不更加误事。该本部题奏奉圣旨："既然地方有事着王守仁上紧前往，不准推辞，钦此！"

见此圣旨甚为惭惧不安。随即抱病候旨到浙江杭州府地方，于十二月初二日复准吏部咨文：该臣奏为乞恩免除新职，仍方；于十二月初二日，复准吏部咨："该臣奏为乞恩辞免新任，仍照旧职致仕事，奏奉圣旨："王守仁不准休致；南赣地方；见今多事，着上紧前去，用心巡抚。钦此！"备咨到臣，感恩惧罪之余，不敢冒昧复请，随于本月初三日起程，至次年正月十六日已抵赣州接管巡抚外；伏念臣气体羸弱，质性迂疏，聊为口耳之学，本非折冲之才；鸿胪闲散，尚以疾病而不堪；巡抚繁难，岂其精力之可任，但前官以辞疾招议，适踵效尤之嫌；而圣旨以多事为言，恐蹈避难之罪；遂尔冒于负乘，不暇虞于覆餗，黾勉莅事，忽已逾旬，受恩思效，每废寝食。顾兵粮耗竭之余，加之以师旅；而盗贼残破之后，方苦于疮痍；尚尔一筹之未展，敢云期月而可观。况炎毒旧侵，惧复中于瘴疠；尫衰日积，忧不任于驱驰；心有余而才不逮，足欲进而力不前，徒切感恩之报，莫申效死之诚。臣敢不勉其智之所不足，竭砥砺于己；尽其力之所可为，付利钝于天，亮无补于河岳，亦少致其涓埃。稍俟狐鼬巢穴之平，终遂麋鹿山林之请，臣不胜受恩感激。

给由疏

十二年二月二十五日

臣见年四十六岁，系浙江绍兴府余姚县民籍，由进士弘治十三年二月内，除授刑部云南清吏司主事；弘治十五年八月内，告回原籍养病；弘治十七年七月内，病痊赴部，改除兵部武选清吏司主事；正德元年十二月内为宥言官去权奸任原职。奏奉圣旨："王守仁所请不准，南赣地方现今多事，应赶紧前去，用心巡抚。钦此！"臣见此圣旨后，除感恩惧罪之外不再请求仍任原职。乃于十二月初三日起程，至次年正月十六日抵达赣州，接管巡抚。但臣私念身体弱多病，性情迂阔，平生所学多无补于世，也没有将帅之才。在鸿胪寺任上尚且因病而不能胜任，巡抚职务繁重，臣之病躯更难承担。鉴于前官因辞疾受责，再奏辞官恐有仿他避难畏缩的嫌疑，何况陛下又以国家多事为由我再辞退就要犯罪。故臣接任后敢不废寝忘食，竭力供职以报陛下，时间过的很快已有十多天了。现在看地方情况是兵员钱粮已用尽还要用兵打仗。盗贼劫掠之后民生凋敝，我确实一点办法没有。根本不可能在数月之内有所改观。何况以臣衰微之身重陷此瘴疫之地，病势日重，实不足以当此大任。我目前情况真是心有余而力不足，想前进而脚无力，光有感恩报恩思想但又没有效死的办法。所以只有尽己之长用尽力量只于效果如何只看天意罢了。虽然我一己之力无补于河岳，但多少还可以起一作用。一待贼寇平定，仍请准臣退守田园，臣不胜感激之至。

给由疏

十二年二月二十五日

臣现年四十六岁。系浙江绍兴府余姚县民籍。由进士弘治十三年二月内任刑部云南清吏司主事。弘治十五年八月内告假回籍养病。弘治十七年七月内病愈赴部改任兵部武选清吏司主事。正德元年十二月内因宥言官去权奸以彰圣德事，蒙恩降任为贵以彰圣德事，蒙恩降受贵州龙场驿驿丞；正德五年三月内，蒙升江西吉安府庐陵县知县；本年十月内升南京刑部，四川清吏司主事，正德六年正月内，调吏部验封清吏司主事；本年十月内，升本部文选清吏司员外郎；正德七年三月内，升本部考功清吏司郎中；本年十二月初八日，蒙升南京太仆寺少卿，正德八年十月二十二日到任，至正德九年四月二十一日止，历俸六个月；本日到任吏部札付，蒙升南京鸿胪寺卿，本月二十五日到任，至正德十一年九月十四日止，连闰历俸二十九个月零十二日；本日准吏部咨：蒙恩升都察院右佥都御史巡抚南、赣、汀、漳等府，于正德十二年正月十六日前，到地方行事，支俸起扣至本月二十五日止，又历俸十日，连前共辏历俸三十六个月；三年考满，例应给由。缘臣系巡抚官员，见在福建漳州等府地方，督调官军，夹剿漳、浦等处流贼，未敢擅离；缘系三年给由事理，为此具本奏闻。

参失事官员疏

十二年三月十五日

据江西按察司整饬兵备带管分巡岭北道副使杨璋呈："据赣州府信丰县及信丰守御千户所各报称：'正德十二年二月初七日，有龙南强贼突来地名崇仙屯札，已经差委兴国县义民萧承，会同信丰、龙南官兵，相机剿捕。'续据申报：'强贼突来本县小河住扎，离县约有四十余里，乞要发兵策应。'

"又据申报：'本月初九日，有龙南流贼六百余人，突至城下，除岩督军兵固守城池，缘本所县无兵御敌，诚恐前贼州龙场驿驿丞。正德五年三月内升任江西吉安府庐陵县知县。本年十月内升任南京刑部四川清吏司主事。正德六年正月内调吏部验封清吏司主事。本年十月内升本部文选清吏员外郎。正德七年三月内升本部考功清吏司郎中。本年十二月初八日升任南京太仆寺少卿。正德八年十月二十二日到任，至正德九年四月二十一日止，历俸六个月，本日到任吏部札付（注：即吏部公文送到）升任南京鸿胪寺卿，本月二十五日到任，至正德十一年九月十四日止，连闰月历俸二十九个月零十二天，本日准吏部咨：蒙恩升都察院右佥都御史巡抚南赣汀漳等府。于正德十二年正月十六日前到地方行事支俸起，扣至本月二十五日止又历俸十日，连前总共凑齐历俸三十六个月。三年考满，例应给由。因为臣是巡抚官员，现在福建漳州等府地方督调官吏夹剿漳浦等处流贼，不敢擅离职守。因为是三年给由事宜，为此具本奏闻。

参失事官员疏

十二年三月十五日

据江西按察司整饬兵备带管分巡岭北道副使杨璋呈："据赣州府信丰县及信丰守御千户所各报称：'正德十二年二月初七日有龙南强贼突来崇仙（地名）屯扎，已差遣兴国县义民肖承会同信丰、龙南官兵相机剿捕。'又据续报：'强贼突来本县小河驻扎，离县约有四十余里，乞发兵策应。'

"又据申报：'本月初九日，有龙南流贼六百余人突至城下，除岩督军兵固守城池外，因本所、本县无兵御敌，恐前贼攻攻城，卒难止遏，乞调峰山弩手，并该县兵夫救护。'又经差委南安府经历王祚、南康县县丞舒富统领弩手杀手，前去约会二县掌印官，并领官兵，相机攻围去后；续据县丞舒富呈：'本月初十日，蒙委统领杀手陈礼鲂、打手吴尚能等，共五百名，经历王祚、义民萧承统领峰山、加善、双秀弩手各三百名，先后到于信丰县会剿，至十一日止，有该所管屯千户林节带兵四十余名出城，据乡导、马客等报称：'止有强贼六百余人，在地名花围屯扎。'

"当同各官，将兵分布扎定，只见前贼一阵，止有百十余徒先出，有前哨义民萧承领兵就与敌杀。斩获贼级四颗，夺获白旗一面；顷刻众贼出营，分为三哨，约有二千余徒。瞰知龙南反招贼首黄秀魁，纠合广东龙川县浰头贼首池大鬓贼首池大安，新总并池大升共为一阵，贼首杨金巢自为一阵，势甚猖獗。卑职督统本哨兵快，奋勇交锋，杀死贼徒二十余人；不意贼众一涌前冲杀手陈礼鲂、百长锺德升等见势难当，俱各不听约束，先行漫散；有南康县报效义士杨习举等，仍与前贼死敌不退，俱被戮伤身死；及有经历王祚上马不便，亦被执去；贼势难胜，仍要攻城，随与萧承、林节等收集众兵，退至南营山把截，遇蒙本道亲临该县督剿，各贼闻知，退至牛州，离城少远，至十二日，前贼差人告招，十三日，蒙本道差萧承前去招抚，就将经历王祚放回贼往原巢去讫，等因到道。"备呈到臣。随据龙南县知县卢凤呈称："本县捕盗主簿周政，会同镇抚刘镗，千户洪恩，统领机兵城,难以阻止。乞调峰山弩手(注)并该县军兵前来救援。'又经差遣南安府经历王祚,南康县县丞舒富率领弩手、杀手(注)前去约会二县掌印官并领官兵相机围捕去后,紧接县丞舒富呈报:'本月初十日蒙派统领杀手陈礼魟、打手吴尚能等共五百名。经历王祚、义民肖承统领峰山、加善、双秀弩手各三百名,先后到达信丰县会剿,至十一日止,有该所管屯千户林节带兵四十余名出城。据乡导马客等报称:'只有强贼六百余人在花围(地名)屯扎。'

"当同各官将兵分布扎定,只见贼阵前仅有百十余人先出。当时由前哨义民领兵与敌厮杀,杀贼四人,夺取白旗一面,很快众贼出营分为三哨,约二千余人。看到龙南反招贼首黄秀魁,纠合广东龙川县浰头贼首池大鬓,贼首池大安,新总并池大升共为一阵,贼首杨金巢自为一阵。来势凶猛,卑职督率本哨军兵奋勇交战,杀死贼兵二十余人。不料贼兵一勇前冲,杀手陈礼魟、百长钟德升等见贼势难挡,不听约束,先自溃散。此时有南康县报效义士杨习举等仍与贼众死战不退俱被戳伤战死。另有经历王祚被贼俘去。贼众得胜,仍要攻城。随即与肖承,林节等收集众兵退至南营山堵截。本道当即亲临该县督剿。贼众听到后退至牛州,离城稍远。至十二日前贼派人称愿意招安,十三日本道派肖承前去招抚,经历王祚放回,贼撤回原巢。"以上呈文已送达臣手。随后又据龙南县知县卢凤呈文称:"本县捕盗主簿周政会同镇抚刘镗,千户洪恩统领军兵于本月十八日前去信丰县截捕,探得强贼池大鬓、黄秀魁等越过鸦鹊隘去安远县驻扎。本职督兵追截,前贼已复回广东龙川县浰头原巢。"

旗军，于本月十八日前去信丰县截捕，探得强贼池大鬓、黄秀魁等，从鸦鹊隘越过安远县住扎。本职督兵追截，前贼已往广东龙川县复回原巢浰头去讫。"

据安远县知县刘瑀禀称："于本月十九日，统领水元大石等保民兵弩手前去龙泉等保截剿各贼遁回原巢去讫难以穷追以此掣兵回县。缘由。查得先据该道及信丰县所各禀报前事已经批仰该道兵备等官，急调招抚义官叶芳协同石背兵夫断贼归路及调峰山弩手与南康打手人等责委县丞舒富统领前后夹击又看得此贼既离巢穴，利在速战仍仰该府急行所属邻近官司俱要乘险设伏厚集以待及于各乡村往来路径多张疑兵使贼不敢轻易奔突仍调安远县知县刘瑀星夜起集水元大石等保民兵一千，横接龙南，邀其不备，若贼犹屯信丰，急自龙南直超浰头，捣其巢穴；贼进无所获，退无所处，不过旬日，可以坐擒，仰各遵照施行。"去后。

今据前因，参看得县丞舒富，承委督剿，不能相度机宜，轻率骤进，以致杀伤兵快，原其心虽出奋勇，责以师律，均为败事；经历王祚临阵溃奔，为贼所执，后虽幸免，终系失机；信丰所县知县黄天爵、千户郑铎，巡捕副千户朱诚，惟知固城自守，不肯发兵应援；龙南知县卢凤，捕盗主簿周政，堤备镇抚刘铠，千户洪恩，地当关隘，正可防遏，坐视前贼往来，略不出兵邀击；千户林节，即其兵力之寡，似难全责，究其失律之罪，亦宜分受；安远县知县刘瑀承调追袭，

又据安远县知县刘瑀报称:"于本月十九日统领水元、大石等保民兵、弩手前去龙泉等堡截剿,各贼退回原巢去讫难以穷追以此掣回县。难以穷追,因此领兵回县。"以上是此次剿贼战役中各路头领的战报。臣前已根据岭北道及信丰县所报前事已批复该道兵备等官,急调招抚义官叶芳协同石背兵丁截断贼的归路。另调峰山弩手和南康打手(注)等令县丞舒富带领,前后夹击。又知此贼既离巢穴,应该速战速决。故仍命令该府立即通知所属单位,要在险要地方埋伏军兵,集中优势兵力等待。并于各乡村往来路径多设疑兵,使贼众不敢轻易出动。另调安远县知县刘瑀紧急集中水元、大石等堡民兵一千,进驻龙南,攻击贼所不备。若贼仍驻信丰,就急从龙南直捣浰头贼巢。那样贼前进得不到好处,后退没有归路,不出十日必然被擒。当时命令各路头领必须按此方案行动。"离开了。

现在看来县丞舒富的错误在于轻率冒进,以致造成伤亡。经历王祚临阵溃逃,被贼俘虏,以后虽幸免一死,终系畏敌致败。信丰知县黄天爵、千户郑铎,巡捕副千户朱诚,只知单纯守城,不肯发兵救援。龙南知县卢凤,捕盗主薄周政,提备镇抚刘镗,千户洪恩,地处险要关隘,正可堵截贼寇,但他们坐观贼众往来而不出击。千户林节因兵力太少,不宜对其要求过严,究竟因打了败仗,不能不给处分。安远县知县刘瑀,奉调追击贼众,但动作迟缓无功,也应追究责任。南康县百长钟德升等临阵不前,不听命令,先行溃散,应严加处治。该道兵备副使杨璋,守备都缓不及事，俱属违法；南康县百长锺德升等临阵不前，故违约束，先行溃散，失误军机，应合处以军法；该道兵备副使杨璋，守备都指挥同知王泰，俱属提督欠严，但杨璋往来调度，卒能招抚前贼，计其功劳，可以赎罪；及照广东龙川县掌印、捕盗等官，明知首贼池大鬓等在彼地方为巢，却亦不行时尝巡逻，纵其过境劫掠；又各不行乘机追捕，俱属故违所据，前项失事官员，俱属遵奉敕谕事理，即行提问。

但前项贼徒，拥众数千，变诈百出，命虽阳受招抚；其实阴怀异图；况其党与，根连三省，万一乘间复出，为患必大，正系紧关用人堤备之际，除将百长锺德升等，查勘的确，处以军法；及方面军职，另行参究外；其余前项各官，且量加督责，姑令戴罪提备，各自相机行事，勉图后功，以赎前罪。仍一面委官前去信丰县地方查勘前项杀死兵快数目，及有无隐匿别项事情，另行参奏。缘系地方紧急贼情，及参失事官员事理。未敢擅便，为此具本请旨！

闽广捷音疏

十二年五月初八日

据福建按察司整饬兵备兼管分巡漳南道佥事胡琏呈："会同分守右参政艾洪，经理军务左参政陈策，副使唐泽，将领都指挥佥事李胤，督据河头等哨委官指挥徐麒，知县施祥，知事曾瑶等呈称：'各职统领军兵五千余人，进至长富村等处，见得贼众地险，巢穴数多，兼且四路装伏，势甚指挥同知王泰都属于治军不严。但杨璋来往调度，最后能招抚前贼，可以将功折罪。又广东龙川县掌印捕盗等官明知贼首池大鬓等以该县为巢，平时不加巡逻，任其出境劫掠，也不乘机追捕，都属于玩忽职守。以上失职官员都应当遵圣旨拿问。

但上面所提到的贼众尚有数千，狡诈百出，表面接受招抚，内心仍存反意。况贼众祸及三省，万一乘间隙卷土重来，祸害更大。目前正当用人之际，除将百长钟德升等审问明白处以军法。其余官员暂且准予戴罪立功。另外再派官员前往信丰县等地方查实阵亡兵丁数目及是否还有隐匿不报的事情，另行参奏。因系地方紧急贼情以及参劾失职官员，事关重大，未敢擅自决定，为此具本请旨定夺。

闽广捷音疏

十二年五月初八日

据福建按察司整饬兵备兼管分巡漳南道佥事胡琏呈："会同分守右参政艾洪，经理军务左参政陈策，副使唐泽，将领都指挥佥事李胤，督据河头等哨委官指挥徐麒，知县施祥，知事曾瑶等呈称：'各职统领军兵五千余人到达长富村等处，看到贼众地势险要，巢穴众多，并且四路埋伏，贼势猖獗，限期于正德十二年正月十八日各哨军兵从长富村至阔竹洋、新洋、大肆、五猖獗，克期于正德十二年正月十八日等，各分哨路，从长富村至阔竹洋、新洋、大丰、五雷、大小峰等处，与贼交锋，前后大战数合，擒斩首从贼犯黄烨等共计四百三十二名颗，俘获贼属一百四十六名口，烧毁房屋四百余间，夺获马牛等项，被贼杀死老人许六、打手黄富璘等六名，余贼俱各奔聚象湖山拒守；各职又统官兵，追至莲花石与贼对扎，诚恐贼众我寡，呈乞添兵策应。'等因到道，行据大溪哨指挥高伟呈报：'统兵约会莲花石官兵攻打象湖山，适遇广东委官指挥王春等领兵亦至彼境大伞地方，卑职与指挥覃桓，县丞纪镛，领兵前去会剿，不意大伞贼徒突出，卑职等奋勇抵战，覃桓纪镛马陷深泥，与军人易成等七名，兵快李崇静等八名，俱被贼伤身死；卑职亦被戳二鎗，势难抵敌，只得收兵暂回听候。缘象湖山系极高绝险，自来官兵所不能攻，今贼势日盛，若不添调狼兵，稍俟秋冬会举夹攻，恐生他变。'

通行呈禀间，续奉本院纸牌，为进兵方略事，备行各职，遵奉密谕，佯言犒众退师，俟秋再举，密切部勒诸军，乘懈奋击，依蒙密差义官曾崇秀，瓜探虚实，乘贼怠弛，会选精兵一千五百名当先，重兵四千二百名继后，分作三路，各职统领俱于二月十九日夜衔枚直趋，三路并进，直捣象湖山，夺其隘口；各贼虽已失险，但其间贼徒类皆骁勇精悍，犹能凌堑绝谷，超跃如飞，复据上层峻险，四面飞打滚木礌石，以死拒敌，我兵奋勇鏖战，自辰至午，呼声震天，撼摇山谷；三司所发奇兵，复从间道鼓噪突登，贼始惊溃大败，我

雷、大小峰等处与贼作战，前后大战数合，擒斩首、从贼犯黄烨等共计四百三十二名。俘获贼人家属一百四十六名，烧毁房屋四百余间，夺获马牛等一宗，被贼杀死老人许六，打手黄富璘等六名，余贼退至象湖山拒守，各职又领官兵追至莲花石与贼相对驻扎，真怕贼众我寡，请求添兵接应。'等送达本兵道。又接大溪哨指挥高伟呈报：'各哨军兵约会莲花石攻打象湖山贼人，恰巧遇到广东委官指挥王春等领兵赶到莲花石附近的大伞地方。卑职与指挥覃恒，县丞纪镛，领兵前去会剿。不料大伞贼人突然出动，卑职等奋勇抵抗。覃恒、纪镛因马陷深泥和军人璐成等七人，兵丁李崇静等八人俱被贼人杀死。卑职也挨了两枪，官军抵抗不住，只好收兵暂回，因象湖山山势高险，从来官兵都没攻上去，现今贼势太盛，如不添调狼兵待秋、大举夹攻，怕再生变故。'

以上两份公文呈报时又接到本院纸牌内容是进兵策略；命令各路官兵按照机密指示行动。对外扬言准备颁发奖赏，先行撤退，等待秋后再发兵会剿。同时严令各部不得擅自行动。并派义官曾崇秀侦察贼众虚实。乘贼不备，选精兵一千五百人作前部，重兵四千二百人继后，各统领于二月十九日夜，兵分三路偷袭贼营。三路并进直捣象湖山，夺取隘口，后来各处贼人虽已失掉险要，但其贼人都非常骁勇强悍，窜山跳涧如履平地，余贼仍爬到山的更高层，据险固守，飞打滚木垒石，誓死顽抗。我军奋勇鏖战，从早晨打到中午，三司所出奇兵另从小道呐喊仰攻，声震山谷，贼众终于抵抗不住，大败溃逃，我军乘胜追杀。擒斩兵乘胜追杀，擒斩大贼首黄猫狸、游四，并广东大贼首萧细弟、郭虎等二百九十一名颗；俘获贼属一百三十三名口，其间坠崖坠壑死者，不可胜计。夺回水黄牛赃银鎗刀等物，烧毁房屋五百余间，余贼溃散，复入流恩、山冈等巢，与诸贼合势，亦被各贼杀死头目赖颐，打手杨缘等一十四名。次早各职分兵追剿，指挥高伟，推官胡宁道，亦由大丰领兵来会，仍与前贼交锋大战，擒斩首从贼犯巫姐旺等一百六十三名颗；俘获贼属一百六名口，余贼败走，各又遁入广东交界黄蜡溪上下樟溪大山去讫。"

又据金丰三团哨委官指挥王铠李诚，通判龚震等各呈称："贼首詹师富等，恃居可塘洞山寨，聚粮守险，势甚强固；各职依奉会议，分兵五路，连日攻打；生擒大贼首詹师家、江嵩、范克起、罗拒贤等四名余贼败走，复入竹子洞等处大山啸聚；随又分兵追袭，与贼连战，擒从贼犯范兴长等二百三十五名颗，俘获贼属八十二名口，夺回被虏男妇五名口，夺获马牛等物，亦被各贼杀死老人胡文政一名，戳伤乡夫叶永旺等五名。"

又据指挥徐麒等呈称："黄蜡溪、上下漳溪与广东饶平县并本省永定县山界相连，遵依约会广东官兵，并金丰哨指挥韦鉴，大溪哨推官胡宁道等，于三月二十一日子时发兵，齐至黄蜡，广东义民饶四等领兵亦至，会合我兵，三路进攻，贼出拒战甚锐，我兵奋勇大噪而前，擒斩首从贼犯温宗富等九十一名颗；俘获贼属一十三名口，余贼败走，各兵乘大贼头黄猫狸游四和广东大贼头肖细弟、郭虎等二百九十一名,俘获贼人家属一百三十三名,其中跳涧跳崖而死的不计其数,夺回水黄牛、赃银、枪刀等物,烧毁房屋五百余间。余贼逃到流恩山等巢穴和其他贼众会合。这次战斗中被贼杀死的有头目赖颐、打手杨缘等一十四名。次早各职分兵追剿,指挥高伟,推官胡宁道亦由大丰领兵前来会剿,仍与前贼接战,擒斩首、从贼犯巫姐旺等一百六十三名,俘获贼人家属一百零六名。余贼败走,逃往广东义界黄蜡溪,上下樟溪大山。'

又据金丰三团哨委官指挥王铠、李诚,通判龚震等各呈报:'贼首詹师富等盘踞可塘洞山寨,聚集粮草,凭险固守。各路哨官依原作战方针,分兵五路,连日攻打,活捉大贼头詹师家、江嵩、范克起、罗拒贤等四名,余贼败去,又回竹子洞等处大山啸聚。随后又分兵追剿,捉获首、从贼犯范兴长等二百三十五名。俘获贼人家属八十二名。夺回被虏男妇五名,夺获马牛等物。被贼杀死老人胡文政一名,伤乡民叶永旺等五名。"

又据指挥徐麒等呈报:"黄蜡溪,上下樟溪与广东饶平县并本省永定县山界相连,遵照约定会广东官兵,并金丰哨指挥韦鉴,大溪哨推官胡守道等,于三月二十一日午夜发兵一起至黄蜡,广东义民饶四等也领兵赶到与我军会合,三路进攻,贼出死力抵抗,我军奋勇呐喊前进,擒斩首,从贼犯温宗富等九十一名,俘获贼人家属一十三名,余贼败走,各路军兵乘胜追至赤

胜追至赤石岩，仍与大战良久，贼复大败。又擒斩首从贼犯游宗等一百四十六名颗俘获贼属九十名口。"

又据中营委官指挥张钺，百户吕希良等呈称："领兵追赶黄蜡溪等处逃贼，至地名陈吕村，遇贼拒战，当阵擒斩首从贼犯朱老叔等六十六名颗，俘获贼属八名口。"

各另呈解到道，转解审验纪功外；续据委官知府钟湘呈称："蒙调官兵先后两月之间，攻破长富村等处巢穴三十余处，擒斩首从贼犯一千四百二十余名颗，俘获贼属五百七十余名口，夺回被掳男妇五名口，烧毁房屋二千余间，夺获牛马赃仗无算；即今胁从余党，悉愿携带家口，出官投首，听抚安插，本职遵照兵部奏行，勘合，并巡抚都察院节行案牌事理，出给告示，发委知县施祥县丞余道招抚协从贼人朱宗玉翁景磷等一千二百三十五名，家口二千八百二十八名口，俱经审验安插，复业。"缘由。

呈报到道，转呈到臣。及据广东按察司分巡岭东道兵备佥事等官顾应祥等会呈："遵依本院案验，委官统领军兵，会同福建，克期进剿，随奉本院进兵方略，当即遵依扬言班师，一面出其不意，从牛皮石、岭脚隘等处，分为三哨，鼓噪并进，贼瞻顾不暇，望风瓦解，节据指挥杨昂、王春，通判徐玑、陈策，义官余黄孟等各报称：'于本年正月二十四等日，克破古村、未窖、禾村、大水山、柘林等巢，生擒大贼首张大背、刘乌嘴、萧乾爻、范端、萧王即、萧五显、蓟钊、苏瑢、赖隆等，并擒斩首从贼犯。乘胜前进，会同福建官军克石岩,仍与贼大战一场,贼又打败,擒斩首,从贼犯游宗成等一百四十六名,俘获贼人家属九十名。"

又据中营委官指挥张钺,百户吕希良等呈报:"领兵追赶黄蜡溪等处逃贼,至陈吕村遇贼人,当场擒斩首从贼犯朱老叔等六十六名,俘获贼人家属八名。"

各项呈报送达本道,查验所属俘获人犯并一一记功,又据委官知府钟相呈报:"蒙调官兵前后两月之内攻破长富村等处贼巢三十余处,擒斩从贼犯一千四百二十余名,俘获贼人家属五百七十余名,夺回被房男妇五名,烧毁房屋两千余间,夺获牛马等赃物无数在凡被贼胁从人员均愿携带家属到官投诚,听从安排,本职遵照兵部及都察院所发牌照特出告示,命知县施祥,县丞余道招抚胁从贼人朱宗玉,翁景磷等一千二百三十五名,家属两千八百二十八名,经审查后仍按插为民。"

此呈已转送给臣,又据广东按察司分巡岭东道兵备佥事等官顾应祥等呈报:"由本院委派官员统领军兵配合福建按期进剿,并按照本院所定作战方针,即扬言撤军,一面出其不意从牛皮石岭,脚磰等处分为三哨,呐喊并进,贼人前后不顾,望风败退,摘录指挥杨昂、王春,通判徐玑、陈策,义官余黄孟等报告称:"于本年正月二十四日攻破古村、未窖、禾村、大水山、柏林等贼巢,活捉大贼头张大背、刘乌嘴、萧乾爻、范端、萧王即、萧五显、蓟钊、苏瑢、赖隆等,并擒斩首,从贼犯。乘胜前进,配合福建官军按期夹攻,并探知大伞贼人突围杀死指挥覃桓、县丞纪镛等情报。当即发兵策应,各贼因怕我军,弃巢逃走,活捉期夹攻。间探知大伞贼徒溃围杀死指挥覃桓、县丞纪镛等情，当即进兵策应。各贼畏我兵势，烧巢奔走。生擒贼首罗圣钦，余贼退入箭灌大寨，合势乘险，并力拒敌。蒙委知县张戬，督同指挥张天杰，分哨由别路进兵，攻破白土村、赤口岩等巢，直捣箭灌大寨，诸贼迎战，我兵奋勇合击，遂破箭灌，当阵斩获首从贼犯共计二百二十四名颗，俘获贼属八十四名口，及牛马赃仗等物。"

各寨贼党，闻风奔窜，已散复聚，愈相连结，各设机险，以死拒守；各职统兵分兵并进，于三月二十等日，攻破水竹、大重坑、苦宅溪、靖泉溪、白罗、南山等巢，直捣洋竹洞、三角湖等处，前后大战十余，生擒贼首温火烧、张大背、雷振、蔡晟、赖英等，并擒斩贼犯共一千四十八名颗，俘获贼属八百三十八名口，夺获马牛、赃银、铜钱、衣帛、器仗、蕉纱等物。前后共计生擒大贼首一十四名，擒斩贼犯一千二百五十八名颗，俘获贼属九百二十二名口，夺获水黄牛、马一百三十九头匹，赃仗衣布等物共二千一百五十七件，疋葛、蕉纱九十六斤一两，赃银三十二两四钱八分，铜钱一百四十二文，各开报到道收审。缘由呈报前来。卷查先为急报贼情事：准兵部咨：该本部题已经福建、广东总镇巡按等衙门都御史陈金、御史胡文静等会议区画，各该守巡兵备等官，钦遵，整备粮饷，起调军兵；约会进剿间；臣于本年正月十六日，始抵赣州地方行事，先于本月初三日，于南昌地方据两省各官呈禀，师期不同，事体参错，诚恐彼此推调，贼头罗圣钦,余贼退守箭灌大寨,仗其人多地险,拼死抵抗。知县张戬和指挥张天杰分哨抄小路进兵攻破白土村、赤石岩等贼巢,直捣箭灌大寨,群贼迎战,我军奋勇合击,遂攻克箭灌。当阵杀死首、从贼犯共计二百二十四名,俘获贼人家属八十四名及牛马等物资。

各寨贼党闻风逃窜,但散而复聚,据险死守。各职统领分兵并进,于三月二十日攻破水竹、大重坑、苦宅溪、靖泉溪、白罗、南山等贼巢,直捣洋竹洞、三角湖等处。前后大战十余次,活捉贼头温火烧、张大背、雷振、蔡晟、赖英等。擒斩贼犯共一千零四十八名,俘获贼人家属八百三十人;夺获马牛,赃银、铜钱、衣被、器仗、蕉纱等物。前后共计活捉大贼头一十四名,擒斩贼犯一千二百五十八名,俘获贼人家属九百二十二名,夺获水牛、黄牛、马一百三十九头(匹),赃仗衣布等物共二千一百五十七件,苎葛、蕉纱九十六斤一两,赃银三十二两四钱八分,铜钱一百四十二文,各报送达本道备查。各呈报送达后,按兵部咨文要求先审查紧急贼情报告,凡经该部题阅过的已经福建、广东总镇,巡抚等衙门都御史陈金、御史胡文静等协商规划,命令各守巡兵备等官,加速准备粮饷,调动军兵,确定进剿时间。臣于本年正月十六日才抵达赣州地方办公。先于本月初三日在南昌查阅两省各官呈报,见进军时间不同,情况参错,恐彼此推诿,贻误军机。

致误军机。

当臣备遵该部咨来事理，具开进兵方略，行仰各官，协同上紧密切施行去后，续据福建右参政等官艾洪等会呈："指挥覃桓，县丞纪镛，被大伞贼众突出，马陷深泥被伤身死。"

及据各哨呈称："贼寨险恶，天气渐暄，我兵遭挫，贼势日甚，乞要奏添狼兵候秋再举。"

备呈到臣。参看得各官顿兵不进，致此败衄，显是不奉节制，故违方略；及照奏调狼兵，非惟日久路遥，缓不及事；兼恐师老财费，别生他虞。且胜败由人，兵贵善用，当此挫折，各官正宜协愤同奋，因败求胜；岂可辄自退阻，倚调狼兵，坐失机会。臣当日即自赣州起程，亲率诸军。进屯长汀上杭等处；一面督令各官，密照方略，火速进剿，立功自赎，敢有支吾推调定，以军法论处；一面查勘失事缘由，另行参奏间；随据各呈捷音到臣，参照闽广贼首詹师富温火烧等，恃险从逆，已将十年；党恶聚徒，动以万计，鼠狐得肆跳梁，蛇豕渐无纪极，劫剽焚驱，数郡遭其荼毒；转输征调，三省为之骚然。臣等奉行诛剿，三月之内，遂克歼取渠魁，扫荡巢穴，百姓解倒悬之苦，列郡获再生之安；此非朝廷威德，庙堂成算，何以及此？及照福建领兵各官，始虽疏于警备稍损军威；终能戮力协谋，大致克捷；论过虽有，计功亦多。

其间福建如佥事胡涟、参政陈策、副使唐泽、知府钟待臣按兵部咨文要开始办公后，公布进军策略，命令各官密切合作加紧施行之后，又续接福建右参政等官艾洪等共同呈报："指挥覃桓，县丞纪镛，被大伞贼众突袭时因马陷深泥阵亡。"

又据各哨呈报说："贼寨地形险恶，现今天气渐热，我军遭受挫折，贼众势力日盛一日，要求增添狼兵，待秋后行动。"

臣接呈报后，经分析认为这是各官故意按兵不动，招致失败，显然是不听指挥故意不按进军策略办事造成。另要求增调狼兵，更因路途遥远，耽误时日，远水岂可救得近火。又恐大军长久驻所并无战争，不仅消耗粮饷，更怕发生突然变故。况且战争胜败在人，兵看怎样指挥。当受挫后各官应该总结经验教训，鼓勇再战，反败为胜，岂可私自退却，仅寄希望于狼兵，以致失去战机，臣当天就从赣州起程，亲率各路军兵进驻长汀、上杭等地，一面责令各官秘密按原作战方案火速进军，立功自赎，胆敢友吾推诿者定以军法论处。一面调失败原因另行参奏时，紧接各处捷报得知福建、广东贼头詹师富、温火烧等依仗所处地势险恶，聚集数万无赖之徒为匪十年，焚掠荼毒数郡百姓，使三省社会骚乱不安。臣等奉旨征剿，历时三个月将其歼灭并擒拿首恶，荡平巢穴，解除百姓倒悬一样的疾苦，使数郡百姓得以休养生息。如果不是朝廷威德及中枢正确决策，是不会取胜的，此役福建领兵各官开始时虽然因警戒松懈，招致失误，最后尚能团结协作取得胜利，过失虽有，功劳也不算小。

其中福建的佥事胡涟、参政陈策、副使唐泽、知府锺湘，广湘，广东如佥事顾应祥、都指挥佥事杨悫、知县张戬，才调俱优，劳勋尤著；伏乞俯从惟重之典以作敢战之风。

除将二省兵快，量留防守，其余悉令归农，及将功次另行勘报外；原系捷音事理，为此具本题奏。

申明赏罚以励人心疏

十二年五月初八日

据江西按察司整饬兵备带管分巡岭北道副使杨璋呈："伏睹大明律内，该载'失误军事'条，'领兵官已承调遣，不依期进兵策应，若承差告报军期而违限，因而失误军机者，并斩'；'从军违期'条，'若军临敌境，托故违期三日不至者，斩'；'主将不固守'条，'官军临阵先退，及围困越城而逃者，斩'，此皆罚典也。

"及查得原拟直隶、山东、江西等处征剿流贼升赏事例：一人并二人为首就阵，擒斩以次剧贼一名者五两；二名者十两；三名者赏实授一级，不愿者赏十两；阵亡者升一级，俱世袭，不愿者，赏十两；擒斩从贼六名以上至九名者，止升实授二级，余功加赏；不及六名，除升一级之外，扣算赏银；三人四人五人以上，共擒斩以次剧贼一名者，赏银十两均分；从贼一名者，赏五两均分；领军把总等官，自斩贼级，不准升赏；部下获功七十名以上者，升署一级；五百名者升实授一级；不及数者，量赏一人；捕获从贼一名者，赏银四两；二名者赏八两；三名者升一级；以次剧贼一名者，升

东的佥事顾应祥、都指挥佥事杨懋、知县张戬等官员，才能优秀，功劳卓著，请降旨褒奖，作为勇于作战的典范。

另将两省军兵留少量防守，其余大部复原务农。此役立功人员名次另行上报。因系捷报，故先行上达天听。

申明赏罚以励人心疏

十二年五月初八日

据江西按察司整饬兵备带管分巡岭北道副使杨璋呈文说："根据大明律内关于军事失误条记载：领兵官员已接命令调动，延误期限到达，因而贻误军机者杀头。从军违期条：若大军已开到敌境，借故拖延三日不到者杀头。主将不固守条：官军临阵先退以及所守城池被围困而设法越城逃跑者杀头。这都是处罚原则。

"根据从前直隶、山东、江西等地方剿匪时拟定的升赏规定：一人或两人在阵前斩杀剧贼一名的赏银五两；两名的十两；三名的实升一级，不愿升级的赏银十两；阵亡者追升一级，子孙可继续享受此待遇，不愿追升的赏家属银十两；擒杀从贼六名以上至九名的只实升二级，其余功劳另加赏。杀从贼不足六名除升一级之外另折算赏银。三人四人五人以上一起斩杀剧贼一名的赏银十两平均分；杀从贼一名的赏五两平分。领军把总等官亲自斩杀贼人不加升赏，其部下有七十人立功的署升一级；有五百名立功的实升一级。立功人员不足此数的，根据情况赏其中一人。捉住从贼一名者赏银四两，二名者八两，三名者升一级。捉剧贼一名者署升一级，都不准子孙享受，不愿升级的赏银五

署一级，俱不准世袭；不愿者赏五两，此皆赏格也。

"赏罚如此，宜乎人心激劝，功无不立。然而有未能者，盖以赏罚之典虽备，然罚典止行于参提之后，而不行于临阵对敌之时；赏格止行于大军征剿之日，而不行于寻常用兵之际故也。且以岭北一道言之：四省连络，盗贼渊薮，近年以来，如贼首谢志珊、高快马、黄秀魁、池大鬓之属，不时攻城掠乡，动辄数千余徒，每每督兵追剿，不过遥为声势，俟其解围退散，卒不能取决一战者，以无赏罚为之激劝耳。合无申明赏罚之典？今后但遇前项贼情，领兵官不拘军卫有司，所领兵众，有退缩不用命者，许领兵官军前以军法从事；领兵官不用命者，许总统兵官军前以军法从事；所统兵众，有能对敌擒斩功次，或赴敌阵亡，从实开报，覆勘是实，转达奏闻，一体升赏；至若生擒贼徒，鞫问明白，即时押赴市曹，斩首示众，庶使人知警畏，亦与见行事例决不待时无相悖戾。

"如此，则赏罚既明，人心激励，盗贼生发，得以即时扑灭，粮饷可省，事功可见矣。"

具呈到臣。卷查三省贼盗，二三年前，总计不过三千有余，今据各府州县兵备守备等官所报，已将数万，盖已不啻十倍于前。臣尝深求其故，寻诸官僚，访诸父老，采诸道路，验诸田野，皆以为盗贼之日滋，由于招抚之太滥；招抚之太滥，由于兵力之不足；兵力之不足，由于赏罚之不行；诚有如副使杨璋所议者。

两。

"以上是奖赏标准。这样进行赏罚,所以才能激励人心,没有不成功的。然而也有出兵无功的,那是因为虽有赏罚标准,但处罚规则只在被参劾之后执行,而不在临阵对敌时当场兑现。奖赏规则仅在大军有战斗情况时执行,平时的军队活动就不执行。现以岭北一道为例说明:这个地方四省交界是个贼窝子。近年以来像贼头谢志珊、高快马、黄秀魁、池大鬓等人经常劫掠城乡,一行动就有几千人。每次发兵追剿,不过远远地造个声势,等待贼人自动退去,始终没能认真打一仗,主要因为没有明确赏罚规定,为什么不当众宣布赏罚规则呢?今后如再遇上以前那样的贼情,不拘哪一级领兵官均有权以军法处治退缩不前的士兵。领兵官如有不听调遣的准许更上一级按军法处治他们。所领士兵有能阵前立功的或阵亡的,按实际情况及时上报,经复查核实,呈报上级,一律升赏。对被活捉的贼人一经审问明白当即押赴刑场杀头示众,使百姓知道警惕。也可见办事果断,不互相扯皮。

"这样赏罚分明,人人知道上进,即便有盗贼生成也能及时扑灭,省粮省事,容易成功。"

此呈文送达臣手之后,臣曾考查此三省贼盗两三年前总共不过三千余人,今据各府州县兵备官员所报总数已达数万,已十倍于前。臣曾推求其原因,广泛询问军民各界人士都认为盗贼日益增多主要由于招抚太滥;招抚太滥是由于兵力不足;兵力不足是因为赏罚不明。就像前面杨璋所说的那样。

臣请因是为陛下略言其故：盗贼之性，虽皆凶顽，固亦未尝不畏诛讨。夫惟为之而诛讨不及，又从而招抚之，然后肆无所忌；盖招抚之议，但可偶行于无辜协从之民，而不可常行于长恶怙终之寇；可一施于回心向化之徒，而不可屡施于随招随叛之党；南赣之盗，其始也，被害之民恃官府之威令，犹或聚众而与之角，鸣之于官；而有司者，以为既招抚之，则皆置之不问；盗贼习知官府之不彼与也，益从而仇胁之，民不任其苦，知官府之不足恃，亦遂靡然而从贼；由是盗贼益无所畏，而出劫日频，知府官之必将己招也；百姓益无所恃，而从贼日众，知官府之必不能为己地也。夫平良有冤苦无伸，而盗贼乃无求不遂，为民者困征输之剧，而为盗者获犒赏之勤；则亦何苦而不彼从乎？是故近贼者，为之战守；远贼者，为之乡导；处城郭者，为之交援；在官府者，为之间谍；其始出于避祸，其卒也从而利之。故曰：'盗贼之日滋，由于招抚之太滥者，'此也。夫盗贼之害，神怒人怨，孰不痛心？而独有司者必欲招抚之，亦岂得已哉？诚使强兵悍卒，足以歼渠魁而荡巢穴，则百姓之愤雪，地方之患除，功成名立，岂非其所欲哉？然而南、赣之兵，素不练养，类皆脆弱骄惰，每遇征发，追呼拒摄，旬日而始集；约束赍遣，又旬日而始至；则贼已捆载归巢矣。或犹遇其未退，望贼尘而先奔，不及交锋而已败，以是御寇，犹驱群羊而攻猛虎也，安得不以招抚为事乎？故凡南、赣之用兵，不过文移调遣，以苟免坐视之罚；应名剿捕，聊为招抚之媒；求之实用，断有

臣请为陛下分析这一情况：盗贼虽然多半是凶恶之徒，也不是完全不怕死，如果国家对他们剿不了而主要依赖招抚办法，他们就无所畏惧而更加嚣张。所以招抚办法偶然可以用于被胁迫从贼的平民，而不应该常用于穷凶极恶的大盗。可一用于能改恶从善的从犯而不能用于随降随叛的盗匪。南赣的盗匪开始的时候老百姓还能仗着官府的威势聚众自卫，或一有匪情即向官府报告。而官府则认为已经招抚就置之不问。盗贼知道官府这种态度，就更加有恃无恐，残害百姓。百姓受苦不过，官府又不过问，随转而从贼。这样贼更不怕，劫掠愈甚。他们料想官府会迟早招抚。百姓失去依靠，从贼的更多。平民有冤无处诉，而官府对盗贼的要求条件最后都能满足。百姓因纳粮纳税出徭役而日益贫困，而当贼的却受到安抚奖赏，百姓不从贼才怪呢！所以贼巢近处的居民替贼作战、守卫；远的给贼当乡导；在城市的支援贼；在官府的给贼做内应。开始是为个人免祸，最终则完全利于贼。所以说：'盗贼越来越多，原因在于招抚太滥。'就是这个道理。贼之为害，天怒人怨，谁不痛心？奇怪的是官府却一再招抚之，那就不可能有个了结。如果有精兵强将对盗匪一举而歼灭之，并毁坏其巢穴，则地方安定，居民安居乐业，不是大家都希望的吗？然而南赣的兵平时不训练，几乎没有什么战斗力。接到命令后拖拖拉拉要十余天才能集中起来，给养供应又需十日送到。这时贼人早已做好一切准备按计划转移了。有时贼没撤完，仅看到贼人奔驰扬起的尘土，还没交锋，官军倒先跑光了。拿这样的军队抵御贼寇无异于驱赶羊群去斗猛虎。这样，官府除了招抚还有什么能耐呢？所以南赣的所谓用兵完全是公文来往做做样子，以免上级追查坐视不救的责任。名为剿

不敢。

何则？兵力不足，则剿捕未必能克；剿捕不克，则必有失律之咎；则必征调日繁，督责日至，纠举论劾者，四面而起，往往坐视而至于落职败名者有之。

招抚之策行，则可以安居而无事，可以无调发之劳，可以无戴罪杀贼之责，无地方多事不得迁转之滞。夫如是，孰不以招抚为得计？是故宁使百姓之荼毒，而不敢出一卒以抗方张之虏；宁使孤儿寡妇之号哭，颠连疾苦之无告，而不敢提一旅以忤反招之贼；盖招抚之议，其始也，出于不得已；其卒也，遂守以为常策；故曰："招抚之太滥，由于兵力之不足者，"此也。古之善用兵者，驱市人而使战，收散亡之卒，以抗强虏，今南、赣之兵，尚足以及数千，岂尽无可用乎？然而金之不止，鼓之不进，未见敌而亡，不待战而北。何者？进而效死，无爵赏之劝，退而奔逃，无诛戮之及；则进有必死，而退有幸生也。何苦而求必死乎？吴起有云："法令不明，赏罚不信，虽有百万，何益于用？"凡兵之情，畏我则不畏敌，畏敌则不畏我；今南、赣之兵皆畏敌而不畏我，欲求其用，安可得乎？故曰："兵力之不足，由于赏罚之不行者，"此也。

今朝廷赏罚之典，固未尝不具，但未申明而举行耳。古者赏不逾时，罚不后事，过时而赏，与无赏同；后事而罚，与不罚同；况过时而不赏，后事而不罚，其亦何以齐一人心而作兴士气？是虽使韩、白为将亦不能有所成；况如臣等腐儒

捕，实际是招抚的引子，不会产生任何实效。

为什么？兵力不足则剿捕无功；剿捕无功则有违犯军法的罪过；更进一步受到各方面的征调、监督、责难。往往因此丢官罢职、身败名裂。

招抚成功可以安居无事，可以免去征调之劳，免去戴罪立功的麻烦，免去地方多事，物资转运不灵的过失。这样谁还不拿招抚作为上策？宁愿使百姓遭殃，颠沛流离，孤儿寡妇哭告无门，也不愿发一兵一卒进剿气焰嚣张，又不听招抚的贼寇。所以招抚这个办法开始是不得已而用之，最终却成了必须采取的策略。所以说"招抚太滥由兵力不足所致"就是这个意思。古时善于用兵的人驱使市人，收集散兵游勇都可以打胜仗，抗强敌，现在南赣的兵力还有数千，哪能都没用呢？可是号令不严，敲锣不停止，打鼓不前进。还没看见敌人就跑散了，没接仗就先败了。为什么会这样呢？勇敢向前伤亡必大，但有功不赏；后退安全且不受罚。谁还冒死前进呢？战国时名将吴起就说过："军队的法令不明，赏罚不兑现，虽有百万之众又有什么用？"凡士兵的心情多半是怕军法处治就不怕死，害怕敌人的就不怕违犯军纪。今南赣的士兵都怕贼寇而不怕军法。这种军队你指望他们打胜仗有可能吗？所谓"兵力不足是因为赏罚不明造成的"就是这个意思。

现在朝廷的赏罚规则都具备，就是没认真执行。古时候行赏不超过一个时辰，处罚决不过事后。过时再赏等于不赏；事过再罚等于不罚。何况过时也不赏，事过也不罚，这不能使万众一心，更不能鼓舞士气。就是用韩信、白起那样的能人为将也打

小生，才识昧劣，而素不知兵者，亦复何所冀乎？议者以南、赣诸处之贼，连络数郡，蟠据四省，非奏调狼兵，大举夹攻，恐不足以扫荡巢穴，是固一说也；然臣以为狼兵之调，非独所费不赀，兼其所过残掠，不下于盗，大兵之兴，旷日持久，声势彰闻，比及举事，诸贼渠魁，悉已逃遁；所可得者，不过老弱协从无知之氓，于是乎有横罹之惨，于是乎有妄杀之弊；班师未几，而山林之间，复已呼啸成群，此皆往事之已验者。

臣亦近掠南赣之精锐，得二千有余，部勤操演，略有可观，诚使得以大军诛讨之赏罚，而行之平时，假臣等以便宜行事，不限以时，而惟成功是责，则比于大军之举，臣窃以为可省半费而收倍功。臣请以近事证之：臣于本年正月十五日抵赣，卷查兵部所咨："申明律例，今后地方但有草贼生发，事情紧急，该管官司，即便依律调拨官军，乘机逮捕；应合会捕者，亦就调发策应；但系军情，火速差人申奏，敢有迟延隐匿，巡抚巡按三司官即便参问，依律罢职充军等项发落。虽不系聚众草贼，但系有名强盗，肆行劫掠，贼势凶恶，或白昼拦截，或明火持杖，不拘人数多少，一面设法缉捕，即时差人申报，合干上司，并具申本部，知会处置；如有仍前朦胧隐蔽，不即申报，以致聚众滋蔓，贻患地方，从重参究，决不轻贷。"等因；题奉钦依，备行前来时，以前官久缺，未及施行；臣即刊印数千百纸，通行所属，布告远近，未及一月，而大小衙门，以贼情来报者接踵，亦遂屡有斩获一二人

不了胜仗。何况像臣等庸劣乏才,又不懂军事的小知识分子又有什么希望呢?有人认为南赣等处的盗贼蔓延数郡,盘踞四省,应当请调狼兵(注)增援才能荡平贼巢,这固然算一种意见。然臣(注)以为调狼兵来援,费用巨大,况且狼兵凶残,所过之处受害不次于盗贼。大军调动声势浩大,不易保密,那里还没行动,这里大贼头目及精锐早已躲开,能够斩获的只是一些老弱及胁从的百姓,难免有残酷烧杀的弊端。班师后不久贼寇重又哨聚山林。这种情况过去不是没发生过。

臣近在南赣军中已挑选精锐两千多人,加强训练已有初步成效。对这部分人在训练时就进行明确赏罚,像在战时一样。希望授给臣以便宜行事的权力,不限时日,但期成功。虽为训练,但像实战一样认真,臣自以为定可收事半功倍之效。臣请以近事证明:臣于本年正月十五日到赣州,查阅兵部咨文内称:"特宣布纪律如下:今后凡地方发现贼寇属紧急情况,该地方官府应按规定调动官军乘机剿捕,应该协同剿捕的也要调兵策应。对紧急军情应火速派人申报,敢有迟延隐瞒者,巡抚、巡按三司官员应即查办,依律给罢职、充军等处分。对流窜草贼,如系有名强盗,肆行抢掠,贼势凶恶,明火执杖,白昼抢掠,不拘人数多少,一面设法缉捕并立即派人申报至有关主管官府并报至本部,研究处置。如仍如前隐匿迟误者,以致贼势蔓延,贻患地方,一律从严追究,决不宽贷。"此项由兵部咨文下达的纪律要求,因当地官员长期空缺故未及执行。臣即刊印数千分发至各所属官衙。没出一月大小衙门来申报贼情者应接不暇。其中也有斩获盗贼一至十名不等者。什么缘故呢?这就是兵可随时调而官

或五六人七八人者。何者？兵得随时调用，而官无观望执肘，则自然无可推托逃避，思效其力。由此言之，律例具存，前此惟不申明而举行耳！今使赏罚之典，悉从而申明之，其获效亦未必不如是之速也。伏望皇上，念盗贼之日炽，哀民生之日蹙；悯地方荼毒之愈甚，痛百姓冤愤之莫伸；特敕兵部，俯采下议，特假臣等令旗令牌使得便宜行事，如是而兵有不精，贼有不灭，臣等亦无以逃其死。夫任不专，权不重，赏罚不行，以致于偾军败事，然后选重臣假以总制之权，而往拯之，纵善其后，已无救于其所失矣。臣才识浅昧，且体弱多病，自度不足以办，此行从陛下乞骸骨，苟全余喘于林下。但今方待罪于此，心知其弊不敢不为陛下尽言。陛下从臣之请，使后来者得效其分寸，收讨贼之功，臣亦得以少逭死罪于万一，缘系申明赏罚以励人心事理。为此具本请旨！

攻治盗贼二策疏

十二年五月二十八日

据江西按察司整饬兵备带管分巡岭北道副使杨璋呈："奉臣批。据南安府申：'大庾县报："正德十二年四月内，被崋贼四百余人，前来打破下南等寨；续被上犹、横水等贼七百余徒，截路打寨，劫杀居民。"又据南康县报："崋贼一夥，突来龙句保，虏劫居民，续被崋贼三百余徒，突来坊民郭加琼等家；掳捉男妇八十余口，耕牛一百余头；又有崋贼一

也不再观望扯肘并能各尽其力。由此看来，律例虽有但以前从不宣布执行。如果赏罚规则不申明就不会迅速取得像现在的效果。恳请皇上念盗贼日益猖獗，地方动乱不宁，百姓倍受苦难特命兵部采纳下级建议，特赐臣等令箭、令牌，并授给灵活处置权力。如此，兵仍不精，贼仍不灭时，臣等甘受死罪。任用不专，权威不重，赏罚规则不执行以致铸成大错、招致失败。事后再选派重臣授给总制大权办理善后，也不能挽救先前的失败。臣才识浅陋，且体弱多病怕难以完成任务。行前向陛下请病假退居林下以终残生，但今待罪在这里，看到以上各种弊端，不能不向陛下尽言。陛下如能答应臣的请求，使未来的官照此办理，完成消灭盗贼的任务。臣也可以借此赎死罪于万一。为系申明赏罚，激励人心事，因此具本请旨。

注：狼兵一明代广西东兰、那地、南丹归顺的各土司的兵。以凶悍著名。七人为伍，每伍自相为命，以砍下多少敌人的头颅作为衡量功劳大小的标准。弘治以后归地方政府管理，遇到某地有特殊情况可以调用。

攻治盗贼二策疏

十二年五月二十八日

据江西按察司整饬兵备带管分巡岭北道副使杨璋呈："奉臣批。据南安府申：'大庾县报："正德十二年四月间有拳贼四百余人攻破下南等寨，又有上犹、横水等处贼人七百余人截路打寨劫杀居民。"又据南康县报："拳贼一伙突然来到龙句保，劫掠居民。又有拳贼三百余人窜至居民郭加琼等户掳去男子、妇女八十余口，耕牛一百余头。又有拳贼在上长龙乡掳去耕牛三百余阵，掳劫上长龙乡耕牛三百余头，男妇子女，不知其数。"

又据上犹县申："被横水等村凿贼，纠同逃民四散房劫人财。"续据三门总甲萧俊报："凿贼与逃民约有数百，在于地名梁滩，房牵人牛。"本月十六日准本县捕盗主簿利昱牒报："凿贼劫打头里、茶坑等处，驻扎未散，已关统兵官县丞舒富等前去追剿，贼已退回横水等巢去讫。"各申本院，批兵备道议处回报。案照四月初五日，据南康府呈："同前事。"彼时本院见在福建漳州督兵未回，未知前贼向往，行查未报。续据龙南县禀："被广东浰头等处强贼池大鬓等三千余徒，突来攻围，总甲王受寨所，又经会委义官萧承调兵前去会剿，随据本县呈前贼退去讫。"等因。

又查得先据南康县申呈："上犹贼首谢志珊纠合广东贼首高快马，统众二千余徒，攻围南康县治，杀损官兵；已经议委知府邢珣等，查勘失事缘由，呈报外；续该兵部题咨：'巡抚都御史孙燧，会同南赣都御史王守仁，将前项贼犯谢志珊等，量调官军，设法剿捕，务期尽绝。应该会同两广镇巡官行事，照例约会施行。题奉钦依，转行查勘，前贼见今有无出没？及曾否集有兵粮？相度几宜，即今可否剿捕？惟复应会两广调集军马，待时而动，务要查议明白，处置停当，具由呈报。仍督各该地方牢固把截，用心防守，以备不虞。'等因。

"随奉本院案验，议照前贼连络三省，盘据千里，必须三省之兵，克期并进，庶可成功。但今湖广已有偏桥苗贼头,男妇子女不知其数。"

又据上犹县报:"横水等村輋贼伙同游民四处抢掠人口财物。"又据三门总甲萧俊报:"輋贼与游民数百名在梁滩抢掠人口、牲畜。"本月十六日准本县捕盗主簿利昱呈报:"輋贼抢掠头里、茶坑等处并住下不走。已呈报给统兵官县丞舒富等前往征剿,贼已退回横水等巢穴。"各处呈文已申报本院并指示兵备道讨论回报。四月初五日又收到南康呈:"事由同前。"当时本院因往福建漳州督兵打仗没回来,不知前贼行踪,故未即时上报。后又据龙南县呈报:"广东浰头处的强贼池大鬓等三千余人突然围攻本县总甲王受的寨子,由会委义官萧承领兵前去征剿。又据本县呈报此贼已被打退走。"等等情况。

又查阅见先前南康县呈文一份,内容是:"上游贼头谢志珊纠集广东贼头高快马率贼两千余人围攻南康县城杀伤官兵,已经议委知府邢珣等调查失误原因上报以外。同时接兵部签发的咨文,其内容是:'巡抚都御史孙燧协同南赣都御史王守仁酌情调集官军设法剿捕前项贼人谢志珊等,务必全歼。应该与两广镇巡官协同行动。依照朝廷指示对盗贼的出没行踪,是否携带粮饷应调查明白并研究措施,现今能否进行剿捕。并应配合两广调集军马,等待时机行动。一定要调查明白,适当处置并将办理结果呈报。要督促各个地方牢固堵截,用心防守以防发生意外变故。'等等。

"随后经本院讨论、布置后存档。本院认为前贼蔓延三省,盘踞千里。必须三省同时用兵或可成功。但目前湖南有偏桥

之征，广东又有府江疆撞之伐，虽欲约会夹攻，目今已是春深，雨水连绵，草木茂盛，非惟缓不及事，抑且虚縻粮饷；合无一面募兵练武，防守愈严，积谷贮粮，军需大备，告招者抚顺其情，暂且招安；肆恶者乘其间隙，量捣其穴；候三省约会停当，然后大举，庶有备无患，事出万全。通行呈详去后，今奉前因，随会同分守左参议黄宏，守备都指挥同知王泰，查勘得南安府所属大庾、南康、上犹三县，除贼巢小者未计，其大者总计三十余处。有名大贼首，有谢志珊、志海、志全、杨积荣、赖文英、蓝瑶、陈日能、蔡积昌、赖文聪、刘通、刘受、萧居谟、陈尹诚、简永广、蔡积庆、蔡西、薛文、高洪祥、徐华、张祥、刘清才、谭日贞、苏景祥、蓝清奇、朱积厚、黄金瑞、蓝天凤、蓝文亨、锺鸣、钟法官、王行、雷明聪、唐洪、刘元满、所统贼众，约有八千余徒。且与湖广之桂阳、桂东、鱼黄、聂水、老虎、神仙、秀才等巢，广东之乐昌巢穴相联，盘据流劫三省，为害多年。赣州之龙南，因与广东之龙川浰头贼巢接境，被贼首池大、鬓大安、大升，纠合龙南贼首黄秀魁、赖振禄、锺万光、王金巢、锺万贵、古兴凤、陈伦、锺万璇、杜思碧、孙福荣、黄万珊、黄秀珏、罗积启、王金、曾子奈、王金奈、王洪、罗凤璇、黎用璇、黄本瑞、郑文钺、陈秀玹、陈珪、刘经、蓝斌、黄积秀等所统贼众，约有五千余徒，不时越境流劫信丰、龙南、安远等县。已经夹攻三次，俱被漏网；所据前贼占据居民田土数千万顷，杀虏人民，尤难数计；攻围城池，敌杀官兵，焚烧屋庐，

苗贼作乱，广东又出兵讨伐府江疆撞，就是打算三省约会夹攻也有困难。眼前已经春意浓郁，雨水连绵，草木茂盛，何况三省聚兵不但缓慢而且白费粮饷。不如一面招兵练武，广积军需粮秣，严加防守。根据实际贼情，能够招抚的暂且招安；对顽强习恶者乘其不备荡平其巢穴。待三省会合条件成熟，然后大举进剿，有备无患才是万全之策。详细情况通报以后，按原计划和分守左参议黄宏，守备都指挥王泰等调查得知南安府所属大庾、南康、上犹三县的小贼巢未计，大贼巢总计三十余处。有名的大贼头有谢志珊、志海、志全、杨积荣、赖文英、蓝瑶、陈日能、蔡积昌、赖文聪、刘通、刘受、萧居谟、陈尹诚、简永广、蔡积庆、蔡西、薛文、高洪祥、徐华、张祥、刘清才、谭日贞、苏景祥、蓝清奇、朱积厚、黄金瑞、蓝天凤、蓝文亨、锺鸣、钟法官、王行、雷明聪、唐洪、刘元满等所领贼众约八千余人。并与湖广的桂阳、桂东、鱼黄、聂水、老虎、神仙、秀才等贼巢，广东的乐昌等贼巢相联。盘踞祸害三省，为害多年。赣州的龙南与广东的龙川、浰头等贼巢接境。贼头池大、冀大安、大升纠集龙南贼头黄秀魁、赖振禄、锺万光、王金善、锺万贵、古兴凤、陈伦、锺万璇、杜思碧、孙福荣、黄万珊、黄秀钰、罗积启、王金、曾子奈、王金奈、王洪、罗凤璇、黎用璇、黄本瑞、郑文钺、陈秀玹、陈珪、刘经、蓝斌、黄积秀等带领贼寇约五千余人。经常越境抢劫信丰、龙南、安远等县。对此贼已夹攻三次，均被漏网。该贼寇等强占居民田地数千万顷，杀戮人民不计其数；围攻城池，杀害军民，焚烧房屋，奸淫妇女，为害之烈非言语所可形容。对这些贼人恶行罪过连神人都深深愤怒，急盼朝廷大军去讨伐剿灭。

奸污妻女，其为荼毒，有不忍言；神人之所共怒，天讨所当必加者也。

"今闻广湖二省用兵将毕，夹攻之举，亦惟其时，但深山茂林，东奔西窜，兼之本道兵粮寡弱，必须那借京库折银三万余两，动调狼兵数千前来协力，约会三省，并进夹攻，庶可噍类无遗。"等因。

又据广东乐昌县知县李增禀称："本年二月内，有东山贼首高快马等八百余徒，在地名柜头村行劫。"又据乳源县禀报："贼徒千余，在洲头街等处打劫。"备申照详。及据湖广整饬郴桂等处兵备副使陈璧呈称："本年二月内，据黄砂保走报：'广东强贼三百余徒，突出攻劫。'又据宜章所飞报：'乐昌县山峒苗贼二千余众，出到九阳等处搜山捉人未散；'又报：'东西二山首贼，发票会集四千余徒，声言要出桂阳等处攻城；'又报：'江西长流等峒鏊贼六百余徒，又一起四百余徒，各出劫掠。'及据桂东县申报：'强贼一起七百余徒，前到本县，杀人祭旗，捉掳男妇未散。'又据桂阳县报：'强贼六百余徒，声言要来攻寨。'等因。各禀报到道。看得前项苗贼，四山会集，报到之数，将及万余，我兵寡弱，防守尚且不足，敌战将何以支？况郴桂所属永兴等县，原无城池防守，地方重计，实难为处，伏望轸念荼毒，请军追捕。"等因。

又据郴州桂阳县申："本县四面俱系贼巢，正德三年以来贼首龚福全等作耗，杀死守备都指挥邓曼，虽蒙征剿，

"现听说广东,湖南两省军事行动即将结束,对贼寇夹攻正是时候。但山深林密,来回奔窜,费时费力。本道缺兵少粮,必须挪借京库银三万余两,调狼兵数千前来助战,约会三省并进夹击方可完全消灭贼寇。"等等。

又据广东乐昌县知县李增禀称:"本年二月内,有东山贼头高快马等带贼八百余名在柜头村抢劫。"又据乳源县禀报:"贼寇千余人在洲头街等处抢劫。"各处报告得都比较详细。又收到湖广整饬郴、桂等处兵备副使陈璧呈报:"本年二月间据黄沙保送信:'广东强贼三百余人突然前来抢劫。'又据宜章所急报:'乐昌县山峒苗贼两千余人窜到九阳等处搜山捉人,至今未散。'又报:'东西二山首贼聚集四千余人扬言去桂阳等处攻城。'又报:'江西长流等峒鳌贼六百余人,又一起四百余人四处抢劫。'又据桂东县呈报:'一起强贼七百余人窜至本县,杀人祭旗,掳掠男妇,未散。'又据桂阳县报:'强贼六百余人扬言要来攻寨。'等等。各地呈报送达本道。前面提及的苗贼,四山会集总数上万。我军单弱,防守力量还尚且不足,更无力剿捕怎能出兵打仗?而且郴桂所属永兴等县,原来并无城池可以固守,为稳定地方,实在没办法处理,希望上级考虑百姓遭受痛苦,急派兵追捕贼寇。"特此禀报。

又据郴州桂阳县申报:"本县四面遍布贼巢,正德三年以来贼头龚福全等作乱,杀死守备都指挥邓曼,虽经征剿,骨干恶党犹存；正德七年，兵备衙门，计将贼首龚福全招抚，给与冠带，设为瑶官；贼首高仲仁、李宾、黎稳、梁景聪、扶道全、刘付兴、李玉景、陈宾、李聪、曹永通、谢志珊，给与巾衣，设为老人；未及两月，已出要路，劫杀军民，动辄百千余徒，号称高快马、游山虎、金钱豹、过天星、密地蜂总兵等名目，随处流劫。正德十一年七月内，龚福全张打旗号，僭称延溪王，李宾、黎稳、梁景聪称总兵都督将军名目，各穿大红，房民抬轿，展打凉伞，摆列头踏响器，其余瑶贼，俱乘马匹，千数余徒，出劫乐昌及江西南康等县，拒敌官军。后蒙抚谕，将贼首高仲仁、李宾给与冠带，重设瑶官，未宁半月，仍前出劫；本年正月十六日，一起八百余徒，出劫乐昌县，房捉知县韩宗尧，劫库劫狱；又一起七百余徒，打劫生员谭明浩家；一起六百余徒，从老虎等峒出劫；一起五百余徒，从兴宁等县出劫。切思前贼阳从阴背，随抚随叛，目今瑶贼万余，聚集山峒，声言要造吕公大车，攻打州县城池，官民彷徨，呈乞转达，请调三省官军夹剿。"等情。

各备申到臣。除备行江西、广东、湖广三省该道守巡、兵备、守备等官严督各该府州县所掌印、巡捕、巡司、把隘、堤备等官，起集兵快人等，加谨防御，相机截捕去后；查得先因地方盗贼日炽，民被荼毒，窃计兵力寡弱，既不足以防遏贼势；事权轻挠，复不足以齐一人心；乞要申明赏罚，假臣等令旗令牌，使得便宜行事，庶几举动如意，而事功可成。已经具题间；今复据各呈申前因，臣等参看得前项贼徒恶分子仍在。正德七年，兵备衙门设计将贼首龚福全招抚，赏给官员冠带，令其担任瑶官。贼头高仲仁、李宾、黎稳、梁景聪、扶道全、刘付兴、李玉景、陈宾、李聪、曹永通、谢志珊等赏给衣巾，担任老人等地方职务。还没等两个月，群贼复反，劫杀军民。一行动就哨聚上千人，外号称为高快马、游山虎、金钱豹、过天星、密地蜂等各色总兵等名目，到处流窜抢劫。正德十一年七月间，龚福全打出旗号，自称延溪王。李宾、黎稳、梁景聪各自称总兵，将军，都督等名目。各穿大红，掠人抬轿，张罗伞盖，吹打乐器。其余猖贼出门骑马。动辄千人出劫乐昌及江西南康等县，与官军为敌。后蒙招抚，赏给贼首高仲仁、李宾官服冠带，担任瑶官。还没安定了半个月，仍然外出打劫。本年正月十六日，一起八百余人出劫乐昌县，掳去知县韩宗尧，劫库、劫狱。又一起七百余人，抢劫生员谭明浩家。一起六百余人从老虎峒外出抢劫。一起五百余人从兴宁等县四处抢劫。前面提到的各贼表面上接受招抚，背后又反，随抚随叛。目前瑶贼一万多人聚集山峒，扬言要造吕公大车攻打州县城池。官民惊恐，要求呈报向上转达，请调三省官军围剿。"等情况。

以上呈报送达臣手，并转发江西、广东、湖广三省有关各道、守巡、兵备、守备等官严令各该府、州、县、所掌印巡捕、巡司、把隘、堤备等官，集中兵快人等加紧防御，相机截捕。经查以上社会动乱皆因地方盗贼日盛，百姓遭殃。私下认为地方兵力寡弱，既不足以制止贼势蔓延，地方官遇事互相推诿，不敢利用职权重赏罚，因此不能激励统一振作人心。今后为了进一步申明赏罚，臣请陛下赐给令旗、令牌，使臣得以有权根据具体情况

贯已盈，神怒人怨，譬之疽痈之在人身，若不速加攻治，必至溃肺决肠，然而攻治之方，亦有二说：若陛下假臣等以赏罚重权，使得便宜行事，期于成功，不限以时，则兵众既练，号令既明，人知激励，事无掣肘，可以伸缩自由，相机而动，一寨可攻，则攻一寨；一巢可扑，则扑一巢；量其罪恶之浅深而为抚剿；度其事势之缓急，以为后先；如此，亦可以省供馈之费，无征调之扰，日剪月削，使之澌尽灰灭。

此则如昔人拔齿之喻，日渐动摇，齿拔而几不觉者也。然而今此下民之情，莫不欲大举夹攻，以快一朝之忿；盖其怨恨所激，不复计虑其他，必须南调两广之狼达，西调湖湘之土兵，四路，并进，一鼓成擒，庶几数十年之大患可除，千万人之积冤可雪，然此以兵法十围五攻之例，计贼二万，须兵十万，日费千金，殆于道路不得操事者，七十万家，积粟料财，数月而事始集；刻期举谋，又数月而兵始交，声迹彰闻，贼强者设险以拒敌；黠者挟类而深逃；迨于锋刃所加，不过老弱胁从；且狼兵所过，不减于盗；转输之苦，重困于民；近年以来，江西有姚源之役，疮痍甫起；福建有汀漳之寇，军旅未旋；府江之师，方集于两广；偏桥之讨，未息于湖湘；兼之杼柚已轻，种不入土，而营建所输，四征未已，诛求之刻，百出方新；若复加以大兵，民将何以堪命？此则一拔

处置军务，使有令必行，大大提高办事效率。从各级呈报中所述贼情看来，前述贼寇均已恶贯满盈，天人共怒。比如人身长恶疮毒瘤若不急于治疗，必然最后乱掉肠肺内脏。可是平定贼寇的办法也有两种：如果陛下授给臣赏罚重权，得以灵活掌握。一定要成功，但不应该硬性规定时间，办事没有掣肘，能够伸缩自由。这样兵就可以练好，号令就能严明，士气就会高涨。根据具体情况，如条件成熟，能攻一寨就攻一寨；能平一巢就平一巢。根据贼寇罪恶大小，该招抚的就招抚，能剿灭的就剿灭。根据形势的缓急决定行动的先后。这样就可以大为节约军需物资，使百姓减轻征调粮草及运输的困扰。使贼势日益削弱，贼寇地盘日益缩小直至完全消灭。

从前有人把这比作拔牙，如果日渐动摇牙虽拔下而孩子不觉疼。然而由于百姓受苦太甚，一听说要进剿则群情激昂都希望大举夹攻，一战成功。这样必须向两广借狼兵，向湖湘借土兵，四路并进，一举清除几十年的祸患，一下子解除千万人的怨愤，痛快固然痛快，但这样办必须根据"十则围之，五则攻之"的兵法原则进行。贼寇两万须我军十万，一天要费千金，在道路上运输粮草耽误农时的百姓估计达七十万家。备粮备饷需数月才成，集中兵力定下决战日期又需数月才能投入战斗，声势惊动贼寇。那时其中力量强大的会凭险抵抗，狡滑的贼寇会裹挟盲从者而远逃。所以征剿中杀戮的不过是老弱胁从。而且狼兵所过破坏性不次于盗贼；长途运输又加重了百姓的困苦。最近几年江西有姚源战事，损失还没有弥补。福建因为汀州、漳州的盗贼为患，征剿的官军还没回来。府江的官军才在两广集中；湖湘的偏桥战事还没停息。所有这些情况都使国力更加消耗，百姓

去齿,而儿亦随毙者也。夫由前之说,则如臣之昧劣,实惧不足以堪事,必释能者任之而后可;若大举夹攻,诚可以分咎而薄责,然臣不敢以身谋而废国议。惟陛下择其可否断而行之。缘系地方紧急贼情事理为此具本请旨!

类奏擒斩功次疏

十二年五月二十八日

据江西按察司整饬兵备带管分巡岭北道副使杨璋呈:"正德十二年二月二十等日,据赣州府龙南县申:'总甲王受等呈:蒙差各役领兵与同已招大贼首黄秀玑等,前往安远截捕流贼赖振禄等,行至地名湖江背,不料黄秀玑反招主令伊弟黄大满黄细满等,沿途打抢民财,放火烧毁民人刘必甫等房屋,仍与贼首赖振禄等,连谋行劫。本役督率兵快人等,前到地名黎坑际下与贼对敌,当阵杀获贼首黄秀玑、黄大满、黄细满、黄积瑜首级四颗,夺获黄黑旗二面,杀死贼徒三十余名;本年四月初九日,又有广东浰头老贼首池大鬓,串同反招贼首黄秀魁、陈秀显等,纠众四百余徒打劫千长何甫等家,本役又率兵夫至地名陈坑水与贼交锋,杀获首从贼人陈秀显等一十二颗,夺获红旗一面,大小黄牛五头,余贼归巢去讫。'及据南安府申:'据大庾县隘长张德报称:湖广桂阳县鱼黄峒基贼首唐飞剑、总兵严宗清、千总赖必等,纠众劫虏,当起兵夫,追至界首南流拗,与贼对敌,

负担更加沉重。现在再大举兴兵,老百姓实在是没活命了。这就像猛拔一牙而孩子疼死。如上所说臣之愚陋怕不能胜任。最好能选一个能胜任的智谋之士以代替臣。如大举夹攻若有失误,责任大家都有一份儿,也不能重罚一人。然臣不敢仅为个人得失而废国事。请陛下衡量可行与否再下决心。此本系地方紧急贼情,为此具本请旨。

类奏擒斩功次疏

十二年五月二十八日

据江西按察司整饬兵备带管分巡岭北道副使杨璋呈:"正德十二年二月二十日前后,据赣州府龙南县申:'总甲王受等呈上级差派各领兵官和已接受招抚的大贼首黄秀玑等前往安远截捕流贼赖振禄等。当走到湖江背地方时不料黄秀玑叫其弟黄大满、黄细满等沿途打劫并放火烧毁居民刘必甫等的房屋,还和贼头赖振禄录等互相勾结进行抢掠。领兵各官督促军兵在黎坑际地方与贼接战,当场杀死贼头黄秀玑、黄大满、黄细满、黄积瑜四人,夺取黄黑旗两面,杀死贼人三十余名。本年四月初九日又有广东浰头老贼头池大鬓串通贼头黄秀魁、陈秀显等纠众四百余人抢劫了千长何甫等户。官兵在陈坑水地方与贼交战,杀死首、从贼人陈秀显等一十二名,夺取红旗一面,大小黄牛五头,余贼逃回本巢。'又据南安府申:'据大庾县隘长张德报告:湖广桂阳县鱼黄峒基贼头唐飞剑、总兵严宗清、千总赖必等聚众抢掠。当即发兵追至界首南流坳与贼接战,杀死唐飞剑、严宗清二人。'又南安县申:'准县丞舒富报称:輋贼三百余人出来抢劫,当时有保长王万湖等带领乡兵剿捕,杀死贼人一名,活捉贼杀获唐飞剑、严宗清首级二颗。'及南安县申:'准县丞舒富关:辇贼三百余人,出劫,当有保长王万湖等,带领乡兵擒捕,杀获贼级一颗,生擒贼二名,夺回被虏人口三名口,夺获黄牛二头。'各解报到道,审验明白。"等因。

又据广东按察司分巡岭南道佥事黄昭呈:"韶州府乳源县知县沈渊申称:本年二月十八日,有东山疆贼首高快马等众,突来城外,并附近乡村打劫,欲行攻陷南城,当即起集乡兵,及打手民壮,固守城池,及相机与敌,射伤贼徒三名,各贼退在北城外扎营,随调深峒等处土兵,协力奋勇,与贼交锋,射伤贼徒二十余名,射死贼徒一十六名,夺回被虏人口三十二名口。

"又据捕盗老人梁真等杀获贼级二颗,生擒贼徒一名。及据乐昌县知县李增申:'强贼六百余徒,出劫,当集打手兵壮,前去截捕,到地名云门寺与贼交锋,斩获贼级二十四颗,生擒贼徒二名,夺获马七匹。'又据曲江县瑶总盘宗兴等擒获贼徒一名,夺获马一匹。各呈解到道,审验是实,"等因。

并据潮州府揭阳县申:"流贼劫长乐、海丰等县,黄义官等家,随调兵快行至地名长门径与贼对敌,擒获贼徒张宏福、王本四等一十六名,俘获贼妇二口。"

及据惠州府申:"准捕盗通判徐玑牒称:流贼一伙,约有八十余徒,围劫新地屯徐百户等家,当督兵快打手,追杀至地名马骤迳擒获贼徒杜栋等四名,杀获贼级一颗;又督总甲郑全等,在地名葵头障擒获贼徒张仔等一十二名;及人两名,夺回被掳人口三人,夺回黄牛两头。'各呈报到道,审查属实。"

又据广东按察司分巡岭南道佥事黄昭呈:"韶州府乳源县知县沈渊申:本年二月十八日,有东山疆贼头高快马等一伙贼人,突然窜到城外及附近村庄抢掠并企图攻打南城。当即集合乡兵及民间壮丁,打手等固守城池,在战斗中射伤贼人三名,贼退至北城外驻扎。随即调深峒等处土兵协力奋勇攻打贼众,射伤贼人二十余名,射死贼人一十六名,夺回被掳人口三十二名。

"又有捕盗老人梁真等杀死贼人二名,活捉贼人一名。又据乐昌县知县李增申:'强贼六百余人外出抢劫。当时集合乡兵,打手前去剿捕,到云门寺地方与贼接战,杀死贼人二十四名,活捉贼人两名,夺回马七匹。'又据曲江县瑶总盘宗兴等捉到贼人一名,夺取马一匹,各呈报到道,审查属实,"等。

又据潮州府揭阳县申:"流贼劫掠长乐、海丰等县,黄义官等户,随即调集兵快追至地名叫长门径的地方与贼接战,捉住贼人张宏福、王本四等一十六名,俘获贼妇两人。"

又据惠州府申:"准捕盗通判徐玑报告:流贼一伙约八十余人抢劫新地屯徐百户等户。当即督率兵快打手追至马骏地方捉住贼人杜栋等四人,杀死贼人一名。又总甲郑全等在葵头障地方捉住贼人张仔等一十二名。又千长彭伯璿等率兵捉住贼人黄千长彭伯璿等率兵擒获贼徒黄贵等一十五名，杀获贼级一颗；又有总甲黄廷珠，追获贼徒雷进保等八名，俱解赴岭东道审验。"等因。

及据湖广郴桂等处兵备副使陈璧、守备指挥同知李璋各呈："广东苗贼一千余徒，出劫兴宁等处，当起郴州杀手令闲住千户孔世杰等管领追袭，至地名大田桥遇贼当阵，擒斩首从贼人庞广等三十二名颗，夺获贼仗四十七件，马骡五匹，夺回被掳人口二百五十名口；并据老人刘宣等捕获贼徒雷克恕等六名，俘获妇女三口；申报到道，审验明白，各备由呈申。"

开报到臣。先为巡抚地方事，节该钦奉敕："命尔巡抚江西南安、赣州、福建汀州、漳州、广东南雄、韶州、惠州、潮州各府，及湖广郴州地方，但有贼盗生发，即便设法逮捕。钦此！钦遵"；已经备行各道守巡兵备守备等官，严督府卫所州县掌印捕盗等官，集起父子乡兵，及顾募打手杀手弩手人等，各于贼行要路去处，加谨防御；遇有盗贼出没，就便相机截捕，获功呈报，以靖地方。

今据合呈，除行各该兵备等官将斩获贼级阅验明白发仰枭首，生擒贼犯问招回报，俘获贼属并牛马赃物，俱变卖价银入官，与器械俱贮库；被掳人口给亲完聚，获功人员照例量行给赏外；缘系擒获功次事理。为此具本题知。

贵等一十五名，杀死贼人一名。又有总甲黄廷珠追拿贼人雷进保等八名，俱押赴岭东道审问。"

又据湖广郴桂等处兵备副使陈璧，守备指挥同知李璋各呈："广东苗贼一千余人，至兴宁等处抢掠。当即调集彬州杀手令闲住千户孔世杰等率领追剿，至大田桥遇贼接战，杀死首、从贼人庞广等三十二名，夺取贼仗四十七件，骡马五匹。夺回被掳人口二百五十名。另有老人刘宣等捉住贼人雷克恕等六名，俘获贼属三口。申报至本道，审查无误，向上详报。"

这些报告情已汇总到臣这里。为解决问题现把朝廷勒令通报各地方官员："命你巡抚江西南安、赣州、福建汀州、漳州、广东南雄、韶州、惠州、潮州各府及湖广郴州地方，如有盗贼发生，立即设法剿捕、钦此！钦遵。"已经转发各道分巡、兵备、守备等官。严格监督府、卫、所、州、县掌印捕盗等官，集中父子乡兵，并招募部分打手、杀手、弩手等。各于贼人出没路径加强警戒，遇有盗贼通过就视情况进行剿捕，获功者上报，以肃清地方。

今据联合呈报，命令各该兵备等官将斩获的贼人首级（头颅）查验明白，备案。对活捉的贼犯审问明白回报。俘获的贼人家属及牛马等赃物变卖后价银入官。缴获兵器入库。被掳人口放回家与亲人团聚。立功人员，论功行赏。为系擒获功次大事，为此具本奏闻。

添设清平县治疏

十二年五月二十八日

据福建按察司兵备佥事胡琏呈："奉本院批：据漳州府呈：'准知府钟湘关：据南靖县儒学生员张浩然等连名呈称："南靖县治，僻在一隅，相离庐溪、平和、长乐等处，地里遥远，政教不及，小民罔知法度，不时劫掠乡村，肆无忌惮，酿成大祸，今日动三军之众，合二省之威，虽曰歼厥渠魁，扫除党类，此特一时之计，未为久远之规。乞于河头中营处所，添设县治，引带汀潮，喉襟清宁，人烟辏集，道路适均，政教既敷，盗贼自息；考之近日龙岩添设漳平，而寇盗以靖；上杭添设永定，而地方以宁；此皆明验。今若添设县治，可以永保无虞。"等情。

又据南靖县义民乡老曾敦立、林大俊等呈称："河头地方，北与庐溪流恩山冈接境，西南与平和象湖山接境，而平和等乡，又与广东饶平县大伞、箭灌等乡接境，皆系穷险贼巢，两省民居，相距所属县治，各有五日之程，名虽分设都图，实则不闻政教，往往相诱出劫，一呼数千，所过荼毒，有不忍言。正德二年，虽蒙统兵剿捕，未曾设有县治，不过数月，遗党复兴；今蒙调兵勘抚，虽少宁息，诚恐漏网之徒，复踵前弊；呈乞添设县治，以控制贼巢；建立学校，以移易风俗；庶得久安长治。"等因。

蒙漳南道督同本职，与南靖县知县施祥，带领耆民曾敦

添设清平县治疏

十二年五月二十八日

据福建按察司兵备佥事胡琏呈："奉本院批：据漳州府呈：'准知府钟湘关：据南靖县儒学生张浩然等连名呈称："南靖县衙所在地在该县版图的一角，与庐溪、平和、长乐等处相距遥远，政教达不到，小民不知有朝廷的法律和制度，以致毫无顾忌地四处打劫，酿成匪患时间已很久了。现在动员两省大军协力征剿，虽然主要骨干分子已经消灭，但可预料仅能取一时之效，并非长治久安之计。为此特请在河头中营处添设县衙。此地人口密集，道路四通八达，可以牵制汀潮，扼守清宁。发布和施行政令迅速有效，滋生盗贼的社会条件自然就不存在。近日龙岩添设漳平，该地就无盗贼为害；上杭添设永定，社会就变得安宁，这都证明了添置新县治是切实可行的。今天如果添设新县治可以永保无事。"

又据南靖县义民乡老曾敦立、林大俊等呈请说："河头地方北与庐溪、流恩接壤，西南与平和、象湖山相邻。而平和等乡又与广东饶平县大伞、箭灌等乡为邻，这几乡都是地险民穷的贼巢。两省居民如去所属县城都要走大约五天的路程。虽设有都图，实际没有任何行政约束力。往往彼此引诱外出打劫，一招呼就有上千人响应，残害地方之烈，无语言可以形容。正德二年曾经官军剿捕，但没有添设县治，不过数月，余党复反。现在虽经调兵，或剿或抚，虽获暂安宁，但恐漏网贼寇仍会死灰复燃。为此乞请添设县治以压服贼巢，建立学校，广施教育以移风易俗，这样就可以形成一个长治久安局面。"

漳南道协同本职与南靖县知县施祥带领县里知名人士曾

立等，并山人洪钦顺等，亲诣河头地方，踏得大洋陂，背山面水，地势宽平，周围量度可六百余丈；西接广东饶平，北联三团卢溪，堪以建设县治。合将南靖县清宁、新安等里，漳浦县二三等都，分割管摄，随地粮差，及看得卢溪枋头坂地势颇雄，宜立巡检司，以为防御；就将小溪巡检司移建，仍量加编弓兵，点选乡夫，协同巡逻，遇有盗贼，随即扑捕。

再三审据，通都民人，合词执称南靖地方，极临边境，盗贼易生上策莫如设县况今奏凯之后，军饷钱粮，尚有余剩，各人亦愿凿山采石，挑土筑城，砍伐树木，烧造砖瓦，数月之内，工可告成。为照南靖县相离卢溪等处委的窵远，难以提防管束；今欲于河头添设县治，枋头坂移设巡检司，外足以控制饶平邻境，内足以压服卢溪诸巢；又且民皆乐从，不烦官府督责，诚亦一劳永逸事，颇相应具呈到道呈乞照详。"等因。

奉批：看得开建县治，控制两省瑶寨，以奠数邑民居，实亦一劳永逸之图；但未经查勘奏请，仍仰该道会同始议各官，再行该府拘集父老子弟，及地方新旧居民，审度事体，斟酌利害。如果远近无不称便，军民又皆乐从，事已举兴，势难中辍，即便具由呈来，以凭奏请定夺；仍一面俯顺民情，相度地势，就于建县地内，预行区画街衢井巷，务要均适端方，可以永久无弊，听从愿徙新旧人民，各先占地建屋，任便居住；其县治学校仓场，及一应该设衙门姑且敦立等以及山民洪钦顺等亲自到河头地方踏看，只见大洋陂背山面水，地势平坦宽阔。周围度量有六百余丈。西接广东饶平，北邻三团、卢溪。完全适合建立县治。计划将南靖县清宁、新安等里，漳浦县二三等都，合并归新县治管辖，随地亩纳粮、派差。又踏看了卢溪枋头坂，地势高敞，宜在该地建立巡检司，作为防御。可将小溪巡检司移驻，酌情增加弓兵编制，并组织乡民参加巡逻，遇见盗贼即行截捕。

经详细审查各处呈请公文，知广大官民人等一致认为南靖地方最接近边境，是易发生盗贼的场所。最好的办法莫如添加新县治。况且目前正值大军新胜之后，钱粮还有剩余。百姓自愿凿山采石，挑土筑城，砍伐树木，烧制砖瓦，这样一来只要数月就可竣工。南靖县至卢溪，谷深林幽，路途遥远，难以管束。现在如能在河头添设县治，在枋头坂设立巡检司，对外足以控制邻境饶平，对内足以压服卢溪各处贼巢。对于添设新县治，百姓都乐意拥护，不劳官府督责，这的确是一件一劳永逸的好事。因此便呈请到道，望给以批复。"

对以上呈请的批复是："经查，添加新县治以控制两省瑶寨，安定数邑居民，一劳永逸的用意应该肯定。但未经最后查勘和上报朝廷，仍希望该道会同最初提议的各官，再行文该府，邀集父老子弟以及地方新老住户共同讨论，衡量利害得失。如果大家一致认为可行，军民都乐意参与，工程已经开始，很难中途停止。那样就说明详细理由呈报上来，作为向朝廷申报的根据。一面按着大多数人的意见，看好地势在建县地内预先规划好大街小巷及居民区的坐落方位，尽量要求方正，防止日后再有更改的弊端。不拘新、旧住户只要愿往新县治搬迁的允许占

规留空址,待奏准命下之日,以次建立;仍一面通行镇巡等衙门,公同会议。此系设县安民地方重事,各官务要计处周悉,经画审当,毋得苟且雷同,致贻后悔。批呈作急勘报。'等因。依蒙拘集坊郭父老及河头新旧居民,再三询访,各交口称便,有地者愿归官丈量,以建城池;有山者愿听上砍伐以助木石;有人力者又皆忻然相聚,挑筑土基,业已垂成;惟恐上议中止,下情难遂。"等情。

具呈到臣。为照建立县治,固系御盗安民之长策;但当大兵之后,继以重役,窃恐民或不堪。臣时督兵其地,亲行访询父老,辄咨道路,众口一词,莫不举首愿望,仰心乐从,旦夕皇皇,惟恐或阻。臣随遣人私视其地,官府未有教令,先已伐木畚土,杂然并作,裹粮趋事,相望于道,究其所以,皆缘数邑之民,积苦盗贼,设县控御之议,父老相沿已久,人心冀望甚渴,皆以为必须如此,而后百年之盗可散,数邑之民可安;故其乐事劝工,不令而速。

臣观河头形势,实系两省贼寨咽喉,今象湖、可塘、大伞、箭灌诸巢,虽已破荡;而遗孽残党,亦宁无有逃遁山谷者。旧因县治不立,征剿之后,浸复归据旧巢,乱乱相承,皆原于此。

今诚于其地开设县治,正所谓抚其背,而扼其喉,盗将不解自散,行且化为善良,不然不过年余,必将复起,其时再聚两省之兵,又糜数万之费,图之已无及矣。臣窃以为开县

地建房居住。县衙、学校、仓库及所有该设的公共部门可以先留下空地,待批准命令下达后再按顺序建设。另外要求镇、巡等衙门可举行联席会议商定设县安民大事。各级官员务必周密计划,严格审查,不得马虎敷衍,乃至错误百出。接批复后应立即着手勘报。"经召集村镇父老及河头新、旧居民征求意见,结果都交口称便。有地者愿听任官府丈量,以建城池;有山者愿献木、石,以助建筑;有人力者均自动集合挑土筑基,将要完工。惟恐上级中途下令停建,令居民失望。"

具呈送达臣手之后,臣认为添置新县治固然是保境安民的大好事,但大战刚结束就立即进行这样大规模建设恐百姓负担不起。臣曾率兵经过其地,亲自访问当地父老并征求路人意见。大家都希望添置新县治一事早日办成,惟恐中间忽生变故。臣曾派人实地调查,只见官府虽无明令,但当地居民自带干粮,自动集合,自行组织施工,道路上络绎不绝的人群都是自愿前来筑城的。推究其缘故,因附近数邑人民被盗贼祸害久了,迫切要求设县镇抚的意见在当地父老中议论已久。果能顺从民意,今后多年匪患可以结束,数邑居民可保平安。所以都乐于参加此项建设,不用官府动员。

依臣看来河头形势实系控制两省贼寨的咽喉要地。现在像湖、可塘、大伞,箭灌各贼巢虽已破坏,但残余匪帮就没有逃到深山密林去的吗?从前因没有县治,征剿之后再慢慢复回归巢,此为匪患不断的主要原因。

今在该地新设县治对匪形成既威胁其后方又扼住其喉咙的态势。盗匪失去其屏障将自动解散,复为良民。不这样办,要不了一年匪患会再发生。到时再动用两省之兵,消耗几万粮饷剿

治于河头以控制群巢，于势为便，虽使民甚不欲，犹将强而从之，况其祝望欣趋若此，亦何惮而不为？至于移巡司于枋头坂，亦于事势有不容已；盖河头者，诸巢之咽喉；枋头者，河头之唇齿；势必相须。

兼其事体已有成规，不过移迁之劳，所费无几，臣等皆已经画区处，大略已备，不过数月，可无督促而成。民之所未敢擅为者，惟县治、学校，须命下之日，乃举行耳。伏愿陛下，俯念一方荼毒之久，深惟百姓永远之图，下臣等所议于该部，采而行之，设县之后，有不如议，臣无所逃其责。今新抚之民，群聚于河头者二千有余，皆待此以息其反侧；若失今不图，众心一散，不可以复合；事机一去，不可以复追；后有噬脐之悔，徒使臣等得以为辞，然已无救于事矣。缘系添设县治永保地方事理，为此具本请旨！

疏通盐法疏

十二年六月十五日

据江西按察司整饬兵备带管分巡岭北道副使杨璋呈："奉巡抚江西右副都御史孙燧案验：准兵部咨：'行移各该巡抚官员，今岁俱免赴京议事，各要在彼修举职业，若有重大军务应议事件，益于政体，便于军民者，明白条陈，听会官计议奏请。'等因。

"已经行仰所属查访去后，随据吉安、临江、袁州等府捕，就后悔莫及了。臣以为设新县治于河头是势所必然，就是民众不甚同意还要适当强制，何况民众渴望如此，还有什么顾虑呢？至于把巡检司移至枋头坂，事实上也不得不如此。因为河头是扼各贼巢的咽喉要地，而枋头又与河头形成唇齿相依之势。

两者互为依傍。而巡检司工作已有成规，只有迁移之劳而不过多增加费用。臣等所作规划处置已经大致就绪，不须督促大约数日即可完成。民众所不敢擅自兴建的只有县衙和学校，待正式命令下达后也会很快建成。乞求陛下念一方百姓痛苦，肯定百姓求长久太平的良苦用心。将臣等所议下发该部，采纳执行。设县之后有不如原来设想之处，臣不会推脱责任。现今新招抚的居民已在河头聚集了两千多人，等待朝廷命令以定去留。如现在不动，人心一散不可以复合，时机一失不可追回。若不添新县，不迁巡检司，因此而祸乱再生，到时候追悔，臣等虽有借口回避责任，但于国事无益。因为是添置新县永保地方的重大事件，为此具本请旨。

疏通盐法疏

十二年六月十五日

据江西按察司整饬兵备带管分巡岭北道副使杨璋呈："奉巡抚江西右副都御史孙燧案验：转发兵部咨文：'行文通知各巡抚官员，今年不再例行赴京城议事，希各在本人任上努力办好政务。若有应议重大军事情况，有益于政体，便利于军民者，用公文明白陈述，经众官研究决定然后上奏。'

"上列咨文已转发所属各级遵照执行。以后又接吉安、临万安、泰和、清江、宜春等县商民彭拱、刘常、郭闰、彭秀连名状告:'正德六年,蒙上司明文行令赣州府起立抽分盐厂,告示商民,但有贩到闽广盐课,由南雄府曾经折梅亭纳过劝借银两,止在赣州府发卖者,免其抽税;愿装至袁、临、吉三府卖者,每十引抽一引;闽盐自汀州过会昌羊角水,广盐自黄田江九渡水来者,未经折梅亭在赣州府发卖,每十引抽一引;愿装至袁临吉三府发卖,每十引又抽一引;疏通四年,官商两便。'

"正德九年十月内,又蒙赣州府告示:该奉勘合开称:'广盐止许南、赣二府发卖,其袁、临、吉不系旧例行盐地方,不许越境。'以致数年广盐禁绝,淮盐因怯河道逆流,滩石险阻,止于省城,三府居民,受其高价之苦,客商阻塞买卖之源。乞赐俯念吉、临等府,与赣州地里相连,自昔至今,惟食广盐,一向未经禁革;况广盐许于南赣二府发卖,原亦不系洪武旧制,乃是正统年间为建言民情事,奉总督两广衙门奏行新例。如蒙将广盐查照南赣事例,照旧疏通下流发卖,万民幸甚!"等因。

又据赣州府抽分厂委官照磨汪德进呈:"近奉勘合,禁止广盐止许南赣发卖,不许下流;但赣州吉安,地理相连,水路不过一日之程,今年夏骤雨泛涨,虽有桥船阻隔,水势

江、袁州等府；万安、泰和、清江、宜春等县商民彭拱、刘常、郭闰、彭秀连名状告：'正德六年经上级批准在赣州府设抽分盐厂（盐税局）一处，并通告商民凡贩运闽、广官盐在南雄府折梅亭已经纳过募捐银两，只在赣州发卖者，可免税。如运至袁、临、吉三府发卖者，每十引（引是发给商人运销货物的凭证，每引有一定重量，历代不完全相同。明代分大小引，一般大引四百斤，小引二百斤。注二勘合：古代调动军队时的一种符契，上盖印信，剖为两半。一半交给奉命调遣的人，另一半交给被调军队的主将。后来传递重要公文也用勘合。）抽一引。闽盐自汀州经会昌羊角水，广盐自黄田江九渡水来者，没经过折梅亭直接去赣州府发卖，每十引抽一引，如装运到袁、临、吉三府发卖的，每十引再抽一引。疏通四年，官、商均感方便。'

"正德九年十月间赣州府发布告示：本告示系奉勘合（注）开称：'广盐只许南、赣二府发卖。其他袁、临、吉三府依旧例不许广盐发卖，因此广盐贩运不得越境。'因此有数年广盐断绝。而淮盐经河道运输须逆流而上，沿河多礁石险滩，仅可运至省城。以上三府居民深受盐价高之害而客商无盐运买卖可做。请体察下民疾苦。吉、临等府与赣州地理相连，从前至今都吃广东盐，一向没有禁止。况且广盐只许在南赣二府发卖，原来也不是洪武朝的旧制。其只在正统年间因为征求民事意见后，经总督两广衙门上奏朝廷，颁行的新制度。如蒙将广盐按照南赣的例子照旧疏通在下流发卖，则万民庆幸。"

又据赣州府抽分厂委官汪德进呈："近奉勘合禁止广盐，只许南、赣发卖，不许下流。但赣州、吉安地理相连，水路不过一天的路程。今年夏天洪水泛滥，河水暴涨。虽有桥船阻隔，但

汹恶,冲断桥索,以致奸商计乘水势,聚积百船,执持凶器,用强越过;后虽拿获数起,问罪不过十之一二;又有投托势要官豪,夹带下流发卖者;又有挑担驮载,从兴国、赣县。南康等处小路越过发卖者;其弊多端,不禁则违事例;禁止则势所难行;呈乞议处!"等因。

卷查正德六年奉总制江西等处地方军务左都御史陈金枇:"据江西布政司呈:'准本司右布政使任汉咨称:"查得江西十三府俱系两淮行盐地方,湖西、岭北二道,滩石险恶,淮盐因而不到,商人往往越境私贩广盐,射利肥己,先蒙总督衙门奏准广盐许行南、赣二府发卖,仰今南雄照引追米纳价,类解梧州军门,官商两便,军饷充足。当时止是奏行南赣,不曾开载袁、临、吉三府合无遵照敕谕便宜处置,暂许广盐得下袁、临、吉三府地方发卖,立厂盘掣,以助军饷。及据江西按察司兵备副使王秩亦呈前事,随该三司布政等官刘杲等议得,委果于事有益,于法无碍,呈详批允。"前来。遵照立厂,照例抽税外。'

"正德九年十月内,准户部咨:该巡抚都御史周南题该本部覆议内开:"广东盐课,仍照正德三年题奉钦依事理,有引官盐,许于南赣二府发卖,不许再行抽税;袁、临吉不系旧例行盐地方,不许到彼,如有犯者,不分有引无引,俱照律例问罪没官。"又经行仰禁革去后,今据前因,随查得正德六年十一月二十七日,设立抽分厂起,至正德九年五月终止,共抽过税银四万八百四十余两,陆续奉抚镇衙门明文支水势凶猛,桥索被冲断,以致奸商乘水势聚积百船,手执凶器,强行通过。虽然捉住几起,但问罪的不过十分之一二。更有买通投靠有权势的官船夹带私盐去下流发卖。也有从兴国、赣县、南康等小路用肩挑、驴驮私盐越境发卖。作弊多端,不禁止则违犯规定,禁止则势所难行。呈乞讨论处理办法。"

经查档案见正德六年奉总制江西等处地方军务左都御史陈金枇:"据江西布政司称:'按本司右布政使任汉咨文述说:"按规定江西十三府均由两淮供应食盐,湖西、邻北两道因河道滩石险恶,因而淮盐运输不到,商人往往为了获取高利越境私贩广盐。经总督衙门奏准许可广盐向南、赣两府发卖,并命令南雄照盐引数征收税银或以粮米作价,所征钱、粮均解往梧州军门。官、商两便,军饷充足。当时的申报仅包括南赣,并不包括袁、临、吉三府。遵照朝廷旨意灵活掌握,暂时允许广盐可运往袁、临、吉三府地方发卖,并设局征税以助军饷。后来江西按察司兵备副使王秩也呈报过前事,随该三司布政刘杲等官审查、讨论结论为:如果事实上有益处,也与法律不矛盾,可以呈报待批。"之后照指示设局抽税。'

"正德九年十月间,照户部咨文:该巡抚都御史周南批示该本部复议中谓:'广东盐税仍照正德三年朝廷批复的原则办理,有引官盐准许在南、赣两府发卖,不许再抽税。袁、临、吉三州按旧例不是广盐发卖的地方,广盐不得运进。如有违犯者,不分有引无引,一律按法问罪,其运入之盐没收归官。'以后又行文公布改革以上禁令。根据以上记述,查阅到正德六年十一月二十七日设立盐税局起,至正德九年五月止,共抽税银四万八百四十余两。以后陆续奉镇抚衙门批示发给三省夹攻大发三省夹攻大帽山等处赏功军饷，并犒劳过狼兵官军土兵口粮，并取赴饶州征剿姚源军前应用，及起造抽分厂厅浮桥，修理城池，买谷上仓，预备赈济，及遵巡抚军门批申，借支赣州卫官军月粮等项，支过税银三万八千二百九十余两。

"由此观之，则地方粮饷之用，岁费不赀；而仰给于商税独重，前项商税所入，诸货虽有，而取足于盐利独多。及查得近为紧急贼情事，该兵部题奉钦依，转行议处停当，具由呈报。该本道会同分守守备衙门，议得贼首谢志珊有名大寨三十余处，拥众数万，盘据三省，穷凶极恶，神怒人怨，已经呈详转达奏闻，动调三省官兵，会剿去后；及议得本省动调官兵，以三万为率，半年为期，粮饷等费，约用数万，查得赣州府库收贮前项税银，除支用外，止余二千九百余两；又是节催起解赴部之数，续收银两止有一千六百余两，但恐不日命下克期进剿，军行粮食，所当预处。

"及查得广东所奏前项盐法，准行南、赣二府贩卖，果系一时权宜，不系洪武年间旧例，合无查照先年总制都御史陈金便宜事例，一面行令前商，许于袁、临、吉三府贩卖，所收银两，少为助给；一面别行议处，以备军饷；庶使有备无患，不致临期缺乏，候事少宁另行具题禁止庶袁、临、吉三府居民，无乏盐之苦；南、赣二府军门，得军饷之利；而关津把截去处，免阻隔意外之变，诚为一举而三得矣。等因。

"已经备由呈奉巡抚都御史孙燧批：'看得所议盐税，

帽山等处贼寇的军饷，军功奖励，犒劳狼兵，官军及土兵的口粮折银及供赴饶州征剿姚源的军费。还有用于建造盐税局房屋、浮桥；修理城池；买赈灾储备粮银两。及经巡抚军门批准借给赣州卫官军月粮等等共支出税银三万八千二百九十余两。

"由此看来，地方每年收入不够粮饷开支，主要需借助于商税。在商税中各种货物的税银都有，但最多的还是盐税。最近因为紧急贼情事，该兵部批示：奉朝廷旨意命有关巡抚等各级官员，对当前贼情应加以讨论并定出处理办法，详细呈报。该本道召集分守、守备等衙门联席会议，了解到贼头谢志珊拥有有名大寨三十余处，拥有贼众数万，盘踞三省，穷凶极恶，对地方祸害甚剧，已经详细奏闻，后调动三省官兵会剿。又了解到本省动用官兵数约三万，剿匪战事约需半年，这样军需粮饷费用可达数万。经查赣州府库所存前项税银除支出数以后仅余两千九百余两，相当于按规定需上缴户部的数目。续征的银两只有一千六百余两。现在恐怕用不了多少日子就要下令限期进剿，军用粮饷应当预先准备。

"又了解到以前广东所奏的盐法，准许往南、赣二府贩卖，确实是一时权宜之计，不是洪武年间旧例，不需参照当年总制都御史陈金所批事例。一面通令前商可以去袁、临、吉三府贩卖，所得银两可捐出少部分以助军饷。一面特别决议备足备好军饷，做到有备无患，不致临期缺乏。待贼乱平定之后，另行呈报禁止。这样可使袁、临、吉三府居民免受无盐之苦，南、赣两府军门也可得以补充军饷，把截的关卡也免去因阻隔而可能激发的意外事故，这样做确实算得是一举三得。

"以上呈报巡抚都御史孙燧的批示是：'经查阅所讨论的

既不重累商人，抑且有裨军饷，舆情允协，事体颇宜；但其至赣州府十取其一，吉、临等府十而取二，似乎过重；抑行再加详议，斟酌适中回报。'

"依奉：'访得商民贩盐；下至三府发卖者，倍取其利；既许越境贩卖，乃其心悦诚服，并无税重之辞。'又经呈详。奉批：'看得所议盐税事情，商卖疏通，军饷有赖，一举两得，合遵照钦奉敕谕便宜处置事理，仰行各道并该府县遵奉；仍禁革奸徒，不许乘机作弊，因而瞒官射利，扰害地方，具由缴申。'今照本院抚临，理合再行呈请照详。等因。

"据呈到臣，看得赣、南二府，闽、广喉襟，盗贼渊薮，即今具题夹攻，不日且将命下，粮饷之费，委果缺乏，计无所措，必须仰给他省；但闻广东以府江之师，库藏渐竭；湖广以偏桥之讨，称贷既多；亦皆自给不赡，恐无羡余可推。若不请发内帑，未免重科贫民，然内帑以营建方新，力或不逮；贫民则穷困已极，势难复征。及照前项盐税，商人既已心服，公私又皆两便，庶亦所谓不加赋而财足，不扰民而事办，臣除遵照敕谕径自区画事理，批行该道暂且照议施行；候地方平定之日，将抽过税银，支用过数目，另行具奏，抽分事宜，照例仍旧停止外；缘系地方事理，为此具本题知。"

盐法，既不使商人负担不起，又可补充军饷，舆论无异议，措施也适当。但至赣州抽取十分之一的税，到了吉、临两府就抽取十分之二的税，似乎过重；希望再详细讨论一次，斟酌一个适中的办法回报。'

"奉以上批示再议如下：'经调查商民贩盐下到三府发卖者可获得加倍的利息。既然允许他们越境贩卖，他们当然心悦诚服，并没有反映税太重的。'又经详细呈报，批示如下：'查阅所讨论的盐税事项，商民发卖官盐的范围已经疏通，军饷的补充也有了来源，一举两得，应遵照朝廷灵活处置事理的精神，希行文至各道并有关府县遵照办理，但应严格禁止奸猾之徒乘机作弊，欺哄官府，牟取暴利，扰害地方。将办理详情上报备案。'今照本院例行视察，本应该再行详报。'

"上述批示送达臣手。臣以为赣、南二府是通往福建、广东的咽喉要道，也是产生盗贼的发源地。今将布置官军夹攻，命令即将下达，但粮饷军费确实紧张，没有办法必须依赖外省。可是广东有府江的剿捕行动，库存的物资金钱已消耗殆尽；湖广有讨伐偏桥匪患的战事，财政也颇为吃紧，他们已是自求不顾，恐无余财支援我省。如果不请求朝廷动用国库存款就得再向贫苦百姓征收。因为国库款项主要用于营建，国库恐无力支付；百姓穷困已达极点，再征几乎不可能。按前述盐税征收办法，商人既已心服，公私又已两便。这就不加赋税而财源充足，不扰害百姓而照样办事。臣遵照朝廷意旨径自筹划办理。行文批复该道照决议执行。待地方平定之后，再将税银收支数目另行奏报，盐税事宜仍照旧例停止。因系地方事务，为此修本上达。"

卷之十　别录二

奏疏二

议夹剿兵粮疏

正德十二年七月初五日

准兵部咨："该本部题职方清吏司案呈奉：本部送兵科抄出：巡抚湖广地方，兼赞理军务，都察院右副都御史秦金题称：'会同巡按御史王度督同都、布、按三司掌印署都指挥佥事文恭，左布政使周季凤，副使恽巍等，议照湖广、郴、桂等处所属地方，与广东乐昌，江西上犹等处县瑶贼密尔联络，彼处有名贼首龚福全、高仲仁、李斌、庞文亮、蓝友贵等，素恃巢穴险固，聚众行劫，先年用兵征剿，各贼漏殄未除，遂致祸延今日。臣等仰体皇上好生之心，设法抚处，冀图靖安，以成止戈之武。奈犬羊之性，变诈不同；豺狼之心，食噬无厌；阳虽听招，阴实肆毒，今乃攻打县堡，虏官杀人，穷凶极恶，神人共愤；虽经各官兵擒斩数辈，稍惧归巢；缘其种类繁多，出没尚未可料，若非三省合兵，大彰天讨，恶孽终不殄除，疆宇何由宁谧？所据各官会呈，乞要大举；臣等再三筹议，非敢轻启兵端，但审时度势，诚有不容已者。况彼巢峒既多，贼党亦众，东追西窜，此出彼藏，必须调发本省土汉官军民兵杀手人等共三万员名，分立哨道，刻期进剿；其两广南赣，仍须各调官军狼兵，把截夹攻，协济大事。臣等计算兵粮重大，区处艰难，抑且本省兵荒相继，财力匮

议夹剿兵粮疏

正德十二年七月初五日

今按兵部咨文："该本部题职方清吏司案呈奉：本部送兵科抄出：巡抚湖广地方，兼赞理军务，都察院右副都御史秦金奏称：'会同巡按御史王度，督同都、布、按三司掌印署都指挥佥事文恭，左布政使周季凤，副使恽巍等议照湖广、郴、桂等属地方与广东乐昌、江西上犹等县瑶贼密切联络，当地有名的贼头龚福全、高仲仁、李斌、庞文亮、蓝友贵等仗着巢穴地形险要坚固，经常聚众抢劫。前几年用兵征剿，以上各贼漏网逃窜，以致今日匪患仍然不断。臣等本着皇上的仁爱胸怀，对他们设法招抚，希图地方安静，免动兵戈。可是这些贼寇狡诈多变，本性难移。表面上愿听从招抚，实则心怀叵测，乃至发展到攻打县城，穷凶极恶，杀害官民。虽经官兵擒斩部分骨干分子，贼势稍稍收敛。但因成股盗贼甚多，出没无常。如不进行三省会剿，以显朝廷的天威，盗寇终不能根除，天下哪能太平？根据各级官员的呈请，都要求大举进兵。臣等再三筹议，并不敢轻易兴兵，但从整个形势通盘考虑，实在是不能不发兵征剿。因为盗贼巢峒多，贼党众，官军从东面攻，他向西窜；这一股出，那一股藏，达到彻底剿灭非常困难。因此必须调动本省土、汉官军、民兵、杀手等共约三万名，确定各路兵马进军路线，约定日期同时发兵进剿。至于两广、南、赣仍须各调官军、狼兵，堵截夹攻，协同作战。臣等计划所需粮饷数量甚大，筹措艰难，且因本省天灾人

乏，前项合用钱粮预须计处，今将应调土汉官军数目，供给粮饷事宜，及战攻方略，开坐具奏。'该本部覆称：'阃外兵权，贵在专委；征伐事宜，切忌遥制；今郴、桂瑶贼为害日炽，既该湖广镇巡三司官会议，兵不可已，要行克期进剿，朝廷若复犹预不决，往返会议，必致误事；但七月进兵，天气尚炎，况今五月将中，三省约会期限太迫，再请敕两广总督等官左都御史秦金等，及请敕巡抚南赣左佥都御史王守仁，各照议定事理，钦遵会合行事，不许违期失误，及改拟九月中取齐进兵，庶三省路达，不误约会。'本年五月十一日，少保兼太子太保本部尚书王琼等具题奉钦依，备咨到臣。除钦遵外，卷查先据江西岭北道副使杨璋，及湖广郴桂兵备副使陈璧，并广东韶州府各呈申前事；臣参看得前贼恶贯已盈，神怒人怨，天讨在所必加；但近年以来，江西有桃源之役，疮痍甫起；福建有汀、漳之寇，军旅未旋；府江之师，方集于两广；偏桥之讨，未息于湖、湘。若复继以大兵，惟恐民不堪命。合无申明赏罚，容臣等徐为之图；惟复约会三省，并举夹攻，已经开陈两端，具本上请。去后；今准前因。则巡抚湖广右副都御史秦金所题夹攻事理，既奉有成命矣。臣谨将南、赣二府议处兵粮事宜。开坐。缘系地方紧急贼情事理，为此具本请旨！

计开：

一、南安府所属大庾、南康、上犹三县，各有贼巢，联络盘据，有众数千，西接湖广桂阳等县；南接广东韶州府乐昌

祸相继，民穷财尽，军用钱粮要预先计划。今将应调土、汉官军数量，粮饷供给事宜及战役策略部署，开列上报。'据兵部批复谓：'远离首都的用兵权力贵在用人专一，大型军事行动切忌乱插手，瞎指挥。今日郴、桂瑶贼为害日甚一日。既然湖广镇巡三司官一致认为不能不用兵。准备限期进剿。朝廷如仍犹豫不决，往返商议，必致误时误事。但七月进兵天气太热。何况现在已五月中旬，三省约会期限时间太紧迫。再请降旨命两广总督等官，左都御史秦金等；请降旨命巡抚南赣左佥都御史王守仁等各照既定方针办理，奉朝廷之命协调行动，不许违期失误。另改在九月中按期同时进兵，以免三省因路远约会不准而失误。'本年五月十一日，少保兼太子太保本部尚书王琼等具本上奏。此批复送达臣手，除表示应遵守朝廷决议外，臣查存档案卷见江西岭北道副使杨璋，湖广郴、桂兵备副使陈璧以及广东韶州府各呈报过前述事项。臣见前述盗贼已恶贯满盈以致人神共愤，理应受到朝廷的征伐。但近年江西有征剿桃源盗贼的战事，破坏还没有恢复。福建因为征剿汀、漳之盗贼，官军还没有复员。征讨府匪乱的官军刚刚在两广集中。讨伐偏桥盗匪的战事仍在湖、湘打得火热。若于此时再动员大军作战，恐怕老百姓实在负担不起。为什么不申明赏罚，让臣等慢慢设法解决。对于约会三省并发夹攻，已经陈述两种不同的办法具本上奏。今按照前述原因，已批准巡抚湖广左副都御史秦金的方案。臣谨将南、赣二府所讨论的军粮事项开列。因系地方紧急贼情事，为此具本请旨！

计开：

一、南安府所属大庾、南康、上犹三县各有贼巢，联络盘踞，有贼人数千。西接湖广桂阳等县，南接广东韶州府乐昌等

等县；三省夹攻，必须湖广自桂阳、桂东等处进，广东自乐昌县进，在南安者，必须三县地方并进；赣州府所属，惟龙南县贼巢，与广东惠州府龙川县浰头接境，浰头系大贼池大鬐等巢穴，有众数千，比之他贼，势尤猖獗，前此二次夹攻，俱被漏网；龙南虽有贼徒数夥，除之稍易；但其倚藉浰头兵力，以为声援，攻之则奔入浰头，兵退则复出为害，必须广东兵自龙川进，赣州兵自龙南进，庶可使无奔溃。

一、上犹去龙南几四百里，两处进兵，必须一时并举，庶无惊溃之患；大约计之，亦须用兵一万二千名。今拟调南康、上犹二县机兵打手一千二百名，大庾县机兵、打手一千二百名，赣州府所属除石城县外，宁都、信丰二县机兵、打手各一千名，其余七县机兵、打手三千名，龙泉县机兵、打手一千名，安远县招安义民叶芳、老人梅南春等，龙南县招安新民王受、谢钺等兵，共二千名，汀州府上杭县打手一千名，潮州府程乡县打手一千名，共凑二万二千之数。但广、湖两省之兵，皆狼土精悍，贼所素长，势必偏奔江西；江西之兵，最为怯懦，望贼而溃，乃其素习，今所拟调，皆新习未练，若使严以军法处治，庶几人心齐一，事功可成。

一、兵一万二千余名，每名日给米三升，一日该米三百七十余石；间日折支银一分五厘，一日该银一百八十余两；以六个月为率，约用米三万三十余石，用银二万余两。领哨、统兵、旗牌等官，并使客合用廪给及赏功犒劳牛酒、银牌、花红、鱼、盐、火药等费，约用银二万余两。通前二项，

县。三省夹攻，必须从湖广桂阳、桂东等处进。广东从乐昌县进。在南安者，必须三县并进。赣州府所属只有龙南县贼巢，与广东惠州府龙川县浰头接境，浰头系大贼池大鬓等的巢穴，有贼人数千，比其他贼更为猖獗，以前两次夹攻均漏网逃走。龙南虽有几股贼人，但不难消灭，但他们依靠浰头兵力以为声援，若进攻，他们就逃进浰头，若退兵，他们就复出为害。这样必须广东兵从龙川进，赣州兵从龙南进，才能将他们歼灭。

一、上犹去龙南差不多有四百里，两处进兵，必须同时开始，才不致使贼人惊散。约计也须用兵一万二千名。现准备调南康、上犹二县机兵、打手一千二百名。大庾县机兵、打手一千二百名，赣州府所属除石城县外，宁都、信丰二县机兵、打手各一千名，其余七县机兵、打手三千名。龙泉县机兵、打手一千名。安远县招安义民叶芳、老人梅南春等，龙南县招安新民王受、谢钺等兵共二千名。汀州府上杭县打手一千名。潮州府程乡县打手一千名。共凑约二万二千人。广湖两省之兵多半是狼兵、土兵精悍，平时贼都怕他们。贼势必向江西逃跑，而江西之兵最为怯懦，常常看见贼就跑。现今计划调来的多是才入伍而未加训练。若以军法严格管理才能使万众一心，功成有望。

一、用兵一万二千名，每名每天给米三升，一天需用米三百七十余石；隔一天支取折银一分五厘，一天需用银一百八十余两。以大约用兵六个月计算，约用米三万三十余石，用银二万余两。领哨、统兵、旗牌等官，并使者、客人的薪俸以及奖赏、犒劳、牛酒、银牌、花红、鱼、盐、火药等费用约用银二万余两。

约共用银五万两。二府商税银两，集兵以来，日有所费，见存银止有四千余两；二府并赣县、大庾、南康、上犹四县积谷，约计有七八万石，但贮积年久，恐舂米不及其数。见在前银不足支用，就欲别项区处，但恐缓不及事。查得江西布政司并各府县，别无蓄积，止有该解南京折粮银两贮库未解，并一应纸米赃罚银两，合无行巡抚江西都御史孙燧，转行布政司，并行各府照数借给应用；候事宁之日，或将以后抽掣商税，或开中盐引，另为计处，奏请补还，庶克有济。

一、合用本省巡按御史随军纪功管理钱粮及统兵、领哨官员，除本省三司，分守、分巡、兵备、守备并南、赣二府官员，临时定委外；访得九江府知府汪赖，吉安府知府伍文定，汀州府知府唐淳，惠州府知府陈祥，俱各才议练达；程乡县知县张戬，抚州府东乡县知县黄堂，建昌府新城县知县黄文鹫，袁州府萍乡县知县高桂，吉安府龙泉县知县陈允谐，俱有才名，俱各堪以领兵。候命下之日，听臣等取用。臣等窃照师期已迫，自今七月上旬至九月中旬，仅余两月，中间合用前项钱粮器仗，及拟调兵快，应委官员之类，悉皆百未有措；又事干各省，道途相去，近者半月，远者月余，万一各官之中，违抗推托，不肯遵依，约束，临、期误事，罪将安归？乞照湖广巡抚都御史秦金所奏，该部题准事理，各官之中，敢有抗违失误者，许臣等即以军法从事，庶几警惧，事可易集。

前两项相加约共同银五万两。两府所收商税银,自用兵以来每天有消费,现存银只有四千余两。两府及赣县、大庾、南康、上犹四县共存谷约计七八万石,但储存年久,春出米来不会达到这个数量。现在银子不够用就另想别的办法,但恐筹措来不及。经调查得知江西布政司并各府县别无蓄积,只有应上交南京的折粮银未动,还有一些纸、米和罚交及没收的赃银等项银两现存放在库。为什么不行文至巡抚都御史孙燧,转发布政司并命令各府照数给呢!待事情过后或将以后征收的商税,或签发盐引等项再行补偿。

一、应该用本省巡按御史随军纪功、管理钱粮。统兵、领哨官员,除本省三司,分巡、分守、兵备、守备并南、赣二府官员临时决定委任外,又查得九江府知府汪赖,吉安府知府伍文定,汀州府知府唐淳,惠州府知府陈祥等各有一定才能。程乡县知县张戬、抚州府东乡县知县黄堂、建昌府新城县知县黄文鹭、袁州府萍乡县知县高桂、吉安府龙泉县知县陈允谐等都有才名,都能够领兵。等朝廷命令下达后,听任臣等调用。臣等私下计算出兵日期临近,从现在七月上旬至九月中旬仅有两个月,其间应该准备的钱粮、器仗,以及调用兵快,委任官员等事项都还没有着落。这些事情牵涉各省,往返道路近的需半月,远者需月余。万一各位官员中有违抗、推托,不服从命令的,临期误事,谁来承担罪责?请按照湖广巡抚都御史秦金所奏,凡兵部批准照办的事项,备官敢有违抗失误者,授给臣等以军法处治的权力,方能使各级有所警惕,事情就容易办了。

南赣擒斩功次疏

十二年七月初五日

据江西按察司整饬兵备带管分巡岭北道副使杨璋呈："据统兵等官南安府知府季斆呈解生擒大贼首一名陈曰能，从贼林杲等二十七名，斩获首级十六颗，俘获贼属男女十三口及马牛等物；并开称：'捣过禾沙坑、船坑、石圳、上龙、狐狸、朱雀、黄石等贼巢七处，烧死贼徒不计其数，并房屋禾仓三百余间。'南康县县丞舒富呈：解生擒大贼首一名钟明贵，从贼曾能志等二十一名，斩获贼级四十五颗，杀死未取首贼一百一十七名，俘获贼属男女一十六名口，及牛马驴等物；并开称："捣过石路坑、白水峒、杞州坑、旱坑、茶潭、竹坝、皮袍、樟木坑等贼巢八处，烧死贼徒三百四十六名，并烧毁房屋禾仓四百七十余间。"

赣县义官萧庚呈解生擒大贼首一名唐洪，从贼蒲仁祥等六名，斩获首级并射死贼徒一百三十八名，烧毁贼巢房屋禾仓一百二十间，及俘获牛羊器械等物；并开称："捣过长龙、鸡湖、杨梅、新溪等处贼巢四处。"各缘由，到道。随据统兵官员并乡导人等各呈称："自本年正月，蒙本院抚临以来，募兵练卒各贼探知消息，将家属妇女什物，俱各寄屯山寨林木茂密之处，其各精壮贼徒，昼则下山耕作，夜则各遁山寨；依奉本院方略，于六月二十日子时，各哨克期进剿，每巢止有二三十人，或四五十人，看守巢穴，见兵举火奋击，俱各惊溃；间有射伤药弩，即时身死，坠于深岩。"

卷之十 别录二

南赣擒斩功次疏

十二年七月初五日

据江西按察司整饬兵备带管分巡岭北道副使杨璋呈："据统兵等官南安府知府季斅呈解送大贼头陈曰能一名，从贼林果等二十七名，砍下的头颅十六颗，俘获的贼人家属男女共十三口以及牛马等物。并开列其他战果：'捣毁禾沙坑、船坑、石圳、上龙、狐狸、朱雀、黄石等贼巢七处，烧死贼人不计其数，烧毁房屋、谷仓三百余间。'南康县县丞舒富解送被活捉的大贼头一名，名叫钟明贵。从贼曾能志等二十一名。砍下的头颅四十五颗，杀死但没砍下头颅的贼人一百一十七名，俘获贼人家属男女共一十六名以及牛马等物。并开列其他战果："捣毁石路坑、白水峒、杞州坑、旱坑、茶潭、竹坝、皮袍、樟木坑等贼巢八处，烧死贼人三百四十六名，烧毁房屋、谷仓四百七十余间。""

赣县义官萧庚解送活捉的大贼头唐洪一名，从贼蒲仁祥等六名，砍下的头颅并射死的贼人一百三十八名，烧毁房屋谷仓一百二十间，夺获牛羊器械等物并开列其他战果："捣毁长龙、鸡湖、杨梅、新溪等贼巢四处。"各报至本道。随后据统兵官员并乡导等人报告："自本年正月按院到任以来，招募新兵并加以训练。各路贼人探听到这一消息后随将家属、妇女、财物等寄放在山寨林木茂密之处。精壮贼人白天下山耕种，夜间遁回山寨。按照本院剿捕计划于六月二十日午夜各哨官军同时进剿。每巢只有二三十人或四五十人看守。见官军手举火把来攻，各惊骇奔逃，或有被毒箭射中，当时死亡，坠于崖下。"

及据县丞舒富、义官萧庚各回呈："止有上犹县白水峒、石路坑二巢，南康县鸡湖一巢，险峻，巢内贼属颇多，被兵四面放火进攻，贼无出路，烧死数多，天明看视，止存骸骨，头面烧毁莫辨，以此难取首级。"等因。案照先为紧急贼情事，据上犹县申称："四月间被輋巢贼徒，不时虏掠耕牛人口，请兵追剿，乡民稍得莳插；今早谷将登，又闻各巢修整战具出劫，乞为防遏，庶得收割聊生。"等因。

并据县丞舒富及南安府呈：大庾县申："同前事。"该本道查得上犹县邻近巢穴，则有旱坑、茶潭、杞州坑、樟木坑、石路坑、白水峒、竹潭、川蚴、阴木潭等巢，南安县则有长龙、鸡湖、杨梅、新溪等巢；大庾县则有狐狸坑、船坑、禾沙坑、石圳、上龙、朱雀、黄石坑等巢；多则三五百名，少则七八十名，合无将本院选集之兵，委官统领，分投剿遏。"等因。已经呈奉本院批："看得各贼名号，日渐僭拟，恶毒日加纵肆，若果遂其奸谋，得以乘虚入广，其为患害关系匪轻。除密行南韶等府，分兵防截外；仰该道便部勒诸军，定哨分委，仍密召各巢附近被害知因之人堪为乡导者前来，分引各兵，出城之时，不得张扬，今正当换班之月，统令俱以下班为名，昼伏夜行，克期各至分地，掩贼不备，同时举事，分领各官，务要严密奋勇竭忠，以副委托；如或推奸误事，及军士之中，敢有后期退缩者，悉以军法从事，决不轻贷！该道亦要亲帅重兵，随后继进，密屯贼巢要害处所，相机接应以

又据县丞舒富及义官萧庚各报告："只有上犹县白水峒、石路坑二巢和南康县鸡湖一巢，地势险峻，贼人家属很多，官军四面放火，贼人无路可逃被烧死很多，待天明检查见面目均被烧毁，仅存骸骨，难以再割取头颅。"按早先为紧急贼情事上犹县曾报告："四月间辇贼时常四处抢掠人口，耕牛。请发兵追剿，乡民稍可耕种，现在很快要收割早稻，又听说各贼巢正修整枪刀等武器准备下山抢掠，请设法防止，使居民得以收割禾稻，维持生计。"

又有县丞舒富及南安府上报的大庾县申报："主要事实同前。"该道考察得知上犹县邻近巢穴有旱坑、茶潭、杞州坑、樟木坑、石路坑、白水峒、竹潭、川蚴、阴木潭等巢。南安县则有长龙、鸡湖、杨梅、新溪等巢。大庾县有狐狸坑、船坑、禾沙坑、石圳、上龙、朱雀、黄石坑等巢。贼多则三五百人，少则七八十人，何不将本院选练之兵派官率领发动征剿。"上述各报告已经本院批复："从各贼名号看来，他们的野心日益增大，恶毒阴谋日益放纵。如果他们的阴谋实现，得以乘虚侵扰广东，其为祸害不能等闲看待。除密令南韶等府分兵堵截以外，请该道着手布署各军，分别委任各哨头目。并秘密召集各贼巢附近的被害人或知情人能够作乡导的人，为各哨人马带路。出发时不得张扬，本月恰逢换班，参战士兵都以下班作掩护，白天休息，夜间行军，按约定日期必须到达目的地。在贼人毫无戒备的情况下一齐行动。分领各官一定严格执行军纪，奋勇当先，不负国家信任。如有因推诿误事以及士兵中敢有迟到或临阵退缩者，一律军法从事，决不宽贷。该道也要亲自率领重兵随后续进，秘密驻扎在贼巢要害处，以随时接应各军，以防意外情况的发生。

防不测。

一应机宜，务须慎密周悉，仍要严缉各兵，所获真正贼徒，不许滥加良善等因。遵奉统领各兵刻期进剿及加谨防遏。今据复呈前因，通查得各哨共计生擒大贼首三名，首从贼五十四名，斩获首级六十八颗，杀死射死贼徒二百四十余名，烧死、贼徒二百余名，捣过巢穴一十九处，烧毁房屋禾仓八百九十余间，俘获贼属男女二十九名口，水黄牛、马、骡、羊一百四十四头匹只。所据各该领兵等官所报擒斩之贼数固不多，而巢穴已空，无可栖身；积聚已焚，无可仰给；就使屯集横水、桶冈大巢，将来人多食少，大举夹攻，为力已易。"等因。

转呈到臣。卷查先据副使杨璋呈称："据南安府并上犹等县及县丞舒富各呈申：'访得大贼首谢志珊号征南王，纠率大贼首钟明贵、萧规模、陈曰能、唐洪、刘允昌等，约会乐昌高快马等，大修战具，并造吕公车，欲先将南康县打破，闻知广东官兵，尽调征剿府江，就行乘虚入广。'等因。已经批仰该道，部勒诸军，酌量贼巢强弱，派定哨分。选委谋勇属官统兵，密召知因乡导引领昼伏夜行，刻定于六月二十日子时入各贼巢，同时举火，并力奋击，务使噍类无遗。"去后；今据前因覆勘得前项贼巢委果荡平殆尽；蓄积委果焚毁无遗获功解报虽少，杀伤烧死实多；猖獗之势少摧，不轨之谋暂阻；居民得以秋获，他方亦为一宁。

一切军事活动事务，布置必须严密周到。还要严令所部捉拿的是真正的贼人，不得妄加株连良善。各军按命令限期进剿并谨慎防守。又据此次剿捕行动的进展情况报告如下"经调查统计各哨共计活捉大贼头三名，首从贼人五十四名，砍下头颅六十八颗，杀死、射死贼人二百四十余人，烧死贼人二百余名，捣毁贼巢一十九处，烧毁房屋、仓库八百九十余间，俘获贼人家属男女共二十九口。水黄牛、马、骡、羊一百四十头（匹、只）。据各领兵官所报俘获及杀死的贼人数量不算多。但贼巢已空，不能栖身；积聚已焚毁，不能再赖以生存。即便屯集在横水、桶岗大贼巢，将来必定人多粮少，对他们再大举夹攻就容易多了。"

此战报转呈到臣手。查阅档案据先前副使杨璋报告："据南安府及上犹等县以及县丞舒富各呈报：'据调查大贼头谢志珊号称征南王勾结大贼头钟明贵、萧规模、陈曰能、唐洪、刘允昌等邀约乐昌高快马等，大修战车并造吕公车，企图先攻破南康县。听说广东官兵都调去府江作战，就想乘虚入广。'接到这个报告，臣已批复该道，部署各军，根据贼巢强弱，派遣相应部队，选派具备智勇的属官担任领导。秘密招致了解贼情的乡导带路，白天休息，夜间行军。确定于六月二十日午夜进入各个贼巢，同时四处放火，协力奋勇剿杀，务必不使漏网。"根据以上布置，复查战斗结果，知前述贼巢确已荡平殆尽，贼所蓄钱、粮等物资确已焚毁无遗，获取的功绩和解送俘虏及战利品虽少，但杀伤及烧死的很多。猖獗的贼势已初步受挫，大逆不道的阴谋已被阻止；居民能以秋收，地方也暂时宁静。

此皆遵依兵部申明律例事理，仰仗天威，官兵用命之所致，非臣之知谋所能及也。臣惟南赣之兵素不练养，见贼而奔，则其常态。今各官乃能夜入贼巢，奋勇追击，在他所未为可异之功；于南、赣则实创见之事。及照副使杨璋区画赞理，比于各官，劳勋尤多；今夹攻在迩，伏乞皇上特加劝赏，以作兴勇敢之风，庶几日后大举臣等得以激励人心。除将获功人员，量加犒赏；生擒贼徒，监候审决，首级枭示；俘获贼属，领养牛马，赏兵有功人员；查审的确造册奏缴外；缘系斩获功次事理，为此具本题知。

议夹剿方略疏

十二年九月十五日

据江西岭北道副使杨璋呈："奉臣案验，准兵部咨：该巡抚湖广都御史秦金题：'为紧急贼情事备行计处兵粮，约会三省，将上犹县等处贼巢克期九月中进剿。等因。'"遵依；随将本道兵粮事宜计呈本院转达奏闻定夺外；随据南安府上犹、大庾等县申称：'各县乡民早谷将登，各巢鞑贼修整战具，要行出劫。'并据南康县县丞舒富呈：'访得大贼首谢志珊号征南王，纠率桶冈等巢贼首锺明贵等约会广东大贼首高快马等，大修战具，并吕公车，欲要先将南康县打破；闻知广东官兵尽调府江，就行乘虚入广流劫，乞要早为扑剿。'等因。已经呈蒙本院，密受方略，行委知府季

这都是仰仗皇上的天威,将士高昂的士气以及兵部颁发的严明纪律的约束所取得的。臣的谋划并不起主要作用。臣以为南赣的兵平时很少训练,常常看见贼寇就跑。现在各官所带之兵能够夜入贼巢,勇追击。这在其他地方的军队算不了什么,但对于南赣兵来说已经是开创纪录了。在这次战役中副使杨璋规划调度有条不紊,比其他官员功劳卓著。今即将夹攻,还要请陛下对他特别嘉奖以振兴统兵官员的勇敢向前的风气。这样日后如大举征剿,臣等得以借此激励人心,鼓舞士气。除了对立功人员酌加犒赏;对被活捉的贼人监候审判处决,杀头示众;将俘获的贼人家属,夺取的牛马等赏给有功人员,以上审查确实造册上报以外。因系斩获功次大事,为此具本奏知。

议夹剿方略疏

十二年九月十五日

据江西岭北道副使杨璋呈:"据臣查明按兵部咨文:该巡抚湖广都御史秦金奏:'为紧急贼情事,按计划筹措军粮,约会三省,将上犹县等处贼巢定于九月中进剿。等因。"遵依:随将本道军粮事项,呈报本院转奏朝廷决定外。随据南安府上犹、大庾等县报称:'各县乡民将收早稻,各巢峚贼修整武装准备外出抢掠。'并据南康县县丞舒富呈:'经查大贼头谢志珊自称征南王勾结桶冈等巢贼头锺明贵等约会广东大贼头高快马等大造兵器和吕公车,企图攻破南康县城,另外因打听到广东官兵大部调往府江,就想乘虚入广东抢掠,乞早作准备进行剿捕。'等因。已经呈报至本院,经本院制订秘密行动计划,委派知府季斅、县丞舒富等领兵分剿,共活捉大贼头陈日能等三名,

歆，县丞舒富等领兵分剿，共生擒大贼首陈曰能等三名，首从贼徒五十四名，斩获贼首级六十八颗，杀死射死贼徒二百四十余名，烧死贼徒二百余名，捣过巢穴一十九处，烧毁房屋禾仓八百九十余间，俘获贼属二十九名口，水黄、牛、马、羊、骡一百四十四头匹，通经呈报。又蒙本院虑贼必将乘间复出，行委知府季歆，指挥来春等，统兵屯南安；指挥姚玺，县丞舒富，统兵屯上犹；指挥谢昶，千户林节，统兵屯南康，各于要害去处，往来防剿。至七月二十五日，贼首谢志珊，果复统众一千五百余徒，攻打南安府城，各官督兵迎敌，生擒贼犯杨銮等七名，斩获首级四十五颗，贼众大败而去；八月二十五日，贼首谢志珊又统领二千余徒，复来攻打南安府城，各官督兵迎敌，生擒贼犯龙正等四十二名，斩获首级一百五十七颗，贼又大败而去；即今贼势少挫，若乘此机会，直捣其巢，旬月之间，可期扫荡；但闻湖广之兵，既已齐集，而广东因府江班师未久，复调狼兵，未有定期；谨按地图，江西之南安有上犹、大庾、桶冈等处贼巢，与湖广桂东、桂阳接境，夹攻之举，止该江西与湖广会合，而广东止于仁化县要害把截，夹攻不与焉；赣州之龙南有浰头贼巢，与广东龙川接境，夹攻之举，止该江西与广东会合而湖广不与焉；广东乐昌乳源贼巢，与湖广宜章县接境，惠州贼巢与湖广临武县接境，仁化县贼巢，与湖广桂阳县接境，夹攻之举，止该湖广、广东二省会合，而江西止于大庾县要害把截，夹攻不与焉；名虽三省大举，其实自有先后，举动次

首、从贼人五十四名,砍下贼人头颅六十八颗,杀死、射死贼人二百四十余名,烧死贼人二百余民,捣毁贼巢一十九处,烧毁房屋、谷仓八百九十余间,俘获贼人家属二十九名。夺回水黄、牛、马、羊、骡一百四十四头(匹、只)。均详细呈报。本院考虑贼人必定乘我不备卷土重来。随即委派知府季斅,指挥来春等领兵驻南安;指挥姚玺,县丞舒富领兵驻上犹;指挥谢昶,千户林节领兵驻南康。各据要害地方,往来防剿,至七月二十五日,贼首谢志珊果然又率众一千五百余人攻打南安府城。各官率兵迎敌,活捉贼犯杨銮等七名,砍下贼人头颅四十五颗,贼众大败退去。八月二十五日贼头谢志珊又率领贼众二千余人二次来攻南安府城。各官率兵迎战,生擒贼犯龙正等四十二名,砍下贼人头颅一百五十七颗,贼又大败而退。现在贼势稍减,如乘此机会直攻贼巢,不出一月即可荡平。但听说湖广官兵已集结待命,而广东因府江战事后官兵班师还没多久,此时再调狼兵日期难定。从地图上看江西的南安有上犹、大庾、桶冈等贼巢与湖广的桂东、桂阳接境,如果举行夹攻,仅要求江西与湖广会合,而广东仅需在仁化县要害地方堵截,而不必参与夹攻。赣州的龙南有浰头贼巢与广东的龙川接壤,如举行夹攻仅需江西与广东会合而湖广不必参与。广东的乐昌、乳源贼巢与湖广宜章县接壤,惠州的贼巢与湖广临武县接壤。仁化县的贼巢与湖广桂阳接壤,如举行夹攻仅需广东、湖广两省会合,而江西仅需在大庾县要害堵截,而不必参与夹攻。名义上虽然是三省会合大举夹攻,其实自有先后。依次行动各不妨碍。如不这样看问题,一定要等待三省的兵完全集结,然后进剿,必将使部队长时间闲置暴露而影响战斗力,使士气下降,为害可不算小。应该按以上

第，不相妨碍，若不此之察，必欲通复三省之兵齐集，然后进剿，则老师废财，为害匪细。合将前项事宜，约会三省，以次渐举，庶兵力不竭，粮饷可省。"等因，据呈到臣。看得三省夹攻，必须彼此克期定日，同时并举，斯乃事体之常；然兵无定势，谋贵从时，苟势或因地而异便，则事宜量力以乘机，三省贼巢，连络千里，虽声劳相因，而其间亦自有种类之分，界限之隔，利则争趋，患不相顾，乃其性习；诚使三省之兵，皆已齐备，会约并进，夫岂不善？但今广东狼兵，方自府江班师，而归欲复调集，恐非旬月所能；两省之兵既集，久顿而不进，贼必惊疑愈生；其奸悍者奔突，黠者潜逃，老师费财，意外之虞，乘间而起，虽有智者难善其后，诚使先合湖广、江西之兵，并力而举上犹诸贼逮事之毕，广东之兵，亦且集矣；则又合湖广、广东之兵，并力而举乐昌诸处，逮事之毕，江西之兵，又得以少息矣；则又合广东、江西之兵，并力而举龙川；方其并力于上犹，则姑遣人佯抚乐昌诸贼，以安其心；彼见广东既未有备，而湖广之兵，又不及己，苟幸旦夕之生，必不敢越界以援上犹；及夫上犹既举，而湖广移兵以合广东，则乐昌诸贼，其势已孤，二省兵力益专，其举之益易，当是之时，龙川贼巢，相去辽绝，自以为风马牛不相及，彼见江西之兵又撤，意必不疑，班师之日，出其不意，回军合击，蔑有不济者矣。

分析，约会三省依次行动。这样才能做到兵力不竭，又可以节省粮饷。"等因。此呈报送达臣手，看到三省夹攻必须彼此约定时间，同时并举，这也是一种很平常的道理。但是战争不可能一切都按事先规定好的步骤发展，这就是'兵无常势'。计谋要随时间和情况的改变而改变，这就是'谋贵从时'。如果军事形势的发展因地理情况有变，那就要选择便利我军的地形；根据情况变化，巧妙地投入我军的力量方能相机取胜。三省的贼巢绵延千里，虽然彼此互应，而其中必有帮派之分，界限之隔。有利大家都争着去，有祸患则各不相顾。这也是人性之常。真能做到三省之兵都已齐备，约会并进，那当然很好！但现在广东的狼兵正从府江班师，马上再调出，至少要半月以上。两省的兵集结在一起，长时没有任何行动，对此贼寇必定惊疑丛生。其中强悍的要来骚扰，狡猾的会偷偷地溜走。军队长久集结而不动，白白地消耗粮饷，还可能发生意外变故，这种局面就是很有智谋的人也不好收拾。如果先会合湖广、江西之兵，合力攻击上犹贼寇，待战事结束，广东的兵员也集中起来了。这样又会合湖广和广东的兵合力攻击乐昌的贼寇，待战事结束，江西的兵也休整得差不多了。然后又会合广东、江西的兵共同进攻龙川的贼寇。当广东和江西之兵开至上犹时，派人对乐昌的贼寇做出招抚的姿态，使他们暂时安心。他们看到广东还没有准备，湖广的兵又来不了，幸得暂保自身，他们不会越界援助上犹。待攻下上犹，湖广移兵和广东会合，这时乐昌贼势已成孤立状态。两省兵力专门对付乐昌那就容易多了。此时，龙川的贼巢因距乐昌太远，自认为风马牛不相及，而且他们又看到江西已撤兵，就更不怀疑了。待我军班师的时候出其不意回军夹击没有不成功的。

臣窃以为因地之宜，先后合击之便，除臣遵照兵部咨来题奉钦依，会兵征剿，亦听随宜会议施行事理，已将前项事宜，移咨广东、湖广、总督、巡抚等官知会，一面相机行事外；缘系地方紧急贼情事理，为此具本题知。

换敕谢恩疏

十二年九月十五日

近准兵部咨：为申明赏罚以励人心事。该臣奏，该本部覆题；节奉圣旨："是王守仁着提督南、赣、汀、漳等处军务，换敕与他。钦此！"备咨到臣。本年九月十一日，节该钦奉敕谕："江西南安、赣州地方，与福建汀、漳二府，广东南、韶、潮、惠四府，及湖广郴州桂阳县，壤地相接，山岭相连，其间盗贼，不时生发，东追则西窜，南捕则北奔，盖因地分各省，事无统属，彼此推调，难为处置。

先年尝设有都御史一员，巡抚前项地方，就令督剿盗贼，但责任不专，类多因循苟且，不能申明赏罚，以励人心；致令盗贼滋多，地方受祸。今因所奏，及该部覆奏事理，特改命尔提督军务，抚安军民，修理城池，禁革奸弊，一应军马钱粮事宜，俱听便宜区画，以足军饷；但有盗贼生发，即便设法调兵剿杀，不许踵袭旧弊，招抚蒙蔽重为民患；其管领兵快人等官员，不问文职武职，若在军前违期，并逗留退缩者，俱听军法从事；生擒盗贼，鞫问明白，亦听就行斩首示众，斩获级贼，行令各该兵备守巡官，即时纪验明白，备

臣自以为因地、因时之便利，对贼先后发动攻击。臣除遵照兵部咨文会兵征剿以外，也随情况变化而随时变更修改部分计划，并将上述剿捕策略行文转发广东、湖广、等总督、巡抚等官，使之相机行动。因系地方紧急贼情事特具本上奏。

换敕谢恩疏

十二年九月十五日

最近按照兵部咨文：为了申明赏罚以激励人心一事。以前兵部转奏该臣的奏议，上达朝廷之后，今奉圣旨："王守仁的意见是正确的，现在命他去南、赣、汀、漳等处提督军务，换敕令与他。钦此！"此咨文送达臣手。本年九月十一日节录该谕旨："江西南安、赣州等地与福建汀、漳两府，广东南、韶、潮、惠四府及湖广郴州桂阳县，土地相接，山水相连。这些地方时常有盗贼出没。从东追则向西窜，从南攻则向北跑，剿捕困难，其原因在于地处三省交界，缺乏统一部署，彼此推诿，难以处置。

从前曾专设都御史一员巡抚上述地方，就是督剿盗贼。但多敷衍塞责，不能申明赏罚，激励人心。使盗贼日益增多，地方受害日甚一日。今按以前王守仁所奏及兵部转奏各项，特改命王守仁提督军务，安抚军民，修理地池，打击邪恶，革除弊端。凡一切军马钱粮事宜授给你灵活处置的权力，筹足军饷，遇有盗贼产生，立即设法调兵剿除。不许重复犯前任的错误，欺骗朝廷进行假招抚，使百姓受害更深，断不可行。所统率的各级军政官员，不论文武，若临阵迟到，逗留退缩，一律听任军法处治。对被活捉的盗贼经审问明白听任杀头示众。对被杀或被俘的贼人大小头目，命令各该兵备守巡官当时检验记录明白转报江西按

行江西按察司造册奏缴,查照升赏激劝。钦此!"

俱钦遵外;窃念臣以凡庸,缪膺重寄,思逃罪责,深求祸源,始知盗贼之日炽,由于招抚之太滥;招抚之太滥,由于兵力之不足;兵力之不足,由于赏罚之不明;辄敢忘其僭妄,为陛下一陈其梗概,其实言不量力,请非其分,方虞戮辱之及;陛下特采该部之议,不惟不加咎谪,而又悉与施行;不惟悉与施行,而又隆以新命;是盖曲从试可之请,不忍以人废言也。

敕谕宣布之日,百姓填衢塞道,悚然改观易虑;以为圣天子明见万里,动察幽微;占群策之毕举,知国议之有人;莫不警惧振发,强息其暴,伪息其奸,怯者思奋而勇,后者思效而前,三军之气自倍,群盗之谋自阻;所谓舞干格苗,运于庙堂之上,而震乎蛮貊之中者也。夫过其言而不酬,有志者之所耻也;冒宠荣而不顾,自好者不为也;臣固谫劣,亦宁草木无知,不思鞭策,以报知遇?虽其才力有所难强,而蝼蚁之诚,决能自尽;虽于利钝不可逆睹,而狐兔之穴,断期扫平;臣不胜感恩激切之至!

察司造册奏缴，作为升赏奖励的依据，钦此！"

除遵奉圣旨外，私念臣本来资质平庸，错被皇上委以重任。在企图逃避罪责的前提下探求社会祸乱的根源，才知道盗贼的势力日盛一日，主要由于招抚太滥所致；招抚太滥由于兵力不足所致；兵力不足由于赏罚不明所致。臣不避越级妄言的罪责，给陛下陈说了个大概情况。其实臣的办事能力与言论并不相符，所请求的也和臣的身份不相称，正准备接受处罚，陛下却采纳兵部建议，不仅不加谴责，反而按臣的建议施行；不仅施行，而又任命臣新的官职。这是陛下虚心听取臣下试验性质的意见，而且不因为臣人微官卑而不听取臣的言论。

敕谕宣布以后万民惊喜，都认为陛下圣明，能够洞察万里之外的政事得失及民间疾苦。可以预见言路将要大开，为国尽忠建言的一定大有人在。人人有所警惕。好逞强施暴的人有所收敛；好投机取巧的人变老实了。懦弱的人想奋发有为；落后的人打算向前。三军士气高涨，盗贼的阴谋难以实现。这就是朝廷的尚武精神可以威震蛮夷，远及边境穷乡。自己说过的话不兑现是有志者的耻辱。一旦得到荣誉就忘乎所以是有自尊心的人所不为的。臣虽浅陋，也不至于像草木那样不知勉励自身以报陛下知遇之恩。虽然才力大小难以勉强要求。但臣的忠心能像蝼蚁一样尽力至死。计划能不能顺利实现，不能预先料定，但狐兔一样的贼巢迟早能够荡平是可以断定的。臣不胜激切感恩之至！

交收旗牌疏

十二年九月二十五日

准工部咨:"该本部题称:'看得兵部咨开:"都御史王守仁奉敕提督军务,应合照例给与旗牌,以振军威"一节,既查有例;又奉钦依,合无于本部收有内给与旗牌八面副,就令原来百户尹麟前去,交与本官督军应用,务加爱惜,不得轻意损坏,候到,先将收领过日期号数径自奏报查考。"等因。

具题奉圣旨:'是。钦此!'钦遵。"备咨到臣,随于本年九月十六日,据百户尹麟领赍令旗令牌八副面,前来,除照数收领,调度军马应用,务加爱惜,不敢轻意,损坏外;缘系交收旗牌事理,为此今将收领过日期缘由,并号数开坐,具本题知。

议南赣商税疏

十二年九月二十五日

据江西按察司分巡岭北道兵备副使杨璋呈:"奉巡抚江西地方右副都御史孙燧案验:'备行各道兵备等官,有地方重大军务,益于政体,便于军民,果系应议事件,即便条列呈报,以凭施行。'等因。随据南安府呈缴本年春季分折梅亭抽分商税循环文簿,看得该府造报册内,某日共抽税银若干,不见开有某商人某货若干,抽银若干,中间不无任意抽报情弊;及看得一季总数,倍少于前,原其所自,盖因

交收旗牌疏

十二年九月二十五日

录工部咨文:"该本部奏称:'看到兵部咨文中有:"都御史王守仁奉圣旨调动与监督军务,应该照例发给他旗牌以振军威"一节,既然有先例可查,又奉圣旨,就应该从本部保管的旗牌内发给他八面(副),就令原百户尹麟前去交付给本官,作为督军时用,要务必加以爱惜,不得轻易损坏,接到后,先将收到日期号数,直接奏报,以备查考。"等因。

具题奉圣旨:'是。钦此!'钦遵。"此咨文送达臣手,随后于本年九月十六日由百户尹麟持令旗、令牌八面(副)前来。除照数领取用于调度军马,务加爱惜,不敢轻易损坏以外。因系交收旗牌事,为此将收领日期、号数和用途开列,具本奏知。

议南赣商税疏

十二年九月二十五日

据江西按察司分巡岭北道兵备副使杨璋报告:"奉巡抚江西地方右副都御史孙燧的指示:'行文发至各道兵备等官:凡有地方重大军务,只要于政体有益,于军民便利者,确系应当讨论的事件,即便条列呈报,以备施行。'等因由。随后据南安府上缴本年春季折梅亭征收商税记录簿。看到该府所造报册内仅记某日共抽税银若干。其中无纳税人姓名。无哪类货物所纳的税,该类货物纳了多少税?从这本无头账可见其中不可能没有任意征收的弊端。又看到一季度所征税银总数比去年同期少了一

抽分官员，止是典史、仓官、义民等项，不惜名节，惟嗜贪污，兼以官职卑微，人心玩视，以致过往客商，或假称权要而挟放；或买求官吏而带过；及被店牙通同客商，买求书算，以多作少，以有作无，奸弊百端；卷查前项抽分，创于巡抚都御史金泽，一则趸大庾过山之夫，一则济南赣军饷之用，题奉钦依，遵行年久。

及查赣州龟角尾设立抽分厂，建白于总制都御史陈金，自正德六年十一月二十七日起，至九年七月终止，共抽过商税银四万二千六百八十六两六钱三分七毫五忽。本省大帽山姚源、华林盗贼四起，大举夹攻，一应军饷俱仰给于此，并未奏动内帑之积，亦未科派小民之财，以此而观，则商税之有益地方多矣。

缘赣州之税，正德十一年，该给事中黄重奏称："广货自南雄经南安折梅亭，已两税矣；赣州之税，不无重复，已经勘明停止赣河之税，近复大举夹攻，军饷仰给，全在折梅亭之税；今所入如此，非惟军饷无益，实惟奸宄是资。随会同分守左参议黄宏，议照合将南安之税，移于龟角尾抽分，既有分巡道之监临，又有巡抚之统驭，访察数多，奸弊自少；其大庾县顾夫银两，合令该县每季具印信领状，赴道批行赣州府支领，支尽查算，准令复支；如此非惟大庾过岭之夫不缺；而军饷之用大增。合就会案呈详。"等因。

倍。其原因大概是征税官员仅有典史、仓官或义民等人。这些人素质低，不顾名誉就知道贪污。加以官职卑微，人们拿他们不当回事儿。以致过往客商或假称权贵之物而免税，或买通官吏夹带而过。以及被货栈店员伙同客商一起买通征税开票吏员以多作少，以有作无，百般作弊。据档案记载上述征税制度是巡抚都御史金泽所创。一是为了保证大庾岭过山脚夫的薪金，另外也是为了补充南赣军饷。据说是按朝廷钦命办理，所以很久以前就执行了。

又查到赣州龟角尾也设有征税所，为总制都御史陈金所创。自正德六年十一月二十七日起至九年七月结束。共抽过商税银四万二千六百八十六钱三分七毫五忽。本省大帽山、姚源、华林盗贼四起。对盗贼大举夹攻，所有军饷都从这里支出，并未动京城国库饷银，也没再给小民增加负担。由此看来商税有益于地方的事太多了。

说到赣州的税收，正德十一年给事中黄重曾上奏："广货自南雄经南安折梅亭已抽税两次，赣州的税收不能说不重复。已经查明停止赣河的税收。最近又要大举夹攻，军饷补给全来自折梅亭的税收。现在的收入这样少，不但不能有助于军饷，倒是让那些市井无赖发了财。为此会同分守左参议黄宏共同决议将南安的税收移至龟角尾征收那里有分巡道监视，还有巡抚派员管理，经常考查，弊端自少。至于大庾县脚夫薪金应令该县每季发公函经道台批准向赣州府支领，支完结算，可以复支。这样办，不但大庾岭过山脚夫不致缺额。而且军饷的补充也有保证，应就定下的方案详细上报。"

据呈到臣。看得南赣二府商税，皆因给军饷、裕民力而设；折梅亭之税，名虽为夫役，而实以给军饷。龟角尾之税，事虽重军饷，而亦以裕民力；两税虽若二事，其实殊途同归。但折梅亭虽已抽分，而龟角尾不复致诘，未免有脱漏之弊；若折梅亭既已抽分，而龟角尾又复致诘，未免有留滞之扰；况监司既远，胥猾得以恣其侵渔；头绪既多，彼此得以容其奸隙；若革去折梅亭之抽分，而总税于龟角尾，则事体归一，奸弊自消。

非但有资军饷，抑且便利客商。盖分合虽异，而于商税事体，无改纤毫，转移之间，而于民商利害，相去倍蓰。除臣钦遵节奉敕谕，一应军马钱粮事宜俱听便宜区画事理，将副使杨璋等所议，行令该府一面查照施行外；缘系地方事理，为此具本题知。

升赏谢恩疏

正德十二年十月初□日

节该钦奉敕："得尔奏该福建兵备佥事等官胡琏等统领军兵，各分哨路于今年正月十八等日，先后攻破长富村象湖山、可塘洞等处巢穴，擒斩首从贼级一千四百二十九名颗；及该广东兵备佥事等官顾应祥等，统领军兵分哨并进，于今年正月二十四等日，克破古村、箭灌、水竹等寨，斩贼级一千二百七十二名颗，各俘获贼属、夺回人口、头畜、器械等数多，贼害既除，良民安堵。

上述报告送到臣手,见南赣二府商税都是因为补充军饷,增补百姓财力而设。折梅亭的税收名义上是为了过大庾岭的脚夫,而实际是为了补充军饷。龟角尾的税收虽然重在军饷,但于增补民力也有益处。两处税收虽然看起来是两回事,实际上目的是一致的。但折梅亭虽已征过而龟角尾就不再过问这可能有脱漏的弊病。若折梅亭已经征过而龟角尾重复盘查,难免使货物留滞,扰害商民。何况远离监司,奸猾税吏可能任意加征,头绪越多,不法之徒越容易钻空子。若裁去折梅亭税收,在龟角尾一次交纳,事情简化,弊端可以减少。

不但可以资助军饷,也可以便利客商。所以分、合虽不同,于税收制度并没改动一毫。一撤一并于商民便利与否就有明显差别。臣曾受权灵活处理一切军马钱粮事宜,故将副使杨璋等所议行文发给该府查照施行。因系地方事务,为此具本奏知。

升赏谢恩疏

正德十二年十月初□日

接皇上圣谕节录如下:"接到你的奏报,得知福建兵备金事胡琏等官,统领军兵,各分哨路于今年正月十八日前后先后攻破长富村、象湖山、可塘洞等处巢穴。擒斩首、从贼人及斩下头颅一千四百二十九名(颗)。又广东兵备金事顾应祥等官,统领军兵分哨并进,于今年正月二十四日前后攻破古村、箭灌、水竹等寨,杀死贼人及斩下头颅一千二百七十二名(颗),各俘获贼人家属,夺回人口、牲畜、器械等甚多。贼害既除,良民安生。

盖由尔申严号令，处置有方，以致各该官员奉行成算，有此成功。捷奏来闻，朕心嘉悦；除有功官军民快人等，待查勘至日，升赏外；升尔俸一级，赏银二十两，纻丝二表里，仍降敕奖励，尔其益竭心力，大展才猷，修明武备，多方计画，务使四省交界之区，数年啸聚之党，抚剿尽绝，地方永获安靖，斯称朕委任之意；毋或狃于此捷，遽生怠玩，致有他虞。钦此！"钦遵。

　　臣惟赏及微劳，则有功者益劝；罚行亲暱，则有罪者益警；近者闽广之师，幸而成功，其方略议于该部，成算出于朝廷，用命存于诸将，戮力因于士卒，臣不过申严号令，敷布督促之而已。曾有何功，而乃冒蒙褒赏，增其禄秩，锡以金币，臣实不胜惭汗惶恐之至！然臣尝有申明赏罚之奏矣。尝有愿陛下俯从惟重之典，以作敢勇之风之请矣。臣之微劳，惧不免于罪；而陛下曲从该部之议，特赐优渥之恩者，所谓赏及微劳，将以激劝有功也。

　　昔人有云："死马且买之，千里马将至矣。"臣敢畏避冒赏之戮，苟为逊让，以仰辜陛下激励作兴之盛心乎？受命之余，感惧交集，誓竭犬马之力，以效涓埃之报。臣不胜受恩感激之至！

这都是由于你申严号令，处置有方，所部各级官员能严格执行计划才取得成功。捷报到来，朕心甚喜。除有功官军、民、快人等，待名册到后酌加升赏以外。给你加俸一级，赏银二十两，纻丝二表里，并降敕奖励，你要更加尽心竭力，尽量发挥你的才干和谋略，整治好军备，多方计划，务必使这个四省交界之处，几年哨聚一方的贼党，剿灭干净，地方永获安宁。这样才能不负朕委任之意。不要因为这点小胜而麻痹大意，再生变故。钦此！"钦遵。

臣以为奖赏功劳不大的人，受赏者会更加自勉。关系很亲近的人犯过错也照样受罚，有罪的会更加警惕。最近福建、广东的官军侥幸打了几个胜仗，战略方针是兵部议定的，指示计划来自朝廷，各位将领具体执行，士兵们拼命作战的结果。臣不过严申号令，布置督促罢了，不能算有功，而仍然蒙皇上奖赏，增加薪俸，赏给金币，臣实在感到惭愧、惶恐。然而过去臣曾有申明赏罚的奏折。曾有希望陛下答应用严法治军以培养勇敢风气的请求。这些都不一定使陛下乐意，所以臣这一点儿辛苦恐怕还抵不过罪过。而陛下仍能顾全大局听从兵部的决议，特给臣以莫大的恩典。所谓赏立小功的人以激励全体有功之人，就是这个意思。

古时有人说："先买了死马，千里马就会来到。"臣不怕担负冒功领赏的罪责，也不故作谦让，为的就是让陛下借此以激励人心，鼓舞士气。接受任命之后感恩和恐惧之心兼具，臣誓竭犬马之力以报陛下于万一。臣不胜受恩感激之至！

横水桶冈捷音疏

十二年闰十二月初二日

据江西布按二司巡守岭北道兵备副使杨璋，左参议黄宏会呈："据一哨统兵赣州府知府邢珣呈：'督同兴国县典史区澄等官兵，于十月十二等日，攻破磨刀坑等巢；十一月初一等日，攻破桶冈洞等巢；二十三日会兵击贼于上新地寨，共十四处共擒斩大贼首雷鸣聪、蓝文亨、梁伯安等六名颗，贼从王礼生等二百四十一名颗，俘获贼属并夺回被虏男妇二百五十七名口，烧毁贼巢房屋一百七十七间，及夺马牛赃仗等项。'

二哨统兵福建汀州府知府唐淳呈：'督同上杭县县丞陈秉等官兵，于十月二日等日，攻破左溪等巢，十月初一等日，攻破十八磊等巢，共十二处。共擒斩大贼首蓝天凤、蓝八、苏景祥等四名颗，贼从廖欧保等二百六十四名颗，俘获贼属，并夺回被虏男妇五百四十四名口，烧毁贼巢房屋七百一十二间，及夺获马牛、器械、赃银等项。'

三哨统兵安南府知府季斅呈：'督同同知朱宪、推官徐文英等官兵，于十月十二等日，攻破稳下等巢，十二月初三日，击贼于朱雀坑等巢；共八处。生擒大贼首高文辉、何文秀等五名，擒斩贼从杨礼等三百六十一名颗，俘获贼属并夺回被虏男妇一百七十一名口，烧毁贼巢房屋五百七十八间，夺获牛马赃仗等物。及先于七月二十五等日二次，被贼拥众攻打本府城池，统领本营官兵会同指挥来

横水桶冈捷音疏

十二年闰十二月初二日

据江西布、按二司巡守岭北道兵备副使杨璋，左参议黄宏联合报告："据一哨统兵赣州府知府邢珣报：'督促兴国县典史区澄等官兵于十月十二日前后攻破磨刀坑等贼巢。十一月初一日前后攻破桶冈洞等贼巢。二十三日合兵攻击上新地等贼寨共十四处。斩杀大贼头雷鸣聪、蓝文亨、梁伯安等六名，贼人王礼生等二百四十一名；俘获贼人家属，夺回被掳男、妇二百五十七名。烧毁贼巢房屋一百七十七间，夺取马牛等赃物一宗。'

二哨统兵福建汀州府知府唐淳报：'督促上杭县县丞陈秉等官兵于十月十二日前后攻破左溪等贼巢，十一月初一日前后攻破十八磊等贼巢共十二处。共斩杀大贼头蓝天凤、蓝八、苏景祥等四名，贼人廖欧保等二百六十四名。俘获贼人家属并夺回被掳男、妇五百四十四名，烧毁贼巢房屋七百一十二间，夺回马牛、器械、赃银等项。'

三哨统兵安南府知府季斅报：'与同知朱宪、推官徐文英等官兵于十月十二日前后攻破稳下等贼巢。十二月初三日攻击朱雀坑等贼巢八处，活捉大贼头高文辉、何文秀等五名。斩杀贼人杨礼等三百六十名，俘获贼人家属并夺回被掳男、妇一百七十一名，烧毁贼巢房屋五百七十八间，夺获牛马、器械等物及赃银一宗。另外早在七月二十五前后贼众攻打本府城池时，朱宪、许文英等与指挥来春、冯翔统领本营官兵与贼对阵。本职下属官兵，副官等斩杀贼人龙正等一百零三名。来春下属官兵斩杀贼人王伯春、冯翔与贼对敌，本职下官兵舍人，共擒斩贼从龙正等一百三名颗，来春下官兵擒斩贼从王伯崇等二十五名颗，冯翔下官兵擒获贼从刘保等一百三十五名颗。'

四哨统兵江西都司都指挥佥事许清开称：'督领千户林节等官兵，于十月十二等日，攻破鸡湖等巢，共九处；共擒斩大贼首唐洪、刘允昌、叶志亮、谭祐、李斌等共一十名颗，贼从王志成等一百四十六名颗，俘获贼属并夺回被虏男妇一百三名口，烧毁贼巢房屋二百间，及夺获牛马赃仗等物。'

五哨统兵守备南、赣二府地方以都指挥体统行事指挥使郏文呈：'督领安远县义官唐廷华官兵于十月十二等日，攻破狮子寨等巢；二十三日会兵击贼于上新地寨，斩获首贼蓝文昭等三名颗，擒斩贼从许受仔等一百六十六名颗，俘获贼属并夺回被虏男妇九十八名口，烧毁贼巢房屋四百一十二间，及夺获牛马器械等项。'

六哨统兵赣州卫指挥余恩呈：'统领龙南县新民王受等兵，于十月十二等日，攻破长流坑等巢，共五处；擒斩大贼首陈贵诚、薛文高、刘必深三名颗，贼从郭彦秀等一百七十七名颗，浮获贼属并夺回被虏男妇九十九名口，烧毁贼巢房屋五百一十七间，及夺获马驴、器械、赃银等物。'

七哨统兵宁都县知县王天与呈：'督同典史梁仪等官兵，于十月十二等日，攻破樟木坑等巢，共三处；擒斩大贼首邓崇泰、王孔洪等八名颗，擒斩贼从陈荣汉等一百三十九名

崇等二十五名。冯翔下属官兵斩杀贼人刘保等一百三十五名。'

四哨统兵江西都司都指挥佥事许清报：'督率千户林节等官兵于十月十二日前后攻破鸡湖等贼巢九处，斩杀大贼头唐洪、刘允昌、叶志亮、谭祐、李斌等共一十名，贼人王志成等一百四十六名，俘获贼人家属并夺回被掳男、妇一百零三名，烧毁贼巢房屋二百间以及夺获牛马等赃物一宗。'

五哨统兵守备南、赣二府地方以都指挥体统行事指挥使郏文报：'督率安远县义官唐廷华等官兵，于十月十二日前后攻破狮子寨等贼巢，二十三日合兵攻击贼人于上新地寨，斩杀贼头蓝文昭等三名，斩杀贼人许受仔等一百六十六名，俘获贼人家属并夺回被掳男、妇九十八名，烧毁贼巢房屋四百一十二间及夺回牛马器械等项。'

六哨统兵赣州卫指挥余恩报：'统领龙南县义民王受等兵于十月十二日前后攻破长流坑等贼巢共五处，斩杀贼头陈贵诚、薛文高、刘必深等三名，贼人郭彦秀等一百七十七名，俘获贼人家属并夺回被掳男、妇九十九名，烧毁贼巢房屋五百一十七间以及马驴、器械、赃银等物。'

七哨统兵宁都县知县王天与报：'督同典史梁仪等官兵于十月十二日前后攻破樟木坑等贼巢共三处，斩杀大贼头邓崇泰、王孔洪等八名，斩杀贼人陈荣汉等一百三十九名，俘获贼人家

颗，俘获贼属并夺回被掳男妇二百七十五名口，烧毁贼巢房屋一百六间，及夺获牛马赃物等项。'

八哨统兵南康县县丞舒富呈：'统领上犹县义官胡述等兵，于十月十二等日攻破箬坑等巢，共五处；擒斩贼从康仲荣等四百一十九名颗，俘获贼属并夺回被掳男妇一百八十三名口，烧毁贼巢房屋九百九十三间，及夺获牛马赃银等项；及先于九月二十一等日，大贼首谢志田等攻打白面寨随督发寨长廖惟道等，擒斩首从贼徒谢志田等三十五名颗。'

九哨统兵广东潮州府程乡县知县张戬呈：'统领本县新民等兵，于十月二十四日等，攻破杞州坑等巢；十一月初一等日，攻破西山界、桶冈等巢；共九处。擒斩大贼首萧贵富、钟得昌等六名颗，贼从何景聪等二百五十七名颗，俘获贼属并夺回被掳男妇一百五十七名口，及夺获牛马、器械、赃银等物。'

十哨统兵吉安府知府伍文定呈：'统领庐陵县等官兵刘显等，于十月二十四等日，攻破寨下等巢；十一月初一等日，攻破上池等巢；二十日击贼于稳下等巢；共十二处。擒斩大贼首谢志珊、叶三等二十名颗，贼从王福儿等二百三十八名颗，俘获贼属并夺回被掳男妇二百八十四名口，烧毁贼巢房屋一百三十三间，及夺获赃仗等物。'中营随征参随等官推官危受、指挥谢昶等各呈：'蒙提督军门亲统各职等官兵，于十月十二等日，攻破长龙、横水大巢；及庵背等巢，共七处；生擒大贼首萧贵模等一十四名，擒斩贼从萧容等四百六十五名颗，俘获贼属并夺回被掳男妇二百四十八名

属并夺回被掳男、妇二百七十五名，烧毁贼巢房屋一百零六间，夺获牛马及其他赃物等项。'

八哨统兵南康县县丞舒富报：'统领上犹县义官胡述等兵于十月十二日前后攻破箬坑等处贼巢共五处，斩杀贼人康仲荣等四百一十九名，俘获贼人家属并夺获被掳男、妇一百八十三名，烧毁贼巢房屋九百九十三间，夺获牛马赃银等项。在这之前于九月二十一日前后大贼头谢志田等攻打白面寨时本哨同寨长廖惟道等斩杀首、从贼人谢志田等三十五名。'

九哨统兵广东潮州府程乡县知县张戬报：'统领本县新民等兵于十月二十四日攻破杞州坑等贼巢。十一月初一日攻破西山界、桶冈等贼巢九处，斩杀大贼头肖贵富，钟得昌等六名，斩杀贼人何景聪等二百五十七名，俘获贼人家属并夺回被掳男、妇一百五十七名，夺获牛马、器械、赃银等物。'

十哨统兵吉安府知府伍文定报：'统领庐陵县等官兵刘显等于十月二十四日前后攻破寨下等贼巢，十一月初一日攻破上池等贼巢。二十日击破贼人于稳下等巢穴共十二处。斩杀大贼头谢志珊、叶三等二十名以及贼人王福儿等二百三十八名。俘获贼人家属并夺回被掳男、妇二百八十四名，烧毁贼巢房屋一百三十三间，夺获其他赃物等。'中营随征参随等官，推官危受、指挥谢昶等各报：'由提督军门亲自统领各级军官及官军于十月十二日前后攻破长龙、横水大巢及庵背等巢共七处。活捉大贼头萧贵模等一十四名，斩杀贼人萧容等四百六十五名，俘获贼人家属并夺回被掳男、妇二百四十八名。烧毁贼巢房屋二百零二间，夺获牛马、金银等赃物一宗。'

口，烧毁贼巢房屋二百二间，及夺获牛马、金银、赃仗等项。'

各呈报到道。查得先为地方紧急贼情事，节奉提督军门案验：'备仰本道计处兵粮，约会三省官兵，将上犹等处贼巢，克期进剿，奏请定夺外；本年六月初五日，据大庚、上犹等县申；并据南康县县丞舒富呈称："大贼首谢志珊号征南王，纠率桶冈等巢贼首锺明贵等，约会广东大贼首高快马等大修战具，并造吕公车，欲要先将南康县打破，就行乘虚入广，乞早为扑捕。"等。因备呈本院。行委知府季斅等，分兵剿捕，获功呈报，奏闻讫；又经本院行委知府季斅、指挥来春、姚玺、谢昶、冯翔、县丞舒富，千户林节，各于要害防遏，擒斩功次，俱发仰本道纪验，解送本院枭示外；随该本道会同分守参议黄宏，议照："江西地方惟桶冈一处，该与湖广约会夹攻；龙川一县，该与广东约会夹攻，其余三县腹心之贼，不时奔冲，难以止遏，合无以次剿捕。"等因。

具呈本院。移文广东、湖广镇巡衙门，约会以次攻剿间；随奉本院分定哨道，指授方略，将知府邢珣等，刻期进剿，备仰各道，不妨职事，照旧军前纪验赞画。'等因。依奉催督各营官兵进攻去后。今呈前因；除将擒斩贼徒首级，俱类送巡按衙门，会审纪验明白；生擒仍解提督军门处决；并贼级照列枭示，被房人口给亲完聚，贼属男女并牛马骡变卖银两收候赏功支用，器械赃物俱发赣县贮库外；职等议照上犹等县横水等巢大贼首谢志珊、谢志田、谢志富、谢志各战报送至本道。为了地方紧急贼情事，先前奉提督军门指令发过下列通报：'由本道计划筹措军粮，约会三省官兵限期进剿上犹等处贼巢一事上奏朝廷以外。据本年六月初五日大庚、上犹等县报，并据南康县县丞舒富报称："大贼头谢志珊号称征南王，勾结率领桶冈等巢穴的贼头锺明贵等，并约会广东的大贼头高快马等大造刀枪等战具，并造吕公车，企图先攻破南康县，乘虚窜犯广东，乞早作准备，进行剿捕。"等因。报至本院，即命知府季斅等分兵剿捕，并将行动结果上报。又经本院委派知府季斅、指挥来春、姚玺、谢昶、冯翔、县丞舒富，千户林节，各于要害处设防，将擒、斩等战功名次均上报本道备案，俘获贼人押送本院发落以外，随后该本道会同分守参议黄宏制定剿捕方针：'江西地方仅桶冈一处该与湖广约会夹攻；龙川县该与广东约会夹攻；其余三县中心地带的贼人时常突然出动洗劫居民，难以制止，不能用平常办法剿捕。"

此方针呈报本院后，转发广东、湖广镇巡衙门约会按计划进行征剿，到时应按本院制定的进军路线，作战的指挥策略办事，命知府邢珣等按约定时间一齐进剿，并希望各道在不妨碍日常政事的前提下在这次剿捕行动中当好参谋，协助官军做好一切工作。"根据以上通知催督各营官兵行动以后。依照事先制定的计划，剿捕任务业已完成。善后工作有：将斩下的各级贼人的头颅送往巡按衙门检验记录明白。将被活捉的贼人押送提督军门处决，斩下头颅示众。被掳人口遣送回家与亲人团聚。贼人家属男女以及缴获的牛马骡驴均变卖成银两供奖赏立功者

海、萧贵模、萧贵富、徐华、谭曰志、雷俊臣，桶冈大贼首蓝天凤、蓝八苏、蓝文昭、胡观、雷明聪、蓝文亨，鸡湖大贼首唐洪，新溪大贼首刘允昌，杨梅大贼首叶志亮，左溪大贼首薛文高、高诵、冯祥，朱雀坑大贼首何文秀，下关大贼首苏景祥，义安大贼首高文辉，密溪大贼首高玉嬉、康永三，丝茅坝大贼首唐日富、刘必深，长河坝大贼首蔡积富、叶三梅，伏坑大贼首陈贵诚，鼍坑大贼首蓝通海，赤坑大贼首谭曰荣，双坝大贼首谭祐、李斌等，冥顽凶毒，恃险为恶，僭拟王号，伪称总兵，聚集党类数千，肆行流毒三省，攻围南安、南康府县城池，杀害千户主簿等官，流劫湖广桂阳、郴县、宜章、吉安府、龙泉、万安、泰和、永新等县，良民子女，被其奴戮，房屋仓廪，被其焚烧，道路田土，被其阻荒、占夺者以千万顷，赋税屯粮，负累军民陪纳者以千万石，其大贼首谢志珊、蓝天凤各又自称盘皇子孙，收有传流宝印画像，蛊惑群贼，悉归约束；即其妖狐酷鼠之辈，固知决无所就；而原其封豕长蛇之心，实已有不可言。比之姚源之王浩八、华林之胡雪二、东乡之徐仰四、建昌之徐九龄，均为贼首而奸雄，实倍之。今则渠魁授首，巢穴荡平，擒斩既多，俘获亦尽。

数十年之祸害已除；三省之冤愤顿释；悉皆仰仗朝廷，怜念地方之荼毒，大兴征讨之王师，并提督军门指授成算，号令严明，亲临督阵，身先士卒，以致各哨官兵用命，争先

用。器械及其赃物交赣县入库保存。除善后工作以外。职等以为上犹等县，横水等贼巢大贼头谢志珊、谢志田、谢志富、谢志海、萧贵模、萧贵富、徐华、谭日志、雷俊臣，桶冈大贼头蓝天凤、蓝八苏、蓝文昭、胡观、雷明聪、蓝文亨。鸡湖大贼头唐洪。新溪大贼头刘允昌。杨梅大贼头叶志亮，左溪大贼头薛文高、高诵、冯祥。朱雀坑大贼头何文秀。下关大贼头苏景祥。义安大贼头高文辉。密溪大贼头高玉嬉、康永三。丝茅坝大贼头唐日富、刘必深。长河坝大贼头蔡积富、叶三梅。伏坑大贼头陈贵诚。鳖坑大贼头蓝通海。赤坑大贼头谭日荣。双坝大贼头谭祐、李斌等顽固狠毒，凭借地势险要作恶，自封为王，假称总兵。聚集数千匪类，流窜毒害三省。围攻南安、南康等府县城池，杀害千户主簿等官。劫掠湖广桂阳、郴县宜章；吉安府、龙泉、万安、泰和、永新等县。良民子女被他们杀害或奴役，房屋仓库被他们焚烧。因为他们的劫掠，道路为之阻隔，田地因而荒芜，被占夺的有千万顷。使良民负累，白纳赋税及军粮，数达千万石。尤其是大贼头谢志珊、蓝天凤又自称是盘皇子孙，藏有俗传宝印、画像以蛊惑群贼，使贼众俯首帖耳均听其约束。其实这是一群鼠窃狗偷的愚氓，当然不会有什么成就。但他们的野心似乎要独霸一方与朝廷分庭抗礼。比起姚源之王浩八，华林的胡雪二，东乡的徐仰四，建昌的徐九龄等各个贼头，谢、蓝等实是他们之中的奸雄。现在这些贼头均已毙命，贼巢均已荡平。擒斩、俘获均已净尽。

几十年的祸害已除。三省的动乱已平息。这都是仰仗朝廷体恤地方祸乱的苦处，决心解除民忧发大兵征讨。提督军门深谋远虑，计划周到，号令严明，亲临督阵，以致各哨官竭全力争捐躯赴敌，或臻是捷。拟合会案呈详施行。"等因。

据呈到臣。卷查先准兵部咨："为申明赏罚，以励人心事。该本部覆议，请敕南赣等处都御史假以提督军务名目，给与旗牌应用，以振军威；一应军马钱粮事宜，径自便宜区画；文职五品以下，武职三品以下，径自拿问发落；如遇盗贼入境，即便调兵剿杀，不许蹈袭旧弊招抚，重为民患；所部官军，若在军前违期，逗遛退缩，俱听以军法从事。"

题奉圣旨："是王守仁着提督南、赣、汀、漳等处军务，换敕与他；其余事宜，各依拟行。钦此！"及为地方紧急贼情事。准兵部咨："看得所奏攻治贼盗二说，合无行文，交与都御史王守仁，悉依前项申明赏罚事理，便宜行事，期于成功，不限以时。"等因。题奉圣旨："是这申明赏罚事，宜还行于王守仁知道。钦此！"又准兵部咨：该巡抚湖广都御史秦金题："该本部覆题：看得郴、桂等处，与广东、江西所辖瑶峒，密迩联络，若非三省会兵夹攻，贼必遁散，合无请敕两广并南赣总督巡抚等官，会同行事，克期进兵"等因。

节奉圣旨："是都依拟行。钦此！"又该巡按江西监察御史屠侨奏："要会同湖广、江西抚镇等官，各量起兵约会，克期夹剿。"又该本部覆题，奉圣旨："是这南赣地方贼情，只照依恁部里原拟事宜，着都御史王守仁自行量调官军，设法剿捕；如有该与江西、两广巡抚总督等官，会兵征剿的，听先对敌，才取得现在的大捷，应具体详细上报。"

以上呈报递交到臣。查阅存档，见先前兵部咨文："为申明赏罚以鼓舞人心一事。该本部复议请下令授给南赣等处都御史以提督军务的名义，给予令旗、令牌以振军威。对一切军马钱粮事宜有权灵活掌握处置。文职五品以下，武职三品以下均有权直接拿问发落。如遇盗贼入境，应立即调兵剿杀，不许重蹈前任错误，对贼轻易招抚，使民众重复受害。所属官军若临阵逗留退缩、违期均有权给以军法处治。"

对以上咨文奉圣旨批："王守仁所议是正确的，命他提督南赣、汀、漳等处军务换敕与他。其余事项各依计划执行，钦此！"另为地方紧急贼情事，批示兵部咨文："看到所奏攻治盗贼的两种议论，应该行文交与都御史王守仁，完全依照前项申明赏罚事理，授予他根据情况灵活掌握的权力，只要求成功，不限时间。"又奉圣旨："关于申明赏罚一事照王守仁所奏办理，应该让他知道。钦此！"又按照兵部咨文：该巡抚湖广都御史秦金奏："该本部批复：看到郴、桂等处与广东、江西所管辖瑶峒紧密相连，如不进行三省合兵夹攻，盗贼必定或藏或逃，不易剿灭，不如请命令两广并南赣总督、巡抚等官协同办理，限期进兵。"等因。

对此项奉圣旨批："按以上决议执行，钦此！"又该巡按江西监察御史屠侨奏："要会同湖广、江西抚、镇等官各准备起兵按约会日期夹剿。"又该本部复奏，奉圣旨："关于南赣地方的贼情只按照您部原来的决议，让都御史王守仁自行调度官军，设法剿捕，如有该与江西、两广巡抚、总督等官合兵征剿的，按联席会议决议执行。钦此！"继续照录兵部咨文，又有该臣奏闻：

随宜会议施行。钦此！"续准兵部咨：该臣题开："计处南、赣二府兵粮事宜，及合用本省巡按、御史纪功缘由。该本部覆题：奉圣旨：'是都依拟行。钦此！'俱钦遵；陆续备咨到臣。俱经行江西、广东、湖广各道兵备、守巡等官一体钦遵，调取官军兵快，克期夹攻。及咨巡抚江西都御史孙燧，并行巡按御史屠侨各查照外；续据领兵县丞舒富等呈称："各巢贼首闻知湖广土兵将到，集众据险，四出杀掠，猖炽日甚，乞为急处。'等因到臣。当将进兵机宜，督同兵备副使杨璋，分守参议黄宏，统兵知府等官邢珣等，议得桶冈、横水、左溪诸贼荼毒三省，其患虽同，而事势各异；以湖广言之：则桶冈诸巢，为贼之咽喉，而横水、左溪诸巢，为之腹心。以江西言之：则横水、左溪诸巢为贼之腹心，而桶冈诸巢为之羽翼。今不先去横水、左溪腹心之患，而欲与湖广夹攻桶冈，进兵两寇之间，腹背受敌，势必不利。今议者纷纷，皆以为必须先攻桶冈，而湖广克期，乃在十一月初一日，贼见我兵未集而师期尚远，且以为必先桶冈，势必观望未备；今若出其不意，进兵速击，可以得志。

已破横水、左溪，移兵而临桶冈，破竹之势，蔑不济矣。于是臣等乃决意先攻横水、左溪，密切分布哨道，使都指挥佥事许清，率兵千余，自南康县所溪入；知府邢珣率兵千余，自上犹县石人坑入；知县王天与，率兵千余，自上犹县白面入；令其皆会横水。使守备指挥郑文，率兵千余，自大庾县义安入；知府唐淳，率兵千余，自大庾县聂都入；知府

"计划筹措南、赣二府军用粮食一事以及应该命本省巡按御史兼职管理记录各级战功事由。该本部转奏:奉圣旨:'这些都按照原决议执行。钦此!'兵部所发咨文不断地送达臣手,并转发江西、广东、湖广各道兵备、守巡等官,一律奉旨办事。调集官军及地方部队到期夹攻。咨文抄送巡抚江西都御史孙燧和巡按御史屠侨以备查考以外。又接领兵县丞舒富等呈报:"各个拳贼头听说湖广士兵将到,集合贼众据险防守并四出劫掠,贼势甚为猖獗,请赶快拿出主意。"等报至臣手。当时将进军计划,策略和兵备副使杨璋,分守参议黄宏,统兵知府邢珣等官一起讨论并一致认为桶冈、横水、左溪各贼祸害三省,其祸害虽然相同,而情况却差别甚大。拿湖广来说:桶冈等贼巢是贼人的咽喉要地,而横水、左溪等贼巢是贼人的中心地带。就江西而言:横水、左溪成了贼人的中心,而桶冈却成了贼人的臂膀。现在不先去掉横水,左溪这样的心腹大患而想和湖广夹攻桶冈,在两股贼寇之间用兵,使我处于腹背受敌的形势,于我极为不利。现在议论纷纷都以为必须先攻桶冈。但与湖广约定的是十一月初一的日期。贼见我军尚未集结并且距出兵的日期尚远。贼以为我必先攻桶冈,因此贼必观望而不作准备。现在如果出其不意,快速发动进攻,可以成功。

若已攻下横水、左溪、再移兵向桶冈就会形成破竹之势,没有不克敌制胜的。于是臣等决心先攻横水、左溪。精确布置进军路线:令都指挥佥事许清率兵千余人从南康县左溪进攻。知府邢珣率兵千余人从上犹县石人坑进攻。知县王天与率兵千余人从上犹县白面进攻。令以上三路在横水会师。命令守备指挥郏文率兵千余人从大庾义安进攻。知府唐淳率兵千余人从大庾

季斆，率兵千余，自大庾县稳下入；县丞舒富，率兵千余，自上犹县金坑入；令其皆会左溪。知府伍文定、知县张戬候各兵齐集，令其亦从上犹南康分入，以遏奔冲；臣亦亲率兵千余，自南康进屯至坪，期直捣横水，以与诸军会；而使兵备副使杨璋，分守参议黄宏监督各营官兵，往来给饷以促其后，分布既定，乃于十月初七日夜，各哨齐发，初九日臣兵至南康，初十日进屯至坪，使间谍四路分探，皆以为诸贼不虞官兵猝进，各巢皆鸣锣聚众，往来呼噪奔走，为分投御敌之状，势甚张皇；然已于各险隘，皆设有滚木礌石，度此时贼已据险，势未可近。

臣兵乘夜遂进，十一日小饷，未至贼巢三十里止舍，使人伐木立栅，开堑设堠，示以久屯之形；夜使报效听选官雷济、义民萧庚，分率乡兵及樵竖善登山者四百人，各与一旗，赍铳炮钩镰，使由间道攀崖悬壁而上，分列远近极高山顶以觇贼；张立旗帜，爇茅为数千灶，度我兵且至险，则举炮燃火相应；十二日早，臣兵进至十八面隘，贼方据险迎敌，骤闻远近山顶炮声如雷，烟焰四起，我兵复呼噪奋逼，铳箭齐发，贼皆惊溃失措，以为我兵已尽入破其巢穴，遂弃险退走。臣预遣千户陈伟、高睿，分率壮士数十，缘崖上夺贼险，尽发其滚木礌石，我兵乘胜骤进，呼声震天地；指挥谢昶、冯廷瑞兵，由间道先入，尽焚贼巢；贼退无所据，乃大败奔溃，遂破长龙巢，破十八面隘巢，破先鹅头巢，破狗脚岭巢，破庵背巢破白蓝、横水大巢，先是大贼首谢志珊萧

县聂都进攻。知府季斅率兵千余人从大庾县稳下进攻。县丞舒富率兵千余人从上犹县金坑进攻。以上四路在左溪会师。知府伍文定、知县张戬待以上各路齐集,从上犹、南康分别攻击,以防止敌人突围逃跑。臣也率兵千余人自南康进驻至坪,预期直捣横水与以上诸军会合。命兵备副使杨璋,分守参议黄宏监督各营官兵,来往供应军需、给养,做好各项后勤工作。分派完毕,乃于十月初七日夜,各路兵马齐发。初九日臣领兵至南康,初十日进驻至坪。使间谍四路分探,各贼没有料想到官兵会突然发起进攻,各贼巢都鸣锣聚众,往来奔走呼叫,好像在分头御敌,表现张皇失措。然而贼已在各险要隘口设下滚木礌石。估计这时贼人已占据险要地形,我军不宜靠近。

臣领兵乘夜色前进,十一日上午行至距贼巢三十里处住下,使人伐树立栅,开挖护寨沟,建立瞭望哨,表示要长久驻扎下去。夜间命报效听选官雷济、义民萧庚分别率领善于爬山的乡兵和樵夫四百人,每人带火枪、钩镰和一面旗,从小路攀悬崖分别登上远近极高的山上,遍山插旗,点燃无数堆茅草,燃起几千个行军灶好像有几千军队在做饭。估计山下我军已行至险要处,高山上的人就以炮火虚张声势作策应。十二日早,臣兵进至十八隘,贼人正据险迎战我军。突然听到远近山顶炮声如雷,烟火四起,我军呐喊助威,火枪、弓箭齐发。贼人都惊慌失措,以为我军都已占领他们的巢穴,遂弃险退走。臣预先派千户陈伟、高睿,分别带领几十个壮士爬上悬崖夺取贼人险要工事,把他们的流木礌石全放下来。我军乘胜急进,呼声震天动地。指挥谢昶、冯廷瑞领兵从小路先上去,把贼人的房屋完全烧毁,贼退无所据,大败而逃。我军遂破长龙、十八隘、先鹅

贵模等，皆以横水居众险之中，倚以为固；闻官兵四进，仓卒分众扼险出御甚力；至是见横水烟焰障天，铳炮之声，撼摇山谷，亦各失势弃险走，各哨官兵乘之，皆奋勇力战而入。

知府邢珣，遂破磨刀坑巢，破荼坑巢，破荼潭巢；知县王天与破樟木坑巢，破石王巢；都指挥许清，破鸡湖巢，破新溪巢，破杨梅巢；俱至横水。

知府唐淳破羊牯脑巢，破上关巢，破下关巢，破左溪大巢；守备指挥郏文，破狮寨巢，破义安巢，破苦竹坑巢；指挥余恩，破长流坑巢，破牛角窟巢，破鳖坑巢；县丞舒富，破箬坑巢，破赤坑巢，破竹坝巢；知府季斅，破上西峰巢，破狐狸坑巢，破铅厂巢，俱至左溪。守巡各官，亦随后督兵而至，是日擒斩首从贼人贼级，并俘获贼属男妇，夺回被虏人口、牛马、赃仗数多；其余自相蹂践，堕岸填谷而死者，不可胜计。当是时，贼路所由入，皆刊崖倒树，设阱埋签，不可行，我兵昼夜涉深涧，蹈丛棘，遇险约则挂绳崖树，鱼贯而上，猿臂而下，往往失足堕深谷，幸而不死，经数日始能出，各兵已至横水、左溪，皆困甚，不复能驱逐，会日已暮，遂令收兵屯扎；次日大雾雨，咫尺不辨，连数日不开，乃令各营休兵享士，而使乡导数十人分探溃贼所往，并未破巢穴动静；十五日，得各乡导报：谓"诸贼分阵，预于各山绝险崖壁，立有栅寨，为退保之计；有复合聚于未破之巢者，俱不意我兵

头、狗脚岭、庵背等处贼巢，又破白岭、横水等大贼巢。先前大贼头谢志珊、萧贵模把横水当作险要地带的中心，作为固守的基地。听说官兵四面进攻，慌忙分兵把守，负险顽抗，到这时看到横水烟火冲天，枪炮声震山谷，也各自弃险逃走。各哨官兵乘胜奋勇追杀。

知府邢珣遂攻破磨刀坑、茶坑、茶潭等贼巢；知县王天与攻破樟木坑、石王等贼巢；都指挥许清破鸡湖、新溪、杨梅等贼巢，都赶到横水。

知府唐淳破羊牯脑、上关、下关等贼巢并破左溪大贼巢。守备指挥郏文破狮寨、义安、苦竹坑等贼巢。指挥余恩破长流坑、牛角窟、鳖坑等贼巢。县丞舒富破箬坑、赤坑、竹坝等贼巢。知府季斅破上西峰、狐狸坑、铅厂等贼巢，并赶到左溪。守巡各官也随后率兵赶到。这一天斩杀首、从贼人，砍下的头颅，俘获贼人家属夺回被掳人口、牛马、赃物数目很多。其余自相践踏、坠崖跳涧而死者无法计数。因贼人已把通向贼巢的路都设了陷阱；阱里埋上竹签以及踏板、倒树等各种障碍。因而不能通行。故我军另找出路昼夜爬山、涉涧。遇到绝壁就挂绳在悬崖树上，大家鱼贯攀援而上，若失足坠深谷中幸而不死者也要几天才能走出。各哨兵马已开到横水、左溪，都极为疲困，不能再供驱使，天黑以后遂下令扎营住下。次日大雾，对面看不清人，大雾连续几天不散，乃令各营休息、犒劳。命数十个乡导分别打探溃散的贼人逃往何处以及未破巢穴的动静。十五日得到各乡导报告说：

"各巢穴贼人曾预先在各山最险要去处建立寨栅以为最后退保之计，也有跑到尚未被攻破的巢穴去的。可是都没料到官兵会来得这样快，没来得及搬运粮食，如果分兵四处追击，必定

骤入，未及搬运粮谷，若分兵四散追击，可以尽获。"

臣等窃计湖广夹攻在十一月初一，期已渐迫，此去桶冈尚百余里，山路险峻，三日始能达，若此中之贼围之不克，而移兵桶冈，势分备多，前后顾瞻，非计之得；乃令各营皆分兵为奇正二哨，一攻其前，一袭其后，冒雾速进，分投急击；十六日，知府邢珣攻破旱坑巢、鸢井巢；知府季敩守备指挥郑文，攻破稳下巢、李家巢；十七日，知府唐淳攻破丝茅坝巢；十八日，都指挥许清攻破朱雀坑巢，村头坑巢，黄竹坳巢，观音山巢，十九日，指挥余恩，攻破梅伏坑巢，石头坑巢；二十日，知府邢珣，又攻破白封龙巢，芒背巢；知县王天与攻破黄泥坑巢，大富湾巢；二十二日，县丞舒富攻破白水洞巢；本日，知府伍文定、知县张戬兵亦至。二十四日，知府伍文定攻破寨下巢；知县张戬攻破杞州坑巢；二十五日，知县张戬又破朱坑巢；知府伍文定破杨家山巢；二十六日，知府季敩又破李坑巢；都指挥许清又破川坳巢；二十七日，守备指挥郑文，又破长河洞巢；连日各擒斩首从贼人、贼级，并俘获贼属男妇，夺回被虏人口、牛马、赃仗数多。是日各营官兵，请乘胜进攻桶冈，臣复议得桶冈，天险四面，青壁万仞，中盘百余里，连峰参天，深林绝谷，不睹日月，中所产旱谷、薯蓣之类，足饷凶岁，往者亦尝夹攻，坐困数月，不能俘其一卒；竟以招抚为名而罢。

及询访乡导其所由入，惟锁匙龙、葫芦洞、茶坑、十八磊、新地五处，然皆架栈梯壑，夤悬绝壁而上，贼使数人于

能够全部拿获。"

于是臣等计议，约会湖广夹攻日期是十一月初一，很快就要到期。这里距桶冈还有百余里险峻山路，要三天才能到达。如果没有完全消灭这里的贼人就移兵去桶冈，那样就会兵力分散，消耗增加，顾前顾不了后，不能算良好的计策。因此，下令各营均分为奇正两哨正面攻击其前，奇兵袭击其后。冒大雾急行军，分别迅速出击。十六日知府邢珣攻破旱坑、鸢井两贼巢。知府季斆、守备指挥郏文攻破稳下、李家两贼巢。十七日知府唐淳攻破贼巢丝茅坝。十八日都指挥许清攻破朱雀坑、村头坑、黄竹坳、观音山四处贼巢。十九日指挥余恩攻破石头坑、梅伏坑两处贼巢。二十日知府邢珣又攻破白封龙，芒背两处贼巢。知县王天与攻破黄泥坑、大富湾二贼巢。二十二日县丞舒富攻破贼巢白水洞。同日知府伍文定、知县张戬的兵也到达。二十四日知府伍文定攻破贼巢寨下。知县张戬攻破贼巢杞州坑。二十五日知县张戬又破贼巢朱坑。知府伍文定攻破贼巢杨家山。二十六日知府季斆又破贼巢李坑。都指挥许清又破川坳贼巢。二十七日守备指挥郏文又破长河洞贼巢。连日各擒获首、从贼人及砍下贼人头颅，俘获贼人家属男女，夺回被掳人口，牛马及赃物甚多。同日各营官兵请乘胜进攻桶冈。经臣反复计议认为桶冈四面天险，青青的石壁高达万丈。盘旋其中百余里都是参天高峰，林木茂密，山谷幽绝，不见日月。其中所产早稻及薯类作物足够度过荒年的。从前也曾夹攻，围困数月，没能伤其一兵一卒，末了还是以招抚为名，草草收兵。

询问乡导怎样才能进去？据说要想进山只有锁匙龙、葫芦洞、茶坑、十八磊、新地等五个地方有路。但是还得修栈道架

崖巅，坐发礌石，可无执兵而御我师；惟上章一路稍平，然深入湖广，迂回取道，半月始至；湖兵既从彼入，而我师复往，事皆非便。今横水、左溪余贼，皆已奔入其中，同难合势，为守必力；善战者其势险，其节短，今我欲乘全胜之锋，兼三日之程，长驱百余里而争利，彼若拒而不前，顿兵幽谷之底，所谓强弩之末，不能穿鲁缟矣。今若移屯近地，休兵养锐，振扬威声，先使人谕以祸福，彼必惧而请服；其或有不从者，乘其犹豫袭而击之，乃可以逞。

乃使素与贼通戴罪义官李正岩，医官刘福泰，释其罪，并纵所获桶冈贼锺景，于二十八日夜，悬壁而入，期以初一日早，使人于锁匙龙受降。贼方甚恐，见三人至，皆喜，乃集众会议，而横水、左溪奔入之贼，果坚持不可；往复迟疑，不暇为备。臣遣县丞舒富，率数百人屯锁匙龙，促使出降；而使知府邢珣入茶坑；知府伍文定入西山界；知府唐淳入十八磊；知县张戬入葫芦洞；皆于三十日乘夜各至分地；遇大雨不得进，初一日早，冒雨疾登，大贼首蓝天凤方就锁匙龙聚议，闻各兵已入险，皆惊愕散乱，犹驱其众男妇千余人，据内隘绝壁，隔水为阵，以拒；知府邢珣之兵，渡水前击；张戬

云梯，攀缘绝壁才能上去。如果有几个贼人坐在崖顶上只要用石头向下砸，不拿任何兵器就可以抵御我军。只有上章一路稍平坦，可是该处深入湖广，迂回前进需时半月才能到达。湖广兵既然从那里进入，而我军也从那里进军，都有不方便的地方。现在横水、左溪的残余贼人都已逃进桶冈。从他们的立场看来同是难友，兵力很容易相合，必将更为用力防守。善于打仗的人凭借险要地形，可以节省兵力。我军现在乘全胜的锐气，日夜兼程，三日后长驱百余里而争取胜利，贼人只需少量兵力就可以阻止我军前进。那时我军屯兵于高山之前，幽谷之底，有力无处使，像强弩射出的箭飞行到末了连薄薄的绢也穿不透的道理一样。现在不如把官军移驻在附近，休养训练提高战斗力，鼓舞士气，发扬军威。先派人对他们陈说利、害，其中必定有人害怕请降，对顽固不化的乘其犹豫不决时，给他个突然袭击，是可以成功的。

于是派原来与贼很熟的戴罪义官李正岩、医官刘福泰，赦免他们的罪行并放回桶冈的俘虏钟景等让他们一起于二十八日夜攀崖壁上去，约定初一日早派人在锁匙龙受降。贼人正在恐慌时，见三人到，都很高兴，乃集合开会。果然从横水、左溪逃来的贼人坚持不降，往返商议，没注意防备。臣调县丞舒富率领几百人驻扎在锁匙龙促使贼人出降；调知府邢珣进军茶坑；知府伍文定进军西山界；知府唐淳进军十八磊；知县张戬进军葫芦洞。均于三十日乘夜进入各自阵地，恰巧天下大雨不能前进。初一日早冒雨迅速攀登。这时大贼头蓝天凤正在锁匙龙开会，听说官军已占据险要地段，都惊恐慌乱。但仍驱使众男、妇千余人占据内隘绝壁隔水布阵以抗官军。此时知府邢珣的兵渡水

之兵冲其右；伍文定之兵，自张戬右悬崖而下，绕贼傍击；贼不能支，且战且却，及午雨霁，各兵鼓奋而前，乃败走。

县丞舒富，知县王天与所领兵，闻前山兵已入，亦从锁匙龙并登，各军乘胜擒斩，贼悉奔十八磊；知府唐淳之兵，复严阵迎贼，又败。然会日晚，犹扼险相持；次早诸军复合势并击，大战良久，遂大败。知府邢珣，破桶冈大巢，破梅伏巢，破鸟池巢；知县张戬，破西山界巢，锁匙龙巢，破黄竹坑巢；知府唐淳，破十八磊巢；知府伍文定，破铁木里巢，破土池巢，破葫芦洞巢；知县王天与，破员分巢，破背水坑巢；县丞舒富，破太王岭巢；擒斩首从贼人贼级，并俘获贼属男妇夺回被虏人口牛马赃仗数多。

贼大势虽败，结阵分遁者尚多，是日闻湖广土兵将至，臣使知府邢珣屯葫芦洞，知府唐淳屯十八磊，知府伍文定屯大水，守备指挥郏文屯下新地，知县张戬屯碛头，县丞舒富屯茶坑，指挥姚玺，知县王天与，屯板岭，而副使杨璋，巡行碛头、茶坑诸营。监督进止，以继其粮饷；又使知府季斅分屯聂都，以防贼之南奔，都指挥许清留屯横水，指挥余恩留屯左溪，以备腹心遗漏之贼；而使参议黄宏留札南安，给粮饷以为聂都之继；臣亦躬率帐下屯茶寮，使各营分兵，与湖兵相会，夹剿遁贼。初五日，知府邢珣，又破上新地巢，破中新地巢，破下新地巢；初七日，知府唐淳，又破杉木拗巢，破原陂巢，破木里巢；十一日，知县张戬，破板岭巢，破天台庵

进击。张戬的兵保卫他的右翼；伍文定的兵从张戬右面的悬崖下去绕到贼的一边攻击，贼不能友持，且战且退。至中午雨止，各哨官军奋勇向前，贼乃败走。

县丞舒富，知县王天与所领的兵听到前山我军已攻入，也从锁匙龙攀登。各军乘胜斩杀，贼人都奔向十八磊。知府唐淳的兵在十八磊迎战来贼。又打败贼人，但到了晚上贼人仍扼守险要与我军相持。次日早晨我军集中发起攻击，双方大战了很长时间，贼人大败。知府邢珣攻破梅伏，乌池和桶冈大贼巢。知县张戬攻破西山界、锁匙龙、黄竹坑等贼巢。知府唐淳攻破十八磊贼巢。知府伍文定攻破铁木里、土池、葫芦洞等贼巢。知县王天与破员分、背水坑等贼巢。县丞舒富破太王岭贼巢。擒获斩杀首、从贼人，砍下贼人的头颅，俘获贼人家属男女，夺回被掳人口以及牛马等赃物甚多。

贼人虽然大势已去，然而结伙逃窜者仍很多。当天听说湖广土兵即将到达。臣使知府邢珣进驻葫芦洞，知府唐淳进驻十八磊，知府伍文定进驻大水，守备指挥郑文进驻下新地，知县张戬进驻磜头，县丞舒富进驻茶坑，指挥姚玺、知县王天与进驻板岭。副使杨璋巡行召磜头、茶坑诸营，监督诸军行动，并供应粮饷。又命知府季斅进驻聂都，以防贼人南逃。都指挥许清留驻横水，指挥余恩留驻左溪防备中心地带遗漏的贼人。命参议黄宏留驻南安给聂都供应粮饷。臣亲率帐下进驻茶寮，命各营分出部分官兵与湖兵会师，夹剿逃跑的贼人。初五日知府邢珣又破上新地、中新地、下新地等贼巢。初七日知府唐淳又破杉木拗、原陂、木里等贼巢。十一日知县张戬破板岭、天台庵、十三日又破东桃坑、龙背等贼巢。连日各处斩杀，俘获数量甚大。

巢；十三日，又破东桃坑巢，破龙背巢；连日各擒斩俘获数多。

其间岩谷溪壑之内，饥饿病疹，颠仆死者，不可以数，于是桶冈之贼略尽。臣以其暇，亲行相视形势，据险立隘，使卒数百，斩木栈崖，凿山开道，又使典史梁仪，领卒数百，相视横水，创筑土城，周围千余丈，亦设隘以夺其险；议以其地请建县治，控制三省诸瑶，断其往来之路。事方经营十六日，据防遏推官徐文英呈称："广东鱼黄等巢，被湖兵攻破，贼党男妇千余突往鸡湖、新地、稳下、朱雀坑等处。"

臣复遣知府季斅分兵趋朱雀坑等处，知府伍文定趋稳下、鸡湖等处，守备指挥郏文，知府邢珣趋上新等处，各相机急剿；二十日，知府伍文定兵击贼于稳下寨、西峰寨、苦竹坑寨、长河坝巢、黎坑巢；二十三日，守备指挥郏文，知府邢珣、击贼于上新地巢；知府伍文定又追击于鸡湖巢；十二月初三日，知府季斅击贼于朱雀坑寨、狐狸坑巢；擒斩首从贼徒，俘获贼属，夺获赃仗数多。于是奔遁之贼始尽。然以湖、广二省之兵方合，虽近境之贼，悉以扫荡；而四远奔突之虞，难保必无。乃留兵二千余，分屯茶寮、横水等隘，而以是月初九日回军近县，以休息疲劳，候二省夹攻尽绝，然后班师。两月之间，通计捣过巢穴八十余处，擒斩大贼首谢志珊、蓝天凤等八十六名颗，从贼首级三千一百六十八名颗，俘获贼属二千三百三十六名口，夺回被虏男妇八十三

这里的山谷、溪涧、崖下到处都有坠跌、疾病,困饿而死的人,不计其数。于是桶冈的贼人已基本消灭。臣抽空亲自察看了一下地理形势,连接险要设立隘口。组织数百名士兵,砍伐树木修筑栈道,凿山开路。又命典史梁仪领几百名士兵勘察横水地形修筑周围长千余丈的土城一座,设关口以控制这块险要地方并打算在这座土城内设置县治,控制三省的瑶民,断绝他们互相往来之路。这件事才经营了十六天,又接到防遏推官徐文英报告:"广东鱼黄等贼巢被湖兵攻破,贼众男女千余人突围逃往鸡湖、新地、稳下、朱雀坑等处。"

臣即派知府季斅分兵赴朱雀坑等处。知府伍文定赴稳下、鸡湖等处。守备指挥郏文、知府邢珣赴上新等处。各根据实际情况进行紧急剿捕。二十日知府吴文定兵攻击稳下的贼人,又攻击西峰寨、苦竹坑寨、长河坝等处的贼人。二十三日守备指挥郏文,知府邢珣领兵攻击上新地的贼人。知府伍文定领兵追击贼人至鸡湖。十二月初三日知府季斅领兵攻击逃到朱雀坑、狐狸坑等处的贼人,擒获斩杀首、从贼人,俘获贼人家属,夺获赃物等一大批。到这时流窜的贼人大致消灭干净。然而湖广、江西两省的兵力刚刚会合,虽然近处的贼人已基本消灭,四处流窜,到处冲突的贼寇不一定没有。于是决定留兵两千余人分驻茶寮、横水等隘口。在这个月的初九日撤军到邻近的县进行休整。待两省夹攻将贼人完全消灭,然后班师。两个月总计捣毁贼巢八十余处,斩杀大贼头谢志珊、蓝天风等八十六名,砍下从贼头颅三千一百六十八颗。俘获贼人家属两千三百三十六名。夺回被

名口，牛马骡六百八只匹，赃仗二千一百三十一件，金银一百一十三两八钱一分，总计首从贼徒、贼属、牛马、赃仗共八千五百二十五名颗口只件。

俱经行令转解纪功官处，审验纪录，去后。今呈前因，参照大贼首蓝天凤、谢志珊等，盘据千里，荼毒数郡，僭拟王号，图谋不轨，基祸种恶，且将数十余年；而虐焰之炽盛，流毒之惨极，亦已数年于兹；前此亦尝夹剿，曾不能损其一毛；屡加招抚，适足以长其桀骜；乃今驱卒不过万余，用费不满三万，两月之间，俘获六千有奇，破巢八十有四，渠魁授首，噍类无遗，此岂臣等能贤于昔人？是皆仰仗朝廷威德之被，庙堂处置得宜，既假臣以赏罚之权；复专臣以提督之任；故臣等得以伸缩自由，举动如志，奉成算以行事，循方略而指挥；将士有用命之美，进止无掣肘之虞；则是追获兽兔之捷，实由发纵指示之功。臣等偶叨任使，亦安敢冒非其绩？夫谋定于帷幄之中，而决胜于千里之外；命出于庙堂之上，而威行于百蛮之表；臣等敢为朝廷国议有人贺。

且自幸其所遭，得以苟免覆𫗧之戮也。及照监军副使杨璋，参议黄宏，领兵都指挥佥事许清，都指挥使行事指挥使郑文，知府邢珣、季斆、伍文定、唐淳，知县王天与、张戬、指挥余恩、冯翔、县丞舒富，随征参谋等官指挥谢昶、冯廷瑞、姚玺、明德，同知朱宪、推官危寿、徐文英，知县陈允谐、黄文鸳、宋瑢、陆璲、千户陈伟、高睿等，以上各官，虏男、妇八十三口。牛马骡六百零八匹，赃仗二千一百三十一件，金银一百一十三两八钱一分。总计首从贼人、贼属、牛马赃仗共八千五百二十五名（颗、口、只、件）。

都按命令转解纪功官处审验记录完毕。今按大贼头蓝天凤、谢志珊等盘踞千里，祸害数郡，自封为王，大逆不道。这种祸害的形成将近数十年，而贼势嚣张，危害之严重在这个地方也好几年了。从前也曾进行过围剿，但没能损贼人一毛。屡次招抚，反而助长了贼人的气焰。现在动用官军不超过一万，军费不过三万，两月之内俘获六千多，破贼巢八十四。贼寇的总头目毙命，从属的贼人被杀尽。这也并不是臣的才能胜过前人，那是仰仗了朝廷的天威和中枢的处置适当。既授给臣以赏罚之权，又让臣担负提督重任。故臣等得伸缩自由，举措如愿，按计划办事，根据军事策略指挥。将士各尽其力，奋勇向前，进退按实际需要，没有人从中捣乱作梗。譬如打猎：猎获禽兽的多少，全在于操纵使用鹰犬是否适时。臣等担此重任，事亦偶然。侥幸成功，不敢自以为能。谋划决定于帷幄之中，而胜利实现在千里之外。命令来自朝廷，而军威加于百蛮。臣等对于国家大事能有人策划处置表示祝贺。

臣自幸个人的遭遇，能免于朝廷切责已属万幸。至于监军副使杨璋、参议黄宏、领兵都指挥佥事许清、都指挥使行事指挥郏文、知府邢珣、季斅、伍文定、唐淳、知县王天与、张戬，指挥余恩、冯翔、县丞舒富。随军参谋等官：指挥谢昶、冯廷瑞、姚玺、明德，同知朱宪，推官危寿、徐文英，知县陈允谐、黄文鸑、宋瑢、陆璈、千户陈伟、高睿等以上各官，或监军筹饷，或领兵随征，都经历危险，备尝艰辛，在此次大捷中各自做了很大贡或监军督饷，或领兵随征，悉皆深历危险，备尝艰艮难，各效勤苦之力，共成克捷之功；俱合甄录，以励将来。

伏愿皇上，普彰庙堂之大赏，兼收行伍之微劳；激劝既行，功庸益集。自然贼盗寝息，百姓安生，则地方幸甚！臣等幸甚！

立崇义县治疏

十二年闰十二月初五日

据江西巡守岭北道兵备副使杨璋、左参议黄宏会呈："据南安府知府季斅呈：'备所属致仕省祭义官监生杨仲贵等呈称："上犹等县，横水、左溪、长流、桶冈、关田、鸡湖等处贼巢，共计八十余处，界乎三县之中，东西南北，相去三百余里，号令不及，人迹罕到，其初崒贼原系广东流来，先年奉巡抚都御史金泽行令安插于此，不过砍山耕活；年深日久，生长日蕃，羽翼渐多，居民受其杀戮，田地被其占据；又且潜引万安、龙泉等县避役逃民并百工技艺游食之人，杂处于内，分群聚党，动以万计，始渐房掠乡村，后乃攻劫郡县；近年肆无忌惮，遂立总兵，僭拟王号、罪恶贯盈，神人共怒。

今幸奏闻征剿，蒙本院亲率诸军，捣其巢穴，擒其首恶，妖氛为之扫荡，地方为之底宁，三县之民，欢欣鼓舞如获更生。访得各县流来之贼，自闻夹攻消息，陆续逃出颇众；但恐大兵撤后，未免复聚为患。合无三县适中去处；建立县治，实为久安长治之策。'等因。

献。应分别给以记功以激励将来。

恳请皇上公开施行朝廷的表彰,肯定下层士兵的劳苦。及时施行奖赏,愿意效力的就多,贼寇自然平息,百姓各安生业,则地方幸甚!臣等幸甚!

立崇义县治疏

十二年闰十二月初五日

据江西巡守岭北道兵备副使杨璋、左参议黄宏会呈:"据南安府知府季毂呈:'本职所属致仕省祭义官监生杨仲贵等呈称:"上犹等县横水、左溪、长流、桶冈、关田、鸡湖等处贼巢共计八十余处,地处三县交界,东西南北各相去三百余里,人迹罕到,官府的政令也到不了那里。那里最初有从广东流落来的輋民,早年奉巡抚都御史金泽的命令把他们安插下来,依靠刀耕火种生活。年深日久,人口逐渐增多,势力也强大了,附近其他居民田地常被他们霸占,人口常遭他们杀戮。又私下勾引万安、龙泉等县逃避徭役的居民、无业游民、各行各业的工匠技艺人等杂居其中,拉帮结派,动不动就可以聚集万人。开始时劫掠乡村,以后发展到攻打郡县。近年更加肆无忌惮,自立总兵,自行称王,称霸。恶贯满盈,人神共怒。

今幸奏闻朝廷,发兵征剿,蒙本院亲率大军捣毁他们的巢穴,捉拿他们的头目,匪患平息,地方宁静。三县的百姓欢欣鼓舞,如获再生。经查各县流贼,听到大军来夹攻的消息后陆续逃走了不少。恐怕大军撤后他们会再聚集为患。因此不如选择三县适中的地方,建立县治,实在是一个长治久安的好办法。'等因。

到道。随取各县乡导，千军营研深，查得前项贼巢，系上犹、大庾、南康三县所属，上犹县崇义、上保、雁湖三里，先年多被贼杀戮，田地被其占据；大庾县义安三里，人户间被杀伤，田地贼占一半；南康县至坪一里，人户皆居县城，田地被贼阻荒；总计贼占田地六里有半。

随蒙本院委领兵知府邢珣知县王天与、黄文鸑亲历贼巢。踏勘三县之中适均去处，无如横水。原系上犹县崇义里地方，山水合抱，土地平坦，堪以设县。随会同分守左参议黄宏，议得合无于此建立县治，尽将三县贼人占据阻荒田地，通行割出，缘里分人户数少，查得南康县上龙一里，崇德一里，亦与至坪相接，缘至坪三都虽非全里，然而地方广阔，钱粮数多，堪以折作一里，合割并属新县，其间人户数少者，田粮尚存，招人佃买可以复全。县治既设，东去南康尚有一百二十里，要害去处，则有长龙；西去湖广桂阳县界二百余里，要害去处，则有土保；南去大庾县一百二十余里，要害去处，则有铅厂；俱该设立巡检司，查得上犹县过步巡检司，路僻无用，宜改移上保，备由呈详。

奉批：'看得横水开建县治，实亦事不容已但未经奏请，须候命下，方可决议；兼之工程浩大，一时恐未易就。今贼势虽平，漏殄尚有且宜遵照本院钦奉敕谕，随宜处置事理，先于横水建立隘所，以备目前不测之虞；除委典史梁仪等一面竖立木栅修筑土城，修建营房外；查得横水附近隘所，如至坪、雁湖、赖塘等处，盗贼既平已为虚设，其附近村

呈报到道。遂命各县乡导、千军营共同研究。经查上述贼巢分别属于上犹、大庾、南康三县管辖。上犹县的崇义、上保、雁湖三里早年多被杀戮，田地被贼占去。大庾县义安三里部分民户被杀伤，一半田地被贼占去。南康县至坪一里民户都住县城，因贼人扰乱不能下乡耕种。总计贼占去田地六里半。

本院委派领兵知府邢珣、知县王天与、黄文鹫亲去原来的贼巢，踏勘去三个县的路程均适中的地方都不如横水。这里原系上犹县崇义里地方，山水合抱、土地平坦，恰好可以设一个县城。遂会同分守左参议黄宏商议不如在此地建立县治。将所有三县中被贼人占据和撂荒的田地一律划出。按里调查民户的多少。经查南康县上龙一里，崇德一里，也与至坪相接，因为至坪三都虽不够一里，可是地方广阔，钱粮数多，仍可算作一里并将它划归新县。其中民户少的和仅存应纳钱粮的空头户，招人耕种可以补齐。县治既已设立，东去南康还有一百二十里，中间要害地方有长龙。西去湖广桂阳县二百余里，其间要害地方有土保。南去大庾县一百二十里，其间要害地方有铅厂，都应该设巡检司。经查上犹县过步巡检司地处偏僻不起作用，应该移驻上保，将情况写明上报。

奉批：'经查横水开建县治，实际上这件事已到了不能不办的程度了。但这样大事必须奏明朝廷，等待朝廷命令下达后才能决定。加以工程浩大，一时难以完成。现在贼势虽大致平息，但仍有残余。所以仍以遵照本院奉圣旨灵活处置的指示办理为妥。可以先在横水设立隘所一处，以防意外变故的发生。除委派典史梁仪等一面竖立木栅，修筑土城，修建营房外。经查横水附

寨如白面、长潭、杰潭、不玉、过步、果木、鸟溪、水眼等处居民，访得多系通贼窝主；及各县城郭村寨，亦多有通贼之人；合将各隘隘夫悉行拨守横水，其通贼人户，尽数查出，编充隘夫，永远守把；其不系通贼者，量丁多寡，抽选编佥，轮班更替，务足一千余名之数，责委属官一员统领，常川守把，遇有残党啸聚出没，即便相机剿捕。候县治既立，人烟辏集，地方果已宁靖，再行议处裁损。

其开建县治，本院亲行踏勘，再四筹度，固知事不可已；但举大事，须顺民情，兵革之后，尤宜存恤。仰该道会同分守等官，再行拘集地方父老子弟，多方询访，必须各县人民，踊跃鼓舞，争先趋事，然后兴工，庶几事举而人有子来之美，工成而民享偕乐之休；仍呈抚按等衙门公同计议施行。'等因。依奉。会同参议黄宏，遵照批呈事理，先于横水设立隘所，防范不虞；及行该府，再行拘集询访外；随据府县各申：'拘集父老到官，各交口欢欣，鼓舞趋事，别无民情不便。'等因。

备呈到道，覆审无异。转呈到臣。会同巡抚江西等处地方都察院右副都御史孙燧，巡按江西监察御史屠侨，议照前项地方大贼既已平荡，后患所当预防，今议立县治，并巡司等衙门，惩前虑后，杜渐防微，实皆地方至计。及查得横水议建县治处所，原系上犹县崇义里，因地名县，亦为相应；如蒙皇上悯念地方屡遭荼毒，乞敕该部俯顺民情，从长

近隘所，如至坪、雁湖、赖塘等处，因盗贼既平，就形同虚设。其附近村寨如白面、长潭、杰潭、不玉、过步、果木、乌溪、水眼等处居民，经调查多半是通贼窝主。各县不论城乡通贼的人也不少。应该将上述各隘的守护人员全调往横水，把通贼民户全部查清，编成守护队，让他们永远把守。不是通贼的民户根据壮丁的多少抽一部分编成守护队，轮流值日，一定要编足一千人，不许空额。委派属官一员统领，歇人不歇岗，永远有人把守。如遇残余贼人结伙出没，即时剿捕。

待县治建立就绪，人烟凑集的多了，地方果真宁静了，再商议裁减守护队。开建县治之前，本院曾亲自踏勘，再三斟酌，以为事不能不办。但办大事必须顺民情。大战之后地方遭受很大损失，更应该体谅民间疾苦。请该道会同分守等官，再召集地方父老子弟广泛征求意见。必须取得各县人民的大力支持，然后才能动工。这样施工时民众自动参与，工完成后，大家都觉得还是有城池好。另外还要呈报抚、按等各衙门共同计议后施行。'等因。依呈报奉批复，会同参议黄宏共同商议决定先在横水设立隘所，防止意外事件。以及行文该府再行召集当地群众征求意见外。随后府县都申报：'召集父老到官，对于设立县治，修筑城池一事无不欢欣鼓舞，举手赞成，没有不便民的地方。'等因。

呈文送到道，经覆审无讹，转呈到臣，会同巡抚江西等处地方都察院右副都御史孙燧，巡按江西监察御史屠侨共同商议，认为先前地方大贼既然已被荡平，后患应当预防。今决议创立县治和巡司等衙门，接受以前教训以警惕将来，从细微处着眼预防大祸，这都是地方上的紧要大事。经查在横水建立县治的位置原来是上犹县崇义里，拿地名当作县名颇为恰当。如蒙皇上悯念地方屡遭盗贼祸害，请降旨给该部，俯顺民情，以长远

议处，早赐施行；并儒学巡司等衙门，一体铨选官员，铸给印信。如此则三省残孽，有控制之所，而不敢聚；三省奸民，无潜匿之所，而不敢逃；变盗贼强梁之区，为礼义冠裳之地，久安长治，无出于此。"

打算,及早施行。并应确定儒学、巡司等衙门的官员人选,铸给印信。这样三省盗贼残余因为有控制他们的地方而不能再聚。三省的奸刁之徒因为没有藏身之地而不敢逃,变盗贼强梁之地为礼义文明之乡,久安长治,没有比这个办法更好的。

卷之十一　别录三

奏疏三

乞休致疏

正德十三年三月初四日

臣以菲才，遭逢明盛，荷蒙陛下涤垢掩瑕，曲成器使，既宽尸素之诛，复冒清显之职，增其禄秩，假以赏罚，念其行事之难，授以提督之任，言行计听，感激深恩，每思捐躯以效犬马；奈何才蹇福薄，志欲前而力不逮，功未就而病已先。臣自待罪鸿胪，即尝以病求退后；惧托疾避难之诛，辄复黾勉来此，驱驰兵革，侵染瘴疠，昼夜忧劳，疾患愈困。

自去岁二月往征闽寇，五月旋师，六月至于九月，俱有地方之警，十月攻横水，十一月破桶冈，十二月旋师未几，今年正月，又复出剿浰贼，前后一岁有余，往来二三千里之内，上下溪涧，出入险阻，皆扶病从事然而不敢辄以疾辞者，诚以朝廷初申赏罚之请，再下提督之命，惟恐付托不效，以辜陛下听纳之明，负大臣荐扬之举；且其时盗贼方炽，坐视民之荼毒，而以罪累后人，非仁也；己逃其难，而遗人以艰，非义也；徒有其言，而事之不酬，非忠也；故宁委身以待罪，忍死以效职。

今赖陛下威德，庙堂成算，上犹南、康之贼，既已扫

乞休致疏

正德十三年三月初四日

臣以平庸之末才，适遇文明盛世，多蒙陛下对臣指摘错误，不计小过，教导成一个稍微有点用处的人。既对臣不称职的罪过给以宽恕，又赏给显要的职务，增加俸禄，授给赏罚大权，又考虑办事多难，给以提督重任，可以说陛下对臣真是言听计从。臣深感陛下的天恩，常常想到应该不惜生命地报答陛下，怎奈臣才短福薄，心里虽然想着向前迈进，可是力气不够，还没成大功而先患了重病。臣在任鸿胪寺卿的时候就曾向陛下请过病假；后来怕遭到假托疾病推脱责任的谴责，就勉强带病来此，在前线奔波，侵染瘴疫，昼夜操劳，病体日益加重。

从去年二月前往征讨福建的贼寇，五月班师回来，六月至九月地方都有小动乱。十月攻横水，十一月破桶冈，十二月班师没几天，今年正月又出兵剿捕浰头的盗贼。前后一年多，行程两三千里，跋山涉水，出入险阻，都是带病出征。之所以没敢请病假，实在是因为朝廷先授给赏罚之权，又降旨任命为提督。唯恐托付给我的大任不能完成，就白白辜负了陛下能虚心采纳臣下意见的美誉，也辜负了大臣推荐的盛意。况且当时贼势正盛，坐视民众受难，把罪责推给继任的人，不合乎仁德的标准。自己逃脱了责任，把困难留给后人，不合乎义；说了大话而不去兑现，不合乎忠。所以宁愿舍身忍死以尽职责。

现在仰仗陛下的天威和朝廷的正确决策，把上犹、南康的

荡；而浰寇残党，亦复不多；旬日之间，度可底定，决不至于重遗后患。则臣之罪责，亦既可以少逭于万一；但惟臣病，月深日亟，百疗罔效，潮热咳嗽，疮痏痛肿，手足麻痹，已成废人；昔人所谓绵弱之才，不堪任重，福薄之人，难与成功；二者臣皆有焉，伏惟陛下，覆载生成，不忍一物失所；悯臣舆病讨贼所备尝之苦衷，臣忍死待罪，不得已之情，念福薄之有限，怜疾疗之无期；准令旋师之日，放归田里。

岂曰保全余息，尚图他日之效；苟遂丘首，臣亦感恩地下，能忘衔结之报乎？臣不胜哀恳祈望之至！

移置驿传疏

正德十三年二月十五日

据江西按察司分巡岭北道兵备副使杨璋呈："奉臣批：'据南安府大庾县峰山里民朱仕玞等连名告称："本里先因敌御峯贼正德十一年被贼复仇，杀害本里妇男一百余命，各民惊惶，自愿筑砌城垣一座，搬移城内，告申上司，蒙给官银修理三门，今幸完成，居民无虞。正德十二年六月十九日，奉调本里百长谢玉山等五百名，前去本府剿贼已获功次解报，未蒙发回；今风闻峯贼，又要前来复仇，但本城缺兵防守，乞赐裁革宰屋、龙华二隘人夫前来守城，其赤口巡检司缺官，就乞委官署掌印信，督兵防遏；及愿出地迁移小溪驿进

盗贼已经荡平,而浰头残余的贼人也很少了,再过十天,剿捕大事就可以彻底完成,决不再留后患。这样臣的罪责就可赎回于万一。但臣的疾病日甚一日,百药无效。潮热、咳嗽、疮疽痛肿,手足麻痹几乎成一个废人了。从前有人说,才具薄弱,不能担当大任,福薄的人做事难以成功。这两者臣都具备。我俯伏思量陛下原来就爱惜天地间一切生命,不忍使一物无故殒灭。所以恳请陛下体察臣带病剿贼备尝艰辛的苦衷,体察臣忍死待罪不得已而为之的下情。可怜臣福薄病深,痊愈无期,于班师之日将臣放归田园。

不光是保存残余的生命,还希望以后再立功报效朝廷。如果遂了臣的像狐死首丘一样怀念故土的愿望,臣虽死,也在地下感激陛下的天恩,不忘结草衔环之报!臣不胜哀恳祈望之至!

移置驿传疏

正德十三年二月十五日

据江西按察司分巡岭北道兵备副使杨璋呈:"奉臣批示:'据南安府大庾县峰山里居民朱仕珙等连名告称:"本里先前因为抵抗过輋贼的侵扰,正德十一年輋贼前来复仇,杀害本里男子、妇女共一百余人。居民惊慌,自动组织起来修筑了一座城垣,搬往城内。将筑城一事申报上司,蒙上司拨给官银修建三座城门,现已完成,居民感到安全多了。正德十二年六月十九日,本里百长谢玉山等五百人奉命令调往本府参加剿贼,已经立功上报。谢玉山等至今还没有回来。现在又听说輋贼又要前来复仇,但本城没有兵员防守。请将宰屋、龙华两处隘口的防守人员调一部分来帮助守城。另外赤口巡检司缺官,就请委派掌管印

城，城池驿舍，俱保无虞"等情。奉批岭北道议处。'依奉。

会同左参议黄宏，议将宰屋、龙华二隘人夫拨付该城防守，该府照磨邓华空闲，合委署掌印信，提督该司弓兵，并该城兵众，并力防遏；其小溪驿迁移峰山城内一节，合行该府查勘，应否迁移？过往使客，有无便益？南北水路，有无适均？移驿之费，计算几何？缘由。呈详本院。奉批：'去隘委官，俱准议行；移驿事，仰行该府作急勘报。'等因。已经行据南安府呈：蒙'二隘人夫，拨付峰山守城，行委照磨邓华署掌赤石巡检司印信；及查议得小溪旧驿，止有人烟数家，孤处河边，且与鸡湖等贼巢相近，曾被强贼来驿，执拘官吏，烧毁公厅；见今贼势猖獗，使客辄受惊惶，不敢停歇。往年亦曾建议迁驿，奈小溪人民，俱各包当，该驿夫役积年射利得惯，官吏被其钤制，往往告称移驿不便；况移驿处所，虽在城中，离河不远，工程所费，亦不过四五十两。如此一举，委果水陆俱便，不惟该驿可保无虞，而往来使客宿歇，亦无惊恐。'等因。

回报到道，覆议相同。"据呈到臣。簿查先为前事，已经批仰该道议处回报。去后；今据前因，看得小溪旧驿，屡被贼患，移置峰山城内，委果相应；如蒙乞敕该部查议相同，俯从所请，则一劳永逸，实为地方之幸！

信的官员一人前来率兵防守。并自愿拨出土地一块将小溪驿迁往城内，城池、驿站都可保证安全"等情。此呈文批往岭北道商议处置。'依照批示。

会同左参议黄宏商议将宰屋、龙华两隘防守人员拨给该城参与防守。府照磨邓华空闲，委派他去掌管该巡检司印信，带领该司弓兵和城民众一同防守。至于小溪驿迁往峰山城内一事，应该由该府调查：应该不应该迁？对过往传递文书的驿使是否方便？去南北水路是否适中？搬迁费用需要多少？等事项详细呈报本院。奉批示：'调宰屋等隘的防守人员去峰山守城以及委任新巡检均批准施行。对迁移驿站一事希望该府迅速调查上报。'等因。已转发南安府，据该府报称：'前述两处隘口防守人员已拨往峰山守城，委任照磨邓华掌管赤石巡检司印信。经调查小溪旧驿站附近只有几户居民，孤零零地处在河边，并且距离鸡湖等贼巢很近。过去强贼时常来驿站绑架官吏，烧毁办公用房。因贼势猖獗，过往传递文书的驿使及其他客人都受到惊吓，不敢住宿。往年也曾打算迁移，但小溪人贪图在驿站当差这点小利，挟制驿站负责官员，谎称迁移有困难。把驿站移到城内，离河不远，迁移费用不过四五十两，迁移之后不仅驿站可保证安全，而且水陆通道也如从前一样方便，过往传递文书的驿使及其他客人也不再惊恐。'等因。

回报到道，经研究同意驿站搬迁。"此呈文转至臣手，经审查南安府及岭北道转呈报告符合实情，尤其是搬迁小溪驿站一事，更是势在必行。请降旨给兵部批准所请则一劳永逸，地方幸甚！

浰头捷音疏

十三年四月二十日

据江西按察司分巡岭北道兵备副使杨璋呈："据一哨统兵守备南、赣二府地方以都指挥体统行事指挥使郏文呈称：'统领远安县义民孙洪舜等兵，于本年正月初七日，攻破曲潭等巢；十一日攻破半迳等巢；共五处。二月二十六日，与贼战于水源等处，擒斩大贼首吴积祥、陈秀谦、张秀鼎等七名颗，贼从陈希九等一百二十六名颗，俘获贼属男妇五十六名口，烧毁贼巢房屋禾仓二百五十三间，及夺获器械等物。'

二哨统兵赣州府知府邢珣呈称：'督同同知夏克义，知县黄天与，典史梁仪，老人叶秀芳等官兵，于正月初七等日，攻破方竹湖等巢；初九日攻破黄田坳等巢；共四处，二十五等日，覆贼于白沙；二月十六日，与贼战于芳竹湖等处，擒斩大贼首黄佐、张廷和、王蛮师、刘钦等一十名颗，贼从黄密等二百六十名颗，俘获贼属男妇八十三名口，烧毁贼巢房屋禾仓贰百贰拾贰间，及夺获赃仗牛马等项。'

三哨领兵广东惠州府知府陈祥呈称：'督同通判徐玑新民卢琢等官兵，于正月初七等日，攻破热水等巢；初九等日，攻破铁石障等巢；共五处。二十五等日，覆贼于五花障等处；二月初二等日，与贼战于和平等处，擒斩大贼首陈活鹞、黄弘闰、张玉林等十一名颗，贼从李廷祥四百三十一名颗，俘获贼属男妇二百二十名口，烧毁贼巢房屋禾仓

浰头捷音疏

十三年四月二十日

据江西按察司分巡岭北道兵备副使杨璋呈："据一哨统兵守备南、赣两府地方以都指挥体统行事指挥使郏文呈报：'统领远安县义民孙洪舜等兵，于本年正月初七日攻破曲潭等贼巢；十一日攻破半迳等共五处贼巢。二月二十六日与贼在水源等处接交战，斩杀大贼头吴积祥、陈秀谦、张秀鼎等七人，从贼陈希九等一百二十六名。俘获贼人家属男女共五十六口。烧毁贼巢房屋、谷仓等二百五十三间并夺获器械等物。'

二哨统兵赣州府知府邢珣呈报：'督率同知夏克义、知县黄天与、典使梁仪、老人叶秀芳等官兵，于正月初七日前后攻破方竹湖，初九日攻破黄田坳等共四处贼巢。二十五日前后于白沙大败贼人。二月十六日前后，和贼人于芳竹湖等处交战，斩杀大贼头黄佐、张廷和、王蛮师、刘钦等十人，从贼黄密等二百六十人。俘获贼人家属男女共八十三口。烧毁贼巢房屋、谷仓共二百二十二间并夺获牛马等赃物。'

三哨领兵广东惠州府知府陈祥呈报：'督率通判徐玑，新民卢琢等官兵于正月初七日前后攻破热水、初九日前后攻破铁石障等贼巢共五处。二十五日前后大败贼人于五花障等处。二月初二日与贼人战于和平等处，斩杀大贼头陈活鹞、黄弘闰、张玉林等十一人，从贼李廷祥等四百三十一人。俘获贼人家属男女共二百二十名。烧毁贼巢房屋、谷仓等五百七十二间并夺获器械、赃银、牛马等项。'

五百七十二间,及夺获器械、赃银、牛马等项。'

四哨统兵南安府知府,季敩呈称:'统领训导蓝铎,百长许洪等官兵,于正月初三等日,攻破右坑等巢;十一日攻破新田迳等巢;共四处。二十七等日,覆贼于北山,又与战于风门奥等处,擒斩大贼首刘成珍等四名颗,贼从胡贵琢等一百三十名颗,俘获贼属男妇一百六十五名口,烧毁贼巢房屋禾仓七十三间,及夺获贼银等物。"

五哨统兵赣州卫指挥佥事余恩呈称:'统领新民百长王受、黄金巢等兵,于正月初七日会同推官危寿,千户孟俊,攻破上中下三浰大巢;十一日攻破空背等巢;共四处。二十五日覆贼于银坑水等处,擒斩大贼首赖振禄、王贵洪、李全、邹一惟等九名颗,贼从赖贱仔等三百五十名颗,俘获贼属男妇六十二名口,烧毁贼巢房屋禾仓三百二十一间,及夺获器械牛马等项。'

六哨统兵赣州卫指挥佥事姚玺呈称:'统领新民梅南春等兵,于正月初七日,攻破淡方等巢;初九日攻破岑冈等巢;共四处。二十七日覆贼于乌虎镇,擒斩大贼首谢銮、曾用奇等五名颗,贼从卢任龙一百九十九名颗,俘获贼属男妇一百一十二名口,烧毁贼巢房屋禾仓三百七十间,及夺获器械牛马等项。'

七哨统兵赣州府推官危寿呈称:'统领义官叶方等兵,于正月初七日,会同指挥余恩,千户孟俊,攻破上、中、下三浰大巢;初十等日,攻破镇里寨等巢;共四处。二十七日,覆四哨统兵南安府知府季斆呈报：'统领训导蓝铎、百长许洪等官兵于正月初三日前后攻破右坑，十一日攻破新田迳等贼巢共四处。二十七日前后大败贼人于北山，又与贼人战于凤门奥等处。斩杀大贼头刘成珍等四人，从贼胡贵琢等一百三十名。俘获贼人家属男女共一百六十五人。烧毁贼巢房屋、谷仓等七十三间并夺获赃银等物。'

五哨统兵赣州卫指挥佥事余恩呈报：'统领新民百长王受、黄金巢等兵于正月初七日与推官危寿、千户孟俊等攻破上、中、下三浰大贼巢，十一日攻破空背等巢共四处。二十五日大败贼人于银坑水等处。斩杀大贼头赖振禄、王贵洪、李全、邹一惟等九人，从贼赖贱仔等三百五十人。俘获贼人家属男女共六十二口。烧毁贼巢房屋、谷仓等三百二十一间并夺获器械、牛马等项。'

六哨统兵赣州卫指挥佥事姚玺呈报：'统领新民梅南春等兵于正月初七日攻破淡方，初九日攻破岑冈等贼巢共四处。二十七日大败贼人于乌虎镇。斩杀大贼头谢鎏、曾用奇等五人，从贼卢任龙等一百九十九人。俘获贼人家属男女共一百一十二人。烧毁贼巢房屋、谷仓等三百七十间并夺获器械、牛马等项。'

七哨统兵赣州府推官危寿呈报：'统领义官叶方等兵于正月初七日与指挥余恩、千户孟俊一起攻破上、中、下三浰大贼巢，初十日前后攻破镇里寨等贼巢共四处。二十七日大败贼人于贼于中村等处，擒斩大贼首池仲宁、高允贤、池仲安、朱万、林根等十二名颗，贼从黄稳等二百一十一名颗；俘获贼属男妇三十三名口，烧毁贼巢房屋禾仓三百二十三间及夺获赃仗牛马等项。'

八哨统兵赣州卫千户孟俊呈称：'统领义官陈英、郑志高，新民卢珂等兵，于正月初七等日，会同指挥余恩，推官危寿，攻破上、中、下三浰大巢；初十等日，攻破大门山等巢，共六处。擒斩大贼首谢凤经、吴字、张廷与、石荣等九名颗，贼从张角子等一百九十二名颗，俘获贼属男妇一百四十三名口，烧毁贼巢房屋禾仓一百七十三间，及夺获器械、牛马、赃银等项。'

九哨统兵南康县县丞舒富呈称：'统领义民赵志标等兵，于正月十一等日，攻破旗领等巢，共二处。二月十四日，与贼战于乾村等处，擒斩贼从刘三等一百七名颗，俘获贼属男妇二十一名口，烧毁贼巢房屋禾仓五十三间，及夺获器械等物。'等因。

各呈报到道。查得先为地方紧急贼情事。据信丰县所呈称：'正德十二年二月初七日，龙南县贼首黄秀魁纠合广东贼首池仲容等，突来本县，杀人放火，见今攻城不退，乞要发兵救援。'等因。

该本道议委经历王祚，县丞舒富领兵剿捕，斩获贼级四颗，被贼杀死报效义士杨习举等十名，执去经历王祚；随该中村等处。斩杀大贼头池仲宁、高允贤、池仲安、朱万、林根等十二人,从贼黄稳等二百一十一人。俘获贼人家属男女共三十三口。烧毁贼巢房屋、谷仓等三百二十三间并夺获牛马等赃物等项。'

八哨统兵赣州卫千户孟俊呈报:'统领义官陈英、郑志高,新民卢珂等兵于正月初七日前后与指挥余恩、推官危寿攻破上、中、下三浰大贼巢,初十日前后攻破大门山等贼巢共六处。斩杀大贼头谢凤经、吴字、张廷与、石荣等九人,从贼张角子等一百九十二人。俘获贼人家属男女一百四十三人。烧毁贼巢房屋、谷仓等一百七十三间并夺获器械、牛马、赃银等项。'

九哨统兵南康县县丞舒富呈报:'统领义民赵志标等兵于正月十一日前后攻破旗岭等贼巢共两处。二月十四日与贼战于前村等处,斩杀从贼刘三等一百零七人。俘获贼人家属男女共二十一口。烧毁贼巢房屋、谷仓五十三间并夺获器械等物。'等因。

各呈报上报到道。经查存档发现为地方紧急贼情事。信丰县曾有呈报:'正德十二年二月初七日,龙南县贼头黄秀魁勾结广东贼头池仲容等突然袭击本县,杀人放火,现正在攻城,情况危急,请速发兵救援。'等因。

经本道决议委派经历王祚、县丞舒富领兵剿捕,砍下贼人头颅四颗。报效义士杨习举等十人被贼人杀死,经历王祚被掳

本道亲诣该县，暂将各贼招安，拨回原巢，经历王祚送出，参将失事，知县王天爵、卢凤，千户郑铎、朱诚、洪恩，主簿周镇，镇抚刘镗等，俱各有罪；及将前贼应剿缘由，呈详转达具奏外；正德十三年正月初三日：奉提督军门纸牌：'议照上犹等县，贼巢既平；广东龙川县浰头等处贼巢，奉有成命，应该会剿，其大贼首池仲容等，本院已行计诱擒获；见今军势颇振，若不乘此机会，出其不意，捣其不备，坐视以待广兵之来，未免有失事机之会。本院除遵奉教谕内自行量调官军，设法剿捕事理，部勒兵众，分布哨道，行仰守备指挥并知府等官郏文、陈祥等统领，各授进止方略外；备行本职前去军前纪验功次，及催各哨官兵上紧依期进剿，仍行巡按衙门，前来核实施行。'等因。

随呈巡按江西督察御史屠侨批行，本道先行纪验明白，通候核实施行。依奉。督率各省官兵依期进剿。

去后，今据前因，除将前项功次，俱类巡按衙门会审，纪验明白，生擒贼犯，解赴提督军门斩首枭示；贼属男妇，变卖银两，器械、赃仗、贼银，俱贮库外；参照浰头大贼首池仲容、池仲宁、池仲安、高允贤、李全等，盘据一方，历有岁年，僭称王号，伪设官职，广东翁源、龙川、始兴，江西龙南、信丰、安远、会昌等县，屡极攻围城池，杀害官军，焚烧村寨，虏杀男妇，岁无虚日。曾经狼兵夹攻数次，俱被漏网，是乃众贼奸雄之巨擘，三省群盗之根源也。今幸天夺其魄，

去。随后由本道亲赴信丰县，暂时对各贼招安，仍回驻原来的巢穴。放回经历王柞。将在此次剿捕战役中失事的知县王天爵、卢凤，千户郑铎、朱诚、洪恩，主簿周镇，镇抚刘镗等定罪。并将应剿捕上述贼人的理由详细报告并请转达上奏外。正德十三年正月初三日奉提督军门纸牌：'据报上犹等县贼巢既已削平。广东龙川县浰头等处贼巢按原定计划应该会剿。至于大贼头池仲容等，本院已用计诱其上钩将他捉获。现今军威振奋、士气高昂，应该乘此机会运用出其不意、攻其不备的战略原则对贼众发起进攻。不能袖手等待广东兵来而失去战机。本院除遵奉皇上旨意行使自行量调官军，设法剿捕的权力，布置军队，指定各军进剿路线。希望守备指挥并知府郏文、陈祥等官军统领，除接受剿捕军事行动计划以外，还应该亲赴前线记录查实立功者的名次，并催促各哨官军加紧按期进剿。仍应行文巡按衙门前来核实施行情况。'等因。

随即呈请巡按江西督察御史屠侨批准执行。本道先行查验明白，等候核实执行。依照命令。督率各省官军按期进剿。

完毕。今据上述各哨战报，将功劳名次报送巡按衙门审查记录明白。将被活捉的贼犯押送提督军门杀头示众。贼人家属男女均变卖银两，器械、赃银及其他赃物均入库。参照浰头大贼头池仲容、池仲宁、池仲安、高允贤、李全等盘踞一方已经多年，自行称王，自封伪官。在广东翁源、龙川、始兴，江西龙南、信丰、安远、会昌等县围攻城池，杀害官军、焚烧村寨，掳掠、杀害百姓，几乎没有一天不作恶的。虽经狼兵夹攻数次，都漏网逃掉。前述各贼头是贼中奸雄渠魁，是三省众贼的依靠。今幸天意叫他们灭亡。池仲容束手就擒，池仲宁、仲安等一同毕命。各

仲容束手就擒,仲宁、仲安等,一时授首,各巢贼从,擒斩殆尽,此皆仰仗朝廷德威远播,庙堂成算无遗,提督军门赏罚以信,而号令严明;师出以律,而机宜慎密,身先士卒,而艰险之不辞;洞见敌情,而抚剿之有道;以是数十年之巨寇,一旦削平;连四省之编氓,永期安辑。呈乞照详转达。'等因。

据呈到臣。卷查先为地方紧急贼情事。准兵部咨:该巡按江西督察御史屠侨奏:该本部覆题:节奉圣旨:'是这地方贼情,着都御史王守仁自行量调官军,设法剿捕。钦此!'及为申明赏罚以励人心事。准兵部覆题:'请敕南赣等处都御史,假以提督军务名目,给与旗牌应用,以振军威,一应军马钱粮事宜,径自便宜区画;如遇盗贼入境,即便调兵剿杀,不许踵袭旧弊招抚,重为民患;所部官军,若在军前违期,逗留退缩,俱听以军法从事;生擒盗贼,亦听斩首示众;贼级听本处兵备,会同该道守巡官,即时纪验明白,备行江西按察司造册,奏缴查照;剿杀南方蛮贼,见行旧例,议拟升赏。'等因。

具题奉圣旨:'是王守仁着提督南、赣、汀、漳等处军务,换敕与他,其余事宜,各依拟行。钦此!'又为地方紧急贼情事。准兵部覆题:'看得所奏攻治盗贼二说,就令差来人赍文交与都御史王守仁,悉依前项申明赏罚事理,便宜行事,期于功成,不限以时,相机攻剿。'等因。具题。节该奉巢首、从贼几乎全部被捉、被杀。这都仰仗朝廷威德普及万里，中枢决策详尽无遗，提督军门赏罚立时兑现，加以号令严明；行军讲求纪律，军事计划细密周到，打起仗来军官能以身作则冲锋在前，不避艰险；侦察敌情准确，宜剿宜抚都能掌握主动。因此几十年的巨寇一旦削平，连同四省的百姓可望永保安宁，乞为详细上报。'等因。

此呈报送到臣手。查阅存档见有为地方紧急贼情事的兵部咨文：由巡按江西督察御史屠侨奏，由本部转奏。节奉圣旨：'地方贼情属实，命令都御史王守仁自行酌量，调度官军，设法剿捕。钦此！'另有为申明赏罚以激励人心事。照兵部转奏的原件节录如下：'请降旨给南赣等处都御史，给以提督军务的名义，给以使用令旗、令牌的权力，以振军威。对于一切军马钱粮事务可以自行决定处置。如有盗贼入境即便调兵剿捕，不得重复前任错误对贼人轻易招抚，使百姓重复受害。对所领导下的官军若在军前不按约定日期行动，临阵逗留退缩，不用事前上报就可以给以军法处治。对被活捉的盗贼也听任杀头示众。贼人的头颅由本处兵备和该道守巡官当时检验记录明白送江西按察司造册上缴以备查阅。剿杀南方蛮贼，按旧规定办事，拟定升赏标准。'等因。

具奏，奉圣旨：'王守仁的意见正确，命他提督南、赣、汀、漳等地方军务，换敕与他，其余事项按规定办理。钦此！'有为地方紧急贼情事。照兵部批复的原文是：'看到所奏攻治盗贼二说一文，就仍派来人带回文交给都御史王守仁，均依照先前所请申明赏罚以励人心的道理。授给根据实际情况灵活处置的权力，不限时间，相机剿捕，务期成功。'等因。转奏。皇上降旨：

圣旨：'是。钦此！'陆续备咨到臣。俱经通行抚属四省各道守巡兵备、守备等官。一体钦遵；并咨总督两广左都御史陈金查照外；续该臣看得南赣盗贼，其在南安之横水、桶冈诸巢，则接境于湖郴；在赣州之浰头；桶冈诸巢，则连界于闽广；接境于湖郴者，贼众而势散，恃山溪之险以为固；连界于闽广者，贼狡而势聚；结党与之助以相援。臣等遵奉敕谕，及查照兵部咨示方略，初议先攻横水，次攻桶冈而末乃与广东会兵，徐图浰头，如攻坚木，先其易者，后其节目。自正德十二年九月，臣等议将进兵横水，恐浰贼乘虚出扰，思有以沮离其党；臣乃自为告谕，具述祸福利害，使报效生员黄表义民周祥等往谕各贼，因皆赐以银布，一时贼党，亦多感动，各寨酋长黄金巢、刘逊、刘粗眉、温仲秀等，遂皆愿从表等出投；惟大贼首池仲容即池大鬓，独愤然谓其众曰：'我等做贼，已非一年，官府来招，亦非一次，此亦何足为凭？待金巢等到官后，果无他说，我等遣人出投，亦未为晚。'

其时臣等兵力，既未能分，意且羁縻，令勿出为患，故亦不复与较。金巢等至，臣乃释其罪，推诚厚抚，各愿出力，杀贼立效；于是借其众五百余，悉以为兵，使从征横水，十月十二日，臣等已破横水，仲容等闻之始惧，计臣等必且以次加兵，于是集其酋豪池仲宁高飞甲等谋，使其弟池仲安，率老弱二百余徒，亦赴臣所投招，求随众立效；意在缓兵，因而窥觇虚实，乘间内应。臣逆知其谋，阳许之；及臣进攻桶冈，使领其众，截路于上新地，以远其归途；内严警御之备，以防其

'是。钦此！'咨文陆续送达臣手，均转发所属四省各道，守巡、兵备、守备等官一律遵照执行。并转呈总督两广左都御史陈金备查。据臣看来南赣盗贼，他们在南安府横水、桶冈等巢穴和湖广的郴州接壤。在赣州浰头，桶冈等巢穴和福建、广东接壤。和湖广郴州邻近的贼人人数多而分散，凭借险要的地形固守。接近福建、广东的贼人狡猾而不分散，他们帮派之间互相支援。臣等奉旨并参照兵部指示的策略，初步决定先攻横水，再攻桶冈，末了再和广东合兵设法围歼浰头。譬如削木，先从外表松软的地方开始，最后再削筋节坚硬的地方。自正德十二年九月，臣等决议将进军横水，又恐浰头贼人乘虚出来捣乱。臣打算设法阻止其出动，亲自撰写文告，详述祸福利害。使报效生员黄表、义民周祥等前往说服各贼，并赐给银、币。有些贼党也受感动。各寨头目如黄金巢、刘逊、刘粗眉、温仲秀等都愿意随黄、周等出降。只有大贼头池仲容即池大鬓气愤地对他的部下说：'我们做贼也不是一年，官府派人前来招抚也不是一次了。这次是真是假有什么凭据？等待黄金巢到官府以后，果然没有什么问题，我们再出降也不算晚。'

当时臣等的兵力不容分散，进军日期尚未确定，只要他们不出来袭扰，也就暂时不去计较。金巢等来降后，臣乃赦其罪，真心厚待，各愿出力，杀贼立功。于是收容他的部下五百多人，皆令他们充当官兵，跟着征剿横水。十月十二日，臣等已攻下横水。池仲容等才开始害怕。估计臣等对他们一定要依次进攻。于是召集他们的大头目池仲宁、高飞甲等商议。命他的弟弟池仲安率老弱两百余人赴臣驻地表示愿意接受招抚，随众出力。实际上他们用的是一个缓兵之计，先来探听虚实，乘我军不觉察时作为内应。臣已识破其诡计，表面上答应下来。到了臣进攻桶冈时，令池仲安领着他

衅；外示宽假之形，以安其心。

阴使人分召邻贼诸县被贼害者，皆诣军门计事，旬日之间，至者数十，问所以攻剿之策，皆以此贼狡诈凶悍，非比他贼，其出劫行剽，皆有深谋，人不能测；自知恶极罪大，国法难容，故其所以扞拒之备，亦极险谲。

前此两经夹剿，皆狼兵二三万，竟亦不能大捷；后虽败遁，所杀伤，亦略相当；近年以来，奸谋愈熟，恶焰益炽，官府无可奈何，每以调狼兵恐之，彼辄谩曰：'狼兵易与耳；纵调他来，也须半年；我纵避他，只消一月。'其意谓狼兵之来不能速，其留不能久也，是以益无忌惮。今已僭号设官，奸计逆谋，尤非昔比，必欲除之，非大调狼兵，事恐难济。臣以为兵无常势，在因敌变化而制胜。今各贼狃于故常，且谓必待狼兵而后敢攻，此所以不必狼兵而可以攻之也。乃为密画方略，使数十人者，各归部集，候我兵有期，则据隘遏贼。十一月，贼闻臣等复破桶冈，益惧。

为战守备，臣使人至贼所，赐各酋长牛酒，以察其变；贼度不可隐，则诈称龙川龙民、卢珂、郑志高将掩袭之，是以密为之防非敢虞官兵也。臣亦阳信其言因复阳怒卢珂、郑志高等擅兵雠杀，移檄龙川使廉其实、且趣各贼伐木开

的人到上新地担任拦截任务,使他们离家更远。对他们加强警戒,防止他们闹事,外表对他们很宽容,使他们更安心。

暗地里分别召集与贼巢相邻的各县被贼害过的人,都到军门议事,十天之内来了几十个人,访问这些人,问他们怎样才能剿灭池仲容等贼人。都回说这些贼狡诈凶悍跟别的贼不一样。他们外出抢掠之前先作周密计划,外人谁也不知道。他们自己也认为罪大恶极,国法难容。所以他们总巢穴的防御工事修得非常坚固,而且都据险要之地。

从前经两次围剿都有狼兵两三万人参加,最终也没成功。贼虽然也败过几次,但双方死伤也差不多。最近几年贼的阴谋更成熟,势力更嚣张。官府对他们无可奈何,常常以调狼兵来恐吓他们,他们就谩骂:"狼兵有什么了不起!就是调他们来也得半年,我躲避他们最多不过一个月。"意思是狼兵调动快不了,逗留也长不了。所以就更加谁也不怕。今已立年号,设官职,公然反叛朝廷,已早不是从前的池仲容了。要想除掉他们不大调狼兵是办不到的。臣以为用兵不能按死规矩,而在于因敌情变化而变化才能取胜。今各贼都按常规想问题,都认为必须调来狼兵才敢进攻他们。在这种情况下就恰好不必调狼兵就能消灭他们。于是秘密策划,使前面提到的那几十个人各回原地,等我军的进攻日期到了,就叫他们各据险要阻击贼人。十一月,贼听说臣等攻破桶冈就更害怕了。

为了备战,臣派人到贼巢送给各个头目牛羊美酒,看看他们的动静。贼认为不能再隐瞒了,就谎称设防不是为了与官兵对抗,而是为防备龙川的龙民、卢珂、郑志高等人的偷袭。臣外表上也信了他们的话。因此故意装作很生卢珂、郑志高等人的气,

道将回兵自浰头取道往讨之。贼闻以为臣等实有为之之意，又恐假道伐之，且喜且惧。因遣来谢，且请无劳官兵，当悉力自防御之。卢珂、郑志高、陈英者，皆龙川旧招新民，有众三千余，远近皆为仲容所胁，而三人者，独与之抗；故贼深雠忌之。十二月望，臣兵回至南康，卢珂、郑志高等，各来告变，谓池仲容等僭号设官；今已点集兵众，号召远近各巢贼首，授以总兵都督等伪官，使候三省夹攻之兵一至，即同时并举，行其不轨之谋；及以伪授卢珂等官爵金龙霸王印信文书一纸粘状来首。臣先已谍知其事，及珂等来，即阳怒，以为尔等擅兵雠杀投招之人，罪已当死；今又造此不根之言，乘机诬陷，且池仲容等方遣其弟领兵报效，诚心向化，安得有此？遂收缚珂等将斩之，时池仲安之属方在营，见珂等入首，大惊惧；至是皆喜，罗拜欢呼，竞诉珂等罪恶。

臣因亦阳令具状，谓将并拘其党属，尽斩之。于是遂械系卢珂，而使人密喻以阳怒之意，欲以诱致仲容诸贼；且使卢珂等先遣人归集其众，候珂等既还，乃发。臣又使生员黄表、听选官雷济往喻仲容使勿以此自疑，密购其所亲信，阴说之使自来投诉。

二十日，臣兵已还赣，乃张乐大享将士，下令城中：今南

批评他们擅自动武以报私仇，并发公文给龙川，令他们对此事进行调查。另外催促各贼伐木开路，作出将要从浰头回兵去龙门讨伐卢、郑的姿态。贼听说以后，以为臣等确实是真心为了他们，又恐怕借道讨伐他们，所以又喜又怕。因此派人来谢，并请不用劳动官兵，自己小心着点加强防御可以了。卢珂、郑志高、高陈英三人都是先前龙川招抚的新民，手下有三千多人。附近各股贼人都屈服于池仲容的势力，就是这三个人偏偏和他作对，所以池贼很忌恨他们。十二月十五日，臣兵回至南康，卢珂、郑志高等各来告发，说池仲容等自立为王，私自封官。今已集合贼众，召集远近各巢贼头，授以总兵、都督等伪官，让他们待三省夹攻之兵一到就同时并举，打出反叛朝廷的旗号，并以伪授卢珂等金龙霸王的官爵印信文书一纸作证。臣事前曾派人侦知其事，到卢珂等来时就假装怒斥他们，你们擅自带兵仇杀真心接受招抚的人已经犯了死罪，现在又造谣诬陷他们，真是可恶至极。而且池仲容等刚差其弟领兵报效朝廷，诚心接受招抚，哪有造反的事情？遂将卢珂等投入监狱，扬言要处死他们。当时池仲安及其党羽正在军营，听说卢珂等来自首，非常害怕。等听到把卢珂收监后都大喜若狂，争着揭发卢珂等的罪恶。

臣表面上叫他们写出状子，并说要将卢珂的党羽全部逮捕杀掉。然后派人秘密告诉卢珂一切事实真相，表面上怒责并下狱，实际上是打算引诱池仲容等叫他们上钩。并且使卢珂等先派人回去把他们的部下全集中起来，等待卢珂等回去再出兵夹攻贼人。臣又使生员黄表、听选官雷济前去对池仲容解释，不要再生疑虑。并且秘密收买池的亲信叫他们自动投诚。

二十日臣兵已回赣州，乃大张旗鼓地举办娱乐活动，大摆

安贼巢皆已扫荡，而浰头新民，又皆诚心归化，地方自此可以无虞，民久劳苦，亦宜暂休为乐。

遂散兵使各归农，示不复用；而使池仲安亦领众归助其兄防守。且云：'卢珂等虽已系于此，恐其党致怨，或掩尔不虞。'仲安归具言其放，贼众皆喜，遂弛备。臣又使指挥余恩赍历往赐仲容等令毋撤备，以防卢珂；诸党贼众亦喜。黄表雷济，因复说仲容，今官府所以安辑劳来尔等甚厚，何可不亲往一谢？况卢珂等日夜哀诉反状，乞官府试拘尔等，若拘而不至者，即可以证反状之实；今若不待拘而往，因面诉珂等罪恶，官府必益信尔无他，而谓珂等为诈，杀之必矣。所购亲信者，复从力赞。

仲容然之，乃谓其众曰：'若要伸，先用屈；赣州伎俩，亦须亲往勘破。'遂定议。率其麾下四十余人，自诣赣，臣使人探知仲容已就道，乃密遣人先行属县勒兵，分哨道，候报而发；又使千户孟俊先至龙川督集卢珂、郑志高、陈英等兵；然以道经浰巢，恐摇诸贼，则别赍一牌，以拘捕卢珂等党属为名，各贼闻俊往，果遮迎问故，俊出牌视之，乃皆罗拜，相争导送出境，俊已至龙川，始发牌部勒卢珂等兵众，贼闻之，皆以为拘捕其属，不复为意。

闰十二月二十三日，仲容等至赣见各营官兵，皆已散归，

宴席为将士庆功。布告全城：今南安贼巢都已荡平，浰头的新民又都诚心归顺，地方从此太平无事，百姓劳苦得太久了，应该暂时休息娱乐。

并遣散士兵使他们各自回农村，表示不再打仗。又使池仲安带领部下回去帮助其兄防守。并告诉他："卢珂等虽然押在这里，但他的手下人都恨你们，怕背后对你们发动突然袭击。"池仲安回去对他的老部下说了这一切，大家皆大欢喜，于是戒备就松弛下来。臣又派指挥余恩给池仲容送去文件令池仲容等不要松懈戒备，以防备卢珂等来袭，贼众听说都非常高兴。黄表、雷济又去劝说池仲容：现在官府对你们在各方面都很宽容优待，为什么不亲自去致谢呢？何况卢珂等日夜哀诉你们的造反情况，坚持要求官府试邀你等，如果邀而不到，就证明你等确有反意。今若不等待邀请就自动前去，并且当面向官府揭发卢珂等的罪行，官府必然更信任你们，而认为卢珂等是诈降，官府必定杀了他们。先前所收买的池的亲信也在一旁力表赞同。

池仲容答应了，对他的部下说："若要伸，先用屈，赣州用什么诡计也必须亲自去识破它。"遂决议率领他的部下四十余人，亲自去赣州。臣使人打听到池仲容已上路。赶快秘密派人先到所属各县部署兵力分哨把守，等候通知再出动。又派千户孟俊先到龙川督促集中卢珂、郑志高、陈英等兵。可是去龙川必须经过浰头贼巢，恐贼人生疑，就另持一个拘捕卢珂党羽的令牌。各贼听说孟俊来了，都转上去问干什么？孟俊出示令牌。众贼皆跪拜，争相护送孟俊出境。孟俊到龙川后来发牌集中约束卢珂等兵众。浰头的贼人听说以后都以为拘捕卢珂贼党，就不再留意。

闰十二月二十三日池仲容等到达赣州，见各营官兵都已遣

而街市多张灯设戏为乐，信以为不复用兵；密赂狱卒，私往觇卢珂等，又果械系深固。

仲容乃大喜，遣人归报其属曰：'乃今吾事始得万全矣。'臣乃夜释卢珂、郑志高等，使驰归发兵；而令所属官僚，次设羊酒日犒仲容等，以缓其归。正月三日，度卢珂等已至家所遣属县勒兵，当已大集，臣乃设犒于庭，先伏甲士，引仲容入，并其党悉擒之。出卢珂等所告状，讯鞫皆伏，遂置狱。而夜使人趋发属县兵期以初七日，同时入剿。

于是知府陈祥兵从龙川县和平都入；指挥姚玺兵从龙川县乌虎镇入；千户孟俊兵从龙川县平地水入；指挥余恩兵从龙南县高沙保入；推官危寿兵从龙南县南平入；知府邢珣兵从龙南县太平保入；守备指挥郑文兵从龙南县冷水迳入；知府季斅兵从信丰县黄田冈入；县丞舒富兵从信丰县乌迳入；臣自率帐下官兵，从龙南县冷水迳直捣下浰大巢，而使各哨分路，同时并进，会于三浰。

先是贼徒得池仲容报，谓赣州兵已罢归，他已弛备，散处各巢；至是骤闻官兵四路并进，皆惊惧失措，乃分投出御，而悉其精锐千余，据险设伏，并势迎敌于龙子岭；我兵聚为三冲，掎角而前，指挥余恩所领百长王受兵，首与贼遇，大战良久，贼败却，王受等奋追里许，贼伏兵四起，奋击王受，推官危寿，所领义官叶芳兵，鼓噪而前，复奋击贼伏兵；

散，街市张灯结彩，非常热闹，便相信不再用兵了。他并且秘密收买狱卒偷偷地去监狱看了看卢珂等，看到卢珂确实披枷带锁被拘禁着。

仲容非常高兴，派人回去报告他的部属说："现在我们的事情才算万无一失了。"臣于是趁夜间释放卢珂、郑志高等，叫他们立即回去发兵。又命所属官僚依次每日宴请池仲容等，不要叫他马上回去。正月初三日估计卢珂等已回到家。先前所属各县布置的兵员早应当集中完毕。臣乃在庭中设宴，先埋伏好刀斧手，请池仲容入席，连同护卫他的贼党全部活捉。拿出卢珂等所告状纸，经刑讯，全部招认，遂将他们羁押在监狱。连夜差人速去所属各县约定正月初七日同时进攻贼巢。

于是知府陈祥兵从龙川县和平都进入；指挥姚玺兵从龙川县乌虎镇进入；千户孟俊兵从龙川县平地水进入；指挥余恩兵从龙南县高沙保进入；推官危寿兵从龙南县南平进入；知府邢珣兵从龙南县太平保进入；守备指挥郏文兵从龙南县冷水迳进入；知府季斅兵从信丰县黄田冈进入；县丞舒富兵从信丰县乌迳进入。臣亲率帐下官兵从龙南县冷水迳直捣下浰大巢。各哨同时并进，在三浰会师。

如前述贼众接池仲容报告说赣州兵已遣散回家，所以戒备都已松弛，分散在各巢穴闲住。现在骤然听说官兵四路并进，都惊慌失措，于是分头出来抵抗官兵。而把他们的精锐一千多人占据险要地形埋伏起来，合力于龙子岭迎战我军。我军集中为三路，互为犄角前进。指挥余恩所领百长王受兵首先遭遇贼人，双方大战了很长时间，贼败退，王受等奋勇直追了一里多路，贼人的

后千户孟俊兵从傍绕出冈背，横冲贼伏，与王受合兵；于是贼乃大败奔溃，呼声震山谷。

我兵乘胜逐北，遂克上中下三浰。各哨官兵遥闻三浰大巢已破，皆奋勇齐进，各贼皆溃败。知府陈祥兵，遂破热水巢、五花障巢；指挥姚玺兵，遂破淡方巢，石门山巢，上下陵巢；知府邢珣兵，遂破芳竹湖，白沙巢；守备指挥郏文兵，遂破曲潭巢，赤唐巢；知府季斅兵，遂破布坑巢，三坑巢；是日擒斩首从贼人、贼级俘获贼属男妇、牛马、器仗数多。

其余堕崖填谷死者，不可胜计。是夜贼复奔聚未破巢穴，次日早，乃令各哨官兵，探贼所往，分投急击。初九日，知府陈祥兵，破铁石障巢，羊角山巢；获贼首金龙霸王印信，旗袍；知府邢珣兵，破黄田拗巢；指挥姚玺兵破岑岗巢，指挥余恩兵，破塘含洞巢，溪尾巢；初十日，千户孟俊兵，破大门山巢；推官危寿兵，破镇里寨巢；十一日，知府邢珣兵，破中村巢；守备郏文兵，破半迳巢，都坑巢，尺八岭巢；知府季斅兵，破新田迳巢，古地巢；指挥余恩兵，破空背巢；县丞舒富兵，破旗岭巢，顿冈巢；十三日，千户孟俊兵，破狗脚拗巢，水晶洞巢，五湖巢，蓝州巢；十六日，推官危寿兵，破风盘巢，茶山巢；连日各擒斩首从贼人贼级，并俘获贼属男妇、牛马、器仗数多。

然各巢奔散之贼，其精悍者尚八百余徒，复哨聚九连

伏兵四起奋力攻击王受。推官危寿所领义官叶芳兵呐喊前进，再次奋勇攻击贼人的伏兵。千户孟俊兵从旁边绕到冈背后与王受合兵，重创贼人伏兵。于是贼人大败奔逃，呐喊声音震动了山谷。

我军乘胜追赶，遂攻下上、中、下三浰。其他各哨官兵老远听说三浰大巢已破，都奋勇齐进，各贼都溃败。知府陈祥兵攻下热水贼巢、五花障贼巢。指挥姚玺兵攻下淡方、石门山、上下陵各贼巢。知府邢珣兵攻下芳竹湖、白沙等贼巢。守备指挥郏文兵攻下曲潭、赤唐等贼巢。知府季斆兵攻下布坑、三坑等贼巢。这一天斩杀首、从贼人，砍下贼人头颅，俘获贼人家属以及牛马、器仗等为数甚多。

其余坠崖填谷死者不可胜数。当夜贼复奔聚未破巢穴。次日早命令各哨官兵探听贼人所在，分头攻击。初九日知府陈祥兵破铁石障、羊角山等贼巢。缴获贼头金龙霸王印信、旗袍。知府邢珣兵破黄田坳贼巢。指挥姚玺兵破岑岗贼巢。指挥余恩兵破塘舍洞、溪尾等贼巢。初十日千户孟俊兵破大门山贼巢。推官危寿兵破镇阵里寨贼巢。十一日知府邢珣兵破中村贼巢。守备郏文兵破半迳、都坑、尺八岭等贼巢。知府季斆兵破新田迳、古地等贼巢。指挥余恩兵破空背贼巢。县丞舒富破旗岭、顿冈等贼巢。十三日千户孟俊兵破狗脚坳、水晶洞、五湖、蓝州等贼巢。十六日推官危受兵破风盘、茶山等贼巢。连日来各斩杀首、从贼人，砍下贼人头颅并俘获贼人家属男女以及牛马、器械等为数甚多。

然而各巢溃散的贼人中精悍者还有八百多人，这些人又聚

大山，扼险自固；当臣看得九连山势极高，横亘数百余里，四面斩绝，我兵既不得进；而其内东接龙门山后诸处贼巢若百数，以我兵进逼，贼必奔往其间，诱激诸巢相连而起，势亦难制；然彼中既无把截之兵，欲从傍县潜军断其后路必须半月始达，缓不及事；止有贼所屯据崖壁之下，一道可通，然贼已据险，自上发石滚木，我兵百无一全。

于是，乃选精锐七百余人，皆衣所得贼衣，佯若奔溃者，乘暮直冲贼所据崖下涧道而过，贼以为各巢败散之党皆从崖下招呼，我兵亦佯与呼应，贼疑不敢击；已度险，遂扼断其后路。

次日，贼始知为我兵，并势冲敌，我兵已据险从上下击，贼不能支，乃退败；臣度其必溃，预令各哨官兵，四路设伏以待，贼果分队潜遁；二十五日，知府陈祥兵，覆贼于五花障；知府邢珣兵，覆贼于白沙；指挥余恩兵，覆贼于银坑水；二十七日，指挥姚玺兵，覆贼于乌虎镇；推官危寿兵，覆贼于中村；知府季斅兵，覆贼于北山，又战于凤门奥；其余奔散残党，尚三百余徒，分逃上、下、坪黄田㘭诸处，各哨官兵，复黏踪会追；二月初二日，知府陈祥兵，复与贼战于平和；初五日，复战于上坪、下坪，初八日，推官危寿、指挥余恩兵，复与贼战于黄㘭；十二日，知府陈祥兵，复与贼战于铁障山；十四日，县丞舒富兵复与贼战于乾村，又战于梨树。十四日，知府邢珣、季斅兵复与贼战于芳竹湖。二十三日，县丞舒

集到九连大山，扼守险要地形自保。经臣观察，九连山山势极高，周围有几百里，四周陡立像刀削一样，我军不能继续前进。九连山内接东龙门山后几百处贼巢。我军若进逼，贼人必定向里逃窜。其中大小贼巢一哄而起，局面也难以控制。可是，山中并没有把截的贼人。如果派兵从旁边的县暗暗的断贼后路，要用半月才能到达。只有贼人占据的崖壁之下有一条小道可通，然而贼人已占据险要，从上面发礌石、滚木，我军将遭受重大伤亡。

臣于是决定在我军中挑选精壮七百多人，都穿上缴获的贼人的衣服，假装成溃散的贼人，乘黄昏看不甚清时直向贼人盘踞的崖下面冲去。贼以为是他们的同党溃散逃跑，所以都向崖下招呼，我军也假作答应。贼人疑虑，没有出击。我军度过险要，遂切断敌人的后路。

第二天贼才知道是我军，乃合力向我冲击。但我军已占据更上面的险要地段，于是上下合击，贼人支持不住，败退下来。臣估计贼众一定会败逃，预先令各哨官兵四面设下埋伏等待，贼人果然分头潜逃。二十五日知府陈祥兵，败贼于五花障，知府邢珣兵，败贼于白沙，指挥余恩兵，败贼于银坑水。二十七日指挥姚玺兵，败贼于乌虎镇，推官危寿兵，败贼于中村，知府季斅兵，败贼于北山，又与贼战于凤门奥。其余溃散残贼还有三百多人，分头逃往上下坪、黄田㘵各处。各哨官兵又紧紧跟踪追击。二月初二日知府陈祥兵又与贼战于平和，初五日又与贼战于上坪、下坪。初八日推官危寿、指挥余恩兵又与贼战于黄㘵。十二日知府陈祥兵又与贼战于铁障山。十四日县丞舒富兵又与贼战于乾村，再战于梨树。十四日知府邢珣，季斅兵又与贼战于芳竹湖。二十三日县丞舒富兵又与贼战于北顺，再战于和洞。二十六

富兵复与贼战于北顺,又战于和洞;二十六日,守备郏文兵,复与贼战于水源,战于长吉,战于天堂寨;连日擒斩首从贼人、贼级数多。

三月初三日,据乡导人等四路爪探,皆以为各巢积恶凶狡之贼,皆已擒斩略尽;惟余党张仲全等二百余徒,其间多系老弱,及远近村寨一时为贼所驱胁,从恶未久之人,今皆势穷计迫,聚于九连谷口,呼号痛哭,诚心投招,臣遣报效生员黄表往验虚实,果如所探。因引其甲首张仲全等数人前来投见,诉其被胁,不得已之情,臣量加责治,随遣知府邢珣,往抚其众,籍其名数,遂安插于白沙;初七日,据知府邢珣等呈称:'我兵自去岁二月,从征闽寇迄今,一年有余,未获少休,今幸各巢贼已扫荡,余党不多,又蒙俯顺招安;况今阴雨连绵,人多疾疫,兼之农功已动,人怀耕作,合无俯顺下情,还师息众?'及义官叶芳等,并各村乡居民,亦告前情。臣因亲行相视险易,督同副使杨璋,知府陈祥等,经理立县设隘,可以久安长治之策,留兵防守而归。

盖自本年正月初七日起,至三月初八日止,前后两月之间,通共捣过巢穴三十八处,擒斩大贼首二十九名颗,次贼首三十八名颗,从贼二千零六名颗,俘获贼属男妇八百九十名口,夺获牛马一百二十二只匹,器械、赃仗二千八百七十件把,赃银七十两六钱六分,总计擒斩、俘获、夺获共五千九百五十五名颗口只匹件把。俱经行令兵备等官,审验纪录,仍行纪功御史,疑实施行,具由呈报,去后。

日守备郏文兵又与贼战于水源,战于长吉,战于天堂寨。连日斩杀首、从贼人,砍下贼人头颅为数甚多。

三月初三日据各路乡导四处打探,都以为各贼巢贼人中的罪恶昭彰的顽固分子基本上已被消灭。只有余党张仲全等二百多人,其中多半是老弱病残以及远近村寨中被胁迫从贼不久的人,现在都走到穷途末路,聚集在九连谷口,呼号痛哭,愿意投诚。于是臣派报效生员黄表去看看是真是假。查看情况属实。遂带来残贼头目张仲全等数人前来投见,诉说他们被迫从贼的经过,臣对他们进行必要的斥责和教育。遂派知府邢珣前去招抚这二百多人,一一登记了姓名等项都安插到白沙。初七日据知府邢珣等报告:"我军自去年二月从征福建贼寇至今一年多没有休整。现在幸而各贼巢都荡平,残余贼人不多并且已经招抚。何况现今连绵阴雨,病号日益增多,而且已到农忙季节,都想回家耕种,不如体察下情,暂且收兵回营休整。"还有义官叶芳等及各村乡民都有类似要求。臣就亲自查看地形险易,和副使杨璋、知府陈祥等策划立县、设隘作长治久安打算,留下部分军兵防守,其余班师。

综上所述从本年正月初七日至三月初八共两个月,通共捣毁贼巢三十八处,斩杀大贼头二十九名,二等贼头三十八名,从贼两千零六名,俘获贼人家属男女八百九十口,夺获牛马一百二十二头(匹),器械、赃仗等两千八百七十件(把),赃银七十两六钱六分。总计擒斩、俘获、夺获共五千九百五十五名(颗、口、只、匹、件、把)。均经过行令、兵备等官审查、检验,记录明白,并令纪功御史核实,详细呈报、施行,完毕。

今据前因臣等会同江西巡按御史屠侨,广东巡按御史毛凤,参照大贼首池仲容等,荼毒万民,骚扰三省,阴图不轨,积有年岁设官僭号,罪恶滔天,比之上犹诸贼,尤为桀骜难制;盖上犹诸贼虽有僭窃不轨之名,而徒惟劫掠焚烧是嗜;至于浰头诸贼,虽亦剽劫掳掠是资,而实怀僭拟割据之志。故其招致四方无籍,隐匿远近妖邪,日夜规图,渐成奸计,兼之贼首池仲容、池仲安等,又皆力搏猛虎,捷竞飞猱,凶恶之名,久已著闻,四方贼党,素所向服,是以负固恃顽,屡征益炽;前此知其无可奈何,亦惟苟且招安,以幸无事;其实无救荼毒之惨,益养奸宄之谋,今乃臣等驱不练之兵,资缺乏之费,不逾两月,而破奸雄不制之虏,除三省数十年之患,此非朝廷威德,庙堂成算,何以及此?臣等切惟天下之事,成于责任之专一;而败于职守之分挠;就今事而言,前此尝夹攻二次,计剿数番;以兵则前者强而今者弱,前者数万而今者数千;以时,则前者期年,而今者两月;以费,则前者再倍,而今者什一;以任事之人,则前者多知谋老练之士,而今者乃若臣之迂疏浅劣;然而计功较绩,顾反有加于昔,何哉?实由朝廷之上,明见万里,洞察往弊,处置得宜,既假臣以赏罚之权;复改臣以提督之任;既以兵忌遥制而重各省专征之责;又虑事或牵狙,而抑守臣干预之请;授之方略,而不拘以制;责其功成,而不限以时;以故诏旨一颁,而贼先破胆夺气;咨文一布,而人皆踊跃争先;效谋者知无沮挠之患,而务竟其功;希赏者知无侵削之弊,而毕

今据前述，臣等与江西巡按御史屠侨、广东巡按御史毛凤等共议，认为大贼头池仲容等祸害万民，骚扰三省，策划反叛朝廷的阴谋已有多年。建立年号，伪授官职，实已罪恶滔天。和上犹各贼相比更为凶狠、骄纵难以制服。因为上犹各贼虽有反叛朝廷之名，但最终追求的还是焚烧抢掠，为自己聚敛财富。至于浰头各贼虽然也盗劫掳掠，实际上是打算割据一方与朝廷抗衡。所以他们招致四方无赖，隐藏包庇远近匪类，日夜规划已基本形成有一定规模的反叛中心。而且贼头池仲容、池仲安等勇力胜过猛虎，敏捷有如猿猴，凶狠恶毒早已有名，四方盗贼一向对他们非常佩服。而靠他们自身的顽强和巢穴的坚固，对他们征剿的次数越多，他们反而越发强盛。从前官府对他们都无可奈何，只有马马虎虎招安，乞求暂时无事就行。其实一点不能减轻百姓受祸害的痛苦，反使贼人阴谋得逞。这次臣等驱使没经训练的士兵，以严重短缺的费用，不足两个月的时间就消灭了过去难以制服的顽强贼寇，除掉了三省数十年的祸患，如果不是朝廷的威德和中枢的妙算是达不到这种程度的。臣等以为天下的事情成于责任专一，而败于互相扯皮。拿现在这件事来说：先前曾两次夹攻，数次剿捕用兵，则上次强而这次弱，上次数万而这次数千。论时间，上次一年而这次两个月。论费用，上次加倍而这次仅为上次的十分之一。论领导，上次为足智多谋的老练之士，这次也就只有像臣这样的迂阔浅陋之辈。然而计算功劳，比较成绩反而比从前强得多，这是什么缘故呢？这主要是由于朝廷能明见万里之外的变化情况，深知以往的得失所在，处置适度。既授给臣赏罚大权，又改授臣以提督的重任。既因为用兵忌遥控指挥而加重各省专征的责任，又考虑某些事情可能掣肘

致其死；是乃所谓得先胜之算于庙堂，收折卫之功于樽俎，实用兵之要道，制事之良法也。事每如此，天下之治，有不足成者矣。

臣等偶叨任使，何幸滥竽成功？敢是献捷之余，拜手稽首以贺。伏愿皇上推成功之所自原，发纵之有因，庶无僭赏，以旌始谋。及照兵备副使杨璋，监军给饷，纪功督战，备历辛勤，宜加显擢；守备指挥郑文，知府陈祥、邢珣、季斅推官危寿，指挥余恩、姚玺及千户孟俊，县丞舒富等，皆身亲行阵，屡立战功，俱合奖擢庶示激扬，以为后劝。

臣本凡庸，缪当重任，偶逢事机之会，幸免覆𫗦之诛；然功非其才，福已逾分，遂沾痿痹之疾，既成废弃之人，除已别行请罪乞休外；缘系捷音，及该兵部议拟，期于成功，不限以时，题奉钦依事理。为此具本题知。"

添设和平县治疏

十三年五月初一日

据江西按察司分巡岭北道兵备副使杨璋、广东按察司

而压抑各地方官不切实际的瞎议论。授权给臣执行既定的战略方针而不拘泥于制度。责臣务必成功而不限制时间。这样圣旨一下贼已先破胆丧气，咨文一公布军兵都踊跃争先。献计谋的不顾虑干扰而务期成功。希望得到奖赏的他们知道一定能兑现，所以拼死命向前。这就是所谓预期一定能取胜的计划制定在中枢，根据实际情况具体执行这个计划在前线的指挥机构。这是用兵的根本道理，处置大事的好办法。每次处理国家大事都遵循这个原则，达到天下大治还怕不成功吗？

臣等偶然担负了这点责任，像南郭先生吹竽那样侥幸混了过来，立了这点功。在报捷的同时，臣等鞠躬顿首表示祝贺。请皇上仔细反思一下这次征剿战事之所以成功的原因，才能做到奖赏轻重和功劳大小相称，表彰首先谋划的人。在这次征剿战事中兵备副使杨璋始终监督军队，筹措粮饷、记录功劳，考察战况，历尽艰辛，应给以奖赏并且提升职位。其他如守备指挥郑文，知府陈祥、邢珣、季斆，推官危寿，指挥余恩、姚玺以及千户孟俊，县丞舒富等都亲赴前线，屡次立下战功，都应该予以表扬和晋升以激励后人。

臣本来是个平庸之人，不能当此大任。偶然侥幸成功，幸免皇上的斥责，然而功劳和才力并不相称，福禄已经过分。身体多病，将成废人，除另行请罪乞求退休外，因为是战场捷报，所以具本上奏。

添设和平县治疏

十三年五月初一日

根据江西按察司分巡岭北道兵备副使杨璋、广东按察司

分巡岭东道兵备佥事朱昂会呈："据赣州府知府邢珣、惠州府知府陈祥呈，奉臣案验，据广东惠州龙川、河源等县省祭监生、生员、耆老陈震、余世美、黄宸等连名呈称：'浰头、岑冈等处叛贼池大鬓等，魁首动以百十，徒党不下数千，始则占耕民田，后遂攻打郡县。谢玉璘、邹训等倡乱于弘治之末，而此贼已为之先锋；徐允富、张文昌继乱于正德之初，而此贼复张其羽翼，荼毒三省。二十余年以来，乃为三省逋逃之主，遂称群贼桀骜之魁。捉河源县之主簿，虏南安府之经历，绑龙南县之县官，戮信丰所之千户，肆然无忌。规图渐广，凶恶日增，僭称王号，伪建元帅、总兵、都督、将军等名目。虽屡蒙上司动调官兵，多方征剿，俱被漏网为患。今蒙提督军门亲捣贼巢，扫荡残党，除数郡之荼毒，雪万姓之冤愤。若不趁此机会，建立县治，以控制三省贼冲之路，切恐流贼复聚，祸根又萌。切见龙川和平地方，山水环抱，土地坦平，人烟辏集，千有余家。东去兴宁、长乐、安远，西抵河源，南界龙川，北际龙南，各有数日之程。其间山林阻隔，地里辽远，人迹既稀，奸宄多萃。查得父老相传，原系循州一州龙川、雷乡二县，后因地方扰乱，人民稀少，除去循州、雷乡两处，止存龙川一县。洪武初间，龙川尚有五十五里，其后州县既除，声教不及。洪武十九等年，贼首谢仕真等相继作乱，将前项居民尽行杀戮，数百里内，人烟断绝。自此贼巢日多，民居日耗，始将龙川县都图并作七里。迄于近年，民遭荼毒，遂至此极。如蒙怜念，于和平地方设建县治，以

分巡岭东道兵备佥事朱昂会同报告："依据赣州府知府邢珣、惠州府知府陈祥报告，命令臣等前往查验，根据广东惠州龙川、河源等县省祭官监生、生员、耆老陈震、余世美、黄宸等联名报告声称：'浰头寨、岑冈等地方的叛贼池大鬂等人，当中的首领动辄成十上百人，党羽不低于数千人，开始时只是侵占耕种民田，后来就攻打郡县。谢玉璘、邹训等人在弘治末年开始叛乱，而这些反贼就已经是他的先锋；徐允富、张文昌在正德初年继续叛乱，而这些反贼又扩张成为他的羽翼，为害三省。二十多年以来，居然成为三省地方逃亡者的主要归属之地，于是就号称为群贼当中桀骜不驯的首领。他们捉走河源县主簿，掳走南安府经历官，绑走龙南县县令，杀害信丰所千户，肆意横行，无所顾忌。需求渐渐扩张，凶狠恶毒日益增加，冒用王者之号，设置元帅、总兵、都督、将军等官职名称。即使多次承蒙上司调动官军，进行多方征讨围剿，然而全都成为漏网之鱼，为害一方。如今承蒙提督军门亲自前往征讨贼人巢穴，扫除残余的贼人余党，除去几个州县毒害百姓的贼人，洗刷百姓的冤屈愤怒。如果不趁此机会，建立县治，以控制三省贼人要冲的路径，恐怕流窜的贼人会重新聚集起来，祸乱的根源又会萌生。看见龙川和平地方，山峦河流互相环抱，地势平坦，百姓众多，共有一千有多家。向东靠近兴宁、长乐、安远，向西临近河源，向南濒临龙川，向北接壤龙南，各地离这里仅有几天的路程。当中山峦森林隔绝，难以往来，地方辽阔，人迹罕见，违法作乱的人大多聚集在这里。经过查询，这里的父老传言，原来循州一州隶属龙川、雷乡两县，后来因为地方混乱，人民稀少，就除去循州、雷乡两处地方，只存龙川一县。洪武初年，龙川尚有方圆五十五里之

控制瑶洞；兴起学校，以移易风俗；及将和平巡检司改立浰头，屯兵堤备，庶几变盗贼之区为冠裳之地，实为保安至计'等因，据呈到院。看得东南地方，但系盗贼盘据，即皆深山穷谷，阻险辽绝之区，是以征剿之后，其民类皆愿立县治以控制要害，敷施政教而渐次化导之。故东南弭盗安民，则建立县治亦其一策。近该本院亲剿浰贼，见今住军九连大山，往来浰头、和平等处，备阅山溪形势，讲求贼情民俗，深思善后之图，实有如各役所呈者。但开建县治，置立屯所，必须分割都图，创起关隘，城池宫室之费，力役输调之赍，未经查勘议处，难便奏闻。案：'仰本道即行副使杨璋会同金事朱昂，督同府县掌印官，拘集各该地方乡老里甲人等，备勘和平、浰头两处，某处可以建筑城池，某地宜以添设巡逻，某县都图相近可以分割，某里村寨接连堪以拨补，某所巡司可以移镇，某乡丁户可以编金；其移民以就田，调兵以守隘，一应工役所需，作何区处，再行考求图籍，诹咨耆老，必求至当归一。具由呈来，以凭议处定夺，仍呈总督、总镇、巡按衙门公同计议施行'等因。各职遵依，督同龙川县署县事主簿陈甫、河源县署县事县丞朱燏，就近拘集龙川县通县并河源县惠化都里老沙海、钟秀山等，与原呈陈震等到职会勘。和平峒地方原有二千余家，因贼首池大鬢等作耗，内有八百余家投城居住，尚存一千余家。本峒羊子一处，地方宽平，山环水抱，水陆俱通，可以筑城立县于此；招回投城之人，复业居住。分割龙川县和平都、仁义都并广三图共

大，但是除去循州、雷乡两地以后，朝廷的命令教化就没有到达这里。洪武十九年以后，反贼首领谢仕真等相继作乱，将上述的居民全都杀害，几百里之内，人烟从此断绝。从这以后，贼人的巢穴日益增多，百姓居住之地日益减少，开始就将龙川县都图并作七里之地。到了近年，百姓惨遭荼毒，此时最为严重。如果承蒙怜惜挂念，在和平地方设置并建立县治，来控制瑶洞；兴建学校，来移风易俗；以及将和平巡检司改为浰头巡检司，驻兵防备，可能将盗贼叛乱的地方变为开花之地，确实是保护地方安宁的上策'等情况，已经报告到本院。得知东南一带，只是盗贼盘踞的地方，全都是深山穷谷而阻隔艰险辽阔遥远的地方，因此经过征讨围剿之后，那里的百姓愿意设置县治来控制要害之处，宣传政治教化而慢慢来引导开化他们。所以在东南一带消除盗贼安定百姓，那建立县治也是当中的一个计划。近来本院亲自围剿浰头寨的贼人，如今在九连大山驻军，来回浰头寨、和平等地，详细查看这里的山川形势，重视这里的贼人情况和百姓风俗，认真思考善后的计划，确实有如各地所呈报的那样。只是建立县治，设置驻兵之所，必须分割地方，创建关隘，城池宫室等费用，力役赋税的钱粮，尚未经过访查勘验讨论处置，难以奏报。按：'命令本道立即派遣副使杨璋连同佥事朱昂，督促府县掌印官员，召集各处地方乡老里甲等人，详细查验和平、浰头两地，哪里可以建筑城池，哪里应该增添巡逻之所，哪里的县都图靠近可以分割，哪里的里村寨因接壤而可以补充新建的地方，哪里的所巡司可以移往他处镇守，哪里的乡丁户可以征派徭役；迁移百姓来耕种土地，调动军队来把守关隘，一切工程事务所需的，应当做什么打算，再进行考证书籍，询问老人，必

三里，及割附近河源县惠化都，与接近江西龙南县邻界，亦折一里前来，共辖一县。及将先年各处流来已成家业寓民，尽数查出，责令立籍，拨补绝户图眼，一体当差。其和平巡检司宜立浰头，以控制险阻。仍于本县并龙南县量编隘夫几百名，委官管领，兼同该司弓兵巡逻，使盗贼不得盘据。其盖造衙门大小竹木，和平、浰头各山产有，俱派本处人户采办，不用官钱。其余砖石灰瓦、匠作工食之费，须查支官库银两。及差委公正府佐贰官一员，清查浰头、岑冈等处田土，除良民产业被贼占耕者照数给主外，中间有典与新民，得受价银者，量追价银一半入官。其田给还管业；其余同途上盗田土，尽数归官卖价，以助筑修城池官廨之用。其龙川县分割三图，止存五图在彼，路通冲要，答应繁难。查得邻界长乐县所属清化都，正与龙川连近，乞于该都分割一图，补辖管辖，庶为适均等因。又据龙南县太平等保里老赖本立等呈称：'本县东南与广东龙川、河源二县，西南与广东始兴县连界，多深山穷谷，向因各处流贼过境劫掠，太平保设有横冈、角嵊二隘，上蒙、高沙二保设有牛冈、阳陂二隘，就于各保佥点隘夫乡兵守把。后因池大鬓等不时出劫，各隘烧毁一空。今征剿既平，宜将前项隘所修筑把守，可保四境无虞。及照本县止有四里半，邑小民寡，递年逋负追并，况与龙川县又系隔省窎远，乞免分割，以苏民困'等因。各职并行会议得贼平之后，经久良图，诚无逾于添设县治者，今龙川县里老人等，愿于和峒羊子铺添设县治，及分割都

须寻求最好的统一意见。详细原由再呈报到来,以便讨论处理后再作定夺,仍然呈报总督、总镇、巡按衙门共同讨论后施行'等情况。各人都遵从命令,督促龙川县署县事主簿陈甫、河源县署县事县丞朱燗,就近召集龙川县全县以及河源县惠化都里老沙海、钟秀山等人,与原来呈报的陈震等人到职共同查验。和平峒一带原来有两千多人家,因为反贼首领池大鬓等作乱,当中有八百多人家进城居住,现在那里还有一千多人家。本来峒羊子一带,地势宽阔平坦,山峦河流互相环抱,水陆并通各地,可以在这里修筑城池建立县治;招回投降的百姓,恢复本业并居住在这里。分割龙川县和平都、仁义都并广地三处,一共三里之大,以及分割附近河源县惠化都,与江西龙南县接壤的部分,也分割一里到这里,一同拼成一个县。以及将之前从各地流徙而来并已成家立业而暂住于此的百姓,全部查出,命令官员建立户籍,填补绝户部分,全部到官府服役。和平巡检司应当设立浰头巡检司,以便控制险阻之地。仍旧在本县并龙南县酌量派往隘夫几百名,派遣官员管束统领,以及连同本司弓兵巡逻,使得盗贼不得盘踞这个地方。建造衙门的大小竹子和木头,和平、浰头两地的各山都有产出,全都派遣本地百姓采买备办,不使用官府银钱。其余砖石、灰瓦、工匠、伙食等费用,必须查核和支取官府仓库的银两。以及派遣一位公正的府佐贰官员,清查浰头、岑冈等地的田地,除了良民产业被贼人侵占耕种的照数还回原主外,当中有典押给新来的百姓耕种,并得到按田价买卖所应收付的银两数的,酌量追征一半价银充公。那些田地还给管理田产的人;其余利用相同手段盗取田地的,全部充公出售,以便资助修筑城池官廨的费用。龙川县分割出去三图,仅剩下五图

图,清卖贼田,移置巡司,量佥隘夫等情,俱相应俯顺。惟称又要分拆江西赣州府龙南县附近都图,缘系两省地方,相隔愈远,未免影射差役,两无归著,难以准行。止该于龙南县该管图保,修筑旧隘。其新兴地方,系通始兴县要路,宜添设一隘,各于邻近地方多佥乡夫守把。及看得修筑城池、学校、仓场、铺舍等项,中间有碍百姓田庐税粮,亦该委官丈量,照数除豁。相距龙川县二百里之程,该量设铺舍十处。一应工程,除大小竹木派令人户采办,其余砖石、灰瓦等项物料,各色匠作工食,猝难料计,应合委官估计,通该银若干,扣除前项田价银两若干,余于惠州府库相应官银支给;尚有不敷,另行申请。合用人工,该起龙川县与河源县惠化都民夫答应。其移置浰头巡检司,应隶新县管辖。该司弓兵四十名,额数寡少,合于龙川县和平、仁义、广三图量编四百名,龙南县量编二百名,俱令该县掌印官编佥造册,分为二班,半年一换。俱各委官管领,兼同该司官巡逻,遇有盗贼生发,即随扑获。隘夫限满,亦须该班者交代方还。各府、州、县巡捕官,俱要不时往来巡点。其清卖贼田,修筑城池等项,俱各委官分投干办,方得集事。再照新县里粮数少,官员应该减裁,且系偏僻之地,驿递不必添设。遇有使客往来,总于龙川县雷乡驿应付。前项居民,被贼残害,疮痍未苏,加以创县劳费,困苦可矜。成县之日,凡遇一应杂泛差役,坐派钱粮物料等项,俱各酌量减省;期待三年之后,方与各县一体差科。庶几舆情允惬,事体允当等因,到道。会

在龙川县,道路正当要冲之地,处在繁琐困难当中。查询得知邻县的长乐县所隶属的清化都,正和龙川接壤,就向清化都请求分割出来一图,以补充拼成一地而方便管辖,几乎都符合条件等情况。又根据龙南县太平等堡里老赖本立等人呈报:'本县东南与广东龙川、河源两县,西南与广东始兴县接壤,大多为深山穷谷,之前因为各地流贼路过本地抢劫,太平保设有横冈、角嵊两处关隘,上蒙、高沙两堡设有牛冈、阳陂两处关隘,就在各堡派遣隘夫乡兵把守。后来池大鬓等时常出来抢劫,各地关隘被烧毁而为之一空。现在征讨围剿的军事行动已经完成了,应当考虑把上述的关隘屯所修筑并派兵把守,可以保证全境没有灾难。但是该县仅有四里半,地小人少,累年追讨拖欠的赋税,况且该县与龙川县又是隔省属地,地方遥远,请求免于分割,来缓解百姓的困难'等情况。各官员经过会议商讨平定叛贼之后,深思熟虑后得到计策,确实没有超出增添县治这个方案,现在龙川县里老等人,愿意在和峒羊子铺增添县治,以及分割都图,清查出售叛贼土地,转移建置巡检司,酌量派遣隘夫等事情,全部予以批准。只是声称又要分拆江西赣州府龙南县附近都图,这本来是广东和江西两省的地方,相隔遥远,难免蒙混两省的公差,两地都没有归属,难以批准实行。只是该处在龙南县该管图堡之内,修筑原来的关隘。刚设置的地方,属于通始兴县要冲之路,应当增添设置一处关隘,两地在接壤的地方多派遣乡夫把守。查询修筑城池、学校、仓场、铺舍等项目,当中有妨碍百姓的田地和房屋以及丁税钱粮的,也是该处派官员测量,依照数目免除。距离龙川县有两百里的路程的,该处测量并设置十处铺舍。一切工程事务,除了大小竹子和木头派百姓采买置办外,同佥事朱昂覆议相同，合就会案呈详"等因，据呈到臣。

会同钦差巡按广东监察御史毛凤，议照前项地方实系山林深险之所，盗贼屯聚之乡，当四县交界之隙，乃三省闰余之地，是以政教不及，人迹罕到。其间接连闽、广，反覆贼

其余砖石、灰瓦等项物资，各种工匠伙食，一时间难以预料，应当派官员估计数目，全部使用银两多少，扣除上述田价银两多少，其余的在惠州府库相应官银支付；如果还是不够用，另外申请银两。所使用的人工，应当由龙川县与河源县惠化都民夫应付。转移建置的浰头巡检司，应当隶属于新建的县治管辖。该巡检司的弓兵有四十名，人数较少，应当在龙川县和平、仁义、广三图酌量编入四百名，龙南县酌量编入两百名，全部由该县掌印官派遣造册，分为两班，每半年轮流驻守一次。两班驻守兵员都派官员管束统领，并且和该班长官一同巡逻地方，如果遇到发现盗贼，即时捕获。如果把守关隘的时间到期了，兵员也必须在该班交代轮换工作后才返回。各府、州、县巡捕官，都要时常来回巡逻点验。清查出售贼人土地以及修筑城池等事情，全部由各处派官员分别处理，才能完成事情。再次就是刚成立的县里库粮数额较少，官员应该裁减，而且是偏僻的地方，驿站不一定增添。如果遇到有使者旅客往来，全都由龙川县雷乡驿处理。上述的当地百姓，被贼人残害，他们的困难还没得到处理，加上创建新的县治耗费钱财，他们的困难和痛苦值得可怜。成立县治那天，凡是遇到一切众多的差役，摊派的钱粮物资等事情，全都各自酌量减免；希望三年之后，才和如今各县一同承担同比例的差役和赋税。这样才使得民间和谐，事情处理得当等情况，通知到本道。联合佥事朱昂反复商议同意后，一同就所有事情进行书面呈报"等等情况，据该报告已到达臣下这里。

我会同钦差巡按广东监察御史毛凤，商议上述该地确实是山林偏僻险要的地方，盗贼聚集的地方，正是处在四县交界的缝隙之中，是三省管辖不到的地方，因此政治教化不到这里，人

巢，动以百数。据而守之，真足以控诸贼之往来，杜奸宄之潜匿。弃而不守，断为狐鼠之窟穴，终萃逋逃之渊薮。

况前此本亦州县旧区，始以县存，而民犹恃为保障；后因县废，而贼遂据以陆梁。是又往事之明验矣。当贼猖獗之日，地方父老屡有取复县治之议，然其时贼方盘据，势有不能。今赖朝廷威德，巢穴荡平，若不乘此机会，复建县治以扼其要害，将来之事，断未可知。臣等班师之日，胁从投招者尚不满百，今未两月，远近牵引而至且二百矣。若县治不立，制驭阔疏，不过一年，泛然投招之人必皆复化为盗，其时又复兴师征剿，剿而复聚，长此不已，乱将安穷？

夫盗贼之患，譬如病人，兴师征剿者，针药攻治之方；建县抚辑者，饮食调养之道。徒恃针药之攻治，而无饮食以调养之，岂徒病不旋踵？将元气遏绝，症患愈深，后虽扁鹊、仓公，无所施其术矣。

臣等窃以设县移司，实为久安长治之策。伏愿皇上鉴往事之明验，为将来之永图，念事机之不可失，哀民困之不可再，俯采臣等所议，特敕该部早赐施行。及照建县之所，地

迹罕见。当中和福建、广东接壤，反复出现贼人叛乱，动辄数以百计。如果占据并把守这里，真的是足以控制三省贼人来往沟通的要道，拒绝成为躲藏犯法作乱之徒的地方。如果放弃而不把守这里，必然成为叛贼的洞穴，最终成为逃亡者的汇集藏身之所。

况且之前这本来也是设置州县的旧地，开始因为县城存在，百姓仍然把它作为保障安全的地方；后来因为废除了该县，叛贼就占据这里而横行无忌。这又是一个借鉴前事的明证。处在叛贼猖獗的时候，地方父老多次有恢复县治的议论，然而那时叛贼刚刚盘踞在那里，势必不能实现这个愿望。如今依赖朝廷的威严德泽，叛贼已被平定，如果不趁这个机会，恢复建立县治来控制要冲，将来的事情，必然难以预料。臣等班师回朝那天，被叛贼裹挟或者投奔招引的尚且不到百人，如今不到两月，远近被拉拢而来的将近两百人了。如果县治不被建立，管控不到，不出一年，普遍投奔招引而来的人必然全部又变为盗贼，到那时又要兴兵征讨围剿，围剿之后又聚集起来，长此以往生生不息，祸乱什么时候才停止？

盗贼的祸患，就好比生病的人，兴兵征讨围剿盗贼，就是用针药医治病人的方法；建立县治安抚人心，就是饮食调养的道理。单单依靠针药的医治，却没有饮食来调养，难道只是病情再次复发？恐怕元气断绝，病症越来越重，即使后来有扁鹊、仓公这样的名医，都没有什么方法来医治了。

臣等认为设置县治移置巡检司，确实是长治久安的计策。希望皇上借鉴前事的明证，为将来作出长久的打算，认为机不可失，哀怜百姓不能再次遭受困苦，采纳臣等所讨论的计策，特

名和平，以地名县，以为得宜。乞从所奏，并将该设职官印信即与铨选铸给。简员以省费，均地以平徭，移巡司以据险要，宽赋役以苏穷民。如此，则夷险为易，化盗为良，可计日而效。不惟臣等得以幸逃日后之谴责，朝廷亦免再役之勤，百姓永享太平之乐矣。

三省夹剿捷音疏

十三年六月十五日

具广东按察司等衙门整饬兵备监统佥事等官王大用等呈："正德十二年九月内，具乐昌县知县李增禀称：'贼首龚福全、高快马等不时出没为患。近蒙军门案验，内开三省会兵进剿，缘照官兵未到，诚恐各贼探知，自分必死，群合四出攻劫，不惟居民受害，抑恐患及城池。议要从宜设法，以缓其势，待军兵到日，另行遵奉号令'等因。本职看得各贼俱系先前大征漏网，招亡纳叛，踪迹诡秘。为今之计，必先诱其腹心以为我用，然后以次剪其羽翼，庶以贼攻贼，彼势可孤而我患可保。已经呈奉军门议处，设法诱致去后，续据知县李增报称：'岐田山贼犯龙贵等十二名、天塘贼犯陈满等十名，各挈家赴县首，愿擒获同伴解官。于本年十一月二十八日，督同龙贵等，计诱贼犯萧缘等六十名。十二月初二日，陈满等计诱贼犯李廷茂等二十三名'等因。及据通判

意敕令该主管部门早日实行。建立县治的地方,原本地名为"和平",根据地方命名该县,认为得体。请求批准所奏报的事情,并且将该县设立的官职印信即刻交给负责铨选的官员铸造和分发。精简官员来减少费用,测量土地来平均徭役,移置巡检司来占据险要之地,放宽赋役来缓解百姓的困难。这样,就会化险为夷,把盗贼教化为良民,可以指日而待,看见事情产生了成效。不单是臣等得以侥幸逃脱日后被谴责的罪过,朝廷也因此免受征兵征粮饷之苦,百姓就可以永享太平了。

三省夹剿捷音疏

十三年六月十五日

根据广东按察司等衙门整饬兵备监佥事等官王大用等人报告:"正德十二年九月内,根据乐昌县知县李增禀报:'叛贼首领龚福全、高快马等人时常出没,为害一方。最近承蒙军门查验,内有计划三省联合军队进攻围剿叛贼的事情,因为军队还没联合完毕,担心各地叛贼探访得知计划,自料必然被置之死地,就会联合党羽到处攻杀抢掠,不单是当地民众遭受祸害,也担心殃及城池。商议要在得当之处想办法,来缓解叛贼的气势,等到军队来攻打时,另外遵行命令'等情况。本官查访得知各地叛贼都是先前大征讨行动的漏网之鱼,他们招引接纳我方叛逃的人,行踪神秘。为今之计,必然先诱降他们的心腹为我所用,然后按顺序剪除他们的残余力量,希望以此他们互相攻杀,他们就会孤立无援而我方的薄弱之处才有保障。已经呈报军门商议处理了,想办法诱降之后,又根据知县李增报告:'岐田山一带的叛贼龙贵等十二名、天塘一带的叛贼陈满等十名,邹级、仁化县知县李蕚呈称：'大贼首高快马带从贼一十五名、贼妇二口，潜住地名癞痢寨深坑，结巢藏住。随统民壮兵夫谭志泽等，于闰十二月初一日戌时，进兵围寨。至初二日早擒捕，本贼突出山头迎敌，追至始兴县界，各军奋勇同前，生擒大贼首高快马即高仲仁、从贼三名、贼妇贼女各一口，及行凶器械并被伤兵夫刘廷珍等'，开报到道。节据知府姚鹏等呈称：'督率军兵夫快抵巢与贼交锋，陆续擒斩首从贼犯李万山、赖永达等一千三百二十名颗，俘获贼属男妇七十六名口，夺回被虏男妇一十三多口，及赃仗、牛马等物。'又据知县李增呈：'缉得贼首李斌，亡命在湖广乌春山躲住。飞报到职，当就发遣捕盗老人李攻瓒等，星夜潜至地名姜阳峒，藏踪缉探，始擒本贼，余党俱各奔遁。'缘由各开到道，参称贼首李斌节与高快马、龚福全等，纠众流毒三省，屡劳征讨，各遵奉军门号令，穷追深入，一旦就擒，各照悬示重赏。而知县李增，督兵设策，屡有奇功，亦合奖劳，以励将来"等因，备呈转报到臣。

亦据整饬兵备兼分巡岭东道监统佥事等官顾应祥等

各自携家带口前往县里自首,都愿意捕获或斩杀同伙并押解到官府。在今年十一月二十八日,县里督促龙贵等人,一共诱降叛贼萧缘等六十名。十二月初二,陈满等人一共诱降叛贼李廷茂等二十三名'等情况。根据通判邹级、仁化县知县李蕚呈报:'大贼首高快马带领跟随他的十五名叛贼、两名叛贼妇女,秘密居住在一个叫癞痢寨的地方的深坑之中,修筑巢穴,躲藏其中。随即统领民壮兵夫谭志泽等人,在闰十二月初一戌时,进兵围剿该巢。到初二早上抓住高快马等人,藏在巢穴中的叛贼冲出山头迎战官军,我方追捕叛贼到达始兴县界,各军奋勇向前,生擒大贼首高快马即高仲仁、跟随他的三名叛贼、叛贼妇女叛贼女儿各一人,以及行凶器械和被伤兵夫刘廷珍等人',将该事开列呈报到达本道。根据知府姚鹏等人呈报:'带领军队捕快到达叛贼巢穴并与叛贼交战,陆续斩杀各叛贼李万山、赖永达等一千三百二十名颗,俘获叛贼家属男妇七十六名口,夺回被掳走的男妇十三多口,以及赃仗、牛马等物。'又根据知县李增呈报:'侦查得知叛贼李斌,在湖广乌春山逃亡,躲藏居住。迅速报告到本官,当即就派遣捕盗老人李攻瓒等,连夜秘密到达一个叫姜阳峒的地方,隐秘行踪侦缉查访,才抓到李斌本人,其余党羽都逃亡了。'因为各地都呈报情况到达本道,宣称叛贼李斌节与高快马、龚福全等人,纠集党羽毒害三省百姓,官军多次征讨,都各自遵从军门号令,穷追猛打深入巢穴,一旦抓住叛贼,各自照例悬挂以示重赏。知县李增,统领官军想方设法,屡次建有奇功,也应当奖励功劳,来鼓舞将来击杀叛贼的士兵"等情况,这件事已详细呈报转达臣下。

也根据整饬兵备兼分巡岭东道监统佥事等官顾应祥等人

呈："据领哨通判莫相等呈称：'统领汉达、官军、民壮、打手人等，照依刻期，进剿上下横溪、阙峒、深峒等巢。贼党坚立排栅，统众迎敌，杀伤兵夫。彼时军兵协谋，奋勇斗战，当将各巢攻破。陆续擒斩贼犯吴瑄、邓仲玉等共六百九十名颗，俘获贼属男妇三百九十五名口，夺回被虏男妇七口，及牛马、器械等物，解送前来会审。又发兵搜斩贼级一十二颗，生擒贼人三名，并俘获贼属等项。'随据本官禀称：'横溪大贼首吴，招集亡命，遁住地名东田村深山结巢。即禀蒙监督佥事顾应祥出给重赏，指示方略，密切发兵，抵吴巢穴，四面围攻。彼等乱用药弩射出拒敌，我兵冒伤奋勇进剿，先用铳箭将吴打倒，贼势少却。我兵呼噪大进，将吴等首从并贼属尽数擒斩，共十三名颗，俘获贼属六口，夺回被虏妇女二口。阵亡兵夫六口。'缘由呈解到道。看得贼首吴，系是稔恶巨寇，流劫两省，拒敌官军。而通判英相设法防捕，致缚前凶，应合奖劳"等因，备呈开报到臣。

查得先准兵部咨，为地方紧急贼情事，该巡抚湖广都御史秦金奏，该本部覆题："看得郴、桂等处与广东、江西诸峒联络，若非三省会兵夹攻，贼必遁散他处。合无请敕两广并南、赣总督、巡抚等官，会同克期进兵"等因，具题："节奉圣旨：是，都依拟行。钦此。"续为申明赏罚以励人心事，臣节该钦奉敕谕："但有盗贼生发，即便严督各该兵备、守呈报："根据领哨通判莫相等人呈报：'统领汉达、官军、民壮、打手等，依照限定期限内，进攻围剿上下横溪、阙峒、深峒等叛贼巢穴。叛贼牢固地建造排栅，带领众贼迎击我方，杀伤了我方军队人员。那时军队相互配合，奋勇迎敌，将各地叛贼攻破。陆续斩杀叛贼吴瑄、邓仲玉等一共有六百九十名颗，俘获叛贼家属男妇三百九十五名口，夺回被掳男妇七人，以及牛马、器械等物，一并押解送来会同各官审判。又派兵搜索并斩杀叛贼十二颗首级，活捉三名叛贼，并且俘获叛贼家属等项。'随即根据本官禀报：'横溪大贼首吴，招集亡命之徒，秘密前往一个叫东田村的深山里，建造巢穴居住。承蒙监督佥事顾应祥出示重赏，指出剿匪的方略，严密派兵，到达吴的巢穴，官军四面围攻吴。吴等用弩射出涂有毒药的弓箭抵抗官军，我方军队带伤奋勇进攻围剿，先使用铳箭将吴打倒，叛贼的气焰稍稍减弱。我方军队呼喊着大杀叛贼进攻，将吴等首从和叛贼家属全部擒拿或斩杀，一共有十三名颗，俘获六名叛贼家属，夺回被掳的两名妇女。阵亡的士兵有六人。'事情起始经过已呈报本道。查访得知叛贼首领吴，是一名罪恶深重为害一方的盗寇，在两省之间流窜抢劫，抗拒官军。通判英相想方设法防止搜捕，以致抓到叛贼，理应奖励他的功劳"等情况，这已经报告到臣下。

早前遵照兵部咨文，为地方紧急叛贼事情，该巡抚湖广都御史秦金奏报，本部题本奏覆："查访得知郴、桂等地与广东、江西诸瑶峒联系沟通，如果不是三省联合军队两面夹击，叛贼必然逃往其他地方。何不请求命令两广并南、赣总督、巡抚等官员，联合并限定日期进攻叛贼"等情况，奏报："遵奉圣旨：是，全都依照计划实行。钦此。"又为了讲明白赏罚来鼓励人心的事备、守巡并军卫有司，设法剿杀。其领兵官员，不问文职武职，若在军前违期并逗遛退缩者，俱听以军法从事。仍要选委廉能属官，密切体访，或佥所在大户，量加粮赏，或购令贼徒自相斩捕，皆听尔随宜处置。钦此。"又准兵部咨，为地方紧急贼情事，内开："节据乐昌县知县李增禀称，贼首高快马等八百余徒，在地名柜头村行劫。又据乳源县禀称，贼徒千余人在洲头街流劫。及据湖广郴州申，贼首龚福全、高仲仁等，虽蒙征剿，党恶犹存。正德七年，兵备衙门招抚龚福全，给与冠带，设为瑶官，高仲仁等给与衣巾，设为老人。未及两月，已出要路，劫杀军民，号称'高快马'、'游山虎'、'金钱豹'、'过天星'、'密地蜂'、'总兵'等官名目。正德十一年七月内，流劫乐昌及江西南康等县。后蒙抚谕，将高仲仁、李斌给与冠带，重设瑶官。未宁半月，一起八百余徒出劫乐昌，虏捉知县韩宗尧；一起七百余徒出劫生员谭明浩等家；一起六百余徒，从老虎峒等处出劫；一起五百余徒，从兴宁县出劫。呈乞转达，请军夹剿等因，各报到臣。看得前项盗贼，恶贯已盈，神怒人怨。譬之疽痈之在身，若不速加攻治，必至溃肺决肠。而攻治之方，亦有二说"等因，该本部覆题："看得所奏攻治盗贼二说，大意谓事权隆重，若无意于近功，而实足为攻取之几。征调四集，虽可以分咎，而不免为地方之累。穷究根本，辩析详明，言虽两端，意实有在。合无本部行文，就令差来人赍回，交与都御史王守仁，悉依前项申明赏罚事理，便宜行事。期于成功，不限以时，相机

情,臣遵奉敕谕:"只要有盗贼的事情发生,立即严加督促各兵备、守备、守巡以及军卫相关部分,想办法围剿攻杀。那些统领军队的官员,不管文官还是武官,如果在军前超过约定期限并且逗留退缩不前的,全都按照军法严办。仍然要求选派廉洁能干的属下,严密查访,或者是派遣当地的大户,酌量增加粮赏,或者出示悬赏让叛贼自相斩杀搜捕,全部听从你根据事情处置。钦此。"又遵照兵部咨文,为了处理地方紧急的叛贼事情,当中有:"根据乐昌县知县李增禀报,叛贼首领高快马等八百多人,在一个叫柜头村的地方进行劫掠。又根据乳源县禀报,一千多人叛贼在洲头街流窜抢劫。根据湖广郴州方面申报,叛贼首领龚福全、高仲仁等人,虽然经过官府多次征讨围剿,但是他们的余党依旧存在。正德七年,兵备衙门招降龚福全,给予他官员的身份,成为瑶官,高仲仁等人给予秀才身份,成为老人。不到两个月,就占据要冲,抢劫杀害士兵百姓,他们号称'高快马''游山虎''金钱豹''过天星''密地蜂''总兵'等官职名称。正德十一年七月内,在乐昌及江西南康等县流窜抢劫。后来承蒙官府招降他们,将高仲仁、李斌给予他们官员的身份,重新设置瑶官。还不到半个月的安宁,一路八百多人叛贼在乐昌抢劫,并抓走知县韩宗尧;一路七百多人叛贼在生员谭明浩等家抢劫;一路六百多人叛贼,在老虎峒等地抢劫;一起五百余徒,在兴宁县抢劫。报告请求转达各官员,而且请求官军派兵夹击围剿等情况,各地报告已经到达臣这里。上述所说的盗贼,恶贯满盈,天怒人怨。就好比是身上的恶疮,如果不尽快加以医治,必然伤及肺脏和肠。然而医治的方法,也有两个说法"等情况,本部题本复奏:"查看所奏惩治盗贼的两个说法,大致意思是这个攻剿"等因，具题："节该奉圣旨：是，钦此。"钦遵。节经通行各省及各该道守巡、兵备等官一体钦遵，勘处调集兵粮，克期攻剿，以靖地方。续据广东布政司等衙门左布政使等官吴廷举等会呈，奉臣并总督两广军务兼理巡抚、太子太保、都察院左都御史陈金案验，各准兵部咨，备行钦遵，查勘计处呈处等因，遵依。会同都、布、按三司等官欧儒等，并岭东道兵备佥事等官王大用等，议将应剿贼巢，起调汉达官军土兵员名，分定哨道，监统把截。进攻道路及合用粮饷等项，备开呈详。随据监督兵备佥事王大用等，各将进兵机宜呈详到臣。

参看得两广总督总兵等官，虽已奉命行取回京，然军马钱粮调度方略，悉经区画，会有成案。本院见督官兵征剿浰头等贼，未能亲往督战。除分兵设策，督令副使杨璋等四面防截外，仰各官查照原议，上紧依期进剿，毋得迟疑参错，致误事机。一应临敌制度，俱在各官相机顺应。若贼势难为，兵力不逮，或先散离其党与，或阴诱致其腹心；声东击西，阳背阴袭，勿拒一议，惟求万全。军门遥远，不必

权力太大，如果不追求目前的利益，确实是攻打夺取的机会。征兵调动由四方会集一处，虽然可以分担责任，但是难免成为地方的累赘。深追当中的根本，辨析详细明白，说法虽然两个，意旨确实有它的根本目的。为何本部不下发文件，派遣使者带回，交给都御史王守仁，全都依照上述已经讲明白的赏罚事情，见机行事。只希望征讨成功，不加限定日期，选择合适时机攻打围剿"等情况，题本上奏："遵照这道圣旨：是的，钦此。"遵奉圣旨。将该道圣旨通知各省以及各道守巡、兵备等官全部遵奉，勘察调集士兵粮饷，约定日期攻打围剿盗贼，以使地方安定。又根据广东布政司等衙门左布政使等官吴廷举等人联名呈报，让臣和总督两广军务兼理巡抚、太子太保、都察院左都御史陈金查验，各官员遵照兵部咨文，全都遵照，勘察估计呈报处理等情况，遵从。一同和都指挥司、布政司、按察司三司等官欧儒等人，以及岭东道兵备佥事等官王大用等人，商议应当围剿盗贼巢穴，征调汉达官军当地土兵若干，划分确定岗哨，监督统理把守拦截。进攻的路径以及应当使用的粮饷等事情，全都开列报告。随即根据监督兵备佥事王大用等人，各将派兵事情的报告到达臣下这里。

参看得知两广总督总兵等官，虽然已经奉命调任回京，但是军队、马匹、银钱、粮食的安排配置的方略，全都经过计划，已经有既定的方案。本院现在督促官军征讨围剿浰头等地的叛贼，没有亲自前往监督战斗。除了分派兵力施用谋略，命令副使杨璋等到处拦截外，希望各官按照原定计划，加紧按照日期进攻围剿，不得迟疑导致差误，以致于贻误战机。一切攻打叛贼的方法，全部依照各官员看情况处理。如果叛贼的气势难以压

一一呈禀，反成牵滞。又经牌仰上紧相机督剿去后。今据前因，除将各道呈报前项擒斩首从贼人贼级共二千八百九名颗，俘获贼属并夺回被虏男妇五百四名口，夺获器械赃物一百三十二件把、牛马八十三只匹，总计二千八百八名颗口只匹件把。行仰各道径送巡按纪功御史审验纪录，造册奏缴外，参照大贼首高仲仁、李斌、吴等，荼毒三省，稔恶多年，敌杀官兵，攻劫郡县。即其奸计，虽亦不过妖狐黠鼠之谋；就其虐焰，乃已渐成封豕长蛇之势。今其罪贯既盈，神怒人怨。数月之间，克遂歼殄，雪百姓之冤愤，解地方之倒悬。此皆仰仗天威，庙堂有先胜之算，帷幄授折冲之谋，贼徒破胆，将士用命之所致也。臣等获睹成功，岂胜庆幸！及照巡按纪功御史毛凤，振扬风纪，作励将士，既尽纪验之职，复多调度之方，此于常格，劳绩尤异。佥事王大用、顾应祥等，监统督调，备效勤劳，懋著经营之略，共收克捷之功。其都指挥王英、欧儒、知府姚鹏、通判邹级、莫相、知县李增、李萼，或领兵督哨，或追剿防截，类皆身亲行阵，且历艰难，均合甄收，普加旌擢。伏望皇上既行大赏于朝，复沛覃恩于下，庶示激奖，以劝后功。

制,兵力不够,或者先分散他们的党羽,或者暗中诱降他们的心腹;声东击西,阳背阴袭,不要拒绝任何建议,只求有万全的计策。离军门太远,军情不必一一呈报,如果呈报了,反而反应迟钝。又发文通知希望加紧看情况督促围剿之后。现在根据之前的情况,除了将各道呈报上述擒拿斩杀首从叛人数或叛贼首级一共有两千八百九名颗,俘获叛贼家属以及夺回被掳走的男妇五百零四名口,夺获器械赃物有一百三十二件把、牛马有八十三只匹,总计两千八百零八名颗口只匹件把。通知各道直接送到巡按纪功御史查验并记录在案,登记造册奏报上缴外,查访得知大贼首高仲仁、李斌、吴等人,为害三省,罪恶深重,祸害多年,抵抗杀害官军,在州县攻打抢劫。就他们的奸计而言,虽然也不过是妖狐黠鼠般的计谋;就他们的气焰来说,竟然逐渐成为封豕长蛇般的气势。现在他们已经是恶贯满盈,天怒人怨。在几个月之间,最终将他们消灭,洗刷百姓冤屈愤怒,缓解地方的困苦。这些都是仰仗皇上的威严,朝廷早有打胜仗的谋略,军营交给克敌制胜的方略,叛贼闻风丧胆,将士们以死报效所形成的。臣等得以看到剿匪成功,何等的庆幸!查访得知巡按纪功御史毛凤,整肃纪律,鼓励将士,既尽到记录查验功绩的职责,又多有调度的方略,这对于惯例而言,功劳尤其凸显。佥事王大用、顾应祥等人,监督统理督促调动,全都投入勤劳的行动,献出调兵遣将的方略,共同收获克敌制胜的战果。其他如都指挥王英、欧儒、知府姚鹏、通判邹级、莫相、知县李增、李荨,或者是统领军队督促岗哨,或者是追击围剿拦防堵截,大都亲自上阵杀敌,而且历险艰难,全部理应审核录用,普遍加以奖赏提拔。希望皇上既对朝廷上大加封赏,有对下面施行恩泽,

臣以凡庸，兼复多病，缪膺地方之责，属征调四出，不能身亲督战，然赖总督诸臣先已布授方略，领哨诸将得以遵照奉行，戮力效死，竟收完绩。真所谓碌碌因人成事，虽无共济之功，实切同舟之幸。除先已具本请罪告病乞休外，缘系捷音事理，为此具本题知。

辞免升荫乞以原职致仕疏

十三年六月十八日

臣于六月初六日准兵部咨，为捷音事，该臣题，该本部覆题，节该奉圣旨："王守仁升右副都御史，荫子一人做锦衣卫，世袭百户，写敕奖励。钦此。"钦遵。臣闻命惊惶，莫知攸措，感极而惧，若坠冰渊。切念臣以章句腐儒，过蒙朝廷涤瑕掩垢，收录于摈弃之余，既又求长于短，拔之闲散之中，授以巡抚之寄。其时臣以抱病在告，两疏乞休，偶值前官有托疾避难之嫌，该部论奏之义甚严，朝廷督责之旨又切，遂不遑他计，狼狈就途。莅事之后，兵耗财匮，盗炽民穷，缩手四顾，莫措一筹。朝廷悯念地方之颠危，虑臣才微力弱，必致倾偾，谓其责任之不专，无以连属人心；赏罚之不重，无以作兴士气；号令之不肃，无以督调远近。于是该部议假臣以赏罚，朝廷从而假之以赏罚；议给臣以旗牌，朝

表示激励和奖赏,来劝勉建立功劳的后来者。

臣下为一介平庸之人,并且身患多病,空有担负一方大员的责任,命令属下四处征讨叛贼,不能亲自督战,然而依赖总督等同僚先前已经计划好的方略,各位将军得以遵从实行,他们同心合力,以死报效,最终得以完胜。我一名碌碌无为的人,竟然依凭别人而办成事情,即使我没有和他们相同的功劳,确实也有共同参与的侥幸。除了先前已经上奏请求降罪因病请假的奏疏之外,这次奏报,本是因为上奏捷报的理由,于是就为此上奏报告。

辞免升荫乞以原职致仕疏

十三年六月十八日

臣王守仁于六月初六日根据兵部的咨文,是关于平叛捷报的事宜,由臣上奏,兵部给出意见再次上奏,然后接到了皇上批示的谕旨:"王守仁升任右副都御使,一个儿子可以承袭封荫担任锦衣卫之职,世袭百户,并撰写敕书予以褒奖,请恭敬遵照执行。"臣谨遵皇上旨意。我听闻这个消息以后,诚惶诚恐,不知道该怎么办才好,感愧之极而非常恐惧,如临深渊,如履薄冰。我思来想去,我本来是一个只知寻章摘句的迂腐儒生,承蒙朝廷开恩,不计较我的过失,收留了我而没有抛弃,然后又在短的中间找长的,在闲散人员之中选拔了我,授以巡抚的职位。当时我抱病在身,正在休假,两次上奏疏请求退休,正值前任的官员有以疾病为理由而逃避险难的嫌疑,兵部上奏评议的言辞非常严厉,朝廷督促责备的旨意又非常迫切,所以也就没有时间管那么多了,慌里慌张地就上路了。到任以后,兵力消耗,财物匮

廷从而给之以旗牌；议改臣以提督之任，朝廷从而改之以提督之任。授之方略而不拘以制，责其成功而不限以时。由是，臣以赏罚之柄，而激励三军之气；以旗牌之重，而号召远近之兵；以提督之权，而纪纲八府一州之官吏。伸缩如志，举动自由。于是兵威渐振，贼气先夺，成军而出，一鼓而破横水，再鼓而灭桶冈。全师克捷，振旅复举，又一鼓而破三浰，再鼓而下九连。皆役不再借，兵无挫刃。分巡官属赍执旗牌以麾督两广夹剿之师，亦莫不畏威用命，咸奏成功。由是言之，其始捉臣之来莅事者，该部之议，朝廷之断也；旗牌之能号召者，该部之议，朝廷之断也；提督之能纪纲者，该部之议，朝廷之断也；方略之所分布，举动之得展舒者，该部之议，朝廷之断也。臣亦何功之有，而敢冒承其赏乎？譬之驽骀之马而得良御，齐辑乎辔衔之际，而缓急乎唇吻之和；内得于人心，外合于马志；故虽驽下，亦能尽日之力而至百里。人见其驽而百里，因谓之能；不知其能致此，皆御马者驱策之力，不然，将数里而踣，或十数里而止矣。马之疲劳或诚有之，而遂以归功于马，其可乎？况臣之余，疾病交作，手足麻痹，渐成废人。前在贼巢，已尝具本请罪，告病乞休，日夜伏候允报，庶几生还畎亩。乃今求退而获进，请咎而蒙赏，虽臣贪冒垂涎，忍耻苟得，其如朝廷赏功之典何！伏望皇上推原功之所始，无使赏有滥及，收回成命。臣苟有微劳，不加罪戮，容令仍以原职致仕，延余喘于田野。如此，则上无滥恩，下无奸赏，宣力受任者，得免于覆餗之诛；量

乏，盗贼炽盛，百姓穷困，缩着手四下张望，一筹莫展。朝廷怜悯地方上处境艰难危险，考虑到我才能微小、力量薄弱，必定导致覆败，认为如果责任不专一，则不能统一人心；赏罚不分明，则无法振作士气；号令不严肃，则不能调动远近的力量。于是兵部建议授予我以赏罚之权，朝廷就同意授予赏罚之权；建议授予我令旗、令牌，朝廷就同意授予令旗、令牌；建议改任我为提督之职，朝廷就同意改任为提督的职务。授予方针和策略而不拘泥于制度，勉励取得成功而不限定时日。于是，我以赏罚的权柄，来激励三军的士气；以令旗、令牌的威严，来号召远近的兵力；以提督的职权，来管理八府一州的官吏。进退自如，举动自由。于是兵威逐步振作，叛军的气焰已经先被浇灭了，全军一齐出动，一鼓作气攻破横水，再鼓作气消灭了桶冈的叛军。全军克敌制胜，整顿军队再次出战，又一鼓作气攻破三浰，再鼓作气拿下了九连。都是一战获胜，官兵未受挫折。分道出巡的属下官吏，手执令旗、令牌来指挥号令两广的军队，呈夹击围剿之势，也是没有不畏威听命的，全都取得成功。由此说来，起初督促我来任事的，是由于兵部的建议和朝廷的决策；授予令旗、令牌而能号令全军，是由于兵部的建议和朝廷的决策；任命为提督之职而能管理官吏，是由于兵部的建议和朝廷的决策；方针和策略能够得以实施，举措行动能够得以开展，是由于兵部的建议和朝廷的决策。我有什么功劳，而敢轻易承受封赏呢？好比是平庸低劣的马而遇到了优秀的驾驭者，能够通过协调缰绳、嚼子使马车走得平稳，控制调和马口使马走得或快或慢，驾驭之法谙熟于心，马也很适应，所以即便是驽钝下劣的马，也能充分发挥能力，一天之内行走百里。人们见它虽然驽钝而能日行百

能度分者,获遂其知止之愿。臣无任感恩惧罪,恳切祈望之至!

再议崇义县治疏

十三年十月十一日

据江西按察司分巡岭北道兵备副使杨璋呈奉臣案验:"准户部咨,覆题建立县治以期久安事。卷查先该本道议横水地方应行事宜,开列条款,备呈提督军门,议委南康县县丞舒富,将大庾、南康、上犹三县机快,各点集三百名,分作三班,专委本官统领,来往巡视。如有余党复集,即便擒

里，就认为它能干，而不知道它之所以能达到这个程度，都是由于驾驭者驱策的结果，不然的话，走上几里路就会跌倒，或者走了几十里就停止了。马受到疲劳之苦或许是有的，但是把所有的成绩都归功于马，可以吗？况且我在东奔西走的过程中，各种疾病交相而起，手脚麻痹，逐渐变成无用之人。前期我在贼巢的时候，已经上奏疏请罪，并因病请求退休，日夜等候得到批准的消息，以便能够活着回到田野。而现在我请求退休反而获得进身，请求降罪而反受到封赏，我即使是贪图功劳，忍受耻辱而侥幸得到，那么将朝廷封赏有功之臣的制度置于何地呢？恳切地希望皇上将功劳归于源头，从而不要使封赏无限制地泛滥，请皇上收回成命。假如我有微小的功劳，不加以惩罚诛戮，容许我仍然以原来的职务退休，让我能够在乡间勉强延续生命。这样的话，则朝廷不会不受限制地随意加恩，臣下不会通过不正当手段谋求封赏，尽心尽力接受委任的人，避免因力不胜任而遭受罪诛；衡量自己才能安守本分的人，能够满足适可而止的愿望。无比感念皇上的恩德，并恳请恕罪。这是我至诚恳切地祈祷和希望的。

再议崇义县治疏

十三年十月十一日

根据江西省按察司分巡岭北道兵备副使杨璋呈报给臣的调查报告，主要内容如下："根据户部的咨文，关于建立县治以确保长治久安等事宜的答复意见。经核查证实首先由本道议定横水等地方应该施行的事项，一条一款列举清楚，呈交提督军门审议。建议委任南康县县丞舒富，将大庾、南康、上犹三个县拿。有功一体转达升赏。及于三县起人夫各一百名，分作三班，就委本官不妨往来巡逻，兼督采办木植，烧造砖瓦等役。俱经备行本官，将开去事宜查照施行外，随奉提督军门批：'据县丞舒富呈称，依奉前去横水建立县治处所，将县治公廨，儒学殿庑堂斋，布按分司及府馆、旌善、申明等亭，仓廒、牢狱、养济、仓场等房，并城中街道，带同地理阴阳曾成伦等，定立向止，分处停当，已经画图贴说呈报外，合用木植，督令义官李玉玺前去地名左溪、关田等处采运。随拘各项木作，于正德十三年四月初六日起手兴工。即今先将县治并儒学起造将完，各分司等衙门料物皆备，亦皆陆续起造。但砖瓦灰泥等匠工食，应该估计，不若包工论价，庶使工程易完。已经督同备估，共该银一千零七十一两七钱九分四厘。请给钱粮支用'等因，批行本道，再与详审。看得所呈修理次第，已是停当；所议包工论价，亦为有见。合行赣州府将大征支剩银两照数支给应用。及照衙门既已建立，必须城池保障，合无仍行通行计处城墙周围高阔丈尺、工食，或先筑土城，待后包砌，或应一时兼举，就行本官会同各县掌印官，查照里分粮数多寡，均派修筑，与夫城门城楼之费，一并估修。已经备由通行呈奉抚按衙门依拟施行，俱行赣州府照数查发，及行县丞舒富遵照支散估修外，续据县丞舒富呈称：'量计新县城墙周围五百丈，即今新筑土城，高一丈七尺，面阔七尺五寸，脚阔一丈。若令三县里甲自行修筑，不无延挨，必须顾倩泰和县上工数

的机要捕快，各按照名册征集三百名，分成三个专班，专门委派主管官员统率领导，来往巡行视察。如果有残余的叛党再次聚集，立刻进行缉拿。对于立下功劳的人员一并呈报上级进行奖赏。同时，在三个县征集民夫各一百名，分成三班，由主管官员率领，在往来巡逻的同时，监督他们做好采办木料、烧造砖瓦等工作。全部通知各主管官员，将开列的事项按照要求施行以外，又根据提督军门的批示：'根据县丞舒富呈报所称，依照指示前去横水地方建立县治处所，将县治的官署，学校的殿宇、走廊、厅堂、房舍，布政使、按察使的分司，以及官舍中表彰美善、发布告示的亭子，库房、监牢、养济院、粮仓等所用的房屋，以及城市中的街道，一同带领地理阴阳师曾成伦等人，确定方位和地址，分别安置妥当，已经画成图纸附在后面一并呈报以外，所需要用到的木材，责令义官李玉玺前往名为左溪、关田的地方进行采办运输。随即命令各项工程的木匠人员，于正德十三年（1518年）四月初六日开始着手动工。现在首先将县治官署和学校建造起来，即将完工，各分司等衙门所需的木材和物资都已准备齐全，也都陆续开工兴建。但是烧砌砖瓦、抹灰和泥等各种工匠的工钱和饭食，本应该估算，不如按照工程量来议定价格，以便能够让全部工程容易完工。已经督促并会同相关人员进行评估，共计需用银两一千零七十一两七钱九分四厘。申请拨给钱粮以供支用。'关于上述因由，已批转给本道进行处理，再进行详细审议。可以看到所呈报上来的办理事项的顺序，已经非常妥当；所建议的包工论价的方式，也很有见地。应当交由赣州府办理，将征讨叛军所剩余的银两按照数目拨付到位以供支用。同时，衙门既然已经建立，必须要有城墙和护城河作为保

百，先筑土城。自七月十一日起工，扣至八月终，土城可以通完，然后用砖包砌，庶得坚久。其三县征收工价解给，庶得实用。并将城门、城楼、城墙筑砌砖石工食，共计估该银八千四十五两六钱七分二厘，备由开呈'等因。奉批：'仰分巡道再加议施行。'查得大庾等县，共计仅五十二里，而估计银两颇多，疲弊之民，诚所不堪。及照大征变卖贼属牛马赃银二千六百七十一两四钱九分，及本道问过赃罚纸米价银一千余两，见在合查商税银辏补三百七十四两八分二厘，共四千四十五两六钱之数，先行给发，止余四千两。查将三县丁粮通融分派，责委公正官员征收监督，禁革侵渔骚扰等因，备由呈奉提督军门，批：'役三县而建横水，似亦动众劳民；建横水而屏三县，实乃一劳永逸。但当疲困之余，务以节省为贵。议该并县最合事宜，非独民减科扰，抑且财获实用。仰悉照议施行。仍行各县，痛禁里胥，不得侵渔骚扰。晓谕居民，各宜乐事劝工，毋忘既往之患，共为久安之图。'呈缴依奉遵照查支分派修理去后，今照前项县治、学校、分司、各该衙门，盖造将完，而土城扣至八月终亦可完，官民住坐，可保无虞。烧砖包砌，计亦不难。其街道市廛，俱有次第，商贾往来，渐将贸易。缘县名未立，官员未除，所辖里分之民心，罔知趋向；所安新民之版籍，尚未归著。及照县治既建，凡百草创，为县官者若非熟知地方与凡捕盗安民之术，民情土俗之宜，皆能洞晓，举而用之，鲜不败事。随会同江西布政司分守岭北道左参政吴大有，议得县丞舒富，先因

障,何不仍然一并对城墙周围的高度、宽度和长度进行实地勘测,估算所需的工钱和饭食,或者先筑造土墙,等以后再包砌墙砖,或者应该同时进行,就由主管官员会同各县主事的官员,核查当地的粮食数量多少,将修筑任务分派下去,与城门、城楼的费用,一并进行估算修筑。已经通报给巡抚、按察司衙门,按照拟定的计划施行,全部通知赣州府按照所定的数目拨付银两,同时通知县丞舒富遵照发放的数目估算修造以外,又收到县丞舒富呈报所称:'经勘测计算,新县城的城墙周围长五百丈,目前新修筑的土城墙,高一丈七尺,顶面宽度七尺五寸,底面宽度一丈。如果令三县当地的里甲自行修筑,难免延误工期,必须雇请泰和县的上等工匠数百人,先修筑土城墙。自七月十一日动工,一直干到八月底,土城墙基本可以完成,然后用墙砖包砌,使其得以坚固持久。从三个县征收上来的工程款及时拨发,让他们能够照实支用。并将筑砌城门、城楼、城墙所需要的砖石、工钱、饭食等各款项,估算共计所需银两八千零四十五两六钱七分二厘,特此报告请示。'根据以上因由,作出批示:'请分巡道进一步审议施行。'考虑到大庾等三个县,共计仅有五十二个里(基层行政单位),而估算所需的银两比较多,是疲劳困乏的老百姓难以承受的。又经查核得知,征讨叛军后缴获贼党的牛马,经变卖之后可得赃银二千六百七十一两四钱九分,以及本道问案所罚没的钱粮价值在一千多两,现有查收的商税银子凑补可得三百七十四两八分二厘,共计四千零四十五量六钱的数目,先行拨发下去,还剩余四千两未拨发。计划将三县按人口征收税粮的任务暂时分派下去,责成委任处事公道正派的官员对征收的过程进行监督,严禁侵吞、渔利、骚扰等等因由,呈报

前贼攻围该县，戮力拒贼，得以保全；后因大征领哨，获功居多，贼首谢志山独为所获；续委巡视三县，招安新民六百余名，帖然安堵；复委督修前项县治衙门城池，半年俱各就绪；今委署掌上犹县事，百废俱兴。及访本官存心刚直，行事公平，历官已及四年，未有公私过犯；虽未出身学校，经义亦能通晓。合无念新县草创之功，百务鼎新之始，转达具奏，升以新县知县职事。然而升授正官，或于事例有碍，合无量授府州佐贰之职，令其署掌新县县事，假薪数年后地方安妥，另行改选，庶官得其人，事得其理，而地方可保无虞"等因，据呈到臣。

给提督军门审议，得到批示：'役使三县的人来建设横水县城，似乎是兴师动众、劳民伤财；而建好了横水县城便可以作为三县的屏障，实际上是一劳永逸的事情。但是百姓正当疲惫困乏不堪之际，一定要以节省为重。所提出的并县分派征收任务的建议，最为符合事理，不但减少了捐税差役对百姓的骚扰，而且款项可以真正落实到实际应用。请全部按照所议定的内容施行。仍然通知各县，严格管束乡里的差役，不得骚扰百姓、侵吞渔利。同时要明白地告知居民，应当各自安居乐业、勤奋工作，不要忘了以往的祸患，共同谋划长治久安的良策。'现又报告，遵照有关指示核查款项，各自修造办理之后，现在得知前面所述的县治、学校、分司以及各个衙门，建造即将完工，而土城墙到八月份也可以完成，官吏、百姓生活起居，可以一切恢复正常。烧造墙砖，包砌城墙，想必也不是难事。新县城的街道集市，都井井有条，商人往来，渐渐开始进行贸易。只因新县的名字尚未确立，官员尚未正式任命，所管辖的乡里老百姓的民心，还不知归向；新安置的百姓的户籍，尚未有着落。同时因为县治刚刚建立，一切都处于初创探索阶段，县里的官员如果不是特别熟悉地方的情况，以及缉捕盗贼、安抚人民的方法，对地方风土人情、社会风俗习惯等，不能了如指掌，然后采取应对措施的话，没有不坏事的。因此，会同江西布政司分守岭北道左参政吴大有，经商议得知，南康县县丞舒富，前期因叛军围攻该县，竭尽全力抵御贼党，使得县城得以保全；后来因在征讨叛军的战斗中担任前锋，多次立下战功，独自擒获贼党的首领谢志山；然后又委派巡视三县，招抚安置新来的百姓六百多人，井然有序，一切正常；又委派监督修造前面所述的县治、衙门、城池等工程，半年的

卷查先据副使杨璋、参议黄宏会呈："上犹等县群贼猖獗为害，幸蒙提督军门躬督诸军荡平巢穴，三县之民欢欣鼓舞，如获更生。但恐大兵撤后，余党未免啸聚，要于横水等处建立县治，并巡司等衙门，以绝后患。实为久安长治之策"等因。已经批仰该道重覆查勘无异，会同江西巡抚都御史孙燧、巡按江西监察御史屠侨，处议明白，各具本奏请定夺去后，随准户部咨，该本部覆题："看得添设县治，既该府按官员会议，相应依拟，合咨提督南、赣、汀、漳军务左佥都御史王守仁同抚按官会委该道守巡官，选委府县佐贰能干官员，先将添设县治合用一应材木砖瓦等物料先为措置收买，并顾觅人夫工匠，价银逐一估计辏处，就便兴修，务使工日就而民力不劳，物咸备而财用不乏。候城池、公宇、县治、学校、仓廒、街道、民居、吏舍等项，粗有规制，另为

时间都已经妥当；现在委派代理上犹县的事务，各方面都有了新气象。又通过访问主管官员得知，他存心刚正直率，处事公道正派，做官已经四年了，不论公务还是私事，从未有任何过失；虽然不是从学校读书出身，但是也能通晓经书的意旨。何不念在其在创立新县过程中立下的功劳，在百废待兴、亟待用人之际，转达上级奏报朝廷，升任他担任新县知县的职务呢？然而授予他正职的职务，可能不符合惯例，何不衡量才能，授予府、州的副职，命令其代理新县的事务，这样兼任几年以后，等到地方上安定稳妥以后，另行改选他人，如此则官员得到合适的人选，事情也能得到妥善处理，而地方上可确保一切正常。"上述等情由，据实呈报给臣。

又据江西省按察司分巡岭北道兵备副使杨璋、参议黄宏等会同呈报："上犹县等地贼匪猖獗，成为一方的祸害，所幸蒙提督军门亲自督责军队荡平贼寇的巢穴，三县的百姓欢欣鼓舞，如获新生。但是恐怕大军撤退以后，残余的贼党免不了再次聚集，请求在横水等地建立县治，以及巡按分司等衙门，以杜绝后患。这确实是长治久安的良策。"根据上述情由，已经批示着请该道重新复核查勘，没有异议之后，会同江西巡抚都御史孙燧、巡按江西监察御史屠侨，商议明白，各自起草奏疏上奏朝廷请求定夺审议，之后收到户部咨文，其答复意见如下："所呈报的添设县治的事宜，已经由当地巡抚、按察等官员会同商议，依照所拟定的相应的意见，应当商请提督南、赣、汀、漳军务左佥都御史王守仁，会同巡抚、按察等官员，并委派该道的主管守卫、巡视的官吏，选派府县的副职中能干的官员，首先将添设县治所要用到的一应木材、砖瓦等物资和材料提前进行置办采买，并

会奏，以凭上请定拟县名，及咨吏、礼二部选官铸印施行"等因，具题："奉圣旨：是。钦此。"及准兵部覆题："议得勘乱于已发，固为有功；弭乱于未然，尤为有见。今都御史王守仁与巡抚、巡按及守巡官深谋远虑，议建县治、巡司以控制无统之民，事体民情，俱各顺当。及先编佥隘夫，委官守把，事在必行，不可犹豫。合无本部将开设县治一节移咨户部，奏请定立县名，速行遵守。仍依所奏，添设长龙、铅厂二巡检司，及将过步巡检司行移吏、礼二部，选调官员，铸换印信、条记，并行江西布政司查拨吏役，编佥弓兵。中间一应事宜，悉听都御史王守仁会同巡抚都御史孙燧查照原拟，从宜处置，务在事体稳当，贼害绝除，期副委任"等因，具题："奉圣旨：是。钦此。"钦遵。备行守巡该道一体钦遵施行。仍呈抚按衙门知会外，今呈前因。臣会同巡抚江西等处地方都察院右副都御史孙燧、巡按江西监察御史屠侨，议照该道所呈前项县治、学校、分司等衙门，盖造不日通完，而城池砌筑，亦已将备。惟称新县草创之初，百务鼎新，必须熟知民情土俗之宜者以为县官。及会访县丞舒富才力堪任，乞要量升府州佐贰之职，令其署掌新县一节，实亦酌量时宜，保土安民之意。伏望皇上悯念远土凋敝之余，小邑草创之始，乞敕该部俯采会议原由，再加审察，将县丞舒富量为升职，管理新县，或别行咨访谙晓夷情、熟知土俗、刚果有为者，前来开创整理，庶几疮痍之民可以渐起，而反覆之地得以永宁矣。

雇请民夫、工匠,所需的经费逐一进行估算筹措,即可开始动工兴建,务必使得工程每日推进而不会使人力过于劳累,物资材料全部齐备而保证经费不缺乏。等到城墙、官署、县衙、学校、库房、街道、民居、官舍等项目,初具规模以后,另行会同奏报,从而奏请朝廷拟定新县的县名,同时咨请吏部、礼部选任官员,铸造印信,照此施行。"皇上作出批示:"同意。遵照执行。"又收到了兵部的答复意见如下:"在动乱已经发生之后进行平定,固然是有功劳的;而消弭祸乱,防患于未然,则是更加有见识的。现在都御史王守仁与当地巡抚、巡按和守巡等官员,深谋远虑,商议建立县治、巡司来管理没有归属的民众,不论是事情的体制,还是人民的意愿,都已经顺理成章。以及原来编户造册的穷困百姓,委派官吏进行守护管理,势在必行,不可犹豫。何不由本部将开设县治相关事宜移交咨请户部,奏请定立新县的名字,尽快施行遵守。仍然根据所奏请的,在长龙、铅厂两处添设巡检司分司,同时将上犹县的过步巡检司行文移交吏部、礼部,选派调任官员,铸造更换印信、条记,并通知江西布政司核拨吏卒差役,按照名册点派兵士。其中的一应事宜,一律听从都御史王守仁会同巡抚都御史孙燧,根据原来拟定的办法,妥善处理,务必使事情牢靠妥当,贼匪的危害彻底根除,期望能够不辱使命。"皇上作出批示:"同意。照此施行。"臣恭敬地遵奉旨意。通知地方上的各守巡官员一体遵奉朝廷旨意施行。仍然呈交到巡抚、按察司等衙门收知以外,现呈报前面所述事项的进展情况。我会同巡抚江西等处地方督察院右副都御史孙燧、巡按江西监察御史屠侨商议,按照该道所呈报的前面所述的县治、学校、分司等衙门等各项工程,不久后即将全部完工,而城

再议平和县治疏

十三年十月十五日

据福建布政司呈称："漳州府知府钟湘关称，正德十二年四月撤兵之时，蒙福建参政陈策、副使唐泽批，据南靖县儒学生员张浩然等，及据本县清宁、河头社义民乡老曾敦五、林大俊等各呈，要于河头地方添设县治，以控制贼巢；建立学校，以易风俗；改移小溪巡检司，以防御缓急。行仰本职踏勘。随即呈蒙漳南道兵备佥事胡琏督同本职并南靖县知县施祥等踏勘，河头大洋陂一处堪设县治，枋头板一处堪设巡检司，委果人心乐从，一劳永逸。议将南靖县清河、宁里二图，新安里三图，漳浦县二都二图、三都十图，计一十二图，十班人户，查揭册籍，割属新设县治管摄。其南

墙的修筑，也即将完成。只是新的县城刚刚创立，百废待兴，必须由熟悉当地风土人情、社会风俗的人担任县官。又经会同考察访问得知，县丞舒富才干和能力能够胜任，请求衡量才能升任他为府、州副职，令他代理新县的事务，这也体现了根据实际情况，因时制宜，守护地方、安定民众的宗旨。恳切地希望皇上怜悯偏远地方衰败困苦的人民，以及小县城初创的艰难，请求敕命相关部门酌情采纳所建议的事项，再详细加以审察，将县丞舒富衡量才干擢升职务，管理新县的事务，或者另行考察访问通晓外夷情况、熟悉本地风俗、做事果敢有为的人，前来开创整理，如此或许可以使饱受折磨的百姓渐渐振作，而变乱无常的地方可以永远安定了。

再议平和县治疏

十三年十月十五日

根据福建布政司呈报所称："漳州府知府钟湘表示，正德十二年（1517年）四月撤军的时候，蒙福建参政陈策、副使唐泽批示，又据南靖县学校的生员张浩然等人，以及据本县清宁、河头社地方的义士和乡里长老曾敦五、林大俊等人各自的呈报，请求在河头地方添设新的县治，来控制贼匪的巢穴；建立学校，来教化改善地方的风俗；迁移改建小溪巡检司，以便防御出现紧急情况。报请本官进行实地勘察。随即通知漳南道兵备佥事胡琏，会同属下官吏，以及南靖县知县施祥等进行实地勘查，河头大洋陂的一处地方可以设立县治，枋头板的一处地方可以设立巡检司，如果老百姓确实都乐意跟从的话，将是一劳永逸的举措。建议将南靖县的清河、宁里二图，新安里三图，漳浦县

靖县止有一十八图，应当里役，邑小事繁，办纳不前。又查龙溪县原有一百五十二图，内有二十一都并二十五图地方，与南靖密迩，相应拨补管辖，截长补短，里甲便于应当，钱粮易于催办，事颇相应。转呈镇巡抚按等衙门，各具本题奉钦依，准于前项地方添设县治，及改移巡司衙门。其县名并该设官吏印信，令行布政司径自奏请，给赐铨拨铸降。合用木石灰瓦等料，先尽本府并所属县分在库赃罚银两支给买办。若有不敷，从宜处置，不许动支军饷钱粮及科取小民等因。随即呈委南靖县知县施祥、漳平县知县徐凤岐，董工兴作。于正德十二年十二月初九日，本职督同各官亲到河头，告祀社土，伐木兴工。至次年五月内，据知县徐凤岐呈报，外筑城垛俱已完备，惟表城因风雨阻滞，期在九月工完。及据知县施祥呈报，县堂、衙宇、幕厅、仪门、六房，及明伦堂俱各坚完，惟殿庑、分司、府馆、仓库、城隍、社稷坛，亦因风雨阻滞，次第修举，期在仲冬丁完。又据南靖县县丞余道呈称，带同木石匠陈恩钦等，前到漳汀枋头板地方丈量土城，周围一百一十丈，顾募乡夫春筑完固，给发官银，砍办木植，督造巡司公馆、前厅各一座、仪门一座、鼓楼一座、后堂各一座，各盖完备。惟土城公馆、巡司厢房欠瓦，暂将茅覆，候秋成农隙修举等因。随于正德十三年三月初六日，行令小溪巡检郭森前去到任，前去地方。今据各委官员呈报，功已垂成，势不容缓。照得县名须因土俗，本职奉委亲历诸巢，询知南靖县河头等乡，俱属平河社，以此议名平和县。及割南二都二图、三都十图，共计十二图，十个班的民户，查阅核对册籍档案，移交新设立的县治进行管辖。南靖县只有十八图，因为地方小、事情繁杂，乡里应付差役，往往来不及。又查知龙溪县本来有一百五十二图，其中有二十一都和二十五图的地方，与南靖县接近，相应地移交给新县进行管辖，截长补短，乡里便于应付差事，钱粮易于催促办理，事情是非常有必要的。转呈镇守、巡抚、按察等衙门，各自出具相关意见，批准在前面所述地方添设县治，以及迁移改建巡检司衙门。新县的名称以及所需要设置的官吏、印信等，由布政司直接奏请朝廷，选派任命官吏，铸造颁发印信。所要用到的木材、石料、灰泥、砖瓦等物料，先尽量使用本府以及所属各县库房中罚没所得的银两进行支付，采买置办。如果不够用的，可根据情况便宜处置，不允许动用军饷钱粮以及向小民百姓征收。随即行文委派南靖县知县施祥、漳平县知县徐凤岐，主持工程，动工兴建。于正德十二年（1517年）十二月初九日，本官会同各主管官员亲自到河头地方，祭告当地土地神，砍伐树木，即日动工。到第二年五月份，据知县徐凤岐呈报，外围的城墙和垛子都已经修筑完备，只有城门楼因为受风雨天气影响，耽误了些时日，预计九月可以完工。又据知县施祥呈报，县衙大堂、衙宇、幕厅、仪门、六房，以及明伦堂等都已经完工，只有走廊、分司、馆舍、仓库、城隍庙、社稷坛等，也因为风雨天气耽搁，逐步修造推进，预计在十一月份可以完成。又据南靖县县丞余道呈报表示，带领木石工匠陈恩钦等人，前期到漳汀枋头板地方丈量土城墙，周围长约一百一十丈，雇请和招募乡里的民夫夯实筑造完成，并拨发给官银，让他们砍伐采办木材，监督建造巡检司公馆、前厅各一座、仪门一座、

靖县清宁里七图、新安里五图,共计粮三千九百九石六斗七升四合七勺五抄,计一十二里,合为裁减县分,一知一典治之。原议漳浦县二都二图、三都十图,地方隔远,民不乐从,今议不必分割。再照新县所属多系新民,须得廉能官员,庶几开新创始,事不烦而民不扰。其学校教官,合无止选一员署印,先行提学道,将清宁、新安二里见在府县儒学生员,就便拨补廪增之数,其有不足,于府县学年深增附内,量拨充补;又或不足,于新民之家选取俊秀子弟入学,使其改心易虑,用图自新。及照南靖县邑小事繁,分割一十二里,添设新县办纳,愈见不堪。合无亦作裁减县分,以一知一典治之。又查得龙溪县一百五十二图内,将二十一都七图、二十五都五图,共计一十二图,计粮一千六百八十一石七斗七升三合八勺三抄,拨辖南靖县抵纳粮科。又照南靖小溪巡检司既已改立漳汀,合改漳汀巡检司印信,奏请改铸,并新县儒学、医、阴阳等衙门,俱例该铸印信。缘由备申到司。"转呈到臣。

鼓楼一座、后堂各一座，全都盖造完备。只有土城公馆、巡检司厢房，因为缺少瓦，暂时用茅草覆盖，等到秋收完成后农闲的时候再进行修造。随即于正德十三年（1518年）三月初六日，通知命令小溪巡检郭森前去新的地方到任。现在根据各有关官员的呈报，工程即将完成，刻不容缓。考虑到新县的名字须要贴合本地的风俗习惯，本官曾奉朝廷之命亲身经历过贼匪盘踞的各个地方，经查访得知南靖县河头等乡，都属于平河社，因此建议定名为平和县。同时划割南靖县的清宁里七图、新安里五图到新县，税粮共计三千九百九石六斗七升四合七勺五抄，共计十二里，应当裁减县份，委派一名知县、一名典史进行管理。原来所商议的漳浦县二都二图、三都十图，因地方相隔距离太远，百姓不愿意跟从，现在建议不必分割。又考虑到新县城所管辖的大多数都是新来的百姓，必须要由廉洁能干的官员来治理，才能开创新局面，事务不会烦乱，老百姓不会被骚扰。学校的教官，何不只选派一人署理，首先通知提学道，将清宁、新安二里现在府学、县学中读书的生员，即便划拨补充若干廪生、增生的名额，如果不足，就从府学、县学在学时间已久的增生、附生中间，按照数量划拨补充。如果还是不足，就从新来的百姓家庭之中选择聪明俊秀的子弟入学就读，使他们转化思想和心行，以期洗心革面、自强不息。又因南靖县地方小、事务繁杂，如果分割十二里，添设新的县治进行管理，更加不能应付。何不也进行裁减县份，委派一名知县、一名典史来治理。又经查访得知龙溪县一百五十二图中间，将二十一都七图、二十五都五图，共计十二图，税粮共计一千六百八十一石七斗七升三合八勺三抄，划拨给南靖县冲抵征收的税粮数目。又因为南靖县小溪巡检司既

卷查先据福建漳南道兵备佥事胡琏呈，前事已经查勘无异，具由奏请定夺去后，续据该道呈，备知府钟湘呈，将分割南靖等县都图随近新设县治管摄，以办粮差，并估计过城垣、城楼、窝铺等项工料银两数目。及查府库各项官银，实有一万余两，堪以支用，要行委官择日兴工筑砌。缘由备呈到臣。

看得开设县治，既以事体相应，已行具奏，及令该府一面俯顺民情，动支银两兴工外，其间分割都图、议估工价一应事务，军门路远，难以遥断，皆须该道及该府亲民各官自行查勘的确，果已宜于民情，便于事体，无他私弊，即便就行定议，以次举行。候奏准命下之日，应奏闻者。若更繁文往复，徒尔迟误日月，无益于事。又经批仰着实干理，仍行镇守巡按衙门知会间，随准户部覆题："内开前项情节，既该本官勘处停当，具奏前来，相应依拟。合无本部仍行左佥都御史王守仁再查无异，准于前项地方添设县治及改移巡检司衙门"等因，具题："奉圣旨：是。这添设县治事宜，各依拟行。钦此。"钦遵。备咨前来，节经行仰福建布政司及分巡漳南道转行该府一体钦依施行去后，今据前因，参看然已经改迁到漳汀,则应当将印信改铸为漳汀巡检司,奏请朝廷进行重新铸造,以及新县的学校、医院、阴阳堪舆等办事部门,都应当照例铸造印信。因此将以上情由呈报相关部门。"上述意见已经转达呈报到我这里。

又经核查,前期根据福建漳南道兵备佥事胡琏呈报,前面所述的各种事项已经经过查勘没有异议,行文奏报朝廷进行定夺审议。然后又据该道呈报,已经通知漳州知府钟湘,将分割南靖县等地的部分都、图,就近设立新的县治进行管辖,以便于办理征收税粮等事务,并已经对修筑城墙、城楼、工棚等项目所需的物料、银两数额进行了预算。经核查,府库中现有各项官银,实际共有一万多两,可供支取用度,应当通知委派官员择日兴工修筑。以上情由已经呈报到我这里。

关于开设新的县治的事项,已经了解得很清楚了,既然各项事宜都很合理,已经行文奏报朝廷,以及责令漳州府一方面顺应民情,支取银两动工兴建以外,其中的关于分割都图、估算工程造价等一应事务,因提督军门衙门距离当地路途遥远,难以进行遥控指挥,都应当由该道及该府亲民爱民的各主管官员,自行查勘,切实到位,如果确实能够符合民情,方便操办,没有其他的弊端,即可订立规程,依次进行。等到朝廷的批准命令下达之日,将进展情况再次奏报。如果再频繁地进行公文往来,徒然延误时日,对事情的进展毫无益处。又经批示给相关部门着实办理推进,仍然行文镇守、巡抚、按察司等衙门,使他们知晓,然后收到了户部的答复意见:"报告中所开列的相关事项,已经由当地官员查勘处置妥当,并奏报过来,一应事项按照所拟定的计划实施即可。何不由本部仍旧责成左佥都御史王守仁再

得所呈新设县治，既已议名平和，小溪巡检司改名漳汀巡检司，及学校例该一正二副，今称草创之初，止乞选官一员掌管，并拨补廪增生员等项，俱于事体相应。除行该司径自具奏外，为照南靖县原系全设衙门，今既分割都图添补新县，委系邑小费繁，似应裁减，止用一知一典，已足敷治。又龙溪县一百五十二图，将二十一都七图、二十五都五图，共计一十二图拨辖南靖抵纳粮差，揆于事体，颇亦均平。伏望皇上俯顺下情，乞敕该部议处裁拨，庶几量地制邑，得繁简之宜；而兴事任功，从远近之便。缘系裁减官员及拨都图事理，为此具本请旨。

再请疏通盐法疏

十三年十月二十二日

据江西按察司分巡岭北道兵备副使杨璋呈："备赣州府呈：'蒙备仰本府，即将正德十二年正月起，至九月终止，抽过税银，及上犹龙川两次用兵支过军饷，并今剩余银两，查报。'等因。依蒙。查得正德十一年十二月终止，旧管银三千五百七十四两三钱一厘二丝一忽九微并新收

次查勘,确保没有问题,批准在前面所述的地方添设新的县治以及迁移改建巡检司衙门。"皇上作出批示:"同意。这添设县治的事宜,各自依照拟定的方案施行。照此执行。"遵奉皇上旨意。接到户部发来咨文以后,经转呈至福建布政司及分巡漳南道,转达通知到漳州府一体遵照朝廷旨意施行。现在根据前面所述情由,考虑到所呈报的关于新设县治的事宜,既然已经建议定名为平和县,小溪巡检司改名为漳汀巡检司,以及学校照例应设置正职一名、副职二名,现在表示因为是初创之际,只请求选择一名官员掌管,以及划拨补充廪生、增生等生员名额,如果确实属于地方小、事务繁杂的情况,似乎应当予以裁减县份,只需任用一名知县、一名典史,已经足以应付治理。再者,龙溪县一百五十二图,将二十一都七图、二十五都五图,共计一十二图划拨给南靖县,冲抵税粮数额,从事体上来说,也是非常公平合理的。恳切地希望皇上顺应民情,请求敕命相关部门审定落实,调配人员、财物等,以便能够因地制宜,繁简得当;而兴建政事、取得功劳,顺从远近的便利。因为涉及裁减官员以及划拨都图、调整区划的事项,为此上奏朝廷请求皇上的旨意。

再请疏通盐法疏

十三年十月二十二日

据江西按察司分巡岭北道兵备副使杨璋呈:"据赣州府呈:'接贵道命令本府即将正德十二年正月起至九月末止,抽过的税银及上犹、龙川两次用兵所支过的军饷并现在剩余银两查报。'等因。遵命将查得的结果报告如左:正德十一年十二月末结存银三千五百七十四两三钱一厘二丝一忽九微,正德十二年正月起至正德十三年九月终止，共抽过商税银一万六千七百八十八两五钱八分七厘七毫五丝，两次用兵共用过银四万七千二百八十七两二钱二分八厘四毫三丝八忽六微，米九千九百四十九石五斗六升九合四勺四抄，谷五百三十九石四斗；内除提督南、赣、汀、漳等处军务都察院左佥都御史王守仁查发纸米价银八十九两六钱，巡抚江西等处地方都察院右副都御史孙燧查发纸米价银二千两，本道查发纸米价银七千八百二十两二钱七分八厘六毫，南、赣二府查出在库赃罚缺官柴薪等项银一万九千五十九两四分六厘六毫八忽三微外；实支用过商税银一万八千三百一十八两三钱三厘三毫三丝三微，见今余剩银二千四十四两五钱八分五厘七毫五丝一忽六微。'等因。

开报到道。案查先为比例，请官专管抽分，以杜奸弊事。准户部咨该巡抚右副都御史周南题：'备仰本道照奉钦依事理，即将所收商税，再行参酌，从轻定议则例；仍严加稽考，务使税课所入，随多寡以为数，而不以多取为能。其广东盐课。许于南、赣政府发卖，不许再行抽税。袁、临吉三府，不系旧例行盐地方，不许到彼发卖，所抽分商税。除军饷听巡抚都御史动支外；其余不许擅动。年终差人解部，辏支光禄寺赊欠铺行厨料果品支用，以省加派小民；仍将再议过缘由，呈报施行。'等因。

行据赣州府呈称：'依奉。将贡水该抽诸货，从轻从正德十二年正月起至正德十三年九月末止共新抽商税银一万六千七百八十八两五钱八分七厘七毫五丝。两次用兵共用银四万七千二百八十七两二钱二分八厘四毫三丝八忽六微，米九千九百四十九石五斗六升九合四勺四抄，谷五百三十九石四斗。其中除提督南、赣、汀、漳等处军务都察院左佥都御史王守仁查发纸米价银八十九两六钱；巡抚江西等处地方都察院右副都御史孙燧查发纸米价银二千两。本道查发纸米价银七千八百二十两二钱七分八厘六毫。南、赣二府查出在库赃、罚及空缺官员的柴米薪俸等项银一万九千零五十九两四分六厘六毫八忽三微外，实支用过商税银一万八千三百一十八两三钱三厘三毫三丝三微。现今余剩银二千零四十四两五钱八分五厘七毫五丝一忽六微。"等因。

开列回报到道。据查先前曾专设官员按比例抽税，以杜绝各种弊端一事。照户部咨文，由巡抚右副都御史周南奏："谨遵贵道照奉钦依事，即将所收商税再行斟酌，从轻议定纳税比例，仍应严加稽查务必使税课收入，按比例能抽多少就抽多少，而不以额外多抽为能。至于广东盐课，只许在南、赣二府发卖，但不许再抽税。袁、临、吉三府按旧例不许广盐到那里发卖。按比例所抽的商税，除作为军饷由巡抚都御史动支外，其余不许擅动，年终派专差解部，贴补光禄寺所欠铺户的果品、作料费用以免再摊派小民。请将再讨论的结果上报。"等因。

接着，赣州府呈称："奉以上指令将贡水该抽税的货物

定拟则例；及开称：广东盐引，不许放过袁、临、吉三府发卖。'等因。备呈本院，详允出给禁约。及将余剩银二千九百六十七两一钱八分二厘二毫三丝一忽九微，行令起解间；随据该府呈奉巡抚江西等处地方都察院右副都御史陈金批：'看得该府连年用兵之费，所积不多；近又定拟除减，所入亦少；况地方盗贼不时窃发别无堪动钱粮；将余剩税银，暂且存留在库，以备军饷。'等因。

已该前兵备副使陈良珊，将自正德六年十一月二十七日立厂抽分起，至正德十二年终止造册。差舍人王鼎续该本职；将正德十一年正月起，至本年十二月终止造册。差舍人屠贤各奏缴讫。本年九月二十六日，抄奉提督军门案验：'准户部咨：备行本道，照奉钦依事理，将广东官盐暂许袁、临、吉三府发卖自今为始，至正德十三年终止。仍将先次未解，并今次抽税过银两、支用过数目缘由，造册径自奏缴；及造清册赍送该部并本院查考。'除遵奏外。查得正德十三年将终及，上犹、龙川两处，征剿事毕，所据商税收支，应该造册解缴，备行该府查报。去后。今据前因，查得南、赣地方，两次用兵，中间商税，实为军饷少助；然而商税之中，盐税实有三分之二。为照南、赣二府，与广东翁源等县，壤地接连，近该两广具奏征剿前贼乘虚越境，难保必无。见今府库空虚，民穷财尽，将来粮饷绝无仰给；况此盐利一止，私贩复生，虽有禁约，势所难遏；与其利归于奸人，孰若有助于军国！合无转达，将前项盐税著为定例，许于袁、临、吉

从轻拟定抽税比例,并通告广东盐行不许偷运到袁、临、吉三府发卖。"等因。呈报至本院,答应给发禁令。另将剩余银二千九百六十七两一钱八分二厘二毫三丝一忽九微,将要下令起解时接到该府转发的巡抚江西等处地方都察院右副都御史陈金的批示:"据报该府连年用兵的费用存储不多。近又议定削减部分商税,收入将更少,但地方盗贼并未彻底肃清,别无其他可动用的钱粮。希将剩余税银暂仍存库,以备军饷。"等因。

已由前兵备副使陈良珊将自正德六年十一月二十七日立局抽税起至正德十二年末止,造册。差舍人王鼎接任本职,将正德十一年正月起至本年十二月末止,造册。差舍人屠贤各奏缴讫。本年九月二十六日抄奉提督军门通报:"照户部咨文:转发本道,依奉朝廷钦命事由将广东官盐暂时允许运至袁、临、吉三府发卖。自今日开始至正德十三年终止。将从前未解并现在所抽税银共支去多少以及用途,造册直接奏缴,所造清册呈送户部并本院以备查考。"除遵照执行外,因正德十三年将终以及上犹、龙川两地征剿军事行动已经结束。所有商税收支情况应该造册上缴,以备该府查考并据以上报。去后今据前述,按南赣地方两次用兵,其间商税对于补充军饷起过不小的作用。商税之中盐税就占了三分之二。而南赣两府与广东翁源等县接壤。近由两广具奏征剿,前贼会不会乘虚越境,谁也不敢保证其必无。现今府库空虚,民穷财尽。将来所需粮饷绝无来源。如果盐利一绝,私贩复生,虽有禁令也遏止不住。与其将利让给私贩子,还不如将盐利贡献给国家!不如转呈,将前项盐税形成定例,允许在袁、临、吉三府发卖,照旧抽税以补充军饷,每年年三府地方发卖，照旧抽税，以供军饷；每年终依期造报，余剩之数，解部转发光禄寺支用，以省加派小民。如此，则奸弊可革，军饷，有赖，光禄寺供用，亦得少资，诚所谓一举而数得矣。呈乞照详转达。'等因。

具呈到臣。查得接管卷内，先为处置盐铁，以充军饷事。江西布政司呈奉总江西左都御史陈金批："查得广西、岭北二道，滩石险恶，淮盐不到，商人往往私贩广盐，射利肥己；先蒙总督衙门，奏准广盐，许行南、赣二府发卖，仰令南雄照引追纳米价类解梧州军门，官商两便，军饷充足；当时止是奏行南、赣，不曾开载袁、临、吉三府，合无遵照敕谕便宜处置，暂将广盐许下三府发卖立厂盘掣，以助军饷。"

随该布政司管官刘果等议称："委果于事有益，于法无疑。具呈详允批行，遵照立厂抽税？等因。续该户部覆议内开："广东盐课，许令南、赣二府发卖，不许到于袁、临、吉三府。"备行革外；正德十二年正月十五日，臣抚临赣州随据副使杨璋呈称："奏调三省官兵，夹剿上犹等巢，粮饷所费，约用数万石，若不早行计处，必致有误军机；查得前项盐法，准行南赣二府贩卖，果系一时权宜，不系洪武年间旧例，合无查照先年便宜事例，行令前商，许令袁、临、吉三府贩卖，所收银两，少备军饷，候事少宁，另行具题禁止。"等因。

呈详到臣。看得即今调兵夹剿，粮饷缺乏，遵照敕谕。径自区画事理，批行该道暂且照议施行，候平定之日，照旧终按期造册上报。剩余的解部转发光禄寺支用，以免再加派小民。这样奸弊可以革除，军饷也有了来源，光禄寺也可以得到补贴，这真是一举数得，希望代为详细转达。'等因。

具呈到臣。经查档案，内有为处置盐铁以充军饷事。江西布政司呈奉总制江西左都御史陈金批：'经查广西、岭北二道滩石险恶，淮盐运输不到。商人往往私贩广盐谋取高利。先蒙总督衙门奏准，广盐准许运到南、赣二府发卖。并令南雄照盐行数征收税银或以粮食作价解往梧州军门，官、商两便、军饷充足。当时只是奏行南、赣，并不包括袁、临、吉三府。不如遵照准许灵活处置的敕谕，暂时允许广盐可运至以上三府发卖，立局抽税，以助军饷。'

随后由布政司管官刘果等议称：'如果让我去办理于事有益，于法无碍的话就具呈上报，待批准后就设局抽税。'等因。续由户部覆议，内称：'广东盐课许令南、赣二府发卖，不许到袁、临、吉三府。'以备通令禁革。正德十二年正月十五日，臣抚临赣州，随即据副使杨璋呈称：'请调三省官兵，夹剿上犹贼巢所需粮饷约为数万石，如不早作准备，必然贻误军机。经调查前述盐法只准去南、赣二府贩卖确实是一时权宜之计，不是从洪武年间就传下来的成规。不如查照先年灵活处置事例，允许盐商可到袁、临、吉三府发卖。所收税银可以补充部分军饷。待军事行动结束后，再考虑重新禁止。'等因。

呈报送达臣手。依臣看来现今调兵夹剿，粮饷缺乏。遵照敕谕可以自行筹划，批复该道暂且照所议施行，候平定之日再行停止。具题去后，随准户部复议："将广东官盐暂于袁、临、吉三府发卖，至正德十三年终止，行该道官照前抽分，将税课供给军饷，不许多取妄用，至期照旧停止。"等因。具题。奉圣旨："是。钦此！"钦遵。

已经转行该道，一体钦遵。去后；今呈前因，为照袁、吉、等地方，溪流湍悍，滩石峻险，淮盐逆水而上，动经旬月之久，广盐顺流而下，不过信宿之程；故民苦淮盐之难，而惟以广盐为便，自顷奉例停止，官府但有禁革之名，其实私盐无日不行，何者？因地势之便，从民心之欲，非但不能禁之于私；每遇水发，商舟动以百数，公然蔽河而下，如发机之弩，官府逻卒，寡不敌众，袖手岸傍，立视其过。孰得而沮遏之！故广盐行则商税集，而用资于军饷。赋省于贫民；广盐止则私贩兴，而弊滋于奸宄，利归于豪右，此近事之既验者。

今南、赣盗贼，虽已仰仗天威，克平巢穴；然漏殄残党，难保必无。且地连三省，千数百里之内，连峰参天，深林蔽日，其间已招之新民，尚怀反覆，未平之贼垒，多相勾联；乘间窥窃不时而有，方图保成之策，未有撤兵之期。况后山、从化等处，见在调兵征剿，臣亦缪承方略之命，师行粮食，势所必然；今府库空虚，民穷财尽，若盐税一革，军饷之费，苟非科取于贫民，必须仰给于内帑；夫民已贫，而敛不休，是驱之从盗也；外已竭，而殚其内，是复残其本也；骞

停止。具奏去后。随后按照户部复议：'暂许广东官盐去袁、临、吉三府发卖，至正德十三年末为止，令该道官员照前一样抽税，将税银供给军饷，不许多取、滥用。到期照旧停止。'等因。具奏，奉圣旨：'是。钦此！'钦遵。

已经转发该道，一体钦遵。去后；现接上述，按袁州、吉安等地方溪流湍急，滩石险峻。淮盐的运输是逆水而上，动不动就需要十几天到一个月。而广盐的运输是顺流而下，只要一昼夜即可。所以这里的百姓都苦于淮盐的运输困难，而乐于广盐的运输便利。自从奉命停运广盐以来，官府空有禁革之名，其实私盐的运输没有停过一天，为什么呢？乃是因为地势的方便以及人心的倾向，私盐是禁止不了的。尤其是到了雨季，河水暴涨。盐船一动就是几百艘，布满河面、顺流而下，其快如离弦之箭。官府的逻卒只能袖手旁观，眼看着盐船过去，谁能拦得住呢！所以广盐放开就有税可抽，军饷就有来源，贫苦百姓的负担就可以减轻。禁止广盐，盐贩子就兴旺起来，一切弊端都冒出来了，而私盐的厚利都归到地方豪强的腰包里去了。现在就是天天如此。

今天仰仗天威虽然荡平了南、赣盗贼的巢穴，可是不能保证没有残余的贼党。这里地连三省，一千几百里之内高峰参天，深林蔽日。其中已招的新民尚怀反意，没有平掉的贼巢还在互相串连，乘间隙蠢动时常发生。现在正计划怎样才能保证安全，不可能定下撤兵的日期。况且后山、从化等地目前正在调兵征剿，臣亦错被任命为统帅，兵马一动，粮草先行，势所必然。今国家的府库空虚、民穷财尽。如果革除掉盐税，军饷不从贫民中间征收就要从皇家的金库中支取。老百姓贫困已极还要对他们进行无休止的榨取，是逼迫他们去做强盗。地方财源已空，

刻帑之发，非徒缓不及事，抑恐力有未敷。

臣切以为宜开复广盐，著为定例，籍其税课，以预备军饷不时之急；积其羡余，以少助内府缺乏之需；实亦公私两便，内外兼资。夫聚敛以为功，臣之所素耻也；掊克以招怨，臣之所不忍也；况臣废疾日深，决于求退，已可苟避地方之责，但其事势不得不然，若已革而复举，是遗后，人以所难，而于职守为不忠矣。愿皇上悯地方之疮痍，哀民贫之已甚，虑军资之乏，绝察臣心之无他，特敕该部，俯采所议，酌量裁处，早赐施行。则地方幸甚！

升荫谢恩疏

十四年正月初二日

正德十三年六月初六日，准兵部咨："为捷音事。该臣题该本部复题：节该奉圣旨：'王守仁升右副都御史，荫子一人，做锦衣卫，世袭百户，写敕奖励。钦此！'备咨，钦遵。臣窃自念功微赏重，深惧冒滥之诛，已于本月十八日具本乞恩辞免升荫，容照原职致仕；复蒙圣旨：'王守仁才望素著，屡次剿贼成功，升官荫子，宜勉遵成命，不准休致，该部知道。钦此！'"备咨钦遵。臣闻命自天，局身无地。窃惟因劳而进秩者，朝廷赏功之典；量能而受禄者，人臣自守之节；故功宜惟重，虽圣帝之宽仁；而食浮于行，尤君子所深耻。

再向皇家索取，不仅伐其末而且伤其本。就算皇家愿意拿钱，不仅缓不济急，怕也不能完全解决问题。

臣的确以为应当开放广盐并且定为成例。借助盐税可以储备军饷，准备万一需要时应用。积累盐税余额也可稍稍补助皇家府库的空乏，实在也算公私两便，内外兼济。拿向百姓榨取当作功劳，臣是引以为耻，顾官府而不顾贫民是臣所不忍心干的。何况臣疾病日深，决心求退，也可逃避地方上的指责。但实际情况促使不得不这样办。如果已经革除而再恢复是给后人留下难题，而对于职守来说则可以算作不忠。请皇上悯念地方上的艰难，可怜百姓贫困已达极点，考虑军饷乏绝，考察臣无私心，特别降旨该部听从下面的意见，酌情裁定，早下令施行，则地方幸甚！

升荫谢恩疏

十四年正月初二日

正德十三年六月初六日按照兵部咨文："为报捷音事。该臣奏，由本部复奏：节选该圣旨：'王守仁升右副都御史，照顾其子一人做锦衣卫，世世代代都给以百户衔，写敕奖励。钦此！'以咨文下发，钦遵。臣自以为功劳小而奖赏重，深恐遭受冒功领赏的责罚。已于本月十八日具本乞恩辞免升级和荫子，请求仍任原职。后来又降旨：'王守仁的才学和声望素来有名，屡次剿贼都能成功，升官荫子应该遵奉朝廷命令，不准辞职。兵部知道。钦此！'"以咨文下发，钦遵。臣之所以闻达是由于皇上的褒扬，因此经常感到惶恐，似乎无地容身。而且臣以为有功劳而增加爵禄，是朝廷奖赏有功之士的原则。酌量自己的能耐，接受与之相称的俸禄是做臣子的应有的操守。不论功劳大小一律重赏并不能算作皇

陛下之赐，行其赏功之典也；臣之不敢当者，亦惟伸其自守之节而已。军志有之：'该罚而请不罚者有诛，该赏而请不赏者有诛。'右之人君，执其赏罚，坚如金石，信如四时，是以令之所播如轰霆，兵之所加无坚敌，而功之所成无愆期。今日之事，兵事也。汉臣赵充国云：'兵事当为后法。'臣诚自知贪冒之耻，然亦安敢绚一己之小节，以乱陛下之军政乎？但荫子实非常典，私心终有所未安，黾勉受命，忧惭交集！自恨疾病之已缠，深惧图报之无日；感激洪恩，莫知攸措！除别行具本请罪乞休外；为此具本称谢。"

乞放归田里疏

十四年正月十四日

正德十三年十月初二日，准吏部咨："该臣奏为久病待罪，乞恩休致事。奉圣旨：'王守仁帅师讨贼，贤劳懋著，偶有微疾，著善调理，以副委任。所辞不允，该部知道。钦此！'备咨，钦遵。又于本年十二月二十九日，准吏部咨、该臣奏：为乞恩辞免，升荫，容照原职致仕事。奉圣旨：'王守仁才望素著，累次剿贼成功，升官荫子，宜勉遵成命，不准休致，该部知道。钦此！'备咨，钦遵。"

除已具本谢恩外；窃惟圣主之任官也，因才而器使，不

上的宽厚仁爱，无功而食禄尤其是君子的耻辱。

陛下的赏赐是履行朝廷有功必赏的原则，臣之不愿接受是为了保持自己的节操。军志上记载："该罚而要求不罚者，杀。该赏而要求免赏者，杀。"古时的帝王执行赏罚，坚定如金石，信用如四时更替那样准确而不可挪移。所以军令的发出如雷霆之威；只要用兵就没有不可摧毁的敌人；成功绝对不会超过预定的日期。今天的事情是属于用兵的大事。汉朝的名臣赵充国说过："用兵的大事应当成为后世的教训。"臣当然知道冒功领赏是一种耻辱，然而不能因为一己的小节而乱了陛下的军政大法。但照顾子孙不是朝廷的成法，而属于法外施恩。臣内心对此始终不安。但勉强接受，心里是又恐惧、又惭愧。自恨病体日重，十分害怕没有时间报效陛下了。感激陛下的深恩以致不知如何是好。除另行具本恳请退休外，特此具本称谢。'

乞放归田里疏

十四年正月十四日

按照正德十三年十月初二日吏部发出的咨文："该臣奏为久病待罪，乞恩辞职事。奉圣旨：'王守仁率军剿除贼寇，勤劳有功，偶染小病，可以好好调养，方能不负委任。不准辞职，吏部知道。钦此！'以咨文下发，钦遵。又按本年十二月二十九日吏部咨文：该臣奏：为乞恩辞免升荫，允许照原职辞职一事。奉圣旨：'王守仁的才学和威望素来有名，屡次剿贼都能成功，升官荫子应当遵从朝廷命令，不准辞职，吏部知道。钦此！'以咨文下发，钦遵。"

除已具本谢恩外。臣私心以为圣明的君主任命官吏，根据

强人以其所不能，是以上无废令，而下无弃才；人臣之受职也，量力而成事，不强图其所不任，是以言有可底之绩，而身无鳏旷之诛。

历改往昔，盖未有不如此而可以免于愆谴者也。臣以狂愚，收录摈废，缪蒙推拔，授寄军旅，当时极知叨非其分，不敢冒膺；辞避未伸，而迫于公议，仓卒就道；既已抵任，则复黾勉从事，私计迂怯，终将偾败，遭际圣明，德威震赫，扶病策驽，仰遵成算，不意偶能集事，苟免颠覆，实皆出于臆料之外；然此侥幸之事，岂可恃以为常者哉？庙堂之上，不暇深察其所以，增其禄秩，将遂举而委之。人苦不自知耳；臣之自量，则既审且熟；深惧戮亡之无日也。

譬之懦夫，驾破败之舟以涉险，偶遇顺风安流，幸而获济，舟中之人，既已狼狈失措，而岸傍观者尚未之知，以为是或有能焉，且将使之积重载，冲冒风涛，而试洪河大江之中，几何其不沦溺也已？今四方多故，銮舆远出，大小臣工，惶惶旦暮；臣虽鄙劣，竭忠效命，以死国事，亦其素所刻心；安忍托故，苟求退遁？顾力纤负巨，如以蒿支栋，据非其任，遂使殒身，徒以败事，亦何益矣。且臣比年以来，百病交攻；

每个人的才能而授给不同官职,不强迫人所不能。所以上面没有白下的命令,而下面没有被遗弃的人才。做臣子的接受职位,酌量自身的力量以承担不同的责任,不勉强要求自己不能胜任的职务。所以就可做到有言必有实,即不尚空谈,个人也可避免责罚。

看看历史上的教训恐怕还没有不这样做而可以避免罪责的例子。臣性愚直,是朝廷在本来应该摈弃之列内提拔的,并任以军职,当时臣就深知这种与个人才能很不相称的高位,本来就是非分的,不敢贸然接受。但迫于公议,还没来得及申诉不胜任的理由就仓促赴任了。既然已经上任那就事事谨慎就是了,但自认为生性迂怯,终究还得坏事。幸亏遇上朝廷圣明,威德震慑四方,臣扶病勉强理事,遵从朝廷既定的政策不料也办成了一些事,马马虎虎算是敷衍过来,没有出现很大错误。这确实在意料之外,然而这样侥幸混日子的事是不能当作常理任其发展下去的。朝廷之上没有功夫详细考察其所以然,就晋升了级别增加了俸禄,将一切重任都放在他肩上。人就坏在没有自知之明上。可是臣对自身评价是深刻的,深恐大祸将要临头。

譬如有一个懦夫驾一条破船过河,偶然碰上顺风,水势平稳,侥幸安全渡过去了。船上的人已感到冒了一次很大的风险。而远在岸上的观者是无法知道的,所以为这个懦夫是个高明的船长呢? 而且还要求他驾驶重载巨舰,冲冒风浪远涉江海,那样能不舟覆人亡吗? 现在正值国家多事,圣驾远出,朝廷内大小官员惶惶不可终日。臣虽鄙劣无能,但还有一颗竭忠效命以死国事的忠心。哪能忍心托故,苟且偷安以求退避? 然而力量太小,负担太重,好像拿一茎菖草去支撑一根大梁一样,远不是它能够负

近因驱驰贼垒,瘴毒侵陵,呕吐潮热,肌骨羸削,或时昏眩,偃几仆地,竟日不惺,手足麻痹,已成废人;又以百岁祖母,卧病床褥,切思一念为诀,悲苦积郁神志耗眊,视听恍惚,隔宿之事,不复记忆,以是求延旦夕之生,亦已难矣。

而况使之当职承务,从征讨之后,其将能乎?夫豢畜牛羊,细事耳;亦且求良牧而付之,况于军务重任,生灵休戚之所关,乃以疾废瞆眊之人;覆败之戮,臣无足论;其如陛下一方之寄何?伏愿陛下,念四省关系之大,不可委于匪人;察病废枯朽之才,不宜付以重任;怜桑榆之短景,而使得少遂其乌鸟之私;录犬马之微劳,而使得苟延其蝼蚁之息;别选贤能,委以兹任,放臣暂归田里,就医调治,倘存余喘,尚有报国之日,臣不胜感恩待罪,恳切哀望之至!

担的，必定白白地送掉性命，败坏大事，这能有什么好处呢？臣这几年百病交攻，近来更因驰驱贼巢，感冒瘴疫，呕吐潮热，肌骨瘦削，时发眩晕，趴伏几案或错扑在地，竟日不醒，手足麻痹已成废人。另外百岁祖母以病在床，常思见臣一面作为永别。悲苦积郁，神志昏昏，视、听恍惚，隔宿的事就记不住，这种身体状况延长一天的生命也是困难的。

　　何况再使之承担任务，担负要职，有这种可能性吗？如同喂养牛羊本来是一桩小事，那也要找一个优秀的牧人去管理。而况属于军务重任，关系百姓生死存亡的大事，交给一个病残昏愦的人能放心吗？如失败了臣甘当受诛没什么说的，但陛下一方的安定怎么办呢？念四省关系之重不能任命一个不称职的人负责，也不能任用一个病废衰朽的人当此大任。恳请陛下可怜臣的生命无多，使之少遂怜念祖母的私情。念臣过去为陛下尽过犬马微劳，使臣苟延残喘。另选贤能，将此重任交付与他。放臣暂归田里，请医调治，倘能生存还有报效国家的机会，臣不胜感恩待罪恳切哀望之至！

文/白/对/照

王陽明全集

三

〔明〕王守仁 著

团结出版社

目 录

卷之十二　别录四

奏疏四 ··· 1064
　飞报宁王谋反疏 ··· 1064
　再报谋反疏 ··· 1070
　乞便道省葬疏 ·· 1070
　奏闻宸濠伪造檄榜疏 ·· 1072
　留用官员疏 ··· 1076
　江西捷音疏 ··· 1078
　擒获宸濠捷音疏 ··· 1084
　奏闻益王助军饷疏 ··· 1100
　旱灾疏 ··· 1102
　请止亲征疏 ··· 1104
　奏留朝觐官疏 ·· 1108
　奏闻淮王助军饷疏 ··· 1110
　恤重刑以实军伍疏 ··· 1112
　处置官员署印疏 ·· 1116

二乞便道省葬疏 ………………………………… **1118**

处置从逆官员疏 ………………………………… **1122**

处置府县从逆官员疏 …………………………… **1128**

收复九江南康参失事官员疏 …………………… **1132**

卷之十三　别录五

奏疏五 …………………………………………… **1150**

乞宽免税粮急救民困以弭灾变疏 ……………… **1150**

计处地方疏 ……………………………………… **1158**

水灾自劾疏 ……………………………………… **1164**

重上江西捷音疏 ………………………………… **1170**

四乞省葬疏 ……………………………………… **1180**

开豁军前用过钱粮疏 …………………………… **1188**

征收秋粮稽迟待罪疏 …………………………… **1196**

巡抚地方疏 ……………………………………… **1212**

剿平安义叛党疏 ………………………………… **1216**

乞便道归省疏 …………………………………… **1230**

辞封爵普恩赏以彰国典疏 ……………………… **1234**

再辞封爵普恩赏以彰国典疏 …………………… **1242**

卷之十四　别录六

奏疏六 …………………………………………… **1260**

辞免重任乞恩养病疏 …………………………… **1260**

赴任谢恩遂陈肤见疏 …………………………… **1266**

辞巡抚兼任举能自代疏 ………………………… **1278**

奏报田州思恩平复疏 ······ *1282*
地方紧急用人疏 ······ *1316*
地方急缺官员疏 ······ *1322*
处置平复地方以图久安疏 ······ *1326*

卷之十五　别录七

奏疏七 ······ *1366*
　征剿稔恶瑶贼疏 ······ *1366*
　举能抚治疏 ······ *1374*
　边方缺官荐才赞理疏 ······ *1380*
　八寨断藤峡捷音疏 ······ *1390*
　处置八寨断藤峡以图永安疏 ······ *1424*
　查明岑邦相疏 ······ *1452*
　奖励赏赉谢恩疏 ······ *1458*
　乞恩暂容回籍就医养病疏 ······ *1462*

卷之十六　别录八

公移一　提督南赣军务征横水、桶冈、三浰 ······ *1472*
　巡抚南赣钦奉敕谕通行各属 ······ *1472*
　选拣民兵 ······ *1476*
　十家牌法告谕各府父老子弟 ······ *1482*
　案行各分巡道督编十家牌 ······ *1488*
　告谕各府父老子弟 ······ *1490*
　剿捕漳寇方略牌 ······ *1492*
　案行广东福建领兵官进剿事宜 ······ *1494*

案行漳南道守巡官戴罪督兵剿贼 …… *1498*

案行领兵官搜剿余贼 …… *1504*

奖励福建守巡漳南道广东守巡岭东道领兵官 …… *1508*

告谕新民 …… *1510*

钦奉敕谕切责失机官员通行各属 …… *1512*

兵符节制 …… *1518*

预整操练 …… *1520*

选募将领牌 …… *1524*

批留岭北道杨璋给由呈 …… *1524*

批广东韶州府留兵防守申 …… *1526*

咨报湖广巡抚右副都御史秦防贼奔窜 …… *1528*

钦奉敕谕提督军务新命通行各属 …… *1530*

咨报湖广巡抚右副都御史秦夹攻事宜 …… *1534*

征剿横水桶冈分委统哨牌 …… *1540*

案行分守岭北道官兵戴罪剿贼 …… *1558*

搜剿余党牌 …… *1560*

奖励湖广统兵参将史春牌 …… *1562*

设立茶寮隘所 …… *1564*

牌行招抚官 …… *1566*

批留兵搜捕呈 …… *1568*

批将士争功呈 …… *1570*

告谕浰头巢贼 …… *1572*

进剿浰贼方略 …… *1580*

克期进剿牌 …… *1582*

批汀州知府唐淳乞休申 …… *1584*

目录

告谕 …………………………………………………… *1586*

仰南安赣州府印行告谕牌 ……………………………… *1588*

禁约榷商官吏 …………………………………………… *1590*

批赣州府赈济石城县申 ………………………………… *1592*

议处河源余贼 …………………………………………… *1594*

告谕父老子弟 …………………………………………… *1596*

行龙川县抚谕新民 ……………………………………… *1598*

优奖致仕县丞龙韬牌 …………………………………… *1600*

卷之十二　别录四

奏疏四

飞报宁王谋反疏

十四年六月十九日

正德十四年六月初五日，节该钦奉敕："福州三卫军人进贵等，胁众谋反，特命尔暂去彼处地方，会同查议处置，参奏定夺，钦此！"钦遵；臣于本月初九日，自赣州启行，至本月十五日行至丰城县，地名黄土脑，据该县知县等官顾佖等禀称："本月十四日，宁府称乱，将孙都御史、许副使，并都司等官杀死；巡按及三司、府、县大小官员不从者俱被执缚，不知存亡；各衙门印信尽数收去，库藏搬抢一空，见监重囚，俱行释放；舟楫蔽江而下，声言直取南京，一面分兵北上。"

各官皆来阻臣，不宜轻进，其时臣尚未信；然逃乱之民，果已四散奔溃，人情汹汹，臣亦自顾，单旅危途，势难复进，方尔回程。随有兵卒千余，已夹江并进，前来追臣，偶遇北风大作，臣亦张疑设计，整舟安行，兵不敢逼，幸而获免。本月十八日，回至吉安府，据知府伍文定等禀称："地方无主，乞留暂为区画。"

远近军民，亦皆遮拥呼号；随据临江府并新淦、丰城、奉新等县各差人飞报："宁府遣兵四出攻掠，拘收印信，及拿掌印官员调取兵快，水兑粮船，尽被驱胁而去"等因。臣

飞报宁王谋反疏

十四年六月十九日

　　正德十四年六月初五日,节选钦奉敕:"福州三卫军人进贵等胁迫群众造反,特命你暂去该地会同调查处置,参奏决定怎样办理。钦此!"遵照皇上命令。臣于本月初九日从赣州出发,到本月十五日去到丰城县名为黄土脑的地方,据该县知县顾佖等禀报称:"本月十四日宁府发动叛乱,将孙都御史、许副使以及都司等官员杀死。巡按及三司、府、县大小官员凡不从者均被逮捕,不知存亡。将各衙门印信完全收去,仓库被劫掠一空,释放了全部在押重犯。大小舟船浩浩荡荡顺江而下并声言直取南京,再分兵北上。"

　　各官都来阻止臣不要再贸然前进。当时臣还不信,然而确有大量难民涌来,人情汹汹。臣也考虑人少力单,前途危险,不可能再前进了,才打算回程。随后有一千多兵卒已夹江并进,前来追臣。适遇北风大作,臣亦设计伪装,命船夫不必惊慌,有秩序地前进,追兵不敢逼近,幸而获免。本月十八日回到吉安府。据知府伍文定等禀称:"地方无主,请暂留主持大计。"

　　远近军民也都拦道呼叫。随后又据临江府以及新淦、丰城、奉新等县各差人飞报:"宁府派兵出来四处攻掠,抢夺印信,捉拿掌印官员,调取兵卒抢去所有粮船。"等因。臣原本奉奉前旨，欲遂径往福建；但天下之事，莫急于君父之难，若彼顺流东下，万一南都失备为彼所袭，彼将乘胜北趋，旬月之间，必且动摇京辅，如此则胜负之算未有所归，此诚天下安危之大机。虑念及此，痛心寒骨，义不忍舍之而去，故遂入城抚慰军民，督同知府等官伍文定等，调集兵粮，号召义勇；又约会致仕乡官右副都御史王懋中，养病评事罗侨等，与之定谋设策，收合涣散之心，作起忠义之气，相机乘间，务为蹑后之图，共成犄角之势；牵其举动，而使进不得前；捣其巢穴，而使退无所据；日望天兵之速至，庶解东南之倒悬，伏望皇上省愆咎己，命将出师，因难兴邦，未必非此。臣以弱劣多病，屡疏乞休，况此地方之责，本亦非臣之任；今兹扶疾赴闽，实亦意图便道归省，临发之前，已具哀恳，赍奏之人去才数日，适当君父之急，不忍失此事机，姑复暂留，期纾国难；候区书少定，各官略可展布，朝廷命师一临，亦遂遵照前旨，入闽了事，就彼归省父疾；进不避嫌，退不避罪，惟民是保，而利于主臣之心也。

直行其报国之诚，而忘其缓命之罪；求伸其哀痛之情，而甘冒弃职之诛；臣之罪也。窃照都御史王懋中、评事罗侨忠义自许，才识练达；知府伍文定果捷能断，忠勇有谋，累立战功，皆抑而不赏、久淹外郡，实屈而未伸。今江西阖省，见无一官，若待他求，缓无所及；乞遂将各官授以紧要职

旨直接去福建，但天下之事没有比君父之难（即臣子对于皇帝，儿子对于父亲，下同）更急的。如果宁王率叛军顺流东下，万一南京没有防备，遭受袭击而失守，叛军将乘胜北上，不出一月就会威胁到京城。这样的话，胜负就很难说了，这的确是关系天下安危的大事，想到这里不禁痛心彻骨。在这种紧急情况下作为国家大臣我能忍心舍之而去吗？所以臣遂入城慰问军民和知府伍文定等官员调集军民粮草，号召义勇。又约了退休在家的乡官右副都御史王懋中，在家养病的评事罗侨等一起定谋设计，收拢人心，鼓舞振作忠义之气，乘有利时机，打算在叛军后方布置兵力，加强防务，使之互成掎角之势。牵制叛军的行动，使他们前进会受阻，再设法捣其巢穴，使他们后退又没有根据地。臣等作以上初步布置后日夜盼望朝廷速派大军以解决东南的苦难。并恳请皇上反省自身，振作精神，选择良将带兵出征。因国难而兴邦未必办不到。宁王造反虽然是坏事，但借此一挽颓风，振兴国家也是一个机会。臣因体弱多病，屡次上疏请求退休，何况这次事变本属于地方上的责任，也不在臣的管辖范围，这次带病去福建，是想顺便回家看看老父。临出发之前已具奏哀恳。派赴京城的差使去了才几天，就遇到了这种非常的君父急难。臣不忍坐视此种反叛行为的得逞而失去镇压的机会，姑且暂时留下，期望在解除国难方面尽为臣应尽的一点责任。

待平息反叛的规划大致完成，各位官员能开始正常发挥职能作用时，朝廷所派大军一到，臣就遵照原旨仍去福建处理进贵谋反一事。就在那里顺便回家看望老父的疾病。臣看望老父不避嫌疑，暂留江西为平息宁王叛乱，推迟去福建的日期，臣甘受皇上治罪，臣这样做的动机是顾全大局，保民利主。因赤诚

任，庶可责之拯溺救焚。其余若裁革兵备副使罗循，养病副使罗钦德，郎中曾直，御史周鲁，同知郭祥鹏，省亲进士郭持平，驿丞李中、王思等，虽皆本土之人，咸秉忠贞之节，况亦见在同事，当多难之日，事宜从权，庶克有济。再照宁府逆谋既著，彼若北趋不遂，必将还取两浙，南扰湖湘、窥留都以断南北，收闽、广以益军资。若不即为控制，急遣重兵，必将噬脐无及。

又照抚州府知府陈槐，临江府知府戴德孺，赣州府知府邢珣，袁州府知府徐琏，宁都县知县王天与，丰城县知县顾佖新淦县知县李美，奉新县知县刘守绪，泰和县知县李楫，南安府同知朱宪，赣州府同知夏克义，龙泉县知县陈允谐，及阖省各官今见在者，乞敕吏部，就于其中推补本省方面知府兵备等官，庶可速令供职；其有城守之责者，亦各量阶职御，重其权势，使可展布。又照南、赣军饷，惟资盐商诸税，近因户部奏革，顾募之兵，无所仰给，悉已散遣。今未两月，即遇此变，复欲召募，将倚何资？辄复遵依敕旨，便宜

报国而忘记不遵圣旨延误了去福建的使命；顾念亲情,臣求一伸哀痛之情,这都是臣甘冒弃职犯罪的诛罚而作出的。据臣观察都御史王懋中、评事罗侨为人皆忠义自许,才识练达。知府伍文定刚毅果断,忠勇有谋,屡立战功而没有给以相应的奖赏,至今仍留外任,实际上是有志未伸。今江西省城现无一官可用,如果去外省求援又来不及。恳请将以上各官授以紧要职位,才可以命他们救民于水火,完成紧急任务。其余的如被裁革的兵备副使罗循,在家养病的副史罗钦德,郎中曾直,御史周鲁,同知郭祥鹏,省亲进士郭持平,驿丞李中、王思等,都是江西本省人,都秉性忠贞,况且都在一起共事。当此国家多难之日办事不必完全拘泥于常规,从权任用这些人,才能取得成效。再按宁府既已打出造反旗号,如果北上不顺利,必将回军攻取两浙,向南袭扰湖湘,威胁留都南京,切断南北联络,攻下福建、广东以扩充兵源和军饷。如不立即发重兵加以控制,必将使局面不可收拾而悔恨莫及。

另按抚州府知府陈槐、临江府知府戴德孺、赣州府知府邢珣、袁州府知府徐琏、宁都县知县王天与、丰城县知县顾佖、新淦县知县李美、奉新县知县刘守绪、泰和县知县李楫、南安府同知朱宪、赣州府同知夏克义、龙泉县知县陈久谐,以及现在的全省各官,请降旨吏部在这些人当中推举、补充本省有关主持各方面政务的知府、兵备等官,可以让他们迅速上任供职。有守城之责的现任各官亦各晋升职衔,加大他们的权力,使他们发挥才能。又按南、赣军饷主要靠盐税,商税支持。近因户部奏请革除,所招募兵卒因无给养均已解散。现在还不到两个月就发生了这样的大事变。再进行招募,军饷从哪里来？就是下令让他

事理，仍旧举行，然亦缓不及济；必须先于两广积储军饷数内，量借一十余万，庶几军众可集，地方有赖，国难可平。缘系飞报地方谋反重情事理为此具本，专差舍人来仪亲赍谨题请旨！

再报谋反疏

十四年六月二十一日

节钦奉敕："福州三卫云云。"缘系飞报地方谋反重情事理，为此具本先于本月十九日专差舍人来仪奏报外；但叛党方盛，恐中途为所拦截，合再具本专差舍人任光亲赍，谨题请旨！

乞便道省葬疏

十四年六月二十一日

臣以父老祖丧，屡疏乞休，未荷怜准；近者奉命扶疾赴闽意图了事，即从此地冒罪逃归，旬日之前，亦已具奏；不意行至中途，遭值宁府反叛，此系国家大变，臣子之义，不容舍之而去；又阖省抚巡方面等官，无一人见在者，天下事机，间不容发，故复忍死暂留于此，为牵制攻讨之图；俟命师之至，即从初心，死无所避。臣思祖母自幼鞠育之恩，不及一面为诀，每一号恸，割裂昏殒，日加尪瘵，仅存残喘，母丧权厝祖墓之侧，今葬祖母，亦欲因此改葬。臣父衰老日甚，近因祖丧，哭泣过节，见亦病卧苫庐。臣今扶病驱驰，兵革往来

们可以灵活处置，重新征收盐税，仍然是缓不济急。所以最好先从两广储备的军饷数内暂借十多万两，才可以集结兵众，地方安全有所保障，国难才可以平息。因系飞速报告地方谋反大事，为此具本专差舍人来仪亲送奏达，请旨裁定。

再报谋反疏

十四年六月二十一日

节选"飞报宁王谋反疏"："福建三卫军人进贵胁众谋反……"因系飞报地方谋反重大事情，为此具本先于本月十九日专差舍人来仪奏报，除此之外，因叛党正盛，恐怕中途被他们截获，故再具本专差舍人任光亲送，谨奏，请旨！

乞便道省葬疏

十四年六月二十一日

臣因为父亲年老，祖母去世，屡次上疏请求退休，未获恩准。最近奉命带病去福建处理小股军人反叛事件，希图顺便回家省葬，此事十余天前也曾上奏。不料行至中途遭遇宁府叛乱。此系国家重大事变，臣子之义不容袖手旁观，舍之而去，只顾私事。又全省抚、巡方面等官，事发时没有一人在附近。天下大事紧急时，间不容发。所以臣就忍死暂留于此，做牵制攻讨的准备。等待朝廷派大军来到，即按臣原来回家省葬的打算行事，死无所避。臣思祖母自幼抚育之恩，临死也没见一面，就此诀别。每次想起都号恸至于昏厥，臣因之病情日益加重，身体虚弱已极，只是苟延残喘而已。臣母丧后暂厝祖墓一侧，今葬祖母，意于广信、南昌之间，广信去家不数日，欲从其地不时乘间抵家一哭，略为经画葬事，一省父病。臣区区报国血诚，上通于天，不辞灭宗之祝，不避形迹之嫌，冒非其任以勤国难，亦望朝廷鉴臣之心，不以法例绳缚，使臣得少伸乌鸟之痛。臣之感恩，死且图报；抢攘哀控，不知所云。缘系恳乞天恩便道省葬事理，为此具本奏闻。

奏闻宸濠伪造檄榜疏

十四年七月初五日

正德十四年七月初一日，据吉安府知府伍文定申：准领哨通判杨昉、千户萧英在于墨潭地方捉获宁府赍檄榜官赵承芳等二十员名，解送到臣，看得檄榜妄言惑众，讥讪主上，当即毁裂，又以事合闻奏，随即固封以进。审据赵承芳供："系南昌府学教授，六月十三日宁府生日，次日各官谢宴，突起反谋，杀死孙都御史，许副使，囚死黄参议，马主事，其余大小职官，胁从不遂者，俱被监禁，追夺印信，放囚劫库，邀截兑米，分遣逋寇，四散摽掠，声言要取南京，就往北京；十六日亲出城外，迎取安福县举人刘养正；十七日迎取致仕都御史李士实该入府内，号称军师、太师名目；二十一日将原禁各官放回，各司差人看守；二十二日令承芳并参政季斅代赍伪檄榜文赴丰城、吉安、赣州、南安并王都御史及广东南雄等处，俱各不写正德年号，止称大明欲同时改葬。臣父衰老日甚,近因祖母去世哭泣过度,现亦卧病在床。臣今抱病驰驱军中,来往于广信、南昌之间。广信去臣家只需几天路程,想从那里抽空回家一哭,略为经营安葬事宜并省视父病。臣区区报国血诚,上通于天,不辞灭族之祸,不避形迹之嫌。虽然不是分内责任,但仍竭忠尽力以赴国难,也请朝廷体察臣心,不以法例绳治,使臣得以稍微表达像乌鸦反哺的哀痛之心。臣感陛下之恩,死了也不忘图报。呼天抢地,不知所云。因系恳乞天恩,顺道省葬事,为此具本奏闻。

奏闻宸濠伪造檄榜疏

十四年七月初五日

正德十四年七月初一日,据吉安府知府伍文定申:准领哨通判杨昉、千户萧英在墨潭捉获宁府发布告示官赵承芳等二十人,押解送来臣处。臣见该通告妄言惑众,对皇上极尽讽刺毁谤之能事,当即撕毁。又以为此事应当奏闻,随即封存准备上缴。经审讯,赵承芳供:"本人系南昌府学教授。六月十三日宁王生日,次日各官进府谢宴,突起反谋,杀死孙都御史、许副使,囚死黄参议、马主事,其余大小职官凡胁从不遂者均被监禁,追夺印信。释放囚犯、抢劫仓库,拦截掠夺兑米,(兑米是漕运的(向首都运送皇粮)一种形式,兴于明代。办法是各地人民可以把粮食交给附近府、州、县水路卫、所的官军,由官军再代为运到京城。但需要多交出损耗和少量运费。)分遣原来搜罗来的贼寇,四出抢掠。扬言先取南京,后取北京。十六日宁王亲自出城迎接安福县举人刘养正;十七日迎接已辞职的都御史李士实入府,封他们为军师、太师等各名目。二十一日将所囚禁各官放回,各派人看己卯岁比；承芳等不合怕死，及因妻子被拘，旗校管押，只得依听赍至墨池地方，蒙本院防哨官兵，将承芳等拿获。"随审季敩供："系先任南安府知府，近升广西参政，装带家小，由水路赴任，行至省城，适遇宁王生日，传令庆贺；次日随众谢宴，变起仓卒，俱被监禁，比敩自分死国，因妻女在船，写书令妻要死夫，女俱死母，后因看守愈严，求死不遂；至二十一日放回本船，懵死良久方苏；二十二日又将妻女拘执，急呼敩进府，将前伪檄榜，差旗校十二人督押敩与承芳代赍敩计欲投赴军门，脱身报效，不期官兵执送前来"等因。案照先为飞报地方谋反重情事，已经二次差人具奏去后；今审据前因，参照宁王不守藩服，敢此称乱，睥睨神器，指斥乘舆，擅杀大臣，放囚劫库，稔不赀之罪，犯无将之诛；致仕都御史李士实恩遇四朝，实托心膂，举人刘养正旧假恬退之名，新叨录用之典，今皆反面事雠，为之出谋发虑，既同狗彘之行，难逭斧钺之诛；参政季敩教授赵承芳义未决于舍生，令已承于捧檄，但暴虐之威，恐动于中，鹰犬之徒，钤制于外，在法固所当罪，据情亦有可悯；除将赵承芳季敩监禁，一面檄召兵民，随机应变，竭力讨贼，一应事宜，陆续奏闻处置外，臣闻多难兴邦，殷忧启圣，陛下在位一十四年，屡经变难，民心骚动，尚尔巡游不已，致宗室谋动干戈，冀窃大宝。且今天下之觊觎，岂特一宁王；天下之奸雄，岂特在宗室？言念及此，懔骨寒心。

守。二十二日命承芳并参政季敩携带伪通告分赴丰城、吉安、赣州、南安和王都御史处及广东南雄等处。通告上不写正德年号，只称大明己卯岁。承芳等不该怕死，又因妻子被押作人质，专人看管，只得顺从，携带伪通告到达墨池地方被贵院防哨拿获。"另据季敩供称："本人先任南安府知府，最近升为广西参政，携带家属由水路赴任。行至省城恰遇宁王生日，传令参加庆贺。次日随大家一起去谢宴，突然发生反叛事变，当即被监禁。当时季敩决心死于国难，因妻女在船，遂写信令妻要随丈夫死，女儿要随母亲死。后因看守严密，求死不成。到二十一日放回本船，昏死很长时间方才苏醒。二十二日又将妻女拘执，急呼季敩进府，差旗校十二人监押季敩与承芳出去散发伪通告。季敩打算中途脱逃，投奔军门报效国家，算计尚未实现就被官兵捉住。"按，臣为飞报地方谋反重大情事已于上月十九日，二十一日两次差人具奏去后。今据审讯以上两人所得的供词，不仅证实宁王确已反叛朝廷，而且对反叛经过有了详细了解。臣以为宁王不遵守藩王的规矩，竟敢犯上作乱，意欲夺取帝位。任意摧毁地方政权、擅自杀害朝廷大臣，随意释放囚犯，纵兵抢掠府库。凡此种种，皆冒天下之大不韪，犯下了人人皆得而诛之的死罪。已辞职之都御史李士实受四朝皇恩，甘心作叛贼的心腹；举人刘养正假借恬淡之名，行叛逆之实，为宁王的叛乱行动出谋划策，行为同猪狗一样，也就难逃朝廷的严厉制裁。参政季敩，教授赵承芳，在生死关头未能做到舍生取义，却反为叛贼发放文告。但他们在精神上受不了叛贼的恫吓，行动又受到叛逆爪牙的严厉限制。从国法上论他们的罪行当受到严惩，但在情理上也有可同情的地方。现将赵承芳、季敩监禁，一面号召军民随机应变，

昔汉武帝有轮台之悔，而天下向治；唐德宗下奉天之诏，而士民感泣。伏望皇上痛自刻责，易辙改弦，罢出奸谀，以回天下豪杰之心；绝迹巡游，以杜天下奸雄之望。定立国本励精求治，则太平尚有可图，群臣不胜幸甚！为此具本并将伪檄一纸封固，专差舍人秦沛亲赍，谨题请旨！

留用官员疏

十四年七月初五日

照得江西宁府谋反，据城练兵，分兵攻劫，囚禁方面官员，有操戈向阙之势；此君父之大难，臣子愤心之日也。臣在吉安地方，调兵讨贼，四路阻绝，并无堪用官员。适遇钦差两广清军御史谢源，刷卷御史伍希儒，各赴京复命，道经该府，不能前进，各官奋激，思效力讨贼，以报朝廷。臣亦思军务紧急，各官俱有印敕，方便行事，遂留军前，同心戮力

竭力平息叛乱,一面将这里发生的一切陆续奏闻,请示处置决定。臣听说多难兴邦,殷忧启圣。意思就是国家虽然变故很多只要振作精神,好好治理就能反弱为强。虽然忧患重重集中于一人,但能够强迫人不得不设法应付,实际上却起了启发智慧的作用。陛下在位十四年,国家屡次发生变乱,民心骚动不安,还要不停地巡游,以致陛下的家族就要动刀动枪,抢夺帝位。现在天下想做皇帝的岂止是一个宁王;天下的奸雄又岂都出自皇族?每想到这里都为陛下捏一把汗。

从前汉武帝和唐德宗都因为早年施政不当削弱了国力,加速了民困,但到了晚年都觉悟了,都向天下臣民作了自我检讨,结果都感动了臣民,激励了人心。现在也希望皇上能深刻反思,改弦易辙,惩处奸邪以挽回天下豪杰之心,放弃巡游以绝天下奸雄之望。巩固国本、励精图治,天下大事还有可为,国家才充满希望,群臣都会感到幸运。为此具本并将伪通告一纸封固,派舍人秦沛亲自携带奉上。谨题,请旨。

留用官员疏

十四年七月初五日

按江西宁府发动叛乱,据守城池,训练兵卒,分兵四出攻略,囚禁地方官员,有进军首都的势头。这是君父大难,臣子激愤的日子。臣在吉安地方调兵平息叛乱,该地四面阻隔,已无可用的官员。恰逢钦差两广清军御史谢源,刷卷御史伍希儒,各自回京复命,路经吉安不能前进,各官情绪激昂都愿效力讨贼以报朝廷。臣也认为军务紧急,正缺人才,各官均有印敕,办事方便,遂在军前留用,共同努力平息大难。待叛乱平定之后,再赴

经济大难，待事宁之日，赴京复命。缘系留用官员事理，未敢擅便，为此具本请旨！

江西捷音疏

十四年七月三十日

照得先因宁王图危宗社，兴兵作乱，已经具奏请兵剿征外；随看得宁王阴谋不轨，已将十年，畜养死士二万余人，招诱四方盗贼渠魁，亦以万数，举事之日，复驱其护卫党与，并胁从之徒，又六七万人，虐焰张炽。臣以百数疲弱之卒，势不敢轻举骤进；乃退保吉安，姑为宰制之图。时远近军民，劫于宁王之积威，道路以目，莫敢出声。臣一面督率吉安府知府伍文定等，调集军民兵快，召募四方报效义勇之士，会计一应解留钱粮，支给粮赏，造作军器战船，奏留公差回任监察御史谢源、伍希儒分职任事，一面约会该府乡官，先任右副都御史致仕王懋中，养病痊可编修邹守益，刑部郎中曾直，评事罗侨，丁忧监察御史张鳌山，先任浙江佥事今赴部调用刘蓝，依亲进士郭持平，军门参谋，驿丞王思、李中，先任福建按察使，致仕刘逊，先任参政致仕黄绣，先任嘉兴府知府闲住刘昭等，相与激发忠义，譬谕祸福，移檄远近，布朝廷之深仁，暴宁王之罪恶；于是豪杰响应，人始思奋，区画旬日，官兵稍稍四集。

时宁王声言先取南京，臣虑南京尚未有备，恐一时为彼

京复命。因系留用官员事,未敢擅自决定,为此具本请旨!

江西捷音疏

十四年七月三十日

今按先前因宁王兴兵叛乱,危害国家,已经具奏请兵征剿,此外,随后据臣看来宁王阴谋作乱已将近十年。蓄养江湖亡命之徒二万余人,招诱四方盗贼头目也有一万多。发动叛乱的当时又驱使他的护卫、党羽以及被胁从的人又是六七万人,气焰甚为嚣张。臣只有几百疲弱兵卒,论形势不能轻举冒进。于是决定退保吉安,姑且形成一种牵制力量。当时远近军民平时就很害怕宁王的威势,道路以目,谁也不敢吱声。臣一面督率吉安府知府伍文定等调集军民兵快,招募四方愿意为国出力的义勇之士,计算一切应解应留的钱粮,支给粮饷,制造器械、战船,奏请留用回任的钦差监察御史谢源、伍希儒分任职务负责办事。一面约见该府乡官,先任右副都御史后辞职在家的王懋中、在家养病已恢复的编修邹守益、刑部郎中曾直、评事罗侨、丁忧的监察御史张鳌山,曾任浙江佥事今赴部调用的刘蓝,在家侍亲的进士郭持平,军门参谋驿丞王思、李中,曾任福建按察使辞职在家的刘逊,曾任参政辞职在家的黄绣,曾任嘉兴府知府今在家闲住的刘昭等,一起相互激发忠义之心,就形势议论前途的吉凶祸福,向远近地方发布文告,宣扬朝廷的深仁厚泽,揭露宁王作恶多端的罪行。于是忠于国事的能人志士纷纷响应,人心开始振作。经十余天的安排筹划,官兵才从四面稍稍汇聚。

其时宁王扬言先取南京。臣考虑南京还没有准备,恐一时

所袭，乃先张疑兵于丰城，示以欲攻之势，故宁王先遣兵出攻南康、九江诸处而自留居省城以御臣。至是七月初二日，探知臣等兵尚未集，乃留兵万余属其心腹、宗支、郡王、仪宾、内官，并伪授都督、都指挥等官使守江西省城，而自引兵向阙。臣昼夜促各郡兵期以本月十五日会临江之樟树，而身督知府伍文定等兵径下，于是知府戴德孺引兵自临江来，知府徐琏引兵自袁州来，知府邢珣引兵自赣州来，通判胡尧元、童琦引兵自瑞州来，通判谈储，推官王暐、徐文英，新淦知县李美，泰和知县李楫，宁都知县王天与，万安知县王冕，亦各以其兵来赴。十八日遂至丰城，分布哨道，使知府伍文定为一哨，攻广润门入；知府邢珣为二哨，攻顺化门入；知府徐琏攻惠民门入；知府戴德孺攻永和门入；通判胡尧元、童琦攻章江门入；知县李美攻德胜门入；都指挥余恩攻进贤门入；通判谈储、推官王暐、知县李楫、王天与、王冕等，各以其兵，乘七门之衅，傍夹攻击以佐其势。是日得谍报："宁王伏兵千余于新旧坟厂，以备省城之援。"臣乃遣奉新知县刘守绪，典史徐诚，领兵四百，从间道夜袭破之，以摇城中。

十九日发市汊臣乃大誓各军，申布朝廷之威，再暴宁王之恶，约诸将一鼓而附城，再鼓而登，三鼓而不克诛伍，四鼓而不克斩将。已誓，莫不切齿痛心，踊跃激愤，薄暮齐发；二十日黎明，各至信地。先是城中为备甚严，滚木、灰瓶、火炮、石弩、机毒之械，无不毕具，及臣所遣兵已破新旧坟厂，

被叛兵所袭,就先在丰城布置疑兵,摆出进攻的态势。所以宁王就先出兵攻南康、九江等处,自己留居省城以对抗臣。到了七月初二日,探听到臣等还没集中兵力,就留下军兵万人交给他的心腹、宗支、郡王、仪宾、内官,以及伪授的都督、都指挥等官,叫他们固守江西省城,而宁王本人则领兵向北,计划进犯首都。臣昼夜督促各府、州之兵务必于本月十五日在临江的樟树地方会齐。臣亲自督率知府伍文定等所领兵卒直下省城。于是知府戴德孺领兵自临江来,知府徐琏领兵自袁州来,知府邢珣领兵自赣州来,通判胡尧元、童琦领兵自瑞州来,通判谈储,推官王暐、徐文英,新淦知县李美,泰和知县李楫,宁都知县王天与,万安知县王冕,亦各领兵前来。十八日遂至丰城。安排各哨进兵途径,命知府伍文定为一哨从广润门攻入;知府邢珣为二哨从顺化门攻入;知府徐琏从惠民门攻入;知府戴德孺从永和门攻入;通判胡尧元、童琦从章江门攻入;知县李美从德胜门攻入;都指挥余恩从进贤门攻入;通判谈储、推官王暐,知县李楫、王天与、王冕等各自领兵在七门战斗打响之后从一旁攻击以助我军声势。这一天有谍报报告:"宁王在新旧坟厂设伏兵一千多,准备支援省城。"臣就派奉新知县刘守绪,典史徐诚,领兵四百抄小路乘夜把这支伏兵击溃。这样就动摇了城里驻军的军心。

十九日从市汊出发,臣主持召开誓师大会,大张朝廷的天威,再次揭露宁王的罪行。命令领兵将领鼓足勇气以迅雷不及掩耳的攻势拿下省城,具体号令是第一通鼓全体将士要开到城边,第二通鼓登城,第三通鼓如果攻不下来就斩伍长,(伍是古代军队编制的最小单位,五人为一伍,设伍长一人。)第四通鼓还

败溃之卒皆奔告城中，城中已惊惧；至是复闻我师四面骤集，皆震骇夺气，我师乘其动摇，呼噪并进，梯緪而登，城中之兵，土崩瓦解，皆倒戈退奔，城遂破；擒其居守宜春王拱樤，及伪太监万锐等，千有余人；宁王宫中眷属，闻变纵火自焚，延及居民房屋。臣当令各官分道救火，抚定居民，散释胁从，封府库，谨关防，搜获原被劫收大小衙门印信九十六颗，三司胁从官布政使胡濂、参政刘斐、参议许效廉、副使唐锦、佥事赖凤、都指挥王玘等皆自首投罪，除将擒斩功次，发御史谢源、伍希儒权令审验纪录，一应事宜，查审明白，陆续具奏。及一面分兵四路，追蹑宁王向往，相机擒剿，另行奏报外；窃照宁王逆焰熏天，众号一十八万，屠城破郡，远近震慑，今其猖獗已一月有余，而四方赴难之师尚未有一人应者，前项领哨各官，及监军御史，本主养病、丁忧、致仕等官，皆从臣起于颠沛危急之际，并心协谋，倡率义勇，陷阵先登，以克破此坚城，据其巢穴。此虽臣子职分当然，亦其激切痛愤之本心；但当此物情暌贰动摇之日，非赏罚无以鼓士气。今逆贼杀人如草芥，又挟其厚货，赏赍所及，一人动以千万；伏愿皇上处变从权，速将前项各官，量加升赏，以励远近。事势难为之日，覆宗灭族之祸，臣且不避，况敢避邀赏之嫌乎？缘系捷音事理，为此具本专差千户詹明亲赍，谨具题知。

攻不下来就杀将。宣誓之后大家莫不切齿痛心，义愤填膺，斗志昂扬，黄昏时出发，二十日黎明各自进入阵地。此前城中防守很严，滚木、灰瓶、火炮、石弩、毒箭无不具备。到了臣派兵将新旧坟厂的伏兵打败后，败兵逃往城中，引起城内守军惊慌，现在听说我军突然四面围城，守军的士气就消沉了一大半。我军乘守军动摇的时机，高驾云梯，攀缘绳索，奋勇大喊，一齐登城。守军迅速土崩瓦解，倒戈四散奔窜，遂攻下省城。俘虏了居守宜春王拱橡及伪太监万锐等一千多人。宁王宫中的眷属听说城被攻下都放火自焚，大火蔓延烧着了居民的房屋。臣立即下令各哨官兵分头救火，抚慰居民，释放胁从，查封府库，严守关防。搜出先前被抢去的大小衙门印信九十六颗，被胁从的原三司布政使胡濂、参政刘斐、参议许效廉、副使唐锦、佥事赖凤、都指挥王玘等都来认罪自首。除将擒斩的功劳大小次序令御史谢源、伍希儒暂时负责审查、记录，一切事项审查明白再陆续上奏。另外分兵四路，追踪宁王去向，尽快捉拿归案，另行奏报外，臣以为宁王反叛的气焰熏天，对外号称拥兵一十八万，屠城、破府，远近震动。现在叛军猖獗已一个多月，四方还没有一兵一卒前来支援平息叛乱。上述领哨各官及监军御史，本来都是在家养病、丁忧、辞职闲住的官员，都能和臣一起奔走驰驱，共度艰难，齐心合谋，率领义勇将士冲锋陷阵，攻破这样的坚城，平了逆贼巢穴。这些固然属于做臣子的职责本分，也是他们忠愤之心的表露。但处于当前这种群情汹汹，人心动摇之际，非用重赏明罚不能鼓舞士气。今逆贼杀人如麻，又用他们搜刮来的巨大财富重赏他们的部下，动不动就成千成万地赏赐。恳请皇上处理紧急事变不要墨守成规，从速对上述各官酌加升赏，以激励远近义

擒获宸濠捷音疏

十四年七月三十日

照得先因宁王图危宗社，兴兵作乱，已经具奏请兵征剿外；随看得宁王虐焰张炽，臣以百数疲弱之卒，未敢轻举骤进，乃退保吉安，姑为牵制之图。时远近军民，劫于宁王之积威，道路以目，莫敢出声，臣一面督率吉安府知府伍文定等，调集军民兵快，召募四方报效义勇之士，奏留监察御史谢源、伍希儒分职任事；一面约会该府乡官都御史王懋中，编修邹守益，郎中曾直、评事罗侨，监察御史张鳌山、佥事刘蓝，进士郭持平，参谋驿丞王思、李中，按察使刘逊，参政黄绣，知府刘昭等，相与激发忠义；移檄远近，布朝廷之深仁，暴宁王之罪恶，于是豪杰响应，人始思奋。时宁王声言先取南京，臣虑南京尚未有备，恐为所袭，乃先张疑兵于丰城，示以欲攻之势；故宁王先遣兵出攻南康、九江，而自留居省城以御臣。至七月初二日，探知臣等兵尚未集，乃留兵万余，使守江西省城，而自引兵向阙。臣昼夜促兵，期以本月十五日会临江之樟树，而身督知府伍文定等兵径下，于是知府戴德孺、徐琏、邢珣，通判胡尧元、童琦、谈储，推官王瑋、徐文英，知县李美、李楫、王天与、王冕，各以其

士。当此世事难为之日，臣不避灭族杀头之祸，当然也就不怕落得邀功请赏的嫌疑，最终还是为了稳定大明的江山社稷。因系报捷喜事，为此具本专差千户詹明亲自携带奏本前往。

擒获宸濠捷音疏

十四年七月三十日

今按先前宁王兴兵叛乱，危害国家，已经具奏请兵征剿。此外，当时据臣分析，宁王气焰嚣张，臣仅领几百个疲弱兵卒，其势不能轻易贸然前进，所以就退保吉安，暂且对其予以牵制。当时远近军民都很害怕宁王的淫威，敢怒而不敢言。臣一面督率吉安府知府伍文定等调集军民兵快，招募四方愿意为国效力的义勇之士，上疏留用监察御史谢源、伍希儒各分给任务；一面约见该府乡官：都御史王懋中，编修邹守益，郎中曾直，评事罗侨、监察御史张鳌山、佥事刘蓝、进士郭持平，参谋驿丞王思、李中，按察使刘逊，参政黄绣，知府刘昭等，互相激发忠义之心。又向远近地方发布文告，宣扬朝廷的深仁厚泽，揭发宁王的罪恶事实。于是豪杰响应，人心变得振奋。当时宁王扬言先取南京。臣考虑南京还没有准备，恐被叛军袭击。于是先在丰城布置疑兵，假作进攻的态势，所以宁王就先派兵出击南康、九江，而自留省城准备抵御臣的进攻。至七月初二日，探知臣等兵还没集结起来，宁王就留下叛军一万多人，命他们固守江西省城，宁王自己领兵向京城进犯。臣昼夜催促各路兵马务必于本月十五日在临江的樟树会合。臣亲自督率知府伍文定等领兵直扑南昌。于是知府戴德孺、徐琏、邢珣，通判胡尧元、童琦、谈储，推官王暐、徐文英，知县李美、李楫、王天与、王冕各领兵来。十八日到达

兵来赴。十八日遂至丰城，分哨道，使知府伍文定等进攻广润等七门，是日得谍报："宁王伏兵千余于新旧坟厂，以援省城，"臣乃遣奉新知县刘守绪等，从间道夜袭破之，以摇城中。十九日发市汊，大誓各军，申布朝廷之威，再暴宁王之恶，莫不切齿痛心，踊跃激愤，薄暮齐发；二十日黎明，各至信地。

先是城中为备甚严，滚木、灰瓶、火炮、机械无不毕具，臣所遣兵，已破新旧坟厂败溃之卒，皆奔告城中，城中皆已惊惧；至是复闻我师四面骤集，益震骇夺气，我师乘其动摇，呼噪并进，梯絙而登，城中之兵，皆倒戈退奔，城遂破；擒其居首宜春王拱樤，及伪太监万锐等千有余人，宁王宫中眷属，闻变纵火自焚，延各居民房屋，臣当令各官分道救火，散释胁从，封府库，谨关防，以抚军民。除将擒斩功次，发御史谢源、伍希儒，权令审验纪录，及一面分兵四路，追蹑宁王向往，相机擒剿，于本月二十二日已经具题外；当于本日据谍报，及据安庆逃回被虏船户十余人，报称："宁王于十六日攻围安庆未下，自督兵夫，运土填堑，期在必克。是日有守城军门官，差人来报，赣州王都堂已引兵至丰城，城中军民震骇，乞作急分兵归援，宁王闻之大恐，即欲回舟。因太师李士实等阻劝，以为必须径往南京，既登大宝，则江西自服；宁王不应，次日遂解安庆之围，移兵泊阮子江，会议先遣兵二万，归援江西，宁王亦自后督兵随来"等因。

先是臣等驻兵丰城，众议安庆被围，宜引兵直趋安庆；

丰城，分布进兵路线，命知府伍文定等进攻广润等七门。这一天得到谍报："宁王在新旧坟厂设下一千多伏兵，声援省城。"臣就派奉新知县刘守绪等抄小路乘夜袭破该伏兵，以动摇守城叛军军心。十九日从市汊出发，再次申布朝廷威德，揭露宁王的罪恶。各军宣誓，无不激昂奋发，黄昏时出发。至二十日黎明，各军就进入阵地。

先前城中防守甚严，滚木、灰瓶、炮石、枪械无不具备。臣所派的兵攻破新旧坟厂，溃兵奔逃入城，城内因而惊慌。到听说我军突然四面围城，城中守军士气先衰，我军乘其动摇大呼前进，靠架云梯，攀缘绳索登上省城，城中叛军都倒戈奔逃，城遂破。俘虏居首宜春王拱樤及伪太监万锐等一千多人。宁王宫中眷属听说城被攻破，放火自焚，火焰乱窜，烧到民房。臣令各官分头救火，释放遣散胁从，封闭府库，慎用官防，抚慰军民。除将擒、斩叛贼的功劳大小名次交付御史谢源、伍希儒，暂行审查记录，另外分兵四路追踪宁王下落，相机捉拿。于本月二十二日已经具奏。就在这一天据谍，报及从安庆逃回的被掳船户十余人报告："宁王于十六日围攻安庆，未能攻下，亲自督促士兵运土填城壕，决心要攻克。同一天有南昌守城门军官差人来报，赣州王都堂已经领兵到丰城，省城军民人心惶惶，请立即分兵回援。宁王听说后非常害怕，就要回舟。因太师李士实等人劝阻，以为必须去南京，只要登上皇帝宝座，江西自然归服。宁王没有答应，第二天解了安庆的围，把兵停泊在阮子江。经会议决定先派兵两万回援江西，宁王也随后带兵回援。"等事情。

先前臣等驻兵丰城，众人认为安庆被围，应该领兵直奔安

臣以九江南康皆已为贼所据，而南昌城中数万之众，精悍亦且万余，食货充积。我兵若抵安庆，贼必回军死斗，安庆之兵仅仅自守，必不能援我于湖中，南昌之兵，绝我粮道，而九江、南康之贼，合势挠蹶，四方之援，又不可望，事难图矣。今我师骤集，先声所加，城中必已震慑；因而并力急攻，其势必下，已破南昌，贼先破胆夺气，失其根本，势必归救，如此则安庆之围自解，而宁王亦可以坐擒矣。

至是得报，果如臣等所料，当臣督同领兵知府，会集监军，及倡义各乡官等官，议所以御之之策，众多以宁王兵势众盛，气焰所及，有如燎毛；今四方之援尚未有一人至者，彼恐其愤怒，悉众并力而萃于我，势必不支，且宜敛兵入城，坚壁自守，以待四邻之援，然后徐图进止。臣以宁王兵力虽强，军锋虽锐，然其所过，徒恃焚掠屠戮之惨，以威劫远近，未尝逢大敌，与之奇正相角，所以鼓动扇惑其下者，全以进取封爵之利为说，今出未旬月，而辄退归，士心既已携沮，我若先出锐卒，乘其惰归，要迎掩击，一挫其锋，众将不战自溃，所谓"先人有夺人之气，攻瑕则坚者瑕"也。

是日抚州府知府陈槐兵亦至，于是遣知府伍文定、邢

庆。臣却以为九江、南康均被叛军占领，而南昌城内也有数万叛军，其中精锐强悍之辈也在一万以上，粮饷充足。我军若到安庆，叛贼必定回军死战。安庆的军队力量仅仅能够自保，不可能再来援我湖中。到时候南昌叛军再断我粮道，而九江、南康的叛贼再合兵袭扰我军，外地的援军又不能指望，那样我军就会陷于一种非常困难的处境。目前我军突然汇聚，声势浩大震慑了整个南昌城，因而并力发动强大攻势，一定能够攻下。我军攻下南昌，叛贼魂飞胆丧，又失去了大本营，安庆的叛军必定回援，这样安庆之围就破解，而宁王亦可以轻易擒获。

从报告得知，以后的情况发展果如臣等所料。当臣和领兵知府召集监军及倡义各乡官共同讨论御敌之策时，大家多半认为宁王兵多势盛，叛军兵力所向如同大火毛发草那样容易。现在外地的援兵还一个也没来，宁王认为臣等是他造反的唯一挡头，恐怕会非常愤怒，会集中兵力全力以赴地对付臣等，故我军很难抵挡得住，不如收兵入城，坚壁固守，以待四方援军，然后再定攻守大计。但臣却以为宁王兵力虽强，锐气正盛，但之叛军所过就仗着烧杀抢掠，其杀戮的惨况，令人目不忍睹，他们就靠这些手段来威吓和压服百姓，并没有遇到大敌，旗鼓相当地打一仗。他煽动其部下作战的另一个重要手段是封官许愿。如今还没超过一个月就失掉了老巢南昌，叛军也从安庆退回来，可以想见他们的士气已很低落。这时我方如果先派出精锐部队，乘他们疲惫败退时，发起猛攻，挫败叛军锋芒，他们将不战自溃。这就是所谓"先发制人就能打掉敌人的锐气，攻击敌人的薄弱之处，就是再坚强的敌人也会变得软弱"。

同一天抚州府知府陈槐的兵也到了。于是派知府伍文定、

珣、徐琏、戴德孺各领精兵伍百，分道并进，击其不意；又遣都指挥余恩以兵四百，往来湖上以诱致贼兵；知府陈槐通判胡尧元、童琦、谈储推官王暐、徐文英、知县李美、李楫、王冕、王轼、刘守绪、刘源清等，使各领兵百余，四面张疑设伏，候伍文定等兵交然后四起合击。分布既定，臣乃大赈城中军民，虑宗室郡王将军，或为内应生变，隶慰谕之，以安其心。又出给告示，凡胁从皆不问；虽尝受贼官爵能逃归者，皆免死；斩贼徒归降者给赏。

使内外居民及乡道人等，四路传播，以解散其党。二十三日，复得谍报："宁王先锋已至樵舍，风帆蔽江，前后数十里不能计其数。"臣乃分督各兵，乘夜趋进，使伍文定以正兵当其前，余恩继其后，邢珣引兵绕出贼背，徐琏、戴德孺张两翼以分其势。二十四日早，贼兵鼓噪乘风而前，逼黄家渡其气骄甚，伍文定、余恩之兵佯北以致之，贼争进趋利，前后不相及，邢珣之兵，前后横击，直贯其中，贼败走；文定、恩督兵乘之，琏、德孺合势夹攻，四面伏兵，亦呼噪并起，贼不知所为，遂大溃，追奔十余里，擒斩二千余级，落水死者以万数。贼气大沮，引兵退保八字脑，贼众稍稍遁散；宁王震惧，乃身自激励将士，赏其当先者以千金，被伤者人百两，使人尽发九江、南康守城之兵以益师，是日建昌知府曾玙，引兵亦至，臣以九江不破，则湖兵终不敢越九江以援我；南康不复，则我兵亦不能逾南康以蹑贼；乃遣知府陈槐，领兵四百，合饶州知府林珹之兵，乘间以攻九江；知府

邢珣、徐琏、戴德孺各领精兵五百，分头并进，对叛军实施意想不到的攻击。又派都指挥余恩领兵四百往来湖上以引诱叛军。知府陈槐、通判胡尧元、童琦、谈储，推官王暐、徐文英，知县李美、李楫、王冕、王轼、刘守绪、刘源清，等各领兵百余人四面布疑兵、设埋伏。待伍文定等兵与叛军交火时再四面合击。布置已定，臣就对城中军民发放赈济。考虑宁王在城中的宗室、郡王、将军等可能作为内应发生事变，亲自登门加以开导和慰问，使他们安心。又发出告示：凡胁从者皆不问，曾接受叛贼封官爵但能逃回的都免死罪，能杀死叛贼归降的给以奖赏。

使城内外居民及各路乡导四处张贴，使其余党涣散。二十三日又接谍报："宁王的先锋已到樵舍，江面全是兵船，前后有几十里，没法计数。"臣于是就分别督促各兵，乘夜前进。命伍文定率领正面部队挡住叛军去路，余恩在伍文定后面接应，邢珣领兵绕到叛军背后。徐琏和戴德孺作为两翼以分散贼势。二十四日早，贼兵乘风呐喊前进，进逼黄家渡，贼兵骄横，宛若无敌。伍文定、余恩兵假装战败，贼兵竞相追赶，前后就拉开了距离。邢珣的兵前后横击，直冲贼阵中心，贼兵遂败走，伍文定、余恩率兵追赶；徐琏、戴德孺合兵夹攻；四面伏兵也大呼并进，贼兵摸不清情况也不知怎样应付，遂大败。我军追赶十余里，擒斩二千余人，落水死者数以万计。叛军元气大伤，退守八字脑。贼众有的已开始逃跑。宁王惊恐，就亲自鼓励将士，冲锋在前的赏给千金，受伤者每人赏银一百两，又派人将九江、南康的守城叛军全部调来以补充他的主力部队。同一天建昌知府曾玙也领兵到达。臣以为九江不破，湖兵不能越过九江以援我；不收复南康，我兵也不能越过南康去追击贼人。因此就派

曾玙领兵四百，合广信知府周朝佐之兵，乘间以取南康。

二十五日，贼复并力盛气挑战，时风势不便，我兵少却，死者数十人；臣急令人斩取先却者头，知府伍文定等立于铳炮之间，火燎其须，不敢退，奋督各兵，殊死并进。炮及宁王舟，宁王退走，遂大败；擒斩二千余级，溺水死者不计其数。贼复退保樵舍，连舟为方阵，尽出其金银以赏士；臣乃夜督伍文定等为火攻之具，邢珣击其左，徐琏、戴德孺出其右，余恩等各官，分兵四伏，期火发而合。

二十六日，宁王方朝，群臣拘集所执三司各官，责其间以不致死力坐观成败者，将引出斩之；争论未决，而我兵已奋击，四面而集火及宁王副舟，众遂奔散；宁王与妃嫔泣别，妃嫔宫人，皆赴水死。我兵遂执宁王，并其世子、郡王、将军、仪宾，及伪太师、国师、元帅、参赞、尚书、都督、都指挥、千百户等官。李士实、刘养正、刘吉、屠钦、王纶、熊琼、卢珩、罗璜、丁馈、王春、吴十三、凌十一、秦荣、葛江、刘勋、何铠、王信、吴国七、火信等数百余人，被执胁从宫太监王宏，御史王金，主事金山，按察使杨璋，佥事王畴、潘鹏，参政程果，布政梁辰，都指挥郏文、马骥、白昂等；擒斩贼党三千余级，落水死者约三万余，弃其衣甲器仗财物，与浮尸积聚，横亘若洲焉。

于是余贼数百艘，四散逃溃。臣复遣各官，分路追剿，

知府陈槐领兵四百与饶州知府林珹的兵会合共同进攻九江。知府曾玙领兵四百与广信知府周朝佐的兵会合，共同攻取南康。

二十五日，叛贼又并力盛气挑战。当时风势对我不利，我军稍稍退却，死了几十个人。臣急令人杀掉先退却的人。知府伍文定等站在铳炮之间，火把他的胡子都烧了，他也没有退，奋勇督促各兵拼死冲杀。一炮打中了宁王的座船，宁王退走，叛军大败，我军追杀，共擒斩两千多人，落水溺死者不计其数。叛军退保樵舍，把船连起来形成一个方阵，拿出大量金银重赏士兵。臣连夜监督伍文定等制造火攻用的器械。安排邢珣攻叛军的左翼，徐琏、戴德孺攻击右翼，余恩等各官分兵四伏，预定举火为号，只要一着火，四面一齐进攻。

二十六日，宁王正在上朝，群臣把先前所拘拿的三司等官员中不拼死作战，坐观成败的人将要推出杀头。正在争论时，我军从四面奋勇攻击一齐放火，把紧靠宁王的船也烧了，叛贼遂逃散。宁王与妃嫔泣别，妃嫔、宫女都纷纷跳水自尽。我军捉住宁王和他的世子（继承王位的儿子）、郡王、将军、仪宾，以及伪太师、国师、元帅、参赞、尚书、都督、都指挥、千百户等官。李士实、刘养正、刘言、屠钦、王纶、熊琼、卢珩、罗璜、丁馈、王春、吴十三、凌十一、秦荣、葛江、刘勋、何镗、王信、吴国七、火信等数百人，还有原先被叛贼捉住、胁从的宫太监王宏，御史王金，主事金山，按察使杨璋，佥事王畴、潘鹏，参政程果，布政梁辰，都指挥郏文、马骥、白昂等。擒斩贼党三千多人，落水死者三万余人，弃掉的衣甲、器仗、财物与浮尸积聚在一起，横亘江中像一个岛屿。

还有残余的几百艘船的叛贼四散逃窜。臣又命令各官分

毋令逸入他境为患。二十七日及之于樵舍，大破之；又破之于吴城，擒斩复千余级，落水死者殆尽。

二十八日得知府陈槐等报，亦各与贼战于沿湖诸处，擒斩各千余级。臣等既擒宁王而入，阖贼内外，军民聚观者以数万，欢呼之声，震动天地，莫不举首加额，真若解倒悬之苦，而出于水火之中也。除将宁王，并其世子、郡王、将军、仪宾、伪授太师、国师、元帅、都督，都指挥等官，各另监羁候解；被执胁从等官并各宗室别行议奏，及将擒斩俘获功次一万一千有奇，发御史谢源，伍希儒暂令审验纪录，另行造册缴报外；照得臣节该钦奉敕谕："但有盗贼生发，即便严督各该兵备守备守巡，并各军卫有司设法调兵剿杀；其管领兵快人等官员，不问文职武职，若在军前违期，并逗遛退缩者，俱听以军法从事；生擒盗贼，鞫问明白，亦听就行斩首示众，斩获贼级，行令各该兵备守巡守备官即时纪验明白，备行江西按察司造册缴报，查照事例升赏激劝。钦此！"

及准兵部题称："今后但草贼生发，事情紧急，该管官司，即便依律调拨官军，乘机剿捕；应合会捕者，亦即调发策应"等因。节奉钦依备咨前来，又节该奉敕："如或江西别府报有贼情紧急，移文至日，尔亦要及时遣兵策应，毋得违误，钦此。"俱经钦遵外；窃照宁王燕淫奸暴，腥秽彰闻，贼杀善类，剥害细民，数其罪恶，世所未有，不轨之谋，已逾一

头追剿，不要让他们逃到其他地方继续为害。二十七日追到樵舍，大败他们，又追到吴城，擒斩一千多人，其他差不多都落水死了。

二十八日得知府陈槐等报告：各与贼战于沿湖各地，擒斩各千余人。臣等既捉住宁王入城，全城内外军民聚观者有几万人，欢呼之声震天动地，都举手加额如同解倒悬、出水火一样高兴。除将宁王并他的世子、郡王、将军、仪宾、伪授的太师、国师、元帅、都督、都知挥等官各另行监押，等候解往京城。被执胁从等官及各宗室另行奏闻，另将擒斩功劳大小次序一万一千多交付御史谢源、伍希儒暂时审查、记录另行造册上缴报告。臣节录以前的敕谕："但有盗贼发生就严格监督各该兵备、守备、守巡以及各军卫、有司设法调兵剿捕，其管领官员、兵快人等，不论文武，若在军前违期并逗留、退缩者，俱听以军法处置，生擒的盗贼，一经审问明白亦听即行杀头示众，斩获贼人头颅行令各该兵备、守巡、守备官即时检验、记录明白，备行江西按察司造册缴纳上报，核查事例、升职受奖激发鼓励。钦此！"

并按照兵部奏称："今后遇有草贼发生，事属紧急，该管衙门即便依律调拨官军，乘机剿捕，共同会捕者也应调拨策应。"等因。奉皇上之命，备好咨文前来，又节录该奉敕："如或江西别府报有紧急贼情事，公文到日，你也要及时派兵策应，不得违误。钦此！"俱遵钦命外。据查宁王生性残暴贪淫，丑行早已远近闻名，残害良善，盘剥小民，他的罪恶数不胜数，人世罕有。他策划反叛朝廷的阴谋已有十多年之久，暴虐淫威的名声传播纪，积威所劫，远被四方，士夫虽在千里之外，皆蔽目摇手，莫敢论其是非；小人虽在幽僻之中，且吞声饮恨，不敢诉其冤抑；兼又招纳叛亡，诱致剧贼渠魁，如吴十三、凌十一之属，牵引数千余众，召募四方武艺骁勇、力能拔树排关者，亦万有余徒，又使其党王春等分赍金银数万，阴置奸徒于沧州、淮扬、山东、河南之间，亦各数十，比其起事之日，从其护卫姻族，连其党与朋私，驱胁商旅军民，分遣其官属亲暱，使各募兵，从行多者数千，少者数百，帆樯蔽江，众号一十八万，其从之东下者，实亦不下八九万余；且又矫称密旨，以胁制远近；伪传檄谕，以摇惑人心；故其举兵倡乱，一月有余，而四方震慑畏避，皆谓其大事已定，莫敢抗义，出身与之争衡；从事抱节者，仅坚城而自守，忠愤者惟集兵以俟时，非知谋忠义之不足，其气焰使然也。

臣以孱弱多病之质，才不逮于凡庸，知每失之迂缪，当兹大变，辄敢冒非其任，以行旅百数之卒，起事于颠沛危疑之中，旬月之间，遂能克复坚城，俘擒元恶，以万余乌合之兵，而破强寇十万之众，是固上天之阴隲，宗社之默佑，陛下之威灵；而庙廊谋议诸臣，消祸于将萌，而预为之处；见几于未动，而潜为之制；改臣提督，使得扼制上流，而凛然有虎豹在山之威；申明律例，使人自为战，而翕然有臂指相使之形；敕臣以及时策应，不限以地，而隐然有常山首尾

四方,士大夫虽然远在千里之外,只要提到宁王也都闭目摆手不敢评论他的是非,下民虽在穷乡僻壤也只能忍气吞声,不敢诉说自己的冤屈。他还招致亡命之徒,收养大盗魁首如吴十三、凌十一之流达数千人之多,招募四方武艺高强,勇力能够拔树排关者也有一万多人。又派他的亲信王春等携带几万金银暗地里在沧州、淮扬、山东、河南等地各安插了数十名奸党,到了他发动叛乱的日期,他的亲戚朋友和党羽都帮着他招募兵士,胁迫商旅军民跟着造反,每一股被威胁、利诱而参加叛党队伍的多则数千、少则数百,江面上挤满了他们的大小船只,对外声称有十八万之多,跟着东下的实际也有八九万人。而且他还假称奉了王爷的皇上旨意,颁发伪文告,以威胁、控制远近,动摇迷惑人心。所以他发动叛乱仅一个多月,却四方震惊、畏避,都传说他大事已定,谁也不敢抗议说他不是皇家正统,说他是叛逆。稍有节操的官吏只有坚守城池;对他发动叛乱表示愤恨的官吏也只有集中军队等待时机。这些人并不是忠义智谋不足,而是叛军的声势过大,把人一时迷惑住了。

臣以衰朽多病的体质,平庸的材具,办事多失之迂阔。现在遇上这种非常巨大的事变,竟敢于担起并非分内的责任,在毫无准备的危急情况下,带着几百似乎是行旅一样的兵卒,用一个多月的时间就攻下了坚城,俘虏了元凶。以一万多未经严格训练的兵士而打败了十万强悍的叛军。这首先是大明列祖列宗在天之灵的保佑和陛下的天威;再就是朝廷重臣的防患于未然的谋划,预先的安排;第三是改任臣为提督,使臣能控制大江的上游,形成一种如同虎豹在山一样的威势;第四,臣以前就奉圣旨有灵活掌握,如臂使指一般略无阻碍,处置地方上军政大事的

之势；故臣得以不俟诏旨之下，而调集数郡之兵数郡之民；亦不待诏旨之督，而自有以赴国家之难，长驱越境，直捣穷追，不以非任为嫌，是乃伏至险于无形之中，藏不测于常制之外，人徒见嬖奚之多获，而不知王良之善御，有以致之也。

然则今日之举，庙廊诸臣，预谋早计之功，其又孰得而先之乎？及照御史谢源、伍希儒，监军督哨，谋画居多，倡勇宣威，劳苦备尝；领哨知府伍文定、邢珣、徐琏、戴德孺、陈槐、曾玙、林城、周朝佐，署都指挥佥事余恩，分哨通判胡尧元、童琦、谈储、推官王暐、徐文英，知县李楫、李美、王冕、王轼、刘源清、刘守绪、傅南乔、随哨通判杨昉、陈旦、指挥麻玺、高睿、孟俊、知县张淮、应恩、王庭、顾佖、万士贤、马津等，虽效绩输能，亦有等列；然皆首从义师，争赴国难，协谋并力，共收全功，其间若伍文定、邢珣、徐琏、戴德孺等，冒险冲锋，功烈尤懋；乡官都御史王懋中，编修邹守益，御史张鳌山，郎中曾直，评事罗侨，佥事刘蓝，进士郭持平，驿丞王思、李中，按察使刘逊，参政黄绣，知府刘昭等，伏义兴兵，协张威武，运筹赞画，夹辅折冲。

以上各官，功劳虽在寻常，征剿亦已甚为难得。况当震恐摇惑，四方智勇，莫敢一膺其锋；而各官激烈忠愤，捐身

权力,所以能够申明律例使人自为战,如臂使指一般略气阻碍,根据战场上的敌我力量的消长,根据时机、地形条件的不同而采取灵活的措施,充分发挥我军的长处去攻击叛军的薄弱环节,所以最终能以少胜多、以弱胜强。由于有了陛下授给臣的特殊权力,所以才能不等陛下降旨,臣就能够调动几个州县的军队和民众,长驱越境、直捣穷追,消灭叛贼,共赴国难。不因为非任的嫌疑,在无形之中制伏最大的危险,在常制之外隐避不测。这很像古代著名的猎人斐奚和著名的驾车高手王良。斐奚打猎的本领再高,没有王良给他驾车,他什么也猎不到。

然而现在平息叛乱这件大事,朝廷大臣中预为谋划的功劳谁领先呢?对照起来御史谢源、伍希儒,监军、督哨,出谋划策,鼓舞士卒的勇气,宣扬朝廷的威德,历经艰辛。领哨知府伍文定、邢珣、徐琏、戴德孺、陈槐、曾玙、林珹、周朝佐,署都指挥佥事余恩,分哨通判胡尧元、童琦、谈储,推官王暐、徐文英,知县李楫、李美、王冕、王轼、刘源清、刘守绪、傅南乔,随哨通判杨眆、陈旦,指挥麻玺、高睿、孟俊、知县张淮、应恩、王庭、顾似、万士贤、马津等,虽然按成绩和功劳也能分出等级,但更可贵的是都能踊跃参加义师,争着为国效力,大家同心协力,共同取得完全胜利。其中如伍文定、邢珣、徐琏、戴德孺等,冒险冲锋,功劳尤著。乡官都御史王懋中,编修邹守益,御史张鳌山,郎中曾直,评事罗侨,佥事刘蓝,进士郭持平,驿丞王思、李中,按察史刘逊,参政黄绣,知府刘昭等,都能赞襄义兵,积极参与筹划,办理一切具体军政事务。

以上各官功劳虽不突出,但能亲身参加征剿也算难能可贵了。何况当叛逆势力甚为嚣张,甚至认为大事已定时,谁敢站出

狗国，乃能若此。伏愿皇上论功朝锡之余，普加爵赏，旌擢以劝天下之忠义，以励将来之懦怯；仍诏示天下，使知奸雄若宁王者，蓄其不轨之谋，已十有余年，而发之旬月，辄就擒灭，于以见天命之有在，神器之不可窥，以定天下之志；尤愿皇上罢息巡幸，建立国本，端拱励精，以承宗社之洪休，以绝奸雄之觊觎，则天下幸甚！臣等幸甚！缘系捷音事理，为此具本专差千户王佐亲赍，谨具题知。

奏闻益王助军饷疏

十四年七月三十日

近蒙益府长史司呈："该本司启：'案查宁藩有变，已经启行外；今照见奉提督都御史王案验内称，本院已于七月初九日，领兵前往丰城县市汊等处住札，刻日进攻省城，牌差百户杨锐前来，建昌府守取掌印官亲自统兵，毋分日夜，兼程前进，期本日十五、十六日，俱赴军门面授约束，并势追剿。及照知府曾玙报称：即日领兵起程，前赴军门听调进攻'等因。看得国家之事，莫大于戎；今宁藩不轨，惊动多方，提督都御史等官，倡义协谋进攻，愤忠思剿，上以纾朝廷南顾之忧，下以解生民荼毒之苦；况我殿下国朝分封至亲，理宜助饷军门，共纾国难。具本启。"奉令旨："发银一千两，差官胡敬仪卫副陆澄书办官并旗校官等，前去提督军务王都御史处犒赏，敬此。"敬遵，除将银两差官管送前来与叛贼对抗，然而各官激于义愤，共赴国难，此种精神尤其应该嘉奖。恳请皇上在论功行赏之余，对忠于大明朝廷的义烈之士普遍进行表扬，一洗怯懦之风，激发忠勇之气，并特别诏示天下，使共知像宁王那样的奸雄，阴谋造反已经准备了十年，发动叛乱之后仅一月有余就被消灭，可见天命所归及皇帝大位是不容算计，希图轻易更改的。尤其恳求皇上停止巡游，勤修政务，培固国家根本，永继祖宗大业，使奸雄们的野心不能得逞，则天下幸甚！臣等幸甚！因系报捷大事，特差千户王佐亲自携带奏本前往，谨具题知。

奏闻益王助军饷疏

十四年七月三十日

最近蒙益王府长史呈："由本司启：'据查宁王叛乱已经发动外，今按照现奉提督都御史王公文内称：本院已于七月初九日领兵前往丰城县市汊等处驻扎，限期进攻省城。今令百户杨锐持令牌前往建昌府调取掌印官员亲自统兵，不分昼夜，兼程前进，预计于本月十五、十六日俱赴军门面授进军计划，并乘势追剿。另照知府曾玙报称：即日领兵起程前去军门听取调用。'等因。按，国家大事没有比用兵更大的。今宁王作乱惊动四方，提督都御史等官倡义为国，合谋平息叛乱，对上以缓解朝廷南顾之忧，对下以解东南民众涂炭之苦。何况我益王殿下是本朝所分封的至亲，理当助饷平叛，共同解除国难。具本启。"奉益王令旨："命差官胡敬仪，卫副陆澄，书办官并旗牌官等，提银一千两前去提督军务王都御史处予以犒赏，敬此。"敬遵，除命差官押送银两前去外，应将办理经过、缘由行文呈报施行等因，转来外；合行备由呈乞施行，等因到臣。为照宁王谋叛，稔衅多年，积威所劫，无不萎靡；况其举事之初，擅杀重臣，众号一十八万，肆然东下，虽平日士夫，号称忠义，莫敢指斥。今益王殿下，乃心宗社，出私帑以给军饷，非忠义奋发，急于讨贼，岂能倡言助正，以作兴军士之气如此？伏望皇上特敕奖励，以激宗室之义，以永益王殿下为善之心，以夹辅帝室。天下臣民，不胜幸甚！除将原发白银一千两，唱名给散军士外；缘系宗室出私帑以给军饷事理，为此具本请旨！

旱灾疏

十四年七月三十日

据吉安等一十三府所属庐陵等县各申称："本年自三月至于秋七月不雨，禾苗未及生发，尽行枯死。夏税秋粮，无从办纳；人民愁叹，将及流离，理合申乞转达、宽免"等因到臣。节差官吏、老人踏勘，委自三月以来，雨泽不降，禾苗枯死；续该宁王谋反，乘衅鼓乱，传布伪命，优免租税，小人惟利是趋，汹汹思乱；臣因通行告示，许以奏闻，优免税粮，谕以臣子大义，申祖宗休养之德泽，暴宁王诛求无厌之恶。由是人心稍稍安集，背逆趋顺。老弱居守，丁壮出征，团保馈饷，邑无遗户，家无遗夫，就使雨旸时若，江西之民，亦已废耕耘之业，事征战之苦。况军旅乾旱，一时并作，虽富室大户，不免饥馑；下户小民，得无转死沟壑，流散四方乎？设或饥寒所迫，征输所苦，人自为乱，将若之何？如蒙乞敕该部，发到臣。按宁王谋反,阴谋策划已经多年,仗其藩王的威势,谁也不敢违抗,何况在他刚发动叛乱之初就擅杀朝廷任命的大臣,叛军号称一十八万,毫无顾忌地东下,即便是平时自命忠义的士大夫也不敢对他加以指斥。今益王殿下关心国家安危,出私藏以助军饷。如果不是出于忠义奋发,急于平息叛乱,岂能这样顾大局、识大体以振作士气?恳求皇上特降旨嘉奖,以激发宗室之义,以固益王殿下为善之心,共同辅佐帝室。天下臣民会欢迎这样做的。除将原发白银一千两,念着名字散发给军士外,又因系宗室出私蓄以助军饷的事情,为此具本请旨。

旱灾疏

十四年七月三十日

据吉安等一十三府所属庐陵等县各申报称:"本年自三月至秋七月没下过雨,禾苗尚未长成就已枯死。夏税、秋粮没有办法交纳。人民愁苦,将要逃荒。理应申请转达,恳请上级官府宽免钱粮。"等因。上报到臣手之后,即派官吏、老人等亲往察看。确实自三月以来雨水稀少,禾苗枯死,以后接着宁王造反,趁着天灾乱下伪令,声言豁免租税,人民惟利是趋,纷纷思乱,以致助长了叛军的气焰。臣因此发布告示许将灾情如实上奏朝廷,请求宽免钱粮,晓以臣民大义,宣扬大明列祖列宗勤政爱民的德泽,暴露宁王苛虐下民,贪得无厌的罪恶。因此人心稍定,背弃叛逆,趋向朝廷。老弱在家留守,丁壮随官军出征,团、保供给粮饷,每户都参加,家家没闲人。就算风调雨顺,江西的农民也因为征战耽误了农时,同时也没有足够的劳动力去耕种收割。况且战争和干旱同时发生,虽是富家大户也难免饥饿之苦。穷

暂将江西正德十四年分税粮，通行优免，以救残伤之民，以防变乱之阶；伏望皇上罢冗员之俸，损不急之赏，止无名之征，节用省费，以足军国之需，天下幸甚！

请止亲征疏

十四年八月十七日

正德十四年八月十六日，准兵部咨："该本部等衙门题内开：'南京守备参赞官连奏十分紧急军情，相应急为议处，合无请命将官一员，挂平贼将军印，充统兵官，关领符验旗牌，挑选各营精锐官军三千余名，各给赏赐银两布疋，交兑正驮马匹，关给军火器械，上紧前去南京，相机战守。再有的报，就便会合各路人马征进。再请敕都御史王守仁，选调堪用官军民快，亲自督领于江西东南要路，住札把截，相机行事；仍委浙江布政司左参政闵楷，选募处州民兵，统领定拟住札地方，听调策应勤捕。再请敕一道，赍付都御史王守仁，不妨提督军务原任，兼巡抚江西地方。前项所报军情，如果南京守备差人体勘，再有的报，听前项领军官出给榜文告示，遍发江西地方张挂，传说晓谕，但有能聚集义兵，擒杀反逆贼犯者，量其功绩大小，封拜侯伯；及升授都指挥，千百户等官，世袭；贼夥内有能自相擒斩首官者，与免本罪具奏定夺。'等因具题。

民小户哪能不流散四方,死填沟壑呢?假如为饥寒所迫,为征调、运输差役所苦,铤而走险作起乱来,怎么办呢?如蒙降旨给户部,暂将正德十四年江西应缴的钱粮一律宽免,以救苦难之中的农民,防止变乱于未然。恳求皇上停发无用人员的粮俸,捐弃无原则的赏赐,停止无正当理由的征调,节约开支,以满足国家大事所需,天下幸甚!

请止亲征疏

十四年八月十七日

正德十四年八月十六日,准摘抄准兵部咨文:"由本部等衙门上奏内开:'南京守备参赞官连奏十分紧急军情,经本部紧急会议决定,不如请任命将官一员,挂平贼将军印,充任统兵官,关领兵符、验照、令旗、牌等,挑选各营精锐官军三千余人,均赏给银两、布匹,交付军用马匹,领取军火器械,立即开赴南京,根据情况决定战守。再有续报,就令其会合各路人马一同征剿。再请降旨给都御史王守仁,命他选调可用的官军、民快,亲自率领军队把住江西东南要路,据实际情况决定行止。仍委任浙江布政司左参政闵楷选募处州民兵,统领驻扎在地方上,听从调动,策应剿捕。再请旨一道给都御史王守仁,除原任提督军务外,再兼巡抚江西地方。所报上述军情,如果南京守备差人催问处理结果,以及再有续报,一律听从前述领兵官员安排,发给榜文告示,去江西各地普遍张挂,晓谕大众,谁能聚集义兵,擒杀叛贼者,最后根据功劳大小封拜侯、伯等爵位以及升授都指挥,千、百户等官,并赏世袭。贼人团伙内有能擒斩自己的头目者,给以免罪,具奏朝廷。'等因具奏。

节该奉圣旨："这江西宁王谋为不法，事情重大，你部里既会官议处停当，朕当亲率六师，奉天征讨，不必命将，王守仁暂且准行，钦此！'钦遵。"备咨到臣。案查先为飞报地方谋反重情事属者，宁王宸濠，杀害守臣，举兵谋逆，臣于六月十九日，具本奏闻之后；调集军兵，择委官属，激励士气，振扬武勇。

七月二十日先攻省城，墟其巢穴；本月二十四等日，兵至鄱阳湖与贼连日大战；至二十六日，宸濠遂已就擒，谋党李士实等，贼首凌十一等俱已擒获，贼从俱已扫荡；闽、广赴调兵士，俱已散还地方；惊扰之民，俱已抚帖。臣一念忠愤，誓不与贼共生，而迂疏薄劣之才，实亦何能办此，是皆祖宗在天之灵，我皇上圣武之懋昭，本兵谋略之素定，官属协力，士卒用命所致，臣已节次具本奏报外。窃惟宸濠擅作辟威，虐焰已张于远；睥睨神器，阴谋久蓄于中；招纳叛亡，辇毂之动静，探无遗迹；广致奸细，臣下之奏白，百无一通。发谋之始，逆料大驾必将亲征，先于沿途伏有奸党，期为博浪、荆轲之谋，今逆不旋踵，遂已成擒，法宜解赴阙门，式昭天讨，然欲付之部下各官押解，诚恐旧所潜布之徒，尚有存者，乘隙窃发，或致意外之虞，臣死且有遗憾。况平贼献俘，固国家之常典，亦臣子之职分，臣谨于九月十一日，亲自量带官军，将宸濠并送贼情重人犯，督解赴阙外；缘系献俘馘以昭圣武事理，为此具本专差舍人金升亲赍谨具题知。

节自该奉圣旨：'这个江西宁王造反，事关重大。你部里既然开过紧急会议，商议妥当，朕应当亲率六军，奉行天讨，也不必任命将领，王守仁暂且准假。钦此！'钦遵。"咨文转发到臣。据查先有飞报地方谋反重情事者，实为宁王宸濠杀害守臣，举兵叛乱。臣于六月十九日具本奏闻之后，就立即调集军兵，选定负责官员，激励士气，发扬军威。

七月二十等日先攻省城，荡平叛军巢穴。本月二十四等日，我军兵至鄱阳湖与叛贼展开连日大战，至二十六日遂将宸濠活捉，并捉住叛贼谋士李士实，贼首凌十一等，从贼俱已扫平，从福建、广东调来的援兵业已遣回原地，被惊扰居民俱已安置妥帖。臣满腔忠贞、愤慨，誓不与叛贼同生。至于臣迂疏，薄劣之才为什么能把事情办得这么顺利呢？这主要由于我朝列祖、列宗在天之灵的保佑，当今皇上的圣武威德的昭示，朝廷用兵方面既定的谋略，各位官员的同心协力，士兵的勇敢等诸因素所致。臣之前已依次具本奏报。臣以为宸濠这个人妄自尊大，假造的声威已流播远近，他暗地里企图夺取皇位，阴谋策划已不是一天。招纳江湖亡命之徒，对京城里朝廷的一切举动俱刺探无遗，广罗奸细，在半道上截获臣下对皇上的奏闻，使皇上对他的情况毫无察觉。将要发动叛乱时预料大驾必定亲征，预先在皇上可能经过的地方伏下贼党，准备效法张良荆轲刺杀秦王的方式去刺杀陛下。因为其叛乱不得人心，所以转眼间就被消灭，按法应解赴皇宫之下以昭示天讨。本来把他交给臣部下各官押解赴京就可以了，臣恐途中原先潜伏的贼党倘若还有漏网之鱼，把他劫去，那样臣就是死也留有遗憾。何况平定贼寇，献俘阙下乃是朝廷大典，也是臣子的职分，臣准备于九月十一日亲自带领部

奏留朝觐官疏

十四年八月十七日

正德十四年八月十六日，臣驻军江西省城，据各领哨知府吉安府伍文定、赣州府邢珣、袁州府徐琏、临江府戴德孺、抚州府陈槐、饶州府林城、广信府周朝佐、建昌府曾玙连名呈称："正德十五年正月初一日，例应朝觐，近因宁王谋反，蒙臣督委各职，并各县掌印正官，领兵征讨；今虽扫平，尚留在省防御，及安辑地方，未能回任；其各县掌印官，虽未曾领兵，缘各在任，防御城池，措办粮饷；况布按二司，及南昌府知府郑瓛，瑞州府朱以方，俱自本年六月内先被拘执，未经复职管事。

南康、九江二府，亦被残破，近方收复，前项文册，多未成造，缘查旧规，行期在即，恐致迟误，合行呈乞奏知；及通行各府、州、县，将册造完，行委佐贰守领官员，赍缴应朝；及布、按二司，亦乞裁处施行等。"因到臣。据此：为照三年述职，系朝廷大典，例该掌印正官，赴京应朝；但今叛乱虽平，地方未辑，征调尚存，疮痍之民须抚；旱荒犹炽，意外之患当防；况各官在省，方图防守之规，未有还任之日，若不查例奏留，未免顾此失彼，后悔无及；合准所呈，欲候奏请命下之日，行令各府、州、县佐贰守领官，赍册应朝，复恐分官军将宸濠及其他从贼重犯押解赴京。因系献俘以昭圣武事，为此具本专差舍人金升亲送。谨具奏知。

奏留朝觐官疏

十四年八月十七日

正德十四年八月十六日，臣驻军江西省城，据各领哨知府吉安府伍文定、赣州府邢珣、袁州府徐琏、临江府戴德孺、抚州府陈槐、饶州府林城、广信府周朝佐、建昌府曾玙联名呈称："正德十五年正月初一日，按例应朝觐（指地方官定期晋见皇帝）。近来因宁王谋反，经臣监督各职及各县掌印正官领兵征讨。今虽扫平，各官仍留在省城从事防御及安抚地方，没能回任。各县掌印官虽未曾领兵，因各在任所负责防御城池，筹措粮饷。况布政、按察二司以及南昌府知府郑瓛、瑞州府朱以方都从本年六月起就先被拘留，尚未复职理事。

南康、九江两府也遭受战争破坏，不久前才收复，所有各项文册散失，尚未造成。赴京朝觐本系朝廷旧规，出发日期已近，恐误行期，应该先行奏闻。另通知各府州县迅速将名册补造齐全，委派佐贰守领官员亲自按期上缴。另外对布政、按察二司的处理也请裁定。"等因；转发到臣。按理满三年述职本系朝廷的重要规定，照例应由掌印正官赴京应朝。但现今叛乱虽平，地方一切尚未复原，征调兵员、粮饷等还没结束，困苦的百姓需要安抚、救济。旱灾仍在发展，还要防备意外事变。况且在省城的各官正在规划防守方案，回任日期还不能确定。如不按例奏请暂留，可能顾此失彼，后悔莫及。乞准所请，等候奏请命令

迟误；除一面通行各府、州、县，造册完备，行委佐贰首领依期启行，其布按、二司，候有新任官员，及南昌府行见在通判陈旦，各造册赴朝，其九江、南康府县，并南康、新建二县委系官，俱戴罪听候吏部径自裁处外；缘系朝觐事理，未敢擅便，为此具本请旨。

奏闻淮王助军饷疏

十四年八月十七日

近该淮府长史司呈："该本司启：'案查宁藩有变，已经启行外；今照见奉提督都御史王案验内称："本院已于七月初九日领兵前往丰城县市汊等处住札，克日进攻省城，牌差百户任全善前来饶州府，守取掌印官亲自统兵，毋分雨夜，兼程前进，期本月十五、十六日俱赴军门，面授约束，并势追剿；及照知府林珹报称：即日领兵起程。前赴军门听调进攻"等因。

看得宁王敢为逆谋，肆奸天纪，提督都御史王首倡忠义，作率智勇，身任国家之急，事关宗社之虞，殿下藩翰之亲，忧心既切，馈饷之助，于理为宜；具本启。'奉令旨：'长史司将发下银伍百两，差官胡祥等速赍前去，少资提督军门之用，敬此。'敬遵。

除将银两差官管送前来外；合行备由，呈乞施行。"等因到臣。照得先该益府出帑饷军，助义效忠，已经具题外；

下达时,再通知各府州县佐贰守领官员,带册子赴朝。还恐怕迟误,现正通知各府州县赶紧造册,待完备后委派佐贰守领官员按期出发。对于布政、按察二司等候新任官员及南昌府已命现在的通判陈旦各造册赴朝。九江、南康府县并南康、新建两县原任官,都戴罪听候吏部直接处置。因系朝觐大事,未敢擅便,为此具本请旨。

奏闻淮王助军饷疏

十四年八月十七日

最近由淮王府长史司呈:"该司启:'据查宁王叛乱已经发动外,今按现奉提督都御史王公文内称:"本院已于七月初九日领兵前往丰城县市汊等处驻扎,限期进攻省城,令百户任全善持令牌前来饶州府调取掌印官亲自统兵不分昼夜,兼程前进,预计于本月十五、十六日均赴军门面授军事计划,乘势追剿。又照知府林城报称:即日领兵起程前赴军门听调。"等因。

从以上看来,宁王不惜触犯天条,竟敢发动叛乱,已成事实。提督都御史王公首倡忠义,身兼智勇,勇于急国家之急。淮王殿下身列皇室藩篱,深切关注大明皇统的安危,对于宁王的叛乱忧心忡忡,赞助部分军饷以平息叛乱,理所应当。具本启。'奉淮王令旨:'长史司将下发银五百两派差官胡祥火速送去,稍微补充提督军门军前用项,敬此。'敬遵令旨。

除将银两发付差官押送前来以外,一并行文说明缘故以便施行。"等因。'送达臣手。先前益王府曾出银赞助军饷,明大义而效忠心,已经具奏。今淮王殿下也能不惜私藏以助军饷,主要今淮王殿下，亦能不靳私帑，以助军饷，良由身同休戚之情，心切门庭之寇所致；伏望皇上特敕奖励，以彰淮王殿下助正之心，以为宗藩为善之劝；天下臣民，不胜幸甚！

恤重刑以实军伍疏

十四年八月二十五日

据江西按察司呈："据本司经历司呈：'蒙巡按两广监察御史谢源、伍希儒各纸牌前事，俱奉本院送发犯人裘良辅等二百六十六名，转送本司，问报。'等因。依蒙问得犯人裘良辅，招系南昌府新建县三十二都民，纳粟监生，给假在家，正德九等年月日不等，与同在官南昌前左二卫舍余杨滋、杨富，军余董俞、周大贵，及指挥何镗每家人何祥、曹成等，各不合出入王府，生事害人，向未事发；正德十四年六月十四日，宁王谋反，良辅与杨滋等，各因畏惧宁王威恶，各不合知情从逆，做兵领受，盘费银二两，米一石，跟同前去安庆等处，攻打城池，各将银米费用讫；于七月十二等日，行至湖口等县，思系叛逆，惧怕官兵，就行四散逃回，各被南昌等府县统兵知府等官，并地方人等，陆续拿获，解赴提督王都御史处；蒙将良辅等一百八十四名，转送谢御史；将夏景、周大贵、熊受等八十二名，转送伍御史；俱发按察司审问，蒙将良辅等研审前情，明白取问。罪犯杨滋等二百六十五名，各招与裘良辅、杨滋、杨富、王伟、夏景、黄俞、周大贵、何祥、曹成、丁进受、杨庆童、杨贵、万徐七、

因为与当今皇上休戚相关,深切痛恨皇室内部的叛乱行为的缘故。恳请皇上特别降旨予以嘉奖,以表彰淮王殿下助正之心,作为宗室、藩属为善的榜样。天下臣民不胜欢迎欣喜之至!

恤重刑以实军伍疏

十四年八月二十五日

据江西按察司呈:"据本司经历司呈:'奉巡按两广监察御史谢源、伍希儒各纸牌令将犯人裘良辅等二百六十六名转送本司监审。'等因。经审讯犯人裘良辅招认:裘原系南昌府新建县三十二都民人,纳粟监生(交款给官府主管教育部门买的最低级学位的名称),给假在家。正德九年后若干年月日,和同在南昌的前左二卫舍余杨滋、杨富,军余董俞、周大贵及指挥何镗的家人何祥、曹成等互相勾结,出入王府,仗势害人,但所做坏事没有暴露。正德十四年六月十四日宁王谋反,良辅与杨滋等因为害怕宁王的淫威,只得从逆,参加了叛军,领盘费银二两,米一石。跟随去安庆等处攻打城池,将银子和米用完,于七月十二日那几天走到湖口等县,自思已成了叛逆,惧怕官兵就四散逃跑回来。以后陆续被南昌府、县,地方各位领兵官员陆续捉获,解送王都御史处,又将良辅等一百八十四人转送谢御史。将夏景、周大贵、熊受等八十二人转送伍御史。都发往按察司审问,将良辅等参加叛军前后经过详细审问明白。罪犯杨滋等二百六十五人都供认与裘良辅、杨滋、杨富、王伟、夏景、黄俞、周大贵、何祥、曹成、丁进受、杨庆童、杨贵、万徐七、万羊七、徐四保、孙住保、周江、胡胜福、朱泼养、宋贵、王明、熊明、秦兰、王仲鉴、张雄、朱其、添喜、萧崇真、朱祥、彭隆保、徐仕贵、郭宣、舒銮、

万羊七、徐四保、孙住保、周江、胡胜福、朱泼养、宋贵、王明、熊明、秦兰、王仲鉴、张雄、朱其、添喜、萧崇真、朱祥、彭隆保、徐仕贵、郭宣、舒銮、万岳、萧述、罗俊、江潮汉、魏凤、万三、罗秀、熊福、萧曰贵、萧胜、雷天富、萧文、尹天受、胡进保、李銮、郑凤、黄信、刘胜、殷醮仔、甘奇、余福童、郭进福、沈仕英、李洪珊、许凤、李景良、江銮、江仁、李钦、邓伦、胡福受、谭黑仔、赵正七、朱环二、邹秋狗、陈良二、聂景祥、魏仲华、王福、李寿、余珏、王贯、刘松、牛才、陈珂、陈兴、陈钊、刘添凤、余似虎、甘朴、谢天凤、郑贵、沈昌容、万清、向楚秀、郭銮、丁胜福、万全、龚受、熊六保、陈谏、何晚仔、王杰一、王琪、胡宣、杨正、曾受、王凤、王明、雷清、皮志渊、邹奎高、冯轩四、毛守松、熊天祥、李伯锦、杨子秀、陈天一、廖进禄、魏绍、魏天孙、吴富、陈昭弟、李伯奇、姜福、廖奇四、夏莨奇、陈善五、罗胜七、郭谨、罗玺、朱长子、陈瑞、竹汉、王宽、江天友、陈良善、召一、陈子政、卢萧胜、马龙、陈大沦、陈子伦、李钱、陈九信、徐义、徐钊、刘仪、熊孟华、王尚文、王天爵、傅十二、徐受、万奇、赵仕奇、郑朴、冯轩二、冯进禄、周孟贞、周江、刘朋、唐朝贤、欧阳南、马兴、周兴、王毛子、秦进兴、罗兴、李保一、万元、林三十八、马爵、张进孙、高四、谭受、吴俊、万镗、熊守贵、钱龙、胡通、金万春、曹太、喻钦、刘后济、胡二、王世通、魏友子、杨章、熊禄、熊克名、童保子、余景、陈四保、许虎保、熊受、萧文荣、杨廷贵、罗富、丁关保、江万岳、萧述、罗俊、江潮汉、魏凤、万三、罗秀、熊福、萧日贵、萧胜、雷天富、萧文、尹天受、胡进保、李銮、郑凤、黄信、刘胜、殷醮仔、甘奇、余福童、郭进福、沈仕英、李洪珊、许凤、李景良、江銮、江仁、李钦、邓伦、胡福受、谭黑仔、赵正七、朱环二、邹秋狗、陈良二、聂景祥、魏仲华、王福、李寿、余珏、王贯、刘松、牛才、陈珂、陈兴、陈钊、刘添凤、余似虎、甘朴、谢天凤、郑贵、沈昌容、万清、向楚秀、郭銮、丁胜福、万全、龚受、熊六保、陈谏、何晚仔、王杰一、王琪、胡宣、杨正、曾受、王凤、王明、雷清、皮志渊、邹奎高、冯轩四、毛守松、熊天祥、李伯锦、杨子秀、陈天一、廖进禄、魏绍、魏天孙、吴富、陈昭弟、李伯奇、姜福、廖奇四、夏蕙奇、陈善五、罗胜七、郭谨、罗玺、朱长子、陈瑞、竹汉、王宽、江天友、陈良善、召一、陈子政、卢萧胜、马龙、陈大沧、陈子伦、李钱、陈九信、徐义、徐钊、刘仪、熊孟华、王尚文、王天爵、傅十二、徐受、万奇、赵仕奇、郑朴、冯轩二、冯进禄、周孟贞、周江、刘朋、唐朝贤、欧阳南、马兴、周兴、王毛子、秦进兴、罗兴、李保一、万元、林三十八、马爵、张进孙、高四、谭受、吴俊、万镗、熊守贵、钱龙、胡通、金万春、曹太、喻钦、刘后济、胡二、王世通、魏友子、杨章、熊禄、熊克名、童保子、余景、陈四保、许虎保、熊受、萧文荣、杨廷贵、罗富、丁关保、江仕言、刘贵、丁朋、欧阳正、王引弟、熊富、唐天禄、王贵、周受、丘松、胡秀、李福、洪江、曾兴、丘桂、刘镇、邓山、萧清、夏胜四、夏由、孙甘继、张锦、谢鲁仙、熊华、谢凤、夏龙、娄奇、陆仲英、余胜虎、李进、胡胜、阮天祥、张全、彭天祥、洪经仔、徐受、乐福、张奇、冯进隆、冯诏、冯喜子、杨烨揭、文兴、万孔胡、易忠、黄延、曹天右、徐大贵、萧日高、萧日广、李銮、吴显仕言、刘贵、丁朋、欧阳正、王引弟、熊富、唐天禄、王贵、周受、丘松、胡秀、李福、洪江、曾兴、丘桂、刘镇、邓山、萧清、夏胜四、夏由、孙甘继、张锦、谢鲁仙、熊华、谢凤、夏龙、娄奇、陆仲英、余胜虎、李进、胡胜、阮天祥、张全、彭天祥、洪经仔、徐受、乐福、张奇、冯进隆、冯诏、冯喜子、杨烨揭、文兴、万孔胡、易忠、黄延、曹天右、徐大贵、萧曰高、萧曰广、李銮、吴显二、李贵、陈英、陈升、李胜祖、萧天佐、陆九成、郭钦、杨顺、丁祖、李万杜、杨銮、袁富、杨黄子、吴文、张銮、方灿、万天銮、胡进童、黄胜德、涂祖、唐历等所犯，除不应轻罪外，合依谋反知情故纵者律斩决不待时；但宁王平昔，威恶惨毒，上下人心，罔不震慑，各犯从逆，虽是可恶，原情终非得已。及照南昌前卫军余多系胁从被杀，见今军伍缺人，合无将各犯免其前罪，俱编发本卫，永远充军，庶使情法交申，卫所填实"呈详，到臣。参看得裘良辅等，俱曾从逆，应该处斩；但该司参称："宁王平昔，威恶惨毒，上下人心，罔不震慑"据法在所难容，原情亦非得已，宥之则失于轻，处斩似伤于重，合无俯顺舆情，乞敕该部查照酌量，或将各犯免其死罪，令其永远充军，不惟情法得以两尽，抑且军伍不致缺人。缘系恤重刑以实军伍事理，为此具本请旨！

处置官员署印疏

十四年八月二十五日

照得先因宁王图危宗社，兴兵作乱，劫夺江西都、布、

二、李贵、陈英、陈升、李胜祖、萧天佐、陆九成、郭钦、杨顺、丁祖、李万杜、杨銮、袁富、杨黄子、吴文、张銮、方灿、万天銮、胡进童、黄胜德、涂祖、唐历等所犯罪行不应轻饶，应该依谋反知情故纵罪，按律立斩不待。但宁王平日作福作威、残酷恶毒，上下人等没有不害怕的，以上各犯跟随逆贼，甚是可恶，但按情理推论也有身不由己的地方。另外南昌前卫军余（被判充军的犯人）在这次宁王叛乱中多因胁从被杀，现在军伍缺人，不如将各犯免去前罪均编发至南昌前卫，永远充军，于法、于情两不矛盾，卫所军余也不致空缺。"呈详到臣。按裘良辅等都曾参与叛乱活动，按律应该处斩。但据江西按察司称："宁王平日作威太甚，残酷恶毒，上下人等均惶惶不可终日。"按法律不能原谅，按情理也有身不由己之处。原谅了他们，就失之太轻，都杀掉又似乎太重。不如顺从民意。请降旨给该部，详细审查，酌量情况可将各犯免去死罪，给以永远充军的处分。不但情、法两面都可照顾到，而且军伍也不致缺编。因为是减重刑以充实军伍要事，特此具本请旨！

处置官员署印疏

十四年八月二十五日

据查先前因为宁王企图颠覆朝廷，发动叛乱，劫夺江西都按三司，并南昌府县大小衙门印信；臣随调集各府官军民快，于本年七月二十日攻复省城，当于府内搜获前项印信，共计一百六颗，到臣收候，已经捷报外。今照宁王已擒，余党诛戮，地方幸已稍宁，所有三司府县衙门，俱系钱粮刑名军马城池等项重务，关涉匪轻；况今兵乱之后，人民困苦，不可一日缺官干办抚辑；但三司等官，俱系被胁，有罪人数，若待别除官员到日，非惟人心惶惑，抑且事无统纪。臣遵照钦奉敕谕便宜事，理将三司印信，布政司暂令布政使胡濂，按察司暂令按察使杨璋，各戴罪护管。随该新任参议周文光，按察使伍文定，先后到任、各已替管外；其都司暂令都指挥马骥，提学道关防令副使唐锦，南昌道印信令佥事王畴，南昌府印信令知府郑瓛，南、新二县印信，令知县陈大道、郑公奇，各戴罪暂且管理外；及照南昌前、左二卫并各抚所衙门印信，俱各无官管理，除用木匣收盛封发按察司，仍候事宁有官之日，该司径发掌管外；缘系处置官员署印以安地方事理，为此具本题知。

二乞便道省葬疏

十四年八月二十五日

　　照得先准吏部咨："该臣奏称：'以父老祖丧，屡疏乞休，未蒙怜准；近者奉命扶疾赴闽，意图了事，即从彼地冒罪逃归，旬日之前，亦已具奏。不意行至中途，遭宁府反叛，系国家大变，臣子之义，不容舍之而去，又阖省抚巡方面指挥、布政、按察三司以及南昌府、县大小衙门的印信。臣随即调集各府官军、民快，于本年七月二十日克复省城。当时在府内搜出被掠夺的印信共计一百零六颗，上交给臣保管。关于平息叛乱一事已上奏报捷。今按宁王已被活捉，余党业已诛杀，地方幸已稍微安定。所有三司府县衙门均系钱粮、刑名、军马城池等项重要部门，责任重大。当今兵乱之后，人民生活困苦，不可一日没有官吏管理，办理公务、缉拿盗贼，但三司等官均属被胁迫犯罪人员之列。如果等待从别处调官任职，还要很长时间。在此期间内不仅人心惶惑，而且诸事都无头绪。臣遵照先前可以灵活处置一切事务的敕谕，暂将三司印信作如下布置：布政司暂令布政使胡琏、按察司暂令按察使杨璋各戴罪护管。除新任参议周文光、按察使伍文定先后到任各已接管外，其余都司暂令都指挥马骥，提学道关防令副使唐锦，南昌道印信令佥事王畴，南昌府印信令知府郑巘，南、新二县印信令知县陈大道、郑公奇各戴罪暂且护管外，另照南昌前、左二卫并各抚、所衙门印信都没有官员管理，除用木匣装盛封存于按察司，等候事宁有官之日由该司启封掌管。系处置官员署印以安宁地方事，为此具本上奏。

二乞便道省葬疏

十四年八月二十五日

照得先按照吏部咨文："该臣奏称：'因父亲年老，祖母去世，屡次上疏请求退休，未获恩准。前些天奉命带病去福建处理小股军人反叛事故。希图顺路冒着获罪的风险回家省葬，此事十余天前也曾上奏。不料行至中途遭遇宁府叛乱，此乃国家重等官，无一人见在者，天下事机，间不容发，故复忍死暂留于此，而为牵制攻讨之图；俟命帅之至，即从初心，死无所避。

臣思祖母自幼鞠育之恩，不及一面为诀，每一号恸，割裂昏殒，日加尪瘠，仅存残喘；母丧权厝祖墓之侧，今葬祖母，亦欲因此改葬；臣父衰老日甚，近因祖丧，哭泣过节，见亦病卧苫庐；臣今扶病驱驰，兵革往来于广信、南昌之间，广信去家不数日，欲从其地，不时乘间抵家一哭，略为经画葬事，一省父病。臣区区报国血诚，上通于天，不辞灭宗之祸，不避形迹之嫌，冒非其任，以勤国难，亦望朝廷鉴臣此心，不以法例绳缚，使臣得少伸乌鸟之痛；臣之感恩，死且图报，抢攘哀控，不知所云。'等因。具本奏。奉圣旨：'王守仁奉命巡视福建，行至丰城，一闻宸濠反叛，忠愤激烈，即便倡率所在官司起集义兵，合谋剿杀，气节可嘉！已有旨着督兵讨贼，兼巡抚江西地方，所奏省亲事情，待贼平之日，来说该部知道，钦此！'"备咨到臣。

除钦遵外；近照宁王逆党，皆已仰赖皇上神武庙堂神算悉就擒获；地方亦已平靖，百姓室家相庆，得免征调之苦，复有更生之乐，莫不感激洪恩，沾被德泽。独臣以父病日深，母丧未葬之故，日夜哀苦，忧疾转剧；犬马驱驰之劳，不足齿录；而乌鸟迫切之情，实可矜悯！已蒙前旨，许"待贼

大事变，臣子之义不容袖手旁观，只顾私事，舍弃而去。又全省抚、巡方面等官员没有一人在近前，天下大事紧急时确实存在间不容发的情况，所以臣就忍死待罪暂留于此，做牵制攻讨的准备，待朝廷所派大军来到，就按臣原来回家省葬的打算行事，死无所避。

臣思祖母自幼抚育之恩，临死也没见一面诀别。每当想起就痛哭流涕以至于昏厥。因此，臣的病情日益加重，身体虚弱已极，仅剩残喘。臣母丧后暂厝祖墓一侧，今葬祖母，意欲同时改葬。臣父衰老日甚，近因祖丧哭泣过度，现亦卧病在床。臣今带病驰驱军中，来往于广信、南昌之间。广信去臣家只有几天路程，想从那里抽暇回家一哭，略为经营葬事并省视父病。臣区区报国血诚上通于天，不辞灭族之祸，不避形迹之嫌。虽才具不足以胜任，但仍竭忠尽力以赴国难。也请朝廷体察臣心，不以法例绳治，使臣得以稍微尽一点乌鸦反哺那样的孝心。臣感陛下之恩，死了也不忘报答，呼天抢地，不知所云。'等因。具本奏。奉圣旨：'王守仁奉命巡视福建，行至丰城，一听说宸濠反叛，忠愤激烈，即便倡议率领所在官司集合义兵，共谋剿杀叛军，气节可嘉！已降旨令他督兵征讨叛贼兼巡抚江西地方。所奏省视亲情一事，待叛贼平定之后再报给吏部，钦此！'"

咨文转发到臣，除遵钦命外；近查宁王逆党，皆已仰仗皇上天威，朝廷的正确决策，都已捉拿归案，地方恢复平静，百姓互相庆贺免去征调之苦，又获重生一般快乐，对皇上都感恩戴德。只有臣以父病日深，祖母丧未葬之故，日夜哀苦，忧虑与疾病俱增。臣为朝廷奔波驰驱的犬马之劳不足挂齿，而慈乌反哺的迫切之情实为可悯。已蒙前旨许贼平之日再说，所以敢于不怕平之日来说"，故敢不避斧钺，复伸前请；伏望皇上仁覆曲成，容臣暂归田里，一省父病，经纪葬事，臣不胜哀恳苦切祈望之至！

处置从逆官员疏

十四年八月二十五日

正德十四年七月二十三日，据南昌府知府郑瓛自宁王贼中逃出，投到；本月二十六日，又据领兵官临江府知府戴德孺等，临阵夺获先被宁王胁去巡按监察御史王金，户部公差主事金山、左布政使梁宸，参政程杲，按察使杨璋，副使贺锐，佥事王畴、潘鹏，都指挥同知马骥、许清，都指挥佥事白昂，守备南赣都指挥佥事郑文，并胁从用事参政王纶，及据先被胁从令赴九江用事佥事师夔，先被胁从贼败脱走镇守太监王宏，各投达到臣。

照得先因宁王宸濠，于六月十四日杀害巡抚右副都御史孙燧，副使许达，将各官绑缚迫胁时，臣奉命福建勘事行至丰城闻变，顾惟地方之贵，虽职各有专；而乱贼之讨，实义不容避，遂连夜奔还吉安，督同知府伍文定等，调集南、赣等府军兵捐躯进剿。至七月二十日，攻破省城，捣其巢穴，随有被胁在城右布政使胡濂，参政刘斐，参议许效，廉副使唐锦，佥事赖凤，都指挥佥事王纪，各投首到臣。

彼时军务方殷，暂将各官省候，督兵擒获宸濠，并逆党李士实、刘吉、凌十一等，臣已先后具本奏报去后，本年八罪责,重提以前所请省亲一事。恳请皇上仁慈,准臣暂归田里,省视父亲疾病,经营安葬事宜,臣不胜哀恳苦切祈望之至!

处置从逆官员疏

十四年八月二十五日

正德十四年七月二十三日,原南昌府知府郑瓛从宁王叛贼中逃出,来投。本月二十六日,有领兵官临江府知府戴德孺等在阵前俘获先前被宁王威逼去的巡按监察御史王金,户部公差主事金山,左布政使梁宸,参政程杲,按察使杨璋,副使贺锐,佥事王畴、潘鹏,都指挥同知马骥、许清,都指挥佥事白昂,守备南赣都指挥佥事郏文,以及胁从办事的参政王纶,被胁从并奉伪令赴九江办事的佥事师夔,先被胁从、叛贼失败后逃脱的镇守太监王宏,各来投臣或押送到臣处。

综合各方信息,宁王宸濠于六月十四日发动叛乱,杀害巡抚右副都御史孙燧,副使许逵。当将各位官员绑缚威胁时,臣恰好奉命去福建处理小股军人哗变。臣行至丰城听说宁王叛乱,虽说事属地方,各负其责,但讨伐乱贼实在也是义不容辞,不能回避的事情,遂连夜转回吉安,同知府伍文定等调集南、赣等府军队准备对叛贼进剿。至七月二十日攻下省城,捣毁宁王的巢穴。当时有被胁迫在城的右布政使胡濂、参政刘斐,参议许效,廉副使唐锦,佥事赖凤,都指挥佥事王纪,各投案到臣。

当时军务繁忙,暂时令各官员先静候待命。率兵捉获宸濠及反贼逆党李士实、刘吉、凌十一等,臣已先后具本奏报过了。

月二十三日，会集知府伍文定等，将各事情，逐一研审，得布政梁宸等各执称："本年六月十三日宁王生日，延待各官酒席，次日进府谢酒，不期宁王谋逆，喝令官校多人，将前各官，并先存后监。故户部公差主事马思聪，参议黄宏，原任参议今升陕西参政杨学礼等俱各背绑要杀，当将孙都御史，许副使，押出斩首；其余各官，俱杻镣发仪卫司等处监禁；王纶留府用事；知府郑瓛先被宁王诬奏见监，按察司瑞州府知府宋以方缘事在省，本日俱拿监；仪卫司差人，将各衙门印信搜夺入府，后参议黄宏，主事马思聪各不食，相继在监身故；宁王差人入监疏放各官杻镣，王畴、郑瓛二人不放；本月二十一日，将梁宸、胡濂、刘斐、贺锐各放回本司，本日宁王传檄各处，令人写成布政司咨呈，备云檄文转呈府部，自将搜去印信使便付与梁宸佥押，梁宸不合畏死，听从佥押讫；本月二十三日，宁王告庙出师祭旗，加授王纶赞理军务，与刘吉等一同领兵，王纶不合畏死听从；本日，又差柴内官等，带领人众，将两司库内官银，强搬入府，梁宸、贺锐在司署印，不合畏死，不行阻当；本日，将杨璋仍拘仪卫司，各官改监湖东道；本月二十六、七等日，宁王差仪宾李琳等，将伊收积米谷给散省城军民，以邀人心，着令程杲、潘鹏监放，各不合畏死，到彼看放；二十七日，宁王因先遣承奉屠钦等带领贼兵，往攻南京，各贼屯札鄱阳湖上，久候宁王不出，自行攻破南康、九江，掠取财物，二府人民走散，宁王要得招抚以收人心，押令师夔前去晓谕，不合畏死往彼安本年八月二十三日邀集知府伍文定等将事情经过逐一审问弄清。据布政使梁宸等叙述："本年六月十三日是宁王生日,宁王府设宴招待各位官员。次日各官进府谢酒,不料宁王突发叛乱,喝令官校多人将前谢宁王待酒的各官先行拘留然后收监。先将故户部公差主事马思聪,参议黄宏,原任参议今升陕西参政杨学礼等绑起来准备杀头。当时将孙都御史,许副使押出斩首。将其余各官分别戴上镣铐交付仪卫司等处监禁。王纶留府办事。知府郑瓛早先就被宁王诬奏押在监狱。按察司瑞州府知府宋以方因公在省,也在当天被拿获监禁。仪卫司差人将各衙门印信搜罗入府。后来参议黄宏、主事马思聪均在狱中绝食身亡。宁王差人入监松开解除各官镣铐,独王畴、郑瓛不除。本月二十一日将梁宸、胡濂、刘斐、贺锐各放回本司。当日宁王通告各处,命人写成布政司咨文,将写好的咨文转发府部,并将搜去的印信交给梁宸在咨文上签押印信,梁辰不该怕死就按伪命签押完毕。本月二十三宁王告庙通过祭奠仪式把大事告诉祖先祭旗(古代每逢出兵前先摆祭物行祭旗礼,请天神保佑出兵顺利),然后出发。加授王纶赞理军务,与刘吉等一同领兵,王纶不该怕死就顺从了。当天又差柴内官等带领人员将两司官银强行搬入宁府。梁宸、贺锐在司签发了官银出库手续,不该怕死,叫他们签也没拒绝没敢阻拦。当天杨璋被拘仪卫司,其他官员改为被监押在监湖东道。本月二十六、二十七日宁王差仪宾李琳等将府中所存米、谷散给省城军民以邀买人心,并命程杲、潘鹏前去监督发放,两人都不该怕死,听命去了。二十七日宁王派承奉屠钦等带领叛军去攻南京,屠等驻扎鄱阳湖上,久候宁王,不见来临。屠钦等就自行攻破九江、南康,掠夺民财,两府百姓纷纷逃亡。宁

抚；本月二十八日，宁王因要起程往取南京，恐省城变动，欲结人心，又差伪千户朱真送银五百两与布政司梁宸、胡濂、刘斐、程杲、许效廉，各不合畏死暂收入己；又将银七百两，送按察司杨璋、唐锦、贺锐、王畴、师夔、潘鹏、赖凤。亦不合畏死暂收入己；又押令刘斐、王玘替伊巡守，并押令许效廉、赖凤替伊接管放粮，各不合畏死守城放米；七月初一日，差人将胡濂、唐锦送还本司，杨学礼放令之任，将梁宸、程杲、杨璋、贺锐、王畴、潘鹏、马骥、许清、白昂、郏文、郑瓛、宋以方胁拘上船，随行分投差拨仪宾等官张嵩等带领舍校看守，又将银二百两、差伪千户吴景贤分送梁宸、胡濂、刘斐、许效廉等，及差万锐送银三百两分送杨璋、唐锦、贺锐、师夔、潘鹏、赖凤。各又不合畏死暂收入己；本月初八日，至安庆，见攻城不克，因潘鹏系安庆人，差令逃引礼白泓，押同潘鹏，不合畏死听从，赍捧檄文到彼招降；本月十五日，宁王因闻提督王都御史兵将至省，回兵归救省城，行至鄱阳湖地方，屡战屡败，至二十六日早，蒙大兵突至，宁王被擒，各官因得脱走前来，知府宋以方不知存亡"等因。

随据布、按二司呈开："布政司梁宸、胡濂、刘斐、程杲、许效廉按察使杨璋、唐锦、贺锐、王畴、师夔、潘鹏、赖凤各令家人首送前银各在本司贮库"等因。尤恐不的吊取见监擒获逆党刘吉、屠钦、凌十一等，各供称相同，为照参政王纶，胁受赞理，佥事潘鹏、师夔被胁招降抚民，情罪尤重；王纶、师夔，又该直隶、湖广抚按等衙门，各具本参王需要安抚收买人心,命令师夔前去安抚二府人民,师不该怕死,听命去了。本月二十八日,宁王因要起程攻取南京,恐省城有变。宁王欲收人心又差伪千户朱真送给布政司梁宸、胡濂、刘斐、程杲、许效廉,五百两银子。又送给按察司杨璋、唐锦、贺锐、王畴、师夔、潘鹏、赖凤七百两银子。以上十二人都不该怕死,暂时把银子收下。宁王又命令刘斐、王玘替他巡守,并命令许效廉、赖凤替他接管放粮,都不该怕死,服从了伪令。七月初一日差人将胡濂、唐锦送还本司,放杨学礼出来,前去上任。将梁宸、程杲、杨璋、贺锐、王畴、潘鹏、马骥、许清、白昂、郑文、郑瓛、宋以方等胁迫上船并派差拨,仪宾张嵩等带领军校看守。又将银二百两差伪千户吴景贤分送梁宸、胡濂、刘斐、许效廉等四人,另差万锐送银三百两分给杨璋、唐锦、贺锐、师夔、潘鹏、赖凤等六人。以上十人都不该怕死,又一次把银子暂时收下。本月初八日到达安庆,见攻不下安庆,就派现在在逃的引礼白泓押着潘鹏前去安庆劝降,因潘系安庆人之故。潘不该怕死,就手捧伪文告前去劝降。本月十五日宁王因听说提督王都御史领兵将要到省,于是决定回救省城,行至鄱阳湖地方屡战屡败。到二十六日早,大兵突然四面攻来,宁王被活捉。以上各官得以逃脱前来自首,其中宋以方不知存亡。"等因。

随后据布、按二司呈称:"布政司梁宸、胡濂、刘斐、程杲、许效廉,按察使杨璋、唐锦、贺锐、王畴、师夔、潘鹏、赖凤各令家人将以前宁王所赠银两送来各存于本司银库。"等因。对上述情节还恐怕与事实有出入,又对现在监押的逆党刘吉、屠钦、凌十一等进行了审讯,所得口供与上述情节相符。按参政王纶胁从以后接受伪赞理的职务。佥事潘鹏,师夔被胁迫后参

奏，知府郑瓛已经别案问结奏请俱合候命下之日，遵奉另行外；参照布政梁宸、参政刘斐、程杲、参议许效廉、副使贺锐、佥事赖凤、都指挥王玘，或行咨抚守，或盘库放粮，势虽由于迫胁，事已涉于顺从；镇守太监王宏，御史王金，主事金山，布政胡濂，按察使杨璋，副使唐锦，佥事王畴，都指挥马骥、许清、白昂、郏文，或被拘于城内，或胁随于舟中，事虽涉于顺从，势实由于迫胁；以上各官，甘被囚虏，而不能死；忍受贼贿，而不敢拒；责以人臣守身之节，皆已不能无亏；就其情罪轻重而言，尚亦不能无等；伏愿皇上大奋乾刚，取其罪犯之显暴者，明正典刑，以为臣子不忠之戒；酌其心迹之堪悯者，量加黜谪，以存罪疑惟轻之仁，庶几奸谀知警，国宪可明。

处置府县从逆官员疏

十四年八月二十五日

正德十四年七月二十日，该臣兴举义兵剿除逆贼，攻开省城，本日进城之后，随据都、布、按三司首领等官邢清等，南昌府等衙门同知等官何维周等各投首到臣。于时逆贼未获，军务方殷，暂将各官省候；本月二十六日，宸濠就缚，逆党尽擒，除已奏报去后，随拘邢清等到官，审得各供称：“本年六月十四日，宁王谋反，将镇巡三司等官俱各被绑胁，当将孙都御史、许副使杀害，随差人将南昌府同知何维周，

与逆党招降、抚民等工作，犯罪情节较重。王纶、师夔又该由直隶、湖广抚、按衙门各具体参奏。知府郑瓛已在另案内审结奏请处分，均等候朝廷命令下达之后遵照执行。布政梁宸，参政刘裴、程杲，参议许效廉，副使贺锐，佥事赖凤，都指挥王玘为逆党签押咨文、盘库放粮，为逆党办事虽由于胁迫，然而事实上已经顺从。镇守太监王宏，御史王金，主事金山，布政胡濂，按察使杨璋，副使唐锦，佥事王畴，都指挥马骥、许请、白昂、郑文，或被拘押在城内，或被胁迫上了贼船。事实上似乎已经顺从，可实际上由于受到胁迫所致。以上各级官员甘心被囚而不能死，在贼人给贿赂时而不敢拒绝，拿人臣守身的节操标准衡量，他们都已不能没有亏欠。按其情节轻重还需要分出等级。恳请皇上发扬朝廷应有的权威，拿罪行显著的给以严厉处治，作为臣子不忠的警戒，酌量其情节可悯者适当给以降职，开除乃至充军处分，以表示朝廷对他们尽力挽救的仁德。这样做才能使奸邪知道警惕，国家法制尊严也可以得到维护。

处置府县从逆官员疏

十四年八月二十五日

正德十四年七月二十日由臣兴举义兵，剿除逆贼，攻下省城。当天进城之后，接着有都指挥、布政、按察三司首领等官邢清等，南昌府等衙门同知等官何维周等分别来臣前自首。当时逆贼还没捉住、战斗还没结束，遂令各官稍候。本月二十六日宸濠已被捉住，逆党已全部清除，除及时奏报外，随后拘拿邢清等到官府，经审理各承认："本年六月十四日宁王谋反，将镇巡三司等官尽皆绑缚胁迫，并当场杀害了孙都御史和许副使。随

通判张元澄，检校曹楫，南昌县知县陈大道、县丞王儒、新建县知县郑公奇，南浦驿驿丞王洪、南浦递运所大使张秀，俱拿杻镣发监。仪卫司随将各官行李，并各掌印，俱搜检入府，彼有邢清与本司都事翟瓒，检校董俊，理问张裕，案牍陈学，司狱张达，广济库大使胡玉，副使姚麟、织染局大使秦尚夔，副使戴㻞，按察司经历尹鸥，知事张澍，照磨雷燹，都指挥使司断事章璠，吏目周鹤，司狱沈海，南昌前卫署指挥佥事夏继春，经历周孟礼，镇抚忻伟、吕升，正副千副户徐贤、郑春、张斌、傅英、唐荣、杜昂、李瀚、陈伟、姚钺、吴耀、百户徐隆、陈韬、张纲、王春、龚升、陈诏、冯淮、黄鉴、李钦、梅樗、茆富、陈瓒、王升、吕辅、赵昂、董钰、姚芳、刘璘、李琇、李祥、陆奇，南昌府儒学训导张桓、瞿云、汪潭，税课司大使杨纯广，济仓大使左仪，副使王大本、李谱，守支大使卓文正、陈琳，副使邓谔、李彬，南昌县主簿张誉，典史方汝实，儒学训导达宾，新建县县丞刘万钟，主簿熊辟，典史杨儒，儒学训导区宾，金清，俱各闻风逃躲，不曾被拿；后宁王临行，将何维周等释放，又将知事张澍拘拿上船，至今未知存亡。

本年七月二十日，蒙大兵征剿，功入省城，邢清等方得奔走军门投首"等因。据此，除将各官羁候，其镇巡并三司堂上官南昌府知府另已参奏外；参照邢清等被执不死，全无仗节之忠；闻变即逃，莫知讨贼之义；俱合重罪，但责任既轻，贼势复盛，力难设施，情可矜悯；合无行抚按衙门，

后派人逮捕了南昌府同知何维周、通判张元澄、检校曹楫、南昌县知县陈大道、县丞王儒、新建县知县郑公奇、南浦驿驿丞王洪、南浦递运所大使张秀等，都被戴上镣铐投入监狱。随后仪卫司将各官的行李及所掌的印信都搜检入府。当时一听说就逃跑了，不曾被叛贼拿住的有邢清和本司都事翟瓒、检校董俊、理问张裕、案牍陈学、司狱张达、广济库大使胡玉、副使姚麟、织染局大使秦尚夔、副使戴瓛、按察司经历尹鹍、知事张澍、照磨雷爕、都指挥使司断事章璠、吏目周鹤、司狱沈海、南昌前卫署指挥佥事夏继春、经历周孟礼、镇抚忻伟、吕升，正副千副户徐贤、郑春、张彬、傅英、唐荣、杜昂、李瀚、陈伟、姚钺、吴耀、百户徐隆、陈韬、张纲、王春、龚升、陈诏、冯淮、黄鉴、李钦、梅樗、茆富、陈瓒、王升、吕辅、赵昂、董钰、姚芳、刘璘、李琇、李祥、陆奇、南昌府儒学训导张恒、瞿云、汪潭，税课司大使杨纯广，济仓大使左仪、副使王大本、李谱，守支大使卓文正、陈琳、副使邓谔、李彬，南昌县主簿张誉、典史方汝实，儒学训导达宾，新建县县丞刘万钟，主簿熊辟，典史杨儒，儒学训导区宾、金清都闻风逃跑了，躲藏起来，还没有抓获。以后宁王临行时将何维周等释放。又将知县张澍拘拿上船，至今生死不明。

本年七月二十日，大兵征剿攻入省城，邢清等才到军门投案自首。"等因。据此，除将各官暂时拘留。其他镇、巡并三司堂上各官，南昌府知府另行已经参奏。今看邢清被叛贼捉住而不自杀，全无仗节之忠，听说事变先逃跑，不知道讨贼大义。本来都该判重罪，但他们责任比较小，贼势又太盛，独力难以承受，

依律问拟，以为将来之戒？惟复别有定夺。

收复九江南康参失事官员疏

十四年九月初十日

据委官江西抚州府知府陈槐，饶州府知府林珹、建昌府知府曾玙，广信府知府周朝佐各呈："先因宁王谋反，奉臣案验，备行各府起兵擒剿，各遵依先后会集市汊等处，刻期破城之后；又奉臣牌照得九江、南康二府，先被宁王攻破，分留逆党，据守城池，西扼湖兵之应援，南遏我师之追蹑；仰赖宗社威灵，幸已克复省城，除遣知府伍文定、邢珣、徐琏、戴德孺分布哨道，邀击宁贼，务在得获所据，逆党占据府县，应合分兵剿复，牌仰知府陈槐、林珹前去九江，曾玙、周朝佐前去南康，相机行事，务要攻复城池，以扼贼人之咽喉；平靖反侧，以剪逆党之羽翼；居民人等，不幸被胁，或因而逃窜者，就行出给告示，分投抚谕，使各回生理；务将人民加意赈恤，激以忠义，抚以宽仁，权举有司之职，以理庶事；查处仓库之积，以足军资；一面分兵邀诱宁贼，毋令东下，仍备查各官隶城逃走，致贼焚掠屠戮之故，具由回报以凭参拿究治"等因。依奉陈槐选带知县傅南乔、陶谔等，林珹选带知县马津、赵荣显等，曾玙选带检校典节知县余莹、县丞陈全等，周朝佐选带知县谭缙、杜民表等，各兵快一千余名，由水路分哨剿贼。

情有可原。不如送抚、按衙门依律定罪以警戒后人，或者另作处理。

收复九江南康参失事官员疏

十四年九月初十日

据江西抚州府知府陈槐，饶州府知府林珹，建昌府知府曾玙，广信府知府周朝佐各呈："先前因宁王谋反，经臣查明，通报各府，发兵征剿，各奉命先后会聚市汊等处，限期破城之后，又经臣调查九江、南康二府先已被宁王攻下，驻扎逆党，固守城池，西面切断湖兵的出路，使之不能援助其他地方的官兵，南面可以阻止我军对叛军的追击。仰赖皇上的天威，省城幸已克复。除派知府伍文定、邢珣、徐琏、戴德孺继续分兵追击宁贼，务必捉获。其他逆党所占据的府县也应分兵征剿、克复。命知府陈槐、林珹前去九江，知府曾玙、周朝佐去南康，伺机攻克以上两座城池，以扼住叛贼咽喉，拨乱反正，剪除逆党羽翼。对被胁迫的居民人等，可发布告示加以抚慰，使其各安生业，不要妄信谣言，四处逃窜。对一般人民给以赈济、抚恤，激发他们的忠义之心待之以宽仁态度，选派负责的官员处理地方政务，清点仓库，保证军队物资供应，一面发兵邀击宁贼，拖住他，不使他向东窜犯。另外查清各地官员弃城逃走，以致使城池遭贼焚烧、劫掠，人民被杀害等情况详细报告，作为将来参、拿、究治的凭据。"等因。按照命令陈槐带领知县傅南乔、陶谔等，林珹带领知县马津、赵荣显等，曾瓛带领知县余莹、县丞陈全等，周朝佐带领知县谭缙、杜民表等，各带兵快一千多人由水路分兵剿贼。

十月二十四等日，宁贼回援省城，舟至鄱阳湖等处，与吉、赣等官兵相遇大战，职等各行领兵连日在湖策应，与贼对敌，抚州府官兵擒斩贼犯共二百九十余名颗。饶州府擒斩贼犯共五百余名颗，建昌府擒斩贼犯共四百八十余名颗，广信府擒斩贼犯共五百余名颗，陆续各解本院，转送监察御史谢源、伍希儒处核实处决审发讫；各官随各统兵，直至九江、南康府地方，照臣牌内行事。

知府陈槐、林珹呈称："先该九江兵备副使曹雷同该府知府汪颖等亦行督发瑞昌等县兵快，与同九江卫掌印指挥刘勋等收召操军，前来声复城池，被贼探知官兵齐集，先行望风逃遁。九江军兵至城守札，仍又分兵追至湖口等处，剿杀贼党；职等入城抚回逃窜男妇万余名口，复业生理，会案行拘九江府卫里老旗军，查访得副使曹雷，先于六月初二日带同通判张云鹏前往彭泽县水次兑粮，知府汪颖先因疟痢，兼以母病不能视事，于十五日暂将印信牒行推官陈深署掌，库藏未经交盘；至十七日丑时，德化县老人罗伦口报宁王谋反，杀害巡抚等官，彼有汪颖会同陈深并刘勋等点集城内官军机兵火夫上城，照依原分南门迤东由盘石门、福星门城上朵子军卫把守，南门迤西由滋浦门至望京门，城上朵子有司把守，东门把守官指挥丁睿等三十四员，南门把守官指挥萧纲等二十一员，西门把守官指挥孙璋等二十员，九江门把守官指挥董方等十二员，福星北门把守官指挥李泮等十八员，共一百零五员。

十月二十四日之后几天，宁贼回援省城，船开到鄱阳湖等处，与吉安、赣州等处官兵相遇，双方大战。职等各自领兵连日在湖策应，与贼兵对战。抚州府官兵共擒斩贼人二百九十余人。饶州府共擒斩贼人五百余名。建昌府共擒斩贼人四百八十余人。广信府共擒斩贼人五百余人。陆续各解本院，转送监察御史谢源、伍希儒处核实处决、审查完毕。各地官员随后各统兵集中到九江、南康府，按照臣令牌内规定事项行动。

知府陈槐、林珹呈报："先前九江兵备副使曹雷同该府知府汪颖等亦曾督率瑞昌等县兵快和九江卫掌印指挥刘勋召集正在操练的官军前来参与收复城池。逆贼听到官兵齐集就先行逃走。九江官军进城驻扎，并分兵追赶逆贼至湖口等处，剿杀贼党。职等入城抚慰逃难回来的居民一万余人，令他们回家各复原业。接着召集九江府、卫的里老、旗军，调查副使曹雷丢失九江的经过，情况如下：六月初二日副使曹雷和通判张云鹏前往彭泽县江边交付兑粮。知府汪颖先患痢疾，又因侍奉有病的母亲不能办公。六月十五日汪颖暂将印信交给推官陈深掌管，但仓库没经盘查交接。到十七日丑时，有德化县老人罗伦口头报告说宁王谋反，已杀死巡抚等官。当时汪颖和陈深、刘勋等点集城内官军、机兵、火夫上城，按照原来分配的地段防守。即南门以东由盘石门至福兴门城上垛口由卫军把守。南门以西由溢浦门至望京门城上垛口由有司把守。东门把守官是指挥丁睿等三十四人。南门把守官是指挥萧纲等二十一人。西门把守官是指挥孙璋二十人。九江门把守官是指挥董方等一十二人。福星北门把守官是指挥李泮等一十八人，共一百零五人。

该卫军人，先因放操回屯数多，一时不能齐集；十八日卯时，逆党涂承奉等领船二百余只，装载兵至福星北门外札营，就临城下喝叫开门，指挥李泮等不从。各贼忿怒，分兵烧毁西门外军民房屋，浔阳驿官厅等处，杀死房来四人，临门祭旗。随用铳炮火枪火箭等器，并力攻打至辰时，贼遂梯援上城，泮等俱各逃散，被贼将锁钥打脱拥入，口称省城、南康等府，俱已收服，巡抚等官俱各被害官民不必逃散，只将印信来降；时汪颖、陈深、刘勋等俱在，各把门守，因见力不能支，同德化县知县徐志道，并前各门把守指挥、千户、镇抚及府县儒学训导、仓场、局务大小官员，各怀印信，从南门逃避去讫；内九江卫左千户所百户白升，马贵，各遗失本所铜印一颗，随被各贼将大盈库银九千一百七十两零，德化县寄库银二百六十三两零，湖口县寄库银四百五十九两零，钞厂寄库银三千余两；司狱司囚重犯十二名，轻犯二十九名，广盈仓粮米二千四百四十石零，尽行劫取释放，又将军器库盔甲刀鎗劫去，共一十一万九千二百二十四件，九江卫被贼劫去军器二千六百三十九件，演武厅军器一万六百三十件，并响器八十余件，镇抚监贼犯蔡日奇等七名尽行劫取释放；及烧毁大哨船五只，军舍房屋七十六间，驾去大哨船二只，小哨船十一只；德化县被贼将县库银共三百二两零，预备仓稻谷一万七千二百石零，县监轻重囚犯二十名，尽行劫放，及烧毁官民房屋七百五十九间，杀死男妇一十五名；浔阳驿被贼烧毁官厅一座，耳房二间，及站船九江卫的军人因为在屯驻地进行操练的人数很多，一时集合不起来。十八日卯时叛军涂承奉等开来载有士兵的船二百多只，到达福星北门外驻扎，并跑到城下喝叫开门，指挥李泮等没有答应。贼人一怒分兵烧毁西门外军民房屋和浔阳驿官厅等处。在城门外杀死四个掳来的人，用来祭旗。随后用铳炮、火枪、火箭等器械猛力攻打。至辰时，贼遂缘梯爬上城墙。李泮等各自逃散。贼人打开城门，叛军一拥齐入，口称省城及南康等府都已降服，巡抚等官员已被杀死，官民人等不须逃走，只要交出印信投降，就保证你们的安全。当时汪颖、陈深、刘勋等都在各门把守，因见贼已入城，无法再支持，就同德化县知县徐志道以及各门把守官：指挥、千户、镇抚，还有府县儒学训导、仓场、局务大小官员，各携带印信从南门逃出。其中九江卫左千户所百户白升、马贵各遗失本所铜印一颗。随后叛贼将大盈库银九千一百七十两，德化县寄库银二百六十三两，湖口县寄库银四百五十九两，钞厂寄库银三千余两，全部劫去。司狱司所囚重犯十二名、轻犯二十九名全部释放。广盈仓粮米二千四百四十石全部抢走。劫去军器库盔甲、刀枪共十一万九千二百二十四件。劫去九江卫兵器二千六百三十九件。劫去演武厅兵器一万零六百三十件、响器八十余件。劫去并释放了镇抚监贼犯蔡日奇等七人。烧毁大哨船五只，军舍房屋七十六间。驾去大哨船二只，小哨船十一只。德化县被贼劫去县库银三百零二两，预备仓稻谷一万七千二百石；被劫去并释放县监的轻重囚犯二十名；烧毁官民房屋七百五十九间；杀死男、妇一十五人。浔阳驿被贼烧毁官厅一座，耳房两间，以及站、船铺陈等物。

铺陈等物。

惟指挥刘勋，将兵备衙门赏功支剩银三十两六钱，及赃罚银三十二两，并运军行粮折银二十九两六钱，收贮私家，捏开在卫被劫，事涉侵欺；及查九江府钞厂寄库银两，行拘库子皮廷贵等，审供侵分料银一千一百零六两四钱情由，在官将各犯送府监候，拘齐未到人犯，追问回报；及查得佥事师夔持奉伪檄，前至九江安抚，因见府卫等官不从伪命，驾船去讫；续查得该府所属湖口县，于六月十七日酉时被逆党熊内官等押兵到县，因无城池，知县章玄梅等带印暂避县后岭背集兵，次日对敌，杀死逆党魏清等，被贼杀死民快壮丁共一百二十名，杀死居民二十一名，放出县监重囚三名，轻犯一十一名，烧毁房屋二十间，民房一千八百三十五间，本县官库银两，先已窖藏，及各衙门印信，俱各见在，止被劫去在仓米一百五十九石，在库皮盔铁铳弓弩三百件，铁弹子三十二斤，及衣服靴钞等物；并将远近年分卷册，俱各毁坏，彭泽县于六月十八日卯时，被贼蜂拥上街，延烧房屋吏舍一百余间，并无掳掠男妇，当有知县潘琨，督同巡捕官兵，守保印信，仓库钱粮文卷俱全；德化县于六月十七日，被从逆护卫指挥丁纲等，统带旗校到屯，点取军丁，致被惊散乡村男妇。该县严督兵快人等保守城池，俱各无虞。除重复查勘明白将湖口、彭泽二县被害人民，行令该府斟酌被害重轻，将见在钱粮，加意赈恤；其德化县被害之家，缘无钱可支，已行该府径申本院，请发钱粮指挥刘勋将兵备衙门赏功支剩的银两三十两零六钱，赃、罚银三十二两和军粮运输费折银二十九两六钱取走归他私有，又在九江卫被劫走，这也应算刘勋侵吞公款。又查到九江府钞厂寄库银一案，收审钞厂职员皮廷贵，据供认侵吞分料银一千一百零六两四钱。随将各犯送府监候，等拘齐未到人犯再行追查。又查到佥事师夔携带伪文告前往九江招抚，因府、卫等官不从伪命，驾船走后不明去向。九江府所属湖口县，有叛贼熊内官等领兵于六月十七日酉时到县，因该县无城池，知县章玄梅等带印暂避至县后岭背召集军兵，次日对敌作战，杀死叛党魏清等。此役，民快、壮丁等被贼杀死一百二十人，居民被杀二十一人。被贼放走县监重囚三人，轻犯一十一人。烧毁房屋二十间，民房一千八百三十五间。本县官库银两先已窖藏，衙门印信也没丢失。只被劫去库存米一百五十九石，库存皮盔、铁铳、弓弩三百件，铁弹子三十二斤以及衣服、钱钞等物。并将远近年分卷册全部毁坏。彭泽县于六月十八日卯时被贼攻入，在街上焚烧民房、吏舍一百多间，没有掳掠人口。当时知县潘琨率领巡捕、官兵保住印信、仓库、钱粮、文件等。除部分房屋被焚以外，其他没受损失。德化县于六月十七日被从逆护卫指挥丁纲等率领旗校到屯，点取兵丁时惊走了乡村男女。该县严督兵快人等防守城池，没有被贼攻入，也没受损失。现应重复查证明白，命令九江府将湖口、彭泽二县被害的居民，根据被害的轻重分别拨钱粮加意抚恤。德化县因无钱可支用于抚恤被害之家，已令九江府向本院申请，专拨钱粮赈恤，使被害良民得以存活。职等同时对居民多方开导，激以忠义，戒以勤俭，人人都感服遵听，庆幸重获

赈恤，使被害残民，得以存济，职等仍行多方抚谕，激以忠义，戒以勤俭，人皆感服遵听，遂有更生之乐"等因。

又据知府曾玙、周朝佐呈称："查勘得南康府六月十六日夜，被贼船一千余只，冲入本府彼有该府通判俞椿，推官王诩公出未回，知府陈霖，同知张禄，通判蔡让，因见城池新筑未完，民兵寡少，同附郭星子县掌印佐贰，并府县儒学、仓场、局务等官，各带印信，潜避庐山，贼遂入城，杀死官舍民快刘大等一十二名，被搬劫府库金一两五钱零，紫阳遗惠仓原贮谷一千七石零，劫放府狱重轻囚犯一百一十一名，烧毁六房卷宗黄册，及掠劫居民房屋家财，知府陈霖等潜住各乡集兵，陆续擒斩贼犯共二百三十余名颗；至二十七日，余贼五百余人，奔来河下，知府陈霖同州县各官，督兵擒斩贼犯一百余名颗，适遇委官知府曾玙周朝佐，各带官兵，自王家渡一路追贼到府，协力剿杀，各起余贼，又擒杀贼共三百三十余名颗；各解审讫。查得星子县知县王渊之被贼追跌致死，署印县丞曹时中当将印信付与吏熊正背负，同主簿杨本禄，俱入庐山，曹时中逃躲不知去向。兵快胡碧玉等五名，被贼杀死，及劫房居民男妇徐仲德等五十八名口，焚烧房屋并劫掠居民共五百三十六人家，劫放狱囚弓正道等四十四名，县廊库银九十七两零及赃物钞贯，俱被劫去，止有银二百一十三两四钱八分，系库子戴汶泗收藏回家，首出还官。陆续擒获贼犯颜济等二十名。

又查得都昌县原无城池，闻贼入境，署印主簿王新生。"等因。

又据知府曾玙、周朝佐等报称："经调查南康府六月十六日夜,有贼船一千余只开到。当时该府通判俞椿,推官王诩因公出差未回。知府陈霖、同知张禄、通判蔡让因看见筑城墙没有完工,民兵数量很少难以抵抗,就决定同附郭星子县掌印佐贰及府县儒学、仓场、局务等官各带印信潜入庐山暂避。贼入城后杀死官舍民快刘大等一十二人,抢去府库黄金一两五钱,抢去紫阳遗惠仓所存谷子一千零七石,释放府狱轻、重囚犯一百一十一名,烧毁六房卷宗及黄册,抢掠居民家财。知府陈霖等偷偷去往各乡集合兵丁,陆续擒斩贼犯共二百三十余人。至二十七日贼人五百多人开到河下,知府陈霖和州县各官领兵擒斩贼人一百余人。此时恰遇知府曾玙、周朝佐各带官兵一路追贼到达南康,又协力剿杀余贼,再擒斩余贼三百三十余人,各押解审问完毕。此役,星子县知县王渊之在被贼人追赶时跌死。署印县丞曹时中将印信交给县吏熊正,曹和主簿杨本禄一同躲进庐山,曹不知去向。贼人杀死胡碧玉等兵快五名,劫去居民徐仲德等男女共五十八口。焚烧房屋、劫掠居民共五百三十六家,释放罪犯弓正道等四十四人。劫去县库银九十七两;另有银二百一十三两四钱八分被银库保管员戴汶泗收藏,乱后归还官库不曾损失。陆续生擒贼犯颜济等二十人。

经调查都昌县原来就没有城池,听到叛贼入境,署印鼎，典史王仲祥率兵迎敌保守仓库，俱不曾被劫，被贼杀死、溺死兵快居民段容等三十一名，焚烧劫掠居民共一千二百一十六家。

又查建昌县原无城池，逆党仪宾李世英等，带领贼兵三百余名来县，知县方铎、县丞钱惠，主簿王钺，同儒学教谕唐汶等，见势不敌，各带印信潜避集兵，当被李世英将狱禁囚犯熊澄等八十四名，尽行劫放，并无劫掠焚烧仓库钱粮官民房屋，随被方铎陆续擒获，李世英等一百七十五名口，解报讫。

又查访勘得安义县新创城池未完，被逆党旗校火信等领兵到县将官处烧毁三间六房文卷，俱被叶毁。知县王轼，因见贼势众多，退避集兵，主簿董国宣因男董茂隆投入宁府惧罪逃走，儒学训道陈仕端等，亦随县官避出，其仓库狱禁居民房屋俱不曾被焚劫。王轼同各官前后领兵擒斩贼共一千余名颗，转解讫。抚回南康府各属县复业逃民一万二千四百余家，遵奉通行各属，暂令管事及赈恤事宜，另行申请。"等因。

各呈到臣。会同各官访勘相同，臣等议得九江、南康府卫所县，大小官员，均有守土之寄，俱犯失事之律，欲将各官通革，管事待罪，缘地方残破之余，又系朝觐年分，无官可委更代，姑从权宜，暂行管事；其各府县被害人民，并缺乏军资，已于先取见在钱粮内量数，查发前去赈给外；参照九江地方当水陆之冲，据湖湘之要，朝廷以其控带南圻，屏

主簿王鼎、典史王仲祥率兵迎敌，保住仓库，没有被劫。被贼杀死、淹死兵快、居民段容等三十一名。焚烧劫掠居民共一千二百一十六家。

经调查建昌县原来没有城池，逆党仪宾李世英等带领兵三百余人来县。知县方铎、县丞钱惠、主簿王钺和儒学教谕唐汶等见打不过，各带印信，躲至乡下集合兵丁。当时李世英将县监狱囚犯熊澄等八十四人放出，没有劫掠仓库、钱粮，焚烧官民房屋。随后方铎等带兵擒获李世英等一百七十五人。

经调查安义县新筑城池还没有完工，被逆党旗校火信等领兵到县，烧毁官厅三间，六房文件被全部毁坏。知县王轼见贼势甚盛，难以抵抗，遂退避乡下，集合兵丁。主簿董国宣因其子董茂隆投靠叛贼，畏罪逃走。儒学训导陈仕瑞等也跟随县官出走。但仓库、监狱、居民房屋均未遭焚毁抢劫。王轼等又领兵擒斩贼人一千多名。召回并安置南康府下属各县逃难的民众一万二千四百余家，各令恢复恢复旧业，并下令各县大小官员仍暂时行使权力，办理赈济及抚恤事项。至于以后的处分等，等待申奏批复后再议。"等因。

各呈报到臣这里。各级官员回报，调查结果相同。臣等认为九江、南康二府、卫、所、县大小官员均有防守地方的责任，但都已犯了失职的罪过。本来应该一律革职查办，因为地方刚遭受了兵灾，百业凋敝，没有官员管理不行，况且又赶上朝觐年份，派不出另外的官员替换他们，姑且灵活掌握，暂时让他们管理地方事务。这些府、县先在现有的钱粮数内拨出一定数量赈济各

蔽江右，实为要地，故既有府卫之守，又特为兵备之设。其城池三面临水，地势四围险固，平时守备若严，临变必难骤破。各该守备官员安于承平，宽纵军士，虽预知贼报，而仓皇无备，及一闻贼至，而望风奔走；指挥刘勋除监守自盗官钱外，与李泮等弃城先遁，致贼残破；知府汪颖，推官陈深知县徐志道等，因见守战无兵，亦各怀印逃难；百户白升等一印不保，安望守城？副使曹雷职专兵备，防守不严，虽城破之日，偶幸不与，而失事之责，终为有因。

再照南康地方，固称土瘠民稀，然亦负山阻水，虽新创之城，尚尔修筑未完；而守土之职，惟当效死勿去；该府知府陈霖，同知陈禄，通判蔡让，星子县主簿杨永禄等，畏缩无备，逃难弃城；湖口、建昌二县知县章玄梅，方铎闻贼先遁，致残县治；安义县知县王轼贼党在境，不知先事之图，后虽有功，无救地方之变；彭泽县知县潘琨，都昌县主簿王鼎等，印信仓库，虽获无虞，而都昌被贼杀死兵快，彭泽被贼烧劫居民，失事之责，亦有攸归；星子县县丞曹时中，安义县主簿董国宣，一则脱逃不首，一则纵子投贼，至于各该府县首领、儒学、仓场、局务等官，虽无守土之责，俱有弃职之罪；以上各官，求情固有轻重，揆义俱犯宪条虽有后获之功，难掩先失之罪。

府县被害的居民。按，九江这个地方是个水路陆路的要冲，是湖湘的咽喉，朝廷历来把九江看作为控制南方疆土的要地，作为江西的屏障。所以在九江既设府、卫，又设兵备。九江城三面临水，四周地势险固。平时如防守严密，就是有突发事变，一时也难以攻破。各该守备官员只知安享太平，宽容放纵所部兵士，虽然事先也得到了警报，但临时准备已来不及了。所以一听到叛军来到就望风而逃。指挥刘勋除监守自盗官银外，与李泮等弃城先逃，以致逆贼攻破城池残害百姓。知府汪颖、推官陈深、知县徐志道等因看到守、战均无兵可用，也各自携带印信逃难。百户白升等自己的一颗官印都保不住，哪还指望他守城。副使曹雷职务专管兵备，平时防守措施不严，虽然城被攻破的时候本人不在场，也逃脱不了失事的责任。

再说南康这个地方虽然地瘠民贫，然而也是背山面水，新建城池固然没完工，而地方官守土之责在于死守不去。该府知府陈霖，同知陈禄，通判蔡让，星子县主簿杨永禄等，平时不作准备，临阵又畏缩不前，弃城逃难。湖口、建昌二县知县章玄梅、方铎闻说贼来先行逃跑，以致县治被贼攻破，百姓遭殃。安义县知县王轼，贼党在境却不能预作准备，后来虽然立功也抵不了守土失职的罪责。彭泽县知县潘琨，都昌县主簿王鼎，印信、仓库虽然保住了，但都昌县被贼人杀死了兵快，彭泽县被贼抢掠了居民，也不能说没有失事的责任。星子县县丞曹时中、安义县主簿董国宣，一个是脱逃不自首，一个是纵子投贼。至于各该府县首领、儒学、仓场、局务等官，虽然没有守土的责任，但却有弃职的错误。以上各级各类官员，按情节，错误有轻有重；按义理要求都犯了律例，虽然后来都获得了一些功绩，也掩盖不了先前

及照近年以来士气不振，兵律欠严，盖由姑息屡行，激励之方不立规利避害者获免，委身效职者难容；是以偷靡成习，节义鲜彰；伏望皇上大奋乾刚，肃清纲纪，乞敕法司，参详情罪轻重，通将各官究治如律；虽或量功末减，亦必各示惩创，庶有作新之机，足为将去之警。

失事的罪行。

另按近年以来官场及士子风气萎靡不振，军队纪律松懈，没有约束。这都是由于姑息、马虎，凡事不严格要求，没有激励人们奋发向上的方法，在国家有事时采取趋利避害态度的人平安无事，而勇于负责，办事认真的人在众人面前常常被孤立。所以苟且偷安成了习惯，讲求节操的正直人士被看作迂腐。伏乞皇上振作精神，发扬权威，按法制、纪律严格要求，请降旨给法司，参考情节和罪行轻重，按律惩治各失事地方官员，虽然可以将功折罪，也要分别给以适当处分。这样才能显示革新求治的精神，也是对新任职官员的警戒。

卷之十三　别录五

奏疏五

乞宽免税粮急救民困以弭灾变疏
十五年三月二十五日

照得正德十四年七月内，节据吉安等一十三府所属庐陵等县各申，为旱灾事开称：

"本年自三月至于秋，七月不雨，禾苗未及发生，尽行枯死，夏税秋粮，无从办纳，人民愁叹，将及流离，申乞转达宽免"等因到臣。节差官吏、老人踏勘前项地方，委自三月以来，雨泽不降，禾苗枯死；续该宁王谋反，乘衅鼓乱，传播伪命，优免租税，小人惟利是趋，汹汹思乱；臣因通行告示，许以奏闻，优免税粮，谕以臣子大义，申祖宗休养生息之泽，暴宁王诛求无厌之恶；由是人心稍稍安集，背逆趋顺，老弱居守，丁壮出征，团保馈饷，邑无遗户，家无遗夫。就使雨旸时若，江西之民，亦已废耕耘之业，事征战之苦；况军旅旱乾，一时并作，虽富室大户，不免饥馑，下户小民，得无转死沟壑，流散四方乎？设或饥寒所迫，征输所苦，人自为乱，将若之何？如蒙乞求该部，暂将正德十四年分税粮，通行优免，以救残伤之民，以防变乱之阶；伏望皇上罢冗员之俸，损不急之赏，止无名之征，节用省费，以足军国之需，天下幸甚！缘由于本年七月三十日具题请旨，未奉明，未及息肩弛担，又复救死扶伤，呻吟奔走，以给厮养，一应诛

乞宽免税粮急救民困以弭灾变疏

十五年三月二十五日

正德十四年七月期间，节录接到的吉安等一十三府所管辖的庐陵等县各自的申报，其中就旱灾一事写道：

"今年从三月到秋天期间，七个月未降一滴雨，禾苗还没来得及长大，就全部枯死了，夏税秋粮都没办法筹办，老百姓都忧愁叹息，将要流离失所，故此申报，恳求我把灾情呈报皇上，免除粮税"等情况报我知道。于是差派老练诚实的官吏、老人，勘查以上受灾地方，确实自从三月以来，滴雨未降，庄稼枯死；还有宁王图谋反叛，乘灾情鼓动变乱，散布假旨意，要求免除租税，一些小人见利忘义，唯利是图，蠢蠢欲动，想搞叛乱。我因此遍贴告示，许诺把灾情奏闻皇上，优免粮税，并晓以君臣大义，重申祖先休养生息的恩惠，揭露宁王索取财物、贪图无厌的罪恶，于是民心有所安顺，背离叛逆趋向于顺服，老人弱者在家安居，壮年人出征，团保提供粮饷，城邑中每户都不例外，每家都没有剩下的壮丁。即使风调雨顺，年景较好，江西的老百姓也已废弃了耕种，专事于痛苦的征战，何况军旅征战和干旱时间同时发作，即使富室和大户，也不免有饥馑，那小户贫民，怎么能不到达死亡的境地，四处流散呢？假如饥寒交迫，又苦于征税纳输，人们自发叛乱，将怎么办呢？如果承蒙圣上发下旨意，暂时将正德十四年的税粮，全行优免，来救助受灾之民，以防止造成变乱，恳切希望皇上裁撤多余官员的俸禄，去掉不太紧要

求,妻孥鬻于草料,骨髓竭于征输;当是之时,鸟惊鱼散,贫民老弱流离,弃委沟壑;狡健者逃窜山泽,群聚为盗;独遗其稍有家业与良善守死者十之二三,又皆颠顿号呼于梃刃捶挞之下,郡县官吏,咸赴省城与兵马住屯之所,奔命听役,不复得亲民事,上下汹汹,如驾漏船于风涛颠沛之中,惟惧覆溺之不暇;岂遑复顾其他,为日后之虑忧,及税赋之不免,征科之未完乎?当是之时,虽臣等亦皆奔走道路,危疑仓皇,恐不能为小民请一旦之命,岂遑为岁月之虑忧,及赋税之不免,征课之未完,而暇为之复请乎!

若是者又数月,京边官军,始将有旅归之期;而户部岁额之征已下漕运,交兑之文已促,督催之使,切责之檄,已交驰四集矣。流移之民,闻官军之将去,稍稍胁息延望,归寻其故业,足未入境,而颈已系于追求者之手矣。夫荒旱极矣,而又因之以变乱;变乱极矣,而又加之以师旅;师旅极矣,而又竭之以供馈,益之以诛求,亟之以征敛。当是之时,

的赏赐,停止无名目的征纳,节约用费俭省开支,以满足国家军事的需要,那天下老百姓真是太幸运了!正因为如此,在今年七月三十日呈奏了建议,请求皇上下旨,但没得到明确批复,而且战争一天也没停止,百姓没来得及放下担子让肩膀得到休息,就又抢救快要死的人,扶助受伤的人,呻吟着向前奔走,来供给服役;各种各样的索求,使老百姓卖儿卖女来换取被征发的草料,征纳输赋使老百姓榨干了骨髓。在那个时候,老百姓如受惊的飞鸟、河鱼一般四处逃散,贫困的人及老人弱者流离失所,堆弃于沟壑;健壮的人逃至深山泽地,群聚在一块成为盗贼;只留下了那些稍微有点家业和善良老实的人,大概有十分之二三,它们又在刀枪威逼皮鞭鞭挞之下颠沛流离,陷于困顿,啼饥号寒,痛苦极了。州县官吏全都跑到省城里,在车马停住的地方奔忙,听从上边的命令和役使,不能够亲自来管理老百姓的事务,这样,上上下下都如同在大风大浪之中驾驶漏水船只一般而处于颠沛流离之中,情势凶狠而危急,他们只怕自己翻船淹死,哪还为以后的日子所忧虑,忧虑自己的赋税不能被免除,忧虑那没完没了的征纳和税赋没有完成呢?那时,我也在路上奔波,心情危急惊恐,恐怕不能为小民请命,哪里还有时间去考虑年月灾情严重,请求免去赋税和征课呢?

像这样又过了几个月,京城边防军队才开始有了回家的日期;户部的每年的征粮已开始漕运,催促兑现的文本已很急促,监督催粮的使者和责促租税的檄文都已开始四处出现了。外逃的老百姓,听说官兵将离开,这才稍微喘了口气,指望着能够回去寻找自己的家,重新从事以前的职业,还没有回到家中,就已被追寻他们督交租税的人抓住了。那旱灾已经厉害到极点

有目者不忍睹,有耳者不忍闻;又从而剋其膏血,有人心者而尚忍为之乎?

今远近军民号呼匍匐,诉告喧腾,求朝廷出帑藏以赈济,久而未获,反有追征之令;哄然兴怨,谓臣等昔日蠲赋之言为绐己,窃相伤嗟;谓宸濠叛逆,独知优免租税,以要人心,我辈朝廷赤子,皆尝竭骨髓,出死力,以勤国难,今困穷已极,独不蒙少加优恤,又从而追征之,将何以自全?是以令之而益不信,抚之而益愤愤,谕之而益呶呶;甫怀收复之望,又为流徙之图;计穷势迫,匿而为奸,肆而为寇,两月以来,有司之以鼠窃警报者,月无虚日,无怪也。彼无家业衣食之资,无父母妻子之恋,而又旁有追呼之苦,上有捶剥之灾,自非礼义之士,孰肯闭口枵腹,坐以待死乎?

今朝廷亦尝有宽恤之令矣,亦尝有赈济之典矣;然宽恤赈济,内无帑藏之发,外无官府之储,而徒使有司措置;

了,并且又因为旱灾而出现了叛乱;叛乱已很危急了,又加上征战之苦;征战苦到极点了,这还不算完,又使供给竭尽,而索取更多,征课敛赋更急切。在这个时候,有眼睛的人不忍心看下去,有耳朵的人不忍心听下去;官府又从他们的苦难中吸其膏血,有良心的人能忍心这样做吗?

现在各处的军队、老百姓都号呼痛哭,扑倒在地,喧闹着苦诉,要求朝廷能把宫廷的藏粮拿出一些赈济受灾荒的地方,却长时间没有获得救济,反而又有追促粮赋的命令;这当然使民怨沸腾,并认为我等过去说的要蠲免赋税的话是骗他们的,偷偷地相互伤心叹息;那宸濠谋图叛乱,还知道用免除老百姓的租税来收买人心,我们都是朝廷的赤胆忠心的臣子,都应当榨尽骨髓,拼出死力,为了免除国难而奔命,现在老百姓已经困窘极了,不但不能承蒙圣上略微抚恤一点,还又追加征敛,将用什么来保全自己呢?这使得把命令发下而更难信服,安抚他们却使他们更愤怒,谕示他们却使他们更加唠叨抱怨不止。他们本来怀着被收复的希望,对生活充满憧憬,马上却又得考虑流离迁徙以求有别的谋生出路。然而形势危急而又毫无办法,于是只有藏起来成为奸民,放纵自己而成为偷贼,两个多月以来,衙门得到因偷窃而报警的每天都有,难怪呀!他们没有什么家底和吃穿的资本,又没有父母、妻子孩子的留恋,却有追征人在一旁追促打骂的苦楚,在头上又有被鞭打剥削的灾难,他们自己本来就不是讲求礼义的人,谁肯闭着嘴饿着肚子,坐着等死呢?

现在朝廷也曾有过宽免抚恤的命令了,也曾有过赈灾济民的恩典了,但在宫廷内没有钱币藏粮的发出,在外面官府又没

措置者岂能神输而鬼运,必将取诸富民;今富民则又皆贫民矣,削贫以济贫,犹割心脔肉以啖口,口未饱而身先毙;且又有侵克之蠹,又有渔猎之奸,民之赖以生者,不能什一,民之坐而死者,常十九矣。故宽恤之虚文不若蠲租之实惠;赈济之难及,不若免租之易行;今不免租税,不息诛求,而徒曰宽恤赈济,是夺其口中之食,而曰"吾将疗汝之饥";刳其腹肾之肉,而曰"吾将救汝之死";凡有血气皆将不信之矣。

夫户部以国计为官,漕运以转输为任,今岁额之催,交兑之促,皆其职之使然;但民者邦之本,邦本一摇,虽有粟,吾得而食诸?伏望皇上,轸念地方涂炭之余,小民困苦已极,思邦本之当固,虑祸变之可忧,乞敕该部,速将正德十四、十五年该省钱粮,悉行宽免;其南昌、南康、九江等府残破尤甚者,重加宽贷,使得渐回喘息,修复生理。非但解江西一省之倒悬,臣等无地方变乱之祸,得免于诛戮;实天下之幸,宗社之福也。

夫免江西一省之粮税,不过四十万石,今吝四十万石而

有储备的钱粮，却只是让专司官吏去想办法，他们难道能像鬼神一样从别处挪来钱粮不成，必然只能从较富的老百姓那里夺取，结果富人也成了穷人了，剥削贫困的人来救济贫困，就如割掉心头肉来让嘴吃一样，嘴没填饱而人却先死了；并且还存在着侵吞克扣的弊端，又有鱼肉百姓的奸情发生，老百姓依赖它而活下来的人不能够达到十分之一，而坐等着去死的人常常有十分之九了。所以朝廷宽慰抚恤的文告不如蠲免他们的租税来得实惠；难以做到赈灾济民，不如免除他们的租赋更容易执行；现在不免除他们的租税，不停止过多的索取，而只是说些宽慰抚恤赈灾济民的话，这是夺取他们嘴中的粮食却说"我在为他们治疗他们的饥饿"；割掉他们肚子上的肉却说"我将为救助他们免于一死"一般，凡是有血有肉的人，将不会相信这些话的。

户部是以替国家筹划为职能的，漕运官是把转运输通作为己任的，现在的一年一度的催促征赋，督促租税的交付兑现，这都是他们的职责促使他们这样做的；但是，老百姓是国家的根本，国家的根本一发生动摇，即使有粟米，我又怎么吃到它呢？乞求皇上，考虑到地方上的民众处于极端悲惨的境地，贫苦百姓已经困苦到了极点，思念到国家的根基需要巩固，考虑到祸变发生的忧虑，乞求敕令户部速将正德十四年和十五年的江西省的钱粮，全部免除，尤其是南昌、南康、九江等府地区受灾状况更是厉害，应该加重宽免钱粮，使他们暂时能得到喘息的机会，迅速地恢复生产生活秩序，这不但可以解决江西省的危险局面，也能使我等管辖的地方不出现叛乱的祸害，幸免于被杀戮；这也是天下人的大幸运之事，也是宗庙社稷的福气。

免除江西一个省的钱粮税款，总共也不过四十万石，现在

不肯蠲，异时祸变卒起即出数百万石既已无救于难矣，此其形迹已见，事理甚明者。臣等上不能会计征敛，以足国用；下不能建谋设策，以济民穷；徒痛哭流涕，一言小民疾苦之状，惟陛下速将臣等黜归田里，早赐施行，以纾祸变。缘系宽免税粮，急救民困，以弭灾变事理，为此具本请旨！

计处地方疏

十五年五月十五日

臣惟财者民之心也，财散，则民聚；民者邦之本也，本固，则邦宁。故文帝以赐租致富乐之效，太宗以裕民成给足之风，君民一体，古今同符。

臣会同巡按江西监察御史唐龙，议照宁贼宸濠，志穷荒度，谋肆并吞其于民间田地山塘房屋等项，或用势强占，或减价贱买，或因官一准折，或撼别事抄收；有中人之家者，一遭其毒，即无栖身之所；有上农之田者，一中其奸，即无用锄之地；尤且虚填契书，以杜人言，私置簿籍，以增租额，利归一己，害及万家；故先有副使胡世宁直言指陈；续该科道等官，交章举发，言皆有据，事非无征；近奉诏书曰：

吝啬这四十万石的粮食而不肯蠲免，他日祸乱突然爆发，即使拿出几百万石的粮食，也无法免除这场灾难了呀，这种迹象现在已经出现了，事情的道理是再明晰不过了。我对上不能够计算筹备怎么征税敛赋，来使国家收入充足，对下又不能思谋良策，来救济老百姓的穷困，只能痛哭流泪，向皇上诉说贫苦百姓的疾苦状况。只求皇上早日将我等一批人撤职回家，也要早日将免除粮税的政策执行下去，以免除祸乱的发生。为了免除老百姓的粮税，紧急救助百姓贫困，来消除灾祸叛乱的事书写奏折，请求皇上的旨意。

计处地方疏

十五年五月十五日

我认为，财物是老百姓的心思所在，把财物疏散开去，那么老百姓就会聚集在一起；老百姓是国家的根本、基础，基础稳固了，那么国家就会安定。所以，隋文帝通过赏赐租税来达到富裕欢乐的成效；唐太宗通过使老百姓富裕来达成丰衣足食的风气。君主和民众结合为一体，这在过去和现在都是一致的。

我会同江西监察御史唐龙等巡按官员，议论到宁贼宸濠，得知他毫无志向，生活奢靡，总是筹划任意吞并别人的财产，他对老百姓的田产、山塘、房屋等财产，或者依靠自己的势力强行占领；或者通过减低价格贱买过来，或者用官方的命令获准折变，或者通过别的事件抄家没收。有的中等人家，一旦遭到他的毒害，就连安身的地方都没有一块了；有的拥有上等农田的人家一经他的奸计谋取，就再没有可耕种的一点田地了。尤其是，他还假造契书，来杜撰别人的言语，私下里备置书簿籍册，来增

"宸濠天性凶恶，自作不靖，强夺官民田产，动以万计。"则陛下明以烛奸，深知宸濠田产，皆夺诸百姓者也。又曰："占夺田产悉还本主。"则陛下仁以悯下，尽欲举百姓之田产而给还之也。圣言犹在，昭如日星，国信不移，坚如金石。

  始者宸濠既败，该臣等已行守巡等官，将该府及各贼党田地房屋，许令府县等官，俱抄没在官，造报在册矣；但委官查勘之时，正事变抢攘之际，业主惊散，俱未宁家；上司督责，急欲了事；依契涸查，凭人浪报，多寡是较，占买未分；明诏虽有给主之条，小民犹抱失业之恨；昔之居不得而居也，昔之田不得而食也。泽未下究，怨徒上归；况屋无主则毁，地不耕则荒，故兵马之后，瓦柱仅存，田野之间，草莱渐长；兼以势室豪强，恣行包侵之计；奸徒私窃，动开埋没之端；及今审处不早，将来遣失益多。

加他的收入，利益只归于他一人，却使上万家百姓受害。所以，先有副使胡世宁用忠直的话来陈述指出，接着，科、道等官吏，也曾上交奏章举报他，话说得都很有根据，事情并不是没有证据。近来接到皇上的诏书，说："宸濠这个人本性凶恶，胡作非为，毫不恭敬，强行夺取官吏、百姓的田产，动不动就高达几万亩。"那么皇上英明，识破了奸贼，深知宸濠的田产，都是从老百姓那里夺取的。又说："他占夺的田产，要全数归还他原来的主人。"皇上仁义而怜悯百姓，准备把他夺取的全部田产还给受害的百姓。皇上的话至今仍还在耳边回响，就如日、星一样明亮清晰，国家的信义没有遭到破坏，像金石一样坚强。

　　起初，宸濠败落之时，那些臣子等已经担当了守护巡察的职责，把叛臣的府地及各个贼党的田地房屋，答应依令将各府、县的官吏都抄家没收归公，已书写成册了；但是委任的官吏正在检查勘察的时候，正处于发生事变混乱的关头，那些田产的原来的主人都已被吓跑了，都没有在家安居；上面的官员督促责办，急切地想早日了事；按照契书胡乱查问，任凭别人口头上报，多多少少不做计较，是抢占还是购买的没有分清。皇上英明的诏书虽然有要求全部归还原主的条文，但贫民仍然抱有失业的愤恨；过去的有房子的却不能居住，过去曾有田产的人却不能种田养活自己。恩惠没有能够到达百姓身上，对上面的怨气却陡然上升，何况房屋没有主人就会毁坏，土地不耕种就会荒芜，所以经过兵马踩躏之后，只有屋墙乱瓦存在，田野里杂草渐渐生长起来，更有人凭着势力豪强，恣意地施展侵吞包占的计谋；加上奸贼私自偷窃，动不动就施展吞没的手段，到现在进行审察已有些晚了，将来丢失的财物将会更多。

再照前项田产，多在南昌、新建二县，受害独深，人人被其诛求，家家被其检括；且贼师起事，抄掠尤惨，官兵破围，伤残未苏；财尽已极，民困莫加。查得二县额派、兑军、淮安京库三项粮米共十一万九千石有零，淮、益二府禄米共四千二石，节奏宽免，未奉停征；运官守催，旗校逼取，势急若火，案积如山，民纳不前，官宜为处。

及照一方之统会，在于省城；各府之钱粮，并于司库；查得本布政司官库，先被贼兵劫抢，继因军饷动支，官吏徒守乎空柜，纸笔亦赊于铺家；大兵必有荒年，民穷必有盗贼；万一变生无常，衅起不测。则寸兵尺钱，皆无所需，束刍斗粮，亦不能办，公私失恃，缓急可忧。

再照省城各门，城楼窝铺，及诸司衙门，先是王府占据，多属疏隘；近因兵火蔓延，半遭荡焚；夫城楼者，一方防御之所关，衙门者，诸司政令之所出，托始创新，固无民力，因陋就简，见有官房；如蒙乞敕该部，查议将前项抄没过宁府及各贼党下田地山塘房屋等项，行令布政司会同按察司，各掌印官及分守、分巡官，并府县官，从实覆行查勘明白，

再察看前面提到的田产，大多在南昌、新建二县，这二县受害的程度尤其深切，每个人都被他索取过，每家都被他抢掠过；而且，在贼兵叛乱的时候，对这里掠夺尤其惨烈，官兵在破除贼兵之后，伤残的百姓还没有得到恢复；老百姓的财产已被搜刮穷尽到最大程度，他们的穷困无以复加了。勘查到两县额派、兑军、淮安京库三个项目的粮食共有十一万九千石还有余，淮、益两府的禄米共四千零二石，上奏进行宽免，并没听命令停止征敛；运输的官员进行催促，军队的小官进行威逼夺取，形势危急如着火一般，各种案件堆积如山，民众含冤的不敢上前，官官相护。

考虑到一个地方的统治会集中在省城里面，各府的钱粮全部存在国库里面。经勘查，本布政司的官府，先是被造反的军队抢劫，接着又被支用军饷，现在官吏守护的只是一个空仓，就连他们使用的纸笔也都是从店铺里赊取的；出现大的征战必然会有荒年，老百姓穷困的时候必然会出现盗贼，万一发生特殊的情况，突然爆发不测的祸事，那么就连一寸兵器一尺铁枪都没有筹办的地方了，一束马草一斗粮食也无法筹集。公与私都面临危险，形势这样紧急，真是让人忧虑呀！

再看省城的各个大门，城楼窝铺以及各个司的衙门，起先是由王府占据的，大多属于紧要的关隘，近来由于兵乱，大火蔓延，已经有一半遭受焚毁。城楼是一个地方防御外敌的关卡要地，衙门是各个官府发号施令的地方，刚刚开始开创新的局面，本来就没有多少力量，就听任其简陋，不求改进，现在有了官用房屋；如蒙乞求敕令该部，勘查议定前面抄查没收的宁府财产以及各个贼党占的田地、山塘、房屋等财产，命令布政司会同按

委系占夺百姓者，遵照诏书内事理，给还本主管业；及将于内官房酌量移改，城楼窝铺衙门，余外无碍田地山塘房屋，仍令各官，公同照依时估变价银入官，先尽拨补南、新二县兑军，淮安京库折银粮米及王府禄米外；有羡余收贮布政司官库，用备缓急；仍禁约势豪之家，不得用强占买，各委官亦不得畏势市恩，致招物议。凡拨给变卖事情，若有势豪强占强买，及委官畏势市恩各情弊，许抚按衙门，指实纠劾惩究施行；事完该司将各项数目，径自造册奏报；并呈该部查考。是盖以百姓之业，纳百姓之粮；以地方之财，还地方之用；民沾惠而国不费，事就绪而财不伤。书曰："守邦在众。"易曰："聚人曰财。"惟陛下留意焉。缘系计处地方事理，未敢擅便，为此具本请旨！

水灾自劾疏

十五年五月十五日

臣惟有官守者，不得其职则去；受人之牛羊而为之牧

察司以及各个掌印的官员和分守、分巡官同各个府、县的官员重新进行实事求是的勘查，达到明白无误，确实是掠占老百姓的财产，遵照诏书中的法令条文，退还给原主人以及业主，等到将内务的官房根据情况进行搬迁改建，城楼、窝铺、衙门等设施，除此之外无论是田地、山塘、房屋，仍然命令各级官吏，公平地按时价进行估价变卖，所得银两全部归公，然后拨款补发给南、新两县的额派兑军、淮安京库三项折变银、粮及王府禄米折银。再有剩余的话就贮存在布政司的官库里，以便有紧急情况时备用；仍然禁令、约束那些有权势的人家，不得依靠豪强抢占购买。各个委派的官吏也不得害怕他们的权势而施加恩惠给别人，从而招致非议。凡是拨款给还变卖的事情，如果有权势的豪强强行占用、强行购买以及有委派的官吏害怕权势施以恩惠等弊端，允许抚按等衙门，按实际情况施行纠察、弹劾、惩治深究；事情办完之后，该司要将各个项目的数据，直接写成册子来奏请上报；并呈送该部进行查看考核。这不过用百姓的产业来交纳百姓的征粮；用地方上的财物，归还地方使用；老百姓得到实惠而国家又不费开支，事情办妥了而老百姓的财产并没得到伤害。正像古书中说的那样："保护国家的安危在于民众"，也像《易》书说的那样："人聚集在一起就叫财。"只要皇上留心观察就是了。因为筹划地方的事情，不敢擅自做主，所以写这个本子请求皇上的旨意。

水灾自劾疏

十五年五月十五日

我认为当官的人没能尽到职责，就应该革去他的官职；接

者，求牧与刍而不得，则反诸其人；臣以匪才，缪膺江西巡抚之寄，今且数月，曾未能有分毫及民之政，而地方日以多故，民日益困，财日益匮，灾变日兴，祸患日促；自春入夏，雨水连绵，江湖涨溢，经月不退，自赣、吉、临、瑞、广、抚、南昌、九江、南康沿江诸郡，无不被害，黍苗沦没，室庐漂荡，鱼鳖之民，聚栖于木杪，商旅之舟，经行于闾巷，溃城决堤，千里为壑，烟火断绝惟闻哭声；询诸父老，皆谓数十年来所未有也。除行各该司府州县修省踏勘具奏外；夫变不虚生，缘政而起；政不自弊，因官而作；官之失职，臣实其端，何所逃罪。

夫以江西之民，遭历宸濠之乱，脂膏已竭，而又因之以旱荒，继之以师旅，遂使丰稔连年，曲加赈恤，尚恐生理未易完复；今又重以非常之灾，危亟若此，当是之时，虽使稷、契为牧，周、召作监，亦恐计未有措；况病废昏劣如臣之尤者，而畀之伥然坐尸其闲，譬使盲夫驾败舟于颠风巨海中，而责之以济险，不待智者知其覆溺无所矣。又况部使之催

受了别人的牛羊替人家放牧的,不能够找到丰草去放牧,就应该把牛羊还给人家。我凭浅薄的才能,辜负了朝廷给我以江西巡抚之职的期望,现在赴任已经长达几个月了,还丝毫没有给老百姓做出些政绩;而地方上的问题一天比一天多,老百姓一天比一天穷困,财物一天比一天匮乏,灾难一天比一天更厉害,祸患一天比一天更危急;从春天到夏天,降雨连绵不断,大江大湖都涨满外流,几个月了都不能降下水位,从赣、吉、临、瑞、广、抚、南昌、九江、南康等沿江的这些地方,没有不遭受灾害的,田里的庄稼都被水淹了,房屋里的东西在水面上飘荡,那些受灾的老百姓,都栖聚在树梢上;商人旅游的船只,直接在以前的大街小巷里穿行,城墙被冲溃,防水堤都决了口,几千里内成为一片水沟,老百姓做饭的炊烟不见了,只能听到哭声一片;向那些老人们询问,他们都说这场水灾是十几年来所没有见过的。掌管该地的各个司、府、州、县进行了具体勘查,并把奏章上交了。这场灾变并不是凭空产生的,而是由于官府施政不力造成的。而政令的弊端并不是自己造成的,而是由于当官的所作所为导致的;当官的失职,我实际上是祸首,没有什么理由可以逃避这个罪责。

江西老百姓,遭受了宸濠叛乱的洗劫,老百姓的膏血已被搜刮殆尽,却又接着爆发了旱荒,接着又遭受了征战的洗礼,即使连年大丰收,再特别给予赈济抚恤,只怕也不容易完全恢复以前的生产生活秩序;现在又遭受了空前的大水灾,危险、紧急到这个样子了,在这个时候,即使让稷、契作太守,让周、召作监督,也恐怕会手足无措了,更何况像我这样无能、昏庸、卑劣的人当政呢,却只能毫无办法地在这地方坐视灾难的发生,这就

微益急，意外之诛求未已。在昔一方被灾，邻省尚有接济之望；今湖、湘连岁兵荒，闽、浙频年旱潦，两广之征剿未息，南畿之供馈日穷；淮、徐以北，山东、河南之间，闻亦饥馑相属；由此言之，自全之策，既无所施；而四邻之济，又已绝望，悠悠苍天，谁任其咎？

静言思究，臣罪实多。何者，宸濠之变，臣在接境，不能图于未形，致令猖突，震惊远迩，乃劳圣驾亲征，师徒暴于原野，百姓殆于道路；朝廷之政令，因而阙隔，四方之困惫，由是日深，臣之大罪一也；徒避形迹之嫌，苟为自全之计，隐忍观望，幸而脱祸，不能直言极谏，以悟主听，臣之大罪二也；徒以逢迎附和为忠，而不知日陷于有过；徒以变更迁就为权，而不知日紊于旧章；徒以掇拾罗织为能，而不知日离天下之心；徒以聚敛征索为计，而不知日积小民之怨，此臣之大罪三也；上不能有裨于国，下不能有济于民，坐视困穷沦胥以溺，臣之大罪四也。且臣忧悸之余，百病交作，尪羸衰眊，视息仅存，以前四者之罪人，臣有一于此，亦足以召灾而致变，况备而有之，其所以速天神之怒，深下民之愤，而致灾沴之集，又何疑乎？

如同让一个盲人驾驶一艘破船在狂风巨浪中航行一般,却还叫他渡过险情,就是一个没智慧的人也知道他就要翻船被淹了。又何况上级的使者催促征粮更加急迫,想不到的各种索取从未停止过。在过去,一个地方遭受了灾难,还可以有相邻省份进行救济的希望;现在湖、湘也遭受连年的兵荒马乱,闽、浙也多年发生旱灾水灾,困苦不堪,广东、广西的征战进剿还没停止,南畿一带的钱粮供应也一天比一天困难;淮、徐以北的地方,山东、河南之间,听说也在闹饥荒,连成了一片;所以说,自我保全的办法,难以找到;而对四邻的救济,也失去了希望;悠悠的苍天呀,这究竟是谁的过失呢?

沉默静想,探究原因,我的罪责实在很多呀。为什么呢,宸濠搞叛乱的时候,我就在离他不远的地方执政,却不能在他还没成气候的时候一举将他扑灭,却让他更加猖獗,震惊了远近的各地,才烦劳皇上御驾亲征,让军队在田野中遭受风吹雨淋日晒之苦,老百姓死在路途之中;朝廷的政策命令,因此被隔断,难以贯通,致使各地的困穷疲惫,因这个而更加深沉了,这是我的第一大罪状。只是躲避各种迹象嫌疑,苟且做自我保全的筹划,不敢迅速决断进行观望,幸而脱离了祸乱,不能够耿直大胆地谏劝皇上,来使皇上省悟,这是我的第二条大罪状。只把对人逢迎、随声附和当作忠诚,却不知使他更陷于过失中;只把原谅迁就作为权变手段,却不知道使旧的法规条文更加紊乱保守;只把对事情进行罗织、补缀作为能事,却不知道这渐渐背离了天下人的心愿;只把聚敛财物、征捐、索取当作筹划重点,却不知道这使贫苦百姓的怨气渐渐积聚起来,这是我的第三条大罪。往上说不能对国家的建设作些有裨益的贡献,往下说,

伏惟皇上轸灾恤变，别选贤能代臣巡抚，即以臣为显戮，彰大罚于天下，臣虽陨首，亦云幸也。即不以之为显勠，削其禄秩，黜还田里，以为人臣不职之戒，庶亦有位知警，民困可息，人怒可泄，天变可弭，而臣亦死无所憾。

重上江西捷音疏

十五年七月十七日遵奉大将军钧帖

照得先因宸濠图危宗社，兴兵作乱，已经具奏，请兵征勦，间蒙钦差总督军务威武大将军总兵官彼军都督府太师镇国公朱钧帖：

钦奉制敕，内开：

"一遇有警，务要互相传报，彼此通知，设伏勦捕务俾地方宁靖，军民按堵。"蒙此，臣看得宸濠虐焰张炽，臣以百数疲弱之卒，未敢轻举骤进，乃退保吉安；一面督率吉安府

又不能为老百姓做些救助之事，只能坐视老百姓穷困潦倒以至于死去，这是我的第四条大罪。而且我在忧虑恐悸之外，现在又患多种疾病，羸弱衰老，只留下用眼看和出气的气力了。前面所提到的四种大罪状，我有其中一个就足以导致灾祸而引起变乱，何况是四罪兼备呢。之所以迅速导致了天神的愤怒，加深了老百姓的怨气愤恨，从而导致各种灾难聚集在一起，就是因为我的罪责，这还有什么可怀疑的呢？

乞望皇上能够赈济、抚恤因灾难变乱导致的困穷，另外选择有贤能的人，代替我做巡抚，然后把我斩头示众，来向天下人表明对我的惩罚，我就是掉了脑袋，也说这是非常幸运的了。如果不把我定成死罪，就请削减我的俸禄，流放边疆或放回家乡，来作为对我做官不称职的惩戒，那也会使在位的官吏知道警诫，老百姓的困窘可以停止，民众的愤怒可以发泄出来，天灾变乱也可以消除，那么，我就是死了也没有什么可遗憾的了。

重上江西捷音疏

十五年七月十七日遵奉大将军钧帖

先前由于宸濠叛乱，对国家社稷的安全造成威胁，起兵造反、作乱犯上，这事我已经向皇帝写过奏折，请求朝廷派兵进剿，在此期间承蒙钦差大臣、总督军务的威武大将军、总兵官、彼军都督府太师、镇国公朱钧发皇帖说：

"奉皇上旨意书写敕令说：

'一遇到警报，务必要相互传达报送，相互通知，来增设埋伏加以进剿，务必使地方上平定下来，军队、民众都参与围追堵截。'"承蒙此令，看到宸濠反动气焰正处在高涨中，我因

知府伍文定等,调集军民兵快,召募四方报效义勇之士,会计一应解留钱粮,支给粮饷,造作军器战船,奏留回任监察御史谢源、伍希儒分职任事;一面约会该府乡官致仕都御史王懋中,养病痊可编修邹守益,刑部郎中曾直,评事罗侨,丁忧御史张鳌山,先任浰江佥事、今赴部调用刘蓝,依亲进士郭持平,军门参谋驿丞王思、李中,致仕按察使刘逊,参政黄绣,闲住知府刘昭等,相与激发忠义。

七月初二日,宸濠探知臣等兵尚未集,乃留兵万余,属其心腹宗支、郡王、仪宾、内官并伪授都督、都指挥等官,使守江西省城,而自引兵向阙。臣昼夜促各郡兵,期以本月十五日会临江之樟树,而严督知府等官伍文定等,各领兵于十八日遂至丰城分布,伍文定等攻广润等七门,是日得报宸濠伏兵千余于新旧坟厂,以备省城之援,臣遣知县刘守绪等,领兵从间道夜袭破之;十九日申布朝廷之威,再暴宸濠之恶,约诸将二十日黎明各至信地,我兵四面骤集,遂破江西;擒其居守宜春王拱樤及伪太监万锐等千有余人,宸濠宫中眷属,闻变纵火自焚,延及居民房屋,臣当令各官分道救火,抚定居民,散释胁从,搜获原被劫收大小衙门印信九十六颗,三司胁从布政使胡濂,参政刘斐,参议许效廉,副使唐锦,佥事赖凤,都指挥王玘等,皆自首投罪;除将擒

为只有一百多疲惫老弱的士兵，所以，不敢轻举妄动，急躁进军，于是就退回以确保吉安的安全；一方面督促吉安府的知府伍文定等人，调兵遣将，把士兵、民众集合起来；招募各地的有报国心的忠义奋勇的人士，筹划一切所需的钱粮，并支发给军民粮食、军饷，同时建造兵器、战船，奏请皇上对监察御史谢源、伍希儒等人分别委以重任并明确职责；另一方面，还会见了吉安府、乡的官吏、志士名人、辞官的人士如都御史王懋中、刚刚养好病的编修邹守益，刑部郎中曾直，评事罗侨，丁忧御史张鳌山，以前任浙江佥事现被部里调用的刘蓝，依亲进士郭持平，军门的参谋驿丞王思、李中，辞官的人士、按察使刘逊，参政黄绣，闲住知府刘昭等，在一起共同激励忠义报国的决心。

　　七月初二，宸濠打探得知我们的军队还没有集中，于是留下一万多人马，嘱咐他的心腹、亲戚、郡王、仪宾、内官以及他妄自封授的都督、都指挥等官吏来守护江西的省城，他自己则带兵出关。我昼夜不停地督促各个郡的军队加紧进军，希望能在七月十五日在临江的樟树会师，并且严厉督促知府等官吏如伍文定等人，各带兵进发，在十八日能到丰城一带屯兵驻扎，让伍文定等人进攻广润等七个大门，这一天得到报告，说宸濠派兵一千多人埋伏在新旧坟厂一带，来作为省城军队的后援，我于是派遣知县刘守绪等人领兵从小道在夜里对宸濠埋伏的军队进行偷袭，获得了成功；十九日重新展现了朝廷的武威，再一次把宸濠的罪恶暴露出来，同各位将领约定在二十日的黎明各自到达起先约好的地点，我们的军队从四面八方快速地集结，于是攻下了江西，抓住了守护省城的宜春王拱樤，以及伪封太监万锐等一千多人。宸濠的府中的家眷，听说大事已去就放火焚烧了自己的住斩功次，发御史谢源、伍希儒权令审验纪录，及一面分兵四路追蹑宸濠向往，相机擒剿。

二十二日，臣等驻兵省城，督同知府伍文定等，各领兵分道并进，击其不意，都指挥余恩领兵往来湖上，诱致贼兵，知府等官陈槐等，各领兵四面设伏；二十三日，复得谍报：'宸濠先锋已至樵舍，风帆蔽江，前后数十里，不能计其数。'二十四日早，贼兵鼓噪，乘风而前，逼黄家渡臣督各兵，四面击贼，遂大溃，擒斩二千余级，落水死者万数；二十五日，又督各兵殊死并进，炮及宸濠舟，宸濠退走，遂大败，擒斩二千余级，溺水死者不计其数；二十六日，臣夜督伍文定等为火攻之具，四面兜集，火及宸濠副舟，众遂奔败，宸濠与其妃嫔泣别，妃嫔宫人，皆赴水死，我兵遂执宸濠，并其世子、郡王、将军、仪宾及伪太师、国师、元帅、参赞、尚书、都督、都指挥、指挥、千百户等官李士实、刘养正、刘吉、屠钦、王纶、熊琼、卢珩、罗璜、丁瞋、王春、吴十三、秦荣、葛江、刘勋、何铠、王信、吴国七、火信等数百余人，被执胁从太监王宏，御史王金，主事金山，按察使杨

所，大火蔓延到省城的其他人家的房屋，我当即命令各个官吏分路去救火，安抚居住在那里的老百姓，把那些胁从的军民释放回去，搜寻到被宸濠劫夺的大大小小衙门的官印九十六颗，都、布、按三司中宸濠的胁从人员布政史胡濂、参政官刘斐、参议许效廉、副史唐锦、佥事赖凤、都指挥王玘等人，都来自首，认罪伏法；除了对在战斗中抓获俘虏，斩杀敌军论功行赏外，还派御史谢源、伍希儒权且对抓获的叛贼进行审讯记录，另一方面又把部队分为四路悄悄地向宸濠逃跑的方向追赶，找寻机会对他进剿并擒捉。

　　二十二日，我们在省城里驻扎，同时督令知府伍文定等人，分别带兵分几路一起进军，以便对宸濠进行出其不意的打击，都指挥余恩带兵在湖上往来，以便引诱敌军前来。知府等官吏陈槐等人，分别带领军队在四面八方埋伏；二十三日，又得到谍报，说："宸濠的先遣部队已经到达了樵舍，敌军船只很多，船帆把江面都遮住了，前后长达数十里路，不知道他们到底有多少人。"二十四日的早晨，敌军击鼓一通，乘着江风前进，逼近了黄家渡，我于是督促各个部队从四面八方进攻敌军，于是敌军溃败，我们共擒拿斩首敌军二千多人，落水而死的人有一万多人。二十五日，又督令各部队拼死共同前进，大炮轰击到了宸濠的座船，宸濠撤退，于是敌军大败。我们又擒获斩首了二千多人，在水里淹死的人数都数不过来。二十六日，我又在夜里督令伍文定等人准备对敌进行火攻的器械，让他们从四个方向集中，于是大火烧到了宸濠的副船，敌军四处逃跑，宸濠同他的妃嫔等人哭着告别，那些妃嫔宫女等都跳水而死，我们的部队于是抓住了宸濠以及他立的世子、郡王、将军、仪宾，以及宸濠妄自分封

璋、佥事王畴、潘鹏、参政程昊、布政梁宸、都指挥郑文、马骥、白昂等，擒斩贼党三千余，落水死者万余，弃其衣甲器仗财物与浮尸积聚，横亘十余里，余贼数百艘，四散逃溃；二十七日，战樵舍等处，又复擒斩千余，落水死者殆尽；二十八日，知府陈槐等，各与贼战于沿湖诸处，擒斩各千余级，除将宸濠并其世子、郡王、将军、仪宾、伪授太师、国师、元帅、参赞、尚书、都督、都指挥、指挥等官，各另监羁候解，被执胁从等官，并各宗室别行议奏；及将擒斩俘获功次，一万一千有奇，发御史谢源、伍希儒，暂令审验纪录，另行造册缴报外。

照得臣节该钦奉敕谕：'但有盗贼生发，即便严督各该兵备、守备、守巡各军卫有司设法调兵剿杀，其管领兵快人等官员，不问文职武职，若在军前违期，并逗留退缩，俱听以军法从事，生擒盗贼，鞫问明白，亦听就行斩首示众，斩获贼级，行令各该兵备、守巡官即时纪验明白，备行江西按察司造册奏缴，查照升赏激劝。钦此！'及准兵部咨：'为飞报贼情事：该本部题称，合无本部通行申明，今后但有草的太师、国师、元帅、参赞、尚书、都督、都指挥、指挥、千百户等官吏李士实、刘养正、刘吉、屠钦、王纶、熊琼、卢珩、罗璜、丁赜、王春、吴十三、秦荣、葛江、刘勋、何铿、王信、吴国七、火信等几百多人，被抓住的胁从人员有太监王宏、御史王金、主事金山、按察使杨璋、佥事王畴、潘鹏、参政程杲、布政梁宸，都指挥郏文、马骥、白昂等；共抓获斩首敌党三千多人，落水而死的有一万多人，那些被丢弃的衣服兵甲、武器、财物和浮在水面上的尸首聚集在岸边，连绵有十多里地，剩下的叛贼的船只有几百艘，四散溃逃了。二十七日，又在樵舍等地方展开了战斗，又斩杀了一千多人，大都落水而死。二十八日，知府陈槐等人分别与叛贼在沿湖的各个地方展开战斗，又分别抓获斩首了一千多人，除了将宸濠以及他的世子、郡王、将军、仪宾，伪妄封授的太师、国师、元帅、参赞、尚书、都督、都指挥、指挥等官吏，都监禁起来等候解押到京，被抓住的胁从的官吏以及他的各个宗亲，都另外议定上奏；抓获斩首以及俘获的人数，有一万一千多人；派御史谢源、伍希儒，暂时命他们将案犯审查记录在案，另外编成册子上缴汇报。

　　按照我所接到的皇帝的上谕："但凡有盗贼出现，就要严加督令该地各个兵备、守备、守巡的各部队、各职能部门想办法调兵将去进剿攻杀，那些带兵的、管兵的官员，不管他是文职，还是武职，如果在进军途中超过了期限，并且逗留不前，向后退缩的，都要按军法处置，所活捉的盗贼，审问核查明白之后，也就听任你把他们斩首示众，所斩杀的盗贼，也命令该兵备、守巡官按时查验记录清楚，让江西按察司登记在册，奏请上缴。查核清楚，皇上将大加赏赐，认真细致地去干。钦此！"以及准兵

贼生发，事情紧急，该管官司，即便依律调拨官军，乘机剿捕；应合会捕者，亦就调发策应，如有仍前朦胧隐蔽，不即申报，以致聚众滋蔓，贻害地方，从重参究，决不轻贷！'等因。题奉钦依，备咨前来。

又蒙钦差总督军门发遣太监张永前到江西查勘宸濠反叛事情；安边伯朱泰、太监张忠，左都督朱晖各领兵亦到南京江西征剿，续蒙钦差总督军务威武大将军总兵官，后军都督府太师镇国公朱，统率六师，奉天征讨及统提督等官司礼监太监魏彬平虏伯朱彬等，并督理粮饷兵部左侍郎等官王宪等，亦各继至南京。

臣续又节该奉敕：'如或江西别府报有贼情紧急，移文至日，尔要及时遣兵策应，毋得违误。钦此！'俱经钦遵外。

臣窃照宸濠烝淫奸暴，腥秽彰闻，数其罪恶，世所未有，不轨之谋，已逾一纪；积威所劫，远被四方；而旬月之间，遂克坚城，俘擒元恶，是皆钦差总督威德、指示、方略之所致也。及照御史谢源、伍希儒监军督哨，谋画居多，知府伍文定、邢珣、徐琏、戴德孺、陈槐、曾玙、林珹、周朝，佐署都指挥佥事余恩、通判胡尧元、童琦、谈储，推官王璋、徐文英，知县李楫、李美、王冕、王轼、刘源清、刘守

军部的咨文说:"这咨文是为飞报盗贼情况而写的:我部题奏,如果没有本部的通知说明,今后只要有盗贼草寇发生,如果情况紧急,管辖这类事情的官吏,就自行依照法律调拨官吏、军兵,抓住时机对贼寇加以进剿抓捕;应该会同剿捕的人,也就当接受调拨、加以策应,如果有人装作不知、隐蔽实情而不马上向上级申报,以至于出现聚众闹事,滋事添乱的事情发生,给地方上造成危害的,就要从重发落,决不轻饶!"等等情况。

奉皇上的旨意持咨文来到了这里,同时又承蒙钦差大臣、总督军门派遣太监张永到江西来勘查宸濠搞叛乱的情况,安边伯朱泰、太监张忠、左都督朱晖也分别率兵将到南京、江西参加征讨进剿;又承蒙钦差大臣、总督军务、威武大将军、总兵官、后军都督府太师、镇国公朱,统率六军,奉皇上命令参加征讨;还有统提督等官司礼太监魏彬、平虏伯朱彬等人,以及督促粮草军饷的兵部左侍郎等官吏王宪等,也都接着来到南京。

我接着又接到皇上的圣旨,说:"如果江西的其他府州奏报贼军情况紧急的话,奏报到达的这天,你要及时地派遣军队前往,加以策应,不得违期、有差误。钦此!"这些都遵照圣旨所说的去做了。

臣按宸濠荒淫残暴,恶名远扬,历数他的大罪大恶,是世间所没有的;他谋逆造反的行为,已经超过了十二年之久;他的淫威,使远达四面八方都遭受到了危害。但只在十几天的时间内,终于攻克了坚固的城池,抓住了叛逆的元凶,这都是钦差大人、总督的英明、威武的指挥以及战略战术所导致的。另外御史谢源、伍希儒监督军队进发,出谋划策很多;知府伍文定、邢珣、徐琏、戴德孺、陈槐、曾玛、林城、周朝佐,署都指挥佥事

绪、傅南乔、通判杨昉、陈旦，指挥麻玺、高睿、孟俊，知县张淮、应恩、王庭、顾伈、万士贤、马津等，虽效续输能，亦有等列；然皆首从义师，共收全功；其伍文定、邢珣、徐琏、戴德孺等，冒险冲锋，功烈尤懋；乡官都御史王懋中，编修邹守益，御史张鳌山，郎中曾直，评事罗侨，佥事刘蓝，进士郭持平，驿丞王思、李中，按察使刘逊，参政黄绣，知府刘昭等，仗义兴兵，协张威武，以上各官，功劳虽在寻常，征剿亦已难得；伏望皇上论功朝锡之余，普加爵赏旌擢，以劝天下之忠义，以励将来之懦怯。缘系捷音事理。为此具本请旨！

四乞省葬疏

十五年闰八月二十日

照得先准吏部咨：该臣奏称：

"以父老祖丧，屡疏乞休，未蒙怜准；近者奉命扶疾赴闽，意图了事，即从彼地冒罪逃归，旬月之前，亦已具奏；不意行至中途，遭值宁府反叛，此系国家大变，臣子之义，不容舍之而去，又阖省巡抚方面等官，无一人见在者，天下事机，间不容发，故复忍死暂留于此，为牵制攻讨之图，俟命帅之至，即从初心，死无所避。臣思祖母自幼鞠育之恩，

余恩，通判胡尧元、章琦、谈储，推官王璋、徐文英，知县李楫、李美、王冕、王轼、刘源清、刘守绪、傅南乔，通判杨昉、陈旦，指挥麻玺、高睿、孟俊，知县张淮、应恩、王庭、顾似、万士贤、马津等，都效力献功，发挥才能，得功虽有等列，但他们都是一开始就参加了讨伐逆贼的正义部队，同大家一起获得了全胜。尤其是伍文定、邢珣、徐琏、戴德孺等人都是冒着危险冲锋陷阵，立功尤其重大；乡官都御史王懋中，编修邹守益，御史张鳌山，郎中曾直，评事罗侨，佥事刘蓝，进士郭持平、驿丞王思、李中、按察使刘逊、参政黄绣、知府刘昭等，都出于大义领兵参与讨逆，大大增强了我军的威武势力。以上这些官吏，虽然功劳都很寻常，但能够参加征剿也已经很难得了。希望皇上在对他们进行论功行赏外，还要对他们加官进爵，加以表彰，从而使天下老百姓的忠义之气有所增长，得以劝进；也可以在将来，给那些较为怯懦的人一个激励。这是为江西捷报等事情。而写本上奏，请求皇上的旨意。

四乞省葬疏

十五年闰八月二十日

先前依照吏部的咨文：我曾上奏说：

"因为父亲老了，祖母刚死，屡次上疏请求退休，没有得到您的怜恤批准；最近接到命令带病要赶奔福建，想把家事借这个机会处理一下，从那里冒罪准备逃回家，这个在十几天前也已经写本上奏了；不承想，刚走到半路，正赶上宁府一带出现叛乱，这是有关国家安危的大的事变，想到做臣子的应该以大义为重，这就不容我撒手不管而离开，再加上全省的巡抚方面的官

不及一面为诀,每一号痛,割裂昏殒,日加尪瘵,仅存残喘,母丧权厝祖母之侧,今葬祖母,亦欲因此改葬,臣父衰老日甚,近因祖丧,哭泣过节,见亦病卧苫庐;臣今扶病驱驰,兵革往来于广信南昌之间,广信去家不数日,欲从其地不时乘间抵家一哭,略为经画葬事,一省父病;臣区区报国血诚,上通于天,不辞灭宗之祸,不避形迹之嫌,冒非其任,以勤国难,亦望朝廷鉴臣此心,不以法例绳缚,使臣得少伸乌鸟之痛,臣之感恩,死且图报,抢攘哀控,不知所云"等因。具本奏奉圣旨:"王守仁奉命巡视福建,行至丰城,一闻宸濠反叛,忠愤激烈,即便倡率所在官司,起集义兵,合谋剿杀,气节可嘉,已有旨著督兵讨贼,兼巡抚江西地方;所奏省亲事情,待贼平之日,来说该部知道。钦此!"备咨到臣,除钦遵外。

吏，没有一个人在事发现场，有关国家社稷安危的大事，不容人错过时机去处理，所以重又忍着病体暂时留在这里。为了达到牵制叛军从而加以征讨的目的，就等待朝廷委派的将帅大军的到来，这就是当时的初衷，我即便是死也没有什么要逃避的。我思念祖母从小对我的养育之恩，却来不及见一面，诀别一声，每一次疼痛来临不禁令人号叫出声，像割裂了肉一般令人要昏死过去，每天都感到疾病又加深了一层，只剩下苟延残喘的气力了。母亲死的时候我尚且在她身旁，现在要埋葬祖母了，却不能回去，我也曾想过把母亲一并改葬，可是父亲一天比一天衰老，近来由于祖母死了，他因过度痛哭伤心，现在也卧病在床。我现在带病奔波，带兵在广信、南昌一带往来。广信离我家不过有几天的路程，我想从那里抽个时间回家一趟哭一哭祖母，大致上把丧葬的事情安排一下，并看一看父亲的病。我这一点点诚恳的报国忠心，是与上天相连通的，我冒着灭族的大祸，不躲避种种迹象的嫌疑，冒着不是自己本职的责任，来救助国家的危难，也希望朝廷能够明察我的这片忠心，不要用法令惯例来对我进行牵制，我就可以稍微实现一点乌鸦反哺般尽孝的痛快，那我就会感恩戴德，就是死也要回报这片恩情。心情纷乱，控制着哀痛，不知道自己说了些什么。"等等情况。写本章奏上奏给皇上，接到圣旨说："王守仁接受命令来巡视福建，到达丰城时，一听说宸濠起兵叛乱，大为义愤，忠心激发，就马上倡议带领当地的官吏，召集兵将义士，一起谋划进剿叛军，他的高尚气节真值得表彰呀。现在已经有圣旨督令大军讨伐叛贼，同时也对江西地方进行巡抚；你所上奏的有关回家省亲的事情，等到叛贼平定了之后再说，告知该部知道。钦此！"

近照宁王逆党,皆已仰赖皇上神武,庙堂成算,悉就擒获;地方亦已平靖,百姓室家相庆,得免征调之苦,复有更生之乐,莫不感激洪恩,沾被德泽;独臣以父病日深,母丧未葬之故,日夜哀苦,忧疾转剧,犬马驱驰之劳,不足齿录;而乌鸟迫切之情,实可矜悯。已蒙前旨:许"待贼平之日来说",故敢不避斧钺,复申前请,伏望皇上仁覆曲成,容臣暂归田里,一省父病,经纪葬事,臣不胜苦切祈望之至!等因。又经具本,于正德十四年八月二十五日,差舍人来仪赍奏去后,迄今已逾八月,未奉明旨。

臣旦暮惶惶,延颈以待,内积悲病之郁,外遭窘局之若,新患交乘,旧病弥笃,方寸既乱,神气益昏,目眩耳聩,一切世事,皆如梦寐,今虽抑情强处,不过闭门伏枕,呻吟喘息而已;岂能供职尽分,为陛下巡抚一方乎?夫人臣竭忠委命,以赴国事,及事之定,乃故使之不得一省其亲之疾,是沮义士之志,而伤孝子之心也。且陛下既以许之,又复拘之,亦何以信于后?臣素贪恋官爵,志在进取,亦非高洁独行,甘心寂寞者;徒以疾患缠体,哀苦切心,不得已而为此。

圣旨咨文传达到我这里，我只得遵守旨意执行命令。近来宁王的叛军、党羽，我们都依靠皇帝的神圣威武、朝廷的谋略决断，全部抓住了；地方上已经平定了，老百姓都家家户户互相庆贺，庆贺他们被免除了征战调用的痛苦，重新有了焕发新的生命的欢乐，没有不对皇帝的洪恩感激称谢的，没有不因受到了朝廷的德政和恩惠而感恩戴德的。唯独我因为父亲的病一天重似一天，祖母身死还没有下葬的缘故，日日夜夜悲哀痛苦，疾病忧愁更加厉害了；像犬马一样向皇帝效劳的功劳、不值得去说，而像乌鸟一样尽忠尽孝的迫切心情，真是值得悯恤同情呀。皇上前面的圣旨曾提到，允许"等到叛贼平定以后来告请"，所以，胆敢不躲避斧钺之诛的危险，重新申报请求，希望皇上宽慰仁怀，成全我尽孝的心愿，暂时让我回到故乡，探望父亲的疾病，安排一下祖母的葬礼，那我真是再也没有比这再大的殷切的希望了！等等情况。我又写了奏章，在正德十四年八月二十五日，差派我的仆人仪前去朝廷送奏章后，到今天已经过去八个月了，还没有接到皇帝的明确旨意。

　　我终日心情焦急惶乱，伸长脖子等待圣旨的到来，我的体内深深地积聚着悲伤痛苦，体外又遭受着局势危急窘迫的苦楚。新病交加，旧病也更加深沉，心绪已经烦乱，精神气色也更加混沌不清，耳聋眼花，所经历的全部事情，都像在做梦一样。现在虽然抑制着痛苦的情思，勉强工作，也只不过是紧闭大门在床卧病，呻吟哀哭，喘气不止罢了；哪里能尽职尽责，替皇帝去巡抚一个地方呢？做臣子的尽忠尽力，为朝廷效命，为了国家大事而奔波，等到大事平定之后，却故意不让他能够探望一下亲人的疾病，这会使有义之士心志沮丧，是对孝子忠心的伤害。并

今亦未敢便来休退，惟乞暂回田里，一省父疾，经营母葬，臣亦因得就医调理，少延喘息，苟情事稍伸，病不至甚，即当奔走赴阙，终效犬马。昔人所谓报刘之日短，尽忠于陛下之日长也。臣不胜哀痛、号呼，恳切、控吁之至！具本，又于正德十五年三月二十五日，差舍人王鼐赍奏去后，迄今复六月，未奉明旨。

臣之痛苦，刻骨剜心，忧病缠结，与死为邻，已无足论，而臣父衰疾日亟，呻吟床席，思臣一见，昼夜涕洟；每得家书，号恸颠殒，苏而复绝；夫虎狼恶兽，尚知父子，乌鸟微禽，犹怀反哺；今臣父病狼狈至此，惟欲望臣一归，而臣乃依依贪恋官爵，未能决然逃去，是禽兽之不若，何以立身于天地乎？夫人之大伦，内则父子，外则君臣，事君以忠，事父以孝；不忠不孝，为天下之大戮，纵复幸免国宪，然既辱于禽兽，则生不如死；臣之归省父疾，在朝廷视之，则一人之私情；自臣身言之，则一生之大节；往者宁藩之变，臣时欲归省父疾，然宗社危急，呼吸之间，存亡攸系，故臣捐九族之诛，委身以死国难；时则君臣之义为重，今国难已平，兵戈已息，臣待罪巡抚，不过素餐尸位，以苟岁月；而臣父又衰

且，皇上既然已经答应了这件事，却又重新加以限制，这样拿什么来对以后树立信义呢？我平常贪恋官职、爵位，有志于向上进取，也并不是心怀高洁、独来独往、甘于寂寞的人。只是因为疾病缠身，悲哀痛苦深达在心，没有办法才这样做的。现在也并没有就此退休归田，只是乞求暂回故乡，探望父亲的疾病，安排处理一下祖母的葬礼，我呢，也可以医治一下疾病，调理一下身体，稍微喘一口气，等情感稍微有了宣泄，病不再那么厉害了，就立即跑回原地任职，终身为朝廷效犬马之劳。这就是过去人们所说的"报刘的日子短暂，为皇上尽忠尽力的时日还很长呀！"我禁不住痛苦悲哀的呐喊，恳切哀告，极力恳求！我写奏书，又在正德十五年三月二十五日，差派我的仆人王鼐去朝廷奏请，去了以后，到现在又已经有六个月了，还没有接到皇帝的明确旨意。

我内心的痛苦真如刻骨剜心一般，忧虑疾病接连不断地发生，多次差点死去，这些都不值得去评说，我父亲的衰老、疾病一天天加重，只是在床席上呻吟号哭，想念着见我一面，昼夜都是涕泪满面，每次得到家书都哀恸得昏死过去，苏醒之后，重又昏倒。那虎狼一般恶毒的野兽，还知道父子恩义，乌鸟般的小禽鸟，还知道报答哺育之恩，现在我父亲病重到这种地步，只是想让我回家探望一下，可是我还是依恋官职爵位，没有毅然决然地逃回家去，这真是连禽兽都不如，还凭什么在天地间生存立身呢。人间的最大的人伦关系，在内是父亲、儿子关系，在外是君王和臣子的关系；应以忠义来效力君王，用孝心来事奉父亲；不忠不孝的人，将为天下人所杀戮，纵然能逃脱国家法律制裁，但其人格却不如禽兽，即使活着，还不如死了。我回家探望父亲的疾病，在朝廷上看来，那只不过是一个人的私事，对于我自己

老病笃若此，尚尔贪恋禄位而不去，此尚可以为子乎？不可以为子者，尚可以为臣乎？臣今待罪巡抚，若不请而逃，窃恐传闻远迩，惊骇视听；夫人臣死君之难，则捐其九族之诛而不恤，至其急父之危，则亦捐其一身之戮而不顾，今复候命不至，臣必冒死逃归；若朝廷悯其前后恳迫之请，赦而不戮，臣死且图衔结；若遂正以国典，臣获一见老父，而死亦瞑目于地下矣。

臣不胜痛陨苦切号控哀祈之至！除冒死一面移疾舟次，沿途问医，待罪候命外；缘系四乞天恩，归省父疾，回籍待罪事理。为此具本奏闻。

开豁军前用过钱粮疏

十五年九月初四日

照得先因宁王变乱，该臣备行南赣等府，起调各项官军

来说，这却是我一生中的大的气节；过去宁藩叛乱的时期，我常常想回家探望父病，但是国家社稷处于危急之中，在极短的时间内，关系着生存与危亡；所以我置被诛灭九族的危险于不顾，把自己交给国家，为救助国家的危难而死命效力；那个时候是把君臣大义当作最为重要的事情，现在国家的灾难已经平定，用兵征战已经停止，我却冒不孝的罪名巡抚地方，只不过是消耗身体，来苟且延缓生命罢了；并且，我的父亲又衰老病重到这种程度，我还贪恋官禄职位而不去省亲，我还可以为人之子吗？不能为人之子的人，还可以做您的臣下吗？我今以罪自任巡抚重职，如果不作请求擅自回家，恐怕传到远近地方，会使舆论震惊异常，影响很坏。做臣子的为朝廷的安危而效死力，即使冒被诛灭九族的危险也不怜惜；至于为父病而焦急，即使冒被杀的危险也不作顾虑了，现在等待皇帝的命令却等不到，我一定要冒着生命危险逃回家。如果朝廷怜悯我前前后后诚恳迫切地请求，赦免我而不杀，我死后结草衔环也要报答皇帝的恩典；如果终于被按国家法典而正法，我能够看一看老父亲，就算死，在黄泉之下也瞑目了。

我禁不住痛苦，殷切地最大限度哀求期望！除了冒着死罪，一面安排船只成行，一路上访医治病，等待问罪听候命令罢了。这是因为第四次乞求皇上恩准，归家探望父病，回原籍等待问罪等事情，因而写奏折向皇帝奏明。

开豁军前用过钱粮疏

十五年九月初四日

起先由于宁王叛乱，我执行公务去了南赣等府、县，在那里兵快人等追剿，合用粮饷等项，就仰听将在官钱粮支给间；随据吉安府申为处置军饷事开称：

动调兵快数万，本府钱粮数少，乞为急处'等情。已经通行各府，速将见贮不拘何项钱粮，以三分为率，内将二分解赴军前接济外；续为地方事。"臣又看得各处军兵，虽已起调；但前项事情，系国家大难，存亡所关，诚恐兵力不敷，未免误事；又行牌仰各该官司，即选父子乡兵，在官操练，听将官钱支作口粮，候臣另有明文一至，随即启行，去后；续照前项首恶，并其谋党，俱已擒斩，原调各处军兵，久已散归，就经备行江西布政司，通将各府州县，自用兵日起至于撤兵日止，用过一应在官钱粮等项，逐一查明造报，以凭施行，未报查催间；又据江西按察司呈：

为紧急军情事开称：先准江西布政司照会：

正德十四年十月初一日，该蒙户部员外郎黄著案验内开：

蒙本部题奉钦依差在军前整理粮草，今照各哨官军，俱集江西省城；又闻圣驾亦将征讨，跟随官军，未知数目，抽调各种官吏、部队人马等来追击进剿叛贼，应该使用的粮食军饷等，就完全听任把所在官府的钱粮支付给军队；于是根据吉安府申报的安排处置军饷事宜奏文说：

调动了兵将有几万人，我所在的官府钱粮数目很小，乞求马上想办法处理'等等情况。现在已经把通知下给各个府，马上将现有存贮的不管是什么项目的钱粮，按三分之一的比率，将三分之二押解到大部队接济使用，其余的用于地方事宜。"我又看到各地的部队虽然已经开始调动了起来，但前面所提到的叛乱，是国家的大的灾难，关系着国家社稷的存亡，真是害怕兵力不足，耽误了国家的大事；于是又发牌令要各个地方的各级官吏，立即挑选乡间民兵，在官府进行操练，听任他们把官府的钱财支付用作民兵口粮，让他们等我的明确指示到达后，立即开拔，作为援军；前面提到的叛乱的元凶以及他的谋士、党羽，现在已经被抓获处斩，原来征调的各地的军兵，已经分散回归原地；于是经过江西布政司通令，各府、州、县，从动用部队的那一天开始到平定叛乱停止用兵的日子为止，所使用过的全部的官府的钱粮等，都要逐个查看明白，填写成册上报，凭这个来实施政策，没有上报的正在督促催问之中；又根据江西按察司呈报：

特为紧急的军事情况上报：先是按照江西布政司的照会报知说：

正德十四年十月初一，我司接到户部员外郎黄著的案书，说：

我户部承蒙皇帝命令，被派遣在大军之前安排准备粮草，现在得知各路人马，都聚集在江西省城；又听说皇帝要御驾亲

驻札月日，未知久近，所有粮料草束，合仰备行本司掌印等官从长设法处置，或支动在官银两，选委能干官员，趁早多买粮草，预备支应，庶无失误'等因。到司。

彼时，巡按御史唐龙未到本院押解逆犯宸濠等在途，查得江西省城司府及南、新二县，并南、康二府库藏，俱被宁贼抢劫空虚，无从措置，诚恐临期失误，就经会同江西布政司，一面议借军门发侯解京贼银，及南昌府县追到官本等银，给发委官汪宪等，各领买办粮草供应；一面议将各府派银接济缘由，会呈本院，奉批俱准议造册缴报查考。"等因。依奉除南康、九江、南昌三府县，残破未派备行；抚州等十府动支在官银两接济，续因起解首恶宸濠等，并逆党宫眷等项，及补还原借解京贼银官本等银紧急，又经会呈议行，各该府县暂借在官银两前来应济，共计用过银九千七百七十一两四钱，其余见存银两，俱系该解之数，悉行各府差人领回，听其收解外；呈乞施行"等因。到臣。看得所呈，前项供应粮料，买办草料，及自臣起兵以来，费用过钱粮，中间多系京库折银，及兑准粮米等项，俱系支给赏劳兵快人等，及供应北来官军，并犒赈军民紧急支用，计出无聊，事非得已，别无浪费分文，据法似应措补；但今兵荒残破之余，库藏无不空虚，小民无不凋敝，远近人情汹汹，

征，讨伐叛逆，所跟随的官吏、军兵，还不知道具体数目；所驻扎征战的时间，还不知道是长是短，所需要的各项粮食、草料，应该要与我司的掌印官等从长计议，想办法安排调用；有时要动支官府的现有银钱，并选派能干的官员，提前多购买一些粮草，来预备着支付使用，不要有一点差错。'等等情况，传达到布政司。

那时候巡按御史唐龙还没到达；我院押解叛贼宸濠等正在途中，查明江西省城的司、府以及南、新两县，和南、康两府的国库藏粮、藏银，都被宁城的叛贼抢劫一空，没有办法筹划，又确实害怕到时候完不成任务；于是会同江西布政司，一方面商议筹借一些士兵正准备押解进京的叛贼的赃银和南昌府、县追缴到的被抢劫的官府藏银，把钱发给被委派的官吏汪宪等人，去购买粮草来供给征战部队；另一方面又商议将各个府摊派的银两，接济支援的原因，都送报我院；奉命批准要准备制定的本册，上缴报告，进行审查考核。"等等情况。按照指示，除了南康、九江、南昌三府及其各县，因经过征战，被打得残破不堪，没有摊派用银外；抚州等十个府及其属各县动用了官府藏银进行接济支援；接着，由于押解叛乱元凶宸濠等人，以及他的党羽、亲眷等用项，还有补还原来筹借的准备押解到京的赃银、官府的本银等银两非常急迫、紧要；又经过开会商议，决定暂时借用这些府、县的官府用银来应急、接济，总共多用了银两达九千七百七十一两四钱，其余剩下的现有银两，都是应该发还原府、县的银两数目，都已派各府县派人领回，听任他们收讫解回，此事呈报上级乞求准于施行"等等情况传达给我知道。我看到呈报当中，前面几项如供应粮食、草料，购买粮食、草料以

万求公帑赈济；若复派补，必致变生不测，其听解贼赃官本等银，实系宁贼抢劫官库积蓄，刻剥小民脂膏，相应存留以救困竭；今又尽数解京，地方空匮，委果已极！查得各处用兵，请给内帑，或借别省钱粮接济；迩者宁贼非常之变，事起仓卒，虽欲请给内帑，势有不及；后蒙该部议准，许于广东军饷银内，支取十万；随幸贼势平定，前项准借银两，亦遂停止，分毫不曾取用；伏望皇上，悯念地方师旅饥馑之余，民穷财尽，困苦已极，近又加以水灾为患，流离益甚；乞敕该部查照，转行江西布、按二司，将自用兵以来，支取用费过各该府县京库折银及兑准粮米等项，通行查明，各计若干，照数开豁，免行追捕，乃仰备造文册，缴部查考，庶军民得以少苏，而地方可免于意外之虞矣。

及从我发兵以来，所支付的费用、钱粮，里面大多是京城国库折合的用银，还有兑付的粮米等项目，都是支付用作兵将的赏赐等，还有的用作供应从北面来的官军的用粮和犒劳赈济军民紧急支付的粮银，这些都是出于无奈，不得已而这样做的。并没有浪费一分钱，按照法例似乎可以想办法补足；但现在，经历了兵荒的破坏之后，府库藏银没有不枯竭的，贫苦百姓没有不凋敝破落的；远远近近的人民的情绪纷乱不稳，于是恳求朝廷用国库银加以赈济；如果重又摊派银两进行补足，必然会导致产生无法估测的危急。那些听候押解进京的赃银，实际上是宁府的叛贼抢劫的官府大库的积蓄、向老百姓搜刮的民脂民膏，应该相应地留下一些来救助这里的困顿窘迫；现在把这些银两又全部押解进京，地方上就会更加匮乏空虚，疲困已到了极点！查得，各地用兵，虽想请求中央拨款接济，但时间条件却不允许，只得借用别省的钱粮救济应急；近来又发生宁贼这样不同寻常的变乱，较为仓促急迫，虽然想请求朝廷拨发宫中银两应用，但形势所迫又来不及这样做；后来承蒙该部议定批准，答应从广东的军饷用银里面，抽支了十万两。现在随着叛乱平定，前面所批准借用的银两，也停止了借用，所以一分一毫也没有支取使用。乞求皇上，怜悯地方上因遭受了兵革之苦和饥荒之后，小民贫穷，财物困乏已尽，痛苦困顿到了极点；再加发生水灾，流离失所的人更多了；乞求下旨令该部查明实情，转而令江西布、按两司，将自动兵讨伐逆贼以来，所支取使用的费用，超过了这里各个府、县国库折合使用的银两以及兑付的粮食等各个项目的数字，通知加以查明，每项所计算的数目，按数进行豁免，免于追查补收；还仰赖他们准备书册填写各项，上缴户部核查。从

征收秋粮稽迟待罪疏

十五年十二月初十日

据江西布政司呈：

"准布政使陈策等咨：

'照得正德十四年税粮先准参议周文光，奉户部勘合派属征解，随因圣驾南巡，各府州县官，俱集省城听用，前项钱粮不暇追征；正德十五年正月初二日，蒙巡按江西监察御史唐龙案验：

'为乞救兵燹穷民，以固邦本事：该巡抚苏松都御史李充嗣题称：

"江西变乱，南昌、南康、九江等府，首被烧劫，其余府县大军临省，供应浩繁，要将该年税粮，尽行停免"等因。备行分守南昌五道，勘议得南昌府南、新二县被害深重，应免粮差三年；其余州县并瑞州等十一二府属县，俱应免粮差二年。'回报到司。"即转呈本院具题外；本年二月内续蒙钦差户部员外郎龙诰案验：

"为儹运粮储事；备行本司督催该年兑准钱粮交兑，遵依节行催征间，本年三月初五日，随准漕运衙门照札，坐到兑军本色米八万石，折色米三十二万石，改兑米一十七万而希望军民可以得以稍微复苏、缓和,并且使地方上也可以免于意想不到的祸乱了!

征收秋粮稽迟待罪疏

十五年十二月初十日

根据江西布政司呈报:

"准照布政使陈策等人的咨文,说:

'正德十四年的粮税,先是批准参议周文光,奉户部的命令勘查合计分派到各属地的征粮并解押,因为皇帝南巡,各个府、州、县的官吏都聚集在省城听候调用,前面的那一项钱粮都没时间追催征缴;正德十五年正月初二,承蒙巡按大人、江西监察御史唐龙考据查验:

'为了乞求救助兵荒后的灾情和困苦的老百姓,来巩固国家的根本一事:该地巡抚苏松都御史李充嗣写道:

"江西发生叛乱,南昌、南康、九江等府县,首先遭受到了烧杀抢掠;其他的各个府县,因为讨伐叛贼的大军到来,兵临省城,都需要繁多的钱财供应,所以要把这些地方本年粮税,全部免除"等等情况。让南昌分守的五道,勘查得知南昌府南、新二县受灾最为沉重,应该免除他们三年的粮税、差役;其他的州、县以及瑞州等十二府所属的县,都应该免除两年的粮税、差役。'这些都报告到布政司。"这些都立即转递到本院审阅了;今年二月里,又承蒙钦差大臣、户部员外郎龙诰案批查验:

"为了积聚粮食,进行存储运输一事:本司执行督促催问今年应兑付钱粮税赋的交纳兑付任务,在依照命令进行催促征粮缴纳期间,今年三月初五,准其于漕运衙门依照公文,把石，每石连耗折银七钱，备行作急征完起运。"本月二十八日，又蒙抚按衙门案验：

"为地方极疲，速赐恩恤，以安邦本事：该南京工科给事中王纪等奏奉钦依，自正德十四年以前，一应钱粮，果系小民拖欠未完的，俱准暂且停征，还着各该官司设法赈济，毋视虚文。"钦遵通行外；又蒙员外郎龙诰案牌，将粮里严加杖并，急如星火；小民纷纷援例赴司告豁；呈蒙抚按衙门，批行本司，给示晓谕纳粮人户，先将兑军征解，小民方肯完纳；转行参议魏彦昭督运；续因本官去任，又经呈批参政邢珣暂管督兑；本官于五月二十日遍历催儹，通将征完本色米八万石，兑完起运讫，其折色银两，催据广信等府属县陆续征解，近于十一月十三等日抄奉漕运衙门照札，备行本司，将兑运折色银三十四万三千两，务要征完足数，差官协同运官解部'等因。依奉通行外；今照该年税粮，委因事变兵荒，经理不前，及专管提督官员，更代不常；况奉部院明文，征免不一，小民不服输纳，官府掣肘难行，因而稽延；若不预将前情转达，诚恐查究罪及，未便，等因。备呈到臣。

已到的兑付军饷的本色米八万石,折合成色米三十二万石,改作兑付米一十七万石,每石米消耗折合银两七钱,务必紧迫征剿完后,开始运输。"这个月的二十八日,又承蒙抚案衙门考据验阅:

"因地方上极为疲苦困乏,快速赐予恩惠以抚恤,来使国家的根基得以安定一事:南京的工科给事中王纪等人奏请并得到皇帝的恩准,从正德十四年之前的全部应征钱粮,确实属于贫苦百姓拖欠没有办法交纳的,都恩准暂时停止征缴,另外还令这里的各级官吏想方设法地加以赈济救助,不得看作表面文章,不加重视。"这些都遵照圣旨去办理了。又承蒙员外郎龙诰发下牌令,将征粮里长都严加杖刑斥责,催促征粮像星火一样紧急;贫苦百姓都按照往年的惯例,觉得不该缴征,就纷纷到有关部门告请,要求豁免这些粮税;又呈蒙抚按衙门批示各司衙向应纳粮的人户解释并通知,让他们先将兑付军饷的粮食上缴解运,这样,贫苦百姓们才肯交纳这一项征粮;又转命参议魏彦昭监督漕运征粮;接着,因为我离任,又经过呈报上级,批准让参政邢珣暂时管理督促征粮兑付事务;我于五月二十日,遍行催促将粮食聚集在一块,征缴完的本色米八万石,兑交完毕后开始漕运,这事才算告一段落;那些折合色米所应付银两,催促广信等府所属各县陆陆续续进行征缴解运;近来,在十一月十三日等几天从漕运衙门抄报,依照公文,布政司执行,把兑付漕运的折色银子共三十四万三千两,务必要按应缴数目全部征纳,由差派的官吏和漕运官吏解押到户部。"等等情况。这些也都依据指示通令执行。现在,今年的粮税,确实由于发生了叛乱和大军征伐的破坏,不能够安排执行得很顺利了,还有专

窃照江西钱粮，小民所以不肯输纳，与有司所以难于追征者，其故各有三，而究其罪归，则责实在臣。何者？宸濠之叛，首以伪檄除租，要结人心；臣时起兵旁郡，恐其扇惑，即时移文远近，宣布朝廷恩德，蠲其租赋，许以奏免；谕以君臣之分，激其忠义之心，百姓丁壮出战，老弱居守，既而旱灾益炽，民困益迫，然而小民不即离散者，以臣既为奏请，虽明旨未下，皆谓朝廷必能免其租税，尚可忍死以待也。夫危急之际，则啗之免租，以竭其死力；事平之后，又罔民而刻取之，人怀怨忿不平，此其不肯输纳之故一也。

及宸濠之乱稍定，而大军随至，供馈愈烦，诛求愈急，其颠连困踣之状臣于前奏已略言之；百姓不任其苦，强者窜

管这事的提督官,时不时进行更换;况且,按照部、院的明文规定,对各个地方的粮税,应征缴或应免除多少,都不一致,贫苦百姓都对征纳税赋表示不服,加上官府之间又互相扯皮,致使政策难以执行,所以才导致征缴的期限推迟了;如果不把前面的这些情况预先报告传达,真是害怕在查究责任时将罪名落到我头上,那就太不好了。等等情况都呈报给我。

实际上江西的粮税钱赋,贫苦百姓之所以不肯缴纳和有关部门之所以追催缴纳时困难重重,原因各有三个。如果追究这责任到底在谁头上,那么,责任实际是在我身上。为什么呢?宸濠在搞叛乱的时候,首先张贴檄文,说要免除老百姓的租税,以此来收买人心;我当时在他的邻郡发兵征讨,怕他煽动、惑乱民心,当时遍贴告示到远近各地,宣传通告朝廷的恩义德政,说要蠲免他们的租赋,并答应他们向皇帝奏请,免除粮税;向他们晓谕君臣大义和职责,激励他们为国尽忠尽义的决心,于是,老百姓中,丁壮少年都参加了征讨逆贼的战斗,老人弱者都在家园居住守护;紧接着旱灾更加厉害,民众的困顿更为紧迫。然而,贫苦百姓之所以不立即离散,逃往他乡,是因为我已经替他们向皇上上奏请求了。虽然明确的旨意还没发下,却都认为朝廷必然会免除他们的租税,还可以忍着死的危险来等待。在国家社稷处于危急存亡的关键时刻,答应老百姓将免除他们的租税,让他们在征讨叛贼时尽死力来出战;等到变乱平定之后,又把老百姓置于死地,向他们斤斤计较地索取,所以老百姓心中都愤愤不平,怨声载道,这是他们不肯缴纳粮税的第一个原因。

等到宸濠的叛乱稍微平定之后,并且征逆大军也到达了,要老百姓供应的粮钱更加繁多,对他们的索取也更加急迫,老

而为寇，弱者匿而为奸；继而水灾助祸，千里之民，皆为鱼鳖，号哭载途喧腾求赈，其时臣等既无帑藏之储，又无仓廪可发，所以绥劳抚定之者，更无别计，惟以奏免租税为言；百姓眀眀胥谗，谓命在旦夕，不能救我，而徒曰免税，免税岂可待邪？盖其心以为免税已不待言，尚恨其无以赈之也，已而既不能赈，又从而追纳之，人怨益深，不平愈甚，此其不肯输纳之故二也。

当大军之驻省，臣等趋走奔命，日不暇给，亦以为既有前奏，则赋税必在所免，不复申请，其时巡抚苏松等处都御史李充嗣奏称：

"江西首被宸濠之害，乞将该年税粮军需等项，俱行停免。"该户部覆，题奉圣旨：

"是各被害地方，着抚按官严督所属，用心设法赈济，钦此！"又该给事中王纪奏，本部覆题，奉圣旨："是这地方委的疲困已极，自正德十四年以前一应钱粮，果系小民拖欠

百姓的贫穷困顿、破落不堪的状况，我已经在前面的奏折里，大致上都谈过了。老百姓不堪忍受这种困苦，强壮的人开始偷窃，成了盗贼，懦弱的人藏匿起来成为奸民；接着又爆发了水灾，更增加了祸患，长达千里之地的老百姓，成为水乡泽地里的"鱼鳖"，他们号叫痛哭，布满了道路，喧闹哀求，要求朝廷对他们进行赈济。那时候，我等人既没有储存的藏银，又没有可以发放的仓库存米，而我所凭借的安慰抚恤老百姓的办法，并没有什么可以筹算的，只能用上奏皇帝请求免除他们的租税作为口实、诺言；老百姓们侧目而视，窃窃私语，说自己的命在旦夕之间就要失去了，不能救助他们，而只说要免除他们的租税，免除租税难道还需要等待吗？原来他们心里已认为免除租税已经是没说的了，还怨恨朝廷没有对他们提供赈济呢，不久，国家既没有对他们进行赈济，又接着对他们追催缴纳租税，人们的怨恨更加深切，更加愤愤不平，这是他们不肯缴纳征粮的第二个原因。

当征逆大军驻扎在省城后，我等一干人奔波赴命，每天的事情繁多，令人忙不过来，我当时也认为，既然已经向皇上上奏请求过，那些要征的赋税一定是列在被免除的行列，所以没有再次上报申请，那时候巡抚苏松等官吏、御史李充嗣上奏说：

"江西首先遭受了宸濠叛乱的危害，乞求将这一年的应缴纳的粮、税、军饷等，全部免除。"户部将奏请传达到朝廷，接到圣旨说：

"那些都是遭受了灾害的地方，让抚按官严厉督令其各管辖地方的官吏，想方设法，对他们进行赈济。钦此！"另外，该地给事中王纪上奏，又交到朝廷审阅，接到圣旨说"以上这些

未完的，俱准暂且停征。还着各该官司设法赈济，毋视虚文钦此。"俱钦遵。该部备咨前来，臣等正苦百姓呦呦，咨文一至，如解倒悬，即时宣布，百姓闻之，欢声雷动，递相传告，旦夕之间，深山穷谷，无不毕达；自是而后坚守蠲免之说，虽部使督临，或遣人下乡催促，小民悉以为诈妄，群起而驿缚之，催征之令，不复可行，此其不肯输纳之故三也。

郡县之官亲见百姓之困苦，又当震荡颠危之日，惧其为变；其始惟恐百姓不信免租之说，指天画地，誓以必不食言；既而时事稍平，则尽反其说而征之，固已不能出诸其口矣；况从而鞭笞捶挞之，其遽忍乎？此其难于追征之故，一也。

三司各官，旧者既被驱胁，新者陆续而至，至则正当扰攘，分投供应，四出送迎，官离其职，吏失其守，纠结纷拏，事无专责，如群手杂缲于乱丝之中，东牵西绊，莫知端绪；

地方，确实疲苦贫困到了极点，从正德十四年以前的全部应征钱粮，确实是贫苦百姓拖欠了、没有交纳的，都准予暂时停止征缴。还要令这里的各级官吏想方设法，对受灾百姓加以赈济，不得把这看作是表面文章，要切实执行。钦此。"这些也都按圣旨所要求的去做了。户部的咨文也传达了下来，我正苦于老百姓唠叨不休、苦苦哀求呢，咨文一到，就如解决了倒悬的危险，我立刻把户部的咨文向老百姓宣布，老百姓们听说了这件事，欢声雷动，相互传告，只不过是从早晨到晚上的这么短的时间，就从这里到深山、穷谷里的老百姓都已传达到了。从这以后，老百姓们都坚持应交纳的粮税被蠲免了的说法；因此户部使者督促交粮，有的派人到农村去督促催问，贫苦百姓们都认为这是妄图诈骗、胡作非为，大家集合起来对催征的人进行捆绑驱逐。督促缴征的命令，不可能再执行下去了。这是老百姓们不肯缴纳粮税的第三个原因。

　　州县官吏亲眼看到老百姓的穷苦困顿状况，当时又处于逆贼叛乱，国家动荡危急的关头，他们害怕百姓也发生变乱，开始的时候，只是害怕老百姓不相信要免除他们租税这个承诺，于是指天画地地发誓，说一定不会违背诺言；不久，宁贼叛乱平定了，国家则就违背了承诺，又向老百姓催促交征，这就使官吏的嘴里说不出催征粮食的话，很难为这些郡、县官吏了；况且以后又使其鞭打、杖罚，责罚老百姓要粮税，他们又怎么能忍受这样做呢？这是追催缴征困难重重的第一个原因。

　　布政、都指挥、按察三司，过去的官吏已经因为被叛贼挟持胁从，现被驱逐了，新任命的官吏陆陆续续到来，到了之后正赶上要援助北来的讨逆大军，让他们分头去组织供应粮草的

既而部使骤临，欲于旬月之间，督并完集，神输鬼运，有不能矣；此其难于追征之故，二也。

夫背信而行势已不顺；若使民间尚有可征之粟，必不得已剜剥而取之，忍心者尚或能办也；而民之疮痍已极矣，实无可输之物矣，别夫离妇，弃子鬻女，有耳者不忍闻，有目者不忍睹也；如是而必欲驱之死地，其将可行乎？此其难于追征之故，三也。

夫小民之不肯输纳，既如彼；而有司之难于追征，又如此；后值部使身临坐并，急于风火；百姓怨谤纷腾，汹汹思乱，复如将溃之堤；臣于其时，虑恐变生不测，谓各官与其激成地方之祸，无益国事，身膏草野，以贻朝廷之忧；孰若姑靖地方，宁以一身当迟慢之戮乎？因谕各官追征毋急，以纾民怨；各官内迫于部使，外窘于穷民，上调下辑，如居颠屋之下，东撑则西颓，前支则后圮，强颜陵诟之辱，掩耳怨憨之言，身营闾阎之下，口说田野之间，晓以京储之不可缺，谕以国计之不得已，或转为借贷，或教之典拆，忍心于捶骨剥脂之痛，而浚其血，闭目于析骸食子之惨，而责其逋。

任务,他们都到各地去迎接、护送,当官的离开了他们的职责,忽视了他们的职守,纠缠在纷繁事务当中,事情都没有专门负责的,就像一群手被缠绕在乱麻当中,东牵西绊,互相扯皮,找不到明确的头绪;不久户部的使官突然到来,想在十个月的时间内,把粮税征缴完毕,这时候,就是鬼神有搬运之术的话,也不能完成这项任务了。这是督促缴征困难重重的第二个原因。

违背信义去执行命令,形势本来已经很不顺利了,如果老百姓家里还有可以征敛的粟米,一定会不得不来剜剥这些财物,都拿走,心狠人也许还能够去这样做;但是乡下已满目疮痍,老百姓已破落穷苦到极点了,实在没有可以拿得出的东西了;老百姓夫妻离散,卖儿卖女,长耳朵的人不忍心去听,有眼睛的人不忍心去看;像这样一定想把他们置之死地的话,那征粮的事怎能进行呢?这是督促征粮困难重重的第三个原因。

百姓不肯缴纳粮税,就像已经说到的那样;而有关部门在督促缴纳租税时困难重重,又如上面说到的这样。后来正值户部使官亲身坐镇江西,像风火一样急迫地督令;老百姓怨声载道,谤言纷腾四出,火气汹汹,想搞变乱,重新又像将要崩溃的防洪大堤;在这个时候,我考虑到会产生不测的变乱,对各级官吏说:与其把百姓逼迫到搞叛乱的地步,不利于国家大事,还不如使自己葬身于草野之中,以免朝廷之忧患;为使地方上处于平定,宁愿让自己一个人因迟误了朝廷的命令的罪责而被杀戮。因此晓谕各级官吏不要急于追征粮税,来使百姓的怨气爆发,各级官吏在内受到户部使官的逼迫,在外又因穷困的百姓的怨愤而窘迫;在上边被役使,在下边又向百姓作辑求情,就像在要坍塌的房屋里居住一样,支撑住东墙,那么西墙就倒下,顶挡住

共计江西十四年分兑军本色米八万石，折色米三十二万石，改兑米一十七万石；臣始度其势，以为决无可完之理；其后数月之间，亦复陆续起解完纳，是皆出于意料之外，在各官诚窘局艰苦，疲瘁已极，亦可谓之劳而有功矣。今闻部使参奏，且将不免于罪，臣窃冤之。

昔之人，固有催科政拙，而自署下考者；亦有矫制发廪，而愿受其辜者；各官之以此获罪，固亦其所甘心，但始之因叛乱旱荒，而为之奏免者，臣也；继之因水灾兵困而复为中奏者，臣也；又继之因朝廷两有停征赈贷之旨，而为之宣布于众者，亦臣也；又继之虑恐激成祸变，而谕令各官从权缓征者，又臣也；是各官之罪，皆臣之罪也。

前面，后面又坍塌了，对污言秽语的侮辱强作笑颜，对怨恨愤怒的话语上耳朵装听不见；身在里巷的门下工作，在田野里用口劝说他们，向他们讲述国家不可缺少储粮的道理，论说征粮是国家的大计，没有办法才去征粮的；有的替他们进行转借，有的教他们典押东西、拆卸房子，狠心地看着他们捶打骨头、剥蚀脂膏般的痛苦，看他们在流血；闭眼看他们析骸而爨、易子而食的惨剧发生，却责骂他们的拖欠、延迟赋税。

江西在正德十四年共计摊派兑付军饷的本色米八万石，折合成色米三十二万石，改成兑付米一十七万石；我开始时考虑，在当时的形势下，认为绝不可能有完全按数征缴的道理，在以后的几个月里，却陆陆续续地征缴完毕并开始漕运，这都是出乎我的意料之外的。那些执行政令的各级官吏，确实痛苦窘迫，处境艰难，疲乏劳累到了极点，也可以说他们是有功之臣了。现在听说户部的使官上奏参劾，对他们并没有免除罪责，我却私下里替他们感到冤枉。

古代的人，固然有的在催征的工作中政绩拙劣，但却能亲自下到田间，进行考察，问民疾苦；也有的人假托君命，发布诏敕，把府第仓库的粮食发放下去，而愿意领受罪责；各级官吏因为这个而获得罪名，固然也是他们心甘情愿去这样做的，但开始的时候，是因为发生了叛乱和旱荒，而替他们请求免除租税，是我；接着因发生了水灾和兵荒，又再次替他们申报请求免除租税的，是我；接着因为朝廷两次发下免除老百姓的征粮并对老百姓加以赈济的圣旨，替他们在大庭广众之下把这个消息宣布下去的人，也是我；接着，考虑到怕把百姓逼急而出来叛乱的祸患，而通知命令各级官吏权且从缓征缴老百姓粮税的人，

今使各官当迟慢之责，而臣独幸免，臣窃耻之，夫司国计者，虑京储之空匮，欲重征收，后期者之罪，而有罚俸降级之议，此盖切于谋国忠于事君者之不得已也。

亦岂不念江西小民之困苦，与各官之难为哉？顾欲警众集事，创前而戒后，固有不得不然者；正所谓救焚身之患，不遑恤毛发之焦，攻心腹之疾，不得避针灼之苦耳。伏望皇上悯各官之罪，出于事势之无已，特从眚灾肆赦之典，宽而宥之，则法虽若屈，而理亦未枉。

必谓行令之始，不欲苟挠，则各官之罪，实由于臣，即请贬削臣之禄秩，放还田里，以伸国议。

如此，则不惟情法两得，而臣亦可以借口江西之民，免于欺上罔下之耻矣。

臣不胜惶惧待罪之至！缘系征收秋粮，稽迟待罪事理，为此具本请旨！

又是我；因此各个官吏所获得的罪名，都是我一个人的罪责。

现在使各个官吏担当起了迟慢皇帝命令的罪责，而唯独我幸免了，我私下里为这个而羞耻。管理国计民生的人，考虑到京城国库储蓄空虚，想再次征敛赋税，后来又获得了迟慢君令的罪责，却又有罚减他们的俸禄，降低他们官职的动议，这全是出于为国家的大事谋划、对皇帝尽忠所不得不这样去做的。

难道他们也没有考虑到江西老百姓的穷苦困顿，以及各级官吏的不好做吗？想顾念警惕小民们集众闹事，使工作得以进展而又警戒后院起火，这本来就是没有办法才不得不这样做的；这正是人们所说的，想救助身体被焚烧的祸患，就不能怜恤头发被烧焦；医治心脏、腹部的病痛，就不能躲避针灸灼痛之苦罢了。希望皇上，怜悯各个官吏的罪责是出于形势急迫，毫无办法才导致的，特别根据因天灾而赦免罪过的典章，宽恕他们，饶恕他们；那么法令虽然像是被曲解了，但道理上也不算过分。

如果一定要说，在法令刚刚实行的时候，不想暂时饶恕他们，那么各个官吏的罪责，实际上是因为我而导致的，就请削减我的俸禄，把我撤职，放回家去，来使国家的舆论得到正常伸展。

这样一来，不但情义和法令都可保全，而我也可以借口是为了江西的老百姓，而免除了欺上罔下这个罪名的耻辱了。

我禁不住惶恐地等待朝廷降罪，诚挚之情到达了极点！这本是为征收秋粮，迟误了命令，等待降罪的事情，特为这件事写本上奏，请求皇上旨意！

巡抚地方疏

十五年四月二十五日

据江西布政司呈：奉臣案验：照得本院前任巡抚衙门，近遭兵火废毁，兼以地址僻隘低洼，每遇淋雨，潢潦浸灌，见今本院在于都司贡院诸处衙门寄驻，迁徙不常，居无定止，人无定向，妨政失体，深为未便；合行议取，为此仰抄案回司，即便会同都按二司官，从长议查省城官民没官房屋，及革毁一应衙门，可以拆修改造者，会议停当，呈来定夺毋得违错！"等因。

依奉会同都指挥佥事王继善，按察使伍文定，议得前项衙门，先年建于永和门内，僻在一隅，地势低洼，切近东湖，一遇淫雨，辄遭浸漫；近因大军驻札，人马作践，俱各倒塌；及查巡按衙门亦皆年久朽烂逼侧，俱难居住，欲择地盖造，缘今地方兵荒之后，取之于官，则官库空竭；敛之于民，则民穷财尽；反覆思惟，无从措置；查得承奉司并织造机房各一所，系是没官之数，俱各空闲，地势颇高，规模颇广，合无呈请将承奉司暂改为都察院衙门，机房改为巡按衙门，委官相度，趁时修理，如此则工费不繁，民力少节，实为两便。"缘由。

巡抚地方疏

十五年四月二十五日

根据江西布政司呈报："经我案考验查：'我院的前一任的巡抚衙门，近来由于遭受战争，被大火烧毁，再加上地址偏僻、狭隘、地势低洼，每次遇到下大雨，就会大水汪洋，被浸灌起来，现今我院是在都司贡院等地方寄住，时不时地迁址搬家，居住没有固定的地址，人员没有固定的来往场所，妨碍政务，有失体面，非常地不便利；应该商议一下找取一处使用，为这事仰赖你们抄此案文回布政司，立即会同都、按二司的官员，从长计议，查找省城里官员、百姓被抄没的房屋，以及被战争摧毁的全部衙门，可以进行拆修、改建的，一起商议稳妥，呈报上来来定夺决定，不得违备有错！'等等情况。

依照命令会同都指挥佥事王继善、按察使伍文定，议定查明前任的衙门，早年是修建在永和门内的，在一个角落里，很偏僻，地势低洼，离东湖很近，一遇到大雨连绵，就会遭到淹没；近来由于征逆大军在这里驻扎，人来车往，战马乱跑，践踏得一塌糊涂，全都倒塌了；另外查明，巡按衙门也因年久失修，朽烂不堪，都很难再去居住，想选择地址另行修建，由于现在这些地方经受了兵荒之后，建房费用，如果从公家库藏里面支出的话，那么官库也很枯竭了；如果向百姓再作征敛，那么百姓也穷困不堪，财物早已被征尽了；反复地进行考虑，没有办法去筹办。又查明承奉司和制造机房各有一所房屋，这些都被列在被抄没的官府之列，现在也都空闲着，地势也很高，规模也很广大；合计后觉得，呈报请求将呈奉司暂时改作都察院的衙门；机房暂时改作巡按衙门，委派的官吏互相住在一起，趁着空闲再

呈详到臣，查得先为计处地方事，该臣会同巡按御史唐龙议奏："乞将抄没宁府及各贼党田地房屋，令布、按二司掌印及守巡并府县官员从实覆查，委系占夺百姓，遵照诏书内事理，各给还本主管业，及将于内官房，酌量移改城楼窝铺衙门，余外田地山塘房屋，仍令各官公同照依时估变卖，价银入官，先尽拨补南、新二县，兑军淮安京库折银粮米及王府禄米外；有余羡收贮布政司官库，用备缓急。"缘由。

会本具题去后，未奉明旨；今呈前来，为照各项衙门果已废毁，当兹兵火之余，民穷财尽，改创实难；今该司议将前项没官房屋暂改，不费于官，不劳于民，工省事易，诚亦两便；似应准议，除行该司一面委官趁时修改，暂且移驻，以便听理；候民困既苏，财用充给之日，力可改创，再行议处。

修理一番，这样的话，工程费用也不繁多，还可以节约一点民力，实在是一举两得的好办法。"是这个情况。

奏文详细情况呈报给我，查明这首先是为地方上筹划的事，我会同巡按御史唐龙商议上奏："乞求将抄没的宁府以及各个叛贼的田地、房屋，命布、按两司的掌印官以及守巡官和府、县的官员重新从实复查，确实是抢占老百姓的，根据诏书里所要求的条文，都分别发还给他的原主管理使用；另外将里面的官府用房，酌量改建成城楼、窝铺衙门，剩余的田地、山塘、房屋，仍然命令各级官吏共同行动，按时估价变卖，那些变卖的银两充公，这些钱先尽量拨发，补给南、新两县，用作兑付军饷以及淮安国库所折的粮、钱以及王府里的俸禄用米后，有剩余的，就在布政司的官库里贮存，以预备着有紧急情况时使用。"是这个情况。

写本详细上奏了，到现在还没得到明确旨意；现在又呈上奏文，为提醒各个类型的衙门确实已经废毁，当时处于兵火蹂躏之后，民众贫穷，财产耗尽，改造新建确实很难，现在布政司议定将前面提到的那些被抄没的房屋，暂时进行改建，这样不花费官银，也不让老百姓受劳累，工程俭省，办事容易，这确实是一举两得的事；这似乎应该批准这项建议。除了命该司，一方面委派官吏趁时进行修理改建之外，暂且搬迁到那里去驻扎，以便于处理政务；等百姓的贫困已经缓解了，财物的使用比较充足的日子，可以另改新建，到时候再商量着去办！

剿平安义叛党疏

十六年五月十五日

据江西按察司按察使伍文定关称："奉臣批据南康府通判林宽，安义县知县熊价，奉新县典史徐诚呈开：'俱奉本院纸牌，及巡按御史唐龙、朱节等计委追剿逆贼杨本荣等，依奉前后诱捕及于沿湖各处敌战擒斩共一百二十六名颗；并于杨子桥巢内搜获伊原助逆领授南昌护卫中千户所印信一颗，合就解呈，奉批：仰按察司会同都、布二司官，将解到贼级，纪验贼犯，鞫审明白，解赴军门，以凭遵照；钦奉敕谕事理，就行斩首示众，有功员役，分别等第，呈来给赏施行；并蒙巡按江西监察御史唐龙批：按察司会同各掌印官审究，及将有功官役并阵亡之人，查明具招呈报；又蒙巡按江西监察御史朱节批：看得各犯罪恶贯盈，致勤提督衙门调兵擒剿，事情重大，按察司会勘明白，中间如有事出胁从，情可矜疑者，通具呈报"等因。依奉；会同都指挥佥事高厚左、布政使陈策等议得贼犯杨正贤等累世穷凶，鄱湖剧患，近复从逆，幸而漏网，啸聚劫囚，敌杀官兵，滔天之罪，远近播闻；通判林宽等克承方略，首事缉捕，虽有小衄，竟收成功；知县熊价到任甫及半月，仓卒偶当其冲，终能有备，多所擒获；典史徐诚奉调领兵破贼，适中机会；署都指挥佥事冯勋鼓勇而前，贼遂奔溃；其典史周祐，阴谋散党隐然之迹，未可泯弃，合无呈乞钧裁，将署都指挥佥事冯勋通判林宽知县熊价典史徐诚俱优加犒奖；林宽、熊价仍旌其除暴

剿平安义叛党疏

十六年五月十五日

根据江西按察司按察使伍文定上报说："据我批示：根据南康府通判林宽、安义县知县熊价、奉新县典史徐诚呈报说：'全部依奉我院的牌令，并在巡按御史唐龙、朱节等人筹划委派下，进剿叛贼杨本荣等人，前前后后通过诱捕以及在沿湖一带同叛贼进行战斗，共斩杀了叛贼一百二十六名；并且，还在杨子桥的家中搜查到了她原来协助搞叛乱而贸然领授的南昌护卫中千户的官印一颗，也一起解押呈交。依奉批文：仰赖按察司会同都、布两司的官员，将解押到的叛贼以及尸首，把叛贼验查记录下来，对他们审问明白，解赴到法场，听候发落；根据皇帝的圣旨所指示的条文，就把他们斩首示众；对那些有功的官员、差役，分出立功等级，呈报上来给他们施行奖赏。另外承蒙巡按大人、江西监察御史唐龙批示：按察司会同各个掌印官审问查究罪犯，以及将有功的官员、差役和在征剿叛贼时阵亡的人，都查问清楚，以及罪犯口供一起呈送上报；又承蒙巡按大人、江西监察御史朱节批示：看到各个罪犯真是恶贯满盈，致使有劳提督衙门调军兵前去擒拿进剿，这是重大事件，按察司要会同大家一起把案情勘查清楚，其中如果有参与叛乱的胁从者，情况有嫌疑的人，都写来呈报。"等等情况。都依据指示去做了；会同都指挥佥事高厚左，布政使陈策等人查明议定贼犯杨正贤等人都是几世的穷凶极恶之人，是鄱阳湖的大祸患，近来重又搞叛乱，这次有幸漏网了，他纠集逆贼前来打劫囚犯，进行劫狱，杀死了官兵，他的滔天大罪，远近都有传闻；通判林宽等人，制定了战略战术，首先对叛贼进行缉捕，虽然有小的损

安民之劳，典史周祐另行赏赉，随征南昌前卫千户马喜，新建县县丞黄仲仁，南昌县主簿陈纪，安义县主簿崔锭，建昌县税课局大使江象，安义县领哨义官杨震七，协守县治；安义县县丞何全，典史陈恒昭，把截九里三渡；南昌前卫指挥梁端，千户周镇，俱量行犒劳；其余获贼吏兵、哨长、保长、总小甲人等，查照近日告示事理，分别等第，一一给赏，阵亡阵伤义兵程碧程魁七等，俱各优恤其家，给赏汤药之费；如此庶使有功者录，而人知所劝，死事者酬，而人无所憾矣。仍行该府县，将逆贼杨正贤等，妻男财产，估变价银修筑县城，尤为便益缘由，同查过功次文册，关缴到司。'备由转呈到臣。簿查正德十五年十一月初十日，据江西按察司副使陈槐关称："原问犯人胡顺并杨子桥等家属财产，通该查抄解报，呈详。"已批该司查照施行，务得的实，毋致亏枉外；续据安义县申称：

伤，竟然大获全胜；知县熊价上任还不到半个月，仓促间偶然出战，首当其冲，终究是有所准备，擒拿抓获了不少逆贼；典史徐诚服从调动，带领军兵前去攻打逆贼，正好赶上了围攻逆贼的时机；署都指挥佥事冯勋，一鼓作气，奋勇向前，贼兵于是奔逃溃败；典史周祐，暗中在逆贼中安排了内应，在逆贼中隐姓埋名侦得实情，功劳真是不可泯灭呀；望上级根据情况进行公平裁定；将蜀都指挥佥事冯勋、通判林宽、知县熊价、典史徐诚，都从优加以犒赏奖励；对林宽、熊价，仍表彰他们清除凶暴，安定百姓的功劳，对典史周祐，另外进行奖赏；跟随征讨的南昌前卫千户马喜、新建县县丞黄仲仁、南昌县主簿陈纪、安义县主簿崔锭、建昌县税课局大使江象，安义县领哨义官杨震七，都协助护守县里的治安；安义县县丞何全、典史陈恒昭，把守截堵住了九里三渡；南昌前卫指挥梁端，千户周镇等，对他们都应该量功行赏、犒劳；其余的抓获逆贼的官吏、士兵、哨长、保长、总小甲长等人，都根据近来张贴的告示规定，对他们的功劳分类，都一一地进行奖赏；在战斗中阵亡的、负伤的义兵程碧、程魁七等人，对他们的家属都分别优待、抚恤，并赏赐给医治的药费；这样才可以使有功劳的人享受官、禄，并且人们也会受到劝勉；对为征讨逆贼而献身的人进行酬报抚恤，这样人们才觉得没有缺憾了。另外仍命令各府、县的官吏将贼犯杨正贤等人的妻子孩子、财产所估价变卖的银两，用来修筑县城，尤为便利的缘由，和查验过的立功等级的文册，都缴报到司里。"这报告又呈递给我。从文簿里查知正德十五年十一月初十日，根据江西按察司副使陈槐报告说："已被抓获的案犯胡顺、杨子桥，对于他们的家属、财产，都应该抄查没收，解押上报。呈上详细情况。"已经

"依奉拏获杨子桥妻周氏、男杨华五、华七、华八、月保并伊同居亲弟杨子楼收监起解间；十二月二十二日辰时，不期子楼未获男杨本荣统集百十余徒，各持镖刀冲县，当同巡捕主簿崔锭，督领机兵防御，彼贼势勇，打入狱门劫去杨华五等，并原监杨正江、杨绍鉴及别犯胡清等一十八名，烧毁总甲张惟胜房屋，劫掠铺户傅甫七等货物；随即起集哨长陈魁四等，屯兵设法擒获杨华五等，仍旧收监；一面追获余贼杨子楼等，合行申报"等情，又据通判林宽呈称："首恶杨子荣杨华二等，照旧立寨啸聚。"批仰按察司会同各官议处，随据该司呈称："依奉会同署都指挥佥事王继善左布政使陈策副使顾应祥等，议得杨本荣等罪恶，据法即当督兵擒捕；但访得杨姓一族，稔恶从乱者有数，若使兵刃一加，未免玉石未辨；合行该县再谕杨本荣等作急投首，庶几杨绍鉴等之罪可辨，杨本荣之情可原，若使负固不服，即将稔恶贼党指实，申来议处，"呈详到臣。照得本院前年驻兵省城，擒勦叛贼之后；即欲移兵扑灭逆党杨子桥等，彼因访得各犯亲族亦多良善连居，若大兵一临，未免玉石俱焚，方尔迟疑；当据杨子桥等自行投赴军门，本院仰体朝廷好生之德，正欲保全一方之生灵，当即遵照诏书黄榜事理，将子桥等量加杖责，释放回家，谕令改恶迁善，其余党恶，悉不根究外；后因解京逆党刘吉、陈贤等供攀不已，朝廷之意，将

批准该按察司去执行命令,必须要事实求是,不要导致差误和冤枉。接着又根据安义县的申报说:

"依照命令抓获杨子桥的妻子周氏,儿子杨华五、华七、华八、月保以及她的在一起住的亲兄弟杨子楼,把他们监禁了起来准备解押;十二月二十二日的七到九点,没有料到杨子楼的没有抓获的儿子杨本荣又纠集一百一十多人,都拿了刀枪向县府冲来,当时巡捕主簿崔锭督令县府机关的军兵进行防御,但那一伙歹徒人多势勇,攻打入监狱大门,把杨华五等人以及原来正在监禁的杨正江、杨绍鉴以及其他的罪犯胡清等,共十八人,全都劫掠了出来;还用火烧毁了总甲长张惟胜的房屋,抢了傅传七等人家商铺里的货物;县府马上招集哨长陈魁四等人,集调兵力想计策擒拿住了杨华五等人,仍旧把他们关在监狱里;一方面也正在追捕逆贼杨子楼等人,一起上报。"等等情况。又根据通判林宽呈报:"首恶杨子荣、杨华二等人,仍旧占山为王,集众为贼。"批示仰赖按察司会同各级官吏想办法处置;接着据按察司呈报:"依照命令,会同署都指挥佥事王继善、左布政使陈策、副使顾应祥等人,议定杨本荣等人罪大恶极,根据法令应当督令兵将前去抓捕;但又访知杨姓的一族人中,参加叛乱、行恶的坏分子是在少数,如果对他们大动干戈,未免有点玉石不辨,好坏不分;应该令该县再次晓谕杨本荣等人,马上投案自首,也许杨绍鉴的罪行可以得到分辨,杨本荣劫狱做贼的行为可以得到原谅,如果他们还顽固不化,不服规劝,就把那些行凶作恶的坏分子揪出来,申报上去,请求处理。"这些都详细地呈报给我。前年,我在省城驻兵,剿灭宁府叛贼之后,接着就想派兵去扑灭逆党杨子桥等人,那时查访到各名罪犯的

复发兵加诛,则恐失信于下;将遂置而不问,则一般从逆之人,乃至极刑抄没,而子桥等独不略加惩创,亦何以警戒将来?故照旧释其党从,以示信;独行拘子桥,以明罚;其迁徙抄没,亦止及于子桥一身,朝廷之处,可谓仁至义尽矣。为之亲族党与者,正宜感激朝廷浩荡再生之恩,皆宜争出到官,输诚效款,自相分别,洗涤其既往之愆,而显明其维新之善,却乃略不改创,辄敢抗逆官府,冲县劫囚,自求诛灭;据法论情,已在必诛无赦,但念中间良善尚多,止因杨子桥同居稔恶之徒,缪以危言激诱族党,扇惑鼓动,以至于此,恐亦非其本心。

亲戚族人，大多都是善良守法的人，如果动用军兵，军马一到，不可避免地会使美玉和石块一起被焚灭，好人坏人都一起遭殃，所以迟迟没下决心对他们进剿；当杨子桥等人投案自首后，体谅到朝廷有再生之德，不会荼毒生灵，正想保全一个地方的百姓，于是马上根据皇上诏书、圣旨的指示精神，对杨子桥杖打了一通，释放回家，晓谕命令他改恶从善，不得再逞凶生事，对其他的参与叛逆的人，都不再作追究根查。后来，由于押解进京的逆贼刘吉、陈贤等人互相招供，攀扯到杨子桥等人。朝廷上的想法，认为要对杨子桥再发动征剿诛杀，这样的话恐怕会对老百姓失去了信义；如果终于对他们置之不理，不加追问，那么，一般的叛逆贼党，还被处以极刑，抄了家，没收了财产，而对杨子桥这样的首恶唯独没有实行一点惩罚，还怎么能够对将来的祸患的发生进行警戒呢？所以仍然把胁从的贼犯、逆党释放回家，以表达对天下的信义；唯独把杨子桥拘捕起来，来表明对他的惩罚；流放和抄没家产，也只是对杨子桥一个人实行；朝廷对这个事件这样处置可以说仁至义尽了。作为杨子桥的亲族、党与的人，本应该感激朝廷皇恩浩荡以及给予新生的恩德，都应争抢着到官府表达诚意献力效忠，与罪犯诀别，洗涤过去的罪恶行径，并显示自己的改过自新、弃恶从善的决心；但是他们却没有略微的改过自新表示，竟然胆敢同官府抗衡，冲击县府、打劫狱囚，自寻死路，走向灭绝；根据法令，论以情义，都已经处于一定要被诛杀的行列，没有赦免的余地，但是，念在这里面有很多善良的好人，只是因为与杨子桥一起居住，的穷凶极恶的坏分子，错误地用危言耸听来激励劝诱他的同族人，进一步煽动、蛊惑他们，以至于达到这种地步，这恐怕也并

今据三司各官呈议，亦与所访略同，准依所议，姑且未即加兵，就经批行该道守巡官，先行分别善恶，令其亲族非同恶者，自行告明官司，各另屯住；其被胁之人，若能投首到官，亦准免罪；有能并力擒捕首恶送官者仍一体给赏，俱限一月之内，投首输服，若过期不出，即将各犯背叛情由，备细呈来，以凭发兵剿灭；一面行仰该县及各附近官司，整集兵快义勇，固守把截，听候本院进止，仍备出告示，晓谕远近外；续据通判林宽呈称：

"遵照明文，密唤杨姓良善户丁杨庸、杨邦十五等七名到职，示以祸福，给以犒赏，着令分别良善，止捕冲县逆贼送官，随该杨庸等诱擒逆贼九名到县，又获贼犯一十七名，随给牌面，令通县老人，分投抚谕，而各贼仍前立寨不服，续又擒获贼犯四名；后闻官司要捣巢穴，连夜鼓挟邻族，约有百十余徒，掳船奔入鄱阳湖；欲即率兵追剿，缘该县空虚，诚恐贼计，中途回锋冲突，未可轻出，除差人飞船报沿河保长立寨防剿；一面牒府督率星子、建昌、都昌兵，沿湖巡捕外；呈乞施行'等因。据呈：臣会同巡按御史等官，看

不是出于他们的本意。

现在根据布、都、按三司各个官吏的呈报、建议，也同我所访查的结果基本相同，批准了他们的建议，对杨子桥等姑且没有派兵剿杀，就批准该道的守巡官，先对逆贼分出好人、坏人，命令他们的亲族中不是与他们一同作恶的人，自动地到官、司府第讲明白，都让他们各自分开居住；那些被迫胁从叛乱的人，如果能主动到官府投案自首，也对他们准予免除罪责，有能够协助把叛逆闹事的首恶元凶抓捕并送交官府的人，仍然一样地给予奖赏；这些都给一个月的限期，命逆贼投案自首，表达忠服，如果超过了期限还不出头认罪，就马上把各个罪犯搞叛乱的情节、原委，都详细地呈报上来，来根据情况派兵进行剿杀灭绝。另一方面，还仰赖该县以及附近的各级官吏，召集军兵和义勇，紧密地把守、堵截要塞，听候本院发出的命令，同时仍然准备张贴告示，把宗旨通晓谕示给远近的各个地方；接着又据通判林宽呈报说：

"遵照下达的命令，秘密地叫来杨姓的几个善良的人户的壮丁杨庸、杨邦、十五等七人到官府任职，向他们晓以利害、讲明将来的祸患与福利，把东西犒赏给他们，命他们区分出良善的人，只对那些冲击县府的逆贼抓捕起来，送到官府，于是杨庸等人引诱抓获了九名贼犯到县府，接着又抓获了十七名，于是给他们发给牌令，令全县的老人分别进行抚慰、晓谕，但那些逆贼仍然驻扎在山寨里，并没有服从命令投诚，接着又抓获了逆贼四人；后来他们听说官府、司衙要直捣他们的老窝，就连夜鼓动挟持邻族的人，约有一百几十人，抢掠船只，逃入鄱阳湖；这时本想派兵进剿，但因县里空虚，确实怕中了叛贼的奸计，于

得贼既入湖，良善已分，正可四面合兵追剿，除行南昌守巡兵备，点选兵快就行，都司冯勋统领，星夜前去跟蹑贼踪，设法剿捕，就经批仰按察司即便通行该道守巡官，及沿湖各该官司地方保甲人等，一体集兵防剿追捕，毋令远窜贻患；臣等又虑安义县治单弱，恐各贼乘虚归劫，另行牌调奉新县典史徐诚选兵四百，密从间道，星夜前去该县，会同知县熊价协力防剿；又行牌仰各官于九姓良善之中，挑选义勇武艺，及于沿湖诸处，起集习水壮健惯战之人，各官身自督领，密取知因乡导，四路爪探，或蹑贼踪，或截要路，或归防县治，张疑设伏，声东击西，一应事机，俱听从宜施行，合用粮赏，就于司府库内原贮军饷银内支给，及差官赍执令旗、令牌前去，督押行事，军兵人等，但有军前不听号令，及退缩逗留，侵扰良善者，遵照敕谕事理，就以军法从事；各官俱要竭忠尽力，慎重勇果，杀贼立功，以靖地方，若畏避轻忽，致贼滋蔓，贻患地方，军令俱存，决难轻贷；完日通将擒斩功次，获功人员等项，一并开报，以凭施行，去后。今呈前因，照得臣先节该钦奉敕谕：

是，只在中间途中回马对他们冲杀，并没有轻意出兵，除了派人飞马通知沿河地方的各个保长立起营寨以防被偷剿；一面又呈牒文命府里督令星子、建昌、都昌的官兵，沿湖巡逻追捕逆贼；呈报乞求施行。"等等情况。根据呈报，我会同巡按御史等官吏，看到逆贼既然已经逃入湖中，善良的好人已分化出来，正是可以对逆贼进行四面围剿的好时机，于是，除了南昌守巡的军兵，又挑选了一些兵马让都司冯勋率领，连夜去偷偷地跟在逆贼船只的后面，想办法进剿捕获；就经按察司批准，立即通知该道的守巡官以及沿湖的各级官吏、地方保甲等人，一律调集兵力布防、参加进剿围捕，不得让逆贼远逃其他地方，遗留祸患；我又考虑到安义县治安力量薄弱，恐怕逆贼乘其虚弱，回兵劫杀，就另发牌调奉新县的典史徐诚，挑选军兵四百人，秘密地从小道，连夜前往该县，会同知县熊价齐心协力，布防剿敌；又发牌令，仰赖各级官吏，在九姓善良老百姓中，挑选义勇和会武艺的人，以及在沿湖的各地，招募水性好、惯于作战的人，每个官吏都要亲自督领，秘密地找寻知情的向导，去各个方向进行侦探，或者暗中跟从敌船，或者堵截要塞，或者回归县里布防、维持治安；散布疑兵暗设埋伏，声东击西，巧用计谋，所有的这些办法，都要根据实际情况，采取适当的措施；应该使用的粮食、赏银，就在司府的库银中原来贮存用作军饷的银子中支取、分发；另外还差派官吏拿令牌、令旗前往，督促押解执行公务，军兵等人但凡有在军前不听号令的，以及退缩不前，逗留不走的，或打扰侵犯善良百姓的人等，都要遵照圣旨中谕示的条文，对他们按军法从事，进行惩戒；各个官吏都要尽忠尽力，慎重、果断、勇敢、杀贼立功，使地方得以平定，如果拈轻怕重、胆

"但有盗贼生发，即便设法调兵剿杀，听尔随宜处置，钦此！"钦遵；除将前项有功官员支兵人等，及阵亡被伤等项，俱准议于南昌府动支本院贮库支剩军饷银两，除已犒奖给赏优恤外；其未经奖犒给赏优恤者，批仰该司查照等第，逐一补给，贼属男妇，估价变卖银两，亦准修筑该县城垣支用；

擒获贼犯，鞫问明白，仍解军门斩首示众，斩获贼级，行令造册缴报，并行巡按衙门知会外；臣等议照叛党杨正贤等，肆其凶犷之习，恃其族类之繁，稔恶一方，流劫远近，既积有世代，此复兴兵助逆，脱漏诛殄，略无悔创；乃敢攻县劫狱，聚众称乱，恶贯满盈，天怒人怨，遂尔一旦扫灭，在朝廷固犹疥癣之搔爬，在江西实亦疽癣之溃决；巡按御史唐龙朱节，运谋监督，而按察使伍文定布政使陈策等，相与协议赞画，都指挥冯勋及通判林宽、知县熊价等，又各趋事效命，并力于下，谕各劳绩，皆宜旌录。臣守仁，卧病待罪之余，仅存喘息，幸赖诸臣，苟免咎愆。缘系剿平叛党事理，为此具本题知！

小畏避、玩忽职守，致使逆贼滋长蔓延的，对地方遗留祸患的，军法律令都在这里，对他们绝难轻饶；围剿结束后，还要将擒拿抓获的逆贼人数，以及官、军立功的大小等级、立功的人员等项目，记录清楚，一同呈报上来，作为凭据，实施赏、惩。发令去后。现在呈报前面的情况。我以前接到皇上的圣旨，谕示说：

"但凡有盗贼出现，马上想办法调集军兵进行剿杀，听凭你根据实际情况随便处置，钦此！"这些都遵守执行了。除了把前面提到的那些有功的官员、军兵以及在剿敌时死、伤的人等都批准议定，从南昌府支取本院贮存库中那些支取用作军饷后剩余的银两，进行犒赏、奖励、抚恤；还对那些没能够犒劳、奖赏、抚恤的有功人员，批准该司查明立功的等次，逐个进行补发；对逆贼的家属、儿子、媳妇，进行估价变卖，所卖的银两，也批准支取，用作修筑该县城垣的用费。

对擒拿、抓获的逆贼，都讯问、审查清楚，仍然解押到法场，斩首示众。所斩杀的人犯，都令做书册填写在案，上缴呈报，又让巡按衙门阅读知晓；我等议定，叛党杨正贤等人，任意发挥他们的穷凶极恶的丑陋习性，自恃他的亲族人多势众，作恶一方，在远近的地方流动劫掠，已经是积累好些年了，这回又起兵叛乱，协助逆贼，都有幸逃脱了被杀身灭族的命运，却没有一点悔过自新的表现；竟敢攻打县府，劫掠大狱，又纠集众人作乱，真是恶贯满盈，天也为之愤怒了，人们都怨气十足。虽然他们在短时间内被剿灭已尽，扫除干净了，这在朝廷看来，本来就如同身上爬附的疥癣一样，不足为重；但对江西来说，实际已是疽癣溃烂决口了一般，已祸患无穷。巡按御史唐龙、朱节，运筹谋划，督令监视；并且按察使伍文定、布政使陈策等都协助参

乞便道归省疏

臣于正德十六年六月十六日,钦奉敕旨:"以尔昔能剿平乱贼,安靖地方,朝廷新政之初,特兹召用,敕至尔可驰驿来京,毋或稽迟,钦此。"钦遵,已于本月二十日驰驿起程外。

窃念臣自两年以来,四上归省之奏,皆以亲老多病,恳乞暂归省视,实皆出于人子迫切之至情,而其时复以权奸当事,谗嫉交兴,非独臣之愚悯,无由自明;且虑变起不测,身罹暧昧之祸,冀得因事退归,父子苟全首领于牖下,故其时虽以暂归为请,而实有终身丘壑之念矣。既而宗社有灵,天启神圣,入承大统,革故鼎新,亲贤任旧,向之为谗嫉者,皆已诛斥略尽;阳德兴而公道显,臣于斯时,固已欣然改易其退遁之心矣。当明良之会,圣人作而万物睹,天下之士,孰不颙然有观光之愿,而况臣之方在忧危,骤获申雪者,若出陷阱而登之春台,其为喜幸,感激何啻百倍;岂不欲朝发夕至,以一快其拜舞踢跃之私,归戴向往之诚乎?顾臣父既

谋筹划，都指挥冯勋以及通判林宽、知县熊价等人，又都奔波效力，执行命令，大家齐心合力，共赴国事。论他们各自的功劳业绩，都应该进行表彰。我，守仁，在冒罪卧床养病中，仅留下喘气的机会，有幸仰赖各位臣下，驱驰奔波，死力效命，终获全胜，使我苟且免除了应追究的罪责。这本是为剿灭平定叛贼逆党的事由，因此书写奏折向皇上上报！

乞便道归省疏

我在正德十六年六月十六日，接到皇上的圣旨，说："因为你过去能够剿灭、平定叛乱、逆贼，使地方上得到安定，朝廷正处于新的政权刚开始运作的初期，特此把你召来重用，圣旨一到你可以快马加鞭奔赴京城，不得延迟误期，钦此！"遵照圣旨，我已经在本月二十日快马加鞭，起程前往。

私下里想，两年以来，我曾四次呈上要回家省亲的奏折，都是出于老父亲年老多病，恳求暂时回家探视父病，这实在是从做儿子的最为迫切的情义出发的，但在那个时候却由于奸臣当道，谗言嫉妒交替出现，兴风作浪，这并不是独独因我个人一腔愚忠，不能为自己辩解清白；并且考虑到国家出现了想不到的叛乱，我生怕那莫名其妙的灾祸罪责降临到我头上，真是希望因家事而退休归隐，这样我和父亲都可以在茅屋下苟且保全性命，那个时候虽然是用暂时回家省亲这一理由上奏，但确实有终生在家隐居的想法。不久宗庙社稷有灵，上天开启新运神圣英明，新的皇帝登基，承继了统治大业，于是，破除旧的，建立新的政治；亲近贤臣，继续任用老臣，过去那些进谗言的嫉妒奸臣，也已都被诛灭排斥得差不多了，英明的德政兴盛，于是公道显现

老且病，顷遭谗构之厄，危疑震恐，汹汹朝夕，常有父子不及相见之痛，今幸脱洗殃咎，复睹天日，父子之情，固思一见颜面，以叙其悲惨离隔之怀，以尽菽水怀欣之乐；况臣取道钱塘，迂程乡土，止有一日，此在亲交之厚，将不能已于情，而况父子天性之爱，重以迟年苦切之思乎？故臣之此行，其冒罪归省，亦情理之所必不容已者；然不以之明请于朝，而私窃行之，是欺君也；惧稽延之戮，而忍割情于所生，是忘父也。欺君者不忠，忘父者不孝，世固未有不孝于父，而能忠于其君者也。故臣敢冒罪以请，伏望皇上以孝为治，范围曲成，特宽稽命之诛，使臣得以少伸乌鸟之私，臣死且图衔结，臣不胜惶惧恳切之至！

出来,我在这个时候,本来已经很高兴地改变了准备回家隐居逃避世事的想法了。正值明君执政,良臣辅佐朝政,圣人出现,大有作为并且被世间万物所亲眼看到的;天下士人谁不想观看皇帝实行的新政,更何况像我这样正处于忧愁危急的时候,突然获得了申冤昭雪的人,就像刚从陷阱里登上了风景优美的游览胜地一般,那种高兴、幸运的心情,对朝廷何止是百倍的感激呢?我怎不想要从早上出发,晚上就能到达那般迫切,来踊跃地向皇帝朝拜,而向往表达对朝廷的赤心呢?顾念我父亲衰老、多病,并且过去遭到奸臣谗言诬陷的厄运,终日在危疑恐惧之中朝夕忧患、常有父子不能想见的痛苦,现在幸运地洗雪冤枉、重见天日,从父子的情义出发,实在想见一面,来重叙那悲惨别离的情怀,以尽重见亲人的欢乐欣喜的乐趣;况且我赴京时,从钱塘路过,绕道回故乡,只有一天的路程,就是相交甚厚的朋友之间,顾念深情厚谊,也不能不去相见,更何况父子之间的天性之爱,就不能重新叙叙这几年的相思之苦吗?因此,我这次回家,冒罪省亲,也是情理之中所一定不能容忍这样做的;然而,如果不把这个做法明确地向朝廷申请,却偷着这样做,是对皇上的欺瞒;但若害怕因延迟了圣旨中所定的期限而遭杀戮,而狠心地割舍父子情义,这是忘父之罪。对皇帝欺瞒是没有忠心,忘却父子情义是没有孝心,世界上对父亲没孝心,却能对皇帝尽忠的人是没有的。所以我敢冒罪请求,希望皇帝以尽孝的思想来治国,在一定的范围内成全我,特别宽恕我因迟误了朝廷命令而应被杀的罪过,使我能够稍微实现乌鸟尽孝的心愿,我就是死也要结草衔环来报皇帝之恩。我禁不住惶恐恳切到达了极点!

辞封爵普恩赏以彰国典疏

嘉靖元年正月初十日

南京兵部尚书王守臣谨奏："为辞免封爵普恩赏以彰国典事：

臣于正德十六年十二月十九等日，节准兵部吏部咨：俱为捷音事。节该题奉圣旨："江西反贼剿平，地方安定，各该官员功绩显著，你部里既会官集议，分别等第明白，王守仁封伯爵，给与诰券，子孙世世承袭，照旧参赞机务，钦此！王守仁封新建伯奉天翊卫推诚宣力，守正文臣，特进光禄大夫柱国，还兼南京兵部尚书，照旧参赞机务，岁支禄米一千石，三代并妻，一体追封，钦此！"前后备咨到臣，俱钦遵外；臣闻命惊惶，莫知攸措。

窃念臣以凡庸，误受国恩，在正德初年，以狂言被谴，先帝察其无他，随加收录，荐陟清显，缪膺军旅之寄，猥承巡抚之令；后值宁藩肇变，臣时适婴祸锋，义当死难，不量势力，与之掎角，赖朝廷威灵，幸无覆败；既而谗言朋兴，几陷不测，臣之心事，未及自明，先帝登遐，无阶控吁；乃幸天启神圣，陛下龙飞，开臣于覆盆之下，而照之以日月，悯恻慰劳，至勤诏旨，怜其鸟鸟之情，使得归省，推大孝之仁，优之以存问；超历常资，授以留都本兵之任；恳疏辞免，慰旨益勤，在昔名臣硕辅，鲜有获是于其君者，而况于臣之卑鄙浅劣，亦将何以堪此乎？今又加以封爵之崇，臣惧功微赏重，

辞封爵普恩赏以彰国典疏

嘉靖元年正月初十日

南京兵部尚书王守仁谨恭上奏:"特为推辞所封爵位,对有功之人普遍进行恩赏,来使国家典章法律得到发扬光大事宜:

我在正德十六年十二月十九那几天,接到兵部、吏部的咨文:都是为捷报等事。里面依奉圣旨,说:'江西的反叛逆贼已经剿灭平定,地方上重新得到安定,你们各级官员,都功绩显著,你部既然已会集各官议定,把功绩分出等级,列举清楚了。王守仁封为伯爵,对其家眷给予诰命之职,官位世袭;王守仁参与军机大事,钦此!王守仁封为新建伯奉天翊卫推诚宣力守正文臣,再晋升为光禄大夫柱国,另外还兼任南京兵部尚书,仍旧参与军机事务,每年支取禄米一千石;他的子孙三代以及妻子,都一样追加封赐,钦此!"这些咨文都前后传达给我,谨遵圣旨;我听到任命后,还吃惊惶恐,不知所措。

私下里想,我凭平庸的才智,错受国家的恩赐。我在正德初年,曾因出语狂妄而遭谴责;但先皇明察,看到没其他过错,于是对我加官进爵,推荐到显赫的官职,错受军旅的委托,苟且承受巡抚之职;后来正赶上宁藩宸濠肇事,搞叛乱,我当时正赶上迎击逆贼发起的威势,义当死效国难,也不估量自己的实力,向逆贼犄角抗击,仰赖朝廷的威武和灵气,幸亏没有覆没而导致溃败;不久谗言四起,诬告于我,几乎使我陷入不可估测的祸事里去,我当时的心事,还没来得及自我澄清,先皇去世了,更没地方去申诉冤枉了;庆幸天启神明,出现了圣人,陛下真龙天子,飞到人间,把我从倒扣的盆中放了出来,日月相照,重见天日;皇帝还对我悯恻慰劳,不断下旨递诏对我表示关怀,怜悯

无其实而冒其名,忧祸败之将及也。夫人主于嚬笑之微,不以假于匪人,而况爵赏之重乎？人臣之事君也,先其事而后其食；食且不可,而况于封爵乎？且臣之所以不敢受爵,其说有四,然亦不敢不为陛下一陈其实矣:

宁藩不轨之谋,积之十数年矣,持满应机而发,不旬月而败,此非人力所及也；上天之意,厌乱思治,将启陛下之神圣,以中兴太平之业,故蹶其谋而夺之魄,斯固上天之为之也；而臣欲冒之,是叨天之功矣。其不敢受者一也。

先宁藩之未变,朝廷固已阴觉其谋,故改臣以提督之任,假臣以便宜之权,使据上游,以制其势,故臣虽仓卒遇难,而得以从宜调兵,与之从事；当时帷幄谋议之臣,则有若大学士杨廷和等,该部调度之臣,则有若尚书王琼等,是

我的乌鸟尽孝的情怀，使我能够归家省亲；推行以孝治国的仁政，并用慰问来优恤于我。皇上超越常规，授给我留郡本兵的职位；我上疏恳求推辞免除掉这个官职，而皇上的慰问的旨意更为勤勉；在过去，有名望的大臣，有巨大功劳的辅佐之臣，也很少有从皇帝那里获得这样的荣誉，更何况我这样卑劣、浅陋的臣下得到这个殊荣，使我怎么经受得起呢？现在又加授给我封爵的殊荣，我害怕自己的功劳渺小而赏赐过于厚重了，没有这个实力却冒充这个名声，使我忧虑祸患将降临到我头上。做皇帝的就是一颦一笑这样的小事也不轻易给予外人，更何况是赏给爵位这样重大的事情呢？做臣子的侍奉皇上，先要把皇上侍奉好，然而才自养；自养尚且不可以，更何况是封赐爵位这样的事呢？而且，我之所以不敢接受爵位，原因有四个，不敢不向皇上陈述这些情况。

宁王图谋不轨，这个阴谋已积蓄了十几年了，当持续到一定程度，一定时机爆发起来，但宁藩宸濠的叛乱却仅仅在旬月之间遭到了失败，这并不是靠人的力量所能取得的；上天的意愿，是厌恶叛乱渴思安定之治，将开启神明，把皇帝这个圣人送到人间，来使太平盛世这一大业得以中兴，因此，对宸濠的叛乱给予打击，使他的图谋破产并夺去了他的魂魄，这本来是上天有意这样去做的；而我要想冒领剿灭叛逆的功劳，是对上天邀功归己了。这是我不敢领受爵位的第一个原因。

在宁藩宸濠没有发生叛乱之前，朝廷已暗中觉察到了宸濠的造反的图谋，因此对我改授提督的官职，给我便宜行事的权力，使我兵据上游，来制约宸濠的势力，因此，我虽然在仓促之间遇到宸濠叛乱的祸难，却能够从容地调兵布将，并与各个官

皆有先事御备之谋，所谓发纵指示之功也；今诸臣未蒙显褒，而臣独冒膺重赏，是掩人之善矣。其不敢受者二也。

变之初起，势焰昌炽，人心疑惧退沮，当时首从义师，自伍文定、邢珣、徐琏、戴德孺诸人之外，又有知府陈槐曾玙胡尧元等，知县刘源清、马津、傅南乔、李美、李楫及杨材、王冕、顾佖、刘守绪、王轼等乡官，都御史王懋中，编修邹守益，御史张鳌山、伍希儒、谢源等诸人，臣今不能悉数，其间或摧锋陷阵，或遮邀伏击，或赞画谋议，监录经纪，虽其平日人品，或有清浊高下，然就兹一事而言，固亦咸有捐躯效死之忠，戮力勤王之绩，所谓同功一体者也。今赏当其功者，固已有之；然施不酬劳之人，尚多也；其帐下之士，若听选官雷济，已故义官萧禹，致仕县丞龙光，指挥高睿，千户王佐等，或诈为兵檄，以挠其进止，坏其事机；或伪书反间，以离其心腹，散其党与；阴谋秘计，盖有诸将士所不与知；而辛苦艰难，亦有诸部领所未尝历者；臣于捷奏本内既不敢琐琐烦渎，今闻纪功文册，复为改造者多所删削；其余或力战而死于锋镝，或犯难而委于沟渠，阵力效能者，尤不可以枚举，是皆一时号召之人，臣于颠沛抢攘之际，今已多不能记忆其姓名籍贯；复有举人冀元享者，为臣劝说宁濠，反为奸党构陷，竟死狱中，以忠受祸，为贼报仇，抱冤赍恨，实

吏一起共事，和谐顺畅；在当时运筹帷幄，参谋献计的臣子就有像大学士杨廷和等人，兵部调度官吏的尚书王琼等人，他们都有事先筹备的谋略，有发号施令，正确指挥的功劳；现在这些大臣还未承蒙褒奖、封赏，而唯独我冒受重赏，这是掩藏别人的美德了。这是我不敢接受爵位的第二个原因。

宸濠造反刚开始时，势力正盛，不少人心中都疑虑害怕，有退缩沮丧的念头，首先参加讨逆义军的，除了伍文定、邢珣、徐琏、戴德孺这些人外，还有知府陈槐、曾玙、胡尧元等人，知县刘源清、马津、傅南乔、李美、李楫以及杨材、王冕、顾佖、刘守绪、王轼等乡官，都御史王懋中，编修邹守益，御史张鳌山、伍希儒、谢源等众人，我现在不能都把他们列举出来，在讨伐宸濠的战斗中，他们或者冲锋陷阵，或者掩藏起来引诱敌人进行伏击，或者献计献策，参谋筹划，监督记录经纪管理，虽然他们平时的为人，有的清浊高下之分，但是就从讨逆征战这一事来说，都有为国捐躯、以死效力的忠心，协力同心，为皇帝驱驰服务的功绩，也就是所谓的同一件功劳，大家都有份，是大家共同努力立下了功劳。现在对他们中有功的人进行赏赐，他们里面不少人已经得到了，但还有不少人没得到酬报封赏的，如听选官雷济，已经去世的义官萧禹，致仕县丞龙光，指挥高睿，千户王佐等人，或者诈兵佯攻，来阻挠敌人的进攻和后退，破坏他们的计谋和时机；或者假写书信实行反间计，来离间逆贼的心腹，离散他们的党羽；实行秘计谋略，许多将士大都不知道；并且他们的辛苦和艰难，也有众部领官吏所没有经历过的。我在上奏的捷报中，那时也不敢写得太烦琐，现在听说记录功绩的文册，重新修订文册的人把不少人删削了；其余，有的奋力苦战，死在

由于臣，虽尽削臣职，移报元享，亦无以赎此痛，此尤伤心惨目，负之于冥冥之中者。夫倡义调兵，虽起于臣；然犹有先事者为之指措，而戮力成功，必赖于众，则非臣一人之所能独济也；乃今诸将士之赏尚多未称，而臣独蒙冒重爵是袭下之能矣。其不敢受者三也。

夫周公之功大矣，亦臣子之分所当为；况区区犬马之微劳又皆偶逢机会，幸而集事者，奚足以为功乎？臣世受国恩，虀身粉骨，亦无以报。缪当提督重任，承乏戎行，苟免鳏旷；况又超擢本兵，既已叨冒逾分。且臣近年以来，忧病相仍，神昏志散，目眩耳聋，无复可用于世；兼之亲族颠危，命在朝夕，又不度德量分，自知止足，乃冒昧贪进，据非其有，是忘己之耻矣。其不敢受者四也。

逆贼刀剑之下，有的犯了祸难，倒在沟渠之中，忍受委曲；奋力献能的人，真是举不胜举，难以数清，都是响应号召的官兵。赴义之人，我当时是处于颠沛纷乱、危急复杂的局势之中，现在对他们的姓名、籍贯，大多都不能记忆起来了。还有一个举人，名叫冀元亨的，他为我去规劝宸濠弃暗投明，改邪归正，反而被奸臣贼党诬告陷害，被关在狱中迫害致死，他因为对朝廷尽忠心而遭受了这一祸患，奸臣竟为叛贼报了仇，这位举人忍受冤屈、空留遗恨，这实在是我的原因呀。即便是把我的官职全部撤削，来作为对冀元亨的报答，也无法来换赎我的苦痛，这真是令人伤心惨目的事情，使我有负在冥冥之中冤死的人哪！倡导正义、调兵布将，这虽然是我发起的，但还有很多有先见之明的人替我指点、献策，而戮力同心，获得征剿叛贼的胜利，必然要依赖大家，这并不是我一个人所能做到的；现在众多将士还没获得应有的奖赏，而我却独自冒受尊贵的爵位，这是偷窃了部下的成果，盗用了大家的才能。这是我不敢承受爵位的第三个原因。

　　当年周公立下了大功，也只是做了臣子该做的；何况我现在，只是替朝廷立下了微不足道的犬马之劳，又都是碰上了好的机会，有幸召集大伙做成了这件事，怎么能作为功劳呢？我几代人都领受国家的恩赐，就是粉身碎骨，也没有什么可以报答的；承蒙皇上错爱，授我以提督的重任，行军打仗没有亲到前线，仅能免除鳏旷的孤独；何况又破格把我擢升为南京兵部尚书，这已经很过分了。何况我近些年来，忧愁疾病交加，精神昏庸，心志散漫，耳聋眼花，不可以再被委以重任，替皇上做更多的事情了；再加上我的父亲衰老多病，命在旦夕之间，我如果又不度德量力，有自知之明，从而知足，仍然冒昧地贪求功名，再求晋升，

夫殃莫大于叨天之功，罪莫甚于掩人之善，恶莫深于袭下之能，辱莫重于忘己之耻，四者备而祸全。

故臣之不敢受爵，非敢以辞荣也；避祸焉尔已。伏愿陛下鉴臣之辞，出于诚恳；收还成命，容臣以今职，终养老亲，苟全余喘于林下，以所以滥施于臣者，普于众，以明赏罚之典，以彰大小之功，以慰不均之望，以励将来效忠赴义之臣，臣死且不朽矣。

不胜受恩感激，恳切愿望之至！缘系辞免封爵普恩赏以彰国典事理。谨具本题。

再辞封爵普恩赏以彰国典疏

嘉靖元年

臣于正德十六年十二月，节准兵部、吏部咨，节该题奉圣旨："江西反贼剿平，地方安静，各该官员功绩显著，你部里既会官集议，分别等第明白，王守仁封伯爵，给与诰券，子孙世世承袭，照旧参赞机务，钦此！王守仁封新建伯奉天翊运推诚宣力守正文臣，特进光禄大夫、柱国，还兼南京兵部尚书，照旧参赞机务，岁支禄米一千石，三代并妻，一体追封，

把那本不应该属于自己的东西据为己有,这是忘掉自己的能力、不知天高地厚的耻辱了。这是我不敢接受爵位的第四个原因。

　　灾殃没有比向天邀功更大的,罪过没有比遮掩别人的美德更厉害的,丑恶没有比盗用部下的才能更为深沉的,耻辱没有比错误地估价自己、不知自己的真正才能更为深痛的,灾殃、罪过、丑恶、耻辱,四个都具备的话,那么祸患也占全了。

　　所以我不敢接受爵位,这并不是辞掉荣誉,只不过是为躲避祸殃罢了。愿皇上能明察我说的这些话,收回成命,容忍我以现在的官职退休回乡赡养老父,在故乡苟全性命,以尽天年。把准备恩施给我的那些赏赐,普遍赐给大家,从而使赏罚的典章更英明、公平,使大大小小的功劳都能得到表彰,使感觉不均衡的期望得到慰藉,使将来的人,得到激励鼓舞,更好地为朝廷尽忠效力、身赴大义,那么,我就是死了也不会腐朽了。

　　我承受不住洪恩,感激称谢,我恳切的愿望到达了极点!这本是推辞所封爵位、把恩赐奖赏普及给众人,来使国家的典章得到彰扬的事宜。为此恭谨地写本上奏,使皇上知晓。

再辞封爵普恩赏以彰国典疏

嘉靖元年

　　我于正德十六年十二月,接到兵部、吏部的咨文,就该事件,接到皇上的圣旨,说:"江西造反叛乱的逆贼已经剿灭平定了,地方上又安宁平静了,各个官员,功绩显著,你部里已会集众官吏集中议定,对他们的功劳等级分得很清楚。现封王守仁为伯爵,对家眷授予诰命之职,官位由子孙世代承袭,王守仁仍然参谋军机要务,钦此!王守仁封为新建伯奉天翊运推诚宣力守

钦此！"臣闻命惊惶窃惧，功微赏重，祸败将及；已经具本辞免去后；随于嘉靖元年七月十九日，准吏部咨：该臣奏前事，节奉圣旨："论功行赏，古今令典，诗书所载，具可考见，卿倡义督兵，剿除大患，尽忠报国，劳绩可嘉，特加封爵，以昭公义，宜勉承恩命，所辞不允，该部知道。钦此！"钦遵。

臣以积恶深重，祸延先人，臣方茕然瘠疚，仅未殒绝，闻命悸悚，魂魄散乱，已而伏块沈思，臣以微劳，冒膺重赏，所谓叨天之功，掩人之善，袭下之能，忘己之耻者；臣于前奏已具陈之矣。然而圣旨殷优，独加于臣余皆未蒙采录者，岂以江西之功，果臣一人之所能独办乎？朝廷爵赏本以公于天下，而臣以一身掠众美，而独承之，是臣拥阏朝廷之大泽，而使天下有不均之望也；罪不滋重已乎？夫庙圣之赏，朝廷之议也，臣不敢僭及；至于臣所相与协力同事之人，则有不得不为一申白者；古者赏不逾时，欲人速得为善之报也；今效忠赴义之士，延颈而待已三年矣；此而更不一言，事日已远，而意日已衰，谁复有为之论列者？故臣辄敢割痛忍哀，冒斧钺而控吁气息奄奄之中，忽不自觉其言之躁妄，亦其事有所感于昔，而情有所激于其中也。

正文臣，特别晋升为光禄大夫柱国，另外还兼任南京兵部尚书，仍然参与军机事务，每年发给禄米一千石，子孙三代并妻子，都一起追加封赐。钦此！"我听到任命之后，吃惊惶恐，心中惧怕自己功绩微弱，而给予的赏赐太重，祸患将会加身；我已写奏折要求辞免这些封赐，随后在嘉靖元年七月十九日，接到吏部咨文，说：该臣王守仁所奏请的事情，接到皇帝的圣旨，批复说："论功行赏，古往今来的法令、典章、诗书都有记载，都可以考据、查看到；你倡导义兵，督令军兵剿灭了宸濠这个大祸患，尽忠报国，功劳成绩真是值得嘉奖呀！特此加封爵位，来使公正道义得到显扬，你应勉励自己承受朝廷的恩赏任命，你推辞的奏章，朝廷不允。该部应知晓这件事。钦此！"遵守皇帝的命令。

　　我，因为丑恶积累深重，祸害也延及先辈，我才茕然孤独，愧疚悔恨，仅仅没有昏厥死掉；听到任命之后，使我战栗心悸，魂飞魄散，心绪烦乱，继而伏土深思，我凭微不足道的功绩，冒受重赏，正是所谓的向天叨扰邀功，遮掩别人的美德，盗用部下的才能，忘记自己的羞耻，这些我在前边上呈的奏折中已经都陈述过了。然而圣旨的殷切慰问，只恩加给我，其余的人并没有赏官授禄，难道江西叛贼剿平的功劳，果然是我一个人的力量能办到的吗？朝廷的爵位赏赐，本来是凭公正来昭示天下人的，朝廷的恩泽像大海一样深厚却被我独自一个人承受、享受它，一个人拥有，而使天下人怀有不公正、不平均的怨言；那么，很重的罪过不就滋蔓到我身上吗？皇帝的赏赐，是朝廷上议论的事，我不敢僭越干预，但我不得不为同我齐心协力的同事的人，作一下申诉、表白。古代的人赏赐不超越时限、范围，要使人迅速得到行善倡德所应得的报答；现在，那些尽忠效力、奔赴大

窃惟宸濠之变，实起仓卒，其气势张皇，积威凌劫，虽在数千里外，无不震骇失措；而况江西诸郡县，近切剥床，触目皆贼兵，随处有贼党，当此之时，臣以逆旅，孤身举事其间，虽仰仗威灵，以号召远近，然而未受巡抚之命，则各官非统属也；未奉讨贼之旨，其事乃义倡也；若使其时郡县各官，果怀畏死偷生之心，但以未有成命，各保土地为辞，则臣亦可何如哉？然而闻臣之调，即皆感激奋励，或提兵而至，或挺身而来，是非真有捐躯赴难之义，戮力报主之忠，孰肯甘粉齑之祸，从赤族之诛，蹈必死之地，以希万一难冀之功乎？然则凡在与臣共事者，皆有忠义之诚者也。夫均秉忠义之诚，以同赴国难，而功成行赏，臣独当之，人将不食其余矣；此臣所为不敢受也。且宸濠之变，天实阴夺其魄，而摧败之速，是以功成之后，不复以此同事诸人者为庸；使其时不幸而一蹶涂地，则粉身灭族之惨，亦同事诸人者自当之乎，将犹可以借众议之解救，而除免之乎？夫下之人，犯必死之难以赴义；则上之人，有必行之赏以报功；今臣独崇爵，而此同事诸人者，乃或赏或否，或不行其赏，而并削其

义的人士，都伸长脖子已等待了三年了；若再没人给说一句话，事情过去的日子远了，事情的意义也因时间的流失更加淡薄，又有谁为他们争辩列举呢？因此我敢忍着悲哀，割舍爱痛，冒着被斧钺击杀的危险，在忧病交加、奄奄一息中替他们请命、控诉，并没察觉自己的语言急躁狂妄，也是因为这件事使我从过去所作所为里有所触动，并且从那里使我的感情得到了激发、鼓励。

  我认为，宸濠的叛乱，实际上爆发得很仓促，他的反动气势张扬远布、甚嚣尘上，积蓄多年的淫威恐怖凌人，几千里之外，都没有不惊慌失措，震动恐惧的；更何况江西的各个郡、县，就如床席那样近，满眼所看到的都是造反的军兵，到处都是逆贼的党羽，在这个时候，我仅仅是路过，于是一个人在那里举兵做大事，虽然仰赖朝廷的威武、灵气，来向远近的各个地方发出号召，但是，假如没有巡抚一职的任命，各个官吏并不由我统管、相属，没有接到讨伐逆贼的圣旨，那起兵讨逆的事仅仅只是激于大义而倡议呀！如果那个时候郡、县的各级官吏，果然都怀有贪生怕死的想法，并且以没有接到朝廷的命令，都以保护自己管辖地段为借口，推辞掉征伐逆贼的事业推辞掉，那么我对他们又能怎么样呢？然而当他们听到我对他们调用的命令时，立即都感动而发奋、励勇，有的带领兵马来到我这里，有的挺身而出，赶来效命，如果他们没有真心捐躯报国，勇赴国难的大义，没有戮力同心，报答朝廷的忠诚，谁还肯甘心冒粉身碎骨的祸患，顶着全族被杀的危险，踏上一定会有牺牲的地方，来希望得到这很难有希望成功的功绩呢？故此，凡是奔赴我这里，同我一起共事的人，都有尽忠尽义的赤诚。那些人都秉具尽忠尽义的诚心，和我一起共赴国难，但等到进剿叛贼成功

绩；或赏未及播，而罚已先行；或虚受升职之名，而因使退闲；或冒蒙不忠之号，而随以废斥；由此言之，亦何苦捐身赴义，以来此呶呶之口，而自求无实之殃乎？乃不若退缩引避，反可以全身远害，安处富贵，而适于众口之诽也。夫披坚执锐身亲行征，以及期赴难，而犹不免于不忠之罚；则容有托故推奸，坐而观望者，又将何以加之？今不彼之议，而独此之察，则已过矣。

昔人有蹊田而夺牛者，君子以为蹊田固有责，而夺牛则已甚；今人驱牛以耕我之田，既种且获矣，而追究其耕之未尽善也，复从而夺之牛，无乃太远于人情乎？方今议者或以

之后，在论功行赏的时候，只有我获得了大的赏赐，其他的人竟不能分享一点剩余的赏赐，这是我所不敢接受的。并且宸濠的叛乱中，实际上是上天夺去了宸濠的魂魄，而迅速地把叛乱摧毁击败了。因此，在征讨大事获得成功后，再也不使这些与我一同共事的人成为庸人了。如果那时候，我们在进剿叛贼时不幸一败涂地的话，那么自己粉身碎骨，而家族遭到灭绝，这也是与我一起共事的人所自愿承受的后果，还能凭借众人集中计议，使自己得到解救，从而免除这场灾祸吗？那身居下位之人，身犯了必死的祸难而勇赴大义，在上面的人就必须对他们实行赏赐来报答他们的功劳；现在唯独我崇受爵位，而与我共事的官、兵众人，有的获得了奖励，有的没有获得奖励；有的不但不对他们给予奖赏，并且还削除了他们的功绩；有的赏赐还没来得及施放，而先对他们实行了惩罚；有的虚受了升职的名声，而实际上使他们降了官闲置不用，有的蒙受了向朝廷不尽忠心的罪名，而获得了斥责、废弃。从这些来说，他们又何苦捐躯报国，勇赴大义，从而引来诽谤和没有实惠的祸殃呢？还不如退缩不前，想办法避开征战的地方，反而可以保全自己的生命，远离这一危害，安享富贵，而且还可以逃避众人的诽谤呀！这些人披坚执锐，行军作战，奔赴国难，还不能免除朝廷的惩罚，那么，朝廷那些寻找借口，暗里藏奸，坐在远处进行观望的人，又应该加给什么样的惩罚呢？现在，对于这些人没有议罪，而偏偏对参加征战的人进行详察细访，这就有点过头了。

　　从前有因牛践踏别人的田地而夺抢别人的耕牛的人，君子认为，践踏了别人的耕田，固然有责任，而抢夺了别人的耕牛，那就已经过分了；现在，有人赶着耕牛来替我耕田，不但耕种，

某也素食而鄙，某也素躁而狂，故虽有功而当抑其赏，虽有劳而不赎其罪，噫！是亦过矣。

当宸濠之变，抚按三司等官咸被驱缚，或死或从，其余大小之职，近者就縻，远者逃溃矣。当此之时，苟知有从我者，皆可以为忠义之士，尚得追论其平时邪？况所谓若贪与鄙者，或出于谗疾之口，而未皆真邪？若居常处易，选择而使，犹不免于失人，况一时乌合之众而顾以此概之，其责于人终无已乎？夫考素行，别贤否，以激扬士风者，考课之常典；较功力，信赏罚，以振作士气者，军旅之大权；故鄙猥之行，平时不耻于士列，而使贪使诈，军事有所不废也；急难呼吸之际，要在摧锋克敌而已，而暇逆计其他乎？当此之时，虽有御人国门之寇，苟能效其智力，以协济吾事，亦将用之，用之而事果有成，亦必赏之；况乎均在士人之列，同有勤事之忠者乎？人于平居无事，扼腕抵掌而谈，孰不曰：我能临大节，死大难；及当小小利害，未必至于死也，而或有仓皇失措者有矣；又况矢石之下，剑刃之间，前有必死之形，而后有夷灭之祸，人亦何不设以身处其地，而少亮之乎？

而且还替我进行收割了,而追究他耕种时没有尽善尽美的责任,重又抢夺了他的耕牛,这不也离人间情义有点太远了吗?现在进谗言的人就说,某某平时贪婪而且鄙陋,某某人平常焦躁性急并且狂妄自大,因此,即使他有功劳,也要压抑他的赏赐,虽然他有功劳,也不免除他的罪名,唉,这不太过分了吗?

当宸濠搞叛乱的时候,抚按、布、都三司的各级官吏,全被驱赶绑缚在一块了,他们最后,或者是死,或者是从;其他的大大小小的官吏,离得近的就听从指挥,离得远的就溃逃了。在这个时候,我却知道,凡有跟我参加征伐的人,都可以称作尽忠尽义的人,现在还有什么必要,还要追论他平时什么作为,或有什么缺点?况且所谓的贪婪与鄙陋,有的全是出于进谗人或嫉妒的人的诽谤,并不全是真实的。如果平常,不考察没有很好地选择他们使用他们,还不可避免地要失去人才。又何况在征讨叛逆的紧要关头,这些人全是一时会聚的乌合之众,如果顾念这些来评判他们,这也太苛刻了吧。考察平时的行为,分辨出他是贤良还是小人,来使士人风气得到激励劝勉,这是考核官员的惯例;比较他的功劳、力量,对他实行赏赐和惩罚,来使士气得到振作,这是行军打仗时军帅的权力,因此平时卑鄙贪婪的行为,在平时是在同辈中叫人看不起,但在军事上却不因贪和诈而怪罪。在紧急困难,有敌情的关头,重要的是冲锋陷阵、克敌制胜,那里有时间反过来计较别人其他方面呢?在这个时候,即使有能够御敌于国门之外的盗贼,只要能用他的智力来效忠,来济助于我的大事,也将使用他们;使用他们并且果然获得了成功,也一定要对他们奖赏;何况在征伐叛逆时所共事的人,全在士人的行列当中,同是为国家勤勉效忠的人呢?人们在平常

夫考课之典，军旅之政，固并行而不相悖，然亦不可以混而施之；今人方有可录之功，吾且遂行其赏，可矣；纵有既往之愆，亦得以今而赎，但据其显然可见者，毋深求其隐然不可见者；赏行矣，而其人之祸犹未改也，则从而行其黜谪；人将曰：昔以功而赏，今以罪而黜，功罪显而劝惩彰矣。今也将明军旅之赏，而阴以考课之意，行于其间，人但见其赏未施，而罚已及，功不录，而罪有加，不能创奸警恶，而徒以阻忠义之气，快谗嫉之心，譬之投杯醪于河水，而曰："是有醪焉，亦可饮而醉也。"非易牙之口，将不能辨之矣，而求饮者之醉可得乎？

人臣于国家之难，凡其心之可望，力之可为，涂肝脑而膏髓骨；皆其职分所当然，则此同事诸臣者，遂敢以此自为之功，而邀赏于其上乎？顾臣与之同事同功，今赏积于臣，而彼有未逮，臣复抗颜直受，而不以一言，是使朝廷之上，果

没事的时候，扼腕抵掌、亲密无间地进行谈论，谁不说："我能在困难时保持大的贞节，能为国家、朋友的大的祸难而死！"但当碰到极小的利害，未必能达到死的境地时，他们中有的人还惊慌失措呢；又何况是在弓箭、炮石之下、刀剑之间，前面有必定要死的形势，后面又有杀灭九族的祸患，人们为什么不设想自己身处他那个境地，替别人着想，而稍微对这件事给予明鉴呢？

考核官员的令典，军队中的政务，可以同时存在而不相违背，但却不可以混杂地实施它。现在，人们有可以记录的功绩，我马上给予他奖赏，可以的；纵然他以前有罪责，也可以在现在免除掉，只要根据他显现出来的可以看得见的行为，不要深切寻求他的隐藏的看不见的东西；给他赏赐之后，而那个人的过错还没改正，那么就接着对他实行罢免贬谪，人们将说：过去因为有功劳获得了赏赐，现在因为罪过得到了罢免，功劳、罪过很明显，而对他进行的赏赐、惩罚也界限分明、清晰明白。现在，有的人把军队中军法所规定的赏赐，和平常考课混在一起，对他的奖赏还没施行，而对他的惩罚已到达他身上，功劳没有记录，而又有罪名加身，这不能够惩治奸人，警告恶人，而只是来阻挡人们尽忠尽义的气节，使进谗人、嫉妒的人的心愿得到实现而痛快了，就像投一杯醪酒在河水里，就说："这里面也有醪酒了，喝了也可以醉的。"如果不是易牙的口才，对这将无法辩解了，而要找喝了这河水能醉的人，可以找到吗？

做臣子的对于国家的祸难，凡是他的忠心可以望求的，他的力量可以做到的，即便是肝脑涂地、奉献骨髓脂膏，也是他的职责要求它应该这样去做的，然而这些与我共事的众位臣子，于是就敢把这个作为他的功劳，向上级要求给予赏赐吗？顾念到

以其功独归于臣，而此诸人者之绩，因臣之为蔽而卒无以自显于世也。且自平难以来，此同事诸人者，非独为已斥诸权奸之所诬构挫辱而已也；群憎众嫉，惟事指摘搜罗以为快，曾未见有鸣其不平而伸其屈抑者；幸而陛下龙飞，赫然开日月之光，英贤辅翼，廓清风而鼓震电，于是阴气始散，而魍魉潜消，然而覆盆之下，尚或有未能自露者也；故臣敢不避矜夸僭妄之戮，而辄为诸臣者一诉其艰难仰郁之情。

昔汉臣赵充国破羌而归，人有讽之谦让功能者，充国曰："吾老矣，爵位已极，岂嫌伐一时事以欺明主哉？兵政国之大事，当为后法，老臣不以余命，一为主上明言其利害，卒使谁当复言之者？"卒以实对。夫人之忠于国也，杀身夷族有不避，而乃避其自矜功伐之嫌乎？臣始遇变于丰城也。盖举事于仓卒茫昧之中，其时岂能逆睹其功之必就，谓有今日爵赏之荣而为哉？徒以事关宗社，是以不计成败利钝，捐身家，弃九族，但以输忠怀而死节，是臣之初心也。至于号告三军，则虽激之以忠义，而实歆之以爵禄延世之荣；励之以名节，而复动之以恩赏绚耀之美；是非敢以虚言诱之也，以

我与这些共事的人获得了同一功劳，现在，奖赏都积累在我一个人身上，而他们还有没有获得的，我又觍着颜面而径直接受，却也不说一句话，这会使朝廷之上的人，果真以为那些功劳都归属我一个人，而这众人的功绩，因为我而被遮蔽，而最终不能向世人显扬了。并且从平定祸难以来，这些与我一同共事的众人，并不是只为自己来斥责那些奸党权臣的诬陷、侮辱罢了；那些奸臣，都憎恶、嫉妒立功的人，只是把指摘别人的过失，搜罗别人的罪名作为快事，并未曾见到有为别人打抱不平、伸张他们的冤屈的人；幸亏皇帝现在登基，赫然间，使他们如重见天日，光明普照，精英、贤良的辅佐之臣如翼助飞，扩张清风而鼓雷震电，于是，那阴气开始消散，并且魍魉恶鬼都潜逃消灭了，然而，在倒扣的盆中，或者还有未能自动现形的奸贼；因此，我敢于不躲避那矜持夸耀、狂妄僭越的杀身之祸，而为众位臣下控诉一下他们在艰难中对朝廷仰望向往的情怀。

从前，汉朝臣子赵充国大破羌军凯旋，有人把他讽夸为谦让功能的人，充国说："我老了，爵位已到达了极点，难道能凭征伐这一时间的事情来欺瞒英明的皇上吗？用兵政务，是国家的大事，应当作为今后的依据、例子，老臣不在剩余的岁月中，来替皇上明确地说出其中的利与害，最终又应当由谁来申说它呢！"他最终把实话告诉了皇上。人对于国家忠心耿耿，就是杀身灭族也不躲避，还躲避那自我矜持有功的嫌疑吗？我开始是在丰城遇到了变乱，于是在仓促急迫，茫然莽昧的局势中起兵抗逆，在那个时候难道能看到那些功劳一定能获取，认为有今天赏赐爵位的荣耀，才去做这事的吗？只是因为征讨逆贼的事业，关系到国家社稷，因此也不算计成败利害，捐弃身家性命，遗弃

为功而克成，则此爵禄恩赏，亦有国之常典，理所必有也。今臣受殊赏而众有未逮，是臣以虚言罔诱其下，竭众人之死，而共成之；掩众人之美，而独取之；见利忘信，始之以忠信终之以贪鄙，外以欺其下，而内失其初心，亦何颜面以视其人乎？故臣之不敢独当殊赏者，非不知封爵之为荣也；所谓有重于封爵者，故不为苟得耳。

伏愿陛下，鉴臣之言，不以为夸也，而因以察诸臣之隐；允臣之辞不以为伪也，而因以普诸臣之施；果以其赏在所薄与，则臣亦不得而独厚；果以其赏或可厚与，则诸臣亦不得而遂薄也。江西同事诸臣，臣于前奏亦已略举；且该部具有成册可查，不敢复有所尘渎，臣在衰绖忧苦之中，非可有言之日，事不容已，而有是举，不胜受恩感激，含哀冒死，战栗惶惧，恳切祈祷之至！

九族之安宁,只是来表达忠诚、忧愤,而为贞节而死,这是我当初的想法。至于说在号召、鼓舞三军将士时,虽然用为国家尽忠尽义的精神来激励他们,但实际上是用爵位、官职以及延续到后世的荣耀来使他们羡慕追求;虽然用名义、气节来鼓励他们,而实际上又用朝廷的恩赏、炫耀来使他们动心,这并不是敢用虚言假话来引诱他们,而是认为攻伐胜利后,立下功劳,那么这爵位、官职以及其他的奖赏,国家平常的典章里面也有规定,在道理上也一定会有的。现在我受到了特殊的赏赐,而众人里面还有没获奖赐的,这是我用假话来诱骗臣下,耗尽了众人的生命而共同达成了这件事的成功;遮掩了众人的美德而独自一人盗取它,见到了利益而忘掉了信义;开始这件事的时候是凭着忠心、信义,结束这件事的时候,却是贪恋和鄙陋灌满了头脑;在外部形式是欺瞒部下,在内心本质来说,是失掉了当初的用心,我还有什么颜面来见那些人呢?因此,我不敢承受这特殊的奖赐的原因,并不是不知道封赏爵位是荣耀,而是认为还有比封赏爵位更重要的东西,因此不愿苟且得到它罢了。

希望皇上,明察我的话,不要认为是夸张,而应因此来明察众位臣子的隐私、心愿,认可是我的推辞爵赏,不要把它当作虚伪,而因此能普遍对众位臣子实施奖赏。如果给予他们的奖赐很薄弱的话,我也不能独自享受厚重的赏赐;如果给我的赏赐很厚重,那么众位臣子也不能太轻薄了。江西一同共事的众位臣子,我在前面的奏文中也已大致上列举了,并且该部还有现成的文册可以查看,不敢再对他们的功绩有所玷污,我在衰弱忧愁苦闷当中,没有再可以说这件事的日子了,事情不容再这样下去了,才有这个举动,我禁不住受恩感激,心含悲哀,身冒死罪,我战怵惶恐,恳切地祈祷,诚挚达到了达点。

卷之十四　别录六

奏疏六

辞免重任乞恩养病疏

嘉靖六年六月

臣自正德十四年江西事平之后，身罹谗构，危疑汹汹，不保朝夕。幸遇圣上龙飞天开日朗，鉴臣蝼蚁之忠，下诏褒扬洗涤出臣于覆盆之下进官封爵，召还京师，因乞便道归省，随蒙赐敕遣官奖劳慰谕，锡以银币，犒以羊酒，臣感激天恩虽粉骨碎身云何能报？不幸遭继父丧，未获赴阙陈谢；服满之后，又连年病卧喘息奄奄苟避形迹；皇上天高地厚之恩，迄今六年于此矣，尚未能一睹天颜，稽首阙廷之下，臣实瞻戴恋慕，昼夜热中，若身在芒刺；迩者曾蒙谢恩之召，臣之至愿惟不能即时就道，顾乃病卧呻吟，徒北望感泣，神魂飞驰而已。

今年六月初六日，兵部差官赍文前到臣家内开，奏奉钦依以两广未靖，命臣总制军务，督同都御史姚镆等，勘处者；臣闻命惊惶莫知攸措；伏自思惟臣于君命之召，当不俟驾而

辞免重任乞恩养病疏

嘉靖六年六月

我从正德十四年江西发生造反事件之后，自己很惧怕谗言诬陷，心里总是疑虑不安，思绪烦乱，真是朝不保夕。这时候，幸亏遇上皇帝登基坐殿，真龙腾飞，天晴日朗，阳光普照，明察了我的蝼蚁般微弱的忠心，下诏书加以褒奖张扬，把我从覆盆之下解救出来，洗涤了罪责，加官晋级，封为伯爵，并召我回京城，这时候，我因为乞求朝廷获准从便道回家省亲，于是承蒙皇帝下赐圣旨，派遣官吏前来慰问，奖赏，还带来了皇上的手谕，赐奖了大量银币，用羊酒来犒劳我。我感激皇帝的恩德，即使自己粉身碎骨，也不能报答的啊！这时，很不幸我接着遭遇父亲的丧事，所以就没有能够亲往京城宫殿去陈述我的感谢之情；等父丧服满之后，我又连年卧病在床，奄奄一息，躺在家中不能表现自己的形迹；到今天已经长达六年之久了，还不能见皇帝一面，在宫廷之中叩首称谢，我实在是瞻仰感戴、思念恋慕皇上呀！我昼夜都身处暖热之中，焦躁不安，如身在芒刺的包围之中；过去，曾承蒙朝廷给我去谢恩的召见之令，只是不能立即上路；转而栖床呻吟，卧病难行，也只能向北相望，感激哭泣，自己的神魂快速飞往那里罢了。

今年的六月初六日，兵部的差役官持咨文前来我家中，说，经上奏，皇帝同意：因为两广还未平定，命我总制管理军事事务，同都御史姚镆等人一同督令军务，勘察处置；我听到命令

行,矧兹军旅,何敢言辞?顾臣病患久积潮热,痰嗽日甚月深,每一发咳,必至顿绝,久始渐苏;乃者谢恩之行,轻舟安卧,尚未敢强;又况兵甲驱劳,岂复堪任?夫委身以图报,臣之本心也;若冒病轻出,至于偾事死无及矣。

臣又伏思两广之役,起于土官雠杀,比之寇贼之攻劫郡县,荼毒生灵者,势尚差缓,若处置得宜事亦可集;姚镆平日素称老成慎重,一时利钝前却,斯亦兵家之常,要在责成,难拘速效;御史石金据事论奏,是盖忠于陛下,将为国家弘仁覆久远之图,所以激励镆等,使之集谋决策,收之桑榆也。

臣本书生,不习军旅往岁江西之役,皆偶会机宜,幸而成事,臣之才识,自视未及姚镆,且近年以来,又已多病;况兹用兵举事镆等必当深思熟虑,得其始末条贯,中事少沮,辄以臣之庸劣,参与其间,行事之际,所见或有同异,镆等益难展布。

后,惊慌焦急,不知所措;我自己想,只要我接到皇上的命令、召见,应当立即出发成行,率领军队出发征伐,那里敢说推辞的话?考虑到我患病已久,身积潮热,吐痰咳嗽一天比一天厉害,每咳嗽一次,必然会立即昏厥过去,很久以后才渐渐苏醒;就是那上朝谢恩之行,只是在轻缓的小船中平安躺着,还不敢勉强前去;又何况是在兵马乱军之中奔波、劳碌,哪里又能禁得起这样的重任呢?委身立命来图谋报答,这是我本来的心愿,如果冒着重病轻易出兵,以至于失败,就是死了也来不及了。

我又想,两广的战役,是由于土官之间的仇杀引起的,与叛逆贼寇攻击抢掠郡、县,荼毒生灵相比,势头规模要缓和一些;如果处置得当,事情也可以妥善解决。姚镆,平常人们说他慎重、老成;一时间的顺利、挫折以及前进、退却,这也是用兵时指挥者的常事,重要的是责令它成功,不要督促他取得迅速的效果;当时御史石金根据一个事件在上奏的折子中论述姚镆,这是他对皇帝尽忠的表现。将为国家弘扬仁政,来实现长远的蓝图和筹划,因此对姚镆等人进行激励,来使他们集中谋略加以决策,那么在东隅间失去了,在桑榆间还可以收获成功。

我本是书生,对行军打仗不太在行,早年对江西宁贼宸濠叛乱进行征讨的战役,都是偶然碰到了机会和时宜,幸运地使这件事获得了成功。我的才能、胆识,我自己看是不如姚镆,并且近几年以来,我又多病;况且就行军打仗这样的事,姚镆等人一定曾深思熟虑,颇得其中的要旨,能使战略战术前后贯通,在行动中,也很少遇挫。我就算以自己的平庸和劣陋,参与中间,在具体军事的操作关头,我所见到的,有与姚镆等人不同的见解的话,他们更难施展布置。

夫军旅之任，在号令严一，赏罚信果而已；慎择主帅，授钺分捆，当听其所为。臣以为两广今日之事，宜专责镆等，隆其委任重其威权，略其小过，假以岁月，而要其成功；至于终无底绩，然后别选才能，兼于民情土俗素相谙悉如南京工部尚书胡世宁、刑部尚书李承勋者，往代其任。

夫朝廷用人，不贵其有过人之才，而贵其有事君之忠；苟无事君之忠，而徒有过人之才，则其所谓才者，仅足以济其一己之功利，全躯保妻子而已耳。如臣之迂疏多病，徒持文墨议论，未必能济实用者，诚宜哀其不逮，容令养疾田野，俟病痊之后，不终弃废，或可量置闲散之地，使自得效其涓埃，则朝廷于任贤御将之体，因物曲成之仁，道并行而不相背矣。臣不敢苟冒任，使以欺国事，不胜感恩激义，恳切祈望之至！

行军打仗的任务职责，重要的是在于号令、纪律严明统一，赏与罚说话一定要有信义，执行时一定要有结果；选择主帅指挥时要谨慎，在他分授兵权和职责时，应当听任他去做。我认为，两广今天的事情的解决，应该专门赋予姚镆等人以重任，隆重地对他们进行委派、任命；对他们的权力和威信要加重信任；忽略他们小的过错，不要计较；并给他们一定的足够的时间，责令他们取得成功。如果说他们最终没有取得战绩，然后就另外选派有才能的人，并且这些人还要平时对两广的风土人情清楚熟悉，比如说南京工部尚书胡世宁、刑部尚书李承勋等人前去，代替姚镆等人。

朝廷在使用人才的时候，可贵的并不是他有过人的才能，而是应看重他有侍奉、服务朝廷的忠心；如果没有对朝廷服务的忠心，而只是有过人的才华，那么他的所谓的才华，也只仅仅对他自己的利益和功名有所帮助，对于保全自己的妻子、孩子的富贵有所帮助罢了。像我这样迂讷、平庸而又多病的人，只能拿纸墨文章空发议论，未必是有实际的济世能力的人，确实应该因为自己无能而哀痛，还是容许我在家乡养病，等到疾病痊愈之后，如果朝廷没有把我免职抛弃，或者还可以量我的有限才力把我安排到一个闲散的地方，使我可以奉效那滴水、尘埃般的微小力量，那么和朝廷重用贤良、御用良将的主体，与依据事物具体情况而委曲成全它的仁义，在道理和行动的实施上就都不相违背了。我不敢苟且冒昧地领受这个重任，使国家大事因而迟误。我万分感激朝廷的恩德、大义，祈望恳切到了极点。

赴任谢恩遂陈肤见疏

六年十二月初一日

臣于病废之余,特蒙恩旨起用,授以两广军旅重寄,臣自惟朽才病质,深惧不任驱使,以误国事,具本辞免;过蒙圣旨:"卿识敏才高,忠诚体国,今两广多事,方借卿威望,抚定地方,用纾朕南顾之攘;姚镆已致仕了,卿宜星夜前去,节制诸司,调度军马,抚剿贼寇,安戢兵民,勿再迟疑推诿,以负朕望;还差官铺马里赍文前去,敦趣赴任行事,该部知道。钦此!"钦遵。兵部移咨到臣,捧读感泣,莫知攸措。

伏念世受国恩,粉骨虀骸,亦无能报;又况遭逢明圣,温旨勤拳若是何能复顾其他?已于九月初八日扶病起程,沿途就医,服药调理,昼夜前进;奈秋暑旱涩,舟行甚难,至十一月二十日,始抵梧州,思恩、田州之事,尚未及会同各官查审区处;然臣沿途涉历,访诸士夫之论,询诸行旅之口,颇有所闻,不敢不为陛下一言其略。

臣惟岑猛父子,固有可诛之罪;然所以致彼若是者,则前此当事诸人,亦宜分受其责;盖两广军门专为诸瑶、僮及

赴任谢恩遂陈肤见疏

六年十二月初一日

我在久病废职以后，特承蒙皇上发下圣旨又对我重新起用，把两广的军事重任托付给我，我认为自己老朽无才，再加上这多病的身体，深怕自己不堪重任，来奔波劳碌，从而贻误了国家的大事，因此写奏折请求辞去这一任命，又蒙接皇上降旨，说："你见识敏捷，才华高超，忠诚尽心，体谅国家，现在两广事情繁多，才借你的威望，去安抚平定这些地方，从而抒发我顾虑南方的情怀；姚镆已经辞去官职了，你应该连夜前去南方，来节制总管各个官吏，调用兵马，安抚进剿逆贼敌寇，安定那里军队、民众的生活、生产秩序，不许再推诿、迟疑不定，辜负了我对你的期望了；现在就差派官吏快马加鞭送圣旨到你家中，敦促你前往南方赴任，执行军务。此事要该部知道，钦此！"兵部把咨文传达给我，捧读此文真是感激流泪，不知所措。

回想自己世代承受国家的恩赐，就是粉身碎骨，也不能报答，又何况逢上英明的皇帝，如此不断地送来温暖的圣旨，勤勉亲切，我还怎么能够顾念其他事情呢。我已经在九月初八日，带病起程，一路上寻医治疗，服药加以调理，昼夜不停地向南方进发。怎奈秋天暑气很重，天气干旱，空气苦涩，小船很难行走，到十一月二十日，才到达梧州；思恩、田州的变乱之事，还没来得及会同各级官吏审查，进行区别处理；然而我沿路涉水经历过的地方，我都探访众士人的议论，从众多旅行的人嘴里询问情况，也颇听到了一些情况，不敢不为皇上来说一下大致经过。

我认为岑猛父子两个，本来也有可杀的罪责，然而导致那里像目前这个样子的原因，先前在这里执掌政务的众人，也应

诸流贼而设，朝廷付之军马钱粮事权，亦已不为不专且重；若使振其军威自足以制服诸蛮；然而因循怠弛，军政日坏，上无可任之将，下无可用之兵，一有惊急，必须倚调土官狼兵，若猛之属者，而后行事，故此辈得以凭恃兵力日增其桀骜；今夫父兄之于子弟，苟役使频劳，亦且不能无倦；况于此辈夷犷之性，岁岁调发奔走道途，不得顾其家室，其能以无倦且怨乎？及事之平，则又功归于上，而彼无所与，兼有不才有司，因而需索引诱，与之为奸其能以无怒且慢乎？既倦且怨，又怒以慢，始而征发愆期，既而调遣不至，上嫉下愤，日深月积，劫之以势，而威益亵；笼之以诈，而术愈穷；由是谕之而益梗，抚之而益疑，遂至于有今日加以叛逆之罪，而欲征之。

夫即其已暴之恶，征之诚亦非过，然所以致彼若是，已非一朝一夕之故，且当反思其咎，姑务自责自励，修我军政，布我威德，抚我人民，使内治外攘而我有余力；则近悦远怀，而彼将自服，顾不复自反，而一意愤怒之。

该分别承受一些责任；两广的军事部门，是专门为众瑶、僮以及众多流贼而设，朝廷为这付出的兵马、钱粮以及管理权力，也已经不能不说沉重和专门化了。如果能够振奋那里的军威，那么这也足以把众蛮族制服了。然而那里因循守旧，怠慢放纵，军事政务却渐渐废止，在上没有可以任用的将官，在下没有可以动用的军兵，一有紧急情况，必须要倚赖调用土官、狼兵，像岑猛这样的人，然后才能够执行军务，因此，这类人可以凭借、仗恃有兵力，渐渐增强了他们的桀傲不驯。现在父亲兄弟对于他们的子弟，役使、劳碌频繁了，也还不能没有倦怠呢；何况对于这类夷犷难服的性格，每年都征调他们，在路途上奔波，不能顾念他们的家人，他们能没有疲倦和怨言吗？等到叛乱平定之后，功劳又都归属于上级，而他们却没有得到什么；再加上还有那没有才德的有关部门，也因而需要索求、引诱他们，同盗寇狼狈为奸，他们能够没有愤怒和散漫吗？既疲倦又怨恨，又因愤怒而散漫，开始征调他们的时候，他们就误期坏事，接着，调遣他们，他们就不来了，上边的嫉妒和下面的愤怒，日积月累，用势力对他们打劫，他们的威猛就更减缩，用诈计来笼络他们，他们的智术就更短穷，因此，慰谕他们，他们就更是作梗，安抚他们，他们就更加迟疑，最终以至于有了今天给他们加予的叛逆之罪，而想对他们进行征伐。

既然他们已经暴露了他们的罪恶，对他们进行征伐确实不能算过错，然而之所以致使他们像目前这样，已不是一朝一夕的原因了，并且应当反思那事的责任，姑且务必自我责备、自我勉励；修复我们的军事政务，传播我们的威名、德政，安抚我们的人民，从而使内部治理，外部攘除奸恶，并且我们还尚有余力；

夫所可愤怒者，不过岑猛父子及其党恶数人而已。其下万余之众，固皆无罪之人也；今岑猛父子及其党恶数人，既云诛戮，已足暴扬，所遗二酋，原非有名恶目，自可宽宥者也；又不胜二酋之愤，遂不顾万余之命竭两省之财，动三省之兵，使民男不得耕女不得织，数千里内，骚然涂炭者，两年于兹；然而二酋之愤至今尚未能雪也；徒尔兵连祸结征发益多，财馈益殚，民困益深，无罪之民，死者十已六七，山瑶海贼，乘衅摇动，穷迫必死之寇既从而煽诱之，贫苦流亡之民，又从而逃归之，其可忧危，何啻十百于二酋者之为患？其事已兆，而变已形，顾犹不此之虑，而汲汲于二酋，则当事者之过计矣。

今当事者之于是役，其悴心憔思，亦可谓勤且至矣，特发于愤激而狃为其难，是以劳而未效；夫二酋者之沮兵拒险，亦不过畏罪逃死，苟为自全之计；非如四方流劫之贼，攻城堡，掠乡村，虏财物，杀良民，日为百姓之患，人人欲得而诛之者；今驱困惫之民，使裹粮荷戈，以征不为民患，素

就是说使近地的人得到欢乐,远处的人得到关爱,那他们就会自动服从我们的统治,于是他们自己不会造反,我们也不用对他们表示愤怒。

那些是以引起愤怒的人,不过是岑猛父子以及他们的党羽、恶贼几个人罢了,他们手下的上万的人,本来就不是有罪的人。现在岑猛父子以及他们的党羽、恶徒几人,既然已说是被诛灭、杀戮了,已经足够来暴露传扬他们的罪恶了;他们所留下的两位酋长,原来并不是有名的作恶的头目,自然也可以对他俩进行宽恕。结果又禁不住对两个酋长愤怒地用兵,于是不顾上万人的生命,用尽两省的财产,动用三省的兵力,使老百姓,男的不能耕田,女的不能纺织,几千里内,一片骚乱,生灵涂炭,在这里已两年这样了。然而对两个酋长的愤怒,到现在还没有消除。只是兵连祸结,对他们征伐越多,财物匮乏更加厉害,老百姓的困穷就更加深沉,无罪的老百姓,死掉的已达十分之六七了。山上瑶贼,海中的盗寇,乘这机会对他们进行鼓动,那些被穷追不舍必死的贼寇,不但继续煽动、诱惑他们,那些贫苦流亡的老百姓,又逃到他们那里,归顺他们,这可忧虑的危险,比两位酋长的祸患,何止于高出十倍、百倍呢?忧虑的事已经有了征兆,而变乱已经形成,还不考虑这些忧患事,还抓着两位酋长不放,这是当政的人的错误算计。

现在当政的人对于这场战役,他们的用心和思维憔悴不堪,也可以说他们勤勉已到达极点了。当政者特别从愤怒和激动出发,勉强地处理困难事件,因此,劳碌了,但并未见效。两个酋长恃兵拒险抵抗,也不过是害怕罪责,逃避死亡,做自我保全的打算。他们不同于四处流动劫掠的盗贼,这些盗贼攻击城

无雠怨之虏，此人心之所以不奋，而事之所以难济也。

又今狼达土汉官兵，亦不下数万，与万余畏罪逋诛之虏，相持已三月有余，而未能一决者，盖以我兵发机太早，而四面防守太密，是乃投之无所往，而示之以必不活，益使彼先虑预备，并心协力，坚其必死之志，以抗我师。就使我师将勇卒奋，决能取胜，亦必多杀士众，非全军之道；又况人无战志，而徒欲合围待毙，坐收成功，此我兵之所以虽众，而势日以懈；贼虽寡，而志日以合，备日密，而气日以锐者也。夫当事者之意，固无非欲计出万全，然以用兵而言，亦已失之巧迟，所谓强弩之末，不能穿鲁缟矣。

臣愚以为且宜释此二酋者之罪，开其自新之路，而彼犹顽梗自如，然后从而杀之，我亦可以无憾；苟可曲全，则且姑务息兵罢饷，以休养疮痍之民，以绝觊觎之奸，以弭不测之变，迨于区处既定，德威既洽，蛮夷悦服之后，此二酋者，遂能改恶自新，则我亦岂必固求其罪？若其尚不知悛执而杀之，不过一狱吏之事，何至兵甲之烦哉？

堡,掠夺乡村,抢劫财物,杀害良民,每天都是老百姓们的祸患,每个人都想抓住他们并杀死;现在驱赶困乏疲惫的民众,使他们背着粮食,手持刀枪,来征伐那些本来不是人民祸患、平常没有仇怨的人,这是人心之所以不振奋的原因,也是事情之所以难以成功的原因。

还有,现在狼达曲勺土汉官兵,也不下几万人,官兵已与这一万多害怕罪责,逃避死亡的人,相持达三个多月了,并没能与他们决战一次。是因为发兵的时机没掌握好,有点太早了,而四面防守得太紧密,这才是把兵投入到他们(敌人)不去的地方,并且向他们表示,要置他们于死地;这更使他们考虑准备齐心协力,必死的心志更为坚强,来对抗我们的军队。假使我军将帅勇敢,士卒奋力,一定能取胜的话,也一定会有很多伤亡,这并非是保全军队的方法,用兵的道理。又何况人没有出战的心志,而只是想包围他们,等着杀死他们,坐等着去获得功劳;这是我们的军队之所以虽然众多,而士气渐渐懈怠的原因。贼兵虽然少,而心志渐渐凝合,准备渐渐周密,士气渐渐锐利。当政者的意图,无非是想做到万无一失的筹划,然而,从用兵的角度来说,也已失去了巧妙,过于迟疑了,正是人们所说的,即使是强弓射出的利箭,力量已尽时,就连极薄的鲁缟也射不穿了。

臣愚笨的以为暂且应该开释两位酋长的罪名,给他们以自我改新的道路,如果他们还顽固,作梗,毫不顾忌,然后就把他们杀掉,我们也就没有什么可遗憾的了;假如可以委曲求全的话,那么就姑且停止用兵、取消军饷,来使满目疮痍的地方上的百姓得到休养、生息,来使觊觎他们的奸贼得到杜绝,来消除那难以估测的变乱,等到这片地方已经安定了,德政、威武已合

或者以为征之不克而遽释之，则纪纲疑于不振，臣窃以为不然；夫天子于天下之民物，如天覆地载无不欲爱养而生全之，宁有撮尔小丑，乃与之争愤求胜，而谓之振纪纲者？惟后世贪暴诸侯，强凌弱，众吞寡则必务于求胜而后已。

斯固五霸之罪人也。昔苗顽不即工，舜使禹、益徂征三旬苗民逆命，禹乃班师振旅。夫以三圣人者，为之君帅以征一顽苗，谓宜终朝而克捷，顾历三旬之久，而复至于班师以归，自今言之其不振甚矣；然终致有苗之格，而万世称圣，古之所谓振纪纲者，固若是耳。

臣以匪才，缪膺重命，得总制四省军务，以从事于偏隅之小丑，非不知乘此机会，可以侥幸成功，苟免于怯懦退避；然此必多调军兵多伤士卒，多杀无罪，多费粮饷，又不足以振扬威武，信服诸夷，仅能取快于二酋之愤，而忘其遗患于两省之民，但知徼功于目前，而不知投艰于日后，此人臣喜事者之利，非国家之福，生民之庇，臣所不忍也。

洽了，蛮夷乐于臣服之后，这两个酋领终于能改恶从善，自我改新，那么我们难道还一定要固执地去寻找他们的罪责吗？如果他们还不知道害怕，抓住他们杀掉，不过是一个狱吏的事，何至于还需要使用军兵武器呢？

或许有人认为征伐他们不能取胜，却急切地释放他们，那么，就会怀疑纲纪会不振奋了，我私下里认为，并不是这样；天子对于天下的老百姓、财物，就如天覆盖、地载运一样，没有不想喜欢养护他们并使他们全速生长的。怎能说与一个很小的小丑愤怒地争夺胜利，是为了要振奋纲纪呢？只有后世的贪婪的诸侯，以强凌弱，以众吞寡，就务必求胜才肯罢休。

这本来是五霸一样的罪人呀！古代苗顽犯罪，舜派遣禹、益伺机征伐，三旬过后，苗民不听命令，大禹便班师而回，振动了军队。本身是三圣人，作为统帅，来征伐一个小小的顽苗，认为应该一个上午就获得攻伐的胜利，谁知经历三旬之久，却又至于班师回朝，从现在来说这件事，他是很不振奋的，然而最终有苗人的格言里，而对他万世都称为圣人，古代的所谓的振奋纲纪，本来就像这样的。

我凭浅薄的才能，错受重要的任命，得以总制管理四省的军政大事，就是一个在偏僻的地方做事的小丑，也知道乘这个机会，可以侥幸成功、苟且免除掉怯懦、逃避的罪名；然而这样，就必然要调动更多的军兵，使更多士卒死亡伤残，杀掉很多的无罪之人，花费更多的粮饷，又不能够充足地振奋显扬自己的威武，不能使众夷族更信服，仅仅能够从对两个酋长的愤怒中得到快乐，而忘记了留给两省人民的祸患，只知道在目前邀功，却不知道给日后增添了更多的困难，这是喜欢多事的臣子的

臣又闻两广主计之吏，谓自用兵以来，所费银两，已不下数十万，梧州库藏所遗，不满五万之数矣；所食粮米，已不下数十万，梧州仓廪所存，不满一万之数矣。由是言之，尚可用兵不息，而不思所以善后之图乎？臣又闻诸两省士民之言，皆诸流官之设，亦徒有虚名，而反受实祸；诘其所以，皆云："思恩未设流官之前，土人岁出士兵三千，以听官府之调遣；既设流官之后，官府岁发民兵数千，以防土人之反覆。"

即此一事，利害可知。且思恩自设流官以来，十八九年之间，反者五六起，前后征剿，曾无休息，不知调集军兵若干？费用粮饷若干？杀伤良民若干？朝廷曾不能得其分寸之益，而反为之忧劳征发，浚良民之膏血，而涂诸无用之地，此流官之无益，亦断然可睹矣。

但论者皆以为既设流官而复去之，则有更改之嫌，恐启人言而招物议；是以宁使一方之民，久罹涂炭，而不敢明为朝廷一言；宁负朝廷，而不敢犯众议；甚哉人臣之不忠也。苟利于国而庇于民，死且为之矣，而何人言物议之足计乎？

厚利，却不是国家的福分，不是对活着的老百姓的庇护，这是我所不忍心去做的。

我又从两广的主计的官吏那里听说，从用兵征伐逆贼以来，所花费的银两，已不下几十万两；梧州国库里所贮藏剩下的银两，已不满五万两了；所吃掉的粮食，已经不下几十万石了，梧州仓库里所剩下的粮食，已不满一万石了。从这件事来讲，还可以不断地动用兵力，却不思虑将来如何处理这一个烂摊子的筹划吗？我又从两省的兵士、百姓的话中听到，他们都认为设置流官，也只是空有虚名，却反而遭受了实际的祸害；问他们这样认为的原因，他们都说："思恩这地方没有设置流官之前，土人们每年征用土兵三千人，来听从官府的调遣；设置了流官这一机构之后，官府又每年征发几千名民兵，来预防土人造反。"

就这一件事，利益、危害全可以知道了。并且思恩自从设置了流官之后，十八、九年之间，造反事件就有五六起；前前后后地对他们进行征讨围剿，未曾停止过，不知道调动征集了多少军兵？所花费的钱财、粮饷有多少？杀死杀伤的良善百姓有多少？朝廷未曾能得到一分一寸的好处，却反而替那里添了不少忧虑劳碌，征发兵粮，吸取了良善百姓的血汗、脂膏，却把它们涂抹在没有用处的地方，流官的设置之毫无益处，也一眼就可看得出了。

但是，议论这件事的人都认为既然已经设置了流官，却又把他撤销，那就会有更换、改正的嫌疑出现，恐怕开启了人们的言论，从而招致非议；因此，宁肯让一个地方的民众长久地处在困苦的境地，也不敢明确地向朝廷说一下这件事；宁肯辜负朝廷，也不敢违犯众人的议论。厉害呀，做臣子的不忠心！如果对

臣始至地方，虽未能周知备历，然形势大略，亦可概见；田州切邻交趾，其间深山绝谷，皆瑶、僮之所盘据，动以千百，必须仍存土官，则可借其兵力，以为中土屏蔽。若尽杀其人，改土为流，则边鄙之患，我自当之，自撤藩篱非久安之计，后必有悔。

思恩、田州处置事宜，俟事平之日，遵照敕旨，公同各官另行议奏；但臣既有所闻见，不敢不先为陛下一言，使朝廷之上，早有定处，臣等得一意奉行，不致往复查议，失误事机，可以速安反侧，实地方之幸，臣等之幸，臣不胜受恩感激竭忠愿效之至！

辞巡抚兼任举能自代疏

七年正月初二日

嘉靖六年十二月初二日，准本院咨：节该吏部题奉圣旨：

"王守仁暂令兼理巡抚两广等处地方，写敕与他。钦

国家有利而又使百姓得到庇护，就是死也要去做这件事了，那么什么人还说，别人的非议值得算计、令人害怕呢？

我刚到这个地方，虽然没能够知道得更周详、经历得更完备，但是，大致形势，也可以大概看到了；田州与交趾紧挨着，中间的深山绝谷，都是瑶、僮之贼所盘踞的地方，动不动就成百上千，因此，还必须仍然保存土官，那么，就可以借他们的兵力，来作为中原的屏障，遮蔽。如果把那里的人全部杀掉，把土人都进行流放，那么边疆空虚的忧患，只好由我们自己去承担了。如果这样的话，我们是自己撤掉了篱笆，所以，这并不是长久安定的好计策，以后必然会后悔的。

思恩、田州的善后处理的事，等到变乱平定之后，我们将遵照圣旨，与各个官吏共同另作商议、奏报。但是我既然有一些听到的和看到的情况，不敢不为皇上先通报一下，从而使朝廷之上的各个官吏，也可以早做准备，进行商议、处置，那么我也就可以根据朝廷的旨意去办理，就不至于往来不断地审查、讨论和下令，从而失掉了机会，误了国家的大事。那么就可以迅速地平定叛乱，安定地方，这实在是地方上老百姓的幸事，我等的幸事了。我对皇帝的恩德表示万分感激，我愿尽忠效力，情怀真挚到达极点。

辞巡抚兼任举能自代疏

七年正月初二日

嘉靖六年十二月初二日，照本院咨文：接到吏部题写通知，据圣旨说：

"暂时命王守仁兼任两广等处地方的巡抚之职；写任命状

此!"钦遵外,臣闻命之余,愈增惶惧。

窃念臣以迂疏多病之躯,缪承总制四省军务之命,既已有不胜其任之忧矣;方尔,昼夜驱驰,图其所以仰副朝廷之重委者,而尚未知所措;今又加以巡抚之责,岂其所能堪乎?况两广地方,比于他处,尤繁且难,蛮夷瑶、僮之巢穴,处处而是,攻劫抢掳之警报,日日而有;近年以来,加之以师旅,因之以饥馑,郡县之凋敝日甚,小民之困苦益深,巡抚之任,非得才力精强者,重其事权,渐其官阶,而久其职任,殆未可求效于岁月之间也。盖非重其事权,则不可以渐其官阶;非渐其官阶,则不可以久其职任;非久其职任,则凡所举动,多苟且目前之计,而不为日后久长之谋,邀一时之虚名,而或遗百年之实祸;膏泽未洽于下,而小民无爱戴感恋之诚;德威未敷于远,而蛮夷无信服归向之志;此巡抚两广之任,虽才能相继,而治效之所以未究也。

切见致仕副都御史伍文定,质性勇果,识见明达,往岁

给他。钦此!"已据圣旨特此办理。我听到任命之后,更增加了惊惶恐惧。

我私下里想,自己凭迂讷、平庸、多病的身体,错受总制四省军务的职务,已经感到力不从心,有不能胜任的忧虑了;正在昼夜不停地奔波、劳碌,来图报仰赖朝廷给予我的重要官职的委任之恩,这还不知道怎么去办呢,现在又把巡抚的官职加授给我,这哪里是我所能禁得起的呢?况且两广这些地方与其他地方相比,尤其繁乱而且艰难,那蛮夷瑶、僮等族人的老窝,到处都是;受了抢劫和掳掠的警报,每天都有;近几年来,对这里又施加了征伐、进剿,因为这个又出现了饥荒,郡、县的萧条、凋零一天比一天厉害,小老百姓的贫穷困苦更加沉重,因此,巡抚这一官职的任命,一定要给才能、精力都很强盛的人,并且要给他办事的更重的权力,逐渐地提高他的官职,并且使他的职责、任期保持长久,因为未必能在几年的时间里取得成效呢。如果不给予他很重要的事权,那么就不可以使他逐渐提高官职;不使他渐渐提高官职,那么就不能使他长久地担任那里的官职;不使他长久担任官职,那么凡是他的作为、举动,大多都是暂时为他当前的事进行筹划的,而不肯为将来长久地进行谋算;邀求到一时的虚假的名声,却或许遗留下了上百年的实际的祸患;膏泽恩惠没有让老百姓们得到,而贫苦百姓们也就没有对朝廷爱戴、感激、依恋的诚心;德政、威力还没播布到很远的地方,而蛮夷之族便没有对朝廷信服、归顺的心志;这是之所以在两广巡抚的任命中,虽然他们的才华、能力都能接继、充足,但治理效果不甚理想的原因。

我亲自见到辞官的副都御史伍文定,品质性格勇敢、果

宁藩之变，尝从臣起兵讨逆，臣备知其能；今年力未衰置之闲散，诚有可惜！若起而用之，以为巡抚，其于经略之方，抚绥之术，必能不负所委。及照刑部左侍郎梁材，新升南赣副都御史汪鋐，亦皆才能素著，抑且旧在两广，备谙土俗民情，皆足以堪斯任；乞敕吏部，于三人之中，选择而使之；臣之驽劣多病，俾得专意思田之役，幸而了事，容令照旧回还原籍调理，非独巡抚得人，地方有所倚赖；而臣之不肖，亦苟免于覆𫗧之谋矣。

奏报田州思恩平复疏

七年二月十三日

嘉靖七年正月二十七日，据广西田州府目民卢苏、陆豹、黄笋、胡喜、邢相、卢保、罗黄、王陈、罗宽、戴庆等连名具状："为悔罪投降，陈情乞恩事：投称先因本府土官岑猛，与泗城州屡年互相雠杀，获罪上司，于嘉靖五年六月内，致蒙奏请官兵征剿，临境，岑猛自思原无反叛情由，意得招抚，先自同道士钱一真及亲信家人，逃躲归顺州界，苏等俱各畏避四散，逃入山林，止有各处寄住客户千余，躲避不及，冒犯官军，俱蒙杀剿；目民人等，俱不敢抵抗官军，惟有

断，见识英明练达，他之前在宁王叛乱的时候，曾经跟从我发兵征讨逆贼，我对他的才能知道得很详细，现在他年岁还不老，闲置在家中休养，确实很可惜呀！如果对他重新起用，让他做巡抚的话，那么他的经略、管理地方的做法，安抚、慰绥地方的才术，一定不会辜负朝廷对他的委派。另外，刑部左侍郎梁材、新升南赣副都御史汪鋐，也都是才华、能力在平时就很著名，而且他们过去在两广任职过，对那里的风土人情极为熟悉，都足以来担当这个职务。请求皇帝敕令吏部，从这三个人当中进行选择并任命他。我驽钝、卑劣，又多病，还是一心一意地忙于思、田的征讨的战役吧。如果幸运地解决了这一事件的话，允许我依旧返回原籍处理政务，不但巡抚一职找到了合适的人选，地方上的百姓有了可依靠的官员，而且，我不才，也可以幸免掉那因能力不足而导致坏事的谋略了。

奏报田州思恩平复疏

七年二月十三日

嘉靖七年正月二十七日，据广西、田州府的目民卢苏、陆豹、黄笋、胡喜、邢相、卢保、罗黄、王陈、罗宽、戴庆等人，联名写了状子，说："为了悔罪投降，陈述情由，乞求恩准事宜：投诉说起先是由于田州府的土官岑猛和泗城州多年间互相仇杀，从而获得了上级官吏给予他的罪名，并在嘉靖五年六月内，导致上级官吏上奏请求，对田州发兵征剿。官兵已经到达了田州境地，岑猛自己想，自己本来没有造反叛乱的想法和情节，所以，心中想得到招安。他自己先同道士钱一真以及自己的亲信、家人，逃跑躲到归顺州的地界内；卢苏等人也都畏惧官军，四散逃跑，躲避陆绶不曾远遁，当被擒斩；其余韦好、罗河等，俱蒙官军陆续搜山杀死；蓦于当年九月内，归顺土官岑璋书报：'岑猛见在该州，前月已将道士钱一真功次，假作岑猛，解报军门，尔可作急平定地方，来迎尔主。'苏等听信，遣人节送衣服槟榔等件，岑璋一一收受，言说岑猛不可轻易见人，官府得知累我；续于十月内，岑猛又差人促令邀同王受招复乡村，因见府治空虚，乘便入城休息；又遣迎岑猛、岑璋回说：'尔今地方未定，姑候来春，我当发兵三十余营送尔主来，且替尔防守。'苏等因此逃命屯聚，以候岑猛，并无叛心。嘉靖六年正月，有人传说岑猛于天泉嵒内，急病身死，尸骨被岑璋烧毁，金银尽被收获；随遣人去归顺探问：又被岑璋杀死；苏等痛悔无由，窃思官男岑邦彦先已齐村病故，今闻岑猛又死，无主可靠，欲出投诉，切见四方军马充斥，声言务要尽剿，又恐飞虫附火，必损其身；又蒙上司阴使王受图杀卢苏又使卢苏图杀王受，反覆难信，投降无路，日切苦痛。今幸朝廷宽赦，钦命总制天星，体天行道，按临在此，神鬼信服；苏等方敢舍命求生，率领阖府目民男子大小人等共计四万余名口，尽数投降。伏乞悯念生灵，草命赦死，立功以赎前罪，哀乞怜悯，岑猛原无反叛情罪，存其一脉俯顺夷情，办纳粮差，实为万幸！"等情。

了起来，潜入山林里去了。只有各个地方的寄住在这里的佃户一千多人，因为来不及躲避，受到官兵的征伐追击，全部受到了剿杀。这里的目民，也都不敢抵抗官兵，逃走了。只有陆绥没有远逃，当即被抓获斩杀了。其他像韦好、罗河等人，都在官军搜山的时候，陆续被杀死了。也就在那一年的九月期间，突然接到归顺州的土官岑璋发来的书信，说：'岑猛现在就在归顺州，上个月已经将道士钱一真装作岑猛，解押报告到军事部门，你们可迅速地使地方上得以平定，来迎接你们的主人。'卢苏等人听信了书报中所说的，派人送去了衣服、槟榔等东西。岑璋都全部收了过去，并对他们说，岑猛不能够轻易地会见外人，怕官府知晓了这事后，从而连累了他。接着，在十月期间，岑猛又派人催促，邀请王受一起去收复乡村的失地，因看到府治城池空虚，便乘机到城中休息。另外派人去迎接岑猛，岑璋回答说：'你们那里现在地方上还未安定，姑且等到下年春天，我将发兵三十营，把你们的主人送去，并替你们防守城池。'卢苏等人因为这个才逃跑，屯聚起来，等候岑猛回来，实际上他们并没有造反、搞叛乱的心思。嘉靖六年正月，有传闻说，岑猛在天泉岩内躲藏，因患急病而死，他的尸骨也已被岑璋烧毁，所有的金银财物也全被岑璋据为己有了。于是就派人到归顺去打探查问，派去的差人也被岑璋杀死了。卢苏等人无限痛悔，私下里想，官男岑邦彦起先已经在齐村因病死了，现在听说岑猛又死了，真是没有主人可以投靠了，想出去投降，又亲眼看见，四面八方全布满了官兵，官兵们声言要把这里的民众全部剿杀，所以，又怕像飞虫接近烈火一样，自身必然受到损伤。又听说上级官吏暗中派王受谋杀卢苏，又派卢苏谋杀王受，命令真是反复无常，难以令人信服。

并据思恩府头目王受、卢苏、黄容、卢平、韦文明、侣马、黄留、黄石、陆宗、覃鉴、潘成等亦连名具状，告同前事，投称本府原系土官，自改立流官开图立里，土俗不便，奈缘小人冥顽不谙汉法，屡次攘乱不定，受等同辞恳乞上司，仍立目甲，不意反致官府嗔怪；近又蒙官兵征剿田州，要将受等一概诛灭，必要穷追逐捕，只得逃遁山林。兼以八寨蛮子，原以剽掠为生，乘机假受姓名，每每攻图城邑，劫虏乡村，虚名受祸，受等即欲挺身投诉，见得四方军马把截，兼闻阴使卢苏图杀王受，又使王受图杀卢苏，反覆难信，以此连年抱苦，控诉无由；且受等颇知利害，岂敢自速灭亡？今幸朝廷宽恩，命总制天星，按临在此，神鬼信服；受等方敢率领所部目民男女大小等共计三万余名口，舍命投降。伏乞详情赦死，以全草命；更望府顺夷情，仍复目甲，使得办纳粮差，实为万幸！"等因。各投诉到臣。

所以，投降没有出路，一天天处于痛苦当中。现在幸运地接到了朝廷的宽恕，皇上亲自命令总制这里的官员，替天行道，天神星宿光临这里，就是神鬼也信服了。卢苏等人才敢舍弃死路，寻求新生，率领全府目民男子大大小小共四万多人，全部投降、归顺朝廷。乞求皇上悯念生灵，特赦免我们这些百姓的死罪，哀求皇上怜悯，岑猛本来没有造反、叛国的心思、情由，存留他家的一线烟火，按照夷族的风情，来加以处理。我们也将按规定办纳粮税，服差役。这实在是万幸了！"等情况。

另外根据思恩府头目王受、卢苏、黄容、卢平、韦文明、侣马、黄留、黄石、陆宗、覃鉴、潘成等人，也联名写状子诉告，同前面的事基本一样。他们投诉说："本府治原来设立的是土官，自从改为流官的建制后，又开图镇，立村里，土人的风俗不太便利，怎奈有些坏分子顽固不化，不懂得汉人治理地方的方法，多次闹事作乱，使地方上不得安定。王受等人恳切地乞求上级机关，仍然设立目甲制度，没想到反而遭到官府对他的嗔怪；近来官兵又对田州实行进剿，还要将王受等人统统加以诛杀，并一定要对他们穷追猛杀，绝不妥协。王受等人只得逃到山林里面。再加上八寨的蛮子、贼寇，本来就是以剽劫掠夺作为谋生的手段，乘着这个混乱的时机，就假称王受的名字，不断地攻击城池、邑镇，对乡村进行打劫、掳掠，王受等人因贼寇打着他的名义做坏事而冤枉地遭受祸患。王受等人当即就想挺身而出，去投诉这一事件的前因后果，但亲眼看到四面八方有官兵把守、拦截，并且又听说官府暗中派卢苏谋杀王受，又派王受谋杀卢苏，这些传闻真是反复无常，令人难以信服。因此，多年来，心中抱有痛苦，又没有地方去控告、诉说；并且王受等人颇知晓利害关

据此，照得先于嘉靖六年七月初七日，为地方事节奉敕谕："先该广西田州地方，逆贼岑猛为乱，已令提督两广等官都御史姚镆等督兵进剿，随该各官奏称：'岑猛父子，悉已擒斩，巢穴荡平。'捷音上闻；已经降敕奖励，论功行赏，续该各官复奏：'恶目卢苏倡乱复叛，王受攻陷思恩。'及节据石金所奏：'前项地方，卢苏、王受结为死党，互相依倚，祸孽日深，将来不可收拾；又参称先后抚臣，举措失当，姚镆等攘夷无策，轻信寡谋，图田州已不可得，并思恩胥复失之，要得通行查究追夺。'兵部议奏，以各官先后所论事宜，意见不同，且兵连两广，调遣事干邻境，地方必得重臣前去总制，督同议处，方得停当，今特命尔提督两广及江西、湖广等处地方军务，星驰前去彼处，即查前项夷情，田州因何复叛？思恩因何失守？督同姚镆等斟酌事势，将各夷叛乱未形者，可抚则抚，反形已露者，当剿即剿；一应主客官军，从宜调遣，主副将官及三司等官，悉听节制，公同计议，应设

系，哪里敢迅速地自找灭亡呢？现在荣幸地受到朝廷给予宽恕的恩情，命令总制如天星一般，降临在这里，来处理这些事务，就是神鬼也会信服呀！王受等人这才敢率领他们所辖的目民，男女老少，共三万多人，舍丢死路，弃暗投明，投降归顺朝廷。乞求朝廷明察详细情况，赦免他们的死罪，以使草民的性命得到保全，更希望朝廷能顺应夷族的风土人情，仍然恢复目甲制度，使他们能够替朝廷办纳粮税，服差役，这实在是万幸了！"等等情况，分别都投诉到我这里。

根据这些情况，我起先还在嘉靖六年七月初七日，为了地方上的事务，接到皇上的有关这一事件的敕谕，说："起先广西田州地方上，叛贼岑猛造反作乱，朝廷已命令提督两广等的官吏如都御史姚镆等人，督领官兵前往进剿，随后这些官吏都分别上奏说：'岑猛父子，都已经被抓获了，他们的巢穴，也已经扫平荡尽。'这些捷报传达给朝廷，朝廷已降下敕书加以奖励众位有功官员，并论功行赏。接着，这些官员重又上奏，说：'恶贼头目卢苏，造反作乱，重又背叛朝廷，王受已攻陷了思恩。'另外，又根据石金所上的奏章，说：'前面提到的那些地方，卢苏、王受现在已经结为死党，互相依靠，祸患罪孽一天比一天在加深，将来会到达不可收拾的地步。另外还参劾说，前前后后前往安抚的大臣，采取的举措都不妥当。姚镆等人，在攘除夷族逆贼时没有策略，轻信人言，毫无计谋，攻占田州已经不可能了，并且连思恩也重又丢失了，要对这些官员追究责任，想办法夺回失地。'兵部又把建议上奏，由于各个官吏先后上奏所论述的事务，意见不一致，并且军务又连通两广，调兵遣将也涉及邻近的境城，所以，地方上必须有重要的大臣前去总制、协调，督令各

土官、流官,何者经久利便?并先令抚镇等官,有功有过,分别大小轻重,明白奏闻区处,事体十分重大者,具奏定夺;朕以尔勋迹久著,才望素隆,特兹简任,尔务以体国为心,闻命就道,竭忠尽力,大展谋猷,俾夷患殄除,地方安靖,以予朕西南之忧,仍须深虑却顾事出万全,一劳永逸,以为广人久远之休;毋得循例辞避,以孤众望。钦此!"钦遵。

　　随于九月内节该兵部咨:为辞免重任,乞恩养病事:臣奏奉圣旨:"卿识敏才高,忠诚体国,今两广多事,方借卿威望,抚定地方,用纾朕南顾之怀,姚镆已致仕了,卿宜星夜前个官吏达成一致决议，处置地方事宜，这样才会较为妥当。现在特命令你提督两广军事事务，以及江西、湖广地方的军务，总制各军；你要迅速前去那个地方，到后立即查究前面提到的夷族的情况，寻找田州为什么重又叛乱的原因，思恩为什么又失守了？你要同姚镆等人一起督促军务。斟酌事情的形势，将各个想搞叛乱却还没有出现什么迹象的夷族，可以安抚的就进行安抚；造反的迹象已暴露出来的，应当进剿就加以进剿。全部的朝廷官兵以及客从的军兵，你都要根据情况便宜行事，对他们进行调遣；主副将官以及布、都、按三司的各级官吏，都听从你节制、指挥；并同大伙一起商量、议定，应设立土官或是流官，看看哪一个能持久、更为便利？并且，首先要命令抚镇等官吏，他们有功劳还是有过错，分出功、过的大小轻重，明明白白地奏报上来，并加以区分处理。相关事体十分重大的，可以写本上奏，由朝廷来裁决。朕因为你功绩显著，久有成就，才能和威望平常都很隆盛，特直接把这件事托付于你，务必把国家的大事作为你自己的事，听到命令后马上上路赴任，为国事尽忠尽力，大胆地施展你的谋略和才华，从而使夷族叛乱的祸患得到殄灭、消解，使地方上重又得到平靖、安定，使我对西南地区的忧虑得以消除。你仍必须深思熟虑，并消却顾虑，把事情处置得万无一失，从而费一次劳力而得到永恒的安逸，来使两广人民得到永久的休养生息。你不得像过去那样推辞、避让，从而辜负了众人对你的期望。钦此！"这些都遵守圣旨去做了。

随后，在九月期间，接到兵部的咨文：为了辞免朝廷给予的重任，乞求恩准回家养病事宜：我等奏报皇上，接到圣旨说："你见识敏捷，才华高强，对朝廷忠心耿耿，诚恳尽力，能体谅去,节制诸司,调度军马,抚剿贼寇,安戢兵民,勿再迟疑推诿,以负朕望;还差官铺马里赍文前去,敦趣赴任行事,该部知道。钦此!"钦遵,当即启行,至十一月二十一日抵梧州莅任。

十二月内,续准兵部咨:"为地方大计紧急用人事,该礼部右侍郎方献夫奏:节奉圣旨:'方献夫所奏,关系地方大计,郑润、朱麟与姚镆事同一体,姚镆已着致仕,郑润等因贼情未宁,暂且留用;今既这等说,郑润取回代替的,朕自简用,朱麟应否去留?着兵部会议,并堪任更代的推举相应官两员来看,田州应否设都御史在彼住札?还着王守仁议处具奏定夺。钦此!'备咨前来知会,俱经钦遵外;本月初五日,进至平南县地方,与都御史姚镆交代;二十二等日,太监郑润,总兵官朱麟,陆续各回梧州、广州等处,听候新任。

总兵、太监交代去讫,当臣会同巡按纪功御史石金,右布政林富、参政汪必东、邹輗、副使祝品、林大辂,佥事汪溁、张邦信、申惠、吴天挺,参将李璋、沈希仪、张经及旧任国家的难事，现在两广事务繁多，正好借助你的威望，去平定安抚两广等地，从而也免除我对南方地区的忧虑。姚镆已经辞官了，你应该昼夜不停前往那里，去节制、协调管理各个部门，调遣军兵，去进剿平抚贼寇；对那里的军兵、民众进行安抚，稳定。你不要再迟疑和推诿，从而辜负了我对你的期望。差派紧急铺马差役捧圣旨前去敦促你迅速赴任，执行公务，该部知道这件事。钦此！"这些命令也都执行照办了。我立即启程上路，前去赴任。到十一月二十一日抵达梧州上任。

十二月期间又接到兵部的咨文，说："为了地方上的大计方针，紧急地起用人才事宜，该礼部右侍郎方献夫上奏：根据接到的圣旨说：'方献夫所奏报的关系到地方上的大计方针，筹划的事情，郑润、朱麟和姚镆，他们在做事时如同一体，如出一辙，姚镆现在已经辞官了；郑润等人，因为贼寇还没有平定，暂且继续留用。现在既然有这样的说法，那么，就把郑润也召回？再找官员去代替他；至于朱麟，他应该留任还是去任呢？让兵部去商议决定，并且再推荐两名相应的堪当此任的官员，来作为更替的候选人，叫来进行考察。另外，田州是否应该设立都御史在那里驻扎呢？这些还叫王守仁议定处置，写本上奏，由朝廷拍板决定。钦此！'"这些咨文都报来让我知晓，遵旨照办。本月初五日，进发到平南县的地方，同都御史姚镆把朝廷旨意进行了交代，遵旨办理公务；二十二等日，太监郑润、总兵官朱麟，都陆续分别回到梧州、广州等地，等候新的委任。

总兵、太监交接完公务，然后离去。当时，我会同巡按纪功御史石金，右布政林富，参政汪必东、邹輗、副使祝品、林大辂，佥事汪溱、张邦信、申惠、吴天挺，参将李璋、沈希仪、张

副总兵今闲住都指挥同知张祐,并各见在军前用事等官,会议得思恩、田州之役,兵连祸结,两省荼毒已逾二年,兵力尽于哨守,民脂竭于转输,官吏罢于奔走;即今地方已如破坏之舟,漂泊于颠风巨浪中,覆溺之患,汹汹在目,不待智者而知之矣。今若必欲穷兵雪愤,以收前功未论其不克;纵复克之,亦有十患:何者?

今皇上方推至孝以治天下,恻怛之仁,覆被海宇,惟恐一物不得其所,虽一夫之狱,犹虑有所亏枉,亲临断决;况兹数万无辜之赤子,而必欲穷搜极捕,使之噍类不遗,伤伐天地之和,亏损好生之德,共患一也。

屯兵十万,日费千金,自始事以来,所费银米各已数十余万,前岁之冬,二酋复乱,至今且余二年,未尝与贼交一矢,接一战,而其费已若此;今若复欲进兵,以近计之,亦须数月,省约其费,亦须银米各十余万,计今梧州仓库所余银不满五万,米不满一万矣,兵连不息,而财匮粮绝其患二也。

经，以及上一任副总兵，现在闲住的都指挥同知张祐，以及各位在大军中担任职务的官员，一起开会，议定；思恩、田州的讨逆战役，兵连祸结，两个省的人民都遭受到危害，时间已经长达两年多了；兵力光是放哨守卫就已用完了；老百姓的财物在转运当中也渐渐耗尽；各级官吏由于不断地奔波也已疲劳困顿；当今的两广地方上，已经像是遭受了破坏将要沉下去的船只，还在狂风巨浪当中漂泊，形势危急，将要翻船沉溺的危险、忧患，已经历历在目，气势汹汹，不需要智慧的人，大家都已经看到这些情况了。现在，如果一定想派大兵前去剿杀，穷兵黩武，发泄愤怒，来取前面的灭逆的大功，先不说如果不能取胜会产生什么后果；纵然重又取胜了，也会有十个方面的忧患：为什么呢？

现在皇上推行以大孝的思想来治理天下，恻隐之心，潜在的仁慈，覆盖天下；哪怕只是一件东西，也怕没用到它应该发挥积极作用的地方；而使是一个人的案子，还担心产生冤枉，都亲自审理，加以裁断。何况这里是几万个无辜的老百姓，却一定要对他们大加搜捕，使他们一个不留，斩草除根，亡家灭种，这恐怕会使天地间的和气遭到伤害、诛伐，对皇帝怜惜生灵的好生的美德有损无益。这是大兵压境会产生的第一个忧患。

在那里屯兵十万人，一天的费用就达千金，自从对逆贼开始征讨以来，所花费的银子，粮食分别已达到了几十万两（石），前年冬天，两个首领又搞叛乱，到现在为止已经两年多了，还没有向贼寇射一支箭，打一次仗，而所花费的银、米已经是这样浩繁了。现在如果重又进兵剿贼，就拿最快的时间算，结束战事也必须要几个月，俭省地计算它的花费，也必须需要白银、粮米，分别为十几万两（石）。现在梧州仓库里所剩的白银，计算起来不

调集之兵，远近数万，屯戍日久，人怀归思；兼之水土不服，而前岁之疫死者一二万人，众情忧惑，自顷以来，疾病死者，不可以数，无日无之，溃散逃亡，追捕斩杀，而不能禁，其未见敌而已若此；已复驱之锋镝之下，必有土崩瓦解之势，其患三也。

用兵以来，两省之民，男不得耕，女不得织，已余二年，衣食之道日穷，老稚转乎沟壑；今春若复进兵，又将废一年之耕，百姓饥寒切身，群起而为盗，不逞之徒，因为号召之，其祸殆有甚于思、田之乱者，其患四也。

论者皆以不诛二酋，则无以威服土官，是殆不然；今所赖以诛二酋者，乃皆土官之兵；而在我曾无一旅可恃之卒，又不能宣布主上威德，明示赏罚，而徒以市井狙狯之谋，相欺相诱，计穷诈见，益为彼所轻侮，每一调发旗牌之官，十余往反，而彼犹骜然不出，反挟此以肆其贪求，纵其吞噬我

足五万两了，粮米不足一万石了。如果接连不断地用兵，那么，财物就会匮乏，粮食就会断绝。这是用兵的第二个忧患。

如果是大举进攻那里，调遣集聚的军兵，远远近近的一共也得几万人，屯住的时间长了，人们就怀有想家、回归的念头；再加上对这里水土不服，并且前年得疫病而死的人就有一二万人。众人都有忧虑、怀疑，不满的情绪渐渐增加。自从那次疫病之后，因疾病而死的人，数都数不过来；没有一天没有死人的时候，所以戍边军兵，逃亡溃散的人很多，即使对逃兵进行追捕，斩杀，也不能禁止住开小差儿偷跑的现象。他们还没有见到敌人就是这副样子。如果把他们驱赶到刀剑翻飞的战场上，必然会有土崩瓦解、全军覆没的势头，危险太大了。这是对这里大规模用兵会产生的第三个忧患。

自从用兵打仗以来，两省的百姓，男人不能耕田，女人不能织布，已经有两年多的时间了。老百姓穿衣吃饭的生活秩序一天天困顿下来，民不聊生，男女老少都奔走在山沟、田野之间，土地荒芜。今年春天如果再次进兵讨伐逆贼，那么就会又废弃一年的农田耕作，老百姓们更会加饥寒交迫，群集起来，成为盗贼。如果坏心肠的奸民，乘这个机会号召饥民起来造反，那么，这场祸乱大概比思恩、田州的叛乱还要厉害得多。这是用兵会产生的第四个忧患。

议论的人都认为，如果不诛杀两个酋领，那么就没有威慑、驯服土官的办法了，其实并不是这样。现在我们所依赖的去杀两个酋长的军兵，全是土官下辖的军兵；而我们自己的官军却没有一旅的兵力可以依靠，同时又不能宣布皇帝的威武的德政，不能明确地昭示赏和罚，纪律不严明，却只是用市井流氓市侩的

方有赖于彼,纵之而不敢问;彼亦知我之不能彼禁也,益狂诞而无所忌。岑猛之僭妄,亦由此等积渐成之;是欲诛一二逃死之遗孽,而养成十数岑猛,其患五也。

两广盗贼,瑶、僮之巢穴,动以数千百计,军卫有司营堡关隘之兵,时尝召募增补,然且不敷;今复尽取而聚之思、田之一隅,山瑶海寇乘间窃发,遂至无可捍御;近益窥我空虚,出掠愈频,为患愈肆。今若复闻进兵,彼知事未易息,远近相煽蠢起,我兵势难中辍,救之不能,弃之不可,其为惨毒可忧,尤有甚于饥寒之民,其患六也。

军旅一动,馈运之夫,骑征之马,各以千计,每夫一名顾直一两,马一匹四两,马之死者,则又追偿其主之直,是

奸谋,对他们进行欺骗、诱惑;等诈骗的伎俩全部暴露,更会被他们轻视并侮辱;每一次调发旗牌、下令的官吏,必须往返十余次,而他们还傲慢无礼,不出兵,反而要挟官吏提出放肆的贪婪的索求,放纵他们吞噬财物,而我们对他们有依赖之心,就放纵他们的行为而不敢过问;他们也知道我们对他们的行为不能禁止,他们就更狂妄,肆无忌惮。像岑猛的僭越主上,狂妄不羁,也是这样慢慢地积累导致的。这就是,想杀一两个逃跑求生的遗留的罪孽,却养成了十几个新的岑猛,这是用兵会产生的第五个忧患。

两广的盗贼,瑶、僮贼人的巢穴,动辄成百上千,我们的军事卫所、有关部门的营房、堡垒、关隘等地布置的军兵,时常不断地向地方上招募、增补进去,但还是不够用。现在如果重又把各地哨守的军兵都调派过来,聚集在思恩、田州的一个角落里,那么,山上猛贼,海中的盗寇就会偷偷地趁地方上无人把守,打劫掳掠,会使地方上无法再进行防御、捍卫。近来他们更是偷窥到我们的空虚,出去劫掠的次数更加频繁,更肆虐地为患地方了。现在如果他们听说我们又要进兵讨伐逆贼,他们知道事情不会很容易地停止下来,所以,远近各地的贼寇会互相煽动联络,起兵造反。而我们军队的进兵势头很难在中间停顿下来,因此,回去救助地方上的祸乱,已成为不可能;而抛弃地方上的安危而不顾,也是不可能的。那地方上值得忧虑的祸患所导致的悲惨、毒害的状况,比起饥寒交迫的老百姓们的痛苦来,更是厉害得多了。这是大举进兵会导致的第六个忧患。

大兵一出发,负担运输物资任务的民夫,以及骑兵应征的战马,分别得上千人和上千匹;每一名民夫,雇佣的价钱为一两

皆取办于南宁诸属县，百姓连年兵疲困苦已极，而复重之以此，其不亡而为盗者，则亦沟中之瘠矣，其患七也。

两省土官，于岑猛之灭，已各怀唇齿之疑，其各州土目于苏受之讨，又皆有狐兔之憾；是以迟疑观望，莫肯效力，所凭恃者，独湖兵耳，然前岁之疫，湖兵死者过半，其间固多借倩而来，兵回之日，死者之家例有偿命银两，总其所费，亦以万数；今兹复调，踣顿道途，不得顾其家室，亦已三年，劳苦怨郁，潜逃而归者，相望于道，诛之不能；止因一隅之小愤，而重失三省土人之心，其间伏忧隐祸，殆难尽言，其患八也。

田州外捍交趾，内屏各郡，其间深山绝谷，又皆瑶、僮之所盘据，若必尽诛其人，异时虽欲改土设流，亦已无民可守，非独自撤藩篱，势有不可；抑亦借膏腴之田，以资瑶、僮，而为边夷拓土开疆，其患九也。

银子；一匹马的雇价为四两，马匹在征战中死去了，还要偿还马匹的主人钱财，这些又都是在南宁所辖的各个县中筹办的。这里的百姓由于连年征战，疲于用兵，所以困顿痛苦到了极点，现在又因为这次大举进兵加重他们的负担，那些即便是不逃亡而成为盗贼的人，也成了沟谷中贫瘠的土地一般，穷困潦倒了。这是大举进兵会产生的第七个忧患。

两省的土官们，对于剿灭岑猛一事，也都怀有唇亡齿寒的疑虑；那些各个州的土目对于征讨卢苏、王受一事，又都怀兔死狐悲的遗憾感情。因此，他们迟疑不决，都处在观望当中，不肯替朝廷尽忠效力。而我们现在所凭借、依赖的只有湖兵罢了；但是在前年流行的那场疫病当中，湖兵死亡的人数超过一半，在他们中间本来很多是借调过来的，在军队回师的日子里，对于死者的家属，依照惯例，都得送给偿命的银两，所花费的这笔钱加起来，也得上万两。现在因为进兵，又要再调用他们，他们颠沛奔走在征战的路途中，不能够顾念自己的家室，也已经有三年了，那由于辛劳、痛苦、怨恨、愤怒而偷着逃跑回家的人，在道路上都可以不断地看到，却又不能诛杀他们。这只是因为对一个地方的微小的愤怒，却大大地失去了三省土人的民心，其间所潜藏的忧虑和灾祸，恐怕很难一下子说得完。这是大举进兵会产生的第八个忧患。

田州对外防御交趾，对内来说，又是各个内陆郡县的屏障，在这个地域内遍布着深山绝谷，这里又都是瑶、僮人所盘踞的地方，如果一定要把他们斩尽杀绝，他日即使再想改变土官，设立流官，也没有老百姓可以替他们进行守卫了。这不但是自己撤掉了保卫自己家园的篱笆，情势根本不可以这样去做，而

既以兵克，必以兵守，岁岁调发，劳费无已，秦时胜、广之乱，实兴于闾左之戍；且一夫制驭，变乱随生，反覆相寻，祸将焉极，其患十也。

故为今日之举，莫善于罢兵而行抚，抚之有十善：活数万无辜之死命，以明昭皇上好生之仁，同符虞舜有苗之征，使远夷荒服，无不感恩怀德，培国家元气，以贻燕翼之谋，其善一也。息财省费得节缩赢余，以备他虞，百姓无椎脂刻髓之苦，其善二也。久戍之兵，得遂其思归之愿，而免于疾病死亡，脱锋镝之惨，无土崩瓦解之患，其善三也。又得及时耕种，不费农作，虽在困穷之际，然皆获顾其家室，亦各渐有回生之望，不致转徙自弃而为盗，其善四也。罢散土官之兵，各归守其境土，使知朝廷自有神武不杀之威，而无所恃赖于彼，阴消其桀骜之气，而沮慑其僭妄之心，反侧之奸自息，其善五也。远近之兵，各归旧守，穷边沿海，咸得修复其备御，盗贼有所惮而不敢肆，城郭乡村，免于惊扰劫掠，无虚内事外，顾此失彼之患其善六也。息馈运之劳，省夫马之役，贫民解于倒悬，得以稍稍苏复，起呻吟于沟壑之中，其善七也。土民释兔死狐悲之憾，土官无唇亡齿寒之危，湖

且也是借用膏腴的田地,来资助瑶、僮人,反而为边防的蛮夷开拓疆土地。这是进兵产生的第九个忧患。

即使在进兵之后,取得了胜利,也必须再用军兵来守卫,这将要每年都调用军兵前来,劳碌和费用都没法停息下来。秦朝时候陈胜、吴广的叛乱,实际上就是在戍守边疆的军队中发起的;并且只要有一个人带头闹事,那么造反、变乱的事件随时都可能发生;如果他们反复无常,来来去去地寻找机会,祸患将会达到什么地步呢?后果不堪设想呀!这是大举进兵会产生的第十个忧患。

因此,我们今天的举措,没有比停止用兵,对地方实行安抚更好的了。对地方上实行安抚,将有十大好处:使几万无辜的判定死亡的百姓存活下来,来明确地昭示皇上怜惜生灵、爱惜生命的仁慈之心,同虞舜对有苗的征伐有类似的千年功绩,从而使远方的夷族慌忙归顺、臣服,他们将没有不感激朝廷的盛恩、怀念朝廷的美德的,这也可以使国家的元气得到培养、恢复,乃是造福子孙后代的举措。这是安抚的第一个好处。停止浪费财物,俭省花费,节省下来的多余的财物、粮食,可以储备作为别的用处,老百姓没有了被搜刮脂膏、凿吸骨髓的痛苦。这是安抚的第二个好处。长久在外戍守边防的军兵,终于可以实现回家的心愿,而避免了因患疫病客死他乡的悲惨命运,脱离了在刀剑之下惨死的惨痛场面,而没有土崩瓦解,溃败覆没的祸患。这是进行安抚的第三个好处。老百姓们又可以及时地进行耕种,使农业生产不会遭到破坏、荒废;虽然他们也还都处于困顿、穷苦的境地,但是他们都可以获得照顾他们家室的机会,他们也就都各自有了谋生的渴望,而不至于颠沛流离,抛弃家园,甚

兵遂全师早归之愿，莫不安心定志，涵育深仁而感慕德化，其善八也。思、田遗民，得还旧土，招集散亡，复其家室，因其土俗，仍置酋长；彼将各保其境土，而人自为守，内制瑶、僮，外防边夷，中土得以安枕无事，其善九也。土民既皆诚心悦服，不须复以兵守，省调发之费，岁以数千；官军免踏顿道途之苦，居民无往来骚屑之患，商旅通行，农安其业，近悦远来，德威覃被，其善十也。

而成为盗贼。这是进行安抚的第四个好处。让土官下辖的军兵解散，各自回去守卫自己境域的土地，从而使他们知道朝廷自然有神圣、雄武，不嗜杀的威力，对他们并没有什么依赖，暗中打消他们桀骜不驯的气概，并沮灭、威慑他们僭越、狂妄的心志；那么他们想造反、背叛的奸计自己就停止、消亡了。这是安抚的第五个好处。远远近近调拨的军兵，都各自回到他们原来的戍守之地；穷困的边防、沿海，都可以重新修复防御设施，那么，各地的盗贼就会有所畏惧而不敢放肆，城郭、乡村，也都可以避免了被惊吓、挠乱、打劫、掳掠的痛苦。因此，就不会导致内部空虚、危急，产生顾此失彼的忧患。这是对地方进行安抚的第六个好处。停止押送运输的劳作，节省民夫、马匹的徭役；贫苦百姓可解除倒悬般的困顿潦倒的危险，使他们稍微恢复一下生机，也可以在垂死边缘喘几口气，从而有了生存的希望。这是进行安抚会产生的第七个好处。土人百姓可以消释兔死狐悲只敢以及因同族被杀感到悲伤的遗憾；土官也没有了唇亡齿寒，怕被杀戮的危险；湖兵于是可以成全他们早日回师的心愿，无不安定心志。他们被涵养、培育起深厚的仁慈，并为朝廷的神圣、威武所感化，为朝廷的美德所感化。这是安抚所能产生的第八个好处。思恩、田州遗留下的老百姓，可以回到原来居住的地方，把逃散、流亡的人招集回来，使他们的家人重新团圆，住房得以修复。另外还根据他们土人的风俗，仍然设置酋长来管理他们。他们将各自保卫他们境域里的土地，而且每个人自己就都成为守卫者；对内，他们将对瑶、僮实行管辖、制驭；对外，他们又会防御边防的夷族入侵，那么，中原土地就会安枕无忧、平安无事了。这是进行安抚的第九个好处了。土人百姓既然都诚

夫进兵行剿之患既如彼，罢兵行抚之善复如此；然而当事之人，乃犹往往利于进兵者，其间又有二幸四毁焉；下之人，幸有数级之获，以要将来之赏；上之人幸成一时之捷，以盖日前之愆；是谓二幸。始谋请兵，而终鲜成效，则有轻举妄动之毁；顿兵竭饷，而得不偿失，则有浪费财力之毁；聚数万之众，而竟无一战之克，则有退缩畏避之毁；循土夷之情，而拂士夫之议，则有形迹嫌避之毁；是谓四毁。二幸蔽于其中，而四毁惕于其外，是以宁犯十患而不顾，弃十善而不为。夫人臣之事君也，杀其身而苟利于国，灭其族而有裨于上，皆甘心焉；岂以侥幸之私，毁誉之末，而足以挠乱其志者！今日之抚，利害较然，事在必行，断无可疑者矣。于是众皆以为然。二十六日，臣至南宁府，乃下令尽撤调集防守之兵，数日之内，解散而归者，数万有余。湖兵数千，道阻且远，不易即归，仍使分留南宁宾州，解甲休养，待间而发。

心实意地悦服、归附,那么就没必要再派兵前去守卫,每年省下的调遣军队费用,就达几千两;官军也免除了颠沛、奔波道路上的苦楚,居民也没有因军兵往来被骚扰的忧患;商人、旅行者又都可以通行,百姓们也可以安心地进行农业生产,远远近近的各个地方都被朝廷的威武和德政所笼罩,欢悦地承受朝廷的恩泽:这是安抚的第十个好处。

大举进兵,围剿贼寇会产生的忧患,就像提到的那十种;而停止用兵、进行安抚的好处,又像刚提到的这十种。而这里的主管军政事务的人,却还常常极力要求进兵剿贼,在这中间,又有二个幸运和四个危害。对于下级官军来说,他们可以有幸多斩杀、俘虏一些贼寇,立下功绩,从而凭此可以受到赏赐;对于上级官吏来说,他们可以有幸促成了一次战斗的胜利,从而掩盖以前所犯下的罪责,这就是所谓的两个幸运。他们开始时谋算着请命出兵的好处,结果却很少能获得成效,那么就会有轻举妄动的危害;使军兵困顿,使粮饷用尽,却得不偿失,那么就会有浪费国家财产、人力的危害;调集几万军兵前往,却没有取得一次战役的胜利,那就会有畏敌退缩、躲避脱逃的危害;因循土人、夷人的民情,却对士大夫们的议论置之不理,那就会有被人误解的嫌疑表现和回避责任的危害。这就是所谓的四个危害。两个幸运隐蔽在整个事件的内部,而四个危害就暴露在外面,因此,他们宁肯冒着十大忧患于不顾,抛弃十大好处,不肯去向好的方面去做。作为大臣,在侍奉皇上这件事上,就是自身遭到杀害,只要是给国家谋福利;就是灭绝他的家族,只要是对朝廷有所裨益,这样做都是心甘情愿的。哪里能够因为侥幸的私念,因为自身受到一点危害和诽谤,就可以使他的志向受到挠乱

初，卢苏、王受等，闻臣奉命前来查勘，始知朝廷亦无必杀之意，皆有投生之念，日夜悬望，惟恐臣至之不速；已而闻太监总兵等官复皆相继召还，至是又见防守之兵尽撤，其投生之念益坚，乃遣其头目黄富等十余人，于正月初七日，先付军门诉告："愿得扫境投生，惟乞宥免一死。"臣等谕以朝廷之意，正恐尔等所有亏枉，故特遣大臣前来查勘，开尔等更生之路，尔等果能诚心投顺，决当贷尔之死。因复开陈朝廷威德，备写纸牌，使各持归省谕卢苏、王受等，大意以为：岑猛父子，纵无叛逆之谋，即其凶残酷暴，慢上虐下，自有可诛之罪；今其父子党与，俱已伏其辜，尔等原非有名恶目，本无大罪，至于部下数万之众，尤为无辜；今因尔等阻兵负险，致令数万无辜之民，破家失业，父母死亡，妻子离散，奔逃困苦，已将两年；又上烦朝廷兴师命将，劳扰三省之民，尔等之罪，固已日深；但念尔等所以阻兵负险者，亦无他意，不过畏罪逃死；苟为自全之计，其情亦有可悯。方

呢？今天，对边防地区进行安抚的利益和危害比较起来，那么，利益是明显的，因此，进行安抚他们是事在必行，断然没有什么可迟疑的了。于是，与会的各个官吏都认为是这样。二十六日，我到达南宁府，于是下令把调集到这里进行防守的军兵全部撤除，在几天之内，解散回家的军兵就有几万人。湖兵共有几千人，由于道路阻隔并且路途遥远，立即回去很是不容易，就仍然派他们分别留在南宁、宾州，让他们解下盔甲、休养生息，等待时机再让他们出发。

一开始，卢苏、王受等人，听说我奉皇帝命令前来这里勘察，这才知道朝廷也没有对他们一定非要剿杀的意思，都有投降求生的念头，他们都日日夜夜地悬心盼望我们，只怕我们到得不够快。不久，听说太监、总兵等官吏，又相继被召回去了；到这时又见在这里防守的军兵全部撤离了，他们投降求生的念头就更加坚定了。于是，他们派遣头目黄富等十来个人，在正月初七日，先到帅府来报告诉说："愿意全境都来投降，求得新生，只是乞求饶免一死。"我把朝廷的意图谕告给他们，说："朝廷正怕你们有所冤枉，特派遣大臣前来这里进行勘察、寻访，给予你们走向新生的出路，如果你们果然能够诚心实意地投降、归顺，当然一定要饶恕你们的死罪。"接着，又陈述朝廷的威武美德，写好作为信用证明的纸牌，使他们分别拿着回去谕告卢苏、王受等人。大意是认为岑猛父子，纵然没有进行叛乱的图谋，但既然他们凶暴、残酷，傲慢朝廷，虐待下面的百姓，自然有可杀的罪过。现在他们父子以及党羽，都已经伏罪，而你们原本不是有名的恶劣的头目，本来没有什么大罪过，至于你们所统领的部下几万人，更是无辜的。现在你们阻挡军兵，占据险要，

今圣上推至孝之仁，以子爱黎元，惟恐一物不得其所；虽一夫之狱，尚恐或有亏枉，亲临断决，何况尔等数万之命，岂肯轻意剿杀？故今特遣大臣前来查勘，开尔更生之路，非独救此数万无辜之民；亦使尔等得以改恶从善，舍死投生，牌至，尔等部下兵夫，即可解散，各归复业安生；尔等即时出来投到，决当宥尔之死，全尔身家；若迟疑观望，则天讨遂行，后悔无及；限尔二十日内尔若不至，是朝廷必欲开尔生路，而尔必欲自求死路，进兵杀尔，亦可以无憾矣。

苏、受等得牌，皆罗拜踊跃，欢声雷动，当即撤备，守具衣粮，尽率其众，扫境来归；本月二十六日，俱至南宁府城下，分屯为四营；明日，苏、受等皆囚首自缚，各与其头目数百人，赴军门投见，号哀控诉，各具投状，告称前情，乞免一死，愿得竭力报效。

致使几万个无辜的百姓,家破失业,父母死亡,妻子和子女离散,到处奔逃,流离失所,穷困痛苦,已经将近两年了。在上面又烦劳朝廷派将官大举进兵,使三个省的百姓受到劳烦、骚扰。你们的罪过,本来已经一天天在加深;只是考虑到你们之所以占据险要的地形,集结军兵负隅顽抗的原因,这本来也没有别的意图,不过害怕罪责,逃跑求生,苟且作为保全性命的筹划,这情形也有值得怜悯的地方。当今的皇上推行以大孝思想治国的仁政,热爱黎民百姓,只怕任何一件东西没能用在它该发挥作用的地方。即使是一个人的案子,还怕在处理中有冤情,亲自到堂过问,又何况你们几万人的性命。怎么肯轻易地施以剿杀呢?因此现在特派遣大臣前来进行勘查,给你们新生的道路;不但是为了营救这几万个百姓,也是为了你们改掉罪恶,跟从善行,舍弃死路,走向新生。纸牌到达后,你们的部下军兵,可以马上解散,各自回家,重新从事自己过去的职业。你们如果按时出来到这里投降,一定会饶你们不死,使你们的性命得到保全;如果你们仍然迟疑不决,进行观望,那么上天对你们的征讨随后就到,你们后悔也来不及。限你们在二十日内采取行动,如果你们不来投降,就是你们自寻死路,我们大军对你们进行剿杀,也就没有什么可遗憾的了。"

卢苏、王受等人拿到纸牌后,都踊跃地叩拜,欢声雷动,当时就撤掉了把守的军兵,把衣服,粮草准备好,率领他们全体军民,全境都来归降。本月二十六日,他们都来到南宁府的城下,分为四个营屯扎起来;第二天卢苏、王受等人都自己绑缚起来,扮成囚犯的样子,带领他们各自的土人头目共几百人,一同到达总督府求见投降,他们都哀哭着诉告,各自写好了投降的

臣等看得苏、受等所诉情节，亦与臣等前后所闻所访大略相同，其间虽有饰说，亦多真情，良可哀悯！因复照前牌谕所称，谕以朝廷恩德，以为朝廷既已赦尔等之死，许尔投降，宁肯诱尔至此，又复杀尔，亏失信义？尔之一死，决当宥尔矣，尔可勿复忧疑；但尔苏、受二人，拥众负险，虽由畏死，然此一方为尔之故，骚扰二年有余，至上烦九重之念，下疲三省之民，若不略示责罚，亦何以舒泄军民之愤？于是下卢苏、王受于军门，各杖之一百；众皆合辞扣首，为之请命，乃解其缚；谕以："今日宥尔一死者，是朝廷天地好生之仁；杖尔一百者，乃我等人臣执法之义；于是众皆扣首悦服，臣亦随至其营，抚定余众，皆莫不感泣欢呼，皆谓朝廷如此再生之恩，我等誓以死报。

及据状末告："乞怜悯岑猛原无反叛情罪，存其一脉，俯顺夷情，办纳粮差"一节，自臣奉命而来，沿途询诸商贾行旅，访诸士夫军民，莫不以为宜从夷俗，仍立土官，庶可永久无变；不然反覆之患，终恐不免；及臣至此，又公同大

纸状呈递上来，把前面的情节供告出来，乞求免于一死，都愿意尽力报效朝廷。

我们看到卢苏、王受等人所诉说的情节，也与我们前后所听到的以及所察访的，大致上相同，在他们的诉状中，虽然有一些掩饰的地方，但也多体现了真诚的情怀，也算是立意良好，悲哀可怜的了！于是又照前面给他们的纸牌中所谕示的原则，把朝廷的恩惠告谕他们，朝廷既然已经赦免了他们的死罪，允许他们投降，怎能又把他们诱骗到这里，杀掉他们，而失却信义？因此，你们的死罪，一定会免除，不要再有什么忧虑、怀疑。但你们当中卢苏、王受二人，凭据险要，集结军兵，虽然是出于怕死才这样去做的，正是由于你们二人，才导致了两年多的骚乱；使朝廷有了忧虑，又使三个省的百姓疲困不堪，如果不对你们略微显示一下责罚，又用什么来宣泄广大军民的愤怒呢？就这样，把卢苏、王受在总督府各打了一百棒，其他众头目人等都叩头在地，为他俩请罪，请求饶免，于是就解开他们身上的绳子，告诉他们说："今天饶你们不死，是因为朝廷有爱惜生命的仁慈；杖罚你们一百棒，是做大臣的我们从执行法令的大义出发不得不这样去做的。"于是众人都跪倒在地降服了。我也随后来到他们的营寨，对其他人进行安抚、慰问，他们没有不感激落泪、欢呼雀跃的，都说朝廷给予了他们如此浩大的使他们再次活命的恩德，他们发誓将以死来报效朝廷。

另外根据请求申诉的状子说："乞求怜悯岑猛，他原来没有进行反叛的情节及罪状，请留下他家的一支后代，顺应夷族人民的风俗。重做首长领我们将按时办纳粮税，服役。"自我奉皇上命令巡抚两广以来，沿路向众多的商人、旅客询问有关两广

小各官审度事势，屡经酌量议处，亦皆以为治夷之道，宜顺其情；臣于先次谢恩本内，已经略具奏闻，至是因其控告哀切，当即遵照敕谕，便宜事理，许以其情奏请，且谕以朝廷之意，无非欲生全尔等，尔等但要诚心向化，改恶从善，竭忠报国，勿虑朝廷不能顺尔之情；于是又皆感泣欢呼，皆谓朝廷如此再生之恩，我等誓以死报，且乞即愿杀贼立功，以赎前罪。臣因谕以朝廷之意，惟愿生全尔等，今尔方来投生，岂忍又驱之兵刃之下，尔等逃窜日久，家业破荡，且宜速归，完尔家室，及时耕种，修复生理，至于各处盗贼，军门自有区处，不须尔等剿除，待尔家事稍定，徐当调发尔等；于是又皆感泣欢呼，皆谓朝廷如此再生之恩，我等誓以死报。臣于是遂委右布政林富旧任总兵官张祐分投省谕，安插其众，俱于二月初八日，督令各归复业去讫；地方之事幸遂平定。皆皇上至孝达顺之德，感格上下；神武不杀之威，震慑鬼神；风行于庙堂之上，而草偃于百蛮之表；是以班师不待七旬，而顽夷即尔来格；不折一矢，不戮一卒，而全活数万生灵，是所谓"绥之斯来，动之斯和"者也。臣以蹇劣，缪承任使，仰赖鸿休，得免罪责，快睹盛明，岂胜庆幸！

的叛乱情由,并向众多的士人,军民察访,他们认为应该顺从夷族人的风俗,仍然设立土官,也许可以永远没有变乱了。如果不这样,那么,土人、夷民造反叛乱的祸患,恐怕始终不能免除。等我来到这里,又同大小各级官吏一起审时度势,根据实情进行讨论分析,也都认为治理夷族的方法,是应该顺应他们的风土人情。我在上次对朝廷谢恩的奏折中,已把这个想法略微上奏了。到这时,因为他们真切地哀告,当时就遵照皇上的敕谕,按照便利的情由,答应把他们的情况奏明皇上,并且把朝廷的旨意谕告给他们,说朝廷一定会像这次给予他们再次活命的恩德那样,只要诚心实意地降服,弃恶从善、改邪归正,尽忠尽力报效朝廷,就不必忧虑朝廷不能顺应他们的风土人情,网开一面;他们听到这样的说法,于是又都感激落泪,欢呼雷动,都说朝廷既然这样给予了他们再次活命的恩德,发誓将以死来报效朝廷,并乞求给他们杀贼立功机会,来抵消以前的罪过。我于是又把朝廷的旨意谕告给他们,说:"朝廷只愿能保全你们的性命,现在你们刚来归降,乞求活命,怎么能又把你们驱赶到刀剑之下,去拼杀呢。你们向外逃跑,流窜时间已很长了,家庭破离、职业荒废,应该马上回故乡,重新使家庭团圆,重建家园,及时地进行农业生产,使过去的生产秩序得到恢复。至于各地的盗贼,总督府自然会有办法处置,不需要用你们前去剿杀了。等到你们家园稍微得到修复,安定,我会慢慢地调拨你们去杀贼立功。"于是,他们又都感激得落泪,欢呼不已。都说朝廷给予他们这样浩荡的活命的恩德,他们发誓将以死来报效。我于是委派右布政林富,曾任过总兵官的张祐,分别前去省视、谕告各地,把他们安排屯居下来。他们都在二月初八日,督令这些除将设立土官及地方一应经久事宜，遵照敕旨，公同各官，再行议处，另行具奏外；缘系奏报平复地方事理，为此具本，专差冠带舍人王洪亲赍谨具题知。

地方紧急用人疏

七年二月十五日

先该礼部右侍郎方献夫奏：前事节奉圣旨："田州应否设都御史在彼住札，还着王守仁议处具奏定夺，钦此！"兵部备咨前来知会，除钦遵外；随于今年正月二十七日，该思恩、田州二府土目卢苏、王受等，各率众数万自缚归降，该臣遵照敕谕事理，悉已抚定。当遣广西右布政林富、旧任副总兵张祐，分投督领各夷各归原土，复业安生，已经具本奏人重归家园,恢复过去的职业,把事情办妥。地方上叛乱的这一事件,于是就幸运地平定了。这都是皇上推行大孝思想治国以及顺应夷族的风土人情的美德,使天上地下的神鬼都感动了;皇帝的神圣、雄武、不嗜杀的威力,震慑了鬼神;这就使和顺的风在堂庙之上吹拂,并且百蛮的地上野草也像人一样自然低头拜服,因此,这次撤军前后不到七十天时间,顽固的夷民就来归降,这样,没有射一支箭,没有杀戮一个士兵,使几万生灵百姓的性命得到了保全,这就是所谓的"抚绥他们使他们来归附,推动他们和睦相处"。我凭平庸、卑劣的才能,错受朝廷重要的职任,仰赖皇上宏大的威德,能够免除溃败的罪责,使我愉快地看见了皇上的英明。怎么能不庆幸不已呢!

除了将要设立土官,以及为地方上长远打算,需要筹划的事宜,遵照皇上的敕令旨意,再同各级官吏一起进行议定处理,另外写本上奏。这本是为了奏报地方上得到平定这一捷报,因此,写了奏折专门派冠带舍人王洪,亲自奉送朝廷,恭敬地题奏朝廷得知。

地方紧急用人疏

七年二月十五日

先前礼部右侍郎方献夫上奏:前面题奏的事情,圣旨批复说:"田州是否应该设立都御史,在那里进行驻扎?这件事还是让王守仁议定处置,并写本奏明朝廷裁决,钦此!"兵部备写咨文把朝廷旨意告知我,都遵照圣旨办理!于是,在今年正月二十七日,思恩、田州两府的土目卢苏、王受等人,分别带领着几万兵民,自己绑缚起来前来归降。我根据敕谕所要求的,都已经

报外。

照得思恩、田州，连年兵火杀戮之余，官府民居，悉已烧毁破荡，虽蔀屋寻丈之庐，亦遭翻忾发掘，曾无完土，荒村僻坞，不遗片瓦尺椽，伤心惨目，诚不忍见；各夷近已诚心投服，毁弃兵戈卖刀买牛，见已各事田作，自后反侧之患，以臣料之，或已可免；但其风景凄戚，生意萧条，忧惶困苦之余，无以自存，必得老成宽厚之人，抚恤绥柔之。臣等见其悲惨无聊之状，诚亦未忍一旦弃去而不顾；况思、田去梧州军门，水路一月之程，一时照料有所不及；近又与各官议，欲于田州建立流官府治，以制御土官，修复城池廨宇等项，必须劳民动众，自非素得夷情者，为之经理区画，各夷凋弊之余，岂复堪此骚屑？况议设知府等官，皆未曾到，一应事务，莫有任其责者。

看得右布政林富，慈祥恺悌，识达行坚，素立信义，见在思、田地方，安插各夷，合无准如方献夫所奏，将林富量

对他们进行了抚绥、慰问。当时派遣广西右布政林富，曾任过副总兵职务的张祐，分别监督、统领各个夷族的兵民回归他们原来的家园，让他们恢复以前的职业，安定地生活，这件事已写本上奏了。

据我所知，思恩、田州在遭受了连年的战火洗礼，杀戮之后，官府以及民房，都已被烧毁破坏了，即使是茅屋、一丈见方的庐居，也都遭到挖掘，翻腾，没有一点完整的地方了，都成了一片荒村僻壤，没有存留下一片完整的房瓦、一尺长的椽头，那悲惨凄凉的景象，确实使人不忍心再看下去。各个夷族近来已经诚心实意地降服了。他们毁掉、抛弃刀枪，卖掉刀剑，购买耕牛，弃恶从善；现在都已经安心搞农业生产，从今以后，他们造反叛乱的祸患，从我所料想的来看，或许已经可以免除了。但是他们那里风景凄凉、悲戚，生意萧条，老百姓在忧愁、惶恐、困苦中，没有办法自己存活，必须要有宽厚、老成的官吏，对他们进行安抚、绥柔。我等一千人见到他们的悲惨困苦、百无聊赖的状况，确实也不忍心有一天抛弃他们；况且思恩、田州离梧州的总督府，走水路有一个月的时间，一时间也来不及照料这里的事情。近来又与各个官吏一起商议，打算在田州设立流官府治的建制，来对土官进行统管、辖制，并对城池、官府寓所等项目进行修复，这必然会劳民动众，这自然不是平常不了解夷情的人，所能替他们考虑筹划的。各个夷族民众在经受了凋敝、萧条之后，哪里又能禁得住这样的骚扰呢？况且建议在这里设立知府的官吏们，都还没有到来，这里全部的事务，没有专门负责的人。

我看到右布政林富，慈祥和蔼，平易近人，见识练达，行事坚决，平常就在当地民众心目中树立了信义，现在正在思恩、田

改宪职,仍听臣等节制,暂于思、田地方,往来住札,抚循缉理,其于事理,亦甚相应。

　　臣又看得思、田地方原系蛮夷瑶、僮之区,不可治以中土礼法,虽流官之设,尚且不可,又况常设重臣,住札其地,岂其所堪?则其供馈之费,送迎之劳,必且重贻地方异日之扰,斯亦不可不预言之者;合无将本官廪给口粮,一应合用之费,及往来夫马,一应合用之人,俱于南宁府卫取办,银两于库贮军饷内支给,一不以干思、田之人,俟一年之后,各夷生理渐复,府治城郭廨宇,渐以完备,则将林富量移别处任用,而思、田止存知府理治,或设兵备官一员于宾州住札,或就以南宁兵备兼理,不时往来抚循,如此则目前既可以得抚定绥柔之益,而日后又可以免困顿烦劳之扰;臣之愚见,所议如此,惟复别有定夺,均乞圣明裁处!

州地方安排各归顺夷族定居。合计起来,可以批准如方献夫本折中所奏请的,把林富改升为宪职,仍然听从我节制、统管,暂时让他在田州的地方上,往来走动,驻扎下来,对这些地方的进行抚绥,这些事务的处理,他也很适合去干。

我又看到思恩、田州这些地方,原本是蛮夷各族人以及瑶、僮等人居住的地方,不可以用治理中原的礼制方法来进行统治,即使设立流官这样的事情,还不可以去做呢,又何况在这里设立重要的大臣,在这些地区进行驻扎呢,这哪里是他们所能忍受的呢?而且,他们供应交纳的费用,迎来送往的麻烦,这必然会遗留给地方上未来更为繁重的骚扰,这也是不可以不预先知晓的。还是将这名官吏的口粮官俸,合该使用的花费以及来来往往使用的车马、人夫等等全部应该使用的人员,都到南宁府的卫所取用、办纳;银两钱物在贮存的军饷费里面支取;这样就不会干扰思恩、田州的民众,等一年后,各个夷族人民的生产、生活秩序渐渐恢复了,府治、城郭、官府寓所等渐渐完全建立起来,那么就将林富适当地移调到别的地方任用。思恩、田州留下知府来治理,或者设立一名兵备官在宾州驻扎,或者就让南宁兵备来兼管这里,不时地来往这里进行抚绥。这样的话,目前既可以使地方上得到安抚、绥柔的好处,并且以后老百姓又可以免除困顿、繁重的劳役的骚扰了。我的平庸的见解,所议定事宜就是这样。思考着朝廷可能会有其他的想法、裁决,因此,乞求皇上英明地进行裁决、处置!

地方急缺官员疏

七年二月十八日

先据广西副总兵李璋呈："前事看得柳、庆地方，新任参将王继善，近因病故，地方盗贼生发，不可一日缺官，乞暂委相应官一员，前去代理"等因到臣；该臣看得柳、庆地方，近因思、田用兵不息，瑶贼乘间出掠，参将王继善既已病故，而该道守巡兵备等官，又以思、田之役，皆在军门督饷督哨，地方重寄，委无一官之托，为照参将沈希仪虽系专设田州住札官员；然田州之事，臣与各官见驻南宁，自可分理；本官旧在柳、庆，夷情土俗，备能谙悉，而谋勇才能，足当一面，求可委用无逾本官者。该臣遵照钦奉敕谕，便宜事理，就行暂委本官前去管理参将行事，听候奏请外。

近该思恩、田州土目卢苏、王受等率众归降，该臣行委右布政林富，闲住副总兵张祐，分投督领各夷各归原土，复业安生；今各夷见已卖刀买牛，争事农作，度其事势，将来或可以无反侧之患，则前项驻札参将，似亦可以无设；但今议于田州修复流官府治，以控制土官，则城郭廨宇之役，未免劳民动众；疮痍大病之后，各夷岂复堪此？臣等议调腹里

地方急缺官员疏

七年二月十八日

不久前，据广西副总兵李璋呈报，说："在不久前办理公务中，看到柳、庆两地，新近任参将的王继善，近来病故了，这里又常有盗贼发生，所以不能有一日可以短缺官员，乞求暂时委派一名相应官职的官员，前去代理。"等等情况，汇报给我。我看到柳庆这个地方，近来由于思恩、田州不断地发兵征战，瑶贼又乘这个间隙出来掳掠、抢劫，参将王继善已经病故，并且该道的守巡、兵备等官员又因为思恩、田州的剿贼战役，都被调派在总督府督促军饷，监督哨守等，因此，地方上的重任，没有一个官吏可以予以托付。参将沈希仪，虽然是专门设立在田州驻扎的官员，但田州的所有事务，因我与各个官吏现在驻扎在南宁，自然可以分头去照料、监管。沈希仪过去曾在柳、庆任职，对于夷人、土人的风俗人情，都很谙熟，并且谋略、勇敢、才能，也足可以独当一面，寻找可以委派去柳、庆的官员，再没有比这名官员更为合适的了。我于是遵照皇帝的敕谕，根据当地情况便宜行事的方针，就暂且委派他前往柳、庆行使参将职责，管理当地事务，并且奏报朝廷给予批准。

近来，思恩、田州的土目卢苏、王受等人率领众多兵民前来归降，我已经委派右布政林富、闲住的副总兵张祐，分别监督、率领各个夷族的兵民回归他们过去的家园，恢复过去的职业，安定生活。现在各个夷族的民众都已卖掉刀枪，购买耕牛，弃恶从善，都争先恐后地搞起了农业生产。根据这个形势估计，将来这里或许就没有反叛的祸患了，那么前次拟定在这里驻扎的参将，似乎也可以不用设立了。但是，现在打算在田州把流官府治

安靖地方官军、打手之属，约二千名，隐然有屯戍之形，而实以备修建之役，庶几工可速就，而又得免于起夫之扰；然非统驭得人，则于各夷或亦未免有所惊疑，除布政林富已另行议奏外；看得闲住总兵张祐，才识通敏，计虑周悉，将略堪折冲之任，文事兼抚绥之长，今又见在思、田地方，安插各夷，皆能得其欢心；乞敕兵部俯从臣议，将张祐复其旧职，暂委督令，前项各兵经理修建之役，仍令与布政林富更互往来于思、田之间，省谕安抚诸夷，其合用廪给夫马之类悉照议处林富事例于南宁府卫取办，俟一二年后，各夷生理尽复，府治城郭廨宇悉已完备，则将张祐量改他处任用，而田州止存知府理治，仍乞将沈希仪或就改注柳、庆地方守备；惟复别有定夺，均乞圣明裁处！

的建制先修复起来，来控制土官们，那么，建造城池、官府衙门等工程，不可避免地又会兴师动众，劳民伤财；各地在经历了战火洗礼后，满目疮痍，各夷族民众哪里又能忍受得了这些？我等一千人计议调派对地方加以守卫的官军、打手两千名，表面是戍守地方的兵卒，而实际上让他们作为修建以上各个工程的差役。这些工程也许可以迅速竣工，并且又可以免除征调差役对民众的骚扰。但如果统管这一事务的人选择得不得当，那么对于各夷族民众，不可避免地会有所惊扰，引起他们的怀疑。对于选择的官员，布政林富已经提议上奏了，我看到闲住总兵张祐，才能、见识通达敏捷，考虑事情时也很周密、详细；对于用兵大致上可给予指挥冲杀的职责，对于文职事务又有抚绥、安定民众的长处，现在正在思恩、田州这些地方上作安排夷族兵民定居的工作，在做事中，都能得到这些兵民的欢心、拥护。乞求朝廷敕令兵部采纳我的建议，让张祐恢复他过去的官职，暂时委派他督令前面提到的军兵的管理，负责各项工程的修建；仍然命他同布政林富一块，相互更替，在思恩、田州之间来往，宣传朝廷的诏谕，对众夷族民众进行安慰、抚绥。他该用的官俸、车马、人夫等都按照对林富的待遇的处理先例，也在南宁府置办。等一两年后，各夷族的生产、生活秩序都全部恢复，府治、城郭、官府寓所等工程也都竣工了，就把张祐适当地改任其他地方的官职，然后田州就只存留下知府这一建制，来治理地方。仍乞求朝廷把沈希仪或者就改作柳、庆的守备官。考虑到朝廷可能还有别的想法，因此，以上建议都乞求皇帝英明地进行裁决！

处置平复地方以图久安疏

七年四月初六日

臣闻傅说之告高宗曰："明王奉若天道，建邦设都，树后王君公，承以大夫师长不惟逸豫；惟以乱民。"今天下郡县之设，乃有大小繁简之别，中土边方之殊，流官土袭之不同者，岂故为是多端哉？盖亦因其广谷大川风土之异气；人生其间，刚柔缓急之异禀；服食器用，好恶习尚之异类；是以顺其情，不违其俗；循其故，不易其宜；要在使人各得其所，固亦惟以乱民而已矣。

臣以迂庸，缪膺重命，勘处兵事于兹土，节该钦奉敕谕，"谓可抚则抚，当剿即剿"。是陛下之心，惟在于除患安民，未尝有所意必也；又节该钦奉敕谕，谓"贼平之后，公同议处，应设土官流官，何者经久利便"，是陛下之心，惟在于安民息乱，未尝有所意必也。始者思、田梗化，既举兵而加诛矣，因其悔罪来投，遂复宥而释之，固亦莫非仰体陛下不嗜杀人之心，惓惓忧悯赤子之无辜也。然而今之议者，或以为流官之设，中土之制也，已设流官而复去之，则嫌于失中土

处置平复地方以图久安疏

七年四月初六日

我听说傅说告诉殷高宗说："英明的君王奉行像上天一样宏伟的道义，建立邦国，建设都城，树立起继承统治的新君王以及王公大臣，让大夫、师长来继承治国方略，不考虑如何去安逸地生活、娱乐；而是考虑如何治理人民。"现在我们朝廷设立郡、县建制，有大与小、繁与简的区别；有中原与边疆上的不同，还有流官、土官设置的不同；这哪里是故意把它们设置得种类繁多呢？这也是由于中国土地广大，遍布深谷大川，各地的风土人情大为不同，人们在那个环境中生存，便有了刚强与柔弱，缓慢与焦急的不同的禀性，习惯；在穿衣、吃饭、使用器械方面，会产生喜好、厌恶的不同习尚，形成不同种类的人，因此，顺应他们的风土人情，而且不要违背他们的习俗；参照他们过去的旧例，而且不要改变适合当地具体情况的措施；要使人们都如其心愿，每个人都得到适当的安置，目的本来也只是考虑使人民得到安定的治理罢了。

我自己的迂讷、平庸，却错受朝廷给予的重要任命，在这块土地上勘察，处理军事大事，接到兵部转达的皇帝敕谕，说，对于贼寇可以安抚的就进行安抚，应当进剿的就加以进剿，这是陛下的心意，只是在于免除祸患、安定人民，从没有说过一定要进行征剿呀。又接到皇上的敕谕，说，贼寇平定之后，要同各个官吏一起讨论议定，应该设立土官和流官，看看这两个中哪一个能经历的时间更久长，实行起来更便利；这也是陛下的心思，只在于安定人民生活，平息叛乱这一点，从来没说过一定如何去做的话，给了部下很大的自主权。一开始，思恩、田州兵民叛

之制；土官之设，蛮夷之俗也，已去土官而复设之，则嫌于从蛮夷之俗；二者将不能逃于物议，其何以能建事而底绩乎？

是皆不然，夫流官设而夷民服，何苦而不设流官乎？夫惟流官一设，而夷民因以骚乱；仁人君子亦安忍宁使斯民之骚乱，而必于流官之设者？土官去而夷民服，何苦而必土官乎？夫惟土官一去，而夷民因以背叛；仁人君子亦安忍宁使斯民之背叛，而必于土官之去者？是皆虞目前之毁誉，避日后之形迹，苟为周身之虑，而不为国家思久长之图者也。其亦安能仰窥陛下如天之仁，固平平荡荡，无偏无党，惟以乱民为心乎！

臣于思恩、田州平复之后，即已仰遵圣谕，公同总镇、镇巡、副参、三司等官，太监张赐，御史石金等议，应设流官、土官，何者经久利便，不得苟有嫌疑避忌，而心有不尽，谋有不忠，乃皆以为宜仍土官，以顺其情；分土目，以散其党；设流官，以制其势；盖蛮夷之性，譬犹禽兽麋鹿，必欲

乱，朝廷就发兵加以剿杀，由于这些兵民悔恨自己的罪过，前来投降，于是重又饶恕他们，释放了他们，他们本来也都仰慕、体谅皇帝不嗜杀的仁心，以及忧虑、怜悯这些无辜百姓们的拳拳爱惜的心意。然而现在的议论中，有的认为设立流官，这本来是中原的治理体制，已经设立了流官的建制，现在又要取消它，那么就会有失掉中原治理制度的嫌疑；而土官的设置，本来是各蛮、夷族的习俗，已经取消的土官而现在又要重新设立，那么就会有服从蛮夷习俗的嫌疑了。这两件事都不能逃脱人们的非议、诽谤，这还能凭什么来建立事业并能有巨大成就呢？

实际上并不是这么一回事，如果设立了流官而老百姓们都悦服，那么，我们何苦又不设立流官呢？我认为，设立流官，那么民众会因为这个引起骚乱；使这里的老百姓们引起骚乱，为什么还一定偏要在这里设置流官的呢？如果取消了土官，那么夷族的民众们就悦服的话，我们又何苦一定要设立土官呢？土官一旦取消，而夷族民众会因为这件事背叛朝廷；使这里的百姓们背叛朝廷的话，为什么一定要取消土官呢？这全是怕毁坏自己眼下的名誉，怕遭到诽谤；从而避免将来引火烧身，为了保全自己来考虑的，这并不是为了使国家长治久安的目的来考虑的。那还怎么能使天下的百姓体会到皇帝如上天一样宏大的仁政，坦荡公正，不偏不倚，为了使人民得到安定治理的心思呢？

我在思恩、田州平定祸乱之后，就已经遵照皇帝旨谕，同总镇、镇巡、副参以及布、都、按三司的各个官吏，太监张赐，御史石金等人一起讨论，应设立流官还是土官，二者哪一个更能经历长久的时间，实行起来更便利一事，让他们不得有迟疑、忌讳和猜嫌，必须在考虑事情中尽心，参与谋略中尽忠，于是，他

制以中土之郡县，而绳之以流官之法，是群麋鹿于堂室之中，而欲其驯扰帖服，终必触樽俎，翻几席，狂跳而骇掷矣；故必放之闲旷之区，以顺适其犷野之性；今所以仍土官之旧者，是顺适其犷野之性也；然一惟土官之为，而不思有以散其党与，制其猖獗，是纵麋鹿于田野之中，而无有乎墙埔之限，獭牙童楛之道，终必长奔直窜，而无以维絷之矣；今所以分立土目者，是墙埔之限，獭牙童楛之道也；然分立土目，而终无连属纲维于其间，是畜麋鹿于苑囿，而无守视之人，以时守其墙埔，禁其群触，终将逾垣远逝，而不知践禾稼，决藩篱，而莫之省矣；今所以特设流官者，是守视苑囿之人也。

议既佥同，臣犹以为土夷之心，未必尽得，而穷山僻壤，或有隐情也；则亦安能保其必行乎？则又备历田州、思恩之境，按行其村落，而轻理其城堡，因而以其所以处之之道，询诸其目长，率皆以为善；又以询诸其父老子弟，又皆以为善；又以询诸其顽钝无耻、厮役下贱之徒，则又亦皆以

们都认为应该仍然设立土官,来顺应这里的风土人情;分设土目,来使他们的党羽分散开来;设立流官,来抑制他们的势力。那些蛮、夷族人的性情,就好像禽兽、麋鹿一般,一定要设立中原实行的郡、县体制,用流官的法令制度来约束他们的话,这就像是把一群麋鹿关在屋子里,而若想让他们驯顺、贴服,最终会触翻樽俎,撞翻桌椅几案,狂乱地跑跳并害怕地奔逃。所以,必须把他们放到空旷、宽广的田野当中,来顺应、适应他们粗犷的性情;现在仍然设立土官的原因,就是为了顺应、适应他们粗犷的性情。然而,只是想到设立土官这个做法,却不考虑分散土夷人的群党以及限制他们的猖獗行为,是又放纵这群麋鹿跑到田野里,却又没有围墙、篱笆作限制,连像阉割过的猪的牙齿连极其简单的桎梏一般的阻绊也没有,最终必然会使它们逃跑到遥远的地方,流窜得无影无踪,肆意撒野,却没有用来约束它们的东西了。现在之所以分别设立土目的原因,正是起着围墙的限制作用,起着防患于未然的桎梏的约束作用。然而,如果只是分别设立了土目,却最终没有连接的网络维系在里面,这是把群鹿蓄养在苑围里面,却没有来看视、守卫的人,时常来对围墙进行守护,禁防群鹿乱撞,最终会跳过墙垣远远地逃离;到时候践踏庄稼,冲决篱笆,后悔都来不及。现在设立流官的原因,就是来增设防卫、看守苑围的人了。

大家的意见基本上一致,我还认为土人、夷族人的忠心,不一定能够全部获取,并且在这穷乡僻壤之中,也许还有别的隐瞒的情况,我就想,这个建议怎么能保证一定会顺利实行呢?于是,我又走遍田州、思恩的境域,按察这里的村落,并了解那里的城堡治理方式,并因此按照他们用以处置事务的道理,来向

为善；然后信其可以久行，而庶或幸免于他日之戮也矣。夫然后敢具本以请，亦恃圣明在上，洞见万里，而无微不烛故臣得以信其愚忠，不复有所顾忌；然犹反覆其辞，而更互其说者，非敢有虞于陛下不能亮臣之愚；良以今之士人，率多执己见，而倡臆说，亦足以摇众心而偾成事，故臣不避颊舌之腾者，亦欲因是以晓之也。烦渎圣听，臣不胜战栗惶惧之至！缘系处置平复地方，以图久安长治事理，未敢擅便；为此开坐具本请旨！

计开：

一、特设流官知府，以制土官之势。臣等议得思、田初服朝廷，威德方新，今虽仍设土官，数年之间，决知可无反侧之虑；但十余年后其众日聚，其力日强，则其志日广，亦将渐有纵肆并兼之患；故必特设流官知府，以节制之。其御之之道，则虽不治以中土之经界，而纳其岁办租税之人，使之知有所归效；虽不莅以中土之等威，而操其袭授调发之权，使

这里的目长们询问情况，问这样的管理方法怎样，他们都认为很好；又向这里的父老乡亲子弟们询问这样治理的方式怎样，他们又都认为很好；又向这里的顽固、迟钝以及无耻的厮奴等下贱的人问询这样的治理方式的效果，他们又都认为很好。然后，我才相信这个措施可以长久地实行下去，并也许可以避免将来会遭到的杀戮了。然后，我才敢写本奏章来请示，也是依仗着皇帝有上天的神明，能洞察万里，并且没有一块地方不能照亮，因此我能够伸张我的忠诚之心，不再有什么顾忌的了；然而还是翻来覆去地说明此事道理，并相互更替地来讲明各种说法，目的是不敢欺瞒皇帝，从而使皇帝能察明我的愚蠢；因为现在的士大夫们，都多是各持己见，并倡导臆想的不现实的说法，他们这些议论也足可以动摇众人的思想并且使事情败坏，因此，我之所以不回避别人汹涌的非议的原因，也是想凭这个来使朝廷知晓。这已经烦扰、亵渎了皇上的政务；我真是战栗惶恐不尽呀！这本是为处理刚刚收复，平定的地方上的事情以及为谋图地方上的长治久安事宜，不敢擅自作主；因此开列计划，写本折上奏皇帝，并请求皇帝的旨意！

计划开列如下：

一、特别设立流官知府，来抑制土官们的势力。我等一干人议定，思恩、田州刚刚降服朝廷，威武和德政也刚从新建立起来，现在虽然仍然设立了土官，几年之间，断定绝对没有他们再搞叛乱的忧虑；但十几年后，他们的人口渐渐聚集增多，势力也渐渐增强，那么他们的思想也渐渐扩大，也将会渐渐有了放纵、狂妄甚至进行兼并侵略他乡的忧患。因此，必须特别设立流官知府，来管辖他们。对他们进行管辖、统治的方针政策：虽

之知有所统摄；虽不绳以中土之礼教，而制其朝会贡献之期，使之知有所尊奉；虽不严以中土之法禁，而申其冤抑不平之鸣，使之知有所赴诉；因其岁时伏腊之请，庆贺参竭之来，而宣其间隔之情，通其上下之义，矜其不能，教其不逮，寓警戒于温恤之中，消倔强于涵濡之内；使之日驯月习，忽不自知其为善良之归；盖含洪坦易以顺其俗，而委曲调停以制其乱，此今日知府之设，所以异于昔日之流官，而为久安长治之策也。

  官等看得田州故地，宽衍平旷，堪以建设流官衙门，但其冲射凶恶，居民弗宁，今拟因其城垣，略加改创修理，备立应设衙门，地僻事简，官不必备，环府之田二甲，皆以属之府官，府官既无民事案牍之扰，终岁可以专力于农，为之辟其荒芜，备其旱潦，通其沟洫，丁力不足，则听其募人耕种。官给牛具种子，岁收其入三分之一以廪官吏，而其余以食佃人。城之内外，渐置佃人庐舍，而岁益增募招徕，以充实之；田州旧有商课，仍许设于河下，薄取其税，以资祭祀、宾旅、

然不采取治理中原的井田的界划丈量方式，但一定要每年征纳他们的租税，使他们知道对朝廷有所效劳；虽然不设立中原实行的等级森严的威权，但要操纵他们的袭官、授官、调拨军兵的权力，使他们知道有所威慑、辖制；虽然不用中原实行的礼教来约束他们，但要限制他们进朝进献贡品的期限，使他们知道有遵命、奉令这一制度；虽然不采用中原实行的法令来严禁他们的行为，但要伸张他们的冤情，表达他们愤愤不平的叫喊，使他们知道有地方去诉告他们的冤屈、愤怒。他们按照每年夏伏、冬天的时令来奏请，在进行庆贺、参拜上司时，表达在间隔之中的情怀，使上级、下级都能通融大义；怜悯他们不能的事情，指教他们的不足之处，将警诫之意寓于融化在温情抚恤之中；把他们倔强之气消化在涵养、温濡里，使他们经过长时间的驯服、熏染，逐渐使归化为善良的人。因此，以饱含洪大平坦的度量来顺应他们的风俗，并通过委屈调停，来制止他们作乱，这是今天的知府的设置，与过去的流官设置所不同的地方，并使地方上有了长治久安的策略。

　　官吏们都看到，田州的土地，宽阔平旷，可以在此建设流官的衙门，但这里的风水凶恶，山峦冲射，居民们不能安宁；现在打算对这里的城垣，略微加以修复、改建，准备在这里设立流官府衙门，这里地处偏僻之地，事物简少，官吏不一定要足额，有几个人即可，在环围流官府的田地二甲之内，都是属于官府的；这里的府官既没有百姓事务以及审理案子的烦扰，终年可以专门把力量用在农业生产上，替他们开辟荒芜的土地，为他们准备大旱、大涝之年所需的粮食，把这里的沟渠修筑贯通，如果人力不够，就听任他们招募人丁来耕种，官府每年发给他们

柴薪、马夫之给。凡流官之所须者,一不以及于土夷,如此则虽草创之地,而三四年后,亦可以渐为富庶之乡;若其经营之始,则且须仰给于南宁府库,逮其城郭府治完备,事体大定,然后总会其土夷之所输,公田之所入,商税之所积,每岁若干;而官吏之所需者,每岁若干,斟酌通融,立为经久之计,又必上司之制用者,务从宽假,无太苛削,官吏其土者,得以优裕展布,无局促牵制之繁,此又体悉远臣,绥柔荒服之道也。至于思恩旧已设有流官,但因开图立里,绳以郡县之法,是以其民遂乱;今宜照旧仍设流官知府,听其土目各以土俗自治,而其连属制御之道,悉如臣等前之所议,庶可经久无患;均乞圣明裁处!

耕牛、农具、种子，每年收他们收获的三分之一来充实官吏们的粮仓，其余的就供给佃户以作生活之用。在城池的内外，渐渐地建筑佃农居住的茅屋、房舍，并每年都增加招募的佃农人数，来充实这里的人口；田州过去有对商人征收的课税，这仍然允许他们在河下设立，稍微征收他们的税金，来作为进行祭祀、住行，以及柴米、薪金、车马、人夫的费用供给；凡是流官所需要的，都不向土人、夷族人伸手征要，这样，虽然这里是刚刚创建的地方，三四年之后，也会渐渐成为富庶的地方；如果对这里刚开始管理经营，那么就要仰赖南宁的府库暂时来供给他们的一切费用，等到这里的城郭、府治都建设完毕，事务体制完全安定下来，然后把那些土、夷人所输纳的租税、公有田地所获得的收入，商人交纳的税金积累总汇在一块，每年也会有不少钱粮了。而官吏们所需要的钱粮，每年都有若干，这样，通过进行斟酌，加以通融核算，所余留的钱粮，作为将来长久地治理这里的筹划投资；这一定要上级官府来掌管，务必要从宽借贷，不要太苛刻；使管理这里的官吏能够生活优裕，并能施展他们的才能，不必有拘禁、牵制他们的繁文缛节，又是对远方的臣子的体谅，对荒凉归服的地方进行抚绥的为政之道了。至于说思恩过去设有流官建制，但是因为开设了图镇、乡村，用郡县的法制体系来约束他们，因此那里的民众终于发生了叛乱；现在应该按照过去体例仍然设立流官知府，听任这里的土目人各自按照土人的风俗来自我治理，而那相互统辖对地方进行治理防御的方针策略，就如同我在前面所建议的那样，也许就可以能够长治久安，再也不会有发生叛乱的忧患了。这些都乞求皇帝英明地进行裁决处置！

一、仍立土官知州，以顺土夷之情。臣等议得岑氏世有田州，其系恋之私恩，久结于人心。今岑猛虽诛，各夷无贤愚老少，莫不悲怆怀思，愿得复立其后；故苏、受之变，翕然蠡起，不约而同；自官府论之，则皆以为苗顽逆命之徒；在各夷言之，则皆自以为婴、臼存孤之义。故自兵兴以来，远近军民，往往亦有哀怜其志，而反不直官府之为者，况各夷告称其先世岑伯颜者，尝钦奉太祖高皇帝敕旨："岑黄二姓，五百年忠孝之家，礼部好生看他着江夏候护送岑伯颜为田州府土官知府职事，传授子孙，代代相继承袭，钦此！"钦遵；其后如岑永通、岑详、岑绍、岑鉴、岑镛、岑溥，皆尝著征讨这绩，有保障之功，猛之暴虐骚纵罪虽可戮；而往岁姚源之役，近年刘召之剿，亦皆间关奔走，勤劳在人；各夷告称官兵未进之先，猛尚遣人奉表朝贺贡献，又遣人赍本赴京控诉；官兵将进之时，猛遂率众远遁，未尝敢有抗拒；以此言之，其无反叛之谋，踪迹颇明，今欲仍设土官，以顺各夷之情，而若非岑氏之后，彼亦终有未服；故今日土官之立，必须岑氏子孙而后可。

一、仍然设立土官知州,来顺达土、夷族人民的风土人情。我等一干人议定,岑氏几代都拥有田州,那恋慕、维系的私人恩情,长期以来很是能得到民众的拥护,很得民心;现在岑猛虽然已被诛杀了,各夷族不管贤良还是愚蠢,男女老少,没有不悲怆、怀念、思恋的,愿能够重新拥立他的后代。卢苏、王受的变乱,突然间蜂拥而起,从官府方面议论这件事,都认为苗人是顽固不化的亡命之徒;从各夷族的角度来说这件事,就都认为这是程婴和公孙杵臼保全孤儿的大义;因此从发兵以来,远近的军民,常常也有哀怜他们的心志,却不赞赏官府的作为;何况各夷族口口声声所叫嚷的他们的先代人岑伯彦,曾经奉依太祖高皇帝的敕旨,说:"岑、黄两姓,都是具有五百年大忠大孝的人家,礼部要仔细地看护他,让江夏候护送岑伯彦去任田州府土官知府的职务;并把这个官职传授给他的子孙们,让他们世代相继承袭下去,钦此!"多年来已遵守这旨意办了。他的后代,如岑永通、岑详、岑绍、岑鉴、岑镛、岑溥,他们都曾建立过征讨逆贼的功绩,有保障边疆的功劳。岑猛的残暴、酷虐、骚乱放纵,这罪过虽然应遭受杀戮;但是在往年的姚源战役中,近年刘召的进剿中,他也都是赴关奔波,为国事勤劳效力。各夷族称,在官兵还没有对他们进行剿伐之前,岑猛还派人奉年表到朝廷纳贡祝贺,又派人带奏本前往京城控诉;在官兵即将发兵的时候,岑猛虽然率领众人逃到很远的地方,但从没敢对官兵加以抗拒,从这些事情来看,他本来没有搞叛乱的图谋,前前后后的各个迹象都已经表明了这一点。现在想要设立土官来顺应各夷族人民的风土人情,但如果不是岑氏的后代,他们最终也不会心服,因此,今天设立的土官,必须要岑氏的子孙担任才可以。

臣等看得田州府城之外，西北一隅，地形平坦，堪以居民。议以其地，降为田州，而于旧属四十八甲之内，割其八甲以属之，听以其土俗自治，立岑猛之子一人，始授以署州事吏目；三年之后，地方宁靖，效有勤劳，则授以判官；六年之后，地方宁靖，效有勤劳，则授以为同知；九年之后，地方宁靖，效有勤劳，则授以为知州；使承岑氏之祀，而隶之流官知府，其制御之道，则悉如臣等前之所议；如此，则朝廷于讨猛之罪记猛之劳，追录其先世之忠，俯顺其下民之望者，兼得之矣。昔文武之政，罪人不孥，兴灭继绝，而天下之民归心，远近蛮夷，见朝廷之所以处岑氏者若此，莫不曰：猛肆其恶而举兵加诛，法之正也；明其非叛，而不及其孥，仁之至也；录其先忠，而不绝其祀，德之厚也；不利其上，而复与其民，义之尽也；矜其冥顽，而曲加生全，恩之极也；即此一举而四方之土官莫不畏威怀德，心悦诚服，信义昭布，而蛮夷自此大定矣。此今日知州之设，所以异于昔日之土官，而为久安长治之策也。

我们看到田州府的城外，在西北的一块地方，地形平坦，可以来让民众居住；建议把那块地方，建立田州，而把过去所管辖的四十八甲的土地，割出其中的八甲，来让田州管辖，听任他们凭土人的风俗来自治，拥立岑猛的一个儿子。开始时授给他管理州事务的吏目，等三年之后，地方上平安宁静了，如果他勤劳地效力，那么就授给判官的官职；六年之后，地方上如果宁定平安，勤劳奔波有所成效，那么就授给他同知的官职；九年之后，如果地方上宁定、平安，他勤劳地效了力，就授给他知州的官职，让他继承岑氏的祭祀，并让他隶属于流官知府。对他们进行治理统治的方针政策，就全像我前面所建议的那样实行开来；这样，朝廷对于惩讨岑猛的罪责，记录为岑猛的功劳；追录他的上几代人的忠诚，俯身顺应他下面民众的愿望，这几项就都能办到了。过去文王、武王当政的时候，如果一个人犯法并不加罪于他的妻子、儿女，使灭亡的兴盛、使断绝的又继承下来，于是天下的老百姓们都心悦诚服，归顺朝廷；远远近近的蛮、夷各族，看到皇帝这样地处置岑氏一族的事情，没有不这样说的：岑猛由于放纵自己的凶恶，为害一方，所以朝廷才发兵剿杀，这是法的公正呀；等知晓了岑猛并没有背叛朝廷的想法，对于他的儿子们并没有问罪，这是朝廷的仁慈到达了极点；记录岑氏前几代对朝廷的忠诚，并不断绝他家的祭祀香火，这是厚重的美德呀；不把利益全划归上级，而是让老百姓们重又得到好处，这是播尽了道义；怜悯他们的顽固不化，而委屈地加赐给他们保全自己性命的恩义，这是恩情达到了极点。就这样的一个举动，就使四面八方的土官们没有不畏惧朝廷的威武，感怀朝廷的美德，心悦诚服，真心归降的；这

臣等又看得岑猛之子，存者二人，其长者为岑邦佐，其幼者为岑邦相；邦佐自幼出继武靖州为知州，前者徒以诛猛之故，有司奏请安置于漳州，然彼实无可革之罪，今日田州之立，无有宜于邦佐者，但武靖当瑶贼之冲，而邦佐素得其民心，其才足能制御；迩者武靖之民，以盗贼焰炽，州民无主之故，往往来告，愿得复还邦佐为知州，以保障地方；臣等方欲为之上请，如欲更一人，诸夷未必肯服，莫若仍以邦佐归之武靖，而立邦相于田州用，其强立有能者，于折冲捍御之所，而存其幼弱未立者，于安守宗祀之区，庶为两得其宜。至于思恩，则岑濬之后已绝，自不必复有土官之设矣。均乞圣明裁处！

一、分设土官巡检，以散各夷之党。臣等议得土官知州既立，若仍以各土目之兵，尽属于知州，则其势并力众，骄恣易生，数年之后，必有报警复怨，吞弱暴寡之事，则土官之患，犹如故也；且土目既属于上官，而操其生杀予夺之权，则彼但惟土官之是从，宁复知有流官知府者，则流官知府，

使朝廷的信义广泛地播布，而蛮族各族人从此可以大为安定了。今天这知州的设立，之所以不同于过去的土官，就是它是作为这地方今后长治久安的策略。

我们又看到，岑猛现在有两个儿子在世，长子为岑邦佐，小儿子叫岑邦相。岑邦佐从小就承继了武靖州的官职，任知州；先前只是因为朝廷诛讨岑猛的缘故，有关部门就上奏朝廷把他安置在漳州做官，然而他实际上并没什么罪名可被革除官职；今天设立田州，选择知州的合适人选，没有比岑邦佐更合适的了，但武靖地处猛贼出没之地，并且邦佐平素能到当地民众的拥护，他的才能也足可以来治理、防御那里；近来武靖的老百姓，因为盗贼猖獗，州上的老百姓又没有依靠的主人，常常来这里请求，愿能够重新把邦佐调回武靖做知州，使这个地方能得到安全保障；我等官吏们正想为这件事来奏报朝廷，想如果要更换一人做知州的话，众夷族人不一定肯心服，不如仍然把岑邦佐调回武靖做知州，而把岑邦相委立为田州的知州。把那强悍、立有信义的有才能的人，安排在战略要地加用捍卫、防御；而把那幼弱、还没树立信义的人，安排在他的故乡之地来承袭宗祀，这样，可以使两方面都得到合适的安排。至于说思恩，由于岑浚的后代已经断绝了，自然不必再设立土官了。这些都乞求皇帝英明地进行裁断、处置！

一、分别设立土官巡检，来分散各夷族人的逆党。我等议定：土官知州既然已经设立了，如果仍然把各个土目的军兵，全让知州管辖的话，那么土官就会渐渐增强势力，容易骄傲、恣肆，几年之后，必然有报仇、平复怨愤，以及吞并弱小，暴虐孤寡的事情发生，那么，土官的祸患，就又与过去一样了。并且，土

虽欲行其控御节制之道，施其绥怀抚恤之仁，亦无因而与各土目者相接矣。故臣等议以旧属八甲，割以立州之外；其余四十甲者，每三甲或二甲，立以为一巡检司，而属之流官知府，每司立土巡检一员，以土目之素为众所信服者为之，而听其各以土俗自治；其始授以署巡检司事土目，三年之后，而地方宁靖，效有勤劳，则授以冠带；六年之后，而地方宁靖，效有勤劳，则授以为土巡检；其粮税之入，则径纳于流官知府，而不必转输于州之土官，以省其费；其军马之出，亦径调于流官知府，而不必转发于州之土官；以重其劳；其官职土地，各得以传诸子孙，则人人知自爱惜，而不敢轻犯法；其袭授予夺，皆必经由于知府，则人人知所依附，而不敢辄携贰；势分难合，息朋奸济虐之谋；地小易制，绝恃众跋扈之患；如此则土官既无羽翼爪牙之助，而不敢纵肆于为恶；土目各有土地人民之保，而不敢党比以为乱；此今日巡检之设，所以异于昔日之土目；而为久安长治之策也。

目既然属管于上级官吏,并且土官又操纵着对他们的生杀予夺的大权,那么他们就都只服从于土官;哪里还知道有流官知府,于是流官知府,虽然想对他们实行控制、管辖的政策,对他们施加抚绥、慰怀的仁慈,也没有机会与各土目相联系了。因此,我等议定,除了把过去属于田州的八甲,分割出来设立新州以外,另外的四十甲,就在每三甲或二甲之内,设立一个巡检司,让他们由流官知府属管;每一个巡检司设立一名土人巡检,让那平常被众人所信赖、佩服的人做这官,并且听任他们分别按照土人的风俗来自治。一开始,先授给他置管巡检司事务的土目;三年之后,地方上如果安宁、平定,勤劳地效力了,那么就授给他冠带;六年之后,地方上如安定、宁和,他勤劳地效力了,那么就授给他土巡检的职务。那里的粮税收入,就直接交纳给流官知府,不一定要让州上的土官来转运了,来节省这笔费用;同时他所需的军兵,车马的出处,也直接从流官知府里来调拨,不必再从州上土官那里转发了,从而会加重他们的重要性。土巡检的官职、土地,都可以传继给他的子孙们,那么每个人就都会知道爱惜荣誉、土地,而不敢轻易地违犯法令。对他们所承袭、加授以及给予和剥夺,都必须经过知府的审查,那么每个人就都知道有所依附,而不敢骄横有二心了。这样,他们的势力就分散开来,难以聚合,停息了奸诈、虐酷的图谋;土地划小,容易辖治,这就断绝了那些人自恃势众、专横跋扈的祸患。这样,土官们既没有了党羽、爪牙的协助,并且也不敢再放纵、恣肆地作恶了;土目们也都各自有土地、民众来作为保障,却不敢相互有党派的争斗,来作乱地方了。这就是今天巡检的设立,之所以与过去的土目不同,是为了今后地方上长治久安的原因了。

至于思恩事体，悉与田州无异，亦宜割其目甲，分立以为土巡检司，听其以土俗自治，而属之流官知府；其办纳兵粮与连属制御之道，一如田州，则流官之设，既不失朝廷之旧；巡司之立，又足以散土夷这党；而土俗之治复可以顺远人之情；一举而两得矣。均乞圣明裁处！

一、田州既改流官亦宜更其府名，初岑猛之将变，忽有石自田州江心浮出，倾卧岸侧，其时民间有"田石倾，田州兵；田石平，田州宁。"之谣；猛甚恶之禁人勿言，密起百余人，夜平其石，旦即复倾，如是者屡屡已而果有兵变。今年二月，卢苏等既有投顺，归视其石，则已平矣，皆共喜异，传以为祥；臣至田州，亲视其石，闻土人之言如此，民间多取"田宁"二字，私拟其名。臣等欲乞朝廷，遂以此意命之，虽非大义所关，亦足以新耳目，而定人心之一端也。

其该府所设官员，臣等拟于知府之外，佐贰则同知或通判一员，首领则经历、知事各一员，吏胥略具而已；今见在者已有通判张华，知事林光甫，照磨李世亨，其知府亦已选有一员陈能，然至今尚未到任，臣尝访询其故，咸谓陈能

至于思恩的事务体制,也都与田州没有什么区别,也应该分割出目甲,分别设立土人巡检司,听任他们用土人的风俗来自治,并由流官知府来属管他们。他们应办纳的兵役、粮税以及用联络属管的方式来治理、防御地方的为政之道,也都如田州一样。那么,流官的设立,既不会失却朝廷过去的惯例;而巡检司的设立,又足可以来分散土夷人中的奸党;并且用土人的风俗治理地方,又可以顺应他们的风土人情,真是一举两得了。都乞求皇上英明地加以裁断、处置!

一、田州既然已改立流官建制,也应该更改它的府名。当初,岑猛想搞变乱的时候,忽然有大石块从田州的江中心飘浮出来,斜卧在江岸一侧,当时民间流传着"田州的江石倾立在岸边,田州会爆发兵变征战;江石平躺了,那么田州就会安定"的歌谣。岑猛很讨厌这个说法,禁令人们不许传播,秘密地派一百多人,在夜里把这块巨石放平了,可是第二天就重又倾立了起来,屡次放倒,屡次又倾立起来,不久果然爆发了征战!今年二月,卢苏等人已经投降、顺服了,回去再看那块巨石,已经平躺着了,大家都惊异、欢喜,都传言说是吉祥之兆。我到田州,亲自去看那块巨石,听土人们这样说法,民间的百姓们多取用"田宁"二字,私自给这块巨石命名。我想乞求朝廷,也就按这个意思去命名它,虽然并不关系什么大的道义,但也足可以使人耳目一新,并达到安定人心的目的。

田州府所设置的官员,我们准备在知府外,辅佐的就设有同知或者通判一名;首领督管的就应该设经历、知事各一名,吏胥大体上具备就可以了。现在已有的官吏,如通判张华、知事林光甫,照磨李世亨;这里的知府已选派了一名叫陈能的官员担

原奉朝旨,升广西布政司右参政,管田州府事;又赐之敕旨以重其权,吏部奏有钦依,令其先赴该司到任,然后往莅田州,该司左布政严纮,谓其既掌府事即系属官,不得于该司到任;陈能遂竟还原籍,至今亦不复来。参照严纮妄自尊大,但知立上司之体势,而辄敢慢视敕旨,蔑废部移,固已深为可罪;陈能则褊狭使气,徒欲申一己之小愤,而遂尔委朝命于草莱,弃职任如敝屣,使为人臣者而皆若是,则地方之责,焉所寄托?而朝廷威令,何以复行乎?臣等所访如此但未委虚的,乞将二人通行提究,重加惩戒,以警将来。臣观陈能气性悻悻若此,亦非可使以绥柔新附之民者;看得广东化州知州林宽,旧任南康通判,剪缉安义诸贼,甚得调理;且其才识通敏,干办勤励,臣时巡抚江西,深知其有可用,近因田州改建府治,修复城垣,地方无官可任,已经行文委令经理其事,即若升以该府同知,而使之久于其职,其所建立必有可观,迨其累有成绩,遂擢以为知府,使终身其地,彼亦欣然过望,必且乐为不倦,为益地方,决知不少矣。

任，但到现在还没到任，我曾经询访过他不来任职的原因，都说：陈能原本奉朝廷圣旨，升任广西布政司右参政，管理田州府的事务，又赐给敕旨来加重他的权势；吏部根据朝廷旨意，命令他先到布政司上任，然后再去田州任知府。布政司的左布政严纮认为，他既然掌管知府事务，就是布政司管辖的官吏，所以他不能到布政司来上任；陈能听说一气之下回归故乡了，到现在也没回来。左布政严纮狂妄自大，只知道树立上级官府的体统、权势，敢傲慢、轻视皇帝的敕令、圣旨；蔑视、荒废法规，更改任命，本来已可深深地问罪了。而陈能却褊私狭隘，使气动怒，只是为了自己的一点小小的愤怒，就敢把朝廷的委任命令当作草芥一般，抛弃任职像扔掉破鞋一样；假如做臣子的都像这样的话，那么，地方上的责任，还能托付给谁呢？并且朝廷的威严的命令，又怎能实行呢？我们所察访的情况就是这样，只要没什么虚假的情况，就乞求朝廷将这两个人都加以追究，重重地给予惩罚、警戒，从而来警戒将来这样的事情发生。我看陈能这个人这样小气，性情易恼怒，他也不可以用来抚绥、慰问那些新近归附的兵民。我看到广东化州知州的林宽，过去担任过南康的通判，曾经追捕、缉拿过安义这地方的很多贼寇，把这些地方治理、调整得很是不错。并且他的才能、学识通达、敏捷，办事干练、勤勉；我当时在巡抚江西，深切地知道他是可以大用的人才。近来因为田州改建成府治建制，需要把这里的城垣加以修复，但没有官吏可以任用，就已经下文令他来经营管理这些事务。假如把他升任该府的同知，并使他长久地担任这个官职，那么他一定会建树起可观的功绩；等到他的成就累加到一定程度，就把他擢升为知府，使他终身在这个地方任职，他定然会大喜过望，

大抵田州之乱，起于搜剔太甚，今其归附，皆出诚心，原非以兵力强取而得者，故不必过为振厉驾抑急其机防，反足生变；但与之休养生息，略施控御其间可矣。夫走狗逐兔而捕鼠以狸，人之才器，各有所宜也。伏乞圣明采择！

一、思恩府设立流官，亦宜如田州之数，其知府一员，吴期英见在，但已屡有奔逃之辱，难以复临其下；然未有可去之罪，且宜改用于他所，姑使之自效可矣。看得柳州府同知桂鏊，督饷宾州思恩之人，闻其行事，颇知信向；近以修复思恩府治，委之经理，其所谋猷虽未见有大过于人，然皆平实详审，不为浮饰，似于思恩之人为宜；苟未能灼知超然卓异之才，举而用之，以一新政化，则得如鏊者器而使之，姑且修弊补罅，体劳息困，以与久疲之民相安于无事，当亦能有所济也。乞敕吏部再加裁酌，而改用之。

一、田州各甲，今拟分设为九土巡检司，其思恩各城头。今拟分设为九土巡检司，各立土目之素为众所信服者管之，其连属之制，升授之差，俱已备有前议；但各甲、城头，

欣然接受，并且一定会愉快地去做事，不知道疲倦，对地方所造的福祉，我断然知道一定不会少。

大概田州的叛乱，是官府对他们搜刮得太厉害才引发的。现在他们来降服归顺，都是出于诚心实意，这本来并不是用发兵来强制夺取所能获得的。因此不必过于对他们压抑、震慑，急迫地对这里进行防守设施的建设，这反而会生发出变乱来。只是给予他们休养生息、安居乐业的权力，对他们略微施加控制、防御就可以了。那就是像用猎狗捕抓兔子，用狸来捕捉老鼠一样，人的才能、器用，都有他们各自适合发挥的岗位。乞求皇上英明地加以抉择！

一、思恩府设立流官，数目也应该与田州相同。思恩府设知府一名，现在由吴期英担任，但是他已经有多次逃跑的耻辱，很难再让他在府下任职，但他又没有什么可被革职的罪名，这样，就应该姑且把他改派到其他地方任职，让他自己反思改正就可以。我看到柳州府的同知桂鳌，他正在宾州督缴军饷，思恩的百姓们，听说他办事，很遵守信义，虽然暂且没有什么真知灼见及超过常人的才华，但举荐并使用他，来使这里的政务得到更新、改进；那么对像桂鳌这样的人，加以器重、使用，姑且让他修改弊端，补填缺损；使人民在劳碌中得到休息，停止困乏，让他同那些长期以来已搞得很疲乏的百姓们一起生活，会平安无事，如果这样，应当对政务有些帮助、益处。乞求皇上敕令吏部，对这件事加以斟酌裁决，并改换官吏，擢用他。

六、对田州的各个甲，现在打算分别设立为九个土巡检司；另外思恩的各甲的城头，现在也打算分别设立九个土巡检司。各司分别让那些平常都被大家所信赖、悦服的土目们来管理，

既已分析，若无人管理，复恐或生弊端，臣等遵照敕谕便宜事理，已先行牌仰各头目，暂且各照分掌管办纳兵粮，候奏请命下，然后钦遵施行。

一、田州凌时甲，完冠砦陶甲，腮水源坤官位甲，旧朔勒甲，兼州子半甲，共四甲半；拟立为凌时土巡检司，拟以土目龙寄管之，缘龙寄先来投顺，故分甲比众独多。

一、田州砦马甲，略罗、博温甲，共二甲，拟立为砦马土巡检司，拟土目卢苏管之。

一、田州大田子甲，那带甲，锦养甲，共三甲；拟立为大田土巡检司，拟以土目黄富管之。

一、田州万洞甲，周甲，共二甲；拟立为万洞土巡检司，拟以土目陆豹管之。

一、田州阳院右邓甲，控讲水册槐并畔甲，共二甲；拟立为阳院土巡检司，拟以土目林盛管之。

一、田州思郎那召甲，舍甲，共二甲；拟立为思郎土巡检司，拟以土目胡喜管之。

一、田州累彩甲，子轩忧甲，笃忻下甲，共三甲；拟立为累彩土巡检司，拟以土目卢凤管之。

一、田州怕何甲，速甲，共二甲；拟为怕何土巡检司，拟以土目罗玉管之。

一、田州武龙甲，里定甲，共二甲；拟立为武龙巡检司，

那连环属管的制度,升授官职的等级制度,都已在前面议定好了办法。但各甲、城头,既然已经分散、离析开来了,如果没有人来加以管理,又恐怕有弊端生发;我们遵照皇帝的敕谕,根据实情便宜行事的原则,已经先发下令牌,任命各个头目,暂时各自按照过去的原则分别掌管办征兵役、缴纳粮税等事务,等把这情况奏明朝廷,接到旨意,然后再按照朝廷的命令去施行。

一、田州的凌时甲、完冠岜陶甲、腮水源坤官位甲,旧朔勒甲,以及州子的半个甲,共四个半甲,打算设立为凌时土巡检司并让土目龙寄来掌管。因为龙寄是最先来归降的,因此,就比别人多分派几个甲。

一、田州的岜马甲,略罗博温甲,一共两个甲,打算设立岜马土巡检司;并打算让土目卢苏掌管。

一、田州的大田子甲、那带甲、锦养甲,一共三个甲,打算设立为大田土巡检司,并打算让土目黄富来掌管它。

一、田州的万洞甲、周甲,共两甲,打算设立为万洞土巡检司;并准备让土目刘豹来掌管。

一、田州的阳院右邓甲,控讲水册槐并畔甲,共两甲,打算设立为阳院土巡检司,并打算让土目林盛掌管。

一、田州的思郎那召甲、舍甲共两甲,打算设立为思郎土巡检司并打算让土目胡喜来掌管。

一、田州的累彩甲,子轩忧甲、笃忻下甲共三甲;打算设立为累彩土巡检司,打算让土目卢凤掌管。

一、田州的怕何甲、速甲,共两甲,打算设立为怕何土巡检司,并让土目罗玉来进行管理。

一、田州的武龙甲、里定甲,共两甲,打算设立武龙巡检司,

拟以土目黄笋管之。

一、田州棋甲，白石甲，共二甲；拟立为供甲土巡检司，拟以土目邢相管之。

一、田州床甲，砦例甲，共二甲，拟立为床甲土巡检司，拟以土目卢保管之。

一、田州婪凤甲，工尧降甲，共二甲，拟立为婪凤土巡检司，拟以土目黄陈管之。

一、田州下隆甲，周甲，共二甲；拟立为下隆土巡检司，拟以土目黄对管之。

一、田州县甲，环甫蛙可甲，共二甲；拟立为县甲土巡检司，拟以土目罗宽管之。

一、田州篆甲，炼甲，共二甲；拟立为篆甲土巡检司，拟以土目王莱管之。

一、田州砦桑甲，义宁江那半甲，共一甲半；拟立为砦桑土巡检司，拟以土目戴德管之。

一、田州思幼东平夫捧甲，尽甲子半甲，共一甲半；拟立为思幼土巡检司，拟以土目杨赵管之。

一、田州侯周怕丰甲，一甲；拟立为侯周土巡检司，拟以土目戴庆管之。

一、思恩兴隆七城头，兼都阳十城头，拟立为土巡检司，拟以土目韦贵管之；缘韦贵先来向官故，授地比众独多。

一、思恩白山七城头，兼丹良十城头，拟立为白山土巡检司，拟以土目王受管之。

一、思恩定罗十二城头，拟立为定罗土巡检司，拟以土

并让土目黄笋来对它进行掌管。

一、田州的棋甲、白石甲共两甲,打算设立为棋甲土巡检司,并打算让土目邢相来掌管它。

一、田州的床甲、砦例甲共两甲,打算设立为床甲土巡检司、并打算让土目卢保来进行掌管。

一、田州的婪凤甲、工尧降甲,共两甲,打算设立为婪凤土巡检司,并让土目黄陈来掌管。

一、田州的下隆甲、周甲,共两甲,打算设立为下隆土巡检司,并打算让土目黄对来掌管。

一、田州的县甲、环甫蛙可甲,共两甲,打算设立为县甲土巡检司,并让土目罗宽来掌管。

一、田州的篆甲、炼甲,共两甲,打算设立为篆甲土巡检司,并打算让土目王莱进行掌管。

一、田州的砦桑甲、义宁江那的半个甲,共一甲半,打算设立为砦桑土巡检司,并让土目戴德掌管。

一、田州的思幼东平夫捧甲,尽甲子半甲,共一甲半,打算设立为思幼土巡检司并让土目杨赵掌管。

一、田州的侯周怕丰甲,共一甲,打算设立为侯周土巡检司,并打算让土目戴庆来掌管它。

一、思恩的兴隆七个城头,以及都阳的十个城头,打算设立为土巡检司,并让土目韦贵来掌管它。因为韦贵最早来向官府归降,授给他的土地比别人的多。

一、思恩的白山七个城头,以及丹良的十个城头,打算设立为白山土巡检司,并打算让土目王受掌管。

一、思恩的定罗的十二个城头,打算设立为定罗土巡检司,

目徐五管之。

一、思恩安定六城头，拟立为安定土巡检司，拟以土目潘良管之。

一、思恩古零、通感、那学、下半四堡四城头，拟立为古零土巡检司，拟以土目覃益管之。

一、思恩旧城十一城头，拟立旧城土巡检司，拟以土目黄石管之。

一、思恩那马十六城头，拟立为那马土巡检司，拟以土目苏关管之。

一、思恩下旺一城头，拟立为下旺土巡检司，拟以土目韦文明管之。

一、思恩都阳中团一城头，拟立为都阳土巡检司，拟以土目王留管之。

右各目之内，惟田州之龙寄，思恩之韦贵、徐五，事体于各目不同；而韦贵又与徐五、龙寄稍异；盖韦贵于事变之始，即来投顺官府，又尝效有勤劳，宜不待三年，而即与之以实授土巡检，以旌其功；徐五亦随韦贵投顺，而效劳不及；龙寄虽无功劳，而投顺在一年之前，二人者，宜次韦贵，不待三年而即与之以冠带三年而即与之以实授土巡检；如此，则功罪之大小，投顺之先后，皆有差等，而劝惩之道著矣。或又以卢苏、王受，不当与各土目并立者，臣等又以为不然；方其率众为乱，则苏受者，固所谓罪之魁矣；及其率众来降，则苏受者，又所谓功之首也；况二府目民，又皆素服二人，今若立各土目，而二人不与，非但二人者未能帖然于众目之

并打算让土目徐五来进行掌管。

一、思恩下辖的安定六个城头，打算设立为安定土巡检司，并打算让土目潘良来掌管这司。

一、思恩的古零、通感、那学、下半四堡的四个城头，打算设立为古零土巡检司，并打算让土目覃益掌管。

一、思恩的旧城等十一个城头，打算设立为旧城土巡检司，并打算让土目黄石对它进行掌管。

一、思恩的那马等十六个城头，打算设立那马土巡检司，并打算让土目苏关对它进行掌管。

一、思恩的下旺一个城头，打算设立为下旺土巡检司，让土目韦文明掌管。

一、思恩的都阳中团一个城头，打算设立为都阳土巡检司，打算让土目王留对它进行掌管。

以上所提到的各个头目中，只有田州的龙寄，思恩的韦贵、徐五，所掌管的事体与其他各个头目不同；而韦贵又和徐五、龙寄稍微不同。原因在于韦贵在事变刚开始时，就来归顺官府，并且勤勉、劳碌地报效官府，应该不等到三年时间，就实际授给他土巡检之官职，来表彰他的功绩。徐五也跟随韦贵来归降，并积极地为官府效劳，只恐落了后。龙寄虽然没立下什么功劳，但他是一年前来归降的，所以，徐五、龙寄两人应该仅次于韦贵的封赏，在不到三年的时间内，就授给他们冠带，等到了三年时间，就实际授给他们土巡检官职。这样，他们的功劳与罪过的大小相当，再参照他们来归降的先后顺序，因此，对他们的封赏差别很大，这就使劝勉和惩罚的原则都得到了公平实行。有人认为，卢苏、王受二人的封赏，不应该与其他各土目的封赏相提

下；众目固亦未敢安然而处其上，非所以为定乱息争之道也。故臣等仍议以卢苏王受为众目之首，庶几事体稳贴，而人心允服矣。

一、田州、思恩各官目人等，见监家属男妇，初拟解京；今各目人等，既已投顺，则其家属男妇，相应给还领养，均乞圣明裁允！

一、田州新服，用夏变夷，宜有学校；但疮痍逃窜之余，尚无受廛之民，焉有入学之士？况斋膳廪饩，俱无所出，即欲建学亦为徒劳；然风化之原，终不可缓，臣等议欲于附近府州县学教官之内，令提学官选委一员，暂领田州学事，听各学生徒之愿改田州府学及各处儒生之愿来田州附籍入学者，皆令寄名其间；所委教官，时至其地，相与讲肄游息，或于民间兴起孝悌或倡远近举行乡约，随事开引，渐为之兆；俟休养生息一二年后，流移尽归，商旅凑集，民居已觉，

并论，我们又都认为并不是这样。当他们率领众多的兵民作乱一方的时候，那么，卢苏、王受本来就是人们所说的，叛乱的罪魁祸首了；等到他们率领众兵民来归降，那么卢苏、王受，又就是人们所说的首功一件了；况且思恩、田州两府的目民们，在平常都对这两人很敬服；现在如果对其他各个土目进行封赏，却对他二个没什么表示，不但他两个人不能够在众土目的掌管下俯首帖耳；就是众土目们也不敢心安理得地居处在他俩之上，这并不是平定叛乱、停息争斗的正确的方针策略。因此，我们仍然商议并决定让卢苏、王受来作为众土目们的首领，这样做，也许可以使事情处置得更为稳妥、贴切，并且使人们在内心深处感到服气了。

一、田州、思恩的各个官吏，头目等人，他们的家属、男女，现在正在监禁，当初打算解押到京城里，听候发落；现在各个头目等人，既然已经归降了，那么他们的家属，男女仆人，相应发还，都还让他们领回去。这些都乞求皇上英明地裁决，给予允诺！

一、田州新近降服，打算用华夏的文化改变蛮夷各族的风俗，应该建立学校。但是，经过战火洗礼，地方上已是满目疮痍，人们四处逃窜，流离失所，现在刚刚安定下来，连住房都还没着落的老百姓，哪里有到学校上学的生源呢？况且，给予学生们所需要的住房，粮米及其教育经费，都没有找到供给、来源，即使建立了学校，也是徒劳、没用呀。然而，对百姓们进行教化的方针，始终也不能迟缓，我们商议并决定，想在附近府、州、县的学校的教官里面，令提学官选派一名教官，暂时让他来掌管田州的学校教育事业。各个学生、学徒按自己的意愿，到田州来

既庶财力，渐有可为，则如学校及阴阳、医学之类，典制之所宜备者，皆听该府官以次举行上请，然后为之设官定制；如此则施为有渐，而民不知扰，似亦招徕填实之道，鼓舞作新之机也。均乞圣明裁处！

一、思、田去梧州水陆一月之程，军门隔还，难于控驭调度：兼之府治虽立，而规制未成；流官虽设，而职守未定；且疮痍未复，人心忧惶，须得重臣抚理，臣等已经具题，乞将右布政林富量升宪职存留旧任；副总兵张祐，使之更迭往来于二府地方，绥缉经理，仍乞赐以便宜敕书，将南宁、宾州等府卫州县，及东兰、南丹、泗城、那地、都康、向武等土官衙门俱听林富等节制。臣等所议地方经久事宜候奏请命下之日，悉以委之林富等，使之钦遵，以次施行，庶几事无隳堕，而功可责成矣。

跨籍贯入学学习，都命他们寄名在这里入学。所委派的教官，时不时地到这里来讲学、访问，与学生们一起讨论，或者到民间去兴倡民众们的忠孝思想，或者到远近的各地方倡导人们订立乡规民约，根据实情加以引导、开化，渐渐使这里兴起好学、守法的风气、征兆。等人们安心休养、繁殖人口，一两年后，那些流亡、迁移的人们也都回来了，商人、旅客已都云集这里，老百姓们的房屋也都建立了起来，老百姓也都有了财产、力量，就逐渐可做一些事情了。那么，像建立学校以及阴阳、医学等科目，所应该具备的典章制度的修订、教育，都听任该府的府官按次序向上级奏报请求，然后加以实施，并为学校教育设立官员、建立制度，这样做的话，那么，一些举措都是渐次施行，而老百姓们都没有感到什么惊扰，这似乎也是招徕人口，使这里充实起来的策略，并也是鼓舞人民创造改进的机会。这些都乞求皇上英明地裁决、处置！

一、思恩、田州到梧州，走水路、陆路都有一个月的路程，总督府与它们相隔很远，所以对这里控制、调度起来较为困难；再加上府治的建制虽然建立起来，但规章制度还没确立；虽然设立了流官，但他们的职责、任务还没有确定；并且人们经过战乱，所遭受的危害，生计还没恢复，人心惶惶，所以，必须要有重要的大臣来安抚、管理。我们已经写好了题本，乞求将右布政林富，酌情提升为宪职，让他仍然代理过去的职任；对副总兵张祐，就让他不断地在思恩、田州两府之间来往，对这里进行抚绥、经营、管理。仍然乞求朝廷赐给他适宜的敕书，把南宁、宾州等府卫、州、县，以及东兰、南丹、泗城、那地、都康、向武等地的土官衙门，都让林富来节制、管辖。我等所议奏的

有关地方长治久安的措施等事宜,上奏朝廷,等接到朝廷的旨意的时候,把这些任务全都委派给林富,让他遵照朝廷旨意去办理,并按顺序实施这些措施,这样也许会使事情没有什么差漏、不至于失败,并且可以成就功业了。

卷之十五　别录七

奏疏七

征剿稔恶瑶贼疏

七年四月十五日

据留抚田州、思恩等处地方广西布政司右布政林富，原任副总兵都指挥同知张祐等会呈："前事开称：'田州、思恩平复，居民悉已各安生理，土夷亦皆各事农耕，地方实已万幸；但惟八寨瑶贼积年千百成徒流劫州县乡村，杀害良民，虏掠子女生口财物，岁无虚月，月无虚旬，民遭荼毒冤苦，屡经奏告，乞要分兵剿灭者，已不知几百十番；为因地方多事，若要进兵，未免重为民困，是以官府隐忍抚谕，冀其悔罪改过，而彼乃悍然不顾，愈加凶横，出劫益频，盖缘此贼有众数万，盘据山谷，凭恃险阻，南通交趾等夷，西接云、贵诸蛮，东北与断藤、牛肠、仙台、花相、风门、佛子及柳、庆、府江、古田诸处瑶贼，回旋连络，延袤周遭二千余里，东掠西窜、南摽北突近因思、田扰攘，各贼乘机出攻州县乡村，远近相煽几为地方大变，仰赖朝廷威令传播，苟幸未动；缘此瑶贼之与居民，势不两立，若瑶贼不除，则居民决无安生之理；乞要乘此军威，速加征剿，庶不贻患地方'缘由呈乞照详施行"等因。

征剿稔恶瑶贼疏

七年四月十五日

根据留任巡抚田州、思恩等地方的广西布政司右布政林富、原任副总兵都指挥同知张祐等人的共同上奏的呈报说："为前面事宜报告说：'田州、思恩等地方已平定收复，那里的老百姓都已各自安定了生产、生活秩序，土夷各族也都分别去从事农耕生产，这些地方已经太幸运了；但只有八寨的瑶贼多年来都成百上千地流动抢劫州、县、乡村，杀害良善的老百姓，掳掠子女、牲口、财物，一年中没有哪个月，一个月中没有哪一旬不发生这些事。老百姓遭受荼毒危害、冤屈、痛苦，他们屡次上奏请告，乞求派兵对这些贼寇予以剿灭，这样的请求不知道有几百次了。因为地方上事情很多，如果要对这些地方派兵进剿，这就会不可避免地加重地方上百姓的穷困，因此，官府只好忍着愤怒来安抚、慰谕他们，希望他们能悔过自新，停止罪恶行径，而那些人却凶暴蛮横，毫不顾念，更加放肆、凶残，出去抢劫次数更加频繁。因为这些逆贼有几万人，盘踞窝藏在山谷中，他们凭恃那险恶的地理条件，向南通往交趾等夷族，西面接邻云贵高原的众蛮族，东北部同断藤、牛肠、仙台、花相、风门、佛子以及柳、庆、府江、古田等地众多的瑶贼，相互联络、呼应，四面绵延长达两千余里，在这个范围中，他们东部掠夺，西部流窜，南边抢劫，北面突击行盗。近来，由于思恩、田州的逆贼遭受官军的进剿后；这里的逆贼就乘机出动攻掠州、县、乡村，远近一带

据此行间，随据左江道守巡守备等官左参议汪必东，佥事吴天挺，参将张经等会呈："为请兵征剿积年穷凶极恶瑶贼以除民患事，开称：断藤峡、牛肠、六寺、磨刀等处瑶贼上连八寨诸蛮，下通白竹、古陶、罗凤、仙台、花相、风门、佛子等峒各贼，累年攻劫郡县乡村，杀人放火，虏掠子女财畜，民遭荼毒，逃窜死亡，抛弃田业，居民日少，村落日空，延袤千百里内，皆已变为盗贼之区；各处被害军民，累奏请兵诛剿，为因地方多事，兵力不敷，官府隐忍招抚，期暂少息而各贼愈肆猖獗。近因思、田用兵遂与八寨及白竹、古陶、罗凤等贼乘势朋比连结，杀虏抢劫，月无虚旬，扇惑摇动将成大变，仰赖神武传播幸未举发；近幸思、田之诸夷感慕圣化，悉已自缚归降，远近向服，各山瑶、獞，亦皆出来投抚请结告示，愿求自新，从此不敢为恶，虽其诚伪未可逆料，然皆尚有畏惧之心；独此断藤各巢逆贼自知罪在不赦，持险如故截路劫村略无忌惮，若不乘此军威进兵剿灭，将来祸害焉有纪极"缘由会案呈详到臣。

相互煽动蛊惑,几乎在地方上搞起大的变乱,仰赖朝廷威严的命令四外传播,勉强幸运地没有大的变动;因此,瑶贼与地方居住的老百姓之间,真是势不两立,不共戴天。如果瑶贼不除灭,那么地方上居住的老百姓绝对没有安定生活,乞求乘着收复了思恩、田州后强盛的军威,对瑶贼迅速地进行进剿,从而不给地方上遗留祸患。'仅把缘由呈上,乞求能详细地实行。"等情况。

根据这些,在执行期间,据左江道守巡守备等官吏左参议汪必东,佥事吴天挺,参将张经等人共同呈报:"为了请求发兵征剿多年的穷凶极恶的瑶贼,来为百姓铲除祸患事宜,报告:断藤峡、牛肠、六寺、磨刀等处的瑶贼,向上连通八寨的众蛮族,向下连接白竹、古陶、罗凤、仙台、花相、风门、佛子等峒的各地贼寇,多年来攻击劫掠郡、县、乡村,杀人放火、掳掠百姓的子女、牲畜、财物,老百姓遭受荼毒危害,四处逃窜或死亡,抛弃田产,居民越来越稀少,村落里一天比一天空荡,绵延千里之内的地方,都已经成为盗贼出没的区域,各地的受害的军兵、百姓,多次上奏请求出兵诛杀、进剿贼寇,因为地方上事务繁多,兵力不足,官府只好暗中容忍,加以招安抚慰,希望偷劫事件暂时稍微停止下来,但是各个贼寇却更加放肆、猖獗。近来由于思恩、田州动用官兵征伐,这里的贼寇就与八寨以及白竹、古陶、罗凤等地的贼寇。乘这个机会相互联络勾结起来,烧杀、抢劫、掳掠,每月每旬都不间断,他们又不断地进行煽动、蛊惑,将成为大的变乱。仰赖朝廷神灵、威武传播、远布,幸亏没有发作;近来幸运地,思恩、田州的众多夷族,都感慕皇上,渐渐同化,都已经自己绑缚,前来归降;远远各地的人都已归顺,服治;各个山上的瑶、僮,也都出来投降,并请求给予告示慰抚,愿意自求

照得臣近因思、田之役，奉命前来，驻军南宁府地方与八寨瑶贼相去六日之程，朝廷德威宣布，虽外国远夷皆知震慑向慕输情纳款；而此瑶贼独敢拥众千百，四出劫掠武缘等处乡村，杀人放火，略无忌惮。此臣所亲知即此焜炽桀骜，平时抑又可知；及照牛肠、六寺、磨刀、古竹、古陶、罗凤、仙台、花相、风门、佛子等巢稔恶各贼，自弘治、正德以来，至于今日，二三十年之间，节该桂平等县被害人户李子太等前后控奏，乞行剿除民害，不下数十余次，皆有部咨行令勘议计剿，若不及今讨伐，其为地方之患，终无底极，诚有如各官所呈者；况臣驻札南宁，小民纷然诉告，请兵急救荼毒，皆为朝不谋夕，各贼之恶，委已数穷贯满，神怒人怨，难复逋诛，即欲会案奏请，俟命下之日行事，切恐声迹昭彰，反致冲突奔窜，则虽调十数万之众，以一二年为期，亦未易平荡了事；照得臣节该钦奉敕谕："但遇贼寇生发即便相机可抚则抚，可捕则捕。钦此！"钦遵，为照思、田变乱之时，该前都御史等官姚镆等奏调湖广永、保二司土兵前来南宁

新路，从此再也不敢作恶，虽然他们的真诚和伪诈不可预料，然而他们还都有畏惧、害怕的心理，唯独断藤这一地方的各处逆贼，自己知道他们的罪恶难以赦免，自恃险阻的地理条件，还像原来那样作恶，他们截道，抢劫村庄，没有一点顾忌和害怕，如果不乘我们现在强盛的军威，对他们发兵，剿灭他们，那将来的祸患，简直难以想象！"把这一前后原因告知。会同案奏都已详细地呈报给我。

我近来由于思恩、田州的进剿战役，奉朝廷命令前来这里，在南宁府的地方上驻扎军队，只离八寨的瑶贼六天的路程；朝廷的德政、威武远播各地，即使外国的远夷各族，也都知道威慑、服从、向慕归顺，还表达情怀，缴纳款项；而这里的瑶贼唯独敢集众成百上千人，到处抢劫掳掠武缘等地的乡村，杀人放火，作恶多端，毫无忌惮。这些我亲眼所见的，清楚地知道，目前都是如此猖獗、桀骜不驯，平时他们的所作所为就更可想而知了。另外牛肠、六寺、磨刀、古竹、古陶、罗凤、仙台、花相、风门、佛子等地常常作恶的各部贼寇，自弘治、正德以来，直到今天，在二三十年间，接到该地桂平等县的受害人李子太等人，前前后后的控诉奏文，乞求对这些老百姓的祸害加以剿灭的请求书、控诉信就不下几十次，这些都有部里的咨文，下命令进行勘查征剿；如果到今天还没有对他们实行讨伐的话，他们给地方上所留下的祸患，就更没有停止的时候了，确实是像各个官吏呈报的奏文中所讲到的那样。况且我驻扎在南宁，贫苦百姓都纷纷来诉告，请求发兵，紧急救助老百姓的穷困；他们都是朝不保夕了，各个逆贼的罪恶，确实已经无法历数，已是恶贯满盈，神怒人怨。一刻也不能等了，应该予以诛杀，就想立即把

等处听用，近幸地方悉已平靖，各兵正在班师，放回之际，归途所经，正与各贼巢穴相去不远；况思、田二府新附土目卢苏、王受等，感激朝廷生全之恩，屡乞杀贼报效，俱各遵奉敕谕事理，除一面量调官军，协同前项各兵，行委左江道守巡参将等官，监统永、保二司，宣慰官男领各头目土兵人等，分道进剿牛肠、六寺、仙台、花相等贼；并行留抚思、田布政及右江分巡、兵备、守备等官，监统思、田土目兵夫，分道进剿八寨等贼；所获功次，俱仰该道分巡、兵备官收解纪功，御史纪验造册奏报，及行总镇太监张赐，密切公同行事，并密行镇巡等官知会外；缘系征剿积年稔恶瑶贼，以除民患，以安地方事理；为此具本题知。

各种奏请汇集在一起奏给皇帝，等到命令下达的日子进军征剿；在命令下达前先不要声张，恐怕导致那些逆贼流窜逃跑，如果被他们逃走分散后，就是调集十几万军队，用一两年的时间，也不容易把这些逆贼剿灭干净。我曾接到皇上的圣旨说："只要碰到贼寇发生，就相机行事，可以招安安抚的，就招安安抚；可以剿捕的，就进行剿捕。钦此！"我遵照实行皇帝的旨意。在思恩、田州发生变乱的时候，这里的前都御史等官吏姚镆等人的奏文请求，想调湖广永、保两司的士兵前来南宁等地方，来听候使用；近来幸亏这些地方已经平定、安靖了，各部队正处在撤军、返回原地的时候；他们往回行军的路途上所经过的地方，正好与各个逆贼的老窝离得不远；况且思恩、田州两府新近归附的土人头目卢苏、王受等，为感激朝廷使他们活命的恩情，屡次乞求去剿杀贼寇来报效朝廷。各道都依奉敕令、皇上的谕文中的旨意，除了一方面调用官兵，协助前面提到的各路人马，派左江道守巡参将等官吏，监督统管永、保两司；宣慰官男统领各个土目兵丁等人，分路进剿牛肠、六寺、仙台、花相等地的逆贼；又命留任巡抚思、田二府的布政以及右江分巡兵备、守备等官吏，监督统管思恩、田州的土目以及军兵，分路进剿八寨等地的贼寇；这次战役所获得的功劳以及功劳等级，都仰赖该道分巡兵备官接收战利品并记录功绩；令御史进行记录查验并制订文册呈报上奏。另外总镇太监张赐，同各级官吏共同执行公务，并且秘密地通知镇巡等官吏知道并开展工作。这本是征讨进剿行恶多年的瑶贼，来铲除老百姓的祸患，使地方得到的安定事宜，为这件事写奏折告知皇上。

举能抚治疏

七年正月二十五日

案照先该礼部右侍郎方献夫奏：前事节奉圣旨："田州应否设都御史在彼住札，还着王守仁议处具奏定夺。钦此！"兵部备咨前来知会，随钦遵外；随于今年正月二十七日，该思恩、田州二府土目卢苏、王受等，各率众数万，自缚归降，该臣遵照敕谕事理，悉已抚定，当遣广东右布政林富，旧任副总兵张祐，分投督领各夷，各归原土，复业安生，已经具本奏报外；为照思恩、田州，连年兵火，杀戮之余，官府民居，悉已烧毁破荡，虽葺屋寻丈之庐，亦遭翻挖发掘，曾无完土，荒村僻坞，不遗片瓦尺椽，伤心惨目，诚不忍见；各夷近已诚心投服，毁弃兵戈，卖刀买牛，见已各事田作，自后反侧之患，以臣料之，或已可免；但其风景凄戚，生意萧条，忧惶困苦之余，无以自存，非得老成宽厚之人，抚恤绥柔之；臣等见其悲惨无聊之状，诚亦未忍一旦弃去而不顾，况思、田去梧州军门，水路一月之程，一时照料有所不及，近又与各官议，欲于田州建立流官府治，以制御官土，修复城池廨宇等项，必须劳民动众，自非素得夷情者为之经理区画，各夷雕弊之余，岂复堪此骚屑？况议设知府等官，皆未曾到，一应事务，莫有任其责者，该臣看得右布政林富，慈祥恺悌，识达行坚，素立信义，见在思、田地方安插各夷，皆能得其欢心，合无准如方献夫所奏，将林富量升宪职，仍听臣等节制，暂于思、田地方，往来住札，抚循缉理，其于事

举能抚治疏

七年正月二十五日

先前该礼部右侍郎方献夫上奏：这件事曾接到圣旨，说："田州是否应该设置都御史在那里驻扎，还令王守仁商议处理，写本上奏来决定。钦此！"兵部备持咨文前来让我知道，于是遵皇上旨意去办了。在今年正月二十七日，思恩、田州两府的土人头目卢苏、王受等人，各率领几万人，自己绑缚前来归降，我遵照敕谕中所要求的，对他们都已经招抚安置了。当即派遣广东右布政林富，前任副总兵张祐，分别督领各个夷族，分别回归原地，重新安居乐业，安定地生活，这件事我已经写奏折上报了。思恩、田州，由于遭受连年兵火以及杀戮之后，官府和老百姓的住房已烧毁破落，就是遮蔽房屋的寻常的围墙、村屋，也遭到了翻刨、挖掘，没有了一点完整的地方；荒凉的村庄、偏僻的坞房，没有留下一片瓦、一尺椽头，那悲惨、凄凉的景象，真是让人不忍心去看。各个夷族近来已经诚心诚意地归顺降服了，他们抛弃武器，卖掉刀枪来购买耕牛，现在都已分别从事农业生产，从今往后，造反叛乱的忧患，我料想，或许已经免除了。但是那里风景凄惨悲伤，生意萧条冷淡，老百姓在忧愁、惶恐和贫困、穷苦之后，没有自我存活的路途，必须得让老成、宽厚的官吏，前去对他们抚恤、绥柔、安慰。我等看到百姓们悲哀惨痛、百无聊赖的状况，确实不忍心离开他们，不再顾念他们，况且思恩、田州离梧州的驻兵地点，水路大约要走一个月，一时之间来不及照料，近来又与各个官吏商议，想在田州建立流官的府衙加以治理，由官吏和土人头目进行掌管，重新修复城池、官署屋宇等设施，这必然要劳动很多人前来服役，自然必须要

理亦甚相应，俟一二年后，各夷生理渐复，府治城郭廨宇渐已完备，则将林富量移别处任用，而思、田止存知府理治，或设兵备官一员于宾州住札，或就以南宁兵备兼理，不时往来抚循，如此则目前既可以得抚定绥柔之益，而日后又可以免困顿劳烦之扰；已经具本，于本年二月十五日差舍人汤祥，赍奏请旨。

续为处置平复地方，以图久安长治事：节该民看得思恩、田州二府地方，府治虽立，而规制未成；流官虽设，而职守未定；且疮痍未服，人心忧惶，乞将右布政林富，量升宪职，及存留旧任副总兵张祐，使之更迭往来于二府地方，绥缉经理仍乞赐以便宜敕书，将南宁、宾州等府卫州县，及东兰、南丹、泗城、那地、都康、向武等土官衙门俱听林富等节制；臣等所议地方经久事宜，候奏请命下之日，悉以委之林

平常知道夷族情况的人来经营、筹划这些工程。只是各个夷族经过征战，一片凋敝、萧条，哪里又禁得住这样的骚扰呢？何况计议设置知府等官吏，都还没曾到来，全部事情，还没有担任职责的人。我看到右布政林富，慈祥仁厚、和易近人，见识练达，行动坚决，平常就在人们心目中树立了信义，现在他在田州、思恩一些地方安插使用的各个夷族人，都能够得到他的欢心和鼓舞；不如按方献夫的奏章的建议，将林富酌情升任驻城官职，仍然让我来节制他；让他在思恩、田州这些地方往来驻扎，执行安抚、缉拿罪犯的事务；对于这些事务，他也很适合去管理，等一两年后，各个夷族的生活秩序渐渐恢复了，官府治理、城池、府衙已渐渐完备，开始运转了，那么就把林富调到适合他的其他地方去任职。到时，思恩、田州就只设置知府来治理，或者设置兵备官一员在宾州驻扎，或者就让南宁兵备兼管、治理，不时地往来各地巡抚，巡逻，这样的话，当前既可以得到抚慰、绥柔、安定的好处，而今后也可以使老百姓免除困顿穷困，劳作烦乱的扰乱。这件事我已经书写奏章，在本年二月十五日派我的舍人汤祥，送至朝廷上奏，请求旨意。

　　接着，为了对平定、收复的地方进行处置，来达到长治久安的目的，呈上奏文：这里的老百姓看到，思恩、田州两府的地方，虽然府衙已建立起来，开始实行治理职能了，但规章制度还没完备；流官虽然已经设置了，但还没定下他们的职守功能；并且那里遭受到的战争破坏和创伤还未得到修补，老百姓心中忧愁惶乱；乞求将右布政林富，考虑提升为宪职，还有存留在这儿的前任副总兵张祐，派他俩不断地往来于思恩、田州两府之间的地区，安抚、管理，仍然乞求朝廷赐给他们较为方

富等使之钦遵，以次施行，庶几事无隳堕而功可责成，又经条陈具本，于本年四月初六日，差承差杨宗赍奏请旨，俱未奉明示。

本年五月二十二日，本官已蒙钦升都察院右副都御史，抚治湖广、郧阳等处地方去讫，所有思、田二府抚循缉理官员，尚未奉有成命，如蒙皇上轸念边方，俯从臣等所请，乞于两广及邻省附近地方各官内选用，庶可令其作速到任，不致久旷职业。臣本昧于知人，不敢泛然僭举；切照广东右布政使王大用，湖广按察使周期雍，皆才职过人，可以任重致远，臣往年巡抚南赣，二臣皆在属司，为兵备佥事，与之周旋兵革之间，知其皆肯实心干事，江西未叛一年之前，臣尝与周期雍密论宸濠之恶，不可不为之备；期雍归去汀、漳，即为养兵蓄锐以待；及臣遇变丰城，传檄各省，独期雍与布政席书，闻变即发；当是时，四方援兵，皆莫敢动，迄宸濠就擒，竟无一人至者；独席书行至中途，复受臣檄，归调海沧打手，又行至中途，闻事平而止；其先后引领至江西省城者，惟周期雍、王大用两人而已。当时以捷奏既上，随复谗言朋兴，各臣之忠勤，遂不及一白，臣为之每怀歉然；即是而观，

便的敕书，将南宁、宾州等府卫州县，以及东兰、南丹、泗城、那地、都康、向武等地的土官衙门，都听从林富等节制管辖；我等所上奏的有关这些地方的长期打算的事情，等到皇帝对我们的奏文批示并下达命令之后，都把它们委托给林富等人，让他们去执行这些任务，遵照皇帝的旨意去办，按顺序去实施，也许就可以使事情办得顺利，没有差池，并且可以督促他们建成功绩。接着，我又写下陈述详情的条本、奏章，在今年四月初六日，派承差官杨宗带奏文上朝去请求皇上的旨意，还没有接到朝廷给予的明确指示。

今年五月二十二日，我已承蒙钦赐晋赐升为都察院右副都御史，去安抚治理湖广、郧阳等地方了。所有思恩、田州二府的担当安抚、巡行、管理任务的官员，还没有接到成文命令进行安排，如果蒙皇上轸念边防等地区，听从我等所奏请，乞求朝廷在两广以及邻近省份的附近地区的各级官吏中进行挑选并任命，命他们迅速走马上任，不至于停旷职任太久。我本来对知人、观察人这方面不太在行，不敢泛泛地胡乱推荐。广东右布政使王大用、湖广按察使周期雍，都才能、胆识超过常人，可以委以重任，托付给他们久远的职责。我前几年在巡抚南赣时，这两个人都在我所管辖的官府中，作兵备佥事。我与他们一起周旋奔波在刀枪硝烟之中，知道他们都是实心实意地干事情，做工作；在江西还没有发生叛乱的前一年，我曾经与周期雍秘密地议论宸濠的罪恶，并感到不可以不为了预防宸濠的叛乱而做好准备；周期雍回到汀、漳之后，马上养兵蓄锐，等待着朝廷的命令；等到我碰到丰城叛乱的时候，我把讨逆檄文传达到各省，只有周期雍和布政使席书，听到丰城变乱的消息后马上发兵征

其能竭忠赴义，不肯上负国家，亦可知矣。乞敕吏部酌臣所议于二臣之内，选用其一，非惟地方付托得人，永有所赖；而臣等亦可免于身后之戮，地方幸甚！

边方缺官荐才赞理疏

七年七月初六日

迩者思恩、田州之变，诸夷感慕圣化，悔罪求生，已蒙浩荡之仁，宥纳而抚全之，地方亦既宁定矣；但凋弊之余，必须得人以时绥缉，况两府设立流官衙门，及修筑城池营堡等项，百务并举，若无专官夙夜经理催督，则事无统纪，功难责成，已经臣等具题，乞将右布政林富等，升职留抚，随蒙将林富升任去讫；又经臣等仍乞推选相应官员替任，俱未奉明旨。

讨。在那个时候，四方各地的援兵，都不敢动兵前来，直等到宸濠被抓住后，居然没有一个到达；唯独周期雍行军走到中途，又接到了我的讨逆檄文，回去调集海沧的打手、军兵前来支援，他们又走到中途，听到变乱已经平定，就停止行军了。先后带领军兵到达省城的官吏，只有周期雍、王大用两个人罢了。当时，因为捷报已经上奏朝廷，接着又由于进谗言的人比比皆是；各个臣子的忠心和勤勉，于是来不及进行表白，我每每为这件事心中怀着歉疚。从以上这些事看来，他们能够为朝廷尽忠并敢赴大义，从不肯做有负于国家的事情，也可以知道他们的为人了。乞求皇上敕令吏部，斟酌考虑我所议奏的这些事情，从这两个人中，选用一个来任命。这样，不但地方上的事情可以托付给可靠的、尽职的人，永远有了可依赖的地方官员；而且，我也可以避免将来因荐错了人，从而被杀戮的危险，也是地方上的一件幸事。

边方缺官荐才赞理疏

七年七月初六日

近来的思恩、田州的变乱后，众夷族感慕朝廷的盛恩，为朝廷的圣灵所感化，都已对过去的罪恶表示悔恨，寻求新的出路，他们已经承受到了皇帝浩荡、宽广的仁德。朝廷对他们免除征粮并对他们进行安抚，地方上已经平静安定。但是，这些地方经过征战后，一片凋零、萧条景象，必须得有人不时地对这里进行巡视、抚慰。况且，两府设立了流官衙门，还修筑城池、营堡等工程，真是多种事务一起展开，如果没有专门管理这些事务的官吏，昼夜不停地经管、督促，那么，事情就没有统一的管理、执行秩序，功绩也难以责令达成。关于这件事，我等已经写

臣看得今岁例当朝觐，各该掌印官员，不久皆将赴京；而广西布、按二司等官，适多迁转去任者，右布政林富升郧阳副都御史，参政黄芳升江西布政副使，李如圭升陕西按察使，参政龙诰，参议汪必东，佥事吴天挺等，督押湖兵出境，往复之间，即须半年；参议邹輗，佥事申惠，皆赍捧表笺进京，其余虽有一二新任官员，皆未到任，止存左布政严纮，按察使钱宏，各掌司印，佥事张邦信，分巡桂林，李杰分巡苍梧，而臣在南宁、思、田等处，舆疾往来调度，再无一官随从赞理者；近日止有兵备副使翁素来管右江道事，缘其才性乃慈祥恺悌之人，用之中土，分理司事，足为循良；而置之边方瘴毒多事之乡，则其禀质稍弱，不耐崎险，易生疾病，似于风土亦非所宜。臣看得为民副使陈槐，平生奋志忠节，才既有为，而又能不避艰险；致仕知府朱衮，年力壮健，才识通敏；去任副使施儒，学明气充，忠信果断；闲住副使杨必进，晓练军务，识达事机；此四人者，皆堪右江兵备之任，施儒旧为兵备于潮惠，杨必进旧为兵备于府江，皆尝著有成绩，两地夷民，至今思念不忘；若于四人之中，选用其一，其余地方之事，必有所济。

本题告，乞望朝廷将右布政林富等人，加升官职，留下安抚；于是，已蒙朝廷派遣林富，升官任职去了。接着，又经我等仍旧乞求朝廷推荐选用相适合的官员前去接替他们的官职，都还没接到明确的旨意。

　　我看到，按今年的例行规定，各官应到京城前去朝觐面圣，各地的掌印官员，不久都将赶赴京城；而广西布、按两司的官员，正赶上多数是迁职离任的人，右布政林富升任郧阳副都御史；参政黄芳升任江西布政副使；李如圭升任陕西按察使；参政龙诰、参议汪必东、佥事吴天挺等人，监督押解湖兵离开此地，往来一趟，也需要半年时间；参议邹輗，佥事申惠，都持捧表文、笺章进京城；其他虽然有一两个新任的官员，都还没到任；只留下左布政严纮，按察使钱宏，分别掌管司衙大印；佥事张邦信，去巡视桂林；李杰，分领任务去巡行苍梧；而我在南宁、思恩、田州等地方，快速地往来，调度各官执行公务，没有一个官吏跟随我进行协助的。近几日只有兵备副使翁素来掌管右江道的事情，由于他的才华、性格属于慈祥、平和近人的一类，用他在中土理掌一部分司衙的事务，足可以成为政绩显赫的好官；但如果把他安排在边防的瘴毒厉害的地方任用驱驰，他的禀性、体质稍微弱了一些，对这里的崎岖险要的地方不能适应，容易产生疾病，似乎不服这里的水土，所以，不太适合在此任职。我看到，为民副使陈槐，平生有奋勇大志，忠诚而有节操；又有才华，又有作为，同时又能够不怕艰难险阻。辞官的知府朱衮，年富力强，身体健壮，才华、见识通达敏捷。离任的副使施儒，学问明达，志气充足，有忠心有信义，行事果断。闲住副使杨必进，通晓熟悉军事事务，见识练达，对事情机要尤其在行。这

及照田州新附之地，知府陈能尚未到任，该臣看得化州知州林宽，旧在江西知其才能，足充任使，已经具奏行委，见在该府管事，但其禀质，乃亦不禁炎瘴，于风土非宜，莅事以来，终月卧病，呻吟床席，躯命且不能保，又何能经理地方之事乎？臣又访得潮州府推官李乔木者，才力足以有为，而又熟知土俗夷情，服于水土。但系梧州籍贯，稍有乡里之嫌；臣看得广西军卫有司衙门所属官员，及各学教职，亦皆多用本省土人，今田州虽设流官知府，而其所属，乃皆土夷，自无乡里之嫌可避，亦与各教职无异者；乞敕吏部改用林宽于别地，俯采臣议，将李乔木改升田州同知，庶可使之久于其任，以责成功；则地方之幸，臣之幸也。

臣惟任贤图治，得人实难，其在边夷绝域，反覆多事之地，则其难尤甚；何者？反覆边夷之地，非得忠实勇果，通达坦易之才，固未易以定其乱；有其才矣，使不谙其土俗，而悉其情性，或过刚使气，率意径行，则亦未易以得其心；

四个人，都可以派作右江兵备的职务。施儒，过去在潮惠任兵备之职；杨必进过去在府江任兵备之职，他们都曾做出过成绩，两个地方的夷族百姓，到现在还对他思念不忘。如果从这四个人当中，挑选一个去上任，其他地方的事务，必然有所济助。

另外，田州新近归附的地方，知府陈能还没有到这儿来上任；我看到化州的知州林宽，过去在江西的时候，我知晓他的才能，足可以派此任职，我已经写本章上奏朝廷对他进行委派，现在他在这个府衙中管掌主要事务，但是他的体质，也还是禁不住炎热和瘴毒，不太适应这里的水土；上任以来，多个月份卧病在床，呻吟不止，连身体、生命都不能自我保全，又怎么能经理掌管地方上的事务呢？我又察访到潮州的推官李乔木这个人，他的才华、能力足可以有所作为，并且又熟知土人的风俗和夷族人的人情，对这里的水土也很适应。他的籍贯又是梧州，只是有乡人避讳的嫌疑。我又看到广西军卫有司衙门所归属的官员们以及各个太学的教职，他们也都多是用了本省的土人。现在田州虽然设立了流官知府，而他所管辖的人，也都是土人、夷族人，自然也没有什么乡、里嫌疑的可避，也都与各个教授职务没有什么不同。所以，乞求朝廷敕令吏部把林宽改派到别的地方任职；采用我的议奏，将李乔木改升为田州同知，希望可以使他在那里任期长久一些，来责令他作出功绩；那么，这就是地方上百姓的幸运，也是我的幸运了。

我认为任用贤能，以图治理国家，求得人才，确实困难。在边疆夷族的绝险地域、反复多事的地方，那么就更为困难。为什么呢？在这些常发生变乱、事务繁多的边疆夷族居住的地方，必须得有忠诚、实在、勇敢、果断，而又通达、坦荡的人才，因为

得其心矣，使不耐其水土，而多生疾病，亦不能以久居于其地，以收积累之效，而成可底之绩；故用人于边方，必兼是三者而后可。即如右江一兵备，此臣之所最切心者，臣窃为吏部私计其人，终夜不寝，而思之竟未见有快心如意者，盖兼是三者而求之也。如前所举四人者，固皆可用之才，今乃皆为时例所拘，弃置不用，而更劳心远索，则亦过矣。

臣近于南宁、思、田诸处因无可用之才调取，其发身科第以迁谪而至者三四人，其志向才识果自不群，足可任用，但到未旬日，而辄以患病告归，皆相继狼狈，扶携而去矣；不得已就其见在者而使之，则皆庸劣陋下，素不可齿于士类者；然无可奈何，则略其全体之恶，而用其一肢之能，既其终事，所就不能以尺寸，而破坏则寻丈矣。用是观之，亦何怪乎斯土之民，愈困乱愈积，而祸日以深也哉？是固相沿积习之弊，不及今一洗而改革之，边患未见其能有瘳也。

这些地方本来就不容易平定叛乱。有了这样的人才，假使他不熟悉这里的风土人情，并且不熟悉这些人的性情，或者过于刚烈，爱动气，性情鲁莽，行动率直，这样的人，也不容易得到这些人的拥护。得到了当地人的拥护了，假使他不服这里的水土，而多生疾病，也不能在这里长久地担任官职，来收到多年积累经验的成效，而达到较大的成就。因此，在边防地方使用人才，有了这三个条件之后，才可以任命。就如右江的兵备官，这是我最为关切的，我私下里替吏部暗中考察，终夜不睡，而思来想去这个空缺竟然没有一个令我满意的人，因为要具备这三个条件，很难找到。如前面所列举的四个人，都是可以利用的人才，现在却由于时间、惯例的限制，抛置一边，而不使用，如果劳心费神到远的地方去索求，那么就有些过分了。

　　我近来在南宁、思恩、田州等地方，因没有可以利用的人才进行调度任命，那些从科考中榜出身的人由于贬官来到这里的有三四个人，他们的志向、才能、见识，果然超出一般的人，足可以拿来任命，但才不到十个月，便就因患病请求回家，他们都狼狈不堪、带病快速地离去了。没有办法，就从现在身边的人里面挑选而任用他们，他们都平庸、卑劣、鄙陋、才能低下，平常都在士类的行列里没有名气。但没有办法，于是就对他们全部的丑恶之处不去计较，而只利用他们的好才能。即使他们把事情办完，他们的成绩有一尺一寸，而他们对事情效果的破坏却已有一寻一丈。从这里看，就知道为什么这土地上的百姓，越来越困窘，越来越积起祸乱，并且祸乱一天比一天深重。这是随着时间而积累下来的陋习的弊端，得不到清洗改革所造成的。如果今天不能解决，边疆的祸患就不能够得到治疗。

夫今之以朝觐考察而去者，固多贪暴不才之人矣；其间乃有虽无过人之才，而亦无显著之恶，尚在可用不可用之间者，皆未暇论；至其平生磊落自负，卓然思有所建立，而其学识才能果足以有为者，乃为一时爱憎毁誉之所乱；亦遂恣然就抑而去，斯固天下之所共为不平，公论弥彰者，孰得而终掩之？陛下何不使在位大臣，一时各举十余人之可用者，陛下合而考之，若一人举之而九人不举未可也；三人举之，而七人不举，已在所察矣；五人举之，而五人不举，其察又宜详矣；或七人八人举之而一二人不举，则其人之可用，亦断在不疑者矣。若此者亦在朝觐二次三次之后，或七年，或十年，而后一举；夫身退十年之后，则是非已明，公论已定，虽有党比，自不能容今边方绝域，无可用之人，至取其庸劣陋下者而使之，以滋益地方之苦弊；其豪杰可用之才，乃为时例所拘弃置而不用，夫所谓时例者固朝廷为之也。可拘而拘，不可拘而不拘无不可者；陛下何忍一方之祸患日深月积乃惜破例而用一人，以救之乎？夫考察而去者，果皆贪恶庸陋之徒，则固营营苟苟，无时而不侥幸以求进，若磊落自负有过人之见者，则虽屈抑而退，自放于山水田野之间，亦足以自乐，今若用之于边夷困弊之地，始亦未必其所欲；但为朝廷爱惜人才，则当此宵旰侧席，遑遑求贤之日，而使有用之才废弃终身，乃不得已至取其庸劣陋下者而用之，以益民困，岂不大可惜乎？臣因地方缺人，心切其事。不觉其言之烦渎。伏望陛下恕其愚妄，下臣议于吏部，采择而去取

现在因为要进京朝觐、考察而离去的官员，本来就有很多贪婪、残暴、没有才能的人了。在他们中间，还有既没有过人的才能，而也没有显著的丑恶的人，他们还都在可以使用也可以不使用的人才的行列，也都没有时间去论说。至于那些平生光明磊落而又自负的人，确实想有所建树，立下功绩，并且他们的学识、才能果然足可以有所作为，却因为一时的个人爱憎、毁誉，得不到公平对待、受不了压抑而离去了。这本来就是天下人所都认为不公平的事，谁还能够一直来遮掩它呢？皇上为何不派在位的各位大臣，让他们一时各推荐十几个可以使用的人才，那么，皇上把他们合并在一块进行考察。如果一个人推荐他，却有九个人不推荐他，这是不可以使用的；如果三个人推荐他，而有七个人不推荐他，这个人已应在所考察的行列了；如果有五个人推荐他，又有五个人不推荐他，就应该对他进行更详尽的考察了；或者有七八个人推荐他，而有一两人不推荐他，那么这个人是可以使用的，并且断然是不必怀疑的了。如果这个人也在朝觐面圣两次、三次之后，或者七年，或者十年之后对他举用；等到他退休十年之后，那么大是大非已经很清楚，大家的一致认同已经确立下来了。即使有党朋与他狼狈为奸，自然也是不能容许的。现在边疆绝险的地域，没有可以使用的人，以至于取来了平庸、卑劣、丑陋、才能低下的人而使用他们，使地方上的痛苦、弊端更加滋长；那些豪杰之士、可以使用的人才，却因为当时的惯例所限制，把他弃置到一旁而不使用。那所谓的时下惯例，这本来是朝廷所确立的；可以限制的就进行限制，不可以限制的就不限制，没有什么不可以的。皇上为什么忍受着一个地方的祸患，日积月累，却不肯破例而使用一个人，来救助

之，臣不胜渎冒恐惧之至！

八寨断藤峡捷音疏

七年七月初十日

据湖广按察司分巡上湖南道监军佥事汪溱，广西按察司分巡左江道监军佥事吴天挺，分巡右江道监军副使翁素等会呈："节据广西领哨浔州卫指挥马文瑞、王勋、唐宏、卞琚、张缙，千户刘宗本，永顺统兵宣慰彭明辅，官男彭宗舜，保靖统兵宣慰彭九霄，及辰州等卫部押指挥彭飞、张恩等各呈：'前事，职等遵奉统领各该军兵，依期于本年四月初二日，密到龙村埠登岸，当蒙统督参将张经，都指挥谢佩，督同宣慰彭明辅，分布官男彭宗舜，头目彭明弼、彭杰，领土

他们的灾难呢？对那些考察了而又让他们离去的人，果然都是贪婪、丑恶、平庸、鄙陋的人，那么本来他们就蝇营狗苟，无时不在地想侥幸来求进职，如果他们光明磊落、自负骄傲有过人的见识的人，那么即使委屈、压抑而退休了，自己归放到山水、田野之间，也可以自我娱乐了。现在如果在边疆夷族的困穷多弊陋的地方使用他们，这开始也未必是他们所想要去的地方；但是因为朝廷爱惜人才，那么，在我辗转反侧，急切地想寻求贤良人才的日子里，却使有用的人才，一辈子废弃不用，不得已取来那些平庸、卑劣、鄙陋、才能低下的人来使用他们，使老百姓的困穷更加厉害，难道不是太可惜了吗？我因为地方上缺少人才，对这事心中很为急切，所以不知不觉地说了些烦琐的话。希望皇上饶恕我的狂妄、愚蠢，下令让吏部来商议决定，选择性地把他们召来进行任命，我禁不住亵渎、鲁莽、恐惧到了极点。

八寨断藤峡捷音疏

七年七月初十日

根据湖广按察司分巡上湖南道的监军佥事汪溱、广西按察司分巡左江道的监军佥事吴天挺、分巡右江道监军副史翁素等人联合写呈报报告说："根据广西领哨浔州卫指挥马文瑞、王勋、唐宏、卞琚、张缙，千户刘宗本，永顺统兵宣慰彭明辅，官男彭宗舜，保靖统兵宣慰彭九霄，以及辰州等卫部押指挥彭飞、张恩等人各自呈报说：'前面的事情，我们都遵照命令统帅各自的部队兵将，按期限在今年四月初二日，秘密地到龙村埠登上江岸，当时，承蒙统督参将张经，都指挥谢佩，督同宣慰彭明辅，分布官男彭宗舜，土人头目彭明弼、彭杰，带领士兵一千六百

兵一千六百名，随同领哨指挥马文瑞；头目向永寿、严谨，领土兵一千二百名，随同领哨指挥王勋；又督同宣慰彭九霄等，分布官男彭荩臣，下报效头目彭志明，领土兵六百名，随同领哨指挥唐宏；头目彭九皋，领土兵六百名，随同领哨指挥卞琚；头目彭辅，领土兵六百名，随同领哨指挥张缙，头目贾英，领土兵六百名，随同领哨千户刘宗本，并各哨官员，领浔州等卫所及武靖州汉土官兵乡导人等，共一千余名，永顺进剿牛肠，保靖进剿六寺等贼巢；刻定初三日寅时，一齐抵巢。

各贼先防湖兵经过，各将家属生畜，驱入巢后大山潜伏，贼首胡缘二等，各率徒党团结防拒；然访知本院住札南宁，寂无征剿消息，又不见调兵集粮，而湖兵之归，又皆偃旗息鼓，略无警备，遂皆怠驰，不以为意；至是突遇官兵，四面攻围，各贼仓惶失措，然犹恃其骁悍蜂拥来敌，当有彭明辅、彭九霄、彭宗舜并头目田大有、彭辅等，督率目兵，奋不顾身，冲突矢石，敌杀数合，贼锋摧败，当阵生擒斩获首贼，并次从贼徒贼级六十九名颗，俘获男妇及夺回被虏人口牛只器械等项数多；余贼退败复据仙女大山，凭险结寨，各兵追围，攀木缘崖，设策仰攻，至初四日，复破贼寨，当阵生擒斩获首贼，并次从贼徒贼级六十二名颗；初五日，复攻破油碎石壁、大陂等巢，生擒斩获首贼及次从贼徒、贼级七十九名颗，俘获男妇、牛只、器械等项数多，余贼奔至断藤峡、

名，他们都跟随领哨指挥马文瑞带队出征。土人头目向永寿、严谨，带领士兵一千二百名，跟随领哨指挥王勋，统一指挥作战。还有督同宣慰彭九霄等人，分布官男彭荩臣，前来效力报国的土人头目彭志明，带领士兵六百名，跟随领哨指挥唐宏，统一指挥作战。土人头目彭九皋，带领士兵六百名，跟随领哨指挥卞琚作战。土人头目彭辅，带领士兵六百名，跟随领哨指挥张缙作战。土人头目贾英，带领士兵六百名，跟随领哨千户刘宗本前往作战。另外，各哨的官员，还带领浔州等卫所以及武靖州的汉、土官兵以及向导等，共一千多人。永顺的部队进剿牛肠的逆贼，保靖的部队进剿六寺的盗贼老窝。规定在初三日寅时，一齐到达敌人的老窝，发动总攻，合力围剿。

　　这里的盗贼们先前为了防御湖兵经过这里，将家属、牲畜，都驱赶到老窝后面的大山里潜藏起来。贼兵首领胡缘二等人，分别带领党徒，喽啰联合起来，来防御、抗拒官兵的到来。但是，当他们察访得知本院驻扎在南宁，一片寂静，没有前往征伐进剿的消息，又没有见到官军调兵遣将以及集结粮草，并且湖兵在回归本地时，又都是偃旗息鼓，无声无息，一点也没有警惕、准备，于是这些贼兵都怠慢、放松，不当做一回事。到这个时候，突然遇到官兵四面围攻，这些盗贼便都惊慌失措，乱了方寸，但是，他们仍自恃骁勇、剽悍，蜂拥前来，抵挡官兵。当时，彭明辅、彭九霄、彭宗舜以及土人头目田大有、彭辅等人，督率部队，奋不顾身，奋勇向前，在飞箭乱石之中冲锋陷阵，敌人拼杀了几个回合，他们的锐气就被摧败了。于是，就在阵地上活捉斩获了贼兵首领，并且还有跟从的贼兵喽啰六十九人被抓获或杀死；俘获了逆贼的家属，并且抢夺回了被贼兵掳掠的人口、牛横石江边，因追兵紧急，争渡覆溺死者，约有六百余徒，官兵复从后奋勇追杀，当阵生擒获斩首贼及次从贼徒、贼级六十五名颗，俘获男妇、牛畜、器械等项数多，各贼间有一二漏网，亦皆奔窜他境，官兵追杀至于本月初十日，遍搜山峒无遗，禀蒙收兵回至浔州府住扎间，随蒙本院密切牌谕，复令职等移兵进剿仙台等贼。

就于本月十一日，黍夜仍前，分布各哨官兵，遵照牌内方略，永顺于盘石、大黄江登岸，进剿仙台、花相等处；保靖于乌江口、丹竹埠登岸，进剿白竹、古陶、罗凤等处；刻定于十三日寅时，一齐抵巢。各贼闻知牛肠等巢破灭，方怀疑惧，谋欲据险自固，贼头黄公豹、廖公田等各率徒党，沿途设伏埋签，合势出拒。官兵骤进，翕如风雨，各贼虽已夺气，然犹舍死冲敌，比之牛肠等贼，凶恶尤甚。各该官兵奋勇夹击，争先陷阵，生擒斩获首贼及次从贼徒、贼级四百九十名颗，俘获贼属男妇、牛畜、器械等项数多。各贼奔入永安边界，地名立山，恃险结寨，当蒙摘调指挥王良辅

羊、器械等许多东西。剩余的盗贼大败，逃跑后又盘踞在仙女大山上，凭借险要的地形结起营寨。官兵到来加以围剿，爬树，攀登悬崖，定下计策进行仰攻。到初四日，又攻破获了贼敌的营寨，当场活捉、斩杀了贼敌首领，还杀死、俘获贼兵、喽啰六十二名。初五日，又攻破了油碓、石壁、大陂等贼兵老窝，活捉和杀死了贼兵首领以及从属的贼兵、喽啰共七十九人，俘获了许多的男人、妇女以及牛羊和兵器等。剩下的逆贼又逃到断藤峡、横石江边，因官兵追击很猛，贼兵抢着渡江，淹死了大约有六百多人；官兵又从敌寇后面奋勇追杀，当场活捉、杀死了敌兵首领以及贼兵、喽啰六十五人，俘获男人、妇女、牛羊牲畜、器械等极多。这些贼敌当中有一二人漏网，也都逃到其他地方。官兵进行追杀，一直到本月初十日，毫无遗漏地遍搜山洞。禀告后收兵而回，到浔州府驻扎期间，他们又接本院的详细周密的谕令，派各路官员带兵转移，去进剿仙台等地的逆贼。

他们在本月十一日，昼夜行军，分派各路官兵，遵照牌令中所写好的进兵策略，开始行动。永顺驻扎的官兵从盘石、大黄江登岸，去进剿仙台、花相等处的贼兵。保靖的官兵从乌江口、丹竹埠登岸，进剿白竹、古陶、罗凤等处的贼寇；规定在十三日寅时，一齐到达敌人的老窝，发动总攻，合力围剿。各地的贼寇听说牛肠等地的贼兵老窝已经被攻破了，心中这才疑虑、害怕，谋算着想凭据险要的地形负隅顽抗。贼寇头目黄公豹、廖公田等人，各自带领贼寇沿路埋藏弓箭设施并进行埋伏，集合势力出兵抗拒官军。这时候，官兵突然到来，快如风雨一般，贼寇虽然被这阵势吓住，已没多少士气了，但仍然舍身忘死，进行冲杀，比牛肠等地的贼寇，更为穷凶极恶。各路

并目兵彭恺等，于本月二十四日，亦各分路并进，奋勇争先，四面仰攻；贼乃败散，当阵生擒斩获首贼及次从贼徒、贼级一百七十二名颗，俘获男妇、牛畜、器械数多，余贼远窜，追杀无遗。

又据把截邀击参将沈希仪解报：擒斩首从贼徒、贼级八十六名颗，把截头目邓宗七，抚瑶老人陈嘉猷，旗军洪狗胪等，及贵县典史苏桂芳，把隘指挥孙龙官、舍覃錔、浔州府捕盗通判徐俊，平南知县刘乔等，亦各呈解擒斩首从贼徒贼级八十一名颗，俘获男妇器械等项数多。

又该督兵右布政林富，旧任副总兵张祐等，遵奉本院方略，分督田州府报效头目卢苏等目兵，及官军人等三千名，思恩府报效头目王受等目兵，及官军人等二千名，韦贵等目兵及官军乡款人等一千一百名，照依分定哨道，进剿八寨稔恶瑶贼，刻期于本年四月二十三日卯时，一齐抵巢，先于二十二日晚，于新墟地方集各土目人等，申布本院密授方略，乘夜衔枚速进，所过村寨，寂然不知有兵，黎明各抵贼寨，遂突破石门天险，我兵尽入，贼方惊觉，皆以为兵从天

官兵，奋勇杀敌，前后夹击，冲锋陷阵，争先恐后，抓住、杀死了贼寇首领以及贼寇、喽啰共四百九十名，俘获了许多贼寇的家属、男人、妇女、牛畜、器械等。剩余的贼寇逃入永安边界，一个叫作立山的地方，凭借险要的地形集结营寨。当时，又承蒙摘调指挥王良辅和士兵头目彭恺等人，带兵在本月二十四日，也分别从几路一起进剿贼寇，奋勇向前，争先恐后，从四面进行仰攻。贼寇于是大败散逃。在当时的阵地上共活捉、杀死包括贼寇首领在内的贼首、喽啰一百七十二人，俘获男人、妇女、牛畜、器械等极多，剩余的贼寇向远处逃窜，官兵乘势进行追击，毫无遗漏地包杀。

又据把截邀击的参将沈希仪发来的捷报说：活捉、杀死从属的贼寇、喽啰八十六人。把守拦截的头目邓宗七、抚瑶老人陈嘉猷，旗军洪狗胪等人，以及贵县的典史苏桂芳，把守隘口的指挥孙龙官、舍覃锯，浔州府的捕盗通判徐俊，平南知县刘乔等人，也都各自呈来解押文告，共杀死、活捉从属的贼寇八十一人，俘获了大量的男人、妇女、器械等。

另外，该督兵右布政林富、前任副总兵张祐等人，遵照本院制定的进军策略，分别督领田州府前来效力报国的头目卢苏带领的目兵，加上官兵共三千人，还有思恩前来效力的头目王受等所带的目兵，以及官兵共二千人，韦贵等带领的目兵以及官兵、乡款共一千一百人；按照安排好的分兵路线，共同进剿八寨的作恶多端的瑶贼，提前规定在本年四月二十三日卯时，一齐进抵贼寇的老窝。他们首先在二十二日晚，在新墟集结了各土目人等，向他们宣布本院秘密传授的进军策略，乘着夜色，口衔木枚以防出声，快速进发，所经过的村寨，都一片寂静，并不知道

降，震骇溃窜，莫知所为；我兵乘胜追斩，各贼且奔且战，薄午四远各寨，骁贼，聚众二千余徒，各执长标毒弩，并势呼拥来拒，极其猛悍；我兵鼓噪奋击而前，声震岩谷，无不一当十，贼既失险夺气，而我兵愈战益奋，贼不能支，遂大奔溃，当阵生擒斩获首贼及次从贼徒、贼级二百九十一名颗，俘获男女、畜产、器械数多，贼皆分阵聚党，奔入极高大山，据险立寨，我兵亦分道追蹑围剿，然岩壁峻绝，我兵自下仰攻，战势不便，贼从巅崖发石滚木，多为所伤，于是多方设策，夜发精锐，掩其不备，二十四日，我兵复攻破古蓬等寨，生擒斩获首贼及次从贼徒、贼级共一百三名颗，俘获数多。二十八日，复攻破周安等寨，生擒斩获首贼及次从贼徒、贼级共一百四十六名颗，俘获数多；五月初一日，复攻破古钵等寨，生擒斩获首从贼徒、贼级一百二十七名颗，俘获数多；初十日复攻破都者峒等寨，斩获首从贼徒、贼级一百四名颗，俘获数多。

本月十二等日，复据参将沈希仪解到督领指挥孙继武等官军，及迁江土目兵夫人等，于高径、洛春、大潘等处追剿邀击各寨奔贼。斩获首从贼徒、贼级九十八名颗；都指挥有军队路过。黎明时分,军队各已抵达贼寇营寨,于是,我军突破了石门天险,我部队全部冲进去,这时,贼兵才有了警觉,都认为兵从天降,震惊害怕,溃败窜逃,不知道是怎么一回事。我军乘胜追杀贼寇,边跑边战斗。到了薄午,四方较远营寨的骁勇的贼兵,纠集了两千多党徒,分别手执长标、毒箭,一同联合势力呼拥前来抗拒我军,他们极其凶猛、剽悍。我军鼓动声势,奋勇向前拼杀,呼喊声响彻山谷,没有一个不是以一当十。贼寇既失去了天险作为屏障,又被我军的声势夺去了士气,加上我军越战越勇,贼寇抵挡不住,于是大败,溃散奔逃。当场活捉、杀死包括贼兵首领在内的贼首、喽啰二百九十一名,俘获了大量的男人、妇女、牲畜、财产、器械等。其余的贼兵都分别聚集党徒,分成几拨人马,逃到极高的大山里面,凭借险要地形建立营寨。我军也分成几个路蹑手蹑脚地追击,加以围剿。但是山崖、峭壁高峻险绝,我军从下面往上进行仰攻,战斗形势与自己不太便利,贼兵从山顶乱扔滚木、石头,我军伤亡的人很多。于是,我军从多方面设想对策,决定在夜里派出精锐部队,攻其不备。二十四日,我军又攻破了古蓬等敌人的营寨,活捉、杀死了敌军首领还有贼首、喽啰共一百四十六人,又俘获了很多。五月初一,又攻破古钵等贼兵营寨,活捉杀死了跟从的贼首、喽啰一百二十七人,又俯获了很多人众、东西。初十日,又攻破了贼兵占据的都者峒等营寨,斩杀先跟从的贼首、徒党一百零四人,又俘获了许多人众及其他东西。

本月十二日等,又据参将沈希仪通报说,督领指挥孙继武等官军,以及迁江的土目士兵、民夫等,在高径、洛春、大潘等地,追击、围剿并诱击各个营寨逃跑出来的贼寇,共斩杀、抓

高崧解到督领指挥程万全等官军及土目兵夫人等。于思卢北山等处，搜剿截捕各寨奔贼，斩获首从贼徒、贼级九十一名颗；又据同知桂鏊监督思恩土目韦贵、徐五等目兵，分剿铜盆等寨，斩获首从贼徒、贼级一百九十二名颗，俘获数多；又据通判陈志敬督领武缘、应虚等处乡兵，搜剿大鸣等山奔贼.斩获首从贼徒、贼级八十六名颗。

又于本月十七等日，卢苏、王受等，复攻破黄田等寨，斩首从贼徒、贼级三百六十二名颗，俘获数多；六月初七日等日，复攻破铁坑等寨，斩获首从贼徒、贼级二百五十三名颗，俘获数多；又据指挥康寿、松干簧、王俊等，督领官兵于绿茅等处，把隘搜截，斩获首从贼徒贼级四十八名颗。

各贼始虽败溃，然犹或散或合；至是，见其渠魁骁悍，悉就擒斩，遂各深逃远窜，其稍有强力者，尚一千余徒，将奔往柳、庆诸处贼巢，我兵四路夹追，及之于横水江，各贼皆已入舟离岸，兵不能及，然贼众船小，皆层叠而载；舟不可运，复因争渡，自相格斗，适遇飓风大作，各船尽覆，浮迫登岸，得不死者，仅二十余徒而已。我兵既无舟渡，又风雨益甚，遂各归营；既晴，我兵仍分路入山搜剿各贼，茫无踪迹；又复深入，见崖谷之间，颠堕而死者，不可胜计，臭恶薰蒸，不可复前，远近岩峒之中，林木之下，堆叠死者，男妇老少，大约且四千有余；盖各贼皆仓卒奔逃，不曾赍有禾米，

获贼首及从属的贼寇、党徒九十八人。都指挥高崧通报说，督领指挥程万全等官军以及土目兵士、民夫等人，在思卢、北山等地搜查、围剿、堵截、捕杀各个营寨逃跑出来的贼寇，斩杀、抓获胁从的贼寇、党徒共九十一人。又根据同知桂鳌所监督思恩的土人头目韦贵、徐五等带领的目兵，分兵进剿贼寇的铜盆等营寨，斩杀、抓获跟从的贼兵、党徒一百九十二人，又俘获了人众、财物很多。又根据通判陈志敬督领武缘、应虚等地的乡兵，搜查围剿大鸣等山上所逃跑的贼寇，斩杀、抓获贼寇八十六名。

又在本月十七日等，卢苏、王受等人，又攻破了贼寇占据的黄田等营寨，斩杀、抓获贼寇、党徒三百六十二人，俘获了人众、财产等很多。六月初七日等，又攻破了铁坑等地的贼寇营寨，斩杀、抓获的贼寇二百五十三人，俘获的人众、财物很多。又根据报告，指挥康寿松、干篑、王俊等督领的官兵在绿茅等地区，把守关隘，搜查拦截、斩杀、抓获、投降的贼寇四十八人。

各个贼寇开始的时候虽然溃败了，但还是有的散逃，有的会合。到这时，他们见那些魁梧、骁勇、剽悍的人，也都被斩杀或抓获了，于是，就都往深远之处逃窜，那些稍微强壮一点的贼寇，还有一千多人，想逃往柳、庆等地的贼寇老窝中去。于是，我军从四面对他们进行夹击、追剿，等到了横水江后，这些贼兵已经乘小船离开江岸，官兵无法接近他们，然而贼寇的船很小，贼寇都层层叠叠地站坐船上，人多船小，小船没法驶过江去，他们又因为争着要先渡过江去，自己互相格斗起来，这时候正赶上江上刮起了飓风，那些江中的贼船全部翻了，贼寇浮水往岸上游去，没有死的人，仅二十多名罢了。我军既没有船渡过江去，又时逢风雨很猛烈，于是各自归还军营。天晴了之后，我军

大雨之中，饥饿经旬，而既晴之后，烈日焚炙，瘴毒蒸炽，又且半月有余，故皆糜烂而死。八寨之贼，略已荡尽，虽有脱网，亦不能满数十余徒矣。"

本院议于八寨之中，据其要害，移设卫所，以控制诸蛮；复于三里设县，以迭相引带，亲临相视思恩府基，景定卫县规则，其时暑毒日甚，山溪水涨，皆恶流臭秽，饮者皆成疫痢，本院因见各贼既已扫荡，而我兵又多疾疫死亡，乃遂班师而出。

照得各职于本年三月二十三等日，先奉本院钧牌："据左江道守巡、守备等官呈称：'断藤峡等处瑶贼，上连八寨，下通仙台、花相寨峒，累年攻劫郡县乡村，杀害军民，累奏请兵诛剿，乞要乘此兵威，剿灭'等因。行仰各职监统各该官兵进剿各贼，谕令未至信地三日之前，停车中途候约；参将张经与同守巡各官集议，先将进兵道路之险夷远近，各巢贼徒之多寡强弱，及所过良民村分之经由往复，面同各乡

仍然分路深入山中去搜捕、围剿那些贼寇，但那些贼人茫无踪迹，不知去向。我军重又深入到大山内部，在山崖和山谷之间看到，坠崖摔死的贼寇真是不计其数，那些摔死的贼兵尸首由于蒸晒，臭味熏人，不能使人再往前走了。远近的崖洞之中，树木之下，堆叠的死人，男女老少，大约有四千多人。大概是那些贼众仓皇逃窜，并没带柴米，又经过这场大雨，那些人饥饿超过了旬日，等到天晴之后，烈日蒸晒，瘴毒散发出来，并且非常凶猛，又过了有半个多月，所以那些人都身体溃烂而死了。这样，八寨的贼寇大致上已经扫荡完毕了。即使有漏网的贼寇，也超不过几十个人了。"

本院决定在八寨当中，根据地形，在那些要害地方，设置卫所，来控制众蛮人。又在三里设县，来互相连接、牵引，我亲临现场去看思恩府的地基，按实地情况制定卫、县的规章制度。那时候，暑热正厉害，山溪的水都水位上升了，水流都恶臭、污秽，喝了这里的水，都引发了痢疾等疾病。本院由于见各地的贼寇已经荡平，而我们的军兵又因水土不服，患疾病而死亡的人很多，于是就班师回军、出发前行。

各个官员在今年三月二十三日等，先是依奉本院的牌令："根据左江道守备守巡等官员呈报说：'断藤峡等地的瑶贼，上边连通八寨贼寇，下边又连通仙台、花相的贼寇寨峒，长年累月地进攻抢劫郡、县、乡村，受害军兵、百姓，多次奏报请求发兵进剿，乞求要乘着我们这时军兵的威力，剿灭逆贼。'等等情况。仰赖各个在职的官员监督统率各自的官、兵去进剿各地的贼寇，谕令还没有达到预先设定的会师地点三日之前，都停下车马，在中途等候约定好的命令。参将张经与和他在一起

导人等，逐一备细请究明白，务要彼此习熟，若出一人；然后刻定日时，偃旗息鼓，寂若无人，密至信地乘夜速发，务使迅雷不及掩耳，将各稔恶贼魁，尽数擒剿，以除民害，以靖地方。除临阵斩获外，其余胁从老弱，一切皆可宥免。今兹之举，惟以定乱安民为事，不以多获首级为功；各官务要仰体朝廷忧悯困穷之心，俯念地方久罹荼毒之苦；仍要禁约军兵人等，所过良民村分，毋得侵扰，一草一木，有犯令者，当依军法斩首示众；各官既有地方责任，兼复素怀忠义，当兹委任，务竭心力，以祛患安民，事完之日，通将获过功次，开报纪功御史纪验，以凭奏报。"奉此；各职会同参议汪必东，佥事汪溱、吴天挺，参将张经，都指挥谢佩，遵照军门成算，分布各哨官兵，申明纪律，严督依期进剿前项各贼巢穴，获功解报间。

随准参将张经手本，密奉本院钧牌："仰候牛肠事毕，即便移兵进剿古陶诸贼，就使各贼先已闻风逃遁，亦须整兵深入，扫其巢穴，以宣声罪致讨之威；若其遂能悔罪效

守巡的各级官吏集中决议,首先将进军的道路的险要、顺通以及远近,各地的贼寇多少、强弱,以及所要经过的良善百姓的村庄,往复所经过的地名,都要亲自同向导人一起,逐个地详细地讲述清楚,务必要大家都熟悉于心,就像出自一个人的口中一样。然后规定好时间,偃旗息鼓,毫无声息,寂静如无人一般,秘密地向约定地点进发,乘着夜色迅速行军,务必以迅雷不及掩耳之势,将各地的作恶的贼寇首领,全部抓获、剿灭,来使地方上的百姓的祸害得到灭除,使地方上得到安定。除了在当场斩杀、抓获的贼寇外,其他的一切胁从的老人、弱小,都可以饶恕不杀。现在这番举动,只把平定变乱、安抚百姓作为宗旨,不把斩杀、抓获贼寇的多少作为功绩。各级官吏务必要崇仰、体谅朝廷的怜悯老百姓困顿穷苦的用心;顾念地方上的百姓已经长久地遭受到残害的痛苦。仍然要告诫、禁令约束军兵、人等,在经过良善百姓居住的村庄时,不得侵犯打扰百姓的一草一木,有违反禁令的人,应当依照军法,斩首示众。各级官吏,既有地方上的责任在肩,又平常就怀有尽忠尽义之心的,应当给予委任,务必要尽力来祛除祸患,安抚百姓。事情办理完后,将全部的立功人以及立功的等级,开列报告,让纪功御史加以纪录验查,凭这个来上奏报告。"依照以上命令执行。各带职官员会同参议汪必东,金事汪溱、吴天挺,参将张经,都指挥谢佩,遵照军事部门的筹划谋算,分别告诫各路官兵,一定要讲明纪律,严厉监督官兵按时进剿各地贼寇的巢穴,中间若是获得功劳就马上上奏。

于是,照准参将张经的手本,秘密地依奉本院牌令:"等到牛肠剿贼的事完毕后,马上转移军兵去进剿古陶的众贼寇。即使各处的逆贼事先听到了消息逃跑了,也必须整顿军队深入

顺，亦宜姑与拓安；如其仍前凭险纵恣，两征不已，至于三，三征不已，至于四，务在殄灭，以绝祸根；各官就彼，分定哨道，永顺进剿仙台诸处，保靖进剿白竹诸处，各分乡导人等，引路进兵，务在计虑周悉，相机而行，各毋偏执己见，致有误事；彼中事势，参将张经久于其地，必能知悉，仍要本官勇当力任，断决而行，不得含糊两可，终难辞责。"又经遵照方略。依期进剿，获功解报间。

又于四月初五等日，各职先奉本院密切钩牌："据右布政林富副总兵张祐等呈称：'八寨瑶贼，毒害万民，千百里内，涂炭已极，乞要乘此军威，急除一方大患，'等因。本院看得八寨之贼，既极骁猛；而石门天险，自来兵不能入，此可以计取，未易以兵力图者；迩者思、田既附，湖兵尚留，彼贼心怀疑惧，必已设有备御，今各州狼兵，悉已罢散，而思、田新附之民，方各归事农耕，湖兵又已撤回，彼必以我为无复有意于彼，是以近日稍稍复出剽掠，是殆以此探望官府举动，今我若罔闻知，且听其出没，彼亦放纵懈弛，谓我不复能为，此正天亡之时，机不可失。前者思、田各目感激朝廷

敌后，扫荡他们的巢穴，来宣扬我军因贼寇的罪恶而进行征讨的强盛威力。如果他们终于能够悔过自新，归顺效力，也应该姑且对他们加以招安；如果他们仍然凭借险要地势放肆胡为，那么，对他们两次征讨未尽，就进行第三次进剿，三次征讨还剿灭不尽贼寇，就进行第四次进剿，务必把他们消灭，来铲除贼寇的祸根。各级官吏到了那里，分配好进军路线，展开进攻，永顺的驻扎官军进剿仙台等处的贼寇；保靖的驻军进剿白竹等处的贼寇，分别分给向导等人，让他们引路进兵，务必要计划、考虑周详，抓住机遇，采取行动；都不得偏执己见，刚愎自用，以至于耽误了大事。那些地方的事务、形势，参将张经在那里驻扎了很久，一定能详细地知道；仍然要该官勇敢地担起重任，果断、决定策略而采取行动。不许含糊不清，否则，始终难以推辞责任。"又已遵照该命令中的策略完成。我军都按期进剿，获功详情随时上奏。

又在四月初五等日，各个带职官员又依奉本院的密切叮嘱的牌令："根据右布政林富，副总兵张祐等人呈报，说：'八寨的瑶贼，使众多百姓受到毒害，千百里内，所遭受的困苦已达到极点了。乞求乘我军强盛的军威，紧急剿除这一地方的最大祸患'等等情况。本院看到八寨的瑶贼，极其骁勇、凶猛，并且石门的天险，又是兵家从来不能深入的险恶之地，所以，这里只能用计谋来智取，而不能轻易地动用兵力进行合围来达到歼敌目的。近来思恩、田州已经收复，湖兵尚且驻留在那里，那些贼寇必然心中怀有疑惑、惧怕，一定已经有所准备；现在各州的狼兵，都已经解散归家了；而思恩、田州新近依附的百姓，刚都回到农耕生产的事务中，湖兵又已经撤回，他们必然会认为我

再生之恩，求欲立功报效，当时许其休息三月，然后调用；今已及期，仰右布政林富，副总兵张祐照牌事理，即便分投，密切起调各目兵夫，迳路前到南宁，面听约束行事。"各职遵奉起调；行至新墟地方，又密奉进兵方略，刻定日期，当即遵奉，连夜分哨速进，遂克攻破巢穴，连战皆捷，斩获功次，解报间。

职等各蒙巡按广西监察御史石金案验："为纪获功次事：案行该道，各不妨监督，如遇参将张经旧任副总兵张祐等官，各解到擒斩贼人贼级，并俘获贼属男妇牛马，俱要就彼审验真的，事完通查获功员役，分别首从功次多寡缘由，造册赍报，以凭复审奏报。"等因，除遵奉外，今剧进剿断藤峡谷各哨土目官兵解到生擒斩获首从贼徒贼级一千一百四名颗，俘获贼属五百六十八名口；进剿八寨各哨土目官兵解到生擒斩获首从贼徒、贼级一千九百一名颗，俘获贼属五百八十七名口；两处共计擒斩获三千五名颗，俘获贼属一千一百五十五名口，除遵照案验事理，再行验实造册另报们不再会对他们打主意，因此，近些日子他们又略微出兵抢劫掠夺，这大概是他们在试探官府对他们所采取的态度如何。现在我们装作像是没有听说过他们抢掠的事情，暂且听任他们出没抢掠，他们也就会放纵、懈怠，认为我军不能对他们再采取什么行动，这正是上天要灭绝他们的时候，机会不可失掉。前些日子思恩、田州的各目人，感激朝廷让他们再次活命的恩德，想立功来报效朝廷。当时我已允许他们休养三个月，然后调用他们。现在已经到了期限，仰赖右布政林富、副总兵张祐依照牌令办理这件事，马上分头行动，秘密调动各目兵、夫出发，迂回行军，前到南宁，亲自听命按约定去行动。"各个任职官员遵照命令调兵出发，行军到新墟地方，又秘密依奉进攻策略，预定好总攻的日期。立即遵照命令，连夜分路迅速进军，于是攻破了贼寇巢穴，连续作战，都获得了胜利。斩杀、抓获贼寇的人数以及立功的等级，都正在通报上奏。

各任职官员要经巡按广西监察御史石金案验看，说："为纪录立功等级事宜：令行该道，都不妨进行监督，如果遇到参将张经，前任副总兵张祐等官员，各自解押到的抓获、斩杀的贼人以及头颅，以及俘获的贼兵所拥有的男、女、牛马，你们都要审查、验看真切，事情完毕后，要通盘查验获功的官员、兵士、役夫，把他们立功等级以及他们的功劳多寡及立功缘由，制订文册送报，来凭这个重新审验上奏朝廷"等等情况。这些都遵奉命令前去办理。现今剧烈进剿断藤峡谷，各路土目官兵解押到活捉、斩获的贼寇，以及贼兵头颅共一千一百零四名、颗，俘获贼兵家属五百六十八口；进剿八寨各路土目官兵解押到活捉、斩获以及投降的贼兵及其头颅一千九百零一名、颗，俘获贼

外，其各哨解到生擒、斩获、俘获等项，功次数目，合先开报。

职等会同参照断藤峡诸贼，连络数十余巢，盘亘三百余里，彼此犄角，结聚凭险，稔恶流劫郡县乡村，自国初以来屡征不服；至天顺年间，该都御史韩雍统兵二十余万，来平两广，然后破其巢穴，兵退未久，各贼复攻陷浔州，据城大乱；后复合兵攻剿兼行招抚，然后退还巢穴；自是而后，官府曲加抚处，或时暂有数月之安；而稍不如意，辄复猖獗，杀掠愈毒；盖其祖父以来，狠戾相承，凶恶成性，不可改化。近年以来，官府剿抚之计益穷，各贼残毒之害日甚，盖已至于不可支持矣。至于八寨诸贼，尤为凶悍猛恶，利镖毒弩，莫当其锋，且其寨壁天险，进兵无路，自国初韩都督尝以数万之众，围困其地，亦不能破，竟从招抚；其后屡次合剿，一无所获，反多挠丧；惟成化年间土官岑瑛，素能慑服诸瑶，尝合各州狼兵，一入其巢穴，斩获二百余功，已而贼势大涌，力不能支，当遂退兵，亦以招安而罢；自是而后，莫可谁何，流劫远近，岁无虚月，民遭荼毒，冤苦无所控吁；自思、田多事，两地之贼，相连煽动，将有不可明言之变，千里之间，方尔汹汹朝夕；今幸朝廷威德宣扬，军门方略密授，因湖广之回兵，而利导其顺便之势，作思、田之新附，而善用其报效之机，翕若雷霆，疾如风雨，事举而远近不知有兵

兵家属五百八十七口；两处共计擒、斩了三千五百名、颗，俘获贼兵家属一千一百五十五口；除了遵照案查、验看的命令进行办理，再次进行实际验查、制订文册，另外上报。他们各路解押到的活捉、斩获等项，以及立功的功次、数目，合计一处，先行上报。

各任职官员等会同参照知道断藤峡众贼寇，联络了几十个巢穴，盘踞连绵三百多里，他们彼此成掎角之势，凭借险阻结聚在营寨之中，作恶多端，流动劫掠郡、县、乡村。自从我朝建国初期以来，我朝对这里的贼寇多次进行征剿，但都没制服他们。到天顺年间，该部都御史韩雍统领军队二十多万，来进剿两广的贼寇，然后剿平了贼寇的巢穴，等到军队撤退后不久。各地的贼寇重又攻陷了浔州，占据城池大搞逆乱；后来朝廷重又集合军队攻伐围剿，一边还同时进行招安慰抚，贼寇在官兵打击下重又退回巢穴里去了。从此之后，官府又曲意地对他们施加安抚，在这种情况下，才时不时有几个月的安定。但是稍微不如意了，贼寇就又猖獗肆虐起来，烧杀抢掠比以前更为狠毒。贼寇从他们的祖辈以来，都是狠毒、暴戾相继承，穷凶极恶、嗜杀成性，不能被改造、教化过来。近几年来，官府对贼寇进行围剿和安抚的策略更加难以奏效，而各地的贼寇对百姓进行的残暴的毒害更是一天比一天厉害，这些地方的百姓已到了难以继续生活，无法再进行生产的地步了。至于说八寨的众贼寇，尤其是凶暴、剽悍、恶毒、狠猛；他们持有利镖、毒弩，他们的锋芒简直是难以抵挡；而且，他们还据有作为营寨的绝壁天险，对他们进兵，根本没有通路。自从立国初期韩都督曾带领几万官兵，对这些地方进行围困，也没有能攻破。没办法，竟然对他们进行了安抚、招安。从此之后，朝廷多次派兵，合力围剿，一点也没有成

兴之役，敌坏而士卒莫测其举动之端；两地进兵，各不满八千之从，而三月报绩共已逾三千之功；盖其劳费未及大征十之一，而其斩获加于大征三之二，远近室家相庆，道路欢腾，皆以为数十年来，未见其斯举也。

职等承乏任使，虽冲冒炎毒，攀援险阻，不敢不竭力效命，但仅遵奉方略，安能仰赞一筹；照得宣慰彭明辅、彭九霄、官男彭宗舜等扶病冒暑，督兵剿贼，颠顿崖谷，仆而益效，自己的军兵反而有不少死伤。只有成化年间，土官岑瑛，平时能震慑、征服众贼寇，曾经集合各州的狼兵，进入过贼寇的巢穴，斩杀、抓获了两百多人，立了大功。不久，贼寇的势力又极猛地膨胀开来，势如潮涌，岑瑛的兵力难以支撑，于是退兵，也还是采用招安的办法罢了。从此往后，没有谁能把贼寇怎么样，他们对远近的地方流动地进行劫掠，几乎没有哪个月停止过。老百姓遭受毒害，冤枉、痛苦没有地方去控诉。自从思恩、田州贼寇造反，事情繁多之后，这两个地方的贼寇，相互联络，煽动蛊惑，这里将要发生不可明说的变乱，千里之内的地方，正处于纷乱中，在朝夕之间酝酿着大的叛乱。幸亏朝廷的威武、德政宣扬天下，军事部门制定了进剿的策略、战术，秘密地传授给各个带职官吏。由于湖广的军兵正在开回，就引导利用了他们顺便的威势；作为思恩、田州新近的附庸，我军又善于利用他们效力报国的机会；这样，讨逆大军聚如雷霆万钧之势，疾快如风雨掠过；大举进兵而远近各地的百姓都还不知道有围剿贼寇的大战役；贼敌被击毁了，而士兵们都不能揣测出他们的行动的详情。两个地方进剿贼寇的官兵，都分别不超过八千人，而三个月的战绩，已立下了歼敌超过三千的功劳。这次征伐贼寇所花费的钱财不到大举征讨逆贼时的十分之一，而这次行动斩杀、抓获的贼兵却超过大举征讨逆贼时的三分之二。远远近近的人户相互庆贺，道路上全是欢庆胜利的百姓。这是几十年来，从未见过的场面。

我们各个带职官员，虽承受着困乏执行任务，冒着炎热，冲进毒瘴，攀登援爬艰难险阻，不敢不为国效命，但是，我们只能遵照上级制定的战略战术，不能为上级提供一丁点的谋略。置

奋,遂能扫荡巢穴,殄灭渠党,即忠义激发,诚亦人所难能。其思、田报效头目卢苏、王受等,感激再生之恩,共竭效死之报;自备资粮,争先首敌,遂破贼险,捣自昔不到之巢,斩自来难敌之寇;盖有仰攻险寨,堕崖而碎首者,犹曰"我死不憾",亦有仰受贼弩,挂树而裂肢者,犹曰"我死甘心";民间传诵,以为卢苏、王受昔未招抚,惟恐其为地方之患,今既招抚,乃复为地方除患,啧啧称叹,谓其竭忠报德之诚虽子弟之于父兄,亦不能是过矣。再照督兵、督哨、防截、给饷等项,凡有事于军前各官虽其职有崇卑,功有大小,然皆冲冒矢石炎瘴,备历险阻艰难,比之往来大征,合围守困,坐待成功其为利害劳逸,相去倍蓰;均乞录奏,以劝将来'等因到臣。

照得先该各官呈称:"前项各巢各贼,积年穷凶稔恶,

慰彭明辅、彭九霄、官男彭宗舜等人，带着重病，冒着酷暑，督令军兵进剿贼寇，在山崖、深谷之中颠沛困顿，跌倒了爬起来却更加奋勇。终于能够把贼寇的巢穴扫平荡尽，把逆党殄灭尽绝，即使是激于忠心，发于大义，确实也是人们所难能可贵的。那些思恩、田州等地的效力报国的头目卢苏、王受等人，都感激朝廷给予他们活命的恩德，一起竭尽死力来报答朝廷。他们自己准备资财、钱粮，争先恐后地首先冲入敌阵，于是，破除了贼寇的险要的营寨，捣毁了从过去起没有人能到过的贼寇巢穴，斩杀掉了那些从来都难以抵挡的贼寇。在进兵当中，还有的军兵因仰攻敌人的险要营寨，从山崖上摔下来，摔碎了脑袋，还在说自己死而无憾的；也有仰面冲锋，遭受到了贼兵的弩箭，挂在树上把胳膊、腿撕裂的，还说自己死也甘心的。在民间传诵着他们英雄勇敢的佳话，以前，他们认为卢苏、王受，过去没有接受过招安、安抚时，他们是地方上的祸患；现在他们已经被招安，归顺了朝廷，便又替地方上铲除祸患，令人啧啧称赞、惊叹，他们尽忠报国的诚意，即使是子弟对于他们的父兄，也不能超过了。又得知那些督兵、督哨官员，防止、堵截敌人的粮草等等，凡是在大军进发中担任了职责的各级官员，他们虽然职位有高低，功劳也有大有小；但是他们都是冒着敌贼的弓箭、炮石以及炎热和瘴毒，历尽了艰难险阻，比起过去对这里展开的大规模征讨中，军兵们对这里只是围剿，死守，坐等着成功到来，两者在利益、危害，劳碌和安逸方面，真是相差数倍了。这些功绩，都乞望加以记录，上奏朝廷，来劝勉将来的人。"等等情况。这些呈报已传达给我。

据先前各官呈报说："前面提到的各个贼窝、各个贼寇，多

千百里内,被其惨毒万姓冤苦,朝不保夕,乞要乘此军威急救一万涂炭"等因。其时臣方驻札南宁,目睹其害诚不忍坐视斯民之苦,一至此极;及查兵部屡次咨来:题奉钦依事理,要将前项各贼,即行发兵计剿,以除民患,正亦臣等职所当尽之责;但虑贼众势大连络千里,可以计破,难以力攻,欲俟再行奏请命下,然后举行,必致形迹昭闻,虽用十万之师,图以岁年,亦未可克;故遂仰遵钦奉敕谕:"但有贼盗生发,当抚则抚,可剿则剿及便宜行事事理。"一面密切相机行事,及密行总镇太监张赐,知会随该镇守两广丰城侯李曼亦相继到任,又经转行知会外。

今据各呈前因,该臣等会同总镇太监张赐,总兵李曼,及镇巡三司等官,看得八寨、断藤、牛肠、六寺、磨刀、古陶、白竹、罗凤、龙尾、仙台、花相等贼巢穴,连络盘据千百余里,凶悍骁猛,酷虐万姓,流毒一方,自来征剿,所不能克,果已贯盈罪极,神怒人怨,委有如各官所呈者,是诚两广盗贼之渊薮根抵,此而不去,两广盗贼,终未有衰息之渐

年来都是穷凶极恶，在千百里之内的地区的百姓，都遭受到了他们的毒害、损伤。千万老百姓真是冤屈、痛苦，朝不保夕，乞求要乘着我军强盛的军威，急切地救助这些地方的苦难。"等等情况。那时候我刚到南宁驻扎，亲眼看到了贼寇的危害，确实不忍心坐看着这里的老百姓的困苦，竟已到达了这样的境地。等到我查看了兵部多次发来的咨文，里面也讲到：题写奏章，朝廷批示答应的事情，要将对前面提到的各个贼寇，立即发兵，计划围剿，来铲除老百姓的祸患，这也正是我等所应当尽的职责。但是，考虑到贼兵人多，声势浩大，又连绵有千里之长，所以，只可以用计谋来智取，难以用蛮力来征服。于是，我想：如果再进行上奏请求，等到朝廷发下命令后，再举行征讨，这样去做的话，必然会导致这番举动很快昭彰，显扬下去，走漏风声，使贼寇有了准备，那么，即使动用十万军队，用几年的时间来围剿，也未必能攻克贼寇。因此就恭敬地遵守皇上的敕谕："但凡有贼寇发生，应当招安、安抚的，就进行招安、安抚；可以进剿的，就加兵进剿，根据具体情况来便利地采取行动及方针策略。"一方面，我们秘密地根据时机来采取行动，另又秘密地命总镇太监张赐，告知会合镇守两广的丰城侯李曼，让他们也相继来到任所，又经过转告，把我的计划告诉了他们。

现在根据各个呈报所报告的情况，我等会同总镇太监张赐，总兵李曼，以及镇巡布、都、按三司的官员，看到八寨、断藤、牛肠、六寺、磨刀、古陶、白竹、罗凤、龙尾、仙台、花相等地的贼寇巢穴，连成一片，盘踞在方圆上千里的境地里，这些贼寇凶暴、剽悍、骁勇、狠猛，使成千上万的老百姓遭到了残酷的虐杀、劫掠，使整个地方上遭受了毒害，并且，历来官兵对他们

也。乃今于三月之内，止因湖广便道之归师，及用思、田报效之新附，两地进兵，不满八千，而斩获三千有奇，巢穴扫荡一洗万民之冤，以除百年之患，此岂臣等知谋干略之所能及，皆是皇上除患救民之诚心，默赞于天地鬼神，而神武不杀之威，任人不疑之断，震慑远迩，感动上下；且庙廊诸臣，咸能推诚举任，公同协赞，惟国是谋，与人为善。故臣等得以展布四体，无复顾虑，信其力之所能，为竭其心之所可尽，动无不宜，举无弗振，诸将用命，军士效力，以克致此。虽未足为可称之功，而朝廷之上，所以能使臣等获成是功者，实可以为后世行事之法矣。不然则兵耗财竭，凋弊困苦之余，仅仅自守，尚恐未克；而况敢望此意外之事哉？

实施征伐、进剿，都不能取胜。这帮贼匪已是恶贯满盈，罪过已到达极点，真是神怒人怨。确实有像各个官吏报告中所呈报的情况，这些贼寇，真是两广盗贼的渊源和根基，如果不把他们铲除掉，那么两广的盗贼，始终也没有停息下去的趋势。而现在在三个月之内，只是利用湖广军队顺路班师撤军的机会，并使用了思恩、田州来效力报国的新近归附的土目士兵，这样，前后夹击，两地同时进兵，这些军兵一共不满八千人，却斩杀、抓获了三千多人，把贼寇的巢穴也扫平荡尽了。这样，洗却了千万百姓的冤屈，铲除了这些地方的长达百年的祸患，这样的功绩，哪里是我们通晓计谋，善用战略战术所能达到的呢？这都是由于皇上铲除祸患、救助百姓的诚心，受到了天地鬼神的默默赞许，并且皇上神圣、雄武的不杀的威严，任用人才毫无疑虑的果断，都使远远近近的地方受到震惊、威慑，感动了上上下下的官员、军民。并且，朝廷上的众位大臣，都能够推心置腹地推举人才并加以任命，在一起协助参谋军机大事，都是只从国家的利益方面进行筹划，并且都是跟别人一同做好事，善意地帮助人。因此，我等一干人才能够大展拳脚，施展出才华，不再有任何顾虑，相信自己的能力能够达到，把自己所可尽心的全都实施开来，这样，行动没有不适宜的，举措没有不令人振奋的，众将都听命、效劳，军兵全都效力，从而才导致了征剿逆贼的胜利。这虽然不足以称为什么功劳，但朝廷之上，能够使我们获得这次成功的一些做法，确实可以作为后世效法的方法了。如果不是这样，那么就是耗尽兵力，用尽财产，使老百姓凋敝、穷苦、困顿之后，仅仅是防守，还怕不能够呢！又哪敢希望有这样出乎意外的胜利呢？

照得宣慰彭明辅、彭九霄,官男彭宗舜等,皆冲犯暑毒,身亲陷阵,事竣之后,狼狈扶病而归,生死皆未可必;其官男彭荩臣者,亦遣家丁远来报效,两年之间,颠顿道途,疾疫死亡,诚有人情所不能堪者;而彭明辅等,忠义奋发略无悔怠,即其一念报国之诚,殊有所不可泯者。至于思、田报效头目卢苏、王受等,感激朝廷再生之恩,自备资粮,力辞军饷,实能舍死破敌,争先陷阵,惟恐功效不立,无以自白其本心;谓子弟之于父兄,亦不过是,诚非虚言。此皆臣所亲见者也。

及照留抚思、田右布政林富已闻都御史之擢,而忠义激发,犹且不计体面,必欲督兵入巢破贼而后出,是尤人所难能;旧任副总兵张祐、参将张经、沈希仪,湖广督兵佥事汪溱,广西督兵佥事吴天挺,参议汪必东,副使汪素,湖广督兵都指挥谢佩、广西都指挥高崧,及各督哨、督押、指挥等官马文瑞、王勋、唐宏、卞琚、张缙、彭飞、张恩、周彻宗、赵璇、林节、刘镗、武銮,千户刘宗本等,督剿县丞林应聪,主簿季本,并防截、搜捕、调度、给饷等项官员知府程云鹏、蒋山卿,同知桂鳌、史立诚、舒柏,通判陈志敬、徐俊,知州林宽、季东,谕召知县刘乔,县丞杜桐、萧尚贤,经历周

又得知宣慰彭明辅、彭九霄，官男彭宗舜等人，都是冒着暑热和瘴毒，身先士卒，冲锋陷阵，等把贼寇剿灭以后，他们又都狼狈不堪，带着病痛回去了，他们的生与死都还很难说呢。尤其是官男彭荩臣，还派自己的家丁前来这里报效祖国，参加剿贼，两年之间，他在道途中颠沛困顿，因患疫病而死亡，确实是人情上有点不堪忍受。而彭明辅等人，尽忠尽义，奋勇向前，没有一点懊悔和懈怠，光是他报效祖国的这片诚心，就难能可贵，不可泯灭呀！至于说来报效国难的思恩、田州的头目卢苏、王受等人，因感激朝廷给予他们活命的恩德，自己准备钱财、粮食，坚决推迟国家给予他们的军饷，确实能够舍身忘死地攻击贼寇，争先恐后，冲锋陷阵，只怕自己不能立功效力，没有给他们表示报答朝廷的忠心的机会。恐怕子弟对于父兄的忠诚，也超不过他们的这番用心，这确实不是假话。这些都是我所亲眼看到的。

另外，留任巡抚思恩、田州的右布政林富，已经听说自己被擢升为都御史了，而忠心、大义激发，还不计较自己的体面，一定想要督领军兵去到贼兵巢穴剿杀贼寇，并且后来真的到了战场上，这尤其是人们所难以做到的。前任副总兵张祐、参将张经、沈希仪、湖广督兵佥事汪溱，广西督兵佥事吴天挺，参仪任必东，副使汪素，湖广督兵都指挥谢佩，广西都指挥高崧，另外各督哨、督押、指挥等官如马文瑞、王勋、唐宏、卞琚、张缙、彭飞、张恩、周彻宗、赵璇、林节、刘铠、武銮，千户刘宗本等，监督剿贼的县丞林应聪，主簿季本；还有防御、拦截、搜查、捕抓的官员及调度粮草、饷银等官员有知府程云鹏、蒋山卿，同知桂鳌、史立诚、舒柏，通判陈志敬、徐俊，知州林宽、季东；谕召知

奎等，虽其才猷功绩，各有大小等级之殊，而利害勤苦，亦有缓急久暂之异；然当兹炎毒暑雨之中，瘴疫薰蒸，经冒锋镝之场，出入崎险之地，固皆同效捍患勤事之绩，均有百死一生之危者也。

伏望皇上，明昭军旅之政，既行庙堂协赞举任之上赏，亦录诸臣分职供事之微劳，及将宣慰彭明辅等，特加升奖，官男彭宗舜、彭荩臣，免其赴京，就彼袭替，以旌其报国之义；土目卢苏、王受等，亦曲赐恩典，或不待三年，而遂锡之冠带，以励其报效之忠；如此，庶几功无不赏，而益兴忠义之心；赏当其功，而自息侥幸之望矣。

臣以懦劣迂疏，缪蒙不世之知遇，授以军旅重任，言无不录，计无不行，且又慰以温旨，使之不必顾忌，臣伏读感泣，自誓此生，鞠躬尽死，以报深恩；今兹之役，本无足言，然亦自幸苟无覆败，以免戮辱；但恨身婴危疾，自后任劳颇难。已具本告回养病乞赐俯允，俾得全复余生，尚有图报之日，臣不胜愿望！

县刘乔，县丞杜桐、萧尚贤，经历周奎等官员，虽然他们的才能、谋划、功绩，都有大小及等级的差别，并且利益与危害以及勤劳、辛苦，也都有长久与暂时及缓慢、紧急的不同；但是，在当时这样的炎热、暑毒、风雨的艰苦条件中，忍受着瘴毒的熏蒸，疫病的流行，冲锋在刀剑、箭石飞舞的战场，出没在崎岖险要的山地，他们本来就都有对国事效力，勤勉劳碌，为剿贼而奔波不止的功绩，都为报效朝廷而在战场上经历着百死一生的危险。

希望皇上，明确地发出有关军队政务的指示，既对朝廷中协助举荐人才以及参谋军机大事的官员给予最高奖赏，也记录奖赏那些分别担任一定职责、在剿贼中供职的官员所立下的功劳。另外，对于宣慰彭明辅等人，特别给予晋升、奖赏，官男彭宗舜、彭荩臣，都免除他们进京城，就在当地承袭官职，来表彰他们报国的大义；土人头目卢苏、王受等，也要曲意地赐予恩典，或者不等三年，就赐给他们官职，来勉励他们报效国家的忠诚。这样，可以做到有凡功劳就没有不给予奖赏的，更加鼓励人们尽忠尽义的用心；赏赐应该符合他们的功绩，这样就可以打消人们侥幸得奖赐的心思。

我为人懦弱、平庸、迂讷，却错误地受到皇上给予的盖世难求的知遇之恩，授给我进兵贼巢的重要任务，对于我说的话，没有不采用的，所献的计策，没有不执行的；并且又给予我慰问的温暖旨意，使我不必顾忌什么。我在听读圣旨时，感动地哭泣起来，发誓自己这一生要鞠躬尽瘁，死而后已，来报答皇上给予的深厚恩情。现在的这场讨贼战役，本来没有什么值得去说的，但自己也庆幸没有导致失败，从而免除了耻辱和责罚。只是深恨自己身带危险的疾病，以后恐怕颇难对朝廷效劳了。我已

处置八寨断藤峡以图永安疏

嘉靖七年七月十二日

照得臣于去岁奉命勘虑思、田两府,皆蒙皇上天地好生之仁,悉从宽宥,两府人民,今皆复业安居,化为无事宁靖之地;自此可以永无反覆之患,而免于防守屯息之劳矣。惟是八寨及断藤峡诸贼,积年痛毒生民,千百里内,涂炭已极,臣既目睹其害,不忍坐视而不救,遂遵奉敕谕事理,乘机举兵征剿,仰赖神武威德,幸已剪灭荡平,一方倒悬之苦,略已为之一解;但将来之患,不可以不预防;而事机之会亦不可以轻失。臣因督兵亲历诸巢,见其形势要害,各有宜改立卫所开设县治,以断其脉络,而扼其咽喉者;若失今不为,则数年之间,贼以渐复归聚生息不过十年,又有地方之患矣。臣以多病之故自度精神力量,断已不能了此;但已心知其事,势不得不然,不敢仰负陛下之托,俯贻地方之忧,辄已遵奉敕谕便宜事理,一面相度举行,不避烦渎之诛;开陈上请,乞赐采择施行;实地方之幸,臣等之幸!

经写了奏折,请求能回家养病。乞求皇上赐我允诺,使我能够养好病,从而在今后的生涯中,还有报效朝廷的时日。我希望这个愿望的实现!

处置八寨断藤峡以图永安疏

嘉靖七年七月十二日

我在去年奉朝廷的命令勘查处置思恩、田州各府事宜,都承蒙皇上具有天地般的爱惜生命的仁慈,对那里的胁从贼寇的人都加以宽恕,两府的老百姓,现在都又安居乐业,这些地方,也都变化为宁静平定的地方。从此之后,这里可以永远没有逆贼造反的祸患,并且,可以免除在这里防守、屯兵的劳碌了。只是八寨和断藤峡两地的众贼寇,多年来都毒害、劫掠这里的老百姓,千百里之内,老百姓的穷困已到达了极点。我既然已经亲眼看到了这里人民受害的悲惨景象,于是,遵守圣上给我的敕谕中所要求的,按命令乘机对逆贼发兵,实行征伐围剿;仰赖朝廷的神圣威武的德政,幸运地把逆贼剿灭荡平了。这一地方上势如倒悬的困苦危机,大致上已替百姓们解除了。但是这里对将来的祸患,不可以不进行预防。而事情变化之中的机会,也不可以轻易地失掉。我因为曾督领军兵亲身经历过逆贼的巢穴,见到那些形势险峻的要害之地,都应该设立卫所,建立开设县治,来使他们之间连接的脉络中断开来,从而扼制住这些险要地形的咽喉。如果失去机会,现在不做这些事,那么几年之间,贼寇又会渐渐回归,在这里聚众生活,建立巢穴,那么,不超过十年,这里就又会成地方上的祸患了。我因为身体多病的缘故,自知自己的精神、力量,难以支持,断然不能去做这些事了。但

计开：

一、移筑南丹卫城于八寨。

臣等看得八寨之贼，实为柳、庆诸贼之根抵；盖其东连柳州、陇蛤、三都、岭三、北四等处贼峒以数十；北连庆远、忻城、东欧、莫往、八仙等处，贼峒亦以数十；西连东兰等州，及夷江、土者等处，贼峒以十数；南接思恩及宾州、上林县诸处，贼村亦以十数；各处贼巢虽多，其小者仅百数人，大者不过数百人及千人而止；各贼巢穴皆有山溪之限，险厄之守，不相通和，至期有急，或欲有所攻劫纠合会聚，然后有一二千之众，多至数千者。惟八寨之贼，每寨有众千余，四山环合，同据一险，无事则分路出劫，有警急奔入其巢，数千之众，皆不纠而聚，不约而同，不谋而合，故名虽为"八"，实则一寨；此八寨之贼，所以势众力大，而自来攻之有不能克者也。各巢之贼，皆尚倚恃八寨为捕逃主，每有缓急，一投八寨，即无所致其穷诘，八寨为之一呼，则群贼皆应声而聚；故群贼之于八寨，犹车轮之有轴，树木之有本；若八寨不除，则群贼决无衰息之期也。今幸八寨悉已破荡，正宜乘

是，既然心中已知道这些事的利害，形势逼迫，不得不提出这一问题，不敢辜负了皇帝对我的重托，并且，又给地方上遗留下新的忧虑。于是，我遵守皇上的教谕，据实际情况便利地去采取计策、行动，一方面我也在度量着这些事情并实施行动，不躲避因烦扰、亵渎职责而引来的杀身大祸。开写条陈，上奏皇上，加以请求。乞求皇上采纳这些建议并加以实施。这样的话，实在是地方上的老百姓的幸运了，也是我等一干人的幸运！

计划开列如下：

一、在八寨修筑南丹卫城

我等看到，八寨的贼寇，实际上是柳、庆众贼寇的根底、大本营。他们向东连接柳州、陇蛤、三都、岭三、北四等处的贼峒几十个；向北连接庆远、忻城、东欧、莫往、八仙等处的贼峒也达几十个；向西连接东兰等州以及夷江、土者等处的贼峒也达十几个；向南连接思恩以及宾州、上林县等众多地方，贼村也有十几个。各地的贼寇巢穴虽多，小的仅有一百多来人，大的只有几百人到千人为止。各个贼寇的巢穴之间有山谷溪流作为界限，都有艰险重要的护守处，不相通达，到了有紧急情况的时候，或者想出去劫掠需要，于是纠集、会合、聚集，加在一起，然后才有一二千人，多的到达几千人。只有八寨的贼寇，每寨多达千人，四山环合，他们又同居于一个险要地方，没事的时候就分路出去劫掠，有警报就急忙逃入巢穴里面，几千之众，都不纠集而聚集，不相约而同行，不谋而合，所以名义上虽是八个寨，实际上是一寨。这八寨的贼寇，因此就声势浩大、力量强盛，并且从来对这里的征剿没有取得过成功。各巢穴的贼寇，都依靠凭恃着八寨，作为他们在被捕剿中所逃奔的大本营，每每有紧

此平靖之时，据其要害，建置卫所，以控驭群贼。

臣等看得周安堡正当八寨之中，四方贼巢道路之所会，议于其地创筑一城，度可以居数千之众者，而移设南丹一卫于其间。盖南丹卫旧在南丹州地方，为广西极边穷苦之地，非中土之人所可居者，故自先年屡求内徙，今已三迁而至宾州，遂为中土富乐之乡；宾州既有守御千户一所官军，而又益以南丹一卫自远来徙，无片田尺土之籍，但惟安居坐食，取给于宾州州城之内，皆职官旗舍之居，州民反避处于四远村寨，每遇粮差徭役，然后入城，故州官号令不行于城中，而政事牵沮，地方益弊，今计一卫之官军，虽不满五百之数，盖尽移其家众，则亦不下二千；以二千之众，而屯聚于一城，其气势亦已渐盛，足充守御，遂清理屯田之在八寨者，使之屯种；又分拨各贼占据之田，使各官军得以为业，以稍省俸给月粮之费，彼亦无不乐从。且宾州之城既空，又可以还聚居民，修复有司之治，亦事之两便者也。

急情况的时候,只要一投靠八寨,就没有被官兵穷追不舍所导致的困窘了。八寨只要一招呼,那么各地贼寇都会应声来聚集。因此,各地的贼寇对于八寨来说,就像车轮有了主轴,树木有了本根。如果八寨不被剿灭,那么其他的贼寇就没有衰落停止的时候。现在很幸运,八寨的贼寇已被扫平荡尽了,正应该乘着这里平静安定的时候,根据它的险要的地理位置,在要害之处设置卫所,来控制驾驭众贼寇。

我等一千人看到周安堡正处在八寨的当中,是四面八方的贼寇巢穴的道路汇集的枢纽。商议着在这个地方修筑一座卫城,估计可以居住几千人,并把南丹的一个卫所移设在这中间。南丹卫过去是在南丹州的地方,是广西的极其边远、穷困的地方,并不是中原人所能居住的地方,因此早年屡次要求内迁,现在已经过多次迁徙,到达了宾州,于是成了中原大地上的富裕、快乐的地方;宾州既有防御护守这里的一名千户率领的一所官军,又加上南丹的一个卫从远方迁徙而来,没有一点田地来耕种,就只在这里平安居住,坐等饭食,所需粮、饷都是从宾州领取。而宾州城内,又都是带职官员和旗舍等人居住的地方,而宾州的老百姓反而躲避他们,居住在四面八方遥远的村寨里,等碰到征缴粮税以及征调徭役、差役的到来,他们这才跑进州城中,所以州官的号令没办法在城中执行,并使国事政务受到阻碍牵扯,地方上也更加凋敝,现在,计算一下这一个卫所的官军,虽然不超过五百人,但他们都把自己的家属迁移在这里居住,也不少于二千人。依靠两千多人,屯聚在一个小城中,它的气势也已经渐渐强盛起来,足可以来达到守护、防御的目的。于是清理这些在八寨可以屯种的田地,使他们去屯种;又

臣等又看得迁江八所，皆土官、指挥、千、百户等职，旧有狼兵数千，以分制八寨瑶贼之势；后因贼势日盛，各官皆不敢复入，反遂与这交通结契，及为之居停指引，分其劫掠之所得，共为地方之害，已非一日；官府察知其奸，欲加惩究，则又倚贼为重，不可根极；近臣督兵其地，悉将各官遵照敕谕事理，绑赴军门，议欲斩首示众，以警远近；而各官哀求免死，愿得杀贼立功自赎，然其时贼势已平，遂许其各率土兵，入屯八寨，就与该卫官军，分工效力，助筑城垣；待城完之日，就与城外别筑营堡与南丹卫官军犄角而守，亦各分拨贼田，使之耕种，以资衣粮；今八所土兵，虽已比旧衰耗，然亦尚有四千余众，若留其微弱者四所于外，以分屯其所遗之田；而调其强盛者四所于内，合南丹一卫之众以守，亦且四千有余，隐然足为柳庆之间一巨镇矣。此镇一立，则各贼之脉络断，咽喉绝，自将沮丧震慑，其势莫敢轻动；稍有反侧者，据险出兵而扑之，夕发而旦至；各贼之交，自不能合，如取几上之肉，下筯无弗得者；此真破车轮之轴而诸辐自解；伐树木之本，而众干自枯；不过十年，柳庆诸贼，不必征剿，皆将效顺而服化矣。伏乞圣明裁允！

把各贼寇所占据的田地分拨给各个官员，使他们能够以此来作为自己的职业，来稍微俭省一些国家给予他们的俸禄、月粮的费用，他们没有不喜欢这样做的。并且，宾州城既然空虚了，又可以让老百姓还回去聚集居住，把部门的官府修筑起来，也是一举两得的事情了。

我等又看到迁江八所，都是土官、指挥、千、百户等职官，过去有狼兵几千人，来分别制约八寨瑶贼的势力，后来贼兵的势力渐渐强盛，各个官吏都不敢再进入其中居住，反而与他们进行交往，结成默契，以及给他们外出抢掠、居住、停留加以指引，并与他们平分所抢劫掳掠的东西，和贼寇一起成了地方上的祸害，已不是一天两天了。当时官府察访到了这些官吏的奸情，想对他们加以惩罚、查究，那么，这些人依靠贼寇，没法触及他们的根基。近来我督领军兵进剿这些地方，把这些官吏全部抓起来，遵照皇上在敕谕中所要求的、规定的原则，把他们绑缚起来，押解到法场，议定想把他们斩首示众，来警诫远近的各级官吏。而这些官吏又苦苦哀求，想要免于一死，愿意戴罪立功，奋力杀贼来赎替他们的罪过。然而这时候，贼兵的势力已经剿灭了，于是允许他们分别率领士兵，到八寨屯居，与该卫的官兵一起，分配工作来效力，帮助修筑城垣。等到城垣修筑完成后，这里就与城外修筑的其他营堡以及南丹卫的官兵成掎角之势来守卫，也分别把贼寇的田地分拨给他们，使他们耕种，来作为他们衣服、粮食的来源。现在八所的士兵，虽然已经比过去消耗衰弱了，但也还有四千多人，如果把较为弱小的四个所留驻在外面，把贼寇遗留的田地让他们屯种，而把较为强盛的四所调派到卫内，与南丹一卫的众人合兵一处进行守

一、改筑思恩府城于荒田。

臣等看得思恩旧治，原在寨城山内，尚历高山数十余里；其后土官岑濬始移出地名乔利就岩险垒石为城而居，四面皆斩山绝壁，府治亦在礓确之上，芒利硌砑之石，冲射抵触如处戈矛剑戟之中。自岑濬被诛，继是二十余年，反者数起，曾不能有一岁之安，人皆以为风气所使，虽未可尽信；然顽石之上，不生嘉禾，而阴崖之下，必有狐鼠，要亦事理之有然者；况其地瘴雾昏塞，薄午始开，中土之人，来居辄生疾疫，自春初思、田归附之后，臣时即已经营料理其事，竟未能有相应之地；近因督剿八寨，复亲往相度，乃于未至桥利六十里外，地名荒田者，其地四野宽衍皆膏腴之田，而后山起伏蜿蜒，敷为平原，环抱涵畜两水，夹绕后山而出，合流于前，屈曲数十里，入武缘、江水，达于南宁，四面山势重

卫，也有四千多人，也隐隐中足可以作为柳州、庆远之间的一个巨大城镇了。这个城镇一建立，那么，各个贼寇巢穴间的脉络就被掐断，咽喉就被堵绝，贼寇自然会被这一形势所震慑，不敢轻举妄动；如果他们稍微有造反的举动，我军凭据险要的地理位置，出兵对他们进行扑杀。晚上出兵，早上就可以到达了。各个贼寇的交往，自然就不能合兵一处，使我们如取案几上的肉一般，只要筷子一伸，就没有得不到的。又如把车轮的主轴打破了，那么车辐自然就解散了；把树木的主根砍伐掉，那么众多的树干树枝自然就干枯了。不过十年时间，柳、庆的众贼寇，不必对他们进行征伐进剿，都将归顺效命并臣服同化了。乞望皇上英明裁断，给予允诺！

一、在荒田上改筑思恩府城

我等看到，思恩的旧的治理府衙，原来在寨城山内，还经历了十几里的高山。后来，土官岑浚，开始把府衙迁到一个名叫乔利的地方，就在险峻的山崖上垒聚石块，筑成城墙来居住，他的四面都是陡峭的山崖、绝壁，府治的衙门也在贫瘠的土地上边，尖利鼓突的石块，相互冲射抵触，好像使人处在戈矛剑戟之中。从岑浚被杀后，相继二十多年里，造反事件有多起，不曾有过一年的安宁，人们都认为是这里的风水不好导致的。虽然不可全信，但在顽石之上，茅草庄稼都不能生长，并在山崖的背阳的洞中，一定有狐狸、黄鼠狼等动物生存，按照这样来分析，也应该会出现这样的结果。况且，那里瘴雾弥漫，昏沉闭塞，接近中午的时候才四处散开，天变晴朗。中原的人，一来到这里居住，就会生发疾病。自从今年初春，思恩、田州归顺臣服之后，我当时就已经经管考虑思恩府的有关事宜，准备找一

叠盘回，皆轩豁秀丽，真可以建立府治；臣因信宿其地，为之景定方向，创设规则，诸夷来集，莫不踊跃欢喜，争先趋事赴工，遂令署府事同知桂鳌，督令各役，择日兴工。

盖思恩旧治，皆在万山之中，水道不通，故各夷所须鱼盐诸货，类皆远出展转鬻买，往反旬月，十不致一，常多匮绝；旧府既地险气恶，又无所资食，故各夷终岁不一至府治，情益疏离，易生嫌隙；今府治既通江水，商货自集，诸夷所须，皆仰给于府，朝夕络绎，自然日加亲附归向；而武缘都里，旧尝割属思恩者，其始多因路险地隔，不供粮差，今荒田就系武缘止戈乡一图二图之地。四望平野，坦然大道，朝往夕反，无复阻隔。则该府之官，自可因城头巡检之制，循土俗以顺各夷之情。又可开图立里，用汉法以治武缘之众，夷夏交和，公私两便。则改筑思恩府城于荒田者，是亦保治安民，势不容已之事。伏乞圣明裁允！

个地方重建府城,但是竟然没有适合的地方。近来因为督领军队进剿八寨的贼寇,重又亲自去那里进行探察,于是在离桥利不到六十里的地方,发现一个名叫荒田的地区,这里四野开阔,都是丰腴的良田,并且后面山峦起伏,蜿蜒而行;里面铺陈为平原,又环抱着涵、畜两条河,河水夹绕过后面山峦流出,水又在前面汇合在一块,弯弯曲曲有几十里,流进武缘;江水一直到达南宁。这里四面的山势,重叠盘桓,都给人开朗、豁亮、秀丽的感觉。这儿真是建立府城的理想位置。我于是在这里住了几天,为府城的筹建进行了规划,按景物确立了方向,创设了新府城的规模、新的秩序。这样,众夷族都来聚居,没有不踊跃、欢喜的,都争先恐后地赶赴工地,参加建设。于是命令署府事同知桂鳌监督各个役夫,选择日期动工兴建这座新城。

思恩旧的城池,是建在万千大山之中,水路不通达,所以各夷人所需要的鱼、盐等许多货物,都要走很远的路,辗转许多地方,前去买卖,前后要往返旬、月时间,并且十样中都买不到一样,所以这些生活必需品常常极为匮乏。旧的府城,不但地势险恶,风水恶劣,而且又没有什么资源、粮食,所以,各地的夷族人,终年也不来一回府城,感情更加疏远、分离,很容易产生猜疑、不满乃至仇怨。现在的新建的府城,通达江水,商品货物自然会云集在这里;众夷人所需的生活必需品,都要仰赖于府城供给买卖。一天到晚,人都络绎不绝,这些夷人自然一天比一天亲附归顺。而且,武缘、都里,过去曾经是归思恩府管辖,这两地开始时多因为道路险恶,被地理的不利地势所阻隔,所以没有供应过粮食、差役。现在荒田就只离武缘、止戈乡有一图两图的路,并且这里又四面全是平坦的原野,又有宽阔的道路,人

一、改凤化县治于三里。

臣等勘得思恩旧有凤化一县，然无城郭县治廨宇。选来知县等官，多借居民村，或寄其家眷于宾州诸处，而迁徙无常如流寓者然。上司怜其无所依泊，则委之管理别印，或以公务差遣，往来于外，以苟岁月。故凤化之在思恩，徒寄虚名，而实无县治。臣近督剿八寨，看得上林县地名三里者，乃在八寨之间，其地平广博衍，东西数里外，石山周围如城，自后极高，石山之间，独抽土山一脉，起顿昂伏，分为两股，环抱而前，遂有两水夹流上山之外，当心交合。出水之口，石山十余重，错互回盘，转折二三十里，极外石山合为城门，水从此出，是为外隘。其间多良田茂林，村落相望，前此居民十余家，皆极饶富，后为寨贼所驱杀占据，遂各四散逃亡，不敢归视其土者，已二十余年。今各贼既灭，遂空其地，不及今创设县治以据其险或有漏殄之贼，潜回其间，日渐生息结聚，后阻石门之险，前守外隘之塞，不过数年，

们早上去晚上就可以返回，不再有大山险路的阻隔了。该府的官员，可以恢复执行在城头进行巡视、检视的规定，又可以依照土人的风俗行事，来顺应各夷族人民的习俗，加深与他们之间的感情。同时还可以建立图镇、村里，使用汉族的法规来治理武缘的众民；夷族、华夏民族交流融合，国事、私情都可以很便利地施展开来。那么，在荒田上改造新建思恩府城，这也是为了保证顺利治理，安定百姓生活，形势不容许停止下来的事情。希望皇上英明裁决，予以允诺。

一、在三里改建凤化县治

我等勘察得知，思恩府过去有凤化一县，但凤化没有城郭、县治以及官府所驻留的房宇。选派来的知县等官吏，多是借村子里老百姓的房子来办公，或者把他们的家属寄住在宾州等处地方，并且不断地迁徙，没有固定的驻扎地，他们就像在住旅馆一样流动。上级官府怜悯他们没有什么居住的地方，就派他们去管理别的地方，掌握官印，或者因为有公务，就在凤化县外来来去去，拖延时间。因此，凤化被思恩管辖，只挂了一个虚名，而实际上并没有县治、县衙的设置。我近来督令军兵进剿八寨，看到上林县有一个名叫三里的地方，就位于八寨中间，这里土地平阔、广博，在东西几里之外，石山环围，就如城墙一般，山后延伸极高的山峰，而在石山环围的中间，却又绵延出一座土山，绵延起伏，又分为两股，环抱着向前延伸，于是有两条河顺着这两脉土山流出山外，在中间的地方汇合在一块，成为水流出的河口。石山共有十几重，互相交错，盘旋而上，转折蔓延长达二三十里，最外面的石山会合成城门，水从这里流出，这里就成为外隘口。石山中间，有很多肥沃的田地，茂密的森林，

又将渐为地方之梗矣。故臣以为宜割上林上、下无虞乡三里之地，属之思恩，而移设凤化县治于其内，量为筑立城垣廨宇，选委才能之官，兴督其役，远近闻之，不过三四月，而逃亡之民，将尽来归，各修复其田业，供其粮差，蔚然遂可以成一方之保障。且其南通南丹新卫五六十里，南丹在石门之内，凤化当石门之外，内外声势进合，而石门之险亡；西至思恩一百余里，取道于那学，沿途村寨，荒塞日久，因此两地之人，往来络绎，而道途益通；又上林旧在大鸣山与八寨各贼之间，势极孤悬，今得凤化为之唇齿，气势日盛，虽割三里之地，以兴凤化，而绿茅、绿篠等村寨旧所亡失土田皆将以次归复，则亦失之于东而收于西矣。

村落一个接一个。在这儿的前面有十几家居民，都极其富饶，后来被八寨的贼匪斩杀驱赶，并占据了这里，这十几家居民便四散逃跑，不敢回来探看他们的土地，已有二十多年了。现在各个贼寇已经剿灭了，于是，这些地方就空了起来。因此，如现在这里不创设县治，不占据这个险要的地方，也许就会有在围剿中漏网的贼寇，偷着跑回到这里，渐渐地休养生息结聚贼党，在后面阻挡住石门这个险塞，前面把守住外隘这个要塞，过不了几年，这些地方又会成为地方上的祸患了。因此，我认为，应该把上林上下的无虞乡三里这个地方割裂开来，使他属思恩管辖，并把凤化县的县治、府衙等移建在三里这个地方，适当地修筑、建立城池、墙垣、官府官宅，选择委派有才能的官吏，监督役夫们进行大规模建筑，那么，远近各地的人听说了这些事，不过三四个月，那些逃亡的老百姓，将全部回来，归顺县里的治理，他们将各自恢复他们的田地耕种及以前的旧业，供粮食、差役给官府，人们繁盛地聚集在一起，于是可以成为一个地方实行统治的有力保障了。并且，三里南通南丹的新卫，有五六十里地，南丹在石门的里面，凤化又挡在石门的外面，内外的声势联合在一块，那样，石门的危险就没有了。向西到达思恩一百多里地，路过那学的道路上，沿路的村寨都已荒凉冷落很久了。因此，这两个地方的人，络绎不绝地往来，那么道路也更加畅通了。上林过去是处在大鸣山和八寨各个贼巢的中间，形势极其孤单、危险，现在得到凤化作为它的唇齿屏障，气势一天天强盛起来。这样，虽然割出三里的地方给凤化；但绿茅、绿㙟等村寨过去所丢失的田地，都将按次序归还、恢复，那么，也算是从东面失去了，又从西面得到了。

及照思恩虽已设立流官知府，然其所属皆土目巡检，而旧属凤化一县，亦皆徒寄空名，实未尝有；今割武缘止戈一图二图之地，改筑思恩府城，而又割上林上下无虞三里之地，改设凤化县治，固于思恩亦已稍有资辅；但，自凤化三里至于思恩一百五六十里中间，尚隔上林一县，臣以为并割上林一县，而通以属之思恩，似于事势为便，而于体统尤宜；何者？

柳州一府所属二州十县，宾州盖柳州所属者，且有上林迁江两县；今思恩既设流官知府固亦一府之尊，而反不若柳州所属之一州也，其于体统亦有所未称矣。况宾州自有十五里，而又有迁江一县，虽割上林以与思恩，其地犹倍于思恩未为遽损也；上林之属宾州与属思恩，均之为一属邑，亦未有所加损也；然以之属于思恩。则思恩始可以成一府之规模，而其间有无相须，缓急相援，气势相倚，流官之体统益尊，则土俗之归向益谨；郡县之政化日新，则夷民之感发日易；固有不可尽言之益也。

夫立新县以扼据地险，改属县以辅成府治，是皆所以乂安地方者也。伏乞圣明裁允！

一、添设流官县治于思龙。

照得南宁自宣化县至于南宁逆流十日之程，宣化所属，

另外，思恩虽然已经设立了流官知府，然而它所管辖的都是土目人，巡检，而他过去所属的凤化一县，也只寄挂了一个空名，实际上不曾有过。现在割出武缘、止戈的一两图的土地，改建思恩府城；并又割出上林上下的无虞乡三里这个地方，改造设立凤化县治，对思恩也有资助、辅佐了。但是，从凤化三里到思恩的一百五六十里地中间，还隔着上林一县，我认为把上林县一并割出，让它们全都通属于思恩，似乎对于形势和治理方面都更便利，而对于统治的体制更为适宜。为什么呢？

柳州一府，共辖二州、十县，宾州是归柳州管辖的，并且它又辖上林、迁江两县。现在既然设立了流官知府，本来也是一个府的位尊、建制，却反而不如柳州所辖的一个州了，那对于治理的体制方面也有些不大相称了。况且，宾州自己有十五里，并又有迁江一县，即使割上林给思恩，它的土地面积仍然比思恩大一倍，也不是什么大的损失；上林归属宾州，与它归属思恩，都无非是所辖的一邑，也没有大损失。然而，把它归属给思恩，那么思恩才能成为一个府的规模，并且它们之间，东西可以互通有无，有了紧急情况可以互相援助，气势又可以互为倚靠，流官治理的体制也更提高，那么土人风俗的进化也更加谨慎，密切。郡、县的政务变化天天新颖，那么夷民的感情一天天更易激发；就有说不完的好处。

设立新县来占据险恶的地形，移改所辖的县治，来辅助建成府治，这都是为了使地方上得到安定。乞望皇上英明裁决，给以允诺！

一、在思龙添设流官县治

从宣化到南宁沿江逆流而上有十天的路程；宣化所辖的像

如思龙十图等处，相去尚有五日六日，其间错以土夷村寨，地既隔越，而穷乡小民，畏见官府，故其粮差多在县之宿奸老蠹，与之包团，因而以一科十，小民不胜迫胁，往往逃入夷寨，土夷又从而侵暴之，地日凋残、盗贼日起；近年以来思龙之图乡民，屡次奏乞添设县治，以便粮差；盖亦内迫于县民之奸，外苦于土夷之暴，不得已而然。臣因入抚田宁，亲历其所，民之拥道控告者，以千数；因停舟其地，为之经理相度，得村名那久者，其地亦宽平深厚，江水萦迫环匝，傍有一江来会，亦正于此合流，沿江居民千余家，竹树森翳烟火相接，且向武各州道路，皆经由其傍，亦为四通之地；若于此分割宣化县思龙一、五、六、七、八、九、十、十二及西乡之六、八图共十里之地，而设立一县治，则非独以便穷乡小民之粮差赋役，亦足以镇据要害，消沮盗贼；其间小民村居，如那茄、马坳、三颜、那排之类，未可悉数，皆久已沦入于夷，今若县治一立，则此等村寨诸夷自不得而隐占，皆将渐次归复流官，而其地遂接比于田宁，固可以所设之县，而遂以属之田宁矣。

思龙、十图等地，相离还有五六天的路程。在途中，又错落分布着土夷的村寨，这些地方既然间隔很远，较为闭塞，穷乡僻壤又是贫苦百姓在这里居住，很怕见到官府的官、差役，所以，他们应征的粮税、差役，多是让在县城中的那些老奸巨猾的人，替他们承包征敛，因而这些人就在向老百姓催征时，把本该缴一成的改作十成，贫苦百姓受不了他们的压迫、威胁，往往都逃到了土人的村寨中，那些土夷人接着又侵掠、残暴他们，这样，田地渐渐荒芜、凋敝，盗贼渐渐兴起了。近些年来，思龙这个图的百姓，多次上奏，乞求增设县治，从而对纳粮、赋役也有裨益。他们这也是在内部受到县里一些人的压迫，在外部又要忍受土夷残暴侵掠的痛苦，形势逼迫，不得不这样做。我因为安抚田宁，来到这里，亲自路过了这个地方，百姓都蜂拥到道路边上，喊冤告状的有上千人。我于是在这地方停下船，替他们加以协调，考虑应采取的措施。我见有一个叫那久的村子，那地方也是宽广、平坦，地层深厚，江水环绕萦回，旁边还有一条江正好在这儿与前面这条江汇合一处。沿江的居民有一千多家，竹子等树木茂盛，乡村里人家的炊烟相连接。并且，向武各州的道路，都从它的旁边经过，也可以说是四通八达的地方了。如果从这里把宣化县思龙的一、五、六、七、八、九、十、十二以及西乡的六、八等图共达十里的地方，分割出来，来设立一个县治，扩建成县城，那么，这儿就不但可以便利贫穷乡村的百姓缴纳粮税、服从劳役、差使，也足可以来凭据要害，加以镇守，使盗贼沮丧、消失了。这期间，百姓居住的村庄，如那茄、马坳、三颜、那排等，难以数清，这些村庄已经沦落入夷人手中很久了，现在如果县治一设立，那么，这样的村寨中的众夷人自然不能再侵

夫田宁一府，所属一州三县，而宣化一县，自有五十二里，今虽分割十里之地，以与田宁，而宣化尚有四十二里，一县之地，犹四倍于一府也。况且田宁又系新创流官府治，所统皆土目巡检，今得此一属县为之傍辅，又自不同。臣于前割上林以属思恩之议，已略言之矣。且左江一带，自苍梧以达南宁，皆在流官腹里之地；自南宁以达于田宁，自田宁以通于云、贵、交趾，则皆夷村土寨，稍有疑传，易成阙隔；今田宁思恩二府，既皆改设流官，与南宁鼎峙而立，而又得此新创一县，以疏附交连于其间，平居无事，商货流通，厚生利用；一旦或有境外之役，道路所经，皆流官衙门，从门庭中度兵，更无阻隔之患；此亦安民利国之事，势所当为者也。伏乞圣明裁允！仍定赐县名，选官给印，地方幸甚！

一、增筑守镇城堡于五屯。

照得断藤峡诸贼既平，守巡各官，议开土汉官兵数千于浔州，以防不测；该臣看得各贼既灭，纵有一二漏网，其势

占下去，他们都将逐渐地又向流官归顺，而他们的田地同田宁的土地连接在一起，这样，本来可以在这里设置的县治，使它归属于田宁辖治了。

田宁一府，管辖一州三县；而宣化一个县，就有五十二里，现在虽然把宣化的十里地分割出来，归田宁管辖；但宣化还有四十二里的土地，一个县的地盘，还是一个府的四倍呢。况且田宁又是新近创设的流官府治，所统辖的都是土目、巡检等人，现在，得到一个县来作为这个府的属县、臂膀，又自然是一番异样的光景。我在前面的要割让上林来归属思恩的建议中，已经大致上说过了。并且左江一带，从苍梧到达南宁，都处在流官管辖的腹心地带。从南宁来到田宁，再从田宁通往云、贵、交趾，这一带全是夷人的村庄，土人的营寨，稍微有些可疑的事情传扬开来，很容易被阻隔、闭塞。现在田宁、思恩两府，既设置了流官，与南宁成三足鼎立，对峙起来；又新创设了一个县，来把三者之间的地段疏通、连接起来。这样会使百姓们平安地居住而不受阻挠，商品、货物畅通无阻，得到丰厚的利益。一旦境外或许有了战争，那么这里的道路所经过的，全是流官的衙门，前去出征的军兵，可以直接从门庭中顺利行军，更没有什么阻隔难行的忧患了。这也是对国家有利并使人民得到安定的事情，是形势逼迫应当必须去做的事情。希望皇上英明裁断，给予允诺！并仍希望皇上赐给县名，选派官吏，给发官印。那样一来，地方上的百姓就真是太幸运了。

一、在五屯增筑守镇城堡断

藤峡等地的贼寇已经平定了，守巡的各个官吏，建议调用土、汉官兵几千人，在浔州驻扎，来防止难以估测的祸患。我看

非三四年亦未能复聚，为今之计，正宜剿抚并行；盖破灭穷凶各贼者，所以惩恶；而抚恤向化诸瑶者，所以劝善；今惩恶之余，即宜急为劝善之政，使军卫有司备官，分投遍历向化村寨，慰劳而存恤之，给以告示，赐以鱼盐，因而为之选立首长，谕以朝廷所以征剿各巢者，为其稔恶也；今尔等向化村寨，自宜安心乐业，益坚为善之志，但有反侧悖乱者，即宜擒送官府，自当重赏以酬尔劳，其漏殄诸贼，果能诚心悔恶，亦皆许其归附，待以良民。夫使向化者，益劝于为善，而日加亲附；则恶黑自孤，贼势自散，不复能合，纵遗一二，终将屈而顺服矣。乃今则不然，贼既破剿，而犹屯兵不散，使漏殄之徒，得以借口，鼓惑远近；其向化村分又略不加恤；奸恶之民复乘机而驱胁虐害之；彼见贼已破灭，而复聚兵，已心怀警疑矣；而又外感于贼党之扇摇内激于奸民之驱胁，遂勾结相连而起也。近年以来，所以乱始平而变复作，皆迷误于相沿之弊而不察也。今各贼新破，势决未敢轻出，虽屯数十之众，不过困顿坐食，徒秽扰民居，耗竭粮饷，而实无益于事；今始一解其倒悬，又复自聚无用之兵，以重困之，此岂计之得者哉？惟于各寨之中，相其要害之地，创立一镇，以控制之，此则事理之所当行，亦正宜乘此扫荡之余，而速图之者。

到,各个贼寇已经被剿灭了,纵使有一两个漏网了,他们的势力在三四年内也不能恢复集聚了。为此,我们现在的策略,正应该是围剿和安抚两个办法一起实施;对于那些穷凶极恶的贼党加以剿灭破除,就是在惩罚他们的罪恶;而对那些归顺、臣服了的瑶人进行安慰、抚恤,就是在劝勉他们弃恶从善。现在惩除了贼党的罪恶后,就应该马上实行劝勉人民弃恶从善的政令,军队、卫所、有关部门的各级官吏,要分头对那些归顺、向慕朝廷的村寨,加以慰问、抚恤、安抚,并在他们的村寨张贴告示,赐送给他们鱼、盐等生活用品,替他们选派酋长,谕知他们,朝廷之所以对各个贼巢进行征伐、围剿,就是因为贼寇作恶多端,现在你们向慕、归附朝廷的村寨,自此应该安下心来,安定地生活,愉快地劳动,更加坚定做良善百姓的心志,但凡有造反、违法作乱的人,立即擒抓起来押送到官府,对于你们(酋长)自然应给予重赏,来酬报你们的功劳;那些在剿伐中漏网的贼寇,果然能够诚心诚意地承认错误,悔改罪恶,也都允许他们归顺、臣附于朝廷,按良善百姓对待他们。对向慕、顺服的人,再用做良善百姓的思想来加以劝勉,使他们一天天更为亲近、顺附;那么凶恶心黑的党徒自然就孤立起来,贼党的势力自然就溃散了,不能再聚合起来,纵然遗留下一两个漏网的、屡教不改的贼寇,也最终将屈服并顺从归附,成不了气候了。可是现在却不是那样,贼寇虽然已剿灭了,但还在屯住官兵,没有遣散,使在围剿中没有殄灭的贼寇,可以得到借口来对远近各地的人进行煽动、蛊惑;那些向慕、归顺朝廷的村寨又没有得到略微的安慰、抚恤;那些奸诈恶劣的村民,就会趁这个机会驱赶、威胁并虐待、残害良善的百姓;他们看到贼寇虽然已遭到灭绝,但还有官

其在断藤、牛肠诸处，则既切近浔州府卫，不必更有所设；至于四方各寨，遍历其要害险阻，则惟五屯，正当风门、佛子诸巢穴，而西通府江，北接荔浦各处瑶贼，最为紧要之区；宜设一镇以控御远迩，而旧已有千户所统率官兵，亦几及一千之数，困于差瑶，日渐躲避于附近土目村寨，官司失于清理，止有五百；其后上司不闻地方之艰难，又于五百之中，分调哨守于他所，而所余遂不满二百；既而贼乱四起，守御缺乏，则又取调潮州之兵数百，以来协守；五屯事既纷乱，人无所遵，兼以统驭非人，故地方遂致大坏，且其屯堡墙垣，亦甚卑隘，不足以壮威设险；今宜开拓其地增筑高

兵屯聚，心中就会怀有警惕和疑虑了；并且，在外部他们受到贼匪党徒的煽动，在内又遭到奸诈村民的驱赶、威胁，于是他们就相互联络，勾结在一块并要起兵造反了。近些年来，这些村寨之所以刚刚平定之后叛乱又发生，都是由于忽视了那些相沿续的弊端而没有清除。现在各地贼寇刚刚遭到剿灭，那些剩余的贼寇绝不敢轻举妄动，外出劫掠。即使驻屯几十个官兵，也不过是困顿地坐等饭食，只是打扰、秽污老百姓的住房，耗尽粮饷，而实际上对事情并没有什么益处。我们的民众长久遭受到贼寇劫掠之苦，现在刚开始解除了穷苦、倒悬一样的危机，又屯聚毫无作用的军兵，重新使百姓们遭受困窘、压迫，这难道是我们可以采取的好策略吗？只在各个村寨当中，找那些险要的地方，创设一个镇，来对他们加以控制，那么这样是可以合情合理地去做的，也正可以乘这个机会来扫荡那些剩余的贼寇，并且可以迅速地达到目的。

牛肠、断藤等地方，既然靠近浔州府卫，就没有必要再设立镇了；至于说四面八方的各个村寨，都普遍分布着险峻、屏障，只有五屯，面对风门、佛子等贼兵巢穴，向西通达府江，向北衔接荔浦等各地的瑶贼居住地，在地理位置上是最为紧要的一个区域。在这里适宜设立一镇来对远近各地加以控制、防御；并且这里过去已有过千户所统率的官兵，几乎达一千人，但被官府的差役、徭役所困迫，他们渐渐都躲避到附近的土目人的村寨中；官府没有对这些人进行过清查、整顿，所以只剩下了五百人；后来上级又不知道地方上的艰难困苦，又从这五百人中分调出一些去到其他地方进行守卫，这里所剩下的人于是就不满二百人了。不久，贼匪的叛乱到处爆发起来，这里缺乏

城，度可以居二千之众，而设守备衙门于其内，取回五百之中，分调哨守于他所之兵，其自潮州调来协守者，则尽数发还原卫，以免两地各兵，背离乡土之苦，往复道途之费。仍于附近土寨目兵之中，清查拣补，其原避差役者，务足原数一千。选委智略忠勇之官一员，重任而专责之，使之训练抚摩，敷之以威信，而怀之以仁恩，务在地险既设，而士心益和，自然动无不克，而行无不利。参将兵备各官，又不时亲至其地，经理而振作之，或案行其村寨；或劝督其农耕；或召其顽梗，而曲示训惩；或进其善良而优加奖赐；或救恤其灾患；或听断其是非；如农夫之去稂莠而养嘉禾，渐次耕耨而耘锄之；无事之时，随意取调附近土官兵款，或百人或七八十人，以协同哨守为名，使之两月一更班，而络绎往来于道路，以惯习远近各巢之耳目；自后我兵出入，自将无所警疑；果有凶梗当事举动，然后密调精悍可用土目一二千名，如寻常哨守然，以次潜集城中，畜力养锐，相机而发。夫无事而屯数千之兵，则一月粮饷，费逾千金；若每一年无屯军之费，用之以筑城设险，犒赏兵士，招来远人，亦何事不行？何工不就？此增筑城堡以据要害，所谓谋成而敌自败；城完而寇自解；险设而贼自摧；威震而奸自伏；正宜及今为之，而亦事势之不可已焉者也。伏乞圣明裁允！

守御的人，就派调了几百个潮州军兵，来协助守护。但五屯的各种事端纷乱异常，又没有规章制度，再加上进行统管的人又不称职，所以，这地方终于导致了大乱，兵火不断，遭到了毁坏；而且，他们用来屯住的地堡、墙垣，也很低矮、狭隘，不足以用来壮威武，设险关。现在应该对这地方加以开拓，增筑较高的城墙，估计着可以居住二千人；并且，它的里面还要设立守备衙门；把那五百人中分调出去守卫其他地方的军兵召调回来；那些从潮州调派来协助守卫五屯的军兵，就全部派他们回到他们原来守护的卫所，来免除两个地方的军兵，背离乡土的苦楚，往返道路的花费。另外，仍然从土人村寨的目兵中，进行清查、拣补，那些原来躲避差役的人重新补足到五屯的驻兵中，使其总兵力充实到原来的一千人这个数目，还要选择委派一名有智有谋，忠诚勇敢的官员，把这个重任委托给他，让他专门负责这件事，让这名官员对这些军兵加以训练、磨炼、安抚，在他们中间树立威信，用仁慈和恩德来关怀他们，还务必在险峻的地方设立驻营，使兵士心志更加和谐、凝聚，这样的话，自然就进攻没有不胜利的，行动没有不顺利的。参将、兵备等各个官吏，又不时地亲自到这里来，对他们进行经管、调整，使军队振作起来；或者亲自巡视他们的村寨；或者劝勉、督促百姓进行农耕生产；或者召唤那些顽固的从中作梗的坏分子，而对他们委婉地进行教训、惩治；或者劝他们从善、发扬美德，并对表现好的人优加奖赐；或者救助、赈恤他们的灾难、祸患；或者亲自对他们中的是非、恩怨进行裁断；就像农民们在耕种田地的时候，把那些稂莠铲除，使庄稼生长得更好，逐渐地对土地进行耕耘并铲除掉那些坏分子。没有什么事情的时候，就随便地抽调附近村寨的

查明岑邦相疏

七年七月十九日

准兵部咨:该本部题节奉"钦依岑邦佐仍武靖知州,岑邦相着王守仁再查明白,具奏钦此!"钦遵;照得先该臣等具题前事内一件,仍立土官知州以顺土夷之情,臣等议得岑氏世有田州,久结于人心,岑猛虽没,诸夷莫不愿得复立其土官、兵丁、款项，或者上百人，或者七八十人，以协助军兵进行防守、放哨，使他们两个月换一次班，而使他们在道路上络绎不绝地往来，成为了解远近各村寨、巢穴的耳目。此后，我们的军兵在出入这些地方的时候，自然将不会对村民们引起惊吓、疑虑。如果有凶恶、作梗的人举行造反的迹象，我们就呈报上级，调派精壮、剽悍的可使用的土目士兵一二千人，就像平常进行守卫、放哨的样子，渐渐地潜进城中集中起来，养精蓄锐，根据时机采取行动，加以攻伐。没有战事却屯驻几千军兵，那么一个月的粮食、军饷，花费将超过千金。如果节约屯养军队的花费，把这些钱用来修筑城池，设立险关，犒赏军兵，把远方的百姓招引来居住、劳动，这样的话，还有什么事情行不通、做不成呢？什么样的工程不可以完成了呢？只要增筑城池、堡垒，来占据险要、有战略意义的地理位置，那就是人们所说的谋略施展成功之后，那么敌人自然就溃败了。城池修建完成了，那么贼寇自己就解散消失了；险关设置了，那么贼寇自己就摧毁、灭绝了；威武震动远播，那么奸贼自己就伏法、老实了。这些事正应该现在及时地去做，并且这也是事势逼迫不得不这样去做。希望皇上英明裁断，予以允诺！

查明岑邦相疏

七年七月十九日

准照兵部的咨文：兵部题奏，接到皇帝的圣旨说："我同意让岑邦相仍做武靖知州，岑邦相的个人情况，仍令王守仁去审查清楚，然后写本上奏。钦此！"这些已按皇上分派的去做了。我已知晓先前该臣等写本章报告前面提到的事情，其中有一

后；议于开设流官知府之外，就于该府四十八甲之内，割其八甲，降设田州，立岑猛之子一人，始授以署州事吏目；三年之后，地方宁靖，效有勤劳，则授以为判官；六年之后，地方宁靖，效有勤劳，则授以为同知；九年之后，地方宁靖，效有勤劳，则授以为知州；使承岑氏之祀，而隶之流官知府。

当时臣等通拘该府大小土目及乡老人等审问岑猛之子应该承立者何人，乃众口一词，以为岑猛四子，长子岑邦佐，系正妻张氏所出；次子岑邦彦，系庶妾林氏所出；三子岑邦辅，系外婢所生；四子岑邦相，系次妾韦氏所出；猛嬖溺林氏，而张氏失爱，故邦佐自幼出继武靖，而以邦彦承袭官职；今邦彦既死，应该承立者，莫宜于邦佐。

臣等当看得武靖地方正当瑶贼之冲，而邦佐自幼出继，该州之民，信服归戴已久，况其才力足能制御各瑶，近日该州土目人等，又相继恳恳来告，愿得复还邦佐，今欲改立一人，亦未有可以代邦佐者；臣恐一失武靖各目之心，则于地方又多生一事，莫若仍还邦佐于武请，一以御地方之患，一以

件就是，仍然设立土官知州来顺应土人、夷族人的心愿。我等议察到，岑氏几代人都据有田州，在这里已久得民心。岑猛虽然已死了，众夷族没有不愿意重立他的后代来承袭官职的。我们打算在这里设立流官知府，另外，还准备就在这个府所辖的四十八甲当中，割取八甲的地盘，来设立田州，并让岑猛的一个儿子来承袭官职。开始时先授给他管辖州里事务的吏目官职；三年之后，地方上宁静安定了，他勤勉辛劳地报效国家，那么就授给他判官之职；六年之后，如果地方上平静安定，他能够勤勉辛劳地报国，就授赐给他同知之职；九年之后，如果地方上保持安静、平定，他已勤劳地为国效力，就授赐给他知州之职，使他能够承袭岑氏的宗祀烟火，并让他隶属于流官知府。

那个时候，我等把该府的大小土目官吏以及乡绅、老人全部请过来审问有关岑猛的情况，并问他们应该承袭岑猛职位的是他的哪一个儿子，他们都异口同声地说是岑猛的第四个儿子最适合。岑猛的长子岑邦佐，是岑猛的正妻张氏所生；二儿子岑邦彦，是他的第一个小妾林氏所生；三儿子岑邦辅，是他的婢女所生；四儿子岑邦相，是他的第二个小妾韦氏所生。岑猛对林氏很是溺爱，正妻张氏因此失宠，这样，岑邦佐从小就承继武靖的官职，而让岑邦彦来承袭岑猛的官职。现在岑邦彦既然死了，应该承袭官职的，再没有比邦佐更为适合的了。

我等当时看到，武靖的地理位置，正处在瑶贼居住地的要冲，并且岑邦佐从小就出来承继了武靖的官职，这州的老百姓都信服、拥戴他，已经有好长时间了；况且邦佐的才能和力量也足可以治理瑶族人的事务；近来武靖州的土目人等，又接连不断地恳切地请求，愿能够重新让邦佐回武靖任职；现在即使想

顺各夷之情。至于田州新立，不过苟以无绝岑氏之祀，此其才否优劣，固有不必深论者；因论以"邦佐出继武靖既久，朝廷事体已定，要可复还，宜立其次者岑邦辅则可。"于是各目人等，又众口一词，以为邦辅名虽岑猛外婢所生，其实来历不明，阖府之民，皆不欲立；惟邦相则次妾所生，实系岑猛的亲骨血，况其质貌厚重谨实，众心归服，立继岑氏庶不绝其真正一脉。臣等议得仍立土官者，专为不绝岑氏之后，以顺诸夷之情也；今众心若此，亦合俯顺。故当时直断邦辅谓非岑猛之子，而止谓岑猛之子存者二人，亦所以正名慎始，杜日后之纷争也。俱具奏之时，因本内事体多端，文以繁琐，若再加详说，诚恐有渎圣听；故遂简略其词。

今蒙朝廷明见万里，洞彻细微，复命臣等查奏，闻命惶惧，无所措躬；因思岑邦辅尚存，当时奏内不曾详开，所以不立邦辅之故，而直言岑猛之子存者二人，果系情节脱落，事

重新改立一个人来执政，也没有可以代替岑邦佐的合适人选。我考虑到怕一旦失去武靖的民心，那样就会使地方上又产生麻烦，所以还不如仍然让岑邦佐回武靖任职，这样，一方面可以防止地方上发生祸患，另一方面又可以顺和各个夷族人民的情怀。至于田州新任的官职人选，只不过不使岑氏的宗祀灭绝，他的才能的高低、品质的优劣，固然不必追究深论，只是考虑到"岑邦佐出来承继武靖官职既然已有很长时间了，朝廷上的大事、体统也基本上得到安定，如果要使武靖的官职重新承继下去，应该拥立他的三儿子岑邦辅就可以了。"于是，各目民众，又都异口同声，认为岑邦辅虽然是岑猛的外婢女所生，但实际上属于来历不明，因此，全岑府上下的人，都不想让岑邦辅来继承官职；只有岑邦相是岑猛的第二个小妾所生，实际上是岑猛的亲儿子，况且，他品质优良，为人厚道、实在，外貌端庄，处事恭谨、得体，众人都对他尊敬、信服，让他来承袭岑氏的职位，可使岑氏的真正的后继人不会绝灭。我等议定，仍然在田州设立土官，目的是为了使岑氏不绝后，来顺应众夷族人的民情。现在众人心愿都是这样，也正和情理，因此，在那个时候，我们就直接裁断，认为岑邦辅不是岑猛的儿子，并说岑猛在世的儿子有两个，这也是为了端正名分，谨慎地采取行动，杜绝以后可能发生的家族纷争。但是，我在写本上奏的时候，因为本章内涉及的事情繁多，文章已经很繁琐、冗长了，对这件事情再详细地加以论述，恐怕对皇帝多有打扰；因此，就简练地进行了叙述。

现在承蒙朝廷英明远见，洞察到了事情的微妙、细微之处，又命我们进行审查，写本上奏，听到命令后，我心中真是惶恐极了，不知道怎么去办理这件事。当时因为考虑到岑邦辅还

体欠明；臣等疏漏之罪，万死有不容赦者矣。臣等近复通拘该府土目乡老人等，再加审问，而众口一词，执说如前，陈请益笃；臣等反覆思惟，其事诚亦必须如此，而后稳帖无弊，故仍照原议上请，盖此等关系地方之事，臣等言虽或有所不敢尽，而心已无所不用其极，必求事出万全永久无患，然后乃敢具奏；伏乞圣明宥其疏漏万死之诛，仍敕该部俯从原议，立岑邦相于田州，以曲顺各夷之情；其岑邦辅者，听其以官族名目随住，如此则各正事成，而人心允服。实地方之幸！臣等之幸！

奖励赏赉谢恩疏

七年九月二十日

准兵部咨：为奏报平复地方事：该臣题，该本部覆题；节奉圣旨："王守仁受命提督军务，莅任未久，乃能开诚布恩，处置得宜，致令叛夷畏服，率众归降，罢兵息民，其功可嘉，写敕差行人赍去奖励，还赏银五十两，紵丝四表里，布政府司买办羊酒送用。钦此！"随于本年九月初八日，该行

活着，那时我的奏本中并没有详细地进行介绍，说明白之所以不册立岑邦辅袭官的原因，却直接说岑猛在世的儿子有两个，确实是情节脱落，从事体方面来分析也欠明白；我们的疏忽、错漏的罪责，就是死一万次也不容赦免了。我们又拘请该府的土目官吏、乡绅、老人等，对他们进行审问，他们都异口同声，说法同前面一次完全一样，陈述的情况和对岑邦相承袭官职的请求更加恳切。我们翻来覆去地思考，这件事确实也必须这样去做，才会稳当妥帖，没有害处，因此，仍然按照原来所议定的议案来上奏，这样的关系到地方上的事情，我们所说的虽然有不完备的地方，但我们对朝廷的用心是忠诚的，一定要把事情考虑得万无一失，没有遗患，然后才敢写本上奏。乞求英明的皇上，饶恕我们因疏忽而应万死的罪责，仍然敕令该部服从原来的议案，封立岑邦相任田州的官职，来曲意地顺应各夷族人的情怀。那么对于岑邦辅，就听任他凭官族的名义，随便驻留，这样，他们就各自名正言顺，成全了他们的事业，并且民众心中也对这事表示允诺、顺服了。这实在是地方上百姓们的幸运，也是我们这些臣子的幸运！

奖励赏赍谢恩疏

七年九月二十日

  准照兵部的咨文：为了报奏地方上的叛乱得到平定事宜：该臣题奏，该本部重又题奏，根据皇上圣旨，说："王守仁自被任命为提督，管理军事事务以来，上任不久，就能够敞开胸怀，以极大的诚意，播布朝廷的恩德，对地方上事情处置得得体、适宜，致使搞叛乱的夷族畏慑、悦服，从而率领众人归顺、降服朝

人冯恩,赍捧敕书并前项彩币银两等项,到于广州府地方,奉迎入城,当除望阙谢恩,钦遵收领外;臣时卧病床褥,已余一月,扶疾兴伏,感激惶惧,颠顿昏眩,莫知攸措已而渐复苏息,伏自念思恩、田州数万赤子,皆畏死逃生,本无可诛之罪;而前此当事者,议欲剿灭,故皆汹汹思乱,既已陷之必死之地,而无复生全之心矣。仰赖皇上好生之仁,轸念远夷,惟恐一物不得其所,特遣臣来勘处;臣亦何能少效一筹,不过宣扬深仁,敷昭神武,而旬月之间,遂皆回心向化,舍死投生,面缚来归,是皆皇上圣德格天,至诚所感,不疾而速,是以绥之斯来,动之斯和,有莫知其所以然而然者;此岂臣等知谋才力,能致毫发于其间哉?今乃误蒙洪恩,重颁大赏,且又特遣行人赍敕远临,事尤出于常格之外,臣亦何功而敢当此?臣亦何人而敢望此?祗受之余,战悚惶惑,徒有感泣,惟誓此生,鞠躬尽瘁,竭犬马之劳,以图报称而已。臣病日亟,自度此生,恐不复能奔走阙廷,一睹天颜,以少罄其蝼蚁葵藿之诚;臣不胜刻心镂骨感激恋慕之至!

廷，停止了兵戈战火，使老百姓得到了休养生息，这样的功劳真是值得嘉奖呀。故此，书写敕书，差派传旨官送至你手中，给予奖励，还赏赐给你白银五十两、纻丝四匹，另外还命布政司购买牛羊、酒肉加以犒赏。钦此！"于是，在今年九月初八日，传旨官冯恩，捧送敕书，以及前面所提到的银两、纻丝等东西，来到广州府地方，我们迎接差官进入城中，当时除了望着京城的方向叩头谢恩，遵照皇上的命令接受赏赐外，我当时由于卧病在床有一个多月了，还带病俯伏在地，表达对朝廷的感激之情，真是难以言表，心中惶恐，以至于颠顿眩晕，昏厥过去，不知道怎么办才好，一会儿渐渐地恢复过来，自己想到，思恩、田州的几万民众，都是由于害怕死亡才逃往他地求寻生路的，他们本来没有可杀的罪过，但前一任的这里的执政官，决定对他们加以剿灭，因此，这些百姓才人心惶惶，思想着搞叛乱；既然把他们拘陷于必死的境地，那么他们也就没有再求生路、保全自己的心思了。幸而仰赖皇上怜惜生命，爱恋生灵的仁慈之心，对远方的夷族轸惜顾念，只怕一件东西得不到它所发挥的作用，特派遣我来斟酌处理。我又怎么能少效一丁点的力呢，我也没有什么灵丹妙药，只不过是宣扬皇帝的深厚仁德，昭示朝廷的神圣、威武，就在旬月之间，这些百姓于是就都回心转意，心悦诚服，舍弃死路并回到新生的道路，自缚之后前来归降，这都是皇帝的神圣德政直冲上天，最大的诚意感动了上帝，致使平叛迅速地达到了目的，这是凭借绥柔的政策实行，导致了这一和平解决问题的结果，对于这，真使人不知道之所以这样的原因。这哪里是我等知晓谋略，有才能和力量来在这期间取到的功绩呢？现在又受朝廷的浩荡洪恩，对我颁布如此大的奖赐，并特别派遣传旨官

乞恩暂容回籍就医养病疏

七年十月初十日

臣以忧病,跬伏田野,六年有余,蒙陛下赐之再生之恩,锡之分外之福,每思稽首阙廷,一睹天颜,以申其蝼蚁感激之诚,遂其葵藿倾戴之愿;既困疾病,复畏讥谗,六年之间,瞻望太息,竟未敢一出门庭。兔蒙人一顾之恩,尚必思其所以为酬;受人一言之知,亦必图其所以为报;何况君臣大义,天高地厚之恩。上之所以施于其下者,如雨露之沾濡,无时或息;而下之所以承乎其上者,乃如顽石朽株,略无生动,此虽禽兽异类,稍有知觉者,亦不能忍于其心;是以每一念及,则哽咽涕下,徒日夜痛心惕骨,行吁坐叹而已。

捧送敕书、奖品亲自远赴这里,尤其破格,超出了常规之外,我又有什么功劳能担当得起这样的殊荣呢?我在恭敬地接受了赏赐之后,心中惶恐战栗,感激流泪。发誓今后一定要为了国事鞠躬尽瘁,死而后已;为朝廷奉上自己的犬马之劳,来报答朝廷的恩德。我的病一天比一天厉害,自己忖想这一生中,恐怕不能再赴宫廷,看一看皇上,来稍微尽我的一点蝼蚁忠心,向日葵般对太阳跟随始终的诚意。我禁不住刻心镂骨般地对朝廷感激、恋慕到达了极点!

乞恩暂容回籍就医养病疏

七年十月初十日

我由于身患忧病,闲居在家中,时间长达六年多。承蒙皇上赐给我再次走向新生的恩情,又已赐给了我分外多的福祉,我每每都想到宫廷中去叩头谢恩,亲眼看一看皇上,来表达我这个蝼蚁般低微的人对皇上感激的诚恳之心,来成全我如葵花般跟随太阳,始终拥戴的愿望。我既然因于疾病,又怕讥讽和谗言对自己不利,因此,在这六年的时间里,只是天天看着日出日落,竟然不敢走出门庭一步。蒙受人家的一个顾念的恩情,还一定要思考用什么来作为报酬;接受人家的一句话的知遇之恩,也一定要图谋用什么来报答呢,更何况君主与臣子间本应有的大义,天高地厚般的恩德呢?朝廷用来布施给臣下的东西,就像雨露的润泽,无时无刻都使我们承受得到,从来没有停止过;而臣下报效给朝廷的东西,就如顽劣的石头,朽腐的木头,一点也没有什么值得说的,根本没有什么生动感人的地方。这,即便是禽兽、非人的东西,如果它稍微有些知觉,也不能在心中容

迩者缪蒙陛下过采大臣之议，授以军旅重寄，自知才不胜任，病不任劳，辄乃触冒上陈辞谢。又蒙温旨眷覆，慰谕有加，伏读感泣，不复能顾其他；即日矢死就道，既而沿途备访其所以致此变乱之由，熟思其所以经理斡旋之计，乃甚有抵牾矛盾者，而其事势既已颠覆破漏如将倾之屋；半溺之舟，莫知所措，其惟恐付托不效，以孤陛下生成之德，以累大臣荐举之明，于是始益日夜危惧，而病亦愈甚。乃不意到任以来，旬月之间，不折一矢，不戮一卒，而两顽民帖然来服，千里之内去荆棘而成坦途；其间虽有数处强大贼巢，素为广西众贼之渊薮根株，屡尝征讨而不克者，亦就湖广撤回之兵，而乘其取道之便，用两广新附之民，而鼓其报效之勇，财力不致于大费，小民不及于疲劳，遂皆歼厥渠魁，荡平巢穴，而远近略已宁靖，是皆陛下好生之至德，昭格于上下，不杀之神武，幽赞于神明，是以不言而信，不怒而威，阴i右默相以克有此。固非愚臣意望之所敢及；岂其知谋才力为能办此哉？窃自喜幸，以为庶得借此以免于覆败之戮，不为诸臣荐扬之累足矣。而臣之病势，乃日益增剧，百疗无施；臣又思之，是殆功过其事，名浮其实，福逾其分，所谓小人而有非望之获，必有意外之灾者也。

忍这样的不公平。因此，每次当我想念到朝廷的恩惠时，就哽咽哭泣，泪流不止，徒劳地日夜不停地痛心疾首，如剔骨般痛苦难忍，只好长吁短叹罢了。

近来错承陛下过分地采纳了大臣们的建议，把军事重任授付给我，我自己知道自己的才能不能胜任这个职务，身体多病禁不住辛劳，于是冒罪触惹朝廷，写奏章对这个任命加以辞谢；后又承蒙陛下用圣旨给我以温暖的慰问眷念，又对我给予抚慰的敕谕，我于是伏身在地，阅读陛下敕谕，感激得哭泣起来，不再能顾念其他的事务了。当日就冒死上路赴任，沿路我访察之所以导致广西叛乱的原因，深思对南方变乱所应采取的料理、斡旋的措施，甚至还想到有很多抵触矛盾的地方。事情的形势既然已经到了颠覆破灭的境地，就像将要倾倒的房屋一样危急；像淹没了一半的船一样险峻，我真是不知所措，只怕朝廷托付给我的任务没能有成效，从而辜负了陛下对我的成全，连累了众位大臣对我的荐举，于是开始日夜不断地感到畏惧、窘迫，病情也更恶化了。却意想不到，到任以来，在十个月之间，没有用一支箭，没有杀一名士卒，而思恩、田州两地以前的顽固不化的民众竟然俯首帖耳地前来归附，千里以内的地区，像砍伐掉了荆棘阻塞，一下子成了平坦的大道。在这些地区中间，虽然有几处势力很强大的贼寇巢穴，平常都被看作广西众贼寇的渊源、根基，以前屡次对他们进行征讨、剿伐，却从没有取得过胜利。我们利用湖广正要撤回本地去的军兵，再利用新近两广来归附的土目民众，鼓动他们为朝廷效力尽忠的勇气，这样，财物和力量方面都不至于有很大的花费，并且小老百姓也不至于特别疲劳、困顿，于是把贼寇、罪魁全部歼灭了，扫平荡尽了贼寇的巢穴，并

臣自往年承乏南赣，为炎毒所中，遂患咳痢之疾，岁益滋甚，其后退伏林野，虽得稍就清凉，亲近医药，而病亦终不能止，但遇暑热，辄复大作；去岁奉命入广，与旧医偕行，未及中途，而医者先以水土不服，辞疾归去；是后既不敢轻用医药，而风气益南，炎毒益甚，今又加以遍身肿毒，喘嗽昼夜不息，心恶饮食，每日强吞稀粥数匙，稍多辄又呕吐。当思恩、田州之役，其时既已力疾从事；近者八寨既平，议于其中移卫设所，以控制诸蛮，必须身亲相度，方敢具奏，则又冒暑舆疾，上下崖谷，出入茅苇之中，竣事而出遂尔不复能兴。今已舆至南宁，移卧舟次，将遂自梧道广，待命于韶雄之间。

且远近各地大致上也已宁静安定了,这都是因为陛下有怜惜生灵的最高尚的美德,使上天和地下都受到了感动,昭示朝廷的不嗜杀、不黩武的神圣和威武,暗中受到神明的帮助,因此,不用说话却自然就产生了信义,不发怒却自然显现出威武,暗中获得鬼神的庇祐和默默地赞许,从而有了这克敌制胜的结果。这本来不是我心中所敢奢望达到的结果,这哪里是我知晓谋略,有才能和力量所能办得到的呢?私下里自己欢喜、庆幸,认为凭借这次成功可以免除因导致全军覆没而遭到的杀戮,也庆幸没有失败,从而不会因此而使众位大臣因荐举我遭受连累了。但我的病情,却一天天更为加剧,百般治疗也无计可施,没有好转;我又思虑这件事,这大概是给予我的功劳超过了实际中应得到的,名过其实,福祉也超过了自己本应享有的范围,这正是人们所说的,小人有过分的收获,也必然会有意想不到的灾祸。

我从几年前在南赣困之生病,在那里中了暑毒,于是患生了咳嗽、痢疾等病症,一年比一年更为厉害,后来回家休养,虽然能够稍微在清凉的环境中养病,也看了不少医生,服用了不少药剂,但疾病却始终没有转好,一旦遇到暑天的炎热,疾病就重又很厉害地发作了。去年接受朝廷的命令,前往两广,同过去的医生一路同行,还没走到一半道路,我的医生就先由于水土不服,患了疾病,告辞回去了。从此之后,我也不敢轻易地服用药剂,并越往南走,天气也越加不同,炎热暑毒更加厉害,我现在浑身长满肿毒,喘气、咳嗽昼夜不止,常常恶心呕吐,饮食难进,每天勉强吞吃几匙稀粥,稍微多吃些就又会呕吐出来。当时在思恩、田州的战役中,我那时候实际上已经是忍着疾病来主持军务的;近来,八寨的贼寇既然已经平定了,我们议定准备在八寨

新任太监总兵,亦皆相继莅任,各能守法奉公,无地方骚扰之患;两省巡按等官,又皆安靖行事,创涤往时烦苛搜刻之弊,方务安民;今日之两广比之异时,庶可谓无事矣。臣虽病发而归,亦可以无去后之忧者。

夫竭忠以报国,臣之素志也;受陛下之深恩,思得粉身虀骨以自效,又臣近岁之所日夜切心者也;病日就危,尚求苟全,以图后报,而为养病之举,此臣之所大不得已也。惟陛下鉴臣一念报主之诚,固非苟为避难,以自偷安,能悯其濒危垂绝,不得已之至情,容臣得暂回原籍就医调治,幸存余息,鞠躬尽瘁,以报陛下,尚有日也。臣不胜恳切哀求之至!

当中移设卫所,来控制众蛮族的力量,我必须亲自前往那里进行考察、拍板,才敢写本把实际情况上奏,就又冒着暑热,忍着病痛,在山崖、山谷中上下攀缘,进出于茅苇荒草之中,等到事情完全办完之后出来,就不能够再站立起来了。现在已把我用轿抬到南宁,躺在小船中,将最终从梧州到达广州,在韶州、南雄之间的地带等待朝廷的命令。

新任的太监总兵,他们已都相继到这里来上任了,他们也都能遵纪守法,奉行公理,地方上也没有遭受到骚扰的祸患;两省的巡按等官吏,又都是在行事当中力争对地方上公平安静没有骚扰,涤荡了过去烦琐苛征、搜刮的弊端,也正在执行安抚百姓的任务。今天的两广,同过去相比,几乎可以说是平安无事了。我就是疾病发作并更为加剧,离开这里也没有什么忧虑了。

尽忠心来报效国家,是我平生的志向;承受到陛下的深厚恩德,就想即使粉身碎骨也要报答,这也是我近几年来日日夜夜深切的心愿。在病情一天天接近危急的境地,还求得保全自己,来图谋今后对朝廷报效,而回家养病,也是我最不得已之下做出的决定。希望陛下明察我的一片报效朝廷的诚意,确实不是苟且为了躲避灾难而自我贪图眼前安逸,而能够怜悯我由于重病,临近危险的境地,处于最没有办法的情况。容许我暂时回到我的原籍,找医生,调治身体,如果有幸存下生命,那么,在今后的岁月里,我一定为国事鞠躬尽瘁,死而后已,以这个决心来报答陛下的洪恩,还有为国平难立功的时日呀!我真是恳切地哀求不尽了!

卷之十六　别录八

公移一　提督南赣军务征横水、桶冈、三浰

巡抚南赣钦奉敕谕通行各属

正德十二年正月

节该钦奉教谕："江西、福建、广东、湖广各布政司地方交界去处，累有盗贼生发，因地连各境，事无统属，特命尔前去巡抚；江西南安、赣州，福建汀州、漳州，广东南雄、韶州、惠州、潮州各府，及湖广郴州地方，安抚军民，修理城池，禁革奸弊，一应地方贼情军马钱粮事宜，小则径自区画，大则奏请定夺，但有盗贼生发，即便严督各该兵备、守御、守巡，并各军卫有司设法剿捕；选委廉能属官，密切体访及签所在大户并被害之家，有智力人丁，多方追袭，量加犒赏；或募知因之人，阴为乡导；或购贼徒，自相斩捕；或听协从并亡命窝主人等，自首免罪；其军卫有司官员中，政务修举者，量加旌奖；其有贪残畏缩误事者，径自拏问发落；尔风宪大臣，须廉正刚果，肃清奸弊，以副朝廷之委任。钦此！"钦遵。

巡抚南赣钦奉敕谕通行各属

正德十二年正月

接到皇上的一道圣旨,圣旨说:"江西、福建、广东、湖广等布政司的交界处,经常有盗贼出没。由于是布政司交界之地,各布政司间的事务没有统属关系,特命令你到这些地方巡查安抚百姓。到江西的南安、赣州,福建的汀州、漳州,广东的南雄、韶州、惠州、潮州各府以及湖广的郴州等地方安抚军民,修筑城市,疏浚护城河,查禁作奸犯科的人,处罚奸诈狡猾之徒,革除地方弊端,一切措施都要针对地方盗偷猖獗这种严重情况,军队以及战马、钱粮等后勤方面的事务。如果影响不大的,你可以根据实际情况自己处理;如果影响比较大的,则务必上奏等待上面的决定。如果一旦发生盗贼出没的事件,就要严格督促各兵备守御、守巡,并命令各军卫,各司共同思想良策剿灭盗贼,挑选那些生活廉洁、能力强的下属官,秘密调查所辖地方的富豪大户以及受盗贼劫掠者之家,以及有智慧有能力的人,去追袭盗贼,并酌情给予奖赏;或者招募那些知道盗贼情况的人,私下里要他们作向导,或者收买盗贼中的成员使他们相互残杀,或叫因盗贼胁迫而从,逃跑的贼匪及一切窝主向官府自首,免除他们的罪过,卫、司级官员中如果他的职责履行得好的,根据具体情况给予褒奖,如果卫、司级官员中贪污、残暴、畏惧盗贼给国家带来损失的,可以直接对他进行审讯,捉拿及自行惩处。你是一个贤能有德性的大臣,你必须廉洁刚正,办事果断,

照得抚属地方，界连四省，山谿峻险，林木茂深，盗贼潜处其间，不时出没剽劫，东追则西窜，南捕则北奔，各省巡捕等官，彼此推调观望，不肯协力追剿，遂至延蔓日多。当职猥以菲才，滥膺重寄，大惧职业鳏废，仰负朝廷委托；为照前项地方，延袤广远，未能遍历其间，绥抚之方，随时殊制，攻守之策，因地异宜，若非的确询访，难以臆见裁度，为此仰抄案回司着落，当该官吏照依案验内事理，即行本司该道分巡、分守、兵备、守备等官，并所属大小衙门各该官吏，公同逐一会议，要见；即今各处城堡关隘，有无坚完？军兵民快，曾否操练？某处贼方猖獗，作何擒剿？某处贼已退散，作何抚缉？某贼怙终，必须扑灭？某贼被诱，尚可招徕？何等人役，堪为乡导？何等大户，可令追袭？军不足恃，或须别募精强；财不足用，或可别为经画；某处或有闲田，可兴屯以足食？某处或多浮费，可节省以供军？何地须添寨堡，以断贼之往来；何地堪建城邑，以扼贼之要害？姑息隐忍，固非久安之图；会举夹攻，果得万全之策，一应足财养兵弭寇安民之术，皆宜悉心计虑，折衷推求；山川道路之险易，必须亲切画图；贼垒民居之错杂，皆可按实开注；近者一月以里，远者一月以外，凡有所见，备写揭帖，各另呈来以凭采择；非独以匡当职之不逮亦将以验各官之所存；务来实用，毋事虚言。

肃清奸诈狡猾之徒，革除地方弊端，以负担起朝廷对你的委任，钦此！"我遵循皇上的圣旨办理。

　　这些地方是四省交界之处，崇山峻岭，山溪深远，地势险峻，森林茂盛，盗贼隐藏在这崇山峻岭中，经常出山行凶抢劫掠夺，这边追杀盗贼，盗贼则往另一边逃窜，那边捕杀，则又逃到这边。各省的巡捕等官员，相互推诿，追捕不力，不愿意共同协商一同进剿，以致盗匪蔓延，日渐增多。我才疏学浅，却担此职责，恐难于担此重任，十分担心从事的安抚地方的工作半途而废，上负朝廷寄予的重托。详细考察前面说的地方，这些地方广袤千里，相距很远，所以没有能够到所有地方具体考察。我认为安抚地方的方略根据具体情况而制定，进攻和坚守的策略，要根据各地的实际情况而确定。如果不是深入实际调查了解，难凭主观想象去裁决事务。所以希望抄写这道圣旨，回到任所具体落实，按照这道圣旨的要求检查本部门管辖和处理的事务，并立即将这道圣旨在各地贯彻实施，召集各级官员的会议，使他们明白圣旨的主要内容及目的，明了自己的任务，也就是现今各地的城堡，各关卡要冲防守是否坚固？军民是否生活舒畅？对他们是否进行过训练？某地方的盗匪猖獗，该有什么良方妙计剿杀盗匪？某地方的盗匪已经逃走了，该有什么良策安抚地方，缉拿盗匪？哪些盗匪冥顽不化，必须消灭？哪些人是被诱骗成盗匪，尚可进行招安？什么样的人可以作剿杀盗匪的向导？什么样的富豪大户，可以命他们追剿盗匪？军事力量不够，或者还可另想办法招募精兵？如果经费不够，想什么办法可以解决？哪些地方还有撂荒的田地，可以屯田以保证粮食的供应？哪些方面浪费比较大，可以厉行节约，以保证军队的供给？哪些地方需

各该官吏,俱要守法奉公,长廉远耻,祛患卫民,竭诚报国;毋以各省而分彼此,务须协力以济艰难;果有忠勇清勤绩行显著者,旌劝自有常典,当职不敢蔽贤;其或奸贪畏缩,志行卑污者,黜罚亦有明条,当职亦不敢同恶;深惟昧劣,庶赖匡襄,凡我有官,各宜知悉。

选拣民兵

照得府属地方,界连四省,山谷险隘,林木茂深,盗贼所盘,三居其一,乘间劫掠,大为民患,本院缪当巡抚,专以弭盗安民为职,钦奉敕谕:"一应军马钱粮事宜,得以径

要增建堡垒，用来截断盗匪来往的路线？哪些地方应该建造城邑，以便控制盗匪的要害？宽容忍让，本来就不是长治久安的策略，各地联合夹攻，就应有一个剿杀盗匪的万全之策，一切积聚财富、养兵、灭盗匪、安抚百姓的方略，都应当全面认真思考研究，在全面的分析、综合的比较中寻找万全的策略。山川河流的分布及险峻的程度，必须亲自指导绘图并一一标明。盗匪的堡垒和百姓住宅相混在一地的，都应根据实际调查把详情报告上来，离调查地近的可以超月内完成。离调查地远的可以一个月完成，如果在这之外还有新的发现或新的见解，请写报告分别派人送上来，以便参考选择采用。这些远不仅是弥补我不能到各地具体考察的不足，更是通过这些检验各级官员是否名副其实地存在。以上所述各事，务请注意它们的实用性，不要废话连篇。

各级官员都要守法奉公，有廉耻之心，为百姓服务，为国尽忠。不要因为省籍不同而分彼此，务请各方同舟共济，渡过难关。如果有忠勇清廉、勤于公务、表现突出的，按照国家的法令进行表彰，我哪里敢蒙蔽你们的贤能。如果有奸诈狡猾，贪赃枉法，胆小退缩，操行恶劣的，开除公职进行法办也有明确的规定，我也不敢和这些人同流合污。我深感自己智短才疏，恳望大家同心协力。各级官员，务必了解这些情况。

选拣民兵

了解到我所要巡查安抚的地方，是四省交界之地，山高万仞，山谷深沉，森林茂盛，盗匪隐藏在深山，他们占据三分之一的地方，骚扰掠劫，成为当地百姓的最大祸害。我本鄙陋之人，

自区画。"莅任以来，甫及旬日，虽未遍历各属；且就赣州一府观之，财用耗竭，兵力脆寡，卫所军丁，止存故籍，府县机快，半应虚文，御寇之方，百无足恃，以此例彼，余亦可知。夫以赢卒而当强寇，犹驱群羊而攻猛虎，必有所不敢矣。是以每遇盗贼猖獗，辄复会奏请兵，非调土军，即倩狼达，往返之际，辄已经年；糜费所须，动逾数万；逮至集兵举事，即已魍魉潜形，曾无可剿之贼；稍俟班师旋旅，则又鼠狐聚党，复皆不轨之群。良由素不练兵，倚人成事，是以机宜屡失，备御益弛，征发无救于疮痍，供馈适增其荼毒，群盗习知其然，愈肆无惮；百姓谓莫可恃，竟亦从非。

夫事缓则坐纵乌合，势急乃动调狼兵，一皆苟且之谋，此岂可常之策？古之善用兵者，驱市人而使战，假间戍以兴师，岂以一州八府之地，遂无奋勇敢战之夫？事豫则立，人存政举；近据江西分巡岭北道兵备副使杨璋呈："将所属各县机快，通行拣选，委官统领操练。"即其处分，当亦渐胜

却担任巡抚这样的要职,我的职责就是消灭盗匪,安抚百姓。皇上给我的圣旨说:"一切有关军事、战马、钱粮等方面的事务,可以直接酌情处理。"我上任以来,已有十多天了,虽然没有到所管辖的所有地方考察,但就拿赣州一府来看,钱财等各种物资几乎消耗完了,兵力弱而少,卫、所兵员,只有过去的兵册保留着,府县的巡捕,多半只有一些空额虚设。抵抗匪徒的方略,没有那一项是可以摆得上用场的。以此赣州一府的情况来推测,其他府的情况也就清楚了。以老弱的士兵去抵挡强蛮的盗匪,就好像驱赶柔弱的羊群去进攻猛虎一样,肯定有许多顾虑而不敢进击了。这样,每当遇上盗匪猖獗的时候,就要商讨奏请派兵帮助剿杀盗匪,不调地方部队,就请派狼兵来助剿,往来期间,所花时间就差不多一年,消耗的资财,动不动就超数万之多,等到汇集部队准备进剿时,盗匪像怪物一样隐没行迹,逃之夭夭,无法进剿盗匪,等过了一会儿部队调走之后,盗匪则又像老鼠狐狸一样聚集成团,又变为非法的盗匪之徒。根源在于平时不注意练兵,依靠外来士兵来抵抗匪盗,这样进剿的大好时机常常错过。各处的守卫越来越松弛,征发兵丁无济于地方安宁,反增加对地方的供应和补给,使盗匪的危害加剧。盗匪都知道这一规律,因此更加无所顾忌,百姓没有什么可依靠的了,他们也渐渐地加入了为非作歹的行列。

所以事情进展迟缓,盗匪就会集结在一起,事情紧急,就请求派狼兵的部队,这难道可当作经常的对策来用吗?古代擅长用兵的人,组织市民来战斗,把普通老百姓组织成部队。难道一州八府这样大的地方,就没有勇敢的人、敢于战斗的人吗?所以不管什么事,事先筹划,就可以成功,只要人在,荒废的政

于前；但此等机快，止可护守城郭，堤备关隘，至于捣巢深入，摧锋陷阵，恐亦未堪为此？案仰四省各兵备官，于合属弩手、打手、机快等项，挑选骁勇绝群，胆力出众之士，每县多或十余人，少或八九辈，务求魁杰异材，缺则悬赏召募，大约江西福建二兵备，各以五六百名为率；广东湖广二兵备，各以四五百名为率；中间若有力能扛鼎勇敌千人者，优其廪饩，署为将领，召募犒赏等费，皆查各属商税赃罚等银支给；各县机快，除南赣兵备已行编选外，余四兵备仍于每县原额数内拣选精壮可用者，量留三分之二，就委该县能官统练，专以守城防隘为事；其余一分拣退疲弱不堪者，免其著役，止出工食，追解该道，以益召募犒赏之费；所募精兵，专随各兵备官屯札，别选素有胆略属官员分队统押；教习之方，随材异技；器械之备，因地异宜；日逐操演，听候征调。各官常加考校，以核其进止金鼓之节；本院间一调遣，以习其往来道途之勤；资装素具，遇警即发，声东击西，举动由己；运机设伏，呼吸从心；如此则各县屯戍之兵，既足以护防守截；而兵备募召之士，又可以应变出奇；盗贼渐知所畏而格心，平良益有所恃而无恐；然后声罪之义克振，抚绥之仁可施，弭盗之方，斯惟其要。本院所见如此，其间尚有知虑未周，措置犹缺者，又在各官酌量润色，务在尽善，期于可久；亮爱民忧国之心，既无不同，则拯溺救焚之图，自不容缓。案至即便举行，或有政务相妨，未能一一亲诣，先行各属精为选发，先将召募所得姓名，及措置支费银粮，陆续呈报，

事就可以弥补过来。近来江西管辖的岭北道兵备副使叫杨璋的报告说:"拟将对所管辖各县的巡捕进行挑选,委派官员统一领导进行操练。"我立即批示同意,因为这样慢慢地就可以比先前状况好,但是这样的巡捕,只可用来守卫城池、堤岸、关卡、险要之地,至于捣毁盗匪的老窝,冲锋陷阵,还恐怕难以承担这样的重任。为此向四省各兵备官发布文件,命令他们将射手、打手、巡捕军等聚到一处,从中挑选骁勇异常,胆略力量超群的人,每个县多的可以选十多人,少的可以选八九个,所选的人务必是身材魁梧,才能杰出者。如果没有,则悬赏招募,江西福建二兵备,分别挑选五六百名左右;广东、湖广两兵备,分别挑选四五百名左右;如果他们中间有力量非常大,异常勇敢的人,增加他们的俸禄。委任他们为将官,招募以及犒赏等费用,都从各地商税、赋税罚款等项收入中支出,各县的巡捕,除南赣兵备已经选编外,其余四个兵备仍然要在每县原来的名额内挑选强壮的,挑选出原来人数的三分之二,委派该县有能力的官员统帅训练,专门用他们来防守城池和重要地区,其余的三分之一,那些特别瘦弱的把他们辞退,免除他们的兵役义务,只叫他们出工食的费用,把他们遣回各自所在的道,以增加补偿招募犒赏的费用。所招募的精兵,随各兵备长官屯扎,另外选择一些平常就很有胆略的官员分别统领。至于教育训练的方法,则要按不同的人才,教不同的技巧,根据不同的地形,训练不同器械的使用,应当天天操练,听候调遣,各级官员应加强考核,以便检查队伍训练情况,我也将从中调遣,使队伍习惯往来途中的艰苦,各种所需素质都具备了,一旦遇有紧急事件发生,就可立即投入战斗,声东击西,行动由自己决定,运用军械,设法伏

事完之日，通造文册，以凭查考。

十家牌法告谕各府父老子弟

　　本院奉命巡抚是方，惟欲剪除盗贼，安养小民，所限才力短浅，智虑不及，虽挟爱民之心，未有爱民之政；父老子弟，凡可以匡我之不逮，苟有益于民者，皆有以告我，我当商度其可，以次举行。今为此牌，似亦烦劳，尔众中间固多诗书礼义之家，吾亦岂忍以狡诈待尔良民，便欲防奸革弊，以保安尔良善，则又不得不然。父老子弟，其体此意！自今各家，务要父慈子孝，兄爱弟敬，夫和妇随，长惠幼顺；小心以奉官法，勤谨以办国课，恭俭以守家业，谦和以处乡里；心要

击,从容战斗。如果这样,那么各县的守军,就足可以防守本地拦截盗匪,而兵备招募来的勇士,又可以根据具体的形势随机应变,出奇制胜,盗匪逐渐了解这种情况而有所害怕,这将扼制他们胡作非为的歹心。遵纪守法的百姓更加有所依靠而没有什么值得担忧的了,然后讲明犯罪的危害和打击犯罪的决心,安抚百姓的仁政可以实行了。消除盗匪的方略,以上就是我的一些主要想法,有考虑得不周到处,采取的措施还有不够的地方,各级官员酌情增补,务必使方案更加完善,期限可以长一些;相信大家的爱民忧国之心,没有什么不同,那么实施拯民于水深火热之中的方略就刻不容缓。公文送到了,就要按计划立即执行,或者有的因公务繁忙,没有能够亲自一一下达命令,先执行命令的地方,先登记招募来的人的姓名以及各种措施的推行所需的费用,一项一项报告上来,等这些事办完的时候,再登记造册,以备检查核对。

十家牌法告谕各府父老子弟

　　我奉上级命令巡查安抚本地,我唯一的心愿就是剿灭盗匪,使百姓过上安定的生活,但因自己才疏学浅,智力平平,所以许多事情考虑不周,虽然有爱护百姓的心愿,但没有爱护百姓的政绩。父老兄弟们,请凡是可以纠正我的过错,就请告诉我,以弥补我的不足,如果你们的意见有利于百姓的,请都告诉我,我即刻就与人商量,考虑是否可行,然后在实际中推行。现在这种家牌法,好像也是麻烦大家,你们中间有不少是诗书礼仪之家,我难道忍心用这种狡诈欺妄的方法来对待安分守纪的百姓吗?家牌法主要是便于严防奸诈之徒,革除时弊,以达到保护百姓

平恕，毋得轻意忿争；事要含忍，毋得辄兴词讼；见善互相劝勉，有恶互相惩戒；务兴礼让之风，以成敦厚之俗。吾愧德政未敷，而徒以言教父老子弟，其勉体吾意，毋忽！

轮牌人每日仍将告谕省晓各家一番。

十家牌式

某县某坊

某人某籍

某人某籍

某人某籍

某人某籍

某人某籍

某人某籍

某人某籍

某人某籍

某人某籍

某人某籍

的目的，所以又不得不这样做。父老兄弟们，请理解我的这种良苦用心啊！从现在起，各家各户务必要做到父母仁慈，儿女孝顺，兄长爱护弟弟妹妹，弟弟妹妹要敬重兄长，夫妻恩爱，年长者仁慈，年幼者恭顺；严格遵循国家的法令，辛勤工作，履行国家义务，勤俭持家，邻里间和睦相处；心平气静，不要轻易发怒引发争执；凡事要多忍让，不要动不动就打官司；看到有良好德性的人要相互勉励，看到不好的现象要相互指出惩治过错，以求改正克服；务必使礼仪谦让的风气盛行，以养成朴实厚重的民间风俗。我以我没有广施美好的德政而感到惭愧，而只是用言辞来开导各位父老兄弟，希望大家能够尽量体察我的用意，请不要将其忽略！

轮牌的人每天还要将告谕向各家通晓一遍。

十家牌的格式。

某县某坊：

某人什么户籍；

某人什么户籍；

某人什么户籍；

某人什么户籍；

某人什么户籍；

某人什么户籍；

某人什么户籍；

某人什么户籍；

某人什么户籍；

某人什么户籍；

右甲尾某人

右甲头某人

此牌就仰同牌十家轮日收掌，每日酉牌时分，持牌到各家照粉牌查审，某家今夜少某人？往某处？干某事？某日当回？某家今夜多某人？是某姓名？从某处来？干某事？务要审问的确。乃通报各家知会；若事有可疑，即行报官；如或隐蔽事发，十家同罪。各家牌式：

某县某坊民户某人。

某坊都里长某下，甲首军户则云：某所总旗小旗某下；匠户则云：某里甲下某色匠；客户则云：原籍某处某里甲下某色人，见作何生理，当某处差役，有寄庄田在本县某都，原买某人田，亲征保住人某某；若官户则云某衙门某官下，舍人。舍余。

若客户不报写庄田在牌者，日后来告有庄田，皆不准；不报写原籍里甲，即系来历不明，即须查究。

男子几丁

某（某项官，见任，致仕。在京听选、或在家）　某（某处生员，吏典）

某（治何生业？成丁？成丁未或往何处经营）　某（见当某差役）

某（有何技能，或患废疾）　某

某　某

见在家几丁。　若人丁多者，牌许增阔，量添行格填写。

上面甲尾是某人；

上面甲首是某人。

这就按牌上的十家轮流按日收管，每天酉时，拿牌到牌上所登记的各家，按牌上的要求进行检查询问，哪一家当晚少了什么人？到什么地方去了？去干什么？什么时候应该回来？哪一家当晚多了什么人？叫什么名字？从什么地方来的？来干什么？务必检查询问准确，然后再把情况通告给牌上所登记的各家。如果发现有什么地方值得怀疑的，那么请立即报告官府，如果隐瞒事情的真相，那么十家一同治罪。各家牌的格式：

某县某坊民户某人。

某坊都里长管辖之下，如果是军户，则写什么人统帅下的总旗下的小旗什么人的管辖之下；匠户则写什么里甲下面的什么工匠；客户则写原籍某地方某里甲下的什么人，现在做什么，在什么地方当差，有田在本县的什么地方，原来买的是谁人的田，作证担保的是什么人；如果是官户，则写某衙门某官管辖下的人，

如果客户在牌上不报田宅，以后来说明有田宅的，都不准许，不报写原籍里甲的，即被看作来历不明者，必须按照规定深查严究。

男子几个

某某（担任什么官职，升迁情况，学历、在京城听候遣用，或者在家）某某（在什么地方任什么职）

某某（职业？成年了没有？或在某处经营）某某（现在在干什么差事？）

某某（有什么专长？或患何种疾病？）某某

某某　　　　　　　　某某

现在在家的有几个男人（如果人丁多的，家牌应当添行按格式填写）

一、妇女几口。

一、门面屋几间。　系自己屋，或典赁某人屋。

一、寄歇客人。　某人系某处人，到此作何生理，一名名开写浮漂帖，客去则揭票，无则云无。

案行各分巡道督编十家牌

照得本院巡抚地方，盗贼充斥，因念御外之策，必以治内为先，顾莅事未久，尚昧土俗，永惟抚绥之宜，憯然未有所措。访得所属军民之家，多有规图小利，寄住来历不明之人，同为狡伪欺窃之事；甚者私通峒贼而与之传递消息，窝藏奸宄而为之盘据夤缘；盗贼不靖，职此其由。合就行令所属府县，在城居民，每家各置一牌，备写门户、籍贯，及人丁多寡之数，有无寄住暂宿之人，揭于各家门首，以凭官府查考；仍编十家为一牌，开列各户姓者背写本院告谕，日轮一家，沿门按牌审察动静，但有面目生疏之人，踪迹可疑之事，即行报官究理？或有隐匿，十家连罪；如此，庶居民不敢纵恶，而奸伪无所潜形。为此仰抄案回道即行各属府县，著落各掌印官，照依颁去牌式，沿街逐巷，挨次编排，务在一月之内了事；该道亦要严加督察，期于着实施行，毋使虚应故事；仍令各将编置过人户姓名造册缴院，以凭查考。非但因事以别勤惰，且将旌罚以示劝惩。

另外，女性有几个。

另外，一房屋几间（属于自己的屋，或租用什么人的房屋）。

另外，一寄住的客人（某人系什么地方的人，到这里干什么。一项项填写，填写在添加的单据上，客人走了，就把那单据撕下，没有什么客人就写无）。

案行各分巡道督编十家牌

我了解到辖区内盗匪猖獗，到处横行，由于思虑抵御外患的良策，必须以治理整顿内部作为突破口，所以上任以来不久，还不熟悉辖区内的风土民情，一直在思考缉拿盗匪，安抚民众的方略，茫茫然而没有具体的措施。我暗中了解到辖区内的军民，多数希望得到一点点好处，家里寄宿着一些来历不明的人，他们和盗匪一样，狡猾奸诈，欺压善良百姓，干一些偷盗之事，更严重的甚至私下与盗匪联络，帮助盗匪传递消息，窝藏作奸犯科的人而使他们攀附盗匪。盗匪不清除，我们的官怎么当下去呢？现命令所属区的各府县，在城镇居民中，每家各设一牌，写上户主、籍贯以及家庭人口的多少，有没有寄住或暂住在家里的人员，把牌挂在该家的门前，以备官府调查。再编十家为一牌，把各户的户主姓名写上，牌的反面，写上我的告示，一天轮一家，按牌提供的情况到各家进行监督检查。如果发现有面目生疏的人，或者行迹可疑的事，立即向官府报告追查，如果有隐瞒实情不报的，那么该牌的十家一起受处罚。只有这样，普通百姓才不敢纵容坏人坏事，而那些作奸犯科的人也就没有地方可以躲藏了。因为这样，所以立即向各道发布文件，要求立即在所管辖的府县着手推行，各级主要负责官员按照要求，挨家挨户依次编写挂

告谕各府父老子弟

告谕父老子弟：今兵荒之余，困苦良甚，其各休养生息，相勉于善，父慈子孝，兄友弟恭，夫和妇从，长惠幼顺；勤俭以守家业，谦和以处乡里；心要平恕，毋怀险谲；事贵含忍，毋轻斗争。父老子弟，曾见有温良逊让，卑己尊人，而人不敬爱者乎？曾见有凶狠贪暴，利己侵人；而人不疾怨者乎？夫嚚讼之人，争利而未必得利；求伸而未必能伸；外见疾于官府，内破败其家业，上辱父祖，下累儿孙，何苦而为此乎？此邦之俗，争利健讼，故吾言恳恳于此，吾愧无德政，而徒以言教父老，其勉听吾言，各训戒其子弟毋忽！

牌，务必在一个月内完成。各道也要严加督促进行检查，希望这项措施能落到实处，不要把它当作差事，只作表面应付。所以还命令各地把编置到牌里的户主姓名登记造册，呈送我处，以备日后检查。不但要按干这件事的表现区别出勤于政务和懒于政务的官员，而且要根据具体表现，将给予相应的奖赏或相应的惩罚。

告谕各府父老子弟

告诫父老兄弟：在这兵荒马乱的年月，困苦不堪，应当休养生息，用善心德性相互勉励。父辈心慈，子女孝顺，兄长友善，弟妹谦恭，夫妻恩爱，长者慈善，年轻者恭顺，勤俭持家，以谦逊的态度和邻里相处，心情平和，不要怀着歹毒奸诈的心肠，事奉高贵的人要有忍让之心，不要轻易争斗。父老兄弟们，有哪一位见过温顺逊让而尊重他人的人，人们不敬重他的？有哪一位曾经见过性情凶残，心狠手毒，贪婪成性，损人利己的人，人们不痛恨他的？那些喜欢争讼的人，要想争到好处，却未必能够得利，要想伸张自己的要求，而不一定能达到目的。在外面，给官府留下了不好的印象，对自己直接的损害来说是败了家业，对上使父母祖先受辱，对下牵连到儿女后代。何苦要这样做呢？本地的风俗中有喜欢争利，喜欢打官司等方面的不良风气，所以在这里我谆谆教诫大家。我为我没有显著的德政而感到惭愧，而只有用言论来教诫父老兄弟们。请尽量听我的良言，用它来教诫自己的亲人，请不要忽略。

剿捕漳寇方略牌

正月

据福建广东布按二司参议等官张简等各呈剿捕事宜，已经行仰遵照，案验施行；所有方略恐致泄露，不欲备开案内。为此另行牌仰广东、岭东、福建、汀漳等处兵备佥事顾应祥、胡琏密切会同守巡、纪功、赞画等官，于公文至日，便可扬言。

"本院新有明文，谓天气向暖，农务方新，兼之山路崎险，林木翁翳；若雨水存至，瘴雾骤兴，军马深入，实亦非便；莫若于要紧地方，量留打手机兵，操练堤备；其余军马，逐渐抽回，待秋收之后，风气凉冷，然后三省会兵齐进。"或宣示远近；或晓谕下人；此声既扬却，乃大犒军士，阳若犒劳给赏，为散军之状；实则感激众心，作兴士气；一面亦将不甚紧关人马，抽放一处两处，以信其事；其实所散人马，亦可不远；而复预遣间谍，探贼虚实，有间可乘，即便赍粮衔枚，连夜速发，当此之时，却须舍却身家，有死无生，有进无退；若一念转动，便成大害。劲卒当前，重兵继后，伺至其地，鼓噪而入，仍戒当先之士，惟在摧锋破阵，不许斩取首级；后继重兵，止许另分五六十骑沿途收斩，其余亦不得辄乱行次，违者就便以军法斩首；重兵之后，纪功、赞画等官，各率数队相继而进，严整行伍，务令鼓噪之声，连亘不绝，使诸贼逃遁山谷者闻之，不得复聚；若贼首未尽，探其所如，分兵速蹑，不得稍缓，使贼复得为计；已获渠魁，其余

剿捕漳寇方略牌

正月

根据福建、广东布政司、按察司参议等官员、张简等人分别呈送的有关剿灭盗匪事宜的报告,已经下达命令执行,报告中说明了剿灭盗匪的可行性。恐怕将各种剿杀的措施泄露出去,所以不想把那些措施写到公文中。为此只好用牌命令广东、岭东、福建、汀漳等地的兵备佥事顾应祥、胡琏密切配合守巡、纪功、赞画等官员,等公文一到,便可公开说:

"我有新的条文规定,说天气逐渐转暖,雾气正浓,又兼山峻路险,树木茂密葱绿,如果又下起雨来,那么瘴气、雾气必定骤然更浓,军马深入到这些地方,确实也不方便,不如在地势、位置险要的地方适量地驻留一些打手、持械的士兵,训练防守堤岸的队伍,其余的军马则应逐渐撤回去。等到秋收之后,天气凉爽,然后三省兵力会合,齐心进剿。"或者明示自己队伍的远近,或者告诉自己的部下,这样的风声已经放出去了,就丰盛地犒劳队伍,同时赏赐队伍,使队伍形成散漫没有军纪军风的表象,而实际则是鼓舞士兵斗志,激励队伍的士气。一边将没有分配到重大任务的士兵,抽调到另外的一两个地方,使他人相信传言,其实那些抽调的人马,也可以不调离大部队太远,然后再派遣间谍,深入到盗匪内部,探测他们的虚实。如果有机可乘,就带足粮食秘密地趁夜快速前往。在这关键时刻,必须断绝对家人的思虑,置生死于度外,只能前进不能后退。如果一个不好的念头突然出现,那就要酿成大祸。先头部队冲在前头,大部队随后而来,趁机到达预定方位,一齐叫喊着冲进去。同时要告诫先头部队,他们的战斗意图是摧毁盗匪的锐气,打乱敌

解散党与，平日罪恶不大可招纳者，还与招纳，不得贪功，一概屠戮；乘胜之余，尤要振兵肃旅，如初遇敌，不得恃胜懈弛，恐生他虞；归途仍将已破贼巢，悉与扫荡，经过寨堡村落，务禁掳掠；宜抚恤者即加抚恤；宜处分者即与处分；毋速一时之归，复遗他日之悔。本院奉命而来，专以节制四省沿边军职为务；即今进兵一应机宜，悉宜禀听本院，庶几事有总领，举动齐一；授去方略，敢有故违，悉以军法论处。各官知会之后，即连名开具遵依揭帖，密切回报。

案行广东福建领兵官进剿事宜

据福建广东按察司等衙门备呈到院，看得两省剿捕事宜，设施布置，颇已详备；诚使诸将齐心，军士用命，并举夹

人的部署，不许多去斩杀盗匪的首级；后面的大部队，只允许另外派出五六十骑兵沿途斩杀盗匪，剩下的队伍不得擅自行动，违反的就按军法斩首。大部队之后，纪功、赞画等官分别率领几支队伍同时并进，严整队伍，务必使叫喊声音雄浑而不断绝，使其他逃到深山中的盗匪都能听到，使盗匪不敢重新汇聚起来，如果盗匪的首领没有清除完，则探查盗匪首领逃到什么地方，并迅速派兵追踪，不得迟缓，以捉拿盗匪首领为上策，等到抓到了盗匪的首领，其余的遣散，对于那些平日罪恶不大可以招安的，进行招安；不要贪恋自己的战功，否则一律诛杀。刚取得胜利，特别要注意鼓舞士气，整顿队伍，这还只是刚刚与盗匪相遇，不得因为初胜而产生骄傲轻敌的松懈情绪，以免产生其他的不测，在凯旋途中，仍然要把那些已经攻破的盗匪的老巢，再次给予全面的扫荡，沿途经过寨垒村庄时，务必严禁抢劫等不法行为。根据战斗中的表现，该嘉奖的就嘉奖，该处罚的就处罚，不要急于一时返回各地，而为以后留下后患。我奉命而来，以节制调遣四省边境的军事长官为我的主要任务。现在一切剿进盗匪军事行动事务，都应听从我的命令，任何事情，都应有统一领导，使各方面的行动协调一致，传达进剿盗匪的策略，敢有故意违抗的，以军法论处。各级官员知道了这个策略之后，应立即联名写出怎样执行这个策略的办法来，秘密派人详尽地向我报告。

案行广东福建领兵官进剿事宜

根据福建、广东按察司等衙门守备呈送给我的报告，可以看出两省对剿杀盗匪这一重任的准备情况，各种设施，各项安排，

攻，已有必克之势；但事干各省，举动难一，顿兵既久，变故旋生，则谋算机宜，旬日顿异，亦难各守初议，执为定说。

照得福建军务，整缉既久，兼有海沧、演城、政和诸处打手，足可济事；诸将咸有以功赎罪之心，意气颇锐，当道亦皆协谋并力，期收克捷之功，利在速战；若当集谋之始，掩贼不备，奋击而前，成功可必；今既旷日持久，声势彰闻，各巢贼党，必有连络纠合，阻阱设械以御我师，其为奸党，当亦日加险密，至于今日，已为持久之师；且宜示以宽懈，待间而发，而犹执其乘机之说，张皇于外，以坚贼志，是谓知吾卒之可击，而不知敌之未可击也。

广东之兵，集谋稍缓，声威未震，意在倚重狼达土军，然后举事，利于持久，是亦慎重周悉之谋，诸贼闻之，虽相结聚，尚候土兵之集，以卜战期，其备必犹懈弛；若因而形之以缓，乘此机候，正可奋怯为勇，变弱为强；而犹执其持重之说，必候土军之至，以坐失事机，是徒知吾卒之未可

都作了比较详细的说明。假使各位将领能够齐心协力，士兵勇敢作战，各地同时合击，已经有了剿灭盗匪的条件了。但是剿灭盗匪一事，涉及几个省，等到各地步调协调好时，士兵已经折腾很久了，新的情况很快又出现。谋略等方面的事宜，十天左右就发生很大的变化，也很难按照当初的策略行事，这也是很普通的道理了。

　　福建的军务，准备很久很充分了，同时还有海沧、演城、政和等地的打手，战胜盗匪的力量绰绰有余，许多将领都有戴罪立功的心愿，士气高昂，当地的地方政府也通力合作，希望大功告成。他们的长处在于速战速决，如果从当初集体协商筹谋剿匪时开始，乘盗匪不备，奋勇杀敌，向前冲锋，那么剿灭盗匪是一定可以办到的，现在准备了这么久，剿盗匪的声势已经显露出来，剿盗匪的风声外传出去，各地方的盗匪必定相互通风报信，纠集在一起，构筑陷阱，增设器械抵御我军的进攻。作为那些奸诈狡猾之徒，自然会更加提高警惕，再者我们的队伍是疲劳的队伍，现在最恰当的办法是向盗匪暗示我们的队伍处于松懈状态，等待有利时机向盗匪发动进攻。坚持等候战机再行进攻理论，制造假象，使盗匪坚定他们进攻的意向，也就是向盗匪暗示，他们可以战胜我们的队伍，而不知道他们的力量实则是不能击败我们的。

　　广东的兵力集中起来统一谋划稍微迟缓一点，影响还不大，目的在于依靠狼达的地方部队，然后向盗匪发动进攻，其长处在于与盗匪进行持久作战，这也是慎重周密的用兵之道。盗匪听到要消灭他们的消息，虽然立即聚集在一起，但还要观察地方部队集结的动静，然后再考虑决定出战还击的日期，盗匪的

击，而不知敌之正可击也。

善用兵者，因形而借胜于敌，故其战胜不复，而应形于无穷；胜负之算，间不容发，乌可执滞？除江西南赣地方，凡通贼关隘，已行兵备副使杨璋委官提备截杀，及将进剿方略，各另差人封付福建佥事胡琏，广东佥事顾应祥，会同守巡等官，密切遵依行事外；仰抄案回司即行各官，务要同心协德，乘间而动，毋得各守一见，縻军偾事。一应进止，不必呈禀，以致误事，领军等官，随机应变，就便施行，一面呈报。如复彼此偏执，失误军机，定行从重参拏，决不轻贷！其军马、钱粮、纪功、给赏等项，已行有成规，不再更定。

案行漳南道守巡官戴罪督兵剿贼

据福建漳南道右参政艾洪等呈："准左参政陈策、副使唐泽手本：该三司遵依议委各职，随军纪功，运谋经略，依

准备必定十分的松懈。如果根据这种情况，我们再制造缓慢进军的假象，然后乘此机会，变怯弱为勇敢，变弱小为强大，而好像还坚持依靠重兵作战的道理，一定要等待地方部队的到来，以使盗匪白白失去有利的战机，即只使盗匪们明白不能向我们的队伍发动进攻，使盗匪们不明白他们的队伍（即刻）可以向我们发起攻击。

善于用兵的人，常常根据具体情况给对手制造可以取胜的假象，所以对手因穷于应付不断变化的战争形势而不可能再取得胜利，胜败的奥妙，时刻都在变化，岂可施行那些一成不变的策略？除江西南赣一地外，凡是通向盗匪之地的关卡险要之地，已命令兵备副使杨璋委派提防守备部队截断这些地方，并在这些地方与盗匪作战。将围剿盗匪的具体方案，另外分别派人送给福建佥事胡琏、广东佥事顾应祥，联合当地防守的官员，切实依照这个方案行动，同时向官府中的同僚传达，务必请他们同心同德，竭尽全力，乘机出动，不要固执己见，各自为政，使队伍遭受损失而破败坏剿灭盗匪的大事。具体的该如何进军退兵，不必一一请示，以免贻误战机，各级指挥官员，应根据战局的具体变化，自己决定采取切实可行的措施，同时向上级汇报。如果墨守成规，贻误战机的，一定从重处罚，决不轻易饶恕，其他如军马、钱粮、纪功、奖赏等各项事宜，按照以前的规定或以往的做法办理，不再另行规定。

案行漳南道守巡官戴罪督兵剿贼

据福建漳南道右参政艾洪等人的报告说："（他们）要求批准左参政陈策、副使唐泽的报告。唐泽在报告中说：'本地的

蒙前诣南靖县小溪中营住扎，查理军情，审验功次，大约贼众以四分为率：一分就擒，一分听抚，俱已审验查处明白；一分远遁广东境界，一分深藏本处山谷，狼子野心，绝岩峻岭，易以计破，难以兵碎，必须通将调募见在官军二万二千余名，再加议处。减冗兵以省费，留精兵以守险，待贼饥疲，随加抚剿，庶几军饷不缺，农业不废。节据各哨委官连日禀报，各贼恃居险阻，公然拒敌官军，不听招抚，合无继处本省钱粮，以坚自守之谋；催请广东狼兵，以助夹攻之计。"等因。

随据参政陈策等呈："据镇海卫指挥高伟呈：指挥覃桓县丞纪镛被大伞贼众突出；马陷深泥，被伤身死。"等因到院。

簿查先据参政陈策等呈，已经批各官酌量事机，公同会议；如是贼虽据险而守，尚可出其不趋，掩其不备，则用邓艾破蜀之策，从间道以出奇；若果贼已盘据得地，可以计困，难以兵克，则用充国破羌之谋；减冗兵以省费，务在防隐祸于显利之中，绝深奸于意料之外，万全无失，佥谋皆同，然后呈来定夺去后。

三司按照决议委派各职，跟随队伍，教导士兵，运筹帷幄，执行先前的命令，在南靖县小溪这个地方驻扎，调查了解队伍的情况，审查核对各军的功绩，大概盗匪分成四部分，一部分被捉拿，一部分听从安抚，全部审查清楚；一部分远逃到广东境内，一部分逃窜到本地的深山老林，盗匪居心险恶，占据险要，需改换策略，用计破盗匪，很难用军事力量直接粉碎盗匪，必须通过各级将领广泛征求士兵的意见，然后想出具体的办法。裁减冗兵，以节省军费开支，留下精兵来防守那些险要的地方，等到盗匪缺粮疲劳的时候，再随机进行安抚或围剿。这样一来，各队伍军饷不缺，当地的农业没有遭到破坏。据各哨委任的官吏近来报告，各处的盗匪凭借着他们位置的险峻，公然抵制官军，不听从招抚。心里合计着本省的钱粮难以维持长期围困盗匪所需的费用，围困的策略也难以坚持下去，只能尽力防守。所以想请求广东狼兵援助，和我们一道合力夹击盗匪。'"

随后参政陈策等人送来的报告说："根据镇海卫指挥高伟报告说：'覃桓县丞纪镛被大伞的盗匪突破时转移，马陷深泥中，受伤身亡。'"等情况。

我到衙门翻阅先前参政陈策等人的报告，已经命令各级官员视情况处理问题，一起商讨研究。如果那些盗匪据险防守，还可以出其不意，乘其不备，用邓艾破蜀的策略，抄小路进攻以创奇效。如果盗匪占据地盘并驻扎牢固，很难用军事力量直接攻破，那么就用充国破袭羌兵的谋略，裁撤冗兵，以节减开支，务必要在明显有利于我军的情况下消除各种隐患；务必彻底消除隐藏在我们内部的奸细，做到万无一失。大家的意见基本统一后报告上来，由我裁定。

今据前因，参照指挥高伟，既奉差委督哨，自合与覃桓等相度机宜，协谋并进；却乃孤军轻率，中贼奸计，虽称督兵救援，先亦颇有斩获，终是功微罪大，虽以赎准；广东通判陈策，指挥黄春，千百户陈洪、郑芳等，既与覃桓等面议夹攻，眼见摧败，略不应援，挫损军威，坏事匪细；俱属违法。各该领兵守备、兵备、守巡等官，督提欠严，亦属有违，合就通行参究。但在紧急用人之际，姑且记罪。查勘督剿。

及查添调狼兵一节，案查该省节呈：兵粮预备已久，惟俟克日进攻，今始成军而出，一遇小挫，辄求济师，况动调狼兵，往返数月，非但临渴掘井，缓不及事；兼据见在官兵二千有余，数已不少，兵贵善用，岂在徒多？况称粮饷缺乏，正宜减兵省费，安可益军匮财？

除广东坐视官员及应否动调狼兵另行查议外；仰抄案回道。查勘指挥覃桓，县丞纪镛是否领兵夹攻，被伤身死？各官原领军兵若干？见在若干？其指挥仲钦，推官胡宁道，知事曾瑶，知县施祥等，缘何不行策应？是否畏避退缩？俱要备查明白，从实开报。其覃桓等所统军兵，就仰高伟管领，戴罪杀贼，立功自赎。仍仰福建布政司作急查处堪以动支银两，就呈镇巡衙门，知会差官，领解军前接济；一面备

现据报告，指挥官高伟已经奉命指挥哨兵，自己却与覃桓等人一起谋划，并领兵出击，指挥孤军作战，误中盗匪设下的圈套。虽然声称是指挥部队前往救援友军，并且开头也还杀死抓获不少盗匪，但毕竟是功小过大，免除罪责实在很难。广东通判陈策、指挥黄春、千百户陈洪、郑芳等人，既然已经和覃桓等人商量好了联合夹攻盗匪，眼看覃桓战败受挫，却不去救援，使夹攻受挫，损坏了军队的威严，酿成的损失不小，都属违法行为。该地各指挥队伍的守备、兵备、守巡等官员，监督欠严格，也有过错，所有这些，应追究责任。进行处罚。但当前急需用人之际，暂且把这些过错记下。调查督促进剿盗匪。

要求调派广东地方部队狼兵一事，查核该省报告说：兵粮早就准备好了，只等待命令就能够进攻。但刚刚整军出征时，稍一遇到小挫折，就要求给队伍补充。况且调用广东狼兵，来回需数月之久，是临渴掘井，于战事无济。就凭现在二千多官兵，数量也已经不少了，兵不在多，而在于善用兵，难道数量多就够了吗？况且现在粮饷匮乏，正应当裁减士兵，节约费用，哪里还能扩充军队的数目来消耗有限的粮饷呢？

除广东坐视不救的官员以及是否应该调用广东狼兵一事另行查处商议之外，将文件抄回各道，调查指挥覃桓、县丞纪镛是不是带兵夹攻盗匪，受伤身亡？各指挥官原来统领多少士兵，现在还有多少士兵？指挥官仲钦、推官胡宁道、知事曾瑶、知县施祥等人，为什么不进行策应？是不是害怕，逃避，退缩？都要一一调查清楚，如实向我汇报，覃桓统领的属兵就由高伟统帅，戴罪杀贼，立功补过，并命福建布政司紧急调查能动支调拨银两还有多少，并令镇巡衙门，知会差官，解运到部队以济部队

数呈来，以凭查考，不许稽迟，致误军机。各该官员，俱要奋勇协心，乘机进剿，毋顿兵遥制，以失机宜；毋坐待狼兵，以自懈驰。务须连营犄角，以壮我军之威；更休迭出，以蓄我军之锐；多方以误贼人之谋；分攻以疲贼人之守；扫荡巢穴，靖安地方，则东隅可收于桑榆，大捷不计其小挫，事完之日，通查功罪呈来，以凭酌量参奏。

案行领兵官搜剿余贼

据福建左参政陈策、副使唐泽会案呈："准漳南道参政艾洪，佥事胡琏手本：督据委官指挥徐麒等呈称：'督领军兵粘踪追贼，至象湖山贼寨，连营拒守，遵奉本院密谕，佯言犒众退兵，俟秋再举，密切部勒诸军，乘懈奋击。云云。'除将擒斩功次，审验监候枭挂外呈乞照详。"等因到院。

卷查先准兵部咨：前事已经备行福建、广东二省，漳南、岭东二道守巡、兵备、守备等官钦遵，调兵上紧，相机剿抚，并将进兵方略，行仰各官，密切遵照施行，敢有故违，悉以军法论处去后。

续据福建布按二司守巡漳南道右参政等官艾洪等呈："据委指挥高伟呈称：督同指挥等官覃桓等，领兵克期夹

急用。同时呈送几份报告,以备查考,不得延误,该地的各级官员都要同心协力,乘机进剿,不要远处遥控指挥军队,而坐失良机,不要坐等广东狼兵,而使自己的队伍意志松懈,战斗力削弱。务必成掎角之势,以壮我军威;注意保养部队,不要轻易出战,以积蓄我军的锐气;从多种角度,去扰乱盗匪的计划。轮流进攻,使盗匪疲于防守,扫荡盗匪的老巢,安定地方,那么东边的损失可以在西边补上,取得大的胜利就不须计较某些时候的小的挫折和失败。破盗匪,安定地方的任务完成时,全面考查每个人的功过,并把报告呈送上来,以便我根据实际情况向上级汇报。

案行领兵官搜剿余贼

据福建左参政陈策,副使唐泽联合报告说:"准漳南道参政艾洪,佥事胡琏的报告:督据委官指挥徐麟等报告说:'率领部队对盗匪进行跟踪追击,追到象湖山这个盗匪老窝,搭起营房,对象湖山进行围剿,遵照您的指示,假装说犒劳众人,撤退守军,等到秋天再来进剿,暗中则要求各支队伍,乘盗匪松懈时猛烈进攻,等等。'除将灭敌将士的功绩,审查核对之事以及审查验明哪些盗匪是监斩枭首挂头示众外,其他呈报已尽,请求详尽给予指导。"等情况报告到衙门。

先查考了以往的文件:前头的那件事已经发到福建、广东两省,漳南、领东两道守巡、兵备、守备等官,立即调兵,相机进剿盗匪,安抚百姓,并将用兵的策略,告知各级指挥官,密切配合,遵照执行,有敢于故意违抗的,都以军法论处。

随后据福建布政司、按察司的守巡漳南道右参政艾洪等官员报告说:"据委任的指挥官高伟报告说:督同指挥覃桓等官

攻,不意大贼众突出,陷入深泥,被伤身死,广东官兵,在彼坐视,不行策救。"呈详到院。参看得各官顿兵日久,老师费财,致此败衄,显是不奉节制,故违方略,正行查勘参提问;随据广东按察司等衙门佥事顾应祥等官会呈前事,开称:约会福建官兵,克期进攻间;爪探福建官军,被大伞贼徒杀死指挥覃桓等情,各职随即统兵策应,当获贼人一名,审系贼首罗圣钦执称余贼潜入箭灌巢内,率领官兵,直抵地名白上村,遇贼交战,斩获贼级,俘获贼属。'等因,呈报前来。

　　看得象湖、箭灌最为峻绝,诸巢贼首,悉遁其间,贼之精悍,尽聚于此,自来兵卒所不能攻;今各官虽有前挫,随能密遵方略,奋勇协力,竟破难克之寨,以收桑榆之功,计其大捷,足盖小挫;但象湖虽破,而可塘犹存;贼首颇已就擒,而余猾尚多逃遁;若不乘此机会,速行剿扑,薙草存根,恐复滋蔓;狡兔入穴,获之益难;除将功次另行查奏外;为此仰抄案回道查照。先行方略,乘此胜锋,急攻可塘,破竹之势,不可复缓。仍一面分兵搜斩余猾,毋令复聚为奸;罪恶未稔,可招纳者,还与招纳,毋纵贪功,一概屠戮;务收一篑之功,勿为九仞之弃。

员,指挥队伍按计划好的时间夹攻盗匪,没想到,大量的盗匪突然出现,他们陷于泥潭中,受伤身亡,广东的官兵,在他们负责防守的地段坐视,不想办法救助。"又了解到各指挥官屯兵时间越来越长,驻屯部队消耗财富,造成这样的惨败,明显是由于不听从调遣的缘故,所以违背作战计划,正想要调查以便处置,随即广东按察司等衙门佥事顾应祥等官员联合报告前面提到的事,他们称:"和福建官兵协商好了,按时进攻的时候,派出的密探报告说福建的官兵,被大伞的盗匪杀死了指挥官覃桓等人,各级指挥官立即统兵设法接应,抓到了一名盗匪,经审查,是盗匪的一个首领叫罗圣钦,他说其他的盗匪已经逃入了盗匪的老巢箭灌。于是率领官兵直接到达了一个名叫白上村的地方,在这里与盗匪相遇。发生了激战,杀了不少盗匪,并俘虏了不少。"写成报告呈送上来。

查看到象湖、箭灌这些地方最为险峻,各地的盗匪头子都逃到这些地方,盗匪的精锐力量,也积聚在这里,以前官军没有力量攻占这些地方。当前各官,虽遭受了一些挫折,但还能执行作战方案,齐心协力,奋勇杀敌,竟然攻破了这些难于围攻的山寨,就补收了战功,可以算是取得很大的胜利了,足以弥补那些小的失败。象湖虽然被我们攻破,但是可塘还存在,不少盗匪的头目已经被我们捉拿,而那些更狡猾的盗匪还在逃窜之中,如果不趁此破敌的大好机会,迅速将剩下的盗匪剿灭,就像薙草一样,只要根还存在,恐怕就仍然可能滋生蔓延;就好像狡猾的兔子进了洞穴,要想捕获它就更难了。除对将士的战功登记核对之外,为此发布命令,先执行新的作战策略,应乘胜猛攻可塘,势如破竹地进行下去,行动不能再迟缓了。同时还要分派队

本院即日自漳州起程，前来各营督战，仍与各官备历已破诸贼巢垒，共议经久之策，抄案。

奖励福建守巡漳南道广东守巡岭东道领兵官

据福建参政陈策、艾洪，副使唐泽，佥事胡琏，都指挥佥事李胤，广东参议张简，佥事顾应祥，都指挥佥事杨懋各呈称："据委官知府通判等官锺湘、徐玑等，率领军兵，夹攻象湖、可塘、箭灌、大伞等处贼巢，前后擒斩贼首詹师富、罗宗旺等，共计一千五百余名颗；及俘获贼属牛马器械等数。"到院。看得象湖、箭灌诸寨，皆系极险最深贼巢，自来官兵所不能下；今各官乃能运谋设策，协力夹攻，旬月之间，擒斩贼首，扫荡巢穴，谋勇显著，功劳可嘉！除将功次查奏外；通合先行奖励。为此牌仰汀州府上杭县，即便动支商税银两，买办彩缎银花羊酒，委官分投领赉，备用鼓乐，迎送各官处，用旌勤劳，以明奖励之典；其余领哨有功官员知府锺湘等，就行该道照依定去赏格，酌量轻重，径自支给官钱，买办花红等项，一体赏劳。仍具由加报，以凭查考。

伍搜查以斩除剩下的盗匪,使他们不能再聚合起来胡作非为。对那里罪行不大的盗匪,还可以招纳的,就招纳,不要纵容士兵贪图杀敌立功,将他们全部屠杀。务必战斗到最后,不要最后功亏一篑,前功尽弃。

我从今天起,从漳州起程,前往各部队督战,还将和各指挥官一道去察看被士兵们攻破的盗匪的老巢,与大家一起协商治理这些地方,想出一些使这些地方长治久安的良策,把这文件抄录下来。

奖励福建守巡漳南道广东守巡岭东道领兵官

据福建参政陈策、艾洪、副使唐泽、佥事胡琏,都指挥佥事李胤,广东参议张简、佥事顾应祥、都指挥佥事杨懋等人报告说:"委派的官员,知府通制钟湘、徐玑等官员,指挥将士,一起夹攻象湖、可塘、箭灌、大伞等处盗匪老巢,先后杀死或活捉盗匪的头目詹师富、罗宗旺等,合计一千五百余名颗,俘获了不少盗匪们的牛、马、器械等战利器。"报到衙门。查看到象湖、箭灌、等山寨,都是极其险峻的地方,是盗匪最坚固的巢穴,官军从来无法攻破这些地方。现在各官员能够运筹帷幄,制订出切实可行的方案,同心协力,相互夹击,一个月内,就杀死或活捉盗匪的头目,扫荡了盗匪的老巢,谋略高超,英勇无比,功勋卓著,很值得嘉奖!除将功劳审查上报之外,还应当先进行集体表彰奖励。为此命令汀州府的上杭县,从商税中拿出一部分银两作为开支,购买彩色的绸缎,准备好银子、鲜花,购置羊肉和美酒,派官员分别办理好,要用鼓乐,送到各官员住的地方,插上彩旗,挂上旌表,以表明奖赏的隆重。其他各级有功的官员知府

告谕新民

　　尔等各安生理，父老教训子弟，头目人等抚缉下人，俱要勤尔农业，守尔门户，爱尔身命，保尔室家，孝顺尔父母，抚养尔子孙，无有为善而不蒙福，无有为恶而不受殃，毋以众暴寡，毋以强凌弱，尔等务兴礼义之习，永为良善之民；子弟群小中或有不遵教诲，出外生事为非者，父老头目即与执送官府，明正典刑；一则彰明尔等为善去恶之诚，一则剪除莨莠，免致延蔓贻累尔等良善。

　　吾今奉命巡抚是方，惟欲尔等小民，安居乐业，共享太平；所恨才识短浅，虽怀爱民之心，未有爱民之政，近因督征象湖、可塘诸处贼巢，悉已擒斩扫荡，住军于此；当兹春耕，甚欲亲至尔等所居乡村，面问疾苦；又恐跟随人众，或至劳扰尔民，特遣官耆谕告，及以布疋颁赐父老头目人等，见吾勤勤抚恤之心；余人众多，不能遍及。各宜体悉此意！

钟湘等人，就在该道按照过去的惯例进行赏赐，根据战功进行奖赏，自己直接从各自的官府财政中支出赏赐的钱物，购买花红等项，统一赏赐。这些花费，仍然要一项项记录请楚，向上汇报，以便检查核对。

告谕新民

你们都要安心于自己现在的生活，年长者要教育年轻的，地方上的头人要注意安抚普通百姓。你们都要勤于你们的农耕，保卫你们的家庭，爱惜自己的生命，保护好你们的家室，孝敬自己的父母，抚养自己的后代。没有从善，上天不会赐福的，没有作恶，也不会遭受灾祸的，不要以人多欺负人少，不要以强凌弱，你们务必使礼仪的风尚兴起来，一生做一个诚实善良的百姓。同辈或晚辈中有不听从教诲的，有出外惹是生非或胡作非为的，父老兄弟，地方头人，可以立即将他押送官府，对他用刑处罚，使他知道是非。这样，一方面可以使你们的从善去恶的诚意发扬光大，另一方面又可以清除那些心术不正，为非作歹之徒，不至于使那些没落的社会风气蔓延，使你们善良的百姓受到它们的危害。

我现在奉上级的指示，巡查安抚这些地方，只希望你们普通的百姓，能够安居乐业，共享天下太平的日子。所恨的是我才学疏浅，见识寡陋、浅薄，虽然心怀爱惜百姓的心肠，但却没有爱惜百姓的政绩，近来由于指挥征讨象湖、可塘等地方盗匪的老巢，现在这些老巢全部被摧毁，盗匪被斩杀或被活捉，所以在这一带驻扎军队。正赶上你们春天耕种时候，我很想亲自到你们所居住的村庄当面向你们了解你们的生活疾苦，又担心跟随

钦奉敕谕切责失机官员通行各属

照得本院于本年六月十五日，节该钦奉敕："近该巡按福建监察御史程昌奏：'今年正月内被漳州南靖地方流贼，杀死领军指挥覃桓县丞纪镛，射死军人打手一十五名，参称：指挥高伟，参政陈策艾洪，副使唐泽，佥事胡琏，都指挥李胤，失机误事，俱各有罪；及称尔膺兹重寄，责亦难辞等因；下兵部议，谓前项贼情，自去年七月，已敕彼处抚巡等官，相机抚剿；日久未见成功，今反堕贼计，丧师失事，欲将高伟陈策等，姑免提问，各令住俸，戴罪杀贼；并降敕切责，令尔立效赎罪，朕皆从之。敕至，尔宜亲诣潮、漳二府地方，申严号令，详审机宜，督同守巡领军等官，调集官军民快打手人役，僭这粮饷，指授方略，随贼向往，设法剿捕；其福建、广东、江西官员，悉听尔节制，有急督令互相策应，约会夹攻，不许自分彼此，执拗误事；如有不用命及迟误供军者，宜照原奉敕内事理，径自拏问施行。事有应与两广并江西巡抚等官议处者，公同计议而行，务要处置得宜，贼徒殄灭，以靖地方。钦此！"钦遵外。

的人员太多，有可能会打扰你们，劳民伤财。所以特派官员向你们说明我的意思，以及将告示颁发给长者和地方上的头人，以表明我勤勤恳恳抚慰百姓的心思。由于人数众多，告示不可能发到每个人手中，诚恳希望大家能体察知晓我的愿望。

钦奉敕谕切责失机官员通行各属

我于今年六月十五日，接到皇帝的圣旨，圣旨说："近日，你巡查的地方福建，那里的监察御史程昌上奏说：'今年正月内漳州南靖一带的流窜的盗匪，杀死了部队指挥官覃桓，县丞纪镛，射死士兵打手十五名。'奏折指出，'指挥官高伟、陈策、艾洪，副使唐泽、佥事胡琏，都指挥李胤坐失良机，延误了剿灭盗匪的大事，他们都有罪过。'又指出你承担剿灭盗匪的重任，所以责任也难以推脱，把这份奏折交兵部复议。兵部说前面提及的盗匪的情况，在去年七月就已经通知该处巡抚等官，要求相机行事，剿灭盗匪，安抚百姓，时间过了那么久，还没成功，现在反而中了盗匪的诡计，使队伍遭受损失，想暂且不对高伟、陈策等提请审讯，分别给他们停俸处分，并命令他们戴罪剿杀盗匪，并降旨批评你，命令你建功赎罪，这些，我都批准，等敕令一到，你应当亲自到湖州、漳州二府，严格地申明号令，详尽地了解情况，把握战机，督促指挥守巡领军等官调集民快、打手、民工等运送粮饷，向他们讲授作战的方法，根据盗匪的动向，设法剿捕盗匪。福建、广东、江西的各级官员都听命于你，受你的节制，遇有紧急情况，督促各地相互接应，商量好如何夹击盗匪，不许自立门户，有你我之见，固执己见，必将误事。如果有不听从命令以及延缓军队供给的，应按照原来敕令中规定的原则

照得本院于本年正月十六日，抵赣莅事，当据福建参政陈策、佥事胡琏等呈："为急报贼情事，已经密具方略，行各官遵照，约会广东官兵，克期夹攻；随据各官呈称：指挥覃桓，县丞纪镛，在广东大伞地方，过贼突出，抵战身死；又称象湖、可塘等寨，系极高绝险，自来官兵所不能攻，乞添调狼兵俟秋再举等因"到院。参看各官顿兵不进，致此败衄，显是不奉节制，故违方略，正宜协愤同奋，因败求胜；岂可辄自退阻，尚调狼兵，坐失机会。本院即于当日选兵二千，自赣起程，进屯汀州；一面督令各官，密照方略，火速进剿，立功自赎；一面查勘失事缘由，另行参奏间。

随据各官续呈："遵奉本院纸牌密谕，佯言犒众班师，乘贼怠弛，衔枚直捣，攻破象湖等寨。又经行令各官，乘此胜锋，速攻可塘，破竹之势，不可复缓；仍一面分兵搜擒余猾，毋令复聚为奸；本院亦自汀州进军上杭，期至贼寨亲自督战。随据各官复呈：'为捷音事开称：攻破贼巢三十余处，擒斩首从贼人一千四百二十余名颗，俘获贼属五百七十余名

进行处理，可以直接诛杀，提取审问，实行处罚，遇有需要和两广及江西巡抚等官员商议的事时，理应和他们商量好后再采取具体行动。各项措施，务必得法，消灭盗匪，使地方安定。钦此！"我接旨后，立即照办。

我今年正月十六，到江西赴任工作，当时据福建参政陈策、佥事胡琏等人呈送报告说："为了紧急通报盗匪的情况，并已经周密地拟订了具体的方案，要求各级官员遵循照办，约好与广东官兵一道，在预定的日期夹攻盗匪。"随后，又有几个官员呈送报告说："指挥官覃桓，县丞纪镛，在广东名叫大伞的地方，与盗匪突然相遇，英勇抵抗而战死。又说象湖、可塘等山寨都在高山险要处，前来的正规军没有能够攻破的，要求再抽调狼兵，等到秋天再进行进攻。"报告到官府。了解到各级指挥官按兵不动，才导致了这样的惨败。这主要是因为不听调遣，所以违背了作战计划，正应当齐心协力共同作战，转败为胜，哪能擅自退却，寄希望于调集狼兵，坐失战机呢？我在收到报告当天就派两千士兵，从江西起程，进驻汀州，一面命令各级指挥官，按拟订好的策略，迅速进发围剿盗匪，各自立功赎罪，一面调查导致以往失败的原因，另行向上汇报。

这期间又收到一些指挥官的报告，报告说："遵照我的秘密告示，假装犒劳军队，把军队撤走，乘盗匪懈怠放松警戒时，迅速出击，攻破了象湖等山寨。"又命令各指挥官，趁此胜利的锐气，乘胜进攻，以破竹之势，迅速地攻下可塘，不能再迟缓；一面派兵搜索，捉拿盗匪使他们不能再聚合在一起胡作非为，我也率领部队从汀州到上杭，按期到达盗匪寨前亲自督促作战。随后又有官员呈送报告说："捷报频传：攻破盗匪老巢三十口,烧毁房屋二千余间,夺获牛马贼仗无算;即今余党,悉愿听抚,出给告示,招抚得协从贼人一千二百三十五名,家口二千八百二十八名口,乞要班师等因。"已经具本奏报去后。

今奉敕谕切责,不胜惶恐待罪;然犹幸其因人成事,偶获收功,愧虽难当,罪或可免。随又访得各贼徒党,尚多逃遁;诸巢余蘖,又复萌芽;果尔,则忧患方兴,罪累日重,深思其故,恐是各官急于成功,不能扫荡;或是惮于久役,为此隐瞒;本院闻此,实切惭惧!即欲遵奉敕谕事理,亲至漳州体勘查处;但今南赣盗贼猖獗,方奉钦依来剿,师期紧迫,军马钱粮,必须调度,势难远出。又前项事情,出于传闻,未委虚的,合行查勘。为此,仰抄捧回司,照依备奉敕谕,及查照先今案验内事理,即委本司公正堂上官一员,会同守巡该道官,亲诣漳州地方,督同知府等官,将已破贼巢,逐一查勘,前项强贼,曾否尽绝?所获贼首,是否真正?徒党有无逃遁?余蘖有无萌芽?是否各官苟且隐瞒?惟复别贼,各另生发;若贼首果已擒获,巢穴果已扫荡是实,取具各官,不致遗患重甘结状,具由呈来。如或有所规避欺蔽,俱要明白声说,以凭参究施行;若有脱漏残党,或是别项流贼,乘间啸聚,事出意外,亦要从实开报,就将防剿机宜,作急议处停当,相机行事;一面呈来定夺,无得畏难推多处，杀死或活捉盗匪一千四百二十多人，俘虏盗匪五百七十多人，烧毁盗匪的房屋二千多间，收缴牛、马等无数战利品，现在其他残存的盗匪都愿意听从官府命令，于是出示安抚告示，一千二百三十五名胁迫为盗匪的人接受安抚，此外还有他们的家眷二千八百二十八人。请求撤军。"我将以上这些情况向上汇报。

现在又接到敕谕，提出批评，我不胜惶恐，等待治罪。然而还算幸运，因人成事取得一些功绩，但我仍然感到羞愧难当，罪行或许可以免除。随后又查访到，各地的盗匪，不少还在逃窜中，一些盗匪的老巢又重新聚集了盗匪，盗匪的势力又开始发展，如果真是这样，那么忧患又要出现了，我们的罪过也将一天天加重，我仔细思索导致这种状况的原因。恐怕这是由于各级指挥官急于求成，没有能够将盗匪彻底剿清，或者这是由于各级指挥官害怕长年累月的征战，为此隐瞒真情不报，我听到这些情况，既感到惭愧，更感到害怕，立即想按圣旨上说的，亲自到漳州，调查处理这些事情。然而现在南赣一带的盗匪十分地猖獗，正按圣上指示前去进剿，军队作战很紧急，军马、粮饷必须跟着作相应的调动，形势确实使我难以脱身离开，再就前面谈到的那件事情，出于传闻，还没有了解到真实的情况，应该再进行调查。现在命令把此文立即抄回并遵照皇上圣旨，再次调查这个事件的情况，并派我官府中一名高级官员连同守卫该道的官员前往漳州，督促他们同知府等官员一道，将已经攻破的盗匪巢穴一一检查，核对清楚，那些凶悍的盗匪是否真的全部清除了？所活捉的盗匪头目，是不是真的？盗匪有没有向远处逃窜？是否还有重新发生盗匪的迹象？是不是各级官员有暂时隐瞒事

咎，以致贻患地方。国典具存，取罪愈大，俱无违错迟延。

兵符节制

五月

先据该道具呈计处武备，以便经久事。议将原选听调人役，如宁都杀手廖仲器之属，尽行查出顶补各县，选退机兵，通拘赣城操演，以备征调，已经批仰施行去后。看得习战之方，莫要于行伍；治众之法，莫先于分数；所据各兵既集，部曲行伍，合先预定；为此仰抄案回道，照依定去分数，将调集各兵，每二十五人编为一伍，伍有小甲；五十人为一队，队有总甲；二百人为一哨，哨有长，协哨二人；四百人为一营，营有官，有参谋二人；一千二百人为一阵，阵有偏将；二千四百人为一军，军有副将。偏将无定员，临阵而设；小甲于各伍之中，选材力优者为之；总甲于小甲之中，选材力优者为之；哨长于千百户义官之中，选材识优者为之；副将得以罚偏将；偏将得以罚营官；营官得以罚哨长；哨长得

情真相的情况？还有其他的匪徒，分别是怎样产生的：如果盗匪的头目被活捉，盗匪的老巢被扫荡是真的，从各官员处取得证据，不再使祸患重演，请将具体详情报告。如果有规避和欺骗的行为，都要明明白白地交代清楚，以便根据实际情况追究责任。如果有漏网的盗匪或者其他别的盗匪，重新聚结在一起，或又发生意料之外的事情，也要如实写明向上汇报。并将防守和进剿的具体计划，赶紧商议作相应的调整，根据具体情况进行具体处置，一面将情况向上汇报，听从上级的裁决。不要以各种困难为借口推脱自己的过失，以致给当地带来灾难。

兵符节制

五月

先前各道都呈送报告，谈及的是如何对待武装的问题，目的是使各地的武装力量时刻都能承担赋予它的重任。建议将原来选派出来准备听候调遣的人员，如宁都杀手廖仲器之类的人物，全部抽调出来，分别补充到各县的武装中，撤销巡捕兵员，把他们全部送到赣城操练，以备日后调用。我已经批准同意照此办理，后来又多处查看，得知使士兵熟习作战的方法，主要通过行伍；治理众人的方法，首先得将众人分成几个部分，根据各地士兵都已集中的实情，部曲行伍都事先预定如何编排。首先预计编定的规模，因此各道都要把此文抄回，按照定制编定部队。将调集到一起的士兵，每二十五人编为一伍，每伍有小甲；五十人组成一队，每队有总甲；二百人为一哨，每哨有哨长，协哨长两名；四百人设一营，每营有营官，参谋两名；一千二百人为一阵，每阵有偏将；二千四百人为一军，每军设副将，偏将，偏将

以罚总甲；总甲得以罚小甲；小甲得以罚伍众；务使上下相维，大小相承，如身之使臂，臂之使指，自然举动齐一，治众如寡，庶几有制之兵矣。编选既定，仍每五人给一牌，备列同伍二十五人姓名，使之连络习熟，谓之伍符；每队各置两牌，编立字号，一付总甲，一藏本院，谓之队符；每哨各置两牌，编立字号，一付哨长，一藏本院，谓之哨符；每营各置两牌，编立字号，一付营官，一藏本院，谓之营符；凡遇征调，发符比号而行，以防奸伪。其诸缉养训练之方，旗鼓进退之节，要皆逐一讲求，务济实用，以收成绩。事完备造花名手册送院，以凭查考发遣。

预整操练

案照先经批仰将听调人役，查拘操演，以备征调；即今兵威士气，已觉渐有可观；但诸色人内，尚有遗才，亦合通拘操演。看得龙南等县捕盗老人叶秀芳等部下，兵众亦多

名额不定，根据临时需要设置；小甲从伍队优秀成员中选出，总甲由小甲中选出的优秀成员担任，哨长从千百户义官中选出优秀的人担任。副将可以处罚偏将，偏将可以处罚营官，营官可以处罚哨长，哨长可以处罚总甲，总甲可以处罚小甲，小甲可以处罚伍队中的成员：务必使上下关系相互维持这种统属关系，上一级的节制下一级，就好像身躯使唤手臂，手臂则使唤手指，整个过程浑为一体，整齐划一，管理众多的人就跟管理少数人是一样的，这样就能很好地管理军队了。编选如果已经定了，那么每五个人发一付牌，写上同伍的二十五个人的姓名，使他们相互联系，相互熟悉，这种牌，管它叫伍符。每队各设两付牌，编写字号，一付牌交给总甲，一付放到我的衙门，这种牌叫它队符。每哨各设两付牌，编写字号，一付牌交给哨长保存，一付牌放到我的衙门，这种牌叫它哨符。每营各役两牌，编写字号，一付牌由营官保存，一付放到我的衙门，这种牌叫它营符。凡是遇有征调的时刻，由我发符调遣，接符者必须仔细检查对照，确定无误后听从调遣，以防备一些奸诈之人用假兵符调遣部队。其他诸如管理部队，训练部队的方法，旗子摇动，战鼓声响表示部队如何进退的方法，都要逐一讲清，务求实际作用，以便收到显著的效果。编选的事情办完之后，将编选士兵的名单登记造册送到我衙门，以便参考。

预整操练

根据原来的指示把那些服役人员按编选后的建制，进行训练，以备听候调遣，军队的军威和士兵的士气，现在已经感觉到逐渐改观，有了起色。但其他的人员中，还有许多人才，也应

经战阵，况各役向化日久，皆有竭忠报效之心；但其勇力虽有，而节制未谙；向慕虽诚，而情意未洽；一时调用，亦恐兵违将意，将拂士情，信义既未交孚，心志岂龙能一？为此仰抄案回道，通将所属向化义民人等，悉行查出，照依先行定去分数，行令各选部下骁勇之士，多者二三百人，少者一百人，或五十人，顺从其便，分定班次；各役若无别故，自行统领；或有事故相妨，许令推选亲属为众所服者代领，前来赣城，皆于教场内操演；除耕种之月，放令归农，其余农隙，俱要轮班上操；仍于教场起盖营房，使各有栖息之地；人给口粮，使皆无供馈之劳；效有功勤者，厚加犒赏；违犯约束者，时兴惩戒；如此，则号令素习，自然如身臂手指之便；恩义素行，自然兴父兄子弟之爱；居则有礼，动则有威，以是征诛将无不可矣。

该将他们集中起来进行训练。了解到龙南等县捕捉土匪的老人叶秀芳等队伍,战士们也经历了多次战斗,况且战士们归附政府的心愿由来已久,他们都有尽忠竭力报效国家的心愿,然而他们虽然有勇气与力量,但对于听从调遣等方面的制度却不熟悉;向往归附的心情虽然诚恳,而这种队伍与我们队伍间的关系还不融洽,一时间要调用他们,也担心他们的士兵违背指挥官的意志,指挥官也不了解士兵的情况。相互的信任、了解还没有达到那种十分密切的地步,思想怎么会统一呢?希望各道速抄此文回道,要求管辖区内的那些向往归附部队的人全部挑选出来,按照先前的办法去将他们编排成队伍,下令分别挑选勇敢的士兵,多的可以达二三百人,少的可以一百人或者五十人。根据他们的情况,将他们排好次序,各部如果没有其他的原因,那么由他们自己指挥管理,如果有什么情形妨碍这种指挥管理,那么准许推选士兵中,众望所归的亲属来代行指挥。率领他们到赣城来,都到练兵场进行操练。除农忙时节,让他们回去劳作之外,剩下的农闲时间,都要轮班进行训练,仍然在训练场附近盖营房,使他们都有休息的地方,向他们提供口粮,使他们不为饮食操心。勤勤恳恳,成绩突出者,给予重赏;违反纪律的,要时常进行批评教育。如果这样,他们就会熟悉各种号令,指挥他们,仍然就像手臂带动手指那样运用自如。经常对他们施行恩义,自然使各种优良的礼仪之风兴盛,闲居时则表现出礼让,外出时则表现出威严,就凭这些,他们行军作战,诛讨盗匪,将没有哪一项是不能胜任的了!

选募将领牌

看得所属地方,盗贼充斥,一应抚剿事宜,各该兵备等官,既以地方责任,势难频来面议,若专以公文往来,非惟事情不能该悉;兼恐机宜多致泄漏。为此牌仰郴州兵备道,即于所属军卫有司官,或义官耆老,推选素有胆略,才堪将领,熟知贼寨险夷、备晓盗情向背,忠慎周密,可相信任者一二人,前来军门;凡遇地方机务,即与密切商度,往来计议,庶几事可周悉,机无疏虞。

批留岭北道杨璋给由呈

据副使杨璋呈给由事。看得朝廷设官,本因保障臣子尽职,匪专给由;副使杨璋,才力精敏,识见练达,久在军中,习知戎务,见今盗贼猖炽,方尔请兵会剿,一应军马钱粮,皆倚赞画,方有次弟;若因给由,遽尔轻动更代之人,岂免事多生疏?交承之际,必至弊乘间隙,遂有出柙之虞,何益噬脐之悔?仰本官勿以循例给由为急,惟以效忠尽职为先,益展谋猷,仍旧供职,地方安靖,足申体国之勤;懋续彰闻,岂俟天曹之考?仍行抚按衙门知会呈缴。

选募将领牌

了解到我所管辖的地方盗匪很多，一切措施都应符合围剿盗匪的事务，各地的兵备等指挥官员，担当维护各地的重任，势必难于常来和我一起面谈，寻求对策。如果专门用公文的方式来进行这种联系，又担心不能全部了解详情，另外还担心这些机密的事情泄露出去。为此向郴州兵备道发公文，命令该兵备道所管辖的军、卫、司各级官员或年老退休的官员，推选出那些有胆略、有才干的将领，挑选熟悉盗匪山寨情况，忠诚谨慎，办事周密，值得信赖的一两个人到我军中来。凡是遇与各地有关的机密情况，我们就和他们密切商议，这样商谈，大概就可以详尽地了解情况了，就不必担心机密的泄露了。

批留岭北道杨璋给由呈

副使杨璋呈送来报告，谈的是按照有关规定申请离职的事。我想朝廷设置各种官职，原本是保障自己的臣子能够恪尽职守，并不单是有一些事由就应当离任的。副使杨璋，才思敏捷，精力过人，见多识广，办事干练，长期在军中供职，懂得如何处理有关军事事务。现在盗匪猖獗，正值调集其他地方的兵力联合进剿，一切有关军事方面的事务以及钱粮的供给等，都需要有才能的人帮助筹划，这样才能有条不紊地进行，如果就是因为这样而轻易地进行人事变动，难道叫新人接替不对新的事务感到生疏吗？在新旧交接的时候，一定会带来一定的混乱，于是我就担心有人乘机捣乱，到时后悔也就晚了！要求副使杨璋不要援引以往的惯例，急切要求离任，应当把为朝廷尽忠，自己尽职放在优先的地位考虑，充分地发挥自己的聪明才智，依然照旧担任

批广东韶州府留兵防守申

　　看得本院募兵选士，欲弭盗安民，正恐地利不能齐一，措置或有未周，故期各官酌量润色，务求尽善可久。今据该府各县所呈，非惟不能弭盗，而适以启盗；非徒不能安民，而又以扰民；此岂本院立法之初意哉？行仰各县堂印官，务体本院立法不得已之意，各要酌量事势，通融审处，苟无不尽之心，自无难处之事；兵法谓守则不足，攻则有余，今各县所留之兵，止于防守；而兵备所选之士，将以剿袭；防守之兵，虽老弱皆可以备数；而张威剿袭之士非精锐不可以摧锋而陷阵。况各县所留，尚有三分之二，而兵备所取，止得三分之一，其于大势未便亏损；今取三分之一，而遂以为地方不复可守；假使原数止此，亦将别无措置之方耶？又况剿袭之兵既集，则兵威日振，声东击西，倏来忽往，贼将瞻前顾后，自然不敢轻出；各县防守，愈易为力；此于事理，亦皆明白易见。各官类皆狃于因循，惮于振作，惟知取私便之为利，而不知妨大计之为害，宜各除去偏小之见，共为公溥之谋；若复推调迟延，夹攻在迩，已经奏有成命；苟误军机，定以军法从事。

原来的职务，为地方的安宁出力，足以表明对体念国家的勤劳；功绩卓著，难道这还要等待中央吏部来检测考查吗？你的情况仍通知巡抚、巡按衙门上报告呈缴。

批广东韶州府留兵防守申

我招募军队，挑选士兵，目的是剿灭盗匪、安抚百姓，我担心各地的利益关系不同而行动不能统一，采取的各种措施或许有的还不周到，所以希望各级官员根据实际情况酌情补充，务必使各种措施完善，使各种措施能长久地执行。现在根据各府县呈送的报告表明，有一些做法不但没有能起到消灭盗匪的作用，反而帮助了盗匪，一些措施的执行不但没有能安抚百姓，反而扰乱百姓。这难道是我制订各种规章制度的初衷吗？现在要求各县的官员，务必体谅到我制订各种规章法度实在是形势所逼。各官员都要根据具体情况，仔细考虑，灵活地按各种规章法度办事，如果没有不尽心尽职的心情，自然没有什么难以处理的事情。兵法上说守则力量不足，攻则力量有余，现在各县留驻的兵力，只在于防守，而兵备的挑选的士兵将用来进攻作战。防守的士兵，虽然战斗力弱，然而还可以作为后备力量，而使围剿盗匪军队的声威壮大，不是精锐力量是不足以摆上战场作战的。现在各县所留守的力量，还是原来的三分之二，而兵备只抽调了原来力量的三分之一。留守的力量还没有减少多少，现在又要从中抽调三分之一，于是就认为地方难以防守，假如原来的力量就是这样，那么就没有什么防守的办法吗？况且现在进剿盗匪的队伍已经集中，军威一天天高涨，声东击西，忽来忽去，盗匪瞻前顾后，自然不敢轻举妄动，各县的防守压力也就变得轻

咨报湖广巡抚右副都御史秦防贼奔窜

八月

准巡抚湖广都御史奏咨云云,已经一体钦遵施行。续据江西岭北道副使杨璋,看得朱广寨等处,系桂阳、乐平二县界内贼奔要路,今夹攻在迩,要行各道预发精兵把截;又经备行广东、湖广各官,起集骁勇机快,父子乡兵,选委素有能干官员统领,各于贼行要路,昼夜严加把截,或遇前贼奔逃,就便详察险易,相机截捕,或先于朱广、鱼黄贼所潜逃诸山寨,多张疑兵,使贼不敢奔往,务要虑出万全,不得堕贼奸计;各道仍须分投爪探,出奇设伏,先事预防,但得贼中虚实,差人飞报军门。大抵防寇如水,四面提防既固,但有一处渗漏,必致并力溃决;贼所奔逃,尚恐不止前项诸处,仍行各道再加询访,但有罅隙,即便行文知会,互相关防;必使皆无蚁穴之漏,庶可全收草薙之功。

松,这些道理,都是很明白地摆着。(官员)你们都承袭旧的观念,自己不求振作起来,只知道维护地方的小利益,贪图一地的方便,而不懂得妨碍大政方针所造成的危害。你们应当抛弃狭隘的地方观念,为共同的利益谋划。如果你们再推延调兵,夹攻盗匪迫在眉睫,我已经向皇上汇报,得到指示,如果延误了军机的,一定以军法严惩。

咨报湖广巡抚右副都御史秦防贼奔窜

八月

准巡抚湖广都御史来公文说,已经按上级的指示作了部署。随后据江西岭北道副使杨漳查看了解到,朱广寨等地是桂阳、乐平两县的交界处的盗匪必须经过的地方,现在夹攻盗匪迫在眉睫,要求各道预先派精兵把守要道进行拦截,又命令广东、湖广各地的官员,务必集中勇略超群的巡捕,或以前的地方民兵,委派那些精明强干的官员指挥,分别在盗匪要经过的重要地段,昼夜严加把守。如果遇到桂阳、乐平逃窜的盗匪,就相机仔细观察进攻他们的难易状况,然后拦截捕捉他们。如果桂阳、乐平的盗匪比朱广、鱼黄等地的盗匪先逃到山寨时,则要多设疑兵,使盗匪不敢逃往那些山寨中。务必想出万全的策略,不要上盗匪的当,中他们设计的圈套。各道仍然需要派出密探,出其不意地设法潜伏到盗匪中,先要好好保存自己,一旦刺探到盗匪的真实情况,就派人将情报火速送到部队指挥部。防御盗匪大概和防水是一个道理,四边坚固的堤坎,如果有一个地方有渗漏,就必然会使整个堤坎溃决;盗匪所要逃窜的地方,恐怕不止前面谈到的那些地方。仍然命令各今准前因，为照前项各贼，屡经夹攻，狡猾有素，今闻大举，预将妻子搬寄，此亦势所必有；照得咨开："龚福全、李斌皆已搬送妻子，近往桶冈亲识人家。"除行领北道密行擒拏；一面行文湖广各官将前项窝户姓名，密切知会，或住近桂阳，或住近上犹，就仰各该守把官兵相机剿捕外；拟合咨报云云。

钦奉敕谕提督军务新命通行各属

九月

正德十二年九月十一日，节该钦奉敕谕："江西南安、赣州地方与福建汀、漳二府，广东南、韶、潮、惠四府，及湖广郴州桂阳县壤地相接，山岭相连，其间盗贼，不时生发，东追则西窜，南捕则北奔。盖因地分各省，事无统属，彼此推调，难为处置；先年以此之故，尝设有都御史一员，巡抚前项地方，就令督剿盗贼；但责任不专，类多因循苟且，不能申明赏罚，以励人心，致令盗贼滋多，地方受祸。今因尔所奏及该部覆奏事理，行改命尔提督军务。常在赣州或汀州住札，仍往前各处，抚安军民，修理城池，禁革奸弊，一应军马钱粮事宜，俱听便宜区画，以足军饷；但有盗贼生发，即便严

道要一再巡查了解，如果查到某处让盗匪有机可乘，就立即呈文上报，设法互相关照防守，必须堵绝像蚁穴那样的漏洞，那么就可以将盗匪斩尽杀绝。

现在查明盗匪逃窜的原因，盗匪多次遭到我们的夹攻，变得更加狡猾。现在听到我们将大举进攻，事先将妻子儿女搬迁到其他地方，这也是迫于形势。有公文说："龚福全、李斌等都已经把妻子儿女迁走，把他们安置在附近桶冈山亲朋好友的家里。"除命令岭北道按令秘密捕杀盗匪之外，一面向湖广的官员发公文，要求将那些窝藏盗匪的住户调查清楚，并秘密向我报告。有的窝点在桂阳附近，有的窝点在上犹附近。除希望各地把守的官员根据情况剿捕盗匪外，还要拟写公文，向上汇报。

钦奉敕谕提督军务新命通行各属

九月

正德十二年九月十一日，我接到皇上的圣旨，圣旨说：'江西南安、赣州与福建漳州、汀州两府，广东南、韶、潮州、惠州四府以及湖广郴州、桂阳县，都是行政区域交界接壤的地方，这一带高山峻岭，其间不时有盗匪出没，从这边围剿盗匪，盗匪则往另一边逃窜，从那边追剿，则又逃到这边。这是因为上述那些地方，分属了不同的省区，各地间的事务互相没有统属关系，相互推诿，难于办理剿灭盗匪一事。过去因为这个原因，曾经设了一个都御史，巡查安抚上述提到的那些地方，就责令他监督指挥剿灭盗匪，然而由于职责不专一，许多事情都是得过且过，敷衍塞责，没有能够向军民讲清赏罚制度，以这种方式来激励军心民心，以至于使盗匪越来越多，地方上遭此横祸。现根据

督各该兵备、守备、守巡,并各军卫有司,设法调兵剿杀;不许踵袭旧弊,招抚蒙蔽,重为民患。其管领兵快人等官员,不拘文职武职,若在军前违期,并逗留退缩者,俱听以军法从事;生擒盗贼,鞫问明白,亦听就行斩首示众,斩获贼级,行令各该兵备、守备官即时纪验明白,备行江西按察司,造册奏缴,查照南方剿杀蛮贼事例,升赏激劝;仍要选委廉能官员,密切体访,或金所在大户并被害之家,及素有智力人丁,多方追袭,量加粮赏;或募知因之人,阴为乡导;或购令贼徒,自相斩捕;或许令胁从并亡命窝主人等,自行出首免罪;皆听尔随宜处置,不必执定一说。其应捕人员,尤要严加戒约,不许妄拏平人,及容贼挟雠攀引,因而吓诈财物,扰害良善,军卫有司官员中,政务修举者,量加奖劝;其有贪残畏缩误事者,文职五品以下,武职三品以下,径自拿问发落;事有应与各该镇巡官计议者,亦须计议而行。尔为风宪大臣,受兹新命,尤宜廉能刚果,肃清积弊,以副朝廷委任之意。如违,责亦有所归焉。尔其钦承之,毋忽故敕。钦此!"钦遵;拟合通行。

你呈送的奏折所反映的情况以及兵部奏报的情况，特改派、任命你监督军务。平常进驻赣州或汀州，还需要到上述各地安抚军民，构筑城堡，疏浚护城河，严禁作奸犯科的人和事，清除地方时弊，军马、钱粮方面的事务，都由你统筹规划，以保障部队的供应，一旦有盗匪事件发生，就要立即严令督促兵备、守备、守巡，以及各军的卫、司想办法调集兵力剿杀盗匪，不许重蹈过去的覆辙，使招抚百姓的事业蒙受损失，使盗匪依旧成为百姓的祸害。那些管理指挥军队的官员，不论是文职还是武职，如果有在军务中违反时间规定，停留退缩的，都按军法处罚。活捉的盗匪，要亲自审问清楚，也将他们斩首示众，所斩杀或被捕的盗匪，要命令各兵备、守备官，立即登记并调查清楚，先送到江西按察司，再造册上交。能够提供剿杀南方盗匪方略的，应给予奖赏表示鼓励，还要委派那些廉洁奉公有才能的官员，秘密调查，或者命令所在地的富豪和大户被害之家，以及那些智力、才能一向出众的人，进行追袭剿杀强盗，并给予适当的奖励，或招募那些了解盗匪情况的人，私下里要他们做向导，或者收买盗匪成员，使他们内讧，自相残杀，并命令被胁迫成盗匪的人或窝藏盗匪的人，自己到官府自首，可以免除他们的罪行，都由你根据具体情况具体办理，不必局限于某一种定论，至于那些做捕快差役的人，要严加约束。不许随便捉拿无罪的平人，不能容许强盗或差役挟私仇攀咬其他无罪的人，以此恐吓勒索财物，扰乱百姓使百姓遭殃。军卫、司各官员中，勤于政务，各项工作成绩突出的，根据情况给予相应的奖赏以资勉励；对那些贪污受贿、残暴、畏惧退缩、误事的官员，文官五品以下，武官三品以下的，你可以直接斩首或发配他处。凡是需要商议的事情，应该和各

为此仰抄捧回司,照依案验,备奉敕谕内事理,并行该道守巡、兵备、守备等官,及府卫等官,及府、卫、所、县大小衙门,一体钦遵施行。都司呈镇守,布政司呈巡抚,按察司呈巡按衙门,各查照施行。

咨报湖广巡抚右副都御史秦夹攻事宜

准巡抚湖广都御史秦咨内开:"夹攻江西该分哨道并把截之路,及各该官军,不无追剿往来过境,必须各给旗号识别,以防错误;凡遇贼势纵横,及攻坚去处,各领哨官,即便发兵策应,同舟共济。又称各省窝贼之家,今既各有指实,必须从长计处,绝其祸本,以收全功;烦为参酌行止,并将合行事宜咨报,以凭转行各该领兵等官遵守。"等因,准此。

先该本院访得大庾、南康、上犹三县,近附贼巢良民村寨甚多,往年大征,不曾分别善恶,给与良民旗号,及拨兵护守,以致狼、土官兵,贪功妄杀,玉石不分;亦有一二良民村寨,给与旗号,拨兵护守,又被不才领兵官员,并良民

地的镇守巡官商议，然后才可付诸实施。你为有功德的大臣，现在又接受这项新的任命，更应该廉洁刚正，肃清长期积聚的弊端，以不辜负朝廷对你的任命。如果违背了，也要承担责任。你要好好接受这项任命，不要忽视我以往的敕令。钦此！"我接到圣旨，就打算在各地推行。

希望你们将圣旨抄录、按照圣上的旨意办理，把圣旨中谈及的各项事情，命令各道守兵备、守备等官以及府、卫所管辖的大小官员及大小衙门遵照实行，都司将公文呈交给镇守，布政司将公文呈交给巡抚，按察司将公文呈交给巡按衙门，按照文件中规定进行落实。

咨报湖广巡抚右副都御史秦夹攻事宜

准巡抚湖广秦都御史在他的公函中说："联合夹攻，江西管辖内的哨道应当封锁并拦截盗匪的逃路，各哨道统帅下的官兵互相追剿往来过境的盗匪，必须分发旗子，以示区别，以防错误。凡是遇到盗匪势力较强以及他们处在进攻别的难攻地方时，便要立即发兵策应，同舟共济。各省窝藏盗匪的家户，现在已经有了比较确切的了解，应当从长远处考虑，以杜绝盗匪这个祸患的根源，以收到预期的功效。烦请您参考，根据情况确定是否进行夹攻，并且恳请将联合夹攻的事情来函告知，以便把夹攻的事情告诉我管辖下的各级官员遵照执行。"我同意他的联合夹攻办法。

先前我查访得知，大庾、南康、上犹三县，平民百姓的村寨很多就在盗匪老巢附近，以往大规模征剿盗匪，不能区分出善良百姓还是盗匪，就发给善良百姓旗子作为区分的标志，并派兵守护，以至于广东的地方部队官兵，贪功滥杀，好坏不分。也有

寨主，受贼重贿，及将有名贼首隐藏其家，事定仍复还巢，至今贻患。及有吉安府龙泉、万安、泰和三县，并南安府所属大庾等三县居民无籍者，往往携带妻女，入輋为盗，行劫则指引道路，征剿则通报消息，尤为可恶。即今闻有大兵夹攻，俱各潜行回家，遇有盘诘，辄称被虏逃归，因而得脱诛戮；若不通行挨究，将来事定仍复入巢，地方之患，何时可已？就预行上犹等三县著落，当该掌印官员查出附近贼巢居民村寨，通计若干，图画申报，以凭每寨给与良善旗号，临期拨兵护守。仍取各寨主并地方总甲甘结在官，如有应剿贼徒来投，希图隐匿者，许其擒斩送官，照例重赏；容隐者，事发一寨之人，通行坐以奸细重罪。其大庾龙泉等六乡，各给告示，晓谕乡村里老人等，但有平昔入輋为盗，即今潜出，许其举首，亦行照例给赏；容隐事发，本家并四邻一体坐罪。如此，庶良善免于玉石俱焚，而盗贼得以根株悉拨。俱经牌仰该道遵照施行外。

一些百姓的村寨，发给了百姓旗子，并派兵守护，可是一些道德败坏，智能低下的指挥官以及村寨的寨主，接受盗匪的贿赂，把那些盗匪头目窝藏在他们家里，等到围剿停止，风声稍静时，那些头目重又回到他们的老巢，以致到现在，仍然祸患无穷。吉安府的龙泉、万安、泰和三县和南安府的管辖的大庚等三县中没有户籍的居民，往往携带妻子儿女到偏僻处去干盗匪的勾当，进行抢掠时他们就为盗匪带路，我们征讨盗匪时，他们则为盗匪通风报信，这些人，实在可恶。现在他们听到我们将要带大军进行夹击，他们就都偷偷地回到家里，遇到有人盘问他们时，他们往往称自己被盗匪劫走，而历尽千辛万险逃回来的，因而可以免罪而不遭到诛杀。如果不挨家挨户地进行查处，等到围剿的风声一过，他们又重新回到盗匪老巢，地方上的祸患，什么时候可以结束？就先行在上犹等三县落实具体措施，这些地方的主要官员要负责调查清楚盗匪老巢附近的百姓村寨，并统计出具体的数目，画好图并附上文字说明，向上级申报，根据申报情况，给盗巢附近的百姓村寨分发给善良百姓的旗号，将要夹击时派兵守护这些地方，仍然要把各寨的寨主和当地的总甲送到官府好好看管。如果有应当被剿杀的盗匪来投降，希望将自己掩蔽起来的，准许将这样的盗匪杀掉，或押送官府，照样给予重的奖赏。如果有收容并将他们隐藏起来的，这事情关系到一个村寨的全体人，通常以通奸细罪实行连坐并给予重罚。大庚、龙泉等六个乡村，分别给予告示群众，使乡村老幼皆知，如果有平常到盗匪巢中为盗的，现在潜逃出来，准许他自首和检举别人，这样也照样进行赏赐。如果容纳并隐瞒真情，而又被发觉，那么容纳隐藏的这一家及四邻一同牵连，进行处罚，如果这

又据委官知府等官季斅等呈称："依奉本院方略，分兵于上犹、南康等处防遏，被贼两次纠众出攻南安，俱幸我兵克捷，即今贼势略已衰败；若乘此机会，直捣其巢，旬月之间，可期扫荡云云。"本院看得三省夹攻事宜，集兵有先后，期约有迟速，如上犹、大庾之贼，江西先与湖广夹攻；止令广东之兵于仁化把截；候广东兵力已齐，听湖广、广东约会夹攻，江西之兵止于大庾把截；通候广东、湖广夹攻已毕，广东之兵移于惠州，江西之兵移于龙南，又行约会夹攻；如此，庶先后有序，事机不失，兵力不竭，粮饷可省。又经移咨贵院查照施行外。

今准前因，看得官军过境，必须各给旗号识别，以防错误；攻坚去处，必须各领哨官，即便发兵策应，庶得成功；持论既极公平，所处又甚详悉；除行领哨等官遵照施行外；惟守备指挥李璋所呈："窝贼之家传闻之言，未必皆实。"已行该道再行查访，务求的寒拔绝祸源。其进攻次第，惟桶冈一处，该与湖广之兵会合；若长流坑、左溪等处，皆深入南安府所属三县腹心之内，见今不次拥众奔冲，势难止遏；本

样,那么善良的百姓就可免遭玉石俱焚的悲惨结局,也就可以将盗匪斩草除根。现在发布公文,要求各道切实遵照执行。

另外,又据委派的官员季斅等知府官员呈送来的报告说:"依照您的进剿方案,我们分兵在上犹、南康等处防备、拦截盗匪,两次盗匪纠集去进攻南安,还算幸运,两次都被我们打败了,现在盗匪的势力已经减弱。如果乘这个有利时机,直捣盗匪的老巢,那么一个月内,可以扫荡盗匪老巢,清除盗匪,等等。"我具体地研究了三省夹攻盗匪的事情,各省集中兵力有先有后,在约定的时间内,队伍的行动有快有慢,例如对上犹、大庾的盗匪,江西先和湖广一道夹攻,只命令广东的队伍在仁化一带进行拦截。等到广东兵力已经到达指定地点,等候广东和湖广一起按约定时间联合夹攻,而江西的兵力则驻扎在大庾防守拦截,等到广东与湖广联合夹击的军事行动完成后,把广东的兵力移驻到惠州,江西的兵力移驻到龙南,然后广东和江西又一起商定联合夹攻。如果这样,那么事情进展很有秩序,又不错过战机,兵力也不会感到不足,粮饷也可以节约。现在将公函送到你们官府,切望监督执行。

现在核查前项事情,了解官兵到一个新地方,必须分别发给旗号标志,以便于辨认,防止出差错。凡攻坚苦战的地方,必须分别派领哨官前往指挥,即使为了出兵接应友军也这样,那么出兵就基本可以取胜了。你的观点极为公正,考虑得也比较详细。除领哨等官遵照执行外,唯有守备指挥官李璋在他上呈的报告中说:"窝藏盗匪的家庭,有许多是以讹传讹的,未必都是事实。"已命令统管的各道再进行彻底查访,务必一定要铲除祸根。至于说到进攻的次序,则只有桶冈一带,应该与湖广的队

院欲将前项贼巢，以次相机剿扑；候贵治之兵齐集，会合夹攻桶冈。如此，则江西腹心之害已除，而二省夹攻之举得以并力从事。拟合移咨前去，烦为查照定处，咨报施行。

征剿横水桶冈分委统哨牌

据守把金坑等处领兵县丞舒富等申称："探得各巢贼首，闻知湖广土兵将到，集众劫掠，猖炽日甚；凿山开堑，为备益坚；又闻于桶冈后山，陡绝崖壁，结构飞梯，自此直入范阳大山，延袤千里，自来人迹所不能到；今皆搬运粮谷，设有机隘，意在悉力拒战，战而不胜，即奔入此中，截断飞梯，虽有十万之众，亦无所施其力，乞要急为区处。"等因；到院。随将各巢擒获贼徒，备细研审，亦与所呈略同。

照得先经具题及备行两省，将各处贼巢，以次攻剿，先约湖广官兵，会攻上犹诸贼，未报；但南赣兵力，自来疲弱，为贼所轻，必资胡广土兵，然后行事。贼见土兵未至，必以为夹攻尚远，今若出其不意，奋兵合击，先以一哨急趋其后，夺其隘口，贼既失势，殆可尽瞳；若必俟土兵之至，果如各

伍会合，这一带就像长流坑、左溪等地一样，深入到南安府所管辖的三个县内，现在再不发兵到这一带去守卫，盗匪的势力将难以遏制。我想将前面谈到的盗匪的老巢，一个个将它们踏平，然后再等待与你统领的队伍汇集，谋划一起夹攻桶冈。如果这样，那么江西的心腹之患就可以消除了。而两省联合夹攻的举措表明可以联合起来共同作战。我打算汇聚兵力，写公文送交于你，恳请你认真考虑决定，并来函告知执行情况。

征剿横水桶冈分委统哨牌

据把守金坑等地的领兵县丞舒福等人报告说："探听到各处盗匪的头目，已经听到湖广土兵将要到达的消息时，盗匪聚众抢劫掠夺，气焰越来越嚣张，开挖山川，开辟天堑，以便使防守更加坚固。又探知桶冈后面的山岭，盗匪在悬崖绝壁处架设了过往的飞梯，通过这飞梯直接进入范阳大山，这山连绵千里，从来别的什么人就不曾到过这里。现在盗匪在搬运粮草，并在深山中布防，设置机关，盗匪的目的在于尽力抵抗，而果抵抗失败，那么就逃到这座大山里，毁坏飞梯，纵有十万人马，也难发挥它的威力，祈盼尽快谋划这件事情。"情况汇报到了官府衙门。将各处活捉的盗匪逐个进行仔细审问，得到的结果与报告反映的大抵相同。

现在准备两省联合会攻，以便把各个地方的盗匪老巢，一个个踏平。首先和湖广的官兵约定好，联合夹攻上犹一带的盗匪，目前还没有把湖广方面的情况报告上来，但是南赣的兵力，力量从来就是薄弱的，一向被盗匪所轻视，南赣的队伍必须依靠湖广的土兵，然后才能够履行它的职责。盗匪见湖广的土兵还官所呈，陷贼计中，老师费财，复为他日之患，追悔何及？本院节准兵部咨："题奉钦依，南赣地方贼情，著都御史王守仁自行量调官军。设法剿捕；及近奉教谕云云，俱听军法从事，钦此！"钦遵。除监督守巡官员外，令分投先往上犹大庾等处调度催督外；本院身督中军直捣横水大巢，所据各哨官兵，合就分委督发依期进剿。

一、仰赣州府知府邢珣，统领后开官兵，自上犹石坑进由上稍、石溪入磨刀坑，过白封龙，一面分兵搜茶潭、鸢井、杞州坑，正兵经过朱坑、早坑入杨梅村，攻白蓝、横水，与都司许清，指挥谢昶、姚尔，知县王天兴等兵会合，共结为一大营；及各选精锐，用乡导兵引，赍干粮三日，四搜附近各山寨，如茶潭、鸢井、杞州坑、寨下等处，多方爪探，务期尽绝；互相援应，毋致疏虞。左溪诸贼既尽，然后分哨起营，过背乌坑，穿牛角窟，逾梅伏坑，过长流坑，涉果木口，搜芒背，上思顺，过乌地，入上新地、中新地、下新地，攻桶冈峒诸贼，与知府唐淳，指挥余恩、谢昶等兵，合势夹击；贼既没有到达，一定会认为江西湖广联合夹攻的时间还远着呢！现在如果出其不意，鼓动士兵齐心协力，英勇出击，先派一哨兵马急速转到盗匪的后面，夺取盗匪的咽喉要地，等到盗匪大势已去的时候，就可以将盗匪全部歼灭了。如果一定要等到湖广的土兵，那么将会和许多官员在报告中所反映的那样，一定会中盗匪的奸计，长久驻留的队伍会消耗大量军饷，并且又容易招致以后的灾难。等到那个时候后悔还来得及吗？我接到兵部转呈的皇帝的圣旨，圣旨说："我根据南赣一带盗匪猖獗的形势，准许都御史王守仁根据实际需要直接调遣部队，想办法将盗匪剿尽，立即照旨执行等，一切都按军法要求，钦此。"我遵从圣旨，除监督守巡官员以外，我命令分兵先驻扎到上犹、大庾等地，还进行调度监督，除此之外，我还将亲自率领中军，直接攻打盗匪在横水的老巢，各应参战的哨官士兵，联合夹攻时按照各自分派的任务，按照规定的时间进行围剿盗匪。

一、命令赣州府知府邢珣统领后开官兵从上犹石坑进兵，从上稍、石溪到磨刀坑，经过白封龙，一面派出士兵到茶潭、窝井、杞州坑进行搜索，主力则经过朱坑、早坑进入杨梅村，然后进攻白蓝、横水，与都司许清，指挥谢昶、姚尔，知县王天兴等人指挥的队伍会合，一起组成一个大的营，然后分别挑选精锐力量，由向导向前带路，带足三天的干粮，对附近的各个山寨都要进行多次搜索，例如茶潭、窝井、杞州坑、寨下等地方，应多派密探，务必按期除尽盗匪，各路队伍应当相互支援，互相配合，不要导致一些不必要的失误！等到左溪等地的盗匪扫清，然后分兵起程，经过背乌坑，穿过牛角窟，经过梅伏坑，穿过长流坑，渡过果木口，搜索芒背，到思顺，经过乌地，进入上新地，

败散，遂会各营连络精角，为一大营，各营精锐，开合纵横，分布搜扒，必噍类无遗，候有班师期日，方许回兵。领哨各官及兵快人等，敢有临阵退缩，违犯号令者，仰遵照本院钦奉敕谕内事理，听以军法从事。本官务要竭忠效命，益展才猷，严督诸军，奋勇前进，荡除群丑，以靖地方；如或怠忽乖缪，致有疏虞，国典具存，罪难轻贷。本院即日进屯南康，亲临督战，一应进止机宜，密切差人俱赴营所禀白，牌候事完日缴。

计开：安远县新民义官某某等名下打手八百名；乾字营哨长赵某某等名下机兵四百名，弓箭手一队，铳手八名，乡导二十名，火药八十斤，地图一张，军令八十张，号色布一千五百件，兵旗大小九十面，令字蓝绢大旗一面，（奇兵搜扒，用为先导，寻常皆卷，遇各营兵始开。）令字黄绢大旗一面。（正兵行动，用为先导，寻常皆卷，遇各营兵始开。）

军令：失误军机者斩，临阵退缩者斩，违犯号令者斩。经过宿歇去处，敢有搅扰居民，及取人一草一木者斩。札营起队，取火作食，后时迟慢者照军法治；因而误事者斩。安

中新地，下新地，进攻桶冈峒等地的盗匪，与知府唐淳、指挥余恩、谢昶等指挥下的队伍一道，联合夹攻盗匪。等到盗匪已经失败并开始四处逃散的时候，就联合各营，组成掎角之势，共为一个营，令各营精锐，开合纵横进退自如，分别布置搜索、挖掘，一定使盗匪一个不漏。等到命令班师的时候，才准许将部队撤离，领哨等指挥官员及士兵巡捕等人，敢有临阵退缩，违反军令的，请按照皇帝给我的圣旨中规定的原则，全部按军法进行法办。我一定会竭尽全力，尽忠尽职办事，充分地展示我们的才能和宏伟的计划，严厉督促各军，奋勇前进，铲除盗匪，以便安定地方，如果有玩忽职守，导致失误的，国家有相应的法令制度，罪责一定要严厉追究。我的办公地点从今天起迁到南康，我要亲临前线监督作战，一切适合于进攻防守的策略，秘密派人到自己部队指挥部陈述清楚，用文案记录完后，当日派人呈送我处。

各营组成统计开列如下：安远县普通百姓的义官某某等人手下，有八百名打手，乾宇营哨长赵某某等人手下有巡捕四百名，一队弓箭手，八名铳手，二十名向导，八十斤火药，一张地图，八十张军令表，一千五百件上了颜色的布，大小军旗九十面，用蓝色丝绸做的令字大旗一面（奇兵出袭，用它作为导向。平常时都卷起来，碰上各营的士兵时才打开）。用黄色丝绸做的令字大旗一面（主力部队行动时，用它作为导向，平常都卷藏起来，碰上各营的士兵才打开）。

军令如下：使军机泄密、延误的，斩首；临阵退缩的，斩首；违反军队号令的，斩首；在部队安营扎寨的地方，有敢于骚扰百姓的，有私自拿百姓东西的，都斩首。安营扎寨时或军令起程出

营住队，常如对敌，不许私相往来，及辄去衣甲器仗，违者照军法治；因而误事者斩。凡安营讫，非给有各队信牌，及非营门而辄出入者皆斩。守门人不举告者，同罪。其出营樵牧、汲水、方便，而擅过营门外者，杖一百；军中呼号奔走惊众者斩。虽遇贼乘暗攻营，将士辄呼动者斩。军中卒遇火起，除奉军令救火人外；敢有喧呼及擅离本队者斩。军中守夜巡夜之人，每夜各有号色，号色不应者，即便收缚；军中不许私议军机，及妄言祸福休咎，惑乱众心，违者皆斩。凡入贼境，哨探可往而畏难不往，托故推调，及回报不实者斩。军行遇敌人往冲，及有埋伏在傍者，不许辄动，即便整队向贼牢把，相机杀剿，违者斩。军行遇贼众乞降，恐有奸谋，即要驻军严备；一面飞禀中军，令其远退自缚来投，不许辄与相近；遇有自称官吏及地方里老来迎接者，亦不许辄与相近，即便驻军严备；一面飞禀中军，审实发落，违者皆斩。贼使入营及来降之人，将士敢与私语，及问贼中事宜，凡漏泄军情者斩。凡临阵对敌，一队失，全伍皆斩。邻队不救，邻队皆斩。贼败追奔，不得太远，一听号令，闻鼓方进，闻金即止，违者斩。贼巢财物，并听杀贼已毕，差官勘验给赏；敢有临阵擅取者斩。乘胜逐贼，不许争取首级；路有遗下金银宝物，不许低头拾取，违者皆斩。

发时或烧火做饭时,动作迟缓的,按照军法治罪,如果因此而误事的,则斩首;安营扎寨时住在队伍中,不许私自往来,以及随便乱放衣服、武器,如果有违反的,按军法处罚,如果因为这些而误事的,斩首;凡是安营扎寨期间,没有各队发给的牌子作为凭证,或者不是在营房内而擅自进出的,都要斩首;如果这种情况,守门的人不举报的,那么同样斩首。部队士兵,如果碰上起火的事件,除奉军令进行救火的人外,敢有乱叫乱喊或擅自脱离所在部队的,都斩首;部队中晚上值班或巡逻的,每夜都有该夜的统一的口令,口令不同的,就要将他抓起来。部队中不许私自妄议军机,以及胡说什么祸福之类的蛊惑众人,扰乱军心,有违反的,都斩首。凡是进军到盗匪活动的范围,侦探好可以前进的但因贪生怕死而不敢履行职责的,或找借口推诿的,或回报的情况不属实的,都要斩首;行军中如果遇到盗匪的大部队或孤军到盗匪力量中心,或者中了盗匪的埋伏时,切不可轻举乱动,并立即整顿好队伍,密切注视盗匪的动向,然后根据情况进行剿杀,违反的斩首;如果在行军中碰到有盗匪要求接受投降的,以防备其中有奸计,就要命令驻防的军队严密注视,一边派人火速到中军禀报,并令盗匪们退到远处,把自己捆绑好来投降。碰到有自称是地方官吏以及地方上德高望重的人来迎接部队的人,也不要随便靠近他们,也要命令驻守的军队严密注视,一边派人火速到中军禀报,调查清楚再作决定,违反的,都要斩首。盗匪派遣使者进入军营以及投降过来的盗匪,如果部队中有敢于私自与他们闲谈,或私自向他们打听盗匪中情况,使军事机密泄露的,都要斩首。还是在与盗匪进行战斗中,如果有某一队失利,那么该队所在的全伍都要处斩;邻队不去救援的,那么将邻队全部处斩。盗匪战败逃亡,追赶

一、仰统兵官汀州府知府唐淳，统领后开官兵，前往南安府，自百步桥、浮江、合村等处，进屯聂都；会同把隘推官徐文英，将点集守把乡夫，于内选取堪为乡导者一百名，分引哨路，进袭上关，破下关；乃分兵为三哨，中一大哨逾相见岭，扑密溪，径攻左溪；右一小哨，从下关分道搜丝茅坝，复从中大哨于密溪进攻左溪；左一小哨，自密溪搜羊牯脑山，复自密溪从中大哨进攻左溪；三哨复合为一，与本院会于横水。遂会同守备郏文、知府季斅、指挥余恩、县丞舒富等兵，五营犄角合为一大营，乃各选精锐，用乡导分引，赍乾粮二三日，四搜山寨，多方爪探，务期尽绝，互相援应，毋致疏虞；左溪诸贼既尽，听候本院再授方略，然后分哨起营，复自密溪回关田；推官徐文英仍于关田厚集营阵，以待奔窜遗贼，勿轻散动；本官自关田率兵，由古亭进屯上保；复自上保历茶坑，由十八磊依期进于木圳，攻桶冈诸贼，与知府邢珣、指挥余恩等兵，合势夹击；贼既败散，遂会各营，连络犄角，为一大营；各选精锐，开合纵横，分布搜扒，必使噍类无遗；候有班师之日，方许回兵领哨。各官及兵快人

的部队不要追得太远，一切听从号令，听到鼓声就可以追击，听到锣的声音就应当立即停止追击，如果违反的，就斩首；盗匪老巢中的财物，等消灭盗匪时，派遣官员检查验收，并给予赏赐，如果有敢于在战斗期间擅自据为己有的，都要斩首；乘胜追击逃亡的盗匪，不许去抢夺头功，路上有丢失的金银财宝等东西，不准许去捡，违反的，都要斩首。

一、命令统兵官汀州府知府唐淳，指挥后开官兵，前往南安府，从百步桥、浮江、合村等地方经过，进驻聂都，会同把守关隘的推官徐文英一道，从防守关隘的民兵中挑选可以担任向导的人一百名，分别给部队带道，突袭上关，攻破下关，然后将部队分成三哨，中路为一大哨，越过相见岭，直扑密溪，然后再直接进攻左溪，右边为一小哨，从下关分道搜索丝茅坝，然后再和中大哨一起从密溪进攻左溪；左边一小哨，从密溪搜索羊牯脑山，然后再从密溪跟中哨一起进攻左溪，三哨再变成一个整体，和我在横水汇合。然后就会同守备郏文、知府季斆、指挥余恩、县丞舒富等五支队伍，成为掎角之势，变为一大营部队，然后分别选出精干力量，分别由向导引路，准备好两三天的干粮，四处搜索附近山寨，派密探多方探听消息，务必按期将盗匪清除，应当互相支援，不要出现什么漏洞。等左溪一带的盗匪清除之后，再等待我发布另外的作战方案。然后分哨拔营，再从密溪回到关田，推官徐文英仍要在关田设兵严防把守，以等待逃窜的盗匪，请不要轻举妄动。我从关田率兵，经过古亭进驻上保。然后再从上保经过茶坑，从十八磊按期到达木坳，再进攻桶冈一带的盗匪，与知府邢珣、指挥余恩等人的队伍联合夹击，等到盗匪战败向四处逃散时，就将各部队联络成一体，成为掎角之势，分

等,敢有临阵退缩、违犯号令者,仰既遵照本院云云。

计开:(云云,下同。)

一、仰南安府知府季斅,统领后开官兵,自南安府石人背进破义安,分兵搜朱雀坑;入西峰,分兵搜狐狸坑;进船厂分兵搜李家坑;屯稳下,分兵搜李坑;遂逾狗脚岭搜阴木坑攻左溪与本院会于横水。遂与守备郑文、知府邢珣、唐淳、指挥余恩、县丞舒富等兵合,连为一大营;乃各选精锐,赍乾粮三日,用乡导分引四搜附近山寨,多方爪探,务期尽绝,互相援应,毋致疏虞;左溪诸贼既尽,然后分哨起营,过密溪,搜羊牯脑,逾相见岭,历上关、下关、关田,经古亭,分屯上保、茶坑,断胡庐洞等处贼路,四面设伏,以待桶冈奔贼,为都指挥许清之继,探候缓急,相机应援,必使根株悉拔,噍类无遗,候有班师期日,方许回兵。领兵各官及兵快人等,敢有临阵退缩、违犯号令者,仰即遵照本院云云。

一、仰江西都司都指挥佥事许清,统领后开官兵,自南康进破鸡湖,扑新地,袭杨梅坑,攻白蓝,与本院会于横水。遂与知府邢珣等兵会合,共结为一大营;乃各选精锐,用乡导分引,赍乾粮二三日,四搜附近各山寨,多方爪探,务期尽绝,互相援应,毋致疏虞;横水诸贼既尽,听候本院再

别挑选精兵,进退自如,分别搜索,务必不使盗匪漏网。等到可以班师回去的时候,才准许领兵而回。各级指挥官兵,敢有临阵退缩,违抗命令的,即遵照我前面所说的处罚方式办理。

统计结果(等等……以下相同)

一、命令南安府知府季斅,指挥后开官兵,从南安府石人背进发,攻破义安,然后再派士兵搜查朱雀坑,再到西峰,然后再派士兵搜查狐狸坑;再到船厂,派兵搜查李家坑,屯兵稳下,派出一部分部队搜索李坑,然后再翻过狗脚岭,搜索阴木坑,进攻左溪,与我在横水会师。然后就和守备郑文、知府邢珣、唐淳、指挥余恩、县丞舒富等率领的部队会合,连为一体,然后再挑选精锐力量,准备好三天的干粮,由向导分别引路,多数搜查附近的山寨,再多派密探探查,务必在规定的期限内将盗匪剿灭,应当互相支援和配合,不要出现什么漏洞。等到左溪一带的盗匪清除后,然后分队起程,经过密溪,搜羊牯脑,越过相见岭,经过上关、下关、关田、古亭,然后分兵驻守上保、茶坑,截断胡庐洞等地方的盗匪的逃路,在四面设下埋伏,以等待从桶冈一带逃窜来的盗匪,同时接应都指挥许清,根据军机情况,相机援助,一定要将盗匪斩尽杀绝,一个都不遗漏,然后等到班师的时候,才允许带兵返回。各级官兵,敢有临阵退缩,违反命令的,就遵照我前面所说的办理。

一、命令江西都司都指挥佥事许清,率领后开官兵,从南康进发,攻破鸡湖,直扑新地,袭击杨梅坑,攻打白蓝,与我在横水会师,并和知府邢珣等率领的部队会合,组成一体,然后再分别选拔精锐力量,由向导分别引路,准备好两三天的干粮,要仔细搜查附近山寨,派密探到各处探刺消息,务必在规

授方略，然后分哨起营，自横水穿牛角窟，搜川坳，阴木潭，会左溪，入密溪，过相见岭，历下关、上关、关田、上华山，过鳞潭，屯左泉，分断西山界、胡庐洞等贼路，四面设伏，以待桶冈奔贼，仍归屯横水，控制诸巢，遥与知府季斅相机应援；必使根株悉拔，噍类无遗，候有班师日期，方许回兵。领哨各官及兵快人等，敢有临阵退缩、违犯号令者，仰即遵照本院云云。

一、仰守备南、赣二府地方，以都指挥体统行事指挥使郑文，统领后开官兵，前往南安府，自石人坑度汤瓶岭，破义安，上西峰，过铅厂，破苦竹坑，剿长河洞，搜狐狸坑，攻左溪，与本院会于横水。遂与知府唐淳、季斅、指挥余恩、县丞舒富等兵，营营连络，为一大营；乃各选精锐，用乡导分引，赍乾粮二三日，四搜附近山寨，如天台庵、狮子山、丝茅坝等处，多方爪探，务期尽绝，互相援应，毋致疏虞；左溪附近诸贼既尽，听候本院再授方略，然后分哨起营，自左溪过密溪，分兵搜丝茅坝，会下关，入关田，过古亭，逾上保，搜茶坑，屯于十八磊，分兵断下章，设伏以待桶冈奔贼，为知府唐淳之继。使人探候消息，相机应援，必使远近各贼，噍类无遗，候有班师期日，方许回兵。领兵各官及兵快人等，敢有临阵退缩、违犯号令者，仰即遵照本院云云。

定的时间内将盗匪清除,各队伍应该相互配合,互相支援,不要出现什么漏洞。等到横水一带的盗匪被消灭之后,等候我发布新的战斗任务,然后分成几支队伍出发,从横水穿过牛角窟,搜索川坳、阴木潭,在左溪会合后,再到密溪,经过相见岭,经过下关、上关、关田,然后再上华山,经过鳞潭,把部队驻扎在左泉,截折西山界、胡庐洞等地盗匪的逃路,在四面设好埋伏,以等待从桶冈一带逃窜来的盗匪。还要派兵驻扎在横水,控制盗匪的各个巢穴,与知府季斆遥相呼应,相互支援,必须根绝盗匪,不使一个漏网。等到可以班师而回的时候,才准许从这些地方撤兵。各级指挥官兵,有敢临阵逃脱、畏缩怕死、违反军令的,依照我前所述办理。

一、命令守卫南、赣二府,以都指挥体统行事。指挥使郏文,统率后开官兵,前往南安府,从石人坑越过汤瓶岭,攻克义安,爬上西峰,再经过铅厂,攻克苦竹坑,围剿长河洞,搜索狐狸坑,再攻打左溪,与我在横水会师。再与知府唐淳、季斆、指挥余恩、县丞舒富等统帅的官兵连成一体,然后从各队伍中挑选精兵良将,由向导引路,带好两三天的干粮,仔细搜查附近山寨,例如天台庵,狮子山,丝茅坝等地,派出密探多处探刺消息,务必在规定的时间内将盗匪清除,应该相互援助,不要出什么漏洞。等到左溪一带的盗匪已经被消灭,再等候我发布新的战斗任务。再分别领兵起程,从左溪经过密溪,再分别派兵搜查丝茅坝,在下关会合后再到关田,经过古亭,越过上保,搜索茶坑,把部队驻扎在十八磊,再派部队截断下章,埋伏好以等待从桶冈一带逃窜而来的盗匪,同时接应知府唐淳的部队,派人探听消息,然后再根据具体情况随机援助,必定要使远近的盗

一、仰赣州卫指挥余恩,统领后开官兵,自上犹、官隘,逾独孤岭,至营前,进金坑屯,过步破长流坑,分兵入梅伏坑,破牛角窟,扑川坳、阴木潭,与正兵合攻左溪,与本院会于横水。遂与县丞舒富、知府唐淳、季敩、守备郏文等兵,连络为一大营;乃各选精锐,赍乾粮二三日,用乡导分引四搜附近各山寨,多方爪探,务期尽绝,互相援应,毋致疏虞;左溪诸贼既尽,听候本院再授方略,然后分哨起营,过密溪,搜羊牯脑,逾相见岭,历下关、上关、关田,经华山、鳞潭、网夹里,从左溪入西山界,攻桶冈诸贼,与知府邢珣、唐淳、指挥谢昶等兵,合势夹击;贼既败散,遂会各营,连络犄角为一大营;各选精锐,开合纵横,分布搜扒,必使噍类无遗,候有班师期日,方许回兵。领兵各官及兵快人等,敢有临阵退缩、违犯号令者,仰即遵照本院云云。

一、仰宁都县知县王天与,督同典吏梁仪,统领后开官兵,自上犹官隘员坑,过琴江口,由白面寨,至长潭经杰坝屯、石玉,分兵搜樟木坑;正兵自黄泥坑过大湾,入员分,与本院会于横水。遂与知府邢珣、都司许清等兵会合,四营共结为一大营;乃各选精锐,用乡导分引,赍乾粮二三日,四搜附近各山寨,多方爪探,务期尽绝,互相援应,毋致疏虞;

匪，一个不漏网。等到可以撤兵的时候，才准许率部返回。各级官兵，有敢于临阵退缩的，违犯军令的，依照我前所述办理。

一、命令赣州卫指挥余恩，统率后开官兵，从上犹、官陡越过独孤岭到营前，进军金坑屯，经过步破、长流坑，然后分兵进入梅伏坑，攻破牛角窟，直扑川坳、阴木潭，与主力部队一道合攻左溪，和我在横水会师。然后就和县丞舒富、知府唐淳、季斅、守备郏文等率领的部队连成一体，再分别挑选精兵良将，由向导分别带路，准备好两三天的干粮，仔细搜查附近各处山寨，多派密探探刺消息，务必在规定的期限内将盗匪清除，应该互相接应支援，不要出现什么漏洞。等到左溪一带的盗匪被消灭之后，再听候我传达新的作战策略，然后将部队分成几队出发，经过密溪，搜查羊牯脑，越过相见岭，经过下关、上关、关田，经过华山、鳞潭、网夹里，再从左溪进入西山界，攻打桶冈一带的盗匪，与知府邢珣、唐淳、指挥谢昶等率领的部队，一道联合夹击盗匪，等到盗匪战败，四处逃散的时候，就会合各部队，连成一体，互为掎角之势，然后再分别挑选精兵良将，进退自如，分别搜查，不使一个盗匪漏网。等到可以撤军的时候，才准许率部返回。各级官兵，如果有临阵逃脱，畏惧退缩的，违反军令的，就按照我前所述办理。

一、命令宁都县知县王天与和督同典吏梁仪，指挥后开官兵从上犹、官陡员坑出发，经过琴江口，由白面寨到长潭，经过杰坝屯、石玉，分别派兵搜索樟木坑，主力部队从黄泥坑经过大湾，进入员分，与我在横水会师。再和知府邢珣、都司许清等人率领的部队会合，四支部队联成一体，然后再分别挑选精兵强将，分别由向导引路，准备好两三天的干粮，仔细搜查附近

横水等处诸贼既尽,听候本院再授方略,然后分哨起营,过背乌坑、牛角窟、梅伏坑、涉长流、渡果木口,搜芒背,上思顺,入乌地,经上新地、中新地,分屯下新地,分兵搜扒,断绝要路,四面设伏,以待桶冈之贼,为知府邢珣之继;使人探候缓急。乃与县丞舒富声息相接应援,必使噍类无遗,候有班师期日,方许回兵。领兵各官及兵快人等,敢有临阵退缩、违犯号令者,仰即遵照本院云云。

一、仰南康县县丞舒富统领后开官兵,自上犹、营前、金坑,进屯过步,破长流坑,径攻左溪,与本院会于横水。遂与知府邢珣、唐淳、季斅、守备郏文等兵,合四营共结为一大营;乃分选精锐,赍乾粮,用乡导分引,四搜附近贼巢,如鳌坑、箬坑、赤坑、观音山、奄场、仙鹤头、源陂、左溪等处;诸贼既尽,听候本院再授方略,然后分哨起营;复自长流坑过果木口,搜芒背,搜铁木里,徇上池,遍搜东桃坑、山源、竹坝泉、大王岭、板岭诸巢,遂屯锁匙龙外,四面埋伏,以待桶冈奔贼;仍与知县王天与声息相接,彼此相机应援,必使噍类无遗;候有班师期日,方许回兵。领兵各官及兵快人等,敢有临阵退缩、违犯号令者,仰即遵照本院云云。

一、仰吉安府知府伍文定统领后开官兵,前去屯札稳

各个山寨,派出密探多处探刺消息。务必按期将盗匪剿清,应当互相支援、接应,不要出什么漏洞,等横水一带的盗匪被清除,再等待我发布新的作战策略,然后各队伍分别出发,经过背乌坑、牛角窟、梅伏坑,经过长流、渡过果木口,搜索芒背,经过思顺,进入乌地,经过上新地、中新地,各队伍分别驻扎在下新地,分别派兵搜查,截断盗匪的主要通道,在四处设下埋伏,以等待从桶冈一带逃窜来的盗匪,并注意接应知府邢珣的部队,派人探听友军的消息后就和县丞舒富一起驰援。一定不要让一个盗匪漏网,等到可以撤军的时候,才准许领兵返回。各级官兵,如有临阵退缩、违犯军令的,就按照我前所述办理。

一、命令南康县县丞舒富指挥后开官兵从上犹、营前、金坑,进驻到过步,攻破长流坑后,直接进攻左溪,与我在横水会师。接着就和知府邢珣、唐淳、季斅、守备郏文等指挥的部队联合成一个整体,然后再分别挑选精兵良将,准备足干粮,由向导分别引路,仔细搜查附近盗匪的巢穴,例如鳖坑、筶坑、赤坑、观音山、奋场、仙鹤头、源陂、左溪等地,等各处的盗匪已经被歼灭后,再等候我发布新的作战方略。然后分别率领部队起程,再从长流坑经过果木口,搜查芒背、铁木里、巡视上池,再全面地搜索东桃坑、山源、竹坝泉、大王岭、板岭等地的盗匪巢穴,把部队驻扎在锁匙龙这个地方的外围,四面埋伏,以等待桶冈逃窜而来的盗匪。仍然要和知县王天与率领的部队互通军情,彼此互相支援、接应,一定要使盗匪一个不漏,等到可以撤军的时候,才准许率部返回,各级官兵,如果有临阵退缩、违反军令的,就按照我前所述办理。

一、命令吉安府知府伍文定指挥后开官兵,前往稳下驻扎,

下，会同守备郑文，并谋协力，搜剿稽芜等处贼巢，进屯横水，听候本院再授方略，然后进攻桶冈诸峒。本官仍须详察地理险易，相度机宜，协和行事，毋得尔先我后，力散势分，致失事机。国典具存，决不轻贷！其领哨各官及兵快人等，敢有临阵退缩违犯号令者，许即以军法从事。军中一应事宜，亦听随宜应变，应呈报者，仍呈军门施行。

一、仰广东潮州府程乡县知县张戬，统领部下新民、打手、乡夫人等，搜剿稽芜、黄雀坳、新地等处贼巢，进屯横水，听候本院再授方略，然后进攻桶冈诸峒，本官仍须详察云云。

一、仰中军营参随官。

案行分守岭北道官兵戴罪剿贼

参看稽芜大山本系进兵隘路，若使郁文、季敩等，遵依本院方略，直趋左溪，与诸军连营合势，兵威既振，然后分兵四剿，则稽芜等巢，自然闻风而靡；今乃不遵约束，顿兵僻路，以攻险绝坚小之寇，反致损威挫锐，非但有乖节制，抑且违误师期；若使各哨官兵，皆若季敩等后期不进，则左溪、横水贼巢根本腹心之地，何由攻破？诸军何由得有今日之胜？论情定罪，俱合处以军法。但今各营皆已乘胜追逐，贼徒四散奔溃，正系紧关搜截之际，姑令戴罪剿绝，以赎前

会同守备郏文的部队共同谋划，齐心协力搜查围剿稽芜等地的盗匪老巢，然后再进驻横水，等候我再交给新的作战方略，进攻桶冈一带的山洞。我还必须详细考察了解这一带的地形险易程度，然后再决定采用具体方法，齐心协力，一同进攻，不要你先我后，造成力量分散，从而使进攻的大好时机丧失。如果有错，按照国家有关的法令制度办事，将严惩不贷！各级官兵，如果有临阵退缩、违反军令的，立即按军法处置。军队中的各项事情，根据情况随机应变，需要向上呈送报告说明的，仍要将报告先呈送上来，然后才能实行。

一、命令广东潮州府程乡县知县张戬率领部属新民、打手、乡村农民等人员，搜查围剿稽芜、黄雀坳、新地等地方的盗匪巢穴，进驻到横水，再等候我的命令，然后进攻桶冈一带的山洞，我还要详细地考察。

一、命令中军营中的参谋跟随指挥官员。

案行分守岭北道官兵戴罪剿贼

我了解到稽芜、大山等地都是狭窄而险要的道路，不宜从这一带进兵。如果郁文、季斅等人，遵循我的作战方案，直接驱驰左溪，与各路军队联合在一起，使军威大振，士气高昂，然后再分兵四处围剿，则稽芜等地盗匪老巢的盗匪自然闻风而逃，现在由于不听从指挥，将部队驻扎在偏僻的地段，用来进攻那些位置险要，防守坚固的小股盗匪，不但没有取胜，反而损兵折将，锐气大减，这不但没有听从节制，而且延误了军期，如果各哨官兵都像季斅等部队一样不按时进剿，那么左溪、横水等盗匪势力的中心，怎么能够攻得破呢？各部队哪里能取得现在

辜。为此仰抄案回道，速督各官，分投把截搜剿，俱要励志奋勇，毋徒退缩以自全，毋以小挫而自馁，务奋渑池之翼，以收桑榆之功；如复仍前畏缩违误，军令具存，难再容恕。仍将阵亡千户刘彪及被伤兵夫人等。查验纪录，量加优恤。

搜剿余党牌

照得本院于本月十二日，亲督诸军，进破横水等巢，诸军皆奋勇敢死，夺险陷阵，贼乃大败，擒斩功次数多，良已可嘉！但闻余党往往复相啸聚，千百为群，设栅阻险，复为抗拒官兵之备；所据各兵进攻之日，攀崖缘壁，下上险阻，疲困已极；兼之阴雨连日，瘴雾咫尺不辨，故且容令各兵暂尔休息；今天气渐开，兵力已苏，若不乘此破竹之势，疾速急击，使诸贼声势，复得连络，用力益难。为此牌仰该道官吏，严督各营官兵，星夜速进，务在三日之内，扫荡余孽，必使噍类无遗。敢有狃于一胜，怠忽因循，逗留不进致误军机者，仰即遵照敕谕事理，当时以军法从事。该道亦要身督各官，奋勇前进，毋亏一篑，务在万全。

这样的胜利呢？根据作战中的表现，他们都该按军法处罚。然而现在各部队都乘胜追击，盗匪向四处逃窜，正值紧急搜查盗匪的关键时刻，暂且命令他们戴罪剿灭盗匪，以赎先前犯的罪行。这样，希望把公文抄回本道，严督各官，分别派兵拦截、搜索、追剿盗匪，都要激励他们的意志，使他们奋勇作战，不要遇盗匪退缩以求自保，不要因为一些小的失败而丧失信心。一定要取得胜利来弥补以前的失误。如果再出现和前面一样因畏缩而违反军令造成失误的，将严格按军令法办，不容再饶恕。将在战斗中牺牲的千户长刘彪以及受伤的士兵等调查核对登记，根据情况对他们进行优待和抚恤。

搜剿余党牌

我于本月十二日，亲自指挥各路队伍进攻作战，攻破了横水等地的盗匪老巢。各支部队都置生死于度外，奋勇杀敌，冲锋陷阵，盗匪大败，立下战功的人很多，这实在是值得表彰的事情。但还听到说剩下的盗匪往往重新聚集在一起，成百上千的人联成一体，在险要处设置栅栏，以便再用来抵抗官兵的进攻，等到各部队进攻的时候，登上悬崖绝壁处，出入于险要之地，困苦不堪，疲倦到了极点，同时又是连日阴雨连绵，瘴雾很浓，几尺之内都难分辨清晰。所以暂且让各路军队暂停进兵，休息一会儿。今天天气变好，瘴雾慢慢散去，军队的士气也已经恢复，如果不乘此有利时机，迅速出击，使各地盗匪势力逐渐壮大，并使他们得以相互联络，那时用兵就更难了。为此发布文告令牌，希望各道官员，严令督促各处官兵，趁夜迅速进攻，务必在三天之内，将剩下的盗匪消灭，使他们一个不留。如果因为打过胜

奖励湖广统兵参将史春牌

据副使杨璋呈称:"遵奉本院牌案,监督各营官兵,照依二省刻定日期,于十一月初十日午时,攻破桶冈大峒,贼徒皆已擒斩,巢穴悉已扫荡,但湖广官兵未知,恐仍复前来,非但无贼可剿,抑且徒劳远涉;乞将湖广官兵,留屯彼地,免其过境,实为彼此两便。"等因到院。

看得桶冈天险,先经夹剿,围困半年,终不能下;乃今一鼓而破,斯固诸将用命,军士效力,实亦湖广兵威大震,有以慑服其心;故破巢之日,不敢四散奔溃,以克收兹全功。访得湖广统兵参将史春,纪律严明,行阵肃整,故能远扬威武,致兹克捷;虽兵不接刃,而先声以张,相应差官奖励。为此牌差千户高睿赍领后开花红礼物,前去湖广郴州,亲送本官营内,传布本院奖励之意,以彰本官丕显之功。

仗，居功自骄，懈怠而不执行命令的，按兵不动使军机延误的，将按照圣上的旨意，立即按军法处置。各道也要亲自督促各官，奋力作战，勇敢前进，不要功亏一篑，务必取得彻底的胜利。

奖励湖广统兵参将史春牌

　　据副使杨璋呈送的报告说："遵照我的部署，监督各部官兵，按照两省约好的时间，于十一月初十日午时，攻破桶冈大峒，盗匪都已经被斩杀或活捉，盗匪的老巢都已经被扫荡。但是湖广的队伍不知道，恐怕他们仍然按原计划赶来，那时不但没有盗匪可以围剿，而且白白地劳师远涉，但愿将湖广的部队依旧驻留在那个地方，使它不要过来了，这样两方面都有好处。"将情况报告到衙门。

　　查看到桶冈无地势比险要，先前曾进行夹攻，围攻半年，还是没有将它攻克。现在一鼓作气，竟就将它攻破了，这本身就是各将领听从命令，士兵英勇拼杀的结果。其实也是湖广部队军威远扬，慑服盗匪，使盗匪胆战心惊。所以攻破盗匪老巢的那一天，盗匪不敢四处逃窜，以致收到一举将盗匪全歼的战果。调查得知，湖广统兵参将史春指挥的部队，纪律严明，行军作战阵势严整，所以能使军威远扬，以致带来这次重大胜利，虽在这次他们部队没有直接作战，但部队的声势起了作用。根据这种情况，派官员前往进行奖励。为此发布奖牌派千户长高睿领带下列花红礼物，前往湖广郴州，亲自将奖品交送史春营内，宣布我对他们进行奖励，以表彰他们平时严格训练的功绩。

设立茶寮隘所

　　照得抚属上犹等县，所辖桶冈天险，四面青壁万仞，中盘二百余里，连峰参天，深林绝谷，不睹日月，贼众屯据其间，东出西没，游劫殆遍，人民遭其荼毒，地方受其扰害。先年亦尝用兵夹剿，坐困数月，不能俘其一卒，竟以招抚为名而罢。近该本院奉命征剿，伏赖天威，悉已扫荡，但恐官兵撤后，四方流贼，乘间复聚；必须于紧关去处，设立隘所，分拨军兵，委官防御，庶使地方得以永宁。

　　本院见屯茶寮，亲督知府邢珣、唐淳等遍历各处险要，相视得茶寮正当桶冈之中，自来盗贼据以为险，西通桂东、桂阳，南连仁化、乐昌，北接龙泉、永新，东入万安、兴国，堪以设隘保障，当因湖广官兵未至，各营屯兵坐候，因以其暇责委千户孟俊等，督领兵夫，先行开填基址，伐木立栅，起盖营房；见今规模草创已具，本院即欲移营上犹，必须委官督工，庶几垂成之功，不致废弛。及照茶寮既设隘所，就合摘拨官兵防御；查得皮袍洞隘兵，原非紧要，合改移茶寮，及于邻近上保、古亭、赤水、鲜潭、金坑编选隘夫，兼同防守，庶一劳永逸，事可经久。为此仰抄案回道，坐委能干县官一员，前去茶寮督工完造，务要坚固永久，不得因循迟延；一面查照本院钦奉敕谕"随宜处置事理"，即将原拨守把皮袍洞隘官兵，尽数移就茶寮往札；一面于上保、赤水、

设立茶寮隘所

在安抚上犹等县时，发现这些地方统管的桶冈实为天险，四处的峭壁高达万仞，整个崖壁一片碧绿，悬崖连绵二百多里，山峰相连，直耸云霄，林木茂盛，难于看到日月，盗匪驻扎、占据这里，四处活动，到处抢掠，百姓深受其毒苦，地方不得安宁，过去也曾派兵夹攻，围困盗匪达几个月长的时间，却没有抓到一个匪徒，然后以招抚的名义而罢兵。近来我奉命重新征剿这些地方，仰仗皇上的恩威，现已将这一带的盗匪全部清除了，但担心等官兵撤走之后，各地方的流窜盗匪，乘机再重聚这一带骚扰百姓，必须在重要的地段设立隘所，派一部分军队，委任官员负责防御，使地方永保安宁。

我现在驻扎在茶寮，亲自督促知府邢珣、唐淳等人和我一道，到各种险要地方察看，看到茶寮正处在桶冈的中间，过去的盗匪总是因为这个地方险要而在这里据守，茶寮西通桂东、桂阳，南面与仁化、乐昌相连，北面与龙泉、永新相接，向东进入万安、兴国，值得在这里设置隘所以为屏障作为防护，现在由于湖广的队伍还没有赶到，各部队驻兵等待，趁这空暇的时间，委派千户长孟俊等，率领部队，督促民工，先把设置隘所所需的地基填好，砍伐树木，构筑栏栅，盖起营房，现在的规模已基本具备，我即将把队伍移驻上犹，一定要委派官员，督促工作，使几乎眼看就要完成的工作不至于中途停止而废弃，等到茶寮设立了隘所，就应当派官兵去驻防。了解到皮袍洞这个隘所，原本不是很重要，宜将它合并到茶寮隘所。并在附近的上保、古亭、赤水、鲜潭、金坑编排挑选隘所的工作人员及防守人员，一起防守，应当一劳永逸，使这项事业能够长久。为此发公文到

古亭、鲜潭、金坑等寨，量丁多寡，每寨抽选精壮者一二百名，兼同防御。其合用匠作工食等项，行令上犹、南康、大庾三县，量支官钱给用，完日具数及起拨官兵数目，一并回报查考，仍呈抚镇巡按衙门知会。

牌行招抚官

正德十三年二月

据县丞舒富禀称："横水等处新民廖成、廖满、廖斌等前来投招，随又招出别山余党唐贵安等一百四十二名口，俱称原系被协无辜，乞要安插照例粮差。"等因到院。照得横水、桶冈诸贼，已经本院亲调官兵，将贼首蓝天凤等悉已擒剿，奏捷去后；近准兵部咨：奏奉敕旨："横水、桶冈等处贼首谢志山、蓝天凤、萧贵模等，既已擒剿，地方宁靖，有功官兵，俱升一级；不愿升者，照例给赏；此后但有未尽余党，务要曲加招抚，毋得再行剿戮，有伤天地之和；其横水建立县治，俱依所奏施行。"备咨准此，除查照通行外。

道，要求委派一名能干的县官，前往茶寮，监督建造工作，一定要使隘所建得坚固结实，不能拖拖拉拉。一边按照皇上给我的圣旨中规定的便宜处理各项事情原则，立即将驻守在皮袍洞隘所的官兵全部移驻到茶寮隘所。一边在上保、赤水、古亭、鲜潭、金坑等山寨，按兵丁多少，每寨抽选结实强壮的一两百人，帮着一起防御。至于建造隘所所需的花费，令上犹、南康、大庾三县，根据开支情况从官府中调拨。等到完工时总共的花费及派驻官兵的数量等，一起向上呈报，以便检查核对，仍然要向抚、镇、巡、按等衙门呈报，以便他们知晓。

牌行招抚官

正德十三年二月

据县丞舒富禀报说："横水等地方有悔过自新的人，廖成、廖满、廖斌等前来接受政府招降，同时还把其他山上剩余的盗匪唐贵安等一百四十二人都招抚出来。他们都自称是被胁迫为盗匪的无辜者，要求给他们按例征收粮赋和派遣差役。"横水、桶冈一带的盗匪，我已经亲自调遣部队到这一带将盗匪的头目蓝天凤等人全部剿杀。上奏的报告发出后不久，近日收到兵部呈送的公文，公文上说："皇上指示说：'横水桶冈等地的盗匪头目谢志山、蓝天凤、萧贵模等人既然已经有的杀了，有的已经活捉了，地方已经平静了，有功的官兵，都应当加升一级，不愿意升迁的，按照以往的惯例，进行赏赐。从此以后，一旦发现有漏网没有剿杀尽的盗匪必须改用安抚的办法，不得再用剿杀的办法，否则破坏天地间的和谐。在横水设立县治，均按照向上汇报的方案实行。'"查看公文，准许这样办，除检查按

看得新民廖成等诚心投抚，意已可嘉；又能招出余党，非但洗其既往之罪，亦当录其图新之功；况今奉有敕旨，方欲大普弘仁，而廖成等投顺，适当其时，相应量加升赏，一以见朝廷之宽仁；一以励将来之向化。为此牌仰县丞舒富，即将新民廖成授以领哨义官，廖满、廖斌等各与巡捕老人名目，令其分统，招出新民，编立牌甲，听候调遣杀贼，更立新效，以赎旧愆；就于横水新建县城内，立屋居往，分拨田土，令其照例纳粮当差；本官务加抚恤，毋令失所，有亏信义。仍仰谕各新民，俱要洗心涤虑，永为良善，毋得听信雠家恐吓，妄生惊疑，自取罪累。及照见今农时已逼，新民人等，牛具田种，尚未能备，今特发去商税银一百两，就仰本官置买耕牛农器，分给各民，督令上紧趁时布种；其有见缺食用者，亦与量给盐米。一应抚安绥来之策，有可施行，俱仰本官悉心议处呈来。

批留兵搜捕呈

看得乐昌等处贼徒构怨连年，流毒三省，今兵备佥事王大用等，乃能身历险阻，设谋调度，数月之内，致此克平，

照政策办理外。

　　查看新招抚的百姓廖成等人，诚心诚意地接受安抚，这本就值得表扬，同时还能把其他一些剩余的盗匪招抚出来，这不仅洗刷了他们过去的罪过。而且应根据他们这种悔过自新的表现给予记录。况且现在皇上来圣旨，想在这些地方广施仁政，而廖成等人的归顺，正是时候，应当根据情况酌情对他们进行提拔，给予奖赏，一方面以体现朝廷的宽待与仁慈，一方面用来鼓励他们将来的教化。为此发公文给县丞舒富，授予接受安抚的廖成领哨这样的民间官职，给廖满、廖斌等人分别以巡捕老人的名义分别统领巡捕，招抚那些悔过自新的民众，编订牌甲，听候调遣，以便剿杀盗匪，立功赎罪。就在横水、新建县城内，建房居住，分拨给他们田地，让他们耕种，叫他们交粮服役。我一定好好抚恤他们，不使他们流离失所，不使信义受到玷污，于是向接受安抚，应当悔过自新的人发布告示，他们都要洗刷过去的罪行，洗心革面，从此之后做一个善良的百姓，不要听信仇人的恐吓，妄自对政府起疑心，自己找罪和处罚。现在农耕的节令已经来到，这些人，耕牛、农具土地、种子等都没有备齐，现在特地发放商税一百两银子，按照我的要求，买耕牛农具分给他们，督促他们抓紧时间，适时播种，如果发现有缺盐少米的，也应当根据情况酌量分发盐米。一切适合安抚的策略，有可行的，请将它呈报给我，让我仔细考虑，然后再去执行。

批留兵搜捕呈

　　我了解到乐昌等地的盗匪，作恶多年，祸及三省。现在兵备佥事王大用等人，身先士卒，经过多少艰难困苦，认真谋划，调

论厥功劳，良可嘉尚！除具本奏报，及一面先行犒奖外，所据各哨贼徒穴巢，虽已底定，而漏殄难保必无；况闻湖兵撤后，各该巢穴，多复啸聚，河源、龙川诸处残贼，亦复招群集党，连结渐多，逆其将来，必复炽盛。今虽役久兵疲，且宜班师息众，但留兵搜捕，亦不可苟，毋谓斩木之不蘖，死灰之不然；苟涓涓之不塞，将江河之莫御。其狼兵既已罢散，难复追留。若机快乡兵之属，暂令归休。即可起集，为轮番迭出之计；务使搜剿之兵，若农夫之耘耨，庶几盗贼之种，如莨莠之可除。该道仍备行搜捕各官，务体此意，悉拔根苗，无遗后患！批呈缴。

批将士争功呈

据兵备佥事王大用呈："乐昌县知县李增，缉获大贼首李斌等，审验明白。"续据湖广永州府推官王瑞之呈称："广东差人邀夺等情。"已拘知县见在人役，追出原得获李斌金簪银两荷包；见在显是湖广兵快计擒，不得妄报掩饰。

动部队,几个月之内,将这些地方攻克了,这个功劳,就应当嘉奖!除将详情上奏报告,先进行犒劳士兵,奖励有功人员之外还存在以下情况。盗匪所占据的各个巢穴虽然已经彻底平定了,而难保没有漏网的盗匪,况且听说湖广部队撤走后,这里的各个盗匪巢穴,一些盗匪又重新聚集在这里。河源、龙川等地方残余的盗匪,也又重新招集在一起,结集在一起的残余盗匪越来越多,预计将来盗匪的势力又将嚣张起来。现在虽然作战很久,部队疲乏,应当撤兵使队伍得到休整,但留驻部分士兵进行搜捕,也不能马虎,不要说砍伐了树木,树木就不可能发新芽,死灰不可能再燃烧起来。如果涓涓细水这样的漏洞不堵塞,等发展成大江大河就抵御不了它。既然狼兵已经遣散,就很难再把他们驻留下来。如果是巡捕和民兵之类的队伍,暂令他们回去稍作休整,便立即可以聚集起来,实行按期依次转换,使搜剿的士兵,像农民耕耘一样,将盗匪这颗种子像杂草一样除掉。各地仍然要将这些详尽地告知各地搜捕的官员,务必使他们懂得我的良苦用心,将盗匪斩草除根,不要留下什么后患!现批准实行并向上汇报。

批将士争功呈

据兵备佥事王大用呈送来的报告说:"乐昌县知县李增,捕捉到了盗匪的大头目李斌等人,审查属实。"随后又接到湖广永州府推官王瑞呈送来的报告说:"广东派人来要盗匪头目等情况。"并把知县现在的服役人员全给拘留起来,追缴出先前抓获李斌时得到的金簪、银两、荷包等物品。现在明显的是湖广的部队设计擒拿盗匪头目,不得随便报告掩饰这种情况。

看得兹者大征之举，湖广实首其谋，江、广亦协其力，既名夹攻，事同一体；湖兵有失，是亦广兵之罪；广人有获，斯亦湖人之功；况今贼首既擒，则湖广领哨之官，亦复何咎？虽云因虞得鹿，而广东计诱之人，亦非无功；但求共成厥事，何必己专其伐？矧各呈词，亦无相远，就如湖广各官所呈，即广人乘机捕获之功，居然自见；就如广东各官所呈，则湖官运谋驱逐之劳，亦自不掩；获级者匹夫之所能，争功者君子之大耻；仰该道备行湖广守巡等官，彼此同心易气，各自据实造册。

告谕浰头巢贼

正德十二年五月

本院巡抚是方，专以弭盗安民为职。莅任之始，即闻尔等积年流劫乡村，杀害良善，民之被害来告者，月无虚日，本欲即调大兵剿除尔等；随往福建督征漳寇，意待回军之日，剿荡巢穴。后因漳寇即平，纪验斩获功次七千六百有余，审知当时倡恶之贼，不过四五十人，党恶之徒，不过四千余众，其余多系一时被胁，不觉惨然兴哀！因念尔等巢穴之内，亦岂无胁从之人；况闻尔等亦多大家子弟，其间固有识

凡是距离较远的，就兴兵征伐。湖广实为最早想出这样的策略，江、广也尽力协助。既然为联合进攻，目标只有一个，湖广部队有过失，这也是广东部队的过失，反过来，广东部队有所收获，这也是湖广部队的功劳。况且现在盗匪的头目已经被生擒，那么湖广部队各领哨的官员还有什么罪责呢？虽然说运筹帷幄而有所收获，然而广东那些设计诱骗盗匪的人，也不是没有功劳。但愿诸位共同完成剿灭盗匪的事业，为什么一定要一方去包揽这征讨的重任呢？严格审查送来的各种报告，它们之间也没有太多出入，就如湖广各官员呈文所说，即广东队伍乘机捕捉盗匪头目的功劳，也很清楚。就如广东各官员呈文所谈到的，即湖广部队的谋划驱赶功劳自然也掩盖不了。擒拿首级这是普通人可以干的事，而争夺功劳，这却是有德性的人认为耻辱的事，希望各道官员，晓谕湖广守巡等官员，应当不分你我，同心协力，消除怨气，并将各自熟知的真实情况记录造册。

告谕浰头巢贼

正德十二年五月

我巡抚这些地方，专门以消除盗匪，安抚百姓为我的职责。就职之初，就听说你们常年抢家劫舍，杀害无辜百姓，受害的人到官府报告，申诉，每天人流不断。我本想调集大部队，将你们消灭。我随军前往福建漳州监督剿灭盗匪，想在部队撤回的时候派大军将你们的巢穴踏平。后来由于平定了漳州的盗匪之后进行清理，斩杀的有七千六百多人，经清查了解到，当时倡导作恶的盗匪，只不过四五十人，盗匪中本性就坏的人不过四千多人，剩下的多半是因一时胁迫，看到这些不自觉使我感到悲哀痛

达事势，颇知义理者；自吾至此，未尝遣一人抚谕尔等，岂可遽尔兴师剪灭，是亦近于不教而杀，异日吾终有憾于心。故今特遣人告谕尔等，勿自谓兵力之强，更有兵力强者；勿自谓巢穴之险，更有巢穴险者，今皆悉已诛灭无存。尔等岂不闻见？

夫人情之所共耻者，莫过于身被为盗贼之名；人心之所共愤者，莫甚于身遭劫掠之苦。今使有人骂尔等为盗，尔必怫然而怒；尔等岂可心恶其名而身蹈其实？又使有人焚尔室庐，劫尔财货，掠尔妻女，尔必怀恨切骨，宁死必报；尔等以是加人，人其有不怨者乎？人同此心，尔宁独不知？乃必欲为此，其间想亦有不得已者，或是为官府所迫，或是为大户所侵，一时错起念头，误入其中，后遂不敢出，此等苦情，亦甚可悯！然亦皆由尔等悔悟不切。尔等当初去从贼时，乃是生人寻死路，尚且要去便去；今欲改行从善，乃是死人求生路，乃反不敢；何也？若尔等肯如当初去从贼时，拼死出来，求要改行从善，我官府岂有必要杀汝之理？尔等久习恶毒，忍于杀人，心多猜疑；岂知我上人之心，无故杀一鸡犬，尚且不忍；况于人命关天？若轻易杀之，冥冥之中，断有还报，殃祸及于子孙，何苦而必欲为此？我每为尔等思念及此，

心。由于考虑你们的盗匪巢穴里,怎么可能会没有被迫为盗匪的人呢?并且还打听到你们中有不少是大户人家的子弟,你们中不少人是有见识,能推究事理,颇懂道理,明白礼义的人。从我到这里以来,还没曾派遣过一个人来安抚告示你们,哪能就这样派大军将你们消灭呢?如果这样,这也就是不教导你们而将你们诛杀,往后我终要为此感到遗憾。所以现在特意派人来告谕你们,不要自以为自己兵力强,岂不知还有比你们更强大的队伍;不要自以为有巢穴这样的险地,岂不知还有比你们这巢穴更险的巢穴,现在都已经将他们杀尽,将巢穴踏平。难道你们就不曾听说过?

人们心里公认为可耻的,没有比背上盗匪这样的名声更甚了;人们心里最怨恨的,就是身受抢劫的祸害,假使现在有人骂你们是盗匪,你们必然很不高兴,勃然大怒,难道你们只是在心里感到盗匪这名声的可恶,反而对自己干着盗匪的勾当而心安理得吗?又假使有人烧掉你们的房屋,把你们的财富抢走,把你们的妻子儿女抢走,你们一定十分痛恨,宁肯拼掉性命也要报这样的仇,雪这样的恨,可是你们却把这些强加在别人头上,哪能不对你们痛恨呢?人们的心情是一样的,难道就是你们不懂吗?你们成为盗匪,想必有的也是迫不得已而为的,可能有的是被官府所逼迫,有的或许是被富豪大户所兼并侵吞,一时糊涂,产生了错误的念头,从而误入其中,然后就再也不敢出来。这种不愿为盗匪而被迫为盗匪的苦闷心情,也实在值得怜悯。然而,这也都是由于你们悔悟不彻底。你们当时去投靠盗匪时,实是生人寻死路,尚且愿去便随便去;现在你们应当改恶从善,这实在是死人求生路,你们倒反不敢去寻这样的路,这是什么原因

辄至于终夜不能安寝，亦无非欲为尔等寻一生路。惟是尔等冥顽不化，然后不得已而兴兵，此则非我杀之，乃天杀之也。今谓我全无杀尔之心，亦是诳尔；若谓我必欲杀尔，又非吾之本心；尔等今虽从恶，其始同是朝廷赤子，譬如一父母同生十子，八人为善，二人背逆，要害八人，父母之心须除去二人，然后八人得以安生，均之为子，父母之心，何故必欲偏杀二子？不得已也。吾于尔等，亦正如此。若此二子者，一旦悔恶还善，号泣投诚，为父母者，亦必哀悯而收之；何者？不忍杀其子者，乃父母之本心也。今得遂其本心，何喜何幸如之！吾于尔等，亦正如此。

闻尔等辛苦为贼，所得苦亦不多，其间尚有衣食不充者；何不以尔为贼之勤苦精力，而用之于耕农，运之于商贾，可以坐致饶富，而安享逸乐；放心纵意，游观城市之中，

呢？如果你们肯像当初去投奔盗匪那样，拼死从盗匪阵营中逃出来，要求改恶从善，我官府难道一定要将你们处死？你们在盗匪中已经习惯了那些卑劣的行为，忍心杀人，猜疑又重，你们哪里知道我爱惜人的心情，无缘无故杀一只鸡，宰一条狗都于心不忍，何况对于人命关天这样的大事！如果随便杀人，那么必遭天报，祸害殃及子孙后代，何苦要随随便便地杀人呢？每当我替你们想到这些的时候，我也彻夜难眠，这也不过是想替你们寻一条生路罢了。除非你们这些人顽固不化，不听劝导，然后不得已再兴师动众，那么这就不是我要斩杀你们了，而是天要斩杀你们了。现在要说我完全没有杀你们的心情，那也是在欺骗你们，可如果说我一定要杀你们，那也不是我的本愿。你们现在虽然成盗匪并做坏事，但你们始终同是朝廷的子民，例如有一对父母，生了十个子女，其中八个成为善良的人，另外两个是叛逆，要危害那八个人，作为父母的心情是必须除掉那两个作恶的人，然后那八个人才能够平安地过日子。都是父母所生的子女，就凭作父母的，为什么一定要杀掉那两个人呢？实在是迫不得已啊！我和你们也如同这种情况一样！假如那两个孩子，一旦幡然悔悟，改恶从善，为过去自己的所作所为痛哭流泪，真心改变过来，作为父母，也一定会怜悯他而把他收下，这又是为什么呢？不忍心杀死自己的子女，这是普天之下作父母的心愿啊！现在如果能满足父母的心愿，对作父母的来说，还有什么比这更感到喜悦更感到幸运的呢！我现在与你们，也就跟这种情况差不多。

我听说你们为盗匪也很辛苦，而这种辛苦所换来的也不很多，你们中有不少连衣服，口粮都不够的。为什么不用你们为盗匪的那种干劲和精力转而用在农业的耕种上，用到经商上，那

优游田野之内？岂如今日担惊受怕，出则畏官避雠；入则防诛惧剿；潜形遁迹，忧苦终身，卒之身灭家破，妻子戮辱，亦有何好？尔等好自思量，若能听吾言，改行从善，吾即视尔为良民，抚尔如赤子，更不追咎尔等既往之罪；如叶芳、梅南春、王受、谢钺辈，吾今只与良民一概看待，尔等岂不闻知？尔等若习性已成，难更改动，亦由尔等任意为之，吾南调两广之狼达，西调湖、湘之士兵，亲率大军。围尔巢穴，一年不尽，至于两年；两年不尽，至于三年；尔之财力有限，吾之兵粮无穷，纵尔等皆为有翼之虎，谅亦不能逃于天地之外。

呜呼！吾岂好杀尔等哉？尔等若必欲害吾良民，使吾民寒无衣，饥无食，居无庐，耕无牛，父母死亡，妻子离散，吾欲使吾民避尔，则田业被尔等所侵夺，已无可避之地；欲使吾民贿尔，则家资为尔等所据掠，已无可贿之财；就使尔等今为我谋，亦必须尽杀尔等而后可。吾今特遣人抚谕尔等，赐尔等牛酒银钱布匹与尔妻子，其余人多，不能通及。各与晓谕一道，尔等好自为谋，吾言已无不尽，吾心已无不尽；如此而尔等不听，非我负尔，乃尔负我，我则可以无憾矣。呜

么你们就可以很快地富裕起来，过上安逸舒适的生活，可以尽情地享受。可以自由地出入城市，悠闲自得地走在田野上！哪里会像现在这样担惊受怕，外出则害怕官府，躲避仇敌，进入盗匪巢穴则又害怕官军进剿诛杀，把自己的行踪隐藏起来，苦了自己的一生，停止不干，则身亡家破，妻子儿女被杀或受辱，这对自己有什么好处呢？请你们好好思考，如果能听从我的劝导，改恶从善，我就把你们当作善良的百姓看待，如同保护赤子一样安抚你们，更不必说追究你们以往所犯下的罪行。例如叶芳、梅南春、王受、谢钺等人，我现在就把他们当作善良百姓一样看待，难道你们没有听说过吗？你们如果已经养成作恶的恶习，难以改变，也可以让你们按照你们的意志去行动。我从南方调来两广的地方狼达，从西面调集湖湘的地方部队，亲自率领大军围攻你们的巢穴，一年清除不掉你们，两年；两年清除不掉你们，则花三年。你们的财力是有限的，我的兵员源源不断，粮饷充足，纵然你们都是长着翅膀的老虎，谅你们也不能逃到天地之外去。

唉！难道我喜欢杀你们吗？你们如果一定要危害那些善良的百姓，使他们寒冷时没有衣穿，饥饿时没有粮食吃，住没有房屋，耕种没有牛，使他们父死母亡，妻离子散，我就算想让那些善良的百姓躲避你们，那么田地等家业就将被你们所侵占，已经没有可以躲避的地方了。我就算想使那些善良的百姓来贿赂你们，那么他们的家产又要被你们所掠夺，已经没有可以用来贿赂你们的财物了。假使现在就让你们替我想办法，也一定会想到先把你们杀尽然后才能想其他办法。我现在特意派人来安抚你们，给你们牛、酒、钱、布匹，并让你们把这些给你们的

呼！民吾同胞，尔等皆吾赤子，吾终不能抚恤尔等，而至于杀尔，痛哉痛哉！兴言至此，不觉泪下。

进剿浰贼方略

照得抚属龙川县地名浰头，积年老贼池大鬐等，不时纠众突出河源、翁源、安远、龙南、信丰等处，攻打城池，杀掳人口。先年亦尝征剿，皆因预失防御，以致漏网；后虽阳为听招，其实阴图不轨，班师未几，肆出劫掠，数年以来，民受荼毒，控告纷纭，有不忍言；若不趁时计剿，地方何以宁谧？为此仰抄案回道，会同分守、守备等官，即行该府知府陈祥，速将合用粮饷等项，一面从长议处；一面即于所属选集精壮骁勇曾经战阵机快、兵壮人等三千名，少或二千名，各备锋利器械，编成队伍，坐委素能谋勇官员统领；一面密行龙川、河源等附近贼巢等县，亦各选募惯战杀贼兵快二千名，委官分押，督同近巢知因、被害义官、新民头目人等，分截要路。就仰知府陈祥总督诸军，亲至贼巢去处，指画方略，克期进剿，仍行先取知因乡导数十人，令其备将贼剿道路险易，画图贴说，要见某处平坦，人马可以直捣；某处险阻，可以把截；某处系贼必遁之路，可以设伏邀击；某处贼所不备，可以间道扑掩；各要一一详察停当，务尽机

妻子儿女。还有许多人，不能全部通告到，分别发一道告示使他们明白。你们应当好好思考，我的言辞这样恳切，我的心愿这样真诚，如果你们仍然不听，那就不是我背弃你们，而是你们背弃我，那样，我也就没有什么可以觉得遗憾的了。唉！百姓本都是同胞，你们都是我的子民，我终不能抚恤你们，以至于要杀掉你们，痛心啊！痛心啊！说到这里，我不觉掉下泪来。

进剿浰贼方略

了解到管辖内的龙川县一个名叫浰头的地方，为盗匪多年的池大鬓等人，不时纠集盗匪突然出来袭击河源、翁源、安远、龙南、信丰等地，攻打城池，烧杀掳掠。先前也曾经征剿过这些地方，都由于事先没有很好地防守，以至于使这些盗匪漏网。后来虽然表面上接受政府招安，其实在背后却依旧图谋不轨，撤军没多久，那班盗匪又肆意出动，到处抢劫，几年来，百姓深受其害，他们纷纷到官府诉苦，那种惨状不忍心用言辞来表达，如果不趁早计划剿灭这班盗匪，地方上哪里能够安宁？为此向所属道发文，要求会同分守、守备等官员，立即通告该府知府陈祥，尽快把所需要用的粮饷等事项，从长远角度进行考虑，另一方面在自己统属范围内挑选身强体壮勇猛异常并曾经参加过战斗的士兵三千人，至少二千名，为他们配备锐利的武器，将他们编成队伍，委派一向有勇有谋的官员指挥。一面到龙川、河源等地附近，这些地方靠近盗匪的巢穴，在这些地方也挑选招募能征善战的士兵二千名，分别派官员指挥。督同距离盗匪巢穴较近，了解盗匪情况的人，被盗匪所害的人，民间头人，接受招安的人的头目一道，分别拦截重要通道。就命令知府陈祥总领各支队

宜。具由连图，差人马上赍报，以凭差官齐执令旗令牌、克期并力进攻；必使根抹悉拔，噍类无遗，以靖地方。

克期进剿牌

正德十三年正月

案照浰头老贼池大鬓等，不时纠众攻打城池，杀掳人口，屡征屡叛，近年以来，阴图不轨，恶焰益炽；除将贼首池仲容设计擒获外；其余在巢贼党，若不趁机速剿，不无祸变愈大，地方何由安息？本院已先密切分布哨道，行仰知府陈祥，统领典史姚思衡，驿丞何春，巡检张行，报效生员陈经世，新民卢琢等官军，从何平入攻热水巢、五花障巢、铁石障巢，直捣中渊大巢；知府邢珣统领知县王天与典史梁仪，并老人叶秀芳、黄启济、义官吴明等官兵，从太平入攻苏竹湖巢、白沙巢、黄田坳巢、中村巢，直捣上浰大巢；指挥姚玺，统领新民梅南春等兵，从乌虎镇入攻淡方巢、石门由巢，直捣岑冈大巢；指挥余恩，统领百长王受、黄金巢等兵，从龙子岭入攻溪尾巢、塘涵洞巢、古地巢、空背巢，直捣下

伍，亲自率军到盗匪老巢附近，根据情况筹划部署，按规定的时间进攻盗匪，先召集几十个熟悉道路的人，要他们将通往盗匪巢穴道路的险峻平坦状况，画图具体地说明。要标明哪些道路平坦，人马可以直接攻入；哪些道路险要，可以派兵拦截，哪些道路是盗匪逃跑时必经之地，可以预先埋伏攻击，哪些地方盗匪容易忽视，可以通过小路进攻。这些情况都要一一地了解清楚，这些具体情况，都要绘成详图，并派人速作报告，以便根据情况派官员下发令旗、令牌，按约定的时间全力进攻，一定要将盗匪斩草除根，不要使盗匪漏网，以使地方得到安宁。

克期进剿牌

正德十三年正月

浰头一带的盗匪旧头目池大鬢等人，经常纠集盗匪攻打城池，烧杀掳掠，多次征讨他们，他们多次叛降，近几年，又在背后作奸犯科，他们反动的嚣张气焰越来越猖盛，除了设计将盗匪一个叫池仲容的捕捉外，其他的盗匪依旧躲藏在巢穴中，现在如果不抓紧时间将这些盗匪剿灭，那么这些盗匪的危害将越来越大，地方上怎么能够安宁呢？我已经先派队伍到各处布防。命知府陈祥统领典史姚思衡，驿丞何春，巡检张行，报效生员陈经世，新投诚的卢琢等率领的官兵，从何平进攻盗匪的热水、五花障、铁石障等巢穴，然后直接进攻盗匪的大巢穴中渊。知府邢珣统率知县王天与，典史梁仪，和老人叶秀芳、黄启济，义官吴明等指挥的队伍，从太平进攻盗匪巢穴苏竹湖、白沙、黄田坳、中村，然后直接进攻盗匪的大巢穴上浰。指挥姚玺统率投诚的梅南春等兵士，从乌虎镇进攻盗匪的淡方、石门由等巢穴，

浰大巢；千户孟俊统领义官陈英、郑志高，新民卢琢等官兵，从和平入攻平地水巢、大门山巢、黄狗坳巢，直捣中浰大巢；推官危寿，统领义民叶芳，百长孙洪舜等官兵，从南步入攻脱头石巢、镇里寨巢、羊角山巢、直捣中浰大巢；知府季斅兵从信丰县黄田冈入攻新山径巢、古地巢；县丞舒富兵从信丰县乌径入攻旗岭巢、顿冈巢；及行仰守备指挥郑文、监督指挥姚玺、余恩，千户孟俊等三哨官兵，分路进剿；本院亦自行督领帐下随征官属兵快人等，从冷水径直捣下浰大巢，亲自督战。刻期俱于本年正月初七日寅时，四路并进外，牌仰兵备副使杨璋不妨本道事务，遵照本院钦奉敕谕事理前去军前，纪验功次，处置粮饷，及行催督各哨官兵，依期进剿。所获功次，务要审验明自从实纪录，仍候巡按纪功御史至日覆实，照例造册奏缴；及造清册一本送完查考。其军中一应进止机宜，俱仰密切呈来定夺。

批汀州知府唐淳乞休申

据知府唐淳申称："患病乞赐放归。"看得知府唐淳沉勇多智，精敏有为，兼之持守能谨，制事以勤；近因本院调

然后直捣盗匪的大巢穴岑冈。指挥余恩，统率百户长王受、黄金巢等队伍，从龙子岭进攻盗匪的溪尾、塘涵洞、古地、空背等巢穴，然后再直捣盗匪的巢穴下浰。千户长孟俊，率领义官陈英、郑志高，新招安的卢琢等部队，从和平进攻平地水、大门山、黄狗坳等盗匪的巢穴。然后再直捣盗匪的中浰巢穴。推官危寿率领义民叶芳、百户长孙洪舜等队伍，从南步进攻盗匪的脱头石、镇里寨、羊角山等巢穴。然后再直捣盗匪的中浰巢穴。知府季斆领兵从信丰县黄田岗进攻盗匪的山径、古地巢穴，县丞舒富指挥队伍从信丰县乌径进攻盗匪的旗岭，顿冈等巢穴。再命令守备指挥郑文，监督指挥姚玺、余恩，千户长孟俊等三支队伍分路进剿盗匪，我也亲自率领我的随从队伍和可以出征作战的人，从冷水径，直接进攻盗匪的下浰巢穴，并亲自督战。到时都应在今年的正月初七日寅时，兵分四路一同进剿盗匪。又命令兵备副使杨璋在不妨碍本道的日常工作外，按照皇上给我的圣旨中规定的要求前往战地军中调查登记战功，保证粮饷供应，并督促各支队伍按照规定的日期进攻盗匪。

官兵们的战功一定要验查核对清楚。按真实情况登记，再等待巡按御史到时候具体核对，再按照惯例登记造册向上级呈送，又造同样的簿册一本以便上缴后查考。涉及队伍中一切作战方略，机密要事，都要立即派人来向我报告，以便根据具体情况裁定。

批汀州知府唐淳乞休申

据知府唐淳呈送来的申请说："身患疾病，乞望恩准离职还家。"我深知知府唐淳，沉着勇敢，足智多谋，十分地精细，反

委领兵征剿南安诸贼,效劳备至,斩获居多;虽克捷之奏已举,而赏功之典未颁。况汀州所属,多系新民投招未久,反侧无常,正赖本官威怀缉抚,以为保障;纵有微疾,不便起居,即其才能,岂妨卧治。仰该府即行本官,不妨养疾,照旧管事,安心职务,善求药饵,务竭委身之忠,勿动乞休之念。申缴。

告谕

告谕百姓:风俗不美,乱所由兴;今民穷苦已甚,而又竞为淫侈,岂不重自困乏?夫民习染既久,亦难一旦尽变;吾姑就其易改者,渐次诲尔:

吾民居丧,不得用鼓乐;为佛事,竭赀分帛,费财于无用之地,而俭于其亲之身,投之水火,亦独何心?病者宜求医药,不得听信邪术,又事巫祷。嫁娶之家,丰俭称赞,不得计论聘财妆奁;不得大会宾客,酒食连朝。亲戚随时相问,惟贵诚心,宾礼不得徒饰虚文,为送节等名目,奢靡相尚。街市村坊,不得迎神赛会,百千成群。凡此,皆靡费无益,有不率教者,十家牌邻,互相纠察,容隐不举正者,十家均罪。

应快,很有作为;同时他操守严谨,办事勤恳,近来我调遣官兵征剿南安一带的盗匪时,唐淳出了很大的力,战功卓著,虽然关于攻克盗匪的奏折已经上呈了,但是论功行赏的庆典还没有举行。况且汀州所在的地方,百姓多半是从盗匪招安而来,并且他们接受招安的时间也不长,反复无常,正需要知府威严感化,追捕安抚,以求使得该地方的安宁有保障。即使身体有点小毛病,起居不便,也要发挥才能,但也不能妨碍治病。所以通知该府告诉知府,不妨在衙门养病,依旧管理事务,一定要安心于自己的任职,好好地用药调治疾病,一定要竭尽全力为国尽忠,不要再起请求离职疗养的念头。申请批复完毕。

告谕

告示百姓:如果地方风俗不好,那么祸乱就会从中产生,现在百姓已经贫穷到极点了,可是却又相互攀比奢华,这难道不会使自己更加贫困吗?如果百姓染上这种攀比奢华的陋习已经很久,一旦要改变它就很难了。我想就那些容易改掉的陋习,依次地开导你们:

如果有百姓办丧事,不允许用鼓乐队;做佛事,耗尽了自己的钱财衣物,把自己一点有限的财物用到没有用的地方,而这些费用都是通过节衣缩食积累的,却好像把它们抛到水中、火中一样,这是一种什么样的心情呢?生病的,应当看医生,用药治疗,不要听信邪术,向巫师祈祷,有嫁娶之类事的人家,应当节俭积累财物,不得去计较聘礼、嫁妆之类的,不要因而大肆宴请亲朋好友,以至于酒席一连摆几天。亲戚朋友随时都可表示问候,贵在诚心诚意,礼节实在,不得只作表面客套,以送礼等名

尔民之中，岂无忠信循理之人？顾一齐众楚，寡不胜众，不知违弃礼法之可耻，而惟虑市井小人之非笑，此亦岂独尔民之罪？有司者教导之不明，与有责焉。至于孝亲敬长，守身奉法，讲信修睦，息讼罢争之类，已尝屡有告示，恳切开谕，尔民其听吾诲尔，益敦毋怠！

仰南安赣州府印行告谕牌

照得有司之政，风俗为首；习俗侈靡，乱是用生。本院近因地方多盗，民遭荼毒，驱驰兵革，朝夕不遑；所谓救死不赡，奚暇责民以礼义哉？今幸盗贼稍平，民困渐息，一应移风易俗之事，虽亦未能尽举，姑先就其浅近易行者，开道训诲。为此牌仰本府官吏，即将发去告谕，照式翻刊，多用纸张，印发所属各县查照；十家牌甲，每家给与一通；其乡村山落，亦照屯堡里甲分散，务遵依告谕，互相戒勉，共兴恭俭之风，以成淳厚之俗。该府仍行各绵，于城郭乡村，推选素行端方人所信服者几人，不时巡行晓谕，各要以礼优待，

义，相互崇尚奢靡的风习。各街市各村坊，不得办迎神赛会，上百上千的人成群出动。凡此种种，都消耗财物，于事无益。如果有不听从告谕的，十家一牌中的邻居，应相互监督检查，如果有隐瞒实情不向官府报告的，那么这牌的十家全都要受处罚。

你们这些百姓中，难道就没有诚实可靠遵循礼义的人吗？有一个遵循礼义的人，就可以带动一批人遵循。现在看到许多人不懂得背弃礼义法纪的可耻，而仅仅去考虑如何去避免世俗人毫无道理的讥笑，这难道仅仅是你们的过失吗？与有关官员没有教导好也有关系，他们也应对此承担责任。至于那些孝敬父母尊敬长辈，保持自己的良好节操，遵纪守法，讲求信誉使邻里和睦相处，停止争吵，避免争斗之类的，已经有过几次告示，恳请大家把我的告示广泛宣传，你们听从我谆谆教诲你们的，更加诚恳敦厚的不要懒散。

仰南安赣州府印行告谕牌

在我看来各级政府的工作应当把民风风俗摆在首位。如果风俗奢靡，那么祸乱就会从中产生。由于地方上盗匪很多，百姓深受其害，近来我指挥军队，战事一直繁忙，没有片刻的空闲，这就是常言所说的救死难者尚且顾不过来，哪里还有闲工夫去用责备百姓的礼仪？现在幸好盗匪作乱的事已基本平定了，困扰百姓的那些祸患已经逐渐平息了。一切移风易俗的事，虽然还没有来得及一一采用推行，暂且把那些浅显的容易推行的，广为布告训导他们。为此，我要求衙门的各位官员立即到各地散发我的告示，并按照原来的样式刊印，多刊印一些，印发到所属的各县，各县然后再照样刊印，给十家一牌的牌头户发一封，各

作兴良善，以励末俗，毋得违错！

禁约榷商官吏

　　照得商人比诸农夫，固为逐末；然其终岁弃离家室，辛苦道途，以营什一之利，良亦可悯！但因南赣军资，无所措备，未免加赋于民，不得已而为此，本亦宽恤贫民之意；奈何奉行官吏，不能防禁奸弊，以致牙行桥子之属骚扰客商？求以宽民，反以困商，商独非吾民乎？除另行访拏禁约外；仰抄案回道，即便备行收税官吏，今后商税，遵照奏行事例抽收，不许多取毫厘；其余杂货，俱照旧例三分抽一；若资本微细，柴炭鸡鸭之类，一概免抽。桥子人等，止许开口把守开放，不得擅登商船，假以查盘为名，侵凌骚扰，违者许赴军门口告，照依军法拏问，其客商人等，亦要从实开报，不得听信哄诱，隐匿规避，因小失大；事发照例问罪，客货入官。及照船税一事，亦被总甲侵扰，今后官府合行船只，俱要实价给顾，就行抽分厂，查给票贴，以防诈伪。该道仍将应抽免抽，逐一查议则例，呈来。

乡村、山寨，也按驻屯堡垒的里甲为单位散发，务必遵循我的告示，互相监督、互相勉励，戒除陋习，共同努力，使谦逊、节俭的风气兴起来，以形成地方淳朴厚道的良好风俗，府仍然要派人到县，在城镇、乡村推选出一向行为检点端正共为大家伙儿称道的几位人士，时常到城镇、乡村进行教导，各地都要以礼来优待他们，使善良的德性能够兴盛，以重振那些没有受到重视的良好风俗。不得违背或犯过失！

禁约榷商官吏

从事商业的人与从事农业的比较起来，那些从事商业的人往往整年离家在外，在商途中不知辛苦地奔波，以便能够获得微薄的商业利益，这也实在值得同情。但由于南赣一带的军队给养需求，照原办法无法满足军需。所以不免向百姓加派赋税。这实在是没有办法而被迫采取的措施，这也是为了宽抚拿不起税的穷苦人民的办法，怎奈一些执行政策的官员不能禁绝作奸犯科等一些弊端，以至于使一些牙行（中间人）桥子骚扰商人？希望用这种办法来宽抚百姓，反而因此使商人受到困扰，难道商人就不是百姓吗？除另外进行调查禁止这类的事例之外，希望抄文到道之后，要求立即准备收税官员，告诉他们以后收取商税，按照以往上奏中的实际比例收税，不允许向商人多收一厘一毫。对于那些杂货，都按照原来的老办法，三分抽一，如果商人资本比较小的，如从柴、炭、鸡、鸭之类交易的，一概免征税款。收税官员，只允许他们在码头等地出入口处进行管理收税，不允许他们擅自登上商船，以检查等名誉或方式，骚扰商人，侵犯他们的利益，有违犯这些规定的，可以到帅府口头告

批赣州府赈济石城县申

看得所申赈济，既该府议许中户籴买，下户给散，准如所议施行。今出籴之数，止及二千，而坐济之民，不知几许；附郭者得遂先获之图，远乡者必有不沾之惠；近日赣县发仓，其弊可见。仰行知县林顺，会同先委县丞雷仁，先选该县殷实忠信可托者十数辈，不拘生员、耆老、义民，各给斗斛，候远乡之民一至，即便分曹给散；仍选公直廉明之人数辈，在傍纠察，如有夤缘顶冒，即时擒拿，照议罚治；庶几小民得蒙救急之惠，而远乡可免久候之难。

发,告发属实,则被告发的人按军法处罚。至于商人,也将自己经营情况如实报告,不得听信谣言,或他人的唆使,隐瞒实情,逃避税收,以至于因小失大。如果情况不实的事一旦被查出,那么也同样要进行处罚,货物收归官府。还了解到征收船税一事,也被总甲插手干涉。今后官府核计检查船上货物,货主都要将具体的价值说清,并到税务机构登记纳税,并由税务机关审查抽税收发给票据。以防止假冒,各道仍需要把哪些应纳税,哪些可免税的,每一类都调查清楚,按类别逐个登记好,然后再呈报给我。

批赣州府赈济石城县申

查看了石城县呈来要求赈济贫民的申请报告,石城县所在的府已经商议,允许中等经济状况的人家买粮,对那些生活十分贫困的人家发粮救济,批准他们所商议的办法,要求按此办法执行。但现在允许购买的粮食只有两千石,而等待要求救济的贫民其具体数量还不清楚。离城镇近的,就可以先得到政府的救济,而那些远离城镇的贫苦人则很难得到政府的这种恩惠。从近几天赣县开仓放粮救济贫民的情况,就可以看出这一弊病。现在通知知县林顺,会同以前任命的县丞雷仁,先从本县富裕的人户中挑选十几个诚实可信可以托付的人,不管是生员、长老地方上有身份的人,分发给他们量具斗、斛,等到路途远的贫苦人一到便开仓散粮救济他们。同时还要挑选几个公平正直廉洁奉公的人,在散粮的地方维持秩序和进行监督,如果有假冒他人名义领取救济粮,就立即将他捉拿,按照相关条例治罪。如果这样,那么那些贫苦人就可以得到救济的真正好

议处河源余贼

看得河源等处贼情，本院屡经批仰该道，会同守巡等官从长计议，相机剿捕。今复据呈，看得贼势渐盛，民患日深，该道既以兵力劳惫，势未能克，即须会同守巡、守备等官，或亲至贼巢，或于附近贼巢处所屯扎，选差知因通贼晓事人役赍执告示榜文，权且抚谕各贼，委曲开譬，或姑赐以牛酒、银布、耕具、种子之类，令其收众入巢，趁时耕作，因使吾民亦得暂免防截之役，及时尽力农亩；一面选兵励士，密切分布哨道，候收敛已毕，各巢亦积有粮米，然后的探虚实，克期并举，出其不趋，掩其不备，是乃籍兵于民，因粮于贼；非独可以稍纾目前之急，亦因得以永除日后之患矣。今若兵力不足，既未能剿，又不从权抚插，任其出没往来，则非惟民不安生，穷困愈甚；抑且贼亦失其农业，衣食不给，若非掳掠，何以为生，是所谓益重吾民之苦，而愈长群贼之奸；兵粮日耗，后欲图之，功愈难矣。仰该道会同守巡、守备等官，上紧议处施行回报，毋得徒事往复，致酿后艰！其各该官司兵快人等，不论或抚或剿，俱要时时操练整束，密切提备，不得纵弛，致有疏虞。

处了；而那些远离城镇的贫苦人也就可免除长久等候救济的苦楚心情了。

议处河源余贼

每当听到有关河源等地的盗匪活动情况，我就向河源所在的道发布命令，要求该道会同守巡等官员一道从长远考虑，根据情况的变化，适时地进行剿捕。现在又收到呈送上来的报告，从中得知，这一带盗匪的势力渐渐地在增长，百姓的苦难一天天在加重。该道既然凭借疲惫之师进攻盗匪，力量不足没有攻克。那么就应当会同守巡守备官员一道，或者亲自率军到盗匪的巢穴之中，或者在盗匪巢穴附近安营扎寨。选派那些对盗匪情况十分熟悉的人，让他们手拿官府的有关告示，暂时到各盗匪处去安抚盗匪，通过曲折的方式使盗匪放松警戒，或者暂时把牛、酒、钱、农耕用具，种子之类的给这些人，要他们招集一些人到盗匪巢穴中，按照农时及时努力耕作，这样也可以使百姓暂时免除防范盗匪或围剿盗匪的负担，按照农时及时努力耕作。一面可以派选士兵，鼓励他们，并将他们分派到各哨所及重要地段布防，等到庄稼收获完毕，各盗匪的巢穴，也都粮米充足，然后派人探清盗匪的情况，再各地约好时间，按期会同进攻，出其不意，乘盗匪没有准备之机进攻，这就是从百姓中选用士兵，借盗匪的粮食为军粮。这样不仅可以解除目前的祸患，而且可以使往后的祸患根绝。现在如果兵力不足，既没有向盗匪发起进攻，又不想办法安抚盗匪，并在盗匪中安插力量，让盗匪在百姓居住地自由地出入，不仅使得百姓无法安定生存，更加穷困；而且盗贼也丧失了农业，衣食无法供济、满足，如果不抢

告谕父老子弟

正德十四年二月

顷者顽卒倡乱,震惊远迩,父老子弟,甚忧苦骚动,彼冥顽无知,逆天叛伦,自求诛戮,究言思之,实足悯悼。然亦岂独此冥顽之罪?有司者抚养之有缺,训迪之无方,均有责焉。虽然,父老之所以倡率饬励于平日,无乃亦有所未至欤?今倡乱渠魁,皆就擒灭;胁从无辜,悉已宽贷;地方虽已宁复,然创今图后,父老所以教约其子弟者,自此不可以不预。故今特为保甲之法,以相警戒联属,父老其率子弟慎行之;务和尔邻里,齐尔姻族,德义相劝,过失相规,敦礼让之风,成淳厚之俗。本院奉命抚巡兹土,属有哀疚,未遑匍匐来问父老疾苦,廉有司之不职,究民之利弊而兴除之;故先遣谕父老子弟,使各知悉!方春,父老善相保爱,督子弟及时农作,毋惰!

劫财物，怎么能生存，实在是增加了百姓的痛苦，这样就更加助长了盗匪的气焰；军粮一天天减少，士气也在不断地降低，以后想再来图谋消灭盗匪的事，事情就变得越来越难了。命令河源所在地的道，会同守巡、守备等官员，抓紧时间商议怎样消灭盗匪，并向我汇报，不能没有结果地反复商议，以致事情越来越艰难。各级指挥官兵，不管对盗匪是进行进剿还是进行安抚，都要时时严格训练，严格管理，密切提防守备，不能够有任何的松懈，以致招来一些不必要的过失。

告谕父老子弟

正德十四年二月

近来，盗匪兴风作乱，使远近都感到震惊，父老兄弟们，深受盗匪作乱之祸，那些愚昧无知，不懂道理的人，违反天理，背叛人伦，自己寻找杀身之祸，话虽这样说，但是仔细想起来，他们也值得怜悯，难道那仅仅是那些冥顽不化的盗匪们的罪过吗？当官的抚养他们有所不足啊，训诫他们，开导他们都缺少一套好的方法，这都是有过错了。虽然这样，乡亲们在平日好好教导他们，不也是做得有所欠缺吗？现在那些作乱盗匪们的头目有的被消灭，有的被活捉，那些无辜被胁迫为盗匪的人，都已经宽大处理，地方上目前已经算是恢复了以往的安宁，然而看着现在，更应当想想今后，乡亲们在平时教育约束自己后人时，不应当不考虑这些后人的将来。所以现在特定推行保甲法，以此使各家各户相互联成一体，互相监督。乡亲们教导自己的后人一定要使他们谨慎地处理各种问题。和邻里友好地相处，使自己的亲属都遵纪守法。用仁义道德教导他们，用过失从反面规劝

行龙川县抚谕新民

先据推官危寿,并龙川县各申:"依奉本院钧牌,将新民卢源、陈秀坚、谢凤胜等官插和平,及拨田地耕种;并拘仇家,当面开释,各安生理,毋相构害。"缘由;近访得各民,因闻广东征剿从化等贼,自生疑惑,东逃西窜,致令和平居民,因而惊扰,似此互相扇惑,地方何时宁靖?本当拏究为首之人,绑赴军门,斩首示众;但念各民意亦无他,姑且记罪晓谕。为此牌仰龙川县掌印官,即将投城居民,谕以前项,听抚新民,俱已改恶从善,止因广东调兵征剿,居民素怀仇隙者,因而假此恐吓,致令东奔西窜,各民意在避兵,本非叛招出劫,尔等毋得妄生惊疑。及差人拘集新民卢源、陈秀坚等,谕以广东官兵征剿,各有界限,尔等缘何轻信恐吓,妄自惊窜?俱各省令回原村寨,安居乐业,趁此春和,各务农作;仍谕卢源、陈秀坚、谢凤胜等,各要严束手下甲众,各念死中得生之幸,悔罪畏法,保尔首领;如或面从心

他们，使礼让的行为盛行，以便使他们养成淳朴厚道的习俗。我奉上级的命令来安抚这些地方，内心确实很内疚，没有亲自到乡亲们这里来了解你们的情况，这实在是我不称职的一个表现啊，然而我具体考查哪些对百姓有利，而想法使它们兴盛，哪些对百姓不利而设法将它们革除，所以先派人告诉父老兄弟们，使你们都能知道这些！春天已经来临了，乡亲们应当互相爱护，督促晚辈按农时及时从事农业生产，不要使他们养成懒惰的习惯。

行龙川县抚谕新民

根据推官危寿以及龙川县呈送来的报告说："依照您的命令，将投降接受安抚的卢源、陈秀坚、谢凤胜等人安排到和平这地方，并拨给他们土地、农具和种子，并召集以前他们的仇人，向这些人讲道理，解释政府政策，要求他们安居乐业，不要相互陷害。"根据呈报，最近从各地百姓中了解到，由于听到广东征剿从化一带的盗匪，使得他们怀疑政府的政策，从而东逃西窜，使得和平一带的百姓受到了惊吓、骚扰，并因此以讹传讹，这样下去，地方上什么时候才能够安定呢？本来应当追究为首者的责任将他们押送到军门外斩首示众，但念及民众也没有其他别的目的，暂且把他们的罪过记录下来到，只是各地晓谕百姓。为此将本公文发给龙川县的主要负责人，把前面谈到的几种情况告诉那些投诚过来的百姓，那些接受政府安抚的百姓，都已经改恶从善，只是由于广东调兵征剿从化，那些一向对政府存在隔膜的人，趁机进行恐吓，以至于导致他们东奔西窜，他们的目的在于逃避兵祸，本来就不是背叛政府的招安而伺机出动行

异，外托惊惧之名，内怀反覆之计，自求诛戮，悔后何及。

优奖致仕县丞龙韬牌

访得赣县致仕县丞龙韬，平素居官清谨；迨其老年归体，遂致贫乏不能自存；薄俗愚鄙，反相讥笑；夫贪汙者乘肥衣轻，扬扬自以为得志，而愚民竞相歆羡；清谨之士，至无以为生，乡党邻里，不知以为周恤，又从而笑之；风俗薄恶如此，有司者岂独不能辞其责？孟子云："使饥饥于我土地，吾耻之。"是亦有司者之耻也。为此牌仰赣州府官吏，即便措置无碍官银十两，米二石，羊酒一付，掌印官亲送本官家内，以见本院优恤奖待之意；仍仰赣县官吏岁时常加存问；量资柴米，毋令困乏。呜呼！养老周贫，王政首务；况清谨之士，既贫且老，有司坐视而不顾，其可乎？远近父老子弟，仍各晓谕，务洗贪鄙之俗，共敦廉让之风。具依准，并措送

凶抢劫。你们这些人不要随便产生怀疑，因而担心害怕。并派人召集招安过来的人卢源、陈秀坚等人，告诉他们广东官兵出剿一事，说明广东官兵的行动是有地域限制的。他们为什么就轻信了他人的恐吓，从而对官府产生怀疑，擅自随便往外逃窜，让他们好好反思，叫他们回到原来的村寨，安居乐业。趁这春天的大好时节，各自努力从事耕种，仍然命令陈秀坚、谢凤胜等人，对过去自己的下属都要进行严格的管制，使他们都明白蒙受政府的恩赐起死回生，要追悔自己的罪过，敬畏国家的法令，保护他们的首领，如果是表面服从政府的招安，而内心有非分之想；在外假借担心害怕的名义，而在内部却有重新颠覆政府的计策，那么这便是自己寻找死罪，到时后悔又怎么来得及呢！

优奖致仕县丞龙韬牌

查访到赣县县丞龙韬平日为官清廉严谨，等到他上了年纪告老还乡的时候，贫困交加，以至于到了不能生存的地步。那些世俗刻薄愚笨寡陋的人都嘲笑他，那些贪赃枉法的人，乘坐豪华的车舆，身肥体胖，衣冠楚楚，自以为得意，而愚蠢无知的人十分地羡慕这些人并把他们作为榜样竞相效仿，那些清廉作风严谨的官员，却到了无法生存的地步，地方政府和乡村里的邻居，不懂得应该周详地抚恤这样的告老还乡的官员，反而嘲笑他们，民情风俗败坏到了这种地步，为政者难道能推卸他们的责任吗？孟子说："使饥饿发生在我管理的地方，我以它为耻。"这也是我认为耻辱的事，为此，特向赣州府的官吏发布文告，立即采取措施。拨出官银十两，两石米，一坛羊酒，由当地主管官员亲自送到龙韬家里，以表达我对他的优抚，对他的节操的奖过。缴牌。

励。并命令赣县的官员,每年都要多次了解他的情况,并根据情况发给他柴米,不要使他感到困苦不堪。唉!赡养老人,周济贫困,这是实行王道政治的首要任务,更何况是那些为官清廉,作风严谨的人呢。年纪又大,又贫困,为政者坐视不闻不问,这样行吗?应当告诫远近的父老兄弟,一定要清除贪婪鄙陋的恶习,倡导廉洁礼让的民风。就这样按牌去送礼物,完了再把此牌缴回。

文/白/对/照

王陽明全集

四

〔明〕王守仁 著

团结出版社

目 录

卷之十七 别录九

公移二 巡抚江西征宁藩 ················· 1606
  牌行赣州府集兵策应 ················· 1606
  咨两广总制都御史杨共勤国难 ············· 1608
  案行南安等十二府及奉新等县募兵策应 ········· 1612
  宽恤禁约 ······················ 1614
  奖瑞州府通判胡尧元擒斩叛党 ············· 1616
  策应丰城牌 ····················· 1618
  调取吉水县八九等都民兵牌 ·············· 1620
  预备水战牌 ····················· 1622
  咨都察院都御史颜权宜进剿 ·············· 1624
  权处行粮牌 ····················· 1624
  牌行吉安府敦请乡士夫共守城池 ············ 1628
  牌行各哨统兵官进攻屯守 ··············· 1630
  告示在城官 ····················· 1634
  示谕江西布按三司从逆官员 ·············· 1634

告示七门从逆军民 …………………………………… 1636

牌行江西二司安葬宁府官眷 ………………………… 1638

手本南京内外守备追袭叛首 ………………………… 1640

咨两广总督都御史杨停止调集狼兵 ………………… 1642

牌行抚州知府陈槐等收复南康九江 ………………… 1644

犒赏福建官军 ………………………………………… 1646

释放投首牌 …………………………………………… 1650

牌仰沿途各府州县卫所驿递巡司衙门慰谕军民 …… 1650

案行江西按察司停止献俘呈 ………………………… 1654

咨兵部查验文移 ……………………………………… 1656

案行浙江按察司交割逆犯暂留养病 ………………… 1660

告谕军民 ……………………………………………… 1666

钦奉诏书宽宥胁从 …………………………………… 1668

批追征钱粮呈 ………………………………………… 1670

再批追征钱粮呈 ……………………………………… 1672

批南昌府追征钱粮呈 ………………………………… 1676

褒崇陆氏子孙 ………………………………………… 1676

告谕安义等县渔户 …………………………………… 1678

批按察使伍文定患病呈 ……………………………… 1680

批临江府耆民建立生祠呈 …………………………… 1682

批吉安府救荒申 ……………………………………… 1682

批抚州府同知汪嵩乞休呈 …………………………… 1684

批提学佥事邵锐乞休呈 ……………………………… 1686

礼取副提举舒芬牌 …………………………………… 1688

南赣乡约 ……………………………………………… 1688

目录

旌奖节妇牌 …………………………………… *1704*

兴举社学牌 …………………………………… *1706*

颁定里甲杂办 ………………………………… *1706*

批江西布政司设县呈 ………………………… *1710*

议处官吏廪俸 ………………………………… *1712*

咨六部伸理冀元亨 …………………………… *1714*

奖励主簿于旺 ………………………………… *1718*

申谕十家牌法 ………………………………… *1718*

申谕十家牌法增立保长 ……………………… *1722*

颁行社学教条 ………………………………… *1726*

清理永新田粮 ………………………………… *1728*

批宁都县祠祀知县王天与申 ………………… *1728*

晓谕安仁余干顽民牌 ………………………… *1730*

告谕顽民 ……………………………………… *1732*

批江西都司掌管印信 ………………………… *1738*

牌行崇义县查行十家牌法 …………………… *1740*

牌谕都指挥冯勋等振旅还师 ………………… *1742*

批瑞州知府告病申 …………………………… *1744*

赈恤水灾牌 …………………………………… *1746*

仰湖广布按二司优恤冀元亨家属 …………… *1748*

批江西按察司故官水手呈 …………………… *1750*

仰南康府劝留教授蔡宗兖 …………………… *1750*

批江西布政司礼送致仕官呈 ………………… *1752*

卷之十八　别录十

公移三　总督两广。平定思田。征剿八寨 ········ 1756

钦奉敕谕通行 ········ 1756

湖兵进止事宜 ········ 1762

牌谕安远县旧从征义官叶芳等 ········ 1768

批南康县生员张云霖复学词 ········ 1770

放回各处官军牌 ········ 1772

犒谕都康等州官男彭一等 ········ 1772

札付永顺宣慰司官舍彭宗舜冠带听调 ········ 1774

批广西布按二司请建讲堂呈 ········ 1776

批立社学师耆老名呈 ········ 1778

议处江古诸处瑶贼 ········ 1778

批岭西道立营防守呈 ········ 1782

犒送湖兵 ········ 1782

批岭西道抚处盗贼呈 ········ 1786

禁革轻委职官 ········ 1786

分派思田土目办纳兵粮 ········ 1790

案行广西提学道兴举思田学校 ········ 1792

揭阳县主簿季本乡约呈 ········ 1794

赈给思田二府 ········ 1796

牌行灵山县延师设教 ········ 1798

牌行委官陈逅设教灵山 ········ 1800

牌行南宁府延师设教 ········ 1802

牌行委官季本设教南宁 ········ 1804

批岭东道额编民壮呈 ········ 1806

裁革文移	*1808*
批右江道调和寨目呈	*1808*
批南宁府表扬先哲申	*1810*
批增城县改立忠孝祠申	*1812*
批参政张怀奏留朝觐官呈	*1812*
经理书院事宜	*1814*
牌行南宁府延师讲礼	*1816*
札付同知林宽经理田宁	*1818*
札付同知桂鳌经理思恩	*1820*
牌行南昌府保昌县礼送故官	*1822*
调发土兵	*1824*
犒奖儒士岑伯高	*1828*
征剿八寨断藤峡牌	*1832*
牌行领兵官	*1834*
戒谕土目	*1838*
追捕逋贼	*1840*
牌行委官林应骢督谕土目	*1844*
牌委指挥赵璇留剿余贼	*1848*
牌行副总兵张祐搜剿余巢	*1848*
犒劳从征土目	*1852*
绥柔流贼	*1852*
告谕村寨	*1864*
议立县卫	*1866*
抚恤来降	*1868*
批广东市舶司提举故官水手呈	*1870*

卷之十九 外集一

赋骚诗 赋骚七首 …… 1874
- 太白楼赋 …… 1874
- 九华山赋 …… 1876
- 吊屈平赋 …… 1884
- 思归轩赋 …… 1886
- 咎言 …… 1888
- 守俭弟归曰仁歌楚声为别予亦和之 …… 1890
- 祈雨辞 …… 1892

归越诗三十五首
弘治壬戌年，以刑部主事告病归越并楚游作 …… 1892
- 游牛峰寺四首 *牛峰今改名浮峰* …… 1892
- 又四绝句 …… 1894
- 姑苏吴氏海天楼次邝尹韵 …… 1896
- 山中立秋日偶书 …… 1896
- 夜雨山翁家偶书 …… 1896
- 寻春 …… 1898
- 西湖醉中谩书二首 …… 1898
- 九华山下柯秀才家 …… 1898
- 夜宿无相寺 …… 1900
- 题四老围棋图 …… 1900
- 无相寺三首 …… 1900
- 化城寺六首 …… 1900
- 李白祠二首 …… 1902
- 双峰 …… 1904

莲花峰 … *1904*

　　列仙峰 … *1904*

　　云门峰 … *1904*

　　芙蓉阁二首 … *1904*

　　书梅竹小画 … *1906*

山东诗六首 弘治甲子年起复主试山东时作 … *1906*

　　登泰山五首 … *1906*

　　泰山高次王内翰司献韵 … *1910*

京师诗八首 弘治乙丑年改除兵部主事时作 … *1912*

　　忆龙泉山 … *1912*

　　忆诸弟 … *1914*

　　寄舅 … *1914*

　　送人东归 … *1914*

　　寄西湖友 … *1914*

　　赠阳伯 … *1914*

　　故山 … *1916*

　　忆鉴湖友 … *1916*

狱中诗十四首

　　正德丙寅年十二月以上疏忤逆瑾下锦衣狱作 … *1916*

　　不寐 … *1916*

　　有室七章 … *1918*

　　读易 … *1918*

　　岁暮 … *1920*

　　见月 … *1920*

　　天涯 … *1920*

屋罅月 1922

别友狱中 1922

赴谪诗五十五首 正德丁卯年赴谪贵阳龙场驿作 1922

　答汪抑之三首 1922

　阳明子之南也其友湛元明歌九章以赠崔子钟
　　和之以五诗于是阳明子作八咏以答之 1924

　南游三首 1928

　忆昔答乔白岩因寄储柴墟三首 1930

　一日怀抑之也抑之之赠既尝答以三诗意若有
　　歉焉是以赋也 1932

　梦与抑之昆季语湛崔皆在焉觉而有感因纪以诗三首 1934

　因雨和杜韵 1936

　赴谪次北新关喜见诸弟 1936

　南屏 1938

　卧病静慈写怀 1938

　移居胜果寺二首 1938

　忆别 1940

　泛海 1940

　武夷次壁间韵 1940

　草萍驿次林见素韵奉寄 1940

　玉山东岳庙遇旧识严星士 1942

　广信元夕蒋太守舟中夜话 1942

　夜泊石亭寺用韵呈陈娄诸公因寄储柴墟都宪及
　　乔白岩太常诸友 1942

　过分宜望钤冈庙 1944

杂诗三首 ······ 1944

袁州府宜春台四绝 ······ 1946

夜宿宣风馆 ······ 1948

萍乡道中谒濂溪祠 ······ 1948

宿萍乡武云观 ······ 1948

醴陵道中风雨夜宿泗洲寺次韵 ······ 1950

长沙答周生 ······ 1950

涉湘于迈岳麓是遵仰止先哲因怀友生丽泽兴感
　伐木寄言二首 ······ 1952

游岳麓书事 ······ 1954

次韵答赵太守王推官 ······ 1958

天心湖阻泊既济书事 ······ 1958

居夷诗 ······ 1960

去妇叹五首 ······ 1960

罗旧驿 ······ 1962

沅水驿 ······ 1964

钟鼓洞 ······ 1964

平溪馆次王文济韵 ······ 1964

清平卫即事 ······ 1964

兴隆卫书壁 ······ 1966

七盘 ······ 1966

初至龙场无所止结草庵居之 ······ 1966

始得东洞遂改为阳明小洞天三首 ······ 1968

谪居绝粮请学于农将田南山永言寄怀 ······ 1968

观稼 ······ 1970

采蕨 ……………………………………… *1970*

猗猗 ……………………………………… *1970*

南溟 ……………………………………… *1970*

溪水 ……………………………………… *1972*

龙冈新构 ………………………………… *1972*

诸生来 …………………………………… *1974*

西园 ……………………………………… *1974*

水滨洞 …………………………………… *1976*

山石 ……………………………………… *1976*

无寐二首 ………………………………… *1976*

诸生夜坐 ………………………………… *1978*

艾草次胡少参韵 ………………………… *1978*

凤雏次韵答胡少参 ……………………… *1980*

鹦鹉和胡韵 ……………………………… *1980*

诸生 ……………………………………… *1980*

游来仙洞早发道中 ……………………… *1982*

别友 ……………………………………… *1982*

赠黄太守澍 ……………………………… *1982*

寄友用韵 ………………………………… *1984*

秋夜 ……………………………………… *1984*

采薪二首 ………………………………… *1986*

龙冈漫兴五首 …………………………… *1986*

答毛拙庵见招书院 ……………………… *1988*

老桧 ……………………………………… *1988*

却巫 ……………………………………… *1990*

目录

过天生桥 ………………………………… *1990*

南霁云祠 ………………………………… *1990*

春晴 ……………………………………… *1990*

陆广晓发 ………………………………… *1992*

雪夜 ……………………………………… *1992*

元夕二首 ………………………………… *1992*

家僮作纸灯 ……………………………… *1994*

白云堂 …………………………………… *1994*

来仙洞 …………………………………… *1994*

木阁道中雪 ……………………………… *1994*

元夕雪用苏韵二首 ……………………… *1996*

晓霁用前韵书怀二首 …………………… *1996*

次韵陆佥宪元日喜晴 …………………… *1998*

元夕木阁山火 …………………………… *1998*

夜宿汪氏园 ……………………………… *1998*

春行 ……………………………………… *1998*

村南 ……………………………………… *2000*

山途二首 ………………………………… *2000*

白云 ……………………………………… *2000*

答刘美之见寄次韵 ……………………… *2002*

寄徐掌教 ………………………………… *2002*

书庭蕉 …………………………………… *2002*

送张宪长左迁滇南大参次韵 …………… *2004*

南庵次韵二首 …………………………… *2004*

观傀儡次韵 ……………………………… *2004*

徐都宪同游南庵次韵 ········· 2006

即席次王文济少参韵二首 ········· 2006

赠刘侍御二首 ········· 2006

夜寒 ········· 2008

冬至 ········· 2008

春日花间偶集示门生 ········· 2008

次韵送陆文顺佥宪 ········· 2010

次韵陆佥宪病起见寄 ········· 2010

次韵胡少参见过 ········· 2010

雪中桃次韵 ········· 2010

舟中除夕二首 ········· 2012

淑浦山夜泊 ········· 2012

过江门崖 ········· 2012

辰州虎溪龙兴寺闻杨名父将到留韵壁间 ········· 2014

武陵潮音阁怀元明 ········· 2014

阁中坐雨 ········· 2014

霁夜 ········· 2014

僧斋 ········· 2016

德山寺次壁间韵 ········· 2016

沅江晚泊二首 ········· 2016

夜泊江思湖忆元明 ········· 2018

睡起写怀 ········· 2018

三山晚眺 ········· 2018

鹅羊山 ········· 2020

泗洲寺 ········· 2020

再经武云观书林玉玑道士壁 …………………………………… *2020*
再过濂溪祠用前韵 …………………………………………… *2020*

卷之十七　别录九

公移二　巡抚江西征宁藩

牌行赣州府集兵策应

正德十四年六月十八日

照得本院奉敕,前往福建公干,于六月初九日,自赣州启行,由水路十五日至丰城县,地名黄土脑,节据知县顾佖等,并沿途地方总甲等禀报:"江西省城突然变乱,抚巡三司等官,俱遭拘执杀害。"远近军民甚是惊惶。再三阻遏本院,且勿前进;本院原来带有官军,势难轻进,欲驰还赣州起兵,则地里相去益远;已暂回吉安府,就近住札;一面调集兵粮,号召义勇;一面差人分投爪探的确另行外。为此牌仰本府官吏,照牌事理,并行附近卫所,各行所属,起集父子乡兵军余人等,昼夜加谨固守城池,以保不测。仍仰知府邢珣,查将贮库钱粮,尽数开具印信手本,先行呈报,毋得隐匿!一面行取安远等县原操,不论上下班次官兵,各备锋利器械,通到教场,日逐操练,重加犒饷;选委谋勇官员管领,听候本院公文一至,即刻就便发行。敢有违误,定以军法处治,决不轻贷!

牌行赣州府集兵策应

正德十四年六月十八日

我奉上级命令,前往福建办理公务,于正德十四年六月初九,从赣州起程,走了十五天的水路到了丰城县的一个名叫黄土脑的地方,就接到知县顾似等官员以及沿途地方上的总甲等人禀报说:"江西省城突然发生了变乱,抚巡三司等官员,有的被扣留,有的被杀害。"远近的军民对省城的变乱甚是惊惶。他们一再阻拦我,让我不要再往前行进。我原来带军队同行,从势力对比上考虑不宜轻易前进,想速赶往赣州,从那里发兵,但两地相距已经很远,于是,我就暂时回到吉安府,在较近的地方驻屯下来,一面调集兵粮,把这支集聚的部队称为义勇,一面派密探详细探听情况。同时向我衙门的官员发了一道文告指示,命他们遵照执行,并命令附近的卫所及他们管辖的单位部门遵照执行。把村里的男性百姓、地方士兵,军队裁撤的人员聚集起来,昼夜抓紧时间,使各地的城防坚固,以备遇有不测。同时还命令知府邢珣,把官府府库中的钱粮检查清楚,每一项都清清楚楚分门别类地开列出来,向我汇报,不得隐瞒实情,又命令安远等县原来正在训练的士兵,不论那个班次,分别装备上锐利武器,全部到练兵场,每天都进行训练,并加重犒赏他们,派遣那些有勇有谋的官员统领他们,等待我的公文一到,立即就要按命令行军,有敢于违抗命令或延迟执行命令的,一定按军法严厉处置,决不轻易放过。

咨两广总制都御史杨共勤国难

节该钦奉敕:"福州三卫军人进贵等胁众谋反,特命尔暂去彼处地方,会同查议处置,参奏定夺。钦此!"钦遵;于六月初九日,自赣启行,于本月十五日,行至丰城县地名黄土脑,据知县顾佖等禀称:"本月十四日,宁府将巡抚孙都御史许副使等官杀死,巡按及三司府县大小官员,不从者,俱被执缚,各衙门印信,尽数收去,库藏搬抢一空,声言直取南京,一面分兵北上。"各官竞阻本职,不宜轻进;本职自顾单旅危途,势难复进,方尔回程,随有兵卒千余,已夹江并进来追;偶遇北风大作,本职亦张疑设计,整舟安行,兵不敢逼,幸而获免。

本月十八日,回至吉安府,据知府伍文定等禀称"地方无主,乞留暂为区画。"远近居民,亦皆遮拥呼号。随又据临江府并新淦、丰城、奉新等县各差人飞报:"宁府遣兵四出攻掠,拘收印信。"等因;本职奉有前旨,欲遂径往福建;但天下之事,莫急于君父之难,若彼顺流东下,万一南都失备,为彼所袭;彼将乘胜北趋,动摇京辅,如此则胜负之算,未有所归;此诚天下安危之大机,虑念及此,痛心寒骨,义不忍舍之而去;故遂入城,抚慰军民,督同知府伍文定等,调集兵粮,号召义勇,定谋设策,收合涣散之心,作起忠义之

咨两广总制都御史杨共勤国难

我接到皇上的圣旨，圣旨说："福州三卫军人进贵等人胁迫众人发动谋反事件，现在特命你前往该地，联合各方一起调查处理此事，把具体情况汇报上奏以便最后裁决。钦此！"我遵照皇上圣旨，于六月初九，赣州出发，于本月十五日来到丰城县的黄土脑这个地方，据知县顾似等人禀报说："本月十四日，江西省城发生谋反事件，反叛者已经将孙巡抚许都御史、副使等官员杀死，巡按及三司府县的大小官员，如果有不服从他们的，都被捆绑收押起来，各衙门的公文，全部拿走了，府库中所贮存的钱物，全部被抢走，并扬言要直接攻占南京，同时还派兵北上。"附近各官员都阻挡我不叫轻易前进，我考虑自己孤军路途危险，势单力薄难以前行，在返回的途中，就有千余名叛军夹江并进追来，恰好当时北风大作，我也根据情况假设疑计，整舟从容地航行，使叛军不敢向前逼近，这样我才摆脱了叛军的追击。

于本月十八日回到吉安府，据知府伍文定等人禀报说："地方上一时无主，请求您暂时留下安定一方。"附近的百姓，也拥挤在一起，高呼要求我驻留。随后临江府以及新淦、丰城、奉新等县分别遣快使来报告说："宁王府派兵向四处进攻，抢劫并收缴官府文件。"等情况，我因前面接到皇上的圣旨，想就这样前往福建，但是天下的事情，没有比解救君父的危难更急迫的。如果那些谋反的叛军沿长江顺流而下，万一南方的都城南京没有及时准备，被他们袭击，他们如果乘胜北上，使京城一带震动，那么胜败的结局就很难说了，这实在是关系到国家安危的大事，想到这里，我心里十分的悲痛，从道义上说我不忍心看到

气，牵其举动，而使进不得前；捣其巢穴，而使退无所据；庶几叛逆可擒，大难可靖。

本职自惟弱劣多病，屡疏乞休；况地方之责，亦非本职原任；今兹扶疾赴闽，实亦意图便道归省，适当君父之急，不忍失此事机，姑复暂留，期纾国难。除具奏外，为照前项事情，系国家大难，存亡所关，虽经起调吉安等府兵快，非惟武艺无素，尤恐兵力不敷，必须添调兵马，方克济事。

照得南、韶、惠、湖等府，各有惯战精兵，堪以调用，拟合移咨督发，为此合咨贵院，烦为选取骁勇精壮兵快、夫款、打手人等，大约四五千名，各备锋利器械，选委谋勇胆略官员，或就委岭南道兵备佥事王大用监统，给与各兵行粮，不分雨夜，兼程前来，共勤国难。谅贵院素秉忠孝之节，久负刚大之气，闻此必将奋袂而起，秉钺长驱，当在郭汾阳之先，肯居祖士远之后哉？纷扰之中，莫罄恳切，惟高明速图之！

那种结局,我于是暂时放弃了去福建的想法。所以就进了吉安府城抚慰军民,督促知府伍文定等人调集军粮,发布号令,招募义勇,并与他们一起出谋划策,使早已涣散的民心军心重新汇合起来,使军民心中的忠义气概重新振作起来,用他们来牵制叛军们的举动,使叛军不能随便向前进攻,或者命令他们捣毁叛军的根据地,使叛军后退时没有归处,如果这样,那么叛军就可以被擒拿了,国家的这个大害就可以平定了。

我身体不好,经常生病,多次向皇帝请求退休养病。况且这些地方的职责,也不是我原来职责范围内的,现在我带病到福建去,实在也是想顺便回乡省亲。可是恰恰碰到君父危急这样紧迫的事情,不忍心看到叛军的图谋得逞,所以暂且在这里停留下来,期盼能够解除国家的这个大患,除了将这些情况具体上奏汇报之外。关于上面所说的宁府叛乱事件也是事关国家安危的大事,虽然已经调遣了吉安等府的队伍,但是那些队伍平常训练就不多,很担心这样的队伍不能承担这样重大的任务,还必须增派队伍,这样才能够将叛乱平定。

我了解到南雄、韶州、惠州、潮州等府,都有能征善战的队伍,可以从这些府抽调一些队伍,打算把他们合并到一起然后督促他们向这里进发,为此发公函到贵府,烦请你们挑选勇猛异常而身强力壮的士兵、打手等人,数量大约为四五千左右,分别给他们配备精良的武器,选派有勇有谋的胆略过人的官员,或者就直接委派领南道的兵备佥事王大用指挥,给各支队伍准备充足的军粮,命令他们不管是天晴还是下雨,风雨兼程,星夜,前往目的地,以共赴国难。想杨都御史一向有忠孝的节操,很早就享有为人正直的美名,听到我的这一番情况介绍一定会

案行南安等十二府及奉新等县募兵策应

六月二十六日

切照叛逆天下之大恶,讨贼天下之大义,国家优礼藩封,恩德隆重;乃敢辄萌异图,以干宪辟,上逆天道,下犯众怒,灭亡之期,计日可待。本院职任虽非专责,危难安忍坐视,仗顺伐逆,鼓率忠义,豪杰四起,发谋协力。除行吉安等府县,起调兵快,防守地方,及行广东、福建、湖广等处各调兵策应外;照得本省所属各府、州、县、卫、所,见今巡抚、都、布、按等衙门,俱各缺官,事无统束,拟合通行。为此仰抄案回府,即行所属县分并卫所衙门,各起调官军乡兵,固守城池,保障地方。仍一面分调兵快,散布关隘,严加把截;一面选募骁勇精兵,大县约四五千名,小县约二三千名以上,各备锋利器械,供给粮草,择委能干勇力官员,管领操练;其各项钱粮费用,听将在官钱粮动支。随申本院查考。其滨江去处,多备船只,听候本院差官赍捧旗牌至日,即刻依期启行进攻。仍选差惯便人役,多方探听消息,不时飞报,以凭区画。此系守土官员切责,而臣子效忠致身,正在今日,各宜奋发义气,鼓动军民,共成灭贼之功,以输报国之

舞袖而起,手拿执兵器迅速地发兵前来。你的美名自然将在唐代汾阳王郭子仪的前面,怎么能排在祖士远的后面呢?在这纷繁杂绕的氛围中,我对你诚恳请求的心情难以用文字表达出来,只盼望你尽快地考虑这个问题。

案行南安等十二府及奉新等县募兵策应

六月二十六日

应当知道:叛乱谋反是天下最不仁义的事,而讨伐叛逆则是天下的义举,国家优待他们,并以礼相待,把他们分封到地方上去管理事务,国家给他们那样的恩惠。可他们却还常常怀有异心,图谋不轨,以破坏国家的法令制度,这既违背了天理,也触犯了众人的利益,所以叛逆灭亡的日子已经屈指可数了。平定叛乱虽然不是我的本职工作,但是国家出现危难怎能坐视不闻不问呢?理应当对叛逆实行讨伐,鼓动并率领那些忠义之人,使各地的豪杰都出来,共同献计献策,协力合作。除要求吉安等府县调集队伍严密防守之外,还要求广东、福建、湖广等地分别调兵策应。我还得知本省的管辖的各府、州、县、卫、所,现在巡抚、都、布、按等官府中,都有职位空缺,在事务方面缺乏统属关系,我打算改变这种状况统一部署,为此发公文到各府,并要求各府立即要求所管辖的县以及卫、所等衙门,都要调集正规部队和民兵,把城池守卫牢固,以保障地方上的安宁。同时还要派遣队伍布防在重要的地段,严密把守,把叛逆拦截住;一面挑选招募非常勇猛的士兵,大的县每县招募约四五千人,小一点的县每县招募二、三千人以上,配备精良的武器,供给他们粮食,选派能干有勇有谋的官员统领他们,对他们进行训练,

念；毋得迟违观望，失误军机，自取罪戾。

宽恤禁约

照得江西省城，近遭变乱，各府州县，兵戈骚动，供亿劳费；兼值天时亢旱，秋成无望，人民窘迫，言之痛心！中间恐有无赖之徒，乘机窃发，惊扰地方，理合宽恤禁约。但巡抚衙门见今缺官，本院驻军境内，不容坐视，合就权宜处置通行。为此除一面奏闻外，仰抄案回府，照依案验内事理，并行所属各县官员，务须轸念地方，痛恤民隐，凡一应不急词讼工役，俱各停止。其军事合用兵夫粮草，各官俱要持廉秉公，亲自编派，毋得因而科扰，及听信下人受财作弊。仍严加晓谕军民人等，务要各守本分，安居田里，不许扇惑搬移，妄生事端。大户毋逼债负，小民毋激仇嫌。乡落居民，各自会推家道殷实、行止端庄一人，充为约长，二人副之，将各人户编定排甲，自相巡警保守，各勉忠义，共勤国难；敢有抗违生事惊扰地方者，就便拿解赴官，治以军法。约长若有乘机侵害众户，及受财不举，许被害之人，告发重治。仍仰各县将前

钱粮等各种物用都在官府府库中开支,写好报告,以便我检查核对。河边渡口,要准备充足的船只,等候我派官员手持令旗令牌来到的时候,按照规定的时间立即进行进攻,还要派遣那些老练的差役从各个方面打听消息,一有情况便立即报告,以便筹划时作为参考。这些都是守卫官员们职责范围内的事,身为人臣,去动员鼓励军民,共同完成平定叛逆的功业,以此表达我们报效国家的坚强信念。不要犹豫、推延、或持观望的态度,如果这样,使军机延误的,那就是自取其咎了。

宽恤禁约

江西省城,最近发生变乱,江西各府、州、县军队调集,招募,所以开支巨大,又恰逢大旱天气,秋收没有太多的指望,百姓的生活实在困苦,谈到这些很令人痛心!其中又担心有一些无赖之徒,乘着这局势混乱之机进行偷盗,骚扰地方百姓。现在按道理应当宽恤百姓,制订颁行禁约,但现在江西巡抚衙门职位空缺。我的队伍驻扎在江西省内,这种情况不允许我坐视不过问,这样就权且实行相应的措施。这样除一面上奏汇报之外,一面派人送公文到各府,要求他们按照公文上的要求处理有关事情,并要求各府所管辖各县官员按要求执行办理。务必时时牢记地方,了解百姓的疾苦。凡属不紧迫,不重要的案件,不紧迫、不重要的工作都应当暂时停下来。对军队所需的粮草,各级官员都要秉公办事,廉洁守法,亲自制订供应计划,保证供应,不得因为一些细小的原因而使供应受到干扰,不要听信手下人的劝说,接受贿赂,在军粮供应中徇私舞弊,还要更郑重地向官兵、百姓发出告示,使他们安分守己,安心自己的职业,不允

项宽恤禁约事宜，翻刻告示，发仰乡村张挂晓谕，俟巡抚官员到日，再行议处。俱无违错！

奖瑞州府通判胡尧元擒斩叛党

六月二十七日

据瑞州府通判胡尧元报称："擒获从叛仪宾李蕃，斩获叛党九十四名。"等因；看得叛贼称乱，天怒人怨，诛灭非久；然今势焰正张，本官乃能独奋忠勇，首挫贼锋，远近闻之，义气自倍；合行奖劳，以励人心。为此牌仰瑞州府官吏，即行动支官钱，买办花红羊酒，委官率领官吏师生送至本官，用见本院奖劝之意；其余有功人员，分别等第，量加犒赏；被伤兵夫，给与汤药，阵亡者厚恤其家；候功成之日，通行造册，申报升赏。仍一面起调骁勇精兵，固守城池，听候本院调发，毋得违误！

许言辞惑众,搬论是非,无缘无故地挑起事端,富有的人家不能逼债,较为清苦的农民不能激发仇恨故意制造隔阂。各乡村的居民,都应该推荐出本乡一位家庭较为富有,行为规矩,正直善良的人担任禁约的负责人,再选两人帮助他,将各家各户编排好,互相监督,互相保护。用忠信礼义来勉励大家,为消除国难尽心尽力,如果有敢于违背禁约,制造事端,骚扰地方的,就应当立即捉拿绑送到官府,按军法给他治罪。负责人如果有利用职务之便侵害百姓的,或者收取贿赂对违禁约的人不举报的,准许遭到损害的人检举他们,如果告发属实,那么将给予重罚。要求各县把前面提到的宽抚百姓、禁约等有关事宜,刻印出来,告示百姓,并要在各乡村张贴,使百姓家喻户晓,等到江西巡抚一到,再设法商议,请大家不得违反。

奖瑞州府通判胡尧元擒斩叛党

六月二十七日

据瑞州府通判胡尧元报告说:"已经活捉了随从谋反的司仪官李蕃,杀了九十四名叛乱分子。"看得出逆贼谋反,引起祸乱,招致天怒人怨,诛灭这些逆贼已不是遥远的事了,但是现在逆贼的势力正处在高涨时期,瑞州府通判胡尧元等能够英勇抗击,第一次使逆贼进攻的锋芒受挫,远近都听到了这件事,他们有浩然正气,理应当对他们进行慰劳奖励,以此来激励人心。为此发公文到瑞州府的官员,从官府中支出银两,购买花红羊酒等物品,派官员率领官员们、仪仗队,送到通判胡尧元家中,以表达我对他的奖励,剩下的有战功的人员,根据战功的大小,进行相应的奖赏,受伤的官兵、民夫,对他们进行精心疗

策应丰城牌

据丰城县知县顾佖禀称:"本县起调乡兵,固守城池,惟恐兵力不敷,必须请兵策应,庶保无虞。"等因。看系地方重务,已经调发龙泉、安福、永新等县,并吉安千户所机快军兵,陆续前去策应。照得发去官兵,必须选委谋勇胆略官员统领,庶几调度得宜。为此仰通判杨昉,即将后开军兵名数,督同千户萧英监统,协同知县顾佖等,计议攻守方略,相度险夷要害,还斥堠以防奸,勤训练以齐众,探知贼人入境,即便设奇布伏,以逸待劳,击其不意,务在先发制人,毋令乘间抵隙。军兵人等,务要严为约束,毋令侵扰;敢有违犯退缩,许以军法从事。各官尤要同心并力,协和行事,共效忠贞之节,以纾国家之难。如或执拗参错,观望逗留,违犯节制,致有疏虞,军令具存,决难轻贷!

理，对那些牺牲的人，对他们的家庭要进行抚恤。等到平定逆贼叛乱，大功告成之时，再将这些全部登记造册，向上级汇报，以便上级按功行赏和提拔，同时还要命令勇猛异常的官兵，固守城池，听候我的调遣。请遵照执行，不得违抗。

策应丰城牌

据丰城县知县顾似禀报说："丰城县已经起用民兵，调他们来防守城池，唯恐这些民兵势单力薄，难担此重任，所以要求派兵接应，这样方可保住县城万无一失。"防守城池，这是地方上的大事，已经调遣龙泉、安福、永新等县以及吉安千户所的官兵，陆续前往丰城策应。告诉各地，派往丰城的官兵，应当挑选有勇有谋的官员统帅，这样派出的军队的调动才会得法。命令通判杨昉带领下列开出的军人和千户长萧英一道监督统领，到丰城后协同知县顾似等官员一道，商议谋划防守和进攻叛逆的策略，相互估量哪些地方危险大，哪些地方较为安全，哪些地方是重要的地段，在离城池较远处构筑瞭望用的土堡，以防备叛逆的诡计，要勤练士兵，使士兵也能齐心协力，探听到叛逆进入你们防卫的范围，便根据具体情况设计出最妙的办法埋伏好，以逸待劳，出其不意发起攻击，务必要先发制人，不要使他们有机可乘。官兵以及民工等人，务必要对他们进行严格约束，不要让他们骚扰百姓，敢有违犯的，或临阵畏缩退缩的，准许按军法处罚。各级官员，尤其要同心协力，和衷共济，共同履行效忠的节操，以消除国家的祸患，如果有固执己见，导致出现差错的或者持观望态度，拖拖拉拉，迟延不动的，不听从调遣，以至于出现各种过失的，都要严格按军法惩办，决不轻易饶恕。

调取吉水县八九等都民兵牌

访得吉水县八九等都民人王益题、曾思温、易弘爵、王昭隆等各户下人丁，素习武勇，人多尚义。前任知县周广，曾经起调征进，皆系骁勇惯战之人；今兹逆党倡乱，民遭荼毒，应合调取，以赴国难。为此访差致仕县丞龙光赍牌前去吉水县，着落当该官吏，即将各户义兵，照数调集，各备锋利器械，编成行伍，佥选百长、总小甲管领；就仰该县查支官钱，给与口粮，暂且就屯本县，操演武艺，听本院指日东下，随军进剿。

照得江西一省人民，久被宁府毒害，侵肌削骨，破家荡产，冤困已极，控诉无门；今其恶贯满盈，天假义兵，为民除暴，尚闻愚昧之徒，阻避宁府威势，不敢举动；殊不知宁府未叛之前，尚为亲王，人不敢犯，今逆谋既著，即系反贼，从从得而诛之，复何所惮？尔等义民，正宜感激忠义，振扬威武，为百姓报雠泄愤，共立不世之勋，以收勤王之绩；毋得迟稽观望，自取军法重究。差去官员，不许假此扰害，妄生事端，体访得出，罪不轻贷！

调取吉水县八九等都民兵牌

了解到吉水县八、九等都的平民王益题、曾思温、易弘爵、王昭隆等各户门下的人丁，平日练习武艺，个个勇猛，他们多崇尚正义。前任知县周广曾经起用过他们，调他们随军征讨，他们都是勇猛异常，擅长作战的人。现在那些叛逆教唆叛乱，百姓遭受叛党的祸害，处于水深火热之中。应当把他们召集起来，以救国难。这样，派遣致仕县丞龙光拿着令牌前往吉水县，要求吉水县的官员立即把各户的义兵按照实有的数目召集起来，给他们配上精良的兵器，将他们全部编成军队，由佥事选出百长，百长总领小甲这样进行管理。要求吉水县出粮饷，暂时就驻扎在吉水县，让他们日夜操练武艺，等候我下达调遣的命令，到时随同大军一道进攻叛逆。

我了解到江西全省的百姓，长久遭受宁府叛逆的祸害，叛逆的毒素已经侵入到百姓的内部，弄得他们家破人亡。倾家荡产，百姓的冤仇已经很深，受叛逆的困扰已经到了极限，百姓申诉无门。现在叛逆的罪行滔天，恶贯满盈，上天把义兵借给我们，让他们为百姓铲除这个罪恶。还听到一些见识浅短，不明事理的人，畏惧宁府的淫威，不敢组织起来抗击他们，怎么能够不懂呢？在宁府还没谋反叛乱之前，还说得上是贵族亲王，人们不敢冒犯他，现在他们背叛国家发动叛乱，他们的行迹已经很清楚了，这就是谋反的乱臣贼子，人人碰着他们都应该将他们杀死，还再有什么害怕的呢？你们这些义民，正是为忠义的行为而感到激动，可以使正义的威名远扬，为百姓报仇泄恨，共同立下不朽的盖世奇功，以达到勤王的伟业，不要犹豫不决，迟疑观望，自己给自己加上罪名。派遣去的官员，不许假借这道命令而

预备水战牌

案照已经行仰起调军马前来策应,日久尚未见到;近据探报:"逆党南下,将攻南都。"计此时南都必已有备,各逆党进无所获,必退保九江,如此则水战之具为急,不可不备。为此牌仰福建布政司即行选募海沧打手一万名,动支官库不拘何项银两,从厚给与衣装行粮,各备锋利器械;就仰左布政使席书,守备佥事周期雍,自行统领,星夜前赴军门,相机前进,并力擒剿。仍行巡抚等衙门,同心协力,后先监督应援。

此系叛逆,谋危宗社,天下荼毒,所关呼吸存亡,旦暮成败,间不容发,非比寻常贼情,不得迟违观望,有亏臣节。呜呼!主忧臣辱,主辱臣死,凡有血气,孰无是心?况各官忠义自任,刚大素闻,必将奋臂疾驱,有不容已。兵快及领兵人等,敢有违犯节制有误军机者,仰即遵照本院钦奉敕谕事理,许以军法从事,无得姑息!

使百姓受到骚扰，或者妄自制造事端，如果调查到有上述情况，罪行重大，绝不轻饶。

预备水战牌

调遣部队前来策应的命令早就已经下达，但等了好长一段时间，还没有见到前来策应的队伍。近日，据密探报告说："叛逆党徒南下，准备攻打南京。"听到这消息我估量着这时候的南京一定有准备，各路叛逆党徒进攻南京必定没有什么收获，他们一定会后撤到九江并设法保住九江。如果这样，那么水战就迫在眉睫了，不可不进行准备。为此发令牌到福建布政司，要求他们立即挑选招募海沧这一带的打手，数量一万人，动用官府中一切可以支配的银两，使他们穿好吃好，给他们配上精良的武器，就命令左布政使席书，守备佥事周期雍分别统帅，务必昼夜兼程，迅速赶赴军门，再根据具体情况向前进发，然后合力一同围攻，并要求各地的官府同心协力，监督接应援助。

这是叛逆企图摧毁国家，使全国遭受他们的祸害，关系到生死存亡，成功失败就是转眼之间的事情，情况万分紧急，刻不容缓，这不是平常一般的盗匪作乱之类的事，不要迟疑延误，以损害做人臣的节操。唉！人主发愁人臣受辱，人主受辱人臣当应牺牲生命，一切有骨气血性的人，那一个没有这样的心情呢？况且诸位官员都是忠义有自尊的人，一向就以刚正不阿闻名，你们一定会挥臂走上战场，奋不顾身，舍生忘死，努力苦战。各级官兵，有违犯军令，不听节制调遣的，有使军机延误的，即按照皇上给我的圣旨中提到的规定处理，按照军法处罚，决不饶恕。

咨都察院都御史颜权宜进剿

七月初五日

节该钦奉云云,除具题及咨南京兵部知会外;为照前项事情,系国家大难,安危所关,已经起调吉安等府兵快前去征剿,并备行湖广、广东、福建,各调兵策应外,照得南畿系朝廷根本重地,今宁王谋逆构乱,举兵北行,图据南都,必得四面合攻,庶克有济。及照贵院奉命行勘前事,即今逆迹已露,别无可勘事情,合咨前去,烦为随处行令所属,选取骁勇精兵,及民间忠义约二三万名,选委谋勇官员分领,会约邻近省郡,合势刻期进讨;仍烦贵院亲督,兼程前来,共勤国难。谅贵院平日忠义存心,刚直自许,况今奉命查勘宁藩,正可权宜行事,号召远迩;主忧臣辱,主辱臣死,他复何言。纷扰之中,莫罄恳切,惟高明速图之!

权处行粮牌

据抚州府申称:"建昌、抚州、广信、饶州四府,正德

咨都察院都御史颜权宜进剿

七月初五日

我接到皇上的圣旨。除具体提到那些情况外,还要求向南京兵部发公函,让他们知道目前的情况,前面谈到的宁王叛乱谋反的事件,是目前国家的大祸害,能否平定叛乱是关系到国家存亡的大事。我已经起调了吉安府的军队前往征剿,并要求湖广、广东、福建分别调集队伍进行策应。我想南京附近一带是国家的重要之地,现在宁王图谋篡位,谋反叛乱,率领叛乱队伍向北方进攻,企图抢占南京,一定要四面合击夹攻,才能将叛军攻破。我得知您奉上级的命令进行调查这些事,现在那些叛逆的行迹已经昭然若揭,已经没有调查的必要了,所以发公文给您,烦请您命令所管辖的地方,挑选异常勇猛的官兵,以及民间忠诚讲究礼义的人,数量大约二、三万人,选派有勇有谋的人分别指挥他们,与邻近省、郡汇集商议,约定好进攻的时间,到时联合向叛逆发动进攻,征讨他们。还要麻烦您亲自统领这支队伍,随军前往,为解除国难尽力。我想您平常一向忠义,是个有心计的人,并且刚正不阿,况且您现在奉命去调查宁藩王的事情,正好可以随机应变,发布号令,召集远近忠义之人,主上有忧,人臣应以为辱;人主受辱,人臣当应用自己的生命去洗刷它。其他还有什么可以值得再说呢。在乱纷纷的局势中,这些文字那能表达出我的恳切之情呢,只是恳请您能够站在国家的高度看问题,尽快考虑这事情。

权处行粮牌

据抚州府申报说:"建昌、抚州、广信、饶州四个府,在正

十三年兑军粮米,不下十余万石,原蒙拨在龙窟,听与抚州、建安、铅山、广信、饶州五所军旗交兑,因运船阻冻,回迟于今年六月始行较斛开兑;其已兑者,装载军船,未兑者仍在民艘;不意十五日省城有变,遂行停兑;至十八日逆党乘机劫夺,各船顺流放至饶州河下,得无惊扰。但今江河梗塞,难以兑运,节奏明文,动调大军,征讨叛逆,要将兑军淮粮暂留,以备军饷。"申详到院。

查得先据吉安等府申称:"为各府官军将临,欲将官库纸米赃罚等银,并京库等银,及将兑淮粮米,从权给支借用等情。"已经批仰依拟查取去后,今申前因,拟合准行。为此仰府官吏即行掌印官,查将见在饶州湾泊兑军淮粮,准从权宜,坐委能干官员,无分雨夜,督运江西省城,听候支给各兵行粮,毋违时刻!候事平之日,备造印信文册,缴报查照。仍令委官前去查照,免致下人因而侵欺未便。

德十三年上缴军粮米不少于十多万石，起初把这些粮食放在龙窟，准备运交抚州、建安、铅山、广信、饶州五个所军旗部队，后来由于天寒，运送粮食的船因为冻受阻，返回推迟到今年六月才开始办理送粮手续运送粮食。那些已经办理好的，那些粮食就装到军船上运走了，那些还没有办理好的，粮食仍旧在民船上。没意料到六月十五日，省城发生叛乱，办理调运军粮就停止了，到十八日，叛逆的党徒爪牙趁机抢劫装满粮的船只，这样，就让粮船顺水而下，来到饶州河下游，这里比较安宁，没有受到骚扰。但是现在江河被堵塞，调运军粮实在相当困难，故此向您写报告将具体情况陈述清楚，要求调集大军，征讨叛逆，要求将调运到安徽的粮食暂时暂时留下，以保障这里的军需。"我看了这份报告。

　　查到吉安等府先前送来的报告说："为迎接各府官兵的到来，想把官府中府库中的银两、粮、赋税收入，各种罚款的收入等以及国库中的银两，以及要调运到安徽的军粮等，从长计议，暂时权且支出借用。"已经批准要详细核查，批准办理。现在抚州府的申请，也准许照办，这样发文到抚州府，要求主管官员，调查核实清楚现在饶州湾停泊的船上装的调往安徽军粮的数目，准许按权宜之计办理，要求遣派能干的官员负责，无论刮风下雨，白天黑夜，都要督促运输，将粮食运到江西省城，等候如何分发给各部队的命令，不得延误时间，等到叛逆谋反被平定之后，全部将这些登记好，并造好文册，上缴备查。同时我还要委派官员到这些地方检查监督，以免一些人趁机侵吞，欺瞒。

牌行吉安府敦请乡士夫共守城池

七月初八日

照得宁府反叛,本院调兵进剿,即日启行,各府县掌印正官,既该统兵前进,所据各该府县城池,虽已行委各佐贰官防守,但艰危之际,事变不测,必须历练老成之人,相与维持镇定,庶几人心不致惊疑,政务有所倚赖。为此案行吉安府官吏,通行各县署印官员,径自以礼敦请老成乡宦,众所推服者一二员在城,以备紧急协同行事。该府城池,关系尤重。查得致仕按察使刘逊,素有才望,忠义奋激,就仰该府请至公馆;仍仰署印官待以宾师之礼,托以咨决之事,一应军机事宜,咨禀计议而行,以安人心,以济大事;仍行本官,务以国家大难为心,尽心竭力,共图殄贼,毋以休致自嫌!谅朝廷报功之典,当亦自不相负;如误大事,咎亦有归,通无违错!

牌行吉安府敦请乡士夫共守城池

七月初八日

一听到叛逆谋反的消息,我就调兵遣将准备进攻,在接到不幸消息的当天,就命令各府县的主要官员,要求他们统领军队前往进剿叛逆,并派官兵守卫好本地的城池,虽然还委派了各佐贰官协同防守,但是在这艰难危急的时刻,各种事情如风云变幻,难以预测,一定要依靠老成持重的人,使他们乐于一道保持秩序的稳定,那么这样就可以使人心不惊慌不疑惑,办理各种政务也有所依靠。这样向吉安府发布公文,要求官员以及各县的主要官员,都要以礼相待,亲自诚恳地请求那些闲居在乡村的退职官员一两个,他们被众人推崇,并把他们请到城中,以便在情况紧急时共同想法对付,吉安府所在地的城池,其地位更加重要。我了解到有名的按察使刘逊,一向以他的才能而享有较大声望,而且性情忠义,精神振奋。要求吉安府将刘逊请到公馆,以宾客之礼,师生之礼来对待他,遇有问题,虚心地向他请教,一切重大的军机大事,应当耐心地听取他的意见然后再去推行,以安定人心,以使事情圆满成功。仍通知他本人一定要把国家遭受到的不幸放在心上,尽心尽力,一同谋划,消灭叛逆,不要以为自己是告老还乡的闲官而自生猜忌。我想,向朝廷上奏报功受奖的庆典,也当然不会忘记他们,而使他们受委屈。如果延误了国家的大事,自然要追查相应的责任,请勿违反而招致错误。

牌行各哨统兵官进攻屯守

七月十七日

仰一哨统兵官吉安府知府伍文定，即统部下官军兵快四千四百二十一员名，进攻广润门；就留兵防守本门，直入布政司屯兵，分兵把守王府内门。

仰二哨统兵官赣州府知府邢珣，即统部下官军兵快三千一百三十余员名，进攻顺化门；就留兵防守本门，直入镇守府屯兵。

仰三哨统兵官袁州府知府徐琏，即统部下官军兵快三千五百三十员名，进攻惠民门；就留兵防守本门，直入按察司察院屯兵。

仰四哨统兵临江府知府戴德孺，即统部下官军兵快新、喻二县三千六百七十五员名，进攻永和门；就留兵防守本门，直入都察院提学分司屯兵。

仰五哨统兵官瑞州府通判胡尧元、童琦，即统部下官军兵快四千员名，进攻章江门；就留兵防守本门，直入南昌前卫屯兵。

仰六哨统兵官泰和县知县李楫，即统部下官军兵快一千四百九十二员名，夹攻广润门；直入王府西门屯兵守把。

仰七哨统兵官新淦县知县李美，即统部下官军兵快二千员名，进攻德胜门；就留兵防守本门，直入王府东门屯兵守把。

牌行各哨统兵官进攻屯守

七月十七日

命令一哨指挥官吉安府知府伍文定，立即统率部下四千四百二十一名官兵，进攻广润门；胜利后接着派一部分官兵留守此门，然后再进攻布政司，再把部队驻扎下来，分兵把守住王府的内门。

命令二哨指挥官赣州府知府邢珣，立即统率部下三千一百三十多余人进攻顺化门；胜利后接着派一部分官兵留守此门，然后再攻进镇守府，并在这里屯兵。

命令三哨指挥官袁州知府徐琏，立即统率自己部下三千五百三十人，进攻惠民门；胜利后派一部分官兵留守此门，再攻入按察司察院内，并在这里驻兵。

命令四哨指挥官临江府知府戴德孺，立即统率自己的部属官兵，新喻二县的官兵三千六百七十五人，立即进攻永和门；胜利后派一部分官兵留守此门，然后再攻入都察院提学分司驻扎部队。

命令五哨指挥官瑞州府通判胡尧元、童琦，立即统率自己部下官兵四千人，进攻章江门；胜利后就留兵防守此门，然后打入南昌前工屯兵驻防。

命令六哨指挥官泰和县知县李楫，立即统率自己部属一千四百九十二人，夹攻广润门；直接攻入王府的西门，屯兵把守。

命令七哨指挥官新淦县知县李美；立即统率自己的部属二千人，进攻德胜门；然后派一部分队伍在这里防守，再攻入王府东门，屯兵把守。

仰中军营统兵官赣州卫都指挥余恩,即统部下官军兵快四千六百七十员名,进攻进贤门;直入都司屯兵。

仰八哨统兵官宁都知县王天与,即统部下官军兵快一千余员名,夹攻进贤门;留兵防守本门,直入钟楼下屯兵。

仰九哨统兵官吉安府通判谈储,即统部下官军兵快一千五百七十六员名,夹攻德胜门,直入南昌左卫屯兵。

仰十哨统兵官万安县知县王冕,即统部下官军兵快一千二百五十七员名,夹攻进贤门;就守把本门,直入阳春书院屯兵。

仰十一哨统兵官吉安府推官王昈,即统部下官军兵快一千余员名,夹攻顺化门;直入南、新二县儒学屯兵。

仰十二哨统兵官抚州通判邹琥、知县傅南乔,即统部下官兵三千余员名,夹攻德胜门;就留兵防守本门,随于城外天宁寺屯兵。

承委官员务要竭忠奋勇,擒剿叛逆,以靖国难;如或退缩观望,违犯节制,定以军法论处!军兵人等,敢有临阵退缩者,就仰本官遵照本院钦奉敕谕事理,就于军前斩首示众。牌候事完日缴。

命令中军营指挥官赣州卫都指挥余恩，立即统率自己的部属四千七百六十人，进攻进贤门；胜利后再进入都司，在这里屯兵。

命令八哨指挥官宁都知县王天与立即统率自己的部属一千多人，夹攻进贤门；然后分派一部分官兵把守这里，再攻入钟楼，在这里驻军。

命令九哨指挥官吉安府通判谈储立即统率自己的部属一千五百七十六人，夹攻德胜门；胜利后再进攻到南昌左卫，在这里驻扎队伍。

命令十哨指挥官万安县知县王冕，立即统率自己的部属一千二百五十七人，夹攻进贤门；胜利后再一部分官兵在这里驻守，再进攻到阳春书院屯兵。

命令十一哨指挥官吉安府推官王睥，立即统率自己的部属一千余人，夹攻顺化门；再攻入南新二县交界处的儒学，在这里屯兵。

命令：十二哨指挥官抚州通判邹琥，知县付南乔统领自己的部属三千多人，夹攻德胜门；胜利后分派一部分官兵在这里防守，然后再到城外的天宁寺一带驻军。

接受命令的官员，一定要尽忠尽力，奋勇战斗，剿杀叛逆，以消除国家的祸患。如果有贪生怕死，畏惧退缩观望的，违犯命令不听指挥的，都按军法进行严厉处罚，士兵如果有临阵害怕脱逃的，就按照我接到的皇上的圣旨中规定的原则处理，立即在军中斩首示众。令牌等到平定叛逆叛乱之后上缴。

告示在城官

七月十八日

照得宁王造谋作乱，神人共愤，法所必诛；在城宗支、郡王、仪宾，皆被逼胁，如钟宁王无罪削爵，建安王父子俱死，军民人等，或覆宗灭族，或荡家倾产，或勒取子女，皆恨入骨髓，敢怒而不敢言。今日之事，岂其本心？本院仰仗朝廷威灵，调集两广并本省狼达汉土官兵二十余万，即日临城，亦无非因民之怨，惟首恶是问。告示至日，宗支、郡王、仪宾，各闭门自保；商贾买卖如故；军民弃甲投戈，各归生理；无得惊疑！该府内臣校尉把守人员开门出首，或反兵助顺，擒斩首恶，一体奏闻升赏；其有怀奸稔恶，从逆不悛者，必杀不赦。凡我良善军民，即便去恶从善，毋陷族灭，故示。

示谕江西布按三司从逆官员

照得宁王悖逆天道，造谋作乱，杀戮大臣，都、布、按三司官员，各悚于暴虐，保其妻子，以致临难之际，不能自择；或俛首幽囚；或甘心降伏；贪生畏死，反而事仇，《春秋》之义，虽严于无将之诛，而志图兴复者，尚不忍于峻绝。

告示在城官

七月十八日

　　宁王谋反作乱，神人都感到愤慨，按照法律规定，一定要诛杀宁王。在城内的皇族、宗亲、郡王、礼仪官等，都受宁王的胁迫，例如钟宁王，没有什么过失，宁王却剥夺他的爵位，建安王父子都被宁王逼死，军队官兵普通百姓，有的宗族被宁王所灭，有的被宁王弄得倾家荡产，有的子女被抢走，军民人等对宁王恨之入骨，敢怒而不敢言。现在发生的事情，那是他们的心愿吗？我仰仗朝廷的圣明威望，调集两广以及江西本省的官兵二十多万人，不久就要来到南昌城下，也无非是要解除百姓的怨恨，拿那些为首倡导反叛的人问罪。告示到的时候，皇族宗亲、各郡王、仪宾都请闭门在家以求自保，商人依旧正常买卖。叛军士兵应当弃甲投城，都应当谋求你们自己的正确出路。不要惊讶迟疑。宁王府内的臣子，校尉官员，把守大门的人员，如打开大门投降，或者策反官兵帮助平逆，擒杀那些罪恶极大的人，都要上奏汇报，以便按功行赏授封。如果有着邪恶的念头，一心跟从反叛，执迷不悟，顽固不化的，一定要斩尽杀绝，决不饶恕。凡是善良的官兵百姓，立即改恶从善，不要招致灭族的悲剧。据此种种，所以向你们发出告示。

示谕江西布按三司从逆官员

　　得悉宁王违背天理，谋反作乱，残杀大臣，都、布、按三司的官员，都慑于宁王的残忍暴虐，有的为求保全妻子儿女，以至于在面临国家祸患的时候，不能作出正确的选择。有的俯首让宁王囚禁，有的心甘情愿地降顺宁王，贪生怕死，反而对宁王称臣

探得各官，见今在城闭门自讼者有之；临城巡闸者有之；出入府库运筹画策者有之；此皆大义未分，孤立无助，揆之法理，固不容诛；推之人情，实为可悯！即今本院统集狼达汉土官军二十余万，后先临城，各官果能去逆归顺，尚可转祸为福。故今特遣牌谕，兵临之日，仰各开门出首；仍一面将本院发去告示，给散张挂，抚谕良善百姓，宗支、仪宾人等，各闭门自保，毋轻出街市，横遭杀戮；该府把守、内臣、校尉人等，亦各谕以大义，俾知背逆向顺，尚可免死。投甲释戈，蓬头面缚，候本院临审定夺。敢有从恶不悛，执迷不悟，拒敌官兵者，必杀无赦。仍具改正缘由，亲赍投首，以凭施行，毋得迟违，自取族灭。牌具依准缴来。

告示七门从逆军民

七月二十一日

督府示谕省城七门内外军民杂役人等，除身犯党逆不赦另议外，其原被宁府迫胁，伪授指挥、千、百户、校尉、护

去事奉他。按《春秋》的礼义这些人都应受到严厉惩罚、诛杀，然而那些有致力于国家复兴的人，尚且不忍心那样严酷绝情。现探听到各位官员，有的关起门来，自我争吵不休；有的在省城附近巡逻，有的在宁王府内出谋划策，这些都是没有能够分辨出什么是合乎礼义，什么是不合乎礼义，孤立无援的表现，如果沿用法理办，罪不容诛，又从人的情理上考虑，这些行为也实在是可以同情！我现在统率二十多万大军，不久将先后来到城下，各位官员如果真能离开叛军归顺朝廷，还可以改变自己以后的处境，所以现在特意派人持牌告谕你们。等到大军一旦到达，你们就要打开城门出来自首，一边把我发出的告示散发张挂，安抚善良的百姓，并把我的要求告示你们，皇族宗亲，仪宾官等人，应当闭门自保，不要轻易走上街头，以免无端被杀。宁王府的护卫人员，内臣、校、尉等人，也应当能够分辨大是大非，应当知道自己过去的错误罪过，及时归附朝廷，还可以免除死罪，放下武器，将自己的头冠摘掉，将自己捆绑起来，等候我到时审理裁定。敢有跟随叛逆继续作恶的不思悔改，执迷不悟，继续抵抗官军的，一定要斩尽杀绝，决不宽待，还要具体考察改恶从善的各种动机，你们动员带领自己的亲友一齐归顺朝廷，以便更好地攻剿叛逆，你们不得延误违抗，自取灭族的处罚，发给你们的文牌请按要求填好交来。

告示七门从逆军民

七月二十一日

　　督府向省城七门内外的官兵、百姓以及各种杂役人员等发布告示，除那些叛逆分子不能赦免其罪恶而虽需要另行处置

卫及南昌前卫，一应从乱杂色人役家属在省城者，仰各安居乐业，毋得逃窜；有能寄声父兄子弟，改过迁善，擒获首恶，诣军门报捷者，一体论功给赏；逃回报首者，免其本罪。仍仰各地方将前项人役一名名赴合该管门官处开报，令各亲属一名，每日一次打卯；其有收藏军器，许尽数送官，各宜悔过，毋取流亡。

牌行江西二司安葬宁府宫眷

　　照得宁王造反，称兵向阙，行委伪官万锐等，把守省城，音信不通；本院所行告示，负固不纳，以致讨贼安民之义，俱未知悉。及至统兵攻城，该府宫眷，一闻铳炮震响，闭门缢死；烧焚宫室。虽宁王背逆，罪在不赦，而朝廷惇睦之仁，何所不至。本院已同宗支，并原任布、按二司，及吉安等府知府等官伍文定等，亲赴该府验看，未焚库藏，已封号讫；所据各宫眷身尸，相应埋葬。为此合行案仰布、按二司，即便启知建安王选委各郡王府老成内使火者三四员，会同南昌府南新二县官，措置棺木，以礼安葬，毋得违错不便。

外，对于那些被宁王胁迫，而假装接受指挥千户、百户校尉、护卫以及南昌前卫等职责，一切跟随叛逆叛乱的、在省城内的各种杂役人员，以及他们的家属，都要安居乐业，不要向外逃窜。有能给他的父辈、同辈或者后人捎话的，劝他们改恶从善，或捉拿叛逆的首要分子并把这些人扭送到军中报捷的，都要论功行赏。逃到官军中报告或揭发叛逆首要分子的，可以免除他原来的罪过。并命令各地方将前面谈到的改恶从善的人一个个到各门的负责人那里报告登记，并从他们的亲戚中选出一人，每天清点一次自己亲戚的人数；其中如果有收藏兵器的，请将兵器如数缴交官府。你们都应当悔过自新，不要向外逃亡。

牌行江西二司安葬宁府宫眷

　　宁王谋反，派兵向国家防御比较薄弱的地方攻打，委派伪官万锐等人，坚守江西省城，使得省城与外界的消息断绝，我所发布的告示，万锐等人凭借省城坚固，不接受，以致使那些安民告示的仁义措施，城内军民百姓杂役等人都不知道，等到统兵攻打省城的时候，宁王府内的家眷，一听到攻城的铳炮声，震天动地，就赶紧关门上吊身亡，并把宫室烧毁。虽然宁王背叛朝廷，罪恶滔天，不容赦免，但是朝廷崇尚仁义、道德，为了实行仁义、道德，朝廷总是做到仁至义尽，我已经同皇亲宗族和原来的布、按二司以及吉安等府的知府伍文定等官员亲自到宁府查看，没焚烧宁王府库，已贴上封条，写上上封的日期，所查清的宁王的已死的家眷，按照相应的办法进行埋葬。这样就命令布、按二司，立即将此事告知建安王，从各郡王府中挑选老成的，能使用火器的人三四个，与南昌府的南、新二县的官员一道，置办

手本南京内外守备追袭叛首

七月二十三日

本年七月二十日,准钦差南京内外守备揭贴内开:"烦念南京根本重地,宗庙陵寝所在,作急整点精锐军兵数万名,择将统领,星夜兼程前来,粘踪追袭,攻击其后,保固根本重地。所统官军,烦沿途经过去处,应付廪给口粮马匹草料,事宁之日,获功官军,具奏升赏,请勿迟延。"等因。

卷查先为飞报地方谋反重情事,照得本院奉敕前往福建地方公干,行至丰城县,闻宁府谋反,遂返吉安住札,看系谋危宗社重情,随即具题,并行吉安、赣州等府起调官兵,俟衅而发;及咨南京兵部,并巡抚应天都御史李,烦为通行在京大小衙门,会谋集议,作急缮完城守,简练舟师,设伏沿江,旁檄列郡,先发操江之兵,声义而西,约会湖、湘,互为犄角;本院亦砥钝策驽,牵踬其后,以义取暴,以直加曲,不过两月之间,断然一鼓可缚去后。

棺木,按应有的礼节来安葬他们,不得违犯,弄出差错,从而招致许多不便出来。

手本南京内外守备追袭叛首

七月二十三日

正德十三年七月二十日,准钦差南京内外守备给我的揭贴中写道:"南京,是国家极为重要的地方,国家的宗庙,皇家的陵墓都在这里,应当立即整顿好军队,挑选几万名身强体壮的官兵,选派有勇有谋的官员指挥,星夜兼程前往镇守,对叛逆跟踪追击,攻打叛军后部,以求使南京稳固,你所指挥的官兵,他们沿途经过的地方都要供给官兵粮食,给战马供应草料,等到逆贼的叛乱被平定之后,立有战功的官兵,都将向上汇报,以便给予赏赐、提拔,请不要犹豫迟疑"。等情况。

我查看了以前急报地方谋反的事情,我奉皇上的圣旨前往福建办理公务,途经丰城县城,听到宁王谋反的不幸事件时,就立即返回吉安,并在这里驻留,我感觉到这是关系到国家安危的大事,随即把这些一一记下来,并要求吉安、赣州等府调集官兵,立即出发。并写急文给南京的兵部以及巡抚应天,李都御史,烦请他们将宁王谋反的事立即通报给京都的各个部门,请求他们一同商议,立即作出妥善布置,使城防巩固,立即操练水师,沿长江一带设置埋伏,并向各郡发布讨逆檄文,要求他们先调集布防长江一带的军队,在西线一带伸张正义,并约会湖湘的官兵,和他们形成掎角之势,我也挥师前来策应,牵制叛逆军队的后部,以仁义之师攻打暴戾之徒,以正义的行为去制止不义的行为,不超过两个月的时间,一鼓作气,一定可以将叛逆抓续据本院爪探人役回报:"宁王已下南京,留有逆党内官,驱胁官民人等,一万余员名,固守城池,虐焰昌炽,阻绝往来。"等因。又经节催府县兵快,分布哨道,亲自统领,刻期于七月二十日寅时,直抵省城进攻,仍被逆党砌塞城门,分兵拒固;当幸官兵用命,奋勇攻破城门,各贼遂皆奔溃,当即分兵擒搜,及差人分投爪探叛首句往的确,并发官兵前去追袭外;今准前因,合用手本前去,烦为查照施行。

咨两广总督都御史杨停止调集狼兵

案照本院看得前项事情系国家大难,存亡所关,虽调各府兵快,非惟武艺无素,尤恐兵力不敷,即随备咨钦差总督右都御史杨,烦为选取骁勇兵快大约三五千名,就委岭南道兵备佥事王大用监统,给与各兵行粮,兼程前来,共勤国难;及行广东布政司,转行各道,并呈镇守抚按等衙门,一体查照知会去后。节据知县顾佖等报:"宁王已下南京,留有逆党内官,驱胁官民人等一万余员名,固守城池,阻绝往来。"等情;随该本院催督所调兵快,分布哨道,亲自统领,刻期于七月二十日寅时,直抵省城进攻,仍被逆党砌塞住，除去后患。

　　我派出的密探回来报告说："宁王已经向南京方向进犯，留下了一部分叛乱分子，胁迫各级官员、黎民百姓服从他们叛乱分子的指挥，约有一万名官兵守在江西省城，气焰十分的嚣张，隔绝南昌城与其他地方的往来联系。"听到这些，我又立即催促各府县的军队，要求布防在重要地段，由我亲自指挥，约定好在七月二十日寅时，直接奔向省城并向省城发起进攻，但是叛军将城门堵死了，并派兵坚守省城。当时官兵置生死于度外，奋力苦战，将城门攻破，守城各处的叛军就四处逃窜。我当机立断，派出部队搜查叛乱分子，并派人募集密探，探听那些谋反叛乱的首要分子逃往的地方，然后再派官军去对面追剿。根据前面提及的情况。给南京内外守备发一道手谕，要求根据具体情况对照实行。

咨两广总督都御史杨停止调集狼兵

　　我感觉到宁王的谋反叛乱，是国家最大的祸患，事关国家的安危。我虽然调集了各府的军队，并不单是军队战斗力不足的缘故，更主要的是担心兵力不足，于是立即向钦差总督杨右都御史，烦请他挑选三五千勇猛异常的士兵，就委任岭南道兵备佥事王大用统领指挥。供给各支队伍军粮，要求他们昼夜兼程前往勤王，以共救国难。并要求广东布政司转告各道，各道再告知镇守抚、按等衙门，都要遵照执行。公文发出后，据知县顾佖等人报告说："宁王已经向南京方向进攻，把一些叛乱分子和省城内的一些官员留在江西省城内，驱使胁迫军民一万人左右，防守省城，隔绝省城与其他地方的联系。"等情况。我就立即督促

城门，分兵固拒；当幸官兵用命，奋勇攻破城门，各贼逐皆奔溃，随即分兵搜擒外。今照前项事情，见该钦命京边官军二十余万前来会剿，及本院见统官兵五万余员名，俱在江西省城，即今分遣委员监督前去约会，并势追袭。所据原调广东土汉狼兵人等未审曾否齐集？但今南赣、吉安、南昌等处沿江人民，俱各畏惧狼兵，悉皆惊惶；及又访得狼达土兵曾受宁王赃物，私许助谋效力；今调各兵本以为国除害，惟恐返为民害，不无有误大事，拟合停止。为此合行移咨贵院，烦为查照，希将起调兵快，停留本省，应用施行。

牌行抚州知府陈槐等收复南康九江

七月二十四日

照得宁王谋反，兴兵向阙，南康、九江见被攻破，分留逆党，据守二府城池，意图西扼湖兵之应援；南遏我师之追蹑；仰赖宗社威灵，克复省城，除遣知府伍文定等，分布哨道，邀击宁贼，务在得获外，所据逆党占据府县，应合分兵剿复。为此牌仰知府陈槐等，各选精兵，身自统领，星夜前

各路队伍，分别布防在重要地段，由我亲自统一指挥。按照约好的时间七月二十日寅时，直抵省城，向省城发起进攻。但是叛逆党徒已经将城门堵死，他们还分兵在各处负隅顽抗。承蒙各级官兵奋力苦战，才将城门攻破，各路防守的叛逆官兵就开始四处逃散。随后除派兵搜擒叛逆外，朝廷命令北京及边防一带的官军约二十多万人马，汇集起来，联合向叛逆发起进攻。我指挥的五万多名官兵，都在江西省城，现在立即分别派官员统率队伍前往汇合，联合一道追杀叛逆。原来要求调集的广东当地的地方部队还不知道是否已经调集完毕没有？但是现在南、赣、吉安、南昌等沿赣江一带的百姓，都很害怕广东的狼兵，听到要调来狼兵消息，他们都惊慌失措。我了解到广东的狼兵曾经私自接受宁王的财物，并私下里答应广东狼兵为宁王出谋效力。调兵本来是用来解除百姓的痛苦，铲除国家的祸患，现在反而担心调集广东狼兵给百姓带来灾难，消灭叛逆这事关系到国家安危的大事，打算停止调动广东地方部队。这样，给两广总督杨都御史发送公文，请求他详细调查，希望将起调的军队，暂时留驻在本省，要求各部队执行照办。

牌行抚州知府陈槐等收复南康九江

七月二十四日

得知宁王谋反叛乱，率领叛军向驻防比较薄弱的地方进攻，南康、九江现在已经被叛军攻占，并派遣一部分叛军留在这两地驻守城池，叛军的目的是要在西边以此阻止湖广的军队前来增援，在南边阻止我率领的部队对叛军的追击。幸好国家有好运，上天帮助，我们攻克了江西省城，除派知府伍文定等人领导

去南康九江地方，相机行事，务要攻复城池，平靖反侧。仍将地方人民，加意赈恤，激以忠义，抚以宽仁，权举有司之职，以理庶事；查处仓库之积，以足军资；一面分兵邀诱宁贼，毋令东下；并差人爪探，飞报军门，各官务要同心并力，协和行事，毋得人怀一心，彼此参错，致误事机。兵快人等敢有违犯节制者，仰照本院钦奉敕谕事理，以军法从事。一应事机呈禀往复，虑有稽缓，俱听一面从宜区画；一面呈报军门；仍备查各官弃城逃走，致贼焚掠屠戮之故，具由申报，以凭参拿究治。

犒赏福建官军

据福建按察司整饬兵备兼管分巡漳南道佥事周期雍呈称："依奉本院案验，起取上杭等处军兵共五千余名，分委指挥刘钦、知县邢珣等，及起取漳州府海沧打手三千余名，行委通判李一宁等管领，本道躬亲统督，先后启行前来。"等因到院。

布防重要地段，一同进攻谋反叛逆，务必要取得战果外；另外叛逆所占据的府县，也应该派兵进攻，将它们收复。为此发令牌给知府陈槐等人，要求他们挑选精兵良将，亲自统率指挥，星夜兼程，前往南康、九江，随机应变，一定要将南康、九江城攻下，平定叛逆祸乱，要好好地安顿、抚恤地方百姓，以忠信礼义来激励他们，用宽厚仁慈的德性来安抚他们。并暂且肩负起地方官的职责，处理有关的地方上的政务。调查核实官库中的积蓄，以保障军队的需要，同时派出队伍去设计诱骗叛逆的军队，使叛逆军队不向东进攻，并密派密探，将战况及时报告给我。各位官员一定要和衷共济、同心协力。不得各人按各人的想法办事，或者行动参差不一，以致于使大好战机丧失。如果有敢于违抗命令，不听从指挥的，依照皇上给我的圣旨中规定的办法处理，按照军法严厉处置，一切军机要务都要时刻向上报告，有些重大问题，一时考虑拿不准的，那么一面按实际情况具体考虑实行外，同时得赶紧汇报，等候上级的裁夺。另外还要调查该地的官员弃城逃走使得叛逆军队进占这些城池，在这些地方进行烧杀掳掠的具体原因。以上各项，都要一一具体报告，以便根据国法追究治罪。

犒赏福建官军

据福建按察司整伤兵备，兼管分巡漳南道佥事周期雍报告说："依照您的命令办事，调集上杭等地的军队共五千多人，分别委派指挥刘钦、知县邢珣统领，又调集漳州府、海沧打手三千多人，委派通判李一宁等管理指挥。最后由我全面统管指挥，队伍已经出发，沿目的地进发。"等情况。

案照先为飞报地方谋反重情事,看系国家大难存亡所关,随即备咨南京兵部,及巡抚两广、湖广等衙门,并福建三司等官,选取骁勇兵快,选委谋勇官员监统,兼程前来,共勤国难去后。

今据前因,看得逆贼已经成擒,余党悉渐殄灭,除将各该官兵,先行发回外,切照福建漳南,相距江西省城约计程途有一千七八百里之遥,该道乃能不满旬月,调集官军兵快八千员名之众,首先各省而至,足见本官勇略多谋,预备有素,忠义之诚,足以感激人心;敏捷之手,足以综理庶务;故一呼而集,兼程赴难。除另行旌奖外,及照调来官兵,冲冒炎暑,远赴国难,忠义既有可嘉,劳苦尤为足悯!合加犒赏,以励将来。为此除将支出官银,差官领赍该道,仰抄案回司,即将原调领兵官员,并军兵乡夫人等,酌量犒赏,用见本院奖劳之心,以为将来忠勤之劝。仍仰该道备查各兵原系操练者,照旧在班操练,以备紧急调用;添募者省令回还田里,各安生业,务为良善之民,共向太平之福,毋得分外为非,致招身家之累。备行巡按衙门知会。

当我先前听到报告说宁王在江西省城谋反叛乱的这样重大的消息时，想到这是事关国家安危的大事，于是我立即就向南京的兵部、以及巡抚两广、湖广等官府，和福建三司等官员发公文告诉他们这一消息，要求他们挑选勇猛异常的士兵，委派有勇有谋的官员统率他们，迅速起来，共救国难。公文已经发出去。

现在根据事情的进展，谋反叛乱的人不少已经被活捉，叛逆余党也逐渐地被消灭，除将参加围攻的各队命令他们返回外，考虑到福建漳南离江西省城路程大概有一千七八百里远，漳南道能够在不到十天半月的时间里就调集各类军队八千多人，并且比各地都早到达目的地一月，可见该道佥事周期雍足智多谋，平时一向有准备，他的忠义之情，足以感动人心，反应灵敏，行动快捷，足以管理日常事务，所以只要发一个号令，那应召的人就立即聚集起来，昼夜兼程，以解救国难。给予他特别的奖励，那些调集来的将士，冒着炎热酷暑，不远万里，以救国难，他们对国家的这种忠贞的精神，应当给予嘉奖，他们的辛苦、劳累值得同情，理应进行犒赏，鼓励将来。这样，除从官府中支出去的银两，委派官员送到漳南道外，把此文件抄回福建按察司，就要对原来调集来的官兵乡夫，进行适当的奖赏，以表达我对他们的奖励心情，这也是在奖励将来的忠义之人。同时还命令漳南道核查在调集之前操练的官兵，让他们依旧按规定进行操练，以便在情况紧急时调用，那些招募的官兵，要求他们重新回到各自的乡村，安居乐业，一定要做诚实本分的人，以共享天下太平的幸福，不要做违犯忠义、礼义等方面的事，以免给自己带来祸害。将以上情况向福建巡按官府通报。

释放投首牌

据吴国七、林十一等口称：闵念四等落水身死。今访得闵念四等，见在宁州界上，告要投招。前者已曾发有告示，许令胁从新民，俱准投首免死。给照复业生理；近日朝廷降有黄榜，亦准投首免死。今闻各地方居民，不体朝廷及本院好生之意，辄便起兵剿杀，激使不敢出身投首，反使朝廷及本院失信于人，本当绑拿重究，姑且再行诚谕！为此牌仰宁州知州汪宪，探访前项一起投首之人，是否闵念四等正身？若果有投首真情，即便带领前赴军门发落，准与杨子桥等一例释放，给与执照，各自复业当差。如或聚众不散，星夜飞报军门，以凭发军剿灭，俱毋违错！

牌仰沿途各府州县卫所驿递巡司衙门慰谕军民

照得先因宁王谋反，请兵征剿。续该本院亲督各哨，于七月二十日攻复省城，二十四等日在鄱阳湖连日与贼大战，至二十六日，遂将宁王俘执，及其谋党李士实等，贼首林十一等，俱已前后擒获，余党荡平，地方稍靖，已于本月三十日具本奏捷讫。近因传报京军复来，愚民妄相逃窜，往往溺水自缢，本院亲行抚谕，尚未能息。殊不知朝廷出兵，专

释放投首牌

据吴国七、林十一等人说:"闵念四等人,落水溺死。"现在查到闵念四等人现在正在宁州一带交界处,声称要投降官府,接受官府的招安。以前我曾经发布告示,允许那些胁从作乱的人向官府投降,自首坦白自己的过错,这样可以免除他们的死罪,并给他们相应的安排,使他们过上正常的生活。近来朝廷也发布了黄榜文告,也准许他们自首向官府投降,这样便可免除死罪,现在听说各地方的百姓,不体谅朝廷以及我爱护生命的苦心,动不动就派兵将这些人剿杀,使得这些人不敢出来投降自首,反使朝廷和我都失信于人,本应当将那些违抗命令随意剿杀的人捆绑起来,严厉追究他们的罪过,现在暂且再发一个戒示,这样向宁州知府汪宪发一道令牌,要求前往调查前面提及的要求投降自首的,是不是闵念四等人?如果他们真心实意地向官府投降自首,立即把他们带到军中,听候对他们的发落,批准与杨子桥等人同时释放,给他们相应的凭证,让他们各自复业当差。如果还汇聚各种人员,不愿意散伙,那么请立即到军中报告,以便派军队将他们歼灭,请遵照执行,不得违抗或出差错。

牌仰沿途各府州县卫所驿递巡司衙门慰谕军民

先前由于宁王谋反叛乱,我请求派兵对叛逆进行征剿。其后我亲自统帅各路队伍,在七月二十日,收复了江西省城,从二十四日起在鄱阳湖与叛军一连大战几天,到七月二十六日我将叛逆头目宁王抓获,一同被抓的还有宁王的谋臣李士实等人,其他的像林十一等叛逆头目,也先后被活捉,叛逆的亲党已经铲除掉了,地方上稍微变得安静。我已经在七月三十日,将胜利

为诛剿宁贼，救民水火之中，况统兵将帅，皆系素有威望老臣宿将，纪律严明，远近素所称服，纵使复来，亦必自无扰害。况今宁贼已擒，地方已靖，京军岂有无事远涉之理？愚民无知，转相惊惑，深为可悯！诚恐沿途一带居民，亦多听信传闻不实之言，而北来京军尚或未知宁王已就擒获，合行差官沿途晓谕军民，及一面迎候北来官兵，烦请就彼回转。除将宁王反逆党与，本院亲自量带官兵，径从水路解赴京师外。仰沿途军卫有司驿递等衙门，照牌事理。即行抄牌备出告示，晓谕远近乡村军民人等，使知宁贼已擒，京军已转，免致为疑酿成他变。差去官员，仍仰程程护送，同与迎候京军，坚请就彼回转，以免沿途百姓供给之苦。仍谕以本院押解贼犯，量带官兵，皆自备行粮廪给，沿途经过有司等衙门，止备人夫，牵拽船只，及略供柴草，给付各兵烧用；其他一无所扰，不得因此科害里甲军民。差去官员，昼夜前进，毋得在途迟滞。抄牌官吏，各俱依准，候本院经过日缴。

的详情一一上奏汇报。近来由于传闻又调遣了京师的军队过来，那些见识短的百姓竟相逃窜，不少人往往落水而死。我也曾亲自去安抚他们，向他们发布告示，尚且不能将逃窜的事平息。殊不知，朝廷士兵，目的是为了诛杀宁王等叛逆，救民于水火之中。况且统兵的将帅，都是一向德高望重的老臣宿将，军纪严明，秋毫无犯，不论远近百姓早就称道这样的军队，纵使这样的军队再来到，也不会骚扰百姓给百姓造成危害。何况现在宁王这个叛逆之臣已被活捉，地方上已经安定，京师的部队哪能没有战事而从老远调来的道理呢？那些见识短的人真是愚蠢，他们以讹传讹，致使自己诚惶诚恐，我实在为这些人感到可怜！我也担心沿途一带的百姓也多听信传闻和没有根据的言辞，而从北边来的京师部队或许还不知道叛逆宁王已经被活捉。应当派出官员到沿途一带告示军民，并且一边迎接从京师而来的官兵，烦请将情况告诉他们，让他们返回。除将以宁王为首的谋反叛乱的党徒由我根据情况适量带领一支队伍从水路押送京城外，要求沿途的军卫、司、驿递等官府，按照令牌行事，即抄令牌挂出告示，告诉附近的军民百姓，使他们知道叛逆宁王等人已经被活捉，京师的部队已经撤回去了，以免百姓由于疑惑而生出其他变乱。派出去的官员，依旧要一程一程护送，同去迎接京师的部队，坚决要求京师的部队就此撤回，以免沿途百姓因为保障军队的供给而加重负担，并告诉沿途百姓，本院押送叛逆，只带少量军队，所需粮饷，都自己准备，沿途经过各级政府管辖地区时，当地的政府只要准备一些人手，帮助牵船，并稍为准备一些柴草，交付给士兵，其他的就不必准备了，不得因为这个而加重军民负担。派出去的官员，应星夜兼程，不得在路途中逗留

案行江西按察司停止献俘呈

据江西按察司呈："奉钦差提督军务御马监太监张札付内开：'会同钦差提督军务平贼将军充总兵官左都督朱，议得止兵息民，不为无见，但照奔溃党恶，见该各属，日报啸聚流劫，亦非已靖；党恶闵念四等，又系职等行文之后，拿获之数，亦或尚多。抚按守臣，当此新乱之余，正宜留心抚绥地方，听候勘明解京；良由不知前因，固执一见，辄要自行获解，私请回师。再照妃嫔，系宗藩眷属，外官押解，恐有妨碍，设或越分擅为，咎归何人？职等体念民力不堪供给军饷，责令将官将所领官兵，分布各府住札听掣，当职止带合用参随，执打旗号等项人员，径趋江西，公同巡抚等官，查验巢穴，及遍给告示晓谕，抚安地方；一面具请定示另行，除差委锦衣卫都指挥佥事马骥前来外，札仰本司各该官吏，照依札付内事理，即便遵照钧帖内事理，备行巡抚都御史王等，将已获贼犯留彼，听候明旨，钦遵施行。"等因，备呈到院。

拖延。抄写此牌的官员，应当准确抄好，等我押送叛逆经过当地的时候交牌给我。

案行江西按察司停止献俘呈

据江西按察司呈送的文告说："我奉钦差提督军务的管理皇上马匹的张太监发送的文书中说：'应当会同钦差提督军务平贼将军及总兵官朱左都督商议停止和安定百姓的大事，我想这不是没有见地的。但是得知逃窜的叛逆分子的情况，这些地方，每天都有报告说逃窜的叛逆常常聚集在一起，抢家劫寨，四处出击，地方上也并没有完全的安定。叛逆的头目闵念四等人被捉又是在黄榜发布之后的事，活捉的叛逆的数目，或许很多，各级地方官员，当在这叛逆叛乱刚被平定的时刻，正要把注意力集中在安抚地方上，等待上级的命令将那些活捉的叛逆分子调查清楚后再押送到京。你因一时不知前面的情况，一味坚持自己的主张。动不动就要求自己将叛逆押送到京，私自要求将京城来的部队返回，再说那些被捉拿的叛逆的妻妾，多是皇室的宗族，外姓的官员押送，也恐怕不太方便，假使有人违背仁义礼智、恣肆妄为，那么由谁负责呢？我很同情百姓的疾苦，他们已经很难负担得起给军队提供粮饷的任务，所以要求指挥官们将他们率领的部队，分别驻扎到各府、听候调遣。我只带一些随从，执打旗号的人员，直接到江西来。会同巡抚等一道，检查叛逆聚集、叛乱之地，并在这些地方发布告示，告诉百姓政府要安抚地方，一方面请示再办理，除派锦衣卫、都指挥佥事马骥前来之外，用公文通知所统属的官吏，要求官员们按照公文内的要求办理，并给巡抚王都御史等人发文，要求将捉拿的叛逆关

卷查先为飞报地方谋反重情事云云。本职将宁王并其逆党，亲自量带官兵，径赴水路，照依原拟日期，启行解赴京师，已至广信地方；今准前因，为照前项逆党，俱已擒获，其余胁从，遵照钦降黄榜事例，俱已许令投首解散；宗藩眷属，俱系取到各将军府内，使管伴监守，保无他嫌。今钦差提督赞画机密军务御用监太监张、及钦差提督军务御马太监张、钦差提督军务平贼将军充领兵官左都督朱，忧国爱民之心，素闻远近，况号令严明，秋毫无犯，今来体勘逆贼巢穴，果已破平，百姓贫困颠连，必能大加抚谕安辑，以仰布朝廷怀惠小民之仁；本职纵使复回省城，亦安能少效一筹？不过往返道途，违误奏过程期，有损无益。为此仰抄案回司，着落当该官吏，照依案验内事理，即便备呈前去。烦请径自查照施行。

咨兵部查验文移

照得本职已将宁王宸濠并其党与及宫眷人等，照依原拟具奏日期起程，亲自解赴阙下间，随据南康府申，并江西按察司呈："各奉钦差提督军务御马监太监张札付内开：'访得宸濠已该本职擒获，克复省城等语，未曾亲到江西，

押在原地，等候按上级的意见处理。请遵照执行。'"

公文送到我这里，我重新查看了先前有关叛逆宁王谋反的告文之类，我已经亲自带了少量队伍，将宁王以及其他一些被活捉的叛逆头目押送到京师，沿着水路，按照原定的日期启程出发，现在已经到达广信，现按照前项要求，发动叛乱的头目均已抓获，剩下的那些胁从叛乱的，按照皇上发布的黄榜规定，都已经准许他们投降，让他们解散，至于那些叛乱头目的家眷，都要将她们押送到将军府内，用将军府内仆从看守她们，保证不会出现什么别的意外。现在钦差提督筹谋重大的军机事务，御用监张太监及钦差提督军务，御马监张太监，钦差提督军务平叛逆将军及指挥官朱左都督。忧国爱民的心情，一向就远近闻名，况且号令严明，军队纪律秋毫无犯，现在来亲自调查叛逆老巢，果然都已经被官军攻破，百姓贫困异常，流离失所，一定会进行尽力地安抚，以广布朝廷的恩惠，广施仁政，使百姓感激不尽。我现在纵使再回到省城，也不能作出一点效力的事情，现在一来一回在道途中耽搁时间，恐怕误了我上奏给皇上的日期，只有坏处而没有什么帮助，为此，将这份公文交给下属，让他们按照公文上规定的要求办理各项事情。并立即写出报告回复，烦请钦差等人检查办理各项事务。

咨兵部查验文移

我已经将叛逆宁王宸濠以及他的党徒、他的家眷等人，按照原来奏章中奏明的日期解押起程，亲自将他们押往京城，这期间南康府递来申报，江西按察司也提交呈文说："我们接到钦差提督军务御马监张太监的公文，张太监的公文内谈到，'查又无堪信文移，止是见人传说，遽难凭据；况系宗藩人众，中间恐有拨置，同谋逆党未尽。"等因。及节准钦差提督赞画机密军务御用监太监张揭帖开称："将各犯委的当人员，用心防守，调摄饮食，献俘阙下，会官封记库藏，俱候按临地方区画"等因。又准钦差提督军务充总兵官安边伯朱手本开称："即查节次共擒斩叛贼级若干？内各处原奏报有名若干？无名若干？有名未获漏网，并自首及得获马骡器械等项各若干？连获官军卫所职役姓名，备查明白，俱各存留江西省城，听候审验；仍查余党，有无奔溃，及曾否殄灭尽绝缘由，通行开报，以凭回报。"等因，各到职。

为照宸濠并其同谋党与，俱已擒获，余孽亦就诛戮，虽有胁从，数亦不多，皆非得已，随即遵奉钦降黄榜，晓谕俱赴所在官司，投首解散；其库藏等项，该本职会同多官，于未准揭帖之先，眼同封贮在官，听候命下定夺。官军兵快，擒斩功次，见该原经奏留两广监察御史谢源、伍希儒查造奏缴。及照宸濠并各重犯宫眷人等，见解广信地方，设若往

访到宸濠已经被王巡抚活捉，并且在王巡抚的指挥下攻克了江西省城，之类的言语，但并没有见到张太监亲自到江西，又没有什么可以值得信赖的公文发来，只是听人这样说说而已。所以很难判断这是真是假，况且皇室宗族人员很多，中间恐怕有挑拨离间的人，宁王的同谋逆党并没有被彻底清除，"随后又收到准钦差提督赞划机密军务的御用监张太监的文告，文告中说："委派忠诚可靠的人员将叛逆囚徒好好地看管起来，改善他们的饮食，将他们押送到京城，会同一些官员清查登记叛逆府中的财富，并将它们封存起来，等候我等到达这些地方再作处理。"还接到准钦差提督军务总兵官安边伯朱发送的文告，他在文告中说："请核查清楚到底杀死了多少叛逆，到底活捉了多少叛逆，其中这类叛逆中原来上报时有名有姓的分别是多少人，没名没姓的又分别是多少人，有名有姓，但是没有被斩首或被擒拿漏网的，向官府投降自首的，以及缴获的马匹、骡子、器械等项数量分别是多少，还有那些被擒叛逆所在的卫、所，所任的职务、姓名等项，请一一调查清楚。将以上这些都存放到江西省城，等候审查核实。还要追查叛逆的余党，有没有漏网逃窜在外的，以及是否将叛逆清除完毕的具体情况，全部如实报来，以便向上汇报。"这些文告，先后送到我的手中。

　　叛逆宸濠以及他的同党，都已经被擒获，剩下的一些叛逆也被处决。虽然有胁迫参与谋反的，但人数不多，况且他们都是身不由己被迫而为，我遵照皇上发布的黄榜上的要求，告诉他们到当地政府那里投降自首，将队伍解散。至于叛逆的府库等项，我也和许多官员一道，在没有接到这些公文前，查封了叛逆的府库，等候上级的处理意见。官兵们的战功情况，见原来奏返，恐致疏虞，及违误本职奏报原拟日期，除照旧督解前赴阙下献俘，以昭圣武，及具揭帖，各另回覆外。

今照前因，照得本职缪当军旅重寄，地方安危所关，三军死生攸系，一应事机，若非奉有御宝敕旨，及兵部印信咨文，安敢轻易凭信？今前项各官文移，既非祖宗旧章成宪，就使果皆出于上意，亦须贵部行有知会公文，万一奸人假托各官名目，乘间作弊，致有不测变乱，本职虽死，亦何所及？

除奉钦差总督军务威武大将军总兵官后军都督府太师镇国公朱钧帖，曾奉朝旨，相应遵奉；其余悉遵旧章施行外。缘前项各官文移，未委虚的，俱合备行咨报贵部。为此备抄揭帖，粘连咨请查验施行。

案行浙江按察司交割逆犯暂留养病

十月初九日

照得当职先因患病，具本乞休间，奉敕扶病前往福建公干。六月十五日行至江西丰城地方，适遇宁王兴兵作乱，请批准留下的两广监察御史谢源、伍希儒调查登记上缴的那些簿册。至于叛逆宸濠以及叛逆的其他重要头目、他们的家属等人,现在已经被押送到广信了,如果返回,恐怕途中发生意外,还担心延误我原来上奏的奏折中拟订的日程,因此照样亲自监督押送这些要犯,把这些要犯押送到京城,以表明皇上的武德。至于那些收到的那些文告,都要一个个按要求回复。

根据前面地方官们反映的情况,我肩负着国家的重托,地方的安危。三军将士的生死存亡,这些事都与我息息相关。切事宜,如果不是有皇上的宝印敕令,兵部印发的公文,我们怎敢轻易相信呢?前面提到的各官发的公文,既不是国家的规定或先前形成的惯例。即便那些真的都是皇上的旨意,也应该贵部发公文告诉有这么回事,万一有奸诈小人假借各官的名誉,乘机兴风作浪,以致带来一些不可预测的变乱,我虽然在这种变乱中死去,那又有什么用呢?

除了钦差总督军务威武大将军总兵官后军都督府镇国公朱的钧帖曾经接到朝旨,需要切实遵照执行之外,其余的事情,按照旧的惯例对待外,其余前提各项文告,没有真凭实据,只将这些情况汇集起来,写报告向兵部反映,更把那些发送来的公文抄好,粘附在我的报告后面,一同送上,请部里检查核对清楚后再确定是否执行。

案行浙江按察司交割逆犯暂留养病

十月初九日

先前,我因生病想申请休养一些时日,但没有批准,奉皇上的命令带病前往福建省去处理公务,于六月十五日途经江西丰

看系君父大难，义不忍去，复回吉安府，督同知府伍文定等，起调兵夫，招集义勇，扶病亲行统领，于七月二十日攻复省城；本月二十四、五、六等日，于鄱阳湖连日大战，擒获宁王宸濠及逆党李士实、刘养正、王春等，贼首吴十三、凌十一、闵念四、吴国七、闵念八等，先后具本奏报外，随闻大驾南征，礼当解赴军门。又因宸濠连日不食，虑恐物故，无以献俘奏凯，彰朝廷讨贼之义；兼之合省内外，人情汹汹，或生他变，当具本题知，于九月十一日启行，将宸濠及逆党宫眷，解赴军门。当职力疾沿途医药，亲行押解，行至广信地方，又奉钦差总督军务钧帖："备仰照依制谕内事理，即便转行所属司、府、卫、所、州、县、驿递等衙门，钦遵施行"等因，遵依通行间。续准钦差提督军务御马太监张照会，及准钦差总督军务充总兵官安边伯朱手本，各遣官邀回本职，并将所解宸濠等逆犯回省，听候会审。

本职看得，既奉总督军门钧帖，自合解赴，面受节制；若复退还省城，坐待驾临，恐涉迟谩，且误奏过程期。又复扶病日夜前进，行至浙江杭州府地方，前病愈加沉重，不能支持，请医调治间；适遇钦差提督赞画机密军务御用监太监张奉命前来江西，体勘宸濠等反逆事情，及查理库藏、宫

城县，恰好碰上宁王谋反叛乱。我想到这是关系到国家生死存亡的祸患。作臣子的责任使我不忍心离去而对叛逆谋乱之事置之不理，于是我又重新到吉安府，与知府伍文定等官员一起调集官兵，招募义勇，带病亲自统率大军，终于在七月二十日攻占了江西省城，这月的二十四、五、六等，在鄱阳湖与叛逆连续作战，活捉宁王宸濠以及叛逆的一些重要党羽李士实、刘养正、王春等人，活捉叛逆的重要头目吴十三、凌十一、闵念四、吴国七、闵念八等人，这些情况都先后一一奏明，随后又听说您率军南征，按说应当将叛逆押送到军中，但是连日来宸濠不思饮食，我怕他因此死去、没法用他举行献俘大典来庆祝胜利，来表明朝廷征讨叛逆的正义行为。同时各个地方，人心汹汹，或许因此而又出现其他的变乱，我将这些情况写成本章向皇上汇报。于九月十一日启程，将宸濠及叛逆的党徒和他们的家眷，一同押送到军中，我身体虚弱，一路用药维持身体健康，亲自押送叛逆，行到广信时，接到钦差送来的要求总揽军务的钧帖说：“请按照国家的典章制度和给您的指示办事并将这些情况通告所管辖的司府卫所、州、县、驿递等部门，并遵照执行。”我正遵命行动时，又收到了准钦差提督军务御马张太监的文告，收到准钦差总督军务兼总兵官安边伯朱的文告，他们都派遣官员，来催促我返回，并将我押送的宸濠等叛逆要犯押送回省，等候对他们一同进行审判。

　　我思考着，如果执行总督军门的钧帖，就应按上奏的日期押送罪犯，直接听从上级的调遣，如果再返回省地，恐怕不能及时赶到，况且也耽搁了我上奏中说的日期。所以又带病日夜兼程，来到了浙江的杭州府，我之前患上的病越来越严重了，身体无法支持下去，正在我请医生调治的时候，恰好碰到了钦差

眷等事，当准钧帖开称："宸濠等待亲临地方，覆审明白，具奉军门定夺"等因。

为照本职先因父老祖丧，累疏乞休，未蒙俞允，随扶病赴闽，意图了事，即从彼地冒罪逃归，旬日之前，亦已具奏，不意行至中途，遭值宁王反叛，此系国家大变，臣子之义，不容舍之而去；又阖省巡抚地方等官，无一人见在，天下事机，间不容发，故复忍死暂留，为牵制攻讨之图，候命师既至，地方稍靖，即从初心，死无所避。臣区区报国血诚，上通于天，不辞灭宗之祸，不避形迹之嫌，冒非其任，以勤国难，亦望朝廷鉴臣此心，不以法例绳缚，使得少申乌鸟之私等情。具奏外，今照前事，本职自度病势日重，猝未易愈，前进既有不能，退回愈有不可，若再迟延，必成两误。除本职暂留当地，请医调治，俟稍痊可，一面仍回省城，或仍前进，沿途迎驾，一面具本乞恩养病另行外。所据原解逆犯，合就查明交割，带回省城，听候驾临审处通行。为此抑抄案回司，着落官吏，备呈钦差提督军务赞画机密军务御用监太监张，烦请会同监军御史，公同当省都、布、按三司等官，将见解逆首震濠，及逆党刘吉等各犯，并宫眷马匹等项，逐一交查明白，仍请径自另委相应官员兵快人等，管押带回省城，从宜审处施行。仍备呈兵部查照知会，抄案依准，并行过日

提督筹划军机事务的皇上身边的监军张太监，他奉命前往江南，调查了解逆臣宁王宸濠叛乱谋反的情况，兼调查宁王府库的财富以及他们（叛逆）家眷等方面的事务，他签署的钧帖写道："宁王宸濠等叛乱分子，等我亲到这地方审查清楚，押到军门帅府等候处理。"

我先前因为父亲年老，祖父去世，屡次写报告请求回家休养，均未获恩准，随即就带病去福建，心想以此来了结，立即从处理政务的地方逃回到家中，我知道这是犯罪的，十多天前，我也已经将这些情况上报了，没想到在赴福建的途中，遇上宁王谋反叛乱，这关系到国家的生死存亡，作为一个臣子的责任，不允许对叛乱之事不管而离去。可是省、巡、抚地方上的官员，许多人不在地方上管事，国家发生这样的大事，容不得半点犹豫，所以再一次冒着生命的危险，暂时留下来，为牵制、进攻征讨叛逆的考虑，等待调遣部队的到来，地方上才稍为安宁了一些。按我自己原来的想法，要处死我，我也无法逃避。我的诚心拳拳报国之心，上天也可明白，不逃避宗族被屠杀的祸患。不遮掩那些被人认为可疑的行迹，看起来好像不是我管辖内的事，但这是为了解救国家的祸患。也恳请朝廷能够理解我的这番心意。不援引法律条例来处罚我，使我感受到朝廷的额外恩德。这些情况，我也已经上奏汇报了。现在再回过头说说前面的那件事，我自我估量自己的病情一天天加重，短时间内不可能恢复。往前赶路押送叛逆重犯不可能了，退回来也不能，如果再这样拖延下去，必定会使两种情况都延误，除我暂时在浙江杭州府请当地医生治疗，等病情稍有好转就起程外，或回江西省城，或继续前行，在途中迎候皇上驾到，再具体陈述请求开恩回家养

期,先行呈来。

告谕军民

十二月十五日

告谕军民人等:尔等困苦已极,本院才短知穷,坐视而不能救,徒含羞负愧,言之实切痛心!今京边官军,驱驰道路,万里远来,皆无非为朝廷之事,抛父母,弃妻子,被风霜,冒寒暑,颠顿道路,经年不得一顾其家,其为疾苦,殆有不忍言者,岂其心之乐居于此哉?况南方卑湿之地,尤非北人所宜,今春气渐动,瘴疫将兴,久客思归,情怀益有不堪。尔等居民,念自己不得安宁之苦,即须念诸官军久离乡土、抛弃家室之苦,务敦主客之情,勿怀怨恨之意。亮事宁之后,凡遭兵困之民,朝廷必有优恤。今军马塞城,有司供应,日不暇给,一应争斗等项词讼,俱宜含忍止息,勿辄告扰,各安受尔命,宁奈尔心。本院心有余而力不足,聊布此苦切

病。根据原来登记的叛逆的详细情况，一一核查清楚，办理好叛逆重犯的交接，请将叛逆罪犯押回江西省城，等候皇上亲自审问处理。为此，将文件发回浙江按察司，要求有关的官员写好报告呈送给钦差提督军务赞画机密军务御用监张太监，恳请他和监军御史一道与江西省的都、布、按三司等官员，将要押送的叛逆首领宸濠以及叛逆头目刘吉等要犯和他们的眷属，缴获的马匹等项，一一核查清楚，办理好交接，另一方面请他们自己直接委派相应的官员，士兵，将罪犯带回江西省城，进行审查。还要呈文给兵部，使兵部了解这件事。誊好文稿，待批准发送，并且要抓紧时间，在预定时间前把文件送达。

告谕军民

十二月十五日

我向百姓发布告示："你们百姓都已经贫困劳累到极点了，我才疏智短，面对你们处于这种境况却不能救助你们，我感到万分的惭愧啊！每当说到这些，都令人痛心。现在，京师一带的官兵，在道途中奔波，不远万里来到这里，他们（官兵）都是为了朝廷的大事而来的，那些官兵们抛下父母，离开妻子儿女，被风吹霜冻，冒着寒暑，在道路上颠簸，常常是整年难得回去一次与家人团聚，他们的苦衷，几乎也是同样不忍心说了。难道这些官兵们心里乐于受这样的苦难吗？更何况南方气候潮湿，这对北方人来说更难以适应。现在已是春天，空气更湿润，南方的瘴痫病就要大范围内发生了。长久在异地的人渴望返回，情感上更加难以忍受。你们这些百姓，在想自己得不到安宁的苦处时，也请你们替广大官兵想一想长久离开家乡离开家庭的苦处。务请

之情于尔百姓,其各体悉无怨。

钦奉诏书宽宥胁从

节该伏睹诏书"朕亲统六师,正名讨罪,除首恶宸濠并同谋有名逆贼不赦外;其余胁从之徒,尽行宽宥释放。钦此!"钦遵。

照得先因宁府作乱,该本院出给告示:"官兵临城之日,惟首恶是问,宗支、郡王、仪宾人等,各闭门自保,商贾买卖如故,军民弃甲投戈,各归生理,毋得惊疑;其有怀奸稔恶不悛者,必杀无赦;胁从人等,但能赴官投首,即与释放免罪等情。"已经发仰远近张挂晓谕外。后宸濠既擒,被胁之徒,前后赴官投首,不下千余,皆经查审释放。其间尚有欲赴首官司,多被地方拦阻,本院随又督解逆犯出外,以是一向迟疑,未即出投。续该钦差提督军务各衙门临省,前项被胁之人,始各赴官投首,就与本院事体一同,即是去恶从善之民。近访得有等无籍之徒,用言扇惑,乘机诈害,致使

你们尽主客之情,心里不要有怨恨官兵的情绪,我想等事情完全平定之后,凡是因为官兵们的到来而受到困扰的百姓,朝廷一定会给予补偿。现在各地都是军队,官府的供应已经忙不过来办理,一切争斗、吵闹,都要忍让,不要动不动就说官兵扰乱百姓,你们现在暂且忍受一时这样的日子,使自己内心尽可能平静。我能体察百姓、官兵们的疾苦,我想替你们都解除这些疾苦。但是我心有余而力不足呀。我暂且将我的苦闷心情告诉你们,希望你们都能体谅我的苦衷。

钦奉诏书宽宥胁从

我接到皇上的诏书,认真地研读着:"朕亲自统领六支军队,前来正名讨伐罪恶,除叛逆首领宸濠以及宸濠同党影响恶劣的叛逆不能赦免他们的罪行外,其他因胁迫而参与叛乱的人,应当宽恕他们,钦此,"领旨者遵命而行。

看到这里,我想到了先前由于宁王谋反叛乱,我曾发出告示说:"等到官军来到省城之时,只追究那些倡导谋反人的罪过,皇室宗亲,以及他们的服务人员等人,请他们自己保护好自己。买卖交易应同原来一样,叛乱的军队和百姓应当放下武器,去寻找自己的职业并安顿下来。不要惊慌不要犹豫;对于那些心术不正,在罪恶的深渊中顽固不化的,一定要将他们斩尽杀绝,绝不赦免。那些因胁迫而参与叛乱的人,但愿他们能够到官府投案自首,这样就可以免除他们的罪过,并释放他们。"告示已经发到各地,要求各地张挂,晓谕群众。后来宸濠被活捉,那些胁迫参与谋乱的,前后到官府投案自首的不少于千人,经调查核实审理后释放,其间还有想到官府投案自首的,但被

惊疑，未安生理。除访拏究问外，仰按察司抄捧回司，即便大书出给告示，发仰人烟辏集去处，常川张挂。晓谕自破城以后，但有被胁旗校军民人等，改恶迁善，已经赴官投首，验有执照者，皆系良善，俱仰遵照前项诏书内事理，尽行宽宥释放，各安生理，毋得信人恐吓，自生猜疑。地方里邻总甲人等，敢有怀挟私雠，罗织扰害，诳言扇惑，诈骗财物者，仰即赴院告理，以凭拏问发遣。仍取各首到官姓名，并给过告示晓谕缘由呈报。

批追征钱粮呈

据江西布政司呈："看得江西一省，重遭大患，民困已极，屡经奏免粮税，日久未奉明旨。近因南科奏停，随复部使催督，一以为蠲免，一以为追征，非惟下民无所遵守，亦且官府难于施行。今该司议谓兑淮起运，系京储额数，而王府禄米，亦岁月难缺；要行所属，先纳兑淮，次及京库折银，次

一些地方阻挠，随后我又押送叛逆重犯前往京城，故此有些人怀疑躲避未自首，等到提督军务等各部门重新返回省城，前面提及的那些胁从叛乱的人，才分别到各部门投案自首，这就与我想的办法目的差不多，那些投案自首的人就是弃恶从善的人。最近了解到有一些没有户籍的人，用言辞煽动蛊惑人心，趁机讹诈坑害百姓。使得那些投降自首的人没有能够安心生活，除调查追究责任之外，还要求按察司把皇上的诏书抄录下来送到官府中，要多写、多挂安民告示。在人员聚集的地方，经常张挂，告示他们，自从攻破省城以后，还有被胁迫的军官、百姓，应当改恶从善，已经到官府投降自首的，检查到有凭证的，都属善良的百姓，都应该按照前面提到的诏书中规定的政策处理。将他们宽大释放，使他们安心生活，不要再听信他人的恐吓，乱生猜疑。地方上的乡村邻里，总甲等人，有敢于挟私利，怀私仇，组织有关人进行骚扰的，或者造谣惑众的，或者诈骗财物的，都允许到官府报告，以便将这些人捉拿归案。并对他们进行审问治罪。仍然把各地到官自首人姓名各加以登记，并发给他们安民告示叫他们知道原因告示，告诉百姓具体情况，然后再将具体施行情况向上汇报。

批追征钱粮呈

据江西布政司呈送的报告说："江西省，遭受那样大的祸害，百姓已经贫困到了极点，多次上奏请求免除粮税，很长时间都没有得到明确的答复。近来上奏，可以免除南科税，可是过后不久户部又派人来催促监督征收南科税。一个说要免除，一个说要征收，不但那些下面的百姓难于遵守，就是各级官府也难

及南京仓米,次及王府禄米,其余俱候明降。"等因。此亦深睹民患,欲济不能,委曲调停,计出无奈,仰司即如所议,备行各该府州县查照施行。后有恩旨,当亦止免十五年以后钱粮,其十四年以前拖欠,必须带征,终有不免,莫若速了为便。各府州县,宜以此意备晓下民,姑忍割肉之痛,以救燃眉之急。

呜呼!目击贫民之疾苦而不能救,坐视征求之急迫而不能止。徒切痛楚之怀,曾无拯援之术,伤心惨目,汗背赧颜,此皆本院之罪,其亦将谁归咎?各府州县官,务体此意,虽在催科,恒存抚宇;仍备出告示,使各知悉。此缴。

再批追征钱粮呈

据江西布政司呈:"看得本省十四年以前,一应钱粮,已经给事等官,奉奏明旨,果系小民拖欠,俱准暂且停征,还着各该官司设法赈济,毋视虚文。"此朝廷之深仁厚德,悯念穷民,诚爱恻怛之所发,小民莫不欢欣鼓舞,臣子所当遵守奉行。乃今停征之令甫下,而催并之檄复行;赈济之仁

遵照执行。现在我司商议说途经安徽转运的粮食，是属于国家储备中的，而王府人员中的口粮，无论哪年哪月都不可缺少，要求我们管辖的地方，先缴纳调往安徽的粮食，再到京城府库中折换成银两，然后再交南京的粮税，其后再供应王府所需，至于其他的，等待明确的指示。"等情况。这也是深知百姓疾苦的人啊。想帮助百姓摆脱困境却没法做到，转弯抹角想尽办法，那些办法也是实出无奈啊，要求江南布政司就按他们所商议的那样，通知各府、州、县具体执行。后来皇上布恩降旨，也只是免除正德十五年以后要征收的钱粮，至于正德十四年以前拖欠的钱粮，不能免除，不如迅速地处理了这件事为好。各府、州、县，应当将这些政策详尽地告诉百姓们，暂且强忍一时的痛苦，以救当务之急。

唉！亲眼看到百姓的疾苦可是却不能帮助他们，看着百姓那急切的哀求而不能使渴求解救的心情止息。只有满身的苦楚，却没有救助百姓的良方，我内心十分的悲痛，坐卧不安！这都是我的罪过，造成这种局面还去责备谁呢？各府、州、县的官员们，务必体谅我的这番心情，虽然还在催缴租税，还应当想法抚恤百姓。仍然要贴出告示，使百姓都明了实情。上交这篇批呈。

再批追征钱粮呈

据江西布政司呈送的报告说："调查了解到本省在正德十四年以前，一切应缴交的钱粮，百姓还有不少拖欠的，已经发文给下级官员，要求他们遵照皇上的旨意处理相关问题，暂且停止征收钱粮，除此之外，还明令各地要求他们设法救济百姓，不要使这道命令成为毫无用处的空文。"这是朝廷爱惜臣民的

未布，而垂挞之苦已加，法令如此，有司何以奉行？下民何所取信？夫为人臣者，上有益于国，下有益于民，虽死亦甘为之，今日所行，上使朝廷失信于民，下使百姓归怨于上；重贫民之困，益地方之灾，纵使钱粮果可立办，忍心害理，亦不能为；况旬月之间，而欲追并了绝，便使神输鬼运，亦于事势不能；徒使敛怨殃民，何益于事？除本院身为巡抚，不能为国为民，自行住俸待罪外，仰布政司行各该府县官，以理劝化小民，且谕以今日之举，非关朝廷失信，实由京储缺乏，司国计者，势不得已，兴起其忠君亲上之心，勉令渐次刻期完纳；果克济事，两月之后，亦未为迟。其各该官员，本非其罪，不必住俸，革去冠带；行令照旧尽心职业，勿因事变之难，有灰爱民之志。后有违慢之戮，本院自当其罪。仍呈提督漕运行督粮官，及巡按衙门知会。此缴。

具体体现。这样的命令一发布,老百姓没有不高兴的,下面的臣子理所当然地遵照执行。可是,现在暂停征收的文件刚刚发下去,几乎与此同时,催促征收钱粮的公文也颁布了。赈济百姓的仁政还没有广泛实行,可是百姓的苦楚却又因此加重了。这样矛盾的不同法令、文件、官员们怎样去执行呢?怎样得到下层群众的信任呢?作为臣子,他所做的事应当上对国家有利,下可以给百姓带来好处。如果能够这样,那么作为人臣的即使冒着生命危险,那也会心甘情愿去做。现在实行的政策,在上使朝廷失去百姓的信赖,在下使百姓把各种不满归咎于上面,加重贫苦百姓的负担,加重地方上的祸害。纵然征收钱粮的事可立即执行,像这种存心伤天害理的事,也不应该执行。况且在一个月内,想把要征收的钱粮征收完毕,纵然有鬼神帮助,这样浩大的事也完成不了。只会增加百姓的不满,给百姓带来更大的灾难,这对办理征收钱粮及其他相关的事情有什么好处呢?我自为巡抚,上不能为国办事为国分忧,下不能给百姓带来利益,自己停俸待罪等待处罚外,还要求江西布政司命令各府、县官员,用道理去劝解百姓,并且向他们说明现在政府的行为并不是朝廷不讲信用,实在是由于京城储存缺乏,管理国家财政的官员们,迫于这种万不得已的形势,效忠皇上亲善朝廷的情感油然而生,勉强要求分批分期征缴完,如果这样果真的能够息民怨,那么在两个月后完成也不算晚了。其他各级官员,本来不是他们的罪过,不必停支俸禄,革去他们的官服,照旧要求他们尽心尽力,忠于职守。不要因为情况变得更加复杂了,而对安抚百姓的事心灰意冷。以后有因为这个而遭刑杀的,我自然承担这种罪责。还要将这些命令通知提督、监督漕运的官员以及巡按等部门的官员知

批南昌府追征钱粮呈

　　据南昌府所申凋弊征求之苦，本院缪当斯任，实切忧惭！部堂诸公，非无恤民之念，但身司国计，不得不以空乏为虞；在外有司，非无国计之忧，但目击民瘼，不能不以抚恤为重。若使平民尚堪朘削，一时忍痛并征，以输国用，岂非臣子之心；但恐徒尔虐民，无济国事；非徒无济，兼恐生虞；斟酌调停，事在善处。仰布政司会同二司各官，将该府所申事理，即加酌议，或先征新粮，将旧粮减半带征；或尽其力量可及，分作几限，令民依期逐渐办纳。但可通融调摄，皆须悉心议处，务使穷民不致重伤，而国用终亦无损。一面备行各该府县查照施行，一面具由呈来，以凭咨奏。此缴。

褒崇陆氏子孙

正德十五年正月

　　据抚州府金溪县三十六都儒籍陆时庆告："看得宋儒

悉。特此发出文告。

批南昌府追征钱粮呈

据南昌府送来的报告介绍南昌府经济凋敝，征收钱粮的难处。我在江西任职，实在为这些感到惭愧。户部的那些官员，并不是他们没有安抚百姓的想法，但他们处在那样的位置，不得不以国家的角度来思考问题。不能不为国家储备的空虚而感到不安。在地方上的官员，并不是不考虑国家的忧患，但是所接触到的常常是百姓生活的悲惨景象，不得不着重考虑如何去安抚百姓。假使百姓还能够承担，再忍受一时的痛苦，并征收一部分以满足国家的急需，这难道不是我们作臣子的心愿吗？但是担心你们从百姓手中强征，这样对国事没有好处，不但没有好处，而且还可能带来其他的祸害。请大家好好斟酌，向百姓讲清道理，要求把这件事办好。要求布政司会同按察司、都司的官员，将南昌府提出的情况认真地商议，或者先征收新粮，将旧粮减半一同征收，或者根据百姓的财力，规定几个期限，要百姓按照规定的日期一一交纳。但是这需要通盘把握，需要尽心尽力地办理，一定要避免使贫困的百姓承受到过重的负担，但国家所需却不因此而减少。一面要求各府县遵照执行，另一方面又要求他们及时将情况汇报上来，以便我及时向上汇报。特此发布通告。

褒崇陆氏子孙

正德十五年正月

据抚州府金溪县三十六都儒生陆时庆呈文说："宋朝陆象

陆象山先生兄弟,得孔孟之正传,为吾道之宗派,学术久晦,致使湮而未显,庙堂尚缺配享之典,子孙未沾褒崇之泽;仰该县官吏,将陆氏嫡派子孙差役,查照各处圣贤子孙事例,俱与优免;其间有聪明俊秀,堪以入学者,具名送提学官处,选送学肄业,务加崇重之义,以扶正学之衰。俱依准缴。

告谕安义等县渔户

告谕安义县等渔户,及远近军民人等,地方不幸,近遭大变,加以师旅征输,人民困苦已极,府官思欲休养赈恤,而无由。近闻渔户人等,曾被宁王驱胁者,虑恐官府追论旧恶,心不自安,往往废弃生业,询其所以,皆由雠家煽动,意在激使为恶,因而陷之死地,以快其愤。不知朝廷已屡有榜文,凡被宁贼驱胁者,一概释而不问。况访得安义等处渔户,各系诗礼大家,素敦良善,虽或间有染于非僻,及为王府所胁诱者;然乡里远近,自有公论,善恶终不可混。

山先生兄弟，潜心研究学问，真正领会并继承了孔孟的思想，成为一大儒学流派，但是我们现在搞学术研究的气氛早就不存在了，使得陆学正的思想到我们现在就很难知晓了，陆象山的宗庙还没有举行过庆典活动，他的子孙后代也还没有享受到朝廷的恩惠。要求金溪县的官员们，将陆象山的后代的直系子孙，按其他各处圣贤子孙事例、免去他们的一切差役，其中如果有特别聪明可以入学的，把他们都呈交到学官处，使他们入学读书。请务必表明对他们的优抚尊重，以扶植儒学，学术研究的进一步衰落。"按照此指示通知办理批准执行。

告谕安义等县渔户

告示安义县等县的渔民，以及附近遭受不幸的官兵、百姓。近来遭受叛逆的肆虐，再加上军队远征，，百姓提供养用，已经困苦到了极点。官府想使地方休养生息，安抚百姓，而没有其他的好的办法。近来听说渔民等人员曾经受到宁王的胁迫从恶作乱，他们担心官府追究过去的过失，心里很不安定，所以往往抛弃从事的职业。查询他们为什么这样做，他们都说是由于仇人的挑动导致的，目的是使这些渔民继续干坏事，从而将他们置于死地，以宣泄这些仇人心中的不满。这些渔民不知道朝廷已经发布了几道告示，内容印的是被叛逆宁王驱从胁迫的百姓，一概免罪释放。更何况我了解到，安义等地的渔民，大都出身于知书达礼的大户人家，一向就崇尚善良，虽然偶尔也有一些人染上一些坏毛病，以至于被叛逆宁王所胁迫的，但是远近的乡里，自然有公正的评价，善良的人和胡作非为的人终究是不能混同的。

近据通判林宽禀称："各户痛惩既往,已将渔船拆卸。似此诚心改行,亦复何所忧惧。"为此特仰南康府通判林宽,将本院告谕真写翻刊,亲赍各户,逐一颁谕,务使舍旧图新,各安生理,不得轻信人言,妄有疑猜,自求罪累。其素敦诗礼良善者,愈加劝勉,务益兴行礼让,讲信修睦,以为改恶从善者之倡。族党之中,果有长恶不悛,不听劝谕者,众共拘执送官,明正典刑,以安善类,毋容良莠,致害嘉禾。若旧虽为显恶,今能诚心改化者,亦不得怀记旧雠,搜求罗织,激使为非,事发究竟,责有所归。

呜呼!吾民同胞,不幸陷于罪戮,恻然尚不忍见,岂有追寻旧恶,必欲置之死地之理?本院旧在南赣,曾行十家牌式,军民颇安,盗贼颇息。除各该地方行分巡、分守官编置外,前项渔户人等,就仰通判林宽,照式逐一编置,务在着实举行,以收成效。特兹告谕,各宜知悉。

批按察使伍文定患病呈

据江西按察使呈。看得按察使伍文定茂著戎功,新膺

最近根据通判林宽呈送来的报告说"那些被胁迫作乱的渔民，对自己那时的行为十分的悔恨，并且已经将渔船拆掉了。"像这样诚心诚意地要求改变自己的行为，还有什么值得你们担心害怕的呢？为此特命南康府通判林宽，将我的告示用楷体抄写刊印出来，亲自送到各户，一家一家颁发，一定要使渔民们弃旧从新，都安居乐业，不得轻信他人的言论，以致于妄自产生猜疑，自己本无罪却找罪受。那些一向崇尚诗书礼义和良好德性的人，更要花费精力劝导他们，务必使他们更加崇尚礼，沿袭好习惯。使他们讲信用，和邻里和睦相处，为那些改恶从善的人提供活生生的榜样，并使这些人积极地倡导改恶从善。如果乡村族人中真有长期作恶，顽固不化，不听劝告的人，那么乡村的众人应当将他抓起来送到官府，进行审理判决，以保障善良百姓的平安，不能留下那些坏人，危害乡里。如果以前的行为确实罪恶昭著，但现在能够诚心诚意改恶从善的，也不得记恨这人以前的仇怨，不能罗织罪名，使这些人激怒从而做坏事，一定要调查那些人胡作为非的原因，追究有关人的责任。

唉！我们同胞，不幸被诛杀，偶然之间都不想看到这样的事发生，哪里能追究以往的罪过，而将他置于死地的道理呢？过去我曾在南赣，发行过十家牌式，军民都颇为安宁，盗匪之类的也很快就平息了。现在这些地方除按分巡、分守官编置外，前面提到的渔民等人，要求通判林宽按照十家牌式的方法编置，重要的是在于执行，以便收到成效，特此告示，大家都应当知道。

批按察使伍文定患病呈

江西按察司送来了呈文，说是按察使伍文定患病请求告退

宪命，当其众难交攻，尚以一身独任；偶兹微恙，岂妨供职？谅本官自切百姓疮痍之忧，岂遑一身痛痒之顾？仰该司即行本官，照旧管事；果有疾患，一面调理，毋得再呈辞，致旷职业。缴。

批临江府耆民建立生祠呈

据临江府清江县耆民董惟谦等呈立知府戴德孺生祠。看得知府戴德孺，素坚清白之守，久著循良之政，令其去任，而郡民建祠报德，此亦可见天理之在人心，自不容已。仰该府县官，俯顺民情，量行拨人看守，非徒激励后人，俾有所兴；且以成就民德，使归于厚。缴。

批吉安府救荒申

据吉安府申："备庐陵县申，看得所申要将陈腐仓谷，赈给贫民。"此本有司之事，当兹灾患，正宜举行。但诚于爱民者，不徒虚文之举；忠于谋国者，必有深长之思；故目前之灾，虽所宜恤，而日后之患，尤所当防。以今事势而观后患，决有难测。近据崇仁县知县祝鳌申："要将预备仓谷，凶荒之时，则倍数借给，以济贫民；收成之日，则减半还官，以

辞官一事。我知道伍文定战功卓著，刚刚接受任命，在各种困难交织在一起，都向他进攻的时候，还能挺身而出单独负责。偶然生了一点疾病，难道就会妨碍工作吗？请体谅我要求解除百姓疾苦的急切心情，难道还有时间顾得上这一身的痛痒吗？要求江西按察司立即通知伍文定，依然照旧管理事务，真的有病，要好好地进行治疗；不要再送辞呈，从而耽搁了本职工作。批复上缴。

批临江府耆民建立生祠呈

据临江府清江县的董惟谦等老年人呈送一份报告，要求为卸任临江知府戴德孺建造生祠。我知道知府戴德孺，节操一向清廉，以实行仁政而在临江府享有盛誉，现在他已经离任了，可是原来他治理的地方的百姓要为他建造祠堂以报答他的恩德，这也可以看出，深藏百姓心中的天理良心。那些老者的要求容不得我不批准同意。要求临江府清江县的官员们，顺从民心，根据情况派人帮助建造，这不单单是为了激励后人，使他们有学习榜样而且也使百姓道德归于淳厚，呈文批文上缴。

批吉安府救荒申

据吉安府呈送的公文说："庐陵县提出请求说，看到群众的疾苦，要求将官府仓库中的存贮的陈谷拿出来赈济百姓。"这本是为政者的责任，当现在面临这样灾难的时候，正应当开仓赈济百姓。诚然，对于爱护百姓的人来说，不应当只做表面文章，忠于国家。为国家着想的人，一定要有长远的打算，所以说目前的灾难，虽然应该抚恤百姓，但是以后的祸患，更应当防备，根

实储蓄，颇有官民两便。"已经本院批准，照议施行。看得各县事体，不甚相远，此议或可通行。仰布政司再加裁酌，议处施行。各属遇灾地方，凡积有稻谷者，俱查照此议而行。仍仰各该掌印官，务要身亲给散，使贫民得实惠之沾，官府无虚出之弊乃可。其一应科派物料等项。当兹兵乱之余，加以水灾，民不聊生，岂堪追并？仰布政司酌量缓急，分别重轻，略定征收先后之次，备行各属，以渐而行。庶几用一缓二之意，少免医疮割肉之苦。通仰该司定议施行回报。

批抚州府同知汪嵩乞休呈

据抚州府同知汪嵩呈，看得同知汪嵩久存恬退，遇难复留，以尽报国之忠，仍坚归田之请，出处得宜，诚可嘉尚！但本官政素获民，年未甚老，已经勉留，照旧供职；而本官称疾愈笃，求退益恳；仰府再行查看，如果病势难留，准令就彼致仕，该府以礼起送还乡。仍备行原籍官司，岁时以礼

据现在的情况去判断以后的祸患，肯定是难以推测的，最近据崇仁县知县祝鳌呈送的报告中提到："要将官库盛满谷子，等到灾荒的年份，则按倍数的借出，抚恤受灾荒的百姓，等到有收成的时候，则减半归还，以保证官仓储存充足，这确实对政府，对百姓都有好处。"这个报告我已经批准，按照报告中陈述的去办理，我想各县的具体事务，大致相差不大，知县祝鳌的建议或许可以在各地推广。请布政司再进行仔细地考虑。商议好了再通知各地实行。江西管辖的地方，有发生灾害的，凡是当地的官仓中存有陈粮的，就按这个建议执行。但还要求各地的主要负责官员，要到现场，亲自监督分发谷物，使受灾害的贫苦百姓从中真正地得到好处，使官库发出的粮谷落实到百姓手中没有私弊，或被某些人侵吞的弊端，才算达到了目的。其他一切应当征收租税的物项，正值兵荒马乱不久，又加上遭受水灾，民不聊生，难道百姓承担得起这些负担吗？请布政司根据情况分清轻重缓急，大概地拟定一个征收租税的先后次序，将这些通告给各个地方，慢慢地去征收。征收了一项再等待一段时间，以免除医治疮痛而承受割肉这样的苦楚，请按照布政司颁行的措施进行办理，并将执行情况汇报上来。

批抚州府同知汪嵩乞休呈

抚州府同知汪嵩呈来报告说要求批准他的退休请求。汪嵩这个人我比较了解，他早就想平平静静地退下来。但是适逢逆贼叛乱，所以他才得以继续留任，以尽忠报效国家，但依然坚持要求退休回乡，现在他提出的时间也比较适宜，他的这些行为实在值得表彰。但是他为政一向得到百姓拥护，汪嵩的年纪也

优待，务奖恬退，以励鄙薄。此缴。

批提学佥事邵锐乞休呈

据江西按察司呈，看得提学佥事邵锐求归诚切，坚守考槃之操；而按察使伍文定挽留恳至，曲尽《缁衣》之情；是亦人各有志，可谓两尽其美。然求归者，虽亦明哲保身，使皆洁身而去，则君臣之义，或几乎息；挽留者虽以为国惜贤，使皆靦颜在位，则高尚之风亦日以微。况本院自欲求退而未能，安可沮人之求退？仰该司备行本官，再加酌量，于去就之间，务求尽合于天理之至；必欲全身远害，则挂冠东门，亦遂听行所志；若犹眷顾宗国，未忍割情独往，且可见危受命，同舟共艰，稍须弘济，却遂初心，则临难之义，既无苟免；于抢攘之日，而恬退之节，自可求伸于事定之余。兴言及此，中心怆切！

不算太大，我已经要求他暂时留下，继续担任职务管理事务，但是他说自己病情严重，告老还乡的请求就更加诚恳。请抚州府再具体调查，如果汪嵩的病情确实严重，难以留任，那么就批准他的辞呈，抚州府应当以应有的礼遇把他送回到家乡，还要请汪嵩原籍所在地的政府，在每年过年过节的时候以应有的礼节去拜访他，优抚他，以表彰他的离退，以勉励那些后继者，特此通知。

批提学佥事邵锐乞休呈

据江西按察司呈来的报告说，提学佥事邵锐请求批准退休。我了解到提学佥事邵锐，请求退休的言辞恳切，他遵守并严格执行各种规章制度。按察司伍文定也诚恳地挽留他，表现了普通人极其可贵的情谊。这也是各人有各人的志向，这可以说是两全其美的事了。请求告老还乡的人，虽然也是明哲保身，使自己清清白白地退下来，那么从此之后，君臣间的那种关系，那么就很淡薄了，挽留的人，虽然从国家的角度出发爱惜贤能，使得都是一些很熟识的、有着相当密切关系的人共同把持政务，那么高尚的从政作风，也就将一天天减退了。况且我也曾想告老还乡请求辞退，可是没有得到批准，我怎么能够阻挠别人申请退休呢？请求江西按察司再通知本人，进行仔细考虑，留退问题上，一定要做得合乎情理，如果他一定要保全自己的良好声誉远离各种祸害，那么就让他把官服留下，满足他的愿望，如果他还眷恋国家，不忍心割断与国家的情感，那么还可以在国家危难的时候听命于朝廷，同甘苦共患难，还需要大力的帮助，以打消他当初的念头，那么在国家危难的日子里，义无反顾地承担起义务，可以等到事情办得差不多的时候再提出退休的申请。我

礼取副提举舒芬牌

照得当职奉命提督军务,兼理巡抚,深虑才微贵重,无以仰称任使,合求贤能,以资赞翼。访得福建市舶提举司副提举舒芬,志行高古,学问深醇,直道不能趋时,长才足以济用;合就延引,以匡不及。为此牌仰福建布政司官吏,即行泉州府措办羊酒礼币,赍送本官,用见本院优礼之意;仍照例起关应付,前赴军门,以凭证访。本官职任,就委别官暂替。

南赣乡约

咨尔民,昔人有言:"蓬生麻中,不扶而直;白沙在泥,不染而黑。"民俗之善恶,岂不由于积习使然哉?往者新民,盖常弃其宗族,畔其乡里,四出而为暴,岂独其性之异,其人之罪哉?亦由我有司治之无道,教之无方;尔父老子弟所以训诲戒饬于家庭者不早,薰陶渐染于里閈者无素,诱掖奖劝之不行;连属叶和之无具;又或愤怨相激,狡伪相残,故遂使之靡然日流于恶,则我有司与尔父老子弟,皆宜分受其责。呜呼!往者不可及,来者犹可追;故今特为乡约,以协和尔民。自今,凡尔同约之民,皆宜孝尔父母,敬尔兄长,教训尔子孙,和顺尔乡里,死丧相助,患难相恤,善相劝勉,恶

谈到这里，内心不免一阵酸痛。

礼取副提举舒芬牌

我奉命管理军机事务，并兼任巡抚的职责，我深感自己的才疏学浅，但肩负的责任重大，恐怕难以承担这些重任，所以我到处寻访贤能，以便使他们成为我的得力助手，查访到福建市舶提举司副提举舒芬，志学远大，学问渊博，为人直爽不能媚俗。他的才能足以济世，应当把他招揽过来，以弥补我的不足，为此发令牌给福建省布政司的官员们，要求他们立即到泉州府筹措礼币、购买羊酒等物品赠送给舒芬，以表明我对他的优待和特别的礼遇，仍然按先前的办法，先把他接到我的军中，以便我咨询访谈，舒芬职内的事务，就暂时委派别的官员代理。

南赣乡约

我曾询问百姓，过去有句俗语说："蓬生麻中，不扶而直。白沙在泥，不染而黑"。民众风俗的好或坏，难道不是由于长时期养成的习惯造成的吗？刚刚弃恶从善的百姓，他们过去都常常抛弃他的宗族，背叛他所在的乡村，到处作恶，这难道仅仅是他们性格与普通人不同，是他们生来注定就是要犯罪的吗？这也有我们的一些官员在管理地方时缺乏应有的章程，教导百姓缺乏相应的方法。你们的家庭成员在接受家庭教育训导时不及时，使得他们渐渐地染上了一些恶气，缺乏道德的规范，吸引他们进行奖励劝诫的措施也没有推行，使得他们之间没有那种和善的关系。又或者愤怒和怨恨交织在一起，奸诈虚伪相互残害，所以这样渐渐地使邪恶的风俗盛行起来了，对于这些我

相告戒，息讼罢争，讲信修睦，务为良善之民，共成仁厚之俗。呜呼！人虽至愚，责人则明；虽有聪明，责己则昏；尔等父老子弟，毋念新民之旧恶，而不与其善；彼一念而善，即善人矣。毋自恃为良民，而不修其身，尔一念而恶，即恶人矣。人之善恶由于一念之间，尔等慎思，吾言毋忽！

一、同约中推年高有德为众所敬服者一人为约长，二人为约副，又推公直果断者四人为约正，通达明察者四人为约史；精健廉干者四人为知约，礼仪习熟者二人为约赞。置文簿三扇，其一扇备写同约姓名，及日逐出入所为，知约司之；其二扇一书彰善，一书纠过，约长司之。

们的政府官员与父老兄弟们都应当承担造成这种状况的责任。唉！以往的事不能够追补过来，但是以后的事尽可进行弥补，所以现在特地为乡村制订乡约，以协调你们百姓间的相互关系，从现在起，一切受乡约约束的人，都必须孝敬自己的父母，尊重你们的兄长，教导自己的子孙，与你们村里的百姓和睦相处，碰上什么倒霉不吉利的事应当相互帮助，遇到什么困难应当相互接济，对于那些善良的行为要相互勉励，对于那些不良的行为要相互的规劝，停止争吵，不要争斗，讲求信义，和邻里处好关系，一定要做一个善良的臣民。一同推动纯朴民风习俗的兴盛。唉！有的人虽然愚蠢到了极点，但经教导，他就变得聪明了，虽然也有一些聪明的人，但如果往往以满足自己之需来教导自己，那么他就会利令智昏。你们这些父老兄弟们，不要只注重那些弃恶从善的百姓以往的不良行为，而不用善德去教化他们。他们因为有了为善这个念头所以他们就成了善良的人了。你们不要自以为是善良的百姓，而不注意加强自身的修养，有一个念头是坏的，所以就成了坏人，善良的人与卑劣的人往往只是由于一个念头的缘故而分别出来的。你们应当仔细地思考这些，不要忽视了我的这些话。

一、同一乡约中推举一位年长的，有德性的，为大家所称道的人为约长，推举两个这样的人为副约长，还要推举四位公平、正直办事果断的人为约正，推举四位通情达理，明察事务的人为约史，推举四位精明强壮、廉洁干练的人为知约，推举两位熟悉礼仪的人为约赞，添置三本文簿，其中一本登记同一村乡约者的姓名以及他们每天做了些什么事，由知约掌管，剩下的一本登记表彰善行的，一本登记要求改正缺点的，由约长掌管。

一、同约之人，每一会，人出银三分，送知约，具饮食，毋大奢，取免饥渴而已。

一、会期以月之望，若有疾病事故，不及赴者，许先期遣人告知约。无故不赴者，以过恶书，仍罚银一两公用。

一、立约所于道里，均平之处，择寺观宽大者为之。

一、彰善者，其辞显而决；纠过者，其辞隐而婉；亦忠厚之道也。如有人不弟，毋直曰不弟，但云：闻某于事兄敬长之礼，颇有未尽，某未敢以为信，姑书之以俟。凡纠过恶，皆例此。若有难改之恶，且勿纠，使无所容，或激而遂肆其恶矣。约长副等，须先期阴与之言，使当自首，众共诱掖奖劝之，以兴其善念，姑使书之，使其可改；若不能改，然后纠而书之；又不能改，然后白之官；又不能改，同约之人，执送之官，明正其罪；势不能执，戮力协谋官府，请兵灭之。

一、凡是入会的人，每入一会，每人都应当交纳三分银钱，交给知约，以解决会议的饮食所需，饮食不能够奢侈，只是能够免除饥渴就行了。

一、每月十五是乡约成员集会的日子，如果有疾病或其他原因不能及时参加会议的，准许先派人向知约报告，无缘无故不参加乡约集会的，将它作为一项过失登记下来，还要罚款一两银钱，以作公用。

一、乡约集会之处立在道里，在居民居住的中心平坦的地方，或设在宽大的庙宇里。

一、凡属表彰善良的，书写的文字表现的意思一定要明显而清楚。凡属需纠正过失的，则书写时用的文字一定要隐晦婉转，这也是忠厚之道。例如有人对兄长不恭敬，不能直接写"不弟"，但是可以说：听说某人在事兄敬长的礼仪上还做得很不够，我们不相信这是事实，暂且把这事登记在这里等以后看是否是真的，凡属纠正过失的，都用这种方法记述，如果有难以更改的过失，暂且不要把那些过失集中到一起记述，或者因为义愤就将他的过失大书特书。约长、副约长，先应当派人背地里跟那人交谈，使他自己能够坦白交代自己的过错。然后再大家一起劝导他，使他头脑中能够产生从善的念头，然后暂且将这些事记录下来，使他能够改恶从善，如果不能改恶从善，然后再把他的各种过错全部记录下来，如果这样他还不能改，然后可将这些情况向官府反映，如果这样他还不能改恶从善，那么同一乡约的百姓则应当将这人押送到官府，当面对他的罪过进行处置。如果迫于形势无法将他押送到官府，那么同一乡约的百姓应当和官府一道齐心协力，请官兵去消灭它。

一、通约之人，凡有危疑难处之事，皆须约长会同约之人，与之裁处区画，必当于理，济于事，而后已。不得坐视推托，陷人于恶，罪坐约长约正诸人。

一、寄庄人户，多于纳粮当差之时躲回原籍，往往负累同甲；今后约长等劝令及期完纳应承，如蹈前弊，告官惩治，削去寄庄。

一、本地大户，异境客商，放债收息，合依常例，毋得磊算；或有贫难不能偿者，亦宜以理量宽，有等不仁之徒，辄便捉锁磊取，挟写田地，致令穷民无告，去而为之盗。今后有此，告诸约长等，与之明白，偿不及数者，劝令宽舍；取已过数者，力与追还；如或恃强不听，率同约之人，鸣之官司。

一、亲族乡邻，往往有因小忿投贼复雠，残害良善，酿成大患。今后一应斗殴不平之事，鸣之约长等，公论是非或约长闻之，即与晓谕详释；敢有仍前妄为者，率诸同约，呈官诛殄。

一、整个乡约的成员，如果遇有危急疑难难于处理的事情，都需要约长和乡约的全体成员一同商量讨论，商讨的办法务必合情合理，对解决那些问题有帮助，然后才可以结束。乡约成员，不能知而不闻不问，推脱责任，把人推向做坏事的境地，如发生这类情况，错误在约长、约正等人。

一、寄住在各乡村的外来人口，多在应当交纳钱粮、应当听差服役的时候，躲回原籍，往往加重村里人的负担，以后约长等人告诉他们，要他们按时完成下达的各项任务，如果仍像先前一样躲回去。那么应当报告官府，由官府地对他们进行处罚，剥夺他们在乡村寄住的资格。

一、当地的富裕人家，或者外来的客商，发放借贷，收取债息，都应当按通常的习惯办理。不得重复计算，或者有的人相当贫困，不能按时偿还的，也应当酌情给予宽待。如果这富户、客商中有不仁不义的，动不动就以利滚利的方式收取债息，或者乘人之危，掠夺百姓的田地，还使贫穷的人无法去告发他们，从而使贫穷人流落为盗匪，今后如果有这样的事发生，请把这些告诉约长等人，约长等人应当使那些富户、客商明白，对于不能偿还债、息的，劝他们对这些人的债、息进行减免。收取的数量如果超过规定的，应当如数退还，如果凭借或认为自己有钱有势不听从约长等人告示的，那么约长就应当带领同约的人将他们送交官府法办。

一、亲族邻里间往往有由于一些小的怨恨而有人去投奔盗匪，伺机报仇，残害善良百姓，酿成大的祸患。从今以后一切有关斗殴不公平的事，请告示约长等人，由他们主持正义，判断是非；或者约长听到有关斗殴，不公平等方面的事，就立即耐心地

一、军民人等，若有阳为良善，阴通贼情，贩买牛马，走传消息，归利一己，殃及万民者，约长等率同约诸人，指实劝戒；不悛，呈官究治。

一、吏书、义民、总甲、里老、百长、弓兵、机快人等，若揽差下乡，索求赍发者，约长率同呈官追究。

一、各寨居民，昔被新民之害，诚不忍言；但今既许其自新，所占田产，已令退还，毋得再怀前雠，致扰地方。约长等常宜晓谕，令各守本分；有不听者，呈官治罪。

一、投招新民，因尔一念之善，贷尔之罪，当痛自克责，改过自新，勤耕勤织，平买平卖，思同良民，无以前日名目，其心下流，自取灭绝。约长等各宜时时提撕晓谕；如踵前非者，呈官惩治。

一、男女长成，各宜及时嫁娶，往往女家责聘礼不充，男家责嫁装不丰，遂致愆期。约长等其各省谕诸人，自今其

去劝导他们，仔细地做教育说服工作。如果这样还有人敢于去投奔盗匪胡作非为的，带领同一乡约的民众，呈送要求官府派兵剿杀他的报告。

一、官兵百姓等人，如果有在表面上以一个善良人的面孔出现，但是背地里暗中与盗匪勾结，贩卖牛马，给盗匪提供情报，把各种利益据为一个人所有，而使成千上万的百姓遭受祸害，约长等人应当带领同一乡约的群众，具体指明各种规章条例，如果还有顽固不化的，呈送报告给官府，要求给这些人定罪。

一、吏书、义民、总甲，乡村的负责人，士兵等人，如果在乡村骚扰，索取钱财，以此发家致富的，约长带领同一乡约的百姓向官府呈送要求追究这些人责任的报告。

一、各村寨的百姓，先前被现在投降的人所困扰，诚然不忍心再说起，但现在既然允许他们悔过自新，百姓所占据的他们的土地财产，已经要求退还给他们，不能再将以前的不满怀恨在心，从而给地方带来灾难，约长等人应当时常告诉他们，让他们安守本分，如果有不听从的，那么请求向官府报告要求给他们定罪。

一、那些接受政府招安悔过自新的百姓，因为他们有从善的愿望，并因此免除了以前的罪行，他们应当更严格地要求自己，改过自新，勤于耕织，买卖公平，时时刻刻想到自己和其他善良的百姓一样，不要想着过去的状况，那样心里就是十分卑劣的，是自己给自己找绝路。约长等人应时时提醒告示他们，如果有继续走以前胡作非为老路的，报告官府，以便惩罚他们。

一、男女长大成人，都应当适时娶亲、嫁人，往往有女方抱怨男方给得聘礼不多的，还往往有男方抱怨女方添置的嫁妆

称家之有无，随时婚嫁。

一、父母丧葬，衣衾棺椁，但尽诚孝，称家有无而行；此外或大作佛事，或盛设宴乐，倾家费财，俱于死者无益。约长等其各省谕约内之人，一遵礼制；有仍蹈前非者，即与纠恶簿内书以不孝。

一、当会前一日，知约预于约所洒扫，张具于堂，设告谕牌及香案南向，当会日，同约毕至，约赞鸣鼓三，众皆诣香案前序立，北面跪听约正读告谕毕；约长合众扬言曰："自今以后，凡我同约之人，祗奉戒谕，齐心合德，同归于善；若有二三其心，阳善阴恶者，神明诛殛。"众皆曰："若有二三其心，阳善阴恶者，神明诛殛。"皆再拜，兴，以次出会所，分东西立，约正读乡约毕，大声曰："凡我同盟，务遵乡约。"众皆曰："是。"乃东西交拜。兴，各以次就位，少者各酌酒于长者三行；知约起，设彰善位于堂上，南向置笔砚，陈彰善簿。约赞鸣鼓三，众皆起，约赞唱："请举善。"众曰："是在约史。"约史出，就彰善位，扬言曰："某有某善，某能改某过，请书之，以为同约劝。"约正遍资于众曰："如何？"众曰："约史举甚当！"约正乃揖善者进彰善位，东西立，约史复谓众曰："某所举止是，请各举所知。"众有所知即举，无则曰："约史所举，是矣。"约长副正皆出，就彰善位，约史

不多的，从而导致嫁娶之事延期的。约长等人应当简洁地告诉百姓，从今以后，不应当管聘礼、嫁妆的多少，都应当两家情况适时嫁娶。

一、父母逝世，办理丧事，衣、被、棺木的采购，要尽自己的孝道办理，根据家里的经济状况而确定。除此之外，有的大作佛事，有的大摆丧宴奏哀乐，耗尽家产，这都对逝世的人没有一点好处。约长等人应简单地告诉本约内的百姓，只要遵照丧礼的规定办理就可以，如果仍有在办丧事中过分耗费财物的。就要把这些过失全部登记在簿册上，写明这是不孝的行为或表现。

一、乡约成员要集会的前一天，知约应当事先到约所内将约所打扫干净，在厅堂里摆上各种用具，在南边添设告示牌和香案。等到集会的那天，乡约成员都应当到会，等到齐了之后，约赞击三下鼓，各成员都到香案的前面按秩序站好。然后再面朝北跪着，听完约长读完告示。约长再对各成员说："从今以后，凡是和我们一起订立乡约的人，只遵循乡约告示，同心同德，大家都汇聚到善的道义中。如果有三心二意的，或者表面上从善行，背地里却去干非法的勾当的，神明的天神一定会消灭他。"接着众人都说："如果有三心二意，表面上行善行，背地里作恶的人，神明的天神一定会消灭他。"他们拜了两拜后站起来，再按照秩序走出乡约所聚会的地方，分东西两边站立。约正读完乡约后大声说："凡是参加我们这个乡约的人，都应当遵守乡约。"众人都说："说得对，于是东西两边的人互拜，站起来后，按秩序就坐，年少的斟满酒向年长者敬酒。知约在乡约堂上设立表彰善行的牌位，把笔和砚放在牌位的南边，摆好表彰善行的簿册，然后约赞再敲三下鼓，众人听到鼓声后都站起来，约赞

书簿毕，约长举杯扬言曰："某能为某善，某能改某过，是能修其身也；某能使某族人为某善，改某过，是能齐其家也；使人人若此，风俗焉有不厚？凡我同约，当取以为法。"遂属于其善者，善者亦酌酒酬约长曰："此岂足为善？乃劳长者过奖，某诚惶作，敢不益加砥砺，期无负长者之教。"皆饮毕，再拜会约长，约长答拜，兴，各就位；知约撤彰善之席。酒复三行，知约起，设纠过位于阶下，北向置笔砚，陈纠过簿，约赞鸣鼓三，众皆起，约赞唱："请纠过。"众曰："是在约史。"约史就纠过位，扬言曰："闻某有某过，未敢以为然，姑书之，以俟后图，如何？"约正遍质于众曰："如何？"众皆曰："约史必有见。"约正乃揖过者出，就纠过位，北向立，约史复遍谓众曰："其所闻止是，请各言所闻。"众有闻，即言，无则曰："约史所闻，是矣。"于是约长副正皆出纠过位，东西立，约史书簿毕，约长谓过者，曰："虽然，姑无行罚，惟速改。"过者跪请曰："某敢不服罪。"自起酌酒，跪而饮曰："敢不速改，重为长者忧。"约正副史皆曰："某等不能早劝谕，使子陷于此，亦安得无罪？皆酌自罚。过者复跪而请曰："某既知罪，长者又自以为罚，某敢不即就戮；若许其得以自改，则请长者无饮，某之幸也。"趋后，酌酒自罚。约正副咸曰："子能勇于受责如此，是能迁于善也，某等亦可免于罪矣。"乃释爵。过者再拜，约长揖之，兴，各就位，知约撤纠过席，酒复二行，遂饭。饭毕，约赞起，鸣鼓三，唱："申戒！"众起，约正中堂立，扬言曰："呜呼！凡我同约之

要求讲出善行的事例来,众人都说:"这方面的情况由约史宣布。"约史于是出来了,来到表彰善行的位置上大声说:"某人有某种善行,能够纠正那些过失,请把这事记下来,同约人应以此相互勉励。"约正一个个询问众人说:"怎么样呀?"众人都回答说:"约史列举的那些都很恰当。"约正于是请那些行善行表现突出的人到表彰善行牌位的位置,分成东西两边站立,约史再对众人说:"我所列举的只是这些,请大家说出自己所知道的表现突出的人。"众人中如果有知道的,就会立即说出来,没有则会说:"约史所列举的,完全是这样了。"约长、副约长、约正都出来了,来到表彰善行的牌位处,约史在簿册上登记,约长举杯大声说:"某人能行某项善行,能够改正那些过失,这就是加强自身的修养呀,某人能使同宗族的人行某种善行,改那些过失,这就是使他的家族统一于善行中,假使人人都能这样,那乡村的风俗哪能不淳厚呢?凡是我们乡约的成员,都应当效法这样的人。"于是就把这行善表现突出的人的情况记录下来,这些受表彰的人也斟满酒,向约长敬酒说:"难道这些就值得称为是善行吗?实在烦劳各位长者的夸奖,我等诚惶诚恐,哪里敢不更严格要求自己,但愿自己不辜负长者的教诲。"然后将酒喝完,向约长拜了两拜,谢过约长。约长答谢,然后再各自返回原位。知约将表彰善行的酒席撤去,换了,再敬了三杯酒,知约起身,把应接受批评指正的牌位设在台阶下,朝北摆放,放好笔、砚,提出应批评改正缺点的簿册。接着约赞敲击三下鼓,众人听到鼓声,都纷纷站起来,约赞要求纠正过失,众人都说:"这过失都存在约史那里。"约史来到纠正过失的牌位处,大声说:"听说某人有某些过失,我不敢相信那是真的,只是暂时

人，明听申戒，人孰无善？亦孰无恶？为善虽人不知，积之既久，自然善积而不可掩；为恶若不知改，积之既久，必至恶积而不可赦。今有善而为人所彰，固可喜；苟遂以为善而自恃，将日入于恶矣。有恶而为人所纠，固可愧；苟能悔其恶而自改，将日进于善矣。然则，今日之善者，未可自恃以为善，而今日之恶者，亦岂遂终于恶哉。凡我同约之人，盍共勉之！"众皆曰："敢不勉。"乃出席，以次东西序立，交拜，兴，遂退。

将这些事登记下来,看他以后行为怎样?"约正一个个地询问众人"到底怎么样啊?"众人都说:"约史说的一定是有根据的。"约正于是把那些需要改正过失的人带出来,站到纠正的牌位处,面朝北,约史再对众人说:"我所听到的只是这些,请大家说说你们听到的情况。"众人中如果有听到的,就会马上补充,没有听过的,则会说:"约史听到的那些,是这样的了。"于是约长、副约长、约正都来到纠正过失的牌位处,分东西站立,约史把这些事情记录好后,约长对犯了过错的人说:"虽然犯了一些过失,暂且不进行处罚,只是希望你们尽快改正。"犯了过失的人跪着请求说:"我哪敢不认罪呢!"然后自己站起来倒满酒,跪着饮酒,对众人说:"我哪敢不尽快纠正自己的过失,使年长的人再为我们担忧呢?"约正、副约正,约史都说:"我们不能及时地劝诫你们,使你们落到这样的地步,哪里能够说我们就没有过失呢?于是他们都自己倒酒、喝完,作为对自己的处罚。有过失的那些人再跪下对众人说:"我已经知道自己的过失,而年长者又把我的过失看成是自己的过失,并进行自责,我哪敢不立即接受处罚呢,如果允许我改正自己的过失,那么请年长者不要自责,这也是我认为幸运的事。"他向后退了退,自己罚自己的酒。约正、副约正都对他们讲:"你能勇敢承认自己的过失,并诚心诚意地进行自我处罚,这就表明你能够向善的方面转化了,如果这样,那么我们也可以免于自责了。"于是约正、副约正等人放下手中的酒杯,犯了过失的人向他们拜了两拜,约长回了礼。犯过失的人站了起来,各自回到自己的位次上。知约撤下了纠正过失的酒席,再喝了两盅酒,然后再吃饭,吃完饭后,约赞击了三下鼓,要求申明禁戒,众人听了鼓声后。都站了起来,

旌奖节妇牌

访得吉水县民人陈文继妻黄氏,庐陵县生员胡兖妻曾氏,俱各少年守制,节操坚厉,远近传扬,士夫称叹;当兹风俗颓靡之时,合行旌奖,以励浇薄。为此仰府官吏,即行吉水庐陵二县掌印官,支给无碍官钱,买办礼仪,前去各家,盛集乡邻老幼之人,宣扬本妇志节之美;务使姻族知所崇重,里巷知所表式;用奖贞节,以激偷鄙。仍备述各妇节操志行始末,及将奖励过缘由,同依准随牌缴报,以凭施行。

约正站在约所大堂的中间,大声说:"唉!我们一起订立乡约的人,请认真实行乡约中的禁戒,哪个人没有好的地方,哪个人没有缺点呢?作了善事,虽然人们一时还不知道,但如果好事做得多,天长日久,这些好事也终究是掩饰不了的,做了坏事都不知道去纠正,年长日久,那些过失积累多了,他的罪恶也就终究不可饶恕。现在做了好事而受到别人的称赞,这当然是值得庆贺的事,因此而骄傲自满。那么他的行为就将逐渐地犯过失了。如果有了过失,而被别人指明要求改正时,这固然是令人感到惭愧的事,但是如果能痛悔自己的过失而自己纠正,那么他的行为将一天天向善行靠拢了。所以现在有善行的人不可自恃自己有好的德行,而现在有过失的人也不应该就甘心于有那些过失,凡是和我们一同订立乡约的人,都应该相互勉励。"众人都回答说:"敢不相互勉励吗?"于是从席位上走出,按东西的秩序排好,互相答拜,作揖。然后,就退下去了。

旌奖节妇牌

　　了解到吉水县人陈继文的妻子黄氏,庐陵县生员胡宪的妻子曾氏,都在很年轻的时候就守寡,节操好,远近闻名,有教养的人们都称赞她们,在这个社会风气不正的时候,应当对她们进行奖励。以表彰他们的节操,勉励像她们一样的人。这样,要求府上的官员立即通知吉水、庐陵县的主要官员,支出银两,购置礼品,到那两个家庭中去,并要召集乡村的男女老幼到场,表彰这些妇女的节操,使他们的亲戚朋友敬重、推崇她们,大街小巷,都要挂表彰他们的奖牌,以告诫那些节操不好的人,并且还要把这些妇女的节操的详细情况以及奖励她们节操的缘

兴举社学牌

看得赣州社学乡馆,教读贤否,尚多淆杂。是以诗礼之教久已施行,而淳厚之俗未见兴起。为此牌仰岭北道督同府县官吏,即将各馆教读,通行访择,务学术明正、行止端方者,乃与兹选。官府仍籍记姓名,量行支给薪米,以资勤苦;优其礼待,以示崇劝。以各童生之家,亦各通行戒饬,务在隆师重道,教训子弟,毋得因仍旧染,习为偷薄,自取愆咎。

颁定里甲杂办

据龙南县申称:"先年里甲使用,俱系丁粮分派,照日应当,以致多寡不均。要将正德十六年里甲通行查审,除逃绝人丁外,将一年使用,春秋祭祀,军需岁报,使客夫马等项,俱于丁粮议处;每石出银若干,陆续称收贮库;推举老人公同里长,使用注簿,偿有余剩,照多寡给还"等因到院。簿查先该赣州府知府盛茂,同知夏克义议过,赣县里长额办

由,奖励时的情况,按照规定的顺序记录好,与令牌一同缴交上来,以便推行她们的事迹。

兴举社学牌

我了解到赣州一带的社学,乡村学校,教人识字读书,贤能有德性的,和不贤能的,道德不高尚的人多混杂在一起。这样,用诗书礼义去教导他们,尽管这样的措施推行了很久,但是淳朴厚道的社会风俗并没有因此而兴盛。为此向岭北道发令牌,要求岭北道会同府、县的官员,立即到各地的学馆、乡村学校进行调查、考察,进行讲学、讲明道理是非,只有那些品行端正的人,才可以选择他们为优秀学生学。官府要把他们的姓名登记造册,根据情况适当发给就读的人一定的禄米,以帮助他们努力苦读,用良好的礼仪来对待他们,以表示对他们的鼓励和赞赏。还要给学生的家长讲明,他们一定要遵循道德礼义,一定要尊师重道,好好地教导自己的晚辈,不得使自己晚辈染上恶习,自己找罪受。

颁定里甲杂办

据龙南县呈来的报告说:"以前里甲所需的各种费用,都分摊到人丁应交的粮赋中,按时间领取,以致造成承担粮赋的多少不一样,应当将正德十六年里甲核查那些逃亡的人口之外,把一年所需要的费用、春、秋两季祭祀、军队所需、年末时向上汇报、招待客人、供给马的饲料,等等,都应当从人丁应交的粮赋中摊派。每石出若干银钱,陆续收缴到官库中,推选年老的人和里长一道监管,使用时支出要在簿册上进行登记,如果还有剩杂办，已经批仰岭北道再加酌议。

续据副使王度呈称：查算本县额办使用该银三千七百三十一两七分二厘四毫九丝，原辖里长一百一十里内，除十里逃绝，止有一百里，十六年分每粮一石算一分，人丁二丁算一分，一年丁粮，共该一千一百二十六分半，每分该出银三两三钱一分二厘一毫一丝一忽，合行该县印钤收银文簿一扇，将各都该办银两，分为二次，查追贮库；又置文簿二扇，一写本县支出数目，一发支用人役注附，每月选有行止老人二名，公同直日里长，赴县支领。每月备具用过揭帖三本，一送都察院，一分巡道，一本府，各不时稽察，年终羡余，并听上司查处，以补无名征需，府县不得擅支。仍将各里该纳分数，刷印告谕，遍张乡村晓谕，如有官吏额外科派，及收银人役多取火耗秤头，并里甲恃顽不办，许各呈告，以凭拏问；呈乞照详。又经批仰照议即行该县，永永查照，仍备刻呈示，遍行晓谕；及多行刷印，颁给各里收照，以防后奸。

今申前因，看与本院新定则例相同。及照宁都等九县，及南安所属大庾等县，事体民情，当不相远，合就通行查余,则按交纳时交纳的多少分别发还。"这个报告送到我这里。我从呈送报告的登记簿册上查到,先前赣州府的知府盛茂和同知夏克义曾经商议过这事。赣县里长呈报的份内所需和额外所需的情况,要求岭北道再详细商量。

随后据王度呈送来的报告说:"核算到我县正常所需银钱三千七百三十一两七分二厘四毫九丝,原管辖的里长一百一十里的范围内,除有十里地的人口逃亡外,还有一百里内的百姓,正德十六年,每一石粮算二分,两个人口算一分,一年的人丁田赋总共是一千一百二十六分半,每分该出银钱三两三钱一分二厘一毫一丝一忽,全部登记造册,将各处需上缴的银钱分成两次,监督上交官府,同时还准备两本簿册,一本写明本县应支出的数量,一本登记支出时经办人的签字以及他们的备注,每月选派二位有德性的年长者和当地的里长,每月到县里领取所需费用,每月都要在三份票据上写清所支数目,一份送交都察院,一份送交巡道,一份送交府里,这三级不同的机关不定时地进行检查核对,年终时欠缺或有节余,等候上级调查处置,还要弥补意想不到的开支,各府各县不得擅自支出,仍然要把各里应当交纳粮钱的数目印制成告示,到各村张挂晓谕百姓。如果有官员额外征收钱粮,或者征收钱粮的人巧取豪夺,或者里甲顽固不化不办理的,允许百姓向上告发,以便官府能处罚他们。报告呈送上来,请求详细指导。"已经批准按他们商议的办,即要该县一一按照施行,但还要刻告示,广泛地告示百姓,并发给各里,要求各里照告示办事,以防止以后出现舞弊的事。

现在龙南县呈送的报告,与我最近定的规则相同。还了解到宁都等九县,以及南安的管辖的大庾等县,具体的情况相差

编。为此仰抄案回道，即便速行各县，俱查本院近定规则，各照丁粮多寡，派编银两，追收贮库，选委行止端实老人，公同该日里长支用，置簿稽察，刊榜晓谕，禁约事宜，悉照原议施行。敢有违犯者，就便拏问，呈详，通取各县派定过缘由，类报查考。

批江西布政司设县呈

据江西布政司呈：将新淦县知县田邦杰建言设县缘由。看得近来各处设县，皆因穷山绝谷，盗贼盘据，人迹罕通，声教不及，不得已而为权宜之计；若腹里平衍，四通五达之区，止宜减并，不贵增添，盖增一县，即增一县之事，官吏供给，学校仓库，囹狱差徭，一应烦费，未易悉举；且又有彼此推避之奸，互相牵制之患，计其为利，不偿所害。古人谓省吏不如省官，省官不如省事，凡今作事，贵在谋始。仰布政司再行会同二司各官从长计议，设县之外，果无别策，可以致理，具议呈夺。缴。

不大，应按同样的办法进行调查编排，为此，向各道发公文，要求他们立即通知各县，都要查看我最近制订的具体细则，分别按照人口粮赋的多少，分摊应缴的钱银，收缴国库，选派品行端正的老人会同当天的里长到县去支取费用，备好簿册登记，以便检查核对。应当张榜告示百姓，禁约事宜，都按照原来商议的措施办理，敢有违抗命令不遵照执行的，立即问罪。呈送来的报告应该尽量详细，各县是如何办理的，都要一一说清，以便检查。

批江西布政司设县呈

据江西布政司呈来的报告中说，新淦县知县田邦杰建言增设县的具体缘由。了解到近来一些地方纷纷增设县，都是因为一些地方崇山峻岭，悬崖绝壁，盗贼在这一带盘踞，常人很少到这些地方。道德教化也很难到达这些地方，增设县实在是没有办法的办法，如果这些地方地势平坦，四通八达，只适合减少行政单位，而不适宜增添县制。增设一县，就增加了一个县的事情。官员的薪俸、学校、官库、监狱以及相应的当差的人，这一切都需要相应的费用，并且又不容易一时全部办成；况且在一些官员间又相互推脱，逃避责任，奸诈行为，或为他们相互牵制感到忧虑，考虑到增设县的好处还抵不上增设县带来的弊端。古人说要裁减官员不如裁减官位，裁减官位不如削减政府管理的一些事务。现在要做的事情，重要的是在做事前首先要筹划好。请求布政司再和其他两司、和各位官员从长远考虑。是否除了增设县之外，再没有其他的办法可以把地方管理得更好，把详细情况都汇报上来，以便裁定和向上汇报。

议处官吏廪俸

照得近来所属各州、县、卫、所仓场等衙门,大小官吏,以赃问革者相望,而冒犯接踵;究询其由,皆云家口众多,日给不足,俸资所限,本以凉薄,而近例减削,又复日甚;加有上下接应之费,出入供送之繁,穷窘困迫,计出无聊。中间亦有甘贫食苦,刻励自守者,往往狼狈蓝缕,至于任满职革,债负缠结,不得去归其乡。夫贪墨不才,法律诚所难贷,而其情亦可矜悯!夫忠信重禄,所以劝士,在昔任人,既富方谷,庶民在官,禄足代耕,此古今之通义也。朝廷赋禄百司,厚薄既有等级,要皆使各裕其资养,免其内顾,然后可望以尽心职业,责以廉耻节义。今定制所限,既不可得而擅增,至于例所应得,又从而裁削之,使之仰事俯育,且不能遂,是陷之于必贪之地,而责之以必廉之守,中人之资,将有不能;而况其下者之众乎?所据前项事理,非独人情有所未堪,其于政体亦有所损。合行会议查处,参酌事理轻重,及查在外官员,自二品至九品,并杂职吏胥等俸米,除本色外,其折色原例,每石作银若干,于何年月裁减,作银若干?应否复旧?或量行加增?务要议处停当,呈来定夺施行。

议处官吏廪俸

　　近来我所管辖的各州、县、卫、所管理仓库的大小官员,由于贪污而被革职问罪的人很多,而且这类的犯罪一个接一个。查问他们为什么要这样做,他们都回答说,家里人口多,每天的食物供应不够,这主要是由于薪俸不够的原因。他们的薪俸本来就不多,可是近来还减少了,日子一天比一天难过,再加上还要在处理上、下级官员的关系上花费一些,还要在日常与他人交往中花费一些,因而贫穷到了极点,实在无可奈何,被迫而为。在这些官员中也有能吃苦忍受贫穷、激励自己坚守节操的,但他们往往衣衫破旧,样子十分狼狈,等到任满离职的时候,背了一大堆债务,无法回到自己的家乡。不履行职守,贪污,这诚然是国法所不允许的,是要追究的,但是这种情况也实在是值得同情。所以有高的俸禄那么忠义就会兴盛,就可以教导激励官员们,过去任用人为政,给予的俸禄总是比较富足,平民百姓担任官职,给他们的俸禄总会比他们从事耕织时收获多。远古和现在应都是一个道理。朝廷给各级官员发放俸禄,多和少是有等级规定的。但是都要使他们靠俸禄能够生活得比较好。以消除他们生存的忧虑,只有这样,他们才能在自己的岗位上尽心尽力,才可以用廉耻、礼义去教导他们,现在由于俸禄制度的限制,既不能够擅自增加,按照制度规定应当得到的部分,即又逐渐地减少使他自己养活自己都难以做到,这是把官员们推向贪污的陷阱,可是在现实生活中却用廉洁奉公守法的操行去教导他们。中等富裕程度的人尚且达不到,更何况那些不富裕的下层官员呢?前面所谈及的那些事情,并不单是人的一般常情所能够承受得了的,这对国家政权也有损害,应从多方面进行考虑,

咨六部伸理冀元亨

照得湖广常德府武陵县举人冀元亨，忠信之行，孚于远迩；孝友之德，化于乡间。本职往年谪官贵州，本生曾从讲学。近来南赣，延之教子，时因宁藩宸濠，潜谋不轨，虐焰日张，本职封疆连属，欲为曲突徙薪之举，则既无其由；将发奸摘伏之图，则又无其实。偶值宸濠饰诈要名，礼贤求学，本职因使本生乘机往见宸濠，冀得因事纳规，开陈大义，沮其邪谋；如其不可劝喻，亦因得以审察动静，知其叛逆，迟速之机，庶可密为御备。本生既与相见，议论大相矛盾，宸濠以本职所遣，一时虽亦含忍遣发，而毒怒不已，阴使恶党四出访缉，欲加陷害。本生素性愿恪，初不之知；而本职风闻其说，当遣密从间道潜回常德，以避其祸。后宸濠既败，痛恨本职起兵攻剿，虽反噬之心，无所不至；而天理公道所在，无因得遂其奸，乃以本生系本职素所爱厚之人，辄肆诋诬，谓与同谋，将以泄其雠愤。且本生既与同谋，则宸濠举叛之日，本生何故不与共事？却乃反回常德，聚众讲学？宸濠素所同谋之人，如李士实、刘养正、王春之流，宸濠曾不

参照事件的轻重,调查有关官员,从二品官到九品官,以及杂役和小官员的俸米,除标准俸米外,其他折合成标准俸米的各是多少,每石折合成银两是多少?从哪年哪月开始减少,折合银两多少?是否应该恢复到原来的标准?或者根据新的情况适当增加?请务必商议好,将商议的情况汇报上来,以便决定具体推行。

咨六部伸理冀元亨

　　湖广常德府武陵县的举人冀元亨有忠诚信义的德行,远近闻名,对朋友十分的诚恳,使乡间的平民百姓都深为感动。我以前到贵州去任职时,冀元亨跟随着我去讲学,前些日子来到南赣,就请他教自己的子女,当时由于宁王宸濠暗中图谋不轨,他的反动气焰一天天地明朗了,我是朝廷的封疆大吏,想通过另一种委婉的手法去打消宁王的阴谋,但是一时找不到具体的借口,想派奸细去捉拿他,但是又缺乏捉拿他的凭证。偶然一次,宁王宸濠为了掩饰他的反动面目,要求弄清楚礼仪和贤德的具体内涵,向我请教。这样就派冀元亨借此机会去拜见宁王,希望冀元亨能够根据情况因势利导,规劝宁王,讲清楚有关的道理。以为这样能防止宸濠实行他的反动计划。如果宁王到了不可救药、劝阻无用的地步,也可以借机观察宁王那里的动静,了解详细情况,以及谋反的时间准备等问题,使我们能够有所准备。冀元亨既然已经和宁王相见了,他的谈话互不投机十分矛盾,宸濠认为冀元亨是我派遣来的,一时忍让没让他返回去,但十分的恼火,设下毒计,暗地里派出人手四处搜寻缉拿,想把冀元亨置于死地。冀元亨一向注重交情,起初不知道宁王宸濠想害死他,但是我当时听到了一点风声,立即派出密使抄小路让他潜回到

一及,而独口称本生与之造始,此其挟雠妄指,盖有不待辨说,行道之人,皆能知者;但当事之人,不加详察,辄尔听信,遂陷本生,一至于此。

本生笃事师之义,怀报国之忠,蹈不测之虎口,将以转化凶恶,潜消奸宄,论心原迹,尤当显蒙赏录;乃今身陷俘囚,妻子奴虏,家业荡尽,宗族遭殃,信奸人之口,为叛贼泄愤报雠,此本职之所为痛心刻骨,日夜冤愤而不能自已者也。本职义当与之同死,几欲为之具奏伸理;而本生虽在拘囚,传闻不一,或以为既释,或以为候旨;兼虑当事之人,或不见谅,反致激成其罪,故复隐忍到今,又恐多事纷纷之日,万一玉石不分,竟使忠邪倒置,徒以沮义士之志,而快叛贼之心,则本职欲虽继之以死,将亦无以赎其痛恨!为此合行具咨贵部,烦请咨询鉴察,特赐扶持,分辩施行。

常德，以使冀元亨免遭杀身之祸。后来宸濠兵败，十分痛恨我带兵追剿他，对我怀有报复的心理。为寻求报复什么手段都使得出，而所谓的天理正义，对他来说全都没用，只要能达到他们的目的就可以了。冀元亨是我一向看重的人物，因此就对他进行诬陷，说冀元亨是他的同谋，以便达到他报复的目的。如果冀元亨是宸濠的同谋，那么宸濠他们发动叛乱的时候，冀元亨为什么不和他们在一起干呢？何苦要返回常德，招募学生并对他们讲学呢？一向和宸濠合谋的人，例如李士实、刘养正、王春之类的人，宸濠一个都没有提到他们，而却口口声声说冀元亨和他一道策划谋反，这是宸濠怀着私人仇怨而凭空栽赃捏造，这种情况那里还需要争辩呢！懂得一点常识的人都能够分辨出来，可是具体负责这事的人，却不进行仔细的考查，听了宸濠的言辞就信以为真，就使冀元亨遭受诬陷，以至于到现在这种地步。

冀元亨从尚为师的礼义，心怀报国的热忱，前往不可预知的险境，想用礼义来教化那些凶恶的人，以使潜移默化消除他们图谋不轨的计划，就按当时的心愿来说，理应将他的事迹进行宣扬、表彰。可是现在冀元亨现在却身陷囹圄，他的妻子儿女变成了奴隶，倾家荡产，亲朋好友宗族都受到牵连。单方面听信坏人的口供，为那些乱臣贼子泄私愤。这就是令我感到十分痛心的事情了，每天心里异常的痛苦，为这冤屈愤愤不平以至于到了自己无法控制自己的地步。从道义上，理应当和冀元亨一同而死。我几次想将情况奏明以便替他申冤。然而冀元亨虽然关在监狱中，但是传闻很多。有的说他已经被释放了；有的说他在等候皇上的圣旨；还考虑有关当事的人，或许并不理会，反而弄巧成拙，再给冀元亨加罪，所以我一忍再忍，一直忍到现在，又担

奖励主簿于旺

看得近来所属下僚,鲜能持廉守法;访得兴国县主簿于旺,独能操守清白,处事详审,近委管理抽分,纤毫无玷,奸弊铲革,抚属小官之内,诚不多见;相应奖励,以劝其余。为此牌仰官吏,即便支给商税银两,买办花红、彩缎、羊酒各一事,并将本院发去官马一匹,带鞍一付,备用鼓乐,差官以礼送付本官,用见本院奖励之意。

申谕十家牌法

本院所行十家牌谕,近来访得各处官吏,类多视为虚文,不肯着实奉行查考,据法即当究治;尚恐未悉本院立法之意,故今特述所以,再行申谕。

凡置十家牌,须先将各家门面小牌,挨审的实,如人丁心现在是事情比较繁杂的时候，有的官员好坏不分，竟然使忠诚的、与奸诈的恰好颠倒了。使那些心怀报国之志的人士无辜受阻，而使叛逆感到由衷的高兴。我即使现在就离开人间，也没法来赎取冀元亨所遭受的痛苦，为此将这些情况全部写成文字，呈送给六部，烦请你们仔细调查、审查，请给我支持，待调查清楚后再作处置。

奖励主簿于旺

近来我的下属官员们，能够廉洁奉公遵守规章制度的已经很少了，我了解到兴国县的主簿于旺，他廉洁奉公，能遵守各项规章制度，处理事情详细，调查认真，真是一丝不苟。最近委派他管理收税方面的事，一丝一毫都不据为己有，至于作奸犯科的事更是不干。在我管辖的范围内，像他这样一尘不染的小官员，实在不多见，应当给他以相应的奖励，以勉励其他像他一样的人。为此给官员们发令牌，要求从商税中支出一些银两，购买花红、彩缎、羊酒，我也奖给他一匹官马，并附带一副马鞍，派官员敲锣打鼓用隆重的礼节送给于旺，以表达我对他的奖励。

申谕十家牌法

我所颁行的十家牌告示，近来了解到各地的官员们，大多把十家牌看成是虚文，不愿意按照告示上的规定检查考核，对这种情况，按照有关法律的规定，就要对有责任的官员进行追究治罪。或者有的还没有全部明白我当初设立十家牌法的目的，所以现在特地将它再重说一遍：

凡是设立十家牌的，应首先将各家大门前的小牌检查核对

若干，必查某丁为某官吏，或生员，或当某差役，习某技艺，作某生理，或过某房出赘，或有某残疾，及户籍田粮等项，俱要逐一查审的实。十家编排既定，照式造册一本留县，以备查考；及遇勾摄及差调等项，按册处分，更无躲闪脱漏；一县之事，如视诸掌。每十家各令挨报甲内平日习为偷窃，及喇唬教唆等项不良之人；同具不致隐漏重甘结状；官府为置舍旧图新簿，记其姓名；姑勿追论旧恶，令其自今改行迁善；果能改化者，为除其名。境内或有盗窃，即令此辈自相挨缉；若系甲内漏报，仍并治同甲之罪。又每日各家照依牌式，轮流沿门晓谕觉察；如此，即奸伪无所容，而盗贼亦可息矣。十家之内，但有争讼等事，同甲即时劝解和释，如有不听劝解，恃强凌弱，及诬告他人者，同甲相率禀官，官府当时量加责治省发，不必收监淹滞。凡遇问理词状，但涉诬告者，仍要查究同甲不行劝禀之罪。又每日各家照牌互相劝谕，务令讲信修睦，息讼罢争，日渐开导，如此则小民益知争斗之非，而词讼亦可简矣。

清楚，如家里有多少人，哪个人任什么官职，哪个是读书人，哪个在干什么差事，有什么特长手艺，从事什么职业，哪者那一个过继到某房，那一个有什么残疾，以及户籍、田地多少，就交的粮钱等项目，都要逐一调查核实准确。十家牌已经编好了，按照原来簿册的样式再造一本，把它留在县里，以便检查核实，等到遇有什么紧急的事务或派遣差役等，那么也便可按簿册上登记的情况进行分派，就没有什么人可以闪躲得了或遗漏的了。一个县内的事情，如同放在手掌中一样可以遍览无遗。每十家分别要求他们逐日申报该十家内平时有哪些犯有偷窃以及恐吓、教唆他人从恶的不良习惯的人，这些都要上报，不得遗漏，十家都应立下保证，都应当登记造册。官府也应为他们建立舍旧图新的登记册，不追究以往的过失，让他从现在起改恶从善，如果真的能够改恶从善的人，将他们的名字从簿册上删除。如果管辖的地方还有盗匪、窃贼，就让这些人去捉拿，如果是甲内漏报的人干这样的事，那么同甲内的十家一同接受处罚。每天，按照十家牌式上的要求，轮流挨家挨户晓谕同甲众人，监督众人，如果这样，那么作奸犯科的人物就无处容身了，那么盗匪也就可以根绝了。十家之内，一旦有不同意见发生争执的，同甲里的人应当及时劝解，如果有不听同甲劝解的，或者恃强欺负弱小的，以及诬告他人的，同甲内的其他人应当到官府报告，官府应当立即根据情况进行批评、教导或进行适当处罚，不必将有过失的人投入监狱。官府在审问官司时，遇有状告不实涉及诬告者，仍需要追查同甲的人不进行劝导的过错。每天，各家还要根据十家牌式的要求，进行互相劝诫，一定要使甲内的各家讲求信用，和邻里和睦相处，平息争吵、争斗；每天都使他们相互开导，如

凡十家牌式，其法甚约，其治甚广；有司果能着实举行，不但盗贼可息，词讼可简；因是而修之，补其偏而救其弊，则赋役可均；因是而修之，连其伍而制其什，则外侮可御；因是而修之，警其薄而劝其厚，则风俗可淳；因是而修之，导以德而训以学，则礼乐可兴。凡有司之有高才远识者，亦不必更立法制，其于民情土俗，或有未备，但循此而润色修举之，则一邑之治真可以不劳而致。今特略述所以立法之意，再行申告。言之所不能尽者，其各为我精思熟究而力行之，毋徒纸上空言搪塞，竟成挂壁之虚文，则庶乎其可矣。

申谕十家牌法增立保长

先该本院通行抚属，编置十家牌式。为照各甲不立牌头者，所以防胁制侵扰之弊；然在乡村，遇有盗贼之警，不可以无统纪，合立保长督领，庶众志齐一。为此仰抄案回

果这样，那么下层平民也懂得打斗争吵的错误，那么告状的也就会相应地少了。

十家牌式，它上面的条文比较简单，但是它包含的内容很广，官员们如果真能按照牌式的要求执行，不但盗匪可以根绝，来告状的可以减少。因为设置十家牌式，弥补其他政策的不足，而纠正乡村中存在的弊端，那么群众负担的赋役就可以均衡了，因为这样而设置十家牌式，与一部分家庭发生联系就会与整个乡村发生联系，控制一部分就可以控制全部。那么对外可以抵御来自外界的袭击。因为是这样而设置了十家牌式，警戒那些不好的习俗而劝导实行那些良好的习俗，那么民风就可以变得淳厚了。因为设置十家牌式，用良好的道德来引导村民用讲学来训导他们，那么礼乐就可以兴盛。凡是有才能有见识的官员，也不必另行法制，十家牌式对于各地的民情民俗或许还有了解得不够彻底的，但是执行它并在实际中使它进一步完善，那么对一个地方的治理。就可以不必费太多的精力而把它治理好，现在特意将当初设立十家牌式的目的简单地说一说，再一次要求推行十家牌式，它的精妙之处不是简单的言辞可以说得完的，这些都是我们经过深思熟虑想出的办法，并且应当大力地推行它。不要使十家牌法变成空洞的言辞，成为挂在墙壁上的毫无意义的摆设。那么这样就差不多可以说达到目的了。

申谕十家牌法增立保长

先前我为了安抚地方，编置了十家牌式，当初为什么不设立专门的负责管理十家牌式的具体负责人呢？原因是想防止胁迫、压制或侵害骚扰百姓等一系列的弊端。然而在乡村，一旦遇有盗

司，即行各道守巡兵备等官，备行所属各府州县，于各乡村推选才行为众信服者一人为保长，专一防御盗贼。平时各甲词讼，悉照牌谕，不许保长干与，因而武断乡曲；但遇盗警，即仰保长统率各甲，设谋截捕；其城郭坊巷乡村，各于要地，置鼓一面，若乡村相去稍远者，仍起高楼，置鼓其上，遇警即登楼击鼓，一巷击鼓，各巷应之；一村击鼓，各村应之；但闻鼓声，各甲各执器械，齐出应援，俱听保长调度，或设伏把隘，或并力夹击，但有后期不出者，保长公同各甲，举告官司重加罚治。若乡村各家，皆置鼓一面，一家有警击鼓，各家应之，尤为快便。此则各随财力为之，不在牌例之内。俱仰督令各县，即行推选增置；仍告谕远近，使各知悉；各府仍要不时稽察，务臻实效。毋得虚文搪塞，查访得出，定行究治不贷。

匪骚扰这类的紧急事件,不能没有一个具体负责统一管理的人,于是应当设立保长统领各甲,以便在紧急情况时能统一大家的意志。这样,发公文到各司,要求他们通知所统管下的各道、守巡、兵备等官员,通知它们所统管的各府、州、县在每个乡村推举有德有才为众人所信服的人一名作保长。它的职责是专门防御盗匪,其他的如平时各甲内的争讼,都按十家牌法中的规定办理,保长不得插手干涉,因为他们干预而不恰当就会形成武断乡村的正常秩序的弊端。一旦遇有有关盗匪的警报,那么要求保长立即统率各甲,具体筹划拦截追捕盗匪。各乡村、城镇都要在重要的地段设置一面鼓,如果乡村、城镇之间相距比较远的,那么就在这些地方建筑专门的鼓楼,将鼓安在楼上,一旦遇有警报,立即登楼击鼓。一个地点击鼓,同一地方和其他地点也应当立即击鼓响应;一个村庄击鼓,其他的村庄也应当击鼓响应。一旦听到鼓声,各甲都要配好器械,出去声援,都要听从保长的调动指挥,或者在什么地段预先埋伏,或者守住重要的关隘,或者合力并击。如果听到鼓声后不出来声援的,保长和各甲一道,向官府报告,对这种情况一定要加倍处罚。乡村每家都设置一面鼓,一家遇有紧急情况击鼓,各家都应当响应,这样更加迅速。这种情况各根据自己的能力具体办理,不在十家牌式的规定之内。要求监督各县,立即在各乡村增设推举保长,并且将推举的保长向附近乡村、城镇通告,使它们知道。各府仍然要不定时地进行检查,务必使增设保长收到实效。不要写一些空洞的文告敷衍了事,如果调查到有这种情况,一定追究治罪,绝不宽恕。

颁行社学教条

先该本院据岭北道选送教读刘伯颂等，颇已得人；但多系客寓，日给为难，今欲望以开导训诲，亦须量资勤苦。已经案仰该道，通加礼貌优待，给薪米纸笔之资；各官仍要不时劝励敦勉，令各教读，务遵本院原定教条，尽心训导，视童蒙如己子，以启迪为家事，不但训饬其子弟，亦复化喻其父兄；不但勤劳于诗礼章句之间，尤在致力于德行心术之本；务使礼让日新，风俗日美，庶不负有司作兴之意，与士民趋向之心；而凡教授于兹土者，亦永有光矣。仍行该县备写案验事理，揭置各学，永远遵照去后。今照前项教条，因本院出巡忙迫，失于颁给；合就查发，为此牌仰本道府，即将发去教条，每学教读给与二张，揭置座右；每日务要遵照，训诲诸生。该道该府官员，亦要不时亲临激励稽考；毋得苟应文具，遂令日就废驰。

颁行社学教条

我先前从岭北道了解到，岭北道选拔了刘伯颂等人到社学讲学，并且已经招到了不少人，但这些求学的人多属寄宿的，他们的给用越来越困难。现在想希望他们对这些学子进行教导，并且应当对他们的辛苦努力进行相应的资助。我已经给岭北道下了公文，要求他们用良好的礼节对待社学中的人，并发给他们口粮、纸、笔等方面的费用。各位官员还要不定时对社学中的人进行劝导教诲。要求各位教读人员，务必遵守我原来制订的教学条例，尽心尽力地教诲学子，把那些接受教育的人看成自己的子女，把教导他们看成是自己家里的事。不但要教诲这些晚辈，也要使这些晚辈的父兄长从教读人的行为中受到启迪。教读不仅向学生们讲述一些诗、礼方面的文句，而且应当把自己的注意力放在培养学生的良好德性等方面。务必使礼义廉让的习惯一天有一个新的变化，风俗一天天变好，这样才能不辜负官员们大力支持社学时的良好愿望，使学子们成为士人百姓美慕的对象，那么凡是在这块土地上教授这些学子的人，脸上也光彩了。 于是要求各县拟好社学规章，按规章办事，将规章发到各个社学，让各社学遵照规章行事，从这个命令发布后。现在再查看前面提到的教学条例，由于我外出视察工作，时间特别紧，自己也特别忙，使得拟订的条例没有颁发执行。应当再核实后发下去，这样，向岭北道各府发出令牌，要求立即将我拟订的教学条例发下去，每个社学教读各发两张。贴在自己座位的右边，每天都要遵守条例上面的规定，训导教诲学生，岭北道各府县的官员，也要不时地亲自到社学中去检查、去鼓励他们。不要做表面文章，表面上按要求应付，过不了多久，那些教学条例也就

清理永新田粮

据参议周文光呈。看得江西田粮之弊,极于永新,相传已非一日;今欲清理丈量,实亦救时切务;但恐奉行不至,未免反滋弊端。依议定委通判谈储、推官陈相、指挥高睿,会同该县知县翁玑,设法丈量。该道仍要再加区画,曲尽物情,务仰各官秉公任事,正己格物,殚知竭虑,削弊除奸,必能一劳永逸,方可发谋举事。如其虚文塞责,则莫若熟思审处,以俟能者。事完之日,悉照该道所议造册,永永遵守施行。缴。

批宁都县祠祀知县王天与申

据宁都县申,看得知县王天与,旧随本院征剿横水、桶冈诸贼,屡立战功;后随本院讨平宁藩,竟死勤事。况其平日居官,政务修举,威爱兼行。仰该县即从士民之请,建祠报祀,用伸士夫之公论;以慰小民之遗思。

没有什么用了。

清理永新田粮

参议周文光呈来了报告，从报告中我得知江西省田地的丈量分配，应缴交的粮食的分摊中存在弊端最多的要算是永新县。据说那些存在的弊端已经不是一两天的事了，现在想清除那些弊端重新丈量田地，实在也是切中时弊，符合时代要求的。但又担心由于执行不善，弄不好反而再弄出许多弊端出来。依照与同僚们商议的情况，决定委派通判谈储，推官陈相，指挥高睿，会同永新县的知县翁玑，想办法重新丈量田地，该道仍然要根据情况再具体规划，尽可能合情合理，务请各官员秉公办事，先严格要求自己，然后再去要求他人，再去推究事物的道理，贡献自己的才智，贡献自己的力量，铲除弊端，铲除邪恶。一定要想到一办理就要成功，只有建立在对此事务成功抱有完全的把握基础上才能在实际中推行具体的计划。如果只做表面文章，敷衍塞责，那么不如再仔细地通盘考虑，以等待能干的人来推行。等到事情办完的时候，按照该道所作的决议，将丈量的情况全部登记造册，永远按照簿册上登记的田地数量分摊相应的钱粮，特此通知。

批宁都县祠祀知县王天与申

宁都县丞送来了申请，要求为前知县王天与建祠堂以示纪念。王天与过去曾随我一道征讨横水、桶冈一带的盗匪，立下许多战功。随后又随我征讨叛逆宁王的叛乱，临死时他还在办理公务。况且王天与平常为官，政务一向处理得井井有条，对下属

晓谕安仁余干顽民牌

正德十五年二月

照得安仁余干各有梗化顽民数千余家，近住东乡，逃避山泽，沮逆王化，已将数年；即其罪恶，俱合诛夷无赦。但本院抚临未及，况查本院新行十家牌谕，各官因各民顽梗，尚未编查，若遽行擒剿，似亦不教而杀。为此牌仰抚州府同知陆俸，督同东乡县知县黄堂，及安仁县知县汪济民，余干县知县马津，亲诣各民村都，沿门挨编，推选父老弟子，知礼法者，晓谕教饬，令各革心向化，自求生路，限在一月之内，仇者释其怨，愤者平其心，逋者归其负，罪者伏其辜，具由呈来，仍旧待以良善。若过限不改，不必再加隐忍姑息，徒益长奸纵恶，即便密切指实申来，以凭别有区处施行。

恩威并用。我于是要求宁都县满足百姓的要求，为王天与建祠堂以表达百姓对他的怀念，以满足士大夫们对王天与的褒奖，以安慰下层百姓对王天与的思念。

晓谕安仁余干顽民牌

正德十五年二月

了解到安仁、余干等县各有几千家思想顽固不化的百姓，近来他们都住东乡一带，逃到深山老林中躲藏起来，或逃到河流湖泊边。抵触天子的教化，他们这样历时已有几年了，就他们的罪过来说，都可以将他们处死，不应当得到赦免。但是我还没有来得及安抚他们，况且我最近刚刚推行十家牌式法，当时执行这一政策的官员，由于这些人冥顽不化，所以还没有按十家牌式法将他们进行编排。如果就这样对他们进行剿杀，这也跟不先教导他们而就把他们杀死是一样的。为此向抚州府发出令牌；要求同知陆俸、督同东乡县知县黄堂、以及安仁县知县汪济民，余干县知县马津亲自到这些人的村庄，按十家牌式的要求挨家挨户进行编排，推举那些知礼守法的父老乡亲，要这些人认真地劝导他们，使他们洗心革面，重新做人，为自己寻一条生路，限在一个月内完成。如果这样，那么那些对他们身怀仇恨的人应当清除自己的怨恨。内心愤怒的应当消除心中的不平。那些逃亡的顽民应当承认自己的过错。那些有罪过的顽民应当承认自己的罪过，把这些情况详尽坦白，那么依旧把他们作良民看待。如果期限到了，这些人还不思改过，不必再对他们进行忍让姑息了，这样只会使他们洋洋得意，更加助长他们胡作非为。那么请将情况立即秘密汇报过来，以便用其他的办法来处置这

告谕顽民

十二月十五日

告谕安仁、余干、东乡等县父老子弟：自本院始至江西，即闻三县间有顽梗背化之民数千家；其时本院方事剿平闽广湖郴诸蛮寇，且所治止于南赣，政教有所未及。自去岁征讨逆藩，朝廷复有兼抚是方之命，随因圣驾南巡，奔走道路，故亦未遑经理；今复迁省城，备询三司府县各官，及远近士夫军民，皆谓尔民梗化日久，积恶深重，已在必诛无赦。夫朝廷威令，雷厉风行于九夷八蛮之外，而中土郡县之民，乃敢悖抗若此，不有诛灭，以示惩戒，亦将何以为国？欲即发兵剿捕，顾其间尚多良善，恐致玉石无辨；且前此有司所以处之，亦有未善。何者？

安仁余干里分，本少于东乡，而地势又限以山谷，顾乃割小益大，以启尔民规避之端，其失一矣。既而两邑之民，徭赋不平，争讼竞起，其时若尽改复旧，亦有何说；顾又使

些不思改悔的人。

告谕顽民

十二月十五日

　　告示安仁、余干、东乡等县父老兄弟：从我到江西任职起，就听说这三县有顽固不化，置仁义道德于不顾的不求改变的百姓达几千家之多，那时候我正在进行追剿福建、湖广、广东、郴州等地的盗匪，况且那时管理的范围只到达了南赣，政治教化还没有达到这些地方，自从去年征伐叛臣逆子宸濠时起，朝廷又命令我要同时安抚这些地方。随后皇上亲自出巡南方，我奔波在迎接皇上的旅途中，所以也没有来得及管理这些地方。现在我重新回到了江西省城，询问三司、各府、县的官员们以及附近的一些社会贤达、名人雅士，军队官兵和地方百姓。都说这些地方有一些百姓顽固不听从教化。这样的坏风习已经有很长一段时间了。这些人作恶多端，按罪行应当处死绝不能赦免。朝廷那威严的号令，一旦发出，很快就可以到达边境，到达蛮夷所在的地方，可是处在朝廷中部的郡县的百姓，仍然敢违背对抗以至于达到现在这种程度，不将这些人杀死，以表明对违抗朝廷命令的惩处，朝廷又怎么能被称作为朝廷？我想立即派兵进行剿杀这批人，但转念一想，这批人中或许还有不少善良的人，恐怕在追剿时不能将好和坏人区别开来，况且这些地方的前任官员在处理这样的问题时，也没有处理妥当。为什么这样说呢？

　　安仁、余干可耕地面积本来比东乡少，而且地形多以山地、丘陵为主，所以就将小县的一些地方划出一部分面积较大的东乡县，为你们这些人逃避国家的法令政策管制打开了方便之门，

其近东乡者归安仁，近安仁者附东乡，以益尔民纷争之谤，其失二矣。及尔等抗拒之迹既成，尚当体悉尔等中间或有难忍之怨，屈抑不平之情，亦须为之申泄断理，或惩或戒使两得其平；若终难化谕者，即宜断然正以国法；顾乃惮于身任其劳，一切惟事姑息，欲逃租赋，遂从而免其租赋，欲逃逋债，遂从而贷其逋债，于彼则务隐忍之政，而听其外附；于此又信一偏之词，而责其来归；纪纲不立，冠履倒置，长奸纵恶，日增月炽，以成尔民背叛之罪，而陷之必死之地，其失三矣。

然尔等罪恶，皆在本院未临之前；自本院抚临以来，尚未曾有一言开谕尔等。况查本院新行十家牌谕，以弭盗息

这是第一个处理不当的地方。因为这样，所以两地的百姓承担的徭役赋税就不一样。争吵并向官府告状的事一天比一天多，这时如果依旧回复到先前的状况，也就还没有什么可说的了，可是他们又要求靠近东乡县的百姓划归安仁县，靠近安仁县的百姓划归东乡县，这就使得你们百姓间的纠纷，诬陷更加频繁，这是第二个处理不当的地方。等到你们这些百姓不服从国家政策法令的苗头已经出现的时候，还应当体验到你们这些人中或许确实有难于忍受的苦难，有受到打击压制，因而有愤愤不平的情绪，也应当为你们这些人申诉，并进行相应的处理，以泄心中的不平。对于该惩处的即进行惩处，对于应当批评教育的就进行批评教育，使得他们心服口服。或者惩处、教育不起作用的，那么应当立即绳之以法，然而有的人却害怕负责任却又懒惰不愿意办理其分内的事情，一切只是姑息任其自然，这就纵容了一些不安分、不诚实的人，为了不交租不交赋，一些人外逃那么就免除这些人就交的租赋，一些人想逃避拖欠的债务，于是就给这些人发放与所负债务同样数额的借款。官员们推行的是这样的治理方法，他们只求百姓在表面上服从政府，因此这样他们又只听信一方面的言辞，而对那些真正依附官府的则提出责难。官府中的为政者没有树立良好的管理地方的观念。以至于把奸诈的小民看成是善良的百姓，把善良的百姓看成是奸诈小民，助长了奸诈之风，放纵了那些为恶的人和事，使得那些恶劣的风气日盛一日，因为这些，使你们这些百姓背上了背叛朝廷的罪名，并且把你们推向了死亡的境地。这是第三个处理不当的地方。

然而你们这些人的罪过，都发生在我还没有到任的时候，并且从我安抚地方以来，还没有说过一句教诲你的言辞。我最

讼，劝善纠恶，而各该县官又因尔等恃顽梗化，皆未曾编查晓谕，尔等皆未知悉，其间或有悔创自新之愿，亦未可知；若遽行擒剿，是亦不教而杀，虽尔等在前之恶，受此亦不为过，然于吾心，终有所未尽也。近日抚州同知陆俸来禀："尔等尚有可恨之情，各怀求生之愿。"故特委同知陆俸亲赍本院告谕，往谕尔等父老子弟，因而查照本院十家牌式，通行编排晓谕，使各民互相劝戒纠察，痛惩已往之恶，共为维新之民。

尔等父老子弟，其间知识明达者，盍亦深思熟虑之！世岂有不纳粮不当差，与官府相对背抗而可以长久无事，终免于诛戮者乎？世岂有恃顽树党，结怨构仇，劫众拒捕，不伏其辜，而可以长久无事，终免于诛戮者乎？就使尔等各有子弟奴仆，与尔抗拒背逆若此，尔等当何以处之？夫宁王宸濠挟奸雄之资，籍宗室之势，谋为不轨，积十余年，诱聚海内巨寇猾贼，动以万计，奋其财力甲兵之强，自以为无敌于天下矣；一旦称乱举事，本院奉朝廷威令，兴一旅之师，不旬日而破灭之，如冴足雏。尔辈纵顽梗凶悍，自以为孰与宸濠？吾若声汝之罪，不过令一偏裨，领众数百，立虀粉尔辈，如机上肉耳。顾念尔等皆吾赤子，其始本无背叛之谋，止因规利争忿，肆恶长奸，日迷日陷，遂至于此；夫父母之于子，岂有必欲杀之心？惟其悖逆乱常之甚，将至于覆宗灭户，不得

近推行十家牌式法，以便清除盗匪，消除争讼，劝导人们行善，改正过失。但是这些县的官员们，因为你们冥顽不化，都没有按十家牌式法编行，告示你们，你们都还不知道，你们中或许还有人有悔过自新的愿望，也还不清楚，如果立即就剿杀你们，这也是不先教导你们而将你们杀死。虽然你们在这之前所犯的罪过，按这样说来也不算是什么过错。但是对我来说，心里终于不能平静了。近日抚州同知陆俸来汇报时说到："你们还有值得怜悯的地方，不少人还抱有求生的希望。"所以特地派同知陆俸亲自拿着我的告示，前来教诲你们这些父老兄弟，并按我制订的十家牌式法，通行编排告示你们，使你们互相劝导，互相督促，下定决心改掉以往的陋习，共同作为推行新政的百姓，

你们这些父老兄弟中，尚有识大局明理义的人，大概也会对这些情况仔细地思考。世上哪有不交租纳赋，不服役，而且与官府相对抗而能长久存在平安无事不遭诛杀的吗？世上那里有凭借自己的冥顽不化，纠集党羽，结仇结怨，抢劫他人财富，拒绝官府追捕，对他的罪恶不承担责任的，能够平安长久地存在，能够不被诛杀吗？假使你们这些人都有后辈有奴仆，如果他们与你们对着干，像你们背叛朝廷一样背叛你们，那么你们会怎样对待这样的事呢？宁王宸濠密谋反叛，积聚力量，苦心经营达十来年之久，纠集全国范围内的盗匪，以及其他的反动势力以万计算，凭借他多年积聚的雄厚财富，训练的富有战斗力的军队，得意洋洋，自认为天下再也没有谁有能力能阻挡住他。然而一旦他叛乱谋反，我奉朝廷的命令，带领一支军队，与宁王宸濠作战，不出十天功夫就将宁王宸濠击溃，像抓刚孵化出的小鸟一样将宁王抓获，你们纵然冥顽凶悍，自己私下想想，与宁王的势

已而后置之法；苟有改化之机，父母之心，又未尝不欲生全之也。前此官府，免尔租税，蠲尔债负，除尔罪名，而遂谓尔可以安居复业，是终非所以生汝；吾今则不然，不免尔租赋，不蠲尔债负，不除尔罪名，尔能听吾言，改恶从善，惟免尔一死；限尔一月之内，释怨解仇，逃税者输其赋，负债者偿其直，有罪者伏其辜，吾则待尔如故；尔不听吾言，任汝辈自为之，吾心既无不尽，吾可以无憾矣。尔后无悔！

批江西都司掌管印信

看得三司各官，推举该卫所掌印佥书等官，颇已得宜；

力比起来怎么样？如果我一定要追究你们的罪责，不过只需命令手下的下级将领带领几百个人，就可以将你们碾成粉末。但是我想你们是我管辖下的百姓，起初并没有背叛朝廷的阴谋计划，只是由于好利、争利，谋求自己的私利，常常由于愤怒不满而争斗，对这些方面自己不仅没有严加管束，反而放纵自己，于是你们便在罪恶的泥潭中越陷越深，以至于到目前这种地步。父母对自己的子女，难道父母有想杀死自己子女的念头吗？如果自己的子女中有谁违背了纲常伦理，大逆不道，将要招至家庭甚至整个家族的不幸，在万不得已的时候才按国家的法纪去处置他，如果他一旦有改恶从善的一线希望。对于做父母的来说，那个不想让他好好地活下来呢？前任的官员，免除你们应交纳的租税，免除你们应偿还的债务，去掉你们应得的罪名，这样认为就可以使你们安居乐业，然而这终究不是使你们获得新生的办法。现在我却不这样，不免除你们就交纳的租税，不免除你们应偿还的债务，不去掉你们应得的罪名，你们能够听从我的劝导，改恶从善，只有这样，才可以免你们的死罪。限定你们在一个月之内，消除你们心中的不满，化解你们的仇恨，逃避纳税的，应当交纳赋税；欠债的应当偿还他的债务，有罪过的，应当承担他的罪名，这样，我才能像对待一个普通的善良百姓一样来对待你们。如果你们不听从我的劝导，那么你们想干什么就干什么，随你们的便。我该说的都说了，我也没有什么可感到遗憾的了。请你们以后不要后悔。

批江西都司掌管印信

三司各官员商议推选各卫、所的掌印佥书等官职的人选。

俱依议。仰行按察司将本院原发贮库印信，看验明白，照议给领掌管。兹当该卫改革之初，仍行各官，务在图新更始，端本澄源，共惟同心同德之美，以立可久可大之规，不独显功业于当时，必欲垂模范于来裔，上不负庙堂之特选，而下可副诸司之举任。其或庸碌浮沉，甚至欺公剥下，岂徒败其身名，亦难免于刑宪。其余空闲各官，观其才识，皆可器使，但以阙少人多，未及尽用；各官惟务持身励志，藏器待时，但恐见用而无才，勿虑有才而未用。若果囊中之锥，无不脱颖而出；毋谓上人不知，辄自颓靡，是乃自弃，非人弃汝矣。俱仰备行各官，查照施行。

牌行崇义县查行十家牌法

看得新开崇义县治，虽经本院委官缉理经画；大略规模已具，终是草创之初，经制未习。该县官员，若不假以威权，听其从宜整理，则招徕安习之功，亦未可责效。除行守巡兵备等衙门外，牌仰知县陈瓒上紧前去该县，首照十家牌谕，查审编排，连属其形势，辑睦其邻里，务要治官如家，爱民如子，一应词讼差徭钱粮学校等项，俱听因时就事，从宜

我看了他们商议的结果是很恰当的，都应该按他们商议的结果办。于是我要求按察司将我原来发往官府贮在府库的印信，查看清楚，按照商议的情况派人发给各官掌管。当各卫、所改革之初，仍然要告知各有关官员，弃旧图新，一定得从头好好做事，以端正为政为官的目的。澄清认识上的根源，共同维护同心同德的美名，制订适应性强、适应范围广、影响远的规章制度。不单在当时显示出它的伟大作用，而且一定要想办法使它为后世树立榜样，上不负朝廷的派遣和寄予的重任，下不负各位官员推荐。被推荐的人或许碌碌无为，甚至欺骗公众，盘剥下人，这不仅仅是败坏自己的名声，也难逃脱国家法律的制裁。其他空闲没有安排职位的官员，都可以量才使用，但由于岗位少，而人多，不可能每个人都在具体岗位上发挥作用，各位官员一定要严格要求自己，积聚才学，等待时机，现在只担心使用的人没有才能，而不为有才而暂时还没有使用的人担心。如果像袋子中的尖锥子一样，那么这样的人时时都可以脱颖而出，不要说上级官员没有赏识，从此自己一蹶不振，这就是自暴自弃，并不是别人要抛弃你，要把我的批文告诉各位官员，让他们遵照执行。

牌行崇义县查行十家牌法

我了解到新增设的崇义县的治理情况。崇义县虽然由我一手派官员进行治理，到底该如何治理它的大政方针已经明确，治理规划也有基本的框架，但是崇义县毕竟还刚刚设置，对一些制度还不熟悉，如果不给崇义县的官员们相应的权威，让他们根据实际情况处理解决相关问题，那么就会使他们安于现状，不求进取，对这种状况也不能进行过多的指责。除要求守巡、

区处；应申请者申请，应兴革者兴革，务在畜众官民，不必牵制文法。大抵风土习尚虽或有异，而天理民彝则无不同。若使为县官者，果能殚其心力，悉其聪明，致其恻怛爱民之诚，尽其抚辑教养之道；虽在蛮貊，无不可化。况此中土郡县之区，向附新民，本多善类，我能爱之如子，彼亦焉有不爱我如父者乎？夫仁慈以惠良善，刑罚以锄凶暴，固亦为政之大端。若此新民之中，及各县分割都图人户，果有顽梗强横不服政化者，即仰遵照本院钦奉敕谕事理，具由申请，即行擒拏，治以军法；毋容纵恣，益长刁顽。

牌谕都指挥冯勋等振旅还师

　　牌谕都指挥冯勋、通判林宽、典史徐诚等，本月二十一

兵备等衙门执行命令外，我还发令牌要求知县陈瓒立即前往崇义县，开初就按照十家牌式法，进行检查编排，编排十家牌式的具体情况，一定要使百姓邻里和睦，一定要求那些治理百姓的官员把管理的地方看作是自己的家一样，爱护百姓就像爱护自己的子女一样，一切有关的诉讼、徭役、赋税、学校等事务，应当及时办理，根据具体情况认真考虑如何处理；该向上申报的就及时向上申报，应当推行的就想办法推行；应当革除的就要及时革除，目的在于使百姓能够安定，不一定要涉及具体的条例规定，大概一县境内的风俗习惯可能还有差异，但是大道以及百姓奉行的法则，没有什么差别，如果崇义县的官员们能够尽心竭力，充分发挥各自的聪明才智，一贯体现自己爱护百姓的热忱，想出并在实际中使用各种好的安抚百姓的方法。如果这样，那么即使处在野蛮状态尚未开化的百姓，也是可以使他们教化好的。况且崇义县在朝廷管辖的中心地区，向政府投降自首归顺官府的百姓，他们中原来多属善良人，如果我们能像爱护自己的子女一样爱护他们，他们哪能不像敬重父亲一样来敬重我们吗？所以仁慈养善良，刑罚铲除残暴，这也是为政的一个重要原则。如果这新近归附的百姓中以及其他县迁移来的人户，果真还有冥顽不思悔改，不服从官府教诲的，就请按照我接到的皇上的圣旨中规定的要求处理，都应当将情况及时上报并将这些人捉拿，按军法进行严处，不要纵容他们，使他们胡作非为，不要使他们的冥顽气焰更嚣张。

牌谕都指挥冯勋等振旅还师

我给都指挥冯勋，通判林宽，典史徐诚等人发布令牌，要

日，据知县熊价所禀，已知安义叛贼略平，所漏无几，俟余党一尽，各官即行振旅而还。就将所擒叛贼，通行牢固绑缚，分领解赴军门。各官在途，务要肃整行伍，申严纪律，禁缉军兵，不得犯人一草一木。今差参随官詹明赍执各官原领令旗令牌，监军而回。但有违令侵扰于人者，即行斩首示众。其奋命当先，被杀被伤义勇之士，及获功人役，各官务要从公从实开报，以凭优恤给赏，不得互分彼此，辄有偏私轻重。但能推功让美者，勤劳虽微，亦在褒赏；若有争功专利者，功绩虽茂，亦从摈抑。其奉新兵快，往年从征，多犯禁令，今既效有勤劳，尤宜保全始终，毋蹈前非，自取军法重罪。知县熊价，不必解贼，且可在县抚安被扰军民，令各安居乐业；既行申严十家牌谕，互相保障；仍量留九姓义勇，分班守县，候事体定帖，以渐散回。

批瑞州知府告病申

　　看得知府胡尧元，始以忠义，兴讨贼之功，继以刚果，

求他们统率部队返回原驻地。本月二十一日,据知县熊价提供的确切情况可知,安义县的叛乱已经基本平定,叛乱分子脱逃的没有几个。等到残余的叛乱分子被清除掉了之后,各指挥官员就要整顿队伍,回到原地,并把那些生擒的叛乱分子,在本地捆好,分别将他们押送到军中。各指挥官在率部回归的途中,一定要整顿队伍,申明纪律。禁止所率士兵,损坏百姓的一草一木。现在派遣参随官詹明前来收回以前发给各领兵官的令牌,令旗,监督队伍返回原来驻地。一旦有违抗命令,侵扰别人的,立即斩首示众。那些听从指挥,奋勇杀敌,英勇牺牲的,或者受伤的战士,以及立有战功的人员,各指挥官员都要从公正的角度如实上报,以便给有关人员进行优抚,进行赏赐;不要相互分彼此,如果这样,往往容易造成偏见。如果有廉逊的美德将自己的战功让给别人,即使这样的功劳小,也应当奖励;如果有争夺战功企图独霸战果的,即使他的战功卓著,也不应当对这样的人进行奖励。奉新县的队伍,以往跟随出征讨伐,官兵们常常违背禁令,现在付出了劳苦,有了战果,更应该珍惜自己队伍的荣誉,不要再重犯以前的错误,以至于用军法来给自己判罪。知县熊价,不必亲自押送叛乱分子。可以在县城安抚因叛贼叛乱而受骚扰的军民,要求他们安居乐业,并立即推行十家牌式法,告示军民,让他们互相保护,相互应援。并且根据情况留下九支义勇军,分班守卫县城,等到局势完全安定了,再慢慢将他们遣散回乡。

批瑞州知府告病申

瑞州知府胡尧元,以对国家的忠诚在兴兵讨伐叛逆的过程

著及民之政；虽获上之诚，或有未孚；而守身之节，初无可议。据申告病情由，亦似意有所为；大抵能絜矩者，必推己及人；当大任者，在动心忍性。仰布政司即行本官，照旧尽心管理府事，毋因一朝之忿，遂忘三反之功。事如过激，欲抗弥卑；理苟不渝，虽屈匪辱。此缴。

赈恤水灾牌

据南康、建昌、抚州、宜黄等县申称："非常水灾，乞赐大施赈恤，急救生灵流移。"等情。看得横水非常，下民昏垫，实可伤悯！但计府县所积无多，实难溥赈；其地方被水既广，而民困朝不谋夕；若候查实报名造册给散，未免旷日迟久，反生冒滥。已行二府各委佐贰官，及行所属被水各县掌印等官，用船装载谷米，分投亲至被水乡村，验果贫难下户，就便量行赈给。

中立下了很大战功。随后又以刚正廉洁，雷厉风行的作风勤于自己的政务，他的这些业绩得到了上级的肯定，但或许还没有得到广泛的认同。然而胡尧元对自己的严格要求以及他的节操，是没有什么可值得议论的。据最近胡尧元呈来的因自己健康原因而要求退职的报告中，也似乎谈到了希望自己能够有所作为。大概那些行为端庄，遵守各种规章制度的人，必定会以自己的情况去推知他人的情况，身居高位，承担重任的人，要能够深思熟虑和有耐心。要求布政司立即通知端州知府胡尧元，仍然像过去一样认真管理瑞州府内的公务，不要因为一时心中的不快，就忘记了自己以往所建立的功业。别人的议论如果比较激烈，更要设法弥补自己的谦卑而变得坚强起来，正义假使不能压倒歪风邪气，虽然受一些委屈也不算什么污辱。特此告知。

赈恤水灾牌

据南康、建昌、抚州、宜黄等县呈来的报告说："由于发大水，受灾情况特别严重，请求大范围赈济灾民，使灾民不至于生活无着落而流离失所。"我了解到灾情相当的严重，下层百姓常因饥饿成片地昏倒，他们也实在值得同情了。但是我合计一下各府各县的贮存的钱粮不多，实在难以做到大范围内的救济，受水灾的地方很多，而百姓困苦到极点，到了朝不保夕的地步。如果等到把受灾的详细情况调查清楚，把特别困难的百姓登名造册，再按名册进行赈济，未免花费的时间太多，时间一久反而不好赈济。我已经命令两府委派了两个佐贰官和遭受洪水灾害的各县的主要官员，用船装载谷米，分别亲自到被洪水浸淹过的乡村，调查清楚那些生活十分贫困的居民生活状况，然后再发粮进行

为照南昌所属水灾尤剧，但居民稠杂，数多顽梗；若赈给之时，非守巡临督于上，或致腾勇纷争。为此仰分守巡南昌官吏，即便分督该府县官，于预备仓内米谷，用船装运，亲至被水乡村，不必扬言赈饥，专以踏勘水灾为事，其间验有贫难下户，就便量给升斗，暂救目前之急。给过人户，略记姓名数目；完报查考，不必造册扰害。所至之地，就督各官申严十家牌谕，通加抚慰开导，令各相安相恤。仍督各官，俱要视民如子，务施实惠；不得虚文搪塞，徒费钱粮，无救民患，取罪不便。

仰湖广布按二司优恤冀元亨家属

照得湖广常德府武陵县举人冀元亨，忠信之行，孚于远迩云云，已经备咨六部院寺等衙门详办去后。今照冀元亨该科道等官交章申暴，各该官司，办无干碍，先已释放；不期复染虐痢身故，该部司属官员，及京师贤士大夫，莫不痛悼，相与资给衣棺；本院亦已具舟差人，扶柩归葬；但恐本生原籍官司，一时未知详悉，仍将家属羁监，未免枉受淹

赈济。

　　了解到南昌县受灾特别严重，但这县的人口稠密，居民纷杂，并且有不少是冥顽的刁民，如果赈济这里的百姓的时候，守巡不亲临到赈济现场进行监督，很可能会招致一些强悍人的争斗。为此，要求分守巡南昌县的官员们，立即督促该府、县的官员，把应用于赈济灾民的粮食准备好，并装上船，亲自押运到被洪水淹过的乡村，不必大肆宣扬要赈济贫民，专门来调查这些地方的灾情。在调查中发现有生活十分贫困的百姓，就酌量发给粮米，以缓解目前的这种状况。那些受赈济的民户，应当将他们的姓名以及接受赈济的数量登记好，赈济完毕立即上报以便及时查核，不需要专门登记造册，带来不必要的麻烦，到了各地的乡村，就应当申严十家牌式法，并告示百姓，对他们进行开导劝诫，要求百姓相互帮助，相互体谅。还要告诫官员们，要把百姓看成自己的子女，推行的各项措施，一定要给百姓带来实惠，不得只作表面文章，敷衍塞责，白白地花费钱粮，而对解除百姓的疾苦没有帮助，从而给自己添加过失。

仰湖广布按二司优恤冀元亨家属

　　湖广常德府武陵县举人冀元亨，品行端正，为人诚恳，讲求信誉。他的美好的德性远近闻名，他的美好品德很多，不需一一列举了。前段时间，冀元亨蒙冤受辱，我已经给六部写了文函，说明事情的原委，替他申冤，要求六部对冀元亨一案重新调查审理。负责冀元亨一案的官员们为冀元亨打抱不平，一听到我的申诉后，便立即将冀元亨释放。可是不久，他又身患疟疾、痢疾，病亡。六部的官员们以及京城里那些贤德有声望的人，对他的病

禁；除将本生节义，另行具本奏请褒录外，拟合通行，为此牌仰抄案回司，即行常德府，速将举人冀元亨家属通行释放，财产等项，亦就查明给还收管；仍将本生妻子，特加优恤，使奸人知事久论定之公，而善类无作德降殃之惑。其于民风土习，不为无补矣。

批江西按察司故官水手呈

看得佥事李素，处心和易，居官清谨，生既无以为家，死复无以为殓。寡妻弱妾，旅榇万里，死丧之哀，实倍恒情。该司议欲加拨长夫水手护送，非独僚友之情，实亦惇廉周急之义。准议行令各府，佥拨长夫水手，照例起关，差人护送还乡。

仰南康府劝留教授蔡宗兖

据南康府儒学申，看得教授蔡宗兖，德任师儒，必存孝义，今方奉慈母而行，正可乐英才之化；况职主白鹿，当宋

逝无不感到痛心,并对他的病逝进行沉重悼念。他们相继赠送衣服,为他购置棺木。我也已经派人扶柩归葬。但是我又担心冀元亨所在地的官员,一时间还不知道详细的情况,仍然将冀元亨的家属羁押看管,未免太冤枉了。除了把冀元亨的德性品行全部记录上奏以便对他的德操品行另行嘉奖之外,还打算向常德府武陵县发一公文,希望公文抄回道里以后,要求常德府立即全部释放举人冀元亨的家属,对于没收的冀元亨的家产等,也应当核实返还。对于冀元亨的妻子儿女等人,要好好地进行抚恤。使那些奸诈之徒的暗算不能得逞,使那些形同走兽不积善德的人想给他人制造祸患的图谋破灭,这对于良好的民风民俗的形成,不也是大有裨益的吗?

批江西按察司故官水手呈

江西按察司佥事李素,平时一向态度和蔼,从政为官一向廉洁奉公,办事严谨。李素在世的时候,没有什么地方为家,死后也没什么地方收殓安葬。一个寡妇人家连同李素几个纤弱的小老婆,远离家乡,死伤的哀痛,实在超过一般人,令人同情。江西按察司商议想派遣一些差役以及一些水手护送李素的灵柩回原籍,这不单是为了却同事长期在一起共事的情感,实在也是对廉洁勤政的一种褒奖了。我批准他们的请求,并要求沿途各府应当相应地调派差役、水手将李素的灵柩护送还乡。

仰南康府劝留教授蔡宗兖

南康府的儒学学堂中的负责人,一位叫蔡宗兖的先生,德高望重,讲授儒学,传统的仁义道德都烙印在他的心中,现在他

儒倡道之区；胜据匡庐，又昔贤栖隐之地；偶有亲疾，自可将调，辄兴挂冠之请，似违奉檄之心。仰布政司备行南康府掌印官，以礼劝留，仍与修葺学宫，供给薪水，稍厚养贤之礼，以见崇儒之意。缴。

批江西布政司礼送致仕官呈

据江西布政司呈："查勘新建知县李时，告送佥事李素丧归云南，任内无碍缘由。"看得知县李时所呈，量才能而知止，已见恬退之节；因友丧而求去，尤见交谊之敦；既经查勘明白，亦合遂其高致。仰司即行该府听令本官以礼致仕，动支无碍官银，置备彩帐羊酒，从厚送饯；加拨长夫水手，资送还乡。该司仍将本官致仕缘由，行原籍官司，用彰行谊之美，以为风俗之劝缴。

正奉自己的母亲回乡，正可以让他来教导那些有培养前途的学子。况且蔡宗兖先生在白鹿书院负责，白鹿书院是宋代的儒生们探讨学问倡导儒学的地方，它的规模超过江西的匡庐书院，并且这里还是过去贤德的人聚居的地方。如果说蔡宗兖先生因母病回乡，自然可以将他调离南康府。如果他想辞官回乡，好像违背了朝廷任命他的心愿。我要求布政司立即通告南康府的主要负责官员，以应有的礼节挽留蔡宗兖先生，并且还要修建学馆，给讲学的人发给薪水，对贤德的人事倍加敬重，以表明对儒学的崇尚。特此通知。

批江西布政司礼送致仕官呈

据江西布政司呈送的报告中提到："经调查，新建县知县李时，要求护送佥事李素的灵柩回到云南，而他职责范围内的政务依旧井井有条没有受到什么影响。"我看了知县李时呈来的告辞报告，他知道自己应当适可而止，表现出了他的气节，因为好友的不幸逝世而要求告退，更显示出了他们之间友谊的深厚。既然布政司将这个问题已经调查清楚了，那么也就应当满足李时的这种良好的愿望了。要求布政司立即命令南昌府，以隆重的礼遇欢送李时告老还乡，从府库专用银两中支取款项，购置彩帐、羊、酒，要隆重地为李时饯行，并且还要派差役、水手护送李时告老还乡，并且还要把李时告退的具体情况，告知他原籍所在地的官员，用以表彰他们之间的友谊深厚而美好。以促使民风民俗的好转。

卷之十八　别录十

公移三　　总督两广、平定思田、征剿八寨

钦奉敕谕通行

嘉靖六年十月初三日

嘉靖六年七月初七日，节该钦奉敕谕："先该广西田州地方，逆贼岑猛为乱，已令提督两广等官都御史姚镆等督兵进剿，随该各官奏称：'岑猛父子，悉已擒斩，巢穴荡平。'捷音上闻，已经降敕奖励，论功行赏。及将该设流官添设参将等事条陈，又经该部议拟覆奏施行，去后。续该各官复奏：'恶目卢苏倡乱复叛，王受攻陷思恩。'又经切责各官计处不审，行令将失事官员戴罪督兵剿捕；及调江西峯兵湖广永、保二司土兵，并力剿杀，务收全功；并敕巡按御史石金纪功外；但节据石金所奏：'前项地方，卢苏、王受结为死党，互相依倚；祸孽日深，将来不可收拾。'又参称：'先后抚臣，举措失当，姚镆等攘夷无策，轻信寡谋，图田州已不可得，并思恩胥复失之，要得通行查究追夺。'朕以事难遥度，姚镆等前功难泯，后有疏虞；得旨切责之后，能自奋励，平寇有功，亦未可知，难遽别议。乃下兵部议奏，以各官先后所论事宜，意见不同；且兵连两广，调遣事干邻境地方，必得重臣前去，总制督同议处，方得停当。今特命尔提督两广及江西湖广等处地方军务，星驰前去彼处，即查前项夷情田州因何复叛？思恩因何失守？督同姚镆等斟酌事势，将各夷叛

钦奉敕谕通行

嘉靖六年十月初三日

嘉靖六年七月初七日,我接到了皇上的圣旨,皇上在圣旨中说:"先前广西、田州一带叛贼岑猛经常在这些地方骚扰,已经命令都御史姚镆统领两广的军队,派兵进行剿杀叛贼岑猛。随后这些地方的官员们呈来报告说:'岑猛父子,都已经被活捉,随后将他们处死了,这一带的叛贼老巢,已经扫荡完了。'胜利的消息我早已经听说了,我发布了嘉奖的命令,要求按战功的大小进行行赏。要求在这些地方建立正常的国家机构以便对这些地方进行有效的管理。并把增设参将等项重要事情提出,经过各部商议后再向我汇报要求具体实行。随后不久,又陆续收到一些官员的奏议,说:'土匪头子卢苏纠集一伙无赖之徒又发动了叛乱,叛乱分子的一个头目叫王受的攻陷了思恩。'于是我又要求各有关官员认真商议这件事,想出具体的对策,不发布审查有关官员的命令,要求那些有过失的官员戴罪领兵进剿,追杀叛乱分子,并调集江西、湖广永保、二司的地方部队,合力绞杀盗匪,一定要将那些叛乱分子全部歼灭,并发敕令给巡按御史石金,要求他记录追剿期间的官兵们的功过情况。我接到石金呈送的奏报说:'上述地方,卢苏已经和王受结成死党,他们相互依存,共荣共辱,危害越来越大,如果不及时剿杀他们,到时局面将越来越难以收拾。'并且还奏告说:'先后到这里担负抚慰地方的使臣,采取的措施不当,姚镆等官员,对于如何打败这里

乱未形者，可抚则抚；反形已露者，当剿则剿；一应主客官军，从宜调遣；主副将官及三司等官，悉听节制，治以军法，明示威信，务要计处合宜。仍令御史石金随军纪验功次，从实开报，以凭升赏。贼平之后，公同计处，应设土官流官，何者经久利便？并先令抚镇等官，有功有过，分别大小轻重，明白奏闻区处。凡用兵进止机宜，及一应合行之事，敕内该载未尽者，悉听便宜从长处置；事体十分重大者，具奏定夺。朕以尔勋绩久著，才望素隆；特兹简任；尔务以体国为心，闻命就道，竭忠尽力，大展谋猷，俾夷患殄除，地方安靖，以纾朕西南之忧；仍须深虑却顾，事出万全，一劳永逸，以为广人久远之休，毋得循例辞避，以孤众望。尔钦哉！故谕，钦此。"钦遵。

少数蛮族的骚扰没有好的方略,他们轻信别人没有谋略,攻打田州,不仅没有攻下来,反而使思恩也落入了叛乱分子的手中。应当将他们全部撤职法办。'我想平定叛乱这件事本来就很艰难,难于在遥远的地方去进行推测。但姚镆等官员以往的战功是不能抹杀的,后来有过失,我命令责备他之后,想必他能够因此发奋,激励自己,在平定这场叛乱中再立战功,也不是不可能的事,难以按别的想法进行剿杀叛乱分子。于是就把问题交给兵部商议,要求他们把商议的结果向我奏报。按照各位官员先后阐述的情况。他们的意见很不统一。况且剿杀叛乱分子的战争在两广境内进行,调遣临近地方省区的力量,关系到这些省的安危,并涉及许多重要的地方事务,一定需要地位高的大臣去统帅,去统筹规划,与地方官员相互配合,才能够将叛乱平定。现在特命你总揽两广及江西、湖广等地的地方军政大权,立即赶赴两广,调查前面提及的少数民族情况,田州为什么又会反叛朝廷发动叛乱?思恩为什么会失守?你应当和姚镆等一道。具体分析当地的形势,将各少数民族地区发生叛乱根据情况处理,尚没成形的,能安抚他们时则安抚他们。反叛朝廷的行为已经表现出来的,可以剿灭的,则应当将他们剿灭。一切军队,都听从你的调遣。主将、副将以及三司等以下的各级官员,全部听从你的节制。用军法进行管理,确立自己的威信,一定要想出并实行杀贼的妙计。仍然命令御史石金随军记录官兵们的功过,均要如实记录并及时向我报告,以便进行提拔人才,奖励有功人员。等到平定这一带的叛乱之后,你还要考虑到底是利用当地土人为官进行治理还是朝廷委任官员在这些地方进行治理?哪一种更能长久管理,更对国家有利?并先命巡抚官和镇守地

照得当爵猥以菲才，滥膺重寄；多病之余，精力既已减耗；久废之后，事体又复阔疏，大惧弗堪，有负委托。及照两广之与江西、湖广，虽云相去辽远，而攘地相连，士夫军民往来络绎，传闻既多，议谕有素；况在无嫌之地，是非反得其真；且处傍观之时，区画宜有其当；合行谘询，以辅不逮。除委用职官，及调遣军马，临时相机另行外，拟合通行。为此仰抄捧回司，照依案验备奉敕谕内事理，即行本司掌印佐贰，及各道分巡、兵备、守备等官，并所属大小衙门各该官吏，凡有所见，勿惮开陈。其间或抚或剿，孰为得宜？设土设流，孰为便利？与凡积弊宿蠹之宜改于目前，远虑深谋之可行于久远者，备写揭帖，各另呈来，以凭采择。各该官

方的官员，哪一位有什么功绩，哪一位有什么过失，分清大小、轻重，请一一清楚地向我呈报，以便区别对待。凡属用兵如何进退等事宜以及一切该办的事，而在我发给你的敕令中没有载明的，你都可以相机自行处置，特别重大的事件，要上奏何处理。我认为你功勋卓著，你的才能和威望一向享有盛誉。现在特命你赴任承担这件繁重的任务，你一定要以国家利益为重，接到命令就赴任，尽忠尽力，施展自己的谋略。一旦蛮夷的祸患根绝，地方安定了，那么就可以免除我对西南地区的担忧了。你们仍然要深谋远虑。想出并施行十分有把握的策略，以一时的辛苦换取的长久的安宁，以便为两广的百姓带来安宁，不要按以往的一些坏习惯用一些言辞来推脱自己的责任，辜负两广人民对你们寄予的厚望，所以向你下了这道敕令，钦此。"我将遵照执行圣旨。

　　我才疏学浅，恐难承担朝廷对我的重托。且我除了体弱多病之外，精力不仅消耗很多，而且大为衰退，好久都没有具体处理事务，对问题的思考筹划又更显得不周密了。我很担心，恐怕不堪此重任，有负朝廷的重托。我很清楚，两广与江西、湖广虽然说路途相距很远，但是这些地方是连在一起的，相互往来的人员络绎不绝，有关各地的传闻、议论很多，况且在不涉及自己的地方，对于那些是是非非反倒看得真切，从而一旦自己成为当局者的时候，各种谋划要恰如其分，就应当进行调查研究，以弥补不足的地方。除要派官员，以及调遣军队需要临时相机行动外，应当与地方配合行动。这样，要求官员们将皇上的圣旨摘录下来，按照皇上圣旨中规定的各种原则处理各种问题。并立即命令我的助手以及各道分巡、兵备、守备等各机关的官员

吏俱要守法奉公，长廉远耻，祛患卫民，竭忠报国，毋以各省而分彼此，务在协力以济艰难；果有忠勇清勤、绩行显著者，旌劝自有常典，当爵不敢蔽贤。其或奸贪畏缩、志行卑污者，黜罚亦有明条，当爵亦不敢同恶。深惟昧劣，庶赖匡襄；凡我有司，各宜知悉；仍行镇守抚按等衙门知会，一体钦遵施行。

湖兵进止事宜

十月

据广西桂林道右参政龙诰、佥事申惠会禀："原调永、保二司宣慰官，舍土兵共六千余员名，八月自辰州府起行，九月尽可到省城；各职即日起程前去全州、兴安等处接应督押。为照大兵进止，自有机宜；今未奉节钺抚临，莫知适从。查得旧规，兵至即发哨，径趋宾州听遣；如至宾州而未用，恐接境思田二府不无致生疑变。合无将各兵前赴梧州

们，以及他们领导下的各级官员，如果有什么见解，不要害怕将它陈述出来，是安抚？还是征伐？哪一种办法更好，由派当地人治理，还是由朝廷委派人进行管理，哪一种办法对国家更为有利？是目前应当改变原状革除过去的积弊，经过深思熟虑后可以长久实行的措施，应当写出详细的说明报告，请分别呈缴上来，以便选择或综合之后再在实际中具体推行。各级官员，都要奉公守法，要刚正廉洁，远离那些卑劣的品行，消除祸患，保卫百姓的安全，尽忠报国，不要因为省份不同而分出你我，务请大家同心协力共渡难关，如果有忠勇、清廉、勤于事务，功绩卓著者，按照通常的惯例进行奖赏，我哪里敢掩盖你们的美好德性呢！如果有奸诈狡猾之徒或者贪污畏缩退让的，或者德行卑劣的，也有相应的条款对这些人进行处罚，或将这些人罢免，我也不敢和这样的人同流合污。我深感自己不才，希望诸位鼎力相助，各级官员，都应当知道这些情况，还要使镇守、抚、按等衙门官员知道这些情况，请大家都按皇上的圣旨要求处理各项事务。

湖兵进止事宜

十月

据广西桂林道右参政龙诰、佥事申惠递来报告中提到："计划调集永、保二司的宣慰官兵以及当地的地方部队共计六千多名，准备八月从辰州府出发，九月就可到达广西省城桂林，各有关官员也当天就起程，前往全州、兴安等地接应统率指挥有关部队。对于调遣大部队，都是有相应的规定的，对于它们的进驻也都有明确的指令，现在我们没有接到具体指示率部

府屯札,听候军门抚临调度"等因。

照得本年八月二十四日,先准兵部咨,该本爵看得先任总督巡抚都御史姚,已蒙钦准致仕;而本爵又以扶病就医,听候辞本命下,未即起程。况湖兵未至,秋暑尚深,遥计贼情,正在懈弛,机有可乘,事宜从便,已经行仰各该失事带罪立功守巡参将,及各领兵督哨等官,务要相度机宜;若各叛目诚心投抚,中间尚有可悯之情,朝廷岂以必杀为事;且宜从权抚插,听候本爵督临查处;若是阳投阴叛,谲诈反覆,度其事势,终难曲全;则宜密切相机,乘间行事,务在获厥渠魁,不得滥加无罪。各官务要协和行事,既无参错抵牾,有乖共济之义;亦无贪功轻率,仰戾好生之仁;又经行仰各遵照施行,去后。

来临,下一步该不知如何调遣,查看以往旧的惯例,部队到后便立即出发直接到宾州去听从调遣。如果到了宾州,但是部队一旦没有派上用场,由于宾州与思恩、田州两府接壤,恐怕给这一带带来不必要的恐慌惊扰。不如先把队伍拉到梧州驻扎下来。听候您的指挥调度。"等情况。

　　今年八月二十四日,我给兵部写了一份报告,我了解到原来担任总督巡抚的姚御史,承蒙皇上恩准,他已经退职告老还乡了,我也病情严重,接受医生治疗,身体状况很差,等到上级的下令,没有立即起程。况且湖广的队伍还没有来到,时值夏秋之际,我在这遥远的地方估量着盗匪的情况,想必盗匪一定放松了警惕性,对我们来说正是可以乘机消灭他们的时候,事情要求我们迅速采取措施,轻装出动。我已经命令先前有过失官员戴罪立功。各位守巡、以及各支队伍的指挥官员。一定要根据具体情况采取灵活的策略,如果各盗匪中的头目有真心投降接受安抚并且还实在值得同情的,应当权衡利弊得失之后再进行安抚和对他们的使用作相应的安排,朝廷也不是一定要斩尽杀绝,要听候我的调查和相应的处置。如果那些叛逆只是在表面上投降官府,而在实际上依旧反叛朝廷,或者狡猾奸诈,出尔反尔,反复无常,则要全面地估量盗匪的具体情况,终究难以委曲求全,那么就应当密切注视情况的发展,抓住有利时机及时出击,主要目的在于抓住叛乱分子的头目,不得滥杀、祸及那些不幸的受害者。各位官员,一定要协调行动,不要意气用事,互闹矛盾,有悖互相援助的理义。也不要贪图战功而轻易率军冒进,采取轻率的行动,有悖热爱生命的美名,又向各有关官员发布了这样的命令。请他们遵照执行。

今据前因，看得湖兵既至，势难中止，非徒无事漫行，有失远人之信；亦且师老财费，重为地方之忧。但闻诸道路传诸商旅，皆谓各目投抚之诚，今已甚切；致乱之情，尚有可原，且朝廷以好生为德，下民无必死之雠。是以本爵尚尔迟疑，欲候督临，乃决进止。顾传闻未真，兵难遥度；各官身亲其事，必皆的知；况原任总督，虽已致政，尚在统领老成慎重，当无随策；若果事在不疑，即宜乘机速举，一劳永逸，以靖地方；如其尚有可生之道，亦且毋为必杀之谋；匪曰姑息，将图久安。及照各处流贼素为民患，非止一巢，若用声东击西之术，则湖兵之来，未为徒行。各官俱密切慎图，务出万全。本爵亦已扶病昼夜速进，军中事宜从便施行。一面呈禀抚镇巡按等衙门，一体通行知会，俱毋违错！

现在从前面陈述到的情况可以看出来，湖广的队伍已经到了，实在没有理由阻挡他们，如果说暂时没事让他们缓慢行军，那么很容易使这支远道而来的队伍失去对我们的信任，并且队伍逗留过久，容易使部队失去朝气，并且还要消耗大量财富，严重的甚至还可能成为地方的祸患。但是从各地过往的商人传来的消息说，叛乱分子的头目投降官府接受安抚是诚心诚意的。那些叛乱分子现在态度已经很诚恳了，至于发动叛乱等情况，尚且可以原谅，况且朝廷一面把爱护人的生命视作自己的重要德政，使那些叛乱的群众不必担心死罪。所以我还在犹疑不决，必须到任之后才能决定进止，我想各种传闻未必全部真实，在很远的地方军情难于把握。各位指挥官亲自统领队伍，一定会了解情况，况且前任总督，虽然已经批准退休了，但还在统领指挥军队，老总督办事慎重，自然不会随便作出决定。如果情况良好，不值得怀疑，那么就应当乘机采取措施，作一次艰苦努力，换来永久的平安，以安定地方。如果叛乱分子中有可以免除其死罪的，应当免除他们的死罪，不要想办法一定要将他们处死，这不能简单地说是纵容他们，而应当说是图谋地方上长治久安的策略。我们都很清楚，各地的流窜盗匪一向就是百姓的祸患，不单单只有一个盗匪的据点，如果用声东击西的办法出击，那么湖广的队伍来到这里也就没有算白来了。各位官都应当密切注视形势的发展，谨慎地筹划，务求想到最好的办法。我也带病连夜赶路，想尽快到达。军中的有关事情，请随机处理，同时将处理情况向抚、镇、巡、按等官府上报，一使它们能够从全局把握各方面情况，请各官员不要违抗命令，以至因此而造成不必要的危害。

牌谕安远县旧从征义官叶芳等

十一月

往年本爵提督南、赣、汀、漳等处军务，因地方盗贼未平，身亲军旅，四出剿除；尔叶芳等乃能率领兵夫，来随帐下，奋勇杀贼，效劳为多。后遭宁藩之变，尔叶芳又能坚辞贼贿，一闻本爵起调牌到，当即统领曾德礼等，及部下兵众，昼夜前来，远赴国难，一念忠义，诚有可嘉！备厉辛苦，立有战功，赏未酬劳，予心慊慊！尝欲表奏尔一官，以励忠勤，随因本爵守制还家，未及举行。今兹奉命总制四省军务，复临是境，看得旧时从征军士，多被忌功之徒，百般屈抑，心殊为之不平；念尔叶芳，旧劳未酬，合就先行奖励，故特差典史张缙将带花红羊酒，亲至尔家，用旌尔功，尔其益谨礼法，以缉下人；益殚忠勤，以报上德。省谕部下之人，务要各安生理，各守家业。人惟不为善，未有为善而不获善报者；人惟不为恶，未有为恶而不受恶殃者。闻尔所居之地，傍近各寨新民，虽云向化，其间尚多与尔为雠，尔宜高尔墙垣，严尔警备，以戒不虞；尔等尝与杜柏、孙洪舜等不和，各宜消释，讲信修睦，安集地方。吾所以倦倦诲谕尔等者，实念尔等辛勤，从我日久，吾亲尔等不啻如父子，虽欲已于言，情有所不容已也。吾今以军机重务，即赴两广，不得久留赣城，尔等但体吾教戒之意，各安室家，不必远来候见，徒劳无益。其曾德礼等，俱各谕以此意。

牌谕安远县旧从征义官叶芳等

十一月

先前我总揽南赣、汀州、漳等地军务政的时候,由于地方上的盗匪没有被消除,地方上还很不安宁。我亲自率领军队,征讨各地的盗匪。而安远县的叶芳等人还能率领士兵,来投奔我的讨贼大军。叶芳奋勇杀贼,立下了许多战功。后来又遇到了宁王宸濠谋反叛乱,而安远县的叶芳又能坚决拒绝宁王的贿赂拉拢,一接到我发出的调集他们征讨宁王的令牌,立即就统率曾德礼等人的部属以及自己的部属,昼夜兼程,赶来解救国难。我想叶芳一向忠义,实在应当进行表彰。他历经苦难,奋力苦战,战功卓著,既没有给予他奖励,也没有对他进行慰劳,我心里实在万分惭愧。我当时想上奏,为求给叶芳封一官职,劝导勉励那些忠勇之人,勤勉之人。哪知随后不久我就回到家乡守丧,没有来得及办这件事。现在我奉皇上的旨令统揽四省的军政事务,再次来到江西,看到以前曾跟随我一同出征的官兵,由于一些人嫉妒他们的功劳,因而遭到了这些人的百般压制,为此,我心里愤愤不平。想到对安远县叶芳以往立的战功还没有进行奖励,应当在这个时候奖励他了,于是特命差典史张缙带花红、羊、酒亲自送到叶芳家里,以表彰他以往的战功,勉励叶芳要更加遵循礼法,用礼法来管教自己的部属,要更加尽忠竭力以报答朝廷的恩德,并告诫自己的部属,要他们安居乐业,认真勤恳操持自己的家业。人只有不做好事的,没有做了好事而不得到善报的,人只有不做坏事的,没有做了坏事而不遭恶报的。听说叶芳所居住的地方,附近各村寨那些刚刚投降官府改恶从善的百姓,虽然说他们已经归顺了官府,但他们中还有不少人牢记

批南康县生员张云霖复学词

　　看得张云霖原系本院檄召起兵从征人数，立有功次，已经核实造报，皆本院所亲知。后因忌功之徒，搜求罗织，遂令此生屈抑至此，言之诚为痛愤！仰分巡岭北道即与查审，教官费廷芳招案，有无干涉？功赏银两，曾否收给？仍行提学道收送复学。则有功之士，不致于抱冤愤；而本生仗义勤王之节，庶亦不负其初心矣。（批赣县生员雷瑞词同）

着对叶芳的仇恨。叶芳应当把自己住所的围墙做得更高更坚固一点，严格督促自己的保卫人员，以防止不测的事件。叶芳曾与杜柏、孙洪舜等人不和睦，你们应当捐弃前嫌，共同修好，讲求信誉，和睦相处，以便使地方能够安定。所以我诚恳地开导你们，实在是想到你们辛苦勤勉，跟随我那么长的岁月，我关心你们不亚于父亲对自己子女的关心。我虽然想跟你们多说一些，但是形势不允许我多说了，我现在担负着国家的重托，总揽四省的军政事务，马上就要到两广去，不能再滞留在江西省城了。但愿你们能够领会我对你们进行谆谆教导的用意，各自把自己的家室安顿好，不必远道而来和我谋面立即前来谋面，也于事情没有什么帮助。还应当将我的这番话，以及我的去向等全部转告给曾德礼等人。

批南康县生员张云霖复学词

张云霖原是我在起兵讨伐叛逆响应文告参加的起兵从军人员，后来在征伐叛军的过程中，张云霖立有战功，并且已经核查属实，造册上报了，这些情况我都很清楚。后来，由于嫉妒有功人员的人搜寻罗织罪名，就使张云霖受到压制，以至于到了现在这种状况。说到这里，我实在感到痛心啊！我要求岭北道立即调查并作出处理，教官费廷芳与张云霖一案有没有什么瓜葛？是否把因功而奖励给张云霖的钱物给私吞了？还向提学道发布命令，要求将张云霖复学，这样，才不至于使有功于国家的人士，身受冤屈而对朝廷不满，那么像张云霖一样有德行、身怀报国之志的人，才会不改他们的初衷了。（批复关于赣县生员雷瑞一案的内容和这差不多）

放回各处官军牌

十二月二十五日

照得先因田州等处变乱，前任军门抽拨两省官军，及差官取调左右两江土官目兵，前赴南宁等处驻札，听候征剿。今照各夷看来告，要诚心向顺；已渐有平复之机。且各处城池边隘，缺人防守，往往来告盗贼乘间窃发，亦不可不为之虑。况今春气萌动，东作方兴，各兵屯顿日久，霜眠草宿，劳苦万端，应合放回。为此牌仰本官，即将军门原调各处；官军、机兵、打手，及各土官目兵，尽数撤散，放回休息，及时农种，防守城池。惟湖广永、保二司土兵，姑留听候，俟沿途夫马粮草完备，然后发回；各具由回报，毋得违错！

犒谕都康等州官男彭一等

十二月二十八日

看得广西某州县官孙族某，官男头目某等，统领土兵前来南宁宾州地方，屯哨日久，劳苦良多；即今岁暮天寒，各兵远离乡土，岂无室家之念；故今特加犒劳，通放归复业安生。本族官目，务要严整行伍，经过地方，毋得侵扰人家一草一木，有犯令者，即时照依军法斩首。到家之后，仰本州县官仍要爱惜下人，辑和邻境；毋得恃强凌弱，倚众暴寡，越理逾分，自取罪累。遵守朝廷法制，保尔土地人民。牌仰本

放回各处官军牌

十二月二十五日

先前由于田州等地发生变乱，前任军事负责人抽调两广的正规部队，并派遣官员到左右江一带调集当地的地方部队，前往南宁驻扎，听候调遣征伐叛乱。现在了解到各地的叛乱少数民族的情况，他们已有诚心诚意地归附朝廷的动向，渐渐地将有平息这一带叛乱的转机了。况且各地的城池，边界要地，缺少防守的人员，往往有人来报告说有盗匪乘官兵调走，当地驻防人员减少的机会要进行活动，对这样的事也不得不考虑。正规部队、巡捕、打手以及地方部队应尽快地撤离，该遣散的及时遣散，并放他们回家休假，让他们及时从事农业生产，防守各地的城池，只有湖广永、保二司的土兵，暂且停留等候，等到沿途为他们准备好了粮草后，再遵照命令返回原地，各地都要将撤离，遣散部队以及地方的驻防情况全部写报告呈报上来，请不要违反命令以至于招致失误。

犒谕都康等州官男彭一等

十二月二十八日

广西某州县官一孙氏家族，有一个做官的男丁，带领地方部队来到南宁一带驻扎，听候调遣。征伐叛贼，他们在这里驻扎了很长一段时间。吃了不少苦头。今年岁末，天气严寒的时候，各路兵马听从命令，撤回本土。难道孙氏带领的这支地方部队的人员就不想念家乡，思慕亲人吗？所以现在对这支地方部队进行犒劳，并通知准许他们返回故里，安居乐业。本族的官员们，务必要严厉整顿约束队伍，凡是部队经过的地方，不要骚扰经

州县官,执照遵守,到家之日,俱依准回报。

札付永顺宣慰司官舍彭宗舜冠带听调

据湖广永顺等处军民宣慰使司领征官带舍把彭明伦田大有等呈称:"统兵土舍彭宗舜,系致仕宣慰彭明辅嫡生次男,伊兄彭宗汉身故,本舍应该袭替。嘉靖五年,宗汉奉征田州,蒙军门札付冠带杀贼;惟本舍见统目兵听用,又自备家丁三千报效。窃恐未授官职,军威无所瞻肃,呈乞比照故兄彭宗汉事体授职便益"等因,到爵。

为照军旅之政,非威严则不肃;等级之辨,非冠带无以章。今官舍彭宗舜于常调之外,自备家丁,随父报效,不避艰险勤劳王事,固朝廷之所嘉与;况又勘系应袭次男,今以土舍领兵,子体统未肃,合就遵照敕谕便宜事理,给与冠带,以便行事。除事宁另行具奏外。为此札仰官舍彭宗舜先行冠带,望阙谢恩。仍须秉节持身,正己律下,申严约束,而

过当地的百姓,不损坏百姓的一草一木,有违犯禁令的,严格按照军法治罪,立即就地斩首。回到家乡之后,要求该州、县的官员仍然要爱护下层百姓,好好地管理他们,使他们能够和睦地相处,不要恃强凌弱,凭人多而欺负人少的,违背礼义,不守本分,自己为自己找罪受。请遵照朝廷的法令制度办事,保护你们所管辖的百姓。发令牌到该州、县的官员遵照以上命令,等到地方部队返回之后,将具体情况呈报上来。

札付永顺宣慰司官舍彭宗舜冠带听调

据湖广永顺等地的军民宣慰使司领征官带舍把彭明伦、田大有等人呈来的报告中提到:"统领地方部队的彭宗舜,是已经退休的前宣慰彭明辅的亲生儿子,是老二,他的哥哥彭宗汉已经死了,彭宗舜理应接替他的职位。嘉靖五年,彭宗舜奉命率兵征伐田州,承蒙军中答应给他官服,使他能够勇敢杀贼,唯独彭宗舜见自己统率的官兵听从调遣,于是又率领自己的三千家丁来报效国家。我们担心没有授予彭宗舜官职,他在军队中的威望难于树立,那么军队也将难于整肃约束,所以我们呈送报告,请求按照他已故的兄长彭宗汉的做法,给彭宗舜授予官职官服,这样更为妥当。"等情况,我同意授予他官职官服。

我很清楚,要治理军队,没有威信则难于治理和约束军队的官兵;军队中职位的高低,辨别起来很简单,一看军官们穿的官服就很清楚,现在彭宗舜他统率的队伍属正常的调派,除此之外,还把自己的家丁也一同调遣过来,跟随父亲报效国家,不辞辛苦。本来这种行为朝廷就应当对它进行嘉奖,并大力地鼓励。况且彭宗舜又是按惯例该接替其兄职位的彭明辅的第二个

使兵行所在，无犯秋毫；作兴勇敢，而使兵威所加，有如破竹。务竭忠贞，以图报称。功成之日，具奏旌赏，国典具存，先具冠带日期，依准缴报。仍行本省镇巡衙门知会，毋得违错。

批广西布按二司请建讲堂呈

据参政汪必东、佥事吴天挺呈："请建讲堂号舍，以便生员肄业事。"看得感发奋励，见诸生之有志，作兴诱掖，实有司之盛心；不有藏修之地，难成讲习之功。况境接诸蛮之界，最宜用夏变夷；而时当梗化之余，尤当敷文来远；虽亦俎豆之事，实关军旅之机。准如所议，动支军饷银两，即为起盖，务为经久之计，毋饰目前之观。完日，开数缴报。

儿子。现在以一个地方百姓统帅军队，这对于整个军队的体制就不合适。于是我就按照皇上圣旨中规定的原则相机处理，发给彭宗舜官服，以便能更好地发挥他的作用。除等到地方秩序安定后打报告向上汇报之外，还要求彭宗舜先着上官服，感谢朝廷的大恩大德，还需要保持发挥自己的良好节操，严格要求自己，严格约束自己的下属，申明军纪，而使自己率领的部队所到之地，秋毫无犯。而且官兵们作战勇敢，使自己率领的军队名声远扬，在战斗中，军队所到之地，一路势如破竹，务必对国家竭忠尽力，以图报效国家，等到大功告成的时候，再按功绩大小，按照国家的规定，进行隆重的奖赏。先着好官服，不久，我将情况上报。还要通报湖广的镇、巡等官府官员们知道这一情况，不得违背以至于招来失误。

批广西布按二司请建讲堂呈

据广西参政汪必东、佥事吴天挺呈送来的报告说："请求批准建造学堂以及学生们的宿舍，以便使学生们能够在这里完成他们的学业。"我看了这份报告之后很受感动，浑身都洋溢着一股新的活力，可以想到那些书生们有远大的志向，当地的官员们对教学这样的事十分的重视。对学生们进行及时的引导和提携，当地的官员们也是颇费心机。没有安身的地方，很难达到教、学的目的，况且广西一地，处在与各少数民族交界处，最适合用华夏文明去感化改造他们，而当前的少数民族，十分的蛮横，最好配以文化方式来使他们归附朝廷，教、学看起来虽然是小事情，但却是关系到是否用兵的大事。准许按他们的商议办理，动用军队的军饷银两，立即动手建造讲学堂的校舍，一定要

批立社学师耆老名呈

嘉靖七年正月

据思明府申称："要令土人谭勋苏彪，加以社学师名号；乡老黄永坚，加以耆老名号。"看得教民成俗，莫先于学；然须诚爱恻怛，实有视民如子之心，乃能涵育薰陶，委曲开导，使之感发兴起；不然，则是未信而劳其民，反以为厉己矣。据本县所申，是亦良法，但须行以实心，节用爱民，施为有渐，不致徒饰一时之名，务垂百年之泽给可。该道守巡官，仍加劳来匡直，开其不逮。备行该府查照施行。

议处江古诸处瑶贼

节据各道哨守官兵呈报，照得广西府江、古田、洛容诸处瑶贼，日来势益猖炽，皆由近年以来，大征之举，既为虚

把它看成是一件长久的大事来对待，不得只满足眼前的需要。等到建造完毕的时候，把所花费的钱财数目，一一记录清楚，向上汇报。

批立社学师耆老名呈

嘉靖七年正月

据思明府提交的申请报告说："要求给思明府当地的人谭勋苏彪加封社学师的名号，给当地的一位叫黄永坚的老者加封耆老的名号。"我们比较清楚，教导百姓遵从良好的习俗。最好的方法就是对他们进行教育，然而必须使教导他们的人永远有一颗热爱他们的善良的心，也就是常常应与有爱护百姓就像爱护自己的子女一样的心肠，只有这样，才能够对百姓进行耐心细致的教导，使百姓感动，从而引起他们向善的方向转化。如果不是这样，那么受教育的百姓就不可能信任那些教授他们的人，百姓不相信他，而又使百姓劳苦不堪，这反而也害了自己。明思县报告中所提及的，当然也是安抚百姓的一种好方法，但仍然需要有一颗诚实的心，节约费用，爱护百姓，教导他们须循序渐进，不要贪图追求一时的虚名，务必要为树立百年的良好社会风尚打好基础，各道的守巡官员们，仍然需要加倍努力，来帮助扶持那些好的东西，找出并弥补那些不足的地方。要求该府按照要求具体实施。

议处江古诸处瑶贼

从各道驻守的官兵呈送来的报告得知，广西府江、古田、洛容等地方的盗匪，近来日益猖獗，都是于近年来大兴征诛之事，

文，而雕剿又复绝响，是以为彼所窥，肆元忌惮。今思、田事体渐就平息，湖兵西归有日，正可相机行事。为此牌行左布政严紘，密切会同参政龙诰，按察使钱宏，副使李如圭、翁素，将各稔恶贼巢，务访的确，密拘知因乡道，备询我兵所由道路险夷远近，及各贼巢所在；议谋既定，即可迎约湖兵，决机行事；要在声东击西，后发先至，但诛其罪大恶极者一处两处，其余且可悉行宽抚，容令改恶从善，务在去暴除残，惩一戒百；不必广捕多杀，致令玉石无分，惊疑远迩，后难行事。若其事势连络广远，关系重大，亦且不宜轻动。本院尚驻南宁，彼中事机，势难遥度，谅各官平日素有深谋沉勇，秉义奋功，一切机宜，自能周悉。近报铲平之获，已见用心之勤，尚须后效，一并奏请。凡有申禀，密切封来。

声势浩大，而又没实力、尽是虚文，最后又没征剿实力，结果我军虚实都被他们看清，因此他们肆无忌惮，行凶作恶。现在思恩、田州一带的变乱之事大体已经平息了，湖广的队伍没几天也就要西行返回原来驻地了，正可利用这一机会，采取具体措施。为此向左布政严浚发布令牌，要求他密切会同参政龙诰、按察所钱宏，副使李如圭、翁素一道，将各处作恶多端的盗匪据点务必调查清楚，秘密招募那些熟悉各处方向道路的人，向他们咨询有关我军进军的道路情况，如道路的远近、道路是否平坦、各盗匪据点的位置所在。等到谋划妥当了，立即会同湖广的地方部队，抓住时机，进行出击，重要的是在声东击西，以逸待劳，要选择作恶较多，危害较大的一两个盗匪据点作为进攻的对象，将它们彻底铲除，对于其他地方的盗匪据点的盗匪，都可以对它们安抚，容许并要求他们改恶从善，目的在于消除残暴，铲除凶恶，杀一儆百，不需要大面积的追捕，无节制地将那些人杀掉，以致于使好、坏不分，使远近都对进剿惩处表示震惊，对我们的政策表示怀疑，对我们以后处理相关问题造成严重恶果，如果这些盗匪的活动情况与各种方面的情况交织在一起，涉及的面比较广，关系重大，也不宜轻易采取行动。我尚且还在南宁，这里的具体情况，在远方的我实在难以估量，我想各位官员，平时一向思考问题比较周密，而且有眼光、战斗时又十分的勇猛、沉着。应当坚持道义奋勇杀贼，一切有关的筹划，我相信都能考虑得比较周全。近来有人呈报在筹划方面的进展和收获。可见大家已经费了相当的精力了，但是还需要努力规划，把各种情况都要及时向我汇报，凡是要求处理重大的问题的，请秘密将报告送来请示批复。

批岭西道立营防守呈

二月

据佥事李香呈称顾募打手立营防守缘由。看得所议既得其要略,但屯兵固不可分,而合兵又不宜顿,必须该道及统兵官,时将屯聚之兵,督率于贼盗出没要害,往来巡视操演,因而或修复营堡,或开通道路,或戒饬反侧瑶寨,或抚安凋弊民村,巡行惯熟,远近不疑,择其长恶不悛者,间行雕剿,惩一戒百;如农夫之植禾,必逐渐而耕耨;如园丁之去草,必以次而芟除;庶屯聚之兵,无坐食之患,而有日新之功矣。仰备行各官查照施行。

犒送湖兵

照得先该军门奏调湖广永顺、保靖二宣慰司土官目兵,前来征剿田州等处,今照各夷自缚归降,地方平靖。为照宣慰彭明辅彭九霄虽未及冲冒矢石,摧坚破敌,然跋涉道途,间关山海,不但劳苦之备尝,且其勤事之忠,赴义之勇,不

批岭西道立营防守呈

二月

据岭西道佥事李香呈送来的报告中谈到，要求招募打手建筑营防以便加强地方的防守。李香详尽地说明了这样做的原因。我从李香的呈报中可以看出，佥事李香等人的商议谈到了问题的要害。驻扎部队本来不宜将部队分散，但是将部队集中起来又不宜驻扎。应当要求这道以及有关的指挥官员，把从各处调往而集中在一处的队伍，统领到盗匪经常出没的地方，在这一带进行巡视进行演练，因此乘这个时候将营寨修好，将堡垒构筑坚固，或者利用这个机会在这一带修筑道路，或者利用这个时机惩戒附近的盗匪，或者安抚这一带生活异常贫困的乡村百姓。长期在这一带巡视操练，熟悉这里的环境，在长途追剿盗匪的过程中，对盗匪的形势不会感到迷惑。选择一些比较顽固，作恶较多的盗匪，将他们剿灭，达到杀一儆百的作用。这就好比农民进行水稻种植，必须先把田耕好，然后才能进行；就好像管理花园的人去除园中的杂草，必须一株一株地将它拔去，然后才能除尽一样。那么这样驻扎在一地的队伍，也就没有只耗费粮饷等方面的担忧了，并且还可以天天都立新功，要求各有关官员按照我所讲述的办法进行。

犒送湖兵

先前军门奏报要求调集湖广永顺、保靖二宣慰司的地方武装，前往两广帮助征剿田州等地的叛乱，现在已经形势明朗。这些叛乱的少数民族自愿归附朝廷，地方上已经安定了，宣慰彭明辅、彭九霄，虽然没有冒着对方的刀剑乱石，英勇杀敌，摧毁敌

战而胜，全师以归，隐然之功，亦不可掩。所据宴劳之礼，相应照旧举行。其沿途该用廪给口粮等项，亦合计算总支，庶免阻滞，及省偏州下邑之扰。为此牌仰本官行会左参政龙诰，佥事吴天挺，参议汪必东，督行南宁府，于赏功彩段金银花枝银两内，照依开数支出，赍送各宣慰，并给赏各舍目收领，以慰其劳。仍将永保二司官舍头目人等，合用廪给口粮等项，查取见在确数各有若干，亦行南宁府查自本府起，至梧州府止，计算几县，每驿扣算该银若干，就于军饷银内支给；又自梧州起，至桂林府止，查算县驿若干亦就行该府支银应付；又自桂林府起，照前计算至全州止，银两亦行该府查给。其各州县止是应付人夫，再不许别项科派于民。仍通行南宁浔州、梧州、平乐、桂林、全州，各查照单内，预行整办犒劳下程，听候各官舍目到彼，分送犒劳给赏施行。

人的堡垒，然而他们率领部队远道而来，其间爬山涉水，不但劳苦异常，而且他们很诚恳地对待增援这一事。忠义之师，奋勇前来，不经过战斗而取得胜利，部队没有任何损伤地返回去，这其中包含着他们的功绩，无论怎么也是掩盖不了的。原来要求为湖广地方部队举办的欢送宴会，应当按原定计划举行。他们在返回途中需要的粮饷等项，各地也应当想方设法支付给他们，以免使他们停留下来，不能及时返回，以免他们困扰在一些地方，给一些地方增添不必要的麻烦。我向左参政龙诰，佥事吴天挺、参议汪必东发布令牌，要求他们一道赶往南宁府将购置彩缎、金银、花枝等用来赏赐的物品所需的款项，按实际应该花费的数目一一支出，将这些款项赠送给各宣慰，并给有官兵行赏，以表彰他们为帮助两广所付出的辛苦。还要把永顺、保靖二司的官兵总兵所需要的粮饷等分别多少，以及现在他们还实实在在剩下多少。不要求他们到南宁府核实以南宁府算起到梧州府止，沿途湖广地方部队要经过那几个县，各有关的驿站应扣算为支付湖广与部队的粮饷所需要的数目。那么调当好后就应当在军费中拨给各有关的驿站，从梧州府起到桂林府止，湖广地方部队沿途要经过那些县，各驿站应当付给湖广地方部队多少粮饷，这笔费用从桂林府官库中支付。再从桂州府到全州府，按照前面的办法给湖广地方部队支付粮饷，所需费用由全州府官库中支付。其他各有关州县，只需要到时派出接待湖广地方部队的人员，再不能向百姓进行其他形式的摊派。还向南宁、浔州、梧州、广东、桂林、全州，分别按照有关要求，预先准备好犒劳湖广地方部队，并将他们送出本地，下一个地方等候迎接湖广地方部队，每到一地，都要赏赐湖广地方官兵。

批岭西道抚处盗贼呈

看得各处盗贼,全在抚处得宜,绥柔有道,使之畏威怀德,岁改月化,自然不敢为恶,乃为善策。虽雕剿之举,亦不得已而后一行。至于待其猖獗肆恶,然后悬金以购首级之获,掩袭以求斩捕之多,抑亦末矣。今后该道官,务思抚处绥柔之长策,如驾舟之舵,御马之辔,操持有要,而运动由己,若舍舵与辔,而广求驾御之术,虽极工巧习熟,终亦不免倾跌之虞。一应赏罚,量功大小以为多寡;军门原有旧规,军职累功升级,亦有见行事例。临阵退缩,仰遵敕谕事理,当时以军法从事!俱仰查照施行。缴。

禁革轻委职官

据广东布政司呈参:"广州左等四卫,掌印指挥王冕、海信、杜隆、冯凝,千户陆宗等,百户刘恺等,不修职业,委弃城池,远出经旬,肆无忌惮,应合参问。"参看擅离职役,律有明条。今各处军卫有司官,往往辄因私事,弃职远出;

批岭西道抚处盗贼呈

　　我仔细地考察了各地的盗匪平定情况,剿抚的中心全在于安抚盗匪得当,平定盗匪有刚柔相济的绝妙方法,使那些盗匪敬畏威严而受良好的道德感化,日复一日,年复一年地改变他们以前的陋习,他们自然不敢再做坏事,这才是最好的安抚盗匪的办法。虽然要剿杀盗匪,这也是万不得已的最后一个行动,至于等到盗匪十分猖獗恣意作恶的时候,然后再出赏金来购买盗匪的首级,出其不意地尽可能多地将他们斩杀,这实在是最下等的策略了。今后各道的官员们一定好好思索,采取什么样的好办法来安抚盗匪。譬如在江河中驾驶小船时的舵,骑马时的马辔,如何很得体的把持他们都有一定的规律,把握恰当,那么行动起来就比较灵便,可以自己掌握主动权。如果抛弃舵和马辔,而多方面寻找驾驶它们的好方法,虽然能够找到其他相当好的方法,但是终究还是不免有失足跌倒的可能。一切赏罚,都根据战功的大小、多少而决定应受赏的大小、多寡,军队中对于这些早就有规定,按照军功的大小进行提拔任用,也可以参照以往的惯例。凡是临阵退缩逃避的官兵,就请按照皇上给我的圣旨中规定的原则办理,立即按军法进行处罚,请各位官员都要按照执行,特此通知。

禁革轻委职官

　　广州布政司呈来报告控诉:"广州左等四个卫的有关官员,这些官员分别是主要的负责官员指挥王冕、海信、杜隆、冯凝,千户长陆宗等人,百户长刘恺等人。他们的主要罪状是不认真履行自己的职责,使城镇的防守松懈,离开任所,远到其他地方,

或因上司经由过为趋诣，越境送迎，往回动经旬月，上下相安，恬不为异。仰布政司通行禁革究治，今后不系紧急军机重务，其余问候申请等项，虽亦公事，势有轻缓者，止役吏胥差使，不许轻委职官。非但廪给夫马，骚扰道途，劳费不少；抑且城池库狱，一有亏失，贻累匪轻。各该衙门首领官，今后俱要置立文簿，凡遇掌印佐贰及带俸等官公事出入，俱要开记月日，因某事到某处送迎，或承何衙门到某处差委，某年月日回任，岁终缴报本院，以凭查究。

　　大抵天下之不治，皆由有司之失职；而有司之失职，独非小官下吏，偷惰苟安，侥幸度日；亦由上司之人，不遵国宪，不恤民事，不以地方为念，不以职业经心，既无身率之

经常外出，耗费时间很多，他们肆无忌惮，有恃无恐，应当追究他们的责任，治他们的罪。"我仔细地查看了有关擅离职守的条例，已经早就有明确的处罚规定。现在有些地方军、卫等衙门的官员，往往由于自己的私事，而不履行自己的公职，离开驻地远走他方，或者由于上级有关官员到他的任所经过，为了表达对上级官员的无限尊敬，迎送上级官员时往往越过自己的任所管辖地，这样一来一回往往需要近一个月的时间，就这样上上下下相安无事，大家也都怡然自得，没感到有什么不同的。这种状况，祸害无穷，要求布政司向各自所辖地发布命令，要求禁止这样的行为，并追究这种行为的责任，对它进行处罚。从今以后，凡是不属紧急的军情，重大事务的，其他如问候、申请等，虽然也属公事，但这些都有一个轻重缓急，有关这方面的管理官员，不要轻易委派官员迎送，不仅要为这些人提供食宿、马匹等，使沿途都受到干扰，要花费不少费用，而且城镇防守松懈，官库、监狱的看守松懈。万一出了什么想不到的事，那么造成的危害就不会小了，各衙门的主要负责官员，从今以后都要配备专门的文簿，凡是有主要官员以及拿国家薪俸的官员外出办理有关的公务或迎接外地办公事的人，都要把年、月、日登记下来，载明由于什么事，到什么地方迎送有关人员，或者载明接到什么衙门的委派到什么地方去办理有关的差事，哪年、哪月、哪日返回到自己的岗位，等到岁末的时候，将这个文簿呈送给我，以便我根据记录的情况进行核查，追究有过失人员的责任。

大概什么地方没有管理好，都是因为有关的官员没有很好地履行自己的职责，如有关官员没有很好地履行自己的职责，又不仅仅是那些下层官员性情懒惰，苟且偷安地过日子。确实有不

教,又无警戒之行;是以荡弛日甚;亦宜分受其责可矣。仰布政司备行各该守巡、各兵备、守备,及府州县卫所等大小衙门,仰各查照施行!该卫掌印等官,姑记未究。其陆宗、刘恺,遵照本院钦奉敕谕事,先行提究,以警其将来。此缴。

分派思田土目办纳兵粮

四月

照得思恩、田州二府,各设流官知府,治以土俗,其二府原旧甲分城头,除割田州八甲,分立土官知府,以存岑氏之后;其余悉照旧规,不必开图立里,但与酌量分析,各立土目之素为众所信服者,以为土官巡检,属之流官知府,听其各以土俗自治,照旧办纳兵粮,效有勤劳,递加升授;其袭授调发,必皆经由于知府,其官职土地,皆得各传其子孙;除具题外。为照各甲城头,既已分析,若不先令各自暂行分管,诚恐事无统纪,别生弊端。为此牌仰田州府土目龙寄等,遵照后开甲分,每岁应该纳办官粮,查照开数,依期完纳,出办一应供役征调等项事情,悉听知府调度约束;本目仍要守法

少高级官员，不遵守国家的法令制度。不关心老百姓的事务，根本不关心地方，不把自己应当承担的任务当成一回事。既不能身体力行，为下级官员作模范表率作用，又不能用有关的法律条文、规章制度来约束自己的行为，就这样，一天天放松对自己的要求。因此，有关的高级高官也应当承担地方上没有治理好的责任。要求布政司的各守巡、各兵备、守备以及府、州、县、卫、所等各级官员发布命令，遵照我的指示对照检查自己，并严格遵照执行。主要负责官员暂且将他们的过失抄录下来不追究责任，对于刘恺、陆宗等人，按照皇上给我的圣旨中的规定的原则处理，先追究他们的责任，以便提醒他们以后不再重犯。这道令文上缴。

分派思田土目办纳兵粮

四月

思恩、田州二府，分到由朝廷委派正式的知府进行管理，但是这种管理要符合当地的风俗习惯等方面的传统。思恩、田州二府原有的各甲，除从田州分出八甲，委任当地土人作知府，以保存岑氏宗族的后代，其他的按照原有的规定，不必另行分开再设置，但应当根据具体情况具体分析，一向为当地人真心诚服的地方头人，应当成为当地的地方官，巡、金之类的官员以及知府等官员，都应当根据当地的实际情况进行管理，以便符合当地的风俗民情。按照原来的办法向国家交纳钱粮，服兵役等，有勤于政事，功绩卓著的，按相应的条例进行奖励提拔，他们的升迁、调动，以及承袭他人的官职，都得经知府办理，他们的官职土地都可以传给自己的子孙，除这些具体规定之外，

奉公，正己律下，爱养小民，保安境土；毋得放纵恣肆，逾分干纪，自取罪累，后悔无及。候奏请命下，仰各钦遵施行。

计开：凌时甲。每年纳夏税秋粮米八十八石八斗七升七合。每调出兵三百八十四名。每年表笺用银三钱二分。须知一本，赴广西用银一钱一分。须知二本，赴京用银八钱八分。每年纳官猪等例银一十三两。每年纳官禾四十担，重一百斤。每年供皂隶禾七担。

完冠砦陶甲。

案行广西提学道兴举思田学校

照得田州新服，用夏变夷，宜有学校；但疮痍逃窜之余，尚无受廛之民，即欲建学，亦为徒劳；然风化之原，终不可缓云云。除具题外，拟合就行，为此仰抄案回道，着落当该官吏，备行所属儒学遵照；但有生员，无拘廪增，愿改

现了解到一些甲的城头，已经分出好几支出来了，如果现在不暂时让各分出来的头领们进行管理，实在恐怕没有统一的管理约束，而带来许多弊端。这样向田州府的头领人物龙寄等人发布令牌，要求他们按照以后甲的分属情况查清，每年应该向官府交纳多少钱粮，都要查清楚，并分别开列出来，在规定的期间内交纳完毕。一切应当承担的徭役，征调等方面的事情，都要听从知府的安排调度管理。这些头领本人也要奉公守法，先严格要求自己，再去要求下面的人，爱护自己管辖地的百姓，使自己管辖的地方安定有秩序，不要放纵自己，胡作非为，肆意践踏国家的法律，破坏各种规章制度，自己为自己积聚罪恶，到受处罚的时候，后悔也已经晚了。等我的上奏批准后，那么就请按皇上给我的批示中规定的办理。

合计：凌时甲每年应缴纳夏税、秋粮八十八石八斗七升七合。每调应出兵员三百八十四名，每年表笺使花费的费用是三钱两分。还应当清楚每一本文簿送到广西，要花费一钱一分银钱，须知二本送北京，用银八钱八分。每年应交纳给官府的生猪等项约合需花费十三两银钱，每年应上交给官府的粮食四十担，每担约计一百斤，每年还应交纳早谷七担。

完冠岜陶甲

案行广西提学道兴举思田学校

田州等地，刚刚归附朝廷，要用中原地区的文化去同化这些地方的少数民族，应当办学校才好，但是目前到处都十分的凋敝，到处破烂不堪，百姓连住的房屋都没有，现在就去建学校，建了学校也是徒劳。然而这关系到社会风俗、习惯的改变，不能

田州府学，及各处儒生愿附籍入学者，各赴告本道，径自查发；选委教官一员，暂领学事，相与讲肄游息，或兴起孝弟，或倡行乡约，随事开引，渐为之兆，俟休养生息一二年后，该府建有学校，然后将各生徒通发该学肄业，照例充补增廪，以次起贡，俱无违错。

揭阳县主簿季本乡约呈

四月

据揭阳县主簿季本呈为乡约事，足见爱人之诚心，亲民之实学，不卑小官，克勤细务；使为有司者，皆能以是实心修举，下民焉有不被其泽？风俗焉有不归于厚者乎？但本官见留军门听用，该县若无委官相继督理，未免一暴十寒。况本院近行十家牌谕，虽经各府县编报，然访询其实，类是虚文搪塞；且编写人丁，推在查考善恶，乃闻加以义勇之名，未免生事扰众，已失本院息盗安民之意。访得潮州府通判张

拖得太久，除将这些具体情况向上题奏外，目前就可筹办学校。将我的命令誊写好发拿回道里之后，要求有关官员具体负责，通知在自己所属范围内的各有关儒学机构都要遵照执行，一旦有学生，就不要拘于住房是否增加了，凡是愿意转到田州府学堂的，以及各地的儒生愿意归附，加到田州府的学堂进行学习的，各有关官员都要及时地报告，并且还要亲自调查了解，选派一名教官，暂时负责学校中的有关事务，给学生们讲学，与学生们进行交谈讨论，并与他们生活在一起。或教他们如何遵守孝道，以及爱护自己的弟妹，或者向他们倡导遵守乡规民约，一些高深的道理，都应当从日常生活中的具体小事中引发出来，那么渐渐地我们就可以看到教育带来的好结果，等到休养生息一二年之后，田州府已经建造了学校，那么可以将其它地方的学生迁到田州府来上学就读。按照惯例增加学生学习经费，按学习成绩叫他们参加考试，请有关官员为兴办学校出力，不要违抗这道命令。

揭阳县主簿季本乡约呈

四月

收到了揭阳县主簿季本的呈报，呈报中谈的是有关乡约的事。从这份呈报足见主簿季本热爱百姓的诚挚心情，足见他有爱惜百姓的真才实学，不因为自己是小官而就没有志气，勤恳地工作，致力于做好各项具体的工作。假使从政为官的人都能有主簿季本一样办理实事的热情，努力制订并推行具体的措施，那么百姓哪有不享受到官员们给他们带来的恩惠呢？地方上的风俗那里能不淳厚呢？我把季本提拔到我衙门中以发挥他的才干，又担心揭阳县没有后继者能够推行季本的乡约，使得这工作

继芳，持身端确，行事详审，仰该府掌印官将发去牌式，再行晓谕所属，就委张继芳遍历属县，督令各该县官，勤加操演，务要不失本院立法初意。仍先将牌谕所开事理，再四绅绎，心须明白透彻，直如出自己心，庶几运用皆有脉络，而施为得其调理。该县乡约，仰委县丞曹森管理，毋令废堕！

赈给思田二府

照得近因思、田二府攘乱，该前总镇等官，奏调三省汉土官军兵快人等，前来南宁府屯住防守，军民大小，男不得耕，女不得织，而湖兵安歇之家，骚扰尤甚，今虽地方平靖，湖兵已回，然疮痍未起，困苦未苏。况自三月已来，天道亢旱，种未入土，民多缺食，诚可悯念！已经行仰同知史立诚，遍查停歇湖兵之家，开报相应量行赈给。为此牌仰南宁府，

刚做好又停止下来。况且我最近推行十家牌式法,虽然各府县都已经编排上报给我了,但是调查探询十家牌式法的真实实施情况,几乎成为一纸空文,一些官员也就那样敷衍塞责,并且有的在编写人口的时候,着重在考查所编入的人员的善恶情况,并且还听说有的在里面还添有义、勇等名目;这些未免故意制造事端,扰乱民众,已经失去了我设立十家牌式法当初的良好愿望了。我了解到潮州府的通判张继芳,为人正派,办事公道,节操好,办事认真、仔细,于是我要求潮州府的主要负责人员给通判张继芳发出令牌,并告示潮州府所管辖的地方,委派张继芳到所管辖的各县巡回检查,督促各县的官员们,认真办理十家牌式法,一定要不失我当初设立十家牌式法的良好愿望。仍然用令牌告诉各有关官员们要办理的具体事务,并将这些具体事务理出一个头绪,使各有关官员心里对这些要办理的事务十分的清楚、明了。使他们觉得这些办的事就跟自己心里想的一样,那么具体办理这些事务的时候就会井然有序,并且达到它们的预定目标。至于揭阳县季本所拟的乡约,要求委派县丞曹森负责管理实行,不能让它废弃。

赈给思田二府

近来,由于思恩、田州两地发生骚乱,这两地的前总镇等官员,上奏要求调集三省的汉、土部队,前往南宁府驻扎,协同防守南宁。无论是官兵还是百姓,男的无法从事耕种,女的无法从事纺织。而有湖广队伍住宿的人家,受到的扰乱更大,现在思恩、田州两地一带虽然已经安定了,但是因骚乱使老百姓遭受的破坏还没有一点改变,百姓的疾苦还没有一点改观。况且

着落当该官吏,专委同知史立诚,即将十名以上七十一家,各给米二石,盐鱼二十斛;五名以上三百五十六家,各给米一石三斗,咸鱼十三斛;五名以下四百五十四家,各给米一石,咸鱼十斛;就于该府军饷米鱼内支给开报。其余大小军民之家,谕以本院心虽无穷,而钱粮有限,各宜安心生理,勤俭立家,毋纵骄奢,毋习游惰,比之丰亨豫大之日虽不足,而方之兵戈扰攘之时则有余矣。

牌行灵山县延师设教

六月

看得理学不明,人心陷溺,是以士习日偷,风教不振。近该本院久驻南宁,该府及附近各学师生,前来朝夕听讲,已觉渐有奋发之志。但穷乡僻邑,本院既未暇身至其地,则诸生亦何由耳闻其说?合行委官,遍行训告。

看得原任监察御史,今降合浦县丞陈逅,理学素明,志

从三月起，这些地方又发生严重旱灾，种子没有播种，百姓大多数缺少粮食，这些情况，实在值得我们同情。我已经要求同知史立诚，详细调查湖广队伍停歇的人家，将情况呈报上来，并根据具体情况酌情进行赈济。这样向南宁府发出令牌，要求派出专门的官员和同知史立诚一道，立即将住十个以上湖广士兵的七十一个家庭，分别发给救济米二石，盐腌制的鱼二十斛，住五个以上十个以下湖广士兵三百五十六个家庭，分别发给救济米一石三斗，咸鱼十三斛，那些住留五个以下湖广士兵的四百五十四家，发给救济粮一石，咸鱼十斛，并在南宁军饷中的米、鱼内支出。剩下的家庭，我的心里也很想对他们进行救济，但是政府的钱粮实在很有限，这些家庭应当安心生活，勤俭持家，不要奢侈浪费，不要染上游手好闲的坏习惯。现在与那些丰收的年成比起来生活虽然差得很多，但是与刚刚过去的骚乱时期，兵戈扰乱的时候则要好得多了。

牌行灵山县延师设教

六月

现在理学不兴盛，人们的精神状况一天不如一天，这都是由于一些为政的人只追求眼前利益，以致于社会风气不振。近来，我一直驻守在广西南宁，南宁府及其附近的各学校的师生，都到我所在的地方听我讲学，我已经感觉到了这些人勤奋努力，有新的远大的志向。但是那些贫困而又偏僻的地方，我没有抽空到那些地方去。那么其他的学生怎么能够亲耳听到我的学说的要义呢？应当委派官吏，到各个地方去进行训导那些学生。

我了解到原来的监察御史，现在调到合浦县做县丞的陈

存及物；见在军门，相应差委。除行本官外，为此牌仰灵山县当该官吏，即便具礼敦请本官于该县学安歇，率领师生，朝夕考德问业；务去旧染卑污之习，以求圣贤身心之功。该县诸生应该赴试者，临期起送；不该赴试者，如常朝夕听讲。或时出与经书策论题目，量作课程；不得玩易怠忽，虚应故事，须加时敏之功，庶有日新之益。该县仍要日逐供给薪米之类，候该县掌印官应朝之日，本官不妨训迪诸生，就行兼署该县印信。

牌行委官陈逅设教灵山

看得理学不明云云，除行廉州府及所属县外，牌仰本官，即便前去该府及所属县，行各掌印官，召集各该县师生，遍行开导训告，务行立志敦本，求为身心之学，一洗旧习之陋。度量道里，折中处所，于灵山县儒学住歇，令各县师生可以就近听讲。其诸生该赴试者，临期起送；不该赴试者，如常朝夕聚会，考德问业，毋令一暴十寒，虚应文具；亦或时出经书策论题目，量作课程，就与讲析文义，以无妨其举业之功。大抵学绝道丧之余，人皆骇于创闻；必须包蒙俯

迒，对理学有很深的造诣，他的志向可以从他对待事物的态度表现出来。我到军中，除派官员向县丞陈迒发令牌外，还向灵山县的官员们发送令牌，要求他们立即以十分周到的礼仪诚恳地请求合浦县丞陈迒到灵山县来讲学，并将陈迒好好地安顿在县学馆中。率领本地的教师、学生，整天进行道德修炼，了解并督促他们的学业。通过这些措施，一定要求去除过去的卑鄙的行为习惯，以便使他们都成为具有高尚道德情操的人，本县如果有生员要求参加选拔考试，那么等到要起程时，应当欢送他们赴考，不需要参加考试的，如平常一样整天听教师讲学，或者偶尔从经书上挑选一些题目以便作策论，认真地完成当天所学的功课，不能浪费时间，不认真的对待学业，马马虎虎地应付了事。应当加倍努力，进行深入的领会。那么这样每天都将有新的收获。灵山县还应当每天向师生提供薪金俸米之类。等到本县的主要官员入京上朝的日子，随后仍要训诫教导启发学校的师生，并代替主要官员掌管该县印信。

牌行委官陈迒设教灵山

我了解到理学不兴盛的种种情况等，除了向廉州府和廉州府所属的有关县发布命令外，也向你这位县丞发出一道令牌，要求你立即前往廉州府有关的县，拜会这些地方的主要官员，召集这一县的师生，对他们进行普遍深入的教育，务求使他们立下大的志向，忠实于固有的伦理道德规范。力求授给他们如何修身立志的学问，使他们全部彻底地去掉以往的陋习。如何对事物进行评定，如何对事物作出选择，等等。你应当在灵山县的儒学校舍中安顿下来，以便附近各县的学生，能够到这里听你的

就，涵育薰陶，庶可望其改化。谅本官平日素能孜孜汲引，则此行必能循循善诱。该县掌印官应朝之日，本官不妨训迪诸生，就行兼署该县印信，待后县官应朝回日，方许交还。

牌行南宁府延师设教

看得理学不明，人心陷溺，是以士习益偷，风教不振。近该本院久往南宁，与该府县学师生，朝夕开道训告，颇觉渐有兴起向上之志。本院又以八寨进兵，前往贵州等处调度，则兴起诸生，未免又有一暴十寒之患。看得原任监察御史，今降揭阳县主簿季本，久抱温故知新之学，素有成己成物之心；即今见在军门，相应委以师资之任，除行本官外，仰南宁府掌印官即便具礼，率领府县学师生，敦请本官前去新创敷文书院，阐明正学，讲析义理。各该师生，务要专心致志，考德问业；毋得玩易怠忽，徒应虚文。其应该赴省

讲学。你所教导的学生,如果有要参加选拔考试的,等到快要到考试日期的时候,应当欢送他们赴考,如果不参加考试的,则应该和平常一样将他们召集在一起,检查他们修身和学业情况,不要一曝十寒,让他们敷衍了事,或者偶尔从经、书中抽出一些题目让学生作策论,也算作课程内容。并对学生们讲解文辞,分析其中包含的道理,以不妨碍他们的学业。大概在儒学断绝、理学沦丧的时候,学生们都害怕听到有关儒学方面的事,那么应该采取相应的办法对他们进行教育,对他们产生潜移默化的作用,那么这样学生们的过失、缺点以及其他不好的恶习就可望能够改掉了,我想你平日对理学颇有研究,想必这次你能对学生们进行循循善诱。等到灵山县主要负责官员上朝的时候,那么你不妨再对学生进行教导训诫,并暂时代理这个县的有关事务,等到上朝的官员回来的时候,再将掌管的事务交还于他。

牌行南宁府延师设教

我了解到理学目前不兴盛,人们的道德水准一天一天下降,这是因为那些为政的人只注重眼前的利益,所以导致现在的社会风气不振,近来我一直滞留在南宁,与南宁府以及附近一些县的教师和学生们在一起,给他们讲授有关理学的理论并训导他们,我感觉到现在他们身上有一股勃勃向上的生机。我又要向八寨派兵,前往贵州等地进行指挥调度,那么那些和我在一起的学生,不免又要荒废他们的学业。我了解到原来担任监察御史,现在为在揭阳县作主簿的季本,知识渊博,学问高深,一向就有干一些事业或帮助他人成就事业的良好心愿,季本现在就在我衙门中,我将委派他做一个教官,除给季本发布命令之外,

考试者，扣算程期，临时起送；不该赴试者，仍要如常朝夕质疑问难，或时出与经书题目，量作课程；务加时敏之功，以求日新之益。该府县仍要日逐量送柴米供给。

牌行委官季本设教南宁

看得理学不明，人心云云，除行该府掌印官率属敦请外，仰本官就于新创敷文书院内安歇，每日拘集该府县学诸生，为之勤勤开诲，务在兴起圣贤之学，一洗习染之陋。其诸生该赴考试者，临期起送；不该赴试者，如常朝夕聚会，考德问业之外，或时出与经书论策题目，量作课程；就与讲析文义，以无妨其举业之功。大抵学绝道丧之余，未易解脱旧闻旧见，必须包蒙俯就，涵育薰陶，庶可望其渐次改化。谅本官平素最能孜孜汲引，则今日必能循循善诱。诸生之中，有不率教者，时行榎楚，以警其惰。本院回军之日，将该府县官员师生，查访勤惰，以示劝惩。

还要向南宁府的重要官员发放令牌,要求他们以隆重的礼节,带领府县的学生诚恳地邀请季本前往南宁府创办敷文书院,阐扬理学,分析讲解各种道理,这里的师生们,一定要专心致志,了解知晓各种道理,使自己的学业能够有进展,不得松散懈怠,敷衍塞责。那些需要参加省试的,算一算他们的考期,等到他们临行赴考时,应当欢送他们。不参加其他考试的师生,仍然和先前一样,努力学习,或者从经、书上抽出一些题目,作为学生们的课程。这也算作他们课程的一部分。一定要时常督促他们,以便使他们每天都得到新的启发,南宁府仍然要逐日供给教官、师生们柴、米等物用。

牌行委官季本设教南宁

我了解到理学不兴盛,人们的道德思想日渐下降等情况。我除了给南宁府的主要负责人员发放了令牌,叫他们对附近的师生进行教导之外。还到新创办的敷文书院内安顿,每天召集南宁府一县的学生,对他们进行耐心细致的教育工作,务请用圣贤的思想去启发教导他们,以全部革除过去他们所染上的一些不好的行为习惯。师生中如果有要参加科举考试的,等到他们起程赴考时要欢送他们赴考,不需要参加考试的,就和平常一样进行学习,或者从经、书上抽出一些题目,供学生们进行作策论所用,这也算作学生们的课程内容,并向他们进行分析讲解,使他们明白其中的道理,但是又不要妨碍他们的功课,对于在讲述学习风气的变化,社会道德方向变化等情况时,不容易摆脱过去的传闻以及以往见到的一些情况、见解,必须采取较为隐蔽的方式,使学生们在不知不觉中得到感染、薰陶。使他们逐

批岭东道额编民壮呈

六月

据岭东道巡守官呈:"议将各额编民壮存留,照旧守城。并追工食,雇募打手调用。"看得本院自行十家牌式,若使有司果能著实举行,则处处皆兵,家家皆兵,人人皆兵,防守之备既密,则追捕之兵自可以渐减省,以节民财,以宽民力;但今有司类皆视为虚文,未曾实心修举,一旦遂将额设民壮,三分减一,则意外不测之虞,果亦有如各官所呈者。合且姑从所议,将各民壮照旧存留,备行该道所属,查照施行。仍仰各官务要用心举行十家牌式,不得苟且因循。惟事支吾。目前徒倚繁难自弊之术,以为上策;反视易简久安之法,以为迂缓。噫!果有爱民之诚心,处官事如家事者,其忍言者之谆谆,而听之乃尔其藐藐耶?凡我各官,戒之敬之!此缴。

渐地革除他们以往的坏习惯。我平日刻苦钻研理学，现在可以发挥特长，对学生们进行循循善诱了，如果学生中有不听从教导的，或者不愿意学习的，就要时常加以责罚。等到我返回南宁的时候，将南宁府、县的师生学习勤惰情况，调查清楚，给以劝导或责罚。

批岭东道额编民壮呈

六月

岭东道巡守官派人呈送报告，报告中提到："我们想将原来各部队的编制人员保留，使他们守卫城镇，并发给他们粮饷，并招募打手，以便调用。"看到这里，我又想起了我要求编行的十家牌式法，如果有关的官员们都能认真地对待推行十家牌式这件事，那么推行十家牌式的地方到处都是士兵，家家的人丁都是兵员，自然各地已经防守得很严密了，那么追捕盗匪的正规士兵就可以逐渐地减少了，以便节约百姓的财富，减轻百姓的负担。但是现在不少地方的官员都把十家牌式法看成是一纸空文。从来就没有认认真真地办理过十家牌式这方面的事，如果一旦将原来规定内的兵员裁减三分之一，那么许多不可意料的事情将要发生，就会像各位官员在他们的呈文中所谈及的一样。暂且就同意那些官员们商议的情况，将原来应有的兵员额保存下来，并要求该道所管辖的地方，按照批呈具体执行。同时还要求各位官员一定要认认真真地推行十家牌式法，不能得过且过，办事只看眼前。认为只靠那些繁杂、执行起来有问题的办法，是最好的策略，反而把那些简单易行，可确保地方长治久安的方法认为是十分迂腐，见效十分慢的方法。唉！为什么把爱惜百姓的

裁革文移

据布政司呈:"今后但有牌案行属者,则于备仰语后,止令奉行官吏,具遵行过缘由回报。"看得近来官府文移日烦,如造册依准等项,果系徒劳徒费,虚文无补。本院欲革此弊久矣,因军务纷剧,未及举行;据呈前因,可谓先得我心之同然者。自今事关本院,除例该奏报,及仓库钱粮金帛赃罚纸价预备稻谷等项,仍于每岁终,开项共造手册一本,送院查考外;其余一应不大紧要文册,及依准等项,通行裁革,务从简实,以省劳费。凡我有官皆要诚心实意,一洗从前靡文粉饰之弊,各竭为德为民之心,共图正大光明之治。通备行各该衙门查照施行。缴。

批右江道调和寨目呈

据副使翁素呈:"湖润寨目兵径赴镇安取调。"准议备

诚心，办理公家的事就像办理自己家里的事情一样用心尽力，把诚恳切实的言论当作耳边风呢？凡是我所管辖内的官员，一定要以此为戒，好好地执行十家牌式法，特此通知。

裁革文移

据布政司呈来的报告："今后如果有令牌有公文发行到所管辖的地方，则应当要求被通知的有关人员备文附后，把遵照执行的情况缘由写清向您汇报。"我了解到近来官府上报的文件一天天都在增多，譬如各种登记造册，各种批准公文，等等，真的是白白浪费时间，白白耗费精力，浪费财产，都是一些没有多少实际效用的空文。我想除去这些弊端已经很久了，后来由于军务繁忙，没有能及时办理这件事，现在看着前面呈文中提及的情况，和我的想法差不多了。从今以后，有关事务涉及我衙门的，除例行应当开奏上报，还有涉及有关府库中的钱粮、衣物、奖赏、赃罚纸张、物价、储藏的谷物等事项，仍然要在每年的年终，分门别类地将这些登记好，造一簿册，呈送到我衙门，以便检查核对之外，其他有关的记载的内容不太重要的文册，以及批准的奏报等，都要裁减，务必言简意赅，以节省时间，减少费用。凡是在我管辖范围内的各位官员，都要诚心诚意，脚踏实地地进行政务的处理，改变过去浮夸虚报的不正之风。都应当全心全意地为百姓办事，一起为达到国家大治作贡献。通知各有关官府，按照我的命令办理。这项行文已经上缴。

批右江道调和寨目呈

据左右江的副使翁素呈来的报告说："请求将湖润寨的军

出印信下帖，给与该府该司，各永永执照，以杜后争。湖润既已自知原属镇安，自此必益供事大之职；镇安既欲自求仍统湖润，自此必益施字小之仁；须要诚心协和，庶可永绝祸患。若徒追胁矫诬于一时，终必反覆变乱于日后，此自取灭亡，后悔何及。仰各知悉遵照毋违！此缴。

批南宁府表扬先哲申

据南宁府申称："北门外高岭，原有庙宇，以祠朱枢密使狄武襄公青、经略使余公靖、枢密直学士孙公沔、邕州太守忠壮苏公缄、推官忠愍谭公必。缘年久倾颓，止存基址，今思田既平，所宜修复，以系属人心，以耸示诸夷。"看得表扬先哲，以激励有位，此正风教之首；况旧基犹存，相应修复，准支在库无碍官银，重建祠宇；其牌位祭物等项，照旧修举。完日具由回报。此缴。

政人员直接调往镇安。"我批准了翁素的请求,并写好了令文,发往该府该司,请他们要求执行这项政策,以杜绝日后两地的斗争。湖润既然已经知道了自己原来归镇安管辖,从调往镇安之后,湖润人必定要越来越多地参与镇安的事务,并越来越多的人担任有关的职务。镇安既然仍想管理湖润,那么从此之后,也必定给湖润人恩惠,需要和湖润人协调一致,这样才可以避免以后的祸患。如果只求一时平稳,采取胁迫高压的政策,篡改历史上的沿革,使一方从属于一方,那么以后不可避免地一定要会发生祸乱,这种政策措施将招致灭亡,到时后悔,可就来不及了。请各有关官员要明白这种状况,执行我的命令,不要违抗。特此通知。

批南宁府表扬先哲申

据南宁府送来的呈报说:"在南宁府的北门外的一个山坡上,原来有一座庙宇,这座庙宇是用来纪念枢密使狄武襄公青、经略使余靖、枢密直学士孙沔、邑州太守忠壮苏缄、推官忠愍谭必的。由于年久失修,庙宇倒塌了,现在只剩下庙宇的基址。如今思恩、田州两地既然已经安定了,确实应当将庙宇修复,以使百姓也有所寄托,并且以这庙宇向异族展示它独有的风韵。"以建造庙宇来表彰过去那些有功绩、有德性的人物,这样可以激励现在各在任的官员,并且这也是用良好的道德风范教化后人的极为重要的手段。况且原来的庙宇基址还存在,应当尽快将它修好,批准从官府中支出银两,用来重建庙宇,对于庙宇中的牌位、祭祀用的物品等,仍然要按照原来的模式修好,或按原有的规模办理,等到庙宇修建完毕的时候,再将全部情况

批增城县改立忠孝祠申

据增城县申称:"参得广东参议王纲,字性常,洪武年间,因靖潮寇,父子贞忠大孝,合应崇祀;于城南门外天妃庙,改立忠孝祠。"看得表扬忠孝,树之风声,以兴起民俗,此最为政之先务;而该县知县朱道澜乃能因该学师生之请,振举废坠,若此则其平日职业之修,志向之正,从可知矣。仰行该县悉如所议施行;其神像牌位及祭物等项,俱听从宜酌处,完日具由回报。此缴。

批参政张怀奏留朝觐官呈

据左参政张怀所呈:悯念兵荒,欲留府县正官,足见留心地方。但今岁应朝事体颇重,朝廷励精图治,必有维新之政;各该正官,正宜一行,以快观感,似难通行奏留;仰各照例依期起程。况该道守巡,既得贤能官员,各肯忧劳尽心。若此各府州县,虽无正官,其各佐贰,亦必警戒修省,自堪驱策。其间果有阘冗不才,不任委寄者,该道即行别委相应官员署管,仰即通行查照施行,毋再疑滞!缴。

向我汇报。特此通知。

批增城县改立忠孝祠申

据增城县知县朱道澜呈来报告说:"我了解到广东以前的参议王纲,字性常,在洪武年间,由于平定潮州一带的敌寇,王纲父子表现出对朝廷一片忠心,对父母一片孝心,应当在增城县的城南门外设立祭祠纪念他,并将天妃庙改为忠孝祠。"看到他的奏章是来阐扬忠孝,树立良好风气,以改良民俗的。这实在是各级官员们在处理政务时首先要解决的任务。而增城县的知县朱道澜还能应学校师生的邀请,为了使良好的社会风气能够盛行,清除一些不好的陋习,而提出这样的建议,可见知县朱道澜平时对自己的严格要求,他的行为正派,从他提出的建议中就可以明白了。要求增城县就全部按照知县朱道澜的建议办。至于神像、牌位以及祭祀时的用物等项,都应当具体斟酌办理,等到办好之后,将有关情况全部告知于我。特此通知。

批参政张怀奏留朝觐官呈

左参政张怀呈来报告,说的是由于战事以及自然灾害交相袭击地方,使得地方上的惨景实不忍闻,百姓的悲惨境地实在值得同情,因此想将府、县的主要负责官员留在本地不要远道进京朝拜面见皇上,使他们能更多地关注地方事务。然而,今年上朝的事情很多,并且颇为繁重。朝廷现在励精图治,肯定要推行一系列的改良政策,各级主要负责官员,正好应当一道前往朝拜面见皇上,我感觉到很难上奏要求将他们留驻在地方上。要求各有关官员,按照以往的惯例起程。况且该道的守巡,已经招聘

经理书院事宜

八月

据佥事吴天挺呈称："将南宁城东西二壕花利，通收府库，支与书院师生应用剩银修理，仍置教官私宅号房，以为定规。"看得所呈事宜，足见该道官留心学校，兴起士习之美意，俱准照议施行，但事无成规，难垂久远；而管理非人，终归废坠；该道仍须置立文簿，将区处过事宜，逐件开载，给付该府县学及管理书院官，各收一本存照，相继查考举行，以防日后埋没侵渔之弊；仍于各教官内，推举学行端方，堪为师范者呈来定委；专管书院诸务，训励诸生；庶几法立事行，人存政举；而今日书院之设，为不虚矣。仍行提督学校官知会，一体查督举行；及备行该府县学官吏师生，查照施行，俱毋违错！此缴。

了不少的人才，如果自己的职位上这样尽心尽力，各府、州、县，虽然主要负责人一时不在任，那些辅佐的官员也必然会很好地推行各项措施，执行各项政策。如果在这些辅佐官员中真的有滥竽充数，没有多少才能的不值得委以重任的，该道要立即委任合适的官员进行管理。请立即根据我的规定具体办理。不要再犹豫而止步不前了。特此通知。

经理书院事宜

八月

佥事吴天挺呈来了一份报告，他在报告中说："我建议将南宁城东西二壕的收入全部收归到官府中，把这些钱拨给书院。以供师生享用，同时还应当在书院中建造教官的私人住宅，并且把这些做法形成制度定下来。"看着吴天挺呈报的事项，就可见他平常时对学校事务的留心，以及鼓励读书人好好学习的良好愿望。我批准全部按吴天挺呈来的报告中的建议办理，但是做这些事情，以前都有具体的规定，这一次的做法难以为后来树立榜样，然而管理学校的又不是正规的管理人员，这种情况终究要改变。该道仍然需要设立文簿，将商议和处理的有关事项，一件件地登记在文簿上面，分别送给该府、县、学校以及管理学校的官员，按照文簿上登记的事项一件件进行办理，以防止日后时间一长久贪污的弊痛发生。还要在各教官内，推举那些品行好，有才学，能够为师生们树立良好榜样的人的名单呈报上来，以便任命他们专门管理有关书院的事，训诫劝导师生，至于其他制订法纪制度方面的事情，也可依照一定程序推行，只要有人在，那么才可以办理各种事务，现在学校的设立已经不是

牌行南宁府延师讲礼

八月

照得安上治民,莫善于礼,冠婚丧祭诸仪,固宜家谕而户晓者,今皆废而不讲,欲求风俗之美,其可得乎?况兹边方远郡,土夷错杂顽梗成风,有司徒事刑驱势迫,是谓以火济火,何益于治?若教之以礼,庶几所谓小人学道,则易使矣。近据福建莆田儒学生员陈大章,前来南宁游学,进见之时,每言及礼,因而扣以冠婚乡射诸仪,果亦颇能通晓。看得近来各学诸生类多束书高阁,饱食嬉游,散漫度日,岂若使与此生朝夕讲习于仪文节度之间,亦足以收其放心。固其肌肤之会,筋骸之束,不犹愈于博弈之为贤乎?为此牌仰南宁府官吏,即便馆谷陈生于学舍;于各学诸生之中,选取有志习礼,及年少质美者,相与讲解演习;自此诸生得于观感兴起,砥砺切磋,修之于其家,而被于里巷,达于乡村,则边徼之地,自此遂化为邹鲁之乡,亦不难矣。诸生讲习已有成效,该府仍要从厚措置礼币,以申酬谢。仍备由差人送至广西提督学校官,以次送发各府州县,一体演习;其于风教,要亦不为无补。

简单地停留在表面上了,还要使学校的负责人知道这些事务,以便使他们能够通力合作。我还要求该道发文给该府、县学的官员师生,要求他们按照吴天挺的建议,并按他的建议办理有关事务。请各有关部门、人员都不要违背这个命令,特此通知。

牌行南宁府延师讲礼

八月

要使皇上放心,那么就请治理好一方,而要管理好百姓的最好方法是用各种礼仪去规范他们。成年加冠礼,婚嫁娶、丧,祭祀等礼仪,这些方面的礼节应当家喻户晓。可是现在这些礼仪都被废弃,不向后来的人讲解、传授,这样想达到社会风俗的淳朴,难道还能够办得到吗?况且这里地属边境,远离中原,与各少数民族杂居,而这些少数民族野蛮鄙陋,有关官员迫于一时混乱的形势用刑罚去追捕他们,这种措施就好像用火去救火,对治理地方有什么帮助呢?如果用礼仪来教化他们,那么不用过多久,这些地方的群众熟悉了那些礼仪,那么就可以很容易地对他们进行管理了。最近福建莆田有一个儒学生员叫陈大章的,到南宁来求学。他来拜见我的时候,总要谈到礼仪方面的事情,因此就向百姓讲明成年加冠以及结婚嫁娶等方面的礼仪,百姓能知晓并遵照执行。我了解到近来一些学生,将书存放起来不读,吃饱了饭就到外面闲逛,无所事事地打发时光,如果使这些学生像陈大章一样一天都讲习有关礼仪等方面的知识,那么也就可以使那些学生的注意力集中起来了,使他们的心能够安定,使他们能够按照礼仪的要求来规范自己行为,难道这样不比下棋更好吗?为此,向南宁府的有关官员发出令牌,

札付同知林宽经理田宁

照得思、田二府平复,议将田宁府改设流官,见今无官管理。看得化州知州林宽,才识通敏,干办勤励,本爵巡抚江西,知其可用,近因改建府治,修复城垣,已经委令经理;即若升以该府同知,而使久于其职,必有可观。已经具题,奉有明旨。

续该本院看得南宁自宣化县至于田宁,逆流十日之程,其间错以土夷村寨,奸弊百出。本爵近因躬抚南宁思龙诸图,乡民拥道控告,愿立县治,因为经理。相度得村名那久者;宽平深厚,江水萦回,居民千余家,竹树森翳;且向武各

要求他们立即将儒生陈大章请到学馆中,并把他安排在学校的住宅中住下来。从众多的学生中挑选那些有志于学习礼仪,年纪小,天资聪颖的人,跟随陈大章学司礼仪方面的知识,从此慢慢地这些学生就会有礼仪方面感受。经过不断的切磋,并把自己所写的有关礼仪方面的知识首先应用到自己家里的日常生活中,慢慢地再影响到邻里,附近的乡村,如果这样,那么这些遥远的边关之地,要就成为通晓和盛行礼仪的乡村,也就不难了。等到那些学习礼仪的学生们收到成效的时候,南宁府仍然要准备好各种物品以送给陈大章以表达对他的感谢。还要派人把他送到广西提督学府官员那里,再送到学生们所在的府、州、县,使各地都按那些礼仪演习,这对于社会风俗的改善,也不是没有好处。

札付同知林宽经理田宁

　　思恩、田州两地重新恢复安定后,经商议把田宁府由朝廷委派官吏进行治理,现在一时还找不到合适的官员到这里赴任。我了解化州的知州林宽见多识广,有才能,善于了解下情,领会上级的指示,勤于政事,办事干练。我在巡抚江西的时候,就知道林宽可以肩负重任。近来因为田宁改州为府,并且在修造城池,已经委派林宽负责。如果立即将他提拔为田宁府的同知,并让他在这个职位上干一段时间,那么他一定会有出色的业绩。这些我都已经上奏汇报了,已经接到了皇上的明确答复。

　　随后我又了解到从南宁府的宣化县到田宁,逆河而上,其间十天的航程,在这一带,一些异族的村寨掺杂在其中,作奸犯科的事很多。近来我由于要亲自到南宁思龙等地方,在我的行程中,沿途的百姓纷纷赶来。将这里的情况告诉我,来的人很多,

州道路，皆经由其傍，亦为四通之地，堪以设立县治，属之田宁，亦足以镇据要害，消沮盗贼，又经具题外。

为照新升知府张钺尚未到任，合就札仰本官即便管理府事，抚绥目民，其修筑城垣廨宇，及那久新立县治等项事宜，公同各该委官用心督理；务在修筑坚固，工程早完，以图经久；候知府张钺到任，仰本官专督思龙县治，务要清查所割图里钱粮明白，毋令奸民飞诡影射，致贻纷争。

本官素有才识，志在建功立业，况奉新命擢佐专城，远近土目人等，侧耳注目，思有维新之政，本官务要竭心殚力，展布才猷，以仰答朝廷之恩，俯慰下民之望，中无负于军门之委托。如其因循玩愒，隳事废功，不但声名毁辱，抑且罪责难逃。

札付同知桂鏊经理思恩

照得思、田二府平复，已经具题将柳州府同知桂鏊经

连走的通道都常常被堵塞,要求在这一带设立县进行管理。我沿河而上来到了一个叫那久的村庄,这里河面开阔,河床很深,河水在这里环绕流过,村里有千余户居民,毛竹以及各种各样的树木十分茂密,并且通过向武各州的通道,都从那久村附近经过,这里也是重要的交通要道,应当在这里设县以便更好地对这一带进行治理,这设立的新县归田宁管辖,这也使田宁能够控制重要的地方,消除或阻击盗匪,除将这些情况一一上奏外。

我还得知新任知府张钺还没有到任,我应当要求林宽立即管理府内的具体事务,安抚地方上的头人和百姓,修筑城墙,建造纪念有功人员的庙宇,以及新设立的那久县的具体管理等事务。应当和该府其他刚任命的官员齐心协力,务必把城墙修建得坚固结实,并且希望尽量早点完工,以便再考虑其他的事情,等到知府张钺到任,要求林宽专门负责监督思龙县的管理情况,一定要把所划出去的地方的交纳钱粮情况调查清楚。不要让那些奸诈的小人到处胡言乱语,煽风点火,从而给地方制造纷争。

林宽一向有远见卓识,有才干,远的志向就是建功立业,目前已经接受新的任命,专门负责城墙的修建,远近的民众,没有一个不关注着林宽的,他们都盼望林宽能够推行革新时弊的政策。林宽务必尽心尽力,一展自己的雄才大略,以报答朝廷的恩情,不辜负百姓对自己寄予的厚望,也不负我对你寄予的重托。如果因循守旧,玩忽职守,成事不足,败事有余,不但使自己的名声遭到损坏,使自己受到屈辱,而且罪责难逃。

札付同知桂鳌经理思恩

思恩、田州两地的骚乱已经平息了,这些情况已经向上汇报

理思恩府事，休劳息困，当有所济。续该本爵看得岑濬新移府治，皆斩山绝壁，如处戈矛剑戟之中；况瘴雾昏塞，薄午始开；本爵近因督剿八寨，亲往相度。看得地名荒田，宽衍膏腴，可以建府治。而上林县地名三里者，乃在八寨之间，其地多良田茂林，村落相望，堪以移设凤化县治，量筑城垣廨宇，招抚逃亡，可以成一方之保障；仍将上林一县，通割以属思恩，似于事势为便等因，又经具题外。

为照署掌府印，迁筑府城，新创县治，及盖廨宇等项，皆不可缺人督理；合就札仰本官，即便星驰前去思恩府署掌印信，抚绥目民。其迁筑府城于荒田，移设县治于三里，及创建廨宇等项，一应事宜，公同各该委官用心督理云云。如其因循玩愒，隳事废功，岂徒身名毁辱，兼亦罪责难逃。

牌行南昌府保昌县礼送故官

照得保昌县县丞杜洞，久在军门管理军赏，清介自持，贤劳茂著，郡属之中，实为翘然；今不幸病故，使人检其行橐，萧然无以为归殡之资，殊可伤悼！今寻常故官小吏，无洞一日之劳者。犹且有水手殡殓之例；况洞从征恶寇，跋涉险阻，冲冒瘴毒，又且平日才而且贤，所谓以死勤事者矣！焉

了，我派遣柳州府的同知桂鳌前去管理思恩府的事务，使思恩一地休养生息，能起好的作用。我了解到岑溶的府治所在地是在陡山绝壁之上，好像处在戈、矛、剑、戟的中央，况且这里瘴气重，常常遮挡阳光，只有到正午的时候，才能看清楚物体。我由于最近指挥围剿八寨一带的盗匪，亲自到那地方进行察看，看到有个地方叫荒田，比较开阔，土地肥沃，是建立府治的好地方。而上林县县府所在地的地名叫三里，在八寨与荒田之间，上林县良田多，森林茂密，村庄相望，可以移作为凤化县的县治所在地，根据当地的情况，修筑城墙，建造庙宇，招抚逃亡的人，可以成为保护一些地区的屏障，还要将上林县划给思恩，对于治理此地更为方便，又将这些情况向上级反映外。

在治所转移搬迁的过程中，政务不能中断，建筑新的县治，以及建筑庙宇等项，都不能缺少负责人进行监督管理。因此现在就要求你昼夜兼程，前往思恩府，主持那里的政务，安抚地方上的百姓，对于将该府治所迁往荒田，在三里设立新的县治所，以及修建官府办公地点等项事务，一切具体事宜，你都应当和当地的官员尽心一道办理。如果因循守旧，玩忽职守，成事不足，败事有余，不只仅仅是身败名裂，而且也难逃脱法纪的追究。

牌行南昌府保昌县礼送故官

保昌县县丞杜洞，长期在队伍中掌管军队中的赏赐，他洁身自好，勤勉工作，成绩卓著，在郡县之内，实在算得上数一数二的人物，但是现今杜洞不幸病逝，派人收捡他的用品财产，可是还不够送殡到家乡的费用，他实在值得人们怀念。现在一般的小官员，没有干出过杜洞一天的业绩，没有付出过杜洞一天付

可以不从厚待之？是贤不肖，略无所辨也。为此牌仰本府官吏，即于库贮无碍官钱内，给与水夫二名，棺殓银十两，就行照例起关，应付船只脚力，查照家属名数，给与口粮，务要从厚资送还乡开报。及仰保昌县官吏，即便佥拨长行水手二名，棺殓银二十两，及将本官应得俸粮马夫银两，照数支给，亦付伊男，及差的当人役护送还乡，毋致稽误。

调发土兵

十月

照得各州土兵，征调频数，本非良法。非但耗费竭财，抑且顿兵挫锐；必须各州轮年调发，一以省供馈之费，一以节各兵之劳，庶几土人稍有休息之期，而官府亦获精税之用。已经行仰该司遵照备行；南丹州官族莫振亨，即就拣选勇敢精锐目兵三千名，躬亲统领，照依克定日期，前赴广西省城听调杀贼，果能输忠报效，立有奇功，即与具奏准袭该州官职。自今八月初一日为始，至下年八月初一日止，却调东兰州土兵，依期更替。自今各州目兵，军门断不轻易调发，致

出的劳苦，可是这样的官员一旦逝世，还有水手帮助殡殓活动。更何况杜洞随军征伐残暴凶恶的盗匪，经历了多少艰难险阻，不畏南方瘴气的袭击，平时也表现出了卓越的才干，并且认真地工作，这就是常常人们所说的用自己的生命来从事自己的工作的典型了，哪能够不隆重地对待他的葬礼死呢？如果不这样，那就是贤能不贤能，无法辨别出来了。为此向南昌县府的官员发布令牌，要求立即从官库中支出银两，派遣两名水手，棺木以及装殓杜洞的费用支出十两银子，并按以往的惯例派出船只，人力仆役，调查杜洞家庭人口多少，发给他们口粮，务必要厚待杜洞家人。并要求保昌县的官员们立即调遣两名手水，支出二十两银子作为安葬杜洞的费用，以及将杜洞应得的俸粮、马夫、银两，按照杜洞在世时原有的数目发给杜洞的儿子，派遣差役人手护送杜洞的灵柩回乡，不要有任何延误。

调发土兵

十月

我们都很清楚，各州的土兵，征用调动频繁，这本来不是什么好的办法。这样做，不但耗费大量的钱财，而且往往使军队驻扎到另外的地方，大大降低了部队的士气。良好的办法是各州的地方土兵按年份轮流调动，一方面可以节约因调动时花费的大量费用，一方面可以减少士兵们不必付出的劳苦，这样也可以使当地的百姓能够有一段较长的较为安定的日子，而官府也能调集到有战斗力的队伍。我已经发布命令要求该司遵照我的要求办理。南丹州有一土官族子弟叫莫振亨的，就挑选了三千名比较勇敢的队伍，由莫振亨亲自统率，按照原来规定的日期前往

令奔疲劳苦；亦决不姑息隐忍，纵令骄惰玩弛。但有稽抗迟误，违犯节制，轻则量行罚治，重则拿究，革去冠带，又重则贬级削地，又重则举兵诛讨，断不虚言。通行各土官兵目知悉，俱仰改心易虑，毋蹈前非，自贻后悔去后。

今据所呈，为照本院军令既出，难再轻改，失信下人。但本官呈称雕剿缺兵，固亦一时权宜；况称原系本州先年自愿报效，不在秋调之数，亦合姑从所请，暂准取调。为此牌仰本官即便会同镇守太监傅伦，行仰该州土官韦虎林，照数精选目兵，前赴省城，听各官调遣剿贼；待三两月间事毕，随即撤放回州，遵照军门批行事理，依期更班听调，不许久留

广西省城，听候调遣，去攻击盗匪，果然实现了他们尽忠报效国家的愿望，这支队伍建立了卓著的功勋。我立即上奏获准莫振亨继承他家人原来在南丹州担任的官职。从今年的八月初一日开始到明年八月初一日时为止，调集东兰州的地方部队，按照规定的日期进行替换，从今以后，各州的武装力量以及掌握管理武装力量的机构，决不要轻易调动这些力量，以致于使士兵在旅程中疲于赶路，但是也不是说姑息纵容队伍，使他们好逸恶劳，不进行演练，放纵他们，使他们变得越来越骄奢，越来越懒惰，从而使自己放松警戒，丧失战斗力。一旦查出有抗令不遵，迟到以致于造成损失的，或者违犯上下级之间统属关系的，轻的就根据情况进行适量的处罚，严重的就革去衣冠，如果比这还严重的，则降级，削减管地，如果还比这严重，那么就要派军队进行征伐了。以上所说的，绝不是信口开河不算数的空话。应当告知各州的领兵官知道这些要求，请大家务必改变观念，不要重犯类似于以往的过错，自己为自己留下后患。我的公文发出去后，现在呈送来的要求调集士兵的请示报告，是在我发出军令之呈送来的，军令都已经发出去了，难于轻易作出改动，以免失去下级对我的信任。

但是呈送请示报告的人在报告中称缺少兵员进行剿捕盗匪，所以调兵也是一时的权宜之计。况且又称原来是本州以往就愿意调动帮助追剿的，不属在秋季调动的范围，所以也暂且批准请求，暂时准许调动。为此向提出请求的官员发出令牌，要求他会同镇守太监付伦，要求该州的地方土官韦虎林，按照准允的人数抽调兵力前往广西省城，听从有关官员的指挥，努力剿杀盗匪，等二三个月剿贼这一事务完成之后，立即将所调的队伍撤

失信。其所呈雕剿事宜，悉听会同三司掌印、守巡、兵备等官依拟施行。事完之日，通将获过功次。用过钱粮数目，开报查考，俱毋违错！仍行总镇、总兵、镇巡等衙门知会。

犒奖儒士岑伯高

照得思、田之乱，上厪九重，命将出师，动调四省军马钱粮，汹汹两年，功未告成，而变日不测。本院前来勘处，是固仰赖皇上好生之仁，格于天地，至诚动物，不疾而速，是以宣布威德，而旬月之间，诸夷即尔革心向化，翕然来归；然而奔走服役，固有效劳于下者，其间乃有深谋秘计之士，潜开默导，以会合事机，其功隐而难见，此惟主将知之，功成行赏，是所谓首功者也。

照得儒士岑伯高，素行端介，立心忠直，积学待时，安

回到原来的驻地。然后再按照军门帅府的具体规定,按时在轮换接替别的队伍,听候调遣,不能久留驻地,失掉信任。所呈来的请求调集部队的报告,请会同三司的主要负责官员:守巡、兵备等依照我的要求拟订具体措施,并按这些措施执行办理。等到剿匪的事完成之后,将战功、过失,以及花费的钱、粮数目全部向我上报,以便检查核对,不要违反犯错。同时还要将这些情况报告总镇、总兵、镇巡等衙门。

犒奖儒士岑伯高

思恩、田州一带发生叛乱时,惊动了朝廷圣上,命将出兵进剿,大规模地调集四省的队伍,动用了大量的钱粮,实打实地进攻了整整两年,可是叛乱并没有平定,不仅如此,而且变乱的形势还不可捉摸。我本是奉命前来调查办理平定思恩、田州一带叛乱的。依赖皇上爱惜生灵的仁慈,将这样的仁慈之心推广于天地之间,于是我们的诚心使天底下的万事万物都为之感动,进展都很神速。这就是到叛乱的地方去宣讲皇上的德行和威望,于是在不到一个月的时间里,叛乱的各少数民族立即洗心革面,向好的方向转化,毅然地归顺朝廷。然而承担各种各样的差事,仍然要使下面的人忙个不停,但是在这之中,还有一些深谋远虑的人物,密切地把握各方面的情况,并且根据这些情况提出相应的策略办法。所以他的功绩往往隐藏起来,很难明显地表现出来。他的功绩只有主要的统领军队行军作战的统帅清楚。大功告成进行功绩大小行赏的时候,他的功绩就是第一位的功绩。

这就是读书人岑伯高,他品行一向端庄,为人耿直,诚实

贫养母；一毫无所苟取，而人皆服其廉，一言不肯轻发，而人皆服其信；游学横州、南宁之间，远近士夫，及各处土官土夷，莫不闻风向慕，仰其高节。本院抚临之初，即用此生，使之深入诸夷，仰布朝廷之德，下宣本院之诚；是以诸夷孚信之速，至于如此，本生实与有力焉。当时平复奏内，即欲具列本生之功；而事变方息，深谋秘计，未欲张布于诸夷，但本生志在科第发身，不肯异途苟进，坚辞力请；本院不欲重违雅志，遂尔未及奏列。今思、田既已大定，凡有微劳于兹役者，莫不开列；而本生之功泯然未表，其于报功励忠之典，诚有未当；仰抄案回司，即于军饷银内动支一百两，及置买彩币羊酒礼送本生，以见本院慰赏搞劳之意，仍仰遵本院钦奉敕谕便宜事理，给与军功冠带，以荣其身。该司仍备给札付执照，并行原籍官司，以礼优待，免其杂泛差徭，明朝廷赏功之典，彰军门激励之道；既以遂其养母之愿，且以遂其高尚之心。是后本生志求科第，其冠带自不相妨，仍行两广总镇、总兵、镇巡等衙门知会。

可靠,平时努力学习,积累了丰富的学识,等待报效朝廷的时机。他能够习惯于自己的贫困生活,孝敬自己的母亲,没有半点苟且从其他地方弄一点财富的想法,因此当时的人都佩服他的廉洁。岑伯高还不喜欢随意地乱说一句话,因此当时的人都佩服他讲信用。岑伯高在横州、南宁一带讲学,横州、南宁一带的士大夫,以及各地的土官土夷,没有不佩服他的,人们都敬仰他有高尚的节操和品德。我在思恩、田州任职时,一开始就任用了岑伯高,让他深入到叛乱地各少数民族那里,要求岑伯高广泛地宣传皇上的恩德,同时还向叛乱地的少数民族讲明我对解决这些地方问题采取措施的诚意。这就是为什么叛乱地的少数民族能够很快地相信我们,并深信我们。岑伯高为平定思恩、田州地区的叛乱实在是作了大贡献。当时在上奏讲明战功的奏折内,就想把岑伯高的功绩列在上面,但是思田一带叛乱的事刚刚平息,我认真地权衡了一番,不想将这事的经过向叛乱地的少数民族张扬。况且岑伯高是想通过科举考试这条道路来实现自己的理想,而不想通过其他的途径来达到自己的目的,所以他坚决请求不要将功上奏,我也不想违背他的意愿,损害他的节操声誉,所以没有将他的功绩列入奏折中。现在思、田既已经相当的安定,在平定安抚思、田的过程中,凡是作出过贡献的,不论贡献大小,没有不登记向上汇报的。可是岑伯高的功绩湮没了,没有进行表彰,按照朝廷有关立功受奖这方面法律制度的规定表彰有功人员以勉励人们更好地忠实于朝廷,那么这样实在是不妥当的。因此我向布政司发了一道令文,要求从军饷中支出一百两银子,并且购置彩币、羊酒,隆重地送给岑伯高,以表达我对他功绩的奖励,不要求按照皇上赐给我的圣旨中规定的原则办

征剿八寨断藤峡牌

七年三月、以下俱征八寨

据留抚田州、思恩等处地方，右布政使林富，原任副总兵都指挥同知张祐连名呈称："田州、思恩平复，居民悉已各安生理，土夷亦皆各事农耕，地方实已万幸。惟八寨瑶贼"云云。合就仰遵敕谕事理，量拨官兵，协同卢苏、王受等土兵，分路进剿，除差官舍赍捧令旗令牌，分投督押土兵，本院亲至宾州、思恩等处相机调度，面授方略外；为此牌仰右布政使林富，副总兵张佑，即便督领官军，督发土目卢苏、王受等兵夫，从公尧、思恩取路，进剿后开寨分，务要声言各贼累年杀害良民，攻劫州县乡村之罪；歼厥渠魁，及其党与罪恶显著者，明正天讨，以绝祸根。除临阵擒斩外，其余胁从老弱，一切皆可宥免。今兹之举，惟以定乱安民为事，不以黩武多获为功，各官务要仰体朝廷忧悯困穷之心，

理，给他记上军功，授予他相应的礼服。使人们感到以他为荣，布政司还要向岑伯高所在地的地方政府发函，将岑伯高的情况通报给他们，要求他们以应有的礼遇好好地对待岑伯高，免除他的各项徭役，以表明朝廷对有功之员奖励的隆重，表明军队对有功人员进行奖励以激发他们报效朝廷的愿望。这样既可以满足岑伯高孝顺赡养母亲的愿望，也符合他的高尚节操的要求。这样，以后岑伯高顺利地通过了科举考试，授给他的礼服对他考试及第也没有什么影响。还要将这些情况通告给两广总镇、总兵、镇巡等衙门。

征剿八寨断藤峡牌

七年三月、以下俱征八寨

据留在田州、思恩一带进行安抚地方民众的官员右布政使林富、原任副总兵都指挥同知张祐联名呈送来的报告说："田州、思恩重新恢复平静，这一带的居民都已经从事自己的职业，当地的少数民族也都从事于农业，努力耕种，这实在是地方上的幸事，惟独八寨的盗匪与别的不同"如此这般等等。应当按照皇上给我的圣旨中规定的原则办理，调拨部队协同卢苏、王受等土兵，兵分几路联合进剿。除派遣有关官员运送钱粮、持着令旗、令牌，分别督统军队，我将亲自到宾州、思恩等地，根据双方的军事形势，进行全面的指挥调度，同时我还要向有关的部队当面布置具体的战略策略。这样，我向右布政使林富、副统兵张祐发布令牌，要求他们立即统率队伍，并调集卢苏、王受等领导的土兵，从公尧、思恩出发，向后开寨发动进攻。一定要声明各监匪历年来累计杀害的无辜百姓的数目，骚扰抢劫各州、县、乡村的

俯念地方久遭盗贼屠戮之苦；督各官兵目兵人等，务歼真正恶目，一洗民冤，永除民患，以靖地方。仍禁兵马所过乡村，毋得侵扰民间一草一木；有犯令者，仰即遵本院钦奉敕谕事理，当即处以军法，俱毋有违节制方略，自取罪戾。

牌行领兵官

牌行左参将署都指挥佥事张经，会同该道守巡、守备官，及湖广督兵佥事汪溱，都指挥谢佩，督永顺宣慰彭明辅，统兵进剿牛肠诸贼云云。及监都保靖宣慰彭九霄，统兵进剿六寺、磨刀等寨诸贼云云。未至信地三日之前，停军中途，候约参将张经，与同守巡各官集议，先将进兵道路之险易远近，各巢贼徒之多寡强弱，及所过良民村分之经由往复，面同各乡道人等，逐一备细讲究明白，务要彼此习熟通

罪恶，要求歼灭盗匪的首领，以及盗匪的那些罪大恶极、臭名昭著的人物，顺应上天的意志，以杜绝危害地方的祸根，除了在战斗时将这些人斩杀或者活捉之外，其他因这些人的恐吓威胁而参加盗匪的老弱病残，都可以将这些人的罪责赦免。目前出兵讨伐这些盗匪的行动目的只在于平定骚乱，使百姓安定，不是以杀多少盗匪或活捉多少人来评定功绩的。各位执行命令的官员，一定要理解朝廷怜悯百姓为消除地方的贫困的心情，还要体谅地方上因长期遭受盗匪的烧杀、掳掠带来的祸害，要求各位官员督促各级官兵，务必要把那些真正作恶多端的盗匪头子杀尽。从此使百姓能够自由自在地生活永远消除这个危害百姓的祸患，使地方得以安宁。在军队中还要有严明的军纪，军队所到之地，不得骚扰乡村的百姓，损坏百姓的一草一木，如果有违犯命令的，按照皇上给我的圣旨中规定的原则处理，立即将违犯命令的人处以军法。请求大家要听从指挥，按照统一部署行动，不要违犯，自己为自己找罪。

牌行领兵官

向下列指挥官发布令牌：左参将署都指挥佥事张经，应当会同该道守巡守备官，以及湖广的督兵佥事汪溱、都指挥谢琨，督统永顺宣慰彭明辅，率领队伍进剿牛肠等地的盗匪等等。监督保靖宣慰彭九霄，率领部队进攻六寺、磨刀等盗匪聚集的山寨，等等。在到达目的地前几天，暂时停止进军，会同参将张经以及其他的守巡各官员一道商议，首先要把进攻盗匪的路线了解清楚，再了解清楚各条路线的远近，道路的险阻等情况，再了解清楚巢穴盗匪的多寡、强弱情况，以及在进攻剿盗匪的途中

晓,若出一人;然后克定日时,偃旗息鼓,寂若无人,密至信地,乘夜速发;务使迅雷不及掩耳,将各稔恶贼魁,尽数擒剿,以除民害,以靖地方;除临阵斩获外,其余胁从老弱,一切皆可宥免。今兹之举,惟以定乱安民为事,不以多获首级为功;各官务要仰体朝廷忧悯困穷之心,俯念地方久罹荼毒之苦;仍要禁约军民人等,所过良民村分,毋得侵扰一草一木;有犯令者,当以军法斩首示众。本官既有地方责任,兼复素怀忠义,当兹委用,务竭心力,大展才猷,以祛患安民;一应机宜,牌内该载不尽者,听公同各官计议,从便施行,一面呈报。事完之日,通将获过功次,开报纪功,御史衙门纪验,以凭奔报,仍密行总镇、镇巡等衙门知会,俱毋违错!

要经过哪些村庄,要求同各地熟悉情况的人了解清楚,一定要让各有关指挥官员对这些情况了如指掌。首先派出一人前行,然后就按照约定的日期派遣大军出征,把军旗收藏起来,停止击鼓,大军行进的四周寂静异常,就像没有人一样,秘密地来到预定的地方,乘着夜色迅速出击,将盗匪的头目斩首或将他们擒获,以清除百姓的祸害,使地方平定,除在战斗中将盗匪杀死之外,其他被胁迫而成为盗匪的老弱病残的,都可以免除他们的处罚。现在围剿盗匪的行动是要平定地方的祸害,安抚地方上的百姓,不是按杀盗匪数量的多少来评价功绩的大小,各位参加围剿的官员务必要理解朝廷爱惜百姓,要求尽快改变百姓贫困状况的良好心愿,必须体验地方上长期遭受骚扰而给百姓带来的灾难。同时还要严格要求自己的队伍,军队所到的村庄,不能损坏百姓的一草一木,如果有违犯禁令的,立即按军法严肃处理,斩首示众。各官还应承担着管理地方的责任,平常你们一向就有忠义的节操,现在委任你们承担重任,务必要尽心尽力,大显身手,以消除地方上的祸患。安抚地方上的百姓,各种相关的要务,令牌中都说得非常详细,如果还有没有说到的,那么请你们和有关的官员一同协商,根据具体情况实施,同时将执行情况向我汇报,等到事情成功的时候,将各位将士的功过大小一一开报登记,由御史衙门登记核对,以便向上奏报,还要将以上情况告知总镇、镇巡等衙门,请大家不要违犯命令以免招致失误。

戒谕土目

五月

　　案照先经行委副总兵张祐,督率官土目兵人等,进剿思恩八寨瑶贼,今据头目卢苏、王受等禀报,皆已攻破各寨,斩获贼级,虽未日久,苦亦无多,且又未见获有真正首恶,中间恐有容隐脱放情弊,合行戒谕督促。为此牌仰本官上紧亲行督谕各头目及土兵人等,俱要协力齐心,竭忠报效,务图剿灭,以绝祸根,庶可以表明各目尽忠图报之真心;若是少有纵容,复留遗孽,亦是徒劳一场,不足为功,适足为罪;非惟不能仰报朝廷再生之恩,其于本院所以勤勤恳恳,不顾利害是非,务要委曲成就尔等之意,亦辜负矣。牌至,即以此意勉谕各目各兵,此举非独为除地方之害,亦为尔等建子孙久长之业,尽此一番辛苦,便可一劳永逸矣。发去良民,其榜可给则给,可止则止,一应事机,俱仰相机而行。其号色等项,已付思田报效人役,径自带回分俵,亦宜知悉。

戒谕土目

五月

我先委派副总兵张祐统率先前叛乱地的土目兵丁去围剿思恩、八寨一带的盗匪，现在据先前叛乱地的武装力量的头目卢苏、王受等人呈送的战报说，各寨都已经被攻破了，斩杀了不少盗匪，围剿虽然没有经历太长的时间，军队也没有付出多少劳苦，况且又没有听到更没有看见抓到真正的盗匪头目，我担心在这场围剿斗争中有将盗匪头目掩藏起来或让这些人逃脱等弊端。应当给这支队伍发布戒谕以便督促他们认真履行自己的职责。这样我向张祐、张佐、卢苏、王受等发布令牌，要求急速上扱盗匪的头目土兵等人，要求这些官兵们尽心尽力，报效国家，一定要将这些地方的盗匪剿灭，以根绝危害地方的祸根，那么这样才能表明各首领真心真意地报效国家。如果稍微地放纵那些盗匪，就又留下了祸患，围剿盗匪也是白费心血，不足为功，反而有罪，不但不能以此报答朝廷使你们获得新生的大恩大德，这对于我勤勤恳恳，不计较各种利害关系，想方设法来成全你们的意思，那也是有负我对你们的盛情。等到令牌送到的时候，就立即把这些意思告诉各首领各位士兵，剿杀盗匪这一行动不仅仅是为了根除地方上的祸患，这也是为自己的子孙长久的基业奠定坚实的基础，努力奋斗，付出这一次的艰辛，那么以后就可以永保地方上的平安了。发去良民榜，可给就给、该不给就不给、一切根据情况决定。其他号色标志是给思、田报效人员的可以带回分发，特此通知。给思、田，应当将这些进行相应的分类，也应当全面把握这些情况。

追捕逋贼

据同知桂鏊禀报："领兵土目卢苏、王受等，各已屯兵八寨，斩获贼首贼从数多，巢穴悉已破荡，即今方在分兵四路搜剿。"及称"附近上林县一十八村，俱搬移上山躲住。又访得铁坑、那埋二堡贼村，界连迁江、洛春、高径、大潘、思卢、北三，向北夷僮村分，今皆逃往潜住。又访得八寨贼徒，我兵未进之前，陆续出劫乡村，今皆不敢回巢，散入宾州渌里，并贵县凉伞、叠纸等夷僮村分藏躲，合行分兵搜捕"等因。

看得八寨瑶贼，稔恶多年，攻劫乡村，杀害人民，掳掠财畜，百姓怨恨，痛入骨髓；今恶贯满盈，民怨神怒，巢穴破荡，分崩离析，如失林之枭，投置之兔，迷魄丧魂，正可蒐猎而尽，是乃上天欲亡此贼之秋，若不乘此机会，奉行天讨，以雪百姓之冤，以舒神人之怒，以除地方之祸，存其遗孽，复为他日根芽，此岂为民父母之心乎？及访得平日哨守八寨官兵人等，往往与贼交通者，据法俱应明正典刑。今且姑未拏究，容其杀贼报效，立功自赎。除各差官督剿外，为此牌仰指挥程万全，督率迁江所土官指挥黄禄，千户黄瑞，百户凌显等，各起集管下土兵人等，前去北三、思卢等处，搜捕各贼。仍行晓谕各良善向化村寨，务将逃躲各贼，尽数擒

追捕逋贼

据同知桂鳌禀报说:"当地军队的头领卢苏、王受等人,都已经在八寨一带屯兵。斩杀或活捉了盗匪的一些头目以及为数不少的盗匪,盗匪的老巢已经全部被攻破。现在正在兵分四路搜索追剿盗匪。"并且桂鳌还说:"上林县附近的一十八个村庄,全部从原住地搬迁出来,躲藏到深山老林中去了,并且还了解到盗匪的两个村落钱坑、那埋与连江、洛春、高径、大潘、思庐、北三等地方交界,在北面是少数民族散居的一些村落,现在盗匪往这些地方逃窜,并在这些地方潜伏下来。在我们的部队没有到达之前,那里的盗匪相继抢劫村庄,现在这些抢劫的盗匪都不敢回到他们的巢中去,因此他们分别散到宾州、潆里、以及贵县的凉伞、叠纸等少数民族的村落躲藏起来。应当派兵进行搜查,追捕这些盗匪"。

我知道八寨一带的盗匪,长年作恶、攻打、骚扰、抢劫乡村,杀害无辜百姓,抢劫百姓的财富、牲畜,百姓对这帮盗匪恨之入骨,如今这班盗匪恶贯满盈,百姓十分的愤恨,天神也已经动怒了,盗匪的老巢已经被攻破被踏平了,盗匪土崩瓦解、分崩离析,就好像失去了树林的鸟,投进网兜的兔子,丢魂落魄,正好抓住时机将他们一网打尽。这就是天神要求消灭这股盗匪的时候了,如果不乘此机会,遵照上天的旨意来讨伐这些盗贼,以洗刷百姓长久以来所遭受的冤屈,消除上天的怒气,除去地方上的祸患,如果保存了盗匪的残余分子,那么以后这些人又将聚集起来;再度危害乡里,这难道是作为百姓父母官的人所愿意看到的吗?我还了解到平时驻守八寨一带的一些官兵,常常与盗匪一起逃亡,按照有关的法律、制度规定,都应当将他们判处

斩，以泄军民之愤，获功解报，一体给赏。若是与贼通谋，容留隐蔽，访究得出，国宪难逃。如是各贼果有诚心悔罪，愿来投抚立功报效者，亦准免其一死，带来军门抚谕安插。各官务要尽忠竭力，上报国恩，下除民患，副军门之委托，立自己之功名。仍督平日与贼交通之人，令其向道追捕，痛加惩改，及此机会，立功自赎；果能奋不顾身，多获真正恶贼，非但免其既往之罪，抑且同受维新之赏。若犹疑贰观望意图苟免，定行斩首示众，断不虚言。本院数日之后，亦且亲临地方，躬行赏罚，仰各上紧立功，毋自取悔！

重刑。现在暂且不追究他们的过错。允许他们杀盗匪、立战功,以便将功赎罪。除派遣有关的官员进行监督剿杀盗匪之外,为此还向指挥程万全发放令牌,要求他统率迁江一带的地方部队,向指挥黄禄、千户长黄瑞、百户长凌显等人发放令牌,要求他们调集自己所统领的队伍前往北三、思庐等地,搜捕逃窜的盗匪,还要告示那些民风较好,百姓接受教化的村庄,要求村民务必将逃来的、躲藏在这一带的盗匪,尽可能地将他们消灭。以解除军民对盗匪的愤恨,一定将村民的功绩向上汇报,按照惯例对村民进行赏赐。如果和盗匪一起狼狈为奸,收留盗匪,并将盗匪隐蔽起来,如果调查出了谁曾这样干过,那么很难逃脱国家的法令制度对他的严加惩处。如果那些盗匪中真的有诚心诚意悔过自新、愿意投靠官府,接受官府的招安,立功报效朝廷的,也可以免除这人的死罪,将这样的人带到军中来,听候对他使用安排。各位官员,务必尽忠竭力,上报国恩,下除民患。担负起我交给你们的重任,为自己建功立业,还要命令那些过去曾经与盗匪有过往来的人,要求他们带路前往追捕盗匪,要求他们痛改前非,告诉他们不要错过这千载难逢的机会,立功赎罪,如果真的能够舍身忘死,奋不顾身,多捉一些罪大恶极的盗匪,不仅要免除他以往的罪过,而且要给予他一定的奖赏。如果在这时还犹豫不决,持观望态度,希望当局苟且蒙混过去,一定要将这些人斩首示众,这绝不是吓唬人的话。我在几天之后,也要亲自到追剿的地方,亲自进行赏赐,进行治罪。请大家抓住机会建功立业,不要到时后悔。

牌行委官林应骢督谕土目

五月

看得田州、思恩领兵头目卢苏、王受等所领目兵，皆系骁勇惯战之人，今又各为身家子孙之计，自愿出力报效，立功赎罪；既已攻破贼巢，分屯其地，则其搜捕溃散之贼，当如探囊取物，数日可尽。今已半月有余，尚未见有成功，气势日见委靡，此必军中收有贼巢妇女等项，贪恋女色财物，不肯割舍脱离，奋勇杀贼，苟且偷安，遂致兵气日衰，军威不振，若诸贼闻此消息，乘此懈怠，掩袭不备，我军必致挠败；如此，则是各目此举，本欲立功，而反败事；本欲赎罪，而反增罪；非惟不能仰报朝廷之德，抑且有损军门之威矣。正名定罪，后悔何及。

为此牌仰原任户部郎中、今降徐闻县县丞林应骢，赍执令旗令牌，会同总兵、监军等官，公同署田州府事知州林宽，身督头目卢苏等，阅视各营；但有收得贼巢妇女财物者，通行搜出，俱各开纪名数。别立老营一所，选委老成头

牌行委官林应骢督谕土目

五月

田州、思恩的军队首领卢苏、王受等人所统帅的官兵，都是十分勇敢、能征善战的人，现在他们又为自己的子孙着想，自愿效力，以报效国家，以便立功赎罪，现在已经攻破了盗匪的老巢，在盗匪老巢一带分兵驻扎，那么这些驻扎在这一带的队伍搜捕溃退逃窜的盗匪，就应当像取口袋中装的东西一样。几天之内就可将盗匪彻底的消灭干净，现在攻破盗匪的巢穴已经有半个多月了，还没有见到有多少成效。军队的士气日益衰退，官兵们的精神状况一天不如一天，已经萎靡不振。这一定是队伍中收纳了盗匪老穴中的妇女、姑娘、以及财富等，官兵们贪图女色，攫取财富，以至于对女色、财富达到了难舍难分的地步，哪里还谈得上奋勇追杀盗匪呢？因此只求苟且偷安，这样官兵的面貌就一天不如一天，军队的威信一蹶不振，军威大减，如果各地的盗匪了解到军队中存在这些情况，乘我们的队伍现在松懈的时候，出乎我们意料之外，偷袭我们，那么可以肯定地说，我们的队伍一定会遭到失败。如果真的是这样，那么当初各位官兵的愿望是想建立功业，可是结果却使剿杀盗匪一事弄糟了；原来本想立功赎罪，可是结果却加重了自己的罪行。这样不但不能报答皇上对你们的大恩大德，而且还损坏了军门帅府的威信尊严，根据犯错的名目定你们的罪过，到时后悔也来不及了。

这样，我向原来的户部郎中现在贬职为徐闻县的县丞的林应骢发放令牌，要求他拿着令旗令牌，会同总兵监军等官员，以及田州府的知州林宽，身为剿杀盗匪的领兵将领卢苏等人，到各营寨中进行视察。一旦发现有从盗匪巢穴中抢掠到的女人、财

目，另拨谨实小心兵夫，昼夜管守。将各贪恋女色财物、不肯奋勇杀贼头目兵夫，姑且免其罚治，责令即出搜山；果能多有擒斩，旬日之内，功成班师，仍将前项妇女财物，照名给还，亦不追失前罪，若有贪恋女赃，违犯军令，仍前不肯效力者，仰即遵照军门号令，当时斩首示众，断毋姑息容忍，致败三军大事。

    盖前日之招抚，专以慈爱恻怛为念者，乃是本院怜悯两府之民无罪而就死地，乃是父母爱子之心，惟恐一民不遂其生也。至于今日用兵，却须号令严明，有功必赏，有罪必戮者，乃是本院欲安两府之民，使之立功赎罪，以定其身家，而因以除去地方之患。是乃帅师行军之道，不如此不足以取胜而成功也。差去旗牌官员，务要星火催督，毋事姑息，若旬日之后再无成功，本院亲临分地，定先将监军督军等官明正军法，其推奸避事，不肯奋勇杀贼头目，通行斩首，决不虚言。

富等，要将这些人、物全部收集起来，按类别进行登记。另外设立一营，委派老成持重的人为他们的头目，另外再调集做事谨慎，心地诚实的士兵，昼夜看守这些女人营。对于那些贪恋女色，不愿意奋力攻杀盗匪的官兵暂且免除对他们的处罚，要求他们立即出动，搜查盗匪，如果真的能够活捉许多盗匪或斩杀许多盗匪，十天以内将剩余的盗匪彻底剿灭，等到胜利回师的时候，仍然把先前获得的女子、财富按来登记的多少赠送给本人，也不追究以往的罪过。如果有贪图女色，违犯军令，依旧不肯效力杀贼的，要求按照我制订的有关条例办理，立即斩首示众，决不能对这种情况姑息纵容，否则将使整个军队的事业败坏。

先前的招抚，专门怀着慈爱恻怛同情的想法，怜悯两府的百姓无罪而就死地去作的，这就像是做父母的爱护自己的子女一样，心肠是那样仁慈，担心有一百姓无辜死去。至于谈到这次出兵剿杀盗匪，都应该严明军纪，有战功的一定要给予赏赐，有罪过的，一定要予以惩罚，这是我想安抚两府的百姓，使他们有立功赎罪的机会，以确保自身以及家人安定，从而消除地方上的祸患。这是统率军队的统帅行军作战时的基本道理。不这样，就很难取得战争的胜利，从而很难达到作战的目的。我已委派发送令旗，令牌的官员，要求他们火速行动，进行作战监督，不要姑息纵容。如果在十天之后，还没将盗匪彻底清除，那时，我将要亲自前来这些地方，一定要先把监军、督军等官员，按军法法办，对于相互推诿，逃避责任，不愿意奋勇杀敌的头目，都要全部斩首，绝不是虚言来吓唬大家。

牌委指挥赵璇留剿余贼

六月

牌仰指挥赵璇,前去督哨副总兵张祐处,查审各寨稔恶猺贼,曾否剿绝?各兵见住何处?闻已出屯三里,仰就各营土兵目夫,凡有疾病老弱者,俱令在营将息调理;其精壮骁勇目兵,仍仰本官务要三四日或五六日,督令入山巡剿一番,出意外之奇,以示不测之武;须候各山果无潜遁之奸,各巢已无复归之贼,俟军门牌至,方许回兵。仍谕土目卢苏王受等,以如此炎毒天气,如此暑雨连绵,各兵久在山中,辛勤劳苦,本院非不惓惓忧念;但一则欲为尔等立功,一则欲为地方除害,心虽不忍久劳尔等,而势有所不能已也。

尔等其务体本院之意,再耐旬日之苦,以成百年之功,毋得欲速一时,致贻后悔。事完之日,通至宾州,本院亲行犒赏,就领牌札,仰各知悉。

牌行副总兵张祐搜剿余巢

七月

访得上林相近地方,如绿茅等村,皆系阳招阴叛,与八寨诸贼里应外合,积年流毒地方。即其罪恶,尤有甚于八寨

牌委指挥赵璇留剿余贼

六月

我发布令牌要求指挥赵璇，前往督哨副总兵张祐处，调查清楚各地的盗匪是否真的被彻底清除干净了？各支队伍现在驻扎在什么地方？听说已经退到三里了，要求各部队的官兵，凡属有疾病、年老、体弱的，都应当在军营内进行休息、保养、治疗。各部队中精壮勇敢的官兵，我要求赵璇等每隔三四天或五六天就统率这些官兵深入崇山峻岭中巡察一次，剿杀一番，出其不意，以收奇功，表明不可预测的武力征讨，需要等到各处山中确实没有隐藏的或逃往山中的奸诈狡猾之徒，各处盗匪的据点已经不再有逃回的盗匪，等到我发布的令牌送达之后，才准许撤兵，还要求告诉当地军队首领卢苏、王受等人，天气这样闷热，暑气不断，雨水不断，各部队还在山林中执行任务，不是我不体贴这些官兵，其原因是：一为了给这些官兵提供立功的机会，一是为地方清除祸患。我心里虽然不想使那些官兵过分地劳苦，可是眼前的形势不允许呀。你们务必要体谅我的心情，再忍受十来天的痛苦，以便建立长久的功业，不要想一时痛快，以致给以后带来祸患，后悔莫及，等到征剿地方上的盗匪这样的大事取得彻底胜利的时候，请将部队全部调到宾州，我将到这里亲自犒劳部队，亲自为有功人员授奖，大家分别领取令牌，要求都应当知道上述情况。

牌行副总兵张家庭成员搜剿余巢

七月

我调查到上林一带，譬如说绿茅等村庄，都是在表面上接受官府的招安而实际上反叛官府，与八寨等地的盗匪一道，里

诸贼，若不剿灭，终遗祸根。为此今差指挥赵璇赍牌前去督哨副总兵张祐处计议，仰即密召领兵头目卢苏王受等，令各挑选精兵一千，或一千五百，以搜巡八寨为名，当日乘夜速发，分道夹剿后开各贼村分，务要歼除党与，荡平巢穴。若是各贼奔窜大名深山，各兵就可留屯其地，食其禾米六畜，分兵探贼向往追捕。本院先曾发有武缘乡兵，分搜大名诸山，遥计此时，各贼正回山下各村躲住，及今往剿，正合事机。仰谕各目，务要潜机速发，不得迟留隔宿，必致透漏消息，徒劳无功。发兵进剿之后，一面差人飞报。

计开：绿茅、通亲、绿小、批头、罗煖。

其余各巢，不能尽开，须要量其罪恶大小，可剿则剿，可抚则抚，相机而应。

应外合，长年危害地方，就拿他们的罪恶来说，比八寨等地的盗匪罪恶更大。如果不将这些阳奉阴违的人清除掉，终究还是会给地方留下祸根。这样，我现在派遣指挥赵璇拿着令牌前往督哨副总兵张祐处，与他一道商议处理这些人的办法，要求他们立即召见当地队伍的首领卢苏、王受等人。要求他们分别挑选一千名或一千五百名的精锐力量，以搜巡八寨为借口进行掩护，当晚乘着夜色迅速出动，分道夹击，一同剿杀各处村庄中阳奉阴违的人，务必要歼灭剪除那些盗匪的党羽，将据点盗匪彻底清除干净。如果由于用兵追剿，使得各处的盗匪逃窜到大名的崇山峻岭中，那么各路剿杀盗匪的部队就可以驻扎在原来盗匪的据点，运用这里的各种物质条件，派遣队伍去探悉盗匪逃跑的地方或逃跑的方向，然后再将这些盗匪追捕归案。我曾经先派遣了武缘的乡兵，分派他们搜查大名等山区，我在远处估量当前盗匪正返回到山下各村庄躲藏起来，现在到这些村庄去追剿这些逃窜的盗匪，正是千载难逢的好时机，请告诫各主要负责的统兵人员，要求他们一是要将自己的行军目的隐藏起来，迅速进兵，不得延误不得拖至第二天，否则，一定会走漏消息，徒劳无功，等发兵进剿盗匪之后，要派人立即向我汇报。

统计情况：绿茅、通亲、绿小、批头、罗煖应当派兵进剿。

其他的据点不能一一列出，应当根据这些地方作恶的多少、大小来决定，可以发兵追剿的，则发兵追剿，可以安抚的则进行安抚，视具体情况而定。

犒劳从征土目

八月

照得思、田二府头目卢苏、王受等,率领部下兵夫,自备衣粮,征剿八寨瑶贼,渠魁殄灭,群党削平,即今地方宁靖,旋师奏凯,实由各目兵夫,不避炎蒸,奋能效劳。但进兵以来,妨废一年耕种,况今青黄不接之时,部下兵夫家属,未免缺乏,相应量为赈给,以慰人心。为此牌仰同知桂鏊,即便会同南宁府掌印官,将该府军饷粮米鱼盐内照依开数支给各头目收领。但念思恩、南宁道里相去隔远,粮米搬运不便,合就于武缘县见贮军饷米内支给,与各领用,以见本院体恤之心。仍开给散过数目,缴报查考,毋得违错!

绥柔流贼

五月

据左江道参议等官汪必东等呈称:"古陶、白竹、石马等贼,近虽诛剿,然尚有流出府江诸处者,诚恐日后为患,乞调归顺土官岑瀚兵一千名,万承、龙英共五百名,或韦贵兵一千名,住札平南、桂平冲要地方。"及该府知府程露鹏等,亦申:"量留湖兵及调武靖州狼兵防守"等因。

犒劳从征土目

八月

思恩、田州两地的军队首领卢苏、王受等人,率领自己的部下·自备衣食钱粮,征讨八寨一带的盗匪,八寨盗匪的首领已经被斩首,盗匪都已经肃清了,地方从此也变得安宁了,很快部队胜利归来,这实在是各位官兵顶着烈日酷暑,奋勇拼杀的结果。但是自从派兵征讨以来,费时很久,妨碍了一年的耕种,况且现在处在青黄不接的时候,部属及其他们的亲属,不免有缺粮的,应当尽量帮助给予救济,以便安慰大家。这样,我便向同知桂鳌发放令牌,要求他立即和南宁府的主要负责官员,将从南宁府储藏的军用粮饷、鱼盐中支出开列出来的数目交付给部队的有关首领。但是转念又想思恩、南宁道相距很远,运送粮食很不便利,就想在武缘县官府中储存的军用粮饷中支拨出来抵用,以表明我的仁慈心肠,仍然要把支领出去的钱粮数量一一登记,缴交上级,以便核对查实,不得违反。

绥柔流贼

五月

据左江道参议汪必东等官员呈送来的报告说:"古陶、白竹、石马等地的盗匪,我们最近虽然对这一带进行过剿杀,但是还有不少逃到府江等地。实在担心这些出逃的盗匪成为以后的祸患,要求调集归顺的地方头目岑撼的队伍一千人,万承、龙英的队伍共计五百名,或者派韦贵的队伍一千名,驻扎在平南、桂平等重要的地方。"该府的知府程云鹏等官员呈来的报告中也提到:"适当保存一部分湖广部队并调集武靖州的地方部队进行防守。"

始观论议，似亦区画经久之图；徐考成功，终亦支吾目前之计。盖用兵之法，伐谋为先；处夷之道，攻心为上；今各瑶征剿之后，有司即宜诚心抚恤，以安其心；若不服其心，而徒欲久留湖兵，多调狼卒，凭借兵力，以威劫把持，谓为可久之计，则亦未矣。殊不知远来客兵，怨愤不肯为用，一也。供馈之需，稍不满意，求索訾詈，将无抵极，二也。就居民间，骚扰浊乱，易生衅隙，三也。困顿日久，资财耗竭，适以自弊，四也。欲借此以卫民，而反为民增一苦；欲借此防贼，而反为吾招一寇；各官之意，岂不虞各贼乘间突出，故欲振扬兵威，以苟幸目前之无事，抑亦不睹其害矣。前岁湖兵之调，既已大拂其情，乃今复欲留之，其可行乎？

夫刑赏之用当，而后善有所劝，恶有所惩；劝惩之道

等情况。

当初听到有关这些议论，也觉得好像是为地方的长治久安着想，如果仔细地考虑事情的最终成败，那么就可以得出我目前采取措施的意图了。大凡用兵的方法，谋划是最为重要的，处理有关少数民族事务的办法，攻心是至关重要的。现在各地在对地方的盗匪进行征讨之后，各级官员就应当实实在在地对地方进行安抚，以便使当地百姓的心情能够安定；如果没有使当地百姓内心臣服，而只是想多保存一些湖广的部队，让他们长久地驻留在这里，并且大量地集结地方部队，希望凭借军队的力量来威慑地方，并且认为这是使地方长治久安的策略，这不完全正确。殊不知，这道调集来的士兵，牢骚满腹，内心十分的不满，不愿意听从指挥在异地效命。这情况大家应当是清楚的，这是头一条。军队的供给，士兵们稍有不满意，那么就会提出各种各样的要求。并且这种要求没有止境，这是第二点。队伍驻扎在百姓中，经常骚扰老百姓，这样容易在军民之间制造仇怨，从而使军民不和，这是第三点。士兵在驻扎地长年日久地驻扎下去，暮气日生，等到军队中的资财消耗完毕时，那么驻扎的士兵中就很可能自生弊端，这是第四点。想借助部队的力量、威信来保卫百姓，但是反而因此而给百姓带来苦难；想借助军队的力量来防止盗匪，可是结果却因而给百姓带来一个盗寇。有关官员的意图，难道不是考虑各地的盗匪乘机逃离盗匪据点，所以想发挥军队的威力，以求目前地方平安无事，而没有看到这种策略带来的祸害。前年调集湖广的军队，那本身就违背了事情的本性，现在还想让湖广的部队留下来，这样难道行得通吗？

惩罚、奖赏用得恰如其分，那么就可以勉励那些有善性的

明，而后政得其安；今稔恶各瑶，举兵征剿，刑既加于有罪矣；然破败奔窜之余，即欲招抚，彼亦未必能信；必须先从其傍良善各巢，加厚抚恤，使为善者益知所劝，而不肯与之相连相比，则党恶自孤，而其势自定。使良善各巢传道引谕，使各贼咸有回心向化之机，然后吾之招抚可得而行，而凡绥怀御制之道，可以次而举矣。

夫柔远人而抚戎狄，谓之柔与抚者，岂专恃兵甲之盛，威力之强而已乎？古之人能以天地万物为一体，故能通天下之志。凡举大事，必顺其情而使之，因其势而导之，乘其机而动之，及其时而兴之；是以为之但见其易。而成之不见其难；此天下之民，所以阴受其庇，而莫知其功之所自也。今皆反之，岂所见若是其相远乎？亦由无忠诚恻怛之心，以爱其民，不肯身任地方利害，为久远之图；凡所施为不本于精神心术，而惟事补辏掇拾，支吾粉饰于其外，以苟幸吾身之无事，此盖今时之通弊也。

人和事，就可以惩罚那些有恶性的人和事。惩罚、奖赏的要求清楚了，那么然后各地的治理才能安定。现在各地的盗匪惯犯，已经派兵对他们进行了征剿，惩罚已经给予了有罪的人。然而等到各地的盗匪据点被攻破，一些盗匪乘机向外逃窜，即使现在想招抚他们，他们也不一定相信政府是诚心诚意招抚他们的。必须首先从原来盗匪据点附近的社会风尚较好的乡村进行安抚，使那些从善的人更了解政府对他们的勉励，因而再也不愿意和原来的盗匪来往，那么盗匪的头目以及那些罪大恶极的人就孤立了。那么他们的势力也就孤单了。使那些从善行的各据点民众相互传颂政府安抚他们的政策、恩德，使流窜到各地的盗匪都有回心转意、接受政府招抚的念头，那么我的安抚那些流窜盗匪的办法可以推行了。

　　大凡安抚、统制的办法可以依据一定的步骤去实行，使远方的人归附，安抚少数民族，必须柔和安抚，哪能只靠军队的数量多、兵威盛大就能达到呢？先前的人能够将天、地、万物放在一起综合考察，所以他们能够对天下万物了如指掌，所以凡是要办大事，一定依据事物本身固有的规律去办理，根据当时所处的周围环境、情势，因势利导，抓住有利时机，及时地去办理有关事情。这就是做起来看容易简单，而完成也不见得太复杂、艰难。所以普天下的百姓，都受到它的好处，而不能明白那些功绩都是哪里来的。现在却恰恰相反，难道是表现出来的跟实际情况相差很远吗？这其实是由于缺乏诚恳、细致的心。不能够用它们去爱惜自己治理下的百姓，不愿意去体察地方的疾苦，考虑地方的利弊得失，为自己治理的地方做长久打算，凡是推行的各种措施，不是出自自己对地方深刻的了解、认识、思考，只是图

合就通行计处，仰抄案回道，即行知府程云鹏，公同指挥周胤宗，及各县知县等官，亲至已破贼巢各邻近良善村寨，以次加厚抚恤，给以告示，犒以鱼盐，待以诚信，敷以德恩。喻以朝廷所以诛剿各贼者，为其稔恶不悛；若尔等良善守分村寨，我官府何尝轻动尔等一草一木，尔等各宜益坚向善之心，毋为彼所扇惑摇动。从而为之推选，众所信服，立为酋长，以连属之；忧其礼待，厚其犒赏，以渐绥来调习，使之日益亲附。又喻以稔恶各贼，彼若不改，一征不已，至于再，再征不已，至于三，至于四五，至于六七，必使灭绝而后已。此后官府若行剿除，尔等但要安心乐业，无有惊疑；若各贼果能改恶迁善，实心向化，今日来投，今日即待以良善，即开其自新之路，决不追既往之恶；尔等即可以此意传告开喻之，我官府亦未尝有必欲杀彼之心；若彼贼果有相引来投者，亦就实心抚安招来之，量给盐米，为之经纪生业，亦就为之选立酋长，使有统率，毋令涣散。一面清查侵占田土，开立里甲，以息日后之争；禁约良民，毋使乘机报复，以激其变。如农夫之植嘉禾，而去莨莠，深耕易耨，芸菑灌溉，专心一事，勤诚无惰，必有秋获。夫善者益知所劝，则助恶者日衰；恶者益知所惩，则向善者益众，此抚柔之道而非专有恃于兵甲者也。

事情表面上能够应付得过去,粉饰表面,只求自己在治理这一地方时暂且平安无事,这大概是当前较为流行的时弊。

我应当全面考虑,从长远着想,给左江道发布令文,要求知府程云鹏立即会同指挥周胤宗,以及各县的知县等官员,亲自到已经被攻破的各盗匪据点及附近村寨,依次进行安抚。给百姓发出告示,赏给他们鱼盐,以真诚和讲求信用来对待他们,在百姓中广播恩德,告诉百姓,朝廷派兵征剿各处盗匪据点,目的是要惩处那些作奸犯科、作恶多端、顽固不化的人,对于那些民风淳朴,百姓遵纪守法的村寨,官府那里忍心去伤害百姓呢?即使一草一木也不愿轻举妄动了,这些地方的百姓都应该更加坚信官府,从事善行,不要由于一些盗匪煽动就受迷惑,以致于动摇了自己的信仰而去干坏事,并在这些百姓中由百姓自己推举出为他们自己所信赖的人作为首领,以便将这些百姓组织起来,用较高的礼信去对待他们,对他们进行重赏,以渐渐使他们安定,使他们渐渐改变过去的坏习惯,使他们越来越亲近朝廷,并最终使他们归附朝廷,并告诫各地为盗匪惯犯,罪大恶极者,如果他们不思改悔,就派兵对他们进行剿杀,如果一次没有将这些盗匪清除干净,那么就再次征讨;如果第二次征讨还没有将这些盗匪清除干净,那么就第三次再征讨,第三次解决不了问题,就来第四次,第四次还解决不了问题,就来第五次、第六次、第七次,一定要征讨到将盗匪彻底清除了之后才罢休。以后如果官府要动兵征剿盗匪,那些百姓一定要安居乐业,不要担心害怕,如果哪个盗匪能够真正的改恶从善,诚心诚意地要求归附官府,现在来投靠官府,当即就把他作为善良的百姓看待,为他改过自新提供出路,决不追究以往的过错。你们就可以

至于本院近行十家牌谕，诚亦弭盗安民之良法，而今之有司概以虚文抵塞，莫肯实心推求举行；虽已造册缴报，而尚不知其间所属何意。所处地方，该道仍要用心督责整理，诚使此法一行，则不待调发，而处处皆兵；不待屯聚，而家家皆兵；不待蓄养，而人人皆兵；无馈运之劳，而粮饷足；无关隘之设，而守御固；习之愈久，而法愈精；行之弥广，而功弥大；其前项区处摘调之兵，有虚名而无实用，可张皇于暂时，而不可施行于永久者，劳逸烦简，相去远矣。惟有据该府议欲散撤雇倩机快等项，调取武靖州土兵，使之就近防守一节，区画颇当。然以三千之众，而常在一处屯顿坐食，

用这样的意图去告诫他们，去开导他们，官府也不是就一定要将他们杀掉。如果那些为恶多端的盗匪真有互相劝导来向官府投诚的，也就诚心诚意地去安抚这些投诚的人，酌情发给他们盐、米，为他们提供一条生路，按照原则为他们选择头人，使他们有个统属，不使他们处于零散状态。一面清查这些人侵占的田地，设立里甲，以平息以后的争端，那些平时一向遵纪守法的百姓，不要乘机进行报复，以免激怒这些刚投诚过来的人，从而发生新的变乱。这好比农民栽植庄稼，而要除去莠草，这就要深耕，要时常更换物种，还要进行锄草、进行灌溉，专门从事种植，一心一意为种植服务，勤勤恳恳诚实苦干，不偷懒，这样待到秋收时一定有好收成。从事善行的人更加知道官府对他们的勉励，那么帮助作奸犯科的人就会越来越少。从事恶行的人就更加懂得官府对他们行为的惩处，那么向善行看齐的人就会更多，这就是安抚的道理，而并不是单靠武力所能达到的。

至于说到我最近推行的十家牌式法，也是消除盗匪，使百姓安乐的良好方法，可是现在不少的官员往往只作表面文章，简单地应付我的要求，不能够认认真真、实实在在地推行，虽然已经按条目的要求样式登记造册，并且向上缴交报告了，可是这些官员们还不知道，其中的用意到底是什么？情况比较严重的地方，左江道仍然要尽心尽力地督促各地认真地编排好十家牌式法，使十家牌式法能够真正地实行。如果这样，那么不用调集其他地方的队伍，而处处都是兵员；不需要等待部队的驻屯，而每家每户都是兵员驻屯的场所；不需要国家提供给养，而人人都随时可以成为士兵；不需要耗费国家的资财，可是粮饷却十分的充足，不需要在险要地段设置关隘进行防守。然而防守却十

亦未得宜。必须分作六班，每五百名为一班，每两个月日而更一次。若有雕剿等项，然后通行起调；然必须于城市别立营房，毋使与民杂处，然后可免于骚扰嫌隙。盖以十家牌门之兵，而为守土安民之本；以武靖起调之兵，而备追捕剿截之用；此亦经权交济相须之意，合就准行。仰该道仍将行粮等项，再议停当，备行该州土目人等遵照奉行。自今以后，免其秋调，各处哨守等役，专在浔州地方，听凭守备参将调用。凡遇紧急调取，即要星驰赴信地，不得迟违时刻。守巡各官，仍要时加戒谕抚辑，毋令日久玩弛，又成虚应故事。

本院疏才多病，精力不足，不能躬亲细务，独其忧患地

分的坚固。推行十家牌式法时间越久，那么就越能体会到十家牌式法的精妙，那么十家牌式法的适用领域就更加广泛，这样十家牌式法的功效就更大。至于前面一些官员提出要求调集的部队，徒有虚名，而不能发挥出它真正的作用，一方面是劳民伤财，另一方面是清闲自在；一方面是各种事务十分的繁杂，另一方面是十分的简练。两者对照，它们之间相差确实太远了。只有该府商议想解散撤销临时募集的武装等项以及调集武靖州的地方部队，让这支部队在附近一带防守等议案，商议得十分的恰当，可是将三千人驻屯在一起，又显得不恰当，应当将这三千人分成六班，五百人为一班，每两个月为一守期，每两个月轮换一次。如果碰上征讨盗匪等紧急情况，应当将他们及时全都调集起来，然而必须在城市中为这些士兵修筑营房，不要让士兵和百姓杂居在一处，这样可以减少军队对百姓的骚扰，减少他们间的猜疑不信任，缩短他们之间的距离。应当以十家牌式法中对军事方面的规定，作为保卫地方，使地方安宁的根本，从武靖州调集的队伍作为追捕、截击对方的力量，这也是经过多方面的权衡使正规力量和民众力量相互配合，理应当实行这样的办法，要求左江道仍然要把粮饷等事项，商议妥当，要求各州的地方上的头人适用同样的办法。从今以后，免除他们的征调，原来到各哨守去服役。现在规定他们服役时只到浔州，听从守备参将等官员的调动。一旦遇到紧急情况，需要紧急调遣，那么就要星夜兼程，迅速赶往指定地点，不得拖延，按时到达。守巡各官员，仍然要时常告诫他们，安抚他们，不要因天长日久，使他们懈怠，以致战斗力下降，使得这一举措又不能达到它原有的效用。

我才疏学浅，体弱多病，精力不足，不能事必躬亲，一一仔

方，欲为建立久安长治一念，真切自不能已，是以不觉其言之叨叨。各官务体此意，毋厌其多言，而必务为细绎；毋谓其迂远，而必再与精思；务竭其忠诚，务行其切实，同心协德，共济时艰。通行总镇、总兵、镇巡等衙门知会。仍行三司各道守巡守备等官，事有相类者，悉以此意推而行之。发去鱼盐，或有不足，再行计处定夺。

告谕村寨

　　近年牛肠等寨，积年稔恶，是以举兵征剿。尔等良善村寨，我官府自加抚恤，决无侵扰，各宜益坚为善之心。共享太平之乐。其间平日纵有罪犯。从今但能中心改过，官府决不追论旧恶，毋自疑沮，或为彼所扇惑，自取灭亡，后悔无及。就使已剿余党，果能悔罪自新，官府亦待以良善，一体抚恤。若是长恶不悛，一剿、十剿至于百剿，必加殄灭，断不虚言。尔等各寨，为善为恶，日后自见，各宜知悉。

细检查考核。我只能到破坏最重的地方，为他们想一个长治久安办法，我的这种愿望十分真诚，我自己都不能控制自己，故此我的言辞也难免有些啰啰嗦嗦了，各有关官员，务请体谅我的良苦用心，不要对我说的话感到厌烦，请你们对有关事情必须先理出一个头绪，不要说这些很迂腐、要再须进行详尽周密的考虑，大家务必尽忠竭力，一定要实实在在地工作，大家务必同心同德，和衷共济，共度目前的艰难。并将有关情况通告给总镇、总兵、镇巡等官府，还要告诫三司、各道、守巡、守备等官员，如果有和这相类似的事件，那么就请按照类似的办法去处理。给地方发放鱼盐等物，很可能不够，那么到时再想办法予以解决。

告谕村寨

近年来，牛肠等村寨里的人长年作恶干坏事，所以派兵对这些地方实行征剿。至于社会风气好的村寨，遵纪守法的百姓，官府只能对这些村寨、百姓进行安抚，决不会侵袭骚扰这些村寨的百姓，这些村寨的百姓更应当更加相信政府，更好地遵纪守法，共同享受社会太平带来的欢乐。这些村寨中如果有人犯有过失，如果从今之后能够下定决心痛改前非，官府决不会去追究他们以往的过失。对于这一点，请大家放心，用不着怀疑。或者听从盗匪的煽动，为他们的煽动所迷惑，自取灭亡，到时后悔也就晚了。即使是曾经被征剿过而暂时逃离的那些罪恶深重者，如果他们真的能悔过自新，官府也会把他们重新当作遵纪守法的人看待，和对其他人一样对他们进行安抚。如果是长期行为不轨，顽固不化，一次、十次、百次地对他们进行征讨，一定要将这些人消灭，这绝不是虚言谎话，你们这些村寨的百姓，是

议立县卫

看得八寨瑶贼,稔恶为患,巢穴连络千里,实为广西众贼之渊薮。近该本院进剿,扫荡巢穴,若不及今设置军屯卫县,据其心腹要害,以厄塞各贼呼吸之咽喉,断绝各贼牵引之脉络,不过数年,又将屯聚生息,祸根终未剪除。本院身亲督调各兵,看得周安堡正当八寨之中,而三里堡亦当八寨之隘,俱各山势回抱,堪以筑立城郭,移卫设县;但未经广询博访,详审水土之善恶,民情之逆顺,中间有无利害得失,拟合再行查访。为此牌仰分巡右江道兵备副使翁素,会同该道分守官,即便督同同知桂鏊,指挥孙纲等,带领高年知识,亲至其地,经管相度。若果风气包完,水土便利,即行料理规制,景定方向,各另画图贴说。仍要咨访父老子弟,通晓贼情,习知民俗者,即今移立卫县,其于四远贼巢,果否能控制,民情有无便益妨损,务在人心乐顺,足为经长永久之计,然后备由呈来,以凭会奏。就将筑立城垣,合用木石、砖灰、人夫、匠作、料价、工食等项,议估停当,具揭呈来,以凭先行;一面委官分督办理,及时兴工,毋得忽意苟且,玩愒迟延,致误事机。

遵纪守法还是作奸犯科，不久你们自己就会清楚了。大家都应当知道这篇告谕。

议立县卫

我考察了八寨那些长年作恶多端，危害地方的原因，是由于这里的盗匪据点相互联络，达千里之远，这里实际上成为广西各处盗匪的大本营。近来，我统兵扫荡了这些地方盗匪的据点。如果不趁现在这样大好时机设置县卫，屯驻军队，占据这些地方的险要地段，扼住各处盗匪联系的咽喉，断绝各处盗匪联络的途径，那么不过几年，盗匪又将聚集在这里，危害地方的祸源并没有根除。我曾经在亲自调兵遣将征讨盗匪时看到周安堡正处在八寨的中央，而三里堡也处在八寨的重要地段，这两个地方四周群山环抱，可以在这些地方建立城镇，将卫所移驻到这里，在这里建立县。但是没有经过详尽的实地调查、广泛的采访，详细地了解这些地方的水土情况，民心的背向，其他的利弊得失，打算再作具体的了解，这样，向分巡右江道兵备副使翁素发令牌，要求他会同该道的分守官。立即督同同知桂鳌、指挥孙纲等官员，率领一些年纪较大，知识丰富的人到这些地方，对这些地方进行全面的考察了解。如果这些地方风气完好，水土便利，那么就立即进行具体的办理有关设立县卫的事项，选定方向，县卫建立的位置，并另行绘图，标明位置所在，并作具体说明。同时还要向当地的父老乡亲了解情况。要熟悉这一带盗匪出没的详细情况，将那些熟悉当地风土民情的官员调拨到现在要设立县卫的地方，设立的县卫对这一带的盗匪据点能否实行有效的控制，当地的民情对县卫的设置有没有帮助或者有没有

抚恤来降

八月

据参将张经呈称："武靖州耕守、黄璋等一十四名，被十冬总甲黄邓护等妄捏窝贼，乞行释放，仍给榜谕。"看得本院屡经牌仰该道该府等官，将各向化良善村寨，加意抚恤怀柔，以收其散亡之势，而坚其向善之心，庶使远近知劝，而恶党自孤。各官略不体承本院勤勤恳恳之意，肆志妄行，轻信十冬奸民之言，辄便推求往事，为之报复旧雠，沮抑归向之望，惊疑反侧之心，听其所为，必成激变，后虽寸斩奸民之骨，固亦何救地方之患？所据违法各官，即合治以军法，姑且记罪，再行饬谕，仰将见监黄璋、李举等一十四名，即行释放，仍加慰谕，令其复业宁家。其十冬黄邓护等，监候本院抚临，解赴军门发落。今后仍要备细开谕该府该县十冬、里老人等各要守法安分，务以宁靖地方为重，不得乘机挟势，侵剥新旧投抚之人，胁取财物，泄愤报怨，及至酿成变乱，却又贻累地方，劳烦官府。今后有违犯者，体访得出，或

妨碍。主要的是能使百姓安居乐业，尽忠于朝廷，那么这就可以使这一带长治久安了。请将这些情况详细地呈报上来，以便我向上奏报。并把建立县卫城镇需要的石料、木头、砖瓦、泥灰、帮工、工匠，其他建筑用材料、工时、日用等项，一一估量好，将这些情况报告给我，以便我考虑怎样建县卫。同时委派官员分别办理有关建县卫的事项，及时动工兴建，不能疏忽大意或者马马虎虎地应付了事，只顾自己的玩乐，因而错过大好时机。

抚恤来降

八月

据参将张经呈来报告说："武靖州的耕守、黄璋等十四人，被十冬的总甲黄邓护等人随便给他们捏造罪名，将他们关押起来了。请求将他们释放。并且还要发文榜进行告谕。"我曾经发令牌，要求左江道以及该府的有关官员发布令牌，要求将各地向善行方面转化的村民尽力进行安抚。以便使他们不向其他的地方流亡，更加坚定他们归附从善的信心，使远近的人都知道官府对他们的鼓励，从而使那些罪大恶极者以及罪犯的头目势力减弱。有些官员还不能完全体谅我的良苦用心，肆意妄为，轻易相信十冬一些不怀好意的人的言辞，动不动就要求追究那些人的过去罪行，为他们报以往结下的仇怨。减少了他们对归顺官府的信心，使他们对官府招抚他们的政策增添了疑虑，加大了他们归顺官府的难度。如果让这些官员胡作非为，一定会带来新的变乱，以后即使将那些不怀好意的人斩尽杀绝，也无法解救因此而给地方带来的祸患。那些违犯法律的官员就应该按军法进行处罚，但首次犯错，暂且将这些官员的罪过记录被人告发，决行拿送军门，治之军法，断不轻恕。仍将发去告示，即行刊刻，给赴十冬里老人等遵照奉行，具遵行过缘由缴报。

批广东市舶司提举故官水手呈

  看得广东市舶司提举已故钱邦用，平日果系清白自守，足称廉能，乃今客死远乡，情殊可悯！仰广州府即与量拨水手，起关资送还乡。其原领文凭，发该衙门转缴。此缴。

下来，然后再发布饬谕。要求现在立即将关押的黄璋、李举等十四人全部释放，还要给他们给予慰问，让他们继续从事他们的职业，使他们的家庭安宁。至于十冬黄邓护等人，将他们收监起来，等候我亲临这些地方进行安抚百姓，并且将这些人解赴军门听候发落。今后还要对左江道、该府、该县十冬里的老人进行耐心细致的教导，要求他们要遵纪守法，一定要以地方的安宁为重。不能乘机进行相互侵害或进行报复。以前或现在投靠官府的人，凭借势力掠夺财富，泄私愤报旧怨，以至于酿成变乱，因而又给地方带来灾难，多次为官府增添麻烦。今后如果有违犯法纪的，一经查出，或者被人告发，一定要将违法乱纪者押送到军门，按军法进行处罚，决不轻易饶恕。还要向这些地方发布告示，并立即刻印出来，要求十冬里的人遵照执行，不得违抗，并将这些地方的执行情况写出报告呈交给我。

批广东市舶司提举故官水手呈

了解到广东市舶司原任提举钱邦用，平时清正廉洁，操行很好，实在称得上廉洁有能力的人，现在身死异地，远离故乡，这种情况实在值得同情。要求广州府立即根据实际情况派遣一些水手，赠送一些资财，将钱邦用的遗体护送回乡，钱邦用原来掌管的文件，要求市舶司将它们上缴。特此通知。

卷之十九　外集一

赋骚诗 赋骚七首

太白楼赋

丙辰

　　岁丙辰之孟冬兮,泛扁舟予南征。凌济川之惊涛兮,览层构乎任城。曰太白之故居兮,俨高风之犹在。蔡侯导余以从陟兮,将放观乎四海。木萧萧而乱下兮,江浩浩而无穷;鲸敖敖而涌海兮,鹏翼翼而承风;月生辉于采石兮,日留景于岳峰,蔽长烟乎天姥兮,渺匡庐之云松。慨昔人之安在兮,吾将上下求索而不可。謇予虽非白之俦兮,遇季真之知我;羌后人之视今兮,又乌知其不果?吁嗟太白公奚为其居此兮?余奚为其复来?倚穹霄以流盼兮,固千载之一哀。

　　昔夏桀之颠覆兮,尹退乎莘之野;成汤之立贤兮,乃登庸而伐夏。谓鼎俎其要说兮,维党人之挤诉;曾圣哲之匡时兮,夫焉前枉而直后!当天宝之末代兮,淫好色以信谗。恶来妹喜其猖獗兮,众皆狐媚以贪婪。判独毅而不顾兮,爰命夫以仆妾之役。宁直死以顾领兮,夫焉患得而局促。开元之绍基兮,亦遑遑其求理;生逢时以就列兮,固云台麟阁而容与。夫何漂泊于天之涯兮?登斯楼乎延伫。信流俗之嫉妒

太白楼赋

丙辰

　　弘治九年丙辰的初冬,我乘着扁舟,将要南下征战;越过济川的惊涛骇浪,我观赏着任城。据称这儿是李太白的故居,高雅、庄严的遗风还在此萦绕;蔡侯引导、带领我徒步前行,放眼望去,观乎四海之内。树叶萧萧落下,江水浩浩荡荡,遥无尽头,鲸在闲游,与海水搏斗,大鹏承受着风吹而展翼飞行;月亮的光辉洒在彩色的石头上,在山峰上留下了自己的身影,天姥山隐隐约约,躲在长远悠久的烟雾中,生在云间的松树缥缈在云雾中。既然昔日的人都安然存在,那么我便不能上下求索!虽然我与李太白不能并列,但是遇到了贺知章这样的人才能够了解我,后人回头看待我,又怎么知道我的苦衷不能解除呢?哎呀,李太白啊!您难道为此居住于此地?我又难道为此重新过来?在苍穹云间流盼顾视,真是千年的一大悲哀啊。

　　当年夏桀荒淫无道、颠覆无常时,伊尹退居到山野;成汤推举贤士之人时,于是任用他们攻伐夏朝。人们称说的关于国鼎笔和刀俎的要旨之道,只因为同伙的人们要排挤和争夺。圣人和哲人们曾经匡世救人,我怎么能够前后不一呢。当天运颓废、走向衰落时,人们便淫靡妇色、听信谗言,恶来、妹喜之徒猖獗,人们都被美色迷惑,贪得无厌。清醒地保持自身清白,不愿随波逐流,于是被命令去做仆人、妾女的差事。宁愿径直离开人世、把头摔破,也不想患得患失、局促不安。开元盛世时的李绍

兮，自前世而固然。怀夫子之故都兮，沛余涕之溇溇。庙堂之偃蹇兮，或非情之所好；唯不合于斯世兮，恣沉酣而远眺。

进吾不遇于武丁兮，退吾将颜氏之箪瓢。奚曲蘖其昏迷兮，亦夫子之所逃。管仲之辅纠兮，孔圣与其改行；佐麟而失节兮，始以见道之未明。睹夜郎之有作兮，横逸气以徘徊；亦初心之无他兮，故虽悔而弗摧。吁嗟！其谁无过兮，抗直气之为难！轻万乘于褐夫兮，固孟轲之所叹。旷绝代而相感兮，望天宇之漫漫。去夫子其千祀兮，世益隘以周容。媒妇妾以驰骛兮，又从而为之吭痈。贤者化而改度兮，兢规曲以为同。

卒曰："峄山青兮河流泻，风飗飗兮淡平野；凭高楼兮不见，舟楫纷兮楼之下，舟之人兮俨服，亦有庶几夫子之踪者。"

九华山赋

壬戌

循长江而南下，指青阳以幽讨。启鸿蒙之神秀，发九华之天巧。非效灵于坤轴，孰构奇于玄造！涉五溪而径入，宿无相之窈窕；访王生于邃谷，掏金沙之清潦；凌风雨乎半

基,也来徨徨地寻找公理,生逢时代就入人群中来,即使是云台和麟阁,脸上也高兴;为何在天涯海角四处流浪呢,登上这个楼,久久地伫立?大概是由于流言、世俗的嫉妒、攻击,从很久以前的古代就是这样。怀念当年李太白的故城,为他的颠沛流离而涕然泪下!那高耸入云的庙堂,并不是情致爱好的地方;只因为不与当世风俗合得来,恣意放纵、酒酣耳热,远眺观望。

向前进,我遇不到武丁;向后退,我将像颜回一样手持箪瓢。曲蘖令人昏迷,也是夫子逃避隔世的办法。管仲辅佐公子纠,孔圣人不如去改笔;佐麟失去节义,才发现道路目标不清,模糊依稀。看到夜郎有所作为,满溢的才华气质四处徘徊;其实开始时,心思并没有太多其他考虑,所以即使后悔也不会崩溃。唉,谁能没有过错啊,坚持清白正直的风气太困难啦!轻视坐万乘、身着贵重服饰的人们,相信恪守孟轲曾经说过的话;旷世、绝代为之感染,望着天守,漫漫无边。夫子有千座祀庙,世道愈发狭隘,容不下地方;看不起妇妾们,飞驰骛远,又从风俗,为之吸去毒汁;贤德之人感化、改变制度,调整指规,使之走向统一。

最后说道:"山青青的,河流从中泻涌而出,风飕飕的,吹动拂平了田野,倚着高楼,什么也看不见,舟船、木楫在楼下经过,舟上的人啊身着庄重的服装,有几个是夫子的追从者呢。"

九华山赋

壬戌

沿着长江南下,想到青阳探寻僻静幽深之处;开启鸿蒙的神采、清秀,发挥九华山的天工之巧。不是仿效地轴般的灵气,又是谁构建起这玄妙、神奇的地方?跨过五溪,径直进入山中,

霄，登望江而远眺。步千仞之苍壁，俯龙池于深窅；吊谪仙之遗迹，跻化城之缥缈；钦钵盂之朝露，见莲花之孤标。扣云门而望天柱，列仙舞于晴昊。俨双椒之辟门，真人驾阳云而独蹻。翠盖平临乎石照，绮霞掩映乎天姥。二神升于翠微，九子邻于积稻，炎熇起于玉甑，烂石碑之文藻；回澄秋于枕月，建少微之星旄。覆瓯承滴翠之余沥，展旗立云外之旌纛。下安禅而步逍遥，览双泉于松杪，逾西洪而憩黄石，悬百丈之灏灏。

瀬流觞而萦纡，遗石船于涧道；呼白鹤于云峰，钓嘉鱼于龙沼。倚透碧之巘岏，谢尘寰之纷扰。攀齐云之巉峭，鉴琉璃之浩溔。沿东阳而西历，殆九节之蒲草。樵人导余以冥探，排碧云之瑶岛。席峦翳其缪蔼，失阴阳之昏晓，垂七布之沉沉，灵龟隐而复佻；履高僧而屧招贤，开白日之杲杲。试明茗于春阳，汲垂云之渊湫，凌绣壁而据石屋，何文殊螺髻之蟠纠？梯拱辰而北眕，隳遗光于拾宝，缁裳迓于黄匏，休圆寂之幽俏。

住在小巧精妙的无相寺，到深山幽谷中寻访王生，挖掘、淘清金沙的清澈、潦明，半晴之天顶着风雨，登山望江远眺，在千仞高的苍色岩壁上爬行，俯览龙池，深邃幽远，凭吊仙人的行踪遗迹，登上缥缈的化城，恭敬那钵盂早晨里的露珠，看到莲花峰那孤独伫立的孤高的标志。扣响云门，遥望天柱，各位仙人在晴空之中翩翩起舞。那神圣的在两颗椒之间隐藏的门，是真人驾着太阳云彩、独自漫步的地方。翠色葱葱，快要将石头笼罩包围了，绮丽夺目的晚霞在天姥山羞答地半现，二位神人开到翠微山了，九子与积稻相邻，炎热干燥从玉瓶中生出发起，石碑的文采灿烂耀眼，十分不凡；澄亮的秋夜里，枕月入睡，构建起少许微小的星辰。倒下瓯器，承受着滴滴翠意中的余沥，展开旗帜，立于云彩外的各类彩旗；下凡安心炼禅，步履轻巧遥遥，从松树的末稍间遥望观赏那两汪泉水。穿过西洪，在黄石憩息，百丈悬崖，气势宏大，

水流湍急，萦绕迂回，把石船留在涧道之中，把白鹤从云峰上召唤回来，在龙潭里钓鱼，倚靠着透亮碧绿的崦虮；告别谢绝人世间的纷杂繁扰。攀登齐云高的悬崖峭壁，照映琉璃浩荡宏伟。沿东阳向西游历，食用九节的薄草。樵夫引导我前去寻幽探奇，到了那碧云排开后的瑶池岛上，众山林立，绝彩浓重安详，失去了太阳普照的黄昏拂晓，垂下了沉沉实实的七布，神龟隐藏起来，又重新显现；高僧穿布鞋，广纳诸贤，开启了百日里的正大光明。在春日阳光里品尝美茶，在云朵垂落的深潭里泛舟，靠近绝壁，建起石屋，又奈何文殊螺髻般的纠缠？搭上往星辰的梯子，向北望去，跟随那余下的光明是为了拾取宝物，着黑衣迎接那黄色的长袍，在幽静俊俏之处停止，莫要行圆寂之道。

鸟呼春于丛篁，和《云》《韶》之鹭鹭，唤起促余之晨兴，落星河于檐撩；护山嘎其惊飞，怪游人之太早。揽卉木之如濯，被晨晖而争姣；静鐄声之剥啄，幽人剧参蕨于冥杳。碧鸡哕于青林，鹎翻云而失皓，隐捣药于樛萝，挟提壶饼焦而翔绕。凤凰承盂冠以相遗，饮沉瀣之仙醴，羞竹实以嬉翱，集梧枝之嫋嫋。岚欲雨而霏霏，鸣湿湿于虋葆。蹴三游而转青峭，拂天香于茫渺；席泓潭以濯缨，浮桃泻而扬缟。淙渐渐而落荫，饮猿猱之捷狡。睨斧柯而升大还，望会仙于云表。悯子京之故宅，款知微之碧桃。倏金光之闪映，睫累景于穹坳。弄玄珠于赤水，舞千尺之潜蛟。并花塘而峻极，散香林之回飚。抚浮屠之突兀，泛五钗之翠涛。袭珍芳于绝巇，袅金步之摇摇；莎罗踯躅芬敷而灿耀，幢玉女之妖娇。搴龙须于灵宝，堕钵囊之飘飘，开仙掌于嵌崁，散青馨之迢迢。披白云而躐崇寿，见参错之僧寮。日既夕而山冥，挂星辰于窿嶅；宿南台之明月，虎夜啸而罴嘷。鹿麋群游于左右，若将侣幽人之岑寥。迥高寒其无寐，闻冰壑之洞箫。

鸟儿在树木草丛中呼唤春天，与云韶的生动之音相和，唤起、推动了我早晨的兴致，星河落于山的后面，把山峰上的鸟嘎嘎地惊飞起来，埋怨游人来得太早。打搅了花卉草木，它们沐浴在早晨的太阳光里，争相斗艳；啄木鸟打在树上的声音像静静刺上去，在深处的人们依照薇的生长判断方向、地点。碧绿色的鸡在青青林中鸣叫，大鹏鸟在云间翻腾，飞翔环绕，扰乱了安宁，在碧萝之间藏着捣药人，携带提壶、焦饼。凤凰承受盂冠以相传，饮用夜间水气所化为的仙液，在竹宝前含羞，嬉闹高翔，栖集在梧树枝头，颤颤微微的。山间水气漫漫，像要下雨，云彩灰暗暗的，茂密的树木、草丛也发出湿漉漉的声音。三次游览过后转到青山峭壁上，在茫茫、缥缈之处拂动天的香气；在泓潭处席地而坐，濯洗帽子的长带，浮动的桃枝在激流的水中扬起了丝织衣服。落荫如水流般渐渐直响，如猿猱般轻捷狡猾，斜眼看着斧头的柄抱，上升返还，望到在云的表层有会仙。怜悯爱惜子京的故宅旧居，用知微约的碧桃来款待，攸得金光一闪，眼睛为眼前天空和山坳的景色变换目不暇接。在赤水里玩弄玄珠，蛟龙在水中舞动，达千尺之长；并花塘峻峭之极，在香林中散飞，深远狂飚，突兀的山抚摸着浮屠，翠绿的涛水中泛动着五钗之光，在这绝世的山缝间有无数珍宝、芳草，踏着摇摇晃晃的金步，袅袅前进；莎雍踯躅，芬芳敷在上面，灿烂扑鼻，如柱上的玉女妖娆多端；在灵宝里撩起龙须，扔下钵囊，任它飘飞，在高山的缝间开出仙掌，远远地散发出青青的香味。身披白云，越过崇寿，看到了参差不齐的分布着的僧舍；日已经落了，山色冥冥，星辰挂于天幕上；在南台明月下住宿，夜里虎啸熊嗥，鹿麋在左右群游，好像把伴侣、幽静的人赶到寂寥之地。在高

溪女厉晴泷而曝术，杂精苓之春苗，邀予觞以玉液，饭玉粒之琼瑶。溘辞予而远去，飒霞裾之飘飘。复中峰而怅望，或仙踪之可招。乃下见阳陵之蜿蜒，忽有感于子明之宿要；逝予将遗世而独立，采石芝于层霄；虽长处于穷僻，乃永离乎滛嚣。彼苍黎之缉缉，固吾生之同胞。苟颠连之能济，吾岂靳于一毛！矧狂胡之越獗，王师局而奔劳。吾宁不欲请长缨于阙下，快平生之郁陶？顾力微而任重，惧覆败于或遭；又出位以图远，将无诮于鹪鹩。嗟有生之迫隘，等灭没于风泡。亦富贵其奚为？犹荣蕣之一朝。旷百世而兴感，蔽雄杰于蓬蒿，吾诚不能同草木而腐朽，又何避乎群喙之啾啾！

已矣乎！吾其鞭风霆而骑日月，被九霞之翠袍。搏鹏翼于北溟，钓三山之巨鳌。道昆仑而息驾，听王母之云璈。呼浮丘于子晋；招勾曲之三茅，长邀游于碧落，共太虚而逍遥。

乱曰："蓬壶之藐藐兮，列仙之所逃兮；九华之矫矫兮，吾将于此巢兮。匪尘心之足揽兮，念鞠育之劬劳兮；苟初心之可绍兮，永矢弗挠兮。"

高的远山上不能入睡，冰壑间的山洞萧萧然。

　　溪女穿过清澈湍急的流水，亮出了技艺，整理挑拣苓菌的春苗，邀请我喝玉液，吃琼瑶池的玉粒；然后她告辞我，远离而去，霞的裙子飒飒飘舞。又到中峰，怅然望去，或许仙人的踪迹不可以招致、寻到；便看到下面蜿蜒延伸的阳陵，忽然有感于子明晚上的戏耍。我将独立离世，在层层云端采取石芝；虽然长期居住在穷困偏僻的地方，但还是远离了尘世的喧嚣。那些在苍黎下行走的人们，都是我的同胞，假使对于颠簸流浪中的人们有所帮助，我又怎么舍不得一根汗毛呢？胡人越发猖獗，王师奔劳收拾局面，我宁愿不想请授长缨出征，以快慰平生所愿；考虑到力量微小而责任重大，惟恐惨遭败绩；又任命离家很远，将要听不到鸡鸭的叫声。唉，我的有生之年迫切狭隘，与在风中变小的泡儿相同，富贵又有什么用啊，只不过是一朝的荣耀；百世旷绝，感受极深，英雄豪杰隐藏在蓬蒿之间，我绝不能和草木一样腐朽，又何必计较那些多嘴多舌人的叽叽喳喳？

　　算了吧，我将在风儿雷霆的鞭策下，在日月下骑骋，披着九霞中的翠袍，在北滇与大鹏搏击，钓上三山的巨龟；到了昆仑山，停止驾骑，听到王母从云中发出的声音；把浮丘招呼到子晋，招致勾曲的三茅，在碧霞落处遨游，在太虚之间逍遥自在。

　　随便写道："蓬壶多么壮观宏大啊，列仙都到那里躲避藏身，九华山多么矫健巍峨，我将在此居住安歇。尘世的心足够乱得了，想起了养育的辛劳；即使开始我的心还可以继续，我也发誓永远不再被干扰了。"

吊屈平赋

丙寅

正德丙寅,某以罪谪贵阳,取道沅湘;感屈原之事,为文而吊之。其词曰:

山黯惨兮江夜波,风飕飕兮木落森柯。泛中流兮焉泊?湛椒醑兮吊湘累。云冥冥兮月星蔽晦,冰峻嶒兮霰又下;累之宫兮安生?怅无见兮愁予!高岸兮嶔崎,纷纠错兮樛枝,下深渊兮不恻,穴颠洞兮蛟螭。山岑兮无极,空谷谽谺兮迥寥寂。猿啾啾兮吟雨,熊罴嗥兮虎交迹。念累之穷兮焉托处?四山无人兮骇狐鼠;魍魅游兮群跳啸,瞰出入兮为累奸宄。嫉录正直兮反诋为殃;昵比上官兮子兰为臧。幽丛薄兮畴侣,怀故都兮增伤!望九疑兮参差,就重华兮陈辞。沮积雪兮碉道绝,洞庭渺邈兮天路迷。要彭咸兮江潭,召申屠兮使骖,娥鼓瑟兮冯夷舞,聊邀游兮湘之浦。乘回波兮泊兰渚,睇故都兮独延伫。君不还兮郢为墟,心壹郁兮欲谁语!郢为墟兮函崤亦焚,谗鬼遘戮兮快不酬冤。历千载兮耿忠愊,君可复兮排帝阍,望遁迹兮渭阳,箕罹囚兮其佯以狂。艰贞兮晦明,怀若人兮将子退藏。宗国沦兮摧腑肝,忠愤激兮中道难。勉低回兮不忍,溘自沉兮心所安。雄之谀兮逸喙,众狂稚兮谓累扬已。为魑为魅兮为谗媵妾,录视若鼠兮佞颡有呲。累忽举兮云中,龙荪暗蔼兮飘风。横四海兮倏忽,驷玉虬兮上冲。降望兮大壑,山川萧条兮济寥廓。逝远去兮无穷,怀故都兮蜷局。

吊屈平赋

丙寅

　　正德元年丙寅,我因为获罪被贬到贵阳做官,取道沅水、湘江,为屈原的事迹而感动,撰写文章来凭吊他,上面写道:

　　山色黯黑、惨淡,江上夜里起了波浪,风吹得飕飕直响,草木纷纷而落下,在江中漂泊的小船如何能靠岸?用椒醑来凭吊湘江的神灵。云色暗暗的,月亮、星星隐藏起来,冰峻嶒从岩上挂下,神仙的宫殿建于何处?怅然不见,愁绪万端!岸边的山高耸,崎岖威赫,树枝交错纠结在一起,落下深不可测的水渊,寻不着影迹,蛟螭生在洞穴和鸿洞里,山岑岑,没有尽头,空谷寥落、迥远,猿猴悲鸣,雨纷纷而下,熊在嚎叫,老虎交错足迹。绳素的尽头,将托付何处?四面山上无人迹,狐狸、老鼠为之惊骇,在深魅的山中游荡,一齐跳跃呼叫,偷看它的出入,为绳素轰扰、破坏而逃窜。嫉妒绳素的正直,污蔑是其作的祸;看看上官如子兰般贪污收赃。幽然独处,没有伴侣,怀念故都,增添忧伤!看到九嶷山参差分布,陈辞凝重华美;积雪把涧路阻绝了,令人沮丧,洞庭湖渺茫悠远,通天之路不见踪影。要彭咸的江潭,命令申屠为之驾车,嫦娥鼓瑟,冯夷跳舞,姑且在湘江边上遨游,乘着回波在兰洲上停泊,眷念故都,独自伫立。君不返回,郢都成为废墟,心一片赤诚,欲与谁说话?郢都成为废墟,幽崝关也被焚毁,那些谗言小人出逃奔窜,令人不快。千年过去了,忠心耿耿,彪炳史册,您又可以回来啦,来解除君主的昏庸,望遁的遗迹称为阳;遭受囚役之苦,佯装发狂。艰苦忠贞晦暗和明亮,那些心怀如您这样的将隐退藏身。宗庙与国家沦丧,摧裂五脏,忠心和激愤如此强烈,道路变艰难;不忍心低回勉励,不

乱曰：日西夕兮沅湘流，楚山嵯峨兮无冬秋。累不见兮涕泗，世愈隘兮孰知我忧？

思归轩赋

庚辰

阳明子之官于虔也，廨之后，乔木蔚然，退食而望，若处深麓，而游于其乡之园也。构轩其下，而名之曰"思归"焉。

门人相谓曰："归乎！夫子之役役于兵革，而没没于徽缰也，而靡寒暑焉，而靡昏朝焉，而发萧萧焉，而色焦焦焉。虽其心之固嚣嚣也，而不免于呦呦焉，哓哓焉，亦奚为乎！槁中竭外，而徒以劳劳焉为乎哉？且长谷之迢迢也，穷林之寥寥也，而耕焉，而樵焉，亦焉往而弗宜矣。夫退身以全节，大知也；敛德以亨道，大时也；怡神养性以游于造物，大熙也，又夫子之夙期也。而今日之归，又奚以思为乎哉？"则又相谓曰："夫子之思归也，其亦在陈之怀欤？吾党之小子，其狂且简，怅怅然若瞽之无与偕也。非吾夫子之归，孰从而

如把心所安托的地方降下来。谗言之人的嘴真是浩大,众人都发狂作疯,沽名钓誉,为山魈为妖怪,为谗言胜过妾女,视他们为老鼠般,奸佞的脑门汗流不止。忽然,云中飞出一条龙,照亮灰暗的天空,迎飞飘舞,倏忽间飞遍四海,驾着玉虬出发,想要降落在大沟里,山川萧条,轮廓寥落;这一远去无穷无尽,怀念故都,眷恋时局发展。

最后写道:日落西山,沅水湘水还在流淌,楚地的山嵯峨多姿,见不到秋天与冬天的影子;不见有人哭泣,世风日下,有谁能解除我的忧愁?

思归轩赋

庚辰

我在虔地做官,在办公地方的后面,乔木生长旺盛,蔚然成林,退进去往外看,好像处在深山中一样,而在家乡的园地里游玩;在下面建造了一个小屋,命名为思归轩。

门人们都相传说:"回去吧!先生带兵征战,摆脱不了纠缠,没有春夏秋冬,没有白昼黑夜,长发萧萧,脸色焦黄;虽然他的心里十分繁杂喧闹,但仍不免于为没完没了的话所烦,为乱嚷乱叫所累,莫非为了此而身心憔悴,而整日四处奔波辛劳为了什么?而且长谷路途遥远,林子茂盛显得寥落,耕作劳种,上山打柴,也过去则不合适。退身为了保全名节,是大智啊,廉洁梳理道德以发扬道义,是大的机会;修身养性,在造物间遨游,是大的光明;这又是先生的平日所想啊。今天的归轩,又是为了什么呢?"又有人传说:"先生的思归轩,目的在于抒发他的情怀吗?我们这些学生小小年纪,猖狂随便,每天怅然好像盲人没有

裁之乎？"则又相谓曰："嗟乎！夫子而得其归也，斯土之人为失其归矣乎！天下之大也，而皆若是焉，其谁与为理乎？虽然，夫子而得其归也，而后得于道；惟夫天下之不得于道也，故若是其贸贸。夫道得而志全，志全而化理，化理而人安，则夫斯人之徒，亦未始为不得其归也。而今日之归，又奚疑乎？而奚以思为乎？"

阳明子闻之，怃然而叹曰："吾思乎！吾思乎！吾亲老矣，而暇以他为乎？虽然，之言也，其始也，吾私焉；其次也，吾资焉；又其次也，吾几焉。"乃援琴而歌之。歌曰："归兮归兮，又奚疑兮；吾行日非兮，吾亲日衰兮，胡不然兮；日思予旋兮，后悔可迁兮；归兮归兮，二三子之言兮。"

咎言

丙寅

正德丙寅冬十一月，守仁以罪下锦衣狱。省愆内讼，时有所述，既出而录之。

何玄夜之漫漫兮，悄予怀之独结。严霜下而增寒兮，曀明月之生隙。风呦呦以憎木兮，鸟惊呼而未息，魂营营以惝恍兮，目瞀瞀其焉极！懔寒飚之中人兮，杳不知其所自。夜展转而九起兮，沾予襟之如泗。胡定省之弗遑兮，岂荼甘之如荠？怀前哲之耿光兮，耻周容以为比。何天高之冥冥兮，孰察予之衷？予匪戚于累囚兮，牿匪予之为恫。沛洪波之浩浩

陪伴一样。难道先生的思归轩是为了给我们一些教训吗？"还有人传说："唉呀！先生建造了思归轩，难道这片土地上都失去归宿了吗！天下如此之大，都像这样，谁来捍卫真理呢？虽然先生得到思归轩，然后得到道义真谛；因为天下人都领会不到通义，所以才这样冒失莽撞。得到发现道义，健全人格；人格健全了，才可以感应化解理；理化解了，人才可以安下心来，那么像凡人俗子们，从未开始当然谈不上归宿。而今天的归宿又怎么可怀疑呢？难道这样思考对吗？"

我听后，失望地长叹道："我思索，思索啊！我的亲人已经年老，难道还有工夫想其他的吗？这些话虽这样说，开始也是出于私心；其次是我出资修造的；再次是我个人做的。"于是拿来琴，歌唱道："归去啊归去，又为什么怀疑；我每天都在想是否需要归去，我的亲人已经衰老，如果不这样啊；每天思虑我返回，后来悔恨可以返回，回去吧回去，你们这些几个小子的言论。"

咎言

丙寅

正德元年丙寅十一月，我因为犯罪下锦衣狱，反省错过了内讼之期，偶尔有所感受，出来后，录写下来。

漫漫的黑夜啊，悄悄我的心怀开始独自凝结？严寒的霜落下，增加了寒意，明月亮灿灿的，从云中出来；风在呼叫，开始赠恶树木，鸟儿惊叫呼喊，没有停息，魂儿舞动，双目深远，能看到有你的地方？严寒狂风中的人啊，不知道他是从何处而来；夜里辗转反侧，九次起床，好像鼻涕似的东西沾到我的衣襟上；为何定省还不空闲下来，难道我吃茶也感到味甜，像荠菜一样？

兮,造云阪之蒙蒙;税予驾其安止兮,终予去此其焉从?孰瘿瘰之在颈兮?谓累足之何伤?熏目而弗顾兮,惟盲者以为常。孔训之服膺兮,恶讦以为直。辞婉娈期巷遇兮,岂予言之未力。皇天之无私兮,鉴予情之靡他!宁保身之弗知兮,膺斧锧之谓何?蒙出位之为愆兮,信愚忠而蹈亟,苟圣明之有神兮,虽九死其焉恤。

乱曰:"予年将中,岁月遒兮;深谷崆峒,逝息游兮;飘然凌风,八极周兮。孰乐之同?不均忧兮。匪修名崇,仁之求兮;出处时从,天命何忧兮?

守俭弟归日仁歌楚声为别予亦和之

庭有竹兮青青,上乔木兮鸟嘤嘤。姝之来兮,弟与偕行。竹青青兮雨风,鸟嘤嘤兮西东。弟之归兮兄谁与同?江云暗兮暑雨,江波渺渺兮愁予;弟别兄兮须臾,兄思弟兮何处?影翳翳兮桑榆,念重闱兮离居;路修远兮崎嶔,沮风波兮江湖。山有洞兮洞有云,深林窅窅兮涧道曛。松落落兮葛累累,猿啾啾兮鹤怨群。山之人兮不归,山鬼昼啸兮下上烟霏。风嫋嫋兮桂花落,草萋萋兮春日迟。葺予屋兮云间,荒予圃兮溪之阳;驱虎豹兮无践我藿,扰麋鹿兮无骇我场。

怀念前代哲人的光辉事迹，与和周容相比较为羞耻。天如此高远幽深，谁理解我的心怀？我不为困在囚牢里忧伤感戚，不会害怕。洪水波浪浩荡，造就了蒙蒙的云山坡；我的座驾要在哪里停止啊，这一去有谁跟从我？谁的瘿瘤长在脖子上？脚劳累有何悲伤的；眼睛熏熏的，不愿回头，只有盲人以为我正常。把孔孟的教诲铭记在心，恶人攻击认为我刚直，言辞婉转，调和时间，巷间相遇；难道我的言语不够有力。皇天无私浩荡，审视我的情怀，没有其他杂想，宁愿保全身体，不知好歹，反抗斧颁之刑是为了什么？耽误出位的时间，相信愚忠之道，多次重蹈覆辙。即使圣人明士对我有所补益，虽然死去九次又有什么值得怜悯。

最后写道："我将至中年，岁月已经不多了；深谷中崆崆峒峒。将停止游动了；飘飘然，随风进入四极八周，谁与我的乐趣相同？忧愁不均匀的分配，为了追求崇方之名，追求仁义之道；出来的时候有人随从，还有什么让天命忧伤发愁呢？"

守俭弟归日仁歌楚声为别予亦和之

庭院中生长着青青的竹子，鸟儿飞到乔木上，嘤嘤直叫，弟弟陪着妹妹一同赶来。竹子青青的，雨中吹着风，鸟儿东西飞着鸣叫。弟弟回去了，我和谁在一起？江上云彩暗暗的，暑时雨下起来了，江波渺渺茫茫的，我真发愁，弟弟刚告别哥哥不久，我思念弟弟又在何方？桑树、榆树的茂盛枝叶，景色翳翳，思念重门时的分开居住，路途遥远，崎岖险峻，风吹起来波浪，在江湖上停留。山上有个山洞，洞中有云，深深的林子远邈幽深，涧路灰暗模糊，松枝纷纷落下，葛树累累堆压，猿猴啾啾直叫，仙鹤结群抱怨。山中的人不归去，山鬼叫啸，山上山下烟雾霏霏，

解予绶兮钟阜，委予佩兮江湄。往者不可追兮，叹凤德之日衰；将沮溺其耦耕兮，孰接舆之避予。回予驾兮扶桑，鼓予枻兮沧浪，终携汝兮空谷，采三秀兮徜徉。

祈雨辞

正德丙子南赣作

呜呼！十日不雨兮，田且无禾；一月不雨兮，川且无波；一月不雨兮，民已为疴；再月不雨兮，民将奈何？小民无罪兮，天无咎民！抚巡失职兮，罪在予臣。呜呼！盗贼兮为民大屯，天或罪此兮赫威降嗔。臣则从罪兮，玉石俱焚？呜呼！民则何罪兮，天何遽怒？油然兴云兮，雨兹下土。彼罪遏逋兮，哀此穷苦。

归越诗三十五首

弘治壬戌年，以刑部主事告病归越并楚游作

游牛峰寺四首　牛峰今改名浮峰

洞门春霭蔽深松，飞磴缠空转石峰。猛虎踞崖如出柙，断螭蟠顶讶悬钟。金城绛阙应无处，翠壁丹书尚有踪。天下

风吹起,桂花落下来,草木萋萋,春天来得很迟。在云间修好我的小屋,在小溪的阳面荒芜了我的田圃,驱逐虎豹,不践踏我的情怀,麋鹿也害怕不住我的举止。钟阜解除了我的缓带,在江滨委托交给我佩带,已经过去的再也不能追回,感叹这年头日道渐衰;长沮、桀溺将要停止耕种,谁要接舆为躲避我?我将要庆贺回到扶桑,在沧海浪花中划桨前行,最后在空谷中携你而行,采撷三江秀色,徘徊不还。

祈雨辞

正德丙子南赣作

呜呼!十天不下雨,田间禾苗将不能生长啊;一个月不下雨,河流中将没有水波;一个月不下雨,人民将生重病;再有一个月不下雨,百姓能怎么样呢?小小百姓是没有罪过的,天不能怪罪于百姓,巡抚们失职,罪责在于臣子。呜呼!盗贼已成为百姓的大患,上天如果要怪罪的话,赫赫威风,生气发怒。臣子们就要服从罪名,难道玉石俱焚吗?呜呼!百姓们有什么罪,天就要发怒?云油然生起了,雨水落入土中。此情此罪,何堪承受,为百姓所遭的穷苦而悲哀。

游牛峰寺四首 牛峰今改名浮峰

洞门笼罩着春天的云气,把深处的松树遮蔽住了,石磴飞向空中缠绕,石峰突转。猛虎盘踞在山崖上,像从囚笼中放出来名区皆一到，此山殊不厌来重。

　　萦纡鸟道入云松，下数湖南百二峰。岩犬吠人时出树，山僧迎客自鸣钟。凌飚陟险真扶病，异日探奇是旧踪。欲扣灵关问丹诀，春风萝薜隔重重。

　　偶寻春寺入层峰，曾到浑疑是梦中。飞鸟去边悬栈道，冯夷宿处有幽宫。溪云晚度千岩雨，海月凉飘万里风。夜拥苍崖卧丹洞，山中亦自有王公。

　　一卧禅房隔岁心，五峰烟月听猿吟。飞湍映树悬苍玉，香粉吹香落细金。翠壁年多霜藓合，石床春尽雨花深。胜游过眼俱陈迹，珍重新题满竹林。

又四绝句

　　翠壁看无厌，山池坐益清。深林落轻叶，不道是秋声。

　　怪石有千窟，老松多半枝。清风洒岩洞，是我再来时。

　　人间酷暑避不得，清风都在深山中。池边一坐即三日，忽见岩头碧树红。

一样，断龙卧伏于山顶上，使悬下来的大钟惊讶。金城和绛色的望楼应该无处寻找，翠绿色石壁用丹笔写字，还有踪迹存在。天下的名胜地区都去看一看，这座山真可以再重来一游。

鸟道萦回环绕，伸入云松，向下望，湖南的山峰有两百来座。山岩上的狗不时从树丛中出来吠叫，山僧迎接客人，自己鸣响寺钟，凌风狂飚，跋涉探险，病中强撑，他日来探访奇观时，已经成为旧迹。想扣响灵关的门，询问拜访炼丹的秘诀，春风吹拂萝藤、木莲，隔着重重。

偶然在春天寻访寺庙，进入层层峰峦之中，似曾到过，怀疑在梦中一样。鸟儿飞到悬空的栈道一边，冯夷住宿的地方有幽宫。溪边的云晚度千岩落如雨，海上明月凉滋滋的，万里风飘过。夜里拥在苍崖上，卧在丹洞里，这山中也有王公生活居住。

在禅房里卧眠，心在尘世，五峰烟雾缭绕明月皎洁，听着猿猴吟叫。水流湍急而下，映着树上的倒影，像悬着苍玉般，香粉带着芬芳落下，有如细碎的黄金一样。翠绿的石壁年纪久远，霜藓合生在一块，石头上面的春色已尽，雨花深远。游览名胜，眼前都是陈旧的遗迹，珍重在竹林里题满了的字词。

又四绝句

翠绿的石壁，百看不厌，坐在山池边，愈发觉得清爽。深远的树林里，叶子轻轻落下，不信那是秋天的声音。

奇怪的石头有几千个窟窿，老松树多半有半个枝条。清风吹拂着岩洞，是我再次到来的时候。

人间的酷暑怎么也躲避不得，清风都隐藏在深山里。在水池旁一坐就是三天，忽然看到岩石头上有红彤彤的碧树。

两到浮峰兴转剧，醉眠三日不知还。眼前风景色色异，惟有人声似世间。

姑苏吴氏海天楼次邝尹韵

晴雪吹寒春事浓，江楼三月尚残冬。青山暗逐回廊转，碧海真成捷径通。风暖檐牙双燕剧，云深帘幌万花重。倚阑天北疑回首，想像丹梯下六龙。

山中立秋日偶书

风吹蝉声乱，林卧惊新秋。山池静澄碧，暑气亦已收。青峰出白云，突兀成琼楼。袒裼坐溪石，对之心悠悠。倏忽无定态，变化不可求。浩然发长啸，忽起双白鸥。

夜雨山翁家偶书

山空秋夜静，月明松桧凉。沿溪步月色，溪影摇空苍。山翁隔水语，酒熟呼我尝。褰衣涉溪去，笑引开竹房，谦言值暮夜，盘餐百无将。露华明橘柚，摘献冰盘香。洗盏对酬酢，浩歌人苍茫。醉拂岩石卧，言归遂相忘。

两次来到浮峰,车子转变反复,喝醉了,睡了三天也不知道返回。眼前的风景独具不同,只有人的声音使人感觉像在人间一样。

姑苏吴氏海天楼次邝尹韵

晴空里的雪把寒冷吹去,春意慢慢浓重起来,三月里的江边楼上,还残留着冬天的影子。青山在暗中竞相追逐,回旋的走廊转绕不停,碧海若果真成为现实,捷经可通。风吹暖了屋檐,双燕从空中划过,云深深的地方,帘子、帷帐附近是万重的花儿。倚在栏杆上,向北方很疑心地回头望,好像看到六条龙从红色的天梯上下来。

山中立秋日偶书

风儿在吹,蝉声嘹乱,在林卧眠,为新秋而惊喜,山中的水池静谐、澄清、碧绿,暑气也已经渐渐消失了。青峰上,白云升起,像琼楼般突兀在那里。脱去外衣露出里衣坐在溪边的石头上,看着它,心里悠悠自在。倏地没有固定的姿态,不能把握变化的趋势;浩然地发出一声长啸,忽然两点白鸥飞了起来。

夜雨山翁家偶书

山中空荡荡的,秋夜静寂无声,月亮很明,松、桧树下很凉爽。沿着小溪,在月色下散步,小溪的影子摇动着空空的苍绿。山翁隔着水说话,酒已经烧好了,呼唤我去品尝。穿好衣服,淌过溪水过去了,老翁笑着指引我打开竹房门,谦虚地说,正值夜深,吃的饭没什么好准备的。橘树、柚树带着露珠的光泽,摘下

寻春

十里湖光放小舟,谩寻春事及西畴。江鸥意到忽飞去,野老情深只自留。日暮草香含雨气,九峰晴色散溪流。吾侪是处皆行乐,何必兰亭说旧游?

西湖醉中谩书二首

十年尘海劳魂梦,此日重来眼倍清。好景恨无苏老笔,乞归得有贺公情。白凫飞处青林晚,翠壁明边返照晴。烂醉湖云宿湖寺,不知山月堕江城。

掩映红妆莫谩猜,隔林知是藕花开。共君醉卧不须到,自有香风拂面来。

九华山下柯秀才家

苍峰抱层嶂,翠瀑绕双溪。下有幽人宅,萝深客到迷。

来放于盘中,清香扑鼻,把杯子洗后,应酬敬酒,高唱壮怀的歌曲,人在苍茫的夜色里。醉后趴在岩石上卧眠,把要回去的事早就丢在脑后了。

寻春

在十里的湖面上,乘小舟游玩,随意寻找春色,来到了西面岛上。江鸥意识到有人过来,忽然飞走了,山中的老人鸟情意深长,住在山中。天快黑了,草儿扑着香气,含着雨水的气息,九峰的晴色散开,溪水流动。我认为所到之处都要行乐,何必像他们在兰亭里叙说那旧地重游。

西湖醉中谩书二首

十年在尘世里漂泊劳作,像作了场梦,今天重新到西湖,眼前倍觉清爽;面对美妙景色,遗憾没有苏东坡的神笔,只乞求回去后能生出贺公的情致。晚上,白兔飞向青林里,翠壁的附近亮亮的,像返回晴天一样。喝得烂醉,在湖寺的湖云间休息,不知道山中的月亮坠落于江城。

红妆在掩盖、映照,不要随意猜测,隔着树林,明白那是荷花在盛开。和它一起醉卧,不须亲自赶到那边,香气自己便拂面而来。

九华山下柯秀才家

苍色的山峰环抱着层层峦嶂,翠绿的瀑布缠绕着两条溪流。山下有个幽静的住处,萝藤深深,客人到这里就要迷路。

夜宿无相寺

春宵卧无相，月照五溪花。掬水洗双眼，披云看九华。岩头金佛国，树杪谪仙家。仿佛闻笙鹤，青天落绛霞。

题四老围棋图

世外烟霞亦许时，至今风致后人思。欲怀刘项当年事，不及山中一著棋。

无相寺三首

老僧岩下屋，绕屋皆松竹。朝闻春鸟啼，夜伴岩虎宿。

坐望九华碧，浮云生晓寒。山灵应秘惜，不许俗人看。

静夜闻林雨，山灵似欲留。只愁梯石滑，不得到峰头。

化城寺六首

化城高住万山深，楼阁凭空上界侵。天外清秋度明月，人间微雨结浮阴。钵龙降处云生座，岩虎归时风满林。最爱山僧能好事，夜堂灯火伴孤吟。

云里轩窗半上钩，望中千里见江流。高林日出三更晓，

夜宿无相寺

春天的夜里,在无相寺休息,明月照着五溪的花儿。捧上溪水,清洗双眼,在云间看九华山的景色。山岩的头上是金佛之国,树梢处居住着下凡的神仙。仿佛听到笙鹤的声音,从青天里落下绛紫色的云霞。

题四老围棋图

世外的烟霞也有一段时间,到现在后人还思念那种风范气质。却又想起了刘邦、项羽当年的往事,不如在山中走一步好棋啊。

无相寺三首

老僧的房舍在山岩下面,松竹围绕着老僧的房舍。早晨听见春鸟的啼鸣,夜半与老虎一同住宿。

坐下来,观看碧色的九华山,浮云生起来,早晨显得寒冷。山间的神灵应该秘密而奇特,不准许凡俗之人观看。

夜里静悄悄的,听到林间的雨声,山间的神灵好像要留下来;只是发愁那石梯太滑,到不了山峰的顶头。

化城寺六首

化城寺在那深深万山的高峰上,楼阁凭空而起,侵犯了上天的境界。天外清爽的秋色揣测明月,人间微小的雨丝结成了浮动的荫凉。钵中之龙降落的地方,云生起来,山岩的老虎回归时,满林吹风。最喜欢山里的和尚能好心肠,夜里堂上的灯火伴我独自吟文。

云杂裹卷着房舍的窗子,月儿已经半上钩,望过去,千里之幽谷风多六月秋。仙骨自怜何日化,尘缘翻觉此生浮!夜深忽起蓬莱兴,飞上青天十二楼。

  云端鼓角落星斗,松顶架裟散雨花。一百六峰开碧汉,八十四梯踏紫霞。山空仙骨葬金榔,秋暖石芝抽玉芽。独挥谈麈拂烟雾,一笑天地真无涯。

  化城天上寺,石磴入星躔。云外开丹井,峰头耕石田。月明猿听偈,风静鹤参禅。今日揩双眼,幽怀二十年。

  僧屋烟霏外,山深绝世諠。茶分龙井水,饭带石田砂。香细云岚杂,窗高峰影遮。林栖无一事,终日弄丹霞。

  突兀开穹阁,氤氲散晓钟。饭遗黄稻粒,花发五钗松。金骨藏灵塔,神光照远峰。微茫竟何是,老衲话遗踪。

李白祠二首

  千古人豪去,空山尚有祠。竹深荒旧径,藓合失残碑。云雨罗文藻,溪泉系梦思。老僧殊未解,犹自索题诗。

内，江水奔流。高高的树林里，太阳出来，三更拂晓，六月里幽深谷中风很大，像秋季一样。仙骨自怜爱惜，何日能够度化？尘缘翻来觉得此生浮飘！夜深了，忽然生起了蓬莱仙人的兴致，飞到青天的十二层楼上。

　　云端鼓起号角，星斗落下来，松树顶上架起衣裳，散飞雨花。一百零六座山峰直入碧汉，八十四架梯子踏向紫霞。山空旷旷的，仙骨安葬在金棺材里，秋天转暖，石芝生长出玉芽。独自挥麈、谈论尘事，拂去烟雾，笑一下，天地真是没有尽头啊。

　　化城寺在天上，石台阶延伸到星辰。在云彩外辟开丹井，在峰头耕种石田。月亮明亮时，猿猴听佛经唱词，风静悄悄的，仙鹤参禅。今天擦一擦双眼，幽然怀念那二十年来的生活。

　　僧人的房屋在烟霭之外，山如此深远，与世界的繁华隔绝。茶是龙井城的水，饭是带着石田地里的砂。香味细微，云彩与雾气分不清楚，杂混在一起，窗户高高的，山峰的影子被遮掩了。在林里的楼上没有什么事可做，终日戏弄丹霞。

　　天空里的阁子突兀而立，早晨的钟声在烟色和光影中散开。吃饭剩下了黄黄的稻粒，五钗松开出了花朵。灵塔里安放着金骨，神奇的光线照耀着远处的山峰。微茫之中，究竟是何处何时，老衲讲起了遗留下来的踪迹。

李白祠二首

　　千古人中豪杰已经离去，这空旷旷的山上还有祠庙。竹林很深长，过去的小路都荒芜了，长出的藓把残余的碑石掩盖住了。云雨引发文采，溪泉启迪梦中的联想。老和尚还没有领会其中之意，犹自向人索取诗作。

谪仙栖隐地,千载尚高风。云散九峰雨,岩飞百丈虹。寺僧传旧事,词客吊遗踪。回首苍茫外,青山感慨中。

双峰

凌崖望双峰,苍茫竟何在?载拜西北风,为我扫浮霭。

莲花峰

夜静凉飚发,轻云散碧空。玉钩挂新月,露出青芙蓉。

列仙峰

灵峭九万丈,参差生晓寒。仙人招我去,挥手青云端。

云门峰

云门出孤月,秋色坐苍涛。夜久群籁绝,独照宫锦袍。

芙蓉阁二首

青山意不尽,还向月中看。明日归城市,风尘又马鞍。

岩下云万重,洞口桃千树。终岁无人来,惟许山僧住。

仙人下凡，楼阁从地面上消失，几千年了，高雅的风范还在流传。云彩散开，九峰上落下雨水，岩石之上飞，架起百丈长的彩虹。庙里的和尚传说往日的故事，游玩的客人凭吊以前留下的踪迹。回首往事，一片苍茫外，别无他思，这青青的山令人感慨。

双峰

在凌峭的山崖上看两座峰，一片苍茫，它们究竟在何方？对着西北来风伏拜，感谢它为我扫去了浮动的云雾。

莲花峰

夜静了，凉风吹起来，轻轻的云在碧空里移动、发散着。一轮新月像玉钩似的挂在空中，青青的芙蓉花峰渐渐显现出来。

列仙峰

充满灵气的山峰高大险峻，达九万丈，参差错落，早晨的寒意渐生。仙人招呼我过去，我们在云的边缘上挥手。

云门峰

云门峰从孤冷的月色中呈现，在这秋色里，沉浸在苍涛之中。夜很深了，万籁俱寂，月光只有照在那一身皇宫里的锦袍上面。

芙蓉阁二首

在青山里游览，觉得意兴未尽，还须向天上的月亮看。明天返回城市里面，又要个个风尘，马不停鞍了。

岩石下生长着万重白云，洞口生长着几千株桃树。一年到头

书梅竹小画

寒倚春霄苍玉杖,九华峰顶独归来。柯家草亭深云里,却有梅花傍竹开。

山东诗六首 弘治甲子年起复主试山东时作

登泰山五首

晓登泰山道,行行入烟霏。阳光散岩壑,秋容淡相辉。云梯挂青壁,仰见蛛丝微。长风吹海色,飘飖送天衣。峰顶动笙乐,青童两相依。振衣将往从,凌云忽高飞。挥手若相待,丹霞闪余晖,凡躯无健羽,怅望未能归。

二

天门何崔嵬,下见青云浮。泱漭绝人世,迥豁高天秋。暝色从地起,夜宿天上楼。天鸡鸣半夜,日出东海头。隐约蓬壶树,缥渺扶桑洲。浩歌落青冥,遗响入沧流。唐虞变楚汉,灭没如风沤。藐矣鹤山仙,秦皇岂堪求?金砂费日月,颓颜竟难留。吾意在庞古,泠然驭凉飕。相期广成子,太虚显邀游。枯槁向岩谷,黄绮不足俦。

没有人前来，只允许山中的和尚居住在里面。

书梅竹小画

在春天的寒夜里倚着玉杖，自九华峰顶孤身归来。柯家的草亭在云的深处，却又梅花依傍着竹子正在开放。

登泰山五首

早晨攀登泰山，山道一行行地在烟雾里显露。太阳光撒在岩石和沟壑里，秋天的淡雅容颜相映成辉。云梯挂在青色的石壁上，仰头看到珠丝微微飘扬。一阵长风吹变了大海的景色，飘飘洒洒，送来天的衣裳。在山的峰顶弹笙奏乐，两个青童相伴依偎。挥动衣服准备前往，凌云忽然高高地飞起来。挥动着手臂，好像要等待一样，丹色的云霞还闪耀着余辉，凡人的身体没有强健的羽翼，只好怅然地望着，不能够归去。

二

天门为什么那样高大雄伟，下面青云飘浮。辽阔无边与人世隔绝，秋季天高气爽，谷豁幽深。夜色从地面渐渐生起，夜里在天上的楼里睡觉。天鸡在半夜开始鸣叫，太阳从东海的尽头升起来。蓬莱岛的树若隐若现，扶桑岛也在依稀缥缈之中。在青青冥冥中，浩然的歌声下落，遗存的声音进入沧海、河流之中。唐尧虞舜时代变成了楚汉的时代，烟飞云灭如风里泡儿消失般。鹤山小了，秦皇又何必在这里求仙呢？炼金砂耗费时间，容

三

　　穷崖不可极，飞步凌烟虹。危泉泻石道，空影垂云松。千峰互攒簇，掩映青芙蓉。高台倚巉削，倾侧临崆峒。失足堕烟雾，碎骨颠崖中。下愚竟难晓，摧折纷相从。吾方坐日观，披云笑天风。赤水问轩后，苍梧叫重瞳。隐隐落天语，阊阖开玲珑。去去勿复道，浊世将焉穷？

四

　　尘网苦羁縻，富贵真露草。不如骑白鹿，东游入蓬岛。朝登太山望，洪涛隔缥缈。阳辉出海云，来作天门晓。遥见碧霞君，翩翩起员峤。玉女紫鸾笙，双吹入晴昊。举首望不及，下拜风浩浩。掷我玉虚篇，读之殊未了；傍有长眉翁，一一能指道。从此炼金砂，人间迹如扫。

颜已衰，很难挽留。我的本意在于恋古怀旧，驾着马车，凉气袭人。与广成子约好相见之日，在太空里尽情遨游。在山谷中憔悴不堪，不愿意与黄绮结为知交伴侣。

三

天空的边崖不可走到尽头，健步如飞凌越长烟彩虹。泉水从险峻的地方流下，冲下的石头伴随着水往下走，云松从天空垂下身影。千座山峰攒挤、簇拥，青色的莲花掩映其中。高台倚建在陡峭的山峰上，倾斜着高峻的山洞。不小心，失足落于烟雾之中，骨头在山崖上翻滚得粉碎。普通人愚昧无知，很难知晓，摧折地纷纷相跟随而来。我刚才坐着观看日出，披着云彩，对着天风发笑。赤水绕到房屋的后面，苍苍的梧桐树把眼遮蔽得重重实实。天语隐隐约约地从天上传下来，天门开放出玲珑之物。去了以后莫要再说了，这污浊的世界上何处是终结呢？

四

在尘世生活，为俗情人网所羁绊，富贵不过是露草一样。不如骑着白鹿，向东方游历，到蓬莱岛上。早晨登上泰山眺望，洪水涛浪在缥缈呈现。太阳的光辉从大海的云后照过来，为天门的拂晓作征兆。遥遥看见了碧霞君，在高高的山峰上翩翩起舞。玉女驾着紫色的鸾鸟，吹着笙进入浩浩晴空之中。举起头来看也看不及，往下拜，风儿浩浩荡荡。为我掷下玉虚篇章，读后尚未了结心意；傍着一位长眉老翁，一一能指明道清。从此以后，专心修炼金砂，人间的踪迹像被扫去般消失了。

五

我才不救时,匡扶志空大。置我有无间,缓急非所赖。孤坐万峰巅,嗒然遗下块。已矣复何求?至精谅斯在。淡泊非虚杳,洒脱无芥蒂。世人闻予言,不笑即吁怪。吾亦不强语,惟复笑相待。鲁叟不可作,此意聊自快。

泰山高次王内翰司献韵

欧生诚楚人,但识庐山高。庐山之高犹可计寻丈,若夫泰山,仰视恍惚,吾不知其尚在青天之下乎?其已直出青天上?我欲仿拟试作《泰山高》;但恐培塿之见未能测识高大,笔底难具状。扶舆磅礴元气钟,突兀半遮天地东;南衡北恒西泰华,俯视伛偻谁争雄?人寰茫昧乍隐见,雷雨初解开鸿蒙。绣壁丹梯,烟霏霭霩,海日初涌,照耀苍翠,平麓远抱沧海湾,日观正与扶桑对。听涛声之下泻,知百川之东会。天门石扇,豁然中开;幽崖邃谷,襞积隐埋;中有遁世之流,龟潜雌伏,飧霞吸秀于其间,往往怪谲多仙才。上有百丈之飞湍,悬空络石穿云而直下,其源疑自青天来。岩头肤寸出烟雾,须臾滂沱遍九垓。古来登封,七十二主;后来相效,纷纷如雨;玉检金函无不为,只今埋没知何许?但见白云犹复起,封中断碑无字,天外日月磨刚风。飞尘过眼倏超忽,飘荡岂复有遗踪?天空翠华远,落日辞千峰。鲁郊获麟,岐阳会

五

我的才能不合时宜,空有匡扶社稷的远大志向。把自我安置于有无之间,轻缓、急促不是我所依靠的。我独自一人坐在万座山峰的巅顶,丧心失意,把下面遗忘忽略了。已经过去了,还追求什么?至精才是最高境界。澹泊明志不是空洞的拖沓,摆脱俗情芥蒂,洒脱自在。世界的人听到我的话,不嘲笑,便是长吁短叹,大惊小怪。我也不想作什么辩解,只是一笑了之。不作鲁地的老翁,这种感觉真让人快乐舒服。

泰山高次王内翰司献韵

欧生真是楚地之人,只知道庐山高大,庐山的高度还可以用丈来衡量;像泰山那样,向上看,恍惚不清,我不知道它是否还在青天的下面吗?还是已经直挺挺地冒出青天之上?我准备试着作一下泰山高大的文章,又害怕没有看过小的景物,不能估量泰山的高大,笔下很难描述它的具体景象:扶着车架,在磅礴的元气里前行,泰山在东方把天地半遮掩,南面衡山、北面恒山、西面华山,俯视它们,有谁敢与泰山争雄?人事茫茫,初次隐约出现,雷雨才刚打开鸿漾之气。苍郁的石壁,红色的梯子,烟雾霏霏,太阳刚从海上生机勃勃地出来,照耀着满山苍木翠草,平地环抱着沧海湾,观太阳时正面对着扶桑的方向;听着涛声在下面宣泄,知道河流要在东方会合。天门像石扇一样,豁然中开,山崖幽幽,山谷深邃,峰峦叠嶂,隐藏其中;山中有逃世的潮流,老龟潜在深处,静静伏在那里,吃云霞,吸秀气,在这里往往有好多倦世之才。上面有百丈长的湍急的飞瀑,悬在空中,穿过石头,从云间直落下来,它的源头

凤；明堂既毁，閟宫兴颂。宣尼曳杖，逍遥一去不复来，幽泉鸣咽而含悲，群峦拱揖如相送。俯仰宇宙，千载相望，堕山乔岳，尚被其光；峻极配天，无敢颉颃。嗟予瞻眺门墙外，何能仿佛窥室堂？也来攀附摄遗迹，三千之下，不知亦许再拜占末行？吁嗟乎！泰山之高，其高不可极；半壁回首，此身不觉已在东斗傍。

京师诗八首　　弘治乙丑年改除兵部主事时作

忆龙泉山

我爱龙泉寺，寺僧颇疏野。尽日会井栏，有时卧松下。一夕别山云；三年走车马。愧杀岩下泉，朝夕自清泻。

让我怀疑来自青天之上；山岩的尺寸间烟雾生起，一会儿，九垓之内普降滂沱大雨。古代时到泰山封禅，有七十二位君主；后来的人们争相仿效，像落雨般踊跃；玉检、金函没有不做的，只是现在埋没，不知何处寻找？只看到白雪又下了起来。断缺的石碑上没有文字，天外的日月把风儿磨炼得刚强，眼前的尘事过而就忘，飘荡去了，难道还留得下踪迹？天空的翠华遥远，落日之时辞别千峰，在鲁地的郊外发现麒麟，在岐阳遇到了凤凰；明堂既然已经毁坏了，官车还可以称颂。宣尼拄着拐杖，逍遥离开，一去不还，幽泉在低声地含悲苦泣，群山拱手作揖，像送行一样。俯仰宇宙，千年来一直在看，山岳披上了光辉，险峻得配上天的威严，没有敢抗衡、抵挡的。唉呀，我瞻仰、眺望天门墙壁的外面，如何能好像偷看房屋殿堂一样？我也过来附庸他人，来寻求遗迹，孔子三千弟子之下，不知道是否允许我在最后一行再拜一次？唉！泰山的高大，不能达到尽头；在半山腰回首，身体不觉得已经在东斗星的旁边。

忆龙泉山

　　我喜爱龙泉山上的龙泉寺，寺里和尚颇为散漫、随便。每天坐在井的栏杆旁，有时候躺在松树下面。一天晚上告别龙泉山，三年来驾车骑马行路奔波。后悔疏远冷落了岩下的泉水，早晨晚上独自流淌。

忆诸弟

久别龙山云,时梦龙山雨。觉来枕簟凉,诸弟在何许?终年走风尘,何似山中住。百岁如转蓬,拂衣从此去。

寄舅

老舅近何如?心性老不改。世故恼情怀,光阴不相待。借问同辈中,乡邻几人在?从今且为乐,旧事无劳悔。

送人东归

五泄佳山水,平生思一游。送予东归省,蓴鲈况复秋!幽探须及壮,世事苦悠悠。来岁春风里,长安忆故丘。

寄西湖友

予有西湖梦,西湖亦梦予。三年成阔别,近事竟何如?况有诸贤在,他时终卜庐。但恐吾归日,君还轩冕拘。

赠阳伯

阳伯即伯阳,伯阳竟安在?大道即人心,万古未尝改。长生在求仁,金丹非外待。缪矣三十年,于今吾始悔。

忆诸弟

离开龙山的烟云很久了,经常梦到龙山的风雨。一觉醒来,枕席发凉,各位弟弟身在何方?每年到头奔波操劳,怎么能比得上在山中隐居。百年像转蓬般流逝,拂动衣袖,从此离去。

寄舅

老舅近些日子还好吗?心思、性格还没有变化。世故的人、事让人的心情烦恼不安,光阴不等人,飞快流逝。试着询问一下同辈中的人们,还有几位乡邻活在世上?从今后,姑且做一些快乐的事情,往日的旧事没有什么值得悔恨的。

送人东归

五泄的山水景色优美,平生想着前去一游。送你向东边家乡归去省亲,莼菜和鲈鱼又何况生在秋天!探险访幽须要身体强壮,世上之事劳苦神。来年春风吹拂之时,在长安怀想故国的土丘。

寄西湖友

我有一个关于西湖的梦,西湖也进入了我的梦乡。三年一别西湖,不知近来情形如何?何况还有诸位贤士在,将来我还要在这里寻找房屋。但是恐怕等到我归去的日子,先生就要返回冕拘轩里了。

赠阳伯

阳伯就是伯阳啊,伯阳究竟在哪里?人心才是大道义所附之所,万古以来没有改变过。要想求得长生之道,就须求仁,金

故山

鉴水终年碧，云山尽日闲。故山不可到，幽梦每相关。雾豹言长隐，云龙欲共攀。缘知丹壑意，未胜紫宸班。

忆鉴湖友

长见人来说，扁舟每独游。春风梅市晚，月色鉴湖秋。空有烟霞好，犹为尘世留。自今当勇往，先与报江鸥。

狱中诗十四首

正德丙寅年十二月以上疏忤逆瑾下锦衣狱作

不寐

天寒岁云暮，冰雪关河迥。幽室魍魉生，不寐知夜永。惊风起林木，骤若波浪汹。我心良匪石，讵为戚欣动！滔滔眼前事，逝者去相踵！崖穷犹可陟，水深犹可泳。焉知非日月，胡为乱予衷？深谷自逶迤，烟霞日悠永。匪时在贤达，归哉盍耕垅！

丹不是外面所能赠赐的。这三十年来都荒度了,到今天,我才开始醒悟、悔恨。

故山

鉴水一年四季碧绿,云山一天到晚悠闲无事。故乡的山没有机会造访,只有在幽幽梦中每每联想到相关之物。豹子和雾都说要长久隐居,龙和云想一起攀登。原来明白丹壑的心意,没有超过紫色天空的所思。

忆鉴湖友

经常相见的人过来告诉我,每每独自一人乘扁舟出游。春风吹拂梅子上市晚了许多,月色照耀着湖的水面。秋天夜空中烟霞独好,好像专为尘俗之世留下的。从今后应当勇敢前行,先将此意报给江鸥。

不寐

天气寒冷,晚云晦暗,冰雪把河道封住了。这幽凉的小屋里,精怪出生,睡不着觉,感到夜色真漫长。一阵狂风吹动了林间树木,好像波浪翻动般。我的心是的确不是石头,哪能为忧伤、高兴而动摇?眼前的事如滔滔流水,逝去的相继而去!天涯有尽头,还可以走到,水再深,也可以游到深底。谁知道除了日

有室七章

有室如簧,周之崇墉。窒如穴处,无秋无冬。

耿彼屋漏,天光入之。瞻彼日月,何嗟及之。

倏晦倏明,凄其以风。倏雨倏雪,当昼而蒙。

夜何其矣,靡星靡粲。岂无白日,寤寐永叹。

心之忧矣,匪家匪室。或其启矣,殒予匪恤。

氤氤其埃,日之光矣。渊渊其鼓,明既昌矣。

朝既式矣,日既夕矣。悠悠我思,曷其极矣!

读易

囚居亦何事?省愆惧安饱。瞑坐玩羲易,洗心见微奥。乃知先天翁,画画有至教。包蒙戒为寇,童牿事宜早。蹇蹇匪为节,虩虩未违道。遁四获我心,蛊上庸自保。俯仰天地间,触目俱浩浩。箪瓢有余乐,此意良匪矫。幽哉阳明麓,可

月昭昭外,还有什么可以打乱我的内心?山谷很深,绵延伸长,烟霞悠悠,永世不灭。扶助国家在于贤达之人,归去吧,不如耕田种地!

有室七章

有室像笼子一样,周朝崇尚土墙。在这洞里居住,没有秋冬之分。

那屋子有漏洞,光线从外面透进来。看那太阳和月亮啊,感叹触及不到啊!

忽然昏暗忽然明亮,凄惨的风儿吹起来。忽然下雨忽然下雪,应当画下来方是。

夜如何是这样啊,星星寥落,光线黯淡。难道没有白天吗,让我在这里感叹睡眠。

心真忧伤啊,没有家室,没有房子。谁能解脱我,让我死去,不用救济我。

尘埃在太阳的光辉里氤氲飘动。让鼓声宏大壮观,光明就会更加昌旺。

早晨还是老样子,太阳已经近落山了。我那悠悠的思绪啊,是没有尽头的。

读易

被囚押在这里能做什么事,反省过失,害怕苟安饭饱。静静坐在那里,玩味《周易》的含义,清洁精神,渐渐发现精微深奥的道理。才知道以前的天翁,每幅图画都有极致的教诲启蒙教育。防止成为贼寇,教育儿童,避免过早限制束缚他们。困难以忘吾老。

岁暮

兀坐经旬成木石,忽惊岁暮还思乡。高檐白日不到地,深夜黠鼠时登床。峰头霁雪开草阁,瀑下古松闲石房。溪鹤洞猿尔无恙,春江归棹吾相将。

见月

屋罅见明月,还见地上霜。客子夜中起,旁皇涕沾裳。匪此严霜苦,悲此明月光。月光如流水,徘徊照高堂。胡为此幽室,奄忽逾飞扬?逝者不可及,来者犹可望。盈虚有天运,叹息何能忘?

天涯

天涯岁暮冰霜结,永巷人稀罔象游。长夜星辰瞻阁道,晓天钟鼓隔云楼。思家有泪仍多病,报主无能合远投。留得升平双眼在,且应蓑笠卧沧洲。

地行走不是礼节,恐惧不是因违犯了道义。逃避、躲藏符合我的本心,在台上姑且保全自身。仰视、俯看天地之间,满目都是浩浩荡荡的景象。箪食、瓢水有无穷的快乐,这种感受绝不是矫揉造作。阳明山真幽凉,可以让我忘记我的年纪。

岁暮

兀自坐在那里十余天,变作了木石,忽然到了年终想要回家。高高的屋檐遮挡着,使目光照不到地面,深夜里狡黠的老鼠偶尔要登上床头。山峰顶上,霁雪把草阁打开,瀑布下的古松生在石房之间。溪边仙鹤、洞里猿猴还没什么病吧,在春天的江水里,我将要划船归去。

见月

从屋子的罅缝里看到明亮的月儿,还看到地面上的霜。游客半夜起床,一旁哭泣,涕、泪沾湿了衣裳。不是为这严寒的霜叫苦,而是为明月感到悲怆。月光像流水一样,在高高的大堂上徘徊。为什么由于这幽僻的房子,忽然要跨越、飞扬?已经逝去的不可追回,后面的还可以展望。充盈与空虚都有天道在运行,叹息之后又怎么能忘记呢?

天涯

年终了,天涯冰霜凝结,永巷里人烟稀少,没有游玩的。长夜的星辰照亮了阁道,早晨的钟鼓声隔着云楼在空中飘荡。思念家乡,泪水流了很多,身体又有许多病,报效君主,无能为力,应投向远方。留下眼前一片太平景象,我应该回去披着蓑衣、戴

屋罅月

幽室不知年,夜长昼苦短。但见屋罅月,清光自亏满。佳人宴清夜,繁丝激哀管。朱阁出浮云,高歌正凄婉。宁知幽室妇,中夜独愁叹。良人事游侠,经岁去不返。来归在何时?年华忽将晚。萧条念宗祀,泪下长如霰。

别友狱中

居常念朋旧,薄领成阔绝。嗟我二三友,胡然此簪盍!累累囹圄间,讲诵未能辍。桎梏敢忘罪,至道良足悦。所恨精诚眇,尚口徒自蹶。天王本明圣,旋已但中热。行藏未可期,明当与君别。愿言无诡随,努力从前哲。

赴谪诗五十五首　　正德丁卯年赴谪贵阳龙场驿作

答汪抑之三首

去国心已恫,别子意弥恻。伊迩怨昕夕,况兹万里隔。恋恋岐路间,执手何能默?子有昆弟居,而我远亲侧。回思着斗笠，卧在沧洲之上。

屋罅月

在幽闭的房子里不知道什么年月，夜长长令人感叹昼显得短暂。只见房子里漏下的月光，清亮的光晖，自亏自满。佳人在清爽的夜里设宴，管乐的丝线缠绕，激越而苍凉。红色楼房建于浮动的云朵之上，引吭高唱的歌曲声音凄凉婉约。宁愿像关在幽闭房内的妇人，夜半孤自发愁长叹，思念的人在外面奔波游荡，几年离去未归。回来不知在什么时候？时光忽然显得短暂、太晚。萧条之际，念起了祖亲祭祀，泪水不停地落下来，像霰落般绵长。

别友狱中

经常想念老朋友，在狱中一别后长期未谋面。唉呀，我的这二三位朋友，为什么不看看这把簪呢！身陷牢狱，讲学诵经从未停止过。受桎梏所缚，不敢忘记罪名，追求至极道理，十分悦畅舒服。所悔恨那些精义至诚的文本，满嘴徒自浪费。天王本来英明神圣，很快地就会心中发热。行程与收获不能期望，明明当作与先生告别。回头说话，没有诡讦和随意，努力向前哲学习，跟从他们的踪迹。

答汪抑之三首

离去的时候心情恐惧，告别您时更加悲哀。您还埋怨日升日落间见不到我，更何况如今远隔万里。在歧路间恋恋不舍，

菽水欢，羡子何由得。知子念我深，夙夜敢忘惕。良心忠人
资，蛮貊非我戚。

　　北风春尚号，浮云正南驰。风云一相失，各在天一涯。
客子怀往路，起视明星稀。驱车赴长阪，迢迢入岚霏。旅宿
苍山底，雾雨昏朝弥。间关不足道，嗟此白日微。切磋怀良
友，愿言毋心违。

　　闻子赋茆屋，来归在何年？索居间楚越，连峰郁参天。
缅怀岩中隐，磴道穷扳缘。江云动苍壁，山月流澄川。朝采
石上芝，暮漱松间泉。鹅湖有前约，鹿洞多遗编。寄子春鸿
书，待我秋江船。

阳明子之南也其友湛元明歌九章以赠崔子钟和之以五诗于是阳明子作八咏以答之

其一

　　君莫歌九章，歌以伤我心。微言破寥寂，重以离别吟。
别离悲尚浅，言微感逾深。瓦缶易谐俗，谁辩黄钟音？

拉着手儿,如何能够沉默?您还有昆弟一同居住,而我远离亲人的身边。回望思念那欢腾的蔌水,羡慕您如何拥有这些。知道您十分想念我,平时在夜里哪敢忘记、放松警惕。忠诚和信誉是良心的基本内容,蛮夷貊族不能令我忧戚。

  春天里北风还在吹个不停,浮动的云正向南奔驰。风和云一下子失之交臂,各在天涯一方。我在怀念着以往的道路,起床看看稀落的明亮的星星。赶车到长阪去,路途迢迢地进入云雾之中。在苍山脚下休息,夹着雾的雨在黄昏更加灰沉沉的。间关不足一提,唉,这白天太微弱了。怀念好朋友,嗟叹感怀,回过头去说不要使心儿违背诺言。

  听说您作了茆屋赋,归来时是什么时候?在楚越之地离群索居,山峰相连,参天般巍峨。缅怀在山岩中的隐居,石阶铺成的路断绝了与尘缘的联系。江上的云儿在苍苍岩壁上游动,山月流入澄清的河流。早晨采取石头上的灵芝,晚上用松间的清泉漱口。在鹅湖,我们有过约定,在鹿洞,我们还有许多未完成的编书。寄予您春天里的鸿书,等待我秋季里乘江上的船只前往探访。

阳明子之南也其友湛元明歌九章以赠崔子钟和之以五诗于是阳明子作八咏以答之

其一

  您莫要作歌吟唱九章,歌唱会使我心伤。轻轻的话语把寂寥打破,重新以离别吟代替。离别的忧伤尚且浅薄,轻轻的话语却感觉意味深长。瓦缶容易与世俗之音相和谐,谁能听得出是

其二

君莫歌五诗,歌之增离忧。岂无良朋侣?洵乐相邀游。譬彼桃与李,不为仓囷谋。君莫忘五诗,忘之我焉求?

其三

洙泗流浸微,伊洛仅如线。后来三四公,瑕瑜未相掩。嗟予不量力,跛鳖期致远,屡兴还屡仆,惴息几不免。道逢同心人,秉节倡予敢。力争毫厘间,万里或可勉。风波忽相失,言之泪徒泫。

其四

此心还此理,宁论己与人!千古一嘘吸,谁为叹离群?浩浩天地内,何物非同春。相思辄奋励,无为俗所分。但使心无间,万里如相亲。不见宴游交,征逐胥以沦?

其五

器道不可离,二之即非性。孔圣欲无言,下学从泛应。

黄钟的声音?

其二

您莫要为五诗作歌,歌会增添我的离别之忧。难道找不到好友佳侣,相约同去遨游玩乐?像那桃树与李树一样,不因为谷仓算计思量。您不要忘了五诗,如果忘了,我还有什么可以追求的呢?

其三

洙泗的水流淌、浸透、微弱,伊洛的水像线那样细。后面来的三四位,优点、缺点不加掩盖。唉,我自不量力,跛着脚想到远方,屡次驾车还屡次倒地,几乎免不了惴惴的叹息。在路上逢到志同道合的人,倡导我提倡的节义。在毫细与广大之处不放过争取机会,或许可以勉励我万里之行。忽然要失去、离开了,风波渐起,言语之间,泪光涟涟。

其四

这个心相对的还是这个理,宁愿争论、议谈自己与别人!千古年来一声嘘吸,有谁叹息离开集体?浩浩荡荡的天地之内,有什么东西与春天不合呢。相思可让人振奋勉励,不为世俗所分心干扰。只要使心与心无间密切,万里之遥,犹如相亲。相亲虽无宴席、遨游,酒肉朋友全都会以此疏远?

其五

器与道不可以分离,分离为二物,不是本性所致。孔圣人

君子勤小物，蕴蓄乃成行。我诵穷索篇，于子既闻命。如何圜中士，空谷以为静。

其六

静虚非虚寂，中有未发中。中有亦何有？无之即成空。无欲见真体，忘助皆非功。至哉玄化机，非子孰与穷。

其七

忆与美人别，赠我青琅函。受之不敢发，焚香始开缄。讽诵意弥远，期我濂洛间。道远恐莫致，庶几终不惭。

其八

忆与美人别，惠我云锦裳。锦裳不足贵，遗我冰雪肠。寸肠亦何遗？誓言终不渝。珍重美人意，深秋以为期。

南游三首

其一

元明与予有衡岳罗浮之期，赋南游，申约也。

想要不说话，下面的学人应该学习响应。君子在小事上勤劳发奋，积蓄力量，才能有所成就。我背诵、朗读《穷索》篇，在那里已经发现了命运的道理。国中的士人，在空旷的山谷中静心修养，也是这个道理。

其六

　　静虚不是虚寂，里面有未发掘的力量，这种力量为何其他处也有？没有它便成为空。没有了欲望，见到真的本体，忘却了助救，都不是功夫。玄化的奥秘真是到了顶点，不是这样，谁会穷困呢。

其七

　　怀念与美人告别的情形，她赠给我青琅函。我接受后不敢打开它，焚香时才把它打开使用。讽诵的意味深长，期望我在濂洛之间。道路漫长，恐怕到不了，我大概是不会惭愧的。

其八

　　怀念与美人告别的情形，赠予我云锦裳。云锦裳不是十分的昂贵，但是为我留下了冰雪般的心肠。寸肠又留于何处？誓言将矢志不渝。对于美人的心意，我会珍重，深秋作为相会的季节。

南游三首

其一

　　元明与我有衡岳、罗浮的约会之期，写下南游赋，说明这个

南游何迢迢,苍山亦南驰。如何衡阳雁,不见燕台书?莫歌澧浦曲,莫吊湘君祠。苍梧烟雨绝,从谁问九疑?

其二

九疑不可问,罗浮如可攀?遥拜罗浮云,奠以双琼环。渺渺洞庭波,东逝何时远?人生不努力,草木同衰残。

其三

洞庭何渺茫,衡岳何崔嵬。风飘回雁雪,美人归未归?我有紫瑜佩,留挂芙蓉台。下有蛟龙峡,往往兴云雷。

忆昔答乔白岩因寄储柴墟三首

其一

忆昔与君约,玩《易》探玄微。君行赴西岳,经年始来归。方将事穷索,忽复当远辞。相去万里余,后会安可期?问我长生诀,惑也吾谁欺。盈亏消息间,至哉天地机。圣狂天渊隔,失得分毫厘。

相约。

  在南方游历,何必在乎路途遥远,苍山向南方奔驰,为什么衡阳的雁看得见,却找不到燕台的书信?不要唱澧浦曲,不要凭吊湘君祠,苍梧之野,烟花雨丝消绝了,还能跟从谁问九疑呢?

其二

  九疑虽然不可以问,罗浮又怎么样才能攀登呢?我遥向罗浮的云拜望、行礼,用双琼环来祭奠。洞庭湖的水啊渺渺无际,向东流去,不知何日才能返还?人生不努力求知,就会和草木一同衰落、残败。

其三

  洞庭湖的水为什么渺渺茫茫呢?衡山为什么那么崔嵬奇丽呢?风飘扬把雁吹回,美人归没归来呢?我有紫色的瑜佩,在芙蓉台留下,挂在了那里,地下有蛟龙峡,往往兴起风云雷电。

忆昔答乔白岩因寄储柴墟三首

其一

  回忆昔日与您的相约,研究《周易》探求玄奥微妙的道理。您要到西岳行路,几年才能回归。正准备继续从事穷尽琐细的工作,忽然又应当远行告别了,相隔有万里之余,日后相会是否能够期待呢?询问我长生的秘诀,我又能迷惑、欺骗谁。充盈、亏虚,销蚀、生息之间的事,是天地的至极运作。圣人与狂徒相去如天渊之隔,得与失去开始时只差毫厘啊!

其二

毫厘何所辩？惟在公与私。公私何所辩？天动与人为。遗体岂不贵，践形乃无亏。顾君崇德性，问学刊支离。无为气所役，毋为物所疑。恬淡自无欲，精专绝交驰。博弈亦何事，好之甘若饴？吟咏有性情，丧志非所宜。非君爱忠告，斯语容见嗤。试问柴墟子，吾言亦何如？

其三

柴墟吾所爱，春阳溢鬓眉。白岩吾所爱，慎默长如愚。二君廊庙器，予亦山泉姿。度量较齿德，长者皆吾师。置我五人末，庶亦忘崇卑。迢迢万里别，心事两不疑。北风送南雁，慰我长相思。

一日怀抑之也抑之之赠既尝答以三诗意若有歉焉是以赋也

其一

一日复一日，去子日以远。惠我金石言，沉郁未能展。人生各有际，道谊尤所眷。尝嗤儿女悲，忧来仍不免。缅怀沧洲期，聊以慰迟晚。

其二

极细微的差别如何辨识？只有在为公与私上分。公与私如何分辨？在天动和人为。遗体岂能不宝贵，实实在在的形体才是最完备的。先生崇尚道德心性之学，钻研知识，整理支离破碎的学问。不被气所役使，不要被外物迷惑生疑。恬静淡泊，自然没有欲求，精心专门研究，可以杜绝交错、驰奔。博弈也是怎样的事，爱好的像吃了糖那么甜？吟诗咏叹有性情所在，丧失了志趣就不合适了。不是先生爱听忠告之言，这些话就姑且见笑了。试看询问一下柴墟子，我的话又怎么样呢？

其三

我喜欢柴墟这个人，在春天的阳光里，发鬓和眉毛溢出了春光。我喜欢白岩这个人，慎重、沉默、老成，大智若愚。这两位君子是国家的栋梁，我也不过是山泉样的姿态。心胸宽广，道德纯正，年长的都是我的老师。把我放于五人的最后，又怎能忘记了崇高与卑微。即将踏上万里迢迢的行程，告别之际，两位的心事不加猜疑。北风送雁南归，安慰我那长期的相思之苦。

一日怀抑之也抑之之赠既尝答以三诗意若有歉焉是以赋也

其一

一天过去一天，离开你日渐久远。你所惠赠我的金石珍言，沉积在心中，未能一展如愿。人生各自有各自的道路，结下的友谊尤其值得眷念。曾经对儿女们悲伤感到可笑，但忧愁一旦袭

其二

迟晚不足叹，人命各有常。相去忽万里，河山郁苍苍。中夜不能寐，起视江月光。中情良自抑，美人难自忘。

其三

美人隔江水，仿佛若可睹。风吹蒹葭雪，飘荡知何处？美人有瑶瑟，清奏含太古。高楼明月夜，惆怅为谁鼓？

梦与抑之昆季语湛崔皆在焉觉而有感因纪以诗三首

其一

梦与故人语，语我以相思。才为旬日别，宛若三秋期。令弟坐我侧，屈指如有为。须臾湛君至，崔子行相随。肴醑旋罗列，话笑如平时。纵言及微奥，会意忘其辞。觉来复何有？起坐空嗟咨。

来,仍然不可避免。缅怀沧洲的约期,心中姑且聊以安慰,还不算太晚。

其二

迟到延迟不足以感叹,人的生命各自有独特的规律。相离一下子便是万里,河山变得苍茫起来。夜里睡不着觉,起身看那江面上的月光。压抑着自己的激动心情,美人在心中难于忘却。

其三

隔着江水,仿佛看得清美人。风儿吹拂着芦苇像雪一样的毛絮,飘飘扬扬,不知落于何处?美人有一把瑶瑟,清雅的音色,含着太古的高风。在月明之夜的高楼里,月高挂,惆怅鼓瑟又是为了谁呢?

梦与抑之昆季语湛崔皆在焉觉而有感因纪以诗三首

其一

梦中与老朋友说话,他对我诉说相思之状。才十多天不见,就仿佛分别了三年一样。我的弟弟在身边,掰着手指,好像正在做什么。一会儿湛君到来,崔子跟着前来。佳宥很快上来,谈笑声如同平日。大声讨论微妙玄奥的道理,领会意思却忘记了言语表达。一觉醒来还有什么东西?起身坐在那里,空空发出嗟叹。

其二

起坐忆所梦,默溯犹历历。初谈自有形,继论入无极。无极生往来,往来万化出。万化无停机,往来何时息。来者胡为信?往者胡为屈?微哉屈信间,子午当其屈。非子尽精微,此理谁与测?何当衡庐间,相携玩羲易。

其三

衡庐曾有约,相携尚无时。去事多翻覆,来踪岂前知?斜月满虚牖,树影何参差。林风正萧瑟,惊鹊无宁枝。貌彼二三子,怒焉劳我思!

因雨和杜韵

晚堂疏雨暗柴门,忽入残荷泻石盆。万里沧江生白发,几人灯火坐黄昏。客途最觉秋先到,荒径惟怜菊尚存。却忆故园耕钓处,短蓑长笛下江村。

赴谪次北新关喜见诸弟

扁舟风雨泊江关,兄弟相看梦寐间。已分天涯成死别,宁知意外得生还!投荒自识君思远,多病心便吏事闲。携汝

其二

起身坐着回忆所作的梦,一幕幕像刚经历过一样。开始说话谈论还很明朗,后来慢慢就非常自由。在无极自由过往,万化才由此而往。万物运行不会停止,往来又怎么会平息。来的人怎么相信?往的人又怎么抱屈?屈信间是微小的,子午相当于屈。不是你尽到了精微极处,这个理谁来推断判定呢?何不妨在衡庐的山间,相互提携,研究《周易》的理论。

其三

曾经有过衡庐的预约,相携还没有时间实现。事情繁多,反复无常,去往之处又先能预料得到?斜斜的月亮,光线照满了房中,树影为什么那么参差不齐。林中的风正在萧瑟,惊吓的喜鹊找不到安静的枝头。二三子离得太远了,使我心神操劳。

因雨和杜韵

晚上的庭堂里,雨淅淅沥沥地下起来,柴门变得暗淡,忽然雨进入残败的荷叶间,泻满了石盆,万里沧江上白发生出来,有几人在黄昏时坐于灯火之下?在旅途上最能感觉秋天最先到来,荒芜的小路、怜惜的菊花还存活着;却想起了故乡耕种钓鱼的地方,披着短蓑、吹着长笛到江村去。

赴谪次北新关喜见诸弟

风雨之中,一叶扁舟停泊在江关,兄弟相见,好像在梦醒之间。已经分别,天涯各居一方,成为生死之别,哪能知道意外地耕樵应有日，好移茅屋傍云山。

南屏

　　溪风漠漠南屏路，春服初成病眼开。花竹日新僧已老，湖山如旧我重来。层楼雨急青林迥，古殿云晴碧嶂回。独有幽禽解相信，变飞时下读书台。

卧病静慈写怀

　　卧病空山春复夏，山中幽事最能知。雨晴谐下泉声急，夜静松间月色迟。把卷有时眠白石，解缨随意濯清漪。吴山越峤俱堪老，正奈燕云系远思！

移居胜果寺二首

　　江上但知山色好，峰回始见寺门开。半空虚阁有云住，六月深松无暑来。病肺正思移枕簟，洗心兼得远尘埃。富春咫尺烟涛外，时倚层霞望钓台。

　　病余岩阁坐朝曛，异景相新得未闻。日脚倒明千顷雾，能够活着相见！投入荒芜之地，自己清楚你们认为太遥远，我身体多病，作官吏身不由己。带你们上山砍柴、耕田种地应该还有一些时间，把茅屋移过去，依傍庆云山之脚。

南屏

溪风在南屏路上吹拂着，刚刚做成春服，病中眼睛睁开。花杂、竹子日日变新，和尚已经老了，湖、山还是老样子，我故地重游。雨急急地敲打在层楼上、青林间，声音回复久远，古老的殿前，雪后晴日，碧绿的山峰迂回绕动。只有幽雅的飞禽明白，双双飞过正在读书的台子。

卧病静慈写怀

在空旷的山中，卧在病榻上，春天过去了，夏天到来，最能知道山中发生的幽静故事。下雨后天空晴朗，台阶下泉水的声音湍急，静静的夜里，在松树间月色很迟地到来。手持书卷，有时在白白的石头上睡眠，解开缨带，自由随意地在清清的泉水中洗浴。吴地、越地的高且尖的山都很古老，正奈何燕云盘系着我遥远的思念。

移居胜果寺二首

只知道江上的风景好，峰回路转，才看到寺门在开着。半空中的虚阁中有云在居住，六月在深松间，没有感觉到暑天的到来。生了肺病，正在思量移动枕头和席子，清洗心灵，还可以远离尘埃。富春江的烟涛在咫尺之间，正好倚靠着层层云霞看钓台。

病中之余终日坐在岩阁里，景象如此之新异，未尝听过。太雨声高度万峰云。越山阵水当吴峤，江月随潮上海门。便欲携书从此老，不教猿鹤更移文。

忆别

忆别江干风雪阴，艰难岁月两侵寻。重看骨肉情何限，况复斯文约旧深。贤圣可期先立志，尘凡未脱谩言心。移家便住烟霞壑，绿水青山长对吟。

泛海

险夷原不滞胸中，何异浮云过太空。夜静海涛三万里，月明飞锡下天风。

武夷次壁间韵

肩舆飞度万峰云，回首沧波月下闻。海上真为沧水使，山中又遇武夷君。溪流九曲初谙路，精舍千年始及门。归去高堂慰垂白，细探更拟在春分。

草萍驿次林见素韵奉寄

山行风雪瘦能当，会喜江花照野航。本与宦途成懒散，颇因诗景受闲忙。乡心草色春同远，客鬓松梢晚更苍。料得阳的脚倒过来,照明千顷的雾,雨声高高在万峰云间回荡。在吴地高大陡峭的山上越过,江上的月亮随潮水登上海门。就打算带着书卷从此后到老终,不教猿猴、仙鹤,更应改变文字。

忆别

想起在江畔风雪阴天里的分别,岁月艰难,两两相念思寻。重新看一下骨肉之情有什么程度,何况这篇文章,以前的约定深重。成为贤士、圣人须要先立下志向,未脱离尘世之事,扰乱影响我的心灵。要搬家就去烟霞的沟壑,那里水绿山青,我们可以长久地在那里对诗吟咏。

泛海

胸中原本不停滞险境与平坦,这与浮云从太空中经过又有什么不同。夜色静谧,海涛三万里长,月亮皎洁,天风带着月光飞洒下人间。

武夷次壁间韵

想要飞过万峰的云朵,回首沧海的波涛,月下听到水波的声音。海上真的为沧水驱使,在山中又遇到了武夷君。溪水流淌,九曲回转,才开始认得清路,千年精舍,才刚刚到达门前。回归去后,高堂中,安慰垂下的白发,细细探究更怀疑是在春分之时。

草萍驿次林见素韵奉寄

风雪在山中肆虐,把瘦山给掩盖了,最喜欢江花照明田野里的航线。本来在宦途中懒散怠慢,颇有些因为诗里所描述的景烟霞终有分，未须连夜梦溪堂。

玉山东岳庙遇旧识严星士

忆昨东归亭下路，数峰箫管隔秋云。肩舆欲到妨多事，鼓枻重来会有云。春夜绝怜灯节近，溪声最好月中闻。行藏无用君平卜，请看沙边鸥鹭群。

广信元夕蒋太守舟中夜话

楼台灯火水西东，箫鼓星桥渡碧空。何处忽谈尘世外，百年惟此月明中。客途孤寂浑常事，远地相求见古风。别后新诗如不惜，衡南今亦有飞鸿。

夜泊石亭寺用韵呈陈娄诸公因寄储柴墟都宪及乔白岩太常诸友

廿年不到石亭寺，惟有西山只旧青。白拂挂墙僧已去，红阑照水客重经。沙村远树凝春望，江雨孤篷入夜听。何处故人还笑语，东风啼鸟梦初醒。

色,闲得发慌。思念家乡的心里面、草色、春天一样的遥远,旅客的发鬓与松树梢到了晚些时候更加苍老。知道烟霞最终要有分别,不须等到夜里,便梦到了溪水和庭堂。

玉山东岳庙遇旧识严星士

回想起上次分别之时长亭相送的情景,离别的箫声回荡于群峰和秋云之间。轿夫们过来招揽生意,又怕坐轿子麻烦,还是期待下次泛舟重来相会。初春之夜最期待的是元宵佳节将至,最美妙的是在月光之下聆听溪水的声音。出入行止就不劳驾您占卜了,就像沙洲周围飞翔的鸥鸟白鹭时起时落一样,顺其自然吧。

广信元夕蒋太守舟中夜话

楼台灯火通明,水从西到东流动着,吹箫鼓瑟,星星在架起星桥从碧空中渡过。哪里忽然谈到了尘世外面的故事,百年来只有在这明亮的月儿中。游子在途中孤单寂寞,早已成为平常自然的事情,从遥远的地方赶来,求见古代的遗留风范。分别后如果不可惜写新诗的话,衡南现在也会有飞鸿来书。

夜泊石亭寺用韵呈陈娄诸公因寄储柴墟都宪及乔白岩太常诸友

已经有二十年没到过石亭寺啦,只有西山还是清秀如昔。和尚已经离去,拂被留挂在了墙上,红色的栏杆倒映在水中,客人重新经过。沙村远树,把对春天的观望凝结了,江上飘着雨,在一只孤零零的乌蓬船里,入夜细听。什么地方老朋友还在笑怅望沙头成久坐，江洲春树何青青。烟霞故国虚梦想，风雨客途真惯经。白璧屡投终自信，朱絃一绝好谁听？扁舟心事沧浪旧从与渔人笑独醒。

过分宜望钤冈庙

共传峰顶树，古庙有灵神。楚俗多尊鬼，巫言解惑人。望禋存旧典，捍御及斯民。世事浑如此，题诗感慨新。

杂诗三首

其一

危栈断我前，猛虎尾我后。倒崖落我左，绝壑临我右。我足复荆榛，雨雪更纷骤。邈然思古人，无闷聊自有。无闷虽足珍，警惕忘尔守。君观真宰意，匪薄亦良厚。

其二

青山清我目，流水静我耳。琴瑟在我御，经书满我几。

语风生,东风中的鸟儿啼鸣,把我从梦中惊醒。

怅然地坐在那里,久久地望着沙头,江洲上的树木在春天为什么会那么青绿。故国在烟霞中,成为一场虚幻的梦想,客人在风雨的旅途中经常会遇到风雨。白璧屡次被投弃,但始终保持自信,谁喜欢听朱弦的绝音?在沧海水浪中,坐于扁舟里心事重重,跟从的渔夫微笑着,独自清醒。

过分宜望钤冈庙

大家相传在山峰顶上的树木,古庙里有神灵的存在。楚地风俗大多尊敬鬼神,巫师的言语解脱迷惑的人儿。望裡存放着旧的书典,捍卫社稷普及人民。世上的事浑然不过如此,题诗抒发感慨,不断变新。

杂诗三首

其一

前面的路被危险峻峭的栈道阻断,猛虎尾随在我身后。我的左边是倒悬的山崖,而紧靠着我身右的是绝对深的大沟。我的脚下一次次地踩到荆棘和榛子,雨和雪又纷纷扬扬地猛下起来。思念起那久远之地的古人,不觉烦闷,聊自存在。不觉烦闷虽然要足以珍惜,但要警惕忘记自己的操守。先生观察的意思真正确,微薄也是忠良敦厚之意。

其二

青山使我的眼睛明亮清澈,流水使我的耳朵澄静淡泊。琴措足践坦道,悦心有妙理。顽冥非所惩,贤达何靡靡?乾乾怀往训,敢忘惜分晷。悠哉天地内,不知老将至。

其三

羊肠亦坦道,太虚何阴晴?灯窗玩古易,欣然获我情。起舞还再拜,圣训垂明明。拜舞讵逾节,帧忘乐所形。敛衽复端坐,玄思窥沉溟。寒根固生意,息灰抱阳精。冲漠际无极,列宿罗青冥。夜深向晦息,始闻风雨声。

袁州府宜春台四绝

宜春台上还春望,山水南来眼未尝。却笑韩公亦多事,更从南浦羡滕王。

台名何事只宜春?山色无时不可人。不用烟花费妆点,尽教刊落尽嶙岣。

持修江藻拜祠前,正是春风欲暮天。童冠尽多归咏兴,城南兼说有温泉。

古庙香灯几许年?增修还费大官钱。至今楚地多风雨,瑟在我的车中，经书堆满了我的条几。光着脚在平坦的道路上行走，欢悦我的心灵，领悟微妙的道理。愚顽固执不是用来作惩罚的，贤达之人为什么都无精打采呢？乾坤之中怀想往日的训导，哪敢忘怀对于分罍的珍惜。天地悠悠，人还不知道即将步入老年的行列啦。

其三

羊肠小道也显得平坦，太虚为何转晴转阴？窗内点灯研究古代的易经，使我的心情一下子舒畅起来。起来舞蹈，还再次行拜礼，圣人的训导英明圣灵。舞蹈行礼，拒绝逾越节义，作画忘记了欢乐所表现的形状。收拾好着装，重新端坐在那里，思考玄妙，窥看沉寂的世界。寒根固然有些生机，但消失了，抱存着阳气。冲漠与无极临近，列星宿在青青的夜色中罗列。夜深了，在黑暗中休息，才开始听到风雨的声音。

袁州府宜春台四绝

在宜春台上还在望春，山与水从南方而来，眼光还未见识过。只可笑韩公多事，更跟从南浦羡慕滕王。

台子名因为何事叫作"宜春"，山光水色无哪个季节不招人喜欢。不用烟花束装妆打点自己，尽叫那些修改打扮的成为嶙峋之物去吧！

在持修江藻的引导下去祠堂拜祭，那正是春风吹拂着的一个傍晚。儿童戴着帽子，大多归去后咏叹，城南据说还有温泉存在。

古庙的香火、灯光延续了多少年了呢？增修的话尚需耗费巨犹道山神驾铁船。

夜宿宣风馆

  山石崎岖古辙痕,沙溪马渡水犹浑。夕阳归鸟投深麓,烟火行人望远村。天祭浮云生白发,林间孤月坐黄昏。越南冀北俱千里,正恐春愁入夜魂。

萍乡道中谒濂溪祠

  木偶相沿恐未真,清辉亦复凛衣巾。簿书曾屑乘田吏,俎豆犹存畏垒民。碧水苍山俱过化,光风霁月自传神。千年私淑心丧后,下拜春祠荐渚苹。

宿萍乡武云观

  晚行山径树高低,雨后春泥没马蹄。翠色绝云开远嶂,寒声隔竹隐晴溪。已闻南去艰舟楫,漫忆东归沮杖藜。夜宿仙家见明月,清光还似鉴湖西。

额的官银。到现在,楚地经常刮风下雨,还有人说山神驾着铁船前来。

夜宿宣风馆

山石铺满的古老车道留下了崎岖不平的印痕,马儿从沙溪中渡过,水还是那么浑浊。夕阳落山了,归鸟投飞到深山之中,行人遥望着远处村庄的烟火。天边的云浮在那里,生出了白白的头发,一轮孤月挂在黄昏的林间。越州之南与冀州之北都是千里之途,正害怕春愁渐生进入夜间的梦魂。

萍乡道中谒濂溪祠

祠庙的木偶像相沿下来,恐怕未必是真实的模样,清亮的光辉也还可以使衣巾凛冽。文书曾经成为碎屑,田吏乘车经过,祭祀的供奉之事还存在着,令百姓畏惧害怕。碧绿的水和青青的山都已经过去了,光风和晴月自会传送神气。千年来的私德与善良丧失以后,下车拜望濂溪祠,到江中陆地上采撷四叶菜。

宿萍乡武云观

早晨在山路上行走,树有高低之分,雨后的春泥把马蹄都淹没了。翠绿的颜色和绝妙的云朵把远方的山峰打开了,隔着竹林传来的寒意隐没于晴日下的溪水中。已经听说南去行船十分艰难,漫杂的思绪记忆起东归时挂杖踩藜的情形。夜里在仙家住宿看到明明的月亮,清亮的光辉好像还在鉴湖西岸的样子。

醴陵道中风雨夜宿泗洲寺次韵

　　风雨偏从险道尝,深泥没马陷车箱。虚传鸟路通巴蜀,岂必羊肠在太行。远渡渐看连暝色,晚霞会喜见朝阳。水南昏黑投僧寺,还理羲编坐夜长。

长沙答周生

　　旅倦憩江观,病齿废谈诵。之子特相求,礼殚意弥重。自言绝学余,有志莫与共。手持一编书,披历见肝衷。近希小范踪,远为贾生恸;兵符及射艺,方技靡不综。我方惩创后,见之色亦动,子诚仁者心,所言亦屡中。

　　愿子且求志,蕴蓄事涵泳。孔圣固遑遑,与点乐归咏。回也王佐才,闭户避邻哄。知子信美才,大构中梁栋。未当匠石求,滋植务培壅。愧子勤绻意,何以相规讽?养心在寡欲,操存舍即纵。岳麓何森森,遗址自南宋。江山足游息,贤迹尚堪踵。何当谢病来,士气多沉勇。

醴陵道中风雨夜宿泗洲寺次韵

　　风雨天偏偏要从险峻的道路上行路，深深的泥泽把马蹄吞没，车箱陷了进去。有人虚投传言鸟路已经通向巴蜀之地，难道羊肠小道一定在太行了远方摆渡。渐渐看到夜深的景色，晚霞会很高兴地迎来朝阳。在河的南岸天昏地暗，投入庙中休息，在长长的夜里编义理、求真谛。

长沙答周生

　　旅途疲倦，在江观中休息，牙齿生病疼痛，不能说话、朗诵。学生特地前来恳求指教，行尽了礼节，情意深重。自己称绝道之学有余地，有志向不与之共同发展。手里拿着一编书，以诚相见，肝胆照人。近来希望沿着小范的踪迹，远古为贾生的事迹哀恸。兵符和射艺的学问，没有不全面、综合的。我刚刚征伐反贼过后，看到你不禁脸色感动。你有一颗仁慈的诚实心灵，所说的话也很中肯。

　　希望我讨教又表白志向、含蓄、深沉、有内涵。孔圣人还惶惶然，与曾点喜欢到春季的郊野沐泳。颜回也是辅佐君王的才士，关闭门窗为了避开领邻里的打扰。知道你是优秀的人才，是值得培养的栋梁之材。虽没有当过求金的石匠，但培植后辈是我务必要做的事。看到你勤勤不倦的心意，我为之愧疚，怎么能与你说的相比呢？养心的要领在于寡欲，失去操守即是放纵。岳麓山多么森森然，自从南宋便定下地址。江水和山峰足令人游览休息，贤人的遗迹还让后人追随。什么当作从病中告退谢别，士气多么沉稳英勇。

涉湘于迈岳麓是遵仰止先哲因怀友生丽泽兴感伐木寄言二首

其一

客行长沙道，山川郁稠缪。西探指岳麓，凌晨渡湘流。跨冈复陟巘，吊古还寻幽。林壑有余采，普贤此藏修。我来实仰止，匪伊事盘游。衡云闲晓望，洞野浮春洲。怀我二三友，伐木增离忧。何当此来聚，道谊日相求。

其二

林间憩白石，好风亦时来。春阳熙百物，欣然得予怀。缅思两夫子，此地得徘徊。当年麇童冠，旷代登堂阶。高情讵今昔，物色遗吾侪。顾谓二三子，取瑟为我谐。我弹尔为歌，尔舞我与偕。吾道有至乐，富贵真浮埃。若时乘大化，勿愧点与回。陟冈采松柏，将以遗所思。勿采松柏枝，两贤昔所依。缘峰践台石，将以望所期。勿践台上石，两贤昔所跻。两贤去邈矣，我友何相违？吾斯未能信，役役空尔疲。胡不此簪盍，丽泽相邀嬉？渴饮松下泉，饥餐石上芝。偃仰绝余念，迁客难久稽。

涉湘于迈岳麓是遵仰止先哲因怀友生丽泽兴感伐木寄言二首

其一

在长沙道上行进,客游他方,山峰和水流环绕盘旋。向西指向岳麓山脉,凌晨渡过湘江的流水。跨过山冈,又跋涉过峡谷,凭吊古人,还寻访幽静偏僻之处。树林、沟壑有余留下来的风采,这儿收藏着普贤的语言文字。我前来瞻仰拜访,不是为了游玩参观。早晨间或看一下衡山的云彩,山洞田野浮在春天的洲上。怀念我那两、三位朋友,《伐木》增加了离别的忧伤。什么能使这次前来相聚,谈论友谊,每天相互寻求通义。

其二

在树林里的白石头上休息,不时有好风吹来。春天的太阳普照大地,扶苏了万物,十分令我高兴开怀。怀念思量那两位先生,在这个地方徘徊。当年还没有戴重冠时,旷代登上大堂的台阶。性情高远,哪料得到昔日和今朝,物色留给我们的同辈人。回头对两三个学生说,取瑟来为我伴乐。我弹奏,你唱歌,你跳舞,我配合。我有极其快乐的人生之道,富贵不过是过眼的尘埃一样。有时候乘大化之游,不后悔于曾点和颜回。跨越山冈,采撷松柏,将用来留作纪念相思。不要采取松树与柏树的枝条,这些是两位贤人昔日所依附的。攀着山峰,踩着台上,将要看到想看到的景色。不要踩在台石上,那是两位贤人昔日留下踪迹的地方。两位贤人已经去得很远了,我的朋友们何日回还呢?我于是不能相信,奔波地空余下疲劳。为什么不像这把簪一样,在丽

洞庭春浪阔，浮云隔九疑。江洲满芳草，目极令人悲。已矣从此去，奚必兹山为！恋系乃从欲，安土惟随时。晚闻冀有得，此外吾何知。

游岳麓书事

醴陵西来涉湘水，信宿江城沮风雨，不独病齿畏风湿，泥潦侵途绝行旅。人言岳麓最形胜，隔水溟蒙稳云雾。

赵侯需晴邀我游，故人徐陈各传语。周生好事屡来速，森森雨脚何由住。晓来阴翳稍披拂，便携周生涉江去。戒令休遣府中知，徒尔劳人更妨务。橘洲僧寺浮江流，鸣钟出延立沙际。停挠一至答其情，三洲连绵亦佳处。行云散漫浮日色，是时峰峦益开霁。乱流荡桨济倏忽，系楫江边老檀树。岸行里许入麓口，周生道予勤指顾。柳蹊梅堤存仿佛，道林林壑独如故。赤沙想像虚田中，西屿倾颓今冢墓。道乡荒趾留突兀，赫曦远望石如鼓。殿堂释菜礼从宜，下拜朱张息游地。凿石开山面势改，双峰辟阙见江渚。闻是吴君所规画，此举良是反遭忌。九仞谁亏一篑功？叹息遗基独延伫。浮屠观阁摩青霄，盘据名区遍寰宇。其徒素为儒所摈，以此方之

泽相互邀请游玩嬉闹？渴了，喝松下的泉水，饿了，采石头上的灵芝吃。俯仰之间断绝了其他的念头，疲倦的客人难于长久地居留。

洞庭湖春天的浪宽阔浩大，浮动的云还隔着九疑。江中的洲上长满了芳草，望眼欲穿令人伤悲。从今一去，要在这山上做什么！眷恋才是服从于欲望，安守本土，只要随和时机。晚上听说希望有些收获，除此外我还知道些什么呢。

游岳麓书事

从西边的醴陵赶来，涉过湘江，在江城随便安排住宿，为风湿病所扰，不仅仅牙齿生病对湿气敏感，旅途中泥浆把道路给断绝了。人们说："岳麓山最是地形隐要，经常灰灰漾漾，把云雾隐藏于山中。"

赵需晴邀请我来游览，老朋友姓徐姓陈的各自传言。周生事多热心，屡次迅速赶到，雨下得如此之大，怎么可以住得下呢？早晨到了，阴翳遮盖，稍微披了点拂披，便携同周生一起去渡江，发出了命令，不让府中得知，只有我们，不烦扰他人，更不妨碍公务。橘子洲头的庙宇浮在江流之上，鸣响大钟时，出来站立于沙滩边上，停下船桨，过去观看，报答他们的情意，三洲连在一起，连绵不绝，也是十分美丽的去处。云朵行在空中，洒满了日光，这时候山峰群岳更加从云雾中显现，湍急的水流中荡着船桨，船行很快，到江边的一棵老檀树处停下来，在岸上行了里许到了岳麓山的入口，周生对我多加指点，树林沟壑还依然如故；想象中的红沙在那虚幻的田地中，西边的岛屿倾败颓丧，成为现在的一片坟地；道路荒凉，留下的足印突兀明显，在红色

反多愧。爱礼思存告朔羊，况此实作匪文具。人云赵侯意颇深，隐忍调停旋修举。昨来风雨破栋脊，方遣圬人补残敝。予闻此语为稍慰，野人蔬蕨亦罗置。欣然一酌才举盃，津夫走报郡侯至。此行隐迹何由闻？遗骑候访自吾寓。潜来鄙意正为此，仓卒行庖益劳费。整冠出迓见两盖，乃知王君亦同御。肴羞层叠丝竹繁，避席兴辞恳莫拒。多仪劣薄非所承，乐阕舣周日将暮。黄堂吏散君请先，病夫沾醉须少憩。入舟暝色渐微茫，却喜顺流还易渡。严城灯火人已稀，小巷曲折忘归路。仙宫酣倦成熟寐，晓闻檐声复如注。昨游偶遂实天假，信知行乐皆有数。涉躐差偿夙好心，尚有名山敢多慕。齿角盈亏分则然，行李虽淹吾不恶。

的晨曦中远远望去,石头像鼓一样。在殿前堂后种菜,讲究、培养礼节,向朱熹和张载拜礼,在游览之处休息;凿石开山,地势改变,双峰间打开看到江中的陆地;所说是吴君规划设计的,这个举动十分好,却遭人猜忌,九仞之高的功德,谁又差缺这一点点功劳?在遗留下的基地徘徊叹息,独自发呆!浮屠、阁亭,抚摩青云,在名胜地区盘踞,直逼寰宇,他的徒弟们平时为儒道排除,因为这个理由反而增加了愧疚!喜爱敬重礼节,思量着如何告诉朔羊,何况把这个宝贝作为小文的道具。人们说:"赵侯的意味深长,隐忍着压力,调解努力,很快修好完工,昨天的风雨把房子的梁背破坏了,刚刚让人来修补残缺败坏之处。"我听到后,心中稍稍安慰、平静一些,野人吃的蔬菜、荞麦也罗列安置在那里,高兴地喝杯酒,汗水津津的仆人报告郡侯来到;这次行动隐蔽,他如何得知;放下马等待拜访我的寓所,偷偷前来正是为了这个意图,仓促之间准备行李,劳心费神,整理衣冠出来拜见,才知道郡王与王君一车前来,在密密丝竹间,饭菜一层层的,退席与之说话,言谈恳切,没有拒绝,我没有安排繁琐杂多的仪式,吃喝高兴,太阳要落山了。官吏要散了,您先请行,我生病之人喝醉要稍稍休息一会;进入船中,夜色渐渐迷茫起来,却高兴顺流而下,容易行船;城中的人与灯火已经稀薄,在曲折的小巷中找不到回去的路,醉倒后睡眠很香,早晨听到房檐好像注水的声音;昨日出游偶然便是一天,知道行乐都是有定数的;跋涉、踩踏、差偿都是好心,还有许多名山,心里敢多美慕;齿角有盈有亏,分开是自然的,行李虽然落入水中淹了,我也不生气埋怨。

次韵答赵太守王推官

　　诘朝事虔谒,玄居宿斋沐。积霖喜新霁,风日散清燠。兰桡渡芳渚,半涉见水陆。溪山俨新宇,雷雨荒大麓。皇皇絃诵区,斯文昔炳郁。兴废尚屯疑,使我怀悱懊。

　　近闻牧守贤,经营亟乘屋。方舟为子来,飞盖遥肃肃。花絮媚晚筵,韶景正柔淑。浴沂谅同情,及兹授春服。令德倡高词,混珠愧鱼目。努力崇修名,迂疏自岩谷。

天心湖阻泊既济书事

　　挂席下长沙,瞬息百余里。舟人共扬眉,予独忧其駃。日暮入沅江,抵石舟果坻。补敝诘朝发,冲风遂龃龉。暝泊后江湖,萧条旁叠垒。月黑波涛惊,蛟鼍互睥睨。翼午风益厉,狼狈收断汜。天心数里间,三日但遥指。甚雨迅雷电,作势殊未已。溟溟云雾中,四望渺涯涘。篙桨不得施,丁夫尽嗟悥。淋漓念同胞,吾宁忍暴使?饘粥且倾橐,苦甘吾与尔。众意在必济,粮绝亦均死。凭陵向高浪,吾亦讵容止。虎怒安可撄,志同稍足倚。且令并岸行,试涉湖滨江。收舵幸无事,风雨亦浸弛。逡巡缘汜湄,迤逦就风势。新涨翼同

次韵答赵太守王推官

在早晨处理事情虔诚致敬,梦想中的住处,在完全的沐浴下,雨下个不停,欢喜新的晴云,太阳光照耀大地,风儿吹拂,散发着清新;摆着兰舟,渡到芳草地上,涉了一半看到水陆,溪边的山俨然像新房子一样,雷雨把大山变得荒凉;这里本是弦弦丝竹诵歌的地方,昔日的斯文消失沉寂了,兴旺、废颓还尚存疑问,使得我心中郁闷。

近来听说主政官员贤明,惨淡经营,迅速修房屋,行舟为这里而来,飞盖遥遥显得庄重,花絮把晚筵装点得娇艳,韶景正在柔美淑静之时,孔子师徒在沂水洗浴时,想来同此情景,到这里被授予春服。您的品德倡导树高祠,混珠愧对鱼目,努力崇养、修正名声,从山岩深谷中迁远地传扬出来。

天心湖阻泊既济书事

卷起席子到长沙去,瞬息之间,船行了一百余里,船上的人都很高兴,我却担忧船儿的行驶;天将黑时,船进入沅江水域,船只果然碰到石头而损坏了;只能补好破损之处,等待第二天出发,风刮起来,大家的意见于是不一致,黄昏在后面的江湖上休息,傍边萧条的层层墙垒,月光很暗,波涛惊动起来,蛟龙与乌龟相互轻视;到了翼平,风势更加凶猛,很狼狈地收到氾内,天心湖数里之间的行程,三天内只能遥遥指望,雨很急,雷电迅猛,气势还没有发作完,人就在溟溟的云雾之中了,四处望去,一望无际,渺渺茫茫,蒿和桨都派不上用场,船丁渔夫都唉声叹气;淋漓之中想念同胞的情况,我宁愿忍受暴使的折磨;粥

湍,倏忽逝如矢。夜入武阳江,渔村稳堪舣。籴市谋晚炊,且为众人喜。江醪信漓浊,聊复荡胸滓。济险在需时,徼幸岂常理?尔辈勿轻生,偶然非可恃。

居夷诗

去妇叹五首　楚人有闻于新娶而去其妇者,其妇无所归,去之山间独居,怀缱不忘,终无他适。予闻其事而悲之,为作去妇叹。

　　委身奉箕箒,中道成弃捐。苍蝇间白璧,君心亦何愆。独嗟贫家女,素质难为妍。命薄良自喟,敢忘君子贤。春华不再艳,颓魄无重圆。新欢莫终恃,令仪慎周还。

　　依违出门去,欲行复迟迟。邻妪尽出别,强语含辛悲。陋质容有缪,放逐理则宜。姑老籍相慰,缺乏多所资。妾行长已,会面当无时。

饭就要倾出袋子,我与你们同甘共苦;大家的意思在于要接洽,粮食用完了,大家一块儿死;靠在陵地上向高浪挑战,我也能从容观止?老虎发怒,是否能够触犯呢?志向相同稍微可以倚靠信任;又下令靠岸行驶,试探着在湖滨的小沙滩上过,收起船舵,幸好平安无事,风雨也浸透飞驰,在沙滩、小陆地上逡巡不动,就着风势,船曲折前行,帆儿涨得满满的,像翅膀一样,回应湍急的水流,倏忽之间消失像箭迅逝,夜里进入武阳江,渔村静谧沉稳,可以靠岸,到市上买东西准备晚餐,而且为众人感到高兴,江面的水浊浑,聊且用来荡去我心中的沉淀,救济抢险在需要的时候,消极等待难道是正常的道理?你们这一辈人不要轻视生命,偶然的事情不能够用来依靠。

去妇叹五首 楚地有人新娶了女子,就把妻子赶走了,妻子没有地方可去,跑到山中,独自一人居住,怀念倦恋,不忘旧情,最终没有其他归宿。我听说这件事,为之悲哀,为之作《去妇叹》。

委身嫁人,为家务操劳,在半道上成为被抛弃之人。苍蝇夹在白壁间,先生的心也要用什么惩罚。惟独叹息贫穷人家的女子,质朴平实,很难如鲜花盛开般娇妍。感慨自己命运薄贫,敢于忘记君子的贤德。春华已逝,不再回来,颓废的灵魂已无法重新团圆,新欢终究不可托付终生,谨慎美好的容貌难以复还。

违心出门而去,想要走却迟迟不行。邻近的妇人都出来送别,勉强的语言含着艰辛与心酸。气质不好,面容有缺憾,放逐正是理所应当。姑老都相互慰藉,缺少足够的钱来资助。妾妇这

妾命如草芥，君身比琅玕。奈何以妾故，废食怀愤冤？无为伤姑意，燕尔且为欢。中厨存宿旨，为姑备朝飧。畜育意千绪，仓卒徒悲酸。

伊迩望门屏，盍从新人言。夫意已如此，妾还当谁颜？

去矣勿复道！已去还踌躇。鸡鸣尚闻响，犬恋犹相随。感此摧肝肺，泪下不可挥。冈回行渐远，日落群鸟飞。群鸟各有托，孤妾去何之？

空谷多凄风，树木何潇森。浣衣涧冰合，采苓山雪深。离居寄岩穴，忧思托鸣琴。朝弹别鹤操，暮弹孤鸿吟。弹苦思弥切，巑岏隔云岑。君聪甚明哲，何因闻此音？

罗旧驿

客行日日万峰头，山水南来亦胜游。市谷鸟啼村雨暗，刺桐花瞑石溪幽。蛮烟喜过青杨瘴，乡思愁经芳杜洲。身在夜郎家万里，五云天北是神州。

一去多么漫长啊！应当不会再有见面的机会了。

妾妇的命像草芥一样下贱，夫君的身体如同琅轩般珍贵。无奈因为我的缘故，荒废、饥饿，心怀悲愤与哀怨？不要伤了你的心意，燕尔新婚尽情欢乐。晚上在厨房中备好食材，为你准备好第二日早晨的饭。畜养家畜，生养教育孩子，情意千头万绪，仓促出走，只是悲哀心酸。

近处看门屏，如何向新人说话。夫君的心意已经如此，我回来还作为谁的容颜？

离去吧，不要再说话啦！已经要走了，还在踯躅徘徊。鸡打鸣，还可以听得到声音，狗跟随着宠爱它的人。感慨万千、摧肝撕肺，泪水流下，不可挥洒。山冈迂回，渐渐远离，太阳落山，群鸟飞还。它们各有依托归宿，孤妾我要到哪里去？

空旷的山谷里吹着凄凉的风，树木为什么那么萧条森森。在山涧的冰间洗衣服，在雪很深的山上采取苓果。远离在洞穴中居住，忧愁的思绪通过鸣琴来寄托。早晨弹奏别鹤操，晚上弹奏孤鸿吟。弹奏如此之苦痛，思念更加深切，隔着高大的山和低沉的云。夫君聪明甚过那些明智的哲人，为何原因听到这种声音？

罗旧驿

在外面旅行，每天跨过万座山峰，南来的山水也是游览胜地，山谷中鸟在鸣叫，村中的雨黯淡，刺桐花暗暗的，石溪幽幽，欣喜地看到南方的炊烟从青杨瘴中穿过，那淡淡哀愁的乡思经过芳杜洲头；身在夜郎，家乡在万里之外，那五云天的北面是神州。

沅水驿

辰阳南望接沅州,碧树林中古驿楼。远客日怜风土异,空山惟见瘴云浮。耶溪有信从谁问?楚水无情只自流。却幸此身如野鹤,人间随地可淹留。

钟鼓洞

见说水南多异迹,岩头时有鼓钟声。空遗石壁千年在,未信金砂九转成。远地星辰瞻北极,春山明月坐更深。来年夷险还忘却,始信羊肠路亦平。

平溪馆次王文济韵

山城寥落闭黄昏,灯火人家隔水村。清世独便吾职易,穷途还赖此心存。蛮烟瘴雾承相往,翠壁丹崖好共论。畎亩投闲终有日,小臣何以答君恩。

清平卫即事

积雨山途喜乍晴,暖云浮动水花明。故园日与青春远,敝缊凉思白苎轻。烟际卉衣窥绝栈,(时土苗方仇杀)。峰头戍角隐孤城。华夷节制严冠履,漫说殊方列省卿。

沅水驿

从辰阳向南看,与沅州相接,碧绿的树林中有古代的驿楼。远方的来客每天感到怜惜这相异的风土人情,只看到在空山中浮动的云雾。耶溪有信,向谁询问?楚水无情,只是独自流淌。却庆幸这身体如同野鹤一样,随时随地可以停留。

钟鼓洞

人们都说江水南面有许多奇特的游览处,在山岩上经常能够听到钟鼓的声音。石壁空荡荡地矗立在那里一千多年,不相信金砂能够九转而成。星辰离地面很远,瞻视北极,春山明月,坐后变得更加深远。来年的平安、危险都暂时忘却,才开始相信羊肠小路也很平坦。

平溪馆次王文济韵

山城的黄昏显得寥落,隔着水村,闪动着人家的灯火。若世间清白,我的工作便好做了,在穷途末路时,还须依赖这颗心而生存下去。蛮烟与瘴雾承接相往,翠壁与丹崖便于共同议论。清闲地在田地上耕种,每天有空闲,小臣我如何报答君王的恩德。

清平卫即事

登山途中连日落雨,欢喜晴日乍然来到,温暖的云儿浮在空中,水花明亮。故国的家园日新月异,青春已远离我而去,破棉絮使我的心绪冰凉,白苎还是那么轻。在生烟的边际,身着彩色鲜艳衣服,偷看绝栈,(当时当地人与苗族刚刚仇杀)。山峰上的战角隐在孤城之中。要节制华夷之人,整肃法纪,漫长无际称道殊方

兴隆卫书壁
　　山城高下见楼台，野戍参差暮角催。贵竹路从峰顶入，夜郎人自日边来。莺花夹道惊春老，雉堞连云向晚开。尺素屡题还屡掷，衡南那有雁飞回？

七盘
　　鸟道萦纡下七盘，古藤苍木峡声寒。境多奇绝非吾土，时可淹留是谪官。犹记边峰传羽檄，近闻苗俗化衣冠。投簪实有居夷志，垂白难承菽水欢。

初至龙场无所止结草庵居之
　　草庵不及肩，旅倦体方适。开棘自成篱，土阶漫无级。迎风亦潇疏，漏雨易补缉。灵濑向朝湍，深林凝暮色。群獠环聚讯，语庞意颇质。鹿豕且同游，兹类犹人属。污樽映瓦豆，尽醉不知夕。缅怀黄唐化，略称茅茨迹。

列为省卿一流。

兴隆卫书壁

　　山城很高,向下看到楼台,野间的戎装之人参差不齐,夜晚的战角催人行进。路在贵竹中从峰顶通入城中,夜郎人从太阳的边上赶来。鹭花铺满路面,惊讶春天的衰老,连着云朵的雉堞晚上打开。书信经常写,又经常扔弃,衡南哪儿有大雁飞回的呢?

七盘

　　鸟道迂回萦绕,从七盘下去,古老的藤、苍苍的树木,峡谷里的声音让人生出寒意。很多神奇绝妙的境界,不是我们的土地,有时被贬官之人可以作此停留。还记得在边峰传送羽毛檄文的事,近来听说苗人的风俗化装衣冠。丢官去职却有居住夷地的志向,毛发鬓白的双亲难以享受到儿女奉养的欢心!

初至龙场无所止结草庵居之

　　草庵还没有肩膀高,疲倦的旅途后,总算有了可以休息的地方。分开荆棘,自己做成篱笆,用土做成台阶,分不清级别。迎着风也感到凄凉寥落,下雨漏水容易修补。早晨听到流水湍急的声音,晚上凝结树林中的暮色。当地人经常过来询问情况,他们的语言庞杂,意思却朴实。舜居住在深山之中尚且同鹿和豕相处,何况我与他们是一类呢?土质的酒杯映照着瓦制的食具器,我们尽情畅饮都喝醉了,忘记了朝夕。缅怀远古的黄帝唐尧,茅屋也成了他们的遗迹。

始得东洞遂改为阳明小洞天三首

　　古洞阒荒僻，虚设疑相待。披莱历风磴，移居快幽垲。营炊就岩窦，放榻依石垒。穹室旋薰塞，夷坎仍洒扫。卷帙漫堆列，樽壶动光彩。夷居信何陋，恬淡意方在。岂不桑梓怀？素位聊无悔。

　　童仆自相语，洞居颇不恶。人力免结构，天巧谢雕凿。清泉傍厨落，翠雾还成幕。我辈日嬉偃，主人自愉乐。虽无榮戟荣，且远尘嚣眛。但恐霜雪凝，云深衣絮薄。

　　我闻莞尔笑，周虑愧尔言。上古处巢窟，杯饮皆污樽。沍极阳内伏，石穴多冬暄。豹隐文始泽，龙蛰身乃存。岂无数尺榱，轻裘吾不温？邈矣箪瓢子，此心期与论。

谪居绝粮请学于农将田南山永言寄怀

　　谪居屡在陈，从者有愠见。山荒聊可田，钱镈还易办。夷俗多火耕，仿习亦颇便。及兹春未深，数亩犹足佃。岂徒实口腹，且以理荒宴。遗穗及鸟雀，贫寡发余羡，出耒在明晨，山寒易霜霰。

始得东洞遂改为阳明小洞天三首

　　古洞隐藏在幽僻的山间，如同要等待我们一般。分开草丛沿着石阶来到这里，移居到这幽静的古洞多么愉快。在岩边准备做饭，在石壁旁下榻休息。堵塞老鼠出没的小洞穴，再洒水把石阶清扫。书随意堆在一旁，酒杯和水壶闪发着光彩，在夷地居住条件简陋，恬淡随意才是所追求的。岂能不拥有桑梓的心怀，平淡素朴也不后悔。

　　童仆自己对我说：在山洞里住倒不坏，免得人力再造建房屋；天巧地成，不须雕刻开凿，厨房依傍着清清的泉水，青绿的雾气还结成了幕布。我们这些人每天嬉戏玩乐，主人自己欢愉快乐；虽然没有仪仗队簇拥的荣耀，但是远离了尘世喧嚣；只是害怕霜雪凝结以后，云深之处，衣服单薄，难于承受。

　　我听了以后，莞尔一笑，你考虑周到，令人太惭愧了。上古之人居住在巢穴洞窟中，杯里喝的都是污浊的水。极其寒冷，热量在体内生发，石洞里面，冬天的阳光进入的多一些。豹子隐藏起来，花纹才开始发亮，龙安静下来，生命才得以保存。难道没有几尺长的椽子，身着轻而薄的裘衣，我还不温暖吗？颜回箪食瓢饮的日子，正是我追求的境界啊。

谪居粮绝请学于农将田南山永言寄怀

　　屡次在陈地贬居，从行的人不太高兴。山荒芜了，还可以用作耕田，农具还是弄得到的。夷地的风俗多采用火耕种，模仿农民耕种还很是方便。春天还没有完全到来的时候，抓紧时间耕种这几亩土地，难道仅仅为了满足口腹之乐，而且还要摆大宴席。遗下的麦穗，送于鸟雀，向贫穷孤寡之人发放余粮，明天早晨出来后

观稼

下田既宜稌,高田亦宜稷。种蔬须土疏,种蕺须土湿。寒多不实秀,暑多有螟螣。去草不厌频,耘禾不厌密。物理既可玩,化机还默识。即是参赞功,毋为轻稼穑。

采蕨

采蕨西山下,扳援陟崔嵬。游子望乡国,泪下心如摧。浮云塞长空,颓阳不可回。南归断舟楫,北望多风埃。已矣供子职,勿更贻亲哀。

猗猗

猗猗涧旁竹,青青岩畔松。直干历冰雪,密叶留清风。自期永相托,云壑无违踪。如何两分植,憔悴叹西东。人事多翻覆,有如道上蓬。惟应岁寒意,随处还当同。

南溟

南溟有瑞鸟,东海有灵禽。飞游集上苑,结侣珍树林。

去耕种，山中严寒，霜结雪落是容易的事，不要误了时光。

观稼

地势低下的田地适合稻子生长，地势高的田地适合种植稷谷。种蔬菜的土质要疏松，种山药的土地要湿润。寒冷的时候不能养秀气的植物，暑期天热的时候有螟虫和小青虫。要不厌其烦地在田间除草，要不怕密密排列地种植禾苗。事物发展的道理可以理解，随着季节的变化需要用心研究。即使是立了赫赫功劳，也不能轻视农田庄稼。

采蕨

在西山下采蕨，跨越高大陡峭的山峰。在外漂泊的游子望着家乡的土地，泪水流下来，心像碎了一样。浮动的云塞满了长空，落山的太阳不可追回。南归路上，船桨已断，北方望去有许多大风土尘。算了吧，好好供职吧！不要再增加人们的悲哀啦！

猗猗

山涧边的竹子美丽多姿，山岩旁的松树青青的。直挺的树干经历了冰雪的磨炼，密密的叶子把清凉的风留了下来。它们期待永远相互依托，云壑没有太远的踪影。为什么两地分别种植，叹息各分西东。人间事情许多翻覆无常，就好像道路边上的飞蓬。只有配合了每年寒冷的天气，随处还可以适应生长。

南溟

南海有祥瑞的鸟儿，东海有神灵的飞禽，虽然在花园中飞翔

愿言饰羽仪，共舞箫韶音。风云忽中变，一失难相寻。瑞鸟既遭縻，灵禽投荒岑。天衢雨雪积，江汉虞罗侵。哀哀鸣索侣，病翼飞未任。群鸟亦千百，谁当会其心？南岳有竹实，丹溜青松阴。何时共栖息，永托云泉深。

溪水

溪石何落落，溪水何泠泠。坐石弄溪水，欣然濯我缨。溪水清见底，照我白发生。年华若流水，一去无回停。悠悠百年内，吾道终何成！

龙冈新构

诸夷以予穴居颇阴湿，请构小庐，欣然趋事，不月而成。诸生闻之，亦皆来集，请名"龙冈书院"、其轩曰"何陋"。

谪居聊假息，荒秽亦须治。凿巘薙林条，小构自成趣。开窗入远峰，架扉出深树。墟寨俯逶迤，竹木互蒙翳。畦蔬稍溉锄，花药颇杂莳。宴适岂专予，来者得同憩。轮奂非致美，毋令易倾敝。

遨游，结成伴侣，落入珍贵树木林中，却愿意装饰羽毛和礼仪，共同和着《箫韶》那样优美的乐曲起舞"，风云突然变化，一下子失散，难于相互找寻。祥瑞的鸟儿已经遭遇灾难，灵禽投入小而高的荒山之中，天街上雨雪堆积，银河中虞美人与罗藤浸入水里；苦苦鸣叫，寻找失散的伴侣，羽翼有病，飞行不能完成重托，群鸟也有千百种，有谁会理解我的心？南岳上有竹子结出果实，丹药也能让松树茂盛，什么时候能共栖休息？永远寄托在那深深的云泉上面了。

溪水

溪中的石头为什么孤独，溪中的水为什么冰冷。坐在石头上，玩弄溪中的水，高兴地用它来洗帽带。溪中的水清澈见底，映照着我的身影，白头发长出来了。年华像流水一样，一去不再回还。悠悠的一百年之中，我的道旨什么时候最终完成呢！

龙冈新构

当地的人认为我住的洞穴十分险冷潮湿，请求构建小房子，他们很高兴地做了起来，不到一月便完成了。诸位门生听说后都来会集，请求命名为"龙冈书院"、这房子叫作"何陋"。

贬官居住于此地，姑且休息养身，荒凉和污秽须加治理。开凿山崖，用树木做成小木条，小房子自相成趣。打开窗户看到远方的山峰，架起门扉从深树丛中出来。集市在我俯看中曲折延伸，竹林与树木互相遮掩，一片荫荫。在田地上种蔬菜，稍稍浇水灌溉，花药中杂布着许多莳萝。宴会适合，难道专门为我而设，来作客的人一起共同休息。盛况不是为了招致夸奖，而不要营茅乘田隙，洽旬始苟完。初心待风雨，落成还美观。锄荒既开径，拓樊亦理园。低檐避松偃，疏土行竹根。勿剪墙下棘，束列因可藩。莫撷林间萝，蒙笼覆云轩。素缺农圃学，因兹得深论。毋为轻鄙事，吾道固斯存。

诸生来

简滞动罹咎，废幽得幸免。夷居虽异俗，野朴意所眷。思亲独疚心，疾忧庸自遣。门生颇群集，樽罍亦时展。讲习性所乐，记问复怀靦。林行或沿涧，洞游还陟巘。月榭坐鸣琴，云窗卧披卷。淡泊生道真，旷达匪荒宴。岂必鹿门栖，自得乃高践。

西园

方园不盈亩，蔬卉颇成列。分溪免瓮灌，补篱防豕蹢。芜草稍焚薙，清雨夜来歇。濯濯新叶敷，荧荧夜花发。放锄息重阴，旧书漫披阅。倦枕竹下石，醒望松间月。起来步闲谣，晚酌檐下设。尽醉即草铺，忘与邻翁别。

使破陋之处暴露出来。

在农闲时建起小茅屋，正好赶上一个月刚结束，开始只为抵挡风雨，落成以后还是美丽的景观。锄地开荒，已经造出一条小路，整理樊篱，清扫田园，低低的屋檐避开了松树的扩展，松松的土中埋着竹子的根，不要剪去墙下的荆束，一束束的排列分布可以做篱笆；不要采去林间的萝藤，它们交织缠绕，可以用作挡蔽风雨的房子。平时缺乏农家田园的学问，因而得出了比较深透的理论。不要为了这些农事而轻鄙忽视，我的所悟正是由于这些小事而存在、发展。

诸生来

因为性格耿直遭到惩罚，陷入囚禁却免于致残。在夷地居住虽然是异地的风俗，但质朴的乡土生活是我所眷念思恋的。思念亲人时，心情内疲，自己感到忧愁和痛心。门生们经常集中在一起，也经常聚餐碰杯。讲习传授学问之道，记诵询问复习思考。在林间行走，有时迈过山涧，在洞中游玩，还不时越过山峰。月光下在房中鸣琴，云进入窗中，躺着看书。淡泊的生活才能悟出道的真谛，旷达并非荒诞。难道一定要在鹿门休息？自心里怡然自乐，生活就会悠然。

西园

这园子不足一亩，蔬菜、花卉排列成行。分流的小溪不用再拿器皿灌溉，长出的篱笆还可以防止猪的侵扰。芜草稍稍焚烧掉，清凉的雨在夜里前来滋润土地。浇灌着树木，新叶长出来，夜里的花儿荧荧放光。放下锄头，在重重绿荫下休息，随意

水滨洞

送远憩岨谷,濯缨俯清流。沿溪涉危石,曲洞藏深幽。花静馥常阘,溜暗光亦浮。平生泉石好,所遇成淹留。好鸟忽双下,使鱼亦群游。坐久尘虑息,淡然与道谋。

山石

山石犹有理,山木犹有枝。人生非木石,别久宁无思?愁来步前庭,仰视行云驰。行云随长风,飘飘去何之?行云有时定,游子无还期。高梁始归燕,题鴂已先悲。有生岂不苦,逝者长若斯。已矣复何事,商山行采芝。

无寐二首

其一

烟灯暖无寐,忧思坐长往。寒风振乔林,叶落闻窗响。起窥庭月光,山空游罔象。怀人阻积雪,崖冰几千丈?

地阅读旧书。倦了,在竹子下的石头上休息,醒来望着松间的明月。起身闲步,吟诵歌谣,晚上在房檐下摆设好酒桌。醉后就倒在草地上,忘了与邻里的老翁道别。

水滨洞

　　送远方的客人,在山谷中休息,俯下身,用清澈的水流洗帽带,沿着溪流,踩在悬石上,来到曲折的山洞中。花儿静谧,香气浓郁,暗流上的光线也浮在上面。平生喜爱泉水和秀石,后常常逗留。好鸟忽然双双飞下,鱼儿也结群游动。坐在那里时间久了,沉思休息,思考着事物发展的道。

山石

　　山石还有纹理存在,山木也有枝条。人不是木头和石头,分别久了,难道没有思念吗?忧愁地在前庭散步,仰起头看到云儿在空中飞驰。移动的云儿随着大风,飘啊飘,不知到哪里去?行走的云有时静下来,而游子没有回还的日期。高梁上的燕子刚归来,题鴂已经开始伤悲。有生之年难道不艰苦,逝去的如此漫长无期。还能做什么事呢,不如学商山四皓归隐采灵芝。

无寐二首

其一

　　灯光、烟雾昏暗,我不能入睡,坐起来忧愁地长久思考,寒冷的风吹动着乔木林,叶子落下地面,窗纸的声音也听得出来;起身看那庭院里的月光,山旷远空寥,景象虚幻迷惘;怀念的人被

其二

穷崖多杂树,上与青冥连。穿云下飞瀑,谁能识其源?但闻清猿啸,时见皓鹤翻。中有避世士,冥寂栖其巅。繁予亦同调,路绝难攀缘。

诸生夜坐

谪居淡虚寂,眇然怀同游。日入山气夕,孤亭俯平畴。草际见数骑,取径如相求。渐近识颜面,隔树停鸣驺。投辖雁骛进,携榼各有羞。分席夜堂坐,绛蠟清樽浮。鸣琴复散帙,壶矢交觥筹。夜弄溪上月,晓陟林间丘。村翁或招饮,洞客偕探幽。讲习有真乐,谈笑无俗流。缅怀风沂兴,千载相为谋。

艾草次胡少参韵

艾草莫艾兰,兰有芬芳姿。况生幽谷底,不碍君稻畦。艾之亦何益?徒令香气衰。荆棘生满道,出刺伤人肌。持刀忌触手,睨视不敢挥。艾草须艾棘,勿为棘所欺。

积雪阻隔,不知山崖上结的冰有几千丈长?

其二

　　山崖上生长着许多种树,上面与青天相连。飞瀑穿过云间挂下来,谁能知晓它的源头在哪里?只听到猿猴清亮的长啸,有时看到白鹤翻飞。山中有逃避俗世的人才,晚上在山巅上栖息。想必和我的观点相同,但是道路险绝,难于攀上与之结缘。

诸生夜坐

　　贬官居住于此,淡泊、静寂,怀念一起出游的情形。每天进入山气的夕照中,在孤零的亭中俯视平地。在草地旁看到几匹马,骑马的人好像相互求见一样,渐渐靠近,看清了面容,隔着树停马,鸣个不停。拴好马,随雁与鹭进山,他们携带着杯子,各自还有食物美酒,夜里在堂上分席就座,绛紫色的酒在清樽里浮动。鸣琴翻书,觥筹交错。夜间欣赏溪上的明月,早晨陟过树林间的小山。村翁有时招呼我们饮酒,洞中游人一同去探寻幽奇。研讨学习有真正的快乐,谈笑话语中没有庸俗之流。缅怀孔子与学生讲学时的兴盛,千年来古人与我们的兴趣追求相同。

艾草次胡少参韵

　　除草不要除去兰花,兰花有芬芳的香味和姿态。何况生长在幽静的山谷底部,不影响妨碍您的稻田。除去它有什么益处呢?只能使兰花的香气衰减。荆棘长满了道路,生出刺能刺伤人的肌肤,拿着刀怕触着手臂,斜视不敢挥刀。除草要除去荆棘,不要被荆棘所欺负。

凤雏次韵答胡少参

凤雏生高厓，风雨摧其翼。养疴深林中，百鸟惊辟易。虞人视为妖，举纲争弹弋。此本王者瑞，惜哉谁能识！吾方哀其穷，胡忍复相亟。鸱枭据丛林，驱鸟恣搏食。嗟尔独何心，枭凤如白黑。

鹦鹉和胡韵

鹦鹉生陇西，群飞恣鸣游。何意虞罗及，充贡来中州。金绦縻华屋，云泉谢林丘。能言实阶祸，吞声亦何求！主人有隐寇，窃发闻其谋。感君惠养德，一语思所酬。惧君不见察，杀身反为尤。

诸生

人生多离别，佳会难再遇。如何百里来，三宿便辞去？有琴不肯弹，有酒不肯御。远陟见深情，宁予有弗顾。洞云还自栖，溪月谁同步？不念南寺时，寒江雪将暮。不记西园日，桃花夹川路。相去倏几月，秋风落高树。富贵犹尘沙，浮名亦飞絮。嗟我二三子，吾道有真趣。胡不携书来，茆堂好同往。

凤雏次韵答胡少参

凤雏在高高的山崖上出生,风雨摧坏了它的羽翼。在深深树林中养病,百鸟都惊恐地逃避。虞人把它视为妖怪,拿着网争相捕捉擒获。这本是王者的瑞祥之兆,可惜没有人能够识别!我刚才哀叹感慨它的不幸,怎么能多次重复地追迫它呢。鸱鹰盘踞在丛林中,驱逐鸟儿,恣意捕食;唉,其心意究竟要做什么?凤凰与枭鸟被颠倒了黑白。

鹦鹉和胡韵

鹦鹉生在陇西,结群飞翔,随意鸣叫。没有想到落入罗网中,作为贡品而来到中州。金色的带子拴在华美的房屋里,告别了林中的小山云泉。主人家里进了小偷,鹦鹉发现了他们的阴谋。它多想借机会感谢主人的惠养之恩,把小偷进来的事告诉主人。可又怕主人不相信,反而怪罪害了自身。

诸生

人生中有许多离别,很难再能相会了。为什么从百里之外赶来,睡了三夜后就要告辞?有琴,不愿意弹奏,有酒,不愿意饮用。远处跋涉而来,深情可鉴,是我照顾不周啊。洞里的云仍然自己回来栖息,溪月与谁同步?不会忘记在南寺的时候,江上寒冷飘着雪,天将黑了。还记得在西园的日子,桃花铺满了平地的路。相别一下子几个月,秋风吹落了高树的叶子,富贵如同浮尘沉沙一样,浮名也像飞絮般缥缈。我的这二三位朋友啊,我们的追求是有真正的乐趣的,为什么不带着书前来,我们好一起前

游来仙洞早发道中

霜风清木叶,秋意生萧疏。冲星策晓骑,幽事将有徂。股虫乱飞掷,道狭草露濡。倾暑特晨发,征夫已先途。淅米石间溜,炊火岩中庐。烟峰上初日,林鸟相嘤呼。意欣物情适,战胜癯色腴。行乐信宇宙,富贵非吾图。

别友

幽寻意方结,奈此世累牵。凌晨驱马别,持盃且为传。相求苦非远,山路多风烟。所贵明哲士,秉道非苟全。去矣崇令德,吾亦行归田。

赠黄太守澍

岁宴乡思切,客久亲旧疏。卧疴闭空院,忽来故人车。入门辩眉宇,喜定还惊吁。远行亦安适,符竹膺新除。荒郡号难理,况兹征索余,君才素通敏,窘剧宜有纡。蛮乡虽瘴毒,逐客犹安居。经济非复事,时还理残书。山泉足游憩,鹿麋能友予。淡然穹壤内,容膝皆吾庐。惟萦垂白念,旦夕怀归图。君行勉三事,吾计终五湖。

往茅草堂。

游来仙洞早发道中

霜降时的风把树木的叶子吹落，秋天的萧条已渐渐显现。早晨乘着启明星，驱马前行，将开始到某地去寻幽探奇。飞虫胡乱地四处飞翔，道路狭窄，草上的露珠湿漉漉的，暑天很热，特意早晨出发，征夫已经在途中了。在石间流水中淘米，在山岩中的房子里生火做饭，太阳刚刚升上了烟峰，林中的鸟儿互相鸣叫。心情舒畅，万物的情趣相投，清瘦的面容有了红润，相信在宇宙间最重要的是行乐，富贵不是我所要追求的。

别友

探寻幽奇的心情刚刚了结，又被世事连累牵制！凌晨驱马与友人告别，拿着杯器传杯把盏。相互鼓励，痛苦并不是很遥远，山路的风烟很大，那些智慧的哲人名士，秉守道义，不苟全保身。走吧，要修炼你的道德！我不久也要回去耕田种地了。

赠黄太守澍

每年的宴会让我深切地怀念家乡，做客时间长了。思念旧朋好友更急切。在空旷旷的庭院中，卧于病榻上，忽然老朋友的车子到了。进门来，辨清朋友的眉宇，高兴欢喜，还大声呼叫。远方行程还可以吗？符竹应该换成新的了。荒芜的郡县很难治理，又何况征收索要余粮。先生才思敏捷，窘境应该缓解了吧。蛮夷之乡虽然很多瘴毒，我这被放逐的人，还可以安心居住。不再重新作经世济国的事务，偶尔还翻一下残缺的书。山和泉足够令

寄友用韵

怀人坐沉夜,帷灯暖幽光。耿耿积烦绪,忽忽如有忘。玄景逝不虞,朱炎化微凉。相彼谷中葛,重阴殒衰黄。感此游客子,经年未还乡。伊人不在目,丝竹徒满堂。天深雁书杳,梦短关塞长。情好矢无斁,愿气觊终偿。惠我金石编,徽音激宫商。驰辉不可即,式尔增予伤。馨香袭肝膂,聊用中心藏。

秋夜

树暝栖翼喧,萤飞夜堂静。遥穹出晴月,低檐入峰影。睊然坐幽独,怵尔抱深警。年徂道无闻,心违迹未屏。萧瑟中林秋,云凝松桂冷。山泉岂无适,离人怀故境。安得驾云鸿,高飞越南景。

人游玩憩息，鹿麋可以和我做朋友。在这块土地上淡泊宁静，容得下座位的都是我的房子。惟有家中的老人让人萦思不断，早晨与晚上怀念归去的家园。先生勉励我三件事，我决心归隐五湖了结一生。

寄友用韵

坐在黑沉沉的夜里怀念友人，帷帐的灯散发着温暖而幽暗的灯光。郁积了许多烦躁的情绪，忽然好像忘却一般。玄妙的景象消失不在的地方，炎热酷暑变作微微的凉意。那些在山谷中生长的葛，重重树荫之下，衰败发黄快要死了。感慨这游荡的客人，几年没有回过家乡。眼中看不到他的身影，丝竹乐声满了庭堂。天高地远，鸿雁传书遥遥无期，关塞漫长，梦景太短。心情好时，射箭不感到厌倦，环顾四周，希望美好的愿望都能实现。恩惠赠予我金石编，弹奏出的音乐是那么美好。光辉飞逝不可到达，只是增加我的忧伤。想起朋友感到很温馨，姑且用心作为收藏保存的地方。

秋夜

天黑了，栖息在树上的鸟儿还在喧闹，萤火虫飞过庭堂，庭堂里显得很安静，晴朗皎洁的月亮从遥远的天际升起，低低的房檐望见山峰的影子，我深沉地坐在那里，孤身一人，恐惧害怕，心里充满恐惧。年华消逝，道理没有传播，最初的心意还没有被除去。中林的秋色萧瑟，云儿凝结，松桂凉凉的，山泉难道没有去处，离别的人怀念故乡。什么时候能够驾着云中鸿雁，越过南国风景回到家乡见到亲人。

采薪二首

朝采山上荆,暮采谷中栗。深谷多凄风,霜露沾衣湿。采薪勿辞辛,昨来断薪拾。晚归阴壑底,抱瓮还自汲。薪水良独劳,不愧吾食力。

倚担青厓际,历斧崖下石。持斧起环顾,长松百余尺。徘徊不忍挥,俯略涧边棘。同行笑吾馁,尔斧安用历?快意岂不能,物材各有适。可以相天子,众稚讵足识。

龙冈漫兴五首

投荒万里入炎州,却喜官卑得自由。心在夷居何有陋,身虽吏隐未忘忧。春山卉服时相问,雪寨蓝舆每独游。拟把黎锄从许子,谩将弦诵止言游。

旅况萧条寄草堂,虚檐落日自生凉。芳春已共烟花尽,孟夏俄惊草木长。绝壁千寻凌杳霭,深厓六月宿冰霜。人间不有宣尼叟,谁信申枨未是刚?

路僻官卑病益闲,空林惟听鸟间关。地无医药凭书卷,身处蛮夷亦故山。用世谩怀伊尹耻,思家独切老莱斑。梦魂兼喜无余事,只在耶溪舜水湾。

采薪二首

早晨在山上采取荆木,晚上采取山谷中的栗子。深远的山谷中凄凉的风经常吹打,霜和露水打湿了衣服。采薪不要怕辛苦,昨天来拾取断掉的荆条。晚上回到阴凉的沟底,抱着瓦器,还自己汲水喝。收获的要靠自己的劳动,不惭愧,自己自食其力。

在青崖的旁边,倚着重重的挑子,在山崖下边,砍斧劈石。拿起斧头,四处环视,长长的松树有一百多尺高。徘徊许久,不忍心动手,俯身采取涧边的荆棘。同行的人笑话我气馁,你的斧子怎么能锋利呢?挥斧砍树的快意我怎么做不到,物材各有自己的用处。不悟出此道可以辅佐天子,众人怎么会识别。

龙冈漫兴五首

进入万里之外荒凉的炎州,却高兴因为官位卑微得到了自由。心在夷地停留有什么简陋的?身体虽然在此隐居,但不敢忘却国忧。春天时穿着粗布衣服,经常到山上去,独自驾着蓝车,到雪寨中游玩。准备把犁和锄送给许由,随意用这首诗劝停访问游玩之事。

旅途情况萧条,在草堂居住,屋檐空荡荡的,太阳落山,凉意自己生发出来。春已经和烟花共同到了尽头,孟夏时分,突然惊奇发现草木生长得如此之快。千次寻找绝壁上久远的云雾,六月里的深山崖头结下冰霜。人间如果没有孔子,谁相信申枨不是刚强的呢?

道路偏僻,官位卑下,生病后更加清闲,在空旷的树林中只听到鸟儿偶尔鸣叫。此地没有可以凭书卷上指到的医药,身处蛮夷之地,也算是结识已久的山。在世间作事,联想到伊尹遭受卧龙一去忘消息，千古龙冈漫有名。草屋何人方管乐，桑间无耳听咸英。江沙漠漠遗云鸟，草木萧萧动甲兵。好共鹿门庞处士，相期采药入青冥。

归与吾道在沧浪，颜氏何曾击柝忙？枉尺已非贤者事，斵轮徒有古人方。白云晚忆归岩洞，苍藓春应遍石床。寄语峰头双白鹤，野夫终不久龙场。

答毛拙庵见招书院

野夫病卧成疏懒，书卷长抛旧学荒。岂有威仪堪法象，实惭文檄遇称扬。移居正拟投医肆，虚席仍烦避讲堂。范我定应无所获，空令多士笑王良。

老桧

老桧斜生古驿傍，客来系马解衣裳。托根非所还怜汝，直干不挠终异常。风雪凛然存节概，刮摩聊尔见文章。何当移植山林下，偃蹇从渠拂汉苍。

的耻辱,思念家乡,更加体会到老莱子孝顺侍奉双亲的感情。魂牵梦绕的没有其他事,就好像在耶溪旁的舜水湾。

卧龙离去后,忘记了曾休息过的地方,千年的龙冈也有名气。草屋里是什么人刚才作管乐,在桑田间没有机会听到音乐。江中的漠漠长沙使云中的鸟留步,萧萧草木惊动了武装士兵。约好在鹿门与庞处士一起,共同到青山采取药物。

我的道回归在沧浪之中,颜氏什么时候曾经忙于敲打梆子?弯曲尺度已不是贤者们所做的事,砍、削轮子只有古代人的方法。白云到晚上思忆、回归到岩洞里,苍绿的苔藓到了春天应该把石床掩盖。对峰头的两只白鹤寄语,我这山村野夫不会在龙场滞留很久的。

答毛拙庵见招书院

我躺在病榻上已久,人也变得疏懒,成卷的书被抛在一旁,以前的学问都荒废了。难道有威严仪表可以承受法象之任?惭愧文檄上的语言太过夸奖张扬。移居正准备投入医药铺,虚着坐席,还要不厌其烦地躲避讲堂。像我肯定无所收获,只能让许多人嘲笑王良。

老桧

老桧斜生在古驿的旁边,客人到来,拴马、脱衣裳。由于根生在这里,让人可怜,但是直挺不屈,终归与众不同。风雪之中凛然而立,仍然保存高节,刮树木、磨树木,聊天之中生出纹理。为何不移植到山林下面,使它高耸挺拔,枝干伸向高空。

却巫

　　卧病空山无药石,相传土俗事神巫。吾行久矣将焉祷,众议纷然反见迂。积习片言容未解,舆情三月或应孚。也知伯有能为厉,自笑孙侨非丈夫。

过天生桥

　　水光如练落长松,云际天桥隐白虹。辽鹤不来华表烂,仙人一去石桥空。徒闻鹊驾横秋夕,谩说秦鞭到海东。移放长江还济险,可怜虚却万山中。

南霁云祠

　　死矣中丞莫谩疑,孤城援绝久知危。贺兰未灭空遗恨,南八如生定有为。风雨长廊嘶铁马,松杉阴雾卷灵旗。英魂千载知何处?岁岁边人赛旅祠。

春晴

　　林下春晴风渐和,高岩残雪已无多。游丝冉冉花枝静,青壁迢迢白鸟过。忽向山中怀旧侣,几从洞口梦烟萝。客衣尘土终须换,好与湖边长芰荷。

却巫

　　生病躺在空山的无药可用,据说民间风俗中这儿是祭祀神巫的地方。我做事久了,难道还要祈祷,众人议论纷纷,反而显示出迂腐。积淀的习俗不是一言半语说得清的,三月里众人的心情或许应该接受。也知道伯有能够为厉鬼,自己笑看公孙侨不是丈夫。

过天生桥

　　水光像长练般落到长松上,云边缘上,天桥隐盖着白虹。远方的仙鹤未来时,华表已经毁烂,仙人离去后,石桥空荡荡的。只听说喜鹊在秋夜架起长桥,还有的说秦鞭指到大海东方。把桥移到长江中还可以救险济生,可怜在万山中空虚地无事可干。

南霁云祠

　　中丞已经死了,不要再怀疑了,孤城的援助被断绝了,很久就知道危险。贺兰山脉没有减少遗留下来的遗憾,南入如果还生一定有所作为。长廊在风雨中,铁马嘶鸣,松树、杉树笼罩着阴沉沉的烟雾,卷起了云旗。千年的忠贞不屈的英魂不知在何处?每年边境上的人民都到祠庙里祭祀、参观。

春晴

　　林下的春光明媚,风儿渐渐平和,高山上的残雪已经不多了。游丝冉冉升起,花枝宁静无语,远远地看见白鸟从青壁上面飞过。忽然到山中怀念旧日的朋友,几次在洞口梦到了烟萝。衣

陆广晓发

初日朣朣似晓霞,雨痕新霁渡头沙。溪深几曲雪藏峡,树老千年雪作花。白鸟去边回驿路,青崖缺处见人家。遍行奇胜才经此,江上无劳羡九华。

雪夜

天涯久客岁侵寻,茆屋新开枫树林。渐惯省言因病齿,屡经多难解安心。犹怜未系苍生望,且得闲为白石吟。乘兴最堪风雪夜,小舟何日返山阴?

元夕二首

故园今夕是元宵,独向蛮村坐寂寥。赖有遗经堪作伴,喜无车马过相邀。春还草阁梅先动,月满虚庭雪未消。堂上花灯诸弟集,重闱应念一身遥。

去年今日卧燕台,铜鼓中宵隐地雷。月傍苑楼灯彩淡,风传阁道马蹄回。炎荒万里频回首,羌笛三更谩自哀。尚忆服上沾满尘土,终归要换下来,便于到湖边种菱角和荷花。

陆广晓发

初升的太阳由暗到明,闪闪发光,好像拂晓的云霞,雨还留着痕迹,迎来新晴,云儿渡过沙洲,小溪深深地曲折前行,云彩隐藏在峡谷之中,树木年纪老了,有千年树龄,雪也变作了花。白鸟在驿路边上回旋飞翔,青青的山崖断口的地方有人家,游遍了奇胜之地才经过此地,在江上自有美景,不必羡慕在九华山上的逍遥。

雪夜

在天涯做客太久了,岁月飞逝,新修的茅屋正对着枫树林。因为牙齿生病,渐渐习惯了少说话,经历了许多磨难后,心境稍微平息下来。还在怜惜没有维系苍生的愿望,暂且有时间作白石吟。最可忍受在风雪交加的夜晚乘兴而游,不知小船什么时候可以返回到山阴?

元夕二首

故乡的家园里今天晚上是元宵节,我独自坐在蛮地的村庄里寂寞寥落。幸亏有剩下来的经书与我作伴,很高兴没有车马从此经过、邀请同游。春天来了,草阁中的梅花先动起来,月光洒满了庭院,雪未融化。堂上的花灯闪烁,各位弟弟聚集在一起,在官场之中应该怀念这一身的逍遥自在。

去年的今天在燕台休息,元宵节的铜鼓声隐隐好似滚地的雷声。月儿依傍着苑楼,灯光暗淡,风儿在阁道上飞扬,马蹄声回先朝多乐事，孝皇曾为两宫开。

家僮作纸灯

寥落荒村灯事赊，蛮奴试巧剪春纱。花枝绰约含轻雾，月色玲珑映绮霞。取办不徒酬令节，赏心兼是惜年华。何如京国王侯第，一盏中人产十家。

白云堂

白云僧舍市桥东，别院回廊小径通。岁古檐松存独干，春还庭竹发新丛。晴窗暗映群峰雪，清梵长飘高阁风。迁客从来甘寂寞，青鞋时过月明中。

来仙洞

古洞春寒客到稀，绿苔荒径草霏霏。书悬绝壁留僧偈，花发层萝绣佛衣。壶榼远从童冠集，杖藜随处宦情微。石门遥锁阳明鹤，应笑山人久不归。

木阁道中雪

瘦马支离绿绝壁，连峰窅窕入层云。山村树暝惊鸦阵，来了。万里炎荒之地上，频频回首，三更时分的羌笛声令人心酸悲哀。还怀念先朝时的许多高兴的往事，孝皇帝曾经为两宫开禁。

家僮作纸灯

荒村寂寥冷清，做灯的很稀少，蛮奴试着剪春纱。花枝绰约多姿，含着轻轻的烟雾，月色玲珑小巧，映着绮丽的云霞。做的极好，不仅为了过这个节，赏心悦目，让人珍惜美好年华。哪像京城中王侯府第，做一盏灯的花费就相当于十户中等人家的财产。

白云堂

在城镇小桥的东面，白云笼罩着和尚的僧舍，走廊回绕，庭院别致，有小路连结沟通。在檐下，年久古松还存着独好的树干，春天重返庭院，新叶长了出来。群峰上的积雪偷偷地映照在晴天的窗纸上，在佛教之地的诵经声伴随高阁上的风而飘荡。迁居的游客从来甘于寂寞，青鞋有时从月光明亮的夜中走过。

来仙洞

古洞到了春天还寒冷，游客前往游览的很少，荒凉的小路布满了绿绿的苔藓和小草；在绝峭的山壁上，和尚留下了手书的偈言，层层萝藤开花，好像绣的佛衣。青年手提茶壶、酒具前来聚集，挂着拐杖随处可见到官宦的心意淡微。悠远地思索家乡阳明洞石门锁着的那只鹤，此时可能在笑我长久地不回来了。

木阁道中雪

马儿消瘦、衰弱，沿着绝壁行进，连绵的山峰远远地进入涧道雪深逢鹿群。冻合衡茅炊火断，望迷孤戍暮笳闻。正思讲习诸贤在，绛蜡清醅坐夜分。

元夕雪用苏韵二首

　　林间暮雪定归鸦，山外铃声报使车。玉盏春光传柏叶，夜堂银烛乱檐花。萧条音信愁边雁，迢递关河梦里家。何日扁舟远旧隐，一蓑江上把鱼叉。

　　寒威入夜益廉纤，酒瓮炉床亦戒严。久客渐怜衣有结，蛮居长叹食无盐。饥豺正尔群当路，冻雀从渠自宿檐。阴极阳同知不远，兰芽行见发春尖。

晓霁用前韵书怀二首

　　双阙钟声起万鸦，禁城月色满朝车。竟谁诗咏东曹桧，正忆梅开西寺花。此日天涯伤逐客，何年江上却还家？曾无一字堪驱使，谩有虚名拟八叉。

　　涧草岩花欲斗纤，溪风林雪故争严。连岐尽说还宜麦，煮海何曾见作盐。路断暂怜无过客，病余兼喜曝晴檐。谪居亦自多清绝，门外群峰玉笋尖。

层层云朵之中。山村中的树木到黄昏,把鸦群惊动了,山涧中的雪很深,遇到了鹿群。衡木和茅草都冻结了,炊火断绝,军队孤零零地迷失方向,晚上胡笳的声音传来。正在思考讲习上各位贤人都在场,在红色的蜡烛光下把绿色的酒分享品用。

元夕雪用苏韵二首

晚上林间的雪把回归的鸦留住了,山外传来的铃声说明使者的车来到了。玉杯中春光盈盈,柏叶相传,夜间堂上银烛闪烁,檐花乱飞。为萧条的音讯而发愁,梦里经常梦到回家的情形。什么时候乘扁舟返回归隐,在江上持一根竹索把鱼叉。

寒冷发威,夜里穿着廉价的织布有好处,炉上烧的酒壶也都封火了。长久居住的客人可怜衣服有了结头,在蛮地居住长叹息没有食盐。饥饿的豺狼正结群在路上挡道,冻坏的麻雀从河渠到房檐下避寒。阴极阳回的道理使我知道马上要实现了,路上已经看到兰芽发出了春天的枝尖儿。

晓霁用前韵书怀二首

两下钟声把万只乌鸦惊起,禁城的月色照在上朝的车辆上。谁与东边的曹桧作诗竞技,正回忆西寺的梅花开放的情形。被罢斥的人在天涯感伤,什么时候从江上回到家乡?曾经没有一个字驱使推动,只有拟用了八叉的虚名。

山涧中的草与岩石上的花想要交织开放,溪边的风与林中的雪开始争夺威严。都说连绵不绝的歧路还适合种麦,雪海煮盐又有谁见过呢?道路断绝,恰好没有过往的客人,病中之余,喜欢在房檐下晒太阳。在此居住,清静淡泊,门外的群峰像玉

次韵陆佥宪元日喜晴

城里夕阳城外雪,相将十里异阴晴。也知造物曾何意,底是人心苦未平。柏府楼台衔倒影,茆茨松竹泻寒声。布衾莫谩愁僵卧,积素还多达曙明。

元夕木阁山火

荒村灯夕偶逢晴,野烧峰头处处明。内苑但知鳌作岭,九门空说火为城。天应为我开奇观,地有兹山不世情。却恐炎威被松柏,休教玉石遂同赪。

夜宿汪氏园

小阁藏身一斗方,夜深虚白自生光。梁间来下徐生榻,座上惭无荀令香。驿树雨声翻屋瓦,龙池月色浸书床。他年贵竹传遗事,应说阳明旧草堂。

春行

冬尽西归满山雪,春初复来花满山。白鸥乱浴清溪上,黄鸟双飞绿树间。物色变迁随转眼,人生岂得长朱颜。好将做的笋尖一样。

次韵陆佥宪元日春晴

　　城里夕阳满天,城外却下着雪,离别十里之遥,阴晴迥然相异,造物主到底是什么样的意图用心呢?到底是人心的苦痛没有平息下来。柏府与楼台倒映在水中,茅茨松竹泻动着寒冷的声音。盖着布被子,不要担心睡觉冻僵,多一点耐心总会看到天明的曙光。

元夕木阁山火

　　在荒村过元宵节,偶然遇上晴天,野火在峰头燃烧,照得四处通明。内苑之中只知道把彩灯堆成鳌山,九门皇宫玩的火城也只是空说的游戏。上天应该为我开了奇特的景观,大地有这座山的永恒情感。又害怕炎热的火焰把松树与柏树包围了,休想教玉石一同遭难。

夜宿汪氏园

　　藏身于方圆一斗的小阁子里,夜深了,月光照进生出光彩,从梁间放下徐生那样的床,座间的荀令香渐渐消失了,驿道上的树和着雨声敲打着房屋上的瓦片,龙池的月色浸满了装满书卷的床铺。他年贵阳要搜传过去的事情,应该说到我住过的旧草堂。

春行

　　冬天到了尽头,向西走,满山盖着白雪;春天刚到,花儿开满了山野。白鸥随便地在清澈的溪流上洗浴,黄鸟在林间双双飞吾道从吾党，归把渔竿东海湾。

村南

　　花事纷纷春欲酣，杖藜随步过村南。田翁开野教新犊，溪女分流浴种蚕。稚犬吠人依密槿，闲凫照影立晴潭。偶逢江客传乡信，归卧枫堂梦石龛。

山途二首

　　上山见日下山阴，阴欲开时日欲沉。晚景无多伤远道，朝阳莫更沮云岑。人归暝市分渔火，客舍空林依暮禽。世事验来还自领，古人先已得吾心。

　　南北驱驰任板舆，谪乡何地是安居？家家细雨残灯后，处处荒原野烧余。江树欲迷游子望，朔云长断故人书。茂陵多病终萧散，何事相如赋子虚？

白云

　　白云冉冉出晴峰，客路无心处处逢。已逐肩舆度青壁，翔。事物变化转眼而过，人生怎么能永保持朱颜不改呢？尽快将我的道传授给我的同伴，回去后在东海的水湾中以钓鱼为乐。

村南

春意正浓，花儿纷纷开放，在村子南面拄着手杖散步路过。田翁到田野中训练新牛犊，溪女在河流中泡选蚕种。狗在密密的植树林旁冲着人吠叫，凫鸟清闲地在晴碧的水潭中照着自己的身影。偶然遇到江上来客捎来家乡的消息，归去后躺在枫堂上，梦到了家中的石龛。

山途二首

上山的时候看到太阳，下山的时候，天阴沉沉的，阴云将要散去的时候，太阳就要落山了。晚景所剩不多，为遥远的路途忧伤，早晨的太阳不要被高山遮住了。游人回到夜市上去，分别到灯火通明的渔船上，客人的房舍依偎着日落栖息的飞禽，在空荡荡的树林里。世上的事情到头来还要自己验证，才明白古代的人已经知道了我的心思。

南北驱马奔驰，四处奔波，被贬官后，何地是我安心居住的地方？家家飘着细细的雨丝，灯光残淡，处处是火烧过的荒芜的原野。江边的树影想要迷惑游子的望眼，北方的云层使老朋友的书信被长期隔绝。曾在茂陵的司马相如多病，终归撒手人间，他是为什么事情而写《子虚赋》呢？

白云

白云冉冉地从晴朗的山峰上升起来，客人在路上无心却处还随孤鹤下苍松。此身愧尔长多系,他日从龙谩托踪。断鹜残鸦飞欲尽,故山回首意重重。

答刘美之见寄次韵

休疑迁客迹全贫,犹有沙鸥日见亲。勋业已辞沧海梦,烟花多负故园春。百年长恐终无补,万里宁期尚得身。念我不劳伤鬓雪,知君亦欲拂衣尘。

寄徐掌教

徐稚今安在?空梁榻久悬。北门倾盖日,东鲁校文年。岁月成超忽,风云易变迁。新诗劳寄我,不愧鸟鸣篇。

书庭蕉

檐前蕉叶绿成林,长夏全无暑气侵。但得雨声连夜静,不妨月色半床阴。新诗旧叶题将满,老芝疏梧根共深。莫笑郑人谈论鹿,至今醒梦两难寻。

处遇到白云。已经放弃坐轿子而攀援青青的石壁,还要跟随孤零零的仙鹤从苍松边下来。此身惭愧挂念、维系太多的事物,他日要跟从龙无影无踪。断鹜与残鸦要飞走了,回首故山,心意重重。

答刘美之见寄次韵

不要因被贬者的处境困难而疑忌,还可以每天看到令人亲切的沙鸥。已经放弃了沧海一梦,如烟的鲜花辜负了故乡家园的春色。常害怕百年后没有什么有益于后世,万里之外的我还可度过平静的日子。念及我不劳作,鬓上见白发,知道您也想拂去衣服上的尘土,过淡泊隐居的生活。

寄徐掌教

徐稚现在到何处去了?卧室里梁木久已空悬着床铺。我们在北门曾亲切谈论,在东鲁之地担任乡试主考那年。岁月倏忽而逝,风云易变。还麻烦你把新诗寄给我,这不愧为《诗经》中关于"鸟鸣"的那篇。

书庭蕉

房前的蕉叶绿油油的,成为林子,漫长的夏季里全然没有暑气的侵扰。只在夜里听到雨声,四处很安静,有时月色遮掩了半个床铺。旧叶上题的新诗写得太多,老菱角与疏落的梧桐的根都很深。不要嘲笑郑人谈论鹿的是非,至今我还很难说清自己到底是做梦还是清醒。

送张宪长左迁滇南大参次韵

世味知公最饱谙,百年清德亦何惭。柏台藩省官非左,江汉滇池道益南。绝域烟花怜我远,今宵风月好谁谈?交游若问居夷事,为说山泉颇自堪。

南庵次韵二首

隔水樵渔亦几家,缘冈石路入溪斜。松林晚映千峰雨,枫叶秋连万树霞。渐觉形骸逃物外,未妨游乐在天涯。频来不用劳僧榻,已僭汀鸥一席沙。

斜日江波动客衣,水南深竹见岩扉。渔人收网舟初集,野老忘机坐未归。渐觉云间栖翼乱,愁看天北暮云飞。年年岁晚长为客,闲杀西湖旧钓矶。

观傀儡次韵

处处相逢是戏场,何须傀儡夜登堂。繁华过眼三更促,名利牵人一线长。稚子自应争诧说,矮人亦复浪悲伤。本来面目还谁识?且向樽前学楚狂。

送张宪长左迁滇南大参次韵

您最了解、熟悉世上的人情百味,几十年来清廉的德行又有什么可惭愧的。在柏台藩省做官不是违背正道,江汉滇池的道路更伸向南方而已。在绝地中的烟花可怜我居住遥远,今夜风清月圆,与谁交谈?若要询问在夷地居住游玩的事情,我要说对这里的山和泉水很感兴趣。

南庵次韵二首

隔着水面,砍柴、打渔的有多少家,沿着山冈,石头铺的路延伸到溪水的岸边。松树林晚上辉映着雨中的群峰,枫叶在秋天连成万树犹如云霞。渐渐感觉形骸逃逸到人世的外面,却不妨碍在天涯游玩作乐。多次前来不再麻烦使用僧榻了。已经向江鸥借了一片沙丘。

太阳斜照,江上的风吹动了客人的衣服,在江水南岸的深深竹林中看到了岩石的影子。渔人把网收好,船儿聚集起来,山村野老与世无争,坐在那里不回去。渐渐觉得白云间栖息的鸟儿乱飞,发愁望着天北,晚上的云儿在飞扬。年年岁暮我到此长时间作客,空闲了过去在西湖钓鱼坐的那块石头。

观傀儡次韵

人间无时无地不在演戏,哪里还需要傀儡在夜间登场。繁华如过眼云烟,到三更时分尤为急促,名利像线一样牵着人随行。小孩应该自己争相惊诧诉说,傀儡也仍在滥用感情。谁还知道人的本来面目呢?暂且拿着酒杯学习楚地的狂人吧。

徐都宪同游南庵次韵

　　岩寺藏春长不夏,江花映日艳于桃。山阴入户川光暮,林影浮空暑气高。树老岂能知岁月,溪清真可鉴秋毫。但逢佳景须行乐,莫遣风霜着鬓毛。

即席次王文济少参韵二首

　　摇落休教感客途,南来秋兴未全孤。肝肠已自成金石,齿发从渠变柳蒲。倾倒酒怀金谷罚,逼真词格辋川图。谪乡莫道贫消骨,犹有新诗了旧逋。

　　此身未拟泣穷途,随处翻飞野鹤孤。霜冷几枝存晚菊,溪春两度见新蒲。荆西寇盗纡筹策,湘北流移入画图。莫怪当筵倍凄切,诛求满地促官逋。

赠刘侍御二首

　　蹇以反身,困以遂志。今日患难,正阁下受用处也。知之,则处此当自别。病笔不能多及,然其余亦无足言者。聊次韵。某顿首刘侍御大人契长。

　　相送溪桥未隔年,相逢又过小春天。忧时取负君臣义,

徐都宪同游南庵次韵

　　山岩间的寺庙藏着春天，夏天迟迟也不到来，江花在太阳的映照下，比桃花还要动人。山的阴影进入屋中，江边的景物也笼入暮色，树林的凉气浮在空中，暑天的气息很浓。树木年纪大了，难道还知道岁月几何，溪流清澈见底，真可以鉴别秋毫之分。只要遇到美景就要及时行乐，不要让风霜袭上了鬓发。

即席次王文济少参韵二首

　　树叶摇落，不要使游客在旅途中感慨叹息，秋意来到南方，万物并非全都枯萎了，肝肠已经炼成了金石般坚硬，牙齿和头发却变成柳蒲般疏落。尽情敞开胸怀饮酒，罚依金谷酒数罚三杯，作词要和《辋川图》一样标准。在贬谪的住所，不要说贫穷使身体消瘦，还可以作诗来了结补偿以前的旧债。

　　此身从来没有想过，要像阮籍那样在穷途中叹息哭泣，却像野鹤一样四处飞翔没有着落。霜冷冰冰的，几个枝头还存着晚菊，溪水在春天时两次看到了新鲜的香蒲。荆州西部流寇盗贼盘算计谋，湘江向北流入画图之中。不要怪罪这顿饭吃得倍觉凄苦，现在到处都在勒索催缴拖欠的租税。

赠刘侍御二首

　　遇到艰险时需要适时停止，身处困境才能成就志向。今天患难，正是磨炼你的时候。知道了，就应当自己告别。病中握笔，不能多写，然而剩下也没有什么要说的了，姑且按照你的韵来和之。请刘侍御大人指教。

　　相送到溪水桥头没过一年，经过春天后又相逢了。忧愁时念别羞为儿女怜。道自升沉宁有定，心存气节不无偏。知君已得虚舟意，随处风波只晏然。

夜寒

　　檐际重阴覆夜寒，石炉松火坐更残。穷荒正讶乡书绝，险路仍愁归梦难。仙侣春风怀越峤，钓船明月负严滩。未因谪宦伤憔悴，客鬓远羞镜里看。

冬至

　　客床无寐听潜雷，珍重初阳夜半回。天地未尝生意息，冰霜不耐鬓毛催。春添衮线谁能补，岁晚心丹自动灰。料得重闱强健在，早看消息报窗梅。

春日花间偶集示门生

　　闲来聊与二三子，单夹初成行暮春。改课讲题非我事，研几悟道是何人？阶前细草雨远碧，檐下小桃晴更新。坐起咏歌俱实学，毫厘须遣认教真。

害怕辜负了君臣的忠义，分手时不愿诉说儿女情长般的思念。道理起浮下降没有一定，心中存在着不偏不倚的气节。知道您已经产生了驾舟远游的念头，任凭处在何种风波之中也宁静自然。

夜寒

房檐处压着黑沉沉的阴云，经受着寒冷的夜，在石炉内点燃的松火到更时已残了。在穷僻荒凉之地惊叹家乡书信断绝，路途艰险，做梦发愁归去如此困难。我怀念绍兴的同伴、风物和山岭，因不能归去而亏待了故乡的明月，实在有负钓船明月和子陵滩，虽然没有因为被贬官而憔悴，远远在镜子里不好意思地看鬓发。

冬至

客居他乡睡不着觉，听隐隐的雷声，初阳又生，夜半回转。天地从未停息过盎盎的生意，鬓毛经耐不住冰霜的摧残。春天里添了袞服，谁能补缝，年终了赤诚的心愿自然沮丧。想到家乡的老人还强壮健康，但愿早看到窗前的梅花来报告音讯。

春日花间偶集示门生

空闲时与二、三位门生聊天起兴，单夹衣服刚刚穿上，晚春到来了。改动课题与内容不是我的任务，那么研究世间道理，领悟本然之道是什么人啊？台阶前的草纤细，雨淋过更加碧绿，房檐下的小桃树到了晴天更加清新。坐起身来咏诗唱歌都是实实在在的学问，毫厘之间的学问还须认真细致地掌握。

次韵送陆文顺佥宪

贵阳东望楚山平,无奈天涯又送行。杯酒豫期倾盖日,封书烦慰倚门情。心驰魏阙星辰迥,路绕乡山草木荣。京国交游零落尽,空将秋月寄猿声。

次韵陆佥宪病起见寄

一赋归来不愿余,文园多病滞相如。篱边竹笋青应满,洞口桃花红自舒。荷蒉有心还击磬,周公无梦欲删书。云间宪伯能相慰,尺素长题问谪居。

次韵胡少参见过

旋管小酌典春裘,佳客真惭竟日留。长怪岭云迷楚望,忽闻吴语破乡愁。镜湖自昔堪归老,杞国何人独抱忧。莫讶临花倍惆怅,赏心原不在枝头。

雪中桃次韵

雪里桃花强自春,萧疏终觉损精神。却惭幽竹节逾劲,始信寒梅骨自真。遭际本非甘冷淡,飘零须信委风尘。从来此事还希阔,莫怪临轩赏更新。

次韵送陆文顺佥宪

　　从贵阳向东望去,楚地的山峰平坦,无奈又在天涯送人离去。饮这杯酒预期再聚畅谈的时日,写封信来,宽慰我倚门等待的心情。心儿飞向魏王宫殿却像星辰一样遥远,道路绕过乡山,草木繁茂。在京交的朋友,零落殆尽,只有将秋月寄托在那猿猴的鸣叫声中。

次韵陆佥宪病起见寄

　　辞官回来以后,顾不上做什么事情,像司马相如多病,事业也受到阻滞。篱笆边上的竹笋应该青青的了,洞口的桃花也会红彤彤令人赏心悦目。荷蒉曾问孔子有心击磬吗,孔子没有梦见周公还是做了删书的事情。云间来书,宪伯能给予安慰,信纸上写满了字,询问我谪居的情形。

次韵胡少参见过

　　为了准备饮酒待客典当了抵御春寒的皮衣,只留贵客一天在这里,很是惭愧。经常怪罪山巅的云彩使楚地变得模糊、迷茫,忽然听到了吴地的方言,思乡的愁思得到解脱。镜湖从来就是归养的地方,杞国中什么人在独自忧愁。不要惊讶临近花儿倍加惆怅,因观赏的心并不在枝头上。

雪中桃次韵

　　雪包裹着桃花,勉强打扮着春天,枝叶萧条,终究有损精气元神。却见到竹子挺拔的气节愈加挺拔刚劲,十分惭愧,才开始相信在耐寒梅花的硬骨是真实的。遭到如此际遇,本来不是

舟中除夕二首

扁舟除夕尚穷途,荆楚还怜俗未殊。处处送神悬楮马,家家迎岁换桃符。江醪信薄聊相慰,世路多歧谩自吁。白发频年伤远别,彩衣何日是庭趋。

远客天涯又岁除,孤航随处亦吾庐。也知世上风波满,还恋山中木石居。事业无心从齿发,亲交多难绝音书。江湖未就新春计,夜半樵歌忽起予。

淑浦山夜泊

淑浦山边泊,云间见驿楼。滩声回远树,崖影落中流。柳放新年绿,人归隔岁舟。客途时极目,天北暮阴愁。

过江门崖

三年谪宦沮蛮氛,天放扁舟下楚云。归信应先春雁到,闲心期与白鸥群。晴溪欲转新年色,苍壁多遗古篆文。此地从来山水胜,它时回首忆江门。

甘于冷淡，漂泊凋零还须相信委付给风尘。对这件事还希望更多些，不要奇怪临近房子赏景更加清新悦神。

舟中除夕二首

在扁舟中度除夕之时，仍在穷途末路之上，可喜楚之地的风俗没有殊异之处。到处在送神，悬起褚马，家家为迎新年换了门前的对联。江上的浊酒，礼仪微薄，聊作互相安慰，世上的道路多有艰险，随意地自发感慨。白发暮年还要频频远别，什么时候身着彩衣回到家中听父亲的训示呢？

在遥远的地方，游子又度过一年的岁末，船儿孤独漂流，到处都是我的家。也知道世界上风波迭起、人事扰杂，还眷恋在山中用木头和石块筑成的房子。事业就没有什么成就，任凭牙齿和毛发脱落、变白。与亲友联系十分困难，音讯全无；在江湖上没有考虑好新春的打算，夜半樵夫唱的歌把我忽然惊起。

溆浦山夜泊

我们在溆浦山边停船靠岸，从云间看到了驿楼。沙滩让水波的声音在远方的树林中回荡，山崖的影子倒映在江流之中。柳树放出了绿绿的新枝，人回去已经隔了一年。在路途中时常放眼望去，日暮时，北方阴沉沉的，使人发愁。

过江门崖

三年来被贬官，住在蛮夷之地，老天放扁舟，下到楚地云间。回乡的书信会比春雁先到，心儿期待着与白鸥为伍。晴溪想要转弯，呈现出新年的气象，苍绿的石壁留下很多古代的篆书。

辰州虎溪龙兴寺闻杨名父将到留韵壁间

杖藜一过虎溪头,何处僧房是惠休?云起峰头沉阁影,林疏地底见江流;烟花日煖犹含雨,鸥鹭春闲欲满洲;好景同来不同赏,诗篇还为故人留。

武陵潮音阁怀元明

高阁凭虚台十寻,卷帘疏雨动微吟。江天云鸟自来去,楚泽风烟无古今。山色渐疑衡岳近,花源欲问武陵深。新春尚沮东归楫,落日谁堪话此心?

阁中坐雨

台下春云及寺门,懒夫睡起正开轩。烟芜涨野平堤绿,江雨随风入夜喧。道意萧疏惭岁月,归心迢递忆乡园。年来身迹如漂梗,自笑迂痴欲手援。

霁夜

雨霁僧堂钟磬清,春溪月色特分明。沙边宿鹭寒无影,此地向来都以山水闻名，以后回过头来还会怀念江门。

辰州虎溪龙兴寺闻杨名父将到留韵壁间

挂着拐杖经过虎溪的源头，哪一个僧房是惠休和尚的？云儿从山峰头上升起，沉淀了楼阁的影子，树林稀疏，往下面看，最底处江流前进。烟雨中的花儿，日光温暖，还含着雨丝，海鸥与白鹭有时要飞满洲头。同到优美的景区都不能一同欣赏，诗篇还是为老朋友留下吧。

武陵潮音阁怀元明

高高的阁楼冲入虚空之中，有八十尺高，卷起帘子，稀疏的雨牵动诗兴。鸟在江面和云天之间自由地飞来飞去，楚地的水泽风烟未有古今之分。山色渐渐地使人感觉衡山临近，想要询问武陵桃花源有多远。新春之际，仍不能划动东归的船楫，落日中有谁能理解我的心呢？

阁中坐雨

台下春天的云到了庙门口，懒惰的人睡醒，正在开门。烟芜涨满了田野，与堤岸的边缘齐平，江上的雨随风来，夜里还在喧闹。路上一片萧条、疏冷，令人感愧岁月的流逝，归心似箭，遥遥思念家乡的田园。连年来漂泊在外，就像漂流的叶柄一样，自己嘲笑自己迂腐、痴迷，想要人救援。

霁夜

雨后放晴，僧侣堂里的钟磬声清脆，春天的溪水在明月的洞口流云夜有声。静后始知群动妄,闲来远觉道心惊。问津久已惭沮溺,归向东皋学耦耕。

僧斋

尽日僧斋不厌闲,独余春睡得相关。檐前水涨遂无地,江外云晴忽有山。远客趁墟招渡急,舟人晒网得鱼还。也知世事终无补,亦复心存出处间。

德山寺次壁间韵

乘兴看山薄暮来,山僧迎客寺门开。雨昏碧草春申墓,云卷青峰善卷台。性爱烟霞终是僻,诗留名姓不须猜。岩根老衲成灰色,枯坐何年解结胎。

沅江晚泊二首

去时烟雨沅江暮,此日沅江暮雨归。水漫远沙村市改,泊依旧店主人非。草深廨宇无官住,花落僧房自鸟啼。处处春光萧索甚,正思荆棘掩岩扉。

春来客思独萧骚,处处东田没野蒿。雷雨满江喧日夜,映照下特别清楚分明。宿居在沙滩边的鹭鸟,在寒冷之际不见踪影,洞口流着云彩,夜里发出声音。在静谧的夜中才发现生灵的活动,闲来无事,还觉得道心惊恐。向人打听回家的渡头,却早已有愧于隐居的长沮和桀溺了,回去还是在东面的地上耕种。

僧斋

　　一天到晚,僧斋不厌其闲,只有到春睡的时间才得以休息。房檐前水上涨,不见了地面,江外的云放晴,忽然看到了山峰。远方的客人为了赶赴墟场,急急忙忙呼唤渡船,船上的人晒网,捕鱼而还。知道世间的事情终归没有补益,但是心灵一定要处于出世的境界。

德山寺次壁间韵

　　乘兴看到山色将近日暮,山僧迎接客人,就将寺门大开。黄昏飘雨,碧绿的草,掩盖着春申君的墓,白云聚散,青翠山峰,辉映着善卷台。性情酷爱烟霞成癖,诗篇留下姓和名,不需要猜测。坐在岩下的老和尚面如死灰,这枯坐什么时候能结成佛胎。

沅江晚泊二首

　　去的时候,沅江暮时飘洒着如烟的雨丝,此日回来,沅江暮时还落着雨。水漫没了远方的沙滩,村庄和市镇改颜换面,停泊投宿旧客店,原来的主人已经更换了。官衙里长满草没有官员居住,花儿落到僧房里,鸟儿独自鸣叫。处处是萧索的春光,正在思量着荆棘把石岩的门扉掩遮住了。

　　春天到了,客人独自思考、叹息,东田中处处被野蒿淹没。

扁舟经月住风涛。流民失业乘时横，原兽争群薄暮号。却忆鹿门栖隐地，杖藜壶榼饷东皋。

夜泊江思湖忆元明

扁舟泊近渔家晚，茅屋深环柳港清。雷雨骤开江雾散，星河不动暮川平。梦回客枕人千里，月上春堤夜四更。欲寄愁心无过雁，披衣坐听野鸡鸣。

睡起写怀

江日熙熙春睡醒，江云飞尽楚山青。闲观物态皆生意，静悟天机入窅冥。道在险夷随地乐，心忘鱼鸟自流形。未须更觅羲唐事，一曲沧浪声壤听。

三山晚眺

南望长沙杳霭中，鹅羊只在暮云东。天高只橹哀明月，江阔千帆舞逆风。花暗渐惊春事晚，水流应与客愁穷。北飞亦有衡阳雁，上苑封书未易通。

满江的雷雨日夜喧闹个不停，扁舟在两个多月中经受了大风和波浪的袭击。流民流离失所，乘机作乱横行，野兽争夺首领之位，在薄暮时分号叫。想起了在鹿门栖息的地方，挂着手杖，带着壶和杯子，在东山上设酒宴款待客人。

夜泊江思湖忆元明

扁舟停靠泊岸，傍晚渔舟中传出歌声，茅屋环绕着柳港，清新怡人。雷雨骤然倾泻而下，江上的雾气散去，星河没有动静，暮色下的山川平静。梦中回到千里之外，夜四更时，月儿来到春堤之上。想要把我哀愁的心儿寄回去，没有过往的大雁，披着衣裳，坐在那里听野鸡的鸣叫。

睡起写怀

江上的阳光很温暖，从春天的睡梦中醒来，江上的云飞尽了，楚地的山现出青青的山色。闲来无事，观看万物都充满了生机，在窗前静静地思考、悟到苍穹、宫冥之中的天机。道在险夷之处，随地而乐，心忘记了鱼和鸟，自流于形式之外。不须再寻找伏羲及唐尧的旧事，聆听《沧浪歌》《击壤歌》就足够了。

三山晚眺

向南望长沙，在昏暗的云气之中，鹅羊山只在晚上云彩的东面。天高阔，摇着两只船橹在感慨明月，江面广阔，千只船帆逆风舞动。花色渐暗，突然发觉已是晚春了，江水应该和游子的乡愁一同流走。向北方飞去的也有衡阳的大雁，上苑封书还没有易换、变通。

鹅羊山

福地相传楚水阿,三年春色雨经过。羊亡但有初平石,书罢谁笼道士鹅?礼斗坛空松影静,步虚台迥月明多。岩房一宿犹缘薄,遥忆开云住薜萝。

泗洲寺

渌水西头泗洲寺,经过转眼又三年。老僧熟认直呼姓,笑我清癯只似前。每有客来看宿处,诗留佛壁作灯传。开轩扫榻还相慰,惭愧维摩世外缘。

再经武云观书林玉玑道士壁

碧山道士曾相约,归路还来宿武云。月满仙台依鹤侣,书留苍壁看鹅群。春岩多雨林芳淡,暗水穿花石溜分。奔走连年家尚远,空余魂梦到柴门。

再过濂溪祠用前韵

曾向图书识面真,半生长自愧儒巾。斯文久已无先觉,圣世今应有逸民。一自支离乖学术,竞将雕刻费精神。瞻依

鹅羊山

这块福地相传是由于楚水的偏好,三年中两次经过、欣赏这里的春色。羊没有了,还有刚刚磨平的石头,写过以后谁把道士鹅囚在笼中呢?礼斗坛如今空空如也,松树的影子停止了摇曳,步虚台已经截然不同,月光明亮,照亮天空。在山岩房子里住一宿,还是相交缘份太浅,忆起很早的时候在开云萝丝藤中住的情形。

泗洲寺

在渌水的西边源头是泗洲寺,上次经过至今,转眼又是三年。老和尚熟悉认识,直接叫我的名字,他笑着说我还是与以前一样清癯。每次有客人来看住宿的地方,要在佛壁上题诗留作灯火的相传之证。开窗、扫床,还前来慰问,惭愧维摩这世外的情缘。

再经武云观书林玉玑道士壁

曾经与碧山道士相约,归来时还要在武云观休息。月光洒满仙台,与仙鹤偎依为伴,在苍壁下留下记录,观看鹅群。春天山中多雨,林中的芳香淡淡的。水偷偷地穿过花瓣,从石头缝中流过。连年奔波,家乡依然离我遥远,只有余下梦景之中来到柴门前。

再过濂溪祠用前韵

曾经到图书中寻找真正的人生,长长愧叹自己有愧于半生的儒生身份。虽举止有礼,却早已没有事先察觉的本领,圣明的多少高山意，水漫莲池长绿苹。

今世应该有隐逸鸿儒。学术流派很多，观点支离破碎，学者竞相雕刻辞章花费了那么大精神。瞻仰、依附了多少高山的意味，水浸满了莲花池，长出了绿绿的浮萍。

文/白/对/照

王陽明全集

五

[明]王守仁 著

团结出版社

目 录

卷之二十 外集二

诗庐陵诗六首 正德庚午年三月迁庐陵尹作 ………… *2026*
 游瑞华二首 ……………………………………… *2026*
 古道 ……………………………………………… *2026*
 立春日道中短述 ………………………………… *2028*
 公馆午饭偶书 …………………………………… *2028*
 午憩香社寺 ……………………………………… *2028*
京师诗二十四首 正德庚午年十月升南京刑部主事，辛未年入觐，
 调北京吏部主事作 ……………………………… *2028*
 夜宿功德寺次宗贤韵二绝 ……………………… *2028*
 别方叔贤四首 …………………………………… *2030*
 白湾六章 ………………………………………… *2030*
 寄隐岩 …………………………………………… *2032*
 香山次韵 ………………………………………… *2032*
 夜宿香山林宗师房次韵二首 …………………… *2032*
 别湛甘泉二首 …………………………………… *2034*

赠别黄宗贤 ……………………………………… 2036

归越诗五首　正德壬申年升南京太仆寺少卿便道归越作 ……… 2036

　　四明观白水二首 ………………………………… 2036

　　杖锡道中用张宪使韵 …………………………… 2038

　　又用曰仁韵 ……………………………………… 2038

　　书杖锡寺 ………………………………………… 2038

滁州诗三十六首　正德癸酉年到太仆寺作 …………… 2040

　　梧桐江用韵 ……………………………………… 2040

　　林间睡起 ………………………………………… 2040

　　赠熊彰归 ………………………………………… 2042

　　别易仲 …………………………………………… 2042

　　送守中至龙蟠山中 ……………………………… 2042

　　龙蟠山中用韵 …………………………………… 2044

　　琅琊山中三首 …………………………………… 2044

　　答朱汝德用韵 …………………………………… 2044

　　送惟乾二首 ……………………………………… 2046

　　别希颜二首 ……………………………………… 2046

　　山中示诸生五首 ………………………………… 2048

　　龙潭夜坐 ………………………………………… 2050

　　送德观归省三首 ………………………………… 2050

　　送蔡希颜三首 …………………………………… 2050

　　赠守中北行二首 ………………………………… 2054

　　郑伯兴谢病还鹿门雪夜过别赋赠三首 ………… 2054

　　门人王嘉秀宝夫萧琦子玉告归书此见别意

　　　　兼寄声辰阳诸贤 …………………………… 2056

目录

滁阳别诗词友 ·········· 2056

寄浮峰诗社 ·········· 2058

栖云楼坐雪二首 ·········· 2058

与商贡士二首 ·········· 2058

南都诗四十七首　正德甲戌年四月升南京鸿胪寺卿作 ·········· 2064

题岁寒亭赠汪尚和 ·········· 2060

与徽州程毕二子 ·········· 2060

山中懒睡四首 ·········· 2060

题灌山小隐二绝 ·········· 2062

《六月》五章 ·········· 2062

守文弟归省携其手歌以别之 ·········· 2066

书扇面寄馆宾 ·········· 2066

用实夫韵 ·········· 2066

游牛首山 ·········· 2068

送徽州洪倅承瑞 ·········· 2068

病中大司马乔公有诗见怀次韵奉答二首 ·········· 2068

送诸伯生归省 ·········· 2070

寄冯雪湖二首 ·········· 2070

诸用文归用子美韵为别 ·········· 2072

题王实夫画 ·········· 2072

赠潘给事 ·········· 2072

与沅陵郭掌教 ·········· 2072

别族太叔克彰 ·········· 2074

登凭虚阁和石少宰韵 ·········· 2074

登阅江楼 ·········· 2074

狮子山 ··· *2076*

游清凉寺三首 ······································· *2076*

寄张东所次前韵 ···································· *2078*

别余缙子绅 ·· *2078*

送刘伯光 ··· *2078*

冬夜偶书 ··· *2080*

寄潘南山 ··· *2080*

送胡廷尉 ··· *2080*

与郭子全 ··· *2080*

次栾子仁韵送别四首 ······························ *2082*

书《悟真篇》答张太常二首 ··················· *2082*

赣州诗三十二首 正德丙子年九月升南赣佥都御史以后作 ······ *2084*

丁丑二月征漳寇进兵长汀道中有感 ········· *2084*

回军上杭 ··· *2084*

喜雨三首 ··· *2084*

闻曰仁买田霅上携同志待予归二首 ········· *2086*

祈雨二首 ··· *2086*

还赣 ·· *2088*

借山亭 ··· *2088*

桶冈和邢太守韵二首 ····························· *2088*

通天岩 ··· *2090*

游通天岩次邹谦之韵 ····························· *2090*

又次陈惟濬韵 ······································· *2090*

忘言岩次谦之韵 ···································· *2092*

圆明洞次谦之韵 ···································· *2092*

潮头岩次谦之韵 …………………………………… 2092
天成素有志于学兹得告东归林居静养其所就可知矣
　　临别以此纸索赠漫为赋此遂寄声山泽诸贤 ……… 2092
坐忘言岩问二三子 ………………………………… 2094
留陈惟濬 …………………………………………… 2094
栖禅寺雨中与惟乾同登 …………………………… 2094
茶寮纪事 …………………………………………… 2094
回军九连山道中短述 ……………………………… 2096
回军龙南小憩玉石岩双洞绝奇徘徊不忍去因寓
　　以阳明别洞之号兼留此作三首 ……………… 2096
再至阳明别洞和邢太守韵二首 …………………… 2098
夜坐偶怀故山 ……………………………………… 2098
怀归二首 …………………………………………… 2098
送德声叔父归姚（并序） ………………………… 2100
示宪儿 ……………………………………………… 2102
赠陈东川 …………………………………………… 2102

江西诗一百二十首　正德己卯年奉敕往福建处叛军至丰城遭
　　宸濠之变趋还吉安集兵平之八月升副都御史巡按江西作 ………… 2100
鄱阳战捷 …………………………………………… 2102
书草萍驿二首 ……………………………………… 2104
西湖 ………………………………………………… 2104
寄江西诸士夫 ……………………………………… 2106
太息 ………………………………………………… 2106
宿净寺四首 ………………………………………… 2106
归兴 ………………………………………………… 2108

即事漫述四首 …… 2108

泊金山寺二首 十月将趋行在 …… 2110

舟夜 …… 2110

舟中至日 …… 2112

阻风 …… 2112

用韵答伍汝真 …… 2112

过鞋山戏题 …… 2112

杨邃庵待隐园次韵五首 …… 2114

登小孤书壁 …… 2116

登蠡矶次草泉心刘石门韵二首 …… 2118

望庐山 …… 2118

除夕伍汝真用待隐园韵即席次答五首 …… 2118

元日雾 …… 2122

二日雨 …… 2122

三日风 …… 2122

立春二首 …… 2122

游庐山开元寺 …… 2124

又次壁间杜牧韵 …… 2124

舟过铜陵野云县东小山有铁船因往观之
　　果见其仿佛因题石上 …… 2124

山僧 …… 2126

江上望九华山二首 …… 2126

观九华龙潭 …… 2128

庐山东林寺次韵 …… 2128

又次邵二泉韵 …… 2128

目 录

远公讲经台 …………………………………… 2130

太平宫白云 …………………………………… 2130

书九江行台壁 ………………………………… 2130

又次李佥事素韵 ……………………………… 2130

繁昌道中阻风二首 …………………………… 2132

江边阻风散步至灵山寺 ……………………… 2132

泊舟大同山溪间诸生闻之有挟册来寻者 …… 2132

岩下桃花盛开携酒独酌 ……………………… 2134

白鹿洞独对亭 ………………………………… 2134

丰城阻风 前岁遇难于此得北风幸免 ……… 2134

江上望九华不见 ……………………………… 2136

江施二生与医官陶埜冒雨登山人多笑之戏作歌 …… 2136

游九华道中 …………………………………… 2138

芙蓉阁 ………………………………………… 2138

重游无相寺次韵四首 ………………………… 2140

登莲花峰 ……………………………………… 2140

重游无相寺次旧韵 …………………………… 2140

登云峰望始尽九华之胜因复作歌 …………… 2142

双峰遗柯生乔 ………………………………… 2142

归途有僧自望华亭来迎且请诗 ……………… 2144

无相寺金沙泉次韵 …………………………… 2144

夜宿天池月下闻雷次早知山下大雨三首 …… 2144

文殊台夜观佛灯 ……………………………… 2144

书汪进之太极岩二首 ………………………… 2146

劝酒 …………………………………………… 2146

重游化城寺二首 …………………………………… 2146

游九华 …………………………………………… 2148

弘治壬戌尝游九华值时阴雾竟无所睹至是
　　正德庚辰复往游之风日清朗尽得其胜喜而作歌… 2148

岩头闲坐漫成 …………………………………… 2150

将游九华移舟宿山寺二首 ……………………… 2150

登云峰二三子咏歌以从欣然成谣二首 ………… 2152

有僧坐岩中已三年诗以励吾党 ………………… 2152

春日游齐山寺用杜牧之韵二首 ………………… 2154

重游开元寺戏题壁 ……………………………… 2154

贾胡行 …………………………………………… 2154

送邵文实方伯致仕 ……………………………… 2156

纪梦　并序 ……………………………………… 2156

无题 ……………………………………………… 2160

游落星寺 ………………………………………… 2160

游通天岩示邹陈二子 …………………………… 2160

青原山次黄山谷韵 ……………………………… 2162

睡起偶成 ………………………………………… 2164

立春 ……………………………………………… 2164

游庐山开元寺 …………………………………… 2164

登小孤次陆良弼韵 ……………………………… 2164

月下吟三首 ……………………………………… 2166

月夜二首 ………………………………………… 2166

雪望四首 ………………………………………… 2168

火秀宫次一峰韵三首 …………………………… 2168

归怀 ……………………………………………… 2170

啾啾吟 …………………………………………… 2172

居越诗三十四首 正德辛巳年归越后作 2172

归兴二首 ………………………………………… 2172

次谦之韵 ………………………………………… 2174

再游浮峰次韵 …………………………………… 2174

夜宿浮峰次谦之韵 ……………………………… 2174

再游延寿寺次旧韵 ……………………………… 2176

碧霞池夜坐 ……………………………………… 2176

秋声 ……………………………………………… 2176

林汝桓以二诗寄次韵为别 ……………………… 2176

月夜二首 与诸生歌于天泉桥 ………………… 2178

秋夜 ……………………………………………… 2178

夜坐 ……………………………………………… 2180

心渔歌为钱翁希明别号题 ……………………… 2180

登香炉峰次萝石韵 ……………………………… 2180

观从吾登炉峰绝顶戏赠 ………………………… 2180

书扇赠从吾 ……………………………………… 2182

嘉靖甲申冬二十一日再登秦望自弘治戊
　午登后二十七年矣将下适董萝石与二三子来复坐久
　之暮归同宿云门僧舍 ………………… 2182

山中漫兴 ………………………………………… 2182

挽潘南山 ………………………………………… 2184

和董萝石菜花韵 ………………………………… 2184

天泉楼夜坐和萝石韵 …………………………… 2186

咏良知四首示诸生 …… *2186*

示诸生三首 …… *2186*

答人问良知二首 …… *2188*

答人问道 …… *2188*

寄题玉芝庵 丙戌 …… *2190*

别诸生 …… *2190*

后中秋望月歌 …… *2190*

书扇示正宪 …… *2190*

送萧子雝宪副之任 …… *2190*

中秋 …… *2192*

嘉靖丙戌十二月庚申始得子年已五十有五矣
六月静斋二丈昔与先公同举于乡闻之而喜
各以诗来贺蔼然世交之谊也次韵为谢二首 …… *2192*

两广诗二十一首 嘉靖丁亥起平思田之乱 …… *2194*

秋日饮月岩新构别王侍御 …… *2194*

复过钓台 …… *2196*

方思道送西峰 …… *2196*

西安雨中诸生出候因寄德洪汝中并示书院诸生 …… *2198*

德洪汝中方卜书院盛称天真之奇并寄及之 …… *2198*

寄石潭二绝 …… *2198*

长生 …… *2200*

南浦道中 …… *2200*

重登黄土脑 …… *2200*

过新溪驿 …… *2200*

梦中绝句 …… *2202*

谒伏波庙二首 …… *2202*

破断藤峡 …… *2204*

平八寨 …… *2204*

南宁二首 …… *2204*

往岁破桶冈宗舜祖世麟老宣慰实来督兵今兹思田之役
乃随父致仕宣慰明辅来从事目击其父子孙三世
 皆以忠孝相承相尚也诗以嘉之 …… *2206*

题甘泉居 …… *2206*

书泉翁壁 …… *2206*

卷之二十一 外集三

书 …… *2210*

 答佟太守求雨 …… *2210*

 答毛宪副 …… *2214*

 与安宣慰 …… *2216*

 二 …… *2218*

 三 …… *2222*

 答人问神仙 …… *2226*

 答徐成之 …… *2228*

 二 …… *2232*

 答储柴墟 …… *2242*

 二 …… *2250*

 答何子元 …… *2256*

 上晋溪司马 …… *2260*

 二 …… *2264*

上彭幸庵 …… 2266

寄杨邃庵阁老 …… 2268

二 …… 2270

三 …… 2276

四 …… 2276

寄席元山 …… 2278

答王鳌庵中丞 …… 2280

与陆清伯 …… 2282

与黄诚甫 …… 2284

二 …… 2284

三 …… 2286

与黄勉之 …… 2286

复童克刚 …… 2288

与郑启范侍御 …… 2292

答方淑贤 …… 2294

二 …… 2296

与黄宗贤 …… 2298

二 …… 2298

三 …… 2302

四 …… 2304

五 …… 2308

答见山冢宰 …… 2310

与霍兀崖宫端 …… 2310

答潘直卿 …… 2312

寄翟石门阁老 …… 2314

寄何燕泉 2316

卷之二十二　外集四

序 2320

罗履素诗集序 2320

两浙观风诗序 2322

山东乡试录序 2326

气候图序 2330

送毛宪副致仕归桐江书院序 2334

恩寿双庆诗后序 2338

重刊文章轨范序 2342

五经臆说序 2344

潘氏四封录序 2346

送章达德归东雁序 2350

寿汤云谷序 2352

文山别集序 2356

金坛县志序 2360

送南元善入觐序 2362

送闻人邦允序 2368

送别省吾林都宪序 2368

卷之二十三　外集五

记 2376

兴国守胡孟登生像记 2376

新建预备仓记 2380

平山书院记 ··· 2384

何陋轩记 ··· 2388

君子亭记 ··· 2392

远俗亭记 ··· 2394

象祠记 ··· 2396

卧马冢记 ··· 2400

宾阳堂记 ··· 2402

重修月潭寺建公馆记 ··································· 2404

玩易窝记 ··· 2410

东林书院记 ··· 2412

应天府重修儒学记 ····································· 2414

重修六合县儒学记 ····································· 2418

时雨堂记 ··· 2424

重修浙江贡院记 ······································· 2426

潘河记 ··· 2430

卷之二十四 外集六

说 杂著 ··· 2436

白说字贞夫说 ··· 2436

刘氏三子字说 ··· 2440

南冈说 ··· 2440

悔斋说 ··· 2444

题汤大行殿试策问下 ··································· 2446

示徐曰仁应试 ··· 2448

龙场生问答 ··· 2450

论"元年,春,王正月" ……… 2454
书东斋风雨卷后 ……… 2462
竹江刘氏族谱跋 ……… 2464
书察院行台壁 ……… 2466
谕俗四条 ……… 2466
题遥祝图 ……… 2468
书诸阳伯卷 ……… 2470
书陈世杰卷 ……… 2472
谕泰和杨茂 ……… 2474
其人聋哑,自候门求见先生;以字问,茂以字答。…… 2474
书栾惠卷 ……… 2476
书佛郎机遗事 ……… 2476
题寿外母蟠桃图 ……… 2480
书徐汝佩卷 ……… 2482
题梦槎奇游诗卷 ……… 2488
为善最乐文 ……… 2490
客坐私祝 ……… 2492

卷之二十五 外集七

墓志铭、墓表、墓碑、传、碑、赞、箴、祭文 ……… 2498
  易直先生墓志 ……… 2498
  陈处士墓志铭 ……… 2500
  平乐同知尹公墓志铭 ……… 2504
  徐昌国墓志 ……… 2510
  凌孺人杨氏墓志铭 ……… 2516

文橘庵墓志 …… 2520

登仕郎马文重墓志铭 …… 2524

明封刑部主事浩斋陆君墓碑志 …… 2526

谥襄惠两峰洪公墓志铭 …… 2530

赠翰林院编修湛公墓表 …… 2538

节庵方公墓表 …… 2542

湛贤母陈太孺人墓碑 …… 2546

程守夫墓碑 …… 2550

太傅王文恪公传 …… 2554

平茶寮碑 …… 2564

平浰头碑 …… 2566

田州立碑 …… 2566

田州石刻 …… 2568

陈直夫南宫像赞 …… 2568

三箴 …… 2572

南镇祷雨文 …… 2574

瘗旅文 …… 2576

祭郑朝朔文 …… 2582

祭浰头山神文 …… 2584

祭徐曰仁文 …… 2588

祭孙中丞文 …… 2590

祭外舅介庵先生文 …… 2594

祭文相文 …… 2594

又祭徐曰仁文 …… 2596

祭国子助教薛尚哲文 …… 2598

祭朱守忠文 ………………………………… 2600

祭洪襄惠公文 ……………………………… 2602

祭杨士鸣文 ………………………………… 2604

祭元山席尚书文 …………………………… 2608

祭吴东湖文 ………………………………… 2610

祭永顺宝靖土兵文 ………………………… 2612

祭军牙六纛之神文 ………………………… 2616

祭南海文 …………………………………… 2616

祭六世祖广东参议性常府君文…………… 2618

卷之二十　外集二

诗

诗庐陵诗六首 正德庚午年三月迁庐陵尹作

游瑞华二首

簿领终年未出郊,此行聊解俗人嘲。忧时有志怀先达,作县无能愧旧交。松古尚存经雪干,竹高还长拂云稍。溪山处处堪行乐,正是浮名未易抛。

其二

万死投荒不拟回,生还且复荷栽培。逢时已负三年学,治剧兼非百里才。身可益民宁论屈,志存经国未全灰。正愁不是中流砥,千尺狂澜岂易摧?

古道

古道当长阪,肩舆入暮天。苍茫闻驿鼓,冷落见炊烟。冻烛寒无焰,泥炉湿未燃。正思江槛外,闲却钓鱼船。

诗庐陵诗六首 正德庚午年三月迁庐陵尹作

游瑞华二首

　　终年作文书工作，没有到过郊区之外，这一行姑且为了摆脱、解除庸俗之人的嘲弄。忧伤时心里必怀念先贤，做知县没有能力，愧对昔日的朋友。松树年纪虽老，经过大雪之后，树干还存活着，竹子高高的，经常还拂过云稍。溪水、山峰到处是我可以行乐的地方，但是最不容易抛弃的是虚名。

其二

　　冒险投身到荒芜之地，没有打算归去，生还况且还可栽培荷花。赶上这时候，已经辜负了三年的学问钻研，又不是理繁治剧的人才，才能如果可以有益于民众，受委屈也情愿，还想着为国效力，没有完全气馁。正在发愁自己不是中流砥柱，千尺高的狂澜难道很容易地摧倒我吗？

古道

　　古道在长长的山坡上，肩舆伸入那日暮的天际。苍茫之中听到驿站的鼓声，冷落之际望见那冉冉上升的炊烟。蜡烛冻坏了，由于寒冷而没有火焰，用泥作的炉子太潮湿，不能燃烧。正在思量着在江栏的外面，钓鱼船闲置起来了。

立春日道中短述

　　腊意中宵尽,春容傍晓生。野塘冰转绿,江寺雪消晴。农事沾泥犊,羁怀听谷莺。故山梅正发,谁寄欲归情?

公馆午饭偶书

　　行台依独寺,僧屋自成邻。殿古凝残雪,墙低入早春。巷泥晴淖马,檐日暖堪人。雪散小岩碧,松梢挂月新。

午憩香社寺

　　修程动百里,往往饷僧居。佛鼓迎官急,禅床为客虚。桃花成井落,云水接郊墟。不觉泥涂涩,看山兴有余。

京师诗二十四首

<small>正德庚午年十月升南京刑部主事,辛未年入觐,调北京吏部主事作</small>

夜宿功德寺次宗贤韵二绝

　　山行初试夹衣轻,脚软黄尘石路生。一夜洞云眠未足,湖风吹月渡溪清。

立春日道中短述

　　夜半时分,十二月的寒意消尽了,春天的景色依偎着拂晓而显现。野外的水塘中,冰的颜色开始转绿,江边的寺庙里,雪在融化,天转晴了。农家忙着耕种,农具、耕牛沾满了泥浆,用我的心怀,听山谷中莺的鸣叫。故乡山上梅花正在开放,谁能寄去我想要回家的心情?

公馆午饭偶书

　　行台依傍着独一的寺院,僧舍自然成为邻居。大殿年已久远,凝结着残余的雪,围墙低矮,渗入了早春的气息。巷中的泥泽被马儿溅起,房檐下的阳光很温暖,使人舒服。雪散化了,小岩碧绿,松稍上的月亮也觉更为清新。

午憩香社寺

　　长途跋涉经常走百里的行程,往往在僧居内设宴。佛寺里的鼓声急促地迎接官员,禅床特地为客人空出来。桃花落入井中,云和水在郊外连成一线。泥途中并不感到险阻,欣赏山景,兴致有余。

京师诗二十四首

正德庚午年十月升南京刑部主事,辛未年入觐,调北京吏部主事作
夜宿功德寺次宗贤韵二绝

　　在山上行走,初次体会到穿夹衣的轻快,石子铺的路上黄色的尘土飞扬,脚下发软。在云雾笼罩的山洞中睡上一夜,没有感到满足,湖上的风吹动着月亮,渡过清澈的溪水。

水边杨柳覆茅榅，饮马春流更一登。坐久遂忘归路夕，溪云正泻暮山青。

别方叔贤四首

西樵山色远依依，东指江门石路微。料得楚云台上客，久悬秋月待君归。

自是孤云天际浮，箧中枯蠹岂相谋。请君静后看羲画，曾有陈篇一字否？

休论寂寂与惺惺，不妄由来即性情。笑却殷勤诸老子，翻从知见觅虚灵。

道本无为只在人，自行自住岂须邻？坐中便是天台路，不用渔郎更问津。

白湾六章

宗岩文先生居白浦之湾，四方学者称曰白浦先生，而不敢以姓字。其素高先生，又辱为之僚，因为书"白湾"二字，并诗以咏之。

浦之湾，其白漫漫；彼美君子，在水之盘。

湾之浦，其白弥弥；彼美君子，在水之涣。

云之溶溶，于湾之湄；君子于处，民以为期。

水边的杨柳把房柱覆盖住了，春天里马饮用溪中流动的水，再上马前行。坐在那里时间长了，天黑忘了回去的路，溪边的云正在飞泻，日暮山上显得特别青苍。

别方叔贤四首

在西樵，山色遥远依稀，与友人依依惜别，向东指看江门，石砌的路微眇。想到楚云台上的客人，明月久久地悬在空中，等着先生归去。

孤独的云自己浮在天际，筐中的蠹虫难道能够相互谋算。请君在平静后观看羲画，曾经有过《诗经·国风·陈风·月出》其中的一个字吗？

不要议论宁静平和与了了分明，不生妄心原本就是天性的流露。可笑那些殷勤地翻阅探究的诸位君子，反而要从知见当中寻觅灵明真心。

大道本来是无为，只在人心的真妄迷悟与否，自来自去，难道需要有人为伴？当下便是通向天台的途径，用不着再向打鱼郎问路。

白湾六章

宗岩文先生在白浦的河湾中居住，周围的学者称他为白浦先生，而不敢用姓名来称呼他。他的品质朴素高洁，又以做官僚为耻辱，所以写下"白湾"二字，并作诗咏叹。

白浦的河湾，白色漫漫；那有名的君子，在水的转弯处。

那河湾的边上，白色弥漫；那有名的君子，住在水的岸边。

溶溶的云化于河湾的岸边，君子所在之处，是百姓所期待

云之油油,于湾之委;君子于兴,施及四海。
白湾之渚,于游以处;彼美君子兮,可以容与。

白湾之洋,于濯以湘;彼美君子兮,可以徜徉。

寄隐岩

每逢山水地,便有卜居心。终岁风尘里,何年沧海浔?洞寒泉滴细,花暝石房深。青壁须留姓,他时好共寻。

香山次韵

寻山到山寺,得意却忘山。岩树坐来静,壁萝春自闲。楼台星斗上,钟磬翠微间。顿息尘寰念,清溪踏月还。

夜宿香山林宗师房次韵二首

幽壑来寻物外情,石门遥指白云生。林间伐木时闻响,谷口逢僧不记名。天壁倒涵湖月晓,烟梯高接纬阶平。松堂静夜浑无寐,到枕风泉处处声。

向往的。

油油的云化于河湾水的下游，君子的作为，惠及四海。

白湾水中的陆地，是游玩的地方；那有名惠及君子啊，可以那里悠闲自在。

白湾的水势盛大啊，洗濯那湘江；那有名的君子啊，可以在那里徘徊徜徉。

寄隐岩

每次看到山水之地，便有隐居的心意。终年在风尘中操劳伤神，何年能寻找到沧海的水岸？山洞中很寒冷，泉水细细地滴下来，石房中很深，花色显得黯淡。在青石壁上应该留下姓名，将来可以共同寻找。

香山次韵

在山中寻访，来到了山上的寺院，得意之际，忘却了山的存在。坐在岩石上的树下，安静无声，碧绿的萝藤在春天悠闲自得。楼台好似在星斗之上，钟磬的声音在翠微间传送。顿时打消了在尘世生活的念头，踏着月光，迈过清清的小溪，走上归途。

夜宿香山林宗师房次韵二首

来到幽静的沟壑中寻找物外的情致，石头门遥指的地方是白云生起之处。在树林间砍伐树木，时而闻到声响，在山谷口遇到和尚，记不起姓名。拂晓的月光下，天和岩壁的影子在湖中闪现，烟梯高高地接到与纬阶平起之处。静静的夜里，在松堂上一点不能入睡，枕边传来四处风和泉水的声音。

久落泥途惹世情，紫崖丹壑是平生。养真无力常怀静，窃禄未归羞问名。树隐洞泉穿石细，云回溪路入花平。道人只住层萝上，明月峰头有磬声。

别湛甘泉二首

行子朝欲发，驱车不得留。驱车下长阪，顾见城东楼。远别情已惨，况此艰难秋？分手诀河梁，涕下不可收。车行望渐杳，飞埃越层丘。迟回岐路侧，孰知我心忧？

其二

我心忧以伤，君去阻且长。一别岂得已，毋老思所将。奉命危难际，流俗反猜量。黄鹄万里逝，岂伊为稻粱？栋火及毛羽，燕雀犹栖堂。跳梁多不测，君行戒前途。达命谅何滞，将毋能忘虞？安居尤阱攫，关路非岐岖。令德崇易简，可以知险阻。结茆湖水阴，幽期终不忘。伊尔得相就，我心亦何伤？世艰变倏忽，人命非可常。斯文天未坠，别短会日长。南寺春月夜，风泉闲竹房。逢僧或停楫，先扫白云床。

长时间地在泥泞满地的路上，沾染了许多世态人情，平生里所向往的是紫色的山崖和红色的沟壑。无力养真性，经常怀恋静谧，偏偏窃取得俸禄，没有归去，不好意思问及姓名。树木隐蔽起来，洞中的泉水穿过石头，变成细流，云朵回绕溪水的水道进入花丛中变得平坦。道人只在层层叠叠的萝藤上居住，明月当空，峰头传来击磬的声音。

别湛甘泉二首

早晨我想要出发、远行，驱动车辆，不作停留。我驱动车辆，长长的山坡上驶下，回头望见城东面的楼阁。即将远别，感情已经很悲痛，何况在这艰难的秋季里？在河流的桥梁上分手告别，涕泪流下来，不可控制。车子走了，望着渐渐遥远模糊，扬起尘土，越过层层山丘。迟迟地在分叉路口徘徊，谁明白我心里的忧伤？

其二

我的心忧愁感伤，您这一去，道路艰难漫长。分别是不得已，不能老是想就这样下去。在危难之际接受命令，世俗流言反而更加猜疑度量。黄鹄在万里空中消失了，难道为了那稻米和黄粱？房中的火烧着了羽毛，燕子和麻雀尚在堂庭中栖息。跳梁多有不测，您一定要谨慎小心。通达的命运谅他什么也不能阻止，但也不可忘记周详思虑。平日里，即使有陷阱也知道自我保全，在重要的关口也不会有崎岖险阻。美好的德行崇尚平易简约，可以此知道困难和障碍。在湖水的南面结下茅屋，幽雅隐逸的期约终归不能忘记。很快地就安顿下来，我的心又有什么悲

赠别黄宗贤

　　古人戒从恶，今人戒从善。从恶乃同污，从善翻滋怨。纷纷嫉冒兴，指谪相非讪。自非笃信士，依违多背面。宁知竟漂流，沦胥亦污贱。卓哉汪陂子，奋身勇厥践。拂衣远旧山，雾隐期豹变。嗟嗟吾党贤，白黑匪难辩。

归越诗五首　　正德壬申年升南京太仆寺少卿便道归越作

四明观白水二首

　　邑南富岩壑，白水尤奇观。兴来每思往，十年就兹观。停驺指绝壁，涉涧缘危蟠。百源旱方歇，云际犹飞湍。霏霏洒林薄，漠漠凝风寒。前闻若未惬，仰见终莫攀。石阴暑气薄，流触逆回澜。兹游讵盘乐，养静意所关。逝者谅如斯，哀此岁月残。择幽虽得所，避时时犹难。刘樊古方外，感慨有余叹！

伤呢？世道艰难，变化极快，人的命运无常。上天还没使这些礼乐教化丧失，相遇日子很长，告别的时日很短暂。南寺里春天月光明亮的夜里，风和泉水从竹房间行过。遇到和尚，有时停下船桨，先来打扫白云做的床榻。

赠别黄宗贤

　　古代的人们戒除做恶事，现在的人们力戒做善事。做恶事是与污秽同流，做善事反而滋发怨怒。大家纷纷嫉妒成兴，毫不难为情的互相指责、诬蔑。倘若不是那种信仰真诚的人，依从、违背大多在背地里。怎知道竟漂泊流放，沦为小官吏也是卑微低贱的事。汪陂先生真是卓尔不群的人！奋起挺身与卑贱抗争。他拂拂衣袖，归返到山中，雾气迷漫，隐约期待地位高升而显贵。唉，我们志同道合的贤人啊，黑白并不难于分辨。

四明观白水二首

　　城南有许多岩石和沟壑，尤其以白水为奇观。兴致上来，常常想去一趟，十年才成就了这个机会。侍从停下来，指着绝峭的山壁，涉过山涧，沿着曲折、危险的路。众水源干旱才停下来缓解，云际还流着湍急的飞瀑。雨纷纷扬扬地飘洒在林木丛生的地方，风寒漠漠地凝结。以前听说好像没有惬意，仰头望去，最终不能攀登。石头阴冷，暑气淡薄了，水流触到东西，逆流出现波澜。这次游玩难道不感到快乐吗？养成安静的心情是关键的。消逝的东西就像这个样子，岁月摧残，感到悲哀。即使能找千丈飞流舞白鸾,碧潭倒影镜中看。藤萝半壁云烟湿,殿角长年风雨寒。野性从来山水癖,直躬更觉世涂难。卜居断拟如周叔,高卧无劳比谢安。

杖锡道中用张宪使韵

山鸟欢呼欲问名,山花含笑似相迎。风回碧树秋声早,雨过丹岩夕照明。雪岭插天开玉帐,云溪环碧抱金城。悬灯夜宿茅堂静,洞鹤林僧相对清。

又用曰仁韵

每逢佳处问山名,风景依稀过眼生。归雾忽连千嶂暝,夕阳偏放一溪晴。晚投岩寺依云宿,静爱枫林送雨声。夜久披衣还起坐,不禁风月照人清。

书杖锡寺

杖锡青冥端,涧壁环天险。垂岩下陡壑,涉水攀绝巘。

到幽静的地方作为安身之处，但是要逃避时世却很困难。刘樊在久远的方外，感慨之余还有叹息！

千丈长飞流上飞舞着白鸾，倒影在碧绿的潭水中如同在镜子里观看一样。藤萝挂满了半个山壁，云的烟雾湿漉漉的，大殿的墙角多年风吹雨淋，十分寒冷。对山和水的癖好中培养陶冶性情，直道立身更觉得世涂艰难。像周叔选择、拟定居住之地，如谢安般无忧无虑、高卧安逸。

杖锡道中用张宪使韵

山鸟们欢呼似乎想要问姓名，山花含着笑意，好像要前来迎接。树木碧绿，风儿回转，秋天的气氛较早地来到，雨后的山岩在夕阳的照耀下很明亮。雪覆着的山巅插入天空中，好似打开一面玉帐，云溪碧绿地环绕着，把金城拥在其中。夜里休息，悬挂着灯，茅屋里很安静，洞中的鹤与林中的僧相对，显得特别清新洒脱。

又用曰仁韵

每次到了好地方，都要问山的名字，风景依稀模糊，过后变得生疏。归去的雾忽然把千山的景色暗了起来，夕阳偏偏让一条溪流清澈、明朗。晚上到岩寺投身安歇，倚着云躺下来，静静地，喜欢枫树林中传来的下雨的声音。夜里进入家中披上衣服，还坐起来，清风中月亮不由地照着人，十分清秀雅致。

书杖锡寺

杖锡寺在青天的一端，山涧和石壁环绕着天险。岩石垂下溪深听喧瀑，路绝骇危栈。扪萝登峻极，披翳见平衍。僧逋寄孤衲，守废遗荒殿。伤兹穷僻墟，曾未诛求免。探幽冀累息，愤时翻意惨。拯援才已疏，栖迟心益眷。哀猿啸春嶂，悬灯宿西崦。诛茆竟何时，白云愧舒卷。

滁州诗三十六首　　正德癸酉年到太仆寺作

梧桐江用韵

　　凤鸟久不至，梧桐生高冈。我来竟日坐，清阴洒衣裳。援琴俯流水，调短意苦长。遗音满空谷，随风递悠扬。人生贵自得，外慕非所臧。颜子岂忘世，仲尼固遑遑。已矣复何事，吾道归沧浪。

林间睡起

　　林间尽日扫花眠，只是官闲愧俸钱。门径不妨春草合，斋居长封晚山妍。每疑方朔非真隐，始信杨雄误《太玄》。混世亦能随地得，野情终是爱丘园。

来落入陡峭的山壑中,涉过水流,攀登陡峭的山峰。溪水很深,听着喧闹的瀑流声,道路绝险,高高的栈道令人害怕。抓着藤萝向险峻的极端行进,在阴凉下看到平坦而广阔的土地。僧人逃走了,留下一领僧衣,守候着只剩下荒废的大殿。为这片穷困偏僻的地方而感伤,仍不免遭受官府勒索。探访幽静的去处,希望劳累了能够休息,气愤时,心潮翻滚起伏,悲痛伤心。拯救、援助才刚开始疏通,游玩休憩,心情更加眷恋想念。猿猴在春山中长啸悲哀,悬着灯,在西房中居住。什么时候能够砍伐茅草,羞愧地面对白云的舒展、卷起。

梧桐江用韵

　　凤鸟很长时间没有到来,梧桐树生长在高高的山冈上。我来了以后,整天坐在那里,清凉的树荫洒落在我的衣裳上。俯向流水,拿来琴弹奏,曲调虽短,含意痛苦深长。空谷中到处是留下的琴声,随风悠悠飞扬。人生最宝贵的是自我满足,羡慕外在的东西不是所称道的。颜回难道忘了现世,孔子固然会惊慌不安。已经被启用,还有什么事,我的人生志趣就如《沧浪歌》。

林间睡起

　　在树林里整天扫花和睡觉,只是做官轻闲,惭愧领取俸禄。不妨让春草把门前的路径遮没,在房间里经常对着妍丽的晚山。每次都怀疑东方朔不是真正的隐士,开始确信杨雄讲得《太玄》妙。随时随地都可以与世同流,我的性情质朴,还是喜欢丘山田园。

赠熊彰归

　　门径荒凉蔓草生，相求深愧远来情。千年绝学蒙尘土，何处澄江无月明？坐看远山凝暮色，忽惊废叶起秋声。归途望岳多幽兴，为问山田待耦耕。

别易仲

　　辰州刘易仲从予滁阳，一日问："道可言乎？"予曰："哑子吃苦瓜，与你说不得。尔要知我苦，还须你自吃。"易仲省然有悟。久之辞归，别以诗。

　　迢递滁山春，子行亦何远？累然良苦心，惝恍不遑饭。至道不外得，一悟失群啫。秋风洞庭波，游子归已晚。结兰意方勤，寸草心先断。末学久乢离，颓波竟谁挽？归哉念流光，一逝不复返！

送守中至龙蟠山中

　　未尽师生六日情，天教风雪阻西行。茅堂岂有春风坐？江郭虚留一月程。客邸琴书灯火静，故园风竹梦魂清。何上稳闭阳明洞，榾柮山炉煮石羹。

赠熊彰归

门前的路径荒凉，蔓草丛生，十分惭愧远方赶来求学的真情。千年的圣学被蒙上了尘土，哪里澄碧的江流上没有明亮的月光？坐着欣赏远处的山峰，暮色凝结，忽然被落在地上的叶子发出的秋声所惊。归途中看到的山岳有许多优雅的兴味，想问问山中的田地，让它们等着我来耕种开垦。

别易仲

辰州的刘易仲跟从我来到滁阳，有一天问我："道可以言说吗？"我回答道："哑巴吃苦瓜，有苦也不能告诉你。你要想知道我的苦，还须自己去尝。"易仲反思，有所领悟。参学长时间后告辞离去，我以诗为他送行。

滁山的春天迢迢相传，你出行为什么这样远？一片用心良苦，惝恍终日，不吃饭。至极的道理不能到身外去寻找，一下子领悟，摆脱了众人的无知昏暗。秋风吹起洞庭湖的水波，游子回归，时间已经晚了。义结金兰的心意正殷勤，思报亲恩的寸草之心先断了。末学已经分离许久，究竟谁能挽回颓废的时势？归去吧，怀念流逝的旧日时光，一下子消失，便不再回来！

送守中至龙蟠山中

师生六天的情谊还没有诉尽，老天让风雪把西行的道路阻断了。茅堂里哪有春风在座？在江边的城中滞留了一个月的行程。客房官邸中有琴有书，灯光通明，十分安静，故乡园中的风竹在我的梦中清爽悦心。什么时候能安稳地在阳明洞中安心居住，在山炉中放些小而短的木头，烧石羹吃。

龙蟠山中用韵

无奈青山处处情，村沽日日亦山行。真惭廪食虚官守，只把山游作课程。谷口乱云随骑远，林间飞雪点衣轻。长思淡泊还真性，世味年来久絮羹。

琅琊山中三首

草堂寄放琅琊间，溪鹿岩僧且共闲。冰雪能回草木死，春风不化山石顽。《六经》散地莫收拾，丛棘被道谁刊删。已矣驱驰二三子，凤图不出吾将还。

狂歌莫笑酒盅增，异境人间得未曾？绝壁倒翻银海浪，远山真作玉龙腾。浮云野思春前动，虚室清香静后凝。懒拙惟余林壑计，伐檀长自愧无能。

风景山中雪后增，看山雪后亦谁曾？隔溪岩犬迎人吠，饮涧飞猱踔树腾。归骑林间灯火动，鸣钟谷口暮光凝。尘踪正自绦笼在，一宿云房尚未能。

答朱汝德用韵

东去蓬瀛合有津，若为风雨动经旬。同来海岸登舟在，俱是尘寰欲渡人。弱水洪涛非世险，长年三老定谁真。青鸾

龙蟠山中用韵

无奈那青山上处处的情怀，去村中买酒，每天在山中寻路行走。惭愧有负官名，吃国仓粮食，徒有虚名，只好把游山当作一门课程。山谷口处凌乱的云随着车骑远去，林间的飞雪点落在衣服上轻盈灵巧。长久地想淡泊从容，返归真正的自我本性，世上的事情时间一长就如同絮羹般的味道。

琅琊山中三首

从草堂寄放到琅琊山中，溪边的鹿与岩石上的僧人暂且共处悠闲。冰雪能再次袭来，冻死草木，春风也吹不化顽冥的山石。《六经》散于地面，不要收拾，荆棘铺满道路有谁能刊削。已经打发了二三位学生，凤鸟不至，河不出图，我将要归返了。

高唱狂放的歌曲，不要笑话酒杯里斟满了酒，异境与人间相比没有区别吧？绝壁倒翻银海中的波浪，远山盖雪，如玉龙飞腾。浮动的云和狂野的心念在春来前发动，空空的房子里，清香在安静后凝结。懒惰笨拙，只有留下归隐林壑的想法，砍砍伐檀兮，惭愧自己尸位素餐，没有才能。

山中下雪之后，风景增添了，有谁会雪后欣赏山景呢？隔着溪水，岩边的狗冲着人叫，飞猴在山涧饮水，在树上跳跃、翻腾。骑马归去，林间灯火闪动，谷口的大钟鸣响，暮时的光线凝结。尘踪正从牢笼的羁绊中来，在云房中睡一夜尚不能做到。

答朱汝德用韵

到东面的蓬莱岛应该有路，如果遇上风雨，就要走上十天左右。一起来到海岸边，船儿放在那里，里面全部是尘世间想眇眇无消息，怅望烟花又暮春。

送惟乾二首

独见长年思避地，相从千里欲移家。惭予岂有万间庇，借尔刚余一席沙。古洞幽期攀桂树，春溪归路问桃花。故人劳念还相慰，回雁新秋寄彩霞。

登笈连年愧远求，本来无物若为酬。春城驿路聊相送，夜雪空山且复留。江浦云开庐岳曙，洞庭湖阔九疑浮。悬知再鼓潇湘柁，应是芙蓉湘水秋。

别希颜二首

中岁幽期亦几人，是谁长负故山春？道情暗与物情化，世味争如酒味醇。耶水云门空旧隐，青鞋布袜定何晨？童心如故容颜改，惭愧年年草木新。

后会难期别未轻，莫辞行李滞江城。且留南国春山兴，共听西堂夜雨声。归路终知云外去，晴湖想见镜由行。为寻洞里幽楼处，还有峰头只鹤鸣。

渡海的人。弱水和洪涛不是世间的艰险，长年以来三老之中，究竟论定谁为最真。青鸾远去，遥遥无消息，惆怅地望着尘世的春景，又到了晚春了。

送惟乾二首

独自一人，长年思量躲避世俗的地方，相随千里，想要迁移居地。我很惭愧哪里有几万间庇所，借给你刚刚剩下一席沙地。古洞里定下幽会之期，攀结桂树，春溪踏上归途，就要像桃花询问去向。思念老朋友，还加以宽慰，大雁在新秋归来，寄来彩色的云霞。

连年来读书，惭愧远来相求，本来没有什么东西可以作为报酬。在春城的驿路上，姑且前来送别，空旷的山中夜里飘起了雪，暂且再留下来。江浦的云彩开绽，庐岳放出曙光，洞庭湖湖面广阔，九疑山浮在上面。知道再鼓起潇湘柁的时候，应该是芙蓉盛开的湘水的秋季时分。

别希颜二首

中年幽会相期的又有几人，是谁那么长时间辜负了家乡山峰的春天？向道的心怀暗暗地与物理人情化去，社会人情，怎么能有酒味那样醇正。耶水和云门白白地隐藏起来，穿上青鞋和布袜去云游究竟在什么时候能定下来？一颗童心如同往常，只是改变了容颜，惭愧的是每年草木都要生新。

别后很难相见，这一别不轻松，不要辞去行李在江城停滞。暂且留下南国春山的游兴，一起来听西堂夜里的雨声。归路终归知道要伸向云外，晴天的湖面想见如镜中行步。为了寻找山

山中示诸生五首

其一

　　路绝春山久废寻,野人扶病强登临。同游仙侣须乘兴,共探花源莫厌深。鸣鸟游丝供自得,闲云流水亦何心? 从前却恨牵文句,展转支离叹陆沉。

其二

　　滁流亦沂水,童冠得几人? 莫负咏归兴,溪山正暮春。

其三

　　桃源在何许? 西峰最深处。不用问渔人,沿溪踏花去。

其四

　　池上偶然到,红花间白花。小亭闲可坐,不必问谁家。

其五

　　溪边坐流水,水流心共闲。不知山月上,松影落衣班。

洞里面幽栖的处所,峰头还有两只仙鹤在鸣叫。

山中示诸生五首

其一

在春山中,道路险绝,久已无人寻找,村野之人扶着病体,勉强登山观看。仙侣们一同出游须要乘着游玩雅兴,共同探访桃花源,不厌其深。鸣叫的鸟儿和飘荡在空中的蜘蛛丝,怡然自得,悠闲的云和流动的水又有什么心意?以前痛恨拘泥于文字、辞句,辗转奔波,支离破碎,感叹自己愚昧迂执,不合时宜。

其二

滁流也就是沂水,童冠之年的有几个人?不要辜负咏诗离去的兴致,溪山正当在晚春。

其三

桃源在什么地方呢?在西峰最深的地方。不需要向渔人打听,沿着溪流、踏着鲜花走过去就是。

其四

偶然到了水池上,红色的花夹杂着白色的花。空闲时还可以在小亭里坐坐,不必问是谁家。

其五

溪边坐着,水在流淌,流水与心灵闲适自得。不知道山上月

龙潭夜坐

何处花香入夜清？石林茅屋隔溪声。幽人月出每孤往，栖鸟山空时一鸣。草露不辞芒屦湿，松风偏与葛衣轻。临流欲写猗兰意，江北江南无限情。

送德观归省三首

雪里闭门十日坐，开门一笑忽青天。茅檐正好负暄日，客子胡为思故园？椿树惯经霜雪老，梅花偏向岁寒妍。琅琊春色如相忆，好放山阴月下船。

琅琊雪是故园雪，故园春亦琅琊春。天机动处即生意，世事到头还俗尘。立雪浴沂传故事，吟风弄月是何人？到家好谢二三子，莫向长沮错问津。

送蔡希颜三首

正德癸酉冬，希渊赴南宫试，访予滁阳，遂留阅岁。既而东归，问其故，辞以疾。希渊与予论学琅琊之间，于斯道既释然矣。别之以诗。

亮升起了，松树的影子斑驳陆离落在了衣服上。

龙潭夜坐

什么地方花朵的芳香到了夜里更清新怡人？石林、茅屋隔着潺潺的流水声。幽闭的人在月亮下独自来往，山谷空旷，不时有栖宿的鸟儿一声鸣叫。草上的露珠把芒鞋给打湿了，松树间的来风偏偏使葛布衣轻快灵巧。临近流水，想要弹奏一曲《猗兰操》，江的北面与南面都蕴含着无限的深情。

送德观归省三首

大雪里把房门关上，坐在里面十天，打开房门，青天朗朗，爽朗一笑。茅屋的房檐正好映照着和煦温暖的阳光，客居因为什么缘故思念故乡的家园？椿树经历了多次霜雪，变得苍老，梅花偏偏在每年寒冷的时候娇妍盛开。如果想起琅琊山的春色，就在月光下从山阴放舟前来。

琅琊山的雪是故乡家园中的雪，故乡家园中的春天也是琅琊山的春天。天机一发动之处就是生机，世上的事情到尽头即是俗尘。在雪中站立、仿效圣人在沂水中沐浴，传讲先贤旧事，是谁在吟风弄月？到了家中，要好好感谢二三位，不要向长沮错问前进的路。

送蔡希颜三首

正德八年的冬天，蔡希渊到礼部应试，到滁阳拜访我，就留他住了一年。然后他向东归去，我询问其中的缘故，他以疾病在身为托辞。我与希渊在琅琊山中谈学论道，在道学上，心里就踏实了。以诗作为

风雪蔽旷野,百鸟冻不翻。孤鸿亦何事,嗷嗷溯寒云?岂伊稻粱计,独往求其群?之子眇万钟,就我滁水滨。野寺同游请,春山共攀缘。鸟鸣幽谷曙,伐木西涧曛。清夜湛玄思,晴窗玩奇文。寂景赏新悟,微言欣有闻。寥寥绝代下,此意冀可论。

群鸟喧北林,黄鹄独南逝。北林岂无枝?罗弋苦难避。之子丹霞姿,辞我云门去。山空响流泉,路僻迷深树。长谷何盘纡,紫芝春可茹。求志暂栖岩,避喧宁遁世。縶予辱风尘,送子愧云雾。匡时已无术,希圣徒有慕。倘入阳明峰,为寻旧栖处。

何事憧憧南北行?望云依阙两关情。风尘暂息滁阳驾,鸥鹭还寻鉴水盟。悟后《六经》无一字,静余孤月湛虚明。从知归路多相忆,伐木山山春鸟鸣。

告别的赠言。

　　风雪把空旷的田野遮蔽了，百种鸟类冻得不能翻身。一只孤独的鸿雁有什么事，嗷嗷地叫着逆着飞向寒云？难道是它为了做稻粱的打算，独自前往，寻找它的雁群？你不看重优厚的俸禄，来到滁水的河边找我。一同出游观赏野外的寺庙，共同攀登春天的山峰。鸟儿鸣叫，幽深的山谷出现了曙光，在西边的山涧日曛处伐木。清凉夜色中，探求玄妙深奥的大道，天气晴朗时，在窗下玩味奇妙的文章。欣赏寂寥的风景，有新的感悟，微妙的语言，很高兴能够听到。在独一无二的寥寥之下，这种想法还是可以谈论。

　　一群鸟在北面的树林中喧闹，只有黄鹄独自向南方飞去。北面树林中难道没有树枝？很难躲避罗网和射鸟之绳。你有红色云霞的姿态，在云门告辞我而去。空旷的山中回转着流动的山泉，道路偏僻，在深深的树林中迷失了。长长的山谷为什么盘迂，紫芝在春天可以食用。为了追求理想，在山岩上安居，躲避喧嚣，宁愿逃逸人世。我被蔽掩，以免被风尘所侮辱。送你出行，有愧于云雾。救助时弊已经没有本领，效法圣人徒有羡慕。如果进入了阳明峰中，为我寻找旧时栖息之处。

　　为什么事满怀信心地南北行走奔波？看到云依偎着城阙，情谊联结。在滁阳驾车，风尘已经平息，江鸥与鹭鸟还在寻找鉴水的盟约。领悟以后，《六经》中空无一字，安静之余，独出的月亮湛澈而皎洁。从而知道在归途上，要多加关照，在山上砍伐木头，处处是春天里鸟儿的鸣叫声。

赠守中北行二首

江北梅花雪易残,山窗一树自家看。临行掇赠聊数颗,珍重清香是岁寒。

来何匆促去何迟?来去何心莫漫疑。不为高堂变雪鬓,岁寒宁受北风欺。

郑伯兴谢病还鹿门雪夜过别赋赠三首

之子将去远,雪夜来相寻。秉烛耿无寐,怜此岁寒心。岁寒岂徒尔,何以赠远行?圣路塞已久,千载无复寻。岂无群儒迹,蹊径榛茆深。濬流须寻源,积土成高岑。揽衣望远道,请君从此征。

濬流须有源,植木须有根。根源未濬植,枝派宁先蕃?谓胜通夕话,义利分毫间。至理匪外得,譬犹镜本明。外尘荡瑕垢,镜体自寂然。孔训示克己,孟子垂反身。明明贤圣则,请君勿与谖。

鹿门在何许?君今鹿门去。千载庞德公,犹存栖隐处。洁身匪乱伦,其次乃避地。世人失其心,顾瞻多外慕。安宅舍弗居,狂驰惊奔骛。高言诋独善,文非遂巧智。琐琐功利儒,宁复知此意。

赠守中北行二首

　　江北梅花因降雪而容易凋零，山中房屋窗外的一棵梅树，自家留作欣赏。临告别时，拾起几颗赠与故人，在严寒的天气里，多加珍重，情意深厚，清新芬芳。

　　为什么来得那么匆匆，去得那么迟缓？来与去时什么想法，不要漫加猜疑。不为家中父母年迈发愁，宁愿在寒冷的日子里忍受北风的欺凌。

郑伯兴谢病还鹿门雪夜过别赋赠三首

　　你这一去远方的鹿门，雪夜里来拜访。持着蜡烛，明亮的烛焰照着睡不着觉，可怜这年岁寒冷时的用心。年寒又有什么，拿什么送你远行呢？圣贤之路已经闭塞了好久，千年以来不能再次寻到。难道没有一群儒生的踪迹，小路上榛莽已长得很深。疏浚水流要寻找到源头，土积多了就成为高高的山丘。收起衣服，望着远方的道路，请你从此出发吧。

　　疏浚水流应该有源头，种植树木应该有树根。树根和水源没有种植和疏通，难道树枝和流水能够出现吗？说道一晚上，义与利在分毫之间。至极的道理不是在外面寻求得到的，好像镜子本来通明。涤除外在的尘垢和瑕疵，镜子的本体本来寂静。孔子训导我们要克己，孟子垂诫反躬自省。明明是贤圣之人的原则，请先生不要忘记。

　　鹿门在什么地方呢？先生今天到鹿门去。千年以来的庞德公，还存有他隐居的地方。洁身自好不能乱了伦理纲常，其次才是避世隐居。世上的人失去了本心，顾视瞻仰，大多是羡慕外在之物。舍弃萝藤小屋，不去居住，狂奔驰骋，好高骛远。大言不

门人王嘉秀实夫萧琦子玉告归书此见别意兼寄声辰阳诸贤

　　王生兼养生，萧生颇慕禅。迢迢数千里，拜我滁山前。吾道既匪佛，吾学亦匪仙。坦然由简易，日用匪深玄。始闻半疑信，既乃心豁然。譬彼土中镜，睹睹光内全。外但去昏翳，精明烛媸妍。世学如剪裁，妆缀事蔓延。宛宛具枝叶，生理终无缘。所以君子学，布种培根原。萌芽渐舒发，畅茂皆由天。秋风动归思，共鼓湘江船。湘中富英彦，往往多及门。临岐缀斯语，因之寄拳拳。

滁阳别诗词友

　　滁阳诸友从游，送予至乌衣，不能别。及暮，王性甫、汝德诸友送至江浦，必留居，俟予渡江。因书此促之归，并寄诸贤，庶几共进此学，以慰离索耳。

　　滁之水，入江流，江潮日复来滁州。相思若潮水，来往何时休？空相思，亦何益？欲慰相思情，不如崇令德。掘地见泉水，随处无弗得。何必驱驰为？千里远相即。君不见尧羹与舜墙，又不见孔与跖对面不相识？逆旅主人多殷勤，出

惭诋毁独善其身,掩饰过失就耍小聪明。那些追求功利平庸的儒生,宁愿他们再知道这个道理。

门人王嘉秀实夫萧琦子玉告归书此见别意兼寄声辰阳诸贤

王生深谙养生之道,萧生很羡慕参禅对机。行路迢迢数千里,到滁山前来拜访我。我的道学既不是佛家,我的道学也不是仙术。坦然自若,平易简约,每天使用,不深奥、不玄妙。开始听半信半疑,然后才豁然开朗。好像那土中的镜子,光全部在里面。一旦去除了外在的昏暗障碍,光明的火烛耀显美丑。世上的学问好像剪彩带一样,妆卸下来以后,事情蔓延迷漫。具有宛宛的枝叶,生的道理终归无缘。所以君子的学问,布种在于培植根本。萌芽渐渐舒展开放,茂盛舒畅都由天意决定。秋风牵动了我归去的思念,共同鼓起湘江的船帆。湘中地区有才华学识的人,往往多登门来访。临近歧路,赠别这些话,表达我真诚恳切的心意。

滁阳别诸友

滁阳的几位朋友,送我到乌衣,不忍心告别。到了日暮时分,王性甫、汝德等朋友送我来到江浦,一定要留下来居住,等到我渡过江。我就书写了这首诗催促他们归去,并一起送给各位贤人,共同钻研精进圣学,以慰别离索的心情。

滁河的水汇入了江河之中,江潮每天重复地涌到滁州来。相思像潮水一样,来来往往,什么时候才能停息?白白相思,有什么好处?想要慰藉相思的心情,不如崇尚、追求美好的道德。开掘地面就能看到泉水,随时随处没有找不到的。为何驱驰而门转盼成路人。

寄浮峰诗社

晚凉庭院坐新秋，微月初生亦满楼。千里故人谁命驾？百年多病有孤舟。风霜草木惊时态，砧杵关河动远愁。饮水曲肱吾自乐，茆堂今在越溪头。

栖云楼坐雪二首

才看庭树玉森森，忽漫阶除已许深。但得诸生通夕坐，不妨老子半酣吟。琼花入座能欺酒，冰溜垂檐欲堕针。却忆征南诸将士，未禁寒夜铁衣沉。

此日栖云楼上雪，不知天意为谁深？忽然夜半一言觉，又动人间万古吟。玉树有花难结果，天机无线可通针。晓来不觉城头鼓，老懒羲皇睡正沉。

与商贡士二首

其一

见说浮山麓，深林绕石溪。何时拂衣去，三十六岩栖。

来? 千里外赶来相见。你不见虞舜思慕尧帝到了极点, 坐着的时候好像看见尧在墙上, 吃饭时好像看见尧在汤里; 又不见孔子与盗跖对面不能认识吗? 旅店主人十分殷勤, 出门去, 转瞬成了不相识的路人。

寄浮峰诗社

新秋的晚上坐在庭院中凉滋滋的, 月亮刚刚升起, 光辉也洒满了全楼。千里之外的老朋友谁来吩咐人驾车? 百年多病, 又孤单一身。风霜、草木惊动了当时的情态, 砧杵关河牵动了远方的忧愁。饮水弯着手臂作枕睡觉怡然自得, 茅堂现在越溪的源头上。

栖云楼坐雪二首

才看到庭院中树木挂雪变得玉森森的, 忽然漫过台阶已经深。只要有各位门生, 整晚坐而论道, 不妨像老子般半醉吟诵。雪花入座中能够解酒, 冰从房檐上垂下来, 好像针坠下来。却想起征伐南方的诸位将士, 禁不住寒冷的冬夜, 铁甲战衣沉甸甸的。

这一天栖云楼上下起了雪, 不知老天为什么这样深沉? 忽然夜半时分的一句话使我觉悟, 又牵动了人间万古吟兴。玉树有花, 但是难于结果, 天机没有线可以用于穿针。早晨时没听见城头鼓响, 年纪大, 人懒惰, 学羲皇上人睡觉也死沉沉的。

与商贡士二首

其一

听说浮山的山麓, 林木深深, 绕着石溪。什么时候能提起

其二

见说浮山胜,心与浮山期。三十六岩内,为选一岩奇。

南都诗四十七首　　正德甲戌年四月升南京鸿胪寺卿作

题岁寒亭赠汪尚和

一觉红尘梦欲残,江城六月滞风湍。人间炎暑无逃遁,归向山中卧岁寒。

与徽州程毕二子

句句糠秕字字陈,却于何处觅知新?紫阳山下多豪俊,应有吟风弄月人。

山中懒睡四首

竹里藤床识懒人,脱巾山麓任吾真。病夫已久逃方外,不受人间礼数嗔。

扫石焚香任意眠,醒来时有客谈玄。松风不用蒲葵扇,坐对青崖百丈泉。

古洞幽深绝世人,石床风细不生尘。日长一觉羲皇睡,衣襟离去?在三十六岩栖息。

其二

有听说浮山是名胜之地,心想与浮山有约会之期。在三十六岩内,为我选择一块奇丽的岩石。

题岁寒亭赠汪尚和

一觉醒来,红尘梦境快残谢了,六月份的江城湍流急风停滞。人间的炎热酷暑不能逃脱躲避,还是向山中归去,在寒冷的天气中睡卧。

与徽州程毕二子

每一句、每一字都是秕糠,陈旧过时,要到什么地方去寻找新的思想呢?紫阳山下有许多豪杰,应该有吟风弄月的人。

山中懒睡四首

竹子编成的藤床认识懒人,在山麓脱去头巾,任凭我纯真质朴。生病的我已很长时间逃躲在世俗之外,不受人间礼教仪式的约束。

清扫石床,燃起香火,任意睡眠,醒来时有客人在谈论玄学。松树下有风,不需要扇蒲葵扇,坐在那里,面对着青青的山崖一百丈高的山泉。

古老的山洞幽静深远,与世人隔绝,石床上风很细微,不

又见峰头上月轮。

人间白日醒犹睡,老子山中睡却醒。醒睡两非还两是,溪云漠漠水泠泠。

题灌山小隐二绝

茆屋山中早晚成,任他风雨任他晴。男婚女嫁多年毕,不待而今学向平。

一自移家入紫烟,深林住久遂忘年。山中莫道无供给,明月清风不用钱。

《六月》五章

六月乙亥,南都熊峰少宰石公,以少宗伯召。南都之士闻之,有恻然而戚者,有欣然而喜者。其戚者曰:"公端介敏直,方为留都所倚重,今兹往,善类失所恃,群小罔以严,辨惑考学者曷从而讨究?剖政断疑者曷从而咨决?南都非根本地乎?而独不可以公遗之?"其喜者曰:"公之端介敏直,宁独留都所倚重,其在京师,独无善类乎?独无群小乎?独无辨惑考学,剖政断疑者乎?且天子之召之也,亦宁以少宗伯将必大用。大用则以庇天下,斯汇征之庆也"。

会有什么尘土。日子一长就像羲皇上人般入睡,又看到山峰头上那一轮明月。

人间在白天醒来犹如睡眠,老子在山中睡眠,却很清醒。醒和睡两种做法无所谓对或者错,溪上的云漠漠的,溪水冷冰冰的。

题灌山小隐二绝

山中的茅屋早晚建成,不管它风雨大作还是晴空万里。男婚女嫁已是多年前完成的,不用等待今天向向平学习。

自从把自己的家移入紫烟之中,在深林里住得久了,就忘了年岁。不要说山中没有什么供应补给,明月和清风不会、也不须要钱。

《六月》五章

六月乙亥日,南都熊峰少宰石公,以少宗伯的名义被召见。南都的人听说后,有面露怜惜、忧戚悲哀之情的,有高兴欢喜的。那些面带忧戚的人说:"石公端正、耿直、敏捷,才被留都南京倚重,现在这一去,善良的人们失去了依靠,一群小人失去严格管理,那些分辨疑惑考究学问的人们到哪里去随从、探讨学术呢?处理政务、时定疑难的人们到哪里去咨询判决呢?南都难道不是根本的基地吗?怎么不可以让石公留下来呢?"那些高兴的人说:"石公端正、耿直、敏捷。宁愿留在南都为人所倚重,难道在京师就单独没有善良的人吗?单独没有小人吗?单独没有分辨疑惑、考究学问的人吗?单独没有处理政务、断定疑难的人吗?况且天子召见他,以少宗伯的名义,将来一定会

公闻之曰："戚者非吾之所敢,喜者乃吾之所忧也。吾思所以逃我之忧者,而不得其道,若之何。"阳明子素知于公,既以戚众之戚,喜众之喜,而复忧公之忧。乃叙其事,为赋《六月》,庸以赠公之行。

六月凄风,七月暑雨。倏雨倏寒,道修以阻。允允君子,迪尔寝兴。毋沾尔行,国步斯频。

哀此下民,靡屈靡极。不有老成,其何能国?吁嗟老成,独遗典刑。若屋之倾,尚支其楹。

心之忧矣,言靡有所。如彼暗人,食荼与苦。依依长谷,言采其芝。人各有能,我归孔时。

昔彼叔季,沉湎以逞。耄集以咨,我人自靖。允允君子,淑慎尔则!靡日休止,民何于极?

日月其逝,如彼沧浪。南北其望,如彼参商。允允君子,毋沾尔行!如日之升,以曷不光。

有大的用处。有大用处就可以庇护天下人,这一去应该庆贺祝愿。"

石公听说后说:"忧戚的人们不是我所记挂的,高兴的人们却是我所忧愁的。我考虑之所以离开躲避我所忧愁的而不找到途经,又怎么办呢?"阳明与石公平素交好,十分熟悉,既以忧戚的人们为忧戚,又以高兴的人们为喜悦,而又担忧石公所担忧的。就叙述他的事迹,写下《六月》,聊且赠于石公,作为送行之言。

六月刮着凄冷的风,七月暑天下雨。一会儿下雨,一会儿又寒冷,道路修长被阻隔。石公是允实诚信的君子,跟随您日夜起居。不要玷污了你的品行,朝廷的昭命于是频频匆促。

为下面的百姓而悲哀,没有终极。没有稳重干练的栋梁,怎么能治理国家?稳重干练的大臣,就像单独留下的法典。好像房屋将要倒塌,还支撑着它的厅堂柱子。

心真忧愁,不知道如何诉说。好像那些不能言语的哑人,吃苦菜不能道出。长长的山谷依偎延伸,说道可以采取灵芝。人各有所能,我归回孔子的年代去。

昔日末世,沉湎而逞强。老年人聚集在一起,来咨询,我们的人民自己安定。石公是允实诚信的君子,谨慎、文静,严守原则!不与民休息,人民怎能否极泰来?

日月流转消逝,好像那沧海中的波浪。往南北张望,好像那参星和商量远远相隔。石公是允实诚信的君子,不要玷污了你的品行。就像太阳升起来一样,哪里没有光明呢?

守文弟归省携其手歌以别之

　　尔来我心喜，尔去我心悲。不为倚门念，吾宁舍尔归。长途正炎暑，尔行慎兴居。凉茗勿频啜，节食但无饥。勿出船旁立，勿登岸上嬉。收心每澄坐，适意时观书。申洪皆冥顽，不足长嗔答。见人勿多说，慎默真如愚。接人莫轻率，忠信持廉卑。从来为己学，慎独乃其基。纷纷多嗜欲，尔病还尔知。到家良足乐，怡颜报重闱。昨秋童蒙去，今夏成人归。长者爱尔敬，少者悦尔慈。亲朋称啧啧，羡尔能若兹。信哉学问功，所贵在得帅。吾匪崇外饰，欲尔沽名为。望尔日慥慥，圣贤以为期。九兄及印弟，诵此共勉之。

书扇面寄馆宾

　　湖上群山落照晴，湖边万木起秋声。何年归去阳明洞？独棹扁舟鉴里行。

用实夫韵

　　诗从雪后吟偏好，酒向山中味转佳。岩瀑随风杂钟磬，水花如雨落袈裟。

守文弟归省携其手歌以别之

你来了,我心里高兴,你走了,我心里悲伤。不会倚靠着门口思念,我宁愿舍弃你而归去。漫漫长途正值炎热的暑天,你起居行路要慎重。不要多次喝凉茶,节约饭食但不要挨饿。不要出船舱在旁边站立,不要任意上岸嬉闹。收敛心神,每次澄静安坐,调适心境,经常观看经书。申、洪都是冥顽之人,不足以长久地嗔责与鞭笞。看到人,不要多说话,保持沉默、慎重小心,像愚人一般。接触人不要轻率,忠心、信义,保持谦虚。从来都为了成就自己的学业,慎独自身是最基本的原则。人们纷纷多贪欲,你的病还须你自己了解。到了家中,诚然要高兴快乐,容颜和悦报见亲人。去年秋天去时是童蒙,今年归来已成为大人,长者喜欢你有礼貌,少年人喜欢你宽容安慰。亲戚朋友纷纷称赞,美慕你有如此的修养举止。求学问的功夫,我相信贵在学得根本。我不是追求外在修饰,想让你追求功名利禄。希望你每天朴实忠厚,以圣贤作为学习的典范。九兄和印弟,诵读这首诗,一起勉励。

书扇面寄馆宾

湖面上,群山的影子在里面晴朗明亮,湖边的万棵树木发出秋天的声音。什么时候回阳明洞?独自驾船划桨在鉴湖里行进。

用实夫韵

雪后吟诗,偏偏感觉较好,在山中品酒,酒的味道变得美醇。山上的瀑布随着风落下,夹杂着钟和磬的声音,水花像雨一

游牛首山

春寻指天阙,烟霞眇何许?双峰久相违,千岩来旧主。浮云刺中天,飞阁凌风雨。采秀涧阿入,萝阴息筐苢。灭迹避尘缨,清朝入深沮。风磴仰扪历,淙壑屡窥俯。梯云跻石阁,下榻得吾所。释子上方候,鸣钟出延伫。颓景耀回盼,层飚翼轻举。暖暖林芳暮,泠泠石泉语。清宵耿无寐,峰月升烟宇。会晤得良朋,可以寄心腑。

送徽州洪俓承瑞

平生举业最疏慵,挟册虚烦五月从。竹院检方时论药,茆堂放鹤或开笼。忧时漫有孤忠在,好古全无一艺工。念我还能来夜雪,逢人休说坐春风。

病中大司马乔公有诗见怀次韵奉答二首

十日无缘拜后尘,病夫心地欲生榛。诗篇极见怜才意,伎俩惭非可用人。黄阁望公长秉轴,沧江容我老垂纶。保厘样,落在了袈裟上面。

游牛首山

寻找春天,指着天上的宫殿,烟霞渺渺,到什么程度?牛首山双峰长久相别,千座岩石的旧主人来了。浮动的云刺入天空之中,飞动的阁楼架在风雨之上。探寻清秀美丽的去处,从山涧的边上进入,在萝藤的阴凉下放下筐休息。消除踪迹,避开人们常到的地方,清朗的早晨进入深远潮湿的地方。在风中台阶上仰视触摸星辰,屡屡俯下身窥视,看到了有淙淙流水的沟壑。云梯架到了石阁上,找到了我下榻的居所。僧人在上方等候,击鸣大钟,出来长长伫立。景色颓败了,回光返照,层层狂风把羽翼轻易地举起来。树林到了日落时分,温暖芬芳,石泉发出泠泠的水声。清爽的夜里不能入睡,山峰上的月亮升入烟气笼罩的天宇。见到良好的朋友,可以诉说我的肺腑之言。

送徽州洪促承瑞

平生做事,一向疏懒,挟着名册,最讨厌五月里跟随而来。在竹子满满的院中检验方子时讨论药物,在茅堂里养了只仙鹤,有时打开笼放飞。忧愁时,只有一颗忠贞的心存在,喜好模仿古人,但是没有一门精通的本领。考虑到我还可以在夜里下雪时来访,遇到人,不要说坐望春风、得意扬扬。

病中大司马乔公有诗见怀次韵奉答二首

十天中没有机缘拜会相见,生病的人心里就要长出榛莽。您的诗篇十分明显透露出怜惜人才的主张,可惜我只是小伎俩

珍重回天手,会看春风万木新。

一自多岐分路尘,堂堂正道遂生榛。聊将肤浅窥前圣,敢谓心传启后人。淮海帝图须节制,云雷大造看经纶。枉劳诗句裁风雅,欲借《盘铭》献日新。

送诸伯生归省

天涯送尔独伤神,岁月龙山梦里春。为谢江南诸故旧,起居东岳太夫人。闲中书卷堪时展,静里工夫要日新。能向尘途薄轩冕,不妨蓑笠老江滨。

寄冯雪湖二首

竿竹谁隐扶桑东?白眉之叟今庞公。隔湖闻鸡谢墅接,渡海有鹤蓬山通。卤田经岁苦秋雨,浪痕半壁惊湖风。歌声屋低似金石,点也此意当能同。

海岸西头湖水东,他年蓑笠拟从公。钓沙碧海群鸥借,樵径青云一鸟通。席有春阳堪坐雪,门垂五柳好吟风。于今犹是天涯梦,帐望青霄月色同。

十分惭愧不是可以提拔任用的人。在黄阁上看望乔公,经常手拿着可以裱装的字画,沧江之中能容得下我这垂钓隐居的老人。在分手的时候请多加保重,会看到春风满园,万木更新的风景。

在歧路边分手告别,堂堂正正的大道也生出榛棘。姑且以自己的浅薄学识窥视古代的圣贤,怎么敢于以心学传播、启导后面的儒生。帝王治国的谋略应当有所节制,云雷大的造化中可看国家的发展。枉费辛苦地作诗吟句,歌颂风雅,想借《盘铭》献给您希望看到日月的新气象。

送诸伯生归省

在天涯送你们远去,独自一人伤神,岁月漫漫,梦里回到龙山的春天。为了告谢江南的各位故朋旧友,在东岳太夫人处起居。空闲时,书卷展开,安静时作的功夫要日日更新。如果能在尘世间,看淡功名利禄,不如穿着蓑衣、戴着斗笠,在江滨老去。

寄冯雪湖二首

竿竹谁隐藏在扶桑的东面?白眉老翁是今天的庞公。隔着湖,听到鸡叫,亭榭与别墅相连接,渡过大海,有仙鹤与蓬山相通。卤田经年苦于秋天下雨,半截墙壁上留下了水浪的印痕,为湖面起风而惊惧。屋子低,歌声传来,如金石之音,曾点的心意想必能与之相符合。

在海岸的西头和湖水的东面,他年准备随从先生穿蓑戴笠。在沙岸碧海之中,向群鹤相借,从容垂钓,砍柴的山路直上青云,只有一条小道可通。坐席有春阳的温暖,可以在雪中坐,

诸用文归用子美韵为别

　　一别烟云岁月深，天涯相见二毛侵。孤帆江上亲朋意，樽酒灯前故国心。冷雪晴林还作雨，鸟声幽谷自成吟。饮余莫上峰头望，烟树迷茫思不禁。

题王实夫画

　　随处山泉着草庐，底须松竹掩柴扉？天涯游子何曾出，画里孤帆未是归。小酉诸峰开夕照，虎溪春寺入烟霏。他年还向辰阳望，却忆题诗在翠微。

赠潘给事

　　五月沧浪濯足归，正堪荷叶制初衣。甲非乙是君体问，酉水辰山志未违。沙鸟不须疑雀舫，江云先为扫鱼矶。武陵溪壑犹深僻，莫更移家入翠微。

与沅陵郭掌教

　　记得春眠寺阁云，松林水鹤日为群。诸生问业冲星入，稚子拈香静夜焚。世事暗随江草换，道情曾许碧山闻。别来门前有五棵垂柳,适合吟诗。到今天还是天涯一梦,怅望着清朗的夜晚,与月色相同。

诸用文归用子美韵为别

与烟云告别已经很长时间了,在天涯相见,头发已经有白的了。江上一片孤独的船帆上挂着我对亲朋好友的思念,灯前的杯酒中含着我恋念故乡的心意。下过雪后,天气放晴林子里又下起了雨;在幽深山谷中,鸟声自成歌吟。饮酒之余不要登上峰头遥望,树在烟雾中迷迷茫茫,禁不住思念情伤。

题王实夫画

山中的泉水随处可以触到草庐,到底须要松树和竹子把柴门掩藏吗?天涯的游子什么时候出去过,画中的孤帆不是要归去。小酉的各座山峰才有夕阳的光照,虎溪的春寺漫入了烟霏之中。他年还要向辰阳望去,却想起在翠微题的诗作。

赠潘给事

五月里,沧浪洗着我的脚归去,正是荷花盛开、开始制作衣服的时候。你不要再议论谁是谁非,酉水和辰山并没有和心志相违背。沙鸟不用疑心雀舫,江上的云先要清扫鱼矶。武陵的深谷还是那么深远僻静,不要再搬家到青山翠微中了。

与沅陵郭掌教

还记得春眠时的庙宇楼阁上的云,松林中、水面上,仙鹤每天一群群的。诸位门生询问学业,从星动入手,幼稚的小孩在点瑟还谁鼓？怅望烟花此送君。

别族太叔克彰

情深宗族谊同方，消息那堪别后荒！江上相逢疑未定，天涯独去意重伤。身闲最觉湖山静，家近殊闻草木香。云路莫嗟迟发轫，世涂崎曲尽羊肠。

登凭虚阁和石少宰韵

山阁新春负一登，酒旁孤兴晚堪乘。松间鸣瑟惊栖鹤，竹里茶烟起定僧。望远每来成久坐，伤时有涕恨无能。峰头见说连閬阖，几欲排云尚未曾。

登阅江楼

绝顶楼荒旧有名，高皇曾此驻龙旌。险存道德虚天堑，守在蛮夷岂石城？山色古今余王气，江流天地变秋声。登临授简谁能赋，千古新亭一怆情。

安静的夜里拿香焚烧。世上的事情随着江草不知不觉地变换,大道的真情,曾经允许碧山来闻听。告别以来,谁还点瑟、击鼓? 怅然望着烟花,就以此来送你吧。

别族太叔克彰

宗族同家的情谊深长,哪可忍受分别后没有消息! 在江上相逢,惊疑未定,天涯独自行路,心意受到重伤。当清闲时,觉得湖水和山峰最为静谧,离家近,特别闻到家中草木的清香。遥远的路程不要感叹迟迟地发车,世途崎岖复杂,都是羊肠小道。

登凭虚阁和石少宰韵

山阁正值新春,可以一登;酒边的兴致,晚上可以乘兴咏吟。在松树间弹奏瑟,惊动了栖居的仙鹤,竹林中煮茶的烟气升起,使坐定的僧人起身。眺望远方,每次前来都要长久地坐在那里,感伤时世而流泪,恨自己没有能力。在山峰上头看见所说的天上的宫门,几次想要排开云彩,却没有实现。

登阅江楼

绝峭的山顶,楼已荒凉,旧时有名气,高皇曾经在这里驻扎安营。只存在着道德,空虚了天堑,在蛮夷之地驻守,难道是石城吗? 古往今来,山色里还余留着王气,江流在天地间奔去换成秋声。游览风景,传递书简,谁能够赋咏,千古的新亭倾注着一样的悲伤之情。

狮子山

残暑须还一雨清,高峰极目快新晴。海门潮落江声急,吴苑秋深树脚明。烽火正防胡骑入,羽书愁见朔云横。百年未有涓埃报,白发今朝又几茎。

游清凉寺三首

其一

春寻载酒本无期,乘兴还嫌马足迟。古寺共怜春草没,远山偏与夕阳宜。雨晴涧竹消苍粉,风暖岩花落紫蕤。昏黑更须凌绝顶,高怀想见少陵诗。

其二

积雨山行已后期,更堪多病益迟迟。风尘渐觉初心负,丘壑真与野性宜。绿树阴层新作盖,紫兰香细尚余蕤。辋川图画能如许,绝是无声亦有诗。

其三

不顾尚书此日期,欲为花外板舆迟。繁丝急管人人醉,

狮子山

　　残留的暑气还需要一场雨来消除,在高高的山峰上,极目远望,心情明朗、愉快。海门的潮水落了,江水流声急促;吴苑的深秋,树的根部显露。烽火正在防范胡人的马骑入侵,羽书使我发愁,看到了北方的云横在空中。百年没有细小的回报,今天早晨又多了几根白发。

游清凉寺三首

其一

　　春日载酒闲游,本来没有什么期约,乘兴还嫌马跑得太慢。可怜古寺被春草淹没,远山偏偏在夕阳落山时更加宜人。雨后天晴,山涧旁的竹子消去了苍粉,风很温暖,山岩的花落下紫色的花瓣。天昏黑夜到来,更须登上绝顶,在高处怀想杜少陵的诗作。

其二

　　因为下雨而拖延了登山的时间,更因为疾病多而一再延期。在风尘中渐渐觉得辜负了初衷,山丘和沟壑最适合天然朴实的性情。层层的绿树荫做了新盖,紫兰花的香味细腻,还余有花朵。辋川图画中的景色能像这样,绝对是没有声音也有诗意。

其三

　　这段日子不愿看《尚书》,想要为了看花,轿子又走得很竹径松堂处处宜。双树暗芳春寂寞，五峰晴霁晚羲莪。暮钟杳杳催归骑，惆怅烟光不尽诗。

寄张东所次前韵

远趋君命忽中违，此意年来识者稀。黄绮曾为炎祚出，子陵终向富春归。江船一话千年阔，尘梦今惊四十非。何日孤帆过天目？海门春浪扫渔矶。

别余缙子绅

不须买棹往来频，我亦携家向海滨。但得青山随鹿豕，未论黄阁书麒麟。丧心疾已千年痼，起死方存六籍真。归向兰溪溪上问，桃花春水正迷津。

送刘伯光

五月茅茨静竹扉，论心方洽忽辞归。沧江独棹冲新暑，白发高堂恋夕晖。谩道《六经》皆注脚，还谁一语悟真机。相知若问年来意，已傍西湖买钓矶。

慢。丝竹繁杂、管乐急促，人人都沉醉了，在竹林的小路和松树的堂院中都很适宜。两棵树的芳香暗暗的，春光寂寞，五峰晴朗的季节里，晚上浮着烟气。晚上的钟声悠远，在催促马儿归去，怅然地望着烟光，用诗也描述不尽。

寄张东所次前韵

从远方赶来接受君命，忽然中途违背，这种想法几年来很少被人理解。黄绮曾经为炎祚出山，子陵最终还是回到富春江去。在江船上一席话使我认识到过去的迂阔，尘世如梦，今天惊叹四十年的过失。什么时候扬起孤帆从天目山经过？海门的春浪清扫渔矶。

别余缙子绅

不用买船，频繁来回，我准备携带家人到海滨去。只要在青山中随着麋鹿和野猪，不愿在黄阁中画麒麟。心灵迷失，已是千年痼疾，起死返生，方得到六籍的真谛。回到兰溪上询问打听，在桃花盛开、春水流淌之时，找不着渡口。

送刘伯光

五月里茅茨草生长茂盛，竹门安静，讨论心学刚刚谈得融洽，忽然要告辞归去。在沧江上划动船桨，冒着新署，高堂白发，恋想着夕阳的余晖。休说《六经》都是自我思想的注脚，谁能一句话领悟了真谛。相互熟悉，如果询问几年来的心思，已经在西湖边买座钓鱼矶了。

冬夜偶书

　　百事支离力不禁,一官栖息病相侵。星辰魏阙江湖迥,松柏茅茨岁月深。欲倚黄精消白发,由来空谷有余音。曲肱已醒浮云梦,荷蒉体疑击磬心。

寄潘南山

　　秋风吹散锦溪云,一笑南山雨后新。诗妙尽从言外得,《易》微谁见画前真。登山脚健何妨老,留客情深不计贫。朱吕月林传故事,他年还许上西邻。

送胡廷尉

　　钟陵雪后市灯残,箫鼓江船发晓寒。山水总怜南国好,才猷须济朔方艰。彩衣得待仙舟远,春色行应故里看。别去中宵瞻北极,五云飞处是长安。

与郭子全

　　相别翻怜相见时,碧桃开尽桂花枝。光阴如许成虚掷,世故催人总不知。云路不须朱绂去,归帆且得彩衣随。岚山风景濂溪近,此去还应自得师。

冬夜偶书

百事支离破碎,气力不支,暂以一官度日,疾病侵身。魏国宫阙与明亮的星辰相隔遥远,松树、柏树、茅草和茨草在深久的岁月中。想要依靠黄精,去除白发,从来空旷旷的山谷中由此而来,有余音环绕。弯曲手臂作枕,从虚幻的梦中醒来,担着草筐莫要怀疑击磬的声音。

寄潘南山

秋风吹散了锦溪上的云,南山在雨后清新明亮。妙绝的诗作从言外得来,《周易》精微,谁能发现伏羲画卦之前的真义。攀登山峰,步伐矫健,何妨年迈;留住客人情意深厚,不计较贫困与否。朱熹同吕祖谦在月林中讨论哲理的旧事流传下来,他年我可能到西邻去。

送胡廷尉

雪后的钟陵,集市上灯光惨淡,江船上的箫、鼓声透露着早晨的寒意。山水还是喜爱南方的风光美,才华、谋策需救济北方的艰难。彩衣要等到仙舟走远了,应该行路回家观看春光美色。离别后,在半夜往北极星看,五云飘飞的地方就是长安城。

与郭子全

分别时想起再相见的时候,桃花开后,桂树也长出新枝。光阴如此虚掷浪费,世俗人情催动人,却不知道情形。行远路上不须戴着红色丝带去,扬帆归去,拿件彩衣相随。岚山的风景与濂溪相近,这一去还应该能找到求教之师。

次栾子仁韵送别四首

子仁归以四诗,请用其韵答之,言亦有过者。盖因子仁之病而药之。病已,则去其药。

从来尼父欲无言,须信无言已跃然。悟到鸢鱼飞跃处,工夫原不在陈编。

操持存养本非禅,矫枉宁知已过偏。此去好从根脚起,竿头百尺未须前。

野夫非不爱吟诗,才欲吟诗即乱思。未会性情涵泳地,《二南》还合是淫辞。

道听途传影响前,可怜绝学遂多年。正须闭口林间坐,莫道青山不解言。

书《悟真篇》答张太常二首

《悟真篇》是误真篇,三注由来一手笺。恨杀妖魔图利益,遂令迷妄竞流传。造端难免张平叔,首祸谁诬薛紫贤?直说与君惟个字,从头去看野狐禅。

误真非是《悟真篇》,平叔当时已有言。只为世人多恋着,且从情欲起因缘。痴人前岂堪谈梦,真性中难更说玄。为问道人还具眼,试看何物是青天?

次栾子仁韵送别四首

子仁归去时，写了四首诗，请求用他的音韵来作答，言语也有过失的。因为子仁的病而施予药砭。病好了以后，药物就撤去。

孔子从来就不想说话，要知道不言语就已经活生生地表现出来。领悟到了鱼儿与鸢鸟飞腾、跳跃的地步，工夫原来并不在陈旧的书册之中。

操持、存养本心的道理本来不是禅道，矫正纠偏怎知道已经过偏了。这一去应好好从根本基础做起，百尺竿头不是眼前很快的事情。

山村野夫不是不爱吟诗，想开始吟诗时，思想便乱了。没有培养、锻炼成有涵养的性情，《诗经》中的《周南》《召南》还认为是淫辞。

道听途说影响很大，可怜的圣学已经沉坠多年了。正需要在林中沉默地端坐，不要说青山不懂人言。

书《悟真篇》答张太常二首

《悟真篇》是误解真道的文章，三个注释是由一手笺注。痛恨妖魔贪图利益，于是让迷妄竞相流传发作。张伯端难免造成事端，谁诬陷薛紫贤是罪魁祸首？与先生直言，只有一个"个"字，从头去看，还是野狐禅。

混淆真谛不是《悟真篇》，张伯端当时已经说过了。只因为世上的人们大多迷恋俗务，并且放纵情欲，妄作因缘。痴人面前怎么能谈论做梦，在真性人中更难于说玄妙之物。请道人，还有没有道眼，试着看看什么东西是青天呢？

赣州诗三十二首

正德丙子年九月升南赣佥都御史以后作

丁丑二月征漳寇进兵长汀道中有感

将略平生非所长,也提戎马入汀漳。数峰斜日旌旗远,一道春风鼓角扬。莫倚贰师能出塞,极知充国善平羌。疮痍到处曾无补,翻忆钟山旧草堂。

回军上杭

山城经月驻旌戈,亦复幽寻到薜萝。南国已忻回甲马,东田初喜出农蓑。溪云晓度千峰雨,江涨新生两岸波。暮倚七星瞻北极,绝怜苍翠晚来多。

喜雨三首

即看一雨洗兵戈,便觉光风转石萝。顺水飞樯采贾舶,绝江喧浪舞渔蓑。片云东望怀梁国,五月南征想伏波。长拟归耕犹未得,云门初伴渐无多。

辕门春尽犹多事,竹院空闲未得过。特放小舟乘急浪,始闻幽碧出层萝。山田旱久兼缝雨,野老欢腾且纵歌。莫谓

丁丑二月征漳寇进兵长汀道中有感

作将领和军事谋略不是我平生所擅长的事,却也率领兵马进入长汀、漳州。数座山峰在斜斜的夕阳照耀下,旌旗远远地飘扬,一路上春风吹拂,战鼓、号角鸣响。不要依靠着贰师将军李广利出入边塞,十分清楚赵充国善于治理、征服羌人。到处的疮痍都未曾补救,转而回忆起钟山上的旧日草堂。

回军上杭

在山城待了几个月,驻军、动干戈,也曾经到藤萝迷漫处探访幽险。南国已经平定,带回武装与战马,东边田地里,高兴地看到有农民的出现。溪上的云早晨拂晓时度过了千峰的雨水,江水上涨,两岸新生水波高高。晚上倚着七星观望北极星,十分怜惜苍翠在晚上来得很多。

喜雨三首

当看到一场雨清洗兵甲和战戈时,就觉得光和风绕着石头和藤萝回转。乘船顺水而下,前来购买船只,江上险恶的水浪舞动挥打着渔人的蓑衣。向东望去,那片片云朵,怀念梁国,五月里南下征伐,想起了伏波将军。很久准备归去耕田,没有实现,云门开始做伴的情形渐渐不多了。

辕门的春天到了尽头,还有很多事情发生,没有空闲经过竹院。特地放一只小舟乘着急浪,开始听说幽静和碧绿从层层可塘终据险,地形原不胜人和。

吹角峰头晓散军,横空万骑下氤氲。前旌已带洗兵雨,飞鸟犹惊卷阵云。南亩渐忻农事动,东山休共凯歌闻。正思锋镝堪挥泪,一战功成未足云。

闻曰仁买田霅上携同志待予归二首

见说相携霅上耕,连蓑应已出乌程。荒畬初垦功须倍,秋熟虽微税亦轻。雨后湖舠兼学钓,饷余堤树合闲行。山人久有归农兴,犹向千峰夜度兵。

月夜高林坐夜沈,此时何限故园心。山中古洞阴萝合,江上孤舟春水深。百战自知非旧学,三驱犹愧失前禽。归期久负云门伴,独向幽溪雪后寻。

祈雨二首

旬初一雨遍汀漳,将谓汀虔是接疆。天意岂知分彼此,人情端合有炎凉。月行今已虚缠毕,斗杓何曾解挹浆。夜起中庭成久立,正思民瘼欲沾裳。

藤萝中透出。山中的田地干旱很久了,遇到下雨,男女老少欢腾跳跃,纵情高歌。不要说可塘终归占据险要之地,地形原来不比人和占优势。

在山峰上吹号角,拂晓散开军队,万马纵横空中下到氤氲的烟雾中。前面的旌旗已经带去了清洗兵戈的雨水,飞鸟还被阵前卷起的战云所惊吓。南边的土地百姓渐渐欢喜,农田之事开始劳作起来,东山不须一起听到凯歌之声。想起战事就要伤心流泪,一场战斗成功了,功荣不值一提。

闻日仁买田霅上携同志待予归二首

与人说好相互携手在霅上耕种,穿着蓑衣,应该已经出了乌程。初次开垦荒芜的土地,须付出成倍的力气,秋天成熟,收获虽然很微小,但是税也交得不多。雨后坐在湖上的船中,还学着钓鱼,吃饭后在堤上的树林里悠闲散步。我很早就有归去农耕的兴致,还转向千峰夜里发兵。

月亮高高挂在空中,坐在林中,夜色渐渐沉重起来,此时没有限制我思念故国家园。山中的古洞里,萝藤荫荫的,春水很深,江上有一叶孤舟。身经百战,自己清楚绝对并非我的旧学,三驱叛贼还惭愧失去了以前的收获。回归的日期一再推迟,辜负了云门的伴侣,雪后独自一人前往寻找幽静的小溪。

祈雨二首

月旬之初,一场雨淋遍了汀州和漳州,将士们说汀州虔州接近疆场。其实老天怎么知道彼此之分,人情合该有炎凉。在月下行走,今天已经虚缠到头了,一柄小勺如何能舀起酒浆来。夜见说虔南惟苦雨,深山毒雾长阴阴。我来偏遇一春旱,谁解挽回三日霖。寇盗郴阳方出掠,干戈塞北还相寻。忧民无计泪空堕,谢病几时归海浔。

还赣

积雨雩都道,山途喜乍晴。溪流迟渡马,冈树隐前旌。野屋多移灶,穷苗尚阻兵。迎趋勤父老,无补愧巡行。

借山亭

借山亭子近如何?乘兴时从梦里过。尚想清池环醉影,犹疑花径驻鸣珂。疏帘细雨灯前局,碧树凉风月下歌。传语诸公合频赏,休令岁月亦蹉跎。

桶冈和邢太守韵二首

处处山田尽入畲,可怜黎庶半无家。兴师正为民瘼甚,陟险宁辞鸟道斜。胜世真如瓴水建,先声不碍岭云遮。穷巢容有遭驱胁,尚恐兵锋或滥加。

里起身，在院子里久久地站立，正在思考着百姓的疾苦，泪滴下来快把衣裳沾湿了。

有人说虔南之地只苦于无雨，深山中有毒气的雾迷漫，长年阴潮。我到来后，偏偏遇到一场春旱，谁能挽回三日的霖雨解决干旱。郴阳的寇贼强盗正出来掠夺，塞北还有兵戈之争。为百姓忧愁没有办法，只有泪水空流，什么时候能告病回到海边。

还赣

雩都的路上积雨连绵，登山途中幸喜天一下子放晴了。溪水在流动着，渡马迟缓，山冈上的树把前面的旌旗给掩盖住了。野屋大多移动了炉灶，穷僻苗地还阻挡兵的前进。前往为父老乡亲服务效劳，争取无愧于这一次巡行。

借山亭

借山亭现今怎么样啦？经常在梦中兴致勃勃经过。还在思念着清澈水池中环映着将醉的身影，还怀疑花丛小路上有会叫的美石。门帘稀疏，小雨细细的，在灯光下下一局棋，在碧树之下，凉风吹拂，月光皎洁，高声唱歌。传话给诸位好友前来观赏，不要让岁月蹉跎而过，一去不返。

桶冈和邢太守韵二首

山田处处都是畲族人开垦的，可惜如此富庶的土地上竟然半数黎民无家可归。发动军队，正是为百姓的疾苦操劳，跨越险阻，怎能怕曲斜的鸟道。繁盛的世道真的像高屋建瓴一样，一声令下不妨碍山巅云朵的遮掩。贼巢中应该有被胁迫的平民，真戡乱兴师既有名，挥戈真已见风行。岂云薄劣能驱策，实仗皇威自震惊。烂额尚惭为上客，徒薪尤觉费经营。主恩未报身多病，旋凯须还陇上耕。

通天岩

青山随地佳，岂必故园好？但得此身闲，尘寰亦蓬岛。西林日初暮，明月来何早？醉卧石床凉，洞云秋未扫。

游通天岩次邹谦之韵

天风吹我上丹梯，始信青霄亦可跻。俯视氛寰成独慨，却怜人世尚多迷。东南真境埋名久，闽楚诸峰入望低。莫道仙家全脱俗，三更日出亦闻鸡。

又次陈惟濬韵

四山落木正秋声，独上高峰望眼明。树色遥连闽峤碧，江流不尽楚天清。云中想见双龙转，风外时传一笛横。莫遣新愁添白发，且呼明月醉沉觥。

是担心会滥施杀戮。

　　平定叛乱，发动军队已经有名义了，挥戈作战，已经雷厉风行。不是我薄劣的才能会谋划战策，实际借着皇威，自然使其震动发惊。焦头烂额，还惭愧为座上客，迁移薪火兵草，尤其觉得费心经营。没有回报主上的恩宠，身体有许多病，凯旋以后，还要回到陇上耕种。

通天岩

　　青山在每一地方都很好，难道一定是故乡的青山好？只要能够使身心放松悠闲，尘寰世界也同蓬莱岛一样。西边的树林，太阳就要落山了，明月来得为什么那么早？醉酒后躺在石头上发凉，洞里的云气秋天还没有除去。

游通天岩次邹谦之韵

　　天风把我吹上了红色的云梯，开始相信青天也能踏上去，俯视天空，独自感慨，却感叹人间还有很多迷惑。东南的真境已经埋名很长时间，闽地、楚地的山峰看起来很低矮。不要说仙家全部脱离了尘世，在三更日出时也可以听到鸡叫。

又次陈惟濬韵

　　秋天里，四面山上树叶纷纷落下来，独自登上高高的山峰，眼前通明。树色将闽地的山遥遥地连成一色碧绿，江流诉不尽楚地天空的明媚。在云中想必看见两条龙飞转，风外偶尔传来一曲笛声。不要再发愁了，让白发添多，且向明月高呼，喝酒喝得醉沉沉的。

忘言岩次谦之韵

意到已忘言，兴剧复忘饭。坐我此岩中，是谁凿混沌？尼父欲无言，达者窥其本。此道何古今，斯人去则远。空岩不见人，真成面墙立。岩深雨不到，云归花亦湿。

圆明洞次谦之韵

群山走波浪，出没龙蛇脊。岩栖寄盘涡，沉沦遂成癖。我来汲东溟，烂煮南山石。千年熟一炊，欲饷岩中客。

潮头岩次谦之韵

潮头起平地，化作千丈雪。棹舟者何人？试问岩头月。

天成素有志于学兹得告东归林居静养其所就可知矣临别以此纸索赠漫为赋此遂寄声山泽诸贤

予有山林期，茌苒风尘际。高秋送将归，神往迹还滞。回车当盛年，养疴非遁世。垂竿鉴湖云，结庐浮峰树。爱日遂庭趋，芳景添游诣。掎生悟玄魄，妙静息缘虑。眇眇素心人，望望沧洲去。东行访天沃，云中倘相遇。

忘言岩次谦之韵

已经到了忘言的境界,喜悦兴致提高了,又忘记吃饭。我坐在这岩石山中,是谁开创了混沌世界?孔子想要保持沉默,贤达的人窥视发现了其中的本义。这种道理何论古代与今天,这种人距今很遥远了。空旷的山中看不到人影,真好像一人面对墙板而立。山中深远,雨下不到,但是云儿回归也会把花朵打湿的。

圆明洞次谦之韵

群山像波涛般地绵延起伏,好像龙和蛇的脊梁在出没。山崖栖居在盘旋的涡中,沉沦其中,就养成了孤傲冷僻的性格。我来东边大海中提水,把南山的石头放于火上烧煮。千年能熟一次,用来招待山崖中的客人。

潮头岩次谦之韵

潮头从平地拔地而起,化作千丈长的雪链。划船的是什么人?试问一下岩上的明月。

天成素有志于学兹得告东归林居静养其所就可知矣临别以此纸索赠漫为赋此遂寄声山泽诸贤

我有对山林的期望,时光渐渐从风尘之际滑过。秋高气爽时,送你归去,神往思率,足迹还停留在这里。当盛年时回车归去,养病不是要逃避现实。在鉴湖云气中垂钓,在浮峰树上结庐。喜欢太阳,就到庭院中去,美丽的景色增添了游览的兴致。从生命发动处感悟到玄妙的气魄,安禅静坐使我断绝了对尘世的缘分。那些微小的有平常心的人们,希望到沧洲去。往东赶路

坐忘言岩问二三子

几日岩栖事若何？莫将佳景复虚过。未妨云壑淹留久，终是尘寰错误多。涧道霜风疏草木，洞门烟月挂藤萝。不知相继来游者，还有吾侪此意么？

留陈惟濬

闻说东归欲问舟，清游方此复离忧。却看阴雨相淹滞，莫道山灵犹苦留。薜荔岩高兼得月，桂花香满正宜秋。烟霞到手休轻掷，尘土驱人易白头。

栖禅寺雨中与惟乾同登

绝顶深泥冒雨扳，天于佳景亦多悭。自怜久客频移棹，颇羡高僧独闭关。江草远连云梦泽，楚云长断九嶷山。年来出处浑无定，惭愧沙鸥尽日闲。

茶寮纪事

万壑风泉秋正哀，四山云雾晚初开。不因王事兼程入，探访天边沃土,在云中可能会相遇。

坐忘言岩问二三子

几天中,在岩石上栖息怎么样呢?不要让美好的风景再次错过。不妨在云壑多停留一段时间,终归是尘世中有太多的过失。山涧小道的风霜把草木打得稀疏,洞门口烟雾中的月儿挂在藤萝之上。不知道相继而来的游人们,还会有我们这样的心情吗?

留陈惟濬

听说要东归,就要打听船的消息,游览清新舒服,但增加了分别时的忧愁。却看到阴雨一直不停,阻留客人不要说山中的神灵还在挽留。山崖很高,有薜荔,还可以看到月亮,桂花散放着秋天里宜人的香味。烟霞到了手中,不要随便扔掷,尘世的事情让人容易生出白发。

栖禅寺雨中与惟乾同登

绝峭的山顶上泥泽很深,冒着雨前进,天于佳景也有很多困难。自己可怜做客太久,频频移动船桨,十分羡慕那些独自修身养性的高僧。江草遥远地与云梦的水泽相连,楚地的云抱着九嶷山长长地断分开来。一年来去处浑然没有定向,惭愧沙鸥每天悠闲自在。

茶寮纪事

万壑风泉,秋意衰败,四面山上的云雾到了晚上刚刚消

安得闲行向北来？登陟未妨安石兴，纵擒徒羡孔明才。乞身已拟全师日，归扫溪边旧钓台。

回军九连山道中短述

百里妖氛一战清，万峰雷雨洗回兵。未能干羽苗顽格，深愧壶浆父老迎。莫倚谋攻为上策，还须内治是先声。功微不愿封侯赏，但乞蠲输绝横征。

回军龙南小憩玉石岩双洞绝奇徘徊不忍去因寓以阳明别洞之号兼留此作三首

甲马新从鸟道回，览奇还更陟崔嵬。寇平渐喜流移复，春煖兼欣农务开。两窦高明行日月，九关深黑闭风雷。投簪最好支茅地，乡土犹怀旧钓台。

洞府人寰此最佳，当年空自费青鞋。麾幢旖旎悬仙丈，台殿高低接纬阶。天巧固应非斧凿，化工无乃太安排。欲将点瑟携童冠，就揽春云结小斋。

阳明山人旧有居，此地阳明景不如。但在乾坤俱逆旅，曾留信宿即吾庐。行窝已许人先号，别洞何妨我借书。他日

散。不因为君王的政事兼程而来,哪能安闲向北行路呢?登山跨越没有妨碍王安石的兴致,七擒七纵徒自美慕诸葛亮的才能。辞官的奏折已拟好,到班师回朝时再递上去,准备回到溪边打扫旧钓台。

回军九连山道中短述

一场战斗清除了百里内的妖孽气氛,万峰的雷雨冲洗了回师的军队。没能征服苗地的愚顽之人,深深惭愧父老用壶浆来迎接我们。不要把计划进攻作为上策,还须要加强内部的治理。功劳微小,不愿意得到封侯爵的奖赏,只请求蠲免捐输而不要再横征暴敛。

回军龙南小憩玉石岩双洞绝奇徘徊不忍去因寓以阳明别洞之号兼留此作三首

军队刚从鸟道回转,游览奇妙的景观还要跨越高而险的山峰。平定了寇贼,逃亡和迁走的百姓归来令人高兴,春天阳光明媚,高兴地看到农民开始耕作。天地可以行日月,九关深闭漆黑,把风雷关在里面。投簪最好在架茅房之处,思恋故土,还在记着昔日的钓台。

洞天府地是人世间最好的去处,当年白白磨损了许多双鞋。彩旗飞舞,悬着仙界的仪仗,台殿高高低低连接着纬阶。天工巧夺,固然不是斧凿所开,造化精工安排太好了。想要带着家中的青少年,拿着曾点的瑟来弹奏,就势揽住青云结成小屋。

阳明山人有原来的居所,此地不如阳明山的风景。但在世间到处都是迎接客人的旅舍,曾连续住宿两夜,那就是我的房巾车还旧隐，应怀兹土复乡间。

再至阳明别洞和邢太守韵二首

春山随处款归程，古洞幽虚道意生。涧壑风泉时远近，石门萝月自分明。林僧住久炊遗火，野老忘机罢席争。习静未缘成久坐，却惭尘土逐虚名。

山水平生是课程，一淹尘土遂心生。耦耕亦欲随沮溺，七纵何缘得孔明？吾道羊肠须蠖屈，浮名蜗角任龙争。好山当面驰车过，莫漫寻山说避名。

夜坐偶怀故山

独夜残灯梦未成，萧萧总是故园声。草深石径鼪鼯笑，雪静空山猿鹤惊。漫有缄书怀旧侣，常牵缨冕负初情。云溪漠漠春风转，紫菌黄花又自生。

怀归二首

深惭经济学封侯，都付浮云自去留。往事每因心有得，子。人家已经先行在那里迎接客人的旅舍造房了，离开洞时我何妨借几本书。他日坐着巾车回来归隐，应该怀念这片土地也是一处故乡。

再至阳明别洞和邢太守韵二首

　　春山随处可以挽留归去的路程，古老的石洞幽静虚寥，在道上生出意致。山涧和沟壑里，风和泉水时远时近，石门的藤萝和月亮自然分明。林中的僧人住得时间长了，用遗存的火来烧炊，山野老夫忘了事务，停止了在席上相争。习惯安静不只因为久久地安坐，却惭愧满身尘土去追逐那空虚的名声。

　　山水是我平生中的课程，把尘世之心埋没消失了。耕种田地也想随从长沮、桀溺两位隐者，七擒七纵是什么因缘能得遇孔明？我的道是羊肠屈居下位，须要屈曲，浮名蜗居牛角，任凭龙蛇争夺。当面驱车从好山经过，不要到处寻找山峰，说要隐姓埋名。

夜坐偶怀故山

　　孤独的夜里，灯光残弱，做不成梦，总是故园那萧萧的声音传来。长着深深草木的石路，有鼪鼠与鼯鼠的笑声，雪后的山空旷而寂静，猿猴和鹤被惊动了。有书信来到让我想到旧朋友，常常想着加冕戴缨，辜负了当初的意图。云溪漠漠，春风回转，紫菌和黄花又自然生长出来了。

怀归二首

　　深深惭愧自己苦心经营，学习追求封侯，都付于浮云，自去

身闲方喜世无求。狼烟幸息昆阳患,蠡测空怀杞国忧。一笑海天空阔处,后知吾道在沧洲。

身经多难早知非,此事年来识者稀。老大有情成旧德,细谋无计解重围。意常不足真夷道,情到方浓是险机。怅望衡茅无事日,漫吹松火织秋衣。

送德声叔父归姚(并序)

守仁与德声叔父共学于家君龙山先生,叔父屡困场屋,一旦以亲老辞廪归养。交游强之出,辄笑曰:"古人一日养,不以三公易,吾岂以一老母博一弊儒冠乎?"呜呼!若叔父真知内外轻重之分矣。

今年夏来赣视某,留三月,飘然归,兴不可挽,因谓某曰:"秋风蓴鲈,知子之兴,无日不切。然时事若此恐即未能脱。吾不能俟子之归舟,吾先归,为子开荒阳明之麓,如何?"呜呼!若叔父,可谓真知内外轻重之分矣。某方有诗戒。叔父曰:"吾行,子可无言?"辄为赋此。

犹记垂髫共学年,于今鬓发两苍然。穷通只好浮云看,岁月真同逝水悬。归鸟长空随所适,秋江落木正无边。何时却返阳明洞?萝月松风扫石眠。

自留。往事每每因有所心得，开始喜欢身闲无物，与世无求。狼烟喋起，幸好平息了昆阳的祸患，见识浅短，空怀杞人忧天之心。一笑海天空阔的地方，然后才知道我的追求在沧洲。

身经多种磨难，早就知道错误，这种事情近来知道的人很少。老年有感情，成为旧时的道德，细细谋算，没有计策解开重围。心意常常不足，真是平坦的道路，情谊到了正浓烈时候是危险的关头。怅然望着简陋的居室，没有事情可做，松火被漫漫吹起来才织就秋天的衣服。

送德声叔父归姚（并序）

守仁与德声叔父共同向家君龙山先生求学，叔父屡次困在场屋内，一旦以亲近老人为由辞去廪生回去供养父母。勉强出来后，就笑着说："古代人一日养亲，拿三公的官职来也不换，我怎么能扔下老母博得一名穷困潦倒的儒生称呼呢？"哎呀！像叔父这样才是真正知道内外、轻重之分。

今年夏天，他来赣州探视我，住了三个月，飘然而归，出发不可挽留，就对我说："秋风和蘘荷、鲈鱼，知道你的兴致，没有哪一天不适用。然而时代的局势到这种地步，恐怕不能立刻脱开。我不能再等待你的归身，我先回去，为你在阳明山下开垦荒地，怎么样呢？"哎呀！像叔父这样，可以说真正理解内外与轻重之分了。当时我正当有诗戒。叔父说："我要走了，你难道没有话讲吗？"就写了这篇。

我还记得少年共同求学的时候，到如今鬓角和头发都白了。困窘通达，只好如浮云般观看，岁月真的像流逝的水一样悬起来。归鸟在长空中随心所欲地飞翔，秋天的江上，落木无边。

示宪儿

　　幼儿曹,听教诲。勤读书,要孝弟。学谦恭,循礼义。节饮食,戒游戏。毋说谎,毋贪利,毋任情,毋斗气,毋责人,但自治。能下人,是有志。能容人,是大器。凡做人,在心地。心地好,是良士;心地恶,是凶类。譬树菓,心是蒂。蒂若坏,菓必坠。吾教汝,全在是。汝谛听,勿轻弃!

赠陈东川

　　白沙诗里莆阳子,尽是相逢逆旅间。开口向人谈古礼,拂衣从此入云山。

江西诗一百二十首
　　　正德己卯年奉敕往福建处叛军至丰城遭宸濠之变趋还吉安集兵平之八月升副都御史巡按江西作

鄱阳战捷

　　甲马秋惊鼓角风,旌旗晓拂阵云红。勤王敢在汾淮后,恋阙真随江汉东。群丑漫劳同吠犬,九重端合是飞龙。涓埃未遂酬沧海,病懒先须伴赤松。

什么时候能够返回阳明洞呢? 在松萝和月亮下, 在松风中清扫石头睡觉。

示宪儿

幼儿一辈,要听从教诲。勤奋读书,要孝敬父母尊敬兄长。学会谦虚恭敬,遵循礼节道义。节约饮食,不要游玩嬉闹。不要说谎,不要贪图财利,不要任性固执,不要发脾气,不要责备别人,要能自理独立。能甘于屈居人之下,有志向气节。能够宽容待人,是成就事业的大器。凡是做人道理,要在人的心地。心地好的人是善良的人;心地坏的人是凶类。好像那树上的果实,心是果蒂。果蒂如果坏了,果子就要坠落下来。我教导的东西,全在这里。你等要好好聆听,不要随意丢弃忘记!

赠陈东川

白沙诗里的莆阳子,都是在旅馆中相逢。向人开口讲述古代的礼仪,拂去衣服上的灰尘,从此进入云漫的山中。

鄱阳战捷

军队在秋天被出发的号角惊动,拂晓时旌旗飘飘,阵前的云都染红了。勤王怎敢不像唐代汾阳王郭子仪和临淮王李光弼那样,迷恋宫阙真的追随了长江和汉江东流而去。谋反群丑狂

书草萍驿二首

　　九月献俘北上,驻草萍,时已暮,急传王师已及徐淮,遂乘夜速发,次壁间韵纪之二首。

　　一战功成未足奇,亲征消息尚堪危。边烽西北方传警,民力东南已尽疲。万里秋风嘶甲马,千山斜日度旌旗。小臣何尔驱驰急?欲请回銮罢六师。

　　千里风尘一剑当,万山秋色送归航。堂垂双白虚频疏,门已三过有底忙?羽檄西来秋黯黯,关河北望夜苍苍。自嗟力尽螳螂臂,此日回天在庙堂。

西湖

　　灵鹫高林暑气清,竺天石壁雨痕晴。客来湖上逢云起,僧住峰头话月明。世路久知难直道,此身那得尚虚名?移家早定孤山计,种菓支茅却易成。

妄像狗一样在吠叫，九重天应当是飞动着的龙。做一点事并没有实现自己的远大志向，由于懒惰，还是陪伴赤松子修行去吧。

书草萍驿二首

九月带着俘虏北上，驻在草萍驿，当时天快黑了，忽然有人传信说王师已经到达徐州和淮水一带，于是就连夜带兵出发，依照壁间韵作了两首诗记下来。

一场战斗胜利了，不足为奇，皇帝亲征的消息说明还挺危急。西北的边境刚刚传来警报，东南百姓的力量已经疲惫耗尽了。秋风从万里吹来，战马嘶鸣，旌旗在斜阳照耀的群山下经过。小臣为何要如此着急地出发呢？想要皇上回返请求停止征讨。

千里的风尘用一把剑来抵挡，万山的秋色宜人，送我们归去的航船。高堂有白发苍苍的两位老人空等着我，已经三过家门而不入，有多忙？战书从西方传来，在暗暗的秋色之中，向北望关河，夜色苍苍茫茫。自己感叹力量已经耗尽，像螳螂臂一样，这一次挽回局势，只有依靠朝廷了。

西湖

有灵鹫在高高的树林里，暑气清爽，寺庙下的石壁上，雨的痕迹已不见了。客人到西湖上时，正逢云起，僧人在山峰头上居住，说着月明的禅语。很长时间就知道世上很难有正直之道，我这一身怎么能去贪图虚名？早就定下把家搬到孤山中的想法，种果树、搭茅屋是容易的事。

寄江西诸士夫

甲马驱驰已四年,秋风归路更茫然。惭无国手医民病,空有官衔縻俸钱。湖海风尘虽暂息,江湘水旱尚相沿。题诗忽忆并州句,回首江西亦故园。

太息

一日复一日,中夜坐叹息。庭中有嘉树,落叶何淅沥?蒙翳乱藤缠,宁知绝根脉。丈夫贵刚肠,光阴勿虚掷。头白眼昏昏,吁嗟亦何及!

宿净寺四首

十月至杭王师遣人追宁濠复还江西是日遂谢病退居西湖

老屋深松覆古藤,羁栖犹记昔年曾。棋声竹里消闲昼,药裹窗前对病僧。烟艇避人长晓出,高峰望远亦时登。而今更是多牵系,欲似当时又不能。

常苦人间不尽愁,每拚须是入山休。若为此夜山中宿,犹自中宵煎百忧。百战西江万底定,六飞南甸尚淹留。何人真有回天力?诸老能无取日谋。

寄江西诸士夫

带兵打仗奔波已经四年了，在归途中秋风吹来，更觉得茫然。惭愧没有拯救国家的本领来去除百姓的疾苦，只是有一个官衔，白白地拿俸钱、吃官粮。鄱阳湖和海上的风尘虽然暂时平息下来，长江和湘水一带的旱灾还在延续。题诗时忽然想起古人在并州的诗句，回首江西，那也算是故乡啊。

太息

一天又一天，半夜坐起来叹息。庭院中有一棵好树，为什么落叶下个不停？在荫凉下乱藤缠绕，怎知道根脉已经断绝了。大丈夫刚直的心肠是可宝贵的，不要虚掷光阴。头发白了，眼睛发昏，感叹又有什么用呢！

宿净寺四首

十月至杭王师遗人追宁濠复还江西是日遂谢病退居西湖

在松树林的深处，古藤的覆盖下，有年久的房屋，在里面栖息居住时还记得当年的情形。在竹林里下棋、作画，消遣时光，在窗前和药里，面对着生病的僧人。为躲避人，早晨时开出烟艇，远处的山峰，有时也去攀登。而如今更是牵挂与纪念，想同当年的生活相似，又不可能做到了。

常常为人间那不尽的愁痛而苦恼，每次拼搏后又想到山中隐居休息。如果像这一夜在山中住宿，还独自一人在夜中为各种忧伤煎熬。在西江战斗百余场，刚刚彻底平定，到南甸去了六次，那里还在遭难。什么人真的有回天之力？各位长辈能有摘日的谋略么。

百战归来一病身，可看时事更愁人。道人莫问行藏计，已买桃花洞里春。

山僧对我笑，长见说归山。如何十年别？依旧不曾闲。

归兴

一丝无补圣明朝，两鬓徒看长二毛。自识淮阴非国士，由来康节是人豪。时方多难容安枕，事已无能欲善刀。越水东头寻旧隐，白云茅屋数峰高。

即事漫述四首

从来野性只山林，翠壁丹梯处处寻。一自浮名萦世网，遂令真诀负初心。夜驰险寇天峰雪，秋房强王汉水阴。辛苦半生成底事，始怜庄舄亦哀吟。

百战深秋始罢兵，六师冬尽尚南征。诚微未足回天意，性僻还多拂世情。烟水沧江从鹤好，风云溟海任龙争。他年若访陶元亮，五柳新居在赤城。

窅窅深愁伴客居，江船风雨夜灯虚。尚劳车驾臣多缺，无补疮痍术已疏。亲老岂堪还远别，时危那得久无书？明朝百战后归来,疾病缠身,可是看到当今的情形,更让人发愁。路上的人不要询问出行和行至,我已经买下了桃花源洞中的酒。

山中的僧人笑着对我说,整天里叫嚷着回归山野。为什么分别十年以后,依旧没有空闲下来呢?

归兴

一丝无补于圣明的朝代,两鬓都长出了白发。自己清楚韩信不是治国的人才,由来已久,邵雍是人中的豪杰。时事艰难,很难容得下安心卧枕,做事无能为力,想要用好刀。到越水的东面去寻找旧日的隐居之地,白云、茅屋,在那高高的几座山峰上。

即事漫述四首

从来野性要在山林中培养,处处寻找那翠绿的山壁和红色的云梯。浮名牵动了多少世间心灵,于是传授真诀,辜负了当初的心意。夜里踏着天峰的积雪,驱兵去攻打敌人,秋天在汉水南面俘获了强盗头目。辛苦劳作了半辈子,到底作了什么事情?开始怜惜庄舄,也发出了思乡的叹息。

战了百余场,到深秋时才停兵,军队在冬天末还要南征。诚心微小不足以回天,性情孤僻,还有很多违背世俗的毛病。沧江上烟气迷漫,鹤放飞真好。溟海上风云翻滚,任凭龙来争夺。什么时候如果能够访问陶渊明先生,一定要把五柳先生的新居安放在赤城。

陪伴着客人居住,忧愁深远,风雨中的江船上,夜里灯光虚幻。臣有很多缺点,还劳累皇上的车马,本领已经贫乏,无补且就君平卜，要使吾心不负初。

　　茅茨松菊别多年，底事寒江尚客船？强所不能儒作将，付之无奈数由天。徒闻诸葛能兴汉，未必田单解误燕。最羡渔翁闲事业，一竿明月一蓑烟。

泊金山寺二首 十月将趋行在
　　但过金山便一登，鸣钟出迓每劳僧。云涛石壁深龙窟，风雨楼台迥佛灯。难后诗怀全欲减，酒边孤兴尚堪凭。岩梯未用妨苔滑，曾踏天峰雪栈冰。

　　醉入江风酒易醒，片帆西去雨冥冥，天回江汉留孤柱，地缺东南着此亭。沙渚乱更新世态，峰峦不改旧时青。舟人指点龙王庙，欲话前朝不忍听。

舟夜
　　随处看山一叶舟，夜深霜月亦兼愁。翠华此际游何地，画角中宵起戍楼。甲马尚屯淮海北，旌旗初散楚江头。洪涛滚滚乘风势，容易开帆不易收。

于治疗疮痍。双亲已老,哪能忍受还要远别,时事危难,哪能长久地没有书信?明天早晨就要让君平来占卜,要使我的心意不辜负当初。

告别茅草与松菊已经有许多年了,到底是因何事,还在寒冷的江船上做客?勉强充任,我这样的儒生作了武将,我无能为力一切由上天安排。只听说过诸葛亮能够使汉兴盛,但田单未必了解燕国的失误。最美慕那些闲来无事的渔翁,在明月下,执一渔竿,穿一蓑衣,悠闲自在。

泊金山寺二首 十月将趋行在

只要路过金山寺,就要登一次,每每烦劳僧人鸣钟迎接。云涛石壁下是深深的龙窟,风雨中的楼台在佛灯的照亮下回转分布。遭难后作诗的情怀快要减弱了,尚能凭借在酒边孤独的兴致作一下诗句。没有用山崖上的梯子是为了防止苔藓太滑,曾经踏过天峰雪桥上的冰雪。

醉后在江风吹拂下容易醒酒,片帆向西消失在冥冥的雨中,天回江汉时,留下孤零零的石柱,地缺东南,盖了这座亭子。沙洲上世态崭新而混乱,峰峦没有改变旧时青青的容颜。船上的人向我们指点龙王庙,想要说前朝的事,我们不忍心听。

舟夜

乘一叶扁舟,随处可以欣赏山色,夜色深了,霜和月也增添了人的忧愁。这种翠绿锦华之机,游览什么地方,画角在夜半时分起自戍守之楼。军队还驻扎在淮海以北,旌旗刚刚在楚江头上散开。洪涛乘着风势滚滚而来,容易把帆打开,但要收起船

舟中至日

岁寒犹叹滞江滨,渐喜阳回大地春。未有一丝添衮绣,谩提三尺净风尘。丹心倍觉年来苦,白发从教镜里新。若待完名始归隐,桃花笑杀武陵人。

阻风

冬江尽说风长北,偏我北来风便南。未必天公真有意,却逢人事偶相参。残农得暖堪登获,破屋多寒且曝檐。果使困穷能稍济,不妨经月阻江潭。

用韵答伍汝真

莫怪乡思日夜深,干戈衰病两相侵。孤肠自信终如铁,众口从教尽铄金。碧水丹山曾旧约,青天白日是知心。茅茨岁晚饶风景,云满清溪雪满岑。

过鞋山戏题

曾驾双虬渡海东,青鞋失脚堕天风。经过已是千年后,踪迹依然一梦中。屈子漫劳伤世隘,杨朱空自泣途穷。正须帆就不容易了。

舟中至日

在寒冷的日子里尤其感叹因留在江边，渐渐欢喜太阳回来，大地复春了。没有在衮服上增加一丝，不要提起曾用宝剑扫净风尘。有一颗忠心，更加觉得几年来辛苦，白发在镜中看一天天增多。如果等待成就名声后才开始归隐，那么桃花要笑话死武陵人了。

阻风

人们都说冬天江上经常刮北风，偏偏我北上来，便变了南风。天公未必真的有什么意图，逢上人间之事，偶然参与进来。残败的农稼有阳光的温暖还可以收获，屋子很破，十分寒冷，也得以晒晒房檐。如果让困穷之人得到一些救济，不妨在江潭滞留过月也可以。

用韵答伍汝真

不要怪我日夜思乡的心情迫切，战争和疾病一起让我身体受害。自信我的心肠刚直如铁，众人的说法，尽是铄金之言。在碧水与丹山上曾有旧时约会，青天白日是我的知心。年终时，茅茨使风景更丰富，云布满了清清的溪水上，雪铺满了山丘。

过鞋山戏题

曾经驾着双龙渡过东海，青鞋脱落，坠在天风中。已经是千年过去，踪迹还在一场梦中遗留。屈原为时世的狭隘劳苦伤神，坐我匡庐顶，濯足寒涛步晓空。

杨邃庵待隐园次韵五首

其一

　　嘉园名待隐，专待主人归。此日真归隐，名园竟不违。岩花如共语，山石故相依。朝市都忘却，无劳更掩扉。

其二

　　大隐真廛市，名园陋给孤。留侯先谢病，范老竟归湖。种竹非医俗，移山不是愚。（是日公言移山石。）对时存燮理，经济自成谟。

其三

　　绿野春深地，山险夜静时。冰霜缘迳滑，云石向人危。平难心仍在，扶颠力未衰。江湖兵甲满，吟罢有余思。

其四

　　兹园闻已久，今度始来窥。市里烟霞静，壶中结构奇。胜游须继日，虚席亦多时。莫道东山僻，苍生或未知。

杨朱白白地哭泣生活贫穷。正需坐在我的匡庐顶之上,在寒涛中洗脚,在早晨的天空中漫步。

其一

美好的园子命名为"待隐",专门等待着主人归来居住。这一天真的归来隐居了,不违背建园的意图。山崖和花像一起说话似的,山与石紧紧相依。把早市都忘记了,不必再把门扉掩上。

其二

大隐在闹市中隐居,名园提供给孤陋的人。张良先告病还乡,范蠡竟然归隐湖居。种竹子不是要治疗流俗,移山也不是愚蠢的行为(这一天,王阳明谈论移动山石)。不同时候有不同的道理,经营自有策略谋算。

其三

原野葱绿,春色很深,夜里静谧无声,山阴安然。冰霜使路变得很滑,云中的石头对于人很危险。平定危难的心还在,扶救坠亡的力气没有减弱。江湖上满是兵器武装,吟诵以后有余思环绕。

其四

已经很长时间听说这个园子了,今天刚刚来观看。城镇包裹在静谧的烟霞中,壶中结构奇妙的景观。游览尽兴须连续几

其五

芳园待公隐，屯世待公亭。花竹深台榭，风尘暗甲兵。一身良得计，四海未忘情。语及艰难际，停盃泪欲倾。

登小孤书壁

人言小孤殊阻绝，从来可望不可攀。上有颠崖势欲堕，下有剑石交巉顽。峡风闪壁船难进，洪涛怒撞蛟龙关。帆樯摧缩不敢越，往往退次依前山。崖傍沙岸日东徙，忽成巨浸通西湾。帝心似悯舟楫苦，神斧夜辟无痕斑。风雷倏翕见万怪，人谋不得容其间。

我来锐意欲一往，小舟微服沿回澜。侧身胁息仰天窦，悬空绝栈蛛丝悭。风吹卯酒眼花落，冻滑丹梯足力孱。青鼍吹雨出仍没，白鸟避客来复还。峰头四顾尽落日，宛然风景如瀛寰。烟霞未觉三山远，尘土聊乘半日闲。奇观江海讵为险？世情平地犹多艰。呜呼！世情平地犹多艰，回瞻北极双泪潸。

天的时间，离开职位也有很长时间了。不要说东山偏僻，苍生百姓或许还不知道。

其五

美好的园子等杨公回去隐居，艰难的时世需要杨公亭决。台榭在深深的花丛和竹林中，风尘之中有暗暗的兵甲存在。一个人出了好计谋，四海之内都忘不了深情。说到艰难的事情，停下酒杯泪快要流下来了。

登小孤书壁

人们说小孤山特别艰难险阻，从来都是可望不可攀。上面有颠崖想要坠落下来，下面有剑石交错危峻。峡谷中的风吹打着山壁，船儿很难进入；洪涛愤怒地相撞，蛟龙在此把关。船帆、船桨摧倒畏缩，不敢越过，往往退后与前山靠。山崖靠着沙岸，日渐向东移动，忽然变成与西湾相通的大水湾。天帝的心好像怜悯乘舟划桨的苦累，神斧夜间辟开山崖而了无痕迹。风雷猛的一开，看到万神怪物，人们谋划是不可能做到的。

我到后，十分想去一趟，穿平民服、乘小船，逆流而上。侧着身了，长长呼吸，向着天空仰视，绝栈悬在空中，像蛛丝相连。风儿吹着卯酒，眼花落下，红色的梯子冻得发滑，足软无力。雨停青天露出，过后又被云遮住，白鸟躲避客人复来复还。从在峰头四周看一直看到落口处，宛然像瀛台空中的风景。烟霞使我没有觉得三山遥远，姑且偷得半天空闲来游玩。难道大江、大海上的奇观才是险境吗？世上平地也有许多艰难，哎呀！世上那么多平坦的道路还有许多艰难。回首瞻望北极星，两

登蠡矶次草泉心刘石门韵二首 二诗壬戌年作误入此

中流片石倚孤雄,下有冯夷百尺宫。滟滪西蟠浑失地,长江东去正无穷。徒闻吴女埋香玉,惟见沙鸥乱雪风。往事凄微何足问,永安宫阙草莱中。

江上孤臣一片心,几经漂没水痕深。极怜撑住即从古,正恐崩颓或自今。藓蚀秋螺残老翠,蜮鸣春雨落空音。好携双鹤矶头座,明月中宵一朗吟。

望庐山

尽说庐山若个奇,当时图画亦堪疑。九江风浪非前日,五老烟云岂定期?眼惯不妨层壁险,足趼须著短筇随。香炉瀑布微如线,欲决天河泻上池。

除夕伍汝真用待隐园韵即席次答五首

其一

一年今又去,独客尚无归。人世伤多难,亲庭叹久违。

眼泪水涟涟。

登螺矶次草泉心刘石门韵二首 二诗壬戌年作误入此

几片石头在水流中央,像孤独的英雄,下面有冯夷百尺长的宫殿。滟濒石在西面蟠居,浑然把大地给占据了,长江向东流去,无穷无尽。只听过吴女把香玉埋在地下,只看过沙鸥飞舞于云风中。往事凄凉、微茫,不值一问,那永安的宫阙在野草中淹没。

江面上,我这孤零臣子的一片心意,几度在水中漂没,留下了深深的水痕。十分怜惜那些从古代就坚持下来的人,正在害怕崩溃颓废也许从今开始。苔藓腐蚀了秋螺,翠色残败老衰,春天的雨中,螺獭鸣叫,声音空荡荡地落下来。带着双鹤到矶头上坐,在半夜里的月下,爽朗地吟诵一次。

望庐山

大家都说庐山像个奇特之物,当时的书籍记载也让人怀疑。九江的风浪与前日不同,五老峰的烟云难道会有固定的时间出来?不妨多看看层层险峭的山壁就习惯了,踏山须要随带着短柱杖。香炉瀑布远远望去如同线那么细,想要把天河决口,倾泻到人间来。

除夕伍汝真用待隐园韵即席次答五首

其一

一年的时光又过去了,孤独的客人还没有归来。人间多少壮心都欲尽,衰病特相依。旅馆聊随俗,桃符换旱扉。

其二

向忆青年日,追欢兴不孤。风尘淹岁月,漂泊向江湖。济世浑无术,违时竟笑愚。未须悲蹇难,列圣有遗谟。

其三

正逢兵乱地,况是岁穷时。天运终无息,人心本自危。忧疑纷并集,筋力顿成衰。千载商山隐,悠然获我思。

其四

世道从卮漏,人情只管窥。年华多涉历,变故益新奇。莫惮颠危地,曾逢全盛时,海翁机已息,应是白鸥知。

其五

星穷回历纪,贞极起元亨。日望天回驾,先沾雨洗兵。雪犹残岁峦,风已旧春情。莫更辞蓝尾,人生未几倾。

艰难令人感伤，与家人欢聚相见是很遥远的事。壮志豪情快消失了，体衰多病，行来相依陪伴。在旅馆中姑且随从习俗吧，在门扉上换上门符。

其二

　　回忆年轻时的情形，欢乐高兴，没有孤独的感觉。岁月移动，在风尘中淹没，我一直漂泊江湖。没有一点救济时世的方法，与世相违竟然笑自己愚蠢。不须悲叹困难险阻，那些圣人们留有遗训。

其三

　　正赶上战乱的地方，何况又是艰难的时候。日月运行终无止息，人心本来就很危险。忧伤和疑虑一起涌集而来，身体马上衰减下来。商山那千年的隐士啊，悠然安详，把我的心吸引过去了。

其四

　　世道从来很多漏洞、伤疤，人情就知道自我保护浅短。经过了许多年的坎坷，各种变故越发让人新奇。不要害怕身处危险的处境，也曾经逢上全盛的年代。海翁的机心已经止息了，庆幸海鸥已经知道。

其五

　　星星穷尽了，新的一纪要开始，卜到极点，元亨开起。每天望着天来巡驾，降雨扫除一切争战。雪还残留在山峦，风已有了

元日雾

元日昏昏雾塞空,出门咫尺误西东。人多失足投坑堑,我亦停车泣路穷。欲斩蚩尤开白日,还排阊阖拜重瞳。小臣谩有澄清志,安得扶摇万里风。

二日雨

昨朝阴雾埋元日,向晓寒云进雨声。莫道人为无感召,从来天意亦分明。安危他日须周勃,痛哭当年笑贾生。坐对残灯悉彻夜,静听晨鼓报新晴。

三日风

一雾二雨三日风,田家卜岁疑凶丰。我心惟愿兵甲解,天意岂必斯民穷?虎旅归思怀旧土,銮舆消息望还宫。春盘浊酒聊自慰,无使戚戚干吾衷。

立春二首

才见春归春又来,春风如旧鬓毛衰。梅花未放天机泄,萱草先将地脉回。渐老光阴逢世难,经年怀抱欲谁开?孤云春的情怀。不要再推辞蓝尾酒,人生没有几次能喝到的。

元日雾

　　新年第一天,空中是昏蒙蒙的雾,出门去,咫尺以内辨不清东西。人们有很多不小心落入坑道沟堑之中,我也停下车来,感叹道路太难走。想要斩除蚩尤拨云见日,还要排开天门,敬拜帝王。微臣没有澄清天下的志向,怎么能够得到使我扶摇直上的好风呢。

二日雨

　　昨天早晨是阴沉沉的云雾遮没了太阳,今天拂晓云变寒冷,下起了雨。不要说人为没有感召力,天的意图从来就很分明。他日须要周勃来解除危险,贾谊当年痛哭令人嘲笑。通宵夜里坐对着惨淡的灯光,静静地听着早晨的鼓声预报新的晴天。

三日风

　　一日起雾,二日下雨,三日刮风,田家占卜算卦,怀疑是农田缺收的迹象。我的心中只希望不再战斗,难道上天的意思是要让百姓受穷?军士们思归怀念故乡,遥望着远方的銮驾,等着传来的消息,希望回返。春盘与浊酒聊作自我安慰,不能使忧戚干扰了我的心情。

立春二首

　　才看到春天离去,春天又回来了,春风如旧日一样,鬓毛却衰老了。梅花没有开放,天机泄露,萱草先将地脉回转。光阴已渺渺亲庭远，长日斑衣羡老莱。

　　天涯霜雪叹春迟，春到天涯思转悲。破屋多时空杼轴，东风无力起疮痍。周王车驾穷南服，汉将旌旗守北陲。莫讶春盘断生菜，人间菜色正离仳。

游庐山开元寺
　　僻性寻常惯受猜，看山又是百忙来。北风留客非无意，南寺逢僧即未回。白日高峰开雨雪，青天飞瀑泻云雷。缘溪踏得支茆地，修竹长松覆石台。

又次壁间杜牧韵
　　春山路僻问归樵，为指前峰石迳遥。僧与白云还暝壑，月随沧海上寒潮。世情老去浑无赖，游兴年来独未消。回首孤航又陈迹，疏钟隔渚夜迢迢。

舟过铜陵野云县东小山有铁船因往观之果见其仿佛因题石上
　　青山滚滚如奔涛，铁船何处来停桡？人间刳木宁有此，老，遇到世间的艰难，几年来的心怀抱负有谁能够解开？云孤零零的，渺渺茫茫，离家人很遥远，每天羡慕老莱子穿着彩色的衣服安慰双亲。

天涯还有霜雪，感叹春天迟迟不到，春天到了，远在天涯又开始悲哀。屋子很破，织布机早已空着，东风无力救治疮痍。周王的车驾巡视，穷尽南方地区，汉将在北方的边陲守卫。不要惊讶春盘上没有了生菜，人间的菜色正在使夫妻离散。

游庐山开元寺

性情孤僻，寻常习惯受人猜忌，又是在百忙之中来观看山景。北风不是无意中留客，在南寺中遇到僧人就没有回去。白日在高高的山峰上，却开始下雪，青天飞流而下的瀑布云气弥漫，响声如雷。沿着溪水找到搭建茅屋之地，修竹、长松，把石台覆盖了起来。

又次壁间杜牧韵

春天的山路偏僻难寻就去问归来的樵人，樵人为我指引在前面山峰中遥远的石路便是。僧人与白云一同回到暝暝的山壑，月亮随着沧海，寒潮上涨。世事人情已经老去，没有牵挂，游览的兴致唯独没有消失。回首孤航，又是以前的踪迹，疏落的钟声隔着江渚在夜里远远传来。

舟过铜陵野云县东小山有铁船因往观之果见其仿佛因题石上

青山像波涛奔腾一样滚滚而来，铁船是从什么地方来停泊

疑是仙人之所操。仙人一去已千载,山头日日长风号。船头出土尚仿佛,后冈有石云船稍。我行过此费忖度,昔人用心无乃忉。由来风波平地恶,纵有铁船还未牢。秦鞭驱之未能动,累力何所施其篙。我欲乘之访蓬岛,雷师鼓舵虹为缲。弱流万里不胜芥,复恐驾此成徒劳。世路难行每如此,独立斜阳首重搔。

山僧

岩下萧然老病僧,曾求佛法礼南能。论诗自许窥三昧,入圣无梯出小乘。高阁松风飘夜磬,石床花雨落寒灯。更深月出山窗曙,漱齿焚香诵《法楞》。

江上望九华山二首

当年一上化城峰,十日高眠雷雨中。霁色晓开千嶂雪,涛声夜渡九江风。此时隔水看图画,几岁缘云住桂丛?却负洞仙蓬海约,玉函丹诀在崆峒。

穷探虽得尽幽奇,山势须从远望知。几朵芙蓉开碧落,九天屏嶂列旌麾。高同华岳应无忝,名亚匡庐却稍卑。信是谪仙还具眼,九华题后竟难移。

的？人间哪有这种砍伐木头作船的，怀疑是仙人们所做的。仙人一去已过千年，山头上每天刮着号叫的大风。船头出土，还好像真船一样，后面山冈上有石头说是船的船梢。我从此行路经过，思理揣摩，古代人们的用心难道没有疑虑？风大波高，平地上都很险恶，纵使是铁船，也不一定牢固。用秦鞭驱它不动，羿虽力大无比但用什么办法使用船篙。我想乘坐它到蓬莱岛上去，雷兵鼓舵，长虹作为缆。万里弱流，经不起草芥，又害怕驾它也成为徒劳。世上的道路每如这样艰难，独自站在斜阳下，骚首无法。

山僧

山崖下住着一位穷困的老年病僧人，曾求佛法去礼拜南方的慧能。谈论诗作自认为能窥得三昧，进入圣学没有途径就是出小乘之学。阁楼高高的，松风吹来夜里击磬的声音，石头床上的花雨落在上面，灯光寒冷。夜深了，月亮出来，山窗上露出了曙光，洗漱牙齿，焚烧香烛，念诵《法华经》《楞严经》。

江上望九华山二首

当年上去化城峰一次，十天在雷雨中高眠。早晨云散露出群峰的积雪，夜里江涛声随风吹过九江。这时隔着江水看图画般的风景，什么时候能攀着云住在桂岩上？却辜负了与山洞仙人在蓬海的相约，玉匣子里的炼丹秘诀在崆峒山里。

虽然探访险奇到了尽头，山势须要从远方观看才能知道。几朵芙蓉花在云霄中盛开，九天的屏嶂好像排列着旌旗。如华山一样高应该不会惭愧，名字次于匡庐，稍显低卑。李白还是具

观九华龙潭

飞流三百丈,濆洞秘灵湫。峡坼开雷斧,天虚下月钩。化形时试钵,吐气或成楼。吾欲鞭龙起,为霖遍九州。

庐山东林寺次韵

东林日暮更登山,峰顶高僧有兰若。云萝磴道石参差,水声深涧树高下。远公学佛却援儒,渊明嗜酒不入社。我亦爱山仍恋官,同是乾坤避人者。我歌白云听者寡,山自点头泉自泻。月明壑底忽惊雷,夜半天风吹屋瓦。

又次邵二泉韵

昨游开元殊草草,今日东林游始好。手持苍竹拨层云,直上青天招五老。万壑笙竽松籁哀,千峰掩映芙蓉开。坐俯西岩窥落日,风吹孤月江东来。

莫向人间空白首,富贵何如一杯酒。种莲栽菊两荒凉,惠远陶潜骨同朽。乘风我欲还金庭,三洲弱水连沙汀。他年海上望庐顶,烟际浮萍一点青。

有慧眼,在九华山题写后,竟然难于改动了。

观九华龙潭

飞流而下有三百丈长,虚空混沌隐藏了有神灵的水池。峡谷裂开像是雷斧劈开一样,天虚星下挂着钩月。有时试钵来道化形状,吐气有的成为楼房。我想要把龙用鞭子赶起,为了让九州普降霖雨。

庐山东林寺次韵

在东林日暮时分,登山探访,山峰上的高僧有寺庙。云中的藤萝铺满了石道,石头参差不平,树木分布的有高有低,山涧中的水声很深。惠远公学习佛道却求助于儒学,陶渊明喜欢喝酒,但不加入村社。我爱好山色,仍然迷恋做官,一同是乾坤之中躲避名利的人。我歌唱白云,听者很少,山自己点头,泉水自己流泻。月亮明灿灿的,山沟底忽然一声惊雷,半夜天边来风吹去了屋上的瓦片。

又次邵二泉韵

昨天草草地游览了开元寺,今天要好好地游一下东林。手里拿着苍竹,拨开层层云雾,直上到青天,招呼五老。石壑之中的旌旗、竹竿,松籁悲哀,千峰掩映着开放的芙蓉花。坐着俯视西岩的落日,风从江东吹来,一轮孤月独照。

不要在人间空空地白头,富贵如何能比得上一杯酒。在荒凉之地栽菊种莲,惠远与陶潜的风骨都会一同腐烂。我想乘风归去回到金庭,三洲的弱水连起了沙汀。他年在海上观望庐山

远公讲经台

远公说法有高台,一朵青莲云外开。台上久无狮子吼,野狐时复听经来。

太平宫白云

白云休道本无心,随我迢迢度远岑。拦路野风吹蹔断,又穿深树候前林。

书九江行台壁

九华真实是奇观,更是庐山亦耐看。幽胜未穷三日兴,风尘已觉再来难。眼余五老晴光碧,衣染天池积翠寒。却怪寺僧能好事,直来城市索诗刊。

又次李佥事素韵

省灾行近郊,探幽指层麓。回飚振玄冈,颓阳薄西陆。菑田收积雨,禾稼泛平绿。取径历村墟,停车问耕牧。清溪厉月行,瞑洞披云宿。淅米石涧溜,斧薪涧底木。田翁来聚观,中宵尚驰逐。将迎愧深情,疮痍惭抚掬。幽枕静无寐,风泉朗鸣玉。虽缪真诀传,颇苦尘缘熟。终当遁名山,炼药洗凡骨。缄辞谢亲交,流光易超忽。

的峰顶，在烟雾之际，像浮萍一样现出一点青色。

远公讲经台

惠远公有座高台可以说法讲经，一朵青莲花在云外开放。高台上很长时间没有狮子的吼叫，野狐有时前来听讲经学。

太平宫白云

不要说白云本来没有心，跟随我迢迢地越过远山。野风把道路阻拦、隔断了，又穿过深深地树林，在前面等候。

书九江行台壁

九华山真是人间奇特的景观，庐山的景色也十分耐人欣赏。三日也没有尽兴，探幽揽胜，旅途的劳累已让人感觉再次前来很是困难。眼前空余有五老峰的碧绿景象，在天池中染了衣服，积淀了翠寒。却怪寺庙里的僧人多事，直接来到城市里向人索要诗刊。

又次李佥事素韵

勘察灾情到了近郊，到层层山麓探求幽静。回旋的大风把山冈吹动了，颓废的夕阳日薄西山。初耕的田地吸收着积水，庄稼泛起了平平的绿色。从村市上取道经过，停下车来，询问耕种和牧畜的情况。清清的溪水随月亮穿行，瞑瞑洞中披着云彩入睡。在涧水的石头中间淘米，在涧底用斧头砍伐木头。田间老翁前来相聚观看，半夜还在驱逐奔驰。将来迎接，使我惭愧于这种深情厚意，疮痍将渐渐地抚平、弥合。在静静夜里，睡不着

繁昌道中阻风二首

阻风夜泊柳边亭,懒梦还乡午未醒。卧稳从教波浪恶,地深长是水云冥。入林沽酒村童引,隔水放歌渔父听。颇觉看山缘独在,蓬窗刚对一峰青。

东风漠漠水潒潒,花柳沿村春事殷。泊久渔樵来作市,心闲麋鹿渐同群。自怜失脚趋尘土,长恐归期负海云。正忆山中诗酒伴,石门延望岁斜曛。

江边阻风散步至灵山寺

归船不遇打头风,行脚何缘到此中?幽谷余寒春雪在,虚檐斜日暮江空。林间古塔无僧住,花外仙源有路通。随处看山随处乐,莫将踪迹叹萍逢。

泊舟大同山溪间诸生闻之有挟册来寻者

扁舟经月往林隈,谢得黄莺日日来。兼有清泉堪洗耳,觉,风中的泉水发出朗朗的玉鸣声。真诀虽然误传,但是颇苦了尘缘十分熟悉的人。终归应当逃循到名山之中,炼药洗我凡人的骨头。用书信告别各位亲友,时光如流水一样,容易迅速消失。

繁昌道中阻风二首

　　被风所阻,夜里停泊在柳树边的亭子里,梦中回乡,疏懒地到中午还没有清醒过来。安稳地躺卧,任凭世间波浪险恶,土地深处经常是水云冥冥的地方。到林中买酒,有村童带路,隔着水面唱歌,渔父在听。很是觉得独有欣赏山色的缘分存在,蓬窗正对着一座青翠的山峰。

　　东风密布拢集,水在流动,花朵与柳树沿着村庄,到了春天变得繁忙。停泊久了,渔翁和樵夫前来做买卖,心闲时的麋鹿渐渐同群了。自觉可惜失足,奔赴尘世,常常害怕回归的时间要辜负了海边的云。正在回忆山中作诗饮酒的伙伴,在石门望去,斜阳有几道落日的光线。

江边阻风散步至灵山寺

　　回家船儿没有遇着打头风,散步有什么原因到寺中?深深的山谷还有未化尽的春雪散着余寒,空旷的房檐西去的落日斜挂,傍晚的江上空茫一片。林间的古塔已无僧人居住,花源仙境有路相通。随处观看山景随处生乐,不要将游览踪迹看作萍水相逢。

泊舟大同山溪间诸生闻之有挟册来寻者

　　扁舟几个月来在林间水流处停留,黄莺令人感谢他们天天更多修竹好衔盃。诸生涉水携诗卷，童子和云扫石苔。独奈华峰隔烟雾，时劳策杖上崔嵬。

岩下桃花盛开携酒独酌

　　小小山园几树桃，安排春色候停桡。开樽旋扫花阴雪，展席平临松顶涛。地远不须防俗驾，溪晴还好着渔舠。云间石路稀人迹，深处容无避世豪。

白鹿洞独对亭

　　五老隔青冥，寻常不易见。我来骑白鹿，凌空陟飞巘。长风卷浮云，褰帷始窥面。一笑仍旧颜，愧我鬓先变。我来尔为主，乾坤亦邮传。海灯照孤月，静对有余眷。彭蠡浮一觞，宾主聊酬劝。悠悠万古心，默契可无辨。

丰城阻风　前岁遇难于此得北风幸免

　　北风休叹北船穷，此地曾经拜北风。勾践敢忘尝胆地，齐威长忆射钩功。桥边黄石机先授，海上陶朱意颇同。况是倚门衰白甚，岁寒茅屋万山中。

飞来。还有清澈的泉水可以洗耳，而且那么多细长的竹子可以方便饮酒。各位门生携带书籍、诗卷涉水而来，童子和着云彩，扫去石上的青苔。唯独无奈华峰还隔着烟雾，经常劳累要拄着手杖攀登这高而陡峭的山。

岩下桃花盛开携酒独酌

小小的山园中有几株桃树，等候着停船来安排春色。打开酒壶，很快扫去花阴的雪，展开席子，靠近松树顶发出波涛般的声音。地方遥远，不须防止有俗人的驾临，溪水清澈，很适合钓鱼。云间的小路上人迹稀少，深远的地方会没有避世的豪杰。

白鹿洞独对亭

五老峰隔着青天，平常不容易见到。我骑着白鹿前来，凌跨长空，越过山峰。长风把浮云卷了起来，撩起帷帐才看到一面。笑起来还是旧日的容颜，惭愧我却先衰老了。我来你是主人，乾坤也由你传送。海上的灯光照着孤独的明月，静静看着，有余留的眷念。彭蠡浮起一只酒杯，宾主聊天、相互劝酒。万古悠悠与心相契，没有争辩。

丰城阻风　前岁遇难于此得北风幸免

北风不要感叹把北行的船阻隔了，在此地曾经拜谢过北风。勾践怎么能忘记卧薪尝胆的地方，齐威王常常想起射钩的功劳。在桥边黄石公有天机传授，海上的陶朱公用意颇为相同。何况是倚着门梁，衰老体弱，住在万山中寒冷的茅屋里。

江上望九华不见

五旬三过九华山,一度阴寒一度雨。此来天色稍晴明,忽复昏霾起亭午。平生山水最多缘,独此相逢容有数。人言此山天所秘,山下居人不常睹。蓬莱涉海或可求,瑶水昆仑俱旧游。洞庭何止吞八九,五岳曾向囊中收。不信开云扫六合,手扶赤日照九州。驾风骑气觉八极,视此琐屑真浮沤。

江施二生与医官陶埜冒雨登山人多笑之戏作歌

江生施生颇好奇,偶逢陶埜奇更痴。共言山外有佳寺,劝予往游争顾随。是时雷雨云雾塞,多传险滑难车骑。两生力陈道非远,埜请登高观路岐。三人冒雨陟冈背,既仆复起相牵携。同侪哗笑招之返,奋袂径往凌嶔崎。归来未暇顾沾湿,且说地近山迳夷。青林宿霭渐开雾,碧巘绛气浮微曦。津津指譬在必往,兴剧不到傍人嗤。予亦对之成大笑,不觉老兴如童时。平生山水已成癖,历深探隐忘饥疲。年来世务颇羁缚,逢场遇境心未衰。埜本求仙志方外,两生学士亦尔为。世人趋逐但声利,赴汤踏火甘倾危。解脱尘嚣事行乐,尔辈狂简翻见讥。归与归与吾与尔,阳明之麓终尔期。

江上望九华不见

　　五旬里三次经过九华山,一次天气阴冷严寒,一次下雨。这次前来天色稍稍放晴了一些,忽然昏暗的云彩又在正午时分升起。平生中与山水有很多缘分,唯独与这座山的相逢寥寥可数。人们说这座山上是天所神秘之地,山下居住的人们一般不经常看到。涉海过去访寻蓬莱岛也许可以实现,瑶池与昆仑都是旧地重游;洞庭湖何止吞去了八九次,五岳也曾经如囊中之物探收。不相信打开云来扫六合,手扶着红太阳照耀神州大地。驾着长风、骑着仙气,览取八极,把琐屑之事看作是漂浮的水泡。

江施二生与医官陶埜冒雨登山人多笑之戏作歌

　　江生和施生十分好奇,偶然遇到陶埜,奇怪又加深了。共同说山外有座佳寺,劝我去游览,争着愿意随从前往。那时候雷雨大作,云雾塞集,很多人说道路危险光滑,很难行车骑马。两名书生尽力说明道路不太遥远,陶医官请登高观看道路的分歧。三个人冒着雨攀登,已经跌倒在地,又起身扶携着前行。同辈之人笑他们,招呼他们返回,挽起袖子,奋起前往攀登险峭的山峰。回来后没有来得及顾到衣服湿了,就说路很平坦安全,地点很近。青青树林中雾霭渐渐散开,碧绿山峰,绛气在微曦时分浮起来。津津有味地要前往观看,兴致很高,倒不怕旁人会嗤笑。我也对着他们大笑起来,不知不觉回到了童年时光。平生已经养成了对山水的癖好,探险访幽,忘记了饥饿与疲劳。几年来被世上的事束缚羁绊,逢到如此境界,心未衰老。陶埜本来在方外求志寻仙,两名书生也是这样的作为。世人争相夺取功名利禄,赴汤蹈火,不怕危险。脱离尘世的喧嚣,及时行乐,你

游九华道中

微雨山路滑,山行入轻舟。桃花夹岸迷远近,回恋叠嶂盘深幽。奇峰应接劳回首,瞻之在前忽在后。不道舟行转屈曲,但怪青山亦奔走。薄午雨雾云亦开,青鞋布袜无尘埃。梅蹊柳径度村落,长松白石穿林隈。始攀风磴出木杪,更俯悬崖听瀑雷。乱山高顶藏平野,茆屋高低自成社。此中那得有人家,恐是当年避秦者?西岩日色渐欲下,且向前林秣吾马。世涂独隘不可居,吾将此地营兰若。

芙蓉阁

九华之山何崔嵬,芙蓉直傍青天栽。刚风倒海吹不动,大雪裂地冻还开。夜半峰头挂明月,宛如玉女临妆台。我拂沧海为图画,题诗还愧谪仙才。

们这些人志向远大而行事粗略,反而受到讥笑。回去吧,回去吧!我与你们一起归去!你们终要在阳明山上相遇期会。

游九华山道中

雨很小,山路滑滑的,驾轻舟在山中游玩。桃花开满了两岸,迷失了远近,山峰盘旋回转,幽深奇特。奇峰让人接连回首观看,望着山在前面,忽然到了身后。不说船在弯曲行走,只埋怨青山也在奔走。薄近中午下雾后,云也散了,青鞋和布衫上没有尘埃。长满梅花、柳树的路径经过村落,长松与白石穿过林间水流转弯处。开始攀登山峰,拿出木杖,更要俯身在悬崖上听瀑布如雷之声。高高山顶上隐藏着平坦的原野,茅屋高低不同,自己排列成村社。这里面哪能有人家居住,恐怕是当年躲避暴秦的人?西边山上太阳快要落下去,暂且到前面树林中喂我的马。世涂浑浊险隘,不可居留,我要将在这片土地营建寺庙。

芙蓉阁

九华山为什么那么高大险峻?好似芙蓉紧紧地依偎着青天栽种。刚硬的大风翻山倒海,却吹不动芙蓉,大雪把大地裂开了,芙蓉冻后又开放。夜半时分,峰头挂着一轮明月,好像玉女坐在化妆台前。我拂拭沧海,作成图画,题写诗篇,还愧疚没有李白的才气。

重游无相寺次韵四首

其一

游兴殊未尽,尘寰不可留。山青只依旧,白尽世间头。

其二

人迹不到地,茆茨亦数间。借问此何处,云是九华山。

其三

拔地千峰起,芙蓉插晓寒。当年看不足,今日复来看。

其四

瀑流悬绝壁,峰月上寒空。鸟鸣苍磵底,僧往白云中。

登莲花峰

莲花顶上老僧居,脚踏莲花不染泥。夜半花心吐明月,一颗悬空黍米珠。

重游无相寺次旧韵

旧识仙源路未差,也从谷口问桃花。屡攀绝栈经残雪,几度清溪踏月华。虎穴相怜多异境,鸟飞不到有僧家。频来

其一

游览的兴致还没有耗尽,尘寰之中不可久留。山还是以前那么青,只是白了世间人的头。

其二

人的足迹走不到的地方,茅草屋也有几间。借问人们这是什么地方?人们回答说这里是九华山。

其三

千座山峰拔地而起,芙蓉花插在拂晓的寒意之中。当年没有看够,今天重新前来观赏。

其四

瀑布从悬倒的绝壁上倾泻下来,峰头上的月亮挂在寒冷的空中。鸟儿在苍茫的山谷底部鸣叫,僧人往来白云之中。

登莲花峰

老僧人在莲花峰的山顶上居住,脚踏莲花却不沾泥土。夜半时分,花心吐露出明月,悬在空中,像一颗黍米大小的珍珠。

重游无相寺次旧韵

以前知道仙源的道路,没有搞错,也曾经在谷口处询问桃花源的地点。屡次经过残留的雪来攀登绝险的栈道,几度在月

休下仙翁榻，只借峰头一片霞。

登云峰望始尽九华之胜因复作歌

　　九华之峰九十九，此语相传俗人口。俗人眼浅见皮肤，焉测其中之所有？我登华顶拂云雾，极目奇峰那有数。巨壑中藏万玉林，大剑长鎗攒武库。有如智者深韬藏，复如淑女避谗妒。睹然避世不求知，卑己尊人羞逞露。何人不道九华奇？奇中之奇人未知。我欲穷搜尽拮出，秘藏恐是天所私。旋解诗囊旋收拾，脱颖露出锥参差。从来题诗李白好，渠于此山亦潦草。曾见王维画辋川，安得渠来拂纤缟？

双峰遗柯生乔

　　尔家双峰下，不见双峰景。如锥处囊中，深藏未脱颖。盛德心愈卑，幽人迹多屏。悠然望双峰，可以发深省。

光下涉过清清的溪水。与虎穴相邻，有许多特异的境界，鸟儿飞不到的地方有僧人的房舍。频频前来，不要在仙翁的床榻上休息，只需向峰头借一片云霞便可以了。

登云峰望始尽九华之胜因复作歌

　　九华山有九十九座山峰，这种说法在俗人的口中流传。俗人的眼光短浅，只看到皮毛，怎么能知道其中的究竟？我登上九华山顶抚摸云雾，放眼望去，奇特的山峰哪有固定的数目。巨大山壑中藏着万棵玉林，大剑、长枪，堆积而成武器库。好像有智慧的人深藏不露，又好像淑静少女躲避谗言谣传。悄悄地避开尘世，不要求被人了解，以自己为卑下，以他人为尊贵，惭愧害羞外露。哪个人不说九华山的风景奇特？奇特中的奇特，人们不知道。我想把它全部发掘出来，恐怕山上的神秘所藏是上天私有的东西。很快解开诗囊，又很快地收拾，脱颖而出，暴露出参差不齐的锥子。李白的题诗从来是最好的，他关于此山的诗作也很潦草。我曾经看到过王维画的辋川风景，怎么能够让他来在生绢上画一幅？

双峰遗柯生乔

　　你的家在双峰下，看不到双峰的景色。好像一把锥在囊中一样，深藏其中，没有脱颖而出。道德愈昌盛，心绪愈加谦卑，幽居人的踪迹许多被遮掩了。悠然自在地远望双峰，可以好好地沉思一番。

归途有僧自望华亭来迎且请诗

方自华峰下,何劳更望华?山僧援故事,要我到渠家。自谓游已至,那知望转佳。正如酣醉后,醒酒却须茶。

无相寺金沙泉次韵

黄金不布地,倾沙泻流泉。潭净长开镜,池分或铸莲。兴云为大雨,济世作丰年。纵有贪夫过,清风自洒然。

夜宿天池月下闻雷次早知山下大雨三首

昨夜月明峰顶宿,隐隐雷声在山麓。晓来却问山下人,风雨三更卷茆屋。

野人权作青山主,风景朝昏颇裁取。岩傍日脚半溪云,山下雷声一村雨。

天池之水近无主,木魅山妖竞偷取。公然又盗山头云,去向人间作风雨。

文殊台夜观佛灯

老夫高卧文殊台,拄杖夜撞青天开。散落星辰满平野,山僧尽道佛灯来。

归途有僧自望华亭来迎且请诗

刚从华峰下来,何必再劳驾到望华亭?山中的僧人讲述过去的事情,邀请我去他家中做客。自己以为游玩的已经尽兴了,哪里知道转过去景色更佳。正好像喝酒大醉后,要醒酒还须用茶水。

无相寺金沙泉次韵

黄金不在地上散布,沙子倾泻,泉水流动着。潭水净净的,像一面经常打开的镜子,水池分布或许铸造莲花。云朵兴起,下起了大雨,救济时世,创造丰年。纵使有贪求的人路过,在清风下自会肃然起敬。

夜宿天池月下闻雷次早知山下大雨三首

昨天夜里月光明亮,我在山顶住宿,听见山麓隐隐约约地有打雷的声音。早晨起来询问山下的人,原来是三更时的风雨把茅屋给卷起来了。

野人权且作青山的主人,风景在早晨和黄昏十分不同,可以选择。山崖依偎在太阳脚下,半山的溪水有云笼罩着,而山下雷声连连,村里下起了雨。

天池的水最近没有主人,木鬼和山妖争相偷偷来夺取。又公然夺去山顶上的云朵,带到人间做起了一阵风雨。

文殊台夜观佛灯

老夫在文殊台上卧躺着,拄着手杖,在夜间把天撞开了。星辰散落下来,铺满平坦的原野,山中的僧人都说是佛灯到来了。

书汪进之太极岩二首

　　一窍谁将混沌开,千年样子道州来。须知太极元无极,始信心非明镜台。

　　始信心非明镜台,须知明镜亦尘埃。人人有个圆圈在,莫向蒲团坐死灰。

劝酒

　　平生忠赤有天知,便欲欺人肯自欺?毛发暗从愁里改,世情明向笑中危。春风脉脉回枯草,残雪依依恋旧枝。谩对芳樽辞酩酊,机关识破已多时。

重游化城寺二首

　　爱山日日望山晴,忽到山中眼自明。鸟道渐非前度险,龙潭更比旧时清。会心人远空遗洞,识面僧来不记名。莫谓中丞喜忘世,前途风浪苦难行。

　　山寺从来十九秋,旧僧零落老比丘。檐松尽长青冥干,瀑水犹悬翠壁流。人住层崖嫌洞浅,鸟鸣春磵觉山幽。年来别有闲寻意,不似当时孟浪游。

书汪进之太极岩二首

　　谁一下子把混沌给打开了,千年的样子产生了道州。要知道太极是从无极元始起源的,开始相信心灵本不是明镜台。

　　开始相信心灵不是明镜台,要知道明镜也是尘埃。每个人都有一个圆圈,不要坐在蒲团上沉空守寂。

劝酒

　　平生忠心赤诚,有上天知晓,就要欺骗他人,肯自我欺骗吗?毛发随着愁伤偷偷地改变,世态人情明明是在笑中,却很危险。春风温情脉脉地催醒了枯萎的小草,残雪还依依不舍地怀恋着旧日的枝条,不要对酒樽推辞说已经喝醉,识破机关已经有很长时间了。

重游化城寺二首

　　喜爱山色,每天都希望山中放晴,到了山的中间,眼前忽然明亮起来。鸟道已经慢慢地没有以前危险,龙潭的水比早的时候更加清澈了。人离去,洞中空了,心意仍然相通,僧人前来,记得面容,却叫不上名字。不要说中丞喜欢超脱现世,前途会有很多风浪,行进会很困难。

　　山中的寺庙从我上一次来已过十九个秋天,旧日的僧人已经零落变成老和尚。房檐前的松树很高,使天空也变青了,瀑布的水流依旧挂在翠绿石壁上。人们住在层层山崖上,嫌山洞太浅,鸟儿在山涧中鸣叫,显得山里很幽静。这一次前来有闲寻找意境,不像当年像孟浪似的游玩。

游九华

九华原亦是移文,错怪山头日日云。乘兴未甘回俗驾,初心终不负灵均。紫芝香煖春堪茹,青竹泉高晚更分。幽梦已分尘土累,清猿正好月中闻。

弘治壬戌尝游九华值时阴雾竟无所睹至是正德庚辰复往游之风日清朗尽得其胜喜而作歌

昔年十日九华住,云雾终旬竟不开。有如昏夜入宝藏,两日无睹成空回。每逢好事谈奇胜,即思策蹇还一来。频年驱逐事兵革,出入贼垒冲风埃。恐恐昼夜不遑息,岂复山水能徘徊?鄱湖一战偶天幸,远随归凯停江隈。是时军务颇多暇,况复我马方虺隤。旧游诸生亦群集,遂将童冠登崔嵬。先晨霏霭尚瞑晦,却疑山意犹嫌猜。肩舆一入青阳境,忽然白日开西岭。长风拥彗扫浮阴,九十九峰如梦醒。群峦踊跃争献奇,儿孙俯伏摩其顶。今来始识九华面,恨无诗笔为传影。层楼迭阁写未工,千朵芙蓉抽玉井。怪哉造化亦安排!天下奇山此兼并。揽衣登高望八荒,双阙下见日月光。长江如带绕山麓,五湖七泽皆陂塘。蓬瀛海上浮拳石,举足可到虹可梁。仙人为我启阊阖,鸾轩鹤驾纷翱翔。从兹脱屣谢尘世,飘然拂袖凌苍苍。

游九华

　　九华原来也是《北山移文》中的那座山，我错怪了山头上每天漂着的白云。乘着兴致还没有回避摆脱俗人的车驾，当初的心意终归不负于屈原。紫色灵芝到了春暖时香气逼人，可以食用，青竹泉到了晚上声音更分明了。幽静的梦已经解除了不少在尘世的劳累，正好在月亮中听到猿猴那清脆的叫声。

弘治壬戌尝游九华值时阴雾竟无所睹至是正德庚辰复往游之风日清朗尽得其胜喜而作歌

　　以前在九华山上住了十天，云雾竟然十天的时间也没有散开。好像昏沉沉夜色中进入宝藏中一样，两天里没有看到，空手而回。每次遇到好事，谈论奇特名胜时，就想到还要骑驴前来一趟。几年来带兵征战，频繁奔波，出入群贼之地，惊动风埃。恐怕自己昼夜里不能安闲休息，哪能在山水处反复徘徊呢？鄱阳湖一战偶然有幸，随军队班师回朝，在江边上停靠。那时候军务不太紧张，有不少空暇，何况我的马又疲劳生病。以前出游的各位门生又聚集在一起，于是便决定带着童仆攀登高山。早晨云雾霭霭，还比较晦暗，却怀疑山的意思颇令人思量。轿子一进入青阳境内，忽然西面的山岭上天色大晴。长风像扫帚一般扫去浮云，九十九座山峰仿佛大梦方醒。群山争先恐后地展示奇景，儿孙们俯身伏下抚摩它们的头顶。今天前来才知道九华山的真面目，只遗憾没有诗笔为之传声流影。层楼叠阁，我还没有写完，千朵芙蓉花从玉井中抽出来。造化这样安排真是奇怪！这座山兼容了天下山的奇特精妙。揽起衣衫，登高远望八荒，向下看到城阙映照着日月的光辉。长江像彩带一样把山环绕起来，

岩头闲坐漫成

尽日岩头坐落花,不知何处是吾家?静听谷鸟迁乔木,闲看林蜂散午衙。翠壁泉声穿乱石,碧潭云影透晴沙。痴儿公事真难了,须信吾生自有涯。

将游九华移舟宿山寺二首

其一

逢山未惬意,落日更移船。峡寺缘溪迳,云林带石泉。钟声先度岭,月色已浮川。今夜岩房宿,寒灯不待悬。

其二

维舟谷口傍烟霏,共说前冈石径微。竹杖穿云寻寺去,藤筐采药带花归。诸生晚佩联芳杜,野老春霞缀衲衣。风咏不须沂水上,碧山明月更清辉。

五湖七泽都小似水塘。海上的蓬莱岛和瀛台好像海上浮着拳大的石头,举足便可以到达,长虹可作桥梁。仙人为我开启了天宫之门,鸾鸟与仙鹤的车驾纷纷翔飞护航。从此之后,脱去束缚,谢别尘世,飘然拂拂衣袖,在苍空之中凌越飞翔。

岩头闲坐漫成

山崖上每天坐着看落花,不知什么地方是我的家乡?静静听着山谷中鸟儿的鸣叫,迁到乔木间去,悠闲时看着林中的山蜂散到午衙中。翠绿的石壁,泉水穿过凌乱的石头发出声音,碧绿的潭水映着云的影子透着晴明的沙子。公事真是难以做完,也应当相信我的生命是有限的。

其一

遇到山没有尽兴惬意,落日时就移走了船只。沿着溪水可达山峡中的寺庙,云林中还带着石泉的声音。钟声先来越过了山峰,月色已经浮在了河上。今天夜里在山崖上的房子里休息,不用悬挂那寒冷的灯。

其二

在山谷中停着舟船,依傍着烟雾霏霏,都说前面山冈上石头路微小。挂着竹拐杖穿过云去寻找寺庙,背着藤筐,采药带花而归。诸位书生在晚上佩戴着连结起来并散发芳香的杜蘅花,春天的云霞点缀了村野老人的衣服。不须在沂水上风雅咏吟,

登云峰二三子咏歌以从欣然成谣二首

淳气日凋薄，邹鲁亡真承。世儒倡臆说，愚瞽相因仍。晚途益沦溺，手援吾不能。弃之入烟霞，高历云峰层。开茅傍虎穴，结屋依岩僧。岂曰事高尚？庶免无予憎。好鸟求其侣，嘤嘤林间鸣。而我在空谷，焉得无良朋？飘飘二三子，春服来从行。咏歌见真性，逍遥无俗情。各勉希圣志，毋为尘所萦！

深林之鸟何间关？我本无心云自闲。大舜亦与木石处，醉翁惟在山水间。晴窗展卷有会意，绝壁题诗无厚颜。顾谓从行二三子，随游麋鹿俱忘还。

有僧坐岩中已三年诗以励吾党

莫怪岩僧木石居，吾侪真切几人如？经营日夜身心外，剽窃糠粃齿颊余。俗学未堪欺老衲，昔贤取善及陶渔。年来奔走成何事？此日斯人亦起予。

碧绿山峰上的明月更多清亮的光辉。

登云峰二三子咏歌以从欣然成谣二首

朴实淳厚的风气一天天凋落浅薄，邹鲁圣人没有真正的继承者。世上的儒生提倡的都是臆断的学说，愚人、瞎子却转相沿袭听从。晚年的路途更加沉沦沉陷，用手帮助我却不能做到。丢进烟霞之中，高高地经过了层层云峰。在虎穴旁边建起茅房，依偎着山中僧人建造房屋。难道说事业高尚吗？还是希望免去对我的憎恨。好鸟追求寻找伴侣，在树林间嘤嘤地鸣叫。而我在空旷的山谷中，怎么能没有好朋友？二三位朋友穿着春服，飘然相从而来。咏谈诗歌，看到了真正的性情，逍遥自在，没有世俗的情调。要各自勉励，要继承发扬圣人志向，千万不能为尘世所累！

深林中的鸟儿为何时而鸣叫？我本无心，云自在悠闲。大舜也在与木石相处，醉翁只在山水之间。晴朗的窗前，展开书卷，可以领会感悟，在绝峭石壁上题诗没有惭愧。回头对一起前来的二三位朋友说，随游的麋鹿都忘了归去。

有僧坐岩中已三年诗以励吾党

不要怪罪山中僧人在木石中安居，我的同辈中有几人如此真切呢？日夜经营身心之外的事务，剽窃盗取秕糠，丢尽了脸面。世俗的学问未能欺骗老衲，昔日的贤人到陶渔取善。几年来四处奔波，成就了什么事？这天这个人也启发了我。

春日游齐山寺用杜牧之韵二首

即看花发又花飞,空向花前叹式微。自笑半生行脚过,何人未老乞身归?江头鼓角翻春浪,云外旌旗闪落晖。羡杀山中麋鹿伴,千金难卖芰荷衣。

倦鸟投枝已乱飞,林间暝色渐霏微。春山日暮成孤坐,游子天涯正忆归。古洞湿云含宿雨,碧溪明月弄清晖。桃花不管人间事,只笑山人未拂衣。

重游开元寺戏题壁

中丞不解了公事,到处看山复寻寺。尚为妻孥守俸钱,至今未得休官去。三月开花两度来,寺僧倦客门未开。山灵似嫌俗士驾,溪风拦路吹人回。君不见富贵中人如中酒,折腰解醒须五斗?未妨适意山水间,浮名于我亦何有?

贾胡行

贾胡得明珠,藏珠剖其躯。珠藏未能有,此身已先无。轻己重外物,贾胡一何愚?请君勿笑贾胡愚,君今奔走声利途。钻求富贵未能得,役精劳形骨髓枯。竟日惶惶忧毁誉,终宵惕惕防艰虞。一日仅得五升米,半级仍甘九族诛。胥靡接踵略无悔,请君勿笑贾胡愚!

春日游齐山寺用杜牧之韵二首

　　看到花儿开放又马上飞落,空空地面对着花儿感叹衰微。自己笑道半辈子行脚过,是谁没有衰老就乞求回乡?江头上号角鼓起,春浪翻滚,云外的旌旗上闪落着太阳的光辉。美慕死了山中结伴的麋鹿,千金也难买一身荷花衣。

　　疲倦的鸟儿投身到枝头,凌乱地飞翔,林间的夜色渐深,云雾散去。在春天的山中,日暮时分,孤身坐着,天涯的游子正想念着回归故里。古洞中有湿湿的云偕同夜雨,碧溪中的明月放出清亮光辉。桃花不过问人间的事情,只笑山人没有拂拭衣服。

重游开元寺戏题壁

　　中丞不去了解,断理公事,到处游山、又寻寺庙。还为妻儿拿着俸禄,至今还没有罢官而去。三月花开时两度前来,寺中僧人为客人所扰,没有开门。山中的神灵仿佛嫌弃俗人来到,溪水边上的风挡着道路,要把人吹回去。你没有看见高贵之人像醉酒一样,折腰醒酒还要五斗?不妨在山水间随意游览,浮名对我来说又有什么?

贾胡行

　　贾胡得到一颗明珠,剖开身体后藏珠在里面。藏的宝珠没有得到,命已经先没有了。轻视自身,重视外物,贾胡是何等的愚昧无知?请你不要嘲笑贾胡愚笨!你现在在名利道路上奔波而走。拼命追求富贵而不成功,劳神伤心,精疲力竭。终日惶惶不可安生,害怕名誉受毁,夜里害怕,警惕有危险发生。一天只得到五升米,升官半级还要承受九族诛杀的危险。罪行接踵而来,一点儿不后悔,请你不要嘲笑贾胡愚笨啦!

送邵文实方伯致仕

君不见坿下鸡,引类呼群啄且啼,稻粱已足脂渐肥,毛羽脱落充庖厨。又不见笼中鹤,敛翼垂头困牢落,笼开一旦入层云,万里翱翔从廖廓。人生山水须认真,胡为利禄缠其身?高车驷马尽桎梏,云台麟阁皆埃尘。鸱夷抱恨浮江水,何似乘舟逸海滨?舜水龙山予旧宅,让公且作烟霞伯。拂衣便拟逐公回,为予先扫峰头石。

纪梦 并序

正德庚辰八月廿八夕,卧小阁,忽梦晋忠臣郭景纯氏以诗示予,且极言王导之奸。谓"世之人徒知王敦之逆,而不知王导实阴主之。"其言甚长,不能尽录,觉而书其所示诗于壁,复为诗以纪其略。

嗟乎!今距景纯若干年矣。非有实恶深冤郁结而未暴,宁有数千载之下,尚怀愤不平若是者耶?

秋夜卧小阁,梦游沧海滨。海上神仙不可到,金银宫阙高嶙峋。中有仙人芙蓉巾,顾我宛若平生亲。欣然就语下烟雾,自言姓名郭景纯。携手历历诉衷曲,义愤感激难具陈。切齿尤深怨王导,深奸老猾长欺人。当年王敦觊神器,导实阴主相缘夤。

送邵文实方伯致仕

你看不见那鸡窝里的鸡，招呼它们的同伴，啄食打鸣，吃稻粱吃饱了，渐渐肥大，毛羽被脱落，进入厨房中充当人食。又看不见那笼中的鹤，收敛羽翼，垂下头来，困在笼中失落，笼子开启一旦飞入云层中，在万里长空尽情飞翔。人生对山水要认真，怎么能让功名利禄缠身不放？高车与驷马都是桎梏，云台与鳞阁都是尘埃。伍子胥浮在江水上抱恨，哪能比得上乘船到海滨去呢？舜水龙山是我的旧房子，让你暂且作一次烟霞公。拂拭衣服便准备赶你归去，为我先扫一下峰顶的石头。

纪梦（并序）

正德十五年八月二十八日晚上，在小阁中卧眠，忽然梦见晋朝忠臣郭璞（字景纯）以诗来告诉我，并且强调说道王导的奸诈。他说："世上的人们只知道王敦的叛逆，而不知道王导才是阴谋的主使。"他的话很长，我没能全部记录下来，醒后把他告诉我的诗写在墙壁上，又做了一首诗记下其中大略。

唉！现在离郭景纯的年代已有好多年了。不是实在怨恨构成冤狱而没有公开解决，哪有数千年之久，还像他这样的人满怀愤慨不平呢？

秋天夜里在小阁中卧眠，梦中在沧海岸边游玩。海上的神仙不可见到，金银的宫阙高耸嶙峋。当中有裹着芙蓉巾的仙人，对我好像是平生中的亲人。高兴地从烟雾中下来与我说话，自称姓名为郭景纯。他与我携手诉说衷肠，愤慨激动，感动激奋难以详细陈述。尤其对王导咬牙切齿的痛恨，说他老奸巨猾，经常欺骗人们。当年王敦图谋皇位，王导实在是主谋指使。

不然三问三不答，胡忍使敦杀伯仁？寄书欲拔太真舌，不相为谋敢尔云。敦病已笃事已去，临哭嫁祸复卖敦。事成同享帝王贵，事败乃为顾命臣。几微急约亦可见，世史掩覆多失真。袖出长篇再三讲，觉来字字能书绅。开窗试抽《晋史》阅，中间事迹颇有因。因思景纯有道者，世移事往千余春。若非精诚果有激，岂得到今犹愤嗔？不成之语以箴戒，敦实气沮竟殒身。人生生死亦不易，谁能视死如轻尘？烛微先几炳《易》道，多能余事非所论。取义成仁忠晋室，龙逄龚胜心可伦。是非颠倒古多有，吁嗟景纯终见伸！御风骑气游八垠，彼敦之徒草木粪土臭腐同沉沦。

我昔明《易》道，故知未来事。时人不我识，遂传耽一技。一思王导徒，神器良久觊。诸谢岂不力，伯仁见其底。所以敦者备，罔顾天经与地义，不然百口未负托，何忍置之死？我于斯时知有分，日中斩柴市。我死何足悲？我生良有以。九天一人抚膺哭，晋室诸公亦可耻。举目山河徒叹非，携手登亭空洒泪。王导真奸雄，千载人未议。偶感君子谈中及，重与写真记。固知仓卒不成文，自今当与频谑戏，倘其为我一表扬，万世万世万万世。

不然的话，三问三不答，怎么能容忍王敦杀害了周顗（字伯仁）？写信时想要拔出太真的舌头，不参与谋划，敢如此说。王敦病重、大势已去，王导前来哀哭，又嫁祸出卖了王敦。如若事情成功了，两人一同享受帝王的尊贵；事情不成功，还可以作顾命大臣。微妙隐约也可以发现，正史进行掩盖遮蔽，有很多失真之处。袖中拿出长篇，再三审读，感觉到每个字都能写在绅带上，以示不忘。打开窗户，试着拿《晋书》来看，中间的记述很有因果。因而思念郭景纯是有道之人，世道变了事情已过去千余年。如果不是精诚所至，果真有激愤，怎么能够到现在还愤慨气恼？不成的语言以卜卦来戒忌，王敦心中有气竟然殒命。人生的生或死都不是容易的事，谁能够把死看作如轻微的尘土一样？看到苗头，研究《易经》之道，才能多样，不是所能议论的。取义成仁，忠于晋室，龙逄、龚胜的心可以类比。是非颠倒之事古代多有，感叹郭景终于伸张了正义！驾风骑气在八垠内游翔，像王敦之流只是草木粪土，发臭腐烂沉沦下去了。

昔日我理解《易经》中的道理，所以知道未来的事情。当时的人们不认识我，就传言我沉溺于这门技艺。一想起王导这些人，早就窥窃神器。诸位谢氏贵戚难道不效力，伯仁发现了其中的根底。王敦之所以为非作歹，不顾天经地义，不这样百人没有交付，怎么能忍心把他置于死地？我从中明白了几分道理，在正午被斩于柴市上。我死了又有什么悲哀的？我生来本是自然的，九天中只有一个人抚胸痛哭，晋朝王室的诸公也觉得可耻。举目俯瞰山河，只是感叹物是人非，携手登上亭子，空流眼泪。王导真是个奸雄，千年以来人们没有议论他的是非。偶然从与君子的谈话中生出感触，重新按真实的情况给他写传记。固然

右晋忠臣郭景纯自述诗,盖予梦中所得者,因表而出之。

无题

　　岩头有石人,为我下嶙峋。脚踏破履五十两,身披旧衲四十斤。任重致远香象力,餐霜坐雪金刚身。夜寒双虎与温足,雨后秃龙来伴宿。手握顽砖镜未光,舌底流泉梅未熟。夜来拾得遇寒山,翠竹黄花好共看。同来问我安心法,还解将心与汝安。

游落星寺

　　女娲炼石补天漏,璇玑昼夜无停走。自从堕却玉衡星,至今七政迷前后。浑仪昼夜徒揣摩,敬授人时亦何有?玉衡堕却此湖中,眼前谁是补天手。

游通天岩示邹陈二子

　　邹陈二子皆好游,一往通天十日留。候之来归久不至,我亦乘兴聊寻幽。岩扉日出云气浮,二子睎发登岩头。谷转始闻人语响,苍壁杳杳长林秋。嗒然坐我亦忘去,人生得休

知道仓促之间不能成文，今天的人看来要经常谑笑戏弄。如果能让我写成一番宣扬的话，姓名流芳于万世万世万万世。

以上是晋时忠臣郭景纯自己叙述成诗，都是在我的梦中记忆所得，因而发表公开出来。

无题

山崖头上有石人，为我从重叠不平的山上下来。脚踏石阶，把五十两重的鞋给磨破了，身上披着旧时有四十斤重的衣服。任重致远，如同香象有力，吃霜坐在雪中，练就金刚之身。寒冷的夜里两只老虎相互温暖我的脚，雨后有秃龙前来住宿为伴。手里握着顽硬的砖头，镜子不发光，梅子还没有长熟，舌底的口水便像泉水般流出了。夜里拾得遇到寒山，翠绿的竹林和黄色的花朵可以共同观看。同来的人问我安静心神的方法，还知道用心法，与你共同安静下来。

游落星寺

女娲炼成五彩石，来补天中的漏洞，北斗星在夜间不停地运行。自从玉衡星坠落下来后，到现在七政还经常迷失前后的方向。浑天仪昼夜只在揣摩测量，敬授人时又有什么呢？玉衡星在这个湖中坠落以后，眼前谁是补天的高手呢？

游通天岩示邹陈二子

邹姓、陈姓两位先生都喜欢游览，去通天岩一趟，就停留了十日。我等候他们到来，久久不归，我也乘高兴，聊作寻奇探幽。岩石门扉打开，太阳升起来，云气升腾，两位先生散着头发且复休。采芝共约阳明麓，白首无惭黄绮侪。

青原山次黄山谷韵

咨观历州郡，驱驰倦风埃。名山特乘暇，林壑盘萦回。云石缘欹迳，夏木深层隈。仰穷岚霏际，始睹台殿开。衣传西竺旧，构遗唐宋材。风松溪溜急，湍响空山哀。妙香隐玄洞，僧屋悬穷崖。扳依俨龙象，陟降临纬阶。飞泉泻灵窦，曲槛连云榱。我来慨遗迹，胜事多湮埋。邈矣西方教，流传遍中垓。如何皇极化，反使吾人猜？剥阳幸未绝，生意存枯荄。伤心眼底事，莫负生前盃。烟霞有本性，山水乞归骸。崎岖羊肠坂，车轮几倾催。萧散麋鹿伴，涧谷终追陪。恬愉返真淡，阒寂辞喧豗。至乐发天籁，丝竹谢淫哇。千古自同调，岂必时代偕？珍重二三子，兹游非偶来。且从山叟宿，勿受役夫催。东峰上烟月，夜景方徘徊。

登到了山崖上。到山谷转弯处听到了有人说话的声音,日暮的石壁幽暗,长长的树林秋意正浓。我坐在那里忘记了自我,也忘记了归去,人生找到休息的机会姑且休息。共同约好去阳明山麓采取灵芝,头发白了,却不羞与隐士夏黄公、绮里季为伴。

青原山次黄山谷韵

　　到各州郡考察,驱驰奔波,十分劳累。于是,特地抽出闲暇来游览名山,来到林壑之间盘回迂绕。云与石沿着奇曲的路径,夏天的树林层层叠叠在一起。仰视天空中云雾霏霏的边际,开始看得见台殿的门打开了。衣传西方天竺的旧学,构成遗留下来的唐宋之材。风吹过松林,溪水湍急地溜过,湍急水流的声音使空荡的山野哀叹。奇妙的香味隐在玄洞之中,僧人的房屋悬挂在高高的山崖上。依偎着简直像佛门龙象,险峻的台阶垂降下来。泉水飞泻而下,带着灵气,曲折的门槛连接着云橡子。我到来为遗留下的事迹而感慨,美好的事情大多都被埋没。西方的教派太遥远啦!流传遍布了大地。造化如何转变,反而使我们这些人加以猜测?群阴剥阳,幸好没有灭绝,生命还存有枯萎的草根。虽为眼前的事情而伤心,但不要辜负了生前的酒杯。烟雾云霞自有本性,乞求让骸骨归还山水。羊肠小道崎岖回转,车轮几次差一点摧破毁坏了。麋鹿群萧然散开了,山涧和山谷终归追着相陪。恬然欢愉,返回人生真性,寂静安然,辞别了尘世喧嚣。天籁之音,人生至乐,谢绝丝竹之音,不事诗歌。千古以来自会同调,难道一定要与时代同行吗?请你们二三位要多加珍重,这交游不是偶然前来。暂且与山中老翁同宿,不受役夫的催促。东峰上烟气升腾,明月高悬,正在夜景中徘徊。

睡起偶成

四十余年睡梦中,而今醒眼始朦胧。不知日已过亭午,起向高楼撞晓钟。

起向高楼撞晓钟,尚多昏睡正懵懵。纵令日暮醒犹得,不信人间耳尽聋。

立春

荒村乱后耕牛绝,城郭春来见土牛。家业苟存乡井恋,风尘先幸甲兵休。未能布德渐时令,聊复题诗写我忧。为报胡雏须远塞,暂时边将驻南州。

游庐山开元寺

清晨入谷到斜曛,遍历青霞蹑紫云。阊阖远从双剑辟,银河真自九天分。驱驰此日原非暇,梦想当年亦自勤。断拟罢官来驻此,不教林鹤更移文。

登小孤次陆良弼韵

看尽东南百二峰,小孤江上是真龙。攀龙我欲乘风去,高蹑层霄绝世踪。

睡起偶成

四十多年了一直在睡梦中,而今清醒过来,眼睛还睡意朦胧。不知道日子已经是过了正午,起来去高楼上撞敲报晓的大钟。

起身在高楼上敲报晓的大钟,还昏昏欲睡,正在懵懵状态之中。纵然令人在日暮时分睡醒也可以,不相信人间的耳朵全部都聋了。

立春

荒村经受战乱以后,耕牛绝迹了,城郭在春天到来的时候,看到了土牛。还存在着家业和对乡井的怀恋,风尘中最庆幸的是停止打仗。没有能够布传泽响推动社会风气,姑且再题诗记下我的忧愁。为了答复北方的人须要到远方的边塞上去,边防的将士暂时在南方的州郡驻扎。

游庐山开元寺

清晨进入山谷,一直到日斜光暗,到处历览青霞,踏着紫云。双剑从远处把天上的宫门打开,银河真的从九天开始分开。这一天奔波驱驰,原本没有空暇,梦想自己当年也很勤谨。断然准备罢官后到这里居住,不教林中的野鹤再传递文书。

登小孤次陆良弼韵

看尽了东南一百零二座山峰,小孤山在大江面上是真龙。攀登真龙,我想要乘风而去,高高地登上层层云霄上,与世隔绝。

月下吟三首

雾冷天清月更辉，可看游子倍沾衣。催人岁月心空在，满眼兵戈事渐非。方朔本无金马意，班超惟愿玉门归。白头应倚庭前树，怪我还期秋又违。

江天月色自清秋，不管人间底许愁。漫拟翠华旋北极，正怜白发倚南楼。狼烽绝塞寒初入，鹤怨空山夜未休。莫重三公轻一日，虚名真觉是浮沤。

依依窗月夜还来，渺渺乡愁坐未回。素位也知非自得，白头无奈是亲衰。当年竹下曾裘仲，何日花前更老莱？恳疏乞骸今几上，中宵翘首望三台。

月夜二首

高台月色倍新晴，极浦浮沙远树平。客久欲迷乡国望，乱余愁听鼓鼙声。湖南水潦频移粟，碛北风烟且罢征。濡手未辞援溺苦，白头方切倚闾情。

举世困酣睡，而谁偶独醒？疾呼未能起，瞠目相怪惊。反谓醒者狂，群起环斗争。洙泗辍金铎，廉洛传微声。谁鸣涂毒鼓？闻者皆昏冥。嗟尔欲奚为？奔走皆营营。何当闻此

月下吟三首

　　雾气冷冰冰的，天空清亮，月光更加辉灿，可曾看见游子又哭泣沾衣。岁月催人不能归去，只有心空空地存在，满眼是兵戈战事，事情渐渐变坏了。东方朔本来没有争金马之意，班超只希望从玉门回归。头发白了，应该倚靠着庭前的树木，怪罪我的归还之日在秋季不可实现了。

　　江面上月色从空中落下，秋季清爽，不管人间有多少哀愁。不要扔下翠华旗回到北极，可怜白发老人正倚在南楼之上。狼烟阻绝了边塞，寒气刚刚进入，仙鹤埋怨山中空荡荡的，夜间也没有停止。不要过分看重三公之名、轻视一日养亲之事，虚名对我而言真是浮动着的水泡。

　　月光在夜间还依依不舍来到窗前，乡愁渺渺，坐在那里未回去。尸位素餐，也知道不值得自得，无奈头发花白，是亲情衰减之故。当年在竹下曾经身着裘衣，什么时候能在花前再作老莱子？已经几次上疏恳请辞官回乡，在夜间望着三台，翘首以待。

月夜二首

　　高台上的月色倍加清新晴朗，水岸边浮动着沙子，远方的树看起来很平。客居久了，思念故国家园的热望就要迷乱，歌曲之后发愁地听着鼓和鼙的声音。湖南的水灾多只得搬移谷米，碛北的风烟，暂且罢免出征。沾湿手也没有推辞帮助、拯救他人的劳苦，头发白了时，父母望子之情才能体会真切。

　　举世之人都睡得正香，有谁是唯独清醒着的？大声疾呼，众人不能响应，反而瞪目加以怪罪惊动了他们。大家反过来说清醒的人发狂了，群起而攻之。洙、泗之地停止了圣人的教化鼓，开尔天聪明。

雪望四首

　　风雪楼台夜更寒，晓来霁色满山川。当歌莫放阳春调，几处人家未起烟？

　　初日湖山雪未融，野人村落闭重重。安居信是丰年兆，为语田夫莫惰农。

　　霁景朝来更好看，河山千里思漫漫。茅檐日色犹堪曝，应是边开地更寒。

　　法象冥蒙失巨纤，连朝风雪费妆严。谁将尘世化珠玉？好与贫家聚米盐。

火秀宫次一峰韵三首

其一

　　兹山堪遁迹，上应少微星。洞里乾坤别，壶中日月明。道心空自警，尘梦苦难醒。方峤由来此，虚无隔九溟。

之后,濂水和洛水还流传着圣学一脉。是谁敲响了涂毒鼓?听到的人们都昏昏欲睡。问你究竟要做什么呢?大家奔走都为了谋生求利。什么时候应该听听这种鼓,开启你先天的聪慧。

雪望四首

　　楼台在风雪之中,夜里更加寒冷,拂晓来到,明朗的光辉洒满了山川。唱歌时不要放声歌唱阳春调,你看有几处的人家没有生起炊烟?

　　湖和山上的雪在一天刚开始的时候没有融化,野人居住的村落重重关闭。安心居住相信是丰收之年的征兆,对田夫说不要懒惰偷闲干农活。

　　雪晴的情形在早晨看更好,千里河山,思绪漫长。茅屋的房檐在阳光的照射下还可以忍受,倒是边关之地可能会更加寒冷。

　　万物灰蒙蒙的,分不清大小,连天的风雪耗费了许多装扮。是谁将尘世转变为珠玉的?好让贫苦人家能够买得起米和盐。

其一

　　这座山可以逃遁匿迹,上应台少微星。洞里别有一番天地,壶中的日月分明。道心空空地发出自我告诫,尘世之梦苦于很难清醒。方峤是从此而来的,隔着虚无缥缈的九海。

其二

清溪曲曲转层林,始信桃源路未深。晚树烟霏山阁静,古松雷雨石坛阴。丹炉遗火飞残药,仙乐浮空寄绝音。莫道山人才一到,千年陈迹此重寻。

其三

落日下清江,怅望阁道晚。人言玉笥更奇绝,漳口停舟路非远。肩舆取径沿村落,心目先驰嫌足缓。山昏欲就云储眠,疏林月色怀风泉。梦魂忽忽到真境,侵晓循迹来洞天。洞天非人世,予亦非世人。当年曾此寄一迹,屈指忽复三千春。

岩头坐石剥落尽,手种松柏枯龙鳞。三十六峰仅如旧,涧谷渐改溪流新。空中仙乐风吹断,化为鼓角惊风尘。风尘惨淡半天地,何当一扫还吾真。从行诸生骇吾说,问我恐是兹山神。君不见广成子,高卧崆峒长不死,到今一万八千年,阳明真人亦如此。

归怀

行年忽五十,顿觉毛发改。四十九年非,童心独犹在。

其二

清澈的溪水在层层树林间曲曲折折地转行,才开始相信到桃花源的路不深远。晚间的树木和霏霏烟雾使山上楼阁愈加宁静,古老的松树,雷雨从天上泻下,石坛阴沉沉的。丹炉还有余火,药还有剩余,仙乐浮空成为绝响。不要说山中人才来一次,要在这里重寻那千年前的陈迹。

其三

太阳落在清清的江水中,怅然望着晚上的阁道。人们都说玉笥有许多奇妙绝好的景致,道路不太远,在漳口停船靠岸。坐着轿子沿着村落取道而行,心与眼先到了那里,还嫌舆夫前行太慢。山昏昏然,想要让云在此安歇,月色与风泉使林中很疏落。梦中的魂儿忽然来到了真境,早晨循着踪迹来到了洞天之地。洞天不是人间的世界,我也不是人间的人。当年曾经在这里留下足迹,屈指一数,忽然过去了三千个春秋。

山崖上,坐在剥落尽的石头之上,种下如枯龙鳞似的松柏树。三十六座山峰还像以前一样,山涧和山谷渐渐变化,溪流也改动了。空中仙乐声被风吹断,化作鼓角之声,惊动了人间。世间中惨淡痛苦,何不一扫干净,还回到了本真之境。从行的诸位学生都为我的言论所惊骇,询问我是否是这座山上的神仙。你没有看见广成子,在崆峒山中高卧,长生不死,到今天已一万八千年了,阳明真人也是这样的。

归怀

年龄忽然到五十岁了,顿时觉得毛发变了。四十九年来都错

世故渐改涉，遇坎稍无馁。每当快意事，退然思辱殆。倾否作圣功，物睹岂不快？奈何桑梓怀，衰白倚门待。

啾啾吟

知者不惑仁不忧，君胡戚戚眉双愁？信步行来皆坦道，凭天判下非人谋。用之则行舍即休，此身浩荡浮虚舟。丈夫落落掀天地，岂顾束缚如穷囚？千金之珠弹鸟雀，掘土何烦用镯镂？君不见东家老翁防虎患，虎夜入室衔其头；西家儿童不识虎，执竿驱虎如驱牛。痴人惩噎遂废食，愚者畏溺先自投。人生达命自洒落，忧谗避毁徒啾啾。

居越诗三十四首　正德辛巳年归越后作

归兴二首

其一

百战归来白发新，青山从此作闲人。峰攒尚忆冲蛮阵，云起犹疑见虏尘。岛屿微茫沧海暮，桃花烂漫武陵春。而今始信还丹诀，却笑当年识未真。

了，只有一颗童心还在着。世上的事情渐渐改变，遇到坎坷能没有气馁？每次遇到高兴的事，退后思量困辱和危险。全力选就圣人之功，睹物难道会不高兴？奈何我这思乡情怀，头发发白、年纪衰老的双亲正倚着门在等待。

啾啾吟

有智慧的人不困惑，仁慈的人不发愁，你为何紧锁双眉，面容戚戚呢？信步走来，都是平坦大道，凭借天道判断处理，不是人出的主意。被任用就施展抱负，不被任用就藏身自好，这身体本在浩荡空中浮在虚舟之中。丈夫落落掀动天地，难道愿意受束缚，像困窘的犯人一样？用价值千金的珠子弹打鸟雀，挖掘土地还劳烦用什么宝剑？你看不见东家的老翁防备老虎的隐患，老虎在夜间进入室内，咬掉了他的头；西家儿童不认识老虎，拿着长竿像驱赶牛一样驱赶老虎。痴呆的人怕吃饭塞住了喉咙，索性就不去吃饭；愚昧的人害怕溺水而死，先自己跳入水中。人生达命自然洒脱，忧惧谗言、躲避诋毁都徒劳发出凄切的叫声。

归兴二首

其一

战斗了百场归来，新添了白发，从此在青山中成了闲人。峰头攒动，还想起当年攻击蛮人时的情形，云起还怀疑是看到了敌人踏起的尘土。岛屿微茫，沧海日暮，桃花烂漫，原来武陵到了春天。而今开始相信还丹的秘诀，却笑当年的认识不够真切。

其二

归去休来归去休,千貂不换一羊裘。青山待我长为主,白发从他自满头。种果移花新事业,茂林修竹旧风流。多情最爱沧州伴,日日相呼理钓舟。

次谦之韵

珍重江船冒暑行,一宵心话更分明。须从根本求生死,莫向支流辩浊清。久奈世儒横臆说,竞搜物理外人情。良知底用安排得,此物由来自浑成。

再游浮峰次韵

廿载风尘始一回,登高心在力全衰。偶怀胜事乘春到,况有良朋自远来。还指松萝寻旧隐,拨开云石剪蒿莱。后期此别知何地?厌献花前劝酒盃。

夜宿浮峰次谦之韵

日日春山不厌寻,野情原自懒朝簪。几家茅屋山村静,夹岸桃花溪水深。石路草香随鹿去,洞门萝月听猿吟。禅堂坐久发清磬,却笑山僧亦有心。

其二

归去后,一千件貂皮也换不来一身羊裘。青山等我长久地做主人,白发随他长满了头。种果移花是新的事业,繁茂的竹林、修长的竹子,是旧日的风趣。最喜欢有沧州做伴,情意深长,天天相互招呼,在船上钓鱼为乐。

次谦之韵

在江船上冒着炎暑而行,请多加珍重,一夜的心里话使人更加明白条理。须要从根本上探求生死之理,不要在枝节上辨别浑浊与清晰。长久的忍耐世上儒生的主观臆想的学问,竟相到人心之外去寻求物理人情。良知难道是人谋划的吗?这东西是自然浑成的。

再游浮峰次韵

二十年的奔波后回来一次,登高峰的心还在,但是力气全没有了。偶然想起那美好的过去,乘春天赶来,况且还有好朋友从远方赶到。要到松树与藤萝处寻访旧时的隐居之处,拨开云间的石头,剪去蒿草。再次见面不知在什么地方?不要埋怨我在花前频频劝你喝酒。

夜宿浮峰次谦之韵

每天不厌其烦地寻访春山,天然情趣源自从早晨懒得梳妆开始。有几家茅屋的山村很安静,桃花夹在两岸盛开,溪水很深。石头路上草发出的香味随鹿而去,山洞口的萝藤在月光下,听着猿猴的长吟。在禅堂坐的时间长了,清澈击磬声发出来,却

再游延寿寺次旧韵

历历溪山记旧踪,寺僧遥住翠微重。扁舟曾泛桃花入,岐路心多草树封。谷口鸟声兼伐木,石门烟火出深松。年来百好俱衰薄,独有幽探兴尚浓。

碧霞池夜坐

一雨秋凉入夜新,池边孤月倍精神。潜鱼水底传心诀,栖鸟枝头说道真。莫谓天机非嗜欲,须知万物是吾身。无端礼乐纷纷议,谁与青天扫宿尘?

秋声

秋来万木发天声,点瑟回琴日夜清。绝调回随流水远,余音细入晚云轻。洗心真已空千古,倾耳谁能辩九成?徒使清风传律吕,人间瓦缶正雷鸣。

林汝桓以二诗寄次韵为别

断云微日半晴阴,何处高梧有凤鸣?星汉浮槎先入梦,海天波浪不须惊。鲁郊已自非常典,膰肉宁为脱冕行。试向沧浪歌一曲,未云不是《九韶》声。

笑山中僧人也是有心的。

再游延寿寺次旧韵

溪水与山峰历历在目，记起了以前的行踪，寺庙里的和尚住在遥远的重重翠绿之中。乘扁舟曾经进入桃花相夹的两岸之中，心里埋怨歧路多被草和树林封住了路口。山谷口的鸟儿鸣叫又伴随砍伐木头的声音，石门的烟火从松树林深处生起。各种喜好都淡薄了，只有探幽访奇的雅兴还很浓厚。

碧霞池夜坐

秋天凉滋滋的，一场秋雨到夜间清新爽朗，在孤月下，坐在池边，倍觉精神。鱼潜入水底，传授心诀，栖息在枝头上的鸟儿讲说着大道。不要认为天机不是贪欲，要知道万物就是我的身体。纷纷议论无端的礼乐，谁给青天扫除隔夜的灰尘？

秋声

秋天到了，万木发出萧瑟的声音，日夜点瑟弹琴，清新怡人。绝调婉转随着流水传得很远，余音进入傍晚的云朵细微轻巧。洗去心中灰烬，空掉千古，倾耳细听，谁能分辨得出九成。光让清风传场律吕之音，人间的瓦缶正发出雷声般的轰鸣。

林汝桓以二诗寄次韵为别

云断日微，半晴半阴，何处高高的梧桐树上有凤凰的鸣叫？在星汉天际乘着木筏，先进入梦乡，海天的波浪，不须要惊动。鲁国祭天已经不是常规的典制了，为得到祭祀用的熟肉宁愿脱冕

尧舜人人学可齐,昔贤斯语岂无稽?君今一日真千里,我亦当年苦旧迷。万理由来吾具足,《六经》原只是阶梯。山中尽有闲风月,何日扁舟更越溪?

月夜二首　　与诸生歌于天泉桥

万里中秋月正晴,四山云霭忽然生。须臾浊雾随风散,依旧青天此月明。肯信良知原不昧,从他外物岂能撄。老夫今夜狂歌发,化作钧天满太清。

处处中秋此月明,不知何处亦群英?须怜绝学经千载,莫负男儿过一生。影响尚疑朱仲晦,支离羞作郑康成。铿然舍瑟春风里,点也虽狂得我情。

秋夜

春园花木始菲菲,又是高秋落叶稀。天迥楼台含气象,月明星斗避光辉。闲来心地如空水,静后天机见隐微。深院寂寥无动息,独怜乌鹊绕枝飞。

而行。试着对着沧浪高歌一曲,不要说那不是《九韶》之音。

人人都可以学习和尧舜一样,昔日圣贤的话难道没有根据吗?你今天一日行千余里,我也是曾在当年苦苦迷惘探求。我具备万物由来而生的道理,《六经》原本只是用于求道的阶梯。山中都是闲余的清风明月,什么时候乘扁舟直到越溪?

月夜二首 与诸生歌于天泉桥

中秋夜里的月亮皎洁,挂在万里长空之中;四面山上的云雾忽然升了起来。片刻之间浑浊的雾气随风而散,青天依旧,此月依旧晴朗。肯定相信良知原来并没有掩蔽,从外在的事物上面怎么能寻找到呢?老夫今天夜里高唱,像发狂一样,化为天上的音乐满处的清澈与平静。

中秋时,到处月儿明亮,不知什么地方也是群英聚集?要珍惜经历了千年的绝学,不要辜负了好男儿的一生时光。还怀疑朱熹(字仲晦)之学,羞于作郑玄(字康成)那样支离的学问。在春风里铿然含去琴瑟,曾点虽然狂妄,但是与我性情相同。

秋夜

春天的花园里,花木开始繁茂浓郁,到了秋季,落叶纷纷而下,花木凋零。天远处的楼台,含着气象,明月与星斗避开了光辉。闲来无事,心地像空水一样,安静下来,从天机中看到了隐微之理。院子深深的,寂静寥落,没有动静,只有那可怜的乌鹊绕着树枝飞翔。

夜坐

独坐秋庭月色新,乾坤何处更闲人?高歌度与清风去,幽意自随流水春。千圣本无心外诀,《六经》须拂镜中尘。却怜扰扰周公梦,未及惺惺陋巷贫。

心渔歌为钱翁希明别号题

钱翁,德洪父。三岁双瞽,好古博学,能诗文

有渔者歌曰:"渔不以目惟以心,心不在鱼渔更深。北溟之鲸殊小小,一举六鳌未足歆。""敢问何如其为渔耶?"曰:"吾将以斯道为网,良知为纲,太和为饵,天地为舫,洁之无意,散之无方,是谓得无所得,而忘无可忘者矣。"

登香炉峰次萝石韵

曾从炉鼎蹑天风,下数天南百二峰。胜事纵为多病阻,幽怀还与故人同。旌旗影动星辰北,鼓角声回沧海东。世故茫茫浑未定,且乘溪月放归蓬。

观从吾登炉峰绝顶戏赠

道人不奈登山癖,日暮犹思绝栈云。岩底独行穿虎穴,峰头清啸乱猿群。清溪月出时寻寺,归棹城隅夜款门。可笑

夜坐

独自坐在秋天的庭院中，月色清新，乾坤之中什么地方还有闲人？放声高歌，估计那声音与清风飘去，幽雅的意致随着流水春意盎然。一千个圣人本来没有在心以外的秘诀，《六经》还要拂去镜中的灰尘。却怜惜打扰了周公的梦境，不如作个陋巷中的贫困清醒之人。

心渔歌为钱翁希明别号题

钱翁，德洪父。三岁双瞽，好古博学，能诗文

有打鱼的人作歌唱到："打鱼不用眼睛，只用心灵，心灵不在鱼上，打鱼更加深难。北海的鲸太小，一举捕捉六只鳌，仍不足以满意。""敢问这样打鱼怎么样呢？"答道："我将以大道作为网，良知为纲领，太和作诱饵，天地为船舫，无意间结起，散开没有方所，这样叫作得到没有得到的，而忘记没有忘记的。"

登香炉峰次萝石韵

曾以跟从着香炉、方鼎，踩踏着天风，向下数了天南一百零二座山峰。美好的事情尽管有许多被疾病打扰阻断了，幽静的心怀还和朋友相同。北斗星移，旌旗飘动，鼓角的声音在沧海东面回荡。世上的事情茫茫，一点没有定势，姑且乘着溪上的明月，坐蓬船而归去。

观从吾登炉峰绝顶戏赠

从吾道人耐不住登山的癖好，太阳快落山了还在想着要去攀爬绝壁上高与云连的栈道。在危险的山岩下面独自行走，穿

中郎无好兴,独留松院坐黄昏。

书扇赠从吾

君家只在海西隈,日日寒潮去复回。莫遣扁舟成久别,炉峰秋月望君来。

嘉靖甲申冬二十一日再登秦望自弘治戊午登后二十七年矣将下适董萝石与二三子来复坐久之暮归同宿云门僧舍

初冬风日佳,杖策登崔嵬。自予羁宦迹,久与山谷违。屈指廿七载,今兹复一来。沿溪寻往路,历历皆所怀。跻险还屡息,兴在知吾衰。薄午际峰顶,旷望未能回。良朋亦偶至,归路相徘徊。夕阳飞鸟静,群壑风泉哀。悠悠观化意,点也可与偕。

山中漫兴

清晨急雨度林扉,余滴烟稍尚湿衣。雨水霞明桃乱吐,

越了令人害怕的虎穴；在高高的峰顶上清晰地聆听，猿猴啼叫的声音此起彼伏。在月光下沿着清澈的溪流行走，寻觅山间古寺；乘舟回来的时候已是深夜，城门已经关了，只好敲门。可笑的是中郎没有这样的雅兴，独自留在植松的庭院中，坐了一个黄昏。

书扇赠从吾

你家就住在大海的西边，每天看到寒冷的潮水来了又回。希望乘船离去后不要成为永别，盼望着你能再来，一起登山赏月。

嘉靖甲申冬二十一日再登秦望自弘治戊午登后二十七年矣将下适董萝石与二三子来复坐久之暮归同宿云门僧舍

初冬时节的一个天气晴好的日子，拄着手杖攀登高峻的秦望山。自从我被束缚于宦途以来，很久都没有体会到山水胜景之乐了。屈指算来，离开此地已有二十七年了，今天又来到了这里。沿着溪水寻觅往日的路，周围的景象都历历在目。登上高险之处还要频繁地休息，就知道我或许真的老了。接近中午之际到达了峰顶，极目远望而忘记了回去。在回去的路上时不时遇到老朋友，相互徘徊不舍得离开。夕阳西下，飞鸟都安静了，群山之中只听到风吹泉水的声音。不停地观察和思索天地造化的意蕴，特别向往曾点追求的那种浑然天成的自然之乐

山中漫兴

清晨一阵急雨过后，漫步穿行在云雾缭绕的林中，树梢上残

沿溪风煖药初肥。物情到底能容懒,世事从前顿觉非。自拟春光还自领,好谁歌咏月中归。

挽潘南山

圣学宫墙亦久荒,如公精力可升堂。若为千古经纶手,只作终年著述忙。末俗浇漓风益下,平生辛苦意难忘。西风一夜山阳笛,吹尽南冈落木霜。

和董萝石菜花韵

油菜花开满地金,鹁鸠声里又春深。闾阎正苦饥民色,畎亩长怀老圃心。自有牡丹堪富贵,也从蜂蝶谩追寻。年年开落浑闲事,来赏何人共此襟?

留的雨滴和雾气凝成的水珠还会时不时滴落下来打湿衣裳。雨后水面上升起了明丽的彩霞，桃花吐出芬芳；温暖的春风沿着溪水吹来，芍药初次绽放。万物的本性最终还是允许人偷一偷懒，往日的种种俗事，不论其是非对错，就让它过去吧。自己任意抒写和描绘这满眼的春光，也只有我自己尽情享受，直到晚上，才伴着月光、唱着歌回家

挽潘南山

圣人学宫的宫墙已经荒废了很久，以先生您的学识和能力可以说是登堂入室了。拥有超迈古今的经邦济世的抱负和才华，却只有年复一年地忙碌着著书立说。末世的习俗越来越浅薄，世间的风气每况愈下；这一生所经历的艰辛困苦，想必是刻骨铭心、难以忘怀。秋风吹了一夜，吹落了南山上的树叶，吹来了寒冷的冰霜；听到这风声，就像是晋朝的向秀闻邻人吹笛感音而叹，不禁追念起亡故的朋友

和董萝石菜花韵

油菜花开，满地金黄，听着鹁鸠的叫声，春日渐深。老百姓生活困苦，因为饥荒而正忍饥挨饿，面有菜色；每日里在田间辛勤耕作，就像老园丁一样，养护花草，却无暇欣赏。虽然有富贵华丽的牡丹可供欣赏，也只能像蜜蜂、蝴蝶一样拥入油菜花丛中，为了生计而奔忙。年复一年开了又落简直是闲事，又有谁有这个闲情逸致来一起欣赏？

天泉楼夜坐和萝石韵

莫厌西楼坐夜深,几人今夕此登临?白头未是形容老,赤子依然浑沌心。隔水鸣榔闻过棹,映窗残月见疏林。看君已得忘言意,不是当年只苦吟。

咏良知四首示诸生

个个人心有仲尼,自将闻见苦遮迷。而今指与真头面,只是良知更莫疑。

问君何事日憧憧,烦恼场中错用功。莫道圣门无口诀,良知两字是参同。

人人自有定盘针,万化根源总在心。却笑从前颠倒见,枝枝叶叶外头寻。

无声无臭独知时,此是乾坤万有基。抛却自家无尽藏,沿门持钵效贫儿。

示诸生三首

尔身各各自天真,不问求人更问人。但致良知成德业,谩从故纸费精神。乾坤是易原非画,心性何形得有尘?莫道

天泉楼夜坐和萝石韵

不要厌烦在西楼端坐直到深夜,有几个人今夜能够登临此楼呢?头发虽然渐渐变白而容颜尚未老去,依然保持着赤子般的天真淳朴之心。隔窗听到楼外面水上经过的渔舟敲击榔板的声音,只见残月映照之下稀稀疏疏的树林。我看您已经悟得了言语之外的意境,不像当年为了作诗而反复吟咏、苦心推敲。

咏良知四首示诸生

每个人的心中都有一个孔圣人,只是自己被知识和外物遮掩迷惑。如今将真面目揭示出来,这就是每个人原本具有的良知,是毫无疑问的。

请问您因为什么事而每日行色匆匆、心神不定?恐怕是将精力都浪费在了外界的纷纷扰扰中,自寻烦恼。不要说进入圣道之门没有什么秘诀,"良知"二字正是需要认真参究的原理和途经。

每个人心中都有个指南针,天地造化、万事万物的根源都在于这颗心。可笑的是从前的知见都是颠倒错乱的,一举一动总是向外追求。

这个只有自己能感知的、无色无味的东西,就是良知,这是天地万有的本源。不要抛弃自家无穷无尽的宝藏,却像乞丐一样拿着钵盂沿街乞讨。

示诸生三首

你们每个人都各自具足天良本性,不用向别人求,更不需要询问别人。只有在知行合一和道德实践中,去除私心杂念,回先生禅语，此言端的为君陈。

人人有路透长安，坦坦平平一直看。尽道圣贤须有秘，翻嫌易简却求难。只从孝弟为尧舜，莫把辞章学柳韩。不信自家原具足，请君随事反身观。

长安有路极分明，何事幽人旷不行？遂使蓁茅成间塞，尽教麋鹿自纵横。徒闻绝境劳悬想，指与迷途却浪惊。冒险甘投虺蚪窟，颠崖堕壑竟亡生。

答人问良知二首
良知即是独知时，此知之外更无知。谁人不有良知在，知得良知却是谁？

知得良知却是谁，自家痛痒自家知。若将痛痒从人问，痛痒何须更问为。

答人问道
饥来吃饭倦来眠，只此修行玄更玄。说与世人浑不信，却从身外觅神仙。

归先天本性，实现良知光明，不要迷失于故纸堆，将精力浪费在书本知识中。天地万物本是大道运化而成，并非八卦所画；人的心性又哪里有什么形体，使得蒙受尘埃呢？不要说先生所学的都是佛家禅宗的学说，我这些话确实是苦口婆心讲给大家的。

人人都有通往长安城的道路，而且是平坦笔直的大道。都说求得圣贤之道须要有秘诀，反而嫌弃简易的路径，而去寻求困难的方法。只要力行孝悌之道，便可成为尧舜那样的圣人；不可像韩愈、柳宗元那样，沉迷于诗词文章之学。如果不相信自己本来具足光明的良知，请您遇事观照自己的内心，便可感知。

去往长安城的路极其简易分明，为什么隐士们荒废不行？于是使荆棘、茅草成为间关要塞，让麋鹿在上面随意奔走。以致陷入绝境，为了寻找出路而苦思冥想；迷路之后，将光明大道指示给你，却感到惊讶。于是甘愿铤而走险投入满是毒蛇的洞穴，在颠倒错乱中失足堕下悬崖而亡身丧命。

答人问良知二首

所谓的良知，即是只有自己才能感知体会到的，这个良知之外更没有别的什么知见了。谁没有良知存在呢，感知到了良知之后，自己又是谁呢？

知道了良知究竟是谁才能感知，自家的痛痒只有自家知道。如果拿自己的痛痒去询问别人，痛痒又再去问谁呢？

答人问道

饥饿了就吃饭，困倦了就睡觉，这种修行就是最玄妙的。对世上的人讲这道理，大家全不相信，却从身外寻找神仙。

寄题玉芝庵　丙戌

尘途骏马劳千里，月树鹓鹓足一枝。身既了时心亦了，不须多羡碧霞池。

别诸生

绵绵圣学已千年，两字良知是口传。欲识浑沦无斧凿，须从规矩出方圆。不离日用常行内，直造先天未画前。握手临岐更何语，殷勤莫愧别离筵。

后中秋望月歌

一年两度中秋节，两度中秋一样月。两度当筵望月人，几人犹在几人别。此后望月几中秋，此会中人知在否？当筵莫惜殷勤望，我已衰年半白头。

书扇示正宪

汝自冬春来，颇解学文义。吾心岂不喜，顾此枝叶事。如树不植根，暂荣终必瘁。植根可如何，愿汝且立志。

送萧子雝宪副之任

衰疾悟止足，闲居便静修。采芝深谷底，考槃南涧头。之子亦早见，杜帆经旧丘。幽寻意始结，公期已先遒。星途

寄题玉芝庵 丙戌

尘途上，骏马一日劳行千里，月下鹡鸰在一条枝上栖息，生命结束的时候，心灵也就了结了，不必更多地羡慕碧霞池。

别诸生

圣贤之学已经绵绵流传一千多年，良知两个字是亲口传下来的。想分清浑沦不需要用斧头开凿，须要用圆规和方尺才能画出方与圆。不脱离日常应用而常遵道而行，直接达到先天没有画卦以前。在分岔路上握手言别还有什么话？要更加殷殷勤劳，不要辜负了离别的筵席。

后中秋望月歌

一年中过了两次中秋节，两次中秋节一样的月亮。两次在筵席上望月亮的人们，有几个人还在，几个人不在呢？从此以后望月亮是哪一个中秋节？这次相会的人们不知还能活着吗？在筵席上不要珍惜祝愿和敬意，我已经年纪衰老、头发花白了。

书扇示正宪

你从冬春以来，理解了学习文章的道理。我的心难道不高兴？不过这是生枝长叶一样的小事。如果树不长根，暂时茂盛之后，终究要枯萎。种树根怎样做呢？希望你先要立下志向。

送萧子雝宪副之任

衰老有病，知道要止步了，闲来居住便静心修养。在深谷的底部采灵芝，在南涧头筑成木屋。你也早就发现了，驾船经过

触来暑，拯焚能自由。黄鹄一高举，刚风翼难收。怀兹恋丘陇，回顾未忘忧。往志局千里，岂伊枋榆投。哲士营四海，细人聊自谋。圣作正思治，吾衰亮何酬？所望登才俊，济济扬鸿休。隐者嘉肥遁，仕者当谁俦？宁无寥寂念，宜急疮痍瘳。舍藏应有时，行矣毋淹留！

中秋

去年中秋阴复晴，今年中秋阴复阴。百年好景不多遇，况乃白发相侵寻。吾心自有光明月，千古团圆永无缺。山河大地拥清辉，赏心何必中秋节。

嘉靖丙戌十二月庚申始得子年已五十有五矣六月静斋二丈昔与先公同举于乡闻之而喜各以诗来贺蔼然世交之谊也次韵为谢二首

其一

海鹤精神老益强，晚途诗价重圭璋。洗儿惠比金钱贵，烂月光呈奎井祥。何物敢亏绳祖武，他年只好共爷长。偶逢灯事开汤饼，庭树春风转岁阳。

以前的山丘。寻幽探奇的心意刚刚结下,你赴任的时间已经先到了。星夜在途中触动到来的暑气,救人于危难之中,使之都能自由自在。黄鹄一下子振翅高飞,刚强的风使羽翼很难收起来。怀念这片山丘,回首顾念,没有忘记忧愁。志在千里之内,难道要投向榆树与枋树那般狭小的天地?哲人名士在四海内经营,一般人姑且自谋生计。圣人思考如何治理国家,我衰老了,有什么酬劳?只希望才人俊士登台,济济一堂,抱负远大。隐居的人逃避世俗,做官的人有谁作伴侣同行?宁愿没有空虚寂寥的念头,应该急于救治百姓的苦痛。退而隐居应该适时,行动吧,不要被滞留。

中秋

去年的中秋节,天气由阴转为晴,今年的中秋节,阴天还是阴天。百年的好景不容易遇到,况且我已头发花白了。我的心中自有一轮光明的圆月,千古团圆,永远没有缺憾,山河大地笼上了清亮的光辉,赏心悦目何必一定在中秋节呢。

嘉靖丙戌十二月庚申始得子年已五十有五矣六月静斋二丈昔与先公同举于乡闻之而喜各以诗来贺蔼然世交之谊也次韵为谢二首

其一

像海鹤一样,老当益壮,晚年人生途上的诗篇价值与圭璋美玉一样贵重。洗儿的恩惠比金钱还要珍贵,灿烂的月光呈现出奎井高中的吉祥。什么东西敢说要继续祖先的足迹?他年只

其二

　　自分秋禾后吐芒,敢云琢玉晚圭璋。漫凭先德余家庆,岂是生申降岳祥?携抱且堪娱老况,长成或可望书香。不辞岁岁临汤饼,还见吾家第几郎?

两广诗二十一首　　嘉靖丁亥起平思田之乱

秋日饮月岩新构别王侍御

　　湖山久系念,块处限形迹。遥望一水间,十年靡由即。军旅起衰废,驱驰岂遑息。前旌道回冈,取捷上畸侧。新构郁层椒,石门转深寂。是时霜始降,风凄群卉拆。壑静响江声,窗虚涵海色。夕阴下西岑,凉月穿东壁。观风此余情,抚景见高臆。匪从群公饯,何因得良觌?南徼方如毁,救焚敢辞亟。来归幸有期,终遂幽寻僻。

好一起做长辈。偶尔遇到灯事,便开汤饼之宴,庭院上的树木随春风而到了转岁的时节,变得茂盛了。

其二

自从秋禾分别后,又到吐芒,敢说圭璋经雕琢后,大器晚成。凭借着先辈的道泽留给家中吉庆,难道是生日祝词降到山上的祥兆?相携、拥抱,娱乐欢欣,长大以后或许可以看到书香之气。年年不拒绝出席汤饼之宴,还能看到我们家第几位儿郎?

秋日饮月岩新构别王侍御

久久挂念着湖水与山色,安居限制了形体与踪迹。隔一条河远远地观望,十年来没有机会前往。军旅开始衰微废却,我驱驰奔波,岂敢轻言休息?前面道路上旌旗回过山冈,取小路,崎岖曲折,轻捷快速。在层层椒树中新造房子,石门转入深远寂寥之中。当时霜开始降落下来,风儿凄凄,群花凋败。山谷很静,江水声在里面回响,窗户虚涵着海的颜色。夕阳落在了西边的山丘,东边的石壁被凉凉的月光穿过。观看欣赏风景,睹景触情。不跟随诸位先生设席告别,如何能看到好的风景?南方的边界刚刚燃起烽烟,救急危难怎么敢于马上告辞。归来幸好有约定,终归要在幽静偏僻处了结此生。

复过钓台

　　忆昔过钓台，驱驰正军旅。十年今始来，复以兵戈起。空山烟雾深，往迹如梦里。微雨林径滑，肺病双足胝。仰瞻台上云，俯濯台下水。人生可碌碌，高尚当如此。疮痍念同胞，至人匪为己。过门不遑入，忧劳岂得已？滔滔良自伤，果哉末难矣！

　　右正德己卯献俘行在，过钓台而弗及登。今兹复来，又以兵革以役，兼肺病足疮，徒顾瞻怅望而已。书此付桐庐尹沈元材刻置亭壁，聊以纪经行岁月云耳。

　　嘉靖丁亥九月廿二日书，时从行进士钱德洪王汝中建德尹杨思臣及元材凡四人。

方思道送西峰

　　西峰隐真境，微境临通衢。行役空屡屡，过眼被尘迷。青林外延望，中閟何由窥？方子岩廊器，兼已云霞姿。每逢泉石处，必刻棠陵诗。兹山秀常玉，之子囊中锥。群峰灏秋气，乔木含凉吹。此行非佳饯，谁为发幽奇？奈何眷清赏，局促牵至期。悠悠伤绝学，之予亦如斯。为君指周道，直往勿复疑。

复过钓台

怀念当年路过钓台的情形,正在军旅上奔波驱驰。十年过去,今天才又来,又是因为发生了战争。山中空旷,烟雾深远,过去的踪迹好像在梦中一样。雨很小,林中的路很滑,得了肺病,双足长满了老茧。仰视台上的云,俯身在台下的水中洗手,人生为什么那么忙碌不堪?高尚的人生当应如此。念到同胞们的苦难,为百姓着想,而不考虑自身。过家门而没时间进入,忧愁和劳累岂能停止?我独自心伤,果真是困难啊!

正德十四年献俘行营中,路过钓台,没有来得及攀登。今天这次又到来,又是因为战争缘故,又加上肺病和足茧,只能惆怅地瞻视一下而已。写下这些话,交给桐庐尹沈元材刻在亭子的石壁上,姑且用来记行过此地的时间罢了。

嘉靖六年九月二十二日所书,当时随行的有进士钱德洪、王汝中、建德尹杨思臣和沈元材共四个人。

方思道送西峰

西峰隐藏在真境之中,微妙的境地与大路相邻。行路兵役屡屡落空,眼前被尘土所迷。在青林外远望,被封闭在其中如何能看到?方子是朝廷的大器,加上云霞般的资质。每次遇到有泉水和石头的地方,必定刻下棠陵诗。这座山清秀如玉,这个人像布囊中的锥子。群峰浩荡在秋气之中,乔林在凉风吹拂之中。这次行程不是美好的饯别,是为了谁发出幽静奇妙呢?奈何只能粗略观赏,时间又在限制着我们。悠悠然,为绝学感伤,我也是这样。为你指向周道,径直前行,不要再迟疑。

西安雨中诸生出候因寄德洪汝中并示书院诸生

　　几度西安道,江声暮雨时。机关鸥鸟破,踪迹水云疑。仗钺非吾事,传经愧尔师。天真泉石秀,新有鹿门期。

德洪汝中方卜书院盛称天真之奇并寄及之

　　不踏天真路,依稀二十年。石门深竹径,苍峡泻云泉。泮壁环胥海,龟畴见宋田。文明原有象,卜筑岂无缘?

寄石潭二绝

　　仆兹行无所乐,乐与二公一会耳。得见闲斋,固已如见石潭矣。留不尽之兴于后期,岂谓乐不可极耶?闻尊恙已平复,必于不出见客,无乃太以界限自拘乎?奉次二绝,用发一笑,且以致不及请教之憾。

　　见说新居止隔山,肩舆晓出暮堪还。知公久已藩篱撤,何事深林尚闭关?

　　乘兴相寻涉万山,扁舟亦复及门还。莫将身病为心病,可是无关却有关。

西安雨中诸生出候因寄德洪汝中并示书院诸生

几次经过西安道，暮雨中传来江水的声音。机关被江鸥识破，踪迹连水云都生起了疑心。带兵作战不是我的本来使命，传授经学，作先生有愧于你们。天通亲真，泉水和石头清秀，期望你们能到白鹿洞那样的好书院去学习。

德洪汝中方卜书院盛称天真之奇并寄及之

不踏上天真的求学之路，依稀已有二十年的光景。石门由深竹林的路而入，苍绿的山峡中飞泻下云泉。学校的墙壁环绕着脊海，在宋田看到负文而出的神龟。文明原本是有迹可寻，择地建屋难道没有缘由？

寄石潭二绝

我此行没有快乐，喜欢与二公相见。得以看见闲斋，坚持要看石潭。没有尽的余兴留给了以后，难道说欢乐是不可穷极的吗？听说您的病已经痊愈了，却一定不出门会见客人，难道不是太过约束自己啦？奉上两首绝句，博得一笑，并且表示来不及向您请教的遗憾。

人们听说新居只隔着山，早晨乘轿子出去，到日暮还可以回家。知道您已经很早就撤去了篱笆，因为什么事情，在深林中还要闭门？

乘着兴致，涉越万山，扁舟到了门前却又返还。不要把身体的疾病当作心中的疾病，虽然没有直接关系，但是却实在关联啊。

长生

长生徒有慕，苦乏大药资。名山遍探历，悠悠鬓生丝。微躯一系念，去道日远而。中岁忽有觉，九还乃在兹。非炉亦非鼎，何坎复何离？本无终始究，宁有死生期？彼哉游方士，诡辞反增疑。纷然诸老翁，自传困多歧。乾坤由我在，安用他求为？千圣皆过影，良知乃吾师。

南浦道中

南浦重来梦里行，当年锋镝尚心惊。旌旗不动山河影，鼓角犹传草木声。已喜间阎多复业，独怜饥馑未宽征。迂疏何有甘棠惠，惭愧香灯父老迎。

重登黄土脑

一上高原感慨重，千山落木正无穷。前途且与停西日，此地曾经拜北风。剑气晚横秋色净，兵声寒带暮江雄。水南多少流亡屋，尚诉征求杼轴空。

过新溪驿

犹记当年筑此城，广瑶湖寇正纵横。人今乐业皆安堵，我亦经过一驻兵。香火沿门惭老稚，壶浆远道及从行。峰山

长生

　　羡慕长生之人，苦于没有大药资助。游遍了名山大川，悠悠地生出白发。身体虽小，信念维系着，道路遥远曲折。中年忽然有所觉醒，返还就在这里。不是炉火也不是大鼎，如何是坎又是离的？本来没有起始与终结，哪有死亡和生成的时间？那些方士们啊，诡辩狡辞，反而增添了疑心。各位纷然而到的老翁啊，自己传讲却困在分歧之中。乾坤由我而在，怎么能求于外在之物呢？千圣都是过往影子，良知才是我的老师。

南浦道中

　　在梦中重新来到了南浦，当年的战争还让我心惊。旌旗吹不动山河的影子，鼓角还在传送着草木的声音。已经高兴地听说乡村中有很多恢复了生活安定，独独怜惜饥饿的人没有得到减征税。迂腐疏阔，怎么有《甘棠》的恩惠，惭愧面对父老乡亲们举着香灯来迎接。

重登黄土脑

　　登上高原，感慨沉重，千山上的落木正无穷尽。前途暂且与西边的落日相同，曾经在此地拜过北风。晚上剑气横空，秋色净洁，日暮的江上，兵声寒冷而雄壮。水的南侧有多少流亡的人家，还在诉说繁多的捐税使家中空空如也。

过新溪驿

　　还记得当年建筑这座城的情形，湖广的寇贼当时猖獗横行。人们今天在这里安居乐业，我也经过，并在此驻扎军队。沿挐手疲劳甚，且放归农莫送迎。

梦中绝句

　　此予十五岁时梦中所作，今拜伏波祠下，宛如梦中。兹行殆有不偶然者，因识其事于此。

　　卷甲归来马伏波，早年兵法鬓毛蟠。云埋铜柱雷轰折，六字题诗尚不磨。

谒伏波庙二首

　　四十年前梦里诗，此行天定岂人为？徂征敢倚风云阵，所过须同时雨师。尚喜远人知向望，却惭无术救疮痍。从来胜算归廊庙，耻说兵戈定四夷。

　　楼船金鼓宿乌蛮，鱼丽群舟夜上滩。月绕旌旗千嶂静，风传铃柝九溪寒。荒夷未必先声服，神武由来不杀难。想见虞廷新气象，两阶干羽五云端。

门的香火燃起,愧对老人、儿童,他们拿着茶水和酒浆,从远方前来为我送行相随。我已经年老了,力不从心,十分疲劳,暂且请各位让我归去种田,你们不要再欢送迎接了。

梦中绝句

这是我十五岁时在梦中所做的诗,今天拜谒在伏波祠下,好像在梦境中。这行程大概尚有不属于偶然的事情,因此把这件事记下来。

从战场上归来的伏波将军马援,早年学兵法,到如今已经鬓毛发白了。铜柱埋在云间,却被雷轰折断,六字的题诗还没有消失。

谒伏波庙二首

四十年前在梦里所作的诗,这次行程是天意所定难道是人为吗?作战敢于凭借风云布阵,所经过的需要与雨师相同。还喜欢远方的人知道向化,却又惭愧没有什么方术来拯救百姓。从来运筹帷幄是朝廷的事,耻于说我已经用武力平定了四方夷地。

楼船和金鼓上宿停住在西南诸族一带,像鱼群一样的战船,夜间登上了河滩。旌旗被月色缠绕,千峰安静无声,风传送铃柝的声音,九溪生出寒意。荒夷之地未必就先来服从,英明威武的人从来就不杀戮灾难中的百姓。想象到虞廷的新气象,阶前的旗杆高高插入云端。

破断藤峡

　　才看干羽格苗夷，忽见风雷起战旗。六月徂征非得已，一方流毒已多时。迁宾玉石分须早，柳庆云霓怨莫迟。嗟尔有司惩既往，好将恩信抚遗黎。

平八寨

　　见说韩公破此蛮，貔貅十万骑连山。而今止用三千卒，遂尔收功一月间。岂是人谋能妙算，偶逢天助及师还。穷搜极讨非长计，须有恩威化梗顽。

南宁二首

　　一驻南宁五月余，始因送远过僧庐。浮屠绝壁经残爇，井灶沿村见废墟。抚恤尚惭凋敝后，游观正及省耕初。近闻襁负归瑶僮，莫陋夷方不可居。

　　劳矣田人莫远迎，疮痍未定犬犹惊。爇余破屋须先缉，雨后荒畬莫废耕。归喜逃亡来负襁，贫怜襦绔缀旗旌。圣朝恩泽宽如海，瓿鲋盆鱼纵尔生。

破断藤峡

刚刚看到苗夷之地被驯服,忽然看见风雷又扬起了战旗。六月出征是不得已而为,一方的流毒已经传播很长时间了。玉和石要分辨得早一些,云霓不要埋怨柳州、庆远等地来得太迟。唉,有司应该以过去为鉴,好将恩惠与信任来安慰遗留的黎民百姓。

平八寨

人们说韩公破除这个蛮族时,十万骑兵连满了山峰。如今只用了三千名士兵,一个月间就得到成功。难道是人的计谋善于巧妙安排,偶尔遇到天助,士兵收战归去。搜捕、讨伐终究不是长远之计,须要有皇上的恩惠与威严才能感化驯服这些顽固之人。

南宁二首

在南宁驻兵有五个多月,开始因为送别远行的人而从僧舍经过。绝壁上的佛塔还有焚烧后的残迹,沿村看到井灶的废墟。还惭愧在百业凋敝后安慰抚恤,游玩的时间正赶上刚刚开始耕种庄稼。最近听说有背负襁褓中的婴儿回归的瑶僮各族人,不要以为这块土地太陋僻,不可居住。

烦劳种田家人,不要远来迎接,危难还没有抹平,狗都受惊害怕。兵灾之后烧坏的房屋须要重新修葺建造,雨后荒芜的田地,要及时耕种。喜欢那些逃亡的人开始回归家园,贫穷、怜悯、罗织品点缀了旌旗。皇上的恩泽有如大海般宽阔,在锅盆中或在河中,纵任鱼儿生长。

往岁破桶冈宗舜祖世麟老宣慰实来督兵今兹思田之役乃随父致仕宣慰明辅来从事目击其父子孙三世皆以忠孝相承相尚也诗以嘉之

宣慰彭明辅,忠勤晚益敦。归师当五月,冒暑净蛮氛。九霄虽已老,报国意犹勤。五月冲炎暑,回军立战勋。爱尔彭宗舜,少年多战功。从亲心已孝,报国意尤忠。

题甘泉居

我闻甘泉居,近连菊坡麓。十年劳梦思,今来快心目。徘徊欲移家,山南尚堪屋。渴饮甘泉泉,饮餐菊坡菊。行看罗浮云,此心聊复足。

书泉翁壁

我祖死国事,肇禋在增城。荒祠幸新复,适来奉初蒸。亦有兄弟好,念言思一寻。苍苍兼葭色,宛隔环瀛深。入门散图史,想见抱膝吟。贤郎敬父执,童仆意相亲。病躯不遑宿,留诗慰殷勤。落落千百载,人生几知音?道通著形迹,期无负初心。

往岁破桶冈宗舜祖世麟老宣慰实来督兵今兹思田之役乃随父致仕宣慰明辅来从事目击其父子孙三世皆以忠孝相承相尚也诗以嘉之

宣慰彭明辅,忠诚勤勉,晚年愈加敦厚。班师正当五月,冒着炎暑,清扫了蛮地的气焰。虽然年纪大了,但是报效国家的意愿更加强烈。五月里正值炎暑,回师立下战功。喜爱那彭宗舜,少年便立下许多战功。随从亲人,心已经尽孝,报效国家的心意尤为忠心耿耿。

题甘泉居

我听说甘泉居,离菊坡的山麓很近。十年来经常在梦中思念,今来赏心悦目一下。犹豫准备搬家,山的南面还可以建房。渴了就喝甘泉里的泉水,饿了就摘菊坡上的菊花吃。将要看一看罗浮云,我的心意就暂且满足了。

书泉翁壁

我的祖辈为国事而死,人们在增城设祠祭祀。祠庙已荒芜,所幸的是新近修复,到来时正赶上刚刚兴盛。也有兄弟交情甚好,想到说要游览一次。那祠堂苍苍还带葭色,宛如隔着深深环绕的瀛台。进入房门,翻看散开的家史,想起当年抱膝吟诵的情形。贤郎敬重父辈,童仆的心里很亲近。生病的身躯不急于安宿,留下诗作安慰勉励。千百年中,在人生中有几个知音啊?道与形迹相通相连,希望不会辜负内心的初衷。

卷之二十一　外集三

书

答佟太守求雨

癸亥

昨杨、李二丞来，备传尊教，且询致雨之术，不胜惭悚！今早谌节推辱临，复申前请，尤为恳至，令人益增惶惧！天道幽远，岂凡庸所能测识？然执事忧勤为民之意，真切如是，仆亦何可以无一言之复？

孔子云："丘之祷久矣！"盖君子之祷，不在于对越祈祝之际，而在于日用操存之先。执事之治吾越，几年于此矣。凡所以为民袪患除弊兴利而致福者，何莫而非先事之祷，而何俟于今日？然而暑旱尚存，而雨泽未应者，岂别有所以致此者欤？古者岁旱，则为之主者，减膳撤乐，省狱薄赋，修祀典，问疾苦，引咎赈乏，为民遍请于山川社稷，故有叩天求雨之祭，有省咎自责之文，有归诚请改之祷，盖《史记》所载"汤以六事自责。"《礼》谓"大雩帝用盛乐"。《春秋》书："秋九月，大雩。"皆此类也。仆之所闻于古如是，未闻有所谓书符咒水而可以得雨者也。

答佟太守求雨

癸亥

昨天，杨、李两位官员来，全面叙说了你的教诲，并且向我询问求雨的办法，我确实禁不住惭愧和惊讶！今天清晨，谌节推来到我这里，又提出前次杨、李两位的请求，更为恳切急迫，使我更加惶恐与畏惧！自然之道幽冥玄远，凡人怎能够预测和认识呢？但是阁下为百姓忧虑操心的真诚的确很明显，我怎可以没有一句话的答复呢？

孔子说："我向上天祈祷已经很长时间了。"大概有德之人的祈祷，并不在于对神灵祈求祝愿的时候，却在于日常生活的勤勉操持。阁下治理越地已经有好几年了，凡是为百姓剔除忧患与疲敝，大兴利处与造福的事，那一样不做在前面呢？不断地祈求与祷告又何等到今日才开始呢？然而，暑天的大旱灾仍然存在，雨水并没有应验的原因，难道还有另外缘故吗？古时的人们遇到旱情之际，那作为万民之主的人便节衣缩食，摈弃自己的乐事，减少刑事减免赋税，严肃地举行祭神的仪式，询问百姓的疾苦，把罪过都归到自己身上，赈济灾民，为百姓向山川社稷祈请，故而有向上天叩拜祈求降雨的祭祀，有寄以诚心，请求悔改的祷告。这就是《史记》所记载的："汤王在六种事情上进行了自我责备。"《礼记》中记载说："遇到大的祭祀礼仪，统治者运用盛大的音曲来举行。"《春秋》中写道："秋九月，进行大的祭祀活动。"都是这一类的做法。我所听说的古代都是这样做的，

唯后世方术之士，或时有之，然彼皆有高洁不污之操，特立坚忍之心。虽其所为，不必合于中道，而亦有以异于寻常，是以或能致此。然皆出小说，而不见于经传，君子犹以为附会之谈。又况如今之方士之流，曾不少殊于市井嚚顽，而欲望之以挥斥雷电、呼吸风雨之事，岂不难哉？仆谓执事且宜出齐于厅事，罢不急之务，开省过之门，洗简冤滞，禁抑奢繁，淬诚涤虑，痛自悔责，以为八邑之民，请于山川社稷。而彼方士之祈请者，听民间从便得自为之，但弗之禁，而不专倚以为重轻。

夫以执事平日之所操存，苟诚无愧于神明，而又临事省惕，躬帅僚属，致恳乞诚，虽天道亢旱，亦自有数。使人事良修，旬日之内，自宜有应。

仆虽不肖，无以自别于凡民，以诚使可有致雨之术，亦安忍坐视民患而恬不知？顾乃劳执事之仆仆，岂无人之心者耶？一二日内，仆亦将祷于南镇，以助执事之诚。执事其但为民悉心以请，毋惑于邪说，毋急于近名。天道虽远，至诚而不动者，未之有也。

却从没有听说过用符水咒语便可以得到雨水的。

只有后来做方技和术数之类的人有时这样去做，然而他们都高尚纯洁而不受玷污的情操，尤其树立了坚韧不拔的心态。虽然他的所作所为，未必合乎中庸之道，可是，也有不同于寻常的地方，所以或能够做到。然而，这些都出自于小说，但并没有在经书传记中见到过，君子们仍然认为这些说法牵强附会。又何况现今的方士之流，其中不少人是市井之中喧嚣顽劣之辈，却想指望他们用挥斥雷电、呼风唤雨的做法来求雨，难道不是很困难的吗？所以我认为，阁下应该进行斋戒勤于出厅问事，停止不急切的琐事，大开反省悔过之门，洗雪滞留的冤枉的案件，严禁、抑制奢侈与繁复的做法，锤炼真诚涤除思虑，痛切地悔过和自责，以此为四方百姓向山川社稷乞请祷告。对于那些方士所作的祈祷与求告，听任百姓按照自己的想法去做，仅仅不禁止他们，也不要特别地认为这种做法是重要与否。

我认为阁下平常所作所想，如果确实无愧于上天神明，当遇到重大事情时又会反省和警惕自己的行为，亲自率领自己的下属来表达诚恳的愿望，虽然人间大旱乃是自然之道，也有一定的气数。如果向好的方面努力，十日以内，就会有好的反应。

我虽然没有才能，没有高尚的修养，和普通百姓没有区别，如果我确实能够有使上天降雨的办法，我又怎么能忍心看着百姓遭患而安然处之装作不知道呢？又劳阁下这样恳切询问，岂不是没有人心吗？一两天以内，我也准备到南镇去祈祷，来帮助阁下为民求雨。只要阁下能够全心全意为了百姓的利益向上天乞请，并不被邪说所迷惑，也并不急功近利。天道虽然幽远，我们表现了至诚之心而不受感动的，没有过这种情况。

答毛宪副

戊辰

昨承遣人，喻以祸福利害，且令勉赴太府请谢。此非道谊深情，决不至此，感激之至，言无所容。但差人至龙场陵侮，此自差人挟势擅威，非太府使之也。龙场诸夷与之争斗，此自诸夷愤惋不平，亦非某使之也。

然则太府固未尝辱某，某亦未尝傲太府，何所得罪而遽请谢乎？跪拜之礼，亦小官常分，不足以为辱，然亦不当无故而行之。不当行而行，与当行而不行，其为取辱一也。废逐小臣，所守以待死者，忠信礼义而已。又弃此而不守，祸莫大焉。凡祸福利害之说，某亦尝讲之。君子以忠信为利，礼义为福。苟忠信礼义之不存，虽禄之万钟，爵以侯王之贵，君子犹谓之祸与害；如其忠信礼义之所在，虽剖心碎首，君子利而行之，自以为福也。况于流离窜逐之微乎？

某之居此，盖瘴疠蛊毒之与处，魑魅魍魉之与游，日有三死焉，然而居之泰然，未尝以动其中者，诚知生死之有命，

答毛宪副

戊辰

　　昨天,承蒙您派人来,用福祸利害相告来让我明白,并且让我不必亲自到您的府上谢罪了。这如果不是你我之间情深意厚,也决不会达到这种地步,我对您的做法非常感激,我实在是说不出什么来了。但是差人到龙场欺凌侮辱百姓,这种做法自然是差人挟持您的权势来逞威风,并非您让他们这么做的。龙场的百姓们和他们争执,这确实也是百姓们心中愤怒难平所导致的,也并不是我让他们这么做的。

　　既然这样,那么太府您确实未曾侮辱过我,而我也没有傲视过您,却又从什么地方得罪了您而又得向您请罪呢?跪拜的礼节,是小官应行的本分,这并不能当作是侮辱,然而也不能无缘无故地去这么做。不应当作却做了和应当作却没有做,结果都是对个人的一种侮辱。被废逐的我,所以能生活下去在此等死,就因我遵守忠、信、礼、义的伦理道德。如果我又因此把忠、信、礼、义抛弃了而不再坚守,那么再也没有比这更大的灾祸了。至于福祸利害的说法,也是我常常所讲的。君子把忠与信当作对自己有好处的东西,把守礼义当作是一种福庆。如果忠、信、礼、义不再存在了,即使给万钟的俸禄,封为尊贵的王侯,君子仍然会认为这是灾祸与危害;如果一个人所坚守的忠、信、礼、义存在着,那么即使剖开了他的心,粉碎了他的头颅,君子仍会坚持这种信念并且继续这样去做,心中仍然认为这是一种福庆。何况只被处于漂泊与放逐这样的微不足道的小打击呢?

　　我在这里居住,是同各种瘴气、毒虫处在一起,与妖魔鬼怪在一起同游,每天都有许多死去的可能,然而我却过得非常

不以一朝之患而忘其终身之忧也。

太府苟欲加害，而在我诚有以取之，则不可谓无憾；使吾无有以取之，而横罹焉，则亦瘴疠而已尔，蛊毒而已尔，魑魁魍魉而已尔，吾岂以是而动吾心哉？

执事之谕，虽有所不敢承，然因是而益知所以自励，不敢苟有所隳堕，则某也受教多矣，敢不顿首以谢。

与安宣慰

戊辰

某得罪朝廷而来，惟窜伏阴崖幽谷之中，以御魍魉，则其所宜。故虽夙闻使君之高谊，经旬月而不敢见，若甚简亢者。然省愆内讼，痛自削责，不敢比数于冠裳，则亦逐臣之礼也。

使君不以为过，使廪人馈粟，庖人馈肉，园人代薪水之劳，亦宁不贵使君之义，而谅其为情乎？自惟罪人，何可以辱守土之大夫？惧不敢当，辄以礼辞。使君复不以为罪，昨者又重之以金帛，副之以鞍马，礼益隆，情益至，某益用震

安静淡然，并没有动摇我心中的信念，这确实是因为我知道生存与死亡都在天命，所以，我并不因为一时的患难而忘却一生忧虑的东西。

太守您如果真的想加害于我的话，在我自己这方面，如果确实有能够使您采取这种做法的原因，那么便不能说没有遗憾。如果我没有能够使您加害我的原因，你加害我了，那么不过和瘴疠之气、有毒之虫，魑魅魍魉没有区别罢了，我怎能因此便动摇了我自己心中的信念呢？

阁下所说的话，虽然有我不敢奉承的地方，却因为这样而更加知道自己应该如何自我勉励，而不敢有丝毫的堕落，这样，我便受到很多的教诲了，如此我怎么敢不顿首向您称谢呢？

与安宣慰

戊辰

自从我得罪了朝廷以来，只能为防止妖魔鬼怪袭击而隐藏在凶险悬崖和幽远的山谷之中，这样做，我觉得很合适。所以，虽然我早就听说您高洁的性情，但经过十数天甚至一个月也没有与您相见，好像显得我是一个傲慢的人。我却不断地从内心深处来反省自己、责备自己，认为自己是个被流放的罪臣，所以我并不敢与您相提并论，我认为这样做合乎被放逐者的做法。

然而您并不认为我有什么过错，派农夫给我送来粮食，派厨师给我送来肉食，派看园的人为我担水劈柴，我难道会不看重您的仁义之心，理解您这种情义的吗？我本来就只是一个有罪的人，怎么能让您这样一位镇守一方的官员受辱呢？我实在是

悚。是重使君之辱，而甚逐臣之罪也，愈有所不敢当矣。

使者坚不可却，求其说而不得，无已，其周之乎？周之亦可受也。敬受米二石，柴炭鸡鹅悉受如来数。其诸金帛鞍马，使君所以交于卿士大夫者，施之逐臣，殊骇观听，敢固以辞。伏惟使君处人以礼，恕物以情，不至再辱，则可矣。

二

戊辰

减驿事，非罪人所敢与闻。承使君厚爱，因使者至，闲问及之，不谓其遂达诸左右也。悚息悚息！然已承见询，则又不可默。凡朝廷制度，定自祖宗，后世守之，不可以擅改。在朝廷，且谓之变乱，况诸侯乎？纵朝廷不见罪，有司者将执法以绳之，使君必且无益。纵幸免于一时，或五六年，或八九年，虽远至二三十年矣，当事者犹得持典章而议其后。若是，则使君何利焉？使君之先，自汉唐以来千几百年，土地人民，未之或改。所以长久若此者，以能世守天子礼法，竭忠尽力，不敢分寸有所违。是故天子亦不得逾礼

害怕而不敢接受您的盛情，就很有礼貌地辞谢了。使君您又没有把我这样做当作是有罪，昨天又向我赠送了金银布帛，加上所送马匹，礼节越来越重了，您的情义也越来越深了。我更加的吃惊、害怕。这样更加使您受到了折辱，同时也更加重了我的罪过，我也更加不敢当了。

您所派的人态度坚决，我没有办法推却，请求他向您禀明却不能够，没办法，只有当作你对我的救助，救助是可以接受的。我接受你馈赠的二石米，并把送来的柴火、木炭、鸡鹅都如数收下了。其他的如金银布帛鞍马之类的东西，是您交结卿士大夫的礼品，把它施舍给罪臣，会使他人受到惊吓，故我坚决不收。希望您以礼待人，根据情况宽恕别人，不再使您再受折辱，就可以了。

二

戊辰

减少驿站的事，并不是我这样一个有罪的人所敢于议论的。承蒙您的厚爱，加上您的使者来到这里，闲谈中涉及这个方面的问题，不承想叫您听到。这实在叫我恐惧惭愧。然而承蒙您来相问，那么我又不能不说说我的意见。凡是朝廷的典章规定，是由以前的先辈祖宗所制定的，后世的子孙应该坚守它们，不能够擅自地改变。如果这种事情发生在朝廷，就被认为是发生了变更与紊乱，何况在诸侯方面呢？如果这样做了，纵然朝廷没有认为是罪过，而执掌刑事的人也会来加以拘捕，对于您必定没有一点好处。纵然很幸运地躲过了一时，或者经过五六年，或者经过八九年，甚至在二三十年以后，当事的人仍然会拿

法，无故而加诸忠良之臣。

不然，使君之土地人民，富且盛矣，朝廷悉取而郡县之，其谁以为不可？夫驿，可减也，亦可增也，驿可改也，宣慰司亦可革也。由此言之，殆甚有害。

使君其未之思耶？所云奏功升职事，意亦如此。夫铲除寇盗，以抚绥平良，亦守土之常职。今缕举以要赏，则朝廷平日之恩宠禄位，顾将欲以何为？使君为参政，亦已非设官之旧，今又干进不已，是无抵极也，众必不堪。

夫宣慰守土之官，故得以世有其土地人民。若参政，则流官矣，东西南北，惟天子所使。朝廷下方尺之檄，委使君以一职，或闽或蜀，其敢弗行乎？则方命之诛，不旋踵而至。捧檄从事，千百年之土地人民，非复使君有矣。

由此言之，虽今日之参政，使君将恐辞去之不速，其又

着典章制度在之后议论纷纷。如果是这样，那么对您来说，又有什么好处呢？您的先辈们，自从汉唐以来，经过千百年了，土地和百姓，并没有什么改变。之所以能够像这样长久的原因，在于能够世世代代遵守着天子的礼仪法度，竭尽忠诚效尽全力，不敢有一点的违背。正是因为这样，天子也不能够逾越了礼义法度，也就不会无缘无故地把罪过加在忠诚正直的臣子的头上了。

如果不能遵守礼法的话，即使您的土地和百姓富足而繁盛，朝廷会都收取过来，而分为各郡各县，有谁还会以为这样做不对呢？有人说驿站可以减少，也可以增加，如果是这样，驿站可以改变，那么宣慰司也可以革掉了。按照这样讲，实在是太有害了。

您难道没有考虑过吗？您所说的向上表奏自己的功劳，要求升迁职位的事情，它的意思也是这样的。铲除贼寇，安抚平民百姓，也是守土做官的平常应尽的职责。现在您不断地邀功，希望得到奖赏，那么朝廷平日里给您的恩典和官位，原本是做什么的呢？您现在当这个参政官职，也并不是很久以前给您升的官职，而现在又不停要求向上爬升，这欲望要求实在是没有止境啊，众人一定会看不下去。

作为宣尉来说是守土之官，所以土地人民为其世代所有。但参政则是一种流官，东西南北、四面八方，全由天子来驱使。只要朝廷下达一尺见方的檄文，委任您一个职务，或者让您到闽地，或者到蜀地，您难道敢不去吗？若违抗，对违命的责问，很快就到。按文书办理，千百年来的土地人民就不是你的了。

这样说来，就是您现在的参政官职，恐怕您想要马上辞去

可再乎？凡此以利害言，揆之于义，反之于心，使君必自有不安者。

夫拂心违义而行，众所不与，鬼神所不嘉也。承问及，不敢不以正对。幸亮察！

三

戊辰

阿贾、阿札等畔宋氏为地方患，传者谓使君使之。此虽或出于妒妇之口，然阿贾等自言使君尝锡之以毡刀，遗之以弓弩，虽无其心，不幸乃有其迹矣。始三堂两司得是说，即欲闻之于朝，既而以使君平日忠实之故，未必有是，且信且疑，姑令使君讨贼，苟遂出军剿扑，则传闻皆妄，何可以滥及忠良？其或坐观逗留，徐议可否，亦未为晚。故且隐忍其议，所以待使君者甚厚。

既而文移三至，使君始出，众论纷纷，疑者将信。喧腾之际，适会左右来献阿麻之首，偏师出解洪边之围，群公又复徐徐。今又三月余矣。

使君称疾归卧，诸军以次潜回。其间分屯寨堡者，不闻擒斩以宣国威，惟增剽掠以重民怨，众情愈益不平。而

都来不及,又怎么能再要求做其他官呢?我是出于义气之心来写下了这些有关利害的话,您一定会有不安的感觉。

如果违背了自己的忠心与大义,众人不高兴,连鬼神也不赞赏。承蒙您探起这事,不敢不严肃庄重地回复您。希望您能明察。

三

戊辰

阿贾、阿扎等人的反叛成为宋氏地方上的祸患了,传说的人说是您使他们这样无法无天的。这种说法虽然有的出自嫉妒的妇人之口,然而阿贾等人也亲自声称您曾经赏给他们毡刀,送给他们弓弩,您虽然没有这种真心,但确实有这样的外在表现。开始三堂两司得到了这个说法,马上就要向朝廷反映,由您平日里忠诚老实的缘故,我认为您未必会这样,只是将信将疑,姑且派您去讨伐贼寇,如果您真心地能够剿灭贼寇,那流言都是没有根据的虚妄言辞罢了。又怎么可以胡乱地怀疑打击忠良之士呢?所以他们有的不动声色地坐在一旁,静静地观看,暂缓商议对您是否采取措施,也不算晚的。所以暂且停止对您揭发的商议,仍然非常优厚地对待您。

随即,公文到了几次,您才有所行动,众人便已经议论纷纷,怀疑你的人快要相信了。正在吵嚷之时,正好赶上你的下属送来阿麻的头,一部分军队解了洪边的围困,诸位大人又暂缓了商议,如今又有三个多月了。

您声称有病,回到家中养病,您的各路军马也逐渐撤了下来。这中间分驻各村寨的战士,没有听说有斩杀敌人立功来宣

使君之民，罔所知识，方扬言于人，谓："宋氏之难，当使宋氏自平，安氏何与，而反为之役？我安氏连地千里，拥众四十八万，深坑绝坉，飞鸟不能越，猿猱不能攀，纵遂高坐，不为宋氏出一卒，人亦卒如我何？"斯言已稍稍传播，不知三堂两司已尝闻之否？使君诚久卧不出，安氏之祸，必自斯言始矣。

使君与宋氏同守土，而使君为之长。地方变乱，皆守土者之罪，使君能独委之宋氏乎？夫连地千里，孰与中土之一大郡？拥众四十八万，孰与中土之一都司？深坑绝坉，安氏有之，然如安氏者，环四面而居以百数也。

今播州有杨爱，恺黎有杨友，酉阳、保靖有彭世麒等诸人。斯言苟闻于朝，朝廷下片纸于杨爱诸人，使各自为战，共分安氏之所有，盖朝令而夕无安氏矣。深坑绝坉，何所用其险？使君可无寒心乎？且安氏之职四十八支，更迭而为，今使君独传者三世，而群支莫敢争，以朝廷之命也。

苟有可乘之衅，孰不欲起而代之乎？然则扬此言于外以速安氏之祸者，殆渔人之计，萧墙之忧，未可测也。使君

扬国家威风的，只加重了抢掠、增加百姓怨恨，众人的情绪更加愤愤不平了。而您的百姓并不知道这其中的厉害，还在对别人宣称："宋氏遇到的困难由他自己来平定好了，这与我们安氏有什么关系，却反而为他们去作战？我们安氏拥有辽阔的土地，拥有四十八万民众，有着重重严密的防护措施，连飞鸟和猿猴都不能逾越，纵然我们只是高高地坐在那里，不替宋氏出一兵一卒，别人又能拿我们怎么样呢？"这种言论已经悄悄地传播开了，不知道三堂两司是否已经听到了这种说法？使君您真的长久地躲在家中而不出来，那么安氏的祸患必然从这种流言开始了。

您与宋氏一同镇守这一地方，而您却是这里的首长。地方上发生了叛乱，都是镇守土地的官员的罪过，您怎么能只把这种责任全部推到宋氏的身上呢？您拥有上千里的土地，能赶上中原的一大郡吗？拥有兵众四十八万，你能有中土的一个都司管辖那样多吗？安氏也确实有重重的防护措施，然而像您这样的情况，占据在您四面八方的有数百个。

现在播州有个杨爱，恺黎有个杨友，酉阳、保靖有彭世麒等人。如果这种言论被朝廷知道了，朝廷只要下达小小的一片纸给杨爱等人，让他们分别与您开战，共同分割安氏所拥有的一切，大概在早上发号施令，到晚上便没有安氏了。各种防御设施，各处险要又有什么用呢？您难道能不心寒吗？况且安氏掌管四十八个分支，互有改变，只有您历经三代了，其他的分支不敢与您抗衡，是因为朝廷有命令。

如果有一天有了可乘之机，谁不想起来取代您呢？那么把这种言论向外宣扬来加速您灾祸到来的人，大概用的是鹬蚌相

宜速出军，平定反侧，破众逸之口，息多端之议，弭方兴之变，绝难测之祸，补既往之愆，要将来之福。某非为人作说客者，使君幸熟思之！

答人问神仙

戊辰

询及神仙有无，兼请其事，三至而不答。非不欲答也，无可答耳！昨令弟来，必欲得之。仆诚生八岁而即好其说，今已余三十年矣，齿渐摇动，发已有一二茎变化成白，目光仅盈尺，声闻函丈之外，又常经月卧病不出，药量骤进，此殆其效也。而相知者犹妄谓之能得其道，足下又妄听之而以见询，不得已，姑为足下妄言之。

古有至人，淳德凝道，和于阴阳，调于四时，去世离俗，积精全神，游行天地之间，视听八远之外。若广成子之千五百岁而不衰，李伯阳历商周之代，西度函谷，亦尝有之。若是而谓之曰无，疑于欺子矣。

然则吸呼动静，与道为体，精骨完久，禀于受气之始，此殆天之所成，非人力可强也。若后世拔宅飞升，点化投夺之类，谲怪奇骇，是乃秘术曲技，尹文子所谓幻，释氏谓之

争渔人得利的计策,内部的忧虑,难以预料。您应该迅速地派出军队,平定反叛以打破众人诬陷的言辞,平息多方议论,消除刚刚发生的变乱,断绝那不可预测的灾祸,补救过去您犯的错误,谋求将来的福禄。我并非为别人做说客,希望您好好地考虑一下吧!

答人问神仙

戊辰

你问我世上是否有神仙,和与神仙有关的其他事,屡次来问,我都没有回答。我并不是不想回答,是没有什么可回答的!昨天你的弟弟来到我这里,一定要得到答案。我可以说说看法。我确实从八岁起就喜欢修仙之道,现在已经三十多年了,牙齿渐渐松动,头发已经有一些变成白色的了,眼睛只能看到一尺之内,耳朵也只能听到几丈外的声音,又常常整月卧床不起,药量突然加大,这大概就是它的效果了。与我熟知的人仍然胡说能得到神仙之道,你又听信这种胡说并且向我询问,没有办法,姑且为您没有根据地谈一谈。

古时至人,道德深厚,与阴、阳相和,与四季相调和,超凡脱俗,积聚精神,在天地之间畅游,视与听达到八荒以外。像广成子一千五百岁而不衰老,李伯阳历经了商周两代,向西度过函谷关,这是曾经有的事。如果把这些事说成没有,无疑就是欺骗您了。

那么,那一呼一吸一动一静,把大道作为本体,精骨保存长久,完全是从受气的时候便开始了,这大概是由上天所促成的,并不是人力可以勉强的。如果后世有人连同自己的房子一同

外道者也。若是而谓之曰有，亦疑于欺子矣。

夫有无之间，非言语可况，存久而明，养深而自得之，未至而强喻，信亦未必能及也。盖吾儒亦自有神仙之道，颜子三十二而卒，至今未亡也，足下能信之乎？后世上阳子之流，盖方外技术之士，未可以为道。若达摩、慧能之徒，则庶几近之矣，然而未易言也。足下欲闻其说，须退处山林三十年，全耳目，一心志，胸中洒洒，不挂一尘，而后可以言此，今去仙道尚远也。妄言不罪。

答徐成之

壬午

承以朱、陆同异见询，学术不明于世久矣，此正吾侪今日之所宜明辨者。细观来教，则舆庵之主象山既失，而吾兄之主晦庵亦未为得也，是朱非陆，天下之论定久矣。久则难变也，虽微吾兄之争，舆庵亦岂能遽行其说乎？故仆以为二兄今日之论，正不必求胜。务求象山之所以非，晦庵之所以是，穷本极源，真有以见其几微得失于毫忽之间，若明者之听讼，其事之曲者，既有以辨其情之不得已；而辞之直者，

升天了,可以点化事物投胎夺舍之事,这实在是令人奇怪,令人吃惊的,但这是一些秘密的法术和复杂的技巧,正如尹文子所说这是一种虚幻的东西,释迦所说的外道。像这样的情况而说它存在,也无疑是欺骗您了。

那有和无并非语言可以加以表述清楚的,心里寸养,时间长了就会清楚,修养深厚自己就会明白,没有达到一定程度却勉强去说,即便信仰它,也未必能得到它。我们这些儒生也有自己的神仙之道,颜回三十二岁时死去,但他的精神永存,现在他还没有死亡,您能相信吗?后代的上阳子一类人物,可能是些搞方术技艺之道的人,不可以认为是有道的。像达摩、慧能这样的人,大约已经接近大道了,然而不容易说清楚。您要想聆听这种道法,必须回到深山老林中待上三十年,保全自己的耳目,一心一意,胸中无杂念,不为一点污瑕所污,那么这以后才可以说道,现在你离神仙之道还远。我的一番胡话希望没有得罪您。

答徐成之

壬午

承蒙您问我朱熹、陆九渊二人有什么异同,在现在的时代,把学问搞得很不清楚已经很久了,这正是我辈在今天所应该加以明确的分辨。仔细观看您送来的书信,可见王舆庵崇尚陆九渊先生的说法是偏颇的,然而我兄长崇尚朱熹先生的说法也不一定正确。抬高朱熹而贬低陆九渊,世人的结论早已确定了。时间长了就很难变动了,虽然没有我兄长的争论,王舆庵也不一定能很顺利地施行他的学说。所以我认为两位兄长现在

复有以察其处之或未当。使受罪者得以伸其情,而获伸者亦有所不得辞其责,则有以尽夫事理之公,即夫人心之安,而可以俟圣人于百世矣。

今二兄之论,乃若出于求胜者。求胜则是动于气也,动于气,则于义理之正,何啻千里?而又何是非之论乎?凡论古人得失,决不可以意度而悬断之。

今舆庵之论象山曰:"虽其专以尊德性为主,未免堕于禅学之虚空。而其持守端实,终不失为圣人之徒。若晦庵之一于道问学,则支离决裂,非复圣门诚意正心之学矣。"

吾兄之论晦庵曰:"虽其专以道问学为主,未免失于俗学之支离。而其循序渐进,终不背于《大学》之训。若象山之一于尊德性,则虚无寂灭,非复《大学》格物致知之学矣。"夫既曰"尊德性",则不可谓"堕于禅学之虚空";"堕于禅学之虚空",则不可谓之"尊德性"矣。

既曰"道问学",则不可谓"失于俗学之支离";"失于俗学之支离",则不可谓"道问学"矣。二者之辨,间不容发。然则二兄之论,皆未免于意度也。

的争论,实在不必求得胜负。一定要得出陆九渊先生有不对的地方,朱熹先生所以对的结论,追寻根本,究其根源,在非常细小的地方来发掘得失,如同明白的人听双方打官司,对于他们做的一定要分辨出事实是不得已罢了;而对于他们正直的言辞,却又考察认为处置不当。使受到惩罚的人能够伸张他们的实情,而获得申诉的人也有不能推辞自己责任的地方,那么,这样一来,就做到了处事公正,也就是人心的安定,等百代之后圣人来给判断。

现如今您二位的争论,好像要决出谁胜谁负。求胜负便是动气了,争强斗胜就是发了脾气,那么和求得的正直义理何止千里呢?而且又哪里是什么关于是非的争论呢?凡是论断古人的得失,决不可以凭主观臆断而轻易下结论。

现在王舆庵议论陆九渊说:"虽然他的学说专门以存心养性为主,难免要落到禅学的空虚当中去。而他坚守正直与诚实,始终不失为圣人的门徒。而朱熹专门格物穷理,就会支离破碎,这不是圣人之门的诚意、正心的学问。

我兄议论朱熹说:"虽然他的学问专门以格物穷理为主,未免成了俗学的分支。然而它循序渐进,始终没有违背《大学》的训诫。如果像陆九渊那样专一于存心养性,那么就会虚无寂灭,不再是《大学》格物致知的学问了。"既然已经说了存心养性,便不可以说是落到了禅学的虚空当中;堕落到禅学的虚空当中,便不能称之为存心养性了。

既然已经说了格物穷理,那么便不以说是成了俗学的分支;成了俗学的分支,便不可以说仍然是格物穷理。二人之间的争辩,距离很小。然而两位兄长的争论,都未免是在有意的主

昔者子思之论学,盖不下千百言,而括之以"尊德性而道问学"之一语。即如二兄之辨,一以"尊德性"为主,一以"道问学"为事,则是二者固皆未免于一偏,而是非之论,尚未有所定也,乌得各持一是而遽以相非为乎?故仆愿二兄置心于公平正大之地,无务求胜。夫论学而务以求胜,岂所谓"尊德性"乎?岂所谓"道问学"乎?以其所见,非独吾兄之非象山,舆庵之非晦庵,皆失之非。而吾兄之是晦庵,舆庵之是象山,亦皆未得其所以是也。稍暇当面悉,姑务养心息辨毋遽。

二

壬午

昨所奉答,适有远客酬对纷纭,不暇细论。姑顾二兄息未定之争,各反究其所是者,必己所是已无丝发之憾,而后可以及人之非。早来承教,乃为仆漫为含胡两解之说,而细绎辞旨,若有以阴助舆庵而为之地者,读之不觉失笑!曾谓吾兄而亦有是言耶?仆尝以为君子论事,当先去其有我之私。一动于有我,则此心已陷于邪僻,虽所论尽合于理,既已亡其本矣。

尝以是言于朋友之间,今吾兄乃云尔,敢不自反,其殆陷于邪僻而弗觉也。求之反复,而昨者所论,实未尝有是,

观忖度。

　　过去子思论证学问时，大概有千百句之上，然而总括它，便是存心养性。而格物穷理这一说法即使如二兄的辩解，一以存心养性为主，一个以格物穷理为事，那么这二者本来都不免于偏于一点，那么是非的论断还未有一定，怎么能因各持己见认为正确便相互攻讦呢？所以我希望二位能够把心思放到公平正大的地方，不要单纯地求胜负。在探讨学问上追求胜负，这哪是在存心养性呢？又哪是所谓的格物穷理呢？所以，以我自己的看法，并不仅兄长指责陆九渊，王舆庵指责朱熹都是错误的。而兄长肯定朱熹，王舆庵肯定陆九渊，也都没有指出它们的正确之处。有空闲一定当面谈，暂且不要急于争论，养性修身吧。

二

壬午

　　昨天我的回答，因为有客人从远方来，应酬繁忙，来不及仔细论述。姑且希望二位仁兄停止尚无定论的争论，彼此反省自己所赞同的东西，确然无疑再无丝毫的遗憾之后，才可以去指责对方。今早承蒙指教，说我的回答漫不经心、模棱两可，但仔细推敲其中的意思，似乎有暗中偏袒王舆庵兄的地方，令我读起来忍不住发笑！不承想我兄你也有这种想法？我曾认为君子讨论事情，应当首先去除一己的私心。一旦有了小我的私念，那么心便陷入歧途，尽管所说的都还在理，但已经丧失其根本了。

　　我曾经在朋友间表达过这种看法，现在您既然这么说，我不敢不反省自身，也许我已陷入歧途而自己却无觉察。反复思

则斯言也无乃吾兄之过欤？虽然无是心而言之，未尽于理，未得为无过也。仆敢自谓其言之已尽于理乎？请举二兄之所是者以求正：舆庵是象山，而谓其专以尊德性为主，今观《象山文集》所载，未尝不教其徒读书穷理，而自谓理会文字颇与人异者，则其意实欲体之于身。其亟所称述以晦人者曰："居处恭，执事敬，与人忠。"一曰："克己复礼。"曰："万物皆备于我，反身而诚乐莫大焉。"曰："学问之道无他，求其放心而已。"一曰："先立乎其大者，而小者不能夺。"

是数言者，孔子、孟轲之言也，乌在其为空虚者乎？独其"易简""觉悟"之说，颇为当时所疑，然"易简"之说，出于《系辞》，"觉悟"之说，虽有同于释氏，然释氏之说，亦自有同于吾儒，而不害其为异者，惟在于几微毫忽之间而已。亦何必讳于其同，而遂不敢以言；狃于其异，而遂不以察之乎？是舆庵之是象山，固犹未尽其所以是也。

吾兄是晦庵，而谓其专以道问学为事。然晦庵之言曰："居敬穷理。"曰："非存心无以致知。"曰："君子之心，常存敬畏，虽不见闻，亦不敢忽，所以存天理之本，然而不使

量昨天说过的话，实在未曾如此，那么您这么说就是您的不对了，是么？虽说是这样，但你不经心说出的话，未能把道理讲清楚，不能说我就没有过错。难道我敢自称自己已经把道理讲清楚了吗？请允许我列举二位兄长各自所赞同的东西来寻求正确的义理：王舆庵赞同陆陆九渊，说他专门以存心养性为主，现在来看看陆陆九渊《象山文集》中写的，何尝不教诲弟子们读书穷尽道理，至于他自称领会文字的方式与别人不同，其实是想表达凡事亲身体验这个道理。他常常用他所称道的话来教诲别人，诸如"平常在家规规矩矩，办事严肃认真，待人忠心诚意。"一说："约束自己，使言行符合于礼。"说："万事万物都蕴含在我的天性之中，反省自己，如何德合至理，没有什么比这更快乐了。"说："做学问的途径没有别的，就是找回丢失的本心罢了。"一说："先树立了大体（心），那么小体（耳目）就无法扰乱大人君子之道了。"

这些话，都是孔子、孟子说过的，难道他们这些话空灵虚静就不是圣人之言了吗？唯独"平易简约""觉醒体悟"的说法，当时的人多有怀疑，但是"平易简约"的说法是来自《系辞》，"觉醒体悟"的说法，虽然和佛家的说法有相同的地方，但是佛家的说法也自有与我们儒家相同的地方，不妨害二者区分之处，就在于二者之间细微的差别。何必忌讳二者的共通之处，就连说也不敢说；何必对二者的不同感到惊异，便不去明察了呢？因此王舆庵赞同陆九渊，确实仍然没把赞同的道理讲清楚。

您所赞同的是朱熹，说他专门从事于格物穷理的方法。但是朱熹说，"平时恭敬有礼以穷尽天下至理。"又说："不守住本心就无法获得真知。"又说："君子的心中恒常保持着敬畏，即

离于须臾之顷也。"

是其为言，虽未尽莹，亦何尝不以尊德性为事，而又乌在其为支离者乎？独其乎日汲汲于训解，虽韩文、《楚辞》、《阴符》、《参同》之属，亦必与之注释考辩，而论者遂疑其玩物。又其心虑，恐学者之躐等，而或失之于妄作，使必先之以格致，而无不明；然后有以实之于诚正，而无所谬。世之学者，挂一漏万，求之愈繁，而失之愈远，至有敝力终身，苦其难而卒无所入，而遂议其支离，不知此乃后世学者之弊，而当时晦庵之自为，则亦岂至是乎？是吾兄之是晦庵，固犹未尽其所以是也。

夫二兄之所信而是者，既未尽其所以是，则其所疑而非者，亦岂必尽其所以非乎？然而二兄往复之辩，不能一反焉，此仆之所以疑其或出于求胜也。一有求胜之心，则已亡其学问之本，而又何以论学为哉？此仆之所以惟愿二兄之自反也。发有所谓含胡两解，而阴为舆庵之地者哉？夫君子之论学，要在得之于心。

众皆以为是，苟求之心而未会焉，未敢以为是也。众皆以为非，苟求之心而有契焉，未敢以为非也。心也者，吾所得于天之理也。无间于天人，无分于古今，苟尽吾心以求

使没人看见或听见,也不敢忽视,这就是保持天理的大本而不使其有片刻偏离了。"

这些话虽然还不够晶莹剔透,但所指的事何尝不是存心养性,难道因为它们支离破碎就不对了吗?只有那些平时热衷于训诂解说的人,即便是韩愈的文章、《楚辞》、《阴符经》、《参同契》这样的作品,也非要注释、考证、辨析一番,于是评论的人便怀疑他是在耍小聪明、不务正业。他又担心,恐怕学习的人不按次序,有可能因随便作为而发生错失,于是要求他们必须把格物致知的功夫放在前面,那样就没有什么不明白的了;然后诚意正心就有了切实的内容,而没有错误之处;世上的学子,挂一漏万,做学问愈是繁杂,距离正理就愈远,以至造成了精疲力竭地劳作一生,受苦受累却终无所获,于是被世人评说为做学问支离破碎,殊不知这是后世学子的弊病,而当初朱熹的所作所为难道是这样的吗?因此您赞同朱熹,也确实没有把朱熹的长处讲清楚。

二位兄长所相信而肯定的,既然没有把认为对的道理讲清楚,那么你们所怀疑为谬误的,就真的把错的道理讲清楚了吗?然而二位兄长反反复复争辩的,不可能相反到这种程度,因此我怀疑你们或许存着争强斗胜的心思。一旦有争强好胜的心思,就已经失却做学问的根本了,又怎讨论做学问呢?因此我希望二位兄长能够反省自身。我岂有如你所说的含糊其辞、私下却向着王舆庵的地方呢?君子讨论学术,关键在于领悟在心里。

众人都说对的,倘若自己心里不同意,我不敢说是。众人都说不对的,倘若与我的心契合,我不敢跟着说不是。我的本心是从天理那里来的。倘若天和人之间没有间隔,古今之间没

焉，则不中不远矣。

学也者，求以尽吾心也。是故尊德性而道问学，尊者尊此者也，道者道此者也。不得于心，而惟外信于人以为学，乌在其为学也已？仆尝以为晦庵之与象山，虽其所为学者，若有不同，而要皆不失为圣人之徒。

今晦庵之学，天下之人童而习之，既已入人之深，有不容于论辨者。而独惟象山之学，则以其尝与晦庵之有言，而遂藩篱之，使若由、赐之殊科焉，则可矣；而遂摈放废斥，若碔砆之与美玉，则岂不过甚矣乎？夫晦庵折衷群儒之说，以发明《六经》《语》《孟》之旨于天下，其嘉惠后学之心，真有不可得而议者。

而象山辨义利之分，立大本，求放心，以示后学笃实为己之道，其功亦宁可得而尽诬之？而世之儒者，附和雷同，不究其实而概目之以禅学，则诚可冤也已！故仆尝欲冒天下之讥，以为一暴其说，虽以此得罪，无恨。仆于晦庵亦有罔极之恩，岂欲操戈而入室者？顾晦庵之学，既已若日星之章明于天下，而象山独蒙无实之诬，于今且四百年，莫有为之一洗者。使晦庵有知，将亦不能一日而安享庙庑之间矣。

此仆之至情，终亦必为吾兄一吐者，亦何肯"漫为两解之说以阴助于舆庵"？舆庵之说，仆犹恨其有未尽也。

有区分,穷尽我的心来寻求,那么即使不能做到不偏不倚也不远了。

做学问,就是穷尽我心。因此尊德性而道问学,所尊崇的就是这些、所讲说的就是这些。不是得自于内心,而仅仅是向外依赖于他人来做学问,这是在做学问吗?我曾经认为朱熹和陆九渊,虽然做的学问好像不一样,但其本质上都不失为圣人的门徒。

现在朱熹的学说,普天下人自儿时即开始学习,既然已经深入人心,它便有不容辩驳的地位。然而陆九渊的学说则不然,因为曾经同朱熹争论过,于是遭人禁锢,如果把它作为像子路和子贡那样特殊的人来对待,那还可以;但如果加以贬斥排挤,像碱砆对于美玉那样来对待它,岂不是太过分了吗?朱熹综合各派儒家的学说,来向天下人彰显《六经》《论语》《孟子》的要旨,他对待后学们的一片真心,真是难以一言道尽。

而陆九渊讨论义和利的区分,树立大本体,寻求失去的本心,向后学们揭示出笃实的修身方法,他的功劳难道可以一笔抹杀吗?世上的儒士们,人云亦云、异口同声,不考察实际情况就一概而论,把它看成禅学,实在是冤枉啊!因此我想要冒着被天下人讥讽的危险,来发扬陆九渊的学说,即便因此获罪也无恨无悔。朱熹对于我也有极深厚的恩情,我怎么会同室操戈呢?朱熹的学说,已经像日月星辰一样彰显天下。陆九渊却独独蒙受着莫须有的诬蔑,至今已有四百年,没有为他洗刷罪名的人。假使朱熹在天有灵,得知这个消息后恐怕不能在供奉他的庙堂里安享了。

这是我最终一定要向您倾诉的心里话,怎么会是"漫不经心、模棱两可的回答而暗中偏袒王舆庵"呢?王舆庵的说法,我

夫学术者，今古圣贤之学术，天下之所公共，非吾三人者所私有也。天下之学术，当为天下公言之，而岂独为舆庵地哉？兄又举太极之辩，以为象山于文义，且有所未能通晓，而其强辨自信，曾何有于所养？夫谓其文义之有未详，不害其为有未详也。

谓其所养之未至，不害其为未至也。学未至于圣人，宁免太过不及之差乎？而论者遂欲以是而盖之，则吾恐晦庵祥学之讥，亦未史有激于不平也。夫一则不审于文义，一则有激于不平，是皆所养之未至。昔孔子大圣也，而犹曰："假我数年以学《易》，可以无大过。"

仲虺之赞成汤，亦惟曰："改过不吝而已。"所养之未至，亦何伤于二先生之不贤乎？此正晦庵、象山之气象，所以未及于颜子、明道者，在此，吾侪正当仰其所以不可及，而默识其所未至者，以为涵养规切之方；不当置偏私于其间，而有所附会增损之也。夫君子之过也，如日月之食，人皆见之，更也，人皆仰之。而小人之过也必文。

世之学者，以晦庵大儒，不宜复有所谓过者，而必曲为隐饰增加，务诋象山于禅学，以求伸其说，且自以为有助于晦庵，而更相倡引，谓之扶持正论。

仍然认为有没有说清的地方，让人遗憾。

　　学术，是现代与过去圣人贤哲的学术，是天下人共有的，不是我们三个人可以私自占有的。既然是天下人共有的学术，就应当针对所有的人，怎么是独独针对王舆庵的呢？您又以关于太极的辨析为例子，认为陆九渊对于古代经典的文义尚且有不明了的地方，而陆九渊自负地去分析，他的学术有根基么？您说的含义尚有不明了，这并不妨碍他有没有弄清的地方。

　　您说他的学术修养不够，这并不妨碍他有没有通达的地方。做学问未达到圣人的境界，怎么能避免太过或不及的差距呢？您用这来贬低陆九渊，那么我恐怕朱熹讥讽人家为禅学，也未免有些感情用事。其一理解文义不够周密，其一感情用事，这都是做学问修养不够。古代的孔子是大圣人了，仍然说，"借给我几年来学习《周易》，才可以没有大的过错了。"

　　仲虺称赞商汤王也只是说，"改正错误不犹豫而已。"学术修养有不足之处，对二位先生成为贤哲有什么妨碍呢？朱熹和陆九渊的气度表现比不上通晓天道的颜回、程颢，原因正在这里，我辈正应当仰慕他们所达不到的境地，在心中牢记没有做到的事，把这当作督促自己提高涵养的良方；而不应当心怀偏私，妄加评论、随意增减。君子犯了错误，犹如日食、月食，人人都看得见；改正了错误，人人都仰慕。但是小人犯了错误，定然要加以文饰。

　　世上的学子们，认为朱熹是大儒家，不应当有任何过错，于是一定要歪曲事实来替他掩饰，把自己的说法强加到朱熹头上，一定要诋毁陆九渊的学说是禅学，以此来彰扬朱熹的学说，而且自以为是在帮助朱熹，还转相提倡引导，说或是在扶持

不知晦庵乃君子之过，而吾反以小人之见而文之。晦庵有闻过则喜之美，而吾乃非徒顺之，又从而为之辞也。晦庵之心，以圣贤君子之学期后代，而世之儒者，事之以事小人之礼。是何诬象山之厚，而待晦庵之薄邪？仆今者之论，非独为象山惜，实为晦庵惜也。

兄视仆平日于晦庵何如哉？而乃有是论，是亦可以谅其为心矣。惟吾兄去世俗之见，宏虚受之诚，勿求其必同，而察其所以异。勿以无过为圣贤之高，而以改过为对贤之学；勿以其有所未至者为圣贤之讳，而以其常怀不满者为圣贤之心。则兄与舆庵之论，将有不待辨说而释然以自解者。

孟子云："君子亦仁而已，何必同？"惟吾兄审择而正之！

答储柴墟

壬申

盛价来，适人事纷纭，不及细询。比来事既还，却殊怏怏！承示刘生墓志，此实友义所关，文亦缜密，独叙乃父侧室事，颇伤忠厚，未刻石，删去之为佳。子于父过，谏而过激，不可以为几称子之美，而发其父之阴私，不可以为训，宜更详之！

正统的言论。

殊不知朱熹所犯的是君子的过失,而我们反而用小人的见地来文饰他的过失。朱熹有乐于让人指出过失的美德,这不是我仅仅听他的一面之词而发出的赞辞。朱熹的本意,是以圣贤君子的学说期待后人去学习,可是世间的儒士却以对待小人的礼遇来对待他。这是为什么对陆九渊大大诋毁,对朱熹的不友好呢?我现在所谈论的,不仅仅是为陆九渊感到惋惜,实际上也是为朱熹感到惋惜。

老兄看我平日对朱熹的态度怎样?我有这样的言论,想必你可以体察我的一片心。只希望我兄能去除世俗的成见,弘扬谦逊的诚意,不要强求意见一致,而是去明察相异的原因。不要把没有过失当作圣贤的高明,而是把改正错误作为圣贤做学问的态度;不要因为有未做完满的地方就为圣贤避讳,而是把常常对自己不满足作为圣贤的心愿。果能如此,那么我兄和王舆庵的争论将会不等到辩论就释然而解。

孟子说,"君子讲求仁爱而已,何必相同呢?"只希望我兄审慎地选择加以改正!

答储柴墟

壬申

贵仆人来的时候,正赶上我事务繁忙,我也就没有来得及问到有关情况。等到诸事办理妥当之后,心里很有些过意不去!你所给我看的刘生的墓志铭文,这确实有关于你们的友情,写的文字也很缜密,只是其中所叙述的他父亲有关侧室的事情,很有损于忠厚之道,不要将其刻于碑石之上,而应删掉它为好。做

喻及交际之难，此殆谬于私意。君子与人，惟义所在，厚薄轻重，已无所私焉，此所以为简易之道。世人之心，杂于计较毁誉得丧，交于中，而眩其当然之则，是以处之愈周，计之愈悉，而行之愈难。夫大贤吾师，次贤吾友，此天理自然之则，岂以是为炎凉之嫌哉？吾兄以仆于今之公卿，若某之贤者，则称谓以友生；若某与某之贤不及于某者，则称谓以侍生。岂以矫时俗炎凉之弊，非也。

夫彼可以为吾友，而吾可以友之；彼又吾友也，吾安得而弗友之？彼不可以为吾友，而吾不可以友之；彼又不吾友也，吾安得而友之？夫友也者，以道也，以德也，天下莫大于道，莫贵于德。道德之所在，齿与位，不得而干焉，仆于某之谓矣。彼其无道与德，而徒有其贵与齿也，则亦贵齿之而已。然若此者，与之见亦寡矣。非以事相临，不往见也。若此者，与凡交游之随俗以侍生而来者，亦随俗而侍生之，所谓事之无害于义者，从俗可也。千乘之君，求与之友而不可得，非在我有所不屑乎？

儿子的对父亲的过错，写的谏劝过于激烈，以赞美儿子的美德从而显露父亲的阴私，我觉得是不可取的，望对此有更深入的思考。

至于你所提及的结交朋友的难处，我以为这大概为你个人的见解所困扰。君子与一般人交往，只是应当从儒者的道义上出发，其中的友谊深浅轻重，不带有个人的感情偏见，这就是交友的简单易懂的道理。世俗之人，心思纷杂，总爱计较名誉的好坏、利益的得失，困惑其中，而还以各种所谓大道理来夸耀自己，正由于此，处理得愈周到，计较得愈详尽，反而在行动上显得左支右绌，困难重重。大贤之人应看成自己的老师来善待，次贤之人应交为朋友，这是自然交友的道理，岂可用世态炎凉的态度来对待交友呢？吾兄认为我对今天之公卿贵人，你们中有某人为贤善之士，则称他为友生；若某不及某人贤则称为侍生。难道是用这种方式改变社会上世态炎凉的弊病，实际不是。

如果有人可以成为我的朋友，我就可以交友于他。既然他把我当朋友，我又怎么可以不与他交友呢？他不能把我当友人，我自然不可以把他当友人。既然他不把我当朋友，我又怎能和他交朋友呢？交朋友，应当从道义上去结交，从德行上去结交，天下之理没有比道义更崇高，比德行更重要的。道德所在，年龄与地位和交友都没有关系，这就是我对你的劝告。如果一个人没有崇高的境界和德行，而只有地位和年纪，那么也只有地位和年纪而已。如果只是这样说说，恐怕对于交友的见识还是肤浅的。只有去亲身体会它，才有深刻的见解，这样的话，凡是像侍生一类追逐世俗的人与你交往，你也就随俗地以侍生而待之，这就是随俗而不损害贤道，那就应当随俗。高贵的君主，如

嗟乎！友未易言也。今之所谓友，或以艺同，或以事合，徇名逐势，非吾所谓辅仁之友矣。仁者心之德，人而不仁不可以为人，辅仁，求以全心德也，如是而后友。今特以技艺文辞之工，地势声翼之重，而骛然欲以友乎贤者，贤者弗与也。

吾兄技艺炎凉之说，贵贱少长之论，殆皆有未尽欤？孟子曰："友也者，不可以有挟。"孟献子之友五人，无献子之家者也。曾以贵贱乎？仲由少颜、路三岁，回、由之赠处，盖友也。回与曾点同时，参曰："昔者吾友。"曾以少长乎？将矫时俗之炎凉，而自畔于礼，其间不能以寸矣。

吾兄又以仆于后进之来，其质美而才者，多以先后辈相处；其庸下者，反待以客礼，疑仆别有一道。是道也，奚有于别？凡后进之来，其才者皆有意于斯道者也，吾安得不以斯道处之？其庸下者，不过世俗泛然一接，吾亦世俗泛然待之，如乡人而已。昔伊川初与吕希哲为同舍友，待之友也。既而希哲师事伊川待之弟子也，谓敬于同舍而慢于弟子，可乎？孔子待阳货以大夫，待回、赐以弟子，谓待回、赐不若阳货可乎？师友道废久，后进之中，有聪明特达者，颇知求道，往往又为先辈待之不诚，不谅其心，而务假以虚礼，以取悦

果要与他交友却不能交友,这难道是我不屑于和他交友吗?

唉!看来这种事还是不容易讲清楚的。今天所说的朋友,有的是因为都有相同的手艺,有的是在一起共事,追名逐势,这并非我所说的推行扶持仁义的交友之道。仁义是一个人发自内心的德行,一个人不具备它就不能称其为人了,发扬仁义,就是要求尽心尽仁,这样之后才可与人交友。现在只是凭借技能手艺文章辞令的精巧,地位权势声明的重大,而高傲地想要和贤者来往,贤者是不会与其来往的。

兄长你所说的技艺炎凉、贵贱少长的言论,大概还没有消除吧?孟子说:"交朋友,不要用自己拥有的东西来作条件去要挟别人。"孟献子交了五个朋友,这些人都没有他那么多的家业财富。这里有贵贱之分吗?仲由比颜、路小三岁,他们交往得很融洽,这才是真朋友呢!颜回跟曾参同时,而曾参却说:"他只是我过去的朋友。"这里有以年纪论交友的吗?如果想矫正世俗偏见,而自己为礼教所束缚,当然自己就没有交友的地方了。

你又以为对于后进之人中品质端正才气横溢者,大多以先后辈论事交往;对其中平庸低下者,反而待之以客人之礼,怀疑我另有一番计较。这大道,岂有区别?凡是后进之士对仁义道德有虚心学习的,我怎能不用交友之道来对待他们呢?其中平庸低下的人,不过世俗中平凡之徒,我当然用世俗礼教来对待他们,就像对待乡野之民一样。程颐起初和吕希哲为同一个馆舍的朋友,待他以友人之道。等到吕希哲以老师的礼节看待程颐时,程颐就视他为弟子,如果说程颐恭敬于同舍之友而怠慢弟子,可以吗?孔子用大夫的礼节来对待阳货,用弟子的礼节来对待颜回和子贡,那么说孔子待颜回和子贡不若阳货好吗?尊

于后进,干待士之誉,此正所谓病于夏畦者也。

以是师友之道,日益沦没,无由复明。仆常以为世有周程诸君子,则吾固得而执弟子之役,乃大幸矣。其次有周程之高弟焉,吾犹得而私淑也。不幸世又无是人,有志之士,怅怅其将焉求乎?然则何能无忧也?忧之而不以责之己,责之已而不以求辅于人,求辅于人而待之不以诚,终亦必无所成而已耳。凡仆于今之后进,非敢以师道自处也。

将求其聪明特达者,与之讲明,因以自辅也。彼自以后进求正于我,虽不师事我,固有先后辈之道焉。伊川瞑目而坐,游杨侍立不敢去,重道也。今世习于旷肆,惮于检饰,不复知有此事。幸而有一二后进,略知求道为事,是有复明之机,又不诚心直道,与之发明,而徒阉然媚世,苟且阿俗,仆诚痛之惜之!传曰:"师严然后道尊,道尊然后民知敬学。"

夫人必有所严惮,然后言之而听之也审,施之而承之也肃。凡若此者,皆求以明道,皆循理而行,非有容私于其间也。

师敬友之道荒废很久了，后学之中，有聪明善领悟者，很知道求道，往往又被先辈们待他不真诚，不能体谅他们的用心，而专用虚假的礼节来让后者高兴，从而取得善待后学的美誉，这就是所谓的在炎夏中耕田令人难受。

正是由于这样，师友之道日益荒废，再也没能发扬光大。我常认为世上有周敦颐、程氏兄弟等君子，那我就能做他们的弟子，那才好呢。其次要是有周敦颐、程氏兄弟的高徒，我还是可以私下把他们作为我的学习榜样。不幸的是世上没有他们，有志于师友之道的人忧心忡忡，无所求教了。既然这样那么又怎会没有忧愁呢？担心这件事而不责备自己，责备自己而不求助于别人，求助于别人而不诚心诚意，终究也是没有什么成就的。而我对于今天的后学者，不敢以深晓师道而自居。

只是对那些聪明、能领悟的人讲清楚，让他们自己帮助自己吧。他们若以后学者的身份请我指教，即使不把我当老师那样对待，肯定这其中也是有先后辈的分别的。程颐先生闭目而坐，游酢、杨时站在旁边不敢离开，这是尊师重道的表现。现在这个时代在学馆学习，害怕检点而文饰之人，不再知道有这种事。幸而有一两个后学者，略微知道求教学道，这就有了再次阐明的机会，但又不诚心正直求道，与他们讲清楚，而只是昏庸地讨好世俗，苟且奉承，我实在很痛心很惋惜。传说："老师严厉，然后道义就受到尊重；道义受到尊重，然后老百姓才知敬重学问。"

人必有他害怕的东西，然后说和听才多加考虑，做起来和接受起来才严肃。凡是像这样的，都要讲明师友之道，都依理而行，不能容私意在其中。

伊尹曰："天之生斯民也，使先知觉后知，使先觉觉后觉，予天民之先觉也，非予觉之而谁也？"是故大知觉于小知，小知觉于无知；大觉于小觉，小觉觉于无觉。夫己大知大觉矣，而后以觉于天下，不亦善乎？然而未能也，遂自以小知小觉，而不敢以觉于人，则终亦莫之觉矣。

仁者固如是乎？夫仁者，己欲立而立人，己欲达而达人，仆之意，以为己有分寸之知，即欲同此分寸之知于人。己有分寸之觉，即欲同此分寸之觉于人；人之小知小觉者益众，则其相与为知觉也益易以明。如是而后大知大觉可期也。仆于今之后进，尚不敢以小知小觉自处。譬之冻馁之人，知耕桑之可以足衣食，而又偶闻艺禾树桑之法，将试为之，而遂以告其凡冻馁者，使之共为之也，亦何嫌于己之未尝树艺，而遂不以告之乎？虽然，君子有诸己而后求诸人，仆盖未尝有诸己也，而可以求诸人乎？夫亦谓其有意于仆而来者耳。承相问，辄缕缕至此。有未当者，不惜往复。

二

壬申

昨者草率奉报，意在求正，不觉芜冗。承长笺批答，推许过盛，殊增悚汗也。来喻责仆不以师道自处，恐亦未为诚心直道。顾仆何人，而敢以师道自处哉？前书所谓以前后辈

伊尹说："上天养育了这些百姓，让先知者觉醒后知，使先觉启发后觉，我就是百姓的先觉者，我不启发他们那谁去启发他们呢？"因此大知启发小知者，小知者启发无知者；大觉启发小觉者，小觉启发无觉者。那些已经大知大觉的人应当启发天下民众，不也是很好吗？然而却不能这样，于是因为自己是小知小觉者而不敢以此启发于别人，则终究还是不能启发他们。

讲仁义者是这样吗？仁义之人，自己要树立品行，就应当使别人树立品行，自己要做到通达高尚，就当使别人也做到通达高尚，我以为，自己知道一丝一毫，就应当把这一丝一毫教给别人。自己明白一丝一毫，就应当把这一丝一毫使人明白；人们当中小知小觉者越多，则他们相互启发也更容易明白道理。这样一来，大知大觉就可期望了。我对于今天的后学者，尚不敢以小知小觉者自居。就好像是又冻又饿的人一样，知道耕田植桑足可丰衣足食，而又偶尔听闻植桑种禾的方法，将要试着干，而又告诉又冻又饿的人，使之都来干这样的活，这又何必嫌弃自己还没有干这样的活而不能把这方法告诉给别人呢？既然这样，君子要先有己才求之于人，我未尝有什么，就可以要求别人吗？这也是说对那有意向我请教的人说的。承奉你问及，就絮絮叨叨地说到此吧。有不适当的地方，还望你不惜指教。

二

壬申

昨天，给您草草写就一封书信，本想在治学做人方面与您求教，但由于匆匆写就，不免啰嗦芜杂，不得要领。承蒙长信作答，信中您对我推许过重，令我为之汗颜。来信责怪我不以师

处之者，亦谓仆有一日之长，而彼又有求道之心者耳。若其年齿相若，而无意于求道者，自当如常待以客礼，安得例以前后辈处之，是亦妄人矣。

又况不揆其来意之如何，而抗颜以师道自居，世宁有是理邪？夫师法者，非可以自处得也。彼以是求我，而我以是应之耳。嗟乎！今之时，孰有所谓师云乎哉？今之习技艺者，则有师。习举业求声利者，则有师。彼诚知技艺之可以得衣食，举业之可以得声利，而希美官爵也。自非诚知己之性分，有急于衣食官爵者，孰肯从而求师哉？夫技艺之不习，不过乏衣食；举业之不习，不过无官爵。己之性分有所蔽悖，是不得为人矣。

人顾明彼而暗此也，可不大哀乎？往时仆与王寅之、刘景素同游太学，每季考，寅之恒居景素前列，然寅之自以为讲贯不及景素，一旦执弟子礼师之。仆每叹服，以为如寅之者，真可为豪杰之士。使寅之易此心以求道，亦何圣贤之不可及？然而寅之能于彼，不能于此也。

长自称，恐是不够诚心和直接。我算什么样的人，竟敢以师长自称？在以前给您的信中，我与您曾以先后辈论，那只是因我治良知之学有一日之长，而您又虚心好问，有诚心作"大人"之学（"大人"指孔孟圣贤）。假若有年龄相仿者，但无心作"大人"之学，我自会把他当作客人一样对待，怎会照例与他以先后辈的身份相论。否则，我就成了狂妄自大之人。

何况您上次来信，我并不知您作何打算，随便却以师长自称、世间哪有这样的道理？为人师长，并非自我提高得来。只有他人治学做人有求于我，而我又尽我所能给予回答，我才可以称作他人老师。在当今社会，有谁能称得上真正的师长？学习技艺的，是有老师；学习科举考试追求声名和利禄，也是有老师的。他们这些人诚然知道，学好技艺可以解决衣食之忧，通过科举考试，可以得到声名和利禄，而看重仰慕官爵。但是一说到"致良知"的为圣之学，这些专于技艺、营求名利之人，又有几个愿意求教于老师的。不懂技艺的，不过是缺少衣食；不精科举的，也不过进不了官场，做不了官。但是，人的良知受到蒙蔽，而又不知"致良知"的"大人"之学的，是不能成为真正的人的。

在如今物欲横流的社会，人们只知营求名利，耽于感官的享受，而不知学习做人的道理，追求高层次的精神境界，这可不是莫大的悲哀啊？我曾经与王寅之、刘景素一同在"太学"求学，每次季考（季度考试），王寅之的名次总是位居刘景素的前列，然而王寅之总是自以为在讲谈方面不如刘景素，并因此对他常以弟子礼相待，视他为自己的老师。我每每见到这种情形，常叹服不已，以为像王寅之这样的人，真可以称得上是豪杰之士。假若他用这种态度来作"大人"之学，定能成为像孔孟一样的圣

曾子病革而易箦,子路临绝而结缨,横渠撤虎皮而使其子弗从讲于二程,惟天下之大勇无我者,能之。今天下波颓风靡,为日已久,何异于病革临绝之时,然又人是己见,莫肯相下求正。故居今之世,非有豪杰独立之士,的见性分之不容已,毅然以圣贤之道自任者,莫之从而求师也。

吾兄又疑后进之来,其资禀意向,虽不足以承教,若其齿之相远者,恐亦不当概以客礼相待。仆前书所及,盖与有意于斯道者相属而言,亦谓其可以客,可以无客者耳。若其齿数邈绝,则名分具存,有不待言矣。

孔子使阙党童子将命,曰:"吾见其居于位也,见其与先生并行也,非求益者也,欲速成者也。"亦未尝无诲焉。

虽然,此皆以不若己者言也。若其德器之夙成,识见之超诣者,虽生于吾后数十年,其大者吾师;次者吾友也,得以齿序论之哉?人归遽,剧极潦草,便间批复可否,不一一。

贤之人。只可惜王寅之能于彼而不能于此,终不能成就"大人"之学。

曾子病重要求换床席,子路临死而结头缨,张载(世称横渠先生)关闭私塾而令其弟子从师于二程(程颐、程颢),只有天下有大勇气、并且具备无欲无我的心胸者才能这么做。现在天下奢侈颓废之风盛行,为时已久,这无异于"病革""临绝"之时,人人自以为是,不肯虚心求教于他人,以明白做人的道理。所以,在当今社会,如果不是那些认识到自己未曾成就"大人"之学,而以"致良知"、弘扬圣贤之道为己任的豪杰之士,我们就不必把他当作老师。

吾兄您又怀疑后进之人,以为他们的资质、禀赋、意向显然不足以接受教育,并且以为对于那些年龄相去甚远者,也不应一概以客礼相待。在上次给您的那封信中,我所说的是指与有志于"致良知"的志同道合者相处相交而言,信中也说到与人相处,既可待之以客礼,也可无主宾之分。若有年龄与我相去甚远者,则应有长幼的区分,这又自不待言。

阙党的一位童子传话给孔子,有人问孔子,孔子说道:"我见他大模大样地坐在位子上,见他与先生一起行走,他并非要求上进的人,而是急于求成的人。"这也从来没有不给他教诲的。

虽然如此,但这都是因他人不如自己而说的话。如果他人即已德才兼备,见多识广,即使比我小好几十岁,学问大的也可以做我的老师;学问稍小的,也可以做我的朋友,这样的话,又何必计较什么长幼之序呢?送信人马上就要走了,字写得极其潦草,望闲暇时批复,可否?其他的不一一述说了。

答何子元

壬申

来书云："《礼》曾子问："诸侯见天子，入门不得终礼，废者几？"孔子曰："四。"又问："诸侯相见揖，入门不得终礼，废者几？"孔子曰："六，而日食存焉。"曾子曰："当祭而日食，太庙火，其祭也如之何？"孔子曰："接祭而已矣。如牲至未杀，则废。"

孟春于此有疑焉。天子崩，太庙火，后夫人之丧，雨沾服失容，此事之不可期或适相值，若日食则可预推也。诸侯行礼，独不容以少避乎？祭又何必专于是日，而匆匆于接祭哉？牲未杀则祭废，当杀牲之时，而不知日食之候者，何也？执事幸以见教，千万千万！

承喻：曾子问日食接祭之说，前此盖未尝有疑及此者，足见为学精察，深用叹服！如某浅昧，何足以辨此？古者天子有日官，诸侯有日御。日官居卿以底日，日御不失日以授百官之朝。岂有当祭之日，而尚未知有日食者？夫子答曾子之问，窃意春秋之时，日官多失其职，固有日食而弗之知者矣。

尧命羲和敬授人时，何重也！仲康之时，去尧未远，羲

答何子元

壬申

来信中说:《礼记》中记载曾子向孔子请教有关礼的问题时说:"诸侯拜见天子,已经进入太庙的门,但未能把朝见之礼进行到底,不得不中途而废,这样的情况有几种?"孔子回答说:"有四种。"曾子又向孔子问:"诸侯互相访问,主人已把客人礼让进门,但未能按程序行礼到底,不得不中途而废,这样的情况有几种?"孔子回答:"有六种,但在发生日食现象的那天要保留它们。"曾子说:"正当祭祀而发生日食现象,或者太庙发生火灾,那么这时祭祀活动又如何进行下去呢?"孔子回答:"继续进行祭祀就行了。但如果祭祀用的牺牲还没有杀的话,那么就可以停止这种祭祀活动。"

我对此有疑问。天子驾崩,太庙失火,皇后夫人的丧事,雨水淋湿衣服而失态,这些事不能预期或正巧碰上,至于日食都可预先推算出来。诸侯们行礼,为什么不能稍稍回避一下呢?况且进行祭祀活动又何必一定在发生日食那天呢,就匆匆祭祀呢?猪羊未杀,祭祀活动就停止,在杀猪羊时,还不知日食发生的征兆,这又是什么原因?务必请您指教!"

接来信,关于曾子提出的"日食接祭"问题过去没人怀疑,而你能产生疑问足见你学问有了进步,令人叹服!像我这样浅学之人,恐怕也说不明白。古时天子有日官,诸侯有日御。日官居在卿位以考察天象,日御不失察天象以授予百官。哪有祭祀已经开始还不知发生日食的现象呢?孔子这样答曾子的问题,我希望说明白。我认为春秋时日官多有失职,故有时临祭也不知有日食发生。

尧帝命令羲和观测天象恭敬地向人们告知时令变化,何其重视!仲康时代,距离尧的年代还不太远,羲和尚且已失其职,

和已失其职，迷于天象，至日食罔闻知，故有胤之征。降及商周，其职益轻。平王东迁，政教号令不及于天下，自是而后，官之失职又可知矣。

《春秋》所书日食三十有六，今以《左传》考之，其以鼓用牲币于社，及其他变常失礼书者三之一，其以官失其职书者四之二。凡日食而不书朔日者，杜预皆以为官失之，故其必有考也。《经》"桓公十七年冬十月朔，日有食之。"《传》曰："不书日，官失之也。""僖公十五年夏五月，日有食之。"《传》曰："不书朔与日，官失之也。"则《传》固已言之矣。"襄公之二十七年冬十二月乙卯朔，日有食之。"而《传》曰："辰在申，司历过也，再失闰矣。"夫推候之缪，至于再失闰，则日食之不知，殆其细者矣。

古之祭者七日戒，三日斋，致其诚敬以交于神明，谓之当祭，而日食则固已行礼矣。如是而中辍之不可也。接者疾速之义，其仪节固已简略，接祭则可两全而无害矣。况此以天子尝禘郊社而言，是乃国之大祀；若其他小祭，则或自有可废者，在权其轻重而处之。

对天象没有清楚的了解,到了日食发生的时候,还仍旧无所知,无所见,所以才命胤侯带兵征讨之事。到了商周时期,那些负责观测天象的官员的职位就更轻微了。周平王东迁时,他的政治教化的重要法令尚且不能顺利地推及天下官民,从此以后,官员们渎职的严重情况就更可想而知了。

《春秋》上所记载的日食有三十六次,现在用《左传》所记载数据来考证它,以奏乐在社庙中供上牲畜祭品以及其他原因不守礼节的记载了只有三分之一,那些失职的官员们记载的有二分之一。凡是发生日食而不写明日期的人,杜预都认为算是渎职,所以一定可以得到考证。《经》上记载:"桓公十七年冬天十月朔时,有日食发生。"《传》中说:"不书写日食出现的日期的人,是失职的。""僖公十五年夏天五月,有日食发生。"《传》中说:"不书写方位和日期的,是官员失职。"这是《传》中早已说过的了。"襄公二十七年冬十二月乙卯朔时,有日食出现。"而《传》上说:"日食的发生时辰是在申时,这是司历的过失,还丢掉了闰月的记载。"推测征候的错误,甚至于丢掉了闰月,那么日食的失考,大概就因为它是细微的事情吧。

古代的人祭祀前七天一戒,三天一斋,把他至诚至敬的心交于神明,说在进行祭祀时,如果发生日食时则坚持行使礼仪。如果发生日食而中途停止祭祀,是不可以的。继续进行祭祀的人迅速行拜礼仪的要义,在于他的礼仪已经简略了,而继续祭祀的行为则两全其美而没有什么害处。况且假设天子是去郊社行拜祭祀,那是国家重大的祭祀活动;若是其他小一些的祭祀活动,有的还可以废除掉,可以根据其意义的大小而分别对待处理。

若祭于太庙,而太庙火,则亦似有不得不废者。然此皆无明文,窃意其然。不识高明且以为何如也?

上晋溪司马

戊寅

郴、衡诸处,群孽漏殄尚多。盖缘进剿之时,彼省土兵,不甚用命,而广兵防夹,又复稍迟,是以致此。其在目今,若无凶荒之灾,兵革之衅,料亦未敢动作。但恐一二年后,则有所不能保耳。

今大征甫息,势既未可轻举。而地方新遭土兵之扰,复不堪重困,将纾目前之患,不过添立屯堡;若欲稍为经久之图,亦不过建立县治。然此二端,彼省镇巡已尝会奏举行,生虽复往,岂能别有区画?但度其事势,屯堡之设,虽可以张布声威,然使守瞭日久,未免怠弛散归,无事则虚具名数,冒费粮饷;有急则张皇贼势,复须调兵,此其势之所必至者。

惟建县一事,颇为得策。又闻所设县分,乃瓜分两省三县之地,彼此各吝土地人民,岂肯安然割已所有,以资异省别郡?必有纷争异同之论,未能归一。则立县之举,势亦未易克就,既承责委,亦已遣人再往询访,苟有利弊稍可裨益者,当复举请。但因闽事孔棘,遥闻庙堂之议,亦欲缪以见责,故且未敢辄往郴、桂。然教书又未见到,则闽中亦不敢

如果在太庙祭祀，而且太庙失火，则也好像有不得不停止的理由。然而这些都是没有明文规定，我认为是这样。不知道你对此有什么高见？

上晋溪司马

戊寅

在彬、衡的许多地方，奸徒漏网的很多。这大概是因为进行剿匪的时候，那些省区的土兵，不肯为朝廷卖命的缘故，而广东的军队兵防防守夹击又有些晚，所以才导致这种恶果。看今天的形势，如果没有凶荒的灾祸，战争的祸乱，预料他们也不敢有什么背叛的行为。但是恐怕过了一二年后，则有些难保了。

现在大规模的征伐刚刚停止，形势还不能把握好。而地方又刚遭受土兵的骚扰，又不堪承受太大的困难，将要排除目前的患难，不过是要添建屯堡；如果想做一些更为长远打算的计策，也不过是建立县治。但这两种办法，都经过省里讨论过，就是我再去，也不会拿出什么新办法。考虑形势设屯堡可张布声威，但是如果使守军防守太久，很可能会纪律松弛涣散，私自跑回来，没事徒有虚名白费粮饷；有事也会夸大敌情需再新派兵，形势发展一定是这样。

只有建立县制一事，很是上策。我又听说所设立的县份，是两省三县的交界处，他们彼此都吝惜自己的土地和人民，哪里甘愿心安理得地把自己的土地和人口割让出去，让别的省郡统辖？一定有不同的意见争论，而不能形成一致的意见。那么建立县制的举措，势必也不容易实现，既然承担了责任，也已经派人再去询问，如果稍稍利大于弊的情况下，应当再次请示这样

遽往，旦夕谘访其事，颇悉颠末。大概闽中之变，亦由积渐所致，其始作于延平，继发于邵武，又继发于建宁，发于汀、漳，发于沿海诸卫所，其间惊哄，虽小大不一，然亦皆因倡于前者，略无惩创，遂敢效尤而兴。

今省城渠魁虽已授首，人心尚尔惊惶未定。邵武诸处，尤不可测，急之必致变；纵而不问，将来之祸，尤有不可胜言者。盖福建之军，纵恣骄骜，已非一日。既无漕运之劳，又无征戍之役，饱食安坐，徭赋不及，居则朘民之膏血以供其粮；有事返藉民之子弟而为之斗。有司豢养若骄子，百姓疾畏如虎狼，稍不如意，呼呶群聚而起，焚掠居民，绑笞官吏，气焰所加，帖然惟其所欲而后已。

今其势既盈如将溃之堤，岌乎汹汹，匪朝伊夕。虽有智者，难善其后，固非迂劣如守仁者，所能办此也。又况积弱之躯，百病侵剥，近日复闻祖母病危，日夜痛苦，方寸已乱，岂复堪任？临期败事，罪戮益重。辄敢先以情诉，伏望曲加矜悯，改授能者，使生得全首领，归延残息于田野。非生一人之幸，实一省数百万生灵之幸也。情戚辞隘，忘其突冒，死

做。但是因为福建方面的事情很棘手,远闻朝堂上的议论,也将抓住错误而进行责备;所以暂且未敢立即动身去郴州、桂州,但是又没有见到皇帝命令,那么福建我也不敢贸然前往,但早晚询问关注此事,都很熟悉其中原委。大概福建立刻的变乱,也是由渐渐积累起来的灾祸所致,它们起源于延平,继续在邵武一带向前发展,在建宁一带又有发展深入,接着又殃及汀、漳和沿海诸防卫哨所,在其间所经受的害怕冲击,虽然大小不一样,但是也都因为前者倡导,也没有多少惩戒,就敢效仿而兴起叛乱。

现在省城的贼首虽然已被杀,但民心还没稳定下来。邵武的许多地方,其发展形势还不可预料。如果情急没有细致的步骤对策,势必导致变乱。对此放纵不加过问,将来发生的灾祸也是难以说尽的。大概福建的军队,恣肆骄横,已经不是一天了。他们既没有修沟挖河的漕运劳苦,又没有征战戍边的徭役,整天饱食终日,无所事事,搜刮民脂民膏,以供应他们的吃饭口粮;有情况的时候,反而借民众的子弟和敌人作战。相关衙门却养了这群骄兵,老百姓痛恨惧怕视之如虎狼,稍微有些不如意,就纠集一伙人,焚烧抢掠当地居民,绑架鞭打官吏,嚣张气焰,甚嚣尘上,只想满足自己的欲望才罢。

现在的形势已如即将溃泄的大堤,很是危险,朝不保夕。即使智慧之士,也难以处理的恰当妥切,何况是我王阳明如此迂腐无能之士怎能办好这件事呢?又加上我的身体,虚弱多病,近日又听说祖母病危,天天心中痛苦不堪,心神已经紊乱,哪能再担当此任?到了那时,不胜职责,该死罪就更加重了。考虑到以上许多方面,我才敢真诚地向你倾诉,希望你多加体谅理解,改派其他的贤能之士,使我保全其性命,使我在田野中多活几

罪死罪!

二

己卯

　　赍奏人回，每辱颁教，接引开慰，勤惓恳恻，不一而足。仁人君子爱物之诚，与人之厚，虽在木石，亦当感动激发，而况于人乎？无能报谢，铭诸心腑而已。

　　生始恳疏乞归，诚以祖母掬育之恩，思一面为诀。后竟牵滞兵戈，不及一见，卒抱终天之痛。今老父衰疾，又复日亟，而地方已幸无事；且蒙朝廷曾有贼平来说之旨，若再拘缚，使不获一申其情，后虽万死，无以赎其痛恨矣。老先生亦何惜一举手投足之劳，而不以曲全之乎？今生已移疾舟次，若复候命不至，断亦逃归，死无所憾。老先生亦何惜一举手投足之劳，而必欲置之有罪之地乎？情隘辞迫，渎冒威严。临纸涕泣，不知所云。死罪死罪!

年。这不仅仅是我一个人的幸事,实际上是一省数百万生命的幸事。我的情感真切直露,言辞笨拙,有所冒犯,该死该死!

二

己卯

送奏章的人回来,每次都有辱您的大驾来给予我教诲,对我进行引导、开解、劝慰,鼓励我不要懈怠,恳求我动恻隐之心等等不一而足。对于仁人君子来说,他对万物诚挚的热爱,对人忠厚的赞许和帮助,即使是木石,也会为此而感动而激发的,又何况是人呢? 然而却没有什么可以报答此种恩情,便只有紧紧铭记在心里了。

我开始恳请能上疏请求归乡,实在是由于念念不忘祖母对我的一份养育之恩,而想在永诀之前见上一面罢了。可是后来竟然因为战争被耽搁,而我不及与祖母见上一面,我最终只能空抱着无比的悲痛心情了。如今我年老的父亲身体衰弱,疾病缠身,而且一日比一日紧迫,所幸的是地方上现在战争已经停止;况且朝廷曾下达旨意,说只要贼乱被平定便可上奏请求归乡,如果这一次再被情势逼迫而不能归乡到老父面前倾诉别离思念之情,那么以后即使我死上一万次,也无法去除心中的痛恨啊。老先生又何不以曲求全,这不过是举手投足之劳啊? 如今我已经走上了归乡的快艇,如果再一次等不到让我归乡的旨意,我一定会逃跑归去,即使死了我也不会感到什么遗憾的。老先生又何必吝惜这一举手一投足之劳而置我于有罪的境况之中呢? 由于我心中归乡之情太强烈,所以言辞不免显得急迫,冒犯了您的威严。拿起笔写这封信,不免涕泪俱下,也不知写了些什么,还请

上彭幸庵

壬午

　　不幸延祸先子，自惟罪逆深重，久摈绝于大贤君子之门矣。然犹强息忍死，未即殒灭，又复有所控吁者，痛惟先子平生孝友刚直，言行一出其心之诚，然而无所饰于其外，与人不为边幅；而至于当大义，临大节，则毅然奋卓，而不可回夺。忝从大夫之后，逮事先朝，亦既荐被知遇，中遭逆瑾之变，退伏田野，忠贞之志，抑而不申。

　　近幸中兴之会，圣君贤相，方与振废起旧，以发舒幽枉，而先子则长已矣。德蕴壅阏而未宣，终将泯溷于俗，岂不痛哉！伏惟执事才德勋烈，勃一世忠贞之节，刚大之气，屹然独峙，百撼不摇，真足以廉顽而立懦。天子求旧图新，复起以相，海内仰望其风采，凡天下之韬伏堙滞，窒而求通，绌而求直者，莫不延颈跂足，望下风而奔诉。况先子素辱知与，不肖孤亦尝受教于门下，近者又蒙为之刷垢雪秽，缪承推引之恩，盖不一而足者，反自疏外，不一以其情为请，是委先子于沟壑，而重弃于大贤君子也。

您能原谅。该死该死!

上彭幸庵

壬午

我这不孝之人闯下的祸延及了我的先父,反省一下自己感到罪逆深重,已经被排摈在大贤君子之门很长时间了。可是我仍然忍辱偷生,还要呼吁,怀着悲痛的心情,我在想,先父一生对长辈极尽孝道,对朋友真诚相待,刚正不阿,满身正气,无论言行都是发自他真诚的内心,而且不在表面上空作掩饰,与人交往也不只是表面上的客套;而到了大义大面前的时候,就会很坚定,很勇敢,不会由于别的人或别的事而改变;很惭愧地置身于朝廷官员之中,为先朝做事,也是因为被引荐后才被看中任用的,其间遭逢了叛逆之徒刘瑾引起的变乱,便退避田间乡野之中,为朝廷献忠贞的志向便被压抑着而不能实现。

近来有幸遇到国家中兴之时,皇帝英明,宰相贤善,我这才从颓废中站起来,奋发图强以实现自己的抱负,可我的先父已经长眠于九泉之下了。他美好的品德被堵塞住而没有能表现出来,便只能像俗人一般默默地化为尘土了,这不值得痛惜吗!我私自想,只有阁下无论才华还是品德都如此杰出,用一生的忠贞和刚正屹然独立,不为人为事所动憾,实在可以使贪婪的人变得廉洁,使懦弱的人也坚定起来。皇帝渴求旧臣以治理好国家,再次任用他为宰相,全国上下都在仰望他卓然的风采,大凡天下被压制或自行退避的仁人志士,不能达志的便想能通达其志向,被冤屈的便想能得到平反,这些人都伸长了脖子,抬起了脚跟,期望能在你面前诉说。何况先父一向是你的好朋友,我这不

不孝之罪，不滋为甚欤？先子之没，有司以赠谥乞，非执事之悯之也，而为之一表白焉，其敢觊觎于万一乎？荒迷恳迫，不自知其僭罔渎冒，死罪死罪！

寄杨邃庵阁老

壬午

孤闻之：昔古之君子之葬其亲也，必求名世大贤君子之言，以图其不朽。然我大贤君子之生，不数数于世，固有世有其人，而不获同其时者矣。又有同其时，而限于势分，无由自通于门墙之下者矣。

则夫图不朽于斯人者，不亦难乎？痛惟先君宅心制行，庶亦无愧于古人。虽已忝在公卿之后，而遭时未久，志未大行，道未大明，取嫉权奸，敛德而归，今则复长已矣。不孝孤将以是岁之冬举葬事，图所以为不朽者，惟墓石之志为重。伏惟明公，道德文章，师表一世，言论政烈，仪刑百辟。求之昔人，盖欧阳文忠、范文正、韩魏公其人也。所谓名世之大贤君子，非明公其谁欤？

肖之人也曾在你的门下学习，近来又承蒙他为我洗刷去了污秽，并蒙推荐引披的恩情，其余不一而足，而我反而与你疏远，不顾他的一片真情，这是置先父于沟壑的境地，而自己也就被排除在大贤君子行列之外了。

我这不孝的罪名不是很大吗？先父的逝世，有司赠谥号为乞，并非因为您怜悯先父，而是为了表白先父崇高的品德，可我怎么敢有非分的想法企图占有哪怕是极少的一部分呢？因怀念先父之情使我恍惚悲郁，不知写的是否有所冒犯，该死该死！

寄杨邃庵阁老

壬午

我曾经听说：古代的君子在埋葬他们亲人的时候，一般地把名世大贤君子的言语刻在墓碑上，以追求永恒。然而诸如此类的大贤君子，没有几个活在世上了，固然有这么个人，然而却生不逢时不在当世了。即便现在有这样的人，然而迫于权势和形势，也没有机会入门结识他们。

那么想通过这个人谋求永垂不朽，不是很难吗？幸巧我的先父严于律己，慎于言行，算得上对得起古人。虽然有辱于被列在公卿之后，但是时机却一直未予青睐，空有大志却不得伸张，胸中的主张未得到实施，反而被权贵者嫉妒，于是就检点言行，抱掌德操，归依家中，这样就长久远去了。不孝子孙打算在今年冬天举行葬礼，能把先父之名永远传下去的方法，只有写好墓志。您的德行和文章，早就誉满当世，言谈论述忠烈不阿，操持权法公正无私。和古人比较，只有文忠公欧阳修、文正公范仲淹、魏国公韩琦能与您齐肩。那么，如此看来，名世的贤人

不幸而生不同时也，则亦已矣。幸而犹及在后进之末，虽明公固所不屑挥之门墙之外，犹将冒昧强颜而入焉。况先君素辱知与，不肖孤又尝在属吏之末，受教受恩，怀知己之感，有道谊骨肉之爱。迩者又尝辱使临吊，宠之以文词，恻然悯念其遗孤，而不忍遂弃遗之者。是以忘其不孝之罪，犯僭逾之戮，而辄敢以志为请。伏惟明公，休休容物，笃厚旧故，甄陶一世之士，而各欲成其名，收录小大之才，而惟恐没其善。则如先君之素受知爱者，其忍靳一言之惠，而使之泯然无闻于世耶？不腆先人之币，敢以陆司业之状，先于将命者，惟明公特垂哀矜，生死受赐，世世子孙，捐躯殒命，未足以为报也。不胜惶悚颠越之至！荒迷无次。

二

癸未

前日尝奉启，计已上达。自明公进秉机密，天下士夫，忻忻然动颜相庆，皆为太平可立致矣。门下鄙生，独切生忧，以为犹甚难也。亨屯倾否，当今之时，舍明公无可以望者，则明公虽欲逃避乎此，将亦有所不能。

然而万斛之舵，操之非一手，则缓急折旋，岂能尽如己

君子之辈除了您还能有谁呢?

也许不幸的是我没有能和他们生活在同一个时代,那也就算了。值得庆幸的是您犹在贤人君子的后继者行列中,即便您把我从门墙之中赶出去,我仍然要冒昧地请求做您的学生。何况先君一向被你器重,我这不肖之辈又做您属下,颇受教诲之益,也感恩颇深,长期以来就怀有被您识遇的感受,您对我们有胜似亲骨肉的亲情。最近又来前来吊唁,说些好话又安慰遗属而不忍心遗忘。所以就忘掉了不孝的罪责,敢冒犯超越本分的恶名,斗胆向您请求作墓志。您深明大义,体察事理,待人厚道,热情提携当今士人,尽量使他们有所作为,广泛地集中和培养各种人才,恐怕湮灭了他们的天赋。像先君平常所恩受的教诲一样,您哪能忍心吝惜一两句话的恩惠,使之沉沦于俗世之中呢?献上不丰厚的润笔之费,但敢拿陆司业那样的建议和要求,来向您请求,您特别垂爱怜悯,对生者死者不吝赐教,我们世世代代,献出生命,也不足以报答您的恩情。这真是感到慌张惊恐!语无伦次也不知自己说了些什么。

二

癸未

前几日就听说,估计已经传达上去了。自从您执掌机密权柄以来,天下的有志之士,非常兴奋地相互庆贺,都认为天下太平可以到来了。作为门下学生的我,偏偏为您忧愁,认为此事甚为艰难。无论从哪一方面说现在来讲,除了您没有谁可以执牛耳的了,即使您想避开大概也是不可能的了。

然而分量极重的千斤之舵,掌握好并非一人之力,所以坎

意?临事不得专操舟之权,而偾事乃与同覆舟之罪,此鄙生之所谓难也。夫不专其权,而漫同其罪,则莫若预逃其任。然在明公亦既不能逃矣。逃之不能,专又不得,则莫若求避其罪。然在明公,亦终不得避矣。天下之事,果遂卒无所为欤?夫惟身任天下之祸,然后能操天下之权;操天下之权,然后能济天下之患。当其权之未得也,其致之甚难;而其归之也,则操之甚易。万斛之舵,平时从而争操之者,以利存焉;一旦风涛颠沛,变起不测,众方皇惑震丧,救死不遑,而谁复与争操乎?于是起而专之,众将恃以无恐,而事因以济。苟亦从而委靡焉,固沦胥以溺矣。

故曰"其归之也,则操之甚易"者,此也。古之君子,洞物情之向背,而握其机;察阴阳之消长,以乘其运;是以动必有成,而吉无不利,伊、旦之于商、周是矣。其在汉唐,盖亦庶几乎此者。虽其学术有所不逮,然亦足以定国本而安社稷,则亦断非后世偷生苟免者之所能也。

夫权者,天下之大利大害也。小人窃之,以成其恶;君子用之,以济其善;固君子之不可一日去,小人之不可一日有者也。欲济天下之难,而不操之以权,是犹倒持太阿,而

坷波折，怎能尽如人意呢？碰到需要处理的事件又不能专掌其权，但出现错误却有你的一份责任，这就是我所谓的困难啊。不能自己一人拿主意，出现问题又有一份责任，那么看来倒不如预先逃脱这种倒霉的差使。然而对您来讲却又是不能逃避的。逃避又不可能，按自己的意见办又不可能，那么看来却不如逃脱罪责。然而对您而言却也是最终不能逃避的。天下的事情，果真没有可以有所作为的吗？只有那种能以身兼天下大祸的人，才能操纵天下大权；操纵了天下大权，然后才有条件救助天下的艰难。当这种大权尚未得到的时候，要想获得是很困难的；然而，一旦得到了，具体操纵起来，又是那么容易。万斤重舵，平时为人所争，所看重的无非是利益罢了；一旦波折出现，变化叵测起来，大家才有些迷茫惶惑，自己的生命尚且不保，又有谁还有心思去和他争权夺利呢？于是有人起来独揽大权，大家也因此依靠他而感到没有了惊惶和危险，事情也因此而成功。如果他在最危急的时候随大家而动，那就会一事无成。

所以说"当他回来以后，操纵起权力来，特别容易"，就是这种意思。古代君子洞察事物的道理，把握其中的契机；体察阴阳的消长，顺应其中的趋势；这样一来，他们一行动就会有成效，天时地利于他们皆为有利，伊尹和周公旦在商、周时就是如此的呀。在汉和唐，就差不多没有这种才能的人了。虽然他们的学问专长在某些领域比上不足，然而也足够用来安邦定国的了，这绝不是那些苟且偷生之辈所能掌握的。

权力这东西，实际上是天下最大的利也是最大的害。无志小人伺机夺取它，以达到他们险恶的目的；君子掌握运用它，用来发扬有利于国计民生的一面；所以说君子对这个世界来说实

授人以柄，希不割矣。故君子之致权也有道：本之至诚，以立其德，植之善类，以多其辅；示之以无不容之量，以安其情；扩之以无所兢之心，以平其气；昭之以不可夺之节，以端其向；神之以不可测之机，以摄其奸；形之以必可赖之智，以收其望；坦然为之，下以上之，退然为之，后以先之。是以功盖天下，而莫之嫉；善利万物，而莫与争。此皆明公之能事，素所蓄而有者，惟在仓卒之际，身任天下之祸，决定而操之耳。

夫身任天下之祸，岂君子之得已哉？既当其任，知天下之祸，将终不能免也，则身任之而已。身任之而后可以免于天下之祸，小人不知祸之不可以幸免，而百诡以求脱，遂致酿成大祸，而己亦卒不能免。

故任祸者，惟忠诚忧国之君子能之，而小人不能也。某受知门下，不能一得之愚以为报。献其芹曝，伏惟鉴其忱悃，而悯其所不逮。幸甚！

在是太重要了，无志小人多一个就是这个世界的不幸。想达到匡济天下的目标，却不掌握实权，反过来却依持一些小人，于是就落入奸佞之手，备受迫害，真可惜呀！所以君子获取实权有途径，那就是以诚为本，用以树立他的德操，培养一些忠诚可靠的后继之辈，用来增添一些有用人才；向众人昭示一种莫大的容量，达到安定众人的目的；发扬那种兢兢业业的精神，以达到平和众人非议的目的；向大家显示出浩然正气般的气节，以达到引导正确方向的目的，给大家一种神不可测的形象，以达到慑服奸佞的目的；让大家了解你有可以信赖的品质，以达到树立良好形象的目的；心情坦荡地处理各种事情，以谦下的姿态恭敬人，抱着与世无争的思想，本着有功先与人的原则处世。这样功绩遍及普天之下，也不会有人嫉妒；善于利用万事万物，却不参与争夺。这都是您所具备的优良品质，平时注意积累而形成的，只是在国家危难之际，以身先士卒的大无畏的气魄，挺身而出，才决定掌权的呀！

　　君子冒天下之大不韪，难道是他们心甘情愿的吗？既然面临义不容辞的责任，了解到国家人民有难，最终不能推却呀，于是以身担当重任罢了。担当了重任后可以幸免于天下大祸，挽生民于水火，无志小人却不了解这个道理，于是小人们到处磕头以求幸免，以至酿成大祸，最终不能逃脱灾难。

　　所以能担当责任的人，只有那些忠诚报国的人能具备，无志奸佞小人永远不会有。我在您的关怀和指导下获益匪浅却无以为报。我只能尽我所能给您献上微不足道的话语，希望您能理解我的心意，原谅我力所不及之处。那我就太幸运了。

三

丁亥

某素辱爱下，然久不敢奉状者，非敢自外于门墙，实以地位悬绝，不欲以寒暄无益之谈，尘渎左右。盖避嫌之事，贤者不为然，自叹其非贤也。非才多病，待罪闲散，犹惧不堪。乃今复蒙显擢，此固明公不遗下体之盛，某亦宁不知感激？但量能度分，自计已审食冒。苟得异时偾事，将为明公知人之累，此所以闻命惊惶，而不敢当耳。谨具奏辞免，祈以原职致仕。伏惟明公因材而笃于所不能，特赐典成，俾得为延疴喘于林下，则未死余年皆明公之赐。其为感激，宁有穷已乎？恳切至情，不觉渎冒，伏冀宥恕不具。

四

丁亥

窃惟大臣报国之忠，莫大于进贤去谗，故前者两奉起居，皆尝僭及此意，亦其自信山林之志已坚，而又素受知己之爱，不当复避嫌疑，故率意言之若此。乃者，忽蒙两广之命，则是前日之言，适以为己地也。悚惧何以自容乎？某以迂疏之才，口耳讲说之学耳，簿书案牍，已非其能，而况军旅

三

丁亥

我向来有辱于您的爱护，又一直不敢拜奉您，不是要把自己排斥在您的门墙之外，实在是因为您我地位太悬殊，我不希望见面后只有些寒暄的毫无用处的话语，这是对您的不尊重。虽然有才能的人是不做这种避嫌的事情，但是我叹息自己并非有才有德之人。并且身体还多疾病，身负罪名闲散在家，经常怀着忧愁惧怕心理。现在又承蒙您的提拔，这是明公您不嫌弃属下的盛情，我怎么会不知道感激呢？但是我估量自己的才德，仔细考虑，觉得这样超过了自己力所能及的范围，是太过分太冒险了。如果什么时候又做错了事，将会有损于您知人之明，这就是为什么我接到命令而十分惊惶不安，不敢就任的原因。在此，我写明奏疏，请求免去我的职务，希望还是按我原来的职务退休。明公您推荐的人才能有限，不能做力所不及的事，特别地给予照顾成全，使我可以在乡间暂且活下去，得以在家养病，那么，我有生之余年都将是明公所恩赐的了。我将永远感激您！这是我的一番恳切之情，不觉有冒犯您的地方，还请您多多宽恕。

四

丁亥

我想表示大臣报国的忠心，最大莫过于推荐贤能的人，排除进谗言的小人，因此，以前多次到府问候，都表示过这个意思，所以我归隐山林的志向已经十分坚定，而向来又受到知己的爱护，不应避什么嫌疑，因此把我所有的心意向您说出。近来，忽然被任命到两广任职，也就是前些日子曾说过的，适合我自

之重乎？往岁江西之役，实亦侥幸偶成；近年以来，忧病积集，尪羸日甚，惟养疴丘园，为乡里子弟考订句读，使知向方。庶于保身及物，亦稍得效其心力，不致为天地间一蠹，此其自处，亦既审矣。

圣天子方励精求治，而又有老先生主张国是于上，苟有袜线之长者，不于此时出而自效，则亦无其所矣。老先生往岁方秉铨轴，时有以边警荐用彭司马者，老先生不可，曰："彭始成功，今或少挫，非所以完之矣。"老先生之爱惜人才，而欲成就之也如此。至今相传，以为美谈。今独不能以此意，而推之某乎？恳辞疏上，望赐曲成，使得苟延喘息。俟病痊之后，老先生不忍终废，必欲强使一出，则如留都之散部，或南北太常国子之任，量其力之可能者，使之自效，则图报当有日也。不胜恃爱恳渎，幸赐矜察！

寄席元山

癸未

某不孝，延祸先子，罪逆之深，自分无复比数于人。仁

己。很担心,我怎么才能担当好我的责任呢?我只有迂拙的才能,讲说的本领,做个文书起草文件,都没能力,更何况担任这军旅的重任呢。以前江西的战役,实在是侥幸偶然成功的;近几年以来,苦于疾病缠身,越来越瘦弱、站立不稳,只好在丘园养病,替乡里的子弟考证、订正文章,让他们懂得读书的方法。这样,可以保全自身和财务,并且稍微地用心来效劳,不至于像天地间的一个蛀虫,这就是我对自己的安排,也可以知道了。

圣上正在励精图治,又有老先生主张国是最为重要,如果有一点才能,不在这个时候站出来为国出力,那么就没有发挥他能力的地方了。老先生去往各地主持官吏的选拔任用,这时如果有人推荐彭司马作守卫边疆的官吏,老先生认为不可以,说:"彭司马才刚刚取得了一点胜利,现在可能还没有经历什么挫折,他还不能完满地完成任务。"这是老先生爱惜人才的心情,并且想要成就他才会如此的。这句话流传到今天,成为美谈。难道现在就不可以根据这个意思,来对待我吗?我以诚恳的言辞奏明皇上,希望能得到皇上的恩赐成全我的心意,使我可以暂时得以喘息。等到病好之后,老先生不再忍心我被搁置,一定会强令我出任,如留都闲散之部或南北太常国子监的任命,估量我的才能所及,让我自己尽心尽力去干,就会有报效的那一天了。承受不起您一直对我的爱护,诚恳之心,不敢不恭敬。望能得到您的怜惜、体察!

寄席元山

癸未

由于自己不孝使父亲逝世,罪逆太深了,自己认为比别人的

人君子，尚未之知，悯念其旧，远使存录，重以多仪，号恸拜辱，岂胜哀感！岂胜哀感！伏惟执事，长才伟志，上追古人，进德勇义，罕其俦匹。向见《鸣冤录》及承所寄《道山书院记》，盖信道之笃，任道之劲，海内同志，莫敢有望下风者矣。

何幸何幸！不肖方在苦毒中，意所欲请者千万，荒迷割裂，莫得其端绪，使还遽，临疏昏塞，不尽所云。

答王鼇庵中丞

甲申

往岁旌节临越，猥蒙枉顾，其时忧病憒憒，不及少申款曲。自后林居，懒僻成性，平生故旧，不敢通音问。企慕之怀虽日以积，竟未能一奉起居，其为倾渴，如何可言？使来，远辱问惠，登拜感怍！舍亲宋孔瞻亦以书来，备道执事勤勤下问之盛，不肖奚以得此？近世士夫之相与，类多虚文，弥诳而实意衰薄，外和中妒，徇私败公，是以风俗日恶，而世道愈降。

执事忠信高明，克勤小物，长才伟识，翘然海内之望。

罪逆更深。仁义的君子,还不知道呢,怜悯、惦记着故人,使者远道而来为我送上礼物,并表示哀悼之意,实使我感激,使我感激。我想阁下,既有才干又有大志,和古人比道德、义勇,实在没多少人可比。过去看你写的《鸣冤录》和这次寄来的《道山书院记》,信奉正道的坚定,肩负道义的劲头,这在海内外志同道合的人当中,无不心悦诚服。

这真是何等的有幸啊!不争气的我还在苦毒之中,心中想要请求的有千千万万,已经是迷乱一团,找不出头绪来了。信使仓促回还复命,临走时匆忙写上这些,却写不完我想要说的啊。

答王霅庵中丞

甲申

往年您在越地任职的时候,曾多次得到您屈尊照顾,那时身体多疾病心里又很忧愁,糊里糊涂,来不及稍微地说明一下理由。而后我又归隐山林,整日懒惰僻静已成为习惯,我平生的故人旧友,都不敢相互通音讯。对您的仰慕,崇敬的情怀虽然日积月累越来越甚,却不曾亲自侍奉您的起居,对您的倾慕,渴求又怎么对您说呢?您的使者来了,带来您远方的问候,我深感惭愧,只有登高对您遥拜!我的亲戚宋孔瞻也写书信来,也常说大人殷殷问候的盛情,我怎能担当得了这种盛情呢?我这个不肖的人又怎么能得到如此厚爱呢?现在这个世上,士大夫的相互交往,多数只作表面文章,言词越来越骗人,而真情实意越来越弱越来越少,外表和气而内心忌恨,贪图私人利益而败坏公家利益,这真是风俗一天比一天更恶劣,世道越来越下降。

大人的忠实诚信、高远明净,勤于克制自己,有很强的才干

而自视欲然，远念不遗。若古之君子，有而若无，以能问于不能者也。

仆诚喜闻而乐道，自顾何德以承之？仆已无所可用于世，顾其心痛圣学之不明，是以人心陷溺至此，思守先圣之遗训，与海内之同志者，讲求切劘之，庶亦少资于后学，不徒生于圣明之朝。然蔽惑既久，人是其非，其能虚心以相听者，鲜矣。若执事之德盛礼恭，而与人为善，此诚仆所顾效其愚者；然又邑里隔绝，无因握手一叙，其为倾渴，又如何可言耶？

虽然，目击而道存。仆见执事之书，既已知执事之心。虽在千万里外，当有不言而信者。谨以新刻小书二册，奉求教正！盖鄙心之所欲效者，亦略具于其中矣。便间幸示！

与陆清伯

甲申

惟乾之事，将申而遂没，痛哉冤乎！不如是，无以明区区罪恶之重，至于贻累朋友；不如是，无以彰诸君之笃于友道。

和宏伟的见识，并且德高望众。然而自己却认为还做得很不够，能在遥远的地方惦记着故人而不遗弃。如果是古代的君子，遇到这种情况，有就像没有似的，自己有才能，却向没有才能的请教。

我发自内心很高兴地得到您的问候并且愿意告诉别人您的德行，自己自省有什么德行可以承受您的厚爱呢？在这个世上，我已经是没有什么用处的了，但又很痛心圣学没有推广于天下，因而天下人心衰落、虚弱得像这个样子，思忖着遵守先圣的遗训，和海内外志同道合的人一起向世人讲说，以消除这种人心衰落的状况，并或多或少地资助后学，不要白白地生活在这个圣明的朝代。可是人们受到蒙蔽、疑惑已经很久了，人心已不同了，能虚心地听讲的人已经很少了。大人您注重德行高洁、礼仪谦恭并且善待他人，这就是我真诚地愿意致力于效劳的原因；然而，我与您又相隔太远，无法面对面地握手相互叙说，虽然对您倾慕已久，又怎么对您倾诉呢？

尽管这样，但是我们都将会看到道义将永存下来。我已看到大人的书，知道大人心中所想所思。即使在千万里之外，无法相互叙说而依然彼此信任。新近刻印的二册小书，奉上请您教正！我心中所想要照着做的，在书中大都有所叙述。如果您有时间阅读，很荣幸能得到您的指示！

与陆清伯

甲申

冀元亨（字惟乾）的事情，将要申雪而死去，真令人痛心，他真太冤了！事情如果不是这样，无法知道小小罪恶的为害之大，以至连累了朋友；事情如果不是这样，也就无法显露诸位君

痛哉冤乎！不有诸君在，则其身没之后，将莫知所在矣，有为之衣衾棺殓者乎？是则犹可以见惟乾平日为善之报，于大不幸之中，而尚有可幸者存也。

呜呼痛哉！即欲为之一洗，自度事势，未能遂脱，或必须进京。候到京日再与诸君商议而行之。苟遂归休，终须一举，庶可少泄此痛耳。其归丧一事，托王邦相为之经理，倘有不便，须仆到京图之未晚也。行李倥偬中，未暇悉所欲言，千万心照！

与黄诚甫

甲申

近得宗贤寄示礼疏，明甚。诚甫之议，当无不同矣。古之君子，恭敬樽节退让以明礼，仆之所望于二兄者，则此而不在彼也。果若是，以为斯道之计，进于议礼矣。先妻不幸，于前月奄逝，方在悲悼中，适陈子文往，草草布间阔。

二

甲申

别久极渴一语。子莘来，备道诸公进修，亦殊慰！大抵

子忠诚与友谊。

真是冤枉啊痛心！如果没有诸君在，那么他身亡之后，尸首都不知道在何处了，还能有人替他穿衣盖被收殓入棺吗？则可以知道惟乾平时对人善良，这是他应有的回报，在大不幸中而还有这点幸运在啊！

哎，真令人痛心啊！想要马上为他洗清冤屈，又度量事态形势，不可能现在就可以洗脱干净，或者必须进京诉说。等到了京城之时，再和诸君商议此事，决定如何行动。如果就此罢休，最终还是要做这件事的，多多少少可以发泄一下痛心之情。至于惟乾的归丧一事，可以委托王邦相来替他经营料理，如果有所不方便，须要等到我到京再去做也不算晚。我在行路匆忙中，没有时间畅所欲言，彼此心领即可了。

与黄诚甫

甲申

近来收到宗贤寄送的信件，讲得很明白。诚甫的意见，与他没有什么不同。古代的君子，以谦恭地敬酒、谦虚地退让他人来表示有礼，我对二位仁兄的期望也就是在这一点上而不是别的方面。他们果真都能如此，按照这种道义，你们便是有义、有礼了。我的妻子不幸于前一个月逝世，我正在悲痛哀悼之中，恰好陈子文前往，草率地互问一下久别之情。

二

甲申

分别得太久了，极渴望能相互说说话。子莘来我这儿详细

吾人习染已久，须得朋友相夹持；离群索居，即未免隳。诸公既同在留都，当时时讲习为佳也。

三

乙酉

盛价来，领手札，知有贵恙，且喜渐平复矣。贱躯自六月暑病，然两目蒙蒙，两耳蓬蓬，几成废人，仅存微息。旬日前，元忠宗贤过此，留数日北去。山庐卧病，期少谢人事，而应接亦多。今复归卧小阁，省愆自讼而已。闻有鼓枻之兴，果尔，良慰渴望！切磋砥砺之益，彼此诚不无也。

与黄勉之

乙酉

承欲刻王信伯遗言，中间极有独得之见，非余儒所及。惜其零落既久，后学莫有传之者，因勉之寄此，又知程门有此人也，幸甚幸甚！中间如论明道、伊川处，似未免尚有执着，然就其所到，已甚高明特远，不在游、杨诸公之下矣。中间可省略者，删去之为佳。凡刻古人文字，要在发明此学，惟简明切实之为贵。若支辞蔓说，徒乱人耳目者，不传可也。高明以为何如？

地说道诸公进修情况,特别高兴!是我们很久已形成习惯,须要朋友的帮助和提醒;离开大家而一个人独居,就难免堕落。诸公同时在留都,大家在一起应当经常互相讲习才是最好。

三

乙酉

贵仆送来您的手书,才知道你身体病了,然而高兴的是您已渐渐开始恢复。我的身体从六月中暑生病之后,两眼蒙蒙,看不清东西,两耳蓬蓬,听不清声音,我几乎成了一个废人,只是还有点鼻息罢了;十日以前,元忠、宗贤路过此地,逗留了几天后向北去了。我在山间茅舍卧病不起,希望少些应酬之事,然而应酬接纳还是很多。现在又回来躺在我的小阁里了,自省罪过、自我批评而已。听说有泛舟游玩的兴致,果真如此,我很高兴很渴望。能相互切磋、相互提携而相互受益,那肯定不是没有的。

与黄勉之

乙酉

知道你要刻王信伯的遗言,中间有很多独到的见解,不是其他儒生所能及的。可惜他已经逝去很久了,后学中没有人能得到他的真传的,因而勉励对这很关心,他寄来一些稿子。又知道程氏门中有其传人,很幸运啊。遗言中间如论明程灏、程颐,未免有点儿持其一端,然而就他所论述到的,已经很高明、很特别,并不在游酢、杨时诸公之下。中间凡是可以省略的地方,都删去的为好。凡是刻古人文字,重在于发现、明白这个道理,只以简明、切实为贵。如果是繁冗芜杂的言论,则只能白白地乱人

复童克刚

乙酉

春初枉顾，时承以八策见示，鄙意甚不为然，既而思之，皆学术不明之故。姑且与克刚讲学，未暇细论策之是非。旬日之后，学术渐明，克刚知见豁然，如白日之开云雾，遂翻然悔其初志，即欲焚弃八策，以为自此以后，誓不复萌此等好高务外之念。

当时同志诸友，无不叹服克刚，以为不惮改过，而勇于从善若此，人人皆自以为莫及也。盛价远来，忽辱长笺巨册，谆谆恳恳，意求删改前策，将图复上，与临别丁宁意，大相矛盾。岂间阔之久，切磋无力，遂尔迷误至此耶?《易》曰："君子思不出其位。"若克刚斯举，乃所谓思出其位矣。

又曰："不易乎世，不成乎名，遁世无闷，忧则违之。"若克刚斯举，是易乎世而成乎名，非"遁世无闷，忧则违之"之谓矣。克刚向处山林，未尝知有朝廷事体。今日群司之中，缙绅士夫之列，其间高明剀切之论，经略康济之谟，何所不有? 如八策中所陈，盖已不知几十百人，几十百上矣。宁复有俟于克刚耶? 克刚此举，虽亦仁人志士之心，然夜光之璧，无因而投人，亦且按剑而怒。况此八策者，特克刚之

耳目，不值得传下去。先生高见以为如何？

复童克刚

乙酉

春初的时候委屈你来看我，当时承蒙把八策给我看，我的意思很不以为然，后来仔细思考了一下，觉得都是学术上不明白的缘故。姑且只和克刚讲学，没有时间仔细理论八策的正确和错误。十天以后，学术上渐渐明白了，克刚的认识豁然开朗如白天拨开了云雾，于是立刻产生了悔意，推翻了以前的看法，马上想烧掉八策，从此以后，发誓不再萌生这种好高骛远的念头了。

当时诸位志同道合的朋友，没有人不叹服克刚的，认为这样不怕改过，勇于从善，人人都以为无法同你相比。最近你仆人前来，把你的长信原书带给我，你仍然勤勤恳恳、谆谆以求，求我删改前策，以图将来会重新上奏，和临别叮咛的意思，已经大相矛盾了。这岂不是因为间隔得太久了，切磋的影响力并不太大，而使得你如此迷误吗？《易经》上说："君子不要越过自己的范围去思考问题。"那么克刚的这番举动，是所谓的思想超出他的本分了。

《易经》上又说："不因世俗而改变自己的初衷，不为成名而有所作为，远离世事而无忧闷，遇到忧虑而不顺遂的事，就随即摆脱它。"而克刚的这番举动，是容易在世上改变初衷，成就功名的，并非逃避世事苦闷忧愁就违背它的那种。克刚一向归隐山林之中，不应是很知道朝廷事体。今天这一群人之中，缙绅士大夫比比皆是，在这中间有高明的符合事理的议论，有宏才经略的议论，什么没有呢？正如八策中所陈述的，大概已经不知道

敝帚耳，亦何保啬之深，而必以投人为哉？若此策遂上，亦非独不见施行，且将有指摘非訾之者，其为克刚之累不小小也。克刚亦何苦而汲汲于为是哉？八策之中，类皆老生常谈，惟第五策于地方利害，颇有相关，然亦不过诉状之词，一有司听之足矣。而克刚乃以为致治垂统之一策，得无以身家之故，遂为利害所蔽，而未暇深思之耶？明者一览，如见肺肝，但克刚不自知耳。

昔者颜子在陋巷箪瓢，孔子贤之。夫陋巷箪瓢，岂遂至于人不堪忧？其间盖亦必有患害屈抑，常情所不能当，如克刚今日之所遭际者矣。若其时遂以控之于时君世主，谆谆屑屑，求白于人，岂得复谓之贤乎？禹、稷昌言于朝，遇门不入，以有大臣之责也。今克刚居颜子陋巷之地，而乃冒任禹、稷之忧，是宗祝而代庖人之割，希不伤手矣。

册末授受之说，似未端的，此则姑留于此，俟后日再讲。至于八策，断断不宜复留，遂会同志诸友，共付丙丁，为克刚焚此魔障。克刚自此，但宜收敛精神，日以忠信进德为

有几十百人，几十百策了。其中又会有和克刚相等的吗？克刚这一举动，真是仁人志士的情怀，试想即使是用夜里能发光的璧玉无缘无故地投掷他人，也会让人动怒按剑的。更何况这八策，是克刚敝帚自珍的东西，又何必要保守吝啬得如此之深，而必须要以玉璧报人呢？试想，如果此策这样献上去，不但不能实行反而受到指摘诋毁，对克刚的坏处可谓不大不小啊。克刚何苦干这傻事呢？克刚又何苦一心一意在这上面花功夫呢？八策之中，都是老生常谈之类，只有第五策对于地方利害的分析，与现在的情况相关，但也只不过是描述情况的文辞，一个有司听听就可以了。克刚却认为这是治理天下、统一天下的大策略，难道不是以身家为重的缘故，而被利害所蒙蔽，没有时间深思吗？贤明的人一看，就好像看见肝肺一样极为明白，但克刚自己还不知道呢。

以前的颜回，在简陋的巷子里，一箪食一瓢饮，孔子称赞他是贤人。这简陋的巷子，一箪食一瓢饮，怎么就致于让人担忧呢？这其中大概也一定有害怕受屈遭抑制的原因，按照普通的情理就不能说清这种想法，正如克刚今天所遭遇到的一样。如果在那个时代颜回就控诉于当代的君主，浅薄猥琐，请求他人的认可，又哪里能得到贤人的称谓呢？夏禹、后稷向朝廷上奏言，三过家门而不入，因为有大臣的职责。现在克刚像颜回一样住在陋巷中却有着夏禹、后稷的忧虑，就像主祭祀的官员代替厨子割肉，很难不伤自己的手。

至于篇末关于接受官位的说法，好像没有由来，先暂且放在这儿吧，等到今后再说这个问题。而八策，则绝对不适合再留下，会集志同道合的朋友，一起将它投入火中，替克刚烧掉

务,默而成之,不言而信,不见是而无闷可也。

与郑启范侍御

丁亥

　　某愚,不自量,痛此学之不讲,而窃有志于发明之。自以劣弱,思得天下之豪杰,相与扶持砥砺,庶几其能有成。故每闻海内之高明特达,忠信而刚毅者,即欣慕爱乐,不啻骨肉之亲,以是于吾启范,虽未及一面之识,而心孚神契,已如白首之交者,亦数年矣。

　　每得封事读之,其间乃有齿及不肖者,则又为之赧颜汗背,促踏不安。古之君子耻有其名,而无其实。吾于启范,惟切磋之是望,乃不考其实,而过情以誉于朝,异时苟有不称,将使启范为失言矣。如之何而可?

　　不肖志虽切于求学,而质本迂狂疏谬,招尤速谤,自其所宜。近者复闻二三君子,以不肖之故,相与愤争力辩于铄金销骨之地,至于冲锋冒刃而弗顾,仆何以当此哉?二三君子之心,岂不如青天白日,谁得而瑕淬之者?顾仆自反,亦何敢自谓无愧?则不肖之躯,将不免为轻云薄雾于二三君子者矣。

　　如之何而可?病躯懒放日久,已成废人,尚可勉强者,

这个魔障吧。克刚从此以后，只适合再聚集精神，天天以认真地进修自己的德行为要务，默默地去做，不需要说什么让人信任，不被认可而没有烦恼就可以了。

与郑启范侍御

丁亥

我很愚笨，又不自量力，痛心于这门学问不能再讲习，而有志于发扬光大它。我因为自己的弱小和浅陋，想得到天下的豪杰扶持、鞭策，这样就可能有所成就。所以每次听到海内的高明特异有远见卓识，忠信刚毅之人，就十分欣然爱慕，不异于像自己的骨肉那么亲，我和启范就是这样，虽然从没有见过一面，然而心神相契相合，已经像百年之交，这样已经有好几年了。

每当我读到封呈的公文，其中有谈到我的，就感到羞愧脸红、汗流浃背，来回踱步，深感不安。古代的君子，很羞愧只有名声而没有实德。我对于启范来说，只有相互切磋的愿望，并不考究其实际的一面，过分重感情在朝廷上称誉，如果以后不符合所赞誉的那样，那么将使启范成为失言的人了。这怎么可以呢？

我的志向虽然在于求学，然而我本质迂拙放任，又很粗心大意，很容易招致他人诽谤。近来又听说二三位君子，因为我的原因而相互动怒，互相争辩达到烁金销骨的白热化程度，到了动刀动剑不顾一切的状况，我有什么资格使人这样呢？这二三位君子的心，岂不如青天白日，谁能找到缺陷呢？但我自己反省，哪敢说毫无愧疚？那么我就像轻云薄雾不被二三位君子所了解。

这怎么可以呢？我有病的身体整日懒散，已经很久了，已经

惟宜山林之下，读书讲学而已。两广之任，断非所堪，已具疏恳辞，必不得请，恐异日终为知己之忧也。言不能谢，惟自鞭策，以期无负相知，庶以为报耳。

答方淑贤

丁亥

久不奉状，非敢自外，实以忧疾频仍，平生故旧类不敢通问，在吾兄诚不当以此例视。然广士之来游者相踵，山中启处，时时闻之，简札虚文。似有不必然者，吾兄当能亮之也。圣主聪明不世出，诸公既蒙知遇若此，安可不一出图报？今日所急，惟在培养君德，端其志向；于此有立，政不足间，人不足谪，是谓一正君而国定。

然此非有忠君报国之诚，其心断断休休者，亦只好议论粉饰于其外而已矣。仆积衰之余，病废日甚，岂复更堪兵甲驱驰之劳？况谗构未息，又可复出而冒为之乎？恳辞疏下，望与扶持，得具养疴林下，稍俟痊，复出而图报非晚也。

成了一个废人,还可以勉强做的,只适合在山林之中,读书讲学而已。两广的任命,绝对不是我能胜任的,我已经写了详细恳切辞让的奏疏,我的请求如不被接受,恐怕今后会成为知己的忧患。言词无法表达我的谢意,只有自己鞭策自己,希望不要辜负了相知的一片心意,以此作为回报吧。

答方淑贤

丁亥

很久不曾向你请安问好了,不是敢自己见外,实在是一直在为频繁的疾病而忧虑。我对平生的故人旧友,都不敢问候,然而对您实在不应按此例办。然而广东士人前来拜访的接踵至此,山中门开之处,时时可以听到有人来,简单的信札和礼节的来往也经常有。当然也有不必要来的虚词浮文,兄长心里一定是明白的。君主的聪明,是世上少有的,诸公既然蒙受如此的知遇之恩,又怎么可以安然不动,不站出来以图回报呢?今天所迫切需要的,只在于培养君子德行,端正志向,在此基础上,朝政才不会被离间,臣子才不会被责罚,这就可以称作君主公正而国家安定。

然而这必须要有忠君报国的诚心,否则只有断断续续,心不坚意不定,只是喜好议论以此来纷饰自己的外表罢了。我的体力一天比一天衰退,一天比一天病重,又哪里顶得住戴甲操戈、驱驰战场的劳苦呢?更何况谗言尚未平息,又怎么可以出山去冒险呢?只有恳切辞的奏疏多次上奏,希望能得到扶持,我得以在山林中养病,等到痊愈了,再出山图报也不迟啊。

二

丁亥

昨见邸报，知西樵、兀崖皆有举贤之疏，此诚士君子立朝之盛节，若干年无此事矣。深用叹服！但与名其间，却有一二未晓者，此恐鄙人浅陋，未能知人之故。然此乃天下治乱盛衰所系，君子小人进退存亡之机，不可以不慎也。此事譬之养蚕，但杂一烂蚕于其中，则一筐好蚕尽为所坏矣。凡荐贤于朝，与自己用人又自不同，自己用人，权度在我，故虽小人而有才者，亦可以器使。若以贤才荐之于朝，则评品一定，便如白黑，其间舍短录长之意，若非明言，谁复知之？小人之才，岂无可用？如砒硫芒硝，皆有攻毒破壅之功，但混于参苓耆术之间，而进之养生之人，万一用之不精，鲜有不误者矣。仆非不乐二公有此盛举，正恐异日或为此举之累，故辄叨叨，当不以为罪也。

思、田事，贵乡往来人，当能道其详，俗谚所谓生事事生，此类是矣。今其事体既已坏尽，欲以无事处之，要已不能，只求减省一分，则地方亦可减省一分劳攘耳。鄙见略具奏内，深知大拂喜事者之心，然欲杀数千无罪之人，以其求一己之功，仁者之所不忍也。赍奏人去，凡百望指示之，舟次，草草未尽鄙怀，千万鉴恕！

二

丁亥

　　昨天见到邸报，才知道了西樵、兀崖都有推荐贤明人士的奏疏，这是忠诚的义士、君子立足朝廷的盛大之节，很多年来都没有这种事了。真令人深深叹服啊！但是授予的官名却相差很大，这其中有些事我不知晓，这恐怕是我的浅陋，不能真正了解人的缘故。然而，这是天下治乱，由衰到盛的关键，也是君子、小人等或进或退或存或亡的时候，不能不慎重啊。这就好比养蚕，只要混杂一条烂蚕在其中，则一筐好蚕，全部要被它所破坏。凡是向朝廷推荐贤人和自己用人又有所不同；自己用人，度量都在自己手中，所以虽然是小人却有才能的人，也可以器重他。如果向朝廷推荐贤才，则评论其品德一旦确定，便黑白分明，其中用其长处舍其短处的意义，若是不明白地说出来，谁又知晓呢？小人的才干，又怎么不可以用呢？如砒霜芒硝都有攻毒破壁的功效，但混杂于参苓耆术之间，而献给疗养的人，万一使用不精良，没有不出现失误的。我不是不乐意两位明公有这样的盛大举措，正是担心他日或许会因此举措而受牵累，所以就絮絮叨叨，请勿要怪罪。

　　思恩、田州的事，你们乡里往来的人，都能说得很详细，俗话说：生事然后事生，就是这一类。现在事体已经全部混乱了，想要按无事来对待它，已经不可能了，只能求得减弱一分，则地方上就可以减省一份劳苦纷乱。我的意见已经简略地写在了奏疏里，我深知极大地违背了好功者的心思，然而要杀掉若干个无罪的人，以此来求得自己的功劳，凡是有仁义的人都不忍心如此。送奏疏的人快要走了，所有的希望都在这上面了，舟船之

与黄宗贤

丁亥

仆多病积衰,潮热痰嗽,日甚一日,皆吾兄所自知,岂复能堪戎马之役者。况谗构未息,而往年江西从义将士,至今查勘未已,往往废业倾家,身死牢狱,言之实为痛心,又何面目见之?今若不量可否,冒昧轻出,非独精力决不能支,极其事势,正如无舵之舟,乘飘风而泛海,终将何所止泊乎?在诸公亦不得不为多病之人一虑此也。

恳辞疏下,望相扶持终,得养疴林下是幸!席元山丧,已还蜀否?前者奠辞,想已转达。天不慭遗,此痛何极!数日间唐生自黄岩归,知宅上安好。世恭书来,备道佳子弟悉知向方,可喜。间附知之。

二

丁亥

得书,知别后动定,且知世事之难,为人情之难测有若此者,徒增慨叹而已。朽才病废,百念俱息。忽承重寄,岂复能堪?若恳辞不获,自此将为知己之忧矣。奈何奈何!江西

中,匆忙草草写信,不能写尽我的心意,还请您明察、宽恕。

与黄宗贤

丁亥

我生病的日子太久了,身体日渐衰弱,发热咳嗽,一日比一日更厉害,这些兄长都已经知道了,又怎么能胜任戎马奔驰争战呢。更何况谗言还没有清除,而往年江西从义的将士,至今还没有查勘完毕,他们往往家败业废,身死牢狱,说起来实在是极为痛心,我又有什么面目见他们呢?现在如果不估量是否可行就冒昧轻率出征,不仅仅是精力不能支撑,再看其形势,正好像没有舵的船一样,只能随风漂流,泛游海上,最终将在什么地方停泊呢?对于诸公来讲也不得不替多病的我考虑到这些啊。

我已将恳切辞让的奏疏上奏朝廷,希望诸位相互扶持到最后,让我有幸能够在山林之中养病休息。席元山的遗体,已经送回蜀地了吗?我为他而作的祭奠之词,想来已经转达了。老天不开眼,这是何等的悲痛啊!数日之前,唐生从黄岩归来,知道宅上一切都好。世恭写信来,详细地说了子弟也很好,都能归向正道,很是可喜。附上这些,以便你知道。

二

丁亥

收到信后,知道别后您的起居情况,由是知道世事人情艰难如此,而我只是徒劳感叹而已。我的身体病弱得像废人一样,没有心思去想别的任何事情了。忽然承蒙您寄予厚望,哪里担当

功次固不足道，但已八年余矣，尚尔查勘未息，致使效忠赴义之士，废产失业，身死道途，纵使江西之功，尽出冒滥，独不可比于留都、湖、浙之赏乎？此事终须一白。但今日言之，又若有挟而要者，奈何奈何！木翁旬日间，亦且启行矣。此老慎默简重，当出流辈，但精力则向衰，若如兀崖之论，欲使之破长格以用财，不顾天下之毁誉荣辱，以力主国议，则恐势有所未能尽行耳。因论偶及，幸自知之。

东南小蠢，特疮疥之疾，群僚百司，各怀谗嫉党比之心，此则腹心之祸，大为可忧者。近见二三士大之论，始知前此诸公之心，尚未平贴，姑待畔耳。

一二当事之老，亦未见有同寅协恭之诚。间闻有口从面谀者，退省其私，多若雠仇。病废之人，爱莫为助。窃为诸公危之，不知若何而可以善其后？此亦不可不早虑也。兵部差官还，病笔草草，附此。

西樵、兀崖，皆不及别简，望同致意。近闻诸公似有德

得起？如果我恳切的辞谢您也不可能使您收回成命的话，从此以后我将像一个知己一样替您分忧。怎么办怎么办！关于江西事件的功绩固然已不值得提，只是过去八年多了，检查勘定那次事件的活动仍未停息，致使那些为忠义而奋斗的人失去了他们的田园和家业，有些人甚至死在道路上。纵然江西事件中出现的是一些冒险无用的事，难道不能与留都、湖、浙的赏赐相称吗？这件事终究是需要说个明白的。不过今天这样说，好像是有要挟的嫌疑。怎能说清呢？木翁在十天之间也就要启程动身了。他为人谨慎沉稳，超乎众人之上，但是精力已经趋于衰退，如果像兀崖所说，打算使木翁破除常规而用他掌管钱财，不顾忌天下之人的毁誉和自己的荣辱，以力求符合国家朝廷的要求，恐怕形势未必像他所期望的那样发展。因为偶然谈到这里，希望他有所醒悟。

东南的那些小反贼，只不过是像疮疥一样的疾病而已，而众百官和僚属，各自怀着嫉妒诋毁、结党营私的心，这才是真正的心腹大患啊，大大地令人担忧。近来听见几个士大夫的言论，才知道前些日子诸公的心情还没有平抚，姑且还得等待一段时间吧。

一两个主持事务的大人，也没有团结一致办事的诚心。曾听说有人口中赞成当面奉承，私下里却又好似仇敌。我这个病若废人的人也只能是爱莫能助。我私下里为你们担心，不知怎样才可以妥善处理这件事情？而这件事不能不早早地考虑。兵部派遣的官差要回还了，因我在病中，所以笔迹潦草。写成此信，顺便叫他带去。

另外对西樵、兀崖等，我都来不及另外写信了，希望在此一

色傲容者，果尔，将重失天下善类之心矣。相见闻可隐言及之。

三

丁亥

近得邮报，及亲友书，闻知石龙之于区区，乃无所不用其极若此，而西樵、兀崖诸公，爱厚勤拳，亦复有加无已，深用悚惧！嗟乎！今求朝廷之上，信其有事君之忠，忧世之切，当事之勇，用心之公，若诸公者，复何人哉？若之何而不足悲也？诸公既为此一大事出世，则其事亦不得不然。但于不肖，则似犹有溺爱过情者，异日恐终不免为诸公知人之累耳。

悚惧悚惧！思、田之事，本亦无大紧要，只为从前张皇太过，后来遂不可轻易收拾。所谓天下本无事，在人自扰之耳。其略已具奏词，今往一通，必得朝廷如奏中所请，则地方庶可以图久安；不然，反覆未可知也。贱躯患咳，原自南、赣蒸暑中得来，今地益南，气类感触，咳疾益甚，恐竟成痼疾，不复可药。地方之事，苟幸塞责，山林田野，则惟其宜矣，他尚何说哉？西樵、兀崖家事，极为时辈所挤排，殊可骇叹！此亦皆由学术不明，近来士夫专以客气相尚，凡所毁誉，不惟其是，惟其多且胜者，是附是和，是以至此。近日来接见者略已一讲，已觉豁然有省发处，自后此等意思，亦当

同向你们致意。近来听说你们有自以为德行高尚而骄傲的人，果真如此的话，将失去天下善良人们的拥护。你们见面时可以含蓄地提醒一下。

三

丁亥

近来得到的邸报和亲友们的书信，知道黄宗贤（号石龙）的少量情况，他无处不用尽心力，而西樵、兀崖诸公对我爱护帮助也用了不少力量。我深深感到惊惧。哎！对朝廷之上像你们这样有侍奉君主的忠心，担忧世俗人心的急切之心，临危受命的勇敢之心，尽心尽力的公正之心，除了你们以外还有谁呢？怎能不叫人悲哀呢？你们既然是为了实现这件大事而出头露面，那么事情必然会有坎坷的。只是对于我，则好像有姑息溺爱的倾向，恐怕他日不免会损伤你们的知人之明。

惊恐啊担心啊！广西思恩、田州的事件本来没有什么重要的，只是因为从前张惶太过分，以至于后来无法轻易收拾后果。这就是人们常说的天下本无事，只是人们自己给自己找出来的麻烦而已。这件事粗略的写入了奏辞之中，现在去通融，估计朝廷会恩准了奏疏中的请求，那么地方上就可以安定了；如果朝廷并不恩准，那就不知道会有什么后果了。我的身体患了咳嗽的疾病，原来是从南、赣夏天暑热中得的，现在处在更南的地方，气候炎热一触即发，咳嗽就更厉害了，恐怕要成为痼疾而不可医治了。地方上的事，只能苟且敷衍塞责了。我喜欢山林田野的适宜气候，其他的就无眼再顾及了。西樵、兀崖的事情，纯粹是被周围的人所排挤，真让人觉得不可思议！这都是因为学术上的一

渐消除。京师近来事体如何？君子道长，则小人道消，疾病既除，则元气亦当自复。但欲除疾病，而攻治太厉，则亦足以耗其元气，药石之施，亦不可不以渐也。

木翁、邃老相与如何？能不孤海内之望否？亦在诸公相与调和。此如行舟，若把舵不定，而东撑西曳，亦何以致远涉险？今日之事，正须同舟共济耳。赍本人去，凡百望指示！

四

戊子

两广大势，罢敝已极，非得诚于为国为民强力有为者为之，数年未可以责效也。思、田之患，则幸已平靖。其间三五大巢，久为广西诸贼之根株渊薮者，亦已用计剿平。就今日久困积冤之民言之，亦可谓之太平无事矣。病躯咳患日增，平生极畏炎暑，今又深入炎毒之乡，遍身皆发肿毒，且夕动履，且有不能。若巡抚官再候旬月不至，亦只得且为归休之图，待罪于南、赣之间耳。

些不清楚的现象所导致，近来士大夫只注重人际交往的表面客气，凡是涉及毁坏名誉的问题，不是根据事情的真实性而是根据人多人少的原则，往往附和人多的一方而丢弃人少的一方，事情竟发展到这个地步。这些天来与前来拜访我的人曾大略提到这事，觉得有让人突然醒悟的地方，从那以后，我也消除了这种偏颇的做法。京师近来如何？所谓君子的道义长一分则小人的气焰就要灭一分，疾病消除了那么身体的元气就会恢复，这都是同样的道理啊。但是，如果想除掉疾病，而治疗得太紧急的话，那么元气会因此而消耗，医药的使用也得慢慢地施治才可以。

木翁、遼老最近怎么样了？能不辜负海内之人对他的希望吗？这全靠大家一起，互相协调。就像行船时的舵，如果不把定舵的方向，而东摇西荡，又怎么能到达很远的地方，又怎么能度过危险的地方呢？面对天下的大事，正是需要大家同舟共济。送奏疏的人快要走了，凡事期望您的指教。

四

戊子

两广的形势，已经很困顿而无力支撑了，必须要有一心为国为民而又强有力的人出来改变局面，恐怕几年也难以扭转形势。不过思恩、田州的忧患，幸亏已经平息。而其中的几个大的巢窝，一向是广西的贼子们的老窝和据点，现在已经用计谋剿灭。就现在那些长期以来被深仇大恨所困扰的民众而言，也可以说是天下太平无事了。我的身患咳嗽之病，一天比一天厉害，我一向害怕过炎热的夏季，现在又处在热毒的地方，遍身都发

圣天子在上，贤公卿在朝，真所谓明良相遇，千载一时。鄙人世受国恩，从大臣之末，固非果于忘世者，平生亦不喜为尚节求名之事，何忍遽言归乎？自度病势，非还故土就旧医，决将日甚一日，难复疗治，不得不然耳。

静庵、东罗、见山、西樵、兀崖诸公，闻京中方严书禁，故不敢奉启。诸公既当事，且须持之以镇定久远。今一旦名位俱极，固非诸公之得已，是乃圣天子崇德任贤，更化善治，非常之举，诸公当之，亦诚无愧。但贵不期骄，满不期溢，贤者充养有素，何俟人言。

更须警惕朝夕，谦虚自居，其所以感恩报德者，不必务速效，求近功，要在诚心实意，为久远之图，庶不负圣天子今日之举，而亦不负诸公今日之出矣。仆于诸公，诚有道义骨肉之爱，故不觉及此，会间幸转致之。

肿块，就是早晚穿着鞋走动，都无法做到。如果巡抚官员再等十天半月还不能到来，我也只得作归去休养的打算，而在南、赣这个地方，听凭发落了。

圣天子在上，贤公卿在朝廷，真是所谓明君和良相相遇，这是一千年也难得碰到的现象啊。我世受国恩，忝居大臣的末位，固然不是忘记世俗的人，但平生也不喜欢干那些追求名节的事，又怎么忍心说归去的话呢？只是自己考虑到自己的病情，如果不归还故土去进行医治的话，一定会病得一天比一天更厉害，直到最后难以治疗，所以我是不得不归去了。

静庵、东罗、见山、西樵、兀崖诸公，听说京都中严令禁止书信来往，所以不敢上书。你们既然正管理国是，一定要坚持以恒、镇定天下。如果一旦名声和地位都很高了，固然是诸公所不得已要避免的事，这体现了圣天子崇德任贤的结果，所以要更加好好地治理国家，作出不寻常的大事，你们这一点的确是当之无愧了。但是，高贵的人不希望自己染上骄傲的陋习，自满的人不希望自己凸显出来，有贤德的人是有自己的素养的，这一点是不需要多说了。

更需要的是天天都要小心谨慎，为人谦虚，所谓感恩报德，是不必要求很快见效，不求尽快建功的，关键在于诚心实意，替国家做长久的打算，这样才能不辜负圣天子的抬举赏识，才不算辜负大家出山报效的一番心意。我与诸公有道义、骨肉上的感情，所以不知不觉写了这些，请相互转告。

五

戊子

前赍奏去,曾具白区区心事,不审已能遂所愿否?自入广来,精神顿衰,虽因病患侵凌,水土不服,要亦中年以后之人,其势亦自然至此。以是怀归之念日切,诚恐坐废日月,上无益于国家,下无以发明此学,竟成虚度此生耳。奈何奈何!春初思、田之议,悉蒙朝廷裁允,遂活数万生灵。近者八寨、断藤之役,实以一方涂炭既极,不得已而为救焚之举,乃不意遂获平靖。此非有诸公相与协赞力主于内,何由而致是乎?书去,各致此感谢之私,相见时,更望一申其恳恳。

巡抚官久未见推,仆非厌外而希内者,实欲早还乡里耳。恐病势日深,归之不及,一生未了心事,石龙其能为我惄然乎?身在而后道可弘,皮之不存,毛将焉附?诸公不敢辄以此意奉告,至于西樵当亦能谅于是矣,曷亦相与曲成之?地方处置数事附进,自度已不能了。此倘遂允行,亦所谓尽心焉耳已。舟次,伏枕草草,不尽所怀。

五

戊子

前次的奏疏，曾经详细地表白了我的心意，不知是否能实现我的愿望？自从我来到广东，精神顿时衰退，虽然因为疾病的侵袭和水土不服，也因为人到中年以后精神自然而然减退的缘故。因而我想归还故土的念头一天比一天迫切，又害怕无所事事荒废了时间，对上来说无益于国家，对己来说也不能治学，那终究岂不是虚度了这一生吗？那怎么行啊！春初时，关于思恩、田州的商议，幸亏有朝廷的裁决和允许，从而使数万人得以保全了性命。近来八寨、断藤的战役，实在是因为一方百姓性命受到威胁，为挽救而不得已做出的行动，没想到竟很快平定了。这难道不是由于你们的鼎力帮助，否则哪里会取得这种结果呢？写信送去，向各位表示我的感激之情，等到相互见面时，将再次表明我的诚恳谢意。

巡抚官员久久还不见推荐人来，我并非厌恶外面而留恋故旧的人，实在是希望早点归还故土。只恐怕病势一天天加重，来不及归去，不能了结我一生的心事。石龙能为我的事而无动于衷吗？只有人的身体存在，然后才可以弘扬他的道义精神，正如所谓："皮都不存在了，毛将会怎么附着呢？"对你们我不敢轻易地表明我这种思归的心意，但西樵应当能给予谅解吧，能否曲意成全我呢？附上地方上一些有待处理的事情，我想我已无力去了结它们了。这次如果允许我归还故土，也可算是我已尽心尽力了。行船之中，我伏在枕上草草写完这封信，无法尽情表白我的情怀。

答见山冢宰

丁亥

向赍本人去，曾奉短札，计已达左右矣。朽才病废，宁堪重托？恳辞之疏，必须朝廷怜准，与其他日蒙颠覆之戮，孰若今日以是获罪乎？东南小夷，何足以动烦朝廷若此？致有今日，皆由愤激所成。以主上圣明，德威所被，指日自将平定。但庙堂之上，至今未有同寅协恭之风，此则殊为可忧者耳。不知诸公竟何以感化而斡旋之？大抵谗邪不远，则贤士君子断不能安其位以有为于时。自昔当事诸公，亦岂尽不知进贤而去不肖之为美。顾其平日本无忠君爱国之诚，不免阿时附俗，以苟目前之誉，卒之悦谀信谗，终于蔽贤病国而已矣。来官守催，力遣数四，始肯还。病笔草草，未尽倾企。

与霍兀崖宫端

丁亥

往岁曾辱《大礼议》见示，时方在哀疚，心善其说，而不敢奉复。既而元山亦有示，使者必求复书，草草作答，意以所论良是。而典礼已成，当事者未必能改，言之徒益纷争，不若姑相与讲明于下，俟信从者众，然后图之。其后议

答见山冢宰

丁亥

以前送奏本人快要走的时候，曾给您送上一封短信，想来已到您的身边了。我身体多病，简直是个废人，怎能担当如此重大责任呢？恳求辞职的奏疏，必须得到朝廷的恩准，与其他日因罪而被罢官，怎能比得上今天因恳辞而获罪呢？东南部的小动乱，怎么也不值得朝廷这样惊动、烦扰。导致今日的局面，都是因为愤怒、偏激造成的。以皇上的圣明，他的恩德、威势所泽被的地方，不用多日自然会平定。只是在朝廷里，至今也没有同心合力，恭谨事君，共襄政事的风气，这是特别值得担扰的。不知你们诸位怎样去感动他人，化解怨恨，然后从中斡旋的呢？大概说来，如果谗邪小人不能走开，那么贤士君子决不能安于政事，为当前作出一番贡献。过去主持政事的诸位先生，不会都不知道进贤才，而去不肖小人是好事。只因为他们平日没有忠君爱国的诚心，因而不免于阿谀当时，附和世俗，以求得到眼前的好名声，最终喜欢阿谀奉承，听信谗言小人，导致最后埋没贤才，误了国家。派遣官员在这里紧催，极力催促了许多次，才肯回去。病中写地简单潦草，未能尽情地倾诉企慕之情。

与霍兀崖宫端

丁亥

往年曾经蒙你把《大礼议》给我看，当时我心情正沉在悲痛愧疚之中，心里赞同你的观点，而没有敢奉上回信。后来元山也有表示，使者要求一定要有回信，因此只得草草写了回信，认为你所论述的很正确。既然典礼已成定局，当事的人未必能

论既兴，身居有言不信之地，不敢公言于朝。然士夫之问及者，亦时时为之辨析，期在委曲调停，渐求挽复，卒亦不能有益也。

后来赖诸公明目张胆，已申其义。然如倒仓涤胃，积淤宿痰，虽亦快然一去，而病势亦甚危矣。今日急务，惟在扶养元气，诸公必有回阳夺化之妙矣。仆衰病陋劣，何足以与于斯耶？数年来频罹疾椟，痰嗽潮热，日益尫羸，仅存喘息，无复人间意矣。乃者忽承两广之推，岂独任非其才，是盖贵以其力之所必不能支，将以用之，而实以毙之也。恳辞疏下，望相与扶持曲成，使得就医林下，幸而痊复，量力图报，尚有时也。

答潘直卿

丁亥

远承遣问，情意蔼切，兼复奖与过分，仆何以得此哉？仆何以当此哉？愧悚愧悚！病废日久，习成懒放。虽问水寻山，渐亦倦兴，况兹军旅之役，岂其精力所复能堪？已具疏恳辞，必须得请，始可免于后悔。不然，将不免为知己之忧矣，奈何奈何！

宁藩之役，湖、浙及留都之有功者，皆已升赏，独江西功

改,说了话只会白白增加争论,不如姑且与他在下面讲明,等信从的人多了,然后再图改正。以后议论虽兴起来,但身居说话没人听信的地步,不敢公在朝廷上然表白。但士大夫之间有问到的,经常为他们分析辩解,以期用迂回的方式调停,然后挽回影响,但终究不能起到什么作用。

后来依靠诸位先生有胆识而敢作敢为,已经讲明了道理。但就像清理仓库,洗涤肠胃一样,其中的积淤宿痰,虽然去得很快,但人的病也很危险了。今天的紧急要事是扶养元气,诸位先生一定要有回阳夺化的能力了。我身体衰弱多病,学识浅陋低劣,怎能够参与其事呢?数年来多次患上疾病,咳嗽发热,日益羸弱下去,仅能喘息,几乎不想再活了。不想忽被推荐前往两广任职,不仅是任人不当,而且是将其不能完成的任务责令其完成,看似是用,实则是要杀掉我。恳切辞让的本章奏上,希望能相与帮助曲成,使我能就医治病于乡间,如果幸而痊愈,那么还有时间来量力图报。

答潘直卿

丁亥

在远方承您派人询问,情意蔼切,而且您对我又褒奖过分,我怎能得到这些呢?我又凭什么当得起呢?真是惶恐惭愧啊!因病废弃时间长了,养成了懒惰放荡的习惯。即使常作问水寻山的游览,现在也渐渐没了兴致,何况军旅的生活,又怎能是我的精力所能担当的呢?已写的奏疏请求辞官,必须得到批准,才能免于后悔。不然,不免为知己所担忧,怎么办啊!

平定宁王朱宸濠叛乱之战,湖、浙和留都南京的有功之

次,今已六七年矣,尚尔查勘未息。今复欲使之荷戈从役,仆将何辞以出号令?亦何面目见之?赏罚,国之大典,今乃用之以快恩仇。若此,仆一人不足惜,其如国事何?连年久分废弃,此等事不复挂之齿牙,今疼痛切身,不觉呻吟之发,不知毕竟何如而可耳。知子文道长尚未至,且不作书,见时望致意。

寄翟石门阁老

戊子

思、田之议,悉蒙裁允,遂活一方数万之生灵。近者八寨、断藤之役,实以生民涂炭既极,不得已而为之救焚之举,乃不意遂获平靖,此非有魏公力主于朝,则金城之议,无因而定;非有裴公赞决于内,则淮、蔡之绩,何由而成?今日之事,敢忘其所由来乎?赍奏人去,辄申感谢之诚,并附起居之敬。但惟六月徂征,冲冒瘴疫,将士危险,颇异他时,稍得沾濡,亦少慰其勤苦耳。处置地方数事附进,得蒙赞允,尤为万幸!舟中伏枕,莫既下怀,伏祈鉴亮。

人，都已得到升赏，唯独关于江西方面的功绩大小，到现在已过去六、七年了，仍然没有查清。今天仍想使人拿着兵器从军出征，我用什么话来命令他们呢？又有什么脸见他们呢？赏罚是国家的大典，今天却用以计较恩仇为快事。像这样我一人不值得珍惜，但把国事怎样了呢？时间已过多年，这样的事不再挂在嘴边，而今天有了切身之痛，不觉发出呻吟牢骚的声音，不知究竟怎样才行。知道子文道长还没到，暂且不作书，见到时希望向他致意。

寄翟石门阁老

戊子

关于思恩、田州的建议，都得到了批准，这样就救活了一方的数万生灵。近来的八寨、断藤之役，实在是因百姓遭受涂炭之苦已到极点，不得已而采用的拯救举措，不料想因此而得到平定，这如不是有魏公在朝廷内部极力主张，那么金城之议就定不下来；如非有裴公在内部的支持策划，淮、蔡的成绩也难以获得。今日的事，敢忘掉它们的由来吗？送奏本人快要离开，我就是要表明感谢的诚意，并向您表示问安祝福。但只有六月的出征，冒着瘴疫，将士们的危险与往日颇有不同，如能稍微得些赏赐，也可以稍微安慰一下他们的勤苦了。附带有处置地方数事的意见，能得到支持赞同，更是万幸！身中伏枕写信，不能完全表达出我的心意，恭敬地希望得到见谅。

寄何燕泉

戊子

　　某久卧山中,习成懒僻,平生故旧,音问皆疏。遥闻执事养高归郴,越东楚西,何因一话?烟水之涯,徒切瞻望而已。去岁复以兵革之役,扶病强出,殊乖始愿。正如野麇入市,投足摇首,皆成骇触。忽枉笺教,兼辱佳章,捧诵洒然,盖安石东山之高,靖节柴桑之兴,执事兼而有之矣。仰叹可知!

　　地方事,苟幸平靖。伏枕已逾月,旬日后亦且具疏乞还,果遂所图。虽不获握手林泉,然郴岭之下,稽山之麓,聊复同此悠悠之怀也。

　　使来,值湖兵正还,兼有计处,地方之奏,冗冗乃尔久稽,又未能细请。临纸惘然,伏冀照亮不具。

寄何燕泉

戊子

　　我多年在山中居住，养成了疏懒孤僻的习惯，平生的故旧朋友，音信都稀少了。从远处得知执事您回到郴州养老，但一方在越东，一方在楚西，因何而交流呢？烟水相望，只能增加瞻望之情罢了。去年又因为战争的事，勉强抱病出来赴任，很是违背初衷。正像野鹿闯入闹市，一投足一摇头都十分惊怕。忽然蒙您来信教导，且收到您的好文章，捧读后不禁落泪，大概王安石东山的高峻，陶渊明柴桑的兴致，执事您是兼而有之了。禁不住仰天感叹，为你高兴啊。

　　地方的事，总算万幸平定了。因病伏枕已经有一个月多了，病后十来天也写了奏疏请求归乡，果然遂了我的愿望。虽不能够在林中泉边握手，然而郴岭之下，稽山之麓，也能共同享受这样的悠悠心怀。

　　使者来的时候，正值湖兵班师，并且已有计划，作好了处置，地方的奏疏，繁冗到这种程度尚须清查，又未能详细请示。面对信纸，不知该说些什么好，恭敬地希望你能体谅关照，其余就不细说了。

卷之二十二　外集四

序

罗履素诗集序

壬戌

履素先生诗一帙,为篇二百有奇。浙大参罗公某以授阳明子某而告之曰:"是吾祖之作也。今诗文之传,皆其崇高显赫者也。吾祖隐于草野,其所存要无愧于古人,然世未有知之者。而所为诗文,又皆沦落,止是,某将梓而传焉。惧人之以我为僭也,吾子以为奚若?"

某曰:"无伤也。孝子仁孙之于其父祖,虽其服玩嗜好之微,犹将谨守而弗忍废,况乎诗文,其精神心术之所寓,有足以发闻于后者哉!夫先祖美而弗传,是弗仁也。夫孰得而议之?盖昔者,夫子之取于诗也,非必其皆有闻于天下,彰彰然明著者而后取之。《沧浪之歌》采之孺子,《萍实》之谣得诸儿童。夫固若是其宽博也。然至于今,其传者不过数语而止,则亦岂必其多之贵哉?今诗文之传则诚富矣,使有删述者而去取之,其合于道也能几?履素之作,吾诚不足以知之,顾亦岂无一言之合于道乎?夫有一言之合于道,是其于世也,亦有一言之训矣。又况其不止于是也,而又奚为其不可以传哉?吾观大参公之治吾浙,宽而不纵,仁而有勇,温文蕴藉,居然稠众之中,固疑其先必有以开之者。乃今观履素之作,而后知其所从来者之远也。世之君子,苟未知大参

罗履素诗集序

壬戌

罗履素先生有诗一帙，总共有二百余篇。浙大参公罗某把它授给王阳明，并且告诉我说："它是我祖先的著作。现在传播的诗文都是崇高显赫的。我祖父隐居民间，他留下诗虽无愧于古人，然而世人没有知道它的。而所写诗文又都沦落，只剩了这些了，我将刻印传播它。又惧怕别人认为我不自量，先生你认为如何呢？"

我说："无妨。孝子仁孙对于他们的父祖辈，虽然只是父祖的服玩嗜好之微，都能谨守没有废除，何况诗文呢？诗文是他的精神心术存在的地方，是可以流传和启发后世的。唉，先祖有好的东西而没有传播，是不仁啊。怎能加以非议呢？大概过去孔子编《诗经》，不一定都是天下闻名的，而是为了彰显明著才搜集的。《沧浪之歌》是从小孩那里采集的，《萍实》歌谣是从儿童那里得到的。如果这样，那就是心胸开阔。然而到现在，所传播的不过几句话而已，难道一定只有多才好吗？现在诗文的传播实在很多，但若有编辑加以取舍，又有几首是合乎道的呢？罗履素的著作，我实在不了解，但其中难道没有一句话合乎道吗？有一句话合乎时道，在后世也就有一句的垂训了。何况他还不只这样，又怎么能说他的著作不能在后世传播呢？我看大参公你治理我们浙江，宽厚但不放纵坏人，仁爱又很勇敢，温文尔雅，读书很多，居然在很多的人中，一定有人怀疑他的先辈一定

公之所自,吾请观于履素之作;苟未知履素之贤,吾请观于大参公之贤,无疑矣。然则是集也,固罗氏之文献系焉,其又可以无传乎哉?"

大参公起拜曰:"某固将以为罗氏之书也,请遂以吾子之言序之。"大参公名鉴字某,由进士累今官。有厚德长才,向用未艾。大参之父某,亦起家进士,而以文学政事显。罗氏之文献,于此益为有证云。

两浙观风诗序

壬戌

《两浙观风诗》者,浙之士夫为金宪陈公而作也。古者天子巡狩而至诸侯之国,则命太师陈诗以观民风。其后巡狩废而陈诗亡。春秋之时,列国之君大夫相与盟会问遗,犹各赋诗以言己志,而相祝颂。今观风之作,盖亦祝颂意也。王者之巡狩,不独陈诗观风而已。其始至方岳之下,则望秩于山川,朝见兹土之诸侯,同律历礼乐制度衣服纳价,以观民之好恶,就见百年者而问得失,赏有功,罚有罪,盖所以布王政而兴治功,其事亦大矣哉。

有熏陶他的地方。但是现在看罗履素的著作,而后来才知道他来的地方很远。世上的君子,若没有知道大参公来自何处,就看罗履素的著作;若不知罗履素的贤达,就看大参公的贤达就无疑了。然而这个诗集是罗氏的文章无疑了,又怎么能说他的著作没有传播呢?"

大参公站起来拜了一拜说:"我将写罗氏的书就以先生的话为序言。"大参公名鉴字某,由进士升为现在的官位。有厚德才能,一向受重用未停。大参的父亲也是进士起家,又以文学政事出名。罗氏的文献在此更加有证据了。

两浙观风诗序

壬戌

两浙观风的诗文,是两浙的士大夫为佥宪陈公所作的。古天子巡狩到达诸侯国,就命令太师向天子陈述诗歌民谣,并通过诗歌民谣来体察风土民情。后来,天子巡狩被废止了,因此,向天子陈诗的情况也就随之不存在了。到春秋时期,各国的国君在大夫相互拜会结盟及问候时,还以诗来表达各自的志趣,用以互相祝贺称颂。如今的观风诗文,也是祝贺称颂的意思。后代君主巡狩,也不单单是陈诗观风。君主刚到诸侯领地的时候,只通过查看山川风土而已,接见地方官员,以及观看历法律条、礼仪乐章、典章制度、穿戴服饰及买卖交换的情形,来了解当地人民喜好什么憎恶什么,然后判断当地封疆大吏的治事得失,并依此来奖赏有功之臣,惩戒有罪之人,也就是依此来宣布朝廷政令,鼓励举办利民之举,因此古代君主巡狩的意义是非常重要的。

汉之直指、循行，唐、宋之观察、廉访、采访之属，及今之按察，虽皆谓之观风，而其实代天子以行巡狩之事。故观风，王者事也。陈公起家名进士，自秋官郎擢佥浙臬，执操纵予夺生死荣辱之柄，而代天子观风于一方，其亦荣且重哉？吁！亦难矣。

公之始至吾浙，适岁之旱，民不聊生。饥者仰而待哺，悬者呼而望解，病者、呻郁者、怨不得其平者鸣，弱者、强者、蹶者、啮者、梗而孽者、狡而窃者乘间投隙，沓至而环起。当是之时，而公无以处之，吾见其危且殆也。

赖公之才，明知神武，不震不激，抚柔摩剔，以克有济。期月之间，而饥者饱，悬者解，呻者歌，怨者乐，不平者申，蹶者起，啮者驯，孽者顺，窃者靖，涤荡剖刷而率以无事。于是乎修废举坠，问民之疾苦，而休息之；劳农劝学，以兴教化。然后上会稽，登天姥，入雁荡，陟金娥，览观江山之形胜，慨然太息。吊子胥之忠谊，礼严光之高节，希遘躅于隆庞，挹流风于仿佛，固亦大丈夫得志行道之一乐哉。

然公之始其忧民之忧也，亦既无所不至矣。公唯忧民之忧，是以民亦乐公之乐，而相与欢欣鼓舞，以颂公德。然则今

汉朝的直指循行，唐宋的观察、廉访、采访等以及现在的按察，虽然却被称作观风，但实际上却是代替天子行使巡狩的职责。由此看来，观风是朝廷的事情。陈公自进士出身，从刑部郎官升至两浙监察御史，掌握着生杀予夺荣辱成败的大权，代替天子到一方观风，这难道不是一件荣耀重大的事情吗？哎，也是一件艰难的事情啊！

陈公您刚到我们浙江的时候，正赶上大旱之年，到处民不聊生。饥饿的人仰天躺着等待食物，吊着的人呼喊着渴望解救，生病的、呻吟忧郁的、抱怨不平的到处呼喊，弱者、强者、蹶者、啮者、耿直不屈者、狡诈偷窃者却乘机纷纷揭竿而起。在当时，陈公无处置身，我亲眼看到情形的危险程度，几乎不可收拾。

靠陈公您的才能，圣明通达，英明威武，分寸有度，不慌不乱，安抚弱者，抚顺挑剔者，救扶困苦者，以期渡过难关。一个月的时间使饿着的人能吃饱，悬着的人得到解救，呻吟抱怨的人开始欢笑，怨恨的人高兴起来，不平的人得到申诉，跌倒的人站了起来，不驯的人驯服，不守法的人守法，偷窃的人改过自新，一切混乱不平全都得以平息，人民安居乐业。于是陈公又修废兴利，体察人民疾苦使之休养生息；慰劳农人，劝勉学习，使老百姓得到教化。然后上会稽，登天姥山，入雁荡，陟金峨，遍览江山美景，慨然叹息。凭吊伍子胥的忠心，敬仰严光的高风亮节，盼望能游历远方，仿佛间抓住流风，这确实是大丈夫得志行道的一大乐趣啊！

然而陈公从开始就以人民的忧虑为忧虑，也就无所不至地关切了。陈公只以人民的忧虑为自己的忧虑，因此人民也就以陈

日观风之作,岂独见吾人之厚公,抑以见公之厚于吾人也。

虽然,公之忧民之忧,其惠泽则既无日而可忘矣。民之乐公之,其爱慕亦既与日而俱深矣。以公之才器,天子其能久容于外乎?则公固有时而去也。然则其可乐者能几?而可忧者终谁任之?

则夫今日观风之作,又不徒以颂公之厚于吾人,将遂因公而致望于继公者亦如公焉。则公虽去而所以忧其民者,尚亦永有所托而因以不坠也。

山东乡试录序

甲子

山东,古齐、鲁、宋、卫之地,而吾夫子之乡也。尝读夫子《家语》,其门人高弟,大抵皆出于齐、鲁、宋、卫之叶,固愿一至其地,以观其山川之灵秀奇特,将必有如古人者生其间,而吾无从得之也。今年为弘治甲子,天下当复大比。山东巡按监察御史陆偁以礼与币来守仁为考试官。故事,司考校者惟务得人,初不限以职任。其后三四十年来,始皆一用学职,遂致应名取具,事归外帘,而糊名易书之意微。自顷言者颇以为不便,大臣上其议。天子曰:"然,其如故事。"于

公的快乐为他们的快乐，相互欢欣鼓舞来称颂陈公的大德。那么今日的观风之作，不单我们两浙人对陈公您的厚爱，也显示陈公对两浙人的厚爱啊！

尽管如此，陈公以人民的忧虑为自己的忧虑，这个恩惠百姓是永远不会忘记的。人民以陈公的快乐为他们的快乐，他们对陈公的爱慕敬仰之情也是与日俱深的。凭陈公的才能，朝廷怎能长时间把他放在外面呢？因此，陈公终有要走的时候。那么这样人民可以快乐高兴又能有多久呢？人民的忧虑又有谁来承担呢？

所以，今日的观风之作，也不单是颂扬陈公的爱民，对于两浙的人民来说则希望继任陈公的人也能像陈公一样忧人民之忧。这样即使陈公离去了，而为人民分忧的人则会继续下去，不会因陈公的离开而离开。

山东乡试录序

甲子

山东是古代齐、鲁、宋、卫等国的领土，也是孔子的家乡。我曾经读过《孔子家语》，他的门徒大多都出自齐、鲁、宋、卫后代，所以我愿意到这个地方，看看那里灵秀奇特的山川，我想一定有像孔子及其高徒那样的人生长在这个地方，而我却没能认识的。今年是弘治十七年，全国要再次举行科考。山东巡按监察御史陆偁送礼与币来请我去做考试官。按照旧例，管理考试的只要任命合适的人选，开始并不给予职务。随后三、四十年以来，始终都用一学职，于是按照名额置办，事情归外帘管理，而糊名、誉录之意隐没。近来议论的人认为这种做法不太方

是聘礼考校，尽如国初之旧，而守仁得以部属来典试事于兹土，虽非其人，宁不自庆其遭际？

又况夫子之乡，固其平日所愿一至焉者，而乃得以尽观其所谓贤士者之文而考校之，岂非平生之大幸欤！虽然，亦窃有大惧焉。夫委重于考校，将以求才也，求才而心有不尽，是不忠也；心之尽矣，而真才之弗得，是弗明也。不忠之责，吾知尽吾心尔矣；不明之罪，吾终且奈何哉？盖昔者，夫子之时，及门之士，尝三千矣，身通六艺者七十余人。其尤卓然而显者，德行言语，则有颜、闵、予、赐之徒；政事文学，则有由、求、游、夏之属。今所取士，其始拔自提学副使陈某者，盖三千有奇，而得千有四百，既而试之，得七十有五人焉。

呜呼！是三千有奇者，皆其夫子乡人之后进，而获游于门墙者乎？是七十有五人者，其皆身通六艺者乎？夫今之山东，犹古之山东也，虽今之不逮于古，顾亦宁无一二人如昔贤者？而今之所取苟不与焉，岂非司考校者不明之罪欤？虽然，某于诸士亦愿有言者。夫有其人而弗取，是诚司考校者不明之罪矣。

司考校者以是求之，以是取之，而诸士之中苟无其人焉以应其求，以不负其所取，是亦诸士者之耻也。虽然，予岂敢谓果无其人哉？夫子尝曰："鲁无君子者，斯焉取斯？"

便,因此大臣根据这些意见向朝廷进言以求更改,天子说:"好的,按照旧例办事。"得到同意之后,于是聘请考校的做法,与建国初期一样,这样我以部属的身份得以管理考试的事情来到山东,即使我不是恰当人选,难道不庆幸得到这种机会?

更何况山东又是孔子的故乡,而我一直想到这里来一次,今日得以尽观这里的被称作贤人志士的文章并且考校他们,难道不是平生的一大幸事吗?尽管如此,心中也很恐惧。我被委任主管考校以求人才,求才若有不尽心,是不忠;尽心尽力了却没有发现人才,是不明通事理。对我没有忠心的责备,我可以尽心来弥补;而责备我不明事理(不英明),我又有什么办法呢?过去,在孔子时代,上门学习的有三千多人,其中精通六艺的人有七十多人。这其中尤其显著的,在德行言语方面有颜回、闵子骞、宰我、子贡等人;在政事文学方面有子路、冉求、子游、子夏等人。今年所取之士,开始提学副使陈某选拔了三千多人,经考试从中选出了一千四百人,再考试又选出七十五人。

呜呼!三千多名有特长的人,都是孔子故乡人的后代,难道都徘徊在孔子之学的门墙之外吗?这七十五个被最终选出的人,却都通精通六艺吗?今天的山东还与过去的山东一样,虽然现在不能与过去相比,难道没有一二人比得上昔日的贤能之士?今年所录取的人中却没有能得到,难道这不是管理考试的人不英明的罪过吗?虽然如此,我与众考生还有话要说。如果确有贤者而没被录取,这确实是主管考试的人不英明的罪过。

主管考试的人用考试求贤,以考试取贤,然而诸士之中却没有人能应其所求,不辜负他所录取,这也是诸士的耻辱。虽然这样,我怎敢说一定没有所寻找的人呢?孔子曾经说过:"鲁地

颜渊曰："舜何人也，予何人也，有为者亦若是。"

夫为夫子之乡人，苟未能如昔人焉，而不耻不若，又不知所以自勉，是自暴自弃也，其名曰不肖。夫不肖之与不明，其相去何远乎！然则，司考校者之与诸士，亦均有责耳矣。嗟夫！司考校者之责，自今不能以无惧，而不可以有为矣。若夫诸士之责，其不能者犹可以自勉，而又惧其或以自画也。诸士无亦曰："吾其勖哉！无使司考校者终不免于不明也。"斯无愧于是举，无愧于夫子之乡人也矣。

是举也，某某同事于考校，而御史俰实司监临，某某司提调，某某司监试，某某又相与翊赞防范于外，皆与有劳焉，不可以不书。自余百执事，则已具列于录矣。

气候图序

戊辰

天地一元之运为十二万九千六百年，分而为十二会，会分而为三十运，运分而为十二世，世分而为三十年，年分而为十二月，月分而为二气，气分而为三候，候分为五日，日分为十二时，积四千三百二十时，三百六十日，而为七十二候。会者，元之候也；世者，运之候也；月者，岁之候也；候者，月之候也。天地之运，日月之明，寒暑之代谢，气化人物之生息终始，尽于此矣。月，证于月者也；气，证于气者也；候，证于物

没有君子,如何能取君子?"颜回说:"舜是什么样的人,我又是什么样的人,有为的人也是舜一样的人。"

作为孔子的乡人,没有赶上孔子之辈而不知耻辱,不如古人又不知道自勉,这是自暴自弃,叫作不肖。而不肖与不明差别是多么大啊!那么,主管考试的人与众考生都有责任。哎,主管考试者的责任,自现在起不能没有恐惧,然而主管考试却不能有所作为。如果众考生的责任,才能低下的考生尚能自我勉励,但又害怕他们自我束缚。众考生不如说:"我们会自我勉励吧!不要使主管考试的人最终不免受不明之责。"这样才不愧于这次考试,才不愧为孔子的故乡人。

在这次考试中,某某与我共同主管考试,御史陆偁实际担任监考官,某某主管提调,某某主持监试,某某又帮助防范于场外,这些人都是有功劳的,不能不把他们写上。其余参加这次考试的相关管理人员,都被详细地列举出来了。

气候图序

戊辰

天地一元为十二万九千六百年,可分为十二会,会又可分为三十运,运可分为十二世,世可分为三十年,年可分为十二月,月可分为两个气节,气可分为三候,候分为五日,日可分为十二时,所以一年共有四千三百二十个时辰,三百六十天,七十二候。会,就是元的时令;世,就是运的时令;月,就是年的时令;候,就是月的时令。天地的运转,日月的生辉,寒暑的交替,万物的生息,都依赖于这些。月、气都是它本身的征候,候证明于万物。如果是孟春之月,其气就是立春、雨水,其候就是东风吹拂、

者也。若孟春之月,其气为立春,为雨水;其候为东风解冻,为蛰虫始振,为鱼负冰,獭祭鱼之类;《月令》诸书可考也。

气候之运行,虽出于天时,而实有关于人事。是以古之君臣,必谨修其政令,以奉若夫天道;致察乎气运,以警惕夫人为。故至治之世,天无疾风苦雨之愆,而地无昆虫草木之孽。孔子之作《春秋》也,大雨、震电、大雨雪则书,大水则书,无冰则书,无麦苗则书,多麋则书,蜮䗉雨、螽蠓生则书,六鹢退飞则书,陨霜不杀草、李梅实则书,春无水则书,鹳鹆来巢则书。凡以见气候之愆变失常,而世道之兴衰治乱,人事之污隆得失,皆于是乎有证焉,所以示世之君臣者,恐惧修省之道也。

大总兵怀柔伯施公命绘工为《七十二候图》,遣使以币走龙场,属守仁叙一言于其间。守仁谓使者曰:"此公临政之本也,善端之发也,戒心之萌也。"使者曰:"何以知之?"守仁曰:"人之情必有所不敢忽也,而后著于其念;必有所不敢忘也,而后存于其心。著于其念,存于其心,而后见之于颜色、言论,志之于弓、矢、几、杖、盘、盂、剑、席,绘之于图画,而日省之于其心。是故思驰骋者,爱观夫射猎游田之物;甘逸乐者,喜亲夫博局燕饮之具。公之见于图绘者不于彼而于此,吾是以知其为善端之发也;吾是以知其为戒心之萌也。其殆警惕夫人为,而谨修其政令也欤?其殆致察乎气运,而奉若夫天道也欤?夫警惕者,万善之本,而众美之基也。公克念于是,其可以为贤乎?由是因人事以达于天河水解冻、蛰虫复生、鱼儿出水、水獭搏鱼等现象,对于月令之事,史书上是有记载的。

气候的运行,虽然有赖于天时,而实际上也与人事有关。所以自古以来君臣都谨慎地从政,来合乎天理;观察天时、气候,先告诫人们要小心从事。所以当社会安定时,上天也就没有水旱灾害,大地也没虫木灾害。孔子作《春秋》时,当有大雨、电闪雷鸣、大雪时就记载下来,发洪水时也记载下来,无冰时也记下来,庄稼歉收也记下来,多麋鹿也记下来,鬼蜮蜚雨、蝗虫灾都记下来,六鹢遇风而退也记下来,降霜却无害于草、李子和梅子结实就记载下来,春天无水记下来,鹳鹆来巢也记下来。只要是看见气候变化失常、社会兴衰更替、个人荣辱得失,都靠这书来证明,所以告诫君臣要戒惧,自省常守其道。

大总兵怀柔伯施公命画匠画成了《七十二气候图》,派人携带礼币到贵州龙场,叫我在上面写一篇序言。我对使者说:"这是施大人处理政事的根本,善言善行之行的开始,戒备警惕之心的萌发。"使者问道:"你怎么知道的?"我说:"人的内心世界里都有不敢忽视的东西,然后表露于想法;一定不敢将它忘记,而牢记在心中。将它表露于想法,牢记在心中,然后外显于脸色、言论,有志于弓、矢、几杖、盘、盂、剑、席等,而画在图上,在此中而整日反省。所以心往神驰的,就喜爱观看打猎、游田等事;甘于安逸享乐的,就喜欢观看赌博、喝酒等事。施公的意图虽被画在图上的不在那里而在于这里,我因此知道他的善言善行之行的开始而戒备警惕之心的萌发。是在警惕人为,但是谨慎为政也是这样吗?是在仔细观察气运,但是奉行天道也是这样吗?警惕之心,是万善之本,万美之基。他这样做,不是道,因一月之候,以观夫世运会元,以探万物之幽赜,而穷天地之始终,皆于是乎始。吾是以喜闻而乐道之,为之叙而不辞也。"

送毛宪副致仕归桐江书院序

戊辰

正德己巳夏四月,贵州按察司副使毛公承上之命,得致其仕而归。先是,公尝卜桐江书院于子陵钓台之侧者几年矣。至是,将归老焉,谓其志之始获遂也,其喜。而同僚之良惜公之去,乃相与咨嗟不忍,集而饯之南门之外。

酒既行,有起而言于公者曰:"君子之道,出与处而已。其出也有所为,其处也有所乐。公始以名进士从政南部,理繁治剧,颀然已有公辅之望。及为方面于云、贵之间者十余年,内厘其军民,外抚诸戎蛮夷,政务举而德威著。或以是召嫉取谤,而名称亦用是益显建立,暴于天下,斯不谓之有为乎?今兹之归,脱屣声利,垂竿读书,乐泉石之清幽,就烟霞而屏迹,宠辱无所与,而世累无所加,斯不谓之有所乐乎?公于出处之际,其亦无憾焉耳已。"公起拜谢。

可以算得上是圣贤之举吗？由此通过人事而达于天道，通过一月的时令来看整个宇宙的变迁，来探寻万物的幽深精微，而穷尽天地之间的始终关系，都在这开始的。所以我非常乐意提起这些，并为他写下这篇文章而不推辞。"

送毛宪副致仕归桐江书院序

戊辰

正德四年的夏天四月，贵州按察司副使毛公奉了皇上的旨意，得以告老还乡。在这之前，毛公曾看中桐江书院的子陵钓台有几年了。到这时，将要告老还乡，可以说，他的夙愿可以实现了，对此，毛公由衷地感到高兴。然而，他的同僚们却对他的即将离去感到十分惋惜，互相嗟叹不已。于是，召集众人，在南门外为他饯行。

在喝酒的过程中，有一个人站起来，对毛公说道："君子的处世之道，只不过是出来做事和在家居处而已。出来做事能有所作为，在家居处则有所快乐。毛公开始以出名的进士而从政于南部，理繁治乱、政绩斐然，博得了很高的声望。在云贵之间行政十余年，对内治理其军民，对外安抚诸戎蛮夷，政务显著而德威彰昭。虽然因此也招致了某些人的忌妒和诽谤，然而名声因此更加显扬，进而广播于天下，这难道不可以说是有所作为吗？如今毛公将要归隐，摆脱俗世的声利，垂钓读书，以泉石的清幽为乐趣，把烟霞作为栖息之所，宠辱都忘记了，世俗的一切也不会再来侵扰，这难道不可以说是极大的乐趣吗？毛公在出来做事和在家居处这两个方面，就都没有什么值得遗憾的了。"毛公站起身来，对此表示感谢。

复有言者曰:"虽然,公之出而仕也,太夫人老矣,先大夫忠襄公又遗未尽之志,欲仕则违其母,欲养则违其父,不得已,权二者之轻重,出而自奋于功业。人徒见公之忧劳,为国而忘其家,不知凡以成忠襄之志,而未尝一日不在于太夫人之养也。今而归,告成于忠襄之庙,拜太夫人于膝下,旦夕承欢,伸色养之孝,公之愿遂矣。而其劳国勤民,拳拳不舍之念,又何能释然而忘之?则公虽欲一日遂归休之乐,盖亦有所未能也。"公复起拜谢。

又有言者曰:"虽然,君子之道,用之则行,舍之则藏。用之而不行者,往而不返者也;舍之而不藏者,溺而不止者也。公之用也,既有以行之。其舍之也,有弗能藏者乎?吾未见夫有其用而无其体者也。"公又起拜,遂行。

阳明山人闻其言而论之曰:"始之言,道其事也,而未及于其心;次之言者,得公之心矣,而未尽于道;终之言者,尽于道矣,不可以有加矣。斯公之所充蹈者乎?"诸大夫皆曰:"然。子盍书之以赠从者?"

接着，又有一个人说道："尽管如此，先生出来做官，家中老夫人年龄已是很大了，先大夫忠襄公又留下了未尽的志愿，想做官就会违背母亲而不能尽孝，要想尽养母则又违其父遗志，没有办法，只好权衡两者的轻重，出来做事便致力于建功立业。别人只看见毛公的忧劳，为了国事而忘其家，却不知毛公在完成先父遗愿的同时，却没有一天不在想着为母亲尽孝。如今归隐田园，在忠襄公的庙前告慰遗愿完成，然后侍候于老夫人的膝下，天天尽赤子之孝心，毛公的夙愿虽然完成了。然而勤政爱民，孜孜以求的精神，又怎么能够完全放得下呢？因此，毛公虽想归隐尽天伦之乐，恐怕还是不可能完全做得到的。"毛公再次站起来，表示感谢。

接着，又有一个说道："虽然是这样，君子之道，被任用的时候就施展抱负，不被任用就藏身自好。被任用的时候而不能施展抱负，就像去了而不能返回一样；不被任用的时候而不能藏身自好，就像沉溺其中而不能自拔一样。毛公对于君子的处世之道，既能由之行之，难道不被人用的时候还不能藏身自好吗？我没有见过只有其用而无有其体的。"毛先生又站起，对此表示感谢，于是就出发上路了。

我听了他们的话，就对此发表议论说："开始那个所说的，只说毛公所做的事，而没有说出他的心；第二个人说的，说出了毛公的心，然而并未说出他的处世之道；最后这个人的话则说出毛公的为人处世之道，没有什么再进一步的道理了。这难道不是毛公深以为然的吗？"诸大夫都说："的确是如此。你何不把这些全都写下来，以赠给后来的人？"

恩寿双庆诗后序

戊辰

正德丙寅，丹徒沙隐王公寿七十，配孺人严六十有九。其年，天子以厥子侍御君贵，封公监察御史，配为孺人。在朝之彦，咸为歌诗，侈上之德，以祝公寿，美侍御君之贤。

又明年，侍御君奉命巡按贵阳，以王事之靡盬，将厥父母之弗遑也，载是册以俱。每陟屺岵，望飞云，徘徊瞻恋，喟然而兴叹，黯然而长思，辄取是册而披之，而微讽之，而长歌咏叹之，以舒其怀，见其志。虽身在万里，固若称觞膝下，闻《诗》《礼》而趋于庭也。大夫士之有事于贵阳者，自都宪王公而下，复相与歌而和之，联为巨帙，属守仁叙于其后。

夫孝子之于亲，固有不必捧觞戏彩以为寿，不必柔滑旨甘以为养，不必候起居，奔走扶携以为劳者。非子之心谓不必如是也，子之心愿如是，而亲以为不必如是，必如彼而后吾之心始乐也。子必为是，不为彼，以拂其情，而曰："吾以为孝，其得为养志乎？孝莫大乎养志。"亲之愿于其子者曰："弘乃德，远乃犹。嘻嘻旦夕，孰与名垂简册，以显我于无尽？饮食口体，孰与泽被生民，以张我之能施？服劳奔走，

恩寿双庆诗后序

戊辰

正德元年，丹徒沙隐王公七十大寿，他的妻子孺人严氏正好六十九岁。那一年，天子因为他们儿子侍御君对朝廷有功，就封王公为监察御史，王公的妻子为孺人。在朝廷之中有才学的人，都作歌赋诗，歌颂皇上的功绩，以为王公祝寿，也赞美侍御君的贤良。

到了第二年，侍御君奉皇上之命巡察贵阳，因为国事的繁忙，使得他来不及见父母，只能将诗集带在身边。每当侍御君登上高高的山峰，望着天边那悠悠的浮云，往往是流连忘返，喟然而长叹，神情黯然而思绪万千，往往就取出这本集子来翻阅，常常是一边看，一边暗暗自讽诵，或者是赋长歌而咏叹之，以此来抒发自己的情怀，表现自己的心志。虽然身在万里之外，但仍像在父母身边一样，在庭院中听父母讲述《诗经》《礼记》，接受他们的教诲。在士大夫们之中，凡是同贵阳有联系的人，都很自然地常常相聚在王公家中，互相之间，作歌赋词，出诗答对，集为一大本，嘱咐我在它的后面写一篇序言。

孝子对于他的父母，本来不必亲自捧着酒杯，到处张灯结彩，来给他的父母祝寿；不必甘食美味地供养着父母；不必恭候父亲的起居，挽扶着父母的步履才算是尽心尽力地尽孝。并不是当儿子的心里以为不必这样，作为儿子的，他心里原是想这样的，然而做父母的认为，当儿子的并不一定非得这样，必须那样然后当父母的心里才感高兴。此时，儿子却一定要这样而不那样，结果反而导致了父母的不高兴，而当儿子的还说："我以为这样是尽孝。"难道那有利于树立他自己远大的志向吗？对父

孰与比迹夔、皋，以明我之能教？"非必亲之愿于其子者咸若是也。亲以是愿其子，而子弗能为，弗可得而愿也；子能之，而亲弗以愿其子焉，弗可得而能也。以是愿其子者，贤父母也；以是承于其父母者，贤子也。

二者恒百不一过焉，其庸可冀乎？侍御君之在朝，则忠爱达于上；其巡按于兹也，则德威敷于下。凡其宣布恩惠，摩赤子，起其疾而乳哺之者，孰非公与孺人之慈？凡其慑大奸，使不得肆；祛大弊，使不复作；爬梳调服，抚诸夷而纳之夏，以免天子一方之顾虑者，孰非侍御君之孝？而凡若此者，亦孰非侍御君之所以寿于公与孺人之寿哉？公孺人之贤，靳太史之序详矣。其所以修其身，教其家，诚可谓有是父有是子。是诗之作，不为虚与谀，故为序之云尔。

母来说，尽孝的最好方式就是自己的儿子能有远大的理想和抱负。父母的心愿，对儿子而言，常常是这样的："弘扬你的美德，光大你的志向。嬉笑终日，哪里比得上名垂史册，光耀家门于万世？整天吃得饱饱的，穿得好好的，哪里比得上恩泽广大百姓，以弘扬我的恩惠？整天在我的身旁侍候，哪里比得上建立与夔和皋陶齐肩的政绩，以表明我教子有方？"并不一定只是父母对儿子的愿望都是一样的。父母以这样的心愿对待他的儿子，然而他的儿子却不能做到这一点，是不可能实现父母心愿的；儿子所能做到的，又不是父母希望儿子做的，因此还是不能实现父母的心愿的。所以，对儿子抱有希望，希望儿子能树立远大志向的人，是贤良的父母；因此能够实现父母的心愿的儿子，是贤良的儿子。

　　这两者都能统一起来的，恐怕还达不到百分之一，难道这是人人可以期待的吗？侍御君在朝廷上能够对皇上竭尽忠心；他在贵阳巡察，则能够对百姓德威并施。凡是他在贵阳所布施的恩泽，抚慰百姓，救助病者和养育一方百姓，难道不也是王公和孺人的恩惠吗？凡是他的威慑奸邪，使他们不敢放肆；除去弊端，使它们不得复发；抚平诸夷，而使他们归顺于华夏，从而免除天子一方的顾虑，这一切难道不是侍御君孝心的表现吗？凡是像这样的一切，哪一件不是侍御君用来为王公与孺人祝寿所献上的最可贵的寿礼呢？王公和孺人的贤良，靳太史已经在序中叙述得详尽了。他所用来修身、齐家的一切，可以说是有其父必有其子。这些诗赋，不是为了虚伪和阿谀奉承而作，因此写了这篇序言。

重刊文章轨范序

戊辰

宋谢枋得氏取古文之有资于场屋者,自汉迄宋,凡六十有九篇,标揭其篇、章、句、字之法,名之曰《文章轨范》。盖古文之奥不止于是,是独为举业者设耳。

世之学者,传习已久,而贵阳之士独未之多见。侍御王君汝楫,于按历之暇,手录其所记忆,求善本而校是之,谋诸方伯郭公辈,相与捐俸廪之资,锓之梓,将以嘉惠贵阳之士。曰:"枋得为宋忠臣,固以举业进者,是吾微有训焉。"属守仁叙一言于简首。夫自百家之言兴,而后有《六经》。自举业之习起,而后有所谓古文。古文之去《六经》远矣。由古文而举业,又加远焉。士君子有志圣贤之学,而专求之于举业,何啻千里?

然中世以是取士,士虽有圣贤之学,尧舜其君之志,不以是进,终不大行于天下。盖士之始相见也必以贽,故举业者,士君子求见于君之羔雉耳。羔雉之弗饰,是谓无礼。无礼无所庸于交际矣。故夫求工于举业,而不事于古作,弗可工也;弗工于举业,而求于幸进,是伪饰羔雉,以罔其君也。

重刊文章轨范序

戊辰

  宋朝的谢枋得曾经从古文当中选取了些有助于科考的文章，从汉到宋，一共有六十九篇，主要目的用来揭示那些文章在篇、章、句、字方面的用法，把它命名为《文章轨范》。其实，古文的奥秘不只是书中所说的这些，这只是用来应付科举考试而做的罢了。

  这些在世间的学者们之中，已经流传得很久了，然而贵阳的学子们，见到的却是不很多。侍御君王汝楫，在公务繁忙之际，把自己之所记忆的都记录下来，并寻找好的本子来核正它，把这件事同方伯郭公一辈的人商量，决定了互相从自己的俸禄之中，拿出一部分钱银来，把这本书雕版刊印，以使它有益于贵阳一带的学子们。并且告诫说："谢枋得作为宋朝的忠臣，本身是以科举考试成业的，对此，我们应当有所鉴训。"嘱咐我在本书的卷首写一篇序言。自从诸子百家各自倡言争鸣起之后，就有了《六经》。自从科举考试的制度实行以后，就有了所谓的古文。古文同《六经》相比，相差已是很大。再从古文到科举文章，相差就更远了。士人君子们有志于圣贤之学，然后却专门从科举文章之中寻求，相差何止千里？

  然而从中世纪以来皆以此取士，士人们虽有圣贤之学，尧舜那样的志向，朝廷并不以此做为进升之阶，到底还是不能行大道于天下。因此，就像士人君子求见于别人必有礼物，因此科举文章，就是士人君子用来做见面礼的鸡羊一样。鸡羊不加以装饰打扮，这被看作是无礼。无礼，是不利于交际的。因此，只在科举考试的文章上面下功夫，而不从事古文学习，所撰之文不会

虽然，羔雉饰矣，而无恭敬之实焉，其如羔雉何哉？是故饰羔雉者，非以求媚于主，致吾诚焉耳。工举业者，非以要利于君，致吾诚焉耳。世徒见夫由科第而进者，类多狥私媒利，无事君之实，而遂归咎于举业。不知方其业举之时，惟欲钓声利，弋身家之腴，以苟一旦之得，而初未尝有其诚也。

邹孟氏曰："恭敬者，币之未将者也。"伊川曰："自洒扫应对，可以至圣人。"夫知恭敬之实在于饰羔雉之前，则知尧舜其君之心，不在于习举业之后年。知洒扫应对之可以进于圣人，则知举业之可以达于伊、傅、周、召矣。吾惧贵阳之士，谓二公之为是举，徒以资其希宠禄之筌蹄也，则二公之志荒矣。于是乎言。

五经臆说序

戊辰

得鱼而忘筌，醪尽而糟粕弃之。鱼醪之未得，而曰："是筌与糟粕也。"鱼与醪终不可得矣。《五经》圣人之学具焉。然自其已闻者而言之，其于道也，亦筌与糟粕耳。窃尝

精通；对科举文章不精通，却侥幸获取官职，这就像对鸡羊的装饰打扮一样，而做出欺君罔上的行为。

虽然如此，鸡羊打扮了，然而没有恭敬虔诚的心理，那对于鸡羊又有什么用呢？因此，打扮鸡羊的人，倒不是来求媚于君上，而只不过是献上自己的诚意而已。精通科考考试的人，不是想从君上那里得到利益，只是献上诚意而已。人只看见那些以科举进身仕途的人，大多是只顾个人的私利的，而没有侍奉君上的诚意，却把这些弊端归咎于科举考试。殊不知，在他从事科举考试时，一心一意只为个人的私利着想，希冀一旦科举成功，本来就没有为国的诚意。

孟子曾经说过："恭敬之心，不是送礼物所能做到的。"程颐也说过："自觉地洒扫庭院，虔诚地对待他人，就可以达到圣人的境界。"由此可知，恭敬诚意在于打扮鸡羊之前，由此可知，尧舜那样君子们的诚心，不在于建功立业之后。由此可知，洒扫庭院，善待他人，亦可进于圣人之境。那么以科举进身仕途也可以达到伊尹、傅说、周公、召公等人业绩。我担心贵阳的学子们，误认为两位大人的意思只是为了让学子们专注于科举，只是助长他们为谋取私利的工具。果真如此，那么，两位大人的心愿也就不可能达到了。因此，写下这些话。

五经臆说序

戊辰

得到鱼之后，就忘掉了捕鱼用的渔具；酿出酒来之后，就把酿酒用的糟粕丢弃了。在没有得到鱼和没酿出酒的时候，就说："这是渔具和糟粕"。鱼和酒是永远不会得到的。《五经》之

怪夫世之儒者，求鱼于筌，而谓糟粕之为醪也。

夫谓糟粕之为醪，犹近也，糟粕之中，而醪存；求鱼于筌，则筌与鱼远矣。龙场居南夷万山中，书卷不可携，日坐石穴，默记旧所读书而录之，意有所得，辄为之训释。期有七月，而《五经》之旨略遍，名之曰《臆说》。盖不必尽合于先贤，聊写其胸臆之见，而因以娱情养性焉耳。

则吾之为是，固又忘鱼而钓，寄兴于曲蘖，而非诚旨于味者矣。

呜呼！观吾之说，而不得其心，以为是亦筌与糟粕也，从而求鱼醪与焉，则失之矣。夫《说》凡四十六卷，《经》各十，而《礼》之说尚多缺，仅六卷云。

潘氏四封录序

辛未

歙潘氏之仕于朝者，户部主事君选，大理寺副君珍，户部员外君旦，南大理评事君鉴，凡四人。正德五年冬，珍、旦以上三载最，选、鉴以两宫徽号，旬月之间，皆得推恩，封其亲如其官焉。于是叙八制为录，侈上之赐，以光其族裔，而

中，具备了圣人之学。然而对于知道《五经》的人来说，《五经》对于道，也就像渔具和糟粕一样。我曾经责怪世间的学儒们，从渔具中求鱼，又把糟粕看作是酒。

把糟粕看作是酒，还算是有点道理，因为糟粕之中，就已经蕴含了酒的成分；然而，从渔具中求鱼，鱼和渔具则就相差得太远了。龙场这个地方，位于贵州少数民族的群山之中，不能够携带书卷到这边来，我每天只好坐在石洞里，默默地回忆所读过的书，并把它们记录下来，常常有不少心得。因此，就对原来书中的内容作了不少阐释。这样做下来，大约用了七个月的时间，就把《五经》所有的内容大略地阐释了一遍，把它命名为《五经臆说》。并不一定完全合乎先贤们的本意，只是阐述自己的看法，以此来娱乐自己的情怀，修养自己的心性。

我这样做，可以说只专注于钓而不在意于鱼，把兴趣寄托在酿酒的酒曲上，而不在意于它的味道。

唉！阅读我的学说，而不能够理解我的心意，认为我的学习就是渔具和糟粕，从而从其中寻求鱼和酒的人，那可以说是大错而特错了。这本《五经臆说》一共有四十六卷，《经》各有十卷，而《礼》则有许多欠缺，只有六卷。

潘氏四封录序

辛未

歙县人潘氏一家在朝廷做官的，有户部主事的潘选，大理寺副潘珍，户部员外潘旦，南大理评事潘鉴，一共有四个人。正德五年的冬天，潘珍、潘旦获得了多次优秀的考核成绩，潘选、潘鉴则因为两宫太后上徽号，一月之间，都得到了皇上的重用，

来谓某曰:"德下宠浮,若之何其可,请一言以永我潘氏。"

某曰:"一族而四显,来者相望也,其盛哉! 夫一月之间,而均被荣渥,则又何难也。盖吾闻之大山之木,千仞而四干垂;而四峰之巅,飞鸟之鸣声不相及也。春气至而四干之杪花叶若一,则其所出之根同,有不期致焉。潘氏之在婺,闻望自宋、元而来,其培本则厚。四子者,固亦潘氏之四干矣。是惟否塞闭晦,苟际明期而谐景会,其轩竦条达孰御? 则夫宠命之沾,暨不约而同也,其又足异哉? 虽然,木之生风,霆之鼓舞,炎暑之酷烈,阴寒冰雪之严冱剥落,俾贤其质,而完其气。非独雨露之沾濡生成之也。夫恩宠爵禄,雨露也;号令宣播,风霆也;法度政事之苛密烦困,炎暑也;时之危舵患难颠沛,阴寒冰雪之严冱剥落也。何莫而非生成? 四子盖亦略尝历之,其才中楹柱而任梁栋矣,吾愿潘氏益培其根也。"

四子拜而起曰:"吾其益培之以忠孝乎? 溉之以诚敬

并对他们的亲属亦加以封赏。于是便记叙了一切,集成一册,盛赞皇上的恩赐,以此来光大自己的家族门风,派人来对我说:"我们家里的人才德不高,然而皇上却如此地宠爱,这如何是好呢?希望您能赠给我家几句话,以使我家长久地接续下去。"

我便对来人说:"一家之中,而四人显赫,可以说是后续有人,那是何等盛事啊!在一月之间,都加官进爵,又多么难得啊?我听说高山的树木,山虽高千丈,而树的各枝低垂而苍郁,长在山峰之巅,就连飞鸟的鸣叫声也是难以达到的地方。春天到来了的时候,大树的各枝萌发的花叶都是一个颜色,是因为它们的根相同,没有约定就形成这样的。潘氏一家在婺州这一带,自宋元以来,便一直有着极高的声望,主要是因为它家族的根基深厚。潘家的四个儿子,就像潘家这棵大树上的四枝一样,根茎深厚,养分充足,枝叶自然会葱茏旺盛。当在国政混乱,下情不能上达时,不能有所作为。如果际遇期会,能施展抱负,就像高高的枝条畅达茂盛谁能够阻挡呢?皇上对潘家的恩泽,四子的仕途不约而同地发达,并没有什么值得大惊小怪的。虽然如此,树大之招风,雷霆之奔鸣,炎暑之酷烈,寒冬之冰雪,历经这一切,大树更加坚固其本质,而完善其生气,不仅是沾些雨露的滋润就会生成一株参天大树的。恩宠爵禄,就像雨露一样;号令宣播,就像风雷一样;法度政事的困扰烦乱,就像炎暑一样,时局的艰险,患难中的颠沛流离,就像寒冬的冰雪一样,大凡这一切艰难坷坎,没有哪一个不是生根成长的因素?潘家的四位先生,也应该大略地经历一些,这样就会真正地成为栋梁之材了,我希望潘氏家族能更培固它的根本。"

潘家的四位先生在得听我的这一番话之后,对我加以拜

乎？植之以义，而防之以礼乎？"某曰："然则潘氏之轩竦条达，其益无穷尔已矣。"某不为应酬诗文，余四年矣。寺副君之为暨阳也，予尝许之文，未及为而有南北之别。今兹复见于京师，而以是责偿焉，故不得而辞也。"

送章达德归东雁序

辛未

章达德将归东雁，石龙山人为之请，于是甘泉子托以《考槃》，阳明子为之赋《衡门》。

客有在坐者，哑然曰："异哉。二夫子之言，吾不能知之。夫闷尔形，无莹尔精也，其可矣。今兹将惟职业之弗遑，而顾雁荡之怀乎？彼章子者，雁荡之产矣，则又可以居而弗居，依依于京师者，数年而未返。是二者，交相慕乎其外也。夫苟游心恬淡，而栖神于流俗尘嚣之外，环堵之间，其无屏霞、天柱乎？雁荡又奚必造而后至？不然托踪泉石，而利禄狃其中，虽庐常云之顶，其得而居诸。"

于是阳明子仰而唶，俯而默，卒无以应之也。志其言以遗章子曰："客见吾杜权焉，行矣，子毋忘客之言，亦无以客

谢,并说:"我们是不是应当用忠孝来培固我们的根本?用诚敬来灌溉我们的根本?用正义来扶植它而用礼节来约束它?"我回答说:"果真如此的话,潘氏家族这棵大树会根深叶茂,它的获益是永远没有穷尽的。"我不做应酬的诗文,已经四年多了。大理寺副潘珍在暨阳主政的时候,我曾经答应过他,为他写篇文章,没有来得及写,便有了南北之间的分别。今天重新在京师相见,因此应偿还昔日的夙愿,就不能够推辞了。

送章达德归东雁序

辛未

章达德将回到东雁去,石龙山人为他奉行宴会,于是甘泉子就用《考槃》来嘱托他,而我则送他一首《衡门》。

有一位在座的客人,笑了说:"怪了。我无法理解两位夫子刚才所说话的意思。隐匿自己的身形,韬光养晦,那是可以的。只是当今就单职业之事,就已忙得不亦乐乎,哪里还顾得上归隐雁荡的情怀呢?章先生是在雁荡出生的,本来可以居住在那儿,然而并没有这样,恋恋不舍地居住在京师,数年间都没有回去。这两首诗,互相羡慕的只在于事情的表面。倘若章先生内心恬淡,无意于宦游,而想将自己的神思情趣超出世间的流俗尘嚣,寄托于青山绿水之间,那不是有屏霞山和天柱山吗?又何必非得到雁荡山去才能达到目的呢?倘若章先生的内心不是上述那样。那么,即便是归隐林泉,利禄之心也会在其中,即便是在常山、云山的山顶上结庐,他的功名利禄之心也不会消除。"

听了上述客人的这些话,我仰天长叹,低头沉默,最后没有什么话来应对他。记下他的这些话,把它送给章先生,并说:

之言而忘甘泉子之托。"

寿汤云谷序

甲戌

　　弘治壬戌春，某西寻句曲，与丹阳、汤云谷偕。当是时，云谷方为为行人，留意神仙之学；为予谈呼吸屈伸之术，凝神化气之道，盖无所不至。

　　及与之登三茅之巅，下探叶阳，休玉宸，感陶隐君之遗迹，慨叹秽浊，飘然有脱屣人间之志。予时皆未之许也，云谷意岂不然之，曰："子岂有见于吾乎？"子曰："然。子之眉间惨然，犹有怛世之色，是道也，迟之十年，庶几矣。"云谷曰："子见吾貌，而吾信吾之心。"

　　既别，云谷寻入为给事中，又迁为右给事。殚心职务，驱逐瘁劳，竟以直道抵权奸斥外。而予亦以言事得罪，奔走谪乡，不相见者十余年。至是正德癸酉某月，予自吏部徙官南太仆，再过丹阳，则云谷已家居三年矣。访之，迎谓予曰："尚忆'眉间'之说乎？吾信吾之心，而不若子之见吾貌，何也？今果十年而始出于泥涂，是则信矣。然谓古之庶几也，则貌益衰，年益逝，去道益远，独是若未之尽然耳。"

"我已经发现闭塞的生机中有神气微动的情况,走吧,可不要忘了这位客人的话,也不要因为客人的话而忘了甘泉子的嘱托。"

寿汤云谷序

甲戌

　　弘治十五年的春天,我同丹阳的汤云谷先生一起漫游句曲一带。在那个时候,汤云谷还是一个漂游四方的人,他非常注重成神成仙之学说;为我大讲呼吸屈伸的办法,凝神化气的道理,可以说是无所不至。

　　在同他登上三茅的顶峰,探视叶阳一带,在玉宸休息时,有感于陶隐君的遗迹,遂慨叹世间污浊,飘飘然有脱离人间,成神成仙之志趣。我当时并不赞许他这样,而汤云谷则对我的看法不以为然。并同我说:"你难道从我身上看出了些什么吗?"我回答说:"是的。你的眉宇之间有着愤世嫉俗之色,要想出世得道,还要再经十年才有可能。"汤云谷说:"你只看到我的外表,而我却深知自己的内心。"

　　在从那分别以后,汤云谷做了给事中,又升到右给事。为了职责上的事,竭精竭虑,奔波忙碌,日日操劳,最后竟因为坚持正义,抵制当朝的奸臣权贵而被排斥在外。而我也因为上疏论事而得罪权奸,各自奔走他乡,同汤云谷先生不相见已是十年有余。正德八年某月,我从吏部被调到南京太仆寺任职,再次路过丹阳时,汤云谷已经在家居住三年之久了。我前去拜访他,他迎出来,并对我说:"还记得当初眉宇间的说法吗?我相信自己的心,却不如你从外表上对我看得准,到底是怎么回事呢?果然是过

予曰:"乃今则几矣。今吾又闻子之言,见子之貌矣,又见子之庐矣,又见子之乡人矣。"

云谷曰:"异哉。言貌即远矣。庐与乡人,亦可以见我乎?"

曰:"古之有道之士,外槁而中泽,处隘而心广,累释而无所挠其精,机忘而无所忤于俗。是故其色愉愉,其居于于。其所遭若清风之披物,而莫知其所从往也。今子之步徐发改,而貌若益惫,然而其精藏矣。言下意恳而气若益衰,然而其神守矣。室庐无所增益于旧,而意扩然,其累释矣。乡之人相忘于贤愚贵贱,且以为慈母,且以为婴儿,其机忘矣。夫精藏则太和流,神守则天光发,累释则怡愉而静,机忘则心纯而一,四者道之证也。夫道无在而神无方,安常处顺其至矣,而又何人间之脱屣乎?"

云谷曰:"有是哉!吾主吾之心,乃不若子之见吾庐与吾

了十年,到今天我才开始摆脱尘世的迷途,这才令我相信你当年所说的话。然而说起古时候就差不多了,外表越是衰老,岁月越是流逝,离得道便越远,这样说起来,你所说的还是不完全正确。"

我说:"到今天就可以下结论了。今天,我又听到了你所说的话,见到了你的外貌,又看到了你所住的茅屋,又见到了你的乡人了。"

汤云谷说:"怪哉。说起外貌来,已经有了很大的变化。从茅屋和我的乡人那里,难道也能看出我的变化吗?"

我回答说:"古时候有道之士,看起来外表枯槁,然而其中蕴含着光泽;处狭隘之所,然心态旷然;抛弃外在的束缚,没有什么东西能够干扰他的精神;忘掉尘世的一切,就不会有什么世俗的东西违忤他的心意。因此他的神色愉悦,起居坦然。他所经历的一切,就如同清风拂物,不知道它从哪里来,又往那里去。现在你的步履徐慢,头发虽然变白,容颜虽然变老,然而你的精神内蕴其中。神气虽似衰微,然而其精神内敛。你住的茅屋同以前相比没有什么变化,然而你的志趣和意气恬然舒展,抛却外在的束缚。你的乡里之人也都忘了什么贤愚贵贱之区别,只是作一个慈母,作一个天真的孩子,他们浑然忘却了外在的一切。因此,精神内敛则神气流畅,神态安然则天光焕发,抛弃外在束缚则会神情愉悦,忘却俗世一切则心纯如一,这四点是得道的证明。因此,道没有具体的所在,神仙也没有方所,只要安常处顺,它便会自然而然地到来,那又有什么摆脱人间世俗之说的呢?"

汤云谷听了我的一番话,感慨地说:"真有这样的道理啊!

乡人也。"

于是，云谷年七十矣。是月，值其悬弧，乡人言谋所以祝寿者。闻予至，皆来请言。予曰："嘻！子之乡先生，既几于道，而尚以寿为贺乎？夫寿不足以为子之乡先生贺。子之乡而有有道之士，若子之乡先生者，使尔乡人之子弟，皆有所矜式视效。出而事君，则师其道以用世；入而家居，则师其道以善身；若射之有的，各中所向；则是先生之寿，乃于尔乡之人复有足贺也已。"

明年三月，予再官鸿胪，而乡之人复以书来请追书之。

文山别集序

甲戌

《文山别集》者，宋丞相文山先生自述其勤王之所经历，后人因而采集之以成者也。其间所值险阻艰难，颠沛万状，非先生之述，固无从而尽知者。

先生忠节盖宇宙，皆于是而有据。后之人，因词考迹，感先生之大义，油然兴起其忠君爱国之心，固有泫然泣下，裂眦扼腕，思丧元首之无地者。是集之有益于臣道，岂小小哉？古之君子之忠于其君，求尽吾心焉，以自慊而已，亦岂屑

我信我的心，却不如你从我的任所和我的乡人身上，对我看得透彻啊。"

在这一年，汤云谷已经七十岁了。在这一月，正逢他的寿辰，他的乡人打算给他筹办祝寿之事。听说我来了，便都来请求我的意见。我便对他们说："你们的这位汤先生，既然已经得道，难道还会认为寿辰是什么值得祝贺的事情吗？因此，寿辰并不足以成为你们这位汤先生的祝贺之事，你们的家乡，有像汤先生这样的有道之士，使人们家乡中的子弟，都有所规范要求自己。出而事君，则可以向他学习救民济世之道；入而家居，则可以向他学习修身养性之道。就像射箭而有靶子，各自射中自己指向的目标。那么，这就是先生最好的寿礼，就是对于你们自己，这也是值得特别祝贺的。"

第二年三月，我再到鸿胪寺为官，汤先生家乡的人再次来信请我把此事追记下来。

文山别集序

甲戌

《文山别集》这本书，是宋朝的丞相文山先生（即文天祥）自己叙述他勤王所经历的一切，后人把它集中起来而编成册的。当时正遭遇到艰难险阻，颠沛流离到极点，若不是先生的讲述，是无法全部知道的。

文先生忠节盖宇宙，都可以从这本书中找到依据。后来的人们，从先生的这书中，可以感受到先生的崇高大义，从而油然而兴起自己的忠君爱国之心，并且有的人会泫然泪下，或裂目扼腕，痛思丧于元人之手的祖国大好河山。因此，把文山先生的

屑言之，以蕲知于世？

然而仁人之心，忠于其君，亦欲夫人之忠于其君也。忠于其君，则尽心焉已。欲夫人忠于其君，而思以吾之忠于其君者，启其良心，固有人弗及知之者，非自言之，何由以及人乎？斯先生之所为自述，将以教世之忠也。

当其时，仗节死义之士，无不备载，亦因是以有传。是又与人为善者也。

是集也，在先生之自尽，若嫌于靳世之知，以先生之教人，则吾惟恐其知之不尽也。在先生之自尽，若可以无传，以先生之与人为善，则吾惟恐其传之不远也。先生之裔孙今太仆少卿公宗严，复刻是集，而属某为之序。某之为庐陵也，公之族弟某，尝以序谋，兹故不可得而辞。

呜呼！当颠沛之心，而不忘乎与人为善者，节之裕也；致自尽之心，而欲人同归于善者，忠之推也；不以蕲知为嫌，而行其教人之诚者，仁之笃也；象贤崇德以章其先世之美，之谓孝；明训述事，以广其及人之教之谓义。吾于是集之序，无愧辞耳矣。

言论汇集成册，训示后人，有益于后人的为臣之道，这绝不是一件可有可无的小事。古时候的君子，他忠于他的君主，只是想尽自己的忠心而已，那里像一些屑屑之輩所说的，是为了让后人知道？

然而大仁大义的人，他忠于自己的君主，也希望别人也能够忠于自己的君主。忠于自己的君主，就已经算是尽了自己的心意了。希望别人也能够忠于各自的君主，希望自己的忠君之心，来开启别人的良心，固然有的人没有了解当中得含义，不是亲身诉说，用什么来推广到人们的中间？这就是文山先生做自述的原因，目的是为了教世人忠君之道。

在那个时候，仗节而死的义士，没有不被记载下来的，也因此而有义士之传，这又是与人为善的行为。

这本集子，对先生的自叙而言，若认为他有期望后人知道自己之嫌，凭先生的教人来看，那么我担心只是那些知道先生的人而不能够完全地理解他。对于先生的自述，若认为可以没有传记，凭先生的与人为善，我担心的只是它不会流传太远。先生的后代，今天的太仆少卿公宗严，重新刻印了这本集子，并嘱咐我为它写一篇序言。我在庐陵的时候，少卿公的一个族弟，也曾经向我求过序言，对此我是不可能推辞的了。

呜呼！在颠沛流离之际，而不忘与人为善，这是崇高的气节表现；有自述之心，希望别人同归于善，这是忠义的推广；不避求名于后世之嫌，而推行自己教人的诚意，这是仁义的表现；为模仿贤行、崇敬道德而表彰其先生的美德，可谓之孝；明训述事，以推广其教人之心，可谓之义。我对于写这本集子的序言，是诚信而没有言不由衷的话。

金坛县志序

乙亥

麻城刘君天和之尹金坛也,三月而政成。考邑之故,而创志焉。曰:"于乎艰哉!欲观风气之所宜,民俗之所向,而无所证也,以諏于乡老有遗听焉;吾欲觀往昔之得失,民俗之急缓弛张,先后之无所稽也,以询于间野有遁情焉;吾欲观山川之条理,疆域之所际,道路井邑之往来聚散,制其经,适其变,而无所裁也,则以之僻荒秽,入林麓,有遗历焉。亦惟文献之未足也而尔已矣。呜呼!古君子之忠也,旧政以告于新尹,吾何以尽吾心哉?夫政有时而或息焉,告有时而或穷焉。书之册而世守之,斯其为告也,不亦远乎?"

志成,来请序。吾观之,秩然其有伦也,错然其有章也。天也,物之祖也,地也,物之妣也。故先之以天文,而次之于地理;地必有所产,故次之所食货;物产而事兴,故次之以官政;政行而齐之以礼,则教立,故次之以学校;学以兴贤,故次之以选举;贤兴,而后才可论也,故次之以人物;人物必有所属,故次之以宫室;居必有所事,事穷则变,变则通,故次之以杂志终焉。

呜呼!此岂独以志其邑之故,君子可以观政矣。夫经

金坛县志序

乙亥

麻城的刘天和先生做了金坛县令，上任三月而政有所成。于是，便去考察该县的历史，编成了县志。并说："事情真是够艰难的啊！我打算观察社会风气所适应的社会环境，民俗的变化情况，却没有什么可依据的，只有向乡间有品德的老人们请教；我打算观察往昔施政的得失，民俗的轻重缓急，可是，先后都无所依据，只好向乡野中的知情人士探询；我打算观察山川河流的分布，疆域的边界，道路井邑的往来、聚散，以便适应它们的变化，可是，也没有什么依据，就带着问题到荒野、山林去考察，看看有无遗迹。也只是因为文献不足而只好作罢。唉！古之君子的忠义表现，往往是旧县官的政策来告知新来的县官，我凭什么尽我的忠心呢？政策有时会湮没无闻，文书有时会词穷理尽。我要把这些资料编成县志而世代保存起来，把它作为告诉新任县官施政的借鉴文本，不也有利于将来吗？"

县志编成后，派人来请我为县志作序。我看了这本县志后，觉得其中的一切都规划得井井有条。上天，是万物之祖；大地，是万物之母。因此，先写天文，后写地理；大地一定有它的物产，因此，在它之后写食货；物产丰饶则百事可兴，因此，物产之后写官政；官政畅达则自然成礼成教，因此，官政之后写学校；学校可以产生贤良，故在学校之后写选举；贤良兴旺才可以谈论人才，因此贤良之后写人物；人物一定要有他的居所，因此人物之后写宫室；居必有所事，事情到头了就会发生变化，变化了就会畅通，因此最后是以杂志作为结束。

呜呼！这难道只是记录他所在县的历史吗？君子由此可以

之天文，所以立基本也；纪之地理，所以顺其利也；参之食货，所以遂其养也；综之官政，所以均其施也；节之典礼，所以成其俗也；达之学校，所以新其德也；作之选举，所以用其才也；考之人物，所以辨其等也；修之宫室，所以安其居也；通之杂志，所以尽其变也。

故本立而天道可睹矣，利顺而地道可因矣，养遂而民生可厚矣，施均而民政可平矣，俗成而民志可立矣，德新而民性可复矣，才用等辨而民治可久矣，居安尽变而民义不匮矣。修此十者以治，达之邦国天下可也，而况于邑乎？故曰："君子可以观政矣。"

送南元善入觐序

乙酉

渭南南侯之守越也，越之敝数十年矣。巨奸元憝，窟据根盘，良牧相寻，未之能去，政积事隳，俗因隳靡。至是乃斩然剪剔而一新之。凶恶贪残，禁不得行，而狡伪淫侈，游惰苟安之徒，亦皆拂戾失常，有所不便，相与斐斐缉缉，构谗腾诽，城狐社鼠之奸，又从而党比翕张之，谤遂大行。士夫之为元善危者，沮之曰："谤甚矣！盍已诸？"

观察县政啊。通天文之事,可以立其本;记地理之况,可用来顺其利;粮食货物充足,利于人民生活;综合官政可以作为施政的参考;规范典礼,有利于好民俗的形成;建立学校,可以更新人们的品德;实行选举,可以人尽其才;考察人物,可以量才而用。修建宫室房屋,可以使人民安居乐业;杂记通志,可以尽容其变化。

因此,立本即可见天道;利顺地道有据;货源充足,而人民幸福;施政有方而民心畅顺;好的风俗可使民志自然而立;更新品德,人民便可恢复纯朴的天性;量才而用,人尽其才,则可达到长治久安;长治久安人民就不会缺乏仁义道德。能够达到上述这十条,就完全可以治国平天下了,何况是对一个小小的县城呢?因此说:"君子可以从县志中观看政事。"

送南元善入觐序

乙酉

渭南的南大吉(字元善)先生,在主政绍兴府的时候,绍兴府的各种弊病,积累已长达数十年了。巨奸元凶们,互相结伙成帮,形成了盘根错节的邪恶势力,以前的官员,曾想尽各种办法,也没有能够将他们除去,故而政令不能施行,民俗十分败坏。在元善到任以后,就断然推行新政,决定将旧势力、旧弊政一扫而光。这些新政措施,使得凶恶贪残之徒,有所顾忌而不敢放肆;而那些狡诈伪善、淫意奢侈、游手好闲、蝇营狗苟之辈,一改常态,也都不能够像往日那样随随便便。于是,他们这些人之间,便互相聚众私议,造谣生事,无事生非,那些城狐社鼠之辈们,也朋比为奸,极力煽动,气焰嚣张,于是,对南元善的诽谤诋

元善如不闻也，而持之弥坚，行之弥决。且曰："民亦非无是非之心，而蔽昧若是，固学之不讲，而教之不明也。吾宁无责，而得以咎归于民？"则日至学宫，进诸生而作之以圣贤之志，启之以身心之学。士亦蔽于习染，哄然疑怪以骇，曰："是迂阔之谈，将废吾事。"则又相与斐斐绯绯，訾切而诋议之。士夫之为元善危者，沮之曰："民之谤若火之始炎，士又从而膏之，孰能以无烬乎？盖遂已诸？"

元善如不闻也，而持之弥坚，行之弥决。则又缉稽山书院，萃其秀颖，而日与之谆谆焉，亹亹焉，越月逾时，诚感而意孚。三学泊各邑之士，亦渐以动，日有所觉，而月有所悟矣。于是争相奋曰："吾乃今知圣贤之必可为矣，非侯之至，吾其已夫！侯真吾师也。"于是民之谤者，亦渐消沮。其始犹曰："侯之于我利害半，我之于侯恩爱半。"至是惠洽泽流，而政益便。相与悔曰："吾始不知侯之爱我也，而反以为殃我也；吾始不知侯之拯我也，而反以为劳我也，吾其无人之心乎？侯真吾之严父也，慈母也。"

毁,便迅速蔓延开来。士人们之中,那些为南元善安危着想的人们,便沮丧地说:"诽谤之声,如此高涨,最好还是罢手吧?"

对这些言论,南元善就好像没有听见一样,而坚持自己的主见更加坚定,推行自己的措施更加坚决。并且说:"百姓们并不是没有是非之心,他们的是非之心被蒙蔽到了这种地步,主要是因为学之不讲、教之不明的原因。我们难道对此没有责任,而只是把这一切归咎到百姓头上吗?"于是,南元善便几乎每天都到学宫去,给诸学子们讲学,用圣贤之志趣来振作他们;以修身养情之学说来开启他们。士人们也因受长期积习的蒙蔽浸染,对南元善的这些话,感到既吃惊又可笑,并嘲笑说:"这都是些迂阔的谈论,这将会败坏、荒废我们的事情。"于是,士人们便又议论纷纷,相互诋毁南元善。对此,那些为南元善安危着想的人便又说:"百姓们的流言蜚语,就像刚开始燃烧起来的火苗,而士人们的非议则如火上加油。怎么能不被毁灭呢?还是尽早罢手吧?"

对于这些话,南元善就好像没听见一样,而依然坚定地坚持自己的信念,坚决地推行自己的措施,并又整修了稽山书院,聚集其中的杰出之士,每日对他们谆谆告诫,孜孜不倦地劝导,这样时光流逝,南元善先生的真情实意,逐渐使人们感到信服。各个学校来自乡间的诸多有识之士,亦渐渐为元善的诚心所感动,每日都有所觉醒,每月都有所感悟。从此以后,便争相传告说:"直到今天,我方才知道圣贤人是一定会有所作为的,不是南知府到这里来,我们恐怕永远也不会觉悟。南知府,真可说是我们的圣贤之师啊!"从此以后,百姓们对南知府的诽谤,也渐渐消失了。开始依旧有人说:"南知府真心诚意为我们好,我

于是侯且入觐，百姓皇皇，请留不得，相与谋之多士曰："吾去慈母，吾将安哺乎？严父吾去，吾将安恃乎？"

士曰："吁嗟！唯父与母，则生尔身；维侯我师，实生我心。吾宁可以一日而无吾师之临乎？"则相与假重于阳明子，而乞留焉。

阳明子曰："三年之觐，大典也。侯焉可留乎？虽然，此在尔士尔民之心，夫承志而无违，子之善养也；离师友而不背，弟子之善学也。不然，虽居膝下而待几杖，犹为不善养，而操戈入室者也。奚必留侯为哉？"众皆默然良久曰："公之言是也。"相顾逡巡而退。明日，复师生相率而来请曰："无以输吾情，愿以公言致之于侯，庶侯之遄其来旋，而有以速诸生之化，慰吾民之延颈也。"

们也应该懂得知恩图报。"从此,官民心心相通,融洽相处,政令也畅通无阻地推行开来。民众们相互后悔说:"我们开始不知道知府是爱我们的,反误认为他是在害我们。我们开始不知道知府是要拯救我们,反认为他是要使我们劳累,我们怎么能够没有仁义之心呢?知府真是我们的慈母严父啊!"

过了一段时间,南知府将入朝参见皇上,百姓对此惶惶不安,想请他留下来,然而没有成功。于是,互相议论着说:"我们离开了慈母,我们将如何生活?我们失去了严父,我们又依靠谁?"

士们则说:"父母亲,只是生了我们的身,我们的恩师南知府,实在是再生了我们的心。我们怎么可以一日而离开我们的恩师呢?"于是,众人便纷纷前来求我,希望我能够出面把元善先生留下来。

我便对他们说:"三年一朝见,乃朝廷大典。南知府怎么可以留下来呢?虽然知府离开了,但在你们这里的百姓士子们的心里,只要继承太守的意愿而没有什么违背,你们就真正懂得了善于赡养亲人;虽然离开了师友而没有什么违背,你们就真正懂得了善于学习。不然的话,即使朝夕相处,依旧不会善于赡养亲人,而同室操戈而互相伤害。那又何必非得留下知府才可以有所作为呢?"听了我的话,众人都沉默不语,过了一会儿,才说:"你说的话的确是有道理。"互相之间犹犹豫豫地退了下去。第二天,众人又一起前来找我,请求说:"我们没有什么能够表达自己心意的,希望能够借您的话传给南知府,告诉南知府能快点回到绍兴,帮助绍兴学子得到教化,安慰绍兴百姓的翘首以盼之心。"

送闻人邦允序

闻人言邦允者，阳明子之表弟也，将之官闽之苍峡，而请言。

阳明子谓之曰："重矣，勿以进非科第而自轻；荣矣，勿以官卑而自慢。夫进非科弟，则人之待之也易以轻，从而自轻者有矣；官卑则人之待之以易以慢，从而自慢者有矣。夫科第以致身，而恃以为暴，是厉阶也；高位以行道，而遽以媒利，是盗资也；于吾何有哉？吾所谓重，吾有良贵焉耳，非矜与敖之谓也；吾所谓荣，吾职易举焉耳，非矜与耀之谓也。夫以良贵为重，举职为荣，则夫人之轻与慢之也，亦于吾何有哉？行矣，吾何言。"

送别省吾林都宪序

戊子

嘉靖丁亥冬，守仁奉命视师思、田。省吾林君以广西右辖，实与有司。既思、田来格，谋所以缉绥之道。咸以为非得宽厚仁恕，德威素为诸夷所信服者，父临而母鞠之，殆未可以强力诡计，劫制于一时，而能久于无变者也，则莫有逾于省吾者。遂以省吾之名上请乞加宪职，委以重权，以留抚于兹土，盖一年二年而化洽心革，朝廷永可以无一方顾也乎。

送闻人邦允序

闻人言邦允，是我的表弟，将到福建的苍峡去做官，前来同我告别，并希望我送给他几句话。

我就对他说道："我望你能自重，不要因为不是科第出身的官员而自己看不起自己；要自己感到光荣，不要因为官小而怠慢行事。不是科第出身的官员，别人也往往以轻视的态度来对待他，因此而自己看不起自己的可以说是大有人在；官职低微，别人也很容易怠慢他，因此而自己看轻自己的也是大人有在。科第出身的官员，往往以此作为升官的台阶和途径。等到他登上高位，主政一方的时候，往往容易以权谋私。这其实是盗贼的行径。这样的科第出身，对我又有什么用呢？我所说的自重，是自己有着贤良的品德，而不是虚浮与傲气的表现；我所说的对自己的职务应感到光荣，是说自己应该重视自己的职责，诚心实意地做事，而不是显赫与夸耀的心理。以自己的高贵品德为重，以自己的职位事业为荣，那么，别人的轻视与慢怠对我又有什么呢？去赴任吧，（除了这些）我别的没有什么要跟你说的了。"

送别省吾林都宪序

戊子

嘉靖六年冬天，王阳明奉命去思恩、田州视察军情。当时林省吾正担任着广西右辖之职，实际是地方当局。他在思恩、田州多方谋求能捉拿平息地方之乱的方法手段。大家认为必须找到宽厚仁恕、德行威望向来被各少数民族信服，像父母一样对待他们，决不用强力诡计威逼强迫于一时，而能达到长期不发生变故的人来主事。而此项任务则没有人比省吾更合适的了。于

则又以为圣天子方侧席励精，求卓越之才，须更化善治。则如省吾之成德夙望，大臣且交章论荐，或者请未及上，而先已有隆委竣擢，恐未肯为区区两府之遗黎，淹岁月而借之以重也。

疏去，未逾月，而巡抚郑阳之命果下矣。

当是时，八寨之瑶，积祸千里，且数十年，方议进兵讨罪。省吾将率思、田报效之民以先之。报闻，众咸为省吾贺，且谓得免兵革驱驰之劳也。

省吾曰："不然，当事而中辍之，仁者忍之乎？遇难而苟避之，义者为之乎？吾既身任其责，幸有改命，而亟去之，以为吾心，吾能如是哉？"遂弗停，驱而往，冒暑雨，犯瘴毒，乘危破险，竟成八寨之伐而出。

嗟呼！今世士夫计逐功名，甚于市井刀锥之较，稍有患害可相连及，辄设机阱，立党援以巧脱幸免；一不遂其私，瞋目攘臂，以相抵捍钩摘。公然为之，曾不以为耻。而人亦莫有非之者，盖士风之衰薄，至于此而亦极矣。而省吾所存，独与时俗相反。若是，古所谓托孤寄命，临大节而不可夺者，省吾有焉。

是林省吾的名字被上奏给皇帝，请授以都宪之职，委以重任，以使他能留下来管理地方。只要他在，一两年即可使民情愉恰，朝廷安心而无后顾之忧。皇帝此时也正是为国寝食不安，要励精图治，就要有卓绝的人才，要改善政治，就须要有像林省吾这样的德高望重之人，加以大臣们都争着举荐，恐怕还有的人奏章尚未上达，就已先任命省吾重要使命了，恐怕以两个区区府州之地的百姓，不会耽误时间来借重于他。

岂料，奏疏上去不到一个月，巡抚郑阳的任命就下来了。

当时八寨的瑶族叛乱，祸患千里，且积数十年之久，朝廷正拟议进军讨伐。林省吾率领思恩、田州的平民百姓先期前去。这个消息上奏朝廷之后，众人就都去向林省吾祝贺，并且说这下就可以减除林省吾的驱驰劳苦了，他用不着再去冒险打仗。

林省吾说："这样不行，正在做的事情突然中止，仁人能忍受这样子吗？遇到困难而避让，这是义士的作为吗？我既然身负此责，有幸能改任官职，就赶紧去那里，这才是我的心意，我怎么能中止而不去呢？"于是他马不停蹄，赶往八寨，一路上冒着酷暑，顶着大雨，身犯瘴毒，乘危破险，可是林省吾最终还是完成了对八寨的讨伐，胜利归来了。

唉！今天的士大夫们，他们计较自己的功名有胜于市井之徒对蝇头小利的斤斤计较，稍有祸患能够联系的，就要隐害、嫁祸于他人。他们结党营私以自勉；一旦不能满足私欲，就在底下进行内部斗争，赤膊相斗；有时公然公开相斗，也不以为耻，就这样也没有人说他们一个不是，士风之衰败到这样程度，也到了极点了。可是林省吾所具有的品格与世俗相反。真是这样的，自古所说的托付照顾孤幼的君王并委以君国政令的重任，面

正德初，某以武选郎抵逆瑾，逮锦衣狱，而省吾亦以大理评触时讳在系。相与讲《易》于桎梏之间者弥月，盖昼夜不息，忘其身之为拘囚也。

至是别已余二十年，而始复会于此。省吾貌益充，气益粹，议论益平实，而其孜孜讲学之心，则固如昔加恳切焉。公事之余，相与订旧闻，而考新得。予自近年偶有见于良知之学，遂具以告于省吾，而省吾闻之，沛然若决江河，可谓平生之一快，无负于二十年之别也矣。

今夫天下之不治，由于士风之衰薄；而士风之衰薄，由于学术之不明；学术之不明，由于无豪杰之士者为之倡焉耳。

省吾忠信仁厚之质，得之于天者，既与人殊；而其好学之心，又能老而不倦若此，其德之日以新，而业之日以广也，何疑乎？自此而明学术，变士风，以成天下治，将不自省吾为之倡也乎？于省吾之别，庸书此以致切制之意。若夫期望于声位之间，而系情于去留之际，是奚足为省吾道之哉！

临大节而志向不变的品质，林省吾都是具有这些。

正德初年，我以武选郎的身份抵忤逆贼刘瑾，被逮捕入锦衣卫狱，林省吾也因犯忌讳被捕，我们在狱中讨论了一个月《易经》，昼夜不倦地讲论，忘了自己是囚徒。

至今已是二十多年了，而今又在此地相逢。省吾面貌更有些饱满，精神很足，议论起事来更加平易朴实，而他孜孜不倦的讲学之心不减当年，且更加有恳切之心。公事之余，我们相互修订旧闻，考订新得之物。我自近年偶有感于良知论的见解，遂一一讲来给他听，而省吾听了我的话，真是如江河决堤兴奋已极，这真是生平一大快事，没辜负于我们二十年之分别了。

今天下之不治，由于士风之衰落所致；而士风之衰，乃由于学术之不清楚；学术不清楚，则是没有豪杰之士为之提倡。

林省吾的忠厚仁义的品质得之于天，已是与常人不同，而且他的好学之心又能到老不变，因而他的德行日益提高，他的事业日益扩大，难道还有什么可疑的吗？自此后申明学术要义，改变士人之风气，以成为天下大治，那将不是从林省吾就倡导的吗？在与省吾离别之际，絮絮叨叨写了这些，以表示我切切之意。如果只期望他提高声名地位，而又是叙离别之情，这些话怎值得说给省吾听？

卷之二十三　外集五

记

兴国守胡孟登生像记

壬戌

弘治十年,胡公孟登以地官副郎谪贰兴国。越三年,擢知州事。公既久于其治,乃奸锄利植,而民以大和。又明年壬戌,擢浙江按察司佥事以去。民既留公不可,则相率祀公之像,以报公德。

而学宫之左,有叠山祠,以祀宋臣谢枋得者,旧矣。其士曰:"合祀公像于是。呜呼!吾州违胡元之乱,以入于皇明,虽文风稍振,而陋习未除。士之登名科甲以显于四方者,相望如晨天之星,数不能以一二。盖至于今,遂茫然绝响者,凡几科矣。自公之来,斩山斥地以恢学宫,洗垢磨钝以新士习,然后人知敦礼兴乐而文采蔚然于湖、湘之间。荐于乡者,一岁而三人。盖夫子之道,大明于兴国,实自公始。公以德惠,固无庸言;而化民成俗,于是为大。祀公于此,其宜哉?

"民曰:"不可,其为公别立一庙。公之未来也,吾民外苦于盗贼,内残于苛政。滨湖之民,死于鱼课者,数千余家。自公之至,而盗不敢履兴国之界,民违猛虎鱼鳖之患,

兴国守胡孟登生像记

壬戌

弘治十年，胡孟登公以户部员外郎的身份被贬到兴国任同知。过了三年，升任知州。胡公主事日久，兴利除弊，民众安居乐业。到弘治十五年，又升任浙江按察司佥事而离开兴国。乡民皆尽心挽留，最终留不住，于是要供奉胡公塑像，来感戴胡公的恩德。

当时学宫的旁边有一个叠山祠，本是供奉宋朝年间名臣谢枋得的，祠堂已经旧了。主事的那些士子们说："将胡公像与谢公像一起供奉在这里。可叹我们州从脱离胡元之乱，一统于大明之后，文明教化之风稍有振作，但民间旧性陋习并未消除。读书人能科场扬名的寥若晨星，十分稀少。时至今日，更是香烟断绝，已连续几次科考无人登榜了。自从胡公来此地上任之后，致力于兴办学宫，整饬学风，以致此地人民敦厚，礼乐兴盛；士子们文采焕发，教化蔚然成风，声名显于湖、湘之间。每年从乡中被荐为孝廉的却不下三人。圣人学问之道，大行于兴国，实在是从胡公理政后开始的。胡公的贤明与恩惠，不用多说；特别是胡公淳化民风世俗，功德无量。将胡公供奉在谢公旧祠，适合吗？

兴国百姓都说："不行啊，该为胡公另外建一座祠堂。胡公未来之时，我们老百姓外苦于盗贼，内苦于苛政。湖滨的居民，死于繁重的渔税的，有几千家。自从胡公到来，盗贼不敢进兴国

而始释戈而安寝，歌呼相慰，以嬉于里巷。公之以惠泽，吾独不能出诸口耳。呜呼！公有大造于吾民，仍不能别立一庙，而使并食于谢公，于吾心有未足也。"

士曰："不然。公与谢公皆以迁谪而至吾州，谢公以文章节义，为宋忠臣；而公之气慨风声，实相辉映。祀公于此，所以见公之庇吾民者，不独以其政事。而吾民之所以怀公于不忘者，又有在于长养恩恤之外也，其于尊严崇重，不滋为大乎？"

于是其民相顾喜曰："果如是，我亦无所憾矣。然其谁纪诸石以传之。"

士曰："公之经历四方也久矣，四方之人，其闻公之贤亦既有年矣。然而屡遭谗嫉，而未畅厥猷意，亦知公之深者难也。公尝领于余姚，以吾人之知公，则其人宜于公为悉。"乃走币数千里而来请于某，且告之故。

某曰："是姚人之愿，不独兴国也。"公之去吾姚已二十余年，民之思公如其始去。每有自公而来者，必相与环聚，问公之起居饮食，及其履历之险夷，丰采状貌，须发之苍白与否？退则相传告，以为欣戚。

的地面，百姓也脱离了苛捐杂税的祸患，始能放下警惕而安居乐业，人人欢声笑语，充塞里巷。胡公的恩德，我们简直说不尽道不完。啊，胡公为我们老百姓造福甚大，却不能为胡公专门建立一座祠堂，而将胡公与谢公合供在一处，我们心里过意不去！"

主事的士子却说："不是这样的。胡公与谢公都是被迁谪到我们这儿来任事的，谢公以其文章道德之流传而被尊为宋朝的忠臣；而胡公的气节风范实在能与谢公之节义交相辉映。将胡公供奉于此，正显示了胡公荫庇我们民众的，不单是他的政绩。而我们民众之所以怀念胡公，除了他休养生息的政绩之外，还有对他道德文章的景仰啊！这样供奉胡公，我们对胡公恩德的崇敬不是更大吗？"

于是百姓都很欣喜地说："果真是这样，我们也就放心了。但哪一个将胡公的事迹记载下来刻碑流传呢？"

士子说："胡公足迹遍于四方，四方的民众早就知道胡公的贤德。但胡公屡遭谗臣嫉妒和污蔑，胡公的宏图伟略没能畅快地施展，深知胡公的人却是很难得啊。胡公曾经做过余姚县令，既然我们都比较了解胡公，那么余姚的百姓能对胡公了解更清楚。"于是从数千里之外带钱来余姚请我写，并陈述了请求的原委。

我说："这不仅仅是兴国民众的心愿，也是我们余姚人的心愿啊！"胡公离开余姚已经二十多年了，但我们此地的老百姓想念胡公，就像胡公刚离去的那样。每当有从胡公那方来的人，我们就一定要将他团团围住，询问胡公的起居饮食，以及胡公行止的平安，问胡公的风采形容，须发是否已经斑白？散去之后，我们都互相传告胡公的消息，若安则喜，若险则忧。

以吾姚之思公,知兴国之为是举,亦其情之有不得已也。然公之始去吾姚,既尝有去思之碑以纪公德,今不可以重复其说。而兴国之绩,吾虽闻之甚详,然于其民为远,虽极意揄扬之,恐亦未足以当其心也。姑述其请,记之辞,而诗以系之。

公讳瀼,河南之罗山人,有文武长才,而方向于用。

诗曰:"于维胡公,允毅孔直,惟直不挠,以来兴国。惟此兴国,实荒有年。自公之来,辟为良田。寇乘于垣,死课于泽,公曰吁嗟,兹惟予谴!勤尔桑禾,谨尔室家,岁丰时和,民谣以歌。乃筑泮宫,教以礼让,弦诵诗书,溢于里巷。庶民谆谆,庶士彬彬,公亦欣欣!曰惟家人。维公我父,惟公我母。自公之去,夺我恃怙。维公之政,不专于宽,雨旸维若,时其燠寒。维公文武,亦周于艺,射御工力,展也不器。我拜公像,从我父兄,率我子弟,集于泮宫。父兄相谓,毋尔敢望,天子用公,训于四方。"

新建预备仓记

癸亥

仓廪以储国用,而民之不给,亦于是乎取。故三代之时,上之人,不必其尽输之官府;下之人,不必其尽藏于私室。后世若常平义仓,盖犹有所以为民者,而先王之意,亦既衰矣。及其大弊,而仓廪之蓄,遂邈然与民无复相关。其遇

从我们余姚人的心里，来想见兴国民众的这种供奉胡公的举动，我们很能体会那里的人民对胡公的一片盛情。但胡公刚刚离开我余姚之时，我就曾经因思念胡公而刻碑纪念胡公的恩德，现在我不便再将那些话重复。虽然胡公在兴国的事迹我们听说的亦很详细，但毕竟我们隔得太远，即使我们极力赞颂，恐怕也不足以抚慰兴国民众之心啊。这里且叙述他们的请求，作文记录，同时以诗来加以总括。

胡公名瀛，是河南罗山人，文武双全，是国家栋梁。

诗写道："此之胡公，坚毅平实，刚正不阿，来到兴国。就此兴国，荒芜数年，胡公来后，开辟良田。贼寇猖狂，苛政虐民，胡公哀叹，唯求自责。劝民课桑，和睦家人，年岁丰稔，百姓颂歌。筑就学校，教民礼让，吟诵诗书，充溢街巷。百姓淳朴，学子温雅，胡公欢欣，视民如亲。胡公作父，胡公作母，胡公走后，夺我父母。胡公治政，不专宽大，恩威并施，赏罚有时。文武兼备，亦通六艺，射御精巧，多能不器。敬拜公像，遵从父兄，带领子弟，聚于庠校。父兄相告，不敢企望，天子令公，训教四方。"

新建预备仓记

癸亥

仓库是国家用来储备粮食的，百姓没有吃的时候，也可以从这里取用。所以夏商周三代之时，在高位的人，不一定都将粮食送到官府；不居高位的人，也不一定都将粮食藏在自己家里。后世像设立常平义仓，大概也是为了老百姓，但先王时的心

凶荒水旱，民饿莩相枕藉。苟上无赈贷之令，虽良有司，亦坐守键闭，不敢发升合以拯其下。民之视其官廪，如仇人之垒，无以事其刃为也。呜呼！仓廪之设，岂固如是也哉？绍兴之仓目如坻，大有之属凡三四区，中所积亦不下数十万。然而民之饥馁，稍不稔，即无免焉。岁癸亥春，融风日作，星火宵陨，太守佟公曰："是旱征也。不可以无备。"既命民间积谷谨藏，则复鸠工度地，得旧太积库地于郡治之东，而建以为预备仓。于是四月不雨。至于八月，农工大坏，比室罄悬，民陆走数百里，转嘉、湖之粟以自疗。市火间作，贸迁无所居。公帅僚吏，遍祷于山川社稷。乃八月己酉，大雨洽，禾槁复颖。民始有十一之望，渐用苏息。

公曰："呜呼！予所建，今兹之旱，虽诚无补；于后患其将有裨。"乃益遂厥营。九月丁卯工毕。凡为廪三面廿有六楹，约受谷十万几千斛。前为厅事以司出纳，而以其无事时，则凡宾客部使之往来，而无所寓者，又皆可以馆之。于是极南阻民居限以高垣；东折为门，出之大衢；并门为屋，廿有八楹。自南亘北，以居商旅之贸迁者，而月取其值，以实廪粟。又于其间，区画而综理之，盖积三岁而可以有一年之备矣。

意，却已经衰落了。等其弊端发展到极点，仓库储蓄就与百姓没有什么关系了。遇到水旱饥荒的时候，百姓饿死的尸体层层堆积。因为上边没有赈贷的命令，即使官府有良心，也坐守紧闭仓库之门，不敢发升斗之米来拯救百姓。老百姓看到那些官府仓库，就像仇人设的壁垒一样，没有办法使用武力。唉！修建仓廪，难道本来就是这样的吗？绍兴的仓库，看上去就像小山坡一样，大的有三四区，仓库里储的粮食不少于几十万。然而，只要谷物有一些不成熟，老百姓便免不了饥饿。弘治十六年春天，每天暖风不断，夜晚流星纷纷，太守佟公说："这是大旱的征兆，不能不有所预备。"于是下令民间储备粮食，谨慎地储藏好，然后又召集工匠，寻找地皮以建粮仓，又在郡治以东的地方找了一块过去的仓库地，重新修建预备仓。接下来有四个月不下雨。到了八月，农夫们的境况越来越糟，一家家都空荡荡的，无有一人，他们在陆地上走几百里，到嘉兴、湖州买得粟米聊以充饥。城市里失了火，百姓也没地方迁移。佟公带领小吏们，向山川社稷祈祷。到八月十五日，大雨下了将近十天，禾苗再次生机勃勃地生长。老百姓这才有了十分之一的指望，渐渐一切都开始恢复。

　　佟公说："唉！我所建的谷仓，对今年的大旱，虽然确实没有什么好处；但它以防后患还是大有裨益的。"于是更加督促施工。到九月初四工程完毕。做成的仓库一共有三个方面达二十六楹，大约可以储藏谷物十万多斛。仓库前边为大厅，用来管理谷物的出纳，不到出纳的时节，那些来来往往的宾客部使，如果没有地方住宿，这些大厅就可以当旅馆来使用了。在仓库的南边，限制百姓住房墙壁的高度；东边折为门，出门便是大街；靠门一带造了一些房屋，大约有二十八楹。从南到北，为那

二守钱君谓其僚曰:"公之是举,其惠于民,岂有穷乎?夫后之民,食公之德,而弗知其所自,是吾侪无以赞公于今日,而又以泯其绩于后也。"于是相率来属某以记。

某曰:"唯唯,夫悯灾而恤患,庇民之仁也;未患而预防,先事之知也;已患而不怠,临事之勇也;创今以图后,敷德之诚也。行一事而四善备焉,是而可以无纪也乎?某虽不文也,愿与执事而从事。"

平山书院记

癸亥

平山在鄞陵之北三里,今杭郡守杨君温甫,蚤岁尝读书其下。鄞人之举进士者,自温甫之父佥宪公始,而温甫承之。温甫既贵,建以为书院曰:"使吾乡之秀,与吾杨氏之子弟,诵读其间,翘翘焉相继而兴,以无亡吾先兄之泽。"

于是其乡多文士,而温甫之子晋复学成有器识,将绍温甫而起,盖书院为有力焉。温甫始为秋官郎,予时实为僚

些做生意的人提供住宿。每月收一定的租金,来充实仓库。又在仓库里,好好规划综合治理,大约过三年的积累便可以有一年的储备了。

绍兴同知钱君对他的同僚们说:"佟公这一举动,对百姓的恩惠,难道说得完吗?以后的老百姓,因为佟公这一德行而不被挨饿,但他们却不知道这源于哪里?我们这等人现在如果不拿点什么颂扬他,就会将他的功绩在后世泯灭了。"于是他和众人一起来嘱咐我将这些记下来。

我说:"一定,一定将它记下来。同情老百姓受灾,体恤他们的忧患,这是保护老百姓的一种仁义;没有受灾而事先加以预防,这是有先见之明;已经受灾而不懈怠,这是面对事情时有勇气;今天创建仓库是为了后世,这是诚心积德。做一件事而有四善,这样难道可以没有任何记载以资纪念吗?我虽然没有什么才智,也愿意和各位记住这件事。"

平山书院记

癸亥

平山在鄢陵以北三里的地方,现在的杭州知州杨温甫,早些年我曾求学于他。鄢陵人中有中进士的,从温甫的父亲金宪公开始,温甫接着他的父亲也中了进士。温甫显贵以后,在那建了一个书院说:"让我们同乡中优秀的人,和杨氏家族中的子弟,在这里读书,使他们不断取得成绩,不要将我们先辈的恩泽给丢掉了。"

因此他们同乡中有很多文士,温甫的儿子晋复学而有成,很有一些器识,他接着父亲而起,书院起了很大的作用。温甫开始

佐，相怀甚得也。温甫时时为予言平山之胜，耸秀奇特，比于峨嵋，望之严厉壁削，若无所容；而其上乃宽衍平博，有老氏宫焉，殿阁魁杰伟丽，闻于天下；俯览大江，烟云杳霭，暇辄从朋侪往游其间。鸣湍绝壑，拂云千仞之木，阴翳亏蔽。书院当其麓，其高可以眺，其邃可以隐，其芳可以采，其清可以濯，其幽可以栖。吾因而望之以含远之楼，蛰之以寒香之坞，揭之以秋芳之亭，澄之以洗月之池，息之以栖云之窝。四时交变，风雪晦暝之朝，花月澄芬之夕，光景超忽，千态万状。而吾诵读于其间，盖冥然与世相忘，若将终身焉，而不知其他也。

今吾汩没于簿书案牍，思平山之胜，而庶几梦寐焉，何可得耶？既而某以病告归阳明，温甫寻亦出守杭郡。钱塘波涛之汹怪，西湖山水之秀丽，天下之言名胜者，无过焉。噫！温甫之居是地，当无憾于平山耳矣。今年与温甫相见于杭，而亹亹于平山者，犹昔也。吁，亦异矣！岂其沉溺于兹山，果有不能忘情也哉？温甫好学不倦，其为文章，追古人而并之。方其读书于平山也，优游自得，固将发为事业以显于世；及其施诸政事，沛然有余矣，则又益思致力于问学，而其间又自有不暇者，则其眷恋于兹山也，有以哉！

做的是刑部郎官，我在那时是他的僚佐了，我与他相交很是投机。温甫经常跟我说起平山的美景，其山峰高耸，秀丽奇特，可比得上峨眉山，看上去这山悬崖峭壁，势如刀削，根本容纳不了什么；实际上，山上宽广平坦又极开阔，还有一座道观在那里，殿宇楼阁威武雄壮奇伟瑰丽，天下闻名；在山上可俯览大江，烟波浩渺，云雾飘飘，有空时就和朋友们一起到山上游玩。水从绝壁上流下，泄入山谷，其声如雷鸣；山上古木参天，直通云霄，荫翳蔽日。而书院正好在半山山脚下，书院很高，可以向远处眺望；它的深远，适合人归隐；那里的鲜花，可以采摘；河水清澈，可以洗濯；山的幽静，可让人在那里歇息。我因此在内心想象着，这含远楼里，可在它那寒香坞里藏身，秋芳亭中舒展，洗月池中洗濯，栖云窝里歇息。一年四季，天气交相变化，风雪晦暝的早上，花香散溢，月光皎洁的黄昏，风光景象超绝邈远，千态万状。我在这里吟诵读书，沉醉其中，忘却世间万象，如果一生隐居在这里，我可以不管任何人事。

我现在被大量的簿书案牍所埋没，想看平山的山水胜景，差不多做梦都想到那里，可怎么能实现呢？不久我因病回到阳明山，温甫也接着出任杭州知州。钱塘江波涛汹涌，怪异诡秘，西湖山清水秀，无比美丽，天下人说是名胜之最，一点也不夸大。唉！温甫住在这个地方，应该不遗憾离开平山的。今年和温甫在杭州见面，说到平山时，他仍是满脸的眷恋，和从前一样。这点就让人奇怪了！难道他是沉溺于平山，真的是不能忘情于它吗？温甫勤奋好学，诲人不倦，他写文章，追随古人，其风格与他们相仿。当他在平山书院读书时，心情平和，悠然自得，这固然是建立一番事业以闻名于当世。等到他处理政事，便使他显得游刃

温甫既已成己，则不能忘于成物，而建为书院，以介其乡人。处行义之时，则不能忘其隐居之地，而拳拳于求其志者无穷已也。古人有言："成己，仁也；成物，知也。"

温甫其仁且知者欤！又曰："隐居以求其志，行义以达其道，吾闻其语矣，未见其人也。"温甫殆其人也非欤？温甫属予记。予未尝一至平山，而平山岩岩之气象，斩然壁立，而不可犯者，固可想而知其不异于温甫之为人也。以温甫之语予者记之。

何陋轩记

戊辰

昔孔子欲居九夷，人以为陋。孔子曰："君子居之何，陋之有？"守仁以罪谪龙场，龙场古夷蔡之外，于今为要绥，而习类尚因其故。人皆以予自上国，往将陋其地，弗能居也。而予处之旬月安而乐之，求其所谓甚陋者而莫得。独其结题鸟言，山栖羝服，无轩裳宫室之观，文仪揖让之缛，然此犹淳庞质素之遗焉。

有余了，政事之余，他又更加想着致力于学问。因此很少有闲暇的时候，而他仍是那么想念着平山，确实有原因的啊！

温甫已经成就了自己，但他也没有忘记成就物事，因此将书院建立在平山上，以此激励同乡文士。学习种种仁义时，不要忘了隐居的地方，以这种心意勤勤恳恳地实现自己的志向，人便会永不知足地追求成就自己和他人。古人有言说："成就自己，就是仁；成就物事，就是智。"

温甫便是一个有仁义有智慧的人呢！古人又说："以隐居避世来保全自己的志向，依照道义来贯彻自己的主张，我听到过这种话，却没有见到过这样的人。"温甫难道就不算是这种人吗？温甫嘱托我为平山写一篇记。可我一次也没到过平山，不过平山那种巍峨的气象，悬崖峭壁锐不可当，有种凛然不可侵犯的气势，我可以凭想象知道它与温甫一贯为人是一致的。于是，我把温甫跟我说的话记下来。

何陋轩记

戊辰

当年孔子想住在九夷之地，人们都认为那太简陋。孔子说："一个君子去住的地方，有什么简陋的？"我因为有罪过被朝廷贬谪到贵州龙场，龙场在古时夷蔡的外边，今天是王畿以外的边远地区，这里的风俗习惯还和古时一样。因为这个缘故，朋友们都认为我从京城而来，一定会嫌弃这里简陋，不能住在那里。但我在这里住了一个多月，平安无事而且心里很高兴，寻找他们所说的简陋根本就没有。这里的人，结发于额，说话似鸟语，住在山上，穿着羊皮做的衣服，没有华丽衣裳和壮丽

盖古之时，法制未备，则有然矣，不得以为陋也。夫爱憎面背，乱白黝丹，浚奸穷黠，外良而中螫，诸夏盖不免焉。若是而彬郁其容，宋甫鲁掖，折旋矩蠖，将无为陋乎？夷之人乃不能此，其好言恶詈，宜情率遂，则有矣。世徒以其言辞物采之眇而陋之，吾不谓然也。

始予至，无室以止，居于丛棘之间，则郁也；迁于东峰，就石穴而居之，又阴以湿。龙场之民，老稚日来视予，喜不予陋，益予比。予尝圃于丛棘之右，民谓予之乐之也，相与伐木阁之材，就其地为轩，以居予。予因而翳之以桧竹，莳之以卉药；列堂阶，辩室奥，琴编图史，讲诵游适之道略具，学士之来游者，亦稍稍而集。于是人之及吾轩者，若观于通都焉，而予亦忘予之居夷也。因名之曰"何陋"，以信孔子之言。

嗟夫！诸夏之盛，其典章礼乐，历圣修而传之，夷不能有也，则谓之陋，固宜。于后蔑道德，而专法令，搜抉钩繁之术穷，而狡匿谲诈，无所不至，浑朴尽矣。夷之民方若未琢

的宫室这种景观，也没有文仪揖让这种繁文缛节，但这里的民风仍然淳厚朴实，仍和古时一样。

　　古时，法律制度还没有的时候，就已形成今天的局面了，这不能认为是一种鄙陋。那些爱憎不分，黑白不明，奸猾狡黠，外表良好而实质丑恶的人，整个华夏族普遍存在。像他们这样外表彬彬有礼，穿着宋国的礼帽，鲁国的大袖之衣，八面玲珑，左右周旋，难道就不算是鄙陋吗？夷地的人还没有像这样，他们好骂人、说粗话，但性情率真、淳朴，这是他们所具备的。世间人因他们没有华丽文辞、物产就鄙视他们，对此我是很不以为然的。

　　我刚开始到这的时候，连歇的房子也没有，住在荆棘丛林之中，那里云气太盛；后来迁到东边山上，以石穴当居室，又太阴暗而且很潮湿。龙场的老百姓，每天都有老人小孩来看我。他们很高兴我没有轻视他们，和我也一天天接近起来。我曾在荆棘丛林的右边开了一个菜圃，那些老百姓说这是我的快乐，他们和我一起砍伐树木，做成有用的木材，就着山地建成一间屋，以便我好住在那里。我又种了一些桧竹以遮阳，栽了些可当药材的花卉；整齐地摆放在堂前的台阶上，在里屋便能闻到花香，我和着琴音，编些图史，讲诵游适之道初具规模了，学士有到这里游玩的，也稍稍聚集了。这样，人们都想到我的小屋来，就像看四通八达的都市一样，我也因此忘了自己是在蛮夷之地。所以我将它命名为"何陋"轩，更加确信了孔子的话。

　　唉！华夏之盛大，我们的典章礼乐，历经各代圣贤的修整并将其流传下来，而夷地没有这些，可以说是简陋，本来是很恰当的。但是后来人们蔑视道德，只擅长严刑峻法，尔虞我诈，钩

之璞,未绳之木,虽粗砺顽梗,而椎斧尚有施也,安可以陋之?斯孔子所为欲居也欤?虽然,典章文物,则亦胡可以无讲?今夷之俗,崇巫而事鬼,渎礼而任情,不中不节,卒未免于陋之名,则亦不讲于是耳。

然此无损于其质也。诚有君子而居焉,其化之也盖易。而予非其人也,记之以俟来者。

君子亭记

戊辰

阳明子既为"何陋轩",复因轩之前,营驾楹为亭,环植以竹,而名之曰"君子"。曰:"竹有君子之道四焉:中虚而静,通而有间,有君子之德;外节而直,贯四时而柯叶无所改,有君子之操;应蛰而出,遇伏而隐,雨雪晦明,无所不宜,有君子之时;清风时至,玉声珊然,中采齐而协肆夏,揖逊俯仰,若洙、泗群贤之交集,风止籁静,挺然特立,不挠不屈,若虞廷群后,端冕正笏而列于堂陛之侧,有君子之容。竹有是四者,而以'君子'名,不愧于其名。吾亭有竹焉,而因以竹名,名不愧于吾亭。"

心斗角的心术没有穷尽,弄得狡猾奸诈,无所不至,而浑厚质朴却消失殆尽了。夷地的老百姓就像一块没有经过雕饰的璞玉,没经过衡量的木材,虽然显得粗糙顽固,但椎斧还可以对他们施以加工,怎么可以说他们鄙陋呢? 这是孔子所想去住在那的原因吗? 虽是这么讲,典章文物,也不应该不讲吗? 现在夷地的风俗,崇尚巫术,侍奉鬼神,亵渎礼节而放纵自己,他们不遵循法度,最终也免不了鄙陋之名,这不讲典章文物所致。

可这也不损害夷地人的本质。诚然若有君子住在那里,教化他们也是很容易的。我不是这种人,写下这些希望有君子愿意去那里实行教化。

君子亭记

戊辰

我既已造了"何陋轩",就又在靠着何陋轩的前边,造了几根柱子做成一个亭子,亭子的四面都种上竹子,因此给这个亭命名为"君子"亭。并说:"竹有四种君子之道:中间空虚而清静,相通而有间隔,这是有君子的品德;外有竹节而且平直,一年四季枝叶没有什么变化,这是有君子的节操;惊蛰到时开始生长,遇到伏天则隐着,风霜雪雨,阴晴不定,也没有什么不适合的,这是有君子的审时;有时清风徐来,声如玉珠,珊然有加,貌则整齐划一,就在协调俯仰之时,如人谦逊互相揖让,就像洙、泗很多圣贤人聚会一样,风停后则万籁俱静,挺拔特立,不屈不挠,就像虞朝时,百官端冕正笏,整齐地站立在堂阶的两侧,这是有君子的气度。竹子有这四种品质,因此拿'君子'来命名它,它是无愧于这一名称的。我亭子四周有竹子,因此拿竹

门人曰:"夫子盖自道也。吾见夫子之居是亭也,持敬以直内,静虚而若愚,非君子之德乎?遇屯而不慑,处困而能亨,非君子之操乎?昔也行于朝,今也行于夷,顺应物而能当,虽守方而弗拘,非君子之时乎?其交翼翼,其处雍雍,意适而匪懈,气和而能恭,非君子之容乎?夫子盖谦于自名也,而假之竹。虽然,亦有所不容隐也。夫子之名其轩,曰'何陋',则固以自居矣。"

阳明子曰:"嘻!小子之言过矣,而又弗及。夫是四者,何有于我哉?抑学而未能,则可云尔耳。昔者,夫子不云乎,'汝为君子儒,无为小人儒',吾之名亭也,则以竹也。人而嫌以君子自名也,将为小人之归矣,而可乎?小子识之!"

远俗亭记

戊辰

宪副毛公应奎,名其退食之所曰"远俗"。阳明子为之记曰:俗习与古道为消长。尘嚣溷浊之既远,则必高明清旷之是宅矣。此远俗之所由名也。然公以提学为职,又兼理夫狱讼军赋。则彼举业辞章,俗儒之学也;簿书期会,俗吏之

子来命名它,这个名称是无愧于我的亭子的。"

门人说:"先生大概在说自己吧。我看先生坐在这个亭子里,恭敬持守以端正内心,澄虑默照犹如愚者,难道这不是君子的德行吗?遇到艰难而不害怕,身处困境而能通达,难道这不是君子的节操吗?以前在朝廷中做官,现在被贬到夷地,顺应物事并且能承受得了,虽然守着一定的规矩但不拘泥于它们,难道这不是君子的审时吗?与人交往,轻松悠闲,自己独处,庄重肃穆,心意平淡但毫不懈怠,气韵平和仍很谦恭,这难道不是君子的气度吗?先生大概是很谦虚,不说明是自己,而假借以竹的名义。虽是这样,也有无法隐蔽的地方。先生给那个小轩命名为'何陋',本来指的便是自己。"

我说:"唉,你的话说得太过于夸大了,而且又没说道点上。竹子的四种品德,哪一种我有呢?也许说我正在努力学这品德,但还未做到,还可以。当年孔子不是说过这样的话吗?他说:'你要做信奉儒家学说的君子,不要做信奉儒家学说的小人。'我给亭子命名,是拿竹子来名命的。别人认为有拿君子自命的嫌疑,这就成了小人一类了,这样做能行吗?你现在明白了吧!"

远俗亭记

戊辰

宪副毛应奎给他公余退居的房子命名为"远俗"。我为他写了一篇记说:俗习与古道此消彼长。既然远离纷扰喧嚣肮脏浑浊,那么一定会让他住的屋子高大明亮,清朗开阔。这就是远俗之名的由来。可是毛公以担任提学使的职务,同时还兼有处

务也；二者公皆不免焉。舍所事而曰吾以远俗，俗未远而旷官之责近矣。

君子之行也，不远于微近纤曲，而盛德存焉，广业著焉。是故诵其诗，读其书，求古圣贤之心，以蓄其德，而远诸用。则不远于举业辞章，而可以得古人之学，是远俗也已。公以处之明，以决之宽，以居之恕，以行之则，不远于簿书期会，而可以得古人之政，是远俗也已。

苟其心之凡鄙猥琐，而徒闲散疏放之是托，以为远俗，其如远俗何哉？昔人有言："事之无害于义者，从俗可也。"君子岂轻于绝俗哉！然必曰无害于义。则其从之也，为不苟矣。是故苟同于俗，以为通者，固非君子之行；必远于俗，以求异者，尤非君子之心。

象祠记

戊辰

灵博之山有象祠焉，其下诸苗夷之居者，咸神而事之。宣慰安君因诸苗夷之请，新其祠屋，而请记于予。予曰："毁之乎？其新之也？"曰："新之。""新之也何居乎？"曰："斯祠之肇也，盖莫知其原。然吾诸蛮夷之居是者，自吾父吾

理那些案件诉讼军队赋役的事情。这样一来那些科举考试，诗词文章是俗儒之学；簿书期会是俗吏之务；两方面毛公都不能避免。远离所从事的而自称我是远离世俗，到时世俗未远离，却招来了不称职的责备。

君子做事，不远离那些日常生活中细小的事情，而积蓄德行，成就事业。因此，读书诵诗，以求得到古时圣贤人的心性，以蓄养其德行，这样便可疏远各种世俗之用。但却没有远离科举考试，诗词文章，并且可获得古人学问的精髓，这样才算是远俗啊！毛公处理事情明白，判决时也很宽容，静处时待人宽恕，行动时很有原则，但不远离簿书期会的事情，而获得古人从政的秘诀，这方是真正的远俗。

如果人们心中总是鄙俗猥琐，只不过以闲散疏放为托词，以为便是远俗，这时远俗有什么用呢？昔时有人说："事情如果不妨碍于道义，可以随俗的。"君子怎么可以轻易弃绝世俗呢！但一定得是对道义没有损害。这样随俗，并不是苟且随俗。因此那些苟且混同于世俗，认为是一种通达，这本来就不是君子的行为。一定要远离世俗，以便和他人不一样，这更不是君子的心态了。

象祠记

戊辰

灵博山上有一座象祠，住在山下的苗夷各族，都将它当作神而事奉着。宣慰安君因为诸苗夷的请求，把象祠作了一番修整，并请我做一篇记。我问："是将象祠摧毁了，还是翻新了？"他回答说："重新翻修了。""为什么要翻新？"他回答道："这

祖，溯曾高而上，皆尊奉而梩祀焉，举之而不敢废也。"

予曰："胡然乎？有庳之祠，唐之人盖尝毁之。象之道以为子则不孝，以为弟则傲。斥于唐，而犹存于今，毁于有庳，而犹盛于兹土也，胡然乎？我知之矣。君子之爱若人也，推及于其屋之乌，而况于圣人之弟乎哉？然则祀者为舜，非为象也。意象之死，其在干羽既格之后乎？不然，古之骜桀者岂少哉？而象之祠独延于世。吾于是益有以见舜德之至，入人之深，而流泽之远且久也。象之不仁，盖其始焉，尔又乌知其终之不见化于舜也？《书》不云乎：'克谐以孝，烝烝乂，不格奸。'瞽瞍亦允若，则已化而为慈父；象犹不弟，不可以为谐。进治于善，则不至于恶，不抵于奸，则必入于善。信乎，象盖已化于舜矣。孟子曰：'天子使吏治其国，象不得以有为也。'斯盖舜爱象之深，而虑之详，所以扶持辅导之者之周也。不然周公之圣，而管、蔡不免焉。斯可以见象之既化于舜，故能任贤使能，而安于其位，泽加于其民，既死而人怀之也。诸侯之卿命于天下，盖《周官》之制，其殆仿于舜之封象欤？吾于是益有以信人性之善，天下无不可化之人也。然则唐人之毁之也，据象之始也；今之诸夷之奉之也，承象之终也。斯义也，吾将以表于世，使知人之不善，虽若象焉，犹可以改。而君子之修德，及其至也，虽若象之不仁，而犹可以化之也。"

个祠堂在一开始，已经没有人知道它原来的样子了。但我们苗夷各族住在这个地方，从我们的父亲、祖父起，一直推到曾祖辈以上，都尊奉着象祠并实行礼祀。没有谁敢废止这种活动。"

我说："果真是这样吗？有庳的祠堂，唐代的人曾经就将它平毁了。因为在象看来，做儿子就不应该孝顺，做弟弟就应该倨傲。这在唐朝是很受排斥的，即使现在仍是受排斥的，在有庳遭到破坏的象祠，在这块土地上却仍很兴盛。为什么这样？噢，我知道了。君子之爱也像一般人一样，喜欢某座房子顺便也喜欢那房子上的乌鸦，何况象是舜这个圣人的弟弟呢？可是这样的话，祭祀的便是舜而不是象。推想一下，象是死在庙堂之礼已有定制之后吗？要不然的话，古代那些凶暴的人还少吗？可是象的祀堂，偏偏一直延续到现在。我从这里更加可以看见舜德行的高洁了，它深入人的内心，而且恩泽后人幽远而且久长。大概象的不仁，是开始时的事吧，又怎么可见得象一生都没受舜的感化呢？《尚书》上不是说：'舜能够通过孝使家人和谐相处，用自己的孝行美德感化他们，使他们改恶从善，不走邪路。'这一点，他的瞎子父亲也是同意的，通过感化也而成为慈父；象一点也不敬重哥哥，根本就不能与人和谐相处。后来他受到舜的感化也能进德修善，不再邪恶，也不再凶残，那一定是达到善了。象大概已被舜感化了，这是毋庸置疑的。孟子说：'天子让官吏治理国家，象不能去做这事。'这大概是舜爱护象很深的缘故，替象考虑得很详细、周全。要不然为什么周公如此圣明，但弟弟管叔、蔡叔仍不免于惩罚。从这里可以看出象已经被舜感化了，所以能任贤使能，安心居于他的职位，施加恩泽给他的百姓，他死后人们很怀念他。诸侯从天子那里受命，是

卧马冢记

戊辰

卧马冢在宣府城西北十余里，有山隆然，来自苍茫，若涌若濇，若奔若伏，布为层裀，拥为覆釜，漫衍陂迤，环抱涵回，中凝外完，内缺门若，合流泓洄，高岸屏塞，限以重河，敷为广野，桑乾燕尾，远泛近挹。今都宪怀来王公实葬厥考大卿于是。

方公之卜兆也，祷于大卿，然后出从事，屡如未迪，末乃来兹，顾瞻徘徊，心契神得，将归而加诸卜。爰视公马，眷然跽卧，嚏嗅盘旋，缱绻嘶秣，若故以启公之意者。公曰："呜呼！其弗归卜，先公则既命于此矣。"

就其地窆焉。厥土五色，厥石四周，融润煦淑，面势环

《周官》的定制,最初是仿效舜封象吧?我从这里更加相信人性是本善的,天下没有不能感化的人。这样看来,大概唐人之所以摧毁象祀,是因为象起先的表现;现在苗夷各族尊奉他,是因为象后来的表现。这是一种道义啊,我将此表彰于后世,使大家知道,即使一个人,如象一样的不善,还是可以改变的。君子修炼德行,其最高境界,就是使像象一样不仁的人,也可以受到感化。"

卧马冢记

戊辰

卧马冢在宣府城西北十余里的地方,那里有隆然而起的山峰,在苍茫的云海间,山峦像江水一样时而汹涌时而静止,时而奔涌时而隐伏;放眼望去,层层叠叠像许多垫子堆在一起;近眼看去,又像一只翻过来的釜锅;山势逶迤,曲曲折折一座连着一座,一直伸向远方;群山中间凝聚,外围完美,偶尔隔断,也如门户一般,山势如水流,合流洄旋;四边的山峰,如高岸组成的屏幛,以阻挡水的漫流;纵眼一看,则如广阔平野一般,桑乾如燕尾分叉尾,远处如大水漫流,近则如舀出的液体。当今的都宪怀来的王公将他的先父大卿葬于此地。

当王公生占卜墓地时,向大卿祈祷,然后才出来寻找地方。屡次都没能满意,最后他才到这里,瞻仰徘徊,心契神得,想回去再补上一卦。去看他的马匹,它正眷眷依恋,跪卧于地,又喷又嗅,环绕着走,情意缠绵,嘶叫吃食,就像在启发王公一般。王公说:"啊,无须再回去占卦了,先公已经让我留在这里了。"

于是就在附近埋葬了父亲。这里的土是五色土,四面是石

拱。既葬，弗震弗崩，安靖妥谧，植树蓊蔚，庶草芬茂，禽鸟哺集，风气凝毓，产祥萃休，祉福骈降。乡人谓公孝感所致，相与名其封曰"卧马"，以志厥祥，从而歌之。士大夫之闻者，又从而和之。正德戊辰，守仁谪贵阳，见公于巡抚台下，出，闻是于公之乡人。客有在坐者曰："公其休服于无疆哉！昔在士行，牛眠协兆，峻陟三公，公兹实类于是"。

守仁曰："此非公意也。公其慎厥终，惟安亲是图，以庶几无憾焉耳已。岂以徼福于躬，利其嗣人也哉？虽然，仁人孝子，则天无弗比，无弗祐，匪自外得也；亲安而诚信，竭心斯安矣；心安则气和，和气致祥，其多受祉福，以流衍于无尽，固理也哉！"

他日见于公，以乡人之言问焉。公曰："信"。以守仁之言正焉。公曰："呜呼！是吾之心也。子知之，其遂志之，以训于我子孙，毋替我先公之德。"

宾阳堂记

戊辰

传之堂东向曰宾阳，取《尧典》"寅宾出日"之义，志向也。宾曰羲之职而传冒焉，传职宾宾，羲以宾宾之寅而宾日。

头，看上去很是温暖美好，环拱融润。已经安葬好后，没有受到震动也没有崩坏，很是静谧，种的树也一片郁郁葱葱，栽的花草也是芬芳繁茂，鸟儿在那里聚居哺育幼鸟，那里风清气朗，很适合生物的生长，各种物产很是丰饶，许多福祉纷纷降临。乡人都说这是公的一片孝心感动了上天而得来的，给这个地方命名为"卧马"，以庆贺这种吉祥，从而歌颂它。有听到这些的士大夫们，又跟着附和。正德三年，我被贬到贵阳，见王公于巡抚衙门，听他的同乡人说到这些。在座之中有人说："王公会永远交好运的！以前士行十卦伴牛眠，于是被拨擢，地位崇高到了三公，王公也是如此。"

我说："这不是王公本来的意思。他一生谨慎，只是为了安慰父母，以求问心无愧罢了。怎么会是亲自去求福祉，以利益后人呢？虽然仁人孝子，上天没有不赞同的，没有不去保佑的，这并不是从身外得来的；父母安定，讲求诚信竭尽全力以求宁静；心安则气和，和气便可招来吉祥，得到许多福祉，并且延绵不绝，这本来便是理啊！"

某日我见到了他，拿乡人的话来问他。他说："是这样的。"认为我的话很有道理，并说："唉！这才是我的本心啊。你知道我的本心。希望你记下来，以教诲我的后世子孙，不要忘了先公的仁德。"

宾阳堂记

戊辰

驿传的礼堂东向称为宾阳，这取自《尚书·尧典》"如敬重宾客一样导引太阳的初升"的意思，是标记太阳的方向的。迎接

传以宾日之寅而宾宾也。

不曰:"日乃阳之属,为日为元,为善为吉,为亨治;其于人也,为君子,其义广矣备矣。内君子而外小人,为泰。"曰:"宾自外而内之传,将以宾君子而内之也。传以宾君子而容有小人焉,则如之何?"

曰:"吾知以君子而宾之耳。吾以君子而宾之也,宾其甘为小人乎哉?"为宾日之歌,日出而歌之,宾至而歌之。歌曰:"日出东方,再拜稽首,人曰予狂。匪日之寅,吾其怠荒?东方日出,稽首再拜,人曰予忞。匪日之爱,吾其荒怠?其翳其晴,其日惟霁。其昫其雾,其日惟雨。勿忭其昫,俟焉以雾。勿谓终翳,或时其晴。晴其光矣,其光熙熙。与尔偕作,与尔偕宜。俟其雾矣,或时以熙。或时以熙,孰知我悲。"

重修月潭寺建公馆记

戊辰

隆兴之南有岩曰月潭,壁立千仞,檐垂数百尺。其上㶀洞玲珑,浮者若云霞,亘者若虹霓,豁若楼殿门阙,悬若鼓钟编磬。幨幢缨络,若搏风之鹏,翻集翔鹄;螭虺之纠蟠,

日出是羲的职责，传给了冒，传职要恭谨，羲以敬谨的态度迎接日出，以迎接日出的敬谨来传职。

不是说："太阳属阳，是光明是开始，是善良是吉祥，是通达的治世；它用之于人，则是君子，它的含义就广泛而完备了。接纳君子，拒斥小人，就是安泰。"还说："客人是从外进入传内的心，他以对待君子的态度在内心里对待客人。以敬重君子的态度便可容忍小人了，这样又会怎样呢？"

又说："我知道拿君子之心来对待客人而已。我拿君子之心来对待客人，客人就会心甘情愿成为小人吗？"为敬重太阳歌唱，太阳出来赞颂它，客人来了也赞颂他。其颂扬的内容是："太阳从东方出来，拜两下再稽首，别人说我是狂妄。这不是敬重太阳，我果真是懈怠荒唐吗？太阳从东方出来，我稽首再拜两下，别人说我显得很疲惫。这不是敬爱太阳，我真的是荒唐懈怠的吗？天空如果乌云遮蔽，这一天便会放晴。天空如果温暖而多雾，这天便会下雨。不要因为温暖就高兴，一会天空便会出现云雾，不要说整天都是阴沉的，说不准便会云开雾散。太阳出来了，太阳的温暖。与你们一道耕作，显得很合时宜。一会雾又来了，大概有时又有太阳的温暖。有时太阳出来了，谁又会知道我悲凉的心情呢？"

重修月潭寺建公馆记

戌辰

隆兴南边有一山崖叫月潭，悬崖峭壁，高达千仞，垂下的石块有几百尺宽。崖上山石弥漫无际玲珑小巧，浮着的像云霞，连着的像彩虹，开阔的像楼宇殿阁的门户，悬着的像鼓钟编磬。

猱猊之骇攫,谲奇变幻,不可具状。而其下澄潭邃谷,不测之洞,环秘回伏;乔林秀木,垂荫蔽亏;鸣瀑清溪,停泊引映。天下之山,萃于云、贵,连亘万里,际天无极。行旅之往来,日攀缘下上于穷崖绝壑之间。虽雅有泉石之癖者,一入云、贵之途,莫不困踣烦厌,非复夙好。而惟至于兹岩之下,则又皆洒然开豁,心洗目醒。虽庸侪俗侣,素不知有山水之游者,亦皆徘徊顾盼,相与延恋而不忍去。则兹岩之胜,盖不言可知矣。

岩界兴隆、偏桥之间各数十里。行者至是,皆惫顿饥悴,宜有休息之所。而岩麓故有寺,附岩之戍卒官吏与凡苗夷犵狫之种,连属而居者。岁时令节,皆于是焉厘祝。寺渐芜废,行礼无所。宪副滇南朱君文瑞按部至是,乐兹岩之胜,悯行旅之艰,而从士民之请也,乃捐资庀材,新其寺于岩之右,以为厘祝之所。曰:"吾闻为民者,顺其心而趋之善。今苗夷之人,知有尊君亲上之礼,而憾于弗伸也。吾从而利道之,不亦可乎?"则又因寺之故材与址,架楼三楹,以为部使者休食之馆。曰:"吾闻为政者,因势之所便而成之,故事适而民逸。今旅无所舍,而使者之出,师行百里,饥不得食,劳不得息,吾图其可久而两利之,不亦可乎?"使游僧

檐幢缨络，像搏击长风的鹏鸟，飞翔停栖的鸿鹄，如螭魑盘曲缠绕伏着，像猱猊受惊后迅速地抓取，诡谲奇特变化多端，根本无法详细说清楚。而崖下潭水澄碧，山谷幽静，不测之洞，环绕神秘起伏回旋；乔林秀木，郁郁葱葱，荫翳蔽日；山中瀑布鸣泉，流水清澈，洄流静止互相映照。天下之山荟萃于云、贵，连绵不绝达万里之遥，直到没有边际的天际。来来往往的旅行者，每日上下攀缘，在无穷无尽的悬崖绝壁，幽谷深潭中。即使有雅兴极爱泉石，一到云、贵的路上，没有谁不感到疲惫厌烦，不再挂记自己日夜喜好的东西。但只有一到这个悬崖之下，又都心神为之一爽，心胸豁然开朗，连眼睛也为之一亮。即使是庸俗之辈，平日根本不知游山玩水乐趣的人，到了这里，也是徘徊顾盼，恋恋不舍而不忍离去。那么这一山崖的绝妙所在，我不说大家也知道了。

　　山崖在兴隆和偏桥之间的交界处，离这两地都有几十里。旅行的人到了这里，都已经疲乏已极，饥渴难当，所以应该有一个休息的地方。山崖脚下以前有一座寺庙，住着守护这山崖的官吏和那些苗夷犵狄各族的人民，接连交相杂居。每年到了时节，都在这里祈祷祭祀。寺庙渐渐荒芜废弃了，连行礼的地方也没有。宪副滇南朱文瑞君到这里巡视，很喜欢这座山崖的胜景，同情那些行旅人的艰辛，顺从士民的请求，于是募捐银款筹备木材，在山崖的右边新建寺庙，作为祈祷祭祀的地方。并说："我听说所谓为百姓着想，就是顺应百姓的心意让他们趋向善。现在苗夷各族的人，知道有尊敬君主，孝顺长者的礼仪，遗憾的是没有办法去推广。我顺这一民意，对他们进行有利的引导，不是挺好的吗？"然后又用寺庙原来的木材与地址，修了三座楼，作

正观任其劳，指挥逊远度其工，千户某某相其役。远近之施舍勤助者，欣然而集，不两月而工告毕。

自是饥者有所炊，劳者有所休，游观者有所舍，厘祝者有所瞻依，以为竭度效诚之地。而兹岩之奇，若增而益胜也。

正观将记其事于石，适予过而请焉。予惟君子之政，不必专于法，要在宜于人；君子之教，不必泥于古，要在入于善。是举也，盖得之矣。况当法网严密之时，众方喘息忧危，动虞牵触。而乃能从容于山水泉石之好，行其心之所不愧者，而无求免于俗焉。斯其非见外之轻，而中有定者，能若是乎？是诚不可以不志也矣。

寺始于戍卒周斋公，成于游僧德彬，增治于指挥刘瑄、常智、李胜及其属王威、韩俭之徒，至是凡三缉。而公馆之建，则自今日始。

为到此巡视休息吃饭的地方。并说:"我听说所谓为政,便是随时势的要求而实现它,这样事情很合适,百姓也很高兴。现在旅行者到此没有住的地方,而巡视的人出师行走百里到这里,饿了没法吃,累了没地休息,我看这可以长期便利双方,难道这不好吗?"于是派游僧正观出任总管修建工作,指挥邃远组织工匠,千户某某做监工。远近出钱出力的人,没有不感到高兴的,他们聚在一起,不到两个月便修完了。

从此,饥饿的人可以做饭吃,疲乏的人可以休息了,旅游观光的人到这里有了住的地方,祈祷祭祀的也有地方活动,来表达他们尊敬的诚心。这一山崖的奇丽,也有增无减,更加优美了。

正观正准备将这事记刻在石上,正好我路过这里,因而请我来写。我认为只要是君子之政,不一定得专于法度,其关键在于适合百姓;君子之教,也不一定要拘泥于古人,其关键在于符合善道。这种举措,得到了君子的政治教化的要旨。况且当法律严明的时候,众人都喘息未定,人人自危,不敢擅自轻举妄动。这样仍能从容地发挥自己对山水泉石的爱好,按自己的意愿行事而问心无愧,不求免于世俗。如果不是轻视外在名利,内心有所安定的人,能这样吗?这实在是不能不记载下来。

这座寺庙始建于戌卒周斋公,完成于游僧德彬,又经过指挥刘瑄、常智、李胜及其下属王威、韩佥等人的重新整治,到现在已修过三次了。而公馆的修建,则是从现在才开始的。

玩易窝记

戊辰

阳明子之居夷也，穴山麓之窝，而读《易》其间，始其未得也，仰而思焉，俯而疑焉，函六合入无微，茫乎其无所指，孑乎其若株；其或得之也，沛兮其若决，了兮其若彻，菹淤出焉，精华入焉，若有相者而莫知其所以然。其得而玩之也，优然其休焉，充然其喜焉，油然其春生焉，精粗一，外内翕，视险若夷，而不知其夷之为厄也。

于是阳明子抚几而叹曰："嗟乎！此古之君子，所以甘囚奴，忘拘幽，而不知其老之将至也。夫吾知所以终吾身矣。"名其窝曰"玩易"，而为之说曰："夫《易》三才之道备焉；古之君子，居则观其象而玩其辞；动则观其变而玩其占；观象玩辞，三才之体立矣；观变玩占，三才之用行矣。体立故存而神，用行故动而化。神故知周万物而无方，化故范围天地而无迹。无方则象辞基焉，无迹则变占生焉。是故君子洗心而退藏于密，斋戒以神明其德也。

盖昔者夫子尝韦编三绝焉。呜呼！假我数十年以学

玩易窝记

戊辰

我住在夷地时,在山脚下的一个岩洞里看书,在里面读《易经》,刚开始什么也没有得到,于是我在抬头间思考,低头时提出疑问,思考天地四方六合的一些细微精妙的问题,对它指的什么感到很茫然,就像一株孑然独立的树一样;间或也偶然有所得,那时思想源源而来就像决了口的大堤,而且清晰明了就像彻底贯通了一般,排除了糟粕,将精华吸收进去,似乎看见了本质而不知它为什么这样。得到后便开始玩味,悠然自得就像在休息一般,心中充满了喜悦之情,从内心里油然升起一种如春天般的生机,此时精华糟粕一致,内心外在合一,艰险被视作平坦,一点也不知这种平坦正是一种灾难。

因此我抚着案几叹息道:"唉!这就是古代那些君子,之所以甘心做囚奴,忘形于被拘押囚禁,而不知老之将至的原因啊。我知道我一生的归宿了。"于是,我给这个窝命名叫"玩易",并对此解释说:"《易经》中三才之道是很完备的;古代的君子,闲居时就看那些卦象而研究它的词句;行动时就看观那些变化而进行占卜。观象玩辞,三才的主体便建立了;观变玩占,三才之用便实行了。主体建立了,因而它便存在并发挥其神明的作用;使用以后,得以实行了事物便会运动变化;因为其神明故可知道周围万事万物而没有什么例外的,因为变化故天地万物也没有什么可推究的。没有例外,因此象辞便成为基本的,没有可推究的那么变合化可产生了。因此君子去掉心中的杂念,毫无私心欲念,进行斋戒如神般的通晓他的德行。

大概这便是昔日孔子曾经韦编三绝的原因。唉!给我几十

《易》，其亦可以无大过已夫。

东林书院记

癸酉

东林书院者，宋龟山杨先生讲学之所也。龟山没，其地化为僧区，而其学亦遂沦入于佛老训诂辞章者，且四百年。成化间，今少司徒泉斋邵先生，始以举子复聚徒讲诵于其间。先生既仕，而址复荒，属于邑之华氏。华氏，先生之门人也，以先生之故，仍让其地为书院，以昭先生之迹，而复龟山之旧。先生既已纪其废兴，则以记属之某。

当是时，辽阳高君文豸，方来令兹邑，闻其事，谓表明贤人君子之迹，以风励士习。此吾有司之责，而顾以勤诸生则何事？爰毕其所未备，而亦遣人来请。

呜呼！物之废兴，亦决有成数矣，而亦存乎其人。夫龟山没，使有若先生者，相继讲明其间，龟山之学，邑之人将必有传，岂遂沦入于老佛辞章，而莫之知？求当时从龟山游不无人矣。使有如华氏者，相继修葺之，纵其学未即明，其间必有因迹以求道者，则亦何至沦没于四百年之久？又使其时有司有若高君者，以风励士习为己任，书院将无因而圮，又何至化为浮屠之居，而荡为草莽之野？是三者皆宜书之以训后。

年的时间来学《易经》,也就不会有大过失了吧。

东林书院记

癸酉

东林书院是宋朝龟山杨时先生讲学的地方。龟山去世后,这块地方成僧侣们住的地方,这里的学术也渐渐沦为佛道之学,专讲训诂辞章近四百年之久。成化年间,现在的少司徒邵泉斋先生,开始聚集学子士人,又在那里开始讲学诵课。先生入仕途后,这块地方又荒废了,邵先生拜托当地人华先生处理此事。华氏是先生的门人,因为先生的缘故,仍然让这块地方作为书院,以表彰先生的事迹,恢复龟山先生过去的风貌。先生既然已经使书院由废到兴,才又找我做记。

正当这个时候,辽阳的高文豸君,正好到这里任地方官。听了这件事,让我表彰贤人君子的事迹,以鼓励士人的学风。这本是我们官府的责任,怎能劳烦诸生办呢?于是把没做完的事做完后,又派人来请我。

唉!事物的荒废兴盛,本来其由定数来决定,不过也在于人为这一因素。当年龟山先生去世时,假使有像先生一样的人,前后相续在这里讲学,龟山先生的学风,乡邑之人肯定会有人将它传下去,怎么会让它沦为佛道辞章中呢,而且没有人注意到这一点。推想一下,当时从龟山先生求学的不会没有人的。假如有人像华氏一样,前后相继对它加以修葺,即使学问没有立即明白,这里面也一定有循迹而获得道的,这样又怎么会沉沦达四百年之久呢?又假设当时的有司有像高君一样的人,把勉励学人士子的学风作为自己的责任,书院也不会无缘无故地败

若夫龟山之学,得之程氏,以上接孔孟,下启罗、李、晦庵,其统绪相承,断无可疑,而世犹议其晚流于佛。此其趋向毫厘之不容于无辨,先生必尝讲之精矣。先生乐易谦虚,德器溶然,不见其喜怒,人之悦而从之,若百川之趋海。论者以为有龟山之风,非有得于其学,宜弗能之。然而世之宗先生者,或以其文翰之工,或以其学术之邃,或以其政事之良,先生之心,其殆未以是足也。

从先生游者,其以予言而深求先生之心,以先生之心,而上求龟山之学,庶乎书院之复,不为虚矣。

书院在锡百渎之上,东望梅村二十里而遥,周太伯之所从逃也。方华氏之让地为院,乡之人与其同门之士,争相趋事,若耻于后。太伯之遗风,尚有存焉。特世无若先生者,以倡之耳。是亦不可以无书。

应天府重修儒学记

甲戌

应天京兆也,其学为东南教本,国初以为太学。洪武辛酉,始改创焉。再修于正德之己酉,自是而后,浸以敝圮。正德壬申,府尹张公宗厚始议新之,未成,而迁中丞以去。白

落，又怎么会转变成佛寺所在，成为草莽之人的住所呢？这三方面都应记下来以训导后世之人。

龟山这一学派，得之于程氏，往上接孔孟之学，往下开启罗、李、朱熹的学派，其血脉相承，一点也不用怀疑的，可是世人还是议论说其晚期流于佛学。这种趋向即使毫厘之间也是要辨明的，对此先生一定曾经讲得很明白了。先生乐易谦虚，德性深厚，喜怒不见于形，人们都很喜欢他并追随他，就像百川之水流入大海一样。论者认为没有龟山先生的学风，是不可能有这样的德风的。可是世人之所以拜先生，或者认为他的文章属于上等，或者以为他的学术很精深，或者认为他的政绩良好，而先生的本心，最终并没以此为满足的。

跟随先生游学的人，通过我的话深深地探求先生的本意，拿先生的要意，往上推及龟山先生的学风，这样书院的再次恢复，也不算是没有意义。

书院在无锡百渎之上，朝东离梅村有二十里远，这是周太伯所逃到的地方。当华氏让出这块地做书院时，乡里的人与他的同门之士，都争先恐后前去尽力，唯恐落后了遭人耻笑。可见太伯遗风，仍然存在。只不过在这个时代没有人如先生那样，对此加以提倡罢了。这一点也不能不加以记载的。

应天府重修儒学记

甲戌

应天府是京兆地区，那里的学府是东南一带地方名教之本。开国之初，它曾作为太学。洪武辛酉年，开始对它加以修整创新，到正德己酉年，再对此加以修整。从这以后，其渐渐的日

公辅之相继为尹，乃克易朽兴颓，大完其所未备。而又自以俸余增置石栏若干楹，于棂星门之外。于是府丞赵公时宪，亦协心赞画。故数十年之废，一旦修举，焕然改观。师模士气，亦皆鼓动兴起，庙学一新。教授张云龙等，与合学之士二百有若干人，撰序二公之绩，征予文为记。

予既不获辞，则谓之曰："多师多士，若知二公修学之为功矣，亦知自修其学以成二公之功者乎？夫立之师儒，区其斋庙，昭其仪物，具其廪庖，是有国者之立学也，而非士之立学也。缉其弊坏，新其圮墁，给其匮乏，警其怠弛，是有司者之修学也，而非士之修学也。士之学也，以学为圣贤。圣贤之学，心学也。道德以为之地，忠信以为之基，仁以为宅，义以为路，礼以为门，廉耻以为垣墙，《六经》以为户牖，《四子》以为阶梯。求之于心，而无假于雕饰也。其功不亦简乎？措之义行，而无所不该也，其用不亦大乎？三代之学，皆此矣。我国家虽以科目取士，而立学之意，亦岂能与三代异？学之弗立，有国者之缺也；弗修焉，有司者之责也。立矣，修矣，而居其地者弗立弗修，是师之咎，士之耻也。二公之修学，既尽有司之责矣。多师多士，无亦相与自修其学，以远于咎耻者乎？无亦扩乃地，厚乃基，安乃宅，辟乃门户，固乃垣墙，学成而用，大之则以庇天下，次之则以庇一省一

益毁坏。正德壬申年,府尹张宗厚初次倡导对此加以整理,结果没有成功,不久他调任中丞。白辅之接替他的职位做了应天府尹。于是开始扫除衰败与颓废的地方,彻底对其加以改造。然后又拿自己俸禄多余的部分添置了石栏若干楹,将它们立在棂星门之外。当时的府丞赵时宪,也尽心尽力加以赞助。因此,这里几十年的颓废,一下子就都修治好了,便显得焕然一新,面貌大为改观。教师规范,学生风气,也一时的纷纷兴起,庙学显得面目全新。教授张云龙等人和那里学士二百多人,撰写序文以表彰二公的事迹,他们向我征求文章作为一篇记。

我对此没法加以推辞,因此回答说:"各位老师和同学,如果说你们已经知道二公重新修学的功劳了,你们是否也知道你们也应该修治学业以成就二公的功德呢?把斋庙修得井然有序,把礼仪和物器弄得完备亮丽,把学生伙食办完善,这些是国家立学的职责,而不是士人的职责;修整学校房屋,补助困难学生,警诫怠惰学生,这些是有关当局立学的职责,而不是士人的职责。士人应该学习做圣贤的事业,圣贤的学问属于心学。道德是它的平地,忠信是它的根基,仁是它的住宅,义是它的道路,礼是它的门户,廉耻是它的围墙,《六经》是它的窗户,《四子》是它上下的阶梯。通过向内心的探求,根本不需要任何雕饰的。它的功效不也很简单吗?行动中加以实施,没什么不恰当的,它的作用不也是很大的吗?三代的学说,都在这里了。我们现在国家虽然通过科举考试取得士人,但其立学的本意,又怎能与三代时不同呢?不立儒学,是当政者的一种欠缺;不整理儒学,是有司们的失职;如果对儒学加以设立也进行了整理,但住在这个地方的人却不去设立不去整理它,这是老师们的过错,学生

郡，小之则以庇其乡闾家族。庶亦无负于国家立学之意，有司修学之心哉！若乃旷安宅，舍正路，圮基坏垣，倚圣贤之门户以为奸，是学校之为奸渊薮也，则是朝廷立之而为士者倾之，有司修之而为士者毁之，亦独何心哉？应天为首善之地，豪杰俊伟，先后相望，其文采之炳蔚，科甲之盛多，乃其所素余，有不屑于言者。故吾因新学之举，嘉多师多士，忻然有维新之志，而将进之以圣贤之学也。于是乎言。"

重修六合县儒学记

乙亥

六合之学敝久矣！师生因仍以苟岁月，有司者若无睹也，故废日甚。正德甲戌，县尹安福万廷埕氏既和辑其民，始议拓而新之。维时教谕长兴徐丙氏来就圮舍，日夜砥新厥士。尹因谓曰："子为我造士，而讲肄无所。斯吾责，何敢不力？顾兵荒之余，民不可重困，吾姑日积月累而徐图焉，其可乎？"

们的耻辱。二公修学,已经尽了有司的职责。各位老师和同学,难道不该互相都对儒学加以修学,以便远离失职与耻辱吗?可否扩大地盘,增加地基,使住宅安宁,打开门与窗户,加固围墙,学成后使用它,其大的好处则可以庇佑天下,退后一步说它也可保护一省一郡,从小处说也可以保护其同乡同族。这才不辜负了国家立学的本意,有司修学的心意啊!如果大家让这一安泰的住宅空旷下来,舍去正路,毁坏地基,摧毁围墙,仗着圣贤的门户而行邪恶,那么学校成了坏人的避难所,那样朝廷立了儒学却为学生们推倒,有司修之却为学生们破坏了它,这又是什么用心呢?应天是一方首善之地,这里的英雄豪杰,文人志士,一代一代有很多,他们的文采光辉丰赡,中了科甲之士的很多,是这里平素人们都知道的。对此人们都不屑于说什么。因此我因这次大力推举新学,鼓励各位老师同学,欣然有维新的志愿,这我很高兴。这将推进圣贤之学的完善。我因此写下这些。"

重修六合县儒学记

乙亥

六合那里的县学,很久以来就很破败了。但师生们仍然在那里苟且打发着岁月,有司对此就像没有看见一般,因此县学一天天颓废下去。正德九年,县令安福人万廷埕先生在那里,对百姓很是友善,他们开始讨论将县学扩大并更新旧有的。当时教谕长兴人徐丙奉命到这个破败的县里教书,日日夜夜磨砺新人。县令因此对他说:"先生为我们造就人才,可是却连个讲课的地方也没有。这是我的责任,怎么敢不出力呢?不过兵荒马乱年月过去,百姓不能再有什么困苦了,我暂且日积月累慢慢来

民间相谓曰："学谕方急训吾子弟，无宁居，尹不忍困吾民，而躬苦节省。吾侪独坐视，非人也。"于是，耆民李景荣首出百金以倡，从而应者相继。不终日聚金五百，以告尹，尹喜曰："吾民尚义若此，吾事不难办矣。然吾职务繁剧，孰可使以鸠吾事者乎？"

学谕曰，"尹为吾师生甚劳苦，父老奋义捐金，既费其财，又尽其力。而与一二僚，请无妨教事以敦。"民闻相谓曰："尹不忍困吾民，学谕方急训吾子弟，又不忍吾劳，而身董之。吾侪独坐视，非人也。"于是耆民王彰、陈模首请任其役，从而应者十夫，以告尹，尹嘉曰："吾民尚义如此，吾事不难办矣。"提学御史张君适至，闻其事而嘉之，众益趋以劝。

十月辛卯，尹乃兴事。学谕经度规制以襄。训导某、典史某察其勤惰，稽其出纳。修大成殿，修两庑神厨；库前为戟门，又前为棂星门，又前为泮宫坊，皆以石。殿后为明伦堂，为东西斋，又后为尊经阁。明伦堂之左为三廨，以宅三师；前区三圃，圃前为名宦祠，又前为乡贤祠，又前为崇文仓。明伦堂之右为致斋所，又右为馔房，又右为射圃。而亭

安排这事吧，这样做行吗？"

百姓听了这话，互相转告说："学谕正急着教诲我们的子弟，居然没有一个安宁的住所，县令不忍心让百姓受困苦，而亲自实行节俭。我们这些人只是坐在一边冷眼旁观，算不上人啊。"于是有个叫李景荣的老人先出百金来进行倡导，跟随着他而响应的人络绎不绝。没几天，便聚集了五百金左右，将这告诉县令，县令高兴地说："我们这里的百姓崇尚道义，做了这事，我的事情便不难办了。可是我公务繁杂，谁来代替我进行督察这项工程吗？"

学谕说："县令为了我们师生很是劳苦，父老乡亲出于正义捐了许多钱，既让他们破费钱财，又使他们尽了心力。我和一两个同僚，在不妨碍教学的条件下，去做吧"百姓听了，互相转告说："县令不忍心让我们再受困苦，学谕正急着教导我们的子弟，却又不忍心我们劳累而亲自去监督。我们这些人只是坐在这旁观，我们还是人吗。"于是有叫王彰和陈模的老人，请求去做那些劳役，跟随他们响应的有十个人，将这告诉县令，县令赞扬地说："我们的百姓如此崇尚正义，我的事情不难办了。"正好提学御史张君到了这里，听了这些事情对此大加赞赏，众人更加受到鼓励了。

十月初二，县令就开始动工了。学谕制定了一些规章制度加以辅助。一个训导，一个典史督察民工中勤劳懒惰之人，仔细考察出纳费用。修整大成殿，修建了两个厢房一个雨庑，一个厨房，库前边是戟门，再前边为棂星门，棂星门前边为泮官坊，这些都是以石筑成的。大成殿后边为明伦堂，作为东西斋，再后边是尊经阁。明伦堂的左边是三廨，三师便住在里头，前区有

其圃之北曰观德。致斋之外为宰牲所，又前为六号。凡为屋百九十有七楹。十二月丁巳工告毕，役未逾时也。

间閈之民，尚或未知其兴作，闻而来聚观者，皆相顾喑愕，以为是何神速尔！是何井井尔，焕焕尔！庠生某，撰考其事，来请予记。予曰："甚哉！诚之易以感民也；甚哉！民之易以诚感也。有司者，赋民奉国，鞭笞累絷，不能得则反仇视。今县尹、学谕一言而民应之若响。使天下之为有司学职者咸若是，天下其有不治乎？此可以为天下之为有司学职者倡矣。民之爱其财与力，至争刀锥靳，举手投足，宁殆其身而不悔。今六合之民，感其上之一言，捐数十百金，效力争先恐后。使天下之为民者咸若是，天下其有不治乎？此可以为天下之民倡矣。民之蔽于欲而厚于利，苟有以感之，然且不惮费己之财，劳己之力，以赴上之所欲为。士秀于民，而志于道，修其明德亲民之学，以应邦家之求，固不费财劳力而可能也。苟有以感之，有不翕然而兴者乎？吾闻徐谕之教六合，不数月而士习已为之一变。使由此日迁于高明广大，以洗俗学之陋，则夫兴起圣贤之学，以为天下士之倡者，将又不在于六合之士邪？将又不在于六合之士邪？"

三个苗圃，圃前是名宦祠，再前边是乡贤祠，乡贤祠前边是崇文仓。明伦堂的右边是致斋所，再右边为吃饭的地方，它的右边又接着射圃。圃的北面修有一亭叫观德，致斋所的外边是宰杀牲口的地方，它的前边是六号。有屋总共为一百九十七楹。十二月二十九日，整个工程全部完成，一点也没有超过规定的时间。

　　闾里的人，还有些不知道修这一书院的，听说竣工了聚到这来观看，对此都相向而见感到很惊愕，认为他们太神速了！书院修得那么井井有条，显得如此生气勃勃！学校里有个书生，仔细将这事前前后后弄得很清楚，然后来请我作一记。我说："好啊！这实在是以诚心感动了百姓；好哇！百姓也确实受了诚心的感召。作为有司，便是为国为民，向百姓征赋以给养国家，逼着百姓，鞭打他们，结果得不到人心反而受到他们的仇视。现在县令和学谕一句话而使百姓便响应就像回声一般。假如天下做有司的在位期间都像这样，天下难道还有没法治理的吗？这可以作为天下做有司的人行事的一种模范。百姓爱惜他们的钱财和人力，以至于争着去干，举手投足，宁愿使自己疲惫不堪也不后悔。现在六合县的老百姓，被他们上官一句话所感动，捐款几百金，并争先恐后地出力效劳。假如天下百姓的都像这样，天下难道还有无法治理的道理吗？这可以作为天下百姓的榜样。百姓被欲望蒙蔽，很看重利益，假如他们受到感动，尚且不害怕破费自己的钱财，辛苦自己，去做上面所想做的事情。学者比老百姓优秀，有志于道，修炼明德亲民的学问，以适合国家的需要，即使不破费钱财，劳苦自己也可以有作为的。如果百姓受到感化，还有不觉得很和谐而去追随的吗？我听说徐丙在六合教学，没几个月而学生们的学习风气已经为之一变了。假如从此一日比一

时雨堂记

丁丑

正德丁丑，奉命平漳寇，驻军上杭。旱甚，祷于行台，雨日夜，民以为未足。乃四月戊午，班师，雨，明日又雨，又明日大雨。乃出田，登城南之楼以观，民大悦。有司请名行台之堂为"时雨"，且曰："民苦于盗久，又重以旱，将谓靡遗。今始去兵革之役，而大雨适隆。所谓王师若时雨，今皆有焉。请以志其实。"

呜呼！民惟稼穑，德惟雨，惟天阴隲，惟皇克宪，惟将士用命，去其螣蝛。惟乃有司实耨获之，庶克有秋。乃予何德之有？而敢叨其功。然而乐民之乐，亦不容于无纪也。巡抚都御史王守仁书。是日，参政陈策、佥事胡琏至，自班师。

日进步,达到高明广大的境界,冲掉一般俗学的陋习。这样,兴起圣贤之学,做天下学士们的模范,怎么会不是六合县的学士呢?怎么会不是他们呢?"

时雨堂记

丁丑

正德十二年,我奉命前去平定漳州的叛乱,军队驻扎在上杭。那时正遇上天大旱,就到行台去祈祷上天降雨,于是雨下了一天一夜,百姓仍然不觉得够。到了四月十三日,准备班师回朝,又逢天降大雨,第二天又是雨天,到第三天雨下得更大了。于是我出门到城南的一座楼上观看,老百姓对此很高兴。地方官员请求说,将这行台之堂命名为"时雨堂",并说:"百姓受叛军之苦太久,后来又再次遇到大旱,人们都觉得萎靡不振。现在才免了兵革的劳役,大雨又正好这个时候降落。从前人们说王师如及时雨一样,现在这两方面都有了,请您将它的实际情况记下来。

"啊!百姓只管播种,只希望下的种庄稼,只希望老天爷暗暗地安定,保护下民,只希望朝廷法制严明,天下太平,将士们能听候命令,扫除那些败类。只希望地方官员除恶务尽,保护百姓能够收获庄稼。我对此有什么德行可言呢?怎么敢再居功?不过因为百姓高兴,我要使他们感到高兴,也容不得我不写下这些的。巡抚都史王守仁写。这一天,参政陈策和佥事胡琏率众到这里,遂带领军队班师。

重修浙江贡院记

乙酉

古之选士者,其才德行谊,皆论定于平日,而以时升之故。其时有司之待士,一惟忠信礼义,而无有乎防嫌逆诈之心也。士之应有司,一惟廉耻退让,而无有乎奔竞侥幸之图也。

迨世下衰,科举之法兴,而忠信廉耻之风薄。上之人不能无疑于其下,而防范日密;下之人不能无疑于其上,而鄙诈日生。于是乎至有搜检巡绰之事,而待之不能以礼矣。有糊名易书之制,而信之不能以诚矣。有志之士,未尝不叹惜于古道。而千数百年卒无以改。殆亦风气习染之所成,学术教化之所积,势有不可得而误焉者也。虽然,古人之法,不可得而复矣。所以斟酌古人之意,而默行之者,不犹有可尽乎?后世之法,不可得而改矣。所以匡持后世之弊,而善用之者,不犹有可为乎?有司之奉行,其识下者,昧古之道,而益浚之以刻薄猥琐之意;其见高者,鄙时之弊,而遂行之以忽慢苟且之心。是以陋者益陋,而疏者愈疏,则亦未可专委咎于法也。若浙之诸君子之重修贡院,斯其有足以起予者矣。

浙之贡院,旧在城西,尝以隘迁于藩治之东北,而苟简

重修浙江贡院记

乙酉

　　古代人选士,其才能德行,都由日常生活中的表现来决定,并等待时机加以提升。当时有司对待士人,也只是讲究忠信礼义,根本不存在对士人有防嫌逆诈的疑心。士人对有司呢,也只是讲求廉耻退让,根本就没有同有司奔走竞争有所侥幸的企图。

　　等到世风日益衰败,通过科举选拔士人的风气便兴盛起来,那些忠信廉耻的风气日益淡薄了。居高位的人不能不对在下位的有疑心,因此防范得一天比一天紧密;居下位的人对在其上的人也不能不产生疑心,因此贪鄙诈伪之心渐渐产生。结果搜寻检查巡视等事都出现了,上下级之间根本不能以礼相待。对那些试卷密封誊录之类制度兴起,使信义也不是诚心诚意的了。有志之士,没有不为古道而感叹的,然而古道千百年来都没有什么改变。大概也是世风的渐渐浸淫而成,学校里推行的学术教化的积累,这种趋势使得古道不能不走向误区。虽是这样,古人之法,再也无从加以恢复了。因此仔细考虑古人的意思,并默默加以实行,难道不是还可以尽点力吗?后世的规章法度不能够更改了。因此纠正后世的弊端,并对它善于利用,难道不是还可以有所作为吗?有司在履行他的职责时,见识低下的,误解古时的大道,益发以刻薄猥琐的意图来对他们;而对那些见识较高的人,因为对时弊的鄙视,因此就以轻慢苟且的心来对待。这样,粗陋的更加粗陋,疏忽的更加疏忽,就不能只是将这些错误全归到法制上。像浙江的各位君子重修贡院,对我很有启发。

　　浙江贡院,过去在城西,因为它太偏僻,因此迁到布政使

尚仍其旧。乃嘉靖乙酉，复当大比，监察御史潘君仿实来监临，乃与诸司之长佐，慎虑其事，而预图之。慨规制之弗备弗饰，相顾而言曰："凡政之施，孰有大于举贤才者？而可忽易之若是夫？兴居靡所，而责以殚心厥事，人情有所不能矣。无亦休其启处，忧其饩养，使人乐事劝忠，以供其职，庶亦尽心求士之诚乎！慢令弛禁，罔使陷于非僻，而后摧辱之。其为狎侮士类，亦甚矣。无亦张其纪度，明其视听，使人不戒而肃，以全其廉耻，庶亦待士以礼之意乎！"

于是新选秀堂，而轩于其前为三楹；新至公堂，而轩于其前为五楹。庖湢用无不备具。又拓明远楼以为三楹，而上崇三檐，下疏三道。创石台于四隅，而各亭其上，以为眺望之所。其诸防闲之道，靡不恪修。夫然后入而观焉，则森严洞达。供事者，莫敢有轻忽慢易之心。而就试者，自消其回邪非僻之念。盖不费财力，而事修于旬月之间，不大声色，而政令行肃，观向一新。若诸君者，诚可谓能求古人之意，而默行之者矣，能匡后世之弊，而善用之者矣。诸君之尽心，其可见者如此。至其妙运于心术之微，而务竭于得为之地，不可以尽见者，固将无所不用其极可知也。是举也，其必有才德行谊之士，如三代之英者，出以应诸君之求已乎？

衙门的东北方向,但仍像过去一样保持着它的简陋。到了嘉靖四年,又赶上一次乡试,监察御史潘仿实到这里来监考,召集诸司之长官和次官,慎重地考虑书院的事,并率先准备好。感到考场设施不完备、不周全,于是潘君与大家相顾而言说:"大凡施政,有比推举贤能之人更大的吗?怎么能像这样加以忽视呢?让他们住在破旧的地方,却让他们殚精竭虑做各种事情,这以情理上也是说不过去的。对他们住的地方加以整修,改善他们的伙食,让他们勤勉忠诚乐于去做所有的事,以履行他们的职责,也是希望尽心去获得士人们的诚心啊!急慢失礼命令,开始得到限制,以免使他们陷于一种邪恶之境,然后对他们加以摧残侮辱。这样轻慢地对待这些士人,也太过分了。严肃法记,使他们明白清楚,使他们不戒备而自动严肃,保全他们的廉耻,也是希望以礼对待士人的意思啊!"

于是翻新选秀堂,在它前边造了三檐作为长廊;翻新至公堂,在它前面造五檐作为长廊。厨房浴室等器用没有不准备全面的。又建三檐作为新建的明远楼。上边增了三道屋檐,下面疏通三条水道。在四个角落都新修了石台,各自在上面建有亭子,作为向远处眺望的地方。对那些防备禁止的地方,全都很严格地加以修整。然后到书院内去参观,便有一种整齐严肃畅通无阻的气象。在这里供事的人,没有谁敢有轻慢忽视之心的。到这里就试的人,也自己打消了邪恶不正的念头。在这里,不费财力,便可在一月之内办好了事,而不大事声张就政令施行就会严肃,给人感觉焕然一新。像各位君子这样,便确实可在这里探求古人的本意,并在行动中默默地表现出来,而且可以纠正后世的弊端,并对它善加利用了。各位对此所尽的心,从这里便可

工讫,使来请记。辞不克,而遂为书之。

呜呼!天下之事,所以弊于今,而不可复于古者,宁独科举为然乎?诚使求古人之意,而默行善用之,皆如诸君今日之举焉,其于成天下之治也,何有哉?

濬河记

乙酉

越人以舟楫为舆马,滨河而廛者,皆巨室也。日规月筑,水道淤隘,畜泄既亡,旱潦频仍。商旅日争于途,至有斗而死者矣。南子乃决沮障,复旧防,去豪商之壅,削势家之侵。失利之徒,胥怨交谤。从而谣之曰:"南守瞿瞿,实破我庐;瞿瞿南守,使我奔走。"

人曰:"吾守,其厉民欤?何其谤者之多也。"阳明子曰:"迟之!吾未闻以佚道使民,而或有怨之者也。"

既而舟楫通利,行旅欢呼络绎。是秋大旱,江河龟坼,越之人,收获输载如常。明年大水,民居免于垫溺,远近称

以看出来了。至于妙用的心术之精微，务求它的功效全部发挥出来，不能全部看到，但可以确信是做到了极致的。这种举动，一定会有才德俱佳之士，如三代时的英杰一样，出来响应各位内心的探求吗？工程完毕后，他们派人来让我做一篇记。我没能推辞掉，因此替他们写下这些。

唉！天下之事，之所以在今天弊端很多，又不能回复到古代，难道仅仅是科举使它这样的吗？果真有人像各位现在的举动一样，探求古人的本意，并在行动中默默实行，并善加利用的，这对于成就天下之治，又有什么做不到的呢？

濬河记

乙酉

越地人以舟楫当车马，靠在河边的商号，都是一些有钱人家的。建筑一日比一日扩大，以致这里的水道被堵塞了，水无法畅流，既不能蓄水，又无从泄水，以致频繁发生旱涝灾害。商船老是争水道，甚至有殴斗致死的。于是南子带人疏通低地的障碍物，恢复过去的堤防，去掉豪商的堵塞，削减有势人家的占地。这样丧失利益的人，都相互抱怨诽谤。有一些歌谣跟着流行起来说："南守真是可恨啊，他实际上破坏了我的房子；可恨的南守啊！他让我永远奔波没有归宿。"

有人说："我们的太守，他对老百姓很严厉吗？怎么诽谤他的人那么多。"我说："等着看吧！我从来没有听说过开通道路便利老百姓，反而会让老百姓对他有怨言的事呀。"

不久以后，这里过往船只很是畅通，行旅的人都很高兴，来往的人络绎不绝。这年秋天大旱，江河干得都裂了口，但越地

怍。又从而歌之曰:"相彼舟人矣,昔揭以曳矣,今歌以楫矣。旱之熵也,微南侯兮,吾其熄矣;霆其弥月矣,微南侯兮,吾其鱼鳖矣。我输我获矣,我游我息矣,长渠之活矣,维南侯之流泽矣。"

人曰:"信哉,阳明子之言,未闻以佚道使民而或有怨之者也。"纪其事于石,以诏来者。

人，他们仍如往常一样收获庄稼，运输货物。第二年又逢洪涝，百姓的房子都没有被大水淹没。远近的人都高兴地称道他。另一些歌谣跟着唱了起来："看看那些行船的舟人，过去都是拖着船走，现在唱着歌用桨就行了。天气大旱，大地一片干枯像火烧过一样，如果没有南侯，我们将会枯死；雨绵绵不绝下了近一个月，如果没有南侯，我们将会成为水中鱼鳖了。在这条河里，我们运输，我们收获，我们游玩，我们休息，依靠的是纵横交错长流水而生活，这些都是南侯给我们百姓的恩泽啊。。"

有人听了说："阳明子的话的确可信，阳明子所说的'从来没有听说过开通道路便利老百姓，反而会让老百姓对他有怨言的事呀。'"将这事记刻在石头上，以此启示后来的人们。

卷之二十四　外集六

说　杂著

白说字贞夫说

乙亥

　　白生说，常太保康敏公之孙，都宪敬斋公之长子也。敬斋宾予而冠之阼。既醮而谓曰："是儿也，尝辱子之门，又辱临其冠，敢请字而教诸。"

　　曰："字而教诸说也；吾何以字而教诸？吾闻之，天下之道，说而已；天下之说，贞而已。乾道变化，于穆流行，无非说也。天何心焉？坤德阖辟，顺成化生，无非说也。坤何心焉？仁理恻怛，感应和平，无非说也。人亦何心焉？故说也者，贞也；贞也者，理也。全乎理而无所容其心焉之谓贞，本于心而无所拂于理焉之谓说。故天得贞而说道以亨，地得贞而说道以成，人得贞而说道以生。贞乎贞乎，三极之体，是谓无已；说乎说乎，三极之用，是谓无动。无动故顺而化，无已故诚而神。诚神，刚之极也；顺化，柔之则也。故曰：'刚中而柔外，说以利贞。是以顺乎天，而应乎人。'说之时义大矣哉！非天下之至贞，其孰能与于斯乎？请字说曰贞夫。"

　　敬斋曰："广矣！子之言，固非吾儿所及也，请问其次。"

白说字贞夫说

乙亥

　　书生白说是太保常康敏的外孙，都宪敬斋公的长子。敬斋公让我去他家做客给白说举行冠礼。祭祀礼仪完成后，敬斋公对我说："我这孩子，曾有幸在您门下学习，现在又麻烦您给他行冠礼，请您给他取个字来教导他。"

　　我说："取字来教导白说，我拿什么字来教导他呢？我听说，天下之道不过是说，而天下之说不过是贞。乾道变化，和畅大为流行，这也不过是说。上天对此有什么想法呢？坤德开合，顺遂化生万物，这也不过是说。大地对此又有什么想法呢？仁理恻隐，感应和平，也不过是说。人对此又有什么想法呢？因此所谓说，就是贞；所谓贞，也就是理。使理完整而内心不包容什么就叫贞，根植于内心而不违背理就叫说。因此上天获得贞说的规律和宗旨就得以顺达，大地获得贞说的规律和宗旨就得以成就，人获得了贞就是说道而诞生。所谓贞啊，便是天地人三极的本体，这是无法穷尽的；所谓说呢，便是天地人三极的功用，这是一种无动的状态。无动则是顺而化，无已则显得诚而神。诚且神这是刚强的极端，顺且化则是柔弱的特点。因此说：'内刚而外柔，这是说而利于贞。这样便是顺应天意，适合于人。'说的内在含义确实很大！如果不是天下最实在的贞，这怎么能适于说呢？所以我给白说取字叫贞夫。"

　　敬斋说："您说得太广泛了！您的话，可能不是我的孩子能

曰："道一而已，孰精粗焉而以次？为君子之德，不出乎性情，而其至，塞乎天地。故说也者，情也；贞也者，性也。说以正，情之性也。贞以说，性之命也。性情之谓和；性命之谓中。致其性情之德，而三极之道备矣，而又何二乎？吾姑说其略，而详可推也。本其事，而功可施也。目而色也，耳而声也，口而味也，四肢而安逸也，说也有贞焉，君子不敢以或过也，贞而已矣；仁而父子也，义而君臣也，礼而夫妇也，信而朋友也，说也有贞焉，君子不敢以不致也，贞而已矣。故贞者，说之干也；说者，贞之枝也。故贞以养心，则心说；贞以齐家，则家说；贞以治国，平天下，则国天下说。说必贞，未有贞而不说者也；贞必说，未有说而不贞者也。说而不贞，小人之道，君子不谓之说也。不伪则欲，不佞则邪，奚其贞也哉？夫，君子之称也，贞，君子之道也。字说曰贞夫，勉以君子而已矣。"

敬斋起拜曰："子以君子之道训吾儿，敢不拜嘉！"顾谓说曰："再拜稽首，书诸绅，以蚤夜只祗夫子之命。"

做到的，请您再提出一个较低的。"我回答道："道可一言概之，怎可能以精粗程度排次序？作为君子的德行，不外乎是性情，它到极点便会充塞于天地万物之间。所以，所谓说，便是情；所谓贞，便是性。贞可以说规范情的本性，可以解释性的本意。性情可说是和，性命则可说是中。得到了性情之德，那么天地人三极之道便具备了，怎么会有两方面呢？我姑且说说它的大概，其详情便可推记了。以本体为主，它的功用便可实施了。眼睛是用来看颜色的，耳朵是用来听声音的，嘴是来品尝各种味道的，四肢是用来享受安逸的。同样，说便是贞，君子不敢对此有什么异议，不过是贞罢了；父子之间以仁为本，君臣以义为本，夫妇以礼为本，朋友以信为本，说呢便是贞了，君子不会认为做不到的，不过是贞罢了。所以说贞便如说的树干，而说则是贞的枝叶。因此拿贞来养心那么心便会喜悦，拿贞来治理家庭，那么家庭也会很和睦，用贞来治理国家平定天下，那么国家和天下也是很和顺的。说便一定是贞，没有有贞而不高兴的；贞便一定会说，没有有说而不贞的。说而不贞，这是小人之道，君子不会认为这是说的。不是虚伪就是贪欲，不是奸诈便是邪恶，难道这也算是贞吗？'夫'是君子的称谓，'贞'是君子之道。给白说取字贞夫，就是勉励他去做一个君子。"

敬斋站起来拜了拜说："先生拿君子之道来教诲我的儿子，能不好好谢您吗？"回头对白说："恭恭敬敬拜下再稽首，写在腰带上牢记着吧。以后日日夜夜都要记住先生的教诲。"

刘氏三子字说

乙亥

刘毅斋之子三人。当毅斋之始入学也,其孟生,名之曰甫学;始举于乡也,其仲生,名之曰甫登;始从政也,其季生,名之曰甫政。

毅斋将冠其三子,而问其字于予。予曰:"君子之学也,以成其性。学而不至于成性,不可以为学。字甫学曰子成,要其终也。学成而登庸,登者必以渐,故登高必自卑。字甫登曰子渐,戒其骤也。登庸则渐以从政矣。政者正也。未有己不正而能正人者。字甫政曰子正,反其本也。"

毅斋起拜曰:"乾也既承教,岂独以训吾子。"

南冈说

丙戌

浙大参朱君应周居莆之壶公山下。应周之名曰鸣阳,盖取《诗》所谓"凤凰鸣矣,于彼朝阳"之义也。莆人之言曰:"应周则诚吾莆之凤矣。其居青琐,进谠言,而天下仰望其风采。则诚若凤之鸣于朝阳者矣。夫凤之栖,必有高冈。则壶公者,固其所从而栖鸣也。"于是号壶公,曰"南冈",盖亦取《诗》所谓"凤凰鸣矣,于彼高冈"之义也。

刘氏三子字说

乙亥

刘毅斋有三个儿子。当毅斋在学校时,大儿子出生,取名为甫学;当毅斋在乡试中举时,二儿子出生,取名为甫登;当毅斋开始从政时,三儿子出生,取名为甫政。

毅斋准备给三个儿子行冠礼,向我询问给他们取什么字。我说:"君子做学问,便是为了成其性情。做学问而没能成其性,这算不了做学问。所以,给甫学的字是子成,希望其结果能成功。学而有成并得到任用,如登高的人必须慢慢来,因此登高的人必须自低处开始。所以,给甫登取字叫子渐,警戒他别太急躁。慢慢向高位最后去从政。政就是正。没有自己不正而去正别人的。所以,给甫政的字是子正,这是为了回到它的根本。"

毅斋起来拜了拜说:"承蒙您的教导,这不仅仅是对我孩子们的教诲啊。"

南冈说

丙戌

浙江大参朱应周君住在莆田的壶公山下,应周的名字叫鸣阳,取自于《诗经》中"凤凰鸣矣,于彼朝阳"的意思。莆田有人说:"应周确实是我们莆地的凤凰。他住的门窗上刻有青色连环花纹的屋子里,在朝廷里说正直的话,天下都很敬仰他的风采。这实在像凤凰对着初升的太阳发出鸣声一样啊。凤凰歇息的地方,一定有高冈。而壶公山,本来就很适合凤凰的歇息鸣叫。因此给壶公山取名为南冈,这也是取自于《诗经》中所说的'凤凰鸣矣,于彼高冈'的意思。"

应周闻之曰:"嘻!因予名而拟之以凤焉。其名也人,固非凤也。因壶公而号之以南冈焉,其实也,固亦冈也。吾方愧其名之虚,而思以求其号之实也。"因以南冈而自号。大夫乡士为之诗歌序记,以咏叹揄扬。其美者既已连篇累牍,而应周犹若未足,勤勤焉以蕲于予,必欲更为之一言。是其心殆不以赞誉称颂之为喜,而以乐闻规切砥砺之为益也。吾何以答应周之意乎?姑请就南冈而与之论学。

夫天地之道,诚焉而已耳;圣人之学,诚焉而已耳。诚故不息,故久,故征,故悠远,故博厚。是故天惟诚也,故常清,地惟诚也,故常宁;日月惟诚也,故常明。今夫南冈亦拳石之积耳,而其广大悠久,至与天地而无疆焉。非诚而能若是乎?故观夫南冈之崖石,则诚崖石尔矣;观夫南冈之溪谷,则诚溪谷尔矣;观夫南冈之峰峦岩壑,则诚峰峦岩壑尔矣。是皆实理之诚然,而非胡所虚假文饰以伪为于其间。是故草木生焉,禽兽居焉,宝藏兴焉。四时之推敚,寒暑晦明,烟岚霜雪之变态,而南冈若无所与焉;凤凰鸣矣,而南冈不自以为瑞也;虎豹藏焉,而南冈不自以为威也;养生送死者资焉,而南冈不自以为德;云雾兴焉。而见光怪,而南冈不自以为灵。是何也?诚之无所为也;诚之不容已也;诚之不可揜也。君子之学,亦何以异于是?是故以事其亲,则诚孝尔矣;以事其兄,则诚弟尔矣;以事其君,则诚忠尔矣;以交其

应周听了道："咳，因为我的名字便用凤凰来比拟我。这名字本来说的是人，而不是凤凰。由于壶公山我便给它取号为南冈，这是很平实的事，本来它就是一座山冈。我正是很惭愧这名字很虚，而想着找个实在的号来称呼他。"于是拿南冈来自号。大夫乡士们为此大作诗歌序记，来表达他们的歌颂赞扬之心。这样的赞美文章很多，已至连篇累牍了，可应周对此好像还不满意，仍很殷勤地向我祈求，一定要再替他说几句。这种心情大概是他不因为赞誉称颂便感到高兴，而喜欢听到规劝砥砺，认为那些更有益。我拿什么来回答应周的心意呢？姑且让我就南冈和他一起讨论学问吧。

天地之道，不过是一诚字罢了；圣人之学，也不过一诚字罢了。由于诚的缘故，因而不会停息，因而长久，因而灵验，因而悠远，因而博厚。所以天只要诚，便会恒常是清明；地只要诚，便会经常安宁；日月只要诚，便会经常明亮。现在南冈也是一块块石头堆积起来的，但它却极广大悠远，以至和天地一般没有边界。没有诚能像这样吗？所以看南冈的岩石，便实实在在是南冈的岩石；看南冈的山谷溪流，就是实在的山谷溪流；看南冈的峰峦岩壑，便是实在的峰峦岩壑。这些都是实理中的诚，而不是以一些虚文假饰掺加其中做假。所以在这里，草木生长，禽兽住在这里；宝藏也极丰富。春夏秋冬四季更替，寒来暑往，阴晴不定，烟雾霜雪，千变万化，而南冈好像什么都不曾发生一般；凤凰鸣叫，南冈不自以为这是一种瑞兆；虎豹藏身其中，南冈不自以为很威风；为养生送死提供帮助，南山不自以为是美德；云雾飘涌，光怪陆离，南山不自以为是灵异。这些是什么原因呢？是因为诚，便无所作为，便不能停止，便不可以掩饰。君子做学问

友，则诚信尔矣。是故蕴之为德行矣，措之为事业矣，发之为文章矣。是故言而民莫不信矣，行而民莫不悦矣，动而民莫不化矣。是何也？一诚之所发，而非可以声音笑貌幸而致之也。故曰："诚者，天之道也。思诚者，人之道也。"应周之有取于南冈，而将以求其实者。殆亦无出于斯道也矣。果若是，则知应周岂非思诚之功欤？夫思诚之功，精矣微矣，应周盖尝从事于斯乎？异时来一过稽山之麓，尚能为我一言其详。

悔斋说

癸酉

　　悔者善之端也，诚之复也。君子悔以迁于善；小人悔以不敢肆其恶。惟圣人而后能无悔，无不善也，无不诚也。然君子之过，悔而弗改焉，又从而文焉，过将日入于恶；小人之恶，悔而益深巧焉，益愤谲焉，则恶极而不可解矣。故悔者，善恶之分也，诚伪之关也，吉凶之机也。君子不可以频悔，小人则幸其悔而或不甚焉耳。吾友崔伯栾氏以"悔"名其斋，非曰吾将悔而已矣，将以求无悔者也。故吾为之说如是。

的，与这又有什么不同呢？因此好好侍奉双亲，便是实实在在的孝；好好对待兄长，便是真正的悌；如此对待君主，便是真正的忠；这样结交朋友，便是实在的信。这样便是在涵养德行，施行它们便是做事业，表现出来便是写文章。因此这样说话百姓没有不相信的，这样行动老百姓没有不高兴的，劝勉他们没有不受到感化的。这是什么原因呢？这全是由一个诚字得来的，而不是凭声音笑貌而偶然获得的。所以说："诚是天下之道。思诚是人之道。"应周从南冈中有所启示，而准备去探求它的实理，大概也是不超过这个道理的。果真是这样，就知道应周岂不是在想着思诚之功吗？不过思诚的功夫，太精深太微妙了，应周曾经想过这些吗？什么时候路过稽山脚下，可以详细地说给我听。

悔斋说

癸酉

悔是善良的开端，是诚实的实践。君子后悔便会转向善良；小人后悔了就不敢再放肆作恶。只有圣人没有后悔，因为圣人没有不善良的，没有不诚实的。可是君子有了过错，后悔却不改正，并继续错而且加以掩饰，这样过错便会慢慢转变成邪恶；小人的邪恶，后悔后不改正，邪恶便会更加巧妙，更加狡猾了，这样邪恶到终点甚至无法解脱了。因此后悔是善恶之分野，诚实伪善的关口，以及吉与凶的契机。君子不能经常后悔，小人偶尔后悔并且有的人并不彻底。我的朋友崔伯栾用"悔"来给他的书斋命名，这并不是说："我将去后悔"，其实他所求的是无悔。因此我为他说这些。

题汤大行殿试策问下

壬戌

士之登名礼部,而进于天子之廷者。天子临轩而问之,则锡之以制。皆得受而归,藏之于庙,以辉荣其遭际之盛。盖今世士人皆尔也。丹阳汤君某,登弘治进士。方为行人,以其尝所受之制,属某跋数语于其下。

嗟夫!明试以言,自虞廷而然。乃言底可绩,则三代之下吾见亦罕矣。君之始进也,天子之所以咨之者,何如耶?而君之所以对之者,何如耶?夫矫言以求进,君之所不为也。已进而遂忘其言焉,又君之所不忍也。君于是乎朝夕焉顾諟圣天子之明命,其将曰:"是天子之所以咨询我者也,始吾既如是其对扬之矣。而今之所以持其身以事吾君者,其亦果如是耶?抑其亦未践耶?"

夫伊尹之所以告成汤者数言,而终身践之;太公之所以告武王者数言,而终身践之。推其心也,君其志于伊、吕之事乎?夫耀荣其一时之遭际以夸世,君所不屑矣。不然,则是制也者,君之所以鉴也。昔人有恶形而恶鉴者,遇之则揎袂却走。君将揎袂却走之不暇,而又乌揭之焉,日以示人?其志于伊、吕之事,奚疑哉?君其勉矣!"上帝临汝,毋贰尔心。"某亦常缪承明问,虽其所以对扬,与其所以为志者,不可以望君,然亦何敢忘自勖。

题汤大行殿试策问下

壬戌

考中的士人的名字上达礼部，然后他到朝廷去拜见天子。天子当场询问他，并按规定赏赐他诏命。所有的士人都受赐后回到老家，将天子的诏命供奉在宗庙里，以显示他的飞黄腾达。现在的士人都这样。丹阳有个姓汤的人，于弘治年间考中进士。目前正任行人之职，拿出他曾经得到的天子的诏命，嘱咐我写几句话作为跋。

唉！以言论作为考试的内容，以虞舜时便是这样了。他们的言论到底有多少功绩，从三代以下看来我觉得很少。先生刚开始去做官，天子问了些什么？先生所回答的，又是什么？借助假的话以得到天子的欣赏，这不是做先生的去做的事。已出来做官马上忘了他曾说过的话，这是做先生的所不忍心的。先生于是于朝夕之间，想着贤明天子的圣明，他就会说："这是天子这样来问我的，开始我就是这样以感激之心来回答的。现在我全身心地侍奉君王，这果真是像这样的吗？或者说我并没有实践吗？"

伊尹所告诉成汤的几句话，成汤终身践履着它；姜太公所告诉武王的几句话，武王也终身践履着。推想一下你的心思，先生莫非有志于做像伊尹、吕尚的故事吗？而为了荣耀一时的遭际以向世间夸耀，这是先生所不屑的。要不然，这张诏命，便是先生的借鉴。从前有人形貌丑陋，很讨厌镜子。见了镜子便掩面赶紧离开了。如果先生掩面疾走都来不及，又怎么会去揭示它，天天让人看呢？说你有志于伊尹、吕尚的劝诫，还有什么可怀疑的？先生自勉吧。"上天既降大任于他，便不应有二心。"我也常常承蒙明君的询问，虽然也是以一种赞颂之心去回答，但在志

示徐曰仁应试

丁卯

　　君子穷达,一听于天。但既业举子,便须入场,亦人事宜尔。若期在必得,以自窘辱,则大惑矣。入场之日,切勿以得失横在胸中,令人气馁志分,非徒无益,而又害之。场中作文,先须大开心目,见得题意,大概了了,即放胆下笔。纵昧出处,词气亦条畅。今人入场,有志气局促不舒展者,是得失之念为之病也。

　　夫心无二用。一念在得,一念在失,一念在文字,是三用矣。所事宁有成耶？只此便事执事不敬,便是人事有未尽处,虽或幸成,君子有所不贵也。将进场十日前,便须练习调养。盖寻常不曾起早得惯,忽然当之,其日必精神恍惚；作文岂有佳思？须每日鸡初鸣即起,盥栉整衣端坐,抖擞精神,勿使昏惰。日日习之,临朝不自觉辛苦矣。今之调养者,多是厚食浓味,剧酣谑浪,或竟日偃卧。如此是挠气昏神,长傲而召疾也。岂摄养精神之谓哉？务须绝饮食,薄滋味,则气自清；寡思虑,屏嗜欲,则精自明；定心气,少眠睡,则神自澄。

向上与先生却望尘莫及，但也不敢忘了要自勉。

示徐曰仁应试

丁卯

君子得志或不得志，完全要听天由命。但既然已从事举子，就应该进入考场，这便是该尽的人事了。如果对自己提出期望，必须成功，而使自己受窘、受辱，那就太糊涂了。进入考场那天，千万不要让得失横在胸中，让人感到气馁，没有信心，这不但没有一点好处，反而带来害处。在考场中做文章，首先必须打开思路，看到题目，大致明白它的意思后，就应该放开胆子写起来。即使不明白它的出处，词句语气也应该条理清楚畅通。现在有人到了考场，有的人局促不安，双眉紧锁，这便是得失之念造成的毛病。

在考场中一心不可二用。如果一边想着成功，一边又担心失败，另一方面还得考虑做文章，这样是一心三用了。这种情况下，所做的事情难道会有成功的吗？就凭这一点，就可看出做事情不慎重，这就是在人事上没有发挥自己最大的能力，即使有幸考中也是让人惭愧的。快进考场的前十天，就应该练习调养。大概平时没有早起的习惯，如果忽然早起，这一天精神一定会恍惚，这样做文章哪还会有好的思路呢？因此调养期间，应该每天鸡刚叫就起床，洗漱梳头，穿衣戴帽整理完毕后，便端端正正坐好；振作精神，一定不要让自己昏昏沉沉。天天如此练习，到了时候便不会感到辛苦。现在考前做调养的人，多数人都吃得很多，而且味道特别重，酗酒放纵；有的人甚至整天躺在床上。这样做，挠气昏神，增长傲气，往往引出许多毛病。这还

君子未有不如此，而能致力于学问者，兹特以科场一事而言之耳。每日或倦甚思休，少偃即起，勿使昏睡；既晚即睡，勿使久坐。进场前两日，即不得翻阅书史，杂乱心目。每日止可看文字一篇以自娱。若心劳气耗，莫如勿看。务在怡神适趣，忽充然滚滚，若有所得；勿使气轻意满，益加含蓄酝酿，若江河之浸，泓衍泛滥，骤然决之，一泻千里矣。每日闲坐时，众方嚣然，我独渊默，中心融融，自有真乐。盖出乎尘垢之外，而与造物者游，非君子概尝闻之，宜未足以与此也。

龙场生问答

戊辰

龙场生问于阳明子曰："夫子之言于朝侣也，爱不忘乎君也。今者谴于是，而汲汲于求去，殆有所渝乎？"阳明子曰："吾今则有间矣。今吾又病，是以欲去也。"龙场生曰："夫子之以病也，则吾既闻命矣，敢问其所以有间，何谓也？昔为其贵，而今为其贱，昔处于内，而今处于外欤？夫乘田委吏，孔子尝为之矣。"

叫摄养精神吗？因此务必少吃东西，而且味道一定要淡薄，这样神气自然会清爽了；少思虑，抑制各种嗜好，精神自然会明朗；心平气和，少睡一点，精神自然会澄静了。

君子没有不这样做，而能尽心致力于他的学问的，我在这里特地以科场这一事来说明一下。每天里要是很疲倦想着要休息，要少躺一下马上就起来，不要让自己昏睡。已经很晚了就要马上就睡，不要让自己长期坐着。进考场的前两天，就不应该再翻阅各种书籍，使自己的心目都感到迷乱。每天最好读一篇文章自寻乐趣。如果感到疲劳，耗费精神，还不如不看。一定要怡神适趣，心中各种思想滚滚而来，似有所得；不要让自己气轻意满，应更加含蓄酝酿，就像江河的水涨了，大水泛滥，突然冲破堤防，一泻千里，浩浩涌来。每天闲坐时，别人都在喧闹，而我一个人默默坐在一边，心中圆融，自然有另一番真正的乐趣。这样远离这一尘垢之外，与天地造物者同游，不是君子曾经听到过这些道理，是做不到这一步的。

龙场生问答

戊辰

贵州龙场的学生问阳明子说："先生在朝廷中和同僚谈话时，总念念不忘爱君上的话题。现在您被贬谪到这个地方，然后又急急地请求辞职去，大概是有所改变了吗？"阳明子回答道："我现在是有所不同了。我现在又病了，因此想辞官。"龙场的学生说："先生因病而想离开，这我已经听说过了，可以问问您所说的有所不同指的是什么吗？是指当初您很富贵，现在却很贫贱，当初您处于朝廷之内，现在身在朝廷之外吗？须知乘田委吏

阳明子曰："非是之谓也。君子之仕也，以行道，不以道而仕者窃也。今吾不得为行道矣。虽古之有禄仕，未尝奸其职也。曰牛羊茁壮，会计当也。今吾不无愧焉。夫禄仕为贫也。而吾有先世之田，力耕足以供朝夕，子且以吾为道乎？以吾为贫乎？"

龙场生曰："夫子之来也，谴也，非仕也；子于父母，惟命之从；臣之于君，同也。不曰事之如一，而可以拂之，无乃为不恭乎？"阳明子曰："吾之来也，谴也，非仕也。吾之谴也，乃仕也，非役也；役者以力，仕者以道。力可屈也，道不可屈也。吾万里而至，以承谴也，然犹有职守焉。不得其职而去，非以谴也。君犹父母，事之如一，固也。不曰就养有方乎，惟命之从，而不以道，是妾妇之顺，非所以为恭也。"

龙场生曰："圣人不敢忘天下，贤者而皆去，君谁与为国矣。"

曰"贤者则忘天下乎？夫出溺于波涛者，没人之能也；陆者冒焉，而胥溺矣。吾惧于胥溺也。"龙场生曰："吾闻贤者之有益于人也，惟所用，无择于小大焉。若是亦有所不利欤？"曰："贤者之用于世也，行其义而已。义无不宜，无不

之类小官,孔子也曾经做过的。"

阳明子说:"不是指的这些。君子出来做官,是来推行大道的,不以推行大道为己任而出来做官,这近似于一种偷窃。现在我不能再去推行大道了。虽然古代也有为了俸禄而出任的,不过他们都不尝亵渎他们的职位。说牛羊茁壮了,是他运筹管理得当。现在我对此也是不无惭愧。禄士为了贫穷而出任,取得俸禄养家糊口。但我有父辈留下的田产,尽力耕种足够供我们早晚吃饭的,你现在认为我是为了道还是因为贫穷才做官呢?"

龙场的学生说:"先生到这里来,是受了贬谪,不是到这做官的;您对父母,应该唯命是从;臣子对于君主,也是这样的。不说始终如一地执行,反而去违背君王的命令,难道这不算是不恭敬吗?"阳明子回答道:"我到这里来,是被贬谪来的,不是特地到这来做官的;我被贬谪到这里,就是来做官,而不是服苦役的;服苦役在于出力,做官则需要有道。力可以屈服,而道是不可以屈服的。我不远万里来这里,便是接受君王对我的贬谪,可是我还是有职位的。我不要这些职位而离去,这不是因为受贬的缘故。君主如同父母,应始终如一对待他,这本来就是这样。不说这是按规矩做事,只要是命令便听从,而不拿道来判断,这是妾妇的一种依顺,不是我们平常说的恭敬。"

龙场的学生说:"圣人不敢忘记天下大事,现在贤明的臣子都离开了,君主和谁一起去治理国家呢?"

我回答道:"贤者离去便是忘了天下大事吗?在波涛中救出人来,是潜水员的事;让在陆上干活儿的人顶替,则只能淹死。我害怕淹没。"龙场的学生说:"我听说贤明的人对别人有用。根本就不选择事大事小。如果真是这样,又有什么不利的呢?"

利也。不得其宜。虽有广业，君子不谓之利也。且吾闻之，人各有能、有不能，惟圣人而后无不能也。吾犹未得为贤也，而子责我以圣人之事，固非其拟矣。"

曰："夫子不屑于用也。夫子而苟屑于用，兰蕙荣于堂阶，而芬馨被于几席；萑苇之刈，可以覆垣；草木之微，则亦有然者，而况贤者乎？"阳明子曰："兰蕙荣于堂阶也，而后芬馨被于几席；萑苇也，而后可刈以覆垣。今子将刈兰蕙而责之以覆垣之用，子为爱之耶，抑为害之耶？"

论"元年，春，王正月"

戊辰

圣人之言，明白简实。而学者每求之于艰深隐奥。是以为论愈详，而其意益晦。《春秋》书："元年，春，王正月。"盖仲尼作经始笔也。以予观之，亦何有于可疑？而世儒之为说者，或以为周虽建子，而不改月；或以为周改月，而不改时。其最为有据，而为世所宗者，则以夫子尝欲行夏之时。此以夏时冠周月，盖见诸行事之实也。纷纷之论，至不可胜举，遂使圣人明易简实之训，反为千古不决之疑。

我回答道:"贤者被世人所任用,执行他们的道义。道义没有什么不合宜的,则贤者也就没什么不利的。如果道义的发挥不合时宜,即使有广大的事业等着他去做,君子也不认为这有什么好处的。况且我听说,每个人都是有所能有所不能的,只有圣明的人才无所不能。我连个贤者都算不上,可是您拿对圣人的要求来要求我,这不是一种很牵强的比拟吗?"

龙场的学生说:"先生您是不属于被任用啊。您如果将就看,愿意被任用,那么,就像兰蕙在堂阶前欣欣向荣,它的芬芳在几席上弥漫;而萑苇被铲锄,还可以盖在墙头上。连草木这种小东西,都是这样,何况贤者呢?"阳明子回答道:"兰蕙在堂阶前欣欣向荣,然后它的芬芳可以弥漫于几席间。萑苇呢,可以锄铲它,将它覆盖在墙头上。现在您将那些兰蕙铲锄掉,只当作一个盖墙的东西来用,您这是爱护它呢,还是害它呢?"

论"元年,春,王正月"

戊辰

圣人的话,清楚明白,简单实在。可是学者们往往从艰深晦涩中去寻求它的含义。因此论述得越详细,话的意思让人越来越搞不懂了。《春秋》上写着:"元年,春,王正月。"是孔子写这本书开始的时间。在我看来,有什么值得怀疑的呢?可是,后世儒者做学问的,有人认为周朝虽然以子月为正月,但没有改月份;有人认为周朝改了月,但没有改时。其中最有力的论据,并且世人所推崇的,是说孔子曾经想推行夏朝的时令。这里是将夏的时令安在周朝的月份制上,是所谓把自己的政治主张,用具体事实体现出来的一个例证。总之各种论证,纷纷出现,多到

嗟夫！圣人亦人耳，岂独其言之有远于人情乎哉？而儒者以为是圣人之言，而必求之于不可窥测之地，则已过矣。夫圣人之示人无隐，若日月之垂象于天，非有变怪恍惚，有目者之所睹；而及其至也，巧历有所不能计，精于理者有弗能尽知也，如是而已矣。若世儒之论，是后世任情用智，拂理乱常者之为。而谓圣人为之耶？夫子尝曰："吾从周。"又曰："非天子不议礼，不制度。生乎今之世，反古之道，灾及其身者也。"仲尼有圣德无其位，而改周之正朔，是议礼制度，自己出矣。其得为从周乎？圣人一言，世为天下法。而身自违之，其何以训天下？夫子患天下之夷狄横，诸侯强背，不复知有天王也。于是乎作《春秋》以诛僭乱，尊周室正一王之大法而已。乃首改周之正朔，其何以服乱臣贼子之心？《春秋》之法，变旧章者必诛，若宣公之税亩；紊王制者必诛，若郑庄之归祊；无主命者必诛，若莒人之入向。是三者之有罪，固犹未至于变易天王正朔之甚也。

数不胜数，这就使得圣人简易明白的教导，反而成为千古无法解决的疑难问题。

唉！圣人也不过是人啊，怎么就只有他的话会远离于人之常情呢？而且儒者也认为只要是圣人的话，就一定要去那不可窥测的地方去寻求，这已经是一种错误了。圣人教导人并没有隐瞒，这就好像日月本身高高悬挂于天一样，并不是它自身变化怪异，恍恍惚惚，而是看得见的人所亲眼看成的；这一点发展到极端，即使再巧妙的历法也有无法计量它，再精通理的人也有不能完全知道的，事情不过如此罢了。像那些世儒们所议论的，是后世的人任情用智，违背常理，扰乱恒常而造成的。这可以说是圣人造成的吗？孔子曾说："我遵从周礼"。又说："不是天子就不议定礼仪，不制定法度。生于现在这个时代，却一心想回复到古代去。这样做，灾祸一定会降临到自己的身上。"孔子有圣人之德，但他身未居高位，却去改变周朝的正朔，这等于孔子自己议订礼仪、制定法度。还有什么"从周"可言？圣人的一句话，成为天下人效法的标准。可是他自己却去违背它，这凭什么来教训天下人呢？孔子担心天下的夷狄蛮横，而各诸侯以武力背叛天下，不再知道有天子了。于是他写了《春秋》，讨伐那犯上作乱的人，这不过是尊重周朝王室，以正天下一王这一大法罢了。而他自己先改周朝正朔，这怎么可以使乱臣贼子们心服口服呢？《春秋》中的要旨，便是改变旧的章程的人一定要被诛杀，就像鲁宣公征收田地税；紊乱王室制度的人一定要被诛杀，就像郑庄归还祊一样；没有主人命令而行事的也一定要被诛杀，就像莒人阑入内室一样。这三种情况都是有罪，但他们的罪还不至于大到变更天子正朔这么厉害。

使鲁宣、郑庄之徒，举是以诘夫子，则将何辞以对？是攘邻之鸡，而恶其为盗，责人之不弟，而自殴其兄也。岂《春秋》忠恕，先自治而后治人之意乎？今必泥于行夏之时之一言，而曲为之说以为是。固见诸行事之验。又引《孟子》："《春秋》天子之事""罪我者其惟《春秋》"之言而证之。夫谓《春秋》为天子之事者，谓其时天王之法，不行于天下，而夫子作是以明之耳。其赏人之功，罚人之罪，诛人之恶，与人之善，盖亦据事直书，而褒贬自见。若士师之断狱，辞具而狱成。然夫子犹自嫌于侵史之职，明天子之权，而谓天下后世，且将以是而罪我。固未尝取无罪之人而论断之曰："吾以明法于天下。"取时王之制而更易之曰："吾以垂训于后人。"法未及明，训未及垂，而已自陷于杀人，比于乱逆之党矣。此在中世之士，稍知忌惮者所不为，而谓圣人而为此，亦见其阴党于乱逆，诬圣言而助之攻也已。

或曰："子言之则然耳。为是说者，以《伊训》之书元祀十有二月，而证周之不改月。以《史记》之称元年冬十月，而证周之不改时。是亦未为无据也。子之谓周之改月与时也，独何据乎？"

假如鲁宣公、郑庄公等这些人，拿这个来责问孔子，那孔子会以什么话来回答他们呢？这不好像偷了邻居家的鸡的人，很讨厌那些盗窃的人一样，又如指责别人对兄弟不好，但他自己却殴打他的哥哥一样。这哪里有《春秋》中的忠恕精神，是先治自己然后才是治人的本意呢？现在有人一定要拘泥于行夏朝之时今这一句话，而曲解它说这就是"见诸行事"（以史实来体现政治主张）的验证。又引用《孟子》："《春秋》中所说的天子之事""那些认为我错的人只有《春秋》"的话来加以证明。所说《春秋》记载的是天子之事，是说当时天王之法，还没在天下实行起来，孔子做《春秋》是为了天王之法彰明一些。给有功之人奖赏，给有罪之人惩罚，声讨恶行，赞同善良，也是根据事实而直接写的，但其中的褒贬自然显现。就像狱官断案，审讯记录充足便可断案成功。但孔子还是觉得有点冒犯史官的职权的嫌疑，阐明天子的权术，而认为天下后世之人，拿这些来怪罪我。本来不曾让无罪的人下论断说："我这是让天下人都明晓这些法度。"将当时的天王之制改变后说："我是为了教诲后人。"法度还来不及让人明白，来不及垂训后人，自己就已经陷于杀人之中了，这可比得图谋不轨的人。这在中世时的士人，稍微有点忌讳害怕的人也不会做的，可是却说圣人就是这样做的。从中可见这伙企图叛乱的阴党，诬陷圣人之言而帮助乱党攻击圣人。

　　有人会说："您的话确实有道理。但持这种说法人的人，他们可拿《伊训》中写的元祀十有二月，来证明周朝没有改月。拿《史记》中说的元年冬十月，来证明周朝没有改时。这也不算是没有证据的。您说周朝改了月与时了，都有什么证据呢？"

曰："吾据《春秋》之文也。夫商而改月，则《伊训》必不书曰'元纪十有二月。'秦而改时，则《史记》必不书曰'元年冬十月。'周不改月与时也，则《春秋》亦必不书曰'春，王正月。'《春秋》而书曰'春，王正月'，则其改月与时，已何疑焉？况《礼记》称正月七月日至。而《前汉律历》至武王伐纣之岁，周正月辛卯朔，合辰在斗前一度。戊午师度孟津，明日己未冬至。考之《太誓》'十月三年春'、《武成》'一月壬辰'之说，皆足以相为发明，证周之改月与时。而予意直据夫子《春秋》之笔，有不必更援，是以为之证者。今舍夫子明白无疑之直笔，而必欲傍引曲据，证之于穿凿可疑之地而后已，是惑之甚也。"

曰："如子之言，则冬可为春乎？"曰："何为而不可？阳生于子，而极于巳午；阴生于午，而极于亥子。阳生而春，始尽于寅，而犹夏之春也；阴生而秋，始尽于申，而犹夏之秋也。自一阳之复，以极于六阳之乾，而为春夏；自一阴之始，以极于六阴之坤，而为秋冬；此文王之所演，而周公之所系，武王、周公所论之审矣。若夫仲尼夏时之论，则以其关于人事者，比之建子为尤切，而非谓其为不可也。启之征有扈曰：'怠弃三正。'则三正之用，在夏而已，然非始于周而后有矣。"曰："夏时冠周月，此安定之论。而程子亦尝云尔，曾谓程子之贤而不及是也，何哉？"曰："非谓其知之不

我回答是："我是根据《春秋》中的文字记载，如果商朝改了月份，那么《伊训》一定不会写：'元祀十有二月'。如果是秦朝改了时间，那么《史记》中也一定不会写'元年冬十月'。周朝不改月份与时令，那么《春秋》也一定不会写'春，王正月'。《春秋》上写着'春，王正月'，那么它改了月份与时间，又有什么可以怀疑的呢？况且《礼记》中称正月七月日至，而《前汉律历》上溯到武王伐纣那年，周正月辛卯初一，相当于心宿在北斗前一度。戊午军队渡过孟津，第二天是己未冬至，从《太誓》中考证'十月三年春'、《武成》'一月壬辰'等说法，都足够互相证实周朝改了月与时了。但我的意思是只需依据孔子《春秋》中的说法，没有必要再去援引别的，拿它做证据就可以了。现在舍弃孔子明白无疑的直接说法，却一定要从别的地方引用，歪曲证据，穿凿附会，并用那些可疑的地方作为证据然后才罢了，这种迷惑实在太深了。"

有人又说："照您的说法，那么冬天可以作为春天了吗？"对此，我的回答是：'有什么不行的？子时太阳升起，但到了巳午才升到最高处；正午时太阴产生，但到了亥子才是真正的阴。阳产生于春天，但到寅才开始完全，这就像夏正的春天；阴产生便到了秋天，但到申才开始完全，这就像夏正的秋天了。从一阳的回复开始，最终达到六阳之乾，这就成了春夏；从一阴开始，最终达到六阴之坤，这就成了秋冬。这就是周文王所推演的，被周公所解说，而武王、周公所详细加以论述的历法。如果孔子所说的夏时的论点，从有关人事角度看，比以子月为正月更重要，那么也不能说不可以。夏启征伐有扈氏，说：'想放弃三正。'那么三正被用，在夏就已是这样了；可见并不是从周朝开

及也。程子盖泥于《论语》行夏之时之言。求其说而不得，从而为之辞。盖推求圣言之过耳。夫《论语》者，夫子议道之书；而《春秋》者，鲁国纪事之史。议道自夫子，则不可以不尽；纪事在鲁国，则不可以不实。道并行而不相悖者也。且周虽建子，而不改时与月，则固夏时矣。而夫子又何以行夏之时云乎？程子之云，盖亦推求圣言之过耳，庸何伤？夫子尝曰：'君子不以人废言，'使程子而犹在也，其殆不废予言矣。"

书东斋风雨卷后

癸酉

悲喜忧快之形于前，初亦何尝之有哉？向之以为愁苦凄郁之乡，而今以为乐事者有矣；向之歌舞欢愉之地，今过之而叹息咨嗟，泫然而泣下者有矣。二者之相寻于无穷，亦何以异于不能崇朝之风雨，而顾执而留之于胸中，无乃非达者之心欤？吾观东斋《风雨》之作，固亦写其一时之所感。遇风止雨息，而感遇之怀，亦不知其所如矣。而犹讽咏嗟叹于十年之后，得非类于梦为仆役，觉而涕泣者欤？夫其隐几于蓬窗之下，听芹波之春响，而咏夜檐之寒声，自今言之，但觉

始,然后才有的。"又有人说:"夏时冠上周月,这是为了安定的论调。可是程子也曾经这样说过的,能说程子的贤明还没到这种程度吗,这又是为什么呢?"我回答道:"当然不是说程子知道得不够多。他大概是拘泥于《论语》上的说法,实行的是夏时这句话。探究这一说法又找不到可以解释的证据。这是推求圣人言辞的过错了。《论语》是一部孔子论道的书,而《春秋》呢,是关于鲁国大事的一本史书。论道由夫子来做,不能不完备;而关于鲁国的纪事,就不能不符合实际。不同的道理可以并行而互相并不违背的。况且周朝虽以子月为正月,但没有改变时与月,这本来就是夏时的。可孔子又为什么要实行夏朝的时令制度呢?程子所说的,大概也是推想圣人之言有些错误,有什么伤害呢?孔子曾经说:'君子不因为这个就不采纳他说的话。'假如程子还在的话,他大概不会不采纳我说的话。"

书东斋风雨卷后

癸酉

悲喜忧乐尽情表现出来,原本何尝有过这些情绪?以前认为是愁苦凄凉的地方,现在却认为是一种乐事,这种情况原本就有;以前认为是一派歌舞升平充满欢愉的地方,现在经过这里,忍不住感慨万千,泫然而泣下,这种情况也有。前后两种心情与不能超过一早晨的风雨何异?恋恋不舍将它留在胸中,真不是旷达人的心怀。我看东斋所做的《风雨》之作,本来也是写他当时的思想。等到风停雨歇,他这种感触的情怀,也不知哪里去了。而十年之后还在讽咏叹息,这不就像恍然在梦里做了仆役,觉醒后哭泣一样吗?潸然泪下吗?在蓬窗之下放一张茶几,听春

其有幽闲自得之趣，殊不见其有所苦也。借使东斋主人，得时居显要，一旦失势，退处寂寞，其感念畴昔之怀，当与今日何如哉？然则录而追味之，无亦将有洒然而乐，廓然而忘言者矣。而和者以为真有所苦，而类为垂楚不任之辞，是又不可与言梦者，而于东斋主人之意失之远矣。

竹江刘氏族谱跋

甲戌

刘氏之盛，散于天下。其在安成者，出长沙定王发。今昔所传，有自来矣。竹江之谱，断自竹溪翁而下，不及于定王。见素子曰："大夫不敢祖诸侯，礼也。"夫大夫之不祖诸侯也，盖言祭也。若其支系之所自，则鲁三桓之属，是实不可得而剪。

孔子曰："吾犹及史之阙文也。"盖孔子之时，史之阙疑者，既鲜矣。竹江之不及定王，阙疑也，可以为谱法也已。王道不明，人伪滋而风俗坏，上下相罔以诈，人无实行，家无信谱，天下无信史。三代以降，吾观其史，若江河之波涛焉，聊以知其起伏之概而已尔！士夫不务诚身立德，而徒夸诩其先世以为重。冒昧攀缘，适以绝其类，乱其宗。不知桀、纣、幽、厉之出于禹、汤、文、武；而颜、闵、曾、孟之先，未始有

天雨落的声音，咏叹夜晚屋檐下吹过的寒风，在今天来这么说，只会感到有一种悠闲自得的乐趣，一点也不觉得有什么苦处。假如东斋主人，拥有时机高居显要，一旦他失势，重新退却独守寂寞，他想到从前的情怀，与今天又有什么不同呢？因此将它记录下来，待日后追忆赏玩，不也会有洒脱快乐的时候吗，心情开阔便忘记一切时候吗？附和他的人真的以为他有什么困苦，同受不了打板子相比，这样的人是不可以同他谈梦的，这样与东斋主人的本意便相差太远了。

竹江刘氏族谱跋

甲戌

刘氏家族很是兴盛，天下各处均有刘姓。在安成的，是长沙定王刘发的后代。今流传下来的，自然都是有记载的。竹江刘氏族谱，从竹溪翁起，未能上溯到定王。见素子说："大夫不敢以诸侯为自己的祖先，这是一种礼节。"大夫不敢以诸侯为祖先，指的是祭祀而言的。如果他的支系确实从那里派生，像鲁国的三桓之属，就是真的不应该被裁去。

孔子说："我还能看到史书的佚文。"在孔子那个时代，史书的缺失还很少呢。竹江未溯及定王，是因为文件不全，不能确定，可以作为家谱。王道不明，人们便开始做假，这种风气日盈使得风俗败坏，上上下下互相欺骗，人们没有实际的行动，家庭没有可信的族谱，天下没有记载真实的史书。从三代到现在，我看他们记的史实，就像江河的涛波没有头绪，只知道它起伏的大致面貌罢了！士大夫们不好好诚身立德，却只在那夸耀他的先祖，并以此为荣。随随便便去攀附，搞得他们的宗谱一片混

显者也。若竹江之谱,其可以为世法也哉!

孔子曰:"斯民也,三代之所以直道而行,充是心,虽以复三代之淳可也。"且竹溪翁之后,其闻于世者历历尔。至其十一祖敬斋公,而遂以清节大显于当代,录名臣者以首廉吏。敬斋之孙南蜂公,又以清节文学显德业声光,方为天下所属望。竹江之后,祖敬斋而宗南峰焉,亦不一足矣。况其世贤之多也,而又奚必长沙之为重也夫!

书察院行台壁

丁丑

正德丁丑三月,奉命征漳寇,驻车上杭。旱甚,祷于行台。雨日夜,民以为未足。四月戊午,寇平旋师,是日大雨,明日又雨,又明日复雨。登城南之楼以观农事,遂谒晦翁祠于水南,览七星之胜概。夕归,志其事于察院行台。

谕俗四条

丁丑

为善之人,非独其宗族亲戚爱之,朋友乡党敬之,虽鬼神亦阴相之;为恶之人,非独其宗族亲戚恶之,朋友乡党

乱。却不知道夏桀、商纣、周幽王、周厉王，他们也是出于夏禹、商汤、周文王、周武王的；而颜回、闵子、曾子、孟子他们的祖先，并没有什么显赫的。像竹江的家谱，可以成为世人效法的对象。

孔子说："这些老百姓，三代以来之所以可以直道而行，心中充盈的，都是可以回复到从前的淳厚啊。"况且竹溪翁以后，其中在世上显赫的历历可数。到了十一祖敬斋公时，方因为其清廉的气节在那个时代显赫起来，为名臣做传的认为他是一等清廉的官吏。敬斋的孙子南峰公，又因其在文学上的成就而光宗耀祖，声名远扬，正为天下人所敬仰。竹江的后代，以敬斋公为其祖先，以南峰为宗的，不再一一说了。何况世上贤明的人多了，又何必一定去推重长沙定王为祖先呢！

书察院行台壁

丁丑

正德十二年三月，我奉命征讨漳州的叛军，将军队驻扎在上杭。那时天正大旱，到行台去祈祷。雨下了一天一夜，百姓还不满足。四月十三日，平定叛军，准备班师，这一天又下大雨，第二天，又是大雨，到第三天仍是大雨。于是，我登上城南的高楼来看看农忙景象，然后去拜访南岸的晦翁祠，游览如七星排列的风景。直到晚上才回去，我把这事记在察院的行台上。

谕俗四条

丁丑

做好事的人，不仅他的族人亲戚爱戴他，朋友同乡敬重他，即使是鬼神也会暗中帮助他；做坏事的人，不仅他的族人

怨之，虽鬼神亦阴殛之。故积善之家，必有余庆；积不善之家，必有余殃。

见人之为善，我必爱之；我能为善，人岂有不爱我者乎？见人之为不善，我必恶之；我苟为不善，人岂有不恶我者乎？故凶人之为不善，至于陨身亡家而不悟者，由其不能自反也。

今人不忍一言之忿，或争铢两之利，遂相构讼。夫我欲求胜于彼，则彼亦欲求胜于我，雠雠相报，遂至破家荡产，祸贻子孙。岂若含忍退让，使乡里称为善人长者，子孙亦蒙其庇乎？

今人为子孙计，或至谋人之业，夺人之产，日夜营营，无所不至。昔人谓为子孙作马牛，然身没未寒，而业已属之他人。雠家群起而报复，子孙反受其殃，是殆为子孙作蛇蝎也。吁可戒哉！

题遥祝图

戊寅

薛母太孺人曾方就其长子俊养于玉山。仲子侃既举进士，告归来省。孺人曰："吾安而兄养，子出而仕。"侃曰："吾斯之未能信。"

亲戚厌恶他，朋友同乡憎恨他，即使是鬼神也会暗中诛杀他。所以积善行德的家庭，一定是吉庆有余；而那些只做坏事的家里，一定会接二连三遭受灾祸。

看到别人做好事，我一定敬爱他；我要是做了好事，哪有人不敬爱我的呢？看到别人做坏事，我一定很憎恶他；我如果去做坏事的话，哪有人不憎恶我的呢？所以恶人做坏事，以至家破人亡却还没有醒悟的，是因为他不能自我反省。

现在的人连别人一句不好听的话也不能忍受，或者为了一点小利而争执，以至对簿公堂。我想打赢这场官司，对方也想在这场官司中打赢我，来来往往，恶语相向，有仇必报，有怨必还，以致最后家破人亡，倾家荡产，祸害延及到子孙头上。这哪比得上含忍退让，使同乡人都说自己是善人，有长者风范，子孙也会蒙受恩惠呢？

现在的人替子孙做打算，或者去想得到别人的产业，抢来别人的财产，日日夜夜用尽心机，什么办法都想到了。以前的人说替子孙做牛马，可是自己死后连尸骨未寒，那一份家业已经属于别人了。对他有怨仇的人联合起来进行报复，子孙反而受到灾祸，这大概是替子孙做了一回蛇蝎。唉，这一定要引以为戒啊！

题遥祝图

戊寅

薛母太孺人曾氏在她的长子那里住，长子薛俊将她赡养在玉山。二儿子薛侃中了进士，请求回来看望母亲。孺人说："你哥哥侍养我，我在这里很好，你还是出去做官吧。"薛侃说：

曰:"然则盍往学?"于是携其弟侨、侄宗铠来就予于虔。其室在揭阳,别且数年,未遑归视。逾年五月望日,为孺人初诞之晨。以命不敢往,遥拜而祝。

其友正之、延仁、崇一辈相与语曰:"薛母之教其子,可谓贤矣;薛子之养其亲,可谓孝矣。吾侪与薛子同学,因各励其所以事亲之教,可谓益矣。而不获登其堂,申其敬。"乃命工绘遥祝之图,寓诸玉山,以致称觞之意。请于予,予为题其事。

书诸阳伯卷

戊寅

诸阳伯俩从予而问学。将别请言,予曰:"相与数月而未尝有所论,别再后言也,不既晚乎?"曰:"数月而未敢有所问,知夫子之无隐于我,而冀或有所得也;别而后请言,已自知其无所得,而卢夫子之或隐于我也。"

予曰:"吾何所隐哉?道若日星,然子惟不用目力焉耳。无弗睹者也,子又何求乎?道在迩而求诸远;事在易而求诸难,天下之通患也。子归而立子之志,竭子之目力。若是而有所弗睹,则吾为隐于子矣。"

"我现在还没这个资格。"

孺人说："既然这样,你何不继续去求学呢?"于是薛侃带着弟弟薛侨和侄子薛宗铠来到虔州找我求学。他的妻子在揭阳,已好几年不相见了,也没有时间回去看看。第二年五月十五日,是孺人的生日。薛侃因为她的命令不敢前去拜寿,只得遥拜而祝。

他的朋友正之、廷仁、崇一等人在一起都说："薛母教导儿子真可说是贤明;薛子侍奉他的母亲,真可说是孝顺啊。我们与薛子是同学,因此可以他侍奉母亲作为榜样,来激励我们,确实有好处啊。可是没有机会亲自去他家,表达我们的敬意。"于是请人精心绣了一幅遥祝之图,将它寄到玉山,表达他们庆祝的心愿。请我写几个字,我为他们记下了这事。

书诸阳伯卷

戊寅

诸阳伯偶跟随我学做学问。快要分别时,让我跟他说几句,我说："与你相处几个月却不曾有过任何讨论,分别后才说,不是已经晚了吗?"他回答道:"几个月来我都不敢去问您什么,是因为我知道您对我并没有隐瞒什么,希望我真的能知道一些;分别后请您教导几句,是知道自己已无法亲自聆听您的教诲,因此担心您有些东西没有说出来。"

我说:"我有什么可隐瞒的呢?大道如日月星辰,只不过你不利用自己的眼睛罢了。其实没有看不见的,你又想得到什么呢?大道在眼前却从遥远的地方去探求;事情本来很容易却偏偏将它想得很难,这一点是天下人共同的毛病。你回去后好好

书陈世杰卷

庚辰

尧允恭克让；舜温恭允塞；禹不自满假；文王微柔懿恭，小心翼翼，望道而未之见；孔子温良恭俭让。盖自古圣贤，未有不笃于谦恭者。向见世杰以足恭为可耻，故遂入于简抗自是。简抗自是，则傲矣。

傲，凶德也，不可长。足恭也者，有所为而为之者也。无所为而为之者，谓之谦。谦，德之柄。温温恭人，惟德之基；堂堂乎张也，难与并为仁矣。仲尼赞《易》之《谦》曰："谦尊而光，卑而不可逾，君子之终也。"故地不谦不足以载万物，天不谦不足以覆万物，人不谦不足以受天下之益。"

昔者颜子以能问于不能，有而若无，盖得夫谦道也。慎独、致知之说，既尝反覆于世杰，则百凡私意之萌，自当退听矣。复嚄嚄于是，盖就世杰气质之所急者言之。躬自厚而薄责于人，则远怨；见贤思齐，见不贤而内自省，则德修。毋谓己为已知，而辄以诲人；毋谓人为不知，而辄以忽人。终日但见己过，默而识之，学而不厌，则于道也，其庶矣乎。

去实现自己的志向,充分利用自己的眼睛。如果这样,还有些东西看不见,那才是我对你有所隐瞒呢。"

书陈世杰卷

庚辰

尧诚实恭敬,克制谦让;舜和气恭敬,和平实在;禹从不自满,不弄虚作假;文王宏伟温和、和善恭谨,小心翼翼,知道了也像不知道一般;孔子也是和气善良,恭敬节俭谦让。大概自古以来的圣贤,没有一个不坚持谦让恭敬的。以前见世恭认为过于恭敬是很可耻的,因此便显得简慢无礼,自以为是。这种简慢无礼而自以为是,其实便是傲慢。

傲慢,是一种不好的品德,不能助长它的滋长。恭敬是有目的行为。谦,是没有特定目的行为。谦虚这一美德的关键。和和气气恭敬别人,是德行的根基;堂堂皇皇的傲慢,便很难达到仁了。孔子解释《易经》中的《谦》卦说:"谦虚显得高大而有光彩,没有什么能超过谦卑的,这是君子始终应坚持的。"因此大地不谦虚便没有能力载纳万物,上天不谦虚便没有能力覆盖万物,人不谦虚便没有能力接受天下的好处。

从前颜回能向比自己差的人请教,有也像没有一般。这就是懂得谦虚这一道理。慎独、致知的学说,在世杰那曾被反复地践行过,那么他那种种私心杂念的萌芽,自然应该被扔到一边的。我现在还唠叨这些,是就世杰的气质而言,急需注意的问题而发的。在实践中,多责备自己,很少责备别人,那么便会远离怨恨;看到贤明的人就想着向他看齐,看到不贤明的人,就在内心好好反省自己,这样德行也得到修养了;不要认为自己什么

谕泰和杨茂

其人聋哑,自候门求见先生;以字问,茂以字答。

你口不能言是非,你耳不能听是非,你心还能知是非否?(答曰:知是非。)如此,你口虽不如人,你耳虽不如人,你心还与人一般。(茂时首肯拱谢)。大凡人只是此心。此心若能存天理,是个圣贤的心。口虽不能言,耳虽不能听,也是个不能言不能听的圣贤。心若不存天理,是个禽兽的心。口虽能言,耳虽能听,也只是个能言能听的禽兽。(茂时扣胸指天)。你如今于父母,但尽你心的孝;于兄长,但尽你心的敬;于乡党邻里宗族亲戚,但尽你心的谦和恭顺。见人怠慢,不要嗔怪;见人财利,不要贪图。

但在里面行你那是的心,莫行你那非的心。纵使外面人,说你是也不须听;说你不是也不须听。(茂时首肯拜谢)。你口不能言是非,省了多少闲是非;你耳不能听是非,省了多少闲是非!凡说是非,便生是非,生烦恼;听是非,便添是非,添烦恼。你口不能说,你耳不能听,省了多少闲是非,省了多少闲烦恼!你比别人到快活自在了许多。(茂时扣都知道了,动不动便去教训别人;不要认为别人什么都不知道,动不动便去轻视别人。日日看到自己不足的地方,内心里默默地去认知,学习而不感到厌烦,这对于道的修养,可能差不多了吧。

谕泰和杨茂

其人聋哑,自候门求见先生;以字问,茂以字答。

你嘴里不能说是与非,你耳朵不能听是与非,你的心还知道是与非吗(回答:"知道是非")?像这样,你的嘴说话虽然不如别人,你的耳朵听力虽然不如别人,你的心还是和别人差不多的(杨茂不时地点头拱手称谢)。一般的人也只是有这一颗心。这一颗心若能知道想着天理,那这就是一颗圣贤的心了。即使嘴上不能说,耳朵不能听,那也是个不能说不能听的圣贤。假如内心里不想着天理,这颗心便是禽兽的心。嘴上即使能说,耳朵虽然能听,也不过是个能说会听的禽兽罢了(杨茂不时抚着胸口指指天)。现在你对父母,只是尽你心中的孝道;对于兄长,只是尽你心中的敬意;对于乡党邻里宗族亲戚,只是尽你心中的谦和恭顺。别人若是怠慢你,不要责怪他们;看到别人的财利,不要去贪图。

只在你的内心实行你那是的心,不要实行你那非的心。即使旁人说你是,你也不用去听;说你不是,你也不用去听(杨茂不时点头,拜谢我)。你嘴上不能说是非,便省了很多无聊的是非;你耳朵不能听是非,便省了很多无聊的是非。一般来讲只要讲是非,便会生出许多是非来,生出许多烦恼;听了是非,便添了许多是非来,添了许多烦恼。你嘴上不能说,耳朵不能听,省了很多无

胸指天躃地)。我如今教你,但终日行你的心,不消口里说;但终日听你的心,不消耳里听。(茂时顿首再拜而已)。

书栾惠卷

庚辰

栾子仁访予于虔,舟遇于新淦。嗟乎!子仁久别之怀,兹亦不足为慰乎?顾兹簿领纷沓之地,虽固道无不在,然非所以从容下上其议时也。子仁归矣!乞骸之疏已数上,行且得报。子仁其候我于桐江之浒,将与子盘桓于云门、若耶间有日也。

闻子仁之居乡,尝以乡约,善其族党,固亦仁者及物之心。然非子仁所汲汲。孔子云:"言忠信,行笃敬,虽蛮貊之邦行矣。然惟立,则见其参于前;在舆,则见其倚于衡也,而后行。"子仁其务立参前倚衡之诚乎?至诚而不动者,未之有也;不诚未有能动者也。聊以是为子仁别去之赠。

书佛郎机遗事

庚戌

见素林公闻宁濠之变,即夜使人范锡为佛郎机铳,并

聊的是非,省了很多无聊的烦恼。你比别人倒快活自在多了。(杨茂不时抚着胸口,指天指地)。我现在教你,只要整天行你的心,不要口里说什么;只要整天听着自己的良心,不用耳朵听什么(杨茂不时地点头,不停地拜谢)。

书栾惠卷

庚辰

栾子仁到虔州来拜访我,我们的船正好在新淦相遇。唉!久别子仁的心情,这次见面还不足以来安慰自己吗?回想到那公文杂乱的地方,虽说道是无所不在的,但终究不是我从容不拘地大发议论的时候。子仁回去了。我好几次上疏请求告老还乡,现在快批复了。子仁,你在桐江之畔等着我吧,我们很快将在云门、若耶那里一同住上几天的。

我听说子仁在家里时,曾经定下乡约,引导他同族的人行善,这本来就是仁爱的人推己及物的心情,可这却不是子仁很愿意做的。孔子说:"语言讲究忠实信用,行动时满怀恭敬,即使是貊蛮之地,也是行得通的。然而,只有到这些品德在我参悟时,就出现在眼前,在车上就好像出现在车辕上,才能处处行得通。"子仁,你想要建立这种"参前倚衡"的诚笃吗?至诚然而不被感动,从来没有;不诚心从未有能使人感动的。我姑且拿这些作为子仁临别的赠言。

书佛郎机遗事

庚戌

见素林公听说宁王朱宸濠的叛乱,当天晚上就让人用锡铸

抄火药方,手书勉予竭忠讨贼。时六月毒暑,人多道暍死。公遣两仆裹粮,从间道冒暑,昼夜行三千余里,以遗予。至则濠已就擒七日。予发书为之感激涕下。盖濠之擒,以七月二十六,距其始事六月十四,仅月有十九日耳。

世之君子,当其任,能不畏难巧避者鲜矣。况已致其事而能急国患逾其家,如公者乎?盖公之忠诚,根于天性。故老而弥笃,身退而忧愈深、节愈励。呜呼!是岂可以声音笑貌为哉?尝欲列其事于朝,顾非公之心也。为作《佛郎机私咏》,君子之同声者,将不能已于言耳矣。

"佛郎机谁所为?截取比干肠,裹以鸱夷皮。苌弘之血衃不足,睢阳之怒恨有遗。老臣忠愤寄所泄,震惊百里贼胆披。徒请尚方剑,空闻鲁阳挥。段公笏板不在兹,佛郎机谁所为?"

正德戊寅之冬,福建按察佥事周期雍,以公事抵赣。时逆濠奸谋日稔,远近汹汹。予思预为之备,而濠党伺觇左右,摇手动足,朝闻暮达。以期雍官异省,当非濠所计及,因屏左右,语之故,遂与定议。期雍归,即阴募骁勇,具械束装,部勒以俟。予檄晨到而期雍夕发。故当濠之变,外援之兵,惟期雍先至。适

成佛郎机铳，并抄了一份火药的方子，亲笔写信勉励我竭力尽忠讨伐叛贼。当时六月大旱，很多人在路上中暑死去。见素林公派两名仆从，带着干粮，从小路上冒着酷暑，日夜奔行三千余里，将那些东西送给我。两名仆从到时，朱宸濠已被擒住有七天了。我很感动以至泫然涕下，赶紧回了一封信。朱宸濠被擒住是七月二十六日，离他开始造反六月十四号，只有一个月又十九天。

世间的君子，当他们在任时，能不畏惧艰难的人本来就很少。何况他们遇到事情时，将国家的忧患远远放置于家庭之上，急国家之所急的人，像见素林公这样已退休还操心国家的事，胜过关心自己家事的还有吗？见素林公的忠诚，根植在他的天性中。因此越老这种忠诚越深厚，即使退休了但他的忧虑却越来越深，气节越加奋发。唉！这怎么是音容笑貌就能做到的呢？我曾想将这上书皇上，又想这不是见素林公所愿意的。因此我私下做一首《佛郎机私咏》，咏颂他这种君子的行动。君子同一心意的，不是语言所能表达的。

"佛郎机是谁做的呢？截取比干的肠，用鸱夷（伍子胥）的皮包住。拿苌弘的血来涂抹还嫌不足，睢阳（张巡）的愤怒有留下的。老臣忠愤寄托他的不满，这震惊百里贼胆。白白拿着尚方宝剑，空听了鲁阳公的指挥。段公（秀实）的笏板不在这里，佛郎机是谁做的呢？"

正德十三年的冬天，福建按察佥事周期雍，因为一些公事到了赣州。当时逆贼朱宸濠的叛乱计划已酝酿成熟，远近都显得很不安定。我思量着预备为此做些准备工作，当时朱宸濠的同党在我左右窥察，我的一举一动早上发生，晚上朱宸濠就知道了。我认为期雍在别的省做官，心想这应该不是朱宸濠所

当见素公书至之日,距濠始事亦仅月有十九日耳。

初予尝使门人冀元亨者,因讲学说濠以君臣大义,或格其奸。豪不怿,已而滋怒,遣人阴构害之。冀辞予曰:"濠必反,先生宜早计!"遂遁归。

至是闻变,知予必起兵,即日潜行赴难,亦适以是日至。见素公在莆阳,周官上杭,冀在常德,去南昌各三千余里,乃皆同日而至,事若有不偶然者。辄附录于此,聊以识予之耿耿云。

题寿外母蟠桃图

庚辰

某之妻之母诸太夫人张,今年寿八十。十二月二十有二日,其设帨辰也。某縻于官守,不能归捧一觞于堂下。幕下之士,有郭诩者,因为作《王母蟠桃之图》以献。夫王母蟠桃之说,虽出于仙经异典,未必其事之有无。然今世之人,多以之祝愿其所亲爱,固亦古人冈陵松柏之意也。吾从众可乎?

能想得到的,于是屏退左右,和期雍说了这些,并与他商定了计谋。期雍回去后,马上暗中招募了一批勇敢的军士,配以器械,整顿装束,形成编制等待命令。我的文书早上到他那里,期雍晚上就率军出发了。所以当朱宸濠发动叛乱时,外援之兵,只有期雍先到。正好那天又是见素公的书信到的日子,离豪准备叛乱也只有一个月又十九天罢了。

开始时我曾派门人冀元亨了解情况,因为他在讲学时,拿君臣大义来劝说朱宸濠,让他迷途知返,勿成大错。但朱宸濠听了很不高兴,过后滋生出愤恨,派人想秘密将他谋害。冀元亨辞别我时说:"朱宸濠肯定会造反,您应该早点计划!"然后逃回到老家躲起来。

到这时听说了叛乱,他知道我一定会派兵,当日就悄悄回来与我同平这场叛乱,也正好是这天到的。见素公在莆阳,周期雍在上杭,冀元亨在常德,他们离南昌都是三千多里,可却都是同一天到这里。事情似乎不完全出于偶然。我将它附带记录在这里,聊以表达我的这种念念不忘的心情。

题寿外母蟠桃图

庚辰

我的妻子的母亲诸太夫人,姓张,今年高寿八十。十二月二十二日,家里为她庆祝寿辰。我因为公务缠身,不能回去为她老人家祝寿。我的手下人中,有个叫郭诩的,为此画了幅《王母蟠桃之图》送给我。王母蟠桃的说法,虽然是出自仙经异典,却也说不清它到底是有还是无。不过现在的人们,大多拿它来祝愿自己最亲近的人,大概这本来就是古人祝愿亲人如冈陵松柏的

遂用之，以寄遥祝之私，而诗以歌之云："维彼蟠桃，千岁一华。夫人之寿，兹维始葩。维彼蟠桃，千岁一实。夫人之寿，益坚孔硕。维华维实，厥根弥植。维夫人孙子，亦昌衍靡极。"

书徐汝佩卷

癸未

壬午之冬，汝佩别予北上，赴南宫试。已而门下士有自京来者，告予以汝佩因南宫策问，若阴诋夫子之学者，不对而出。遂浩然东归，行且至矣。予闻之，黯然不乐者久之。

士曰："汝佩斯举，有志之士，莫不钦仰歆服，以为自尹彦明之后，至今而始再见者也。夫人离去其骨肉之爱，赍粮束装，走数千里以赴三日之试。将竭精弊力，惟有司之好是投，以蕲一日之得，希终身之荣，斯人之同情也。而汝佩于此独能不为其所不为，不欲其所不欲。斯非其有见得思义，见危授命之勇，其孰能声音笑貌而为此乎？是心也，固富贵不能淫，贫贱不能移，威武不能屈者矣。将夫子闻之，跃然而喜，显然而嘉与之也。而顾黯然而不乐也，何居乎？"

意思吧。我随从大家的习俗,可以吗?

于是采用了这幅图,以表达我在异地的祝愿之情,并做了首诗来歌咏:"这株蟠桃,千年开花一次。诸太夫人的寿命,像它一样永远鲜盛。这株蟠桃,千年结一次果。诸太夫人的寿命,像它一样更加健旺。蟠桃的花与果使其根部更加稳定啊!因此诸太夫人的子孙,也会昌盛繁衍茂盛无边。"

书徐汝佩卷

癸未

壬午年的冬天,汝佩告别我后北上,参加礼部考试。不久我的门下中有人从京城来,告诉我说汝佩因为礼部提出的问题中,有私下里诋毁先生的学说,他没有应对就出来了。然后意气洋洋往回走,现在都快到了。我听了之后,不禁黯然伤神,很久都不愉快。

士人问道:"汝佩这一举动,凡是有志气的人,没有一个不钦佩敬仰而且服气的,认为从尹彦明(即尹焞)以后直到现在,才开始有第二个人敢这么做。人们离开自己的骨肉亲人,准备干粮整理行装,走几千里路,去参加三天的应试。本该竭尽全力,只要是相关部门所爱好的就该附和,以便以一天的所得,换来一生的荣耀,这是大家共同的心愿。但汝佩在这里却不做他不想做的事,不想他所没有想过的东西。这难道不是他在有所得时想到的是义,看到危险时有勇气接受命令吗?又怎能去强颜欢笑做那些违背他自己的事呢?这种良心,便是富贵不能使他邪恶,贫贱不能使他改变,威武不能使他屈服。先生您听了这些,应该感到高兴,并明白地表示很乐意他这么做然后嘉奖他。

予曰:"非是之谓也。"士曰:"然则汝佩之为是举也,尚亦有未至欤?岂以汝佩骨肉之养,且旦暮所不给,无亦随时顺应,以少苏其贫困也乎?若是,则汝佩之志荒矣!"予曰:"非是之谓也。"

士曰:"然则何居乎?"予默然不应,士不得问而退。他日,汝佩既归,士往问于汝佩曰:"向吾以子之事问于夫子矣,夫子黯然而不乐,予云云,而夫子云云也,子以为奚居?"汝佩曰:"始吾见发策者之阴诋吾夫子之学也,盖怫然而怒,愤然而不平。以为吾夫子之学,则若是其简易广大也;吾夫子之言,则若是其真切著明也;吾夫子之心,则若是其仁恕公普也;夫子悯人心之陷溺,若己之堕于渊壑也。冒天下之非笑诋訾,而日谆谆焉,亦岂何求于世乎?而世之人曾不觉其为心,而相嫉媢诋毁之若是。若是而吾尚可与之并立乎?已矣,吾将从夫子而长往于深山穷谷;耳不与之相闻,而目不与之相见,斯已矣。故遂浩然而归。归途无所事事,始复专心致志,沉潜于吾夫子致知之训。心平气和,而良知自发,然后黯然而不乐,曰:'嘻吁乎!吾过矣。'"

士曰:"然则,子之为是也,果尚有所不可欤?"汝佩曰:"非是之谓也。吾之为是也,亦未不可。而所以为是者,则

可您却黯然伤神很不高兴,这是为什么呢?"

我说:"不是你所说的那样。"士人接着问道:"那么是汝佩这种举动,还有些做得不好的吗?难道是汝佩对家人的侍养,早晚吃饭都得不到满足,还不如识时务以顺应在上者,以缓和他们家的贫困,对吗?假如这样,汝佩的志向便显得荒唐了。"我说:"不是你所说的这样。"

士人又问道:"那是为了什么呢?"我默然无语,没有回答。他得不到回答,便退了回去。过了几天,汝佩已经回来了,士人前去询问汝佩,说:"之前我拿你的事去问先生,先生黯然神伤,很不高兴,我如此如此说,先生也如此如此回答,你认为这到底是为什么呢?"汝佩说:"刚开始我看提问题的人,私下里诋毁先生的学说,就很生气感到愤怒,心里很是不平。我认为先生的学说,如此的简单明白,含义深远;先生的话,也是如此的真切明晰;先生的良心,也是如此的讲究仁恕公平;先生同情人心的沉沦,好像自己身处深渊沟壑中。宁愿冒着天下人的嘲笑诋毁及辱骂,但每天仍是那么恳切教导我们,他对世人难道是有所求吗?可世人对此却一点不觉得他的用心,反而嫉妒诋毁他。这样的话,我还能和他们在一起共事吗?算了吧,我准备跟着先生长期住在深山穷谷中;这样,耳朵听不到他们说的话,眼睛见不到他们,这样算了吧。因此我意气昂扬地回来了。回来的路上没有什么事可做,我又开始专心致志,仔细思考先生关于获得真知的教导。因为心平气和,我的良知自然出现,然后我也黯然伤神,很不高兴,心想:'唉,我错了。'"

士人问道:"那么这么做,你真的还有不对的地方吗?"汝佩回答道:"不是这个意思。我这么做,也没什么不行的。只是

有所不可也。吾语子：始吾未见夫子也，则闻夫子之学，而亦尝非笑之矣，诋毁之矣！及见夫子，亲闻良知之诲，恍然而大寤醒，油然而生意融。始自痛悔切责。吾不及夫子之门，则几死矣。今虽知之甚深，而未能实诸己也。信之甚笃，而未能孚诸人也。则犹未免于身谤者也，而遽尔责人若是之峻。且彼盖未尝亲承吾夫子之训也。使得亲承焉，又焉知今之非笑诋毁者，异日不如我之痛悔切责乎？不如我之深知而笃信乎？何忘己之困，而责人之速也？夫子冒天下之非笑诋毁而日谆谆然，惟恐人之不入于善。而我则反之，其间不能以寸矣。夫子之黯然而不乐也，盖所以爱珊之至，而忧珊之深也。虽然，夫子之心，则又广矣，大矣，微矣，几矣。不睹不闻之中，吾岂能尽以语子也。"

汝佩见，备以其所以告于士者为问，予颔之而弗答，默然者久之。汝佩悚然若有省也。明日以此卷入请曰："昨承夫子不言之教，珊倾耳而听，若震惊百里，粗心浮气，一时俱丧矣。请遂书之。"

之所以这么做，就有些不对了。我跟你说：以前我没有见到先生时，就听到了关于先生的学说，而且我也曾经嘲笑过它，毁谤过它呢！等到见了先生，亲自听了他关于良知的教诲，心下不禁恍然大悟，油然升起一种融洽的感觉。这才开始痛悔责备自己。我不到先生的门下，真是该死的。现在虽然我对良知的学说了解得比较深刻，但却没有能在我自身中实现它。自己十分相信它，但却没能令别人也信任。这样还是免不了受人谤诽，可我却如此严厉地责怪别人。其实他们是没有亲自秉承先生的教诲。假如他们亲自得到先生教导，又怎么能知道那些今天嘲笑诋毁的人，以后会不会也像我一样后悔自责呢？会不会也像我一样对先生的学说深信不疑呢？为何忘记自己的困境而这么快责怪他人？先生甘冒天下人的嘲笑诋诲，却仍每天诚恳地教导学生，只担心人人不会去得到善。可我却反其道而行之，这种差距是不能来衡量的。先生之所以黯然伤神，很不高兴，大概是太爱护我，太替我担心的缘故啊！这样，先生的胸怀，就显得更宽广了，伟大了，精微了啊！我没有能亲眼看到，亲耳听到先生的话，又怎么能跟你说清楚。"

汝佩将士人所问他的，所答他的整理好，来见我。我听后点点头，但没有回答，沉思了很久没有说话。汝佩在刹那间的惊惧中似乎有所省悟。第二天拿了这一卷，进来对我说："昨天承蒙先生无言的教诲，我侧耳倾听，很有所得，就像在百里以外，听得震惊的声音，心中的虚浮之气，一下子都消失了。请您写下来记住这件事吧。"

题梦槎奇游诗卷

乙酉

君子之学，求尽吾心焉尔。故其事亲也，求尽吾心之孝，而非以为孝也；事君也，求尽吾心之忠，而非以为忠也。是故夙兴夜寐，非以为勤也；剸繁理剧，非以为能也；嫉邪祛蠹，非以为刚也；规切谏诤，非以为直也；临难死义，非以为节也。吾心有不尽焉，是谓自欺其心；心尽而后吾之心，始自以为快也。

惟夫求以自快吾心，故凡富贵贫贱忧戚患难之来，莫非吾所以致知求快之地。苟富贵贫贱忧戚患难而莫非吾致知求快之地，则亦宁有所谓富贵贫贱忧戚患难者，足以动其中哉？世之人徒知君子之于富贵贫贱忧戚患难，无入而不自得也，而皆以为独能人之所不可及，不知君子之求以自快其心而已矣。

林君汝桓之名，吾闻之盖久。然皆以为聪明特达者也，文章气节者也。今年夏，闻君以直言被谪，果信其为文章气节者矣。又逾月君取道钱塘，则以书来道其相爱念之厚，病不能一往为恨。且惓惓以闻道为急，问学为事。呜呼！君盖知学者也，志于道德者也，宁可专以文章气节称之已？而郡守南君元善示予以《梦槎奇游》卷，盖京师士友赠之南行者。予读之终篇，叹曰："君知学者也，志于道德者也，则将以求自快其心者也。则其奔走于郡县之末也，犹其从容于

题梦槎奇游诗卷

乙酉

　　君子的学问，不过是求得尽我的心罢了。因此孝顺父母，求的是尽我心中的孝，而不是为了做到孝顺而孝顺；奉事国君，求的是尽我心中的忠诚，而不是为了做到忠诚而忠诚。因此日夜操劳，不是为了做到勤劳；处理复杂之事，不是因为很有才能；消除邪恶，不是为了刚直；直言诤谏，不是为了正直；危难之时想到道义，不是为了坚持操守。我的内心如果没有尽力的话，这可说是自欺欺人；尽了心后我的内心，才会为自己感到愉快。

　　因此，只要你所求的是为了使自己愉快，那些富贵贫贱忧戚患难来了的时候，没有一个不是我可以通过致知来使我愉快的地方的。如果富贵贫贱忧戚患难等没有一个是我可以通过致知而获得愉快的，那哪还有什么富贵贫贱忧戚患难，足可以让人动摇的呢？世人只知道君子对于富贵贫贱忧戚患难，没有不可以融入而有所得的，都认为他们能达到别人达不到的地方，却不知道君子所求的不过是使自己内心感到愉快罢了。

　　林汝桓君的名字，我早就听说过了。大家都认为他很聪明，很是通达，他的文章也和他做人一样。今年夏天，听说他因为直言谏君受到贬谪，我真的相信他的文章和气节了。又过了一个月，他从钱塘经过，写了封信表达他对我的敬仰之情，以及因病不能前去很是遗憾。他是诚心想问关于学问的事，可惜时间太紧迫了。唉！林汝桓是知道做学问，他有志于道德修养的，哪能只拿文章气节来称道先生？郡守南元善君拿《梦槎奇游》给我看，这集子是他离京南归时京城中的朋友们赠给他的。我将全篇都读完了，叹息道："君子知道做学问，是有志于道德的修养，

部署之间也;则将地官郎之议国事,未尝以为抗;而徐闻丞之亲民务,未尝以为琐也;则梦槎未尝以为异,而南游未尝以为奇也。君子乐道人之善,则张大而从谀之,是固赠行者之心乎?

予亦以病不及与君一面,感君好学之笃,因论君子之所以为学者,以为君赠。

为善最乐文

丁亥

君子乐得其道,小人乐得其欲。然小人之得其欲也,吾亦但见其苦而已耳。"五色令人目盲,五声令人耳聋,五味令人口爽,驰骋田猎,令人心发狂。"营营戚戚,忧患终身,心劳而日拙,欲纵恶积,以亡其生,乌在其为乐也乎?若夫君子之为善,则仰不愧,俯不怍;明无人非,幽无鬼责。优优荡荡,心逸日休。宗族称其孝,乡党称其弟。言而人莫不信,行而人莫不悦。所谓无入而不自得也,亦何乐如之?

妻弟诸用明,积德励善,有可用之才,而不求仕。人曰:"子独不乐仕乎?"用明曰:"为善最乐也。"因以四字扁其

不过是为了获得自己心灵上的愉快。那么，在郡县之间奔走，也就像在部署中来往一样从容；那么，和地方官一起讨论国家大事，不会觉得违抗的；徐闻丞处理百姓一般的杂事，不会觉得烦琐。这样"梦槎"并不"异"，而"南游"也并不"奇"了？君子喜欢说人的和善，对此就大肆奉承，这是赠给他诗的人的一片心吧？"

我也因病不能与他有一面之交，有感于他的好学，于是说了些君子做学问的目的，以此赠给他。

为善最乐文

丁亥

君子很高兴获得道，小人则很高兴满足了欲望。可是小人满足他的欲望后，我也只看到他的痛苦。"五色让人的眼睛昏暗，五音让人的耳朵听不见，五味让人的口味败坏，在野外中驰骋打猎，让人的心情发狂。"这样让人迷惑悲惨，终身忧心忡忡，心力交瘁一日比一日显得笨拙，放纵欲望，积下邪恶，结果误了自己的一生，这哪还有什么快乐呢？但如果像君子一样去行善，那么抬头无愧于天，低头也不觉得有什么不对的；表面上没有人说他不对，背地里连鬼也不责备他。这样悠然自得，心情舒畅，一天比一天更好。同宗族的人都称赞他孝顺，乡党也称赞他对同辈友爱。他说的话别人没有不相信的，他的行动别人没有不喜欢的。这就叫不管做什么都没有不自得的，有什么比这还让人高兴的呢？

我的妻弟诸用明，积累德行，勉励为善，有可用得上的才能，但他不去做官。有人说："您是不喜欢做官吗？"用明回答

退居之轩,率二子阶、阳,日与乡之俊彦读书讲学于其中。已而二子学日有成,登贤荐秀。乡人啧啧皆曰:"此亦为善最乐之效矣。"用明笑曰:"为善之乐,大行不加,穷居不损,岂顾于得失荣辱之间而论之?"闻者心服。

仆夫治圃,得一镜,以献于用明,刮土而视之,背亦适有"为善最乐"四字。坐客叹异,皆曰:"此用明为善之符,诚若亦不偶然者也。"相与咏其事,而来请于予以书之,用以训其子孙,遂以勗夫乡之后进。

客坐私祝

丁亥

但愿温恭直谅之友,来此讲学论道,示以孝友谦和之行,德业相劝,过失相规,以教训我子弟,使毋陷于非僻;不愿狂燥惰慢之徒,来此博弈饮酒,长傲饰非,导以骄奢淫荡之事,诱以贪财黩货之谋,冥顽无耻,扇惑鼓动,以益我子弟之不肖。

呜呼!由前之说,是谓良士;由后之说,是谓凶人。我

道："做好事是最大的乐事。"于是写"为善最乐"四个字当作匾额挂在轩前，带着两个儿子诸阶和诸阳，每天和同乡中的有才之士在乡里读书讲学。不久两个儿子的学习一天比一天进步，得到别人的引荐君主的赏识。同乡人都啧啧称赞道："这也是为善最乐的效果啊！"用明笑着回答到："为善最乐，显达了不会增加一分，贫穷时也不会减少一分，怎么能想着在得失荣辱之间来讨论它呢？"听到的人很是服气。

他家里有个仆人在菜园种地时，发现一面镜子，将它献给用明，用明将上面的污泥刮掉后一看，背面正好也有"为善最乐"四个字。当时在座的人都感叹说很奇怪，都说："这是用明为善的符命，他如此诚心，这面镜子其实也不是偶然出现的。"他们互相之间都说这件事，并请我将此记下来，用来教训子孙们，并以此勉励同乡中的后进者。

客坐私祝

丁亥

但愿那些温和谦恭、正直友善的朋友，到这里来讲学论道，告诉学生们孝顺父母，尊重兄长，对人谦和的德行，鼓励他们努力修养自己的德行，成就自己的学业，规劝他们改正过错，以此来教导我的弟子们，使他们不致陷于偏邪中；不希望那些狂妄骄横、懒惰无礼的人，到这里来下棋饮酒，助长傲慢，文过饰非，诱导我的子弟们去做那些骄奢淫荡的事情，拿那些贪财的阴谋来引诱他们，这些冥顽无耻之徒，迷惑煽动他们，让他们越来越不肖。

唉，前者我所指的是良士，后者我说的是那些凶人。我的

子弟苟远良士而近凶人,是谓逆子。戒之戒之!嘉靖丁亥八月,将有两广之行,书此以戒我子弟,并以告夫士友之辱临于斯者,请一览教之。

子弟们如果疏远良士而靠近凶人,这就是逆子。一定要戒备,一定要戒备啊!嘉靖六年八月,我将去两广一段时间,我写下这些来警戒我的弟子们,并请转告那些承蒙光临这里的士人朋友,请将它看一遍并请指教。

卷之二十五　外集七

墓志铭、墓表、墓碑、传、碑、赞、箴、祭文

易直先生墓志

壬戌

易直先生卒,乡之人相与哀思不已。从而纂述其行,以诔之曰:"呜呼!先生之道,谅易平直,内笃于孝友,外孚于忠实,不戚戚于穷,不欣欣于得。蒴彻厓幅,于物无抵。于于施施,率意任真。而亦不干于礼,艺学积行,将施于邦,六举于乡,竟弗一获以死。呜呼伤哉!

自先生之没,乡之子弟无所式;为善者无所倚;谈经究道者莫与考论,含章秘迹,林栖而泽遁者,莫与邀游以处。天胡夺吾先生之速耶?

先生姓王,名兖,字德章。古者贤士死,则有以易其号。今先生没且三年,而犹袭其常称,其谓乡人何?盍相与私谥之曰'易直'。于是先生之侄守仁,闻而泣曰:'叔父有善,吾子侄弗能纪述,而以辱吾之乡老,亦奚为于子侄!请得志诸墓。'

易直先生墓志

壬戌

易直先生去世了，乡里的人都感到很悲伤，大家都很怀念他。我于是依从大家的心愿，写了如下这篇诔文以记述他生前的事迹："呜呼！先生诚信、耿直、平易近人，在内他对长辈孝敬，对同辈友爱；在外他忠于朝廷，待人诚恳。他不为穷困而愁眉苦脸，也不为得到钱财而兴高采烈。生活简朴，从不斤斤计较物质利益的得失。出出进进，他总是随随和和、从从容容，任由自己的本心自由体现，可他这样处世却能做到不违反社会的礼仪。他勤奋学习，不断地积累德行，将要对国家有所贡献，可他六次参加乡试却没有一次成功，就这样地死去了。这是多么令人痛心啊！

自从先生去世之后，乡村的子弟便没有了榜样和标准了；为善的人也没有很好的依凭了；谈论经书，探求天道的人也没有人交流了，他们再也找不到一个人能够跟他们谈论那些含章秘迹了；那些悠游于山水之间的隐士，再也找不到他这样的游伴了。老天，你为什么要这么快就夺去我们易直先生的生命呢？

先生姓王，名兖，字德章。古代的贤士死后，总要有后人为他取一个号的。如今先生去世快三年了，却还承袭着他平常的称谓，这对于乡里的人来说该作何感想啊？大家私下里都谥称他叫'易直'。于是易先生的侄儿守仁听到之后，哭着说：'叔父有善德善行，您的侄儿不能为你记述下来，使我乡的父老都感

呜呼！吾宗江左以来，世不乏贤。自吾祖竹轩府君以上，凡积德累仁者数世，而始发于吾父龙山先生。叔父生而勤修砥砺，能协成吾父之志。人谓相继而兴，以昌王氏者，必在叔父，而又竟止于此，天意果安在哉？

叔母叶孺人先叔父十有三年卒，生二子：守礼、守信；继孺人方氏，生一子守恭。叔父之生，以正统己巳十月戊午，得寿四十有九，而以弘治戊午之八月廿三卒。卒之岁，太夫人岑氏方就养于京，泣曰：'须吾归视其枢。'于是壬戌正月，太夫人自京归，始克以十月甲子葬叔父于邑东穴湖山之阳。南去竹轩府君之墓十武而近，去叶孺人之墓十武而遥，未合葬，盖有所俟也。"

陈处士墓志铭

癸亥

处士讳泰，字思易。父刚，祖仲彭，曾祖胜一，世居山阴之钱清。刚戍辽左，娶马氏生处士。正统甲子，处士生十二年矣，始从其父自辽来归。当是时，陈虽巨族，然已三世外戍，基业凋废殆尽。处士归，与其弟耕于清江之上，数年遂

到脸上无光,我这哪里像您的侄子啊!请允许我为你写一篇墓志铭吧。'

呜呼!我家的祖宗定居江左以来,世世代代都不乏贤士。从我的祖父竹轩府君以上,好几代人积累德行,直到我的父亲龙山先生才开始发迹。叔父平生勤奋好学、修身养性,是他帮助我父亲实现了他的人生大志。人们说继我父亲之后使王氏昌盛的人,一定会是叔父,可他偏偏就这样功名未便就去世了,天意难道真的又在哪里呢?

叔母叶孺人比叔父早十三年就去世了,她生有两个儿子:一个是守礼,一个是守信;叔父后来娶的妻子姓方,她生有一个儿子叫守恭。叔父生于正统十四年十月十一日,享年四十九岁,弘治十一年八月二十三日去世。叔父去世的那一年,太夫人岑氏正在京城养病,她哭着说:'我一定要回去看看他的灵柩。'于是,在弘治十五年正月,太夫人从京城赶回家乡,这才得以在十月二十五日,将叔父安葬在村东穴湖山的南边。他的墓在竹轩府君的墓南边,距离竹轩府君的墓有五步远,而离叶孺人的墓也是五步,并没有与叶孺人合葬在一起,大概是等方孺人百年去世后再合葬一处吧。"

陈处士墓志铭

癸亥

处士名泰,字思易。他的父亲叫陈刚,祖父叫陈仲彭,曾祖父叫陈胜一。世代都居住在山阴的钱清。陈刚戍守辽左,娶了马氏,生下处士。正统九年,处士十二岁了,才随着父亲从辽左回到钱清。那个时候,陈家虽然是大家族,然而经过三代在外戍

复其故。处士狷介纯笃，处其乡族亲党，无内外少长戚疏，朴直无委曲，又好面折人过，不以毛发假借，不为斩险刻削。故其生也人争信惮，其死也莫不哀思之。

处士于书史，仅涉猎，不专于文，敦典崇礼，务在躬行。郡中名流以百数，皆雕绘藻饰，熻熠以贾声誉，然称隐逸之良，必于处士，皆以为有先太丘之风焉。弘治癸亥正月庚寅以疾卒，年七十二；九月己丑，其子琢卜葬于郡西之回龙山。

初处士与同郡罗周、管士弘、朱张弟涎友，以善交称。成化间，涎以岁贡至京，某时为童子，闻涎道处士，心窃慕之。至是，归求其庐，则既死矣。涎侄孙节，与予游，以世交之谊，为处士请铭。且曰："先生于处士，心与之久矣，即为之铭，亦延陵挂剑之意耶。"予曰："诺。"

明日，与琢以状来请。惟陈氏世有显闻。刚之代父戍辽也，甫年十四，主帅壮其为人，召与语，大说，遂留参幕下。累立战功，出奇计。当封赏辄为当事者沮抑，竟死牖下。处士亦状貌魁岸，动习边机，论议根核，的然可施于用。性孝

守边关,基业荒废殆尽了。处士回来后,和他的弟弟耕作于清江之上,几年之后便恢复了原有的产业。处士性情耿直,醇厚朴实,对待他的乡族亲戚,从不分亲疏少长,一律友好对待,从不分彼此,从不小肚鸡肠,他喜欢当面指出别人过错,从不因为别人的面子有所顾忌,不会有丝毫掩饰,也不会刻薄。所以他生前别人都很信赖他也很怕他,他死后,别人都很怀念他。

处士对于书籍,只是有所涉猎,从未专心致志地学习过,他崇奉法典尊重礼仪,总是体现在他的实际行动中。郡中名流数以百计,他们都喜欢舞文弄墨,堆砌辞藻,华而不实,沽名钓誉,能够称得上是隐逸之人的,还真得就处士一个。人们都认为他有先太丘的风范。处士于弘治十六年正月二十二日因病去世,享年七十二岁;九月二十六日,他的儿子陈琢经过占卜,将他安葬在郡西边的回龙山。

当初,处士和同郡的罗周、管士弘、朱张的弟弟朱涎等人友好,都以擅长交际著称。成化年间,朱涎因为要向朝廷送交岁贡而来到京城,当时我还是个小孩,听朱涎谈论处士,心中便暗暗地钦佩他。于今,回去拜访他的家,他却已经过世了。朱涎的侄孙朱节同我交往,他凭着我们两家世代交往甚密的情谊,请求我为处士写一篇墓志铭。他说:"先生仰慕处士的心情已经持续很久了,所以您为他写墓志铭也就有了延陵挂剑的意味了。"我说:"好吧。"

第二天,陈琢带着纸来请我写了这篇墓志铭。陈氏世代都很闻名,陈刚代替他的父亲戍守辽左,当时他刚刚十四岁,主帅很感动,把他召去谈话,主帅对他的才干非常高兴,于是留他在参谋处做事。他多次荣立战功,想出奇妙的计谋。每当要封赏他

友,属其家多难,收养其弟侄之孤,掇拾扶持,不忍舍去,遂终其身。琢亦能诗有行,次子玠,三孙:徕、衝、彶皆向于学。

夫屡抑其进,其后将必有昌者。铭曰:"嗟惟处士,敦朴厚坚,犹玉在璞,其辉熠然。秉义揭仁,乡之司直。邈矣太丘,其孙孔式,胡溘而逝?其人则亡,德音孔迩。乡人相告,毋或而弛。无宁处士,愧其孙子。回龙之冈,其郁有苍,毋尔刍伐,处士所藏。"

平乐同知尹公墓志铭

癸亥

尹自春秋为著姓。降及汉唐,代不乏贤。至宋而太常博士源,中书舍人洙及其孙焞皆以道学为世名儒。其后有为点检者,自洛徙越之山阴,迨公七世矣。公父达,祖性中,曾祖齐贤,皆有闻于乡。公生十八年,选为郡庠弟子,以诗学知名远近,从之游者数十,往往取高第,跻显级。而公乃七试有司不偶。天顺年诏求遗才可经济大用者。于是有司以公应诏,而公亦适当贡,遂卒业大学。

的时候,动不动就会遭到一些当事者的诋毁和贬抑,最后老死于户牖之下。处士魁武伟岸,并且武艺很好,谈吐又很好,的确是可以重用的。他的性情孝顺友善,看到弟侄家多灾多难,他便收养了其孤侄,含辛茹苦地抚育培养,却不忍心舍弃他们不管,直到最后去世为止。其子陈琢也能写得一手像样的诗,有德行。次子陈玠,三个孙子陈倈、陈衡、陈伋都一心向学。

屡次遭人排挤、压制的人,将来必定会出人头地的。我于是写了下面这几句墓志铭:"处士为人,敦厚朴实,意志坚定,仿佛璞石含玉,光辉灿烂。他秉承忠义,履行仁德,乡里人对他评价很高。说您远接陈寔,陈氏子孙很有模范。为什么他竟过这样溘然长逝了呢?他这个人虽然逝世了,可他的音容笑貌却还在我们心中。乡里的人互相谈论着他生前的德行,没有一个不肃然起敬的。这不如说是处士令子孙们感到惭愧。回龙山郁郁苍苍,这是处士藏身之所,不要滥砍滥伐。"

平乐同知尹公墓志铭

癸亥

尹从春秋时期开始就是很著名的姓氏。从春秋时期一直到汉唐时期,尹氏代代不乏贤士。到了宋代,太常博士尹源、中书舍人尹洙及其孙子尹焞,他们凭着自己的道德和学识,成为举世闻名的大儒学家。在他们之后,尹氏还有人做过点检官,他们从洛阳迁徙到江浙的山阴,到尹公已经是第七代了。尹公的父亲尹达,祖父尹性中和曾祖父尹齐贤,都在乡里很有名望。尹公十八岁的时候,被选拔到郡办学堂学习,他的诗学远近闻名。他的朋友有数十人,做了高官,跻身于显贵。可尹公却七次报

成化某甲子，授广西南宁通判。时郡中久苦瑶患，方议发兵，人情汹汹。公至，请守得缓旬日稍图之。乃单骑入瑶峒，呼酋长与语。诸酋仓卒，不暇集谋，相与就公，问所由来。公曰："斯行为尔曹乞生，无他疑也。"

因为具陈祸福，言辨爽慨，诸首感动，顾谓其党曰："何如？"皆曰："愿从使君言。"遂相率罗拜，定约而出。寻督诸军讨木头等峒，皆捷。大臣交章荐公可大用，庚子擢同知平乐府事。平乐地皆崒山互壑，瑶凭险出没深翳，非时剽掠。居民如处阱中，动虑机触，不敢轻往来，农末俱废。闻公至，喜曰："南宁尹使君来，吾无恐耳已。"

居月余，公从土著间行岩谷，尽得其形势。纵火悉焚林薄，瑶失籍，溃散。公因尽筑城堡要害据守。瑶来无所匿，从高巅远觇，叹息踟蹰而去。盖自是平乐遂为安土。居三年，屡以老请，辄为民所留。弘治改元，以庆贺赴京师，力求

考有关官职，均没有考中。天顺年间，皇帝下诏，寻求那些具有经邦济世之才却没有选用过的人。于是有关官员让尹公应诏，尹公当时恰好在此选之内，于是毕业于太学。

成化某年，授任广西南宁通判。当时郡中的百姓深受瑶民的祸害，正在议论出兵攻打瑶人，群情激愤，气势汹汹。尹公到后，请求南宁知府把出兵的事延缓上十天再说。他一个人骑着马进入瑶人的山洞，喊他们的酋长出来和他说话。这些酋长由于时间仓促，来不及到一起密谋，纷纷来到尹公面前，问尹公来的目的是什么。尹公说："我这次来是为你们乞请生路的，没有其他的阴谋。"

并向这些酋长们详细地说明了摆在他们面前的祸福。他能言善辩，豪爽慷慨，这些酋长都被感动。他们转过身去问他们的同党："你们觉得该怎么办？"众人都说："愿听从这位使者的话。"于是率领众人向尹公跪拜，定下了盟约，尹公便出了瑶人的山洞。他监督各路军队讨伐木头等峒，都取得了胜利。大臣们纷纷上奏推荐尹公，认为他可以重用。成化十六年他便被提升为同知平乐府事。平乐这个地方，山险路陡，沟壑纵横，瑶人倚仗地形险要，经常出没于深山野林，不时地剽窃抢掠。当地的居民像是生活在陷阱之中，动不动就会与瑶人遭遇，他们不敢轻易往来，农商都荒废了。听说尹公到了，他们都感到欣喜，说："南宁知府派您来，我们都不再害怕瑶人了。"

住了一个月左右，尹公便由当地土著人带路，穿行于岩石、峡谷，详尽地了解了瑶人的形势。最后纵火将树林全烧了，瑶人失去了森林的蔽护，纷纷溃逃。尹公因为在城外修筑了城堡和要害予以据守。瑶人一出现由于没遮蔽的树木隐藏，所以从高处

致仕以归。家居十四年,乃卒,得寿若干。公性孝友淳笃,自其贫贱时,即委产三弟,拾取其遗;少壮衰老,虽盛暑急遽,未尝见其不以祗服,与物熙然无抵。

至其莅官当事,奋毅敢直,析法绳理,势悍无所挠避,庶几古长者,而今亡矣!先后娶陈氏、朱氏、殷氏,子骐,孙公贵、公荣。卒之又明年癸亥,将葬,骐以币状来姚请铭。某幼去其乡,闻公之为人,恨未尝从之游,铭固不辞也。公讳浦,字文渊,葬在郡东保山,合殷氏之兆。铭曰:"赫赫尹氏,望于宗周。源洙比颍,焞畅厥休。自洛徂越,公启其暗。君子之泽,十世未斩。笃敬忠信,蛮貊以行。一言之烈,雄于九军。岂惟威仪,式其党里。岂惟友睦,笃其昆弟。彼保之阳,维石岩岩。尹公之墓,今人所瞻。

很远就能够看见他们，于是他们只好唉声叹气地走开。从此平乐便成了一个安定的地方。尹公在平乐任职了三年，多次因为年老请求回去，可都被平乐的百姓挽留下来。弘治改元时，他因为要去庆贺而赶到京城，坚决要求回家乡退休。他回家住了十四年便去世了，享年若干年。尹公生性孝敬友善、淳朴笃厚。从他很贫贱的时候起，他就把家产委托给了三弟，只收取一点剩余的东西；无论少壮时期还是衰老后，即使盛暑酷热，也不曾见他没有敬谨奉行的行为，好像他与外物没有什么关系似的。

　　他做了官以后，勇敢刚毅，刚直不阿，依法办事，再强悍的势力他都不畏惧，从不绕避这些势力，简直就像个古代的长者。而今他已去世了！他先后取了陈氏、朱氏、殷氏，生有一个儿子叫尹骐，两个孙子分别叫公贵、公荣。他死后，准备第二年即弘治十六年安葬，尹骐带着钱和纸来到余姚，请我为他写个墓志铭。我小时候就离开了那个乡，听说了尹公的为人，恨不能跟随他游学，现在请我为他写墓志铭我也就不会推辞了。尹公，名浦，字文渊，与殷氏合葬在郡东边的保山。墓志铭是这样写的："尹氏赫赫有名，其祖宗在周朝的时候就很有名望。从尹洙开始到尹颖、尹焊，世代兴旺，从未间断。从洛阳搬迁到江浙，尹公又为尹氏增添了光彩。君子的恩泽，十世也不会完结。他忠信诚恳，为人正派。他一个人孤胆深入瑶峒，一席话胜过九军的武力。何止威仪堂堂，也能作同乡的榜样。何止与友人和睦，也和兄弟亲情深厚。保山之南，岩石巍巍。尹公之墓，今人瞻仰。

徐昌国墓志

辛未

正德辛未三月丙寅，太学博士徐昌国卒，年三十三。士夫闻而哭之者皆曰："呜呼！是何促也？"或曰："孔门七十子，颜子最好学，而其年独不永，亦三十二而亡。说者谓颜子好学，精力瘁焉。"

夫颜虽既竭吾才，然终日如愚，不改其乐也。此与世之谋声利苦心焦劳，患得患失，逐逐终其身，耗劳其神气，奚啻百倍！而皆老死黄馘，此何以辨哉？天于美质，何生之甚寡，而坏之特速也？

夫鼪鼯以夜出，凉风至而玄鸟逝，岂非凡物之盛衰以时乎？夫嘉苗难植而易槁，芝荣不逾旬；蔓草薙而益繁，鸱枭虺蝮遍天下，而麟凤之出，间世一睹焉。商周以降，清淑日浇，而浊秽薰积，天地之气，则有然矣；于昌国何疑焉？

始昌国与李梦阳、何景明数子友，相与砥砺于辞章，既殚力精思，杰然有立矣。一旦讽道书，若有所得，叹曰："弊精于无益，而忘其躯之毙也，可谓知乎？巧辞以希俗，而捐其亲之遗也，可谓仁乎？"于是习养生。有道士自西南来，昌国与语，悦之，遂究心玄虚，益与世泊，自谓长生必可至。

徐昌国墓志

辛未

　　正德六年三月十六日，太学博士徐昌国去世了，时年三十三岁。士夫们听说后，都哭着说："哎！他的生命为什么这样短促呢？"有的说："孔子的门徒有七十个，颜子最好学，可独独他活得不长，也是三十二岁便死了。有人说颜子太好学，精力就由此耗尽了。"

　　颜回虽然耗尽了自己的才华，可他整天大智若愚，却不改其乐趣。这同世上为谋求名声和利益而苦心焦劳、患得患失的人相比，终身蝇营狗苟，徒劳耗费精神，何止强百倍！而他们老死于贫困潦倒之时，又怎么辨别他们呢？老天爷为什么只让那么少的人拥有美好的资质，而毁坏这样的人又如此迅速呢？

　　鼪鼯夜晚才出来，凉风吹起，玄鸟就会消失。事物的盛衰难道不是按照时令的变化而变化的吗？嘉苗不仅难于种植而且很容易枯死，芝草的茂盛不过十天；可蔓苴之类的草，即使剔除了反而会更加繁茂，鸱枭毒蛇遍天下；可麒麟和凤凰的出现，一生也只能看见一两次。商周以来，清平祥和日益减少，可混浊污秽却越积越多，天地之气的状况也就可想而知了。这对于徐昌国来说又有什么不同呢？

　　最初，昌国与李梦阳、何景明等人都是好朋友，经常互相切磋文章，经过殚精竭虑的努力，他的文章还是很出众的。一天早上背诵关于天道的书时，似乎有所领悟。他叹息说："把精力用在无益的事情，却忘了自己的身体还会死去，这能够称为有智慧吗？用虚浮不实的言辞招摇于俗世，而抛弃父母遗传给自己的身心，这能够称得上仁德吗？"于是，他每天练习养生。有一个道

正德庚午冬，阳明王守仁至京师。守仁故善数子，而亦尝没溺于仙、释。昌国喜，驰往省，与论摄形化气之术。当是时，增城湛元明在坐，与昌国言，不协，意沮去。异日复来，论如初，守仁笑而不应，因留宿，曰："吾授异人五金八石之秘，服之冲举可得也，子且谓何？"守仁复笑而不应，乃曰："吾隳黜吾昔，而游心高玄，塞兑敛华，而灵株是固。斯亦去之竞竞于世达矣，而子犹余拒然，何也？"

守仁复笑而不应，于是默然者久之，曰："子以予为非耶？抑又有所秘耶？夫居有者不足以超无，践器者非所以融道，吾将去知故而宅于埃壒之表，子其语我乎？"守仁曰："谓吾为有秘道，固无形也；谓吾谓子非，子未吾是也；虽然试言之：夫去有以超无，无将奚超矣？外器以融道，道器为偶矣！而固未尝超乎？而固未尝鬲乎？夫盈虚消息，皆命也；纤巨内外，皆性也；隐微寂感，皆心也；存心尽性，顺夫命而已矣，而奚所趋舍于其间乎？"

士从西南来到这里,昌国同他交谈,对他的观点非常赞同。于是又开始一心探求虚玄,对世事更加淡泊了,自以为这样下去就一定能够达到长生不老的境界。

　　正德五年冬,阳明子王守仁到京城。守仁过去同许多人的交情很好,而且还曾经和他们一样沉迷过佛教和道教。昌国非常高兴地跑去探望他们,与他们谈论摄形化气的法术。当时增城人湛元明在座,他和昌国话不投机,便心情沮丧地离开了。另一天,昌国又来了,谈论的东西还是和上次的一样,守仁笑而不作应答,因而留他过夜,他于是说:"我向人传授了五金八石的秘术,服了这种丹药,就可以飞上天,您对此怎么看?"守仁又一笑但不回答,他又说:"我抛弃了从前的做法,而游心于高深、玄妙的精神领域,避免感官刺激,收敛浮华的表现,而稳定灵魂之根本。这样就远离了竞争角逐于功名利禄的俗世,可您还是拒不回答我。这是为什么呢?"

　　守仁还是笑而不答,这样就沉默了很长时间,昌国说:"您认为我这样做错了吗?或者您还有别的什么秘方?处在有的位置上是很难超越于无的,执着于具体的物质,就很难理解道,如果我不再寻求事物的原因而陷身于世俗的生活之中,您会对我说话吗?"守仁说:"如果说我有秘道的话,这种道也是无形的;如果我说你不对,你也不会认为我是正确的;尽管如此,我还是试着谈谈这个问题吧。离开有而去超越无,这种无如何超越呢?离开具体的事物去理解道,道和具体事物就对立起来了。这样又怎么能够超越于具体事物而达到道呢?事物的盈虚消亡都是命;细巨内外,都是性;隐微寂感,都是心;存心尽性,就是顺应天命,又何必有所取舍呢?"

昌国首肯，良久曰："冲举有诸。"守仁曰："尽鸢之性者，可以冲于天矣；尽鱼之性者，可以泳于川矣。"曰："然则有之。"曰："尽人之性者，可以知化育矣。"昌国俯而思，蹶然而起曰："命之矣。吾且为萌甲，吾且为流澌。子其煦然属我以阳春哉！"

数日，复来谢曰："道果在是，而奚以外求。吾不遇子，几亡人矣。然吾疾且作，惧不足以致远，则何如？"守仁曰："悸乎？"曰："生，寄也；死，归也，何悸？"津津然既有志于斯。已而不见者逾月，忽有人来讣，昌国逝矣。王、湛二子，驰往哭，尽哀。因商其家事，其长子伯虬言昌国垂殁，整衽端坐，托徐子容以后事。

子容泣，昌国笑曰："常事耳。"谓伯虬曰："墓铭其请诸阳明。"气益微，以指画伯虬掌，作"冥冥漠漠"四字，余遂不可辨，而神气不乱。呜呼！吾未竟吾说以时昌国之及，而昌国乃止于是，吾则有憾焉！临殁之托，又可负之？

昌国名祯卿，世姑苏人，始举进士，为大理评事，不能

昌国点头，过了很久才说："这样能飞起来吗？"守仁说："尽了鸢鸟的性，就可以冲向天空；尽了鱼的性，就可以在河里游泳了。"昌国说："这种情况确实是有的。"守仁说："尽了人的天性，就可以知道什么是滋养孕育了。"昌国俯下身子认真地思考着，然后站起身来说："这确实是天命啊。我要重新开始最好的生活，我要放弃这以前的追求。您谆谆教导我的是一种阳春般的人生哲理啊！"

过了几天，昌国又来向我表示感谢他说："道理果然如您所说的，我以前一直是在心外寻求。如果不是遇上了您，我就已经不成为人了。可惜，我的病又发作了，我怕自己无法达到更高的境界了，您认为我该怎么办呢？"守仁问："你感到害怕了是吗？"昌国说："生不过是一种暂时的寄居罢了，死也就是回家，这有什么好害怕的呢？"他已经非常乐意按照我的方法去修身养性了。之后我一个多月没有再见到他了。忽然有人来通知我，说昌国已经去世了。王、湛两位先生都跑去哭灵去了，大家都非常悲痛。在商议其家事的时候，昌国的长子徐伯虬说昌国临死的时候整理的衣襟，端端正正地坐着，把后事托付给了徐子容。

徐子容抽泣着，昌国笑着说："人死是很平常的事情。"他对徐伯虬说："我的墓志铭一定要请王阳明先生写。"他的气息更加微弱了，他用手指在伯虬的手掌里画了"冥冥漠漠"四个字，其余就很难辨认，但其精神和气韵并不慌乱。呜呼！我没有最终把我的学说传与昌国，以至于昌国在修身养性的道路上，只达到这样的阶段就去世了，对此我感到深深的遗憾。他临终时托付要我为他写墓志铭，我能辜负他的厚望吗？

昌国，名祯卿，世代是姑苏人，最初考中了进士，官为大理

其职，于是以亲老求改便地为养。当事者目为好异，抑之，已而降为五经博士。故虽为京官数年，卒不获封其亲以为憾。所著有《谈艺录》，古今诗文若干首，然皆非其至者。昌国之学凡三变，而卒乃有志于道。

墓在虎丘西麓。铭曰："惜也昌国！吾见其进，未见其至；早攻声词，中乃谢弃；脱淖垢浊，修形炼气；守静致虚，恍若有际；道几朝闻，遽夕先逝；不足者命，有余者志；璞之未琢，岂方顽砺？隐埋山泽，有虹其气；后千百年，曷考斯志。"

凌孺人杨氏墓志铭

乙亥

古之葬者，不封不树。葬之有铭，非古矣，然必其贤者也。然世之皆有铭也，亦非古矣；而妇人不特铭，妇人之特铭也，则又非古矣；然必其贤者也。贤而铭，虽妇人其可哉！是故非其人而铭之，君子不与也。铭之而非其实，君子不为也。吾于铭人之墓也，未尝敢以易。至于妇人，而加审焉，必有其证矣。

评事，由于不能胜任这个职务，他便以侍奉家中年老的父母为由请求改任他职，于是在当地赡养双亲。一些当权者认为他是追求特殊，压制他，后来他被降为五经博士。所以虽然他在京城做了好几年官，最终还是为不能赢得朝廷对他父母的封赏而遗憾。他所著的《谈艺录》，收集的古今诗文有若干首，但都不是最好的。昌国治学一共经过了三次大的转变，最后才有志于道。

他的墓在虎丘西麓。墓志铭是这样写的："实在是可惜啊，昌国！我看见他在进步，却不能看见他到达悟道的境界；他早年专攻诗文辞章，中途便放弃了；后来超脱泥淖和污垢，修身练气；守静致虚，恍恍惚惚中觉得好像达到了边际；差不多刚刚听闻大道，不想却身先逝去；这真是寿命苦短而志向远大啊！璞玉之未琢，难道就是一方顽石吗？他被隐埋在山水之间，却有长虹之气；千百年以后，何时有人来考察这个墓志？"

凌孺人杨氏墓志铭

乙亥

古代安葬死者，既不封土也不种树。安葬死者时树碑并刻上墓志铭，这并不是古代的做法。然而，实际情况却是，只要死者生前是个贤德的人都会有墓志铭。但是世上的去世之人都有墓志铭，这也不是古代的习惯。至于妇女，是不特地树立墓志铭的。专门为妇女写墓志铭，这也是古代所没有过的。然而如果她确确实实是个贤德的人，就应该有墓志铭。贤德而且有墓志铭，即使是妇女又怎么样呢！所以，君子是不会为不贤德的人写墓志铭的，写些名不符实的墓志铭，是君子所不愿做的事。我对于为别人写墓志也是坚持这些原则的，从来不敢有所改变。对于

凌孺人杨氏之铭也,曷证哉?证于其夫之状,证于其子之言,证于其乡人之所传其贤者也。孺人之夫为封监察御史凌公石岩讳云者也。石岩之状,谓孺人为通怀远将军之曾孙女茂,年十八而未归,姑舅爱之,族党称之,乡间则之,不悉数其行,则贤可知矣。子佥宪相,与同年,贤也,地官员外郎楷又贤也,孺人之慈训存焉。相尝为予言孺人之贤十余年矣,与今石岩之状同也。

吾乡之士,游业于通者以十数,称通之巨族以凌氏为最,凌氏之贤以石岩为最,则因及于孺人之内助。其所称举,与今之状,又同也。夫夫或溺誉焉,子或溢羡焉,吾乡人之言,不要而实契,斯又何疑矣。

孺人之生,以正统丁卯十二月九日,卒于正德癸酉十一月九日,寿盖六十七,男四:长即相。次棋早卒,次即楷,次栻;女二,孙男八,女三,曾孙男一,女一。相将以乙亥正月内丙寅附葬孺人于祖茔之左。而格于其次,乃以石岩之状

为妇女写墓志，我更是特别谨慎，必须有可靠的证据表明她是一个贤德的人，我才肯为她写墓志。

我为凌公的孺人杨氏写墓志铭，有什么证据呢？证据就在于她的丈夫褒奖她的文件，证据就在于她儿子的言谈，证据就在于她的同乡们都在传颂着她的贤德。孺人杨氏的丈夫是监察御史凌石岩，凌石岩的名字叫凌云。石岩在他褒奖她的记述中说，妻子杨氏是通怀的远将军的曾孙女，名字叫杨茂，十八年没有回过娘家，公公婆婆都很喜爱她，同族的人都称赞她，乡同都以她为榜样，不必把她的德行全部列举出来，就可以知道她是个贤德的人了。她的儿子凌相做了佥宪，与同龄的人相比，也很贤德；另一个儿子凌楷做了户部员外郎，也是个贤德的人。从他们身上可以看到孺人杨氏的慈爱和教诲。凌相曾经对我说，母亲杨氏十几年来一直非常贤惠，这与石岩褒奖她的记述是一致的。

我们家乡的士人，在通这个地方游学的有十几个人。他们说通地最有影响的要算姓凌的，而凌氏中最贤德的又要数石岩了，石岩的贤德又与他的夫人对他贤惠的帮助是分不开的。他们对杨氏的称颂与石岩的记述也是一致的。丈夫对她的夸奖或许会有些过分，儿子对她的评价或许会有溢美之词，可是我家乡父老乡亲的话一点都不儿戏，都正好与她的丈夫和儿子的看法相一致，这又有什么值得怀疑的呢？

孺人杨氏出生于正统十二年十二月初九，死于正德八年十一月初九，享年六十七岁。她生有四个儿子，长子就是凌相，次子凌棋，早夭，另外两个儿子分别是凌楷和凌械。她生有两个女儿，她有八个孙子，三个孙女，有一个曾孙和一个曾孙女。凌相

来请铭,且问葬:"合葬非古也,周公以来未之有改也。先孺人附于祖茔之左昭也,家君百岁后,将合焉。葬左则疑于阳,虚右则疑于阴,若之何则可?"予曰:"附也,则祖为之尊,左阳右阴也。阳兼阴而主变者也。阴从阳而主常者也,阳在左则居左,而在右则居右;阴在左则从左,而在右则从右;其虚右而从左乎?"于是孺人之葬虚右而从左。

铭曰:"孺人之贤,予岂究知?知子若夫,乡议是符;如彼作空,则观其隅;彼昏憒憒,谓予尽诬;狼山之西,祖茔是依;左藏右虚,孺人之居。"

文橘庵墓志

乙亥

高吾之丘兮,胡然其峀峀兮?乡人所培兮;高吾之木兮,胡然其赜赜兮?乡人所植兮;高吾之行兮,胡其砥砥兮?乡人所履兮。阳明子曰:"呜呼!兹橘庵文子之墓耶?"冀元亨曰:"昔阳明子自贵移庐陵,道出辰、常间,遇文子于武陵溪上,与之语,三夕而不辍,旬有五日而未能去。"

打算在正德十年正月初八把她附葬在祖坟的左边。杨氏的灵柩还放在丧次里,凌相拿着石岩写的东西,来请我为杨氏写墓志铭,并询问有关安葬的事情:"合葬不符合古代的传统,周公以来还不曾有过改变。把先孺人葬在祖坟的左边太显眼了,家父百年去世后,将要与她合葬。葬在左边就会让人疑心葬到阳的位置上,把右边空着就会让人疑心我为什么没把她葬在阴的位置上,究竟该怎么安葬呢?"我说:"既然是附葬,那么祖辈的墓就是尊位,其左边是阳,右边为阴。阳中兼有阴,预示着变化;阴依从于阳,预示着常态。阳在祖坟的左边就称为居左,在右边就称为居右;阴如果在祖坟的左边就称为从左,在右边就称为从右;把右边空着,而葬在左边如何?"于是凌孺人杨氏被葬在祖坟的右边靠左的位置上。

墓志铭是这样写的:"孺人的贤惠,我怎么会完全知道的呢?我是从她的儿子和丈夫,以及乡里人们的议论中知道的;如果他们说的都是假话,说明我只看到事情的皮毛;如果他们都昏聩懵懂,说明我全是说谎;在狼山的西边,孺人依着祖坟而葬;墓在左边,右边空着。"

文橘庵墓志

乙亥

高吾的土丘为何这样高大?原来是乡里的人不断培土的结果;高吾的树木为何如此茂盛?原来是乡里的人不断培植的结果;到高吾的路为何这样平坦?原来是乡里的人不断走过的结果。阳明子说:"啊!这就是文橘庵先生的墓吧?"冀元亨说:"从前阳明子从贵州移居庐陵,在离开辰、常不远的途中,在武

门人问曰："夫子何意之深耶？"阳明子曰："人也朴而理，直而虚，笃学审问，比耄而不衰。吾闻其莅官矣，执而恕，惠而节，其张叔之俦欤！吾闻其居乡矣，励行饬己，不言而俗化，其太丘之俦欤！呜呼！于今时为难得也矣。"

别以其墓铭属阳明子，心许之而不诺。门人曰："文子之是请也，殆犹未达欤？"阳明子曰："达也。"曰："达何以不诺也？"曰："古之葬者，不封不树，铭非古也；后世则有铭，既葬而后具，豫不可也。"曰："然则恶在其为达矣？"曰："死生之变大，而若人昼夜视之不以讳，非达欤？盖晋之末有陶潜者，尝自志其墓。"

文子既殁，其子裴棠、东集，枈葬之高吾之原。阳明子乃掇其所状，而为之铭。文子名澍，字汝霖，号橘庵。举进士，历官刑部郎中，出为重庆守。已而忤时贵，改思州，遂谢病去。文子之先，为南昌人，曾祖均玉始避地桃源。门人有

陵溪边遇见了文橘庵先生,阳明子和他交谈,三天不断,十五天都没有离去。"

门人问道:"先生和他的感情为何如此深厚呢?"阳明子说:"文橘庵这个人纯朴而文雅,耿直而且虚心,勤学肯问,年纪那么大却不减勤奋。我听说他当官的时候,既能依法办事又有宽恕之心,既能给人以恩惠又很有节度,这简直就是张叔一类的人了!我听说他居住在乡里的时候,在言行举止各个方面都严格要求自己,他虽然不说什么,可人们还是受到他的影响,风气有了很好的转变,这简直就是陈寔一类的人了!呜呼!文橘庵这样的人在今天实在是难得啊。"

分别的时候,文橘庵叮嘱阳明子为他写篇墓志铭,王阳明心里同意了却不肯答应。门人说:"文先生这样请求,你却不答应,是不是他还不够通达呢?"阳明子说:"他是通达的。"门人说:"既然他是通达的,你又为什么不答应他呢?"阳明子说:"古代安葬死者,既不封土也不种树,写墓志铭是不符合古代传统的;后来的人虽然有墓志铭,可那是安葬之后才做的,人还没去世就提前写墓志铭是不可以的。"门人说:"那么他的通达表现在哪里呢?阳明子说:"生和死的变化是很大的,可是如果一个人把生死的变化看成是昼夜的交替一样自然,就不会对死有什么忌讳了。这不是很通达吗?晋朝末年有个叫陶潜的人,就曾自己为自己写墓志铭。"

文橘庵先生死后,他的儿子文裴棠、文东集、文栻将他安葬在高吾的一块平地上。阳明子于是从他们手上接过行状,为文先生写了墓志铭。如下:文先生,名澍,字汝霖,号橘庵。他中过进士,为官做过刑部郎中,后来从京城出去,到重庆做郡守。

闵廷圭者，为之行状，甚悉。

登仕郎马文重墓志铭

丙子

　　沛汉台里有马翁者，长身而多知。涉书史，少喜谈兵。交四方之贤，指画山川道里，弛张阖辟，自谓功业可掉臂取。尝登芒砀山左右眺望，嘻吁慷慨，时人莫测也。

　　中年从县司辟为掾，已得选，忽不惬，复遂弃去；授登仕郎，归与家人力耕，致饶富，辄以散其族党乡邻，葬恤孤，赈水旱，修桥梁，惟恐有间。既老，乃益循饬，邑人望而尊之，以为大宾焉。年八十六，正德丙子四月三日无疾而卒。

　　长子思仁时为鸿胪司仪署丞，勤而有礼，予既素爱之。至是闻父丧，恸毁几绝，以状来请予铭，又哀而力，遂不能

由于触怒了当时的权贵，所以改赴思州为官，他称病谢绝了，从此离开官场。文先生的祖先是南昌人，他的曾祖父文均玉才开始避难迁到桃源。文先生的门人中有个叫闵廷圭的，对文先生的言行做了非常全面的记述。

登仕郎马文重墓志铭

丙子

沛汉台里有个姓马的老人，身材修长，知识丰富。他广泛地阅读书籍和历史，从小就喜欢谈论军事。他同四面八方的贤士广泛地交朋友，他们经常指点江山，抒发胸臆，既能紧张地学习或工作，又能轻松地娱乐；既能闭门不出，也能出外纵横驰骋。马老就曾经认为自己要想取得功名和事业是轻而易举的。他曾登上芒砀山左右眺望，慷慨激昂地抒发胸怀，当时的人都不知道他胸怀大志。

中年时期县里征召他为掾吏，已经当选了，可他却忽然感到不舒服，便辞去了属员这个职务；得到了一个登仕郎的职称后，便回到家里，和家人一起耕种田地。由于勤劳节俭，经营有方，他家很快就成了一个大富户。他经常拿些钱财出来，分发给同姓族的其他人家和乡里邻居，安葬死者，抚恤孤儿，赈济水旱灾难，修筑桥梁，所有这些事情他都是争先恐后地去做。年纪大了，他更加严格要求自己，同乡的人都非常敬重他，都把他看成是一个十分重要的客人。正德十一年四月初三没有得病就去世了，享年八十六岁。

长子马思仁当时为鸿胪司仪署丞，勤奋而又礼貌，我平素就很喜爱他。他听说父亲去世了，悲痛得差点昏死过去了。他拿

辞。

按状，翁名珍字文重，父某，祖某，曾某，皆有隐德。子男若干人，女若干人。以是年某月某日葬祖茔之侧。为之铭曰："丰沛之间，自昔多魁。若汉之萧曹，使不遇高祖，乘风云之会，固将老终其身于刀笔之间。世之怀奇不偶，无以自见于时，名湮没而不著者，何可胜数！若翁者，亦其人非耶？然考其为迹，亦异矣。呜呼！千里之足，困于伏枥；连城之珍，或混瓦砾。不琢其章，于璧何伤？不驾以骧，奚损于良？呜呼马翁，兹焉允臧。"

明封刑部主事浩斋陆君墓碑志

丙子

封君之葬也，子澄毁甚失明，病不能事事，以问于阳明子曰："吾湖俗之葬也，咸竭资以盛宾主，至于毁家。不则以为俭其亲也。不肖孤，则何费之敢靳？大惧疾之不任，遂底于颠殒，以重其不孝。敢请已之如何？"阳明子曰："不亦善乎，棺椁衣衾之得为也者，君子不以俭其亲。狥湖俗之所尚，是以其亲遂非而导侈也，又况以殆其遗体乎？吾子已之既葬而以礼告人，岂有非之者？将湖俗之变，必自吾子始

着行状来请我为他的父亲写一篇墓志铭，看着他悲伤而又坚决的样子，我也就不好推辞了。

按照他送来的行状，马老，名叫珍，字为文重，他的父亲、祖父和曾祖父都曾默默无闻地做了许多好事。他生有几个儿子和几个女儿。在他去世的这一年的某月某日，他被葬在祖坟的旁边。我为他写的墓志铭是："丰沛一带，自古就有许多杰出的人物。例如汉朝的萧何与曹参，假如他们没有遇上汉高祖，碰上平步青云的机会，也只能在文官之间终其一生了。世上怀有奇才却遇不到机会，无法被当时的社会所发现，因而默默无闻的人，多得无法胜数！像马老这样的人，难道不是这样吗？查考他的事迹，确实是不同寻常的。呜呼！一匹千里马就这样被用来拉马车，一块价值连城的珍宝就这样与瓦砾混在一起。然而，一块玉石，即使不雕琢，对于它是否是玉有什么妨害呢？一匹千里马，即使没有人驾驭它奔跑，难道它就不是一匹好马了吗？呜呼！这里葬的马老恰好就是这样的珍宝和千里马。"

明封刑部主事浩斋陆君墓碑志

丙子

安葬浩斋陆君时，他的儿子陆澄因为过度的悲痛而双目失明，以至于什么事也不能做。他问阳明子："我们湖南安葬死者的风俗是，竭尽全部家财来感谢前来吊唁的各位宾客，这样常常会毁灭一个家庭。不这样做人们就认为你对死去的亲人太俭省了。可是像我这样一个不肖的孤儿，本来就很穷，即使想吝惜，又哪里有钱吝惜呢？我非常担心我因为眼病而不能胜任工作，如果我也因此而死，岂不是更加不孝。请问先生我该如何

矣，一举而三善，吾子其已之。"

既而复以志墓之文请。阳明子辞之不得，则谓之曰："志墓非古也。古之葬者，不封不树。孔子之葬其亲也，自以为东西南北之人，不可以无识也，而封之崇四尺。其于季札之葬，则为之识曰：'有吴延陵季子之墓。'后之志者若是焉可矣。而内以诬其亲，外以诬于人，是故君子耻之。吾子志于贤圣之学，苟卒为贤圣之归，是使其亲为贤圣者之父也，志孰大焉？吾子曷已之？封君之存也，尝以其田二顷，给吾党之贫者以资学，是于斯文为有裨也。而又重以吾子之好，无已，则如夫子之于札也乎？"

因为之题其识墓之石曰："皇明封刑部主事浩斋陆君之墓。"而书其事于石之阴。君讳璲，字文华，湖之归安人，墓在樊泽。子澄，举进士，方为刑部员外郎，澄之兄曰津。

办才好呢?"阳明子说:"这样不是也很好吗?你只要为父亲办了棺椁和寿衣,君子就不会认为你对亲人俭省了。依照湖南的风俗所崇尚的来看,也是为了体现对亲人的孝心而不是引导人们追求奢侈和排场,更何况搞坏身体呢?你既然已经把父亲安葬了,而且尽了各种礼节,人们都是知道的,怎么会有人诋毁你呢?将来湖南的风俗如果有什么变化,也一定是从你开始的,你这一举动却有三个方面的积极意义,你就安心吧。"

过后,他又请我为他的父亲写篇墓志铭。阳明子推辞不掉,只好对他说:"写墓志这个做法在古代是没有的。古代人安葬死者,既不封土也不种树。孔子安葬他的父母时认为东西南北死人很多,不能没有一个可辨识的记号,于是他把自己的父母的坟堆成四尺高,以这个高度作为标记。安葬季札时,就写了'有吴延陵季先生之墓'这几个字作为标记。后代的人如果这样写墓志也是可以的。至在写墓志铭时,把内容写得华而不实,对内欺骗父母,对外欺骗他人,这是君子所耻于去做的。你立志于圣贤的学问,如果最后能成为贤圣,这就会使得你的父亲成为圣贤者的父亲,这两种志墓的方法哪一个的意义更大呢?你更愿意哪一种呢?你在安葬了家父之后,曾把他的田地拿出两顷,送给同乡的贫困户,资助贫穷的孩子读书,这对于当地文化的发展是有帮助的。此外,你还根据自己的偏好,改革当地的风俗,以比较节俭的方式操办丧事,这就有些类于安葬季札,不是吗?"

于是我为他题写了标记父亲坟墓的石碑:"明朝皇帝册封的刑部主事浩斋陆君之墓",并在石碑的背面写上了浩君的事迹。浩斋君,名璿,字文华,湖南归安人,墓在樊泽。儿子陆澄,中了进士,现在是刑部员外郎,陆澄的哥哥叫陆津。

谥襄惠两峰洪公墓志铭

特进光禄大夫柱国太子太保刑部尚书兼都察院左都御史致仕洪公,以嘉靖二年四月十九日薨,时年八十有一矣。讣闻天子,遣官九谕,祭锡谥襄惠,赐葬钱塘东穆坞之原。其嗣子澄,将以明年乙酉月日举葬事,以币以状来请铭。

维洪氏世显于鄱阳。自宋太师忠宣公皓始,赐第于钱塘西湖之葛岭。三子景伯、景严、景卢皆以名德相承,遂为钱塘望族。八世祖讳其二,仕宋为浙东安抚使。元兴,避地上虞。曾祖讳荣甫,祖讳有恒。迨皇朝建国,乃复还家钱塘。有恒初名洪武昌,忌者上书,言其名犯年号。高皇帝亲录之曰:"此朕兴之兆耳。"御书"有恒"易之。父讳薪,徽州街口批验所大使。

自曾祖以下,皆以公贵,赠太子太保刑部尚书,妣皆赠一品夫人。公讳钟,字宣之,自幼岐嶷不凡。成化戊子,年二十六,以《易经》领乡荐;乙未举进士,授官刑部主事,谙习宪典。时相继为大司寇者,皆耆德宿望,成器重礼信之,委总诸司章奏,疑议大狱,取裁于公,声闻骤起。

谥襄惠两峰洪公墓志铭

特进光禄大夫柱国太子太保刑部尚书兼都察院左都御史退休洪公,于嘉靖二年四月十九日去世,享年八十一岁。消息传到天子那里,天子派官前去祭吊,并赐给洪公"襄惠"这个谥号,赐予他葬在钱塘东穆坞的一块平地上。他的儿子洪澄,打算在第二年某月某日举办安葬的事宜,并且拿着币和有关洪公的记载来请我为他写墓志铭。

洪氏世代显赫于鄱阳。从宋朝太师忠宣公洪皓开始,在钱塘西湖的葛岭安家。忠宣公的三个儿子景伯(洪适)、景严(洪遵)、景卢(洪迈),都继承了他的功名和德性,于是便成为钱塘的名门望族。洪氏的八世祖叫洪其二,在宋朝官至浙东安抚使。元朝兴起后,在上虞过着半隐居的生活。洪公的曾祖父叫洪荣甫,祖父叫洪有恒。到明王朝建立的时候,便回到钱塘老家。洪有恒最初的名字叫洪武昌,忌讳这个名字的人上书给皇帝,说他的名字触犯了明朝的年号。皇帝亲自记下了他的名字说:"这是朕兴起的征兆。"皇帝写了"有恒"两个字改换了"武昌"两个字。洪公的父亲叫洪薪,是徽州街口批验所大使。

洪公家从他曾祖父开始,世世代代都数公显贵,洪公被赠以太子太保刑部尚书的头衔,母亲、祖母也都被尊奉为一品夫人。洪公叫洪钟,字宣之,从小就气度不凡。成化四年,他二十六岁,他由于《易经》学得很好,被乡里推荐;成化十一年考中了进士,任刑部主事,精通律法。当时相继做刑部尚书的人,都是些德高望重的人,他们都很器重他,信任他。洪公作为刑部主事,负责总管刑部各部门的奏章,疑难大案,总是由他裁决,所以他的名声很快就叫响了。

庚子升员外郎,仍领诸司事。癸卯丁内艰,丙午起复升郎中,寻虑囚山西。乙巳江西、福建流贼甫定,公承命往审处之。归,言"福建之武平、上杭、清流永定,江西之安远、龙南,广东之程乡,皆流移混杂,习于斗争,以武力相尚,是以易哄而乱,譬若群豺虎而激怒之,欲其无相攫噬,难矣。宜及其平时,令有司多立社学,以训诲其子弟,销其兵器,易之以诗书礼让,庶几潜化其奸宄。"时以为知本之论。

弘治已酉,升江西按察副使;癸丑升四川按察使。所在发奸摘伏,无所挠避,而听决如流,庭无宿讼。由是横豪屏息,自土官宣慰使,皆懔懔奉约束。安氏世有马湖,恃力骄僭,为地方患。公从容画策去之,请吏于朝,遂以帖定。丙辰入觐,升江西右布政使,丁巳转福建左布政使,著绩两省。

戊午升都察院右副都御史,巡抚顺天等府,兼整饬蓟州诸边备。时朵颜虏势日猖獗,公以边备积弛,乃建议增筑

成化十六年，洪公晋升为刑部员外郎，仍然领导刑部各部门的工作。成化十九年丁母忧在家，成化二十二年又升为郎中。不久去山西调查案犯。成化二十一年江西、福建一带流寇很不安分，洪公奉命去处理这个问题。回来后，他说："福建的武平、上杭、清流、永定，江西的安远、龙南，广东的程乡，这些地区流寇和移民混杂在一起，老是争斗，崇尚用武力解决问题，就很容易一哄而引起民众的骚乱，这好比豺狼老虎，一旦激怒了它们，想它们不互相残杀是很难的。最好是在平时，命令有关负责人多建立一些学堂，通过这些地方的活动，教育和训导他们的子弟，销毁他们的兵器，代之以诗书礼让，这样下去或许还能潜移默化把坏人改造过来。"这番话在当时被认为是把握了问题的根本的议论。

弘治二年，洪公升为江西按察副使；弘治六年升为四川按察使。他在哪里工作，哪里窝藏的坏人都会被他发现、制伏。他审理案件驾轻就熟，一次审理就能正确断案。所以法庭上从来没有出现过同一案件反复诉讼的事。因此，横行霸道的家伙都纷纷收敛了。自土官宣慰使以上，他们都惶惶不安，老老实实地遵守。其中，有户姓安的，世代拥有马湖，依仗着财力强大，骄横跋扈，成为地方一患。洪公从容策划，想方设法要去除这个祸患。于是他请这个姓安的到朝中做个小官吏，这样这个姓安的服服帖帖，地方于是安定多了。弘治九年，洪公入朝面见皇帝，被提升为江西右布政使；弘治十年又转为福建左布政使。他在这两个省都取得了显著的成绩。

弘治十一年洪公升为都察院右副都御史，巡抚顺天等府，兼管整顿蓟州等边关的防备。当时朵颜等少数民族势力日益猖

边墙。自山海关界岭口西,北至密云古北口黄花镇,直抵居庸,延亘千余里,缮复城堡三百七十悉城。沿边诸县,官无浪费,而民不知劳,自是缓急有赖;又奏减防秋官兵六千人,岁省挽输犒赏之费以数万;创建浮桥于通州,以利病涉;毁永平陶窑,以息军民横役之苦;夺民产及牧圉草场之入于权贵者,而悉还之,远近大悦,名称籍甚。然权贵人之扼势失利者,数短公于上,遂改云南巡抚,再改贵州,顷之召还,督理漕运,兼巡抚凤阳诸处。正德丁卯升右都御史,仍董漕政。戊辰命掌南京都察院事,寻升南京刑部尚书。己巳改北京工部,复改刑部,兼都察院左都御史,加太子少保赐玉带。

庚午特命出总川、陕、湖、河四省军务。时沔阳洞庭水寇丘仁、杨清等攻掠城邑,其锋甚锐,官军屡失利。公至,以计擒灭之。蓝五起蜀,与鄢老人等,聚众往来寇暴川陕间,远近骚动。公涉历险阻,深入贼巢,运谋设奇,躬冒矢石,前后斩获招降以十数万,擒其渠酋二十八人,露布以闻。土官杨友、杨爱相仇,激为变,众至三万余,流动重庆、保宁诸州县。公随调兵剿平之,复其故业。

獗。洪公因为边疆的防务多年来一直很废弛,所以他建议增筑边墙。从山海关界岭口西部,北到密云古北口黄花镇,直抵居庸关,城墙延亘一千多里,修复的城堡有三百七十多座。沿边诸县没有浪费官府公钱,百姓不知疲劳,从此安全有了比较可靠的保障;他还奏请皇上,减少秋防的官兵六千人,每年节省运输、犒赏的费用好几万。他在通州创建浮桥,以便利百姓过河;他拆毁永平的陶窑,以便消除军民的劳役之苦;掠夺百姓的财产以及牧围草场而成为权贵的人,全部退还掠夺的东西。远近的百姓大喜,对洪公的评价很高。然而,一些权贵扼势失利后对洪公怀恨在心,多次向皇上说他的坏话。于是他被改任云南巡抚,后来又改为贵州巡抚,很快又被召回朝廷,监督管理漕运,兼巡抚凤阳等地。正德二年升为右都御史,仍然监督管理漕运工作。正德三年又奉命掌管南京都察院的事务,很快升为南京刑部尚书。正德四年改任北京工部尚书,又改任刑部尚书,兼任都察院左都御史,另外还兼做太子少保,被赐了一条玉带。

正德五年,奉特别命令总管川、陕、湖、河四省的军事事务。当时沔阳洞庭一带的水寇丘仁、杨清等攻打、掠夺城邑,他们的锋芒很锐利,官军多次失利。洪公当任后,用计擒住了他们的头目,消灭了他的势力。蓝五从四川起兵与鄢老人等聚众在四川和陕西之间来回抢劫,横行霸道,远近都感到惶惶不安。洪公克服重重险阻,深入到敌人的巢穴,运谋设计,并冒着箭矢和垒石的危险,亲临前线指挥,前后共歼灭和俘获匪徒十几万人,擒拿大小头目二十八人,影响巨大,将捷报上奏朝廷。土官杨友与杨爱互相仇视,最后矛盾激化,引发一场变乱。他们聚众三万余人,抢劫重庆、保宁诸州县。洪公调兵剿灭了这两股势

朝廷七降敕奖励，赐白金麒麟服，进太子太保，公辞不获，则引年恳疏乞归，章七上始允之。圣谕优奖，赐驰驿还。仍进光禄大夫，录其孙一人入胄监。公既归，筑两峰书院于西湖之上，自号两峰居士，日与朋旧徜徉诗酒以为乐，如是者十有一年。嘉靖改元之壬午，朝廷念公寿老，诏进公阶特进光禄大夫柱国，赐玄纁羊酒，遣有司劳问。

士夫之议者，咸以公先朝之老，抱负经济，年虽若迈，而精力未衰，优之廊庙，足倚以为重。思复起公于家，而公已不可作矣。公元娶郑氏，累赠一品夫人，继周氏、徐氏。又继魏氏，南京吏部尚书文靖公之女，女卒，赠一品夫人。二子魏出，长澄，乡进士，才识英敏，方向于用；次涛，荫授南京都察院都事，先卒。女二，侧出，长适漕运参将张奎，次适国子生李綦。孙男四：梗、楠、桥、檀，女七。墓合魏夫人之兆。

铭曰："桓桓襄惠，巍然人杰。自其始仕，声闻已揭。于臬于藩，益弘以骞。略于西陲，寔屏寔垣。既荒南服，圻漕是督。亟命于南，亟召于北。司空司寇，邦宪是肃。帝曰司寇，尔总子师。寇贼奸宄，维尔予治。既狝既遏，豕毙狐逸。暨

力，平定了他们的争斗，恢复了各州县的生产和生活。

朝廷七次下达皇帝的敕令，对他进行奖励，赐给他白金麒麟服，提升他为太子太保，洪公都辞谢而不获批准，就以自己年纪大了为由，恳求皇帝批准他回家养老，上了七次奏章，皇上才批准。皇上下谕旨，赐给他驾乘驿马回乡。朝廷仍赠他为光禄大夫，还录用他的一个孙子为国子监学习。洪公回到家乡，在西湖边建起了两峰书院，自称为两峰居士，每天与一些朋友饮酒论诗，过着非常快乐的生活，这样过了十一年。嘉靖改元的那年，朝廷念及洪公寿高，下诏赠洪公为光禄大夫柱国，赐给他玄纁羊酒，派遣有关官员专程前来犒劳、慰问。

士夫们议论纷纷，都认为洪公是先朝的元老，有很大的抱负又懂得经世济民，他虽然年迈，可精力却还未衰，把他请回朝廷，可以发挥很大的作用。大家都想重新起用洪公，然而洪公身体却已不行了。洪公的原配夫人郑氏，被封为一品夫人，继配周氏和徐氏。他后来的继配夫人魏氏，是南京吏部尚书文靖公的女儿，魏氏逝世后，也被封为一品夫人。有两个儿子是由魏氏所生，长子洪澄，为乡进士，有才学有胆识英明聪明，正在被用；次子洪涛，承蒙恩荫为南京都察院都事，早就去世了。洪公有两个女儿，是由侧室所生，长女嫁给了漕运参将张奎，次女嫁给了国子生李蓁。洪公有四个孙子，分别是洪楩、洪楠、洪桥、洪檀，他还有七个孙女。洪公死后和魏夫人合葬在一起。

墓志铭写道："大名鼎鼎的襄惠公，岿然高大，是位杰出的人物。从他开始做官时起便名声在外。他无论在臬司还是在藩司，更加高举弘毅之行。治理藩地，把西部边疆变成朝廷的屏障和城墙。平定南方之后，又监督管理漕运。屡次受命奔赴南

其成功，卒以老乞。天子曰俞，可长尔劬。西湖之湄，徉徉于于。圣化维新，聿怀旧臣。公已不作，维时之屯。天子曰咨，谥锡有瘠。哀荣终始，其畴则如。穆坞之原，有郁其阡。诗此贞石，垂千万年。"

赠翰林院编修湛公墓表

壬申

呜呼！圣学晦而中行之士鲜矣。世方拿阿为工，方特为厉，纷纵倒置，孰定是非之归哉？盖公冶长在缧绁之中，仲尼明非其罪；匡章通国称不孝，孟子辩之。夫然后在所礼貌焉。刚狷振砺之士，独行违俗，为世所媢嫉，卒以倾废踣堕，又浼以非其罪者，可胜道哉！予读怡庵志而悲之。

怡庵湛公英者，广之增城人。介直方严，刻行砥俗，乡之善良，成服信取则，倚以扶弱御侮。然不辞色少贷人，面斥人过恶，至无所容。狡狯之徒，动见矫拂，嫉视如仇，聚

方,又屡次被召回北方。无论是做工部尚书还是做刑部尚书,总是严格捍卫国家和法律的尊严。皇帝说司寇,你就集合你的队伍。寇贼奸宄,你总是能够惩治。哪里出现匪徒或骚乱,只要他一去就会平定。取得辉煌的胜利之后,便乞请天子让他告老还乡。天子说好吧,你也够辛苦了。就到西湖边上,好好颐养天年。皇上倡导改革,怀念旧臣。洪公不愿重新做官,甘愿在家种田。天子不再要求,赐给谥号。让他终身享有崇高的荣誉,赐给他的良田美宅永远不变。穆坞的平地,郁郁苍苍。题诗于这块碑石,愿洪公永垂不朽。"

赠翰林院编修湛公墓表

壬申

呜呼!圣人的学问已经埋没下去了,行为端正的人已经很少了。世人正盲目地迎合功利,这种追求越来越火爆,人们的物质欲望杂乱放纵出来,人心与人欲本末倒置,谁来判定是非呢?公冶长被套上枷锁的时候,孔子证明他是没有罪的;全国的人都说匡章不孝,孟子却出来为他辩护。由于孔子和孟子等人的努力,人们后来便懂得了什么是真正的礼。刚直不阿、严于律己的人,总是按照自己的思想行事,不怕违反世俗的偏见,所以总是被世俗的人嫉恨,以至于最后被弄得一败涂地,而且还要背负种种罪名,这样的情况真是不可胜数啊!我读怡庵先生的文字记录,不禁为他感到悲哀。

怡庵,就是湛英,广东增城人。他为人直爽,端正严肃,对自己的行为要求很严,从不轻易迎合世俗的时尚,乡里的正派、善良的人都很信任他,都把他的言行作为自己的标准,并以他

谋必覆公于恶，毋使抗吾为。

公直行其心，不顾，竟为所构诬，愤发病以死。公既死，其徒恶益行。乡之人遂皆谓湛公行义，顾报戾其施，而恶者自若，吾侪何以善为后？十余年，为奸者贯盈，翦灭浸尽。而公子若水求濂洛之学，为世名儒，举进士，官国史编修。推原寻绎，公德益用表著。

朝廷赠官如子，日显赫竦耀。乡人相与追嗟慕叹，为善之报何如，向特未定耳。呜呼！古有狷介特行之士，直志犯众恶，之死靡悔。湛公殆其人非邪？向使得志立朝，当大节，其肯俯着为奸人仆役，呴濡喘息，以蕲缓须臾死？其不能矣。夫脂韦佞悦，亦何能缓急有毫毛之赖，为国者当何取哉？予悲斯人之不遇，而因重有所感也。

为榜样扶助弱小，抵御欺侮。然而，由于他不注意言辞和表情稍稍宽恕他人，经常当面指责别人的过错和恶劣的言行，很少宽恕。所以一些狡狯之徒，动不动就被他揭出老底，于是这些人都把他视为仇人，他们聚到一起密谋要把他打倒，以免他总是与自己作对。

湛公还是直接按照自己的本心行事，不顾别人是否恨他，结果被这帮家伙诬告，他愤怒不已，生病而死。湛公死后，这帮狡狯之徒，更加胡作非为。乡里的人都说湛公匡行正义，反倒被举报为有罪，坏人却逍遥自在，我们今后怎么为善呢？十几年来，坏人坏事做尽了，恶贯满盈，差不多都被消灭了。可是湛公的儿子湛若水却刻苦钻研周敦颐和二程的学说，成了世上一个著名的儒学家，他考中了进士，当上了国史编修。推想他成功的过程，寻找他成功的原因，与湛公的影响是分不开的，他的成就更加显著地张扬了湛公的品德。

朝廷比照湛公的儿子的官位，也给他封了官，他家一天比一天显赫荣耀。乡里的人都纷纷追忆湛公，羡慕不已，赞叹不止，对为善的报应怎么样，当初是没法料定的。呜呼！古代就有正直耿介、特立独行的人，直秉自己的心志，触犯众多的恶人，到死也不后悔。湛公不就是这样的人吗？当初假如湛公得志，在朝中做了大官，并且肯俯首听从奸臣的使唤，细声细气，唯唯诺诺，虽然这样可以缓和一些矛盾，可以寿命更长一些，可以吗？但死终究还是免不了的。使用种种手段谄媚讨好，取悦于人，以求暂且免死，是不能这样做的。用这种方法是丝毫也不能解决问题的，作为国家的重要官员应该怎样选择为人处世之道呢？我悲叹湛公没有遇上好的运气，却又对此深有感触。

昔者君子，显微阐幽，以明世警瞆。信暴者，无庸扬矣；彼忞然就抑，蒙涩垢而弗雪，其可以无表而出之？

节庵方公墓表

乙酉

苏之昆山有节庵方翁麟者，始为士，业举子。已而弃去，从其妻家朱氏居。朱故业商，其友曰："子乃去士而从商乎？"翁笑曰："子乌知士之不为商，而商之不为士乎？"其妻家劝之从事，遂为郡从事。其友曰："子又去士而从从事乎？"翁笑曰："子又乌知士之不为从事，而从事之不为士乎？"居久之，叹曰："吾愤世之碌碌者，刀锥利禄，而屑为此以矫俗振颓，乃今果不能为益也。"又复弃去。会岁歉，尽出其所有以赈饥乏。朝廷义其所为，荣之冠服，后复遥授建宁州吏目。翁视之萧然，若无与。与其配朱，竭力农耕，植其家，以士业授二子鹏、凤，皆举进士，历官方面。翁既老，日与其乡士为诗酒会，乡人多能道其平生，皆磊落可异。

从前的君子，揭示幽深微妙的人生道理，以便让世人明智起来，时刻警醒自己。那时凶暴的人确实都无法得势。湛公悠然接受被压制的命运，蒙受诬陷而不能得到平反昭雪，我怎么能够不为他写一篇墓表以表达他的冤屈呢？

节庵方公墓表

乙酉

苏州府昆山县有个叫方麟的老人，号节庵，开始是个士人，以科考为业。后来他放弃士人的学业，跟随他的妻子朱氏住在她的娘家。朱家一直是从事商业的，方麟的朋友于是说："你是要弃士从商吗？"方翁笑着说："你怎么知道士人就不能从商，而商人就不能成为士人呢？"他妻子家的人劝他到公职去，于是他便到那里做了个从事。他的朋友说："你又放弃士人的学业不干而去做从事吗？"方翁笑着说："你又是如何知道士人就不能做从事，而从事就不能做士人的呢？"这样干了很长一段时间之后，他感叹说："我不满意于世上那些忙忙碌碌的人，整日为了利益和权势而斤斤计较。我想做些他们所热衷的事情，以便矫正世俗的偏好，克服低俗的追求，没想到到头来还是无能为力。"他于是又放弃了从事这份工作。碰上灾年，粮食歉收，他就把家里所有的粮食都拿出来赈济饥饿和贫困的人。朝廷认为他这样做是一种很讲道义的行为，便赐给他官帽和官服，后来又授予他建宁州吏目。可方翁却不当一回事，好像朝廷什么也没有给他似的。他还是与他的妻子朱氏一起，勤勤恳恳地从事农业生产，靠农业来建设自己的家。另一方面，方翁又向他的两个儿子方鹏和方凤传授士人的事业，两个儿子都考中了进士，为官

顾太史九和云："吾尝见翁与其二子书，亹亹皆忠孝节义之言，出于流俗，类古之知道者。"阳明子曰："古者四民异业而同道，其尽心焉一也。士以修治，农以具养，工以利器，商以通货，各就其资之所近，力之所及者而业焉，以求尽其心。其归要在于有益于生人之道，则一而已。士农以其尽心于修治具养者，而利器通货，犹其士与农也。工商以其尽心于利器通货者，而修治具养犹其工与商也。故曰：'四民异业而同道。'盖昔舜叙九官，首稷而次契，垂工益虞，先于夔龙。商周之代，伊尹耕于莘野，傅说板筑于岩，胶鬲举于鱼盐，吕望钓于磻渭，百里奚处于市，孔子为乘田委吏，其诸仪封、晨门、荷蒉、斲轮之徒，皆古之仁圣英贤，高洁不群之士。书传所称，可考而信也。自王道熄而学术乖，人失其心，交骛于利，以相驱轶，于是始有歆士而卑农，荣宦游而耻工贾。夷考其实，射时罔利有甚焉，特异其名耳。极其所趋，贺浮辞诡辩，以诬世惑众，比之具养器货之益，罪浮而实反不逮。吾观方翁士商从事之喻，隐然有当于古四民之义，若有激而云者。呜呼！斯义之亡也，久矣。翁殆有所闻欤？抑其天质之美，而默有契也。吾于是而重有所惑焉？吾尝获交于翁二子，皆颖然敦古道，敏志于学，其居官临民，务在济世及物，求尽其心。吾以是得其源流，故为之论著之云耳。"

一方。方翁年纪大了之后，每天和同乡的士人把酒论诗，乡里的人都能说出他平生的经历，这些经历都光明磊落，卓异不凡。

太史顾九和说："我曾看见方翁教他的两个儿子写字，孜孜不倦，都是忠孝节义的话，虽然出于流俗，却像古人一样知晓天道。"阳明子说："古代四个行业的人却有一个共同的道，他们在各自的行业中所尽的心是一样的。士人从事的是修身养性的工作，农民从事的养家糊口的工作，工匠的工作是制造各种便于使用的器皿，商人的工作是使货物流通。每个行业的人都是根据自己的天资而选择最接近自己能力和兴趣的事情，在最有可能做出成绩的领域来作为自己的事业，以便尽其心。其根本的要旨就在于要有益于人生之道，这一点是各行各业所共同的。士人和农夫是为了在修身养性和养家糊口上面尽自己的心。制造器皿、流通货物的工作也和士人和农夫的工作差不多。工匠和商人是为了在制造器具和流通货物方面尽自己的心，而修身治学、养家糊口也和工匠和商人差不多。所以说'四民异业而同道'。古时候，舜排列九官的顺序，第一个提到的就是主管农业的后稷，其次提到的是主管五常教育的契，主管百工的垂和主管草木鸟兽的益，都排在主管音乐的夔和主管纳言、传令的龙前面。商代和周期，伊尹在莘野耕种田地，傅说在岩地做版筑工，胶鬲从事渔业和盐业，吕望在磻渭垂钓，百里奚从事商业，孔子也做过放牧官和仓库管理员，其他诸如仪封、晨门、荷蒉、斲轮这些人，都是古代仁圣英贤之人，高洁超群之士。书传上所讲的这些人和事都是可考证的，因而也是可信的。自从王道没落之后，学问和技术日益乖张，人们都迷失了本心，交相追求功利，尔虞我诈，互相倾轧，于是才出现羡慕士人而瞧不起农夫，以当

翁既殁，葬于邑西马鞍山之麓。配朱孺人，有贤行，合葬焉。乡人为表其墓曰："明赠礼部主事节庵方公之墓。"呜呼！若公者其亦可表也矣。

湛贤母陈太孺人墓碑

甲戌

湛子之母卒于京师，葬于增城。阳明子迎而吊诸龙江之浒。已，湛子泣曰："若水之辱于吾子，盖人莫不闻；吾母殁而子无一言，人将以病子。"

阳明子曰："名者，为之铭矣；表者，为之表矣。某何言？

官为荣而以工商业为耻这些现象。探究这种现象的实质，实际上还是为了利益，只是说法不同而已。极力趋附所谓高尚的职业，用些浮夸的言辞进行诡辩，欺骗世人，迷惑民众，这种行为比起工匠、农夫和商人来，罪行更恶劣，而实际贡献还比不上后者。我看方翁由士人到商人又由商人到从事的经历，觉得其喻意深刻，隐隐约约地含有古代四种行业的意义，正如他被朋友激将时所说的那样。呜呼！关于四种行业和关系的意义已经失落很久了。方翁大概还有所了解？也许他只是因为天资较高，而在对四种行业之关系的理解上与古代的实际情况达到了一种默契吧。我对于这种契合产生了许多感想。我曾与方翁的两个儿子有过很好的交往。他们都非常聪明，敦行古道，敏志于学，他们做官，也是为了济世兴邦，以尽其心。我因为这一点才想到了关于四种职业的源流，所以才发表了这通议论，写了这么多话。"

方翁死后，葬在县西马鞍山的山麓。他的妻子朱氏，有贤德的懿行，与他合葬在一起。乡里的人为他的墓碑刻写了这样的碑文："明赠礼部主事方节庵先生之墓。"呜呼！像方公这样的人，是值得为他写墓表的。

湛贤母陈太孺人墓碑

甲戌

湛子的母亲死在京城，葬于增城。阳明子到龙江边迎接湛母的灵柩并吊唁。过后，湛子哭着说："若水有辱于先生您了，这一点没有人不知道；可我的母亲死了，你却一句话也不说，人们将会骂你的。"

阳明子说："墓志铭，我已经为她写了；墓表，我也已经写

虽然，良亦无以纾吾情。吾闻太孺人之生七十有九，其在孀居者余四十年，端靖严洁如一日。既老，虽其至亲卑幼之请谒，见之未尝逾阈也，不亦贞乎？绩麻舂粱，教其子以显。尝使从白沙之门，曰：'宁学圣人而未至也'，不亦知乎？恤其庶姑与庶叔，化厉为顺，抚孤与女，爱不违训，不亦慈乎？已膺封锡，禄养备至，而缟衣疏食，不改其初，不亦俭乎？贞知慈俭，老而弥坚，不亦贤乎？"请著其石曰："湛贤母之墓。"

湛子拜泣而受之。既行，人曰："湛母之贤信矣，若湛子之贤，则吾犹有疑焉。湛子始以其母之老，不试者十有三年，是也。复出而取上第，为美官，则何居？母亦老矣，又去其乡，而迎养既归复往，卒于旅，则何居？"阳明子曰："是乌足以疑湛子矣？夫湛子，纯孝人也。事亲以老于畎亩，其志也；其出而仕，母命之也；其迎之也，母欲之也；既归而复往，母泣而强之也；是能无从乎？无大拂于义，将东西南北之惟命。彼湛子者，亦岂以人之誉毁于外者，以易其爱亲之诚乎？"

了。我还有什么话说呢？尽管如此，我还是觉得这些无法表达我的心情。我听说太孺人活了七十九岁，其中守寡就长达四十余年。这么长时间她行为端正，严于律己，洁身自爱如一日。年纪大了之后，即使是她最亲的晚辈请求拜见她，她接见他们也从未跨出过门槛，这不是很贞洁吗？她纺麻舂米，教育儿子积极上进。她还曾经把儿子送到白沙先生陈献章的门下学习，并对儿子说：'宁可学习圣人达不到圣人的境界，也比不学圣人强。'她不是很有智慧吗？她救济庶姑庶叔，把暴烈的性格转化为温顺的性格，她抚育孤儿孤女，疼爱他们却不违背训诫。从这些看来，她不是很慈爱吗？已经获得了封赐，享受了官俸，可她却衣食都很朴素，从不改变当初的习惯。从这点来看，她不是很节俭吗？她的贞洁、智慧、慈爱和节俭，随着她年纪的增大而更加坚定，这不是很贤德吗？"请求我为她母亲题写墓碑，碑文为'湛贤母之墓'。"

湛子跪拜并流着眼泪接受了碑石。他走后，有人说："湛母的贤德我们相信，对于湛子的贤德我们是怀疑的。湛子当初借口母亲年老，十三年不参加科举考试，这是对的。后来他又出去参加考试并考出了上等成绩，做了大官，这样做是为什么？母亲也年老了，他却又离开家乡。他接母亲去养老，可回来之后又走了，以至于母亲死在旅途中，这样做如何称得上贤德呢？"阳明子说："这些情况怎么能用来怀疑湛子的贤德呢？湛子是个纯厚、孝顺的人。他一心想事奉老人至她百年去世；他出去做官，是母亲命他这样做的；他接母亲去京城养老，也是母亲想去的；他回家又走了，是母亲哭着强迫他走的；母亲的意愿他能不依从吗？湛子从不忽视大义，就是在东西南北做事，她都对母

曰:"湛子而是,则湛母非欤?"曰:"乌足以非湛母矣?夫湛父之早世也,属其子曰:必以显吾世,故命之出者,行其夫之志也。就之养者,安其子之心也。强之往者,勉其子之忠,以卒其夫之愿也。昔者孟母断机以励其子,盖不归者几年,君子不以孟子为失养,孟母为非训。今湛母之心亦若此,而湛子又未尝违乎养也。故湛母贤母也。湛子孝子也。然犹不免于世惑,吾虽欲无言也,可得乎?"

程守夫墓碑

甲申

吾友程守夫以弘治丁巳之春卒于京,去今嘉靖甲申,二十有八年矣。呜呼!朋友之墓有宿草,则勿哭;而吾于君,尚不能无潸然也。君之父味道公与家君为同年进士,相知甚厚,故吾与君有通家之谊。弘治壬子,又同举于乡,已而又同卒业于北雍,密迩居者四年有余。凡风雪之晨,花月之夕,山水郊园之游,无不与共。盖为时甚久,而为迹甚密也,而未尝见君有愤词忤色,情日益笃,礼日以恭。其在家庭,雍雍于于,内外无间。交海内之士,无贵贱少长,咸敬而爱之。虽粗鄙暴悍,遇君未有不薰然而心醉者。

亲唯命是从。这个湛子又怎么会为了别人外在的赞扬或诋毁就改变他敬爱母亲的诚意呢？"

又有人说："湛子这么做是对的，岂不是说湛母错了呢？"我回答道："怎能认为湛母是错的呢？湛父早年就去世了，湛母嘱咐湛子说：你一定要让我家显赫起来，所以她要求儿子出去，实现她丈夫的志向。她到儿子那里养老，是为了让儿子安心。她强迫儿子走，是为了让儿子对朝廷尽忠，以了却她丈夫的心愿。从前，孟母断织梭以激励孟子，孟子有近一年不回家，君子并不认为孟子没有赡养母亲，也不认为孟母没有训导好儿子。而今湛母的心也类似于孟母，而湛子也不曾违背赡养之道。所以，湛母是贤德的母亲，湛子是孝顺的儿子。然而，这还是不能避免世人的困惑，我即使想不说话，这可能吗？"

程守夫墓碑

甲申

我的朋友程守夫于弘治十年春在京城去世，距离今年（嘉靖三年）已有二十八年了。呜呼！朋友的坟上已长了多年的杂草，我也就不必再哭了；可我对于他还是有许多心里话要说，不能做到不潸然泪下。程守夫的父亲程味道先生与我的父亲是同一年考上的进士，两人相知甚厚，所以我们两家有着非常深厚的友谊。弘治五年，我又和程守夫同年从乡里出来，后来又同时在北雍毕业，我们居住得很近有四年之多。凡是风雪之晨，花月之夕，山水郊园之游，我们无不在一起。我们相处的时间很长，交往很密切，可我却从未曾见过他有不满的言辞和气愤的表情，相反，他的性情一天比一天温厚，讲礼一天比一天恭敬。他在家里

当是时，予方驰骛于举业辞章，以相矜高为事。虽知爱重君，而尚未知其天资之难得也。其后君既殁，予亦入仕，往往以粗浮之气得罪于人，稍知创艾，始思君为不可及。寻谪贵阳，独居幽寂穷苦之乡，困心衡虑，乃从事于性情之学。方自苦其胜心之难克，而客气之易动；又见夫世之学者，率多媢嫉险隘，不能去其有我之私，以共明天下之学，成天下之务，皆起于胜心客气之为患也。于是愈益思君之美质，盖天然近道者，惜乎当时莫有以圣贤之学启之。有启之者，其油然顺道，将如决水之赴壑矣。

呜呼惜哉！乃今稍见端绪。有足以启君者，而君已不可作也已。君之子国子生烓，致君临没之言，欲予与林君利瞻为之表志。林君既为之表，而君之葬已久，志已无所及，则为书其墓之碑，聊以识吾之哀思。夫君者，不徒嬉游征逐之好而已。君讳文楷，世居严之淳安，其详已具于墓表。

总是从从容容，平平和和，对家人和外人都没有什么不同。他广交海内的士人，这些人无论是富贵的还是贫贱的，无论是年长的还是年少的，都非常敬重他、喜爱他。即使是粗俗鄙陋、暴烈强悍的人，遇到他也没有不受他影响而为他感动的。

那时候，我正在追求自己的事业，忙于辞章，总觉得自己还不错。虽然我知道尊重他，可我还不知他的天资是难得的。后来，他去世了，我也踏入了仕途，往往因为鲁莽和浮躁的习气而得罪人，吃了点苦头之后，才想到他的为人是不可企及的。不久我便被贬谪到贵阳，独自居住在幽寂穷苦的乡下，经常进行各种各样的思考，于是便从事于心性之学。这才发现好胜要强之心是很难克服的，客观存在的气质之性特别容易冲动；又从世上的许多学者身上都可以看得出来，这些学者多么心胸狭隘、容易嫉妒，不能克服有我的私心，以便共同来理解天下的学问，完成天下的任务。之所以这样，都是起源于要强好胜之心和客观的物质诱惑。相比之下，我更加思念程守夫的美好素质，他可以说是一个天然接近道的人，我很惋惜当时没有用圣贤之学去启迪他。如果有人启发他，他一定会自然而然地顺应天道，这将如同决堤的河水流进沟壑一样自然。

呜呼，太可惜了！竟然直到今天才看到了这点头绪。现在即使有足够的圣贤之学可以用来启发他，他也不可能再起来了。程守夫的儿子国子生程娃，把他临死时说的话告诉了我，想要我和林利瞻为他写墓表和墓志铭。林君已为他写了墓表，而他安葬已经很久了，写墓志铭已经来不及了，我于是就为他题写了墓碑，聊以记录我的哀思。君子间的交往，绝不只是图个嬉戏、游玩、征逐的快乐。程守夫，名文楷，世代居住在严州府淳安县，

太傅王文恪公传

丁亥

公讳鏊,字济之。王氏其先自汴扈宋南渡,讳百八者,始居吴之洞庭山。曾祖伯英,祖惟道,考光化知县朝用,皆赠光禄大夫柱国少傅兼太子太傅户部尚书武英殿大学士,妣三代皆一品夫人。公自幼颖悟不凡,十六随父读书太学。太学诸生争传诵其文,一时先达名流成屈年行求为友。侍郎叶文庄、提学御史陈士贤,咸有重望于时,见而奇之曰"天下士。"于是名声动远迩。

成化甲午,应天乡试第一。主司异其文曰:"苏子瞻之流也。"录其论策,不易一字。乙未会试,复第一。入奉廷对,众望翕然。执政忌其文,乃置一甲第三,时论以为屈。授翰林编修,闭门力学,避远权势,若将浼焉。九载升侍讲。宪庙《实录》成,升右谕德,寻荐为侍讲学士,兼日讲官。每进讲,至天理人欲之辩,君子小人之用舍,必反覆规谕,务尽启沃。方春,上游后苑,左右谏不听,公讲文王不敢盘于游田,上为罢游。讲罢,常召所幸广戒之,曰:"今日讲官所指,殆为若等,好为之。"

具体情况都写在墓表里。

太傅王文恪公传

丁亥

　　王公名叫鏊,字济之。王氏祖先随宋朝从开封南渡,名为百八,始居于吴地的洞庭山。他曾祖父王伯英,祖父王惟道,父亲王光化做过朝用知县,都被封为光禄大夫柱国少傅兼太子大傅、户部尚书、武英殿大学士,三代夫人均封为一品夫人。王公自幼聪颖不凡,十六岁随从父亲在太学里读书,太学里的学生都争相传诵他的文章,一时间,一些先达名流也都顾不得年龄比他大争相和他交朋友。侍郎叶文庄、提学御史陈士贤,在当时都是享有崇高声望的人士,他们看见王公,都认为他是奇才,说他是"天下士"。于是王公的名声远近都轰动了。

　　成化十年,在应天府参加科举考试,获得了第一名。主考官认为他的文章非常出众,说道:"他是苏子瞻一类的奇才。"就把这篇文章收录到他的论著,没有改动一个字。成化十一年参加会试,他又考了第一名。入殿口答面试,大家都赞叹不已。执政官妒忌他的文才,给了他一甲第三的成绩,当时舆论认为这个成绩委屈了他。他被授予翰林编修这个职务以后,闭门致力于学问,远离权势,生怕被他们污染了。九年以后,他升为侍讲。《宪宗实录》一书也完成了,升为右谕德,很快又被推荐为侍讲学士,兼做日讲官。每次讲课,他都要讲到天理人欲的辩论以及君子与小人的任用与舍弃,他反复规劝、讲解,总要尽量地启发皇帝。这个春天,皇上在后花园游玩,左右大臣上谏都不听,王公说周文王不敢沉迷于游玩和田猎,皇上听了他的话便结束

时东宫将出阁，大臣请选正人以端国本。首荐用公，以本官兼谕德，寻升少詹事，兼侍讲学士。既而吏部阙侍郎，又遂以为吏部。时北虏入寇，公上筹边八事，虽忤权幸，而卒多施行，公辅之望日隆。于是灾异，内阁谢公引咎求退，遂举公以自代。武宗在亮暗，内侍八人，荒游乱政，台谏交章，中外汹汹。公协韩司徒，率文武大臣，伏阁以请。上大惊怒，有旨召公等。至左顺门，中官传谕甚厉，众相视莫敢发言。公曰："八人不去，乱本不除，天下何由而治？"议论侃侃，韩亦危言继之，中官语塞。

一时国论倚以为重。然自是八人者，竟分布要路。瑾入柄司礼，而韩公遂逐内阁。刘、谢二公亦去矣。诏补内阁缺，瑾意欲引冢宰焦，众议推公。瑾虽中忌而外难公论，遂与焦俱入阁。瑾方威钳士类，按索微瑕，辄枷械之，几死者累累。公亟言于瑾曰："士大夫可杀不可辱，今既辱之，又杀之，吾尚何颜于此？"由是类从宽释。瑾衔韩不已，必欲置

了游园活动。他讲完课,皇上常常把近幸的太监召集来,告诫他们说:"今天讲官所指的,几乎是你们这一类人,你们好自为之。"

那时候,东宫太子将要出阁,大臣请太子挑选正人君子以端正国家的根本。第一个被推荐的就是王公,让他任本官兼谕德,很快他又升为少詹事兼侍讲学士。后来吏部缺侍郎,他于是便去做了吏部侍郎。当时,北方少数民族入侵,王公上呈了八条守边的措施,这些措施虽然触怒当时的一些权贵和宠臣,但很多最终还是得到了施行,于是王公辅政的威望一天天高起来。在这时灾害不同于以往了,内阁谢公引咎辞职,于是他便推举让王公代替自己的职位。明武宗在服丧,宫内有八个侍从,成天游山玩水,扰乱朝政,台谏群臣多次上谏请求处理,朝廷内外舆论纷纷。王公协同韩司徒,率领文武大臣,跪在朝堂请求皇上处理那八个侍从。皇上大吃一惊,十分愤怒,下旨召王公等人。到左顺门,中官传递圣谕的口气很严厉,大家都看着他,不敢说话。王公说:"那八个人不走,朝政混乱的根子不除,天下还怎么治理?"他理直气壮地发表议论。韩司徒也接着他说了许多让人警醒的话,中官哑口无言。

一时间,全国的议论都认为王公的话很重要。然而从这以后,那八个人竟然都分别被安排在重要的职位上。其中,刘瑾入掌司礼太监,而韩公却被逐出内阁。刘、谢二公也都离去了。皇上下诏找人填补内阁空缺,刘瑾想趁机引荐吏部尚书焦芳,而群臣却建议让王公进入内阁。刘瑾虽然在心里忌恨王公可又碍于公众的舆论,最后王公和焦芳一起进入内阁。刘瑾大施淫威,钳制士人一类的官员,他只要抓住这些人一点点小毛病,就动不

之死,无敢言者。又欲以他事中内阁刘、谢二公。前后力救之,乃皆得免。

大司马华容刘公以瑾旧怨,逮至京,将坐以激变土官岑氏,罪死。公曰:"岑氏未叛,何名为激变乎?"刘得减死。或恶石淙杨公于瑾,谓其筑边太费,屡以为言。公曰:"杨有高才重望,为国修边,乃可以功为罪乎?"瑾议焚废后吴氏之丧以灭迹,曰:"不可以成服。"公曰:"服可以不成,葬不可以苟。"景泰汪妃薨,疑其礼。公曰:"妃废不以罪,宜复其故号,葬以妃,祭以后。"皆从之。当是时,瑾权倾中外,虽意不在公,然见公开诚与言,初亦间听。及焦专事婾阿,议弥不协。而瑾骄悖日甚,毒流缙绅。公遏之不能得,居常戚然。

瑾曰:"王先生居高位,何自苦乃尔耶?"公曰求去。瑾意愈怫,众虞祸且不测。公曰:"吾义当去,不去乃祸耳。"瑾使伺公,无所得,且闻交赞亦绝,乃笑曰:"过矣!"于是

动给他们带上脚镣手铐,胡乱用刑,许许多多的人都快被他整死了。王公急忙对刘瑾说:"士大夫可杀不可辱,如今你们既侮辱他们,又杀他们,我还有何脸面干下去呢?"从此对这些人都从宽处理,纷纷释放了。刘瑾对韩公一直怀恨在心,总想置他于死地,朝中大臣却不敢上言。又想以其他的事由加害内阁刘、谢二公。但是,王公前后鼎力相救,他们都得以幸免于难。

大司马华容刘公因为同刘瑾有旧怨,被抓进京城,给他定的罪名是怂恿土官岑氏谋反,判处死刑。王公说:"岑氏并未反叛,为何有怂恿叛乱的罪名?"刘公这才得以减免了死刑。有人在刘瑾面前诬陷杨石淙,说他修筑边防工事很浪费,而且乱说刘瑾的坏话。王公说:"杨石淙德才兼备,享有很高的威望,他为国修筑边防,是有功劳的,为什么要把功劳说成罪过呢?"被皇上废掉的皇后吴氏死了,刘瑾打算不办丧事以消除吴氏的影响。他说:"不能穿孝服。"王公说:"孝服可以不穿,但葬礼还是不能随便。"景泰帝汪妃逝世,不知道该用什么样的礼仪才好。王公说:"汪妃不是因为罪过而被废的,应该恢复她从前的封号,以皇妃的待遇安葬,以皇后的待遇祭祀。"所有这些意见都依从了。当时刘瑾的权势很大,虽然他不把王公放在眼里,然而当王公开诚布公地跟他说话,最初他还是多少听一些。后来,焦芳专干些阿谀奉迎的事情,王公同刘瑾越来越合不来。而刘瑾却日益骄横跋扈,对缙绅各阶层都造成了恶劣的影响。王公阻止他,却无济于事,所以常常感到很苦闷。

刘瑾说:"王先生居高位,何苦自己跟自己过不去呢?"王公天天都请求辞职。刘瑾更加不允许,众人以为王公将遭遇难以预料的灾祸。王公说:"我本来就应当离开现在这个位置,不

恳疏三上，许之，赐玺书乘传岁夫月米以归。时方危公之求去，咸以为异数云。

公既归吴，屏谢纷嚣，翛然山水之间，究心理性，尚友千古。至其与人，清而不绝于俗，和而不淆于时。无贵贱少长，咸敬慕悦服，有所兴起。平生嗜欲淡然，吴中士夫所好尚珍赏观游之具，一无所入。惟喜文辞翰墨之事，至是亦皆脱落雕绘，出之自然。中年尝作《明理》《克己》二箴，以进德砥行。

及充养既久，晚益纯明，凡有著述，必有所发。其论性善云："欲知性之善乎？盍反而内观乎？寂然不动之中，而有至虚至灵者存焉。湛兮其非有也，窅兮其非无也，不堕于中边，不离于声臭。当是时也，善且未形，而恶有所谓恶者哉？恶有所谓善恶混者哉？恶有所谓三品者哉？性其犹鉴乎？鉴者善应而不留。物来则应，物去则空，鉴何有焉？性惟虚也，惟灵也，恶安从生？其生于蔽乎？气质者，性之所寓也，亦性之所由蔽也。气质异而性随之，譬之珠焉，硺于澄渊则明，坠于浊水则昏，硺于污秽则秽。澄渊上智也，浊水凡庶也，污秽下愚也。天地间腷塞充满皆气也。气之灵，皆性也。人

离开会惹祸的。"刘瑾派人监视王公,没有得到什么,听说他连朋友送的礼物都没要,便笑着说:"这也太过分了!"于是王公三次上疏恳求辞职,皇上准了,赐给他盖有皇上大印的文件,让他带着皇上赐的车辆、书传、长工和每月供给的稻米回家。当时人们看到王公请求回去,都以为出了大事。

王公回到吴地,离开纷乱喧嚣的尘世干扰,悠然于山水之间,研究心性,以千古圣贤为友。他与人相处,清高但不脱离俗世,和睦但不混淆于时世。所以无论是富贵的还是贫贱的,是年少的还是年长的,都很尊敬和仰慕他,都对他心悦诚服,受他的影响,这些人都有所进步。王公平生没什么嗜好,欲望淡然,吴中的士大夫所喜欢的珍宝、庙观和游具,他没有一样喜欢的。他只喜欢文辞翰墨一类的事情,他的文章、书法都脱落雕绘,出于自然。中年曾做过《明理》《克己》两本箴言,以勉励自己提高道德水平,改善自己的行为。

经过长期的修身养性,王公到晚年更加纯洁,更明白事理,凡有著述,一定要发挥自己的想法。他论述性善问题说:"想知道为什么性是善的吗?为什么不反省自身呢?在寂然不动之中,存在着至虚至灵的东西。它清澈透明却看不见摸不着,它深远莫测却又不是无,它无边无际,不堕在中间与两边,又不离开我们所能感觉到的具体事物。这时,善还没有成形,哪有什么所谓恶呢?又怎么会有所谓善恶相混呢?又怎么谈得上所谓三品呢?性真的像镜子吗?作为镜子,善可以在性中反映出来,却又不会留在性中。物来就有反映,物移开了镜中就是空的,镜子还能有什么呢?性只是虚的,只是一种空灵,恶怎么能从性里生出来呢?它是被物欲遮蔽而生吗?气质,是性赖以存在的地方,也是性

得气以生，而灵随之。譬之月在天，物各随其分而受之。江湖淮海此月也，池沼此月也，沟渠此月也，坑堑亦此月也，岂必物物而授之？心者，月之魄也；性者，月之光也；情者，光之发于物者也。"

其所论造，后儒多未之及。居闲十余年，海内士夫交章论荐不辍。及今上即位，始遣官优礼，岁时存问。将复起公，而公已没。时嘉靖三年三月十一日，寿七十五矣，赠太傅，谥文恪，祭葬有加礼。四子：延喆，中书舍人；延素，南京中军都督府都事；延陵，郡学生；延昭，尚幼。皆彬彬世其家。

史臣曰："世所谓完人，若震泽先生王公者非邪？内裕伦常，无俯仰之憾；外际明良，极禄位声光之显。自为童子至于耆耋，自庙朝下逮闾巷，至于偏隅，或师其文学，或慕其节行，或仰其德业，随所见异其称，莫或有瑕疵之者，所谓寿福康宁，攸好德而考终命，公殆无愧尔矣？无锡邵尚书国贤，与公婿徐学士子容，皆文名冠一时。其称公之文，规

之所以被遮蔽的原因。气质变化了,性也随之变化,这好比一颗珠子,坠于清澈的水里还能看见,坠于浊水则看不见,坠于污秽的脏物中就是脏的。清澈的水好比是上等的智慧,浊水好比是普通的智慧,污秽好比是低下愚蠢。天地间充塞得满满的都是气。气的灵都是性。人获得了气就有了生命,灵也跟随着这个生命。这好比月亮在天上,各种物体都随其本分,但都能接受到月光。江河湖海里的月亮是天上的这个月亮,池沼里的月亮是这个月亮,沟渠里的月亮是这个月亮,坑堑里的月亮也是天上的这个月亮,难道一定要一个一个地给予吗?心,好比是月亮的魄;性,好比是月亮的光;情,就是光照到物体上。"

王公所创建的这套理论,后代的许多儒学家都比不上他。他在家闲居的十九年里,国内不断有人推荐他出去做官。直到如今的皇上即位,才派官以优厚的礼节来请他,年年询问他的起居情况。正要起用他的时候,他已经过世了。他去世的时候是嘉靖三年三月十一日,享年七十五岁,朝廷追赠他为太傅,封给他的谥号为文恪,为他举行了隆重的葬礼。王公有四个儿子,其中王延喆为中书舍人,王延素为南京中军都督府都事,王延陵为郡学生,王延昭还小,都像他家上几代人一样文质彬彬。

史臣说:"世人所说的完人,是不是就是王先生这样的人呢?从内在的品性来看,他稔熟伦常,没有自卑也没有自傲的缺憾;从外在的成就来看,他既明白事理,又享有高官厚禄,地位显赫,名声荣耀。他从少年时代直到耄耋之年,上到朝廷下到闾巷,甚至偏远的角落,人们或者学习他的文章、学问,或者仰慕他的气节和德行,或者景仰他的品德和功业。总之,大家都根据各自所见到的来称赞他。他几乎没有一点瑕疵,所谓福寿康

模昌黎，以及秦汉，纯而不流于弱，奇而不涉于怪，雄伟俊洁，体裁截然，振起一代之衰。得法于《孟子》，论辩多古人未发。诗萧散清逸，有王、岑风格。书法清劲，自成得晋唐笔意。天下皆以为知言。

阳明子曰："王公所深造，世或未之能尽也，然而言之亦难矣。著其性善之说，以微见其概，使后世之求公者，以是观之。"

平茶寮碑

丁丑

正德丁丑，瑶寇大起，江、广、湖、郴之家，骚然且三四年矣。于是三省奉命会征。乃十月辛亥，予督江西之兵自南康入。甲寅，破横水、左溪诸巢，贼败奔。庚申，复连战，奔桶冈；十一月癸酉，攻桶冈，大战西山界。甲戌，又战，贼大溃。丁亥，尽殪之。

凡破巢八十有四，擒斩三千余，俘三千六百有奇。释其胁从千有余众，归流亡，使复业，度地居民，凿山开道，以夷险阻。辛丑，师旋。於乎！兵惟凶器，不得已而后用。刻茶寮

宁，一生品德高尚直到老死为止，所有这一切王公也许都是当之无愧的吧？无锡的尚书邵国贤与王公的女婿学士徐子容，两人的文名都名噪一时。他们称王公的文章，有韩昌黎的规模，有秦汉的古风，纯粹却不流于贫弱，奇绝却不涉于怪诞，雄伟俊洁，体裁独树一帜；振起了文章的一代之衰。他得法于《孟子》，可辩论之中又有很多是古人所未曾议论过的。他的诗歌，潇洒清逸，有王、岑的风格。书法清劲，得晋唐笔意而自成一家。天下都认为这是有见识的话。"

　　阳明子说："王公的高深造诣，世上很难有人能够全部得到的，要把它全部说出来也是很困难的。我这里仅提到他的性善之说，以小见大，使后人研究王公时，能够从中看出王公所持的观点和思想。"

平茶寮碑

丁丑

　　正德十二年，瑶贼大举侵犯，江西、广东、湖南、郴州等地居民，被骚扰长达三、四年。于是三省奉朝廷命令联合出兵征讨。十月初九，我督领江西的军队自南康进兵。十二日，攻破横水、左溪等瑶贼的巢穴，敌人大败而逃。十八日，又连续打了几仗，敌人逃奔到桶冈。十一月初一，攻打桶冈，在西山边进行了一次大规模的战斗。初二，又打了一仗，瑶贼大败而逃。十五日，便将入侵瑶贼全部歼灭了。

　　一共攻破瑶贼巢穴八十四个，歼灭三千余人，俘虏三千六百多人。释放瑶贼的胁从者一千余人，让流亡的民众回到家乡，使他们恢复生产，丈量土地安排居住，凿山开道，把险

之石，匪以美成，重举事也。提督军务都御史王某书。

平浰头碑

丁丑

四省之寇，惟浰尤黠。拟官僭号，潜图孔烝。

正德丁丑冬，輋瑶既殄，益机险阴毒，以虞王师。我乃休士归农。戊寅正月癸卯，计擒其魁，遂进兵击其懈。

丁未，破三浰，乘胜归北，大小三十余战，灭巢三十有八，俘斩三千余。三月丁未，回军。壶浆迎道，耕夫遍野，父老咸欢。农器不陈，于今五年，复我常业，还我室庐，伊谁之力？赫赫皇威，匪威曷凭？爰伐山石，用纪厥成。提督军务都御史王某书。

田州立碑

丙戌

嘉靖丙戌夏，官兵伐田，随与思恩之人相比复煽，集军四省，汹汹连年。于时皇帝忧悯元元，容有无辜而死者乎？

峻崎岖的道路修直修平。二十九日，部队胜利归来。呜呼！武器只是凶器，我们是不得已才用的。在茶寮的岩石上刻上碑文，不是为了赞美我们的成绩，而是为了表示我们对这次征讨瑶贼的重视。提督军务都御史王守仁书。

平浰头碑

丁丑

四省的贼寇，只有浰头寨的贼寇最狡黠。他们拟定了一套官制，私自建立封号，阴谋推翻明王朝。

正德十二年冬，輋瑶两族中的叛贼被歼灭后，浰头寨的叛贼更加阴险毒辣，他们设置种种机关或陷阱，想欺骗朝廷军队，让我们上当。我军却让士兵放假回家种田。正德十三年正月初三，设计擒拿了贼寇的头目，于是进兵攻打他们的薄弱环节。

初七，攻克三浰，乘胜向北挺进，经过大小三十几次战斗，消灭贼寇老巢三十八个，俘虏和歼灭贼寇三千余人。三月初八，班师回来，沿途都有人送茶送水迎接，到处都是农夫，父老都非常欢喜。农夫们都忙着农活，到今年五月，已经恢复了我们的正常的生产和生活，房舍也都修葺一新了，这靠的是谁的力量？赫赫皇威，区区匪威有何了不起？辟出一块山石，用它来纪念我们的成功。提督军务都御史王守仁书。

田州立碑

丙戌

嘉靖五年夏天，官兵讨伐田州，思恩的民众都被煽动起来，同四个省的朝廷军队对抗，气势汹汹地坚持了几年。当时皇帝忧

乃命新建伯王守仁曷往视师。其以德绥，勿以兵虔。

班师撤旅，信义大宣。诸夷感慕，旬日之间，自缚来归者七万一千。悉放之还农，两省以安。

昔有苗徂征，七旬来格，今未期月，而蛮夷率服。绥之斯来，速于邮传，舞干之化，何以加焉？爰告思、田，毋忘帝德！爰勒山石，昭此赫赫。文武圣神，率土之滨，凡有血气莫不尊亲。

田州石刻

田石平，田州宁。（民谣如此。）田水萦，田山迎。（府治新向。）千万世，享皇明。嘉靖岁，戊子春，新建伯，王守仁，勒此石，告后人。

陈直夫南宫像赞

夫子称史鱼曰："直哉！邦有道如矢，邦无道如矢。"谓祝鮀、宋朝曰："非斯人，难免乎今之世矣。"予尝三复而悲之！直道之难行，而谄谀之易合也，岂一日哉？鱼之直，信乎后世，其在当时，不若朝与鮀之易容也。悲夫！

心怵怵,他非常怜悯百姓,怎么忍心让无辜者被打死呢?于是皇帝命令新建伯王守仁前去督促官兵,要求官兵只能用仁德来安定百姓,不能用武力镇压。

这样,当官兵班师撤退的时候,其信义得到了广泛的宣传,产生了很大的影响。各蛮夷民族都很感动、仰慕,十天之间,就有七万一千人自愿请罪归顺于朝廷。朝廷将他们全部释放回去,让他们从事农业生产,于是两省安定下来。

从前有苗出征,被阻挡了七十多天,如今不到一个月,蛮夷便全都臣服了。安定来得之快,简直超过了邮传的速度,有什么比化干戈为玉帛更好的呢?要告诫思恩、田州的民众,不要忘了皇帝的仁德!辟出这块山石,刻上碑文,昭示文武官兵赫赫的圣明贤德。文武神圣,率土之滨,天下只要有血气的人,没有不尊重和亲近他们的。

田州石刻

田石平叛,田州安宁(当地民谣这么唱)。田水环绕,田山相邻(州府治里田州的新举措)。千万世,享有皇帝的恩泽。嘉靖年间,戊子春日,新建伯,王阳明,刻此石碑,告示后人。

陈直夫南宫像赞

孔子评价史鱼说:"这个人是多么坦诚直爽啊!国家有道的时候,他像箭一样直;国家无道的时候,他还是像箭一样直。"孔子评价祝鮀和宋朝的两个人时说:"不是他们这样的人,是很难在当今的社会里避免灾祸的。"我曾多次在这种情况

吾越直夫陈先生，严毅端洁，其正言直气，放荡佞谀之士，嫉视若仇。彼宁无知之？卒于己非便也。故先生举进士不久，辄致仕而归。屡荐复起，又不久辄退，以是也哉？然天下之言直者，必先生与焉。始予拜先生于钱清江上，欢然甚得。先生奚取于予？殆空谷之足音也。

世日趋于下，先生而在，虽执鞭之事，吾亦为之。今既没矣，其子子钦，以先生南宫图像请识一言。先生常尘视轩冕，岂一第之为荣？闻之子钦，盖初第时，有以相遗者，受而存之。先生没，子钦始装潢，将藏诸庙，则又为子者，宜尔也。诗曰："有服襜襜，有冠翼翼。在彼周行，其容孔式。秉笏端弁，中温且栗。既醉以酒，既饱以德。彼何人斯？邦之司直。邦之司直，宜公宜孤。既来既徂，为冠为模。孰久其道？众听且乎。如江如河，其趋弥污。邦之司直，今也则亡！"

下感到悲叹。正直之道难以行得通，谄媚阿谀却容易适合于社会，何止一天两天啊？史鱼的正直，令后人非常钦佩，可在当时他就不如祝鲩和宋朝那样受社会欢迎，因而也就不如祝鲩和宋朝那样容易被社会所接受。真叫人悲哀啊！

我们浙江的陈直夫先生，严肃、刚毅、端正、纯洁，他的正言直气，令那些放荡成性、阿谀奉迎的士人十分反感，他们像仇人一样嫉妒和仇视他。可他却难道不知道这些？不愿改掉正直的品性，最终还是给自己造成了许多不便。所以，陈先生中了进士，不久退休回家了。他屡次被人举荐，做不了几天官就又退下来了，这是不是因为他太正直了呢？然而，天下说真话、说直话的人总是与先生很要好。当初我在钱清江上拜谒陈先生，两人谈得很投机。先生能从我这里获得什么？大概只是空谷的脚步声吧。

世风日下，先生如果在世，我为他执鞭随镫，也乐意。如今先生已经死了，他的儿子陈子钦，把他的南宫图像拿出来，请我在上面题一句话。先生平常把高官厚禄视为尘土，又怎么会以一次考试获取的功名为荣呢？听他的儿子陈子钦说，他刚上任为官时，有人把这幅南宫图像送给了他，他接受下来并保存着。先生死后，陈子钦才将它予以装裱，打算把它藏在庙里，这又是做儿子的所应该做的。诗说：服饰盛美，冠帽齐整。在那周道，仪容式范。拿笏拿帽，温和严厉。以酒令醉，以德服人。那是何人？国之忠直。国之忠直，公忠无私。既来又往，为之楷模。谁久为道？众听信服。奔如江河，趣从弥污。国之忠直，现今没了。

三箴

　　呜呼小子！曾不知警。尧讵未圣，犹日兢兢。既坠于渊，犹恬履薄。既拆尔股，犹迈奔蹶。人之冥顽，则畴与汝。不见雍肿，砭乃斯愈；不见痿痹，剂乃斯起。人之毁诟，皆汝砭剂。汝曾不知，反以为怒。匪怒伊色，亦反其语。汝之冥顽，则畴之比？呜呼小子！告尔不一。既四十有五，而曾是不忆。呜呼小子，慎尔出话。憝言维多，吉言维寡。多言何益？徒以取祸。

　　德默而成，仁者言讱。孰默而讥，孰讱而病？誉人之善，过情犹耻。言人之非，罪曷有已。呜呼多言！亦惟汝心；汝心而存，将日钦钦。岂遑多言，上帝汝临。

　　呜呼小子！辞章之习，尔工何为？不以钓誉，不以蛊愚。佻彼优伶，尔视孔丑。覆蹈其术，尔颜不厚。日月逾迈，尔胡不恤。弃尔天命，昵尔雠贼。昔皇多士，亦胥兹溺。尔独不鉴，自抵伊亟。

三箴

　　呜呼小子！你曾经不知道警醒自己。尧谁能说不是圣人，但仍每天兢兢业业。有些人即使掉进了深渊，仍然像履薄冰一样警惕。即使拆掉了他的大腿，他仍然要奔跑。人的冥顽不化，简直和你差不多。你没看吗？针砭可以治愈肿胀，药剂可以治愈痿痹。别人对你的赞誉和斥骂，都是你的针砭和药剂。可你却不曾知道这一点，反而对别人的批评感到愤怒，你不光是表现出愤怒的脸色，而且还反唇相讥。你的冥顽不化与谁相比差不多呢？呜呼小子！我不止一次地告诫过你。可你如今已经四十五岁了，却不曾回想过我的告诫。呜呼小子！说话时一定要谨慎小心。忧愁的话多说，好话少说。话说多了有什么好处呢？只会招惹祸端。

　　品德要在默默无语的修养中养成，仁德的人语言迟钝。谁会暗中讥笑他呢，谁会因为他说话迟钝而说他的坏话呢？赞扬别人的善，过分了也是一种耻辱。批评别人的缺点，也应该适可而止。切勿多言！你一定要把这一点记在心里，要天天提醒自己。上帝就在我们的头顶上面，哪里用得着你多说话啊。

　　呜呼小子！学习修辞和大章，你追求那么精巧有什么用？不要用它来沽名钓誉，不要用它来迷惑愚钝的人。你瞧不起那些戏子，你总觉得他们很丑。可是你自己也在学习演技，你的颜面不要那么厚。时光都流逝了，你为什么不感到可惜？你不顾天命，同你的仇人和坏人亲近。从前皇朝有许多士人都是因为这样才沉沦下去的。可你偏偏不吸取他们的教训，多次犯这样的错误。

南镇祷雨文

癸亥

　　惟神秉灵毓秀,作镇于南,实与五岭分服而治。维是扬州之域,咸赖神休,以生以养。凡其疾疫灾眚之不时,雨旸寒暑之弗若,无有远近,莫不引颈企足,惟神是望。怨有归,功有底,神固不得而辞也。而况绍兴一郡,又神之宫墙辇毂之下乎?

　　谓宜风雨节而寒暑当,民无疾而五谷昌,特先诸郡以沾神惠。而乃入夏以来,亢阳为虐,连月弗雨,泉源告竭,黎苗荐槁,岁且不登,民将无食。农夫相与咨于野,商贾相与憾于市,行旅相与怨于途,守土之官帅其吏民奔走呼号。维是祈祷告请,亦无不至矣。而犹雨泽未应,旱烈益张,是岂吏之不职,而贪墨者众欤?赋敛繁刻,而狱讼冤滞欤?祀典有弗修欤?民怨有弗平欤?夫是数者,皆吏之谪,而民何咎之有?夫怒吏之不臧,而移其谪于民,又知神之所不忍也。不然,岂民之冥顽妄作者众,将奢淫暴殄以怒神威,神将罚而惩之欤?夫薄罚以示戒,神之威灵,亦即彰矣。

南镇祷雨文

癸亥

　　我们把南镇建在这样一个地方，是因为神赐给了这个地方以秀丽的景色和绝好的风水。南镇处在这个位置上，实际上是和五岳分治这片土地。所以扬州这片土地全仰仗神的保佑了，这里的生灵就全靠神养育了。只要这里出现了疾病瘟疫和种种灾害，只要这里风不调雨不顺，无论是远处还是近处的百姓没有不引颈企足，指望着神灵开恩的。怨有归，功有底，这是神不应该推辞的责任。何况绍兴一郡就处在神的宫墙辇毂之下呢？

　　只要风调雨顺，寒暑正常，百姓没有疾病，五谷丰登，人们总要说这是我们比其他各郡优先沾了神的光，得了神的恩惠。然而今年自入夏以来，太阳肆虐，接连几个月不下雨，泉源都干涸了，禾苗都枯槁了，眼看着一年没有收成，百姓都要没有粮食了。农夫都竞相跑到野外去打听，商贾都在市场上失望，旅行的人都在途中埋怨，管理这片土地的官吏都率领他们的百姓奔走呼号。他们这样祈祷请求，可雨还是不下来。像这样雨水不应，旱情越来越厉害，这难道因为是官吏不称职，摆文弄墨的人太多了吗？是因为官府征收的赋税太多太苛刻，官府处理案件时造成的冤案太多了吗？是因为我们没有做好祭祀神灵的礼仪吗？是因为民怨不平吗？如果是这些原因造成天不下雨，那都是官吏的过错，可百姓又有什么过错呢？对官吏的不善感到愤怒，却迁怒于百姓，我们知道这是神所不忍心的。如果不是这样，难道是百姓中冥顽妄为的人太多，他们奢侈、淫逸、凶暴、残忍，触怒了神威，神于是要惩罚他们吗？轻轻地惩罚一下以引起他们的戒心，神的威灵就可以得到显现了，又何必用如此严酷的惩罚呢？

百姓震惧忧惶，请罪无所，遂弃而绝之，使无噍类，神之慈仁固应不为若是之甚也。夫民之所赖者神，神之食于兹土，亦非一日矣。今民不得已有求于神，而神无以应之，然则民将何恃？而神亦何以信于民乎？

某生长兹土，犹乡之人也。乡之人以某尝读书学道，缪以为是乡人之杰者，其有得于山川之秀为多，借之以为吾愚民之不能自达者，通诚于山川之神，其宜有感。夫某非其人也，而冒有其名。人而冒以其名加我，我既不得而辞矣，又何敢独辞其责耶？是以冒昧辄为之请，固知明神亦有所不得而辞也。谨告！

瘗旅文

戊辰

维正德四年秋月三日，有吏目云自京来者，不知其名氏，携一子一仆，将之任，过龙场，投宿土苗家。予从篱落间望见之，阴雨昏黑，欲就问讯北来事，不果。

明早遣人觇之，已行矣。薄午有人自蜈蚣坡来云："一老人死坡下傍，两人哭之哀。"予曰，"此必吏目死矣。伤

如今，百姓感到震惊、恐惧，个个忧心忡忡，他们想请罚，却找不到适当的方式，只好自暴自弃，听天由命了，假想没有一个活着的人，凭着神的慈仁也不应该这样严酷。百姓的依靠是神，神也要由这片土地来供养，这已经不是一天两天了。如今百姓不得已有求于神，而神却毫无反应，这样百姓还能依靠谁呢？而神又拿什么取信于民呢？

我是在这片土地滋养长大的，也算是这里的人。这里的乡民认为我曾读书学道，都误认为我是这些乡民中的杰出人物，认为我获得的山川之灵秀最多。他们还以为，就算我们这愚昧的老百姓不能靠自己通达，凭着我们对山川之神的一片赤诚之情，神灵也应该有所感动才对。我不是什么杰出的人物，只是虚有其名罢了。人们冒昧地把人杰的名声加到我头上，我不能予以推辞，又怎么敢推卸罪责呢？所以，我冒昧地为他们请求神灵开恩，是因为我知道圣明的神也有不能推辞的责任。谨以此敬告神灵！

瘗旅文

戊辰

正德四年秋月初三，有个吏目自称是从京城来的，不知道他姓什么叫什么名字，他带着一个儿子和一个仆人，将要去上任，经过贵州龙场，投宿在当地的苗族人家里。我从篱墙的间隙中看见了他们，由于天下着雨加上又近天黑，想问问他到这里来是干什么的，却没有问成。

第二天一早我就派人去看他们，不想他已经走了。接近中午的时候，有人从蜈蚣坡来到这里，说："有一位老人死在蜈

哉!"薄暮,复有人来云:"坡下死者二人,傍一人坐叹,询其状,则其子又死矣。"明日,复有人来云:"见坡下积尸三焉。"则其仆又死矣。

呜呼伤哉!念其暴骨无主,将二童子持畚锸往瘗之。二童子有难色然。予曰:"嘻!吾与尔犹彼也。"二童悯然涕下,请往就其傍山麓,为三坎埋之,又以只鸡饭三盂,嗟吁涕洟而告之曰:"呜呼伤哉!繄何人?繄何人?吾龙场驿丞余姚王守仁也。吾与尔皆中土之产,吾不知尔郡邑。尔乌为乎来为兹山之鬼乎?古者重去其乡,游宦不逾千里。吾以窜逐而来此,宜也;尔亦何辜乎?闻尔官吏目耳,俸不能五斗,尔率妻子躬耕,可有也。乌为乎以五斗而易尔七尺之躯?又不足,而益以尔子与仆乎?呜呼伤哉!尔诚恋兹五斗而来,则宜欣然就道,乌为乎吾昨望见尔容蹙然,盖不任其忧者。

夫冲冒雾露,扳援崖壁,行万峰之顶,饥渴劳顿,筋骨疲惫,而又瘴厉侵其外,忧郁攻其中,其能以无死乎?吾固

蜈坡附近。有两个人在那里哭泣,非常悲伤。"我说:"一定是那个吏目死了。太令人痛心了!"天快黑的时候,又有人来说:"蜈蚣坡下死了两个人,旁边有一个坐着悲叹,问他发生了什么事,原来吏目的儿子又死了。"第二天,又有人来说:"我看见蜈蚣坡下有三具死尸。"看来那位仆人也死了。

呜呼,太令人痛心了!想到他们死在外面,无人收尸,我便吩咐两位书童拿着畚和铲子前去掩埋。两位书童露出为难的神色。我便对他们说:"我和你们与他们的命运是一样的"。两位书童都很怜悯那三个死去的人,悲伤得流下了眼泪,他们请我前去,就在那三人死去的山麓,挖了三个坑把他们全埋了,又拿了一只鸡和三碗饭祭祀他们,我流着眼泪嗟叹不已,对着他们的坟墓诉说道:"呜呼,真令人痛心啊!你们是哪里人?叫什么名字?我是龙场的驿丞余姚人王守仁。我和你们一样都是中原人士,我不知道你们是什么地方的。你们为什么要到这偏僻的山区做鬼呢?古人总是不大愿意远离家乡,出外做官的也不会超过千里。我是因为被放逐才来到这里,这是没有办法的事,你们又是因为什么罪呢?从你这个吏目的外观上看,拿的官俸不会达到五斗米,你带领妻子儿女耕田种地也可以获得这么多,为什么偏偏要用这五斗米换自己一条七尺之躯呢?你为什么还嫌不够,竟然还要搭上儿子和仆人的性命?呜呼,实在是让人痛心啊!你如果确实是为了这五斗米而来,就应该欣然上路,为什么我昨天看见你时,你的表情却很忧愁呢?这大概是你有很多忧心的事吧。

沿途奔波,风餐露宿,攀缘崖壁,行走在万峰之顶,饥渴劳顿,筋骨疲惫,加上瘴疠之气的侵袭和内心的忧郁,能不死吗?

知尔之必死，然不谓若是其速，又不谓尔子尔仆亦遽尔奄忽也。皆尔自取，谓之何哉？吾念尔三骨之无依而来瘗尔，乃使吾有无穷之怆也。

呜呼痛哉！纵不尔瘗，幽崖之狐成群，阴壑之虺如车轮，亦必能葬尔于腹，不致久暴露尔。尔既已无知，然吾何能为心乎？自吾去父母乡国而来此二年矣，历瘴毒而苟能自全，以吾未尝一日之戚戚也。今悲伤若此，是吾为尔者重，而自为者轻也。吾不宜复为尔悲矣。吾为尔歌，尔听之！

歌曰："连峰际天兮飞鸟不通，游子怀乡兮莫知西东。莫知西东兮，维天则同。异域殊方兮，环海之中。达观随寓兮，奚必予宫？魂兮魂兮，无悲以恫。"

又歌以慰之曰："与尔皆乡土之离兮，蛮之人言语不相知兮，性命不可期。吾苟死于兹兮，率尔子尔仆来从予兮。吾与尔遨以嬉兮，骖紫彪而乘文螭兮，登望故乡而嘘唏兮。吾苟获生归兮，尔子尔仆尚尔随兮，无以无侣悲兮。道傍之冢累累兮，多中土之流离兮。相与呼啸而徘徊兮，飧风饮露无尔饥兮；朝友麋鹿，暮猿与栖兮。尔安尔居兮，无为厉于兹墟兮。"

我本来就知道你一定会死，却没想到会这么快，也没想到你的儿子和你的仆人也这么快就随你而去了。都是你自取的，还能说什么呢？我念你们三人的尸骨无依无靠，便来掩埋你们，这使我有了无穷的悲怆。

呜呼，太令人心痛了！纵使我不来掩埋你们，幽深的山崖虎狼成群，深幽的沟壑里毒蛇大如车轮，它们也一定能把你们吃掉，不会让你们长期抛尸于野外的。你们既已无知，可我又怎么能忍心不管呢？我自从离开父母家乡，来到这里已经两年了，我之所以多次遇上瘴疠的毒气还能保全性命，是因为我一天也不曾悲戚过。现在我之所以这样悲伤，主要是为你们，而为我自己则是非常次要的，不应该再为你们悲伤了。我要为你们而歌唱，你们听着！

歌词是这样的：'连峰际天兮飞鸟不通，游子怀乡兮莫知西东。莫知西东兮，维天则同。异域殊方兮，环海之中。达观随寓兮，奚必予宫？魂兮魂兮，无悲以恫。'

我还要用歌曲来安慰你们，歌词是这样的："我和你都是背井离乡之人，听不懂蛮人的言语，性命也不知道能保多久。我如果死在这里，你就带着你的儿子和仆人来跟随我吧。我和你一起嬉戏遨游，乘龙骑马，登山远望故乡而深深叹息。我如果能活着回去，希望你的儿子和仆人也跟我一起回去，不要以没有伴侣而悲伤。道路边的坟冢到处都是，死者多半是从中原流离至此的，他们彼此呼唤，久久地徘徊。餐风饮露，而你就不会感到饥饿了。早上可以与麋鹿为友，晚上可以和猿猴一起栖息。这样你就可以在这里安居下来了，不会为这里一派荒凉而忧心。"

祭郑朝朔文

甲戌

维正德九年,岁次甲戌,七月壬戌朔,越十有六日,丁丑,南京鸿胪寺卿王守仁驰奠于监察御史亡友郑朝朔之墓。

呜呼!道之将行,其命也与?道之将废,其命也与?呜呼!朝朔命实为之,将何如哉?将何如哉?辛未之冬,朝于京师,君为御史,余留铨司。君因世杰,谬予是资。予辞不获,抗颜以尸。君尝问予,圣学可至,余曰然哉,克念则是。隐辞奥义,相与剖析,探本穷原,夜以继日。君喜谓予,昔迷今悟,昔陷多岐,今由大路。

呜呼绝学!几年于兹,孰沿就绎,君独奋而。古称豪杰,无文犹兴,有如君者,无愧斯称。当是之时,君疾已构,忍痛扶孱,精微日究。人或劝君:"盍亦体只?"君曰:"何哉?夕死可矣。"君遂疾告,我亦南行。君与世杰,访予阳明。君疾亦笃,遂留杭城。天不与道,善类云倾。

呜呼痛哉!呜呼痛哉!时予祖母,亦婴危疾,汤药自须,风江阻涉,君丧遂行,靡由一诀。扶榇而南,事在世杰。负恨负愧!予复何说?嗟予颛弱,实赖友朋,砥砺切磋,庶几有

祭郑朝朔文

甲戌

正德九年，岁在甲戌，七月初一，过了十六天，也就是十六日，南京鸿胪寺卿王守仁去祭奠已故的朋友监察御史郑朝朔之墓。

呜呼！道将行，这是命吗？道将废，这也是命吗？呜呼！朝朔！这一切都是命，你又能怎么样呢？你又能怎么样呢？正德六年冬天，我和朝朔同时到京城上朝，他是御史，我为铨司。你通过世杰，误认为我的天资很高。我没有接受他这个说法却推辞不了，态度严正不屈。他曾经问我圣学能否达到圣人的境界，我说当然可以，只要克制私念就行。遇到生僻的词句和深奥的义理，我们就共同剖析，夜以继日的研究它们的根本和缘由。他高兴地对我说，他从前陷入了歧路，现在才算走上了正道。

呜呼，绝学！经过几年的学习、思考和探索，你就已经弄通了。古代有许多被称为豪杰的人，虽然没有留下多少文字，可他们还是成就很高。郑朝朔有也是如此，他被称为豪杰是当之无愧的。那时候，郑朝朔君已经得病了，他忍着痛苦，拖着孱弱的身体，坚持深入钻研圣学。有人劝他说："为什么不关心一下自己的身体？"他说："这有什么要紧呢？（只要早上得知了道）就是晚上死了也可以。"他于是因病告假，我也到南方去了。他和世杰一起到阳明洞去拜访我。他的病太厉害了，只好留在杭州。上天之道不常，善良的人倾覆了。

呜呼，实在令人痛心！呜呼，实在太令人痛心了！当时我的祖母也得了重病，我不得不在她身边侍奉汤水和药物，由于江风的阻隔，他的丧事办完之后，我才动身去看望，结果连一句诀别的

成。死考生者，索居离群。静言永怀，中心若焚。墓草再青，甫兹驰奠。遥望岭云，有泪如霰。呜呼哀哉！予复何言？尚飨。

祭浰头山神文

戊寅

维正德十三年戊寅二月十五日甲申，提督军务都御史王某，谨以刚鬣柔毛，昭告于浰头山川之神。惟广谷大川，阜财兴物，以域民畜众。故古者诸侯祭封内山川，亦惟其有功于民；然地灵则人杰，人之无良，亦足以为山川之羞。兹土为盗贼所盘据且数十年，远近之称浰头者皆曰贼巢，耻莫大焉。是岂山川之罪哉？虽然，清冽之井，粪秽而不除，久则同于厕溷矣。丹凤之穴，鸱狐聚而不去，久则化为妖窟矣。粪秽之所，过者掩鼻；妖孽之窟，人将持刃，燔燎环而攻之。何者，其积聚招致使然也？

诚使除其粪秽，刮剃涤荡，将不终朝而复其清冽。鸱狐逐而鸾凤归，妖孽之窟还为孕祥育瑞之所矣。今兹土之山川，亦何以异于是？守仁奉天子明命，来镇四陲。愤浰贼之凶悖，民苦荼毒，无所控吁；故迩者计擒渠魁，提兵捣其巢

话也没有说。扶着他的棺材向南方而去,都是世杰做的。我感到悔恨和惭愧!我还有什么话好说呢?我愚昧、虚弱,实际上是依靠朋友的帮助,通过与朋友互相鼓励,互相切磋,才有了这点成就。现在死者与生者都索居离群。怀念起朋友的话,我就心中如焚。墓地的草再次转青了,我这才跑来祭奠。遥望山岭的白云,我的泪水如霰。呜呼哀哉!我还能说什么呢?

祭浰头山神文

戊寅

　　正德十三年二月十五日,提督军务都御史王守仁,谨以刚鬣柔毛做成的毛笔,向浰头的山川之神昭告如下:广阔的峡谷,宽阔的河川,财源茂盛,五谷丰登,人畜兴旺。所以古代的诸侯祭封山川,也只是因为山川之神有功于民;地灵才能人杰,人不能成为良民,这足以让山川之神感到羞愧。这片土地已经让盗贼盘踞了数十年,远近的百姓都称浰头这个地方为贼窝,没有比这更大的耻辱了。这难道是山川的罪过吗?尽管不是山川的罪过,然而清冽的水井,如果粪便和污物不除,时间久了也会变成厕所的。丹凤的巢穴,如果鸱鸮狐狸聚集在里面不走,时间久了就会化为妖窟。粪便脏物堆积的地方,人们从旁边经过总要捏住鼻子;妖孽之窟,人们会拿着刀,包围它,用火烧掉它。为什么会这样呢?还是这些地方积聚了丑恶的东西才招致这种结果呢?

　　假如除掉粪便脏物,精心清洗,用不了一个早上就可以恢复井水的清冽。驱逐鸱鸮狐狸,让鸾鸟与凤凰飞回,妖孽之窟还能够成为孕育祥瑞的地方。如今这片土地为什么就不能这样呢?守仁奉天子圣明的命令,前来镇守四方边境。我对领头的盗

穴，所向克捷，动获如志。斯固人怨神怒，天人顺应之理；将或兹土山川之神，厌恶凶残，思欲洗其积辱，阴有以相协假手于予？今驻兵于此，弥月余旬，虽巢穴悉已扫荡，擒斩十且八九；然漏殄之徒，尚有潜逃小民不能无怨于山川之神，为之逋逃主萃渊薮也。今予提兵深入，岂独除民之害，亦为山川之神雪其耻。

夫安旧染弃新图，非中人之情，而况于鬼神乎？今此残徒，势穷力屈，亦方遣人投招，将顺而抚之；则虑其无革心之诚，复遗患于日后；逆而弗受，又恐其或出于诚心，杀之有不忍也。神其阴有以相协，使此残寇而果诚心邪？即阴佑其衷，俾尽携其党类，自缚来投。若水之赴壑，予将堤沿停畜之；如其设诈怀奸，即阴夺其魄，张我军威，风驱电扫，一鼓而歼之。兹惟下民之福，亦惟神明之休。坛而祀之，神亦永永无咋，惟神实鉴图之！尚飨！

贼如此凶恶感到异常气愤。鉴于他们残害百姓，肆无忌惮，我们决定先擒拿盗贼的头领，率军队捣毁他们巢穴。我们所向无不披靡，连战连胜，实现了我们的愿望。这本来就是应该的。他们的罪行令民众怨恨，令神灵愤怒，歼灭他们是天人顺应之理；或许是这里的山川之神，厌恶盗贼的凶残，想要洗清其积聚的耻辱，因而暗中相助，借我的手镇压了这帮盗贼？我们在这里驻兵已经一个多月了，虽然盗贼的巢穴全都扫荡了，百分之八九十的盗贼被擒或被斩；然而漏网的匪徒还在潜逃，普通的百姓不能不埋怨山川之神，为他们潜逃提供了藏匿之地。如今我率领军队深入追击，不只是为民除害，也是为山川之神雪耻。

安于现状，放弃新的追求，这不是一个正直的人所心甘情愿的，又何况鬼神呢？这帮残余的匪徒，势单力薄，已到了穷途末路了。我们正派人号召他们投案自首，我们将对他们从宽发落；但又怕他们不能真心实意地悔过自新，因而会遗患于日后；然而不接受他们投案自首，又怕他们中确有人是出于诚心，杀了这样的人我们也于心不忍。神能不能暗中相助，使这些残余贼寇真心实意地投案自首呢？如果神能相助，就请让他们出于真心，带着他们的同党，把自己绑缚起来，前来自首。像水奔赴沟壑，我将筑堤蓄积他们；如果他们要弄阴谋诡计，就请暗中夺取他们的魂魄，张扬我军的神威，风驱电扫，一鼓作气全部消灭他们。这将是黎民百姓的幸福，也是神明的美善。我们将设坛祭祀你们，这样神的威望也永远延续下去了，希望神好好想一想！请神享受吧。

祭徐曰仁文

戊寅

呜呼痛哉！曰仁，吾复何言？尔言在吾耳，尔貌在吾目，尔志在吾心，吾终可奈何哉？记尔在湘中还尝语予以寿不能长久，予诘其故。云："尝游衡山，梦一老瞿昙，抚曰仁背谓曰：'子与颜子同德。'俄而曰：'亦与颜子同寿。'觉而疑之。"

予曰："梦耳，子疑之过也。"曰仁曰："此亦可奈何！但今得告疾，早归林下，冀从事于先生之教，朝有所闻，夕死可矣。"呜呼！吾以为是固梦耳，孰谓乃今而竟如所梦邪？向之所云，其果梦邪？今之所传，其果真邪？今之所传，亦果梦邪？向之所梦，亦果妄邪？呜呼痛哉！曰仁尝语予："道之不明几百年矣，今幸有所见，而又卒无所成，不亦尤可痛乎？愿先生早归阳明之麓，与二三子讲明斯道，以诚身淑后。"

予曰："吾志也。自转官南赣，即欲过家，坚卧不出。"曰仁曰："未可。纷纷之议方驰，先生且一行。爰与二三子姑为饘粥计，先生了事而归。"

呜呼！孰谓曰仁而乃先止于是乎？吾今纵归阳明之麓，孰与予共此志矣？二三子又且离群而索居，吾知之，而孰听之？吾倡之，而孰和之？吾知之，而孰问之？吾疑之，而孰

祭徐曰仁文

戊寅

　　呜呼痛哉！徐曰仁，我还有什么话可说呢？你的话还在我耳朵里，你的容貌还在我眼睛里，你的志向还在我心里，我该如何是好？记得你在湘中的时候还曾经对我说你的寿命不会长久，我当时就反驳过你。你说："我曾经在游览衡山的时候，梦见一位老瞿昙，他抚摸着曰仁的背对我说：'你与颜回有相同的品德。'过了一会儿又说：'也与颜回同寿。'醒来后，我一直感到狐疑。"

　　我说："只是一个梦罢了，你的疑心也太重了。"曰仁说："这也是没有办法的事！只是现在我得因病告退了，早归林下，希望能够从事于先生的心性之学，早上能够悟出大道，晚上死去了也不可惜。"呜呼！我当时以为这只是一个梦，哪知道最终果真如他梦中所言呢？当初他所说的，真的是一个梦吗？呜呼痛哉！曰仁曾对我说："大道已有几百年不再显现了，如今虽然有幸看见了一点道，可最终还是没有什么成就，这不是非常值得痛心的吗？愿先生早点回到阳明山麓，为我们讲明这个道，以便我们能诚心正意。"

　　我说："这是我的志向。自从转而到南赣为官，我就想回家，从此再也不出门。"曰仁说："先生不能这样。关于心性之学的议论正在迅速传播，先生又是唯一在行的人。为了我们这些弟子，先生还是把事情做完再回去吧。"

　　呜呼！谁会想到曰仁竟然先死了呢？纵然我回到阳明山麓，谁与我共同践行此志向呢？其他几个人又都离群索居，我知道天道，又有谁来听呢？我倡议道，又有谁来和呢？我知道天道，

思之？呜呼！吾无与乐余生矣。吾已无所进，曰仁之进未量也，天而丧予也，则丧予矣，而又丧吾曰仁，何哉？天胡酷且烈也？呜呼痛哉！朋友之中，能复有知予之深，信予之笃，如曰仁者乎？夫道之不明也，由于不知不信。使吾道而非邪，则已矣；吾道而是邪，吾能无蕲于人之不予知，子信乎？自得曰仁讣，盖哽咽而不能食者两日。人皆劝予食。呜呼！吾有无穷之志，恐一旦遂死，不克就，将以托之曰仁，而曰仁今则已矣！曰仁之志，吾知之，幸未即死，又忍使其无成乎？于是复强食。

呜呼痛哉！吾今无复有意于人世矣。姑俟冬夏之交，兵革之役稍定，即拂袖而归阳明。二三子苟有予从者，尚与之切磋砥砺，务求如平日，与曰仁之所云。纵举世不以予为然者，亦且乐而忘其死，惟百世以俟圣人而不惑耳。"

曰仁有知，其尚能启予之昏，而警予之惰邪？呜呼痛哉！予复何言。

祭孙中丞文

己卯

呜呼！弇阿苟容，生也何庸？慷慨激烈，死也何恫？勤

又有谁来问呢？我感到困惑的时候，谁会一起思考呢？呜呼！我感到活着毫无乐趣了。我已经毫无进展，日仁的进步是无法估量的，天要毁灭我，就毁灭我好了，又为什么要毁灭我的日仁呢？上天为什么这样残酷呢？呜呼，实在是太令人痛心了啊！朋友之中，还有人能像日仁这样深深地了解我的吗？还有人像他这样真诚地相信我的吗？道之所以不显现，是由于人们不知不信。假如我的道不是邪道，就可以盼望人们知它信它；假如我的道是邪道，我能祈求人们了解我，相信我吗？自从获得日仁的死讯，我哽咽而不能进食已经两天了。人们都劝我进食。呜呼！我有无穷的志向，怕自己一旦死去而不能实现，想将它托付给日仁，可日仁如今竟然先死了！日仁的志向我知道，幸好我没有马上死去，我能忍心让他的志向不实现吗？于是我又强迫自己进食。

呜呼，太让人痛心了！我如今已无意于人世了。姑且等冬夏之交，战乱平定，我就拂袖而回到阳明山。其他几位先生如果有愿意跟随我的，我还能同他们互相勉励，互相切磋，我一定要像平日与日仁所说过的那样孜孜以求。纵然举世都不承认我的心性之学，我也要乐此不疲，忘我地追索。等百代之后，哪怕圣人出世，对心性学也不会有疑虑。

日仁如若有知，他还能在我昏聩的时候给我以启迪，在我懈怠的时候给我以警醒吗？呜呼！实在是太让人悲痛了！我还有什么话说呢？

祭孙中丞文

己卯

呜呼！躲躲闪闪，阿谀奉迎，苟且偷生，这样活着有什

劳施于国，而惠泽被于民，孰谓公之死，而非生乎？守臣节以无亏，秉大义而不屈，孰谓公之归，而非全乎？方逆焰之已炎，公盖力扑其燎原之势而不能，屡疏乞免，又不获请，则旁行曲成，冀缓其怒，而徐为之图。盖公处事之权，而人或未之尽知也。比其当危临难，伏节申忠，之死靡回，然后见公守道之常，心迹如青天白日，而天下之人，始洞然无疑矣。

呜呼！逆藩之谋，积之十有余年，而败之旬日，岂守仁之智谋才力，能及此乎？是固祖宗之德泽，朝廷之神武，而公之精忠愤烈，阴助默相于冥冥之中，是亦未可知也。公之子，挟刃赴仇，奔走千里，至则逆贼已擒，遂得改殡正殓，扶公榇而还。父子之间，忠孝两无所愧矣，亦何憾哉？守仁于公既亲且友，同举于乡，同官于部，今又同遭是难，岂偶然哉！灵輤将发，薄奠写哀，言有尽而意无穷。呜呼！

用？慷慨激昂，死又有什么可怕？孙公为国家勤勤恳恳地工作，把恩惠和福泽施给人民，谁说他不是虽死犹生呢？他坚守着做臣子的气节，一点也不肯对这种气节有所损害；他秉承大义，一点也不肯屈服，谁说他死去不是成全道义呢？正当叛贼的气焰很高的时候，孙公想尽力扑灭他们的燎原之势却不能。他多次上疏，乞求朝廷免除自己的职务，又不能获得朝廷的批准。于是他只好通过各种曲折的方式进行，希望这样做既可以缓和皇上的愤怒，又可以慢慢地图谋讨伐逆贼。他处事这样谨慎周到，大概人们还不大知道这一点。直到他当危临难，仍坚守气节，伸张忠心，慷慨赴死之后，人们才发现他守道是如此恒常，心迹像青天白日一样纯洁，天下之人这才透彻地理解了他。

呜呼！叛贼的阴谋酝酿了十几年，可是十天就被打败了，这哪里是守仁的智谋才力所能做到的呢？这是祖宗恩德的泽被，朝廷的英明神武以及孙公的精忠愤激之心，在冥冥之中暗地里帮助我们也是很难说。孙公的儿子，持刀要去为父亲报仇，奔走了千里，等他赶到那里，叛贼已经被擒拿了，于是只得把父亲殡殓好，扶着父亲的棺材回家了。他们父子之间，一个无愧于忠，一个无愧于孝。从这点来看，孙公的死又有什么值得遗憾的呢？守仁和孙公既是亲戚又是朋友，我们同时通过乡试考出来，同时到部里为官，如今又同遭这场国难，这难道是偶然的吗？灵车就要出发了，谨以此文祭奠孙公并表达我的哀思，语言有限可心意无穷。呜呼！

祭外舅介庵先生文

辛巳

呜呼！自公之葬兹土，逮今二十有六年，乃始复一拜墓下。中间盛衰之感，死生之戚，险夷之变，聚散之情，可悲可愕，可扼腕而流涕者，何可胜道？呜呼伤哉！死者日以远，生者日以谢，而少者日以老矣。自今以往，其可悲可愕，可扼腕而流涕者，其又可胜道耶？

二十六年而始获一拜，自今以往，获拜公之墓下者，知复能几？呜呼伤哉！惟是公之子姓，群然集于墓下，皆鸾停鹤峙，振羽翮而翱乎云霄未已也。所以报纯德而慰公于地下者，庶亦在兹已乎？某奉召北行，便道归省，甫申展谒，辄已告辞，言有尽而意无穷。顾瞻丘垅，岂胜凄断！尚飨。

祭文相文

呜呼！文相迈往直前之气，足以振颓靡而起退懦；通敏果决之才，足以应烦剧而解纷拿；激昂奋迅之谈，足以破支辞而折多口。此文相之所以超然特出乎等夷，而世之人亦方以是而称文相者也。然吾之所望于文相，则又宁止于是而已乎？

与文相别数年矣，去岁始复一会于江浒，握手半日之

祭外舅介庵先生文

辛巳

　　呜呼！自从公葬在这块土地，至今已经二十六年了，直到今天我才得以重新祭拜于墓下。其间，盛衰的感叹，死生的悲戚，险夷的变化，聚散之情以及可悲叹可惊愕，可扼腕而流涕的经历哪里说得清道得完呢？呜呼，太令人悲伤了！死者一天比一天远离我们而去了，生者一天天地凋谢，年轻的也一天天地衰老。从今往后，可悲叹、可惊愕、可扼腕而流涕的事情又怎么能说得尽呢？

　　二十六年才能到公的墓前祭拜一次，从今以后到公的墓前祭拜的人又有几个呢？呜呼，太令人伤痛了！但愿公的后代，能成群结队地聚集在公的墓下，都像鸾凤仙鹤一样停留在公的身边，然后振翅高飞，翱翔于云霄。他们要想报效公的纯洁品德，告慰公于九泉之下，大概这是一个比较好的方式。我奉命北上，便顺道回家探望父母家人，特地前来拜祭公的墓，就要告辞了，语言有尽而心意无穷。回过头来瞻仰一下公的坟丘，我简直经受不住这种凄凉断肠的感受！请享用吧！

祭文相文

　　呜呼，文相！他那勇往直前的气势，足以让那些颓靡、懦弱的人振奋起来；他那敏锐果断的才能，足以应付各种突发的麻烦，解决各种纷扰；他那激昂伶俐的谈吐，足以令支支吾吾的人哑口无言。这些都是文相超然突出的特点，世上的人也都这样评价他。然而，我对文相的看法又何止这些呢？

　　与文相分别已经好几年了，去年才再次和他在江边相会，

谈，豁然遂破百年之惑，一何快也！吾方日望文相，反其迈往直前之气，以内充其宽裕温厚之仁；敛其通敏果决之才，以自昭其文理密察之智；收其奋迅激昂之辨，以自全其发强刚毅之德；固将日趋于和平，而大会于中正，斯乃圣贤之德之归矣。岂徒文章气节之士而已乎？

惜乎吾见其进，而未见其止也！一疾奄逝，岂不痛哉！闻讣实欲渡江一恸，以舒永诀之哀；暑病且冗，欲往不能，临风长号，有泪如雨。呜呼文相！予复何言？

又祭徐曰仁文

甲申

呜呼曰仁！别我而逝兮，十年于今；葬兹丘兮，宿草几青？我思君兮一来寻，林木拱兮山日深。君不见兮，窅嵯峨之云岑；四方之英贤兮，日来臻；君独胡为兮，与鹤飞而猿吟？忆丽泽兮歔欷，奠椒醑兮松之阴，良知之说兮闻不闻？道无间于隐显兮，岂幽明而异心。我歌白云兮，谁同此音？

我们握手谈了半天，豁然破除了百年的困惑，那是何等快乐啊！我正在每天盼望文相丢掉他那勇往直前的气势，以便向内充实自己宽裕温厚的仁心；收敛他那敏锐果断的才干，以便向自己昭示文理密察的智慧；收起他那激昂伶俐的谈吐，以便完善自己发强刚毅的德性。这样就可以一天天地接近心平气和，并且最后大会于中正。这样一来，圣贤的德性也就可以达到了。哪里只是一个善于写文章有点气节的士人呢？

遗憾的是，我只看见他在进步，却没能看见他止于至善。一场病就夺去了他的生命，岂不让人痛心！听到他的死讯，我很想渡江去凭吊他，以抒发永诀的哀思；可是我因为中暑很严重，想去也去不成，只有临风长号，泪如雨下。呜呼，文相！我还能说什么呢？

又祭徐曰仁文

甲申

呜呼，曰仁！你离我而去到今天已经十年了；你葬在这里，坟上的老草该青了多少回？我思念你的时候，就到这里来找寻你；林木茂密，山一天比一天深。你没看见远处那嵯峨的山顶上的云朵吗？那是四面八方的英贤，天天达到了至善之境的。为什么偏偏你与仙鹤一同飞行，与猿猴一起共鸣？回忆一下令人羡慕的丽泽吧，我在松树荫里为你献上祭酒，良知之说你能否听得见？道是不分显现和隐没的，阴间和尘世的心之本体也没有什么不同。我歌唱白云，谁能与我同和此音？

祭国子助教薛尚哲文

甲申

呜呼！良知之学，不明于天下，几百年矣。世之学者，蔽于见闻习染，莫知天理之在吾心，而无假于外也。皆舍近求远，舍易求难，纷纭交骛，以私智相高，客气相竞，日陷于禽兽夷狄而不知。间有独觉其非，而略知反求其本源者，则又群相诟笑，斥为异学。呜呼！可哀也已。

盖自十余年来，而海内同志之士，稍知讲求于此，则亦如晨星之落落，乍明乍灭，未见其能光大也。潮阳在南海之滨，闻其间亦有特然知向之士，而未及与见；间有来相见者，则又去来无常。自君之弟尚谦，始从予于留都，朝夕相与者三年，归以所闻于予者语君，君欣然乐听不厌，至忘寝食，脱然弃其旧业如敝屣。君素笃学高行，为乡邦子弟所宗依。尚谦自幼受业焉，至是闻尚谦之言，遂不知己之为兄，尚谦之为弟。己之尝为尚谦师，而尚谦之尝师于己也。尽使其群子弟侄来学于予，而君亦躬枉辱焉。非天下之大勇能自胜其有我之私，而果于徙义者，孰能与于此哉？

自是其邑之士，若杨氏兄弟，与诸后进之来者，源源以十数。海内同志之盛，莫有先于潮阳者，则实君之昆弟之为倡也。其有功于斯道，岂小小哉？方将因借毘赖，以共明此

祭国子助教薛尚哲文

甲申

呜呼！良知之学不为天下人所明白已经几百年了。世上的学者，被见闻习染的东西所蒙蔽，不知道天理就在自己的心中，是不需要向心外求取的。他们都舍近求远，舍易求难，胡乱地追求，以私智互比高低，言行虚骄而相互竞争，天天陷身于禽兽夷狄之中，自己却不知道。偶尔有人独自觉察出自己的不对，并约略知道反求自己的本源，人们就会群起嘲笑他，诟骂他，骂良知之学是异学。呜呼！太让人悲哀了。

十几年来，海内和我志同道合的士人，稍稍懂得讲求良知之学的，也像晨星一样寥寥无几，乍明乍灭，从未看见他们光大起来。潮阳在南海之滨，听说那里也有特别向往致良知的士人，可我没有来得及与他们见面；偶尔有来相见的，却又来去无常。自从你的弟弟尚廉开始跟随我留都南京，朝夕相处已经三年了。他回家就把从我这里听到的告诉你，你欣然乐听不厌，以至于废寝忘食，断然放弃旧业，就像放弃一双破鞋一样。你平素刻苦学习，德行很高，成为乡里子弟的楷模。尚谦从小就接受你的教诲，直到现在若不是听了尚谦的话，还不知道你是兄长，尚谦是弟弟。你曾经是尚谦的老师，尚谦曾经师从过你。你让自己的一帮子弟全部到我这里来学习，而你也屈尊亲自来学。不是天下的大勇之士，是不能够战胜狭隘的自我私心的，即使是那些讲点义气的人，又有谁能做到这一点呢？

从此，你的家乡的士人，如杨氏兄弟，以及各位后来的士人，源源不断，达到十几个。海内和我志同道合的人，没有一个地方有潮阳这么多。这实际得归功于你们兄弟的倡导。这对于

学，而君忽逝矣。其为同志之痛，何可言哉！虽然，君于斯道，亦既有闻则夕死无憾矣，其又奚悲乎？吾之所为长号涕洟，而不能自己者，为吾道之失助焉耳。

天也，可如何哉？相望千里，靡由走哭，因风寄哀，言有尽而意无穷。呜呼哀哉！

祭朱守忠文

甲申

呜呼！圣学之不明也久矣。予不自量，犯天下之诋笑，而冒非其任，恃以无恐者，谓海内之同志，若守忠者，为之胥附先后，终将必有所济也。而自十余年来，若吾姚之徐曰仁、潮阳之郑朝朔、杨仕德、武陵之冀惟乾者，乃皆相继物故。其余诸同志之尚存足可倚赖者，又皆离群索居，不能朝夕相与，以资切磋砥砺之益。今守忠又复弃我而逝，天其或者既无意于斯文已乎？何其善类之难合而易睽，善人之难成而易丧也？呜呼痛哉！守忠之于斯道，既已识其大者，又能乐善不倦，旁招博采，引接同志，而趋之同归于善，若饥渴之于饮食；视天下之务，不啻其家事，每欲以身殉之。

良知之道的功劳,岂止是小小的功劳?我正打算凭着我们的关系,和你一道共同昭明良知之学,而你突然仙逝了。作为志同道合者,我的悲痛哪里可以用语言表达啊!尽管如此,你对于良知之道已有所悟,所以虽死无憾,我又为什么要悲痛呢?我之所以痛哭长号,不能自制,是因为我良知之道已失去了一个很好的帮手。

老天爷,这可如何是好?相望千里,不能跑去哭祭你,只能顺风寄托哀思了,言有尽而意无穷。呜呼哀哉!

祭朱守忠文

甲申

呜呼!圣学不为世人所知已经很久了。我不自量力,犯天下之诋毁和嘲笑,冒充其任,有恃无恐,认为海内的志同道合者,如朱守忠,如果能够前后相继,最终一定能周济天下。然而十几年来,像我们余姚的徐曰仁,潮阳的郑朝朔、杨仕德,武陵的冀惟乾这些人,竟然都相继去世了。其余各位同志虽然都还活着,足可以作为依靠,可他们又都离群索居,不能朝夕相处,以带来切磋砥砺的益处。如今守忠又弃我而去,老天爷,你是不是对礼乐文化已失去兴趣了?为什么善良一类的人如此难以聚合却又很容易分离?为什么善人那么难以取得成就却偏偏那么容易死去?呜呼,实在令人痛心!守忠对于良知之道已经认识到了主要的东西;而且又能乐此不疲,乐善不倦,广泛地收集和采纳,引导和帮助志同道合的人,和他们一起追求着至善,他们追求至善,就像饥渴者追求饮食一样;把天下的大事,如同看成自己的家事,常常想以身殉道。

今兹之没也,实以驱贼山东,昼夜劳瘁,至殒其身而不顾。呜呼痛哉!始守忠之赴山东也,过予而告别云:"节于先生之学,诚有终身几席之愿,顾事功之心,犹有未能脱然者,先生将何以裁之?"予曰:"君子之事,进德修业而已。虽位天地,育万物,皆已进德之事,故德业之外无他事功矣。乃若不由天德,而求骋于功名事业之场,则亦希高慕外。后世高明之士,虽知向学而未能不为才力所使者,犹不免焉。守忠既已心觉其非,固当不为所累矣。"

呜呼!岂知竟以是而忘其身乎?守忠之死,盖御灾捍患,而死勤事,能为忠臣志士之所难能矣。而吾犹以是为憾者,痛吾道之失助,为海内同志之不幸焉耳。呜呼痛哉!灵輀云迈,一奠永诀。岂无良朋,孰知我心之悲?呜呼痛哉!

祭洪襄惠公文

呜呼!公以雄特之才,豪迈之气,际明良之会,致位公孤。勋业振于当时,声光被于远迩;功成身退,全节令终。若公真可谓有济时之具,而为一世之杰矣。悲夫才之难成也,千云合抱,岂岁月所能致?任之栋梁,已不为不见用矣,

他如今去世了，实际上是因为到山东讨伐逆贼，昼夜劳瘁，以至于使其受损而不顾。呜呼，多么令人痛心啊！开始，守忠要到山东的时候，到我这里来告别说："我对于先生的心性之学，确实有终身学习下去的心愿，但是我还不能完全摆脱追求事业和功名的想法，先生对此有什么指教吗？"我说："君子的事情就是要提高道德修养，发展事业。人生天地之间，培育万物，都是为了提高道德修养，所以在德业之外没有其他的事业和功名。如果不是出于先天的良知，而在功名事业上追求、角逐，那么这就是希求高妙，倾慕外在。后世高明的人士，即使懂得学习心性之学，也不能不被所谓的才气和实力所驱使，这些人是免不了会追求功名和事业的。守忠既然已经觉察出这种做法不对，就应该能够不为名利所牵累。"

呜呼！我哪里知道他竟然会因为追求事功而忘了关心自己的身体呢？守忠是为防御灾祸而死的。他死于勤奋地工作，这是许多忠臣志士所难以做到的。可我还是为他的死感到遗憾。我为我的良知之道又失去了一个得力的助手而哀痛，为海内的志同道合者感到不幸。呜呼，这实在是太让人痛心了！灵柩已经出发了。谨以此文奠祭守忠，作为永别的赠言。失去了很好的朋友，谁能理解我的心有多么悲痛呢？呜呼，这实在是太让人痛心了！

祭洪襄惠公文

呜呼！您凭着卓越的才能、豪迈的气概和崇高的道德修养，达到很高的地位。您的功业在当时引人注目，您的声名和威望远近皆知；事业成功之后，您便告退了，一生都保持着很好的气节。像您这样的人真可以说有济世的才德，不愧为一世的豪

又辍而置之闲散者十余年,不亦大可惜也乎?天岂以公有克肖之子,将敛其所未尽者,而大发诸其后人也乎?

公优游林下,以乐太平之盛;其没也,天子锡之祭葬,褒以美谥;生荣死哀,亦复何憾矣?而予独不能无悲且感者,方公之生,人皆知公之才美,而忌者抑之,使不得尽用。时之人,顾亦概然视之,曾不知以为意。

呜呼!岂知其没也,遂一仆而不可复起矣。老成典刑,为世道计者,能无悲伤乎哉?先君子素与于公。守仁虽晚,亦辱公之知爱。公子尝以公之墓铭见属,曾不能发扬盛美。兹公之葬,又不能奔走执绋,驰奠一觞,聊以寓其不尽之衷焉尔。呜呼哀哉!尚飨!

祭杨士鸣文

丙戌

呜呼士鸣!吾见其进也,而遽见其止邪!往年士德之殁,吾已谓天道之无知矣。今而士鸣又相继以逝,吾安所归咎乎?

杰。实在是令人悲哀啊！才能是很难成就的，它需要先天的禀赋又需要后天的努力，哪里是岁月所能自然造就的呢？把您作为栋梁使用，已经就不是什么不合理的；却偏偏让您这样的人才闲置了十几年，这不是很可惜吗？难道老天因为您有一个非常像您的儿子，故意把你还没有完全施展出来的才能收敛起来，以便让您的后人更加发达不成？

您优游于山水之间，享受太平盛世的快乐；您死后，天子为您赐祭赐葬，为褒奖您给您封了一个美好的谥号；使您活也活得光荣，死也死得光荣，我还有什么感到遗憾的呢？然而我偏偏不能不感到悲哀，不能不为此浮想联翩。您活着的时候，人们都知道您有很高的才干，可是嫉妒您的人却要压制您，使您不能完全得到重用。当时的人们也漠视这一点，毫不在意。

呜呼！哪知道您这一倒下就不能再起来啊！老成、明理，为这时代出谋划策的人，能不为此感到悲伤吗？家父一向与您关系很好。守仁虽然是晚辈，但还是承蒙了您的理解和厚爱。您的儿子曾经嘱咐我为您写篇墓志铭，我却不能阐发弘扬您的美德。现在您就要安葬了，我又不能前去牵引灵车，只能为您奠祭一杯酒，聊以寄托我不尽的心意了。呜呼，实在太让人悲哀了！请好好享用！

祭杨士鸣文

丙戌

呜呼，士鸣！我刚刚看见他的进步，马上就又看见他停止了！往年士德逝世的时候，我说天道再也无人知道了。如今士鸣又相继去世了，我又该如何归咎于谁呢？

呜呼痛哉！忠信明睿之资，一郡一邑之中，不能一二见，而顾萃于一家之兄弟，又皆与闻斯道，以承千载之绝学，此岂出于偶然者？固宜使之得志大行，发圣学之光辉，翼斯文于悠远。而乃栽培长养，则若彼其艰；而倾覆摧折，又如此其易。其果出于偶然，倏聚倏散，而天亦略无主宰于其间耶？

呜呼痛哉！潮郡在南海之涯一郡耳。一郡之中，有薛氏之兄弟子侄，既足盛矣；而又有士鸣之昆季，其余聪明特达，毅然任道之器，后先颉颃而起者以数十。其山川灵秀之气，殆不能若是其淑且厚，则亦宜有盈虚消息于其间矣乎？士鸣兄弟，虽皆中道而逝，然今海内善类，孰不知南海之滨有杨士德、士鸣者，为成德之士；如祥麟瑞凤，争一睹之为快，因而向风兴起者比比。则士鸣昆季之生，其潜启默相，以有绩于斯道，岂其微哉？彼黄馘槁毙，与草木同腐者，又何可胜数？求如士鸣昆季一日之生以死，又安可得乎？

呜呼！道无生死，无去来。士鸣则既闻道矣，其生也奚以喜，其死亦奚以悲？独吾党之失助，而未及见斯道之大行也，则吾亦安能以无一恸乎？呜呼痛哉！

呜呼，实在令人痛心！忠信明睿的天资，一个郡或一个村镇里是很难看见一两个人具有的，而这样的天资集中在一家的兄弟两人身上，并且兄弟俩都懂良知之道，都在继承千载绝学，这难道是出于偶然吗？本来应该使他们得志以行大义，取得巨大的成就，以便发扬圣学的光辉，让这种文化得到深远而广泛的传播。然而栽培和教养一个人是如此艰难，可倾覆和摧折一个人才又是如此容易。难道他们的才智真是出于偶然，因而倏聚倏散，难道老天一点也没有从中主宰？

呜呼，太令人痛心了！潮阳不过是南海边上的一个郡。一郡之中出了薛氏兄弟子侄这样的人才，就已经够兴盛的了；而又有士鸣兄弟两人，其余的聪明通达、毅然充当体道之器的人，先后不相上下而出了数十个。这些秉承了山川灵秀之气，可能不如士鸣他们那么贤淑敦厚，却也应该是很不错的，莫非本来就应该有盈虚消长的差别？士鸣兄弟，虽然中道去世了，然而如今海内的善人谁不知道南海之滨有杨士德、杨士鸣这些人是成就了道德的人士呢？他们都认为杨士德、士鸣像祥麟瑞凤，大家都争着以看上他们一眼为快；因而受他们的影响，一心向道的人比比皆是。所以说，士鸣兄弟的生活对这些人起了潜移默化的作用。这种作用对于传播良知之道是有功绩的，能说这种作用微不足道吗？那些稀里糊涂地死去、与草木一样腐烂的人，又哪里数得尽呢？他们想要像士鸣兄弟这样活着，哪怕只活一天，又怎么可能实现这种心愿呢？

呜呼！道无生死去来，士鸣既然已经闻道了，他活着为何为他高兴，他死了我又为何为他悲伤？只是我们这个学派又失去了一个得力的帮手，而未能使良知之道发扬光大，我又怎么能不

祭元山席尚书文

丁亥

呜呼！元山真可谓豪杰之士，社稷之臣矣。世方没溺于功利辞章，不复知有身心之学，而公独超然远览，知求绝学于千载之上；世方党同伐异，狥俗苟容，以钓声避毁，而公独卓然定见，惟是之从，盖有举世非之而不顾；世方植私好利，供违反覆，以垄断相与，而公独世道是忧，义之所存，冒孤危而必吐，心之所宜，经百折而不回。

盖其所论，虽或亦可动于气，激于忿，而其心事，磊磊则如青天白日，洞然可以信其无他；世方媚嫉谗险，排胜己以嫉高明，而公独诚心乐善，求以伸人之才，而不自知其身之为屈，求以进贤于国，而不自知怨谤之集于其身。盖所谓断断休休，人之有技若己有之者；此大臣之盛德，自古以为难，非独近世之所未见也。

呜呼！世固有有君而无臣，亦有有臣而无君者矣。以公之贤，而又遭逢主上之神圣，知公之深，而信公之笃，不啻金石之固，胶漆之投，非所谓明良相逢千载一时者欤？是何

为此悲痛呢？呜呼，实在是太令人痛心了！

祭元山席尚书文

丁亥

呜呼，元山！您真可以称得上豪杰之士、社稷之臣。世人正沉溺于功利和辞章，不知有身心之学，可您却偏偏超越于尘世之上，一心追求高远，懂得探索千载绝学；世人正结帮分派偏向同伙打击不同意见的人，沿袭世俗的偏见，苟且偷生，沽名钓誉，逃避批评，可您却偏偏卓然坚定自己的见解，只追随身心之学，置举世的非议于不顾；世人正追求私利，尔虞我诈，互相争斗，您却为世道担忧，只要您心里有什么看法，即使要着孤立和危急，您也要把它说出来，只要是凭着良心所应该做的，您就百折不回地去做。

您所发的议论，虽然有的是出于义愤与激动，但您的心事却像青天白日一样光明磊落，完全可以相信其中是没有任何私心杂念的；世人正充满着妒忌、谗言和阴险，他们排挤胜过自己的人，嫉妒比自己高明的人，您却真心实意地乐于行善，谋求展现他人的才能，却不知道自己正受着委屈，谋求向国家举荐贤德之人，却不知道怨恨和诽谤集中地指向了自己。这就是所谓的专诚乐善，认为他人拥有技能和自己拥有一样，这样的人就是历史上大臣的盛德，自古就被认为是很难的，并不只是近世不曾见过。

呜呼！世上本来就存在着有君就无臣、有臣就无君的现象。凭着您的贤德，而又逢上了圣明的皇上，他深知您的心，又非常地信任您，这种理解和信任比金石还牢固，简直就是胶漆

天意之不可测？其行之也，方若巨舰之遇顺风，而其倾之也，忽中流而折樯舵；其植之也，方尔枝叶之敷荣，而摧之也，遂根株而蹶拔，其果无意于斯世斯人也乎？

呜呼痛哉！呜呼痛哉！某之不肖，屡屡辱公过情之荐，自度终不能有济于时，而徒以为公知人之累，每切私怀惭愧。又忆往年与公论学于贵州，受公之知实深。近年以来，觉稍有所进，思得与公一面，少叙其愚，以来质正，斯亦千古之一快，而公今复已矣。

呜呼痛哉！闻公之讣，不能奔哭，千里设位，一恸割心。自今以往，进吾不能有益于君国，退将益修吾学，期终不负知己之报而已矣。呜呼痛哉！言有尽而意无穷。呜呼痛哉！

祭吴东湖文

丁亥

呜呼吴公！吾不可得而见之矣。公之才如干将莫邪，随其所试，皆迎刃而解；公之志如长川逝河，信其所趣，虽百折不回；公之节如坚松古柏，必岁寒而后见；公之学如深林邃谷，必穷探而始知。自其筮仕，迄于退休，敭历中外，几于

相粘了,这难道不是通常所说的明君与良臣千载难逢的一次绝好的合作吗?为何天意如此难测?天意使这种君臣关系刚刚进展得像巨舰遇到顺风,就突然使这种关系倾覆,有如船到中流折断樯桅和船舵;老天爷培植这样的关系刚刚使它长出枝叶,摧毁它的时候,就连根拔起,难道老天对这个世界和这个世上的人一点情意也没有吗?

呜呼,实在令人痛心,实在是令人痛心啊!我没有什么才干,却多次承蒙您的盛情举荐,我自以为不能为时代作出贡献,却白白地辜负了您的知遇之恩,所以经常暗自感到惭愧。回忆起往年与您在贵州谈论心性之学,我受您的了解实在是很深的。近年来,我感到稍稍有所进步,总想如果能与您见上一面,向您谈谈我的愚知之外,以便求得质询和纠正,这也是千古的一件快乐的事,可是您如今却去世了。

呜呼,实在令人痛心!听到您的死讯,却没有前去哭灵,只好在千里以外为您设立灵位,寄托我万分悲恸的心情。从今往后,进,我不能对于皇上和国家有什么贡献;退,将对于研究我的心性之学有益,估计最终不能报答您的知遇之恩。呜呼,这是多么令人痛心啊!言有尽而意无穷。呜呼,实在是令人痛心!

祭吴东湖文

丁亥

呜呼,吴公!我不能再见到您了。你的才能有如干将莫邪那样锋利,随便对付什么疑难或麻烦,都会迎刃而解;你的志向有如长长流逝的河流,凡是你所信仰的,你都百折不回地去做;你的气节有如坚松古柏,一定要到寒冬的时候才能充分地显示

四十年，而天下皆以为未能尽公之才；登陟崇显，至于大司空，而天下皆以为未能行公之志；虽未尝捐躯丧元，而天下信其有成仁死义之勇；虽未尝讲学论道，而天下知其有辟邪卫正之心。

呜呼！若公者，真可谓一世之豪杰，无所待而兴者矣。某于公未获倾盖，而向慕滋切，未获识公之面，而久已知公之心。公于某，其教爱勤惓，不特篇章之稠叠，而过情推引，亦复荐剡之频烦。长愧菲薄，何以承公之教？而惧其终不免为知人之累也。

今兹承乏是土，而来正可登堂请谢，论心求益，而公则避我长逝已一年矣。呜呼伤哉！幸与公并生斯世，而复终身不及一面，茫茫天壤，竟成千古之神交，岂不痛哉！薄奠一觞，以哭我私。公神有知，尚来格斯！

祭永顺宝靖土兵文

戊子

维湖广永顺、宝靖二司之土兵，多有物故于南宁诸处者。嘉靖七年六月十五日乙卯，钦差总制四省军务尚书左都御史新建伯王，委南宁府知府蒋山卿等，告于南宁府城隍之神，使号召诸物故者之魂魄，以牛二羊四豕四，祭而告之曰：

出来；你的学问有如深林邃谷，必须亲自去探访才能知道。从你踏入仕途直到你退休，阅历中外，差不多四十年了，而天下的人都认为你的才华还没有完全表现出来；你登上了高官显位，官至工部尚书，可天下人都认为这还没有实现你的志向；尽管你没有捐躯丧命，可天下人相信你有舍身成仁的勇气；你虽然不曾讲学论道，可天下人却知道你有扶正除邪的心意。

呜呼！像你这样的人，真可以说是一代豪杰，是不可指望上帝能够降你于人间的。我从来不曾和你偶然接触，却一直非常向望和仰慕你，我虽然从未见过你，却早就知道你的心。你对于我不知疲倦地教诲和关心，不惜长篇累牍地热情推荐我，引导我。我经常感到很惭愧和自卑，我能拿什么来报答你的教诲呢？我恐怕最终还是免不了会辜负你的知遇之恩。

现在，我终于来到这片土地任职，正如可以登门拜望你，向你谢罪，和你谈论心性之学，以求获得教益，可你却避开我而长逝已经一年了。呜呼，实在是令人感到悲伤！有幸能够和你生活于同一个时代，却始终没来得及见你一面，茫茫天壤竟成千古之神交，岂不令人伤心！薄奠你一杯酒，为我的私心而哭泣。你如果有知，还请你接受我的哀思！

祭永顺宝靖土兵文

戊子

湖广的永顺、宝靖两支土司的部队，有许多战士死在南宁等地。嘉靖七年六月十五日，钦差总制四省军务尚书左都御史新建伯王守仁委托南宁府知府蒋山卿等人，向南宁府城隍之神祭告。让他召集各位阵亡战士的魂魄，然后用两头牛、四只羊、四

呜呼！诸湖兵壮士，伤哉！尔等皆勤国事而来死于兹土，山豁阻绝，不能一旦归见其父母妻子，旅魂飘飙于异域，无所依倚。

呜呼痛哉！三年之间，两次调发，使尔络绎奔走于道途，不获顾其家室，竟死客乡，此我等上官之罪也。复何言哉！复何言哉！古者不得已而后用兵。先王不忍一夫不获其所，况忍群驱无辜之赤子，而填之于沟壑。且兵之为患，非独锋镝死伤之酷而已也，所过之地，皆为荆棘，所往之处，遂成涂炭，民之毒苦，伤心惨目，可尽言乎？

迩者思、田之役，予所以必欲招抚之者，非但以思、田之人，无可剿之罪，于义在所当抚，亦正不欲无故而驱尔等于兵刃之下也，而尔等竟又以疾病物故于此，则岂非命耶？呜呼伤哉！人孰无死？岂必穷乡绝域能死人乎？今人不出户庭，或饮食伤多，或逸欲过节，医治不痊亦死矣；今尔等之死，乃因驱驰国事，捍患御侮而死，盖得其死所矣。古之人，固有愿以马革裹尸，不愿死于妇人女子之手者。若尔等之死，真无愧于马革裹尸之言言矣。

呜呼壮士！尔死何憾乎？今尔等徒侣，皆已班师去矣，尔等游魂漂泊，正可随之西归；尔等尚知之乎？尔等其收尔游魂，敛尔精魄，驾风逐雾，随尔徒侣，去归其乡；依尔祖宗之坟墓，以栖尔魂，享尔妻子之蒸尝，以庇尔后。

头猪，向这些死难者祭献，祭文如下：呜呼！各位湖广的壮士，你们都是为了国家而死在这片土地上的，山溪阻隔，不能回家看一下父母和妻子儿女，让游魂飘摇于他乡，无所依靠。

呜呼，实在是令人痛心啊！三年间，两次调动军队，使你们络绎不绝奔走于途中，不能照顾你们的家室，最后客死于异乡，这是我们这些为官者的罪过。我们还有什么话好讲啊！古人是到迫不得已的时候才动用军队的。先王不忍让任何一个人流离失所，更不用说忍心让成群的赤子之躯填于沟壑。而且，士兵遭受的祸患还不只是被刀枪打死伤亡类的残酷事实，他们所经过的地方都变成荆棘，他们所到之处，生灵涂炭，民众的凄苦，令他们触目寒心，所有这一切哪里说得完呢？

最近的思恩、田州之战，我之所以坚决要招降叛贼，宽大处理，不仅仅因为思恩、田州的敌人不够剿灭的罪行，按理应当宽免他们，而且因为我不想无故驱使你们去厮杀，想不到你们竟然又因为疾病而死在这里，这莫非是命吗？呜呼，太令人伤痛了！人谁能不死呢？然而难道一定要到穷乡异域去死吗？如今，许多人足不出户，也有的饮食过多而伤害身体，有的纵欲过度，医治不好也会死去；可你们的死是为了国家大事而死，是为了替百姓消除祸患，抵御欺侮而死，所以你们的死，死得其所。古人本来就有宁愿用马革裹尸，也不愿死于女人和子女之手的。像你们这样死去是无愧于马革裹尸这个说法的。

呜呼，壮士！你们还有什么遗憾呢？如今你们的战友都已经班师回去了，你们游魂漂泊，正好可以随他们回去；你们还知道他们吗？你们就收敛好你们的游魂和精魄，驾风逐雾，随着你们的战友回到家乡去吧；依傍着你们祖宗的坟墓，安顿好你

尔等徒侣，或有征调之役，则尔等尚鼓尔生前义勇之气，以阴助尔徒侣，立功报国，为民除患，岂不生为壮烈之夫，而没为忠义之士也乎？予因疾作，不能亲临祭所，一哭尔等，以舒予伤感之怀；临文凄怆，涕下沾臆。今委知府，布告予衷，尔等有灵，尚知之乎？呜呼伤哉！

祭军牙六纛之神文

戊子

惟神秉扬神武，三军司命。今制度聿新，威灵丕振。伏惟仰镇国家，缉定祸乱，平服蛮夷，以永无穷之休！尚飨！

祭南海文

戊子

天下之水，萃于南海。利济四方，涵濡万类。自有天地，厥功为大。今皇圣明，露降河清。我实受命，南荒以平。阴阳表里，维海效灵。乃陈牲帛，厥用告成。尚飨！

们的灵魂，享受你们的妻子儿女祭献的供品，以便庇护你们的后代。

你们的战友或许还要参加其他的战斗，你们还需要鼓起你们生前的义勇之气，暗中帮助他们，立功报国，为民除患。这样一来，你们岂不是活着是强壮勇敢的男人，死了也是忠义之士吗？我因为疾病发作，不能亲自到祭祀你们的场所，只好哭一场以表达我的伤感之情；临到写这篇祭文时，我是如此的凄切悲怆，以至于流下的泪水都饱含着我的心意。现委托知府，向你们表达我的心情，你们在天有灵，知道这一切吗？呜呼，实在是太令人伤心了！

祭军牙六纛之神文

戊子

六纛之神职，你们秉持英明威武，主宰着三军将士的生命。如今国家制度一新，威灵大振。我们跪请你保佑国家社稷，缉定祸乱，平服蛮夷，以便你们的美善永世长存！请享用吧！

祭南海文

戊子

天下之水，汇萃于南海。南海对四面八方都有好处，万物都要靠南海涵养滋润。自从有天地以来，南海的功劳就是很大的。如今，我朝皇帝圣明，天降甘露，黄河始清。我这次受命就是前来平定南方的叛乱。阴阳表里，都是南海的英灵在为我朝效力。于是我们特此摆上宰杀的牲口布帛，就是来祭告你的。请南海之神享用！

祭六世祖广东参议性常府君文

戊子

于惟我祖，效节于高皇之世。肇禋兹土，岁久沦芜。无宁有司之不遑，实我子孙门祚衰微，弗克灵承显扬，盖冥迷昏隔者八九十年，言念怆恻，子孙之心，亦徒有之。

恭惟我祖，晦迹长遁；迫而出仕，务尽其忠，岂曰有身没之祀？父死于忠，子殚其孝，各安其心，白刃不见，又知有一祀之荣乎？顾表扬忠孝，树之风声，实良有司修举国典，以宣流王化之盛美。我祖之烈，因以复彰。见人心之不泯，我子孙亦借是获申其怆郁，永有无穷之休焉。

及兹庙成，而末孙某适获来蒸。事若有不偶然者，我祖之道，其殆自兹而昌乎？某承上命，来抚是方，上无补于君国，下无益于生民。循例省绩，实怀多惭；至于心之不敢以不自尽，则亦求无恭于我祖而已矣。承事之余，敢告不忘，以五世祖秘湖渔隐先生彦达府君配。尚飨！

祭六世祖广东参议性常府君文

戊子

我祖,您在高皇在世的时候,为了保持气节不幸身亡。当时这个地方还有人建祠祭祀您,时间久了人们便把你给遗忘了。这与其说是有关官员忙得顾不上,还不如说我们这些做子孙后代的家世衰微,不能继承并显扬您的丰功伟绩,竟稀里糊涂地过了八九十年。只会口中念叨着对您的不幸遭遇感到悲怆和同情,却不能拿出实际的行动纪念您,白白地有一颗子孙的心。

您本来是要隐姓埋名,长期隐居的;后来被迫出来做官,你千方百计为朝廷尽忠,哪里想到过死后被人祭祀呢?然而,父死于忠,子尽其孝,双方都能安定自己的心,不见白刃,又怎么会想到死后被人祭祀的光荣呢?只是,表扬忠孝,树立忠孝的风气,实在是相关部门现在正在修订国法典章,以便宣传王朝教化的巨大成就。我祖的事业,于是也得以重新显耀了。可见,人心是不会泯灭的,我们这些子孙也借此机会倾诉我们的悲怆和忧郁,这永远是一件大好事。

等到这座庙建成的时候,末孙王守仁正好来此地上任。这如果不是一种偶然的巧合,那么您的道德会不会从此昌盛起来呢?我接受皇上的命令,前来安抚这方土地,向上无补于皇上和国家,向下无益于黎民百姓。每当我总结反省自己的时候,总是感到惭愧;至于心,我不敢不尽到,所以还求无愧于我祖。在公事之余,为了不忘祖上功德,我们把五世祖秘湖渔隐先生彦达府君和您供奉在同一个庙里。请享用祭品。

文/白/对/照

王陽明全集

六

[明]王守仁 著

团结出版社

目　录

卷之二十六　续编一

《大学》问 ……………………………………………… 2622

教条示龙场诸生 ………………………………………… 2642

　　立志 ……………………………………………… 2642

　　勤学 ……………………………………………… 2644

　　改过 ……………………………………………… 2644

　　责善 ……………………………………………… 2646

《五经臆说》十三条 …………………………………… 2648

与滁阳诸生书并问答语 ………………………………… 2670

家书墨迹四首 …………………………………………… 2674

　　一、与克彰太叔 ………………………………… 2674

　　二、与徐仲仁　仲仁即曰仁，师之妹婿也。 ………… 2676

　　三、上海日翁书 ………………………………… 2680

　　四、岭南寄正宪男 ……………………………… 2684

赣州书示四侄正思等 …………………………………… 2686

又与克彰太叔 …………………………………………… 2690

寄正宪男手墨二卷 2694
又 2702

卷之二十七 续编二

书 2712
　　与郭善甫 2712
　　寄杨仕德 2712
　　与顾惟贤 2714
　　与当道书 2726
　　与汪节夫书 2730
　　寄张世文 2732
　　与王晋溪司马 2732
　　与陆清伯书 2758
　　与许台仲书 2758
　　又 2760
　　与林见素 2762
　　与杨邃庵 2764
　　与萧子雍 2766
　　与德洪 2768

卷之二十八 续编三

序 2772
　　自劾不职以明圣治事疏 2772
　　乞恩表扬先德疏 2778
　　辩诛遗奸正大法以清朝列疏 2786

书同门科举题名录后 ………… 2792

书宋孝子朱寿昌孙教读源卷 ………… 2796

书汪进之卷 ………… 2798

书赵孟立卷 ………… 2800

书李白骑鲸 ………… 2800

书三酸 ………… 2802

书韩昌黎与太颠坐叙 ………… 2802

春郊赋别引 ………… 2804

告谕庐陵父老子弟 ………… 2806

庐陵县公移 ………… 2818

教场石碑 ………… 2824

铭一首 ………… 2826

箴一首 ………… 2826

阳朔知县杨君墓志铭 ………… 2828

刘子青墓表 ………… 2832

祭刘仁征主事 ………… 2834

祭陈判官文 ………… 2836

祭张广溪司徒 ………… 2838

卷之二十九 续编四

序 ………… 2842

《鸿泥集》序 ………… 2842

澹然子序（有诗） ………… 2844

寿杨母张太孺人序 ………… 2848

对菊联句序 ………… 2852

- 东曹倡和诗序 ······ *2854*
- 豫轩都先生八十受封序 ······ *2856*
- 送黄敬夫先生佥宪广西序 ······ *2860*
- 性天卷诗序 ······ *2864*
- 送陈怀文尹宁都序 ······ *2868*
- 送骆蕴良潮州太守序 ······ *2870*
- 《高平县志》序 ······ *2876*
- 送李柳州序 ······ *2882*
- 送吕丕文先生少尹京丞序 ······ *2886*
- 庆吕素庵先生封知州序 ······ *2888*
- 贺监察御史姚应隆考绩推恩序 ······ *2894*
- 送绍兴佟太守序 ······ *2896*
- 送张侯宗鲁考最还治绍兴序 ······ *2900*
- 送方寿卿广东佥宪序 ······ *2904*
- 提牢厅壁题名记 ······ *2906*
- 重修提牢厅司狱司记 ······ *2910*
- 黄楼夜涛赋 ······ *2912*
- 来雨山雪图赋 ······ *2916*

诗 ······ *2920*
- 雨霁游龙山次五松韵 ······ *2920*
- 雪窗闲卧 ······ *2922*
- 次韵毕方伯写怀之作 ······ *2922*
- 春晴散步 ······ *2922*
- 又 ······ *2924*
- 次魏五松荷亭晚兴 ······ *2924*

又	2924
次张体仁联句韵	2926
又	2926
又	2928
题郭诩濂溪图	2928
西湖醉中漫书	2928
文衡堂试事毕书壁	2930
诸君以予白发之句试观予鬓果见一丝予作诗实未尝知也漫书一绝识之	2930
游泰山	2930
雪岩次苏颖滨韵	2932
试诸生有作	2932
再试诸生	2934
夏日登易氏万卷楼用唐韵	2934
再试诸生用唐韵	2936
次韵陆文顺金宪	2936
太子桥	2936
与胡少参小集	2938
再用前韵赋鹦鹉	2938
送客过二桥	2940
复用杜韵一首	2940
先日与诸友有郊园之约是日因送客后期小诗写怀	2940
待诸友不至	2942
夏日游阳明小洞天喜诸生偕集偶用唐韵	2944
将归与诸生别于城南蔡氏楼	2944

诸门人送至龙里道中二首 …… *2944*

　　赠陈宗鲁 …… *2946*

　　醉后歌用燕思亭韵 …… *2946*

　　题施总兵所翁龙 …… *2948*

卷之三十　续编五

　　三征公移逸稿 …… *2952*

　　南赣公移　凡三十三条 …… *2952*

　　　批漳南道教练民兵呈 …… *2952*

　　　批漳南道进剿呈 …… *2954*

　　　教习骑射牌 …… *2954*

　　　批南安府请兵策应呈 …… *2956*

　　　批岭北道攻守机宜呈 …… *2958*

　　　批漳南道给由呈 …… *2960*

　　　批兵备道奖励官兵呈 …… *2960*

　　　调用三省夹攻官兵 …… *2962*

　　　夹攻防守咨 …… *2964*

　　　行岭北道催督进剿牌 …… *2964*

　　　刻期会剿咨 …… *2966*

　　　横水建立营场牌 …… *2968*

　　　搜扒残寇咨 …… *2970*

　　　批准惠州府给由呈 …… *2972*

　　　批攻取河源贼巢呈 …… *2972*

　　　批赣州府赈济呈 …… *2974*

　　　批岭北道修筑城垣呈 …… *2974*

查访各属贤否牌 *2976*

行漳南道禁支税牌 *2978*

禁约驿递牌 *2978*

申明便宜敕谕 *2980*

犒赏新民牌 *2984*

行岭北等道议处兵饷 *2984*

再批攻剿河源贼巢呈 *2988*

优礼谪官牌 *2990*

批漳南道设立军堡呈 *2992*

再申明三省敕谕 *2994*

批赣州府给由呈 *2996*

行岭北道裁革军职巡捕牌 *2998*

遵奉钦依行福建三司清查钱粮 *3000*

议处添设县所城堡巡司咨 *3002*

督责哨官牌 *3004*

委分巡岭北道暂管地方事 *3004*

思田公移 凡四十九条 *3008*

行广西统领军兵各官剿抚事宜牌 *3008*

行南韶二府招集民兵牌 *3008*

奖留佥事顾溱批呈 *3010*

批岭西道议处兵屯事宜呈 *3010*

批广州卫议处哨守官兵呈 *3012*

批都指挥李翱操演哨守官兵呈 *3012*

行两广都布按三司选用武职官员 *3014*

行两广按察司稽查冒滥关文 *3014*

给思明州官孙黄永宁冠带札付牌 …… 3016
省发土官罗廷凤等牌 …… 3016
给迁隆寨巡检黄添贵冠带牌 …… 3018
批左州分俸养亲申 …… 3020
批右江道断复向武州地土呈 …… 3020
批左江道推立土官呈 …… 3022
批遣还夷人归国申 …… 3024
批苍梧道修理梧州府城呈 …… 3024
批永安州知州乞休呈 …… 3026
行参将沈希仪守八寨牌 …… 3028
行左江道剿抚仙台白竹诸瑶牌 …… 3028
委土目蔡德政统率各土目牌 …… 3032
批左江道查给狼田呈 …… 3032
行浔州府抚恤新民牌 …… 3034
批兴安县请发粮饷申 …… 3036
行廉州府清查十家牌法 …… 3038
行右江道召回新民牌 …… 3040
委官赞画牌 …… 3042
行参将沈希仪计剿八寨牌 …… 3044
调发土官岑璛牌 …… 3044
分调土官韦虎林进剿事宜牌 …… 3046
行通判陈志敬查禁田州府私征商税牌 …… 3046
批南宁卫给发土官银两申 …… 3048
批左江道纪验首级呈 …… 3050
行左江道犒赏湖兵牌 …… 3050

目录

奖劳督兵官牌 …………………………………… 3052

土舍彭荩臣军前冠带札付 ……………………… 3054

奖劳永保二司官舍土目牌 ……………………… 3056

调发武缘乡兵搜剿八寨残贼牌 ………………… 3060

行右江道犒赏卢苏王受牌 ……………………… 3060

给土目行粮牌 …………………………………… 3062

批右江道移置凤化县南丹卫事宜呈 …………… 3062

行左江道赈济牌 ………………………………… 3064

批右江道议筑思恩府城垣呈 …………………… 3066

奖劳剿贼各官牌 ………………………………… 3068

行福建漳州府取回岑邦佐牌 …………………… 3068

批参将沈良佐经理军伍呈 ……………………… 3070

告谕新民 ………………………………………… 3072

批佥事吴天挺乞休呈 …………………………… 3072

批苍梧道创建敷文书院呈 ……………………… 3074

改委南丹卫监督指挥牌 ………………………… 3074

卷之二十六　续编一

《大学》问

吾师接初见之士,必借《学》《庸》首章以指示圣学之全功,使知从入之路。师征思、田。将发,先授《大学》问,德洪受而录之。

《大学》者昔儒以为大人之学矣。敢问大人之学,何以在于"明明德"乎?阳明子曰:"大人者,以天地万物为一体者也;其视天下犹一家,中国犹一人焉。若夫间形骸而分尔我者,小人矣。大人之能以天地万物为一体也,非意之也,其心之仁本若是,其与天地万物而为一也。岂惟大人,虽小人之心,亦莫不然。彼顾自小之耳。

是故见孺子之入井,而必有怵惕恻隐之心焉,是其仁之与孺子而为一体也;孺子犹同类者也,见鸟兽之哀鸣之觳觫,而必有不忍之心焉,是其仁之与鸟兽而为一体也;鸟兽犹有知觉者也,见草木之摧折而必有悯恤之心焉,是其仁之与草木而为一体也;草木犹有生意者也,见瓦石之毁坏而必有顾惜之心焉,是其仁之与瓦石而为一体也:是其一体之仁者,虽小人之心亦必有之。是乃根于天命之性,而自然灵昭不昧者也,是故谓之'明德'。

《大学》问

　　我的老师接待初次相识的读书人，总要通过《大学》和《中庸》的第一章来指明圣哲学问的全部功夫，以便这些读书人懂得入门的途径。老师要到广西思恩、田州平定卢苏、王受的叛乱。出发之前先讲授《大学》这本书的内容，德洪聆听了老师的教诲并把内容记录下来。

　　过去的儒家学者把《大学》看作是大人的学问。大人的学问为什么在于"发扬光大圣明的德性"呢？王阳明先生说："所谓大人，就是那些把天地万物看成是一个统一整体的人。他们把天下的人看成是一家人，把整个中国看成是一个人。至于那些斤斤计较彼此、你我的人，都是些普通的人。大人能够把天地万物视为一体，并不是意念的结果，而是他们的心体的本质就是这样。心的本体与天地万物合一。不光圣哲贤明的人心是这样，就是普普通通的人心也没有一个不是这样的。只不过后者没有把他的心体光大出来罢了。

　　所以，看见小孩掉进井里，人必然会有惊恐警惕和恻隐怜悯的心情，这是因为他的仁心和小孩是一体的；而小孩子还是同类，这且不说，看见鸟兽哀鸣悲啼，恐惧发抖，必然会不忍，这是因为他的仁心和鸟兽是一体的；而那些鸟兽也还是有知觉的，看见草木被摧折，必然会有怜悯体恤的心情，这是因为它的仁心与草木是一体的；而那些草木还有生命的，这且不说；看见瓦石毁坏，必然会有爱惜的心情，这是因他的仁心与瓦石是一体的；因此说万物一体的仁心之本体，即使是普通平凡的人也有。这乃是根源于天命之本性而自自然然、不证自明的道理，所

小人之心既已分隔隘陋矣。而其一体之仁犹能不昧若此者，是其未动于欲，而未蔽于私之时也。及其动于欲，蔽于私，而利害相攻，忿怒相激，则将戕物圮类，无所不为，其甚至有骨肉相残者，而一体之仁亡矣。是故苟无私欲之蔽，则虽小人之心，而其一体之仁犹大人也；一有私欲之蔽，则虽大人之心，而其分隔隘陋犹小人矣。故夫为大人之学者，亦惟去其私欲之蔽，以自明其明德，复其天地万物一体之本然而已耳；非能于本体之外，而有所增益之也。"

曰："然则何以在亲民乎？"曰："明明德者，立其天地万物一体之体也。亲民者，达其天地万物一体之用也。故明明德必在于亲民，而亲民乃所以明其明德也。是故亲吾之父，以及人之父，以及天下人之父，而后吾之仁实与吾之父，人之父，与天下人之父，而为一体矣。实与之为一体，而后孝之明德始明矣！

亲吾之兄，以及人之兄，以及天下人之兄，而后吾之

以称之为'明德'。

普通人的心已经被分隔成狭隘粗陋了。然而他的宇宙一体的亲善仁爱之心还能够像这样不糊涂,是他的欲望还没有萌动并且还没有被私欲蒙蔽的时候;等到他欲望萌动,为私心蒙蔽的时候,就会出现利害冲突、怨恨交加的矛盾状态;就会破坏事物,伤害同类,无所不为。有的甚至骨肉相残,这时候的宇宙一体的亲善仁爱之心就已经丢失了。因此,假如没有私心杂念的蒙蔽,那么,即使是普通人的心,而他的宇宙一体的亲善仁爱之心同圣哲贤明的人差不多;一旦有了私欲的蒙蔽,即便是圣哲贤明的人,而他的心也会像普通百姓一样支离破碎,狭隘浅陋。所以,那些研究圣贤学问的人,也只不过是祛除私欲的蒙蔽。并以此来发扬光大自己的圣明的德性,恢复它的天地万物为一体的本来状态罢了;而不是能够在心的本体之外还有什么东西可以用来补充他们的本心。"

有人问道:"那么圣哲贤明之人的学问为什么在于热爱人民呢?"王阳明先生回答说:"所谓发扬光大圣明的德性,就是确立天地万物为一体的心之本体;所谓热爱人民,就是要实现这个天地万物为一体的心之本体的功用;因此要发扬光大圣明的德性就必须热爱人民,而且热爱人民还是发扬光大圣明的德性的重要途径。所以,敬爱我们自己的父亲和他人的父亲以及天下所有人的父亲;然而我们的亲善仁爱之心实际上就和我们的父亲,他人的父亲以及天下所有人的父亲成为一体了;然后在这个基础上孝敬自己的父母并孝敬他人的父母和天下所有人的父母。这样,圣明崇高的德性也就开始昭明显现了。

亲近自己的兄弟并且亲近他人的兄长以及天下所有人的兄

仁，实与吾之兄，人之兄，与天下人之兄而为一体矣；实与之为一体，而后弟之明德始明矣！君臣也，夫妇也，朋友也，以至于山川鬼神鸟兽草木也，莫不实有以亲之，以达吾一体之仁，然后吾之明德始无不明，而真能以天地万物为一体矣。夫是之谓明明德于天下，而真能以天地万物为一体矣。夫是之谓明明德于天下，是之谓家齐国治而天下平，是之谓尽性。"

曰："然则，又乌在其为止至善乎？"曰："至善也，明德亲民之极则也。天命之性，粹然至善，其灵昭不昧者，此其至善之发见，是乃明德之本体，而即所谓良知者也。至善之发见，是而是焉，非而非焉；轻重厚薄，随感随应，变动不居，而亦莫不自有天然之中，是乃民彝物则之极，而不容少有拟议增损于其间也。少有拟议增损于其间，则是私意小智，而非至善之谓矣。自非慎独之至，惟精惟一者，其孰能与于此乎？后之人惟其不知至善之在吾心，而用其私智以揣摩测度于其外，以为事事物物各有定理也。是以昧其是非之则，支离决裂，人欲肆而天理亡，明德、亲民之学，遂大乱于天下。盖昔之人固有欲明其明德者矣，然惟不知止于至善，而骛其私心于过高，是以失之虚罔空寂，而无有乎家国天下之施，则二氏之流是矣。固有欲亲其民者矣，然惟不知止于至善，而溺其私心于卑琐，是以失之权谋智术，而无有乎仁

长,然而我们的亲善仁爱之心实际上就同自己的兄长、他人的兄长以及天下所有人的兄长成为一体了。然后在这个基础上以弟弟的身份对待他们,这样,圣明崇高的德性就开始昭明显出了。从君臣、夫妇、朋友到山川、鬼神、鸟兽、草木,没有不存在用密切的关系以便实现自己同宇宙万物和谐一体的仁爱友善之心的;这样,我们的圣明崇高的德性;就会没有不昭明显现并且真的能够与天地万物成为一体的了。这就是我们通常所说的在天下发扬光大圣明崇高的德性;就是我们通常所说的家庭和睦、国泰民安,而后天下太平,就是我们通常所说的充分发扬善良的本性。"

有人问道:"那么为什么圣哲贤明的学问又在于达到至善就固守不动呢?"王阳明先生回答说:"所谓至善,就是发扬德性、热爱人民的最高境界。天命之性,纯粹的至善,是空明、澄碧、皓然不昧的。这就是至善的发现;是圣明崇高的道德本体;也就是我们所说的良知。至善被发现之后是就是是,非就是非,轻重厚薄,随感随应,变动不居;而且没有不独立存在,天然之中,这种至善是人伦和社会法度的极致,而不容许稍有计划对其进行增补和减损。稍有计划对这种至善进行增益或减损,那就是个人的臆断,是一般的智慧,而不是通常所说的至善。若不是最慎独、最精致的唯一的东西,又怎么能够成为至善呢?后来的人不知道至善就在自己的心中,而用个人的智识在自己的心外揣摩、度量、推测,以为每种事物都各有其固定的道理。这样一来就不能明了是非的准则,心也随之支离破碎;人的欲望横行,天理遗失;发扬德性、热爱人民的学问于是一片混乱。过去就有想要发扬光大其圣明的道德本心的人,然而只是

爱恻怛之诚，则五伯功利之徒是矣。是皆不知止于至善之过也。

故止至善之于明德亲民也，犹之规矩之于方圆也，尺度之于长短也，权衡之于轻重也。故方圆而不止于规矩，爽其则矣；长短而不止于尺度，乖其剂矣；轻重而不止于权衡，失其准矣；明明德、亲民而不止于至善，亡其本矣。故止于至善以亲民，而明其德，是之谓大人之学。"

曰："'知止而后有定，定而后能静，静而后能安，安而后能虑，虑而后能得'，其说何也？"

曰："人惟不知至善之在吾心，而求之于其外，以为事事物物皆有定理也，而求至善于事事物物之中，是以支离决裂，错杂纷纭，而莫知有一定之向。今焉既知至善之在吾心，而不假于外求，则志有定向，而无支离决裂、错杂纷纭

不知道停在至善的境界，而放任自己的私心，让它驰骋得太高太远。以至于失之虚罔空寂，对于家庭，国家或社会毫无益处，因而只能沦于佛、老之辈了。本来，过去就有想要热爱人民的人，然而只因不知道追求至善并在至善的境界中固守下来，而让其私心淹没于卑贱琐屑的世事之中。因而为权谋智术而耽误了自己，而没有诚挚的仁爱恻怛之心，这就成了春秋五霸式的功利之徒了。这些都是由不知道追求至善并固守至善的过错造成的。

因此，追求并固守最高的道德原则。对于发扬光大善良的德性；对于热爱人民的关系，就像规则对于方圆的关系；曲尺对于矩形的关系；就像尺度对于长短的关系；就像秤锤和秤杆对于轻重的关系。所以不按照规矩来画方圆，这样画出的方圆就会不合标准；不用尺度量出的长短就会违背契约；不用称得出的轻重也会不准确。发扬光大圣明崇高的道德本性，把人民当作亲人一样地爱戴，不追求并固守最高的道德是不行的，这样只会沦为卑下的境地。所以说追求并固守最高最善的道德，并通过这种追求来实现自己对人民像对亲人一样的热爱；而发扬光大自己圣明善良的道德本性；就是我这里所说的圣明贤德者的学问。"

有人问道："为什么说懂得固守以后才会有安定；安定下来以后才能平静；平静后才能安心；安心以后才能思考；思考以后才能有所收获呢？"

王阳明先生说："普通人不知道最高的道德原则就在自己的心中，而到心外去寻求。以为各种各样的事物都有其客观存在的道理，并在这些具体的事物中寻求最高的道德原则。所以他们的心灵支离破碎，错综复杂，却不知道有一个确定的方向。

之患矣。无支离决裂、错杂纷纭之患，则心不妄动而能静矣。心不妄动而能静，则其日用之间，从容闲暇而能安矣。能安，则凡一念之发，一事之感，其为至善乎？其非至善乎？吾心之良知自有以详审精察之，而能虑矣。能虑则择之无不精，处之无不当，而至善于是乎可得矣。"

曰："'物有本末'，先儒以明德为本，新民为末。两物而内外相对也。'事有终始'，先儒以知止为始，能得为终，一事而首尾相因也。如子之说，以新民为亲民，则本末之说亦有所未然欤？"

曰："终始之说，大略是矣。即以新民为亲民。而曰明德为本，亲民为末，其说亦未为不可，但不当分本末为两物耳。夫木之干，谓之本，木之梢，谓之末，惟其一物也，是以谓之本末。苟曰两物，则既为两物矣，又何可以言本末乎？新民之意，既与亲民不同，则明德之功，自与新民为二。若知明明德以亲其民，而亲民以明其明德，则民德亲民焉可析而为两乎？先儒之说，是盖不知明德亲民之本为一事，而认

如今，既然已经知道最高的善就在自己的心中，我们就可以不必通过向心外求索。这样一来我们的意志就有了确定的方向而没有支离破碎，错综复杂的忧虑了。没有支离破碎、错综复杂的忧虑，心就不会轻举妄动，而且能够平静下来。心不仅不乱动而且能平静下来，人们在日常生活中就能够从从容容，泰然自若。能够安心下来，那么任何一个念头的产性，对任何一件事情的感慨，是否符合最高的道德准则，就不需要我们去殚精竭虑了。我们自己的心的良知本身就能够明察秋毫；详审精察这些念头或事情，并进行思考和判断了。既然能够思考和判断，选择就不会不准确。处理这些念头或事物也就不会不恰当。于是最高的道德原则和境界也就可以得到了。"

先生说："任何事物都有根本和枝节之分。过去的儒家学者认为圣明的德性是根本；造就一代新人是次要的。但二者是同一问题内外相对的，任何一件事情都有开头和结尾的区别。过去的儒家学者把认识和把握最高的道德目标作为出发点。把能够得到的当作终点。可是任何一件事情又都是首尾相因的。如果按照我的观点，把'新民'改为'亲民'；那么关于本末的说法还有什么不正确的吗？"

先生接着说："关于出发点和终点的说法，大致上是这样。即把'新民'变成'亲民'。这种学说认为，发扬倡明先天的道德本性是人生的根本；把民众当作自己的亲人一样来热爱和亲近是次要的。这种说法也没有什么不可以的。只是不应当把本末割裂开来，视为两种不同的事物而已。树干，我们称之为"本"；树梢，我们称之为"末"。只是考虑到它们是同一棵树的不同部分，我们才称之为本末。如果说成是两个不同的物体，那么既然

以为两事。是以虽知本末之当为一物，而亦不得不分为两物也。"

曰："古之欲明明德于天下者，以至于先修其身。以吾子明德亲民之说通之，亦既可得而知矣。敢问欲修其身，以至于致知在格物，其工夫次第又何如其用力欤？"

曰："此正详言明德、亲民、止至善之功也。盖身、心、意、知、物者，是其工夫所用之条理，虽亦各有其所，而其实只是一物。格、致、诚、正、修者，是其条理所用之工夫，虽亦皆有其名，而其实只是一事。何谓身？心之形体运用之谓也。何谓心？身之灵明主宰之谓也。何谓修身？为善而去恶之谓也。吾身自能为善而去恶乎？必其灵明主宰者欲为善而去恶。然后其形体运用者始能为善而去恶也。故欲修其身者，必在于先正其心也。然心之本体则性也。性无不善，则心之本体本无不正也。何从而用其正之之功乎？盖心之本体本无不正，自其意念发动而后有不正。故欲正其心者，必

是两个物体,又怎么可以用它们来谈论本末呢?新民的意思既然与亲民不同,那么发扬倡明道德本性的作用自然也就与教育和改造民众是两回事。如果懂得通过发扬光大圣明崇高的道德本性的方法,来亲近民众;用亲近和热爱民众的办法,来发扬光大圣明崇高的道德本性;怎么会把二者割裂开来,视作两种事物呢?过去的儒家学者的说法。大概是不知道发扬德性与亲近民众实质上是一件事,而把它们看成了两件事。所以即使知道本末应当是一个事物的两个方面,也还是不得不把它们看成两个事物。"

有人提问道:"古代那些想在全社会发扬光大圣明崇高的道德本性的人,总是先修养自己的身心。用先生您的"明德亲民"的学说来表达古人的思想,也可以获得知识并且理解它。请问:为了修养身心就必须先通过实地考察具体的事物,而获取必要的知识。用力、做功夫又该按照怎样的次序进行呢?"

王阳明先生说:"我正要详细讲解发扬光大圣明崇高的道德本性;亲近民众而达到最高的道德境界的功夫。原来,身体、心灵、意志、知识和物体都是追求最高道德境界所要做的功夫的落脚处。这里所排的顺序,即使各自也有其特定的内涵和等第,而实质上只是一个事物。格物,致知,诚心,正意,修身,都是这种条理所要做的功夫。它们即便各自都有自己的名称,实质上是一回事。什么是身体?就是心灵的形体的运用。什么是心?身体的灵明主宰的意思。什么是修身?就是为善去恶的意思。我们的身体能够自己为善去恶吗?必然先是我们的思想意识想为善而去恶,然后我们运用形体,进行实践,方能为善去恶。所以,要想修养身心,必须先端正心灵。然而心的本体乃是本性,

就其意念之所发而正之。

凡其发一念而善也，好之真如好好色；发一念而恶也。恶之真如恶恶臭。则意无不诚，而心可正矣。然意之所发，有善有恶。不有以明其善恶之分，亦将真妄错杂。虽欲诚之，不可得而诚矣。故欲诚其意者，必在于致知焉。致者至也，如云'丧致乎哀'之'致'。《易》言'知至至之'，'知至'者，知也；'至之'者，致也。'致知'云者，非若后儒所谓充广其知识之谓也。致吾心之良知焉耳。

良知者，孟子所谓'是非之心，人皆有之'者也。是非之心，不待虑而知，不待学而能，是故谓之良知。是乃天命之性，吾心之本体，自然灵昭明觉者也。凡意念之发，吾心之良知无有不自知者。其善欤，惟吾心之良知自知之；其不善欤，亦惟吾心之良知自知之：是皆无所与于他人者也。故虽小人之为不善，既已无所不至。然其见君子，则必厌然掩其不善，而著其善者。是亦可以见其良知之有不容于自昧者也。

今欲别善恶，以诚其意。惟在致其良知之所知焉尔。何

而本性没有不善良的。因而心的本体没有不端正的。为什么还要使用端正它的功夫呢？原来心的本体没有不端正的；由于意念发动之后才出现心体的不端正。所以要想端正心体，就必须根据意念发生、变化的情况来进行端正它。

"凡是产生一个念头是善良的，人们喜欢它就会像喜欢美丽的色彩一样；凡是产生的一个念头是邪恶的，人们厌恶它确实像厌恶恶臭一样。所以意念没有不诚恳的，心也就可以端正了。然而意念所引起的东西，有的是善良的，有的是邪恶的；没有用来辨明善恶的标准，也会出现真假借杂的局面。即使想要使意念真诚，也不能实现。所以要想使意念真诚，必须先获取致知。所谓致，即至（达到的意思）。类似说'丧事导致悲哀'的'致'。《周易》中说：'知至至之知'，所谓'知至'，就是认识的意思；所谓'至之'，就是致的意思。所谓'致知'，并不是后来的儒家学者所说的扩充知识的意思，而是达到我们心的良知。

"这里的良知，就是孟子所说的'是非之心，是每个人都有的'。是非之心，不需要经过考虑而知道，不需要经过学习就能够获得，所以称之为'良知'。这乃是先天本性，是我们的心的本体，自然能够先知先觉。凡是意念的发生，我们的良知没有不知道的，它是善良的，只有我们的良知自己知道；它是不善的，也只有我们的良知自己知道。这些都是无法传达给别人的。所以即使是普通百姓做了不好的事情，哪怕是无恶不作，但见到品质高尚的人，也必然会装出憎恶恶行的样子，掩盖他的不善之举，而装出为善的样子，从这里也可以看出他是有良知的，并且这种良知是他所无法掩藏的。

"现在要想区分善恶，以便使意志发自真心，只有获得良

则?意念之发,吾心之良知既知其为善矣。使其不能诚有以好之,而复背而去之,则是以善为恶,而自昧其知善之良知矣。意念之所发,吾之良知既知其为不善矣,使其不能诚有以恶之,而复蹈而为之,则是以恶为善,而自昧其知恶之良知矣。若是,则虽曰知之,犹不知也。意其可得而诚乎?今于良知所知之善恶者,无不诚好而诚恶之,则不自欺其良知而意可诚也已。

然欲致其良知,亦岂影响恍惚而悬空无实之谓乎?是必实有其事矣。故致知必在于格物。物者,事也。凡意之所发,必有其事。意所在之事,谓之物。格者,正也。正其不正,以归于正之谓也。正其不正者,去恶之谓也。归于正也,为善之谓也。夫是之谓格。

《书》言:'格于上下,格于文祖,格其非心。'格物之格,实兼其义也。良知所知之善,虽诚欲好之矣,苟不即其意之所在之物而实有以为之,则是物有未格而好之之意犹为未诚也。良知所知之恶,虽诚欲恶之矣,苟不即其意之所在之物而实有以去之,则是物有未格,而恶之之意,犹为未诚也。今焉于其良知所知之善者,即其意之所在之物而实为之,无有乎不尽;于其良知所知之恶者,即其意之所在之

知并按照良知去感知。什么原因呢？意念一旦产生，我们的良知就知道它是好的。假如我们不能真心实意地喜欢它，并且背弃它，远离它，那么我们就是把善当成了恶，掩藏了本心知善的良知；意念一旦产生，我们的良知就知道它是不好的。假如我们不能发自内心地厌恶它，反而跑去做这种坏的意念所想做的事，那么这就是把恶当成了善，从而掩藏了知恶的良知。如果是这样，那么，即使自以为知道什么是善什么是恶，实际上也还是不知道。意念可以得到并使之发自真心吗？对于那些凭良知判断什么是善什么是恶的人而言，没有一个不是发自内心地喜欢善的东西；没有一个不是发自内心地厌恶恶的东西。那么，只要不欺骗自己的良知，意念就可以达到真诚。"

"然而要想获取良知，难道能够只凭借捕风捉影、胡思乱想吗？这就必须从实际存在的客观事物出发。所以要致知就必须格物。物，也就是事。凡是有意念的发生，必然有包含这种意念的事情；包含有意念的事情就称之为事物。格，即正，也就是纠正不正确的东西使之复归于正确。纠正不正确，就是祛除邪恶；复归正确，就是去做善事。这就是'格'的意思。

"《尚书》所说的：'格于上下，格于文祖，格其非心。'同格物的格有相同的含义。良知所知道的善，即使我们的意念真心地喜好它，如果不实地接触体现这种善的具体事物，并亲自去做这样的善事，那么这个事物就会包含着许多我们没有感知的意念。这样我们的喜好只是一种偏好，还不是真正发自于本心。对于良知所知道的恶，即使我们真心地厌恶它，如果不实地接触各种具体的恶行恶事并努力避免这样做，那么我们不能真正弄清楚这些恶行恶事。因而我们对恶的厌恶也很难说是真

物而实去之，无有乎不尽。然后物无不格，而吾良知之所知者无有亏缺障蔽，而得以极其至矣。夫然后吾心快然，无复余憾而自谦矣，夫然后意之所发者，始无自欺而可以谓之诚矣。

故曰：'物格而后知至，知至而后意诚，意诚而后心正，心正而后身修。'盖其功夫条理，虽有先后次序之可言，而其体之惟一，实无先后次序之可分。其条理功夫虽无先后次序之可分，而其用之惟精，固有纤毫不可得而缺焉者。此格致诚正之说，所以阐尧舜之正传，而为孔氏之心印也。"

德洪曰：《大学问》者，师门之教典也。学者初及门，必先以此意授，使人闻言之下，即得此心之知。无出于民彝物则之中。致知之功，不外乎修齐治平之内。学者果有实地用功，一番听受，一番亲切。

师常曰："吾此意思，有能直下承当，只此修为，直造圣域；参之经典，无不吻合，不必求之多闻多识之中也。"门人有请录成书者。曰："此须诸君口口相传。若笔之于书，使人作一文字看过，无益矣。"

正源于本心的。如今，对于那些凭借良知所感到的善事，并亲自去做，我们就是尽到本心了。对于那些凭借良知所感知到的恶事，只要我们在实践中具体地考察它们并努力避免做这样的恶事，我们也就尽到本心了。这样一来，就没有什么事物不能校正的了。而且良知所知道的任何事物也就不会不完全、不清晰。从而使良知达到极致了。这样，我们的心就会感到快慰，就会没有什么遗憾，就会自然地谦逊起来。这样，意念的产生才不会欺骗自己，于是也就可以说它是真诚的。

"所以说：'物格而后知至，知至而后意诚，意诚而后心正，心正而后身修。'以上这些功夫的安排，即使可以说有先后次序的区别，但是它们彼此是统一的，实质上也就无所谓先后次序了，这些功夫的作用还是非常精微的。固然有一丝一毫的功夫没有练到留下缺欠。这就是格物、致知、诚意、正心这种学说，能够解释尧舜的历史，并能够被孔子接受的原因。"

德洪说："《大学问》这本书，是我师用来教育学生的经典著作。学生刚刚入我师门下，就先向他们讲授《大学问》。使他们一听完之后就领悟到心的良知，不外乎人伦和事物的通则。获取认识的功夫不外乎修身、齐家、治国、平天下这些方面。学生如果能够脚踏实地做功夫，一边听课一边亲身实践。

先生常常说："我的这个思想，可以直接领会掌握，只要如此修炼，就可以达到圣人的境界。参看经典也没有不吻合的。不必通过多见多听的办法去寻求。"弟子中有人请求把先生的讲授记录下来，编纂成书。先生说："我这门学问各位只能口口相传。如果用笔把它写在书上，使人们只把它当作文字一看而过，是没有任何益处的。"

嘉靖丁亥八月,师起征思田。将发,门人复请。师许之。录既就,以书贻洪,曰:"《大学》或问数条,非不愿共学之士尽闻斯义,顾恐藉寇兵而赍盗粮,是以未欲轻出。"

盖当时尚有持异说以混正学者,师故云然。师既没,音容日远。吾党各以己见立说。学者稍见本体,即好为径超顿悟之说,无复有省身克己之功。谓"一见本体,超圣可以跂足";视师门诚意格物、为善去恶之旨,皆相鄙以为第二义。简略事为,言行无顾,甚者荡灭礼教,犹自以为得圣门之最上乘。

噫!亦已过矣。自便径约,而不知已沦入佛氏寂灭之教,莫之觉也。古人立言,不过为学者示下学之功,而上达之机,待人自悟而有得,言语知解,非所及也。《大学》之教,自孟氏而后,不得其传者几千年矣。赖良知之明,千载一日,复大明于今日。兹未及一传,而纷错若此,又可望于后世耶?

是篇,邹子谦之,尝附刻于《大学》古本。兹收录《续编》之首。使学者开卷读之,思吾师之教平易切实;而圣智神化之机固已跃然,不必更为别说;匪徒惑人,只以自误,无益

嘉靖六年八月，王阳明先生动身去征讨广西思恩、田州的叛贼。即将动身的时候，弟子再次恳求先生。先生答应了。这位弟子笔录好了之后，把书赠送给德洪并说：'先生关于《大学》这本书的讲解有好几条问答。不是先生不愿意让其他学者了解自己的思想，分享自己的成果，而是怕它们借给强盗武器，借给盗寇粮草一样，为坏人所利用。所以不想轻易拿出。'

原来在当时还有人操持异端学说，混淆了正宗的儒学。先生或许是出于正本清源的考虑才这样说的。于今先生已经去世了，音容笑貌也离我们越来越远了。我们这批做弟子的各自按照自己的思想著书立说。一些学者稍微体悟到了心的本体，就喜欢创立什么直接超越、顿悟的学说。却不再去做约束自己、反省自己的功夫。说"一见到本体，就可以踮起脚指望成为圣人"，鄙薄先生教导的诚意格物、为善去恶的宗旨；认为这些东西都是次要的；为人处世敷衍了事，言行举止无所顾忌；有的甚至抛弃礼教，还自以为得到了儒学最上乘的学说。

唉！这也太过分了。随随便便，搞什么直接彻悟，却不知道自己已沦落到寂灭的佛教中去了。古人写书不过是为后学指示如何做功夫，如何体悟天道。待到别人自己悟到了天道而有所收获的时候，书中的文字也就被理解了。《大学》这本书中的道理，从孟子以后已经近千年没有传人了。幸亏良知的昭明显现，千载难逢，再次在今天大大地彰显出来。还没来得及传播就纷繁错杂成这样，又怎么能指望后世呢？

这篇《大学问》，邹谦之先生曾把它刻印在《大学》古本里。现在把它收到《文录续编》的开头。使得学习这本书的人一打开书就能读到它，怀念先生的教诲平实易懂、切合实际，而且

也。

教条示龙场诸生

诸生相从于此，甚盛，恐无能为助也，以四事相规，聊以答诸生之意：一曰立志；二曰勤学；三曰改过；四曰责善。其慎听，毋忽！

立志

志不立，天下无可成之事。虽百工技艺，未有不本于志者。今学者旷废隳惰，玩岁愒时，而百无所成，皆由于志之未立耳。故立志而圣，则圣矣；立志而贤，则贤矣。志不立，如无舵之舟，无御之马，漂荡奔逸，终亦何所底乎？昔人有言："使为善而父母怒之，兄弟怨之，宗族乡党贱恶之。如此而不为善可也；为善则父母爱之，兄弟悦之，宗族乡党敬信之，何苦而不为善为君子？使为恶而父母爱之，兄弟悦之，宗族乡党敬信之，如此而为恶可也；为恶则父母怒之，兄弟怨之，宗族乡党贱恶之，何苦而必为恶、为小人？诸生念此，亦可以知所立志矣。

为圣之道就在其中，本来非常生动，不必再去创立别的什么学说了，那样不但骗人，到头来只会害了自己，不会有任何好处。"

教条示龙场诸生

诸位追随我来到贵州龙场这个地方，态度诚恳，热情很高。恐怕我没有什么能力帮助大家。为了满足各位的要求，这里我想从四个方面来规劝大家：一是立志，二是勤学，三是改过，四是责善。请大家认真听讲，切莫疏忽大意！

立志

不树立志向，世界上什么事也做不成，天下没有可完成的事情，即使是各行各业的普通技艺，也没有一种不始于立志。如今的读书人怠惰散漫，贪图享受，虚度光阴，玩世不恭，一事无成，都是由于志向没有树立。所以，立志要做圣人，才有可能成为圣人；立志要做贤士，才有可能成为贤士。人不立志，就像没有舵的船，没有人驾驭的马，漂泊浪荡，四处奔波，哪里能找到归依呢？古人说得好："假如一个人想要做好事，却遭到父母的怒骂，兄弟的怨恨以及家族和邻里的厌恶，那么他可以不做了；如果做好事，父母爱他，兄弟喜欢他，家族和邻里也赞扬他、信赖他，他何苦不做善事、当君子？假如做坏事，父母也疼爱他，兄弟也喜欢他，家族和邻里都赞扬他、信赖他，那么他就可以做坏事；如果做了坏事，父母怒骂他，兄弟怨恨他，家族和邻里都鄙视他，厌恶他，那么何苦偏要做坏事、做小人？大家想想其中的道理，也就知道该如何立志了。

勤学

　　已立志为君子，自当从事于学。凡学之不勤，必其志之尚未笃也。从吾游者，不以聪慧警捷为高，而以勤确谦抑为上。诸生试观侪辈之中，苟有虚而为盈，无而为有，讳己之不能，忌人之有善，自矜自是，大言欺人者；使其人资禀虽甚超迈，侪辈之中，有弗疾恶之者乎？有弗鄙贱之者乎？彼固将以欺人，人果遂为所欺，有弗窃笑之者乎？苟有谦默自持，无能自处，笃志力行，勤学好问，称人之善，而咎己之失，从人之长，而明己之短；忠信乐易，表里一致者；使其人资禀虽甚鲁钝，侪辈之中有弗称慕之者乎？彼固以无能自处，而不求上人，人果遂以彼为无能，有弗敬尚之者乎？诸生解此，亦可以知所从事于学矣。

改过

　　夫过者，自大贤所不免，然不害其卒为大贤者，为其能改也。故不贵于无过，而贵于能改过。诸生自思平日亦有缺于廉耻忠信之行者乎？亦有薄于孝友之道，陷于狡诈偷刻之习者乎？诸生殆不至于此；不幸或有之，皆其不知而误蹈，素无师友之讲习规饬也。

勤学

　　已经立志做君子的人，就应当主动地从事学习；凡是学习不够勤奋的，一定是他的志向还没有真正确立下来。跟随游学的人，从不认为聪慧灵敏是最了不起的，而是认为勤奋、谦虚最重要的。大家不妨看看同辈中有没有这样的一种人，他把一点说成很多，把无说成有；避而不谈自己的无能，却忌恨别人的高尚品质；自以为是，大言不惭，蒙哄他人。这种人即使资质、禀赋超卓，同辈的其他人难道就不会有人讨厌他吗？就不会有人鄙视他吗？他总想欺骗别人，难道别人果真就被他欺骗了？难道就没有嘲笑他的人吗？一个人，如果谦虚谨慎，默默用功；不骄不躁，志向坚定；身体力行，勤学好问；称赞别人的优点，批评自己的过失；学习人家的长处，明白自己的缺点；忠诚可靠，表里如一；即使他资质、禀赋非常愚钝，同辈中难道就没有人称赞他吗？他坚定地把自己当作无能的人看待，而不求高高在上，人们果真就认为他无能吗？难道就没有人敬重他吗？大家理解了其中的意思，他就知道该如何从事学习了。

改过

　　过失，非常贤明的人也避免不了。但它并不妨碍他最终成为圣贤，之所以如此，就因为过失是可以改正的。所以最宝贵的不在于没有过失，而在于能够改过。请大家自己思考一下，平日里也有在廉耻忠信方面言行有缺点的人呢？也有人对父母不够孝顺，对朋友不够忠诚，而染上狡猾欺诈、偷鸡摸狗之类的不良习惯的？诸位大概不会这样；说不准个别的人也许有这些问题，这都是因为不知道而误犯的，都是因为身边没有老师或朋

诸生试内省。万一有近于是者,固亦不可以不痛自悔咎。然亦不当以此自歉,遂馁于改过从善之心。但能一旦脱然洗涤旧染,虽昔为寇盗,今日不害为君子矣。若曰吾昔已如此。今虽改过而从善,将人不信我,且无赎于前过;反怀羞耻疑沮,而甘心于污浊终焉,则吾亦绝望尔矣。

责善

责善,朋友之道,然须忠告而善道之。悉其忠爱,致其婉曲,使彼闻之而可从,绎之而可改,有所感而无所怒,乃为善耳。若先暴白其过恶,痛毁极诋,使无所容,彼将发其愧耻愤恨之心,虽欲降以相从,而势有所不能,是激之而使为恶矣。故凡评人之短,攻发人之阴私以沽直者,皆不可以言责善。

虽然,我以是而施于人不可也。人以是而加诸我,凡攻我之失者,皆我师也。安可以不乐受而心感之乎?某于道未有所得,其学卤莽耳,谬为诸生相从于此,每终夜以思,恶

友指点和规劝、提醒而造成的。

大家应该试着反身自己,万一犯了这样的过失,也就不能不做自我批评。但也不应该因为犯有过错就妄自菲薄,以至于没有信心改过从善。只要能够在某一天干净彻底地克服了这些坏习惯,即使过去做过强盗匪徒,也不会妨碍我们成为君子。如果说自己过去犯了过错,现在即使改正过来了,别人也不会相信自己。况且又没有什么功劳可以将功补过,于是感到羞愧,感到不知所措,从而甘心于终生沾染污点,自暴自弃。对这样的人我也只能对他表示绝望了。

责善

责善,即要求对方做好事,这是朋友之间应该遵循的原则。然而必须态度诚恳而且要善于引导。要充分表现出你对朋友的真挚感情,尽可能言辞委婉些,以便使他听得进去并且能够顺从你的规劝;以便他能够从你的规劝中理出个头绪并加以改正;以便使他能够感知到自己的过失而不感到恼羞成怒。这才是比较好的方式。如果一开始就完全指明他的过失和恶行,痛心疾首地责备他,诋责他,使得他根本听不进去。这样一来他就会感到羞愧,感到恼羞成怒;即使他想认错,想听从你的规劝,在这种情况下他也做不到。这实际上等于是在刺激他做坏事啊。所以凡是揭发别人的短处,指出别人的阴私之事以表现直爽的人,都谈不上是"责善"。

尽管如此,我们如果以这种做法要求他人,就是我们的不对了。而他人这样要求我们,只要他们指责的是我们的过失,就都是我们的老师。我们怎么能不高高兴兴地接受他们的指责

且未免，况于过乎？人谓事师无犯无隐，而道谓师无可谏，非也；谏师之道，直不至于犯，而婉不至于隐耳。使吾而是也，因得以明其是；吾而非也，因得以去其非。盖教学相长也。诸生责善，当自吾始。

《五经臆说》十三条

师居龙场，学得所悟，证诸《五经》，觉先儒训释未尽，乃随所记忆，为之疏解。阅十有九月，《五经》略遍，命曰《亿说》。既后自觉学益精，工夫益简易，故不复出以示人。洪尝乘间以请。师笑曰："付秦火久矣。"

洪请问，师曰："只致良知。虽千经万典，异端曲学，如执权衡天下，轻重莫逃焉；更不必支分句折，以知解接人也。"后执师丧，偶于废稿中得此数条。洪窃录而读之，乃叹曰："吾

并从内心深处感谢他们呢？我本人还没有得道，学识浅陋，大家误以为我得有天道而跟随我来到这里，实在惭愧。每当我彻夜思索的时候，常常发觉自己并没有完全避免做坏事，何况一般的过失呢？有人说，侍奉老师的时候不能冒犯老师，不能对老师有什么隐瞒，而且通常的道理也说学生不能对老师提出批评，这些说法都是错误的；向老师提出批评，无论多么直截了当都不至于冒犯老师，无论多么委婉都不能算作对老师有所隐瞒。假如我是正确的，我会因为学生的批评而进一步理解自己为什么是正确的；假如我是错误的，我会因为学生的批评而抛弃错误，这样就能做到教学相长了。大家劝人为善，应该从我开始。

《五经臆说》十三条

王阳明先生居住在贵州龙场，通过不断地学习，不断地做功夫，终于获得了顿悟。先生想参照《五经》来证实自己所体悟到的东西，却发现古代的儒家学者所做的关于天道，关于修身养性的阐述并不全面，于是他便根据记忆对《五经》进行梳理和解释。这项工作经历了十九个月，整个《五经》他都考证了一遍，写出的一本书就命名为《(五经)亿说》。后来先生发现学问做得越精深，功夫就越发简单易行，所以他没有再拿出这本书供人阅读。德洪曾经利用间隙时间跑去请求先生拿出这本书。先生笑着说："早就叫秦始皇放火烧掉了。"

德洪接着问先生为什么要把它烧掉，先生回答说："只要获得了良知，任何著作和学问我们都能够理解和评判了。这好比有了秤砣和秤杆便不会有什么轻重分辨不出来一样。完全没

师之学，于一处融彻，终日言之不离，是矣。即此以例全经，可知也。"

元年春王正月〇人君即位之一年，必书元年。元者，始也。无始则无以为终。故书元年者，正始也。大哉乾元，天之始也。至哉坤元，地之始也。成位乎其中，则有人元焉。

故天下之元在于王，一国之元在于君，君之元在于心。元也者，在天为生物之仁，而在人则为心。心生而有者也曷为为君而始乎？曰："心生而有者也。未为君，而其用止于一身。

既为君，而其用关于一国。故元年者，人君为国之始也。当是时也，群臣百姓，悉意明目以观维新之始。则人君者，尤当洗心涤虑以为维新之始。故元年者，人君正心之始也。"曰："前此可无正乎？"曰："正也，有未尽焉，此又其一始也。改元年者，人君改过迁善修身立德之始也。端本澄源，三纲五常之始也；立政治民，戚休安危之始也。呜呼！

有必要对这些著作进行逐字逐句的分析,也没有必要拿自己的一知半解去教导他人了。后来,在办理先生的丧事时,我们在先生的废弃不要的文稿中偶然发现了这些对于《五经》的阐释。德洪于是小心翼翼地抄录下来并加注了标点符号。面对这本《(五经)亿说》,德洪感慨万千:"我的导师做学问,对一个地方融会贯通了,便会整天不知疲倦地谈论它。这是对的。只要把先生的这些阐释看作是全部《五经》的一个例子,便可以知道先生的治学态度如何了。"

(元年春王正月)皇帝即位的那一年必须写成元年。元的意思就是开始。没有开始也就没有结尾,所以写作元年不过是确定开端罢了。天地广大,天有天的开端,地有地的开端;皇帝在天地之间成为皇帝而即位,于是人的历史也有了开端。

所以天下的开端在于帝王;一个国家的开端在于国君;国君的开端又在国的心中。所谓元,在自然界就是有恩于生命、物体的生育者;在社会中就是人的心之本体。心的本体又是因为什么而产生的呢?是为了国君而产生的吗?王阳明先生说:"心产生和存在的时候还没有国君,只是到后来心的功能才停留在人身上并通过人表现出来。

一个人做了国君之后,他的心就会关涉一个国家。所以,元年也就是国君治理国家的开始。每当这个时候,广大的臣仆和老百姓都会拭目以待,想看看国君怎样开始变法和革新。至于国君本人,尤其应该以崭新的精神面貌来作为变法、革新的开始。所以,元年也就是国君端正心体的开始。"说:"那么,在新的国君即位并开始改革以前,心是不是就不端正呢?"先生回答说:"是端正的,但还不完全,新的国君即位又是一次新的开

其可以不慎乎?"

元年者,鲁隐公之元年;春者,天之春。王,周王也。王次春,示王者之上承天道也。正月者,周王之正月。周人以建子为天统,则夏正之十一月也。夫子以天下之诸侯不复知有周也。于是乎作《春秋》以尊王室,故书"王正月",以大一统也。书"王正月"以大一统。不以王年,而以鲁年者,《春秋》鲁史而书"王正月",斯所以为大一统也。

隐公未尝即位也,何以有元年乎?曰:"隐公即位矣;不即位,何以有元年?夫子削之不书,欲使后人之求其实也。"曰:"隐公即位矣,而不书,何也?"曰:"隐公以桓之幼而摄焉,其以摄告,故不即位也。然而天下知隐公让国之善,而争夺觊觎者知所愧矣。"

曰:"以摄告则宜以摄书,而不书何也?"曰:"隐公,兄也,桓公,弟也,庶均以长;隐公君也,奚摄焉?然而天下知嫡庶长幼之分,而乱常失序者知所定也。"

端。更改元年，是国君改正过错、追求完美、修养身心、树立高尚的德的开始；是正本清源，确立三纲五常的开始；也是稳定政治秩序、治理人民、关心黎民百姓和社稷安危的开始。多么重要的开始啊！国君能不谨慎吗？"

"元年春王正月"中的元年，指的是鲁隐公元年；春，就是春季；王，指的是周王。将王排在春的后面，表示国王作为上天在人间的代表直接体现着天道。正月，指的是周王的正月，周朝人把子月作为正月、为正统，也就是夏历的十一月。孔子认为当时天下的诸侯不再知道历史上还有个周朝，便写作了《春秋》这本书以表示对周王室的尊崇。他因此写上"王正月"，以便体现他的大一统思想。孔子用大一统的思想来写"王正月"，却不按照周朝的年历而按照鲁国的年历来写。是因为《春秋》这本书本身记载的是鲁国的历史，写的是"王正月"，这实际上也是为了大一统的需要。

鲁隐公不曾即位，怎么会有鲁隐公元年呢？先生说："隐公肯定即位了。如果没有即位，怎么可能有鲁隐公元年呢？孔子略去了这个历史事实，没有把它写进书里，目的是想让后人去探索这个事实。"有人问："鲁隐公既然即位了，孔子为什么不写进书中呢？"先生说："隐公因为桓公年纪太小而辅助他，他把辅助桓公一事告知了天下人，所以没有即位为王；然而，由于隐公谦虚礼让，不贪王位，人们都认为他品德高尚，所以其他妄图争夺桓公之位的人都感到惭愧。"

又有人问："既然鲁隐公把辅佐桓公的事实告知了天下人，孔子就应该按照辅佐的事实来写，为什么他没有这样做呢？先生说："隐公是哥哥，桓公是弟弟，庶出的都较年长，隐公是

曰:"隐公君也,非摄也,则宜即位矣,而不即位焉,何也?"曰:"诸侯之立国也,承之先君,而命之天子。隐无所承命也。然而天下知父子君臣之伦,而无父无君者知所惧矣。一不书即位,而隐公让国之善见焉,嫡庶长幼之分明焉,父子君臣之伦正焉。善恶兼著,而是非不相摈。呜呼!此所以为化工之妙也欤?"

郑伯克段于鄢〇书"郑伯",原杀段者惟郑伯也。段以弟篡兄,以臣伐君,王法之所必诛,国人之所共讨也。而专罪郑伯,盖授之大邑,而不为之所,纵使失道,以至于败者,伯之心也。段之恶既已暴著于天下,《春秋》无所庸诛矣。书"克",原伯之心素视段为寇敌,至是而始克之也。段居于京,而书"于鄢",见郑伯之既伐诸京,而复伐诸鄢,必杀之而后已也。

郑伯之于叔段,始焉授之大邑,而听其牧鄙,若爱弟之过,而过于厚也。既其畔也,王法所不赦,郑伯虽欲已焉,若

君,有什么可摄的?如此,则天下人就都明白嫡出、庶出和长幼之分了,那些破坏纲常礼教的人收敛自己,安定下来。"

有人问道:"隐公既然是实质上的君主,而不是什么辅佐之臣,他就应该公开即位,然而他却不即位,这是为什么?"先生说:"当时的诸侯要立国必须继承原先的国君,而且必须奏请周朝天子批准。隐公既没有赖以继承的王位,又没有得到周天子的分封。这样,天下的诸侯百姓都懂得臣父子之间的伦理关系,那些不孝父母、不忠于国君的人就会感到惧怕。因此只要不写明隐公即位一事,隐公谦让王位的高尚品质就会体现出来;嫡庶长幼的区别就会非常明确;父子、君臣之间的伦理关系就会非常端正。这样一来,善恶就会很分明,是与非也不会相互混淆了。唉,这可以称为文字美化工夫的妙处吗?"

(郑伯克段于鄢)书"郑伯",推究杀死共叔段的就是郑伯。共叔段是以弟弟的身份篡夺哥哥的权位,作为大臣却要兴兵讨伐国君,这是触犯王法的,必然会遭到全体国民的声讨,必然会受到王法的惩罚。至于为什么偏偏怪罪郑伯。原来郑伯虽然给了他大片封地,却不让他真正拥有这些土地。所以共叔段失道寡助以至于最终失败,都是郑伯所希望的。共叔段的恶行已经暴露于天下人面前,《春秋》因而没有对他做什么口诛笔伐。书"克",揭示郑伯的心。他平素就把共叔段当作仇敌,到现在总算找到了攻打他的借口。共叔段住在京,可《春秋》却写着他住在鄢,可见郑伯讨伐了京之后又讨伐了鄢,这一定是郑伯为了将共叔段置之死地而后快。

郑伯对待共叔段,开始给了他大片封地,实际上听任他到偏远的地方放牧。表面看去郑伯疼爱弟弟的过错,在于他对共

不容已矣。天下之人皆以为段之恶在所必诛,而郑伯讨之宜也。是其迹之近似,亦何以异于周公之诛管、蔡。故《春秋》特诛其意而书曰:"郑伯克段于鄢。"辨似是之非,以正人心,而险谲无所容其奸矣。

天地感而万物化生,实理流行也。圣人感人心而天下和平,至诚发见也。皆所谓"贞"也。观天地交感之理,圣人感人心之道,不过于一贞。而万物生,天下和平焉,则天地万物之情可见矣。

恒,所以亨而无咎,而必利于贞者,非恒之外复有所谓贞也,久于其道而已。贞即常久之道也。天地之道,亦惟常久而不已耳,天地之道,无不贞也。

"利有攸往"者,常之道,非滞而不通,止而不动之谓也。是乃始而终,终而复始循环无端,周流而不已者也。使其滞而不通,止而不动,是乃泥常之名,而不知常之实者也,岂能常久而不已乎?故"利有攸往"者,示人以常道之用也。

以常道而行,何所往而不利。无所往而不利,乃所以为常久不已之道也。天地之道,一常久不已而已。日月之所以

叔段过于优待了。等到共叔段发动叛乱的时候,他已经犯了不可赦免的罪行。郑伯这个时候装出即使不忍心讨伐他也不行的样子。天下的人都认为共叔段的罪行是不可饶恕的,哥哥对他的讨伐是应该的。这种情况与周公讨伐管叔鲜、蔡叔度何其相似啊。所以《春秋》特别指责了郑伯的阴谋,并写成"郑伯克段于鄢",来辨别似是而非的事情,端正人心,而让那些阴险、奸诈之徒无处容身。

天地交感,而万物化生。这实际上是天道在运动变化。圣人感动了世人的心,就会社会和睦,天下太平,至诚之心就显现出来了。所有这些都可以称为"贞"。体会天地交感的道理和圣人感动普通人的道理,最终的落脚点都不过是个操守问题。至于万物产生,天下和平,就可以看出天地万物的情理了。

永恒的东西之所以通达而无过失,之所以有利于培养贤贞的品质,并不是因为在永恒之外还有什么坚贞,只不过是因为持久地按照规律运动罢了。贞,就是恒常持久的规律。自然界的规律只要是恒常持久而不消失的,就没有什么不坚定的。

一切具体的利益迟早都会失去。这虽然也是恒长的规律,但并不是说这个规律就是静止不动、永恒不变的;这种规律总是有开始有终结,又有新的开始,新的终结,开端和结局循环往复,运动不止。假如某种规律滞涩而不通达,静止而不运动,那么这种规律就是拘泥恒常之名,而没有恒常之实。这样的东西怎么能够恒常持久而不结束呢?因此"利有攸往"的这个现象实际上已经让人们看到了天道的作用。

按照天道行事,做什么会不顺利呢?做任何事情都很顺利,这是因为我们遵循的是永恒的真理。自然界的真理,不过

能昼而夜，夜而复昼，而照临不穷者，一天道之常久而不已也；四时之所以能春而冬，冬而复春，而生运不穷者，一天道之常久不已也。圣人之所以能成而化，化而复成，而妙用不穷者，一天道之常久不已也。

夫天地、日月、四时，圣人之所以能常久而不已者，亦贞而已耳。观夫天地、日月、四时，圣人所以能常久而不已者，不外乎一贞。则天地万物之情，其亦不外乎一贞也，亦可见矣。恒之为卦，上震为雷，下巽为风；雷动风行，簸扬奋厉，翕张而交作，若天下之至变也。而所以为风为雷者，则有一定而不可易之理，是乃天下之至恒也。

君子体夫雷风为恒之象，则虽酬酢万变，妙用无方，而其所立，必有卓然而不可易之体，是乃体常尽变。非天地之至恒，其孰能与于此？

遁，阴渐长而阳退遁也。象言得此卦者，能遁而退避则亨。当此之时，苟有所为，但利小贞而不可大贞也。夫子释之以为遁之所以为亨者，以其时阴渐长，阳渐消，故能自全其道而退遁，则身虽退而道亨，是道以遁而亨也。

是永恒真理的一种。日月之所以能够昼夜交替，照临不止，就因为有一个永恒的真理；四季之所以能够从春季到冬季，又从冬季到春季不停地运动和转化，就因为有一个永恒的真理；圣人之所以成就自己，出入化境，之所以妙用无穷，就因为他们把握了那个永恒的真理。

天地、日月、四季之所以能够这样恒常持久，永远存在，也就是因为坚守了宇宙的规律。懂得了天地、日月、四季的规律乃是因为有了天道，那么也就可以看出天地万物的性质也不外乎坚持各自的操守了。恒卦由震卦和巽卦构成，震卦在巽卦上面，表示雷；巽卦在震卦下面，表示风。雷动风行，气势磅礴，开合交作，仿佛天下发生的巨变。至于为什么恒卦偏偏由雷和风构成？这乃是由于存在着一个客观的，不以人的意志为转移的天理，这才是天下最永恒的东西。

圣明贤达的人，依据自然现象，体味出风和雷不过是体现天道的现象。因此即使应酬很多，妙用无法形容，圣人君子还是能把握高超而不可变更的心之本体。像这样本体恒常不动而现象变化万端。除了宇宙永恒不变的本体之外，还有什么能够如此呢？

遁，是一种卦的名称，意思是阴气逐渐高涨而阳气却逐渐衰退。《易经》的辞解释说，取得遁卦的人，如果能够消隐和退避，就会顺利、通达。这时，如果有所动，只对"小贞"有利，但不能对"大贞"有利。孔子解释说，遁卦之所以预示着通达、顺利，是因为这时阴气在逐渐增长，阳气却在逐渐减退。因而可以成全天道，按照天道的要求而隐退。虽然我们的身体隐退了，可是天道却没有遇到阻碍顺利通过了。天道就是这样通过我们的

虽当阳消之时，然四阳尚盛，而九五居尊得位；虽当阴长之时，然二阴尚微，而六二处下应五。盖君子犹在于位，而其朋尚盛；小人新进，势犹不敌，尚知顺应于君子，而未敢肆其恶，故几微，君子虽已知其可遁之时，然势尚可为，则又未忍决然舍去，而必于遁，且欲与时消息，尽力匡扶，以行其道，则虽当遁之时，而亦有可亨之道也。虽有可亨之道，然终从阴长之时，小人之朋日潮以盛。苟一裁之以正，则小人将无所容口，而大肆其恶，是将以救敝而反速之乱矣。故君子又当委曲周旋，修败补罅，积小防微，以阴扶正道，使不至于速乱。

程子所谓"致力于未极之间，强此之衰，艰彼之进，图其暂安"者，是乃小利贞之谓矣。夫当遁之时，道在于遁，则遁其身以亨其道。道犹可亨，则亨其遁以行于时。非时中之圣，与时消息者，不能与于此也。故曰："遁之时义，大矣哉！"

主动而又适时的退隐而顺利运行的。

即使是在阳气消减的时候,从卦象上看,遁卦仍然存在着四个强盛的阳爻,仍然是九五爻居于重要位置。虽然正是阴气逐渐增长的时候,但是两个阴爻还处在弱势地位,而且六二爻之下便是五爻。这大概是说君子还处在他的位置上,而且还有一帮得力的朋友。因而地位卑下的人虽然在不断进步,但总的气势还是比不上地位高的人。而且这些地位卑微的人还知道顺应统治者的意志,还不敢为非作歹,肆意妄为。所以,已经接近衰微的统治者即使知道自己可以隐退的时候已到,但是只要看到形势还允许自己有所作为,就不会马上心甘情愿地离开自己的统治地位而去过隐退的生活。他们还想顺应时势的变化,尽力挽救局面,匡扶正义,以完成上天交给他们的使命。因此,即使是遇上了遁卦所指的时运,天道仍然可以畅达于人世。然而,毕竟处在阴气高涨的时候,地位低下的势力正日益壮大。如果为了捍卫正义,不识时务地制裁他们,他们必然将会因为无处容身而胡作非为。这样一来,统治者本来是想救治社会时弊的,却反而会招致他们的暴乱。所以,统治者还应该委婉曲折地周旋;整治腐败,堵塞漏洞,防微杜渐;以便悄悄地扶植正气,以正压邪,使得不至于快速地变乱。

程颐先生所说的"努力避免过急行动,一方面尽力挽救王朝的衰微的局面,另一方面设法阻挠反动势力的发展,以便达到暂时安定的目的",其意思也就是要争取实现普通的坚持正义。该退出的时候,正确的做法就是退出。这就能通过隐退自己来使天道畅达。天道如果还能顺利实现,那就会使得隐退本身就是顺应时势的明智之举。不是时代的圣明贤达之人,不能

明出地上晋君子以自昭明德，日之体本无不明也，故谓之大明。有时而不明者，入于地，则不明矣。心之德本无不明也，故谓之明德。有时而不明者，蔽于私也。去其私，无不明矣。日之出地，日自出也，天无与焉。君子之明明德，自明之也，人无所与焉。自昭也者，自去其私欲之蔽而已。

初阴居下，当进之始，上与四应，有晋如之象。然四意方自求进，不暇与初为授，故又有见摧之象。当此之时，苟能以正自守，则可以获吉。盖当进身之始，德业未著，忠诚未显，上之人岂能遽相孚信。使其以上之未信，而遂汲汲于求知，则将有失身枉道之耻，怀愤用智之非，而悔咎之来必矣。

顺应历史的要求，是不可能做到这一点的。所以说："一个人能够主动隐退，正说明他是明白大义的。他隐退的时候，其意义是很大的。"

明出地上阳光普照大地，启迪着圣贤之士发扬光大崇高的德性。太阳本身是没有不光明的，所以称它为大光明。虽然太阳有时候也会不发放光明，那是因为太阳落入到地球底下去了，并非它本身不再发光。心的良知本身也从来没有不光明的时候，所以称它为"明德"，也就是圣明高洁的德性。虽然良知有时候也会晦暗而不清晰，那是因为它被人的私欲遮蔽了，一旦去掉私欲，良知就不会不明晰的。太阳从地面上出来，是太阳自己出来的，并不是上天帮助它这么做的；圣贤之士发扬光大崇高的德性，也是他们自己要这么做的，并没有别的什么人参与进来给他鞭策和帮助。他们让良知明晰地显现出来，实际上就是去除私心杂念的蒙蔽。

初阴居下（从遁卦的卦象中可以看出，最下边的二爻为阴爻），这里的阴爻正处发展自己的时候，它往上与四个阴爻相应，呈现出要把自己扩展进入阳爻位置的迹象；另一方面，四个阳爻也正在谋求扩展自己，无暇帮助阴爻扩展自己，因而阴爻又呈现出被摧折的迹象。这个时候，如果能够用正道来守护，就可以获得比较好的结果。通常一个人在开始寻求上进的时候，德行和业绩还不显著，忠诚的态度还不为人知，还不可能立即得到长辈和上级的信赖。此时如果他因为长辈和上级不信赖他，就急切地去寻求别人的理解，那么，他将会为自己歪曲了天道而感到惭愧；将会因为自己心怀怨愤别有用心而受人非难；最终他会为这些过错而悔恨也是必然的。

故当宽裕雍容,安处于正,则德久而自孚,诚积而自感,又何咎之有乎?盖初虽晋如,而终不失其吉者,以能独行其正也。虽不见信于上,然以宽裕自处,则可以无咎者,以其始进在下,而未尝受命当职任也。使其已当职任,不信于上,而优裕废弛,将不免于旷官之责,其能以无咎乎?

《时迈》十五句,武王初克商,巡守诸侯,朝会祭告之乐歌。言我不敢自逸,而以时巡行诸侯之邦。我勤民如此,天其以我为子乎?今以我巡行之事占之,是天之实有以右序夫我有周矣。何者?我之巡行诸侯,所以兴废举坠,削有罪,黜不职者,亦聊以警动震发其委靡颓惰者耳。而四方诸侯,莫不警惧修省,敦薄立懦,而兴起。

夫维新之政,至于怀柔百神,而河之深广,岳之崇高,莫不感格焉。则信乎天之以我为王,而于以君临夫天下矣。于是我其宣明昭布我有周之典章,于以式序在位之诸侯;我其戢敛夫干戈弓矢,以偃夫武功;我其旁求懿德之士,陈布于

所以，应该宽宏大量，雍容大度，心安理得地保持心地纯正。就能够长期保持高尚的品质，自己就会对自己的品德充满自信了，诚挚的态度就会越积越多，自己就会感动自己，又怎么会有过错呢？阴气虽然在扩展自己，但最终的结果还是好的，这大概是由于我们能够独立地行走正确的道路吧。即便不能被长辈和上级信任，可我们还能够泰然处之，坚守本分。之所以这样做就不会犯大的过错，是因为我们刚开始进取的时候就是地位卑下的，而且没有接受任命承担责任。假如我们有了责任和职位，却蒙骗上级，腐化堕落，这样就不免会渎职，又怎能不犯错误呢？

《时迈》十五句。周武王战胜商朝不久，就去巡视各地诸侯，接见专管祭祀的乐师歌人。对他们说，我不敢放纵自己，让自己享受安逸的生活，而是按时到各诸侯国出行视察。我如此关心和帮助天下百姓，上天会不会把我看作他的儿子呢？现在就我巡视诸侯国这件事进行占卜，果然是上帝保佑我，使我拥有周朝。为什么这样呢？我之所以巡视各诸侯国，兴利除弊，除暴安良，惩治贪官污吏。这样做一方面可以防止动荡或叛乱，另一方面可以激励那些萎靡不振、颓唐怠惰的人们。通过巡视，四面八方的诸侯没有一个不谨慎从政，没有一个不加强自身修养的。他们积极工作，富国强民，使得各诸侯国都欣欣向荣，蒸蒸日上起来。

通过政治改革，我们对各种神灵都采取怀柔的态度。然而河水的深邃广阔，山岳的高大，没有不令人感动的。所以上天才会信任我，让我做周朝的国君，统治天下的百姓。在这时我要向天下百姓发布和宣传我们周国的典章制度。我要按照一定的方

中国，以敷夫文德；则亦信乎可以为王，而能保有上天右序我有周之命矣。

《执竞》十四句，言武王持其自强不息之心。其功烈之盛，天下既莫得而强之矣。成、康继之，其德亦若是其显，而复为上帝之所皇焉。夫继武王之后，盖难乎其为德也，然自成、康之相继为君，而其德愈益彰明，则于武王无竞之烈为有光，而成、康诚可谓善继矣。

今我以三王之功德，作之于乐，以祈感格，而果能降福之多且大若此，我其可不反身修德，而思有以成之乎？我能反身修德，而威仪之反，则可享神之福，既醉既饱，而三王之所福我者，益将反覆而无穷矣。此盖祭武王、成王、康王之诗也。

《思文》八句，言思文后稷，其德真可以配上天矣。盖凡使我蒸民之得以粒食者，莫非尔后稷之德之所建也。斯固后稷之德矣，然来牟之种，非天不生，则是来牟之贻我者，实由上帝以此命之后稷，而使之偏养夫天下，是以天下之民皆有所养，而得以复其常道，则后稷之德，固亦莫非上天之德也。此盖郊祀后稷以配天之诗，故颂后稷之德而卒

式排列在位的各路诸侯的地位。我要收拾干戈弓矢等所有的武器，以便消除各种武装争斗。我要寻求德才兼备的人，让他们在中国传播文化和高尚的道德。这样我才能真正做好一国之君，才能保住上天赐予给我周王朝的国祚。

《执竞》十四句。这首诗说的是周武王一直保持着自强不息的精神，他的事业和功绩是如此显赫，以至于天下已经没有什么人能够超过他。他之后的周成王和周康王，功德也像他一样举世瞩目，因而都被上帝任命为周朝的皇帝。继周武王之后，一般说来很难有人再建立周武王那样伟大的功德。然而，自从周成王和周康王相继做了国君之后，他们的功德越来越高，越来越显赫，因而同周武王相比不仅不逊色，而且更加光耀。所以成王和康王不愧为周武王的继承人。

现在，我把这三位国君的功德写成音乐。但愿它能够感慰上苍。如果上天果真被感动了，并能像赐给我们三位国君一样赐给我们大福大贵，我能不比照三位国君加强修养力争成就一番事业吗？我们如果能够反观自身，加强品德修养并且坚持不懈，这样就可以享受到神灵赐给我们的福祉。我们就可以丰衣足食了。三位国君赐给我们的福祉也会无穷无尽的。这几句话是用来祭祀周武王、周成王和周康王的诗篇。

《思文》共八句，谈到了一个叫后稷的人，他的品德之高完全可以比得上天神。原来凡是我国百姓获得的一粒粮食，都是后稷凭着高尚的德行为我们创造的，为天下百姓谋取福利这本身就是后稷的品德要求后稷去做的。众所周知，大麦小麦的种子，没有上天的雨露阳光，是不可能生长发芽，开花结实的。所以说给我们粮食的人实质上是上帝。是他要求后稷把他的粮食

归之于天云。

《臣工》十五句,戒农官之诗。言嗟尔司农之臣工,当各敬尔在公之事。今王以治农之成法赐汝,汝宜来咨来度,而敬承毋怠也。因并呼农官之属而总诏之曰:"嗟尔保介,当兹暮春之月,牟麦在田,而百谷未播,盖农工之暇也,汝亦何所为乎?"因问:"汝所治之新田,其牟麦亦如何哉?"夫牟麦之茂盛,皆上帝之明赐也。牟麦渐熟,则行将受上帝之明赐矣。

上帝有是明赐,尔苟惰农自安,是不克灵承,而泯上帝之赐矣。尔尚永力田,以昭明上帝之赐,务底于丰年有成可也。然则尔亦乌可谓兹农工之尚远,而遂一无所事乎?汝当命尔众农,乘兹闲暇,预修播种之事,以具乃田器。奄忽之间,又将艾麦而兴东作矣。"暮春",周正建寅之月,夏之正月也。

分发给天下百姓的。以便使后稷能够养活普天之下的每一个老百姓。于是天下的百姓都有了生活的保障,进而能够安居乐业,恢复良知。因此,后稷的德性实质上不过是上天的德性。这些话是皇帝在冬至之日祭祀后稷的诗篇,所以歌颂了后稷的高尚品德,说明了后稷的功德配得上天神的恩宠。所以他最终也就死后升入了天国。

《臣工》十五句,是告诫掌管农业的官员的诗歌。诗中写道,你们这些掌管农业的官员呀,都要认真做好各自的公事。于今国君已将发展农业的成文法令赐给了你们,你们应反复研究,融会贯通,一定要严肃认真地对待这些法令法规,切不可怠慢。于是把负责农业的官员连同他们的下属一同喊来,并告诫他们说:"如念正是暮春时节,麦子还在田里,不能收割。其他的农作物还没到播种的时候,这是农民的农闲季节。你们打算作点什么呢?"顺便问一下:"你们新近管理的田地,小麦长得如何?"这些麦子长得茂盛,乃是上帝仁慈的恩赐,这些麦子逐渐成熟起来,因而我们很快就要接受上帝圣明的恩赐了。

上帝有如此圣明的恩赐,你们如果让农民懒惰,那就是不敬神灵,那就辜负上帝的恩赐了。你们还得致力于你们负责的田地,这样才能充分显示上帝的恩赐。一定要争取年底获得一个丰收年,只有这样才能有所成就,有了成就才能证明你们是称职的。这样一来,你们又怎么会说现在离农忙季节还远得很。所以没有什么事要做呢?你们应该要求全体农民趁现在是农闲季节,提前学习播种、耕作的事情,提前准备好农具。眨眼之间就要割麦,就要接着播种了。文中所说的"暮春",指的是周朝建年寅月,也就是夏历正月。

《有瞽》十三句,言"有瞽有瞽,在周之廷",而乐工就列矣。"设业设虡,崇牙树羽,应田县鼓,钟磬祝圉",而乐器具陈矣。乐器既以备陈,于是众乐乃奏。而箫管之属,亦皆备举矣。由是乐声之喤喤。其整密丽肃者,莫非至敬之所寓;而雍容畅达者,莫非至和之所宜,其肃雝和鸣如此,是以幽有以感乎神,而先祖是听;明有以感乎人,而我客来观厥成者。盖武王功成作乐,使非继述之孝,真无愧于文考,固无以致先祖之格;而非其盛德之至,伐纣救民之举,真有以顺乎天,应乎人,而于汤有光焉!其始何以能使亡国者之子孙永观厥成,而略无忌嫉之心乎?此盖始作乐而合于祖庙之诗。

与滁阳诸生书并问答语

诸生之生滁者,吾心未尝一日而忘之。然而阔焉无一字之往,非简也;不欲以世俗无益之谈,徒往复为也。有志者虽吾无一字,固朝夕如面也;其无志者,盖对面千里。况千里之外盈尺之牍乎?孟生归,聊寓此于有志者,然不尽列

《有瞽》十三句。这本书讲的是，在周朝的宫廷里有许许多多的乐师和掌管音乐演出的官员。他们摆设各种道具，布置歌舞所需的台面，搭台的搭台，搬鼓的搬鼓，布景的布景，所有的舞蹈用具都搬上来，所有的乐器都摆好了。各种乐器摆好后，各位乐师便开始演奏，管乐的弦乐都很齐备了。这些音乐声音是如此动听，那份整齐，那份严密，那种华丽，那种庄严肃穆，简直就像有无穷的敬意蕴含于其中；而音乐的从容不迫，和谐流畅，简直就是最好的太平盛世的象征。音乐是如此恭敬、和谐，这样悠扬、深沉的音乐完全可以感动神灵。先帝和各位先祖听了，一定会明白其中感人的东西。他们的客人如果来到这里，看到他们的成就，大概会以为是周武王为了庆祝成功而让人奏乐助兴的。实际上周武王让人奏乐是为了表达他的孝顺之心。这实在是无愧于死去的周文王。武王实在是找不到更好的方式来表达对列祖列宗的敬意。要不是他们的功德格外显赫，讨伐商纣王，拯救黎民百姓的行动顺乎天意和民心。周武王又怎么能够与当年的商汤相比而不逊色呢？刚开始的时候，又怎么能够让那些亡国者的子孙看着他们的成就而不妒忌的呢？这十三句诗大概开始是为音乐写的词，却符合歌颂祖庙的诗篇。

与滁阳诸生书并问答语

诸位读书人都是出生在安徽滁阳县，这一点我从来没有忘记。然而，这么长时间没有为你们寄去一个字，并不是我怠慢你们，而是我不想把一些毫无价值的世俗观点寄给你们。有志于我这门学问的人，即使我不给他们写一个字，他们还是像和我

名,且为无志者讳,其因是而尚能兴起也。

或患思虑纷杂,不能强禁绝。阳明子曰:"纷杂思虑,亦强禁绝不得;只就思虑萌动处,省察克治;到天理精明后,有个物各付物的意思,自然静专,无纷杂之念。《大学》所谓:"知止而后有定也。"

德洪曰:"滁阳为师讲学首地。四方弟子,从游日众。嘉靖癸丑秋,太仆少卿吕子怀复聚徒于师祠。洪往游焉,见同门高年有能道师遗事者。当时师惩末俗卑污,引接学者,多就高明一路,以救时弊。既后渐有流入空虚,为脱落新奇之论。在金陵时,已心切忧焉。故居赣则教学者存天理,去人欲,致省察,克治实功。而征宁藩之后,专发致良知宗旨,则益明切简易矣。

兹见滁中子弟,尚多能道静坐中光景。洪与吕子相论致良知之学无间于动静,则相庆以为新得。

早晚都见过面一样；无志于我这门学问的人，即使与我面对面，也像相隔千里，何况千里之外收到我的一封小小的信呢？有一个姓孟的读书人现在回去了，这儿捎给有志者几句话，但为了顾及无志者的面子就不写出全部姓名了，这样无志者或许还能够重新立志，重新取得成功。

有人对自己思想纷繁杂乱，却不能够强行禁止感到烦恼。王阳明先生说："纷繁杂乱的思考也是不能强行禁止和杜绝的。只要在思虑刚开始萌动的时候反省自己并加以克服，等到明白了天理之后，每个事物都会和该事物的观念一起各居其位。这样自然就可以沉静并专下心来，也就不会有什么纷繁杂乱的意念了。这就是《大学》这本书中听说的'知止而后定'的意思。"

德洪说："滁阳是先生讲学的第一个地方，四面八方的弟子，追随的越来越多。嘉靖三十二年秋天，太仆少卿吕子怀再次召集了一批信奉先生学说的人，在先生家的祠堂里举行活动。我游学也到了那里。见到的一些年纪大的同学，他们有的还能讲出一些先生当年的情况。说先生当时痛感流俗卑污，培养扶持的学者都是些品德高尚的人，想以此来拯救时弊。后来许多学者逐渐流入空洞虚玄的高谈阔论，尽发表些空洞新奇的观点，先生在金陵的时候就对此深表忧虑，故而住在江西的时候便教导学生存天理，灭人欲，致力于反省、观察、克己、修养等实际功夫；到了征讨宁王朱宸濠之后，先生又专门阐发致良知的宗旨。所以先生的学说更加明白、切实，简单易懂了。

如今，看见滁县的子弟，不少人还能说出静坐的体验，我和吕子怀一同讨论致良知的学问，做功夫的时候不分动与静，所

是书孟源、伯生得之金陵。时闻滁士有身背斯学者，故书中多愤激之辞。后附问答语，岂亦因静坐顽空，而不修省察克治之功者发耶？

家书墨迹四首

四书墨迹，先师胤子正亿得之书柜中装制卷册，手泽宛然，每篇乞洪跋其后。

一、与克彰太叔

克彰号石川，师之族叔祖也。听讲就弟子列，退坐私室，行家人礼。

别久缺奉状。得诗，见迩来进修之益。虽中间词意未尽纯莹，而大致加于时人一等矣。愿且玩心高明，涵泳义理，务在反身而诚，毋急于立论饰辞，将有外驰之病。所云"善念才生，恶念又在"者，亦足以见实尝用力。但于此处须加猛省。胡为而若此也？无乃习气所缠耶！

自俗儒之说行，学者惟事口耳讲习，不复知有反身克己之道。今欲反身克己，而犹狃于口耳讲诵之事。固宜其有所牵缚而弗能进矣。

以彼此都很庆幸，以为获得了新进展。

这本书是弟子孟源、伯生在金陵得到的。由于当时先生听说滁县有些读书人背弃了心性之学，所以书中有许多激愤的话。书后还附有对话录，难道也是为那些只知道空空地静坐却不去做反省自己，克己修养等实际功夫的人而发的吧？

家书墨迹四首

这四封书信的墨迹，是先生的后人正亿在书柜里发现的。订制成书本，先生的手迹依然很清楚。在每篇的后面，正亿都要德洪写一篇跋。

一、与克彰太叔

克彰，号石川，是先生同族的叔祖父。听先生讲学时，他就排在先生的弟子中间，属于先生的弟子；出了课堂，回到家里，先生又是他的侄孙，要给他行孙辈的礼节。

分别以后已经很久不知道您的情况了，最近看见了您写的诗，发现您近来进步不小。您的诗中间即使有些词意不大纯正，但大致上在现在许多人中算得上一等。但是，要提高自己心性和智慧，要想精通义理，还必须在反省自身和诚意、正心方面下功夫，不要急于著书立说，否则将会出现向心外求寻的弊端。您所说的善念刚刚产生，恶念便又出现这种情况，足以说明您确实曾努力做过功夫，就是在这个时候应该尽量反省自己。为什么这样呢？难道是平常的一些习气的干扰？

自从低俗儒者的学说盛行以来，学习这种学说的人只知道用嘴巴和耳朵去讲解和学习，却不知道还有反省、克己的道理。如今想反省克己，却还拘泥于口诵耳听的表面功夫。这些表

夫恶念者，习气也；善念者，本性也。本性为习气所汩者，由于志之不立也。故凡学者为习所移，气所胜，则惟务痛惩其志，久则志亦渐立；志立而习气渐消。学本于立志，志立而学问之功已过半矣。此守仁迩来所新得者，愿毋轻掷。若初往年亦常有意左屈，当时不暇与之论，至今缺然。若初诚美质，得遂退休。与若初了夙心，当亦有日见时。为致此意，务相砥砺，以臻有成也。人行遽，不一一。

恶念者，习气也；善念者，本性也；本性为习所胜，气所汩者，志不立也；痛惩其志，使习气消而本性复，学问之功也。噫！此吾师明训昭昭告太叔者告吾人也；可深省也夫！德洪为亿弟书。

二、与徐仲仁 _{仲仁即曰仁，师之妹婿也。}

北行仓率，不及细话。别后日听捷音。继得乡录，知秋战未利。吾子年方英妙，此亦未足深憾。惟宜修德积学，以求大成。寻常一第，固非仆之所望也。家君舍众论而择子。

面功夫本来就对反省自身和克己求道有阻碍和束缚作用，然而怎么能够进步啊！

所谓恶念，就是不良的习气；所谓善念，就是人的本心。本性之所以被习气扰乱，是由于志向还没有真正确立。因此，凡是想学成正果的人，被习气之性所征服，那就只有下狠心纠正自己的志向了。这样，久而久之志向就会渐渐地确立起来；志向确立了，不良的习惯也就会逐渐消失的。治学的根本在于立志，志向确立了，学问的功夫也就做了一半了。这些思想是守仁我近来体验得到的，希望您不要轻易抛在一边。若初往年总是有意谦虚，当时我没有闲暇和他讨论，至今还感到遗憾。若初的资质的确很好，等我退了休，一定要与若初了此夙愿。这样我们就可以天天见面，为了实现这个意愿，我们一定互相切磋，以便都能有所成就。送信的人马上要走，就不详细写了。

恶念，是后天习得的气质之性；善念，是人的先天本性。先天的本性被习惯战胜，被气质之性扰乱，是因为没有立志。下狠心纠正自己的志向，使不良的习惯和气质之性消失，而让先天的本性得以恢复，这才是治学所要做的真正的功夫。这封家信是我的导师王阳明先生对太叔和我们这些人谆谆教导，其中的道理说得多么明白啊！很值得我们深思。这是钱德洪为正亿弟所写的跋。

二、与徐仲仁 仲仁，就是曰仁，是王阳明先生的妹夫。

我这次向北走得很仓促，来不及和你深入谈心。分别以后每天我都能听到战斗胜利的消息。后来看到乡试录，才知道你今年秋天的乡试失利。你现在正是风华正茂的年龄，这点小小

所以择子者，实有在于众论之外，子宜勉之！勿谓隐微可欺而有放心；勿谓聪明可恃，而有怠志。养心莫善于义理，为学莫要于精专。毋为习俗所移，毋为物诱所引。求古圣贤而师法之。切莫以斯言为迂阔也。

昔在张时敏先生时，令叔在学，聪明盖一时，然而竟无所成者，荡心害之也。去高明而就污下，念虑之间，顾岂不易哉！斯诚往事之鉴。虽吾子质美而淳，万无是事。然亦不可以不慎也。意欲吾子来此读书，恐未能遂离侍下，且未敢言此。俟后便再议。所不避其切切，为吾子言者，幸加熟念。其亲爱之情，自有所不能已也。

海日翁为女择配，人谓曰仁聪明不逮于其叔。海日翁舍其叔而妻曰仁。既后其叔果以荡心自败；曰仁卒成师门之大儒。噫！聪明不足恃，而学问之功不可诬也哉！德洪跋。

的失利还不值得你为它深深地感到遗憾。你应该培养高尚的品质、积累丰富的知识，以便取得大的成就。考个平平常常的功名，当然不是我对你的希望。我的父亲抛开所有的人的建议而选择了你做他的女婿。之所以要选择你，实在是有众人所没有想到的原因，你应该努力啊！不要认为在隐蔽的地方或细小的事情上就可以欺骗别人或自己，就可以放纵自己的欲念。不要认为可以仰仗聪明而懒散怠惰，不加努力。要知道，对于修养心灵而言，没有比在义理方面下功夫更好的；对于做学问而言，没有比精心和专心更重要的。不要被习俗所动摇，不要被物质欲望所引诱，请教古代的圣贤并向他们学习。千万不要以为这种说法是不切实际。

过去，在张时敏先生那里，你的叔父在学堂里可以说是很聪明的。然而最终还是没有什么成就，是因为心太浮躁妨碍了他。离开品德高尚的人而去接近那些龌龊卑下的人，只是一念之差，不是很容易吗？这确实是过去的事情留给我们的教训。即使你的天赋很好，品质淳厚，并且没有一点这方面的问题，但是也不能因此就不谨慎小心。很想你来我这里读书，又怕你不能离开父母来侍奉我，所以没敢开口。等以后有机会再谈此事。我这封信之所以不厌其烦地表达我对你的关切，是因为跟你写信我感到非常亲切，一种亲爱之情就有些难以控制了。

老先生海日翁为他的女儿挑选夫婿的时候，有人说曰仁没有他的叔父聪明，海日翁先生却偏偏不让曰仁的叔叔做自己的女婿而把自己的女儿嫁给曰仁做妻子。后来，曰仁的叔叔果然因为心性浮荡而失败了，而曰仁却最终成了阳明心学这一派的著名儒家学者。这真是：聪明不足以作为依靠，学问的功夫不能弄

三、上海日翁书

寓吉安男王守仁百拜书上，父亲大人膝下：

江省之变，昨遣来隆归报，大略想已如此。时宁王尚留省城，未敢远出。盖虑男之捣其虚，蹑其后也。男处所调兵亦稍稍聚集。忠义之风，日以奋扬。观天道人事，此贼不久断成擒矣。

昨彼遣人赍檄至，欲遂斩其使；奈赍檄人乃参政季斆。此人平日善士，又其势亦出于不得已，姑免其死，械系之。已发兵至丰城诸处分布，相机而动。所虑京师遥远，一时题奏无由即达；命将出师，缓不及事，为可忧尔。男之欲归已非一日。急急图此已两年。今竟陷身于难。人臣之义至此岂，复容苟逃幸脱？惟俟命师之至，然后敢申前恳。俟事势稍定，然后敢决意驰归尔。

伏望大人陪万保爱。诸弟必勉尽孝养，旦暮切勿以不孝男为念。天苟悯男一念血诚，得全首领；归拜膝下，当必有日矣。因闻巡检便，草此。临书慌愦，不知所云。七月初二日。

虚作假啊！德洪跋。

三、上海日翁书

儿子王守仁在吉安怀着无比崇敬的心情写上这封信，请父亲大人过目：

江西发生宁王叛乱之事，昨天我已派来隆回去报告了。估计您现在已经知道了。眼下宁王还留在省城，不敢远出。大概是怕儿乘虚攻入城去，或断了他的后路吧。儿这里所调的兵马也正渐渐地聚集起来。忠孝节义的风气一天比一天高涨。观察天道人事，叛贼宁王很快就会被我们擒拿。

昨天，他派人送来檄文，我想杀掉这个送信的人。奈何这位送信的人是参政季敩。此人平日对知识分子很好，而且他为叛贼送信也是迫不得已，所以姑且免他一死，用木枷将他关起来了。我已经派兵到丰城一带埋伏，伺机而动。考虑到京城非常遥远，现在写一篇奏章也没有办法立即到达。等他们命令将领率兵前来，也是来不及的，这是我现在感到忧虑的。儿很想回家已不是一天两天了，两年来儿一直盼望着早日回家。如今忙于平定叛乱。作为大明王朝的臣子，到这种地步我怎能再次允许我自己临阵脱逃呢？只好等朝廷大军到来，然后才敢前去申请；等形势稍微平定下来，然后才敢下定决心赶紧回家了。

还望父亲大人多多保重身体。诸位兄弟一定会尽心孝敬您的。早晚都不要牵挂我这个不孝之子。老天爷如果同情儿的一片赤诚之心，定会保全儿的性命，儿回到您的身边也就指日可待了。听说巡检省的方便，草草地写了这封信。临写的时候心中慌乱，所以不知写些什么好。七月初二。

右吾师逢宁濠之变，上父海日翁第二书也。自丰城闻变，与幕士定兴兵之策，恐翁不知，为贼所袭；即日遣家人间道趋越，至是发兵于吉安，复为是报慰翁心也。

且自称姓者，别疑也。尝闻幕士龙光云："时师闻变，返风回舟，濠追兵将及，师欲易舟潜遁，顾夫人诸公子正宪在舟。夫人手提剑别师曰：'公速去。毋为母子忧；脱有急，吾恃此以自卫尔！'及退还吉安。将发兵，命积薪围公署。戒守者曰：'倘前报不利，即举火爇公署。'时邹谦之在中军，闻之．亦取其夫人来吉城，同誓国难。

人劝海日翁移家避仇。翁曰：'吾儿以孤旅急君上之难。吾为国旧臣，顾先去以为民望耶？'遂与有司定守城之策，而自密为之防。"噫！吾师于君臣父子夫妇之间，一家感遇若此。至今人传忠义凛凛。是书正亿得于故纸堆中，读之怆然，如身值其时；晨夕展卷，如侍对亲颜。

嘉靖壬子，海夷寇黄岩，全城煨烬。时正亿游北雍，内子

以上这封信是我的导师遇到宁王朱宸濠叛乱之后,写给他的父亲海日翁老人的第二封信。自从丰城发生了叛乱,我的恩师王阳明先生就与参谋人员商定了起兵讨伐叛贼的策略。先生怕老人不知道情况而遭叛贼偷袭,当天就派家人护送老人抄小路赶往越地。这样安排妥当之后才派兵到吉安,并重新写了以上这封信来安慰老人的心。

而且先生在信中用真名实姓称呼自己。为的是不让老人怀疑,以便让老人放心。我曾听先生的谋士龙光说过:"当时先生听说发生了叛乱,便掉转船头,逆风而行。朱宸濠的叛军快要追上的时候,先生想换一条船潜逃,但先生的夫人和公子正宪都在船上。夫人提着剑诀别先生说:'先生您快走吧,不要为我们母子担忧;如发生紧急状况,我依仗这把剑就可以自卫了。'等到退回吉安之后,正要发兵的时候,先生命令士兵在公署周围堆上柴火,并告诫守护的人说:'倘若前面来人报告守城不利,就点火烧掉公署。'当时邹谦之在中军,听说这件事后,也带着夫人一道赶来吉安城,和王阳明先生一起发誓要同赴国难。

有人劝海日翁老人移家避难。老人说:'我的儿子为了替皇上分忧孤军奋战,我作为王朝的旧臣,难道能辜负老百姓的厚望而先逃吗?'于是老人便同有关人员共同商量守城的办法,私下里还独自守护吉安城而努力。"我的恩师王阳明先生家对君臣、父子、夫妇间的大义的认识到如此程度。以至于至今还为人传颂,其忠义之心真是令人肃然起敬。这封书信,是正亿从故纸堆中发现的。读起来有一种悲伤的感觉,仿佛身处于当时。早晨和晚上打开这封信,就像又亲眼看到了老师的容颜。

嘉靖三十一年,倭寇侵犯黄岩城,全城顿时被烧成了一片

黄哀惶奔亡，不携他物，而独抱木主图像以行，是卷亦幸无恙。噫！岂正亿平时孝感所积？抑吾师精诚感通，先时身离患难，而一墨之遗，神明有以护之耶？后世子孙，受而读之，其知所重也哉？德洪拜手跋。

四、岭南寄正宪男

初到江西，因闻姚公已在宾州进兵，恐我到彼，则三司及各领兵官未免出来迎接，反致阻挠其事。是以迟迟其行，意欲俟彼成功，然后往彼，公同与之一处。十一月初七，始过梅岭，乃闻姚公在彼，以兵少之故，尚未敢发哨。以是只得昼夜兼程而行，今日已度三水，去梧州已不远，再四五日可到矣。

途中皆平安，只是咳嗽尚未全愈，然亦不为大患。书到，可即告祖母汝诸叔知之，皆不必挂念。家中凡百皆只依我戒谕而行。魏廷豹、钱德洪、王汝中常不负所托，汝宜亲近敬信，如就芝兰可也。廿二叔忠信好学，携汝读书，必能切励。汝不审近日亦有少进益否？聪儿迩来眠食如何？凡百只宜谨听魏廷豹指教；不可轻信奶婆之类，至嘱至嘱！一应

废墟。当时正亿正在北雍游学,妻子黄氏悲痛而慌乱地逃亡。她什么也不带,只怀抱着正亿家的祖宗牌位和图像逃亡,这卷书信也幸免于难。这难道不是正亿平时的孝心不断积累和结果吗?或者是我的恩师王阳明的精诚感通了神灵?先生虽然已遭遇了不幸,可他的墨迹却保存下来了,这难道不是神明保佑的结果吗?后世子孙如果能得到这些书信并认真地阅读,他们的感受会不会也很沉重呢?他们从中学到的东西不是非常重要的吗?——德洪怀着崇敬的心情写了这篇跋。

四、岭南寄正宪男

我刚刚到达江西,由于所说姚公在宾州进兵,我怕自己如果赶到那里,三司及各路官兵未免都要出来迎接,这样反而会妨碍姚公的事务。所以,故意缓缓而行。我这样做,是想等姚公在宾州取得成功之后再到宾州去,届时再和姚公同居一处。十一月初七,我们才经过梅岭,到那里才听说,姚公在宾州因为兵马太少,还没有敢于对敌人发起进攻。于是,我们只得昼夜兼程,今天已渡过三水。离梧州已经不远了。再过四五天就可以到达宾州了。

途中都很平安,只是咳嗽还没有完全好,但并不严重。收到我的信后,你就可以把这些情况告诉你祖母和你的各位叔父,叫他们都不必挂念我。家中的各种事情,都只能按照我的告诫去做。魏廷豹、钱德洪、王汝中从不辜负我的嘱托,你应该亲近他们,尊敬和信赖他们。要像接近灵芝和兰花一样亲近他们才行。你的二十二叔忠诚老实,勤奋好学。他带你读书,一定能切实使你用功。不知道你近来是否有些进步?聪儿近来的饮食睡

租税帐目,自宜上紧,须不俟我丁宁。我今国事在身,岂复能记念家事?汝辈自宜体悉勉励,方是佳子弟尔。十一月望。

正亿初名聪,师之命名也。嘉靖壬辰秋,依其舅氏黄久庵寓留都,值时相更名于朝,责洪为文告师,请更今名。当时问眠食如何;今正亿壮且立,男女森列矣。噫!吾何以不负师托乎?方今四方讲会日殷,相与出求同志,研究师旨,以成师门未尽之志,庶乎可以慰遗灵于地下尔!是在二子。嘉靖丁巳端阳日,门人钱德洪百拜跋于天真精舍之传经楼。

赣州书示四侄正思等

近闻尔曹学业有进。有司考校,获居前列。吾闻之喜而不寐。此是家门好消息。继吾书香者,在尔辈矣。勉之勉之!吾非徒望尔辈但取青紫荣身肥家,如世俗所尚,以夸市井小儿。尔辈须以仁礼存心,以孝弟为本,以圣贤自期;务在光前裕后,斯可矣。

眠如何？遇到什么事情，你只应该认真听取魏廷豹的指教，不能轻言乳母一类人的话。这一点要特别、特别注意。所有的租税账目，你都应该自己认真地把它做好，这一点应该不需要等我的叮咛了。我如今国事在身，怎么还能够记挂家事呢？你们应该自己勤勉努力，这样才是好的子弟啊。十一月十五日。

　　正亿，最初的名字叫聪，是我的恩师王阳明先生为他取的名字。嘉靖十一年秋季，跟随他的岳父黄绾（号久庵）住在留都南京，正碰上在朝廷的许多人纷纷更改名字的时候，于是要我撰文告诉我的老师王阳明先生，请求把聪这个名字改成了现在这个名字。正亿那个时候还需要人操心他的饮食睡眠，如今已经成为一个堂堂的男子汉了。为了不辜负老师的嘱托，我还需要做些什么不辜负恩师的重托吗？如今我积极地到各地讲学；和王正亿一道出去寻找志同道合的人，研究先生的学说的宗旨，以便能够实现先生还没有完全实现的志向。我们所做的这些工作也许能够告慰九泉之下的先师吧，责任在我们两个人身上。嘉靖三十六年端阳节，弟子钱德洪怀着崇敬的心情在天真精舍的传经楼题跋。

赣州书示四侄正思等

　　最近听说你们学业有进步；在有关方面发起的考试中，名次位居前列。我听了这个消息高兴得睡不着觉。这是我们王家的好消息，继承我们家的书香就靠你们了，一定要努力，再努力啊！我并不奢望你们像世俗的人所崇尚的那样，读书只为做官，只为荣华富贵，光宗耀祖，并以此在普通老百姓面前炫耀自夸。

吾惟幼而失学无行，无师友之助，迨今中年，未有所成。尔辈当鉴吾既往，及时勉力；毋又自贻他日之悔，如吾今日也。习俗移人，如油渍面。虽贤者不免，况尔曹初学小子能无溺乎？然惟痛惩深创，乃为善变。

昔人云："脱去凡近，以游高明。"此言良足以警，小子识之！吾尝有立志说与尔十叔。尔辈可从抄录一通，置之几间，时一省览，亦足以发；方虽传于庸医，药可疗夫真病。尔曹勿谓尔伯父只寻常人尔，其言未必足法；又勿谓其言虽似有理，亦只是一场迂阔之谈，非吾辈急务；苟如是，吾末如之何矣！

读书讲学，此最吾所宿好。今虽干戈扰攘中，四方有来学者，吾亦未尝拒之。所恨牢落尘网，未能脱身而归。今幸盗贼稍平，以塞责求退，归卧林间；携尔曹朝夕切磋砥砺，吾何乐如之！偶便，先示尔等，尔等勉焉！毋虚吾望。正德丁丑四月三十日。

你们应该保持心中的良知，以孝悌为根本；用圣贤的标准来严格要求自己；一定要发扬光大前辈的优秀成果，不断创新，对后世要有所建树，有所帮助。这样做才是对的。

我小时候没读多少书，也没做什么功夫，加上没有老师和朋友的帮助，所以，如今已届中年却仍没有什么大的成就。你们应该以我的过去为借鉴，趁现在年轻努力学习，不要以后又像我今天这样对过去感到后悔。世俗的习惯的风俗很容易改变人，这就像人脸总免不了油污一样，即使是圣人都免不了会被习气所改变，何况你们这样的年轻人呢？因此只有深入地反省自己，毫不容情地批判自己，才能做得好、才能使自己不断地向好的方面转变。

古人说："脱去凡近，以游高明"。这句话足以引起你们的警惕。你们要认真体会它。我曾经写了一篇立志方面的文章，给了你们的十叔。你们可以从他那里抄录过来通读一遍，然后放在几案上，经常读一读，反省反省自己这就足以激发你们的上进心了。这篇文章好比一剂药，药方虽然出自庸医之手，但还能够治疗一些真正的疾病。你们不要认为伯父我只是寻常的人罢了，我的话不一定值得效法；也不要认为我的话虽然看起来似乎有理，但也只是一番迂腐的高谈阔论，不是我们急切要做的事情。如果真是这样，我也不知道该怎么办了！

读书讲学是我的一大爱好。如今虽然是干戈扰攘的战争时期，但只要有求学者从各地找来，我也从不拒之门外。遗憾的是我被世俗中的各种事务缠扰，不能离开这些事情而回到家中。现在，幸好稍微平定了匪盗和叛贼的骚乱。这样，我就可以搪塞责任，请求回去了。到那时，我就可以归卧林间，带着你们早

又与克彰太叔

　　日来德业想益进修；但当兹末俗，其于规切警励，恐亦未免有群雌孤雄之叹，如何？印弟凡劣，极知有劳心力，闻其近来稍有转移，亦有足喜！所贵乎师者，涵育薰陶，不言而喻。盖不诚，未有能动者也。于此亦可以验己德。因便布此，言不尽意。

　　正月廿六日得旨，令守仁与总兵各官解囚至留都。行及芜湖，复得旨回江西抚定军民。皆圣意有在，无他足虑也。家中凡百安心，不宜为人摇惑。但当严缉家众，扫除门庭，清静俭朴以自守；谦虚卑下以待人，尽其在我而已，此外无庸虑也。

　　正宪辈狂稚，望以此意晓谕之！近得书闻老父稍失调，心极忧苦。老年之人，只宜以宴乐戏游为事。一切家务皆当屏置。亦望时时以此开劝，家门之幸也。至祝至祝！事稍

早晚晚在一起读书讲学、切磋砥砺。那该是何等的快乐啊！偶然有人方便携带书信回去，便先写了这封信给你们，希望和你们共勉，千万不要让我的希望落空。正德十二年四月三十日

又与克彰太叔

太叔近来在品德和事业上，想必又有了更大的进步吧。只是在这样一个世风日下的末流时代，那些对于劝诫勉励的话语，恐怕也不免有"群雌孤雄"的感叹，怎么办呢？弟弟王印一直顽劣，非常了解您有劳心神。听说他近来稍微有些转变，这也是值得高兴的啊！对于教师而言，可贵在于培育感染学生，使之能不说就懂。可是如果他自己没有诚意，再好的老师也不能使他有所转变。从这里可以检验出自己的品德。抽空写下这封信，言不尽意，请多包涵。

正月二十六日，我得到皇上的圣旨，命令我和总兵各官押解囚犯到留都南京。行军到了芜湖，又接到圣旨，要我们回到江西，安抚、稳定军民。这些都是皇帝的要求，我没有任何值得忧虑。家中的各种事情，最重要的是要安心，不应该被人动摇蛊惑。只要严格管教家人，清除一切败坏家庭门风的人或事。每一个人都要通过清静俭朴的生活来自守心中的良知；对待他人要谦虚卑下。所有这些都是我所关心的，此外我就没什么顾虑的了。

正宪这辈人狂放幼稚，希望您把我这里讲的意思告诉他们。最近收到家信，听说老父亲身体不大好，心里非常忧伤和苦恼。上了年纪的人，只适合把饮宴作乐、嬉戏游玩作为日常事，

定,即当先报归期。家中凡百,全仗训饬照管,不一。

老父疮疾,不能归侍,日夜苦切,真所谓欲济无梁,欲飞无翼;近来诚到,知渐平复,始得稍慰。早晚更望太叔宽解怡悦其心。闻此时尚居丧次,令人惊骇忧惶。衰年之人,妻孥子孙日夜侍奉承直,尚恐居处或有未宁;岂有复堪孤疾劳苦如此之理? 就使悉遵先王礼制,则七十者亦惟衰麻在身,饮酒食肉处于内,宴饮从于游可也;况今七十五岁之人,乃尚尔茕茕独苦若此,妻孥子孙何以自安乎?

若使祖母在冥冥之中知得如此哀毁,如此孤苦,将何如为心? 老年之人,独不为子孙爱念乎? 况于礼制亦自过甚,使人不可以继,在贤知者,亦当俯就,切望恳恳劝解;必须入内安歇,使下人亦好早晚服事,时当游嬉宴乐,快适性情,以调养天和;此便自为子孙造无穷之福。

此等言语,为子者不敢直致,惟望太叔为我委曲开譬;

一切家务都不应该让他操心。还希望您常常去到他身边开导开导他。做到了这些，那真是我们家的幸福啊！但愿如此，但愿如此！局势稍稍平定下来，我就会先向您报告回家的日期的，家中的各种事务全靠您教导照管了。其余不一一细说了。

老父亲得了疮疾，我却不能回家侍奉他老人家，感到日夜不得安宁。这真是所说的想过河却没有桥，想飞回去却又没有翅膀。最近来诚到我这里来了，才知道老人的疮疾有所好转。心里也就稍微得到了一点慰藉。还希望太叔早晚多去宽慰、开导老父，以便让他心情愉快些。听说老父现在还住在"丧次"（停灵治丧之所），这实在令人震惊、忧伤和不安。通常的人上了年纪，妻子儿女和孙儿女都要日夜侍奉，怕他生活起居不安宁；哪有让一个老人忍受如此孤单、疾病和劳作之苦的道理？纵使全部按照先王的礼制，那么七十岁的人丧服在身，这样的人也可以在家里饮酒吃肉，出外宴请朋友，到处游玩；何况老父今年已是七十五岁的人啊。让他过着这样独自孤苦的生活，妻子儿女和孙儿孙女怎么能安心呢？

假如祖母在九泉之下知道我的老父亲如此悲伤，如此孤苦伶仃，她的心情该会怎样呢？难道人上了年纪，这连子孙都不爱他，不挂牵他了吗？况且按照礼制的要求，这样做也太过分了。使后人无法继他之后照办。贤德明智的人，也应该亲自去探望，耐心地劝说，让老人一定要搬回家里安歇，使得下人也好早晚服侍。那时老人就可以游玩嬉戏，饮宴作乐，这样老人的心情才会舒畅，来调养天地祥和之气。这就为子孙后代造了无穷的福气。

这种话语，我作为儿子，不敢直接向老父说出来，希望太叔

要在必从而后已。千万千万！至恳至恳！正宪读书，一切举业功名等事，皆非所望；但惟教之以孝弟而已。来诚还，草草不尽。

祖母岑太夫人百岁考终时，海日翁寿七十有五矣，尤茕茕苦块，哀毁逾制；师十二失恃，鞠于祖母。在赣屡乞终养，弗遂，至是闻讣，已不胜痛割；又闻海日翁居丧之戚，将何以为情？"欲济无梁，欲飞无翼。"读之令人失涕！师之学发明同体万物之旨，使人自得其性。故于人义天常，无不恳至；而居常处变，神化妙应，以成天下之务可由此出。其道可以通诸万世而无弊者，得其道之中也。录此可以想见其概。德洪跋。

寄正宪男手墨二卷

正宪字仲肃，师继子也。嘉靖丁亥，师起征思、田，正亿方二龄；托家政于魏廷豹，使饬家众以字胤子，托正宪于洪与汝

替我委婉地开导、规劝我的父亲，关键是要让他听从而后才停止劝诫。千万千万希望太叔您记住，非常诚恳地请求您。正宪读书，一切功名事业之类都不是我希望他获得的，我只希望你教他孝悌之类的做人的道理。前来的来诚要从我里回去了。草草地写了这些，言不尽意，请原谅。

　　祖母岑太夫人百年去世的时候，海日翁已是七十五岁高龄，可他还是孤孤单单地守在"丧次"里，哀痛悲伤超越礼制的规定。王阳明先生十二岁的时候就失去了母亲，由祖母抚育成人。在江西，他多次请求祖母到他那里养老，一直没有实现他的心愿。到这时听到祖母去世的消息，已经悲痛得不行，又听说老父海日翁居丧是如此悲戚，他的心情该有多么难过啊！"想过河却没有桥，想飞回家却又没有翅膀。"读起来令人痛哭流涕。先生的心性之学发扬光大了万物共同的本质，使人各自获得其先天的德性。因而对社会道德和自然规律，没有不诚恳地服膺的。至于以不变应万变，同天地万物融于一体，互相感应，并在此基础上来完成天下的各种事情。所有这些神妙的境界，都可以通过先生的心性之学而达到。先生所把握的天道之所以能够适用于万世万代，而不会有什么弊病，原因在于他得到了天道的核心。记下这几句就可以推想而知道先生之学的大概意思了。——钱德洪题跋

寄正宪男手墨二卷

　　正宪，字仲肃，是王阳明先生的继子。嘉靖六年，先生率军征讨广西思恩、田州的叛乱；那时正亿刚刚两岁。先生把家中事务托付

中，使切磨学问，以饬内外；延途所寄音问，当军旅倥偬之时，犹字画道迳，训戒明切。至今读之，宛然若示严范。

师没后，越庚申，邹子谦之、陈子惟濬来自怀玉，奠师墓于兰亭，正宪携卷请题其后。噫！今二子与正宪俱为泉下人矣。而斯卷独存。正宪年十四，袭师锦衣荫；喜正亿生，遂辞职出就科试。即其平生，邹子所谓"授简不忘"，"夫子于昭之灵，实宠嘉之"，其无愧于斯言矣乎？

即日，舟已过严滩。足疮尚未愈，然亦渐轻减矣。家中事凡百与魏廷豹相计议而行；读书敦行，是所至嘱。内外之防，须严门禁，一应宾客来往，及诸童仆出入，悉依所留告示，不得少有更改。四官尤要戒饮博，专心理家事。保一谨实可托，不得听人哄诱，有所改动。我至前途，更有书报也。

舟过临江，五鼓与叔谦遇于途次，灯下草此报汝知之。沿途皆平安，咳嗽尚未已，然亦不大作。广中事颇急，只得连夜速进；南、赣亦不能久留矣。汝在家中，凡宜从戒谕而行，读书执礼，日进高明，乃吾之望；魏廷豹此时想在家，家众悉宜遵廷豹教训。汝宜躬率身先之。书至，汝即可报祖母

给魏廷豹。让他管教家人，抚育嗣子。把正宪托付给德洪和王汝中，让他们切磋嗣子学问，管理家中内外事务。先生沿途寄回的书信，即便是在军事战斗非常激烈的时候都写得很遒劲。在这些书信中，先生的教导和告诫是非常深刻和确切的。至今读起来，就好像先生在给我们做严格的示范一样。

先生去世后，过了嘉靖三十九年，邹谦之先生和陈惟濬先生从怀玉赶来，在兰亭祭奠先生的坟墓。正宪拿着先生的手迹，请他们在后面题字。如今两位先生和正宪都做了九泉之下的人，可这份手卷还在。正宪十四岁那年，就因为先生为官有功而袭职；正亿出生后他感到很喜悦于是辞去官职，出去参加科举考试。就他的一生来看，正如邹先生所说的"授简不忘""夫子于昭之灵，实宠嘉之"，他无愧于邹先生的表扬呢？

今天，船过了严滩。我的脚疮还没有痊愈，但逐渐减轻了。家中各种比较重要的事情，要与魏廷豹互相商量之后再做，读书学习、行为检点，是我一再叮嘱的。家庭内外的防护，一定要严肃对待门口的出入限制。所有的宾客来往以及家僮和仆役的出入，都要依据我所留的告示进行对待，不得稍有更改。四官尤其要防止饮酒太多，要专心处理家务事。保一诚实认真，是个可以依靠的人，不得听别人的唆使和诱惑，擅自改动家规和各种习惯做法。我到了前面，还会给你写信的。

我乘坐的船已过了临江，五更天与叔谦在途中相遇，灯下草写了这封信，想把途中的一些情况告诉你。我一路都很平安，咳嗽还没痊愈，但也不再大发作。广中的局势很危急，只得连夜加速前进了，南、赣也不能久留。你在家中，凡事都应该按照我对你的告诫去做，读书执礼，要一天比一天有所进步，这是

诸叔。况我沿途平安，凡百想能体悉我意。钤束下人谨守礼法，皆不俟吾喋喋也。廷豹、德洪、汝中及诸同志亲友，皆可致此意。

近两得汝书，知家中大小平安，且汝自言能守吾训戒，不敢违越。果如所言，吾无忧矣。凡百家事，及大小童仆，皆须听魏廷豹断决而行。近闻守度颇不遵信，致抵牾廷豹。未论其间是非曲直，只是抵捂廷豹，便已大不是矣。纪闻其游荡奢纵如故，想亦终难化导。试问他毕竟如何乃可？宜自思之！

守悌叔书来云，云汝欲出应试。但汝本领未备，恐成虚愿。汝近来学业所进，吾不知。汝自量度而行，吾不阻汝，亦不强汝也。德洪、汝中及诸直谅高明，凡肯勉汝以德义，规汝以过失者，汝宜时时亲就。汝若能如鱼之于水；不能须臾而离，则不及人不为忧矣。

吾平生讲学，只是"致良知"三字。仁，人心也。良知之诚爱恻怛处，便是仁；无诚爱恻怛之心，亦无良知可致矣。汝于此处，宜加猛省！家中凡事，不暇一一细及。汝果能敬守训戒，吾亦不必一一细及也。余姚诸叔父昆弟皆以吾言告

我对你的期望。魏廷豹此时想必在家，家人都应该听从廷豹的教导，你更应该带头这样做。信一到了之后，你就可以报告祖母和各位叔叔。况且我沿途平安。许多事情想必大家能够体会我的意思，诸如要约束家中的用人严守礼法之类的事情都不要等我喋喋不休地叮嘱了。这个观点对于魏廷豹、钱德洪、王汝中以及其他志同道合者和亲戚朋友，都可以传达我这个意思。

最近两次收到你的来信，知道家中大人小孩都很平安。你说你能够遵守我的训导告诫，不敢违背。如果真像你所说的，我就没有什么担心的了。家中的各种事务和大小儿童和仆人，都必须按照魏廷豹的要求去做。最近听说守度不遵守信用，甚至顶撞魏廷豹。而不管其中的是非曲直，光是顶撞魏廷豹，便已经很不应该啊。听说纪还是像以前一样到处游荡，奢侈放纵；想必最终还是难以教育、感化过来的。试问他究竟要滑到何种地步才肯罢休呢？你应该对此深思。

守悌叔写信来说，你想出去参加考试。只是你的本领还没准备好，恐怕你这样去考试会希望落空。对你近来的学业所取得的进步我还不了解，你自己量力而行，我不阻拦你，也不勉强你。钱德洪、王汝中以及其他耿直、诚信、德高望重的人，凡是愿意用道德仁义来勉励你，用过失来规劝你的，你都应该经常亲近他们。你如果能够如鱼得水一样和这样的人相亲近，不能一会儿不离开他们，那么，即使你比不上别人，也不用为此忧愁了。

我平生所体证的学问只是"致良知"三个字。仁，也就是人心。良知的诚信、慈爱和怜悯恻隐的地方，就是仁。没有诚挚、慈爱和怜悯恻隐之心，也就没有良知可致了。你在这里应该特别注意。家中的事情，我没有时间一一过问。如果你真能够认真

之。

前月曾遣舍人任锐寄书，历此时当已发回；若未发回，可将江西巡抚时奏报批行稿簿一册，共计十四本，封固付本舍带来。我今已至平南县，此去田州渐近。田州之事，我承姚公之后，或者可以因人成事；但他处事务似此者尚多，恐一置身其间，一时未易解脱耳。

汝在家，凡百务宜守我戒谕，学做好人。德洪、汝中辈，须时时亲近，请教求益。聪儿已托魏廷豹时常一看。廷豹忠信君子，当能不负所托。但家众或有桀骜，不肯遵奉其约束者，汝须相与痛加惩治。我归来日，断不轻恕。汝可早晚常以此意戒饬之。

廿二弟近来砥砺如何？守度近来修省如何？保一近来管事如何？保三近来改过如何？王祥等早晚照管如何？王祯不远出否？此等事我方有国事在身，安能分念及此琐琐家务？汝等自宜体我之意，谨守礼法，不致累我怀抱乃可耳。

东廓邹守益曰："先师阳明夫子家书二卷，嗣子正宪、仲肃甫什袭藏之，益趋天真，奠兰亭，获睹焉。喜曰：'是能授简不忘矣！'书中'读书敦行，日进高明'；'钤束下人，谨守礼法'，及

地遵守训导和告诫，我也就不一一细说了。我的这些话，你都可以告诉余姚的各位叔父和兄弟。

上个月我派办事员任锐给你寄了一份书信，现在应该已经送到了。如果没有送到，你可以将我在江西巡抚任上时的奏请报告及批发稿中比较薄的一册（共计十四本）包装封固，然后交给本舍人带来。我现在已到了平南县。此地离田州越来越近。田州的事务，我是在姚公之后来处理的，或许可以因为他打下的基础而完成这件事。但是其他地方类似这样的事情还很多，恐怕我一置身其间，一时还难以脱身了。

你在家中，各种事情要遵守我的教导和告诫，要学做好人。你要经常去亲近德洪、汝中这些人，向他们请教以便提高品质增长才干。聪儿我已托付魏廷豹常去看他。廷豹是个忠信的正人君子，他应该不会辜负我的重托。但是家人中或许有桀骜不驯、不肯接受廷豹管理的人，你一定要对这样的人严加惩治；我回来的时候也决不会轻饶这种人的。你可以早晚常用我这个意见提醒他们。

二十二弟近来学习怎样？守度近来的修省功夫做得如何？保一近来管事还可以吗？保三近来改过的情况怎样？王祥等早晚照顾得怎样？王祯不再远出了，是吗？我由于有国事在身，怎么能为这些事情分心于这类琐碎的家事务？你们应该体会我的意思，自己去处理。此外，你们要认真遵守礼法，不要让我牵肠挂肚了。

邹守益（字谦之，号东廓）说："先师王阳明先生写了两卷家书，他的儿子正宪、仲肃把它们全部承袭并收藏起来，使它日益显得自然而珍贵。我在兰亭祭奠先师时亲眼看了这些书信，并

切磋道义，请益求教，互相夹持，接引来学，真是一善一药。至'吾平日讲学，只是致良知三字，仁，人心也。良知之诚受恻怛处，便是仁，无诚受恻怛，亦无良知可致'，是以继志述事，望吾仲肃也。仲肃日孳孳焉；进而书绅，退而服膺，则大慰吾党爱助之怀；而夫子于昭之灵，实宠嘉之。"

又

去岁十二月廿六日，始抵南宁。因见各夷皆有向化之诚，乃尽散甲兵，示以生路。至正月廿六日，各夷果皆投戈释甲，自缚归降，凡七万余众。地方幸已平定，是皆朝廷好生之德，感格上下，神武不杀之威，潜孚默运，以能致此。在我一家则亦祖宗德泽阴庇，得无杀戮之惨，以免覆败之患矣。

俟处置略定，便当上疏乞归，相见之期渐可卜矣。家中

高兴地说:'这样就可以授简不忘了啊。'信中关于如何读书、如何督促自己的行动;关于如何一天比一天进步、如何管教下人、谨守礼法,以及如何切磋道义、请益求教,如何互相帮助、互相劝勉,真可以说是一个劝诫就是一服良药。到'我平日讲学的时候,我只讲致知这三个字。仁,就是人心;良知的诚信、慈爱、怜悯恻隐之处,便是仁。没有诚信、友善、怜悯恻隐之心,也就没有什么良知可致了。'是用以期望仲肃继承志向的。仲肃每天孜孜不倦,一方面把先师的教导编纂成书,另一方面把先师的教导牢牢地记在心里。他的表现大大地安慰了我们对他的喜爱之情,也的确没有辜负我们以前对他的帮助。王阳明先生若在天有灵,实在应该宠爱和嘉奖他。"

又

去年十二月二十六日,我才抵达南宁。见各蛮夷民族都有归顺明王朝的诚意,便解散了所有的士兵和放下武器,指给他们一条生路。到了正月二十六日,各蛮夷民族果然都放下武器,主动投降大明王朝了。投降人数一共七万余人。西南这一带地方总算已经平定下来了。这都是因为朝廷爱护生命的大仁大德,感动了蛮夷民族的上上下下。朝廷不杀蛮夷的恩威,潜移默化地对他们起了感化的作用,这才出现他们主动归降的局面啊。对于我们一家来说,也是祖宗生前的功德感动了上天,我们才得到了上天的保佑,所以我们既没有惨遭杀戮,又没有遭受失败的打击。

等我把公事大致安排妥当以后,我就向皇帝上疏,请求皇

自老奶奶以下，想皆平安？今闻此信，益可以免劳念。我有地方重寄，岂能复顾家事？弟辈与正宪只照依我所留戒谕之言，时时与德洪、汝中辈切磋道义，吾复何虑？余姚诸弟侄，书到咸报知之。

八月廿七日，南宁起程。九月初七日已抵广城。病势今亦渐平复，但咳嗽终未能脱体耳。养病本，北上已二月余，不久当得报。即逾岭东下，则抵家渐可计日矣。书至，即可上白祖母知之。近闻汝从汝诸叔诸兄，皆在杭城就试。科第之事，吾岂敢必于汝，得汝立志向上，则亦有足喜也。汝叔汝兄，今年利钝如何？想旬月后此间可以得报，其时吾亦可以发舟矣。因山阴林掌教归便，冗冗中写此与汝知之。

我至广城，已逾半月；因咳嗽兼水泻，未免再将息旬月，候养病疏命下，即发舟归矣。家事亦不暇言，只要戒饬家人，大小俱要廉谨小心。余姚八弟等事，近日不知如何耳？在京有进本者，议论甚传播，徒取快谗贼之口。此何等时节，而可如此？

兄弟子侄中，不肯略体息，正所谓操戈入室，助仇为寇

上恩准我回家。这样,我同你和家人相见的日期也就可以测算出来了。家中自老奶奶以下,全都平安吗?现在收到了我这封信,大家也就可以免劳许多挂念了。我在这里还有许多地方上的重要事情要办,怎么顾得上家里的事情呢?只要我的各位兄弟和正宪都按照我所留的告诫行事,经常与德洪和汝中他们切磋道义,我还有什么顾虑呢?这封信一到,就请把情况全部告诉余姚的兄弟和侄儿。

八月二十七日,我从南宁起程,九月初七到达广城。病情如今已渐渐平复了,只是咳嗽还没痊愈。我养病的奏本北上已有两个多月了,要不了多久就可以批复了。只要过了岭东,到家的日子也就不远了。信到了之后,就可以告诉祖母。最近听说你跟着你的几位叔叔和哥哥都在杭城参加考试。科举考试的事,我不敢要求你也要听我的。只要你能够立志向上,我也就分外高兴了。你的叔叔和哥哥今年考试情况如何?想必十天半月之后你们就可以收到考试成绩,那时我也可以发船启程了。因为山阴林掌教要回去,所以另外哕哕嗦嗦地写了这封信,好让他带回去给你。

我到达广城已经过了半个多月,由于咳嗽加上腹泻,所以未免还要休息十天半月;等皇上准许我回家养病的命令下来之后,我就可以开船回家了。家中的事情也没有时间谈了,只要教育、管理好家人,从大人到小孩都谦虚谨慎就行了。余姚的八弟等人的情况,近来不知如何?在京城告状的人很多,他们的议论传播得很广,都是令那些快嘴婆和心怀叵测、陷害我家的坏家伙高兴的。现在是何等时节啊,怎么能这样呢?

兄弟之间、子侄之间发生矛盾,却不肯体谅对方。这正是通

者也，可恨可痛！兼因谢姨夫回，便草草报平安，书至，即可奉白老奶奶及汝叔辈知之。钱德洪、王汝中及书院诸同志皆可上覆。德洪、汝中亦须上紧进京，不宜太迟滞。

近因地方事已平靖，遂动思归之怀，念及家事，乃有许多不满人意处。守度奢淫如旧，非但不当重托，兼亦自取败坏，戒之戒之，尚期速改可也！实一勤劳，亦有可取，只是见小欲速，想福分浅薄之故，但能改创亦可。宝三长恶不悛，断已难留，须急急遣回余姚，别求生理；有容留者，即是同恶相济之人，宜并逐之。来贵奸惰，略无改悔，终须逐出。来隆、来价不知近来干办何如？须痛自改省，但看同辈中有能真心替我管事者，我亦何尝不知。添福、添定、王三等辈，只是终日营营，不知为谁经理？试自思之！添保尚不改过，归来仍须痛治。只有书童一人实心为家，不顾毁誉利害，真可爱念。使我家有十个书童，我事皆有托矣。来琐亦老实可托，只是太执懿，又听妇言不长进。王祥、王祯务要替我尽心管事，但有闪失，皆汝二人之罪；俱要拱听魏先生教戒，不听者责之。

常所说的操戈入室，助仇为寇的做法啊。实在是可恨可痛！正好谢姨夫要回家，草草地写下这封信让他带回去，以便给你报个平安。信到后，就可以告诉老奶奶和你的各位叔叔。钱德洪、王汝中以及书院其他同志都可以告知。德洪和汝中还必须赶紧到京城去，不宜太迟。

最近由于地方上的局势已经平定下来了，所以又动起了想回家的念头，想想家中的事情，还有许多不能令人满意的地方。守度还是像以前一样奢侈淫逸，他不仅没有承担重任，而且自取败坏，你一定要引以为戒啊！不过，还期待他迅速改正自己。实一这个人很勤劳，也有可取之处，只是有些急功近利，这大概是他的福分浅薄的缘故吧，只要能改进，还是不错的。宝三这个人长期作恶，不肯悔改，绝对不能继续留在家里了，应该赶紧把他送回余姚，让他另谋生路。如果谁想容留他，就是和他狼狈为奸。这样的人应该一并驱赶掉。来贵这个人狡猾、懒惰，一点悔改的表现都没有，最终还是应该驱逐出去的。来隆和来价两个近来不知办事如何？他们两个都应该痛改前非。看看同辈人中有能真心替我管事的，我又何尝不知呢？添福、添定、王三等人，只是整天忙忙碌碌，不知道他们是在为谁经营管理？你自己应该多想想。添保还是不肯改正过错，等我回家，一定要狠狠地整治他。只有书童一人，是真心实意干家务事，不管别人是批评他还是表扬他，不管对他有利还是不利，他都不计较，实在值得我们爱护和感念。假使我家有十个这样的书童，我的事情也就都可以托付给他们去做了。来琐也是个老实可靠的人，只是太憨厚了，而且又喜欢听信妇人之言，因而没有什么长进。王祥、王祯一定要替我尽心管理家事，只要有什么缺失，都要算

明水陈九川曰："此先师广西家书,付正宪、仲肃者也。中间无非戒谕家人谨守素训;至致良知三字乃先师平素教人不倦者。云:'诚爱恻怛之心即是致良知。'此晚年所以告门人者,仅见一二于全集中,至为紧要,乃于家书中及之,可见先师之所以丁宁告戒者,无异于得力之门人矣。仲肃宜世袭之!"

作是你们二人的罪过。你们都要虚心地接受魏先生的教导和训诫，谁不听话就批评谁。

陈九川（号明水）说："这些家书是先师从广西寄给正宪、仲肃的。其中无非是先师教导家人认真遵守平素训诫的一些礼义法度。至于'致良知'三个字，是先师平素教人不倦的东西。他说：'诚信、友善、怜悯、恻隐之心，就是致良知。'这几句话是先师晚年教给门徒的宗旨，在先师的全集中也只出现一两次，特别重要。先师在家书中谈出这些思想，可见先师把他学问的精髓传授给了贴心、得力的弟子。仲肃应该好好地继承先师的思想。"

卷之二十七　续编二

书

与郭善甫

朱生至,得手书,备悉善甫相念之恳切,苟心同志协,工夫不懈,虽隔千里,不异几席,又何必朝夕相与一堂之上,而为后快耶?

来书所问数节,杨仁夫去,适禅事方毕,亲友纷至,未暇细答。然致知格物之说,善甫已得其端绪,但于此涵泳深厚诸如数说,将沛然融释,有不俟于他人之言者矣。荒岁道路多阻,且不必远涉,须稍收稔,然后乘兴一来,不缕缕。

寄杨仕德

临别数语极奋励,区区闻之,亦悚然有警。归途又往西樵一过,所进当益不同矣。此时已抵家,大抵忘己逐物,虚内事外,是近来学者时行症候;仕德既已看破此病,早晚自不废药石。康节云:"与其病后能服药,不若病前能自防。"

此切喻爱身者,自当无所不用其极也。病疏至今未得报,此间相聚日众,最可喜,但如仕德、谦之既远去,而惟乾

与郭善甫

朱生到来,得到手书,备知善甫的恳切相念之心。只要心同志合,工夫不松懈,虽隔千里,与同睡一床也没什么差别。又何必朝夕都相处在一个房子里,然后才感到快乐呢?

来信所问的几件事,杨仁夫离开时,恰值禅事刚完,亲友纷纷到来,未能有空细答。然而致知格物的道理,善甫已大致明白了,只要于此能达到涵泳深厚的地步,其他的各种道理,将会很容易理解,不必再等待他人以言语告知。荒年道路多有阻碍,姑且不必远行,须得稍微熟悉之后,然后再乘兴一来,我不再啰唆了。

寄杨仕德

临别的几句话使人极感振奋,我听到后,亦感到震动。归途中又到西樵走了一趟,所说的话应当是更不同了,此时我已回到家中。大至忘了自己本身,只追逐外物,大概不从内部充实自己,而只注重外部的形式,是近来学者们的通病。仕德你既看已破这种病症,早晚自不会忘了服药改正。邵雍(卒谥康节)说:"与其病后能服药,不若病前能自防。"

这实是告诉爱身的人,自己要无所不用其极。告病的奏疏至今未得报上去,此间相聚的人日渐增多,最为可喜。但如仕

复多病,又以接济乏人为苦尔!尚谦度未能遽出,仕德明春之约,果能不爽,不独区区之望,尤诸同游之切望也。

与顾惟贤

闻有枉顾之意,倾望甚切;继闻有夹剿之事,盖我独贤劳,自昔而然矣。此间上犹、南康诸贼,幸已扫荡,渠魁悉已授首,回军且半月,以湖广之故,留兵守隘而已。奏捷须湖广略有次第,然后举,朱守忠闻在对哨有面会之图,此亦一奇遇。

近得甘泉书,已与叔贤同往西樵,令人想企,不能一日处此矣。

承示:既饱不必问其所食之物,此语诚有病,已不能记。当时所指,恐亦为世之专务辨论讲说而不求深造自得者说,故其语意之间,不无抑扬太过。虽然,苟诚知求饱,将必五谷是资,鄙意所重,盖以责夫不能诚心求饱者,故遂不觉其言之过激,亦犹养之未至也。

凡言意所不能达,多假于譬喻,以意逆志,是为得之;若必拘文泥象,则虽圣人之言,且亦不能无病,况于吾侪学未有至,词意之间,本已不能无弊者,何足异乎?今时学者,

德、谦之已经远走离开，而惟乾又再多病，那又以接续朋友太少为苦事了。尚谦估计不能马上出去。仕德如果真能不失明春的约定，则不仅是我的愿望，也是众位同进的热切愿望。

与顾惟贤

听说你有屈尊来看我的意思，我的盼望之心十分强烈；后来又听到有夹击围剿的事情，大概我独自劳苦，是从过去就这样了。这里的上犹、南康各路反贼，幸好已全部消灭，反贼的首领们都已被杀掉，回军已将近半月，只是因为湖广反贼的缘故，留下人马守护关隘罢了。向上表奏报捷的事，必须等到湖广方面安排基本停当，然后才能行动。听说朱守忠在对面的队伍里，曾见过他一面，这也算是一个奇遇吧。

近来收到甘泉的信，说他已经同叔贤同往西樵，令人想念，在这儿一天也待不下去。

承蒙训示：既然饱了就不必再问吃的是什么食物，这句话实在是有错误。当时所指之意已不能记得，大概是指世上专门从事辩论讲说而不去求得更深的修养和自身德性的人说的，因此，这句话的字里行间有抑扬太过的地方。虽然这样，如果真的知道要求吃饱，那么就一定要以五谷为食物。我想说的意思是，大约是因为要责备不能诚心求饱的人，因此感觉不到这句话里的过激之处，这也就是修养的尚不到家。

言意所不能表达之处，多假借比方来解释，用其大意来理解内容才能理解它真正含义；如果一定要拘于其文字形象，那么，即使是圣人的话，也不能没有错误，何况我们学得尚不到

大患不能立恳切之志，故鄙意专以贵志立诚为重。同志者亦观其大意之所在，斯可矣。惟贤谓有所疑而未解，正如饥者之求食，若一日不食，则一日不饱，诚哉是言！果能如饥者之求饱，安能一日而不食？又安能屏弃五谷而食画饼者乎？此亦可以不言而喻矣。承示为益已多，友朋切磋之职，不敢言谢，何时遇甘泉，更出此一正之。

闽广之役，偶幸了事。皆诸君之切，区区盖坐享其成者。但闽寇虽平，而虔南之寇乃数倍于闽，善后之图，尚未知所出，野人归兴空切，不知知己者亦尝为念及此否也？曰仁近方告病，与二三友去耕雪上，雪上之谋，实始于陆澄氏，陆与潮人薛侃，皆来南都从学，二子并佳士，今皆举进士，未免又失却地主矣。

向在南都相与者，曰仁之外尚有太常博士马明衡，兵部主事黄宗明，见素之子林达，有御史陈杰，举人蔡宗兖，饶文璧之属，蔡今亦举进士，其时凡二三十人，日觉有相长之益；今来索居，不觉渐成放倒，可畏可畏！闲中有见，不妨写寄，庶亦有所警发也。甘泉此时已报满，叔贤闻且束装，曾相见否？霍渭先亦美质可与言，见时皆为致意。

家，语词和原意之间，原本就不能没有毛病，有什么值得奇怪的呢？今天的学道的人，重要的毛病是不能立下诚恳切实的志向，因此我的意思特别以贵志立诚为重，相同志向的人只要看他的大体心愿是什么就行了。像您所说有些疑问没有明白，就好像饿着的人吃饭那样，一天不吃，就一天不饱，确实是这样啊！这句话里，如果真的像饿着的人想要吃饱那样，怎能有一天不吃饭呢，又怎能舍弃五谷却去吃画饼呢？这也可以不言就明白了，承蒙训示，对我的帮助很大，朋友之间应有互相切磋的职分，不敢向您道谢；什么时候遇到甘泉，我将向他出示这个，来改正他的观点。

　　闽广的战事，很幸运能够了结，这都是诸位的功劳，我只是坐享其成。但闽地的贼寇虽获平定，而虔南的贼寇却是闽地的好几倍，善后的计划，尚没有制订，在外的人空自有回家的欲望而不能实现，不知道知己的人也能为我想到这一点了吗？曰仁最近才告病辞官，与两三个朋友去雪上务农，去雪上的想法，实际是开始于陆澄这个人，陆澄与潮州人薛侃，都来到南都学习，两人都是很优秀的人才，今天都举了进士，我们不免又少了可以去做客的主人了。

　　以前在南都相处的人，曰仁之外还有太常博士马明衡，兵部主事黄宗明，见素的儿子林达，有御史陈杰，举人蔡宗兖、饶文璧等人，蔡宗兖今天也已举了进士。那时有大约二三十人，每天都感觉到相互促进的益处，今日来此离群索居，不觉之中渐渐放荡起来，可畏啊可畏！闲时有什么见解，不妨写信寄来，我也好有所警动启发。甘泉这时候已报满期，叔贤也据说已整装待发，你曾和他们见过面吗？霍渭先的才具也是上好，可与之相

承喻："讨有罪者，执渠魁而散胁从。"此古之政也，不亦善乎！顾浰贼皆长恶怙终，其间胁从者无几，朝撤兵而暮聚党，若是者亦屡屡矣；诛之则不可胜诛，又恐以其患遗诸后人。惟贤谓："政教之不行。风俗之不美，以至于此。"岂不信然！然此膏肓之疾，吾其旬日之间，可奈何哉？故今三省连累之贼，非杀之为难，而处之为难，而处之为难；非处之为难，而处之者能久于其道之为难也。

贱躯以多病之故，日夜冀了此塞责而去，不欲复以其罪累后来之人，故犹不免于意必之私，未忍一日舍置。嗟乎！我躬不阅，遑恤我后；尽其力之所能为，今其大势亦幸底定，如其礼乐，以俟君子而已。数日前已还军赣州，风毒大作，壅肿坐卧，恐自此遂成废人，行且告休。人还，草草复。

承喻用兵之难，非独曲尽利害，足以开近议之惑，其所以致私爱于仆者，尤非浅也。愧感愧感！但龙川群盗为南、赣患，岁无虚月，剿捕之命屡下，所以未敢轻动，正亦恐如惟贤所云耳。虽今郴、桂夹攻之举，亦甚非鄙意所欲，况龙川乎？

夏间尝具一疏，颇上其事，以湖广奉有成命，遂付空

处,见到时替我向他们问好。

承蒙训谕:"讨伐有罪之人,抓住他们的首领,解散胁从的人。"这是古人的政策,不也很好吗?只是浰头寨的贼人都是怙恶不悛之徒,中间是胁从的没有几个,白天分散下去,晚上又聚起来,像这样已有多次了,杀不可胜杀,又恐怕把祸患遗留给后人。惟贤说:"政治教化不得施行,风俗不好,以至于这样。"难道不是真的吗?然而这种已入膏肓的疾病,我在十日的时间里,又能怎样呢?今天三省受到连累的贼人,难的并非是杀掉,而是如何去处理,处理也并不难,难的是处理的人能坚持长久自己的原则。

我因为身体多病的原因,日夜都想尽快了结职责离开,不想再因为我的过失,累及后来的人,因此尚不能免于由于一时意气而存的私心,不忍一天放弃不顾。哎呀,对我自己的身体尚不关心,又怎能关怀后来的人呢?尽我力所能及的去做,今天的大局,所幸已定了下来,至于礼乐之类,就等待君子来治理了。几天前已经回师赣州,受到的风寒所侵很厉害,坐卧均不方便,恐怕从此就成一个无用之人了,我将告病休官。送信的人将要回去,我就草草写了回信。

承蒙告知用兵的艰难,不仅讲清了利害关系,足以辩明近来议论的困惑,而对我所给予的爱护,更是不浅。真是让我感到惭愧。只是龙川的盗贼在南、赣为害,每年每月,都有剿捕的命令下来,之所以未敢轻举妄动,大概也是害怕像惟贤所说的那样,即便是今天郴、桂夹攻的行动,也很不合我的愿望,何况是龙川这里呢?

夏天时应当上递一个奏疏,细说这件事,但因为湖广的事

言，今录去一目，鄙心可知矣。湖广夹攻，为备已久，郴、桂之贼，为湖广兵势所迫，四出攻掠，南、赣日夜为备，今始稍稍支持；然广东以府江之役，尚未调集，必待三省齐发，复恐老师费财，欲视其缓急，以次渐举；盖桂东、上犹之贼，湖广与江西夹攻，广东无与也；昌乐、乳源之贼，广东与湖广夹持，江西无与也；龙川之贼，江西与广东夹攻，湖广无与也；事虽一体，而其间贼情地势，自不相及。若先举桂东上犹，候广东兵集，然后举乳源诸处，末乃及于龙川，似亦可以节力省费而易为功。不知诸公之见又何如耳？所云龙川亦止浰头一巢，盖环巢数邑，被害已极，人之痛愤，势所不容已也。

来谕谓："得书之后，前疑涣然冰释。"幸甚幸甚！学不如此，只是一场说话，非所谓盈科而后进，成章而后达也。又自谓："终夜思之，如污泥在面而不能即去。"果如污泥在面，有不能即去者乎？幸甚幸甚！自来南、赣，平生益友离群索居，切磋之间不闻；近日始有薛进士辈一二人自北来，稍稍各有砥砺，又以讨贼事急，今屯兵浰头且半月矣；浰头贼首池大鬓等二十余人，悉已授首，漏网者甲从一二辈，其余固可略也。

狼兵利害相半，若调犹未至，且可已之；此间所用皆机快之属，虽不能如狼兵之犀利，且易驱策就约束，闻乳源诸

已有命令，于是没有实行，今天给你抄去让你看一下，我的心意你就明白了。湖广的夹击，准备了很长时间，郴、桂地方的贼兵被湖广一带的兵势压迫，出来四处进攻掠夺，南、赣日夜都在防备，今天才稍微轻松了一点；然而广东方面因为府江的战事，尚没有调集人马，如果一定要等到三省的兵马一齐出发，又怕劳师费财，我想看情况的缓急，按顺序来行动；大致是桂东、上犹方面的贼人，湖广与江西夹攻，广东不用参与；昌乐、乳源方面的贼人，广东和湖广夹攻，江西不用参与；龙川方面的贼人，江西和广东夹攻，湖广不用参与，事情虽然是一体的，然而里面的贼人情况、地理形势都不相干，如果先攻克桂东上犹，等广东兵马调集好了，然后再进攻乳源等地方，最后再是龙川，好像也可以节省力量和费用，并且易于成功。不知道诸公的看法怎样？所说的龙川，也只是浰头寨一个巢穴，大概是巢穴周围的几个县，被残害到了极点，人人痛恨愤怒，其势再也不能容忍了。

来信说："收到书信之后，以前的疑惑都涣然冰释。"我很高兴。学习如不能这样，就只是一场空话，这就是所说的盈科而后进，成章而后达。又自己认为："终夜思想，就好像脸上有污泥却不能立即除去。"当真脸上有了污泥，有不能立即除去这回事吗？真是幸运啊！自从来到南、赣，离群索居，平生好朋友之间的切磋再没有了；近来才有薛进士等一两个人从北方来，稍微各自互相激励促进，又因为讨伐贼人的事很急，现在驻兵在浰头寨将近半月了，浰头寨贼人的头目池大鬓等二十多人都已被斩获，漏网的只有跟从的一两个人，剩下的人可以不在意了。

用狼兵好处坏处各占一半，如果还没有调来，就可以停止调动了；这里所用的人都是行动迅速的部队，虽然比不上狼兵

贼,已平荡,可喜!湖兵四哨,不下数万,所获不满二千,始得子月朔日会剿,依期而往,彼反以先期见责,所谓文移时出侵语诚有之,此举本渠所倡,今所俘获,反不能多,意有未惬,而愤激至此,不足为怪;浰头巢穴,虽已破荡,然须建一县治,以控制之,庶可永绝啸聚之患,已檄赣、惠二知府会议可否,高见且以为何如?南、赣大患,惟桶冈、横水、浰头三大贼,幸皆以次削平。

年来归思极切,所恨风波漂荡,茫天涯涣,乃今幸有湾泊之机,知己当亦为吾喜也。乳源各处克捷,有两广之报,区区不敢冒捷;然亦且须题知,事毕之日,须备始末知之。

近得甘泉、叔贤书,知二君议论既合,自此吾党之学,廓然同途,无复疑异矣;喜幸不可言!承喻日来进修,警省不懈,尤足以慰倾望。此间朋友亦集,亦颇有奋起者;但惟鄙人冗疾相仍,精气日耗,兼之淹滞风尘中,未遂脱屣林下,相与专心讲习,正如俳优场中奏雅,纵复音调尽协,终不免于剧戏耳。

乞休疏已四上,銮舆近闻且南幸,以疮疾暂止。每一奏

的凶猛，但容易接受命令，遵守纪律的约束，听说乳源的各处贼人都已经平定，是可喜的事，湖兵有四哨，人数不少于几万，所缴获的不满两千，本定于子月朔日会剿，按约定的日子到达，他们反倒责怪我们到得早了，所谓的公文实是多次口出不逊，这次行动本是我提出来的，现在所俘获的反而不能多，心里不能满意，因而愤激到这种程度，也就不足为怪了。浰头寨贼巢虽然已经打破扫荡，然而必须建一个县来治理，控制局面，才能永远断绝盗贼产生的祸患，已经发公文给赣、惠两地的知府商议是否可行，你的意见以为怎样呢？南、赣的大患，只有桶冈、横水、浰头寨三处大贼伙，幸好已经一个接一个地平定了。

一年来回家的思念心情极为迫切，所恨的是随世事的风波而漂荡，没有尽期，今天幸好有了安顿下来的机会，知己者也应当为我感到高兴。乳源各地获得胜利，有两广的报告，我不敢冒功报告取胜，然而也必须让你知道，事情完毕之后，还要让人能知道事情的经过。

近来收到甘泉、叔贤的来信，得知二位先生的见解合乎我的意见，从此之后，我们这些人的学说，大致来说是一致的，再没有疑问了，我的高兴之情简直无法用语言表达。听从您的话，这些天来学习修身，对自己的反省不放松，更可以安慰一下心里的热切愿望，这里的朋友也聚集起来，也有许多奋发向上的人，只有我仍患有长年的积病，精力、气血日益耗费，再加上被埋没在俗务中，不能够在树林中自由地、舒服地与朋友们专心从事讲授学习的事情，就好像在小丑剧的场中奏着高雅乐曲，即便是音调都合乎节律，终究也难免于是戏剧。

请求退休的奏疏已上了四次，近来听说皇帝南下，但因为生

事,辄往复三四月,此番倘得遂请,亦须冬尽春初矣。后山应援之说,审度事势,亦不必然;但奉有诏旨,不得不一行,此亦公文体面如此。闻彼中议论颇不齐,惟贤何以备见示区区庶可善处也。

近得省城及南都诸公书报云:即日初十日圣驾北还,且云头船已发,不胜喜跃,贱恙亦遂顿减,此宗社之福,天下之幸,人臣之至愿,何喜何慰如之;但区区之心,犹怀隐忧,或恐须及霜降以后,冬至以前,方有的实消息,其时贱恙当亦平复,即可放舟东下,与诸君一议地方事,遂图归计耳。闻永丰、新淦、白沙一带皆被流劫,该道守巡官皆宜急出督捕,非但安靖地方,亦可乘此机会整顿兵马,以预备他变,今恐事势昭彰,惊动远近,且不行文书,书即可与各守巡备道区区之意,即时一出,勿更迟迟,轻忽坐视。思抑归兴,近却如何?若必不可已,俟回銮信的,徐图之未晚也。

近得江西策问,深用警惕;然自反而缩,固有举世非之而不顾者矣。其敢因是遂靡然自弛耶?《易》曰:"知至,至之。""知至"者,知也,"至之"者,致知也。此知行之所以合一也。若后世致知之说,止说得一知字,不曾说得致字,此知行所以二也,病发茶苦之人,已绝口人间事,念相知之

了疮病停下了。每次上奏叙事，往往要来回三四个月，这一次如果能请求成功，也要等到冬末春初了。往赴后山救援的事，也并非必需；只是奉了圣旨，不得不走一趟，这也是为了公事上的面子。听说你那里的观点很不一致，惟贤打算怎么做，请告知我，我一定会妥善处理。

近来得到省城和南都诸公的信说：这个月初十皇上圣驾将要回北方去，而且说头船已经开拨，我不胜喜悦，身上的病也顿时减轻了，这是宗社、天下的好事，也是为人臣子的最大愿望，还有什么比这更可喜，更可慰人的呢；但我的心里还隐隐有些不安，或者恐怕要等到霜降以后，冬至以前，才有确实的消息，那时我的病应当也痊愈了，就可以坐船东下，与诸位讨论一下地方上的事务，完后就可以计划回家的事了。听说永丰、新淦、白沙一带，都被贼人沿途打劫过，这一道上的守巡官们，都应该赶快出来监督追捕，不仅可以维护地方平安，而且可以借此机会整顿兵马，以便为其他的变故作好准备，现在又怕事情形势公布明白，造成远近惊慌，因此暂且不行公文，到了就可以会见各守巡，详细说明我的意思，要立即办理，不要再迟迟不办，把它看轻忽视，放在一边。想着把回家的心思压下去，近来却又能怎样呢？如果一定不能压下去，等皇上回去的信息确实了，再慢慢办理也不晚。

近来听到江西的策问，深深以之警醒自己，然而经过反省之后对自己加紧约束，却要面对众人的非议不管不顾，哪里敢因为这个就放松自己呢？《易经》说："知到极点，就真正得到了知，到了极点即是知，达到极点即是获得了知。"这就是知行合一的道理。像后代所说的致知的道理，只说到了一个知字，而不

笃，辄复一及。

北行不及一面，甚阙久别之怀；承寄《慈湖文集》，客冗未能遍观，来喻欲摘其尤粹者，再图翻刻，甚喜！但古人言论，自各有见，语脉牵连，互有发越，今欲就其中以己意删节之，似亦甚有不易；莫若尽存，以俟具眼者自加分别，所云超捷良如高见，今亦但当论其言之是与不是，不当逆观者之致疑，反使吾心昭明洞达之见，有所掩覆而不尽也。尊意以为何如？

与当道书

江省之变，大略具奏内，此人逆谋，已非一日，久而未发，盖其心怀两图，是以迟疑未决，抑亦虑生之蹑其后也。近闻生将赴闽，必经其地，已视生为几上肉矣；赖朝廷之威灵，诸老先生之德庇，竟获脱身虎口，所恨兵力寡弱，不能有为尔。南、赣旧尝屯兵四千，朝有警而夕可发，近为户部必欲奏革商税，粮饷无所取给，故遂放散。未三月而有此变，复欲召集，非数月不能，亦且空然无资矣。

去说致字，这只是知行分裂为二罢了。我由于病痛，困苦不堪，已不再谈及俗事，念及咱们相知的笃诚，就再回答说一次我的意见。

向北去时，未来得及见上一面，更加深了久别的思念之情；承蒙你寄来《慈湖文集》，但由于来客太多，没有能够全看，来信说想摘抄下来其中的精粹，再翻印出来，我很高兴。只是古人的言论，各自有各自的见解，言语的脉络互相交叉联结，互相之间又有发扬超越，今天想按照自己的意思对其中的东西进行删节，好像也很不容易，不如全部保留，等待自具慧眼的人自己加以分析辨别。所说的超捷良如等高明见解，现在也只应当谈论它们正确与否，不应当不利于读者产生疑问，反而使得我们本来是通明透亮的本心的见解，被掩盖而不能达到极处。您的意思认为怎样呢？

与当道书

江西的变化，大致情况已上了奏疏向内廷汇报，这个人的反叛阴谋，已经不是一天了，之所以久久没有发动，是因为他心里存有两种打算，因此迟疑着没有下决心，或者是担心我跟踪在他的后面。近来听到我将要赶赴闽地，必然要经过他的地盘，已把我看作刀案上的肉了；依赖朝廷的威灵，诸位老先生德望的庇护，竟然能够从虎口脱身，只是恨我的兵力少且弱，不能做什么事情罢了。南、赣过去曾经驻兵四千人，早上有警报，晚上就可出发，近年因为户部必定要奏请革去商税，粮饷没有地方供给，所以就解散了。不到三月就有了这次变乱，想再召集，

世事之相挠阻，每每如此，亦何望乎？今亦一面号召忠义，取调各县机快，且先遣疲弱之卒，张布声势于丰城诸处，牵蹑其后，天夺其魄，彼果迟疑而未进，若再留半月，南都必已有备，彼一离窠穴，生将奋捣其虚，使之进不得前，退无所据，勤王之师，又四面渐集，必成擒矣。此生忆料若此，切望诸老先生急赐议处，速遣能将，将重兵，声罪而南，以绝其北窥之望；飞召各省，息与勤王之师，此人凶残忌刻，世所未有，使其得志，天下无遗类矣。

谅在庙堂，必有成算，区区愚诚，亦不敢不竭尽。生病疲尫，仅存余息，近者入闽，已具本乞休，必不得已，且容归省，不意忽遭此变，本非生之责任，但阖省无一官见在，人情涣散，汹汹震摇，使无一人牵制其间，彼得安意顺流而下，万一南都无备，将必失守，彼又分兵四掠，十三郡之民，素劫于积威，必向风而靡，如此则湖湘闽浙，皆不能保，及事闻朝廷，大兵南下，彼之奸计渐成，破之难矣。

以是遂忍死暂留于此，徒以空言收拾散亡，感激忠义，日望命帅之来，生得以舆疾还越，死且瞑目。伏惟诸老先生鉴其血诚，必赐保全，勿遂竭其力所不能，穷其智所不及，

没有几个月是不行的，而且也已是空空地没有资财。

世上事情互相妨碍，总是这样，又有什么希望呢？现在是一方面号召忠义的人们，抽取调动各县的应急快手，并且先派疲惫体弱的士兵，大造声势，于丰城等地，牵制其后方，上天夺去了他们的胆气，他们果然迟疑不决，不再进攻，如果再滞留半月，南都方面必然已有准备了，他们一旦离开巢穴，我将奋力直捣他们的虚弱之处，使他们前进不得，后退又没有了根据，勤王的部队，又渐渐从四方赶来，必然能擒获贼人了。这是我预计的情况，迫切希望诸位老先生马上讨论处置办法，赶快派遣能干的将官，带领大军，宣扬贼人的大罪南下，以便断绝他北上的念头，并飞速召集各地勤王部队，这个人的凶狠残酷，猜忌刻毒是举世没有的，如果他得了志，天下就没有谁能活下去了。

估计在朝廷之上，必定已经计算得当，我虽是愚笨的忠诚，也不敢不竭尽全力。我因病疲累瘦弱，到只剩喘息的地步，近来进入闽地，已准备奏本请求休养，如实在不行，暂且让我回省也好，不想到忽然遇到这样的变故，本不是我的责任，但是全省没有一位官员在，人心惶惶，大有崩溃之势，如没有一个人在中间调度，使他们能够安心顺流而下，万一南都没有准备，必然将会失守，他们又分兵四处抢劫掠夺，十三郡的百姓，向来惧怕他们的积威，必然会一有风声即乱，这样，湖湘闽浙都不能保住，等到朝廷知道信息，派大兵南下，他们的奸计已逐渐成功，击破他们就难了。

所以我就冒死的危险暂时留在此地，仅以空言收集失散亡命的人们，感动激励忠义的人们，日日盼望朝廷任命的将官到来，我能够带病回到越地，死了也可以闭上眼了，恭请诸位老先

以为出身任事者之戒，幸甚幸甚！

与汪节夫书

足下数及吾门，求一言之益，足知好学勤勤之意。人有言古之学者为己，今之学者为人；今之学者，须先有笃实为己之心，然后可以论学；不然则纷纭口耳讲说，徒足以为为人之资而已。仆之不欲多言者，非有所靳，实无可言耳。

以足下之勤勤下问，使诚益励其笃实为己之志，归而求之，有余师矣。

有能一日用其力于仁矣乎？我未见力不足者，足下勉之！道南之说，明道实因龟山南归，盖亦一时之言，道岂有南北乎？凡论古人得失，莫非为己之学，诵其诗，读其书，不知其人可乎？是以论其世也，是尚友也，果能有所得于尚友之实，又何以斯录为哉？节夫始务为己之实，无复往年务外近名之病，所得必已多矣；此事尚在所缓也。凡作文，惟务道其心中之实，达意而止，不必过求雕刻，所谓修辞立诚者也。

生明白我的真诚，一定要赐给我保全性命的机会，不要让我竭力于不能做到的事情，用尽心力做不能做到的事情，以鉴成以后出来做官干事的人，就很是幸运了。

与汪节夫书

你多次到我门上，请求一句话的教益，充分说明了你的好学勤奋的心意。有人说：古时学习的人为了自己，今日学习的人为了别人；今日学习的人，必须先有踏实地为自己的心，然后才能说到学问，不然的话，各种讲说在口边耳边纷纷纭纭，只能够作为为别人的东西罢了。我不想多说，并非吝啬，实在是无话可说。

以你勤于向人请教，确实有益于磨炼你的切实为自己的志趣，回去自己求学，已胜过有老师了。

有人能够用他的力量为仁吗？我没有见过力量不足的人，你自己努力吧，出现学问道德南下的说法，实在是程颢（世称明道先生）因为杨时（号龟山）回南方去传出来的，大概也是一时传说的话，学问道德怎会有南北之分呢？凡是论及古人的得失，没有不是为自己的学问，朗诵他的诗，读他的书，不知道他的为人行吗？所以谈论他的生平，是重视朋友，如果能以重视朋友的实际中获得一些收益，那这个节录又有什么用呢？节夫你姑且从事于切实为己的事情，不要再像往年那样注重外在，追求名声的毛病，所获得的必定多多了；这事还是办得慢了。凡是做文章只要说出心中的切实想法，表达明意思就完了，不必过于在文采上下功夫，这就是说，语言是为了表达真心的。

寄张世文

执谦枉问之意甚盛。相与数月，无能为一字之益，乃今又将远别矣，愧负愧负！今时友朋，美质不无，而有志者绝少，谓圣贤不复可冀，所视以为准的者，不过建功名，炫耀一时，以骇愚夫俗子之观听。

呜呼！此身可以为尧舜，参天地，而自期若此，不亦可哀也乎？故区区于友朋中，每以立志为说，亦知往往有厌其烦者，然卒不能舍是而别有所先。诚以学不立志，如植木无根，生意将无从发端矣。自古及今，有志而无成者，则有之；未有无志而能有成者也。远别无以为赠，复申其立志之说贤者不以为迂，庶勤勤执谦枉问之盛心，为不虚矣。

与王晋溪司马

伏惟明公，德学政事高一世，守仁晚进，虽未获亲炙，而私淑之心，已非一日；乃者承乏鸿胪，自以迂腐多疾，无复可用于世，思得退归田野，苟存余息，乃蒙大贤君子，不遗葑菲，拔置重地，适承前官谢病之后，地方亦复多事，遂不敢固以疾辞，已于正月十六日抵赣扶疾莅任。

寄张世文

执谦询问的意思很是迫切。我们在一块相处了几月，没有能给他一个字的帮助，现在又要远行告别了，真是负愧在心。现在朋友中不是没有资质好的，然而有志者却极少，说圣人贤人不再可以期望出现，所看作准则的，不过是建立功名，炫耀于一时，以便使愚夫俗子们惊奇害怕。

啊！这样人自认为可以像尧、舜一样，参透天地的神机，然而自己这仅是期望，不是很悲哀的事吗？所以我在朋友中间，总以建立志向为讲说内容，也知道往往有人厌烦，但终于不能舍弃这点而把别的东西放在首位，实在是因为学习如不建立志向，就好像种树没有根，生命就没有地方可以发源。从古到今，确有有了志向而没有成就的，从未有没有志向却有了成就的。将要远离告别没有东西可以赠给你，重复申述我立志的理论，希望贤能的人不认为迂腐，那么勤奋的执谦询问的迫切之心就不虚费了。

与王晋溪司马

唯有明公你的德望学识、政绩都高于当世他人，守仁我属于晚辈，虽然没有接受您的亲自指导，然而私自向往的心情已经不是一天了。我没有担任重要职务的知识，自以为迂腐多病，不能再被国家重用，想到辞官退回到田野家乡，以便能够留下一口喘息之气，后却被大贤君子赏识我这个小人物，被提拔到重要位置上来，刚好是前任官员因病辞职之后，地方上又是多事，于

虽感恩图报之心，无不欲尽；而精力智虑，有所不及，恐不免终为荐举之累耳。伏惟仁人君子，器使曲成，责人以其所可勉，而不强人以其所不能，则守仁羁鸟故林之想，必将有日可遂矣。因遣官诣阙陈谢，敬附申谢私于门下，伏冀尊照不备。

守仁近因輋贼大修战具，远近勾结，将遂乘虚而入，乃先其未发，分兵捧扑，虽斩获未尽，然克全师而归贼巢积聚，亦为一空，此皆老先生申明律例，将士稍知用命，以克有此；不然，以南、赣素无纪律之兵，见贼不奔，亦已难矣；况敢暮夜扑剿，奋呼追击，功虽不多，其在南、赣，则实创见之事矣。

伏望老先生特加劝赏，使自此益加激励，幸甚！今各巢奔溃之贼，皆聚横水、桶冈之间，与郴、桂诸贼接境，生恐其势穷，或并力复出，且天气炎毒，兵难深入远攻，乃分留重卒于金坑营前，扼其要害，示以必攻之势，使之旦夕防守，不遑他图，又潜遣人于已破各巢山谷问，多张疑兵，使既溃之贼，不敢复还旧巢，聊且与之牵持；候秋气渐凉，各处调兵稍集，更图后举。惟望老先生授之以成妙之算，假之以专一之权，明之以赏罚之典，生虽庸劣，无能为役，敢不鞭策驽

是不敢再坚持因病辞官，我已经于正月十六日到达赣地，抱病到任。

虽然心想感恩图报，无不想竭尽全力，而我的精力智识，有所不够的地方，只怕不免于成为荐举的累赘，只盼望仁人君子，能够从中周旋，给人以可以担负的责任，不强加人以其为所不能的事，那么我羁鸟恋故林的想法，必定有一天可以遂愿了，因为派人到朝廷拜谢，顺便再到您家里表明谢意，希望你能原谅我的冒昧。

我最近因为挐贼大修作战器具，远近互相联络，准备乘各地空虚进攻，于是我在他们没行动之前，分兵掩杀，虽然没有尽数消灭，然而获得全胜，贼人巢穴中的积聚的财物，亦被尽数取得，这都是老先生明确制定了朝廷大赏条令，将士们肯于用力作战，因而才有这样结果；如果不是这样的话，以南、赣的向来没有纪律的官兵，见了贼人还不逃跑，已经为难了；何况是敢于在黄昏夜晚赶赴围剿，呐喊着追击敌人，功劳虽然不多，在南、赣却是前所未有的事。

希望老先生能够特别加以奖赏劝慰，使他们从此更加激奋振作，就很幸运了。现在各处巢穴崩溃奔逃的贼人，都聚集在横水、桶冈之间，与郴桂地方的贼人的地盘接境，我恐怕他们受到压迫，可能合力再出来，而且天气炎热毒辣，军队难深入远处进攻，于是分了大部分重兵留在金坑营前，控制住他们的要害，让他们看到一定要进攻的态势，使他们日夜防守，不再想去干别的，又暗地里派人去各个已被攻破的营寨山谷中间，多多布置疑兵，使已经崩溃的贼人，不敢再回老窝，暂且与他们互相牵制，等秋天天气凉了，各处调动兵马多一些，再准备以后行动。

钝，以期无负推举之盛心。

秋冬之间，地方苟幸无事，得以归全病喘于林下，老先生骨肉生死之恩，生当何如为报耶？正暑，伏惟为国为道，自重，不宣。

前月奏捷人去，曾渎短启，计已达门下；守仁才劣任重，大惧覆悚，为荐扬之累；近者南、赣盗贼，虽外若稍定，其实譬之疽痈，但未溃决，至其恶毒，则固日深月积，将渐不可瘳治。

生等固庸医，又无药石之备，不过从旁抚摩调护，以纾目前，自非老先生发针下砭，指示方药，安敢轻措其手，冀百一之成？前者申明赏罚之请，固来求针砭于门下，不知老先生肯赐俯从，卒授起死回生之方否也？近得辇中消息，云将大举，乘虚入广，盖两广之兵，近日皆聚府江，生等恐其声东击西，亦已密切布置，将为先事之图；但其事隐而未露，未敢显言于朝，然又不敢不以闻于门下。

且闻府江不久班师，则其谋亦将自阻；大抵南、赣兵力，极为空疏，近日稍加募选训练，始得三千之数，然而粮赏之资，则又百未有措，若来攻之举果行，则其势尤为窘迫，欲称贷于他省，则他省各有军旅之费；欲加赋于贫民，则贫

只希望老先生能够授给我取胜的妙计，再借给我专一的权力，申明赏罚的大典，我虽是个平庸、低劣之人，又怎敢不努力尽心，以希望不负你推举我的一片厚意。

秋冬之间，假如地方上还幸好没有变故，能够全身回到家乡养病，老先生这样使白骨长肉，使死者复活一样的恩情，我应当怎样报答呢？正当暑天，我只想为国为道尽力，自重的话就不说了。

上月汇报获胜消息的人去，曾经送给你短信，估计已到了你手里；我才能低劣而责任重大，心里很害怕完不成任务成为你荐举的拖累；近来南、赣的盗贼，虽表面上看来已经平定，实际却好像是疽痈，只是还没有溃烂，但它的恶毒，日积月累，渐渐就无法医治了。

我本是庸医，又没有药剂的准备，只不过是从旁边按摩调护，救眼前的急，如不是老先生施以针砭之术，并指示给药方，怎么敢轻易动手，希望获得百中之一的成功呢，上次申明了有关赏罚的请求，又来你们下求教，不知道老先生肯不肯屈尊指教，传授给我起死回生的方法，近来又得到拳中的消息，说盗贼将要大的举动，要乘虚进入两广，原来是两广的兵马，近来都到了府江，我恐怕他们声东击西，已经密切布置妥当，要事先做好计划，但是事情尚且隐秘不能暴露，因此不敢向朝廷明说，但却又不敢不使您知道。

听说府江的人马不久就将要班师回来，那么他们的阴谋也将自然被阻止，大略上南、赣的兵力极为短缺，近来稍加招募选拔并且训练，才有了三千人，然而粮饷等物资，又一项也没有着落，如果夹攻的行动果真实行，那么形势更为窘迫，想向别的

民又有从盗之虞；惟赣州虽有盐税一事，迩来既奉户部明文停止，但官府虽有禁止之名，而奸豪实窃私通之利，又盐利下通于三府，皆民情所深愿，而官府稍取其什一，亦商人所悦从，用是辄因官僚之议，仍旧抽放，盖事机窘迫，势不得已；然亦不加赋而财足，不扰民而事办，比之他图，固犹计之得者也。

今特具以闻奏，伏望老先生曲赐扶持，使兵事得赖此以济，实亦地方生灵之幸。生等得免于失机误事之诛，其为感幸，尤深且大矣。自非老先生体国忧民之至，何敢每事控聒若此。伏冀垂照，不具。

生于前月二十日，地方偶获微功，已于是月初二日，具本闻奏，差人既发，始领部咨，知夹攻已有成命，前者尝具两可之奏，不敢专主夹攻者，诚以前此三省尝为是举，乃往复勘议，动经岁月，形迹显暴，事未及举，而贼已奔窜大半；今老先生略去繁文之扰，行以实心，断以大义，一决而定，机速事果，则夹攻之举，固亦未尝不善也。

凡败军偾事，皆缘政出多门，每行一事，既禀巡抚，复禀镇守，复禀巡按，往返需迟之间，谋虑既泄，事机已去。昨睹老先生所议，谓阃外兵权，贵在专委，征伐事宜，切忌遥制，且复除去总制之名，使各省事有专责，不令掣肘，致相

省借贷，其他的省也有各自的军旅费用，想给贫民增加赋税，又怕逼贫民去参加盗贼队伍，唯有赣州的盐税一件事，近来已经听从户部的公文停止，只是官府虽明面禁止了，而奸猾的豪民却获得了走私的利益，又有盐利下放到了三府之中，都是民情所深深希望的，官府从盐利中抽取十分之一，商人们也乐意服从，这样的事往往因为官员们议论，仍按旧例抽取；大约是事机艰难，形势迫不得已；但却能做到不加赋税就能财政充足，不扰民就能把事办到，比起其他办法，仍是成功的办法。

现在特地准备奏上，希望老先生能够多方支持，使战争的事情能依靠这个办法得到接济，实在也是地方上百姓的幸事。我也能够免于因失机误事而获罪，那我将深为感激你。如不是老先生体谅国家，忧虑百姓至极，我又怎么敢每件事都在你面前啰唆呢。希望得到你的同意和支持，就不一一详说了。

我于上个月二十日，在地方偶然有了一点小功劳，已经于这个月的初二，准备了奏本上奏了，差人走了后，才领到部里的咨文，得知夹攻的命令已下定，上次我曾经上了一个两可的奏章，之所以不敢专一主张夹攻，实在是因为以前这三省也曾经有这样的计划，于是来往勘察商议，经历了好长时间，事情泄露，战事还没发动，盗贼就已经逃跑了一多半；现在老先生省去了繁文缛节的扰乱，一心一意行事，凭大义决断，一下子决定了，行动快，事情就会成功，那么夹攻的行动，也就未必不好了。

凡是导致军队失利，事情失败的，都是因为政出多门，每办一件事情，禀过巡抚之后，要再禀告镇守、巡按，在往返所用时间里谋略，计划已经泄露，事情的机会已失去。昨天看老先生的观点，说京城外的兵权，贵在专委于一方，征伐的事情，切要忌

推托，真可谓一洗近年琐屑牵扰之弊，非有大公无我之心，发强刚毅者，孰能与于斯矣。

庙堂之上，得如老先生者，为之张主，人亦孰不乐为之用乎？幸甚幸甚！今各贼巢穴之近江西者，盖已焚毁大半，但擒斩不多，徒党尚盛；其在广东、湖广者，犹有三分之一，若平日相机榨扑，则贼势分而兵力可省；今欲大举，贼且并力合势，非有一倍之众，未可轻议攻围。

况南、赣之兵，素称疲弱，见贼而奔，乃其长技，广湖所用，皆土官狼兵，贼所素畏，夹攻之日，势必偏溃江西；今欲请调狼兵以当其锋，非惟虑其所过残掠，兼恐缓不及事。

生近以漳南之役，亲见上杭程乡两处机快，颇亦可用，且在抚属之内，故今特调二县各一千名，并凑南、赣新集起倩，共为一万二千之数，若以军法五攻之例，必须三省合兵十万而后可；但南、赣粮饷无措，不得已而从减省，若此，伏望老先生特赐允可，若更少损其数，断然力不足以支寇矣。腐儒小生，素不习兵，勉强当事，唯恐覆公之悚，伏惟老先生悯其不逮，教以方略，使得有所持循，幸甚幸甚！

守仁始至赣，即因闽寇猖獗，遂往督兵，故前者渎奉谢

讳遥控指挥，而且再去掉总制的职务，使各省的事有专人负责，不使互相掣肘，导致互相推托，真可以说是一下子除去了近年琐屑事情互相牵制扰乱的弊端，如不是有大公无私的真心，又有坚强刚毅的品格，谁能做到呢？

在朝廷上有像老先生这样的人为人伸张作主，又有谁不愿为国家尽力呢？很是幸运啊。现在在江西附近的各处贼巢，大约已经烧毁了大半，但杀死俘获不多，徒众还有很多，在广东、湖广的盗贼，还有三分之一，如果是平时的相机掩杀，那么因为盗贼兵力分开，就可以节省兵力；现在要大举放籟盗贼也要合兵成势，如没有超过一倍的兵力不可以轻易谈及围攻的事。

况且南、赣的军队，向来被称作疲病软弱，见了贼人就逃跑，是他们的长处，广、湖两地所用的兵都是土官狼兵，盗贼向来畏惧，夹攻的时候，势必要向江西逃窜，现在想请求调动狼兵来抵挡他们的锋锐，不仅担心狼兵过境残酷掠夺，而且恐怕太慢耽误合围行动。

我最近因为南、赣的战事，亲眼看见上杭、程乡两处机快，很有可用的地方，而且在我管辖的地域内，现在就可以调动两县各一千名机快，加上南、赣新近召集起来的，共有一万二千人，如按照兵法五攻的例子，必须要三省合兵十万而后才可行动，但南、赣粮饷无处筹措，不得已只好节减，像这件事希望老先生特别准许，如果再减少这个数目，那么兵力必定再抵挡不住贼寇了，我是一个迂腐的小书生，向来不练习兵事，勉强担负责任，唯恐使您失望，只希望老先生怜悯我力有不足之处，教给我战事的方略，使我有所凭恃，那我就很幸运了。

我才到赣地，就因为闽地贼寇猖獗，于是去那儿督兵；上

启极为草略，迄今以为罪；闽寇之始，亦不甚多，大军既集，乃联络四面而起，几不可支；今者偶获成功皆赖庙堂德威成算；不然且不免于罪累矣。

幸甚！守仁腐儒小生，实非可用之才，盖未承南、赣之乏，已尝告病求退，后以托疾避难之嫌，遂不敢固请，黾勉至此，实恐得罪于道德，负荐举之盛心耳。伏惟终赐指教而曲成之，幸甚幸甚！

今闽寇虽平，而南、赣之寇，又数倍于闽，且地连四省，事权不一，兼之敕旨又有不与民事之说，故虽虚拥巡抚之名，而其实号令之所及止于赣州一城，然且尚多枘牾，是亦非皆有司者敢于违抗之罪，事势使然也。今为南、赣，止可因仍坐视，稍欲举动，便有掣肘。守仁窃以南、赣之巡抚，可无特设，止存兵备，而统于两广之总制，庶几事体可以归一；不然，则江西之巡抚，虽三省之务，尚有牵碍，而南、赣之事，犹可自专，一应军马钱粮，皆得通融裁处，而预为之所，犹胜于今之巡抚，无事则开双眼以坐视，有事则空两手以待人也。

夫弭盗所以安民，而安民者，弭盗之本，今责之以弭盗，而使无与于民，犹专以药石攻病，而不复问其饮食调适之宜，病有日增而已矣。今巡抚之改革，事体关系，或非一

次给你写的表示感谢的信极为简单潦草,到今天仍以为对不住您;闽地贼寇开始也不太多,大军集合之后,于是联络四面的贼寇举事,我几乎无法支撑;现在偶然获得成功,都是依靠朝廷的德望威风和早定计划,不然的话,就难免要负罪了。

很是幸运!我是一个迂腐的小儒生,实在不是可用的人才,没有承担南、赣的责任时,已曾经告病请求辞官,后来因为有托病避难的嫌疑,于是不敢再坚持请求,勉强支持到现在,实在是恐怕有违于道德,有负您荐举的厚意。惟快希望您能多给指教,并能设法办成这件事,我就很幸运了!

现在闽地贼寇虽然平定,而南、赣的贼寇,又是闽地的好几倍,而且地方接连四省,事权不统一,加上圣旨又有不得干预地方事务的说法,所以虽然空有巡抚的名字,而实际上号令所及的范围,只有赣州一个地方,而且还有许多冲突,这也不全是管事的人敢于违抗命令的罪过,而是事势使得他们不得不如此,如今在南、赣,只能像过去一样对事情坐视不顾,稍微想有些动作,就有掣肘的事。我私下里以为南、赣的巡抚,可以不特别设置,只留下兵备的事,统一于两广的总制,总算事体可以归到一人手里。不然,那么江西的巡抚,虽然在三省事情上还有互相牵制,而南、赣的事情,还可以自己做主。一切的军马钱粮,都可以得到通融裁决处理,预先安排好,还要比现在的巡抚有权,不会像现在这样没事时就睁着双眼旁观,有事就两手空空等待别人处理。

抓捕盗贼是为了安民,安民却是抓捕盗贼的根本,如今只要抓贼,而不要干预民事,就好像专门用药治病,而不问问病人饮食调养是否合适,病就只能一天比一天加重。现在关于巡抚

人私议之间，便可更定，唯有申明赏罚，犹可以稍重任使之权，而因以略举其职，故今辄有是奏，伏惟特赐采择施行，则非独生一人得以稍逭罪戮；地方之困，亦可以少苏矣。非恃道谊深爱，何敢冒渎及此，万冀鉴恕不宣！

即日，伏惟经纶邦政之暇，台候万福。守仁学徒慕古，识乏周时，谬膺简用，惧弗负荷；祗命以来，推寻酿寇之由，率因姑息之弊，所敢陈请，实恃知己；乃蒙天听，并赐允从，蕃锡宠右，恩与至重，是非执事器使曲成，奖饰接引，何以得此；守仁无似，敢不勉备庸劣，遵禀成略，冀收微效，以上答圣眷；且报所自乎？兹当发师，匆遽陈谢，伏惟台照不备。

生惟君子之于天子，非知善言之为难，而能用善言之为难；舜在深山之中，与木石居，鹿豕游，其所以异于深山之野人者几希？舜亦何以异于人哉？至其闻一善言，见一善行，沛然若决江河，莫之能御；然后见其与世之人，相去甚远耳。今天下知谋才辩之士，其所思虑谋猷，亦无以大相远者，然多蔽而不知；或虽知而不能用；或虽用而不相决；雷同附和，求其的然真见，其孰为可行？孰为不可行？孰为似迂而实切？孰为似是而实非？断然施之于用，如神医之用

体制的改革，事情关系到多方面，或许不是一个人私下议论就能改变的，只有申述明白赏罚的办法，还可以稍微加强任命使用的权利，因而能够略微提拔一下职位，所以现在有这样的奏疏，希望能够选择来实施，那么就不只是我一个人可以稍微减轻一些罪过，地方上也可以稍免一些困难。如果不是仗恃你我的同道友谊和对我深切爱护，怎么敢冒犯提及这些，希望鉴谅饶恕的话不说了。

　　同时，我希望老先生在治理国家的同时，能够生活幸福。我空自学习仰慕古人，学识不能周全，只应被任命一些小职责，害怕担负这样重的任务；受命以来，寻找造成贼寇的原因，都是由于姑息的弊端，敢于向您陈说请求，实在是依恃你是我的知己，结果被皇上知道并且允许，受到宠爱，恩情极为重大，若不是执事您从中周旋活动，褒奖引见，那能得此呢？我没有您那样的德能，怎敢不尽自己的庸劣之才，遵守您已定下的计划，希望收到微小效果，向上报答圣上的眷顾，并且报答作为根源的您呢？马上就要出征了，匆忙中向您道谢，希望您能原谅准备不周。

　　我思量只有君子在天下时，不以知道有益的话为难事，而以能用有益的话为难事；舜在深山中时，住的地方全是树木石头，所见到的全是鹿、猪一样的野兽，他同深山的野人的差别有多大呢？舜同别人又有什么分别呢？只是他听到了一句有益的话，见到一件好事，他就像江河中的水那样汹涌澎湃，无人能够阻挡他采纳有益的话，做好事，这就是他与别人有很大差别的地方。现在天下的通晓谋略、擅长辩论的人，他们所考虑策划的，也没有什么相差太远的，但大多数不为人所知，或者为人所知却不能用他，或者虽然用了却不能决定实行；往往是与上司雷同

药,寒暑虚实,惟意所投,而莫不有以曲中其机,此非有明睿之资,正大之学,刚直之气,其孰能与于此?若此者,岂惟后世之所难能,虽古之名世大臣,盖亦未之多闻也。

守仁每诵明公之所论奏,见其洞察之明,刚果之断,妙应无方之知,烁然剖析之有条,而正大光明之学,凛然理义之莫犯,未尝不拱手起诵,歆仰叹服。自其识事以来,见世之名公巨卿,负盛望于当代者,其所论列,在寻常亦有可观;至于当大疑,临大利害,得丧毁誉眩替于前,力不能正,即依违两可,榨覆文节,以幸无事;求其卓然之见,浩然之气,沛然之词,如明公之片言者,无有矣。

在其平时,明公虽已自有以异于人,人固犹若无以大异者,必至于是,而后见其相去之甚远也。守仁耻为佞词以谀人,若明公者,古之所谓社稷大臣,负王佐之才,临大节而不可夺者,非明公其谁欤?守仁后进迂劣,何幸辱在驱策之末,奉令承教,以效其尺寸,所谓惊骀遇伯乐,而获进于百里,其为感幸何如哉?迩者,龙川之役,亦幸了事,穷本推原,厥功所自,已略具于奏末,不敢复缕缕;所恨福薄之人,难与成功,虽仰赖方略,侥幸塞责,而病患日深,已成废弃,

附和，想要他的真切见解，哪一个是可行的？哪一个不可行？哪一个看似迂腐其实却是切实的，哪个是似是而非的，如不是断然地将之应用，就像神医用药那样，无论冷热、壮实虚弱，只按本意施药，没有不恰到好处的，这若不是有聪明智能的资质，正大的学识，刚直的气魄，谁能这样施行呢？像这样不仅后世难以做到，即便是古代盛世有名的大臣，大概也没有听到有多少。

我每次诵读您的论奏，见到您洞察事物的明白，决断的刚毅果断，巧妙处理多方事务的知识，对事情分析得有条有理，而且在治学上正大光明坚守理义，凛然不可侵犯，没有不拱手，站立恭谨地诵读，钦佩仰慕并叹服的，自从我识事以来，见到那些社会上有名的大人物，他们都有很高的名望，他们的论述，在平常时候也有可观之处，但等到遇着大疑难，面临大利大害抉择的关头，当名利得失分不清时，就表现出模棱两可的态度，用各种方法文饰掩盖，以求得于己无害，想要看到他超卓的见解，浩然正气，充满正气的话，像您一样只言片语做出决定的人就没有了。

在平时，您虽然有与众人的不同之处，人们仍认为没有大差别，必须到了这种情况，才能见到相差很远，我以说谄媚的话奉承人为耻，但像您这样的人，是古人所说的社稷大臣，有着辅佐帝王的才略，在大事面前不肯退让，除了您还有谁呢？我是后生晚辈，性情迂腐，才具低劣，的确幸运能做您的下属供您驱使命令得到教益，效我尺寸之劳，正像所说的劣马遇上了伯乐，因而能够跑到百里一样，多么感到荣幸啊！近来的龙川战事，也幸好完事了，推寻根源，获得成功的原因，已大致写在了奏章末尾，不敢再啰唆；只恨自己是个没福的人，难于建立大功

昨日乞休疏入，辄尝恃爱，控其恳切之情，日夜瞻望允报，伏惟明公终始曲成；使得稍慰老父衰病之怀，而百岁祖母，亦获一见为诀，死生骨肉之恩，生当何如为报耶？情隘词迫，乞冀矜亮。死罪死罪！

　　近领部咨，见老先生之于守仁可谓心无不尽，而凡其平日见于论奏之间者，亦已无一言之不酬，虽上公之爵，万户侯之封，不能加于此矣。自度鄙劣，何以克堪？感激之私，中心藏之，不能以言谢；然守仁之所以隐忍扶疾，身被锋镝，出百死一生，以赴地方之急者，亦岂苟图旌赏希阶级之荣而已哉！诚感老先生之知爱，期无负于荐扬之言，不愧称知己于天下而已矣。

　　今虽不能大建奇伟之绩，以仰答知遇，亦幸苟无挠败戮辱，遗缪举之羞于门下，则守仁之罪责，亦已少塞，而志愿亦可以无大憾矣。

　　复何求哉？复何求哉？伏惟老先生爱人以德，器使曲成，不责人以其所不备，不强人以其所不能，则凡才薄福，尫羸疾废如某者，庶可以遂其骸骨之请矣。乞休疏待报已三月，尚杳未有闻，归魂飞越，夕不能旦。伏望悯其迫切之情，早赐允可，是所谓生死而骨肉者也。感德当何如耶？

业。只依赖您指示方法策略，才侥幸完成任务。而我所患疾病却一天比重下去，已成一个废人，昨天送上了请求辞官的奏疏，仗恃你对我的爱护，告诉您我的恳切心情，日夜盼望批准的消息，希望您能帮我办成这件事，使我能稍微安慰一下对病弱老父的想念之情，使我和百岁祖母也能见上一面告别，生死肉骨的恩情，我又应当怎样报答呢，感情强烈词语紧迫，请求您能原谅，死罪死罪。

  近来接到部里公文，看到老先生对待我可以说是做到了尽心尽力，凡是平常在论奏之中所提到的，没有一句话不批准答应，即便是加封上公的爵位，万户侯的封赏，也不能像这样厚待于我。自己估量自己才具低劣，怎能当得起呢？感激的心情藏在心中，不能用言语来表谢，然而我之所以暗暗忍受，抱病出来，身冒着枪刀的锋锐，出入于百死一生之中，去地方救急，哪里是只为了赏赐，希图升官的荣耀呢！实是感激老先生的知己爱护之心，希望能不负您的荐举赞扬，不愧对知己罢了。

  现在虽然不能建立奇功伟绩，上报知遇之恩，也幸好没有失败的耻辱，使你没有因胡乱举荐而获羞耻，那么我的罪过责任，已稍微减轻，志愿也没有什么遗憾了。

  还有什么要求呢？只希望老先生能以德爱人，从中周旋，不责备人没有准备之处，不强求人所不能做到的，那么所有才能微薄，没有福气，因病羸弱如我一样的，都可以实现请允准辞职的愿望了。请求休养的奏疏等待讯息已经三月了，仍杳无音信，回去的心思已飞回越地，连从天黑等到天明也等不得了。希望能怜悯我的迫切心情，早早准许，这是使死人复生，使白骨长肉一样的事，我应当如何感激您呢？

辄有私梗，仰恃知爱，敢以控陈：近日三省用兵之费，广湖两省皆不下十余万，生处所乞，止于三万，实皆分毫扣算，不敢稍存赢余，已蒙老先生洞察其隐，极力扶持，尽赐准允；后户部复见沮抑，以故昨者进兵之际，凡百皆临期那借屑凑，殊为窘急，赖老先生指授，幸而两月之内；偶克成功，不然，决致败事矣。

此虽已遂之事，然生必欲一鸣其情者，窃恐因此遂误他日事耳。又南、赣盗贼巢穴，虽幸破荡，而漏珍残党，难保必无，兼之地连四省，深山盘谷，逃流之民，不时啸聚，辄采民情，议于横水大寨，请建县治，为久安之图，乘间经营，已略有次第；守仁迂疏病懒，于凡劳役之事，实有不堪，但筹度事势，有不得不然者，是以不敢以病躯欲归之故，闭遏其事而不可闻，苟幸目前之塞责而已也。伏惟老先生并赐裁度施行，幸甚！

守仁不肖，过蒙荐奖，终始曲成，言无不行，请无不得，既假以赏罚之权，复委以提督之任，授之方略，指其迷谬，是以南、赣数十年桀骜难攻之贼，两月之内，扫荡无遗，是岂驽劣若守仁者之所能哉？昔人有言：追获兽兔，功狗也；发纵指示，功人也；守仁赖明公之发纵指示，不但得免于挠败之戮，而又且与于追获兽兔之功，感恩怀德，未知此生何以为报也。因奉捷人去，先布下悃，俟兵事稍间，尚当具启

有一点私事，仗恃您对我的知己爱护，大着胆子告诉你：近来三省用兵的费用，广东、湖广两省都不下十几万，我那里所筹措到的，只有三万，实在都已用完了一分一毫，不敢有一点剩下的，已经得到老先生看明白了详细情况，并尽力支持，全部允许了，后来户部又有阻碍的事情，所以上次进兵时，钱财都是临时挪借零凑起来的，特别着急窘迫，依靠老先生的指示教授，幸好两个月之内，偶然获得成功，否则的话，必然导致失败了。

这虽是已过去的事，然而我必须说明情况的原因是，恐怕因为这点耽误了以后的事情。还有南、赣的盗贼的巢穴，虽然已幸好攻破荡除了，然而漏网的残余党徒，难保没有，再加上地方连接四省，深山盘谷中逃亡流浪的人，时常聚集为盗，经过采访民情，我建议在横水大寨，建立县治，做好长治久安的打算，乘着空闲办理这些事，已经有些眉目了；我迂腐粗疏，多病懒惰，于各种费力费心的事情，实在是难以胜任，但估计事情的形势，不得不如此，所以不敢因为身体有病想要回家的原因，把这件事放在一边，不向上汇报，所幸只是目前勉强担负责任罢了。希望老先生能一并裁决准许实行。

我本是个不成器之人，蒙您过分给予褒奖荐举，并能始终为我周旋，我说的话没有不实行的，请求的东西没有不得到允许的，既给予了我赏罚的权力，又委任我以提督的重任，教给我行事的方法策略，指明我的迷惑错误，以至于南、赣数十年来桀骜不驯、难以攻取的盗贼，在两个月内，被消灭干净，这难道是像我一样驽钝低劣的人所能做到的吗？过去有人说：追赶捕获野兽、兔子功劳出力的是狗，发令追赶、指示方向的，是却人，我依靠您的指挥，不但免于败军被杀，而且又有了追赶捕获野

修谢，伏惟为国为道自重，不宣。

迩者南、赣盗贼，遂获底定，实皆老先生定议授算，以克有此；生辈不过遵守奉行之而已，何功之有，而敢冒受重赏乎？伏惟老先生橐筲元和，含洪无迹，乃欲归功于生，物物惟不自知其生之所自焉尔；苟知其生之所自，其敢自以为功乎？是自绝其生也已。拜命之余，不胜惭惧，辄具本辞免，非敢苟为逊避，实其中心有不自安者；升官则已过甚，又加之荫子，若之何其能当之？负且乘，致寇至，生非无贪得之心，切惧寇之将至也。

伏惟老先生鉴其不敢自安之诚，特赐允可，使得仍以原职致事而去，是乃所以曲成而保全之也。感刻当何如哉？渎冒尊威，死罪死罪！

忧危之际，不敢数奉起居，然此心未尝一日不在门墙也。事穷势极，臣子至此，唯有痛哭流涕而已；可如何哉？生前者屡乞省葬，盖犹有隐忍苟全之望。今既未可，得以微罪去归田里，即大幸矣。素蒙知爱之深，敢有虚妄，神明诛殛。惟鉴其哀恳，特赐曲成，生死骨肉之感也。地方事，决知无能为，已闭门息念，袖手待尽矣；惟是苦痛切肤，未免复为一控，亦聊以尽吾心焉尔。临启悲怆，不知所云。

兽、兔子的功劳，感激您的恩情，怀念你的德行，不知道这一生怎样报答，因为奏报胜利的人离开了，我先表明我的恳切之心，等战事稍有空闲，我还要写信表示谢意，希望您能为国为道保重自己。

近来南、赣的盗贼，已彻底平定了，究其实都是老先生决定策略、发布指示的结果，我等不过是遵守并执行命令罢了，有什么功劳，而敢冒领重赏呢？老先生度量像风箱一样包容万物，胸怀宏大却不露声迹，而要归功给我，各种事物只是不知道所由来的原因罢了，如果知道由来，还敢自己以为有功吗？这是自己断绝自己的生命了，拜受命令之余，不胜惭愧惶恐，上奏本请求免掉，不是敢随便谦逊避让，实在是心中有不安的地方；升官已显得过分，甚至又加上荫子，像这样又怎样当得起呢？骄傲自负，将招致贼寇乘机前来，我不是没有贪得东西的心机，实在是害怕贼寇要到来。

请老先生明白我的不敢自己安心的诚意，特加准许，使我能够仍用原来职务辞职退休，只有这样才能使我能保全性命。我应怎样感激怀念你？冒犯亵渎您的尊严，死罪死罪。

忧虑惶惧的时刻，不敢来侍奉您的起居生活，然而这颗心没有一天不在您的身边。事势窘迫紧急至极，臣子到了这个地步，只有痛哭流涕了，又能怎样呢？以前多次请求回乡探望祖宗坟墓，还抱有暗自忍耐，姑且保全的希望，现在既然不能，如能以小罪过回到家乡务农，就是大喜事了。向来蒙您知心爱护的深切情意，如果敢有虚假的地方，就请神明把我杀掉。希望看我悲哀恳切的份上，多方设法周全，这是让我感到像让死者复生，白骨长肉一样的事。地方上的事我绝对没有能力处理，已经彻底

自去冬畏途多沮，遂不敢数数奉启，感刻之情，无由一达，缪劣多忤，尚获曲全，非老先生何以得此？"中心藏之，何日忘之"，诵此而已；何能图报哉？江西之民，困苦已极，其间情状，计已传闻，无俟复喋；今骚求既未有艾，钱粮又不得免，其变可立待，去岁首为控奏，既未蒙旨；继为申请，又不得达，今兹事穷势极，只得冒罪复请。伏望悯地方之涂炭，为朝廷深忧远虑，得与速免，以救燃眉，幸甚幸甚！

生之乞归省葬，去秋已蒙贼平来说之旨；冬底复请，至今未奉允报。生之汲汲为此，非独情事苦切，亦欲因此稍避怨嫉。素蒙老先生道谊骨肉之爱，无所不至，于此独忍不一举手投足，为生全之地乎？今地方事，残破愈极，其间宜修举者百端。去岁尝缪申一二奏，皆中途被沮而归，继是而后，遂以形迹之嫌，不敢复有所建白；兼贱恙日毡瘵，又以父老忧危致疾之故，神志恍恍，终日如在梦寐中；今虽复还省城，不过闭门昏卧，服药喘息而已；此外人事，都不复省，况能为地方救民拯难有所裨益于时乎？所以复有蠲租之请者，正如梦中人被锥刺，未能不知疼痛，纵其手足扑疗不及，亦复一呻吟耳。老先生幸怜其志，哀其情，速免征科，以解地

断绝念头，垂下双手等死了。只是这种切肤之痛，不免向您控诉一番，也姑且尽到我的心情，面对信纸悲痛欲哭，不知说了什么。

　　自从去年冬天，由于前途艰难多有阻碍，就不敢再多给你写信，感激怀念的心情，没有方法表达，我品性恶劣多有冲撞举动，尚且能得设法保全，如不是老先生怎会能这样呢？"心中藏着感激之情，没有一日忘记"，但只念育念诵罢了，又能怎样报答呢？江西的人民，其困难痛苦已到极点，其中的情况，估计您已听到传说，不用我再多说了，如今骚乱尚没有停止，钱粮又不能免于上交，恐怕就会有变乱发生。去年首次向朝廷详细奏闻，没有得到圣旨处理，接着再申请，又没有达到朝廷，今天事势窘迫紧急至极，只得冒着罪名再次请求。希望能怜悯地方上遭受涂炭之苦的百姓，为朝廷深忧远虑，使江西的钱粮能够尽快免掉，以救燃眉之急，就很幸运了。

　　我请求回乡看望祖宗坟墓的事，去年秋天的圣旨说，盗贼平定之后再说；冬末再次请求，至今没有接到批准的消息。我之所以热心于这样做，不仅是事情悲苦迫切，也想因为这样稍微躲避一下怨恨嫉妒。向来受老先生同道友谊，骨肉之亲一样的爱护，没有不尽力的地方，对这件事唯独不肯行举手投足之劳，保全我生命完整地回到地下吗？现在地方上的事，残破已极，其中应该修整创建的有许多事情，去年曾经胡乱向上奏表了几点，都在中途被拦阻回来，从此以后，就因为要避形迹太露的嫌疑，没有敢再建议什么东西；加上我的病一日比一日厉害，又因为家中的父母老人得病很危险，因而神情恍惚，整天好像是在做梦一样；现在虽然又回到省城，不过是闭门昏昏迷迷躺着吃药哀叹出气罢了，此外人事都不再明白，何况是对现在地方的拯

方之倒悬；一允省葬之乞，使生得归全首领于牖下，则阖省蒙更生之德，生父子一家受骨肉之恩，举合刻于无涯矣。昏愦中控诉无叙，临启不胜怆栗！

屡奉启，皆中途被沮，无由上达，幸其间乃无一私语，可以质诸鬼神，自是遂不敢复具；然此颠顿窘局，苦切屈抑之情，非笔舌可尽者，必蒙悯照，当不俟控吁而悉也。

日来呕血，饮食顿减，潮热夜作。自决非久于人世者，望全始终之爱，使得早还故乡。万一苟延余息，生死骨肉之恩，当何如图耶？余情张御史当亦能悉，伏祈垂亮不备。

比兵部差官来，赍示批札开论勤卷，佐亦随至，备传垂念之厚。昔人有云："公之知我，胜于我之自知。"若公今日之爱生，实乃胜于生之自爱也，感报当何如哉？明公一身，系宗社安危，持衡甫旬月，略示举动，已足以大慰天下之望矣。

灾救难能够有所帮助呢？之所以有请求免租这回事的原因，正好像梦中的人被锥子扎刺了一下，虽还知道疼痛，但用手脚去撩拨来不及，也要再呻吟一下。万幸老先生能够可怜我的志愿，哀悯我的感情，尽快免掉征租科税的事情，以解救地方上的倒悬之苦；也希望能够允准我回家探望祖宗坟墓的请求，使我能够保全性命回到家里，则全省都蒙受了再生父母一样的恩德，我父子一家人受您使白骨长肉一样的恩情，都对您怀有无边的感激之情。我在昏乱迷茫中说话没有次序，面对信纸，不胜悲怆战栗。

多次写信，都在中途被拦阻回来，无法传上给您，幸好信中没有一句不可告人的私房话，我们之间光明正大可以向鬼神负责，但从此也就不敢再写信，然而这种颠簸窘迫的局面，悲苦哀切被压抑的感情，不是用笔能表达尽的，一定会得到您怜悯原谅，不用等我投书申诉您就能知道。

近日来吐血多次，饮食急剧减少，夜里身体上潮热发作。自己估量决不能长久活下去，希望您能够从始至终对我爱护，使我能早些回到故乡。万一我能再多活一段时间，这样使死者复生，使白骨长肉的恩情，又怎样去报答呢？其余的情况，张御史应当也能知道，请您能原谅我不详细诉说。

兵部派官员来送交并宣布批示的文件，向我询问勤恳和倦苦的情况，佐吏也随着到来，详细传达了您关怀我的厚意，古人有话说："先生对我的了解，胜过我对自己的了解。"像先生现在对我的爱护，实在是胜过我对自己的爱护，应如何感激报答呢？先生一身关系着国家社稷的安危，执掌朝政只有几个月，稍微显示行动举措，已足够安慰天下人的希望。

百凡起居，尤望倍常慎密珍摄，非独守仁之私幸也。佐且复北，当有别启，差官回，便辄先附谢，伏惟台鉴！不具。

与陆清伯书

屡得书，见清伯所以省愆罪己之意，可谓真切恳到矣。即此便是清伯本然之良知，凡人之为不善者，虽至于逆理乱常之极，其本心之良知，亦未有不自知者，但不能致其本然之良知，是以物有不格，意有不诚，而卒入于小人之归；故凡致知者，致其本然之良知而已。

《大学》谓之致知格物，在《书》谓之精一，在《中庸》谓之慎独，在《孟子》谓之集义，其工夫一也。

向在南都，尝谓清伯吃紧于此，清伯亦自以为既知之矣；近睹来书，往往似尚未悟，辄复赘此，清伯更精思之。《大学古本》一册寄去，时一览。近因同志之士，多于此处不甚理会，故序中特改数语，有得便中写知之。季惟乾事，善类所共冤，望为委曲周旋之。

与许台仲书

荣擢谏垣，闻之喜而不寐。非为台仲喜得此官，为朝廷

所有的生活事情,希望您能比平常更加珍重自己,这不仅是我一人私自对您的祝福。佐吏将要再回北方,当另有告别的信,差官回去带回,顺便先表示谢意,希望您的鉴谅的话就不多说了。

与陆清伯书

多次收到来信,见到清伯反省错误、埋怨自己的意思,可算是情真意切,诚恳周到了。这个就是清伯本来的良知了,凡是人做不好的事,虽然到了违背义理、扰乱纲常的极点,他的本心的良知也没有不明白的,只是不能去求致他本来的良知,所以有物不去格求,心意有不诚实之处,最终进入了小人之道,所以只要是致知,求致他本来的良知就罢了。

《大学》称之为致知格物,在《尚书》中称为精一,在《中庸》中称为慎独,在《孟子》中称作集义,工夫是一样的。

过去在南都时,曾经说清伯在这一点上吃力,清伯也自以为已经知道了,最近看来信,往往像还没有省悟,总是在这一点上落后,清伯你要再仔细思考一下。《大学古本》一本给你寄去,时常看看。近来因为同道的人,大多对这一点不太理解,所以序中特别改动了几句话,有所得就写在其中让你知道。季惟乾的事,好人们一致认为冤枉,希望你能设法为他周旋。

与许台仲书

听说你荣幸地被提升到谏垣任职,我高兴得睡不着。不是

谏垣喜得仲台也。

孟子云:"人不足与适也,政不足与间也,惟大人为能格君心之非,一正君而国定矣。"碌碌之士,未论其言之若何,苟言焉亦足尚矣。若夫君子之志于学者,必时然后言而后可,又不专以敢言为贵也。去恶先其甚者,颠倒是非,固已得罪于名教;若搜罗琐屑,亦君子之所耻矣。尊意以为何如?向时格致之说,近来用工有得力处否?若于此见得真切,即所谓一以贯之,如前所云,亦为琐琐矣。

又

吾子累然忧服之中,顾劳垂念至勤。贤郎以书币远及,其何以当?其何以当?道不可须臾而离,故学不须臾而间;居丧迹学也,而丧者以荒迷自居,言不能无荒迷尔。学则不至于荒迷,故曰"丧事不敢不勉。宁戚之说,为流俗忘本者言也。"

喜怒哀乐,发皆中节之谓和。哀亦有和焉,发于至诚而无所乖戾之谓也。夫过情非和也,动气非和也,有意必于其间,非和也,孺子终日啼而不嗌,和之至也。

知此,则知居丧之学,固无所异于平居之学矣。闻吾子

因为你幸运得到这个官职,而是为朝廷的谏垣有幸得到你台仲这个人。

孟子说:"人不能相互迁就,政事不能相互传闻,唯有大人能纠正君主心中的错误,把君主纠正了国家就安定了。"平常的人,不论他怎样说,只要能说出这样的话也就可以向他学习了。如果是君子中有志于学习的人,必定看情况后再说才算正确,并不专门以敢说为可贵。去掉坏东西要先去掉厉害的,颠倒是非,固然是名教所不准许,如去搜求罗列一些琐小的事情,也是君子以为可耻的。你的意思以为怎样呢?过去的格物致知的理论,近来用工有没有新的收获,如把这个问题弄清楚了,就是所说的一以贯之,如用以前所说也是琐碎的小事。

又

先生牵累于服丧之中,劳你对我这般勤于挂念。你的孩子把书信和钱币远远送到我这里,我怎么当得起呢?怎么当得起呢?道一会也不能离开,学习也一会儿也不能停止,守丧也是学习,然而守丧的人以荒乱迷惑自居,说话也就不能不荒乱迷惑了。学习则不至于荒乱迷惑,所以说"丧事不敢不努力安慰亲人。宁戚的话,是流于习俗忘记本心的"。

喜怒哀乐的表现都合乎节制是和,哀也有和,发于至诚之心就没有什么乖戾了。情感过分不是和,动气不是和,在其中愿望必要达到,不是和,小孩子整天哭啼嗓子也不哑,是和到极处。

由此可知,守丧的学问与平日居住的学问没什么区别。听说

近日有过毁之忧，辄敢以是奉告，幸图其所谓大孝者可也。

与林见素

执事孝友之行，渊博之学，俊伟之才，正大之气，忠贞之节，某自弱冠从家君于京师，幸接比邻，又获与令弟相往复，其时固已熟闻习见，心悦而诚服矣。第以薄劣之资，未敢数数有请，其后执事德益盛，望益隆，功业益显，地益远，某企仰益切，虽欲忘其薄劣，一至君子之庭，以濡咳唾之余，又益不可得矣。

执事中遭谗嫉，退处丘园，天下之士，凡有知识，莫不为之扼腕不平，思一致其勤恳；而况某素切向慕者，尝如何为心？顾终岁奔走于山夷海獠之区，力不任重，日不暇给，无由一申起居，徒时时于交游士夫间，窃执事之动履消息，皆以为人不堪其忧愤；而执事处之恬然，从容礼乐之间，与平居无异，《易》所谓"时困而德辨，身退而道亨"，于执事见之矣。

圣天子维新政化，复起执事，寄之股肱，诚以慰天下之望，此盖宗社生民之庆，不独知游之幸，善类之光而已也。正欲作一书略序其前后倾，企纡郁未伸之怀，并致其欢欣

先生近来担忧因为过错损失名誉的事,才敢这样告诉你,如能有幸做到人们所说的大孝就可以了。

与林见素

你对亲人孝顺、对朋友友善的行为,渊博的学识,英俊伟岸的人才,正大的气势,忠贞的志节,我从弱冠之年跟着父亲到京城,有幸与你家做邻居,又能与你的兄弟相交往,那时对这些已经听得多、见得多了,对此心悦诚服。只是我因为自己资质浅薄低劣,没有敢于多次向你求教,以后你德望更为隆重盛大,功绩事业更显现于众人,距离也更远,我虽然企盼仰慕的心思更为迫切,想忘掉我的浅薄低劣的资质,到你家里,接受一些最微末的教导,更加不可能。

你任职中遭到谗言小人的嫉妒,退职回到乡间,天下的人,凡是明白事理有见识的人,没有不为你扼腕抱不平的,都想向你表示关心,何况我向来极为仰慕你,又应当怎样表白呢?只是整年在山间海边奔走,力难以支持重担,每日忙不过来,没有办法说明生活情况,只是经常于来往的士大夫们中打听你的动静情况,都以为你难以忍受忧愁愤恨;而执事你却恬然处之,在礼乐的中间显得十分自如,同平时情况相比,没有丝毫改变,《易经》所说的,身处困境时,道德容易分辨,从高位上下来,为人之道更为通达,在你的身上见到了。

圣明的天子为了维持更新政治教化,又起用你为官,并当作股肱一样来对待,实是足以安慰天下百姓的愿望,这是国家百姓都应庆祝的,不仅仅是有交往之人的幸事,也是善良人们的光

庆忭之意。值时归省老亲,冗病交集,尚尔未能。而区区一时侥幸之功,连年屈辱之志,乃蒙为之申理,诱掖过情,而褒赏逾分,又特遣人驰报慰谕,此固执事平日与人为善之素心,大公无我之盛节,顾浅陋卑劣,其将何以承之乎?感激惶悚,莫知攸措。

使还,冗剧草草,略布下悃;至于恩命之不敢当,厚德之未能谢者,尚容专人特启,不具。

与杨邃庵

某之缪辱知爱,盖非一朝一夕矣。自先君之始托支于门下,至于今且四十余年。父子之间,受惠于不知,蒙施于无迹者,何可得而胜举?就其显然可述,不一而足者,则知先君之为祖母乞葬祭也,则因而施及其祖考;某之承乏于南、赣,而行事之难也,则因而改授以提督;其在广会征,偶获微功,而见讪于当事也,则竟违众议而申下;其在西江,幸夷大憨而见构于权奸也,则委曲调护,既允全其身家,又因维新之诏,而特为之表扬暴白于天下,力主非常之典,加之以显爵;其因便道而告乞归省也,则既嘉允其奏,而复优之以存问;其颁封爵之典也,出非望之恩,而遂推及其三代。

彩。正想写一封信表示我长久以来倾望，企盼的深厚曲折的感情，并表达为你欢喜庆贺的心意。正好赶上我回家探望年老的亲人的时候，多种疾病一齐在身上发作，还没有能够写成。而我一时侥幸建立功劳，多年来受屈蒙辱的情节，承蒙你为我申明处理，指导扶助超过了一般的感情，表扬赏赐超过了一般分寸，又特地派人骑马传递安慰的谕示，这固然是你平时与人为善的心怀，大公无私的高尚风格，而我学浅识陋，人卑质劣，怎么能承受得起呢？我感激得惶恐战栗，不知怎样做。

使者回去，只带回了草草写的几句话，简单说明一下我的诚恳心意，至于我所不敢承当恩情的命令，没有感谢的深厚恩德，请允许我派专人特别写信表示，这里不多说了。

与杨邃庵

我错蒙你相亲并爱护，已不是一天的事了。从我的父亲开始与你家里交往，拜在门下，到今天有四十多年了。父子两人，不知不觉地接受你的恩惠，无声无息地蒙你施舍，太多了，说都说不过来。最明显清楚可述说的也不是一件的事情，我知道就有我父亲请求为祖母举行葬祭的礼仪，因你的缘故也连带为我的祖父实行，我在南、赣处境办事有难处时，就因你提议改授我提督的官职，我在广地会剿征伐盗贼，偶然得到些小功劳，而被当事的人废黜，你竟然能违背众人的议论而为我申辩，在西江时，由于不明事理而去见夷人，被当政奸人抓住把柄，是你多方设法保护，不仅允许自己和全家免于受刑罚又因为维新的诏令而特地为我在天下表明剖白，极力主张给我非常的礼遇，加封给

此不待人之请，不由有司之议，傍无一人可致纤毫之力，而独出于执事之心者，恩德之深且厚也。

如是受之者，宜何如为报乎？夫人有德于己，而不知以报者，草木鸟兽也；栎之树，随之蛇，尚有灵焉，人也而顾草木鸟兽之弗若耶？顾无所可效其报者，惟中心藏之而已。中心藏之，而辄复言之，惧执事之谓其藐然若罔闻知，而遂以草木视之也。

迩者先君不幸大故，有司以不肖孤方茕然在疚，谓其且无更生之望，遂以葬祭赠谥为之代请，颇为该部所抑，而朝廷竟与之以葬祭，执事之心，何所不容其厚哉？乃今而复有无厌之乞，虽亦其情之所不得已，实恃知爱之笃，遂径其情而不复有所讳忌嫌沮，是诚有类于藐然若罔闻知者矣。事之颠末，别具附启，惟执事始终其德，而不以之为戆也；然后敢举而行之。

与萧子雍

缪妄迂疏，多招物议，乃其宜然，每劳知己为之忧念不平，徒增悚赧耳。荼毒未死之人，此身已非己有，况其外之

显要爵位，因为顺路而请求回家探望，则不仅赞同允许而且又不断相询，表示关怀，并给我颁布封爵的礼遇。你给我以不敢希望的恩惠，而且顺便推广到三代祖先，这种不等人请求，不依有关部门的讨论，旁边没有一个人可以帮一丝一毫的力量，而独出于执事你自己的主张，恩德是既深且厚的。

像这样接受的人怎样报答呢？别人有恩德加给，而不知道报答的，是草木鸟兽一类，栎地的树，随地的蛇，尚且在这种事上有灵气，人难道还比不上草木鸟兽吗？只是没有什么东西可以用来报答，只有藏在心中罢了，心中感激，而再提及，是恐怕你以为我不以为然，就像没有听到知道一样，于是就把我当作草木看待。

近来我的父亲不幸去世，有关官员认为我独自仍在内疚，说他已经没有再还生的希望，代我为父亲请求给予葬礼，赐谥号，但却被部里压下阻拦，朝廷竟然直接给予葬祭的礼遇，说明执事的心理，无所不容的宽厚。今天我又有不满足的乞求，虽然是情有不得已的地方，实在是仗恃着你对我具有的知相爱护之情，因而直接说明情由而不再有什么忌讳和嫌疑，确实像是不以为然像没有听知之能了。事情的前后经过另有附信，希望你能始终对我恩惠有加，而不认为这个请求有罪，然后我才敢行动。

与萧子雍

我说话有谬误虚妄，人迂腐疏懒，招来很多议论，这是必然的。总是有劳知己们为对我的议论感到忧虑，感到不平，这只

毁誉得丧,又敢与之乎?哀痛稍苏,时与希渊一二友,喘息于荒榛丛草间,惴惴焉惟免于戮辱是幸,他更无复愿矣。

近惟教化大行,已不负平时祝望,知者不虑其不明,而虑其过察;果者不虑其无断,而虑其过严;若夫尊德乐义,激浊扬清,以改变陋习,吾与昔人可无间然矣。盛价还,草草无次。

与德洪

《大学·或问》数条,非不愿共学之士,尽闻斯义,顾恐藉寇兵而赍盗粮,是以未欲轻出,且愿诸公与海内同志,口相授受矣;其有风机之动,然后刻之非晚也。此意尝与谦之面论,当能相悉也。江、广两途,须至杭城始决,若从西道又得与谦之一话于金、焦之间。冗甚,不及写书,幸转致其略。

能增添我的惊惧和羞惭罢了。被荼毒过而又没死的人，身躯已不再为自己所有了，又何况身外的毁誉和得失呢？又怎敢与议论我的人争论呢？等到哀痛略微有点减弱，便偶尔与希渊等几个朋友一起在荒芜的林中，衰败的草丛中喘息，心中仍然惴惴不安，只希望能避开别人的侮辱，此外就没有其他的奢望了。

　　近来世间的教化风行，已经不再辜负我平时的祝愿和冀望，有见识的人不去忧虑他的不很明了，而是忧虑他的过分的详审；果断的人不去忧虑他的不果断，而是忧虑他的过分的厉害；如果能尊重品德，爱好仁义，指斥混浊，发扬清廉，以便大大地变更坏的习惯，我和过去的人就可以没有空隙矛盾了。尊仆回去，草草地写出来而语无伦次的书信。

与德洪

　　在《大学·或问》篇中有几条，是不想共同学习的人所不能完全明了其含义的，只是担心借给盗贼兵器、粮食，所以没有想轻率地拿出，但愿各位同仁和天下有同样志向的人，用话语传授，也用话语接受吧；一旦有什么合适机会，再刊刻它也为时不晚。这种想法我曾经和邹谦之面对面地谈论过，他会明白的。江西和广东的两条路径，到杭州时才能决定走哪一条，如果从西边道路走的话又可以与谦之在金和焦之间相谈了。忙得很，已来不及写书，所以便简单地转达一个大意吧。

卷之二十八　续编三

杂　著

自劾不职以明圣治事疏

　　臣闻之：主圣则臣直，上易知而下易治。今圣主在上，泽壅而未宣，怨积而不闻，臣等曾无一言，是甘为容悦；而上无以张主之圣，下无以解于百姓之惑也。伏惟陛下，神明英武，自居春宫，万姓仰德；及登大宝，四夷向风。

　　不幸贼臣刘瑾窃弄威柄，流毒生灵，潜谋僭逆，几危郊社。赖祖宗上天之灵，俾张永等早发其奸；陛下奋雷霆之断，诛灭党与，铲涤凶秽；复祖宗之旧章，吊黎元之疾苦；任贤修政，与民更始。天下莫不欢忻鼓舞，谓陛下固爱民之主，而前此皆贼瑾之荼毒；知陛下固有为之君，而前此皆贼瑾之蒙蔽；日早跂足延颈，以望太平。

　　奈何积暴所加，民瘼未复，余烈所煽，妖孽连兴，灾及二年，愈肆愈横，兵屯不解，民困日深，贼势相连殆遍，财匮

自劾不职以明圣治事疏

　　臣听说：皇上圣明，臣下就会耿直；皇上越了解情况，国家就越容易治理。如今圣主在上，恩泽堵塞了，无从不达，民怨越积越多，却没有人让皇上知道。我们这些做臣子的之所以不曾就这些问题向皇上提一个字，目的是为了让皇上高兴。这样一来，皇上就没有办法张扬自己的圣明，也没有办法解除百姓的困惑。皇上一向神明英武，自从皇上住进春宫做太子时，天下百姓就仰慕皇上的崇高品德；等皇上登上宝座成为当今皇帝的时候，四面八方的各族百姓都纷纷归顺了大明王朝。

　　不幸的是，贼臣刘瑾私下里玩弄皇上给他的权柄，残害百姓，阴谋造反，差点就危及皇上的社稷。幸好有祖宗的在天之灵，使张永等人比较早地发现了他的阴谋。陛下当机立断，诛灭了刘瑾的阴谋集团，清除了全部凶犯和流氓分子，恢复了祖宗的王法规章，慰问黎民百姓的疾苦，任用贤能的人从事政治，和人民一道继往开来。天下的百姓没有一个不欢欣鼓舞的。都说陛下本来就是个热爱护民众的君主，而以前都是叛贼刘瑾毒害的结果；百姓都知道陛下本来就是个大有作为的君主，而以前都是被叛贼刘瑾欺骗隐瞒的结果。百姓日夜跷着脚，伸着颈，盼望天下太平。

　　遗憾的是，由于刘瑾一伙的残暴统治时间较长，民众的创伤还没有痊愈，加上刘瑾反动集团的残余势力的煽动，反动势

粮竭，且夕汹汹。

臣等备位大臣不能展一筹以纾患害，宽一缚以苏倒悬，抚心反己，自知之罪，莫可究言。至其暴扬于天下，訾詈于道途，而尤难掩饰者，大罪有三，请自陈其略以伏厥辜。夫朝以出政，政以成事。陛下每月视朝，朔望之外，不过一二；岂不以臣等分职于下？事苟无废，不朝奚损乎？然君臣百司，愿时一观圣颜而不获，则忧思徬徨，渐以懈弛；远近之民，遂疑陛下不复念其困苦，而日兴怨怼；四方盗贼，亦谓陛下未尝有意剪除，而益猖獗。夫昧爽临朝，不过顷刻，陛下何惮而不为？所以若此，则实由臣等不能备言天下汹汹之情，以悟陛下。是其大罪一也。

陛下日于后苑训练兵事，鼓噪之声震骇城域，岂不以寇盗未平，思欲奋威讲武乎？然此本亦将卒之事，兼非宫禁所宜；况今前星未燿，震位犹虚，而乃劳力于掣肘，耗气于驰逐；群臣惶惑，两宫忧危，宗社大本，无急于是。而臣等不能力劝陛下蓄精养神，以衍皇储之庆；思患预防，以为燕翼之

力接连兴起，差不多两年了。反动势力越来越猖狂，他们利用手中的武装，到处占地为王，老百姓的困苦一天比一天深重。如今各地反动势力互相联合，由于朝廷财匮粮竭，他们更是气势汹汹。

我们这些忠于皇上的大臣，在这样的形势下却一筹莫展，不能力挽狂澜，祛除祸患；抚心反省自己，确实感到罪过不少。这些罪过在这反动势力横行于天下、百姓怨声载道的今天，已经无法再掩饰的罪过主要有三个方面，请允许我大概地陈述出来，以便我们服罪改过：皇上上朝是为了制定和颁布政策，制定政策是为了成就事业，处理问题。陛下每月上朝，除了初一和十五，不过一两次，难道不是安排我们在下面替皇上各负其责吗？如果我们在下面就兢业业地工作，每件事情都不让它荒废，皇上即使不上朝，又会有什么损害呢？然而群臣和文武百官，很想定时能够看到皇上的圣颜，可这种愿望却常常落空，于是大家都感到焦虑和彷徨，渐渐地也就松弛，懈怠起来；远近的百姓于是便怀疑陛下不再关心他们的困苦，怨恨之情也就一天天地发展起来；四方的强盗和匪徒，也以为陛下不曾有过要铲除他们的意思，因而更加猖獗；拂晓时分上朝，不过片刻工夫就散朝了，陛下还怕什么而不上朝？所以出现这种情况，原因实际上在于我们不能把天下险恶的情况全部告诉陛下，从而不能让陛下省悟。这是我们的罪过之一。

陛下每天在后花园里训练兵事，擂鼓的声音令全城震惊，莫非皇上因为叛乱没有平定，想振作精神，以武力威慑叛军？然而，这种事情本来应该由将士去做。再说，这种事情也不适合于在宫廷禁地进行。况且，如今观看天象，前星非常明亮，震位却还很空虚。在这样的时候，皇上竟然还要劳力于掣肘，在奔

谋，是其大罪二也。

　　夫日近儒臣，讲论道德，涵泳义理，以培养本原，开发志意；则耳目日以聪明，血气日以和畅；穷天地之化，尽万物之情，优游泮涣，以与古先神圣为伍，此亦天下之至乐矣。陛下苟如此，则将乐之终身而不能以须臾舍，奚暇游戏之娱乎？今陛下自即位以来，经筵之御，未能四五；而悦心于骑射，疲劳之事，皆由臣等不能备陈至乐，以易陛下之所好，是其大罪三也。

　　陛下有尧舜之资，臣等不能导陛下于三代，而使天下之民，疾首蹙额相告，归咎怀愤，若汉唐之季。臣等死有余罪矣！伏愿陛下，继自今昧爽以视朝，励精而图治，端拱玄默，以养天和；正《关雎》之风，毓《麟趾》之祥；日御经筵，讲求治道；务理义之悦心，去游宴之败度；正臣等不职之罪，罢归田里；举耆复宿望之贤，与共天职。使天下晓然皆知陛下忧悯元元之本心，由臣等不能极言切谏，以至于斯。

跑和追逐中耗费精力。对此，群臣都感到惶惑不安，两宫都感到忧心忡忡。再也没有什么比国家社稷更让人忧虑的啊。可是臣却不能力劝陛下，蓄精养神，以便扩展皇储的福祉。想方设法，以便制定出高妙的谋略来对付天下的叛乱。这是我们的罪过之二。

皇上如果每日亲近那些精通儒学的大臣，和他们谈论道德，涵养濡染于义理，并以此来培养生命的大本大原，开发志气的心智，那么，皇上的耳目就会一天天地清楚、敏锐起来，皇上的血气也会一天天地和畅起来。这样，皇上就可以完全理解天地的变化和万物的情理，从而逍遥自在，与古圣先贤为伍，这也是天下最快乐的事情。陛下如果能够这样，就可以终身快乐，又怎么会舍不得放弃从游戏中获取的片刻即逝的欢娱呢？如今，陛下自从即位以来，很少读书诵经，很少同儒家学者交谈，却热衷于骑马射箭，从这些让人疲劳的事情中寻求快乐。之所以如此，都因为臣等没有向皇上充分地讲明获取更大快乐的方法，以改变皇上的爱好。这是我们的罪过之三。

陛下有尧、舜的天资和禀赋，可臣等却不能辅佐陛下把王朝治理得像夏、商、周三代，而使天下的黎民百姓疾首蹙额。他们把社会的混乱和生活的困苦归咎于皇上，对皇上满怀愤恨，这种局面很像汉唐的末期。对此，臣等感到死有余罪。愿陛下从今往后勤于朝政，励精图治，庄严临朝，清静无为，以养天和，正《关雎》之风，毓《麟趾》之祥。每天读读经书，和群臣一起探讨治国之道；从义理中寻找快乐，罢去游玩宴乐的不良习惯；追究臣等的渎职之罪，罢免不称职的官员，让他们回家种田；推举德高望重的人，和他们一起共同管理朝政。这样，使天下人都明明白白地知道陛下一向怜惜黎民百姓，只是由于臣等不能直

自兹以往,务休养生息,无复有所骚扰;躬修圣政,以弭天下之艰屯;广圣嗣,以定天下之危;疑勤圣学,以立天下之大本。其余习染,以次洗刷,则民生自遂,若阳气至而万物春;寇盗自消,若白日出而魍魉灭;上以承祖宗之鸿休,下以垂子孙之统绪;近以慰臣庶之忧惶,远以答四方之观向。臣等虽死之日,犹生之年。不胜激切颠陨待罪之至!具疏上闻。

乞恩表扬先德疏

窃照臣父致仕南京吏部尚书王华,以今年二月十二日病故。臣时初丧荼苦,气息奄奄,不省人事。有司以臣父忝在大臣之列,特为奏闻,兼乞葬祭赠谥。事下该部,以臣父为礼部侍郎时,尝为言官所论,谓臣父于暮夜受金而自首。清议难明。承朝廷遣告而乞归,诚意安在?又为南京吏部尚书时,因礼部尚书李杰乞恩认罪回话事,奉钦依:"李杰、王华,彼时共同商议,如何独言张升?显是饰词,本当重治,姑从轻,都着致仕。"

言劝谏，才造成现在这样局面。

从此以后，一定要让百姓休养生息，减轻百姓的负担，安定生活，发展生产，恢复元气，不要再干扰他们的生产和生活，而应该认真管理朝政，以便弥补平民百姓屯田耕作的艰辛；增添圣上的子嗣，以便平定天下的危机和疑念；勤奋地学习圣人的学问，以便确立天下的大本大原。至于其他的不良习惯，皇上要依次洗刷。这样，民众的生活就会自己好起来，好比阳气到了，万物就会逢春而长一样；盗贼和匪徒就会自行消亡，好比太阳出来，魍魉就会消灭一样。这样，向上可以继承祖宗的宏大美善，向下可以为子孙后代留下一套良好的体统；往近处说，可以抚慰朝臣和百姓的心情，往远处说，可以答谢四方邻邦的友好合作。臣等即使死到临头，还是像活着的时候一样，非常激切地想以死来向皇上谢罪！特呈上这篇奏议，请皇上过目。

乞恩表扬先德疏

臣的父亲王华做官最后做到了南京吏部尚书，今年二月十二日病故了。臣当时为父亲的去世感到非常悲痛，以至于气息奄奄，不省人事。有关部门的官员认为臣的父亲应该属于朝廷的大臣，所以他们特地向皇上写了一份奏章，以便把臣的父亲去世一事报告给皇上，顺便想请皇上在安葬祭祀期间赠给臣的父亲一个谥号。可是，南京吏部认为，臣的父亲在做礼部侍郎时，曾经被监察官纠带问讯过，罪名是臣的父亲在深夜接受贿赂并且投案自首。这件事不明不暗，是否清白很难辨明，当朝廷对这件事提出批评时，家父便请求回家，这样做诚意何在？另外，臣的父亲

伏遇圣慈覆载宽容，不轻绝物；然犹赐之葬祭，感激浩荡之恩，阖门粉骨无以为报。窃念臣父始得暗投之金，若使其时秘而不宣，人谁知者？而必以自首，其于心迹，可谓清矣。乞便道省母，于既行祭告之后，其于遗祀之诚，自无防矣。当时论者不察其详，而辄以为言。臣父盖尝具本六乞退休，请究其事。当时朝廷特为暴白，屡赐温旨，慰谕勉留。其事固已明白久矣。乃不意身没之后，而尚以此为罪也。臣切痛之！

正德初年，逆瑾肇乱，威行中外，其时臣为兵部主事，因瑾绑拿科道臣员，臣不胜义愤，斥瑾罪恶。瑾怒臣，因而怒及臣父。既而使人讽臣父令出其门，臣父不往，瑾益怒。然臣父乃无可加之罪。后遂推寻礼部旧事与臣父无干者，因传旨并令臣父致仕，以泄其怒。

在做南京吏部尚书的时候，因为礼部尚书李杰向皇上低头认罪，请求宽恕一事，被先帝批示说："李杰和王华那时是共同商议的，怎么只说张升呢？这明显是掩饰之词，本来应该重重惩罚，姑且以轻发落，令其退休。"

臣的父亲真是遇上了一位仁慈的皇帝，不仅宽容了他的罪过，而且还赐给他安葬和祭祀的资格。臣为皇上如此浩荡的恩典深表感激，即使为皇上粉身碎骨恐怕也难以报答。臣窃以为，臣的父亲当初得到别人暗中贿赂的钱，假如他那时秘而不宣，谁人能知道呢？可他却坚决自首，从他这种心情可以看出他还是清白的。至于他请求因公顺路家探望母亲，这是在他行了祭告之礼之后的事，这件事对于他参加祭告之礼的诚意不应该有什么妨害。当时审这件案子的人不去详细了解情况，就下定论。臣的父亲曾写过六份申请，请求退休；请求深入调查他的案子。当时朝廷特地为他平反冤情，几次赐给他温和圣旨，安慰他并勉励他继续为官任职。这件事已经早就弄清楚了，却没有料想到在他去世以后，还要因为这件事而认为他有罪。臣对此深感痛心！

正德初年，逆臣刘瑾发动叛乱，到处施行淫威，那时臣是兵部主事。由于刘瑾绑拿负科道两衙门的官员，臣义愤填膺，斥责刘瑾的罪恶。所以刘瑾对臣很恼火，并且还对臣的父亲怀恨在心。既而又派人用含蓄的话命令臣的父亲出于刘瑾门下，做刘瑾门生。臣的父亲不去，刘瑾就更加愤怒了。由于没有什么罪行可以加到臣的父亲头上，刘瑾便找出臣的父亲在礼部任职期间的那件本来就与臣的父亲无关的旧事。于是便传圣旨，命臣的父亲退休，以发泄他的怨恨。

此则臣父以守正不阿，触忤权奸，而为所摈抑。人皆知之，人皆冤之。乃又知身没之后，而反以此为咎也。臣尤痛之！臣父以一甲进士，授官翰林院备撰，历升春坊谕德、翰林院学士、詹事府少詹事、礼部侍郎、南京吏部尚书。其间充经筵官、经筵讲官、日讲官。又选充东宫辅导官、东宫讲读官，与修《宪庙实录》及《大明会典》《通鉴纂要》等书，积劳久而被遇深矣。

故事，侍从、日讲、辅导等官，身没之后，类得优以殊恩，荣以美谥。而臣父独以无实之谤，不附权奸之义，生被诬抑，而没有余耻。此臣之所以割心痛骨，不得不从陛下而求一表暴者也。夫人子之孝，莫大于显亲；其不孝亦莫大于辱亲。臣以犬马微劳，躐致卿位。故事在卿佐之列者，亲没之后，皆得为之乞请恩典。臣今未敢有所陈乞，以求显其亲，而反以无实之诉辱其亲于身没之后。不孝之罪，复何以自立于天地间乎？此臣之所尤割心痛骨，不得不从陛下而求一表暴者也。

臣自去岁乞恩，便道归省，陛下垂悯乌鸟，且念臣父系侍从旧臣，特推非常之恩，赐之存问。臣父先于正德九年，

由此可见，臣的父亲是因为行为端正，刚直不阿，才触犯了阴险的权贵并被他陷害的。这一点人人都知道，人人都为臣的父亲感到冤枉。如今哪里知道父亲去世之后还要因为那件旧事而背负罪名。臣感到尤其痛心！臣的父亲以一甲进士身份，被先帝授予官职，先是做了翰林院的备撰，以后历任春坊谕德、翰林学士、詹事府少詹事、礼部侍郎、南京吏部尚书等职。这期间，他还做过经筵官、经筵讲官、日讲官。此外，他还担任过东宫辅导官、东官讲读官。臣的父亲参与编写的《宪庙实录》以及《大明会典》和《通鉴纂要》等书。他长期操劳，为朝廷做出了重要的贡献，被皇上的宠遇也就更深了。

　　按照惯例，担任过侍从、日讲、辅导等官，死后，都纷纷获得优厚的待遇和美好的谥号。只有臣的父亲却因为那种不符合实际的诽谤，因为他不趋附于掌有大权的奸臣，活着的时候遭受排挤，死了以后还蒙受着耻辱。想到这些，臣感到割心痛骨一样难过，所以不得不向陛下呈上这份奏表，请求陛下为臣的父亲洗刷不白之冤。作为人之子，最大的行孝莫过于让父亲名声显赫；最大的不孝也莫过于败坏父母的名声。臣凭着犬马微劳登上了卿的位置，所以也算是在卿佐之列了。父亲去世后，臣按照惯例就应该为他请求陛下的恩典。臣之所以至今未敢这么做，是因为怕请求为父亲扬名，却由于有人骂他名不符实，反而在父亲死后败坏了他的名声。这可是不孝之罪啊！这样，臣怎么能够自立于天地之间呢？这也是臣至今还感到割心痛骨而不得不呈上这份奏表请求陛下为臣的父亲平反昭雪的原因。

　　臣从去年就承蒙陛下准假，顺路回家探望了父母。陛下对臣很是同情，并且念臣的父亲属于侍从旧臣，特地拿出不同寻常

尝蒙朝廷推恩进阶。臣伏睹制词，有云："直道见沮于权奸，晚节遂安于静退。"则当时先帝固已洞知臣父之枉矣。臣又伏睹陛下即位诏书内开："自弘治十八年五月十八日以后，大小官员，有因忠直谏诤，及守正被害去任等项，各该衙门备查奏请，大臣量进阶级，并与应得恩荫。"

臣父以守正，触怒逆瑾，无故被害去任。此固恩诏之所悯录，正在量进阶级之列。臣父既耻于自陈，而有司又未为奏请。乃今身没之后，而反犹以为诟。臣窃自伤痛，其无以自明也。臣父中遭屈抑，晚遇圣明，庶几沐浴恩泽，以一雪其拂郁，而忽复逝矣，岂不痛哉！今又反以为辱，岂不冤哉！臣又查得先年吏部尚书马文升，屠滽等，皆尝屡被论劾。其后朝廷推原其事，卒赐之以赠谥。臣父才猷，虽或不逮于二臣。而无故被诬，实有深于二臣者。惟陛下矜而察之。

臣以功微赏重，深忧覆败，方尔冒死辞免封爵，前后恩典，已惧不克胜荷。故于臣父之没，断已不敢更有乞请。乃不意蒙此诬辱，臣又安能含羞饮泣，不为臣父一致其辩乎？

的恩典，对臣的父亲赐以皇帝的问候这样的殊荣。臣的父亲先是在正德九年，曾经承蒙朝廷推恩，晋升了官职。臣看过当时的进阶制词，其中有这样句子："对奸臣能够直言不讳地加以阻止，说明晚节不错。"这说明当时先帝就已经洞察臣的父亲是被冤枉的。臣又拜读了陛下即位时下的诏书。其中写道："从弘治十八年五月十八以后，大小官员，有因为忠直谏诤和坚持正义而被免去职务的，这些官员原来所在的衙门都必须核查证实，然后奏请朝廷，恢复他们的官职。原来是大臣的，要适当地提升官职，并给予他们应得的福利。"

臣的父亲因为坚持正义，触犯了叛逆贼臣刘瑾，无故被免去官职。正好符合陛下的诏书所列的条件，应该属于适当提升官职一类。可是，臣的父亲不好意思自己向陛下陈述，而有关部门的官员又没有为他奏请陛下。乃至于现在人已经逝世了而骂名还在。臣私下里感到非常伤痛，觉得父亲的冤屈是不可能自明的。臣的父亲中年遭受排挤，晚年遇上陛下的英明，差点就可以沐浴到陛下的恩泽，一洗过去的不白之冤，却偏偏在这个时候去世了，能不叫人痛心吗！如今不仅没有官复原职，补拿好处，反而背负骂名，难道不冤枉吗！臣还了解到，往年的吏部尚书马文升、屠滽等都曾多次被判罪、被弹劾，后来朝廷都经过调查研究，最终都赐给了他们谥号。臣的父亲就才干来说，虽然可能不及这两位大臣。可他无故被诬告，冤屈实在比二位大臣深。所以还望陛下同情而派人调查一下。

臣因为功劳微小而陛下赐给的奖赏厚重，感到深深地不安，所以才冒着被处死的危险辞免了陛下封给臣的爵位，光是前后对臣的恩典，臣就已经感到负荷不起了。因此，对于臣的父

夫人臣之于国也，主辱则臣死；子之于父也亦然。今臣父辱矣，臣何以生为哉？夫朝廷恩典，所以报有功，而彰有德，岂下臣所敢幸乞？顾臣父被无实之耻于身后，陛下不为一明其事，自此播之天下，传之后代，孝子慈孙，将有所不能改，而臣父之目不瞑于地下矣。岂不冤哉？夫饰非以欺其上者不忠，矫辞以诬于世者无耻；不忠无耻，亦所以为不孝。若使臣父果有纤毫可愧于心，而臣乃为之文饰矫诬，以欺陛下，以罔天下，后世纵幸逃于国宪，天地鬼神，实临殛之！

臣虽庸劣之甚，不忠无耻之事，义不忍为也。惟陛下哀而察之！臣不胜含哀抱痛、战慄惶惧、激切控吁之至！谨具本令舍人王宗海代赍奏闻，伏候敕旨！

辩诛遗奸正大法以清朝列疏

丁忧南京兵部尚书臣王某谨奏，为诛遗奸、正大法、以清朝列事。嘉靖元年十月初十等日，准南京兵部咨，准都察院咨，该巡按广西监察御史张钺奏。为前事，题奉圣旨："是。这所劾张子麟事情，还着王守仁、伍希儒、伍文定看

亲去世这件事，臣也就不敢再向陛下提出请求了。却没想到又蒙受这样的侮辱，臣又怎么能含羞饮泣，不为臣的父亲辩护呢？作为国家的臣子，如果国家的君主蒙受污辱，臣子就应去死；作为父亲的儿子，同样应该如此。如今，臣的父亲受到了污辱，臣怎么能活下去呢？朝廷的恩典是用来回报有功之臣和表彰有德之士的，哪里是臣所敢乞求的呢？陛下如果不为臣的父亲恢复名誉，而让他现在的名声传播于天下，流传于后代，那么他的孝子慈孙将再也不可能改变这个名声了，臣的父亲在九泉之下也不会瞑目的。这岂不是冤枉？用掩饰错误的办法欺骗皇上的人是不忠诚的，用捏造的言辞欺骗世人的人是无耻的。不忠而又无耻，也就是不孝。如果臣的父亲真的有丝毫问心有愧的行为，被臣通过文字修饰和捏造事实的办法掩盖了，并以此欺骗了陛下，蒙蔽了天下的百姓，那么，臣的后代纵然能够逃脱国家法律的制裁，天地、鬼神也决不会放过他们的！

臣即使非常平庸、恶劣，但不忠、无耻的事情，臣也会不忍心去做的。请陛下同情臣的父亲并明察他的冤屈吧！臣怀着悲痛、惶恐、激切的心情企盼着陛下恩准。臣写下这本奏折，让舍人王宗海代臣呈给陛下，臣恭候陛下的敕令！

辩诛遗奸正大法以清朝列疏

守父亲丧事的南京兵部尚书王守仁谨向陛下奏报如下：为了诛杀遗留下来的奸党贼臣残余，端正国家的法律，清理和整顿朝廷的政治秩序。嘉靖元年十月初十等日，接南京兵部的咨文、都察院的咨文，巡按广西的监察御史张钺上奏。为了前面提到了,上紧开具明白,奏来,定夺。钦此!"

又,准该部咨,准都察院咨,该丁忧刑部尚书张子麟奏,为辩污枉,清名节以雪大冤事。题奉圣旨:"是张子麟所奏事情,着王守仁等一并看了来说。钦此!"俱钦遵外,方在衰绖之中,忧病哀苦,神思荒愦,一切世务,悉已昏迷恍惚;奉命震悚,旋复追惟。臣先正德十四年六月初六日,奉敕前往福建查处聚众谋反等事。本月十五日,行至丰城地方,适遇宁藩之变,仓卒脱身,誓死讨贼。十八日回至吉安,督同知府伍文定等起兵,七月二十日引兵收复南昌;二十三日宸濠还救,二十六日宸濠就擒。其时余党尚有未尽,百务丛集。臣因先令各官分兵守视王府各门。至月初五六间,始克率同御史伍希儒、知府伍文定等入府,按视宫殿库藏诸处。

其间未经烧毁者,重加封识,以俟朝命;已被残坏者,分令各官逐一整检。有刑部尚书张子麟启本一封,众共开视,云是胡世宁招词。臣当与各官商说此等公文书启之类,皆在宸濠未反数年前事。虽私与交往,不为无罪,而反逆之举,未必曾与通谋。况此交通之人,今或多居禁近,分布联络,若存此等形迹,恐彼心怀疑惧,将生意外不测之变。且

的这些事情，我们依据了皇上的圣旨："是的。这里所揭发的是张子麟的罪状，并交给王守仁、伍希儒和伍文定审查，然后写清楚处理意见，呈奏上来，再做决定。钦此！"

接着又接南京兵部的咨文，接都察院咨文，这位家守丧事的兵部尚书张子麟上奏说：为了替自己被诬陷、被冤枉申辩，为了使自己的名声和气节恢复清白，以便洗刷自己的冤屈。皇上的圣旨上写道："张子麟所上奏的这些事情，交给王守仁等人看了之后再说。钦此！"都遵从之外，但是臣正在服丧之中，悲痛忧伤，神志不清，一切世俗事务，都已让我感到昏迷恍惚；接到陛下的命令后，臣感到非常震惊，立刻便又回忆起往事。臣先是在正德十四年六月初六，遵照皇上的命令，前往福建查处聚众谋反等事。本月十五日行军到达丰城这个地方，正好碰上宁王朱宸濠的叛乱，仓促中逃了出来，发誓即使以死为代价也要讨伐叛贼。十八日回到吉安，督促并协同当地知府伍文定等人，组织兵马。七月二十日率领军队收复南昌。二十三日，宸濠反攻为守。二十六日，宸濠就擒。那时，残余的叛乱分子还有些没被剿灭，事务非常繁杂。臣于是先命令各路官兵分别守视王府的各个大门。到了第二个月初五、六之间，才得以率领御史伍希儒和知府伍文定等，进入王府，查看宫殿、库藏各处。

这期间，凡是没有被烧毁的，重新贴上封条，做上记号，以便等候朝廷的命令；已经被毁坏的，臣便分别命令各位官员负责逐一整理、检查。其中有刑部尚书张子麟写的启本一封，大家共同打开看了，写的是胡世宁供认罪状的招词。臣当即同各位官员商量，说这些公文书启之类的东西，都是在朱宸濠还未谋反之前好多年的事情。虽然与宸濠私下交往的人，不能算作没有

虑憸人因而点缀掇拾；异时根究牵引，奸党未必能惩，而忠良或反被害。昔人有焚吏民交关文书数千章，以安反侧之心者；今亦宜从其处，以息祸端。遂议与各官公同烧毁。

后奉刑部题奉钦依："原搜簿籍，既未送官封记收掌，又事发日久，别生事端，委的真伪难辩，无凭查考。着原搜获之人，尽行烧毁。钦此！"钦遵外，臣等莫不仰叹圣主包含覆帱之量，范围曲成之仁；可谓思深而虑远也已。以是臣等不复为言，且谓朝廷于此等事，既已一概宥略，与天下洗涤更始矣。今御史张钺，风闻其事，复有论列，是亦防闲为臣之大义，效忠于陛下之心也。尚书张子麟力辩其事，而都察院覆奏，以为世宁之狱，悉由该院，与子麟无干，则诚亦暧昧难明之迹。

今臣等亦不过据事直言其实耳，岂能别有所查访。然

罪过。然而，宸濠发动叛乱的活动，未必曾与这些人通谋。况且这些共同合谋的人中有许多人是朝廷的要员，彼此都有联系和往来，如果留存这些证据，恐怕他们会感到怀疑和恐惧，甚至会发生意外不测的变乱。再说，现在把这些东保存起来，一些别有用心的人就会利用这些资料做文章，到时候把它作为犯罪的证据搬出来，追究牵引，结果，反动分子不一定能够得到惩处，相反一些忠良可能还会被陷害。古代就有烧毁官吏与民众、官吏与官吏之间的交往文书以便安抚有反叛之心的人这样的记载，如今也应该这样做，以便平息祸端。臣于是便同各位官员商议决定烧毁这些公文之类的东西。

后来接到了刑部传来的圣旨，圣旨上写道："搜查出来的各种记录、文书之类的材料，凡是还没有送给官府封记、收藏、掌管的；并且在叛乱发生前很久就有的，容易惹出新的事端的，确实是真伪难辨，无从查考的，都应交给搜查出这些材料的人，由他们全部烧毁。钦此！"臣完全是按照陛下的心意办理的。臣等没有一个不仰慕和赞叹陛下包含覆帱的肚量，和限制打击范围的仁慈，这可以说是深思远虑的啊。于是，臣等不再说什么了，只说朝廷对于这样的事情，已经决定一律宽恕了，并将与天下百姓一道告别过去，开辟未来。如今，御史张铖由传闻而得知了这件事，主张还要追究罪行，这也是为了规范约束为臣的大义，向陛下表达效忠之心。尚书张子麟极力为那件事情申辩，而且都察院也改变了上奏的说法，认为世宁的案件全部是由该院经办的，与子麟无关。所以在宸濠处发现张子麟的启本一事实在有些暧昧难明。

现在，臣等也不过是根据了解的情况来直言事实罢了，怎

以臣愚度之，尝闻昔年宸濠奸党为之经营布置于外，往往亦有诈为他人书启，归以欺濠而罔利者；则此子麟之启，无乃亦是类欤？不然，子麟身为执法大臣，非一日矣。纵使与濠交通，岂略不知有畏忌？而数年之前，辄以肆然称臣于濠耶？夫人臣而怀二心，此岂可以轻贷；然亦加人以不忠之罪，则亦非细故矣。此在朝廷，必有明断；臣偶有所见，亦不敢不一言之。缘奉钦依"这所劾张子麟事情，还着王守仁、伍希儒、伍文定看了，上紧开具明白，奏来定夺"及"张子麟所奏事情，着王守仁等一并看了来说"事理。

为此具本，差舍人李升亲赍奏闻，伏候敕旨！

书同门科举题名录后

尝读文中子，见唐初诸名臣若房、杜、王、魏之流，大抵皆出其门。而论者犹以文中子之书，乃其徒伪为之，而托焉者，未必其实然也。今以邃庵先生之徒观之，则文中子之门，又奚足异乎？予尝论文中子盖后世之大儒也。自孔、孟既没，而周程未兴，董、韩诸子未或有先焉者。先生自为童子，即以神奇荐入翰林；未弱冠而已为人师。其颖悟之蚤，文

可能另外进行查访呢？然而，在臣看来，曾经听说，前些年宸濠的反动集团中有一批人是在外边替他跑腿、办事的，其中有些人往往模仿字迹，伪造他人的书信和公文，然后把它拿回去欺骗宸濠以便获取一些好处。如此看来，张子麟的这封启文会不会也是伪造的呢？不然，子麟身为执法大臣已不止一天了。假如他与宸濠真的互相勾结，怎么可能一点儿也不感到害怕？怎么可能在好几年前就公然向宸濠俯首称臣呢？作为一朝君主的臣下，怀揣二心就已经不可以轻易饶恕的；如果还要给他加上不忠的罪名，原因就更不简单了。这件事想必朝廷能够做出正确的决断；臣偶然发现了一些情况，不敢不一一说出来。这也是圣上的旨意要求臣做的。圣旨上说"这里所揭发的张子麟的罪状，交给王守仁、伍希儒和伍文定审阅，然后写明处理意见，呈奏上来，再做决定"以及"张子麟这里所奏述的情况，交给王守仁等人审阅之后再说"等事。

因此，臣写下这个奏章，派舍人李升亲自送给陛下过目，臣恭候陛下的敕令！

书同门科举题名录后

我曾经读过王通的《文中子》，发现唐朝初期的几位著名的大臣，如房玄龄、杜如晦、王珪和魏徵这些人，基本上都是出于他的门下。可是有的人却认为，文中子的书是他的弟子假托他的名字写的，未必真的就是这样。如今从邃庵先生（杨一清）的弟子来看，文中子之门又有什么值得大惊小怪的呢？我曾经评论过文中子，认为他是一位杰出的儒学家。文中子生活的时代，孔

学之懿,比之文中,实无所愧;而政事之敏卓,才识之超伟,文中尝未有见焉。文中之在当时,尝以策干隋文;不及一试,而又蚤死。先生少发科第,入中书,督学政,典礼太常,经略边陲,弭奸戡乱;陟司徒,登冢宰,晋位师相;威名振于夷狄,声光被于海宇;功成身退,优游未老之年;以身系天下安危,圣天子且将复起之,以恢中兴之烈;而海内之士,日翘首跂足焉;则天之厚于先生者,殆文中子所不能有也。

文中之徒,虽显于唐,然皆异代隔世。若先生之门,具体而微者,亦且几人;其余或得其文学,或得其政事,或得其器识,亦各彬彬成章,足为名士,布列中外,不下数十;又皆同朝共事,并耀于时;其间乔、靳诸公,遂与先生同升相位,相继为冢宰。若此者,文中子之门,益有所不敢望矣。

且文中子之门,其亲经指受,若董常程元之流,多不及显而章明于世;往往或请益于片言,邂逅于一接,非若今之题名所载,皆出于先生之陶冶;其出于陶冶而不显于世,若

子和孟子早就死了，而周敦颐和程颢、程颐兄弟俩还没有兴起；董仲舒和韩愈这些人没有一个超过文中子的。然而，邃庵先生还是一个儿童的时候，就凭着神奇的智识考入翰林，未到弱冠之年就已经做人的老师了。他的颖悟之早，他的文章和学问之美好，比起文中子来，实在没有什么值得惭愧的；他处理政事的远见卓识，其才学的优异超群。也是文中子很少有的。文中子在世的时候，曾经以策论自荐于隋文帝。可是还没来得及试一试，就早早地去世了。邃庵先生少年时代就参加科举考试，授任中书舍人，督导学政，掌管典礼，治理边陲，平定叛乱；做过户部尚书，当过吏部尚书，最后官至内阁首辅；威名振于夷狄，声光被于海宇；功成身退，优游于未老之年；可是心里始终牵挂着国家的安危，圣明的天子想重新取用他，以便扩大中兴的事业，海内的读书人都翘首跂足，盼望他出来。可见，老天爷对先生的厚爱，大概也是文中子所没有的。

文中子的弟子，虽然在唐朝很显赫，然而毕竟是异代隔世的历史了。邃庵先生的弟子中，学问道德上与先生差不多的也很有几个？其余的或者在文章学问方面颇有造诣，或者在政治方面成就卓著，或者在科技方面颇有建树，这些人都彬彬有礼，足以成为知名人士，分布在全国各地的不下于数十人，又都是同朝共事，同时出名，其中乔、靳等人还和先生一样升入宰相的位置，相继做了吏部尚书。像这样的成就，文中子之门更是想都不敢的。

再说，文中子的弟子中正儿八经地受过文中子亲自指教的，比如董常、程元这些人，在社会中的地位并不显赫，并不出名。他们往往或者只是从文中子的只言片语获得过教益，或

常元之徒,殆未暇悉数也。先生在吏部,守仁常为之属,受知受教,盖不止于片言一接者。然以未尝亲出陶冶,不敢憾于兹录之不与;若其出于陶冶而有若常元者焉,或亦未可以其不显于世,而遂使之不与也。续兹录者,且以为何如?嘉靖甲申季冬望。

书宋孝子朱寿昌孙教读源卷

教读朱源,见其先世所遗翰墨,知其为宋孝子寿昌之裔也。既弊烂矣,使工为装缉之,因谕之曰:"孝,人之性也;置之而塞乎天地,溥之而横乎四海,施之后世而无朝夕。保尔先世之翰墨,则有时而弊;保尔先世之孝,无时而或弊也。人孰无是孝?岂保尔先世之孝,保尔之孝耳;保先世之翰墨,亦保其孝之一事,充是心而已矣。源归,其以吾言遍谕乡邻,苟有慕寿昌之孝者,各充其心焉,皆寿昌也已。"正德已卯春三月晦,书虔台之静观轩。

者只是和文中子邂逅过一次,而不像现在的一些比较有名望的人,都是出于先生的陶冶。那些受过先生的陶冶,却在社会上像常、元这些人一样没有什么名气的,就无法一一列举了。先生在吏部的时候,守仁我是他的部属,时常从他那里获得知识和教诲,不只是一些片言只语,也不只是一两次接触。然而我因为不曾亲自受过先生的陶冶,所以不敢为这篇题名录设有列名而惊憾,而亲自受教如董常、程元那样的人,总不能因为不显赫于世,就不让列名吧。将来接着写这本题名录的人,以为怎么样呢?嘉靖三年十二月十五日。

书宋孝子朱寿昌孙教读源卷

教读朱源,发现他的先世所遗留下来的笔墨真迹,才知道自己原来是宋朝的大孝子朱寿昌的后代。由于这些手迹已经破烂了,所以便派人重新进行了装订、整理。我就此事告诉他说:"孝,是人的本性。天地之间,四海之内,以及千秋万代都不能一刻没有孝道。保住你的先世的笔墨手迹,总有一天这些手迹还是会破旧的;保持你先世的孝道,任何时候都不会有什么弊病的。孝心这种东西谁会没有呢?保持你先世的孝心,实质上也是在保持你自己的孝心;保护你先世的笔墨手迹,也就是保持你的孝心所应该做的一件事,它不过是充实你的这颗孝心罢了。朱源,你如果回家去,请你把我的话告诉你的各位乡邻,如果有人仰慕寿昌的孝心,就请他们各自充实自己的内心,这样,他们就都可以成为寿昌了。"正德十四年三月三十日,写于虔台的静观轩。

书汪进之卷

程先生云:"有求为圣人之志,然后可与共学。"夫苟有必为圣人之志,然后能加为己谨独之功;能加为己谨独之功,然后于天理人欲之辨,日精日密;而于古人论学之得失,孰为支离?孰为空寂?孰为似是而非?孰为似诚而伪?不待辩说而自明。何者?其心必欲实有诸己也。

必欲实有诸己,则殊途而同归。其非且伪者,自不得而强入。不然,终亦忘己逐物,徒弊精力于文句之间,而曰:"吾以明道。"非唯有捕风捉影之弊;抑且有执指为月之病;辩析愈多,而去道愈远矣。

故某于朋友论学之际,惟举立志以相切砺;其于议论同异之间,姑且置诸未辩。非不欲辩也,本之未立,虽欲辩之,无从辩也。夫志犹木之根也;讲学者,犹栽培灌溉之也。根之未植,而从以栽培灌溉,其所滋者,皆萧艾也。进之勉之!

书汪进之卷

程先生说:"一个人有了要做圣人的志向,才能和他共同学习。"有了定要做个圣人的志向,然后才能要求自己在治学和为人处世方面下功夫,只有自己在治学和为人处世方面下了功夫,然后对于天理人欲的辨别与理解,才能一天比一精确,一天比一天缜密。这同古人谈论学习的得失相比,哪一个是支离破碎的呢?哪一个是空洞孤寂的呢?哪一个是似是而非的呢?哪一个是看似诚实的却实际上是虚伪的呢?这显然是不言而喻,不证自明的,为什么这样说呢?这是因为人的心对于它本身来说总是诚实和实在的。

只要心对待自己总是诚实的,那么也就殊途同归了。那些不对的以及虚伪的东西就不能强行进入到心里。否则,终将会忘掉自己的心而追逐于外物,白白地在文句之间浪费精力,却说:"我以此来明白道理。"这种做法不仅有捕风捉影的弊病。而且有执指为月的弊病,这样下去,辩论、分析得越多,离天道就会越远。

所以,我在告诉朋友治学的根本方法时,只提倡立志以便切实地去做体悟天道、慎独成圣的功夫;至于在同和异这类问题上的空洞的议论,暂且放在一边,不去争辩。并不是我不主张去辨明这些问题,只是根本还没有确立,即使想辨明这些问题,也无法辨明了。人的志向就像是树的根;讲课和学习,就像是栽培和灌溉。根都没有种植,却白白地进行灌溉。这样滋养出来的,只会是一些杂草。请进之用这样的道理去勉励自己!

书赵孟立卷

赵孟立之判辰也,问政于阳明子。阳明子曰:"郡县之职,以亲民也;亲民之学不明,而天下无善治矣。"

敢问亲民?曰:"明其明德,以亲民也。"敢问明明德?曰:"亲民,以明其明德也。"

曰:"明德亲民一乎?君子之言治也,如斯而已乎?"曰:"亲吾之父,以及人之父,而孝之德明矣;亲吾之子,以及人之子,而慈之德明矣。明德亲民也,而可以二乎?惟夫明其明德以亲民也,故能以一身为天下;亲民以明其明德也,故能以天下为一身;夫以天下为一身也,则八荒四表,皆吾支体,而况一郡之治,心腹之间乎。"

书李白骑鲸

李太白狂士也。其谪夜郎,放情诗酒,不戚戚于困穷。

书赵孟立卷

赵孟立到辰州任判官,向阳明子请教有关政治的问题。阳明子说:"郡县的职责,在于亲近和关心民众。亲近和关心民众的学问不明白,天下也就不可能治理得好。"

那么,请问应该如何去亲近和关心民众呢?阳明子说:"要想亲近和关心民众,就必须发扬光大人的先天的德性,也就是人的良知。"那么,应该怎样发扬光大人的良知呢?阳明子说:"只有通过亲近并关心民众的办法,才能发扬光大良知。"

赵孟立问道:"发扬光大良知和亲近、关心民众是不是一回事呢?君子所说的政治就是如此而已吗?"阳明子说:"孝敬自己的父亲以及他人的父亲,于是孝的德性就能得到发扬光大。爱护自己的儿女以及他人的儿女,于是慈的德性就得到了发扬光大。发扬光大先天的道德品性,和亲近、关心民众难道可以割裂开来吗?所以,只要通过发扬光大先天的道德品性来亲近和关心民众,那么一个人也就是天下所有的人;只要通过亲近和关心民众的途径去发扬光大先天的道德品性,那么也就可以把天下所有的人看成是一个人。如果把天下所有的人都看成是一体的,那么四面八方,全国各地就都成了我的肢体了,何况一个小小的郡呢?它简直就在我的心腹之间,治理它又有何难呢?"

书李白骑鲸

李太白是一个狂士。他被贬谪到夜郎,纵情饮酒作诗,却不

盖其性本自豪放，非若有道之士，真能无入而不自得也。

然其才华意气，足盖一时。故既没而人怜之。骑鲸之说，亦后世好事者为之，极怪诞，明者所不待辨。因阅此，间及之尔。

书三酸

人言鼻吸五斗醋，方可作宰相。东坡平生，自谓放达，然一滴入口，便尔闭目攒眉，宜其不见容于时也。偶披此图，书此发一笑。

书韩昌黎与太颠坐叙

退之《与孟尚书书》云："潮州有一老僧，号太颠，颇聪明，识道理；与之语，虽不尽解，要自胸中无滞碍，因与来往。及祭神于海上，遂造其庐。来袁州留衣服为别，乃人情之常，非崇信其法，求福田利益。"退之之交太颠，其大意不过如此；而后世佛氏之徒，张大其事，往往见之图画；真若弟子之事严师者，则其诬退之甚矣。然退之亦自有以取此者。故君子之与人，不可以不慎也。

因为穷困而悲悲戚戚。这是由于他性格本身就是豪放的。不像是有道之士,真的无往而不怡然自得。

他的才华意气,足足地盖过了一个时代。所以他死后人们常常会怜悯他,想念他。至于李白骑鲸这个传说,也是后世多事的人附会的,怪诞到了极点,明白的人不需要辨别就知道是假的。读书读到此处,偶有感而发。

书三酸

人们说,鼻吸五斗醋,方可做宰相。东坡一生,都认为自己豪放、豁达,然而一滴醋入口,他便会闭目蹙眉,难怪他那个时代容不下他。偶然打开这张图,写下这句话,以偶发一笑。

书韩昌黎与太颠坐叙

韩愈(字退之)的《与孟尚书书》中写道:"潮州有一位老僧,号太颠,非常耳聪目明,懂道理;跟他谈话,他虽然不能全部听懂,但关键的东西他还是非常明白的。他的心胸很豁达,没有什么他看不开的,于是我便同他交往。等去海上祭神的时候,便去访问他的小屋。来到袁州,留下衣服,作为告别的赠品。这是人之常情,并非他真的相信他那些所谓法术能够求来福气和利益。"退之和太颠的交情,大致上也不过如此;而后来的一些佛教徒却夸大其事;往往在图画中来表现退之与太颠的交往。从画面上看,好像退之正作为弟子侍奉着威严的师傅。这些画面诬蔑退之太厉害了。不过退之也有他咎由自取的地方。所以,君

春郊赋别引

　　钱君世恩之将归养也。厚于世恩者，皆不忍其去。先行三日，会于天官郎杭世卿之第以聚别。明日，再会于地官秦国声，与者六人：守仁与秋官徐成之、天官杨名父及世卿之弟进士东卿也。

　　世恩以其归也，以疾告也，皆不至。于是惜别之怀，无所于发，而托之诗，前后共得诗十首。六人者，以世恩之犹在也，而且再会而不一见。其既去也，又可以几乎？乃相与约为郊饯，必期与世恩一面以别。至日，成之以候旨，东卿以待选，世卿、名父，以各有部事，皆势不容出。及饯者，守仁与国声两人而已。

　　世恩既去之明日，复会于守仁。各言所以相与感叹咨嗟，复成二诗。世卿曰："世恩之行也，终不及一饯。虽发之于诗，而不以致之世恩，吾心有缺也。盍亦章次而将之何如？"皆曰："诺。"

　　国声得小卷，使世卿书首会之作。国声与名父、东卿分书再会，成之书末会。谓守仁弱也，宜为诸公执笔砚之役以叙。嗟乎！一别之间，而事之参错者凡几。虽吾与世恩复期

子交结朋友，不能不慎重。

春郊赋别引

钱世恩君将要回家休养，与世恩交情深厚的人，都舍不得他离去。在他出发的前三天，大家聚集在天官郎杭世卿的府上举行告别集会。第二天，又到地官秦国声家聚会，参加的人一共有六个：守仁和秋官徐成之、天官杨名父以及世卿的弟弟进士东卿。

世恩因为自己就要回家了，以患病为由推辞，故而大家都没来。于是惜别之情难以表达，只好借助于诗了，前后共得诗十首。六个人都因为世恩还在，而且再次聚会不一定能够见到他。他这一去还不知道猴年马月能够回来，所以大家相互约定到郊外为他饯行，总希望在临别时还能和他见上一面。可是，到了这一天，成之因为等候圣旨，东卿因为等待挑选，世卿和名父也因为各自都有事而没有办法出去，结果到了饯行的时候，只有守仁和国声两人到了。

第二天世恩走了以后，大家又在守仁家里聚会，各自都感到遗憾而长吁短叹，并写了两首诗。世卿说：“世恩走的时候，最终还是没能为他饯行，虽然写了这首诗，却不能把这首诗送给他，我心里感到难过。即使把这首诗谱上乐曲又怎么样呢？”大家都说：“是啊！”

国声拿出一张纸，让世卿写第一次聚会的诗作，国声和名父、东卿分别写第二次聚会的诗作，成之写最后一次相会的诗作。大家认为守仁年少，应该为大家做些洗笔磨墨之类的事。

于来岁之秋,以为必得重聚于此,然又何可以逆定乎?惟是相勉以道义,而相期于德业;没之污途之中,而质之天日之表,则虽断金石、旷百世而可以自信其常合。然则未忘于言语之间者,其亦相厚之私欤?考功正郎乔希大闻之,来题其卷端曰"春郊赋别。"给事陈惇贤复为之图。皆曰:"吾亦厚于世恩也,聊以致吾私。"

告谕庐陵父老子弟

庐陵文献之地,而以健讼称甚,为吾民羞之。县令不明,不能听断,且气弱多疾。今与吾民约:自今非有迫于躯命大不得已事,不得辄兴词;兴词但诉一事,不得牵连,不得过两行;每行不得过三十字,过是者不听;故违者有罚,县中父老,谨厚知礼法者,其以吾言归告子弟,务在息争兴让。

呜呼!一朝之忿,忘其身,以及其亲,破败其家,遗祸于其子孙;孰与和巽自处,以良善称于乡族,为人之所敬爱者乎?吾民其思之!

唉！一别之间，事物的变化该有多么大啊！虽然我和世恩互相约定来年秋天再相聚，都认为一定能够重聚的，然而又怎可以预料呢？但愿这些以道义所作的互相勉励、用德业所做的相互期待，在我们出没于污浊的人世之中的时候还能激励我们一天天地向善。这样，即使是断金石、旷百世，我们还可以自信能够经常在一起。这样一来，我们这些没有忘记用语言来表达感情的人，是不是私下里受过他的恩惠很多？考功正郎乔希大听说后，跑来在这卷诗的前面题了"春郊赋别"这个题目。给事中陈惇贤还为这卷诗画了插图。他说："我也同世恩很有交情，就以这幅插图表达我对他的私人感情吧。"

告谕庐陵父老子弟

庐陵在古代是一个文明的地方，而现在却以喜好诉讼而著称，我们的老百姓都为这一点感到羞愧。县令不明事理，不能正确地判断案件，并且气弱多病。他如今同我们的老百姓约法三章说：从今往后除非是涉及生命的不得已的大事，不得动不动就告状。状词只能就一件事进行起诉，不得牵连别的事情，不得超过两行；每行不得超过三十个字，超过三十个字的不予受理；故意违反这个规定的将会受到惩罚。县中的父老和懂理知法的人，回去以后要把我的话告知你们的子弟，一定要努力避免斗争，不要动不动就告状。

唉！如果有这么一个人，他出于一时的怨恨，忘掉自己，忘掉父母，破坏家庭，遗祸于子孙；怎能独善其身，扬名于乡里以便博得人们的敬爱呢？我们的百姓应该认真地思考这个问题。

今灾疫大行，无知之民，惑于渐染之说，至有骨肉不相顾疗者；汤药饘粥不继，多饥饿以死，乃归咎于疫。夫乡邻之道，宜出入相友，守望相助，疾病相扶持；乃今互于骨肉不相顾，县中父老岂无一二敦行孝义，为子弟倡率者乎？

夫民陷于罪，犹且三宥致刑。今吾无辜之民，至于阖门相枕籍以死，为民父母，何忍坐视？言之痛心，中夜忧惶，思所以救疗之道，惟在诸父老劝告子弟，兴行孝弟，各念尔骨肉，毋忍背弃；洒扫尔室宇，具尔汤药，时尔饘粥；贫弗能者，官给之药。虽已遣医生老人，分行乡井，恐亦虚文无实。父老凡可以佐令之不逮者，悉已见告。有能兴行孝义者，县令当亲拜其庐。凡此灾疫，实由令之不职，乖爱养之道，上干天和，以至于此。县令亦方有疾，未能躬问疾者，父老其为我慰劳存恤，谕之以此意。

谕告父老，为吾训戒子弟。吾所以不放告者，非独为吾病不任事，以今农月，尔民方宜力田。苟春时一失，则终岁无望。放告尔民，将牵连而出，荒尔田亩，弃尔室家，老幼失养，贫病莫全，称贷营求，奔驰供送，愈长刁风，为害滋甚。

如今灾疫流行，一些无知的民众被所谓灾疫传染的说法迷惑了，以至于骨肉之亲生病了都不照顾，不予以治疗；汤药、稀粥无人过问，很多病人因为饥饿而死去。他们不归咎自己，却归咎于灾疫。本来，乡邻之间出出进进都应该互相友好，应该彼此照应，互相帮助，有病了更应该相互扶持；可如今亲骨肉都不照顾了。面对这种现象，县中的父老中难道就没有一两个出来敦行孝义，为子弟做个榜样的吗？

就是那些犯了罪的人，都要尽量宽恕然后才施以刑罚的；而今我们的无辜百姓，至于全家一个接一个地死去，作为父母官，怎么能忍心坐视不管啊？！说起来实在令人痛心，我半夜都还感到忧心如焚，都在思考救疗的办法。希望各位父老劝告各自的子弟，兴行孝悌，关心自己的骨肉，不要忍心抛弃；打扫房间，做好清洁卫生，准备好汤药，按时给病人送粥送饭；因为贫困而买不起汤药的，官府将发给你们。虽然已经派了医生和老人，分头到了各个乡村，恐怕也是有名无实。凡是父老有困难请求派去的人帮助而他们却不去的，你们都可以告发他们；凡是能够行孝义的，县令应当亲自到其家中拜访。这次的灾疫，实在是由于县令的不称职，违背了仁爱之道，破坏了天和，所以才至于这样。县令现在也正在病中，不能亲自过问疾病的事了，请各位父老替我慰劳存恤那些病人和为病人而奔忙的人，把我这里的意思告诉他们。

请各位父老为我训诫各自的子弟。我之所以不放开让人告状，并不只是因为我现在正在病中不能受理，而是因为眼下正是农忙季节，你们那里的农民应该致力于农田。如果春耕生产没有把握住，全年的收成就没有什么指望了。放开让人告状，你们

昨见尔民号呼道路，若真有大苦而莫伸者。姑一放告，尔民之来讼者以千数。披阅其词，类虚妄；取其近似者穷治之，亦多凭空架捏，曾无实事。甚哉！尔民之难喻也。自今吾不复放告。尔民果有大冤抑，人人所共愤者，终必彰闻，吾自能访而知之；有不尽知者，乡老据实呈县，不实则反坐乡老以其罪。自余宿憾小忿，自宜互相容忍。夫容忍美德，众所悦爱，非独全身保家而已。

嗟乎！吾非无严刑峻罚，以惩尔民之诞；顾吾为政之日浅，尔民未吾信，未有德泽及尔，而先概治以法，是虽为政之常，然吾心尚有所未忍也。姑申教尔，申教尔而不复吾听，则吾亦不能复贷尔矣。尔民其熟思之！毋遗悔。

一应公差人员，经过河下，验有关文，即行照关应付，毋得留难取罪。其无关文，及虽有关文而分外需求生事者，先将装载船户摘拿，送县取供。即与搜盘行李，上驿封贮，仍将本人绑拿送县，以凭参究惩治。其公差人安分守法，以

那里的老百姓将会大批地涌出来，荒废了你们那里的农田，丢掉家室，老幼就会没有人养了，贫苦和生病的人就没有照顾了。出来告状的人到处要求借贷，到处钻营寻求，官府如果马上供给他们，这就会更加助长刁顽的风气，将会造成很大的危害。

昨天见一帮民众在道路上呼号，好像真的有大苦而没有申发。于是姑且放开一回让他们来告，不料涌来告状的人多达千人。披阅他们的诉状，基本上属于虚妄一类；选取了比较近似于真的进行审理，发现多半是凭空捏造，实际上不是真的。这些百姓是多么难以理喻啊！自今天起，我不再放开让人告状了。如果民众真有大冤屈，人人都感到愤怒的事，这样的事一定会影响很大的，我自然也能够通过走访知道的。有不全知道的，乡老可以根据事实报告给县令。如果不是事实，就按乡老所告之罪惩治乡老。因此有一点遗憾或小怨都应自己保留，乡民之间都应该互相容忍。容忍作为一种美德，是众人都很喜爱的，并不全是独善其身，并不是各人只扫门前雪不管他瓦上霜。

唉！我并不是没有严厉的刑罚可以用来惩治那些刁滑之民。但是如果我刚刚上任就这样做，民众就会不信任我；还没有用高尚的品德感化你们，还没有给民众以福泽和恩惠，就先一概用法律来惩治。这虽然是为政的常用方法，但我还是有些不忍心。姑且先说服教育民众。说服教育还不听我的劝告，我就不再宽恕了。大家一定要深思！不要到时候后悔。

一切公差人员，经过河下，都要查验证件。只要持有关文，就立即按照关文应付，不得故意刁难。对于没有关文以及虽然有关文却另有需求、另有别事的，先将装载船只的主人拿下，送到县里查问。即使搜查了行李，或者上一个驿站已经查过了，仍

礼自处,而在官人役,辄行辱慢者,体访得出,倍加惩究不恕。

借办银两,本非正法,然亦上人行一时之急计,出于无聊也。今上人有急难,在尔百姓,亦宜与之周旋,宁忍坐视不顾,又从而怨詈讪讦之,则已过矣。

夫忘身为民,此在上人之自处;至于全躯保妻子,则亦人情之常耳,尔民毋责望太过。吾岂不愿尔民安居乐业,无此等骚扰事乎?时势之所值,亦不得已也。

今急难已过,本府决无复行追求之理,此必奸伪之徒,假府为名,私行需索。自后但有下乡征取者,尔等第与俱来,吾有以处之,毋遽汹汹。

今县境多盗,良由有司不能抚缉,民间又无防御之法,是以盗起益横。近与父老豪杰谋,居城郭者十家为甲,在乡村者村自为保;平时相与讲信修睦,寇至务相救援,庶几出入相友,守望相助之义。今城中略已编定,父老其各写乡村为图,付老人呈来。子弟平日染于薄恶者,固有司失于抚缉,亦父老素缺教诲之道也。今亦不追咎,其各改行为善。老人去,宜谕此意,毋有所扰。

然要把本人捉拿起来，送到县里，以便审问犯人时有个凭证；公差人员必须安分守己，保持礼貌，凡是对人犯动不动就施行辱骂的。被我走访得知，定要加倍惩罚，决不饶恕。

借办银两，本来是不合法的。然而这也是官府为了应付一时的急切困难，不得已才这么做的，实在是找不到更好的办法啊。如今官府有急迫的困难，各地的老百姓也应该设身处地地同这些困难打打交道，体谅体谅官府的难处。宁愿坐视不顾也不肯体谅，甚至还埋怨、讥讽和嘲骂官府。这就太过分了。

全心全意为民服务，是官府的本分；至于保护和供养自己以及妻子儿女，那也是普通的人之常情。希望民众不要过分地责怪官府。我何尝不愿你们安居乐业，何尝不愿意你们能避免这样的干扰啊！然而时势到了这个分上，也是不得已啊。

如今，急迫的困难已经过去了，本县府绝没有追究那些埋怨、讥讽和谩骂官府的人的意思，也不会再继续借办银两了。还要这样做的人，一定是奸诈、虚伪的家伙，假借官府的名义，为自己私人捞取好处。今后只要还有人下去征取银两的，你们就跟他们一起来，我一定有办法惩治他们，而不要聚众闹事。

如今，本县境内盗贼很多，这主要是由于负责社会治安的部门不能很好地追捕缉拿，民间又没有什么防御的好办法，所以盗贼更加横行霸道起来。最近，本官同一些父老豪杰们商量，决定把居住在城镇里的人每十家编为一甲；把住在乡村的人每村编为一保；平时互相讲信义、和睦相处，敌寇来了的时候必须互相救援；出出进进都要互相友爱，彼此都要互相照看，互相帮助。现在，城中已经基本上编定好了，请各乡村的父老画好各自乡村的地图，交给老人呈上来。有些子弟平日里做了些不

谕示乡头粮长人等，上司奏定水次兑运，正恐尔辈在县拖延，不即起运，苟钱粮无亏，先期完事，岂有必以水次责尔之理；纵罪不免，比之后期不纳者，获罪必轻。昨呼兑运军旗面语，亦皆乐从，不敢有异。尔辈第于水次速兑，苟有益于民，吾当身任其咎，不以累上官；但后期误事，则吾必尔罚，定限二十九日未时完报。

今天时亢旱，火灾流行，水泉枯竭，民无屋庐，岁且不稔，实由令之不职，获怒神人，以至于此。不然，尔民何罪？今方斋戒省咎，请罪于山川社稷；停催征，纵轻罪，尔民亦宜解讼罢争，息心火，无助烈焰；禁民间毋宰杀酗饮。前已遣老人遍行街巷，其益修火备，察奸民之因火为盗者。县令政有不平，身有缺失，其各赴县直言，吾不惮改。

昨行被火之家，不下千余，实切痛心。何延烧至是？背由衢道太狭，居室太密，架屋太高，无砖瓦之间，无火巷之

太严重的坏事，这主要是负责社会治安的没有管理好造成的，当然与父老平素对他们缺少教诲也是分不开的。现在官府也不追究他们的过错，只要他们改正过来就好了。望老人回去，把本官的意思告诉他们，不要危言耸听，恐吓他们。

对各乡负责收纳皇粮的乡头粮长的指示，上级已经安排了在码头进行军民互相兑换运输的方式，现在正担心你们在县里拖延，不立即起运。如果钱粮不亏损，并且提前完成了任务，就不会有在码头责罚你们的理由。即使罪不能免，但比起那些延期不缴纳的人来说，获得的处罚也一定会轻些。昨天，本官喊来负责收纳钱粮的官员，跟他们当面讲了。他们都乐于服从，不敢有什么异议。你们要在水运码头迅速兑换粮食。如果对本县民众有利，我将承担责任，决不因为这件事连累上官。但是延期耽误了事，我一定要惩罚你们。那我们约定于二十九日未时完成。

如今一方面是严酷的干旱，另一方面又火灾流行；泉水都枯竭了，民众都没有房舍了，庄稼也没有什么收成。这确实是由于我这个县令不称职，惹怒了神人，才造成如此局面的。不然，民众有什么罪呢？现在我正在斋戒，反省自己的错误，向山川社稷请罪；停止向百姓催征钱粮，宽恕犯罪轻微的人犯。诸位百姓也应该解除诉讼，避免争斗，平息心火，不要助长火焰；禁止民间宰杀牲畜，酗酒闹事。前些日子已派老人到各个街巷查看了，他们检查了防火的设备，查寻了因为火灾而偷盗的奸民。凡是本县令从政有什么不对的，为人处世有什么缺点，他们都可以到县里来当面向我直言，我不会害怕加以改正的。

昨天遭遇火灾的人家不下一千多户，确实让人痛心！火势为什么会蔓延得这么快，烧毁的房屋为什么那么多？都是由于街

隅。是以一遇火起，即不可救扑。昨有人言民居夹道者，各退地五尺，以辟衢道；相连接者，各退地一尺，以拓火巷。此诚至计。但小民惑近利，迷远图，孰肯为久长之虑，徒往往临难追悔无及。

今与吾民约，凡南北夹道居者，各退地三尺为街；东西相连接者，每间让地二寸为巷；又间出银一钱助边巷者为墙，以断风火；沿街之屋，高不过一丈五六，厢楼不过二丈一二，违者各有罚。让地方父老及子弟之谙达事体者，其即赴县议处，毋忽！

昨吴魁昊石洪等军民，互争火巷。魁昊等赴县腾告，以为军强民弱已久，在县之人，皆请抑军扶民。何尔民视吾之小也？夫民吾之民，军亦吾之民也，其田业吾赋税，其室宇吾井落，其兄弟宗族吾役使，其祖宗坟墓吾土地，何彼此乎？今吉安之军，比之边塞虽有间；然其差役亦甚繁难，月粮不得食者半年矣，吾方悯其穷，又可抑乎？今法度严厉，一陷于罪，即投诸边裔，出乐土，离亲戚，坟墓不保，其守领，国典具在，吾得而绳之，何强之能为？彼为之官长者，平心一视，未尝少有同异，而尔民先倡为是说，使我负愧于彼多矣。今姑未责尔，教尔以敦睦，其各息争安分，毋相侵陵；火巷吾将亲视，一不得其吾罪尔矣。诉状诸军，明早先行赴县面审。

道太狭窄，居室太密集，屋架太高，两户的砖瓦之间没有什么间隙，加上又没有火巷阻隔。所以一遇到火起，就不可扑救了。昨天有人提议，民居夹道的两边都应该各往后退地五尺，以便加宽衢道；相互连接的民居，各退地一尺，以便留出救火巷。这确实是一个好建议。只是无知百姓只图小利，不顾远忧，哪还肯为长久的将来考虑这些呢？所以只好临难时再追悔了。

现在我要与民众约定，凡是南北夹道的民居，各退地三尺，空出来的地方作为街道；东西相连接的民居，每间让地两寸，中间空出的地方作为巷道；并且每户出银两一钱，帮助住在边巷的人筑墙，以切断风火；沿街的房屋，高不得超过一丈五六尺，厢楼不得超过二丈一二尺，违者将受到处罚。地方上的父老及子弟，凡是通达事理的人，请立即到县商议处置，勿误！

昨天吴魁昊和石洪等军民，互相争夺火巷。后来，吴魁昊等人跑到县衙告状。他们认为在我们县长期以来一直是军队强盛得势，而老百姓软弱挨欺。所以全县的老百姓都请求压制军队的气焰而扶持老百姓。我不知道你们这些老百姓为什么要如此小看我？老百姓是我的人民；军队也是我的人民；军队的田业我要征收赋税；军队的房屋都是我的井落；军队的兄弟宗族我一样地役使；他们的祖宗的坟墓都是我的土地；为什么还要分个彼此呢？如今，吉安的军队比起边防部队来，虽然有些闲暇，但是他们的差役也是非常繁重的。他们吃不上月粮已经半年了。我正为他们的贫困而感到难过，又怎么能压制他们呢？如今的法律和制度都很严厉，一陷入罪，就要把犯人发配到偏远地区，从幸福的地方出去，离开亲人和亲戚，死的时候坟墓都没法保证。对于这次参加抢救火巷的军人首领，国法都在，清清

谕告父老子弟：县令到任且七月，以多瘴之故，未能为尔民兴利去弊；中间局于时势，且复未免催科之扰，德泽无及于民，负尔父老子弟多矣。今兹又当北觐。私计往返，与父老且有半年之别；兼亦行藏靡定，父老其各训戒子弟，息忿罢争，讲信修睦，各安尔室家，保尔产业，务为善良，使人爱乐，勿作凶顽，下取怨恶于乡里，上招刑戮于有司。呜呼！言有尽而意无穷。县令且行矣，吾民其听之！

庐陵县公移

庐陵县为乞蠲免以苏民困事：准本县知县王关："查得正德四年十一月二十六日，本县抄蒙本府纸牌。抄奉钦差镇守江西等处太监王钧牌。差吏赣彰赍原发银一百两到

楚楚，我会依据法律来审理的，又哪里存在什么军队横行霸道的可能呢？对于吉安部队的长官，我向来一视同仁，不曾稍有什么异同的行为，而你们这些老百姓竟然先提出这种说法，使我感到很对不起他。眼下，我不想责备你们，我只要求你们彼此和睦相处，各自安分守己，平息争执，不相互侵陵。救火巷我将亲自去察看，处理不公是我的罪过。诉状所控告的各位士兵，明天早上我会先行到县衙当面审理的。

告父老子弟：本县令到任就要到七个月了，因为多病的缘故，未能为百姓兴利除弊；中间又受到时势的影响，加上各种犯罪案件的打扰，所以，没有给全人民带来什么好处，大大地辜负了父老子弟对我的期望。如今又要北上进京，朝见皇上。私下估计往返一趟，又得与父老乡亲告别半年时间了，加上途中的情况很难料定，说不定分别的时间还要长。望各位父老教育好各自的子弟，教育他们平息愤恨。避免争吵，讲信用，修和睦，各自安定好家庭，保护好产业，一定要做善良的事，让人们喜悦；切不可行凶作恶，不然向上会引起乡亲的怨恨和厌恶，向上会招致司法部门的刑罚，甚至可能招致杀头的危险。唉！语言有限可我想表达的心意却是无穷的啊！县令我就要出发了，请全县百姓认真听取我的意见。

庐陵县公移

庐陵县知县王关为了本县百姓能够从艰难困苦中恢复过来，特请求蠲免税赋。请求如下：查得正德四年十一月二十六日，本县抄录了本府的纸牌。抄录了由皇上派来镇守江西等地

县，备仰掌印官督同主簿宋海拘集通县粮里，收买葛纱。比因知县员缺，主簿宋海官征钱粮，典史林嵩部粮，止有县丞杨融署印；又蒙上司络绎行委，催提勘合人犯，印信更替不一。正德五年三月十八日，本职方才到任，随蒙府差该吏郭孔茂到县守备，并当拘粮里陈江等着令领价收买。据各称：本县地方，自来不产葛布。原派岁额，亦不曾开有葛布名色。惟于正德二年蒙钦差镇守太监姚案行本布政司，备查出产葛布县分，行令依时采办。无产县分，量地方大小，出银解送收买。

本县奉派折银一百五两。当时百姓呶呶，众口腾沸。江等迫于征催，一时无由控诉，只得各自出办赔贬！正德四年，仍前一百五两，又复忍苦陪解。今来复蒙催督买办，又在前项加派一百五两之外。百姓愈加惊惶，恐自此永为定额，遗累无穷；兼之岁办料杉楠木炭牲口等项，旧额三千四百九十八两，今年增至一万余两，比之原派几于三倍；其余公差往来，骚扰刻剥，日甚一日。江等自去年以来，前后赔贬七十余两，皆有实数可查。民产已穷，征求未息，况有旱灾相仍，疾疫大作，比巷连村，多至阖门而死，骨肉奔散，不相顾疗。幸而生得，又为征求所迫，弱者逃窜流离，强者群聚为盗，攻劫乡村，日无虚夕。今来若不呈乞宽免，切恐众情忿怨，一旦激成大变。为此连名具呈，乞为转申祈免等情。据此，欲为备由申请问，蓦有乡民千数，拥入县门，号呼

方的太监王钧的纸牌：今派官吏赣彰拨发一百两银子到县，切望掌印的官员督促并协同主簿宋海到全县产粮的乡里，收买葛纱。后因知县缺员，主簿宋海就代表官府征收钱粮，典史林嵩部粮，只有县丞杨融署印；又蒙上司络绎不绝地来调查，催提勘合人犯，印信更替不一。正德五年三月十八日，本官方才到任，就承蒙知府派官吏郭孔茂到本县监督，负责到各产粮乡收购粮食的陈江等人下令领价收买。据各自称：本县地方，从来不产葛布。原来分派的岁额，也不曾开过葛布名色。只是在正德二年由皇上派来的镇守太监姚某出任本布政司时，查出了全部葛布的县份，下令它们按时采办。不产葛布的县份，根据土地面积的大小，出银钱充当。

　　本县根据公派的葛布任务折算，需出白银一百零五两，当时百姓就感到不满，议论纷纷。陈江等人迫于上面的催促，一时又找不到理由控诉，只好各自拿出银两作为赔偿！正德四年，还是从前的一百零五两，百姓又忍受了困苦，我们也做不少说服疏导工作。今年又来催促买办，并且在从前的一百零五两之外，另行征收。百姓更加惊慌，恐怕从此以后新加的份额永远地成为定额，而遗累无穷；加上每年要交的杉木、楠木、木炭和牲口等项目，原来的三千四百九十八两，今年增加了一万余两。同原分派的数额相比，几乎是原来的三倍；其余公差往来，骚扰刻剥，一天比一天厉害。陈江等人自去年以来，前后赔偿了七十多两白银。这些都是有实际数据可以查考的。百姓的产出已经到极限了，可征收赋税和乱摊派却没完没了。况且又有旱灾的破坏，加上疾病和瘟疫流行，城镇和农村，许多人全家皆死于难，骨肉奔散，不能互相照顾和治疗。幸运地活下来的人又被苛捐杂税逼

动地。一时不辩所言，大意欲求宽贷；仓卒诚恐变生，只得权辞慰解，谕以知县自当为尔等申请上司，悉行蠲免，众始退听，徐徐散归。

本月初七日，复蒙镇守府纸牌，催督前事，并提当该官吏：'看得前项事件，既已与民相约，岂容复肆科敛，非惟心所不忍，兼亦势有难行。参照本职，自到任以来，即以多病不出，未免有妨职务；坐视民困而不能救，心切时弊而不敢言。至于物情忿激，拥众呼号，始以权辞慰谕，又复擅行蠲免，论情虽亦纾一时之急，据理则亦非万全之谋；既不能善事上官，又何以安处下位？苟欲全信于民，其能免祸于已。除将原发银两银府转解外，合关本县当道垂怜小民之穷苦，俯念时势之难，为特赐宽容，悉与蠲免，其有迟违等罪，止坐本职一人，即行罢归田里，以为不职之戒；中心所甘，死且不朽。'等因。备关到县，准此，理合就行。"

得走投投无路。体弱胆小的人就逃窜流离；强悍的人就聚众做强盗，攻打、抢劫乡村，闹得乡村无一宁日。现在，如果不来乞求宽免苛捐杂税，恐怕群众会群情激愤，酿成叛乱。为此，我们连名请求，请求县令替我们向上级申请，求他们减免我们的负担。根据这份请求，我们正想写明理由，提出申请的时候，突然间有一千多农民，挤入县衙大门，呼号震天动地。一时间听不清他们说的是什么，大意是请求宽恕他们，我们确实害怕发生叛乱，只得临时用好言抚慰解释，并告诉他们本知县自然应该为大家向上司提出申请，全部蠲免大家了。大家听了之后开始退出，慢慢散去。

  本月初七，又接到镇守府的命令，催促督办前面的事情，并点名提到了负责该项工作的官吏：'看得出，前项事件，你们已经与民众相约，怎么能容忍大肆征收赋税呢？不是仅仅于心不忍，同时也是形势所迫。参照一下知县自己吧，自从到任以来，就多次以多病为理由不出来问事，这未免有些妨碍职务；坐视民众困难却不能想方设法予以帮助，心里痛恨时弊却不敢说出来。以至于民众的激愤，聚众呼号。先是用权宜的话进行劝慰，接着又擅自提出蠲免，从当时的情况看虽然能解一时之急，但是从理论上看也不是万全之策。既然不能很好地完成上司交给的任务，又怎能安处下位呢？如果想什么事都听信老百姓的，这确实能够免除你这个做知县的祸患。除了将原来发放下去购买葛布的银两收回府之外，应请本县当局可怜小民的穷苦。念时势的困难，特赐宽容，全部蠲免以前的摊派。如有对上级命令拖拉违反等罪，就治本职一个人的罪过，即刻罢免官职，回家种田，以便作为不称职的教训供其他官员供鉴；这是我甘愿的，死也

教场石碑

　　正德丁丑，瑶寇大起江广湖郴之间，骚然且四三年矣。于是三省奉命会征。乃十月辛亥，予督江西之兵，自南康入；甲寅破横水左溪诸巢，贼败奔；庚辛复连战，贼奔桶冈；十一月癸酉，攻桶冈，大战西山界；甲戌又战，贼大溃；丁亥尽殄之；凡破巢八十有四，擒斩三千余，俘三千六百有奇，释其胁从千有余众。归流亡，使复业；度地居民，凿山开道，以夷险阻。辛丑师旋。於乎！兵惟凶器，不得已而后用。刻茶寮之石，匪以美成，重举事也。

　　戊寅正月癸卯，计擒其魁，遂进兵击其懈。丁未破三浰，乘胜追北，大小三十余战，灭巢三十有八，俘斩三千余。三月丁未回军，壶浆迎道，耕夫遍野，父老成欢，农器不陈。于今五年，复我常业，还我室家，伊谁之力？四省之寇，惟浰尤黠，拟官僭号，潜图孔烝。正德丁丑冬，峯贼既殄，盖机险阴毒，以虞王师，我乃休士归农。赫赫皇威，匪威曷凭？爰

不会腐朽。'由于以上这些原因,等关文到县,即行批准,理应实行。"

教场石碑

正德十二年,瑶寇在江西、广东、湖南郴县之间蜂拥而起,骚乱持续了三四年。于是江西、广东、湖南三省按照朝廷的命令联合出兵,征讨瑶寇。十月初九,我统率江西的兵马,从南康进入。十二日攻下了横水、左溪等处的诸寇巢穴,贼寇兵败逃跑;十八、十九两日又接连了打了几仗,贼寇逃奔到桶冈;十一月初一,攻克桶冈,随后在西山一带进行了一场激烈的战斗;初二又打了一仗,贼寇大败;十五日全歼了敌人;一共攻克敌军巢穴八十四个,歼灭敌人三千多,俘虏敌人三千六百多,释放敌军胁从一千多人。让流亡的民众回到家乡,重建家园耕种土地,丈量土地安排居民居住,凿山开路,去除险阻。二十九日,军队班师回朝。武器都是凶器,我们是因为不得已而使用的。我们在茶寮的石上刻上碑文,不是为了成就自己的美好名声,而只是为了对这次平定瑶寇一事表示重视罢了。

正德十三年年正月初三,我们设计擒拿瑶寇的头目,于是进兵攻打瑶寇的薄弱环节。初七攻克三浰,乘胜追击逃跑的敌军。经过大大小小三十多次战斗,共攻破敌军巢穴三十八个,俘虏和歼灭敌军三千多人。三月初八率领军队回到江西,父老乡亲都很喜欢,沿途都是农民,他们拿出茶水,夹道欢迎我军凯旋。五年来,农具一直没被搁置起来,正常的农业生产得到了恢复,妻离子散的家庭又重新团圆,这一切靠的是谁的力量?四

伐山石，用纪厥成。

铭一首

来尔同志，古训尔陈。惟古为学，在求放心。心苟或放，学乃徒勤。勿忧文辞之不富，惟虑此心之未纯；勿忧名誉之不显，惟虑此心之或湮；斯须不敬鄙慢入，造次不谨放僻成；反观而内照，虚己以受人。言勿伤于烦易，志勿惰于因循；勿以亡而为有，勿以虚而为盈；勿遂非而文过，勿务外而徇名；温温恭人，允惟基德，堂堂张也，难与为仁；卓尔在如愚之回，一贯乃质鲁之参。终身可行惟一恕，三年之功去一矜；不贵其辨贵其讷，不患其钝患其轻；惟黾焉而时敏，乃闇然而日新。凡我同志，宜鉴兹铭！

箴一首

古之教者，莫难严师。师严道尊，教乃可施。严师维何？庄敬自持，外内若一，匪徒威仪。施教之道，在胜己私。孰义孰利？辨析毫厘。源之弗洁，厥流孔而；毋忽其细，慎

省的贼寇中只有浰的贼寇最狡猾，拟定官职，建立各种封号，暗里图谋的东西更多更大。正德十二年冬天，掌贼死后，他们便设置了大量的机关和陷阱，想欺骗我军上当，我于是让士兵放假回家务农。赫赫皇威，小小的匪威算得什么？于是辟出一块山石，刻上碑文，以便纪念这次出师的胜利。

铭一首

前来此地的志同道合者，古训在此陈述。自古治学，在于追求心情平定。想要放心，只要勤奋。不要忧虑文辞不丰富，却要关心此心之不纯；不要担忧名誉不显赫，却要考虑此心是否湮没；这是不敬师者请慢入，鲁莽粗率者一边行；反省自身，虚心待人。语言不要因为烦琐或容易而受损，意志不要沉迷于因循；不要把无当作有，不要把虚说成盈；不要文过饰非，不要钓誉沽名；温文尔雅，是基本的品德，趾高气扬，难以成仁；像颜回一样大智若愚，像曾参一样质朴鲁钝。终身可以行一恕，三年功夫去傲身；不重雄辩重口讷，不怕迟钝怕浮轻；勤于思索就会越来越敏锐，闭门修炼就会日日常新。凡是与我志同道合的，都应该以这篇铭文为明镜！

箴一首

古代教书育人，最难的莫过于做一位严师，老师严肃则道理重要。这样教育也就可以很好地进行下去了。怎样做一位严师呢？作为严师，首先，必须保持自身的庄重严肃，这种庄重严肃

独谨微；毋事于言，以身先之；教不由诚，曰惟自欺；施不以序，孰云匪愚？庶予知新，患在好为。凡我师士，宜鉴于兹？

阳朔知县杨君墓志铭

阳明子谪居贵阳。有齐衰而杖者，因乡进士郑銮氏而来请曰："阳朔令杨尚文卒，其孤侄卿来谓銮曰：'先伯父死无嗣，子所知我后人，又不竞。非得当世名贤，勒一言于墓，将先德其泯废无日。子辱于伯父久，亦宜所甚悯，其若之何？'敢遂以卿奉其先人之遗币，再拜阶下以请。"

阳明子曰："嘻！予摈人，惧谬辱之弗遑，奚取以铭人之墓为？其改图诸！"卿伏阶下，泣弗兴；郑为之请益固，则登其状与币于席，而揖使归曰："吾徐思之。"

应该是表里如一的，不能只是徒有威严的仪表；其次，他在施行教育时，必须先战胜自己的私心杂念，对于什么是义什么是利，他必须区分得清清楚楚，不能有丝毫的混淆。他必须出淤泥而不染，濯清涟而不妖，而且要化腐朽为神奇，变污浊为清洁；要做一位严师，就不能忽视细微的差别，而应该谨慎认真，明察秋毫；不能只从事言传，而应该注重身教；教导学生如果不是发自内心的，只能称为自欺欺人；教导学生如果不按照次序，谁能说这样的老师不愚蠢呢？我每天都会有新的知识，却反感好为人师。凡是我教过的人，都应该从这些话中获得借鉴。

阳朔知县杨君墓志铭

阳明子被贬谪后住在贵阳。一天，有个穿着丧服，拄着拐杖的人，由当地一个乡的进士郑鏊介绍前来请求："阳朔县的县令杨尚文去世了，他的孤侄杨卿前来对我说：'我的伯父死了，可他没有子嗣，正如先生所知道的，我是他的后人，可惜我又没有什么才学。如果不能请到一位当代的著名贤士为他题写一篇墓志铭，那么，我伯父的优秀品质就会永远地被埋没了。先生您在我的伯父手下办事多年，也应该对他表示同情，请你帮个忙如何？'于是，我冒昧地让杨卿带上他的伯父遗留下来的礼币，前来拜请先生您为他的伯父写一篇墓志铭。"

王阳明先生说："我不过是一个被朝廷抛弃的人，害怕被杀都还来不及，怎么还敢给人写墓志铭呢？你还是另请高明吧。"杨卿跪在台阶下，哭着不肯起来。郑鏊为杨卿再次请求王阳明，可王阳明先生的态度更加坚决了。郑鏊于是把陈述杨尚文

明日，卿来伏阶下泣，又明日复来，曰："不得命，无以即丧次。" 馆下之士，多为之请，且言尚文之为人曰："尚文敦信狷直，其居乡不苟，与所交，必名士巨人，视侪辈之弗臧者若浼焉。尝召其友饮，狂士有因其友愿纳欢者，与偕往，尚文拒弗受曰：'吾为某，不为若。'其峻绝如是。"阳明子曰："其然，斯亦难得矣。今之人，惟同汀逐垢，弗自振立，故风俗靡靡至此；若斯人又易得耶？"因取其状视之，多若馆下士之言焉，乃许为之志。

维杨氏之先，居扬之泰州。祖廉为监察御史，擢参议贵阳，卒遂家焉。考祥终昭化县尹，生三子：伯敦仲敞，即尚文，季敬，宰荆门之建阳驿。尚文始从同郡都宪徐公授《易》；寻举乡荐，中进士乙榜；三为司训庐江溧阳平乐，总试事于蜀；末用大臣荐擢尹桂林阳朔县。瑶顽，弗即工者累年。尚文谕以威德，皆相率来受约束，供赋税，流移闻之归复业者，以千数；部使者以闻，将加擢用，而尚文死矣。得年

身世的资料和杨卿带来的钱放在座位上，并扶起杨卿，劝他回去说："让我再慢慢地想想办法。"

第二天，杨卿来到王阳明先生的住处，跪在台阶下哭泣，第三天，他再次前来，对先生说："如果先生不能为我的伯父写一篇墓志铭，我的伯父就无法出丧了。"王阳明先生舍下的不少读书人也为杨卿向先生提出请求，他们还评价了尚文的为人，说："杨尚文敦厚、诚实、性格直爽、洁身自好。他当县令一丝不苟，与他交往的都是些名人雅士，对于同辈中那些不讲道德的人，他总是把他们看成是污染物。他曾经召他的朋友喝酒，有一位狂放的士人因为他的朋友喜欢热闹，便和这位朋友一起去了，尚文却拒不接受那位士人，他说：'我是为某某办酒的，并不是为了你。'他就是这样坚决地拒绝了那人的。"王阳明先生说："他能够那样做，实在是难能可贵啊。如今的人，只知道随波逐流，与坏人同流合污，却不知道自尊、自立，所以才导致了风俗像现在这样糟糕。像杨尚文这样的人哪里容易找到啊！"接着，他便拿起那张写有杨尚文生平的材料，看了起来，多半像舍下的士人们所说的，于是答应为他写一篇墓志铭。

杨尚文的祖先原来居住在扬州府的泰州，他的祖父杨廉是监察御史，后被提拔为贵阳参议，最后便在贵阳安家落户了。杨尚文的父亲杨祥最后做了昭化县的县尹，生有三个儿子：大儿子敩，二儿子敞，也就是尚文；小儿子敬，管理荆门的建阳驿站。尚文开始跟随同郡的都宪徐公学习《周易》，参加科举考试，中了乙榜，先后做了庐江、溧阳、平乐三个地方的司训。管理蜀中的科考事务。最后由大臣推荐被提升为桂林阳朔县县尹。当地的瑶人很刁顽，许多年来都没法制服他们。尚文对他们一

仅五十有五，又无嗣，天于善人何哉？

然尚文所历，三庠之士，思其教；阳朔之民，怀其惠；乡之后进，高其行。其与身没而名踣，文为人所秽鄙者，虽有子若孙，何如哉？娶同郡阮氏瑞，新昌主簿君女。尚文虽无子，有卿存焉，犹子也。

铭曰："狮山之麓，有封若斧。左冈右砠，栩栩其树。爰有周行，于封之下。乡人过者，来视其处，曰："呜呼！斯杨尹子之墓耶？

刘子青墓表

此浙江按察佥事刘子青之墓。呜呼！子青洁其行，不洁其名；有其实，不宏其声。宁藩之讨，子青在师，相知甚悉。吾每叹其才敏，而世或訾之以无能；吾每称其廉慎，而世或诟之以不清。岂非命耶？安常委命，其往而休。人谓子青为愤抑不平以卒，殆其不然？既以奠于子青，复以识其墓石。

方面施行仁德，另一方面对他们树立威严，经过他的努力，瑶人都归顺了他，心甘情愿地接受各种礼仪规章的结束，自觉交纳赋税。那些流落他乡的人听说了这个情况后，都纷纷迁回来，恢复家业，这些人有一千多。朝廷的使者听说了这些以后，准备提升他，可尚文却逝世了。死时年仅五十五岁，而且没有子嗣，老天对于善人又怎么样呢？

幸而，尚文的经历还是很有意义的，三庠的读书人，都思念他的教诲；阳朔县的老百姓，都深深地感激他。当地的后来人，都对他的行为评价很高。而那些死了之后就名声扫地、文章也遭到人们唾弃的人，即使有子孙，又怎么样呢？尚文娶的是同一个郡的阮瑞，她是新昌主簿的女儿。尚文虽然没有儿子，可有卿这样的侄儿在，也和有儿子是一样的。

于是王阳明先生为他题写了如下的墓志铭："狮山之麓，有封若斧。左冈右砠，栩栩其树。爰有周行，于封之下。乡人过者，来视其处。"人们不禁要问："啊，难道这就是杨尹的坟墓吗？"

刘子青墓表

这是浙江按察佥事刘子青之墓。唉，子青能够在行为上清正廉洁，却不能使自己有一个清正廉洁的名声。他有其实，却不能弘扬其名声。讨伐叛贼宁王朱宸濠的时候，子青在军队里，我对他的了解比较全面。每当我赞叹他的才华出众，世上就会有人骂他无能；每当我说他廉洁、谨慎，总有人骂他不清廉。这难道不是命运吗？安于常道，听凭命运安排，无论到何处都会吉

祭刘仁征主事

维正德三年，岁次戊辰十一月十八日，友生王某谨以清酌庶羞，致奠于亡友刘君。呜呼！仁者必寿，吾敢谓斯言之予欺乎？作善而降殃，吾窃于君而有疑乎？蹠、蹻之得志，在往昔而既有；夷平之馁以称也，亦宁独无于今之时乎？人谓君之死，瘴疠为之。噫嘻！彼封豕长蛇，膏人之髓，肉人之肌者，何啻千百；曾不彼厄，而惟君是罹。斯言也，吾初不以为是。

人又谓瘴疠盖不正之气；其与人相遭于幽昧遭难之区也，在憸邪为同类，而君子为非宜。则斯言也，吾又安得而尽非之乎！

於乎！死也者，人之所不免；名也者，人之所不可期；虽修短枯荣，变态万状，而终必归于一尽。君子亦曰："朝闻道，夕死可矣。"视若夜旦。其生也奚以喜？其死也奚以悲乎？其视不义之物，若将浼已，又肯从而奔趋之乎？而彼认为己有恋而弗能舍，因以沉酣于其间者，近不出三四年，或八九年，远及一二十年，固已化为尘埃，荡为沙泥矣；而君子

祥的。有人说子青是因为抑郁、悲愤、愤愤不平而死的，难道不是这样吗？就以这篇墓志铭来祭奠子青，顺便还可以用它来为墓石做个标志，以便日后容易辨认。

祭刘仁征主事

正德三年，也就是戊辰年的十一月十八日，王守仁谨以薄酒淡饭，祭奠死去的朋友刘仁征君。唉！都说仁德的人必然长寿，我可不可以说这句话欺骗了我？都说行善就可以降伏灾祸，我可不可以认为这句话不适合于你呢？如盗跖、庄蹻一样的小人得志的事，古已有之；可夷、平两人宁愿挨饿却非常著名，这难道是当今这个时代独一无二的吗？有的人说，你是死于瘴疠。可是那些封豕长蛇、敲骨吸髓地搜刮民脂民膏的人，何止千百，为什么这些人不曾遭此厄运，而偏偏让你遭此灾难。这种说法，我起初并不认为是正确的。

又有人说，瘴疠是不正的邪气，这种气只在那种幽暗、潮湿、穷困潦倒的地方才会与人遭遇的。这种气和那种阴险、邪恶的人是一类的，对于正人君子来说是不适合的。这个说法，我又怎么能说它不对呢？

唉，死亡，这是人生所免不了的；名气，这是人生难以预期的；世间万物虽然有长有短，有枯有荣，千姿百态，变化无穷，可最终都还是要归于一尽的。君子也说："早上悟了道，晚上就可以死而无憾了。"我们不妨看看白昼与黑夜，生死不就是昼夜交替吗？所以，活着有什么值得庆幸的，死又有什么值得悲哀的呢？你把不义之物都看成是黑夜了，又怎么肯去追逐它呢？那些

以独存者，乃弥久而益辉。

呜呼！彼龟鹤之长年，蜉蝣亦何自而知之乎？属有足疾，弗能走哭。寄奠一觞，有泪盈掬，复何言哉？复何言哉？呜呼尚飨！

祭陈判官文

维嘉靖七年月日，钦差总制四省军务新建伯兵部尚书兼都察院左都御史王，差南宁府推官冯衡，南宁卫指挥王佐，致祭于已故德庆州陈判官之墓。往年罗滂、绿水诸贼，为地方患害。判官尝与已故指挥李松，议设墟场，以制御贼党，安靖地方，殚心竭力，尽忠国事，人皆知之。然其时百姓虽稍赖以宁，而各贼之不得肆其凶虐者，嫉恨日深。其后不幸，判官与李松竟为贼首赵木子等所害；以忠受祸，心事未由暴白；连年官府，亦欲为之讨贼雪愤，然以地方多事之故，又恐锋刃所加，玉石无分，滥及良善，是以因循未即进兵。

认为自己在这个世界上还有恋恋不舍的东西，故而沉迷了酗酒的人，死后，近不过三、四年或者七、八年，远不过一、二十年，都要化为尘埃、荡为泥沙。可是，君子赖以成为君子的东西，时间越久，越有光彩。

唉！龟鹤的长寿，哪里是蜉蝣所能够知道的啊！我因为脚上有病，不能跑着去你那里哭祭。只好寄奠清酒一杯，禁不住泪流满面，哪里还有什么话啊，哪里还有什么话啊！唉，刘君，你就喝了这杯吧！

祭陈判官文

嘉靖七年某月某日，钦差总管四省军事事务的新建伯兵部尚书兼都察院左都御史王守仁，派南宁府推官冯衡和南宁卫指挥王佐，到已故的德庆州陈判官的墓地祭奠。往年，罗滂、绿水等地的流氓地痞，成为地方的一大祸害。陈判官曾与已故指挥李松紧密合作，想方设法制御这帮犯罪团伙。他们为了保护地方平安，殚精竭虑，尽忠国事，这一点是人皆共知的。由于陈判官等人的辛勤工作，当时的百姓稍微得到了一些安宁，各地的犯罪分子也不敢放肆，不敢横行霸道。这些犯罪分子于是对陈判官等人感到非常愤恨。后来，陈判官和李松都不幸被这帮罪犯的头目赵木子等人杀害。他们因为忠于朝廷而遭此灾祸，心事都还没有说出来就牺牲了，百姓无不为之愤慨。几年来，官府也想为他们讨贼雪愤，然而因为地方事态复杂，又怕动用军队和刀枪会好坏无分，误伤善良无辜的人，所以几经考虑，还是没有马上动用军队进攻他们。

今贼首赵木子等,已为该道官兵,用计擒获,明正典刑。松与判官之忠勤,益以彰著,已特遣官以赵木子等各贼首级,祭告于李松之墓矣。今复遣南宁府卫官祭告于判官之墓。死而有知,亦可以少泄连年忠愤不平之气也夫!

祭张广溪司徒

呜呼!留都之别,倏焉二载,讵谓迄今遂成永诀。呜呼伤哉!悼朋侪之零落,悲岁月之遄逝;感时事之艰难,叹老成之凋谢。伤心触目,有泪如泻。灵柩南还,维江之湄。聊奠一觞,以寄我悲。呜呼伤哉!

现在，这帮犯罪团伙的头目赵木子等人已被该道官兵用计擒获，依法审判。李松和陈判官的忠诚、勤劳，也更加得到了大力宣传和表彰。已特地派遣官员拿着赵木子等人的首级，到李松的墓地祭告他了。现在又派南宁府卫官到陈判官的墓地祭告。他们如果泉下有知，也可以稍稍发泄一下连年来的忠愤不平之气了！

祭张广溪司徒

啊，留都南京分别之后，一转眼已经两年了，如今哪里想到那次分别竟成了今日的永别。这真是多么令人伤痛啊！我不禁为朋友的零落而悲哀，为岁月的匆匆而逝感到忧伤。时事是何等艰难，我不禁为老成人物的凋谢而感伤。看到朋友一个一个相继逝去，我就非常伤心，泪如雨下。你的灵柩就要回到南方了，暂且停靠在江边。我姑且以这杯酒祭奠你，以寄托我的悲痛之情吧。这真是多么叫人痛心啊！

卷之二十九　续编四

序

《鸿泥集》序

　　《鸿泥集》十有三卷,《燕居集》八卷,半闲龙先生之作也。其子佥宪君致仁将刻诸梓,而属其序于守仁曰:"斯将来之事也;然吾家君老矣,及见其言之传焉,庶以悦其心,吾子以为是传乎?"守仁曰:"是非所论也;孝子之事亲也,求悦其心志耳目,惟无可致,力无弗尽焉;况其言语文辞,精神之所存,非独意玩手泽之余,其得而忽也;既思永其年,又思永其名,笃爱无已也,将务悦其亲,宁是之与论乎?"

　　君曰:"虽然,吾子言之。"
　　守仁曰:"是乃所以自尽者,夫必其弗传也,斯几于不仁;必其传之也,斯几于不知。其传也属之己,其传之弗传之也属之人。姑务其属之己也已。"

《鸿泥集》序

　　《鸿泥集》有十三卷,《燕居集》有八卷,它们都是龙瑄先生(号半闲居士)的著作。先生的儿子、时任佥事龙霓(字致仁)将要把这两部著作刻板印刷,予以出版。他托付守仁,为这两部文集写个序言。他说:"这本来是将来要做的事情,但是家父老了,如果在有生之年能够看见自己的著作流传于世,这样或许能让他感到喜悦。先生您认为如何呢?"守仁说:"这是毫无疑问的。孝子侍奉父母,想让他们对自己的所见所闻都感到满意,想让他们心情愉快,这是有孝心的表现,希望你尽最大的努力去做好这件事;况且老先生的言语文辞,都体现出精神性的东西,而不只是一些玩弄笔墨情趣的业余工作,这些精神的获得是很不容易的;既然你想让老人延年益寿,又想让老人名垂千古,说明你非常敬爱你的父亲,所以你想要让老人心情愉快就是顺理成章、天经地义的,难道这还需要和我讨论吗?"

　　致仁君说:"即使是这样,还是请先生谈谈您的看法。"

　　守仁说:"你父亲的这两部著作是尽了自己最大努力,倾注了毕生心血的作品,对于这样的作品,如果你根本就不想让它流传下去,那简直是一种不仁不义;如果你认为它们一定能够流传下去,这似乎又是一种不理智的想法。让这些著作传播开来,流传下去,是你自己的事;至于它们能否传播开来,能否流传下去,则是别人的事了。所以,你只能尽力去做你自己所能做到的

君曰:"虽然,吾子必言之。"

守仁曰:"绘事之诗,不入于风雅;孺子之歌,见称于孔孟。然则古之人,其可传而弗传者多矣;不冀传而传之者有矣。抑传与不传之间乎?昔马谈之史,其传也,迁成之;班彪之文,其传也,固述之。卫武公老矣,而有抑之戒,盖有道矣;夫子删《诗》,列之《大雅》,以训于世。吾闻先生年八十,而博学匪懈,不忘乎警惕,又尝数述《六经》、宋儒之绪论,其于道也,有闻矣;其于言也,足训矣;致仁又尊显而张大之,将益兴起乎道德,而发挥乎事业,若泉之达,其放诸海不可限而量。是集也,其殆有传乎?"

致仁起拜曰:"是足以为家君寿矣。霓也敢忘吾子之规?"遂书之为叙。

澹然子序(有诗)

澹然子四易其号:其始曰凝秀,次曰完斋,又次曰友葵,最后为澹然子。阳明子南迁,遇于潇湘之上,而语之故,且

事情。"

致仁君说："虽然如此，还是请先生您深入地谈谈您的看法。"

守仁说："描绘事物的诗歌是谈不上风雅的；少儿的童谣或儿歌，却受到了孔子和孟子的称赞；然而，古人的作品中可以流传却没有流传下来的是很多的；没想它传下来却流传下来的也是有的。何况那些介于可传与可不传之间的作品呢？司马谈的历史，就是司马迁使它流传下来的；班彪的文章，就是班固使它流传下来的。卫武公老了，却还有心不让自己的著作流传，这说明他是一个有崇高修养的人；孔子删减《诗经》，把它们列在《大雅》中，以便教导世人。我听说龙先生已经八十岁了，却广泛学习，坚持不懈，从来不忘警惕和告诫自己，又曾经多次记述宋代儒学家为《六经》所写的绪论，应该说，他已经悟到了一些天道。他所写的东西，足以作为训诫之言了。致仁又通过出版发行这些著作使它们在社会上发扬光大，造成巨大的影响。这将更加有利于发扬先生的道德，光大先生的事业，好比泉水流入大海一样，其价值是不可估量的。这两部文集大概能够流传下去吧？"

致仁起身拜谢，说："这就是以使家父长寿了。我怎么敢忘记先生您的教诲呢？"于是，把这些写下来，作为一篇序言。

澹然子序（有诗）

澹然子的号更改过四次。开始叫凝秀，后来又叫完斋，再后来又叫友葵，最后才叫澹然子。阳明子南迁，行船于潇湘之上，

属诗焉,诗而叙之。其言曰:"人,天地之心,而五行之秀也;凝则形而生,散则游而变,道之不凝,虽生犹变;反身而诚,而道凝矣。故首之以'凝秀'。道凝于己,是为率性,率性而人道全,斯之谓'完'。故次之'完斋'。斋完者,尽己之性也;尽己之性,而后能尽人之性,尽万物之性,至于草木,至矣。葵,草木之微者也。故次之以'友葵'。友葵同于物也,内尽于己,而外同乎物,则一矣。一则吻然而天游,混然而神化,同归而殊途,一致而百虑,天下何思何虑矣?故次之以'澹然子'终焉。"

或曰:"阳明子之言伦矣,而非澹然子之意也。澹然之意玄矣,而非阳明子之言也。"

阳明子闻之曰:"其然,岂其然乎?书之以质于澹然子。"澹然子,世所谓滇南赵先生者也。诗曰:

两端妙阖辟,五运无留停,藐然覆载内,真精谅斯凝;
鸡犬一驰放,散失随飘零,惺惺日收敛,致曲乃明诚。
明诚为无忝,无忝斯全归,深渊春冰薄,千钧一丝微;

于是说明了改号的原因，并且还赋了一首诗。阳明子说："人是天地的心，是五行的灵秀。心的凝结就会产生形体，心的分散就会游移不定，变动不居。天道如果没有凝结，即使形体产生了，也还是变化不定的；如果反省自身并且让自己的意念诚实地发自本心，这样，天道就会凝结下来。所以，开始便取了'凝秀'这个号。天道在自己身上凝结下来，这就是顺着自己的本性。人自然而然地按照本性行动，也就成全了人道，这也可以说完成了天道，所以，我的第二个号叫作'完斋'。斋完的意思，也就是尽自己的天性；尽了自己的天性以后，也就可以尽知他人的天性以及万物的天性，甚至是草木的天性，这实际上也就到顶了。葵，是草木中的小生物，所以，接着又把号改为'友葵'。以葵为友也就是以物为友，向内尽到自己的心性，向外和万物为友，这样就可以达到万物与我一体了。把握了这个宇宙一体的本心，那么一切都是非常吻合而和谐的，万事万物就会浑然而神化，殊途同归。达到了心之本体，天下还需要什么思想啊。所以，最后选择了'澹然子'这个号。"

有人说："阳明子的话，都是关于伦理纲常的，而不是澹然子的意思。澹然子的意思有些虚玄的意味，而不是阳明子所说的意思。"

阳明子听了这话，说："说它是那样就是那样吗？写下这段叙述以便揭示澹然子的意思。"澹然子，就是世人所说的滇南的赵先生。诗是这样写的：

两端妙阖辟，五运无留停，藐然覆载内，真精谅斯疑；
鸡犬一驰放，散失随飘零，惶惶日收敛，致曲乃明诚。
明诚为无悉，无悉斯全归，深渊春冰薄，千钧一丝微；

肤发尚如此，天命焉可违，参乎吾与尔，免矣幸无亏。人物各有禀，理同气乃殊，曰殊非有二，一本分澄淤；志气塞天地，万物皆吾躯，炯炯倾阳性，葵也吾友于。孰葵孰为予？友之尚为二，大化岂容心，縶我亦何意？悠哉澹然子！乘化自来去，澹然匪冥然，勿忘还勿助。

寿杨母张太孺人序

考功主事杨名父之母张太孺人，以敏慧贞肃为乡邑女氏师。凡乡人称闺阃之良，必曰张太孺人。而名父亦以孝行闻。苟拟人物有才识行谊，无问知不知，必首曰名父。名父盖今乡评士论之公则尔也。

今年六月，太孺人寿六十有七。大夫乡士美杨氏母子之贤，以为难得，举酒毕贺。

于是太孺人之长女若婿，从事于京师，且归。太孺人一旦欣然治装，欲其俱南。名父帅妻子，从亲戚，百计以留。太孺人曰："噫！小子无庸尔焉。自尔举进士，为令三邑；今为考功，前后且十有八年，吾能一日去尔哉？尔为令，吾见尔出入，以劳民务，昕夕不遑，而尔无怠容，吾知尔之能勤。然其时监司督于上，或尔有所畏也。见尔之食贫自守，一介不以苟，而以色予养，吾知尔之能廉。然其时方有以贿败者，

肤发尚如此，天命焉可违，参乎吾与尔，免矣幸无亏。
人物各有禀，理同气乃殊，曰殊非有二，一本分澄淤；
志气塞天地，万物皆我躯，炯炯倾阳性，葵也吾友于。
孰葵孰为予？友之尚为二，大化岂容心，繫我亦何意？
悠哉澹然子！乘化自来去，澹然非冥然，勿忘还勿助。

寿杨母张太孺人序

考功主事杨名父的母亲张太孺人，凭着自己的聪敏、贤惠、贞洁和严肃，成为当地城乡的妇女楷模。凡是乡村里的人称赞闺阃里的贤良，总要提到张太孺人。杨名父也凭着自己孝敬父母的行为而闻名。如果要模仿德才兼备的人物的话，不管是知道杨名父这个人的还是不知的，都会首先提到名父。杨名父已经成了当今乡下议论和士人评论人物的标准了。

今年六月，张太孺人举行六十七岁大寿。大夫卿士都去赞美他们母子的贤德；大家都认为当今时代能有这样的母子实在是难得，所以都举酒祝贺。

张太孺人的长女和女婿，在京城做事，这个时候将要回去。太孺人一大早就高高兴兴地穿好衣服，想和他们一起回南方去。名父带着妻子和儿女，另外还有一些亲戚，千方百计想把她留下来。太孺人说："你不要劝说我了。自从你考上进士，做了县令，到如今做了考功，前后快十八年了，我离开过你一天吗？你做县令时，我见你出出进进，都在为民众的事务而操劳，虽然从早到晚没有什么空闲；可你却没有一点疲倦的样子。我就知道你能够勤于政务。然而，那时有主管部门的领导从上面监督你，或

或尔有所惩也。见尔毁淫祠,崇正道,礼先贤之后,旌行举孝,拳拳以风俗为心,吾知尔能志于正。然其时远近方以是烨尔,或以是发闻也。

自尔入为部属,且五年;庶几得以自由,而尔食忘味,寝忘寐,鸡鸣而作,候予寝而出,朝于上,疾风甚雨,雷电晦瞑,而未尝肯以一日休。予然后信尔之诚于勤。身与妻子为清苦,而澹然以为乐,交天下之士,而莫有以苞苴馈遗至。予然后信尔之诚于廉。凡交尔而来者,予耳其言,非文学道义之相资,则朝廷之政,边徼之务是谋,磨砻砥砺,惟不及古之人是忧焉。予然后信尔之诚志于正,而非有所色取于其外。吾于是而可以无忧尔也已。宜尔弟亦善养。吾老矣,姻族乡党之是怀,南归予乐也。"

名父跽请不已。太孺人曰:"止!而独不闻之?夫煦煦焉饮食供奉以为孝,而中衡拂之,孰与乐亲之心而志之养乎?"名父惧,乃不敢请。缙绅士夫,闻太孺人之言者,莫不

许你是因为有所畏惧才这样也很难说。我见你不因为生活清贫而动摇，对于任何一件小事都一丝不苟，而且和颜悦色地奉养我，我便知道你能够廉洁奉公。然而，那个时候正好有人因为收受贿赂而出了问题，我想你也许是对此有所警戒才这样的。我见你摧毁各种歪门邪道，崇尚正道，对古圣先贤用各种礼仪予以纪念，旌表各种高尚的行为，大力宣扬孝道，殷切地希望移风易俗，倡导良好风尚。我便知道你能够有志于走正道。然而，那个时候远近的民众正这样评价你，鼓励你，我想你也许是为了名声才这样。

　　自从你做了部属，五年来，你本来可以自由自在的，可你却废寝忘食地工作；每天鸡啼你就起床，等我睡安稳了，你就出去忙于公务，不管天气如何，疾风骤雨，电闪雷鸣，你都不曾休息过一天。我这才相信你确实是勤于政事的。你和妻子、儿女的生活都很清苦，可你却怡然自得，不以为苦，反以为乐。你与天下的士人交朋友，从不赠送什么礼物，哪怕是一苞一苴也不曾送过。我这才相信你确确实实能够保持廉洁。凡是你交的朋友来到家里，我听你们的谈话，不是文章、学问、道义之类的交流，就是商讨政务、边疆的管理事务。你们互相探讨互相激励，都是像古人一样先天下之忧而忧。我这才相信你是确实有志于走正道，而不是为了装模作样以图虚名。于是我对你就不再有什么不放心的了。现在，你也应该这样教育你的兄弟。我老了，非常怀念亲戚朋友以及家乡的父老乡亲，回到南方去，我感到很快乐。"

　　名父还是双膝跪在地上，不停地请求母亲留下。太孺人说："不要再想留我了。你怎么就不明白我的心意呢？一种行孝，是对父母的饮食起居无微不至的照顾，另一种是牢牢地记住父母

咨嗟叹息，以为虽古文伯、子舆之母，何以加是？

于是相与倡为歌诗，以颂太孺人之贤，而嘉名父之能养。某于名父厚也，比而序之。

对菊联句序

职方南署之前，有菊数本，阅岁既槁。李君贻教为正郎，于时天子居亮暗，西北方多事。自夏徂秋，荒顿窘戚。菊发其故丛，高及于垣。署花盛开且衰，而贻教尚未之知也。一日，守仁与黄明甫过贻教语，开轩而望，始见焉。

计其时，重阳之节，既去之旬有五日。相与感时物之变衰，叹人事之超忽，发为歌诗，遂成联句。郁然而忧深，悄然而情隐，虽故托辞于觞咏，而沉痛惋悒，终有异乎昔之举酒花前，剧饮酣歌，陶然而乐者矣。

古之人谓菊为花之隐逸，则菊固惟涧谷、岩洞、村圃、

亲的教诲，哪一种更能令我满意呢？哪一种更能培养你的志向呢？"名父有些害怕母亲，所以不敢再请求了。那些缙绅士大夫们，听了太孺人的这番话，没有不赞叹不已的。大家都认为，就是古代的西伯侯周文王、孟子（字子舆）与他们的母亲，比起杨名父与太孺人，也不一定比得上啊。

于是，大家互相提议为这样的母子作歌赋诗，以颂扬张太孺人的贤德，表扬杨名父的孝心。我和杨名父的交情深厚，特地为杨母张太孺人的寿辰写下这篇序文。

对菊联句序

我新近就任的那幢办公室前，有好几棵菊花，日深月久，这些菊花都枯萎了。李贽教君做正郎，那时天子正在服丧，西北方的事情很多。从夏天到秋天，一片荒凉。这几棵早已枯槁了的菊树竟然开出花来。花枝有墙那么高，办公室前的菊花开了多时，已经快要凋谢了，可是李贽教却不知道。一天，守仁和黄明甫到贽教那边去聊天，打开窗户一望，才发现了这些菊花。

计算一下时间，当时重阳节已过去十五天了，我们不约而同地为事物的变迁和人事的超忽不定而感叹。我们把这些感慨表达成歌曲和诗句，于是便有了几个联句。这些菊花茂盛的样子令人联想到深深的忧愁，它们悄悄地开放，不为人知，也不求人知，仿佛它们有许多不便说出的情怀。我们故意借酒赋诗，可沉痛惋惜的心情，还是与昔日不同，那时我们举酒花前，狂饮酣歌，总是在朦胧的醉意中感到无比的快乐。

古人说菊花是一种隐逸的花朵，所以菊花本来就只适合于

篱落之是宜；而以植之簿书案牍之间，殆亦昔之所谓吏而隐者欤？守仁性僻而野，尝思鹿豕木石之群。贻教与明甫虽各惟利器，处剧任，而飘然每有烟霞林壑之想。以是人对是菊，又当是地。呜呼！固宜其重有感也已。

东曹倡和诗序

  正德改元之三月，两广缺总制大臣。朝议以东南方多事，其选于他日，宜益慎重。于是，湖南熊公由兵部左侍郎，且满九载秩矣，擢左都御史以行。众皆以两广为东南巨镇，海外诸蛮夷之所向背，如得人而委之，天子四方之忧，可免二焉。虽于资为屈，而以清德厚望选重可知矣。

  然而司马执兵之枢，居中斡旋，以运制四外，不滋为重欤？方其初议时，亦有以是言者，虑非不及。而当事者卒以公之师操才望为辞，谓非公不可。其意实欲因是而出公于外也。于是，士论哄然，以为非宜。然已命下，无及矣。

在涧谷、岩洞、村圃、篱墙这些地方栽种。至于把它种在书簿案牍之间，或许这就是古代所谓做了官的人在不得志的时候，把自己比作菊花，以所谓的隐士聊以自慰？守仁性情孤僻而粗鄙，曾经多次想到鹿豕木石之类事物。贻教和明甫虽然都是国家倚重的官员，处理的都是繁杂的任务，然而他们在驰骋想象的时候，每每会联想到烟霞林壑之类的美景。这样的人，面对这样的菊花，又刚好是在这样一个地方。啊！这是多么容易让人感慨万千啊！

东曹倡和诗序

正德改元年的三月，两广地区缺一名总制大臣。朝廷经过商议，认为东南方变乱较多，事态复杂，他日选举总制大臣时一定要加倍慎重。湖南的熊公，担任兵部左侍郎，快满九年了。于是提升他为左都御史。大家都认为，两广是东南的重要地区，具有极其重要的战略意义，它直接关系到海外各蛮夷民族与明王朝的关系，这些民族与明王朝的关系是好是坏，两广负有很大的责任。如果能够得到一个有才干的人，并委任他为两广总制大臣，天子对四方的忧患，也就可以免掉两方了。这样的人，资历可以不必太高，而应该清正廉洁、德高望重，这是选择拔该职务的重要条件。

然而，两广总制大臣是掌管军事大权的要职。他需要居中斡旋，运筹帷幄，以便控制四面八方。这样的职位难道不重要吗？难道是光有品德就够的吗？朝廷在初步商议这个问题时，也有人这样说，他们的考虑不是没有道理的。可是当事的人最

为重镇得贤大臣而抚之，朝议以重举，而公以德升，物议顾怏然而不满也。衡物之情以行其私，而使人怀不满焉，非夫忘世避俗之士，不能无忧焉。自命下暨公之行，曹属之为诗以写其赒留之情者，凡若干人。以前驱之骤发也，叙而次之，仅十之一。遮公御而投之，庸以寄其私焉。

豫轩都先生八十受封序

弘治癸亥冬，守仁自会稽上天目，东观于震泽；遇南濠子都玄敬于吴门，遂偕之入玄墓，登天平。还，值大雪，次虎丘，凡相从旬有五日。

予与南濠子为同年，盖至是而始知其学之无所不窥也。归造其庐，获拜其父豫轩先生。与予坐而语，盖屯然其若遯而寡趋也，秩然其若敛而阳煦也。予瑫然而心撼焉，俟而色惭焉，俟而目骇焉，亡予之故。

终以熊公的节操德望为理由，说两广总制大臣非公不可。这帮人的心思实际上是想把熊公排挤出去。于是士人们议论纷纷，认为这不合适，然而命令已经下了，也就来不及了。

为了两广重地能有一个贤能的大臣来管理，朝廷进行了郑重的选拔，熊公凭着高尚的品德而升任了这个职务。可是大家的议论说明存在着很大的不服气和很多的不满。根据形势的需要排挤熊公以实现个人的自私目的，使人们心怀不满，对此，只要不是出世避俗的士人，不能不感到担忧。在命令下达和熊公动身的时候，我们这些人都写了诗以表达我们对熊公的眷留之情。这些人一共有若干名，因为熊公的先头人马突然出发了，我们只好先赋诗，然后再写叙文了，只有十分之一，拦住他的车驾才将诗送上了，以稍稍寄托一点私情。

豫轩都先生八十受封序

弘治十六年冬，守仁从会稽登上天目山，往东考察震泽；在吴门这个地方遇见了南濠子都穆（字玄敬），于是和他一起进入玄墓境内，登上天平山。回来途中，恰逢下着大雨，接着又到虎丘，我们一起待了十五天。

我和南濠子是同年进士，直到今天我才知道他的学问广博，没有什么他没有涉猎过的。回去后我到他家去拜访过，拜见过他的父亲豫轩先生。豫轩先生和我坐着谈着。他虽然也有郁郁不得志的样子，可他看上去就像是主动避世而不趋附于时势。他虽然看上去很平常，可他更像是韬光养晦，敛而不放。我不禁在心里感到震撼，紧接着就露出惭愧的神色，再接着我甚至对

先生退，守仁谓南濠子曰："先生殆有道者欤？胡为乎色之不存予，而德之予薰也？"

南濠子笑而领之曰："然，子其知人哉！吾家君于艺鲜不通，而人未尝见其学也；于道鲜不究，而人未尝知其有也；夫善之弗彰也；则于子乎避。虽然，吾家君则甚恶之。吾子既知之也，穆其敢隐乎？凡穆之所见知于吾子，皆吾家君之所弗屑也；故乡之人无闻焉。非吾子之粹于道，其宁孰识之？"夫南濠子之学，以该洽闻。四方之学者，莫不诵南濠子之名，而莫有知其学之出自先生者。

先生之学，南濠子之所未能尽，而其乡人曾莫知之。古所谓潜世之士哉？彼且落其荣而核之存，彼且固灵株而塞其兑，彼且被褐而怀玉；离形迹，遁声华，而以为知己者累，孰比比焉，迹形骸而求之，其远哉。今年先生寿八十，神完而气全，齿发无所变。八月甲寅，天子崇徽号于两宫，推恩臣下。于是南濠子方为冬官主事，得被异数，封先生如其官。同年之任于京者，美先生之高寿，乐南濠子之获荣其亲也，集而贺之。

所看到的感到震惊，以至于忘记了我的过去。

先生起身退下以后，守仁对南濠子说："先生大概是得道之人吧？为什么他不像我这样心情露于表情，可品德却比我高多了呢？"

南濠子笑着点头说："是这样，您真是善于认识人啊！我的父亲对于艺术几乎没有什么不精通的，可是人们却不曾知道他有学问。他对于道也很少不去探究，可是人们却不曾知道他是得了道的人。他虽然很不错，可他却不宣扬自己，表现自己。所以对于你，他也要避免表现自己。尽管如此，我的父亲还是很讨厌表现自己。既然您已经知道了，我又怎么敢隐瞒呢？凡是我从一些君子身上所看到的东西，品德也好，才学也好，都是家父所不屑于一顾的。所以同乡的人都不曾听说他是个得道之人。他们不像您这样精通于天道，怎么可能看得出来呢？"南濠子学识渊博，四面八方的学者没有不传诵他的大名的，却很少有人知道他的学问是出自他的父亲豫轩先生的。

先生的学问是南濠子远远也比不上的，可是与他同乡的人都没有人知道先生的学养。莫非先生就是古人所说的那种潜世的隐士？这样的隐士，不求鲜艳的花朵，却有丰硕的果实；不求感官的享受，却能固守其本心；穿着俭朴的衣服，却心怀珠玉。他不追求外在的表现，逃避名声和荣华；他不追求被人理解，相反还把知己看成是牵累。世俗中的芸芸众生，如果想通过外在的东西去寻找这样的人，只会离他越来越远。先生今年已经八十岁了，身体却十分健康，精神也很不错，牙齿和头发都没有什么变化。八月初二，天子给两宫太后上徽号，推恩于臣下。这样南濠子才做了工部主事，另外得到的优待是，封先生以相似

夫乐寿康宁，世之所慕，而予不敢以为先生侈；章服华宠，世之所同贵，而予不敢以为先生荣。南濠子以予言致之先生，亦且以予为知言乎？乙丑十月序。

送黄敬夫先生佥宪广西序

古之仕者，将以行其道；今之仕者，将以利其身。将以行其道，故能不以险夷得丧动其心，而惟道之行否为休戚；利其身，故怀土偷安，见利而趋，见难而惧。非古今之性尔殊也，其所以养于平日者之不同，而观夫天下者之达与不达耳。

吾邑黄君敬夫以刑部员外郎，擢广西按察佥事。广西天下之西南徼也，地卑湿而土疏薄，接境于诸岛蛮夷；瘴疠郁蒸之气，朝夕弥茫，不常睹日月；山獞海獠，非时窃发，鸟妖蛇毒之患，在在而有，固今仕者之所惧而避焉者也。然予以为中原固天下之乐土，人之所趋而聚居者；然中原之民，至今不加多；而岭广之民至今不加少，何哉？中原之民，其始

的官名。同年中在京当官的，为了祝贺先生的高寿和南濠子的晋升，聚集一起以表庆贺。

快乐、长寿、健康和安宁，这是世人所渴求的，可我却不敢认为先生拥有这一切是一种奢侈；官印、官服、荣华、受宠，这是世人都很关心的。可我却不敢认为先生会因为这些而感到荣耀。南濠子把我的这番话告诉了先生，先生会不会认为我这番话是一种知己的话呢？弘治十八年十月序。

送黄敬夫先生佥宪广西序

古人做官，是为了替天行道；今人做官，是为了替自己谋利益。为了履行天道而做官的人，就可以不因为利害、得失的安危而动摇他的本心，他只关心天道是否得到了顺利的贯彻。为自身谋利益的人，只想多占土地，苟且偷安，见到利益就去争夺，见到困难就畏怯。之所以古今之人有这样大的差别，并不是古人和今人的心性不同，而是古人和今人在平日进行的修养不一样。今人判断天下人成功与否，是看他在社会上是否显贵，是否有地位。

我的同乡黄敬夫君从刑部员外郎提升为广西按察佥事。广西是天下的西南边陲，土地偏僻而潮湿，土壤稀薄而贫瘠；与它接壤的又是一些岛屿和蛮夷民族，瘴疠郁蒸之气，早晚迷茫，常常难以见到日月，山上和海里的蛮夷民族，动不动就会悄悄地出没，害鸟、毒蛇的祸患到处都有。所以如今当官的都不愿意到广西去做官，他们总是害怕和逃避到那里去上任。但是，我认为中原地区固然是天下的好地方，一个人们都想到那里去生活的地

非必尽皆中原者也，固有从岭广而迁居之者矣；岭广之民，其始非必尽皆岭广者也，固有从中原而迁居之者矣；久而安焉，习而便焉。父兄宗族之所居，亲戚坟墓之所在，自不能一日舍此而他也。

　　古之君子，惟知天下之情，不异于一乡；一乡之情，不异于一家；而家之情，不异于吾之一身。故视其家之尊卑长幼，犹家之视身也；视天下之尊卑长幼，犹乡之视家也。是以安土乐天，而无入不自得。后之人视其兄之于己，固已有间，则又何怪其险夷之异趋，而利害之殊节也哉？今仕于世，而能以行道为心，求古人之意，以达观夫天下，则岭广虽远，固其乡闾，岭广之民，皆其子弟；郡邑城郭，皆其父兄宗族之所居；山川道里，皆其亲戚坟墓之所在。而岭广之民亦将视我为父兄，以我为亲戚，雍雍爱戴，相眷恋而不忍去，况以为惧而避之耶？敬夫吾邑之英也，幼居于乡，乡之人无不敬爱；长徙于南畿之六合，六合之人，敬而爱之，犹吾乡也；及举进士，宰新郑，新郑之民曰："吾父兄也。"入为冬官主事，出治水于山东，改秋官主事，擢员外郎，僚寀曰："吾兄弟也。"盖自居于乡以至于今，经历且十余地，而人之敬爱之如一日。君亦自为童子以至于为今官，经历且八九职，

方。可是中原地区的人口至今也并没有增加多少。岭广一带的人口至今也并没有减少许多。这是为什么呢？中原地区的人口，开始并不一定都是中原人，实际上有一部分人是从岭广一带迁移去的；岭广一带的人口，开始也不一定全部都是岭广人，有一部分是从中原地区迁去的。久而久之，这些迁移的人口就会安顿下来，慢慢地就会习惯新的环境。时间一长，父兄宗族就会在新的地方发展起来，他们的住房就会建在这里，亲人和亲戚的坟墓也会留在这里，这样一来，他们自然也就不能随便在某一天舍弃这里而去别的地方了。

　　古代的君子懂得天下的情况和一个乡的情况没有什么不同；一个乡的情况和一个家庭的情况没有什么不同；一个家庭的情况和一个人的情况也设有什么不同。所以，他看待家庭的尊卑长幼，就像家庭看待自己一样。他看待天下的尊卑长幼，就像乡看待家庭一样；所以，他能安居在新的天地间，却不感到不自在。后来的人就是对待自己的哥哥，他都觉得有差别，有隔膜。这样的人又怎么能不趋向安全，逃避危险呢？又怎么能不在利与害两个方面表现出不同的气节呢？如今世上的官员如果能够以履行天道为目的，追求古人的信念，以宽阔的胸怀面对天下；那么，岭广即使遥远，也是他的乡间，岭广的百姓也就都是他的子弟了；岭广的郡邑城郭，也就是他的父兄宗族所居住的地方，岭广的山川道里，也就都是他的亲戚的坟墓所在地了；反过来，岭广的百姓也就会把它看作是他们的父兄或他们的亲戚。这样，他就会受到百姓的爱戴，就会互相眷恋而不忍离开，怎么可能害怕这样的地方，逃避这样的地方呢？敬夫是我的同乡中的一位优秀的人物，从小住在乡里，对乡里的人他就没有不尊

而其所以待人爱众者，恒如一家。

今之擢广西也，人咸以君之贤，宜需用于内，不当任远地。君曰："吾则不贤；使或贤也，乃所以宜于远。"呜呼！若君者，可不谓之志于行道，素养达观，而有古人之风也欤？夫志于为利，虽欲其政之善，不可得也。志于行道，虽欲其政之不善，亦不可得也。以君之所志，虽未有所见，吾犹信其能也。况其赫烨之声，奇伟之绩，久熟于人人之耳目，则吾于君之行也，颂其所难而易者见矣。

性天卷诗序

锡之崇安寺有浮屠净觉者，扁其居曰："性天"。因地官秦君国声而请序于予。予不知净觉；顾国声端人也，而净觉托焉，且尝避所居，以延国声诵读其间，此其为人，必有可

敬和热爱的；长大后到南畿六合去，六合的人个个他都很尊敬和热爱；考中了进士之后，治理新郑，新郑的老百姓说："敬夫就是我们的父兄。"做了工部主事，奔赴山东治理洪水，后来改做刑部主事，接着又被提拔为员外郎，同僚们说："敬夫简直就像是我们的兄弟。"敬夫从居住在乡里到现在，经历了十几个地方，每一个地方的人都非常尊敬和爱戴他。他从一个儿童到现在做官，经历了八九种职位，可他对待他人，热爱群众却始终如爱一家人。

如今他被提拔到广西任职，人们都认为凭着他的贤德，应该用他在内地做官，不应该让他到偏远的地方去上任。可敬夫君却说："我并不算贤德，假使我想变得贤德，就应该到偏远的地方去。"像敬夫君这样的人，可不可以说他立志于履行天道，修养很好，胸怀开阔，因而有古人的风范呢？那些立志于追逐利益的人，即使他想把政事办好，也是不可能做得到的。立志于履行天道，即使他想不把政事办好，也是不可能的。根据敬夫君的大志，虽然我还没有看到他到广西为官的实绩，可我还是相信他能够胜任他的工作的。况且他显赫、响亮的名声和丰功伟绩早已为人们所熟知。在敬夫君远行的时候，我以此颂扬一下他身上那种看似乎平凡实则很不平凡的品质。

性天卷诗序

崇安寺有个叫净觉的和尚，在他的住处挂了一块牌匾，上面写着"性天"。他通过在户部任官的秦国声君来请我为他写一篇序言。我不了解净觉，但国声是个正派人，净觉是托付他来

与言者矣。然"性天"既非净觉之所及,而"性"与"天"又孔子之所罕言,子贡之所未闻,则吾亦岂易言哉?吾闻浮屠氏以寂灭为宗,其教务抵于木槁灰死,影绝迹灭之境,以为空幻;则净觉所谓"性天"云者,意如此乎?

净觉既已习闻,而复予请焉,其中必有愿也。吾不可复以此而渎告之。姑试与净觉观于天地之间,以求所谓"性"与"天"者而论之。则凡赫然而明,蓬然而生,訇然而惊,油然而兴;凡荡前拥后,迎盼而接眄者,何适而非此也哉?今夫水之生也,润以下,木之生也,植以上,性也;而莫知其然之妙,水与木不与焉,则天也;激之而使行于山巅之上,而反培其末,是岂水与木之性哉?其奔决而仆天,固非其天矣。

人之生,入而父子夫妇兄弟,出而君臣、长幼、朋友,岂非顺其性以全其天而已耶?圣人立之以纪纲,行之以礼乐,使天下之过弗及焉者,皆于是乎取中,曰:"此天之所以与我,我之所以为性"云耳。不如是,不足以为人,是谓丧其性而失其天,而况于绝父子,屏夫妇,逸而去之耶?吾儒之所谓性与天者,如是而已矣。

请我的。再说,净觉曾经让国声在他的住处住下,使国声得以继续在这里诵读诗书,从这点可以看出他的为人,想必我和他还能谈得来。然而,"性天"既不是净觉所能达到的,而且"性"和"天"是孔子很少说的。子贡也未曾听说过,我又怎么能轻易地说什么呢?我听说佛教徒以寂灭为宗旨,他们的教义是要追求木槁灰死、影绝迹火的境界,并以这种境界为空幻。净觉所说的"性天"是不是也是这个意思呢?

　　净觉已经了解佛教与儒学的不同,可他还是要请我为他写序,其中必定有某种心愿。我不能再次拒绝他的请求。姑且试着与净觉观察一下天地之间的万事万物,以便就所谓"性"与"天"同他讨论一番。世间的事物,有的明亮地显现出来,有的蓬勃地生长,有的訇然作响,有的油然而兴,凡是荡前拥后,运动变化的事物,哪一个不是这样的呢?比如,水与生命的关系;水浇在树木的下面,树木才能生长,这就是植物的本性;不知道植物的这个现象的神妙,而使水与木不相接触,这是所谓天。如果让水在山巅上流动,把水浇在树梢上,把土培在树梢,这怎么可能是水和木的本性呢?河流奔腾而倒向天空,这本来就不是它的天性。

　　人生在世,回到家里总有个父子、夫妇、兄弟的关系。在家庭以外,总逃不脱君臣、长幼、朋友的关系。这难道不是顺从人的本性并成全其天命吗?圣人把这些关系确立为社会的纲常规范,并在礼仪和各种祭祀活动中来贯彻它,使得天下的过错都不能触及这些关系,于是人们逐渐掌握了这些关系的根本。所以说:"这就是天所赋予给我的东西,是我之所以为人的本性。"不这样,人就不足以为人,这也就是说,人丧失了本性也

若曰"性天之流行"云，则吾又何敢躐以亵净觉乎哉？天知而弗以告，谓之不仁，告之而躐其等，谓之诬；知而不为焉者，谓之惑，吾不敢自陷于诬与不仁；观净觉之所与，与其所以请，亦岂终惑者邪？既以复国声之请，遂书于其卷。

送陈怀文尹宁都序

木之产于邓林者，无弃材；马之出于渥洼者，无凡足。非物性之有异，其种类土地使然也。剡溪自昔称多贤，而陈氏之居剡者尤为特盛。其先有讳过者，仕宋为侍御史。子匡由进士为少詹士。匡之四世孙圣登进士，判处州。子颐微著作。颐子国光，元进士，官大理卿。光侄彦范为越州路总管。至怀文之兄尧，由乡进士掌教濮州。弟璟蜀府右长史。珂进士刑曹主事。衣冠文物，辉映后先，岂非人之所谓邓林渥洼者乎？宜必有瑰奇之材，绝逸之足，干青云而蹑风电者，出乎其间矣。

就失去了他的天，何况丢掉人的父子关系，抛弃夫妇关系而逃离到俗世之外呢？我们的儒家所谈的性与天，就不过如此而已。

你说性就是天的流行，那我又怎么敢超越等级去亵渎净觉呢？知道某人不对而不把知道的东西告诉他，这就是不仁；知道但超越等级地把知道的告诉他，这就是诬；知道但不去实践，这就是困惑。我不敢自己陷于诬与不仁；从净觉所表现出的东西以及他之所以要请我为他写序的原因来看，莫非他也是终于感到困惑了？既然要答复秦国声的请求，就把这些写在他的书卷上吧。

送陈怀文尹宁都序

邓林出产的树木没有无用的材料；渥洼出产的马匹，没有一匹不是快马。这并不是这些地方的马和树木的本性有什么不同，而是这些地方的水土好，这些地方的树木和马的种类不同于其他地方。剡溪自古就是一个以圣人很多而著称的地方，生活在这个地方的陈氏家族尤其出众。先是有个叫陈过的人，做了宋朝的侍御史。后来他的儿子有个叫陈匡的人，由进士而升为少詹士。陈匡的四世孙陈圣也考中了进士并在处州做判官；他的儿子陈颐写了大量的著作。陈颐的儿子陈国光是元朝的进士，做官做到了大理卿。国光的儿子陈彦范是越州路总管。到了陈怀文的哥哥陈尧，由一个乡的进士而升为濮州的掌教；陈怀文的弟弟陈璟做了蜀王府的右长史。陈珂是一个进士，也做了刑曹主事。剡溪的名人前后相继，有如群星辉映，这难道不是通常人们所说的邓林、渥洼现象吗？这个地方一定会出现瑰奇的木材，绝好

怀文始与予同举于乡，望其色而异，耳其言而惊，求其世则陈氏之产也。曰："嘻，异哉！土地则尔。他时柱廊庙而致千里者，非彼也欤"？既而匠石靡经，伯乐不遇；遂复困寂寞而伏盐车者十有五年。斯则有司之不明，于怀文固无病也。今年赴选铨曹，授尹江西之宁都。夫以怀文合抱之具，此宜无适而不可。顾宁都百里之地，吾恐怀文之骥足有所不展也。然而行远之迩，登高之卑，自今日始矣；则如予之好于怀文者，于其行能无言乎？

赠之诗曰："矫矫千金骏，郁郁披云技。跑风拖雷电，梁栋惟其宜。寒林凄落日，暮色江天厄；元龙湖海士，客衣风尘缁，牛刀试花县，鸣琴坐无为；清濯庐山云，心事良独奇；悠悠西江水，别怀谅如斯。

送骆蕴良潮州太守序

昔韩退之为潮州刺史，其诗文间亦有述潮之土风物产者，大抵谓潮为瘴毒崎险之乡。而海南帅孔戣又以潮州小，禄薄，特给退之钱千十百，周其阙乏，则潮盖亦边海一穷

的千里马,一定会出现一个叱咤风云的人才。

陈怀文当初和我同时从乡试中出头,当时我观望他的神情,就觉得他很特点,有一种与众不同的气质,听他说话,我就感到很惊奇,打听他的身世,原来他是剡溪陈氏家族的。我想:"啊,太神奇了!他既然是来自剡溪陈氏的后代,他日能够成为朝廷的顶梁柱、能够成千里马的,莫非就是他吗?"那以后,他却因为没有遇上伯乐这样善于识才的人,因为没有遇上匠石那样的机会。所以一直困顿、寂寞,大材小用长达十五年,这跟有关取用人才的官员缺乏眼力有关系,但对于怀文本人也没坏处。今年找去选拔官吏,授予他江西宁都尹这个官职。就怀文的才华而言,这个职位确实的些不适合于他。宁都是个方圆百里的小地方,我担心怀文这匹千里马在那里无法很好施展自己的才华。然而,千里之行始于足下的"足下"。要登高处,先得从卑下开始的"卑下",都从今天开始。我是多么欣赏怀文啊,在他即将赴江西上任之际,我能不说几名为他送行吗?

于是我赠给他一首诗:矫矫千金骏,郁郁披云技。跑风拖雷电,梁栋惟其宜。寒林栖落日,暮色江天后。元龙湖海士,客衣风尘缁。牛刀试花县,鸣琴坐无为。清濯庐山云,心事良独奇。悠悠西江水,别怀谅如斯。

送骆蕴良潮州太守序

从前,韩愈(字退之)做潮州刺史时,他的诗文中曾谈到潮州的风土人情和物产,大致是说潮州是个瘴气严重、地形崎岖险峻的地区。海南的军官孔戣也认为,潮州是贫瘠少产的小地

州耳。今之岭南诸郡以饶足称，则必以潮为首举，甚至以为虽江、淮财赋之地，亦且有所不及。岂潮之土地，啬于古而今有所丰；抑退之贬谪之后，其言不无激于不平，而有所过也。

退之为刑部侍郎，谏迎佛骨。天子大怒，必欲置之死。裴度、崔群辈为解，始得贬潮州。则潮在当时，不得为美地，亦略可见。今之所称，则又可以身至而目击，固非出于妄传。特其地之不同于古，则要为有自也。

予尝谓：牧守之治郡，譬之农夫之治田。农夫上田，一岁不治则半收；再岁不治则无食；三岁不治则化为芜莽，而比于瓦砾。苟尽树艺之方，而勤耕耨之节，则下田之收与上等。江、淮故称富庶，当其兵荒之际，凋残废瘵，固宜有之。乃今重熙累洽之日，而其民往往有不堪之叹。岂非以其俗素习于奢逸，而上之人又从而重敛繁役之，刿剥环四面而集，则虽有良守牧，亦一暴十寒，其为生也，无几矣。

潮地岸大海，积无饶富之名。其民贡赋之外，皆得以

方，俸禄低，所以他特意给韩愈上千两银子，周济潮州的匮乏。可见潮州确实是海边的一个穷州。如今，岭南各郡都以其丰饶富足而著称，这些郡中又以潮州最著名，甚至即使是江、淮这样的富饶之地，国家赋税重地，也比不上潮州。这不是潮州的土地在古代就贫瘠而在现在就丰饶。当年韩愈被贬谪到潮州之后，他的话不无激愤不平的意味，所以还是有些过头。

韩愈任刑部侍郎时，向皇上直言提出批评，天子大怒，一定要置他于死地。幸亏裴度、崔群等人劝解、求情，韩愈才得以被贬谪到潮州，免了一死。从这件事中可以看出潮州在当时的确不是个好地方。如今人们都说潮州富饶，这是可以亲自去实地看到的，所以不会是出于虚妄的传言。要说潮州之地同过去有什么不同，无非是现在比过去富饶了。

我曾经说过：官吏治理郡县，好比农夫耕种田地。农民种田，一年不管理，只能收获一半，两年不管理就会没有吃的，三年不管理，田地就会长满荒草荆棘，再不管理就会变成一片荒漠，连草都可能不生，只剩下一片瓦砾。如果完全按照种植、耕耘的方法，辛勤地耕耘、播种、培育，下等田地的收成也会和上等田地一样。江淮一带过去以其富庶著称于世，可是遇到兵荒马乱的战争年月，那里的土地也会凋残废瘠。如今遇上连续干旱或下雨，那里的农民往往叫苦不迭。江淮一带的人在日子好过的时候，养成了奢侈、懒惰的习气；而官府又不断地加重赋税和徭役，对各地进行横征暴敛，即使偶尔有一两个好的地方官，往往也是一曝十寒，能够精心地为地方的兴旺而勤恳工作的人寥寥无几。

潮州这个地方濒临大海，向来没有富饶之名。这里的老百

各安地利，业俭朴；而又得守牧如退之、李德裕、陈尧佐之徒，相望而抚掬梳摩之，所以积有今日之盛，实始于此。迩十余年来，富盛之声既扬，则其势不能久而无动，有司者又将顾而之焉。则吾恐今日之潮，复为他时之江淮，其甚可念也。

今年潮知府员缺，诸暨骆公蕴良以左府经历擢是任以往。公尝守安陆，至今以富足号，遂用是建重屏其地，继后循其迹而治之者率多有声闻；及入经历左府都督事，兵府政清，自府帅下迨幕属军吏，礼敬畏戴，不谋而同；其于潮州也，以其治安陆者治之，而又获夫上下之心，如今日之在兵府，将有为而无不从，有革而无不听；政绩之美，又果足为后来者之所遵守，则潮之富足，将终保于无恙，而一郡民神为有福矣。

夫为天子延一郡之福，功岂小乎哉？推是以进，他日所成，其又可论？公僚友李载旸之辈，请言导公行。予素知公之心，且稔其才，自度无足为赠者；为潮民庆之以酒，而颂之以此言。

姓除了交纳贡赋之外，其他的收成全归自己。他们安心种地，勤俭持家，加上有好的守牧官，如韩愈、李德裕、陈尧佐这些人的精心治理和大力扶持，所以经过不断地积累，才有今天这样的兴旺局面。最近十几年来，潮州富盛的名声已经传出去了。看来，这种形势不能长久不变了，有关的官员又将要动心思了，又将要争相到这里来了。我很担心今天的潮州会遭到往日江淮一样的命运，这实在是让人感到不安。

今年潮州知府的位置缺人，诸暨的骆蕴良公从左府提升为潮州知府。他曾经做过安陆的知府，该地至今以富足而闻名，所以后来凡是按照他的方法治理安陆的人，大多有些名望。骆蕴良公做了左府都督经历之后，在兵府里工作他一向清正廉洁，从府帅到下面的同事和官吏，对他都非常尊敬和爱戴他。大家心往一处想，常常地处理政务的时候不谋而合。如果骆公于潮州，也像治理安陆一样进行治理，而且又能像今天在兵府这样获取上下的心，将领有为却没有不听从他的指挥的。他进行改革也没有人不听，政绩卓著，又果真能像从前那样成为后来者效仿的楷模。那么，潮州的富足才能最终保住，不出现什么问题。这一郡的百姓和神灵也就有福可享了。

为天子而延续一郡百姓的幸福，功劳难道会小吗？按照这样发展下去，有朝一日取得的成就，岂是现在所能估量的呢？骆公的同僚朋友李载旸等人请我写几句话为骆公送行。我平素就懂得骆公的心，并且很了解他的才干，心想也没有什么好赠的，就为潮州百姓敬骆公一杯酒吧，顺便以这些话来表达我对骆公的赞扬之情。

《高平县志》序

《高平志》者,高平之山川、土田、风俗、物产不志焉。曰高平,则其地之所有,皆举之矣。《禹贡·职方》之述,已不可尚。汉以来,《地理郡国志》《方舆胜览》《山海经》之属,或略而多漏,或诞而不经,其间固已不能无憾。

惟我朝之《一统志》,则其纲简为《禹贡》而无遗,其目详于《职方》而不冗,然其规模宏大阔略,实为天下万世而作,则王者事也。若夫州县之志,固又有司者之职,其亦可缓乎?弘治乙卯,慈溪杨君明甫令泽之高平。发号出令,民既悦服,乃行田野,进父老,询邑之故,将以修废举坠;而邑旧无志,无所于考。明甫慨然太息曰:"此大阙,责在我。"遂广询博采,搜秘阙疑,旁援直据,辅之以己见;遵《一统志》凡例,总其要节,而属笔于司训李英,不逾月编成。

于是繁剧纷沓之中,不见声色,而数千载散乱沦落之事,弃废磨灭之迹,烂然复完。明甫退然,若无与也。邑之人士,动容相庆,骇其昔所未闻者之忽睹,而喜其今所将泯

《高平县志》序

《高平县志》里记载了高平县所有的山川、田地、风俗和物产。提到高平县,只要是该县土地上所出产的东西,都一一列举出来了。《禹贡·职方》上面的记述,已经无法还其本来面目了,汉代以来,《地理郡国志》《方舆胜览》《山海经》之类的书籍所做的记载,或者比较简略,挂一漏万;或者荒诞不经,其中有许多让人感到遗憾的地方。

只有我们明朝的《一统志》比较好。它的提纲和《禹贡》一样简略,可它的内容却比《职方》说细,并且不显得冗长;其规模宏大阔约,实在是为天下万世而写的。这真是一桩非常伟大的事件。至于州、县的历史,本来就有专门的人负责编纂,这样的历史编纂工作难道可以迟缓吗?弘治八年,慈溪的杨明甫到高平县任县令。他颁发的政策、法令,百姓都心悦诚服,他不必为这方面的事操什么心。于是,他经常到田野去走走,访访父老,打听这些地方从前的事情,以便能更好地领导当地的老百姓修废举坠。可是这些地方过去都没有历史记载,所以很难考证从前的事情。明甫于是感叹道:"这是一大缺失啊,责任在我身上。"之后,他广闻博采,搜集不为人知的材料,挖掘疑难问题的线索;或旁征博引,或直接查据,附带地加上自己的风闻和看法;遵循《一统志》的凡例,总结出其中的关键章节;最后委托司训李英执笔,不过一个月就编成了《高平县志》这本书。

从此,在纷繁复杂的日常生活中早已不见其声色的历史人物,历经数千年而散乱零落的往事,被废弃磨灭的一些古迹,都灿然再现了。明甫谦退,好像他什么也没有给予高平的黎民百

者之复明也。走京师，请予序。

予惟高平即古长平。战国时秦白起攻赵，坑降卒四十万于此，至今天下冤之。故自为童子，即知有长平。慷慨好奇之士，思一至其地，以吊千古不平之恨而不可得，或是考图志，以求其山川形势于仿佛间。予尝思睹其志，以为远莫致之，不谓其无有也。

盖尝意论赵人以四十万俯首降秦，而秦卒坑之，了无哀恤顾忌。秦之毒虐，固已不容诛；而当时诸侯，其先亦自有以取此者。夫先王建国分野，皆有一定之规画经制。如今所谓志书之类者，以纪其山川之险夷，封疆之广狭，土田之饶瘠，贡赋之多寡；俗之所宜，地之所产，井然有方。俾有国者之子孙，世守之，不得以己意有所增损取予；夫然后讲信修睦，各保其先世之所有，而不敢冒法制以相侵陵。战国之君，恶其害己，不得骋无厌之欲也，而皆去其籍。于是强陵弱，众暴寡，兼并僭窃，先王之法制荡然无考，而奸雄遂不复有所忌惮，故秦敢至于此。然则七国之亡，实由文献不足证，而先王之法制无存也。典籍图志之所关，其不大哉！

姓似的。当地的百姓却不这么看。高平的许多人士非常感动，竞相庆贺。他们为从前从未听说过的事情，现在忽然都能看到了而惊奇。他们为到今天几乎都要泯灭的东西，又重新显现出来而感到欣喜。他们跑到京城来，请我为这本书写一篇序言。

我认为高平就是长平。战国时代，秦国的白起攻克赵国之后，在这里活埋了四十万投降的士兵，至今天下人仍然怨恨白起。所以在我还是个小孩子的时候，我就知道有长平。一些慷慨激昂的读书人满怀着好奇心，想到这个地方去凭吊千古不平的怨恨，却没有实现自己的愿望。有的想画出长平的地图，记下长平的历史，而到山川之间进行探访。我曾研究过他们写的《高平县志》，以为时代太久远了，弄不清楚，但不能说无其事。

我曾经想评论一下赵国四十万人俯首投降秦国，而秦国最终还是把他们全部活埋了这件事。秦国人是如此残忍无道，是如此毫无哀悯怜恤之心，毫无疑问，这是应该受到谴责的。而那时的诸侯国有的也是咎由自取。从前的人建立国家，分封边界，都有一定的规划和规律。如今所说的志书之类，就是用来记载山川的险峻和平坦等地貌的；就是用来记载封疆的面积的大小的；记载田地的肥沃和贫瘠状况、交纳的贡赋的多少的；此外，一个地方的风土人情、礼仪习惯，一方土地的物产在志书中都清清楚楚地记载着，井然有序。这样，拥有这片国土的人的子孙就可以世代守住它，不得擅自根据自己的个人意愿增加或丢弃国土，不得随便夺取或给予土地。然后，互相讲信义，和睦共处，各自保护其先世所拥有的土地，而不敢违犯礼法的原来的规矩，互相侵犯。战国的国君，深恶过样妨碍自己的东西，不能放任满足各自的贪欲，于是他们都抛弃原来的典章、书籍，不

今天下一统，皇化周流，州县之吏，不过具文书，计岁月，而以赘疣之物视图志，不知所以宜其民，因其俗，以兴滞补弊者，必于志焉是赖，则固王政之首务也。

今夫一家，且必有谱而后可齐，而况于州县？天下之大，州县之积也；州县无不治，则天下治矣。明甫之独能汲汲于此，其所见不亦远乎？明甫学博而才优，其为政廉明，毁淫祠，兴社学，敦伦厚俗，扶弱锄强，实皆可书之于志，以为后法，而明甫廉让不自有也。故予为序其略于此，使后之续志者，考而书焉。

管其先世传下的土地是多大，只知道根据眼前的力量对比，互相争夺。于是，强国欺凌弱国，人多的国家欺辱人少的国家；或者凭借武力进行兼并；或者篡权越位、偷窃、欺骗，从前的法规和制度荡然无存，奸雄一个个都肆无忌惮。所以秦国才敢如此。实际上七国的灭亡，与文献不足证和先王的法制没法保存，也是有一定关系的。由此可见，典籍图书所关涉的问题是多么重要啊！

如今天下统一了，皇帝的教化遍及全国，州县的官吏不过置办一些文书，计算一下岁月而已，他们往往把图书和地方志看成是赘疣之物，却不知道根据这些图书和地方志来了解怎样做才适合于当地民众，怎样做才能符合当地的风俗，更不知道利用这些来兴利除弊，加快当地的发展。所以，依据地方志治理地方，是实行王政的首要任务。

一个家庭必须有个家谱而后才谈得上齐家，何况一个州、一个县呢？天下再大也是由州县构成的；州县治理好了，天下也就治理好了。明甫能够别出心裁地编纂县志，这难道不是他的远见卓识吗？明甫知识渊博，才华出众，他为政廉明，摧毁各种歪门邪道的祠庙，兴办社学，注重伦理、风俗，扶弱锄强，这些政绩都可以写进《高平县志》当中，以便后世仿效。可是，明甫谦让，不肯自己把这些写进去。所以，我简要地写了这篇序言，以便以后续写《高平县志》的人，能够考证明甫的政绩，并把它写进《高平县志》。

送李柳州序

柳州去京师七千余里,在五岭之南。岭南之州,大抵多卑湿瘴疠,其风土杂夷从,自昔与中原不类。唐宋之世,地尽荒服。吏其土者,或未必尽皆以谴谪,而以谴谪至者居多。士之立朝,意气激轧,与时抵忤,不容于侪众;于是相与摈斥,必致之远地。故以谴谪而至者,或未必尽皆贤士君子,而贤士君子居多。

予尝论贤士君子,于乎时随事就功,要亦与人无异。至于处困约之乡,而志愈励,节益坚,然后心迹与时俗相去远甚。然则非必贤士君子而后至其地,至其地而后见贤士君子也。唐之时,柳宗元出为柳州刺史,刘蕡斥为柳州司户。蕡之忠义,既已不待言。宗元之出,始虽有以自取。及其至柳,而以礼教治民,砥砺奋发,卓然遂有闻于世。

古人云:"庸玉女于成也,其不信已夫?"自是寓游其地,若范祖禹、张廷坚、孙觌、高颖、刘洪道、胡梦昱辈,皆忠贤刚直之士。后先相继不绝。故柳虽非中土,至其地者,率多贤士。是以习与化移,而衣冠文物,蔚然为礼义之邦。我皇明重熙累洽,无间迩遐,世和时泰,瘴疠不兴。财货所

送李柳州序

柳州离京城七千余里，远在五岭以南。岭南的州县，几乎多半偏僻潮湿，瘴疠严重。那里的风土人情也很杂乱，华夏各族混居，自古和中原地区就不一样。唐宋时期，岭南各州，土地都是荒芜的。分封到那里去做官的人，不一定都是遭到贬谪而去那里的人。不过，被贬谪而去的人还是占多数。一些士人在朝中从政，意气激昂，反叛时代，因而不能为同辈所容纳，于是相继遭到摈弃和排斥。摈斥他们的人往往要把他们遣送得越远越好。所以因遭贬谪而到那里的人，也未必都是贤士君子。不过，贤士君子还是占多数。

我曾经评论过贤士君子，这些人平时见事做事，基本上与常人没有什么不同。到了艰难困苦的地方，凡是贤士君子，往往意志更加坚强，气节更加坚定，干事更加努力。在这样的情况下，他们的品质才会显出与时俗相距甚远。因此，到这种地方去的不一定都是贤士君子，但是到了这种地方之后才能看出是不是贤士君子。唐代柳宗元出任柳州刺史，刘蕡被贬为柳州司户。刘蕡的忠义是不必多说的。而柳宗元被贬出，最初还是咎由自取的。可他到柳州后，却能用礼教来治理民众，艰苦奋斗，励精图治，功勋卓著，所以闻名于世。

古人说："逆境可以锻炼人。逆境可以使人取得成功。这难道不值得相信吗？"从柳宗元等人开始，不断有人被贬到柳州，如范祖禹、张廷坚、孙觌、高颖、刘洪道、胡梦昱等人都是忠诚、贤德、刚直不阿的有识之士。他们都先后被贬到柳州，所以，柳州虽然不是中心地带，可到那里去的人多半是贤士。于是

出，尽于东南。于是遂为岭南甲郡，朝廷必择廉能以任之。则今日之柳州，固已非唐宋之柳州；而今日之官其土者，岂惟非昔之比，其为重且专，亦较然矣。

弘治丙辰，柳州知府员缺。内江李君邦辅自地官正郎，膺命以往。人皆以邦辅居地官十余年，绰有能声，为缙绅所称许，不当远去万里外。予于邦辅知我也，亦岂不惜其远别；顾邦辅居地官上曹，著廉声，有能绩，徐速自如，优游荣乐之地，皆非人所甚难，人亦不甚为邦辅屈，不知其中之所存。今而间关数千里，处险僻难为之地，得以试其坚白于磨涅；则邦辅之节操志虑，庶几尽白于人。人而任重道远，真可以无负今日缙绅之期望，岂不美哉！夫所处冒艰险之名，而节操有相形之美，以不满人之望，加之以不自满之心。吾于邦辅之行，所以独欣然而私喜也。

那里的风俗习惯因为这些贤士的教化和影响，也不断地发生变化。从人们的衣着到使用的物品和学习的文化都以看出那里已蔚然成为礼仪之邦了。我们的大明王朝国泰民安，不管是皇城附近还是偏远地区，整个王朝一派祥和，瘴疠之气不再出现了。财货所出，都是出自东南。于是柳州便成了富甲岭南的地区了，朝廷总要挑选德才兼备的人到那里任职。所以今天的柳州已经不是唐宋时代的柳州了。今天到柳州做官的也不比从前了，他们的条件较之从前要好多了。

弘治九年，柳州知府的位置空着。内江的李邦辅君由一个户部正郎，奉命前往柳州，出任柳州知府。人们都认为邦辅任户部十余年，政绩绰绰，直言不讳，深受缙绅士大夫们的好评，不应该让他去万里以外。我和邦辅是知己，对于他的远别，我怎能不感到依依难舍呢？但是，邦辅作为户部的一个上曹，虽然清正廉洁，政绩也不小，而且快慢自如，优游于荣华快乐的地方也能做到洁身自好，可这毕竟不是人们最难做到的。人们也不会被邦辅折服，毕竟他们不知道做到这些实际上并不容易。如今，邦辅要到数千里以外的边关上任，要处于险峻偏僻地方。那里会有许多为难的事需邦辅去做。这样邦辅就可以在艰难的磨炼中，检验一下自己的清白是不是坚定不移的。邦辅的节操和智慧也就可以让人们完全明白了。邦辅到柳州，任重而道远。如果真能够不辜负今日缙绅的期望，岂不是一件大好的事情吗？邦辅的工作是艰难的，这一点是有目共睹的，所以他去那里上任也就有了迎难而上的名声。如果在这样的情况下还能够保持节操，那就会更加显得难能可贵了。加上他如果能够以不自满的谦虚态度积极进取，一定不会辜负人们对他的厚望的。正因为这些，

送吕丕文先生少尹京丞序

昔萧望之为谏议大夫，天子以望之议论有余，才任宰相，将观以郡事；而望之坚欲拾遗左右，后竟出试三辅。至元帝之世，而望之遂称贤相焉。古之英君，其将任是人也，既已纳其言，又必考其行；将欲委以重，则必老其才。所以用无不当，而功无不成。若汉宣者，史称其综核名实，盖亦不为虚语矣。

新昌吕公丕文以礼科都给事中擢少尹南京兆。给事，谏官也。京兆，三辅之首也。以给事试京兆，是谏官试三辅也。是其先后名爵之偶同于望之，非徒以宠直道而开谠言，固亦微示其意于其间耳。

吕公以纯笃之学，忠贞之行，自甲辰进士为谏官十余年。其所论于朝而建明者，何如也？致于上而替可否者，何如也？声光在人，公道在天下，圣天子询事考言，方欲致股肱之良，以希唐虞之盛，耳目之司，顾独不重哉？然则公京兆之擢，固将以信其夙所言者于今日，而须其大用于他时

所以我对于邦辅之行，还是感到欣喜的。

送吕丕文先生少尹京丞序

从前西汉的时候，萧望之做奏议大夫的时候，天子因为他的议论很有才华，便任命他为宰相，想通过他处理郡事的情况来考察他实际的工作能力。可是望之坚决想做左拾遗或右拾遗，后来他最终还是做了三辅。到了元帝的时候，望之便以贤相著称了。古代英明的君主，想要任命某个人，总要既听取他所说的，又一定要考查他的行为。如果他想对某个人委以重任的话，他必定要让这个人先得到锻炼，以便其才干日益成熟。所以这样用人就不会不当，用这样的人去办事就不会不成功。例如汉宣帝，历史上说他能够综合考核官吏的名和实，这大概不是虚妄的话。

新昌的吕丕文从礼科都给事中被提升为少尹南京兆。给事中，就是谏官。京兆地区，是京城三辅的首要地区。以给事中议官的身份出任京兆地区，就是以谏官的身份出任三辅之地的旧例啊。吕丕文这种为官的过程与萧望之当年相同。朝廷这么做，不光是为了宠幸敢于说实话的人以便广开言路，而且也是为了略示一下朝廷的意思。

吕公凭着过硬的学识和忠贞的行为，从甲辰年考上进士到做谏官已经十年了。他对朝政所做的议论以及他的建树，怎样呢？向皇上进献可行者而废去不可行者，又怎么样呢？虽然名声在他个人身上，但公道却在天下。圣明的天子询问事宜，考查言语，正想得到良才以便达到唐尧虞舜那样的盛世，帮助皇上视、

也。其所以贤而试之,有符于汉宣之于望之;而其所将信而任之,则吾又知其决非彼若而已也。

君行矣!既已审上意之所在,公卿大夫士倾耳维新之政,以券其所言;且谓日需其效,以俟庸也;其得无念于斯行乎哉?

学士谢公辈,与公有同举同乡之好,饮以饯之,谓某也宜致以言。予惟君之文学政事,于平常既已信其必然,知言之弗能毫末加也;而超擢之荣,又不屑为时俗道。若夫名誉之美,期俟之盛,则固君之所宜副,而实诸公饮饯之情也。故比而序之,以为赠。

庆吕素庵先生封知州序

朝廷褒德显功,因其子以及其亲,斯固人情事理之所宜,然盖亦所谓忠厚之至也。然旧制京官三载举得推恩;而州县之职,非至于数载之外,屡为其上官所荐扬,则终不

听的官员,他能不特别看重吗?所以,提拔吕丕文做京兆少尹,其实是在今日体现朝廷相信他平素所说的话,而真正要在将来某一天重用他,还得看他是否真的有才干。朝廷以贤职试验他,这有点像汉宣帝对待萧望之;朝廷什么时候将信任他并任用他,据我所知,这绝不是汉宣帝之于萧望之了。

  吕君很不错!他非常理解皇上的用意所在,他非常仔细地考察公卿大夫士们进行政治改革的情况,倾听他们的呼声,以便履行自己的诺言。再说,为了等候重用,每天都需要观察他的工作实效。这样一来,他能不时刻注意自己的行动吗?

  学士谢公等人与他是同乡,而且是同时为官的,所以感情很好。大家在一起喝酒为吕君饯行,并说我应该讲几句。我在平时就很了解吕君的文章,学问和工作能力,早就相信他的品德和才学,所以以为他这次被提拔也是必然的。我知道在这个时候我说什么也丝毫不能增加什么。说他被提拔是一种荣耀吗?可他毕竟又不屑于为世俗所称道。赞扬他的美好声誉吗,告诉他我们对他怀着深切的期望吗?可这些名誉和厚望又是他本来就应该很符合的。而且这实际上也是各位来饮酒饯行的人对他的一份情意。所以我们共同为他写了这篇序文,作为临别的赠言。

庆吕素庵先生封知州序

  朝廷褒奖臣民的功德,常常在褒奖当事人的同时还要褒奖他们的父母,这本来就是根据人情事理所应该做的,这样做也是非常仁厚的。然而,按照过去的体制,在京城做官三年便可以

可幸而致。故京官之得推恩，非必其皆有奇绩异能者，苟得及乎三载，皆可以坐而有之。州县之职，非必其皆无奇绩异能，苟其人事之不齐，得于民矣，而不获乎上，信于己矣，而未孚于人，百有一不如式，则有司者，以例绳之，虽累方岳，欲推恩如某京官之三载者焉，不可得也。

夫父母之所以教养其子，而望其荣显夫我者，岂有异情哉？人子之所以报于其亲，以求乐其心志者，岂有异情哉？及其同为王臣，而其久近难易，相去悬绝如此，岂不益令人重内而轻外也。夫惟其难若此，其久若此，而后能有所成就，故其教子之荣，显亲之志，亦因之而有盛于彼，皆于此见焉。

浙之新昌有隐君子曰素庵吕公者，今刑部员外郎中原之父也。自幼有洁操，高其道，不肯为世用，优游烟壑，专意教其子，使之尽学夫修己治人之方；凡其所欲为而不及为

全部受到朝廷的褒奖，推恩封赏父母；而在州县做官，如果没有许多年的工作经历，没有上级的屡次表扬和推荐，是终身不可能幸运地获得朝廷的褒奖，推恩封赏父母。所以，京城的官员能得到朝廷的恩惠，不一定这些官员都有很大的功绩和很高的才能，只要工作满了三年，都可以轻易而获得朝廷的恩惠；州县的官员并不一定都没有大功和奇才，如果他没有关系，即使深得民心，也不会被上级提拔，即使他很相信自己的才干，也还是不能使人信服，百次有一次不符合标准，有关上级就会按照标准去衡量他，即使他的功劳累积起来像山一样高，可要想象京城的官员那样三年便能得到朝廷的恩德，也是不可能的。

不管是京城官员的父母还是州县官员的父母，他们之所以抚养和教育子女，都是希望子女能够使自己荣耀、显贵。这种感情难道有什么不同吗？作为做儿子的，不管是在京城做官还是在州县做官，都想报效父母的养育之恩，都想让父母为自己的成就感到高兴。这种感情难道有什么不同吗？都是皇上的臣子，可是获得皇上的恩典却如此悬殊，在京城做官三年就可以提升，在州县做官却遥遥无期，前者获得朝廷的恩惠是如此容易，后者却是如此艰难。这样下去，岂不是让人更加重内轻外吗？就因为在州县做官要获得提拔如此困难，如此遥遥无期，所以，日后如果能够有所成就，那么，其父母教养他的荣耀以及他尊显父母的大志，也会因为这一点而显得比在京城为官的人要难能可贵得多，荣耀得多。

浙江新昌有个隐士叫吕素庵，是当今刑部员外郎吕中原的父亲。吕素庵从小就有纯洁的操守，高尚的道德。可他不肯为世所用，而是优游于名山大川，专心致志地教养他的儿子，让他全心

者,皆一以付之曰:"吾不能有补于时,不可使吾子复为独善者。"学成,使之仕。

成化庚子,中原遂领乡荐,与家君实同登焉。甲辰举进士,出守石州,石故号难治。中原至,即除旧令之不便于民者,布教条为约束;以其素所习于家庭者,坐而治之。民皆靡然而从,翕然而起。士夫之腾于议者,部使之扬荐者,曰:"某廉吏,某勤吏,某才而有能,某贤而多智。"必皆于中原是归焉。有司奉旧典,推原中原厥绩所自,而公之所以训诲其子之功为大。天子下制褒扬,封公为奉直大夫,配某氏封宜人,以宠荣之。乡士夫皆曰:"子为京职,而能克享褒封者,于今皆尔,此不足甚异。公之教其子为其难,而独能易其获,此则不可以无贺。"

于是李君辈皆为诗歌而来属予言。予惟天下之事,其得之也不难,则其失之也必易;其积之也不久,则其发之也必不宏。今夫松柏之拂穹霄而击车轮也;其始盖亦必有蔽于蓬蒿,而厄于牛羊,以能有成立。

公之先世,自文惠公以来,相业吏治,世济其美,固宜食报于其后矣,而不食,以锺于公;公之道自足以显于时矣,

学习修己治人的方法。凡是他想做而没有做的事情，他都托付给他的儿子。他说："我不能为时代做点贡献，但不能让我的儿子也像我这样只行独善其身。"等他学成了，就让他去做官。

成化十六年，吕中原便接受了乡荐，和我的父亲实际上是同时为官的。成华二十年，吕中原考上了进士，出任石州郡守。石州过去是个有名的难治之郡。中原到任后，就废除了对百姓不利的政令，宣传新的规章制度以便管理。他用他平素在家里学得治国方略，轻松自如地治理石州。民众都很服从他，石州很快便发展起来。传递信息的士大夫，表扬和推荐他的部使都说："中原是个廉洁的官吏，中原是个勤政的官吏，中原既有才学又有能力，既贤德又有智慧。"想必这些人都归依于中原了。有关官员根据旧典认为，中原的成绩是自己争取的，而吕素庵先生教诲儿子的功劳也是很大的。天子下令褒扬，封吕素庵为奉直大夫，封他的夫人为宜人，以表示对他的宠幸。乡里的士人都说："儿子在京城做官，于今要获得褒奖和册封就容易多了。这全在于惯例如此，没有什么值得特别高兴的。而吕素庵公对于教育儿子这么难的事却能做得这么好，轻而易举地就获得了如此丰硕的教育成果，这是不能不特别庆贺的。"

于是，李君等人都作诗赋歌，并前来嘱咐我讲几句话。我认为天下的事情，得到什么并不难，但失去它却总是很容易；积累的时间不长，成就也不可能很大。松柏能够成为参天大树，能够制作车轮。可在开始的时候，它的树冠也曾被蓬蒿遮蔽，被牛羊损害。正因为经受了这一切，它才能成为有用之才。

吕公的先世，自文惠公以来，世代做官，济世有方，本来就应该有许多家业和粮财传给后代的。而吕公却没有这样。仅就

而不显以至于其子；且复根盘节错，而中为之处焉，乃有所获；是岂非所谓积之久，而得之难者欤？则其他日所发之宏大，其子之陟公卿，而树勋业，身享遐龄，以永天禄于无穷，盖未足以尽也。然而公之可贺者在此，而不专在于彼。某也敢赘言之。

贺监察御史姚应隆考绩推恩序

御史姚君应隆监察江西道之三年，冢宰考其绩有成，以最上。于是天子进君阶文林郎，遂下制封君父坡邻公如君之阶，君母某氏为孺人，及君之配某氏。于是僚友毕贺，谓某尤厚于君，属之致所以贺之意。

某曰："应隆之幼而学之也，坡邻公之所以望之者何？将不在于树功植名，以光大其门闾已乎？坡邻公之教之，而应隆之所以自期之者何？将不在于显扬其所生，以不负其所学已乎？然此亦甚难矣。铢铢而积之，皓首而无成者，加半焉。幸而有成，得及其富盛之年，以自奋于崇赫之地者几人？是几人者之中，方起而踬，半途而废，垂成而毁者，又往往有之。可不谓之难乎？应隆年二十一而歌《鹿鸣》于乡，明

这一点而论，吕公的高风亮节就足以显耀于世。可是吕公却一直不显示自己，直到他的儿子；加之官场复杂，盘根错节，经过艰苦的努力才有点收获，莫非这就是通常所说的长期积累？因此，他日所发之宏大是不可估量的。吕公的儿子做了公卿，建立功勋。他现在可以幸福长寿，永远享受上天的福禄了。而且，从趋势上看，这种福禄是无穷无尽的。吕公值得庆贺的也在于此，而不专在于高官厚禄。我斗胆啰唆这么多，以表示恭贺。

贺监察御史姚应隆考绩推恩序

　　御史姚应隆在江西道监察任上已满三年，吏部尚书察验他治理地方政绩有成，考核结束后，以最上等的名次上报朝廷。于是天子就把姚君的官阶进升到文林郎，同时颁发制书赠封姚君之父坡邻公和姚君一样的文林郎官衔，姚君之母某氏以及姚君之原配妻子某氏则封为孺人。于是同僚和朋友全都向姚君庆贺，并且说我和姚君交情尤为深厚，就嘱咐我向姚君致上他们的庆贺之意。

　　我说道："应隆自幼读书，坡邻公对他的期望是怎样的呢？不就是在于建功立名，以光大他们家族的门楣吗？坡邻公教导他，而应隆自我期许是怎样的呢？不就是在于名闻天下，以不负平生所学吗？然而这也是很难做到啊。学识一点点累积，白发苍苍而一事无成的人，一半有多。侥幸而有所成就，得以在精力旺盛的年纪，以自我奋勉于高贵显赫的地位的又有几人？但是，在这几人之中，刚刚起步就跌倒，从而半途而废，功败垂成的，这种情况往往又会发生。可以不说这是很难吗？应隆年仅

年，遂举进士，由郎官陟司天子耳目。谓非富盛之年以自奋于崇赫之地不可也。英声发于新喻，休光著于沛邑，而风裁振于朝署，三年之闲，遂得以成绩被天子之宠光于其父母。谓非树功植名以光大其门闾而显扬其所生，不可也。坡邻之所望，应隆之所自期，于今日而两有不负焉。某也请以是为贺。虽然，君子之成身也，不惟其外，惟其中；其事亲也，不惟其文，惟其实。应隆之所以自奋于崇赫之地者，果足以树身植名而成其身已乎？外焉而已耳。应隆之所以被宠光于其父母者，果足以为显扬其所生而为事亲之实已乎？文焉而已耳。夫子曰：'成身有道。不明乎善，不成其身矣。'斯之为中。'悦亲有道。反身不诚，不悦于亲矣。'斯之谓实。应隆内明而外通，动以古之豪杰自标准。其忠孝大节，皆其素所积蓄。虽隐而不扬，其所以成身而事亲者自若也。况其外与文者，又两尽焉，斯其不益足贺乎？"

送绍兴佟太守序

成化辛丑，予来京师，居长安西街。久之，文选郎佟公实来与之邻。其貌頫然以秀，其气熙然以和，介而不绝物，

二十一岁，就在家乡吟诵《诗经·鹿鸣》，第二年，就高中进士，由郎官成为天子身边的侍从官，代天子视听。这可以说是还没有到精力旺盛的年纪就自我奋勉达到了高贵显赫的地位。英名在新喻显现，勋业在沛县闻名，而风采则是在朝堂兴起，三年的从容任职，于是得以做出成绩被天子赐予宠光而恩泽到他父母。这要说他没有建功立名以光大他们家族的门楣而闻名天下，是不可以的事。坡邻公所期望的，应隆自我期许的，终于在今日完成而两者都没有辜负。我请求以此作为一件值得庆贺的事。即使这样，君子的修身养性，不在外部，而是在内部；君子侍奉双亲，不在虚文，而是在实质。应隆自我奋勉达到高贵显赫地位的，果能足以让他建功立名而修身养性吗？这只是外部得到实现而已。应隆得以获得天子的宠光而恩泽他父母的，果能足以作为他闻名天下而成为侍奉父母的实质吗？这也只是虚文而已。孔子说：'成身有道。不明乎善，不成其身矣。'这就是所谓的"中"。'悦亲有道。反身不诚，不悦于亲矣。'这就是所谓的"实"。应隆内明于心而外通天地，动辄以古代豪杰人物作为自我衡量事物的准则。他的忠孝大节，都是平生所积累而成。虽然内隐而不外扬，但是他却能够在修身和侍奉双亲之间都能处之泰然。况且他对那些外部和虚文又能两者兼顾，这不更加说明这是一件值得庆贺的事吗？"

送绍兴佟太守序

成化十七年，我来到京城，住在长安西街。过了很久，文选郎佟公也搬来了，我便和他成了邻居。他相貌清秀，态度温和，

宽而有分剂。予尝私语人，以为此真廊庙器也。既而以他事外补，不相见者数年。

弘治癸丑，公为贰守于苏。苏大郡，繁而尚侈，机巧而多伪。公至，移侈以朴，消伪以诚，勤于职务，日夜不懈。时予趋京，见苏之士夫，与其民之称颂之也。于是始知公之不独有其德器，又能循循吏职。甲寅移守嘉兴，嘉兴财赋之地，民苦于兼并，俗残于武断。公大锄强梗，剪其芜蔓，起嘉良而植之。予见嘉之民，欢趋鼓舞，及其士夫之钦崇之也。于是又知公有刚明果决之才，不独能循循吏事。乃叹其不可测识固如此。

今年，吾郡太守缺。吾郡繁丽不及苏，而敦朴或过；财赋不若嘉，而淳善则逾，是亦论之通于吴越之间者。然而迩年以来，习与时异，无苏之繁丽，而亦或有其糜；无嘉之财赋，而亦或效其强。每与士大夫论，辄叹息兴怀。以为安得如昔之化苏人者而化之乎？安得如昔之变嘉民者而变之乎？方思公之不可得，而公适以起服来朝；又惧吾郡之不能有公也，而天子适以为守。士大夫动容相贺，以为人所祝愿而天必从之意者，郡民之福，亦未艾也。

做事情很严格却不死板，待人随和却很有分寸。我曾经私下里对人说，他确实是一个辅弼朝廷的人才。后来，他因为别的事情抽调到外地去了，我和他也有好几年没有见面了。

弘治六年，他任苏州同知，苏州是个大郡，物产丰富，但奢侈成风；那里的人精明伶俐，但很多人弄虚作假。他到了苏州之后，消除奢侈，代之以俭朴；克服虚伪，代之以诚实。他日夜操劳，勤于公事，从不懈怠。当时我正要到京城去，见苏州的士大夫和当地的百姓赞颂他。这才知道他不光有良好的品德，还能有条不紊地从事政治。弘治七年，他又被调到嘉兴做知府。嘉兴是个经济发达的地方，但是当地的老百姓却因为各种各样的搜刮、兼并，日子过得很苦，当地的风俗也因为官府的横加干涉而残破不全。佟公上任后，清除各种横行霸道的势力，惩治各种流氓犯罪，大力扶植各种正气。我见嘉兴的老百姓都为此欢欣鼓舞。那里的士大夫们也非常钦佩和崇敬他。于是我又知道了他还有刚明果决的才干，而不只会有条不紊地做好官吏的工作。我于是对他如此深沉不可蠡测而慨叹不已。

今年我们绍兴府缺知府。我们绍兴不及苏州繁荣，却比苏州的民风敦厚、朴实；财富比不上嘉兴，可百姓比嘉兴的百姓淳厚、善良；这种说法在吴越一带也很流行。然而，最近几年来，习俗也随着时代而发生了变化。虽然没有苏州那么繁荣，可有些人却染上了苏州人的奢靡之风；财富不如嘉兴，可有些人还是仿效嘉兴人的霸道。每次同士大夫谈起这种状况，就叹息、忧虑。我们总在想，什么时候能得到一个有才能的人，能够像从前教化苏州人一样教化我们绍兴的人呢？什么时候能得到一个有才干的人，能够像从前改变嘉兴百姓那样改变我们绍兴的百姓

公且行,相与举杯酒,为八邑之民庆,又不能无惧也。公本廊庙之器,出居于外者十余年,其为苏与嘉,京师之士,论既已惜其归之太徐;其为吾郡,能几月日?且天子之意,与其福一郡,孰与福天下之大也。虽然,公之去苏与嘉,亦且数年,德泽之流,今未替也。公虽不久于吾郡矣,如其不得公也,则如之何?

送张侯宗鲁考最还治绍兴序

胶州张侯宗鲁之节推吾郡也,中清而外慎,宽持而肃行,大获于上下,以平其政刑,三载而绩成;是为弘治十三年,将上最天曹。吾父老闻侯之有行也,皆出自若耶山谷间,送于钱清江上。侯曰:"父老休矣!吾无德政相及,徒勤父老,吾惧且怍;父老休矣!吾无以堪也。"父老曰:"明府知斯水之所以为钱清者乎?昔汉刘公之去吾郡也,吾侪小人之先,亦皆出送,各有所赠献。刘公不忍违先民之意,乃人取

呢？正在想这样的人实在难得的时候，佟公刚好服满丧期而起用来到朝廷。我又担心我们绍兴不能有佟公这样的能人，可天子正好要任命他为绍兴知府。士大夫们于是热烈庆贺，以为人们所祝愿的事情，上天一定会成全的；郡民的福祉也就不会停止了。

佟公就要动身去我们绍兴上任了，大家于是都互相举起酒杯，为绍兴八个属县的百姓而庆贺。又不能没有一点担忧。佟公是辅弼朝廷做大事的人才，出居于千里之外已经十几年了。他到苏州与嘉兴做官，京城之士舆论早就惋惜他回去太慢了。他到我们绍兴又能做到几个月呢？况且天子的意思就是，与其让他去造福于一郡，还不如让他造福于天下。尽管如此，佟公离开苏州和嘉兴也有好几年了，可他留给这两个地区的德泽，至今还没有人能够代替。从这点来看，佟公即使在绍兴工作不了很长时间，也总比没有他要好得多啊！没有他，我们绍兴又能怎么样呢？

送张侯宗鲁考最还治绍兴序

胶州的长官张宗鲁，其节操在我们绍兴里已广为人知了。他清廉而谨慎，宽厚而又严肃，深受上下的拥戴，他从事行政和司法工作，三年时间便取得了巨大的成绩。弘治十三年，他要到京城的吏部接受考核。我们绍兴的父老听说长官要走，纷纷从若耶的山谷间出来为他送行，送到钱清江边。张侯说："父老不要再送了！我在这里还谈不上有什么贤德的政绩，只是辛苦了各位父老，我感到十分惭愧；父老就不要送了吧！我感到难以承受这样的盛情。"父老说："明府可知道这条河为什么叫钱清江

一钱,已而投之斯水,因以名焉,所以无忘刘公之清德,且以志吾先民之事。刘公其勤如此也,今明府之行,吾侪小人限于法制,既不敢妄有所赠献,又不获奔走服役致其惓惓之怀,其如先民何?"

固辞不可,复行数十里,始去。三月中旬,侯至于京师,天曹以最上,明日遂驾以行。乡先生之仕于朝者闻之,皆出饯;且邀止之曰:"侯之远来,亦既劳止,适有司之不暇,是以未能羞一觞于从者,是向行之速耶?"侯俯而谢,复止之曰:"侯之劳于吾郡三年有余。今者行数千里,无非为吾民,其勤且劬也,事既竣矣。吾党不得相与为一日之从容,其如吾民何?"侯谢而起。

守仁趋而进曰:"诸先生毋为从者淹,侯之急于行也,守仁则知之矣。"佥曰:"谓何?"曰:"昔者汉郭伋之行部也,与诸童为归期。及归而先一日,遂止于野亭,须期乃入,曰:'惧违信于诸儿也。'吾闻侯之来也,乡父老与侯为归期矣。而复濡迟于此,以徇一朝之乐,隳其所以期父老者,此侯之所惧,而有不容已于急行也。毋为侯淹!"

吗？从前，汉朝的刘公离开我们绍兴的时候，我们这些普通百姓的先人都出来为他送行，每个人都赠献了礼物。刘公不忍心违背先人的心意，便从每人身上收取一文钱，然后投入这条江。这条江因此而得名为钱清江，以便不忘刘公清廉的品德，并且记录下先民送他的这件事。刘公走的时候，先人们都送了，如今明府要走，我们这些普通老百姓限于法制，既不敢胡乱赠献礼物，又不能一直跟在您身边为您效劳，以表达我们的拳拳之心。这哪里比得上我们的先民啊！"

张侯百般推辞还是不行，大家和他一起又走了数十里，才离开。三月中旬，张侯到达京城，吏部以考绩最上等给了他，第二天便驾车而行，我们一些在朝廷做官的绍兴籍先生听说后，都出来给他饯行，邀他停下来，说："你远道而来，也已经够辛苦了，恰巧有关人员没有空闲，所以未能给随从人员献上一杯酒，您的行止为什么这样快啊？"张侯俯下身来表示感谢，大家又劝阻他说："您在我们绍兴里操劳了三年多，如今又行了几千里的路，无非是为了黎民百姓，您确实辛苦了，您要办的事都已办妥了。我们这些来自绍兴的人如果不能陪您轻松一天，怎么向家乡的父老乡亲交代呢？"张侯站起来表示感谢。

守仁快步走上前去说："诸位先生不要耽误了随从人员的行程。张侯急于要走，守仁能够理解。"众人说："你这是什么意思？"守仁说："从前，汉朝的郭伋的行部，与各位书童都约好了回来的日期。回来的时候却提前了一天，于是便在野外的亭子里停留了一天，一定要等约定的日期到了才进城，他说：'我怕失信于各位书童。'我听说张侯这次来，家乡的父老与他也约好了归期。如果我们再这样延迟他的行程以求一日的快乐，我们就会

侯起拜曰:"正学非敢及此,然敢不求承吾子之教。"

送方寿卿广东佥宪序

士大夫之仕于京者,其繁剧难为,惟部属为甚。而部属之中,惟刑曹司狱讼,朝夕恒窘于簿书案牍,口决耳辩,目证心求,身不暂离于公座,而手不停挥于铅椠,盖部属之尤甚者也。而刑曹十有三司之中,惟云南以职在京畿,广东以事当权贵,其剧且难,尤有甚于诸司者。

若是而得以行其志,无愧其职焉,则固有志者之所愿为,而多才者之所欲成也;然而纷揉杂沓之中,又从而拂抑之,牵制之。言未出于口,而辱已加于身;事未解于倒悬,而机已发于陷阱;议者以为处此而能不挠于理法,不罹于祸败,则天下无复难为之事,是固然矣。

然吾以为一有惕于祸败,则理法未免有时而或挠;苟惟理法之求伸,而欲不必罹于祸败,吾恐圣人以下,或有所不

毁坏他同家乡父老的相约。张侯是怕失信于我们的家乡父老，才这样急于赶路。不要延缓了张侯的归期！"

张侯起身拜谢说："正学我不敢说自己这样看重与父老的相约，然而我敢不听取先生您的教导吗？"

送方寿卿广东佥宪序

士大夫在京城做官，工作最为繁杂难做的恐怕要算部属了；而部属之中，恐怕刑曹中主管司法案件的官吏又是最难做的。他们每天都要与各种法律、法令和各种案件打交道；早晚都要对各种材料、案件纪录感到为难。他们既要不断地决断又要不断地听取各种申诉或辩解；既要用眼睛观察又要用心去揣摩，身体一刻也不能离开办公的座位，手要不停地挥动铅椠。刑曹十三司的官吏中，云南和广东在京城工作的人，他们的工作又比其他的官吏更繁杂难做。

只有这样才能履行自己的志向，才能无愧于自己的职务，所以这样的工作只有那些有志气的人才愿意干，只有那些多才多艺的人才想在这方面有所成就。然而，这类工作在复杂烦琐中还会有各种意想不到的牵制和干扰。话还没有说出口，就会招致污辱；事情还没有解决，就有人设好了陷阱要坑害你；议论的人以为只要他不透露实情就能够躲过理法的追究，就可以不遭到打击和失败。所以说，天下的事情没有比这类事情更难做的了，实际情况就是这样。

然而，我认为只要人们害怕遭遇灾祸和失败，就会难免有入干扰法律的正常执行；如果既想维护法律的尊严，为民伸张

能也。讼之大者莫过于人命，恶之极者无甚于盗贼；朝廷不忍一民冒极恶之名，而无辜以死也，是俗之论皆然；而寿卿独以金事为乐，此其间夫亦容有所未安？是以宁处其薄与淹者，以求免于过愿欤？夫知其不安而不处，过愿之惧而淹薄是耳焉，是古君子之心也。吾于寿卿之行，请以此为赠。

提牢厅壁题名记

京师天下狱讼之所归也。天下之狱，分听于刑部之十三司；而十三司之狱，又并系于提牢厅；故提牢厅，天下之狱皆在焉。狱之系，岁以万计，朝则皆自提牢厅而出，以分布于十三司。提牢者，目识其状貌，手披其姓名，口询耳听，鱼贯而前，自辰及午而始毕；暮自十三司而归，自未及酉，其勤亦如之，固天下之至繁也。

其间狱之已成者，分为六监。其轻若重而未成者，又自为六监。其桎梏之缓急，扃钥之启闭，寒暑早夜之异防，饥渴疾病之殊养，其微至于箕帚刀锥，其贱至于涤垢除下。虽各司于六监之吏，而提牢者一不与知，即弊兴害作。执法者

正义，又想一定不遭遇一点灾祸或失败，圣人以下很少有人能够做到。最大的案件莫过于人命案，最坏的恶行莫过于偷盗和抢劫；朝廷不忍心看见任何一个人冒极恶之名而无辜地被处死。这一点就是世俗的议论也都是这么看的。而方寿卿却偏偏以金事为乐，其中该有多少令人不安的事情需要他去承受啊！他这样做是不是想通过宁静地处理这些烦琐的事，以便免于各种过错和恶念呢？知道什么是叫人良心不安的事情，从而知道不去做这样的事情，害怕过错和作恶就是一种表现，这就是古代君子的心啊。我在寿卿要前往赴任的时候，谨以这些话作为临别赠言。

提牢厅壁题名记

天下的案件最终都要送到京城。天下的案件由刑部的十三个部门负责审理，而这十三个部门的人犯最终又要送到提牢厅，所以天下的案件都集中在提牢厅。每年送到提牢厅的人犯数以万计。每天早上各种人犯都从提牢厅送出，分布给刑部十三个部门，提牢的人，眼睛看着状纸，手翻阅着姓名，口问耳听，鱼贯而出，从辰时到午时络绎不绝；每天黄昏，这些人犯又从十三个部门回到提牢厅，从未时到酉时，有关人员一直要忙个不停，这确实是天下最烦琐的事情。

其间，已经判决的案件又分成六监；那些尚未处理的轻重案件又自成六监；犯人的枷锁是锁紧点还是锁松点，监狱的门锁是开还是关，寒暑早晚的防守，饥渴疾病的特殊照料，工作之细，细到了箕帚刀锥之类的东西都要过问，工作之贱，贱到洗

得以议拟于其后，又天下之至猥也。

狱之重者入于死，其次亦皆徒流。夫以共工之罪恶，而舜姑以流之于幽州。则夫拘击于此，而其情之苟有未得者，又可以轻弃之于死地哉。是以虽其至繁至猥，而其势有不容于不身亲之者。是盖天下之至重也。旧制，提牢月更主事一人。至是弘治庚申之十月，而予适来当事；夫予天下之至拙也，其平居无恙，一遇纷扰，且支离厌倦，不能酬酢；况兹多病之余，疲顿憔悴，又其平生至不可强之日。而每岁决狱皆以十月下旬，人怀疑惧，多亦变故不测之虞，则又至不可为之时也。

夫其天下之至繁也，至猥也，至重也；而又适当天下至拙之人，值其至不可强之日，与其至不可为之时，是亦岂非天下之至难也？以予之难，不敢忘昔之治于此者，将求私淑之，而厅壁旧无题名，搜诸故牒，则存者仅百一耳；大惧泯没，使昔人之善恶，无所考征，而后来者益以畏难苟且，莫有所观感。于是乃悉取而书之厅壁，虽其既亡者不可复追；而将来者尚无穷已，则后贤犹将有可别择，以为从违；而其间苟有天下之至拙如予者，亦得以取法明善，而免过愆，将

涤污垢，清除类便之类的事都要做。虽然刑部各部门在六监里都派驻了官吏，但是只要提牢厅官员一天不来过问，就会出现各种舞弊和坏事，执法的人就能够在背后另搞一套，所以这里又是天下最卑鄙的地方。

犯罪严重的要处死，次之就流放。舜根据共工所犯的罪行，虞舜暂且将他流放到幽州。如果将共工拘禁在这里，不等案情审理清楚，他就可能被轻易地处死。虽然提牢厅是个最繁忙、最卑鄙的地方，但是这种情况不亲身去体验还不容易为人所知。因而这里又是天下最重要的地方。按照过去的制度，提牢厅每个月都要更换一名主事。到了弘治十三年十月，我到这里来主事。我是天下最笨的人，平平静静地住着时还没有感到不舒服，一旦遇到纷扰，便感到支离厌倦，不能应酬了。而且，除了身体多病以外，我的精神又颇感疲顿憔悴，可以说是我平生最不振作的时候。每年裁决案件都在十月下旬，心里总是感到困惑，加上常常会有各种变故和意想不到的欺诈，所以这个时候也是我最难办事的时候。

提牢厅的工作是天下最烦琐、最卑贱、又最重要的工作，偏偏在这里主事的我又是一个最笨拙的人。处在这样一个很不振作、很难办事的时候，这难道不是天下最难的事情吗？从我的难处推想古人，我不敢忘记古人在这里工作时的情况，想了解一下古人洁身自好的情况。可提案厅的墙壁上却没有任何记载，搜出过去的书籍，留下来的记载也不过百分之一。我很担心提牢厅的情况久而久之不为人知，使得古人的善恶无法考证，而后来的人也会因此畏惧困难，苟且敷衍，没有什么见闻和感想。于是，我便把所有的记载都找出来，并把它们写在提案厅

不为无小补；然后知予之所以为此者，固亦推已及物之至情，自有不容于已也矣。弘治庚申十月望。

重修提牢厅司狱司记

弘治庚申七月，重修提牢厅工毕；又两越月而司狱司成；于是余姚王守仁适以次来提督狱事。六监之吏皆来言曰："惟兹厅若司，建自正统，破敝倾圮，且二十年。其卑浅隘陋，则草创之制，无尤焉矣。是亦岂惟无以凛观瞻，而严法制；将治事者，风雨霜雪之不免，又何暇于职务之举，而奸细之防哉？然兹部之制，修废补政，有主事一人，以专其事；又坏不理，吾侪小人，无得而知之者；独惟拓隘以广，易朽以坚，则自吾刘公实始有是。吾侪目睹其成，而身享其逸，刘公之功，不敢忘也。"

又曰："六监之囚其罪大恶极，何所不有；作孽造奸，吏数逢其殃，而民徒益其死，独禁防之不密哉？亦其间容有

的墙壁上。即使那些已经死去的人不可能再追究了，但将来的人还是无穷无尽的，这样后来的贤人就还可以找到一些判别、选择的依据。其中如果有像我这样笨拙的人，也能够据此理解法律，明白善恶，这对于避免过失和罪过，将会有点帮助的。这样，他们也就知道我之所以要在墙壁上写这些东西，是因为我本来也是推己及物，发现了事物的根本规律之后，有许多无法容纳在心里的话想要写出来。弘治十三年十月十五日

重修提牢厅司狱司记

弘治十三年七月，重修提牢厅的工程已经完毕；又过了两个月司狱司也建成了。接着，余姚人王守仁刚好前来提取犯人，监督案件的审理工作。六监的官吏都来对我说："这个提牢厅和司狱司，建于正统年间，早已破敝倾圮，二十年来，一直是这么寒酸、简陋，以至于许多工作无法在这里进行，这又何止是看起来不美观？这又如何能树立法制的威严呢？在这里工作的人，风雨霜雪都无法避免，又哪来时间干本职工作，防范坏人坏事呢？然而，刑部下令，对提牢厅进行整改和维修，还专门安排了一个主事负责这项工作，可是提牢厅又坏了却无人理睬。我们这些平凡小辈，不知道那是为什么。至于把狭小的房间扩充成大房间，把腐朽的材料改换成坚硬的材料，还是我们的刘公才真正干起这项工作的。我们这些人目睹了这项工程的完成，享受了它带给我们的安逸，刘公的功劳，我们是不敢忘记的。"

他们又说："六监的囚犯罪大恶极，作孽造奸，无恶不作，官吏多次遭到他们的侵害，百姓白白地被他们打死，这难道只

以生其心。自吾刘公,始出己意,创为木闲,令不苛而密,奸不弭而消,桎梏可弛,缧绁可无,吾侪得以安枕无事,而囚亦或免于法外之诛,则刘公之功,于是为大。小人事微而谋窒,无能为也,敢以布于执事,实重图之。"

于是守仁既无以御其情,又与刘公为同僚,嫌于私相美誉也;乃谓之曰:"吾为尔记尔所言,书刘公之名姓,使承刘公之后者,益修刘公之职;继尔辈而居此者,亦无忘刘公之功,则于尔心其亦已矣。"皆应曰:"是小人之愿也。"

遂记之曰:"刘君名琔字廷美,江西鄱阳人也。由弘治癸丑进士,今为刑部四川司主事云。弘治庚申十月十九日。"

黄楼夜涛赋

朱君朝章将复黄楼,为子言其故。夜泊彭城之下,子瞻呼予曰:"吾将与子听黄楼之夜涛乎?"觉则梦也。感子瞻之事,作《黄楼夜涛赋》。

子瞻与客宴于黄楼之上,已而客散日夕,暝色横楼,明月未出,乃隐几而坐,嗒焉以息。忽有大声起于穹隆,徐而

是因为防范不周密吗？其中也有姑息迁就的原因。从我们的刘公开始，情况才有所好转。他别出心裁，创造性地把砖瓦房改成木栅栏。他的命令不苛刻却很严密，坏人自行消失了。犯人的枷锁可以松开了，捆绑犯人的绳索也可以不要了。我们这些人可以安枕无事，而且犯人也可以免除非法的审讯和处死。从这些可以看出，刘公的功劳是很大的。我们这些小辈地位卑微，才疏学浅，做不了什么大事，之所以敢于把这些情况告诉执事大人，实际上是希望这些情况能受到重视。"

于是，守仁无法抗拒他们对刘公的盛情，可由于刘公和我是同僚，我怕引起别人认为我们是私下互相吹捧的嫌疑，只好对他们说："我替你们记下你们所说的话，写上刘公的姓名，使刘公的后继者更好地干好这项工作，使继你们之后来此工作的人，也不忘刘公的功绩，这样就可以满足你们的心意了。"他们都回应说："这是我们的心愿。"

于是，我记述道："刘君，名琏，字廷。江西鄱阳人。由弘治六年高中进士，如今为刑部四川司主事。弘治十三年十月十九日。

黄楼夜涛赋

朱朝章将要修复黄楼，我为他讲述黄楼的典故。夜里停泊在彭城下面，苏轼（字子瞻）喊我："我想和您一起去听黄楼的夜涛，好吗？"醒来却发现原来是一场梦。我有感于梦见子瞻的这件事，于是作《黄楼夜涛赋》。

子瞻与客人在黄楼上宴饮，不久客人都走了，太阳也落山了，黄楼周围暮色苍茫，明月还没有出来，我们便收拾好桌几，

察之，乃在西山之麓；倏焉改听，又似夹河之曲；或隐或隆，若断若逢，若揖让而乐进，歘掀舞以相雄，触孤愤于崖石，驾逸气于长风；尔乃乍阖复辟，既横且纵，㧒㧒渢渢，汹汹瀜瀜，若风雨骤至，林壑崩奔，振长平之屋瓦，舞泰山之乔松，咽悲吟于下浦，激高响于遥空，恍不知其所止，而忽已过于吕梁之东矣。

子瞻曰："噫嘻，异哉！是何声之壮且悲也？其乌江之兵，散而东下，感帐中之悲歌，慷慨激烈，吞声饮泣，怒战未已，愤气决臆，倒戈曳戟，纷纷籍籍，狂奔疾走，呼号相及，而复会于彭城之侧者乎？其赤帝之子，威加海内，思归故乡，千乘万骑，雾奔云从，车辙轰霆，旌旗蔽空，击万夫之鼓，撞千石之钟，唱《大风》之歌，按节翱翔而将返于沛宫者乎？"于是慨然长噫，欠伸起立，使童子启户凭栏而望之，则烟光已散，河影垂虹，帆樯泊于洲渚，夜气起于郊坰，而明月固已出于芒砀之峰矣。

子瞻曰："噫嘻！予固疑其为涛声也。夫风水之遭于濒洞之滨，而为是也。兹非南郭子綦之所谓天籁者乎？而其谁倡之乎？其谁和之乎？其谁听之乎？当其滔天浴日，湮谷崩山，横奔四溃，茫然东翻，以与吾城之争于尺寸间也。吾方计穷力屈，气索神怠，懔孤城之岌岌，觊须臾之未坏，山颓于目懵，霆击于耳聩，而岂复知所谓天籁者乎？及其水退城完，河流就道，脱鱼腹而出涂泥，乃与二三子徘徊兹楼之

坐着小憩。忽然,天空传来巨大的响声,我们慢慢地在西山脚下查找声音的出处。过了一会儿,我们再听,又像是河水游荡的声音,或隐或隆,若断若续,像揖让时的歌吟,像和着强有力的音乐起舞,像在崖石上触发出的孤愤,像在长风里驾驭着逸气;很快,云气顿开,前后左右都是拟拟汲汲,汹汹瀸瀸的声音,像风雨聚至,林壑崩奔,振动了长平的屋瓦,舞动了泰山的高松,像从下浦传出的呜咽和悲吟,像从高空传来的巨大响声,恍然间这声音便不知不觉地停了,我们也不知不觉过了吕梁之东。

子瞻说:"啊,太奇异了!是什么声音这样悲壮?是乌江的军队散而东下,在营帐里感叹悲歌,慷慨激烈,吞声饮泣,对战争不停表示愤怒,咒骂泄愤,倒戈曳枪,狂奔疾走,呼号相及,而重新会合于彭城之侧吗?是赤帝的儿子,威震海内,思归故乡,千乘万骑,雾奔云从,车轮轰轰,旌旗蔽空,击万夫之鼓,撞千石之钟,唱着《大风》歌,踏着歌声的节奏返回到沛宫吗?"我们于是慨然长叹,欠身起立,让书童打开门,凭栏而望,黄楼外面,烟光已散,河流上空悬挂着彩虹,河洲岸边停泊着很多船只,帆布和桅杆静立于暮气之中,而明月也已经从芒砀的山峰升起来了。

子瞻说:"我本来就怀疑这可能是涛声。在浩渺无际的水面风与水相互激荡,与河岸相撞便发出声音。这不是南郭子綦所说的天籁吗?是谁最先这样称呼的呢?是谁跟着这样称呼呢?是谁在听这种声音呢?当河水滔天浴日,湮谷崩山,横奔四溃,茫茫无际地向东翻滚而去的时候,真像是在我们的彭城争夺土地。这个时候,我精疲力竭,感到孤城岌岌可危,希望它一点也没有被洪涛冲坏,看着荒秃的群山,听着雷霆船的声音,我

上,而听之也;然后见其汪洋涵浴,潏潏汨汨,澎湃掀簸,震荡泽渤,吁者为竽,喷者为篪,作止疾徐,钟磬祝敔,奏文以始,乱武以居,呹者嗝者,嚣者噪者,翕而同者,绎而从者,而啁啁者,而嘐嘐者,盖吾俯而听之,则若奏《箫咸》于洞庭;仰而闻焉,又若张钧天于广野,是盖有无之相激,其殆造物者将以写千古之不平,而用以荡吾胸中之壹郁者乎?而吾亦胡为而不乐也?"

客曰:"子瞻之言过矣。方其奔腾漂荡,而以厄子之孤城也,固有莫之为而为者,而岂水之能为之乎?及其安流顺道,风水相激而为是天籁也,亦有莫之为而为者,而岂水之能为之乎?夫水亦何心之有哉?而子乃欲据其所有者以为欢,而追其既往者以为戚,是岂达人之大观,将不得为上士之妙识矣。"

子瞻嚯然而笑曰:"客之言是也。"乃作歌曰:"涛之兴兮吾闻其声兮;涛之息兮吾泯其迹兮;吾将乘一气以游于鸿蒙兮,夫孰知其所极兮?"弘治甲子七月书于百步洪之养浩轩。

来雨山雪图赋

昔年大雪会稽山,我时放迹游其间,岩岫皆失色,崖

又怎么能知道所谓天籁呢？等到洪水退去，彭城被保全，河水都顺着河道流泻，清除了淤泥，便与两三位先生徘徊于这座黄楼之上，听听涛声，看看汪洋涵浴，滴滴汩汩，澎湃掀簸，震荡往复，奔涌的声音像等，像籧，动静快慢，如钟磬祝敔，河水开始的时候很平静，其后便乱作一团，发出呦嚆嚚噑，聚合一样的声响，之后的声音连绵不绝。那些喁喁嘭嘭的种种声音，我俯下身子仔细地听，就像是有许许多多的《箫咸》奏于洞庭湖上；仰起头听，又像是广野的雷声，这大概是有与无互相激荡，造物者想以此来抒发千古的不平，并用它来抒发我胸中的悒郁之情吧？我为什么不为此感到高兴呢？"

客人说："子瞻的话有些过头了。刚才洪水奔腾漂荡，是为了使你的孤城受难，本来就有不为而为的东西，可是难道是水能够做到的吗？等到河水舒缓平稳而依照水道流动，风和水相互激荡才成为天籁之音，也有不能做而做出的，难道水可以自行做出这种美妙的声音吗？水也哪里有心呢？而你想以自己所拥有的为欢乐，追思流逝了的东西就感到悲伤，这是不能够达到人生的大观的，将不可能成为高境界的人的妙识的。"

子瞻笑着说："你说的话是对的。"于是作歌如下："浪涛勃兴，我听其声；浪涛平息，我泯其迹；我将秉一气，遨游于鸿蒙，谁知道它的边际？"弘治十七年七月写于离洪水只有百步距离的养浩轩。

来雨山雪图赋

去年大雪封了会稽山，我正好闲游于其间，岩岫皆着色，崖

壑俱改颜；历高林兮入深峦，银幢宝纛森围圜，长矛利戟白齿齿，骇心栗胆如穿虎豹之重关；涧溪埋没不可辨，长松之杪，修竹之下，时闻寒溜声潺潺。沓嶂连天，凝华积铅，嵯峨崭削，浩荡无颠，嶙峋眩耀势欲倒，溪回路转，忽然当之，却立仰视不敢前。

　　嵌窦飞瀑，忽然中泻，冰磴峻嶒，上通天罅；枯藤古葛，倚岩嗽而高挂，如瘦蛟老螭之蟠纠，蜕皮换骨而将化；举手攀缘足未定，鳞甲纷纷而乱下。侧足登龙虹，倾耳俯听寒籁之飕飕，陆风踜蹬，直际缥缈，恍惚最高之上头。乃是仙都玉京，中有上帝邀游之三十六瑶宫，傍有玉妃舞婆娑十二层之琼楼，下隔人世知几许？直境倒照见毛发，凡骨高寒难久留。

　　划然长啸，天花坠空，素屏缟障坐不厌，琪林珠树窥玲珑，白鹿来饮涧，骑之下千峰，寡猿怨鹤时一叫，仿佛深谷之底呼其侣，苍茫之外争行蠛阵排天风；鉴湖万顷寒蒙蒙，双袖拂开湖上云，照我须眉忽然皓白成衰翁。手掬湖水洗双眼，回看群山万朵玉芙蓉，草团蒲帐青莎篷，浩歌夜宿湖水东，梦魂清澈不得寐，乾坤俯仰真在冰壶中。

壑俱改颜；经过高高的山林，进入深深的山峦，房屋和森林一片洁白，像雪白的长矛利戟围了一圈，我心惊胆战如穿虎豹出没的重关；涧溪被雪埋没而无法分辨，长松之杪和修竹之下，寒风呼啸，溜声潺潺。重峦叠嶂，绵延接天，凝华积铅，嵯峨崭削，浩荡无颠，奇形怪状的岩石令人头晕目眩，好像要倒塌下来似的，沿着溪涧辗转而行，忽然走到这样的岩石下，停下脚步，抬头一看，不敢继续往前。

瀑布从冰磴峻的山岩壁飞泻而下，仿佛是从天的裂缝出来的；枯藤古葛，倚傍着岩壁高挂着，如瘦蛟老螭在这里蜕皮换骨，准备成仙；举手攀缘，脚还没站稳，雪团便像鳞甲一样纷纷乱下。侧着脚踩在枯藤上，倾耳俯听，满耳都是飕飕的寒籁。顺着枯藤往上看，发现它一直通入虚无缥缈的天际，恍恍惚惚间觉得最高的上头就是仙都玉京，那里，上帝在三十六座瑶宫间遨游，旁边有玉妃在十二层琼楼上翩翩起舞，这一切下面的世人知道多少？与这种仙境相比，我忽然发现了自己的毛发，觉得这种高寒的境地是我这个凡夫俗子难以久留的。

听得划然一声长啸，雪花从空中坠落下来，在这雪白的"屏风"边实在是久坐不厌，玉树琼枝，玲珑剔透，一只白鹿来到涧边饮水，我骑着它下山，偶尔听见一两声猿啼鹤叫，仿佛它们在深谷底下呼唤自己的伴侣，苍茫之外争着排除天风；镜湖万顷，寒水潆漾一片，双手拂开湖上的云，在湖面上照照我的须眉，发现自己忽然间头发全白了，成了一个衰朽的老头。手捧湖水洗双眼，回看群山，如万朵芙蓉，草团蒲帐青纱篷，浩歌夜宿湖水东，清澈的镜湖一直萦绕着我的心，以至于我无法睡着，在半梦半醒的状态下，俯仰乾坤，我好像躺在冰壶中。

幽朔阴岩地，岁暮常多雪，独无湖山之胜，使我每每对雪长郁结。朝回策马入秋台，高堂大壁寒崔嵬，恍然昔日之湖山，双目惊喜三载又一开。谁能缩地法？此景何来？石田画师我非尔，胸中胡为亦有此？来君神骨清莫比，此景奇绝酷相似。石田此景非尔不能摸，来君！来君！非尔不可当此图；我尝亲游此景得其趣，为君题诗，非我其谁乎？

诗

雨霁游龙山次五松韵

　　晴日须登独秀台，碧山重叠画图开。闲心自与澄江老；逸兴谁还白发来？

　　潮入海门舟乱发，风临松顶鹤双回。夜凭虚阁窥星汉，殊觉诸峰近斗魁。

　　严光亭子胜云台，雨后高凭远目开。乡里正须吾辈在，湖山不负此公来。

　　江边秋思丹枫尽，霜外缄书白雁回。幽朔曾传戈甲散，已闻南檄授渠魁。

我住在北边幽深的岩地，年底经常下雪，独独没有湖山胜景，使我常常对雪感到郁结。朝回策马进入秋台，高堂大壁显得很崔嵬，恍恍惚惚中觉得好像是昔日见到的湖山，我两眼一亮想不到三年不见，湖光山色竟然又在面前出现了，不禁惊喜万分。谁有缩小地形的法术？这个景致是从哪里来的呢？石田画师又不是我，胸中怎么也会有这种景致呢？这幅画虽然没有来君的神骨、清朗，但在奇绝这一点上却酷似来君的画。石田这种景色除了你没有人能够揣摩得到，来君呀！来君！除了你没有人能够画出此图；我曾经亲自游历过这样的湖山景色，这幅画画出了该景的情趣，为君题诗，除了我还能有谁？

雨霁游龙山次五松韵

　　雨后天晴一定要去登独秀台，碧山重叠像图画一样向你展开。心情悠闲，人自会像碧江一样经老；有了逸兴，谁还会生出白发来？

　　潮水涌入海湾，船只纷乱地出发，清风吹临松顶，白鹤双双飞回。夜深人静，站在阁楼上仰望星空，群峰仿佛近斗魁。

　　严光的亭子，胜过了云台，雨后从此远眺，视野阔而开。乡里正需我们在，湖山不负此公来。

　　江边的红叶，带着秋天的思绪飘落，霜外的书信，像洁白的大雁一样飞回。幽北传来戈甲已散的消息，听说南边的檄文，已

雪窗闲卧

梦回双阙曙光浮,懒卧茅斋且自由。巷僻料应无客到,景多唯拟作诗酬。千岩积素供开卷,叠嶂回溪好放舟。破虏玉关真细事,未将吾笔遂轻投。

次韵毕方伯写怀之作

孔颜心迹皋夔业,落落乾坤无古今。公自平生怀真气,谁能晚节负初心?

猎情老去惊犹在,此乐年来不费寻。矮屋低头真局促,且从峰顶一高吟。

春晴散步

清晨急雨过林霏,余点烟稍尚滴衣。隔水霞明桃乱吐,沿溪风暖药初肥。物情到底能容懒,世事从前且任非。对眼春光唯自领,如谁歌咏月中归。

经送到对方渠帅。

雪窗闲卧

在梦中回到了京城的宫阙，不知不觉间外面的曙光已经浮现；慵懒地躺在茅屋中，倒也逍遥自在。居住的巷子位置偏僻，想必应该没有客人会来到这里，只有作诗来回应和酬答这里丰富多样的景致。漫山遍野，积雪皑皑，可供展卷读书；峰峦叠嶂，溪流曲折，适合驾船漂流。打败胡虏敌军于玉门关外不过是小事，还不能轻易抛弃我手中的笔。

次韵毕方伯写怀之作

先生您的心志和境界如同孔子和颜回，功业堪比虞舜时期的贤臣皋陶和夔，天地间稀有，古今罕见。您一生秉持浩然正气，一定能够保持晚节、不负初心。

读了您的大作，虽然没有"见猎心喜"的感觉，但是仍然惊喜不已，这种快乐一年来都不用费心去寻找了。在低矮的屋子里只能低着头，局促不安，但愿登上山顶，痛快地高声吟唱。

春晴散步

清晨一阵急雨过后，漫步穿行在云雾缭绕的林中，树梢上残留的雨滴和雾气凝成的水珠还会时不时滴落下来打湿衣裳。明丽的彩霞在水的对岸升起，桃花吐出芬芳；温暖的春风沿着

又

只用舞霓裳,岩花自举觞。古崖松半朽,阳谷草长芳。径竹穿风磴,云萝绣石床。孤吟动《梁甫》,何处卧龙冈。

次魏五松荷亭晚兴

入座松阴尽日清,当轩野鹤复时鸣。风光于我能留意,世味酣人未解醒。长拟心神窥物外,休将姓字重乡评。飞腾岂必皆伊吕,归去山田亦可耕。

又

醉后飞觞乱掷梭,起从风竹舞婆娑。疏慵已分投箕颍,事业无劳问保阿。碧水层城来鹤驾,紫云双阙笑金娥。搏风溪水吹来，芍药初次绽放。万物的本性最终还是允许人偷一偷懒，往日的种种俗事，不论其是非对错，就让它过去吧。满眼的春光只有我自己尽情享受，直到晚上，才伴着月光、唱着歌回家。

又

只只需舞动一曲《霓裳羽衣》，山岩上的野花便会自动举起酒杯给予呼应。崖壁上的古松半个树身已经枯朽了，向阳的山谷中野草生长茂盛。拾级而上，山风从笔直的竹林中穿过，屈曲的藤萝攀绕着石凳。我独自一人吟诵起诸葛亮唱过《梁甫吟》，哪里才是他隐居的卧龙冈呢？

次魏五松荷亭晚兴

悠闲地坐在松树荫下，一整天都感觉神清气爽，房前的野鹤也不时地鸣叫。我能用心品味这美妙的风光，世人醉心于功名利禄尚未清醒过来。打算将心思和精力用于探究出世的境界，不再去求取功名。难道一定要做到伊尹、吕望那样的功业才算是飞黄腾达吗？归隐山林、躬耕田园，也未尝不可。

又

醉酒后依然不停地举杯行觞，任时光飞逝；风吹动竹子，有如翩翩起舞、摇曳多姿。我已经习惯了在这隐居之地闲适懒自有天池翼,莫倚蓬蒿斥鷃窠。

次张体仁联句韵

　　眼底湖山自一方,晚林云石坐高凉。闲心最觉身多系,游兴还堪鬓未苍。

　　树杪风泉长滴翠,霜前岩菊尚余芳。秋江画舫休轻发,忍负良宵灯烛光。

又

　　山寺幽寻亦惜忙,长松落落水浪浪。深冬立野风烟淡,斜日沧江鸥鹭翔。海内交游唯酒伴,年来踪迹半僧房。相过未尽青云话,无奈官程促去航。

散的生活，又何必去以事奉权贵作为事业呢？这里有碧绿的湖水，等待着仙乡的飞鹤驾临；望着紫色的云霞，仿佛听到了天宫中仙娥的笑声。是鲲鹏自会乘风而起、扶摇直上，没有必要在蓬蒿之中嘲笑鹦雀的巢穴。

次张体仁联句韵

眼前的湖光山色自处一方、各有千秋，晚上坐在山林间高大的石头上，感到丝丝凉意。心情闲适下来之后，才觉得原来身心受到的束缚和牵绊太多，趁着两鬓尚未斑白，还有兴致尽情游赏。

风吹树梢上的叶子，像泉水一样沙沙作响，翠绿欲滴；虽然已是深秋季节，霜降将至，岩前的菊花犹有余香。秋江上的画舫不用着急出发，不要辜负了这美好的夜晚和明亮的灯火烛光。

又

沿着幽静的小路寻找山间的古寺，可惜这次只能匆匆忙忙；高大的松树挺拔耸立，淙淙的流水奔流不息。深冬时节，遥望野外风轻云淡；阳光斜照，鸥鸟和白鹭在江面上展翅飞翔。四海之大，和人的交往甚少，唯有以酒做伴；一年来，自己的身影大半时间出现在僧房。拜访僧人，相互谈论隐居的生活，尚未尽兴；无奈的是将要前去赴任，被催促着尽快起程出发。

又

青林人静一灯归,回首诸天隔翠微。千里月明京信远,百年行乐故人稀。已知造物终难定,唯有烟霞或可依。总为迂疏多抵牾,此生何忍便脂韦?

题郭诩濂溪图

郭生作濂溪像,其类与否,吾何从辨之?使无手中一图,盖不知其为谁矣。然笔画老健超然,自不妨为名笔。

郭生挥写最超群,梦想形容恐未真。霁月光风千古在,当时黄九解传神。

西湖醉中漫书

湖光潋滟晴偏好,此语相传信不诬。景中况有佳宾主,世上更无真画图。溪风欲雨吟堤树,春水新添没渚蒲。南北双峰引高兴,醉携青竹不须扶。

又

夜深人静之时，打着灯笼从山寺回来；回首遥望天空，只见层层叠叠青翠的山色。京城远在千里之外，虽同赏一轮明月，却少有音信；多年来与老朋友少有交往，只能自得其乐。才知道造物主的意志难以揣测，或许只有这山水胜景可以依托。总是因为个性迂腐疏阔，多与人抵触冲突；这一生又怎么会违背自己的本性，随随便便地去谄媚奉承别人呢？

题郭诩濂溪图

郭诩创作的周敦颐（世称濂溪先生）画像，画得与本人是否相像，我无从分辨。假如没有手中的这一幅图，确实不知道画的究竟是谁。但是用笔有力、画风老练，不同凡响，自然不失为一幅名作。

郭诩挥毫泼墨所画的周敦颐先生画像，笔力超凡脱俗，不过想象出来的相貌，恐怕未必真实。然而，周敦颐先生的人品和胸怀，如光风霁月，名垂千古，如果配上当时黄庭坚对周先生的评语，就更加传神了。

西湖醉中漫书

苏轼曾在《饮湖上初晴后雨》诗中写道："在晴日的阳光照耀下，西湖碧水荡漾、波光粼粼，风光尤其优美。"这话久经相传，现在亲自体验，确实真实不虚。更何况，美景之中还有尊贵的嘉宾和好客的主人，简直比画图中的景色还要美妙。山雨欲来，湖风吹拂堤上的树木，沙沙作响，宛如在歌唱；春天水涨，

文衡堂试事毕书壁

棘闱秋锁动经旬,事了惊看白发新。造作曾无酣蚁句,支离莫作画蛇人。寸丝拟得长才补,五色兼愁过眼频。袖手虚堂听明发,此中豪杰定谁真。

诸君以予白发之句试观予鬓果见一丝予作诗实未尝知也漫书一绝识之

忽然相见尚非时,岂亦殷勤效一丝?总使皓然吾不恨,此心还有尔能知。

游泰山

飞湍下云窟,千尺泻高寒。昨向山中见,真如画里看。松风吹短鬓,霜气肃群峦。好记相从地,秋深十八盘。

淹没了湖中小渚上的蒲草。南北两座高峰遥相对峙,景色引人入胜,产生极大的兴致,醉后手持一根青竹作杖,不需要人来搀扶。

文衡堂试事毕书壁

我因主持山东秋季乡试,被封闭在考场,长达近十天时间;事情结束后,惊奇地发现新增添了白发。靠刻意的造作无法写出精彩的诗句,想法支离破碎就不要做画蛇添足之人了。出身低微之士还需要优异的才学来弥补,批阅试卷让人看得眼花缭乱。闲坐在空旷的厅堂,听候放榜的消息;这其中谁是真正的豪杰之士,就能揭晓了。

诸君以予白发之句试观予鬓果见一丝予作诗实未尝知也漫书一绝识之

白发呀白发,忽然和你相见,现在还不是时候;难道你这么殷勤地生出来是为了应和我的诗吗?纵使白发苍苍,也不觉得遗憾,因为我的一片苦心,还有你们能够理解。

游泰山

飞流的瀑布,伴随着逼人的寒气,从千尺高的岩洞倾泻而下。昨天在山中见到的,就像在画图中看到的景色一样。山风吹过松林,吹动鬓角的垂发,霜寒之气让巍峨的群峰显得更加肃

雪岩次苏颖滨韵

客途亦幽寻,窈窕穿谷底。尘土填胸臆,到此方一洗。仰视剑戟锋,巉岏颖有泚。俯窥蛟龙窟,匍伏首如稽。绝境固灵秘,兹游实天启。梵宇遍岩壑,檐牙相角觝。

山僧出延客,经营设酒醴。道引入云雾,峻陟历堂陛。石田唯种椒,晚炊仍有米。张灯坐小轩,矮榻便倦体。清游感畴昔,陈李两昆弟。侵晨访旧迹,古碣埋荒荠。

试诸生有作

醉后相看眼倍明,绝怜诗骨逼人清。菁莪见辱真惭我,胶漆常存底用盟。

穆宁静。一定会记得，我就是在这个孔子曾经登临过的地方，深秋时节的泰山十八盘，开启了真正追随圣人遗志的心路历程。

雪岩次苏颖滨韵

客行途中，沿着幽静的山路寻寻觅觅，穿过幽深的山谷。本来尘世的烦恼填满了胸臆，到这里才感觉像被洗刷干净，焕然一新。抬头仰望山峰，如剑戟一般高峻耸立、直插天际，额头上渗出了汗水。俯身窥视蛟龙的窟穴，匍匐的姿态有如稽首行礼。这种与世隔绝、人迹罕至的地方，本就是神秘莫测的，这次的游览，确实是受到上天的指引。寺庙遍布于山峦溪谷，飞檐斗拱，檐牙相接。

山寺的僧人出门迎接客人，正忙碌着准备美酒和菜肴。穿过云雾缭绕的山道，攀登陡峭的阶梯，到达厅堂。山上的土地贫瘠，种植的只有椒树，而晚饭仍然有米。张灯坐在小房间内，低矮的小床可供疲惫的身体得以休息。一番清雅的游赏过后，往事浮现在眼前，让人感慨，想起了老朋友陈、李两兄弟。第二天天还没亮，就去寻访古迹，看到古旧的石碑掩映在野荠丛中。

试诸生有作

醉酒后彼此对视，看得更加清楚明白，特别喜欢你们的诗作的风骨和逼人的清气。承蒙大家抬举，拜我为师，实在令我惭愧，我们如胶似漆、亲密无间，友谊长存，又何用盟誓呢？

沧海浮云悲绝域，碧山秋月动新情。忧时谩作中宵坐，共听萧萧落木声。

再试诸生

草堂深酌坐寒更，蜡炬烟消落绛英。旅况最怜文作会，客心聊喜困还亨。

春回马帐惭桃李，花满田家忆紫荆。世事浮云堪一笑，百年持此竟何成？

夏日登易氏万卷楼用唐韵

高楼六月自生寒，沓嶂回峰拥碧阑。久客已忘非故土，此身兼喜是闲官。

幽花傍晚烟初暝，深树新晴雨未干。极目海天家万里，风尘关塞欲归难。

大海上空漂浮的云彩也为我们身处这荒凉偏僻之地而感到悲伤，碧绿的青山和皎洁的秋月也为我们这常新的友谊而动情。心中充满忧思，随意地闲坐着，直到半夜，一起倾听风吹叶落的萧萧之声。

再试诸生

坐在草堂之中饮酒，直到寒夜已深，蜡烛燃尽，灯花凋落。旅途之中最喜爱的是以文会友，一想到虽身处困境，而只要持守正道，自会亨通，这颗游子之心姑且得到了一丝安慰。

春回大地，书斋中春意盎然，面对满园的桃李（借指学生），不免心生惭愧；农家小院中开满了鲜花，不免让人回想起从前的紫荆树（借指兄弟）。世事如过眼烟云，可供人一笑，人生百年，若只贪图眼前的功名利禄，最终又会有什么真正的成就呢？

夏日登易氏万卷楼用唐韵

登上高楼，虽是夏季六月天，却已生出阵阵寒意；手扶青色的栏杆，遥望远处，只见重重叠叠环绕的山峰。长期客居异乡，已经忘记了这里并非故乡，可喜的是自己只是个闲官，倒也乐得自在清闲。

傍晚时分，山花幽香，天色渐暗，薄雾朦胧；林木葱茏，刚刚雨过天晴，树叶上的雨水还未干。极目远眺，万里之外，那海天相接的地方，就是我的家乡；道路遥遥，关塞林立，旅途艰

再试诸生用唐韵

天涯犹未隔年回,何处严光有钓台。樽酒可怜人独远,封书空有雁飞来。

渐惊雪色头颅改,莫漫风情笑口开。遥想阳明旧诗石,春来应自长莓苔。

次韵陆文顺佥宪

春王正月十七日,薄暮甚雨雷电风。卷我茅堂岂足念,伤兹岁事难为功。

金滕秋日亦已异,鲁史冬月将无同。老臣正忧元气泄,中夜起坐心忡忡。

太子桥

乍寒乍暖早春天,随意寻芳到水边。树里茅亭藏小景,竹间石溜引清泉。

辛，想要回家确实很难。

再试诸生用唐韵

远在天涯，已经多年未归，不知何处有像东汉隐士严光归隐的钓鱼台。这杯中的酒也为远在异地他乡的游子而叹息，天边有大雁飞来，却没有带来家乡的书信。

惊讶地发现满头的黑发已渐渐变得雪白，也渐渐失去了神采，不能随意地笑口常开。遥想阳明洞过去曾经题过诗的那块石头，春天来了应该长满青苔了吧。

次韵陆文顺佥宪

春季正月十七日傍晚时分，忽然雷鸣电闪，风雨大作。风雨摧坏了我的茅屋不值得忧虑，今年的农事将会遭到损失，难以取得好收成，才是令人担心的。

可以预见的是，今年秋季将不会出现《尚书·金縢》篇中所说的大丰收，冬季也不会有《春秋》中记载的大有之年。老臣我正在为天地元气大伤忧虑不已，半夜里坐起来还是忧心忡忡。

太子桥

早春时节，乍暖还寒，随意地寻找美景，不经意间来到河边。树林掩映下的茅草亭，隐藏着别样的景致；竹林间的石头上，流淌着汩汩清泉。

汀花照日犹含雨，岸柳垂阴渐满川。欲把桥名寻野老，凄凉空说建文年。

与胡少参小集

细雨初晴蠛蠓飞，小亭花竹晚凉微。后期客到停杯久，远道春来得信稀。

翰墨多凭消旅况，道心无赖入禅机。何时喜遂风泉赏？甘作山中一白衣。

再用前韵赋鹦鹉

低垂犹忆陇西飞，金锁长羁念力微。只为能言离土远，可怜折翼叹群稀。

春林羞比黄鸥巧，晴渚思忘白鸟机。千古正平名正赋，风尘谁与惜毛衣？

水边的花儿在阳光的照耀下更显得娇艳欲滴,岸边的垂柳渐渐遮掩了水面。想要向当地的老者询问"太子桥"桥名的来历,老者只说和建文帝曾经逃难在此地有关,不免令人伤感。

与胡少参小集

小雨过后,天气放晴,蟻螉小虫乱飞,傍晚坐在花竹环绕的小亭中,感到微微凉意。放下手中的酒杯,很久未饮,等待迟到的客人;春天以来就少有音讯的朋友,这次特地从远道而来。

旅途之中,大多数时间以诗文书画作为消遣;百无聊赖之中,只得将求道之心出入于佛家禅学。什么时候才能得遂所愿,自由自在地听风赏泉呢?心甘情愿做一个山林之中的隐士。

再用前韵赋鹦鹉

双翅低垂,仍然记得在陇西展翅飞翔的情形;长期被锁链束缚,信念和力量越来越微弱。只因为能说人话而远离故土,可怜被关在笼中像折断了翅膀,孤独而少有朋友的陪伴。

不屑于在春天的树林中与黄鹂比嘴巧,心中思慕晴日里在水中的小洲上像白鹭一样无忧无虑地自由飞翔。三国时期祢正平所作的一篇《鹦鹉赋》让你千百年来都拥有正直的名声,可是滚滚红尘之中又有谁能够真正爱惜你的羽毛呢?

送客过二桥

下马溪边偶共行,好山当面正如屏。不缘送客何因到,还喜门人伴独醒。

小洞巧容危膝坐,清泉不厌洗心听。经过转眼俱陈迹,多少高崖漫勒铭。

复用杜韵一首

濯缨何处有清流,三月寻幽始得幽。送客正逢催驿骑,笑人且复任沙鸥。

崖傍石偃门双启,洞口萝垂箔半钩。淡我平生无一好,独于泉石尚多求。

先日与诸友有郊园之约是日因送客后期小诗写怀

郊园隔宿有幽期,送客三桥故故迟。樽酒定应须我久,诸君且莫向人疑。

同游更忆春前日,归醉先拼日暮时。却笑相望才咫尺,无因走马送新诗。

送客过二桥

　　从马上下来,沿着溪边和客人一同步行,迎面而来的是一座山,像屏风一样横亘眼前。不是因为送客人怎么会来到这里,可喜的是还有门生做伴,不与凡夫俗子为伍。

　　山崖下的小洞正巧容我端身正坐,洗耳静听汩汩清泉发出清脆悦耳的流水声,令人百听不厌。已经发生的事情转眼都已成为陈迹,这里有很多的崖壁可供我们尽情地刻石题名。

复用杜韵一首

　　什么地方有清泉可以洗涤帽带,三个月来一直寻找清幽之地,终于找到了。送客人的时候正好碰到疾驰的驿马在接送往来的官吏,可笑他们和我一样,像沙鸥一样江湖漂泊。

　　山崖边的小石坝,两扇门都敞开着;洞口垂下的藤萝,好像是半钩起的帘子。我生性淡泊,平生没有什么爱好,唯独对于美好的山水胜景有特别的追求。

先日与诸友有郊园之约是日因送客后期小诗写怀

　　隔天就是和朋友约定到城外园林探幽的日子,因为送客到三桥,所以来迟了。这杯中之酒一定等了我很久,还请各位不要有什么疑虑。

　　大家一同游赏更回想起了春日的时光,拼得一醉,归来已是傍晚时分。好笑的是我们面对面近在咫尺,又何必写诗相送?

自欲探幽肯后期？若为尘事故能迟。缓归已受山童促，久坐翻令溪鸟疑。

竹里清醅应几酌，水旁相候定多时。临风无限《停云》思，回首空歌《伐木》诗。

三桥客散赴前期，纵辔还嫌马足迟。好鸟花间先报语，浮云山顶尚堪疑。

曾传江阁邀宾句，颇似篱边送酒时。便与诸公须痛饮，日斜潦倒更题诗。

待诸友不至

花间望眼欲崇朝，何事诸君迹尚遥？自处岂宜同俗驾，相期不独醉春瓢。

忘形尔我虽多缺，义重师生可待招。自是清游须秉烛，莫将风雨负良宵。

我自己本来就想探访清幽之地，又怎么肯延误了约定的时间呢？只是因为一些俗事，所以来迟了。回去晚了一些已经被侍童催促，坐得太久反而令溪边的鸟儿生疑。

竹筒里的清酒应该是斟了几次了吧，在水边等候一定很久了。把酒临风想起了陶渊明思念亲友的《停云》诗，回头再吟唱一首讴歌友情可贵的《伐木》诗。

将客人送至三桥之后来赴这个约会，纵马飞驰还嫌马儿跑得慢。花间飞翔的鸟儿仿佛在提前报告我来的消息，山顶上的浮云尚且存有疑异。

曾经传诵杜甫"江阁要宾许马迎"的诗句，也像是陶渊明在篱边种菊，有百姓送酒过来。既然如此我便尽情和大家一起痛饮，直到夕阳西下，到时醉得东倒西歪，还要再题诗。

待诸友不至

坐在花间等待朋友一个早上，望眼欲穿，为什么还是看不到各位的踪影？我自己独处的时候怎么能像世俗人一样随随便便？既然约定了相会，就不会独自喝醉。

你我不拘形迹相处的时候，虽然也有一些缺憾之处，但是我们师生之间情深义重，可以随时等候相邀。从此以后，要像古人"秉烛夜游"那样，珍惜清雅游赏的时光，不要在风风雨雨中辜负了美好的夜晚。

夏日游阳明小洞天喜诸生偕集偶用唐韵

古洞闲来日日游,山中宰相胜封侯。绝粮每自嗟尼父,愠见还时有仲由。云里高崖微入暑,石间寒溜已含秋。他年故国怀诸友,魂梦还须到水头。

将归与诸生别于城南蔡氏楼

天际层楼树杪开,夕阳下见鸟飞回。城隅碧水光连座,槛外青山翠作堆。

颇恨眼前离别近,惟余他日梦魂来。新诗好记同游处,长扫溪南旧钓台。

诸门人送至龙里道中二首

蹊路高低入乱山,诸贤相送愧间关。溪云压帽兼愁重,峰雪吹衣着鬓斑。花烛夜堂还共语,桂枝秋殿听跻攀。跻攀之说甚陋,聊取其对偶耳。相思不用勤书札,别后吾言在订顽。

夏日游阳明小洞天喜诸生偕集偶用唐韵

闲来无事，每天都来古洞游玩，做个山中的宰相，胜过封侯拜将。像孔子困于陈、蔡一样缺少粮食，经常为此而嗟叹；跟随我的人像子路那样产生了抱怨的情绪。耸入云霄的高崖刚刚体验到炎热的盛夏，山石间寒凉的水流已经带有了秋天的气息。他年回到故乡之后，回忆往事，魂牵梦萦的还是在这个地方和朋友们一起游山玩水的时光。

将归与诸生列于城南蔡氏楼

登上高高的层楼，眺望天际，外面的树梢都一览无余；夕阳映照之下，只见鸟儿们正在飞回巢。城边碧绿的河水波光闪烁，反射映照在座间；楼外苍翠的青山，层峦叠嶂，堆绿叠翠。

令人颇感遗憾的是离别的日子近在眼前，今后只能在梦中相会。希望大家能够作新诗记录下曾经一同游赏过的地方，经常去打扫一下溪南边的钓鱼台。

诸门人送至龙里道中二首

沿着高低不平的小路穿行于乱山之中，有劳诸位送我这么远令我心中惭愧。溪水上空云层压顶更增添了离愁别绪，山峰上飘落的雪花沾满了衣服和鬓角。何时还能在燃着花烛的草堂共话情谊，等着你们来年秋天蟾宫折桂、登科及第的好消息。（"跻攀"的说法甚为鄙陋，只是为了对偶而姑且采用。）只要雪满山城入暮官,归心别意两茫然。及门真愧从陈日,微服还思过宋年。樽酒无因同岁晚,缄书有雁寄春前。莫辞秉烛通宵坐,明日相思隔陇烟。

赠陈宗鲁

学文须学古,脱俗去陈言。譬若千丈木,勿为藤蔓缠。又如昆仑派,一泻成大川。人言古今异,此语皆虚传。吾苟得其意,今古何异焉?子才良可进,望汝师圣贤。学文乃余事,聊云子所偏。

醉后歌用燕思亭韵

万峰攒簇高连天,贵阳久客经徂年。思亲谩想斑衣舞,寄友空歌《伐木》篇。短鬓萧疏夜中老,急管哀丝为谁好。敛翼樊笼恨已迟,奋翮云霄苦不早。缅怀冥寂岩中人,萝衣蒗佩芙蓉巾。黄精紫芝满山谷,采石不愁仓菌贫。清溪常伴明月夜,小洞自报梅花春。高闲岂说商山皓,绰约真如藐姑相互思念也无须太多的书信往来，分别之后希望你们更加深入地研究学问。

傍晚时分，大雪铺满了山城，走着走着已经来到了关界，归乡的心情和离别的愁绪令我茫然若失。承蒙大家追随，陪伴我共渡难关，实在令我惭愧，让人联想起孔子微服过宋的故事。岁暮之时大家一起开怀畅饮，不需要什么理由；来年春天，期待鸿雁带来书信。大家一起通宵达旦秉烛而坐，不要推辞，因为明天之后，只能隔着陇上的烟霞寄托相思之情了。

赠陈宗鲁

研究学问要向古人学习，超脱凡俗，抛弃陈词滥调。比如千丈高的大树，不要受到藤蔓的纠缠。又比如昆仑山的流水，一泻千里，汇成大川。有人说古时和今日有所不同，这都是虚妄不实的话。假如我能够领会大道的真谛，今日和古时又有什么不同呢？你才华横溢，大有前途，望你能更好地效法古圣先贤。文学艺术之事只是次要的，暂且说这些话给你，希望你不要偏离正道。

醉后歌用燕思亭韵

群峰相互簇拥高耸接天，光阴易逝，我客居贵阳已经很久了。思念家乡的父母亲人，遗憾不能像老莱子那样斑衣娱亲、承欢膝下；也见不到兄弟朋友，只能空吟《伐木》寄托友情。鬓角的短发稀稀疏疏，感觉一夜之间已经老去；将忧思之情以管弦音乐抒发出来，又有谁来倾听欣赏呢？收拢双翼、摆脱牢笼，可神。封书远寄贵阳客,胡不来归浪相忆?记取青松涧底枝,莫学杨花满阡陌。

题施总兵所翁龙

君不见所翁所画龙,虽画两目不点瞳。曾闻弟子误落笔,即时雷雨飞腾空。运精入神夺元化,浅夫未识徒惊诧。操舵移山律回阳,世间不独所翁画。高堂四壁生风云,黑雷紫电日昼昏。山崩谷陷屋瓦震,雨声如泻长平军。头角峥嵘几千丈,倏忽神灵露乾象。小臣正抱乌号思,一堕胡髯不可上。视久眩定凝心神,生绡漠漠开鳞峋。乃知所翁遗笔迹,当年为写苍龙真。只今旱剧枯原野,万国苍生望沾洒。凭谁拈笔点双睛,一作甘霖遍天下!

惜已经迟了；遗憾的是不能早点展翅高飞，冲入云霄。身穿薛萝衣，头戴芙蓉巾，静静地缅怀在这山上长眠的古人。山谷中满是黄精和紫芝可供采摘，不用担心仓库中的菌类贫乏。月明如昼的夜晚，常有清澈的溪流相伴；小洞中梅花绽放，预示着春天即将到来。不用说像古代有名的隐士商山四皓那样清高闲适，倒确实如同藐姑射之山的神人一样风姿绰约。收到了远方寄来的书信，信上说为什么不回来，徒然让人想念。记住要像涧底的青松一样，耐得住清贫和寂寞，守得住操守，不要像随风飘扬的柳絮一样，漫天飞舞，无所底止。

题施总兵所翁龙

我们可以看到陈所翁所画的龙，虽然画了双目，却不点睛。曾经听说有一次他的弟子不小心点了眼睛，当时立刻雷雨大作，所画的龙腾空飞起。出神入化，巧夺天工，见识短浅的人只能惊诧不已。世间之事无奇不有，即便是移山倒海，也如同律回春转一样正常，没什么可稀奇的，而陈所翁的画确实难得一见。高堂四壁，陡起风云；电闪雷鸣，白昼晦暝。山崩地裂，屋瓦震动；大雨如注，倾泻而下，击毁了长平的赵军。头角峥嵘，好似有几千丈长，在天空急速飞驰，变化无穷，神奇莫测。小吏正在怀抱着弓箭发呆，胡须都惊掉了安放不上。看了很久，定了定心神，才意识到只是在看一幅画，才知道这是陈所翁遗留下来的真迹，所描绘的就是真正的苍龙。只是现今旱情严重，禾稼枯萎，赤地千里，芸芸众生都在期盼着雨水。谁能够为这条龙执笔点睛，从而呼风唤雨，让甘霖遍洒天下！

卷之三十　续编五

三征公移逸稿

德洪昔衷次师文，尝先刻奏疏公移凡二十卷，名曰《别录》，为师征濠之功未明于天下也。既后刻《文录》，志在删繁，取公移三之二而去其一，沈子启原冲年即有志师学，搜猎遗文若干篇，录公移所遗者，类为四卷，名曰《三征公移逸稿》，将增刻《文录续编》，用以补其所未备也。出以示余。余读而叹曰：

"吾师学敦大源，故发诸政事，澜涌川决，千态万状，时出而无穷。是稿皆据案批答，平常说去，殊不经意，而仁爱自足以沦人心髓，思虑自足以彻人机智，文章又足以鼓舞天下之人心；若金沙玉屑，散落人世，人自不能弃之，又奚病于繁耶？"乃为条揭其纲以遗之，使读者即吾师应感之陈迹，可以推见性道之渊微云。隆庆庚午八月朔日，德洪百拜识。

南赣公移　凡三十三条

批漳南道教练民兵呈

正德十一年十一月二十五日

据兵备佥事胡琏呈：

三征公移逸稿

　　德洪过去编排老师的文章，曾经首先刊刻有关奏疏、公文共有二十卷，起名为《别录》，是因为老师平定宸濠之乱的功绩还未被为天下人所知。后来刊刻《文录》，致力于删掉烦琐，存留公文的三分之二去掉了三分之一。沈启原先生少年起就向往王阳明老师的学识，搜集老师的许多篇遗文，抄录老师公文方面的遗文，分为四类，起名为《三征公移逸稿》，准备增行刊刻为《文录续编》，用来补充文集的不齐备。沈启原拿着逸稿让我看。我读着不禁感慨：

　　"我的老师学识渊博根基深厚，因此对于各种政事的议论，犹如狂涛汹涌大河决堤，呈现万千姿态，时刻都有涌现并无尽头。这些文稿都是对所来公文的批复，言语平常，实在不是故意去写的，但其中的仁爱足能够浸没人的心髓，考虑问题的方法足能够澄清人们的机智，整个文章足能够鼓舞天下人心。就如同金沙碎玉，散落在人世间，人们当然不能抛弃它，又怎能嫌它烦琐呢？"我就在纲目下按条来编排逸稿赠还给沈启原，使读者能够接触到我老师有感而发所留下的陈迹，可以由此推见性道的渊深与微妙，隆庆四年八月初一，德洪恭敬地记下这段话。

批漳南道教练民兵呈

正德十一年十一月二十五日

　　收到兵备佥事胡琏报告：

"将各县民快,操练教习颇成。"看得事苟庇民,岂吝小费?功有实效,何恤浮言?参据呈词,区画允当,仰该道依拟施行。再照兵不在多,惟贵精练。事欲可久,尤须简严;所募打手等项,更宜逐一校阅,必皆技艺绝伦,骁勇出众,因能别队,量材分等,使将有余勇,兵有余资,庶平居不致于冗食,临难可免于败师。批呈缴。

批漳南道进剿呈

十一月二十六日

据兵备佥事胡琏呈:

"卢溪等洞贼首詹师富等,势甚猖獗,备将画图贴说,待期攻剿。"看得兵难遥度,事贵乘时,今打手民快等兵,既已募集,仰该道上紧密切相机剿扑,惟在歼取渠魁,毋致横加平善。其大举夹攻,行详议。呈缴。

教习骑射牌

十二年五月十六日

看得五兵之用,弓矢为先;南方之技,骑射所短,最宜习演,以修长技。今南、赣诸处军兵所操弓矢,类皆脆弱。十步之外,不穿鲁缟,以是御敌,真同儿戏。访得福建省城,弓

"将各县民快操练,教导他们会很有成效。"大家知道做事如果能够保护民众,还吝惜什么小的开销?做事有实效,还在乎什么大话?来文报告的事情计划正确,希望漳南道能按照规划施行。另外兵不在多,重要的在于精练。做事要长久,必须简明严厉,因此关于招募打手等项事宜,更应对每个人一一检查,必须都是技艺超群,勇敢出众,这样才能组织队伍,根据能力分等级,使将官有众多的兵丁,兵卒有丰富费用,平时训练不至于散闲消耗粮食,打起仗来可免于失败。在此批复,此文上缴。

批漳南道进剿呈

十一月二十六日

收到兵备佥事胡琏报告:

"卢溪等山洞叛贼头目詹师富等势力极其猖獗,现已准备好地形图及告示,等候日子进攻剿杀。"我们知道,打仗很难事先估计,做事贵在利用时机,现在打手、民快等兵既然已经招募集中,希望漳南道紧急行动,把握时机进军扑灭叛匪,务必消灭叛匪头目,不要加害平民善良之人。大举夹击进攻的事,要周密商议。将此文上缴。

教习骑射牌

十二年五月十六日

大家熟知,使用五种兵器,首先应用弓箭。南方军兵的技艺中骑马射箭是他们的短处。他们最应该操练演习,以增强他们这方面的优势技艺。现在南、赣各地方军兵所使用的弓箭,都

矢颇胜他处，合行选取；为此牌仰福建漳南道转行福建都司，选取精巧惯习弓兵四名，该道量给口粮、脚夫，送赴军门，成造弓矢事完，仍发原伍著役。

批南安府请兵策应呈

六月初十日

据知府季斅呈：

"各巢贼党众多，本府兵力寡弱，乞添兵协剿。"该岭北道议将南康二班赖养介兵，拨补县丞舒富，兴国谢庄兵、雩都张英才兵，拨补冯廷瑞统领，其本府仍用添兵营策应。及行该府起立军营二处，听候官兵到彼安插；其南康、上犹二县，俱该一体起立回报。看得赖养介、谢庄、张英才所统，准令与峰山、双秀等兵更补，预建营居，议尤适当。即行该府议行，务要地势雄壮，沟堑深高，虽系一时之谋，亦为可久之计。

看得南安、上犹所聚兵众，每处不下二千，防遏剿袭，略已足用。各官犹以兵少为辞，不能远谋出奇，亦已可见。今可行令各官，分部原领各兵，一意防遏。另调坎字营一千二百人，令指挥来春统领，往屯南安；又调艮字营一千二百人，令指挥姚玺统领，往屯上犹。二营人马，专以相机剿袭为事，

十分脆弱。十步之外，就不能穿透鲁缟，没有威力。用这样的弓箭抵御敌人，真是如同儿戏，我查访得知福建省城的弓箭比其他地方的要好得多，应通知选取些。为此，发这个令牌，希望福建漳南道转给福建都指挥使司，选取四名熟悉、老练的弓箭兵，漳南道分给口粮路费，送到巡抚府来，帮助制造弓箭，事情完成后，他们仍回原来军营服役。

批南安府请兵策应呈

六月初十日

收到知府季敩报告：

"各伙叛匪人数众多，南安府兵少势力薄弱，乞求派兵协助围剿。"岭北道商定将南康二班的赖养介的兵卒拨补给县丞舒富，兴国谢庄的兵卒、雩都张英才的兵卒拨补给冯廷瑞带领。南安府仍然用后添加的兵营协调接济。另外通知南安府腾出二座军营，听候官兵到后再行安置。南康、上犹二县也应一同腾出地方报告上级。至于赖养介、谢庄、张英才所带领的士卒，同意命令他们与峰山、双秀等兵更替调补。准备建营房驻扎，这个建议尤其合适，马上令南安府商议旌行，必须是在地势危峻雄壮、沟壑高深的地方，这虽然是短时的计划，其实也是长久的考虑。

得知南安、上犹所聚集的兵卒，每个地方不下二千人，无论防守还是进剿，都已经够用。然而各将官仍然以兵少为借口，不能够运用计谋出奇制胜，这也可以看得出来。现在命令各将官分别带领各自兵卒，专心防守。另外调遣坎字营的一千二百人，下令由指挥来春带领，前往南安驻扎；又调遣艮字营的

声东击西,务使踪迹靡定,倏聚复散,每念变态无常。该道即将该去各兵查给口粮,二十四日巳时起营前去。仍行该府县官,务要协力同心,相为掎角之势,共成夹剿之功。呈缴。

批岭北道攻守机宜呈

六月二十六日

批:兵备副使杨璋呈称:"访得前项贼徒,俱被逃往横水、桶岗、大巢屯聚,所平巢穴,未免复来营给,合行知府季敩统领巽字营兵一千二百名,防遏大庾县贼巢;县丞舒富仍统震字营兵一千二百名,防遏上犹、南康二县贼巢。"看得各巢贼党虽已溃倒,计其势穷食绝,必将复出剽房。所议防遏事理,照议施行;仍行县丞舒富,务要在于贼巢总会处所屯扎,多遣乖觉乡导,分路爪缉,探知贼徒将出,即便设伏擒剿,务竭忠诚,以副委任,毋得虚文粉饰。此后但有推奸坐视,定行治以军法。再照前项贼徒,今皆聚于横水、桶冈,若遣重兵直捣其地,示以必攻之势,彼将团结自守不暇,势必不敢分众出掠,不过旬余,两巢之贼可以坐取。仍仰该道密议直捣方略,呈来定夺。呈缴。

一千二百人,下令由指挥姚玺统领,前往上犹驻扎。两营人马,专门利用时机进行偷袭剿杀,声东击西,一定使行动漂泊不定,迅速聚集马上又散开,时刻记住要变化无常。南安道应该立即给派遣的兵卒查发口粮。二十四日巳时起营前往调遣地方。再次通知南安府县官员,一定要同心协力,相互配合成为犄角阵势,共同促成夹击剿匪的成功。将此文上缴。

批岭北道攻守机宜呈

六月二十六日

批阅:兵备副使杨璋报告说:"查访得知上次被击溃的贼匪,都逃往横水、桶冈两个大贼窝聚集。至于被平定的贼窝,贼匪可能再来纠集,应一并通知知府季敩,让他带领巽字营兵卒一千二百名,防守大庾县贼窝;县丞舒富仍然带领震字营兵卒一千二百名防守上犹、南康二县贼窝。"现在各伙贼匪,虽然已被打败,但考虑到他们穷途末路,粮食耗尽,一定会再次出来抢掠。因此杨璋所提议的防守事情,应按照施行。再次通知县丞舒富,一定要在贼窝的纠集中心驻扎,多派些老实机敏的乡导,分路散开搜查打听到有贼匪将要出来,就要立即设埋伏剿杀,一定要竭尽忠心,不要辜负朝廷的任用,不应该只做表面文章。今后只要有人在剿匪时推诿,坐视不出力,一定要以军法处置。另外前面提到那伙贼匪现在都纠集在横水、桶冈,如果我们派遣重兵直接指向他们的贼窝,以显示我们一定要攻克贼窝的气势,那时他们连团结固守阵地都顾不上,一定不敢分头出来抢掠。不过十多天,两贼窝的贼匪可以轻易消灭。仍然希望岭北道精细筹划剿杀计划,呈报上来以做最后批复。将此文上缴。

批漳南道给由呈

十二年六月二十八日

据佥事胡琏呈给由事。看得本官才器充达,执履坚方,始因军机重务,以致考满过期。今盗贼既靖,合准给由;但久安之图,尚切资于经理,招抚之众,方有待于缉绥。仰本官给由事毕,即便作急回任,勿为桑梓之迟,有孤闾阎之望。呈缴。

批兵备道奖励官兵呈

七月初一日

据副使杨璋呈:

据知府季斆等,依奉本院方略,攻破禾沙、石路坑等巢一十九处,擒斩首从贼人陈曰能、钟明贵、唐洪众,及杀烧死贼从俘获盗属,夺获马牛骡羊器械等项。"为照各贼肆毒无厌,名号不轨,若使遂其奸谋,得以乘虚入广,其为患害何可胜言?副使杨璋,乃能先事运谋,潜行剿袭,一夕之间,攻破巢穴,扑燎原之火于方燃,障溃岸之波于已决。知府季斆、指挥马翔等亲领兵众,屡挫贼锋,相应奖励,以旌功能;其各营将士,俱能用命效力,奋勇擒斩,亦合一体赏劳。为此仰赣州府官吏,即便支给商税银两,买办后开礼物,及将发去银牌羊酒,就委府卫掌印官,备用彩亭鼓乐,迎送各官,用旌剿袭之功,以明奖励之典;仍将发去赏功银两,照名给赏。其阵亡射伤兵夫,亦各查给优恤。各官务要益竭忠

批漳南道给由呈

十二年六月二十八日

收到佥事胡琏的报告，他要求休假。胡琏本人才高器大，执行公务坚定而有策略，只是因为开始有军事重要任务在身，以至于考核的时间过期。现在盗贼已经平定，理应批准他的休假。只是长治久安的计划依然有赖于精心治理，被招抚的众人正有待于妥善安排，希望胡琏休假完毕后，即刻上任，不要因为恋家而有所迟误，从而辜负了大家的期望。此文上缴。

批兵备道奖励官兵呈

七月初一日

收到副使杨璋报告：

依靠知府季敩等人出力，根据您的计划，攻破禾沙、石路坑等贼窝十九处，擒获并斩首贼匪大小头目陈曰能、钟明贵、唐洪众，以及杀死烧死贼匪、俘虏贼匪、夺得马牛骡羊器械等项事宜。"各处贼匪放纵恶毒贪得无厌，他们的名号不符法度，如果他们的阴谋得以实现，并乘虚扩大势力，那他们的危害实在太大了！副使杨璋能够在事先筹划，秘密地袭击剿杀贼匪，一夜之间攻破贼窝，在一场燎原的大火刚刚燃烧时就将它扑灭，在堤坝已被汹涌波浪冲垮时又将其堵拦。知府季敩、指挥冯翔等人，亲自带领兵卒，多次击败贼匪势力，都应给予奖励，以表彰他们的功绩与才干。各营的将士都能拼命效力，奋勇擒贼杀敌，也应一起奖赏犒劳。为此，希望赣州府官员立即支出商税银两，购买采办后面所开列的礼物，并且将下发的银牌羊肉，委派府卫掌印官员，备置五彩亭阁，鼓乐，迎送以上各位官员，以表彰他们剿

贞，协谋拜勇，大作三军之气，共收万全之功。

调用三省夹攻官兵

七月十五日

准兵部咨，该湖广巡抚都御史秦题云云。已经开陈两端，具本上请去后。今准前因，除南、赣二府兵粮事宜另行外，所据领兵等官，俱在得人，必须先委。访得九江府知府汪隶、吉安府知府伍文定、汀州府知府唐淳，久习军旅；惠州府知府陈祥，器度深沉，俱各才识练达；程乡县知县张戬，近征大伞等处，独统率新民，奋勇当先，功劳尤著；抚州府东乡县知县黄堂、建昌府新城县知县黄文鹭、袁州府萍乡县知县高桂、吉安府龙泉县知县陈允谐，素有才名，堪以领兵。但事干各府各官之中，或有违抗推托，临期必致误事。除具本题请，但有不遵约束，许以军法从事，合就通行知会。为此仰抄案回府，即行本官，密切整备衣装。及将上杭县义官李福英名下打手，再行拣选，务要骁勇精悍者一千名，给与资装器械，听候命下。另有公文至日，即便不分星夜，兼程前进军门，以凭调用施行。

灭贼匪的功劳，以此表明奖励有功之人的胜典。仍然将发下去的奖励有功之人的银两，按照姓名赏发。那些阵亡以及受伤的兵卒，也都要查明以给予优待抚恤。各位官员一定要更加竭尽忠心，共同筹划英勇作战，大大鼓舞三军的气势，共同争取万全的胜利！

调用三省夹攻官兵

七月十五日

接到兵部咨文，说到湖广巡抚都御史秦某题奏的内容。我已经对两个方面的讨论后书写本章向上级请示，本章递上去了。现在按照前面兵部来文指示，除了南、赣两府兵粮事情另外行事外，所依靠的领兵等官员，都在于求得合适人选，必须事先委派任命。我查访得知九江府知府汪隶、吉安府知府伍文定、汀州府知府唐淳久在军营生活；惠州府知府陈祥器度深沉，具备多方面才能；程乡县知县张戬近来征讨大伞等地，独自率领刚组织的农民，奋勇当先，功劳更为突出；抚州府东乡县知县黄堂、建昌府新城县知县黄文鹭、袁州府萍乡县知县高桂，吉安府龙泉县知县陈允谐，他们平时都以有才闻名，能够担当领兵重任。只是事情与各府各官都有关系，如果有人违抗命令借口推托，到时必然会误事。除了书写本章向上请示外，只要有不遵守纪律的人，允许按军法对他进行处置，应在此通知明白。为此希望抄案到府后，立刻通知各官员，认真整理准备衣物装备。另外将上杭县义官李福英手下的打手再进行挑选，一定要选骁勇精悍的一千人，给予他们武器装备，听候命令下达。另外有公文到达的时候，立即出发，不分昼夜，兼程赶往巡抚大营，以便根据调

夹攻防守咨

十月

准湖广巡抚都御史秦咨云云。看得龙泉一县，与上犹县诸巢接境，将来三省夹攻，使龙泉所守不固，则吉安属县俱被骚扰，必须大兵一哨，就从此路进剿，方可止贼奔冲。已行吉安府知府伍文定备行所属龙泉、万安、太和等县，永新、安福等所，精选民间打手，或在官机兵，共二千名，编成队伍，督同知县陈允谐等分统，俱赴龙泉县屯扎。

该县乡夫，即日起集，守把隘口，听候刻期夹剿外。今准前因，合就咨报。为此备由移咨前去，烦为查照施行。

行岭北道催督进剿牌

十月初十日

案照先经行仰该道守巡官，分投先往上犹、大庾等处住扎，听候各哨官兵至日，即便催督进剿去后。今照领兵等官已该本院坐委，合行分投催督。为此仰抄案回道，即便催督各哨官兵，遵照方略，依期星夜直抵巢穴，务将前贼扫荡扑灭，以靖地方，毋遗芽蘖，致贻后患。本官仍行各官，详察地里险易，相度机宜，慎重行事，毋得轻率寡谋，及逗留退缩，致误事机，定行军法从事。军中未尽事宜，亦听随机应用行事。

夹攻防守咨

十月

接到湖广巡抚都御史秦某的咨文。龙泉县与上犹县各贼窝相连,将来三省夹攻,假如龙泉县防守不稳固,那么吉安府属下各县都会遭到骚扰,因此必须有一哨重兵,从这一路前进剿杀,才可能阻止贼匪突围逃命。我已经行文通知吉安府知府伍文定,命其通知所属的龙泉、万安、太和等县,永新、安福等所,从农民当中精心挑选打手或挑选在官的兵卒共二千人编成队伍,与知县陈允谐等分别率领,一起前往龙泉县驻扎。

龙泉县的农民今天起集合,把守关口,听候命令夹攻剿杀贼匪。现在接到前面来文,应该通知商议此事。为此说明理由,发出公文,烦请巡抚都御史秦某备查依照行事。

行岭北道催督进剿牌

十月初十日

依照先前的行文通知,希望岭北道守巡官员分别前往上犹、大庾等处驻扎听候命令,待各哨官兵到达时,立即带领进军剿杀,此令早已下达。现在各领兵的官员,已经完成我的派遣任务,一起行动分别带兵。为此希望抄案回岭北道后,立即催促各哨官兵,依照制定的战略战术,根据所定日子星夜进发直抵贼匪巢穴,一定要将上次贼匪消灭干净,使地方平安无事,不要使贼漏网逃脱以留后患。我再次命令各官,详细勘察地形的险易,审时度势,抓住时机,谨慎行动,一定不要轻率没有策

变施行,仍呈本院知会。俱毋违错!

刻期会剿咨

十月二十一日

准巡抚湖广都御史秦咨:"议照会剿事情,已该兵部议奉钦依,刻期于九月中进兵。职等督理兵粮,粗有次第。近因杨总兵病故,又为两广路远,约会颇难,只得改期十月初旬,衡州取齐,听候分哨会兵具题,及差官约会进剿。即今所调汉土官兵,不旬日间俱集。若令住扎,候至闰十二月方行会剿,非惟粮饷不敷,亦恐地方骚扰,况贼情狡诈,必致乘虚奔逸。除移文两广总镇军门查照,作急会议,一面严督布守官兵,谨把贼路,防其奔逸;一面督发兵粮,委官分哨,相机策应剿杀外。备咨贵职,查照事理,至期督发各哨夹剿,仍希由咨报。"等因。案照先为紧急军务事,本职看得进攻次第,江西惟桶冈一处,该与湖广之兵会合;其长流左溪、横水等处,皆深入南安府所属三县腹心之内。见今不次拥众奔冲,势难止遏。欲将前项贼巢以次相机剿扑,候贵治之兵齐集,夹攻桶冈,又经移咨贵职外。

略，以及畏缩不前，导致耽误时机。如果这样，一定要按军法处置。军中没有考虑到的其他事情，各官员应该随机应变，仍然应上报使我知道。以上都应遵守，不得违反！

刻期会剿咨

十月二十一日

接到湖广巡抚都御史秦某的咨文："所讨论的共同剿匪一事，兵部的意见已经得到皇上认可，决定进兵的日期在九月中旬。我们办理兵粮，已经大致安排好、近来因为杨总兵病故，再加上两广间路途遥远，共同进兵十分困难，只得改变日子到十月上旬，军队在衡州汇合，上报听候调遣命令以及委派官员定期进兵剿匪，这样，即使现在调发汉人军队以及土著军队，十天之内，就可以集合完毕。如果令他们驻扎，只有等到闰十二月才能汇合剿匪，这样不仅粮饷不够用，而且担心地方遭到骚扰，更何况贼匪狡猾奸诈，一定会乘虚逃命。在此行文两广总镇大营使之明白，做紧急商议，一方面严厉督促各防务坚守官兵，谨慎把守贼匪出没的道路，防止他们逃窜；一方面监督发放兵粮，委派官员到各哨，依据时机策应剿杀贼匪。除此之外，这份咨文通知你有关事情，到时要派发各哨兵卒夹击剿匪，仍然希望你通报情况。"依据应先办理紧急军务，我认为进攻的事宜，江西只有桶冈一个地方应该和湖广的军队汇合，长流左溪、横水等地都深入南安府所属的三县腹地。现今贼匪人数众多，奔走逃命，实在不易被遏制。要将上面所说的贼窝一个个依据时机剿杀扑灭外，只有等候您的军队到达会集夹攻桶冈，并将此行文向您通报。

续据县丞舒富等呈称:"各夆贼首闻知湖广土兵将到,欲奔桶冈,集众拒战,战而不胜,奔入范阳大山,乞急为区处"等因到院。随将领兵知府邢珣等,指受方略,刻期于十月十二日子时发兵进兵。本院即日进屯,亲临南康督战,遂破横水、左溪等巢;但贼首未获,方行各哨追袭。今准前因,照得江西兵粮,粗已齐集;及照十一月初一日之期,亦已不远,除行兵备等官,监督各哨,一面分投追袭未获贼徒;一面行令务在十一月初一日移兵径趋桶冈等处,分布夹攻,不许后期误事;及行兵备副使杨璋,移文参将史春知会外。为此合咨前去,烦请贵院查照,早为督发,切勿后时。

横水建立营场牌

十月二十七日

照得本院亲督诸军,进破横水等巢,贼徒已就诛戮。但山高林密,诚恐漏殄之徒,大军撤后,仍复啸聚,必须建立营场,委官防守。为此牌仰典史梁仪,协同千户林节统领宁都机兵四百名,信丰机兵六百名,就在横水大村,砍伐木植,相视地势雄阜去处,建立营场一所,周围先坚木栅,逐旋修筑土城,听候本院回军住扎,以凭委官,留兵防守。各官务要同力协谋,精勤干理,工完之日,照依军功论赏。所领兵众,如有不听约束,许以军令责治。其合用夫匠等项,

接着又根据县丞舒富等报告说："各寨的贼匪头目听说湖广大部队即将到达，准备逃奔到桶冈集合众贼匪进行抵抗，如果打仗不能取胜，就逃进范阳大山之中，乞求迅速处理该地区情况。"该报告到达后，我立即给领兵的知府邢珣等人传授作战计划，订下日期于十月十二日子时发兵进军，当天我也前往，亲自到南康督战，遂即攻破横水、左溪等贼窝，但是贼匪头没有捉到，正命令各哨追击。现在按照前面咨文，知道江西兵粮，初步已经准备集合完备，就是按照十一月初一来说，也已经不远没有多少日子，命令兵备等官员监督各哨，一方面分头追击没有捉到的贼匪，一方面命令他们务必在十一月初一领兵直接前往桶冈等地，布置停当夹攻剿杀，不许延误日期，耽误大事，另外通知兵备副使杨璋，行文使参将史春知道此事。为此一并行文前去，麻烦您备查，早日派兵，千万不能延误时间。

横水建立营场牌

十月二十七日

我亲自带领各军攻破横水等贼匪巢穴，贼徒已被诛杀砍头。但是那里山高林密，我担心有漏网的贼徒在大军撤走后，再次聚集起来，因此必须建立营场，派官防守。为此，发此令牌希望典史梁仪协同千户林节带领宁都机兵四百人，信丰机兵六百人，就在横水大村砍伐树木，找地势高峻的地方，建立一所营场，周围先树立木栅栏，再修筑土城，等候我回军驻扎，以便派官留兵防守。你们一定要同心协力精心办理这事，完工的时候，按照军功行赏。你们所带领的兵卒，如果有不听命令的，你们可以按军法处置他们。至于所需用劳力工匠等事宜，可到南安府所听于南安所属上犹、南康等县取用。该县俱要即时应付，毋得迟违误事。

搜扒残寇咨

十一月十一日

据知府邢珣、唐淳会呈：

"各职近奉本院调发，于本年十一月初一日，依湖广刻期夹攻桶冈峒诸巢遵依，攻破茶寮等处，擒斩贼党已尽。见今各兵四散搜扒，无贼可捕。访得官兵未进之先，各贼带领家属，逃往桂东县连界大山藏躲，及将捕获贼人黄顺等备细研审相同。但今彼处官兵未见前来，若不移文催督，诚恐先遁各贼，乘虚在彼奔窜，各营官兵，难于过境搜扒，呈乞照详。"等因到院。查卷，先为前事，已经通行湖广、江西、广东三省该道兵备守巡等官，调集官军，把截夹攻；及严督府、卫、所、州、县等官，起集兵快乡夫，各于贼行要路，昼夜把截，若贼奔遁，就便相机擒捕，去后。

今据前因，照得桶冈贼徒，陆续潜逃，所据守隘等官，未暇参究；但今各贼久在彼处藏躲，若不速行搜扒，将来大兵既撤，诸贼必将复归桶冈，重贻后患。为此合咨贵院，烦将原调官兵，量摘三四千前来桂东连界大山，逐一搜扒，必使果无噍类，然后班师，庶几一劳永逸，而彼此两无遗憾。及请戒令各兵，止于连界大山搜扒，不得过境深入，尤为地

管辖的上犹、南安等县支取使用。上犹、南康等县都要及时给发，不能够违令误事。

搜扒残寇咨

十一月十一日

收到知府邢珣、唐淳共同报告：

"我们近来遵奉您的调遣，在今年十一月初一，根据湖广所定的日子夹攻桶冈峒等贼匪，攻破茶寮等地，已将贼匪基本上抓住或杀掉干净。现在各兵四处搜查，已经抓不到贼匪。查访得知，在官兵进军之前，各贼就带领家属部下，逃到桂东县连界大山躲藏起来，我们又将抓到贼匪黄顺等仔细审问，他们的招供也是这样。可是现在那边的官兵并没有人前往这里，如果不行文督促，实在担心各贼事先跑掉，乘虚在那里逃窜，我们各营官兵，很难入它县境内捕捉，呈文希望您知道。"报告到达后。我查阅公文，为了前面的剿匪一事，已经行文通知湖广、江西、广东三省的道、兵备、守巡等官员，调集官军，把守截留夹击。另外严厉督促府、卫、所、州、县等官，集合兵快、乡夫，分别在贼匪出没的重要道路日夜把守截击。如果有贼逃奔跑，各方面就要抓住时机擒拿捕捉，官文早已发出。

现根据前面报告情况，知道桶冈贼匪，陆续逃窜；把守各关隘的官员，还没来得及一一处置。只是现在各贼长期在他们那里躲藏，如果不迅速捕获，待到将来大部队撤走，各贼必将再次回到桶冈，成为后患。为此，一并通知巡抚您，烦请将原先调遣官兵酌量调发三四千名前来桂东连界大山，逐一搜捕，一定要使没有贼匪漏网，然后再撤军班师，真正做到一劳永逸，你方之幸。

批准惠州府给由呈

正德十三年二月二十四日

据知府陈祥申给由事。看得知府陈祥，政著循良，才堪统驭；近因兴师之举，且迟考绩之行。今本官亲从本院征剿叛贼，效劳备至，斩获居多，巢穴悉皆扫平，地方已就宁靖，既喜奏功于露布，允宜上最于天曹；际赏功之典另行外，仰该府即便照例起送给由。申缴。

批攻取河源贼巢呈

三月二十三日

据佥事王大用呈：

"河源朱峒、吴天王、曹总兵、邓都督等一十三围，并上下二山，共有先锋三千余兵，五府六部俱全，声言起城立殿，势诚猖獗。"看得所呈，各贼聚众三千，设官僭号，即其事势，亦岂一朝一夕之故？而各该府县等官，前此曾无一言申报，据法即合拏究。但称所呈亦据传闻，未委虚的，又虑万一果如所呈，各该官吏正在紧关剿截之际，姑且俱未参提。仰该道再行查勘的实，果如前情，即便一面严督各该官司，加谨防遏；一面议处机宜，或移夹剿之回师，或促候调之狼卒，度量缓急，相机而行。如其事未猖扬，情犹可抚，亦

我两方都没有什么遗憾。另外请告诫各兵卒，只是在连界大山搜捕贼匪，不能越境深入县里，这样做实在是地方的幸事。

批准惠州府给由呈

正德十三年二月二十四日

收到知府陈祥要求批准休假的申请。知府陈详做官优秀政绩显著，才能足以统治地方。近来因为兴兵打仗，耽误了官员的考核。现在陈祥亲自跟随我剿灭叛贼，十分出力，杀掉捉住贼匪很多，贼匪老窝都被消灭干净，地方已经平安无事，现向朝廷上奏宣扬功绩，陈祥立功最大。除了接受犒赏之外，希望陈祥立即按照定例休假，将此申请上缴。

批攻取河源贼巢呈

三月二十三日

收到佥事王大用报告：

"河源朱峒、吴天王、曹总兵、邓都督等十三伙人，加之上下两座山，共有兵卒三千余人，五府六部各官都齐备，扬言要建立城池、树立殿堂，势力实在很猖獗。"根据报告，各贼匪集合三千多人，设官职起不法名号，就他们闹事势力来说，哪能是一朝一夕的事情呢？然而各府县等官员，在此之前并没有一字关于此事的上报，依据法律应该一并治罪。当然王大用报告也说是依据传闻，还不知道虚实。但考虑到万一情况如同呈报的一样，各官吏都正在剿灭贼匪的紧要关头，姑且不进行弹劾治罪。希望该道再进行勘查事实，如果真是上面报告的情况，就立即一面严厉督促各官员谨慎防守，一面商讨军务，或者调动夹击剿贼

要周防安插，区处得宜。俱仰火速具由呈来，以凭议奏。仍呈总督巡按等衙门，公同计议施行。呈缴。

批赣州府赈济呈

四月二十八日

据赣州府呈：

"本府赣县等七县，将在仓稻谷粜银赈济。"看得兵革之余，民困未苏，加以雨水为灾，农务多废，虽将来之患，固宜撙节预防；而目前之急，亦须酌量赈济。据该府所申，计处得宜，合行各县照议施行。仍仰各掌印官，务须严禁富豪之规利，痛革奸吏之贪缘；庶官府不为虚文之应，而贫民果沾实惠之及。各具由回报。申缴。

批岭北道修筑城垣呈

五月十五日

据副使杨璋呈：

"所属府、卫、县城垣倒塌数多，而石城一县尤甚，应该估计修理。合委知府季敩、邢珣，不妨府事，督修本府城垣；龙南县署印推官危寿，兴国县知县黄泗，瑞金县知县鲍珉，各委督修本县城垣；惟石城县知县林顺，柔懦无为，合

的回师部队,或是敦促调发狼卒,根据情况的缓急不同,依据不同时机行事。如果贼匪的势力还未猖獗,还有招抚的可能,即使这样也要周密防备、安插,要安排得当。以上都希望火速呈文报告,以便商议上报,仍然上报总督、巡抚、按察使等衙门,一起商议行事。将此文上缴。

批赣州府赈济呈

四月二十八日

收到赣州府报告:

"赣州府赣县等七个县,将仓储的稻谷粮米为银,进行赈灾。"兴兵打仗的时候,农民贫困生活没有起色,再加上雨水成灾,农活大都荒废,虽然将来的祸患应当抑制预防,但是眼前的紧急事情,也应当适当赈济。根据赣州府的报告中的计划措施,一并通知各县依照执行。希望各掌印的官员,一定要严禁富豪人家从中得利,一定要革除奸诈官吏的互相勾结。官府不能用一纸空文来对付,而应使贫民确实得到实惠。各县到时回报情况。将此文申报上缴。

批岭北道修筑城垣呈

五月十五日

收到副使杨璋报告:

"岭北道属下的府、卫、县城城墙倒塌的很多,其中石城县更为严重,应该进行估算、修理,一并通知知府季敩、邢珣在不妨碍府中事情的情况下,监督修理本府的城墙;龙南县掌握印务的推官危寿、兴国县知县黄泗、瑞金县知县鲍珉,分别委派

行同知夏克义，估计督修。"看得城垣倒塌，地方急务，幸兹盗贼荡平，正可及时修筑。若患至而备，则事已无及。

该道即行各该承委官员查照，估算工程，措置物料，一应事宜，各自从长议处呈夺。各官务要视官事如家事，惜民财如己财，因地任力，计日验功，役不逾时，而成坚久之绩；费不扰民，而有节省之美，庶称保障之职，以副才能之举。呈缴。

查访各属贤否牌

六月十九日

节该钦奉敕谕：

"军卫有司官员中政务修举者，量加奖劝；其有贪残畏缩误事者，文职五品以下，武职三品以下，径自拿问发落。钦此！"钦遵。切照当职抚临赣州等处，向因亲剿群贼，多在军前，所据大小衙门官员中间，志行之贤否，政务之修废，类皆未暇采访；拟合通行查报。为此除布按二司，本院自行询访外，牌仰本道官吏，即便从公查访所属军卫有司官员，要见某官廉勤公谨？某官贪婪畏缩？某官罢软无为？某官峻刑酷暴？备细开造小册，就于前件下填注，印封密切，马上差人赍报，以凭覆奏，黜陟拿问施行。毋得循情，查报不公，

监督本县城墙的修理；只是石城县知县林顺性情柔弱，无所作为，应该通知同知夏克义，估算监督修理。"城墙倒塌是地方重要事情，幸亏盗贼已经被消灭干净，正好利用此时马上修理。如果祸患来临才去准备，那事情就不及了。

该道杨璋应立即通知各办事官员查验核实，进行工程估算，办置物料，一切事情都应从长远打算，上报。各官员一定要将官府事情当作自己家中事情，爱惜人民财物就如同自己的财物一样，根据地方不同分别委派劳力，每天验收工程，修筑城墙不能超过规定时日，做到坚实耐用的实绩。工程费用不骚扰百姓，有节省开支的美名，这样才能符合保障人民的职责，不辜负有才识能力的行动。将此文上缴。

查访各属贤否牌

六月十九日

接皇帝敕谕：

"军卫有司官员中凡是政绩优异的人，根据不同情况给予奖励。凡是贪婪残酷畏缩耽误政务的人，文职官员在五品以下，武职官员在三品以下，都可以直接抓来审问处置，钦此。"我遵奉钦命。想想我当官巡视赣州等地方，一直因为亲自剿杀群贼，多在军中生活，所依靠的大小衙门官员当中，他们德行是否贤明，政务的好与废弛，都还没来得及调查，打算一并通知调查上报。为此，除了布政使、按察使二司，我亲自过问外，下发此牌文，希望本道的官员立即依公调查访问，对于属下军卫有司官员，看看某官是属于廉洁勤政为公谨慎？是属于贪婪畏缩？是属于骄纵软弱没有作为？还是属于严刑峻法残酷暴力？仔细开

致有物议,自取参究。仍行本道,各将掌印佐贰等官年甲、籍贯,到任年月日期,亦开前件,揭帖一本,印信各令差人赍报,不得稽迟!

一仰广东守巡岭东、岭南道,福建守巡漳南道,湖广守巡上湖南道同。

行漳南道禁支税牌

六月二十八日

照得上杭河税,原系本院钦奉敕谕:

"军马钱粮,径自便宜区画事理。"专为军饷而设,自来非奉本院明文,分毫不许擅自动支,与该省各衙门原无干预。牌仰该道官吏,今后凡有相应动支,止许具由呈禀本院,听候批允,不得一概申请,有乖事体,渐开多门之弊,反生侵渔之奸。具依准。缴牌。

禁约驿递牌

七月初一日

照得水西驿递旧例,每遇公差,验有真正关文,随即送赴军门挂号,此乃防奸革弊定规。本院抚临赣州未几,即因盗贼猖獗,屡出剿平,尚未清查。访得近来多有奸诈之徒,

列,造一小册子,在前件下填写注明,用印紧密封口,立即秘密派人带来回报,以此表格对官员进行奖惩处置。不得照顾私人情面,调查上报不公正,以致引起别人议论,那样做是自取弹劾问罪。仍然通知本道,分别将掌印、佐贰等官员的年龄、籍贯,做官到任的年月日也开列在前件之后成为一本,印信等令,派人带来回报,不得延误!

希望广东守巡岭东、岭南道员,福建守巡漳南道员,湖广守巡上湖南道官员同样执行上面的命令。

行漳南道禁支税牌

六月二十八日

关于上杭河的税收,原来是我遵奉敕谕:

"军马钱粮的征收,自己根据情况计划行事。"而专门为了军饷才征收的,如果从来都是没有我的明文指示,一分一毫不允许随便支用,这和该省各衙门没有丝毫关系。发布此令牌,希望漳南道官吏,今后凡是与河税有关的开支,只允许行文上报我知道,听候批复应允,不能够向上司一一申请,这样做与体制不符,渐渐导致多重管理部门弊端的发生,反而引起出现侵扰欺压百姓的奸情。你们都必须依上述规定行事。将此牌上缴。

禁约驿递牌

七月初一日

关于水西驿站邮递的旧规定,每逢遇有公差,凡是检验有真正关文的,就立即送到军营挂号,这样做是防止奸诈革除弊病的定制。我巡视赣州以来,没多长时间,就因为盗贼猖獗,多

起一关文，辄就洗改。或改一名为二三名者，或改红船为站船者，或改口粮为廪给者，或改下等马为中等上等马者，或该有司支应而贪缘驿递应付者；又有或看望亲朋，或经过买卖，因与驿递官吏相识，求买关文，诈伪百端。若不挂号清查，非惟奸人得计，抑且有乖事体。

为此牌仰本驿所官吏，即便印钤厚白申纸，装钉方尺文簿，一样二本，送赴军门。每遇公差关文，验无前项奸弊，就与誊换，随送军门挂号给付。如或本院出巡，就赴该道兵备挂号。中间若有交通，私与关文，或不经本院挂号，潜行应付者，定行拿问赃罪，决不轻贷！仍仰今后差拨舡只迎送，止许各至交界驿递倒换，立即回还。敢有贪图过关米粮，或权要逼勒过界者，就便指实申来，以凭拿问。仍行岭北道一体查照施行。

申明便宜敕谕

七月二十一日

节该钦奉敕：

"广东清远、从化、后山等处，与尔所辖南、韶等府，壤地相接，事体互相有关。近该彼处镇巡官奏称：盗贼生发，师行有日，如遇彼处行文征兵协剿，亦要随即发兵前次出兵剿灭，到现在还没有清查驿站的情况。查访得知近来有许多奸诈的人，起送一件关文，就进行窜改，或者改一人为二三人，或者改红船为站船，或者改自带口粮为发放供给路费，或者改乘下等马为上等马，或者本应该有司官员支付费用而改为驿站支付；又有人或者看望亲朋好友；或者经过驿站进行买卖活动，因为他们和驿递官员认识，求情买得关文，产生很多奸诈弊端。如果不进行挂号清查，不仅奸诈之人从中得到好处，而且这也不符合体制。

为此发布此令牌，希望水西驿所官吏，立即印制厚白的纸张并盖印，装订成一尺见方的文薄，一式两份，送往军营。每逢遇到有公差关文到来，查验如果没有前面列举的弊端，就给予誊换公文，送往军营挂号再交给公差。假如我出巡不在，就前往该道兵备处挂号。假如其中有互相勾结，私自给予关文，或者不经过我这里挂号，就暗地里交付关文的官员，一定要捉拿以贪赃罪论处，决不轻饶！仍然希望今后差派船支近来送往，只允许分别到交界驿站进行替换，并规定时日返回。如果有人胆敢贪图过关的米粮，或者有做官者对过界人进行勒索者，立即如实上报，以此捉拿审问，仍然通知岭北道一并查照执行。

申明便宜敕谕

七月二十一日

节录皇帝敕谕：

"广东的清远、从化、后山等地方和你所管辖的南雄、韶州等府土地相连接，事情互相有联系。近来广东那里镇巡官员上奏说：盗贼已经出现，出师征剿已经有一段时间，如果你遇到去,防剿应援,以收全功。毋得自分彼此,致失事机。钦此!"钦遵。

照得南雄府界连南、赣、大庾、信丰、龙南等县,而惠州、河源、兴宁,亦各逼近贼巢,俱系紧关,奔遁潜匿之处,进攻防截之路。访得前贼为患日久,虽奉成命征兵协剿,诚恐贼计狡猾诈变,东追则西窜,南捕则北奔,若不早为查处,未免有误军机。为此仰抄案回司,会同三司掌印及各该守巡兵备等官,上紧调集兵粮,听候克期防剿,并将应剿贼巢,通行查出,行拘熟知地利险易乡导,责令画图贴说,要见某处贼巢,连近某处乡落;某巢界抵某处,系是良善村寨;某处系是善恶相兼;某处平坦可以直捣;某处险阻可以把截;某处系贼必遁之路,可以设伏邀击;某处贼所不备,可以间道掩扑;何处官军可以起调?何官可以委用?可以监统粮饷?何处措办住扎?何处听候?各要查处停当,备由马上差飞报本院,以凭遵照。钦奉教谕,与各该镇巡官,计议而行。其有军中一应进止机宜,亦要明白呈报,毋分彼此,致有疏虞。国典具存,罪难容恕!仍呈总督镇守巡按衙门知会。

他们那里有公文来要求派兵协助围剿，就应该立即发兵前往，援助剿灭盗贼，以大获全胜，不应该有你我的区别，致使失去时机。钦此！"我遵奉圣谕。

　　南雄府和南、赣、大庾、信丰、龙南等县地界相连，惠州、河源、兴宁也都紧靠贼窝，这些地方都是重要关口，是盗贼逃命藏身的去处，是我们进攻防守堵截的通道。我查访得知前面所说那盗贼为非作歹已经很长时间，虽然这次遵奉圣命派兵协助剿杀，实在担心盗贼狡猾奸诈，东面追剿他们则向西逃窜，南面搜捕他们则向北奔命，如果不事先调查，到时就可能贻误战机。为此希望抄案回司，和三司掌印官以及各守巡兵备等官员，抓紧调集兵粮，听候约定的日期以便防备围剿。并将应该剿灭的贼窝一一搜查，通知熟悉地形路线的向导，命令他们画图张贴宣传，一定要说明某个地方的贼窝靠近哪个村庄，某个贼窝四周边界在哪里，是善良的村寨，还是有善有恶的村寨？哪个地方道路平坦可以直接发兵捣毁贼窝？哪个地方地势险要可以把守堵截？哪个地方是盗贼逃跑的必经之路，我们可以设伏兵袭击？哪个地方盗贼没有防备，我们可以从小路进兵消灭他们？哪里的军队可以调拨使用？哪些军官可以委任重用，可以监督负责粮饷？哪里可以筹办粮饷，驻扎军队？哪里可以听候命令以待行动？这些都要调查清楚，派人迅速上报我知道，以便遵照执行圣谕，和各镇巡官员计划商量然后行动。有关军中的一切行动，都应该清楚地向我汇报，不要区分你的我的，导致有疏漏。国家法律都有规定，一旦有罪决不宽恕！仍然呈报总督镇守巡按衙门，使他们知道。

犒赏新民牌

　　　　　　　　　　　　　　　七月二十八日

　　据招抚新民张仲全、陈顺珠等呈：

　　解擒斩贼首池满仔、屠天佑等八名颗到院。为照张仲全等，始能脱离恶党，诚心向善，已为可取；又参擒斩叛贼立功报效，即其忠勇，尤足嘉尚！所据张仲全合升授以百长，陈顺珠合升为总甲，各给银牌，以酬其功；其兵众三百余人，皆能齐心协力，擒捕叛贼，俱合犒赏。

　　为此牌差百户周芳前去龙南县，着落当该官吏，即将赍去银牌，给与张仲全、陈顺珠，牛酒及赏功银两，照数给与部下有功兵众。仍仰督同张仲全等，整束部下兵众，会同王受、郑志高等并力夹剿残贼，务要尽数搜擒，照例从重给赏；其屠天佑手下走散兵夫，原由牵引哄诱，皆可免死。仍仰张仲全遣人告谕，但能悔恶来归，仍与安插。或能擒斩同伙归投者，准其赎罪，仍与给赏；各役俱听推官危寿等节制调度，务要竭忠尽力，愈加奋勇，期收全功，以图报称。

行岭北等道议处兵饷

　　　　　　　　　　　　　　　八月十四日

　　节该钦奉敕谕：

犒赏新民牌

七月二十八日

收到招抚归降的新民张仲全、陈顺珠等报告：

解到被处斩的贼匪头目池满仔、屠天佑等八人的脑袋。这报告到我这里，张仲全等人开始能够脱离可恶的贼匪，诚心诚意想变好，这已经值得肯定；现在又能够将叛贼头目抓住杀掉，立下功劳，就其忠心勇敢来说，实在值得奖励表彰！在此张仲全提升任命为百长，陈顺珠提升为总甲，分别发给银牌，作为对他们功劳的奖赏。三百多名兵卒都能够齐心协力，捕杀叛贼，全部应该犒劳奖赏。

为此下发此令牌，派百户周芳前往龙南县，安排好有关官吏，立即将带去的银牌发给张仲全、陈顺珠，牛肉、酒食以及奖赏的银两照数发给他们手下有功的兵卒。希望周芳与张仲全等一起，调整手下兵卒，和王受、郑志高等一起，奋力夹击剿杀残留的叛贼，一定要搜捕干净，到时照例从重奖赏。屠天佑手下小兵卒，原先是由于介绍哄骗利诱才入伙的，他们都可以免去死罪，仍然希望张仲全派人前去通告他们，如果他们能够反省错误前来归降则仍然给予安排。如果有人能够斩杀同伙归降，允许他赎罪，仍旧给他奖赏。各战斗都要听从推官危寿等的指挥派遣，一定要尽心尽力，更加奋勇，取得大获全胜，以便将来上报功绩。

行岭北等道议处兵饷

八月十四日

节录皇帝敕谕：

"一应军马钱粮事宜,俱听便宜区画,以足军饷。钦此!"钦遵。照得近因夹剿上犹、桶冈等贼,粮饷无措。当时仰赖朝廷威德,两月之间,偶速克捷;不然必致缺乏。

今各巢虽已扫定,而遗党窜伏,难保必无。况广东后山等处,方议征剿,万一奔决过境,调兵遏剿,粮饷为先。查得见行措置军饷,以防民患事例:"今后江西南、赣等府,有兵备去处,各该军卫有司所问凶犯,审有家道颇可者,不拘笞杖徒流,并杂犯死罪,各照做工年月,每日折收工价银一分,送府收贮,以备巡抚衙门军情缓急之用。虽有别项公务,不得擅支,仍要按季申报,合干上司,以凭稽考"等因。

照得近来官吏,因循不行,查照概将问追工价等银,俱称类解买谷,遂致军饷无备,甚属故违。具访前项银两,埋没侵渔甚众,今姑未查究,再行申明,仰抄案回道,着落当该官吏,并行南、赣二府卫所县。今后奉到问理等项笞、杖、徒、流杂犯、斩、绞罪,除有力纳米照旧外,其家道颇可者,俱要查照先行事例,折纳工价,俱收贮该府,以备本院军情缓急。敢有故违者,定行参以贼罪,决不轻贷!仍仰各置文簿二扇,按季循环开报查考,毋致隐匿。仍呈抚按衙门知会。

"一切有关军马钱粮事情，都根据实际情况安排行事，以便有充足的军饷。钦此。"我遵奉圣谕。近来因为夹击剿灭上犹、桶冈等贼匪，没有筹集粮饷。当时依靠朝廷的威力，在两月之内，迅速取得胜利。不然的话，粮饷必然会缺乏。

现在各贼匪虽然已经被平定，但是不能保证没有遗漏的贼匪逃窜潜伏。更何况广东后山等地方正在商讨消灭贼匪，万一有贼匪逃命出边境到我们这里，我们调兵遏制剿杀，应该最先调拨粮饷。查有筹办军饷、防止祸害人民的事例："今后江西南、赣等府，凡是有兵备前去的地方，军卫有司官员所审问的罪犯，当审知家庭颇为富有的罪犯，不论是应受笞、杖、徒、流的处罚，还是杂犯、死罪的人，分别按照服役做工的时间，每天折换收取一分工价银，送到府里收存，以便巡抚衙门军情紧急时使用。即使有其他的公务，也不能随便支取，仍然要按季度上报，使上司知道，以便考核。"

查知近来官吏沿袭旧例，没有执行上述规定，一概将查收工价的银两全部作为购买粮谷的开支，这样导致军饷没有着落，实在属于明知故犯。查访得知上面那项银两，被贪污的特别多，现在权且不调查处分，再次申明，希望此发文件抄回道后，通知有关官吏，并通知南、赣二府的卫所及属下各县。今后遇有审理的案子，凡是应受笞、杖、徒、流、杂犯、斩、绞的罪犯，除了有能力交纳米粮偿罪的照原来的执行外，只要是家庭颇为富有的，都要按照先前制定的事例执行，折收工价银两，全部由该府保存，以便我这里军情紧急时使用。胆敢有明知故犯者，一定以贪赃罪将他弹劾，决不轻饶！仍然希望分别安排二种记账本，按季度循环填写上报以备查核，不要有所隐瞒。仍然将

再批攻剿河源贼巢呈

八月二十一日

据广东岭东道佥事朱昂等会呈：

"河源县贼巢一十三处，势相联络，互为应援，贼首吴何俊等，并帽子峰贼首谭广护等，招亡纳叛，不止二千余众，累岁荼毒生灵，况又僭称天王、总兵、都督等号，罪恶滔天，人神共怒。必须请调大兵，剿绝根由，庶足以雪军民之冤。但此黠贼性尤凶强，必借狼兵，可以捣巢攻寨，大约以军兵二万有余，方克济事。合行布政司查议粮饷，并赏功银两等项。又据惠州府云云。"

看得贼众兵寡，委难集事，但动调狼兵亦利害相伴。况开报贼巢，前后不同，合用粮赏，俱合预行查处。为此仰抄案回道，会同各守巡兵备等官，将各巢穴再行备细查访，若果贼巢众多，官兵分哨不敷，必须添调狼兵，仰即径自呈请该省总督等衙门，上紧起调。若见在官兵略以足用，可以不调狼兵，亦免骚扰地方。就仰选委谋勇官，督同府、卫、县所等官，将各汉达官军兵快乡夫，预先起集选练，于该府及近贼县分，密切屯扎，勿令张扬，候克期已定，然后昼伏夜行，出其不意，并击合剿。合用粮饷赏功等银，备行广东布政司，查照上年大征事体，及时措备，毋致临期误事。如是兵此文上报抚院衙门知道。

再批攻剿河源贼巢呈

八月二十一日

收到广东岭东道佥事朱昂等人共同报告：

"河源县有十三处贼窝，他们互相联络，互相支援，贼匪头目吴何俊等人和帽子峰的贼匪头目谭广护等人，招收无家可归、反叛的人已不下二千，多年来烧杀抢掠，更何况又不法号称天王、总兵、都督等，罪大恶极，人与天上神灵都愤怒已极。必须请求调遣大部队，剿灭他们，斩草除根，这样才能为军民洗去冤仇。然而这帮狡猾贼匪生性特别凶残，我们必须依靠狼兵，才可以攻破贼寨捣毁贼窝，大约需要军兵二万多人才能够取得胜利。"应通知布政司讨论粮饷，以及奖赏立功之人的银两等事情，又据惠州府报告。

由此得知贼匪人多，我军人少，很难集合行动，可是调用狼兵也是有利有弊。更何况开列上报的贼匪前后不是一伙，一起动用粮饷及奖励，都应该预先调查。为此，希望抄案回道，和各守巡兵备等官员一起，将各贼窝再次仔细查访，如果贼匪确实人数众多，官兵分哨剿杀人不够用，必须补充调用狼兵的话，希望直接上报请广东总督等衙门，抓紧派遣军队。如果现在的官兵差不多够用，可以不需要调用狼兵，那样可以避免骚扰地方。希望选派任用有智谋勇敢的官员同府、卫、县等官员一起，将该处的官兵等预先集合，挑选训练，在该府及靠近贼窝的县秘密驻扎，不要张扬宣传，等待进攻日期确定，然后白天埋伏夜里进军，出其不意，一起袭击通力剿杀。共同使用粮饷及犒劳奖赏

粮措置，俱已齐备，仰即马上差人飞报军门，以凭亲临督战；或差官赍执令旗令牌，分督进剿。其各贼奔遁关隘，相应江西防截者，亦要上紧查报，以凭调发。各毋稽违，致有失误，国典具存，决难轻贷！先选熟知贼情三四人，赴军门听用，军中一应进止，或未尽机宜，应呈报者，亦就上紧呈报，仍呈总镇镇守巡按等衙门查照知会。

优礼谪官牌

十一月二十七日

照得本院奉命提督军务，征剿四省盗贼，深虑才微责重，惧无以仰称任使，合求贤能，以资谋略。访得潮州府三河驿驿丞王思，志行高古，学问渊源，直道不能趋时，长才足以济用；惠州府通衢马驿驿丞李中，坚忍之操，笃实之学，身困而道益亨，志屈而才未展，合就延引，以匡不及。为此牌仰该府，照牌事理，措办羊酒礼币，差委该县教官赍送本官处，用见本院优礼之意，仍照例起关应付，以礼起送前赴军门，以凭咨访。该驿印记，别行委官署掌。先具依准及礼过缘由。缴牌。

有功的银两一事，行文广东布政司，按照去年征用的体制及时筹办，不要到时误事。如果兵粮的筹办都已经齐备，希望马上派人火速上报军营，以便我亲自前往监督作战。或者派官员带着令旗令牌，分别督促进军剿杀。那些贼匪逃跑所经过的关口，有江西部队在那里防卫截杀，这也要抓紧检查上报，以便调发部队。大家都不要违反命令，致使有不成功的地方，国家法律都有规定，决不轻饶！首先挑选三四名熟悉贼匪情况的人到巡抚军营接受派遣。军中的一切情况，或者没有考虑到，应该上报的，应马上汇报。仍然将此事上报总镇镇守巡抚等衙门知道。

优礼谪官牌

十一月二十七日

我奉命管理军务，剿灭四省的盗贼，很是忧虑自己才学浅薄，责任重大，担心无法报答对我的任用。这里我征求贤人能人，以帮助我出谋划策。查访得知潮州府三河驿驿丞王思，品行高贵朴实，学问很深，直抒胸臆，不会迎合时尚，他的才干优异足可以委任使用。惠州府通衢马驿驿丞李中，操守严谨，学问扎实，身处困境之中而道德更加通达，他现在是志向没有实现，才能没得到发挥，应当请来任用以协助我工作。为此下发令牌，希望潮州府按照令牌所规定，筹备羊肉酒食聘金，差派县中的教官送到王思、李中手中，以体现我礼贤下士的用意。仍旧按照定例招待。用礼节相送，前往我军门帅府，以便顾问咨询。他们的驿站印记，应另外派官员掌管。首先书写上报依据命令所迎送的礼节。此令牌上缴。

批漳南道设立军堡呈

十二月初三日

据兵备佥事周期雍呈：

"深田、半砂等处负山滨海，地僻人稀，以致贼徒诱结，势渐猖獗。今虽议立军堡，一时未得完工，合行署都指挥佥事侯汴，暂且住扎南韶，设法擒捕。候军堡已完，行令遵照钦奉敕谕，前往武平县驻扎。"看得所呈深田等处盗贼，日渐猖炽，各该巡捕等官，因循坐视，致令滋蔓，俱合拿赴军门。但当用人之际，姑且记罪。仰该道严加督捕，在目下靖绝，以功赎罪。

及照该道原议设立军堡十处，每堡军兵不过二三十人，势分力弱，恐亦不足以振军威而扼贼势。仰该道会同守备官再加酌量，如果军堡工费浩大，且可停止。将各堡该戍军兵，分作两营，选委勇官二员分统于各该盗贼出没地方，络绎搜捕，每月限定往来次数。就仰经过县分按月开报兵备官处，不时考较督责。其该设军堡，止于每日程途所到去处，建立一所，以备宿歇。非独省费易举，亦且势并力合，地方可恃以无恐，盗贼闻风而自息矣。但事难遥度，该道仍须计审详议，一面呈报，务求至当，亦无苟从。

再照前项地方，盗贼日盛，备御未立，准议暂委守备侯汴前往南韶住扎，严剿捕以靖地方。稍候武备既设，施行有

批漳南道设立军堡呈

十二月初三日

收到兵备佥事周期雍报告：

"深田、丰砂等地方，多山且靠近大海，位置偏僻，人口稀少，以致贼匪互相勾结势力渐渐猖獗。现在虽然打算设立碉堡，但不可能很快完工。通知署都指挥佥事侯汴，暂时驻扎在南韶，设法捕捉贼匪。等到碉堡完工，再命令侯汴遵照皇上圣谕前往武平县驻扎。"由报告得知深田等地方的贼匪越来越猖獗，该地方巡捕等官员坐视不管，导致贼匪滋长蔓延，都应该押赴巡抚大营。只是现在正当用人的时候，姑且记下他们的罪过。希望该道严加捕捉，短时间内将贼匪消灭干净，以功赎罪。

另外漳南道原来计划设立碉堡十处，每个碉堡军兵只不过二三十人，势力分散单薄，恐怕不能够振奋军威、扼制贼匪势力。希望该道与守备官员一起再进行商议，如果碉堡工程浩大、费用过多，暂且可以停止修建。将各碉堡守兵分成两营，选派二名勇猛官员分别带领在盗贼出没的地方不停搜捕，每月规定巡查的次数。希望两营部队经过的县按月开列上报兵备官的位置，不时地考核监督。原来要设立军堡的地方，可以在两营部队每天行军所到达的地方建立一军所，用来睡觉休息。这样不但节省费用容易办到，还可以使我们势力合并，地方借此就没有什么担心的.盗贼听到这也就自己停止活动了。只是很远的事情很难计划，漳南道仍然要周密计划详细考虑，一方面上报，一定要做到最好，也不要任何事情都听从上级的。

再者，前面提到的深田等地方，贼匪越来越强大，防卫工作还没有做好，我批准你们的计划暂时委派守备侯汴前往南韶次，仍旧还归武平住扎。该道照议批呈事理，即便备行本官查照施行。俱毋违错！

再申明三省敕谕

十一月十二日

节该钦奉敕：

"该兵科给事中周文熙奏：湖广郴、衡地方瑶贼，不乘时处置，抑恐遗孽复滋，重贻后患。乞要推举抚治宪臣一员前去，会同湖广、广东、江西镇巡三司等官，相度事宜，或设添卫所县治，或置立屯戍屯堡，或仍敕尔每年春夏在南、赣等处，秋冬在郴、衡等处，住扎整理，庶几委任专一，有备无患等因。该部议谓宜如所奏施行。今特敕尔，亲诣郴、衡等处地方，照依周文熙所奏，并查照御史王度、唐濂及佥事顾英等建言事理，从长议处，定立长治久安之法，应施行者，径自会同各该镇巡等官，从长施行。事体重大者，奏请定夺。尔为风宪大臣，受兹委托，尤宜广询博访，择善而行，务使盗息民安，地方有赖。钦此！"钦遵。卷查先准兵部咨：

"为图议边方后患事，该兵科给事中周文熙奏：该部覆题，已经案仰湖广都、布、按三司，即行该道守巡、兵备等驻扎，严厉捕杀贼匪，使地方安宁。等到深田等武装防御已经设立，施行有效果，那时仍然令侯汴返回武平驻扎。该遵照此计划进行安排，立即上报我知道实施计划，不得违反命令，导致错误！

再申明三省敕谕

十一月十二日

节录皇帝敕谕：

"兵科给事中周文熙上奏：湖广郴、衡地方的瑶人贼匪，如果不利用时机处理，恐怕剩下的余孽重新滋长，再次留有后患。我请求应该选出一名巡抚大臣，前去和湖广、广东、江西镇巡三司等官员，共同考虑军务，或者设立新添卫所县城治所，或者设立军队防卫的村屯、碉堡，或者皇上命令他们每年的春夏季节在南、赣等地方，秋冬季节在郴、衡等地方驻扎、整装，应该做到委任专人负责，有备无患。兵部商议后认为应该按照周文熙上奏的执行。现在我特别命令你，亲自到郴、衡等地方，按照周文熙上奏内容行事，并要根据御史王度、唐濂以及佥事顾英等所建议的事情，从长计划，规定保证长治久安的办法，应该执行的，你可以直接同当地镇巡等官，从长久利益考虑执行。关系重大的事情，上奏请求决定批准。你是朝廷大臣，受如此的委任，更应该广泛征求意见，查访地方事务，选择好的去执行，一定要消灭贼匪，使人民安定，地方一切事务都依靠你，钦此。"
我遵行圣谕。我在公文中查找到以前接到的兵部咨文：

"为商议边陲地方贼匪留有后患一事，兵科给事中周文熙上奏：兵部商议奏题的内容，已经下发公文希望湖广的都指挥

官，一体钦遵。各诣郴、桂、衡州等处，督同各该掌印等官，相度山川险易之势，咨访贼情起伏之由，查照各官建言事理，从长议处方略，要见某处可以开建县治，某处相应添设卫所，某处营堡宜修，某处道路宜开，备询高年有识，务宜土俗民情。如或开建添设等项，有劳于民，无补于事，亦要明白声说，毋拘成议，附和雷同。别有防奸御患长策，俱要备细呈夺，毋惮改作。仰惟朝廷采纳群策，非徒苟为文具。谅在各官协心承委，决无了塞公移，务竭保民安土之谋，共图久安长治之策。应施行者，就便具由呈来，以凭会议施行。若有事体重大，该具奏者，亦即呈来奏请定夺。"去后，今奉前因，拟合通行。为此仰抄案回司即行掌印并各该道守巡、兵备、守备等官，一体查照钦遵，作急议报施行，毋得稽违！仍行镇守、巡抚、总督、总镇、巡抚衙门知会。

批赣州府给由呈

十二月二十五日

据知府邢珣申给由事。照得知府邢珣，久劳郡政，屡立战功；合有赏功之典，出于报最之外。今三年之考，既因事久

使、布政使、按察使三司立即与该地方守巡兵备等官员一并遵行分别前往郴、桂、衡州等地方，同该地方掌印官员一起，考查山川地势，查访询问贼匪情况和它的产生变化的原因。根据各官员建议的事情，从长商议作成计划，要明确哪个地方可以建立县的治所，哪个地方可以相应地添设卫所，哪个地方的营寨碉堡应该修理，哪个地方的道路应该打通。要备用咨询年岁大的、有见解的人，要考虑、照顾到当地风俗民情。假如上面的建设项目令人民劳苦，都对剿匪没有帮助，这就应该明白提出，不要因为是已经决定的事情就拘束不敢提意见，不要附和别人、跟别人一样。如果有其他的防止犯法、对付贼匪的好意见，都要说明白上报请示决定，不要怕计划做改动。希望朝廷能够采纳大家的建议，不能只是一纸空文。想必各位官员能同心接受委派任务，决不会只是搪塞公文，你们一定竭力做到保护人民、使地方平静，共同出谋划策以达到长治久安。应该执行的办法，就便开列理由上报，以便商议实施。如果有关系重大的事情，应该上报的，也要立即上报请求决定。"待到周文熙上奏后，现在遵奉皇上圣谕，决定将周文熙奏文一起行文通知。"为此，我希望抄案回司以后，立即通知掌印以及该道守巡、兵备、守备等官一起根据皇上圣谕，做紧急商议上报实施，不得拖延违命！仍然通知镇守、巡抚、总督、总镇、巡抚衙门知道此事。

批赣州府给由呈

十二月二十五日

收到知府邢珣申请请求休假。知府邢珣长时间为府内的政务奔波，多次荣立战功。他符合奖赏立功的规定，已超出了能上

稽,而六载之期,亦计日非远。况地方盗贼虽平,疮痍未起。仰行本官照旧支俸,益弘永图。苟有善可及民,何厌久于其道?微疾已痊,即起视事,给由一节,六年并考。申缴。

行岭北道裁革军职巡捕牌

十四年五月初五日

访得南、赣巡捕军职官员,有名无实。每遇火盗生发,坐视观望,曾不以时策应;中间更有不守法律,在于私宅接受词讼,吓取财贿纸米。或捕获一贼,则招攀无干之人,乘机诈骗。佥充总小甲,则需索拜见;更换铺夫,则索要年例。稍或不从,百般罗织。又如前往所属巡逻,则索要折乾,刻取酒食,甚至容隐贼徒,窃分贼贿。欲便拿究,缘无指实查行间。

为此仰抄案回道,即将巡捕军职官员就便裁革。一应地方事宜,俱令府县捕盗等官管理;中间倘有未尽事宜,该道再行议处呈夺。仍候考选之日,备呈镇巡等衙门查照知会。

报的最高奖赏。现在为期三年一次的政绩考核因为战事原因已经延误了很长时间，六年一次的考核算起来离现在不远了。何况地方上的盗贼虽然被平定了，但地方困苦不堪没有什么起色。希望邢珣依旧支取薪俸，更加勤奋工作。假如真的能给人民带来好处，怎么能会讨厌在位时间长久呢？小疾病已经痊愈应立即赴任办事，休假一事，六年一并考察。将申请上缴。

行岭北道裁革军职巡捕牌

十四年五月初五日

查访得知南、赣巡捕等职官员，有名无实。每次遇到火灾，盗贼出现，他们旁观不问，拿不出什么对策；他们中间更有不守纪律的人，在私人宅院里接受别人打官司，威吓别人得到钱财纸米等贿赂。或者捉到一名贼匪，就牵连到与此无关的人，乘机诈骗。有人被派往总小甲，则勒索令他拜见；如果驿站人员更换了，则向他索要每年进献的东西。有人不同意，他们就百般地陷害。再比如他们前往要巡逻的地方，则向地方人员索要金钱，命他们立即呈上酒食，甚至包庇贼徒，私下里分赃受贿。在此打算抓人查问，只是因为没有确切的证据。

为此，希望抄案回道后，立即将巡捕等职官员裁撤革除。一切地方事务，都令府县捕盗等官员管理，其中倘若有没有考虑到的事情，该道再商议上报请求决定。仍然等到官员考核的日子，上报镇巡等衙门知道备查。

遵奉钦依行福建三司清查钱粮

五月二十七日

准兵部咨云云。查得先准本部咨："题奉钦依备行前来，已经案仰福建都、布、按三司，并行所属一体钦遵；仍查各该府、县、卫、所每年额征各项秋屯粮米各计若干？中间起运，每石折银若干？鱼课折银若干？存留数内，应否输纳本色，折收银两，见今小民拖欠者，已征若干，未征若干？有无已征捏作未征？其各卫所军士该支月粮，某卫所若干石？见今某卫所已缺支若干？月共该补给米若干石？起运秋屯粮米，要查是何年月？奉何事例？分派某府、卫、所，解京今经几年？是否已为定例？设若存留，必须先查各属官吏、师生、旗军人等，岁用钱粮，大约共计若干？有无足勾？及查该司并各府、州、县见贮库内银两某项共计若干？中间可以借支，俟后追补，如是扣算不敷，应否将前起运存留？并查汀、漳二府用兵之时，所用粮饷，系何项钱粮？曾否将官军月粮借辏？务要备查明白，其由差人马上赍报。一面会同三司、掌印、守巡各官，将一应利弊，相应兴革者，逐一查议停当，俟本院抚临之日呈夺。"去后，今准前因，合再通行查处。

为此仰抄案回司，即行掌印并各道守巡等官，公同本

遵奉钦依行福建三司清查钱粮

五月二十七日

接到兵部的咨文。查找到以前接到的兵部咨文说:"上奏得到皇帝认可,同意准备前来,已经行文希望福建都指挥使、布政使、按察使三司和属下官员全部遵奉圣命。仍旧调查各府、县、卫、所每年应该征收的定额。各种秋天收藏的粮米有多少?其中运输的部分每石折合多少银两?鱼税折合多少银两?地方存留的数目内,是否应该有上交的,将应交米粮换成折收银两,现在农民所拖欠的已经征收了多少,还没有征收的多少?有没有已经征收的却谎称没有征收的?各个卫所军兵应该每月支取米粮,卫所有粮食多少?现在卫所已经没有支给军兵米粮有多少?一个月一共应该补发米粮多少石?运输的秋季收藏的粮米,要查看是哪一年的?根据什么原因运输?运输任务分派到了哪些府、卫、所,运往京城现在已经有几年?是否已经成为定例?假如地方要存留,必须先查清各属下官吏、师生、军兵等人数,每年应支用的钱粮大约有多少?是不是全部够用、分放?以及查清三司和各府、州、县现在库存银两各项共有多少?其中可以借出支用,事后再补齐的多少,如果这样计算还不够用,是否应该将运输到京城的部分作为地方存留使用?另外查清汀、漳二府打仗的时候,所用的粮饷是哪一项钱粮?是不是将借用官军每月的米粮?一定要查清楚其缘由,派人马上前来报告,另一方面和三司掌印守巡各官员一起,将一切利弊得失、相应地应提倡的与革除的地方,一一查明商议好,等我到达的时候,上报我决定批准。"事后,今根据前一兵部咨文,再次通知清查钱粮事务。

为此,希望抄案回司后,立即通知掌印以及各道守巡等官

院委官，速将前项事情，再加用心查议，务要事体稳当，以便经久。明白具由开呈，以凭会处。中间若有未尽事宜，亦就查议呈夺，毋得虚应故事。苟且目前，复遗后患，罪有所归。

议处添设县所城堡巡司咨

五月三十日

准兵部咨云云。续据湖广按察司呈：奉巡抚湖广都御史秦案验，为计处地方以弭盗贼事。准兵部咨：该本院题，备由呈报，及移咨到院案候间。今准前因，为照添设县所，查处更夫，并设屯堡置巡司等项事宜，俱奉有成命，况皆经巡抚衙门悉心区画，各已虑无遗策，岂能别有议处？惟称分割乳源、乐昌二县里分，节行广东，该道会勘未报，尚恐两省各官未免互分彼此，不肯协和成事，必须贵院不惮一行，亲临其地，约会总督两广军务都御史杨，面会一处，庶几两省之事，可以一言而决。及照建立三屯，摘发湖广各卫所官军，协同巡检弓兵守把一节，以今事势而论，亦为久长之防。但访得各卫所官军，皆有安土重迁之怀，无故摘拨，必致奏告推搪，非惟无补于防御，兼且徒益于纷扰，似须更为一处，必使人情乐从，庶几事功易集。

本职见奉朝令，前往福建巡视地方，处理军人作乱事

员,一并和我委命的官员火速将前面所说的钱粮事务,再用心查清商议,一定要做事稳当,以便长时期核算。清楚明白开列你们上报缘由,以便商议处置。其中如果有未考虑到的事情,也要商议上报批准,不得做表面应酬。如果蒙混眼前,留下了后患,那样的话,一定会有人担当罪过。

议处添设县所城堡巡司咨

五月三十日

我接到了兵部的咨文。后来又收到湖广按察司的报告:根据湖广巡抚都御史秦某的公文,安排消除地方盗贼的事情。接到兵部的咨文:至于秦都御史所上奏的,已经上报,并行文到我这里,正在等候时,接到前面兵部咨文,关于添设县的治所,查处更夫以及设立驻军碉堡、设置巡司等项事情,都应遵奉上级的命令。更何况这些都经过巡抚衙门的认真周密规划,已经考虑周全,岂能有其他的方案?只是划分乳源、荣昌两县边界,命令广东该地道员勘察,但至今没有汇报,恐怕是两省的官员区分彼此利益,不肯协商办好这事。你必须不怕麻烦前往,亲自到那里,和总督两广军务的杨都御史见面,那么两省的事情,你们二人可以一句话解决。另外有关建立三屯,拣派湖广各卫所军官协助巡检弓兵一起防卫一事,就现在的形势来说,这是长久防卫的办法。可是查访得知各卫所军官,都有看重故土不愿迁移的思想,要是随便派遣,他们必定会推辞搪塞,这样不仅对防务没有什么好处,只会产生骚乱罢了,这事必须另有计划,要做到人们高兴去做,这样事情就容易办成。

我现在奉朝廷的命令,前往福建视察地方上处理军人发

情，不日启行，必须遵照教旨，候事完回日，方可亲诣郴、衡地方，面会贵院议处。但恐旷日弥久，行事益迟，为此合咨贵院，烦请先为查处施行。

督责哨官牌

六月初七日

照得本院见往福建公干，所有调来赣州教场操备宁都等县兵快，虽分四哨，管领已有定规。唯恐本院远出，因而懈怠废弛；头目人等，亦或受财放逃，必须委官管领操备。为此仰千百户孙裕等，各照军门原分哨分，用心管领，不时操练，务使行伍整肃，武艺精通。中间若有拒顽不听约束者，轻则量情责治，重则论以军法断处。其各兵快、义官、百长人等口粮，各照近日减去五分则例，每月人各二钱，义官、百长各三钱五分，总小甲各二钱五分，俱仰前去赣州府支给，亦不许冒名顶替关支，查访得出，定行追给还官，仍问重罪发落。承委各官务称委托，不得假此生奸，扰害未便。

委分巡岭北道暂管地方事

六月初六日

据副使杨璋呈："奉兵部扎付题称：'福建军人作乱事情，请敕提督南、赣等处军务都御史王前去处置，其南、赣生叛乱这件事，马上就要起程出发，我必须遵奉圣谕，等办完事情回来时才可以亲自到郴、衡等地，和杨都御史您一起详细商议。但我担心前往福建日子太长，那样办事就会延误，为此行文应该请您先处理这些事情。

督责哨官牌

六月初七日

我现在前往福建办理公务，所有调拨来到赣州进行操练的宁都等县的兵快，虽然已于分成四哨，管理带领并已有明确规定。只是担心我出远门后，操练就会放松荒废，大小头目有人会接受贿赂放人逃跑，因此必须派官员带领操练。为此希望千百户孙裕等人分别按照军营原来分哨方式，认真管理，经常操练，一定要使队伍整齐严肃，精通各种武艺。如果其中有违反命令不听管理的，犯错轻的则根据情况惩治，犯错严重的则依据军法处置。关于兵快，义官、百长等人的口粮，分别按照现在的数量减少五分，作为规定，每人每月各二钱，义官、百长各三钱五分，总小甲各二钱五分，全部到赣州府去支取，不许冒名顶替领取开支，如果查访确有此事，一定要追回还给官府，还要按重罪处置。委任的各官员一定不辜负任命，不得借此机会做坏事，骚扰害民不会有好下场。

委分巡岭北道暂管地方事

六月初六日

收到副使杨璋的报告说：依据"兵部下发文件称：'福建军人发生叛乱一事，请皇上命提督南、赣等地军务的王都御史等处地方事情，合行兵备副使杨璋暂且代替管理，一应紧急贼情，悉听杨璋径自从宜施行，不许失误。候处置福建事宁之日，照旧。'等因。题奉钦依，备由札仰钦遵外。今照本职升任本司按察使，启行在迩，缺官管理，合就通行呈详。"等因。看得本官既已升任，本院不日又往福建公干，南、赣贼情，及该道印信，必须得人经理，已经案仰江西按察司速委风力老成堂上官一员，毋分星夜，前赴该道，暂且管理。去后，今照前因，为照本院已奉教书，的于本月初九日启行，但分巡该道官员未至，所有各处递报，一应公文，多系地方事务，若待议置停当前去，未免顾此失彼，愈加积滞，合行处置。为此仰抄案回府，凡遇各该官司赍到一应公文，除地方贼情重事，俱仰差人送赴分巡该道议处，径自施行，仍呈本院知会。其余地方盗息民安、缴报批申、呈词招由不急之务，就便收候类赍本院。仍仰作急备行该道查照施行，俱毋违错！

前去处理，南、赣等地方的事情，通知兵备副使杨璋暂替王都御史进行管理，一切有关贼匪的紧急情况都听从杨璋直接根据实际情况处置，不能够有失误。等到福建事情平息的时候，仍旧恢复以前的制度。'这得到了皇上的认可，兵部下发文件希望遵行。现在我被提升担任本司按察使，马上就要上任，因此所造成的官职空位及管理一事，应该在此详细报告。"杨璋已经得到提升，我马上也要到福建办理公务，南、赣地区有贼匪闹事，因此岭北道的官事必须有得力的管理，已经行文希望江西按察司火速委任一名办事果断、有力、有经验的高级官员，不分昼夜，前往岭北道，暂时负责。此文发出，又根据前面兵部文件，我遵奉皇上的圣谕，必须在九月初九出发，然而分巡岭北道的官员还没有来，所有地方的报告，一切公文，大多数是有关地方事务的，如果等到商量处置好再前去办理，那一定可能会顾此失彼，造成进一步的事情的积压，这事应该得到解决。为此希望抄案回到府中，凡是各官带来的一切公文，除了有关地方贼匪情况的重大事情外，都希望派人送到分巡岭北道商量处理，直接实施，仍然上报我知道。其余的有关地方的没有盗贼，人民安定，上缴文件，批复申请，汇报情况，招集民众等不紧急的事情，就便收齐分类送到我这里。仍旧希望当成紧急事情通知该道查收解决实施，不得违反命令，导致错误。

思田公移 凡四十九条

行广西统领军兵各官剿抚事宜牌

嘉靖六年十一月初五日

先据领兵参政等官龙诰等禀称:"湖兵已至。"已经行令相机行事,去后,近访得各兵已入深地,利在速战;若旷日持久,未免师老气衰,且临敌易将,进退之间,呼吸成败。是以本院沿途且行且访,而传闻不一,未有的报。为此牌仰统兵各官,公同计议,若已在进兵之际,则宜遵照旧任提督军门约束,齐心并力,务在了事,方许旋回军门参谒。若犹在迟疑观望之地,而王受、卢苏等尚有可生之道,朝廷亦岂以必杀为心?则宜旋军左次,开其自新之路,听候本院督临审处,俱毋远错!仍行提督、总镇、总兵及巡按等衙门知会,务在进退合宜,不得轻忽误事。

行南韶二府招集民兵牌

十一月十二日

牌仰韶州、南雄府当该官吏,即于该府地方及所属各县,不拘机兵打手各色人内,访求武艺骁勇胆力之士,超群出众,以一当百者。每府三名或四名,每县二名或三名,无者于别县通融取补,务要年齿少壮;三十岁以下者。每月给与工

行广西统领军兵各官剿抚事宜牌

嘉靖六年十一月初五日

先收到领兵参政等官龙诰等人的报告说:"湖兵已经到达。"我已经传令他们见机行动,之后,我查访得知各部队已经深入目的地,速战速决十分有利,如果延长时间打持久战,未免军队疲惫,士气低落,更何况在打仗之际更换将领,这都会关系到进与退、成功与失败。因此我在路上一边前进一边查访,可是传闻不一样,没有确切的消息。为此下发此令牌希望带兵各官员,一起出谋商议,如果已经发兵,则应该按照旧任提督的命令,齐心协力一定要解决了问题,才允许返回军营参拜。如果你们仍然迟迟不动、观望,那么王受、卢苏等人有保全性命的理由,朝廷怎么可能一定要杀他们呢?你们应该准备回军停战,给他打开一条悔过自新的道路,听候我前往督战决定处置,不得违反命令,导致错误!仍旧通知提督、总镇、总兵以及巡按等衙门知道,一定要做到进退得利,不得轻心疏忽耽误大事。

行南韶二府招集民兵牌

十一月十二日

下发此令牌希望韶州、南雄府的有关官员,立即在你们府上以及属下的各县中,不论是机兵、打手,在他们中间找出有武艺、勇猛、大胆、有力的人,他们超出一般,能一人当一百人用。每府出三人或四人,每县出二人或三人,没有的州县在别的食八钱，就于机快工食内顶贴，仍与办衣装器械。各名备开年貌亲族邻里，限一月之内，送赴军门应用，毋得迟违！

奖留佥事顾溱批呈

十一月二十三日

看得士大夫志行无惭，不因毁誉而有荣辱，君子出处有义，岂以人言而为去留？况公论自明，物情已睹，本官素有学术涵养，正宜动心忍性，以增益其所不能，岂可托疾辞归，以求申其愤激。此缴。

批岭西道议处兵屯事宜呈

十一月二十三日

据佥事李香呈：

看得财匮于兵冗，力分于备多；此是近日大弊，相应议处。所呈打手，且不必添募。仰将该道屯哨分布打手，通行查出，大约共有若干？再加精选，去其劣弱，大约共得骁勇若干？及查某处屯堡可裁？某处关隘可革？大约共用打手若干？某哨堪备操演？分聚开阖；若何而力不分？若何而财不费？若何而免于屯兵坐食？若何而可以运谋出奇？该道会

州员通融弥补，一定要是少壮青年，年龄在三十岁以下。每月给他们工钱饭钱八钱银子，在机兵打手的工钱饭钱补贴这笔钱，仍旧给他们办置衣服器械。所有人都要求写清每人的年纪、相貌、家族亲人、邻居乡里的情况，限定在一月之内，都要送往巡抚大营听命，不得延误，违反命令。

奖留佥事顾溱批呈

十一月二十三日

士大夫志向、行为问心无愧，不会因为诽谤、称颂就感到耻辱与荣耀。君子们行动合乎道德，怎能够因为别人说三道四就离去？更何况公众议论自然明了，事情的原委已经清楚，你向来有学术修养，你正应心意坚定、忍耐，以增强你向往的士大夫、君子所不能做到的高尚品行的时候，怎么能够借口有病告辞返回老家，借此来发泄心中的愤慨呢。此文上缴。

批岭西道议处兵屯事宜呈

十一月二十三日

收到佥事李香报告：

因为兵丁过多，财力浪费；因为装备过多，兵力分散。这是现在的很大的弊病，应该得到解决。因此凡是报告中的打手暂且不需要添加招募。希望岭西道将屯哨分布的打手情况全部查明，共有多少人？应该再加精选，去掉其中不好的、衰弱的，大约共有勇敢善战的多少人？分别要查清哪个地方的屯堡可以裁掉？哪个地方的关口可以革除？大约总共用打手多少人？哪个地方的哨所可以供操练使用？分散、聚集，敞开、关闭，怎么才能

同分守道通融斟酌，务求简易可久之道，呈来施行。

批广州卫议处哨守官兵呈

十一月二十五日

据指挥赵璇呈：

看得军门哨守官军两班，共该一千余名，类皆脆弱，不堪征调，兼亦远离乡土，往往多称疾故逃亡，非徒无益于公家之用，而抑未便于军士之情。仰苍梧守巡道公同会议，酌量利害之多寡，审察人情之顺逆，务求公私两便，经久可行之策，呈来定夺施行。

批都指挥李翱操演哨守官兵呈

十一月二十七日

看得都指挥李翱所呈，足见留心职任，不肯偷惰苟安，有足嘉尚！仰分巡苍梧道，公同坐营官张輗，将见在哨守军兵打手人等，分立班次，发与李翱，在于教场轮班操演，使兵识将意，将识士情，庶职任不虚，缓急可用，仰行各官查照施行。

力量不分散？怎样才能不浪费钱财？怎样才能避免屯守的官兵不白吃饭？怎样才能运筹帷幄而出奇制胜？该道同分守道一起认真商议，一定要是简便、长久的办法，上报我执行。

批广州卫议处哨守官兵呈

十一月二十五日

收到指挥赵璇报告：

军营中两班守营的军兵共有一千多人，都十分脆弱，不能够担当征用调遣任务，他们也远离自己的家乡，经常冒充有病而逃跑，这样对国家没有好处，就是对军兵情绪也没有什么好处。希望苍梧巡道官员共同商议，分清利害关系，察看军兵的思想状况，一定要找到对国家对个人都有利，又能长久执行的办法，上报我批准实行。

批都指挥李翱操演哨守官兵呈

十一月二十七日

根据都指挥李翱的报告，足可以看出他认真负责，不愿偷懒平庸，实在值得嘉奖！希望分巡苍梧道官员一起和坐营官张輗，将现在的哨守、军兵、打手等人分成不同的班，发配给李翱在教场依次训练，做到士兵领会将领的意图，将领熟悉士兵的情况，这样兵将的职位、任务不是空虚的，有紧急情况时可以使用，希望各官员按照执行。

行两广都布按三司选用武职官员

十二月初七日

准兵部咨云云。为照两广地方广阔，武职官员数多，当爵镇临之初，贤否一时未能备知，拟合通行询访。为此仰抄案回司，备云该部题奉钦依内事理，合行掌印、守巡等官钦遵，严加询访，不抱已用未用，曾否减革武职官员，但有谋勇素著，雄才大略，堪任将领者，从公举保，以凭具奏推用。不许循情滥举贼犯人员，自贻玷累，毋得违错！都司仍转行总兵等官，一体钦遵，查违施行。

行两广按察司稽查冒滥关文

十二月十二日

准兵部咨云云，拟合通行。为此仰抄捧回司，照依案验，备奉钦依内事理，即行都布二司，一体钦遵。仍转行镇守、主副参将等官，今后除地方机密重情应该会奏者，各具本共差一人于批文列会奏职衔。其余常行事务，各自行奏报者，必须积至二三起以上，方许差人，亦于批文开坐石朱语，以便稽考，毋得泛填公务字样。若是专为己私，假借公干，擅便分给符验关文挂号，并承委人等，越例索要应付，定行从公参究治罪，俱毋违错。

行两广都布按三司选用武职官员

十二月初七日

接到兵部的咨文。两广地区广大，武职官员人数众多，我才开始上任，短时间内不能够知道谁是贤良之人，打算通知查访。为此希望抄案回司后，告诉兵部上奏得到皇上认可的事情，通知掌印、守巡官员遵奉上级命令，严加查访，不要抱有成见，不论是已被任用，还是未被任用，曾经被免职革除的武职官员，只要是有勇有谋、雄才大略，能够胜任做将领的，都要为国家推荐，我以此上奏使用。不能够因为私人关系胡乱推荐贪污犯罪人员，自己给自己抹黑添累赘，不得违反命令，导致错误！都司仍旧转告总兵等官，都要遵守执行，查出违反命令的。

行两广按察司稽查冒滥关文

十二月十二日

接到兵部咨文，我打算一并通知。为此，希望抄捧回司后，依照公文，遵照皇上认可的事情，立即通知都指挥、布政二司，共同执行。仍旧转告镇守、主副参将等官员，今后除了关于地方机密的重要事情应该共同上奏，各官分别题写本章后共派一人在批文写上共同上奏官员的职务。其余日常事务，各官分别上奏报告，但必须积累到二三起以上，才允许派人报告，也要在批文上书写红笔批语，以便考察，不得都填写公文两字。如果这样做只是为了私人目的，借用公差，做官的擅自给他们验明关文、挂号，并派驻人员，超越规定索要钱财，对这些人一定按规定弹劾审问处置。各官员不要违反命令，导致错误。

给思明州官孙黄永宁冠带札付牌

据左江兵备佥事吴天挺呈:

"据思明府族目王瑙等状告,'先蒙军门行取思明州官孙黄永宁领兵听调,乞给冠带管辖夷民'等情。勘得官孙黄永宁被占年久,今奉断明,若非宠异,无以示信,合请照依黄泽冠带事理,使地方知为定主,实心归向。"

呈详到院,相应给与。为此牌仰官孙黄永宁遵照本院钦奉教谕内便宜事理,就彼暂行冠带,望阙谢恩。该袭之时,具告抚按衙门,另行具奏施行;本官孙黄,务要持身律下,谦以睦邻,修复州治,保安境土。凡遇征调竭忠效命,以报国恩。毋得因此辄与越分之思,自取侵凌之祸。苟违法制,罚罪难逃。戒之敬之!

省发土官罗廷凤等牌

十二月十七日

看得那地等州土官罗廷凤,泗城州土舍岑施东,兰州知州韦虎林,南丹州土舍莫振亨等,带领兵夫,屯守日久,劳苦良多。即今岁暮天寒,岂无室家之念?牌至,仰本官径自前来军门,面听发放。

给思明州官孙黄永宁冠带札付牌

收到左江兵备佥事吴天挺报告：

"收到思明州当地族人头目王瑙等呈状，'先前承蒙巡抚大人通知思明州官孙黄永宁带兵听候调用，我们乞求发给他冠带让他管理当地族人'等情况。调查得知官孙黄永宁在位很长时间，现在接到任命，如果不是有特别的才能，则无法使别人信服，我请求按照发给黄泽冠带的例子任命黄永宁，使地方知道他是被确立的主人，真心归服。"

报告来到我这里，我批准此事。为此下发此令牌，希望官孙黄永宁遵照我要遵奉的皇上圣谕内的事情，到思明州暂时任职，要遥望皇宫谢恩。到承袭继任的时候，你上报抚按衙门，我们再上奏。黄永宁一定要洁身自好，对属下严格要求，与四邻和睦友善，治理好思明州，地方安定。凡是遇到征用调遣，一定要竭尽忠心，以死报效，以此回报国家的恩德。你不要因为有此任命就产生不安分的妄想，自己招致灭身的祸患。如果你要违反法律，一定逃脱不了处置，以此为戒，小心从事！

省发土官罗廷凤等牌

十二月十七日

那地等州土官罗廷凤，泗城州土舍岑施东，兰州知州韦虎林，南丹州土舍莫振亨等人带领士兵农民，长期驻守，非常辛苦。今年岁末天气寒冷，他们难道不思念家人？收到这令牌，希望以上各位直接前往军营面见我，发放回家。

给迁隆寨巡检黄添贵冠带牌

嘉靖七年正月初八日

据广西左江道佥事吴天挺呈称：

"查得《方舆胜境》内开：思明路下有迁隆州。缘无志书案卷可考沿革，但查递年黄册，及审各目老，皆称迁隆洞黄添贵果系官户宗枝，凡有征调，黄添贵亦果领兵立功，其地界广有百里，虽止征粮四十石，而烟爨多逾二千，虽额属思明，而征兵则各自行管束。委因失其衙门印信，以致地方怀疑生奸。合无准行暂立为思明府迁隆寨巡检司，就授黄添贵职事，听其以后立功积效，渐次升改，庶人心知劝，地方可定。"等因到院。

查得先该前巡抚都御史张，累经案仰广西都布按三司，及该道兵备、守巡等官，查勘相同，设立巡司，似亦相应，除另行具题外。缘黄添贵正在统兵行事，合无遵照钦奉敕谕便宜事理，先与冠带，以便行事。为此牌仰黄添贵就彼冠带，望阙谢恩，暂署土巡检司事，候命下之日，方许实授。本官务要奉法，严束下人，辑和邻境，保守疆土。每遇调遣，即便出兵报效，立有功劳，赏升不吝。如或贪残恣肆，国典具存，罪亦难逃。

给迁隆寨巡检黄添贵冠带牌

嘉靖七年正月初八日

收到广西左江道佥事吴天挺报告：

"查到《方舆胜境》内写有：思明路下面有迁隆州。没有志书文件可以考证它的沿革，但是查历年的黄册及询问当地老人都称迁隆洞的黄添贵确实是当地官员大家族的一枝，凡是有征用调遣，黄添贵确实带兵立过功，他的地盘有一百里，虽然只征粮食四十石，但他有庄户超过二千，它名义上属于思明府，实际则是黄添贵自我管理。只是因为没有官府正式印信，这样才使地方疑心，产生邪恶。应该暂时成立思明府迁隆寨巡检司，就地任命黄添贵为职事，以后他立功有成绩，再慢慢提升。这样人心得到鼓舞，地方可以平定。"

我收到报告，查到前任巡抚都御史张某多次通知广西都指挥、布政、按察三司以及该道兵备、守巡等官勘察，得到相同结果，设立巡检司，与此大约相同，我上奏皇上。黄添贵正在领兵打仗，应该遵照皇上圣谕根据实际情况行事的指示，先给黄添贵冠带，以便安排行事。为此下发此令牌希望黄添贵就地穿戴冠带，遥望皇宫谢恩，暂时担任当地巡检司一职，等候任命下达，才正式担当巡检司。黄添贵一定要奉法，对手下人要严明管理，与邻近地方要和平共处，保卫国土。每逢有调遣，立即出兵效力，如果立功，一定会有大大的奖赏。如果贪污残暴，国家法律一一都在，难以逃命。

批左州分俸养亲申

正月十八日

据左州申：

"知州周墨分俸回太仓州养亲。"看得本官发身科甲，久困下僚，虽艰苦备尝，而贫淡如故。虽折挫屡及，而儒朴犹存；凡所施为，多不合于时尚；而原其处心，终不失为善人。即其分俸一事，亦岂今之仕宦于外者所汲汲？而本官申乞不已，虽屡遭厌抑之言，而愈申恳切之请。固流俗共指以为迂，而君子反有取焉者也。

案照先任军门，盖已屡经批发，而公文至今未到，想亦道途修阻，不易通达之故。本官近该给由道经原籍，合就批仰亲自赍递。仰苏州府太仓州当该官吏查照军门先令批行事理，即将本官分回俸给，照数查考，以慰其一念孝亲之诚，具由缴报。仍行太平府及该州知会。此缴。

批右江道断复向武州地土呈

正月二十六日

据参议邹辂、佥事张邦信呈：

"勘处都康、向武二州争占安宝峒地土，合断还向武州管业缘由。"看据所呈官男冯一执称：

"安宝峒深入地方都康界内，远隔向武六十余里，以

批左州分俸养亲申

正月十八日

收到左州的申请：

"知州周墨析分俸银回太仓州奉养父母。"周墨科举出身，长期担任下级小官僚，生活困顿，虽然历经艰辛，但他对此极为淡然，如同以前一样。虽然他多次遭受挫折，但他依然保存读书人的淳厚。他的所做所为，和当今时尚不合拍，可是考察他的用意，他仍然是个好人。就他分俸银奉养父母这事来说，这种急切心情是现在在外做官的人所能有的吗？周墨多次申请，虽然屡次不被批准，但他申请得更加恳切。一般人当然会指责他迂腐，但君子都认为其中有可取称道的地方。

查看公文知道前任巡抚，已经多次下发文件，然而文件现在还未到达太仓，想必是道路遥远不容易通行。周墨近来也该批准回老家，在此希望周墨亲自携带递交文件。希望苏州府太仓州的官员依照巡抚先前的批示办理，立即将周墨分的俸银按照数目核对发给，以安慰他孝敬父母的诚心，到时汇报情况。仍然通知太平府以及该处左州知道，到时将此文上缴。

批右江道断复向武州地土呈

正月二十六日

收到参议邹輗、佥事张邦信报告：

"勘察都康、向武二州争占安宝峒土地一事，应该将安宝峒判返给向武州管辖。"看提交的官男冯一报告：

"安宝峒深入到都康境内，远离向武州有六十多里，根据近就近，应该都康管业。"其言于人情，似亦为便。王仲金又执称：

"国初设立郡州，原要犬牙相制。今安宝地方，深入都康，正是祖宗法制。"其言于国典，又为有据。况博访民间物论，亦多是向武而疑都康。今该道又审得王仲金旧藏吏部勘合，奉有圣旨，安宝峒村庄，还着向武州管是实。先年都康州又曾有印信吐退文书。今以此地断还向武，其于天理人心，公论国法，悉已允当；事在不疑，不必再行后湖查册，往复劳扰。该道又审得王仲金先年混将都康州村峒人畜杀虏，要依土俗，责令陪偿，亦于事理相应。

悉照所议，取具王仲金、冯一，情愿陪偿吐退归一，亲笔供词，备写札付，用印钤连送赴军门，重加批判，给付各州，永为执照，以杜后争。此缴。

批左江道推立土官呈

二月初一日

据参议汪必东呈称：

"武靖州缺官管事，乞推相应土官子孙一员，仍授该州职事，理办兵粮。"仰布政林富会同各守巡兵备副参等官，再酌从公酌量计议，采诸物论，度诸人情，务要推选素有为该州人民信服爱戴者，坐名呈来，以凭上请。不得苟避一时

距离谁近谁管理的原则,安宝峒应该由都康州管辖。"这合乎人情事理,看来比较可行。"王仲金又报告说:

"大明建国的时候设立郡州,原是要犬牙交错,互相牵制。现在安宝峒这地方,深入到都康境内,正是祖宗立下的规矩。"这话合乎国家的法典,有根有据。更何况我广泛地调查民间百姓的看法,大多数也是认为应该归向武而不是都康。现在右江道又找到王仲金收藏的以前吏部的勘合凭证,依据圣旨,安宝峒村庄归向武州管理是事实。从前都康州又曾有交出安宝峒的印信文书。现在依据这些将安宝峒退还给向武州,这对于天理人心,舆论国法都是公平恰当的。事情没有什么疑问,不必再通知后湖查找册籍,来回奔波劳累。右江道又得知王仲金从前将都康州的村庄人畜伤害,应依据当地风俗,责令他赔偿,这也符合事理。

全部依照所商定的执行,取得王仲金、冯一的口词,他们情愿赔偿退还安宝峒一同办理口供画押,写成文书,盖印送到军门帅府,再加以批示,下发各州,永远作为凭据,以杜绝后代的争执。此文上缴。

批左江道推立土官呈

二月初一日

收到参议汪必东报告:

"武靖州缺少官员管理事务,请求推举当地官员子孙一人,仍旧授予武靖州职事,办理兵粮。"我希望布政使林富和各守巡兵备副将一起再次为公仔细商讨,听取大家意见,考虑人们意愿,一定要推选出一向受该州人民信服爱戴的人,将名字上报,

之嫌疑，不顾百年之祸患，轻忽妄举，异时事有乖缪，追咎始谋，责亦难辞。此缴。

批遣还夷人归国申

二月十四日

据兵备副使范嵩呈称：

"番人奈邦等，不系番贼，又无别项为非重情，合行琼州府查支官银，买办船只，量给米饭，送回该国。若有便船搭附，随宜。其原搜获葫芦五个，给还收领，枪镖等物入官，以防在海劫夺之患。"看得各夷既审进贡是实，又无别项诈伪，相应听其回还本国。却淹留日久，致令死亡数多，而郡县徒增供馈之扰，处置失宜，贻累不少。

仰该道即如所议，行令琼州府查支官银，买办舡只，及措与粮米等项，趁此北风未尽，上紧送发回国。若再会议往复，则愈加迟误，备行合干衙门知会施行。缴。

批苍梧道修理梧州府城呈

三月十一日

据佥事李杰呈：

"梧州府城垣修复串楼等项，合用木石砖瓦，于府库抽收竹木银两动支。"看得城上串楼，虽有风雨崩塌之备，

我以此向上请示。你们不能只为避免一时的批评，而不顾由此造成的百年后的祸患，轻率胡乱推举，到时发生大错，追查开始谋划的人，难以脱逃罪责。将此文上缴。

批遣还夷人归国申

二月十四日

收到兵备副使范嵩报告：

"外国人奈邦等人不是外国贼匪，又没有其他的为非作歹的举动，应通知琼州府支给官银，购买船只，发给适量米粮，请他们送回国。如果有顺路船只搭乘，更好。原来搜查出的五个葫芦还给他们，镖枪等东西没收，以防止他们在海上抢劫。"既然已经审明这些外国人是来进贡的，又没有其他的欺诈行为，应该将他们送回本国。然而他们在这里停留了太长时间，以致死了几个，而郡县地方也白白增加了许多麻烦，给他们提供吃食，这样处理不合适，造成累赘不少。

希望该道按照所商议的，通知琼州府取出官银，购买船只，另外发给米粮等物，趁现在还有北风，抓紧给他们送回本国。如果再反复讨论，那就更加误事，通知有关衙门知道。此文上缴。

批苍梧道修理梧州府城呈

三月十一日

据佥事李杰呈报：

"梧州府修复城墙，修盖串楼等项目，要用木材、石料、砖瓦等物料，故需从本府仓库中抽取竹木，动支银两。"这个在城

亦有后火焚毁之防，得失相半，诚有如该道所虑者。今议修复，虽亦旧异之仍，若损多益少，则亦终为浪费，该道再行计处，或将见在串楼间节折卸，每隔二三十丈，则存留三四间、或四五间，以居防守之兵夫，而拓其空地，以绝延烧之患，一以便人马往来之奔突，旗鼓刀枪之运用。以其折卸之材料，修补焚烧之空缺，当亦绰然有余。而更楼火铺之类，亦可借此以修理矣。

但地利土宜，随处各异，未可以本院一时之见，悬断遥度。仰该道广询博勘，如果有益无损，即查本院所议，斟酌施行。若是得失相半，准如该道所呈，一面动支银两修理，一面会同各官再加量度计议，具由呈报。缴。

批永安州知州乞休呈

三月十四日

据佥事申惠呈：

"永安州知州陈克恩立心持己，举无可议。委因感岚瘴，心气不时举发。仍称母老在家，久缺奉侍，情甚恳切。"看得知州陈克恩，虽患前病是实，然其年力尚强，才器可用，非可准令休致之时；但以母老多病，固求归养，情词恳上修盖串楼之举，虽然可以防备城墙因风雨侵蚀而崩塌，但也易于被火引燃焚毁，可谓有得有失，得失参半，正像贵道所考虑的。现在计议修复，虽是顺理成章之事，但如果损多益少，则最终还是浪费，故请贵道再行细细计议一番，或者可将现存的串楼间节拆卸，每隔二三十丈则留下三、四间或四、五间楼房，以供防守的士兵居住，其余的拓展为空地，以杜绝兵火延烧之患，也有利于运用旗鼓刀枪和调动人马来往奔突。而那些折卸下来的材料，用来修补被焚毁的串楼缺口应该是绰绰有余。因此像更楼、火铺之类原建筑也可借此来修理一番。

但是具体的地利土宜因地而异，其处理办法亦需相机变化，不可拘泥于本院悬断遥度的一时之见。希望贵道广泛听取意见，仔细勘测地形，如果真的是有益无损，则依照本院的建议，相机斟酌施行。如果仍是有得有失，得失参半，则可如贵道所申请的，一边支取银两修理，一边召集各方官员再行仔细商量计议，施行结果一并报呈本院。此文上缴。

（注：苍梧道：明代一地方行政区，相当于现在的广西梧州地区；梧州府：相当于现在的苍梧县。）

批永安州知州乞休呈

三月十四日

据佥事申惠报呈：

"永安州（今广西蒙山县）知州陈克恩用心节制自己，秋毫无犯，全无可以指责之处。可是确实因为感染了南方的岚瘴之气，心气经常发作。而且他屡次声称母亲年老在家，自己却长期不能于左右侍候，言语之中情态甚为恳切。"可见知州陈克恩虽迫,志已难夺;其恬退之节,孝母之心,诚有可尚!合照所议,准令致仕还乡。仰该道仍备行本官原籍官司,务要以礼相待,以崇奖恬退孝行之风。

行参将沈希仪守八寨牌

二月二十三日

为照八寨巢穴,及断藤峡等贼,素与柳庆所割地方瑶僮村寨联络交通,诚恐乘机奔突,亦合督兵防捕。为此牌仰参将沈希仪,照牌事理,即便督率官兵人等,于贼冲要路,严加把截,如遇奔突,相机擒捕,毋容逃遁。仍要严禁下人,惟在殄除真正贼徒,不得妄杀无辜,及侵扰良善一草一木,敢有违犯者,即照军法斩首示众。所获功次,解送该道分巡官纪验,听候纪功御史覆验造报。军中事宜,牌内该载不尽者,亦听本官径自酌量而行。一面禀报,俱毋违错!

行左江道剿抚仙台白竹诸瑶牌

三月二十四日

照得白竹、古陶、罗凤、仙台、花相、石马等巢诸贼,皆稔恶多年,在所必诛,已经牌仰各官督兵进剿。近据参将张

然确实患有前述之病，然而他还可算年壮力强，才器可用，并未达到申请退休辞职的年龄；但考虑到他母亲年高且多病，他也坚决请求回家侍候，情态恳切，言词迫切，看来心意已决，难以改变；况且他恬然辞退之节操，孝敬亲老之心意，实在值得赞扬。故依据本院计议，准予他辞官还乡。希望贵道周密安排处理该官的各类退职手续并请通知其家乡的官衙，务必对他以礼相待，以奖励和倡导恬退孝敬的风气。

行参将沈希仪守八寨牌

二月二十三日

匪巢八寨以及断藤峡等地的匪贼，向来与柳庆所管辖的地方的瑶僮村寨密切联络，互通消息，实在恐怕他们乘机作乱突围，应当率兵防守剿捕之。故下此指示，希望参将沈希仪按指示办事，立即督率官兵于匪贼的冲要路口严加把截，若遭遇匪贼突围，则相机擒拿捕捉，不容其逃遁。仍要注意慎重拿人，除了罪该殄毙的真正盗贼外，不得妄杀无罪之人和侵犯良善的一草一木，胆敢有违犯的，即依照军法斩首示众。至于所获的军功等次，解送至该道的分巡官处验收登记，听候纪功御史复验上报。指示中未及述及的别的军中事宜，希望该官径自酌情适量处理。同时禀报本院，一切都不可违背！

行左江道剿抚仙台白竹诸瑶牌

三月二十四日

白竹、古陶、罗凤、仙台、花相、石马等匪巢中诸瑶匪，都已作恶多年，在所必诛，现已指令各方官员率兵进行剿抚。最近据

经续禀：

"仙台、花相、石马等瑶，一月之前，皆各出投抚，愿给告示，从此不敢为恶。"看得各瑶投抚，诚伪虽未可料，但既许其改恶，若复进兵袭剿，未免亏失信义，无以心服蛮夷，亦合暂且宽宥，容其舍旧图新。其白竹、古陶、罗凤等贼，负险桀骜，略无忌惮，若不加剿，何以分别善恶，明示劝惩？

为此牌仰左江道守巡、守备等官参议汪必东、佥事吴天挺、参将张经，会同湖广督兵佥事汪溱、都指挥谢佩，督同各宣慰等官，俟牛肠等处事完之日，即便移兵进剿白竹、古陶、罗凤诸贼，其领哨官员及引路向导人等，俱听参将张经，督同指挥周胤宗等，分俵停当，照例逐一讲明，然后分投速近。纵使诸贼先已闻风逃避，亦要严兵深入，捣其巢穴，以宣明本院声罪致讨之义；一剿不获，至于再；再剿不获，至于三至四、至五、至绝终祸根，不得以今次斩获之少，或遂滥及已招贼巢，亏失信义，所损反多。经过良善村分，尤要严禁官土军兵，不得侵犯一草一木，有犯令者，即以军法斩首示众。

参将张经连续禀报说:

"仙台、花相、石马等处瑶匪,一个月之前便已各自出巢投诚受抚,并希望给他们投诚告示,从此不敢再行作恶。"虽然这几股瑶匪接受招抚之诚意尚不可料,但既然答应让他们改恶从善,若再进兵袭击围剿,未免显得我们不守信义,不能使诸蛮夷心服,故暂且宽宥他们,容许他们放弃作恶,重新从善。而那白竹、古陶、罗凤等处的瑶贼,自负地形险要,桀骜不驯,肆无忌惮,拒不接受招抚,如果不加兵围剿,凭什么来分别良善与丑恶,又凭什么来表明功必赏,恶必惩?

因此望左江道(今广西南宁市)守巡、守备的参议汪必东、佥事吴天挺、参将张经会同湖广总督属下的佥事汪溱、都指挥谢佩所率的部队,并联合各地的宣慰司等官员,等到牛肠等地的战事完毕之后,立即调遣部队进攻围剿白竹、古陶、罗凤等匪巢,那些带领哨队的官员及引路的向导人等,都听从参将张经的安排,并且由周胤宗等人协助指挥。任务分布安排停当后,照例应该逐个解说明白,然后根据各自的任务分头行动,迅速进发。即使诸瑶贼已经闻风逃避,也要拥兵深入,直捣匪贼之巢穴,以表明本院除恶务尽、决不姑息的讨伐决心。一次围剿不能擒获匪贼,可再次进剿,再次还不能剿清,可三次、四次以至五次进剿,直至最终斩绝祸根,不可因为这次剿抚不力,除恶不尽,而遂使已接受招抚的匪贼心存侥幸,重又作恶,亦使我们方失信义,损失的反而更多。另外,部队经过良善村镇时,尤其要严禁官兵侵犯百姓的一草一木,如有违禁令的,立即依据军法斩首示众。

委土目蔡德政统率各土目牌

四月初一日

为照前项城头兵粮等项,虽经行令各目暂行管理,但在流官知府处,必须通晓事体土目一人,专一在府,听候传布政令,通达土情;不然未免上下之情,亦有扞格。

查得土目蔡德政,平日颇能通晓事情,相应选委。为此牌仰本目统率各土目供应人役,专一在府听候答应,凡遇差遣及催督公事等项,就便遵照传布,督催各管城头上目人等。或有未便情由,亦与申达本府,务通上下之情,以成一府之治。就将七处一城头拨与本目永远食用,流传子孙。本目务要奉公守法,尽心答应,其或违犯节制,轻则该府官量行究治,重则具由三府军门治以军法。

批左江道查给狼田呈

四月十一日

据佥事吴天挺呈称:

"遵奉军门方略,剿平牛肠、六寺、磨刀等贼,所有贼田,合行清查,免致纷争。宜选委府卫贤能官亲查,酌量应给还狼民者,明立界至,给还原主耕种,系贼开垦者,丈量顷亩均给,各里十名,招狼佃种,俱候成业一年,方行起科

委土目蔡德政统率各土目牌

四月初一日

前段时间各城头的士兵、军粮等事务,虽然已经指令由各个地方头目暂行管理,但是在流官或知府那里,还必须设置一个通晓事务,精明强干的地方头目,专门留在府中,听候并传发公布各项政策和命令,了解并通融地方上的情绪;不然上级官员和士兵的情绪难免会有互相抵触,格格不入的地方。

现查访到地方头目蔡德政,平日颇能通晓各类事情,并能作出合适的选择和委派。故委命该头目统一带领各个地方头目和其他干事人员,专门在府内听候答复,作出反应,凡是遇上差遣人员和催促督令公事等事务时,就立即按规定传达,督促管理各个城头的头目一级的官员。如果有不方便的情由,也需向所属县府申报,务求使上下情绪一致,从而整理好整个府县。现将七处一城头划拨给头目蔡德政永远经营管理,可以流传给子孙。希望该头目务必奉公守法,尽心答复上级文件,应付下面的情势,如果违犯了规章制度,情节较轻由该县府的长官量行追究处分,情节严重的则一律由三府军门依法处置。

批左江道查给狼田呈

四月十一日

据佥事吴天挺申报说:

"我们遵奉军门的方针策略,已剿平牛肠、六寺、磨刀等处的匪贼,所缴获的匪贼的田产,应当速行清理检查,以避免纠纷争斗。因此需要选派一名府卫级的贤明能干的官员亲临清查,视情况适量归还给这些狼民的田产,可先设立明确的界线标志,然

纳粮免差。"本院之意，正欲如此区处。

据呈：足见该道各官用心之勤，悉准照依所议，就仰行委该府卫贤能官各一员，亲临踏勘，清查明白，酌量给派招佃，具由呈报。

行浔州府抚恤新民牌

照得浔州等处稔恶瑶贼，既已明正讨伐，其载窜残党，亦合抚处。但其惊惧之余，未能遽信，必须先将附近良善，厚加抚恤，使为善者益知劝勉，然后各贼渐知归向，方可以渐招抚。除行守巡该道施行外，牌仰知府程云鹏等，即行会同指挥等官周胤宗等，及各县知县等官，分投亲至良善各寨，照依案验内开谕事情，谆复晓谕，就将发去告示，鱼盐量行分给，务使向善之心，愈加坚定，毋为残贼所扇诱，则良民日多，而恶党日消。又因而使之劝谕各贼，令各改过自新，果有诚心来投者，即与招抚，就便清查侵占田土，以绝后争；推选众所信服之人立为头目，使各统领毋令散乱，以渐化导，务使日益亲附，庶几地方可安，而后患可息。各官务要诚爱恻怛，视下民如己子，处民事如家事，使德泽垂于一方，名实施于四远，身荣功显，何所不可？如其苟且目前，虚文抵塞，欺上罔下，假公营私，非但明有人非，幽有鬼责，抑

后把它归还给原主耕种。是瑶贼开垦的土地,则丈量之后平均分配。各个里(明朝的一种基层单位)的田地可招抚狼民十名作为佃户耕种。所有这些田地都宜等到收成了一年之后才开始依据政策收纳公粮,宽免差役。"本院恰好也想如此区别处理。

由该呈文可以看出,该道的各个官员都办事认真,勤于用心,现完全批准他们的建议,并就此委派该府卫的贤能官员们分别主持,亲自到实地勘测,认真清查明白,并酌量分配派遣招抚的佃户,具体情节一一回禀本院。

行浔州府抚恤新民牌

浔州(今广西桂平一带)等地已作恶多年的瑶贼,今既然已经名正言顺地讨伐完毕,那些奔逃躲藏起来的残匪,也应当尽快安抚处置。但是这些残匪惊惧之余,定不会轻易相信,必须先厚加抚恤附近遵纪守法的良善,使归附的人更加受到善待,以张朝廷劝勉顺服之意。这样,那些残匪才会渐渐生归顺之心,才可以逐渐招抚他们。因此请贵道自知府程云鹏以内的所有官员,除留下来巡防守卫城府和施行其他公务外,一并会同指挥官周胤宗等官及各县知县等官员,立即分头到各个归附朝廷的村寨,依照已查处清楚的案件内开列论述的事情,谆谆告诫,晓之以理,并顺便发给政府的公告,还视情况分布一些鱼盐,务使他们归附之意,向善之心,益发坚定,以防再被残匪引诱煽动起来。这样归附之民日益增多,而作恶之残匪日益减少。在这种形势下,又使这些归服的人去游说劝告那些残匪,使他们各自改过自新。如果真有诚心前来投降的残匪,就予以招抚,顺便清查处理他们侵占的田土,以免以后再生争斗。并且在他们且物议不容。

批兴安县请发粮饷申

四月十三日

据兴安县申称：

"本县库内，并无军饷银两，亦无堪以动支官钱，诚恐湖兵猝至，不无误事。合无请给发军饷银两下县，先顾船马。"参看湖兵归途，合用廪给口粮下程犒劳等项，已经各有成议，自南宁府至梧州止，又自梧州至桂林府止，又自桂林至全州止，各经过几县几驿，每县驿扣算该银若干？各于该府军饷银内照数一并支给，各州县止是应付人夫数十名，再不许别项科派劳扰，已行该道守巡等官通行各该府县查照施行去后。

今已两月有余，而各州县尚罔闻知，不知该道各官，所理何事？似此紧急军务，尚尔迟慢，其余抑又可知，姑记未中间推选大家都信服的人立为头目，使他们统领各自的人马，不要散去，以便渐渐感化引导，务求使他们日益亲附。或许这样地方上可以安宁，而后患可以消除。各位官员务必诚恳仁爱，哀伤怜悯，对待下民就像对待自己的爱子，处理百姓的事务就像处理自己的家事一样认真，那么使恩德垂于一方，名利广播四海，身荣功显，有何不可呢？而如果你们苟且于目前现状，假报民情以搪塞本院，欺上罔下，假公营私，不但明处有人非议，暗里有鬼责骂，而且也为公众舆论所不容。

批兴安县请发粮饷申

四月十三日

据兴安县（今广西兴安县）申请：

"本县的钱库中，已经没有军饷银两，也没有可动支的政府官员工资了，的确害怕湖广的兄弟部队突然到来时，要误大事。故申请是否可给敝县先发部分军饷，以预先雇此船马做准备。"而那些湖广援兵撤退途中所要的俸禄、口粮，沿途犒劳物质等事物都已一一安排分配停当，从南宁府（今广西南宁市）到梧州府（今广西梧州市），从梧州府到桂林府（今广西桂林市），从桂林府到全州（今广西全州市），各经过多少个县多少个驿站，每个县和驿站扣算这笔银饷多少？都由所属知府的军饷银两中按数量一并支取，各个州县只要派遣几十名民工夫子，不许再科派别事情进行干扰，所有这些命令都已指示该道守巡等官员通告所有相关的府县，让他们按命令办事。

可是至今两个多月，各个州县还没有听说到，也不知该道的相关官员是如何办事的？像这样紧急的军务，尚且可以迟迟

究外。仰按察司将该吏先行提问，仍备行各道守巡官，今后该行职务，各要自任其责，可行即行，可止即止，悉心计处；事体重大，自难裁决者，即为定议呈禀，必使政无多门之弊，人有画一之守，毋得虚文委下，推避傍观。州县小官，无所遵承，纷然申扰，奔走道路，延误日月，旷职废事，积弊兹奸，推厥所由，罪归该道，各具不违，依准回报查考。缴。

行廉州府清查十家牌法

四月十六日

案照本院先行十家牌谕，专为息盗安民，访得各该官员，因循怠情，不得经心干理，虽有委官遍历城市乡村查编，亦止取具地方开报，代为造缴，其实未曾编行。且承委人员，反有假此科取纸张供给，或乘机清查流民，分外骚扰，是本院之意务要安民，而各官反以扰民也。

本欲拏究，缘出传闻，姑候另行。所有前项牌谕，必须专委贤能官员，督查清理。为此牌仰廉州府推官胡松，先将该府及所属州县原编牌谕，不论军民在城在乡，逐一挨查，务著实举行。仍须责令勤加操演。若各官仍前虚文搪塞者，指实参究。果有科罚骚扰等项，仰即拏问究治。仍行各官务

不作传达,可知对其他的事情他们是如何应付的!姑且记上一笔,以待处理。请按察司先提审这些官吏,再逐一通知各道守备巡防的官员,今后应该执行的职务公事,都要各自负起责任,要执行便立即执行,要停止便立即停止,尽心尽职地策划处理。对于事关重大,自己难以裁决的事务,就禀报本院,务必使政策一致,使官吏尽守本职,不得假传命令推卸给下级,从而袖手旁观逃避责任。各个州县的小官吏,无所遵奉,纷纷然申报干扰,奔走道路,延误时间,耽搁公务,荒废要事,从而积累弊病,滋长奸情,追根溯源,都罪归于该道,其余各官都无责任,一切依据回报文件查考处置。将本文上缴。

行廉州府清查十家牌法

四月十六日

本院已经发布的十家牌谕,是专门为打击盗贼,安抚百姓的,可听说各相关官员,因循怠情,不用心切实处理这一事务,虽然有的官员派人遍历城市乡村去调查记录,但也仅仅限于地方官吏缴上的文件报告,跟没有组织实施实质一样。而被委派的人员,反而借此机会索取纸张及其他供应物质,或者乘机清查流动人员,扰乱城乡安宁,使本意为安民的举措,在各位官员手中变成了扰乱民心的措施了。

本想立即捉拿有关当事人处罚治罪,但碍于消息尚属传言,还不确凿,便姑且等一等,以后再作计较。再次重申,前面发布的十家牌谕,必须专门委派贤能官员督促实施,清查明白。为此请廉州府(今广西北海市)推官胡松,先把该府及所属州县原来收编的牌谕,不论对是军是民,在城在乡,都逐一挨个清查;

将牌谕,讲究明白,必使胸中洞彻,沛然若出己意,然后施行,庶几事有条理,而功可责成。

各府州县,以次清理,非独因事以别勤情,且将旌罚以示劝惩,各具讲究过,依准缴报查考。又访得各处军民杂居之地,多有桀骛军职,及顽梗军旗,不服有司清查约束,妨碍行事者,仰行重加惩治。应参职官,指名申来,以凭拏究,断不轻恕。

行右江道召回新民牌

五月初六日

仰右江道副使翁素,即便选委的当官员,带同上林县知因晓事之人,将一十八村搬移上山者,通行召回复业,给与良民旗榜,使各安守村寨。仍谕以其间有与贼交通结亲往来者,但能搜捕贼徒,立功自赎,即不追论即往,一体给赏。仍要催督分差各官,上紧搜捕,毋令各贼奔逃渐远。晓谕各该地方良善向化村寨,务将逃躲各贼,尽数擒斩,以泄军民之愤,获功解报,一体给赏。若是与贼通谋,容留隐蔽,访究得出,国宪难逃;如是各贼果有诚心悔罪,愿来投抚立务必踏踏实实地施行。若是军士武官，则责令他们仍要勤加操习演练。如果各级官中还有像前面所述那样弄虚作假，搪塞了事，则查实情况，以备追究。如果真有假公济私，乱抓乱罚，扰乱民心等行为，则请立即捉集归案问罪。还请告知各官仔细讨论研究牌谕的内容，务必做到胸有成竹，像自己想出来一样自然，然后再行动，才能够有条有理地办事，才会功到自然成。

各个州县的这次大清理，不但要根据办事多少来区别勤劳懒惰，而且要采取措施赏功罚罪来表明朝廷惩劝的意图，请各地详尽地查处官员们的过错，追究其责任，本院将依据你们的上缴文件考查监督。又听说在军民杂居的地方，有很多桀骜残暴的军官以及顽固倔强的士兵，不服从有关执法人员的清查约束，妨碍事情的进展，请有关方面重加惩治。应该受到弹劾的军官，请将其名和罪行报行本院，以便捉拿归案，决不轻饶。

行右江道召回新民牌

五月初六日

请右江道（明代建制，相当于今天的柳州、桂林等珠江以北地区）副使翁素立即委派合适的官员带领上林县（今广西上林县）的知晓事情的原因和过程的人，去把又搬移上山的十八个村的新近归附的村民通通召回原来村寨，恢复正常作业，并给他们树立良民的旗帜，以使他们各自安守村寨。还劝告那些偶尔同匪贼联系交结甚至互相来往的村民，只要他们能协助搜捕贼党，立功自赎，则不追究过去的错误，一律加以奖赏。也要督促分派各位剿贼官员抓紧搜捕，别让匪贼逃到偏远的地方。通告这个地方上接受感化，归附朝廷的村寨，一定要把躲藏起

功报效者，亦准免其一死，带来军门，抚谕安插。各官务要尽心竭力，上报国恩，下除民患，副军门之委托，立自己之功名。仍督平日与贼交通之人，令其向导追捕，痛加惩改，及此机会，立功自赎。果能奋不顾身，多获真正恶贼，非但免其既往之罪，抑且同受维新之赏。若犹疑贰观望，意图苟免，定行斩首示众，断不虚言。各官舍目兵人等，若有解到功次，即与纪验明白，以凭照例给赏。事完之日，通送纪功御史衙门，覆验奏报，一应机宜。牌谕所不能尽者，就与副总兵张祐计议施行，一面呈报。本院不久亦且亲临各该地方，躬行赏罚，仰各上紧立功，毋自贻悔。

委官赞画牌

五月初七日

今差知州林宽赍文前往宾州思恩等处公干，就仰本官在右江道守巡官处，随军赞画一应机宜，不时差人前赴军门禀报；其领兵头目卢苏等，亦要遣人催促，上紧剿捕，立功报效，毋得怠情放纵，玩废日月，徒劳无功。本官务要尽心竭虑，以副委托。

来的匪贼尽数捉拿斩首,给军民出口恶气,若有人能举报立功,一律加以奖赏。而如果与匪贼勾结共谋,收藏隐瞒盗贼,查访出来,国法难逃;如果有匪贼的确有诚心悔罪,愿意投降以立功报效朝廷,也可免其死罪,带到军门来,接受说服教育,安排职务。各位将官务必要尽心竭力,上报朝廷的恩德,下除黎民的隐患,不负军门的委托,建立自己的功名。也鼓励平时与匪贼沟通的人担当追捕向导,痛改前非,并借此机会立功自赎。如果真能奋不顾身,多抓真正匪贼,不但可免除过去的罪行,而且可以同时受到弃暗投明的奖赏。如果还是两面观望,犹豫不决,企图侥幸得脱,一定立即斩首示众,决不虚言。至于各位将官兵士,如果立了功,便立即登记查验清楚,作为日后奖赏的依据。事完之日,通通送到纪功御史衙门,复验奏报,一律依据确凿事实。如果牌谕不能表达完全,就一边与副总兵张祐商量计划施行,一边呈报本院。本院不久也要亲临各个剿匪阵地,亲自主持奖赏功罚罪,希望各位抓紧立功,不要留下遗憾。

委官赞画牌

五月初七日

兹差遣知州林宽带着公文前往宾州、思恩等地办理公务,请该官在右江道的守巡官那里随军辅佐策划一切事情,并不时派人前往军门禀报军情;也要派人督促那些领兵的头目卢苏等人加紧剿捕匪贼,争取立功报国,不得怠惰放纵,荒废日月,徒劳无功。该官务必要尽心竭虑,以不负委托。

行参将沈希仪计剿八寨牌

五月初九日

近因八寨瑶贼稔恶,已经调发思、田目兵攻破贼巢,方在分投搜捕。访得八寨后路,潜通柳州,又有一路与韦召假贼巢相通,皆未委虚的,合行密切查处。为此牌仰参将沈希仪即行密访,若果有潜通贼路,就仰本官从宜相机行事,或从彼地掩袭韦召假贼巢,就从彼巢径趋八寨后路;或以迎候本院为名,径在宾州督调别项军兵,就从八寨取道。然须将勇兵精,又得知因向导,可以必胜。本院亦无意必之心,俱听本官相机行事,量力可行即行,可止即止。牌至,务在慎密,毋令一人轻泄。

调发土官岑瓛牌

五月初十日

牌仰归顺州官男岑瓛,挑选部下饶勇惯战精兵二千名,各备锋利器械,亲自统领,前赴军门,面授约束,有事差委。所带兵夫,但在精勇,不许徒多。军门不差旗牌官员,正恐张扬事势,骚扰地方,故今止差参随百户扈濂前去,密切督调。前月官男赴军门参见,已曾当面分付。牌至,限三日内便起程,星夜前来,毋得循常迟慢。违误刻期,定行究治,决无虚言。

行参将沈希仪计剿八寨牌

五月初九日

最近因为八寨的瑶贼不断作恶,已经调遣思恩、田州的头目兵众攻破了贼巢,现在正分头搜捕残匪。现又查访到八寨有一条后路暗通柳州,又有一条路与匪首韦召假的匪巢相通,但这些消息都没有具体核实,应该立即秘密查访。因此作此指令指示参将沈希仪立即进行秘密查访,如果真有暗通他处匪巢的路线,就请该官视情况相机行事,或者从那地方掩袭韦召假的匪巢,然后从韦召假的巢穴直接沿后路进军八寨;或者以迎候本院为名,径自在宾州督促调遣各路部队,就此从八寨取道进剿。然而这必须将勇兵精,又须找到知晓情由的向导,才能有必胜的把握。本院也没有定要施行的意思,一切听从该官相机行事,估量实力,斟酌后果,可以采取行动就行动,不能采取行动就放弃。指令文件到后,务必慎重保密,别让一个人走漏消息。

调发土官岑瓛牌

五月初十日

请刚归顺的男爵州官岑瓛挑选部下骁勇惯战的精兵二千名,各准备锋利器械,亲自统领并且赶赴军门,当面接受约束教育,并有军务委派。所带的兵士,只许在精锐勇猛,不许图多。军门也不派给旗牌官员,以免张扬事势,骚扰地方,只差遣参随百户扈濂前去,严密监督调遣。上个月该官员来军门参见时,已经当面作了吩咐。命令到达后,三日内便要起程,星夜前来,不得像以前那样迟慢涣散。如果延误时刻,如误了约定的时期,定然追究治罪,决不含糊。

分调土官韦虎林进剿事宜牌

　　　　　　　　　　　　　五月十五日

　　除行守备参将沈希仪相机行事,及差南宁镇抚朱钰赍捧令旗令牌前去督调外,牌仰东兰州知州韦虎林,挑选骁勇惯战精兵三四千名,亲自统领,就于该州附近三旺、德合等处取道,密切进兵,扑剿下邑、中寨、寻令、东乡、马拦、南岭、新村、莫村、落村等寨贼首韦召蛮、召旷、召假、召僚、召号、召旺、天腊、公线、仲言、转周、韦马、覃广、覃文祥等,务要尽数擒斩,以靖地方。所获功次,通行解赴军门,以凭记验给赏。如遇参将沈希仪已到地方,仍听节制行事;若是尚未来到,仰即火速进剿,不必等候,以致张扬泄漏,失误事机,罪有所归。

行通判陈志敬查禁田州府私征商税牌

　　　　　　　　　　　　　五月十五日

　　据委官通判陈志敬呈称:"查得田州府旧例:盐每百斤税银一分,本府河埠税银四分半,经纪税银三分,槟榔每百斤税银一钱,本府税课并经纪各税银二钱,其杂货亦各税不一,除买办应用,年终俱归本府,此岑猛之余烈也,今尚因之而未除。要行照依南宁府事例,止容一税。"等因;到院。参看得思、田二府,近该本院会议设立流官知府,控制土官,各以土俗自治,其官吏合用柴薪马匹及春秋祭祀等项,仍许商课设于河下,薄取其税,以资给用。而本院明文

分调土官韦虎林进剿事宜牌

五月十五日

除了请守备参将沈希仪相机行事,以及派南宁府镇抚朱钰带上令旗令牌前去督促调遣外,还请东兰州(今广西东兰县)知州韦虎林挑选骁勇善战的精锐兵士三四千名,亲自带领,沿该州附近的三旺、德合等地的路线秘密进发,去剿灭下邑、中寨、寻令、东乡、马拦、南岭、新村、莫村、落村等寨的匪首韦召蛮、韦召旷、韦召假、韦召僚、韦召号、韦召旺、韦天腊、韦公线、仲言、转周、韦马、覃广、覃文祥等,务必要尽数擒拿斩首,以使该地方从此安宁。所获物质及功劳,全部报送到军门,作为加以奖赏的依据。如果参将沈希仪已经到达贵地,就听他的命令行事;若是还没有来到,请不必等候,火速进剿,以免张扬出去,泄露机密,如果误失了事机,就需拿你问罪了。

行通判陈志敬查禁田州府私征商税牌

五月十五日

据负责官吏调遣委任的通判陈志敬呈报称:"按田州府纳税旧历:盐每百斤纳银子一分,本府的河埠码头纳银子四分半,经营商贩纳税三分,槟榔每百斤纳税银一钱,可现在本府的各项税课及经商税都纳银二钱,其他的杂货也各纳不同量的税,所得的钱除了买一些需要的物品外,年终时都算本府,这种做法是岑猛遗留下来的暴政,可到现在还没有废除。实在应该速令本府依照南宁府的事例,只容许统一纳税。"对于思恩、田州两个州府,近本院正计议在那设立流官知府,以控制地方官员,并依据地方风俗实行自治,且仍然允许在河下设立商业市场,尚未有行，乃敢辄先私立抽分，巧取民利，甚属违法，合当拿问，缘无指实，合行查究。

为此牌仰本官即查前项抽分，奉何衙门明文，惟复积年奸猾，私立巧取。侵骗税银肥己，务要从实查明，具由星驰呈报。一面密切差人访拿，解赴军门究治，以军法论，毋得容情回护，自取罪戾。

批南宁卫给发土官银两申

五月十八日

据南宁卫申：

"原收王仲金赔偿都康州银二百两，令官男冯一，差头目黄淦等四人来领。"看得王仲金赔偿银两，既该冯一差有的当头目黄淦，赍有该州印信领状前来关领，仰卫审验是实，即将银两照数给与黄淦等带领回州，付与冯一收受，取收过日期回报。仍行该道守巡官备行冯一、王仲金，务要洗涤旧嫌，讲信修睦，各保土地人民，安分守己，同为奉法循礼之官，并享太平无事之乐。如其不能自为主张，听信小民扇惑，规图近利，怀挟前仇，徒使利分下人，恶归一己，贯满罪极，灭身亡家，前车可鉴，后悔何及？各遵照奉行。此缴。

适当纳取少量的税收，以供这里的官吏购置所需的柴薪马匹以及年岁节日的祭祀品等物质。可是本院尚未明行下令，田州府就敢私立税目，抽取税金，巧取民利，是属违法，本该立即捉拿问罪，只因尚无实证，先查访清楚再说。

为此请陈志敬立即查清该府抽收税金是奉哪个衙门的明文而恢复过去的奸猾之政策，私立税目，巧取民利。对于侵犯骗取税金喂肥自己腰包的行为，务要从实查明，具体一面情由星驰呈报本院。一面密切差人访问捉拿，解送到军门究治，以军法论罪，不得容情回护，自取罪戾。

批南宁卫给发土官银两申

五月十八日

据南宁卫申报：

"原来收到王仲金赔偿给都康州的二百两银子，现在那州官男爵冯一派头目黄淦等四人前来领取。"既然王仲金已赔偿了银子，而冯一又差的当头目黄淦携该州印信领状来领取，请贵卫审检验证件真伪后，便将银子照数交给黄淦等人带回，交付冯一收受，并取收受日期前来回报。也请该贵道守巡官耐心劝告冯一、王仲金，务必要他们洗涤旧嫌，讲信修睦，各自保护地方人民安宁，安分守己，一同做守法循礼之官，共享太平无事之乐。如果他们听信小民扇动蛊惑，不能自作主张，只顾眼前小利，念念不忘前仇，徒使利益让下人获取，而自己恶贯罪极，灭身亡家，前车可鉴，到时候后悔又怎么来得及呢？望各自遵照奉行。将此文上缴。

批左江道纪验首级呈

五月二十八日

据佥事吴天挺呈：

"获过牛肠、六寺、古陶、罗凤等处山巢贼级，中间无小功者，应否纪验？"看得各处用兵，多因贪获首级，不肯奋庸破敌，往往多致失事。是以前月发兵之日，本院分付督兵各官，务以破巢诛恶为事，不以多获首级为功。今若以无小功之故，不与纪验，即与前日号令自相矛盾矣。其湖兵破巢首级，虽无小功，仰该道仍与纪验。至于官军人等剿捕所获，仍照常规施行。缴。

行左江道犒赏湖兵牌

六月初十日

照得湖广永、保二州官舍头目土兵，先该本院撤放回还，道经浔州等处，已经行仰该道守巡等官督押前进，乘便剿除稔恶瑶贼，随已破荡巢穴，擒斩数多，回报前来，就经牌仰各官仍押各兵，直抵桂林地方交替。及行参议汪必东，就于梧州府库量支军饷银一二千两，带去省城，听候本院亲行犒赏。今照本院因地方有事，兼患肿毒，未能亲往，行委该道佥事吴天挺前去省城，代行赏劳。为此牌仰本官即查前项银两，若未动支，就于该府军饷银内照数动支二千两，委官管领，随带广西省城，听候支给犒赏湖兵等项应用，完日开数查考。

批左江道纪验首级呈

五月二十八日

据佥事吴天挺申请：

"斩获的牛肠、六寺、古陶、罗凤等匪巢的匪贼首级中，有的部队的数目尚构不上小功，是否应该给予纪验呢？"而各处用兵，多有因贪获首级，不肯奋勇破敌，而导致误失事机。因此上个月发兵之日，本院分付各位官员，务必以破巢诛恶为首事，不应以多获首级数目为功。现在如果以首级数构不上小功之故不予纪验，是与前个月的号令自相矛盾了。因此，那些湖广部队破巢所得的首级，虽尚构不上小功，请贵道仍予以纪验。至于官兵个人剿捕所获的，仍照常规行事。

行左江道犒赏湖兵牌

六月初十日

那些湖广省永顺、保靖二州的官兵们，先经本院许可撤退回去，沿途经过浔州等处，已经通知该道守巡官等督押前进，乘便剿除沿途作恶的瑶贼，会同先前破荡的匪贼巢穴和擒斩数目，一并前来回报；希望各位官员仍然督押各部，直到桂林交替。也曾请参议汪必东到梧州府钱库中支取军饷一二千两，带到省城，听候本院亲自犒赏。现因地方上有事，加上本院身患小疾，故不能亲自前往，请委托贵道佥事吴天挺前去省城，代本院进行赏劳。为此命令该官立即检查前面所提的银两，若尚未动支，就于贵府的军饷银内照数支取二千两，委托官员管理，随身带到广西省城，以供支给犒赏湖广部队等事务应用，完事之日列数登记以备查考。

奖劳督兵官牌

六月初十日

照得先因广西思、田等处土酋倡乱，征调湖广永、保二司宣慰舍目人等，坐委佥事汪溱、都指挥谢佩统领前来，听调剿杀。后因各酋自缚投顺，班师回还；又该军门行委各官统领，乘便征剿浔州、牛肠、六寺及平南、仙台、花相等山积年稔恶贼寇，遂能攻破坚巢，多有斩获。虽各宣慰素抱报国之心，舍目人等并心协力，奋勇效命，亦由监督各官，设策运谋，用能致有成功。

今师旋有日，所据宴劳之礼，相应举行；但本院见征八寨瑶贼，未能亲至省城，大享军士，合就先行奖劳。为此仰本官，即便亲诣省城，公同布、按二司掌印等官，将军门发去彩缎银花等物，照数备用鼓乐，导送佥事汪溱等收领，用见本院嘉奖宴劳之意，仍行镇巡衙门知会。

计开：

佥事汪溱：盘盏一副十两。段二匹十两。银花二枝二两。席面一桌银十两。

都指挥谢佩：盘盏一副十两。段二匹十两。银花二枝二两。席面一桌银十两。

部押指挥二员：每员银牌五两。银花一枝五钱。席面银二两。

分押千户八员：每员银牌三两。银花一枝五钱。席面银

奖劳督兵官牌

六月初十日

前段时间因为广西思恩、田州等地的土酋起来作乱，故征调湖广省永顺、保靖二宣慰司的官兵们，由佥事汪溱、都指挥谢佩等统领前来，听候调令，剿匪杀贼。后来因为各个土匪头领自缚前来投顺，便班师回府；本军门又命令各位将官统率部队顺便征剿浔州、牛肠、六寺以及平南、仙台、花相等山上作恶多年的土匪，于是攻坚破巢，多有斩获。全赖各位宣慰素来怀抱报国之心，各位将士同心协力，奋勇效命，以及各位监督官员出谋划策，运筹帷幄，应用贤能，才有这大胜利。

现在部队很快就要凯旋回府，而按礼应该进行的犒劳宴会，相应举行。但是本院正在平定八寨的瑶贼，不能亲自赴省城大享军士，就委托其他官员先行奖劳军士。因此命令佥事吴天挺立即亲自赶到省城，会同布政、按察二司掌印官等人，把军门发去的彩缎银花等物品，悉数送给佥事汪溱等人收领，并准备鼓乐吹手，一路吹送，以表本院嘉奖宴劳之意，也通知一声镇巡衙门。

所备赏品计开如次：

佥事汪溱：盘盏一副合银十两。缎二匹合银十两。银花二枝合银二两。席面一桌银子十两。

都指挥谢飒：盘盏一副合银十两。缎二匹合银十两。银花二枝合银二两。席面一桌银子十两。

部押指挥员二人每人：银牌五两。银花一枝合银五钱。席面银二两。

分押千户八人每人：银牌三两。银花一枝合银五钱。席面一两。

土舍彭荩臣军前冠带札付

六月初十日

据湖广上湖南佥事汪溱呈：

"据辰州卫部押指挥张恩呈：

'据舍目彭九皋每告称：嘉靖五年奉调征剿田州，有荫袭官男彭虎臣同弟彭良臣，自备衣粮报效，蒙授彭虎臣冠带杀贼。后因阵亡，蒙军门奏奉钦依勘合，内开：彭虎臣殁于王事，情可矜怜，赠指挥佥事，移恩弟彭良臣就彼冠带，袭替宣慰使职事，免其赴京。伊父彭九霄仍升湖广布政司右参政，准令致仕。除遵依外，近奉军门复调征剿，行令致仕宣慰彭九霄亲统启行。不意宣慰使彭良臣在任病故，有彭荩臣系宣慰的亲次男，见年一十四岁，与故兄彭良臣同母冉氏所生，应该承袭，别无违碍，乞比照永顺土舍彭宗舜事例，赐给冠带，抚管地方。'等情。

为照土官袭替，必经原籍该管衙门委官重覆查勘。今彭荩臣不在随征之列，未经结勘；但伊父彭九霄见在统兵，本舍又称选带家丁三千名，前往报效，似应俯从。呈详到院。

为照彭荩臣本以章一，早著英风，自选家丁，随父报银一两。

土舍彭荩臣军前冠带札付

六月初十日

据湖广省上湖南佥事汪溱呈报：

"据辰州卫部押指挥张恩呈报说：

'据头目彭九皋等人报告说：嘉靖五年奉命调征剿田州土匪时，有荫袭官男彭虎臣同其弟彭良臣自备衣粮前来投军报效，承蒙军门授予彭虎臣官职带兵杀贼。后来因彭虎臣阵亡，又蒙军门奏知皇上，奉皇命依据勘验结果作出如下决定：彭虎臣因王事殉职，值得矜怜，追授为指挥佥事，将原属的恩赐转给他的弟弟彭良臣就任官职，袭替宣慰使职务，免他赴京谢恩。他父亲彭九霄也升为湖广布政司右参政，并批准他告老辞官。一切遵命而行，不在话下。近来又奉军门的命令应征剿匪，并命令退休宣慰彭九霄亲自统率启程。不料宣慰使彭良臣突然在任上病故，现有彭荩臣是宣慰的亲生次子，年方十四岁，与故兄彭良臣同由母亲冉氏所生，按理可承袭其兄旧职，如果没有别的违碍，就请比照永顺舍人彭宗舜的事例，赐给官职，督理抚管地方。'如此等等。

但地方官承袭顶替，必须经过原籍所在地的管理该县事务的衙门委派官员反复勘验清楚才可。而现在彭荩臣不在随从出征之列，没有经过勘验；可是他父亲彭九霄现在本军内统兵，而且他声称要选带家丁三千名，前往前线杀敌报国。正因这些缘由，似乎应该依从张恩的呈报。"

由呈报可以看到，彭荩臣本以章一，早著英风，自选家丁随

效,即其一念报国之诚,已有可嘉;况有查系应袭次男,近日报效家丁,于浔州、平南诸处,又能奋勇破贼,斩获数多,则荩臣身虽不出户庭,而功已著于异省。除别行具题外,合就遵照钦奉效谕内便宜事理,给与冠带。为此札仰官舍彭荩臣先行冠带,就彼望阙谢恩,抚管地方,仍须立志持身,正己律物,顾章服之在躬,思成人之有道,念传世之既远,期绍述于无穷,益竭忠贞,以图报称。先具冠带日期,依准缴报。仍径行本省镇巡衙门知会,毋得违错!

奖劳永保二司官舍土目牌

六月初十日

照得先因思、田等处土酋倡乱,复调永、保二司宣慰彭明辅、彭九霄,各统领舍目,听调剿贼。后因各酋自缚投顺,班师回还。又该军门行委各官统领,乘便征剿浔州、牛肠、六寺及平南、仙台、花相等山稔恶贼寇,遂能攻破坚巢,多有斩获。是皆各宣慰及伊官男平日素抱忠诚报国之心,故能身督各舍目人等,并心协力,奋勇效命,致有成功。今师旋有日,所据宴劳之礼,相应举行。但本院见征八寨瑶贼,未能亲至省城,大享军士,合就先行奖劳。

父亲报效朝廷，仅从他这一念报国之诚心，就已经可以受到嘉奖，况且已查知他实系应袭公子，而近日他选派的报效家丁，在浔州、平南等地，又能奋勇杀敌，斩获甚多。彭荩臣虽然足不出户庭，而其功劳已显扬于异省，别的具体行为品质还有什么勘验的必要呢？宜当遵奉钦命敕谕的情况下灵活行事，给彭授予官职，为此批文命令准予彭荩臣先行接受官职，就在那望北谢恩，然后督管地方事务，希望他仍要立志持身，正己律物，顾念在身的官服，思考做人的道理，树立名留青史的理想，期求流芳百世，名垂千古；要更加竭力忠贞为国，以图报效。先预定拜官的日期，完事后照例回报本院。同时直接通知本省的镇巡衙门，不得违误！

奖劳永保二司官舍土目牌

六月初十日

前段因思恩、田州等地土匪猖獗，复调遣永顺、保靖二宣慰司宣慰彭明辅、彭九霄，各统领手下官兵，听候调遣以剿除这些土匪。后来因为各土匪首领自缚双手前来投顺，便班师回还。于是本年军门又命令各位将官乘便率兵征剿浔州、牛肠、六寺以及平南、仙台、花相等山上作恶多年的土匪，终于能够攻破坚固的匪巢，多有斩获。这些全赖两位宣慰及他们手下的官员平日素来怀抱忠诚报国之心，因此能够督促各头目士兵们并心协力，奋勇效命，而取得今天的胜利。现在部队很快就会凯旋回府，依礼节应该进行的犒劳宴会，相应举行。但本院正在平定八寨的瑶贼，不能亲自到省城大享军士，只好委托其他官员先行奖励犒劳。

为此牌仰本官，即便亲诣省城，公同布、按二司掌印等官，将军门发去礼物，照依后开数目，各用鼓乐送发宣慰彭明辅、彭九霄等收领，用见本院嘉奖宴劳之意。各宣慰官舍目兵人等，查照单开等项，逐一支出赏犒，就彼督发各兵，回还休息。支过数目，开单查考，俱仍行镇巡衙门知会。

计开：

保靖宣慰司：

宣慰彭九霄：盘盏一副十两。段二匹。一两重金花一枝。一两重银花一枝。席面银五十两。

官男彭荩臣：银花二枝各一两。段二匹。席面银二十两。

永顺宣慰司：

宣慰彭明辅：盘盏一副十两。段二匹。一两重金花一枝。一两重银花一枝。席面银五十两。

官男彭宗舜：银花二枝各一两。段二匹。席面银二十两。

冠带把总头目每名三两，重银牌一面。领征管队冠带头目，每名二两重银牌一面。旗甲小头目洞老每名一两重银牌一面。随征士兵每名银二钱。家丁银一钱。病故头目每名银四两。病故士兵每名银二两。首级每颗银一两。贼首银三两。生擒每名银二两。

因此命令吴天挺立即亲自赶到省城，会同布政、按察二司掌印官员们，将军门发去的礼物，照数依下面开列的数目，各用鼓乐吹手送发给宣慰彭明辅、彭九霄等人收领，以表本院嘉奖慰劳之意。各位宣慰及其他将士们，按照单上开列的等项目，逐一支出奖赏犒劳，就此督发众兵士回营休息。支取分发的银两数目，开列成单以备查考，也都通知镇巡衙门知道。

所给赏品总共开列如次：

保靖宣慰司：

宣慰彭九霄：盘盏一副合银十两。缎二匹。一两重金花一枝。一两重银花一枝。席面银五十两。

官男彭荩臣：一两重银花二枝。缎二匹。席面银二十两。

永顺宣慰司：

宣慰彭明辅：盘盏一副合银十两。缎二匹。一两重金花一枝。一两重银花一枝。席面银五十两。

官男彭宗舜：一两重银花二枝。缎二匹。席面银二十两。

各位统领把总的头目每名赏三两重银牌一面。统兵带队的官吏、头目每名赏二两重银牌一面。旗甲小头目每名一两重银牌一面。随军出征的士兵每名赏银二钱。家丁每人赏银一钱。病故头目每名赏银四两。病故士兵每名赏银二两。所获首级每颗赏银一两，贼首首级每颗二两。生擒的土匪每擒一人赏银二两。

调发武缘乡兵搜剿八寨残贼牌

六月十八日

先该本院进剿八寨，贼巢已破，但余党逃遁，尚须追捕。访得各处乡民素被前贼劫害，多有自愿出力杀贼报仇；及访得武缘县地方婴墟等处乡兵，素称骁勇惯战，皆肯为民除害。已经牌差经历罗珍等前去起调，诚恐各官因循，姑未究治。看得通判陈志敬莅官日久，前项婴墟等处乡兵，曾经训缉，颇得其心，合委摧督。为此牌仰本官速往婴墟等处，即将前项乡兵，量行选调，多或一千五百名，少或八九百名，各备锋利器械，仍督经历罗珍等分统，前赴宾州，照名关支行粮等项，就彼相机搜剿前贼，仍听参将沈希仪调度节制；获有功次，一体重加旌赏，仍谕以当此农忙暑月，本院亦不忍动劳尔民，但欲为尔民除去地方之害，不得已而为此；尔等各宜仰体此情，务要尽心效力，以报尔仇，是亦一劳永逸之事。先将调过名数，并起程日期，随牌回报查考。

行右江道犒赏卢苏王受牌

七月初三日

看得思、田头目卢苏、王受等，率领部下兵夫征剿八寨，搜屯日久，劳苦寔多，合行量加犒劳。为此牌仰右江道分巡官，即行宾州，起拨夫役人等，将见贮军饷粮米照依后开数目，运赴三里地方各目扎营去处，分给各兵，以见本院

调发武缘乡兵搜剿八寨残贼牌

六月十八日

在本院进剿八寨之前,这里的贼巢已被攻破,但余党已闻风逃遁,尚须追捕。据说各地的乡民,素来被这些匪贼抢劫迫害,很多人身愿出力杀贼报仇;又查访到武缘县的婴墟等地的民兵,向来以骁勇善战著称,而且都肯为民除害。已经差遣经历罗珍等人前去发动调遣,实在害怕各位官员依旧拖沓,姑且不予追究。另外听说通判陈志敬到职已日久,前面所提的婴墟等地的民兵,还曾经受过他的训练引导,颇得他们的人心,宜立即委派他前去催督。因此请该官速去婴墟等地,立即民中选拔多则一千五百名,少则八、九百名民兵,各自准备锋利器械;仍然让经历罗珍等人督带分统,前赴宾州,依人头支取军粮等物质,就在那地方相机搜剿八寨残匪,仍听从参将沈希仪的调度节制。他们获得的功劳名次,一律重加奖赏,也谕告他们,在这农忙暑期,本院也不忍心麻烦他们,只是想就此除去地方上一害,不得而这样做的。要他们都应体谅此情,务必尽心效力,即报了他们的仇,也是一劳永逸之事。先报调拨的人数连同起程日期,随本指令回报以备查考。

行右江道犒赏卢苏王受牌

七月初三日

思恩、田州的头目卢苏、王受等人,率领部下兵卒征剿八寨,长期辛勤搜捕,劳苦实多,宜量行加以犒劳。故下此命令请右江道分巡官立即通知宾州起拔民夫仆役将储贮在此的军饷军粮照依后面开列的数目,运到这些部队的驻地三里等处,分给

犒赏之意。开数缴报查考。

计开：

卢苏二百石，王受一百五十石。

给土目行粮牌

七月初八日

照得本院见在进兵征剿八寨瑶贼，而镇安头目岑瑜等，率领目兵四百五十名，前赴军门，自愿随军杀贼报效，意有可嘉！除量行犒赏外。仰分巡右江道官将各目兵即行照名给与行粮一月，就发都指挥高崧哨内，听凭督调杀贼。获有功次，一体解验，以凭给赏施行。

批右江道移置凤化县南丹卫事宜呈

八月初十日

据副使翁素呈：

"议得南丹卫城垣，并凤化县城垣合用银两。"看得该道议于八寨地方，移立南丹卫；三里地方移设凤化县，俱各查访相应，人心乐从。其筑立城垣、起造公廨等项，料价工食，一应合用银两，既经该道守巡官公同计议停当。南丹卫该银三千六百四十五两，凤化县该银三千一百七十六两，其食米南丹卫一万石，凤化县八千石，每石价银三钱，共该银五千四百两。见今各处仓廒，贮有粮米，尚毂支给。候缺米之日，照数给价，先各量支一半，收贮听用。南丹卫一千五百

各位兵士，以表本院犒劳嘉奖之意。开列数据回报以咨查考。

犒赏物品总共开列如下：

赏卢苏军粮二百石，王受一百五十石。

给土目行粮牌

七月初八日

正在本院进兵征剿八寨的瑶贼时，镇安的头目岑瑜等人率领手下的四百五十名士兵前赴军门请求随军杀贼，报效朝廷，行为实在值得嘉奖！除了量行进行犒赏外，请右江道的分巡官立即给这些士兵配发一个月的军粮，并划归都指挥高崧的手下，听凭督调杀敌。如若获得的功劳名次一律送来验正，以作为进行奖励的凭据。

批右江道移置凤化县南丹卫事宜呈

八月初十日

据副使翁事呈报中说：

"计议推算出修建南丹卫和凤化县的城墙共需银两"可见该道计议将南丹卫的治所移建到八寨一带，而又将凤化县的治所移设于三里一带。且都各自查访了相应的民情，人们都拥护这一决定。而修建城墙，起造官署等项所需要的材料、工钱和粮食折算成银两的数目，已经由该道的守巡官们合议估算停当。其中南丹卫需银三千六百四十五两，凤化县需银三千一百七十六两，南丹卫需大米一万石，凤化县需大米八千石，以每石三钱银子的价钱算，总共需银子五千四百两。现在各地的粮仓中尚贮有粮米，暂时够支取，就先到这些地方各量支一半，贮藏起

两,凤化县一千二百两,准议于南宁府库贮军饷银内支给。该道各官仍要推选力量廉能官各一员,委同该卫指挥孙纲,及该县掌印哨守官,亲至南宁府照数支出,三面秤对匦收领,付宾州库寄贮。置立支销文簿,该道用印钤记,各付一本收执,每用银两,即同该州官开封动支,照数登记,务在实用,不得花费分毫。工完之日,开数缴报,通将各支销簿会合查考。该道守巡官仍要不时亲诣调度,督促工程,务在精致坚牢,永久无坏。当兹盗贼荡灭之余,况又秋冬天气,正可及时工作,各官务在上紧催督,昼夜鸠工,不日而成,一则可以速屯防守之官兵,二则可以不妨来岁之农作。城完之日,本院自行旌保擢用,决不虚言。各官视官事须如家事,刻刻尽心,仰称朝廷之官职,中副上司之委任,内以建自己之功劳,外以垂一方之事业;岂不事立身荣,功成名显,垂誉无穷者哉?若其因循玩愒,隳绩废事,非独自取败坏,抑且罪责难逃。仰该道备行各官查照施行,期务体勤勤嘱付之意,毋负毋负!此缴。

行左江道赈济牌

八月初十日

案照先因南宁府军民困苦骚扰,二年有余,况天道亢

来候用。等到缺米的时候，再按价支给他们银两，其中南丹卫一千五百两，凤化县一千二百两，都准在南宁府军库所贮军饷中支取。请该道的各位负责的官员仍要推选两名精干廉洁的官员，同南丹卫指挥孙纲以及凤化县掌印哨守官一起到南宁府照数支取这些银两，三方面当面点领清楚，送到宾州库中寄藏。并设立支销文簿，由该道用公印标记，各拿一本收执，每当要用银两之时，就同该州的官员一起开封支取，按数目如实登记，务求用在实处，不得花销浪费一分一毫。竣工之日，开列账目数据上缴回报，并同各个支销文簿对照查考。该道守巡官员们也要不时亲临工地指挥调度，督促工程，务必建得精致牢靠，永久不坏。现在正是土匪被彻底扫荡消灭之时，而且正值秋冬时节，天气适合，正好可以及时工作，各位官员务必加紧督促，昼夜动工，迅速完成，这样一则可以尽快安置防守的官兵，二则可以不妨碍来年的农作。城墙竣工之后，本院将亲自奖励提拔有功者，决不虚言。各位官员须视国事如家事，时时刻刻尽心竭力，上不负朝廷授予的官职，中不负上司的委托，对内则建立自己的功劳，对外则垂显一方之事业；岂不可以建立事业，提高身价，功成名显，垂誉无穷吗？如果因循拖沓，吃喝玩乐，以致毁灭成绩，荒废大事，不但是自取败坏，而且罪责难逃。希望该道仔细叮嘱各位官员按章办事，务必理会本院勤勤嘱咐的意思，不得辜负！此文上缴。

行左江道赈济牌

八月初十日

近两年来，南宁府的军民饱受土匪侵扰骚乱之苦，而且适

旱，青黄不接，已经行仰同知史立诚，将停歇湖兵之家，量行赈给。然各色军民人等同被骚扰，均合行赈。为此牌仰本道官吏，会同分巡道，即行南宁府备查府城内外大小人户，照依后开等第，就于军饷米内照数通行赈给，务使各沾实惠，毋容奸吏斗级人等作弊克减，有名无实。事完开报查考。

计开：

乡官、举人、监生之家每家三石。生员每家二石。大小人户每家一石。贫难小官，通行查出，量分差等，呈来给赈。

批右江道议筑思恩府城垣呈

八月十五日

据副使翁素呈：

"估计起造思恩府城池等项，通用银八千五百七十七两零。"看得思恩府城垣，仰行知府桂鳌自行督工起筑，合用料价工食等项银两，准照议于南宁府军饷银内动支。就仰桂鳌公同该府掌印官当堂秤明，匣锁领回，寄贮宾州库内，查明前批南丹卫事理，置立文簿支销。该道守巡官，仍要不时亲至地方料理催督，务要修筑坚固，工程早完。事毕，开报查考。缴。

逢天道亢旱，百姓生活困苦，青黄不接，已经命令同知史立诚，量行给停歇湖广部队士兵的民户分发赈济物质。然而不同等级的军民们，都久遭土匪的骚扰，均应受到接济。因此命令本江道的官吏会同分巡道，立即通知南宁府详细清查府城内外的大小人户，依照后面开列的等第，用军粮照数通行赈发，务必使百姓都沾到实惠，决不容许因奸吏作弊克减而有名无实。事完之后，开列数单回报查考。

赈济等次开列如次：

乡官、举人、监生之家每家赈发军粮三石。生员每家赈发两石。大小户人家每家赈发一石。贫穷有难的小官都清查出来，量分等次发给赈济品。

批右江道议筑思恩府城垣呈

八月十五日

据副使翁素呈报说：

"估计起造思恩府的城池等事务，共需用银子八千五百七十七两零。"对思恩府的城墙，已通知知府桂鳌自行督选工人开始修筑，需要的材料、工钱和粮食等项物质银两，依据议定数目到南宁府军饷银内动支。请桂鳌会同该府掌印官当堂称量清楚，用箱子装锁起来领回，然后寄贮到宾州仓库中，比照前面批示和南丹卫的事宜，置立支销文簿支取。该道的守巡官，也要经常亲临工地料理催督，务要修筑坚固，尽早完成工程。事毕后，开列账目回报以备查考。此文上缴。

奖劳剿贼各官牌

八月十九日

照得八寨积为民患,今克剿灭,罢兵息民,此实地方各官与远近百姓之所同幸。昨者敷文之宴,已与百姓同致其喜,而犒赏尚未及行。为此牌仰南宁府官吏,即便动支库贮军饷银两,照依后开则例,买办彩币羊酒,分送各官,用见本院嘉劳之意。开报查考。

计开:

副总兵张裕、副使翁素:

各花二枝二两,段四匹十两,羊四只三两,酒四埕一两。

参政沈良佐、佥事吴天挺、副总兵李璋、参将张经、冯勋:各花二枝二两,段二匹六两,羊二只,酒二埕,共二两。

知府桂鏊、同知陈志敬、林宽、推官冯卫:同上。

行福建漳州府取回岑邦佐牌

照得田州府土官岑猛稔恶不悛,构祸邻境。该前军门奏奉调兵征剿,并将伊妾子女岑邦相等及各目家属解京,给付功臣之家为奴;及将出继武靖州次男岑邦佐迁徙,已将岑邦佐及母妻人口家当,差委指挥周胤宗等解发福建漳州府安置为民,及将岑邦相等押发南雄府监候听解去后,继照本爵钦奉敕谕:

奖劳剿贼各官牌

八月十九日

土匪巢穴八寨长期为地方百姓的心腹之患，如今攻克剿灭，解除兵患民急，实在是地方各官和远近百姓共同的幸运。昨天在敷文之宴上，已经与百姓共同表达欢悦之情，而犒劳奖赏之事尚未来得及进行。为此命令南宁府相关官吏立即动支仓库中储贮的军饷银两，依照后面开列的数目，采购彩缎羊酒，分别送给各位将官，以表本院奖励慰劳之心意。完事之后，详细登记回报以备查考。

奖赏名目总兵共开列如次：

副总兵张裕、副使翁素：

各二两重银花二枝，缎四匹合银十两，羊四只合银三两，酒四坛合银一两。

参政沈良佐、佥事吴天挺、副总兵李璋、参将张经、冯勋：

各花二枝合银二两，缎二匹合银六两，羊二只，酒二坛共二两。

知府桂鳌、同知陈志敬、林宽、推官冯卫：同上。

行福建漳州府取回岑邦佐牌

田州府的地方官岑猛惯于作恶，毫不悔改，在边境横生事端。本前任军门奏告皇上，奉命调兵征讨剿除，并将他的妻妾子女岑邦相等人以及其他头目的家属押送京城，分给功臣之家为奴仆；当时他的次子岑邦佐正要迁徙出任武靖州的州官，也把他和他的母亲妻子等人口家当，委派指挥周胤宗等人解押发配到福建漳州府安置为民，以及将岑邦相等人押解到南雄府监

"特命尔提督两广及江西、湖广等处地方军务，星驰前去彼处，即查前项夷情，可抚则抚，当剿即剿，公同计议，应设土官流官，何者经久利便？奏闻区处。钦此！"钦遵。随据头目卢苏等率众自缚来降军门，仰体朝廷好生之德，俯顺其情，安插复业，及因其告乞怜悯岑猛原无反叛情罪，存其一脉。等因。已该本爵议将该府四十八甲内割八甲降立田州，立其子一人，以承其后云云。合将岑邦佐仍为武靖州知州，保障地方，而立邦相于田州，以安守其宗祀，庶为两得其宜，已经具题外。今照前项地方，抚处宁靖，所据各男，应合取回议处。

为此牌仰福建漳州府官吏，即将发去安置为民岑邦佐并母妻人口家当，通取到官，照例起关，沿途给与脚力口粮，差委的当人员，押送军门，以凭面审施行。仍行本省镇巡衙门及布政司知会，俱毋违错。

批参将沈良佐经理军伍呈

八月二十四日

看得五屯系远年贼巢要害之处，而备御废弛若此，正宜及此平荡之科，经理修复。今该道各官公同议处，要将城垣展拓，建置守备等衙门；及将该所分调各处哨守旗军，尽数取回调用；广东协守官军，发回原卫；缺伍僮军，清查足

禁起来等候解令，这以后，又通知本爵遵奉皇上的敕谕：

"特地命令你督管两广及江西、湖广等地方的军务，迅速赶赴田州，立即清查前项夷情，能够安抚就安抚，应当剿除就剿除，同百官共同商量计议行事，应该设立土官或流官的，便权衡一下看设哪一个经久便利？奏报给朕后分别处置。钦此！"我遵从圣旨。随后头目卢苏等人率众自缚前来军门投降，仰蒙朝廷怜爱生灵的恩德，顺从他们的诚心请求，安排他们恢复旧业。后来因为他乞告朝廷怜悯岑猛开始并未生反叛之心，保全他的一脉子孙。故本爵计议将他们府中四十八甲中分八甲安插在田州，册立他儿子中一人，以承保全他的后代等等。也适宜将岑邦佐仍然委任为武靖州知州，保障地方安全，而册立岑邦相于田州，以守护其宗祀，这样两得其宜，不在话下。今依照前述决定，安抚平定地方，所提到的各人应该取回来计议处置。

为此请福建漳州府的官吏立即将发配到那安置为民的岑邦佐及其母亲妻子等人口家当，全部取到官府，照例办完手续，差派稳当的人员带着脚力挑夫和沿途口粮押送到军门，以凭当面审问的情况施行。同时也通知贵省镇巡衙门及布政司，都不得违误！

批参将沈良佐经理军伍呈

八月二十四日

五屯是多年以来土匪的要害之处，可防御设施这样废弛，正需要借此平安稳定之余，经营修理恢复。现在该道各位官员一起计议商量，要把该地城墙拓展，建置守备衙门等衙门；又将该所分调到各地站哨防守的部队，尽数召回听候调用；广东

数；每年贴贩藤县甲首银一百两，通行除免；查编甲军，务足千名之数，议处悉当。除本院已经依议具奏外，仰该道各官照议施行，仍行总镇、总兵及镇巡等衙门知会，该府、县、卫所等官，俱仰查照施行。缴。

告谕新民

八月

告谕：各该地方十冬里老人等，今后各要守法安分，务以宁靖地方为心，不得乘机挟势，侵迫亲旧投抚獞、瑶等人，因而协取材物，报复旧仇，以致惊疑远近，阻抑向善之心。有违犯者，官府体访得出，或被人告发，定行拿赴军门，处以军法，决不轻恕。

批佥事吴天挺乞休呈

八月二十五日

据佥事吴天挺呈：

"乞要致仕。"看得本官识见练达，才行老成，且于左江一道夷情土俗，熟谙久习。今地方又在紧急用人之际，本院方切倚任，况精力未衰，偶有疾患，不妨就医调理，岂得遽尔恳辞求归？近因征剿浔州诸处贼巢，冒暑督兵，备历艰阻，功劳茂著，不日朝廷必有旌擢之典。仰本官且行安心管理该道印信，勉进药饵，暂辍归图，以慰上下之望；毋再固

省协同守备的官兵,应发送回原来衙门,人数不全的归顺僮军,清查出来并给足数;每年补贴给藤县的一百两甲首银,现在全部免除;清查编制甲军,务必达到一千名,计议处理妥当。除了本院已经依据计议结果奏知皇上的条目外,请该道各官照计议的步骤施行。同时也通知总镇、总兵及镇巡等衙门,该府的县、卫、所等级官员都要照章执行。此文上缴。

告谕新民

八月

通告:十冬里等地的各位乡亲,今后务必要守法安分,以宁靖地方为原则,不得乘机挟持权势,侵犯迫害新旧投抚的僮、瑶等人,并趁势夺取财物,报复旧仇,以致使远近居民惊疑不定,阻碍人心向善。如有违犯者,官府查访出来或被人告发出来后,一定捉拿押到军门,按军法定罪处治,决不轻易饶恕。

批佥事吴天挺乞休呈

八月二十五日

据佥事吴天挺申请:

"请求准予辞官退休。"该官识见练达,才识行为老成,且对左江道全道的地方风俗,匪势夷情,非常熟谙。现在地方上又处于紧急用人之际,本院方想密切倚重,况且该官精力尚未衰竭,偶尔有点小病,也不妨就医治理,岂能突然恳求辞官还乡?最近因为征剿泽州等地的匪巢,冒着酷暑督管军队,历尽艰难险阻,功劳茂著,不用过几天朝廷必会有嘉奖提拔的诏令。希望该官暂且安心管理该道的印信,姑且服用药物,暂时放弃辞官的

辞，有孤重委。此缴。

批苍梧道创建敷文书院呈

九月初六日

据佥事李杰呈：

"据梧州府并苍梧县学生员黎黻、严肃等连名呈：欲于县之侧，照依南宁书院规制，鼎建书院一所。"看得崇正学以淑人心者，是固该道与有司各官，作兴人才之盛心，亦足以见该学师生之有志，举而行之，夫岂不可？

但谓本院能讲明是学，而后人心兴起，则吾岂敢当哉？该学师生即称号房缺少，不足以为讲论游息之地，合准于旧书院之傍，开拓地基，增建学舍。该道仍为相度经理，合用银两，亦准于该府库内照数动支，务速成功，以底实效。毋徒浪费以饰虚文。完日缴报。

改委南丹卫监督指挥牌

先该本院分道进剿八寨，及于八寨周安堡移设南丹卫以控制要害，查将迁江等所通贼指挥王禄等明正典刑，斩首示众，及将各该目兵，通发烟瘴地方哨守。后因王禄等哀求免死，容令各领目兵杀贼赎罪。该道守巡、兵备等官，亦为恳请，遂遵照钦奉敕谕便宜事理，容令报效赎罪，就委南丹卫指挥孙纲、监督王禄等各头土目兵夫人等，与同该卫官军打算，以抚慰上下之期望；不要再顽固推辞，辜负本院的重托。此文上缴。

批苍梧道创建敷文书院呈

九月初六日

据佥事李杰申请呈报：

"据梧州府并苍梧县学校的生员黎敝、严肃等人联名申请：欲在县城侧边依照南宁书院的规制，营建一所书院。"由此即可见推崇端正学风以使人心淑善，是该道与有关部门各位官员培育人才的盛心，也可看出该校师生有志于学问之心，发动而施行之，有何不可呢？

但说因为本院能够讲明这一道理，然后人们都来爱好学问，则我怎么敢当呢？该校师生既然说学校号房缺少，不足以提供讲学讨论交游休息的地方，则应该批准在书院的旁边，开拓地基，增建校舍。该道也为之相机经营处理，所用的银两，也批准在该府仓库内照数动支，务求修建成功，以产生实际效果。不得只图掩饰虚文而浪费财力。完事之日，回报本院。

改委南丹卫监督指挥牌

在本院分兵进剿八寨以及在八寨周安堡地区移设南丹卫以控制要害之前，就已查清并要将迁江等所的通敌指挥王禄等人明正典刑，斩首示众，以及将他们所带的士兵们全发送到烟瘴地方去站哨防守。后来因为王禄等人苦苦哀求免他们一死，容许他们各自带领所属士兵杀贼赎罪。该道的各位守巡，兵备等官也为他们恳请，遂按钦奉敕谕上的原则灵活处理，姑且命

前去八寨周安堡，相兼屯扎搜剿，及将移设卫所估算合用木石砖瓦匠作人夫工食等项，一面择日兴工，先筑土城，设立营房，以居民众。又委南宁府同知陈志敬支领官饷银两，前去协同督理，俱具奏行事外。今访得王禄等与孙纲旧连姻娅，而该卫各官，又皆亲旧，狥恩恃爱，不听约束，所据违梗各官，俱合从重究治，姑且记罪，合行改委。

看得指挥李楠，年力富强，才识通敏，颇有操持，能行纪伟。为此牌仰本官即使前去守备宾州，及新改南丹卫地方，遵照本院钦奉敕谕便宜事理，暂以都指挥体统行事，仍听副总兵及该道守巡、兵备官节制。该卫各官及土官王禄等敢有违犯约束者，当即治以军令。本官务要殚忠竭力，展布才猷，与同南宁府同知陈南敬上紧起筑城垣，相机抚剿余贼，务建奇功，以靖地方，以副委任。事完之日，奏功推用，决不相负。若玩愒日月，苟且因仍，事无成效，罪亦难逭。

一应机宜，牌内该载，不尽者俱听从宜区处，就近于该道守巡等官处计议施行。事体重大者，一面申禀军门。本官合用廪给等项，听于宾州军饷银内支给。指挥孙纲仍照旧掌管卫印。通行总镇、总兵及镇巡衙门知会。

令他们报效赎罪，就此委托南丹卫指挥孙纲、监督王禄等头目兵夫同该卫所的其他官兵一起前去八寨周安堡屯扎搜剿土匪，相互兼顾行事，以及办理移设卫所所需要的木石、砖瓦、匠作、人夫、粮钱等事务并择日动工，先修筑土城，起造营房，以安置民众住所。又委派南宁府同知陈志敬支领官饷银两，前去协同督办处理，全部依据奏本行事。今查访到王禄等人与孙纲有亲姻关系，而该卫的其他各官间也是亲戚朋友关系，狎恩恃爱，不听约束，凭关系违法作梗的各个官吏都应从重究治，姑且记上一笔，先进行官吏改派。

现有指挥李楠，年富力强，才识通敏，颇有操纵控制的能力，并能遵守维护规章制度。为此请该官立即前去守备宾州和新改的南丹卫等地方，遵照本院的钦奉敕谕灵活机动行事，暂时以都指挥的职务督统各官，且仍然听付总兵及该道守巡、兵备等官的节制。该卫各官及地方官王禄等人中再敢有违纪约束的，当即处以军法。该官务要殚忠竭力，发挥才能，与南宁府同知陈志敬加紧修筑城墙，并相机剿抚残余土匪，务必建立奇功，以安定地方，不负委任。事情完成之日，奏报功劳，推荐重用，决不相负。但如果苟且因循，荒废日月，事业不能成功，罪责也难逃脱。

一切事宜，牌文内已经记载。如文中记载不尽的其他事宜，都听你便宜分别处置，或就近与该道守巡等官商量行事。而事体重大的，也须禀报军门。该官的廪奉等物质在宾州军饷银两中支取。指挥孙纲仍照旧掌管南丹卫卫印。这一切都应通知总镇、总兵以及镇巡等衙门。

文/白/对/照

王陽明全集

七

〔明〕王守仁 著

团结出版社

目 录

卷之三十一　续编六

征藩公移上　凡二十九条 ········· 3080
 行吉安府收囤兑粮牌 ········· 3080
 行吉安府禁止镇守贡献牌 ········· 3080
 行福建布政司调兵勤王 ········· 3082
 预行南京各衙门勤王咨 ········· 3082
 抚安百姓告示 ········· 3084
 差官调发梅花等峒义兵牌 ········· 3084
 行吉安府踏勘灾伤 ········· 3086
 行吉安府知会纪功御史牌 ········· 3088
 行知县刘守绪等袭剿坟厂牌 ········· 3088
 督责知府伍文定等同心剿贼牌 ········· 3090
 行南昌府清查占夺民产 ········· 3092
 批江西按察司优恤孙许死事 ········· 3092
 行南昌府礼送孙公归榇牌 ········· 3094
 讨叛敕旨通行各属 ········· 3094

咨南京兵部议处献俘船只 ······ 3096
行江西三司清查被劫府库起运钱粮 ······ 3098
行江西布按二司看守宁府库藏 ······ 3100
委按察使伍文定纪验残孽 ······ 3100
委知府伍文定邢珣防守省城牌 ······ 3102
行江西布按二司厘革抚绥条件 ······ 3104
行江西按察司知会逆党官眷姓名 ······ 3110
行江西按察司编审九姓渔户牌 ······ 3112
献俘揭帖 ······ 3116
行袁州等府查处军中备用钱粮牌 ······ 3118
行江西布按二司清查军前取用钱粮 ······ 3120
防制省城奸恶牌 ······ 3122
行江西按察司查禁因公科索民财 ······ 3124
禁省词讼告谕 ······ 3126
再禁词讼告谕 ······ 3128

征藩公移下　凡二十七条 ······ 3130
　开报征藩功次赃仗咨 ······ 3130
　进缴征藩钧帖 ······ 3140
　行江西三司搜剿鄱阳余贼牌 ······ 3144
　追剿入湖贼党牌 ······ 3146
　行岭北道清查赣州钱粮牌 ······ 3148
　申行十家牌法 ······ 3148
　行江西布政司清查没官房产 ······ 3152
　批再申十家牌法呈 ······ 3154
　批各道巡历地方呈 ······ 3154

禁约释罪自新军民告示	3156
批湖广兵备道设县呈	3158
督剿安义逆贼牌	3160
截剿安义逃贼牌	3162
批议赏获功阵亡等次呈	3164
覆应天巡抚派取船只咨	3164
批东乡叛民投顺状词	3166
批江西布政司清查造册呈	3168
行丰城县督造浅船牌	3168
行江西按察司审问通贼罪犯牌	3170
行江西按察司清查军前解回粮赏等物	3170
批广东按察司立县呈	3172
行江西三司停止兴作牌	3174
行岭北道申明教场军令	3176
行雩都县建立社学牌	3180

卷之三十一下　山东乡试录弘治甲子　前序已刻前卷

四书	3184
所谓大臣者以道事君不可则止	3184
齐明盛服非礼不动所以修身也	3186
禹思天下有溺者由己溺之也稷思天下 　有饥者由己饥之也	3188
易	3192
先天而天弗违后天而奉天时	3192
河出图洛出书圣人则之	3196

书 3198
　　王懋昭大德建中于民以义制事以礼制心垂裕后
　　　　昆予闻曰能自得师者王 3198
　　继自今立政其勿以憸人其惟吉士 3202

诗 3206
　　不遑启居狁之故 3206
　　孔曼且硕万民是若 3208

春秋 3212
　　楚子入陈宣公十一年 楚子围郑 晋荀林父帅师及楚子
　　战于邲晋师败绩 楚子灭萧 晋人宋人卫人曹人同
　　　　盟于清丘俱宣公十二年 3212
　　楚子蔡侯陈侯许男顿子沈子徐人越人伐吴昭公五年 ... 3216

礼记 3220
　　君子慎其所以与人者 3220
　　心好之身必安之君好之民必欲之 3222

论 3226
　　人君之心惟在所养 3226

表 3232
　　拟唐张九龄上千秋金鉴录表开元二十四年 3232

策五道 3236
山东乡试录后序 3272

卷之三十二　附录一　年谱一
　　自成化壬辰始生至正德戊寅征赣 3277

卷之三十三 附录二 年谱二
  自正德己卯在江西至正德辛巳归越 ················· *3371*

卷之三十四 附录三 年谱三
  自嘉靖壬午在越至嘉靖己丑丧归越 ················· *3447*

卷之三十五 附录四 年谱附录一 ················· *3577*

卷之三十一　续编六

征藩公移上 凡二十九条

行吉安府收囤兑粮牌

正德十四年六月二十日

据赣县兴国永新等县县丞等官李富、雷鸣岳等呈称：

"各蒙差押粮里装运正德十三年兑淮米到于吉安水次，听候交兑，经今数月，未见粮船回还，况今省城变乱，被将各处兑米，尽行搬用，恐被奸人乘机越来搬抢。"等因到院。

为照所呈系干兑淮钱粮，合行处置。为此抄案仰回府，即便处置空间仓厫，或宽敞寺观去处，令各粮里暂将运来兑淮粮米收囤，候官军回日，听其交兑，毋得迟误，致有他虞，仍行管粮官知会。

行吉安府禁止镇守贡献牌

六月二十日

据吉安府守御千户所旗甲马思禀称：

"蒙所批差领解镇守江西太监王发买葛布银三封，及本所出备葛布折银并贡礼银三千两，前赴本镇，今因途阻，不敢前去。"等情。参照该所掌印官，既该镇守衙门发银买布，若势不容已，只合照价两平收买为当，乃敢不动原封，分外备办礼银馈送，若非设计巧取，必是科克旗军，事属违法，本当参拏究问；但今江西变乱，姑行从轻查理。

行吉安府收囤兑粮牌

正德十四年六月二十日

据赣县、兴国、永新等县的县丞李富、雷鸣岳等人呈报：

"蒙各位差押粮里装运正德十三年兑换的淮米到达吉安江面上听候交割兑换，可直到数月之后的现在，也不见运粮船回来，况且现在省城哗变作乱，经常将各地的兑米全部强行搬用。恐怕要被奸人乘机越境前来搬抢。"

他们所呈报的是兑还江淮的钱粮，应该处理安置好，为此请把此文件抄回府后立即寻找空闲的仓库或宽敞的寺观等去处，命该各粮里暂时将运来的兑淮粮米收囤起来，等官兵回来的时候，听候他们交兑，不得迟误时日，致使有其他变故。也要通知管粮官知道。

行吉安府禁止镇守贡献牌

六月二十日

据吉安府的守御千户所的旗甲马思禀报：

"承蒙千户所差遣解送镇守江西的太监王发买葛布的银子三封，以及本所预备的葛布折银加上贡礼银总共三千两前赴本镇，现在因为道路受阻，不敢前去。"等等事情。对于该所的掌印官，既然该镇守衙门发送银子买布，如果真同自己没有关系，则只应该公平收价为当，而现在竟然敢原封不动，还另外备办礼银馈送，若不是设计巧取民利，便是科克旗甲银饷，事情已属为此牌仰吉安府即查前项布价,并贡献礼银,务见的确,如称各军名下粮银,就仰会同该所唱名给散取领备照;若是各官自行出备,合仰收入官库,听候军饷支用;毋得纵容侵收入己;及查报不实,未便。

行福建布政司调兵勤王

及照福建、浙江系江西邻省,今宁府逆谋既著彼若北趋不遂,必将还取闽、浙,若不先行发兵,乘间捣虚,将来之噬脐何及?除行湖广、广东及行漳南道即将见在上杭教场操练兵快,并取漳州铳手李栋等责委谋勇官员统领,直抵本院,住札吉安府随兵进剿外;抑抄案回司,会行都按二司,转行各道,并行镇巡等衙门各一体查照知会,选调兵马,选委忠勇胆略堂上官,督领各项交界地方,加谨防截,相机来剿,仍知会浙江都、布、按三司一体遵照施行,俱毋违错!

预行南京各衙门勤王咨

为照前事,系天下非常之变,宗社安危之机,虽今备行江西吉安等府及湖广、福建、广东等处调集军兵,合势征剿外;但彼声言欲遂顺流东下,窃据南都;看得长江天险,南违法,本来应当捉拿究问;但因现在江西变乱,姑且从轻处理。

为此命令吉安府立即查清前项布价银和贡献礼银,务必查访确切,如果是各位军士名下的粮银,就请集合该所人员唱名分发给军士;若是各位官员自行出备的,则请把这些银子收归官库,作为军饷支用;不得纵容当事人收入自己的腰包;如果清查报告不确切,则不便擅自处理。

行福建布政司调兵勤王

福建、浙江都是江西的邻省,现在宁王府既然公开反叛,如果他向北进攻没有成功,必定要回过头来夺取闽、浙,若现在不先行发兵,乘机捣虚,那么将来如何抵挡叛军的吞噬?除了通知湖广、广东以及命令漳南道立即将现在在上杭教场操练的士兵捕快,并委命漳州铳手李栋等有勇有谋的官员统领,径直抵达本院,驻扎在吉安府随军进剿外,请抄誊案卷回去通知都指挥司、按察司转令所属各道,并通知镇巡等衙门都一律选调所属兵马,委派忠诚勇敢、有远见有谋略的官员带领督防各个交界地方,加强防守,并相机进剿叛军,也通知浙江都指挥司、布政司、按察司三司一律遵照施行,不得违误!

预行南京各衙门勤王咨

目前这个事件,是关系天下存亡、宗社安危的变乱,虽然已全面通知江西吉安府等州府以及湖广、广东、福建等地调集军队,合兵征讨进剿叛贼,但叛贼声言要顺流东下,夺取南京都

北之限,留都根本咽喉所关,虽以朝廷威德,人心效顺,逆谋断无有成;但其谲奸阴图,已非一日,兼闻潜伏奸细于京城,期为内应,万一预备无素,为彼所掩,震惊远迩,噬脐何及?为此合咨贵部,烦为通行在京及大小衙门,会谋集议,作急缮完城守,简练舟师,设伏沿江,以防不虞之袭;传檄傍郡,以张必讨之威;先发操江之兵,声义而西,约会湖湘互为掎角;本职亦砥钝策驽,牵蹑其后,以义取暴,以直加曲,不过两月之间,断然一鼓可缚,惟高明速图之。

抚安百姓告示

六月二十二日

示:仰远近城郭乡村军民人等,近日倡乱之徒,上逆天道,下失人心,本院驻军于此,已有定计,勤王之师,四面已集,仰各安居乐业,毋得惊疑;敢有擅自搬移,因而扇惑扰攘者,地方里甲人等,绑赴军门,治以军法;其有忠义豪杰,能献计效力,愿从义师击反叛者,俱赴军门投见。

差官调发梅花等峒义兵牌

六月二十七日

近因省城遭变,戕害守臣,正人心思奋,忠义效用之时。访得永新县梅花峒及龙田、上乡、樟枧、关北诸处人民城；而南京城是分隔南北的长江天险的根本咽喉所在，虽然凭朝廷的威德，人心顺服，愿意报效，叛贼绝不会有好结果，但是他们阴险狡诈，很早就开始暗中图谋，又听说在城内潜伏了奸细作为内应，万一防备不周，被叛贼袭取，则将使远近震惊，后悔都来不及了。为此应该提醒建议贵部全面通知在南京城内的各个大小衙门，合谋集议，紧急修缮城墙防守设施，加紧操练水师，并于沿江设伏，以防备意外的偷袭；而且传檄附近郡县，宣传必讨之威严；先调发操江之兵声讨而西征，与湖湘之兵互成掎角之势；本职也驱策本部驽钝之兵，牵制其后，以正义攻取暴乱，以正压邪，不用两个月的时间，便绝对可以平息叛乱。请你们迅速行动。

抚安百姓告示

六月二十二日

告示：最近那些哗变作乱之徒，上逆天道，下失人心，本院驻军于此地，已经有了平定的计谋，各地勤王之师，也四面汇集，希望远近城郭乡村的军民人等不必惊疑，放心安居乐业；胆敢擅自搬移逃避，因而煽惑居民；扰攘乡里的人，请各地的里甲负责人将其绑赴军门，治以军法；若有忠义豪杰之士，愿意献计效力，跟从义师讨伐反叛者，也请赴军门投奔，请求接见。

差官调发梅花等峒义兵牌

六月二十七日

近来因省城遭变，戕害防守大臣，正是人心奋发，忠义效用之时。现查访到永新县梅花峒以及龙田、上乡、樟梘、关北等精悍，见义能勇，拟合起调。为此今差千户高睿赍牌前去该县，著落知县柯相，即便起集梅花峒等乡精勇民兵，大约一千名，各备便用坚利器械，选差该乡义官良民部领，就委该县谋勇胆略官一员总领，其合用行粮或募役之费，就于本县在官钱粮查支，不分雨夜，兼程前赴军门，听候调遣；此系紧急事理，毋比寻常贼情，敢有故违，定以军法从事。

行吉安府踏勘灾伤

七月初五日

照得本院驻兵吉安，节据庐陵等县人民告称：

"自五月以来，天时亢旱，田禾枯死，衣食无所仰给，税粮无以借办，近蒙佥点民兵，保守把截，农业既妨，天时不利，人心皇皇，莫知所依。"等因到院。

参照迩者省城反叛，煽动军民，各属调发官军，佥点民壮，保障城池，把绝要隘，团结保甲，随同征进，人皆为兵，不暇耕种；况兼三月不雨，四郊赤地，民之危急，莫甚于此。本院除具题外，为此仰抄案回府，著落掌印正官，即便亲临踏看灾伤轻重分数，覆查相同，取具乡都里老及官吏不致扶同重甘结状，申报本院，火速径自差人具奏。本年各项钱粮，暂且停征，候命下之日，另行区处，毋得迁延坐视重贻民患，取究不便。

地的人民精明强悍，见义勇为，并打算接受政府调遣。为此差遣千户高睿带着令牌前去该县，责成知县柯相，立即召集梅花峒等地的精悍勇敢的民兵一千人左右，各自准备使用的坚利器械，选拔该乡的义官良民带领，并委命该县有勇有谋、远见卓识的官员一名总领，其所要用的军粮和募役之费，就此在该县的钱粮仓库中支取，并令他们不分晴雨昼夜，兼程赶赴军门，听候调遣；这是紧急事务，不比寻常的匪情，敢有故意违误的，必定以军法从事。

行吉安府踏勘灾伤

七月初五日

本院驻兵吉安时，据庐陵等县的人民报告说：

"自从五月以来，天气干旱，田中禾苗枯死，衣食无所依托，税粮难以措办，近来又选拔调发民兵把守防御要道，农业生产受到妨碍，天时又不利，人心惶惶，不知所依。"

近来省城反叛，煽动军民作乱，所属各府、县调发官军，选拔民壮，以保障城池，把守要隘。同时团结保甲居民，让他们随军一起进剿叛贼，人人都成为士兵，没时间耕种；加上三月不下雨，四郊一片赤地，百姓的危急情势，严重得不能再严重了。本院除了准备题本奏报外，也请各府传达官吏誊抄文案回府，通知掌印正官，立即亲临地方现场调查灾情的严重程度，核查各地相同之处，调取乡都里老以及官员箱子资料，不用相同的担保文书，申报本院，火速直接派人奏报。今年各项钱饷和粮食，暂且停止征收，等命令下来之日，再另行区别处理，不得延误时机，坐视不管，致使民患加重，否则自取罪责，于理不便。

行吉安府知会纪功御史牌

七月初八日

照得江西宁府据城谋叛云云。仰抄案回府,即便备行巡按两广监察谢御史、伍御史查照知会,凡军中一应事宜,悉要本官赞理区画,以匡本院之不逮;各哨官宾,俱听监督,获有功次,俱凭本院送发本官验实纪录;官兵人等,但有骚扰所过地方,及军前逗遛观望,畏避退缩者,就行照依本院钦奉敕谕事理,治以军法;抄案官吏具行过日期,同依准申缴。

行知县刘守绪等袭剿坟厂牌

七月十三日

为照本院亲督诸军刻期于本月二十日进攻南昌府省城,以破逆党巢穴;探得逆党先曾伏兵三千于老坟厂、新坟厂诸处,以为省城应援,若不先行密为扑剿,诚恐攻城之日,或从间道掩袭我师,未免亦为牵制。为此牌仰奉新县知县刘守绪、靖安县知县万士贤各统精兵三千,密于西山地界约会,刻期分哨设伏运奇,并力夹剿,各官务要详察险易,相度机宜,不得尔先我后,力散势分,致有疏失;仍一面差人爪探声息,飞报军门;擒斩功次,审验解院,转发纪录,照例具奏升赏;兵快人等,敢有临阵退缩者,许照本院钦奉敕谕事理,就以军法从事。各官务竭忠贞,以勤国难;苟或观

行吉安府知会纪功御史牌

七月初八日

最近,江西宁府据城反叛,请吉安府(今江西吉安市)誊抄案卷回府,立即详细通知巡按两广的监察御史谢御史、伍御史二人,凡是军营中的一切事宜,都要他们分别策划,辅助处理,以改正本院不正确的地方;各哨的官兵,都听从他们的监督,获得的功劳名次,都要通过本院的批准送发给他们实核纪录;所有将官士兵中,只要有骚扰所经过的地方,以及在阵前逗留观望、畏避退缩的人,就立即依照本院钦奉敕谕所申的事理原则,处以军法;誊抄案卷的官吏详细记上通知的日期,同回复文件一并回报本院。

行知县刘守绪等袭剿坟厂牌

七月十三日

本院要于本月二十日亲自督统各路部队进攻省城南昌府(今江西省南昌市)以攻破叛贼的巢穴;现侦察到叛贼事先已埋伏了三千人马于老坟厂、新坟厂一带,以作为省城叛党的接应,如果不先行秘密地迅速剿除,的确害怕攻城之日,他们从小道袭击抢杀我们的部队,虽然未必成得了大器,却也未免让我们受到牵制。为此命令奉新县(今江西奉新县)知县刘守绪、靖安县(今江西靖安县)知县万士贤各统领三千精兵,密约在西山的地界上相会,约定时期,分兵设伏运计,并力夹剿这伙叛贼。各位官员务必要详尽侦察地形的险易,仔细揣摩时机事宜,不得让敌人抓住主动,使我军势分力散,处于被动,以致有所疏失;同时也要派人侦察敌军的动静,迅速报知本军门;进剿过程中望逗遛，违误事机，军令具存，罪亦难逭。

督责知府伍文定等同心剿贼牌

七月二十五日

切照天下之事，成于同而败于异，本院选调吉安、赣州、临江、袁州等府卫所军民兵快委各该文武等官知府伍文定、邢珣等统领，分立哨分，授以方略，令其并力进剿，互相策应。

今访得各官各持己见，自为异同，累有事机可乘，坐视辄致违错，本当拿究治以军法，但以用人之际，姑且容恕；及照逆贼归援，声息已逼，虑恐各官仍蹈覆辙，临期或致偾事，拟合申饬通行。为此牌仰本官即便督率原领军兵，在于见驻札处所，务要遵依方略，与各哨领兵官同心而行，誓竭并力进死之志，毋为观望苟生之谋，敢有仍前人怀一心，互有异同，以致误事，定行罪坐所由，断依军法斩首，的不食言；先具不致异同重甘结状，并不违依准，随牌缴来。

擒斩叛贼的数目，所获的功劳名次，审查核验后解送给本院，再由本院转发给纪功御史纪录，作为奏报皇上请求提升嘉赏的依据；兵士中有敢临阵退缩的人，允许依照本院钦奉敕谕所申的事理原则，就地军法从事。各位将官务必要竭力忠贞，以消除国难；如果苟且因循，逗留观望，致使违误事机，那么在军令面前，罪责是逃不脱的。

督责知府伍文定等同心剿贼牌

七月二十五日

大凡天下之事，都因同心合力而成功，因互相倾轧拆台而失败。本院选拔调遣吉安府（今江西吉安市）、赣州府（今江西赣州市）、临江卫、袁州所等地的军民兵快并委派各地有关的文武官员知府伍文定、邢珣等人统领，发兵立哨，授以方略，命令他们同心合力进剿叛贼，互相救援接应。

现在查访到这些官员各持己见，自以为是，不服他人，屡次都因坐视不管而违误可乘的事机，本来应当捉拿归案处以军法，但因现在正是用人之际，姑且饶恕一次；现在反贼已回兵救援省城，形势日益紧急，实在害怕各位将官仍然重蹈覆辙，到时候致使坏了大事，所以应当通告全军，严加告诫，为此命令这些官员立即督统原来率领的人马，在现在驻扎的地方加紧防备，务必遵从所授的方针谋略，与其他的领兵官员同心合力，树立誓死并力进剿的志气，不要怀有苟且观望的图谋，再敢像以前那样各怀一心，互不相服以致违误时机，一定依法定罪，斩首示众，决不食言；先准备一份保证不怀异心，同甘共苦的保证书，随同回复文件一起缴来。

行南昌府清查占夺民产

八月十六日

照得宁王自正德二年以来,图为不轨,诛求财货,强占田土、池塘、屋基,立表所至,敢怒而不敢言。税粮在户,而租利尽入王府,家眷在室,而房屋已属他人,流移困苦,无所赴愬,见今天厌其虐,自速灭亡,一应侵占等项,合行改正,以苏民困。

为此案仰南昌府即便清查宁王并内官校尉倚势强占,不问省城内外,查系黄册军民该载税粮明白,即与清复管业,收租住坐不许邻佑佃民,仍前倚势争夺;其曾经奏请如阳春书院等处,虽有侵占,难以擅动,俟另行处治外;仍待官吏务要尽心清查,以副委用,毋得漏私执拗,致生弊端,通毋违错!

批江西按察司优恤孙许死事

八月十五日

据按察司呈:

"副使许逵家眷日食久缺,并孙都御史未曾殡殓"等情。参看得各官被贼杀害,委可矜怜!合于本司库内各支银三十两,以礼殡殓,候装回日,盘费水手,另行呈夺;许副使家眷缺食,亦听支银五十两,给付应用,取具各该领状,并殡殓过由,同批呈缴。

行南昌府清查占夺民产

八月十六日

自正德二年（公历1508年）以来，江西宁王朱宸濠一直图谋不轨，贪求财货，强占田土、池塘、房屋地基，为所欲为，而人民只有敢怒而不敢言。在家中的税粮，都要作为租利而交给王府；家眷虽然尚住在屋内，可房子已经属于他人，百姓只好流离失所，穷困潦倒，无路可投，无家可归。现在上天厌恶他的贪婪，让他自速灭亡，而他侵占的一切田土民产，宜全部归还原主，以改变百姓的困苦处境。

为此请南昌府立即清查宁王及其部下的校尉等官员倚势强占的民产，查出的确是黄册军民应该依法享有的税粮，立即予以清理恢复，收纳各种租利，须要怜悯佑护佃民，不得像从前那样倚势争夺而那些曾经奏请皇上的如阳春书院等地，虽然也有侵占行为，但难以擅自动用，等另行处治；也要告诫官吏民务要尽心清查，以不负本院委用，不得徇私枉法，致使产生坏作用。一切都不得违误！

批江西按察司优恤孙许死事

八月十五日

据按察司呈报：

"已故副使许逵的家眷很久以来就缺乏食物，并且他和已故的都御史孙某尚未殡殓"等等事情。这些在变化时期内被叛贼杀害的官员，的确很可怜！应该在该司的仓库中支取三十两银子，将他们以礼殡殓，等装殓完毕后，所用的盘费及水手工钱，另行呈报支取；许副使的家眷缺乏食物，也支取五十两银子，送

行南昌府礼送孙公归榇牌

　　　　　　　　　　　　八月二十九日

　　照得江西巡抚都御史孙燧被宁贼杀害，续该本院统兵攻复省城，当给银两买棺装殓间；随据伊男孙庆带领家人前来，扶柩还乡，所据护送人员，拟合行委。为此牌仰府官吏即于见在府卫官内定委一员，送至原籍浙江绍兴府余姚县河下交割，并行沿途经过军卫有司驿递巡司等衙门，各拨人夫，程程护送，仍仰照例从厚金拨长行水手，起关应付人夫脚力，验口给与行粮，毋得稽迟！未便。

讨叛敕旨通行各属

　　　　　　　　　　　　九月初二日

　　节该钦奉圣旨敕：

　　"近该南京内外守备参赞等官太监黄伟等先后奏报江西宁王杀害巡抚等官，烧毁府县肆行反逆等项事情，已下兵部会官征处停当，朕当亲率六师，奉天征讨，先差安边伯朱泰为前哨，统领各边官军，前去南京，相机剿杀；太监张忠、左都督朱晖，统领各边官军，前去江西，捣其巢穴；又命南和伯方寿祥及南直隶、江西、湖广各该镇巡等官，各照

给他们以作应急之用，所有这些都要开领条，连同殡殓的过程缘由一起呈报缴给本院。

行南昌府礼送孙公归梓牌

八月二十九日

在本院统兵攻破城墙光复省城之前，江西巡抚都御史孙燧已被宁贼杀害，正在我们配发银两买棺材装殓的时候，他的儿子孙庆带领家人前来运送他的灵柩回乡安葬，所要的护送人员，应当给予委派。为此请该府官吏立即在现在府卫官员中确定委托一员，把他们送到其原籍浙江绍兴府余姚县河下（今浙江余姚县界内）交割，并通知沿途经过的军卫、驿递、巡司等各类衙门，各自选拔人夫，程程护送。仍要照以往旧例从厚金拨长途航行的水手和起关时应付的人力脚夫，并根据人口发给口粮，不得迟误！

讨叛敕旨通行各属

九月初二日

下面是从钦奉圣旨中节选出来的一段话：

"近来南京城（今江西南京市）的守备、参赞等官员以及太监黄伟等人先后奏报说江西宁王杀害巡抚等官员，烧毁府县，毫无顾忌地反叛朝廷等事情，已经下令让兵部召集官员商议处理停当，朕当亲自统率大军，奉天征讨叛贼，先派安边伯朱泰为先锋，统领各支边防部队，前去南京，相机剿杀叛贼；再派太监张忠、左都督朱晖统领各方面部队，前去江西，直捣叛贼的巢穴；又命令南和伯方寿祥以及南直隶、江西、湖广的镇巡等官拟定要路住札把截；今特命尔照依该部会奏事理，会同镇守太监王宏选调堪用官军民快，亲自督领，在于所属紧要地方，分布防御；仍委浙江布政司左布政闵楷选募处州民快，定拟住札地方，听候调用；军中事务，俱要互相传报，彼此通知一遇有警，勿误策应，或就会合各路人马，设法剿捕，仍出给榜文告示，遍发江西及各该地方张挂晓谕，但有能聚集义兵，擒杀反逆贼犯者，量其功绩大小，封拜侯伯及升授都指挥、指挥、千百户等官世袭，贼夥内有能自相擒斩首官者，与免本罪，仍量加恩典，不许乘机挟雠，妄杀平人，一应军中事宜，敕内该载未尽者，俱听尔随宜区处；尔为风宪大臣，受兹重托，宜馨竭忠诚，扫除叛贼；尤要详审慎重，计出万全，务俾地方宁靖，军民安堵，以纾朕南顾之忧；庶称委任。钦此！"钦遵；拟合就行。为此仰都布按三司，照依案验，备奉敕内事理，通行所属，一体钦遵施行。

咨南京兵部议处献俘船只

九月初二日

照得属者宁王宸濠杀害守臣，举兵谋逆云云，拟于九月十一日，亲自督解赴阙，但应解人犯，并护解官兵数多，本地驿递残破，红站座船，俱被焚毁无存，议雇民船，自浙取道而北，须烦兵部于南京济州、江淮二卫马快船内，各拨十员，各自按照拟定的路线驻扎把截；现在特地命令你依照本部会奏的事理，会同镇守太监王宏选拔调遣堪用的官兵民快，亲自督领，在所属的紧要地方，分兵布防修筑工事。也委命浙江布政司左布政闵楷选拔招募处州民快，拟定住扎的地方，驻扎屯积起来听候调用；军中的事务，都要互相传报，彼此通知，一旦遇上他处有警报求援，不得延误救援时机，或就此会合各路人马，设法围剿捕捉。还要印制许多榜文告示，全部发给江西和其他省份的各个地方张贴晓谕，只要有能聚集义兵，擒拿斩杀叛逆贼犯的人，视其功绩的大小，封拜侯、伯或升授都指挥、指挥、千百户等官职并允准世袭为官，贼首中若有能够斩杀首要官员者，也予以免除本罪，并量行加以恩典，但不许乘机挟怨报仇，妄杀无辜之人。敕内未载的军中其他事宜，都听凭你随机分别处理；你作为观察民风匡正吏治的大臣，宜殚精竭虑，忠贞诚实，替朕扫除叛贼；尤其要仔细审察，慎重行事，拿出万全之计，务必使地方安定，军民安居乐业，不受骚扰，以解除朕南顾之忧；务要不负委任。钦此！"应该就此按敕谕实行。为此请都、布、按三司，全部依照奉敕内的事理行事，并全面通知所属各部，一律遵奉钦命行事。

咨南京兵部议处献俘船只

九月初二日

宁王宸濠杀害守臣，起兵反叛朝廷，现被本院捉拿，打算于九月十一日，亲自督押赶赴京城，但是应解押的人犯和护送的官员人数众多，而各地的驿递都已残破不堪，红站和座船，也都被叛贼抢掠捣毁得干干净净，故商议雇取民船，从浙江取道

只，中途接载，庶克有济。为此移咨，特差千户林节，主簿于旺前去，烦请选拨马快船二十只，点齐撑驾人役，差委的当官员，与差去官，预先押至镇江河下，候本职到彼，替换装载而行，实为两便。

谅宁藩之叛逆，固天下臣民之所共愤；则今日之献俘于京，以彰天讨；必亦忠臣义士之所共欲，当不吝于烦劳也。仍希先示之。

行江西三司清查被劫府库起运钱粮

九月初四日

照得本年六月十四日，宁王谋反，尽将江西都、布、按三司，及附郭南昌等府县库盘检去讫，中间多系各府、州、县解到起运等项钱粮，未经转解，若不严加查考，恐滋侵欺。

为此仰抄案回司，即便吊取原行卷簿到官，责令该库官攒并经手人役，从公清查，要见某项原收某府州县，解到某邑起运钱粮若干，某项原系贮库纸米赃罚金银器物等件各若干？宁王盘检若干？中间有无官吏库役人等乘机侵骗情弊？即今见在若干？务要通行查明，备造印信手本，火速缴报，以凭查考施行；仍行南昌等府、州、县一体遵照，将起解

向北，那么须要麻烦兵部在南京府（今江苏南京市）的济州、江淮二卫的马快船只内，各拨十只，以供中途接载，保护这次解押的安全成功。故写下这篇咨文，特地派遣千户林节、主簿于旺前去，请你们选拔马快船二十只，配备撑驾人员，并派的当官员，随同本职派去的官员预先押送到镇江（今江苏镇江市）河上，等本职到达那里时，交替换班，把押解的人员换装上船赶路，实在是双方都方便。

我想反叛的宁王朱宸濠，已激起了天下臣民的共愤，那么今日去京城献俘，以彰明朝廷的征讨，也是忠义之士们的共同愿望，必当不会吝啬于烦劳吧。不过仍然希望先告知你们。

行江西三司清查被劫府库起运钱粮

九月初四日

今年六月十四日，宁王谋反，把江西都指挥使司、承宣布政使司、提刑按察使司等三司以及附近城郭南昌等府县仓库中的钱粮全部盘检出去，这些钱粮中间很多是各个府、州、县解送到此等待取出装运上缴的钱粮，还没有经过转运，如果不严加清查，恐怕要滋生侵犯欺骗之心。

为此请有关官吏誊抄案卷回司，立即调取原来的卷簿到有关的负责官员那，责令这些仓库的管理官员的经纪出纳人员从公清查，要清楚查明某项钱粮原来收自哪个府、州、县，是解押到哪个邑取出装运钱粮多少？某项钱款原来是贮藏库中的纸米赃罚的金银器物共有各多少件？宁王原盘检多少？中间有没有官吏和仓库工作人员乘机侵犯骗取私没的事情？现在还剩下钱粮多少？务必要全部查得清清楚楚，一一备有印信各手本，火速赴库钱粮查报,俱毋违错!

行江西布按二司看守宁府库藏

九月十一日

　　照得宁府库藏,已经本院督同戴罪三司官员,并各府知府,公同封识完固,合就委官监督看守。为此仰抄案回司即行该司掌印官督同南昌府同知何继周及南、新二县掌印官,定委老成晓事官二员,分领佥定大户人等,每夜上宿,看守东西二库;仍令兵快把守宁府南东西三门,昼夜巡逻,不许移动一草一砖;二司掌印并该道分巡官,不时巡视闸点,毋得视为虚应故事,倘致疏失,责有所归。

委按察使伍文定纪验残孽

九月二十日

　　照得节该钦奉敕谕:

　　"但有生擒盗贼,鞫审明白,亦听就行斩首示众,贼级行令各该兵备守巡官,即时纪验明白,备行江西按察司造册奏缴,查照事例,升赏激劝。钦此,钦遵;为照宁王谋反,随本院调兵,已将宁王俘执,谋党李士实、刘养正、王春等,并前来缴报，以作为查考施行的凭据；也请南昌等府、州、县一律遵照执行，将取出解送入库的钱粮清查清楚前来报告，不得违误！

行江西布按二司看守宁府库藏

九月十一日

宁王府的库藏物质，已经经过本院督同戴罪的都、布、按三司官员，以及各府的知府，一起公开封识牢固，宜就地委派官员监督看守。为此请有关官吏誊抄案卷回司，立即通知该司掌印官员，督领南昌府同知何继周以及南、新两县的掌印官员，确定委派老成晓事的官员二名，分别带领已确定的大户等人，每天夜里住宿在那地方，看守东西两个仓库；也命令士兵捕快把守宁王府的南、东、西三个大门，昼夜巡逻，不许任何人移动一砖一草；布、按二司的掌印官员和该道的分巡官们，要经常巡视情况，考察守护情况，不得像平常那样应付了事，倘若造成钱物丢失，罪责难逃。

委按察使伍文定纪验残孽

九月二十日

钦奉敕谕中命令：

"只要有生擒的叛贼，拘审明白后，听你视其行为就地斩首示众，叛贼首级命令各个部队备有的守巡官员及时核验纪录明白，并让江西按察司详细造册奏报，以作升迁嘉赏，激励劝勉的依据。钦此！"宁王图谋反叛，本院立即调兵遣将予以征讨，现已经将宁王俘虏抓获，其谋党李士实、刘养正、王春等人以及

贼首凌十一、闵念四等，亦就擒获，即今见该本院不日亲自督解赴阙，式昭圣武，及纪功御史谢源、伍希儒，亦各赴京复命，所有各哨官兵，尚在搜剿残孽，惟恐解报前来，不无缺官纪录。

为此仰抄案回司，即行新任按察使伍文定，如遇各哨官兵解到叛贼并贼仗等项，务要从实审验，应处决者，照依本院敕谕事理，就行斩首；贼级枭挂，明白纪录，备造印钤文册，差人径自奏缴；仍造清册一本，缴报本院查考，毋得违错，不便。

委知府伍文定邢珣防守省城牌

九月十二日

照得江西大乱，剿平地方，幸已稍靖，但巡抚官员被杀，巡按及三司府、州、县、卫、所等官，俱各戴罪听参，本院即今又督官兵，押解宁王并其党与赴京，省城居民，久遭荼苦，疮痍未起，惊疑未息，虽经抚谕，诚恐本院去后，或有意外之虞，拟合委官留兵防守。

为此牌仰领兵知府伍文定、邢珣等，即便照依后开班次轮流，各行量带官兵，昼夜固守城池，保障地方，抚安居民，禁革骚扰，候抚按官员及三司等官到任事定之日，方许回还，照旧管事，毋得违错！

叛贼头领凌十一、闵念四等人也就此擒获，因此本院不久将亲自督解押送他们赴京城接受圣上的亲自处罚，同时纪功御史谢源、伍希儒也各自赴京城复命，而所有的将士们还在搜剿残余叛党，唯恐他们解报擒获的贼首前来时，却没有官员给他们核验纪录。

为此请有关官吏誊抄案卷回司，立即通知按察使伍文定、如果遇上各哨防的官兵解押叛贼或叛贼的其他物项前来纪验，务必要从实审验，应当处决的，便依照本院敕谕所申明的事理就地斩首处决；叛贼的首级核实纪验明白后高悬示众，并准备一盖有印记的文册，差派人员直接奏报上缴；也预备腾清的文册一本，缴给本院以供查考，不得违误！

委知府伍文定邢珣防守省城牌

九月十二日

最近江西大乱，虽然已剿平各个地方，社会秩序也稍微安定了一些，但是巡抚官员被杀，巡按以及都、布、按三司和府、州、县、卫、所等级官员都是各自戴罪为官，正听候参议，本院从现在起又要督领官兵，解押宁王和他的党羽赶赴京城。省城的居民们，久遭暴政和兵火之苦，困苦尚未平抚，惊疑却也没有消停，虽然经过了安抚晓谕，却也害怕本院离开以后有意外的变乱发生，故打算委派官员留置兵力防守。

故下达这个命令请领兵知府伍文定、邢珣等人立即依照后面开排的班次轮流值班，各自通知所带的官兵，让他们昼夜固守城池，保障地方安宁，安抚居民百姓，禁止起哄骚扰，等抚、按官员以及都、布、按三司的官员到任将一切事情处理妥当之

计开：一班知府伍文定、邢珣，二班徐琏、戴德孺，三班曾玙，四班周朝佐、林城。

行江西布按二司 厘革抚绥条件

九月十二日

照得江西未乱之前，民伪颇滋，吏政多弊，抚治之责，已号烦难；况大乱之后，钱粮有侵克之费，军伍有缺乏之虞，奸恶伪兴，灾旱荐作，法度申明之未至，官吏怠玩之或生，本院讨贼平乱，功虽告成；厘革抚绥，力尚未偏；若不条析处分；深为未便。为此仰抄案回司，照依案验内事理，逐一遵照施行，务使事各举行，民沾实惠；毋得虚应故事，取罪。不便。

计开：

一、省城大乱，固已剿平，地方守备，难便废弛，除南、新二县机兵，令分巡该道，分拨守门外；仰布、按二司掌印官，会同于所属邻近府州，酌量原编机兵多寡，量取凑二千名，各委相应人员带领，来省操练，以备不虞；仍行南昌道分巡官较视点阅，其各兵口粮，就令各该县分动支，预备仓米谷计日分给，候事完之日停止。

后,才允许带兵回府,照往常一样管理本属事务,不得有误!

轮流值班的班次开列如下:一班:知府伍文定、邢珣。二班:徐琏、戴德孺。三班:曾玙。四班:周朝佐、林城

行江西布按二司 厘革抚绥条件

九月十二日

江西这地方在没有变乱以前,就经常发生百姓阳奉阴违的事件,而政府的官吏制度和政策也有很多弊病,安抚治理的责任,就已经可以号称既麻烦又困难;何况在大乱之后,府库钱粮有被侵犯克扣的浪费,军伍之中也有缺少人员的弊病,奸邪恶霸阳奉阴违到处都是,天灾人祸,屡作不撮,法度没法申明,官吏玩忽职守,本院征讨叛贼,平息暴乱,虽然已告成功,但整顿改革,安抚地方,力量尚未普遍,若不遂条遂例落实政策,实在于理不合。为此请有关官吏誊抄该文件回司,依据该文件里勘验的事理,逐一遵照执行,务必使各个政事都得以进行,使百姓沾到一些实惠;不得苟且因循,应付了事,因此而犯错误,实在不值。

整顿安治的条例总共开列如下:

一、最近省城大乱,现虽然已经剿灭平息,但地方上的守备措施,不便立即废止,除了命令南、新二县的机动兵力分别巡防该道,防守城门外,还请布、按二司的掌印官,会同所属的邻近府、州的官员,视该府、州原编机动兵力的多少,适量分取聚集士兵二千名左右,各自委派相应人员带领,前来省城操练,以防备不虞之变;也通知南昌道(明制,今江西南昌市一带)的分巡官,要经常巡视查核点管,而那些士兵们的口粮;就命令所属各

二、十四年起,运兑淮间有被贼虏掠,其未兑及未到水次,并偏僻去处,未经贼掠者尚多,诚恐官吏粮里人等,乘机隐匿,捏故侵欺;合先行查。仰布、按二司掌印官,即行各该府、州、县,将已兑粮数通查,要见见在若干?果被贼虏若干?取具重甘结状,造册缴报,以凭议处;其见在粮米就于所在地方,暂且囤贮看守,如有未兑捏作已兑,不曾被贼捏作贼劫者,照例问发充军;官吏坐拟赃罪。不恕。

三、南昌、九江、南康三府,被贼残害,尤宜矜恤,仰布按二司掌印官,作急查勘呈来,以凭议处。

四、南昌左卫旗军,多因从逆擒斩,以致缺伍;仰布按二司官,即便出给告示,许令在逃旗军,并余丁投首,照依榜例,免其罪名,著令顶补军役,暂委官员管领,以备操守。

五、建昌、安义二县,贼首虽已擒获,遗漏余党尚多,今既奉有榜例,合与更新。仰布、按二司,转行该县,出给告示!许各自新,痛改前恶,即为良民,有司照常抚恤,团保粮里,不得挟私陷害;如有不悛,仍旧为非者,擒捕施行。

县分别动支，预备粮米计日分给，等事情完毕之日停止。

二、正德十四年起，装运兑淮的粮米有些被叛贼掠夺了，但尚未兑现以及尚未运到赣江水面上和偏僻地方的没有叛贼抢掠的兑淮粮米尚有很多，实在害怕有关官吏、粮里人等，乘机隐藏，并捏造缘由欺骗政府；宜迅速清查。故请布、按二司的掌印官员，立即通知相关的各个府、州、县，将已兑现的粮数全部查清，并要弄明白真的被叛贼抢掠了多少？现在还剩多少？将此数目重新登记成册缴上来报告，以作为计议处理的依据；那些现在还在的粮米就此在所在的地方暂时囤积贮藏起来并派人看守，若有尚未兑现捏造成已兑现，不曾被叛贼掠抢捏造成被叛贼抢掠了的人，依旧例发配充军；如县官吏则与叛贼同罪论处，不得姑息宽容。

三、南昌（今江西南昌市），九江（今江西九江市）、南康（今江西星子县一带）三府的官吏军民，被叛贼残害，尤其应该慰安抚恤，请布、按二司的掌印官员，紧急调查踏勘这些地方的民情呈报本院，以作为计议处理的依据。

四、南昌左卫的旗军中，很多士兵因为跟随宁王反叛而被擒斩，以致人员缺失；请布、按二司的掌印官员立即给出告示，容许在逃的旗军士兵和其他兵丁前来投降自首，并依据榜例，免除他们的罪名，命令他们顶替缺失的军役人员，暂且委派官员管领，以备操守。

五、建昌、安义（今江西省安义县）二县的贼首虽已被擒获，但遗漏的余党尚多，现在既然奉有榜例，就也应该给他们一个悔过自新的机会。请布、按二司转而通知这两个县，叫他们发出告示，允许叛贼的余党悔过自新，痛改前非，成为良民，有

六、宁王庄田、基屋、湖地，并宁府官员人役，及投入用事从逆等项人犯田产，例应籍没，合先查理。除将内官黄瑞基屋，改作东湖书院以便学者讲习外；其余仰布、按二司掌印官会同南昌道分巡官，行委的当官员，逐一清查，如田庄要见坐落地名何处？田亩若干？山场树木若干？湖地广阔若干？房屋几间？今年见在花利，即便收贮，所在地方，责人看守，通造手册缴报；其有原系占夺民间物业，相应给还，及估价发卖；仍佃者，俱候查明之日从容呈议审处；敢有隐匿，及指以原业捏称借贷，辄行据占者，先行拿问。不恕。

七、省城各衙门，并公廨，有残圮应合修理者，仰布、按二司掌印官，会同该道官，参酌缓急，行令府县移拆无用房屋，量加修理，毋得虚费财物。

八、省城湖地仰布、按二司，行南昌府县，其城濠行都司，各委人看守鱼利，公同变收入官，以备公用；不许私取，及致人偷盗。

九、今年乡试，因乱废格，除应否补试，另行议奏外；其未乱之前已经举行未毕事件，合先查究；仰布政司将原发修理贡院席舍，并发买物料等项银两若干？委何人管？即今已修完，并已买到物料若干？见存银两若干？查明造报，关机关照常抚恤被害人员,团结保甲粮里,叫他们不得挟私仇陷害;若有人死不悔改,仍旧为非作歹,则擒拿归案予以斩首。

六、宁王的田庄、屋基、湖地以及宁王府的官员仆人和投入宁府做事并跟从反叛的各种人犯和田产,按例应该登记并予以没收,不过先应该清查清楚。除了将内官黄瑞基的房屋改作东湖书院以便学者讲学外,其余田产请布政司、按察司二司的掌印官员会同南昌道(今江西南昌市一带)的分巡官,委派的当官员逐一清查登记明白,例如对田庄要查清坐落在什么地方?田亩有多少?山场林木有多少?湖地有多广阔?房屋有几间?今年现有的各种利润,立即收取贮藏起来,所在的地方派人看守,所有这些事务都要登记成册上缴呈报;如有的产业是原来夺占的民间财物产业,便应一一归还给原主,或估计价格发卖出去;仍旧佃租给农民的民产,等清查明白之后,慢慢审定计议处理;有敢隐藏田产或指着原物捏造说是借贷来的,然后就强行占据的人,先行捉拿问罪,决不饶恕。

七、省城的残破不堪应该修理的衙门和官署,请布、按二司的掌印官员会同该道的官员,视缓急情况,命令各府县移拆无用的房屋,适量加以修理,不得白白浪费财物。

八、对于省城的湖地,请布、按二司通知南昌府各个县的城濠行都司,各自委派人员看守渔利,并公开变卖收入官库;不许私自取用,以及致人偷盗。

九、今年的乡试,因为叛乱而没有举行,除是否要补试另行奏请皇上计议外,其余那些在变乱之前已经举行但尚未完毕的事件,应该先进行查访究问;请布政司将原来配发的修理贡院席舍的发买物料等事务的银两数目,委派何人管理?即使现在毋得因循，致令吏胥乘机隐匿作弊；其已买物料，有不堪贮者，姑令变价还官，以俟再买；以后未举事件，有应合预处者，会同按察司并该道官一面议处施行，按察司仍行提学官转行所属知悉。

行江西按察司知会逆党宫眷姓名

仰抄案回司，着落当该官吏即便查照施行。仍呈钦差提督军务御马监太监张钦差提督军务充总兵官安边伯朱知会，俱毋违错！

计开：宁王郡王将军世子共十六名。

见在十四名：宸濠、拱㭿、觐铤、拱㮙、宸洧、宸瀛、觐钁、宸汲、宸汤、宸涠、宸滩、宸澜、大世子一哥

已故二名：拱槭、二世子二哥

谋党重犯六十七名：

见在五十九名：刘吉、涂钦、乐平、黄瑞、傅明、陈贤、尹秀、梁伟、沈鏊、熊绶、周瑞、吴松、张嵩、李蕃、于全、秦荣、萧奇、徐辂、贺俊、李琳、丁瓒、王储、甘桂、王琪、杨升、张隆、刘勋、葛江、杨允、徐锐、丁纲、夏振、唐玉、何受、朱煜、冯旻、周勇、周鼎、于琦、张凤、袁贵、闻风、

已经修理完,那么已经买到的物质材料有多少?现在还剩下多少银两?等等问题一一清查明白,登记成册呈报本院,不得因循拖沓,致使奸猾官吏乘机隐藏作弊;那些已经买下的物质中,若有不堪贮藏的,姑且下令变卖掉,所得银两收入官库,以等以后再买;后面还没有举行的事件中有应该预先处理的,请你们会同按察司和该道官员暂且计议商量施行,按察司仍要通知提学官转而通知其所属各部知悉。

行江西按察司知会逆党宫眷姓名

请有关官吏誊抄案卷回司,吩咐的当官员,立即查照案文施行,也呈报钦差提督军务御马监太监张、钦差提督军务兼总兵军安边伯朱知会,一切都不得违误!

叛党的宫眷总计开列如下:宁王、郡王、将军、世子共十六名:

现还健在的有十四名:宸濠、拱栟、觐铤、拱橚、宸浉、宸瀛、觐鑮、宸汲、宸汤、宸㴸、宸漼、宸澜、大世子一哥

已故的有二名:拱械、二世子二哥

谋党重犯六十七名:

现还健在的有五十九名:刘吉、涂钦、乐平、黄瑞、傅明、陈贤、尹秀、梁伟、沈鳌、熊绶、周瑞、吴松、张嵩、李蕃、于全、秦荣、萧奇、徐辂、贺俊、李琳、丁𤩹、王储、甘桂、王琪、杨升、张隆、刘勋、葛江、杨允、徐锐、丁纲、夏振、唐玉、何受、朱煜、冯旻、周勇、周鼎、于琦、张凤、袁贵、闻风、顾正、顾雄、徐纪、倪六、王凤、唐全、闵念八、李世英、徐淦凤、张宣、闵念四、陵

顾正、顾雄、徐纪、倪六、王凤、唐全、闵念八、李世英、徐淦凤、张宣、闽念四、陵十一、万贤一、朱会价、万贤二、熊十四、熊十七

已故八名：万锐、陆程、刘养正、余祥、甘楷、王信、卢铺、刘子达

宫眷四十三口：赵氏、万氏、钟氏、徐氏、宣氏、张氏、张氏、陆氏、蒋氏、陆氏、赵氏、王氏、王氏、李氏、朱氏、郑氏、陈氏、徐氏、刘氏、何氏、张氏、祥瑞、王氏、锦英、王氏、徐氏、

行江西按察司编审九姓渔户牌

九月二十四日

为照贼首吴十三、凌十一、闵念四、念八等，俱已擒获，党类亦多诛剿，虽有胁从之徒，皆非得已，节该本院备奉钦降黄榜，通行给发晓谕，许其自首，改过自新，安插讫。数内杨子桥等九姓渔户，又该知县王轼引赴军门投首，审各执称被胁，情有可矜，当该本院量行责治，仍发本官带回安抚外。今访得前项渔户，尚有隐匿未报及已报在官而乘势为非者，况查沿江湖港等处，亦有渔户以打鱼为由，因而劫杀人财，虽尝缉捕禁约，而官吏因循，禁防废弛，合就通行查处。为此仰抄案回司，即便选委能干官员，会同安义等县掌印、捕盗等官，拘集杨子桥等九姓渔户到官，从公查审，要见户计若干，丁计若干，已报在官若干，未报在官若干，各驾大小

十一、万贤一、朱会价、万贤二、熊十四、熊十七

已故的八名：万锐、陆程、刘养正、余祥、甘楷、王信、卢铺、刘子达

宫眷四十三口；赵氏、万氏、钟氏、徐氏、宣氏、张氏、张氏、陆氏、蒋氏、陆氏、赵氏、王氏、王氏、李氏、朱氏、郑氏、陈氏、徐氏、刘氏、何氏、张氏、祥瑞、王氏、锦英、王氏、徐氏

行江西按察司编审九姓渔户牌

九月二十四日

因查得贼党首领吴十三、凌十一、闵念四、闵念八等人，都已经被逮捕归案，余党也大多数被诛戮或剿灭。虽有被胁迫而相从之徒，然而都是迫不得已，经由本巡抚兼金都御史遵奉皇上钦颁的公告，颁行告知民间使他们明白知晓，准许他们投案自首，改过自新，并安置完毕。案内有杨子桥等九姓渔民，又由安义县知县王轼带领，赴军门投案自首，经审问各自一致供称是被胁迫的，情有可原，应当由本巡抚酌情予以惩处究治，仍然交给原办理的官员带回并安顿抚恤。另外，现在查访得知前面所说的渔民，还有隐匿不报以及已经报告给官府登记在案而乘机为非作歹的，况且又查得沿江、沿湖的港口等地方，也有渔民以打鱼为幌子，因而杀人劫财，虽然曾经进行缉拿逮捕并严令禁止，而有关的官吏因循怠惰，禁令荒废，疏于防范，理当一并予

渔船若干，原在某处地方打鱼生理，著定年貌籍贯，编成牌甲，每十名为一牌，内佥众所畏服一名为小甲。地方多寡，每五牌或六牌为一甲，内佥众所信服一名为总甲，责令不时管束戒谕。仍于原驾船梢粉饰方尺，官为开写姓名、年甲、籍贯、住址，及注定打鱼所在，用铁打字号，火烙印记，开造印信手册在官，每月朔望各具不致为非结状，亲自赴县投递，用凭稽考点闸。中间如有隐匿不报者，俱许投首免罪，亦就照前行。若有已报在官，仍前乘机为非，抗顽不行到官，就仰从长计议，应抚应捕，遵照本院钦奉敕谕随宜处置事理，径自施行。今后但有上户官民客商人等被害，就于本处追究，务在得获，明正典刑。仍即通行南昌等一十三府及各州县一体查处，编立牌甲，严加禁约施行，造册缴报查考。如或故违，定将首领官吏拏问，决不轻贷。

以查问惩处。因此将此案之情况通报贵司,并给出如下处理意见,即便选任委派办事能力强的官员,会同安义等县的负责主持事务、缉捕盗匪等的官吏,拘拿杨子桥等九姓渔民到官,秉公调查审问,核实清楚户数总计有多少,人数有多少,已报告官府登记在册的有多少,尚未报告官府的有多少,各自驾驶的大小渔船有多少只,原来在什么地方以打鱼为生,并准确登记年龄、相貌、籍贯等,编成牌甲,每十人为一牌,并从其中推选一位被大家敬服的人作为"小甲"。并按照地方人数的多少,每五牌或者六牌为一甲,从其中推选一位被大家所信服的人担任"总甲",责令其经常性地给予管理约束、告诫训谕。仍旧在原来所驾驶的渔船船头粉刷一尺见方大的地方,由官方在上面写明姓名、年龄、籍贯、住址等信息,并统一安排好固定的打鱼的地方,用铁来打造船只的字号,用火来烙刻印记,并刻造印信登记造册交由官府收存,每月初一、十五都要各自出具"不再为非作歹"的保证书,亲自到县衙投递,以备稽考检查。中间如果有隐匿不报的,一律准许检举揭发,可以减免罪责,也参照前款执行。如果有已经报告官府登记在案,仍然乘机为非作歹,顽强抵抗不肯到官府的,就请有关部门从长计议,是应该安抚还是应予以逮捕,遵照本巡抚奉朝廷敕命颁布的谕旨,根据实际情况便宜行事,自行处理。今后只要有富裕之家、官吏、百姓、客商等遇害的,即在当地进行追查究办,一定要确保将凶犯缉拿归案,依照法律公开处决。仍旧立即通知南昌等十三个府以及各州县一体查处,设立牌甲制度,严加管束防范,确保实施到位,并登记造册汇报上级部门以备查考。如有故意违抗命令的,定将负责的官吏拘捕问责,决不轻饶。

献俘揭帖

九月二十六日

准钦差提督赞画机密军务御用监太监张揭帖,开称:今照圣驾亲率六师,奉天征讨,已临山东、南直隶境界,所据前项人犯,宜合比常加谨防守调摄,待候驾临江西省下之日,查勘起谋根由明白,应否起解斩首枭挂等项,就彼处分定夺。若不再行移文知会,诚恐地方官员不知事理,不行奏请明旨,挪移他处,或擅自起解,致使临难对证,有误事机,难以悔罪等因。准此,卷查先为飞报地方谋反重情事云云,本职已将宁王并逆党,亲自量带官兵,径从水路,照依原拟日期,启行解赴京师,已至广信地方外。今又准前因,及该差官留本职并宁王及各党类回省。为照前项人犯,先监按察司责委官员人等昼夜严加关防,有病随即拨医调治,数内谋党李士实、王春、刘养正等,已多医治不痊,俱各身故。随差官吏仵作人等前去相验,责付浅殡,拨人看守。其宁王及谋党刘吉等,俱系恶焰久张之人,设若淹禁不行解报,纵有官兵加谨防守,恐或扇诱,别生他奸。今若留回省城,中途疏虞,尤为可虑。兼且人犯多生疟痢,沿途亦即拨医调治。又有数内镇国将军拱槭并世子二哥各行身故,又经差官相明,买棺装殓,责仰贵溪县拨人看守。其余尚未痊可,若更往返跋涉,未免各犯性命愈加狼狈,相继死亡,终无解京人犯,抑恐惊摇远近,变起不测。本职亲解宁王,先已奏闻朝廷,定有起程日期,岂敢久滞因循,不即解献,违慢疏虞,

献俘揭帖

九月二十六日

根据钦差提督赞画机密军务御用监太监张永发来的揭帖，其中写道：今因皇帝亲率大军，御驾亲征，奉行天命，征讨逆贼，现在已经兵临山东、南直隶等省境内，所以对于前面所禀报的正在押送的犯人，应当比寻常犯人更加要严谨防守、善加调护，等到皇帝亲临江西省的时候，将其起意策划谋反的动机和缘由审问清楚，应当如何处理，是否要押解罪犯上路，或者是斩首示众等等事宜，听候皇帝亲自处分定夺。本官如果不再签发公文进行知会的话，实在恐怕地方官员不通事理，不经过奏请皇帝并得到明旨准许，将犯人转移到别的地方，或者擅自押解上路，从而导致临时难以对证，延误了行事的时机，导致罪责难逃，到时后悔来也来不及了。根据上述意见，现答复如下。通过查阅案卷等，查得原来已先行将地方有人谋反的重要情况紧急报告给朝廷，现在本官已将发动叛乱的宁王朱宸濠及其党羽逮捕归案，并亲自率领官兵，径直从水路，依照原来拟定的日期，启程押解到京城，现在已经到达广信府地方境内。现在又根据新的指示，要求办差的官吏留守本职，并将宁王及其党羽押回省城。根据实际情况，前面所述的一干犯人，先前已经由按察司负责委派官员和工作人员，昼夜严加防范调养，有生病的随时请医生给予调治，其中的逆党李士实、王春、刘养正等人，已经指派医生多方治疗而无法痊愈，都已死亡。派遣随同的官吏和仵作等人前去验尸，责令简单殡殓，并派人看守。宁王朱宸濠以及其逆党中的刘吉等人，都是长期嚣张跋扈、穷凶极恶之人，假如一直监禁关押在当地，不及时进行押解进京，纵然有官兵严

罪将焉逭？及照库藏册籍等项，未准揭帖之先，已会多官封贮在府，待命定夺。况新任按察使伍文定，及戴罪三司官、领兵知府等官，俱各见在，封识明白，别无可疑。除将宁王宸濠等各另差官分押，宫眷妇女行各将军府取有内使管伴，俱照旧亲自解京外，所有库藏等项，奉有明旨，自应查盘起解，就请公同三司并各府等官，眼同径自区处，为此合用揭帖前去，烦请查照施行。

行袁州等府查处军中备用钱粮牌

十月初六日

据吉安府申：

加防守，恐怕被别有用心之人煽惑引诱，又生出别的奸谋。现在如果再押回省城，半路上如有疏忽耽搁之处，更是令人担忧的。而且犯人很多都生了疟疾、痢疾等病，沿路也立即请医生进行调理治疗。还有犯人中间的原镇国将军朱拱榐以及其世子朱二哥，都已经病亡，又经过官差验明尸身，购买棺木进行装殓，责令贵溪县派人看守。其余的犯人有很多尚未痊愈，如果更加往返跋涉，不免各犯人性命越来越困顿疲惫不堪，如果相继死亡的话，最终就无人可以押解到京城，更或者恐怕远近惊动骚乱，发生意想不到的变故。本官亲自押解宁王朱宸濠，先前已经奏报到朝廷，约定好了起程的日期，怎么敢拖延时日、因循怠惰，不立刻押解交付朝廷呢？如有违抗怠慢而造成什么闪失，又怎么能逃脱罪责呢？并且对于库藏、册籍等等事项，在未收到揭帖之前，已经会同各方的官员封存在府中，等接到朝廷命令后再进行处理。况且新任按察使伍文定，以及戴罪三司官、领兵知府等官员，都在场作证，封存登记清楚，没有什么别的疑问。除了将宁王朱宸濠等人各另派遣官员和差役分别押送，王府中的家眷、妇女等行请各将军府委派内监予以照管陪同，一律照旧亲自押解进京之外，所有库藏等事项，既然已经接到了朝廷明旨，自然应该检查盘点无误后起程押解，就请三司以及各府等官员，共同亲眼见证之下，直接进行处置，因此专门书写此一揭帖呈交贵处，烦请查收并参照执行

行袁州等府查处军中备用钱粮牌

十月初六日

据吉安府（今江西吉安市）申报：

"奉本院钧牌,查得本府在库,止有赃罚纸米银一万五千四百三十一两零,其各县寄库银四万六千一百五十九两零,俱系转解之数,似难支动;见今动调各处军快人等数多,诚恐支用不敷,及查卢陵等九县贮库钱粮,亦多称乏,合行邻近府分帮助支用缘由。"到院。为照江西宁府变乱,虽经本院起调广东福建二省汉土狼达官军,江西南赣等处兵快,计有二十余万,合用粮饷,大约且计三四月之费,今该府所申堪支纸米等银,止有一万五千四百有零,其余俱系解京之数,就便从权支用,亦有未敷;必须于各府县见贮钱粮数内,查支接济,庶不误事,拟合通行。

为此牌仰本府,即将收贮在库不拘何项钱粮,作急通行查出,三分为率,内将二分称封明白,就委相应官员,不分雨夜,领解军门,以凭接支应用,此系征讨叛逆军机重务,毋得稽迟时刻,定以军法论处,决不轻贷。

行江西布按二司清查军前取用钱粮

案照先因宁王变乱,该本部备行南赣等府,起调各项军兵追剿合用粮饷等项,就仰听将在官钱粮支给间;随据吉安府申称:"动调兵快数万,本府钱粮数少,乞为急处。"等

"奉贵官的钧牌,查得本府在库的钱粮只有赃罚纸米银一万五千四百三十一两零,其余还有各个县寄存在本府库中的银两四万六千一百五十九两零,都是转解的银两,似乎难以支动;可现在调动的各处军快人等人数众多,实在害怕不够支用。同时也查访到庐陵(今江西吉安市西南)等九县的仓库里贮藏的钱粮,很多也已告缺,宜通令邻近的府县分别互相支助,共度难关。"最近江西宁王叛乱,经本院起调的广东、福建二省的汉土狼达官兵以及江西南昌赣州(今江西赣州市)等地的士兵捕快,总共有二十余万人,所需的粮饷要保证这些人马大约总共三四个月的费用,现在该府申报可动支的纸米银等,只有一万五千四百多两了,其余的都是要解送到京城的银两,即使将这些银两也勉强支用,还是未必够花;必须在各个府、县现在贮藏的银两粮米中查照支取以接济该府,才不会误事,故应该打算实行。

为此请袁州府(今江西宜春市)等府县立即将收贮在府库中的所有钱粮,不管是何名目,一概清查出来,把它们平均分成三份,将其中的两份称量清楚封识好,就委派相关的官员,不分昼夜解送到军门,以接济支用,这是征讨叛贼的军机重务,不得迟延时刻,否则一定以军法处置,决不轻贷。

行江西布按二司清查军前取用钱粮

在宁王开始叛乱,本部全面通知南昌、赣州等府起调各路兵马征讨围剿的时候,就已就所需用的粮饷等物,通知各府县将在官属中的钱粮支取充用;随后据吉安府(今江西吉安市)申

情。已经通行各府，速将见贮不拘何项钱粮，以三分为率，内将二分解赴军前接济外；续看前项事情，系国家大难存亡所关，诚恐兵力不敷，又牌行各该官司，即选父子乡兵，在官操练，听将官钱支作口粮，候本院另有明文一至启行。

去后；今照前项首恶，并其谋党，俱已擒斩，原调各处军兵，久已散归，所据用过粮饷等项，合行查造。为此仰抄案回司，即查各府、州、县自用兵日起，至掣兵日止，要见某项钱粮，差何人役解赴军前？应用若干？有无获奉批回在卷？又将某项钱粮差何人役解赴某官处？支给官兵口粮等项若干？自某月日期起至某月日止，各支若干？或系那借惟复措置之处，务要清查明白，类造文册，星驰差人送院查考；中间如有官吏人等，通同作弊，重支冒领，或以少作多，侵欺捏报者，就便拿问，照例发遣，毋得违错！

防制省城奸恶牌

十二月十一日

照得江西省城近遭宁王之变，巡逻无官，非但军门凋弊，禁防疏阔；兼又军马充斥街巷，难辨真伪，有等无籍小民，因而售奸为恶，恐致日久酿成大患，必须预防早戒，庶

报说："调动的兵马人数有好几万，而本府的钱粮很少，请求予以紧急处理。"等等事情。已经全面通知各府，迅速将现在府库内贮藏的不管是何种名目的钱粮，平均分为三份，并将其中两份送到军门接济；后来觉得这项事情乃是国家存亡之大事，实在害怕兵力不足，又下令通知各级机关部门，立即选拔父子乡兵，在官府操练，听将官钱支作口粮，等候本院另行下达命令时一并启程行动。

现在这次叛乱的罪首和他的谋党，都已擒拿斩首。原来调遣的各路军队，早已分散回还了，所用过的粮饷等项，应该进行详细盘查。为此请誊抄案令回司，立即清查各个府、州、县从用兵之日起，到休兵之日止所用的粮、饷情况，要将某项钱粮是差委何人解送到军门？被用去多少？有没有回批保存在宗卷中？或者某项钱粮是差委何人解送到哪个官府衙门？作为官兵的口粮支取了多少？从某月某日起到某月某日止各支取了多少？等等一切问题逐一清查明白，登记成册，火速送到本院以备查考；对于是挪借过来暂作安排处置的银粮，也需清查清楚。中间如果有官吏勾结作弊，重复支取或冒领他人钱粮，或者以少量钱粮当作更多的钱粮，侵犯官银，骗取财物，歪曲事实，就立马捉拿问罪，依法处分，不得违误。

防制省城奸恶牌

十二月十一日

江西省城最近遭遇宁王的变乱后，禁防松懈，军门凋敝，没有官员巡逻以保障省城安全，而且军士兵马充斥街巷，难以辨别究竟是真是假，有些无籍流民乘机施奸为恶，时间一长恐怕使地方有赖。查得江西都司都指挥马骥，素有干材，军民畏服，合就行委。

为此牌仰抄案回司，即行本官，不妨原任，严督府、卫、所、县军民兵快，并地方总小甲人等，于省城内外，昼夜巡逻，固守城池，保障地方，洁静街道，禁缉喧争，但有盗贼，即便设法擒捕，务在得获解官问招，呈详，不许妄拿平人，攀诬无干良善，及纵令积年刁徒吓诈财物，扰害无辜；仍要严加省谕，远近乡村居民，各安生理，毋得非为，及容隐面生可疑之人在家，通诱贼情，坐地分赃；敢有故违，仰即拏赴军门，治以军法。承委官员务在地方为事，用心管要，以称委用，不得因循怠忽，取究未便。

行江西按察司查禁因公科索民财

十二月十一日

照得圣驾南征，所有供应军马粮草，并合用器皿等项，已该江西布、按二司，分派各府、州、县支给在库官钱，均派经过府县应用；近访得各该官吏，多有不遵法度，或将官库钱粮，通同侵欺入己，乘机科派民间出办，或取金银器皿银两，或要牛马猪羊等物，辄差多人下乡，狐假虎威，扰害殆偏；中间积年刁徒，又行百般需索，稍有不遂，辄称殴打抗拒，耸信官府，添人捉拿，加以刑辱，重行追索，若不查禁处会酿成大患，必须提高警惕，及早预防，务必使地方安全有保障，现查访到江西都司的都指挥马骥素来精明干练，颇有干材，军民都愿服从他，宜就此委任他管理这方面的工作。

　　故请传达官吏誊抄案卷回司，通知该官不必碍于原任的限制，严加督令府、卫、所、县的军民兵快和地方上的里、甲人等，在省城内外昼夜巡逻，固守城池，保障地方上的安宁，禁止喧闹起哄之人，以使街道洁静安宁，一旦发现盗贼，便设法擒拿捕捉，务必抓获送往官府审问详情。但不许随便捉拿无辜之人，诬陷无干良善，以及纵容多年作恶的刁徒诈骗财物，骚扰迫害无辜；也要严加告示远近乡村的居民各自安心耕作，不得为非作歹和容留隐藏陌生可疑的人在家里，为叛贼通风报信，并分享叛贼的赃物；有敢故意违抗的，请立即捉拿起来送至军门，处以军法。委派官员在各地方干事，并告诫他们要用心管事，以不负委用，不得因循怠懈，延误事机，否则定要捉拿究罪。

行江西按察司查禁因公科索民财

十二月十一日

　　最近皇上亲自南征，所需要的军马粮草，道具器皿等供应物质，已经吩咐江西布、按二司分派给沿途经过的各个府、州、县在本府的仓库中支取钱粮办理；近来查访到这些官吏中有很多人不遵法度，有的将官库中的钱粮全部侵吞骗取归自己所有，并趁机科派民间出钱办理军需物质，或者索取金银器皿银两，或者强要牛马猪羊等物质，动不动就派人下乡，狐假虎威，骚扰迫害乡下百姓。中间多年作恶的刁徒，又乘机百般索要，稍微不能遂他们的愿，便聚众殴打，并怂恿官府派人捉拿入官，加

置，深为民患。

为此仰抄案回司，即便会同布政司掌印官速行计处，先将各应支银两，查解应用，若有不足，就将在库不拘何项银两，给支接济，俱要造册开报，以凭查考；事毕之日，再行议处，作正支销或设法追捕，其各府、州、县科取民间财物，即行查究禁革，未到官者毋再追并，已在官者照数给还，中间敢有隐瞒，纤毫不发，体访得出，或被人首告，定行拿问赃罪，决不轻贷；仍先出给告示，发仰所属张挂晓谕，务使知悉，俱毋违错！

禁省词讼告谕

十二月十七日

近据南昌等府、州、县人等诉告各项情词到院。看得中间多系户婚田土等事，虽有一二地方重情，反多繁琐牵撑不干己事，在状除情可矜疑者，亦量驾重准理，其余不行外；为照江西地方近因宁王变乱，比来官军见省城空虚，况闻圣驾将临，有司官员，俱各公占委用，分理不暇，远近居民，又有差役答应，奔走无休，本院志在抚安地方，休息军民，当此多事之时，岂暇受理词讼？必待地方宁靖，兵众既还，官府稍暇，方从容听断；为此合行出给告示，晓谕各府、州、

以刑罚侮辱，以求索取更多的钱财，这种行为若不清查处置，则一定会成为民患。

为此请传达官吏誊抄案卷回按察司，要他们立即会同布政司掌印官迅速计议处理，先把各项应该支取的银两清查明白解送到军门应用，若有的尚不够，就在仓库中不管是何名目的银两里支取凑足，这一切支取情况都要登记成册，以作为查考的凭据；这些事完成之后，再计议处理前述的那些不法行为，设法更正或追补支销情况，其中各府、州、县科派索取的民间财物，立即清查追究并加以禁止；尚未收入官库的便不再追索，已经收入官库的照数归还原主，中间如有敢隐瞒情况，拒不归还的，只要查访出来或被人告发，定要以叛贼之罪捉拿归案，决不轻易饶恕；仍然要先给出告示，分发给所属各部张贴晓谕，务必使当事人知悉，不得违错！

禁省词讼告谕

十二月十七日

近来有很多南昌等府、州、县的居民把诉告各类事情的状文缴到本院这儿来了，而其中大多都是家庭婚姻、田土纠纷之类的事情，既使有一两件地方上重要的事情，也冗长烦琐，尽牵扯一些不相干的事情。除了一些情状的确值得同情和查问的诉讼视情节轻重准予受理外，其余概不受理。大家都应知道，最近江西因为宁王叛乱，陡然调发许多官兵，加以征讨，使省城空虚，何况又听说皇上圣驾将临，有关的官员，都被差遣委用，公务应接不暇；远近乡村的居民，也有差役应答，四处奔走不休，本院正尽心安抚地方，使军民休养生息，在这繁忙多事之时，哪有

县军民人等，暂且各回生理，保尔家室，毋轻忿争，一应小事，各宜含忍，不得轧兴词讼，不思一朝之忿，锱铢之利，遂致丧身亡家，始谋不臧，后悔何及！中间果有贼官酷吏、豪奸、巨贼，虐众殃民，患害激切者，务要简切直言，字多不过一二行，陈告亦须自下而上，毋致蓦越；其余一切事情，俱候地方宁谧，官军班还之日，各赴该管官司告理，若剖断不公，或有亏枉，方许申诉，敢有故违，仍前告扰者，定行痛责；仍照例枷号问发，决不轻贷。

再禁词讼告谕

十二月

照得本院屡出告示，晓谕军民人等，令其含忍宁耐，止息争讼；而军民人等，全不体息，纷纷告扰不已，及看所告情词多系小事忿争，全是繁文牵搭，细字叠书，殊可厌恶！当此多事，日不暇给，词状动以千百，徒费精神，何由遍览？除已前情词，俱已不行外；为此再行晓谕，敢有仍前不遵告谕，故违告扰者，定行照例枷号，从重问发，的不虚示。

计开：

时间受理诉讼呢？必须等到地方安宁、部队撤回、官府稍微喘息之后，才能慢慢受诉断理；因此宜给出告示，晓谕各个府、州、县的军民百姓，暂且各自回去自己料理，保护家室，不要动不动就吵架争斗，一切小事，都应各自含忍，不得动辄告官诉讼。不可因为不忍一朝之忿猎取锱铢之利，便致使家破人亡，开始不考虑妥当，后悔又如何来得及！如果中间果真有赃官、酷吏、豪奸、巨贼残害众多，殃误子民，为患很大的事情，那么务必要开门见山，言简意赅，字数不得多于一二行，而且必须自下而上起诉，不得越级上诉；其他的一切事情，等地方宁静，官兵班师回还之后，各自到自己辖区的衙门上诉立案，判决裁定不公或有冤枉的，才可向上级衙门申诉，若有敢故意违犯，仍然前来扰乱的人，一定要重加责罚，并照惯例给予拘禁审问，决不轻饶。

再禁词讼告谕

十二月

本院屡次出示通告晓谕军民百姓，叫他们遇事多多忍耐，以止息争讼；而军民们全然不体会本院的苦心，纷纷上诉，不停地干扰本院。等到看完这些状文时，发现大多都是些小事情小纠纷，而且全都繁文缛节，瞎扯一气，并用小字写得密密麻麻，实在可恶！在这繁忙多事，每天没有空闲的时候，还用数以千百的状文来纠缠本院，仅仅白白浪费本院的精力，怎么能一一都给看完呢？除了上次已经申明的外，再次重申：有胆敢不遵从告谕，故意违抗，继续上诉干扰者，一定依法拘禁，从重处治，决不虚言。

具体情由开列如次：

一、本院系风宪大臣，职当秉持大体，正肃百僚，非琐屑听理词讼之官；今后军民人等，一应户婚、田土、斗争、债负、钱粮、差役等事，俱要自下而上，府、州、县问断不公，方许告守巡按察衙门；守巡按察问断不公，方许赴本院陈告；敢有越诉渎冒宪体者，痛责。

征藩公移下　凡二十七条

开报征藩功次赃仗咨

正德十五年三月初四日

准钦差整理兵马粮草等项兵部左侍郎兼都察院左佥都御史王咨内开：

"烦为查照将征剿防守有功官军人等，俱照功次，分别明白，造册咨送，以凭查议。"等因。卷查先为飞报地方谋叛重情事：

"本职奉命前往福建公干，中途遭遇宁府反叛，谋危宗祀，系国家大难，义不容舍之而往，当即保吉安，随具本奏闻，及星夜行文各府，起调兵快，召募四方报效义勇，适遇巡抚两广御史谢源、伍希儒回京复命，又行具本奏留军前，协谋行事，各哨官兵，俱听监督，获有功次，俱凭本职送发各官审验纪录。

本院是体察民风匡正吏治的朝廷大臣，职务是秉持大局，严正整饬百僚，并非听理词讼判决琐事的官员，今后军民百姓的家庭婚姻、田土纠纷、债负争端、钱粮、差役等事情，都要从下而上起诉，府、州、县的衙门判决不公时，才可到守巡按察衙门申诉；守巡按察衙门还是判不公时，才可向本院陈告；若有人敢越级上诉，亵渎冒犯法度，一定痛加责罚。

开报征藩功次赃仗咨

正德十五年三月初四日

钦准前来整顿料理兵马粮草等事务的兵部左侍郎兼都察院左佥都御史王某咨内说：

"烦请将征剿叛贼、防守城池有功的官兵们清查出来并都依照功劳名次分定等次，依次登记成册，差人送来，以作为查议的凭据。"为此缘由，先给他汇报地方谋叛的重要事情和简要经过：

"本职奉命前往福建公干，中途遇上江西宁府反叛，图谋篡危宗祀，这是国家的大难，舍之而去于理不容，于是本职当即来到吉安府协助领导保卫吉安，并同时准备奏本告知皇上，以及星夜通知各府起调兵快人马，招募四方愿意报效的义勇之士，而这时适逢巡按两广御史谢源、伍希儒回京复命时路过此地，于是又准备奏本请求把他们留在军中，协助本职谋划干事，

去后；续督官兵前后攻复省城，俘执宸濠，并其党与剧贼，起解间；随准南京兵部咨开称前事云云。照得江西逆贼，既已擒获，逆党已经剪平，所获功次，合行纪验；除原差科道官前来外，烦将征剿逆贼官军民兵，召募义勇，及乡官人等，所获功次，分别奇功、头功、次功，造册覆验。"等因。案经备行江西按察司查照施行。

去后；今准前因，看得征剿宸濠之时，止是分布哨道，设伏运谋，以攻城破敌为重，擒斩贼徒为轻，且攻城破敌，虽系本职督领各哨官兵，协谋并力，缘任非一人，事非一日，各官俱系同功一体，难以分别等第；其擒斩贼徒，虽有等级，自有下手兵夫，难以加于各官之上；止将各哨擒斩贼犯，送发御史谢源、伍希儒审验明白，从实直纪；缘各官不曾奉有纪功之命，但照本职钦奉载谕便宜事理，从权审验纪录，难以分别奇功、头功、次功等项名目，止于造册内开写某人擒斩某贼首，某贼从。重轻多寡，据实造册，中间等第，亦自可见。除行各官再行查照造册径缴外；所据擒获功次总数，及官军兵快报效人等员名数目，合行开造，咨报施行。

计开：

各路部队的官兵，都听从他们的监督，所获得的功劳名次，都经过本职查验后送到他们那里审验记录。

后来，继续督统官兵前后夹攻省城，俘获宸濠和他的党羽从贼，在解押他们赴京城途中，曾咨请南京兵部予以协助合作。那些江西的反贼，既然已被擒获，其余的党羽也已经剪除平定，那么将士们所获得的功劳名次，也应该进行纪验了；除了让原来差遣的科道官前来外，还烦请将征讨进剿叛贼的将官和兵士，招募的义勇之士以及乡官们所获得的功劳名次分成奇功、头功、次功三个等级，登记成册缴来复验。"如此等等，都让江西按察司去查照施行。

不过，在征讨进剿宸濠之时，只是分散建立哨防，设计运谋，以攻城破敌为重，擒斩叛贼为轻，而且攻城破敌都是本院督统各路官兵共同策划，同心协力干下的，并非一人一时的功劳，各位将官都是同功一体，难以分别出等第来；他们擒斩叛贼的数目虽然可分出等级，但自然有手下众位兵士的功劳，难以独加于各位将官的头上；故只把各哨队擒斩的叛贼人犯，发送到御史谢源、伍希儒那儿审核检验明白，从实直接纪录；虽然其他各位官员不曾奉有纪验功次的命令，但依据本职的钦奉敕谕中灵活变通的事理，权且审验纪录，既然难以分出奇功、头功、次功等名目，便只在纪功文册里开列某人擒斩某贼首或某从贼，意义轻重，数目多少，都从实登记，那么个中等次，也自然可见了。除了通知各官依照上述程序登记成册直接上缴呈报外，也就擒获总数和功劳名次总体情况，以及将士兵快和其他报效人等的姓名数目，开列成册咨报本职以实行犒赏。

具体将官的姓名和总体擒获情况开列如下：

一、提督领兵官一员：

钦差提督南、赣、汀、漳等处军务都察院右副都御史王

二、协谋讨贼审验功次官二员：

钦差巡按两广监察御史谢源、伍希儒

三、领哨官十员：

冲锋破敌：

吉安府知府伍文定、赣州府知府邢珣、袁州府知府徐琏、临江府知府戴德孺。

邀伏截杀：

赣州卫署都指挥佥事余恩、抚州府知府陈槐、建昌府知府曾玙、饶州府知府林珹、广信府知府周朝佐、瑞州府通判胡尧元。

四、分哨官十一员：

邀伏截杀：

吉安府泰和县知县李楫、临江府新淦县知县李美、吉安府万安县知县王冕、南康府安义县知县王轼、瑞州府通判童琦。

守把截杀

吉安府通判谈储、吉安府推官王暐、南昌府进贤县知县刘源清、南昌府奉新县知县刘守绪、南昌府推官徐文英、抚州府临川县知县傅南乔。

一、提督领兵官一员：钦差提督南、赣、汀、漳等地军务的都察院右副都御史王。

二、协助策划讨贼事务，审核纪验劳功名次的官员二名；钦差巡按两广监察御史谢源、伍希儒。

三、领哨官十员：

冲锋破敌官员四名：

吉安府（今江西吉安市）知府伍文定、赣州府（今江西赣州市）知府邢珣、袁州府（今江西宜春市）知府徐琏、临江府（今江西清江县一带）知府戴德孺。

应邀埋伏截杀的官员六名：

赣州卫（今江西赣州市）代理都指挥佥事余恩、抚州府（今江西抚州市）知府陈槐、建昌府（今江西南城县一带）知府曾玙、饶州府（今治所在今江西鄱阳县）知府林城、广信府（今江西上饶市）知府周朝佐、瑞州府（治所在今江西高安县）通判胡尧元。

四、分哨官十一员：

应邀埋伏截杀的官员五名：

吉安府泰和县（今江西吉安市泰和县）知县李楫、临江府新淦县（今江西清江县樟树镇）知县李美、吉安府万安县（今江西万安县）知县王冕、南康府（今江西星子县一带）安义县（今江西安义县）知县王轼、瑞州府通判童琦。

把守截杀的官员六人：

吉安府通判谈储、吉安府推官王暐、南昌府进贤县（今江西进贤县）知县刘源清、南昌府奉新县（今江西奉新县）知县刘守绪、南昌府推官徐文英、抚州府临川县（今江西临川市）知县傅

五、随哨官四十六员：

邀伏截杀：

吉安府通判杨昉、吉安守御千户所指挥同知麻玺、赣州府同知夏克义、赣州卫指挥佥事孟俊、永新守御千户所指挥同知高睿、南昌府通判陈旦、南昌府丰城县知县顾佀、袁州府推官陈辂、南昌府宁州知州汪宪、饶州府余干县知县马津、瑞州府上高县知县张淮、瑞州府高安县知县应恩、吉安府永新县知县柯相、南康府建昌县知县方泽、南昌府靖安县知县万士贤。

守把截杀：

广信府沿山县知县杜民表、广信府永丰县知县谭缙、瑞州府同知杨臣、瑞州府新昌县知县王廷、饶州府安仁县知县杨材、广信府通判俞良贵、广信府通判安节、广信府推官严铠、临江府同知奚钺、临江府通判张郁、广信府同知桂鋈、瑞州府推官金鼎、赣州府赣县知县宋瑢、赣州卫正千户刘镗、赣州卫正千户杨基、广信守御千户所千户秦逊、永新县儒学训导艾珪、瑞州府高安县县丞卢孔光、饶州府余干县县丞梅霖、南昌府靖安县县丞彭龄、吉安府万安县县丞李通、南昌府武宁县县丞张翔、赣州府兴国县主簿于旺、瑞州府高安县主簿胡鉴、饶州府余干县龙津驿驿丞孙天裕、南昌府南昌县市叉驿驿丞陈文瑞、吉安府吉水县致仕县丞龙光、南乔。

五、随哨官四十六员：

应邀埋伏截杀的官员十五名：

吉安府通判杨昉、吉安守御千户所指挥同知麻玺、赣州府同知夏克义、赣州卫指挥佥事孟俊、永新（今江西永新县）守御千户所指挥同知高睿、南昌府通判陈旦、南昌府丰城县（今江西丰城县）知县顾必，袁州府推官陈辂、南昌府宁州（治所在今江西修水县）知州任宪、饶州府余干县（今江西余干县）知县马津、瑞州府上高县（今江西上高县）知县张淮、瑞州府高安县（今江西高安县）知县应恩、吉安府永新县知县柯相、南康府（治所在今江西星子县）建昌县（今江西）知县方泽、南昌府靖安县（今江西靖安县）知县万士贤。

把守截杀的随哨官员三十一名：

广信府（今江西上饶市）沿山县（今江西铅山县）知县杜民表，广信府永丰具（今江西丰具县）知县谭缙、瑞州府同知杨臣、瑞州府新昌县（今江西宜丰县）知县王廷、饶州府安仁县（今江西余江县东北锦江镇）知县杨材、广信府通判俞良贵、广信府通判安节、广信府推官严铠、临江府（治所在今江西清江县）同知奚钺、临江府通判张郁、广信府同知桂鳌、瑞州府推官金鼎、赣州府赣县（今江西赣县）知县宋瑢、赣州卫正千户刘铛，赣州卫正千户杨基、广信府守御千户所千户秦逊、永新县儒学训导艾珪、瑞州府高安县县丞卢孔光、饶州府余干县县丞梅林、南昌府靖安县县丞彭龄、吉安府万安县（今江西万安县）县丞李通、南昌府武宁县（今江西武宁县）县丞张翔、赣州府兴国县（今江西兴国县）主簿于旺、瑞州府高安县主簿胡鉴、饶州府赣州府赣县听选官雷济、南昌府丰城县省祭官文栋材、赣州府赣县义官萧庚、南安府上犹县义官尹志爵。

六、协谋讨贼乡官十二员：

致仕都御史王懋中、养病痊可编修邹守益、丁忧御史张鳌山、养病郎中曾直、养病评事罗侨、调用佥事刘蓝、致仕按察使刘逊、致仕参政黄绣、闲住知府刘昭、依亲进士郭持平、参谋驿丞王思、参谋驿丞李中。

七、戴罪杀贼官一十七员：

九江兵备副使曹雷、九江府知府汪颖、九江府德化县知县何士凤、九江府彭泽县知县潘琨、九江府湖口县知县章玄梅、南康府知府陈霖、南康府同知张禄、南康府通判蔡让、南康府通判俞椿、南康府推官王诩、南康府星子县主簿杨永禄、南康府星子县典史叶昌、南昌府知府郑瓛、南昌府同知何继周、南昌府通判张元澄、南昌府南昌县知县陈大道、南昌府新建县知县郑公奇。

八、提调各哨官军兵快人等，除分布把守外；临阵共一万四千二百四十三员名。

九、擒斩首从贼人贼级，并俘获宫人贼属，夺回被胁被虏，招抚畏服官民男妇等项，共一万一千五百九十六名颗口。生擒六千二百七十九名首贼一百零四名，从贼六千一百七十五名，内审放一千一百九十二名，斩获贼余干县龙驿驿丞孙天裕、南昌府南昌县（今江西南昌县）市叉驿驿丞陈文瑞、吉安府吉水县退休县丞龙光、赣州府赣县候选官雷济、南昌府丰城县省祭官文栋材、赣州府赣县义官萧庚、南安府上犹县义官尹志爵。

六、协同谋划征讨叛贼的乡官十二员：

退休都御史王懋中，在家养病的编修邹守益、丁忧（父母之丧称"丁忧"）御史张鳌山、在家休养的郎中曾直、在家养病的执事罗侨、赴任途中的佥事刘蓝、退休按察使刘逊、退休参政黄绣、闲住在家的知府刘昭、探亲进士郭持平、参谋驿丞王恩、参谋驿丞李中。

七、戴罪杀敌的官员十七名：

九江兵备副使曹雷、九江府知府汪颖、九江府（今江西九江市）德化县（今江西九江市）知县何士凤、九江府彭泽县（今江西彭泽县）知县潘琨、九江府湖口县（今江西湖口县）知县章玄梅、南康府知府陈霖、南康府同知张禄、南康府通判蔡让、南康府通判俞椿、南康府推官王诩、南康府星子县（今江西星子县）主簿杨永禄，南康府星子县典史叶昌、南康府知府郑璥、南昌府同知何继周、南昌府通判张元澄，南昌府南昌县知县陈大道、南昌府新建县（治所即今南昌市）知县郑公奇。

八、提调的各路官兵民快，除了分兵把守各地之外，冲锋陷阵的共有一万四千二百四十三名。

九、擒获的贼首和从贼以及斩获的叛贼首级，连同俘获的叛贼的宫眷亲属和解救夺回的被俘虏被胁迫的官员百姓，总共有一万一千五百九十六人。其中生擒六千二百七十九名，贼首一百零四名，从贼六千一百七十五名，这些人中审问之后释放的级四千四百五十九颗，俘获宫人四十三名，贼属男妇二百三十八名口，夺回被胁被虏官民人等三百八十四员名口，招抚畏服投首一百九十三位名。

十、夺获诰命符验并各衙门印信关防金银赃仗等物：诰命一道，符验一道，印信关防一百零六颗，金并首饰六百二十三两一钱二分，银首饰器皿八万三千八百九十七两一钱五分八厘五毫，赃仗一千八百九十件，器械一千一百九十九件，牛三十头，马一百零八匹，驴骡一十三头，鹿三只。

十一、追获金玺二颗，金册二付。

十二、烧毁贼船七百四十六只。

十三、阵亡兵六十八名。

进缴征藩钧帖

四月十七日

卷查先奉钦差总督军务威武大将军总兵官后军都督府太师镇国公朱钧帖：

"节该钦奉制谕：

'江西宸濠悖逆天道，谋为不轨，欲图社稷，得罪祖宗，兹特命尔统率六师往正其罪，殄除叛逆，以安地方；其随军内外提督及各处镇巡等官悉听节制。钦此！'钦遵；合台行钧帖，仰提督南、赣、汀、漳兼巡抚江西等，处右副都御史王守仁照依制谕内事理，即便转行所属司、府、卫、所、

有一千一百九十二名，斩首的有四千四百五十九人，俘获的宫眷有四十三名，叛贼手下的男女仆人二百三十八人，解救的被俘虏被胁迫的官兵百姓三百八十四人，招安抚慰因害怕投服叛贼的官兵百姓有一百九十三人。

十、缴获的各种诏令、符验和衙门印信关防、金银首饰、兵器枪械等物开列如下：诰命诏领一道，符验一道，印信关防一百零六颗，金质首饰和金子六百二十三两一钱二分，银子和银首饰器皿八万三千八百九十七两一钱五分八厘五毫，兵刀枪支一千八百九十件，器械一千一百九十九件，牛三十头，马一百零八匹，驴骡一十三头，鹿三只。

十一、追获金玺二颗，金册二付。
十二、烧毁叛贼的船只七百四十六只。
十三、阵亡士兵六十八名。

进缴征藩钧帖

四月十七日

在卷宗档案中查到开始接到的钦差总督军务威武大将军总兵官后军都督府太师镇国公朱基发来的钧帖：

"本官的钦奉敕谕中说：

'江西朱宸濠悖逆天道，图谋不轨，企图篡夺社稷，其行径已经得罪祖宗，今特命你统率六军，前去声讨其罪，灭除叛逆，以使地方安宁；那些随军出征的内、外提督以及各处的镇巡等官员，都听从你的节制。钦此！"故发布这一文告，请提督南昌、赣州、汀州、漳州等地军务兼巡抚江西等地的右副都御史王

州、县、驿递衙门,一体钦遵施行。"等因。

　　已经依奉,备行各属钦遵;及具不违依准,备由呈缴去后。本职遵奉总督军门节制方略,领部下官军克复南昌府城,擒获叛党宜春王拱樤及将军、仪宾、从逆守城人等一千有余,随于鄱阳湖等处,连日大战,擒获叛首宁王宸濠,并其谋主李士实、刘养正、王春等,大贼首吴十三凌十一等,及其党与胁从人等,共一万一千有奇,除将擒斩缘由,先后具奏外;窃照宸濠谋危宗社,阴蓄异图,十有余年,及其称兵倡乱,远近忧危,海内震动,仰赖总督军门,统领六师,奉天征讨,督率内外提督等官及运谋设策,分布前来南京江西等处,相继进剿,故旬月之间,扫平逆党,奠安宗社,此皆总督军门,神武英略,奇谋妙算,一振不杀之威,遂收平定之绩,而内外提督等官,协谋赞成,并力效命之所致也。职等仰仗德威,遵奉方略,不过奔走驱逐,少效犬马之劳而已,何功之有?所有原奉钧帖,今已事完,理合进缴,除部下获功官兵人等,备行纪功官径自查审缴报外;缘系十分紧急军情,及奏缴钧帖事理,合行具由,呈乞施行。

守仁依照敕谕内所申的事理，立即转而通知所属的司、府、卫、所、州、县、驿递等衙门，一律遵奉钦旨办事。"

　　本官已经根据钧帖所命令的，全面通知部下各属依命行事；同时准备保证依照钧帖施行的回文上缴呈报。本官遵奉总督军门的节制方略，率领部下官兵，攻克光复南昌城（今江西南昌市），擒获叛党宜春王拱樤以及将军、门客和跟从反叛的守城兵士共一千多人，随后又于鄱阳湖等地与叛贼一道大战数日，最后擒获叛首宁王朱宸濠和他的谋党李士实、刘养正、王春等，大贼首凌十一、吴十三等人以及他们的党羽胁从人员共一万一千多人，除了将擒斩的原因和经过先后奏报了之外，本官还觉得朱宸濠图谋颠覆宗社，暗中积蓄力量已经十多年了，等到这次举兵反叛，远近忧心危急，海内震动，幸而有总督军门统领六军，奉天征讨，督率内、外提督等官员设计用谋，运筹帷幄，分兵从南京、江西等地同时进剿，内外夹攻，因此只用了半个多月的时间，便扫除了逆党，平定了叛乱，从而奠定宗社的根基，这些都是总督军门神武英略，奇谋妙算，只是略微振作一下不衰的威风，便已收复平定了叛乱；同时也是内、外提督等官员协力谋划，同心效命的结果。本官倚仗圣上和总督军门的恩德与权威，遵奉既定的策略，只不过四处跑跑腿，稍微效了一点犬马之劳而已，谈得上什么功劳呢？除了请部下获得功劳名次的将官士兵们直接通知纪功官予以查核纪验并上缴呈报外，原先接奉的钧帖中的任务已经完成，按奏缴钧的事理也应该回复交付了，何况也是一项十分紧急的军情。就此呈报回复，请拎照看。

行江西三司搜剿鄱阳余贼牌

五月二十日

照得江西鄱阳湖等处盗贼，节行告示晓谕，各安生理，而稔恶不悛者尚多；又有应捕人等，相率同盗，或名虽投首，实阴怀反侧；近因本院住札省城月余，节据官民赴告盗贼纵横，随行巡捕等官上紧缉捕，未见以时获报，各官平素怠玩，本当参拿究治，姑且记罪另行，所据前贼，若不速剿，未免酿成大患。

为此仰抄案回司，即便备行督捕都指挥佥事冯勋分守该道，分巡该道，密切赍文，分投近湖各府县该司等衙门，著落掌印捕盗等官，各选骁勇机快人等，各备锋利刀、鎗、弓箭、火铳等项，雇惯经风浪船只，及能谙水势水手撑驾，查将在库官钱，给作口粮，选委胆略官员管领，俱听都指挥佥事冯勋，总统约束，分布哨道，多差知因人役探贼向往，就便刻期剿杀，务限一月之内尽获，无留芽蘖遗患；若违限不获，先将各官住俸杀贼；若怠玩两月之外，通行解赴军门，治以军法；其兵快人等，若有违限逗留，畏缩误事者，就仰总统官于军前查照本院钦奉敕谕事理，量以军法罚治，仍要戒约应捕，不许妄拏平人，及容贼妄攀，吓诈财物。并卖放真盗，滥及无辜，敢有故违，一体治以军法；承委各官，务要慎重行事，不得轻率寡谋，中贼奸计，所获功次，俱仰解

行江西三司搜剿鄱阳余贼牌

五月二十日

江西鄱阳湖等地的盗贼，虽经本院屡次给出告示晓谕他们各自安分守己，改恶从善，然而还是有很多照旧为非作歹，作恶不休；还有一些应逮捕的人犯，也勾结顺服这些盗贼，或者名义上投降自首，实际上暗中怀着反叛之心；最近本院在省城驻扎了一个来月，听见官兵百姓屡次前来报告说地方上盗贼横行，便命令巡捕等官加紧缉捕。可是都并未见他们擒获盗贼前来回报，原来各位官员向来都是玩忽职守，懈怠拖沓，本该捉拿归案追究处置，现姑且记上一笔，等候另行发落，而前面所说的这些盗贼实际应该迅速剿除，否则难免酿成大患。

为此请各司传达官吏誊抄案卷回司，立即详细通知督捕都指挥佥事冯勋分兵防守巡逻该道，秘密携带文告分头紧急赶到近湖的各个府、县相关的衙门，吩咐掌管捕盗的官员们选拔骁勇机智的捕快，各自准备锋利的刀枪、弓箭、火铳等武器，雇佣惯经风浪的船只和熟谙水性的水手撑驾，并将在库的官钱中支取一部分作为他们的口粮，委派有识见有胆略的官员管理统领，这些官员都听从都指挥佥事冯勋的节制，统一约束，统一布设各种哨防关卡，并多差派一些熟悉情况的人员侦察盗贼的去向，以便刻期剿杀，务必在一个月之内尽数擒获，不得留下芽蘖成为后患；如果到期限时还没有擒到盗贼，就先停止各位追捕官员的俸给并责成他们继续加紧搜捕；如果再玩忽职守，迟误时机，两个月之后，通通解押到军门来处以军法；那些士兵捕快们中，若有畏缩逗留，延误时机的人，就请总领官在军前查照本院的钦奉敕谕所申的事理，量行处以军法。不过也要慎重行事，

赴该道，从实纪录造报，以凭查考功罪，轻重罚赏；如违节制，国典具存，罪不轻贷；其军中未尽机宜，该道径自处置施行；仍一面先督所属府县，查照本院先颁十家牌式，上紧编举，以为弭盗安民之本，俱毋违错！

追剿入湖贼党牌

十五年

据南康府通判林宽呈称：

"后港逆犯杨本荣等百十余人，掳船逃入鄱阳湖等处，乞行南昌饶州等府县及沿湖巡司居民人等截捕。"看得贼既入湖，良善已分，正可乘机合兵捕剿。

为此牌仰守巡南昌道，即行点选骁勇军快六七百名，各执备锋利器械，给与口粮一月，就行督捕都指挥佥事冯勋统领，星夜蹑贼向往，用心缉捕，获功人役，一体重赏；如有违令退缩者，遵照钦奉敕谕理事，听以军法从事。

本官务要申严纪律，相机而行，毋得退避轻忽，有失机宜，致贼远窜，贻患地方，军法具存，罪亦难逭。

不可轻率冒进，不讲谋略，以致中贼人的奸计。所获得的功劳名次，请都解送到该道有关衙门，从实核验纪录呈报本院，以作为评定功罪，量定赏罚轻重的凭据。如果违犯军令，不服节制，定然依据国法治罪，决不轻饶；其他没有说明的军中机宜，请该道官员自己直接处理。同时督令所属的府、县，查照本院前些时间颁布的十家牌格式，加紧编排完全，以作为消灭盗贼安定百姓的基础。一切都不得违误！

追剿入湖贼党牌

十五年

据南康府通判林宽呈报：

"后港的叛贼杨本荣等一百来号人，抢掳船只逃入了鄱阳湖地区，请通知南昌、饶州等府、县以及沿湖的巡司、居民进行拦截搜捕。"看来盗贼既然已逃入湖区，那么其善恶已不察自明，正好可以乘机召集部队围剿捕捉。

为此请守巡南昌道的官员，立即选拔骁勇善战的军士捕快六、七百名，各自准备锋利器械，并配发一个月的口粮，就此请督捕都指挥佥事冯勋统领，星夜跟随盗贼的踪迹追杀，用心缉捕，获得功劳的人员，一律重加奖赏；如果有人违抗命令，贪生怕死，畏惧退缩，就遵照钦奉敕谕所申明的事理，就地以军法从事。

本官务必要再三严肃申明纪律约束，相机行事，不得退避轻视，粗心大意，以致误失机宜，让盗贼逃窜到其他地方，留下祸害，否则军法难容，罪责也难逃。

行岭北道清查赣州钱粮牌

十月二十三日

照得本院及岭北守巡该道,并赣州府卫、所、县问完批申呈词,囚犯、纸米、工价、赃罚等项,及官厂日逐收到商税银两,俱经该官府追收贮库,以备军饷,年久未经清查,该府官吏,更换不常,中间恐有那移、侵渔、隐漏等情。

为此仰抄案回道,即便亲诣赣州府库,督同该府官先将正德十二年二月起至正德十五年九月终止,各项纸米、工价、赃罚、商税等项银两卷簿,逐一清查盘理,要见军前用过若干?即今见在若干?有无侵渔、隐漏若干?及有衣物等项,年久朽坏,相应变卖若干?备查开册,缴报本院查考。

如有奸弊,就便拏究追问,具招呈详,毋得故纵。未便。

申行十家牌法

凡立十家牌,专为止息盗贼,若使每甲各自纠察,甲内之人,不得容留贼盗,右甲如此,左甲复如此,城郭乡村无

行岭北道清查赣州钱粮牌

十月二十三日

几年前本院和守巡岭北道的官员以及赣州府、卫、所、县的官员一起查问核批申报的该府的囚犯、纸米、工价、罚款缴赃等事务和官家逐日收到的利润商税银两,都让该府官员追收,一切钱粮都贮存在该府官库里。这事后来一直未清查核问过,该府的官吏,又经常更换不定,中间恐怕有挪移公款、侵夺盗窃、隐瞒泄漏钱粮的事情。

为此请传达官吏誊抄案文回道,请该道官员立即亲自到赣州府官库中,督同该府官员先把从正德十二年(公历公元1518年)二月起到正德十五年(公历公元1521年)九月止的各项纸米、工价、罚款缴赃、商业税收等事务的银两卷簿逐一清查校对,一一盘理清楚,要弄清下面这些数目:在用兵讨叛时支用过多少?现在还剩下多少?有无侵夺隐瞒的事情?侵夺、盗窃、隐瞒泄漏了多少?以及年久变质换坏的衣物等物质变卖所得的相应银两有多少?把这些数据详细地登记成册,缴给本院以备查考。

如果有诈骗作弊的事情,就就地捉拿当事人归案审问,要他全部招供并详细呈报本院,不得姑息养奸或故意纵容,否则于理于法不便。

申行十家牌法

十家牌是专门为平息消除盗贼而设立的,试想,如果每甲各自互相纠察,甲内之人不得容留盗贼,右甲这样,左甲也这样,

不如此，以至此县如此，彼县复如此，远近州县无不如此，则盗贼亦何自而生？夫以一甲之人，而各自纠察十家之内，为力甚易，使一甲而容一贼，十甲即容十贼，百甲即容百贼，千甲即容千贼矣。

聚贼至于千百，虽起一县之兵而剿除之，为力固已甚难；今有司往往不严十家之法及至盗贼充斥，却乃兴师动众，欲于某处屯兵，某处截捕，不治其本，而治其末，不为其易，而为其难，皆由平日怠忽因循，未尝思念及此也。自今务令各甲各自纠举甲内，但有平日习为盗贼者，即行捕送官司，明正典刑；其或过恶未稔，尚可教戒者，照依牌谕，报名在官，令其改化自新，官府时加点名省谕；又逐日督令各家轮流沿门晓谕觉察，如此则奸伪无所容，而盗贼自可息矣。

大抵法立弊生，必须人存政举；若十家牌式，徒尔编置张挂，督劝考较之法，虽或暂行，终归废弛。仰各该县官，务于坊里乡都之内，推选年高有德、众所信服之人，或三四十人，或一二十人，厚其礼貌，特示优崇，使之分投巡访劝谕，深山穷谷必至，教其不能，督其不率，面命耳提，多方化导；或素习顽梗之区，亦可间行乡约，进见之时，咨询民瘼，以通下情，其于邑政必有裨补；若巡访劝谕，著有成效者，县

城镇乡村都这样，以致这个县这样，那个县也这样，远近的州、县莫不这样，那么盗贼从哪儿产生呢？以一甲之人，而各自仅纠察十户人家，乃是一件很容易的事，不需花费很多大气力。可倘使一甲容留一名盗贼，十甲就容留了十名盗贼，百甲就有一百名盗贼，一千甲也就容留了一千名盗贼啦。

　　这么多的盗贼聚集起来，即使调起整个县的兵力来剿杀，也不一定能成功，而花费的气力却极大了；如今有的官员往往不严抓十家牌法的贯彻执行，等到盗贼充斥乡村的时候，就兴师动众，想要在某处屯驻兵力，在某地拦截捕杀，不治理防盗贼的根本，而求其末，不干容易做的事，而做很难成功的事情，这都是因为平日懈怠轻视，苟且因循，没有想到这一地步呀。从现在起务必严令各甲各自纠察举报甲内人家的事宜，只要有平时做过盗贼的人，便立即捕捉押送到官府，从严处治，以正国法，如有仅是刚开始作恶，本性尚未变坏，还可以教化的人，则依照牌谕灵活行事，让他登记在官，训令他改过自新；官府也时经加以点名训诫。同时，逐日督令各户人家轮流挨家挨户晓谕检察，这样则奸伪之人无处容身，盗贼自然就消失了。

　　但所谓立法，一般都是法规确立的同时弊病也产生了必须立法规的人采取各种措施方可，像这十家牌的模式，若只是编制张贴，不积极地去督劝考较，虽然暂时可以施行，但归根结底还是会废弛的。故请各县相关的官员，务必在街坊村里乡郡之内，推选出年高德隆、众人信服的人，或者三四十人，或者一二十人，待之以礼，给之以钱物，特别明示官府的优待崇敬，然后派他们分头巡访劝谕各地居民，深山密谷也要跑遍，教导不好好做事的人，劝谕那些不能作表率的人，耳提面命，多方

官备礼亲造其庐，重加奖励；如此，庶几教化兴行，风俗可美，后之守令，不知教化为先，徒恃刑驱势迫，由其无爱民之实心，若使果然视民如己子，亦安忍不施教诲劝勉，而辄加棰楚鞭挞。

孟子云："善政不如善教之得民也，况非善政乎？"守令之有志于爱民者，其盍思之！

行江西布政司清查没官房产

十一月二十日

照得逆党没官房屋田产等项，近经司府出佃与人暂管，候命下之日定夺；近访得官民之家，不论告佃年月先后，地里远近，应否一概混争，若不预为查处，立定规则，将来必致大兴告扰，渐起衅端。

为此仰抄案回司，即查前项没官房屋田产，实计若干处所？某月日期经由某衙门？与某人？务以年月先后为次，先尽本县人户，然后及于异县；先尽本府人户，然后及于异府，中间多有势豪之徒，不遵则例，妄起争讼，或不由官府，私擅占管占住者，该司通行查出呈来，以凭拏问，参究施行；毋得容隐，及查报不清，未便。

教化引导；对那些素来顽固作梗的地区。也可特别制订乡约。前去接见劝谕的时候，也询问一些百姓的疾苦，以疏通上下之情，这对于官府的政策一定会有裨益的；对那些奉命巡访劝谕卓有成效的人，县府的官员要备置礼品亲自登门拜谢，重加奖赏。这样，或许教化可以施行，风俗也以淳美，现代的地方官员，不知道以教化为先，而徒恃刑罚驱遣，权势逼迫，其根源在于他们没有真正爱民的心愿，若使他们果真有爱民如己子的实心，那怎么会忍心不施行教化劝勉，而动不动加以棰楚鞭挞。

　　孟子说过："好的政策不如好的教化更能赢得民心，何况不是好的政策呢？"地方官员中有志于抚爱百姓的人，何不细细品味其中的道理呢！

行江西布政司清查没官房产

十一月二十日

　　近来各司、府将没收叛党的房屋、田产等物租佃出去让其他人暂时管理，等命令下来之日再作决定；最近查访到有些官民之家，不论告佃的期限和时间先后，田土的远近，一概混争，如果不预先为他们清查处理，立下规则，将来必然会渐渐产生事端，大举告扰。

　　为此请抄案官员回司以后立即清查前项没收入官的房屋田产，实际总共有多少处所？哪年哪月经由哪个衙门租佃给哪个人？务必以年月先后为顺序，先查本县人户，然后才及于外县；先查本府人家，然后才及于外府，中间如有依仗权势之徒，不遵守既定的规章，随便挑起争端事故，或不经过官府，私下擅自霸占房产，则请该司官员通通查访出来呈报本院，以作为捉拿问罪

批再申十家牌法呈

十一月二十九日

据江西按察司呈：看得盗贼之纵横，由于有司之玩弛，沿流推本，实如所呈。

失事各官，俱合提究，以警将来；但地方多事未完，缺人管理，除该府县掌印官，姑且记罪。责令惩创奋励，修败补隙；务收桑榆之功，以赎东隅之失；其巡捕等官，即行提问，以戒怠弛；仍备行各府县掌印巡捕等官，自兹申戒之后，悉要遵照本院近行十家牌谕，及于各街巷乡村建置锣鼓等项事理，上紧着实举行，严督查考，务鉴前车之覆，预为曲突之徙；毋得仍前玩忽怠驰，但有疏虞，定行从重拏究，断不轻贷。此缴。

批各道巡历地方呈

十二月二十六日

据江西按察司呈：看得南昌、湖西、湖东、九江各道，地方兵荒之余，民穷财尽，盗贼蠡起，劫库掠乡，无月无警；府县各官，事无纲纪，申请旁午，文移日繁，政务日废；仰各分巡官不时往来该道，临督所属，设法调度，用其所长，而不

的依据；请有关官员不可容忍隐瞒罪犯或清查呈报不清楚，否则于理于法都不便。

批再申十家牌法呈

十一月二十九日

据江西按察司呈报：由于有关官员玩忽职守，怠懈松弛，因循守旧，放弃根本的十家牌法，以致各地盗贼纵横。实际情况正如所呈报的。

失职的各位官员，按理都该提审问罪，以使后来人警惕；但地方上尚且多事，缺乏人手管理，故对这些府、县的掌印官员们，姑且记上一笔，不做深究，责令他们深刻检讨，发奋自强，立志修补漏洞；务必收到桑榆之功，以补偿东隅之失；而对其他的巡捕等官，立即提审问罪，以戒除他们懈怠松弛之失；仍然详细通知各府、县的掌印、巡捕等官员，自从这申令训诫之后，务必都要遵照本院最近颁布的十家牌谕，对各个街坊、乡村的建置锣鼓等项事务，加紧切实进行，严格督令检查考究，务必吸取前次失败的教训，防患于未然；不得仍像从前一样怠懈松弛，一旦有所疏失过错，定然从重处治，决不轻饶。至此。

批各道巡历地方呈

十二月二十六日

据江西按察司呈报：南昌、湖西、湖东、九江各道的地方上兵荒马乱之余，百姓穷困潦倒，财物散尽，盗贼蜂拥而起，抢劫官库，掠夺乡村，无一月没有警报盗贼的风声。府、县的各位官员，办事没有法度，各类申报请示纷繁芜杂，文书移送日益繁

责其备；教其不及，而勿挠其权；兴廉激懦，祛弊惩奸，务以息讼弭盗，康宁小民，毋惮一身之劳，终岁逸居省城，坐视民患，藐不经心，俱仰备行各官，查照施行。缴。

禁约释罪自新军民告示

正德十六年正月初五日

告示：一应平日随从逆府舍余军校人等，论罪俱在必诛，虽经自首，奉有诏宥，据法亦当迁徙边远烟瘴之地；但念其各已诚心悔罪，故今务在委曲安全，仰各洗心涤虑，改恶从善，本分生理，保守身家；毋得仍蹈前非，或又投入各王府及镇守抚按三司等衙门，充作军牢、伴当、皂隶、防夫等项名目，挟持复雠，定行擒拿，追坐从逆重刑；知情容留官司参究，论以窝藏逆党；同甲邻佑不举首者，连坐以罪；除已奏请外；仰各遵照毋违。

某县某坊第几甲释罪自新一户某人

左邻某人　　右邻某人

仰各邻毋念旧恶，务要与之和睦相处。早晚仍须劝化钤束，毋令投入各府及镇守、抚按、三司等衙门，充当军牢、伴当、皂隶、防夫等项名目，挟势害人，定行坐以知情容隐

忙，政务也日益废弛；请各道的分巡官经常来往于该道的各个地方，亲临督促所属府、县，设法调度，任用盗贼畏服的官员，但也要责备他们不做防备；教导他们想不到的地方，但也不可阻挠限制他们的权力；提倡廉洁激励怯懦官员，祛除弊病，惩罚坏人，务必平息纠纷，消除盗贼，使小民百姓安康，不得畏于身体的劳累而终年逸居在省城，坐视百姓于水深火热之中，掉以轻心。请详细通知各道官员。查照该呈文施行。

禁约释罪自新军民告示

正德十六年正月初五日

告示：一切平日随从叛党干事的门客、军校士兵人等，论罪都在必诛之列，虽然已经自首，又有诏命宽赦，可真正依据国法也应当发配到边远烟瘴的地方；但念你们都已诚心悔罪，而现在又务在保持地方安宁，请你们各自洗心革面，改恶从善，安分守己，保全自己和家人；不得仍然重蹈覆辙，或者又投入各个王府和镇守、巡抚、按察司等衙门，充作军牢、伴当、皂隶、防夫等项名目，以寻求机会复仇。否则一定捉拿归案，追判为胁从反叛的重罪；知晓情由仍然容留隐瞒的官府机关，也以窝藏叛党之罪处治；同甲的邻佑人家知情不举报者，判处连坐之罪，已经奏请的除外；请各相关人员遵照施行，不得违犯。

某县某街坊第几甲释罪自新的一户某人。

左邻某人　　右邻某人

希望各位邻居不要惦记他们的过去的错误，务必要和他们和睦相处。早晚要劝导教化或者管束他们，不要让他们投入各府及镇守、巡抚和巡按、三司等衙门，充当军牢、伴当、皂隶、逆党重罪，决不轻贷。

批湖广兵备道设县呈

十六年

据整饬郴桂衡永等处兵备湖广按察司副使汪玉呈称：

"本道接管看得议奏计处地方以弭盗贼事件内一件，审处贼遗田地。俱经查勘明白，属宜章者，拨与该图领种；属临武者，各归原主；属桂阳者，原议候设立大堰三堡，拨给各堡军兵顶种；续奉巡抚衙门批委同知鲁珫，再行踏勘，计处一件，添设屯堡，以严防御，见奉提督衙门案验区处；其第一件设县所以便抚御，最为紧要重大，县所既设，则更夫有所归著，哨营可以撤散，至于添屯堡、处巡司、并县堡、审田地四事，可以次第兴行，但先因广东守巡兵备等官，所见或异，致蒙该部请命提督大臣亲诣勘处；又缘别有机务，未即临勘，至于今日；本职窃意广东各官，决无不肯协和成事之心，盖因比时多事，未暇细阅文书，及查原经委官，止有同知鲁珫，见在原奉提督衙门，行令径自约会广东各官，速将设县事情，及添设屯所事宜，查议，除行同知鲁珫前去约会广东该道委官议处，本职仍亲诣适中地方约会外；理合呈详施行。"等因；到院。

保镖等等名目,依仗权势残害他人,定然判处为知情容留叛党的重罪,决不轻饶。

批湖广兵备道设县呈

十六年

据整顿修缮郴州、桂阳、衡州、永州等地的兵备情况的湖广按察司副使汪玉的呈报称:

"本官接管该道后,察看了以前计议奏报的整顿地方以消除盗贼的事件,其中一件为审核处理盗贼留下的田产。经过实地勘查清楚后,将地属宜章(今湖南宜章县)的,拨给该图领种,属临武(今湖南临武县)的,各归还原主;属桂阳府的,原来计议准备设立大堰三堡,并把这些田产拨给各堡官兵耕种;随后巡抚衙门又委派同知鲁玘,再进行现场调查,商量计议添设屯堡的事情,以使防御更加严密,这一事情要奉提督衙门的案验分别处理。其中第一件设立县,以安抚百姓、防御盗贼的事情最为紧要重大,县所既已设立,那么戍守地方的士兵有了归宿,哨防营地可以撤除,至于添设屯堡、回复巡抚机关、合并县堡、审核田地四件事情,可以随后慢慢进行。但先前因为广东守巡、兵备等官员持有异议,致使本部想请提督大臣亲自前来勘查处理。而提督大臣因为另有机宜,没有即时亲临,以至拖到今日;本官私下觉得广东的守巡、兵备等官员绝对没有不肯协作成事之心,大概是因为当时事多,没有来得及仔细阅读文书,而清查缘由知悉原委的官员,只有同知鲁玘。现在又奉提督衙门之命,让本道径自约会广东各位官员,迅速将设立县置以及添加屯堡的事宜,查处计议,除了通知同知鲁玘前去约会广东兵备道的官员计

卷查先为图议边方后患事：准兵部咨云云。续据湖广按察司呈奉巡抚湖广都御史奏案验云云；候本院抚临至日，会行议处，具奏定夺施行，各无苟且搪塞去后；今呈前因，参照前项立县等事，关系地方安危，远近人心悬望，恨不一日而成，本院虽奉敕旨，别有机务，不暇亲诣；而该道前任守巡各官，皆有地方重责，自当遵照昼夜经营，却乃因循二年之上，尚未完报；纵使国法可以幸免，不知此心亦何以自安？今照接管副使汪玉，久负体用之学，素有爱民之心，据所呈报，既已深明事机，洞知缓急，遂使举而行之，固当易于反掌；合再督催，以速成绩。

为此仰抄案回道，即往彼地约会各该道守巡等官，速将设县等项事情，议处定当，具由呈夺应施行者，一面施行，务为群策毕举之图，以收一劳永逸之绩；毋再因循，仍蹈前辙，未便。仍轩都、布、按三司一体查照会议施行。

督剿安义逆贼牌

二月十一日

牌仰典史徐诚，既行调选罗坊等处骁勇惯战兵夫四百

议处理，本官也到适当地方约会有关官员外，按理还应详细呈报施行经过。"等等事情。

由宗卷中查知该道先是说依据兵部咨文计议处理边界、后患等事情，后又说据湖广按察司通报湖广都御史的案文命令等等说：等到本院亲临督察之日，召集各官进行计议，准备奏报决定施行，各官不得有苟且搪塞的意思。今查明这些细节，参照前项设立县、所等事情乃关系地方安危、远近民心、希望的大事，只恨不能一日而办成，本院虽然另有机务，来不及亲临督办，但该道前任的守巡等官员，都有安抚地方的重大责任，自然应该遵照事理昼夜经营，却竟然因循拖沓了二年以上，还没有完事回报；纵使依据国法可以幸免于罪责，却也不知这颗心怎么安宁？现在接管该道的副使汪玉，长时间都负有体用的学问，素有爱民的心意，根据所呈报的看来，他已经深刻认识到了事情的机宜，洞知事情的缓急轻重，使他督令而进行之，应当是易如反掌的；宜再次赍文催督，以加速他的进程。

为此请该道传达官员誊抄案文回去，通知汪副使立即去约会各相关官员，迅速将设立县、所等项事，计议处理停当，准备呈文飞报本院，应该施行的，就先一边施行，务必要群策群力，马到成功，收到一劳永逸的效果；不得再因循拖沓，重蹈覆辙，否则于理不合。也请通知都指挥司、布政司、按察司三个衙门，一律查照计议施行。

督剿安义逆贼牌

二月十一日

命令典史徐诚立即选拔罗坊等地骁勇惯战的兵夫四百名，

名,各备锋利器械,就仰该县官于堪动银两内,先行给与口粮二月,统领星夜前赴安义县,听凭通判林宽,调度追剿,获功人员一体从重给赏;但有不遵号令,及逗留退缩、扰害平人者,仰即遵照本院钦奉整敕谕事理,听以军法从事。

本官务要申严纪律,整束行伍,必使所过之地,秋毫无犯,所捕之贼,噍类不遗;庶称委任;如或纵弛怠忽,致有疏虞,军令具存,罪亦难贷。

截剿安义逃贼牌

二月十三日

看得安义逆贼,已经本院严督官兵,四路邀截,诚恐无所逃窜,或归冲县治,除行知县熊价,专一防守县治,以守为战。

通判林宽,专一追剿逃贼,以战为守;及行都指挥冯勋,选领南昌府卫军快,督兵截剿外;牌仰饶州、南康、九江府掌印官知府张愈严、王念等,各行起集兵快,身自督领,于沿湖要害,邀截迎击;仍督令余干、乐平、都昌、楚昌、湖口、彭泽等县掌印官,领兵把截沿湖紧关隘路江口,毋令此贼得以出境远遁,一面多差知因乡导,探贼向往,互相传报,合势粘踪追剿,一应机宜,俱听从宜区处;各官务要竭力殚智,杀贼立功,以靖地方,毋得畏缩因循,轻忽疏略,致贼滋漫,军法具存,罪难轻贷。

各自准备锋利器械,并请所属县县官在该县仓库可动支的银两内先支给两个月的口粮,然后统领这些人星夜赶赴安义县,听凭通判林宽的节制调度,追截征剿叛贼,获得功劳的人员,一律从重给赏;但是若有人不听号令或者逗留畏缩,扰害平民,则就请立即查照本院钦奉敕谕中所申明的事理就地军法从事。

该官务必要严肃纪律约束,整顿行伍作风,务必使所经过的地方秋毫无犯,使所要捕捉的叛贼尽数落网,以不负本院的委任;如果放纵松弛,怠懈疏忽,致使有所疏失,那么定然要依据军法治罪。

截剿安义逃贼牌

二月十三日

安义县的叛贼,已经被本院严格督调官兵四路拦截围剿,真害怕他们在无路可以逃窜的情势下,掉过头来冲击县府治所。因此通知知县熊价专门防守县城,以守为战。

通判林宽仍专门追剿逃亡叛贼,以攻为守;同时命令都指挥冯勋选拔带领南昌府、卫的军士捕快督兵拦截围剿外,还请饶州、南康、九江府的知府或其他掌印官员张愈严、王念等人,各自起调召集兵快人等,亲自督领,在沿湖的要害地方拦截围堵逃亡的叛贼;也请余干、乐平(今江西乐平市)、都昌(今江西都昌县)、楚昌(今江西永修县)、湖口(今江西湖口县)、彭泽(今江西彭泽县)等县的掌印官,一边调兵把截沿湖的紧要关隘江口,不让这些叛贼得以逃出境外,一边差委知情向导侦察叛贼的去向,互相传报消息,集中力量跟踪追剿,一切事机时宜都听凭你们各自视情况区别处理;各位官员务必要借力用智,奋力杀

批议赏获功阵亡等次呈

三月初十日

据江西按察司呈看得获功阵亡等员役,俱查照赣州事例;获贼首者赏银十两,次贼首七两,从贼三两,老弱二两奋勇对敌阵亡者十两,杀伤死者七两五钱,被伤者三两,其有军民人等各于贼势未败之先,自行帅众擒获送官者,仍照出给告示贼首赏二十两,次贼首十两,从贼首五两,务查的实,一例给赏,毋吝小费,致失大信。俱仰行南昌府于本县支剩军饷银内,公同赏功官,照数支给,开数缴报查考。

覆应天巡抚派取船只咨

三月二十四日

据江西布政司呈据:
"应天府呈开:
'江西九江等府,原派船五十只,装运营建宫室物料,乞查处督发。"奉批查处呈夺,议照江西、南康、南昌等府,并无马快船只,虽有额造红船,为因宸濠谋反,被贼烧贼，建立功勋，以使地方安宁；不得畏畏缩缩，苟且因循，或者麻木大意，寡谋疏略，致使叛贼滋生蔓延；否则定要依据军法严惩不贷。

批议赏获功阵亡等次呈

三月初十日

据江西按察司呈报：对于因征剿叛贼获得功劳名次的或阵亡的将士，应都依照赣州府（今江西赣州市）的事例给予奖赏；擒获贼首者赏银子十两，获次贼者赏七两，获从贼者赏三两，获老弱贼人者赏二两；奋勇杀敌而阵亡的人赏银子十两，受重伤而死者赏七两五钱，受轻伤者赏三两；其他在叛贼未败之前便自行率众擒获贼人送往官府的军民人等，也依照以上标准给予奖赏；擒获贼首者赏银二十两，获次贼者赏银子十两，获从贼者赏五两。务必查访清楚，据实一律给赏，不可因吝啬一点小费，而致使失却信义。一切开支都请南昌府的有关官员会同赏功官在本县府库中支剩的军饷银两内照数支取，并开列数单缴来呈报本院，以备查考。

覆应天巡抚派取船只咨

三月二十四日

据江西布政司呈报：

"应天府呈报说：

'江西九江等府原来被摊派上五十只船只，用以装运营建宫室的物料，请予以查处并督促发货。'本司奉命查处定夺，见江西南康、南昌等府并没有马快船只，虽曾拨款建造过一批红

毁,往来使客,及粮运,尚且无船装送,疲困已极;委果无从区处。"

呈详到院。为照江西各府师旅,饥馑疲困已极,况兼本职,气昏多病,坐视民瘼,莫措一筹,前项船只,果难措置,南京素称富庶,今虽亦有供馈之烦,然得贵院抚缉有方,兼以长才区画,何事不济?且江西之疲弊,亦贵院所备知,尝蒙轸念,为之奏蠲租税,江西之民,无不感激;独此数十艘,乃不蒙一为分处乎?为此合咨贵院,烦请查照,悯念疲残之区,终始德惠,别为处拨装运施行。

批东乡叛民投顺状词

四月初九日

据东乡县民陈和等连名诉:看得朝廷添设县治,本图以便地方,而顺民情;但割小益大,安仁之民,既称偏损,亦宜为之处分,在官府自有通融裁制,各民惟宜听顺,果有未当,又可从容告理,而乃辄称背抗,稔恶屡年,愈抚愈甚,不得已而有擒捕之举,亦惟彰国法,禁顽梗,小惩大戒,期在安缉抚定,非必杀为快也。

今各民既来投顺,官府岂欲过求?但未审诚伪,恐因擒捕势迫,暂来投顺,以求延缓,亦未可知。仰按察司会同都

船，可因宸濠谋反，叛贼将这批船只尽数烧毁，现在往来的官使旅客以及粮运都没有船只装送，实在疲软困乏已极；这事真的不好处理。"

的确，江西各府的百姓和军旅，饱经灾荒，疲惫困乏已极，况且加上本官近来昏沉多病，看着百姓饥饿困顿，想不出一条措施来，束手无策。前面所说的那批船只，委实无从筹置，南京城向来以富庶著称，现在虽然也有供应不及的烦恼，然而贵院处治有方，兼有许多才子为你分别策划，什么事不能办成呢？况且江西的疲软困顿，贵院也是全知，曾经承蒙贵院悲念，为我们奏请免除租税，江西的老百姓，无不感激涕零。为何单单这数十艘船只，不能为我们分担处理呢？为此咨请贵院悯念我地疲惫困顿，始终以德惠示人，再到别处拨发几十艘装运船只。

批东乡叛民投顺状词

四月初九日

据东乡县叛民陈和等人联名上书：看到朝廷要添设县治，本图愿方便地方，而顺服民情；但是割小县的地盘来增益大县的地盘，安仁县的百姓，既然声称受到偏视损害，也应该为他们处理安排，官府自然要通融裁定，各位百姓也应感德顺服；即使真有不妥当的地方，也可慢慢告诉处理，岂能动不动便反叛对抗，作恶多年！而且，愈是招抚便愈发猛烈，我们迫不得已而有擒拿剿捕之举措，以彰明国法，禁止顽固对抗，惩罚小事以防止大乱，目的在于安抚地方，并非想逞必杀之威。

现在各叛民既然前来投顺，官府岂能拒绝？只是没有审查他们是否是诚心来归服，或许是因为追捕的形势很紧急，迫不

布二司，将各情词备加详审，及查立县始末缘由，其各都图应否归附某县？各县粮差应否作何区处？各民违抗逃叛之罪，应否作何理断？通行议处呈夺。

批江西布政司清查造册呈

四月十六日

据江西布政司呈：看得造册清查之法既已详悉备具；但人存政举，使奉行不至，则革弊之法，反为流弊之源。仰布政司照议上紧施行，仍备行总理及各守巡官，同以此事为固本安民之首，各至分地，临督各该府、州、县正官，且将别项职事，牒委佐贰官分理，俱要专心致志，身亲棕核，照式依期清量查造，务使积弊顿除，后患永绝，以苏民困；中间但有不行，尽心查理，止凭吏胥苟且了事者，即行拿治问发；提调等官，一体参究。其各官分定地方，该司具名开报缴。

行丰城县督造浅船牌

十六年

仰抄案回县，即行知县顾佖，速差能干官前来樟树接驾浅船到县，照依该道估价于官库支给，各船旗军收领，就便择日催督县丞沈廷用，遵照本院面授水帘桅等法，兴工修

得已而暂时前来投顺，以求延缓时机。请按察司会同都、布二司，将各叛民的情词详细全面审核，同时查处设立县治的始末缘由，其他各都、图是否应归附该县？各县的粮差是否应做什么分别处理？各叛民违抗政令反叛的罪过，是否要做什么理断？所有这些全部要计议处理以作定夺。

批江西布政司清查造册呈

四月十六日

据江西布政司呈报：制订文册清查吏治的方法，已详细通知全面准备。但是即使存有好的政令方针，如不贯彻实行，那么革除流弊的政策而会成为产生流弊的源头。请布政司加紧贯彻实行，同时全面通知总理和各个守巡官员，都要以这事为固本安民的首要措施，并各自分投各地方府县，亲临督促这些府、州、县的长官，暂且将别的职事委托给辅佐的官员代理，自己专心致志，亲自综合核查，照规定的格式按期清量查造，务必使积弊顿时消除，后患永远绝灭，以解脱百姓的困境；中间只要有不尽心查核料理，只凭手下官吏随便应付了事的官员，便立即捉拿问罪，提调督促他的官员，也要一起查究。另外，各位官员分头亲临的地方府县，请该司准备各册开列请呈报本院。

行丰城县督造浅船牌

十六年

请传达官吏誊抄案文回丰城县（今江西丰城县），立即通知知县顾佀速派能干官员到樟树接驾一批浅船到县，并依照该道估计的价格在本县官库中支取银两给各船的军士旗甲收领，

筑，务将前船衔结勾连，多用串关扇束缚坚牢，足障水势，以便施工，毋为摧毁，虚费财力。

行江西按察司审问通贼罪犯牌

六月十五日

照得本院于正德十四年六月内，因宁王谋反，起兵征剿，具本奏闻，当差赣州卫舍人王鼐赍奏，却乃设计诈病，推托不前，显有通贼情弊；及至擒获逆贼，差赍紧关题本，赴京奏报；却又迂道私赴太监张忠处捏报军中事情，几至酿成大变；及将原领题本，通同邀截回还；所据本犯，罪难轻贷。为此牌仰本司，即将发去犯人王鼐从公审问，明白依律议拟具招呈详，毋得轻纵，未便。

行江西按察司清查军前解回粮赏等物

六月十九日

卷查先该本院督解宸濠中途奉旨，仍解回省，随将前项赏功银牌花红彩缎，及粮饷等项，牌差县丞等官龙光等解发江西按察司查收贮库，仍候本院明文施行。

去后；今照前项粮赏等银，已支未支，清查应该起解者未审曾否尽数解京？拟合查报。为此牌仰本司，即查原发粮赏等银，各计若干？要见于何年月日奉本院批呈或纸牌？支就此督促县丞沈廷用遵照本院面授的水帘椼等方法,择日动工修筑,务必将前述船只衔接勾连起来,多用串关扇束缚牢固,足以抵挡水势,以便于施工,不得为水势所摧毁,白白浪费财力。

行江西按察司审问通贼罪犯牌

六月十五日

在正德十四年(公历1520年)六月里,因为宁王朱宸濠反叛朝廷,本院起兵征讨进剿,在准备奏本报知皇上时,本来应当差委赣州卫舍人王鼐赍送奏本,可他却假装有病,推托不去,显出私通叛贼的情状;等到擒获叛贼后,差派他赍送紧要题本,到京城奏报;他却又绕道私下到太监张忠那里捏报军中情势,几乎酿成大变乱;后来将其开始领收的题本同他的人一起拦截回来,根据以上情节,该罪犯难轻饶。为此请江西按察司立即将押去的犯人王鼐公开审问明白,依程序计议准备招供情况的详细呈文,不得轻易纵容,否则于理不便。

行江西按察司清查军前解回粮赏等物

六月十九日

先前在本院督统解押朱宸濠上京城的途中接到圣旨,让本院仍然解押回省,同时将那些犒赏有功的银牌、花红、彩缎以及粮饷等物,差派县丞龙光等官员解送到江西按察司清查收入官库贮藏起,等候本院的命令施行犒赏。

不知现在这笔粮赏等银两,是否已动支过,也不知清查应该解送京城的是否已尽数解去?应该查处此事前来呈报。为此请该司立即清查原来发送的粮赏等银两,各有多少?要查清是

取某项若干？给与某起官军人等行粮，或犒劳兵快应用，其应解金册一十二付，上高新昌玉印二颗，银盆六面，及衣服等件，曾否尽数解京？中间有无遗漏等情，备查明白，具数回报，以凭查对稽考，毋得迟延。未便。

批广东按察司立县呈

七月二十八日

据副使汪玉呈称云云。卷查先为图议边方后患事，准兵部咨云云。续据湖广按察司呈：

"奉湖广巡抚都御史秦案验：候本院抚临至日，会行议处，具奏定夺施行；随据副使汪玉呈云云。

看得立县之举，今且三年，而两省会议，犹是道傍之谈，此似往复不已，毕竟何时定计？自昔举事，须顺人情，凡今立县，专为弭乱，若使两地人心未协，遂尔执己见而行，则是今日定乱之图，反为异时起争之本；今江西安仁、东乡各县，纷纷奏告，连年不息，即今征矣。

除行该道兵备官，上紧约会广东各官，亲诣地方，拘集里老年高有识者，备询舆论，务在众议调停，两情和协，就行相度地势，会计财力，监追起工，然后各自回任；若使议

在哪年哪月哪日奉本院的批呈或纸牌？支取哪项银两？支取了多少？是支给哪队官兵做口粮，还是用来犒劳哪些军士捕快？其中应该解送回京的十二副金册，两颗上高县和新昌县（今江西宜半县）的玉印，六面银盆以及衣服等物件，是否尽数解送回京城？中间有无遗漏等事，都要详细清查明白，尽数回报，以作为核对查考的凭据，不得拖延误事，否则于理不便。

批广东按察司立县呈

七月二十八日

根据副使汪玉的呈报说如此如此，由卷宗中查出说是依据兵部咨文计议边界后患等事情这般这般。随后又据湖广按察司呈报：

"奉湖广巡抚都御史秦的命令说；等本院亲临安抚的时候，再会合起来计议处理停当，准备奏本定夺施行。"然后又据副使汪玉呈报说如何如何。

这个设立县治的事情，至今已近三年了，可两省共同计议处理，还只是道傍之谈。像这样往复不定，不知究竟要到何时才能定议？大凡做事，必须顺从民心，现在设立县治，专门为消除盗贼作乱，但若使两地的人心没有协调，就各持己见地施行，那么今日平定暴乱的举措，反而会成为它日引发争端的根源；现在江西安仁（今江西余江县锦江镇一带）、东乡（今江西东乡）两县纷纭争讼，连年不息，就是这个缘故。

因此，除了通知该道的兵备官员，加紧约会广东各相关官员外，还应派官员亲自到各该地方，召集当地年高有识的人员详细询问舆论情况，务必在众议调停，两情和谐的情况下，就此

终不合，必欲各自立县，亦须酌裁适均，要见广东于高宿立县都图若干？湖广于笆篱立县都图若干？城池高广若干？官员裁减若干？异时赋役，两地逃躲，若何区处？盗贼彼时出没，若何缉捕？一应事宜，逐条开议，须于不同之中，务求通融之术；不得徒事空言彼此推托苟延目前，不顾后患，异时追论致祸之因，罪亦终有不免。

除批行湖广该道兵备官查照外；仰抄案回司，会同布政司各行该道守巡兵备等官，给会湖广各官，面议停当；一面会计工料，委官及时兴工；一面备由开详，以凭覆奏，毋再推延执拗，致有他虞，断行参究。不恕。仍行两广提督并巡按衙门查照催督施行。

行江西三司停止兴作牌

八月初九日

先该本院看得江西兵荒之余，重以洪水为灾，民穷财尽，正当体养抚息，各该衙门一应修理公廨工役，俱宜停止，已经案仰各司，即将工役悉行停止，其势不容已者，亦待秋成之后，民困稍苏，方许以次呈夺。去后。

近因本院出巡，访得各该官员，不思地方兵变水患，小相度地势，会合计议所需财力物力，监督催促动工，然后才各自回任；如果双方意见总是不能调和，一定要各自立县，也须斟酌适均裁决，要清楚确定广东在高宿设立县治、都、图多少个？湖广在笆篱设立县、都、图多少个？城池高、广各多少？官员裁减多少？日后征收赋役时，如何防止某些人两地躲逃？盗贼它日出没时，又如何缉捕？一切事机时宜，逐条开列计议，须在不同意见之中，寻求通融之术；不得只是空谈，彼此推托，苟且因循，安于现状，不顾后患，它日追论造成祸害的原因时，罪责也难脱逃。

除了通知湖广该道兵备官查照施行外，请广东按察司传达官誊抄案验回司，会同布政司各该道守巡、兵备等官，约会湖广相关官员，当面计议停当；同时一边估计工料，委派官员及时动工，一边准备呈文详细汇报，以作为复奏的凭据，不得再推托延迟执拗，若因此而致有它变，定然要查究，决不饶恕。也通知两广提督拜托巡按衙门查照催督施行。

行江西三司停止兴作牌

八月初九日

前段时间本院看到江西兵荒马乱之余，又连遭洪水涝灾，百姓穷困潦倒，财物散尽，正应当体察扶持与民休息，各个衙门修理官署的工程，都应停止，已经通知都指挥司、布政司、按察司各衙门，立即将各项工役悉数停止，即使是势在必行的工程，也要等到秋收有成之后，百姓的困苦稍有解除之时，才允许按次序呈请批准。

可是近几天本院出巡之时，查访到有些相关官员，不顾地民困苦已极,方求蠲赋税,出内帑欲赈而未能,辄复纷然修理,事属故违,本当参究;尚传闻未的,姑再查禁。为此仰各抄案回司,即查前项工程,前此果否悉行停止?近来是否重复兴工?具由呈报,以凭施行,毋得隐讳违错,不便。

行岭北道申明教场军令

九月十七日

照得本院调到宁都等县官兵机快人等,见在赣州教场住扎操阅,中间恐有不守军令,罪及无辜,应合禁约随据副使王度呈开,合行事宜,参酌相同。为此仰抄案回道,即行出给告示,张挂教场,晓谕官兵机快,各加遵守,如有违犯,事情重大者,拿送军门,依军令斩首;其事情稍轻者,该道径自究治发落,仍呈本院查考。

计开:

一、各兵但有擅动地方一草一木者,照依军令斩首示众。

一、各兵但有管哨管总指称神福馈送打点等项名色,科派银物自一分以上,俱许赴该道面告究治。

一、营哨官凡遇歇操之日,并在营房居住,钤束机兵,教演武艺,敢有在家游荡,及挟妓饮酒,朋夥喧謹者,访出方上兵变水患，百姓困苦已极，还勒索赋税，支出官库中想用来赈济灾民都不能的库藏，纷纷恢复修理工程，事属故意违抗本院命令，本该立即捉拿问罪，但考虑到事出于传闻，不一定确切，姑且等候查处。为此请都、布、按各立即查处前项工程在此之前是否果真停止了？近来是否又重新复工了？准备呈文详细汇报，以作为问罪究治的依据，不得隐瞒或违误，否则于理不便。

行岭北道申明教场军令

九月十七日

本院选调到宁都（今江西宁都县）等县的官兵机快人等，现在赣州（今江西赣州市）教场驻扎操练，中间恐怕有不遵守军令，罪及无辜的人，应该加以约束禁止，现有副使王度呈报开列的军令条例，与应该施行的事宜基本相同。为此请传达官誊抄回道，立即给出告示，张贴在教场，晓谕官兵机快人等，各自加以遵守，若有人违犯条令，情节严重者，捉拿押送到军门，依军法斩首；其他情节较轻者，就请该道直接究治发落，也呈报本院查核考究。

军令条例总共开列如下：

一、众士兵只要有人擅动地方一草一木，依照军令斩首示众。

一、众士兵中只要管理营哨的管总借口指按通过神灵祀品、馈送、打点等各项名目，科派索取银物一分以上的，允许被勒索的士兵到该道衙门当面揭发，究查治罪。

一、凡是遇到停止操练的日子，营哨官员也须在营房居住，管束士兵，教演武艺，有胆敢回家游荡，以及挟持妓女饮酒作

捆打一百。

一、各兵但有疾病事故，许营哨官禀明医验，不许雇人顶替；如有用财买求地方光棍，替身上操，仰该管总小甲拏获首送该道枷号如隐情不首，事发连总小甲一体枷号。

一、各兵在市买办柴米酒肉等项，俱要两平交易，如有恃强多占分两，被人告发，枷号示众。

一、管哨官凡遇各兵斗殴喧闹等项，小事量行惩治，大事禀该道拏问，不许纵容争竞，嚣乱辕门。

一、各歇操之日，各将随有器械，务在整刷锋利鲜明毋得临时有误，如平日懒惰不行修理，上操之际，弦矢断折，铳炮不响，旗帜不明，查出捆打一百。

一、各兵遇上街之日，不许因便赴该道府诉告家乡户婚田土等项事情，查出痛责四十。

一、各兵上街行走，俱要悬带小木牌，一面上写某哨官总，下某人年甲籍贯，辨别，如有隐下兵打名色，另著别样衣冠，暗入府县，挟骗官吏，及来军门拜道门首打听消息，访出枷号不恕。

一、各兵领到工食银两，俱要撙节用度，谨慎收放，如有奢侈用尽，及被人偷盗，纵来诉告缺失俱不准理；仍重加乐，邀聚朋友大声喧哗的人，查访出来，重责一百杖。

一、众士兵如有人患有疾病或其他事故，须经管哨官员检验后禀报清楚，不许顾人顶替；如果有人用钱财雇请地方上的光棍无赖顶替自己上操，请相关管总小甲拿获举报，送到该道衙门带枷示众，如果管总、小甲隐瞒不举报，事发后连同管总，小甲一起带枷示众。

一、各位士兵在集市上买办柴米酒肉等物质时，必须公平交易，如有人恃强多占分两，被人家告发后，判罚带上木枷游街示众。

一、管哨官员凡是遇上众士兵打架斗殴，喧哗闹事等情况时，如事小则量行加以惩戒，事大时应禀报该道衙门捉拿问罪，不许纵容争斗，扰乱辕门秩序。

一、每个停止操练的日子里，各位官兵应把各自所有的武器械具修整磨刷鲜亮，不得让临用时有误，如果平日懒惰，不进行修理清刷，上操之际，弦断矢折，铳炮不响，旗帜不明，查出之后，重责一百杖。

一、各位兵士遇上上街的日子，不许顺便到该道衙门官府诉告家乡的家庭、婚姻、田地等等事务，查出来后痛责四十杖。

一、各位兵士上街行走之时，都要悬带小木牌，上面写明该人是某哨官总属下的某人年甲几何籍贯是哪；以便辨别，如果有人隐瞒兵打名色，另穿别的衣冠潜入府、县城中，挟持欺骗官吏，或者来到军门拜见负责官员打听消息，查访出来后判罚带枷示众，决不轻饶。

一、各位兵士领到军粮银两后，都要省吃俭用，量入为出，并谨慎收藏，如果有人大手大脚挥霍一空之后，或者不慎被人责治。

一、各该上班兵夫，如有限期未满，先行逃回者，差人原籍拏来，用一百斤大枷，枷号教场门首三个月，满日捆打一百，仍依律问发边远充军。

一、各哨官并兵夫，有军门一应便宜及利所当兴，害所当革者，许赴军门及该道直白条陈，不许诸人阻当。

行雩都县建立社学牌

十二月二十七日

照得本院近于赣州府城，设立社学乡馆，教育民间子弟，风俗颇渐移易。牌仰雩都县掌印官，即于该县起立社学，选取民间俊秀子弟，备用礼币，敦请学行之士，延为师长，查照本院原定学规，尽心教导，务使人知礼让，户习诗书，丞变偷薄之风，以成淳厚之俗，毋得违延忽视，及虚文搪塞，取咎。

偷走，纵使前来告缺也不准理睬，还要重加责治。

一、各位在册操练的兵夫，如果有人在期限未满的时候便先逃回家中，就派人从他家中捉拿回来，用一百斤的大木枷让他带上在教场门口罚站三个月，罚满日期之后再杖责一百，还依法解送到边远地方充军。

一、各位哨官和士兵如有关于军务机宜的一切消息或者利所当兴，害所当革的其他事宜，允许到军门或该道衙门直接陈述，不许他人阻挡。

行雩都县建立社学牌

十二月二十七日

最近本院在赣州府城设立社学乡馆，教育民间子弟，风俗习惯很有一些改观。故命令雩都县掌印官，立即在该县兴办社学，选取民间的优秀子弟，备用礼物聘请有学识有品行的人士为师长，查照本院原来规定的学规，尽心教导，务必使人人知礼节，户户诵诗书，改变偷盗菲薄的风气，养成淳厚礼让的习惯，不得违延时间，疏忽轻视，或者虚文搪塞，否则自取其咎。

卷之三十一下　山东乡试录

弘治甲子　前序已刻前卷

四书

所谓大臣者以道事君不可则止

照得负大臣之名,尽大臣之道者也。夫大臣之所以为大臣,正以能尽其道焉耳;不然,何以称其名哉?昔吾夫子因季子然之问以由、求可为大臣,而告之以为大臣之道,未易举也;大臣之名,可轻许乎?彼其居于庙堂之上,而为天子之股肱,处于辅弼之任,而为群僚之表帅者,大臣也。夫所谓大臣也者,岂徒以其崇高贵重,而有异于群臣已乎?岂亦可以奔走承顺,而无异于群臣已乎?必其于事君也,经德不回,而凡所以启其君之善心者,一皆仁义之言,守正不挠,而凡所以格其君之非心者,莫非尧舜之道,不阿意顺旨,以承君之欲也;必绳愆纠缪,以引君于道也。

夫以道事君如此,使其为之君者,于吾仁义之言说,而弗绎焉,则是志有不行矣;其可诎身以信道乎?于吾尧舜之道,从而弗改焉,则是谏有不听矣;其可枉道以徇人乎?殆必奉身而退,以立其节,虽万钟有弗屑也;固将见几而作,以全其守,虽终日有弗能也。是则以道事君,则能不枉其道,不可则止,则能不辱其身,所谓大臣者盖如此,而岂由、

所谓大臣者以道事君不可则止

　　拥有大臣之名，就是要尽到大臣之道。大臣之所以成为大臣，正是因为他能够尽到大臣之道而已；不然的话，用来什么来称呼大臣之名呢？以前孔子因为季子然向他询问子路、冉求是否可以成为大臣这个问题，孔子却告诉他作为大臣的道义，没有轻易地举例；大臣之名，可以轻易地给予吗？他们站在朝廷之上，而成为天子的股肱之臣，处于辅弼的职任，成为百官的表率，这是大臣啊。所谓大臣，难道只是因为他的地位崇高贵重，和百官群臣却存在差别吗？难道也只是奔走效劳遵奉顺从，和百官群臣却没有差别吗？他们对于侍奉君主这件事，依据道德而行，不致违礼，凡是可以启蒙君主善心的，全都是关于仁义的言语，处理事情公平正直，不讲情面，而且凡是可以纠正君主不善之心的，不出尧舜之道，不会阿谀奉承曲意逢迎，来满足君主的欲望；如果君主犯错误，大臣必然会加以约束和纠察，来引导君主走向尧舜之道。

　　这样以大臣之道侍奉君主，如果他们成为君主，对于我们仁义之说而言，却不能得到发展，那么我们的志向就不能实行了；那可以委屈自己来伸张道义吗？对于尧舜之道，顺从而没有改变，那么就是有劝谏却不能听从；那可以违背正道来满足人欲吗？大概必然会尽职而退，来建立他的节操，即使有万钟重的俸禄却不屑一顾；将会看到机会就会做事，来保全他的原则，求之所能及哉?

尝观夫子许由、求二子以为国,则亦大臣之才也;已而于此独不以大臣许之者,岂独以阴折季氏之心?诚以古之大臣,进以礼,退以义,而二子之于季氏,既不能正,又不能去焉,则亦徒有大臣之才,而无其节,是以不免为才之所使耳。虽然,比之羁縻于爵禄而不知止者,不既有间矣乎?

齐明盛服非礼不动所以修身也

尽持敬之功,端九经之本,夫修身为九经之本也。使非内外动静之一于敬焉,则身亦何事而修哉?昔吾夫子告哀公之问政,而及于此。若曰九经莫重于修身,修身惟在于主敬。诚使内志静专,而罔有错杂之私,中心明洁,而不以人欲自蔽,则内极其精一矣。冠冕佩玉,而穆然容止之端严,垂绅正笏,而俨然威仪之整肃,则外极其检束矣;又必克己之私以复礼,而所行皆中夫节,不但存之于静也;遏人欲于方萌,而所由不暌于礼,尤必察之于勤也;是则所谓尽持敬之功者。如此,而亦何莫而非所以修身哉?诚以不一其内,则无以制其外;不齐其外,则无以养其中;修身之道未备也。

即使终日劳碌却不能做到。虽然凭借道义侍奉君主，但不能违背正道，如果不能做到就停止，那就不能辱没自身，所谓大臣的意思大致是这样的，难道子路和冉求能够做到这样吗？

曾经观察孔子答应子路、冉求两位成为一国之主，那么也是具有大臣的才能；后来在季子然询问时却不把大臣之名用在他们身上，难道只是为了在暗中减少季氏谋权的心思吗？确实，以古代的大臣来说，以礼仪进取，以道义退休，而他们两人对于季氏来说，既然不能匡正季氏之心，又不能驱除季氏之心，那仅仅有大臣的才能，却没有大臣的节操，因此不免被他们的才能所役使。即使这样，与被爵位俸禄困住却不知停止相比，它们两者不是有差别吗？

齐明盛服非礼不动所以修身也

尽自己的努力持守恭敬的功夫，端正九经的根本宗旨，修身是九经的根本。假使不能做到内外动静统一于恭敬，身又为了什么去修养呢？从前，哀公向孔子询问政治方面的事情，孔子回答他的东西也是这些内容。如果说九经中没有比修身更重要的，那么修身的关键在于要慎重。假如心中的志向宁静而且专一，又没有错综复杂的私心杂念，心的本体明亮而洁净，没有被人欲蒙蔽，那么人的内心就会极其精妙地统一起来的。头戴冠，身佩玉，表情静穆，严肃而端正，垂绅正笏的时候，神态庄严，表现出威仪的规整和严肃，这样也就做到了对外检点和约束自己；此外，还必须克服自己的私心以便恢复周礼，行为都要符合礼节，不能一味地处于静态。要在人欲刚刚萌生的时候就

静而不存，固无以立其本，动而不察，又无以胜其私；修身之道未尽也。今焉，制其精一于内，而极其检束于外，则是内外交养；而身无不修矣。行必以礼，而不戾其所存，动必以正，而不失其所养；则是动静不违，而身无不修矣。

是则所谓端九经之本者。如此，而亦何莫而不本于持敬哉？大抵九经之序以身为本；而圣学之要，以敬为先；能修身以敬，则笃恭而天下平矣。是盖尧、舜之道，夫子举之以告哀公，正欲以兴唐、虞之治于春秋；而子思以继大舜、文、武、周公之后者，亦以明其所传之一致耳。后世有能举而行之，则二帝三王之治，岂外是哉！斯固子思之意也。

禹思天下有溺者由己溺之也稷思天下有饥者由己饥之也

圣人各有忧民之念，而同其任责之心。夫圣人之忧民，

遏制住它，对于不符合礼仪的因素，尤其要在行动中觉察到；这就是所谓尽自己的努力持守恭敬的功夫。按照这样去做，怎么可能修养不好自己的身心呢？如果内心不能统一，就无法制驭身外的事物；不能把外在的事情处理好，就无法修养内心。这样，修身之道就不齐备。

宁静而不存心，就无法确立心之本体，不在行动中观察，也不能战胜私心；这样，就不能尽到修身之道。现在，只有使内在达到精妙的统一，外在又能做到检点和约束自己，才能实现内外互养。这样，身心就没有修养不好的。行为一定要遵循礼节，不要扰乱内心，举止一定要端正，又不失其所养。这样，就能做到动静不违，身心也就不会修养不好了。

这就是所谓端正九经的根本。按照这些要求去做，又怎么可能把握不了慎重的根本呢？大概说来，九经的排列顺序是以身心为根本的。圣学的关键在于，以恭敬为先；能够做到以恭敬来修身，人就会变得诚实而谦恭，天下也就会达到太平。这就是唐尧、虞舜之道，孔子推崇这种道，并用它来告诫哀公，正是想用唐尧、虞舜那样的治世的办法治理春秋时期；子思继大舜、周文王、武王和周公之后，也昭明这个道的一致性。后世如果能够推崇这个道，并按照它行事，则二帝三王的盛世一定能够再现！这本来就是子思的意图。

禹思天下有溺者由己溺之也稷思天下有饥者由己饥之也

圣人各自都有忧民的思想，这些思想各不相同，但他们承

其心一而已矣。所以忧之者,虽各以其职,而其任之于己也,曷尝有不同哉?昔孟子论禹、稷之急于救民,而原其心,以为大禹之平水土也,虽其所施,无非决川距海之功,而民可免于昏垫矣。然其汲汲之心,以为天下若是其广也,吾之足迹既有所未到之地,则夫水之未治者,亦必有之矣。水之泛滥既有所不免之地,则夫民之遭溺者,亦容有之矣。夫民之陷溺,由水之未治也。吾任治水之责,使水有不治以溺吾民,是水之溺民,即吾之溺民也。民之溺于水,实吾之溺之也。吾其救之,可不急乎?

后稷之教稼穑也,虽其所为,无非播时百谷之事,而民可免于阻饥矣。然其遑遑之心,以为万民若是其众也,吾之稼穑固未能人人而面诲矣,能保其无不知者乎?民之树艺,既未能人人而必知矣,能保其无不饥者乎?夫民之有饥,由谷之未播也。吾任播谷之责,使谷有未播,以饥吾民,是饥之厄民,即吾之厄民者。民之饥于食,实吾之饥之也。吾其拯之,可以缓乎?

夫禹、稷之心,其急于救民盖如此。此其所以虽当治平之世,三过其门而不入也欤!虽然,急于救民者,固圣贤忧世之本心;而安于自守者,又君子持己之常道。是以颜子之

担责任的心是相同的。圣人的忧民之心实质上是同一个心。所以，忧民的圣人，虽然各自的职业不同，但是他们都让自己肩负起责任，这一点又有什么不同呢？从前，孟子议论大禹和后稷急于救民的历史时，他研究了他们的心理，认为大禹治理水土，所做的无非是疏通河流，让其顺利注入海洋，使民众免受洪涝之灾。然而，他的心情无论多么牵挂民众，即使他治水的面积很广，他自己的足迹还是有到不了的地方，因而必定还有水患得不到治理的地方。既然免不了还有些地方洪水泛滥，就会还有百姓被水淹。百姓被水淹，是由于水还没得到治理。大禹是负责治理水的，如果水没有得到治理以使百姓被水淹，虽是水淹了百姓，但就是他自己淹了百姓。百姓被水淹，实质上是他自己淹了百姓。因此他去救百姓的心情能不急切吗？

　　后稷教民众种植农作物，他所做的也无非是按照节气和时令播种、收割之类的事情，使民众免除饥饿之苦。然而无论他多么忙碌，哪怕跟他学种植农作物的人很多很多，他也不能向每一个人当面传授农业生产的技艺，他能保证没有人不懂得农业生产的技艺吗？百姓对于种植作物这件事，既然不是每个人都懂得农业生产的技艺，他能保证所有的人都不会挨饿吗？民众有人挨饿，是因为未能播种。后稷既然负责农业生产，如果他未能帮助他们播种，使他们挨饿，虽是饥饿使百姓困苦，但就是自己使老百姓挨饿。老百姓没有吃的，也就是自己令百姓没有吃的。于是他要去拯救百姓，难道能拖拖拉拉吗？

　　大禹和后稷就是这样急切地要拯救百姓。所以虽然是在太平盛世，大禹仍然能三次经过家门却没有进去！尽管如此，急于拯救百姓，本来就是圣贤忧世之本心；而安于保持自己的本心，

不改其乐，而孟子以为同道于禹、稷者，诚以禹、稷、颜子莫非素其位而行耳。

后世各狥一偏之见，而仕者以趋时为通达，隐者以忘世为高尚。此其所以进不能忧禹、稷之忧，而退不能乐颜子之乐也欤！

易

先天而天弗违后天而奉天时

大人于天，默契其未然者，奉行其已然者。夫大人与天，一而已矣。然则默契而奉行之者，岂有先后之间哉？昔《文言》申《乾》九五爻义而及此意，谓大人之于天，形虽不同，道则无异。自其先于天者言之，时之未至，而道隐于无，天未有为也；大人则先天而为之，盖必经纶以造其端，而心之所欲，暗与道符，裁成以创其始，而意之所为，默与道契。如五典未有也，自我立之，而与天之所叙者，有吻合焉；五礼未制也，以义起之，而与天之所秩者，无差殊焉，天何尝与之违乎？以其后于天者言之，时之既至，而理显于有，天已有为也，大人则后天而奉之，盖必穷神以继其志，而理

又是君子保持自己人格的恒常做法。所以颜回即使住在陋巷也不改变他快乐的性情,孟子也认为自己和大禹和后稷是同道。在他看来,大禹和后稷、颜回也不过是因为自己的位置而行动罢了。

后世之人各自持着片面的认识,当官的把趋附时势看成是通达的表现,隐士把逃避人世视作是高尚的做法。所以这些人进不能以大禹和后稷的忧虑为忧虑,退不能以颜回的快乐为快乐!

先天而天弗违后天而奉天时

圣人对于天,在天还没有发生什么变化的时候,他就能与天保持默契;在天已经发生变化的时候,他能按照这种变化行事。圣人与天是一体的。因此默契和奉行天道,怎么会有所谓先后的区别呢?古代《文言》中在解说《乾》卦的九五爻的含义时就谈到了这个道理,认为对圣人和天虽然形式不同,道却没什么不同。从先于天的情况来说,时机未到,道尚处潜在状态,天还没有什么变化;圣人却在这些变化还没有发生的时候就确立秩序,为万物制造开端,他们心中所想的,不自觉中就与天道相符合,他们根据自己所想的来确立开端,也就与天道达到了一种默契。例如,五典还没出现的时候,他们就自己创立五典,其中所叙述的内容与天所叙述的很吻合;五礼还没制定的时

之固有者，只承之而不悖；知化以述其事，而理之当行者，钦若之而不违；如天叙有典也，立为政教以道之，五典自我而敦矣；天秩有礼也，制为品节以齐之，五礼自我而庸矣；我何尝违于天乎？是则先天不违，大人即天也，后天奉天，天即大人也。

大人与天，其可以二视之哉？此九五所以为天下之利见也欤！大抵道无天人之别，在天则为天道，在人则为人道，其分虽殊，其理则一也。众人牿于形体，知有其分而不知有其理，始与天地不相似耳。惟圣人纯于义理，而无人欲之私，其体即天地之体，其心即天地之心；而其所以为之者，莫非天地之所为也；故曰："循理，则与天为一。"

候,他们就根据义的要求创立五礼,其中所确定的秩序与天所要确立的秩序也没有任何殊异,天何尝与圣人相违背呢?从天的变化已经发生以后的情况来说,时机已经到了,天理便显示出它的存在,这时天已有所作为了。圣人在天的变化发生之后,奉行其中的天道,就一定能完全把握天道的精神实质,只要按照固有的天理行事,就不会背离天道。他们知道教化的必要并按照教化去表达自然和社会的规律,在天理正起作用的时候,他们是不会违背的。例如,天已经叙述了典章制度,并确立政治和教化来表达这种典章制度,五典本身就是遵循天的要求的;天的秩序中就存在着礼,圣人把它制定为品级和节度并用它来治理社会,这便是五礼。五礼本身也是遵循天的要求的,圣人怎么会违背天道呢?因此,在天的变化还没有发生,天道还没显现的时候,就能不违背天道,说明圣人也就是天;在天的变化发生,天道已表现出来的时候,能够奉行天道,说明天也就是圣人。

所以,圣人和天能被看作是两个不同的事物吗?这就是《乾》卦九五爻为了天下的利益而显示的道理!也许道是没有天和人的差别的,道在天上就是天道,道在人中就是人道,它们的具体形态虽然不同,可其中的道理却是一个。普通百姓受具体的形式的限制,知道各种具体事物的特殊性,却不知道其中的普遍的道理,所以这些人是与天地不同的。只有圣人在义理方面是纯洁的,他们没有人欲等私心杂念,他们的身体就是天地的身体,他们的心就是天地的心;而他们所做的无非是天地所做的。所以说:"遵循天理,就与上天化为一体了。"

河出图洛出书圣人则之

天地显自然之数,圣人法之以作经焉。甚矣!经不徒作也。天地不显自然之数,则圣人何由而法之以作经哉?《大传》言卜筮而推原圣人作《易》之由,其意盖谓《易》之用也不外乎卜筮,而《易》之作也则法乎图书。

是故通于天者,河也。伏羲之时,天降其祥,龙马负图而出,其数则以五生数,统五成数,而同居其方,是为数之体焉。中于地者,洛也。大禹之时,地呈其瑞,神龟载书而出,其数则以五奇数,统四偶数,而各居其所,是为数之用焉。图书出矣,圣人若何而则之?彼伏羲则图以画卦,虚五与十者,太极也;积二十之奇,而合二十之偶,以一二三四而为六七八九,则仪象之体立矣;析四方之合,以为乾、坤、坎、离;补四隅之空,以为兑、震、巽、艮,则八卦之位定矣。是其变化无穷之妙,何莫而不本于图乎?大禹则书以叙畴,实其中五者,皇极也;一五行而二五事,三八政而四五纪,第于前者有序而不乱也;六三德而七稽疑,八庶征而九福极,列于后者有条而不紊也。是其先后不易之序,何莫而不本于书乎?

河出图洛出书圣人则之

天地显示出自然的天数，圣人根据这种天数来写作经书。经书绝不是凭白无故作出来的。天地如果不显示出自然的天数，圣人怎么能够根据它写作经书呢？《大传》是一本讲占卜的书，书中还研究了圣人写作《易经》的原因。大意是说，《易经》的用途不过是占卜，而写作《易经》却是依据了《河图》和《洛书》的。

因此黄河是与天连通的。伏羲的时候，天降吉祥，龙马带着图示出现，该图中以五为基数产生出其他的数。这些数按照五构成数，共同构成一个正方形，这就是数的本体。地的正中是洛河。大禹的时候，地呈现出祥和的景象，神龟载着天书出现。龟背的数以五为奇数，统驭着四个偶数，各个数都按照一定的规律排列着，这就是数的实际应用。《河图》和《洛书》出现后，圣人根据它们制定了什么样的准则呢？伏羲根据《河图》制作了画卦，把五和十空出来，就是太极；他把二十以内的奇数积累起来，把二十以内的偶数集合拢来，从一二三四到六七八九，于是便建立了仪象的本体；把四方分为乾、坤、坎、离，在四个角补上兑、震、巽、艮，于是八卦的位置便确定了。这样，无论世界的变化多么繁杂、神妙，有哪一种变化不是根源于河图呢？大禹根据《洛书》建立起治国的九大规则。他以图中的五为至高无上的原则，第一是五行（金、木、水、火、土）而第二是五方面的事情（态度、言论、观察、听闻、思考），第三是八种政务（农业生产、商业贸易、祭祀、管理百姓的居住交通、管理教育、管理司法、管理朝觐、管理军事）而第四是五种计时方法（岁、月、日、星辰、历法），它们排在"至高无上的原则"的前面，井然有序而没有混

吁，圣人之作《易》，其原出于天者如此；而卜筮之用，所以行也欤！大抵《河图》《洛书》相为经纬，八卦九章相为表里，但伏羲先得乎图以画卦，无所待于书；大禹独得乎书以叙畴，不必考于图耳。若究而言之，则书固可以为《易》，而图亦可以作《范》，又安知图之不为书，书之不为图哉？噫，理之分殊，非深于造化者，其孰能知之？

书

王懋昭大德建中于民以义制事以礼制心垂裕后昆予闻曰能自得师者王

大臣告君，既勉其修君道以贻诸后，必证以隆师道而成其功。夫君道之修，未有不隆师道而能致者也。大臣之论如此，其亦善于告君者哉！吾想其意，若谓新德固所以属人心，而建中斯可以尽君道。吾王其必勤顾諟之功，以明其

乱；第六是三种品德（正直、过于刚强、过于柔弱）而第七是解决疑难的方法（选择建立掌管卜筮的官员，教导他们卜筮的方法，以判定吉凶），第八各种不同的征兆（雨、晴、暖、寒、风等等）而第九是五种幸福（长寿、富贵、健康安宁、遵行美德、高寿善终）和六种不幸的事（早死、多病、忧愁、贫穷、邪恶、懦弱），它们排在"至高无上的原则"的后面，有条有理，丝毫不乱。这种先后不变的顺序，有什么不是从《洛书》推演出来的呢？

啊，圣人创作《易经》就是这样依据天的，于是卜筮的用途才得以实现！《河图》和《洛书》互为经纬；八卦九章互为表里，只是伏羲先得到《河图》的启示而创作画卦，还没有看到《洛书》。大禹只受到《洛书》的启示而建立起治国的九大规则，他不一定研究过《河图》。深入地说，《洛书》本来就可作出《易经》，《河图》也可以作为《洪范》，又怎么知道《河图》不是《洛书》，《洛书》不是《河图》呢？啊，理的特殊性与普遍性，如果不深入到造化之中去，谁能知道呢？

王懋昭大德建中于民以义制事以礼制心垂裕后昆予闻曰能自得师者王

大臣辅佐君王，既然勉励君王学习为君之道以垂范后世，就一定要向他讲明尊重老师的道理，以便帮助君王成功地治理天下。学习为君之道，如果不大力提倡尊师之道，是学不好的。大臣的议论是这样的话，说明他善于辅佐君王。我想《尚书》中

德,求此中之全体;而自我建之,以为斯民之极也;操日跻之敬,以明夫善,尽此中之妙用,而自我立之,以为天下之准也;然中果何自而建邪?彼中见于事,必制以吾心之裁制,使动无不宜,而后其用行矣;中存于心,必制以此理之节文,使静无不正,而后其体立矣;若是,则岂特可以建中于民而已邪?本支百世,皆得以承懿范于无穷,而建中之用,绰乎其有余裕矣。

子孙千亿,咸得以仰遗矩于不坠,而建中之推,恢乎其有余地焉。然是道也,非学无以致之;盖古人之言,以为传道者师之责,人君苟能以虚受人,无所拂逆,则道得于己,可以为建极之本,而王者之业,益以昌大矣。考德者师之任,人君果能愿安承教,无所违拒,则德成于身,足以为立准之地,而王者之基,日以开拓矣。

是则君道修,而后其及远;师道立,而后其功成。吾王其可以不勉于是哉!抑尝反覆仲虺此章之旨,懋德建中,允

这段话的意思是说：新的道德本来就属于人心，把人的本体建立起来了就可以尽到君王之道。这样我们的君王就一定能够勤于朝政，发扬他的圣明的德性；君王如果寻求心的全体，君王的自我就可以随之建立起来，从而使自我成为天下百姓的最高榜样；君王如果每天使自己比前一天更加慎重些，从而理解善，充分发挥善的作用，这样君王的自我就确立了，并成为天下的标准；然而，心体该如何建立呢？心体现在事物中，一定要使自己的心受到约束和控制，使心不管怎么动都没有什么不适当的，这样心的作用就可以发挥出来了。人的本质存在于心中，一定要用使自己的本质受到理的节制和改造，使自己的本质文明起来；使自己不管怎么安静本质都保持端正，这样心体就可以建立起来了；照这样下去，怎么可能只在人民中建立中心呢？心的本体支配着百世，都能够无穷无尽地继承美好的典范，而建立起了中道以后，其作用是非常大的。

子孙千亿，都能够仰慕君王遗留下来的规范，他们会把君王建立起来的中道推广开来的。然而，这种君王之道，不通过学习是无法达到的。大概古人认为，传授道理是老师的职责，君王如果能虚心地接受他人的建议，不随便排斥甚至打击提建议或意见的人，那么，君王就可以获得为君之道，就可以把它作为建立中正之道的根本，君王的事业也会因此更加繁荣昌盛。研究道德是老师的责任，君王如果能够心甘情愿地听取老师的教诲而不违背或抗拒，那么君王自身的品德就可成就了，就是可以作为天下人的标准了；而且君王的基业也会一天天地扩大。

因此，君王之道学好之后，由此推演开去，尊师之道也会树立起来。之后，君王的功业就能完成。我们的君王能不在这

执厥中之余绪也。制心制事,制外养中之遗法也。至于"能自得师"之一语,是又心学之格言,帝王之大法,则仲虺之学,其得于尧舜之所授受者深矣!孟子叙道统之传,而谓伊尹、莱朱为见而知者,而说者以莱朱为仲虺,其信然哉!

继自今立政其勿以憸人其惟吉士

大臣勉贤王之为治,惟在严以远小人,而专于任君子也。盖君子小人之用舍,天下之治忽系焉。人君立政,可不严于彼专于此哉?周公以是而告成王,意岂不曰"立政固在于用人而非人适所以乱政"?

彼吉士之不可舍,而憸人之不可用,盖自昔而然矣。继今以立政,而使凡所以治其民者,不致苟且而因循,则其施为之详,固非一人所能任也,而将何所取乎?继此以立政,而使几所谓事与法者,不致懈怠而废弛,则其料理之烦,亦非独力所能举也,而将何所用乎?必其于憸人也,去之而勿任;于吉士也,任之而勿疑,然后政无不立矣。

盖所谓憸人者,行伪而坚,而有以饰其诈;言非而辩,

方面努力吗？我曾反复推敲《仲虺之诰》这一章的意思，树立崇高的道德，建立中道，抓住其中的头绪，也就掌握了驾驭心灵、处理事情以及对待外物和修养内心的方法。至于"能自得师"这一句话，这又是心性之学的格言，帝王之大法，仲虺的学说，受尧舜的影响是很深的。孟子叙述了道统的传播情况，认为伊尹、莱朱看见了道统并理解它；而有些论者说莱朱就是仲虺，的确有道理啊！

继自今立政其勿以憸人其惟吉士

大臣勉励贤明的君王治理国家，一定要严肃地疏远小人，只能任用君子。如何处理君子和小人的任用或舍弃，直接关系到天下能否治理好。君王从事政治，能够不对小人严加防范，不对君子加以重用吗？周公用这个道理对周成王，他的意思是不是说："搞好政治，关键在于用人，用人不当就会把政治扰乱。"

贤人不能舍弃，阴险之人不能任用，自古就是如此。到了今天，国君在治理天下的时候，假如他用来治理天下的一切措施和方法都不想因袭前人，也不想随便应付，那么他所要做的工作就会非常多，这绝对不是一个人所能胜任的，该怎样取用人呢？到了今天，假如要让所有的事情或法令法规，不致懈怠和废弛，那么这方面的工作就会非常繁杂，这绝对不是一个人的力量所能做好的，该怎样任用人呢？对于那种阴险的小人，一定要远离他，切不可任用他；对于德才兼备的贤士，就要毫不犹豫地加以任用，这样政治就不会搞不好。

所谓阴险的人；就是这样的人：其行为虚伪而坚决，而且

而有以乱其真者也,不有以远之,将以妨吾之政矣;必也严防以塞其幸入之路,慎选以杜其躁进之门;勿使得以戕吾民,坏吾事,而挠吾法焉。

所谓吉士者,守恒常之德,而利害不能怵,抱贞吉之操,而事变不能摇者也,不有以任之,无以成吾之治矣;必也推诚信而彼此之不疑,隆委托而始终之无间;务使得以安吾民,济吾事,而平吾法焉。

吁!严以去之则小人无以投其衅;专以任之,则君子有以成其功。国家之治也,其以是欤!抑考之于《书》,禹、益、伊、傅、周、召之告君,至君子小人之际,每致意焉。盖君德之隆替,世道之升降,其原皆出于此,非细故也。秦汉以下,论列之臣鲜知此义。惟诸葛孔明之言曰:"亲君子远小人,先汉所以兴隆也。"其意独与此合,故论者以为三代之遗才云。

善于掩饰自己的奸诈，文过饰非，善于狡辩，有时候能够达到以假乱真的地步。对这样的人如果不疏远，一定会妨害我们的政治；一定要严加防范，堵塞他们被宠幸的道路，选拔官员时一定要杜绝急于进取的人晋升；免得他们戕害我们的百姓，坏了我们的事情，扰乱了我们的法律。

所谓德才兼备的贤士，就是这样的人，他坚守恒常的道德，不为利益而动心，不为危害而恐惧，抱持着高尚而贞洁的操守，这种操守不因为事态的变化而动摇。对于这样的人，如果不能加以任用，就无法治理好天下；一定要真诚地信任他们，不能彼此猜忌；要对他们委以重任，要始终和他们保持亲密无间的关系。这样才能够安抚我们的百姓，才能周济我们的事业，才能维护好我们的法律。

啊！严肃地远离小人，小人就无法制造事端；专门任用君子，君子就能够把事情做好。国家的治理，也就不成问题了！考查一下《尚书》当中，大禹、益、伊尹、傅说、周公和召公告诫国君的话，都谈到了君子与小人的问题，他们的意思也大致如此。君王功德的盛衰、世道的升降，其原因都在于此，这不是细小而不值得计较的事。秦汉以后，各朝的大臣中很少有人知道这个道理，只有诸葛亮（字孔明）说过："亲近君子疏远小人，是汉朝前期所以兴隆的原因。"他的意思恰好与我这里所谈的相吻合，所以学者认为他是夏商周三代遗留下来的人才。

诗

不遑启居狁狁之故

　　戍者自言劳之未息,由患之未息也。夫狁狁之患,不可以不备,则戍役之劳,自有所不免矣。王者于遣戍之时,而代为之言若此,所谓叙其情而风之以义者欤!此诗之意,盖谓人固有不能忘之情,然亦有不容已之义;彼休息之乐,吾岂独无其情乎?启居之安,吾宁独无其念乎?诚以王命出戍,则此身既已属之军旅,而势不容于自便耳;是以局促行伍之间,奔走风尘之下,师出以律,而号令之严其敢违?军法有常,而更代之期何敢后?则吾虽有休息之情,而固所不暇矣;虽怀启居之念,而亦所不遑矣。

　　然此岂上人之故欲困我乎?岂吾君之必欲劳我乎?诚以狁狁猾夏则是举本以卫夫生灵,而义不容于自己耳。彼其侵扰疆埸之患,虽亦靡常;而凭陵中国之心,实不可长;使或得肆猖獗,则腥膻之忧,岂独在于廊庙?如其乘间窃发,则涂炭之苦,遂将及于吾民;是我之不遑休息者,无非保乂室家,而狁狁之是备也;我之不暇启居者,无非靖安中国,而外寇之是防也。

不遑启居猃狁之故

戍守边疆的人说自己劳苦不停，是由于战乱不停。猃狁的祸患，不能不防备，这样，戍守边疆的劳役就在所难免了。君王在派遣军民去戍守边疆的时候，就代替他们说了这些话。这就是所谓抒发他们的情感，升华其中的意义，将它们变成民歌。这里选取的诗句，大意是说人本来就有不能忘却的情感，但也有不能抛弃的正义。那种休息的快乐，难道偏偏就我没有这种渴望吗？起居的平安，难道偏偏就我没有这种念头吗？然而，既然奉行君王的命令出来戍守边疆，我的身体也就属于军旅了。客观的形势也就不容许自己随随便便了，于是只好局促于行伍之间，奔走于风尘之下。军队按照严明的纪律行事，号令非常严格，谁敢违反军法和各种常规，谁敢躲藏在后面呢？因此，我即使想休息，也没有闲暇了；我即使想安安静静地过日子，也没有这份闲心了。

这难道是当官的上等人故意想要难为我吗？难道是我们的国君一定要让我劳苦吗？都不是。实际的情况是猃狁入侵华夏族，戍守边疆是为了从根本上保卫生灵不被涂炭，这是正义的要求，是我义不容辞的责任。猃狁侵犯我国边疆的祸患，虽然不是常有的，但是我们不能助长他们入侵中国的野心。假如他们得以大肆入侵，猖獗杀掠，那么遭殃的就不会只是当权者，不会只是朝廷；如果他们乘着我们防御的漏洞偷偷地入侵进来，

吁！叙其勤苦悲伤之情，而风以敌忾勤王之义；周王以是而遣戍役，此其所以劳而不怨也欤？大抵人君之为国，好战则亡，忘战则危。故用兵虽非先王之得已，而即戎之训亦有所不敢后也。

观此诗之遣戍，不独以见周王重于役民，悯恻哀怜，不容已之至情；而亦可以见周之防御狁于平日者，盖亦无所不至。故狁之在三代，终不得以大肆其荼毒；后世无事则懈弛，有事则张皇，戎之不靖也，有由然哉！

孔曼且硕万民是若

新庙制以顺人心，诗人之颂鲁侯也。夫人君之举动，当以民心为心也。鲁侯修庙而有以顺乎民焉，诗人得不颂而美之乎？鲁人美僖公之修庙，而作是诗及此。谓夫我公之修庙也，材木尽来、甫之良，经画殚奚斯之虑；意以卑宫之俭，可以自奉，而非致孝乎鬼神。则新庙之作，虽甚曼焉，亦所宜矣；茅茨之陋，可以自处，而非敬事其先祖。则新庙之修，虽

涂炭之苦将会殃及我们老百姓。所以我无暇休息，无非是为了保卫一家老小，防备狁狁，我不能悠闲地起居，无非是为了保持中国的稳定。

这句诗叙述的辛苦、悲伤的感情，体现了仇视敌人、忠于国君的思想。周王用这样的道理去派遣军民戍守边疆，这就是为什么军民虽辛劳而不忧怨的原因吧？通常，国君统治国家，好战就会灭亡，忘记了必要的战备就会很危险。所以动用军队虽然是先王迫不得已才做的，但告诫战争的危险是一点也不能滞后的。

看看这首诗中，国君派遣戍守边疆者的情况，不能光看到周王加给百姓的沉重劳役，还应该看到周王对百姓的怜悯、恻隐之情。他是迫不得已才这样做的。此外，还应该看到周王在平时就对俨狁严加防范，他把问题都考虑得很周到，可谓无所不至；所以，狁狁在夏商周三代，始终不能大肆入侵中原，荼毒百姓。后世没有遇到战事，就松弛、懈怠，遇到战事就仓皇失措，边疆地区不安定，是有原因的啊！

孔曼且硕万民是若

革新庙制，顺应民心，诗人这样称颂鲁僖公。作为国君，一举一动都应该以民心为心。鲁僖公修庙，就是顺就民心，诗人能不称颂和赞美他吗？鲁国人赞美僖公修庙这一举动，并创作这首诗来谈这一举动。诗中说我们的僖公修庙，木材都是从徂徕山、新甫山运来的良木，建筑过程中奚斯巧妙经营，多方策划，殚精竭虑；他想以自己简陋的宫廷为标准，尽量节俭；他认为

甚硕焉，亦非过矣；是以向之卑者，今焉增之使高，而体制极其巍峨，盖斯革斯飞，孔曼而长也；向之隘者，今焉拓之使广，而规模极其弘远，盖闲如弈如，且硕而大也。

然庙制之极美者，岂独以竭我公之孝思，实所以从万民之仰望。盖以周公皇祖，德洽下民，而庙之弗称，固其所愿改作也。今之孔曼，亦惟民之所欲是从耳。泽流后世，而庙之弗缉，固其所愿修治也；今之孔硕，亦以便吾民之所愿是顺耳。是以向之有憾于弗称者，今皆翕然而快睹，莫不以为庙之曼者宜也，非过也；向之致怨于弗缉者，今皆欣然而满望，莫不以为庙之硕者，非过也，宜也。

吁！庙制修于上，而民心顺于下，则其举事之善，于此可见，而鲁公之贤，亦可想矣。抑考鲁之先君，自伯禽以下，所以怀养其民人者，无非仁爱忠厚之道；而周公之功德，尤有以衣被而渐渍之。是以其民久而不忘，虽一庙之修，亦必本其先世之泽而颂祷焉。降及秦汉干戈之际，尚能不废弦诵，守礼义，为主死节，而汉高不敢加兵。圣人之泽，其远矣

修庙是为尊重自己，而不是为了向鬼神行孝。因此新修的庙即使非常柔美，也是适当的。茅草屋再怎么简陋，自己还是可以居住的，但不能用来供奉自己的先祖。因此新修的庙即使非常大，也是不过分的。这样，原来卑微的庙，于今使它变高大了，结构变得极其巍峨；经过革新，庙变得很美、很长了。原来狭窄的庙室，于今也已拓宽了，规模极其宏伟、安静、明亮，的确是变得大多了。

然而把庙建造得这样华美，不光是为了充分地表现我们的僖公的孝心，实际上也是为了依从万民对皇祖的景仰和对于修建大庙的厚望。这大概是因为周公的皇祖，仁德深受普通百姓的爱戴，而他的庙与他的功德不相称，所以他们希望改修皇庙。如今皇庙建设如此宏伟、壮美，也是依从民众的想法建的。皇祖为后人造了福，可为他的庙却没有得到修葺，所以百姓愿意改建它；于今建设这样高大，也是顺从我们的百姓的意愿。于是，原来对庙与皇祖的功德不相称的遗憾，于今都荡然无存了，人们为眼前的新庙感到无比快慰，没有人不认为把庙建设这么好是应该的，是不过分的；原来抱怨皇庙与皇祖的功德不相称的人，现在都欣然满足了自己的愿望，没有人不认为建这样高大的庙是不过分的，是应该的。

吁！庙制修于上，而民心顺于下，从中可以看出修庙之举是很好的，鲁公的贤德也是可想而知的。考证一下鲁的前代君主，从伯禽以后，各代用以对待民众的无非都是仁爱忠厚之道，而周公的功德尤其突出。所以他们的百姓久久不能忘记他们，为他们修一座庙，也一定是由于他们为后世造了福，故而后人想利用这个庙来为他们祈祷，来赞颂他们。直到秦汉的战争年

哉！

春秋

楚子入陈_{宣公十一年}　楚子围郑　晋荀林父帅师及楚子战于邲晋师败绩　楚子灭萧　晋人宋人卫人曹人同盟于清丘_{俱宣公十二年}

外兵顺而伯国自褻其威，既可贬；外兵黩而伯国徒御以信，尤可讥。此楚以争伯为心，而晋失待之之道，《春秋》所以两示其法也。自夫晋景无制中夏之略，而后楚庄有窥北方之图。始焉县陈以讨罪也，而征舒就戮；继焉入郑以贰己也，而潘尪遂盟；一则讨晋之所未讨，一则平郑之所欲平，是虽未免以力假仁，然其义则公，其辞则顺矣。晋欲强之，必修德以俟，观衅而动，斯可也；顾乃兴无名之师，而师之以林父；楚子退师矣，而犹欲与之战；先縠违命矣，而不能行其辟；遂致邲战既北，而晋遂不支。则是主晋之师者林父也，弃晋之师者林父也，责安所逃乎？《春秋》于陈书入，于郑书围者，所以减楚之罪；而于邲之战则独书林父以主之，用以示失律丧师之戒也。

代,庙里的音乐和诵唱还能不废弛,人们坚守礼义,甚至愿意以死效忠君主,就是汉高祖刘邦也不敢用兵。可见圣人的福泽流传得多么久远。

楚子入陈宣公十一年　楚子围郑　晋荀林父帅师及楚子战于邲　晋师败绩　楚子灭萧　晋人宋人卫人曹人同盟于清丘俱宣公十二年

外国的军队很顺从,霸主国却自己亵渎自己的威严,这已经就让人瞧不起;外国的军队穷兵黩武,霸主国却只知道消极防御,想靠信义求得平安,这尤其让人讥笑。这就是楚国一心想争做霸主,而晋国却因不能很清醒地对待楚国这种野心而失败的道理,也是《春秋》两次揭示的教训。自从晋景公没有了控制中原的韬略以后,楚庄王就有了窥规北方的图谋。他先以讨罪为名攻打陈国,杀死了征舒;接着以变节为罪名攻入郑国,潘尪于是与楚国结盟。楚国一方面讨伐了晋国想要讨伐却未能讨伐的小国,另一方面又平定了郑国想要平定而没有平定的小国。这未免是凭借势力而假托仁义之名,然而楚国这样做的正义性却是各诸侯国公认的,他的托词也是名正言顺的。晋国要想保持自己的强大,必须修养德性,等待时机,根据楚国的挑衅而行动,这样是可以的。可是它却调集毫无名目的军队,让荀林父率领这支军队去攻打楚国,楚国人退回了军队,荀林父却还想与楚国作战。先縠违抗命令,不能开辟出道路,于是在邲战败,从

自夫晋人之威既亵,而后楚人之势益张,伐萧不已而围其城,围萧不已而溃其众,以吞噬小国之威,为恐动中华之计,是其不能以礼制心,而其志已盈,其兵已黩矣。晋欲御之,必信任仁贤,修明政事,斯可也;顾乃为清丘之盟,而主之以先縠,不能强于为善,而徒刑牲歃血之是崇;不能屈于群策,而徒要质鬼神之是务;故其盟亦随败,而晋卒不竞,则是主斯盟者,丧师之縠也,同斯盟者,列国之卿也,责安所归乎?《春秋》不称萧溃,特以灭书者,所以断楚之罪;而清丘之盟,则类贬列卿而人之用,以示谋国失职之戒也。

吁!楚庄之假仁,晋景之失策,不待言说,而居然于书法见之。此《春秋》之所以为化工欤!抑又论之,仗义执言,桓、文之所以制中夏者也;晋主夏盟,虽世守是道,犹不免为三王之罪人,而又并其先人之家法而弃之;顾汲汲于会狄伐郑,而以讨陈遗楚,使楚得风示诸侯于辰陵。则是时

此晋国便一蹶不振了。在这场战争中，统率晋国军队的人是荀林父，抛弃晋国军队的也是荀林父，他能逃脱罪责吗？《春秋》一书把楚国攻打陈国写成进入陈国；把楚国攻打郑国写成包围郑国，目的是要减轻楚国的罪行。但在邲的那场战争中，却偏偏把荀林父写成主要的责任者，目的是要揭示破坏纪律葬送军队的教训。

自从晋国人的威严被亵渎之后，楚国人的势力就更加强大了，他们讨伐萧不成便围困萧城，围困萧城不成便遣散萧国的百姓，以便吞噬小国的威严，为了实现其成为中华霸主的打算，他们再也不能用礼义来控制自己的野心了，他们的意志已经饱满，他们已经达到了穷兵黩武的程度了。晋国要想抵御楚国，必须信任仁人贤士，搞好内政，这是可以做到的；然而它却清丘举行联盟，而且让先縠这样的人做主帅，不能努力为善，而只会崇尚刑牲歃血这类的盟誓；不能集中群策群力，而只会指着鬼神立下盟誓；所以这个联盟也随之失败了，晋国最终还是斗不过楚国。在这一事件中，领导清丘盟会的人，是葬送盟军的先縠，参与这个联盟的是列国的国卿，该怎样归咎他们的责任呢？《春秋》一书不用"溃"这个字来描写萧国，而特别用了一个"灭"字，其目的是为了免除楚国的罪名；而就清丘联盟的问题，《春秋》还贬低列国的国卿，这是为了揭示同谋国失职的教训。

吁！楚庄王的假仁，晋景公的失策，不需要言说，生动地从《春秋》的笔法中看到。这是《春秋》之所以为神化之笔的原因啊！也可以说，仗义执言是齐桓公、晋文公制驭中原的办法；晋国主持中原的盟会，虽是世代坚守这种方式，还是不免成为三王的罪人；以后又将这种方式连同祖宗的家法一起抛弃了；

也，虽邲之战不败，清丘之盟不渝，而大势固已属之楚矣。呜呼！孔子沐浴之请，不用于哀公而鲁替；董公缟素之说，见用于高帝而汉兴，愚于是而重有感也。

楚子蔡侯陈侯许男顿子沈子徐人越人伐吴 昭公五年

《春秋》纪外兵而特进夫远人，以事有可善，而类无可绝也。盖君子与人为善，而世类之论，亦所不废也；然则徐、越从楚伐吴，而《春秋》进之者，非以此哉！慨夫庆封就戮，楚已见衔于吴，东鄙告入，吴复致怨于楚。至是，楚子内搂诸侯，外连徐、越，而有伐吴之役，然何以见其事，有可善邪？盖庆封之恶，齐之罪人也。吴子纳而处之，是为崇恶；楚子执而戮之，是为讨罪。彼曲此直，公论已昭于当时矣。

夫何吴子违义举兵，困三邑之民，报朱方之憾，岂非狄道哉？楚子率诸侯以伐之，声崇恶之过，问违义之由，是乃以有名而讨无名，以无罪而讨有罪也；揆之彼善于此之义，固有可善者矣，又何以见其类无可绝邪？盖徐、越之夷，夏

却热衷于联合狄人讨伐郑国,讨伐陈国却送给了楚国,使楚国得以在辰陵向诸侯展示自己的威风。到这个时候,即使晋国在邲的那场战争不失败,即使清丘联盟不瓦解,大势仍然属于楚国。呜呼!孔子沐浴之后去向鲁哀公提建议,鲁哀公却不接受,所以鲁国被灭亡了;董公在服丧时提出的意见,被汉高祖刘邦采纳了,所以汉朝兴盛了,我对此又有许多感慨。

楚子蔡侯陈侯许男顿子沈子徐人越人伐吴 昭公五年

《春秋》一书在记述外国军队的情况时,特别看重边远地方的人,因为这些人做的许多事情是值得褒奖的,而且他们作为人类的一部分也是不可弃绝的。君子与人为善,对于世俗的见解也有不废弃的方面;既然如此,徐、越两国跟随楚国讨伐吴国,而《春秋》却推崇徐国和越国,并不是因为这一点。庆封送死之后,楚国就已同吴国结怨。东部边境被侵入以后,吴国又得罪了楚国。至此,楚国的国君向内笼络诸侯,向外联结徐国和越国,进而有讨伐吴国的战役。然而何以见得这样的事情中还有可以褒奖的因素呢?庆封是奸恶之人,是齐国的罪人。吴国的国君收留他,这就是推崇罪恶。楚国国君坚决要杀死庆封,这是为齐国讨伐罪人。吴国是错误的,楚国却是正确的,公众的议论当时就很明显。

吴国国君为什么要违背正义,起兵围困三邑之民,以报朱方的遗憾呢?这难道不是狄人的道德吗?楚国国君率领诸侯讨伐吴国,声讨推崇罪恶的罪过,追问违背正义的理由,这便成了以有名讨伐无名,以无罪讨伐有罪;推测揣度这样的行为,楚

之变于夷者也。徐本伯益之后，越本大禹之后，元德显功，先世尝爱于周室矣。惟其后人渎礼称王，甘心于僭伪，得罪于典常，故为狄道耳。君子正王法以黜之，上虽不使与中国等，下亦不使与夷狄均。盖以后人之僭伪，固法所不贷；而先世之功德，亦义所不泯也；揆之赏延于世之典，殆非可绝者欤！夫事既有可善，类又无可绝，故越始见经，而与徐皆得称人。圣人以为楚之是伐，比吴为善，其从之者，又皆圣贤之后，则进而称人可也。《春秋》之慎于绝人也如是。

夫抑论吴、楚，在《春秋》亦徐、越而已矣。吴以泰伯之后而称王，楚以祝融之后而称王。故《春秋》亦以待徐、越者待之，猾夏则举号，慕义则称人；及其浸与盟会，亦止于称子，曾不得以本爵通焉。盖待之虽恕，而其法固未始不严也。然则僭伪者，其能逃于《春秋》之斧钺邪！

国是善于利用正义的，本来就有值得褒奖的方面，又何以见得徐国和越国这类边远的蛮人不能弃绝呢？徐国和越国的夷人，是中原人演变而成为夷人的。徐国人本来是伯益的后裔，越国人本来是大禹的后裔，他们的祖先功德显赫，与周王室都有交往。他们的后代亵渎礼义，自己称王，甘心于虚伪，得罪于典章法度，因而沦为狄人，染上了狄人的习气和道德。君子端正王法，放逐他们，向上不让他们与中原国家平等，向下也不让他们与夷狄一样。因为徐国与越国的后人的虚伪本来就是法律不会饶恕的，可他们的先世的功德也是正义所不能泯灭的；推测揣度他们留在典籍中的影响，他们的后人也是不可弃绝的！既然徐国和越国人跟随楚国人讨伐吴国的行为中有值得肯定的东西，而且这两个国家的人又都不应该被舍弃，因此，越国很早就出现于经书之中，并且和徐国人一样都被称为人。圣人认为楚国这样讨伐吴国，比吴国围困三邑之民要好。跟随楚国的徐国和越国人又都是圣贤的后代，因此可以称他们为人并褒奖他们。《春秋》就是这样不轻易弃绝人。

在《春秋》中吴国和楚国，与徐国和越国也是差不多的。吴国是凭着泰伯的后人的名义而称王的，楚国是凭着祝融的后人的名义而称王的。因此《春秋》也用对待徐国和越国的方式对待吴国和楚国，即使扰乱中原地区，也要举出他们的国号，只要他们仰慕正义，就称他们为人；等他们加入盟会，就称他们的国君为子，从来未曾统一按照中原的本爵官制去称呼他们。《春秋》对待偏远地区虽然宽宏大量，但它所依据的法度却从未出现过不严的情形。因此虚伪者，怎么能逃脱《春秋》的斧钺呢？

礼记

君子慎其所以与人者

　　君子之所谨者，交接之道也。夫君子之与人交接，必有其道矣，于此而不谨，乌能以无失哉？记礼器者，其旨若曰："观礼乐而知夫治乱之由。"故君子必慎夫交接之具。君子之与人交接也，不有礼乎？而礼岂必玉帛之交错？凡事得其序者，皆是也。礼之得失，人之得失所由见，是礼在所当慎矣。不有乐乎？而乐岂必钟鼓之铿锵？凡物得其和者，皆是也。乐之邪正，人之邪正所从著，是乐在所当慎矣。君子于和序之德，固尝慎之于幽独之地；而于接人之际，又和序之德所从见也，其能以无慎乎？

　　君子于礼乐之道，固尝谨之于制作之大，而于与人之时亦礼乐之道所由寓也，其可以不谨乎？故其与人交接也，一举动之微，若可忽矣，而必兢兢焉常致检束，务有以比于礼，而比于乐；其与人酬酢也，一语默之细，若可易矣，而必业业焉恒存夫戒谨，务有以得其序而得其和。所与者乡邦之贱士，而其笑语率获，肃然大宾，是接也，况其所与之尊贵乎？所对者闾阎之匹夫，而其威仪卒度，严乎大祭，是承也，

君子慎其所以与人者

　　君子之所以谨慎，是因为这是待人接物之道。君子与人交接，必然有他所依据的道，对于这一点如果不谨慎，怎能不出现失误呢？记载在礼器上的文字，其宗旨主要是："看礼乐就可以知道国家治乱的缘由。"所以君子必须对与人交结的工具或手段十分慎重。君子与人交结能不有礼吗？礼难道必须通过玉帛交错吗？任何事物，只要把握了它的秩序，都是礼。礼的得失，人的得失都由此可见，因此在存在礼的地方一定要慎重。是不是可以不要乐呢？而乐难道就是钟鼓的铿锵声吗？任何事物，获得了和谐都是对的。乐的邪正直接与人的邪正相关，因此对待乐也应当慎重。君子对于和谐和秩序的道德，即使在他一个人独处的时候也是非常慎重的；至于和人交往的时候，这是和谐、秩序的道德最需要体现的时候，君子能不慎重吗？

　　君子对于礼乐之道，本来就在制作礼、乐方面非常谨慎，而与人交往的时候也是礼乐之道寓于其中的时候，他能不谨慎吗？因此，君子在与人交结的时候，一举一动，每一个容易被疏忽的细节，他都要非常注意，经常检点自己，务必使自己符合礼和乐的要求。君子在与人应酬的时候，一言一容都非常注意，总是告诫自己要谨慎，务必使自己获得和谐和秩序。他所交结的人即便是乡邦的贱士，他也会笑着和他们谈话，把他们郑重地视作重要的客人；对卑贱的士人尚且能这样接待，何况他接待

况其所对之严惮乎？君子之慎其所以与人者如此，此其所以动容周旋，必中夫礼乐，而无失色于人也欤！

抑论礼乐者，与人交接之具，慎独者，与人交接之本也。君子戒慎于不睹不闻，省察于莫见莫显，使其存于中者，无非中正和乐之道。故其接于物者，自无过与不及之差。昔之君子，乃有朝会聘享之时，至于失礼而不自觉者，由其无慎独之功，是以阳欲掩之而卒不可掩焉耳。故君子而欲慎其所以与人，必先慎独而后可。

心好之身必安之君好之民必欲之

内感而外必应，上感而下必应。夫君之于民，犹心之于身也；虽其内外上下之不同，而感应之理，何尝有异乎？昔圣人之意，谓夫民以君为心也，君以民为体也；体而必从夫心，则民亦必从夫君矣。

彼其心具于内，而体具于外，内外之异势，若不相蒙矣；然心惟无好则已，一有所好，而身之从之也，自有不期然而然。如心好夫采色，则目必安夫采色；心好夫声音，则耳必安夫声音；心而好夫逸乐，则四肢亦惟逸乐之是安矣。发

尊贵的人呢？君子所面对的即使是居住在里巷的平民，他的威仪和态度也会像大型祭祀的时候一样庄严。照这样看来，在他面对达官贵人的时候不更是这样的吗？君子就是这样在待人接物方面非常谨慎。这就是为什么他在与人打交道时一举一动、一言一容总是合乎礼、乐而从不失色于人的原因！

或者说礼和乐都是与人交接的手段，慎独才是与人交接的根本。君子在不闻不见的情况下仍然告诫自己保持谨慎；在不见不显的情况下，仍然经常反省和检查自己，使他存在于心中的无非是中正、和乐之道。所以他在接物方面自然就不会出现过或不及之类的差错。古代的君子中还是有人在各种交往和应酬中失了礼自己却不知道的，这是由于他没有做慎独的功夫，因而即使想掩饰自己的过失也无法掩饰。所以，君子要想在与人交往的时候保持谨慎，必须先做好慎独的功夫。

心好之身必安之君好之民必欲之

内和外、上和下之间都是互相感应的。国君与百姓的关系就像是心和身的关系。两者间虽然有上和下、内和外的不同，但感应的道理有什么不同呢？古代圣人的这句话的意思是说，百姓以国君为心，国君则以百姓为身体，身体必须顺从于人心，因而百姓必须依从于国君。

心处在里面，身体处在外面，内外所处的位置是不同的，不能互相蒙蔽；心没有什么特别喜欢的也就罢了，一旦心有了特别喜欢的，身体也会服从心所喜欢的。这是非常自然而然的。例如，心喜欢色彩，眼睛必然会安于色彩；心喜欢声音，耳朵就必

于心而慊于己，有不勉而能之道也；动于中而应于外，有不言而喻之妙也；是何也？心者，身之主，心好于内，而体从于外，斯亦理之必然欤！

若夫君之于民，亦何以异于是？彼其君居于上，而民居于下，上下之异分，若不相关矣；然君惟无好则已，一有所好，而民之欲之也，亦有不期然而然。如君好夫仁，则民莫不欲夫仁；君好夫义，则民莫不欲夫义；君而好夫暴乱，则民亦惟暴乱之是欲矣。倡于此而和于彼，有不令而行之机也；出乎身而加乎民，有不疾而速之化也；是何也？君者，民之主，君好于上，而民从于下，固亦理之必然欤！是则内外上下本同一体，而此感彼应，自同一机，人君之于民也，而可不慎其所以感之邪？

抑论之，身固必从乎心矣，民固必从乎君矣，抑孰知心之存亡有系于身，而君之存亡有系于民乎？为人君者，但知下之必从夫上，而不知上之存亡有系于下，则将恣己狥欲，惟意所为，而亦何所忌惮乎？故夫子于下文必继之曰："君以民存，亦以民亡。"噫，可惧乎？

然安于声音；心喜欢安逸和享乐，四肢也会安于安逸和享乐。发自于心而且对自己满意的道，有的即使不人为努力，它也能运行；有的动自本心，感应于外，有不言而喻之妙；这是什么原因呢？心，是身体的主宰，心在内喜欢的，身体会从外面依从，这是必然的道理！

至于国君和百姓的关系与此相比又有什么不同呢？国君居于上面，百姓处在下面，上不同于下，好像没有关联；但是国君没有什么偏好就罢了，只要有所偏好，百姓也一定想要国君所偏好的东西。这也是不以人的意志为转移的。例如，国君偏好仁，百姓就没有不想要仁的；国君偏好义，百姓就没有不想要义的；国君偏好暴乱，百姓也会随之想暴乱。从这里发起的东西，在那里就会有人附和，这中间存在着不用发命令它却自动进行的机制。国君把自己身上产生的加到民众身上，就会招致对方的转化，虽然不是很迅速。这是什么原因呢？国君，是民众的主宰，国君在上面偏好的东西，百姓在下面跟着喜欢，这本来就是必然的道理！内外上下本来就是同一个本体，它们彼此感应，也是源于同一个机制。国君对于百姓，在他向百姓施加影响或作用的时候能不慎重吗？

或者说，身体必然顺从内心，百姓必然顺从国君，哪里知道心的存亡与身体有关系，而国君的存亡与百姓有关系？作为国君，只知道下面必然顺从上面，却不知道上面的存亡与下面有关系，就肆意妄为、为所欲为，专门顺从自己的欲望，又有什么可怕的？因此孔子在下文必然继续写道："国君依靠百姓而存，也因为百姓而亡。"噫，害怕吗？

论

人君之心惟在所养

人君之心，顾其所以养之者何如耳。养之以善，则进于高明，而心日以智；养之以恶，则流于污下，而心日以愚。故夫人君之所以养其心者，不可以不慎也。天下之物，未有不得其养而能生者；虽草木之微，亦必有雨露之滋，寒燠之剂，而后得以遂其畅茂条达；而况于人君之心，天地民物之主也，礼乐刑政教化之所自出也，非至公无以绝天下之私；非至正无以息天下之邪；非至善无以化天下之恶；而非其心之智焉，则又无以察其公私之异，识其邪正之归，辩其善恶之分；而君心之智否，则固系于其所以养之者也，而可以不慎乎哉？君心之智，在于君子之养之以善也；君心之愚，在于小人之养之以恶也。然而君子小人之分，亦难乎其为辩矣。人心惟危，道心惟微。尧舜之相授受而所以丁宁反覆者，亦惟以是；则夫人君之心，亦难乎其为养矣。而人君一身所以投间抵隙而攻之者环于四面，则夫君心之养，固又难乎其无间矣。是故必有匡直辅翼之道，而后能以养其心；必有洞察机微之明，而后能以养其心；必有笃确精专之诚，而后能以养其心。斯固公私之所由异，邪正之所从分，善恶之所自判，而君心智愚之关也。

人君之心惟在所养

　　国君的心怎么样，要看他是如何修养身心的。用善来修养自己就可以进于高明，心也会一天比一天聪明；用恶来修养自己，就会流落为污秽卑下，心也会一天比一天愚蠢。所以，国君用什么来修养自己的心灵，不能不谨慎。天下的万物，没有不需要营养就能生长起来的，即使是草木，也必须有雨露的滋润和寒暖的调剂而后才能茂盛和长大。至于国君的心，乃是天地万物和百姓的主宰，礼、乐、刑、政、教化都是从国君的心中产生出来的，国君的心不能达到至公，就无法杜绝天下的私心；国君的心不能做到至正，就无法消灭天下的邪；国君的心不能达到至善，就无法感化天下的恶；国君的心如果缺乏智慧，就无法看出公与私的差别，以及邪与正的不同，也不能辨别善恶。而国君的心是否有智慧，还是依赖于国君用什么来培养自己的心，因此他能不谨慎吗？国君的智慧在于君子用善来培养；国君的愚昧，在于小人用恶来培养；但是君子与小人也是很难辨别的。人心危险，道心微妙。尧舜之所以在相继禅位的时候反复互相叮咛，也就是因为这一点，所以，国君的心也是很难培养的。国君一身要应付许许多多的事务，而且四面都是想要攻击他的人，所以，培养国君的心很难不间断。因此，必须有匡直辅翼之道，而后才能用它来培养国君的心；必须有洞察机巧和微妙的眼力，而后才能依靠它来培养国君的心；必须有笃确精专的诚意，而后才

世之人君，孰不欲其心之公乎？然而每失之于邪也；孰不欲其心之善乎？然而每失之于恶也；是何也？无君子之养也。养之以君子，而不能不间之以小人也，则亦无惑乎其心之不智矣。昔者，太甲颠覆典刑而卒能处仁迁义，为有商之令主，则以有伊尹之圣以养之；成王孺子襁褓而卒能祗勤于德，为成周之盛王，则以有周公之圣以养之。桀纣之心，夫岂不知仁义之为美，而卒不免于荒淫败度，则其所以养之者，恶来、飞廉之徒也。

呜呼！是亦可以知所养矣。人虽至愚也，亦宁无善心之萌？虽其贤智也，亦宁无恶心之萌？于其善心之萌也，而有贤人君子扩充培植于其间，则善将无所不至，而心日以智矣；于其恶心之萌也，而有小夫憸人引诱逢迎于其侧，则恶亦无所不至，而心日以愚矣。

故夫人君而不欲其心之智焉，斯已矣；苟欲其心之智，则贤人君子之养，固不可一日而缺也。何则？人君之心，不公则私，不正则邪，不善则恶，不贤人君子之是与，则小夫憸人之是狎，固未有漠然中立，而两无所在者。一失其所养，则流于私，而心之智荡矣；入于邪，而心之智惑矣；溺于恶，而心之智亡矣；而何能免于庸患之归乎？

能用它来培养国君的心。区分公与私、邪与正、善与恶所依据的东西,直接与国君的心的智愚相关。

世上的国君,谁不想自己的心公正呢?然而每每失之于邪;谁不想自己的心善呢?然而每每失之于恶;这是什么原因呢?原因在于没有君子来培养国君的心。用君子来培养国君的心,而且疏远小人,就不必担心国君的心不明智了。从前,太甲颠覆典章刑政,最后却能够变得仁德而正义,并且做了商朝的令主,这是因为有圣人伊尹培养他;成王由一个襁褓中的婴儿,最后通过勤于品德修养,成为周朝的盛世之王,这是因为有圣人周公培养他。夏桀和商纣的心不是不知道仁义是好的,可最终还是不免于荒淫败度,这是因为他们用来培养自己的是恶来、飞廉这样的人。

呜呼!由此我们可以知道养心的重要性了。人即使愚昧到了极点,难道就不会萌生善心吗?即使他智慧、贤明,难道就不会萌生恶念吗?在他萌生善念的时候,如果有贤人君子帮助他扩充培植,那么善念将会无所不至,心也会一天比一天明智起来;在他萌生恶念的时候,如果有卑鄙小人在旁边引诱逢迎,那么恶念也会无所不至,心也会一天比一天愚昧。

所以,国君如果不想要自己的心变得明智,这就罢了;如果想要使自己的心变得明智,就一天也不能缺少贤人君子的培养。为什么这样呢?国君的心,不公就私,不正就邪,不善就恶,不与贤人君子交往,就会同卑鄙小人相狎昵,不存在漠然中立,两边都不偏向的情况。一旦失去了良好的,就会流于邪,心的智慧也会被迷惑;就会溺于恶,心的智慧也会消亡,又怎么能免于庸俗和祸患呢?

夫惟有贤人君子以为之养,则义理之学足以克其私心也,刚大之气足以消其邪心也,正直之论足以去其恶心也;扩其公而使之日益大,扶其正而使之日益强,作其善而使之日益新,夫是之谓匡直辅翼之道,而所以养其心者有所赖。然而柔媚者近于纯良,而凶憸者类于刚直,故士有正而见斥,人有憸而获进,而卒无以得其匡直辅翼之资,于是乎慎释而明辩,必使居于前后左右者,无非贤人君子,而不得有所混淆于其间,夫是之谓洞察几微之明,而所以养其心者无所惑。然而梗直者难从,而谄谀者易入也;拂忤者难合,而阿顺者易亲也;则是君子之养未几,而小人之养已随;养之以善者方退,而养之以恶者已入。故夫人君之于贤士君子,必信之笃,而小人不得以间,任之专,而邪佞不得以阻。并心悉虑,惟匡直辅翼之是资焉,夫是之谓笃确专一之诚,而所以养其心者,不至于有鸿鹄之分,不至于有一暴十寒之间,夫然后起居动息,无非贤士君子之与处,而所谓养之以善矣;夫然后私者克而心无不公矣,邪者消而心无不正矣,恶者去而心无不善矣。公则无不明,正则无不达,善则无不通,而心无不智矣。夫然后可以绝天下之私,可以息天下之邪,可以化天下之恶,可以兴礼乐修教化而为天地民物之主矣;而此何莫而不在于其所养邪?何莫而不在于养之以善邪?

只有用贤人君子来培养君主，义理之学才能足以用来克服君主的私心，刚直正大之气才能足以消除君主的邪心，正直的论辩才能足以去掉君主的恶心；只有这样，才能扩充君主的公心，使它日益增大，才能扶持他的正义，使它日益强大，才能发扬他的善心，使它日益更新，这就是通常说的匡直辅翼之道，是国君修养身心所依靠的东西。然而，柔媚接近于纯良，凶险类似于刚直，所以有的士人很正直却遭呵斥，有的人阴险却获得提升，结果君主无法获得匡直辅翼的帮助，因此，要慎重小心，明辨是君子还是小人，一定要使居于君主前后左右的人都是贤人君子，不得有小人混淆于其中，这就是所谓洞察机微之明，用这种方法修养心灵的君主，就不会迷惑。然而，耿直的人很难跟随于君主之后，倒是谄媚阿谀的人容易进入君主身边；君主很难同那种不驯顺的人合作，却很容易同阿谀奉承的人相亲近。于是，君子的修养才刚刚开始，小人的培养也跟随着他了；用善对君主的培养刚刚退出，用恶对君主的培养便进行了。因此，君主对于贤人君子一定要真诚地信任，不能让小人从中离间君主与贤人君子的关系。君主要专门任用贤人君子，不能让邪佞从中阻拦；君主要和贤人君子同心同德，只以匡直辅翼之道为依凭，这才称得上是对贤士君子的笃信专一的诚意，用这种诚意来养心，就不会有鸿鹄之分，就不会一曝十寒，这样起居动息就无非是和贤士君子在一起，这就是所谓养之以善，以善养心，私念就可以克服，心也就不会不公的；邪念就可以消除，心也就不会不正的；恶念就会去掉，心也就不会不善的。心公了就没有不贤明的，心正了就没有什么不通达的，心善了就没有什么不能达到的，心就无不有智慧了。这样就可以杜绝天下的私念，就可以

人君之心，惟在所养。范氏之说，盖谓养君心者言也，而愚之论则以为非人君有洞察之明、专一之诚，则虽有贤士君子之善养，亦无从而效之，而犹未及于人君之所以自养也。然必人君自养其心，而后能有洞察之明、专一之诚以资夫人，而其所以自养者，固非他人之所能与矣。使其勉强于大庭昭晰之时，而放纵于幽独得肆之地，则虽有贤人君子，终亦无如之何者，是以人君尤贵于自养也。若夫自养之功，则惟在于存养省察，而其要又不外乎持敬而已，愚也请以是为今日献。

表

拟唐张九龄上千秋金鉴录表 开元二十四年

开元二十四年八月五日，具官臣张九龄上言。恭遇千秋圣节，谨以所撰《千秋金鉴录》进呈者：臣九龄诚惶诚恐，顿首顿首。伏以古训有获，成宪无愆。自昔致治之明君，莫不师资于往典。故武王有《洪范》之访，而高宗起旧学之思，兹盖伏遇□□□□。乃武乃文，好问好察，赤龙感唐尧之

平息天下的邪念，就可以化除天下的恶念，就可以兴礼乐，修教化，并成为天地万物和民众的主宰。这里，有哪一点不需要修养啊？有哪一点不需要用善进行修养啊？

国君的心关键在于培养。范氏的学说大概是从培养国君的心这个方面来谈的，我却认为如果国君本人没有洞察之明，没有专一之诚，即使有贤士君子用善来扶植他，也没有办法生效，还是比不上国君用善进行自我修养。国君必须先修养自己的心，然后才能有洞察之明和专一之诚，才能对人有所帮助，而他所用来修养自己的东西，本来就不是他人所能给予的。假如国君在大庭广众之下勉强能做到这些，而在私下场合放纵自己，即使有贤士君子，最终还是拿他没有办法。所以，国君最重要的还是要靠自己培养自己。自己培养自己的功夫，就在于存养省察，其关键又不外乎持守恭敬之心，我想把这一点作为对范氏学说的一点贡献。

拟唐张九龄上千秋金鉴录表开元二十四年

唐玄宗开元二十四年八月五日，在朝为官的臣子张九龄上言。恭敬地逢遇陛下的生日，谨以臣所编撰的《千秋金鉴录》呈与陛下：臣九龄诚惶诚恐，顿首再拜。臣以为上古的训诫皆有根有据，先人的成章旧典都没有虚言。自古能够平治天下的明君，没有一个不是以先代的大法为师的。所以武王曾经访问箕子，箕子因之而作《洪范》，而高宗才产生了兴办旧学的思想，兹盖伏

瑞，白鱼兆周武之兴；是以诞应五百载之昌期，而能起绍亿万年之大统。

时维八月，节届千秋，凡兹鼎轴之臣，皆有宝镜之献，祝颂所寓，恭敬是将。臣九龄学本面墙，忠存自牖，窃谓群臣所献，虽近正冠之喻，揆诸事君以礼，尚亏懋德之规。顾瑰奇之珍，则尚方所自有，而珠玉是宝，虽诸侯以为殃。仰窥文皇以人为鉴之谟，窃取伏羲制器尚象之义，覃思古昔，效法丹书，粗述废兴，谬名《金鉴》。盖搜寻旧史，无非金石之言；而采掇前闻，颇费陶镕之力。躬铅椠以实录，敢粉饰乎虚文？鼓铸尧舜之模，炉冶商周之范。考是非之迹，莫遁妍媸；观兴替所由，真如形影。彼《六经》之道，夫岂不明，而诸子之谈，亦宁无见？顾恐万机之弗暇，愿摭一得而少裨；虽未能如贾山之《至言》，或亦可方陆生之《新语》。善可循而恶可戒，情状具在目前；乱有始而治有源，仪刑视诸掌上。公私具烛，光涵阳德之精；幽隐毕陈，寒照阴邪之胆。盖华封之祝，未罄于三，而魏征所亡，聊献其一。

遇□□□□。文治武功，既不耻下问，又能明察身边人的言语，所以能感动上天降下只有唐尧与周武王时才降下过的赤龙与白鱼的瑞兆，预示着本朝能够长久地兴盛下去，江山社稷将传之亿年兆年之后。

现在是八月，陛下的生日快到了，所有的重要的大臣，都向皇上献上宝镜，以表达恭敬与祝福的心愿。臣九龄本没有什么学问，仅有一片忠贞之心，私下里想群臣所献的宝镜，虽然含有以镜为鉴可以正衣冠的譬喻，然而根据事君以礼的古训的要求，似乎还缺少成德的规范与劝勉。而且奇珍异宝，皇宫里本来很多，如果贪财爱物，仅知以珠玉作为宝贝，即使是作为诸侯，也是要因此而带来灾祸的。所以我本着太宗皇帝以人为鉴的训谟，根据伏羲制器尚象的大义，对古昔往事作了精深的思辨与考察，模仿史书的体例，简要地复述将要被废弃的典籍，而成此书，我荒谬地把它命名为《千秋金鉴录》。大约搜求的旧史，都是全玉良言；采撷拾掇以前的旧闻，很费了许多陶冶熔铸的气力。臣亲自根据实录写订，哪里敢有什么粉饰的虚文？欲重明尧舜的大同的精神，发挥商周王道的轨范。臣考察是非的迹象，没有什么美的丑的能够逃出臣的观察；试观王朝兴替的原因，真是如影随形般准确。《六经》里的道，难道是自己不明吗？诸子的言谈，难道却无所见地吗？我只是恐怕圣上日理万机，没有闲暇去看那么多书，所以愿意献上自己的一得之见以帮助圣上节省时间，虽不能比得上贾山的《至言》，但也许会像陆贾的《新语》。善可循而行之而恶可以戒除，这其间的情状都如在眼前；乱有它的始因，治也有它的本源，这中间的榜样典型就像看自己的手掌一样易见。公与私都照察明断，发扬阳善的美德；幽渺隐微都

若陛下能自得师，或亦可近取诸此，视远亦维明矣，反观无不了然。诚使不蔽于私，自当明见万里，终能益磨以义，固将洞察纤毫。维兹昧爽所需，用为缉熙之助。伏愿时赐披阅，无使遂掩尘埃，宜监于殷，励周宣之明发；顾諟天命，效成汤之日新。永惟丕显之昭昭，庶识微衷之耿耿。月临日照，帝德运于光天；岳峙川流，圣寿同于厚地。臣无任瞻天仰圣激切屏营之至，谨以所述《千秋金鉴》录随表上进以闻。

策五道

问：王者功成作乐，治定制礼。故功大者乐备，治遍者礼具，而五帝不沿乐，三王不袭礼也。自汉而下，礼乐日衰。既不能祖述宪章，以复三代之旧制；则亦不过苟且因循，以承近世之陋习而已。盖有位无德，固宜其然也。惟我太祖、太宗以圣人在天子之位，故其制作之隆，卓然千古，诚有不相沿袭者。独其广大渊微，有非世儒所能测识耳。夫合九庙而同堂，其有仿于古乎？一郊社而并祭，其有见于经乎？声容之为备，而郊祭之舞，去干戚以为容；雅颂之为美，而燕享之乐属教坊以司颂；是皆

陈列出来,使邪僻阴毒之人闻而丧胆。华封祝礼,还未及举行完三次,魏征就亡故,只能姑且献上其中之一。

如果陛下能够深造自得,近处以此书为师,大约也可以做到明察遥远的事务了! 反观内省,一切都很清楚。如果真的不为私欲所蒙蔽,自然应当能明见万里之外,如果能以义磨炼自己,肯定会做到洞察秋毫。愿此书成为您持敬进德一个有用的助力。愿陛下常常披阅此书,不要使它埋没在尘埃里,陛下应效法周室王以殷商的灭亡为借鉴而奋发振作的榜样,应效法成汤的以日日新而自勉的事迹,使自己的明德一天天光辉起来,这样才算稍微识得并不负我们作为臣子的一片耿耿忠心呀! 愿您的圣德与日月同辉,愿您的寿量像大地上的山河一样绵远无疆。臣怀着无限敬仰与关切的心情,把所作的《千秋金鉴录》随同此表奉上。

策五道

问:帝王功业成就而后作乐,天下平治然后制礼。所以,功业盛大者,其所作乐也完善;治化周遍者,其所制礼也齐备;而且,三王、五帝的礼乐都是不互相沿袭的。从汉代以后,礼乐越来越衰落,既然各个朝代都不能够祖述尧舜,宪章文武,以恢复夏、商、周三代的礼乐旧制;也就只能够得过且过,因循沿袭前朝的陋习了。因为历代君主都是在上位却没有圣人的德行,所以,落得上面的样子也是理所当然了。只有我朝的太祖、太宗皇帝,以圣人之德在天子之位,所以我朝礼乐,制作隆盛,超过了千百年来的各个朝代,有很多是不沿袭前朝的。只是因为这些礼乐的

三代所未闻,而创为之者。然而治化之隆,超然于三代之上,则其间固宜自有考诸三王而不谬者,而非圣人其孰能知之夫?鲁,吾夫子之乡而先王之礼乐在焉。夫子之言曰:"吾学周礼,今用之,吾从周。"斯固鲁人之所世守也。诸士子必能明言之。

圣人之制礼乐,非直为观美而已也;固将因人情以为之节文,而因以移风易俗也。夫礼乐之说亦多端矣,而其大意,不过因人情以为之节文。是以礼乐之制,虽有古今之异,而礼乐之情,则无古今之殊。《传》曰:"知礼乐之情者能作,识礼乐之文者能述。作者之谓圣,述者之谓明。故夫钟鼓管磬、羽龠干戚者,乐之器也;屈伸俯仰、缀兆舒疾者,乐之文也;簠簋俎豆、制度文章者,礼之器也;升降上下、周旋裼袭者,礼之文也。"

夫所谓礼乐之情者,岂徒在于钟鼓、干戚、簠簋、制度之间而已邪?岂徒在于屈伸、缀兆、升降、周旋之间而已邪?后世之言礼乐者,不本其情,而致详于形器之末;是以

精神广大渊深,有很多地方是世俗的儒者所不能测度认识到的。难道把九座太庙合并置于一堂,是模仿古代吗?把郊礼与社礼合并在一起祭祀,在经典中能够找到先例吗?我朝的制度,把音乐与场面仪式制订得更加完备,郊祭时的舞蹈却去掉盾牌与斧钺;把雅颂之乐制订得更加完美,在举行祭祀奏乐时,却让教坊主管演奏颂乐;这些都是夏、商、周三代的制度里所没有而为我朝所新创制的。但是我朝的治理与教化所以能够超过三代,那么考察它的礼乐制度,就应该有与三王的精神相一致的地方。如果不是圣人,谁又能知道此点呢?鲁国,是孔子的故乡,也是先王礼乐保留先王礼乐的地方。孔子说:"我学习周礼。因为今天还在使用它,所以我追随周制。"这一点,固然是鲁国人世代相传且坚持的。你们这些读书人,一定能明白地讲述这些。

圣人制作礼乐,并不只是为了给人看着好看的;而是为了因顺人情并对它加以节制与纹饰,因而起到移风易俗的效果。关于礼乐的说法是很多的,但是大意都是因顺人情并对人情加以节制与纹饰。所以,礼乐制度虽然有古今的差别,但是礼乐的真正精神是无古今差别的。《传》说:"能够通晓礼乐的精神的能够创作礼乐,能够知道礼乐的文饰的能够继承礼乐。创作礼乐的叫作圣人,继承礼乐的叫作明达之士。所以钟鼓管磬、羽籥干戚,是乐的器具;屈伸俯仰,停续快慢,是乐的文采;簠簋俎豆、制度文章,是礼的器具,升降上下,周旋应对,脱穿礼服,是礼的文饰。"

所谓礼乐的精神,难道仅仅存在于钟鼓、干戚、簠簋、制度之间吗?仅仅存在于屈伸、缀兆、升降、周旋之间吗?后世讲礼乐的人,不以它的内在精神为根本,却在表面的细枝末节问题

论明堂则惑于吕氏《考工》之说；议郊庙而局于郑氏王肃之学；钟吕纷争于秬黍，而尺度牵泥于周天，纷纷藉藉，卒无一定之见；而礼乐亦因愈以废坠，是岂知礼乐之大端，不过因人情而为之节文者乎？《传》曰："礼也者，义之实也，协诸义而协则礼，虽先王未之有，可以义起也。"

孟子曰："今之乐，犹古之乐也；今夫行礼于此，而有以即夫人心之安焉，作乐于此，而使闻之者欣欣然有喜色焉，则虽义起之礼，世俗之乐，其亦何异于古乎？使夫行礼于此，而有以大拂乎人之情，作乐于此，而闻之者疾首蹙额而相告也，则虽折旋周礼，而戛击《咸》《韶》，其亦何补于治乎？"

即是说而充之，则执事之所以下询者，虽九庙异制可也，合而同堂亦可也，郊社异地可也，一而并祭亦可也。声容之备固善矣，而苟有未备焉，似亦无伤也；雅颂之纯固美矣，而苟有未纯焉，或亦无患也。呜呼！此我太祖、太宗之所以为作者之圣，而有以深识夫礼乐之情者欤！窃尝伏观祖宗之治化功德，荡荡巍巍，蟠极天地之外，真有以超越三代而媲美于唐虞者；使非礼乐之尽善尽美，其亦何以能致若是乎？草莽之臣，心亦能知其大，而口莫能言之，故尝以为天下之人，苟未能知我祖宗治化功德之隆，则于礼乐之

上详细考究，所以论明堂制度的人就迷惑于吕氏《考工》的说法；讲郊庙制度的人就局限于郑玄、王肃的学说；于是制订乐律时就在柜黍的问题上争论不休，在订立明堂尺度时则泥滞于周天的问题，纷纷扰扰，一直没有统一确定的见解；礼乐也因此更加衰落废弃了，这难道是不知道礼乐最重要的地方，不过是要因顺人情而对它加以节制与纹饰吗？《传》上说："礼是义的实质，如果以义去衡量是合乎义的，那么这就是礼，即使是先王所没有的礼，也是可以根据义去制订的。"

孟子说："今天的音乐与古代的音乐是差不多的。如果现在在这里举行典礼，而能够顺从人情，安定人心；在这里演奏音乐，而能够使听到的人感到很高兴，那么即使是从宜制订的礼，即使是世俗的音乐，跟古代的又有什么差别呢？如果在这里举行典礼，却异常地违反人情；在这里演奏音乐，却使听众摇头皱眉，即使是完全合乎周礼、《咸》《韶》，又对治化有什么帮助呢？"

从这个说法出发可知，您所问的，即使是九座太庙分开也是可以的，合在一堂也是可以的，郊礼与社礼分开在不同的地方举行是可以的，合在一起举行也是可以的。音乐与仪式完备固然很好，便如果有些不完备，似乎也无伤大雅；雅乐与颂乐都很纯美固然很好，但是如果有一些不纯，似乎也是无关紧要的。啊！这才是我朝太祖、太宗皇帝作为创作者的圣明所在，他们真是深刻地把握了礼乐的内在精神的人呀！我私下里曾经考察祖宗的治化功德，真是广大崇高，超过天地，真是有超过三代而能与唐尧虞舜时代媲美的地方；如果不是礼乐尽善尽美，怎么能够达到这等程度呢？我见识浅陋，虽然心里也知道我朝礼乐的伟

盛,固宜其有所未识矣。

　　虽然,先王之制,则亦不可以不讲也。《祭法》:"天子七庙三昭三穆,与太祖之庙而七,益以文武世室而为九,庙门皆南向,主皆东向,各擅一庙之尊,而昭穆不紊焉。"则周制也。郊社之礼,天尊而地卑,郊以大报天,而社以神地道,故燔柴于泰坛,祭天也;瘗埋于泰折,祭地也;其不并祭久矣。祭天之用乐,则吕氏《月令》以仲夏"命乐师修鼗鞞鼓,均琴瑟管箫,执干戚戈羽,调竽笙篪簧,饬钟磬柷敔,而用盛乐以大雩帝",则祭天之乐,有干戚戈羽矣。子夏告魏文侯以古乐,以为进旅退旅,和正以广,弦匏笙簧,会守拊鼓,始奏以文,复乱以武,治乱以相,讯疾以雅,而所谓及优侏儒者,谓之新乐。

　　夫国家郊庙之礼,虽以义起,固亦不害其为协诸义而协矣。虽然,岂若协于义,而合于古之为尤善乎?国家祀享之乐,虽不效古,固亦不害其为因人情而为之饰矣。虽然,岂若因人情而又合于古之尤善乎?昔者成周之礼乐至周公而始备,其于文、武之制,过者损之,不及者益焉,而后合于大中至正。此周公所以为善继善述,而以达孝称也。儒生稽

大，但口里却说不出来，所以我早就认为天下之人，如果不是常常地知晓祖宗治化功德的隆盛，那他就不能清楚地认识我朝礼乐的隆盛。

但是，先王的礼乐也是不可以不讲的。按照《祭法》："天子设七座庙，三座庙在左为昭，三座庙在右为穆，与太祖庙加在一起一共七座，如果再加上文武大臣诸侯的庙，则一共九座，庙门都向南开，木主都面向东，各自占据一庙的尊位，而昭穆分明。"这是周代的制度。按照郊礼与社礼的精神，天是尊崇的，地是卑下的，郊礼是为了报答天的恩德，社礼是为了使地神圣，所以在泰坛点燃干柴祭祀，是祭天的；在泰折埋土，是祭地的；这两者不在一起祭祀，这已经很久了。祭天时乐器采用吕，吕氏《月令》则在仲夏"命令乐师演练鞉鞞鼓，和奏琴瑟管箫，手执干戚戈羽，吹奏竽笙箛簧，敲击钟磬柷敔，使用盛大的音乐来使天帝高兴"，则祭天时的乐舞，是使用干戚戈羽的。子夏告诉魏文侯说：古代的音乐舞蹈在模仿表演进军退军的时候，和正广大，弦匏笙簧合奏，以鼓伴奏，一开始演奏文静雅正的曲调，接下去演奏武勇雄壮的曲调，在演奏繁复的调子时，能保持和谐，在演奏得很快时，能够做到雅正，后代使用戏子侏儒的，那才叫作新乐。

国家郊庙的典礼，即使是从宜新创，也可以做到以义理权衡时能够合乎义理。但即使如此，如果既能合乎义理，又合乎古制不是更好吗？国家祭祀时的音乐，即使不模仿古代，也可以不妨害它是因顺人情而加以纹饰的。即便如此，如果既能因顺人情又合乎古制不是更好吗？往昔，周朝的礼乐到了周公才开始完备起来，周公对于文王与武王的制度，太过分的就减损它，

古之谈，固未免于拘滞，所敢肆其狂言，则恃有善继善述之圣天子在上也。

问：佛老为天下害，已非一日；天下之讼言攻之者，亦非一人矣；而卒不能去，岂其道之不可去邪？抑去之而不得其道邪？将遂不去，其亦不足以为天下之患邪？夫今之所谓佛老者，鄙秽浅劣，其妄初非难见，而程子乃以为比之杨、墨尤为近理，岂其始固自有说，而今之所习者，又其糟粕之余欤？佛氏之传，经传无所考，至于老子，则孔子之所从问礼者也。孔子与之同时，未尝一言攻其非，而后世乃排之不置，此又何欤？夫杨氏之为我，墨氏之兼爱，则诚非道矣，比之后世贪冒无耻，放于利而行者，不有间乎？而孟子以为无父无君，至比于禽兽；然则韩愈以为佛老之害甚于杨墨者，其将何所比乎？抑不知今之时而有兼爱、为我者焉，其亦在所辟乎？其将在所取乎？今之时不见有所谓杨、墨者，则其患止于佛老矣。不知佛老之外，向有可患者乎？其无可患者乎？夫言其是而不知其所以是，议其非而不识其所以非，同然一辞而以和于人者，吾甚耻之。故愿诸君之深辨之也。

达不到的就增益它，然后才合乎大中至正之道。这就是周公之所以被称为善于继承与因循先人的事业，而被叫作达孝之人的原因。儒生考稽古代的言论，固然不能免于拘泥不通，如果有人敢于放肆地议论，那么就有待于善于继承、善于因循先人事业的圣明的天子去处置他们。

问：佛教与道教危害天下国家，已经不止一天了；天下人中发言攻击佛道两派的，也早不止一人了；但是一直不能够使它们消灭，那么，这是因为它们本身的道理不可磨灭呢？还是因为排斥它们不得法呢？如果放任不管，是不是也不足以成为天下的祸患呢？今天的佛教与道教，鄙陋污秽浅狭愚劣，它们的虚妄并不难以看到，而程子却认为把它们与杨朱、墨子的学说相比较，它们要更为有道理一些，这是不是因为佛道在一开始本来有圆通的学说，而今天的佛道之徒所学的已是那些学说的糟粕了呢？佛教的传承，在经传上没有记载，而老子则是孔子曾经向他问过礼的。孔子与他是同时代的人，却没有说过攻击老子不对的话，而后世却不遗余力地排斥攻击老子，这又是为什么呢？杨朱"为我"的学说与墨子"兼爱"的学说，固然不是大道，但比起后世贪得无厌，寡廉鲜耻，为了私利无所不为的人，难道不是有所不同吗？但孟子却以为他们提倡无父无君，把它们比作禽兽；那么韩愈以为佛道的危害比杨朱与墨子还大，他是怎么比较的呢？如果今天仍旧有信奉杨朱"为我"、墨子"兼爱"的信徒，不知韩愈是排斥打击它们呢？还是认为他们可取呢？今天并没有杨、墨的信徒，那么祸患天下的，就只剩下佛道两家了。不知佛道两家之外，是有另外可以为患天下的呢？还是没有呢？那种说一种东西是对的却不知它为什么对，说一种东西是错的却不知它错在

天下之道，一而已矣。而以为有二焉者，道之不明也。孔子曰："道之不明也，我知之矣，知者过之，愚者不及也；道之不行也，我知之矣，贤者过之，不肖者不及也。"呜呼！道一也，而人有知愚贤不肖之异焉。此所以有过与不及之弊，而异端之所从起欤？然则天下之攻异端者，亦先明夫子之道而已耳。夫子之道明，彼将不攻而自破。不然，我以彼为异端，而彼亦将以我为异端。譬之穴中之斗鼠，是非孰从而辨之？今夫吾夫子之道始之于存养慎独之微，而终之以化育参赞之大；行之于日用常行之间，而达之于国家天下之远。人不得焉不可以为人，而物不得焉不可以为物，犹之水火菽帛而不可一日缺焉者也。然而异端者，乃至与之抗立而为三，则亦道之不明者之罪矣。道苟不明，苟不过焉，即不及焉。过与不及，皆不得夫中道者也，则亦异端而已矣，而何以攻彼为哉？

今夫二氏之说，其始亦非欲以乱天下也，而卒以乱天下，则是为之徒者之罪也。夫子之道，其始固欲以治天下也，而未免于二氏之惑，则亦为之徒者之罪也。何以言之？佛氏吾不得而知矣，至于老子则以知礼闻，而吾夫子所尝问礼，

哪里,异口同声地与别人相附和的作法,我认为是很可耻的。所以请诸位对以上的问题做深刻的辨析。

天下所共有的大道,只有一个。如果以为道有两个,那是因为道被埋没而不明。孔子说:"道埋没不明的原因我知道了,聪明的人知道地太过分了,愚昧的人知道得又有所不及;道不能推行的原因我知道了,贤人施行得太过分了,不成器的人施行得又有所不及。"唉!道只有一个,但是人却有聪明愚昧、成器不成器的区别。这就是为什么会有过分与不及的弊端,为什么会有异端之学产生的原因了。既然如此,那么从事于排斥攻击异端的人,只需要首先致力于让孔子之道发扬光大就可以了。孔子之道发扬光大了,佛道等异端之学将不攻自破。否则,我们以他们为异端,他们也将以我们为异端。就像在洞里打架的老鼠一样,这中间的是非由谁来判定呢?孔子之道,从存心养性慎独戒惧等细微处开始,而以化育天地万物的伟大处作为终结;在日常生活中实行它,就可以远远地推广到天下国家之间。人不得到这个道,就不能成其为人;物不得到这个道,就不成其为物,这就好像水火衣食一样,是一天也不能没有的。产生了异端,甚至沦落到要与异端分庭抗礼,成为三足鼎立的形势,也就必须归罪于道的埋没不明了。道如果埋没不明,不是太过分了,就是不及。过与不及,都没有合乎中庸之道,那么也只是异端而已了,那么还凭什么攻击排斥人家呢?

现在佛道的学说,它们的出发点也不是要使天下混乱的,但最后却落到使天下混浊的结果,那是做佛道信徒的人的罪过。孔子之道,它的出发点当然是以治天下为目的的,最后没有能够免于佛道的惑乱,也是做孔子信徒的人的罪过呀!为什么

则其为人，要亦非庸下者，其修身养性以求合于道，初亦岂甚乖于夫子乎？独其专于为己，而无意于天下国家，然后与吾夫子之格致诚正而达之于修齐治平者之不同耳。是其为心也，以为吾仁矣，则天下之不仁，吾不知可也；吾义矣，则天下之不义，吾不知可也。居其实而去其名，敛其器而不示之用，置其心于都无较计之地，而亦不以天下之较计动于其心。此其为念，固亦非有害于天下者，而亦岂知其弊之一至于此乎？

今夫夫子之道，过者可以俯而就，不肖者可以企而及，是诚行之万世而无弊矣，然而子夏之后有田子方，子方之后为庄周，子弓之后有荀况，荀况之后为李斯，盖亦不能以无弊，则亦岂吾夫子之道使然哉？故夫善学之，则虽老氏之说无益于天下，而亦可以无害于天下；不善学之，则虽吾夫子之道，而亦不能以无弊也。今天下之患，则莫大于贪鄙以为同，冒进而无耻。贪鄙为同者曰："吾夫子固无可无不可也。"冒进无耻者曰："吾夫子固汲汲于行道也。"

嗟乎！吾以吾夫子之道以为奸，则彼亦以其师之说而为奸，顾亦奚为其不可哉！今之二氏之徒，苦空其行，而虚幻

这样说呢？佛教我不大清楚，而老子是以知礼闻名的，孔子曾经向他请教过礼，那么显然，他并非庸碌之辈，他修身养性以求合于道，出发点难道会与孔子相差太远吗？只是他一心一意只是为了成就自己，而忽略了天下国家，在这一点上才与孔子的由格物、致知、诚意、正心进而达到修身、齐家、治国平天下的宗旨有所不同了。在老子看来，只要他自己做到仁了，对于天下的不仁，不闻不问就行了；只要他自己做到义了，对于天下的不义，置之度外就是了。坚守事物的实质而除去它们的虚名，敛藏自己的宝器不让人知道它们的作用，把自己的心安放于一丝一毫也没有计较的境界，不因为考虑天下之事而使自己动心。按照他的想法，这对天下并没有害处，但他又怎么知道，其弊端到了这样的地步了呢？

孔子之道，行得太过分的人可以通过把自己降低一些来实现它，不成器的人可以翘首就可以实现它，这真正是行之万世也不会产生弊端的，然而子夏之后却有田子方，田子方之后有庄周，子弓之后有荀况，荀况之后有李斯，他们都不能没有弊端，这难道是孔子之道本身的原因吗？所以善于学习的人，即使是学习老子的学说，虽然不能对天下有益，但也不致有害；不善于学习的人，即使是学的孔子之道，也不能不产生弊端。现在天下最大的祸患是认为贪婪卑鄙是共同的人性以及为了追求功名利禄而寡廉鲜耻。认为贪婪卑鄙是人之所同的人说："我们的孔夫子也是无可而无不可的。"为了功名利禄而寡廉鲜耻的人说："我们的孔夫子也是汲汲于行道的。"

唉！既然我们可以打着我们夫子的旗号去做奸诈之事，那么，佛道之徒打着他们老师的旗号去做奸诈之事，又有什么不

其说者，既已不得其原矣；然彼以其苦空，而吾以其贪鄙；彼以其虚幻，而吾以其冒进。如是而攻焉，彼既有辞矣，而何以服其心乎？孟子曰："经正则庶民兴，庶民兴斯无邪慝矣。"今不皇皇焉自攻其弊，以求明吾夫子之道；而徒以攻二氏为心，亦见其不知本也夫。

　　生复言之，执事以攻二氏为问，而生切切于自攻者，夫岂不喻执事之旨哉？《春秋》之道，责己严而待人恕；吾夫子之训，先自治而后治人也。若夫二氏与杨、墨之非，则孟子辟之于前，韩、欧诸子辟之于后，而岂复俟于言乎哉？执事以为夫子未尝攻老氏，则夫子盖尝攻之矣，曰："乡愿，德之贼也。"盖乡愿之同乎流俗，而合乎于世。即老氏之所谓"和其光而同其尘"者也。和光同尘之说，盖老氏之徒为之者，而老氏亦有以启之。故吾夫子之攻乡愿，非攻老氏也；攻乡愿之学老氏而又失之也。后世谈老氏者，皆出于乡愿，故曰："夫子盖尝攻之也。"

　　问：古人之言曰："志伊尹之所志，学颜子之所学。"诸君皆志伊学颜者，请遂以二君之事质之。夫伊尹之耕于有莘之

可以呢？现在的佛道之徒，把宗教修行弄得艰苦空疏，把学说搞得虚幻不实，当然是已经失去了他们的本原了；但是他们的修行虽然有过于艰苦空疏的弊端，但我们有的却是贪婪而卑鄙；他们的学说虽然有虚幻不实的弊端，但我们有的却是为了功名利禄的寡廉鲜耻。如此，我们攻击排斥他们，他们肯定会有理由反驳我们，这又怎么能让他们心服呢？孟子说："治天下的大经大法端正地树立起来了，那么人民就会兴起，人民兴起了，也就不会有奸邪了。"现在我们不急于自己除去自己的弊端，来发扬光大孔子之道；而是光想着去排斥攻击佛教与道教，这表明我们是多么地不知本哪！

学生再次禀告阁下，阁下问如何攻击排斥佛道，而学生却认为首先作自我批判，难道是学生不懂阁下的用意吗？按照《春秋》的道理，应该要求自己严格，对待别人宽容；根据孔子的训诫，应该是先把自己管好了，然后再去管别人。对于佛道与杨朱、墨子的弊端，先是有孟子排斥他们在先，后来又有韩愈、欧阳修等人攻击他们在后，哪里还要等待他人说话呢？阁下以为孔子没有批评过老子，实际孔子是批评过他的，孔子曾经说过："没有真是非原则的好好先生，是道德的败坏者。"这是因为乡愿之人只能与世俗同流合污，只能混世。这就是道家所说的"和其光而同其尘"的意思。但是这个"和其光而同其尘"的说法，是由老子启发了他们。所以，孔子批评乡愿，并不是批评老子；而是批评学习老子学说却又失其原意的人。后世谈道家的，都是出于乡愿的意思，所以说："孔子曾批评过道家。"

问：古人说："要立伊尹所立的志向，要学习颜子所学的学问。"诸君都是立下伊尹的志向而学习颜子的学问的人，那么下

野，而乐尧舜之道也，固将终身尔矣。汤之聘币三往，而始幡然以起，是岂苟焉者？而后世至以为割烹要汤，斯固孟子已有明辩。至于桀则固未尝以币聘尹也，而自往就之，至再至五。昔人谓其急于生人，而往速其功也。果尔，其不类于以割烹要之欤？颜渊之学于孔子也，其详且要，无有过于四勿之训。兹四言者，今之初学之士皆自以为能知；而孔门之徒以千数，其最下者宜其犹愈于今之人也，何独唯颜子而后可以语此乎？至于箪瓢陋巷而不改其乐，此尤孔子之所深嘉屡叹而称以为贤者。而昔之人乃以为哲人之细事，将无类于今之初学自谓能知四勿之训者乎？夫尹也，以汤之圣则三聘而始往；以桀之虐，则五就而不辞。颜之四勿，孔门之徒所未闻，而今之初学自以为能识；箪瓢之乐，孔子以为难，而昔人以为易也。兹岂无其说乎？不然，则伊尹之志荒，而颜子之学浅矣。

　　求古人之志者，必先自求其志，而后能辨其出处之是非；论古人之学者，必先自论其学，而后能识其造诣之深浅。此伊尹之志、颜子之学，所以未易于窥测也。尝观伊尹

面我就以伊尹与颜子的事考问大家。伊尹隐居而躬耕于有莘这个地方的时候，他欢喜并且亲自施行尧舜之道，是要终身这样做下去的。汤带着钱币礼物亲自请了三次，才慨然出去做官，这岂是苟且为之？但后世竟以为他曾经通过做厨师来游说汤，这当然孟子已经明辨是无有其事了。至于桀则从没有带着钱币礼物去聘请伊尹，但是伊尹却自己找上门去，至于三番五次。过去的人认为他是急于拯救人民而希望早日完成这个事业。果真是这样，那这不是与通过做厨师去游说汤差不多吗？颜渊向孔子学习的内容，最详细的要数"四勿"（非礼勿视、非礼勿听、非礼勿言、非礼勿动）的律戒了。但是这四句话，今天的初学者都自以为能够知道；孔子的弟子数以千计，其中最下等的也要比今天的人强，为什么只有颜子才能听到这样的训诫呢？至于一箪食一瓢水在陋巷里过着艰苦的生活却能够不改变自己欢乐的心境，这尤其是孔子所深深嘉许的，屡次称赞叹赏以为这是颜子之贤的表现。但是过去却有人认为这不过是哲人细枝末节的事，这不是与今天的初学者却以为自己能够知道"四勿"的教训很相类似吗？伊尹对于具有圣人之德的汤的聘请，请了三次才去；对于暴虐的桀却连续五次自己找上门去。颜子的"四勿"的学问，孔门弟子都没有听说过，而今天的初学者以为能够知道；颜子一箪食一瓢饮在陋巷却不改其乐，孔子以为非常难以做到，但过去却有人以为很容易。这中间难道能没有说法吗？否则，伊尹的志向就是很荒唐的，而颜子的学问就很浅薄了。

　　推求古人的志向，一定要首先推求自己的志向，然后才能辨别古人立身处世的行为的正确与否；讨究古人的学问，一定要首先自己去从事这种学问，然后才能够知道古人造诣的深浅。这

耕于有莘之野，而乐尧舜之道，固将终其身于畎亩，虽禄之以天下，有弗顾者。其后感成汤三聘之勤，而始幡然以起，是诚甚不易矣。而战国之士，犹以为割烹要汤，向非孟氏之辩，则千载之下，孰从而知其说之妄乎？

至于五就桀之说，则尚有可疑者。孟子曰："往役，义也；往见，不义也。"夫尹以庶人而往役于桀可也，以行道而往就于桀不可也。尹于成汤之圣，犹必待其三聘者，以为身不可辱，而道不可枉也。使尹不俟桀之聘而自往，则其辱身枉道也甚矣，而何以为伊尹乎？使尹之心以为汤虽圣，臣也；桀虽虐，君也；而就之，则既以为君矣，又可从而伐之乎？桀之暴虐，天下无不知者，彼置成汤之圣而弗用，尚何有于伊尹？使不知而就之，是不知也；知而就之，是不明也；就之而复伐之，是不忠也。三者无一可，而谓伊尹为之乎？

柳宗元以为伊尹之五就桀，是大人之欲速其功。且曰："吾观圣人之急生人，莫若伊尹；伊尹之大，莫大于五就

就是伊尹的志向与颜子的学问难以窥测的原因。我曾经推想，伊尹躬耕于有莘地方的时候，欢喜并践行尧舜之道，定然是报着终身隐居而躬耕田亩的志向，即使是把天下给他，也不会动心的。因此之后，感动了成汤多次殷勤地来聘请他，最后才慨然出仕，这诚然是很不容易的。然后战国时的人却仍然以为他曾经以做厨师为手段去游说成汤，如果不是孟子为此辩护，那么千年之后，谁还能知道这种说法的虚妄呢？

至于三番五次去拜访夏桀的说法，却还有可疑之处。孟子说："应召去服劳役是合乎义的，主动去求见是不合乎义的。"伊尹作为平民而去为桀服劳役是可以的，为了推行自己的道而自己去求见桀就是不可以的。伊尹对于具有圣德的成汤的聘请，还一定要等待他请了三次才出仕，这是因为他知道自身是不能屈辱而大道不能苟且推行的。如果伊尹不等夏桀的聘请，就自己去求见，那么就很是屈辱自身和贬低大道的，这样还怎么成其为伊尹呢？如果说伊尹的内心里以为，汤虽然是圣人，但毕竟是臣子；夏桀虽然是暴君，但毕竟是君主，就因此对夏桀自己找上门去，那么，既然以夏桀为君了，怎么还能跟从着汤去讨伐桀呢？夏桀的暴虐，天下人没有不知道的，他对成汤这样的圣人都弃置不用，又怎么会去任用伊尹呢？如果伊尹不知这个道理，而自己去寻求为桀所任用，就是不聪明，如果知道此理而还是去了，那是不明达；既然已经寻求被任用，又去讨伐人家，这是不忠。这三者没有一件事是合情理的，怎么能说是伊尹曾经做过的呢？

柳宗元认为伊尹之所以去亲近桀，是伟大的人为了尽快成就他的功业。而且还说："我看圣人中急于救民的，要数伊尹；

桀。"苏子瞻讥之，以为宗元欲以此自解其从叔文之非，可谓得其心矣。然五就之说，孟子亦尝言之，而说者以为尹之就桀，汤进之也，则尹惟知以汤之心为心而已。是在圣人固必自有以处此；而愚以为虽诚有之，亦孟子所谓有伊尹之志则可耳。不然，吾未见其不为反覆悖乱之归也。

　　至于颜子四勿之训，此盖圣贤心学之大，有未易以言者。彼其自谓能知，则譬之越南冀北，孰不知越之为南，冀之为北？至其道理之曲折险易，自非所尝经历，莫从而识之也。今以四勿而询人，则诚未见其有不知者；及究其所谓非礼，则又莫不喑然而无以为答也。今夫天下之事，固有似礼而非礼者矣，亦有似非礼而实为礼者矣。其纤悉毫厘至于不可胜计，使非尽格天下之物，而尽穷天下之理，则其疑似几微之间，孰能决然而无所惑哉？

　　夫于所谓非礼者既有未辨，而断然欲以之勿视听言动，是亦告子之所谓不得于言而勿求于心耳，其何以能克己复礼而为仁哉？夫惟颜子博约之功，已尽于平日；而其明睿所照，既已略无纤芥之疑；故于事至物来，天理人欲，不待议拟而已判然，然后行之，勇决而无凝滞，此正所谓有至明以察其几，有至健以致其决者也。

伊尹的伟大之处，莫过于连续五次求桀任用这件事。"苏轼讥讽他说，这是柳宗元欲以此来为自己曾经追随王叔文这件错事辩护，可谓深得柳宗元的用心了。然而伊尹五就夏桀的说法，孟子也曾经说过。对此做解释的人说伊尹亲近夏桀，是成汤让他去那样做的，那么伊尹就只知道以成汤的心为心了。这在圣人固然一定有处此的道理。但我以为即使是真的有这件事，他必须像孟子说的要有伊尹的志向才可以。否则，我认为这必然是反叛作乱的根源了。

至于颜子的四勿工夫，是圣贤心学的大要，是很难讲论的，那些人自以为能够知道，这就好像越在南而冀在北这个常识，谁不知道越之在南而冀之在北呢？至于去越与冀的道路上的那些曲折险易的详细情况，就必须是只有亲身走过的人才能知道。现在我们拿"四勿"来问人，诚然是未见有人不知它是指什么的；但是当我们深究什么是非礼的时候，就又都哑然不能作答。天下之事，固然有许多似乎是合乎礼但实际并不合乎礼的，也有许多似乎是不合乎礼但实际上确是合乎礼的。这中间纤悉毫厘的差别，至于不可胜计，如果不是格尽了天下之物，穷尽了天下之理，又怎么能在这些似是而非，似非而是相差几微的地方，能够决断而不产生疑惑呢？

既然对于是否属于非礼还未辨别清楚，就断然地靠着这个标准去勿视、勿听、勿言、勿动，这也就是告子所谓的在语言上没有弄清楚，就不要求之于内心是了，这又怎么能做到克己复礼为仁呢？只有颜子博文约礼的工夫已经在平日做得很到家了，而他的聪明睿智所至之处已无丝毫的疑惑，故而在应事接物的时候，对于天理人欲的辨别，已不需着意分析而已能判断明了，然

孔门之徒,自子贡之颖悟,不能无疑于一贯;则四勿之训,宜乎唯颜子之得闻也。若夫箪瓢之乐,则颜子之贤尽在于此,盖其所得之深者。周子尝令二程寻之则既知其难矣,惟韩退之以为颜子得圣人为之依归,则其不忧而乐也岂不易?顾以为哲人之细事,初若无所难者,是盖言其外,而未究其中也。盖箪瓢之乐,其要在于穷理,其功始于慎独。能穷理故能择乎中庸,而复理以为仁;能慎独故能克已不贰过,而至于三月不违。盖其人欲净尽,天理流行,是以内省不疚,仰不愧,俯不怍,而心广体胖,有不知其手舞足蹈者也。退之之学,言诚正而弗及格致,则穷理慎独之功,正其所大缺;则于颜子之乐,宜其得之浅矣。

嗟乎!志伊尹之志也,然后能知伊尹之志;学颜子之学也,然后能知颜子之学。生亦何能与于此哉?顾其平日亦有所不敢自暴自弃,而心融神会之余,似亦微有所见,而执事今日之问,又适有相感发者,是以辄妄言之,幸执事不以为僭而教之也。

问:风俗之美恶,天下之治忽关焉。自汉以来,风俗之变而日下也,犹江河之日趋于海也,不知其犹可挽而复之古乎?将

后发于行动,勇敢决断而没有滞碍,这正是所谓的有至明而可以察见事物的几微的动向,有至健而可以决然无豫地行动了。

孔门的弟子,虽然是子贡那样聪颖明悟的人,也不能对一以贯之的道没有疑惑;那么"四勿"的训诫,只有颜子一人得以听到,也就是理所当然的了。至于在一箪食一瓢饮在陋巷而不改其乐,颜子的贤德全部可于此处体现,这是由于他得道已很深了。周敦颐曾让二程寻孔颜乐处,可见是知道颜子之乐的难能的,只有韩愈以为颜子有圣人可以依靠,因此可以不忧愁什么而很快乐,这不是很容易吗?所以他才以为这是哲人的细枝末节的事,并没什么难的,这只是说的外表,而没有深究其内在啊!颜子的快乐,它的关键在于穷理,它的工夫开始于慎独。能穷理才能处事中庸,才能复归天理达到仁的境界;能慎独才能克己,不迁怒不二过,才能三月不违仁。因为颜子自己人欲已经去尽,天理流行,所以内省就无愧疚,对天对地却没有什么可以愧疚的,心胸宽广,身体舒泰,因而不觉手舞足蹈。韩愈的学问,说诚意正心却不提格物致知,由此可见穷理慎独的工夫正是他大大缺少的;那么他对于颜子之乐理解得很浅就是理所当然了。

唉!立下伊尹的志向,才能知道伊尹的志向;学习颜子所学的学问,才能知道颜子的学问。学生又怎么能做到这些呢?只是平日不敢自暴自弃,在对古人心领神会之余,似乎也稍微有所见,而阁下今日所问,正有与此相互感发的地方,所以才狂妄地说了以上这些,希望阁下不要以为我狂妄而能对我不加以教诲。

问:风俗的好坏,对于治理天下是息息相关的。从汉代以来,风俗一天天变得坏起来,就像是江河天天奔腾不息流归大海一

遂往而不返也？孔子谓齐一变至于鲁，鲁一变至于道；而说者以为二国之俗有美恶，故其变而之道也有难易。夫风俗之在三代也，不知其凡几变矣而始为汉；其在汉也，又不知其凡几变矣而始为唐、为宋。就使屡变而上焉，不过为汉而上耳，为唐而止耳，而何以能遂复于三代乎？今之风俗，则贾谊之所太息者有之矣。皇上之德，过于汉文，诸士苟有贾生之谈焉，固所喜闻而乐道也。

天下之患，莫大于风俗之颓靡而不觉。夫风俗之颓靡而不觉也，譬之潦水之赴壑，浸淫泛滥，其始若无所患，而既其末也，奔驰溃决，忽焉不终朝而就竭。是以甲兵虽强，土地虽广，财赋虽盛，边境虽宁，而天下之治终不可为，则风俗之颓靡实有以致之。古之善治天下者，未尝不以风俗为首务。武王胜殷，未及下车，而封黄帝、尧、舜之后；下车而封王子比干之墓，释箕子之囚，式商容之闾。当是时也，拯溺救焚之政未暇悉布，而先汲汲于为是者，诚以天下风俗之所关，而将以作兴其笃厚忠贞之气也。故周之富强不如秦，广大不如汉，而延世至于八百年者，岂非风俗之美致然欤？

样,不知这种情势是还可以挽回而回复到古代呢？还是要一直这样变下去而不复返呢？孔子说,齐国一变才能变到鲁国的样子,鲁国一变就可以合乎道了;解释的人以为两国的风俗有好坏之分,所以使之变得合乎道就有难易之分了。风俗在三代,不知经过了多少次变化才变到了汉代的样子;风俗在汉代,又不知经过多少次变化,才变到了唐、宋的样子。现在的风俗,即使经过屡次的变化,也只能是变到汉代的样子就算最好的了,变到唐代的样子也就停步不前了,又怎么能一下子恢复到三代的样子呢？今日的风俗,堪为贾谊所叹息痛哭的地方是有很多的。而当今圣上的德行,是超过了汉文帝的,所以诸位如果能够像贾生那样谈论,那是我所喜欢听到并欲与诸位讨论的。

  天下的祸患,没有比风俗衰败奢靡却对此无知无觉更大的了。风俗颓败奢侈却不知不觉,就好像沟壑里的洪水,开始的时候,慢慢浸透外溢,好像没有什么可担心的,到了最后,却突然冲开堤岸,奔腾而去,没有一个早晨水就流光了。所以兵力虽然强盛,土地虽然广大,财赋虽然充裕,边境虽然无事,天下的平治却不能达到,这就是由于风俗的缘故啊！古代善于治理天下的人,没有不是以风俗做为首先着手的事情的。武王战胜了殷商,还没有来得及下战车,就首先册封了黄帝、唐尧、虞舜的后代;才一下车就为王子比干堆土筑坟,释放了被囚禁的箕子,而以商容这个地方为示范之地。那个时候,救人民于水火的政策还没有颁布,就先很着急地做这些事情,是因为这些是天下风俗攸关的所在,而要以此来振兴那笃实忠厚坚贞的风气呀！所以周朝的富裕、强盛不如秦朝,疆域广大比不上汉朝,而国祚却延续了八百年,这难道不是由于它的风俗纯美才如此的吗？

今天下之风俗，则诚有可虑者，而莫能明言之，何者？西汉之末，其风俗失之懦；东汉之末，其风俗失之激；晋失之虚；唐失之靡；是皆有可言者也。若夫今之风俗，谓之懦，则复类于悍也；谓之激，则复类于同也；谓之虚，则复类于琐也；谓之靡，则复类于鄙也。是皆有可虑之实，而无可状之名者也。生固亦有见焉，而又有所未敢言也。

虽然，圣天子在上，贤公卿在位，于此而不直，是无所用其直矣。请遂言之。孔子曰："乡愿，德之贼也。"孟子曰："非之无举也，刺之无刺也，居之似忠信，行之似廉洁，同乎流俗，合乎污世，自以为是，而不可与入尧舜之道，阉然媚于世者，是乡愿也。"

盖今风俗之患，在于务流通而薄忠信，贵进取而贱廉洁，重儇狡而轻朴直，议文法而略道义，论形迹而遗心术，尚和同而鄙狷介。若是者，其浸淫习染，既非一日，则天下之人，固已相忘于其间而不觉，骤而语之，若不足以为患，而天下之患，终必自此而起。泛而观之，若无与于乡愿，而徐而察之，则其不相类者几希矣。

愚以为欲变是也，则莫若就其所藐者而振作之。何也？今之所薄者忠信也，必从而重之；所贱者廉洁也，必从而贵

如今天下的风俗，诚然是有可堪忧虑的地方，但却没有人能够明白地说出来，这是为什么呢？西汉末年，风俗失于懦弱；东汉末年，风俗失之于偏激；晋朝的风俗失之于玄虚；唐朝的风俗失之于奢靡；这都是可以明言的。至于今天的风俗，如果说它懦弱，却又类似于强悍；说它偏激，却又类似于同流合污；说它崇尚玄虚，却又类似于琐屑；说它奢靡，却又类似于鄙陋。这都是可堪忧虑的实际情形，但又找不出词语来描述它。学生固然是有所见闻了，但有些不敢明言。

但是，圣明的天子在上，贤明的公卿在位，如果这时还不直言，那么就没有可以用其直言的地方了。那么就请让我明白地直说吧。孔子说："乡愿，外表八面玲珑，内心没有原则，这是道德的大敌呀！"孟子说："想要指责他却无可指责，想要刺讥他却无可刺讥，与人相处像是很忠诚信实，做事像是很廉洁，与世俗同流合污，自以为是，不能与这种人一起践行尧舜之道，他们以谄媚世人为务，这就是乡愿。"

大约今日风俗的病处，就在于专务于流行通达，而鄙薄忠信；以升迁为贵，而以廉洁为贱；重视狡诈圆滑，却轻视朴质率直；穷究文辞与语法，却忽略了道义；讲论人的行迹，却遗漏他的心术；崇尚和合统一，却鄙视特立独行；像这些东西浸淫习染已久，不是一日两日了，天下之人已经对此不知不觉习以为常，骤然地说出来，却以为不足以导致祸患，但天下的祸患，最后一定会从这里发生。从表面看，都不像是乡愿，但慢慢地仔细地观察后才知道，和乡愿相差无几。

我以为要改变这种局面，就必须发扬那被世俗所藐视的美德。怎么做呢？今日被人鄙薄的是忠信，就一定要对忠信加以重

之；所轻者朴直也，必从而重之；所遗者心术也，必从而论之；所鄙者狷介也，必从而尚之。然而今之议者，必以为是数者未尝不振作之也，则亦不思之过矣。

大抵闻人之言不能平心易气，而先横不然之念，未有能见其实然者也。夫谓是数者之未尝不振作之也，则夫今之所务者，果忠信欤？果流通欤？所贵者，果进取欤？果廉洁欤？其余者亦皆以是而思之，然后见其所谓振作之者，盖亦其名而实有不然矣。今之议者，必且以为何以能得其忠信廉洁之实而振作之？则愚以为郭隗之事，断亦可见也。为人上者，独患无其诚耳。

苟诚心于振作，吾见天下未有不翕然而向风者也。孟子曰："伯夷圣之清者也，柳下惠圣之和者也，故闻伯夷之风者，顽夫廉，懦夫有立志；闻柳下惠之风者，鄙夫敦，薄夫宽。"夫夷、惠之风所以能使人闻于千载之下而兴起者，诚焉而已。今曰："吾将以忠信廉洁振作天下，而中心有弗然焉。"则夫乡愿之所谓居之似忠信，而行之似廉洁者，固亦未尝无也。

问：明于当世之务者，惟豪杰为然。今取士于科举，虽未免于记诵文辞之间，然有司之意固惟豪杰是求也。非不能钩深索隐，以探诸士之博览，然所以待之浅矣。故愿相与备论当世之

视；被人轻贱的是廉洁，就一定要对廉洁加以珍视；被人所轻视的是朴质正直，就一定要对此加以重视；被人所遗忘的是心术，所以一定对此加以论究；被人所鄙视的是正直孤傲，就一定要对此加以崇尚。而今天对此发议论的人，却都以为这些事都已经振作发扬了，这是很不会深思的缘故啊！

听人说话的时候不能平心静气，而心里却早已存有否定对方的念头，那么，就不能见到事情的真实情形。如果说以上这些事都已经发扬了，那么今日人们所从事的，真的是为了忠信呢？还是为了闻达呢？人们所贵重的，是进取呢？还是廉洁呢？其他的几件也如此的思考辨别，就知道所谓振作，是名同而实异了。那么现在对此做讨论的人，怎样才能得到忠信廉洁的名实相符的事迹，因而加以振作发扬呢？我以为郭隗的事迹，是可以作为榜样的。作为上级，只怕没有他的诚心罢了。

如果诚心地去振作发扬这些美德，那么天下人一定会跟着闻风而起了。孟子说："伯夷，是一位清廉的圣者；柳下惠，是一位和谐的圣者，所以听到伯夷事迹后，愚顽的人也变得廉洁起来，懦夫也立下了向上的志愿；听到柳下惠事迹后，卑鄙的人也敦厚起来，刻薄的也宽和起来。"伯夷、柳下惠的事迹之所以能使人在千年后听了还会感奋兴起，只是因为他们做到了诚的缘故啊！现在说："我将要用忠信廉洁的美德为振作天下之风俗，但心中却有些三心二意。"那么，那些平日相处像是忠信而行事像是廉洁的乡愿之人，就不会绝迹。

问：对于当今世务能够明白知晓的，只有豪杰之士才能做到。现在靠科举选取士人，虽然不能脱离记诵文辞这些东西，但主管者的意图还是想要求得豪杰之士啊！我不是不能出一些很深奥

务。夫官冗矣，而事益不治，其将何以厘之？赋繁矣，而财愈不给，其将何以平之？建屏满于天下，而赋禄日增，势将不掉，其将何以处之？清戎遍于海内，而行伍日耗，其将何以筹之？蝗旱相仍，流离载道，其将何以拯之？狱讼烦滋，盗贼昌炽，其将何以息之？势家侵利，人情怨咨，何以裁之？戎胡窥窃，边鄙未宁，何以攘之？凡此数者，皆当今之急务，而非迂儒曲士之所及也。愿闻其说。

执事询当世之务，而以豪杰望于诸生，诚汗颜悚息，惧无以当执事之待。然执事之问，则不可虚也，生请无辞以对。盖天下之患，莫大于纪纲之不振，而执事之所问者未及也。夫自古纪纲之不振，由于为君者垂拱宴安于上，而为臣者玩习懈弛于下，今朝廷出片纸以号召天下，而百司庶府莫不震栗悚惧，不可谓纪纲之不振；然而下之所以应其上者，不过簿书文墨之间，而无有于贞固忠诚之实。譬之一人之身，言貌动止，皆如其常，而神气恍然，若有不相摄者，则于险阻烦难，必有不任其劳矣，而何以成天下之亹亹哉？

故愚以为当今之务，莫大于振肃纪纲，而后天下之治可从而理也。是以先进纪纲之说，而后及执事之问。夫官冗

很怪僻的题目,来考察诸位知识的广博程度,但这并非最重要的事情。所以我愿意与诸位详细讨论当今的世务。现在官制臃肿,冗员很多,但政事却越来越不能得到很好的处理,将怎样去廓清整顿呢?赋税越来越繁重,但财政却越来越入不敷出,将如何去使之平衡呢?所封藩国遍及天下,所耗赋税越来越多,眼见将不能维持将如何去处理呢?军队遍及海内,军费开支日益增多,将如何筹备呢?蝗灾与旱灾相连而来,人民流离失所,死于道路,将如何去拯救呢?犯罪案件一天比一天增多,盗贼一天比一天猖獗,将如何去平息呢?土豪劣绅仗势欺人,人民怨声载道,将如何去裁抑他们呢?异族虎视眈眈,边境很不安宁,将如何去剿灭他们呢?所有这些,都是当务之急,而并非迂腐的书生能够有话说的。我愿意听到诸位的意见。

　　阁下询问当今的世务,而把我们看作豪杰之士,我们很惭愧,害怕辜负了阁下的厚望。然而对阁下的询问是不能马虎地应对的,学生请求不做回答。因为当今天下最大的祸患莫过于纲纪不振,但是阁下的询问里却没有这一条。自古以来纪纲不振的表现就是君主在上位图无为而治安享太平,群臣在下位懈怠松弛,玩忽职守,现在朝廷发出一纸文书号召天下,百官群吏都恐惧地振作起来,不能说是纪纲不振;但是官吏用以应付君主的,只是在簿书与文字上,并没有坚贞忠诚的动机。这就好像一个人的外表说话行为都像是正常,但是精神恍惚,好像魂不守舍的样子,那么遇到危险与难办的事,就会不能很好地处理了,这样,又怎么能处理好天下大事呢?

　　所以我以为当今的世务,最重要的就是振肃纲纪,然后天下的治务才可以接着整理。所以,我就先说了一下振肃纲纪,然

而事不治者，其弊有三：朝廷之所以鼓舞天下，而奔走豪杰者，名器而已。孔子曰："惟名与器不可以假人。"今者不能慎惜，而至或加之于异道憸邪之辈，又使列于贤士大夫之上，有志之士，吾知其不能与之齿矣；此豪杰之所以解体，而事之所以不治者，名器之太滥也。至于升授之际，不论其才之堪否，而概以年月名次之先后为序，使天下之人皆有必得之心，而无不可为之虑。又一事特设一官，或二人而共理一职，十羊九牧，徒益纷扰。至于边远疲弊之地，宜简贤能特加抚缉，功成绩著，则优其迁擢，以示崇奖，有志之士宜亦无不乐为者；而乃反委之于庸劣，遂使日益凋瘵，则是选用太忽之过也。

天下之治，莫急守令，而令之于民，尤为切近。昔汉文之时，为吏者长子孙，居官以职为氏。今者徒据纸上之功绩，亟于行取而责效于二三年之间。彼为守令者，因是亦莫不汲汲于求去，而莫有诚确久远之图，此则求效太速之使然耳。赋繁而财不给者，此无益之费多，而冗食之徒众也。去是二者，而又均一天下之赋，使每郡各计其所入之数，而均之于田，不得有官民三则之异，则诡射之弊息，而赋亦稍平矣。

后再回答阁下的问题。官员繁多政事却无效率，当中的弊端有三个：朝廷用以鼓舞天下士人，让豪杰之士为之奔走的，就是名号与地位。孔子说："只有名号与权位不能借给别人。"现在却对名号与权位不能谨慎地珍惜，甚至授予不走正道的险诈邪僻之人，又使他们位列于贤能的士大夫之上，有志之士自知不会齿于与他们同列的；这就是为什么不能团结豪杰之士而政事不能很好地治理的原因了，是因为名号与权位授受的太滥啊！至于升官授职的时候，又不论其才能能否称职，一律以年月名次的先后为顺序，使天下的士人滋生了到时候就会得到的想法，却没有了有所忌惮的顾虑。又一事就特设一个官职，或者两个人共同掌管一个职务，十只羊却有九个牧羊人，徒然增加了许多纷扰。至于边远贫困地区，应该选贤能之士给以特别照顾，如果政绩显著，就给以升迁，以此来表示崇尚褒奖，这样，有志之士完全会愿意去做；但现在事实上却相反地把这样的任务交给了庸劣之人，使这些地区日益凋敝，这是选用人才太疏忽了的缘故啊！

天下的治理，最关键的就是郡守县令，而这些官员，对于人民的切身利益更加切近。汉文帝时，长子长孙做官的，就以其职务作为姓氏。今天却只根据写在纸上的事功政绩，急于进取而求在两三年里做出政绩。那些郡守县令都匆匆地要求升迁而去，没有人有真诚的出于长远的打算，这是求效太速的弊端啊！赋税繁多而财用却入不敷出，这是无用的费用太多，而白吃饭的人太多的缘故啊！去掉无用的费用与吃白饭之人，然后均平天下的赋税，使每郡都根据其所收的数目平均分在田亩之上，不得有官员、人民的差异，那么，偷漏赋税的弊端就会止息，而财政也就可以平衡了。

至于建屏之议，尤为当今之切务，而天下之人莫敢言者。欲求善后之策，则在于朝廷之上心于继志而不以更改为罪，建议之臣心于为国而不以获罪自阻，然后可以议此。不然，虽论无益矣。盖昔者汉之诸侯，皆封以土地，故其患在强大而不分，分则易弱矣；今之藩国，皆给以食禄，故其患在众多而不合，合则易办矣。然晁错一言，而首领不保，天下虽悲错之以忠受戮，其谁复敢言乎？

　　清戎之要，在于因地利而顺人情。盖南人之习于南，而北人之习于北，是谓地利；南之不安于北，而北之不安于南，是谓人情。今以其清而已得者，就籍之于其本土，而以其清而不得者之粮，馈输之于边，募骁勇以实塞下，或亦两得之矣。

　　蝗旱相仍而流离载道者，官冗而事益不治之所致也，狱讼繁滋而盗贼昌炽者，赋繁而财愈不给之所起也。势家侵利，而人情怨咨，则在于制之以礼，而一转移于向背之间而已。昔田蚡请考工地以益宅，武帝怒曰："何不遂取武库？"蚡惧而退。夫以田蚡之横，而武帝一言不敢复纵，况未及蚡者？诚有以禁戒惩饬之，其亦何敢肆无忌惮也哉？

关于藩国的议论尤其是当务之急，但天下人却不敢议论。如果要想求到妥善的对策，那就在于朝廷上以继承先人遗志为心，而不以变更封地为罪过，对此提出建议的大臣要忠心为国，而不因为怕获罪就不敢有所作为，然后才能够处理这件事。否则，虽然有所议论也是无益的。汉代的诸侯，都封有土地，所以那时的祸患在于诸侯强大而又不继续分封，如果不断分国，那么，要想使他们弱小就容易了；现在的藩国，都给予食禄，所以现在祸患在于藩国众多而不能加以合并，合并以后事情就好办了。然而晁错一句话，就保不住头了，天下人即使为晁错因忠诚而被杀感到悲痛，谁又敢说呢？

办理军事的要害，在于因顺地利而顺从人情。南方人习惯于南方，北方人习惯于北方，就是地利；南方人不习惯于北方，北方人不习惯于南方，就是所谓人情。如果现在把那些清理而已经得到的人，就让他们在本地服役，那些没有得到的人，就把他们的粮饷输送给边境，招募勇士来充实边塞的防务，这样也许就可以一举两得了。

蝗灾与旱灾相连而来，而百姓流离载道，是由于官制冗肿而政事益加没有效率的缘故啊；犯罪案件增多而盗贼一天天猖獗，是由于赋税繁多而财政却日益入不敷出所导致的。土豪劣绅侵夺民利，而百姓怨声载道，要改变这种情况在于对这些人以礼法加以制裁，如此就可以轻而易举地改变这种情况了。昔日田蚡请求把考工之地拨给他来扩大府第的规模，汉武帝发怒道："你为什么不径直把武库分了去？"田蚡害怕地告退了。像田蚡这样专横的人，武帝只说了一句话，他就不敢再说什么了，何况那些比不上田蚡的人呢？如果真的加以禁戒惩罚，谁还敢肆

胡戎窥窃而边鄙未宁,则在于备之不预,而畏之太深之过也。夫戎虏之患,既深且久,足可为鉴矣;而当今之士,苟遇边报稍宁,则皆以为不复有事,解严弛备,恬然相安,以苟岁月;而所谓选将练兵,蓄财养士者,一且置之度外。纵一行焉,亦不过取具簿书,而实无有于汲汲皇皇之意。及其一旦有事,则仓黄失措,若不能以终日。

　　盖古之善御戎狄者,平居无怠忽苟且之心,故临事无纷张缪戾之患;兢惕以备之,谈笑以处之,此所以为得也。若夫制御之策,则古今之论详矣;在当事者择而处之,生不能别为之说也。夫执事之所以求士者,不专于记诵文辞之间,故诸生之文亦往往出于科举之外,惟其说之或有足取,则执事幸采择之!

山东乡试录后序

　　弘治甲子秋八月甲申,《山东乡试录》成,考试官刑部主事王守仁既序诸首简,所以纪试事者慎且详矣。鼎承乏执事后,有不容无一言以申告登名诸君子者。夫山东天下之巨藩也,南峙泰岱,为五岳之宗;东汇沧海,会百川之流。吾夫子以道德之师,钟灵毓秀,挺生于数千载之上,是皆穷天

意妄为呢？

　　胡戎虎视眈眈，边境不稳，则原因在于边备的不利，而畏惧胡人太甚。戎房的祸患程度已经很深而时间已很久了，足可引以为鉴；但是今天的人，如果遇到边境稍稍平稳，就都以为不会再有事，于是放松了戒备，恬然相安，苟且糊涂地打发岁月；对于选将练兵，蓄积资财培养勇士这些事，一并置之度外。纵使偶尔有过一次，也是为了写在纸上作为功绩来备案的，根本就没有真诚急切的意思。等到一旦有事发生，就仓皇失措，一点办法也没有了。

　　而古代善于抵御戎狄的人，平日里没有懈怠疏忽苟且度日的意思，所以等到有事也不就会有慌张失措的祸患；战战兢兢朝朝警惕地防备着敌人，却谈笑着御敌，这才是善于抵御呀！至于抵御的对策，则古今论及于此的已经很详尽了；主管此事的人可以选择采用，学生不能另外有什么说的。因为阁下录用士人，并不专看他的记诵文辞如何，所以，我们的文章也往往打破科举文章的惯例，如果其中有可取的建议，希望阁下能够采纳。

山东乡试录后序

　　弘治十七年八月二十七日，《山东乡试录》编成，主考官刑部主事王守仁已经在卷首为主作序，其中对这次乡试的事做了谨慎详细的记载。作为这次乡试的负责者之一，也不能不对被录取的诸君有所奉告。山东是天下的大省，南面有泰山，是五岳之首；东面是沧海，乃百川汇归的地方。我们夫子作为人天道德的

地,亘古今,超然而独盛焉者也。

然陟泰岱则知其高,观沧海则知其大。生长夫子之邦,宜于其道之高且大者有闻焉,斯不愧为邦之人矣。诸君子登名是录者,其亦有闻乎哉?夫自治学焉,读其书,聚而为论辩,发而为文词,至于今资藉以阶尺寸之进,而方来未已者,皆夫子之绪余也;独于道未之闻,是固学者之通患,不特是邦为然也。

然海与岱,天下知其高且大也,见之真而闻之熟,必自东人始,其于道则亦宜若是焉可也。且道岂越乎所读之书与所论辩而文词之者哉?理气有精粗,言行有难易,穷达有从违,此道之所以鲜闻也。夫海岱云者,形胜也;夫子之道德也者,根本也。虽若相参并立于天地间,其所以为盛,则又有在此而不在彼者矣。鼎实陋于闻道,幸以文墨从事此邦,冀所录之士有是人也,故列东藩之盛,乐为天下道之。

师表，禀赋天地山川的灵秀之气，挺然诞生于数千年前，这是超然独盛于天地古今的事啊！

然而登上泰山的人，就知道它的高峻；看到过海的人，就知道它的宽大。诸生生长于孔子的家乡，应该对夫子之道的高且大有所耳闻，才不愧是生长在夫子家乡的人。诸位被录取的士人，可否对此有所耳闻呢？现在治学的人，读孔子之书，然后聚集在一起发一些议论做一些争辩，再写成文辞，今天作为加官进身的阶梯，以后还要继续这样做，这些都只是孔子的余绪啊！却偏偏对夫子之道无所耳闻，是天下学者的通病，并不只是此间的学人如此。

然而沧海与泰山，天下人要知道它们的高峻与宽大，真切地见到了并熟悉地听到，一定要从山东人开始，对于道也应该如此才行啊！而且道难道是超乎所读的书以及所论辨的文辞之外的一个东西吗？理与气有精与粗之分，言与行有难与易的区别，穷与达有逆境与顺境的不同，这道之所以很少听见啊。沧海与泰山，仅仅是一方风景罢了；夫子的道德却是宇宙的根本。虽然好像是一起并列于天地之间，但最伟大的却不是沧海与泰山，而是夫子之道啊！我其实对道还知道的很少，以文墨方面的才能在这个省做事，我是希望所录取的士人里，有闻道的人啊！所以罗列山东的盛大之处，很高兴地告诉天下人知道。

卷之三十二 附录一 年谱一

自成化壬辰始生至正德戊寅征赣

先生讳守仁，字伯安，姓王氏。其先出晋光禄大夫览之裔，本琅琊人；至曾孙右军将军羲之，徙居山阴；又二十三世迪功郎寿，自达溪徙余姚，今遂为余姚人。寿五世孙纲，善鉴人，有文武才，国初，诚意伯刘伯温荐为兵部郎中，擢广东参议，死苗难。子彦达，缀羊革裹尸归，是为先生五世祖；御史郭纯上其事于朝，庙祀增城。

彦达号秘湖渔隐，生高祖讳与准，精《礼》《易》，尝著《易微》数千言；永乐间朝廷举遗逸，不起，号遁石翁。曾祖讳世杰，人呼为槐里子，以明经贡太学卒。祖讳天叙，号竹轩；魏尝齐瀚，尝立传，叙其环堵萧然，雅歌豪唫，胸次洒落，方之陶靖节林和靖；所著有《竹轩稿》《江湖杂稿》，行于世，封翰林院修撰。自槐里子以下两世，皆赠嘉议大夫，礼部右侍郎，追赠新建伯。

父讳华，字德辉，别号实庵，晚称海日翁；尝读书龙泉山中，又称为龙山公。成化辛丑赐进士及第第一人，仕至南京吏部尚书，进封新建伯。龙山公常思山阴山水佳丽，又为先世故居，复自姚徙越城之光相坊居之。先生尝筑室阳明洞，洞距越城东南二十里，学者咸称阳明先生云。

宪宗成化八年，壬辰，九月丁亥，先生生。是为九月三十日。太夫人郑娠十四月，祖母岑梦神人衣绯玉，云中鼓吹，

先生讳守仁，字伯安，姓王。他的祖先是晋代光禄大夫览的后裔，本来是琅琊人；到了曾孙右军将军王羲之的时候，迁移居住在山阴；又二十三世迪功郎王寿，从达溪迁移到余姚，现在就成为余姚人。寿的五世孙纲，善于鉴察人，有文武才能，立国之初，诚意伯刘伯温举荐他为兵部郎中，后来提升为广东参议，死于苗族叛乱之中。他的儿子彦达，被羊皮裹着尸体回家，这是先生的五世祖，御史郭纯把这事上奏给朝廷，在增城设庙祭祀。

彦达号称秘湖渔隐，生下高祖，讳与准，精通《礼记》和《易经》，曾经著述《易微》几千字；永乐年间，朝廷举用散落民间的有才之人，他没有出来做官，号称遁石翁。曾祖讳世杰，人们称作槐里子，以明经贡太学的身份去世。祖讳天叙，号称竹轩，魏尝齐瀚曾经为他立传，记叙他家庭清贫如洗，清雅的歌声豪迈、和谐，心胸洒落，是当今的陶靖节、林和靖；他所著的书有《竹轩稿》《江湖杂稿》，在世上流行，被封为翰林院修撰。从槐里子以下的两代，都被赠封为嘉议大夫、礼部右侍郎，追赠为新建伯。

父亲名讳华，字德辉，别号实庵，晚年称为海日翁，曾经在龙泉山中读书，又称为龙山公。成化十七年赐辛丑科进士及第第一人，做官到南京吏部尚书，进封为新建伯。龙山公经常思念山阴的山水清丽，又是先世的故居，于是又从余姚迁移到越城的光相坊居住。先生曾经在阳明洞建造房屋，阳明洞在越城的东南二十里的地方，学者都称他为阳明先生。

宪宗成化八年，壬辰，九月丁亥，先生出生。这是九月三十日。太夫人郑氏怀胎十四月，祖母岑氏梦见神人穿着红玉衣，在

送儿授岑；岑惊寤，已闻啼声；祖竹轩公异之，即以"云"名。乡人传其梦，指所生楼曰"瑞云楼。"

十有二年，丙申。先生五岁。先生五岁不言，一日，与群儿嬉，有神僧过之，曰："好个孩儿，可惜道破！"竹轩公悟，更今名，即能言。一日，诵竹轩公所尝读过书，讶问之。曰："闻祖读时，已默记矣。"

十有七年，辛丑。先生十岁，皆在越。是年龙山公举进士第一甲第一人。

十有八年壬寅。先生十一岁，寓京师。龙山公迎养竹轩翁，因携先生如京师；先生年才十一。翁过金山寺，与客酒酣，拟赋诗未成；先生从傍赋曰："金山一点大如拳；打破维扬水底天；醉倚妙高台上月，玉箫吹彻洞龙眠。"客大惊异。复命赋蔽月山房诗，先生随口应曰："山近月远觉月小，便道此山大于月；若人有眼大如天，还见山小月更阔。"明年，就塾师，先生豪迈不羁，龙山公常怀忧；惟竹轩公知之。一日，与同学生走长安街，遇一相士异之曰："吾为尔相后，须忆吾言！须拂领，其时入圣境；须至上丹台，其时结圣胎；须至下丹田，其时圣果圆。"先生感其言，自后每对书，辄静坐凝思，尝问塾师曰："何为第一等事？"塾师曰："惟读书登第耳。"先生疑曰："登第恐未为第一等事，或读书学圣贤耳。"龙山公闻之，笑曰："汝欲做圣贤耶？"

云层里鼓乐吹箫,把一幼儿送给岑氏;岑氏惊醒,已经听到婴儿啼哭的声音,祖父竹轩公对这件事感到很奇怪,就给他起了云的名字,乡里的人们传说着关于他的梦,指着他出生的楼叫"瑞云楼"。

成化十二年,丙申。先生五岁。先生五岁还不说话,一天,和许多小孩玩耍,有一个神奇的僧人路过这个地方,说:"这孩子真不错,可惜让说出来了!"竹轩公明白了,改换成现在的名字,就能说话了。一天背诵竹轩公曾经读过的书,竹轩公惊奇地问他怎么会读呢,他说:"听祖父读书的时候,心里已经默默地记下了。"

成化十七年,辛丑。先生十岁,都生活在浙江。这年龙山公被举为进士第一甲第一名。

成化十八年,壬寅。先生十一岁,住在京师。龙山公迎接赡养竹轩翁,于是就带着先生到了京师;先生才十一岁,竹轩翁经过金山寺,和客人喝酒到半醉,准备作诗赋还没有做成,先生跟随在旁边,赋诗道:"金山一点大如拳,打破维扬水底天;醉倚妙高台上月,玉箫吹彻洞龙眠。"客人很是惊奇。又让赋一首蔽月山房诗,先生随口应答道:"山近月远觉月小,便道此山大于月;若人有眼大如天,还见山小月更阔。"第二年,受教于塾师,先生豪迈不羁,龙山公常有忧虑;只有竹轩公了解他。一天,和一块学习的人走在长安街上,遇到一位相士惊奇地说:"我为你看相,以后应该想起我的话!胡须飘拂到脖子的时候,就进入了圣人境界;胡须飘拂到上丹田时,那时就化为圣胎圣骨;胡须飘拂到下丹田时,那时候就做成了圣人的功业。"先生很为他的话感动,从这以后每次面对书,就静坐凝思,曾经问塾师道:"什

二十年，甲辰。先生十三岁，寓京师。母太夫人郑氏卒。居丧哭泣甚哀。

二十有二年，丙午。先生十五岁，寓京师。先生出游居庸三关，即慨然有经略四方之志，询诸夷种落，悉闻备御策；逐胡儿骑射，胡人不敢犯，经月始返。一日，梦谒伏波将军庙，赋诗曰："卷甲归来马伏波，早年兵法鬓毛皤；云埋铜柱雷轰折，六字题文尚不磨。"时畿内石英、王勇盗起，又闻秦中石和尚刘千斤作乱，屡欲为书献于朝；龙山公斥之为狂，乃止。

孝宗弘治元年，戊申。先生十七岁，在越。七月，亲迎夫人诸氏于洪都。外舅诸公养和为江西布政司参议，先生就官署委禽。合卺之日，偶闲行入铁柱宫，遇道士趺坐一榻，即而叩之，因闻养生之说，遂相与对坐忘归；诸公遣人追之，次早始还。官署中蓄纸数箧，先生日取学书；比归，数箧皆空，书法大进。先生尝示学者曰："吾始学书，对模古帖，止得字形，后举笔不轻落纸，凝思静虑，拟形于心，久之始通其法；既后，读明道先生书曰：'吾作字甚敬，非是要字好，只此是学。'既非要字好，又何学也？乃知古人随时随理，只在心上学，此心精明，字好亦在其中矣。"后与学者论格物，多举此为证。

么是第一等的事？"塾师说："只有读书登第。"先生心有所疑地说："登第恐怕不是第一等事，或许读书学圣贤才是。"龙山公听到这件事，笑着说："你想做圣贤吗？"

成化二十年，甲辰。先生十三岁，住在京师。母太夫人郑氏去世。在家守丧，哭泣得很悲痛。

成化二十二年，丙午。先生十五岁，住在京师。先生出去游历居庸三关，就慨然有筹划四方的志向，询问各个少数民族的种族和部落，详细地防御的策略，追逐胡人骑马射箭，胡人不敢犯边，经过了一个月才返回来。一天，梦见拜谒伏波将军庙，就赋诗道："卷甲归去马伏波，早年兵法鬓毛皤；云埋铜柱雷轰折，六字题文尚不磨。"当时京师郊外石英、王勇等盗贼兴起，又听说秦中的石和尚，刘千斤造反，多次想写信给朝廷，龙山公训斥他狂妄，才作罢。

孝宗弘治元年，戊甲。先生十七岁，在浙江。七月，亲自到洪都迎接夫人诸氏。外舅诸养和，是江西布政司参议，先生就住在官署的客房。成亲的那天，偶尔随便走进铁柱宫，遇到一位道士在一木榻上结跏而坐，就上去叩问他，于是听了关于养生的学问，便与他相对坐交谈忘了回去；诸公派人寻找他，第二天早上才回来。官署里边装着几箱纸，先生每天取来学习书法，等到回去的时候，几只箱子都空了，他的书法很有长进。先生曾经对向他求学的人说："我开始学习写字，对照模仿古人的字帖，只是得到字的形状；后来拿起笔来不轻易落在纸上，凝思静虑，在心里构造它的形状，时间久了才开始懂得它的法则；过后不久，读程颢先生的书，里边说：'我写字很慎重，不是要字完美，只因这就是学习。'既然不是要字完美，又学什么呢？才懂得古人

二年己酉。先生十八岁，寓江西。十二月，夫人诸氏归余姚。

是年先生始慕圣学，先生以诸夫人归，舟至广信，谒娄一斋谅，语宋儒格物之学，谓"圣人必可学而至，"遂深契之。明年龙山公以外艰归姚，命从弟冕、阶、宫及妹胥牧相，与先生讲析经义；先生日则随众课业，夜则搜取诸经子史读之，多至夜分；四子见其文字日进，尝愧不及。后知之，曰："彼已游心举业外矣，吾何及也。"先生接人故和易善谑，一日悔之，遂端坐省言，四子未信；先生正色曰："吾昔放逸，今知过矣。"自后四子亦渐敛容。

五年，壬子。先生二十一岁，在越。举浙江乡试，是年场中，夜半见二巨人，各衣绯绿，东西立，自言曰："三人好作事。"忽不见。已而先生与孙忠烈燧，胡尚书世宁同举；其后宸濠之变，胡发其奸，孙死其难，先生平之，咸以为奇验。是年为宋儒格物之学。先生始侍龙山公于京师，遍求考亭遗书读之，一日思先儒谓"众物必有表里精粗，一草一木，皆涵至理。"官署中多竹，即取竹格之，沉思其理不得，遂遇疾；先生自委圣贤有分，乃随世就辞章之学。明年春，会试

随时随事理,只在心上学习,只因要这个心精细明白,字的完美也在其中了。"后来和求学的人谈论格物的学问,也大多举这个作为例证。

孝宗弘治二年,己酉。先生十八岁,住在江西。十二月,夫人诸氏回到浙江余姚。

这年先生开始敬仰圣人之学。先生因为诸夫人回去,乘船到广信,拜见了娄谅先生(别号一斋),谈到宋代儒者的格物学说时说:"圣人一定能够通过学习而达到。"两人于是有很深厚的交情。第二年,龙山公因为父丧回到浙江余姚,让从弟冕、阶、宫以及妹婿牧相,对先生讲析经义;先生白天就跟随众人修习课业,晚上搜取各种经、子、史阅读,常常谈到深夜;四人看到先生的文字一天天进步,常自愧赶不上。后来了解了他的情况,说:"他已经游心于科举之外,我们怎么能赶得上呢?"先生待人平易,且好开玩笑,一天后悔这样做,就端坐反省自己的话,四人不相信,先生就正言厉色地说:"我以前放纵自己,现在知道错了。"从此以后,四个人也渐渐收敛笑容了。

孝宗弘治五年,壬子。先生二十一岁,住在浙江。参加了浙江的乡试,这年在考场里,半夜看见二位巨人,各自穿着绯绿的衣服,在东西两边分立,自言自语说:"三个人好成就事业。"忽然看不见了。后来先生和忠烈公孙燧、尚书胡世宁一起通过了乡试;这以后朱宸濠叛乱,胡世宁揭发他的阴谋,孙燧在这次灾难中死去,先生平定了这场叛乱,人们都认为很奇验。这年钻研宋儒的格物学说。先生当初在京师侍奉龙山公,到处寻找考亭的遗书阅读,一天想到先儒认为:"所有的事物都有表里精粗,一草一木都包含着至深的道理。"官署里有很多竹子,就拿

下第，缙绅知者，咸来慰谕。宰相李西涯戏曰："汝今岁不第来科必为状元；试作来科状元赋。"先生悬笔立就。诸老惊曰："天才，天才。"退有忌者曰："此子取上第，目中无我辈矣。"及丙辰会试，果为忌者所抑。同舍有以不第为耻者，先生慰之曰："世以不得第为耻，吾以不得第动心为耻。"识者服之。归余姚，结诗社龙泉山寺。致仕方伯魏瀚，平时以雄才自放，与先生登龙山，封弈联诗，有佳句，辄为先生得之；乃谢曰："老夫当退数舍。"

十年丁巳。先生二十六岁寓京师。是年先生学兵法。当时边报甚急朝廷推举将才，莫不遑遽；先生念武举之设，仅得骑射搏击之士，而不能收韬略统驭之才。于是留情武事，凡兵家秘书，莫不精究；每遇宾宴，尝聚果核列阵势为戏。

十一年戊午。先生二十七岁，寓京师。是年先生谈养生。先生自念辞章艺能，不足以通至道；求师友于天下又不数遇；心持惶惑。一日，读晦翁上宋光宗疏，有曰："居敬持志，为读书之本；循序致精，为读书之法。"乃悔前日探讨虽博，而未尝循序以至精，宜无所得；又循其序，思得渐渍洽

来研究它，细细思考它的理，没有获得，就病了；先生自己认为圣贤应有天分，就随世人学习辞章的学问。第二年春天，会试没有考取，做过官的人知道知道这件事的，都来安慰他。宰相李西涯（即李东阳）开玩笑地说："你今年没有考取，下一次一定会考取状元；试着作一篇下一次科举状元的赋吧。"先生提起笔马上就写好了。各位长辈惊奇地说："天才，天才。"有些忌妒他的人背后说："这个人要是考取了状元，眼里根本就没有我们了。"到弘治九年丙辰科会试的时候，果然被忌妒的人所陷害。住在一块的人有的把没有及第作为可耻的事情，先生安慰他们说："俗世的人把没有得第作为可耻，我把没有得第却心情浮动作为可耻。"有见识的人都佩服他。回到余姚，在龙泉山寺缔结诗社。出仕为官的魏瀚，平时自恃雄才而狂放，和先生一块攀登龙山，下棋、对诗，有好的句子，就让先生对上了，于是道歉说："我应当退让了。"

孝宗弘治十年，丁巳。先生二十六岁，住在京师。这年先生学习兵法。当时边关的报警很紧急，朝廷推举将帅之才，没有不惊慌失措的；先生想到武举的设立，只能获得一些骑马射箭捕击拼力的人才，不能收拢具有韬略统驭全局的人才。于是专心于武备之事，凡是兵家秘书，没有不精心研究的，每次遇到宴请客人，就会聚果核排列阵势作为游戏。

孝宗弘治十一年，戊午。先生二十七岁，住在京师。这年先生谈论养生。先生自己认为辞章技艺，不能通达大道；在天下寻求师友，没能遇到几个；心里很是不安。一天，读朱熹的《上宋光宗疏》，里边有一句说："平时心诚意笃保持志向，是读书的根本；循序渐进到达精深，是读书的方法。"就后悔以前所作

浃，然物理吾心，终若判而为二也。沉郁既久，旧疾复作，益委圣贤有分；偶闻道士谈养生，遂有遗世入山之意。

十有二年，己未。先生二十八岁，在京师。举进士出身。是年春会试，举南宫第二人，赐二甲进士出身第七人，观政工部。疏陈边务。先生未第时，尝梦威宁伯遗以弓剑；是秋钦差督造威宁伯王越坟，驭役夫以什伍法，休食以时，暇即驱演"八阵图"。事竣，威宁家以金帛谢，不受；乃出威宁所佩宝剑为赠，适与梦符，遂受之。时有星变，朝廷下诏求言，及闻达虏猖獗，先生复命，上边务八事，言极剀切。

十有三年，庚申。先生二十九岁，在京师。授刑部云南清吏司主事。

十有四年，辛酉。先生三十岁，在京师。奉命审录江北。先生录囚多所平反，事竣，遂游九华，作《游九华赋》，宿无相化城诸寺。是时道者蔡蓬头善谈仙，待以客礼，请问。蔡曰："尚未。"有顷，屏左右引至后亭，再拜请问。蔡曰："尚未。"问至再三蔡曰："汝后堂后亭，礼虽隆，终不忘官相。"一笑而别。闻地藏洞有异人坐卧松毛，不火食，历嵩险访之，正熟睡；先生坐傍抚其足，有顷醒，惊曰："路险何得

的探讨虽然广博，但没有循序渐进以至精微之处，应该没有收获；循序渐进，思想能够渐渐达到融通深透，可是物理和我心终究是判然为二的。长时间的沉浸，旧日的疾病又发作了，更加确信圣贤是有天分。这时偶然听到道士谈论养生，就有离弃世俗进山求道的想法。

孝宗弘治十二年，巳未。先生二十八岁，住在京师。考取进士。这年春天会考，考取南宫第二名，赐给二甲进士出身第七名，在工部任事。上疏陈述边防事务。先生没有及第的时候，曾经梦到威宁伯把弓剑送给他；这年秋天奉皇上命令监督修建威宁伯王越的坟墓，用什五法遣使役夫，按时休息和吃饭，空闲时间就演习八阵图。事情完成以后，威宁家人用金帛答谢他，他没有接受；就拿出威宁佩戴的宝剑作为赠送的礼物，恰好和梦到的一样，就接受了它。当时有星辰变化，朝廷下诏寻找解说，等到听说达虏猖獗作乱，先生回去复命后，上疏陈述边务八事，言语极其恳切。

孝宗弘治十三年，庚申。先生二十九岁，住在京师。被授予刑部云南清吏司主事。

孝宗弘治十四年，辛酉。先生三十岁，住在京师。奉命审录江北的囚犯。先生收录的囚犯有很多被平反，事情完了之后，就游历了九华山，作了《游九华赋》，住宿在无相化城各寺。这时道者蔡蓬头善于谈论成仙的事，用对待客人的礼节对待他，询问道的学问。蔡蓬头说："没有到时候"。过了一会儿，屏退左右的人引到后亭，再次相拜请示询问。蔡蓬头说："还不到时候。"问到第三次的时候，蔡蓬头说："你在后堂和后亭，虽然礼节隆盛，但终究没有忘记做官的样子。"笑了一笑就告别了。

至此？"因论最上乘曰："周濂溪、程明道则儒家两个好秀才。"后再至，其人已他移，故后有会心人远之叹。

十有五年，壬戌。先生三十一岁，在京师。八月，疏请告。是年先生渐悟仙、释二氏之非。先是五月复命，京中旧游俱以才名相驰骋，学古诗文；先生叹曰："吾焉能以有限精神，为无用之虚文也？"遂告病归越，筑室阳明洞中，行导引术；久之，遂先知。一日，坐洞中，友人王思舆等四人来访，方出五云门，先生即命仆迎之且历语其来迹仆遇诸途与语良合。众惊异，以为得道。久之，悟曰："此簸弄精神，非道也。"又屏去。已而静久，思离世远去，惟祖母岑与龙山公在，念因循未决；久之，又忽悟曰："此念生于孩提，此念可去，是断灭种性矣。"明年，遂移疾钱塘西湖，复思用世。往来南屏、虎跑诸刹，有禅僧坐关，三年不语不视；先生喝之曰："这和尚，终日口巴巴说甚么？终日眼睁睁看甚么？"僧惊起，即开视对语。先生问其家，对曰："有母在。"曰："起念否？"对曰："不能不起。"先生即指爱亲本性论之，僧涕泣谢。明日问之，僧已去矣。

听说地藏洞有个奇异的人在松毛上坐卧，不烧熟食吃，先生经历了艰险去拜访他，他正熟睡；先生坐在他的旁边抚摸着他的脚，过了一会儿他醒了，惊奇地说："道路危险为什么到这儿？"于是谈论最上乘的学问，他说："周濂溪、程颢，是儒家的两个好秀才。"后来再一次到那儿，那人已经转移到别的地方了，所以后来有会心人远去的感叹。

孝宗弘治十五年，壬戌。先生三十一岁，住在京师。八月上疏请求告退。这年先生逐渐地领悟到道家和佛家的过错。先生五月回京复命，京城里旧日一起游学的人，都凭才名而有所作为，学习古代的诗歌和文章；先生感叹地说："我怎么能用有限的精神来做没有用的虚华文章呢？"于是就告病归越，在阳明洞里修建房屋，实行导引术；时间久了，就有先知的能力。一天，正在洞中静坐，友人王思舆等四人来拜访，刚走出五云门，先生就让仆人迎接他们并且详细说出他们来的时候的行迹，仆人在中途遇到他们，和他们谈论起来都相符合，众人都很惊异，认为他得道了。时间久了，才领悟道："这只是簸弄精神，不是道。"又屏弃了。习静时间久了以后，想离开俗世远去他方。只是祖母岑氏和龙山公都在世，想到因循没有断决；时间长了，又忽然领悟道："这个念头从孩提时就有，应该去掉，这种念头是断灭种性。"第二年就转移到钱塘西湖养病，又想用世。往来于南屏、虎跑各个名刹，有个禅僧坐关，三年不说话不看世界；先生大声呵斥说："这个和尚，整天口巴巴地说些什么？整天眼睁睁地看些什么？"僧人惊慌地站起，就睁开眼说话。先生询问他的家庭情况，回答说："有母亲在世。"问："还起念头吗？"回答说："不能不有。"先生就专就人类爱亲的本性和他讲，僧人涕泣着

十有七年，甲子。先生三十三岁，在京师。秋，主考山东乡试。巡按山东监察御史陆偁聘主乡试；试录皆出先生手笔。其策问议国朝礼乐之制，老佛害道，由于圣学不明；纲纪不振，由于名器太滥，用人太急，求效太速；及分封，清戎，御夷、息讼、皆有成法。录出，人占先生经世之学。九月，改兵部武选清吏司主事。

十有八年乙丑，先生三十四岁在京师。是年先生门人始进。学者溺于词章记诵，不复知有身心之学；先生首倡言之，使人先立必为圣人之志；闻者渐觉兴起，有愿执贽及门者。至是专志授徒讲学，然师友之道久废，咸目以为立异好名；惟甘泉湛先生若水，时为翰林庶吉士，一见定交，共以倡明圣学为事。

武宗正德元年，丙寅。先生三十五岁，在京师。二月，上封事，下诏狱，谪龙场驿驿丞。是时武宗初政，奄瑾窃柄，南京科道戴铣、薄彦徽等，以谏忤旨，逮系诏狱；先生首抗疏救之。其言"君仁臣直，铣等以言为责，其言如善，自宜嘉纳；如其未善，亦宜包容，以开忠谠之路，乃今赫然下令，远事拘囚，在陛下不过少示惩创，非有意怒绝之也；下民无知，妄生疑惧，臣窃惜之。自是而后，虽有上关宗社危疑不制之事，陛下孰从而闻之？陛下聪明超绝，苟念及此，宁不

感谢。第二天问讯他，那个僧人已经离开了。

孝宗弘治十七年。甲子。先生三十三岁，住在京师。秋季，主考山东乡试。巡按山东监察御史陆偁被聘请为主考乡试；试题都出自先生手笔。他的策问让议论国朝的礼乐制度，老子和佛家有害于圣人之道，是由于圣人之学没有被阐明；纲纪不振，是由于名器太滥，用人太急，求效太速；以及分封、清除戎狄、抵御蛮夷，平息争讼，都有已成的法令。试题出来以后，人们都称赞先生的经世之学。九月，改任兵部武选清吏司主事。

孝宗弘治十八年乙丑。先生三十四岁住在京师。这年先生开始有门人。求学的人沉溺在辞章的记诵，不知道有关于身心的学问。先生首先倡导讲述身心之学，使人首先树立一定要成为圣人的志向；听到的人渐渐有所觉醒，有的人愿意拿礼物上门求学。到这时候专心授徒讲学，可是师友之道已经很久不存在了，都把这看作是标新立异获取名声；只有甘泉湛先生，当时是翰林庶吉士，一见面就与先生成为至交，共同把提倡阐明圣人之学作为事业。

武宗正德元年，丙寅。先生三十五岁，住在京师。二月，因上疏的事，下诏入狱，贬官做龙场驿驿丞。这时武宗刚执政，奄党刘瑾窃取权柄，南京科道戴铣、薄彦徽等人，因为谏议违背皇上的旨意，被捕获投放到狱中；先生首先上疏救援他们，他的话是这样的：“国君仁爱大臣刚直，戴铣等人把上疏言事看得很重要，他的话如果说得对，自然应该很好地采纳；如果他的话说得不好，也应该包涵宽容，以便广开忠心劝谏的道路。现在却赫然下令，从很远的地方拘捕囚禁，对于陛下不过稍微表示惩戒的意思，不是有意地灭绝他们；低下的老百姓，没有见识，凭空

寒心？伏愿追收前旨使铣等仍旧供职，扩大公无我之仁，明改过不吝之勇，圣德昭布远迩，人民胥悦，岂不休哉？"疏入，亦下诏狱，已而廷杖四十，既绝复苏；寻谪贵州龙场驿驿丞。

二年，丁卯。先生三十六岁，在越。夏，赴谪至钱塘。先生至钱塘，瑾遣人随侦，先生度不免，乃托言投江以脱之。因附商船游舟山，偶遇飓风大作，一日夜至闽界；比登岸；奔山径数十里，夜扣一寺求宿，僧故不纳；趋野庙，倚香案卧，盖虎穴也。夜半，虎绕廊大吼，不敢入；黎明，僧意必毙于虎，将收其囊，见先生方熟睡，呼始醒。惊曰："公非常人也，不然，得无恙乎？"邀至寺，寺有异人，尝识于铁柱宫，约二十年相见海上；至是出诗，有"二十年前曾见君，今来消息我先闻"之句。与论出处，且将远遁。其人曰："汝有亲在，万一瑾怒，逮尔父，诬以北走胡，南走粤，何以应之？"因为著得《明夷》，遂决策返。先生题诗壁间曰："险夷原不滞胸中，何异浮云过太空；夜静海涛三万里，月明飞锡下天风。"因取间道由武夷而归，时龙山公官南京吏部尚书，从鄱阳往省。十二月，返钱塘，赴龙场驿。是时先生与学者讲授，虽随地兴起，未有出身承当，以圣学为己任者。徐爱，先生妹婿也；因先生将赴龙场，纳贽北面，奋然有志于学。爱

产生疑虑和恐惧，我私下认为很可惜。从这以后，即使有关于宗庙社稷安危的大事，陛下从谁那儿能听到呢？陛下聪慧明白超过天下世人，如果想到这种情况，能不寒心吗？恳请追回以前的旨意，使戴铣等人仍旧供职，扩展大公无私的仁爱，表明改过不吝的勇气，圣上之德传布到远远的地方，人民非常高兴，难道不是很美好吗？"上疏送进去，也被下诏投入狱中；后来廷杖四十，昏死过去又苏醒过来；不久贬官到贵州龙场驿作驿丞。

武宗正德二年丁卯。先生三十六岁，住在浙江。夏季，去贬官地方的途中到了钱塘，刘瑾派人跟随侦探，先生考虑到不会完结，就托人传话说投江已死来摆脱跟踪。于是搭商船游历舟山，偶尔遭遇台风大作，一天晚上到了福建境内；等到登上岸以后，沿着山中小路走了几十里，晚上敲开一个寺院门请求留宿，僧人故意不接收；赶到野外的小庙，靠着香案躺下，没想到是老虎的巢穴。半夜的时候，老虎在外边围着小庙大吼，不敢进入；黎明时分，那个僧人想先生一定让虎吃掉了，打算收取他的行囊，看到先生正在熟睡，大声吆喝才醒来。惊奇地说："先生不是一般的人啊，不如此的话，怎能安然无恙呢？"邀请他到寺院里，寺院里有一个怪异的人，曾在铁柱宫相识，约二十年前在海上相见；这时候拿出一首诗来，里边有这样一句："二十年前会见君，今来消息我先闻。"和先生谈论个人境况，先生说将打算向远处逃遁。那人说："你有亲人在世，万一刘瑾发怒，逮捕你的父亲，诬告你向北投奔胡人，向南奔走粤地，你用什么来回答呢？"于是为他占得君子退隐的《明夷》卦，先生决定返回去。先生在壁间题诗道："险夷原不滞胸中，何异浮云过太空；夜静海涛三万里，月明飞锡下天风。"于是取道武夷而回，当时龙山

与蔡宗兖、朱节同举乡贡，先生作别三子序以赠之。

三年，戊辰。先生三十七岁在贵阳。春，至龙场。先生始悟格物致知。龙场在贵州西北万山丛棘中，蛇虺魍魉，蛊毒瘴疠与居；夷人鴃舌难语，可通语者皆中土亡命；旧无居，始教之范土架木以居。时瑾憾未已，自计得失荣辱，皆能超脱；惟生死一念，尚觉未化。乃为石墩，自誓曰："吾惟俟命而已。"日夜端居澄默，以求静一；久之，胸中洒洒，而从者皆病，自析薪取水作糜饲之。又恐其怀抑郁，则与歌诗；又不悦，复调越曲，杂以诙笑，始能忘其为疾病夷狄患难也。因念圣人处此，更有何道？忽中夜大悟格物致知之旨，寤寐中若有人语之者，不觉呼跃，从者皆惊；始知圣人之道，吾性自足，向之求理于事物者误也。乃以默记《五经》之言证之，莫不吻合；因著《五经亿说》。居久，夷人亦日来亲狎，以所居湫隘，乃伐木构龙冈书院，及寅宾堂，何陋轩，君子亭，玩易窝以居之。思州守遣人至驿侮先生，诸事不平共殴辱之；守大怒，言诸当道毛宪副科，令先生请谢，且谕以祸福；先生致书复之，守惭服。水西安宣慰，闻先生名使人馈米肉，给使令；既又重以金帛鞍马，俱辞不受。始，朝廷议设

公官做南京吏部尚书，先生从鄱阳去看望。十二月，返回钱塘，赶赴龙场驿。这时先生和求学的人讲解传授学问，即使随时随地谈论起来，也没有因出身而所滞碍，把成就圣人之学作为自己的责任。徐爱，是先生的妹夫；因为先生将要赶赴龙场，跪拜为师，奋起立志学习。徐爱和蔡宗，朱节同时考取乡贡，先生作《别三子序》赠送给他们。

武宗正德三年戊辰。先生三十七岁，住在贵阳。春季，赶到龙场。先生开始领悟格物致知的道理。龙场在贵州的西北面，地处山峦重叠，荆棘丛生之中，毒蛇魍魉横行，蛊毒瘴气弥漫，当地人的语言难懂，可以通话的都是些从中原逃亡而来的人；以前没有固定的住房，先生开始教他们利用泥土筑墙架木在上，构屋居住。当时先生心中因刘瑾造成的遗憾还没有消失，自己考虑对于得失荣辱，都能够超脱；只是生死这一念头，自己觉得还没有看透。就制作了一只石棺，自己发誓说："我只有等待命运的安排了。"白天黑夜端正静坐，内心澄清静默，来求得清静守一；时间久了，心胸洒落，可是跟随他的人都病了，先生自己砍劈木头取水做饭来给他们吃。又恐怕他们心中郁闷，就给他们唱歌吟诗；他们还不愉快，又唱越曲，伴随着说些诙谐的笑话，才能忘掉他们遭受的病痛和杂处夷族的苦难。于是想到圣人处在这样的境况，还有什么大道？忽然半夜彻悟格物致知的宗旨，在睡觉中，像有人和他说话，不自觉地跳跃起来，跟随他的人都很惊恐。这时才懂得圣人的大道，就在我的本性里，以前向外在的事物寻求理是错误的。就有默记的《五经》中的话来证实，没有不吻合的；于是就写了《五经亿说》。住得时间长了，当地人也每天来亲近，认为先生居住的地方潮湿，就砍伐树木建

卫于水西，既置城，已而中止，驿传尚存；安恶据其腹心，欲去之，以问先生。先生遗书折其不可，且申朝廷威信令甲，议遂寝。已而宋氏酋长，有阿贾、阿札者叛宋氏，为地方患；先生复以书诋讽之，安悚然率所部平其难，民赖以宁。

四年，己巳。先生三十八岁，在贵阳，提学副使席书，聘主贵阳书院。是年先生始论知行合一。始席元山书提督学政，问朱陆同异之辨。先生不语朱、陆之学，而告之以其所悟，书怀疑而去；明日复来，举知行本体，证之五经诸子，渐有省，往复数四，豁然大悟；谓"圣人之学复睹于今日，朱陆异同，各有得失，无事辩诘，求之吾性，本自明也。"遂与毛宪副修葺书院，身率贵阳诸生，以所事师礼事之。后徐爱因未会先生知行合一之训，决于先生；先生曰："试举看。"爱曰："如今人已知父当孝兄当弟矣；乃不能孝弟，知与行分明是两事。"先生曰："此被私欲隔断耳，非本体也。圣贤教人知行，正是要人复本体；故《大学》指出真知行以示人曰：'如好好色，如恶恶臭。'夫见好色属知，好好色属行，只见

造了龙冈书院，和寅宾堂、何陋轩、君子亭、玩易窝来让先生居住。思州的守官派人到龙场驿侮辱先生，当地的人们深感诸事不平就一起殴打了使者；守官很恼怒，就向当道毛宪副科告发，让先生向守官陪罪，并且以祸福诱逼，先生写信回答他，守官惭愧地心服了。水西的安宣慰听说了先生的名声，派人赠送了米和肉；以后不久又送来了金帛和鞍马，都推辞不接受。起初，朝廷商议在水西设立防卫，已经修建城池，不久停止了，驿传还存在；安宣慰厌恶它占据在他的腹心之地，想去除它，就这件事询问先生。先生写信给他劝他不能这样做，并且反复讲明了朝廷的威信，这种想法就不再有了。后来有姓宋的酋长，阿贾、阿札背叛他，成为地方的祸患；先生又写信诋毁讽刺安宣慰，安宣慰谨慎地带领人马平定了叛乱，人民赖此得以安宁。

　　武宗正德四年，已巳。先生三十八岁，住在贵阳，提学副使席书聘任他入主贵阳书院。这年先生开始论述知行合一。开始，提督学政的席书（字元山）问朱熹和陆九渊学问的差别和共同点。先生不谈论朱熹和陆九渊的学问，只是把自己的体悟告诉他，席书心存疑虑地离开了；第二天又来，提出知行本体，用《五经》及诸子之学证实，席书渐渐有所领悟，这样往复四次，豁然大悟；说："圣人的学问又从今天看到了，朱熹、陆九渊异同，各有得失，没有必要互相辩问攻诘。向我的本性里寻求，它的根本就自己明白起来。"席书和毛宪副科修葺书院，亲自率领贵阳的诸生，用对待师长的礼节来侍奉先生。后来徐爱因为没有完全领会先生的知行合一学说，和先生争论；先生说："试着举例来看。"徐爱说："现在人们已经懂得父亲应当孝敬，兄长应该尊敬；可是如今人们不能孝顺和悌爱，知和行分明是两

色时已是好矣，非见后而始立心去好也；闻恶臭属知，恶恶臭属行，只闻臭时已是恶矣，非闻后而始立心去恶也。又如称某人知孝，某人知弟，必其人已曾行孝行弟，方可称他知孝知弟；此便是知行之本体。"爱曰："古人分知行为二，恐是要人用工，有分晓否？"先生曰："此正失却古人宗旨；某尝说知是行之主意，行实知之功夫；知是行之始，行实知之成，已可理会矣。古人立言，所以分知行为二者，缘世间有一种人，懵懵然任意去做，全不解思惟省察，是之为冥行妄作，所以必说知而后行无缪。又有一种人，茫茫然悬空去思索，全不肯着实躬行，是之为揣摸影响，所以必说行而后知始真。此是古人不得已之教，若见得时，一言足矣；今人却以为必先知，然后能行，且讲习讨论以求知，俟知得真时方去行，故遂终身不行，亦遂终身不知。某今说知行合一，使学者自求本体，庶无支离决裂之病。"

　　五年，庚午。先生三十九岁，在吉。升庐陵县知县。先生三月至庐陵，为政不事威刑，惟以开导人心为本，莅任初，首询里后，察各乡贫富奸良之实而低昂之，狱牒盈庭，不即断射；稽国初旧制，慎选里正三老，坐申明亭，使之委曲劝

回事。"先生说:"这只是被私欲隔断了,不是本体。圣贤教人知和行,正是要人恢复本体;所以《大学》指出真知行来告诉人说:"像喜欢美丽的容貌一样,像厌恶难闻的气味一样。"看见美丽的容貌属于知,喜欢美丽的容貌属于行,只是看见美丽的时候就已经是喜欢了,不是看见以后才开始存心去喜欢;闻到难闻的气味属于知,厌恶难闻的气味属于行,只是闻到臭味的时候,就已经厌恶了,不是闻了臭味以后去存心厌恶。又比如说某人懂得孝顺,某人懂得悌爱,一定是那人已曾经奉行了孝和悌,才能说他懂得孝懂得悌;这就是知行的本体。"徐爱说:"古人分知行为二,恐怕是要人在下功夫上,有办法吗?"先生说:"这正是失却了古人的宗旨;我曾经说过知是行的主意,行实际是知的功夫;知是行的开始,行实际是知的完成,已经能够领会了,因为世间有一种人,昏昏闷闷地任意去做,一点也不肯思考反省,这就是盲目无知而任意胡为,所以一定说知了以后再行没有错误。又有一种人,迷迷茫茫地悬空去思索,全不肯躬自实行,这是揣摩影响,所以一定说行了以后的知才是真知。这是古人不得已的教导,如果领悟真切时,一句话就足够了;现今的人却认为一定先知,然后能行,并以讲习讨论来获得知,等到认知确实时才去行,所以就终身没有实行,也就终身没有认知。我现在说知行合一,使学者自己寻求本体,差不多没有支离决裂的毛病。"

　　武宗正德五年,庚午。先生三十九岁,在江西吉安。升任庐陵县知县。先生三月到达庐陵,为政不用威势和刑罚,只是把开导人心作为根本。到任的初期,首先询问于里正,考察各地的贫富奸良的实况而予以抑扬。案件的文书堆满了房子,先生不着急

谕，民胥悔胜气嚣讼，至有涕泣而归者，由是囹圄日清。在县七阅月，遗告示十有六，大抵谆谆慰父老使教子弟，毋令荡僻，城中失火，身祷返风，以血禳火，而火即灭；因使城中辟火巷，定水次兑运，绝镇守横征，杜神会之借办，立保甲以弭盗，清驿递以延宾旅；至今数十年，犹踵行之。语学者悟入之功。先是，先生赴龙场时，随地讲授；及归，过常德辰州，见门人冀元亨蒋信刘观时辈，俱能卓立，喜曰："谪居两年，无可与语者，归途乃幸得诸友；悔昔在贵阳举知行合一之教，纷纷异同，罔知所入；兹来乃与诸生静坐僧寺，使自悟性体，顾恍恍若有可即者。"既又途中寄书曰："前在寺中所云静坐事，非欲坐禅入定也；盖因吾辈平日为事物纷拏，未知为己，欲以此补小学收放心一段功夫耳。明道云：'才学便须知有用力处，既学便须知有得力处。'诸友宜于此处着力，方有进步，异时始有得力处也。"

冬十有一月，入觐。先生入京馆于大兴隆寺，时黄宗贤绾为后军都督府都事，因储柴墟巏请见；先生与之语，喜曰："此学久绝，子何所闻？"对曰："虽粗有志，实未用功。"先生曰："人惟患无志，不患无功。"明日引见甘泉订与终日

着手断决；按照立国之初的旧制，慎重选择里正三老，坐守申明亭，让他们进行委婉的劝谕，老百姓都后悔一时气胜而过多地诉讼，甚至有哭泣着回去的，因此监狱渐渐地空起来。在县办公过七个多月，发出告示十六次，大都是谆谆劝告父老教诲子弟，不要让子弟放荡邪僻，城里失火，亲自祈祷风停，用血祭祷灭火，火马上就灭了；于是在城里开辟灭火的巷道，安排运送水的秩序，杜绝镇守的横征暴敛，禁止兴办神会，设立保甲来消除盗贼，清理驿递来邀请宾客和旅人，到现在几十年，还这样实行着。对学者讲述体悟的功夫。这以前，先生到贵州龙场时，随处讲授；等到回来，经过常德和辰州，看到门人冀元亨、蒋信、刘观时等人，都能卓然自立，高兴地说：“贬官在外住了二年，没有共同论道的人，回来的路上很幸运地遇到各位学友；后悔从前在贵阳的时候提出知行合一的教化，不同的观点很多，不知从何谈起。这次归来和各位在僧寺静坐，使自己体悟性之本体，就恍惚像是接触到本体。”后来又在归途中寄了一封信，信中说：“以前在寺院中所说的静坐一事，不是想让坐禅入定；只是因为平时我们被事物纷扰不已，不懂得从自己身上下功夫，想通过这种办法补上小学收放心的一段工夫罢了。明道先生说："才开始学习就必须懂得从哪儿用力，学习之中就更须懂得往哪儿用力。"各位学友应该在这个地方用力，才会有所进步，他日才能有得力的地方。

　　冬季，十一月，进京觐见皇上。先生进了京师，住宿在大兴隆寺，当时黄绾（字宗贤）是后军都督府都事，通过储罐（号柴墟）请求拜见；先生和他谈论，高兴地说：“这种学问很早就没有了，你从哪儿听到的？”回答说：“虽然粗略地有点志向，实际

共学。按：宗贤至嘉靖壬午春，复执贽称门人。

十有二月，升南京刑部四川清吏司主事。论实践之功。先生与黄绾应良论"圣学久不明，学者欲为圣人，必须廓清心体，使纤翳不留，真性始见，方有操持涵养之地。"应良疑其难，先生曰："圣人之心如明镜，纤翳自无所容，自不消磨刮；若常人之心，如斑垢驳蚀之镜，须痛刮磨一番，尽去驳蚀然后纤尘即见，才拂便去，亦不消费力；到此已是识得仁体矣。若驳蚀未去其间固自有一点明处，尘埃之落，固亦见得，才拂便去；至于惟积于驳蚀之上，终弗之能见也。此学利困勉之所由异，幸勿以为难而疑之也。凡人情好易而恶难，其间亦自有私意气习缠蔽，在识破后，自然不见其难矣。古之人，至有出万死而乐为之者，亦见得耳。向时未见得里面意思此功夫自无可讲处；今已见此一层却恐好易恶难，便流入禅释去也。"按：先生立教，皆经实践，故所言恳笃若此。自揭良知宗旨后，吾党又觉领悟太易，认虚见为真得，无复向里着己之功矣；故吾党颖悟承速者，往往多无成，甚可忧也。

上没有用功。"先生说:"人只是害怕没有志向,不害怕没有成就。"第二天引见了甘泉,决定和他一起学习一整天。黄宗贤到嘉靖壬午年春天,仍然行弟子礼称为门人。

十二月,升任南京刑部四川清吏司主事。谈论实行践履的功夫。先生和黄绾、应良说:"圣人之学很久没有被阐明了,求学的人想做圣人,一定先廓清心之本体,使一点隐蔽都不存留,开始见到内在的本性,才有操持涵养的基础。"应良疑虑这样做很难,先生说:"圣人的心就像明镜一般,一点阴翳都没有,自然不需要磨刮。如果常人的内心,就像斑垢驳蚀的镜子,必须进行彻底的刮磨,全部去掉斑垢驳蚀。然后纤微的尘土就马上可以看到,轻轻一拂就去掉了,也用不着费力。到这个地步已经是认识到仁爱之体了。如果没有刮磨掉斑垢驳蚀,它的中间本来有一点明亮的地方,飘落的尘埃,本来也能够看到,一拂就去掉了;至于只有斑垢驳蚀上面,始终是不能看见的。这种学问的顺利、困顿、勉励的办法不同,千万不要认为难就对它心存疑虑。人的一般情形都是喜欢容易而厌恶困难,这里面也自然有私意习气的缠绕和遮蔽,等到识破以后,自然再也看不到困难了。古代的人,甚至有经历万死千难而乐意去做的,也是识破的缘故。以前没有发现获得里面的妙义,这功夫自然没有可讲的地方;现在已经识透了这一层,却恐怕喜欢容易厌恶困难,就流入道和佛里边去了。"先生树立言教,都是经过实践,所以他说的话就是这样诚恳忠实。自从揭示了良知的宗旨以后,我们又觉得领悟太容易,把虚妄的见识作为真正的获得,不再向深处用功探求;所以我们中颖悟灵敏的人,也往往没有多少成就,是很值得担忧的。

六年，辛未。先生四十岁在京师。正月，调吏部验封清吏司主事。论晦庵、象山之学。王舆庵读象山书有契，徐成之与辩不决。先生曰："是朱非陆，天下论定久矣，久则难变也。虽微成之之争，舆庵亦岂能遽行其说乎？"成之谓先生漫为含糊两解，若有以阴助舆庵而为之地者。先生以书解之曰："舆庵是象山，而谓其专以尊德性为主；今观《象山文集》所载，未尝不教其徒读书，而自谓理会文字颇与人异者，则其意实欲体之于身。其亟所称述以诲人者，曰：'居处恭，执事敬，与人忠；'曰：'克己复礼；'曰'万物皆备于我，反身而诚，乐莫大焉；'曰：'学问之道无也，求其放心而已。'曰：'先立乎其大者，而小者不能夺。'是数言者孔子、孟轲之言也，乌在其为空虚乎？独其易简觉悟之说，颇为当时所疑；然易简之说出于系辞；觉悟之说，虽有同于释氏，然释氏之说，亦自有同于吾儒，而不害其为异者，惟在于几微毫所之间而已，亦何必讳于其同，而遂不敢以言，狃于其异，而遂不以察之乎？是舆庵之是象山，固犹未尽其所以是也。吾兄是晦庵，而谓其专以道问学为事；然晦庵之言曰：'居敬穷理；'曰：'非存心无以致知；'曰：'君子之心常存敬畏，虽不见闻，亦不敢忽；所以存天理之本然，而不使离于须臾之顷也。'是其为言，虽未尽莹，亦何尝不以尊德性为事，而又乌在其为支离乎？独其平日汲汲于训解，虽《韩文》《楚辞》《阴符参》《同》之属，亦必与之诠释考辩，而论者遂疑玩物；又其心虑，恐学者之躐等，而或失之于妄

武宗正德六年，辛未。先生四十岁住在京师。正月，调任吏部验封清吏司主事。评论朱熹、陆九渊的学问。王舆庵阅读陆象山先生的书深有领会，徐成之和他辩论而没有结果。先生说："肯定朱晦庵，否定陆象山，这成为天下的定论已经很久了，时间久了就难以改变。即使没有徐成之和他的争论，王舆庵难道就能把他的学说行之于世吗？"徐成之认为先生表面上漫不经心地对两种见解含糊其辞，实际好像暗中赞同王舆庵的想法。先生通过书信解释说："王舆庵肯定陆象山的学问，而认为他专门把尊德性作为主要内容；现在看《象山文集》里所记载的，没有不是教导他的弟子读书的，却自己认为理会文字和一般的人有很大的不同，那么实际上想从自身有所体会。他极力用自己称道和叙述的道理教诲别人，称作"平时在家处事要恭敬，办事要诚心诚意，和人相处要忠诚不二。""约束自己践行礼仪""世上的万物都为我所具备，反躬自问而保持诚心，没有比这更大的快乐了。""做学问的方法没有别的，只求得自己内心的平静罢了。""先在大的方面有所树立，那么细微就不会失去了。"这几句话，是孔子、孟子的话，怎么能说他是空虚的呢？只是他的平易简约自觉体悟的学说，很受当时人们的怀疑。然而平易简约的说法是从《系辞》里引出的；觉省体悟的学说，即使有些方面和释氏相同，释氏的学说也自然有和我们儒学相同的地方，但并不妨碍它是不同的学说，只是在于细微纤毫之间的差别罢了。何必对它们的相同有所忌讳，就不敢陈述它呢，拘泥于它们的不同，就不加以细心省察吗？王舆庵肯定陆九渊先生，本来还没有全部了解肯定的原因。你肯定朱熹，而说他专门把格物致知作为事业；然而朱晦庵的三论有："平时恭敬而穷究天

作,必先之以格致而无不明,然后有以实之于诚正而无所谬;世之学者挂一漏万,求之愈烦,而失之愈远,至有弊力终身,苦其难而卒无所入,而遂议其支离;不知此乃后世学者之弊,而当时晦庵乏自为,则亦岂至是乎? 是吾兄之是晦庵,固犹未尽其所以是也。夫二兄之所信而是者,既未尽其所以是;则其所疑而非者,亦岂尽其所以非乎? 仆尝以为晦庵之与象山,虽其所以为学者,若有不同,而要皆不失为圣人之徒。今晦庵之学,天下之人,童而习之,既已入人之深,有不容于论辩者;而独惟象山之学,则以其尝与晦庵之有言,而遂藩篱之,使若由、赐之殊科焉,则可矣;而遂摈放废斥,若碔砆之与美玉,则岂不过甚矣乎? 故仆尝欲冒天下之讥,以为象山一暴其说,虽以此得罪无恨。晦庵之学,既已章明于天下,而象山犹蒙无实之诬,于今且四百年,莫有为之一洗者;使晦庵有知,将亦不能一日安享于庙庑之间矣。此仆之至情,终亦必为兄一吐露者,亦何肯漫为两解之说,以阴助于舆庵已乎?”

理。""不存心就不能达到知","君子的内心经常保持恭敬和畏惧,即使不见闻事物,也不敢疏忽;用来保持天理的本来样子,而不使有一会儿离开。"由此可见他所说的话,即使没有全部说明白,但何尝不是把存心养性作为自己的事业,又怎么能说他是支离的呢?只是他平时在训诂解释上不停地下了许多功夫,即使《韩文》《楚辞》《阴符》《参同》这类,也一定给他作注释和考辨,而评论的人就怀疑他不是专注于内心而只是留恋于事物;又因为他内心多虑,恐怕求学的人不循序渐进,以致有的人在凭空作为上犯错误,一定先把格物致知的道理讲得很明白,然后再用诚意正心来充实使他没有谬误;世上的学者持一漏万,向外寻求的越多,离他的目标越远,甚至有的终生用力,遭受多种苦难而最后没有领会到什么,于是就批评他的支离;不懂得这是后代学者的弊端,而当时朱熹自己所做的,难道到了这种境地吗?你肯定朱熹,本来还没有完全肯定其对,你们两位所相信和肯定的,既然没有全部肯定其对,那么对于那些怀疑和否定的地方,难道就全部否定了它应该否定的吗?我曾经认为朱熹和陆九渊,即使他们做学问的方法,好像并不相同,可是本质上都仍然是圣人的学徒。现在朱熹的学问,天下的人,从孩童起就学习他,既然深入人心,就容不得有人来评论和辩驳他;只是陆九渊的学问,那么因为他曾经和朱晦庵进行过辩论,就把他的学问禁锢起来,假使把他看作就像子路和子贡的不同,就好了;可是随后却遭到排斥和废除,把他和朱熹的学问看作是顽石和美玉一般不可比拟,这难道就不是太过分了吗?所以我曾经想冒着天下人的讥讽,来为陆九渊先生阐明弘扬他的学说,即使因此而获罪也没悔恨。朱晦庵的学说,已经在天

二月，为会试同考试官。是年僚友方献夫受学。献夫时为吏部郎中，位在先生上；比闻论学，深自感悔，遂执贽事以师礼。是冬告病归，西樵先生为叙别之。

十月，升文选清吏司员外郎。送甘泉奉使安南。先是，先生升南都，甘泉与黄绾言于冢宰杨一清，改留吏部，职事之暇，始遂讲聚；方期各相砥切，饮食启处必共之。至是，甘泉出使安南封国，将行先生惧圣学难明而易惑，人生别易而会难也，乃为文以赠。略曰："颜子没而圣人之学亡，曾子唯一贯之旨，传之孟轲，绝又二千余年，而周程续；自是而后，言益详道益晦。孟氏患杨墨，周程之际释老大行，今世学者，皆知尊孔孟，贱杨墨，摈释老，圣人之道，若大明于世；然吾从而求之，圣人不得而见之矣，其能有若墨氏之兼爱者乎？其能有若杨氏之为我者乎？其能有若老氏之清净自守，释氏之究心性命者乎？吾何以杨墨老释之思哉？彼于圣人之道异，然犹有自得也。而世之学者，章绘句琢以夸俗，诡心色取，相饰以伪，谓圣人之道，劳苦无功，非复人之所可为，而徒取辩于言辞之间。古之人有终身不能究者，今

下发扬光大,可是陆九渊还蒙受空虚无实的诬陷,到现在将近四百年了,没有人为他进行彻底的洗刷清白;假使朱熹亡灵有知,也不能有一天安心在庙庑之间享受祭祀。这是我的内心实情,最终也一定向你完全吐露的,怎么肯作模棱两可之说,暗里赞同王舆庵的呢?"

二月,任会试同考试官。这年同朝为官的友人方献夫向先生学习。献夫当时是吏部郎中,官位在先生之上,等到听了先生讲述的学问,内心深为感动和愧悔,就带着礼物用对待师长的礼节来接待他。这年冬季告病回家,西樵先生做了一篇叙为他送别。

十月,升任文选清吏司员外郎。送甘泉奉命出使安南。这以前,先生移任南都,甘泉和黄绾对吏部尚书杨一清陈说此事,改留于吏部。处理职事的空余时间,就开始聚会讲学;为了互相砥砺学问,在一块吃饭和住宿。到这时候,甘泉出使安南封国,将要走的时候,先生恐怕圣人之学难以阐明而容易迷惑,人生离别容易而相会困难,就写文章赠送给他。文章大概说:"颜子去世以后而圣人之学绝传,曾子只是把一以贯之的宗旨传给孟轲,以后又断绝了二千多年了,而周敦颐和程颐又接上了;从这以后,言辞越详尽,大道越晦暗。孟子以杨子、墨子的言论为祸患,周敦颐、程颐的时代,释氏,老子的学问在世上很流行。当今的学者,都懂得尊重孔子、孟子,不看重杨子、墨子的学问,排斥释氏和老子,圣人的大道就像在世上得到阐明一样;然当我探索的时候,圣人又不能再见到。他能有像墨子的兼爱那样的思想吗?他能有像杨氏为我的思想吗?他能有像老氏的清静自守,释氏的探究心性的思想吗?我凭借什么来思索杨氏、墨氏、释老的

吾皆能言其略，自以为若是亦足矣，而圣人之学遂废。则今之所大患者，岂非记诵辞章之习，而弊之所从来，无亦言之太详，析之太精者之过欤？某幼不问学，陷溺于邪僻者二十年。而始究心于老释，赖天之灵，因有所觉。始乃沿周程之说求之，而若有得焉，顾一二同志之外，莫予冀也，岌岌乎仆而复兴。晚得于甘泉湛子而后吾之志益坚，毅然若不可遏，则予之资于甘泉多矣。甘泉之学，务求自得者也，世未之能知，其知者，且疑其为禅；诚禅也，吾犹未得而见，而况其所志，卓尔若此，则如甘泉者，非圣人之徒欤？多言又乌足病也？夫多言不足以病甘泉，与甘泉之不为多言病也。吾信之。吾与甘泉有意之所在，不言而会；论之所及，不约而同；期于斯道，毙而后已者，今日之别，吾容无言。夫惟圣人之学，难明而易惑。习俗之降，愈下而抑不可回，任重道远。虽已无俟于言，顾复于吾心，若有不容已也，则甘泉亦岂以予言为缀乎？"

思想呢？他们虽然和圣人之道不同，自己仍然有自己的心得体会。"可是当世的学者，绘制文章雕琢词句来夸耀于俗世。内心诡诈猎取表象，用作伪相掩饰，说圣人之道，劳心苦志而没有收获，不再是一般人所能达到的，只是从言辞之间进行辩论。有的古人终生不能探讨明白，现在自称都能说出它的大概，自己认为像这样也足够了，而圣人之学也就荒废了。那么现在所最担忧的，难道不是记诵辞章的陋习导致弊端的由来，能没有说的太详尽、分析的太精细的过错吗？我年幼的时候，没有探讨学问，陷溺在言辞邪僻之中二十多年，才开始用心研究老子和释氏的学问，依靠天资的灵明，于是有所觉悟；从此才沿着周敦颐、程颐的学说来探索，好像有所获得，除一二个志向相同的人之外，没有我所期望的，很危险地沉落却又兴起。很晚才从甘泉那儿得到我的期望，以后我的志向更加坚定，刚毅的样子像不能遏制，我从甘泉获益多了。甘泉的学问，务求自己有所体会，世上没有人能了解他，了解他的人，又怀疑他所学的是禅。如确实是禅，我还没有看到，况且他的心志，像这样不同寻常，那么像甘泉这样的人不是圣人的弟子吗？说了许多又怎么能认为是过错呢？话说得多不足以用来指责甘泉，和甘泉不因为话说得多而犯错误，我相信是这样的。我和甘泉专心努力的目标，用不着多说就能明白；论述所达到的范围，不必相约也是相同的。对这种大道的追求，死了之后才会终止。今天的相别，我什么话都说不出来。只是圣人的学问，难以阐明而易于迷惑，习俗的日渐堕落，越堕落而更加不可挽回，责任重大道路途遥远。虽然已经没有必要用语言表达了，再看看我自己的内心，像有不可容忍自己的，那么甘泉难道也把我的话作为多余的补缀吗？

七年，壬申。先生四十一岁，在京师。三月，升考功清吏司郎中。按《同志考》："是年穆孔晖、顾应祥、郑一初、方献科、王道、梁谷、万潮、陈鼎、唐鹏、路迎、孙瑚、魏廷霖、萧鸣凤、林达、陈洸及黄绾、应良、朱节、蔡宗兖、徐爱同受业。"

十二月，升南京太仆寺少卿，便道归省。

与徐爱论学。爱是年以祁州知州考满进京，升南京工部员外郎，与先生同舟归越。论《大学》宗旨，闻之踊跃痛快，如狂如醒者数日，胸中混沌复开。仰思尧、舜、三王、孔、孟千圣，立言人各不同，其旨则一。今之《传习录》所载首卷是也。其自叙云："爱因旧说汩没，始闻先生之教，实骇愕不定，无入头处。其后闻之既久，渐知反身实践，然后始信先生之学，为孔门嫡传。舍是皆旁蹊小径，断港绝河矣。如说格物是诚意功夫，明善是诚身功夫，穷理是尽性功夫，道问学是尊德性功夫，博文是约礼功夫，惟精是惟一功夫，诸如此类，皆落落难合，其后思之既久不觉手舞足蹈。"

八年癸酉。先生四十二岁在越。二月，至越。先生初计至家，即与徐爱同游台、荡；宗族亲友绊，弗能行。五月，终与爱数友期，候黄绾，不至。乃从上虞入四明，观白水寻龙豁之源，登杖锡，至雪窦，上千丈崖以望天姥华顶；欲遂

武宗正德七年，壬申。先生四十一岁，住在京师。三月，升任考功清吏司郎中。根据《同志考》的记述：这年穆孔晖、顾应祥、郑一初、方献科、王道、梁谷、万潮、陈鼎、唐鹏、路迎、孙瑚、魏廷霖、萧鸣凤、林达、陈洸以及黄绾、应良、朱节、蔡宗兖、徐爱一起向先生学习。

十二月，升任南京太仆寺少卿，顺路回家省亲。

和徐爱讲论学问。徐爱这年因为在祁州任知州期满，来到京师，升任南京工部员外郎，和先生一同乘舟回到浙江，讨论《大学》的宗旨，听了之后，心情舒畅痛快，几天内如狂如醒，心胸里面含混不清的状况一扫而光，恢复了灵明。向前追思尧舜、三王、孔孟等许多圣人，树立言论的人各自不同，他们的宗旨却是相同的。如今的《传习录》首卷所记载的就是这样的。他自己叙述说："爱因以前的学说逐渐沉没，开始聆听先生的教诲，实际上害怕内心不安定，没有掌握进入其中的关键。以后聆听的时间长了，渐渐懂得返回自身实行，这样以后才开始笃信先生的学问，是孔门的真正继承者。除此以外都是旁蹊小径，断港绝河。如果说研究事物是使意念诚笃的功夫，明白善道是使自身行为诚敬的功夫，穷究物理是使内在本性全部发挥的功夫，格物存理是存心养性的功夫，博通文章是简约礼仪的功夫，用功精深是用心专一的功夫，诸如此类，都难以把它们统一起来，这以后仔细思考得久了，不知不觉手舞足蹈。"

武宗正德八年癸酉。先生四十二岁，住在浙江。二月，到达浙江。先生起初打算，到了家，就和徐爱一同游台、荡；但由于宗族亲友的牵绊，不能成行。五月，最终和徐爱等几个朋友相约，等候黄绾却没有等到，就从上虞进入四明，游览白水，探寻

从奉化取道赤城适久旱,山田尽龟坼,惨然不乐,遂自宁波还余姚。绾以书迎,先生复书曰:"此行相从诸友,亦微有所得,然无大发明;其最所歉然,宗贤不同兹行耳。后辈习气已深,虽有美质,亦渐消尽,此事正如淘沙,会有见金时,但目下未可必得耳。"先生兹游,虽为山水,实注念爱、绾二子;盖先生点化同志,多得之登游山水间也。

冬十月至滁州。滁山水佳胜,先生督马政,地僻官闲,日与门人游邀琅琊、瀼泉间;月夕,则环龙潭而坐者数百人,歌声振山谷;诸生随地请正,踊跃歌舞。旧学之士,皆日来臻,于是从游之众自滁始。孟源问:"静坐中思虑纷杂,不能强禁绝。"先生曰:"纷杂思虑,亦强禁绝不得。只就思虑萌动处,省察克治,到天理精明后,有个物各付物的意思,自然精专,无纷杂之念。《大学》所谓知止而后有定也。"

九年,甲戌。先生四十三岁,在滁。四月,升南京鸿胪寺卿。滁阳诸友,送至乌衣,不能别,留居江浦,候先生渡江。先生以诗促之归曰:"滁之水入江流,江潮日复来滁州;相

龙溪的源头,攀登杖锡,到达雪窦,登上千丈崖来眺望天姥华顶;本想接着取道奉化到赤城去,恰逢长久干旱,山野田地都龟裂不堪,心境暗淡闷闷不乐,就从宁波回到余姚。一回来就接到黄绾的来信,先生回信说:"这次旅行中各位相跟随的朋友,也略微有所收获,然而没有较大的内心体悟;其中最感到遗憾的是,你没有一同加入这次旅行。后辈的人沾染的习气已经很深,即使有美好的资质,也渐渐消失殆尽,这种事就像淘沙一样,最终会有看到金子的时候;但是眼下不一定能得到。"先生这次旅行,虽然为了游乐山水,但实质上很关注徐爱和黄绾这两个人;先生指点教化有共同志向的人,大多通过游乐于山水之间来实现。

冬季的十月到达滁州。滁州的山水甚美,先生督查养马的事,地域偏僻官职清闲,每天和门人在琅琊、瀼泉之间遨游;明月之夜,就有几百人环绕龙潭而坐,歌乐之声响振山谷;各位求学的人随时随地请求指正,很活泼积极地歌吟舞乐。接受旧学的人,都每天来增进学问,从滁州开始跟随游的人越来越多。孟源问:"静坐的时候思虑纷繁芜杂,不能够强行禁绝。"先生回答说:"纷繁杂乱的思虑,也不应强行禁绝;只是探索思虑萌动的源头,反省审察约束用功,到了详细明白天理以后,心中有个物各归之于物的意思,自然而然用心精一专守,没有纷扰杂乱的念头;这正是《大学》所说的,懂得它的最终至理以后就可以内心平定了。"

武宗正德九年,甲戌。先生四十三岁,住在滁州。四月,升任南京鸿胪寺卿。滁州的各位学友,送别先生到乌衣,不忍离别,停留居住在江边,等候先生渡江。先生写诗催促他们回去,诗

思若潮水,来往何时休?空相思,亦何益!欲慰相思情,不知崇令德。掘地见泉水,随处无弗得,何必驱驰为?千里远相即。君不见,尧羹与舜墙;又不见,孔与蹠,对面不相识;逆旅主人多殷勤,出门转盼成路人。"

五月,至南京。自徐爱来南都,同志日亲,黄宗明、薛侃、马明衡、陆澄、季本、许相卿、王激、诸偁、林达、张寰、唐愈贤、饶文壁、刘观时、郑骝、周积、郭庆、栾惠、刘晓、何鳌、陈杰、杨杓、白说、彭一之、朱篪辈,同聚师门日夕渍砺不懈。客有道自滁游学之士,多放言高论,亦有渐背师教者。先生曰:"吾年来欲惩末俗之卑污,引接学者,多就高明一路,以救时弊。今见学者渐有流入空虚,为脱落新奇之论,吾已悔之矣。"故南畿论学,只教学者存天理,去人欲,为省察克治实功。王嘉秀、萧惠好谈仙佛,先生尝警之曰:"吾幼时求圣学不得,亦尝笃志二氏。其后居夷三载,始见圣人端绪,悔错用功二十年。二氏之学,其妙与圣人只有毫厘之间,故不易辨。惟笃志圣学者,始能究析其隐微,非测亿所及也。"

中写道:"滁州的水奔腾汇入江流,大江之潮每天又来滁州。相思之情就像潮水一样,来来往往什么时候才会停止呢?只是白白相思,又有什么好处!想抚慰这份相思之情,但却不懂得崇尚好的德性。挖掘土地就能发现泉水,随处没有不能获得的,何必为之而奔波呢?远涉千里之遥来接近。你们没有看到,尧的菜羹和舜的城墙。又没有看到,孔子和盗跖,相逢对面却不互相认识。身处旅店的人应该更加用心诚恳,走出门去转眼就成为行路的人了。"

五月,到了南京。自从徐爱来到南都,有共同志向的人渐渐亲近。黄宗明、薛侃、马明衡、陆澄、季本、许相卿、王激、诸偁、林达、张寰、唐愈贤、饶文璧、刘观时、郑骝、周积、郭庆、栾惠、刘晓、何鳌、陈杰、杨杓、白说、彭一之、朱篪等人,一同聚集在师门,白天晚上都浸润在先生的学问之中,不停地相互砥砺。客人中有一位认为自从滁州以来跟随先生游学的人,大多放言高论,也有逐渐背离先生教诲的地方。先生说:"我近一年来本来想挽救末俗的卑鄙肮脏,引接求学的人,尽量多地走高远清明的这一路,来拯救现时的弊端。现在看到求学的人有的渐渐流入空乏虚无之中,作出脱落新奇的言论,我已经后悔这样做了。"所以在南畿讲述学问,只是让求学的人心存天理,去尽人欲,履行反省内察约束勤学的实际功夫。王嘉秀、萧惠喜欢谈论成仙成佛。先生曾经警告他们说:"我年幼的时候探求圣人之学没有收获,也曾经专心立志于老、佛二氏;以后在夷人之地居住了三年,才开始发现圣人之学的头绪,后悔错误用功二十。佛老二氏的学问,它的精妙和圣人之学只有毫厘细微的差异,所以不容易分辨;只有专心立志于圣人之学的人,才能从根

十年，乙亥。先生四十四岁，在京师。正月，疏自陈，不允。是年当两京考察例上疏。立再从子正宪为后。正宪字仲肃，季叔易直先生充之孙，西林守信之第五子也。先生四十四，与诸弟守俭，守之、守章俱未举子，故龙山公为先生择守信子正宪立之，时年八龄。是年，御史杨典荐改祭酒，不报。

八月，拟《谏迎佛疏》。时命太监刘允、乌思藏齐幡供诸佛，奉迎佛徒，允奏请盐七万引，以为路费，许之。辅臣杨延和等与户部及言官，各疏执奏，不听。先生欲因事纳忠，拟疏欲上，后中止。疏请告。是年，祖母岑太夫人年九十有六，先生思乞恩归，一见为诀；疏凡再上矣，故辞甚恳切。

十有一年，丙子。先生四十五岁，在南京。九月，升都察院左佥都御史，巡抚南、赣、汀、漳等处。是时汀漳各郡，皆有巨寇，尚书王琼，特举先生。

十月，归省至越。王思舆语，季本曰："阳明此行，必立事功。"本曰："何以知之？"曰："吾触之不动矣。"

十有二年丁丑，先生四十六岁。正月，至赣。先生过万安，遇流公数百沿途肆劫，商舟不敢进，先生乃联商舟，结为阵势，扬旗鸣鼓，如趋鸣状；贼乃罗拜于岸，呼曰："饥荒

本上分辨它们的隐秘细微处，不是靠臆想猜测所能达到的。"

武宗正德十年。乙亥。先生四十四岁，住在京师。正月，上疏自陈告退，没有允准。这年，进行两京考察，照例上疏。把再从子正宪立为后嗣。正宪，字仲肃，三叔易直先生充的孙子，居住西林的守信的第五个儿子。先生年纪四十四岁，和各位弟弟守俭、守文、守章都没有儿子，所以龙山公替先生选择了守信的儿子正宪，立他为后嗣，正宪当时八岁。这年，御史杨典推举先生改任祭酒，没有答复。

八月，构思了《谏迎佛疏》。当时皇上命令太监刘允、乌思藏吃斋树幡供奉诸佛，奉旨迎接佛徒，刘允奏请七万盐引，来作为路费，皇上应允了这件事；辅臣杨延和等人和户部的官员及言官各自上疏执意奏请终止，皇上没有听从。先生想通过这事使皇上接纳忠信之士，拟定疏文打算上奏，后来中途停止了。上疏请求告退。这年，祖母岑太夫人年龄九十六了，先生想乞求恩准回家，见上一面，说些最后的话；疏文多次上递，所以言辞非常恳切。

武宗正德十一年，丙子年。先生四十五岁，住在南京。九月，升任都察院左佥都御史，巡抚南赣、汀漳等地。这个时候，汀漳各个郡县都有凶残的贼寇，尚书王琼特地推举先生。

十月，回家省亲到达浙江。王思舆对季本说："阳明这次远行，一定建功立业。"季本说："凭什么知道的？"回答说："我接触他，但他不为所动。"

武宗正德十二年丁丑年。先生四十六岁。正月，到达江西。先生经过万安地区，遇到几百名流民沿途大肆抢劫，商船不敢进发；先生就联合商船，拼结成作战的阵势，挥动旗帜敲响战

流民，乞求赈济。"先生泊岸，令人谕之曰："至赣后，即差官抚插，各安生理，毋作非为！自取戮灭。"贼惧散归。以是年正月十六日开府。

行十家牌法。先是赣民为洞贼耳目，官府举动未形而贼已先闻，军门一老隶奸尤甚，先生侦知之，呼入卧室，使之自择生死。隶乃输情吐实，先生许其不死，试所言悉验，乃于城中立十家牌法。其法编十家为一牌，开列各户籍贯、姓名、年貌、行业，日轮一家，沿门按牌审察，遇面生可疑人，即行报官究理，或有隐匿，十家连坐。仍告谕父老子弟，务要父慈子孝兄爱弟敬，夫和妇随，长惠幼顺。小心以奉官法，勤谨以办国课，恭俭以守家业，谦和以处乡里。心要平恕，毋得轻易忿争；事要含忍，毋得辄兴词讼。见善互相劝勉，有恶互相惩戒，务兴礼让之风，以成敦厚之俗。

选民兵。先生以南赣地连四省，山险林深，盗贼盘据，三居其一，窥伺剽掠，大为民患。当事者每遇盗贼猖獗，辄复会奏，请调土军狼达，往返经年，糜费逾万。逮至集兵举事，即已魍魉潜形，班师旋旅，则又鼠狐聚党。是以机宜屡失，而备御益弛。先生乃使四省兵备官，于各属弩手、打

鼓，像奔赴作战的样子。贼寇就在江岸上环形参拜，呼喊着说："我们是遭受饥荒的流民，乞求得到赈济。"先生把船停靠在岸边，派人告诉他们说："我到了江西以后，就派官员来安抚，你们各自谋求生存，不要再做不应该做的事！否则自取灭亡。"贼寇害怕，各自回去。在这年正月十六日开始在官府处理政事。

推行十家牌法。这以前，江西的民众做山洞里贼寇的耳目，官府里的举动还没有付诸实施，可是贼寇已经预先听到了。军门的一个老隶，尤其奸猾。先生探查知道这件事以后，把他叫进卧室，让他自己选择生和死。老隶就把真实的情况透露出来，先生答应他不治死罪，对他所说的话进行测试都应验了，就在城里订立十家牌法。它的办法是整编十家作为一牌，列出各户的籍贯、年纪、面貌、行业，每天轮一家，沿门按牌审察，遇到面貌生疏十分可疑的人，立即报告官府进一步审理，有一家对贼寇隐匿不报，十家一同犯法。还明白地告知父老子弟，务必要父亲慈爱，儿子孝顺，兄长爱护弟弟，弟弟恭敬兄长，夫妇和睦，长者要施恩于幼，幼者要顺从长者。小心谨慎地奉行官家法令，用心用力地督办国课，恭敬俭约地来守护家业，谦让和气地和乡里相处；心境要平和宽恕，不能轻易地发生争吵，做事要忍让，不能动辄就兴起词讼；看到善事互相鼓励，有恶事要互相惩戒，务必兴起礼让的风气，行成忠厚朴实的习俗。

选练民兵。先生认为南赣地区连接四省，山势险要森林茂密，盗贼盘踞其中，每三人中就有一人为盗贼，四处窥探大肆剽掠，成为当地老百姓的很大祸患。执政的人每次遇到盗贼猖獗，就反复上奏，请求调拨土军镇压。当其赶到，往返一年多，军费过万；等到汇集兵马采取行动，魍魉之徒已经隐匿了形迹，

手、机快等项，挑选骁勇绝群，胆力出众者，每县多或十余人，少或八九人，务求魁杰，或悬召募；大约江西、福建二兵备，各以五六百名为率；广东、湖广二兵备，各以四五百名为率；中间更有出众者，优其廪饩，署为将领；除南赣兵备，自行编选余四兵务官，仍于每县原额数内拣选可用者，量留三分之二，委该县贤能官统练，专以守城防隘为事；其余一分，拣退疲弱不堪者，免其着役，止出工食，追解该道，以益募赏；所募精兵，专随各兵备官屯札，别选官分队统押教习之。如此则各县屯戍之兵，既足以护守防截，而兵备募召之士，又可以应变出奇，盗贼渐知所畏乎良益有所恃而无恐矣。

二月，平漳寇。初，先生道闻漳寇方炽，兼程至赣，即移文三省兵备，克期起兵，自正月十六日莅任，才旬日即议进兵；兵次长富村，遇贼大战，斩获颇多，贼奔象湖山拒守，我兵追至莲花石与贼对垒；会广东兵至，方欲合围，贼见势急，遂溃围而出，指挥覃桓、县丞纪镛，马陷死之。诸将请调狼兵，俟秋再举；先生乃责以失律罪，使立功自赎。诸将议犹未决。先生曰："兵宜随时，变在呼吸，岂宜各持成说耶？福建诸军稍绌，咸有立功赎罪心，利在速战；若当集谋之始，即掩贼不备，成功可必。今既声势彰闻各贼必联党

当大军刚走，那群鼠狐之辈又重新聚首猖獗；因此多次丧失了作战时机，而防备更加松弛。先生就派遣四省的兵备官，在各自所属的弩手、打手、机快等项中，挑选骁勇善战出类拔萃，胆力超群的人，每个县多则十余人，少则八九人，务求杰出之士，或可悬榜招募；大约江西、福建二支军队招募完备以后，各自接近五六百名；广东、湖广各自接近四五百名；其中有超出众人的能者，使他的生活物资优厚，委任他为将领；除了南赣的兵备，其余的自行编选四名兵备官，仍旧在每县的原额数内拣选可以使用的，酌量保留三分之二，委派该县贤良能干的官吏统帅训练，专门用来守城防隘；其余的一分，拣出疲弱不堪者辞退，不用他们服役，让他们出工食，收送该管的道衙门，以便用招募奖赏；所招募的精壮兵士专门跟随各兵备官屯守，另外选择官吏对他们分队统领教习。这样各县屯戍的军队，既足够用来护守防截，而兵备募召的壮士，又可以应变出奇，盗贼渐渐懂得有所畏惧，平民良善也有所依靠而不再害怕了。

　　二月，平定漳州的贼寇。起初，先生在路上听到漳州的贼寇正在猖獗，日夜兼程到了江西，就向三省的兵备递送了移文，限定日期派遣军队。从正月十六日到任，才几天就商议进兵讨伐贼寇。军队到长富村，遭遇贼寇大战一场，斩首俘获的很多，残余贼寇奔赴象湖山拒守，官兵追击到莲花石和贼寇对垒；恰逢广东的军队到了，正打算联合围攻，贼寇看到情势危急，就冲出重围逃跑，指挥覃桓，县丞纪镛，因所骑战马陷落而死。各位将领请求调遣狼兵，等到秋季再作战；先生就用失律罪责备他们，让他们立功赎罪，各位将领商议还没有决断。先生说："用兵应该随时机而动，在一呼一吸之间就有变化，难道适于各自

设械，以御我师，且宜示以宽懈，而犹执乘机之说以张皇于外，是徒知吾卒之可击，而不知敌之未可击也。广东之兵意在倚重狼达土军，然后举事，诸贼亦候吾土兵之集，以卜战期，乘此机候，正可奋怯为勇，变弱为强，而犹执持重之说以坐失事机，是徒知吾卒之未可击，而不知敌之正可击也。善用兵者，因形而借胜于敌，故其战胜不复而应形于无穷；胜负之算，间不容发，乌可执滞哉？于是亲率诸道锐卒，进屯上杭；密敕群哨，佯言犒众退师，俟秋再举；密遣义官曾崇秀觇贼虚实，乘其懈，选兵分三路，俱于二月十九日，乘晦夜衔枚并进，直捣象湖夺其隘口。诸贼失险，复据上层峻壁，四面滚木礌石，以死拒战；我兵奋勇鏖战，自辰至午，呼声振地，三省奇兵，从间鼓噪突登，乃惊溃奔走，遂乘胜追剿。已而福建兵攻破长富村等巢三十余所，广东兵攻破水竹大重坑等巢一十三所，斩首从贼詹师富、温火烧等七千有奇，俘获贼属辎重无算，而诸洞荡灭。是役仅三月，漳南数十年逋寇悉平。是月奏捷，具言福建佥事胡琏，政参陈策，副使唐泽，知府钟湘，广东佥事顾应祥，都指挥杨戬，知兵张戬劳绩，赐敕奖赏；其余升赏有差。初议进兵，谕诸将曰："贼虽据险而守，尚可出其不意，掩其不备，则用邓艾破蜀之策，从间道以出；若贼果盘据持重，可以计困，难以兵克，则用充国破羌之谋，减冗兵以省费；务在防隐祸于显利之中，绝深奸于意料之外，此万全无失者也。"已而桓等狃于小胜，不从间道，故违节制，以致挫衂，诸将志沮，遂请济

持有已形成的意见吗？福建的各路军队兵士大多是刚被缉获而编成的，都有立功赎罪的心情，利在速战；如果当初聚集起来筹划的时候，就偷袭没有防备的贼寇，必定能够成功。现在既然声势张扬了出去，各路贼寇一定联合帮派设立器械，来抵抗我们的军队，我们应假装懈怠，坚持乘机说的人在外面张皇，这是只知道我们兵士的可以攻击，却不知道敌人不可攻击。广东的军队，打算倚重狼达土军，然后兴兵作战。各路贼寇也等候我们和土兵汇合起来，来决定作战日期，乘这个时机，正好能够激奋怯懦成为勇敢，变化弱小成为强大，而坚决保持稳妥的说法以致坐失时机，这是只知道我军的不能攻击，却不知道敌人的正可攻击。善于用兵的人，把握形势而战胜敌人，所以他们战胜敌人的方法没有重复，顺应变化无穷的形势，胜败的筹划，一刻也不容拖延，怎么能保持僵化不变呢？"于是亲自率领各道的精锐士卒，向上杭进兵；秘密地对哨位的士卒下令，假装说犒赏众人准备退兵，等到秋季再兴兵；秘密派遣义官曾崇秀窥探贼寇的虚实，乘他们懈怠，精选士卒分成三路，都在二月十九日，乘着无月的暗夜口衔横枚一起进发，直捣象湖山，攻取它的隘口。贼寇丧失险要，又占据上层峻壁，四面布置了滚木巨石，以死抗拒；官兵奋勇鏖战，从早上到中午，呼声震天动地，三省奇兵，利用这个时机呼喊着突击登上山去，贼寇惊慌溃散而逃，就乘胜追杀。不久，福建的军队攻破长富村等贼寇的巢穴三十多所，广东兵攻破水竹、大重坑等巢穴一十三所，杀死了贼寇詹师富、温火烧等七千多人，俘获了贼寇拥有的辎重无数，从而各个洞穴的贼寇都被扫荡灭尽。这次战役仅三个月，漳南几十年缉捕的贼寇都被平定了。这月上奏捷报，详细陈述了

师;先生独以为见兵二十有余,已为不少,不宜坐待济师以自懈,遥制以失机也;遂亲督兵而出,卒成功。

四月,班师。时三月不雨,至于四月;先生方驻军上杭,祷于行台得雨,以为未足;及班师,一雨三日,民大悦;有司请名行台之堂曰"时雨堂",取王师若时雨之义也;先生乃为记。

五月立兵符。先生谓习战之方,莫要于行伍;治众之法,莫先于分数;将调集各兵,每二十五人编为一伍,伍有小甲;五十人为一队,队有总甲;二百人为一哨,哨有长,有协哨二人;四百人为一营,营有官,有参谋二人;一千二百人为一阵,阵有偏将;二千四百人为一军,军有副将。偏将无定员,临事而设;小甲于各伍之中,选才力优者为之;总甲于小甲之中,选才力优者为之;哨长于千百户义官之中,选

福建佥事胡琏，政参陈策，副使唐泽，知府钟湘，广东佥事顾应祥，都指挥杨戡，知兵张戬的功勋战绩，受到赏赐奖励。其余的人赏赐升迁各有差异。起初商议进兵，晓谕诸将说："贼寇虽然占据险要而固守，还能够出其不意，攻其不备，就用邓艾攻破蜀国的策略，从小道出兵；如果贼寇果然盘踞不动保持稳妥，能够用计策来围困它，难以用兵来攻克，就用充国攻破羌族的谋略，减少多的士卒来削减经费。关键在于在明显的利益处防备隐藏其中的祸患，在意料之外根绝敌人的狡诈奸计，这是万无一失的办法。"后来覃桓等人拘泥于小的胜利，不从小道出击，所以丧失时机，以致遭受挫折，各位将领志气沮丧，就请求救援的军队。先生独自认为已有的军队已二十多支，已经算是不少了，不应该坐等救援军队以致自己懈怠，以遥远的军队来制胜敌人而丧失时机；于是亲自率领士卒出击，终于成功了。

四月，班师退兵。当时整个三月没有下雨，到了四月份也没有雨；先生正驻军在上杭，在行台上祈祷，果然下了雨，但并未下足，等到班师回去，一连下了三天雨，当地老百姓非常喜悦。有司请求命名行台的堂室为"时雨堂"，取王师像及时雨的意义。先生就为之作记。

五月设立兵符。先生认为习战的方法，没有比行伍更关键的了；治理众人的办法，没有比分数更基础的了；把调集来的各兵，每二十五人编为一伍，每伍有小甲；每五十人为一队，每队有总甲；每二百人为一哨，每哨有长，有协哨二人；每四百人为一营，营有官，有参谋二人；每一千二百人为一阵，每阵有偏将；每二千四百人为一军，每军有副将。偏将没有固定的官员，遇到事情而设立；小甲是从各伍之中选拔才力优秀的人来担任；总

材识优者为之；副将得以罚偏将，偏将得以罚营官，营官得以罚哨长，哨长得以罚总甲，总甲得以罚小甲，小甲得以罚伍众；务使上下相维，大小相承，如身之使臂，臂之使指，自然举动齐一，治众如寡，庶几有制之兵矣。编选既定仍每五人给一牌，备列同伍二十五人姓名，使之连络习熟，谓之伍符；每队各置两牌，编立字号，一付总甲，一藏本院，谓之队符；每哨各置两牌，编立字号，一付哨长，一藏本院，谓之哨符；每营各置两牌，编立字号一付营官，一藏本院，谓之营符；凡遇征调，发符比号而行，以防奸伪；其诸缉养训练之方，旗鼓进退之节，务济实用行之。

奏设平和县，移枋头巡检司。先生以贼据险，久为民患，今幸破灭，须为附背扼吭之策。乃奏请设平和县，治于河头，移河头巡检司于枋头，盖以河头为诸巢之咽喉，而枋头又河头之唇齿也。且曰："方贼之据河头也，穷凶极恶，至动三军之兵，合二省之力，而始克荡平。若不及今为久远之图，不过数年，势将复起，后悔无及矣。盖盗贼之患，譬诸病人，兴师征讨者，针药攻治之方，建县抚辑者，饮食调摄之道，徒恃攻治而不务调摄，则病不旋踵，后虽扁鹊、仓公，无所施其术也。"按：是月闻蔡宗充、许相卿、季本、薛

甲从小甲之中挑选才力优秀的人担任；哨长从千百户的义官之中，选拔素质识见优秀的人来担任；副将能够惩罚偏将，偏将能够惩罚营官，营官能够惩罚哨长，哨长能够惩罚总甲，总甲能够惩罚小甲，小甲能够惩罚伍内的众多士卒；务必使上职命令下职的制度得以遵守，大官小官相顺承，就像心身指使手臂，手臂指使手指，自然而然举动齐一，治理众多的人就像治理很少的人一样容易，差不多就是有所规范的军队了。编选确定以后，仍旧每五人发给一牌，详细列出同伍的二十五人的姓名，让他们互相联络习熟，叫作伍符；每队各自设置两牌，编立字号，一个交给总甲，一个藏于本院，叫作队符；每哨各自设置两牌，编立字号，一个交付哨长，一个收藏本院，叫作哨符；每营各自设立两牌，编立字号，一个交付营官，一个收藏本院，叫作营符；凡是遇到征用和调遣，发给兵符按号而行，以便防止奸诈伪造；各种缉拿、休养、训练的办法，挥旗击鼓是进是退的节制，务必从有助于实用的地方来实行。

　　上奏设立平和县，迁移枋头巡检司。先生认为贼寇占据险要，很长时间成为老百姓的祸患，现在有幸破灭了贼寇，必须实行一些切实护卫的策略。就上奏请求在河头设立平和县，把河头巡检司迁移到枋头。乃因为河头是贼寇各个巢穴的咽喉之地，而枋头又是河头的唇齿之地。并且说："在贼寇占据河头的时候，极度凶恶，以致使朝廷不得不调动三军的兵马，集合二省的兵力，才能扫荡平定。如果不乘现在做长远的谋划，不过数年，贼寇的势力又将兴起，后悔也来不及了。盗贼的祸患，可以和病人相比，兴师征讨，就像针药攻治的办法。建立县安抚辑和，就像饮食调摄之道。只是依靠攻治而不实行调摄，那么

侃、陆澄同举进士,先生曰:"入仕之始,意况未免摇动,如絮在风中,若非粘泥贴纲,亦自主张未得,不知诸友却何如?想平时工夫,亦须有得力处耳。"又闻白仁在告,买田雪上,为诸友久聚之计,遗二诗慰之。

六月,疏请疏通盐法,始都御史陈金,以流贼军饷,于赣州立厂,抽分广盐,许至袁、临、吉三府发卖,然起正德六年至九年而止。至是,先生以敕谕有便宜处置语,疏请暂行,待平定之日,仍旧停止,从之。

九月,改授提督南、赣、汀、漳等处军务,给旗牌,得便宜行事。南、赣旧止以巡抚莅之,至都御史周南会请旗牌,事毕缴还,不为定制。至是先生疏请,遂有提督之命,后不复更。疏以"我国家有罚典,有赏格,然罚典止行于参提之后,而不行于临阵对敌之时,赏格止行于大军征剿之日,而不行于寻常用兵之际,故无成功。今后凡遇讨贼,领兵官不拘军卫有司,所领兵众,有退缩不用命者,许领兵官军前以军法从事;领兵官不用命者,许总统官军前以军法从事。所领兵众,有对敌擒斩功次,或赴敌阵亡,从实具报,覆实闻奏,升赏如制。若生擒贼徒,问明即押赴市曹斩之以徇,庶使人知警畏,亦可比于令典决不待时者。如此则赏罚既

过不了多久，他的病情就会立刻加重，即使像扁鹊、仓公这样的名医，也没有办法施展他的医术。"据按，这月先生听到蔡宗充、许相卿、季本、薛侃、陆澄一同考取进士时说："开始走入仕途，意念不可避免地有所摇动，像在风中的柳絮，如不粘泥贴网，也自己不能主张自己，不知各位友人怎么样？我想平时工夫，也一定有可以帮助的地方。"又听说白仁告退，在罃上置买田地，作为各位友人长久聚会的打算，先生赠送他两首诗安慰他。

六月，上疏请求疏通盐法。起初，都御史陈金，因为平定流贼筹集军饷，在赣州设立盐厂，抽分广东的盐，允许到袁州、临江、吉安三府发卖，然而从正德六年开始到正德九年终止；到这时候，先生因为皇上的诏令里有便宜处置的话，上疏请求暂时实行，等到平定了贼寇的时候，仍旧停止，皇上听从了他的话。

九月，改授提督南赣、汀、漳等处的军务，赐给旗牌，能够便宜行事。南赣旧日只是以巡抚的职位到任，到了都御史周南会请到旗牌，事情完了以后又缴还了回去，没有成为定制；直到先生上疏请求，于是有了提督的任命，以后不再更改。上疏的内容是："我们国家有罚典，有赏格，然而罚典只是在参提之后实行，而不在临阵对敌的时候实行，赏格只是在大军征剿的时候实行，而不在平常用兵的时候实行。所以没有什么功效。从今以后凡是遇到讨伐贼寇的时候，带领士兵的官员不拘执于军卫还是有司，所率领的士兵，有临阵退缩不听从命令的、允许领兵的官员在阵前按军法从事；率领士兵的官员不听从命令的，允许总统官在阵前按军法从事。所率领的士卒，有对敌擒获、斩首的功劳，或者和敌人战斗而阵亡的，按照实际详细报告，核实情况以

明，人心激励，盗起即得扑灭，粮饷可省，事功可建。"又曰："古者赏不逾时，罚不后事。过时而赏，与无赏同；后事而罚，与不罚同；况过时而不赏，后事而不罚，其何以齐一人心，作兴士气？虽使韩、白为将，亦不能有所成。诚得以大军诛赏之法，责而行之于平时，假臣等令旗令牌，便宜行事，如是而兵有不精，贼有不灭，臣等亦无以逃其死矣。"事下兵部，尚书王琼覆奏，以为宜从所请；于是改巡抚为提督，得以军法从事，钦给旗牌八面，悉听便宜。既而镇守太监毕真，谋于近幸，请监其军；琼奏以为"兵法最忌遥制，若使南赣用兵，而必待谋于省城镇守，断乎不可；惟省城有警，则听南赣策应。"事遂寝。按，敕谕有曰："江西南安赣州地方，与福建汀漳二府，广东南韶潮惠四府，及湖广郴州桂阳县，壤地相接，山岭相连，其间盗贼，不时生发，东追则西窜，南捍则北奔。盖因地方各省，事无统属，彼此推调，难为处置。先年尝设有都御史一员，巡抚前项地方就令督剿盗贼，但责任不专，类多因循苟且，不能申明赏罚以励人心，致令盗贼滋多，地方受祸。今日所奏，及各该部覆奏事理，特改命尔提督军务，抚安军民，修理城池，禁革奸弊，一应军马钱粮事宜，但听便宜区画，以足军饷。但有盗贼生发，即便设法调兵剿杀，不许踵袭旧弊，招抚蒙蔽，重为民患。其管领兵快人等官员，不问文职武职若在军前违期，并逗遛退缩者，俱听军法从事；生擒盗贼鞫问明白，亦听就行斩首示众。"

后，就按原先定制进行升迁和奖赏。如果生擒贼徒，审问明白就押赴市曹，将他斩首示众人，以使老百姓懂得畏惧，也能够表明法令决不等待时机来实行；这样赏罚分明，人心激励，盗贼兴起立即能够被扑灭，粮草军饷能够节省，能够建立实功。"又说："古代的人实行奖赏不在过了该奖赏的时候实行，惩罚不在事情过后进行。过了该奖赏的时候而奖赏，和没有奖赏的效果相同；在事情过后惩罚，和没有惩罚相同；况且过了时机而不实行奖赏，在事情发生之后也没有惩罚，那用什么使人心齐整、振作士气呢？即使让韩信、白起作为统帅，也不能有所成就。真正以大军诛杀奖赏的法令，责令在平时实行，给臣下令旗令牌，可以便宜行事，这样如有军队不精锐，贼寇没有被消灭，臣下也无逃一死。"这件事下到兵部商议，尚书王琼上奏答复，认为应该听从他的请求；于是改巡抚为提督，能够按军法从事，皇上赐给旗牌八面，都听凭方便办理。这以后镇守太监毕真，疏通皇上身边宠幸的人，请求监督先生的军队；王琼上奏认为："兵法里边最忌讳进行遥远的控制，如果在南赣用兵作战，一定依靠省城镇守的谋略，万万不可；只是省城有危急，那么任凭南赣接应。"事情就这样结束了。据按，皇上的诏令里有这样的话，"江西的南安、赣州地区，和福建的汀、漳二府，广东的南、韶、潮、惠四府，以及湖、广、郴州、桂阳县，土地相接，山岭相连，隐没其间的盗贼，不时地出现，从东面追击就向西逃窜，南面有所防卫就向北面奔走；就因为地方上的各省办事没有统属，彼此推诿，难以进行切实的行动。前几年，曾经设立了一员都御史，巡抚前面所列的各个地方，接受命令监督剿灭盗贼，但所负责任不专一，大多因循苟且，不能反复讲明奖赏和惩罚，来鼓励人心，以致使

抚谕贼巢。是时漳寇虽平，而乐昌、龙川诸贼巢，尚多啸聚将用兵剿之，先犒以牛酒银布，复谕之曰："人之所共耻者，莫过于身被为盗贼之名；人心之所共愤者，莫过于身遭劫掠之苦。今使有人骂尔等为盗，尔必愤然而怒；又使人焚尔室庐，劫尔财货，掠尔妻女，尔必怀恨切骨，宁死必报。尔等以是加人，人其有不怨者乎？人同此心，尔宁独不知？乃必欲为此，其间想亦有不得已者，或是为官府所迫，或是为大户所侵，一时错起念头，误入其中，后遂不敢出，此等苦情，亦甚可悯！然亦皆由尔等悔悟不切耳。尔等当时去做贼时，是生人寻死路，尚且要去便去；今欲改行从善是死人求生路，乃反不敢耶？若尔等肯如当初去做贼时，拚死出来，求要改行从善，我官府岂有必要杀汝之理？尔等久习恶毒，忍于杀人，心多猜疑，岂知我上人之心，无故杀一鸡犬，尚且不忍，况于人命关天，若轻易杀之，冥冥之中，断有还报，殃祸及于子孙，何苦而必欲为此？我每为尔等思念及此，辄至于终夜不能安寝，亦无非欲为尔等寻一生路。惟是尔

盗贼越来越多,地方遭受祸害。根据你今天上奏的和各个相关部的反复奏明的事理,特地改命你提督军务,抚慰安定军民,修理城池,禁绝奸邪,革除弊端,一应军马钱粮事宜,只任凭方便适合来谋划,以便充足军饷;一旦有盗贼生发,就马上调兵剿杀,不准沿袭以前的弊端,假招抚之名以行蒙蔽之实,再一次成为百姓的祸患。凡管理统领兵马快人,不分文职武职,如果在军前违背期限,并且逗留退缩的人,都按军法从事;生擒的盗贼,审问明白,也任凭当即斩首示众。"

　　抚慰晓谕贼巢。这时虽然漳州的贼寇已经平定,可是乐昌、龙川的各个盗贼巢穴,仍有许多贼寇啸聚作乱,准备用兵征剿,首先用牛、酒、银两、布匹犒劳他们,又明白地告诉他们说:"人所共耻的,没有比身上背负盗贼之名更甚的了;人心所共同愤恨的,没有比亲身遭受劫掠痛苦更厉害的了;现在假使有人骂你们做盗贼,你们一定满腹仇恨恼怒;又假使有人焚毁你们的房屋,抢劫你们的财物,掠夺你们的妻子女儿,你们一定会恨入骨髓,宁愿以死来报仇雪恨。你们把这些灾难加付于别人,别人能有不怨恨的吗?人共同具有这样的想法,难道你们不清楚?就是一定想要做这样的事,我想这里面也有不得已的原因,或是被官府所逼迫,或是被大户所侵扰,一时兴起了错误的念头,误入其中,后来就不敢逃出,这等痛苦的心情,也很使人怜悯!然而也都是由于你们悔悟不彻底的缘故。你们当时做盗贼的时候,是活着的人寻找死路。尚且要去便去;现在想改掉恶行做善事,是将死的人寻找求生之路,却反而不敢了吗?如果你们肯像当初做盗贼时有勇气拼死挣脱出来,要求改行从善,我官府难道有一定要斩杀你们的道理?你们长久沾染恶毒的劣性,忍心杀

等冥顽不化，然后不得已而兴兵，此则非我杀之，乃天杀之也。今谓我全无杀人之心，亦是诳尔；若谓必欲杀尔，又非吾之本心。尔等今虽从恶，其始同是朝廷赤子，譬如一父母同生十子，八人为善；二人背逆，要害八人，父母之心，须去二人，然后八人得以安生；均之为子，父母之心，何故必欲偏杀二子？不得已也。吾于尔等，亦正如此。若此二子者，一旦悔恶迁善，号泣投诚，为父母者，亦必哀悯而赦之。何者？不忍杀其子者，乃父母之本心也；今得遂其本心，何喜何幸如之。吾于尔等，亦正如此。闻尔等为贼，所得苦亦不多，其间尚有衣食不充者，何不以尔为贼之勤苦精力，而用之于耕农，运之于商贾，可以坐致饶富，而安享逸乐，放心纵意，游观城市之中，优游田野之内；岂如今日出则畏官避雠，入则防诛惧剿，潜形遁迹，忧苦终身，卒之身灭家破，妻子戮辱，亦有何好乎？尔等若能听吾言，改行从善，吾即视尔为良民，更不追尔旧恶；若习性已成，难更改动，亦由尔等任意为之。吾南调两广之狼达，西调湖湘之土兵，亲率大军，围尔巢穴，一年不尽，至于两年，两年不尽，至于三年；尔之财力有限，吾之兵粮无穷，纵尔等皆为有翼之虎，谅亦不能逃于天地之外矣。呜呼！民吾同胞，尔皆吾等赤子，吾终不能抚恤尔等，而至于杀尔，痛哉痛哉！兴言至此，不觉泪下。"

按：是谕文蔼然哀怜无辜之情，可以想见虞廷干羽之化矣。故当时酋长，若黄金巢、卢珂等，即率众来投愿效死以报。

害无辜，内心有许多猜疑，哪里懂得我在上的人的内心，无故杀死一只鸡犬，尚且不忍；何况对于人命关天的大事，如果轻易杀人，冥冥之中，肯定有报应，灾殃祸患累及子孙，何苦一定打算做这样的事呢？我每次替你们想到这里，就到了终夜不能安心睡觉的地步，也无非想为你们寻找一条生路。只是你们昏迷顽固不服教化，然后不得已而兴发兵马，这样就不是我要杀你们了，是上天要杀死你们。现在如果说我一点也没有杀害你们的想法，这也是欺骗你们；如果说一定要杀害你们，又不是出于我的本心。你们现在虽然为贼从恶，起初也和我们一样同是朝廷的赤子百姓，比如父母一共生养十个儿子，八个人是善良的；另两个悖逆为恶，要谋害为善的八个人，父母的想法，必须去除为恶的两人，然后为善的八人才能够平安地生存；同样都是儿子，父母的内心，为什么一定想偏偏杀死这两个儿子呢？是没有别的办法。我对于你们，也正像这样，像这两个儿子，一旦后悔为恶改迁为善，嚎啕哭泣以诚心改过，做父母的，也一定内心伤悲充满怜悯地饶恕他们。为什么呢？不忍心杀死他们自己的儿子，是父母的本心；现在能够适合他们的本心，有什么欢喜什么庆幸能像这样呢。我对于你们，也正像这样。听说你们做贼寇，所得既辛苦也不多，其中还有衣食不足的人，为什么不把你们做盗贼的勤苦精力用之于耕农，在经商上运用，可以坐在那儿得到丰饶和富足，安享逸乐，放心纵意，在城市之中游乐和观赏，在田野之内优游自适；哪里像现在出去却害怕官府逃避仇人，在家却防备诛杀，恐怕被剿灭，四处藏身，终生忧虑凄苦，最后自己被杀死，家庭破落，妻儿遭受杀戮和侮辱，又有什么好的呢？你们如果能听我的话，改行从善，我就把你们看作良民，

疏谢升赏。朝廷以先生平漳寇功升一级,银二十两,纻丝二表里,降敕奖励,故有谢疏。疏处南、赣商税。始,南安税商货于折梅亭,以资军饷;后多奸弊仍并府北龟角尾,以疏闻。

十月,平横水桶冈诸寇。南、赣西接湖广桂阳,有桶冈、横水诸贼巢;南接广东乐昌,东接广东龙川,有浰头诸贼巢;大贼首谢志珊号征南王,纠率大贼钟明贵、萧规模、陈曰能等,约乐昌高快马等,大修战具,并造吕公车;闻广东官兵、方有事府江,欲先破南康,乘虚入广。先是,湖广巡抚都御史陈金题请三省夹攻,先生以桶冈、横水、左溪诸贼,荼毒三省,其患虽同,而事势各异。以湖广言之,则桶

更不追究你们以前做下的恶事,如果习性已形成,难以进一步改动,也就由你们任意为之。我向南征调两广狼达的兵,向西征调湖湘的土兵,亲自率领大军,包围你们的巢穴,一年剿灭不尽,就用二年,两年不尽,就用三年;你们的财力有限,我的士兵和粮草没有穷尽,纵然你们都是有翅膀的老虎,谅你们也逃不出天地之外。哎!老百姓都是我的同胞,你们都是我们的赤子,我最终不能抚恤你们,到了杀你们的地步,悲痛啊,悲痛!即情说到这,不觉得流下了眼泪。"据按,这篇晓谕文章,善意地悲悯无辜百姓的心情,可以想象到起了很大的教化作用;所以当时的酋长像黄金巢、卢珂等人,就率领众多兵马来投降,愿意效死力来回报。

上疏对升迁和赏赐致谢。朝廷因为先生平定漳州的贼寇有功,晋升一级,赏赐二十两白银,二块纻丝衣料,皇上亲自降敕表示奖励,所以先生做了答谢的疏文。上疏禀奏南赣商税一事。起初南安的税商在折梅亭做买卖交易,来资助军饷;后来出现了很多欺诈的弊端,仍旧移到府衙北边的龟角尾,上疏告知朝廷。

十月,平定了横水、桶冈的各路贼寇。南赣在西边和湖广的桂阳相接,有桶冈、横水的各路贼寇的巢穴;向南和广东的乐昌相接;向东和广东的龙川相接,有浰头的各路贼寇的巢穴;大贼首谢志珊,号称征南王,纠集率领大贼钟明贵、萧规模、陈日能等人,和乐昌的高快马等人相约,大修攻战器械,并且制作了吕公车;听说广东的官兵,正在府江一带作战,想首先攻破南康,乘虚进入广东。这以前,湖广巡抚都御史陈金提议请求三省共同出兵夹攻,先生认为桶冈、横水、左溪各路贼寇,使三省百

冈为贼之咽喉，而横水、左溪为之腹心；以江西言之，则横水左溪为之腹心，而桶冈为之羽翼；今议者不去腹心，而欲与湖广夹攻桶冈，进兵两寇之间，腹背受敌，势必不利。今议进兵横水、左溪克期在十一月朔，贼见我兵未集，师期尚远，必以为先事桶冈，观望未备，乘此急击之，可以得志；由是移兵临桶冈，破竹之势成矣。于是决意先攻横水、左溪，分定哨道，指授方略，密以十月己酉进兵，至十一月己巳，凡破贼巢五十余，擒斩大贼首谢志珊等五十六，从贼首级二千一百六十八，俘获贼属二千三百二十四众，请乘胜进兵桶冈。先生复以桶冈天险，四塞中坚，其所由入，惟琐匙龙、葫芦洞、察坑、十八磊、新池五处，然皆架栈梯壑，于崖巅坐发礌石，可以御我师；虽上章一路稍平，然迂回半月始达，湖兵从入，我师复往，事皆非便。况横水、左溪余贼悉奔入，同难合势，为守必力，善战者其势险，其节短；今我欲乘全胜之锋，兼三日之程，争百里之利，以顿兵于幽谷，所谓强弩之末，不能穿鲁缟矣。莫若移屯近地，休兵养威，使人谕以祸福，彼必惧而请伏；或有不从乘而袭之，乃可以逞。因使其党往说之，贼喜，文集议，而横水左溪奔入之贼，果坚持不可；往复迟疑，不暇为备，而我兵分道疾进，前后合击，贼遂大败。破巢三十余擒斩大贼首蓝天凤等三十四，从贼首级一千一百四，俘获贼属二千三百，捷闻赐教奖谕，是役也，监军副使杨璋，参议黄宏，领兵都指挥许清，指挥使郏文，知府邢珣、季斅、伍文定、唐淳，知县王天与、张

姓遭受荼毒，它造成的祸患虽然相同，但是情势各不相同。就湖广来说，那么桶冈是贼寇的咽喉地带，而横水、左溪是贼寇的腹心；就江西来说，那么横水和左溪是它的腹心，而桶冈是它的羽翼；现在提议的人不先去除腹心，却打算和湖广夹攻桶冈，在两路贼寇之间进兵，那么腹背受敌，一定没有好处。现在商议进兵横水、左溪，限期在十一月初，贼寇看到我们的兵马还没有汇集，出兵攻击的日期还远，一定认为首先进攻桶冈，处于观望状态没有防备，乘此机会紧急地攻击它，可以获胜；从这里再移兵到桶冈，已经形成了如同破竹的形势。于是决心首先攻击横水、左溪，分别指定各哨进攻线路，传授作战方略，秘密地在十月己酉日进兵，到十一月己巳日，共攻破贼寇的巢穴五十多个，擒获斩杀了大贼首谢志珊等五十六人，跟随的贼寇首级二千一百六十八个，俘获贼寇二千三百二十四人，请求乘胜进兵桶冈。先生又认为桶冈占据天险，四边堵塞中部易于坚守，能够进入的地方，只有琐匙龙、葫芦洞、察坑、十八磊、新池五处，然而都得架设栈道，在沟壑搭起云梯，在山崖顶部扔下礌石，就可以抵御官兵；虽然在上章一路稍微平缓，然而道路迂回需半月才到达，两湖士兵跟随进入，先生所率军又前往，进攻都不是很顺利。况且横水、左溪的残余贼寇都投奔汇入，共同赴难合力抵抗，进行防守一定很尽力，善于作战的人攻势凶猛，他的作战间隙很短；现在我打算乘大获全胜的锐气，赶了三天的行程，在百里之外争夺成功，把士兵驻扎在幽谷之中，正是所说的强劲的弓箭，在其力尽处，不能把薄若鲁缟的丝织品穿透。不如把军队转移屯扎在附近的地方，休兵养锐，派人向贼寇说明祸福，他们一定害怕而请求投降；或者有的不听从，乘机袭击他

戬、指挥余恩、冯翔,县丞舒富随从参谋等官,指挥谢泉、冯廷瑞、姚玺同知朱宪,推官危寿、徐文英知县陈允谐,黄文鸎、宋瑢、陆璬,千户陈伟、高睿等,咸上功。酋长谢志珊就擒,先生问曰:"汝何得党类之众若此?"志珊曰:"亦不容易。"曰:"何?"曰:"平生见世上好汉,断不轻易放过,多方钩致之;或纵其酒,或助其急,待其相德,与之吐实,无不应矣。"先生退语门人曰:"吾儒一生求朋友之益,岂异是哉?"

十二月班师。师至南康百姓沿途顶香迎拜,所经州县隘所,各立生祠;远乡之民,各肖像于祖堂,岁时尸祝。闰十二月,奏设崇义县治,及茶寮隘上堡、铅厂、长龙三巡检司。先生上言:"横水、左溪、桶冈诸贼巢,凡八十余,界乎上犹、大庾、南康之中,四方相距,各三百余里,号令不及,以故为贼所据;今幸削平,必建立县治,以示控制。议割上犹崇义等三里,大庾义安三里,南康、至坪一里,而特设县

们，就能够取得胜利。于是派他们的同党前往向贼寇说服，贼寇很高兴，聚集起来商议，可是横水、左溪奔逃入的贼寇，果然非坚持作战不可；反复讨论难以决定，没有时间进行防备，可是官兵分道快速进攻，前后合击，贼寇就大败。攻破贼寇巢穴三十多个，擒获斩杀大贼首蓝天凤等三十四人，跟随的贼寇首级一千一百四十个，俘获贼属二千三百人，大捷的消息传出后，皇上下敕谕加奖。这次战役，监军副使杨璋，参议黄宏，领兵都指挥许清，指挥使郏文，知府邢珣、季斅、伍文定、唐淳，知县王天与、张戬，指挥余恩、冯翔，县丞舒富，随从参谋等官，指挥谢泉、冯廷瑞、姚玺，同知朱宪，推官危寿、徐文英，知县陈允谐、黄文鹜、宋瑢、陆璥，千户陈伟、高睿等人，都荣立上等功劳。酋长谢志珊被擒获，先生问他说："你怎么聚集这么多同党？"志珊回答说："也不容易。"问："为什么？"回答说："平时看到世上的好汉，千万不轻易放过，用许多方法罗致他们；或者让他们开怀畅饮，或者帮助他们排忧解难，用恩德来对待他们，和他们谈论实情，没有不答应的。"先生回去以后对门人说："我们一辈子寻求好朋友，难道和这不同吗？"

十二月，撤退军队。军队到了南康，老百姓沿途顶香迎拜，所经过的州、县、关隘，各自设立生祠；僻远地方的老百姓，各自在祖堂上悬挂先生肖像，逢年过节都要祭奉。闰十二月，上奏设立崇义县治以及在茶寮隘上堡、铅厂、长龙设立三个检司。先生上奏说："横水、左溪、桶冈各路贼寇的巢穴，共八十余座，在上犹、大庾、南康的交界地带，和四方相距各三百多里，号令不能达到，因此被贼寇占据；现在有幸削平，一定要建立县治来加以控制。商议割出上犹、崇义等三里，大庾、义安三里，南康、

治于横水，道里适均，山水合抱，土地平坦，仍设三巡检司，以遏要害。茶陵复当桶冈之中，西通桂阳、桂东，南连仁化、乐昌，北接龙泉、永新，东入万安、兴国，宜设隘保障，令千户孟俊伐木立栅，移皮袍洞隘兵，而益以邻近隘夫守焉。"议上，悉从之，县名崇义。

十有三年，戊寅。先生四十七岁，在赣。正月征三浰。与薛侃书曰："即日已抵龙南，明日入巢，四路皆如期并进，贼有必破之势矣。向在横水尝寄书仕德云：'破山中贼易，破心中贼难。'区区翦除鼠窃何足为异？若诸贤扫荡心腹之寇，以收廓清平定之功，此诚大丈夫不世之伟绩；数日来，谅已得必胜之策，奏捷有期矣。何喜如之？梁日孚、杨仕德，诚可与共学，廨中事累尚谦，小儿正宪，犹望时资督责。"时延尚谦为正宪师兼倚以衙中政事，故云。

二月，奏移小溪驿。小溪驿旧当南康南安中。丙子大庾峰山里民，惧贼雠杀，自愿筑城为卫；至是年二月，奏移驿其中。

三月疏乞致仕不允。以病也。袭平大帽、浰头诸寇。先生议攻取之宜，先横水次桶冈，次与广东徐图浰头。方进兵横水时，恐浰头乘之，乃为告谕，颇多感动；惟池仲容曰：

至坪一里，而在横水特设县治，地域大小适均，山水环抱，土地平坦，仍旧设立三个巡检司，来遏制关键的地方。茶陵又位于桶冈之中，西边和桂阳、桂东相通，南面和仁化、乐昌相连，北边和龙泉、永新相接，向东进入万安、兴国，应该在这儿设立关隘保持防御，命令千户孟俊砍伐树木设立栅栏，移来皮袍洞的守隘士兵，更以邻近的守隘士兵把守。"建议上奏，都听从了他的，县的名称叫崇义。

武宗正德十三年，戊寅。先生四十七岁，住在江西。正月，征伐三浰。给薛侃写信说："这几天已经抵达龙南，明天进攻贼寇巢穴，四路兵马都按期并进，贼寇就一定能够被攻破。以前在横水，曾经给仕德寄了一封信说：'攻破山中的贼寇容易，攻破心的贼寇很难。'区区翦除像鼠窃一样的贼寇这样的小事，何足惊异？如果各位贤者能够扫荡心腹之中的贼寇意识，以收廓清平定的功效，这实在是大丈夫永世不灭的功绩；几天来，我想已经有了必胜的策略，奏报胜利的消息为期不远了。还有什么比这更高兴的呢？梁日孚、杨仕德，确实是能够和他们共同探讨学问的人，官府中的事还得劳累尚谦，小儿子正宪，还希望你能经常帮助监督。"当时邀请尚谦做正宪的老师，并且把府衙中的政事也托付给他，所以这样说。

二月，上奏迁移小溪驿。小溪驿以前设立在南康、南安的中间地带。丙子年，大庾、峰山里的老百姓害怕贼寇复仇杀害，自愿修筑城池作为守卫；到这年二月，上奏迁移驿站到这里。

三月，上疏乞求给予官职，没有得到允许。是因为生病的缘故。袭击平定大帽、浰头的各路贼寇。先生商议适宜攻取的方法，先取横水，其次桶冈，再其次和广东慢慢谋划浰头。正进

"我等为贼非一年,官府来招非一次,告谕何足凭?待金巢等无事,降未晚也。"金巢等至,乃释罪推诚抚之,各愿自投。于是择其众五百人,从征横水;横水既破,仲容等始惧,遣其弟池仲安来附,意以缓兵。先生觉之,比征桶冈,使截路上新池,以迁其归;内严警备,外若宽假。被害者皆言:"池氏凶狡,两经夹剿无功,其曰'狼兵易与耳,调来须半年,我避不须一月,'谓来不能速,留不能久也。"咸请济师,不从。乃密画方略,使各归部集,候期遏贼;及桶冈破,贼益惧,私为战守之备。复使人赐酉牛酒,以察其变。贼度不可隐,诈称龙川新民卢珂、郑志高等,将行掩袭,故豫为防,非虞官兵也。"佯信之,因怒珂等擅兵雠杀,移檄龙川使廉实,将伐木开道讨之;贼闻且信且惧,复使来谢。会珂等告变,先生欲借珂以给三浰,密语珂曰:"吾姑毁状,汝当再来,来则受杖三十,系数旬,乃可。"珂知,既喜诺;先生复授其意参随,密示行杖人,令极轻。至是假怒珂,数罪状,且将逮其属尽斩之,而阴纵其弟集兵。先生先期召巡捕官,佯曰:"今大征已毕,时和年丰,可令民家盛作鼓乐,大张灯会乐之,亦数十年一奇事也。"又曰:"乐户多住龟角尾,恐招盗,曷迁入城来?"于是街巷俱然灯鸣鼓,已旬余,又遣指挥余恩及黄表颁历三浰推心招徕之;时仲容等疑先生图己,既得历稍安;黄表辈从容曰:"若辈新民,礼节生疏,我来颁历,若可高坐乎?"于是仲容率其党九十二人,皆犏酉,来营教场,而自以数人入见。先生呵曰:"若皆吾新民不入

兵横水的时候，恐怕浰头的贼寇乘机袭击，就发出告谕，很多人受到感动；只有池仲容说："我们做贼寇不只一年了，官府前来招抚也不止一次，告谕何足为凭？等到金巢他们无事，再投降也不晚。"在金巢等贼寇到达以后，先生就不追究罪过诚心地安抚他们，各人自愿投降。于是从中挑选他们的人五百个，跟随征伐横水；横水攻破以后，仲容等人开始害怕，派遣他的弟弟池仲安来归附，其本意在于延缓用兵。先生察觉到这种情况，这次征伐桶冈，派人在上新池截断退路，来阻挠他们撤回；于内部警备森严，从外边看来好像很松懈。被害的人都说："姓池的那个人凶狠狡诈，经历了两次夹击围剿，都没有把他消灭，他说：'狼兵是很容易躲避的，调来须半年时间，我避开不须一月，'认为调来不能快速，停留不能长久。"都请求用兵作战，先生没有听从。就秘密筹划方略，让各自回去整队待命，等待时期遏制贼寇；等到桶冈被攻破，贼寇更加恐惧，私下进行战守的准备。先生又派人送给贼酋牛肉和酒，来观察他们的动作变化。贼寇考虑到不能隐瞒下去，狡诈地说："龙川、新民、卢珂、郑志高等人，将对我们偷偷地袭击，所以预先进行防备，不是欺骗官兵。"先生假装相信了他，于是对卢珂等人擅自带兵仇杀很愤恨，向龙川移交了讨伐檄文，派廉实准备伐木开道讨伐他们；贼寇听到以后，既相信又害怕，又派人来答谢。适逢卢珂等人来告知贼寇欲谋变乱，先生想凭借卢珂等人来擒获三浰的贼寇，秘密地对卢珂说："我故意没有交情的样子，你应当再来，来了之后就受刑杖三十，关押几十天，才行。"卢珂明白了以后，就很高兴地答应了；先生又向参随人员传达了他的意思，秘密指示实行杖刑的人，命令极其轻微地用刑。到这时，假装对卢

见而营教场，疑我乎？"仲容惶恐曰："听命耳。"即遣人引至祥符宫，见物宇整洁，喜出望外；是时十二月二十三也。先生既遣参随数人馆伴，复制青衣油靴，教之习礼，以察其志意所向审其贪残，终不可化；而士民咸诉于道曰："此养寇贻害。"先生始决歼魁之念矣。逾日辞归，先生曰："自此至三浰八九日，今即往，岁内未必至家；即至，又当走拜正节，徒自取劳苦耳。闻赣州今岁有灯，盍以正月归乎？"数日复辞，先生曰："正节尚未犒赏，奈何！"初二日，令有司大烹于宫，以次日宴；是夕，令龙光潜入甲士，诘旦尽歼之。先生自惜终不能化，日已过未刻，不食，大眩晕呕吐。先时，尝密遣千户孟俊督珂弟集兵，以防其变；及是夜将半自率军从龙南、冷水直捣下浰，贼故阻水石，错立水中，先生蹑屩先行，诸军继之无溺者。门坚甚：先生摘百人卷旗持炮火，缘后山登，须臾后山炮火四发，旗帜满山，守者狼顾，门遂破，时正月七日丁未也。兵备副使杨璋、守备指挥郑文，知府陈祥、邢珣、季斅，推官危寿，指挥余恩，姚玺，县丞舒富皆从。凡破巢三十有八，擒斩贼首五十八，从贼二千余，余奔九连山往议。九连山横亘数百里，四面陡绝，须半月始达，而贼已据险；先生选精锐七百余，皆衣贼衣，佯奔溃，乘暮至贼崖下，贼下招之，我兵佯应，既度险，扼其后路；次日，从上下击，西路伏起，一鼓擒之，抚其降酋张仲全等二百余人，视地里险易，立县置隘，留兵防守而归。先生未至赣时，已闻有三省夹攻之议，即谓："夹攻大举，恐不足以

珂非常愤怒，历数罪状，并且将要把他的家属都逮捕起来全部杀掉，可是暗里纵使他的弟弟集合兵马。先生预先召集巡捕官，假装说："现在大的征伐已经结束，时和年丰，可以让老百姓家大作鼓乐，大肆张灯结彩行乐，也是几十年来的一件奇事。"又说："会奏鼓乐的人家大多居住在龟角尾，恐怕招来盗贼，何不迁进城里来？"于是大街小巷都燃灯鸣鼓。已经十多天了，又派指挥俞恩和黄表到三浰送去历法，诚心地招来他们；当时池仲容等人怀疑先生谋算自己，得到历法以后心情稍为安定；黄表等人从容地说："你们是新近教化了的老百姓，对于礼节还生疏，我来你们这儿送来历法，你们就这样高高地坐着吗？"于是池仲容率领他的同党九十二人，都是凶悍的贼酋，来到以后扎营在教场，而自己带领几个人来拜见。先生怒斥道："你们都是新近归顺的老百姓，不进来求见却住扎在教场，怀疑我吗？"池仲容惶恐地说："听从你的命令。"先生派人把他们引到祥符宫，看到房屋摆设整齐清洁，都喜出望外；这个时候是十二月二十三日。先生既派几个参随人员到馆陪伴，又制作青衣油靴，教他们演习礼仪，来观察他们的用心在什么地方，考察出他们贪婪残暴的性情，终究不能教化；士人和老百姓都在道路上谩骂："这是养贼寇遗留祸害。"先生这才开始坚定歼灭贼寇首领的念头。过了几天，池仲容等人告辞回去，先生说："从这儿到三浰须走八九天的路程，现在就走，过年以前不一定能回到家中；即使到了，也正赶上走动拜年的时节，只是自取劳苦。听说赣州今年有灯会，何不到正月再回去吗？"几天来又多次告辞，先生说："正直的节操还没有犒赏，没办法呀！"初二那天，命令有司在宫内大规模地烹煮肉食，准备第二天的宴会；这天晚上，

灭贼；"乃进《攻治疏》谓："朝廷若假以赏罚,使得便宜行事,动无掣肘可以相机而发；一寨可攻则攻一寨,一巢可扑则扑一巢,量其罪恶之浅深,而为剿抚之先后,则可以省供馈征调之费,日蒻月削,渐尽灰灭,此则如昔人拔齿之喻,齿拔而儿不觉者也。若欲夹攻以快一朝之忿,则计贼二万,须兵十万,积粟料财,数月而事始集,兵未出境,贼已深逃,锋刃所加,不过老弱胁从之辈耳。况狼兵所过,不减于盗,近年江西有姚源之役,福建有汀漳之寇,府江之师,方集于两广,偏桥之讨,未息于湖湘；若复加以大兵,民将何以堪命？此则一拔去齿,而儿亦随毙者也。"是疏方上,而夹攻成命已下矣。先生又以为："夹攻之策,名虽三省大举,其实举动次第,自有先后；如江西之南安,有上犹、大庚、桶冈等处贼巢,与湖广桂东、桂阳接境,夹攻之举,止宜江西与湖广会合,而广东于仁化县要害把截不与焉；赣州之龙南,有浰头贼巢,与广东龙川接境,夹攻之举,止宜江西与广东会合,而湖广不与焉；广东乐昌乳源贼巢,与湖广宜章县接境,惠州贼巢,与湖广临武县接境,仁化县贼巢,与湖广桂阳县接境,夹攻之举,止宜湖广、广东二省会合,而江西于大庾县要害把截不与焉。若不此之察,必欲通待三省兵齐,然后进剿,到老师费财,为害匪细矣。今并力于上犹也,则姑遣人佯抚乐昌诸贼以安其心,彼见广东既未有备,而湖广之兵又不及己,乃幸旦夕之生,必不敢越界以援上犹,及上犹既举,而湖广移兵以合广东,则乐昌诸县,其势已孤,二省兵力益

命令龙光把带甲的士兵潜入祥符宫酋长住宿的地方，到天亮全部杀死他们。先生自己惋惜最终不能把他们教化，时辰已经过了未时，还不进食，十分眩晕大为呕吐。这以前，曾经秘密地派遣千户孟俊督查卢珂的弟弟集合兵马，来防止变乱；等到这晚半夜，先生亲自率领军队从龙南、冷水直捣下浰，贼寇故意在水中设石阻挡，杂石错乱在水中，先生蹑足率先行走，各路军队跟随他而过，没有溺死的。山门很坚固，先生挑选一百多人卷起旗帜，携带炮火，顺着后山攀登，不一会儿，后山的炮火四面发击，旗帜满山招展，守卫的贼寇惊慌张望，山门于是被攻破了，这时是正月七日丁未时分。兵备副使杨璋，守备指挥郏文，知府陈祥、邢珣、季斅、推官危寿，指挥余恩、姚玺，县丞舒富，都跟随而入。共破贼寇巢穴三十八个，擒获斩杀贼寇首领五十八个，跟随的贼寇二千多人，残余贼寇投奔九连山去。九连山绵延几百里，四面环绕绝壁，必须得半个月才能到达，而贼寇已经占据险要。先生挑选精锐士卒七百多人，都穿着贼寇的衣服，假装是溃散来投奔的，乘着暮色到了贼寇所据守的山崖下，贼寇下来招集他们，官兵假装应答他们，度过险要之地以后，控制了他们的后路。第二天，从上下同时攻击，西路埋伏的士兵也奋起，一鼓作气擒获贼寇。安抚那些投降的贼酋张仲全等二百多人，看地理的险要和平易，设立县治，置防关隘，留下兵卒进行防守，然后就回去了。先生没有到江西的时候，已经听说有三省夹攻的计划，就说："夹攻这样大的行动，恐怕不足以消灭贼寇。"于是呈递《攻治疏》，里边说："朝廷如果能使我行以赏罚大权，能够便宜行事，行动没有阻碍，能够见机而动；一个山寨可以攻下就攻下一个山寨，一座巢穴能够消灭就消灭一座巢穴，

专,其举益易。当是之时,龙川贼巢,相去辽绝,自以为风马牛不相及,彼见江西之兵又彻,意必不疑,班师之日,出其不意,回军合击,蔑有不济者矣。"疏上,朝廷许以便宜行事。桶冈既灭,湖广兵期始至,恐其徒劳远涉,即奖励统兵参将史春,使之即日回军,及计斩浰头,广东尚不及闻,皆与前议合。

估量贼寇罪恶的深浅,来判断剿灭和安抚的先后,那么就可以节省供给征调的费用,日削月削,直至全部消灭,这就像从前人们拔牙的比喻,牙齿拔掉了,孩儿却没有觉察。如果想通过夹攻来泄一朝的愤恨,按贼寇有二万人计算,必须用官兵十万人,积蓄粮草,几个月这些事才准备好,兵马还没有走出自己的省境,贼寇已经逃到很远的地方了,能够斩杀的,不过是些衰老体弱跟随贼寇而动的人。况且狼兵所经过的地方,造成的损失不比盗贼少,近年来,江西有姚源战役,福建有汀州、漳州的贼寇,府江的军队,正在两广会集,在湖湘讨伐偏桥的战役还没有停息;如果再加上如此众多兵力,老百姓将怎样能承受得了呢?这就是一下子就拔掉了牙齿,可是孩儿也随之毙命。"这篇疏文正向上呈递的时候,可夹攻的命令已经传达下来了。先生又认为:"夹攻的策略,名义上虽然是三省共同行动,其实行动的次序,自然有先后;比如江西的南安,有上犹、大庾、桶冈等处贼寇的巢穴,和湖广、桂东、桂阳接境,夹攻的行动,只适宜江西和湖广的军队会合,而广东的军队在仁化县的要害地方把守截击,而不参与;赣州的龙南,有浰头贼寇的巢穴,和广东的龙川边境相接,夹攻的行动,只适宜江西和广东的军队会合,而湖广不参与;广东的乐昌、乳源的贼寇巢穴,和湖广和宜章县边境相接,惠州贼寇的巢穴,和湖广的桂阳县边境相接,夹攻的行动只适宜湖广、广东二省的兵力相会合,而江西在大余县的要害之处把守截击,不能参与。如果不考察清楚这种情况,一定要等待三省的军队会合齐备,然后进行剿灭贼寇,那么劳累军队,浪费钱财,害处确实不小。如今在上犹奋力剿灭贼寇,就姑且派人假装安抚乐昌的各部贼寇以便安定他们的心情,他们看到广东的

四月，班师，立社学。先生谓民风不善，由于教化未明；今幸盗贼稍平，民困渐息，一应移风易俗之事，虽未能尽举，姑且就其浅近易行者，开导训诲。即行告谕，发南、赣所属各县父老子弟，互相戒勉兴立社学，延师教子，歌诗习礼，出入街衢，官长至，俱叉手拱立，先生或赞赏训诱之；久之，市民亦知冠服，朝夕歌声，达于委巷，雍雍然渐成礼让之俗矣。

按《训蒙大意示教读刘伯颂等》曰："今教童子者，当以孝悌忠信，礼义廉耻为专务。其培植涵养之方，则宜诱之歌诗，以发其志意；导之习礼，以肃其威仪；讽之读书，以开其知觉。今人往往以歌诗习礼为不切时务，此皆末俗庸鄙之见，

军队既没有准备，而湖广的军队又不能到达自己这儿，就庆幸一旦一夕的生存，一定不敢跨越边界来救援上犹，等到上犹被攻下以后，湖广移动兵力和广东的军队会合，那么乐昌各县的贼寇，它的势力已经孤单，二省的兵力所攻击的目标更加专一，攻取也就更加容易。在这个时候，龙川贼寇的巢穴，相距遥远，自以为风马牛不相及，他们看到江西的军队又撤走了，内心一定不加怀疑，班师回归的那天，出其不意，回转军队合力攻击，没有不成功的。"疏文上达，朝廷准许他便宜行事。消灭了桶冈的贼寇以后，湖广的军队才按期到达，先生恐怕他们只是徒劳地经过了长途跋涉，就奖励了统兵参将史春，派他当天撤回军队。等到用计谋斩杀了浰头的贼寇的时候，广东还没有听到这个消息，所有这些都和以前议定的相吻合。

四月，回师，设立了社学。先生认为，民风不好，由于教化没有彰明；现在有幸盗贼稍为平定，老百姓的困苦渐渐消失，凡是移风易俗的事，虽然不能全部实行，姑且把那些浅近易行的方面，进行开导和训诲。就发布告谕，告知南赣所属的各县父老子弟，互相告诫劝勉，兴立社学，聘请教师教育子弟，歌吟诗词，演习礼仪。在街道上出入，看到做官的和长辈到了，都叉手拱立。先生有时也赞扬奖赏训导他们；时间久了，街市上的老百姓也懂得整齐地戴帽穿衣，清早和晚上，欢乐的歌声在僻陋的小巷也传了出来，和乐地渐渐形成了礼让的风俗。

据按《训蒙大意示教读刘伯颂等》说："当今教诲儿童的人，应当把孝悌忠信，礼义廉耻作为专门的目标。培植涵养的方法，却应该用歌咏诗词来诱导，来启发他们的志意；引导他们演习礼仪，来使他们的仪表端庄；劝导他们读书，来开启他们的

乌足以知古人立教之意哉？大抵童子之情，乐嬉戏而惮拘检，如草木之始萌芽，舒畅之则条达摧挠之则衰痿。故凡诱之歌诗者，非但发其志意而已，亦所以泄其跳号，呼啸于咏歌，宣其幽抑结滞于音节也。导之习礼者，非但肃其威仪而已，亦所以周旋揖让，而动荡其血脉，拜起屈伸，而固束其筋骸也。讽之读书者，非但开其知觉而已，亦所以沉潜反复，而存其心，抑扬讽诵，以宣其志也。若责其检束，而不知导之以礼；求其聪明，而不知养之以善；彼视学舍如囹狱，而不肯入；视师长如寇雠，而不欲见矣；求其为善也得乎？"

五月，奏设和平县。和平县治，本和平峒羊子地，为三省贼冲要路，其中山水环抱，土地坦平，人烟辏集，千有余家；东去兴宁、长乐、安远，西抵河源，南界龙川，北际龙南各有数日程。其山水阻隔道路辽远，人迹既稀，奸宄多萃，相传原非循州、龙川、雷乡一州二县之地，后为贼据，止存龙川一县。洪武中，贼首谢士真等，相继作乱，遂极陵夷；先生谓："宜乘时修复县治，以严控制，改和平巡检司于浰头，以遏要害。"议上，悉从之。六月升都察院右副都御史，荫子锦衣卫，世袭百户，辞免，不允。

认识能力。当今的人们往往把歌咏诗词演习礼义当作不切实际时事的事情，这些都是末俗浅漏的看法，怎么能够理解古人树立教化的心意呢？大抵儿童的心情，喜欢嬉戏而害怕拘谨，就像草木开始萌芽，使它舒畅那么枝叶茂盛，摧残它就衰弱枯萎。所以凡是用歌咏诗词来诱导的，不只是启发他们的心志而已，而也发泄了他们跳号呼啸的心情，从音节上来宣泄他们的幽抑结滞。引导他们演习礼仪的原因不只是使他们的仪表更加端庄而已，也是通过周旋揖让的动作，以活动他们的血脉，下拜起立的曲伸，来强固约束他们的筋力和体质。劝导他们读书，不只开启他们的认识能力而已，也是通过反复的深入学习，使他们的用心更加专一，有节奏地诵读文章，来表达他们的志向。如果责令他们行为检点约束，却不懂得用礼仪来引导他们；渴求他们聪明，却不懂得用善的办法来教养；他们把学舍看作监狱，而不肯进入；把教师长辈看作寇仇，而不想见到；要求他们变得越来越完美，能吗？"

　　五月，上奏设立和平县。和平县治，本来在和平峒羊子地带，是三省贼寇的交通要路，其中山水环抱，土地平坦，人烟密集，有一千多户人家；向东到了兴宁、长乐、安远，向西抵达河源，向南和龙川交界，向北和龙南接壤，各有几天的路程。这儿山水阻隔，道路遥远，人迹罕至，有许多奸邪的人在这儿相聚，相传，原来不是循州、龙州、雷乡一州二县的领地，后来被贼寇首领谢士真等人，相继作乱，就变得极其荒凉；先生说："应该乘机修复县治，以便加强控制，把和平巡检司改在浰头，以便遏制要害。"建议上达，都听许了他的建议。六月，升都察院右副都御史，荫子锦衣卫，世代承袭一百户封地，先生请求免

旌横水、桶冈功也。先生具疏辞免曰："臣过蒙国恩，授以巡抚之寄，时臣方抱病请告，偶值前官有托疾避难之嫌，朝廷遣之简书，臣遂狼狈莅事。当是时，兵耗财匮，盗炽民穷，束手无策。朝廷念民命之颠危，虑臣力之薄劣。本兵议假臣以赏罚，则从之。议给臣以旗牌，则从之。议改臣以提督，则从之。授之方略，而不拘以制，责其成功，而不限以时。

由是臣得以伸缩如志，举动自由，一鼓而破横水，再鼓而灭桶冈。振旅复举，又一鼓而破三浰，再鼓而下九连，皆本兵之议，朝廷之断也。臣亦何功之有，而敢冒承其赏乎？况臣福过灾生，已尝恳疏求告，今乃求退获进，引咎蒙赍，其如赏功之典何？"奏入，不允。

七月，刻古本《大学》。先生出入贼垒，未暇宁居，门人薛佩、欧阳德、梁焯、何廷仁、黄弘纲、薛俊、杨骥、郭治、周仲、周冲、周魁、郭持平、刘道、袁梦麟、王舜鹏、王学益、余光、黄槐密、黄莹、吴伦、陈稷刘、鲁扶馘、吴鹤、薛侨、薛宗铨、欧阳昱，皆讲聚不散；至是回军休士，始得专意于朋友，日与发明《大学》本旨，指示入道之方。

先生在龙场时，疑朱子《大学章句》，非圣门本旨，手录

掉，没有得到允许。

这是表彰先生在横水、桶冈的战功。先生详细上疏请求免掉，说："我过去蒙受国家恩惠，授予巡抚之职的时候，我正抱病请求告退，偶然得知前任巡抚有托病逃避艰难的嫌疑，朝廷发简书加以谴责，我就很狼狈地到任了。正在这个时候，兵力耗竭，财物匮乏，盗贼猖狂，百姓困穷，当时大家都束手无策，朝廷考虑到老百姓命运的危急，我力量的薄弱低下；根据军队的商议，给我进行赏罚的权力，也准许了；商议给我旗牌，也准许了；建议把我改任为提督，也准许了；传授给我作战的方略，却不拘泥于已成的惯例；责令我成功，却不用时间来限制。

因此我能进退随心，行动自由，一鼓作气攻破横水，第二次用力攻破桶冈；振作士气，再次用兵，又一举攻破三浰，接着攻下九连，都是军队中的商议，朝廷的决断的缘故。我有什么功劳，竟敢冒然接受这份奖赏吗？况且我福运已过灾祸滋生，已经曾恳切上疏请求告退，现在才因寻求退让而获得进升，我自己有过却蒙受奖赏，和奖赏功劳的典律有什么关系呢？"上奏呈入，没得到允许。

七月，刻印古本《大学》。先生在贼寇的营垒出入，没有时间宁静地生活，门人薛侃、欧阳德、梁焯、何廷仁、黄弘纲。薛俊、杨骥、郭治、周仲、周冲、周魁、郭持平、刘道、袁梦麟、王舜鹏、王学益、余光、黄槐密、黄莹、吴伦、陈稷刘、鲁扶龂、吴鹤、薛侨、薛宗铨、欧阳昱都在一块讲学不离开，到这时候撤回军队，休养士卒，开始能够在朋友之间专心交往，每天和朋友们发挥阐明《大学》的根本宗旨，指示进入大道的方法。

先生住在贵州龙场的时候，怀疑朱熹的《大学章句》，不是

古本，伏读精思，始信圣人之学，本简易明白，其书止为一篇，原无经传之分；格致本于诚意，原无缺传可补。以诚意为主，而为致知格物之功，故不必增一敬字；以良知指示至善之本体，故不必假于见闻；至是录刻成书，傍为之释，而引以叙。

刻朱子《晚年定论》。先生序略曰："昔谪官龙场，居夷处困，动心忍性之余，恍若有悟，证诸《六经》《四子》，洞然无复可疑；独于朱子之说，有相抵牾疚于心，窃疑朱子之贤，而岂其于此尚有未察？及官留都，复取朱子之书而检求之，然后知其晚岁，固已大悟旧说之非，痛悔极艾，至以为自诳诳人之罪，不可胜赎。世之所传《集注》《或问》之类，乃其中年未定之说，自咎以为旧本之误，思改正而未及；而其诸《语类》之属，又其门人挟胜心以附己见，固于朱子平日之说，犹有大相缪戾者。而世之学者，局于见闻，不过持循讲习于此，其于悟后之论概乎其未有闻，则亦何怪乎予言之不信，而朱子之心无以自暴于后世也乎？予既自幸说之不缪于朱子，又喜朱子之先得我心之同，然且慨夫世之学者，徒守朱子中年未定之说，而不复知求其晚岁既悟之论，竞相呶呶，以乱正学，不自知其已入于异端。辄采录而衷集之，私以示夫同志，庶几无疑于吾说，而圣学之明可冀矣。"与《安之书》曰："留都时，偶因饶舌，遂至多口，攻之者环四

圣人之学的根本宗旨，于是亲手抄录古本，埋下头来读书进行精密的思考，开始相信圣人的学问本来简易明白，关于它的书只有一本，原本没有经和传的区分；格物致知以诚心笃意为根本，原本没有可补的缺传。以诚意为主，做致知格物的功夫，所以不必增加一个敬字；用良知指示至善的本体，所以不必假借见闻；到这个文本录刻印成书，在它的旁边做了解释，借此加以阐述自己的思想。

刻印朱熹的《晚年定论》。先生的序言里大概说："以前贬官到龙场，居住在四夷定居之地，处在困境之中，动心忍性之余，恍然好像有所领悟，从《六经》《四子》中验证，清楚明白再也没有可怀疑的了；只是对朱熹的学说，有矛盾长期痛苦地存在于内心，私下怀疑像朱熹这样贤明的人，难道在这方面还有没思考到的地方？等到在留都南京做官，又取出朱熹的书，细细寻求其中的道理，然后懂得，在他晚年的时候，本来已经很透彻地领悟到以前自己的学说是错误的，悲痛后悔到极点了，至于认为自己有欺骗自己欺骗他人的罪过，不能赎回。当代所流传的《集注》《或问》这类书，是他中年时期还没有成熟的学说，自己负疚地认识到以前书本的失误，想加以改正却没能来得及。可是《朱子语类》之类，又是他的门人带着好胜的想法来附加自己的看法，因此诸子平日的学说，还有很多谬误和相悖的地方。可是当代的学者，局限在见闻的知识，不过是坚持旧说对这进行讲习，他们对于朱熹悔悟后的言论，一概没有听到，这就难怪他们不相信我的言论。朱熹的本心也没有办法自己披露于后世了吗？我既自己庆幸我的学说没有和朱熹的学说相悖，又高兴朱熹比我早先获得和我一样的内心体悟，然后感慨当代的学者，只

面,取朱子晚年悔悟之说,集为定论,聊借以解纷耳。门人辈近刻之雩都,初闻甚不喜;然士夫见之,乃往往遂有开发者,无意中得此一助,亦颇省颊舌之劳。近年篁墩诸公,尝有《道一》等编,见者先怀党同伐异之念,故卒不能有入,反激而怒;今但取朱子之所自言者表章之,不加一辞,虽有偏心,将无所施其怒矣。有志向者,一出指示之。"

八月,门人薛侃刻《传习录》。侃得徐爱所遗《传习录》一卷,序二篇,与陆澄各录一卷,刻于虔。是年爱卒,先生哭之恸。爱及门独先,闻道亦早,尝游南岳,梦一瞿昙抚其背曰:"尔与颜子同德,亦与颜子同寿。"自南京兵部郎中告病归,与陆澄谋耕雩上之田以俟师,年才三十一。先生每语,辄伤之。

九月,修濂溪书院。四方学者辐辏,始寓射圃,至不能容,乃修濂溪书院居之。先生大征既上捷;一日,设酒食劳

是保守朱熹中年时期没有固定的学说，而不再懂得寻求他晚年省悟之后的言论，争发异论，来扰乱真正的圣人之学，自己不懂得已经进入异端。于是我不时将心得记录并收集起来，私下把它给有共同志向的人看，差不多没有怀疑我的学说，那么圣人之学的阐明有希望了。"《与安之书》里说："在留都南京的时候，偶尔因为多嘴，就导致了众多的口舌，攻击我的学说的人到处都是，摘取朱熹晚年悔悟的学说，汇集起来作为定论，只是凭此来解决杂乱的说法罢了。门人最近在赣都刻印它，起初听了这件事很不高兴，然而读书人看到它以后，却往往就有受到启发，无意中得到这样的帮助，也很省却了口舌的劳苦。近年来篁墩等各位先生，曾经编了《道一》等书，看到的人首先怀着结帮分派，偏向同伙，打击不同意见的人的想法，所以始终不能进入其中，反而激起了愤怒；现在取朱熹自己所说的话，给它按章排列，不附加一句话，读书的人即使有偏心，将没地方发泄他们的恼怒。有志向的人，一经阅读就有指示的作用。

八月，门人薛侃刻印《传习录》。薛侃得到徐爱遗留下来的《传习录》一卷，序两篇，又与陆澄分别整理出一卷各自所记的语录，把以上这些稿件一并付印。这一年，徐爱死，先生哭得很悲恸。徐爱到先生的门下最早，闻道也早。他游南岳的时候，梦到一个僧人抚着他的背说："你的德行与颜子相同，你的年寿也与颜子相同。"他从南京兵部郎中任上告病离任，与陆澄一起计划耕种雩上的田地，以等待老师的到来。他死时，才三十一岁。先生每当说到他时，就非常感伤。

九月，修建濂溪书院。四方的学者都会集到这里。一开始，他们住在射圃，到最后容不下了，于是才修建濂溪书院让他们

诸生,且曰:"以此相报。"诸生瞿然问故,先生曰:"始吾登堂,每有赏罚不敢肆,常恐有愧诸君;比与诸君相对久之,尚觉前此赏罚犹未也,于是思求其过以改之。直至登堂行事,与诸君相对时,无少增损,方始心安;此即诸君之助,固不必事事烦口齿为也。"诸生闻言,愈省各畏。

十月,举乡约。先生自大征后,以为民虽格面,不知格心,乃举乡约,告谕父老子弟,使相警戒。辞有曰:"顷者顽卒倡乱,震惊远迩,父老子弟,甚忧苦骚动。彼冥顽无知,逆天叛伦,自求诛戮,究言思之,实足悯悼!然亦岂独冥顽者之罪,有司抚养之有缺,训迪之无方,均有责焉。虽然,父老之所以倡率饬励于平日,无乃亦有所未至欤?今倡乱渠魁,皆就擒灭,胁从无辜,悉已宽贷,地方虽以宁复;然创今图后,父老所以教约其子弟者,自此不可以不豫。故今特为保甲之法,以相警戒联属,父老其率子弟慎行之。务和尔邻里,齐尔姻族,德义相劝,过失相规敦礼让之风,成淳厚之俗。"

住。先生的征讨告捷之后，一天，摆酒慰劳诸生，而且说："以此来报答诸君。"诸生很惶恐地问先生缘故，先生说："开始，我登堂理事的时候，每当有所赏罚时，不敢粗心大意，常怕赏罚不当而愧对诸君。当与诸君共事久了，还是觉得以前的赏罚没有做到恰到好处，于是反思这中间的过与不及以求改进。直到升堂行事，与诸君相对，一切都很恰当，没有什么可以增损的时候，才觉得心安。这是在诸君的帮助下才做到的，不是事事都靠讲论来能达到的。"诸生听了，更加反省自己，更加谨慎戒惧。

十月，举办乡约，先生从大征以后，认识到人民虽然知道约束自己的外在活动，但并不知道约束自己的内心。于是举办乡约，把自己的思想告诉父老子弟，使他们相互督促约束。乡约中说："不久以为，顽劣的兵卒发动叛乱，使远近都很震惊，父老子弟，为之扰乱，深受其苦。乱兵冥顽无知，违背天道，叛逆人伦，自己招致被杀戮的结果，深究而思考，他们是很值得怜悯与哀悼的啊！然而这不能只归罪于他们的冥顽无知，在上者爱抚养育他们有缺憾，训诫教化他们没有方法，也是应负责任的。虽然如此，但父老们在平日里提倡风教秩序，相互砥砺与督促，是不是也做得不够呢？现在发动叛乱的罪魁祸首，都已被擒获消灭了，胁从无罪的，都已被宽大处理了。地方上虽然又恢复了安宁平静，然而痛定思痛，展望明日，父老应当教育约束你们的子弟的工作，从此也不可不预先进行。所以现在特地实行保甲法，大家相互联系，相互警戒。请各位父老率领你们的子弟小心慎重实行它，努力地去谐和你们的邻里乡亲，去融洽你们的亲戚宗族，相互勉励于进德行义，有了过失要相互规劝，努力地形成礼让的风气和淳朴厚道的习俗。"

十有一月,再请疏通盐法。据户部覆疏所允,南、赣暂行盐税,例止三年;先生念连年兵饷,不及小民,而止取盐税,所谓不加赋而财足,所助不少。且广盐止行于南赣其利小,而淮盐必行于袁、临、吉,以滩高也。故三府之民,长苦乏盐,而私贩者水发,舟多蔽河而下,寡不敌众,势莫能遏。乃上议以为:"广盐行则商税集,而用资于军饷,赋省于贫民;广盐止则私贩兴,而弊滋于奸宄,利归于豪右。况南、赣巢穴虽平,残党未尽,方图保安之策,未有撤兵之期;若盐税一革,军饷之费,苟非科取于贫民,必须仰给于内帑。夫民已贫而敛不休,是驱之从盗也;外已竭而殚其内,是复残其成也。臣窃以为宜开复广盐,著为定例。"朝廷从之,至今军民受其利。

十有一月，再次上疏请求疏通盐法，根据户部所下的文件的允许，南、赣暂时施行盐税，期限为三年。先生认为，连年的军饷，并未涉及到人民头上，只用盐税就够了，这正是所谓的不增人民的赋税但是财用却依然充足，这种办法所起的助力不小。而且广盐只行销于南赣，利润很小，而淮盐却可以行销于袁州、临江、吉安三府，因为这三府的水住高，船难行的缘故。所以三府的人民，常常苦于缺盐。而私盐贩子在涨水的季鷇，用船载盐到三府去贩卖，他们的船多地遮蔽了江面，官府寡不敌众，根本不能禁止，于是先生上书写道："如果广盐能够行销，那么商税就可以很充裕地收集起来，就可以用以充当军饷，于是贫民就可以免受加赋的负担，如果广盐不能行销，而私盐泛滥，那么奸商坑害人民的弊端就会兴起，而利益就会被奸商所霸占，何况南、赣叛兵的巢穴虽然平灭了，但是残余的党羽却还没有净尽，现在正在谋划保安的策略，所以撤兵根本没有日期。如果盐税一出问题，那么军饷的费用，如果不从贫民那里掠夺，就只能倚靠朝廷上面的拨款。人民已经很贫困了，却依然赋征日敛，外面已经枯竭了却还去耗尽它的内部，这又是在残害其已有的成功了，臣私下里以为应该恢复广盐，规定为定例。"朝廷采纳了先生的意见，至今军民还蒙受这种好。

卷之三十三 附录二 年谱二
自正德己卯在江西至正德辛巳归越

十有四年，己卯。先生四十八岁，在江西。正月，疏谢升荫。以三浰九连功荫子锦衣卫，世袭副千户；上疏辞免谓："荫子实非常典，私心终有未安，疾病已缠，图报无日。"疏入，不允。

疏乞致仕，不允。以祖母疾亟故也，上书王晋溪琼曰："郴、衡诸处群孽、漏殄尚多，盖缘进剿之时，彼省土兵，不甚用命，广兵防夹稍迟，是以致此。闽中之变，亦由积渐所致，始于延平，继于邵武，又发于建宁，于汀漳，于沿海诸卫所；将来之祸，不可胜言，固非迂劣如某，所能办此也。又况近日祖母病危，日夜痛苦，方寸已乱，望改授使全首领以归。"

六月，奉敕勘处福建叛军。十五日，丙子，至丰城，闻宸濠反，遂返吉安，起义兵。时福州三卫军人进贵等胁众谋叛，奉敕往勘，以六月初九日启行，十五日午至丰城，知县顾佖迎，告濠反，先生遂返舟。

先是，宁藩世蓄异志，至濠奸恶尤甚。正德初，与瑾纳结，尝风南昌诸生呈举孝行，抚按诸司表奏，以张声誉。安成举人刘养正，素有诗文名，屈致鼓众，株连富民，朘剥财产，纵大贼闵念四、凌十一等四出劫掠，以佐妄费。按察使陆完因濠器重，遂相倾附，及为本兵，首复护卫树羽翼；而濠欲

正德十四年，乙卯。先生四十八岁，在江西。正月，上疏感谢皇上的升迁。朝廷因为先生在三浰、九连取得的功劳，准备荫庇其子做锦衣卫，世袭副千户，先生上疏推辞请求免去荫庇，其疏说："荫庇子孙的做法实不是永远可以施行的常法，私下里总是不能心安。我已经疾病缠身，企图报答朝廷却似乎来不及了。"所上之疏送入朝廷，却未被允许。

上疏请求退休，又不被允许。因为祖母病得厉害，先生因此上书王琼（号晋溪），其书说："郴州、衡州等地，漏网的叛兵余孽漏掉还有很多，这是由于剿灭叛乱者时，彼省的土兵不堪驱使的缘故，广东的兵马来夹攻围剿又稍迟了一些，才导致了现在这种状况。福建中的变乱，也是渐渐积累才发生的。开始于延平，继续于邵武，又发展于建宁以及汀漳和沿海诸卫所。将来的祸患，是不可胜言的，这固然不是愚劣如我所能办了此事。又况近来我的祖母病危，我日夜感到痛苦，方寸已乱，希望改授他任，保全首领回去。"

六月，奉旨平定福建的叛军。十五日，丙子，抵达丰城，听到朱宸濠反叛的消息，于是返回吉安，起兵举义。当时，福州三卫军人进贵等，胁迫部下众人谋叛，先生奉旨前去勘定。在六月初九日动身，十五日中午到达丰城，当地知县顾仪迎接先生的时候，告诉了朱宸濠反叛的消息。先生于是返回到吉安。

在这之前，宁王朱宸濠已怀有反叛的志向，到了朱宸濠更加奸恶。正德初年，朱宸濠与刘瑾勾结，又曾经让南昌诸生歌颂自己的孝行，让主事的官员上表奏闻朝迁，来张大自己声誉。安成的举人刘养正，平素有能诗能文的名声，跟从朱宸濠鼓惑群众，坑害富民，剥削人民的财产，纵容大贼闵念四，凌十一等四

阴入第二子为武宗后，其内官阎顺等，潜至京师发奏，朝廷置不问，且谪顺等孝陵净军；濠益无忌。

完改吏部，王琼代为本兵，度濠必反，乃申军律，督责抚臣，修武备以待不虞；而诸路戒严，捕盗甚急，凌十一系狱劫逃，琼责期必获。濠怒恐，复风诸生颂己贤孝，挟当道奏之。宗武见奏惊曰："保官好升，保宁王贤孝，欲何为耶？"是时江彬方宠幸，太监张忠欲附彬以倾钱宁，闻是言，乃密应曰："钱宁、臧贤交通宁王，其意未可测也。"太监张锐初通濠，复用南昌人张仪言，附忠、彬自固，而御史熊兰居南昌，素雠濠，少师杨廷和亦欲革护卫免患，交为内主；上乃令太监韦霦传旨。

故事，王府奏事人，辞见有常，今稽违非制，于是试御史萧淮上疏曰："近奉敕旨：'王人无事，不得延留京师。'臣有以仰陛下微意矣，臣不忍隐默，窃见宁王不遵祖训，包藏祸心，多杀无辜，横夺民产，虐害忠良，招纳亡命，私造兵器，潜谋不轨，交通官校有年；如致仕侍即李仕实，前镇守太监毕真，及诸前后附势者，皆今日乱臣贼子，关系宗社安危，非

出劫掠，来充当反叛的经费，按察史陆完由于朱宸濠的器重，于是就投靠朱宸濠，当他做本兵的时候，就在私下里树立羽翼。朱宸濠想要在暗地里把他的第二个儿子送入宫内作为武宗的继承人，他的内官阎顺等人暗地里去到京师，把此事奏与朝廷，但朝廷却置之不问，而且还贬谪阎顺等人充了孝陵的净军。朱宸濠更加肆无忌惮。

陆完后来改在吏部任职，王琼代替他做本兵，考虑到朱宸濠一定会谋反，于是严申军律，督促下级，整理军备以应付事变。当时诸路却戒严了，搜捕盗贼搜捕地很急切，凌十一等人被捕入狱后又越狱逃跑，王琼发出命令一定要抓住他们。朱宸濠既愤怒又恐惧，于是又暗地里叫诸生歌颂自己的贤明孝顺，要挟主事官员上奏朝廷。武宗见到奏章吃惊地说道："保奏官员是为了升迁，保奏宁王贤孝是要做什么呢？"当时江彬正在为皇上所宠幸，太监张忠想要依附江彬来超过钱宁。听了这话，于是暗地里对武宗说："钱宁、臧贤与宁王勾结，他的用意不可测啊！"太监张锐原来与宁王勾结，后来又采纳南昌人张仪的建议，依附张忠、江彬来加强自己的地位。而御史熊兰在南昌，一直就仇视朱宸濠，少师杨廷和也想要革除护卫，免除祸患，交为内主，于是皇上让太监韦霦传旨。

按照惯例，王府奏事人是允见还是不允见是有规定的，现在稽违不合规定，于是试御史萧淮上疏说："近来奉圣旨，诸王没有事情，不准在京城滞留，臣似乎已经窥测到陛下的言下之意了，臣不忍隐瞒不说。臣私下见宁王不遵守祖宗的训诫，包藏着反叛的用心，多次杀害无辜的人，强横地侵夺民众的财产，虐待残害忠臣良将，招纳亡命之徒，私造兵器，暗地里图谋反叛，

细故也；或逮系至京，或坐名罢削。布政使郑岳，副使胡世宁，皆守正蒙害，宜亟起用，庶几人知顺逆，祸变可弭矣。"疏入，忠、彬等赞之，欲内阁降敕责镇巡，而给事中徐之鸾，御史沈约等，又具奏其不法。廷和恐祸及，欲濠上护卫自赎，同官外廷不知也。一日，驸马都尉崔元，遣问琼曰："适闻宣召，明早赴阙何事？"

琼问廷和，廷和佯惊曰："何事？"琼微笑曰："公勿欺我！"廷和忸怩，徐曰："宣德中，有疑于赵，尝命驸马袁泰往谕，竟得释，或此意也。"明旦琼至左顺门，见元领敕谓曰："此大事，何不廷宣？"乃留，当廷领之。敕有曰："萧淮所言，关系宗社大计，朕念亲亲，不忍加兵，特遣太监赖义，驸马都尉崔元，都御史颜颐寿往谕，革其护卫"。

元领敕既行，廷和腹令兵部发兵观变。琼曰："此不可泄，近给事中孙懋、易赞建议，选兵操江，为江西流贼设备，疏入，留中日久，第请如拟行之，备兵之方，无出此矣。"廷和默然。

他为此收买勾结当地官员已经很多年了,如已经退休的官员李仕实,前镇守太监毕真,以及诸多的先后依附于他的下面的人,都是今天的乱臣贼子,这关系到社稷宗庙的安危,实在不是小事啊!而忠良却有的被压送进了京城的监狱,有的被罢官或降职。布政使郑岳,副使胡世宁都因为坚守正道才被陷害,应该赶紧起用,如此大概才可以让人知道谁是忠顺,谁是叛逆,灾祸与变乱才可得列避免。"此疏送入宫廷,张忠与江彬很赞赏,要内阁下旨督责镇守巡察,而给事中徐之鸾,御史沈约等人,又上奏说萧淮的奏疏不法。杨廷和恐怕引起灾祸,于是想要让朱宸濠主动交出护卫替自己赎罪,而这件事外廷的官员却不知道。有一天,驸马都尉崔元派人问王琼说:"刚听说您被召明早去内宫,不知是为什么事?"

王琼于是问杨廷和,杨廷和假装不知此事,装作很吃惊地说:"什么事啊?"王琼微笑着说:"您不要欺骗我了。"杨廷和于是很不好意思,等了一会才说:"宣德年间,朝廷对赵王起了疑心,于是就派驸马袁泰前去下旨前者最后得以免罪或者就是这个意思。"第二天早晨。王琼到左顺门,见到崔元领圣旨,对崔元说:"这是大事,为什么不在朝上宣读?"崔元于是留下,在朝上领旨。其中说:"萧淮所说,关系到国家大计,而朕考虑对自己的亲人,不忍心用兵,特地派遣太监赖义,驸马都尉崔元,都御史颜颐寿前去下旨,革去宁王的护卫。"

崔元领旨起行,杨廷和又命令兵部发兵以待事变。王琼说:"此事不可泄露,近给事中孙懋、易赞赞建议,选兵在江上操练,以准备对付江西的流寇,上疏奏入朝廷,时间很久了还没有批复,我请求如他们所建议的那样去执行,兵备之策,没有

会濠侦卒林华者，闻朝议二三，不得实，昼夜奔告；值濠生辰宴诸司，闻言大惊，以为诏使此来，必用昔日蔡震擒荆藩故事。且旧制凡抄解宫眷，始遣驸马亲臣，固不记赵王事也。宴罢，密召士实、刘吉等谋之。养正曰："事急矣，明旦诸司入谢，即可行事。"

是夜集兵以俟，比旦，诸司入谢；濠出，立露台，宣言于众曰："汝等知大义否？"都御史孙燧对曰："不知。"濠曰："太后有密旨，令我起兵监国汝保驾否？"燧曰："天无二日，民无二王，此是大义，不知其他。"濠怒，令缚之。

按察司副使许逵，从下大呼曰"朝廷所遣大臣，反贼敢擅杀耶？"骂不绝口，校尉火信曳出惠民门外，同遇害。是时日午，天忽阴曀，遂劫镇巡诸司下狱，夺其印。于是太监王宏、御史王金，公差主事马思聪，金山布政使胡濂，参政陈杲、刘斐，参议许效廉、黄宏，佥事顾凤，都指挥许清、白昂，皆在系，思聪宏不食死。濠乃伪置官属，以吉暨、余钦、万锐等为太监，迎士实为太师，先期迎养正南浦驿为国师，闵念四等各为都指挥，参政王伦为兵部尚书，季敩暨佥事潘鹏、师夔辈，俱听役；胁布政使梁宸、按使杨璋、副使唐锦、都

比这更好的了。"杨廷和默然不语。

此时正巧有朱宸濠的侦探林华的人，对朝议略有所闻，而没有详细知道实情，就昼夜兼程去向朱宸濠报告。正赶上朱宸濠在举行生日宴会，宴请诸位主事的官员。听到林华的报告大惊失色，以为朝廷的使者这次来，一定会重演昔日蔡震擒荆藩的故伎。而且按照旧制，只有抄解宫眷，才派驸马亲臣前来，根本没有想到赵王的例子。宴会完毕，秘密召集士实、刘吉等人谋划这件事。养正说："事情很紧急，明天早晨诸司进来答谢，就能够行事。"

这夜，集合军队等待，等到天明，诸司进来答谢；朱宸濠出来，站立在露台上，对众人发布宣言说："你们懂得大义不？"都御史孙燧回答说："不懂得。"朱宸濠说："太后有密旨，命令我起兵监国，你们保驾不？"孙燧说："天上没有两个太阳，老百姓没有两个国王，这就是大义，不懂得还有其他。"朱宸濠非常愤怒，命令把他捆起来。

按察司副使许达从下边大声呼喊着说："朝廷派遣的大臣，反叛的奸贼敢于擅自杀害吗？"他骂不绝口，校尉火信把他拉出惠民门外，一同遇害被杀。这时正是中午，天色忽然阴暗下来，朱宸濠命令把镇巡诸司绑架下狱，抢夺了他们的官印。在这时候，太监王宏，御史王金，公差主事马思聪，金山布政使胡濂，参政陈杲、刘斐，参议许效廉、黄宏，佥事顾凤，都指挥许清、白昂，都被逮捕，马思聪和黄宏绝食而死。宸濠就私自设立官属，把吉暨、余钦、万锐等人安排为太监，迎来士实做太师，这以前就迎接养正、南浦驿做国师，闵念四等人分别为都指挥，参政王纶为兵部尚书，季斅及佥事潘鹏、师夔等人，都听凭派

指挥马骥移咨府部，传檄远近，革年号，斥乘舆，分遣所亲娄伯、王春等四出收兵。

始，濠闻武宗嬖伶官臧贤，乃遣秦荣就学音乐，馈万金，及金丝宝壶；一日，武宗幸贤，贤以壶注酒，讶其精泽巧丽，曰："何从得此？"贤吐实，武宗曰："宁叔何不献我。"是时小刘就得幸，濠失贿深衔之，此罢归小刘笑曰："爷爷尚思宁王物，宁王不思爷爷物足矣，不记荐疏乎？"武宗乃益疑忠彬，因赞萧疏，遂及贤，贤不知也。

濠遣人留贤家，多复壁，外钥木橱开则长巷，后通屋甚隐，人无觉者。有旨大索贤家，林华遽走会同馆，得马，故速归。

初宁献王臞仙传惠、靖、康三王，康王久无子，宫人南昌冯氏，以成化丁酉生濠，康王梦蛇入宫，唊人殆尽，心恶之，欲弗举，以内人争免遂匿优人家，与秦㺚同寝处；稍长，淫宫中，康王忧愤，且死，不令入诀。

弘治丙辰袭位，通书史歌词。至是谋逆，期以八月十五

遣；胁迫布政使梁宸、按察使杨璋，副使唐锦，都指挥马骥，移到府部再作商量，向远近的地方传布檄文，改革年号，扩大所乘的舆驾，分别派遣自己所亲近的娄伯、王春等人到处收集兵马。

起初，朱宸濠听说了武宗最宠幸的伶官臧贤，就派遣秦荣去向他学习音乐，赠送了他万两黄金，以及金丝宝壶；一天，武宗到臧贤那儿，臧贤用宝壶给皇上倒酒，皇上惊奇它的构造精巧光泽华丽，说："从什么地方得到这件宝物？"臧贤吐露了实情，武宗说："宁叔为什么不把这些宝物献给我呢？"这时小刘刚刚获得宠幸，朱宸濠白白损失了贿赂的财物，而没有买通小刘，非常痛恨他；等到皇上回来，小刘笑着说："爷爷你还想着宁王的东西，宁王不想要爷爷你的东西就足够了，不记得荐疏吗？"武宗就更加怀疑忠彬，因而称赞荐疏，于是怀疑也涉及到臧贤，臧贤不知道。

朱宸濠派人留宿到臧贤家中，家里有很多两层的墙壁，外边锁着木橱，打开就是长长的巷道，后面连接着房间，很隐秘，没有人能觉察。有圣旨很彻底搜查臧贤的家中，林华急忙逃跑到会同馆，骑了一匹马，所以能快速地赶回去。

起初宁献王朱权（号臞仙），传下惠、靖、康三王，康王很长时间没有儿子，宫人南昌的冯氏，在成化丁酉年生下朱宸濠，康王梦到一条蛇进入宫中，把人差点全吃尽了，心里很厌恶他，打算不收养他。因为内人争执才作罢；于是把他藏匿在演戏的人家中，和秦㴠一同住宿生活；年龄稍微大点的时候，在宫里淫乱，康王忧虑愤怒，快死的时候，也不让他进去诀别。

弘治九年承袭王位，他精通书法、历史歌词。至于这次谋

日，因入试官吏生校举事，比林华至，始促反。十九日，疏上变。濠既戕害守臣，因劫诸司，据会城，乃悉拘护卫，集亡命，括丁壮，号兵十万，夺运船顺下。

戊寅，袭南康，知府陈霖等遁。己卯，袭九江，兵备曹雷，知府汪颖，指挥刘勋等遁；属县闻风皆溃。濠初谋欲径袭南京，遂犯北京，故乘胜克期东下。

先生闻变返舟，值南风急，舟弗能前，乃焚香拜泣告天，曰："天若哀悯生灵许我匡扶社稷，愿即反风；若无意斯民，守仁无生望矣。"须臾风渐止，北帆尽起。濠遣内官喻才领兵追急，是夜乃与幕士萧禹、雷济等潜入鱼舟得脱。然念两京仓卒无备，欲沮挠之，使迟留旬月；于是故为两广机密大牌，备兵部咨及都御史颜咨云："率领狼达官兵四十八万，江西公干。"令雷济等，飞报摇之。

濠见檄，果疑惧，迟延未发。先生四昼夜，至吉安，明日庚辰，上疏告变；乃与知府伍文定等计，传檄四方，暴发逆濠罪状，檄列郡起兵以勤王。

疏留复命巡按御史谢源、伍希儒、纪功、张疑兵于丰城；又故张接济官军公移，备云兵部咨题，准令许泰、郤

划叛乱，约定在八月十五日，随着入试的官吏生校一同举事，等到林华赶回以后，才促使了他反叛。十九日，先生上疏陈明朱宸濠兵变叛乱。朱宸濠杀害了守臣以后，接着抢劫了诸司，占据了会城，就全部拘捕了护卫，集合亡命之徒，大量招募正值壮年的男丁，号称十万兵马，抢夺运货的船只顺流而下。

戊寅，袭击南康，知府陈霖等人逃跑。己卯年，袭击九江，兵备曹雷，知府汪颖，指挥刘勋等人逃跑；所属各县，都闻风而溃散。朱宸濠起初谋划想直接袭击南京，接着进犯北京，所以乘胜定期向东进发。

先生听说变乱，就掉船返回，正值南风紧急，船不能前行，就焚香下拜，流着泪祷告上天说："上天如果发慈心怜悯生灵，允许我匡扶社稷，希望立即反转风向，如果对老百姓没有拯救的心意，我就没有活下去的希望了。"过了不大一会儿，风渐渐停止，都挂起北边的风帆。朱宸濠派遣内官喻才，领兵追赶得很急，这夜就和幕士萧禹、雷济等人，潜入渔船才得以脱身。然而考虑到南京仓促没有防备，打算阻挠叛军，使他们拖延停留几个月；于是故意制作机密大牌，供兵部决议，以及都御史颜某咨文，上面说："率领狼达兵四十万，在江西执行公务。"命令雷济等人，飞速报知朱宸濠，以动摇他进攻的决心。

朱宸濠看到檄文，果然怀疑害怕，迟迟没有发兵。先生经过四个昼夜，到达吉安，第二天庚辰时分，上疏告知变乱；就和知府伍文定等人商定，向四方传送讨贼檄文，大肆揭发叛逆朱宸濠的罪状，用檄文征召各个郡县起兵勤王。

上疏请求挽留已经复命的巡按御史谢源、伍希儒、纪功，在丰城散布使敌怀疑的军队；又故意张扬接应的官军公文，详永分领边军四万,从凤阳陆路,刘晖,桂勇分领京边官军四万,从徐淮水陆并进,王守仁领兵二万,杨旦等领兵八万,陈金等领兵六万分道并进,克期夹攻南昌。

且以原奉机密敕旨为据,故令各兵徐行,待其出城,遮击前后以误之。又为李士实刘养正内应,伪书贼将凌十一、闵念四投降密状,令济光等亲人,计入于濠;濠乃留兵会城以观变。

至七月三日,谍知非实,乃属宗支拱榣,与万锐等,留兵万余守南昌,遣潘鹏持檄说安庆,季敩说吉安,而自与宗支栱栟、士实、养正等东下,贼众六万人,号十万,以刘吉为监军,王纶参赞军务,指挥葛江为伪都督,总一百四十余队,分五哨,出鄱阳,过九江,令师夔守之,直趋安庆,时钦、凌等攻围虽已浃旬,知府张文锦,守备都指挥杨锐,指挥使崔文同守不下。

按是时巡抚南畿都御史李克嗣,飞章告变,琼请会议左顺门众观望,犹不敢斥言濠反。琼独曰:"竖子素行不义,今仓卒举乱,殆不足虑!都御史王守仁,据上游蹑之,成擒必矣。"

乃从直房顷刻覆十三疏,首请下诏削濠属籍,正贼名;次请命将出师,趋南都,命伯方寿祥防江都,御史俞谏率淮兵翊南都,尚书王鸿儒主给饷;次请命守仁率南赣兵,由临细地讲述了兵部布署。获准命令许泰、邻永分别率领边军四万，从凤阳陆路进发；刘晖、桂勇分别率领京边官军四万，从徐淮水陆并进；王守仁领兵二万，杨旦等人领兵八万，陈金等人领兵六万，分道并进，限期夹攻南昌。

并且把原来奉领的机密敕旨作为依据，所以命令各路兵马慢慢前行，等到敌军出了城，从前后掩杀，夹攻敌人。又以李士实、刘养正作内应，伪造书写了叛贼将领凌十一、闵念四投降的密状，命令济光等亲信的人设计递交朱宸濠，朱宸濠果然把军队驻扎在会城来防备叛变。

到了七月初三，宸濠通过谍报活动知道不是真实情况，就嘱托同宗拱橖，和万锐等人，留兵一万多人守卫南昌，派遣潘鹏拿着檄文到安庆游说，季敩到吉安游说，而自己和宗族支亲棋桄栟、士实、养正等人向东进发，贼众六万人，号称十万，以刘吉为监军，王纶参赞军务，指挥葛江为都督，总领一百四十多队，分为五哨，出鄱阳，过九江，命令师夔驻守在那里，直趋安庆，当时钦凌等人攻击围困安庆虽然已经整整十天了，但知府张文锦，守备都指挥杨锐，指挥使崔文共同坚守，没有被攻下。

据按，这时巡抚南畿都御史李克嗣，飞速递呈书文告知变乱，王琼请求在左顺门聚集商议，众人都持观望态度，还不敢痛斥朱宸濠反叛。只有王琼独自说："小子平时多行不义，现在仓促叛乱，一点也不值得忧虑！都御史王守仁，占据上游追击他，一定会成功地擒获他。"

就从值房一会儿写了十三道上疏，首先请求下诏削掉朱宸濠的所属官籍，确立叛贼的名号；其次请求派将领出兵讨贼，奔赴南都，委派伯方、寿祥防守江都，御史俞谏率领淮兵辅助防

吉都御史秦金率湖兵,由荆瑞会南昌,充嗣镇镇江,许廷光镇浙江,丛兰镇仪真,遏贼冲。传檄江西诸路,但有忠臣义士,能倡义旅,以擒反者,封侯;又请南京守备操江武职并五府掌印金书官,各自陈取上裁,务在得人,以固根本。诏悉从之。

先生在吉安,守益趋见曰:"闻濠诱叶芳兵,夹攻吉安,"先生曰:"芳必不叛,诸贼旧以茅为屋,叛则焚之,我过其巢,许其伐巨木创屋万余;今其党各千余,不肯焚矣。"

益曰:"彼从濠望对拜,可以寻常计乎?"先生默然,良久曰:"天下尽反,我辈固当如此做。"益惕然,一时胸中利害如洗。次早复见,曰:"昨夜思之,濠若遣逮老父,奈何!已遣报之,急避他所。"

壬午,再告变。叛党方盛,恐中途有阻,故再上。疏乞便道省葬,不允。先生起兵,未奉成命,上便道省葬疏,意示"遭变暂留,姑为牵制攻讨;俟命师之至,即从初心。"时奉旨"着督兵讨贼,所奏省亲事,待贼平之日来说"。疏上伪檄。

守南都，尚书王鸿儒主管供给军饷，再其次请求委派王守仁率领南赣的军队，由临吉都御史秦金率领湖湘的军队，从荆、瑞之地到南昌会合，充嗣镇守镇江，许廷光镇守浙江，丛兰镇守仪真，控制叛贼的要害。传檄江西各路，但有忠臣义士，能够倡立正义的军队，来擒获反叛的贼寇，就赐封为侯；又请求让南京守备把持长江流域的武装官职和五府掌印佥署官职，各自根据实情予以任用和罢免，关键在于获得有才有识之人，来巩固根本。皇上下诏都听从了他的建议。

先生住在吉安，守益赶去拜见他说："听说朱宸濠引诱叶芳出兵，夹攻吉安。"先生说："叶芳一定不会叛乱，各路贼寇以前用茅草造屋，一叛乱就烧掉它，我经过那个地方，准许他们砍伐大的树木，建造了一万多间房屋；现在他们的同伙各有一千多人，一定不肯烧掉房屋进行叛乱。"

守益说："他们跟随朱宸濠希望封侯拜将，能够按平常的情形考虑吗？"先生默不作声，很久才说："即使天下都起来反叛，我们也本来应该这么做。"守益内心颇为震动，一时胸中的利害之念荡然无存。第二天早上又见面，先生说："昨天晚上考虑到，朱宸濠如果派人逮捕我的老父亲，有什么办法！已经派人报了这个消息，请他们赶快逃避到其他地方。"

壬午，再次发生叛乱。叛党正在势力强盛的时候，恐怕中途受到挫折，所以再次上疏。上疏请求顺路回家省亲和埋葬先人，没有得到允许。先生起兵，没有接受到皇上的委派，上《便道省葬疏》，意思是："遭逢变乱暂时留了下来，姑且牵制、攻击、讨伐叛贼；等到奉皇上委派的军队到达，就从原初想法回家省亲。"当时接受了圣旨，其中说："派你督统军队讨伐叛贼，

六月二十二日，参政季斅，同南昌府学教授赵承芳，旗校十二人，赍伪檄榜谕吉安府，至墨潭，领哨官缚送军门，先生即固封以进。其疏略曰："陛下在位一十四年，屡经变难，民心骚动，尚尔巡游不已，致使宗室谋动干戈，冀窃大宝；且今天下之觊觎，岂特一宁王；天下之奸雄，岂特在宗室；言念及此，懔骨寒心。

昔汉武帝有轮台之悔，而天下向治；唐德宗下奉天之诏，而士民感泣；伏望皇上，痛自克责，易辙改絃，罢出奸谀，以回天下豪杰之心；绝迹巡游，以杜天下奸雄之望；则太平尚有可图，群臣不胜幸甚！"甲辰，义兵发吉安；丙午，大会于樟树；己酉誓师；庚戌，次市汉；辛亥拔南昌。

先生闻濠兵既出，乃促列郡兵，克期会于樟树，自督知府伍文定等，及通判谈储，推官王暐，以十三日甲辰发吉安；于是临江知府戴德孺；袁州知府徐琏，赣州知府邢珣，瑞州通判胡尧元，童琦，南安推官徐文英，赣州都指挥余恩，新淦知县李美，泰和知县李楫，宁都知县王天与，万安知县黄冕，各以其兵来赴。己酉，誓师于樟树，次丰城，谍知贼设伏于新旧厂，以为省城之应；乃遣奉新知县刘守绪领兵从间道夜袭破之。

所奏的省亲一事，等待平定了叛贼的时候再说。"疏文里呈上了叛贼的檄文。

六月二十二日，参政季斅，同南昌府学教授赵承芳，带领旗校十二人，携带叛贼的檄文晓谕吉安府，到了墨潭，带领哨官把檄文捆缚好，送到军门，先生就把封口加固呈递上去。这篇疏文大概说："陛下在位已一十四年，屡次经历变乱的灾难，民心骚动不安，况且你不停地四处巡游，致使宗室之内兴兵作乱，图谋皇位；况且如今图谋天下的人，难道只是一个宁王；天下的奸雄，难道只是在于宗室之内；说话思虑到这儿，不觉彻骨寒心。

从前汉武帝有在轮台的悔过，从而天下逐渐得到治理；唐德宗下奉天为民的诏书，从而士民感涕泣；诚心希望皇上，下决心自我约束，痛改旧习，罢免逐出奸谀之人，来收回天下豪杰的心；不再外出巡游，来杜绝天下奸雄的妄想；那么天下太平还有可以筹划的余地，群臣不胜庆幸！"甲辰时，义兵从吉安出发；丙午时，在樟树举行盛大集会；己酉时，誓师；庚戌时，驻所在市汉；辛亥时，攻下南昌。

先生听说朱宸濠的军队已经出发，就催促各郡的军队，限期在樟树会合，自己监督知府伍文定等人，以及通判谈储，推官王暐，在十三日甲辰时从吉安出发；在这时候，临江知府戴德孺；袁州知府徐琏，赣州知府邢珣，瑞州通判胡尧元、童琦，南安推官徐文英，赣州都指挥余恩，新淦知县李美，泰和知县李楫，宁都知县王天与，万安知县黄冕，各自带领他们的军队来汇会，己酉时，在樟树誓师，驻扎在丰城，通过谍报得知叛贼在新旧厂设有埋伏，为省城接应；就派遣奉新知县刘守绪，率领士兵从小路乘黑夜偷袭攻破埋伏。

庚戌，发市汊，分布既定，薄暮齐发。辛亥，黎明，各至信地。先是，城中为备甚严，及厂，贼溃奔入城，一城皆惊；又见我师骤集，益夺其气；众乘之，呼噪梯絙而登，遂入城，擒拱樤、万锐等，千有余人；所遗宫眷纵火自焚。先生乃抚定居民，分释胁从，封府库，收印信，人心始宁。

于是胡濂、刘斐、许效廉、唐锦、赖凤、王玘等皆自投首。初会兵樟树，众以安庆被围急，宜引兵赴之。

先生曰："今南康九江皆为贼据；我兵若越二城，直趋安庆贼必回军死斗，是我腹背受敌也。莫若先破南昌，贼失内据，势必归援；如此则安庆之围自解，而贼或擒矣。"卒如计云。

遂促兵追濠，甲寅，始接战；乙卯。战于黄家渡；丙辰，战于八字脑；丁巳，获濠樵舍，江西平。初，濠闻南昌告急，即欲归援，遂解安庆围，移沅子港；先分兵二万趋南昌，身旋继之。

二十二日，先生侦知其故，问众计安出？多以贼势强盛，宜坚壁观衅，徐图进止。

先生曰："贼势虽强，未逢大敌，惟以爵赏诱人；今进不得逞，退无所归，众已消沮；苟出奇击惰，不战自溃，所谓先

庚戌，从市汊出发，分布确定以后，傍晚一起出发。辛亥黎明，各自到达预先指定的地点。这以前，城里的戒备很森严，等到新旧厂的叛贼溃败逃入城中，全城都很震惊；又看到官兵骤然聚集，更加挫伤了他们的士气；官兵乘机呼喊而上，架设云梯和绳索登城，攻入城里，擒获了拱椽、万锐等一千多人；所遗弃的宫中眷属都纵火自焚。先生就抚慰安定居民，分批释放胁从叛贼的人，封了府库，收了印信，人心才开始平定。

在这时候，胡濂、刘斐、许效廉、唐锦、赖凤、王玘等人，都自己投降过来。起初在樟树会兵，众人认为安庆被围困得很紧急，应该带兵去救援他们。

先生说："现在南康、九江都被叛贼所占据。我们的军队如果越过这两座城池，直接奔赴安庆，叛贼一定回过头来拼死奋力争斗，这就使我军腹背受敌，不如首先攻破南昌，叛贼丧失内部的依靠，势必回来援救。这样安庆的围困自然就解除了，从而叛贼也就能被擒获了。"最后的结果正像筹划的一样。

接着催促兵马追击朱宸濠，甲寅，才开始交战；乙卯，在黄家渡交战；丙辰，在八字脑交战；丁巳，在樵舍擒获朱宸濠，江西得以平定。起初，朱宸濠听说南昌告急，就打算回去救援，于是自动解除了对安庆的围困，迁移到沅子港；首先分兵二万奔赴南昌，紧接着亲自带领兵马跟随而回。

二十二日，先生通过打探得知这种情况，问众人，怎样进行谋划？大多认为叛贼势力强盛，应该坚守不出，静观时变，慢慢图谋行动。

先生说："叛贼的势力虽然强盛，但没有遭逢强大的对手，只是用爵位赏赐诱惑人。现在前进不能得逞，后退又没有归宿

人有夺人之气也。"

会抚州知府陈槐,进贤知县刘源清,提兵亦至,乃遣伍文定、邢珣、徐琏、戴德孺,各领兵五百,分道并进,击其不意;又遣余恩以兵四百,往来湖上诱致之;陈槐、胡尧元、童琦、谈储、王暐、徐文英、李美、李楫、王冕、王轼、刘守绪、刘源清等,各引兵百余,四面张疑设伏,候文定等合击之。

分布既定,甲寅,乘夜急进,文定以正兵当贼锋,恩继之,珣绕出贼后,琏、德孺张两翼以分其势。

乙卯,贼兵鼓噪,乘风逼黄家渡,气骄甚;文定恩佯北以致之,贼争趋利,前后不相及;珣从后横击,直贯其中,文定恩乘之,夹以两翼,四面伏起,贼大溃,退保八字脑。濠惧,厚赏勇者,且令尽发九江南康守城兵益之。

是日,建昌知府曾玙兵亦至。先生以为九江不破,则湖无外援;南康不复,则我难后蹑;乃遣槐领兵四百,合饶州知府林瑊兵攻九江,以广信知府周朝佐取南康。

丙辰,贼复并力挑战,我兵少却,文定立锐炮间,火燎其须,殊死战;炮入濠副舟,贼大败,擒斩二千余,溺死者

的地方，众人已经消极、沮丧，如果运用奇兵攻击憍怠的叛贼，不必交战就自动溃败，这就是所说的，率先行动的人有挫败他人士气的力量。"

适逢抚州知府陈槐，进贤知县刘源清也带兵赶到，就派遣伍文定、邢珣、徐琏、戴德孺，各自领兵五百，分道并进，出其不意地攻击叛贼；又派余恩用四百士兵在湖上往来，引诱敌人；陈槐、胡尧元、童琦、谈储、王暐、徐文英、李美、李楫、王冕、王轼、刘守绪、刘源清等人，各自引兵一百多人，在四面设下埋伏，等候伍文定等人合击叛贼。

分派确定之后，甲寅，乘着夜色紧急进攻，文定用其兵从正面攻击叛贼的前锋，余恩带兵紧跟其后，邢珣迂回绕出叛贼的背后，徐琏、戴德孺在两翼布置兵力来分解敌人的势力。

乙卯，叛贼的军队鼓噪而进，乘风直逼黄家渡，气焰十分嚣张；伍文定、余恩假装败退来引诱他们深入，叛贼争相趋利，前后不相及；邢珣自从后边突然袭击，一直横贯叛贼中部，伍文定、余恩乘此机会进击，两翼一起夹攻，四面伏兵顿起，叛贼大为溃败，退守到八字脑。朱宸濠害怕，大量地赏赐奋勇作战的人，并且命令把九江，南康守城的士兵全部赶来增加八字脑的守卫力量。

这天，建昌知府曾玙也带兵赶到。先生认为九江没有攻破，那么湖湘就不能接受到外援；南康没有收复那么我们的军队就难以跟踪而来；于是派遣陈槐领兵四百，会合饶州知府林城的军队，攻打九江，派广信知府周朝佐攻取南康。

丙辰，叛贼又积蓄力量进行挑战，官兵稍有退却；伍文定站立在激烈炮火中，炮火烧了他的胡须，也浑然不顾，殊死决

无算。乃聚樵舍，连舟为方阵，尽出金银赏士；先生乃密为火攻具。使珣击而左，琏德孺出其右，恩等设伏，期火发以合。

丁巳，濠方晨朝群臣，责不用命者，将引出斩之，争论未决；我兵掩至，火及濠副舟，众遂奔散；妃嫔与濠泣别，多赴水死；濠为知县王冕所执，与其世子眷属，及伪党士实、养正、刘吉、余钦、王纶、熊琼、卢衍、卢横、丁槚、王春、吴十三、秦荣、葛江、刘勋、何塘、王畴、吴七、火信等数百，复执胁从官王宏、王金、杨璋、金山、王畴、程杲、潘鹏、梁宸、郑文、马骥、白昂等，擒斩三千，落水二万余；衣甲、器械、财物与浮尸，横十余里；余贼数百艘逃溃，乃分兵追剿。戊午，及于昌邑，大破之；至吴城，复斩擒千余，死水中殆尽。已未得槐报名擒斩复千余。

盖自起兵至破贼，曾不旬日，纪功凡一万一千有奇。初，先生屡疏："力疾赴闽，值宁藩变，臣子义不容舍，又阃省方面并无一人事势几会，间不容发；故复图为牵制攻守，以俟命师之至。"疏入未报，即以捷闻。

洪尝见龙光述张疑行间事甚悉。尝问曰："事济否？"

战；炮火打入朱宸濠的旁边船上，贼众于是四散奔逃；擒俘斩杀二千多人，淹死的不计其数。朱宸濠收聚败兵于樵舍，将全部船只连成方阵，并拿出全部珠宝赏给士兵。先生准备火攻的器具，派邢珣攻敌左侧，徐琏、戴德孺攻敌右侧，余恩等设埋伏，待火攻开始合击敌人。

丁巳，宸濠早朝，严责临阵不卖命的人，将拉出斩首，还在争论未定的时候，官兵掩杀而来，火烧到宸濠的副船，他的下属便四面逃散。妃嫔和宸濠哭泣着告别，大多赴水而死；朱宸濠被知县王冕所擒获，和他的世子眷属，以及附逆他的同党士实、养正、刘吉、余钦、王纶、熊琼、卢衍、卢横、丁槚、王春、吴十三、秦荣、葛江、刘勋、何塘、王行、吴七、火信等几百人。又擒获了胁从的官员王宏、王金、杨璋、金山、王畴、程杲、潘鹏、梁宸、郏文、马骥、白昂等人，擒获斩首三千多人，落水而死二万多人；衣服、铠甲、器械、财物和水上漂浮的尸体，横贯十多里；残余的叛贼乘坐几百艘船溃散逃跑，于是分派兵力追击剿杀。戊午，到了昌邑，大破叛贼；到了吴城，又斩杀擒获一千多人。加上溺死水中的差不多都完了。己未，得到陈槐等人的报告，各自擒获斩杀了一千多人。

大概从起兵到破灭叛贼，还不到十天的时间，记载的功绩共有一万一千多项。起初，先生屡次上疏："我正致力奔赴福建，恰逢宁藩变乱，作为臣子我义不容辞；又全省人才众多，却没有一人出来担此重任，各种形势差不多都会集到一起了，没有一点空隙可乘；所以谋划进行牵制攻击守卫，来等待皇上委派的军队到来。"上疏递呈没有答复，就又上奏了胜利的消息。

洪尝这个人曾经看到龙光讲述引起猜疑，进行离间的事很

先生曰："未论济与不济，且言疑与不疑。"光曰："疑固不免。"曰："但得渠一疑，事济矣。"后遇河图为武林驿丞，又言："公欲稽留宸濠，何时非间？何事非间？"尝问光曰："曾会刘养正否？"光对曰："熟识。"即使光行间，移养正家属城内，善饮食之，缚齐檄人欲斩，济蹴足，遂不问；一日发牌票二百余，左右莫知所往，临省城，先以顺逆祸福之理谕官民，闻锐与瑞昌王助逆，遣其心腹胡景隆招回各兵，以离其党人，徒见成功之易，而不知其伐谋之神也。

黄弘纲闻安吉居人疑曰："王公之戈，未知何向？"亟入告，先生笑而不答。出兵誓师，斩失律者殉营中，军士股栗，不敢仰视，不知即前齐檄人也。后贼平，张许谤议百出，天下是非益乱，非先生自信于心，乌能遽白哉？先是，先生思豫备，会汀漳兵备佥事周期雍，以公事抵赣，知可与谋，且官异省，屏左右语之；雍归，即阴募骁勇，部勒以俟，故晨奉檄，而夕就道；福建左布政使席书，岭东兵备佥事王大用，亦以兵来，道闻贼平，乃还。致仕都御史林俊，闻变，夜范锡为佛狼机铳，并火药法，遣仆从间道来遗，勉以讨贼。

清楚,龙光曾经问先生说:"事情能否成功?"先生说:"不要谈论成功还是不成功,只是说猜疑和不猜疑。"龙光说:"猜疑本来不可避免。"先生说:"只要你一猜疑,事情就成功了。"后来遇到河图做武林驿丞,又说:"你想把朱宸濠留下来,什么时候就不是离间?什么事情就不是离间?"先生曾经问龙光说:"你曾见过刘养正没有?"龙光回答说:"熟识。"就派龙光进行离间,把养正的家属迁移到城内,很好地给他们饮食,捆绑来书写檄文的人,打算把他杀掉,济就以轻轻步走了,于是不再追问。一天,发出牌票二百多个,左右的人不知道去哪里,到了省城,首先用顺逆祸福的道理晓谕官员和老百姓,听说瑞昌王曾帮助叛逆,派遣他的心腹胡景隆召回各路兵马,来离间他的同党,只看到成功的容易,却不知道攻伐的谋略是很神妙的。

　　黄弘纲听到安吉居人猜疑说:"王公的戈,不知道指向什么地方?"急速进来告知先生,先生笑而不答。出兵誓师,斩杀违反律令的人在军营里,军士两股战栗,不敢抬起头来看,不知道这就是以前给写檄文的人,后来平定了贼寇,张许的诽谤和议论到处都是,天下的是非更加混乱,不是先生在内心里自信,怎么能马上就很清楚呢?这以前,先生就想着早做预备,适逢汀州、漳州的兵备佥事周期雍,因为公事抵达江西,知道这人能够相谋,而且在他省做官,所以屏退左右告诉了他早做预备的事;周期雍回去以后,就招募骁勇之士,整装待命,所以早晨接到檄文,晚上就领兵上路了;福建左布政使席书,岭东兵备佥事王大用,也带兵直来,在路途上听说叛贼已经平定,就返回去了。致仕都御史林俊,听说发生叛乱,连夜用锡制成佛狼机铳,并且和火药法一道,派遣仆人从小路送来,勉励奋力讨伐

先生入城日，坐都察院，开中门，令可见前后，对士友论学不辍；报至，即登堂遣之。有言伍焚发状，暂如侧席，遣牌斩之；还坐，众咸色怖惊问。

先生曰："适闻对敌小却，此兵家常事，不足介意。"后闻濠已擒，问故行赏讫，还坐，咸色喜惊问。先生曰："适闻宁王已擒，想不伪；但伤死者众耳。"理前语如常，傍观者服其学。

濠就擒，乘马入，望见远近街衢，行伍整肃，笑曰："此我家事，何劳费心如此？"一见先生，辄诧曰："娄妃贤妃也，自始事至今，苦谏未纳，适投水死望遣葬之。"比使往，果得尸；盖周身皆纸绳内结，极易辩。

娄为谅女，有家学，故处变能自全。八月，疏谏亲征。是时，兵部会议，命将讨贼，武宗诏曰："不必命将，朕当亲率六师，奉天征讨。"

于是假威武大将军，镇国公行事，命太监张永、张忠、安边伯许泰，都督刘晖，率京边官军万余，给事祝续，御史张纶，随军纪功。虽捷音久上，不发，皆云："元恶虽擒，逆

叛贼。

先生进城的那一天，端坐在都察院，打开中门，使眼能看到前后，不停地和学界友人讲论学问；公务文牍到了之后就登堂办理。有人说到伍文定被烧掉头发的样子，先生就暂时到了旁边的席位上，遣发令牌斩杀了他。返回来坐下，众人都面容恐怖惊讶地问。

先生说："刚才听说对敌之时有小的退却，这是兵家的常事，不足介意。"后来说朱宸濠已经被擒获，问清缘由奖赏完毕，返回到原来的座位上，都满面欢喜又惊奇地询问。先生说："刚才听说宁王已经被擒获，料想不是虚假的；只是伤亡的人很多。"还像平常一样继续接着前边的话讲学，旁观的人都佩服他的学问。

朱宸濠被擒获以后，骑马进城，望见远远的街衢上，列队的士兵整齐威严，笑着说："这是我的家事，何必像这样劳心费神呢？"一见到先生，就惊诧地说："娄妃，是个很贤良的妃子，从我开始起兵叛乱到现在，苦苦相劝没有被我采纳，才投水而死，希望你派人安葬了她。"等到派人前去，果然见到尸体；全身都用纸绳包裹了起来，很容易辨认。

娄氏是娄谅的女儿，有家学渊源，所以处在变乱之中能够自我保全名节。八月，上疏劝止皇上亲自带兵征伐。这时，兵部集会商议，委派将领讨伐贼寇，武宗下诏说："不必委派将领，我应当亲自率领六军，奉天之命征讨贼寇。"

于是号称威武大将军，镇国公来督军征讨，委派太监张永、张忠，安边伯许泰，都督刘晖，率领京师边关的官军一万多人，给事祝续，御史张纶，随军记载功绩。虽然胜利的消息上奏

党未尽，不捕必遗后患。"

先生具疏谏止，略曰："臣于告变之后，选将集兵，振威扬武先攻省城，虚其巢穴，继战鄱湖，击其惰归；今宸濠已擒，谋党已获，从贼已扫，闽广赴调军士已散，地方惊搅之民已帖。窃惟宸濠擅作辟威，睥睨神器，阴谋久蓄；招纳叛亡，辇毂之动静，探无遗迹；广置奸细，臣下之奏白，百不一通；发谋之始，逆料大驾必将亲征，先于沿途伏有奸党，期为博浪荆轲之谋。今逆不旋踵，遂已成擒，法宜解赴阙门，式昭天讨；然欲付之部下各官；诚恐潜布之徒，乘隙窃发，或虞意外，臣死有余憾矣。"盖时事方艰贼虽擒，乱未已也。

是月，疏免江西税，益王淮王饷军，留朝觐官，恤重刑以实军伍，处置署印府县从逆人，参九江南康失事便道省葬，前后凡九上。再乞便道省葬，不允。与王晋溪书曰："始恳疏乞归，以祖母鞠育之恩，思一面为诀，后竟牵滞兵戈，不及一见，卒抱终天之痛；今老父衰疾，又复日亟，而地方已幸无事，何惜一举手投足之劳，而不以曲全之乎？"九月，

了很长时间了，但皇上的亲征大军还没有开拔回去，他们都说："叛乱的首领虽然被擒获了，但是叛逆的党徒还没有消灭尽，现在不进行捕获以后一定要遗留下祸患。"

先生详细地上疏劝止，大略说："我在呈报变乱一事之后，就选拔将领招集兵卒，首先振武扬威地攻下省城，使叛贼的巢穴成为废空城墟，接着鄱阳湖作战，在他们疲于返回的时候进行袭击；现在朱宸濠已经被擒获，同谋的党徒也已经被擒获，跟随的叛贼也已经被消灭，福建、广东赶来听从调用的军士也已经遣散，受到惊扰的地方老百姓已经安定了。我认为只是朱宸濠擅自作皇上之威，企图夺取皇位，阴谋酝酿很久了。招纳叛亡的人，皇上的任何举动，都打探得清清楚楚。大量的安置奸细，臣下的上奏，没有不知晓的。开始筹划叛乱的时候，就预料到皇上一定大驾亲征，先在沿途埋伏下奸党，企图进行博浪、荆轲那样的阴谋活动。现在叛贼旋即被擒。按照法令应该押赴阙门之外斩首，来昭明上天的惩罚；然而皇上却想把他交付给部下各官，我确实恐怕潜伏下来的叛贼党徒，乘机把他解救出来，如果或许出于意外，我死了也很遗憾。"当时时事正处于艰难，首要叛贼虽然被擒获，但叛乱还没有停止。

这月，上疏请求免去江西的税收，益王、淮王慰劳军队，留朝见皇上的官吏，释放重刑犯来充实军队，处置署印府县跟随叛贼作乱的人，弹劾九江、南康在战事中的失利，顺路回家祭祀先人，前后共九次上疏。再次请求顺路回家祭祀先人，没有得到准允。给王晋溪的信说："开始恳切上疏请求回家，因为祖母辛勤培育的恩情，想见一面作为诀别，后来竟然受战事的牵制，赶不上见一面，最后只有抱恨终生；现在年老的父亲身体衰

壬寅，献俘钱塘，以病留。九月十一日，先生献俘发南昌，忠泰等欲追还之，议将纵之鄱湖，俟武宗亲与遇战，而后奏凯论功，连遣人追至广信，先生不听。乘夜壶玉山草萍驿，张永候于杭，先生见永，谓曰："江西之民，久遭濠毒；今经大乱，继以旱灾，又供京边军饷，困苦既极，必逃聚山谷为乱。昔助濠尚为胁从，今为穷迫所激，奸党群起，天下遂成土崩之势；至是兴兵定乱，不亦难乎？"

永深然之，乃徐曰："吾之此出，为群小在君侧，欲调护左右，以默辅圣躬，非为掩功来也；但皇上顺其意而行，犹可挽回万一，若逆其意，徒激群小之怒，无救于天下大计矣。"

于是先生信其无他，以濠付之；称病西湖净慈寺。

武宗尝以威武大将军牌遣锦衣千户追取宸濠，先生不肯出迎，三司苦劝，先生曰："人子于父母乱命若可告语，当涕泣以从，忍从谀乎？"不得已令参随负敕，同迎以入。有司问劳锦衣礼，先生曰："止可七金。"锦衣怒，不纳。

弱又有疾病，又到了一天天接近死亡的境地，而庆幸国内现在没有战事催逼，为什么怜惜一举手投足的辛劳，不设法通融来成全我呢？"九月，壬寅，把战俘押解到钱塘，因为疾病而停留。九月十一日，先生押解战俘从南昌出发，忠泰等人想追回他，商议将把战俘在鄱阳湖释放，纵其作乱，等待武宗亲自和他们作战，而后高奏凯歌论功行赏，接连派人追赶到广信，先生不听从。乘黑夜越过玉山，草萍驿，张永在余杭等候，先生见到张永，对他说："江西的老百姓，遭受朱宸濠的荼毒很久了。现在刚刚经历了大的叛乱，接着又遭受旱灾袭击，又得提供京边军队的军饷，困苦到极点以后，一定逃跑聚集到山谷之中作乱。从前帮助朱宸濠还是胁从之罪，现在被穷迫所激发，奸党群起，天下于是形成土崩瓦解的局势。到这时候兴起军队平定叛乱，不也很困难吗？"

张永很赞同他的想法，就慢慢地说："我这次随驾出征，是因为许多奸邪小人在皇上的身边，想在皇上左右做些事，来默默地辅助皇上这次亲自出征，不是为了获取功绩而来。只是对于皇上，顺他的心意而采取行动，还能够有些微的功效，如果悖逆他的心意，只有激怒那些奸邪小人，对复兴天下的大计没有一点帮助。"

于是先生相信他没有其他意图，把朱宸濠交给了他，虚称有病在西湖净慈寺休养。

武宗曾经用威武大将军的令牌派遣锦衣千户来追取朱宸濠，先生不肯出来迎接，三司官员苦苦相劝，先生说："做儿子的对于父母，处在危急之中，如果能够被告诉真实的情况，应当感激涕泣地听从，这时候忍心听一些奉承的话吗？"不得已命

次日来辞，先生执其手曰："我在正德间下锦衣狱甚久，未见轻财重义有如公者；昨薄物出区区意，只求备礼，闻公不纳，令我惶愧！我无他长，止善作文字，他日当为表章，令锦衣知有公也。"于是复再拜以谢，其人竟不能出他语而别。

奉敕兼巡抚江西。十一月，返江西。先生称病，欲坚卧不出。闻武宗南巡，已至淮扬，群奸在侧，人情汹汹，不得已从京口将径趋行在，大学士杨一清固止之；会奉旨兼巡抚江西，遂从湖口还。忠等方挟宸濠搜罗百出，军马屯聚，糜费不堪；续纶等望风附会，肆为飞语，时论不平。

先生既还南昌，北军肆坐谩骂，或故冲导起衅；先生一不为动，务待以礼。豫令巡捕官谕市人，移家于乡，而以老羸应门。始欲犒赏北军，泰等预禁之，令勿受；乃传示内外，谕北军离家苦楚，居民当敦主客礼。

令参随人员背负皇上诏书,一同迎接进来。有司请示犒劳锦衣千户的礼品,先生说:"只能给七两黄金。"锦衣千户很恼怒,不接受。

第二天来和先生告辞,先生拉着他的手说:"我在正德年间被关在押在锦衣狱中很长时间,没有看到像您这样轻财重义的人;昨天用很微薄的礼物表示一点小心意,只顾着准备礼物,听说您不接受,使我很是惊慌惭愧!我没有别的特长,只是善于写点文章,以后应当写个奏章,让锦衣千户中知道有您这样的人。"于是又再次行拜礼表示感谢,那人竟然什么话都说不出来就告别了。

奉皇上的诏令兼任江西巡抚。十一月,返回江西。先生自称有病,打算坚卧不出。听说武宗到南方巡视,已经到了淮扬,奸邪小人陪侍在皇上左右,群情激愤,先生不得已从京口打算直接赶到皇帝住的地方,大学士杨一清坚决地阻止他。适逢奉旨兼任江西巡抚,就从湖口返回。忠泰等人正挟持朱宸濠进行名目百出的搜罗敲诈,军马屯集到一起,大肆地浪费钱财;续纶等人望风附会,大肆地诬陷别人,当时人们都议论纷纷,深感不平。

先生返回南昌之后,北军放肆地坐在那儿谩骂,有的人故意拦住先生的去路挑衅;先生一概不为所动,务必待之以礼。预先让巡捕官告知住在城市中的老百姓,把家迁移到乡下,而让年老体弱的人看管城市中的家园。起初打算犒劳奖赏北军,忠、泰等人预先禁止他那样做,命令部下不接受。先生向城内外老百姓传示,告知北军离开家乡的苦楚,居住在当地的老百姓应当诚恳地实行主客的礼仪。

每出遇北军丧,必停车问故,厚与之槔,嗟叹乃去;久之,北军咸服。会冬至节近,预令城市举奠,时新经濠乱,哭亡酹酒者,声闻不绝;北军无不思家,泣下求归。

先生与忠等语不稍徇,渐已知畏;忠、泰自居所长,与先生较射于教场中,意先生必大屈;先生勉应之,三发三中;每一中,北军在傍哄然,举手啧啧。忠、泰大惧曰:"我军皆附王都耶?"遂班师。

十有五年,庚辰。先生四十九岁,在江西。正月,赴召,次芜湖;寻得旨,返江西。忠、泰在南都,谗先生必反,惟张永持正保全之。武宗问忠等曰:"以何验反?"对曰:"召必不至。"有诏面见,先生即行;忠等恐语相违,复拒之芜湖半月,不得已入九华山,每日宴坐草庵中。

适武宗遣人观之,曰:"王守仁学道人也,召之即至,安得反乎?"乃有返江西之命。始忠等屡矫伪命,先生不赴;至是永有幕士顺天检校钱秉直急遣报,故得实。先生赴召至上新河,为诸幸谗阻,不得见;中夜默坐,见水波拍岸,泊泊有声,思曰:"以一身蒙谤,死即死耳!如老亲何?"谓门人曰:"此时若有一孔,可以窃父而逃,吾亦终身长往不悔

先生每次外出，遇到北军的士兵死去，一定停下车来询问原因，给他们棺木，感叹一番才离开。时间久了，北军的兵士都非常佩服。适逢冬至这个节令临近，预先让城市里的人大规模地举行奠礼，当时刚刚经历朱宸濠的叛乱，痛哭亡者以酒祭奠的人，声声不绝；北军没有不想念家乡的，流着眼泪请求回去。

先生和忠、泰等人说话一点也不屈从，他们渐渐已经知道敬畏了；忠、泰自恃自己所擅长的射箭，要和先生在校场比赛，内心以为先生一定失败；先生勉强地答应了这样做，三次发射三次都射中靶心，每一次射中，北军在旁边哄然叫好，举起手来啧啧称赞。忠、泰很害怕地说："我军军心都归附了王都御史了吗？"于是退军。

武宗正德十五年，庚辰。先生四十九岁，住在江西。正月，奔赴皇上的召见，驻扎在芜湖；不久接到圣旨，返回江西。忠、泰在南都的时候，进谗言说先生一定要造反，只有张永坚持正义保护他。武宗问忠、泰等人说："用什么来验证王守仁要造反？"回答说："召见他，他一定不来。"皇上下发诏书要面见先生，先生马上就上路了；忠、泰等人恐怕自己所说的话和事实相违，又把先生阻拦在芜湖达半月之久，不得已进了九华山，每天在草庵中宴饮。

恰逢武宗派人窥探先生的举动，武宗得知后说："王守仁是个真心学道的人，一说召见他马上就到了，怎么能够造反呢？"于是才有了让回江西的命令。起初忠、泰等人屡次假托皇上的命令，让先生进京接受召见，先生没有去；到这一次张永有一个幕士，顺天检校钱秉直急忙派人告知，所以得知了真实情况。先生赶赴召见到了上新河，被几位宠幸的小人谗言拦阻，不

矣。"

江彬欲不利于先生，先生私计彬有他，即计执彬武宗前，数其图危宗社罪，以死相抵，亦稍偿天下之忿；徐得永解。其后刑部判彬，有曰："虎旅夜惊，已幸寝谋于牛首；宫车宴驾，那堪遗恨于豹房。"若代先生言之者。以晦日重过开先寺，留石刻读书台后。词曰："正德己卯，六月乙亥，宁藩濠以南昌叛，称兵向阙，破南康、九江，攻安庆，远近震动；七月辛亥，臣守仁以列郡之兵，复南昌，宸濠擒，余党悉定。当此时，天子闻变赫怒，亲统六师临讨。遂俘宸濠以归。于赫皇威，神武不杀，如霆之震，靡击而折，神器有归，孰敢窥窃？天鉴于宸濠，式昭皇灵，嘉靖我邦国。"正德庚辰正月晦，提督军务都御史王守仁书。从征官属，列于左方。明日，游白鹿洞，徘徊久之，多所题识。二月，如九江。先生以车驾未还京，心怀忧惶；是月出观兵九江，因游东林、天池、讲经台诸处。是月，还南昌。

三月，请宽租。江西自己卯三月不雨，至七月，禾苗枯死，继遭濠乱，小民乘隙为乱，先生尽心安戢，许乞优恤；

能面见皇上；半夜独自一人默坐，看到河水的波浪拍击岸边，泊泊地发出响声，想道："如果自己一人遭受毁谤，死就死了罢！可年老的双亲怎么办？"对门人说："这时如果有一小孔，能够偷偷地带着父亲逃跑，我一辈子潜逃也不后悔。"

江彬想陷害先生，先生私下考虑江彬有别的罪过，就用计把江彬带到武宗的面前，历数他危害宗庙社稷的罪行，用死抵罪，也稍稍发泄一下天下人的怨愤；后来得到张永的辩解。这以后刑部审判江彬，其中说："虎旅夜惊，已幸寝谋于牛首；宫车晏驾，那堪遗恨于豹房。"好像是替先生说话的。在月末的一天先生再次拜访了开先寺，在读书台后面留下石刻。内容是："正德十四年，六月乙亥日，宁王朱宸濠在南昌叛乱，发兵向京城进发，攻破南康、九江，接着攻安庆，远近为之震动。七月辛亥日，臣守仁带领各郡县的军队，收复南昌，擒获朱宸濠，平定了残余的叛党。在这个时候，天子听到变乱的消息，赫然大怒，亲自统率六军前去征讨。于是俘获朱宸濠而归。吾皇的威风多么显赫，神武而不杀，就像雷霆的震动，没有打击就使人折服，皇权永属天子，谁敢心怀叵测地窃取？上天清楚地监视着朱宸濠，昭示着皇上的灵明，鼓励安定我们的国家。"正德十五年正月三十日，提督军务都御史王守仁写。跟随征讨的官属，排列在左边。第二天，游览了白鹿洞，在那儿徘徊了很久，写了很多题识。二月，到达九江。先生因为皇上的车驾还没有返回京城，心怀忧郁；这月外出到九江阅兵，于是游历了东林、天池、讲经台等处。这一月，返回南昌。

三月，请求放宽租税。江西从己卯三月没有下雨，到了七月，禾苗枯死，接着遭受朱宸濠的叛乱，小民乘机作乱，先生尽

至是部使数至,督促日迫。

先生上疏,略曰:"日者流移之民,闻官军将去,稍稍胁息延望,归寻故业,足未入境,而颈已系于追求者之手矣。夫荒旱极矣,而因之以变乱;变乱极矣,而又加之以师旅;师旅极矣,而又加之以供馈,益之以诛求,亟之以征敛。当是之时,有目者不忍观,有耳者不忍闻,又从而刻其膏血,有人心者尚忍乎?宽恤之虚文,不若蠲租之实惠;赈济之难及,不若免税之易行。今不免租税,不息诛求,而徒曰宽恤赈济,是夺其口中之食,而曰吾将疗汝之饥;刳其腹肾之肉,而曰吾将救汝之死;凡有血气者,皆将不信之矣。"

按是年与巡按御史唐龙朱节,上疏计处宁藩变产官银,代民上纳,民困稍苏。三疏省葬,不允。五月,江西大水,疏自劾。是年四月,江西大水,漂溺公私庐舍,田野崩陷。先生上疏。自劾四罪,且曰:"自春入夏,雨水连绵,江湖涨溢,经月不退;自赣、吉、临、瑞、广、抚、南昌、九江、南康,沿江诸路,无不被害,黍苗沦没,室庐漂荡;鱼鳖之民,聚栖于木杪;商旅之舟,经行于闾巷;溃城决堤,千里为壑;烟火断绝,惟闻哭声;询之父老,皆谓数十年所未有也。伏惟皇上轸灾恤变,别选贤能,代臣巡抚,即不以臣为显戮,削其禄秩,黜还田里,以为人臣不职之戒;庶亦有位知警,

心安抚平定，答应乞求皇上的大量救济；到这时，部使屡次到达，督促得十分紧迫。

先生上疏，大概说：以前流动迁移的老百姓，听说官军将要离开，稍稍休息希望安宁，准备回来重操旧业，可是脚还没跨入故乡，脖颈已经被追求租税人的手捏住了。荒芜干旱到极点了，紧接着的就是变乱；变乱到极点了，军队又来骚扰；军队骚扰到极点了，又有租税相加。求无已的，紧急的来聚敛。在这个时候，有眼的人不忍心看，有耳的人不忍心听，又从而吮吸其膏血，有人心的人还能忍受得了吗？宽容救济这类的虚文，不像取消租税有实惠；赈济的难以达到，不如免掉租税的易于实行。现在不免掉租税，不停止索取，而只是说抚恤赈济，这是抢夺他们的口中之食，却说我将要解决你们的饥饿；把他们腹背的肉挖下来，却说我将要救你们的死亡。凡是有血气的人，都将会不相信的。"

据按，这年和巡按御史唐龙、朱节，上疏打算把宁藩叛乱的官银，供替老百姓交纳税收，供老百姓的困难处境稍微有所缓解。三次上疏请求回家祭祀先人，没有得到允许。五月，江西遭受大水的袭击，先生上疏自我弹劾请罪。这年四月，江西遭受大水袭击，淹没有许多公私的房舍，田野一片沼泽。先生上疏，自我弹劾了四条罪状，并且说："从春季进入夏季，雨水连绵，江湖涨溢，过了一个多月都没有退落。从赣州、吉安、临江、瑞金、广信、抚州、南昌、九江、南康，到沿江各地，没有不受水灾侵害的，田野的庄稼被淹没，房屋被冲倒。捕鱼为生的老百姓，聚居在树梢之上；商旅之船在村中街道上来往；冲垮城堤，千里田野成为沟壑，没有做饭的烟火，只听到动地的哭声；向村中

民困可息，天变可弭，人怒可泄，而臣亦死无憾矣！"

按是时武宗犹羁南畿，进谏无由，姑叙地方灾异以自劫冀君心开悟，而加意黎元也。

六月，如赣。十四日，从章口入玉笥、大秀宫；十五日，宿云储；十八日，至吉安游青原山，和黄山谷诗，遂书碑。行至泰和，少宰罗钦顺以书问学，先生答曰："来教训某《大学》古本之复。以人之学，但当求之于内，而程、朱格物之说，不免求之于外，遂去朱子之分章，而削其所补之传，非敢然也。学岂有内外乎？《大学》古本，乃孔门相传旧本耳；朱子疑其有脱误，而改正补缉之；在某则谓其本无脱误，悉从其旧而已矣。失在过信孔子则有之，非故去朱子之分章，而削其传也。夫学贵得之心，求之于心而非也，虽其言之出于孔子，不敢以为是也；而况其未及孔子者乎？求之于心而是也，虽其言之出于庸常不敢以为非也；而况其出于孔子者乎？且旧本之传，数千载矣。今读其文辞，既明白而可通。论其功夫，又易简而可入。亦何所按据，而断其此段之必在于彼，彼段之必在于此，与此之如何而缺，彼之如何而误，而遂改正补缉之，无乃重于背朱而轻于叛孔已乎？来教谓如必

父老询问,都说几十年没有遇到这样的大水。恳求皇上消灭灾祸救济灾变中的老百姓,另选贤能,代我巡抚,即使不把我杀头问罪,也请罢去我的官职,放归田间,以此作为对臣子不尽职的惩戒;这样的话使有官位的人知道警惕,老百姓的困苦可以消灭,上天的变乱可以停止,人们的怨怒可以发泄,那么我死去也没有遗憾了!"

据按,这时武宗还停留在南都郊区,无法进谏,姑且记述地方上的灾异来自我弹劾,希望皇上内心有所领悟,专心造福于黎民百姓。

六月,到达江西。十四日,从章口进入玉笥、大秀宫。十五日,住宿在云储。十八日到了吉安,游历了青原山,作了和黄山谷的诗。于是把它刻写在石碑上。走到泰和的时候,少宰罗钦顺通过书信来问学,先生答复说:"来信教训,你又一次来教训我关于《大学》古本之说。我的答复是,一个人的学问,只应当从人的内心来寻求,可是程朱的格物致知学说,只是向外求索,于是去掉朱熹划分的章节,删去他所补的传本。不是我不敢这样做。学问难道有内外吗?《大学》古本,是孔门相传的旧本;朱熹怀疑它有脱落谬误,从而改正修补汇集起来。在我却认为那个古本没有脱落谬误,都是它的旧样罢了。过失在于过分迷信孔子的思想还存在,不是故意去掉朱子的分章,删掉它的传。做学问贵在内心有所体悟,求之于心便不对。即使那句话出自孔子,也不敢认为是对的,更何况那句话不是出自孔子呢?求之于心认为对的,即使那句话出自庸常之辈,也不敢认为是错误的,更何况那句话是出自孔子呢?况且旧本的流传,已几千年了;现在读它的文辞,既明白又可理解;论述他做学问的功夫,又平易

以学不资于外求，但当反观内省以为务，则正心诚意四字，亦何不尽之有？何必入门之际，使困以格物一段工夫也。

诚然诚然！若语其要，则修身二字亦足矣，何必又言正心；正心二字亦足矣，何必又言诚意；诚意二字亦足矣，何必又言致知，又言格物。惟其工夫之详密，而要之只是一事，所以为精一之学，此正不可不思者也。

夫理无内外，性无内外。故学无内外。讲习讨论，未尝非内也。反观内省，未尝遗外也。夫谓学必资于外求，是以己性为有外也，是义外也，用智者也。谓反观内省为求之于内，是以己性为有内也，是有我也，自私者也。是皆不知性之无内外也。故曰'精义入神，以致用也。利用安身，以崇德也。性之德也，合内外之道也。'此可以知格物之学矣。

格物者，《大学》之实下手处，彻首彻尾，自始学至圣人，只此工夫而已。非但入门之际，有此一段也。夫正心、诚意、致知、格物，皆所以修身，而格物者，其所以用力日可见之地。故格物者，格其心之物也，格其意之物也，格其知之物也；正心者，正其物之心也；诚意者，诚其物之意也；致知

简要而且可以进入。那么根据什么来断定这一段文字一定在那个地方，那一段文字一定在这个地方，而且也根据什么来断定这儿如何有短缺，那儿如何有错误，于是改正修补汇集它，这不是把背叛朱子看得很严重而把背叛孔子看得很轻吗？来信赐教说如果一定认为做学问不依靠向外的求索，只应该把反观内省作为途径，那么"正心诚意"四个字，也不是全部说出来了吗？何必开始做学问的时候，在格物上狠下一段工夫。

确实如此，如果说出它的关键，那么修身二字就足够了，何必又说正心；正心二字也足够了，何必又说诚意；诚意二字也足够了，何必又说致知，又说格物。只是虽然它的工夫很翔实细密，可是概括它只是一件事。所以做惟精惟一的学问，这正是不能不思考的。理没有内外之别，性也没有内外之别；所以做学问也没有内外之别。

讲习讨论，没有不是内心的工夫；反观内省，也没有离开外物。认为做学问一定依靠于向外求索，是认为自性有外，是道理上的有外，是用智思考的缘故；说反观内省是向内求索，是认为自性有内，是有自我，自私的缘故；这都是不懂得性无内外。所以说："把精妙的道理融入心神，是为了达到实际的应用。谋求实用使身心安适是为了崇尚德性。性的本质，是会合内外的道理。"这就能够懂得格物的学问了。

格物，是《大学》的最紧要的思想，彻首彻尾，从开始求学的人到成为圣贤的人，只是在做这一工夫而已。不只是在入门的时候，要做这一段工夫。正心、诚意、致知、格物，都是用来修身的，可是格物，每天用力于日用平常可见的事物。所谓格物，是探究其心中之物，探究意念之物，探究认识中的物事；正

者，致其物之知也；此岂有内外彼此之分哉？理一而已。

以其理之凝聚而言，则谓之性。以其主宰而言，则谓之心；以其主宰之发动而言，则谓之意；以其发动之明觉而言，则谓之知；以其明觉之感应而言，则谓之物。故就物而言，谓之格；就知而言，谓之致；就意而言，谓之诚；就心而言，谓之正。正者，正此也；诚者，诚此也；致者，致此也；格者，格此也；皆所谓穷理以尽性也。天下无性外之理，无性外之物，学之不明，皆由世之儒者，认理为外，认物为外，而不知义外之说，孟子盖尝辟之；乃至袭陷其内而不觉，岂非亦有似是而难明者欤？不可以不察也。

凡执事所以致疑于格物之说者，必谓其是内而非外也；必谓其专事于反观内省之为，而遗弃其讲习讨论之功也；必谓其一意于纲领本原之约，而脱略于支条节目之详也，必谓其沉溺于枯槁虚寂之偏，而不尽于物理人事之变也。

审如是，岂但获罪于圣门，获罪于朱子，是邪说诬民，叛道乱正，人得而诛之也；而况于执事之正直哉？审如是，世之稍明训诂闻先哲之绪纶者，皆知其非也；而况执事之高明乎哉？凡某之所谓格物，其于朱子九条之说，皆包罗统括于其中；但为之有要，作用不同，正所谓毫厘之差耳。然毫厘之差，而千里之谬，实起于此，不可不辩。"

心，是正其认识事物的心；诚意，是诚其认识物的意；致知，是获得关于事物的认识；这难道有内外彼此的区分吗？只是一个理而已。

　　从它的物之理的凝聚来说，就叫作性。从它的主宰来说，就叫作心；从它的主宰的起源来说，就叫作意；从它的起源的明觉来说，就叫作知；从它的明觉的感应来说，就叫作物。所以就事物来说，就叫格（探究）；就认识来说，就叫致（获得）；就意来说，就叫诚；就心来说，就叫正。正，是用来正心的；诚，是用来诚意的；致，是用来致知的；格，是用来格物的；以上所说的都是通过穷究物理来完善性的。天下没有性外之理，没有性外之物，学问不明白，都是由于世上的儒者，把理当作外，把物当作外，却不懂得关于道理上的外在的学说，孟子也曾经反对过这种看法；因此以至于陷到这里面却不能自己觉醒，难道不是也有看起来像却很难明确的吗？不能不细加审察。

　　你之所以怀疑格物学说的原因，一定是认为它是内心是外物；一定认为它专门从事反观内省的功夫，却遗弃了讲习讨论的功夫；一定认为它是在纲领本原的简约上用心，却脱离省略了详尽的支条节目，一定认为它沉溺于枯槁虚寂的邪路上了，却不能完全掌握物理人事的变化。

　　审察到这里，难道只是获罪于圣人之门、获罪于朱子，实在是以错误的学说蒙蔽老百姓，背叛正道，每个人都能够一遇到这种邪说就驳斥它，更何况对于你这样正直的人呢？解释到这种地步，世上稍微懂得训诂的学问，听过先哲学说的人，都懂得那是错误的，更何况你是高远明觉的人呢？凡是我所说的格物，把朱子九条的学说都包括在里面了。但是把握关键的地方，

是月，至赣。先生至赣，大阅士卒，教战法；江彬遣人来觇动静，相知者俱请回省，无蹈危疑。先生不从，作《啾啾吟》解之。有曰："东家老翁防虎患，虎夜入室衔其头；西家小儿不识虎，持竿驱虎如驱牛。"且曰："吾在此与童子歌诗习礼，有何可疑？"门人陈九川等亦以为言。

先生曰："公等何不讲学？吾昔在省城处权竖，祸在目前，吾亦帖然；纵有大变，亦避不得，吾所以不轻动者，亦有深虑焉耳。"洪昔茸师疏，《便道归省》与《再报濠反疏》同日而上，心疑之；岂当国家危急存亡之日，而暇及此也。

当是时，倡义兴师，濠且旦夕擒矣，犹疏谓命将出师，若身不与其事者。至《谏止亲征疏》，乃叹古人处成功之际，难矣哉！七月，重上江西捷音。

武宗留南都既久，群党欲自献俘袭功；张永曰："不可。昔未出京，宸濠已擒，献俘北上，过玉山，渡钱塘，经人耳目，不可袭也。"于是以大将军钧帖，令重上捷音。

作用并不相同，正是人们所说的毫厘之间的差距。然而毫厘之间的差距，可以导致千里之大的谬误，实在是从这里开始的，不能不辨别清楚。"

　　这月，先生到了江西。先生到了江西之后，大规模地阅兵，教习作战方法。江彬派人来窥探动静，和先生相知的人都劝他回家省亲，不要处在危险受疑的境地。先生不听从，作《啾啾吟》诗来解释其中的原因。里边说："东家有一老翁防备虎患，可是老虎黑夜闯进他的家把他的头咬下来；西家的小孩不认识老虎，老虎进他的家以后，他拿起竹竿像驱赶牛一样驱赶老虎。"并且说："我在这儿和童子歌吟诗词，演习礼仪，有什么可怀疑的？"门人陈九川等人也认为这话对。

　　先生说："你们为什么不讲学呢？从前我在省城处在当权的小人之中，灾祸就在眼前，我也心境很安静；纵然有大的变乱，也逃避不得，我之所以不轻易举动，也有很深的考虑了呀！"洪从前整理老师的奏疏时，发现《便道归省》与《再报濠反疏》两道奏疏同一天呈递，心里很是怀疑。怎么正当国家危急存亡的时候，却有空闲时间来提到这个问题。

　　在这个倡导大义兴师讨贼的时候，朱宸濠将马上被擒获了，还上疏说皇上应该委派将领带兵讨伐，好像自己不参与这件事的样子。整理到《谏止亲征疏》时，就感叹古人处在成功之际，确实是不容易的呀！七月，再次上奏江西胜利的消息。

　　武宗驻留在南都的时间已经很久了，一群奸邪小人想自己献出朱宸濠，强占功劳；张永说："不可以。从前我们没有从京城出发，朱宸濠已经被擒获，北上把朱宸濠献给皇上，经过玉山，渡过钱塘江，这事已为众人耳目所知，不能强占这份功劳。"

先生乃节略前奏，入诸人名于疏内，再上之，始议北旋。尚书霍韬曰："是役也，罪人已执，犹动众出师；地方已宁，乃杀民奏捷；误先朝于过举，摇国是于将危。盖忠、泰之攘功贼义，厥罪滔天；而续纶之诡随败类，其党恶不才亦甚矣。"御史黎龙曰："平藩事，不难于成功，而难于倡义；盖以逆濠之反，实有内应，人怀观望，而一时勤王诸臣，皆捐躯亡家，以赴国难。其后忌者构为飞语，欲甘心之，人心何由服乎？后有事变，谁复肯任之者？"费文献公宏《送张永还朝序》曰："兹行也，定祸乱，而不必功出于已；开主知，而不使过归乎上；节财用，不欲久困乎民；扶善类，而不欲罪移非辜。且先是发瑾罪状，首以规护卫为言，实以逆谋之成，萌于护卫之复，其早辩预防，非有体国爱民之心，不能及此。"洪谓"平藩事，不难于倡义，而难于处忠、泰之变；盖忠泰挟天子以偕乱，莫敢谁何？豹房之谋，无日不在，畏即据上游不敢骋，卒能保乘舆还宫，以起世宗之正始。开先勒石，所谓'神器有归，孰敢窥窃？'又曰：'嘉靖我邦国'，则改元之兆，先征于兹矣？噫！岂敢偶然哉！"

于是以大将军的钧贴，命令再次上报胜利的消息。

先生就把以前的上奏摘取大概，把一同参战的人的名字排列在疏文内，再次呈上，皇上才商议返回京城。尚书霍韬说："这次战役，罪人已经被捕获，还动兵出师。战乱的地方已经安宁了，却杀死老百姓来假报胜利的消息。违误先朝呈报功过的规定，把国是大政推向危险的境地。忠、泰抢夺功劳，泯灭大义，罪恶滔天；续纶奸诈，跟随败类无所不为，这群人邪恶无用到了极点。"御史黎龙说："平定宁藩叛乱一事，成功并不困难，困难在于倡立大义；叛逆朱宸濠的朋友中，确实有人作内应，有人持观望态度，可是当时勤王的各位大臣，都捐躯亡家，来奔赴国难。在他们身后忌恨的人以流言蜚语相构陷，想要使别人对他们的陷害甘心接受，人们怎么能心服呢？假使再有事变，谁又肯担当讨伐的重任呢？"文献公费宏《送张永还朝序》中说："这次出行，平定祸乱，可是不必把功劳归于己；使皇上的认识得以开明，却不把过失归于皇上；节约财物用度，不要使老百姓长久地处于困境之中；扶掖品性良好的人，不要把罪过加在无辜的人身上。而且在这以前揭发刘瑾的罪状，首先提到护卫皇上左右的人应受到限制，实际上叛逆谋划的成功，由护卫制度的恢复而产生，及早察辨预防，没有体国爱民的心情，不能达到这一步。"洪认为："平定宁藩叛乱，在倡立大义上并不难，困难在于处置忠泰的变乱；假使忠泰挟持天子一起作乱，谁敢加以阻止？豹房这类的谋划，没有一天不存在，如果害怕，即使占据高位也不敢有所作为，最后能够把皇上保驾还宫，使世宗正式继位。王守仁先生在开先寺刻石，其中有这样的话，王守仁先生在开先寺刻石，其中有这样的话，天下的皇位自有归属，谁敢偷窥

先生在赣时，有言万安上下多武士者，先生令参随往纪之，命之曰："但多膂力，不问武艺。"已而得三百余人，龙光问曰："宸濠既平，纪此何为？"曰："吾闻交阯有内难，出其不意而捣之，一机会也。"后二十年，有登庸之役。人皆相传先生有预事谋，而不知当时计有所在也。

八月，咨部院，雪冀元亨冤状。先是，宸濠揽结名士助己，凡仕江右者，多隆礼际；武陵冀元亨为公子正宪师，忠信可托，故遣往谢，佯与濠论学。濠大笑曰："人痴乃至此耶？"立与绝。比返赣述故，先生曰："祸在兹矣。"乃卫之，间道归。及是张、许等索崟不得，遂逮元亨，备受考掠，无片语阿顺；于是科道交疏论辩，先生备咨部院，白其冤。

世宗登极，诏将释，前已得疾，后五日卒于狱，同门陆澄应典辈，备棺殓。讣闻，先生为位恸哭之。元亨字惟乾，举乡试，其学以务实不欺为主，而谨于一念。在狱视诸囚，不异一体，诸囚日涕泣；至是，稍稍听学自慰。湖广逮其家，妻李与二女俱不怖，曰："吾夫平生尊师讲学，肯有他乎？"手

窃取？"又说：'鼓励平定我们的国家'。那么改变纪元的征兆，不是首先在这儿得到了验证吗？噫！难道是偶然的吗？"

先生在江西的时候，有人说万安那个地方上上下下有很多武士，先生派参随人员去约束训练他们，对他们说："只要有很多力气就行，不管懂不懂得武艺。"不久得到三百多人。龙光问先生说："朱宸濠已经被平定，记录这些情况为什么呢？"回答说："我听说交阯有内乱，出其不易地捣毁它，这也是一个机会。"二十年以后，就有在登庸发生的战役。人们都相传先生有预知事情的谋略，却不知道当时谋划有一定的原因。

八月，向刑部和都察院询问，为冀元亨的冤案平反。这以前，朱宸濠招揽结交读书人来帮助自己，凡是在江右（即不属朱宸濠所辖的一边）做官的人，朱宸濠大多施以厚礼。武陵冀元亨是先生的公子正宪的老师，为人忠信可托，先生派元亨去回濠礼，冀元亨假装着和朱宸濠谈论学问。朱宸濠大笑着说："人痴呆竟到了这种地步？"便和元亨马上绝交。元亨返回江西以后，向先生讲述这件事，先生说："这招来了灾祸"。就保护他，从小路回了家乡。到这时，张忠、许忠泰等人正寻机挑衅却没能得逞，于是逮捕了冀元亨，他虽然备受拷打，却没有一句屈服的话；在这时各路大臣交相递呈上疏进行辩论，先生详细地向刑部、都察院询问，说明他的冤屈。

世宗登上皇位，下诏将要释放他，这以前冀元亨已得了重病，出狱后五日而死。同门陆澄、应典等人，安置了棺木入殓。听到了冀元亨去世的消息，先生设立了牌位悲痛地哭泣。冀元亨字惟乾，考取了乡试，他的学问以务实不欺为主，在每一个想法上都很谨慎。在狱中的时候，对待其他囚犯，就像对待自己一样，

治麻枲不辍,暇则诵书歌诗。事白,守者欲出之。李曰:"不见吾夫,何归?"按察诸僚妇,欲相会,辞不敢赴;已乃洁一室,就视则囚,报不释麻枲。有问者,答曰:"吾夫之学,不出闺门衽席间。"闻者悚愧。元亨既卒,先生移文恤其家。

罗洪先赠女兄夫周汝方序,略曰:"忆龙冈尝自赣病归,附庐陵刘子吉舟。刘与阳明先生素厚善,会母死,往请墓志,实濠事暗相邀结,不合而返;至舟,顾龙冈呻吟昏瞀,意其熟寝也。呼门人王储叹曰:'初意专倚阳明,两日数调,以言若不喻意,更不得一肯綮;不上此船明矣,此事将遂已乎?且吾安得以一身当重担也?'储拱手曰:'先生气弱,今天下属先生,先生安所退托?阳明何足为有无哉?'刘曰:'是固在我,多得数人,更好,阳明曾经用兵尔。'

储曰:'先生以阳明为才乎?吾见其怯也'刘曰:'诚然。赣州峒贼,髦头耳;乃终日练兵,若对大敌,何其张皇哉?'

其他的各个囚犯每天涕泣；到冀元亨来了之后，稍稍通过听讲学来自我宽慰。湖广的衙役逮捕了他的全家，妻子李氏和二个女儿都不害怕，其妻说："我的丈夫平生尊敬师长讲习学问，能有其他罪过吗？"不停地做麻枲的活，有空闲就诵读文章歌吟诗词。事情弄明白以后，看守她的人想放她出来。李氏说："看不到我的丈夫，去哪里呢？"按察院各位官员的妇人，想见见她，她推辞说不敢拜见；后来就打扫干净一间房子让她住，去看望她的时候，只见她穿着囚服，手里不放下麻枲。有人问她，她丈夫的学问她回答说："我丈夫的学问不出闺阁衽席之间。"听到的人惊讶惭愧。冀元亨去世以后，先生呈递移文请求救济他的家。

罗洪先赠给女儿丈夫的兄长周汝方一篇序，大概说："回忆龙冈曾经从江西带病回家，搭附庐陵刘子吉的船。刘子吉平时和阳明交往深厚，适逢母亲去世，去请先生作墓志，其实是朱宸濠以此事想和先生暗中交结，两人没有能谈得拢而返回；到了船上，看到龙冈闭着眼打鼾，以为他睡熟了。招来门人王储叹气说："起初想专心倚靠王阳明，两天来几次谈话，说话好像不能表达清楚意思，更不用有一向关键紧要的话了；不上这船，他的意思就很明白了，这事就将要全靠自己吗？况且我怎么能自己一个人承担这样重的任务呢？"王储拱手行礼说："先生气质太弱，现在天下属于先生，先生往那里退却？依赖王阳明何足成为成败的关键呢？？刘子吉说："这本来在我，多得几个人更好，只是王阳明有曾经用兵的经验。"

王储说："先生把王阳明看作人才吗？我看到他的怯懦了。"刘子吉说："确实是这样。赣州的山间贼寇，都是没有韬略

相与大笑而罢。龙冈反舍,语予若此,己卯二月也。其年六月,濠反,子吉与储附之;七月,阳明先生以兵讨贼;八月,俘濠。

是时议者纷然,予与龙冈窃叹莫能辩,比见诋先生者,问之,曰:'吾恶其言是而行非,盖其伪也。'龙冈舌尚在,至京师,见四方人士,犹有为前言者否乎?盍以语予者语之。'其后养正既死,先生过吉安,令有司葬其母,复为文以奠辞曰:"嗟嗟!刘生子吉,母死不葬,爰及干戈;一念之差,遂至于此。呜呼哀哉!今吾葬子之母,聊以慰子之魂。盖君臣之义,虽不得私于子之身,而朋友之情,犹得以尽于子之母也。呜呼哀哉!"其事在是年六月。

闰八月,四疏省葬,不允。初,先生在赣,闻祖母岑太夫人讣,及海日翁病,欲上疏乞归,会有福州之命;比中途遭变,疏请命将讨贼,因乞省葬,朝廷许以贼平之日来说;至是凡四请。尝闻海日翁病危,欲弃职逃归,后报平复,乃止。一日,问诸友曰:"我欲逃回,何无一人赞成?"问人周仲曰:"先生思归一念,亦似着相。"先生良久曰:"此相安能不着?"

的毛头贼；就整天练兵，像面对强大的敌人一样，是多么扩大其事呀！"一起大笑而作罢。龙冈返回旅舍，把这些情况都告诉了我，当时是正德十四年二月。这年六月，朱宸濠反叛，刘子吉和王储归附他；七月，阳明先生带兵讨伐叛贼朱宸濠；八月，俘获朱宸濠。

这时议论的人很多，我和龙冈私下感到没有人能认识到真实情况，等到看到诋毁先生的人，问他们，回答说："我厌恶他说话正确，做事却错误，太虚伪了。"龙冈的舌头还在，到了京城，看到四方的人士，还有说前边那样话的吗？何不把说给我的话说给他们。以后养正（刘子吉）已经死了，先生经过吉安，命令有司安葬了他的母亲；又写文章来祭奠，文章说："哎，哎！刘子吉，母亲死了，不安葬，于是动起了干戈；一念之差，就到这种地步。太令人哀痛了！现在我安葬你的母亲，聊以安慰你的灵魂；因为君臣的大义，虽然我不能对你有私情，可是朋友的交情，还是能够完全表现在你母亲的身上。太令人痛心了！"这件事发生在这年六月。

闰八月，四次上疏请求回家祭祀先人，没有得到允许。起初，先生在江西听到祖母岑太夫人去世，以及海日翁有病的消息，想上疏请求回家，恰逢有让奔赴福州的命令，等到中途遭遇朱宸濠叛乱，上疏请求委派将领率兵讨伐叛贼，于是请求回家祭祀先人，朝廷答应等叛贼平定的时候再说，到这时共四次上疏请求。曾经听说海日翁重病垂危，打算放弃官职逃回去，后来告知平安恢复，才取消了这种打算。一天，问几位朋友说："我打算逃回去，为什么没有一人赞成？"门人周仲说："先生想回去这一念头，也好像追逐世相。"先生很久才说："这种世相怎

九月，还南昌。先生再至南昌，武宗驾尚未还宫，百姓嗷嗷，乃兴新府工役，檄各院道，取濠废地逆产，改造贸易，以济饥代税，境内稍苏。尝遗守益书曰："自到省城，政务纷错，不复有相讲习如虔中者；虽自己舵柄，不敢放手，而滩流悍急，须仗有力如吾谦之者持篙而来，庶能相助，更上一滩耳。"

泰州王银服古冠服，执木简，以二诗为贽请见。先生异其人，降阶迎之；既上坐，问："何冠？"曰："有虞氏冠。"问："何服？"曰："老莱子服。"曰："学老莱子乎？"曰："然。"曰："将止学服其服，未学上堂诈跌，掩面啼哭也。"银色动，坐渐侧，及论致知格物，悟曰："吾人之学，饰情抗节矫诸外；先生之学，精深极微，得之心者也。"遂反服，执弟子礼。先生易其名为艮，字以汝止。进贤舒芬，以翰林谪官市舶，自恃博学，见先生问律吕；先生不答，且问元声；对曰："元声制度颇详，特未置密室经试耳。"先生曰："元声岂得之管灰黍石间哉？心得养则气自和，元气所由出也，《书》云：'诗言志'，志即是乐之本；'歌永言'，歌即是制律之本；永言和声，俱本于歌，歌本于心。故心也者，中和之极也。"芬遂跃然拜弟子。

么能不追逐？"

九月，返回到南昌。先生第二次到了南昌，武宗的御驾还没有返回皇宫，老百姓饥饿不堪；就和新的府署工役，发布檄文到各个院道，取朱宸濠的土地财产，加以改造进行买卖，来救助饥饿替代税收，境内稍稍有些生机。曾经给守益写信说："自从到了南昌，政务繁乱，不再有像在虔中那样的互相讲习了；虽然自己把握舵柄，不敢放手，可是滩流悍急，必须依仗像你这样有力的人，持篙而来，差不多才能帮助我，更上一滩。"

泰州王银戴着古代的帽子，穿着古代的服装，手里拿着木简，把二首诗作为见面礼，请求拜见。先生认为他很奇怪，走下台阶迎接他，落座以后，问："戴的什么帽子？"回答说："有虞氏戴的帽子。"又问："穿的什么衣服？"回答说："老莱子的衣服。"问："学习老莱子吗？"回答说："是这样"。先生说："将只学穿他的衣服，没有学习上堂假装跌倒，掩着脸面啼哭。"王银表情有所变化，坐得渐渐移到侧边去。等到谈论致知格物，有所领悟地说："我们的学问，掩饰真情没有气节，注重外边的表现；先生的学问，精粹深厚，到达细微的地方，得之于心。"于是换了原来的衣服，行弟子礼。先生把他的名改为艮，字改为汝止。进贤的舒芬，以翰林官贬官到市舶，自恃博学，见到先生就问律吕；先生没有回答。只是反问他元声；舒芬回答说："元声的制度很详细，只是没有置身于密室之中，进行试验。"先生说："元声难道得之于管灰黍石之间吗？内心得到涵养那么元气自然调和，元气就是从这儿产生的，《尚书》说：'诗言志'，志就是音乐的根本；'歌永言'，歌就是制作音律的根本；咏言和声，都是本于歌，歌本于心。所以心是中和的根本。"舒芬于是高兴地拜为弟子。

是时陈九川、夏良胜、万潮、欧阳德、魏良弼、李遂、舒芬、及裘衍，日侍讲席，而巡按御史唐龙，督学佥事邵锐，皆守旧学相疑；唐复以彻讲择交相劝。先生答曰："吾真见得良知人人所同，特学者未得启悟，故甘随俗习非；今苟以是心至，吾又为一身疑谤，拒不与言，于心忍乎？求真才者，譬之淘沙而得金，非不知沙之汰者十去八九，然未能舍沙以求金为也。"

　　当唐、邵之疑，人多畏避，见同门方巾中衣而来者，俱指为异物，独王臣、魏良政、良器、钟文奎、吴子金等，挺然不变，相依而起者日众。

　　十有六年，辛巳，先生五十岁，在江西。正月，居南昌。

　　是年先生始揭致良知之教。先生闻前月十日，武宗驾入宫，始舒忧念；自经宸濠忠泰之变，益信良知，真足以忘患难，出生死，所谓"考三王，建天地，质鬼神，俟后圣，"无弗同者。乃遗书守益曰："近来信得'致良知'三字，真圣门正法眼藏，往年尚疑未尽，今自多事以来，只此良知，无不具足。譬之操舟得舵，平澜浅濑，无不如意；虽遇颠风逆浪，舵柄在手，可免没溺之患矣。"一日，先生喟然发叹，九川问曰："先生何叹也？"曰："此理简易明白若此，乃一经沉埋数百年。"九川曰："亦为宋儒从知解上入，认识神为性体，

这时，陈九川、夏良胜、万潮、欧阳德、魏良弼、李遂、舒芬，以及裘衍，每天侍立于讲席听讲，可是巡按御史唐龙、督学佥事邵锐，都坚守旧学怀疑先生的学问；唐龙又以撤掉讲席和择友相劝。先生回答说："我真的发现良知人人所同，只是求学的人没有能够有所启发而领悟，所以甘心追随习俗重复错误；现在如果这种内心体悟已经得到，我又因为招来一身的怀疑和诽谤，拒不和别人说，内心能够忍受得了吗？寻求有真才的人，就像淘金而得到金子，不是不知道沙中被淘汰的有十之八九，但是却不能舍弃沙子来寻求金子。"

当唐龙、邵锐对先生学说怀疑的时候，人们大多害怕地逃避先生的讲学，看到同门着方巾中衣的人来到，都指为异物，只有王臣、魏良政、良器、钟文奎、吴子金等人，挺然不变，相随着来求学的人渐渐多起来。

武宗正德十六年，辛巳。先生五十岁，生活在江西。正月，居住在南昌。

这年先生开始揭示致良知的学说。先生听说上个月的十日，武宗御驾回宫，才放松了忧虑；自从经历了朱宸濠、忠泰的变乱之后，更加相信良知，它真足以使人忘却遭受的患难，超脱生死，和所说的"考察三王的圣迹，建立天地之大制，探讨鬼神的变化，等待后来的圣人"没有不同的地方。就给守益写信说："近来确实领悟了'致良知'这三个字，真正是圣人之门的核心所在，前几年，还怀疑它没有把全部的世事内涵揭示出来，现在自从多事以来，体会到只有这个良知，没有不完备的。以划船掌握了舵柄作比方，波平浪静，没有不如意的；即使遇到狂风巨浪，只要舵柄在手，可以免去沉没的灾难。"一天，先生有所感

故闻见日益，障道日深耳。今先生拈出良知二字，此古今人人真面目，更复奚疑？"先生曰："然。譬之人，有冒别姓坟墓为祖墓者，何以为辨？只得开圹将子孙滴血，真伪无可逃矣。我此良知二字，实千古圣圣相传，一点滴骨血也。"又曰："某于此良知之说，从百死千难中得来，不得已与人一口说尽；只恐学者得之容易，把作一种光景玩弄，不实落用功，负此知耳。"先生自南都以来，凡示学者，皆令存天理，去人欲以为本；有问所谓，则令自求之未尝指天理为何如也。

间语友人曰："近欲发挥此，只觉有一言发不出，津津然如含诸口，莫能相度。"久乃曰："近觉得此学更无有他，只是这些子，了此更无余矣。"旁有健羡不已者，则又曰："连这些子，亦无放处；今经变后，始有良知之说。"

录陆象山子孙。先生以象山得孔孟正传，其学术久抑而未彰，文庙尚缺配享之典，子孙未沾褒崇之泽；牌行抚州府金溪县官吏，将陆氏嫡派子孙，仿各处圣贤子孙事例，免其差役，有俊秀子弟，具名提学道，送学肄业。

触地叹了一口气，弟子九川问道："先生感叹什么呢？"回答说："这个道理像这样简易明白，可是一经沉埋就几百年过去了。"九川说："也是宋儒只知道从认识分析上来进入圣学之门，认识到神是性体，所以闻见的知识越多，大道的掩蔽越深。现在先生拈出良知二字，这是古今人人的真实面目，还有什么可疑虑的？"先生说："是这样。拿人打比方，有人冒认别的姓氏的坟墓作为自己祖先的坟墓，用什么来分辨呢？只得把坟墓打开，让子孙滴血验证，真假就很分明了。我的这个'良知'二字，确实是千古以来，圣圣相传，是一点滴圣人的骨血。"又说："我对这'良知'的学说，从百死千难中得来，不得已对别人一口说尽；只是恐怕求学的人，得到它容易，把它当作一种光景来玩弄，不从实处用功，有负于这种认识。"先生自从南都以来，凡是教诲求学的人的时候，都让他们把存天理，灭人欲作为根本；有人问他这样说的道理，先生就让他自己去寻求，没有指明天理到底是怎么样的。

有时对友人说："近来想对这个道理有所发挥，只是觉得有一句话说不出来，像含在口中一样，没有办法吐出来"。过了很久才说："近来觉得这门学问再没有其他，只有这些了，领会了它就再没有东西了。"旁边有人很是羡慕不已，就又说："连这些道理，也没有放处；现在经历了变乱，才开始有良知的学说。"

记录陆九渊的子孙。先生认为陆象山得孔子、孟子的正传，可是他的学术久遭压抑而没有彰明于世，在文庙里还没有配享祭礼的位置，子孙没有得到褒扬与尊崇；给抚州府金溪县的官吏颁发令牌，把陆九渊的嫡传子孙，仿照其他各地的圣贤子孙

按象山与晦翁同时讲学，自天下崇朱说而陆学遂泯，先生刻《象山文集》，为序以表彰之。席元山尝闻先生论学于龙场，深病陆学不显，作《鸣冤录》以寄先生；称其"身任斯道，庶几天下非之而不顾。"

五月，集门人于白鹿洞。是月，先生有归志，欲同门久聚，共明此学；适南昌府知府吴嘉聪欲成府志，时蔡宗兖为南康府教授，主白鹿洞事，遂使开局于洞中，集夏良胜、舒芬、万潮、陈九州同事焉。

先生遗书促邹守益曰："醉翁之意盖有在，不专以此烦劳也。区区归遁有日，圣天子新政英明，如谦之亦宜束装北上，此会宜急图之，不当徐徐而来也。"

庚辰春，甘泉湛先生避地发履冢下，与霍兀崖韬、方叔贤同时家居为会，先生闻之曰："英贤之生，何幸同时共地，又可虚度光阴，失此机会耶？"是秋兀崖过洪都，论《大学》辄持旧见；先生曰："若传习书史，考正古今，以广吾见闻，则可；若欲以是求得入圣门路，譬之采摘枝叶，以缀本根，而欲通其血脉，盖亦难矣。"

至是甘泉寄示《学庸测》，叔贤寄《大学》《洪范》，先

事例，免去他们的差役，子弟中有资质俊秀的，写上名字申报学道，送入官学，修习课业。

据按，陆九渊和朱熹同时讲学，自从天下尊崇朱子的学问以后，陆象山的学问就销声匿迹了。先生刻印《象山文集》，并且为他作序来加以表彰。席元山曾经在龙场驿听先生讲习学问。很不满陆九渊的学问不被世人重视，作《鸣冤录》，寄给先生；说他"自己承担这个重任，即使天下的人都攻击他也不回头。"

五月，在白鹿洞召集门人。这月，先生有退职回家的想法，想和同门弟子长久聚会，共同阐明致良知之学；恰逢南昌府知府吴嘉聪想完成府志，当时蔡宗兖做南康府教授，主管白鹿洞的事务，就在白鹿洞中设置讲学场所，夏良胜、舒芬、万潮、陈九州一同来学习。

先生给邹守益写信，催促他说："我有真实的想法，要不，不用这件事烦劳你。归遁山林的日子渐渐到来，圣天子新政英明，像你也应该整装北上，共同讲学，这次聚会应紧急谋划，不应当慢慢地来到。"

庚辰年春季，甘泉湛先生逃居在发履冢下，和霍韬（号兀崖）、方叔贤，同时居住在家聚会讲习学问，先生听到这种事，说："英贤之才的产生，同时共地是多么有幸，又怎能虚度光阴，丢失这个机会呢？"这年秋天，兀崖路过洪都，讨论《大学》，常坚持陈旧的看法；先生说："如果传习书史，考正古今，来开阔我的见闻，那么是可以接受的；如果想通过这个来求得进入圣人之门的方法，就如采摘枝叶，来和本根缀连起来，使血脉贯通，也不是太困难了吧！"

在这时，甘泉给寄来《示学庸测》、叔贤寄来《大学》《洪

生遗书甘泉曰:"随意体认天理,是真实不诳语,究兄命意发端,却有毫厘未协。修齐治平,总是格物。但欲如此节节分疏。亦觉说话太多;且语意务为简古,比之本文反更深晦,莫若浅易其词,略指路径,使人自思得之,更觉意味深长也。"

遗书叔贤曰:"道一而已。论其大本一原,则《六经》《四书》,无不可推之而同者,又不特洪范之于大学而已。譬之草木,其同者,生意也;其花实之疏密,枝叶之高下,亦欲尽比而同之,吾恐化工不如是之雕刻也。君子论学,固惟是之从,非以必同为贵,至于入门下手处,则有不容于不辩者。"先是伦彦式以训,尝过虔中问学。是月遣弟以谅遗书问曰:"学无静根,感物易动,处事多悔,如何?"先生曰:"三言者,病亦相因,惟学而别求静根,故感物而惧其易动;感物而惧其易动,是故处事而多悔也。心无动静者也,故君子之学,其静也常觉,而未尝无也,故常应常寂。动静皆有学焉,是之谓集义;集义故能无祇悔,所谓动亦定,静亦定者也。心一而已,静其体也,而复求静根焉,是挠其体也;动其用也,而惧其易动焉,是废其用也。故求静之心即动也,恶动之心非静也;是之谓动亦动静亦动,将迎起伏,相迎于无穷矣。故循理之谓静,从欲之谓动。"

范》，先生给甘泉写信说："从内心里体认天理，这是真实无欺的话，探究兄长你的用意和出发点，却有一点不完善的地方。修身齐家治国平天下，总是格物的功夫，只是想象这样一节一节地分析，也觉得说话太多；而且说语表达意思务必力求简易古朴，和你所注释的本文相比，反而更加艰涩难懂，不如用词浅显平易，大概地指出思想的脉络，让人自己思考来领悟它，这样会更觉得意味深长。"

给叔贤写信说："大道唯一而已。就它的本原为一来说，那么《六经》《四书》，没有不能推广到相同的地方的，不只是《洪范》对于《大学》而已，拿草木作比方，它的相同的地方的，是有生长的机能，他开花结果的疏落和稠密，枝叶的高下，也想让它们都一致，我恐怕造化之功不如雕刻更能达到这样的情况。"学者讨论学问，固然只能惟是遵从，不当以同为贵，但在圣学的入门下手的路径，则不能不辨别清楚。这以前，伦颜式，以训兽到虔中向先生问学。这一个月，他派遣弟子以谅送信问道："学问不以静为根本，感触到外物便易于摇动。办事经常后悔，怎么办？"先生说："这是三种情况，谬误也是相互沿袭的，只是在用心求学的时候，另外寻找静寂的本原，所以感触事物就害怕它易于变动；感触物事却害怕它易于变动，因此办理事务就有很多后悔。心是原本没有动静之说的，所以君子做学问，它处在平静的状态也常常有所觉醒，没有陷入空无，所以经常应事触物也常常复归于静寂。动和静都是有学问的，这就叫汇集不同物事的不同性质；把握了这种不同性质，所以能够没有后悔，正是所说的变动也是固有的常态，平静也是固有的常态。人心，只有一个而已，静寂是它的根本，却又去另外寻求平静的根本，这就是

六月，赴内召；寻止之，升南京兵部尚书，参赞机务，遂疏乞便道省葬。六月十六日，奉世宗敕旨："以尔昔能剿平乱贼，安静地方，朝廷新政之初，特兹召用。敕至，尔可驰驿来京毋或稽迟。"先生即于是月二十日起程，道由钱塘；辅臣阻之，潜讽科道建言，以为"朝廷新政，武宗国丧，资费浩繁，不宜行宴赏之事。"先生至钱塘，上疏恳乞便道归省，朝廷准令归省；升南京兵部尚书，参赞机务。

按《乞归省疏》，略曰："臣自两年来，四上归省奏，皆以亲老多病，恳乞暂归省视，复权奸谗嫉，恐罹暧昧之祸，故其时虽以暂归为请，而实有终身丘壑之念矣。既而天启神圣，入承大统，亲贤任旧，向之为谗嫉者皆以诛斥，阳德兴而公道显；臣于斯时，若出陷阱，而登之春台也，岂不欲朝发夕至，一快其拜舞踊跃之私乎？顾臣父老且病，顷遭谗构，朝夕常有父子不相见之痛；今幸脱洗殃咎，复睹天日，父子之情，固思一见颜面，以叙其悲惨离隔之怀。况臣取道钱塘迁程乡土，止有一日，此在亲交之厚，将不能已于情，而况

在摇动它的根本；动是它的体现，却害怕它易于变动，这是扼杀了它的体现。所以寻求静寂的用心就是动，厌恶动的心也不是静寂。这就是动也是动，静也是动，缠绕于动和静的起伏之中，而至于无穷的循环。所以遵循事物的本然性质，就是静；从欲所行，就是动。"

六月，赶赴皇上的召见，不久就停止了，升任南京兵部尚书，参赞军机事务，于是上疏请求顺路回家祭祀先人。六月十六日，接到世宗的敕旨，其中说："因为你以前能够剿灭平定叛贼，安定地方百姓，所以朝廷在这实行新政的开始，特地召你来重用。接到敕旨，你就乘驿马来京，不要拖延时日。"先生就在这月二十日启程，取道钱塘；辅佐皇上左右的大臣阻止这件事，私下劝官员们对皇上进言，认为："朝廷刚实行新政，武宗去世举行国丧，花费了大量的钱财，不宜举行欢宴封赏的事。"先生到了钱塘之后，上疏诚恳请求顺路回家省亲，朝廷准许他省亲；并升任他为南京兵部尚书，参赞军机事务。

《乞归省疏》中大概说："我从这两年以来，四次上奏请求归省，都是因为父亲年老多病，才诚恳请求暂时回家省亲，又因为当时当权的奸佞小人谗言所逼，恐怕遭受不明不白的灾祸，所以那时虽然用暂时回家省亲为名请求，可是实际上有终生不出仕，终老于丘壑的想法。后来上天启神明的圣上，继承了皇位，亲近贤良任用旧日忠直之士，以前专事谗言构祸的小人都被诛杀罢斥，政治清明，公道流行；我在这个时候，就像从陷阱之中跳出，而登上了春台，难道不想早上出发晚上就到，充分体会这种欢快喜悦的心情吗？以前，我的父亲年老多病，我又刚刚遭受谗言的陷害，每时每刻常有父子不能相见的痛苦；现在有幸摆脱了

父子乎？然不以之明请于朝，而私窃行之，是欺君也；惧稽延之戮，而忍割情于所生，是忘父也；欺君者不忠，忘父者不孝，故臣敢冒罪以请。"与陆澄论养生："京中人回，闻以多病之故，将从事于养生；区区往年，盖尝毙力于此矣，后乃知养德养身，只是一事。

元静所云真我者，果能戒谨恐惧，而专心于是，则神住、气住、精住，而仙家所谓长生久视之说，亦在其中矣。老子、彭篯之徒，乃其禀赋有若此者，非可以学而至；后世如白玉蟾、丘长春之属皆是，彼所称述以为祖师者，其得寿皆不过五六十，则所谓长生之说，当必有所指也。元静气弱多病，但宜清心寡欲，一意圣贤，如前所谓真我之说；不宜轻信异道，徒自惑乱聪明，毙精竭神无益也。"

八月，至越。

九月，归余姚，省祖茔。先生归省祖茔，访瑞云楼，指藏胎衣地，抆泪久之；盖痛母生不及养，祖母死不及殓也。日与宗族亲友宴游，随地指示良知。德洪昔闻先生讲学江右，久思及门，乡中故老，犹执先生往迹为疑。洪独潜伺动支，深信之，乃排众议，请亲命，率二侄大经、应扬，及郑寅、

旧日的蒙冤,重新见到了天日,出于父子的深情,总想见上一面,谈一谈悲惨离别的情怀。况且我取道钱塘,顺路再赶回乡土,只有一天的时间,这在亲朋的交往,都是情理中事,况且对于父子之情呢?然而不把这种情况向朝廷说清楚,却私下这样做,这是欺骗圣上;害怕因拖延时日而遭受杀戮,是为求生而割断父子之情,是忘了父子之伦。欺骗圣上,是不忠;忘了父子之伦,是不孝,所以我冒着获罪的危险来请求。"和陆澄谈论养生之道,说:"有人从京城中回来以后,我听说因为多病的缘故,将在养生上下功夫;我在过去的几年中,曾经在这方面下了很大力气,后来才懂得,养德和养身只是一回事。

你所说的真我,果真能够戒除恐惧不安,专心于此,那么能够保持住神,保持住气,保持住精,而仙家所说的长生久视,也是一样的道理。老子、彭祖这类人,是他们的禀赋天生就像这样,不是能够通过学习而达到的;后世像白玉蟾,丘长春这类人,都是这样的,他们所称道讲述的祖师,寿命都不过是五六十岁,那么所谓的长生之说,应该一定专有的所指。你气弱多病,只宜清心寡欲,专心一意于圣人之学,就像前面所说的真我。不宜轻信异端邪说,徒劳地迷乱神智,劳精费神也没有好处。"

八月,到达浙江。

九月,回到余姚,祭奠祖坟。先生回家祭奠祖坟,登上瑞云楼,到了保藏胎衣的地方,长时间地擦眼泪;大概痛惜母亲活的时候不能亲自赡养,祖母死了不能亲自殓葬。每天和宗族亲友宴会游乐,随时随地指示良知之说。德洪从前听说先生在江右讲学,很长时间想到先生门下求学,乡里的守旧老人们,还持对

俞大本，因王正心通贽请见；明日，夏淳、范引年、吴仁、柴凤、孙应奎、诸阳、徐珊、管州、谷钟秀、黄文焕、周于德、杨珂等，凡七十四人。十有二月，封新建伯。制曰："江西反贼剿平，地方安定，各该官员，功绩显著，你部里既会官集议，分别等第明白。

王守仁封新建伯，奉天翊卫，推诚宣力，守正文臣，特进光禄大夫柱国，还兼两京兵部尚书，照旧参赞机务；岁支禄节壹千石，三代并妻，一体追封，给与诰券，子孙世世承袭。"

正德十六年十二月十九日，准兵部吏部题，差役人赍白金、文绮、慰劳，兼下温旨，存问父华于家，赐以羊酒。

至日，适海日翁诞辰，亲朋咸集，先生捧觞为寿。翁蹙然曰："宁濠之变，皆以汝为死矣，而不死；皆以事难平矣，而卒平；谗构朋兴、祸机四发，前后二年，岌乎知不免矣。天开日月，显忠遂良，穹官高爵，滥冒封赏，父子复相见于一堂，兹非其幸欤？然盛者衰之始，福者祸之基，虽以为幸，又以为惧也！"

先生洗爵而跪曰："大人之教，儿所日夜切心者也"闻

先生旧日所为的看法加以怀疑。德洪独自潜心领会先生的言行，深为信任，就力排众议，请示了亲人的意见。率领两个侄子大经、应扬，以及郑寅、俞大木，通过王正心，呈送见师礼物请求拜见。夏淳、范引年、吴仁、柴凤、孙应奎、诸扬、徐珊、管州、谷钟秀、黄文焕、周于德、杨珂等共七十四人，一同拜见先生。十二月，先生被封为新建伯。文告说："江西反贼剿平，地方安定，各位官员都功绩显著。兵部吏部召集官员商议之后，按功绩大小分别清楚。

封王守仁为新建伯，王守仁承奉天命讨伐叛贼，护卫社稷，尽心竭力，做文臣也恪守正义，特地升任光禄大夫、柱国、仍兼两京兵部尚书，照旧参赞军机事务；每年支给俸禄一千石，上下三代以及妻子，一起接受追封，给予诰命和铁券，子子孙孙可以世袭其位。"

正德十六年十二月十九日，批准兵部吏部的提议，派人送给他白金、文绮，表示慰劳，并且降下询问关切的圣旨，到家里对先生的父亲华表示慰问，赐给他羊和酒。

到那一天，恰逢先生的父亲海日翁诞辰，亲朋好友都聚集在一起，先生拿起酒杯祝寿。海日翁忧虑地说："宁王朱宸濠叛乱的时候，都认为你死了，可是你却没有死；都以为这次叛乱难以平定，最后终于平定了；谗言陷害朋党作乱，灾祸四起，前后的二年，恐怕你不能免于祸害。云雾散去，重见日月，忠良复出，赐你于高官厚禄，对此于心有愧，父子又相见于一堂，这不是很值得庆幸吗？然而兴盛是衰退的开始，福是祸的引发，虽然认为是庆幸的，但又是可怕的！"

先生放下酒杯跪下说："大人的教诲，正是为儿所日夜思虑

者皆叹会遇之隆，感盈成之戒。

的。"听到的人都赞叹这次聚会的盛大，同时也感受到成功之后应有所警戒。

卷之三十四 附录三 年谱三
自嘉靖壬午在越至嘉靖己丑丧归越

嘉靖元年，壬午。先生五十一岁，在越。正月，疏辞封爵。先是，先生平贼擒濠，俱琼先事为谋，假以便宜行事，每疏捷，必先归功本兵，宰辅憾焉；至是欲阻先生之进，乃抑同事诸人，将纪功册改造，务为删削。先生曰："册中所载，可见之功耳；若夫帐下之士，或诈为兵檄，以挠其进止；或伪书反间，以离其腹心；或犯难走役，而填于沟壑；或以忠抱冤，而构死狱中；有将士所不与知，部领所未尝历，幽魂所未及泄者，非册中所能尽载。今于其可见之功，而又裁削之何以励效忠赴义之士耶？"乃上疏乞辞封爵。且谓："殃莫大于叨天之功，罪莫大于掩人之善，恶莫有深袭下之能，辱莫重于忘己之耻，四者备而祸全；此臣之不敢受爵者，非以辞荣也，避祸焉尔已。"疏上，不报。

二月，龙山公卒。二月十二日，己丑，海日翁年七十，疾且革，时朝廷推论征藩之功，进封翁及竹轩、槐里公俱为新建伯；是日部咨适至，翁闻使者已在门，促先生及诸弟出迎曰："虽仓遽，乌可以废礼？"问已成礼然后瞑目而逝。先生戒家人勿哭，加新冕，服拖绅饬内外含襚诸具，始举哀，一哭顿绝，病不能胜。门人子弟纪丧，因才任使，以仙居金克

嘉靖元年，壬午。先生五十一岁，住在浙江。正月，上疏辞退封赐爵位。这以前，先生平定叛贼擒获朱宸濠，都是宰辅王琼事先为他谋划，使他得以便宜行事，可是，先生每次上疏告知胜利的消息，一定先把功劳归于自己所统率的作战将士，宰辅为之深感不满；在这时就打算阻止先生进一步的升迁，就压抑共事的几位官员，把记功册加以改造，做了大量的删减。先生说："里边所记载的，都是众目可见的功劳；在我帐下效力的将士，有的假托用兵檄文，来阻挠叛贼军队的行动；有的作伪书离间人心，使得叛贼军队的腹心之士离散；有的谋害叛贼受命的走役，把他们扔弃于沟壑之中；有的因忠正而含冤抱曲，被害死于狱中；有些是将士所不知的，部领没有经历过的，幽魂没有来得及泄露的，这些都不是记功册中所能全部记录的。现在对他们众目可见的功劳，却又加以裁减，用什么来激励效忠赴义之士呢？"于是上疏请求辞退受封的爵位。并且说："祸害没有比夺天之功更大的了，罪过没有比埋没别人的善举更大的了，作恶没有比偷占部下的功劳更厉害的了，羞辱没有比忘掉自己的耻辱更厉害的了，这四方面具备后，引起灾祸的原因就齐全了。这次我不敢接受爵位的原因，不是要推辞荣誉，实在是逃避祸患。"疏文呈递上去，没有得到答复。

二月，龙山公去世。二月十二日，己丑，海日翁（龙山公）七十岁，病危，当时朝廷推论征讨宁藩叛乱的功劳，封海日翁及竹轩、槐里二公都为新建伯。这天吏部的咨员正好到来，海日翁听到使者已经在门口了，催促先生及各位子弟出去迎接。并且说："即使行动仓促，又怎么能废掉大礼呢？"行过大礼，然后瞑目而逝。先生劝诫家人不要哭泣，戴上新的礼帽和官带，整

厚谨恪，使监厨，克厚出纳品物惟谨，有不慎者，追还之，内外井井。室中斋食，百日后，令弟侄辈稍进乾肉，曰："诸子豢养习久，强其不能，是恣其作伪也；稍宽之，使之各求自尽，可也。"越俗宴吊客，必列饼糖，设文绮，烹鲜割肥，以竞丰侈；先生尽革之。惟遇高年远客，素食中间肉二器，曰："斋素行于幕内，若使吊客同孝子食，非所以安高年，而酬宾旅也。"

后甘泉先生来吊，见肉食不喜，遗书致责；先生引罪不辩。是年克厚与洪同贡于乡，连举进士，谓洪曰："吾学得司厨而大益，且私之以取科第；先生常谓学必操事而后实，诚至教也。"

先生卧病，远方同志日至，乃揭帖于壁曰："某鄙劣无所知识，且在忧病奄奄中，故凡四方同志之辱临者，皆不敢相见；或不得已而相见，亦不敢有所论说，各请归而求诸孔、孟之训可矣。夫孔、孟之训，昭如日月，凡支离决裂，似是而非者，皆异说也。有志于圣人之学者，外孔孟之训而他求，是舍日月之明，而希光于萤爝之微也，不亦缪乎？"七

饰内外所需包括寿衣等器具，才开始大放悲声，一哭顿时气绝，身体病弱不能支持。门人的子弟主持葬事，按各人的才能分任诸事，因为仙居金克厚素来谨慎持重，派他们监理府中事物，克厚出纳品物很细心，有不小心出错的，就追还回来，内外诸事，井井有条。家里人都吃素食，一百天之后，使弟侄辈少吃点干肉，说："各位子侄吃肉的习惯形成已很久了，强使他们不吃肉，是放纵他们虚伪了；稍稍宽容他们，让他们各自求得尽其意，是可以的。"按浙江的风俗宴请吊丧的宾客，一定陈列饼糖，摆设文绮，烹煮鲜肥的肉，来竟比丰盛和奢侈；先生把这些陋习都去掉了。只是遇到年纪大的远方的客人，才在素食中放二盘肉食，说："素食斋戒只是在家里奉行，如果让吊丧的客人和孝子吃一样的素食，那不是安慰年纪大的人，酬谢宾客的办法。"

后来，甘泉先生来吊丧，看到肉食，内心很不高兴，给先生写信表示责怪，先生自己承认过失，不加以辩解。这年，克厚和德洪同时从乡里拔贡，接连考取进士，克厚对德洪说："我学会管理厨房，受到很大的益处，而且我用以取得科第；先生常常说做学问一定要先做实事然后才能使学问落到实处，确实是很高妙的教诲。"

先生卧病在家，远方有志于学的人每天来看望他，先生就在墙壁上张贴文告说："我学识浅陋，况且又陷溺于病痛之中，所以四方有志求学而屈驾光临的人，都不见；有时出于不得已而相见，也不敢有所讲论，请各位自己回去向孔孟的遗训探索就可以了。孔子、孟子的遗训，明白的像日月一样，凡是支离决裂，似是而非的学问，都是异端邪说，并非孔孟真传。有志于圣人之学的探索者，撇开孔子、孟子的遗训却向其他学说寻求，是脱离

月，再疏辞封爵。

七月十九日，准吏部咨，钦奉圣旨："卿倡义督兵，剿除大患，尽忠报国，劳绩可嘉！特加封爵，以昭公义，宜勉承恩命，所辞不允。"

先是，先生上疏辞爵，乞普恩典。盖以当国者不明军旅之赏，而阴行考察或赏或否，或不行赏，而并削其绩；或赏未及播，而罚已先行；或虚受升职之名，而因使退闲；或冒蒙不忠之号，而随以废斥。乃叹曰："同事诸臣，延颈而待，且三年矣；此而不言；谁复有为之论列者？均秉忠义之气以赴国难，而功成行赏，惟吾一人当之，人将不食其余矣。"乃再上疏曰："日者宸濠之变，其横气积威虽在千里之外，无不震骇失措，而况江西诸郡县，近切剥床者乎？臣以逆旅孤身，举事其间，然而未受巡抚之命则各官非统属也；未奉讨贼之旨，其事乃义倡也。若使其时郡县各官，果畏死偷生，但以未有成命各保土地为辞，则臣亦可如何哉？然而闻臣之调，即感激奋励，挺身而来，是非真有捐躯赴难之义，戮力报主之忠，孰肯甘粉齑之祸，从赤族之诛，以希万一难冀之功乎？然则凡在与臣共事者，皆有忠义之诚者也。夫考课之典，军旅之致，固并行而不相悖；然亦不可混而施之。

开太阳、月亮那样的光明,却希望从萤火虫中寻求光明,不也是很错误的吗?"七月,第二次上疏请求辞去受封的爵位。

七月十九日,圣上批准吏部的奏折,亲自颁发圣旨,其中说:"你倡导大义督率军队,剿灭叛逆大患,忠心耿耿报答国家,辛劳和功绩实在值得赞扬了!特地赐封爵位,以便使公义得以发扬,你应该接受皇上恩赐你的爵位更加自勉自励,你所要辞退爵位一事没有得到准许。"

这以前,先生上疏请求辞去爵位,意在乞求皇上的恩典广泛地施于有功的人。实在是因为执掌大权的人不懂得对于军旅将士的奖赏,却暗中去进行考察,有的人同意奖赏,有的人不同意,有的人不对有功绩的将士进行奖赏,却对他们的功绩进行削减;有的人实行奖赏却没有到达他们本人,可是对他们的惩罚已先期到达;有的人名义上是受到升职的奖赏,实际上是让隐退闲职;有的人蒙受不忠的名声,随着被去职斥责。先生就感叹说:"一同讨伐叛贼的各位大臣,翘首等待奖赏,将近三年了,我见这样的情况却不说话;谁又能为他们争取到应有的赏赐呢?他们都是心怀忠义之气,来奔赴国难的,可是功成以后实行赏赐,只有我一个人领取了赏赐,别人将不会得到他们应有的赏赐了。"于是第二次上疏说:"前段时间,朱宸濠发动叛乱,嚣张气焰即使远在千里之外,也没有不震骇失措的,更何况江西的各个郡县,如此切近相邻呢?我独自一人,身处逆境,在那儿兴兵讨伐叛贼,然而我并没有皇上委任的巡抚之职,那么江西各郡县的官员不应该受我的统属;也没有接受到皇上命我讨伐叛贼的圣旨,所以兴兵讨贼是因大义而倡导的。假使那时候郡县的各位官员,果真贪生怕死,只用还没有接到皇上的命令,各自

今也将明军旅之赏,而阴以考课之意,行于其间,人但见其赏未施而罚已及,功不录而罪有加;不能创奸警恶,而徒以阻忠义之气,快谗嫉之心,譬之投杆醪于河水,而求饮者之醉,可得乎?"疏上,不报。

时御史程启充,给事毛玉,倡议论劾,以遏正学,承宰辅意也。陆澄时为刑部主事,上疏为六辩以折之;先生闻而止之,曰:"无辩止谤,尝闻昔人之教矣;况今何止于是?四方英杰,以讲学异同,议论纷纷,吾侪可胜辩乎?惟当反求诸己,苟其言而是欤?吾斯尚有未信欤?则当务求其非,不得辄是己而非人也。使其言而非欤?吾斯既以自信欤?则当益求于自慊,所谓默而成之,不言而信者也。然则今日之多口,孰非吾侪动心忍性,砥砺切磋之地乎?且彼议论之兴,非必有所私怨于我,亦将以为卫夫道也;况其说本自出于先儒之绪论,而吾侪之言,骤异于昔,反若凿空杜撰者,固宜

保守土地为借口，那么我又能怎么样呢？然而各郡县官员听到我的调遣，就群情激奋，挺身而来，这样做如果不是确实有为国捐躯、奔赴国难的大义，竭力报答圣上的忠心。谁肯甘心遭受杀害之祸，及跟随而来的灭族灾难，来期望渺茫无着的功绩呢？然而凡是和我一块讨伐贼寇的人，都是诚心恪守忠义的人。考察政绩的典令，军旅中的赏罚，固然并行不悖；然而也不能把它们混淆起来施行。

现在表面上实行对军旅的奖赏，暗中却奉行审查的想法。人们只看到奖赏还没有付诸实施，惩罚已先期而到；功绩没有得到记录，罪名却横加身上；不能够惩治奸恶，却只是阻碍了忠义之气的流行，使怀有馋言害人之心的人甚感快意，就比如把一杯酒投放到滔滔河水之中，却想使喝酒的人舀河水而饮，想供饮者得以酩酊大醉，可能吗？"疏文呈递上去，没有得到答复。

当时御史程启充、给事毛玉，倡议用言论来揭发别人的罪状，来控制正统的学问，这是按宰辅的意思来办的。陆澄当时做刑部主事，上疏呈述六个方面的辩驳，来抵制他们。先生听说了这件事以后制止他说："不去辩论就能制止了毁谤，曾经听先人这样教诲过。况且现在不只是这些呢？四方的杰出人士，用不同的方法讲学，议论也是各种各样，我们怎么能辩论得完呢？只是应当从自身寻求原因，如果他说的话是对的呢？在我这儿还有不确实的地方呢？那么应当一定寻求是谁错了，不能动辄就肯定自己而否定别人。假使他说的话是错误的呢？在我这里自己已深感确实了呢？那么应当更加要求自己谨慎，正是所说的静默之中易于完善一种品性，不说话却诚实不妄。然而现在众说

其非笑而骇惑矣；未可专以罪彼为也。"是月，德洪赴省试，辞先生，请益。

先生曰："胸中须常有舜禹有天下不与气象。"德洪请问，先生曰："舜禹有天下而身不与，又何得丧介于其中。"

二年，癸未。先生五十二岁，在越。二月，南宫策士，以心学为问，阴以辟先生；门人徐珊读策问，叹曰："吾恶能昧吾知以幸时好耶？"不答而出。闻者难之，曰："尹彦明后一人也。"同门欧阳德、玉臣、魏良弼等，直发师旨不讳，亦在取列，识者以为进退有命。

德洪下第归，深恨时事之乖，见先生；先生喜而相接曰："圣学从兹大明矣。"德洪曰："时事如此，何见大明？"先生曰："吾学恶得遍语天下士，今会试录虽穷乡深谷无不到矣；吾学既非，天下必有起而求真是者。"

邹守益、薛侃、黄宗明、马明衡、王艮等侍，因言谤议日炽。先生曰："诸君且言其故。"有言先生势位隆盛，是以忌

纷纭，哪一个不是我们动心忍性、切磋砥砺的对象呢？况且他人对我们的议论，不一定对我们有所私怨，也可能认为是卫护大道。况且他们的学说本来是出自于先儒流传下来的论述，我们的话，和以前的说法截然不同，和凭空杜撰的学说更是背道而驰，他们固然应该毁谤嘲笑惊慌迷惑，不能专心地责怪他们的所作所为。"这月，德洪参加省试，和先生告辞的时候请求给以教诲。

先生说："心胸中必须经常有舜和禹拥有天下却不占为已有的气象。"德洪请求说明意思，先生说："舜、禹拥有天下却不占为已有，又怎么能把得失之念存放在胸中呢。"

嘉靖二年，癸未。先生五十二年，住在浙江。二月，礼部策试士人，名义上研究心学，暗中挑先生的瑕疵。门人徐珊读了策士关于心学的看法，感叹地说："我怎么能悖逆我的认识来获宠于世欲所好呢？"没有答就走出去了。听到这件事的人诋毁他，说："徐珊这人是又一个尹彦明那样的人。"同门学友欧阳德、玉臣、魏良弼等人，直接阐发老师的学术宗旨，不加一点掩饰，也被录取了，有见识的人认为进退都由天命。

德洪落第回到家中，非常痛恨时事的乖谬，去拜见先生；先生高兴地迎接他说："圣人之学从这儿开始得到弘扬。"德洪说："时事像这样乖谬，从哪里可以看到日渐昌明的迹象呢？"先生说："我的学问凭自己传扬怎么能传遍天下的读书人，现在的考试录取即使穷乡僻壤也没有不遍布的；我的学问遭到驳斥以后，天下一定有专门用心寻求真正学问的人。"

邹守益、薛侃、黄宗明、马明衡、王艮等人陪侍在侧，接着说外边对先生学问的诽谤非议一天天声势大了起来。先生说：

嫉谤；有言先生学日明，为宋儒争异同，则以学术谤；有言天下从游者众，与其进，不保其往，又以身谤。先生曰："三言者，诚皆有之；特吾自知，诸君论未及耳。"请问。

曰："吾自南京已前，尚有乡愿意思在，今只信良知，真是真非处，更无撑藏回护，才做得狂者；使天下尽说我行不掩言，吾亦只依良知行。"请问："乡愿狂者之辨？"曰："乡愿以忠信廉洁，见取于君子，以同流合污，无忤于小人，故非之无举，刺之无刺；然究其心，乃知忠信廉洁，所以媚君子也；同流合污，所以媚小人也；其心已破坏矣，故不可与入尧舜之道。

狂者志存古人，一切纷嚣俗染，举不足以累其心，真有凤凰翔于千仞之意；一克念，即圣人矣。惟不克念，故阔略事情，而行常不掩。惟其不掩。故心尚未坏，而庶可与裁。"曰："乡愿何以断其媚世？"曰："自其讥狂狷而知之。狂狷不与俗谐，而谓生斯世也，为斯世也，善斯可矣，此乡愿志也；故其所为皆色取不疑，所以谓之似。

"各位姑且说说其中的缘故。"有的人说,先生声势地位日益隆盛,因此引发他人的忌妒而遭受诽谤;有的人说先生的学问渐渐地得以阐明,与承继宋代儒学的人争执异同,就因学术而遭受诽谤;有的人说天下跟随游学的人很多,只懂得与时俗并进,不懂得坚守他自己以往的德性,这又是因为先生自己品性高洁而遭受诽谤。先生说:"你们所说的以上三种情况,确实都存在;只是我自己认识到的,你们还没有谈到关节处。"门人请先生说说他自己的想法,

先生说:"我在到南京以前,还有些外貌忠厚老实,实际上却明辨是非的思想,在如今只相信良知,在体现真是真非的地方,更是没有丝毫隐蔽,才能做得狂者;假使天下的人都说我言行一致,我也只是依循内心的良知而行。"门人恭敬地问:"乡愿和狂者的区别在哪里?"先生说:"乡愿是用忠信廉洁,来获得君子的信任,用同流合污,不得罪于小人,所以想驳斥他却没有办法,就像想用刀刺他却没有刀一样;然而深探他的内心,就知道他的忠信廉洁,是用来取悦于君子的;同流合污,是用来取悦于小人的。他内心的纯真已被破坏,所以不能和他们一块深入研究尧、舜之道。

狂者,立志探究古人成圣之学,一切纷杂喧嚣世俗污染,都不能够动摇他的内心,真有凤凰翱翔于千仞之上的气象;一克制自己的欲念,就成圣人了。只是没有过分约束自己狂放的意念,所以疏于事情的应付,常常率直而行。只因为他的率直而行,所以他纯真的内心还没有遭到破坏,还可以进一步造就成圣人。"门人问:"又怎么能判断乡愿取悦俗世呢?"先生说:"从他的讥讽刚直就知道了。猖狂的人,不和世俗相合。可是认为

三代以下，士之取盛名于时者，不过得乡愿之似而已。然究其忠信廉洁，或未免致疑于妻子也；虽欲纯乎乡愿，亦未易得，而况圣人之道乎？"曰："狂狷为孔子所思，然至于传道，终不及琴张辈，而传曾子，岂曾子亦狷者之流乎？"先生曰："不然。琴张辈狂者之禀也，虽有所得，终止于狂；曾子中行之禀也，故能悟入圣人之道。"

先生与黄宗贤书曰："近与尚谦、子华、宗明讲《孟子》"乡愿狂狷"一章，颇觉有所警发，相见时须更一论。四方朋友，来去无定，中间不无切磋砥砺之益；但真有力量，能担荷得者，亦自少见。大抵近世学者，无有必为圣人之志，胸中有物，未得清脱耳。闻引接同志，孜孜不怠，甚善；但论议须谦虚简明为佳，若自处过任，而词意重复，却恐无益而有损。"

与尚谦书曰："谓自咎罪疾，只缘轻傲二字，足知用力恳切。但知轻傲处，便是良知；致此良知，除却轻傲，便是格物；得致知二字，千古人品，高下真伪，一齐觑破，毫发不容撑藏。前所论乡愿，可熟味也。二字在虔时，终日论此，同志

生在这个时代，就在这个时代中生活，善于应付这个时代就可以了，这就是乡愿的志向。所以他们做事都拘泥于世俗生活表面的现象而不加怀疑，所以说他们和取悦于俗世相似。

在三代以下，读书人在当时取得盛名，不过是和乡愿相似取悦于俗世而已。然而探究他的忠信廉洁，有的不免连他的妻子儿女都怀疑；即使想使乡愿变得脱离俗世污染，也不容易达到，更何况高远自洁的圣人之道呢？"门人说："不合于流俗是孔子想到的，然而至于传道，最终比不上琴张等人，后来传到曾子，难道曾子也属狂狷这一类人吗？"先生说："不是这样的。琴张这类人，具有狂者的本性，即使有所收获，也局限在狷狂上；曾子具有执中而行的禀性，所以能够领悟进入圣人之道。"

先生给黄宗贤写信说："近来和尚谦、子华、宗明讲习《孟子》中的关于"乡愿狂狷"的那一章，觉得很有启发，再次见面的时候一定要好好地讨论一番。四方朋友，来去无定，在这里面也可以得到相互切磋砥砺的好处；只是学力深厚，能够开启大智的人，也自然很少看到。大抵近代的学者，没有一定要做圣人的志向，胸中滞存俗物，没能清除掉。听说你启发有志于学的人，孜孜不倦，这很好；只是论述评议必须以谦虚简明为佳，如果自己本来胜任为师之职，可是用词达意重复烦冗，只怕不但没有好处还有坏处。"

给尚谦的信说："你说你自己审察自己的罪过，只是因为'轻傲'二字，以此就足以知道你内心用力非常恳切。只要懂得自己有轻傲的毛病，这就是良知；获得这个良知，除了消除轻傲，便是探索事物；懂得'致知'二字，那么千古人品，高下真

中尚多未彻，近于古本序中改数语，颇发此意，然见者往往亦不能察。今寄一纸，幸更熟味，此乃千古圣学之秘，从前儒者多不曾悟到。故其说入于支离外道，而不觉也。"

九月，改葬龙山公于天住峰，郑太夫人于徐山。郑太夫人尝附葬余姚穴湖，既改殡郡南石泉山；及合葬公，开圹有水患，先生梦寐不宁，遂改葬。十月一月，至萧山。见素林公自都御史致政归，道钱塘，渡江来访，先生趋迎于萧山，宿浮峰寺；公相对感慨时事，慰从行诸友，及时勉学，无负初志。

张元冲在舟中问："二氏与圣人之学，所差毫厘，谓其皆有得于性命也；但二氏于性命中着些私利，便谬千里矣。今观二氏作用，亦有功于吾身者，不知亦须兼取否？"

先生曰："说兼取，便不是；圣人尽性至命，何物不具，何待兼取？二氏之用，皆我之用，即吾尽性至命中完养此身，谓之仙；即吾尽性至命中不染世累，谓之佛；但后世儒者，不见圣学之全，故与二氏成二见耳。譬之厅堂三间，共为一厅，儒者不知皆吾所用，见佛氏则割左边一间与之，见

伪，就都看得清清楚楚，一丝一毫也不容掩藏，前边咱们讨论的乡愿，你可以好好地体味。我在虔那个地方的时候，整天讨论这两个字，有共同志向的人中间还有很多没有完全领悟，近来在给圣学古本所作的序中改了几句话，很体现了这个意思，然而见到的人又往往不能详细察看；现在把它寄给你，希望你能够深深体味，这是千古圣学的奥秘所在，以前的儒者大多不能领悟到，所以他们的学说进入支离外道，却不能自己觉知。"

九月，把龙山公改葬在天柱峰，郑太夫人改葬在徐山。郑太夫人曾经被暂时葬在余姚的穴湖，后来被改葬在郡县南面的石泉山；等到和海日翁合葬的时候，打开坟墓，见已遭水患，先生觉都睡不安宁，于是改葬他处。十一月，到了萧山。见素林公从都御史的职位上告别政坛，返回故里，取道钱塘，渡江来拜访先生，先生赶忙到萧山迎接，住宿在浮峰寺；先生和他们见面后感慨时事之不济，劝勉跟随而来的各位朋友，及时勤奋研习，以求没有违背原来的志向。

张元冲在船里问："佛、老二氏和圣人的学问，所差只有毫厘，我认为他们都对性命有所领悟；只是佛、老二氏在体悟性命的过程中附着一些私利的因素，就有很大的谬误。现在看佛、道两派，也对我们修身有很大功劳，不知道是否必须同时吸收二者？"

先生说："兼取这种说法，就不正确；圣人穷尽性命，什么事物没有不在内心具备的，为什么一定依靠同时吸取二者呢？佛、道两派的作用，都是我自身的作用，也即我在穷尽心性的过程中保养我自己，这就叫作仙；即我在穷心尽性的过程中不受世俗的拖累，被称作佛。只是后代的儒者，看不到圣人之学的无所

老氏则割右边一间与之,而已则自处中间,皆举一而废百也。圣人与天地民物同体,儒、佛、老、庄,皆吾之用,是之谓大道。二氏自私其身,是之谓小道。"

三年,甲申。先生五十三岁,在越。

正月,门人日进。郡守南大吉以座主称门生,然性豪旷,不拘小节;先生与论学,有悟,乃告先生曰:"大吉临政多过,先生何无一言?"先生曰:"何过?"大吉历数其事,先生曰:"吾言之矣。"大吉曰:"何?"曰:"吾不言,何以知之?"曰:"良知。"先生曰:"良知非我常言而何?"大吉笑谢而去。居数日,复自数过加密,且曰:"与其过后悔改,曷若预言不犯为佳也?"先生曰:"人言不如自悔之真。"大吉笑谢而去。

居数日,复自数过益密,且曰:"身过可勉,心过奈何!"先生曰:"昔镜未开,可得藏垢;今镜明矣;一尘之落,自难住脚;此正入圣之机也。勉之!"于是辟稽山书院,聚八邑彦士,身率讲习以督之。于是萧谬、杨汝荣、杨绍芳等,来自湖广;杨仕鸣、薛宗铠、黄梦星等,来自广东;王艮、孟源、周冲等,来自直隶;何秦、黄弘网等,来自南赣;刘邦采、刘

不包，所以把它和佛、道两派一起被看作是两种思想。就像有三间大的厅堂，本来是一个厅堂，儒者不懂得这都是为吾所用，看到佛氏就把左边的一间割给他，看到老氏就把右边的一间割给他，而自己却处在中间的一间，都是获得了一个就丢弃了一百个的想法。圣人和天地中的人以及万物同为一体，儒、佛、老、庄都为我所用，这就被称作大道。佛、道两派只看重他自己，这就称作是小道。"

嘉靖三年，甲申。先生五十三岁，住在浙江。

正月，门人的学问渐渐有所长进。郡守南大吉以座主的身份在先生门下做门生，然而性情豪放豁达，不拘小节；先生和他谈论学问，有所领悟，就告诉先生说："我办理政务有许多过失，先生为什么一句话也不说呢？"先生说："有什么过失？"大吉详细地数出犯过失的事情。先生说："我说过了呀！"大吉惊奇地说："什么？"先生说："你凭什么说我没有说话呢？"大吉回答说："良知。"先生说："良知难道不是我常说的话吗？"大吉笑着道谢而去。过了几天，又自己计算过失次数，更加多了，就说："与其犯过失后有所悔恨而改正，哪如预先告我不犯过失好呢？"先生说："别人劝告你不如自己悔悟更为深刻。"大吉笑着道谢而去。

过了几天，又自己计算过失次数，更加多了。就说："自己行为的过失还可以加勉改正，内心的过失没什么办法！"先生说："从前镜面没有磨出，能够藏污纳垢；现在镜面明亮，一点微尘的飘落，自然难以落得住脚；这正是成圣的关键。继续勉励吧！"于是开办稽山书院，聚集八个城邑的有才学的读书人，亲自讲习来督促他们学习。在这时候，萧谬、杨汝荣、杨绍芳等

文敏等,来自安福;魏良政、魏良器等,来自新建;曾忭来自泰和;宫刹卑隘,至不能容,盖环坐而听者三百余人。

先生临之,只发《大学》万物同体之旨,使人各求本性,致极良知,以止于至善。功夫有得,则因方设教,故人人悦其易从。海宁董沄,号萝石,以能诗闻于江湖,年六十八,来游会稽,闻先生讲学,以杖肩其瓢笠诗卷来访,入门,长揖上坐;先生异其气貌,礼敬之,与之语连日夜;沄有悟,因何秦强纳拜。先生与之倘佯山水间,沄日有闻,忻然乐而忘归也。

其乡子弟社友皆招之反,且曰:"翁老矣,何乃自苦若是?"沄曰:"吾方幸逃于苦海,悯若之自苦也;顾以吾为苦耶?吾方扬鬐于渤澥,而振羽于云霄之上,安能复投网罟,而入樊笼乎?去矣。吾将从吾之所好。"遂自号曰从吾道人,先生为之记。

八月宴门人于天泉桥。中秋月白如昼,先生命侍者设席于碧霞池上,门人在侍者百余人;酒半酣,歌声渐动,久之或投壶聚算,或击鼓,或泛舟;先生见诸生兴剧,退而作诗

人，来自湖广；杨仕鸣、薛宗铠、黄梦星等人，来自广东；王艮、孟源、周冲等人，来自直隶；何秦、黄弘纲等人，来自南赣；刘邦采、刘文敏等人，来自安福；魏良政、魏良器等人，来自新建；曾忭来自泰和；所居地方房屋狭小，到了容纳不下的地步，环绕而坐听讲的人有三百多个。

先生到那以后，只揭示《大学》中万物同体的宗旨，让人各自求得本性，寻求良知，达到至善的境地；有充裕时间的时候，就按各人不同的情况加以教诲，所以人们都喜欢他的学问的易于领会。海宁县的董澐，号萝石，因擅长诗词而闻名于江湖，年龄已六十八岁，来游览会稽，听说先生在这儿讲学，用木杖挑着他的瓢、斗笠和诗卷来拜访先生，进了门之后，先生行长揖之礼请他上坐；先生惊奇他的气度风貌，以合乎礼仪的举动来尊敬他，和他从白天谈到晚上，董澐有所领悟，先生因门生何秦的劝说接受他拜弟子礼。先生和他在山水间自由倘佯，董澐每天都能听到新颖的教诲，心情畅快，乐而忘归。

他家乡的子弟及朋友都招他回去，并且说："你这么年纪大了，何必像这样自讨苦吃呢？"董澐说："我正庆幸从苦海中逃出来，怜悯你们的自寻苦恼；反过来你们却认为我在受苦呢？我正像鱼儿遨游于渤海一样，正像鸟儿飞翔于天空一样，怎么能又自投于罗网，复入于笼子中呢？你们走吧。我将自由自在地追求我所喜欢的生活。"于是自称为从吾道人，先生为他作文记述这件事。

八月，在天泉桥宴请门人。中秋之夜，月白如昼，先生让侍从在碧霞池上摆设宴席，陪侍的门人有一百多个；喝酒到半醉的时候，歌声渐渐传出，时间长了，有的人投壶计数来比赛喝

有"铿然舍瑟春风里,点也虽狂得我情"之句。

明日,诸生入谢,先生曰:"昔者孔子在陈,思鲁之狂士,世之学者,没溺于富贵声利之场,如拘如囚;而莫之省脱;及闻孔子之教,始知一切俗缘,皆非性体,乃豁然脱落。但见得此意,不加实践,以入于精微,则渐有轻灭世故,阔略伦物之病,虽比世之庸庸琐琐者不同,其为未得于道一也;故孔子在陈思归以裁之,使入于道耳。诸君讲学,但患未得此意;今幸见此,正好精诣力造,以求至于道,无以一见自足,而终止于狂也。"

是月,舒柏有敬畏累洒落之问;刘侯有入山养静之问。

先生曰:"君子之所谓敬畏者,非恐惧忧患之谓也;戒慎不睹,恐惧不闻之谓耳。君子之所谓洒落者,非旷荡放逸之谓也;乃其心体不累于欲,无入而不自得之谓耳。夫心之本体,即天理也;天理之昭明灵觉,所谓良知也。君子戒惧之功,无时或间,则天理常存,而其昭明灵觉之本体自无所昏蔽,自无所牵扰,自无所歉馁愧怍,动容周旋而中礼,从心所欲而不逾斯乃所谓真洒落矣。是洒落生于天理之常

酒，有的人击鼓奏乐，有的人泛舟于湖上；先生看到各位门生兴致渐高，就先退回去作诗一首，其中有一句为："铿然舍瑟春风里，点也虽狂得我情。"

第二天，各位门生进去向先生致谢，先生说："从前孔子在陈那个地方的时候，非常怀念鲁国的狂士。世上的学者，沉溺在富贵名利之场，就像被拘执，被囚禁一样，不能摆脱出来；等到听了孔子的教诲，才懂得一切的凡俗因缘，都不是性体，于是豁然大悟，有超脱之感。只懂得这个意思，不加以亲身实践，进入到精妙细微的境地，就会渐渐沾染上轻视排斥世故，疏于人伦物事交接的毛病。即使和世俗中庸庸琐琐的人相比有所不同，可是从没有得道这方面来说，是一致的。所以孔子在陈那个地方想着回去劝导他们，使他们入于大道。各位讲习学问，只是害怕没有领会这个意思；现在你们庆幸地已经见到性体，正好悉心致力，来谋求达于大道，不要因为有一点领悟，就自我满足，最终停留在狂士的地步。"

这月，舒柏有关于敬畏阻碍洒落自得的询问，刘候有关于入山养静的询问。

先生说："君子所说的敬畏，不是指恐惧忧愁的意思；是指看不到该警戒慎重的事，听不到令人恐惧的消息的意思。（意即君子随物而化，不恃用心即可自得）。君子所说的洒落，不是指旷达放荡无所用心的意思；是指他的内心不受外欲的牵累，凡有所投入都可有所领悟的意思。心的本体，就是天理；天理中的清明灵觉，就是所说的良知。君子戒慎恐惧的功夫，永无停止，那么天理常存，它的昭明灵觉的本体自然没有被昏暗遮蔽的地方，自然没有被牵绊搅扰的地方，自然不会感到抱歉惭愧，每

存,天理常存,生于戒慎恐惧之无间,孰谓敬畏之心,反为洒落累耶?"谓刘侯曰:"君子养心之学,如良医治病,随其虚实寒热,而斟酌补泄之,要在去病而已;初无一定之方必使人人服之也。若专欲入坐穷山,绝世故,屏思虑,则恐既已养成空寂之性,虽欲勿流于空寂,不可得矣。"

论圣学无妨于举业。德洪携二弟德周、仲实,读书城南。洪父心渔翁往视之,魏良政、魏良器辈与游禹穴诸胜,十日忘返。

问曰:"承诸君相携。日久,得无妨课业乎?"答曰:"吾举子业,无时不习。"家君曰:"固知心学可以触类而通,然朱说亦须理会否?"二子曰:"以吾良知,求晦翁之说,譬之打蛇得七寸矣;又何忧不得耶?"家君疑未释,进问先生。先生曰:"岂特无妨,乃大益耳。学圣贤者,譬之治家,其产业、第宅、服食、器物皆所自置;欲请客,出其所有以享之;客去,其物具在,还以自享,终身用之无穷也。今之为举业者,譬之治家,不务居积,专以假贷为功,欲请客,自厅事以至供具,百物莫不遍借;客幸而来,则诸贷之物,一时丰裕可观;客去则尽以还人,一物非所有也。若请客不止则时过气衰,借贷亦不备,终身奔劳,作一窭人而已。是求无益于

一接事接物的行动都符合礼节,从心所欲却不违背礼仪规范,这才是所说的真正的洒落。这种洒落产生于天理的常存,天理常存,产生于戒慎恐惧的永不停止,谁说敬畏之心,反而是洒落的牵累呢?"先生又对刘候说:"君子涵养心性的学问,就像有高超医术的医生治疗疾病一样,随着疾病的虚实寒热,去想办法对它进行滋补或发泄,关键在于去除病痛而已;起初并没有一个已定的药方,让每一个患不同病的人去服这一种药。如果想专门进入深山静坐,断绝世故,去除思虑,那么恐怕养成空寂的本性以后,即使想使自己不要流入空寂,也不可能了。"

论述圣人之学不妨于科举之业。德洪携带两个弟弟德周、仲实,在城南读书。德洪的父亲心渔翁去那儿看望他们,魏良政、魏良器等人,和他们一块游览了禹穴等处名胜,一连十天没有回去。

心渔翁问道:"承蒙各位君子带领来游历名胜佳地,时间长了该不会妨碍你们的课业吗?"回答说:"我们对于科举的课业,没有一会儿不研习。"心渔翁说:"固然知道心学可以触类旁通,然而朱子的学说也必须研习了吧?"魏良政、魏良器二人说:"用我们的良知,探究朱子的学说,就像打蛇正打中七寸这样关键的部位一样,何必担心没有领会呢?"德洪的父亲内心的疑虑还没有消除,就又去问先生。先生说:"不只是没有妨碍,而是有很大的益处。学习圣贤的学问,就像治理家一样,他的产业房屋,衣服食品,所用器物,都是自己购置的。打算宴请客人,就拿出他自己所有的东西来使用;客人离开以后,那些东西还都在,还可以自己使用,终生使用都不会穷尽。当今修习科举课业的人,拿治理家打比方,不进行平时的积累财物,专门靠借

得,求在外也"。明年乙酉,大比,稽山书院钱楩与魏良政并波解江浙;家君闻之,笑曰:"打蛇得七寸矣。"

是时大礼议起,先生夜坐碧霞池,有诗曰:"一雨秋凉入夜新,池边孤拜倍精神;潜鱼水底传心诀,栖鸟枝头说道真;莫谓天机非嗜欲,须知万物是吾身;无端礼乐纷纷议,谁与青天扫旧尘?"又曰:"独坐秋庭月色新;乾坤何处更闲人?高歌度与清风去,幽意自随流水春;千圣本无心外诀,《六经》须拂镜中尘;却怜扰扰周公梦,未及惺惺陋巷贫。"

盖有感时事,二诗已示其微矣。四月,服阕,朝中屡疏引荐,霍兀厓、席元山、黄宗贤、黄宗明,先后皆以大礼问,竟不答。

十月门人南大吉继刻《传习录》。《传习录》薛侃首刻于虔,凡三卷;至是年,大吉取先生论学书,复增五卷,续刻于越。四年乙酉。先生五十四岁,在越,正月,夫人诸氏卒;四月,祔葬于徐山。

贷别人的东西过活，打算宴请客人，就从厨房的东西到盛饭的器具，各种用具没有不需要借别人的来使用；客人来了之后，各种借贷的东西，看起来也颇为齐备；可是客人离开以后，那么东西都送还别人，没有一件是属于自己的。如果以后经常请客，那么随着年岁的增加气力的衰竭，借贷也不能很周全，终生为之而奔劳，一辈子作一个穷人而已。这种寻求对于领悟天理没有多大好处，只是在外物上寻求而已。"第二年即嘉靖四年，举行大的会考，稽山书院的钱楩和魏良政同时在江浙的乡试中同时考中；德洪的父亲听到这个消息后，笑着说："打蛇打中关键的七寸部位了。"

这时关于大礼的评议渐渐兴起，先生夜里坐在碧霞池旁，作诗道："一雨秋凉入夜新，池边孤拜倍精神；潜鱼水底传心诀，凄鸟枝头说道真；莫谓天机非嗜欲，须知万物是吾身；无端礼乐纷纷议，谁与青天扫旧尘？"又作诗道："独坐秋庭月色新，乾坤何处更闲人？高歌度与秋风去，幽意自随流水春；千圣本无心外诀，《六经》须拂镜中尘；却怜扰扰周公梦，未及惺惺陋巷贫。"

这两首诗都是有感于时事而作，这二首诗已经表示了他于其中所隐含的想法。四月，朝中有空缺的官位，朝廷中的大臣屡次上疏向皇上举荐他，霍兀厓、席元山、黄宗贤、黄宗明，都先后用大礼问他的想法，先生始终没有回答。

十月，门人南大吉接着刻印《传习录》。《传习录》这本书是薛侃首先在虔那个地方刻印的，共三卷。到这年，南大吉辑录了先生有关论学的书信，又增加了五卷，在浙江又刻印了一次。嘉靖四年，乙酉年。先生五十四岁，住在浙江。正月，夫人诸氏去

是月，作稽山书院《尊经阁记》。略曰："圣人之扶人极，忧后世，而述《六经》也，犹之富家者之父祖，虑其产业库藏之积，其子孙者，或至于遗亡失散，卒困穷而无以自全也。而记籍其家之所有以贻之，使之世守其产业库藏之积，而享用焉，以免于困穷之患。故《六经》者，吾心之记籍也；而《六经》之实，则具于吾心，犹之产业库藏之实，种种色色，具存于其家；其记籍者，特名状数目而已。而世之学者，不知求《六经》之实于吾心，而徒考索于影响之间，牵制于文义之末，硁硁然以为是《六经》矣；是犹富家之子孙，不务守成规，享用其产业库藏之实，积日遗忘散失，至于窭人丐夫，而犹嚣嚣然指其记籍曰：'斯吾产业库藏之积也。'何以异于是？"

按是年南大颉匾莅政之堂曰"亲民堂，"山阴知县吴瀛重修县学，提学佥事万潮，与监察御史潘仿拓新万松书院于省城南，取试士之未尽录者廪饩之，咸以记请，先生皆为作记。

六月，礼部尚书席书荐。先生服阕，例应起复，御史石金等，交章论荐，皆不报；尚书席书为疏特荐曰："生在臣前

世；四月，暂时埋葬在徐山。

　　这一月，为稽山书院作《尊经阁记》。大概说："圣人扶持人伦，极为后世而忧虑，从而记述《六经》，就像富贵之家的父辈或祖父辈，考虑到他的家业和积蓄在库房中的东西，而他的子孙，有的到了遗亡失散，最后身受困穷而没办法保全自己，因而记载他家里所拥有的财物，赠送给他的子孙，让他们世世代代坚守他的产业和库藏的积蓄，得以永远享用，以免遭受困穷的忧虑。所以《六经》，就是我心中的文籍；然而《六经》的实质内容，却详细地呈现在我的心中，就像产业库藏的实际物品，各种类别、颜色，都保存在他家；那用于记载的文籍，只是陈述形状与数量而已。可是当今的学者，不懂得从自己的内心寻求《六经》的实质内容，却只是在影子响声中考察，只探求文字意义之末，而无法作更深一层的领悟，浅薄固执地认为这就是掌握了《六经》了；这就像富庶人家的子孙，不坚守他的先祖立下的成规，只是坐享他先祖遗留下来的产业和库藏之物，时间久了，财物遗失滥用殆尽，到了变为穷人乞丐的地步，可是还气焰嚣张地指着那本记载财物的文籍说："这是我家产业和库藏的积蓄。"当今之学《六经》者，和这有什么差别呢？"

　　据按，这年，南大吉给他办理政务的房间挂了一块匾，上面写着"亲民堂"，山阴知县吴瀛重新修缮县学，提学佥事万潮和监察御史潘仿在省城南面扩办新万松书院，收取科举中没有全部录取的有才之士，供其衣食。以上这些都请先生来作记，先生都为他们作了记。

　　六月，礼部尚书席书又举荐先生。先生守丧期满，按惯例应起用复职，御史石金等人，递呈表章大力举荐，都没有答复；尚

者，见一人曰杨一清；生在臣后者，见一人曰王守仁；且使亲领诰券，趋阙谢恩。"

于是杨一清入阁办事，明年有领券谢恩之召，寻不果。九月，归姚省墓。先生归，定会于龙泉寺之中天阁，每月以朔望初八廿三为期。书壁以勉诸生曰："虽有天下易生之物，一日暴之，十日寒之，未有能生者也。承诸君之不鄙，每予来归，咸集于此，以问学为事，甚盛意也。然不能旬日之留，而旬日之间，又不过三四会；一别之后，辄复离群索居，不相见者，动经年岁；然则岂惟十日之寒而已乎？若是而求萌蘖之畅茂条达，不可得矣。故予切望诸君，勿以予之去留为聚散，或五六日，八九日，虽有俗事相妨，亦须破冗一会于此。务在诱掖奖劝，砥砺切磋，使道德仁义之习，日亲日近；则势利纷华之染，亦日远日疏；所谓相观而善，百工居肆，以成其事者也。相会之时，尤须虚心逊志相亲相敬。大抵朋友之交以相下为益；或议论未合，要在从容涵育，相感以成，不得动气求胜长傲遂非务在默而成之，不言而信。其或矜己之长，攻人之短，粗心浮气，矫以沽名，讦以为直，挟胜心而行愤嫉，以圮族败群为志，则虽日讲时习于此，亦无益矣。"

书席书特地上疏举荐说："出生在我前边的大臣，品行为我敬服的是杨一清，出生在我后边的，是王守仁；望圣上派人亲自带着诰券，让王守仁来京复职，并谢君圣恩。"

在这时杨一清已入阁办事，第二年，有接受诰券来京谢恩的诏令，不久没有实行。九月，回到余姚老家祭奠亲人。先生回去之后，定期在龙泉寺的中天阁招集聚会，每个月的初一、十五、初八、廿三日，是聚会的日子。在墙壁上写下箴言劝勉各位门生，其中说："即使天下有易于生长的事物，一天曝晒它，十天使它处于寒冷之中，没有能存活下来的。承蒙各位的不嫌弃，每次我回来，都在这里会集，专心问学，情意太深厚了。然而不能停留十天，又间断十天，而一月只不过有三四次聚会；一旦离别之后，就又离群索居，不互相见面，一过就是几年；如此这样难道只是十天的严寒而已吗？像这样来求得刚生树木的长势旺盛枝叶舒展，是不能达到的。所以我殷切期望各位，不要因为我的在和不在而决定聚还是散，有时五、六日聚会一次，有时八、九日一次，即使有杂事缠身，也应想办法脱身聚会。关键在于相互提携鼓励，切磋砥砺，使仁义道德的良好习惯，一天天亲近；那么势利纷华的沾染，也就一天天地疏远；就是所说的互相学习都有提高，就像百工聚集在同一个场所，来成就他们各自的事业。相见的时候，尤其要虚怀若谷，互相友爱互相尊敬，大抵朋友的交往，互相谦让是有好处的。有时意见不一致，关键在于要平心静气，互相包涵，以心服来解决，不要求胜心切，傲视他人。一定要在静默中使问题得到化解，不多说话却使别人相信你。那些夸耀自己的长处，攻击他人的短处，心浮气盛，矫饰自己来获取名声，攻讦他人自以为率直，怀争胜之心而忌恨他

答顾东桥璘书，有曰："朱子所谓格物云者，是以吾心而求理于事事物物之中，如求孝子之理于其亲之谓也。求孝之理，果在于吾之心耶？抑果在于亲之身耶？假而果在于亲之身，而亲没之后，吾心遂无孝之理与？见孺子之入井，必有恻隐之理，是恻隐之理，果在孺子之身与？抑在于吾身之良知与？以是例之，万事万物之理，莫不皆然；是可以见析心与理为二之非矣。若鄙人所谓致知格物者，致吾心之良知于事事物物也。吾心之良知，即所谓天理也；致吾心之天理于事事物物，则事事物物皆得其理矣。故曰致吾心之良知者，致知也；事事物物皆得其理者，格物也；是合心与理而为一者也。合心与理而为一，则凡区区前之所云，与朱子晚年之论，皆可不言而喻矣。"

又曰："心者，身之主也；而心之虚灵明觉，即所谓本然良知也。其虚灵明觉之良知，应感而动者，谓之意；有知而后有意，无知则无意矣。知非意之体乎？意之所用，必有其物，物即事也。如意用于事亲，即事亲为一物；意用于治民，则治民为一物；意用于读书，即读书为一物；意用于听讼，即听讼为一物。凡意之所在，无有无物者；有是意，即有是物；无是意，即无是物。物非意之用乎？格字之义，有以至字

人,别有用心地败坏宗族群体的关系,那么即使在这里每天讲习学问,也没有用处。"

给顾璘(号东桥居士)回信说:"朱子所说的格物,是指用自己的本心在事物之中寻求天理,比如从父母亲那儿寻求孝子的理。寻求的孝子之理,果真在自己的本心?还是在父母亲身上?如果在父母亲身上,那么父母亲去世之后,在我的心中就没有孝顺父母亲的理了吗?看到小孩掉入井中,一定有恻隐之理,这恻隐之理,果真在小孩子身上呢?还是在于我自己的良知呢?用这些例子推导出去,那么万事万物的理,没有不是这样的。通过这样的分析可以明白把心和理剖析为二的想法,是错误的。像我所说的格物致知,就是把我心的良知推广到事事物物上去。存于我心的良知,就是所说的天理。把存于我心的天理推广到事事物物之中,那么事事物物也就各自得到了自己的理。所以说推广我内心的良知,就是致知;事事物物都因致知而得到它自己的理,就是格物;这就是把心和理结合为一了。把心与理合而为一,那么凡是前边所说的,和朱子晚年的论述,都可以不言而喻了。"

又说:"心是身体的主宰;而内心的虚灵明觉,就是所说的本然良知。那个虚灵明觉的良知,感应物事而有所活动的,就叫作意念;有良知才有意念,没有良知就没有意念的存在。良知不是意念的本体吗?意念所触及的,一定有物事的存在。如果意念用在侍奉父母上,那么侍奉父母就成为一件事了;意念用在治理老百姓,那么治理老百姓也就成为一件事了;意念用在读书上,那么读书就成了一件事了;意念用在断案,那么断案就成了一件事了。凡是意念所到的地方,没有不存在着事物的。有了这个意

训者，如格于文祖，必纯孝诚敬，幽明之间，无一不得其理，而后谓之格；有苗之顽，实文德诞敷而后格；则亦兼有正字之义在其间，未可专以至字尽之也。如格其非心，大臣格君心之非之类，是则一皆正其不正，以归于正之义，而不可以至字为训矣。且大学格物之训，又安知不以正字为义乎？如以至字为义者，必曰穷至事物之理，而后其说始通；是其用功之要，全在一穷字，用力之地，全在一理字也。若上去一穷字，下去一理字，而直曰致知在至物，其可通乎？夫穷理尽性，圣人之成训，见于《系辞》者也；苟格物之说而果即穷理之义，则圣人何不宣曰致知在穷理，而必为此转折不完之语，以启后世之弊耶？盖《大学》格物之说自与《系辞》穷理大旨虽同而微有分。辨穷理者，兼格致诚正而为功也，故言穷理，则格致诚正之功皆在其中；言格物则必兼举致知诚意正心，而后其功始备而密。今偏举格物，而遂谓之穷理，此非惟不得格物之旨，并穷理之义而失之矣。"

其末继以拔本塞源之论。其略曰"圣人之心，视天下之人无内外远近，凡有血气，皆其昆弟赤子之亲莫不安全而教养之，以遂其万物一体之念。天下之人心，其始亦非有异于圣人也；特其间于有我之私，隔于物欲之蔽，大者以小，

念，就有了这个事物；没有这个意念，就没这个事物。事物不是意念的体现吗？格字的意思，可以用至字来解释，像良知到达祭奠祖先的事上，一定满怀孝心，恭敬有礼，幽明之间，没有一个物事没有获得它自己的理，这就叫作格；像有苗族那样的顽劣，施以德性教化才能得其理那么就包含有矫正的意思，不能只用至字来说明。如果格那些不具大义的心，像大臣格国君内心的偏谬那一类，都是矫正偏谬，使他们归于正路的意思，就不能用至字来解释了。而且《大学》里边关于格物的解释，又怎么知道不是用正字来解释呢？如果用至字阐释，一定先说穷尽了事物之理，他的说法才通达；用功的关键，全在一个穷字；用力的对象，全在一个理字。如果前边去掉一个穷字，后边去掉一个理字，直接说致知在于至物，那能说得通吗？穷理尽性，是圣人的成训，出现在《系辞》里边；如果格物的说法就是穷理的意思，那么圣人何不明白地说，致知在于穷理，却说出那么多转折无穷的话，来引导后代趋于错误的理解呢？大概因为《大学》里边关于格物的学说，自然是和《系辞》里边关于穷理的宗旨虽然相同，却稍微有所区别。穷理，是综合格物致知诚心正意来起作用的。所以说到穷理的时候，就有格物致知诚心正意的功夫在里边；说到格物，就一定兼有致知诚意正心，这样它的作用才完备而严密。现在单纯说出格物，就说是穷理，这不只得不到格物的宗旨，就连穷理的意思也丢失了。"

接着先生又从本原上加以论述。大概说："圣人的心，看待天下的人没有内外远近的区分，凡是血气之属，都是他的兄弟赤子一样的亲人，没有不想着使他们生存安适并教养他们，来成就他们万物一体的想法。天下人的心，开始和圣人的心理

通者以塞；甚有视其父子兄弟如仇雠者。圣人有忧之，是以推其天地万物一体之仁，以教天下，使之皆有以克其私，去其蔽，以复其心体之同然。其教之大端，则尧、舜、禹之相授受，所谓'道心惟微，惟精惟一，允执厥中'；而其节目，则舜之命契，所谓'父子有亲，君臣有义，夫妇有别，长幼有序，朋友有信，'五者而已。当是之时，人无异见，家无异习，安此者谓之圣，勉此者谓之贤，而背此者，虽启明如朱，亦谓之不肖；下至闾井田野，农工商贾之贱，莫不皆有是学，而惟以成其德行为务。何者？无有闻见之杂，记诵之烦，辞章之靡滥，功利之驰逐，而但使之孝其亲，弟其长，信其朋友，以复其心体之同然，则人亦孰不能之乎？学校之中，惟以成德为事，有长于礼乐，长于政教，长于水土播植者，则就其成德，而因使益精其能。迨夫举德而任，则用之者，惟知同心一德，以共安天下之民，视才之称否，而不以崇卑为轻重；效用者，亦惟知同心一德，以共安天下之民。苟当其能，则终身安于卑琐，而不以为贱。

并没有不同的地方；只是他们的心里有自我的私念，受物欲所遮蔽，使高远的想法变得狭小了，贯通的思想变得凝滞了；甚至有的人把他们的父子兄弟也看作是仇敌了。圣人很忧虑这种情况，因此推广他天地万物一体的仁爱之心，来教化天下，使他们都能够去掉私欲，拆除遮蔽，恢复他内心天地万物一体的心念。圣人教化，大的纲领就是尧舜禹所传授的，所说的'道心惟微，惟精惟一，允执厥中。'而他们细小的规则，就是舜传授给契的，所说的'父子有亲，君臣有义，夫妇有别，长幼有序，朋友有信'，这五个方面而已。到这个时候，人们都没有不同的看法，家里没有怪异的习惯，安于此道的就是圣人，勉力实行的就是贤者，可是违背此道的，即使像朱子那样聪明俊秀的，也认为是不肖；下至市井田野，农工商贾那样的低贱之民，也没有人不研习这种学问，只是把成就自己的德性作为最切实的事情来做。为什么能这样呢？因为没有像闻见之知那样的杂乱，记忆诵读的烦扰，辞章的华丽繁复，对于功利的追爱，只是让他们孝敬他们的父母，用作弟弟的礼节对待他们的兄长，对他们的朋友忠诚，来恢复他们万物一体的本初，那么只要是人，谁不能这样呢？在学校里边，只是把成就德性作为首要的事情，有在礼乐、政教、水土播植方面擅长的人，就用他们已成就的德性，使他们的技能精益求精。等到根据人的德性加以任用的时候，那么任用有德之人的人，只知道天下人具有共同的心体，一致的道德准则，通过任用的人来使天下的老百姓得以安定，看他的才能是否和他的职位相称，而不以地位的尊卑来评定。被任用效力的人，也只知道同心一德，来使天下的老百姓得以安定。如果和他才能相称，那么终生安心地做卑微、琐碎的事务，而不以为自

当是时，才质之下者，则安其农工商贾之分，各勤其业，以相生相养，而无有乎希高慕外之心；才能之异，若皋、夔、稷、契者，则出而各效其能，或营衣食，或通有无，或备器用，集谋并力，以求遂其仰事俯育之愿。譬之一身，目不耻其无聪，而耳之所涉，目必营焉；足不耻其无执，而手之所探，足必前焉；盖其元气充周，血脉条畅，是以痒疴呼吸，感触神应，有不言而喻之妙。此圣人之学，所以惟在复心体之同然，而知识技能，非所以与论也。

三代以降，教者不复以此为教，而学者不复以此为学；霸者之徒，窃取先王之近似者，假之于外，以内济其私，天下靡然宗之，圣人之道，遂以芜塞。世之儒者，慨然悲伤，蒐猎先圣王之典章法制而掇拾修补于煨烬之余，圣学之门墙，遂不可复观。

于是乎有训诂之学，而传之以为名；有记诵之学，而言之以为博；有词章之学，而侈之以为丽；相矜以知，相轧以势，相争以利，相高以技能，相取以声誉。其出而仕也，理钱谷者，则欲并夫兵刑；典礼乐者，又欲与于铨轴；处郡县，则思藩臬之高；居台谏，则望宰执之要。故不能其事，则不

己是低贱的。

在这个时候，才质低下的人，就安心于他的农工商贾的本分，各自勤恳地做事，来互相存养，而没有期冀高位仰慕外行的想法。才能的不同，像皋陶、夔、后稷、契几个人，就出来各自施展他们的才能。有的经营衣食之用，有的互通其有无，有的完善器物之用，汇集智谋共同出力，以求满足他们仰足以事父母俯足以育子女的心愿。拿人的身体打比方，眼睛不以它没有像耳朵一样敏锐的听力为羞耻，凡是耳朵所关涉的事情，眼睛一定尽力相随；脚不以客观存在没有手那样拿东西的能力为耻，只要手所要探拿东西的时候，脚一定向前移动以示相助。因为元气充满全身，血脉流畅，所以呼吸痛痒，身有所感则神有所应，有不言而喻的奇妙之处。圣人的学问，只是在于恢复心体同一的本来，从而知识技能，就不加以论述了。'

三代以后，从事教化的人不再把这些作为教化的内容了，求学的人不再把些作为学问了；以力逞强的人们，偷偷摘取先王学说中相近的理论，在外边借它的名义，实则满足自己的私欲。天下的人纷纷以他为宗，圣人的大道，从此就荒废了。世上的儒者，感慨地内自悲伤，搜集先代圣王的典章制度，从而对即将消逝的圣王之道加以修补和完善，圣人之学的壮伟景象，不再能够看得到了。

在这时候兴起了训诂的学问，流传出去借以获得名声。通过记诵圣人之文章来求得学问，说起来自以为很渊博；研习辞章来求得学问，对辞章大加修饰，自以为很华丽；以知识相夸耀，以势力相倾轧，争夺利益，比试技能以决高下，互相以声誉相取。那些出仕为官的人，管理钱财粮食的，就想着兼管兵、

得以兼其官；不通其说，则不可以要其誉。记诵之广，适以长其敖也；知识之多，适以行其恶也；闻见之博，适以肆其辩也；辞章之富，适以饰其伪也。呜呼！以若是之积染，以若是之心志，而又讲之以若是之学术，宜其闻吾圣人之教，而视之以为赘疣枘凿矣。非豪杰之士，无所待而兴者，吾谁与望乎？"

十月，立阳明书院于越城。门人为之也。书院在越城西郭门内，光相桥之东；后十二年，丁酉，巡按御史，门人周汝员建祠于楼前，匾曰"阳明先生祠。"

五年，丙戌。先生五十五岁，在越。三月，与邹守益书。守益谪判广德州，筑复古书院，以集生徒；刻《谕俗礼要》，以风民俗。书至，先生复书赞之曰："古之礼，存于世者，老师宿儒，当年不能穷其说，世之人，苦其烦且难，遂皆废置而不行；故今之为人上，而欲导民于礼者，非详且备之为难，惟简切明白，而使人易行之为贵耳。中间如四代位次，及袝祭之类，向时欲稍改以从俗者，今皆掛酌为之，于人情甚协。盖天下古今之人，其情一而已矣。先王制礼，皆因人情而为之节文，是以行之万世而皆准。其或反之吾心，而有所未安者，非其传记之讹阙，则必古今风气习俗之异宜者矣。此虽

刑之事；掌管礼乐大典的人，又想和别人在文籍典章上争夺；处在郡县的官位上，就想着登上藩镇那样的高位；居于台谏之位，就期盼宰执那样的要职。所以不能胜任一类事情，就不能担任管理这一类事情的官员；不精通某一方面的学说，就不能获取这一方面的声誉。记诵的广泛，恰好助长了他们的狂傲；知识的积累，恰好使他们凭此作恶；闻见的广博，恰好使他们更擅长诡辩；辞章的繁富，恰好掩饰他们的虚伪。哎！像这样的积久浸染，像这样的卑劣心志，又讲习着像这样的学术，怪不得他们听了圣人的教诲，把它们当作是多余无用的东面。如果没有豪杰之士，不因循旧习而自创新说，我还能期望谁呢？"

十月，在绍兴成立了阳明书院。是先生的门人创办的。书院位于绍兴的西郭门内，光相桥的东面；后来在嘉靖十二年，巡按御史，门人周汝员在楼前建立先生的祠庙，题匾为"阳明先生祠"。

嘉靖五年，丙戌。先生五十五岁，住在浙江。三月，给邹守益写信。邹守益贬官到广德州，在那儿建立了复古书院，来召集门生；刻印《谕俗礼要》，来敦化民俗。给先生的信收到后，先生回信称赞他说："古代的礼仪，在当代流传下来的，即使年长的教师有名望的儒者，也不能在几年的时间内弄通关于它的学说，世俗中的人们，苦于它的烦乱和难懂，于是都搁置起来不加以实行；所以当今从事礼仪教化的人，想在礼仪上引导老百姓，并不认为难以达到详细和完备，只是把简要切实明白易懂，并且容易让人实行看作是最重要的。在你《谕俗礼要》里边关于四代的位次，以及祔祭这类的事，以前想稍加改动来顺应世俗，现在仔细考虑，觉得很适合人情。本来天下古今的人，心是

先王未之有，亦可以义起，三王之所以不相袭礼也。后世心学不讲，人失其情，难乎与之言礼；然良知之在人心，则万古如一日，苟顺吾心之良知以致之，则所谓不知足而为屦，我知其不为蒉矣。非天子不议礼制度，今之为此，非以义礼为也；徒以末世废礼之极，聊为之兆，以兴起之，故特为此简易之说。欲使之易知易从焉耳。冠婚丧祭之外，附以乡约，其于民俗，亦甚有补至于射礼，似宜别为一书，以教学者；而非所以求谕于俗；今以附于其间，却恐民间以非所常行，视为不切，又见其说之难晓，遂并其冠婚丧祭之易晓者而弃之也。文公家礼，所以不及于射，或亦此意也与？"

按祠堂位之制。或问："文公家礼，高曾祖称之位，皆西上，以次而东，于心切有未安。"先生曰："古者庙门皆南向，主皆东向，合祭之时，昭之迁主，列于北牖；穆之迁主，列于南牖；皆统于太祖东向之尊，是故西上，以次而东。今祠堂之制，既异于古，而又无太祖东向之统，则西上之说，诚有

一致的。先王制定礼仪，都是按人的实情而形礼仪之文的，因此流传万代都是社会的行为准则。其中有些和我的内心有所背逆的，没有确切的说法，不是转述记录的错误缺失，就一定是古今的风气习俗有所不同而造成的。这些即使是先王没有论述到的，我们也可以按其义理加以阐述，这就是尧、舜、禹三王的礼仪不相沿袭的缘故。后代的人们不讲习心学，人们失去了内在的实情，难于和他们谈论礼仪；然而存在于人心之中的良知，却历经万古如同一日，如果顺着自我内心的良知加以推广，那么正像所说的那样，不知道脚的大小来做鞋，却知道做出来的一定不是蒉子。不是天子就不能评议礼仪制度，现在我们这样做，不是评议礼仪制度，只是因为在这衰末之世，礼仪制度破坏得很厉害，故且指出预兆，以期兴起。所以特地提出这个简易明白的学说，想使它易于接受易于实行。除了成人及冠、结婚、丧葬、祭祀这样的礼仪之外，再加上乡约，它对于民俗的淳厚，很有帮助，至于射礼，似乎应该另外写成一本书，来教诲有心求学的人，而不是用来晓谕世俗的。现在把它附加在这里面，却恐怕民间认为射礼不是寻常的行为，看作是不切合实用的事情。又看到关于它的学说难以明白，于是和成人及冠、结婚、丧葬、祭祀这样容易明白的礼仪一起丢弃掉了。文公的家礼，没有涉及到射礼，或许也有这样的想法吧？"

考察祠堂设位的制度。有人问："文公的家礼，高祖、曾祖、祖父、父亲的牌位，都从西而上，按顺序向东排列，我的心里切实有点不安。"先生说："古代的庙门都是向南开，主持祭祀的人都站立在西面，全族合祭的时候，昭辈的，排列在北边窗户；穆辈的，排列在南边窗户；都周绕着太祖居于东边的尊贵位

所未安。"曰："然则今当何如？"曰："礼以时为大，若事死如事生，则宜以高祖南向，而曾祖祢东西分列，席皆稍降而弗正对，似于人心为安。曾见浦江之祭，四代考妣皆异席，高考妣南向，曾祖祢考皆西向，妣皆东向，各依世次，稍退半席。其于男女之别，尊卑之等，两得其宜；但恐民间厅事多浅隘，而器物亦有所不备，则不能以通行耳。"

又问："无后者之祔于己之子侄，固可下列矣；若在高曾之行，宜何如祔？"先生曰："古者大夫三庙，不及其高矣；适士二庙，不及其曾矣。今民间得祀高曾，盖亦体顺人情之至，例以古制，则既为僭，况在行之无后者乎？古者士大夫无子，则为之置后，无后者鲜矣；后世人情偷薄，始有弃贫贱而不嗣者，古所谓无后，皆殇子之类耳。祭法，王下祭殇五：适子，适孙，适曾孙，适玄孙，适来孙；诸侯下祭三，大夫二，适士及庶人祭子而止，则无后之祔，皆子孙属也。今民间既得假四代之祀，以义起之，虽及弟侄可矣。往年湖湘一士人家，有会伯祖与堂叔祖皆贤而无后者，欲为立嗣，则族众不可；欲弗祀，则思其贤，有所不忍，以闻于某。某

置，因此从西而上，按次序向东排列。如今祠堂的礼制，既和古代的礼制有所不同，又没有太祖立于东边位置的统属，那么从西而上的说法，确实使人有所不安。"问道："既然这样那么现在该怎么办呢？"先生说："礼制以切合时宜为最重要的，如果对待死者就像对待生者一样，那么应该把高祖的牌位设在北边的位置，然后曾祖、祖父、父亲以次在东西排列，位置都稍有下降，而不在同一高度，似乎易于使人心安定。我曾经看到过浦江地区的祭礼，四代的祖先都设立在不同的位置，高祖和高祖母坐北向南，曾祖、祖父、父亲都坐东向西，曾祖母、祖母、母亲都坐西向东，各自依从世代的不同顺序，稍微降半席的位置。这种祭礼对于男女的分别，尊卑的等级，各得其宜；只是恐怕民间办事的人大多见识浅陋，而且呈祭的器物也不完备，那么不能完全实行。"

又问道："没有后代的人，依附在他的子侄后边，固然可以排列在下边；如果在高祖、曾祖那一辈，应该怎么样排列呢？"先生说："古代的大夫有三座祖庙，还没有涉及到他的高祖；适士有二座祖庙，还没有涉及到他的曾祖。现在民间能够祭祀他们的高祖、曾祖，也是体谅顺应人情的表现，以古制为例，就已经是僭越了，况且对于那些无后的人呢？古代如果士大夫没有儿子，就替他过继一个后代，没有后代的人就很少了；后代人情浅薄，开始有嫌弃贫贱而不给过继后代的事了，古代的人所说的无后，都是幼儿就亡的情况。祭祀的办法，国王之家祭祀的未成年而亡者有五辈；适子、适孙、适曾孙、适玄孙、适来孙；诸侯之家祭祀的有三辈，大夫有两辈，适士和平民百姓到儿子辈就终止了，对于无后的死者进行祭祀的，都是子孙辈了。现在民间已

曰：“不祀二三十年矣，而追为之祀，势有所不行矣。若在士大夫家，自可依古族厉之义，于春秋二社之次，特设一祭；凡族之无后而亲者，各以昭穆之次配祔之，于义亦可也。”

四月，复南大吉书。大吉入觐，见黜于时，致书先生，千数百言，勤勤恳恳，惟以得闻道为喜，急问学为事，恐卒不得为圣人为忧，略无一字及于得丧荣辱之间。

先生读之，叹曰：“此非真有朝闻夕死之志者，未易以涉斯境也。”于是复书曰：“世之高抗通脱之士，捐富贵，轻利害，弃爵禄，决然长往而不顾者，亦皆有之；彼其或从好于外道诡异之说，投情于诗酒山水技艺之乐，又或奋发于意气，牵溺于嗜好，有待于物以相胜，是以去彼取此而后能，及其所之既倦，意衡心郁，情随事移，则忧愁悲苦随之而作，果能捐富贵，轻利害，弃爵禄，快然终身，无入而不自得已乎？夫惟有道之士，真有以见其良知之昭明灵觉，廓然与太虚而同体，太虚之中，何物不有，而无一物能为太虚之障碍。故凡慕富贵，忧贫贱，欣戚得丧，爱憎取舍之类，皆足以

经能够祭祀四代之上了,这都是按大义来做的,即使对于无后的死者祭祀。即使到了弟侄辈,也就行了。前几年,在湖湘有一个读书人家,他家的曾伯祖和堂叔祖都贤良却没有后代,想为他们设立继承的人,可是同族的人们认为不能;打算不祭祀他们,又想到他们很贤良,内心有所不忍;就把这件事说给我听。我说:"没有举行对他们的祭祀已经二、三十年了,现在承续以前对他们的祭祀,确实有不合适的地方。如果在士大夫家,自然能够依据古代流传下来的族规,在春秋两次大祭的时候,特地祭祀一次;凡是本族没有后代但还属亲近的死者,各自按昭穆的次序附祭,在大义上是可以的。"

四月,给南大吉回信。大吉入朝面见皇上,为当时所黜,给先生写信,成百上千的话语里,语言恳切,只是把能够听到高妙的学问作为欢喜的事,为恐怕最终不能成为圣人而忧愁,没有一个字涉及到得失荣辱这样的话题。

先生读了之后,感叹地说:"这如果不是真正有朝闻道夕死可已的志向,是不容易达到这种境界的。"于是,回信说:"世上的高蹈超脱之士,抛弃富贵利害,丢掉爵位和奉禄,意志坚定超脱凡俗而没有一点留恋,也都具备。他们中有的人投身于外道异说,纵情于诗酒山水技艺的乐趣之中;又有的人因一时意气的激发,沉溺于自己的所好,依靠外物来满足自己,因此舍去一方获取另一方才能达到利害无萦于心,等到对他所爱好的感到倦怠的时候,自己权衡,内心便悒郁,感情随着事情的变化而变化,那么忧愁悲苦的情绪就随之而来,果真能够丢弃富贵,轻视利害,舍掉爵位、俸禄,终生无忧无虑,逍遥自在,随时随地心境怡然吗?只是懂得大道的人,确实能够看到良知的昭明灵

蔽吾聪明睿知之体，窒吾渊泉时出之用，如明目之中，而翳之以尘沙；聪耳之中，而塞之以木楔也。其疾痛郁逆，将必速去之为快，而何能忍于时刻乎？关中自古多豪杰，横渠之后，此学不讲，或亦与四方无异矣。自此有振发兴起，变气节为圣贤之学，将必自吾元善昆季始也。今日之归，谓天为无意乎？"

答欧阳德书。德初见先生于虔最年少，时已领乡荐，先生恒以小秀才呼之；故遣服役，德欣欣恭命，虽劳不怠，先生深器之。嘉靖癸未，第进士出守六安州数月，奉书以为"初政倥偬，后稍次第，始得与诸生讲学。"

先生曰："吾所讲学，正在政务倥偬中，岂必聚徒而后为讲学耶？"又尝与书曰："良知不因见闻而有，而见闻莫非良知之用；故良知不滞于见闻，而亦不离于见闻？孔子云：'吾有知乎哉？无知也。'良知之外，则无知矣；故致良知，是圣门教人第一义。今云专求之见闻之末，则落在第二义矣；若曰致其良知，而求之见闻则语意之间，未免为二，此与专求之见闻之末者，虽稍不同，其为未得精一之旨，则一也。"

觉，空虚无垠，和太虚同为一体，在太虚之中，没有什么事物不存在，没有一个事物能够成为太虚的障碍。所以凡是贪慕富贵，忧患贫贱，关注于得失、取舍的这类想法，都足以蒙蔽我聪明睿智的本体，窒息我渊泉不停涌水的机能，就像明丽的眼睛里，被尘沙所遮蔽；听力敏锐的耳朵里，塞进了木楔。这种痛苦和压抑一定想尽快地去掉，怎么能忍耐一时一刻的时光呢？关中那个地方自古有许多豪杰之士，张横渠先生以后，不再讲习这种学问，或许和其他地方是一样的。从这以后，有所振兴奋发，把讲求气节变为探讨圣人之学，将会一定从你开始。现在你丢官回家，能说是上天无意的安排吗？"

答复欧阳德的信。欧阳德最初在虔州拜见先生，是同门中年纪最小的，当时已经受到乡里的举荐，先生常常用小秀才来称呼他；故意常常派他做杂活，欧阳德很高兴地听从委派，即使劳累不堪也从不懈怠，先生很器重他。嘉请二年，进士及第，派出做六安州太守，几个月以后，给先生写信说："起初政务繁忙，后来稍微缓减，才开始能和各位门生讲习学问。"

先生说："我讲学的时候，正在政务繁忙之中，难道一定聚集齐门生以后才是讲学吗？"又曾经给他写信说："良知不依靠见闻之知而存在，而看和听没有不是良知的功用；所以良知不停留在见闻上，也和见闻不脱离了。孔子说：'我有认识能力吗？我没有认识能力。'良知之外，就没有认识了；所以达到良知，是圣人之门教诲人的第一要义。如今你说专门探求见闻之知，那么就落在第二义上了；如果说获得良知，向见闻上来寻求，那么说话之间，就倾向于第二义了。这和专门探求见闻之知，即使稍有不同，但它们在没有获得精妙的第一义这个方面，是相同

德洪与王畿并举南宫,俱不廷对,偕黄弘纲、张元冲同舟归越,先生喜;凡初及门者,必令引导,俟志定有入,方请见,毋临坐默对,焚香无语。

八月,答聂豹书。是年夏,豹以御史巡按福建,渡钱塘,来见先生。别后致书,谓"思、孟、周、程,无意相遭于千载之下,与其尽信于天下,不若真信于一人,道固自在,学亦自在。"

先生答书略曰:"读来谕,诚见君子不见是而无闷之心;乃区区则有大不得已者存乎其间,非以计人之信与不信也。夫人者,天地之心;天地万物,本吾一体者也。生民之困苦荼毒,孰非疾痛之切于吾身者乎?不知吾身之疾痛,无是非之心者也。是非之心,不虑而知,不学而能,所谓良知也;良知之在人心,无间于圣愚,天下古今之所同也。世之君子,惟务致其良知,则自能公是非,同好恶,视人犹己,视国犹家,而以天地万物为一体,求天下无治,不可得矣。古之人,所以能见善不啻若己出,见恶不啻若己入,视民之饥溺犹己之饥溺,而一夫不获,若己推而纳诸沟中者,非故为是,而蕲天下之信己也;务致其良知,求其自慊而已矣。后世良知之学不明,天下之人,外假仁义之名,而内以行私利之实;诡词以阿俗,矫行以干誉;掩人之善,而袭以为己长;讦人之私,而窃以为己直;忿以相胜,而犹谓之徇义;险以

的。"

　　德洪和王畿一同在南宫做官，都在宫廷里不发议论，后来和黄弘纲、张元冲一同乘船回到浙江绍兴，先生很高兴；凡是刚入门的，先生一定先让他们自行体悟，等到志向坚定有所体悟的时候，才让拜见，拜见时一定相对静坐，焚香无语。

　　八月，答复聂豹的书信。这年夏季，聂豹以御史的职位巡按福建，渡过钱塘，来拜见先生。告别之后，给先生写信说："子思、孟子、周敦颐，程氏兄弟于无意之中思想契合于千年之后，与其对天下的学说都相信，不如确实信奉一个人的学说，大道固然自己存在，学问也自然存在。"

　　先生答复他的信，大概说："读了来信，确实看到你的观点不见得正确，但内心无闷；在他们的内心里有不得不表述的内容，而不是考虑到人们的相信和不相信。人，是天地的心。天地万物，本来是和我同为一体的。老百姓的处境困苦，哪一项不是使我自己遭受到切身的痛苦呢？不懂得我自身的痛苦，是没有是非之心。是非之心，不需要思考就能获得，不需要学习就能具备，这就是所说的良知；良知存在于人心之中，不因圣贤和愚钝而有分别，天下古今都是相同的。世上的君子，只要推广他的良知，就自然能够使是非标准明白，好恶标准相同，把别人看作像自己一样，把国家看得像自己的家庭一样，认为天地万物同为一体，即使想让天下得不到治理，也是不可能的。古代的人，之所以能够看到善事就像自己做的一样为之而高兴，看到恶事就像自己身临其境而倍感苦痛，看到老百姓遭受饥饿和水灾，就像自己遭受饥饿和水灾一样，如果世上有一个人没有获得温饱，就像自己把他推到沟壑之中一样，不是故意这样做，而是很珍惜

相倾，而犹谓之疾恶；妒贤嫉能，而犹自以为公是非；恣情纵欲，而犹自以为同好恶。相陵相贼，自其一家骨肉之亲，已不能无彼此藩篱之隔，而况于天下之大，民物之众，又何能一体而视之乎？仆诚赖天之灵，偶有见于良知之学，以为必由此而后天下可得而治；是以每念斯民之陷溺，则为之戚然痛心，忘其身之不肖，而思以此救之，亦不自知其量者；天下之人，见其若是，遂相与非笑而诋斥，以为是病狂丧心之人耳。

呜呼！吾方疾痛之切体，而暇计人之非笑乎？昔者，孔子之在当时，有议其为谄者，有讥其为佞者，有毁其未贤，诋其为不知礼，而侮之以为东家丘者，有嫉而阻之者，有恶而欲杀之者，晨门、荷蒉之徒，皆当时之贤士，且曰是知其不可而为之者与？鄙哉硁乎？莫己知也，斯已而已矣。虽子路在升堂之列，尚不能无疑于其所见，不悦于其所欲往，而且以之为迂，则当时之不信夫子者，岂特十之一二而已乎？然而夫子汲汲遑遑，若求亡子于道路，而不暇于暖席者，宁以蕲人之信我知我而已哉？仆之不肖，何敢以夫子之道为己

天下人对自己的信任。一定要推广他的良知，只是为了求得他自己的满足而已。后代关于良知的学说没有得到阐明，天下的人，对外假借仁义的名号，对内却获取个人的实利；花言巧语取媚于世俗，矫饰自己的行为获取名声；把别人的长处窃取过来作为自己的长处；攻击别人的私事，私下认为自己是正直；泄私愤而发生争执，却还认为自己是为了固守大义；阴险地相互陷害，还认为自己是疾恶如仇；忌妒贤能，还自认为是辨明是非；放纵自己的情欲，还自认为是等同好恶；互相欺侮，是他自己一家的骨肉之亲，已经不能没有互相之间的藩篱相隔，更何况对于天下的广大，人民物类的繁多，又怎么能用天下一体的观念来看待呢？我确实依靠上天的灵明，偶尔对于良知的学问有所认识，认为一定通过它然后天下才能够得以治理；因此每次想到老百姓处于困境，就为之而悲痛，忘了自己才能的疏陋，想着用良知来拯救，也太不自量力了；天下的人，看到我这样做，就一起嘲笑、诋毁、驳斥，认为我是心神不健全的人。

哎！我正为百姓的苦难痛心疾首，哪有空闲计较别人的诽谤和嘲笑呢？从前，孔子在那个时候，有人议论他是谄媚于当权者，有人讽刺他是善于花言巧语的小人，有人诽谤他不是贤者，诬蔑他不懂得礼仪，侮辱他是东家丘，有人忌妒他而处处对他加以阻碍，有的人厌恶他而想把他杀掉，就连晨门荷蒉者那一类人，都是当时的贤士，居然说他是一个'知其不可而为之'的人呢？况且对于我这样浅薄固执的人呢？只是自己没有自知之明，如此而已。即使像子路那样属于孔子的有名门生，还不能对孔子的想法没有怀疑，对他想去的地方表示出不高兴，而且认为他迂腐，那么当时对孔子不相信的人，难道只是十个里面

任？顾其心亦已稍知疾痛之在身，是以彷徨四顾，相求其有助于我者，相与讲去其病耳。

今诚得豪杰同志之士，共明良知之学于天下，使天下之人，皆知自致其良知，一洗谗妒胜忿之习，以跻于大同，则仆之狂病，固将悦然以愈，而终免于丧心之患矣。岂不快哉？会稽素号山水之区，深林长谷，信步皆是，寒暑晦明无时不宜，良朋四集，道义日新天地之间，宁复有乐于是者？孔子云：'不怨天，不尤人，下学而上达。'仆与二三同志，方将请事斯语，奚暇外慕？独其切肤之痛，乃有未能恝然者，辄复云尔。"

按豹初见称晚生，后六年出守苏州，先生已违世四年矣。见德洪、王畿曰："吾学诚得诸先生，尚冀再见称赞，今不及矣；兹以二君为证。"具香案拜先生，遂称门人。

十一月，庚申，子正亿生，继室张氏出。先生初得子，乡先达有静斋、六有者，皆逾九十，闻而喜，以二诗为贺。

有一二个而已吗？然而孔夫子满怀信心奔跑于道路之上，就像寻找逃亡的儿子一样，没有空闲在一个地方停留休息较长的时间，难道只是珍惜别人对自己的信任对自己的了解而已吗？以我的无才，怎么敢把夫子奉行的大道作为自己的重任呢？只是自己的内心稍稍懂得体谅民生之苦，因此四下寻觅，寻求能给我以帮助的人，共同讲习学问，以求去除这种苦痛。

现在确实聚集了豪杰之士，和我共同在天下阐明良知的学说，使天下的人都懂得自己获得自己的良知，彻底清洗掉谗陷、忌妒、争斗、愤恨等恶劣习惯，共同步入大同世界，那么我的狂妄的病痛，一定会痛痛快快地痊愈，最终去掉内心忧郁的毛病。难道不是很快乐的吗？会稽这个地方素来号称山水佳胜之地，茂密的森林狭长的山谷，随处都是，四时气候非常宜人，良朋好友从四面会集，天地之间的道义日新月异，还有比这更快乐的吗？孔子说：'不怨恨上天，不迁怒别人，勤奋学习寻求大道'。我和两三个有共同志向的朋友，正要遵循这句话行事，哪有空闲羡慕外在的事物呢？只是对于那些萦绕于心的切肤之痛，不能释怀，就又说一遍吧！"

据按，聂豹初次拜见先生，自称晚生，六年以后出仕做苏州知府，先生已经去世四年了。见到德洪和王畿说："我的学问确实是从先生那儿接受来的，还希望再次见到先生拜为门生，现在达不到了；这个情况，希望你们二位能为我作证。"摆设了香案，对先生的神灵下拜，于是称为先生的门人。

十一月，庚申日，儿子正亿出生，继室张氏所生，先生初次得了儿子，同乡先达静斋、六有，都年纪过了九十，听到这个消息很高兴，写了两首诗表示祝贺。

先生次韵谢答之，有曰："何物敢云绳祖武？他年只好共爷长"之句。盖是月十有七日也。先生初命名正聪，后七年壬辰，外舅黄绾因时相避讳，更今名。

十二月，作《惜阴说》。刘邦采合安福同志为会，名曰："惜阴，"请先生书会籍。先生为之说曰："同志之在安成者，间月为会五日，谓之惜阴，其志笃矣。然五日之外，孰非惜阴时乎？离群而索居，志不能无少懈，故五日之会，所以相稽切焉耳。呜呼！天道之运，无一息之或停；吾心良知之运，亦无一息之或停；良知即天道，谓之亦则犹二之矣。知良知之运，无一息之或停者，则知惜阴矣；知惜阴者，则知致其良知矣。子在川上曰：'逝者如斯夫！不舍昼夜。'此其所以学如不及，至于发愤忘食也。尧舜兢兢业业，成汤日新又新，文王纯亦不已，周公坐以待旦，惜阴之功，宁独大禹为然？子思曰'戒慎乎其所不睹，恐惧乎其所不闻，知微之显，可以入德矣。'或曰：'鸡鸣而起，孳孳为利，凶人为不善，亦惟日不足，然则小人，亦可谓之惜阴乎？'"

按先生明年丁亥，过吉安，寄安福诸同志书曰："诸友始为惜阴之会，当时惟恐只成虚语，迩来乃闻远近豪杰，闻

先生按原韵作诗答谢他们，其中有这样一句："何物敢云绳祖武？他年只好共爷长。"这诗是作于这月的十七日。先生起初给儿子起名为正聪，七年以后，壬辰年，外舅黄绾认为和当时的一些情况有忌讳，于是改为现在的名字。

　　十二月，作《惜阴说》。刘邦采和安福地区的有共同志向的人兴办了一个学会，名字叫"惜阴"，请求先生来给书写会员名籍。先生对他们解释说："在安成那个地方，有共同志向的人，每一月进行为期五天的聚会，叫作惜阴，即珍惜时光，他们的志向是很坚定的。然而那五天之外，就不是惜阴的时间了吗？离群独处，志向不能有一点的懈怠，所以五天的聚会是用来相互切磋砥砺的。哎！天道的运作，没有一刻的停止；我内心的良知，也没有一刻的停止。良知就是天道，可是称道它们还是当作两个事情。懂得良知的运作，没有一刻停止的人，就懂得了珍惜光阴；懂得了珍惜光阴，就懂得了推广他内心的良知。孔子在大河边上说：'时光的流逝像河水之奔流！昼夜不停。'这就是他学无止境，以至于发愤忘食的原因。尧、舜兢兢业业，成汤每日更新自己，文王不停地修养自己，周公静坐深思一直到天明，珍惜光阴所作的功夫，难道只有大禹是这样的吗？子思说：'对自己没有看到的事物要谨慎，对自己所没有听到的事物要有所畏惧，懂得细微往往会转变成为显赫，就可以进入大德了。'有的人说：'一听到鸡鸣就起来，勤勤恳恳地为了谋取利益，凶恶的人做坏事，也只是觉得时间不够，既然这样那么对于这些小人，也可以说是珍惜光阴吗？'"

　　据按，先生第二年，嘉靖六年，路过吉安，给安福的各位有共同志向的人写了一封信说："各位朋友开始创立称作'惜阴'

风而至者以百数，此可以见良知之同然，而斯道大明之几，于此亦可以卜之矣。明道有云：'宁学圣人而不至，不以一善而成名。'此为有志圣人，而未能真得圣人之学者，则可如此说；若今日所讲良知之说，乃真是圣学之的传。但从此学圣人，却无不至者；惟恐吾侪尚有一善成名之意，未肯专心致志于此耳。"

六年，丁亥。先生五十六岁，在越。正月。先生与宗贤书曰："人在仕途，比之退处山林时，工夫难十倍；非得良友时时警发砥砺，平日志向，鲜有不潜移默夺，弛然日就颓靡者，近与诚甫言，京师相与者少，二君必须彼此约定；但见微有动气处，即须提起致良知话头，互相规切。凡人言语正到快意时，便截然能忍默得；意气正到发扬时，便翕然能收敛得；愤怒嗜欲正到腾沸时，便廓然能消化得；此非天下之大勇，不能也。然见得良知亲切时，其功夫又自不难；缘此数病，良知之所本无，只因良知昏昧蔽塞而后有，若良知一提醒时，即如白日一出，魍魉自消矣。《中庸》谓'知耻近乎勇'，只是耻其不能致得自己良知耳；今人多以言语不能屈服得人，意气不能陵轧得人，愤怒嗜欲不能直意任情为耻，殊不知此数病者，皆是蔽塞自己良知之事，正君子之所宜深耻者。古之大臣，更不称他知谋才略，只是一个断断无他技；休休如有容而已，诸君知谋才略，自是超然出于众人之

的学会，当时只是恐怕徒有虚名，近来听说远远的豪杰之士，闻风而至的人，有一百多个，由此可见良知在各人心中是相同的，大道昌明的关键，从这儿可以知道了。明道先生曾经说：'宁肯学习圣人而没有达到，也不因为做了一件好事而成名。'这话对于那些有志于圣人之学，却没有完全领会了圣人之学的人而言，可以这样说。像今天我们所讲的关于良知的学说，确实是圣人之学的真传。只是从此以后，凡是学习圣人之学的人，没有不能领会的；只是恐怕我们还有因做一件善事而成名的想法，不肯专心致志地体悟良知。"

嘉靖六年，丁亥年。先生五十六岁，住在浙江绍兴。正月，先生给宗贤写信说："人在仕途，比退处山林的时候，要困难十倍；如果没有品行端正的朋友时时加以劝诫砥砺，那么平日所怀志向，几乎没有人不悄悄地改变，渐渐地接近颓废的境地。近日我和诚甫谈起，在京师可以互相切磋砥砺的人很少，你们二位必须相互约定，只要看到对方心神有所摇动，就一定要提起致良知的话题，互相约束鼓励。凡是能够在说话说到痛快的时候，突然忍受沉默；意气发扬的时候，能够心平气和地收敛；愤怒和贪欲正在炽烈的时候，能够心境开阔自我克制；这样的人除了天下有大勇的人之外，没有人能做得到。然而悟到良知应在我心时，这种功夫自然并不难以达到；探究这几种毛病如意气发扬、愤怒贪欲等，都不是良知本身具有的，只因为良知受到浑浊之气的蒙蔽以后才产生的，如果良知一被提醒，就像白天太阳一出来，各种隐藏的鬼魅都消失了。《中庸》认为："懂得耻辱就易于兴发大勇，"这只是指对自己不能够体悟自己的良知而感到耻辱；当今的人大多把用言语不能使别人屈服，用意气不能

上,所未能自信,只是未能致得自己良知,未全得断断休休体段耳。须是克去己私,真能以天地万物为一体,实康济得天下,挽回三代之治,方是不负如此圣明之君,方能不枉此出世一遭也。"

四月,邹守益刻《文录》于广德州。守益录先生文字请刻,先生自标年月,命德洪类次,且遗书曰:"所录以年月为次,不复分别体类,盖专以讲学明道为事,不在文辞体制间也。"

明日,德洪掇拾所遗请刻,先生曰:"此便非孔子删述《六经》手段;三代之教不明;盖因后世学者,繁文盛而实意衰,故所学忘其本耳。比如孔子删《诗》,若以其辞,岂止三百篇;惟其一以明道为志,故所取止此例,《六经》皆然;若以爱惜文辞,便非孔子垂范后世之心矣。"

德洪曰:"先生文字,虽一时应酬不同,亦莫不本于性情;况学者传诵日久,恐后为好事者搊拾,反失今日裁定之意矣。"先生许刻《附录》一卷,以遗守益,凡四册。五月,命

压倒别人，愤怒嗜欲不能任意发泄当作是羞耻，实在是不懂得这几个毛病，都是掩蔽自己的良知的事情，正是君子应该深感耻辱的。古代的大臣，更是不自称他自己拥有智谋才略，只是说自己确实没有别的才能，只不过能宽容别人而已，你们各位的智谋才略，自然是超出众人的，所不能自信的，只是还没有体悟到自己的良知，没有完全掌握处事接物的谦逊胸怀。只有去掉个人的私念，确实把天地万物看作是同为一体，实实在在地效力于天下，挽回尧、舜、禹三代时的治世局面，才能不辜负当今这样圣明的君王，才能不枉活这一辈子。"

四月，邹守益（字谦之）在广德州刻印《文录》。邹守益收集先生的文字请求先生允许刻印，先生自己标注年月，让德洪分类和排列次序，并且写信说："所收集的文字只是按年月的顺序，不再分别体例和类别，因为我一心把讲学明道作为自己的事业，文辞体制不是最重要的。"

第二天，钱德洪把先生散失的文字汇集起来，请求刻印，先生说："这就不是孔子删述《六经》所用的方法；尧、舜、禹三代时的教化现在没有得以昌明，实在是因为后代的学者，文辞繁复而真实的想法却衰竭不全，所以勤奋求学却忘记了学问的根本。比如孔子删述《诗经》，如果只是爱惜它的文辞，哪里只有三百篇；只是彻底地把明白道理作为自己的志向，所以选取的只有这三百篇，《六经》都是这样；如果只是爱惜文辞，那么就不是孔子垂范于后世的用心了。"

德洪说："先生的文字，即使为一时的应酬而各不相同，也无不本于自己的性情；况且被学者传诵得时间久了，恐怕被后来的好事者加以篡改，反而丧失了如今整理的本意。"先生同意刻印一

兼都察院左都御史，征思、田。六月，疏辞，不允。先是广西田州岑猛为乱，提督都御史姚镆征之，奏称猛父子悉擒已降，敕论功行赏讫。遗目卢苏、王受，构众煽乱，攻陷思恩，镆复合四兵省征之，久弗克，为巡按御史石金所论，朝议用侍郎张璁桂萼荐，特起先生总督两广，及江西、湖广军务度量事势，随宜抚剿，设土官流官孰便？并核当事诸臣功过以闻；且责以体国为心，毋或循例辞避。

先生闻命，上疏言："臣伏念君命之召，当不俟驾而行，矧兹军旅，何敢言辞？顾臣患痰疾增剧，若冒疾轻出，至于偾事，死无及矣。臣又复思思、田之役，起于土官雠杀，比之寇贼之攻劫郡县，荼毒生灵者，势尚差缓；若处置得宜，事亦可集。镆素老成，一时利钝，亦兵家之常；御史石金据事论奏，所以激励镆等，使之善后，收之桑榆也。臣以为今日之事，宜专责镆等，隆其委任，重能威权，略其小过，假以岁月而要其成功；至于终无底绩，然后别选才能，兼谙民情土俗，如尚书胡世宁李承勋者，往代其任，事必有济。"

疏入，诏镆致仕，遣使敦促上道。八月。先生将入广，尝

卷《附录》，把《附录》送给邹守益，共四册。五月，皇上委任先生兼任都察院左都御史，征讨广西思恩、田州。六月，上疏辞退，没有得到同意。这以前，广西田州的岑猛发动叛乱，提督都御史姚镆征伐他，上奏说岑猛父子都已被擒获归降，圣上已经论功行赏完毕了。残余的贼寇头目卢苏、王受，聚众变乱，攻陷了思恩，姚镆又集合四省的兵力讨伐贼寇，很久不能攻克，根据巡按御史石金的提议，朝廷商议任用侍郎张璁、桂萼所荐举的人，特地起用先生总督两广及江西湖广的军务，分析具体形势，根据情况加以安抚或剿灭，并上奏朝廷：设置土官和流官，哪一个更合适？并把参战的各位大臣的功过也呈报上来；还责令他体念国家的危难，不要再照旧上疏辞让。

先生听到命令，上疏说："我一听到皇上圣命的召用，应当不等车驾齐备就行动起来，况且对于军旅大事，怎么敢说推辞的话呢？实在是我的痿疾渐渐加剧，如果带病轻易出行，使行动受挫，是死也无法挽回的呀。我又想思恩、田州的战役，起于土官的相互仇杀，和贼寇攻掠郡县，荼毒生灵相比，危害还稍小一点；如果处置办法适宜，事情也能够解决。姚镆平素就老成持重，一时的成败得失，也是兵家常事；御史石金根据这件事上奏，也是用来激励姚镆等人的，使他们更加发奋努力，在后期取得胜利。我认为当今的事情，应该专门让姚镆等人负责，让他担任重要的官职，看重他的才能，忽略他小的过失，给他时间让他成功。到了最终没有功绩的地步，然后再另外挑选有才能的并且熟悉那个地方的民情土俗的人，像尚书胡世宁、李承勋，去代替他的重任，事情一定会成功。"

上疏递入，皇上下诏让姚镆入朝做官，并派人敦促他上

为《客坐私嘱》曰:"但愿温恭直谅之友,来此讲学论道,示以孝友谦和之行,德业相劝,过失相规,以教训我子弟,使无陷于非僻;不愿狂噪惰慢之徒,来此博弈饮酒,长傲饰非,导以骄奢淫荡之事,诱以贪财黩货之谋,冥顽无耻,扇惑鼓动,以益我子弟之不肖。呜呼!由前之说,是谓良士;由后之说,是为凶人;我子弟苟远良士而近凶人,是谓逆子。戒之戒之!嘉靖丁亥八月,将有两广之行,书此以戒我子弟,并以告夫士友之辱临于斯者,请一览教之!"

九月,壬午,发越中。是月初八日,德洪与畿访张元冲舟中,因论为学宗旨。畿曰:"先生说知善知恶是良知,为善去恶是格物,此恐未是究意话头?"德洪曰:"何如?"畿曰:"心体既是无善无恶,意亦是无善无恶,知亦是无善无恶,物亦是无善无恶;若说意有善有恶,毕竟心亦未是无善无恶。"

德洪曰:"心体原来无善无恶,今习染既久,觉心体上见有善恶在,为善去恶,正是复那本体功夫;若见得本体如此,只说无功夫可用,恐只是见耳。"

畿曰:"明日先生启行,晚可同进请问。"是日夜分,客始散,先生将入内,闻洪与畿候立庭下,先生复出,使移席路。八月,先生将要进入两广,曾经撰写了《客坐私嘱》,当中写道:"只希望温和恭敬、刚直、能体谅人的朋友,来这儿讲习学问谈论大道,不时教诲孝敬、友善、谦逊,平和的品行,在德性、事业上相互鼓励,有过失互相劝诫,用这些来教导训化我的子弟,使他们不要陷于错误和邪僻;不愿让狂躁惰怠的那一类人,来这儿下棋饮酒,傲气十足,掩饰过错,用骄奢淫荡的坏事来引导,用贪得财货的阴谋来劝诱,冥顽不化,丧失廉耻,谗言蛊惑,来增加我子弟的不肖。哎,像前边所说的那一类人,被称作良士;像后边所说的那一类人,就是害人的凶手;如我的子弟疏远良士而亲近凶手,这就叫逆子。慎重,慎重!嘉靖六年八月,将有去两广的远行,写下这个来告诫我的子弟,并且告知降低身份来我家执教的先生,看了这个以后,对我的子弟勤加教诲!"

九月,壬午日,从浙江出发。这月初八那一天,德洪和王畿在船上拜访张元冲,于是谈论做学问的宗旨。王畿说:"先生说知善知恶是良知,为善去恶是格物,这些恐怕不是最根本的说法?"德洪说:"为什么呢?"王畿说:"心体既然是无善无恶。那么意念也是无善无恶,认识也是无善无恶,事物也是无善无恶;如果说意念有善有恶,毕竟心也不是无善无恶。"

德洪说:"心体原本无善无恶,现在习染得时间久了以后,便觉得在心体上能看到有善恶的存在,为善去恶,正是恢复本体那无善无恶的功夫;如果看到本体是这样,就只是说没有什么功夫可用了,恐怕只是看到本体而已,并非真正体悟。"

王畿说:"明天先生启程出发,晚上我们一同去拜见请教。"这天半夜时分,客人才散去,先生将入内休息,听到德洪

天泉桥上。

德洪举与畿论辩请问,先生喜曰:"正要二君有此一问,我今将行,朋友中更无有论证及此者;二君之见,正好相取,不可相病,汝中须用德洪功夫,德洪须透汝中本体,二君相取为益,吾学更无遗念矣。"

德洪请问,先生曰:"有只是你自有良知本体,原来无有本体,只是太虚;太虚之中,日月星辰,风雨露雷,阴霾饐气,何物不有,而又何一物得为太虚之障?人心本体,亦复如是,太虚无形,一过而化,亦何费纤毫气力?德洪功夫,须要如此,便是合得本体功夫。畿请问,先生曰:"汝中见得此意,只好默默自修不可执以接人;上根之人,世亦难遇,一悟本体,即见功夫,物我内外,一齐尽透,此颜子明道不敢承当,岂可轻易望人?二君已后与学者言,务要依我四句宗旨,无善无恶,是心之体;有善有恶,是意之动;知善知恶,是良知;为善去恶,是格物;以此自修,直跻圣位;以此接人,更无差失。"

畿曰:"本体透后,于此四句宗旨何如?"先生曰:"此是彻上彻下语,自初学以至圣人,只此功夫;初学用此,循循有入,虽至圣人,穷究无尽,尧舜精一功夫,亦只如此。"

和王畿在庭下候立，先生又出来，把席位移到天泉桥上。

德洪举出和王畿辩论的话题向先生请教，先生高兴地说："正需要你们二位有这样的一个提问，如今我要远行，朋友中还没有论证到这个地步的人；你们两位的看法，正好互相吸收，而不能互相排斥，汝中（王畿的字）须用德洪所讲的功夫，德洪须透彻领悟汝中所讲的本体，你们互相吸收是最为有益，那么我的学问就再也没有遗漏的地方了。"

德洪询问其中的原因，先生说："所说的有，只是你自己有良知本体，宇宙原来并没有本体，只是太虚；太虚之中，日月星辰，风雨露雷，阴霾瘴气，没有什么事物不存在，又有哪一件事物能够成为太虚的障碍呢？人心本体，也像这样，太虚无形，一旦过去就消失得无影无踪，需要花费一丝一毫的气力吗？德洪所讲的功夫，如果能达到这样的境界，就是契合了本体的功夫。"王畿请示教诲，先生说："你领悟到这个意思，只好默默自修，不能拿这个教化别人；资质俊秀的人，当今也难以遇到，一旦领悟了本体，就看到了功夫，物我内外，一齐都体悟明白，这个连颜回、程颢那样的贤者都不敢承担，怎么能轻易地寄希望于别人呢？你们二位以后和学者谈论这个的时候，一定要依照我所说的四句宗旨，无善无恶，是心的本体；有善有恶，是意念的发动；知善知恶，是良知；为善去恶，是格物；用这个来自我修持，一直到达圣人的境界；用这个来教诲别人，没有什么差错。"

王畿说："把本体体悟透彻以后，对这四句的宗旨，怎么样对待呢？"先生说："这是贯通上下的话，从初学以至于圣人，只是这个功夫；初学的人用这个功夫，渐渐地有所体悟，即使到了圣人，把一切的事物都探讨尽了，像尧舜的精一功夫，也只

先生又重嘱咐曰:"二君以后再不可更此四句宗旨,此四句,中人上下无不接着;我年来立教,亦更几番,今始立此四句。人心自有知识以来,已为习俗所染,今不教他在良知上实用为善去恶功夫,只去悬空想个本体,一切事为,俱不着实,此病痛不是小小,不可不早说破。"是日洪、畿俱有省。甲申,渡钱塘。先生游吴山、月岩、严滩,俱有诗。

过钓台曰:"忆昔过钓台,驱驰正军旅;十年今始来,复以兵戈起。空山烟雾深,往迹如梦里;微雨林径滑,肺病双足胝;仰瞻台上云,俯濯台下水;人生何碌碌?高尚乃如此!疮痍念同胞,至人匪为己;过门不遑入,忧劳岂得已?滔滔良自伤,果哉末难已!"

跋曰:"右正德己卯,献俘行在,过钓台而弗及登;今兹复来,又以兵革之役,兼肺病足疮,徒顾瞻怅望而已。书此付桐庐尹沈元材,刻置亭壁,聊以纪经行岁月云耳。时从行进士钱德洪、王汝中、建德尹杨思臣,及元材凡四人。"

丙申,至衢。《西安雨中诸生出候因寄德洪汝中并示书

是这样。"

先生又重新嘱咐说:"你们二位以后再不可变更这四句宗旨了,这四句宗旨,对于资质之上、中、下等都有所教益;我多年来讲授学问,也有几次变更,如今才倡立了这四句宗旨。人心自从有知识以来,已经被习俗所污染,如今不教他们在良知上实用为善去恶的功夫,只是去悬空想个本体,对于一切事情行为,都不落到实处,这种缺陷确实不是太小了,不能不早点说破。"这天德洪、王畿都有所领悟。甲申日,渡过钱塘江。先生游历了吴山、月岩、严滩,都作了诗。

经过钓台的时候,作诗道:"回忆从前经过钓台的时候,正在军旅中驱驰;十年过去了,如今才又来到这里,又是因为战乱的兴起。山野静寂,烟雾弥漫,过去的足迹就像在梦里一般不可追寻;细雨绵绵,小径滑湿,肺病足疾缠身,不得领略如此佳境;抬头仰望台上的浮云,俯身用台下的清水清洗;人生是多么地为琐事而奔忙呀,心境高远也得这样!念民生之艰难,思想高尚的人从来不是为自己而打算;路过家门而不能进去探望,身心的忧劳怎么才能停止呢?大化流行,只是暗自伤悲而已,确实是无法摆脱的呀!

又写跋文道:"以上正德十四年,在押解俘虏的途中,经过钓台却没有时间攀登;如今又来到这里,又因为战争,而且身染肺病足疮,只能心怀惆怅地瞻望而已。写这些文字,交付桐庐尹沈元材,刻下来安置在亭子的墙壁上,来记录所经历的年月。当时跟随的有进士钱德洪、王汝中,建德尹杨思臣,以及元材,共四人。"

丙申日,到了衢州。《西安雨中诸生出候因寄德洪汝中并示

院诸生》:"几度西安道,江声暮雨时;机关鸥鸟破,踪迹不云疑;仗钺非吾事,传经媲尔师!天真泉石秀,新有鹿门期。"

《德洪汝中方卜筑书院盛称天真之奇并寄及之》:"不踏天真路,依稀二十年;石门深竹径,苍峡泻云泉;泮壁环胥海,龟畴见宋田;文明原有象,卜筑岂无缘?"今祠有仰止祠,环海楼,太极云泉,泻云诸亭。

戊戌,过常山。诗曰:"长生徒有慕,苦乏大药资;名山遍深历,悠悠鬓生丝;微躯一系念,去道日远而。中岁忽有觉,九还乃在兹;非炉亦非鼎,何坎复何离?本无终始究,宁有死生期?彼哉游方士!诡辞反增疑;纷然诸老翁,自传困多岐。乾坤由我在,安用他求为?千圣皆过影,良知乃吾师。"

十月,至南昌。先生发舟广信,沿途诸生徐樾、张士贤、桂轓等请见,先生俱谢以兵事未暇,许回途相见。

徐樾自贵溪追至余干,先生令登舟;樾方自白鹿洞打

书院诸生》，诗云："几经转折来到西安，正是江声低吟细雨潇潇的时候；鸥鸟独领天地之造化，水云漂泊永无定迹；仗钺作战不是我的志向所在，传授经学使你们的老师也是感到惭愧！天真这个地方泉水山石秀丽无比，新近又有对鹿门的期盼。"

《德洪汝中方卜筑书院盛称天真之奇并寄及之》，诗云："岁月蹉跎，已经二十年了，没有再徘徊于天真的林间小路了。古朴的石门，幽深的竹丛小路，苍峡之中，高入云间的泉水奔泻而下。胥海被峭立的石壁环绕着，宋田的原野一望无际。文化的昌明原本有物象显兆，选择场所建立书院怎么能没有这种山水的缘分呢？"如今这个地方祠庙有仰止祠，还有环海楼、太极、云泉、泻云等几个亭子。

戊戌日，经过常山。作诗道："漫长人生，只有历经坎坷，没有解除心灵痛苦的大药借以解忧；遍历名山企求寻仙访道，可岁月悠悠，两鬓生出银丝；我对成仙成佛，心系一念，可是离开大道越来越远。人到中年，忽然有所觉醒：九死还生原来就在这儿；我自己既非炉又非鼎，哪有什么坎和离？本来没有从根本上探讨清楚，怎么能期望死而复生呢？那些迷惑人心的游方士呀，虚伪的言辞反而增加了人们的疑虑；众多的期望成仙得道的老翁，言语方面有许多错误和混乱。朗朗乾坤，因我的存在而存在，还用向其他外界寻求吗？成千的圣人都成了匆匆而过的影子，内心的良知是我可以效法的良师。"

十月，到了南昌。先生乘船到广信，沿途的诸生徐樾、张士贤、桂辐等人请求拜见，先生都以军务繁忙没有空闲谢绝，答应返回的路上再相见。

徐樾从贵溪追到余干，先生让他上船；徐樾刚从白鹿洞打

坐，有禅定意。先生目而得之，令举似曰："不是。"已而稍变前语，又曰："不是。"

已而更端，先生曰："近之矣。此体岂有方所？譬之此烛，光无不在，不可以烛上为光。"因指舟中曰："此亦是光，此亦是光。"直指出舟外水面曰："此亦是光。"樾领谢而别。

明日至南浦，父老军民，俱顶香林立，填途塞巷，至不能行；父老顶舆传递入都司。先生命父老军民就谒，东入西出，有不舍者，出且复入，自辰至未而散，始举有司常仪。

明日，谒文庙，讲大学于明伦堂，诸生屏拥，多不得闻；唐尧臣献茶，得上堂旁听。初尧臣不信学，闻先生至，自乡出迎，心已内动；比见拥谒，惊曰："三代后，安得有此气象耶？"

及闻讲，沛然无疑。同门有黄文明魏良器辈笑曰："逋逃主亦来投降乎？"尧臣曰："须得如此大捕人，方能降我，尔辈安能？"至吉安，大会士友螺川。

诸生彭簪、王钊、刘阳、欧阳瑜等，偕旧游三百余，迎入

坐回来，有禅定的心意。先生通过他的眼睛观察出来，让他提出相似的地方，他说："不同"。后来先生稍微改变前边的问话，他又说："不同"。

再后来改变了以前的问法，先生说："两者相近的呀。这心体哪里有固定的处所？拿蜡烛打比方，光亮无处不在，不可只把蜡烛头上的光亮当作光。"接着指着船里说："这也是光，这也是光。"一直指到船外的水面说："这也是光。"徐樾有所领悟，表示谢意后就告别了。

第二天到了南浦，乡中父老军人百姓，都顶着香火迎立着，道路上、街道上站满了人，以至于无法行走；父老乡亲把他舆驾从头顶上传递到都司衙口，先生让父老军民进来相见，从东门进来，从西门出去，川流不息，有的人不忍离去，出去之后，又从东门进来，从辰时开始一直未时人们才散去，才让有司安排日常的礼仪。

第二天，拜访了文庙，在明伦堂讲述《大学》，听讲的人太多十分拥挤，许多人都没有听到；唐尧臣给先生献茶，得以在堂上旁听。起初，尧臣不相信学问，听到先生到了，从乡里出来迎接，内心已经有所触动；等看到父老军民相拜见的场面，惊奇地说："尧、舜、禹三代以后，哪里能有这样的气象？"

等到听了先生的讲学以后，心胸开阔没有一丝疑虑。同门求学的有黄文明、魏良器等人，笑着说："被追捕而在逃的主犯来投降了吗？"尧臣说："必须得像先生这样有才能的追捕者，才能降伏我，你们怎么能降伏我呢？"到了吉安，在螺川大会士人朋友。

门生彭簪、王钊、刘阳、欧阳瑜等人，带着旧日一同游历的螺川驿中。先生立谈不倦曰："尧舜生知安行的圣人，犹兢兢业业，用困勉的工夫；吾侪以困勉的资质，而悠悠荡荡，坐享生知安行的成功，岂不误己误人？"

又曰："良知之妙，真是周流六虚，变通不居；若假以文过饰非，为害大矣。"临别嘱曰："工夫只是简易真切，愈真切，愈简易，愈简易，愈真切。"

十一月，至肇庆。是月十八日，抵肇庆。先生寄书德洪畿曰："家事赖廷豹纠正而德洪、汝中又相与，薰陶切劚于其间，吾可以无内顾矣。绍兴书院中同志，不审近来意向如何？德洪、汝中既任其责，当能振作接引，有所兴起。会讲之约，但得不废，其间纵有一二懈弛，亦可因此夹持，不致遂有倾倒。余姚又得应元诸友作兴鼓舞，想益日异而月不同，老夫虽出山林，亦每以自慰；诸贤皆一日千里之足，岂俟区区有所警策，聊亦以此视鞭影耳。即日已抵肇庆去梧不三四日可到；方入冗场，绍兴书院，及余姚各会同志诸贤，不能一一列名字。"

乙未，至梧州，上谢恩疏。二十日，梧州开府。十二月朔，上疏曰："田州之事，尚未及会议审处。然臣沿途咨询，颇有所闻，不敢不为陛下言其略。臣惟岑猛父子，固有可诛之罪，然所以致彼若是者，则前此当事诸人，亦宜分受其责。盖两广军门，专为诸瑶、僮及诸流贼而设，事权实专且

学友三百多人，迎进螺川驿中。先生站着讲述一点也不疲倦，他说："尧、舜那样天生就懂得怎么样在世上立身的圣人，还兢兢业业，做自我勉励的功夫；我们凭需要勉励的资质，却悠悠荡荡，坐享已成定规的礼俗，哪能不误己误人呢？"

又说："良知的精妙，真是周流六虚，变通不居；如果借此用虚伪的浮文来掩饰过错，那么为害就大了。"临别时对他们嘱咐道："工夫只是简易真切，越是真切就越是简易，越是简易，就越是真切。"

十一月，到了肇庆。这月十八日抵达肇庆。先生给德洪、王畿寄信说："家事依靠廷豹帮助，你们二位也多加关照，诸事多承蒙不断垂询，我可以没有内顾之忧了。绍兴书院里有共同志向的朋友们，不知近来进展怎样？你们二位既然承担那儿的责任，应当能够振作起来，有所作为。聚会讲习的约定，最好不要废除，这中间纵然有一两次松懈，也能够坚持得住，不致完全倾倒。余姚又有应元等各位朋友加以倡导，我想会更加日新月异，我即使退居山林，也常常以此自我安慰，各位贤者的前程一日千里，哪里用得着我的一些细微鞭策呢，只把我以上劝说的话当作无有其实只有其影而已。今日已经抵达肇庆，到梧州用不了三、四日就能到达；近来杂事繁扰，绍兴书院，以及余姚的各学会同志贤者，不能一一列出名字。"

乙未，到了梧州，上疏谢恩。二十日，在梧州开府办理公务。十二月月底，上疏说："田州的事，还没有来得及商议处置；然而我沿途寻访打听，听到了许多情况，不敢不把大概情况呈报给您。我认为岑猛父子，固然犯了可诛的大罪；然而追究使他们成为现在这样的原因，那么先前在这儿为官的人，也应该分担

重；若使振其兵威，自足以制服诸蛮，夫何军政日坏？上无可任之将，下无可用之兵，有警必须倚调土官狼兵，若猛之属者而后行事；故此辈得以凭恃兵力，日增桀骜，及事之平，则又功归于上，而彼无所与，固不能以无怨愤。

始而征发愆期，既而调遣不至，上嫉下愤，日深月积。劫之以势，而威益亵；笼之以诈，而术愈穷；由是谕之而益梗，抚之而益疑，遂至于有今日。今山瑶海贼，乘衅摇动，穷迫必死之寇，既从而煽诱之；贫苦流亡之民，又从而逃归之；其可忧危，奚啻十百于二，酋者之为患？其事已兆，而变已形，顾犹不此之虑，而汲汲于二酋，则当事者之过计矣。

臣又闻诸两广士民之言，皆谓：'流官久设，亦徒有虚名而受实祸。'诘其所以，皆云：'未设流官之前，土人岁出土兵三千，以听官府之调遣；既设流官之后，官府岁发民兵数千，以防土人之反覆。'即此一事，利害可知。且思恩自设流官，十八九年之间，反间数起，经剿日无休息，浚良民之膏血，而涂诸无用之地；此流官之无益，亦断可识矣，论者以为既设流官，而复去之，则有更改之嫌，恐招物议；是以宁

一定的责任。两广的驻守军队，好像专门为蛮贼及各路流贼设立，用权专断严厉；如果使他们振作兵威，自然足以制服各路蛮贼，为什么军政渐渐败坏了，上面没有可以担此重任的将领，下面没有可以调遣的士兵，有了报警必须依靠调遣土官狼兵，像岑猛的部属一样最后才采取行动；所以蛮贼能够凭恃兵力，日益猖狂，等到战事平定，就又把功劳归之于上，而和他们没有关系，所以不能没有怨愤之情。

开始征发两军队不能按期到达，后来调遣也不赶到，上边的不满，下边的怨恨，渐渐地加深了矛盾。用势力胁迫他们，从而使上司的威严受到损害；用欺诈来笼络他们，治术将更为缺乏；用这种方法晓谕他们将更会遇到阻碍，安抚他们将更使他们怀疑，于是到了今天这个地步。如今山中的蛮贼，海上的贼寇，乘此机会蠢蠢欲动，穷途末路的贼寇跟随着煽动他们兴起变乱；贫苦流亡的老百姓，又跟随着投奔他们；这些造成的困境，哪里只十百倍于岑猛父子二酋的祸害呢？这些事变已经有了征兆，变乱已经显示出来了，还不考虑，却只局限于对岑猛父子二酋的用心，实在是执掌此事的人的错误估计呀。

我又从两广士民那儿听说，都认为：'长久设立的流官制度，也只有虚名，却遭受实际的灾祸。'问他们说这话的原因，都说：'没有设立流官之前，土人每年征出三千名土兵，听从官府的调遣，设立了流官之后，官府每年征集几千名民兵，来防止土人的反复作乱。'从这一件事，就可以看出其中的利害。况且思恩地区自从设立了流官之后，十八九年之间，反叛的贼寇几次兴起，征剿几乎不断，榨取老百姓的膏血，施之于无用之地；由此可知，设立流官没有益处，是很明白的。有不同意见的人认

使一方之民，久罹涂炭，而不敢明为朝廷一言。宁负朝廷，而不敢犯众议，甚哉人臣之不忠也。苟利于国，而庇于民，死且为之，而何物议之足计乎？臣始至，虽未能周知备历，然形势亦可概见矣。田州切近交趾，其间深山绝谷，瑶僮盘据，动以千百，必须存土官，借其兵力，以为中土屏蔽；若尽杀其人，改土为流，则边鄙之患，我自当之，自撤藩篱，后必有悔。"

奏下，尚书王时中持之，得旨："守仁才略素优，所议必自有见，事难遥度，俟其会议熟处；要须情法得中，经久无患；事有宜。亟行者，听其便宜，勿怀顾忌，以贻后患。"

初，总督命下具疏辞免，及豫言处分思、田机宜，凡当路相知者，皆寓书致意。

与杨少师曰："惟大臣报国之忠，莫大于进贤去谗，自信山林之志已坚，而又素受知己之爱，不复嫌避，故辄言之，乃今适为己地也。昔有以边警荐用彭司马者，公独不可，曰：'彭始成功，今或少挫，非所以完之矣。'公之爱惜人才，而欲成全之也如此，独不能以此意推之某乎？果不忍终弃，病痊或使得备散局，如南北太常国子之任，则图报当有

为,既然设立了流官,却又废除,就有更改对土民态度的嫌疑,恐怕引起人们的议论;因此宁愿使地处一方的老百姓,长久遭受生灵涂炭,却不敢明明白白地向朝廷进一言。宁愿欺骗朝廷,也不敢冒犯众人的看法,作为人臣也太不忠诚了。如果对国家有利,老百姓能得到庇护,宁死都愿意这样做,还考虑众人的评议吗?我刚到这里,虽然不能详细地了解周密地考察,然而形势也可以看清个大概。田州和交趾特别邻近,在他们之间,深山绝谷,蛮贼盘踞于此,动辄就有千百,必须保留土官,给他兵力,作为中土的屏障;如果把他们的人马都杀尽,改土官为流官,那么边境的战患,我们自己来抵挡,就像自己亲手撤了自己的藩篱,以后一定会后悔的。"

上奏批复下来,交付尚书王时中,得到圣旨:"守仁才略向来优秀,所谈看法一定很有见地,发生的事实因遥远,朕很难忖度,只有等待他自己聚会商议,慎重处理;关键在于必须情法得中,经久无患;遇到事情需要紧急处理的,任凭他根据情况合理办理,不要心怀顾虑疑忌,以致贻留后患。"

起初,任命先生为总督,先生呈递疏文请求免掉,并陈述分析处理思恩、田州事件的办法,凡是沿途相识的人,他都写信表述心意。

给杨少师的信说:"忠诚报国的大臣,没有比把举荐贤能斥退谗言小人看得更重要的了,我相信自己退隐山林的志向已经坚定,而且平日倍受知己的爱护,不再避嫌,所以就把这些话说出来,如今正好是我退处的时机。从前,因为边防紧急,有人举荐彭司马,你独自认为不可,说:'彭司马刚刚取得成功,如今让他出战或许稍稍受挫折,这不是成全他的方法。'你爱惜人

日也。"

与黄绾书曰:"往年江西赴义将士,功久未上,人无所劝,再出何面目见之?且东南小丑,特疮疥之疾;百辟谗嫉朋比,此则腹心之祸,大为可忧者。诸公任学之勇,不思何以善后;大都君子道长,小人道消,疾病既除,元气自复;但去病太亟,亦耗元气,药石固当以渐也。"

又曰:"思、田之事,本无紧要,只为从前张皇太过,后难收拾,所谓生事事生是已。今必得如奏中所请,庶图久安,否则反覆,未可知也。"

与方献夫书曰:"圣主聪明不世出,今日所急,惟在培养君德,端其志向,于此有立,是谓一正君而国定。然非真有体国之诚,其心断断休休者,亦徒事其名而已。"

又曰:"诸公皆有荐贤之疏,此诚君子立朝盛节;但与名其间,却有所未喻者。此天下治乱盛衰所系,君子小人进退存亡之机,不可以不慎也!譬诸养蚕,但杂一烂蚕其中,

才，想成全他到了这种地步，唯独不能把这种想法推广到我的身上吗？果真不想放弃我让我到山林隐居，等我病好了之后，或许能够做点别的事，如南北太常国子那样的职位，那么图谋报国自然有日可待。"

给黄绾写信说："前几年江西奔赴大义剿灭贼寇的将士，功劳很久没有上奏皇上，如今没有什么办法可以用来鼓舞人心，再次领兵出击，还有什么面目去见他们呢？况且盘踞东南的贼寇小丑一般，只是像疮疥那样的疾病，不值得过分忧虑；大臣的谗言忌妒结党为私，这才是真正的心腹大患，最为可以担忧的事情。你们凭恃一时的勇气，没有想到用什么来使后方稳定；大都是君子之道长进，小人之道消退，疾病去除以后，元气自然恢复，但是去除疾病时太急切，也损耗元气，医药本来应该让它渐渐发挥作用。"

又说："思恩、田州发生的贼寇变乱的事，本来没有什么紧要的，只是因为从前张皇宽容得他们太过分，以至于后来难以收拾，正是所说的'生事事生'。如今必须得按我奏折中所请示的那样，差不多可以图谋长久安定，否则事情有所反复，也是不可知的。"

给方献夫的信说："圣主聪明不世有，今天最为迫切的，只在于培养君主的德性，端正他的志向，在这些方面有所建树，就是所说的君主正气凛然，国家就能安定。然而不是真正具有体恤国计民生的诚心，内心摇摆不定，也只是空有其名而已。"

又说："你们都曾上疏举荐贤能，这确实是君子立于朝廷的大节；但是这里也有只具虚名的人，这是我所不明白的。这关系到天下的治乱兴衰，君子小人进退存亡的契机，不能不谨慎呀！

则一筐好蚕,尽为所坏矣。凡荐贤于朝,与自己用人不同,自己用人,权度在我;若荐贤于明则评品宜定。小人之才,岂无可用?如砒硫芒硝,皆有攻毒破痈之功,但混于参薯术之间而进之,鲜不误矣。

又曰:"思、田之事已坏,欲以无事处之,要已不能;只求减省一分,则地方亦可减省一分之劳扰耳。此议深知大拂喜事者之心,然欲杀数千无罪之人,以求成一将之功,仁者之所不忍也。"

十有二月,命暂兼理巡抚两广,疏辞,不允。

七年,戊子。先生五十七岁,在梧。二月,思、田平。

先生疏略曰:"臣奉有成命,与巡按纪功御史石金,布政使林富等,副使祝昂、林文𫐄等,参将李璋、沈希仪等,会议思、田之役,兵连祸结,两省荼毒,已逾二年;兵力尽于哨守、民脂竭于转输,官吏罢于奔走。

今日之事,已如破坏之舟,漂泊于颠风巨浪,覆溺之患,汹汹在目,不待知者而知之矣。因详其十患、十善、二幸、四毁,反覆言之。"

且曰:"臣至南宁,乃下令尽撤调集防守之兵,数日之

就养蚕打比方，只要把一只糜烂的蚕混杂到蚕群中，那么好好的一筐蚕，都被毁坏掉了。凡是向朝廷举荐贤能，和自己用人不同，自己的用人，权衡调度在于我自己；如果向朝廷举荐贤能，就应该有个确定的评价。一般人的才能，难道没有可用的地方？正像砒霜、硫黄、芒硝，都有攻毒破癖的功效；但是把它混杂在人参、伏苓、薯术的中间一起服用，没有不误事的。

又说："思恩、田州的变乱已经发生，想用无事的态度对待它，已经不可能了；只求减省一分祸患，那么地方也能减省一分扰乱。这种说法我深知很使那些喜欢发生战事的人内心不满，然而想通过杀害几千无罪的人，来求成就一位将帅的功绩，是心怀仁爱的人所不忍看到的。"

十二月，皇上派他暂时兼任巡抚两广之职，先生上疏辞退，没有得到允许。

嘉靖七年，戊子。先生五十七岁，住在梧州。二月，平定了思恩、田州的变乱。

先生在上疏中大概说："我奉皇上的成命，和巡按纪功御史石金，布政使林富等人，副使祝乩、林文辂等人，参将李璋、沈希仪等人商议思恩、田州这场战役，连遭兵祸，两省的百姓遭受荼毒，已经超过两年；兵力都用在哨所的设置上，老百姓的血汗都抛洒在运输军需上，官吏疲于奔走。

事到如今，已经像遭受破坏的船只，漂泊在狂风巨浪之中，翻船溺水的祸患，迫近眉睫，智力平常的人也懂得这一点。于是详细地研讨其中的十患、十善、二幸、四毁，并且反复地向人讲述。"

并且说："我到了南宁之后，就下令把调集防守的士兵全部

内解散而归者数万；惟湖兵数千，道阻且远，不易即归，仍使分留宾宁，解甲休养待间而发。初，苏、受等，闻臣奉命处勘，始知朝廷无必杀之意，皆有投生之念，日夜悬望，惟恐臣至之不速；已而闻太监总兵，相继召还，至是又见守兵尽撤，其投生之念益坚；乃遣其头目黄富等，先赴军门诉告：'愿得扫境投生，惟乞宥免一死。'臣等谕以'朝廷之意，正恐尔等有所亏枉，故特遣大臣处勘，开尔等更生之路；尔等果能诚心投顺，决当贷尔之死。'因复露布朝廷威德，使各持归省谕，克期听降。

苏、受等得牌，皆罗拜踊跃，欢声雷动，率众扫境，归命南宁城下，分屯四营；苏、受等囚首自缚，与其头目数百人，赴军门请命。臣等谕以'朝廷既赦尔等之罪，岂复亏失信义？但尔等拥众负固，虽由畏死，然骚动一方上烦九重之虑，下疲三省之民，若不示罚，何以泄军民之愤？'于是下苏、受于军门各杖之一百乃解其缚，谕：'今日宥尔一死者，朝廷天地好生之仁；必杖尔示罚者，我等人臣执法之义。于是众皆叩首悦服。臣亦随至其营，抚定其众凡一万七千，濊濊道路，踊跃欢闻，皆谓：'朝廷如此再生之恩，我等誓以死报。且乞即愿杀贼立功赎罪，臣因谕以'朝廷之意，惟欲生全尔等，今尔等方来投生，岂忍又驱之兵刃

撤走，几天之内，解散回去的有几万；只有湖湘的士兵几千人，道路阻隔而且遥远，不易马上回去，就让他们分别留守在宾宁地区，解甲休养，等候派遣。起初，卢苏、王受等人，听到我奉命前来平定，就明白朝廷没有必杀的念头，都有投降求生的想法，日夜翘首等待，唯恐我不能及时赶到；后来听到做总兵的太监，相继被召回，到这时又看到守卫的兵士都被撤离。他的投降求生的想法更加坚定；就派他的头目黄富等人，先到军队驻扎的地方诉说苦衷：'愿意投降求生，只是请求免我一死。'我们明白地告诉他们'朝廷的意思，正是恐怕你们的求生之念不能得以满足，所以特地派遣大臣前来处置平定，给你们开一条求生之路；你们果真能够诚心投顺，坚决饶恕你们的死罪。'于是又讲述了朝廷的声威恩德，让他们各自回去反省明白，限期前来归降。

卢苏、王受等人得到赦免的令牌，都相互祝贺，欢呼之声响彻云霄，率领人马出境投降，命令他们在南宁城下，分四营屯扎；卢苏、王受等贼首自己捆缚起来，和他们的头目几百人，赶赴我的驻地请求裁决。我们明白地告诉他们：'朝廷既然赦免了你们的罪过，哪能又能丧失信义呢？只是你们拥兵固守，虽然由于怕死前来归降，但是骚扰于一方，对上使朝廷为之而顾虑重重，对下使三省的老百姓倍受苦难，如果不予以惩罚，怎样发泄老百姓的愤恨呢？"于是把卢苏、王受等人拘捕在驻地之中，各自杖击一百，才解开捆缚他们的绳索，告诉他们说：'在今天免你们一死，是因为朝廷有天地好生的仁爱之心；一定要对你们施以杖刑，是我们作为人臣所应该做的。'于是众人都叩首称谢，心悦诚服。我也跟随他们赶到他们的营地，安抚他们的

之下？尔等逃窜日久，且宜速归，完尔家室，修复生理。至于诸路群盗，军门自有区处，徐当调发尔等。'于是又皆感泣欢呼，皆谓：'朝廷如此再生之恩，我等誓以死报。臣于是遂委布政使林富前副总张祐督令复业。方隅平定，是皆皇上神武不杀之威，风行于庙堂之上，而草偃于百蛮之表，是以班师不待七旬，而顽夷即尔来格，不折一矢，不戮一卒，而全活数万生灵，是所谓绥之斯来，动之斯和者也。"

疏入，敕遣行人奖励，赏银五十两，纻丝四袭，所司备办羊酒，其余各给赏有差。先生为文勒石曰："嘉靖丙戌夏，官兵伐田，随与思恩之人，相比相煽，集军四省，汹汹连年；于时皇帝忧悯元元，容有无辜而死者乎？乃令新建伯王守仁，曷往视师，其以德绥，勿以兵虔。班师撤旅，信义大宣，诸夷感慕，旬日之间，自缚来归者，一万七千，悉放之还农，两省以安。昔有苗徂征，七旬来格；今未期月，而蛮夷率服；绥之斯来，速于邮传；舞千之化，何以加焉？爰告思、田，毋忘帝德；爰勒山石，昭此赫赫。文武圣神，率土之滨，凡有血气，莫不尊亲。"

部下，共一万七千多人，把道路围得水泄不通，兴高采烈，都说："朝廷给我们这样的再生之恩，我们必誓死相报。"并且乞求愿意马上杀贼立功来赎罪，我接着告诉他们："朝廷的意思，只是想使你们都活下来，如今你们才来我这儿投降求生，哪里忍心又驱使你们亲身作战？你们在外逃窜的时间很久了，应该赶快回家，和你们家人团聚，继续操持家业。至于各路的盗贼，我们自然有办法处置，慢慢地再调遣你们。"于是他们又感激泣下，欢呼雷动，都说："朝廷对我们有这样的再生之恩，我们决心以死相报。"我于是就委派布政使林富，前副总张祐督使他们回家恢复本业。这一方的平定，都是皇上神武不杀的威严，风行于庙堂之上，而使荒蛮之地闻之降服，因此不到七十天就班师回去，都是蛮贼自己前来投顺，没有损失一支箭，没有杀死一个兵卒，使几万的生灵得以活命，这正是所说的，安抚他们使他们自己投顺，用恩德感化他们，则和顺处事"。

疏文呈递进去，皇上派人前来奖赏鼓励，赏银五十两，纻丝衣服四套，备办羊酒犒赏，其余的各按差等奖赏。先生刻写碑文记述这件事，上面写道："嘉靖五年夏，官兵讨伐田州贼寇，思恩的贼寇和他们相互呼应，集合四省的人马，几年来气焰嚣张；在这时皇帝怜悯百姓，能容忍有无辜而死亡的人？于是委派新建伯王守仁，亲自前去督率军队，嘱咐他用恩德安抚，不用兵力剿杀。主动撤离军队，信义得以广泛传播；各路蛮贼感激仰慕，十几天之内，自己绑缚来归降的，有一万七千人，都释放他们回家务农，两省于是安定下来。从前开始征讨有苗族叛乱，七十天才获胜；如今不到一月，蛮贼就率众拜服；安抚他们，他们就来投顺，比邮传还快；德性的教化，真是到了无以复加的地步了

四月，议迁都台于田州，不果。

先是有制："王守仁暂令兼理巡抚两广。"既受命，先生乃疏言："臣以迂殊多病之躯，谬承总制四省军务之命，方怀不胜其任之忧；今又加以巡抚之责，岂其所能堪乎？且两广之事，实重且难；巡抚之任，非得才力精强者，重其事权，进其官阶，而久其职任，殆未可求效于岁月之间也。致仕副都御史伍文定，往岁宁藩之变，常从臣起兵，具见经略；侍郎梁材，南赣副都御史汪鋐，亦皆才能素著，足堪此任，愿选择而使之。"

会侍郎方献夫建白，宜于田州特设都御史一人，抚绥诸夷，下议，生先复疏言："布政使林富可用，或量改宪职，仍听臣等节制，暂于思、田住札，抚绥其众。

然而要之蛮夷之区，不可治以汉法；虽流官之设，尚且弗便，而又可益之以都台乎？今且暂设，凡一切廪饩舆马，悉取办于南宁府卫，取给于军饷，不以干思、田之人；俟年余经略有次，思、田止责知府理治，或设兵备宪臣一人于宾州，或以南宁兵备兼理。如此则目前既得辑宁之效，而日后又可免烦劳之扰矣。"

吧?于是告示思恩、田州两地的百姓,不要忘了皇帝的大德;于是刻山石以纪事,昭明这赫赫功德。皇上文韬武略,神明睿智,普天之下,凡是有血气的人,没有不尊崇亲近的。"

四月,商议把都台迁到田州,没有实现。

这以前,皇上有令:"王守仁暂时被委任巡抚两广的职责。"接受委任以后,先生就上疏:"我以迂拙多病的身体,误受总制四省军务的命令,正心怀不能胜任的忧虑;如今又加上了巡抚的责任,哪里是我的能力所能承受得了的?况且两广的事务,实在是繁重而困难重重;巡抚这样的重任,必须有才力精强的人,加大他管理事务的权力,提高他的官职,而且让他长期地担负这一地方的官职,确实不能在一年一月之间求得实效。担任副都御史的伍文定,几年前平定宁藩叛乱,常常跟随我起兵作战,有雄韬大略;侍郎梁材,南赣副都御史汪鋐,也都是以才能而著称的,足以承担这个重任,愿皇上从中选择,而委以重任。"

恰逢侍郎方献夫建议,应该在田州特设都御史一人,抚慰安定各路蛮夷,下诏商议,先生又上疏说:"布政使林富可以任用,或者酌量改变他的官职,仍然受我的节制,暂时在思恩、田州驻扎,安抚他所辖的百姓。

然而对于蛮夷之地,不能用治理汉人的办法来治理他们;即使设立了流官,尚且不起多大效用,设立都台又能有多大益处呢?如今暂且设置,凡是一切俸禄食用车驾马匹,都从南宁府领取,南宁府供给他们军饷,治理不干扰思恩、田州的老百姓;等到过上一年多,治理渐渐有了秩序,思恩、田州只责成知府治理或者在宾州设立兵备宪臣一人,或者让南宁兵备兼职治理。

又以柳庆缺参将，特荐用沈希仪；且请起用前副总兵张祐，俾与富协心共事。未几，升富副都御史，抚治郧阳以去；先生再荐布政使王大用，按察使周期雍。又以边方缺官，且言："副使陈槐、施儒、杨必进，知府朱衮，皆堪右江兵备之任；知州林宽，可为田州知府；推官李乔木，可为同知。"且言："任贤图治，得人实难；其在边方反覆多事之地，其难尤甚。盖非得忠实勇果，通达坦易之才，未易以定其乱；有其才矣，使不谙其土俗，则亦未易以得其本心；得其心矣，使不耐其水土，亦不能以久居其地，以成其功。故用人于边方，必兼是三者而后可；如前四人者，固皆可用之才；今乃皆为时例所拘，弃置不用，而更劳心远索，则亦过矣。"

疏上，俱未果行。兴思、田学校。先生以田州新服，用夏变夷，宜有学校；但疮痍逃窜，尚无受痒之民，即欲建学，亦为徒劳；然风化之原，又不可缓也。

乃案行提学道，着属儒学，但有生员，无拘廪增，愿改田州府学及各处儒生，愿附籍入学者本道选委教官，暂领学事，相与讲肄游息，兴起孝弟；或倡行乡约，随事开引，渐为之兆；俟建有学校，然后将各生徒，通发该学肄业，照例充

如果这样,那么目前既能收到安定南宁的效果,日后又可以免去烦扰。"

又因为柳庆那个地方缺乏参将,特地举荐起用沈希仪;并且请求起用前副总兵张祐,辅助林富,共同办事。不久,升任林富为副都御史,去安抚治理郧阳;先生又举荐了布政使王大用,按察使周期雍。又因为边方缺乏官员,并且说:"副使陈槐、施儒、杨必进,知府朱充,都能够胜任右江兵备的职务;知州林宽,可做田州知府;推官李乔木,可做同治。"并且说:"任用贤能图谋治理,获得人才实在是太难了;在边方这个反复多事的地方,这种困难更是厉害。没有忠诚英勇果断敢为,通达有为的人才,是不容易平定这地方的叛乱的;对于有才能的人,假使不通晓那个地方的风俗,也不容易获得民心;得民心之后,假使不服本地水土,也不能在那儿长久居住,来成就他的功业。所以对于边防地区的用人,一定要兼有以上三者优势的人才能胜任;像我前边举荐的四个人,确实都是可以使用的人才;现在却被惯例限制,放弃一边不加以使用,然而花费很多的精力从远处寻找,也就太错误了。"

疏文呈递上去,都没有实现。兴办思恩、田州的学校。先生因为田州新近降服,要想用华夏文明变化夷族,应该设立学校;但是田州疮痍遍地,还没有衣食丰足的老百姓,即使想建立学校,也是徒劳;然而学校作为风化的领地,又不能延缓设立。

于是给提学道发了公文,让他就所属的儒学,只要有生员不拘于廪食的增加,愿意改读田州府学,那么不要考虑补贴的银两,粮食的增加。以及各处的儒生,愿意附籍前来入学的,本学道选派教官,暂时管理学习事务,一起讲学游历,兴起孝悌之

补廪增起贡。

五月抚新民，先生因左江道参议等官汪必东等称："古陶、白竹、石马等贼，近虽诛剿，然尚有流出府江诸处者，诚恐日后为患，乞调归顺土官岑瓛兵一千名，万承、龙英共五百名，或韦贵兵一千名，住于平南、桂平冲要地方。"

及该府知府程云鹏等，亦申："量留湖兵，及调武靖州狼兵防守。"乃谕之曰："始观论议似亦区画经久之计；徐考成功，终亦支吾目前之计。盖用兵之法，伐谋为先；处夷之道，攻心为上。今各瑶征剿之后，有司即宜诚心抚恤，以安其心；若不服其心，而徒欲久留湖兵，多调狼卒，凭借兵力，以威劫把持，谓为可久之计，则亦末矣。殊不知远来客兵，怨愤不肯为用，一也；供馈之需，稍不满意，求索訾詈，将无抵极，二也；就居民间，骚扰浊乱，易生雠隙，三也；困顿日久，资财耗竭，适以自敝，四也。

欲借此以卫民，而反为民增一苦；欲借此以防贼，而反为吾招一寇；其可行乎？合行知府程云鹏，公同指挥周胤宗，及各县知县等官，亲至已破贼巢，各邻近良善村寨，以

风；或者倡导实行乡规民约，随事加以引导，渐渐开创民风淳厚的局面；等到学校建立起来，然后把各位生员，一起录入这个学校修习学业，按照惯例，增加生员补贴，优先选拔贡生。

五月，安抚新近降服的老百姓。先生因为左江道参议官汪必东等人称："古陶、白竹、石马等地的贼寇，近来虽然遭到诛杀剿灭，然而还有流亡到府江等地的，确实害怕日后成为祸患，乞求调遣归顺的土官岑瓛的士兵一千人，万承、龙英共五百名，或者韦贵的士兵一千多名，驻扎在平南、桂平等要害地方。"

以及左江府的知府程云鹏等人，也反复说："酌量保留湖广军队，并调遣武靖州的狼兵前来防守。"所以先生明白地告诉他们说："开始看你们的议论，似乎也是谋划长久的计策；慢慢考察它所带来的效果，终究也只是关注眼前的考虑。用兵的方法，识破敌方的谋略是首要的。和夷族相处收服他们的内心是上策。如今各路的蛮贼遭到征讨剿灭之后，有司就应该诚心地加以安抚救济，来安定他们的内心；如果不征服他们的内心，只是想长久地保留湖广军队，大量调集狼兵，凭借兵力，用势力胁迫他们，就称作是长久之计，那么也实在是太不高明了。殊不知远方调遣来的军队，心怀怨恨，不肯被调用，这是其一；所需的供给，稍微不能满意，将骂声不绝，也没有办法抵制，这是其二；驻扎在老百姓之间，骚扰捣乱，容易产生仇恨和矛盾，这是其三；长久处于困顿之中，资财被耗尽，恰好使自己处于失败的地位，这是其四。

本来打算通过这些办法来保卫老百姓不受侵扰，反而给老百姓又增加了一重苦难；本来打算通过这些办法来防备贼寇，反而又招来了一支贼寇；这些办法能实行吗？应该做的倒是知

次加厚抚恤，给以告示，犒以鱼盐，待以诚信，敷以德恩，谕以朝廷所以诛剿各贼者，为其稔恶不悛，若尔等良善守分村寨，我官府何尝轻动尔等一草一木？尔等各宜益坚向善之心，毋为彼所扇惑摇动。

从而为之推选众所信服，立为酋长，以连属之。若各贼果能改恶迁善，实心向化，今日来投，今日即待以良善，决不追既往之恶。尔等即可以此意传告开谕之，我官府亦就实心抚安招来，量给盐米为之经纪生业，亦就为之选立酋长，使有统率，毋令涣散；一面清查侵占田土，开立里甲，以息日后之争；禁约良民，毋使乘机报复，以激其变。

如农夫之植嘉禾，以去稂莠，深耕易耨，芸苔灌溉，专心一事，勤诚无惰，必有秋获。夫善者益知所劝，则助恶者日衰；恶者益知所惩，则向善者益众；此抚柔之道，而非专有恃于甲兵者也。"

又曰："该府议欲散撤顾倩机快等项，调取武靖州土兵，使之就近防守一节，区画颇当；然以三千之众，而常在一处屯顿坐食，亦未得宜。必须分作六班，每五百名为一班，每两个月日而更一次。若有鹃剿等项，然后通行起调；

府程云鹏，公同指挥周胤宗，以及各县的知县等官吏，亲自到已经攻破的贼寇巢穴中，以及各个邻近的良善村寨，依次安抚救济他们，用告示使他们通晓官府用心，用鱼和盐犒赏他们，用真诚和信义对待他们，用恩德感化他们，告诉他们朝廷诛杀各路贼寇，是因为他们坚持作恶，不肯悔改；像你们这样风俗淳厚安守本分的村寨，我们官府何曾轻易动你们的一草一木？你们各自应该坚定向善的内心，不要被贼寇鼓惑煽动。

接着替他们推选众人所信服的人，立为酋长，以便官府和他们的联络。如果各路贼寇果真能够改恶从善，诚心地接受教化，今天前来投顺，今天就马上用良善之心对待他们，决不追究过去所犯的罪恶。你们现在就能够把这个意思向他们传告讲解清楚，官府是诚心安抚，一旦接受招安，官府就酌量供给食盐和粮米，帮助他们经营生计，也为他们选立酋长，使他们有所统率，不致涣散；同时清查侵占的田地，设立里甲，以便平息日后的争执；用禁令约束老百姓，不要使他们一有机可乘就施以报复，激发变乱。

就像农夫种植优秀的禾苗，去掉杂草，深耕细作，除草浇水，专心于此，勤勤恳恳没有一丝倦怠，秋天一定有所收获。善良的更加懂得受到鼓励，那么助纣为恶的人日益少了；作恶的人更加懂得所受的惩罚，那么向往良善的人就更加多了；这就是安抚怀柔的办法，而不是专门依靠武装的胁迫。"

又说："你们左江府商议要撤掉顾倩、机快等项军队，调遣来武靖州的土兵，派他们就近防守一个地区，这种谋划很恰当；然而让三千多士兵经常屯扎在一个地方，坐着消费粮草，也不是很适宜。必须分作六班，每五百名为一班，每两个月时间更

然必须于城市别立营房,毋使与民杂处,然后可免于骚扰嫌隙。盖以十家牌门之兵,而为守土安民之本;以武靖起调之兵,而备追捕剿截之用;此亦经权交济相须之意也。自今以后,免其秋调,各处哨守等役,专在浔州地方,听凭守备参将调用。凡遇紧争调取,即要星驰赴信地,不得迟违时刻;守巡各官,仍要时加戒谕抚辑,毋令日久玩弛,又成虚应故事。"

六月,兴南宁学校。先生谓:"理学不明,人心陷溺,是以士习日偷,风教不振。"日与各学师生,朝夕开讲,已觉渐有奋发之志,又恐穷乡僻邑,不能身至其地,委原任监察御史,降合浦县丞陈逅,主教灵山诸县,原任监察御史,降揭阳县主簿季本,主教敷文书院,仍行牌谕,曰:"仰本官每日拘集该府县学诸生。为之勤勤开诲,务在兴起圣贤之学,一洗习染之陋。其诸生该赴考试者,临期起送;不该赴试者,如常朝夕聚会;考德问业之外,或时出与经书论策题目,量作课程,就与讲析文义,以无妨其举业之功。大抵学绝道丧之余,未易解脱旧闻旧见,必须包蒙俯就,涵育薰陶,庶可望其渐次改化。谅本官平素最能孜孜汲引,则今日必能循循善诱。诸生之中,有不率教者,时行榎楚以警其惰;本院回军之日,将该府县官员师生,查访勤惰,以示劝惩。"

换一次，如果有剿灭贼寇等项任务，然后一起接受调遣；必须挨着城市另外设立营房，不要使他们和老百姓混杂相处，这样就可以免去互受骚扰，产生矛盾。把十家牌门的军队作为守土安民的根本，武靖州调遣来的军队，是用来防备追捕截击的；这也是互相经权协调配合的意思。从今以后，免去他们的秋季调用，各地的哨守等事务，专门由浔州地方，听凭守备参加调用。凡是遇到紧急的调遣，立即派人赶赴军队驰扎的地方，不得延误时刻；守巡的各位官吏，仍要时时加以劝诫晓谕，不要让天长日久，防备又陷入松弛之中，以上这些做法又成了虚应故事。"

六月，兴办南宁学校。先生认为理学没有倡明，人心陷溺于习俗之中，因此士人的习气日益败坏。每天和各位来此讲学和求学的师生们，讲习不已；已经发觉他们渐渐有奋发为学的志向；又担心穷乡僻壤，自己不能亲自到那儿督查，委派原任监察御史，降为合浦县丞的陈逅，在灵山等县主持教学事务；原任监察御史，现降为揭阳县主薄的季本，主持敷文书院；仍旧发布牌谕说："仰仗本地官吏每天招集所属府县学校生员，为他们勤加开导教诲，务必要复兴圣贤的学问，彻底清洗掉陈规陋习的浸染。那些应该赴省举试的生员，临近考期欢送迎考；不该赴省举试的生员，照常朝夕聚会讲习学问；涵养德性成就学业之外，或可经常出些经书论策的题目，酌量作为必修的内容，依此一起讲习文义，也对修习科举之业的功夫没有妨碍。大抵在圣学绝灭大道沦丧的时候，不能轻易从陈旧的闻见中解脱出来，必须从起蒙讲就，熏陶潜移默化，涵育养成，差不多可望渐渐得到风气的教化；我平时就能孜孜不倦地引导学子，那么如今一定能够循循善诱。各位生员里，有不听教诲的，经常施以惩戒来警告他

又牌谕曰："照得安上治民，莫善于礼；冠婚丧祭，固宜家喻而户晓者，今皆废而不讲，欲求风俗之美，其可得乎？况兹边方远郡，土夷错杂顽梗成风，有司徒具刑驱势迫，是谓以火济火，何益于治？若教之以礼，庶几所谓小人学道则易使矣。福建莆田生员陈大章前来南宁游学，叩以冠婚乡射诸仪，颇能通晓，近来各学诸生，类多束书高阁，饱食嬉游，散漫度日；岂若使与此生，朝夕讲习于仪文节度之间，亦足以收其放心，固其肌肤之会，筋骸之束，不犹愈于博弈之为贤乎？仰南宁府官吏，即便馆谷陈生于学舍；于各学诸生之中，选取有志习礼，及年少质美者，相与讲解演习。自此诸生得于观感兴起，砥砺切磋，修之于其家，而被于里巷，达于乡村；则边徼之地，遂化为邹鲁之乡亦不难矣。"

七月袭八寨、断藤峡破之。八寨、断藤峡诸蛮贼，有众数万：负固稔恶；南通交趾诸夷，西接云、贵诸蛮，东北与牛场、仙台、花相、风门、佛子及柳庆、府江、古田诸瑶回旋连络，延袤二千余里，流劫出没，为害岁久，比因有事思、田，势不暇及。

们的惰怠之情；我平定贼寇回军此地的时候，对各个府县的官员师生，详细考察他们的勤劳和惰怠，以示鼓励和惩罚。"

又发布牌谕说："很明白，国泰民安，没有比讲究礼仪更有效的了；成人冠礼以及结婚、丧葬、祭奠等礼仪，本来应该是家喻户晓的，如今都废弃掉了，不再讲习，想求得风俗之淳厚，能实现吗？况且这儿属于边方远郡，土民夷族错杂居住，顽劣不服教化已成风气，有司只是用刑罚权势加以威逼，这就叫作用火来救火，对治理有什么好处呢？如果用礼仪教化他们，差不多就是所说的一般老百姓学了道理以后就易于治理了。福建莆田的生员陈大章前来南宁游学，向他询问成人冠礼以及结婚、乡谢等各种礼仪，十分清楚明白，近来各学校的生员，大多束书高阁，饱食嬉游，散漫度日；哪里比得上让他们和这位生员朝夕讲习礼仪节度，也足以收拢他们的心神，强健他们的身体，这还不比博奕更能使人贤明吗？希望南宁府的官吏，立即招纳陈大章到学舍里开馆授学；在各个学校的生员里，选取有志于学习礼仪并且年纪小资质俊美的人，一起讲解演习。从此，诸生能够不断地有所启发，砥砺切磋，在他家里修习礼仪，受惠于里巷，影响到乡村；那么边方僻远之地，教化为邹鲁文明之地，也不是很困难的事。"

七月，袭击八寨、断藤峡，攻破了贼寇的巢穴。盘踞在八寨、断藤峡的各路蛮贼，有几万人之多，顽固地坚持作恶；南边和交趾的少数民族相接，西边和云、贵的少数民族相接，东北面和牛场、仙台、花相、风门、佛子以及柳庆、府江、古田的各路瑶族，曲折相连，延绵二千多里，四处出没抢劫，为害达数年之久，前段时间因为平定思恩、田州的贼寇，没有力量顾及到这

至是，先生以思、田既平，苏、受新附，乃因湖广保靖归师之便令布政使林富，副总兵张祐等，出其不意，分道征之。富、祐率右江及思、田兵，进剿八寨诸贼，参议汪必东，副使翁素，佥事汪溱，率左江及永、保土兵，进剿断藤峡诸贼，令该道分巡兵备收解，纪功御史册报，及行太监张赐，并各镇巡知会；一月之内，大破其众，斩获三千有奇。先生见诸贼巢穴，既已扫荡，而我病疾疫，遂班师奏捷。

按疏言："断藤峡诸贼，犄角屯，聚自国初以来，屡征不服；至天顺间，都御史韩雍，统兵二十万，然后破其巢穴。撤兵无何，贼复攻陷浔州，据城大乱；后复合兵，量从剿抚。自后窃发无时，凶恶成性，不可改化。至于八寨诸贼，尤为凶猛，利镖毒弩，莫当其锋；且其寨壁天险，进兵无路；自国初都督韩观，尝以数万之众，围困其地，亦不能破，竟从招抚而罢报。后兴师合剿，一无所获，反多挠丧；惟成化间，土官岑瑛尝合狼兵深入，斩获二百，已而贼势大涌，力不能支，亦从抚罢。今因湖广之回兵，而利导其顺便之势；作思田之新附，而善用其报效之机；两地进兵，各不满八千之众，而三月报捷，共已逾三千之功；两广父老，皆以为数十年来未有此举也。"

些地方。

到这时候，先生认为思恩、田州已经平定，卢苏、王受新近归附，于是凭借湖广保靖军队撤回大营的便利，命令布政使林富，副总兵张祐等人，出其不意，兵分几路征伐他们。林富、张祐率领右江以及思恩、田州的军队，进兵剿灭盘踞在八寨的各路贼寇，参议汪必东，副使翁素，佥事汪溱，率领左江以及永顺、保靖的土兵，进兵剿灭断藤峡的各路贼寇。一月之内，大破贼寇，斩杀擒获三千多人。先生看到各路贼寇的巢穴，既然已经扫荡殆尽，而且官兵习染疾疫，于是班师回去上奏捷服。

据按，上疏说："断藤峡的各路贼寇，成掎角之势屯扎聚居，自从开国以来，屡次征伐没有平定；到天顺年间，都御史韩雍，统率二十万兵马，然后攻破他们的巢穴。撤兵没有多长时间，贼寇又攻陷浔州，占据城府大肆作乱；后来又集合官兵，多次征剿安抚。这以后经常起兵作乱，他们凶恶成性，不可改化。至于八寨的各路贼寇，尤其凶猛，惯使利镖毒锋，没有人能抵挡了他们；而且他们立山寨于绝壁之上，即使进兵也无路可通；自从立国之初都督韩观曾经率领几万兵马，围困那个地方，也不能攻破，最后以招抚而作罢。后来兴兵合剿，也没有一点收获，反而受到很大损失。只有在成化年间，土官岑瑛曾经集合狼兵深入敌贼巢穴，斩杀擒获二百多人，不久贼寇声势汹涌，力不能支，也只有招抚而作罢。如今借用湖广的回兵之势，引导他们奋力杀贼；对于思恩、田州新近归附的降兵，善于利用他们急于报效朝廷的时机；两地进攻的兵力，各自不满八千人，可是三个月就报到了得胜的消息，总共已经斩杀擒获三千多人；两广父老百姓，都认为几十年来没有这样的成功行动。

疏请经略思、田及八寨、断藤峡。初，先生既平思、田乃上疏曰："臣以迂庸，缪当兵事于兹土承制假以抚剿便宜；是陛下之心，惟在于除患安民，未尝有所意必也。又谕令贼平之后，议设土流孰便；是陛下之心，惟在于安民息乱，未尝有所意必也。始者思、田梗化，既举兵而加诛矣；因其悔罪投降，遂复宥而释之，固亦莫非仰承陛下不嗜杀人之心，惓惓忧悯赤子之无辜也。凡为经略事宜有三：特设流官知府，以制土官之势；乃立土官知府，以顺土夷之情；分设土官巡检，以散各夷之党。拟府名为田宁，以应谶谣，而定人心，设州治于府之西北，立猛第三子邦相为吏目，待其有功，渐升为知州。分设思恩土巡检司九，田州土巡检司，十有八，以苏、受并土目之为众所眼者世守之。"

既而复破八寨、断藤峡，又上疏曰："臣因督兵，亲历诸巢，见其形势要害，各有宜改立卫所，开设县治，以断其脉络，而扼其咽喉者。若失今不为，则数年之间，贼复渐来，必归聚生息；不过十年，又有地方之患矣。臣以遵制便宜，相度举行，凡为经略事宜有六：移南丹卫城于八寨，改筑思恩府治于荒田，改凤化县治于三里，增设隆安县治，置流官于思龙，以属田宁，增筑守镇城堡于五屯。"

上疏请求治理思恩、田州以及八寨、断藤峡。起初，先生平定了思恩、田州两处之后，就上疏说："我以迂腐平庸的智力，错误地承担这个地方的兵事重任，又接受了安抚、征剿便宜行事的诏令；陛下的用心，只在于除患安民，未曾有自己个人的用意。又谕说，平贼之后，设立土官或流官便宜行事。是皇上的心意，只在安民定乱，未曾有自己个人的固定意见。开始思恩、田州的贼寇顽固作恶，不思更改，就兴兵诛杀他们；又谕说，平贼之后，设立土官或流官使宜行事。是皇上的心意，只在安民定乱，未着有自己个人的意见。后来因他们悔罪投降，就又宽恕释放了他们，这些都是仰仗陛下不嗜杀人的仁爱之心，诚心怜悯无辜的老百姓。治理的办法应该有三个方面：特地设立流官知府，来制约土官的势力；仍旧设立土官知府，来顺应土族夷人的感情；分别设立土官巡检，来分散各个夷人所聚同党。拟定府名为田宁，以应谶谣意思，从而安定人心。在田宁府的西北面设立州治，立岑猛的第三子邦相为吏目，等他建立功绩，渐渐升迁为知州。在思恩分别设立九个土巡检司，在田州设立十八个土巡检司，让卢苏、王受和被土人看作有能力的人世代坚守这个地方。"

不久又攻破了八寨、断藤峡。又上疏说："我因为督查军务、亲自到了各路贼寇的巢穴，看到他们的地形要害，应该分别设立防守卫所，设立县治，来隔断他们之间的联系，扼守他们的咽喉要道。如果现在不这样做那么在几年之内，贼寇又渐渐兴起，一定回来聚集此处，生息发展；不过十年，又成了这个地方的祸患。我根据现行的官吏制度，几经斟酌，提出应该治理的事情有六项：把南丹卫城迁移到八寨，把思恩府治改建在荒田，

事下，本兵持之，户部复请覆勘。学士霍韬等，上疏曰："臣等广人也，是役也，臣等尝为守仁计曰：'前当事者，凡若三省兵若干万，梧州军门费用军储合千万，复从广东布政司支用银米若干万，杀死疫死官兵、土兵若干万，仅得田州小宁五十日而思恩叛矣。'今守仁不杀一卒，不费斗米，直宣扬威德，遂使思、田顽叛，稽首来服，虽舜格有苗，何以过此？乃若八寨贼，断藤峡贼，又非思、田之比；八寨为诸贼渊薮，而断藤峡为八寨羽翼也。广西有八寨诸贼，犹人有心腹病也；八寨不平，则两广无安枕期也。今守仁沉机不露，一举平之，百数十年，豺虎窟穴，扫而清之，如拂尘然；臣等是以叹服守仁能体陛下之仁，以怀绥思、田向化之民，又能体陛下之义，以讨服八寨、断藤梗化之贼，仁义两得之也。夫守仁之成功，有八善焉：乘湖兵归路之便，兵不调而自集，一也；因思、田效命之助，劳而不怨，二也；机出意外，贼不能遁，所诛者渠恶，非滥杀报功者比，三也；因归师无粮运费，四也；一举成功，民不知扰，五也；平八寨，平断藤峡，则极恶者先诛，其细小巢穴，可渐德化，得抚剿之宜，六也；八寨不平，则西面柳庆，东而罗旁渌水、新宁、思平之贼，合数千里共为窟穴，虽调兵数十万，未易平伏；今八寨平定，则诸贼可以渐次抚剿，两广良民，可以渐次安业，纾圣明南顾之忧，七也；韩雍虽平断藤峡贼矣，旋复有倡乱者，

把凤化县治改立在三里，增设隆安县治，在思龙设置流官，隶属于田宁府，在五屯多建几处守镇城堡。"

事情下到朝廷各部商议，本来兵部主持，户部又请求圣上详细调查。学士霍韬等人，上疏说："我们都是两广地方的人，对于这次战役，我们曾经为守仁谋划说：'守仁以前从事平叛的人，共动用三省的兵力几万人，梧州的军费上千万，又从广东布政司支用多少万的银两和谷米，战死病死的官兵土兵达若干万人，仅仅使田州安宁了五十天，可是思恩又叛乱了。'如今守仁不损一兵一卒，没费一斗米，就大大宣扬了圣上的威德，于是使思恩、田州的顽寇，低头降服，即使舜平定苗族时候，也没有超过守仁平乱吧？像八寨、断藤峡的贼寇，又远非思恩、田州的贼寇可以相比；八寨是各路贼寇聚集的地方，而断藤峡是八寨为害的羽翼。广西有盘踞在八寨的各路贼寇，就像人有心腹大患一样。八寨不能平定，那么两广就永远不会安定。如今守仁胸怀韬略，一举平定了各路贼寇，百十多年来，豺狼虎豹盘踞的巢穴，被扫荡一清，就像清扫尘土一样容易；我们因此而叹服守仁能够深深体会陛下的仁爱之心，安抚思恩、田州渴望归化的老百姓，又能够体会陛下的信义，来讨伐降服八寨、断藤峡顽固抵抗的贼寇，这次征讨是仁和义两得。守仁的成功，有八个方面值得称道：乘湖湘的兵马在返回路上的便利，不必调遣而集中了军队，这是其一；因思恩、田州的降寇效力，而倍受辛劳却没有一点怨言，这是其二；出其不意，使贼寇来不及逃跑，所诛杀的贼寇都是作恶多端贼首，这是那些滥杀无辜急于报功的人无法相比的，这是其三；因利用撤军顺路剿灭贼寇，没有粮草转运的花费，这是其四；一举获得成功，老百姓没有受到骚扰，这

八寨乃百六十年所不能诛之剧贼，今守仁既平其巢窟，即徙建城邑，以镇定之，则恶贼失险，后日不能为变，逋贼来归，且化为良民矣；诛恶绥良，得民父母之体，八也。或议：'守仁奉命，有事思、田，遂剿八寨可乎？'臣则曰：'昔吴、楚反攻梁，景帝诏周亚夫救梁，亚夫不奉诏，而绝吴、楚粮道，遂破吴、楚而平七国安汉社稷'。"

传曰："阃以外将军制之。"又曰："大夫出疆，有可以安国家，利社稷，专之可也。"古之道也，是故亚夫知制吴楚，在绝其食道，而不在于救梁，是故虽有诏命，有所不受。今守仁知思、田可以德怀也，遂纳其降，而安定之；知八寨诸贼，夫易服也，遂因时仗义，而讨平之；虽无诏命，先发后闻可也。况有便宜从事之旨乎？'或曰：'建置城邑，大事也，

是其五；平定八寨，平定断藤峡，先诛杀了罪大恶极端的贼寇，那些势单力薄的，渐渐地施以道德教化，恰当地运用了剿灭和安抚的两手策略，这是其六；如果八寨不能平定，那么西面的柳庆，东面的罗旁、渌水、新宁、思平，两面的贼寇会合起来，巢穴绵延几千里，即使调遣几十万人马，也不容易平定降伏；如今八寨得以平定，那么各路贼寇可以慢慢地依次安抚征剿，两广的老百姓渐渐得以安居乐业，解除皇上对南方的忧虑，这是其七；先前韩雍虽然平定了断藤峡的贼寇，但不久又有发生变乱的，八寨的贼寇是一百六十多年不能诛灭的巨寇，如今守仁扫荡了贼寇的巢穴之后，就或迁徙或建立新的城邑，来镇守这些地方，那么凶恶的贼寇就丧失了得以凭借的山川之险，以后不能再兴变乱，逃跑贼寇归顺以后，就能教化为良民；诛灭恶贼安抚良善，体现了为民父母的天责，这是其八。有人议论：'守仁奉皇上之命，征伐思恩、田州，却又剿灭了八寨的贼寇，能这样吗？'我却说：'从前吴国和楚国攻击梁国，景帝下诏让周亚夫搭救梁国，周亚夫没有奉诏去直接救援梁国，而是断绝了吴国和楚国军队的粮道，于是大破吴国和楚国的军队并平定了七国，安定了大汉社稷。'"

传记上说："一切都让领兵在外的将军决定。"又说："大夫出疆戍边，凡是能够安定国家，有利社稷的事情，自作主张是可以的。"这是古代使用将领的办法。因此周亚夫懂得制服吴国和楚国的军队，在于断绝他们的粮道，而不在于去援救梁国，所以即使有皇上诏命，也可以不接受。如今守仁懂得对于思恩、田州的贼寇，可以用恩德来感化他们，于是接受了他们的降服，安定了那个地方；知道八寨的各路贼寇，容易降伏，于是仗义讨

区处钱粮，户部职也；不先奉闻，而辄兴工可乎？'臣则曰：'昔者范仲淹之守西边也，欲筑大顺城，虑敌人争之；乃先具版筑，然后巡边，急速兴工，一月成城，西夏觉而争之，已不及矣。守仁于建置城邑之役，不仰足户部，而后有处，其以一肩而分圣明南顾之忧，不以为功，反以为过可乎？'臣等目击八寨之贼，为地方大患百数十年，一旦仰赖圣明，任用守仁以底平定，不胜庆忭。今兵部功赏未行，户部覆题再勘，臣恐机会一失，大功遂阻，城堡不筑，逋贼复聚，地方可虑。是故冒昧建言，唯圣明察焉！"

九月，疏谢奖励赏赉。赏思、田功也。九月初八日，行人冯恩赍，捧钦赐至镇，故有谢疏。

与德洪、畿书。"地方事幸遂平息，相见渐可期矣。近年不审同志聚会如何？得无法堂前，今已草深一丈否？想卧龙之会，虽不有大有所益，亦不宜遂尔荒落且存饩羊，后或兴起，亦未可知。余姚得应元诸友相兴倡率，为益不小。近有人自家乡来闻龙山之讲，至今不废，亦殊可喜！书到望遍寄声，益相与勉之。九、十弟与正宪辈，不审早晚能来亲近

伐平定了他们；虽然没有接收到皇上的诏命，先采取行动后奏报圣上，但也是可以的。况且还有便宜行事的圣旨曾下于守仁呢？有人说：'建立城邑，是件大事；处理钱粮事务，是户部的职责；不在事先禀报就兴工筹办，行吗？'我就回：'从前，范仲淹守卫西部边防，想建立大顺城，考虑到敌人会来争夺这个地方；就先准备好了筑城的器具，然后一边巡视边防，一边急速动工赶建，一月就建成了大顺城，西夏发觉了以后再来争夺，已经来不及了。守仁在建立城邑的过程中，没有依靠户部的钱粮，靠自己的力量，分担了圣上对南方的忧虑，难道不以为功，反以为过吗？'我们亲眼看到，八寨的贼寇确实是一百多年来地方上的大患，仰赖圣上英明，任用守仁来平定贼寇，我们不胜欢喜。如今兵部没有因功行赏，户部又反来提出加以审察，我恐怕一旦丧失机会，成功受到阻碍，城堡不能建立，等到贼寇又聚集起来，地方上的安定又会成为忧虑的。因此冒昧进言，望圣上详加审察！"

九月，先生上疏感谢奖励和赏赐。是奖赏他平定思恩、田州的功绩。九月初八，奉命前来的冯恩赍捧皇上的赏赐来到先生的驻地，所以先生有致谢的上疏。

给钱德洪和王畿写信。其中说："地方上的变乱庆幸得以平定，相见的日期大概快到了吧。不知道近年来你们的聚会讲习怎么样？该不会如今法堂前边长出一丈多深的荒草吧？我想在卧龙的聚会，即使不能有很大的益处，也不应该就此懒散，姑且留此院落，后来或许要兴起，也是不可知的。在余姚有应元等各位朋友，一同倡导讲习，收获肯定不小。近日，有从家乡来的人，听说在龙山的讲习，到现今仍没有停止，确实可喜，接到信

否?诱掖接引之功,与人为善之心,当不俟多喋也。魏廷豹决能不负所托,儿辈或不能率教,亦望相与夹持之。"

十月疏请告,先生以疾剧,上疏请告,具言:"臣自往年承乏南赣,为毒炎所中,遂患咳痢之疾,岁益滋甚;其后退休林野,稍就医药,而疾亦终不能止。自去岁入广,炎毒益甚,力疾从事,竣事而出,遂尔不复能兴。今已舆至南宁,移卧舟次将遂自梧道广,待命于韶雄之间。夫竭忠以报国,臣之素志也;受陛下之深恩,思得粉身齑骨以自效,又臣之所日夜切心者也;病日就危,而尚求苟全,以图后废,而为养病之举,此臣之所以大不得已也。"疏入,未报。

谒伏波庙。先生十五岁时,尝梦谒伏波庙;至是拜祠下,宛然如梦中,谓兹行殆非偶然,因识二诗。其一曰:"四十年前梦里诗,此行天定岂人为?徂征敢倚风云阵,所过如同时雨师;尚喜远人知向望,却惭无术救疮痍!从来胜算归廊庙,耻说兵戈定四夷。"

其二诗曰:"楼船金鼓宿乌蛮,鱼丽群舟夜上滩;月绕

后，希望转告各位朋友，以期互相勉励。九弟、十弟和正宪，不知早晚去你们那儿问学不？提携引导的功夫，与人为善的用心，就不必我来絮叨了。魏廷豹肯定能够不辜负我的嘱托，即使小儿辈有时不听管教，也望你们能多多用心指导他们。"

十月，上疏请求退职还乡。先生以病痛加剧的理由，上疏请求退职还乡，并且说："我自从前几年接受皇上的派遣到南赣征伐贼寇，被毒热的阳光炙烤，于是患上了咳痢的疾病，近年来更加厉害；稍后曾退入山林，服食了一些医药，也没有最终治愈。自从去年进入广西，阳光的毒热更加厉害，强支病体为平定贼寇一事而奔忙，事情完了之后，就不再能够使身体得以恢复。如今已经乘舆到了南宁，准备换乘船人从梧州取道到广东，在韶雄之间等待圣上的命令。精忠报国，是我平时的志向；受陛下的大恩，想着用粉身碎骨来报效，又是我日夜思虑的事；如今病情日渐转危，还期盼有所好转，来图谋报效国家，于是有退职养病的想法，这实在是我万不得已的情况下才作如此想的。"疏文呈递进去，没有答复。

拜谒伏波庙。先生十五岁的时候，曾经梦到拜谒伏波庙；到这时真正地拜于伏波庙下，就像在梦中一样，认为这次行动大概不是偶然的，于是题了两首诗。其中一首为："四十年前曾在梦中有此情景，这次实现梦境不是天定难道是人为的吗？过去征战之中排列阵法巧设奇兵，所过之处就像及时雨一样为百姓解除困扰，值得高兴的是远方蛮夷之族也懂得接受教化，自己却很惭愧，没有挽救百姓出于苦难的办法！从来胜负都由庙中的神灵来决定，很不愿说是自己率兵平定了边方的蛮夷变乱。"

第二首诗为："面目乌黑的蛮人住宿在装饰有金鼓的楼船

旌旗千嶂静，风传铃木九溪寒；荒夷未必先声服，神武由来不杀难；想见虞廷新气象，两阶干羽五云端。"是月与豹书。近岁山中讲学者，往往多说勿忘勿助，工夫甚难。问之则云：'才著意，便是助；才不著意，便是忘；所以甚难。'区区因问之云：'忘是忘个甚么？助是助个甚么？'其人默然无对，始请问。区区因与说："我此间讲学，却只说个必有事焉，不说勿忘勿助。必有事焉者，只是时时去集义，若时时去用必有事的工夫，而或有时间断，此便是忘了，即须勿忘；时时去用必有事的工夫，而或有时欲速求效，此便是助了，即须勿助；其工夫全在必有事焉上用，勿忘勿助，只就其间提撕警觉而已。若是工夫原不间断，即不须更说勿忘；原不欲速求效，即不须更说勿助；此其工夫，何等明白简易，何等洒脱自在。今却不去必有事上用工，而乃悬空守着一个勿忘勿助，渀渀荡荡，只做得个沉空守寂，学成一个痴呆汉事来，即便牵滞纷扰，不复能经论宰制，此皆由学术误人之故，甚可悯矣。"又与邹守益书曰："随处体认天理，勿忘勿助之说，大约未尝不是，只要根究下落，即未免捕风捉影。纵令鞭辟向里，亦与圣门致良知之功，尚隔一尘；若复失之毫厘，便有千里之谬矣。世间无志之人，既已见驱于声利辞章之习，间有知得自己性分当求者，又被一种似是而非之学，兜绊羁縻，终身不得出头；缘人未有真为圣人之志，未免挟有见小欲速之私，则此种学问，极足支吾眼前得过。是以虽在豪杰之士，而任重道远，志稍不力即且安顿其中者多

之中，水清鱼跃，群舟于日夜划上滩头；日光辉映下的万千旌旗更显寂静异常，边方的夜风送来阵阵铃声，九溪碧潭也倍显清冷；荒凉的夷人之地也不会因官兵的声势浩大而拜服，神明英武的将帅从来不用杀戮来平定四方；可以想象得到古代盛世虞时的新气象，凤羽飘飘直上云端。"这月给魏廷豹写信。其中说："近年来在山中讲学的人，大多数往往说勿忘勿助，这种功夫很难做。问他们就说：'才用心于某一件事，就陷溺了进去；刚无所用心，就陷入空寂，所以很难于把握其中的分寸。'我接着问他们说：'说忘你是忘掉了什么？说助你是助了个什么？'他们没有话来回答，就向我请教。于是说给他们，我在这方面的讲述，只是说一定有事存在，不说勿忘勿助。如果一定有事的话，只是时时用心体会其中的道理，时时去做必定有事的工夫，或许有时间断了这个功夫，这就是忘了。就告诫自己不要忘；时时去做必定有事的工夫，或许有时想图谋事情快速奏效，这就是助了，就必须不忘才行。工夫必须下在一定有事之上，勿忘勿助，只是在这里面起一个提醒警觉的作用而已。如果这个工夫原本就没有间断，就不必再说勿忘；原本就不想急于求成，就不必再说勿助。这个工夫，是多么的明白简易，多么的洒脱自在。如今却不去一定有事下工夫，只是空守着一个勿忘勿助，心神为之而摇荡，只能做到沉空守寂，学成一个痴呆无用的人，即使遇到纷扰之事，也不能想出办法加以处置，这都是由学术误人的缘故，是很令人失意的。"又给邹守益写信说："天理随处都可体认，勿忘勿助的说法，也未尝不是，可探究它的根本处，就未免有点捕风捉影。纵使向内探究，也和圣人之学的致良知功夫，还有间隔。如果在一点细微处有失误，就有千里之巨的谬误。世上没有

矣。"

祀增城先庙。先生五世祖讳纲者,死苗难庙祀增城;是月有司复新祠宇,先生谒祠奉祀,过甘泉先生庐。题诗于壁曰:"我祖死国事,肇之在增城;荒祠幸新复,适来奉初蒸。亦有兄弟好,念言思一寻;苍苍见葭色,宛隔环瀛深。入门散图史,想见抱膝吟,贤郎敬父执,童仆意相亲。病躯不遑宿,留诗慰殷勤;落落千百载,人生几知音?道同著形迹,期无负初心。"

又题甘泉居曰:"我闻甘泉居,近连菊坡麓;十年劳梦思,今来快心自。徘徊欲移家,山南尚堪屋;渴饮甘泉泉,饥食菊坡菊。行看罗浮云,此心聊复足。"

与德洪、畿书:"书来,见近日工夫之有进,足为喜慰,而余姚、绍兴诸同志,又能相聚会讲切,奋发兴起日勤不懈,吾道之昌,真有火燃泉达之机矣。喜幸当何如哉?此间地方,悉已平靖,只因二三大贼巢,为两省盗贼之根株渊

远大志向的人，已被声色利欲繁辞冗章的陋习所浸染，间或有人懂得应从自己的性与欲分别之中探究，又被一种似是而非的学说所迷惑，终生逃脱不开；其中的原因为人如果没有真正成为圣人的志向，未免掺和着只看眼前利益尽快实现的私念，那么这种学说可以暂时逞能于一时。因此即使豪杰之士，任重而道远，志向稍不坚定，堕落于这种学问之中的人就很多。"

祭祀在增城的先祖庙。先生五世祖，讳纲，死于苗族的叛乱之中，在增城设庙祭祀；这月，有司修复祠庙，先生拜谒并祭祀。访甘泉先生的住处。在墙上题诗道："我的祖先死于国难，在增城开始了香火祭祀；荒败的祠庙有幸得到修复，恰逢我来到这儿祭祀祖先。也有友好的兄弟住在这附近，想着去倾诉相念之意；草色青青，院落幽静。进门以后见到到处散放着书籍，可以想象得到他抱膝吟诗的情形，贤良的儿子尊敬我这个他父亲的朋友，童仆对我也很亲近。衰病之躯不能住宿，只有留下诗来表达我的心意；岁月悠悠，人生能有几个知音呢？志趣相同，处处有所体现，希望我们不要违背了原初的志向。"

又给甘泉居题诗道："我听说甘泉居，位于菊坡麓附近；十年来梦中相思，今天我来到这儿心情特别愉快。很想把家迁移到这儿，在山的南面还可盖房居住；渴了就饮甘泉水，饿了就吃菊坡的菊。边走边看罗浮山上飘忽的云朵，内心有此就满足了。"

给钱德洪、王畿写信。其中说："来信收到，看到近来你们的为学工夫有所长进，很感欣慰。而且余姚、绍兴的各位同志者，又能够聚会讲习，互相切磋，奋发有为，每天勤奋向学没有懈怠，我们心学的昌明，真有烈火迅燃、泉水速达的机会了。这

薮，积为民患者，心亦不忍不为一除剪，又复迟留二三月；今亦了事矣，旬月间便当就归途也。守俭、守文二弟，近承夹持启迪，想亦渐有所进；正宪尤极懒惰，若不痛加针砭，其病未易能去；父子兄弟之间，情既迫切，责善反难，其任乃在师友之间，想平日骨肉道义之爱，当不俟于多嘱也。"

与何性之书："区区病势日狼狈，自至广城又增水泻，日夜数行不得止，至今遂两足不能坐立，须稍定即逾岭而东矣。诸友皆不必相候，果有山阴之兴，即须早鼓钱塘之舵，得与德洪、汝中辈一会聚，彼此当必有益。区区养病本去已三月，旬日后必得旨，亦遂发舟而东；纵未能遂归田之愿，亦必得一还阳明洞，与诸友一面而别，且后会又有可期也。千万勿复迟疑！徒耽误日月；总及随舟而行，沿途官吏送迎请谒，断亦不能有须臾之暇，宜悉此意！书至，即拨冗。德洪、汝中辈，亦可促之早为北上之图，伏枕潦草。"

十一月，乙卯，先生卒于南安。是月廿五日，逾梅岭，至南安。登舟时，南安推官门人周积来见，先生起坐。咳喘不已，徐言曰："近来进学如何？"积以政对，遂问道体无恙。

份欣喜和庆幸有什么能比得上呢？我在的这个地方，都已经平定，只是因为另外还有二三个大的贼寇巢穴，是两省盗贼联络聚会的地方，成为老百姓的祸患已经很久了，内心不忍不去剿灭贼寇，为民除害，又停留了两三个月；如今事情也办完了，将近一月的时间就能踏上归途。守俭、守文两个弟弟，近来承蒙你们的管教和启迪，我想也渐渐有所长进；儿子正宪尤其懒惰，如果不进行严厉管教，他的毛病是不容易改掉的；对于父子兄弟这种关系，有迫切促其成才的想法，却难实现这种目的，这种责任只能依靠于老师和朋友，望念及平日朋友的友情，多施之于教诲，就不再多加叮嘱了。"

给何性之写信。其中说："病情越来越不好，自从到了广城之后，又增加了水泻的病症，日夜搅扰不得安宁，到现在两只脚已不能坐立，等稍有安定就越岭向东返家。各位朋友都不要等候，如果有山阴相聚了的兴致，就一定先渡过钱塘江，和德洪、汝中他们聚会，彼此一定都有收获。养病已经三个月了，十日后必定会有圣旨传来，到时就乘船东归。纵然不能满足辞官归田的愿望，也必定能够回阳明洞一趟，和各位朋友见上一面再告别，而且后会一定有期。千万不要再徘徊迟疑！白白耽误了大好时光；随船前行，总有沿途的官吏，迎送拜谒，肯定没有一点的空闲时间，你应懂得这个情况！收到信之后，就推脱杂事，前来聚会。德洪、汝中等人也最好催促他们早日北上相聚。因病伏于枕上潦草书写。"

十一月，乙卯日，先生在南安去世。这月二十五日，过梅岭，到南安登船。当时南安推官，门人周积前来拜见，先生起来坐下。咳嗽哮喘不停，慢慢地说："近来学问修习得怎样？"周积回

先生曰："病势危亟，所未死者元气耳。"积退而迎医诊药。

廿八日晚泊，问："何地？"侍者曰："青龙铺。"

明日，先生召积入，久之，开目视曰："吾去矣。"积泣下，问"何遗言？"先生微哂曰："此心光明，亦复何言？"顷之，瞑目而逝，二十九日辰时也。赣州兵备门人张思聪迫至南安，迎入南野驿，就中堂沐浴，敛如礼，先是，先生出广，布政门人王大用备美村随舟；思聪亲敦匠事，铺捆设褥，表里裼袭；门人刘邦采，来奔丧事。十二月三日，思聪与官属师生设祭，入棺。明日，舆榇登舟，士民远近遮道，哭声振地，如丧考妣。至赣，提督都御史汪鋐，迎祭于道，士民沿途拥哭，如南安。至南昌，巡按御史储良材，提学副使门人赵渊等，请改岁行，士民昕夕哭奠。

八年，己丑。正月，丧发南昌。是月连日逆风，舟不能行赵渊祝于枢曰："公岂为南昌士民留耶？越中子弟门人，来候久矣。"

忽变西风，六日直至弋阳。先是，德洪与畿西渡钱塘，将入京殿试，闻先生归，遂迎至严滩闻讣，正月三日，成丧

答了一些政事的处理，就问身体情况。

先生说："病情危急，所没死的只是元气了。"周积退下请医生用药延治。

二十八日晚，船停下，先生问："什么地方？"陪侍的人说："青龙铺。"

第二天，先生召周积进来，过了很久，睁开眼睛看着他说："我要走了。"周积流下了眼泪，问："有什么遗嘱吗？"先生微笑着说："这心光明正大，还有什么要说得呢？"过了一会儿，闭上眼睛就去世了，是在二十九日辰时。赣州兵备，门人张思聪急忙赶到南安，把先生遗体迎到南野驿，在中堂沐浴完毕，按礼节装敛衣服。这以前，先生离开广西，布政使，门人王大用随船给携带了优质的木材；张思聪亲自督促工匠，细心建造，内外衣饰也一应具备；门人刘邦采前来奔丧料理。十二月三日，张恩聪和官属师生设祭凭吊，先生遗体装敛入棺。第二天，棺椁舆架抬上船去，远近的士民赶来送别，道路遮断，哭声振地，就像死了父母亲一样。到了江西，提督都御史汪鋐，在道路上设祭相迎，士民沿途哭声载道，和在南安时的情形一样。到了南昌，巡按御史储良材，提学副使，门人赵渊等人，请求过了年之后再走，士民早晚痛哭祭奠。

嘉靖八年，己丑。正月，送丧队伍从南昌出发。这月，连日来，逆风肆虐，船不能前行，赵渊对先生的灵柩行礼说："您难道为南昌的士民想留下来吗？浙江的子弟门人，等候得很久了。"

风向忽然转变为西风，六天来一路顺风直抵弋阳。这以前，德洪和王畿向西渡过钱塘江，将入京参加殿试，听到先生要

于广信，讣告同门。是日正宪至。初六日，会于弋阳。

初十日，过玉山，弟守俭、守文，门人栾惠、黄洪、李琪、范引年、柴凤至。

二月，庚午，丧至越。四日，子弟门人，奠枢中堂，遂饰丧纪，妇人哭门内，孝子正宪携弟正亿，与亲族子弟哭门外，门人哭幕外，朝夕设奠，如仪。每日门人来吊者百余人，有自初丧至卒葬不归者，书院及诸寺院，聚会如师存。是时朝中有异议，爵荫赠谥诸典不行，且下诏禁伪学。

詹事黄绾上疏曰："忠臣事君，义不苟同；君子立身，道无阿比。臣昔为都事，今少保桂萼时为举人，取其大节，与之交友；及臣为南京都察院经历，见大礼不明，相与论列，相知二十余年始终无间。

昨臣荐新建伯王守仁堪以柄用，萼与守仁旧不相合，因不谓然；小人乘间构隙，然臣终不以此废萼平生也。但臣于事君之义，立身之道，则有不得不明者。臣所以深知守仁者，盖以其功与学耳；然功高而见忌，学古而人不识，此守仁之所以不容于世也。

回来的消息，迎接到严滩的时候听到先生去世的消息。正月初三，在广信停灵祭奠，向同门弟子发出讣告。这天，正宪来了。初六，和同门弟子在弋阳相会。

初十，经过玉山，弟守俭、守文，门人栾惠、黄洪、李珙、范引年、柴凤到达。

二月，庚午日，送葬队伍到达浙江。四日，子弟门人，在中堂祭奠灵柩，于是安排丧礼，妇人在门内哭祭，孝子正宪携带弟弟正亿，和亲族子弟在门外哭祭，门人在幕外哭祭，早晚举行奠祭之礼，按照礼仪进行。每天门人来凭吊的有一百多人，有的门人从开始举行丧礼到最后下葬一直不回去，书院和各个寺院，和先生活的时候一样聚会讲学。当时朝廷中对先生有不同的看法，爵位的世袭，先生去世后皇上所赠的谥号等各种法令都没有实行，并且下诏禁止先生的学问传播。

詹事黄绾上疏说："忠臣侍奉皇上，从道义上看不能苟且趋同；君子立身，标准并不相互攀比。我当年做都事的时候，如今的少保桂萼当时正是举人，认为他的大节有可钦佩的地方，和他交为朋友；等我做了南京都察院经历，看到当时大礼不能倡明，和他一块讨论，二十多年的相知相交，始终没有任何芥蒂。

前段时间我举荐新建伯王守仁可以重用，桂萼以前和王守仁不和，于是有不同看法；卑鄙小人乘此机会加以陷害王守仁，我始终不因为这个而把桂萼看作是行为不端的人。但是我对于效力圣上的大义，立身的准则不得不加以说明。我深深地了解守仁的原因，是因为他的功绩和学问。然而功高易被忌妒，学习古代圣人之学却使别人不理解，这是王守仁不被当世所容的原因。

盖其功之大者有四：

其一，宸濠不轨，谋非一日，内而内臣如魏彬等，嬖幸如钱宁、江彬等，文臣如陆完等，为之内应；外而镇守如毕真、刘郎等，为之外应。故当时中外诸臣，多怀观望，若非守仁忠义自许，身任讨贼之事，不顾赤族之祸，倡义以勤王，运筹以伐谋，则天下安危未可知。今乃皆以为伍文定之功，是轻发纵而重走狗，岂有兵无胜算，而濠可徒搏而擒者乎？

其二，大帽、茶寮、浰头、桶冈诸贼寨，势连四省，兵连累岁，若非蚕平，南方自此多事。守仁临镇，次第底定。

其三，田州、思恩，构衅有年，事不得息，民不得已，故起守仁以往；定以兵机，感以诚信，乃使卢、王之徒，崩角来降，感泣受杖，遂平一方之难。

其四，自来八寨为两广腹心之疾，其间守戍官军，与贼为党，莫可奈何！守仁假永顺狼兵，卢、王降卒，并而袭之，遂去两广无穷之巨害，实得兵法便宜之算。

夫兵凶战危，守仁所立战功，皆除大患，卒之以死勤事。夫兵政国之大事，宜为后世法，可以终泯其功乎？

他的功劳大致有如下四个方面：

其一，宁王朱宸濠图谋不轨，已经不是一天两天的事情了，在朝廷内部有内臣比如魏彬等人，宠臣比如钱宁、江彬等人，文臣比如陆完等人，作为他的内应；在朝廷外，有镇守的武将比如毕真、刘郎等人，作为他的外应。所以当时朝廷内外的诸臣，大多都是置身事外静观其变，如果不是王守仁以忠诚仁义严格要求自己，勇于担当征讨逆贼的事情，毫不顾惜灭族之祸，倡率义兵解救朝廷危难，运筹帷幄谋划讨贼良策，那么天下的安危也就难说了。现在居然将功劳都归于伍文定，是轻视指挥谋划而重视阿谀奉承，难道说没有制敌良策就能轻易取得胜利，且朱宸濠可以只通过搏斗就可以擒获吗？

其二，大帽、茶寮、浰头、桶冈几个地方贼党的巢穴，势焰波及到四个省份，连年战祸，如果不早日进行平定，则南方从此就不得安宁了。王守仁镇守此地后，逐步将他们平定。

其三，田州、思恩的变乱，已经多年了，事变得不到平息，百姓不得安宁，所以派遣王守仁前去处理。王守仁以机宜权变行事，以诚心和信任相感化，而使叛乱的卢苏、王受等人，叩首投降，感激涕零，自愿接受处理，于是平定了一方的患难。

其四，一直以来八寨都是两广地区的心腹之患，其中戍守的官兵，往往与叛贼勾结作乱，朝廷对此也是无可奈何。王守仁借用永顺地方的由狼兵的力量，以及卢苏、王受的降兵，合兵一处攻打乱贼，从而彻底铲除了两广地区无休止的巨大祸端，实在是深得兵法机宜之妙算。

战争之事凶险可怕，而王守仁多次立下的战功，都是为国家消除了巨大的隐患，尽心尽力于职事，直至病死于任上。关于军

其学之大要有三：一曰'致良知'，实本先民之言，盖'致知'出于孔氏，而'良知'出于孟轲性善之论。二曰'亲民'，亦本先民之言，盖《大学》旧本所谓'亲民'者，即'百姓不亲'之'亲'，凡亲贤乐利，与民同其好恶，而为絜矩之道者是已。此所据以从旧本之意，非创为之说也。三曰'知行合一'，亦本先民之言；盖知至至之，知终终之，只一事也。守仁发此，欲人言行相顾，勿事空言以为学也，是守仁之学，弗诡于圣，弗畔于道，乃孔门之正传也。可以终废其学乎？然以萼之非守仁，遂致陛下失此良弼，使守仁不获致君尧舜，谁之过与？臣不敢以此为萼是也。况赏罚者，御世之权，以守仁之功德，劳于王事，乃常典不及，削罚有加，废褒忠之典，倡党锢之禁，非所以辅明主也。

守仁客死，妻子孱弱，家童载骨，藁埋空山，鬼神有知，当为恻然！臣实不忍见圣明之世，有此事也。假使守仁生于异世，犹当追崇，况在今日哉？且永顺之众，庐、王之徒，素慕守仁威德，如此举措，恐失其望，关系夷情，亦非细故。

队和用兵的政务是国家的大事，王守仁的做法应当为后世取法，难道可以一直泯灭他的功劳吗？

　　王守仁的学术思想大致可以归纳为三点：一是"致良知"，实际上是根源于先贤的学说，大体上说"致知"的理论来源于孔子，而"良知"的说法来自孟子关于"性本善"的论述。二是"亲民"，也是根源于先贤的学说，大概《大学》旧本中所说的"亲民"，就是《尚书》"百姓不亲"的"亲"。凡是亲近贤人君子，使百姓得到快乐于利益，与百姓有相同的喜好和憎恶，推己及人，处事公平中道，都属于"亲民"的范畴。这都是根据《大学》旧本中的意思，并不是杜撰的。第三个是"知行合一"，也是以先民的话为根据的；良知的获得和把良知推广到万事万物之上，是同一件事体。守仁阐发这个意思，想使人们言行一致，不要把专门讲述空洞的言论作为学问，守仁的这种学问，不欺瞒圣人，不背叛大道，是孔门的正传。可以最终却废掉他的学问吗？然而因为桂萼对守仁的诽谤，于是导致陛下丧失这样好的一位辅佐大臣，使守仁没有机会使圣上的统治更加像尧舜那样英明，到底是谁的过错呢？我不敢把这个归罪于桂萼。况且奖赏和惩罚，是治理国家的手段，凭守仁的功德，对圣上大事的效力，却不能获得法典规定的正常奖赏，削职惩罚却不断降在他的身上，这是废除褒奖忠诚的法令，倡导结党营私，都不是辅助英明圣上的办法。

　　守仁客死异乡，妻子儿女身体羸弱，家中幼童千里载骨，埋葬在空山之中，如果鬼神有知，应当为之恻然神伤！我实在不忍心看到在如此圣明之世，有这样的事发生。假使守仁生在其他年代，也应该在他死后被迫加荣誉和赏赐，何况在今天这样的时代呢？

臣昔与守仁为友，几二十年，一日愤寡过之不能，守仁从而觉之，若有深省，遂复师事之；是臣于守仁，实非苟然相信，如世欲师友者也。

臣于君父之前，处师友之间，既有所怀，不敢不尽。昔萼为小人所谗，臣谓之愤，既而得白，臣谓之喜，固非臣之私也。今守仁之抱冤，亦犹萼之负屈，伏愿扩一视之仁，特敕所司，优以恤典赠谥，仍与世袭，并开学禁，以照圣政。若此事不明，则萼之与臣，终不能以自忘，故臣敢言及于此，所以尽事陛下之忠，且以补萼之过，亦以尽臣之义也。"疏入，不报。

于是给事中周延抗疏论列，谪判官。十一月，葬先生于洪溪。是月十一日发引，门人会葬者千余人，麻衣衰屦，扶枢而哭；四方来观者，莫不交涕。洪溪去越城三十里，入兰亭五里，先生所亲择也。先是，前溪入怀，与左溪会，冲啮右麓，术者心嫌欲弃之；有山翁梦神人绯袍玉带，立于溪上，曰："吾欲还溪故道。"明日，雷雨大作，溪泛忽从南岸；明堂周阔数百尺，遂定穴。门人李珙等筑治，更番昼夜不息者，月余而墓成。

况且永顺的降贼，庐王的党徒，平时仰慕守仁的威严盛德，朝廷这样的举动，恐怕使他们大失所望，这个关系到边地的安定，不是细小的事情。我从前和守仁做朋友，将近二十年时间，其中有一天自己深悔不能使过错犯得更少，守仁从而提醒了我，好像有很深的省悟，于是按对待老师的礼节对他；我对守仁，确实不是马马虎虎地加以相信，就像世俗中的师友关系一样。

我在君父之前，以及和老师朋友相处，既然心有所想，就一定把它全部说出来。从前，桂萼被小人的谗言所迷惑，我为之而愤恨，后来事情明白了，我为他而高兴，这本来就不是我的私念所致。守仁的抱冤，就像桂萼总怀有愧疚一样，请求圣上能够扩展同等对待的仁爱之心，特地命令专职于此事的部门，根据法令赠给守仁谥号，仍旧让其子孙世袭其爵位，并开放对学术的禁锢，来昭明圣上的仁政。如果这件事不能彻底弄明白，桂萼和我最终也不能释怀自慰，我敢把话说到这个地步，是因为我对陛下忠心耿耿并且以此来弥补桂萼的过错，也是以此来尽为臣之大义。"疏文呈递进去，权臣不予上报。

在这时，给事中周延上疏抗议争论，被贬为判官。十一月，把先生埋葬在洪溪。这月十一日出殡，门人中前来安葬先生的有一千多人，身着麻衣白鞋，扶灵柩而痛哭不止；四方来观看的，无不涕泣不已。洪溪离越城三十里，从兰亭进去，近五里之远，是先生亲自选择的地方。这以前，山前有小溪流过，和左边的溪水会合，冲刷着山麓的右部，善观地形的人内心嫌弃这个格局，打算放弃这个地方；有一位山中老翁梦见有一个身着绯袍玉带的神人，站立在溪水之上说："我想让溪水归还故道。"第二天，雷雨大作，溪水泛滥，忽然溪水改南岸而流；离先生下葬的

地方有一百多尺,于是定为墓穴之地。门人李琪等人修建,轮换施工昼夜不停,经过一个多月,墓穴建成。

卷之三十五　附录四　年谱附录一

嘉靖九年，庚寅。五月，门人薛侃建精舍于天真山，祀先生。天真距杭州城南十里，山多奇岩古洞，下瞰八卦田，左抱西湖，前临胥海。

师昔在越讲学时，尝欲择地当湖海之交，目前常见浩荡，图卜筑以居，将终老焉。

起征思、田，洪、畿随师渡江，偶登兹山，若有会意者。临发以告，师喜曰："吾二十年前游此，久念不及，悔未一登而去。"至西安，遗以二诗，有"天真泉石秀，新有鹿门期"及"文明原有象，卜筑岂无缘"之句。

侃奔师丧，既终葬，患同门聚散无期，忆师遗志，遂筑祠于山麓。同门董涌、刘侯、孙应奎、程尚宁、范引年、柴凤等，董其事，邹守益、方献夫、欧阳德等，前后相役，斋庑庖湢具备，可居诸生百余人。

每年祭期，以春秋二仲月仲丁日，四方同志，如期陈礼仪，悬钟磬，歌诗侑食，祭毕讲会终月。

十年，辛卯。五月，同门黄弘纲会黄绾于金陵，以先生胤子王正亿请婚。先是，师殡在堂，有忌者行潜于朝，革锡典世爵，有司默承风旨，媒蘖其家；乡之恶少，遂相煽，欲以鱼肉其子弟。胤子正亿方四龄，与继子正宪离仳窜逐，荡析

嘉靖九年，庚寅年。五月，门人薛侃在天真山建立精舍，祭祀先生。天真山在杭州城南十里远的地方，山上有很多奇崖古洞，向下俯瞰广袤的八卦田。左边环抱着西湖，前边面临胥海。

先师王守仁从前在绍兴讲学的时候，曾经想在湖海相交的地方选择一处可居之地，使眼前经常看到浩荡的气象，并筹划择地建屋来居住，打算作为终老之所。

先师起兵征讨思恩、田州贼寇的时候，德洪、王畿跟随着军队渡过钱塘江，偶尔登上这座山峰，好像内心有所触动。临走的时候把这件事告诉了先师，先师高兴地说："我二十年前在这儿游历，很想登临此山，却没有机会，很是后悔。"到了西安，曾为此山写了两首诗，其中有这样的两句，"天真山泉清石秀，景色秀丽可和鹿门相比美""文明原本有先兆来预示，择地建屋怎么能没有缘分呢？"

薛侃为先师奔丧，下葬以后，恐怕同门学子再没有机会聚集在一起，追忆先师的遗志，于是在天真山山麓建立祠庙。同门学子董涌、刘侯、孙应奎、程尚宁、范引年、柴凤等人，主管这儿的事务，邹守益、方献夫、欧阳德等人，在前后办理具体杂事。食宿条件都具备了，可以同时居住一百多诸生。

每年祭祀的日期，定在春秋两个仲月的仲丁日，四方志同道合的人，按期前来，演习礼仪，悬吊钟磬，歌吟诗词，一同进食，祭祀完毕，再讲习学问一个多月。

嘉靖十年，辛卯年。五月，同门弟子黄弘纲在金陵和黄绾相会，替先生的儿子王正亿筹划婚事。这以前，先师停丧在中堂，有忌妒他的人在朝廷里构陷谗言，取消了皇上的奖赐以及世袭的爵位，有司私下接受了上边的旨意，图谋破坏他的家族地位，

厥居。

明年夏，门人大学士方献夫，署吏部，择刑部员外王臣升泊江佥事，分巡浙东，经纪其家，奸党稍阻。弘纲以洪畿抉是冬赴京殿试恐失所托适绾升南京礼部侍郎，弘纲问计，绾曰："吾室远莫计，有弱息愿妻之情关至戚，庶得处耳。"

是月，洪、畿趋金陵，为正亿问名。绾曰："老母家居，未得命，不敢专。"洪、畿复走台，得太夫人命；于是同门王艮，遂行聘礼焉。

十一年，壬辰。正月，门人方献夫合同志会于京师。自师没，桂萼在朝，学禁方严，薛侃等既遭罪谴，京师讳言学。

至是年，编修欧阳德，程文德，杨名在翰林，侍郎黄宗明在兵部，戚贤、魏良弼、沈谧等在科，与大学士方献夫，俱主会。

于时黄绾以进表入，洪、畿以趋廷对入，与林春、林大钦、徐樾、朱衡、王惟贤、傅颐等四十余人，始定日会之期，聚于庆寿山房。

乡里劣恶的少年，就互相煽动，打算欺负先生的儿子和弟弟。次子正亿仅仅四岁，和继子正宪为了逃避仇人的敌视四处躲藏，落魄飘波。

第二年夏季，门人，大学士方献夫，执掌吏部，把刑部员外王臣升任为浙江佥事，分管浙东地区。嘱咐他关照先生的家中事务，奸人对先生家的陷害才有所收敛。弘纲考虑到德洪、王畿打算在这年冬季赴京殿试，恐怕先生家无人关照。恰逢黄绾升任南京兵部侍郎，弘纲向他询问处置的办法，黄绾说："我的家室离得远，没有多的顾虑，只是家中有小女儿愿意配做守仁先生的儿媳妇，这事关重大，得慎重处置。"

这月，德洪、王畿直到金陵替正亿谋划这事。黄绾说："老母亲在家乡居住，没有得到她老人家的同意，我不敢自作主张。"德洪、王畿又直到台州黄绾家乡，等得到老太夫人同意，于是同门王良，就行聘礼，定了婚事。

嘉靖十一年，壬辰。正月，门人方献夫集合同志者在京师聚会。自从先师去世以后，桂萼在朝迁中执掌大权，对于先生学问的禁令正很严厉。薛侃等人遭到斥责以后，京师里就忌讳谈论学问。

到了这一年，编修欧阳德、程文德、杨名在翰林供职，侍郎黄宗明在兵部供职，戚贤、魏良弼、沈谧等人已入科第，他们和大学士方献夫，都主持这次聚会。

这时候，黄绾因向朝廷呈递表文已到了京师，德洪、王畿因参加殿试也来到京师，他们和林春、林大钦、徐樾、朱衡、王惟贤、傅颐等四十多人，才开始商定聚会的日期，聚会是在庆寿山房举行的。

九月，正亿趋金陵。正亿外侮稍息，内衅渐萌，深居家扃，同门居守者，或经月不得见，相怀忧逼；于是同门佥事王臣、推官李逢，与欧阳德、王艮、薛侨、李琪、管州议，以正亿趋金陵，将依舅氏居焉。

至钱塘，恶少有蹑其后载者，迹既露，诸子疑是行，请卜得鼎二之上吉，乃佯言共分胤子金以归，恶党信为实，弛谋，有不便者，遂以分金腾谤，流入京师，臣以是被中黜职。

十二年，癸巳。门人欧阳德合同志会于南畿。自师没，同门既襄事于越，三年之后，归散四方，各以所入立教。合并无时。是年欧阳德、季本、许相卿、何廷仁、刘晹、黄弘纲，嗣讲东南，洪亦假事入金陵，远方志士四集，类萃群趋，或讲于城南诸刹，或讲于国子鸡鸣，倡和相稽，疑辩相绎，师学复有继兴之机矣。

十三年，甲午。正月，门人邹守益建复古书院于安福，祀先生。师在越时刘邦采首创惜阴会于安福，间月为会五日，先生为作《惜阴说》。既后，守益以祭酒致政归，与邦采、刘文敏、刘子和、刘阳、欧阳瑜、刘肇兖、尹一仁等建复古、连山、复真诸书院，为四乡会，春秋二季合五郡，出青原山为大会；凡乡大夫在郡邑者，皆与会焉。

九月，正亿赶到金陵。正亿来自外边的侮辱刚刚有所停息，内部的争执又渐渐兴起，他闭门不出，即使同门居住在一块守护他的人，有时过了一月也见不上一面，都为他而内心担忧；于是同门金事王臣，推官李逢，和欧阳德、王艮、薛侨、李琪、管州商议，让正亿赶赴金陵，在他舅舅那里居住。

到了钱塘，有品行不端的恶棍，盯上了他们所带的钱物，形迹既然已经暴露，随行的人对这次远行有所顾虑，占卜之后，是鼎二上吉卦象，就假装说已经一起瓜分了先师儿子的金子，各自回去了，恶棍们对此信以为真，放弃了对他们的谋划，有所不利的，就是因为分金的计谋而遭到诽谤，传播到京城中去，王臣因为这个原因而被免职。

嘉靖十二年，癸巳。门人欧阳德集合同志者在南京郊外聚会。自从先师去世后，同门学子都在浙江先师家里帮助料理事务，三年以后，各自回归到四面八方，以自己的学问倡立教化，没有在一块聚会的机会。这年，欧阳德、季本、许相卿、何廷仁、刘晹、黄弘纲，在东南地区接着讲学，德洪也有事要搬来到金陵，远方的志士从四面八方前来聚集，高人雅士，有时讲学于城南的各个寺庙，有时讲学于国子鸡鸣，互相启发砥砺，互相辩驳切磋，先师的学问又有继续复兴的希望。

嘉靖十三年，甲午。正月，门人邹守益在安福建立复古书院，祭祀先生。先师在浙江的时候，刘邦采在安福首次创立了"惜阴会"，隔一月进行一次为期五日的聚会，先生为这曾作《惜阴说》。这以后，邹守益以祭酒的职位告退还乡，和刘邦采、刘文敏、刘子和、刘阳、欧阳瑜、刘肇衮、尹一仁等人，建立了复古、连山、复真等书院，作为远近各乡的聚会场所，春秋二季，把

于是四方同志之会，相继而起，惜阴为之倡也。三月，门人李遂建讲舍于衢麓，祀先生。

先自师起征思、田，舟次西安，门人栾惠、王玑等数十人，雨中出候，师出天真二诗慰之。明年，师丧还玉山，惠偕同门王修、徐霈、林文瓒等，迎榇于草萍驿，凭棺而哭者数百人。

至西安，诸生追师遗教，莫知所寄，洪、畿乃与玑、应典等，定每岁会期，是年遂为知府从诸生请，筑室于衢之麓，设师位，岁修祀事。诸生柴惟道、徐天民、王之弼、徐惟缉、王之京、王念伟等，又分为龙游、水南会，徐用检、唐汝礼、赵时崇、赵志泉等，为兰西会，与天真远近相应，往来讲会不辍，衢麓为之先也。

五月，巡按贵州监察御史王杏，建王公祠于贵阳。师昔居龙场，诲扰诸夷，久之，夷人皆式崇尊信；提学副使席书延至贵阳主教书院，士类感德，翕然向风。

是年，杏按贵阳，闻里巷歌声，蔼蔼如越音；又见士民岁时走龙场致奠，亦有遥拜而祀于家者；始知师教入人之

五郡之内的志士聚集起来,从青原山出来游历讲学,是大型聚会。

凡是四面八方有共同志向的人的聚会,相继兴起,接连不断,这是因为"惜阴会"的倡导,三月,门人李遂在衢麓建立讲舍,来祭祀先生。

起初,先师起兵征伐思恩、田州,船停泊在西安,门人栾惠、王玑等十几个人,在雨中出来迎接,先师做了关于天真山的两首诗来安慰他们,第二年,先师去世,送丧队伍经过玉山,栾惠和同门王修、徐霈、林文瓒等人一起在草萍驿迎接先师的灵柩,有几百人对着先师的棺材痛哭。

到了西安,诸位门徒追念先师的教诲,不知该如何寄托对先生的哀思。德洪、王畿就和王玑、应典等人,商定每年聚会的日期,这年,知府接受了诸生的请求,在衢之麓建立讲学的房舍,设立先师的灵位,每年举行祭祀。诸生柴惟道、徐天民、王之弼、徐惟缉、王之京、王念伟等人,又自行创立了龙游、水南会,徐用检、唐汝礼、赵时崇、赵志泉等人,兴办兰西会,和天真书院远近相应,不停地互相往来讲学,是衢麓书院首先倡导这样做的。

五月,巡按贵州监察史王杏,在贵阳建立王公祠。先师从前居住在贵州龙场,用教诲来启发夷地的民众,时间久了,夷地民众都崇敬尊礼讲信的道德了;提学副使席书邀请先生到贵阳在书院主持教席,士人百姓被他讲授的大德所感动,纷纷接受他的学问。

这年,王杏在贵阳巡视,听到街巷里发出的歌声,清亮动听像浙江的声音;又看到士人百姓每年到龙场举行奠礼,也有

深若此。

门人汤啇、叶梧、陈文学等数十人,请建祠以慰士民之怀,乃为赎白云庵旧址立祠,置膳田以供祀事,杏立石作碑记。记略曰:"诸君之请立祠,欲追崇先生也;立祠足以追崇先生乎?构堂以为宅,设位以为依,陈俎豆以为享祀,似矣;追崇之实,曾是足以尽之乎?未也。夫尊其人,在行其道,想像于其外,不若佩教于其身,先生之道之教,诸君所亲承者也。德音凿凿,闻者饫矣;光范丕丕,炙者切矣;精蕴渊渊,领者深矣;诸君何必他求哉?以闻之昔日者,而倾耳听之,有不以道,则曰:'非先生之法言也,吾何敢言?'以见之昔日,而凝目视之,有不以道,则曰:'非先生之德行也,吾何敢行?'以领之昔日者,而潜心会之,有不以道,则曰:'非先生之精思也,吾何敢思?'言先生之言,而德音以接也;行先生之行,而光范以睹也;思先生之思,而精蕴以传也;其为追崇也,何尚焉?"

十四年,乙未。刻先生《文录》于姑苏。先是,洪、畿奔师丧,过玉山,检收遗书;越六年,洪教授姑苏,过金陵,与黄绾闻人诠等议刻《文录》,洪作购遗文疏,遣诸生走江、

人在家中遥拜龙场进行祭祀的；才开始懂得先师的教诲深入人心。

门人汤啅、叶梧、陈文学等几十人，请求建立祠庙，来安慰土人百姓对先生的怀念之情，于是赎回白云庵旧址建立祠庙，置买田地来供养祭祀等事务，王杏为之立碑，并作了碑记。碑记上大概说："各位君子请求建立祠庙就足以追崇先生吗？建立祠庙设立灵位，陈列俎豆来祭祀先生只是形式上相似而已；追崇先生的实质，能用这些全部表达出来吗？不能呀。对于一个人的尊崇，在于奉行他所倡导的思想在自己身上显现出来，先生的思想教化，各位亲自受到教诲。先生弘扬先人遗德，使听了的人深受鼓舞；学问明晰透彻，切中人们内心的迷惑；学问精深博大，使人听了深有领悟；各位已承受了这样的教诲，还需他求吗？按照先前聆听到的先生的教诲，来听如今人们的言论，如果觉出不是先生所倡导的大道，就说这不是先生倡导的立言方式，我能这样吗？按以前所见到的先生的作为，来观察如今的情况，如果悖逆于先生的大道，就说这不是先生所崇奉的德行，我怎么敢这样做呢？按以前从先生那儿领会到的思想，来领会当今人们的论述，有倡导怪异之说的，就说这不是先生所精心思考，我怎么敢这样想问题呢？说先生常说的话，来承继先生的教诲；按先生所倡导的行为准则来行动，可以见到先生往日的光辉垂范；思考先生的思想，借此传播于后代；这才是真正的追崇，还需要崇尚什么呢？"

嘉靖十四年，乙未。在姑苏刻印先生的《文录》。这以前，德洪、王畿为先师奔丧，经过玉山，对先生的遗书进行了整理汇集；过了六年后，德洪在姑苏教授生徒，经过金陵，和黄绾、闻

浙、闽、广、直隶搜猎逸稿；至是年二月，鸠工成刻。

巡按直隶监察御史曹煜，建仰止祠于九华山，祀先生，九华山在青阳县，师尝两游其地，师门人江□、柯乔等宿化城寺数月，寺僧好事者，争持纸索诗，通夕洒翰不倦，僧蓄墨迹颇富，思师凤范刻师像于石壁，而亭其上；知县祝增加葺之。是年，煜因诸生请建祠于亭前，扁曰"仰止"。邹守益捐资，令僧买赡田，岁洪祀事。越隆庆戊辰，知县沈子勉率诸生讲学于斯，增葺垣宇，赡田。煜祭文见《青阳志》。

十五年，丙申。巡按浙江监察御史张景，提学佥事徐阶，重修天真精舍，立祀田。门人礼部尚书黄绾作《碑记》，记曰："今多书院；兴必由人，或仕于斯，或游于斯，或生于斯，或功德被于斯，必其人实有足重者，表表在人，思之不见，而后立书院以祀之聚四方有志树之风声，讲其道以崇其化。浙江之上，龙山之麓有曰天真书院，立祀阳明先生者也。盖先生尝游于斯，既没，故于斯创精舍，讲先生之学，以明先生之道，夫人知之，岂待予言哉？正德己卯，宁濠之变，起事江右，将窥神器，四方岌岌，日危于死；浙为下游，通衢八道，财赋称甲，濠意欲先得之，故阴置腹心，计为之应；因先生据其上游，奋身独当之，濠速败，浙赖以宁，卒免锋刃荼

人诠等人商议刻印先生的《文录》，德洪作了求购先生遗文的疏文，派遣诸生到江西、浙江、福建、广东、直隶等地搜集遗失的文稿；到了这年二月，刻印完毕。

巡按直隶的监察御史曹煜，在九华山建立了仰止祠来祭祀先生。九华山位于青阳县，先师曾经两次游历那个地方，先师的门人江氏、柯乔等人在化城寺住宿了几个月，有好事的寺院僧人，拿上纸请他们题字，一晚上不停题作，僧人积蓄了很多诗作；想到先师的音容风范，就在石壁上镌刻先师的石像，并在上面盖了亭子；知县祝增又加以修葺。这年，曹煜接受诸生的请求，在亭的前边建立了祠庙，题匾为"仰止"。邹守益捐款资助，让寺中僧人购买田地，供每年的祭祀活动之用。过了隆庆戊辰年，知县沈子勉，率领诸生在这里讲学；加修房屋院墙，增加田地以自养。曹煜的祭文可以在《青阳志》里见到。

嘉靖十五年，丙申。巡按浙江的监察御史张景、提学佥事徐阶，重修了天真精舍，置买供养祭祀的田地。门人礼部尚书黄绾作了《碑记》，其中说："如今有很多书院，它的兴盛一定来自人。有的人从这里出去做官，有的人在这里游学，有的人在这里生长，有的人给这里施以功德，这个人必须确实有足以令人敬重的地方，可以做人们的表率，可是无法再相见，从而建立书院来祭祀他，聚集四面八方有志成就事业的人，树立良好风范，讲习他的学说来敦化风俗。浙江的上游，龙山的山麓，有书院名天真书院，就是为祭祀阳明先生而设立的。先生曾经在这里游历，去世以后，因此在这里创办了天真精舍，来讲习先生的学问，倡明他的大道，这是人所共知的，难道还用得着我多说吗？正德十四年，宁王朱宸濠变乱，在江右发动叛乱，企图窃取天下，形

毒之苦，皆先生之功也。

则今日书院之创，非徒讲学，又以阳明先生之功也。书院始于先生门人行人薛侃，进士钱德洪、王畿，合同志之资为之继，而门人佥事王臣，主事薛侨有事于浙，又增治之，始买田七十余亩；蒸尝辑理，岁病不给，侍御张君按浙，乃跻书院而叹曰：'先生之学，论同性善，先生之功，存于社稷，皆所宜祀；矧覆泽兹士尤甚，恶可忽哉？'乃属提学佥事徐君阶，命绍兴推官陈让，以会稽废寺田八十余亩为庄，属之书院；又出法台赎金三百两，命杭州推官罗大用，及钱塘知县王鈇，买宋人所为龟畴田九十余亩以益之；于是需足人聚，风声益树，而道化行矣。昔宋因书院而为学校，今于学校之外，复立书院，盖久常特新之意与？予尝登兹山，坐幽崖，步危磴，俯江流之泂浙，引苍渤之冥茫，北览西湖，南目禹穴，云树苍苍，晴岚窅窅。于是怆然而悲，悄然而戚，恍见先生之如在，而不能忘也。乃知学校之设既远，远则常，常则玩，玩则怠，怠则学之道其疏乎？书院之作既近，近则新，新则惕，惕则励、励则学之道其修乎？兹举也，立政立教之先务，益于吾浙多矣。"

势危急；浙江为下游地区，交通便利，财货富甲天下，朱宸濠打算先攻取这个地方，所以暗中安置自己的腹心人物，让他们做内应；因为先生占据浙江的上游，不顾个人安危，独自抗击这次叛乱，朱宸濠迅速被击败，浙江依靠他才得以安宁，终于免受了兵戈荼毒之苦，这些都是先生的功劳。

那么今天这个书院的创立，不只是讲学而已，又是来表彰先生的功劳的。这个书院创始于先生的门人薛侃，进士钱德洪、王畿，汇合有同志者的资助，接着创办，门人佥事王臣，主事薛侨在浙江任职，又扩大了它的规模，开始买了七十多亩田作为供养；后来收成渐趋荒疏，无法供养自足，侍御张君巡按浙江，到了书院后慨叹地说："先生的学说，同于孟子的性善论，先生的功绩，泽于社稷，这些都应该祭祀；对这个地方的恩惠更多，怎么能受到如此冷遇呢？"就嘱咐提学佥事徐阶，命令绍兴推官陈让，把会稽属于已倒塌的寺院的八十亩地作为天真精舍的庄田；又拿出法台赎金三百两，派杭州推官罗大用，以及钱塘知县王钑，购买宋代人的九十亩龟畴田来保证天真精舍的供给；这时供养充足，人才会聚，名声更加远播，大道更加盛行。从前宋代时因有书院而创立了学校，如今在学校之外又创立了书院，是特地在常久沿袭中振作新意吗？我曾登上天真山，在幽静的山崖上独坐，在峭壁的石阶上行走，俯观江流的洄转，眺望极远的苍茫处，向北可望见西湖，向南可望见禹穴，山林茂密，浓雾盘绕，在这时内心涌起一份悲凉的情绪，恍然看到先生还健在，使人不能忘怀。才懂得设立学校时间久远以后，易流于平常，流于平常就易懒散，懒散不就会使讲学之道荒疏吗？书院创办时间短，就易于有所创新，有所创新就使人内心严谨，内心严谨就

十六年，丁酉。十月，门人周汝员建新建伯祠于越。是年汝员以御史按浙。先是，师在越，四方同门来游日众，能仁、光相、至大、天妃各寺院居不能容，同门王艮、何秦等，乃谋建楼居斋舍于至大寺左，以居来学；师没后，同门相继来居，依依不忍去。

是年，汝员与知府汤绍恩，拓地建祠于楼前，取南康蔡世新肖师像，每年春秋二仲月，郡守率有司主行时祀。

十一月，佥事沈谧，建书院于文湖，祀先生。文湖在秀水县北四十里，广环十里，中横一州，四面澄碧，书院创焉。谧初读传习录，有悟师学，即期执贽请见，师征思、田弗遂；及闻讣，追悼不已。

后为行人，闻薛子侃讲学京师乃叹曰："师虽没，天下传其道者，尚有人也，"遂拜薛子，率同志王爱等数十人，讲学于其中，置田若干亩，以赡诸生。

是年，巡按御史周汝员立师位于中堂，春秋二仲月，率诸生虔祀事，歌师诗，以侑食。既后，谧起佥江西，为师遍立南赣诸祠；比没，参政孙宏轼，副使刘悫，设谧位附食于师。谧子进士启原，增置赡田，与爱等议，附薛子位，祭期定

催人奋发，催人奋发，为学之道不就得以修明了吗？这个举动，是树立教化清廉政务的首要措施，对于我们浙江地区的好处实在太多了。"

嘉靖十六年，丁酉。十月，门人周汝员在浙江建立新建伯祠。这年，周汝员以御史的职位巡按浙江地区。这以前，先师在浙江，四面八方同门学子前来游学的人越来越多，能仁、光相、至大、天妃各个寺院，都容纳不下，同门学子王艮、何秦等人，就筹划在至大寺的左侧建立可供住宿的房舍，先师去世以后，同门学子相继前来居住，依依惜别，不忍离去。

这年，周汝员和知府汤绍恩，在楼前扩地建祠，选用南康的蔡世新所绘师肖像，每年春秋的三月和八月两个月，郡守率领有司前来主持祭祀活动。

十一月，佥事沈谧，在文湖建立书院，祭祀先生。文湖位于秀水县北面四十里的地方，方圆十里，中间一处陆地，四面碧水环绕，书院就在这个地方创办。沈谧初次研读《传习录》，对先生的学问有所领悟，就期望带礼物拜见先生，正值先师征伐思恩、田州，没有遂愿；等听到先生去世的消息，心里非常悲痛。

后来成为行人（一种职位），听说薛子侃在京城讲学，就慨叹地说："先师虽然去世了，但天下传播他的学问的人，还大有人在，"于是拜薛子侃为师，率领有共同志向的王爱等几十人，在书院讲学，置办了一些土地来供养前来学习的诸生。

这年，巡按御史周汝员，在中堂设立先师的灵位，在春秋的三月和八月二个月里，率领诸生举行虔诚的祭祀活动，歌吟先师的诗词，一同进食。这以后，沈谧被起用于江西佥事，在南赣各地为先师设立祠庙；等他去世后，参政孙宏轼，副使刘悫，

季丁日，同志与祭天真者，俱趋文湖，于今益盛。

十七年戊戌。巡按浙江监察御史傅凤翔，建阳明祠于龙山。龙山在余姚县治右。辛巳年师归省祖茔，门人夏淳、孙升、吴仁、管州、孙应奎、范引年、柴凤、杨珂、周于德、钱大经、应扬、谷钟秀、王正心、正思、俞大本、钱德周、仲实等，侍师讲学于龙泉寺之中天阁，师亲书三八会期于壁，吴仁聚徒于阁中，合同志讲会不辍。

丁亥秋，师出征思、田，每遗书洪畿，必念及龙山之会；是年傅以诸生请，建祠于阁之上方，每年春秋二仲月，有司主行时祀。十八年己亥。江西提学副使徐阶，建仰止祠于洪都，祀先生。自阶典江西学政，大发师门宗旨，以倡率诸生；于是同门吉安邹守益、刘邦采、罗洪先，南昌李遂、魏良弼、良贵、王臣、裘衍，抚州陈九川、傅默、吴悌、陈介等，与各郡邑选士，俱来合会焉。

魏良弼立石纪事。吉安士民，建报功祠于庐陵，祀先生。祠在庐陵城西隅。师自正德庚午，莅庐陵日，进父老子弟告谕之，使之息争睦族，兴孝悌，敦礼让，民渐向化兴利剔蠹，赈疫禳灾，皆有实惠，七越月而去，民追思之。既提督

在先师的祠庙里增设沈谧的牌位，一同享受祭祠。沈谧的儿子，进士沈启原，更多地置办了供养的田地，和王爱等人商议，在先师的牌位之旁设立沈谧的牌位，在春秋两季的月底一天，举行祭祀活动，有共同志向的人在天真精舍祭祀完毕之后，都赶到文湖书院讲习学问，到如今更加兴盛。

嘉靖十七年，戊戌。巡按浙江的监察御史傅凤翔，在龙山建立阳明祠。龙山位于余姚县治所的右边。辛巳年，先师回家省亲，门人夏淳、孙升、吴仁、管州、孙应奎、范引年、柴凤、杨珂、周于德、钱大经、钱应杨、谷钟秀、王正心、王正思、俞大本、钱德周、仲实等人陪侍先师在龙泉寺的中天阁讲学，先生亲自在壁上书写了三月、八月相会的日期，吴仁在中堂阁招集门徒，聚会有同志者，讲学从不间断。

丁亥年秋季，先师出兵征伐思恩、田州的贼寇，每次给德洪、王畿写信，一定谈到在龙山的聚会情况。这年，傅凤翔因为诸生的请求，在中堂阁的上方建立祠庙，在每年春秋两季的三月和八月，由有司主持祭祀的礼仪。嘉靖十八年，乙亥年。江西提学副使徐阶，在洪都建立仰止祠，祭祀先生。自从徐阶主持江西学政，大力弘扬师门宗旨，来倡导诸生；于是同门的吉安人邹守益、刘邦采、罗洪先，南昌的李遂、魏良弼、魏良贵、正臣、裘衍，抚州的陈九川、傅默、吴悌、陈介等人，和各郡邑的被选拔士人都赶来聚会。

魏良弼立碑记述此事。吉安的士人百姓，在庐陵兴建报功祠，祭祀先生。报功祠位于庐陵城西边。先师自从正德庚午年，到了庐陵，每天劝告父老子弟，让他们停息争吵，家族和睦，兴起孝悌之风，使礼让之俗更加淳厚，老百姓渐渐被感化。而且

南赣，扫荡流贼，定逆濠之乱，皆切民命；及闻师讣，丧过河下，沿途哀号，如丧考妣；乃相与筑祠，名曰"报功"，岁修私祀，后曾孔化、贺钧、周祉、王时椿、时槐、陈嘉谟等相与协成，制益宏丽，春秋郡有司主祀。

十九年，庚子。门人周桐、应典等，建书院于寿岩，祀先生，寿岩在永康西北乡，岩多瑞石，空洞垲爽，四山环翠五峰前拥。

桐、典与同门李珙、程文德，讲明师旨，嵌岩作室，以居来学诸生。卢可久、程梓等，就业者百有余人，立师位于中堂，岁时奉祀，定期讲会至今不辍。

二十一年，壬寅。门人范引年，建混元书院于青田，祀先生。书院在青田县治，引年以经师为有司，延聘主青田教事，讲艺中。时发师旨；诸生叶天秩七十有余人，闻之惕然有感，复肃仪相率，再拜共进师学，又惧师联无所树艺，不固，乃纠材筑室，肖师像于中堂，谓范子之学出于王门，追所自也。

范子卒春秋配食乞洪作仰止祠碑记，御史洪恒纪其详；后提学副使阮鹗增为建心极书院，畿作碑记。记略曰："心极之义，其昉诸古乎？孔子《易》有太极，是生两仪，以至定

先生为民兴利除害，救济灾疫，对老百姓都有实惠，过了七个月才离开，老百姓很思念他。提督南赣之后，扫荡贼寇的滋扰，平定朱宸濠的叛乱，都和老百姓的命运有密切关系；等听到先师去世的消息，送丧队伍经过河的下游，老百姓沿途痛哭，就像父母亲去世一样；就一同修筑祠庙，并名为"报功"，每年各自前来祭祀。后来，曾孔化、贺钧、周祉、王时椿、王时槐、陈嘉谟等人，共同协助，使得礼仪制度更加肃穆庄严，每年春秋两季，郡邑中的有司主持祭祀活动。

嘉靖十九年，庚子。门人周桐、应典在寿岩建立书院，祭祀先生。寿岩位于永康的西北面，寿岩有很多祥瑞的石头，幽静凉爽，四面环绕青翠的山峰，前面有五座相连的山峰。

周桐、应典和同门的李琪、程文德，讲述阐明先师的学术宗旨，在山崖上凿空岩石作为住房，让前来求学的诸生居住。卢可久、程梓等，前来修习学业的人有一百多个，在中堂设立先师的牌位，每年按时祭祀，定期聚会讲习，到现在也没有停止。

嘉靖二十一年，壬寅。门人范引年在青田建立混元书院，祭祀先生。书院位于青田县治所，范引年以经师为有司聘任去主持青田混元书院的教务，在讲习中经常阐发先师的宗旨；诸生叶天秩等七十多人，听了之后，很有感触，再次恭敬地一起去拜师求学，又恐怕对于所学的东西不能牢固，就搜集木材，建筑房屋，在中堂设立先师的肖像，称范引年的学问出自王守仁先师的亲自教诲，借以追溯自己的学术源渊。

范引年去世以后，春秋两季一同接受祭祀。请求德洪作仰止祠的碑记，御史洪恒详细地记述了这件事；后来，提学副使阮鹗增又建立了心极书院，王畿为此作了碑记。大概说："心极的

吉凶，而生大业，所以通神明之德，类万物之情，而冒天下之道，无非《易》也。

《易》者无他，吾心寂感，有无相生之机之象也。天之道为阴阳，地之道为刚柔，人之道为仁义，三极于是乎立。

象也者，像此者也。阴阳相摩，刚柔相荡，仁义相禅，藏乎无扃之键，行乎无辙之途，立乎无所倚之地，而神明出焉，万物备焉，故曰：'无思也，无为也，寂然不动，感而遂通天下之故。'此孔子之精蕴也。当时及门之徒，惟颜氏独得其宗，观夫喟然之叹，有曰："如有所立卓尔，"有无之间，不可以致诘，虽欲从之，末由也已。故曰：发圣人之蕴，颜子也。颜子没而圣学遂亡，后千余载，濂溪周子始复追寻其绪，发为无极，而太极之说，盖几之矣；而后儒纷纷之议，尚未能一，无惑乎千载之寥寥也。

盖汉之儒者，泥于有象，一切仁义、忠孝、礼乐、教化、经论之迹，皆认以为定理，必先讲求穷索，执为典要，而后以为应物之则，是为有得于太极，似矣；而不知太极为无中之有，不可以有名也。

提法，是仿照古人而来的吗？孔子在《易经》中阐述了易就是太极，太极产生了两仪（即阴、阳），通过这来判定吉凶，成就大的事业，所以神明之德的贯通，万物之情的归类把握，天下大道的领会体悟，没有不是《易经》的内涵。

《易经》没有别的深奥的东西，只是自己内心在沉静中感受到，有无相互生成的契机和表象而已。天的大道是阴阳，地的大道是刚柔，人的大道是仁义，天、地、人三极由此而成立。

象，是用来比附物类的。阴阳相互砥砺，刚柔相互激荡，仁义相互成就，隐藏在没有钥匙的锁子中，运行在没有车辙的路途上，独立在没有依托的地方，从而神明显现出来，万物各顺其性而生长，所以说没有思想，没有作为，静寂不动，阴阳相感而贯通天下之大道，这是孔子学说的精深内涵所在。当时在孔子门下的弟子，只有颜回独自体会到了这个宗旨，看了孔子在川流之上的慨叹之后说：'就像品格超凡有所建树似的'，在有无之间，不可以不断追问探究，即使想听从它变化，也只是末路枝节而已。所以说能够阐发圣人的思想内涵的是颜回。颜回去世以后，圣学就没有再听到了，一千多年以后，濂溪先生周敦颐开始继续追寻那个已消失的圣学，发挥为无极，而与太极的学说，极其相近；可是后来的儒者议论纷纷，还没有一个一致的说法，对于千年以来的圣学之传没有被迷惑的人很少。

汉代的儒者，拘泥于物象，一切的仁义、忠孝、礼乐、教化、经纶的表象都被认为是定理，一定先讲求用力探索这些定理，并把它作为行动的准则，然后去接物应事，这和领悟了太极真谛，有些相似；却不懂得太极是无中之有，不能用有来命名的。

隋唐以来，老、佛之徒，起而攘臂其间，以经论为糟粕，乃复矫以窈冥玄虚之见，甚至掊系仁义，荡灭礼教，一切归之于无，是为有得于无极，似矣；而不知无极为有中之无，非可以无名也。

周子洞见二者之弊，转相谬溺，不得已而救之，建立图说，以显圣学之宗，定之以中正仁义，而主静。中正仁义云者，太极之谓，而主静云者，无极之谓，人极于是乎立焉。议者乃以无极之言谓出于老氏，分中正仁义为动静，而不悟主静无欲之旨，亦独何哉？夫自伏羲一画以启心极之原，神无方而易无体，即无极也，孔子固已言之矣；而周子之得圣学之传，无疑也。

夫圣学以一为要，一者无欲也；人之欲大约有二，高者蔽于意见，卑者蔽于嗜欲，皆心之累也。

无欲则一，无欲则明通公溥，而圣可学矣。君子寡欲，故修之而吉，小人多欲，故悖之而凶。吉凶之机，极之立与不立，于此焉分，知此则知山峰阮子所谓心极之说矣。

二十三年，甲辰。门人徐珊建虎溪精舍于辰州，祀先生。精舍在府城隆兴寺之北。师昔还自龙场，与门人冀元

隋唐以来，道、佛两派的信徒，奋起倡导新说，把研习经学作为糟粕，用玄虚幽冥的见解来矫正以往的学说，甚至攻击仁义，灭绝礼教，把一切都归之于无，这和对无极有所领悟，极其相似；却不懂得无极是有中之无，不能用无来命名的。

周敦颐先生很透彻地看到了这二者的弊端，两者相互错误地影响，周敦颐不得已只好拯救，建立太极图说，来倡明圣学的宗旨，把中正仁义确定为它的中心内容，从而主张静思。中正仁义，是相对于太极来说的，而主静，是相对于无极来说的，人极于是树立了起来。有异议的人却认为无极的说法，是出于老子，把中正仁义分为动静两种状态，却没有领悟到主静去贪欲的宗旨，对此还有什么话说呢？自从伏羲用画卦来开启心极的本原，神妙无穷却没有可通的方法，变化万端没有固定的形体，这就是无极，孔子本来已经讲述了这个道理；周敦颐先生得到圣学之真传，这是毫无疑问的。

圣人之学把一作为最紧要关键的，一就是指无欲；人的欲望大约有两种情况，有见识的易受偏见的蒙蔽，没见识的易于被嗜好贪欲所蒙蔽，都是使内心受到牵累。

没有贪欲，内心就易于专一，没有贪欲就易于内心清明，以天下为公，就能够学习圣人的学问。君子贪欲少，所以只要内心修持，就可遇到吉祥，小人贪欲多，所以易于和大道相悖，遭受灾祸。吉凶区别的关键，在于极的树立和不树立，在这里可以分辨清楚，懂得了这个道理就懂得了邺峰阮子所谓的心极学说了。"

嘉靖二十三年，甲辰。门人徐珊在辰州建立了虎溪精舍，祭祀先生。虎溪精舍位于辰州府城隆兴寺的北面。先师从前从龙

亨、蒋信、唐愈贤等,讲学于龙兴寺,使静坐密室,悟见心体。是年,珊为辰同知,请于当道,与诸同志大作祠宇,置赡田;邹守益为作《精舍记》,罗洪先作《性道堂记》。又有见江亭、玉芝亭、鸥鹭轩,珊与其弟杨珂,俱多题志。

二十七年,戊申。八月,万安同志建云兴书院,祀先生。书院在白云山麓,前对芙蓉峰幕下,秀出如圭,大江横其下。同志朱衡、刘道、刘弼、刘岘、王舜韶、吴文惠、刘中虚等,迎予讲学于精修观,诸生在座者百五十人有奇,晚游城闉,见民居井落,邑屋华丽,洪曰:"民庶且富,而诸君敷教之勤若此,可谓礼义之乡矣。"

衡曰:"是城四十年前,犹为赤土耳。"问之。曰:"南、赣峒贼,流劫无常,妻女相牵而泣曰:'贼来曷避?惟一死可恃耳。'师来荡平诸峒,百姓始得筑城生聚,乃有今日,皆师之赐也。"

洪嘉叹不已,乃谓曰:"沐师德泽之深若此,南来郡邑,俱有祠祀,何是地独无?"众皆戚然曰:"有志未遂耳。"

乃责洪作疏纠材,是夕,来相助者盈二百金。举人周贤宣作文祀土,众役并兴,中遭异议,止之;至嘉靖甲子,衡为尚书,贤宣为方伯,与太仆刘悉复完旧业,祭祀规制大备,名

场回来,和门人冀元亨、蒋信,唐愈贤等人,在隆兴寺讲学,使他们在密室中静坐,体悟到心体。这年,徐珊做辰州同知,向执掌权力的人请求以后,和各位有共同志向的人大规模地兴建祠堂庙宇,购置供养的田地;邹守益为之作了《精舍记》,罗洪先作了《性道堂记》。又建筑了见江亭、玉芝亭、鸥鹭轩,徐珊和他的弟弟杨珂,都有很多题记。

嘉靖二十七年,戊申。八月,在万安的有共同志向的建立云兴书院,祭祀先生。云兴书院位于白云山山麓,前面正对芙蓉峰,清秀如碧玉,脚下流淌的是一条大河。同志者朱衡、刘道、刘弼、刘岘、王舜韶、吴文惠、刘中虚等人,迎接我到精修观讲学,在座的诸生有一百五十多人,晚上游历城中,看到老百姓的住房错落有致,房屋华丽,德洪说:"老百姓人口众多,生活富足,各位又像这样勤苦地教化礼俗,可以称得上是礼义之乡了。"

朱衡说:"城西这个地方,十年前,还是一片荒土呢。"德洪询问原因,他回答说:"南、赣的贼寇,不断地前来骚扰,妻子和儿女互相拉着手,哭泣地说:'贼寇来了到哪里去躲避呢?只有一死罢了。先师率兵前来,平定了各路贼寇,百姓才能够修筑城池生存下去,才有今天的富足生活,这都是先师所给的。"

德洪赞叹不已,就说:"受到先师这样的大恩,南边的郡县都有祠庙祭祀先师,为什么唯独这个地方却没有呢?"众人都悲戚地说:"有这个志向却不能达到。"

就要求德洪写作疏文聚集木材以建祠堂,这天晚上,前来捐助的人共捐助达二百金。举人周贤宣作了文章祭祀过土神,就大兴土木,中途遭到有些人的非议,只好停止修建;到了嘉

曰"云兴书院"云。

九月，门人陈大伦建明经书院于韶，祀先生。书院在府城，先是同门知府郑骝，作明经馆，与诸生课业，倡明师学；至是大伦守韶，因更建书院，立师位，与陈白沙先生并祀。

是月，洪谒甘泉湛先生，逾庾岭，与诸生邓鲁、骆尧知、胡直、王城、刘应奎、钟大宾、魏良佐、潘槐、莫如德、张昂等六十三人，谒师祠，相与入南华二贤阁，与邓鲁、胡直等共阐师说。

至隆庆己巳，知府李渭大修祠宇，集诸生与黄城等，身证道要，师教复振。

二十九年，庚戌。正月，吏部主事史际建嘉义书院于溧阳，祀先生。书院在深阳救荒漵。史际因岁訾筑漵塘以活饥民，塘成而建书院于上，延四方同志讲会，馆谷之，籍其田之所入，以备一邑饥荒，名曰"嘉义，"钦玉音也。

际与吕光洵议延洪主教事乃先币聘越，三年，兹来定盟，是月，同志周贤宣、赵大河，诸生彭若思、彭适、袁端化、王襞、徐大经、陈三谟等数十人，际率子侄史继源、继志、史铨、史珂、史继书、继辰、致詹偕吾子婿叶迈、郑安元、钱应度、应量、应礼、应乐，定期来会，常不下百余人，

靖四十三年，朱衡做了尚书，周贤宣做了布政使，和太仆卿刘惠又继续完成旧日遗留的修建祠堂的工程，祭祀的规章制度很完备，命名"云兴书院"。

九月，门人陈大伦在韶那个地方建立了明经书院，祭祀先生。明经书院位于府城之中。这以前，同门知府郑骝，设立了明经馆，和诸生一起修习课业，倡明先师的学问；到这时，陈大伦驻守韶州府，于是又建立了明经书院，设立先师牌位，和陈白沙一起接受祭祀。

这月，德洪去拜见甘泉湛先生，越过庾岭，和诸生邓鲁、骆尧知、胡直、王城、刘应奎、钟大宾、魏良佐、潘槐、莫如德、张昂等六十三人，参拜先师的祠庙，一同进入南华二贤阁，和邓鲁、胡直等人，一起阐明先师的学说。

到了隆庆三年，知府李渭大规模地修理祠庙房宇，招集诸生和黄城等人，亲自体证大道的核心，先师的学说又振兴了。

嘉靖二十九年，庚戌。正月，吏部主事史际在溧阳建立嘉义书院，祭祀先生。嘉义书院建立在溧阳的救荒鱼塘上。史际因为每年修筑鱼塘使饥民存活，鱼塘建成之后，就在这里建立了一个书院，邀请四面八方有志于求学的人前来讲习聚会，给他们提供食宿。依靠书院周围田地的收入，为这个城邑的老百姓解除饥荒，所以起名为"嘉义"，以"义"来谐指"邑"。

史际和吕光洵商议，邀请德洪前来主持教学事务，于是先呈送礼物聘请他，过了三年，德洪才前来应聘，这日，同志者周贤宣、赵大河，诸生彭若恩、彭适、袁端化、王爕、徐大经、陈三谟等几十人，史际率领儿子和侄子史继源、史继志、史铨、史珂、史继书、史继辰、史致詹以及我的儿子和女婿叶迈、郑安

立师与甘泉湛先生位,春秋奉祀。

《天成篇》揭嘉义堂示诸生曰:"吾人与万物混处于天地之中,为天地万物之宰者,非吾身乎?其能以宰乎天地万物者,非吾心乎?心何以能宰天地万物也?天地万物有声矣,而为之辨其声者谁欤?天地万物有色矣,而为之辨其色者谁欤?天地万物有味矣,而为之辨其味者谁欤?天地万物有变化矣,而神明其变化者谁欤?是天地万物之声非声也,由吾心听,斯有声也;天地万物之色,非色也,由吾心视,斯有色也;天地万物之味非味也,由吾心尝,斯有味也;天地万物之变化非变化也,由吾心神明之,斯有变化也。然则天地万物也,非吾心则弗灵矣;吾心之灵毁,则声、色、味、变化不得而见矣;声、色、味、变化不可见,则天地万物亦几乎息矣。故曰:'人者天地之心,万物之灵也,所以主宰乎天地万物者也。'吾心为天地万物之灵者,非吾能灵之也;吾一人之视其色若是矣,凡天下之有目者,同是明也;一人之听其声若是矣,凡天下之有耳者同是聪也;一人之尝其味若是矣,凡天下之有口者,同是嗜也;一人之思虑其变化若是矣,凡天下之有心知者,同是神明也。匪徒天下为然也,凡前乎千百世已上,其耳目同,其口同,其心知同,无弗同也;后乎千百世已下,其耳目同,其口同,其心知同,亦无弗同也。

元、钱应度、钱应量、钱应礼、钱应乐,定期前来聚会,经常不少于一百多人,又设立了先师和甘泉湛先生的牌位,春秋两季举行祭祀活动。

在嘉义堂张帖《天成篇》告诫诸生说:"我们人类和天下万物混处于天地之中,是天地万物的主宰,难道不是因为我们自身灵秀吗?能够成为天地万物的主宰,难道不只因为我们有能洞察物事的内心吗?心为什么能够主宰天地万物呢?天地万物都能发出自己的声音,为它们分辨声音的,是谁呢?天地万物都有自己的形色,为它们分辨形色的,是谁呢?天地万物都有自己的气味,为它们分辨气味的,是谁呢?天地万物都变化不已,能够通晓这种变化的,是谁呢?天地万物发出的声音,并不因它自己而成为声音。有了我们内心的聆听,这才有声音;天地万物各有形色,并不因它自己而具有形色,有了我们用心地观察,才使它具有了形色;天地万物各有气味,并不因它自己而具有气味,有了我们用心地品尝,才使它具有了气味;天地万物的变化无穷,并不因它自己而具有变化,有了我们用心地探究,才使它具有了变化。所以说天地万物,没有我们内心的感知,就没有灵秀的气象;我们内心的灵明消失后,那么万物的声音、形色、气味、变化等特性就无法表现出来;如果天地万物的声音、形色、气味、变化等特性表现不出来,那么天地万物也就差不多都窒息了。所以说:'人是天地万物的心,万物之灵,是天地万物的主宰。'我们的心是天地万物的灵明,不是我们自己使自己具有的,我一个人看某种形色是这个样子,那么凡是天下有眼睛的,都能看到;我一个人听某种声音是这个样子,那么凡是天下有耳朵的,都能听到;那么凡是天下有嘴的,都能尝到;我一个人能够察觉万物的

然而明非吾之目也，天视之也；聪非吾之耳也，天听之也；嗜非吾之口也，天尝之也；变化非吾之心知也，天神明之也。故目以天视则尽乎明矣；耳以天听，则竭乎聪乎；口以天尝，则不爽乎嗜矣；思虑以天动，则通乎神明矣。天作之，天成之，不参以人，是之谓天能，是之谓天地万物之灵。

吾心为天地万物之灵，惟圣人为能全之；非圣人能全之也，夫人之所同。圣人之视色，与吾目同矣，而目能不引于色者，率天视也；圣人之听声，与吾耳同矣，而耳能不蔽于声者，率天听也；圣人之嗜味，与吾口同矣，而口能不爽于味者，率天尝也；圣人之思虑，与吾心知同矣，而心知不乱于思虑者，通神明也。

吾目不引于色，以全吾明焉，与圣人同其视也；吾耳不

变化是这个样子，那么凡是天下内心有认知能力的人，都能察觉到。不只当今天下是这样，凡是往前千百代以上，他们耳目相同，口相同，内心的认知相同，没有不相同的；之后千百代以下，他们耳目相同，口相同，内心的认知相同，没有不相同的地方。

然而能看清楚万物的形态不是我自己的眼睛本身的能力，是上天使眼睛具有看的能力；听也不是自己的耳朵本身具有的能力，是上天赐予的听力；味觉也不是我自己的口本身具有的能力，是上天赐予的尝味的能力；察觉万物变化也不是我自己内心本身具有这种能力，是上天赐予的神明。所以用上天赐予的视力察看万物，则无不清楚明白的；用上天赐予的听力来谛听万物，则一切声音都能很清晰地被听到；用上天赐予的味觉能力来品尝万物，则没有不被尝到的；用上天赐予的思虑能力来考察万物的变化，则神明无不贯通。上天造就了人的各种能力，是人力所无法达到的，这就叫天能，这就是天地万物的灵明。

我们的内心是天地万物之灵，只有圣人能够保全这种能力；不只是圣人具有这种能力，普通人也同样具有。圣人察看万物的形色，和我们的眼睛具有一样的功能，可是他的眼睛能够不拘泥于形色之中，是充分发挥了上天赐予的能力；圣人谛听声音，和我们的耳朵是一样的，可是他的耳朵不被声音所蒙蔽，是充分发挥了上天赐予的听的能力；圣人对滋味的品尝，和我们的口是同样的，可是他的口能够准确地品尝到万物的滋味，是充分发挥了上天赐予的品尝能力；圣人对万物的思虑，和我们内心的认知是一样的，可是他内心的认知不因思虑而纷乱，是贯通了神明。

我们的眼睛只要不被形色所迷惑，保全自己明察的能力，

蔽于声，以全吾聪焉，与圣人同其听也；吾口不爽于味，以全吾嗜焉，与圣人同其尝也；吾心知不乱于思虑，以全吾神明焉，与圣人同其变化也；故曰：'圣人可学而至。'谓吾心之灵与圣人同也；然则非学圣人也，能自率吾天也。

吾心之灵与圣人同，圣人能全之，学者求全焉，然则何以为功耶？有要焉，不可以支求也。吾目蔽于色矣，而后求去焉；非所以全明也；吾耳蔽于声矣，而后求克焉，非所以全聪也；吾口爽于味矣，而后求复焉，非所以全嗜也；吾心知乱于思虑矣，而后求止焉，非所以全神明也。

灵也者，心之本体也，性之德也，百体之会也，彻动静，通物我，亘古今，无时乎弗灵，无时乎或间者也。或生而知之，或学而知之，或困而知之，皆自率是灵，以通百物，勿使间于欲焉已矣。其功虽不同，其灵未尝不一也。

吾率吾灵而发之于目焉，自辨乎色，而不引乎色，所以全明也；发之于耳焉，自辨乎声，而不蔽乎声，所以全聪也；发之于口焉，自辩乎味而不爽乎味，所以全嗜也；发之于思虑焉，万感万应，不动声臭，而其灵常寂，大者立而百体通，

就和圣人具有同样的视力；我们的耳朵只要不被声音所蒙蔽，保全自己听的能力，就和圣人具有同样的听力；我们的口只要不被滋味所烦，保全自己品尝的能力，就和圣人具有同样的味觉；我们的内心不被思虑所扰乱，保全自己的神明，就和圣人一样能够体察万物的变化；所以说圣人是可以通过学习而达到的，是说我们自己内心的灵明和圣人的相同；其实不是向圣人学习，而是自己发挥上天赐予的能力。

我们内心的灵明和圣人相同，圣人能够保全它，求学的人用功以求保全，那么如何用功呢？有关键的方法，不能通过支离的寻求来达到。我们的眼睛被形色所蒙蔽，然后企图去掉这种蒙蔽，这不是保全眼睛明亮的办法。我们的耳朵受声音的迷惑，然后企图去掉这种迷惑，这不是保全听力的办法。我们的口被各种滋味搅乱了，然后企图恢复新鲜的味觉，这不是保全味觉的办法；我们内心的认知被思虑所烦扰，然后企图制止这种烦扰，这也不是保全神明的办法。

灵明，是心的本体，人性的本位，身体的中枢，贯穿于动静变化，融通于物我之间，使古今相互影响，无时不灵，没有一点间歇。有的人是一生下来就能通晓物事，有的人是通过学习通晓物事，有的人是在困境中来领悟其中的道理，都是充分发挥了这种灵明，来贯通万事万物，不使私欲来阻隔。他们的作用虽然不同，可是他们的灵明却是同一的。

我把内心的灵明在眼睛上发挥出来，自然就能辨别清楚形色，却不被形色所迷惑，这是完全发挥视力的办法；把内心的灵明在耳朵里发挥出来，自然就能分辨不同的声音，而不被各种声音所蒙蔽，这是完全发挥听力的办法；把内心的灵明在口上发

所以全神明也。人一能之；己百之，人十能之，己千之，必率是灵，而无间于欲焉，是天作之，人复之，是之谓天成，是之谓致知之学。"增刻先生《朱子晚年定论》。

《朱子定论》，师门所刻止一卷，今洪增录二卷，共三卷，际令其孙致詹，梓刻于书院。重刻先生山东《甲子乡试录》。山东《甲子乡试录》皆出师手笔，同门张峰判应天府，欲番刻于嘉义书院，得吾师继子正宪氏原本刻之。

四月，门人吕怀等，建大同楼于新泉精舍，设师像，合讲会。精舍在南畿崇礼街。初，史际师甘泉先生，筑室买田，为馆谷之资；是年，怀与李遂、刘起宗、何迁、余胤绪、吕光洵、欧阳塾、欧阳瑜、王与槐、陆光祖、庞嵩、林烈及诸生数十人，建楼于精舍，设师与甘泉像，为讲会，会毕，退坐昧昧室，默对终夕而别。是月，洪送王正亿入胄监，至金山，遂入金陵趋会焉。

何迁时为吏部文选司郎中，偕四司同僚，邀余登报恩寺塔，坐第一层；问曰："闻师门禁学者静坐，虑学者偏静，沦

挥出来，自然就能分辨不同的滋味，而不被各种滋味所烦，这是完全发挥味觉的办法；把内心的灵明在思虑上发挥出来，就能感应万物，不为声色香臭所动，内心的灵明常保静寂，大的方面树立了，从而身体的各种功能都通畅无阻，这是完全发挥神明的办法。别人一次就能完成的，自己一百次来完成，别人十次能完成的，自己一千次来完成，一定要发挥灵明，不被私欲所阻隔。这是上天所造就，人保持这种灵明，这就叫自然的成就，这就叫推广内心良知的学问。"刻印了先生的《朱子晚年定论》。

《朱子定论》，先师的门生先前所刻印只有一卷，如今德洪又多收录了二卷，共为三卷，史际让他的孙子史致詹，在书院付梓刻印。重新刻印先生的山东《甲子乡试录》。山东《甲子乡试录》都是出自先师的手笔，同门张峰在应天府做判官，打算在嘉义书院整理刻印，后来得到先师的继子正宪所藏的原本，加以刻印。

四月，门人吕怀等人，在新泉精舍兴建了大同楼，设立了先师的画像，聚会讲习。新泉精舍位于南京近郊崇礼街。起初，史际拜甘泉先生为师，建筑房舍，购买田地，作为建立学馆的资助；这年，吕怀和李遂、刘起宗、何迁、余胤绪、吕光洵、欧阳塾、欧阳瑜、王与槐、陆光祖、庞嵩、林烈以及诸生几十人在新泉精舍兴建大同楼，设立先师和甘泉先生的画像，进行讲习聚会，聚会完毕以后，退回去坐在昧昧室，默默地对坐一晚上然后离别。这月，德洪送王正亿承袭先师禄位，到了金山，就赶赴金陵参加聚会。

何迁当时是吏部文选司的郎中，和四司同僚一起邀请我一块登报恩寺塔，坐在第一层，问道："听说在先师门下禁止求学

枯槁也，似也；今学者初入门，此心久濡俗习，沦浃肤髓，若不使求密室，耳目与物无所睹闻澄思，绝虑，深入玄漠，何时得见真面目乎？师门亦尝言之，假此一段以补小学之功。"

又云："心罹疾痼，如镜面班垢，必先磨去，明体乃见，然后可使一尘不容；今禁此一法，恐令人终无所入。"

洪对曰："师门未尝禁学者静坐，亦未尝立静坐法以入人。"

曰："舍此有何法可入？"曰："只教致良知，良知即是真面目；良知明，自能辩是与非，自能时静时动，不偏于静。"

曰："何言师门不禁静坐？"曰："程门叹学者静坐为善学，师门亦然；但见得良知头脑明白，更求静处精炼，使全体著察，一滓不留，又在事上精炼，使全体著察，一念不欺；此正见吾体动而无动，静而无静，时动时静，不见其端，为阴为阳，莫知其始，斯之谓动静皆定之学。"

一曰："偏于求静，终不可与入道乎？"曰："离喜怒哀乐以求中，必非未发之中；离仁敬孝兹以求止，必非缉熙之止；离视听言动以求仁，必非天下归仁之仁；是动静有间

的人静坐，是考虑到学者会耽于静寂，沦于空虚之中；如今学者初入圣学之门，内心长久地被习俗所浸染，侵入到皮肤骨髓之中，如果不让他们在密室之中静坐，使耳目和外物隔绝，使思虑澄净，深入于玄虚广远之中，什么时候才能领会到学问的真谛呢？先师也曾说到这个意思，通过这个办法来引导入学。"

又说："心里有病，就像尘垢斑驳的镜面，一定要先磨掉尘垢，才能使原本明净的镜面呈现出来，然后才一尘不染地映现万物；如今禁止使用这种方法，恐怕使人最终无所收获。"

德洪回答说："先师门下未曾禁止学者静坐，也没有使用静坐的方法使人进入圣人之学。"

又问道："除了这还有什么办法能使人进入圣人之学？"回答说："先师只是教人致良知，良知就是真面目；开显良知，良知自然能够分辨是与非，自然能够因时而静，因时而动，不陷溺于虚静之中。"

又问道："为什么说先师门下没有禁止静坐？"回答说："程子门下称赞学者的静坐是好的学习办法，先师门下也是这样；只要在内心中发现良知，使头脑明白，再进一步在静处细加砥砺，使万物的全体都详细明白地容于胸中，没有一丝一毫尘滓，又在事事物物上细加体会，彻底把握万物的全体，不使一念之上有所欺瞒；这正可以发现我的心体，动而无动；静而无静，时动时静，看不到其始终头绪，为阴为阳，不知它的开端，这就叫动静都有定分的学问。"

又问道："陷溺在寻求静寂之中，最终也不能进入大道吗？"回答说："离开喜怒哀乐来寻求心境平和，一定不是未发动的中；离开仁敬孝慈来寻求最高的大道，一定不是人间的大

矣,非合内合外,故不可与语入道。"

曰:"师门亦有二教乎?"曰:"师尝言之矣,吾讲学亦尝误人,今较来较去,只是致良知三字无病。"

众皆起而叹曰:"致知则存乎心悟,致知焉尽矣。"下塔,由画廊指《真武流形图》曰:"观此亦可以证儒佛之辩。"

众皆曰:"何如?"曰:"真武山中久坐无得欲弃去,感老妪磨针之喻,复入山中二十年,遂成至道;今若画《尧流形图》,必从克明峻德,亲九族,以至协和万邦,画《舜流形图》必从舜往于田,自耕稼陶渔,以至七十载陟方;又何时得在金碧山水中,枯坐二三十年,而后可以成道耶?"诸友大笑而别。

三十年,辛亥。巡按贵州监察御史赵锦建阳明祠于龙场。龙场旧有龙冈书院师所手植也;至是锦建祠三楹于书院北,旁翼两序,前为门,仍题曰:"龙冈书院",周垣缭之,奠师位于中堂;巡抚都御史张鹗翼,廉使张尧年,参政万虞恺,提学副使谢东山,共举祠祝,罗洪先撰祠碑记。记略曰:"予尝考龙场之事,于先生之学有大辨焉。

道；离开视听言动来寻求仁，一定不是使天下归于仁所说的仁；这些思想都是隔离了动静，不是使内外和合，所以不能和他们谈论大道。"

又问道："先师门下也有另外的说法吗？"回答说："先师曾经说过这样的话，我讲习学问也曾经贻误过别人，如今比较来比较去，只是致良知这三字没有错误。"

众人都站立起来感叹地说："致良知只是在内心里体悟，致良知已把这个意思全部表述出来了。"下了塔以后，从画廊上指着《真武流形图》说："看到这个也可以体悟到儒学和佛学的区别。"

众人都说："为什么呢？"回答说："真武在山中长久坐没有什么收获，打算离开那个地方，被老妇人铁杵磨针的事所感动，又进入山中二十年，于是成就了大道；当今如果画《尧流形图》，一定选取他的良善德性，和睦九族，以至和万邦友好相处，画《舜流形图》，一定选取舜在田地里亲自耕作、制陶、渔猎，以至七十年没有间断；哪有时间能够在山水之中，枯坐二三十年，然后才能成就大道呢？"各位朋友大笑着分别而去。

嘉靖三十年，辛亥。巡按贵州的监察御史赵锦在龙场兴建了阳明祠。龙场旧有的龙冈书院是先师亲手创办的；到这时候，赵锦在书院的北边建立了三间房大的祠堂，旁边是两排厢房，前边是门，仍旧题名为"龙冈书院"，四周有围墙环绕，在中堂设立先师的牌位进行祭奠；巡抚都御史张鹗翼，廉使张尧年，参政万虞恺，提学副使谢东山，共同举行祠堂的祭祀活动，罗洪先撰写了祠堂的碑记。大概说："我曾经考察先生在龙场时的事迹，

夫所谓良知云者，本之孩童固有，而不假于学虑，虽匹夫匹妇之愚，固与圣人无异也。乃先生自叙，则谓困于龙场三年，而后得之，固有不易者，则何以哉？今夫发育之功，天地之所固有也；然天地不常有其功，一气之敛闭而成冬，风露之撼薄，霜霰之严凝，陨获摧败，生意萧然，其可谓寂寞而枯槁矣；郁极而轧，霜霆奋焉，百蛰启，群草茁，氤氲动荡于宇宙之间者，则向之风霰为之也。

是故藏不深则化不速，蓄不固则致不远，屈伸剥复之际，天地且不违，而况于人乎？先生以豪杰之才，振迅雄伟，脱屣于故常，于是一变而为文章，再变而为气节；当其倡言于逆瑾蛊政之时，挞之朝而不悔，其忧思恳款，意气激烈，议论坚匋，真足以凌驾一时，而托名后世，岂不快哉？及其摈斥流离，而于万里绝域，荒烟深箐，狸鼯豺虎之区，形影孑立，朝夕惴惴，既无一可骋者；而且疾病之与居，瘴疠之与亲，情迫于中，忘之有不能，势限于外，去之有不可，辗转烦督，以需动忍之益，盖吾之一身，已非吾有，而又何有于吾身之外；至于是而后如大梦之醒，强者柔，浮者实，凡平日所挟以自快者，不惟不可以常恃，而实足以增吾之机械，盗吾之聪明，其块然而生，块然而死，与吾独存，而未始加损者，则固有之良知也。

对先生的学问有不同的看法。

所说的良知，本来是孩童固有的，不需要凭借学习和思考，即使匹夫匹妇那样的愚钝，也和圣人没有什么不同。可是按先生自己的叙述，却说在龙场的三年困境中，才领悟到，固然有不容易的地方，为什么到了这种地步呢？发育万物的功能，本来是天地所固有的；然而天、地并不经常发挥这种功能，天地之气的收敛，成就了冬天的气象，风霜普降，生意萧条，可以说是寂寞而枯槁了；沉寂到极点就强烈地爆发了雷霆的震响，蛰伏的百虫开始苏醒，各种小草茁壮成长，氤氲之气动荡于宇宙之间，是从以前的天地之气而来的。

因此隐藏不深，变化就不迅速，力量积蓄不强大那么就不会行得很远，屈伸变化的自然法则，天地尚且不敢违背，更何况人呢？先生凭借雄才大略，纵横驰骋，从庸常的习俗之中脱离出来，变而做文章，再变表现于气节；当他在逆贼刘瑾当政的时候就大加揭露，在朝廷上遭受鞭挞之刑却一点也不后悔，他话语诚恳，言辞激烈，真足以被当时的人所敬仰，为后世作表率，难道不是很痛快的吗？等到他被排斥流放，居于蛮荒之地，杂草丛生，人烟稀少，野兽出没，先生形单影只，朝夕无以自遣，没有人和他谈论学问。而且疾病缠身，瘴疠之气不断侵袭，内心焦虑，无法抒怀，只有动心忍性以自励，自我的身体已不属自己，身外之物事又怎么能为己所有呢？到这时才像大梦初醒一样，领悟到强壮的将变为柔顺的，浮华的将变为平实的，凡是平日自己以为能给自己带来快乐的物事，都不只不可以经常地依靠，反而可以增加自己的愚钝，堵塞自我的聪明，那些自然地产生，自然地灭亡，我自己独有的存在，而且始终没有增加、减少的，就只

然则先生之学，出之而愈张，晦之而愈光，鼓舞天下之人，至于今日不怠者，非雷霆之震，前日之龙场，其风霰也哉？嗟乎！今之言良知者，莫不曰：'固有固有。'问其致知之功，任其固有焉耳；亦尝于枯槁寂寞而求之乎？所谓盗聪明增机械者，亦尝有辨于中否乎？生于忧患，死于安乐，岂有待于人乎？"

三十一年，壬子。提督南赣都御史张烜建复阳明王公祠于郁孤山。祠在赣州郁孤台前，濂溪祠之后。

嘉靖初年，军卫百姓，思师恩德不已，百姓乃纠材建祠于郁孤台以虔尸祝；军卫官兵建祠于学宫右塑像设祀，俱有成式；继后异议者，移郁孤祠像于报功祠后，湫隘慢亵，军民怀怨。

至是，署兵备佥事沈谧，访询其故，父老子弟相与涕泣申告，谧谒师像，为之泫然出涕。报功祠旧有赡田米三十八石，见供春秋二祭，郁孤祠则取诸赣县均平银两，乃具中军门，烜如其议，修葺二祠，迎师像于郁孤台，庙貌严饰，焕然一新，军卫有司，各申虔祝，父老子弟，岁腊骏奔。烜作记立石纪事。

有内心固有的良知了。

既然这样，那么先生的学问，传播出去就愈传愈远，有人企图掩饰它，却更加大放光彩，使天下的人深受鼓舞。到了今天其作用也未消解，这不是像雷霆似的震响，而是前日贵州龙场的积蓄像大气的运转一样传播开来。哎！如今谈论良知的人，无不说："是原本固有的。"问他们致良知的功夫，都回答说是把原本的良知发挥出来而已；也有人在枯槁寂寞中来寻求的吗？先生所说的堵塞聪明，增加愚钝，也有人曾在内心怀疑过吗？忧患可以使人生存，安乐可以使人丧生，难道是可依靠人力所改变的吗？"

嘉靖三十一年，壬子。提督南赣的都御史张烜在郁孤山修复了阳明王公祠。阳明王公祠在赣州郁孤台前，濂溪祠之后。

嘉靖初年，军人百姓，十分感激先师的恩德，百姓就募捐木材在郁孤台建立祠庙祭祀先生；军队里的官兵在学宫的右侧兴建祠庙，设立塑像来祭祀，都很守规范。接着持不同看法的人，把郁孤台的塑像迁移到报功祠的后面，遭受了雨水的侵蚀，军人百姓内心非常愤恨。

这时，兵备佥事沈谧，拜访他旧日的父老子弟，他们一起涕泣向他反复说明这里发生的情况，沈谧拜谒了先师的塑像，为之潸然泪下。报功祠旧日有赡田米三十八石，在春秋两季进行祭祀，郁孤祠却取之于赣县对于祠庙关的平均银两，于是沈谧就详细地把这些情况呈报给军中的首领，张烜按照他们的商议，修葺了这两个祠庙，把先生的塑像迎到郁孤台，祠庙经过装饰，焕然一新，军队和官置各自组织祭祀，父老子弟，在年末奔走前来祭祀，张烜为此作记，并立碑记事。

师自征三浰，山寇尽平，即日班师，立法定制，令赣属县俱立社学，以宣风教，城中立五社学，东曰义泉书院，南曰正蒙书院，西曰富安书院，又西曰镇宁书院，北曰龙池书院。选生儒行义表俗者，立为教读，选子弟秀颖者，分入书院，教之歌诗习礼，申以孝悌，导之礼让，未期月而民心丕变，革奸宄而化善良，市廛之民，皆知服长衣，叉手拱揖，而歌诵之声，溢于委巷，浸浸乎三代之遗风矣。

继后异议者，尽堕成规，而五院为强暴者私据，礼乐之教息矣；至是，谥询士民之情，罪僭据，修举废坠，五社之学复完，慎选教读子弟而淬砺之，风教复兴，汹汹乎如师在日矣。建复阳明王公祠于南安。

南安青龙铺，师所属纩之地也。士民哀号哭泣，相与建祠于学宫之右，岁时父老子弟，奔走祝奠有司即为崇祀，庙貌宏丽；后为京师流言，承奉风旨者，遂迁祠于委巷，隘陋污秽，人心不堪；谥与有司师生议，复旧址，原制楼五楹，前门五楹，取委巷祠址之值于民，助完工作，具申军门，烜从之；自是师祠与圣庙并垂不朽矣。

先师自从征伐三浰之后，山中的贼寇都被平定，即日将班师回去，建立制度法制，让赣州所属的各县都设立社学，来宣扬风俗教化，在城中设立五个社学：东边的叫义泉书院；南边的叫正蒙书院，西边的叫富安书院，再西边的叫镇宁书院，北边的叫龙池书院，选拔有影响的儒生任用为教读，挑选资质优异的少年，进入书院，教他们歌吟诗词，演习礼仪，反复阐明孝悌的道理，引导他们对人谦恭礼让，不到一月民心大变，使奸邪之徒变为良善之民，集市上的老百姓，都懂得身着长衣，见面拱手作揖，歌吟诗词的声音，在小巷之中回荡，颇有尧、舜、禹三代的遗风。

　　后来有人提出异议，把已成的规范全部破坏，五个书院也被强横凶暴的人占据，礼乐教化从此停息了；在这时候，沈谧向士人百姓询问情况，赶走了占据书院的强暴之徒，整饬民风，五个社学相继恢复，慎重地选择教读和就学的子弟，从而虚心向学的风气渐渐复兴，就像先师活的时候一样生气勃勃。

　　在南安修复阳明王公祠。南安的青龙铺，是先师生前管辖的地方。士人百姓听到先生去世的消息，哀号哭泣，一起在学宫的右边建立了祠庙，每年春秋两季父老子弟，前来祭奠，官署中的有司很注重这里的祭祀活动，祠庙修建得宏丽壮伟；后来因为京师中小人散布流言，地方官接受上边的旨意，就把祠庙迁移到一个狭隘的小巷之中，小巷狭隘简陋污秽不堪，人心为之凄然；沈谧和有司以及当地的师生商议，恢复祠庙的旧址，按原来的定制主楼五间房，前门也是五间房，把小巷中祠庙所占的地方卖给百姓，来资助完成恢复祠庙工程，并把这些情况详细地呈报于军门之中，张炬听从了这个意见；从这以后，先师的祠庙和

三十二年，癸丑。江西佥事沈谧修复阳明王公祠于信丰县。按谧《虔南公移录》曰："赣州府所属十一县，俱有前都察院右副都御史阳明王公祠，巍然并存，盖因前院功业文章，足以匡时而华国；谋猷军旅，足以御暴而捍灾。南赣士民，咸思慕之，歌颂功德，久而不衰；尚有谈及而下泪者。本县原有祠堂，后有塞门什主者，废为宴憩之所，是诚何心哉？为此仰本县官吏，照牌事例，限三日内，即查究清理，仍为洒扫立主，因旧为新，不惟一邑师生故老，得以俱兴瞻仰之私；而凡过信丰之墟者，咸得以尽展拜俎豆之礼；古人所谓爱礼存羊，礼失求野之意，即是可见矣。"

时谧署南、赣兵备事故云。三月，改建王公祠于南康。南康旧有祠在学宫右，后因异议者，迁师像于旭山韩公祠内。谧往谒祠，见二像并存于一室，王公有祭而无祠，韩公有祠而无祭，其室且卑陋。访祠西有乡约所，前有堂三间后有阁一座，规模颇胜，乃置师像于堂，而复其祭，韩公祠另为立祭。使原有祠者，因祠而举祭；原有祭者，因祭而立祠；则两祠之势并峙，而各全其尊；报功之典同行，而咸尽其义矣。三月，安远县知县吴卜相请建王公报功祠。安远旧无

历代的圣庙一样永垂不朽了。

嘉靖三十二年,癸丑。江西佥事沈谧在信丰县修复了阳明王公祠。据沈谧的《虔南公移录》说:"赣州府所属的十一个县,都有前都察院右副都御史阳明王公祠,雄伟壮观地存立于各处,因为前任都察院右副都御史的阳明先生的功业文章,足以匡正时弊,有益于国家;统率军队,足以平定强暴,消除灾祸。南赣的士人百姓,都怀念他,为他歌功颂德,久而不衰;到如今还有每逢谈论起先生就潸然落泪的人。本县原本有先生祠堂,后来有豪强蛮横的人,占为宴饮休憩之所,这到底是什么用心?为这事希望本县的官吏,发布命令,限定在三日之内,就处理查办清楚,仍旧成为先师的祠庙所立之处,按旧日的样子重新建立,这不只是为了一城的师生故老能够都来瞻仰垂吊先师的遗像;而且凡是经过信丰县城的人,都能按照礼仪前来祭奠先师;这就是古人所说的,礼仪隆盛就用羊来祭祀,丧失礼仪就到野外去寻找可祭祀的地方,这个说法在信丰县先师祠庙可以得到验证。"

当时沈谧正掌管南、赣的兵备事务,所以这样说。三月,在南康改建王公祠。南康旧日在学宫的右侧有先生的祠庙,后来因持不同意见的人,把先师的遗像迁移到旭山韩公祠内。沈谧前去拜谒先生所在的祠庙,看到两个塑像并存于一间屋子里,王公接受了祭祀却没有祠庙,韩公有祠庙却没有人前来祭祀,那间屋子并且还狭窄简陋。寻访到祠庙西边有一处乡约所,前边有三间堂屋,后边的一座阁楼,规模很大,于是就把先师的塑像安置在中堂之上,并恢复祭祠,韩公祠另外接受人祭祠。这就使得原来有祠庙的,因有祠而受人祭祀;原来有祭祀的,因有祭

师祠,百姓私立牌于小学,父老子弟,相率馈奠,始伸岁朦之情。卜相见之乃惕然曰:"此吾有司之责也。"乃具申旧院道,谓前都御史阳明王公,功在天下,而安远为用武之地;教在万世,而虔州为首善之区。

本县正德年间,中有广寇叶芳,拥众数千,肆行剽掠,民不聊生;自受本院抚剿,以来,立籍当差,无异于土著之齐民;后生小子,不忘乎良知之口授。今询舆情,择县西旧堤,备所空处,堪以修建祠堂,本县将日逐自理词讼银两,买办供费,庶财省而功倍,祠专而民悦。嘉靖二十九年,中据前提督军门卢,俱如议行之。

见今像貌森严,祠宇宏丽,申兵备金事沈,提督军门张,扁其堂曰"仰止",门曰"报功祠",烜作记,立石纪事。

四月,瑞金县知县张景星,请建王公报功祠。按《虔南公移录》,景星申称"正德初年,岁侵民饥,輋贼冲炽,民不聊生,逃亡过半,赖提督军门王公,剪除凶恶,宣布德威,发粟赈饥,逃民复业,感恩思德,欲报无酬。今有耆民苏振等,愿自助财鸠工,拓乡校右以崇祠像,李珩禄愿自助旱田八十亩,以承春秋尸祝;"金事沈谧嘉奖之,申照军门张烜,严立规制,题曰"报功",立石纪事。

祀而建立祠庙。那么两个祠庙并存并立，各自保持自己的尊严地位，报功的大典，一同举行而各得其宜，三月，安远县知县吴卜相，请求建立王公报功祠。百姓私自在小学校设立牌位，父老子弟，相继前来祭奠，抒发了他们的怀念之情。吴卜相看到这种情况，就感叹地说："这是我们有司的职责。"于是详细地向上司申报说，前都御史王公功绩盖于天下，而且安远是经常用兵征战的地方；先师遗教惠于后代万世，而且虔州是先生首先立教的地方。

安远县在正德年间，有广东的贼首叶芳，带领几千人马，横行乡里，民不聊生；自从接受先师的安抚以来，入了官籍接受差遣，和土著中的良民一样安分守己；后生小子，没有忘记先生口授的良知学说。如今本地的民情意愿，选择县城西边的旧堤，有一片空地，能够修建祠堂，本县打算审理诉讼银钱银两，供养祠堂所需，钱财花费少而收效很大，征得祠堂专礼王公百姓喜悦。嘉靖二十九年，呈报前军门提督，获准实行。

看到如今塑像庄严肃穆，祠庙雄伟壮观，兵备佥事沈谧，提督军门张烜，在祭祀的中堂上题匾为"仰止"，门上题为"报功祠"，张烜为此作记，并立碑刻石记述这件事。

四月，瑞金县知县张景星请求兴建王公报功祠。据《虔南公移录》记载，张景星反复说明："正德初年，天降灾荒，老百姓忍饥挨饿，贼寇猖獗，民不聊生，全县逃亡人数过半，幸赖提督军门王公，平定作乱的凶恶之徒，恩德与威严广布，又发放粮食赈救饥民，逃走的老百姓又返回来重治田业，老百姓对先生感恩戴德却无以为报。如今有德高望重的乡民苏振等人，愿意自己资助钱财招集工匠，扩展乡校右边的地方来建立祠庙，供奉塑

六月崇义县知县王廷耀，重修阳明王公祠。崇义县，在上犹、大庾、南康之中，相距各三百余里，师所奏建也。

数十年来，居民井落，草木茂密，生聚繁衍，百姓追思功德，家设像以致奠祝；至是廷耀请于前军门卢会民，建师祠于儒学东隅，卢从之；佥事沈谧，巡县廷耀，请新旧制，谧为增其未备，设制定祀，如信丰诸县，立石纪事。

九月，太仆少卿吕怀，巡按御史成守节，改建阳明祠于琅琊山。山去城五里，旧有祠在丰乐亭右，湫隘不容俎豆，兹改建紫薇泉上，是年畿谒师祠与怀、戚贤等数十人，大会于祠下；十月，洪自宁国与贡安国谒师祠、见同门高年，犹有能道师教人初入之功者。

三十三年甲寅。巡按直隶监察御史闾东，宁国知府刘起宗，建水西书院，祀先生。水西在泾县、大溪之西，有上中下三寺。初，与诸生会集，寓于各寺方丈，既而诸生日众，僧舍不能容；乃筑室于上寺之隙地，以备讲肆，又不足；提学御史黄洪毗，与知府刘起宗，创议建精舍于上寺右，未就；巡按御史闾东，提学御史赵锵继至，起宗复申议；于是属知县丘时庸恢弘其制，督成之。

像，李奉禄愿意自己资助八十亩良田，来供奉春秋两季的祭礼；佥事沈谧嘉奖了这件事，呈报军门张烜，严格地制定了礼仪规则，题名为报功祠，并刻石立碑记述这件事。

六月，崇义县知县王廷耀，重修了阳明王公祠。崇义县，位于上犹、大庾、南康之间，相距各为三百多里，是先师上奏朝廷而建立的。

几十年来，老百姓居住的地方，草木茂盛，人丁兴旺，他们追念先生的功德，在家中设立先生的塑像进行祭奠。这时，王廷耀向前军门卢会民请求，在儒学的东边建立先师的祠庙，卢会民听从了他的话。佥事沈谧，巡县王廷耀，请求更新旧的制度，沈谧详细地增补了没有完备的地方，设立规制，按期祭祀，就像信丰各县一样，并刻石立碑记述这件事。

九月，太仆少卿吕杯，巡按御史成守节，在琅琊山改建阳明祠。琅琊山离县城五里远，原先在丰乐亭的右边有座先生的祠庙，地势低凹潮湿无法演习礼仪，于是改建在紫薇泉上。这年，王畿拜谒先师祠庙并和吕怀、戚贤等几十人，在祠庙举行聚会；十月，德洪从宁国和贡安国前来拜谒先师的祠庙，看到同门年纪大的长者，还有人能说出先师当年教诲他人入学的功夫。

嘉靖三十三年，甲寅年。巡按直隶的监察御史闻东，宁国知府刘起宗，兴建了水西书院，祭祀先生。水西位于泾县大溪的西边，有上中下三个寺院。起初，和诸生聚会讲习，都住宿在各个寺院之中，后来诸生日益增多，僧人居住的房舍不能容纳；于是在上寺的空闲地方建筑房舍，来为讲习备用，仍然不足；提学御史黄洪毗，和知府刘起宗，倡议在上寺的右边建立精舍，没有完成。巡按御史闻东，提学御史赵镗接着赶到，刘起宗又反复说

邑之士民好义者，竞来相役，南陵县有寡妇陈氏，曹按妻也，遣其子廷武，输田八十亩有奇，以廪饩来学；于时书院馆谷具备，遂成一名区云。起宗礼聘洪、畿，间年至会。

三十四年乙卯。欧阳德改建天真仰止祠。德揭天真祠曰："据师二诗，石门、苍峡、龟畴、胥海，皆上院之景，吾师神明所依也；今祠建山麓，恐不足以安师灵。适其徒御史胡宗宪，提学副使阮鹗，俱有事吾浙，即责其改建祠于其上院，匾其额曰'仰止'。江西提学副使王宗沭，访南康生祠，塑师像，遣生员徐应隆迎至新祠为有司公祭；下祠塑师燕居像，为门人私祭；邹守益撰《天真仰止祠记》。"

记曰："嘉靖丙辰，钱子德洪聚青原连山之间，议葺阳明先生年谱，且曰：'仰止之祠，规模耸旧观矣，宜早至一记之。'未果趋也，乃具颠末以告。天真书院，本天真、天龙、净明三寺地。岁庚寅，同门王子臣、薛子侃、王子畿，暨德洪建书院以祀先生新建伯，中为祠堂，后为文明阁、藏书室、望海亭，左为嘉会堂、游艺所、传经楼，右为明德堂、日新馆，傍为翼室，置田以供春秋祭祀。

岁甲寅，今总制司马梅林胡公宗宪按浙，今中丞阮公鹗视学，谋于同门黄子弘纲，主事陈子宗虞，改祠于天真上

明情由；于是嘱咐知县丘时庸尽心尽力，督促这一事的完成。

城中士人百姓崇信大义的人，争着前来出力相助，南陵县有一个寡妇陈氏，是曹按的妻子，让他的儿子廷武，献出八十多亩田地，作为薪资，前来就学；这时书院里供养充足，名噪一时。刘起宗礼聘德洪和王畿前来，过了一年后他们赶来聚会。

嘉靖三十四年，乙卯年。欧阳德改建天真仰止祠。欧阳德在天真祠的揭幕仪式上说："据先师的两句诗，石门、苍峡、龟畴、胥海，都是描述上院的景色，是我们先师神明所系的地方；如今祠庙建立在山麓，恐怕不足以安先师的灵魂。恰逢他的门徒，御史胡宗宪，提学副使阮鹗，前来浙江巡视，就责承他们把先生的祠庙改建在上院，在门额上题匾为'仰止'。江西提学副使王宗沐，拜访了设立在南康的先生祠庙，雕塑了先师的遗像，派生员徐应隆把先师的塑像迎接到新建成的祠庙，让有司举行公祭；在下祠雕塑了先师平日生活的肖像，让门人私下进行祭奠；邹守益撰写了《天真仰止祠记》。"

记中说："嘉靖三十五年，钱德洪聚集同门于青原、连山之间，商议整理阳明先生的年谱，并且说：'仰止祠，规模超越前日旧貌，应该及早赶到记述下来。'后来，没有如愿赶到，只是让他人告诉了他始末情况。天真书院本来占据天真、天龙、净明三座寺院的地方。嘉靖九年，同门的王臣、薛侃、王畿以及德洪兴建书院来祭祀先生新建伯，中部是祠堂，后边为文明阁、藏书室、望海亭，左边是嘉会堂、游艺所、传经楼，右边是明德堂、日新馆，旁边是厢房，并购置田地供养春秋两季的祭祀。

嘉靖三十三年，现任总制司马籍贯梅林的胡宗宪巡按浙江，现任中丞的阮鹗也到浙江视学，和同门黄弘纲，主事陈宗

院,距书院半里许,以薛子侃、欧阳子德、王子臣附,俱有事师祠也。左为叙勋堂,右为斋堂,后崖为云泉楼,前为祠门,门之左通兹云岭磴道横亘若虹,立石牌坊于岭上,题曰'仰止'下接书院,百步一亭,曰'见畴',曰'泻云',曰'环海',右拓基为净香庵,以居守僧;外为大门,合而题之曰'阳明先生祠'门外半壁池,跨池而桥曰'登云桥',外即龟田,亭其上曰'大极'云。

岁丁巳春,总制胡公平海夷而归,思敷文教,以戢武士,命同门杭二守、唐尧臣,重刻先生《文录》《传习录》于书院,以嘉惠诸生;重修祠宇,加丹垩泉石之胜,辟凝霞、玄阳之洞,梯上真,蹑蟾窟,经苍峡,采十真,以临四眺,湘烟越峤,纵足万状,穷岛怒涛,坐收樽俎之间,四方游者,愕然以为造物千年所秘也。文明有象,先生尝咏之,而一旦尽发于群公,鬼神其听之矣。守益拜首而复曰:'真之动以天也微矣,果畴而仰应,又畴而止之。先生之训曰:"有而未尝有,是真有也;无而未尝无,是真无也;见而未尝见,是真见也。"

而反覆师旨,慨乎颜子知几之传,故其诗曰:"无声无臭,而乾坤万有基焉,是无而未尝无也。"又曰:"不离日用常行,而直边飞天,未画焉,是有而未尝有也;无而未尝无,故视听言动于天则,欲罢而不能;有而未尝有,故天则穆

虞，把祠堂改设在天真寺的上院，距离书院有半里左右的路程，薛侃、欧阳德、王臣都参与了这次改设先师祠堂。左边是叙勋堂，右边是斋堂，后面山崖上是云泉楼，前边是祠堂的大门，门的左边和慈云岭相通，山间石阶像飞虹一样相互交错，在岭上设立了石牌坊，题名为："仰止"。下面和书院相连，每一百步远设立一个小亭，名叫'见畴'，'泻云'，'环海'，在右边拓宽地基修建了净香庵，供守护的僧人居住；外边是大门，题为'阳明先生祠'，门外有一池水，水上架一桥，名为'登云桥'再外边就是龟田亭，上边题'大极'。

嘉靖三十六年春季，总制胡公平定了海寇回来，想通过文明教化来陶冶武士，让同门的杭州太守唐尧臣在书院重新刻印了先生的《文录》和《传习录》，来供诸生阅读；重新修建了祠庙的房宇，增加了一些山水泉石等名胜开辟了凝霞和玄阳两个洞穴，架设云梯直上天真山，走过蟾窟，经苍峡、采填可饱览四周风光，移步之间，可以观览琼岛怒涛。四方前来游览的人，都惊叹这是千百年造化的神奇之功。先生曾经说这是文明的征兆，然而一旦被各位具有学识的先生们加以修饰，连鬼神都侧耳倾听。守益拜首行礼之后又说："大道对于上天的作用是很微弱的，地上的物事应征于上天的行为，反过来最终作用于地上。先生的遗训说：'有却不曾有，是真有；无却未曾无，是真无；见却未曾见，是真见。'

从而反复斟酌先师为学的宗旨，慨叹颜回懂得了圣人之传的精粹，所以他在诗中说：'无声无臭，却是乾坤万有的根本，是无却未曾无。'又说：'行动不离日用常行，却直达先天未画时，是有却未曾有；无却未曾无，所以视听言动反应上天的法

然，无方无体，欲从而末由；兹颜氏次所以为真见也。"

吾侪之服膺师训久矣，饬励事为，而未达行著习察之蕴，则倚于滞像；研精性命，而不屑人伦庶物之实，则倚于凌虚；自迩而远，自卑而高，未免于岐也；而入门升堂，奚所仰而止乎？独知一脉，天德所由立，而王道所由四达也。

慎之为义，从心从真，不可人力加损，稍涉加损，便入人为而伪矣。古之人，受命如舜，无忧如文，继志述事如武王、周公，格帝飨庙运天下于掌，举由孝弟以达神明，无二涂辙；故曰：夫微之显，诚之不可掩如此，指真之动以天也。

先师立艰履险，磨瑕去垢，从直谏远谪，九死一生，沛然有悟于千圣相传之诀；析支离于众淆，融阙漏于二氏，独揭良知，以醒群梦；故惠流于穷民，威袭于巨寇，功昭于宗社，而教思垂于善类，虽罹谗而遇倡，欲揜而弥章，身没三十年矣，干戈倥偬中，表扬日力，此岂声音笑貌可袭取哉？惟梅林子尝受学于金台，至取师门学术勋烈，相与研之，既令余姚，谙练淬励，荐拜简命，神谋鬼谋，出入千古，旁观骇汗，而竟以成功，若于先师有默解者。

则，想不反应也是不可能的；有却未曾有，所以上天的法则肃穆庄严，没有形态，想遵循这些法则，却没有具体的途径，颜回的看法是真正的有见识。'

我们信服先师的训诫已经很久了，谨慎地行事，却没有探察到行动习惯的底蕴，拘泥于事物的表象；精研性命之学，却对人伦实务的实际不屑一顾，因此倚重于虚幻；从近到远，从低到高，不可避免地步入歧途；然而入门升堂渐臻佳境，哪里有可以达到最高极限的呢？只是懂得一个方面，天德因此而树立，王道因此而向四面八方传播。

在实行仁义方面要慎重从事，听从内心的良知，听从大道的流动，不要施加人力予以加损，稍有人力用功，就已经不是自然而是人为的造作了。古代的圣人，像虞舜一样接受天命，像文王一样无忧无虑，像武王、周公一样继承先人志向完成事业，承袭帝位，养护祖庙，管理天下就像在掌上运作一样，通过孝悌等礼教和神明相通，这些都并无二致；所以说：以微见显，确实像这样地不可掩饰，这是指大道运作于天。

先师历经艰险，不断砥砺自己，因直言劝谏而被贬官到偏远地区，九死一生，恍然大悟了千百年来圣学相传的秘密；指出了众人模糊认可的支离学问，佛道两派所倡导学问的纰漏，独自揭示了良知学说，来警醒处于茫然之中的众人。所以连穷困的老百姓都受到益处，凶恶的贼寇都受到威势的震慑，功绩显赫于宗社，教育思想留在善良的人们中，虽遭受谗言的陷害，其功是欲盖弥彰。先生去世已经三十多年了，先生在军旅倥偬之中，建立了卓越的功勋，难道只有先生的音容笑貌值得记取吗？只有梅林子曾在金台受学于先师，对先师的学术和实绩细细研讨，在

继自今督我同游,暨于来学,骏奔诵歌,务尽斋明盛服之实,其望也若跋,其至也若休,将三千三百,蔼然仁体,罔俾支离阙漏;杂之以古所称忠信笃敬,参前倚衡,蛮貊无异于州里,省刑薄敛,亲上死长,持挺于秦、楚;是发先师未展之秘,达为赤舄,隐为陋巷,俾圣代中和位育之休熙,光夫化日之中,是谓仰止之真。'"

三十五年,丙辰。二月,提学御史赵镗,修建复初书院,祀先生。书院在广德州治。

初,邹守益谪判广德,创建书院,置赡田,以延四方来学;率其徒濮汉、施天爵,过越见师而还,复初之会,遂振不息;后汉、天爵出宦游,是会兴复不常者二十年;至洪畿主水西会,往来广德,诸生张槐、黄中、李天秩等邀会五十人,过必与停骖信宿。

是年,汉、天爵致政归,知州庄士元,州判何光裕,申镗,复大修书院,设师位,以岁修祀事。五月,湖广兵备佥事沈宠,建仰止祠于崇正书院,祀先生。书院在蕲州麒麟山宠与州守同门谷钟秀建书院,以合州之选士讲授师学。

是年,与乡大夫顾问、顾阙迎洪于水西,诸生钟沂、史

出任余姚之后，暗自砥砺，汇集上下千古之智，最后终于建立功业，和先师的思想有许多相通的地方。

到如今好像督促我们一起同游，歌咏诗词，练习武艺，在衣食等礼仪上十分周到，从远处看他，似乎勤勤恳恳地向学不已，到了他身边，才知他心境平和，体态安详。对待自己所率的人马，极尽仁爱之义；而且发扬古人忠信笃敬的品格，在征战中，施恩于蛮夷之地，在州府处理政务中，减少赋税，不滥施刑罚，亲近君上，效忠官长，这确实是承继了先师遗风，显达为贵胄，隐退在陋巷，使圣人和位育的中庸之道昭显在光天化日之中，这才是可仰止的真诚品格。

嘉靖三十五年，丙辰。二月，提学御史赵镗，修建复初书院，祭祀先生。书院设在广德州治所。

起初，邹守益贬官到广德，创建了书院，并购置供养书院的田地，邀请四方人士前来讲学问；并带领他的门徒濮汉、施天爵，去浙江拜见先师，后来又返回去了，在复初书院的聚会由此而兴盛起来，没有停止；后来濮汉、施天爵出外做官，这个聚会中止了二十年；到德洪、王畿主持水西聚会的时候，往来于广德的诸生张槐、黄中、李天秩等人，和邀请来聚会的五十多人，凡经过复初书院就一定停下来住宿。

这年濮汉、施天爵辞职回来，知州庄士元、州判何光裕，向赵镗申请之后，又大规模地修复复初书院，设立先师的牌位，进行祭祀。五月，湖广兵备佥事沈宠在崇正书院建立仰止祠，祭祀先生。崇正书院位于蕲州麒麟山，沈宠和州守同门谷钟秀兴建了这个书院，从全州选拔优秀人才讲授先师的学问。

这年，和乡大夫顾问、顾阙到水西书院迎接钱德洪，诸生钟

修等一百十人有奇，合会于立诚堂，宠率州守首举祀事，属洪撰《仰止祠记》。其略曰："二三子，尔知天下有不因世而异，不以地而隔，不为形而拘者，非良知之谓乎？夫子于诸生，世异地隔形疏，而愿祠而祀之，尸而祝之，非以良知潜通于其闽乎？昔舜、文之交也世之相后千有余岁，地之相去千有余里，揆其道则若合符节者，何也？为其良知同也。苟求其同，岂惟舜、文为然哉？赤子之心与大人同；夫妇之愚不肖与圣人同；蒸民之不识不知，与帝则同；故考诸往圣而非古也，俟诸百世而非今也，无弗同也，无弗足也；故历千载如一日焉，地不得而间也；通千万人如一心，焉形不得而拘也。

三代而降，世衰道微，而良知真体，炯然不灭；故夫子一发其端，而吾人一触其几，恍然如出幽谷而睹天日；故诸生得之易而信之笃者，为良知同也。虽然诸生今日得之若易，信之若笃矣；亦尚思其难，而拟其信之若未至乎？昔者，夫子之始倡是学也，天下非笑诋訾，几不免于陷阱者屡矣，夫子悯人心之不觉也，忘其身之危困，积以诚心稽以实得，见之行事；故天下之同好者，共起而以身承之，以政明之故诸生之有今日，噫亦难矣！诸生今日之得，若火燃泉达，能继是无间必信其燎原达海，以及于无穷，斯为真信也已。是

沂、史修等一百多人，在立诚堂聚会，沈宠带领州守首次举行祭祀活动，并嘱咐德洪撰写了《仰止祠记》。大概说："后起的学者们，你们懂得天下有不因时代不同而不同，不因异地而阻隔，不因情形不一而受到拘束的德性，这难道不是对良知的称谓吗？夫子和诸生，生于异代，异地，情形迥然不同，可是诸生却愿意建筑祠庙祭祀他，这难道不是有良知在其间贯通吗？从前，舜和文王的神交前后相隔一千多年，地域相距一千多里，对比他们的学问却十分相符，为什么呢？因为他们内心的良知是相同的。如果探求这种相同，难道只是虞舜和周文王是这样吗？幼童内心的良知，和大人相同；不肖的匹夫、匹妇和圣人的良知是相同的；老百姓的不知不能和天帝的全知全能相同；所以细心考察历代圣人并非是远古的事，百代以后也并不是将来的事，远古将来没有不同的地方。没有不足以表露良知的地方；所以经历千年就和一日相同，地域不同也不能相隔良知的同一；考察千万人也像一个心一样，各人不同的情形也不能有所拘束。

从夏、商、周三代以后，世道衰微，可是良知真体，仍光耀不灭；所以夫子一旦启发了这个念头，我们一有领会，就豁然开朗，像走出幽谷重新见到天日一般；所以诸生很易于领会。且信奉诚笃，是由于良知相同的缘故。即使这样，诸生今日好像轻易地领会了，信奉得也很诚笃，也还想到应有更难的地方，内心疑虑是否自己还没有达到至高的境界？从前，夫子开始倡导这门学说，天下诋毁嘲笑，有很多次差点被陷害，夫子怜悯人心没有觉醒，忘记了自身的危困处境，用诚心涵养自己，探求真实的体悟，在办理事情上体现出来；所以天下有共同志向的人，一同起来用自身承担起这个使命，在政务处理上来证明自己的学问，所

在二三子图之!"

四十二年，癸亥。四月，先师年谱成。师既没，同门薛侃、欧阳德、黄弘纲、何性之、王畿、张元冲，谋成年谱，使各分年分地，搜集成汇，总裁于邹守益越十九年庚戌，同志未及合并，洪分年得师始生至谪龙场寓史际嘉义书院，具稿以复守益；又越十年守益遗书曰："同志注念师谱者，今多为隔世人矣，后死者宁无惧乎？谱接龙场，以续其后，修饰之役，吾其任之。"

洪复寓嘉义书院，具稿得三之二；壬戌十月，至洪都而闻守益讣，遂与巡抚胡松吊安福，访罗洪先于松原，洪先开关有悟，读年谱若有先得者，乃大悦，遂相与考订，促洪登怀玉，越四月而谱成。八月，提学御史耿定向，知府罗汝芳，建志学书院于宣城，祀先生。

洪畿初赴水西会过宁国府诸生周怡、贡安国、梅守德、沈宠、余珊、徐大行等二百人有奇，延至景德寺讲会，相继不辍。是年畿至，定向汝芳，规寺隙地，建祠立祀，于今讲会益盛，后知府钟一元扁为"昭代真儒"，遵圣谕也。

以诸生才有今日良知学说兴盛的局面，哎，也真不容易呀！诸生今日的领会就像烈火骤燃，清泉奔流，如果能坚持下去，一定会有燎原之势和进入大海的宏阔，到了无穷的境地，这才是真正的信奉，这正是你们应多谋划的事！"

　　嘉靖四十二年，癸亥。四月，先师的年谱完成。先师去世以后，同门的薛侃、欧阳德、黄弘纲、何性之、王畿、张元冲，谋划完成年谱的编撰，派人各自分年代分地域地收集成册，最后让邹守益进行总的裁决。过了十九年后的庚戌年，一同编撰年谱的友人还没有在一块聚会，钱德洪负责先师从出生到贬官龙场这一段，住宿在史际开办的嘉义书院，把年谱文稿交付给邹守益；又过了十年，邹守益给钱德洪写信说："一共关注先师年谱的人，如今大多成为隔世的人了，后死的人能不为此而担心吗？年谱应接着龙场时代，继续其后的编撰，对文字润饰的工作，只有我来担任了。"

　　德洪又住在嘉义书院，文稿完成了三分之二；壬戌年十月，到了洪都却听到守益去世的消息，就和巡抚胡松到安福去凭吊，然后到松原拜访罗洪先，罗洪先所体悟的道理，在年谱中也有可以看到的，于是非常高兴，和他们一块考证修订，并督促钱德洪早日完成，过了四个月，年谱完成。八月，提学御史耿定向，知府罗洪芳，在宣城建立志学书院，祭祀先生。

　　钱德洪、王畿因赴水西书院的聚会初次经过宁国府，诸生周怡，贡安国、梅守德、沈宠、余珊、徐大行等二百多人，邀请他们到景德寺讲习聚会，接连不断。这年，王畿到了志学书院，耿定向，罗汝芳利用寺院的空闲地方，建立祠堂进行祭祀，到现在讲习聚会更加隆盛。后来，知府钟一元题匾为"昭代真儒"，这

四十三年，甲子。少师徐阶撰《先生像记》。记曰："阳明先生像一幅水墨写。嘉靖己亥予督学江西，就士人家，摹得先生燕居像二，朝衣冠像一。明年庚子夏以燕居之一赠吕生，此幅是也。先生在正德间，以都御史巡抚南赣，督兵败辰濠，平定大乱，拜南京兵部尚书，封新建伯，其后以论学为世所忌，竟夺爵。

予往来吉、赣问，其父老云："濠之未叛也，先生奉命，按事福州，乞归省其亲，乘单舸，下南昌，至丰城闻变，将走还幕府，为讨贼计，而吉安太守松月伍公议适合，郡又有积谷可养士，因留吉安，征诸郡兵与濠战湖中，败擒之。"

其事皆有日月可按覆，而忌者谓"先生始赴濠之约，后持两端，遁归为伍所强，会濠攻安庆不克，乘其沮丧幸成功。"夫人苟有约，其败征未见，必不遁；凡攻讨之事，胜则侯，不胜则族，苟持两端，虽强之必不留。

武皇帝之在御也，政由嬖幸，濠悉与结纳，至或许为内应，方其崛起，天下皆不敢意其遽亡，先生引兵而西，留其家吉安之公署，聚薪环之，戒守者曰："兵败即纵火，毋为贼

是遵照圣上的谕旨而题的。

嘉靖四十三年，甲子年。少师徐阶撰写了《先生像记》。记中说："阳明先生的一幅遗像，是水墨画。嘉靖己亥年，我督学江西，到了一家读书人家，临摹到先生平日生活的肖像二张，身穿朝服朝冠的像一张，第二年即庚子年，在夏天，把一张先生平日生活像赠送给吕先生，就是这一幅。先生在正德年间，以都御史职位巡抚南赣，率兵打败朱宸濠的叛军，平定了变乱，被拜为南京兵部尚书，封为新建伯，以后因为讲论学问被世人所忌恨，竟然被夺去了爵位。

我经常在吉安和赣州之间来往，那里的父才老乡亲说："朱宸濠没有叛乱的时候，先生奉皇上命令，到福州巡视，并请求回家省亲，乘孤船下南昌，到了丰城听到了变乱的消息，原打算回到幕府，谋划讨贼大计，可是和吉安太守伍松月很谈得来，而且郡中粮草丰足，足以养兵，于是留在吉安，征调各路兵马，和朱宸濠在湖中作战，打败并擒获了他。"

这件事有清楚的日月时间可查，可是忌恨他的人说：'先生起初是去赴朱宸濠约会，后来犹豫不定，打算逃回去，被伍松月强迫才和朱宸濠作战；正赶上朱宸濠攻打安庆没有成功。乘他士气低落，侥幸取得了成功。"先生如果和朱宸濠有约定，宸濠的失败征兆还没有显露出来，一定不会逃遁；凡是攻战讨伐的事，胜利了就封侯拜相，败了就诛灭九族，如果迟疑不决，即使强迫他也不会留下的。

武皇帝在位的时候，政事都由奸佞小人把持，朱宸濠和他们都有勾结，甚至有的人打算做内应；在朱宸濠势力强盛的时候，天下的人都不敢揣测他马上会败亡；先生带兵向西进攻，把

辱!"呜呼! 此其功,岂可谓幸成,而其心事岂不皦然如日月哉? 忌者不与其功足矣;又举其心事诬之,甚矣小人之不乐成人善也。自古君子为小人所诬者多矣,要其终必自暴白。

乃予所深慨者,今世士大夫,高者谈玄理,其次为柔愿,下者直以贪黩奔竞,谋自利其身,有一人焉,出死力为国家平定大乱,而以忌厚诬之,其势不尽驱士类入于三者之途不止。

凡为治,不患无事功,患无赏罚,议论者,赏罚所从出也,今天下渐以多事,庶几得人焉驰驱其间,而平时所议论者如此,虽在上智,不以赏罚为劝惩,彼其激励中才之具不已殊乎? 此予所深慨也,濠之乱,孙、许二公死于前,先生平定之于后,其迹不同,同有功于名教;江西会城,孙、许皆朝食,而先生无祠,予督学之二年,始祀先生于后圃,未几被召因摹像以归,将示同志者,而首以赠吕生予尝。

见人言此像于先生极似,以今观之貌殊不武;然独以武功显,于此见儒者之作用矣,吕生诚有慕乎? 尚于其学求之。

他的家属留在吉安的公署中，把柴草堆积在周围，告诉把守的人说："如果我要战败，就纵火焚烧，不要遭受贼寇的侮辱。"哎！他的功绩，怎么能说是侥幸成功呢？他的内心不是像日月一样光明磊落吗？忌恨他的人，不给他功劳就算了；又用尽心事来诬陷他，这是小人不乐于成人之美太分过分了。自古以来，君子被小人所诬陷的有很多了，可最终必定要大白于天下。

我最感慨的就是，当今的士大夫，自恃高洁的空谈玄理，其次的格守旧规，沽名钓誉，再下的就是鱼肉百姓，贪图私利，如果有一个人挺身而出，尽死力为国家平定大乱，那么一定要诬陷他，直至驱使士大夫都入于前边所列的三种情况为止。

凡是治理国家，不害怕没有功绩，只是害怕没公平的赏罚，议论是产生赏罚的重要条件；如今天下渐入多事之际，总得有人在其间辛苦奔波，可是平时议论的却是这样，即使有上等的材质，如果不用赏罚来鼓励和惩戒，比那激励中等材质的人的奖惩不就会疏漏了吗？这是我最为感慨的地方。朱宸濠的这次叛乱，孙、许两位明公死在前面，先生于后面平定了这场变乱，他们的行为不同，但都对名教的扶持有功；在江西的会城，孙、许两位明公都有祠庙接受祭祀，可是先生却没有祠庙，我在那里任督学近两年的时间，才开始在后圃设立先生的祠堂进行祭祀，没过多久被召回去，于是临摹了图像带回来，打算让有共同志向的人看，而且首先赠给了吕生。

我曾听到别人说，这幅画像和先生本人很相似，可按今天人们的观点来看，相貌并不威武；然而却偏偏因显赫的武功而扬名，从这里可以看到儒生的作用了，吕生确实敬慕吗？还应从他的学问来做起。"

巡按江西监察御史成守节重修洪都王公仰止祠。大学士李春芳作《碑记》。记曰："阳明先生祠少师存翁徐公督学江右时所创建也。公二十及第，宏词博学，烨然称首词林，一时词林宿学，皆自以为不及；而公则曰："学岂文词已也。"曰兴文庄欧阳公，穷究心学，闻阳明先生良知之说而深契焉。

江右为阳明先生过化，公既阐明其学以训诸生，而又为崇祀，无所不足以系众志；乃于省城营建祀宇，肖先生像祀之；遴选诸生之隽茂者，乐群其中，名曰"龙沙会"。公课艺暇，每以心得开示诸生，而一时诸生多所兴起云。

既公召还，清跻纶阁为上所亲信，盖去江右几二十年矣；有告以祠宇倾圮者，则愀然动心，捐赐金九十属新建钱令修葺之。侍御甘斋成君闻之曰："此予责也。"遂身任其事鸠工拓材，饰其所已敝，增其所未备堂宇斋舍，焕然改观；不惟妥神允称而诸生之与起者，益勃勃不可御矣。噫！公当枢筦之任受心膂之寄，无论几务丛委，即宸翰咨答，日三四至，而犹之不可以已也。

夫致知学发自孔门，而孟子良知之说，则又发所未发，阳明先生合而言之曰"致良知"。则好善恶之意，诚推其极，家国天下，可坐而理矣。公笃信先生之学而日以体之身心，施之政事，秉钧之初即发私馈屏贪墨，示以好恶。四海向风，不数年而人心吏治翕然丕变，此岂有异术哉？好善恶

巡按江西的监察御史成守节，重修了位于洪都的王公仰止祠。大学士李春芳作了《碑记》。记中说："阳明先生的祠庙是少师徐存翁督学时创建的，徐存翁先生二十岁进士及第，学问渊博，词学精湛，在词林中独占鳌头，一时祠林中的宿老，都认为赶不上他；可是徐存翁先生却说："做学问哪里只是文辞而已。"每天和文庄欧阳德先生，致力于心学的探讨，听了阳明先生关于良知的学说后深为契合。

江右是先生生前教育敦化的地方，徐存翁先生既阐明先师的学问来训导诸生，又设祠祭奠，都足以维系众人的心志。于是在省城建立祠庙屋宇，雕塑先生像来祭祀；挑选在诸生中资质俊秀的人，在一块聚会起名为"龙沙会"。徐存翁先生在授课的余暇，每有心得，就告知诸生，因而一时间诸生有很大的进步。

徐存翁先生被召回以后，重新步入朝廷，被皇上亲信，离开江右将近二十年，有人告诉他祠庙倾圮不堪，先生就心情悲痛，捐助了九十金，嘱托新建的钱令修葺一下。侍御甘斋成先生听到这件事时说："这是我们的责任。"于是亲自承担这事，雇用工匠收集材料，修整已经颓坏的地方，增补没有完备之处，庙堂殿宇住宿房舍，焕然改观。不只先师神灵感戴，诸生也前来讲习不已，更加生意盎然不可阻挡。哎，徐存翁先生身居要职，接受皇上问询，至有一日三四次之多，还不能完备。

致知的学说起源于孔子那里，孟子的良知学说，却又发前所未发之意，阳明先生把它结合起来，称为'致良知'，那么就把好善恶恶的意思推广到极处，家国天下，坐在那儿就可以治理了。徐存翁先生笃信阳明先生的学问，每天用自己的身心进行体会，在政事处理中体现出来，在执掌权力之初，就揭发私下的

恶之意诚于中也；故学非不明之患，患不诚耳。知善知恶，良知具存，譬之大明当天，无微不照；当好当恶，当赏当罚，当进当退，锱铢不爽，各当天则，循其则而应之，则平平荡荡，无有作好，无有作恶，而天下平矣。

故诚而自慊，则好人所好，恶人所恶而为仁；不诚而自欺，则好人所恶，恶人所好而为不仁；苟为不仁，生于其心害于其事，蠹治戕民，有不可胜言者矣。

公为此惧，又举明道《定性》《识仁》二书发明其义，以示海内学者，而致知之学，益明以切；诸生能心惟其义，而体诸身，则于阳明先生之学几矣。业新者，其尚体公之意，而殚力于诚，以为他日致用之地哉？"

四十五年，丙寅。刻先生《文录续编》成。师《文录》久刻行于世，同志又以所遗见寄，汇录得为卷者六。嘉兴府知府徐必进见之曰："此于师门学术皆有关切，不可不遍行。"

同志董生启予，征少师存斋公序，命工入梓，名曰《文录

赠送，而排斥贪污的人，来表示自己的好恶。四海都趋向风化，影响；没有几年，人心吏治，发生很大的改观，这难道是有奇异的法术吗？好善恶恶的意识，保持在心中；所以求学不是害怕不能明白事理，而是害怕内心不诚笃。对善恶的认识都存在于良知之中，就像太阳朗照于天，没有照不到的地方；当好当恶，当赏当罚，当进当退，都没有丝毫的差别，各自顺应自然的法则，遵循固有的法则而应接物事，则内心平平荡荡，没有固意为善，也没有固意为恶，那么天下就太平了。

所以内心诚笃，自我涵养，就会喜好别人所喜好的事情，厌恶别人所厌恶的事情，成就了自己的仁德；如果内心不诚笃，而自我欺瞒，那么就喜好别人所厌恶的事情，厌恶别人所喜好的事情，就丧失了仁德。如果不推行仁义，那么在内心里就奉行作恶，在做事上祸害别人，鱼肉百姓，那么就有说不尽的灾难了。

徐存翁害怕这种情况，又拿出程颢的《定性》《识仁》这两本书，发挥其中的大义，来告知海内的学者，从而致知的学问更加明白切实。诸生能够在内心里保持这种大义，并自己亲身验证，那么对阳明先生的学问的把握差不多了。在新建祠堂中修习课业的学者，能够体会先生的意思，致力于诚敬的功夫，来为他日效力于社会做准备吗？"

嘉靖四十五年，丙寅。刻印了先生的《文录续编》。先师的《文录》很久就在世上刻印流行，有同志者又把遗漏未编入的文稿寄给我，收集起来汇编了六卷。嘉兴府知府徐必进看到这些遗稿后说："这些和师门的学术，有密切的关系，不能不流传于世。"

有同志者董启予，征求少师存斋公作序，付梓刻印，起名为

续编》，并《家乘》三卷行于世云。

今上皇帝隆庆元年，丁卯。五月，诏赠新建侯谥文成。丁卯五月，诏"病故大臣，有应得恤典赠谥，而未得者，许部院科道官议奏定夺。"于是给事中辛自修、岑用宾等，御史王好问、耿定向等上疏："原任新建伯兵部尚书，兼都察院左都御史王守仁功勋道德宜膺殊恤，下吏礼二部全议得，王守仁具文武之全才，阐圣贤之绝学，筮官郎署，而抗疏以犯中涓，甘受炎荒之谪；建台江右，而提兵以平巨逆；亲收社稷之功；伟节奇勋，久见推于舆论；封盟锡典，岂宜遽夺于身终。"

疏上，诏赠新建侯，谥文成。制曰："竭忠尽瘁固人臣职分之常，崇德报功。实国家激劝之典，矧通侯班爵，崇亚上公，而节惠易名，荣逾华衮，事必待乎论定，恩岂容以久虚。尔故原任新建伯南京兵部尚书，兼都察院左都御史王守仁，维岳降灵自天佑命；爰从弱冠，屹为宇宙人豪，甫拜省郎，独奋乾坤正论，身濒危而志愈壮，道处困而造弥深；绍尧、孔之心传，微言式阐；倡周程之道术来学攸宗；蕴蓄既宏，猷为丕著；遗艰投大，随试皆宜；戡乱解纷，无施勿效。

《文录续编》，和三卷《家乘》一同流传于世。

当今的上皇帝隆庆元年，丁卯。五月，下诏赠封先生为新建侯，谥号为文成。隆庆元年五月，诏令说："因病去世的大臣，应该得到安慰抚恤，并赠给谥号，凡是没有得到的，准许部院科道的官吏商议定夺。"于是，给事中辛自修，岑用宾等人，御史王好问、耿定向等人上疏说："原任新建伯，兵部尚书，兼都察院左都御史的王守仁，按他的功绩和道德，应该给予特殊的抚恤，吏部、礼部共同商议认为，王守仁是文武皆备的全才，阐明了圣贤相传的绝学，在官署中做官，上疏抗拒奸佞小人，由此而冒犯了朝廷中的奸党，甘心被贬官到炎热蛮芜之地；在江右盟誓，带兵平定了大的叛乱，建立了安定社稷的功勋；雄伟的气节，不朽的功绩，很久以前就受到舆论的推崇；封赏赐爵，不应该在他去世之后就不加追封。"

疏文呈递上去，下诏赠封先生为新建侯，赠谥号为文成。表文说："竭忠尽瘁，本来是人臣应尽的职分；崇尚德行报答功绩，确实是国家用以激励志士的法典；虽然对王守仁封侯加爵，可他品性功勋，实远超于这些之上；事情一定依靠定论来实行，恩德怎么能长久地不得以回报。所以原任新建伯南京兵部尚书，兼都察院左都御史王守仁，天降灵明，辅助社稷；在弱冠之年，就清秀峻立为宇宙人豪；刚刚被拜为省郎，就独自介导乾坤正论；愈面临危难处境志气愈宏壮，学术愈处于困境愈造诣深厚；上承帝尧、孔子心传，阐述先圣的微言大义；倡导周敦颐，二程的道术，使学问有所归依；内心蕴藏宏富，韬略尤为深远；派遣艰难制事，委以重大使命、他的才能都很适合；平定大乱、解除社会纠纷，他的措施无不奏效。

闽、粤之箐巢尽扫,而擒纵如神;东南之黎庶举安,而文武足宪。爰及逆藩称乱,尤资仗钺渊谋旋凯奏功,速于吴楚之三月;出奇决胜迈彼淮、蔡之中宵;是嘉社稷之伟勋,申盟带砺之异数;既复抚夷两广,旋至格苗七旬,谤起功高,赏移罚重。爰遵遗诏,兼采公评;续相国之生封,时庸旌伐,追曲江之殊恤,庶以酬劳!兹特赠为新建候,谥文成,锡之诰命。於戏!钟鼎勒铭,嗣美东征之烈,券纶昭锡,世登南国之功;永为一代之宗臣,实耀千年之史册;冥灵不昧,宠命其承。"

六月七日,遣行人司行人赐造坟域,遣浙江布政使司堂上正官参政,与祭七坛。二年戊辰,六月先生嗣子正亿袭伯爵。

元年三月给事中辛自脩、岑用实等为开读事上疏,请复伯爵。吏部尚书杨博奉旨移咨江西巡抚都御史任士凭,会同巡按御史苏朝宗查覆征藩实迹及浙江巡抚都御史赵孔昭,巡按御史王得春,奏应复爵荫相同,于是吏部奉钦依会同成国公朱希忠、户部尚书马森等,议得"本爵一闻逆濠之变,不以非其职守,急还吉安,倡义勤王;未逾旬朔,而元凶授首,立消东南尾大之忧;不动声色而奸宄荡平,坐贻宗社磐石之固,较之开国佐命,时虽不同,拟之靖远、咸宁其功尤伟。委应补给诰券容其子孙承袭,以彰与国成休,永世无穷之报。"

扫荡福建、广东的贼寇，擒获安抚，如有神力一般；东西地区的黎民百姓因此而安定富庶，文治武功都足以为后世效法。于是等到宁王叛乱的时候，运筹帷幄，三月内在吴楚之间大获全胜；出奇制胜，平定了淮、蔡一代的叛乱。是社稷的伟大功勋。缔结盟约，绝不变心，非常特殊。后来又安抚了两广的夷人叛乱，不久又平定了苗族的变乱；因功高而遭到诽谤，没有受到奖赏却受到惩罚。于是遵照先帝的遗诏和公众的评议，实施奖赏，以示对他的酬劳。因此特地赠他为新建侯，赠谥号为文成，哎！应在钟鼎之上镌刻铭文，记载他东征的丰功伟绩；应书写于文表之中，陈述他在南国建立的卓越功勋；他将永为一代的名臣，确实应光耀于千年的史册之中，愿他冥冥之中，承此殊荣。"

六月十七日，派遣专人按皇上的旨意，建造坟地；派遣浙江布政使，设坛祭奠。隆庆二年，戊辰年。六月，先生的儿子正亿承袭了伯爵之位。

隆庆元年三月，给事中辛自修、岑用宾等人因皇上下诏让呈报应赏已故大臣的事上疏，请求恢复先生的伯爵之位；吏部尚书杨博，奉旨向江西巡抚、都御史任士凭移交公文，让他会同巡按御史苏朝宗查证征伐宁王反叛的实迹，查证结果和浙江巡抚、都御史赵孔昭，巡按御史王得春，所上奏的应恢复先生爵位、荫子奏疏相同，于是吏部奉旨和成国公朱希忠，户部尚书马森等人，商议后认为："新建伯一听到朱宸濠逆贼的变乱，不因这不是他的职守而退却，急急地返回吉安，倡议兴兵讨贼，没过多长时间，元凶就被擒获，立即就去掉了盘踞东南的祸患。他不动声色，却平定了叛贼的变乱，使江山社稷像磐石一样稳固；和开国功臣相比，时代虽然不同，可和靖远、咸宁这类的封号相

议上，诏遵先帝原封伯爵，与世袭。至三年五月，御史傅宠奏议爵荫吏部复请钦依，会同成国公朱希忠，户部堂书刘体乾议得：诚意伯刘基食粮七百石，乃太祖钦定，靖远伯王骥一千石，新建伯王守仁一千石，系累朝钦定，多寡不同。夫封爵之典，论功有六：曰开国，曰靖难，曰御胡，曰平番，曰征蛮，曰擒反；而守臣死绥，兵枢宣猷，督府剿寇，咸不与焉。

盖六功者，关社稷之重轻，系四方之安危，自非茅土之封不足以报之，至于死绥、宣猷、剿寇，则皆一身一时之事，锡以锦衣之荫则可，概欲剖符则未可也。

窃照新建伯王守仁，乃正德十四年，亲捕反贼宸濠之功，南昌、南赣等府虽同邦域，分土分民，各有专责，提募兵而平邻贼，不可谓之倡义，南康、九江等处，首罹荼毒，且进且攻，人心摇动，以藩府而叛朝廷，不可不谓之劲敌；出其不意，故俘献于旬月之间。若稍怀迟疑，则贼谋益审，将不如其所终；攻其必救，故绩收乎万全之略，若少有踩虞则贼党益繁，自难保其必济。肤功本自无前，奇计可以范后，靖远威宁，姑置不论，即如宁夏安化之变比之江西，难易迥绝，游击仇钺，于时得封咸宁伯，人无间言，同一藩服捕反，何独于新建伯而疑之乎？所据南京各道御史，欲要改荫锦衣

比，他的功绩远胜于此。确实应该给予赐封爵位的诏书，让他的子孙承袭伯爵之位，借以表明他的功勋与国永存，永垂不朽。"

议书呈递上去，皇上下诏仍按先帝原先封的伯爵之位封他，并赐其子孙世袭其位。到了隆庆三年五月，御史傅宠上奏评议爵位的世袭，吏部又奉旨，让成国公朱希忠、户部尚书刘体乾商议，后来商定为：诚意伯刘基享食粮七百石，是太祖亲自决定的，靖远伯王骥一千石；新建伯王守仁一千石，都是各朝根据不同情况钦定的，多少各不相同。根据封爵的法典，从六个方面论功：开国、平定国难、防御胡寇、平定番邦、征讨蛮贼、擒获反贼，其他都不列入考虑范围。

这六方面的功绩，都关系到社稷的存亡，四方百姓的安危，自然不分封土地就不能够酬报。至于其安抚剿灭贼寇都是一人一时的事，赐给承袭锦衣的恩惠就可以了，一概实行分封，是不可以的。

我们私下评议新建伯王守仁，他在正德十四年，亲自捕获反叛的贼首朱宸濠的功绩，南昌、南赣等府郡，虽然同为国家的领土，但是分土分民治理，各有专责，他能招募兵勇平定凶猛的贼寇，不能说是倡导了大义。南康、九江等地，首先遭受了叛贼的荼毒，并因不断遭受攻击，人心摇动，以藩府的力量背叛朝廷，不能不说是劲敌。可是守仁能出其不意，在几个月之内就向朝廷献上了俘虏，如果他稍微迟疑一下，则叛贼的谋划更加周到，那就不知结果会怎样了。利用朱宸濠必定返回挽救老巢的机会加以攻击，所以他的功绩在于详尽周密的作战策略，如果稍有疏忽，那么贼党更加势力雄厚，自然难以保证能够成功；俘获贼首的功绩本来是前所未有的，奇妙的计谋更是可被后代效

卫,于报功之典未尽,激劝攸关,难以轻拟,合无将王守仁男正亿袭新建伯,不必改议,以后子孙仍照臣等先次会题,明旨许其世袭。诏从之,准照旧世袭。

法。靖远、咸宁这些封号，姑且搁置不论，就像宁夏、安化的变乱，和江西的变乱相比，难易迥然不同，击败了仇钺之后，当时只封了咸宁伯，人们没有意见。同样是平定叛贼，为什么只对新建伯持怀疑态度呢？南京各道的御史，打算把他的赐封改为承袭锦衣卫，这没有完全遵照按功论赏的法典，这关系鼓励后人的大事，不要轻易改动，最好对王守仁的儿子正亿承袭新建伯，不必改动，以后的子孙，仍旧按照我们先前提及的那样，明白地下旨准许他们世代承袭。下诏时听从了他们的建议，准许照旧世袭爵位。

文/白/对/照

王陽明全集

八

〔明〕王守仁 著

目 录

卷之三十六 附录五 年谱附录二

阳明先生年谱序 ································· *3660*

阳明先生年谱考订序 ····························· *3666*

刻阳明先生谱序 ································· *3670*

又 ··· *3676*

又 ··· *3682*

论年谱书 ······································· *3684*

论年谱书 ······································· *3686*

答论年谱书 ····································· *3698*

卷之三十七 附录六 世德纪

传 ··· *3732*

王性常先生传 ································· *3732*

遁石先生传 ··································· *3734*

槐里先生传 ··································· *3740*

竹轩先生传 ··································· *3744*

海日先生墓志铭 ······················· 3748

　　海日先生行状 ······················· 3766

　　阳明先生墓志铭 ······················ 3794

　　阳明先生行状 ······················· 3812

祭文 ··························· 3888

　　亲友祭文 九篇 ······················ 3888

　　有司祭文 三篇 ······················ 3900

　　门人祭文 十五篇 ····················· 3904

　　师服问 ·························· 3924

　　讣告同门 ························· 3926

　　遇丧于贵溪书哀感 ···················· 3932

　　书稽山感别卷 ······················ 3934

　　谢江广诸当道书 ····················· 3938

　　再谢汪诚斋书 ······················ 3940

　　再谢储谷泉书 ······················ 3944

　　丧纪 ·························· 3948

卷之三十八 附录七 世德纪附录

　　辩忠谗以定国是疏 ···················· 3966

　　明军功以励忠勤疏 ···················· 3976

　　地方疏 ·························· 3986

　　征宸濠反间遗事 ····················· 3998

　　阳明先生平浰头记 ···················· 4018

　　移置阳明先生石刻记 ··················· 4028

　　阳明王先生报功祠记 ··················· 4032

目录

田石平记 ················· *4036*

阳明先生画像记 ············· *4040*

重修阳明王先生祠记 ··········· *4044*

平宁藩事略 ··············· *4048*

荫子咨呈 ················ *4052*

处分家务题册 门人黄宗明书 ······· *4056*

同门轮年抚孤题单 ············ *4058*

请恤典赠谥疏 ·············· *4060*

辨明功罚疏 ··············· *4066*

请从祀疏 ················ *4074*

题赠谥疏 ················ *4076*

题遣官造葬照会 ············· *4082*

祭葬札付 ················ *4088*

江西奏复封爵咨 ············· *4092*

浙江巡抚奏复封爵疏 ··········· *4110*

题请会议复爵疏 ············· *4118*

会议复爵疏 ··············· *4122*

再议世袭大典 ·············· *4126*

卷之三十六　附录五　年谱附录二

增订年谱刻成，启原检旧谱，得为序者五，得论年谱书者二十，乃作而叹曰："谱之成也，非苟然哉？阳明夫子，身明其道于天下，绪山、念庵诸先坐，心阐斯道于后世；上以承百世正学之宗，下以启百世后圣之矩；读是谱者，可忽易哉？乃取叙书汇而录之，以附谱后，使后之志师学者，知诸先生为道之心身，斯谱其无穷乎？

阳明先生年谱序

门人钱德洪

嘉靖癸亥，夏五月，阳明先生年谱成，门人钱德洪稽首叙言曰："昔尧、舜、禹开示学端，以相授受曰：'允执厥中，四海困穷，天禄永终。'噫！此三言者万世圣学之宗与？执中，不离乎四海也。"中"也者，人心之灵，同体万物之仁也。"执中"而离乎四海，则天地万物失其体矣。故尧称峻德，以自亲九族以至和万邦；舜称玄德，必自定父子以化天下，尧、舜之为帝，禹、汤、文、武之为王，所致唐、虞之隆，成三代之盛治者，谓其能明是学也。后世圣学不明，人失其宗，纷纷役役，疲极四海，不知"中"为何物。

增订后的年谱刻印完毕,启原翻检旧日的年谱,发现有五篇序文,二十篇论述年谱的文章,于是发感叹地说:"年谱的完成,绝不是很马虎的吗?阳明老先生,身体力行、阐明圣道于天下,绪山、念庵等各位前辈,尽心尽力地把这门学说传述给后代;上承百代以前儒学的宗旨,下启百代后圣的矩蒦。读了这个年谱的人,能疏忽吗?"于是取出序文等文稿,收集起来附录在年谱之后,使后代有志于先师学问的人懂得各位前辈倡立学问的用心,这个年谱的意义不是无穷的吗?

阳明先生年谱序

门人钱德洪

嘉靖四十二年五月,阳明先生的年谱完成,门人钱德洪拜首叙说:"从前尧、舜、禹三王启开圣学之端,他们传授后人说:'掌握内心的道,可四海之内处于困穷之中,那么上天赐予的禄位就永远终结了。'噫!这三句话,难道不是历代圣学的根本吗?掌握中道,却不和四海之内的境况相隔离,圣人所说的:"中",是指人心的灵明,可以体悟万物的仁爱之意,如果保持"中"即人心的灵明却和四海之内的境况相隔离,那么天体万物就丧失了它们的根本。所以尧被称为高尚的品德,能够使九族相亲,万邦和睦;舜被称为有宽厚的德性,一定先使父子之礼明白清楚,然后感化天下百姓。尧舜称帝,禹、汤、文、武为王,之所以能够达到唐尧、虞舜那样的盛世,成就三代时的隆盛的政治,是他们倡明了这种学问。后世圣人的学问不明,人们丧失了宗主,只知道忙忙碌碌,使四海之内处于困穷之中,不懂得"中"是什么东西。

伯术兴，假借圣人之似以持世，而不知逐乎外者遗乎内也，佛老出，穷索圣人之隐微以生，而不知养乎中者遗乎外也；教衰行弛，丧乱无日，天禄亦与之而永终。噫！夫岂无自而然哉？寥寥数千百年，道不在位，孔子出，祖述尧、舜，颜、曾、思、孟、濂溪、明道继之，以推明三圣之旨，斯道灿灿然复明于世。惜其空言无征，百姓不见三代之治，每一传而复晦寥寥又数百年。吾师阳明先生出，少有志于圣人之学，求之宋儒不得，穷思物理，卒遇危疾，乃筑室阳明洞天，为养生之术，静摄既久，恍若有悟，蝉脱尘垒，有飘飘遐举之意焉。然即之于心，若未安也，复出而用世，谪居龙场，衡困拂郁，万死一生，乃悟"良知"之旨。始知昔之所求，未极性真，宜其疲神而无得也。盖吾心之灵，彻显微，忘内外，通极四海而无间，即，三圣所谓"中"也。本至简也，而求之繁；至易也而求之难，不其谬乎？征藩以来再遭张、许之难，呼吸生死，百炼千磨而精光焕发，益信此知之良，神变妙应而不流于荡，渊澄静寂而不堕于空。征之千圣，莫或纰缪，虽百氏异流，咸于是乎取证焉。噫！亦已微矣。始教学者，悟从静入，恐其或病于枯也，揭"明德""亲民"之旨使加"诚意""格物"之功。至是而特揭致良知三字，一语之下，洞见全体，使人人各得其中。

霸术兴起，假借相似的圣学传播于世，却不懂得那只是追逐外物而遗失了内心的灵明；佛学、老氏兴起，细心探究圣人内心的隐秘来求生存，却不懂得虽然养护了内心的灵明却忽略了对外物的探究。教化日渐衰落，行为放荡，渐趋丧乱，天赐的福禄因此而永远终结。噫！难道没有原因就成了这样吗？短短的千百年来，大道没有立于其位，孔子挺身而出，继承了尧、舜的学说，颜回、曾子、子思、孟子、周敦颐、程氏兄弟又继承了他，来阐明尧、舜、禹三圣为学的宗旨，这门学问才又在世上恢复光彩；只可惜他们言语空泛，没有实际的政绩来证明他们的学问，老百姓看不到像三代时那样的盛况，每一次学问的恢复传授又经过数百年。我的先师阳明先生诞生了，他年少的时候就有志于圣人之学，到宋代儒学那儿寻求，没有收获。对事物的道理穷心探索，终于因劳成疾，于是在阳明洞修筑房屋，研习养生之术，习静的功夫做得久了，恍然有所领悟，超脱于尘俗，有离世之意。然而内心有所不定，又出山用世，最后贬官到龙场，历经艰辛，几经死难，才领悟到良知的学说，认识到以前所探求的，没有到达自性的本真状态，应该劳神费思而没有收获。自我内心的灵明，本来可以贯通幽显，无内外之分，通达四海而没隔碍。这就是尧、舜、禹三圣所说的"中"。本来非常简约，却向烦琐的枝末寻求；本原非常易懂，却向艰涩难懂处用力，不也是很荒谬的吗？征伐宁藩叛乱以来，又遭受到张、许二人的发难，屡历生死之境，千锤百炼才成就了自己的学说，于是更加相信内心的良知，神变妙应，却不流于放荡无根；本原清静，却不落于空疏；验证于成千上万的圣人，也没有错误，即使是百派杂说，也可在这里得到验证。噫！也确实是够微妙的了。开始教导学者，

由是以昧入者以明出，以塞入者以通出，以忧愤入者以自得出，四方学者翕然来宗之。噫！亦云兆矣。天不憖遗，野死遐荒，不得终见三代之绩，岂非千古一痛恨也哉？师既没，吾党学未得正，各执所闻以立教，仪范隔而真意薄，微言隐而口说腾；且喜为新奇谲秘之说，凌猎超顿之见，而不知日远于伦物。甚者认知见为本体，乐疏简为超脱；隐机智于权宜，蔑礼教于任性；未及一传，而淆言乱众，甚为吾党忧。迩年以来，亟图合并，以宣明师训，渐有合异统同之端，谓非良知昭晰，师言之尚足征乎？谱之作，所以征师言耳。始谋于薛尚谦，顾三纪未就，同志日且凋落；邹子谦之，遗书督之，洪亦大惧湮没，假馆于史恭甫嘉义书院，越五月，草半就，趋谦之而中途闻讣矣；偕抚君胡汝茂往哭之。

返见罗达夫闭关方严，及读谱则喟然叹曰："先生之学，得之患难幽独中，盖三变以至于道。今之谈'良知'者，

用静来体悟，恐怕有人沉溺于枯坐之中。于是倡言明白德性，亲近百姓的宗旨，使人们在诚意和格物上下功夫；到这时才提出"致良知"这三个字，用一句话就说出了明白全体的道理，使人人各自涵养自己的心性。

由此使不明事理的人变得明白起来，让心境闭塞的人变得通达起来，让心怀忧愤的人变得心胸坦然，四面八方的学者，高高兴兴地前来向他求学。噫！可以说不计其数！上天并不怜悯那些终老于荒野之中的隐士，他们看不到尧、舜、禹三代辉煌的功绩，这难道不是千古的憾事吗？先师去世以后，我辈的学术没有步入正途，各自按自己的闻见倡立学说，注重外在的礼仪规范，而丧失了内在的真意。微言大义消失了，信口雌黄却日渐增多；而且喜欢一些奇谈怪论，和玄虚疏阔的道理，却不懂得渐渐地远离了人伦日用。甚至有的人把自己的一些看法当作本体，把放任自流看作是超脱；把自己的智谋用在权变之中，蔑视礼教狂放任性。先生之学尚未传，混淆的言论已迷惑了众人，这很使我辈所忧虑。近年来，屡次想聚会在一起，阐明先师的学说，可是渐渐露出异说成为一统的端倪，这不是良知昭明的迹象，这是先师言论能够倡立的征候吗？年谱的编定，正是用来倡立先师言论的，起初想和薛尚谦商议，可等了三年都没有等到，一同求学的人渐渐地去世；邹谦之也写信督促这件事，我也恐怕学问渐渐湮没，借宿在史恭甫的嘉义书院撰写年谱，过了五个月，草草地完成了一半，赶赴邹谦之那儿，可是在中途就听到了他去世的消息，于是和巡抚胡汝茂一同去哭吊他。

返回来时，看到罗达夫正闭关静习，等到他读了年谱之后，就长叹一声说："先生的学问。从患难幽独之中来，经历三次思

何易易也？"遂相与刊正。越明年正月，成于怀玉书院以复达夫；比归，复与王汝中、张叔谦、王新甫、陈子大宾、黄子国卿、王子健，互精校阅曰："庶其无背师说乎？"命付之梓。

然其事，则核之奏牍，其文则禀之师言，罔或有所增损；若夫力学之次，立教之方，虽因年不同，其旨则一，洪窃有取，而三致意焉，噫！后之读谱者。尚其志逆神会，自提得微言之表，则斯道庶乎其不绝矣！僭为之序。"

阳明先生年谱考订序

后学罗洪先

嘉靖戊申，先生门人钱洪甫，聚青原言年谱，金以先生事业，多在江右，而直笔不阿，莫洪先若，遂举丁丑以后五年相属，又十六年，洪甫携年谱稿二三册来，谓之曰："戊申青原之聚，今几人哉？洪甫惧，始坚怀玉之留，明年四月，年谱编次成书，求践约，会滁阳，胡汝茂巡抚江右，擢少司马，且行，刻期入梓，敬以旬日毕事；已而即工稍缓，复留月余，自始至卒，手自更正凡八百数十条。

其见闻可据者，删而书之，岁月有稽，务尽情实，微涉扬

想上的变化才至于大道。可如今的人谈论良知，怎么才能改变其看法了吧？"于是一起修订年谱。第二年正月，在怀玉书院完成了年谱的撰写，写信告知罗达夫，等回去以后，又和王汝中、张叔谦、王新甫、陈大宾、黄国卿、王健互相精心校阅，说："该不会有背离先师学问的地方了吧？"最后让付梓刻印。

年谱中所述的事，大都与奏牍核实过，文字都是先生自己的言论，有些地方也有增损；至于先生求学的先后次序，倡立教化的方法，即使因年代而不同，它的宗旨却是一致的，德洪在编撰中有所领会，从而再三表示感激之意。噫！后来读到这个年谱的人，应崇尚先生的气节，并加以深刻领会，领会其中的微言大义那么这门学问就不会断绝了。不揣冒昧地为年谱作序。"

阳明先生年谱考订序

后学罗洪先

嘉靖二十七年，先生门人洪甫（钱德洪的字），和我在青原相聚，谈起年谱的事，都认为先生的事业，大多在江右这个地方成就，而能够秉笔直书的人没有能比得上我的，于是把丁丑以后五年的先生年谱托付给我；十六年之后，钱洪甫带着二三册年谱的文稿前来，对我说："戊申年在青原相聚，而如今还有几人活着呢？洪甫有所担忧，从而坚定地留在怀玉书院撰定年谱。第二年四月，年谱按年月次序编定成书，请我赴约到滁阳相会，巡抚江右的胡汝茂，提升为少司马，将要前行，年谱很快就付梓刻印，原估计十多天就完毕；后来因刻印稍慢，我又停留了一个多月，从始到终，自己亲手改正共八百几十条。

那些可以作为根据的见闻，经过删改就书写下来，年月可以

诩，不敢存一字。大意贵在传信，以俟将来。于是年谱可观。洪先因订年谱，反覆先生之学，如适途者，颠仆沉迷泥淖中，东起西陷，亦既困矣；然卒不为休也；久之，得小蹊径，免于沾途，视昔之险道有异焉。在他人宜若可以已矣，然卒不为休也。久之，得大康庄，视昔之蹊径又有异焉。在他人宜若可以已矣，乃其意则以为出于险道，而一旦至是，不可谓非过幸，彼其才力，足以特立而困，为我者固尚众也。则又极力呼号，冀其偕来，以共此乐，而颠迷愈久，呼号愈切，其安焉而弗之悟者，顾视其呹呹，至老死不休，而翻以为笑，不知先生盖有大不得已者恻于中。

呜呼！岂不尤异也乎？故善学者，竭才为上，解悟次之，听言为下。盖有密证殊资，嘿持妙契，而不知反躬自求实际，以至不副夙期者多矣；固未有历涉诸难，深入真境，而触之弗灵，发之弗莹，必有俟于明师面临，至语私授，而后信久远也。

洪先谈学三年，而先生卒，未尝一日得及门，然于三者之辨，今已审矣；学先生之学者，视此何哉？无亦曰是必有得乎其人，而年谱者固其影也。"

查证的，务必符合实际，对于那些稍有褒贬的字，一个字也不敢用。我们的心意在于把确实的信息传给后来的读者，以便传之久远。于是年谱可以入目。我因考订先生的年谱，对先生的学问进行了反复的探索，就像在路途中行走，迷路后陷入泥淖之中，从东边起来又陷入西边，确实很感困难。然而最终也没有停止；时间长了，稍有体悟，就像从泥淖之中拔了出来，看以前自己走过的险途大为不同，对于别人来说似乎应该停止了。可我卒然没有停止；时间长了，就像步入了康庄大道，看以前自己走过的小路又大有不同，在他人看来似乎应该停止了，按他们的意思，认为从艰险的小说道上走出来，一旦到了这个地步，已不能不说是够庆幸的了，他们的才力已达到极点了，可是我觉得仍有余力，于是又极力呼号，希望其他人一起来共同分享这份快乐，越是沉迷日久，呼号之声越急切，可是那些安于现状不求醒悟的人，回头看到我在呼号不停，到老死也不反悔，反而嘲笑不已，不懂得先生有很深的用意隐藏在他自己的学问中。

哎！这难道不是很有差异了吗？所以善于求学的人，把充分发挥自己的才能作为首要的，体悟他人的道理作为其次，听他人的言论作为最下等的。有些资质俊秀的人，深刻地领会了先生学问的精妙之处，可是却不懂得付诸实际，以至不能达到预期的目的，这种人确实是很多的；还有的人没有亲临艰难，也不能领会深刻的道理，一定要等到高明的老师，亲自教诲，才能使学问日趋精深。

我开始谈论学问才三年，先生就去世了，未曾有一日能够拜在先生门下，然而对于三种学习的辨别，现在基本明白。研习先生学问的人，是怎么样看待这一点呢？无非也是说亲自拜见先

刻阳明先生谱序

门人 王畿

年谱者何？纂述始生之年，自幼而壮，以至于终，稽其终始之行实，而谱焉者也。其事则仿于《孔子家语》，而表其宗传所以示训也。《家语》出于汉儒之臆说，附会假借，鲜稽其实，致使圣人之学，黯而弗明，偏而弗备，驳而弗纯。君子病焉；求其善言德行，不失其宗者，莫要于《中庸》。盖子思子忧道学之失传，发此以诏后世，其言明备而纯，不务臆说，其大旨在于未发之中一言，即虞廷道心之微也，本诸心之性情，致谨于隐微显见之几，推诸中和位育之化，极之乎无声无臭，而后为至；盖家学之秘藏也。

孟轲氏受业于子思之门，自附于私淑，以致愿学之诚，于尹、夷、惠则以为不同道；于诸子则以为姑舍是；自生民以来，莫盛于孔子，毅然以见而知之为己任，差等百世之上，若观诸掌中。是岂无自而然哉？所不同者何道？所舍者何物？所愿学者何事？端绪毫厘之间必有能辨之者矣。

生本人，年谱本来是先生的影子而已。

刻阳明先生谱序

门人王畿

　　年谱是什么呢？是用来记述开始出生的年月，从幼年到壮年，以至于去世，考察他从始到终一生的行迹，从而写记为年谱。这事是效仿《孔子家语》来作的，借此来推崇他的宗师地位，用来示训于后人。《孔子家语》出自于汉代儒者的臆测假说，牵强附会，很少探究到真实的情况，致使圣人之学，没有明白畅达，详细完备，导致了泥沙俱存，不可明辨，这是君子深为痛惜的。探求圣人的善言德行，而没有歪曲他的宗旨的，没有比《中庸》更切要的了。子思为道学的失传而忧虑，阐发这个来昭明后世，他的语言明白、详细、简约，不掺和主观臆说的杂质，他的主要宗旨在于"未发之中"这一句话。也就是虞廷所说的道心精微。以心性为本，谨慎地观察事物在隐微显见上的端几；推中和位育的变化，最后达到无声无臭的本体境界，这才是到了极处了。这是家学的秘藏。

　　孟轲跟子思修习学业，自认为私淑弟子，来表达愿意求学的诚意，对于伊尹、伯夷、柳下惠，他认为姑且首先要抛弃他们的学说；对于诸子百家则认为应该姑且舍去。自从有人类生存以来，没有比孔子更伟大的人了，毅然地把探求事物的道理作为自己的责任，对上下几百年之间，就像在手掌中观察事物，清清楚楚。这难道是没有条件而自然达到的吗？和他的学问不同的，是什么学问？他所抛弃的事物，是什么事物？他所愿意学习的是什么事？在这细微端绪之间，一定能有来辨别的人。

汉儒不知圣人之学本诸性情，屑屑然取证于商羊萍实，防风之骨，肃慎之矢之迹，以遍物为知，必假知议闻见，助而发之；使世之学者，不能自信其心。伥伥然求知于其外，渐染积习，其流之弊，历千百年而未已也。我阳明先师，崛起绝学之后，生而颖异神灵，自幼即有志于圣人之学；盖尝泛滥于辞章，驰骋于才能，渐渍于老释，已乃者折衷于群儒之言，参互演绎求之有年，而未得其要。

及居夷三载，动忍增益，始超然有悟于良知之音，无内外，无精粗，一体泻然，是即所谓未发之中也。其说虽出于孟轲氏，而端绪实原于孔子，其曰："吾有知乎哉？无知也。"

盖有不知而作，我无是也；言良知无知而无不知也；而知识闻见不与焉此学脉也。

师以一人超悟之见，呶呶其间，欲以挽回千百年之染习盖亦难矣！寖幽寖昌，寖微寖著，风动雷行，使天下靡然而从之，非其有得于人心之同然，安能舍彼取此，确然自信而不惑也哉？虽知，道一而已，学一而已，良知不由知识闻见，'而有而知识闻见莫非良知之用。

文辞者，道之华；才能者道之干；虚寂者，道之原；群儒之言，道之委也；皆所谓良知之用也。有舍有取是内外精

汉代的儒者不懂得圣人的学问本原于自己的性情，琐碎地对一些遗迹进行考证，如防风之骨，肃慎之矢，把考证这些作为自己的认识，一定通过知识闻见的帮助来阐述圣人的学问；使当时的学者，不能自信自己内心的灵明。心情惆怅不知所以地向外界事物寻求知识。渐渐地染上了一种陋习，这种流弊，经历千百年而不衰。我们的阳明先师，在圣人的学问断绝之后奋起，一生下来就聪颖异常，自幼就有志于圣人之学。曾经对辞章进行大量地涉猎，尽量发挥他的才能，后来又沉浸在老氏、释氏的学问中，驳斥群儒的言论，经过多年的探索却没有收获。

后来在居住在夷族之地的三年中，动心忍性增益自己的能力，才对良知学说有很深的体悟，良知本身没有内外之别，没有粗精之分，浑然而为一体，这就是所说的"未发之中"。这个说法虽然出自于孟子，可从孔子那儿就已有了端绪。孔子说："我有认知能力吗？我没有。"

这是说，他不是不懂得却随使行动，而是指良知是无知而无不知的；而和知识闻见没有关系。

先师以自己一人体悟到的见解，向世人传播，打算换回千百年来人们积染的陋习，也确实是很困难的呀！可是从幽暗到昌明，从细微到显著，渐渐声势浩大，使天下的人都跟从他。如果不是他的学问和人们内心的想法一致，怎么能够舍掉以前的学问来跟随他，而且坚定自信，不怀疑呢？应该懂得，天下大道只有一个，天下的学问也只有一个，良知不由知识闻见而存在，知识闻见只是良知的表现而已。

文辞，只是大道的装饰而已；才能，才是大道的主干；虚寂，是大道的本原；群儒的话，是对大道的派生；这都是所说

粗之见未忘，犹有二也。无声无息，散为万有神奇臭腐，随化屡迁，有无相乘之机，不可得而泥也。是故溺于文辞则为陋矣；道心之所达，良知尝无文章也。

役于才艺，则为鄙矣；天之所降百姓之所与，良知未尝无才能也。老佛之沉守虚寂，则为异端无思无为，以通天下之故，良知未尝无虚寂也。

世儒之循守典常，则为拘方；有物有则以适天下之变，良知未尝无典要也。盖得其要则臭腐化为神奇；不得其要，则神奇化为臭腐，非天下之至一，何足以与于此？天儒者之学，务于经世，但患于不得其要耳。

昔人谓以至道治身，以土苴治天下，是犹泥于内外精粗之二见也，动而天游握其机以达中和之化，非有二也。功著社稷而不尸其有，泽究生民而不宰其能，教彰士类而不居其德，周流变动无为而成，莫非良知之妙用，所谓浑然一体者也。

如运斗极，如转户枢，列宿万象，经纬阖辟推荡出于大化之中，莫知其然而然，信乎儒者用之学，良知之不为空言也。师之缵承绝学，接孔孟之传，以上窥姚姒，所谓闻而知之者非耶？

的良知的功用。有舍有取，是关于内外精粗的偏见还没有抛弃掉，在心中还有二者的区别；无声无臭的虚寂本体，散而成为万物，万物生灭变化，有无相乘，这都是不能拘的，因此沉溺在文辞之中，就是见识短浅；道心的通达，良知曾经没有文章。

局限于才艺之中，就太低下了。上天先民所赋予本然之性，因此良知未曾没有过才能。道家、佛家，沉溺坚守虚寂，就成了异端邪说；虚寂，是不需要任何思虑和动作，就贯通了天下，因此良知未曾没有过虚寂。

当代的儒者，遵循常规，拘于成俗；典常，本来是有事物有规范，来适应天下万物的变化的，因些良知未曾没有过典常。如果把握了良知学说的关键，那么就可化腐朽为神奇；反之，就是化神奇而为腐朽。如果良知不是天下至一的存在，怎么能到达这种境地呢？儒者的学问，目的在于经纶世事，只是恐怕不能把握学说的关键。

从前人们说用至道涵养自身，用土苴治理天下，这还是拘泥于内外精粗区分为二的作法；遵循自然天理而行动，把握事物变化的大道顺应其自然发展，这没有内外精粗的区别。为天下社稷建立卓著功勋，却以功自居，为老百姓谋福利却不主宰他们能力的发挥，对读书人进行教诲却不自居其德，天下万事周流变动，无为而成，这无不是良知的妙用，这就是所说的浑然一体。

就像天上星斗的运转，户枢的转动，无不存在于宇宙大化之中，没有人知道它的变化就变化了，儒者的学问确实是能观知万物的，良知学说并不是虚空的学说。老师继承往圣之绝学，承接孔孟的传统，向前代探究以首的思想，这不是所说的闻而

友人钱洪甫氏，与吾党二三小子，虑学脉之无传而失其宗也，相与稽其行实终始之详，纂述为谱以示将来。

其于师门之秘未敢谓尽有所发，而假借附会，则不敢自诬，以滋臆说之病，善读者以意逆之，得于言铨之外，圣学之明，庶将有赖，而是谱不为徒作也已，故曰所以示训也。

又

后学胡松

人有恒言，真才固难，而全才尤难也。若阳明先生，岂不亶哉其人乎？方先生抗议忤权，投荒万里，处约居贫，困心衡虑，荧然道人尔，及稍迁令尹，渐露锋颖矣。

未几内迁，进南太仆若鸿胪，官曹简暇日与门人学子，讲德问众，尚友千古，人皆讙之为禅；后擢佥副都御史，至封拜，亦日与门人学子论学不辍，而山贼逆藩之变，一鼓歼之。于是人始服先生之才之美矣。

虽服先生之才而犹疑先生之学，诚不知其何也？松尝谓先生之学与其教人，大抵无虑三变。始患学者之心纷扰而难定也；则教人静坐反观，专事收敛。学者执一而废百

知之吗?

友人钱洪甫,和几个同人,担心这门学问流传不下去,就一起考察先生的行为踪迹,编撰成年谱,留给后代。

这个年谱,对于师门的一些内部情况,不敢说是全部表述出来了,但是却没有一点假造伪作,借以自欺的地方;希望善于读书的人,能够用心领会,透过语言表述,探索其中的深意,那么圣学的昌明,就大有希望了,那么这个年谱就没有白白地编撰,我特地写这个序言说明这些。

又

后学胡松

人们常说,具有真才本来就够难的了,有全才就更难了。像阳明先生不就是具备了全才的人吗?在先生抗议上疏诋忤了权奸之后,被投放到万里之外的蛮荒之地,身处困境,在困境中其心不停思虑,孤单子立就像道人一样。等到后来迁升为令尹,才渐露锋芒。

没多久,回到内地,进任为南太仆若鸿胪,在政务之暇,每天和门人学子,讲习德性之学来启发众人,钻研古代的典籍,和古人为友,人们都称他入了禅道;后来又提升为副都御史,直到赐封,也每天和门人学子不停地谈论学问,后来山贼和逆藩变乱,先生一鼓作气地歼灭了他们。这时候,人们才开始佩服先生才能的不凡。

人们虽然佩服先生的才能,但是仍怀疑先生的学问,我确实不懂得这是为什么?我曾经说先生的学问,和对别人的教诲,无疑经历了三次变化。开始担心学者的心,受外界事物的干扰

也，偏于静而遗事物，甚至厌世恶事，合眼习观，而几于禅矣，则揭言知行合一以省之，其言曰："知者行之始，行者知之成。"又曰："知为行主意，行为知工夫。而要于去人欲而存天理。"其后又恐学者之泥于言诠，而终不得其本心也；则专以致良知为作圣为贤之要矣。不知者，与未信者则又病良知之不足以尽道，而群然吠焉；岂知良知即良心之别名？是知也，维天高明，维地广博虽无声臭，万物皆备，古今千圣万贤，天下百虑万事，谁能外此知者？而致之为言，则笃行固执，允迪实际，服膺弗失，而无所费用其极，并举之矣。岂专守灵明，用知而自私耶？专守灵明用智自私而不能流通著察于伦物云为之感，而或牵引转移于情染伎俩之私。虽名无不周遍，而实难于研虑；虽称莫之信果而实近于荡恣。甚至貌兢业而病防检，私徒与而挟悻嫉，废人道而群鸟兽，此则禅之所以病道者尔。

先生之学则岂其然乎？故其当大事，决大疑，夷大难，不动声色，不丧匕鬯，而措斯民于衽席之安。皆其良知之推致，而无不足，而非有所袭取于外。

他日读书，窃疑孔子之言，而曰："我战则克，祭则受福。"夫圣非夸也，未尝习为战与斗也，又非有祝诅厌胜之

难以安定；就教导人们静坐下来反观内心，专门作收敛的功夫。可是，学者执一而废百，沉溺于习静，废弃了世间的事物，甚至有的人悲观厌世，只懂得合眼静观，接近禅道了，于是又倡立知行合一使他们清醒，用他的话来说就是"知是行的开始，行是知的工夫，关键在于去人欲、存天理。"以后又怕学者拘泥于言辞诠译的表象，最终不能领会本心；就又专门提出，致良知是成为圣贤的关键。不懂的，和不相信的人，却诬陷说，良知不足以把大道的内涵都揭示出来，于是一起狂乱地攻击；他们哪里能懂得良知就是良心的另一种叫法呢？良知，成就了天的高明，成就了地的广博，虽然无声无臭但是却包容了万物，古今的千千万万圣贤，天下的各种物事，哪一个在它之外呢？至于说致良知，就是要诚挚地实行，不断地坚持，不脱离实际，真心服膺，不要有所偏差，对于天下万事万物，无所不用其极，致良知学说和良知的提法是并举的。难道专心守护内心的灵明，是用来维护自己个人之私利的吗？专心守护灵明，运用智力为自己着想却不能和天下人伦万物相习系，有的甚至用于权变伎俩之私。虽然说法上没有疏漏，但确实难以和他们一块探讨良知学说；虽然自称讲求信义，可实际上是接近放荡无赖；甚至不务正业，甚至纠集私党，背离大道，堕入兽道，这是禅道的最大缺陷。

先生的学问，难道是这样的吗？所以先生能够担当大事，决断大的疑虑，平定大灾难，不动声色地使老百姓处于安定之中。这是发扬内心良知的结果，内心的良知，无所不足，没有必要向外部事物求索。

有一天，我读书的时候，私下怀疑孔子的话，他说："我参战就一定能胜利，进行祭祀就一定能得福。"圣人大概不会自

术也。而云必克与福,得无殆于诬欤?是未知天人之心之理一也。

夫君子斋戒以养心,恐惧而慎事,则与天合德;而聪明睿知,文理密察溥博渊泉,而时出之矣;则何福之不获,何战之弗克,而又奚疑焉。不然传何以曰:"明乎郊社之礼谛尝之义,治国其如视诸掌乎?"夫郊社、谛尝之礼,则何与于治国之事也?夫道一而已矣,通则皆通,塞则皆塞,文岂为文武岂为武。

盖尚父之鹰扬本于敬义,而周公之东征破斧,寔哀其人而存之,彼依托之徒,呼喝吒诧,豪荡弗检,自诡为道与学,而欲举天下之大事,只见其劳而敝矣。绪山钱子先生高第弟子也;编有先生年谱旧矣,而犹弗自信,斥溯塘,逾怀玉,道临川,过洪都适吉安,就正于念庵诸君子,念庵子为之删繁举要,润饰是正,而补其阙轶,信乎其文则省,其事则增矣。计为书七卷既成,则谓予曰:"君滁人,先生盖尝过化,而今继居其官,且与讨论,君宜叙而刻之。"

余谢不敢,而又弗克辞也,则以窃所闻于诸有道者论次如左,俾后世知先生之才之全,盖出于其学如此;必就其学而焉,庶几可以弗畔矣夫!

我夸耀，他们未曾研习作战，又没有卜祝的妖术。即说一定能够胜利和得福，该不是欺瞒他人了吧？这其实是我没有懂得天和人的心理是一致的。

君子通过祭祀时的斋戒来养心并谨慎处事就和天德相合，从而他们的聪明睿智，就像不竭的渊泉一样，不时地涌现出来；那么还有什么福得不到，什么战争不能获胜呢？这又有什么可怀疑的。如果不是这样，史传为什么说："明白了郊外祭祀的礼仪，摆设供品的方法，治理国家就像把握自己的手掌一样容易，郊外祭祀的礼仪和治理国家这样的大事有什么联系呢？只不过其中的道理是一致的而已，一通百通，一塞百塞，文哪里只是文，武哪里只是武。

对尚父的举荐，是本于对大义的崇敬，周公东征而破斧赦免罪人，是怜悯他们使他们存活下来，可是那些亡命之徒，到处假造伪说，自称体悟了大道，想成就天下的大事，那只是徒劳而已。绪山的钱洪甫，是先生的得意门生，以前就曾编撰过先生的年谱，可自认为不满意，于是渡过钱塘江，经过怀玉，取道临川，又过了洪都，到了吉安，向念庵等各位君子请求指正。念庵先生为他删减繁文举例要点并加以润饰修正，补足缺漏。文字简省了，事实增加了是可信的。年谱共计七卷，撰写完毕以后，钱洪甫就对我说："你是滁州人，先生曾经在这里生活过。如今就又在这里做官，并且关于年谱的事我也和你商量过，你应该写一篇序文一同刻印。"

我表示谢绝，不敢承担，可是又不能推辞掉，于是我把从其他贤者那儿听到的一些情况，写在这儿，让后代的人们懂得先生有各种各样的才能，都是来自他的学问，一定要虚心地学习

又

后学王宗沐

昔者孔子自序其平生得学之年，自十五以至七十，然后能从心所欲，不逾矩。其间大都诣入之深，如浚井者必欲极底里以成，而修持之渐如历阶者，不容躐一级而进。至哉粹乎？千古学脉之的也。然宗沐尝仰而思之，使孔子不至七十而没，岂其终不至于从心耶？若再引而未没也，则七十而后将无复可庸之功耶？嗟乎！此孔子所谓苦心，吾恐及门之徒，自颜曾而下有不得而闻者矣。夫矩心之体而物之则也；心无定体，以物为体，方其应于物也，而体适呈焉，炯然焕然，无起无作，不以一毫智识意解参于其间，是谓动以天也，而自适于则。加之则涉于安排，减之则阙而不贯。毫厘几微，瞬目万里，途辙倚着，转与则背此，非有如圣人之志，毕余生之力，精研一守，以至于忘体忘物独用全真，则固未有能凑泊其藩者；而况于横心之所欲，而望其自然不逾于距哉？此圣学所以别于异端，毙而后已。不知老之将至者也，不逾矩，由不惑出，而不惑者，吾心之精明本体，所谓知也。

自宋儒濂溪、明道之没，而此学不传。我朝阳明王先

他的学问，才不至于悖逆了他的用意。

又

后学王宗沐

从前，孔子自己说他平生探索学问，从十五岁开始到七十岁，然后才能够从心所欲不超越规矩。在这中间，所要达到的深度，就像挖井一样，一直到达井的触水处才算完成。在渐修过程中，却像攀登阶梯一样，不能越过一个台阶。这个论述太精粹了吧？这是千古圣学相传的关键，然而我曾仔细思索，假使孔子不到七十岁就去世了，难道他最终也没有达到从心所欲的境界？如果再假使他七十岁没有去世，那么就再没有可下的功夫了吗？哎！这是孔子所说的刻苦求学，我想孔子门下的弟子，从颜回和曾子以下，有没有懂得这个道理的人。规矩心的本体是物立的法则，心无定体，以事物作为体，在内心应接事物的时候，心的体就呈现出来了，而且光耀明亮。没有一点自身摇动的痕迹，没有一点知识和意念掺杂其间，这就是内心自然地动作，自然地和规范相符合。增之就是人为的安排，减之就缺而不能连贯，内心毫厘细微之动，意念转瞬万里，途彻偏倚，转与心体相违。如果没有圣人的志向，尽一生之力，到达忘体忘物的境界，就不会使内心保持永久的平和；更何况对于那些纵欲无度的人，怎么能不使他们超越规范呢？这是圣人之学和异端的区别，圣人终生向学，死而后已，不知年岁渐渐增大。不逾越规范，是来自内心的没有迷惑，而不惑是指我们内心的精明本体，就是所说的良知。

自宋代的儒者周敦颐、程颢去世之后，这门学问就再也没

生，盖学圣人之学者，其事功文章，与夫历涉发迹，颇为世所奇，而争传之以为怪；年几六十而没，而其晚岁始专揭"致良知"为圣学大端，良有功于圣门。

予尝览镜其行事，而参读其书，见其每更患难，则愈精明，负重难则愈坚定；然后知先生英挺之禀虽异于人，而所以能邃于此学，而发挥于作用者，亦不能不待于历岁践悟之渐，而世顾奇其发迹，与夫事业文章之余，夫亦未知所本也与？先生高弟余姚钱洪甫氏以亲受业，乃能谱先生履历始终，编年为书，凡世所语，奇事不载；而于先生之学，前后悟入语次犹详，书成而俾予为之序。

论年谱书

邹守益

浮峰公归浙，托书促聚复真，以了先师年谱，竟不获报；乌泉归，审去岁兄在燕峰馆修年谱，以大水乃旋。今计可脱稿，为之少慰。同门群公，如中离、静庵、善山、洛村、南野，皆勤勤在念，又作隔世人矣。努力一来，了此公案，师门固不借此。然后死者之责，将谁执其咎？伫望伫望！归自武夷，劳与暑并，静养寡出，始渐就瘳。老年精力更须爱惜，愿

有流传下来,我朝的王阳明先生,是学习圣人之学的人,他的功绩文章和个人经历,很被当代人称奇,从而争相传播。先生近六十岁的时候去世,他晚年的时候,专指致良知是圣人之学的关键,对圣人之学很有功绩。

我曾经考察他处理事务,并阅读了他的书,看到他每当经历了患难,就更加精明,越处于困境,意志越坚定。这时我才懂得先生虽有聪颖的禀赋,和常人不同,但是之所以能使他的学问更加深刻,而且发挥作用,是和他经历了实践和体悟,渐渐有所进步分不开的。可是当时的人们只知道惊奇他的地位升迁和事业文章分别成功,并不知道他成功的根本所在吧?先生的得意门生钱洪甫先生,亲自跟阳明先生修习课业,所以能够把先生的一生履历编撰出来,按年代的先后汇集成书,凡是人们谈论的奇怪事情都不加记载;这本书对先生的学问,从起初探索到最终成就,叙述得特别详尽,这本书写成之后,嘱咐我写了这篇序文。

论年谱书

邹守益

浮峰公回到浙江,托人带信来催促我前去聚会,共同修订先师的年谱,后来竟然未能成行;乌泉也回来了,想到去年乌泉兄在燕峰馆修订年谱,因为大水冲击的缘故,只能返回去,如今估计已经修订完毕,为之我稍感宽慰。同门的先生如中离、静庵、善山、洛村、南野,都甚为惦念,可惜又已去世了。通过努力,终于完成了这本年谱,师门固然不凭借这个而存在,然而这是后死者的责任,如不完成,由谁来承担这个责任呢?望勤加

及时励之！风便早示瑶音，以快悬跂。

论年谱书

凡九首　　罗洪先

数年一晤，千里而来，人生几何，几聚散遂已矣，可不悲哉？信宿相对，受益不浅。正通书炉峰问行踪，书扇至矣，好心指摘，感骨肉爱儿辈何知？辱诲真语；且波其父，两世衔戢，如何为报？计南浦尚有数月留，稍暇裁谢也。

年谱自别后即为册事夺去，自朝至暮不得暇，竟无顷刻相对，期须于岁晚图之，幸无汲汲。所欲语诸公者，面时当不忘。别后见诸友，幸语收静之功，居今之世，百务纷纷中，更不回首，宁有生意？不患其不发扬，患不枯稿耳。会语教儿辈者，可以语诸友也，如何？

天寒岁暮，孤舟漾漾，不知何日始抵南浦？此心念之。

努力,再勤加努力!从武夷回来之后,旅途的劳顿和逼人的酷暑一同威胁着我的身体,我只有静心养病,很少出门,开始渐渐地有所好转,老年人的精力,更须好好爱惜,望你们及时地勤加用功!如果方便的话尽快地把好消息传送给我,以解我的期盼。

论年谱书

凡九首　　罗洪先

几年才见一次面,而且又是从千里之外而来,人生有多长时间呢?只经过几次的聚散就结束了,这不是很令人悲伤的吗?两宿谈话,确实受益不浅。正和炉峰通信互问行迹,书信就来到了,受到了炉峰的好心指正,深感就像骨肉一样爱护,儿辈怎么能懂得这些呢?这都是严厉的措辞,真切的话语;并且也受到他父亲的关怀,他们两代人对我的关照,我怎么样才能报答了呢?估计南浦还会停留几个月,等稍有空闲再去拜见。

关于撰写年谱的事,自从别离后就为事所驱使,从早到晚没有空闲,竟然没有一会儿的工夫同宿叙谈,估计在年底的时候再来筹划,幸好还没有汲汲危险。打算和你们说的话,见面的时候应当不会忘记,离别之后希望你们见到其他朋友,告诉他们多做收敛心神、习静的功夫,生活在当今的时代,杂事纷扰,如果再不回首习静,还有生活的意义吗?不害怕人们内心的不躁动,只害怕没有习静的功夫。托付教授儿辈的老师,把这些话告诉给各位朋友,怎么样?

天气寒冷,又临近岁暮,孤船一只荡漾在湖水之中,不知什么时候才能抵达南浦?我心甚为惦念。

忽思年谱非细事，兄亦非闲人，一番出游，一番岁月，亦无许多闲光阴，须为决计，久留僻地一二月，方可成功。

前所言省城内外，终属纷嚣是非之场，断非著书立言之地。又不过终日揖让饮宴而已，何益于久处哉？今为兄计，岁晚可过鲁江公连山堂静处，且须谢绝城中士友，勿复往来，可久则春中始发；不然初正，仍鼓怀玉之棹，闲居数月，日间会友，皆立常规，如此更觉稳便；即使柏泉公有扳留意，亦勿依违，如此方有定向；不至忧游废事矣。

弟欲寄语并谱草，亦当觅便风，不长远也。深思为画此策，万万俯听不惑人言，至恳至恳！玉峡人来，得手书，知兄拳拳谱草，前遇便，曾附一简，为公画了谱之计极周悉，幸俯听！且近时人之好尚不同，讹言消谤极能败人兴味；纵不之顾恐于侍生之愆，不免犯罄之戒，知公必不忍也。附此不尽。

倏焉改岁，区区者年六十矣；七十古稀，亦止十年间，可十年月日，成何事？前此只转瞬耳，可不惧哉！前连二书望留兄了谱事，只留鲁江兄宅上，百凡皆便，有朋友相聚者，今寄食于邻，如此宾主安矣。

忽然想到年谱的撰写并不是一件小事，兄长你也并不是闲人，经过一番出游，消遣一番岁月，也没有多空闲的时光，你必须下定决心，长久地在偏僻的地方停留一、二个月，才能够成功。

前面所说的省城内外，终究也属于喧嚣嘈杂，易惹是非的地方，绝不是可以著书立说的地方。在那里只不过是每天交友宴饮而已，长久地待在那儿有什么好处呢？如今替你着想，年底可以到鲁江公的连山堂去独自静处，并且必须谢绝城里的朋友，不要再前来交往，最迟可在春出发；不这样的话，可在正月初，仍旧乘怀玉的船，到怀玉那里闲住几个月，白天会见朋友，都要设立常规，这样做更为合适；即使柏泉公有挽留的意思也不要留恋，这样做才能坚定你的方向；不至于游移不定而贻误了正事。

我想给你寄去书信和年谱草稿，也应找方便估计不会拖延很长时间。我经过深思熟虑才为你筹划了这些策略，希望你一定要听从，不要被他人的话所迷惑，切记！切记！有玉峡的人来，收到你亲手写的信，知道你正致力于年谱的编撰。前段时间因遇到方便的机会，曾给你带去一封信，为你筹划极为详尽的撰写年谱的计划，很庆幸你听从了我的建议。况且近来人们的爱好不同，讥讽诽谤的话极容易败坏人的兴味；纵然不搭理他们，也恐怕引起一些不必要的麻烦，我知道你是一定不忍心看到这种情况的。我只能说到这里了。

时间飞快，又到了更换年岁的时候了，我今年已经六十岁了；七十岁的人自古以来很稀少，也只有十年的时间了，短短的十年，又能成就什么事业呢？先前的时光转瞬间就过去了，能不害怕吗？前边接连给你写的二封信，是嘱咐你写年谱的事。你只

不然，柏泉公有馆谷之令，则处怀玉为极当，好景好人好日月，最是难得如不肖弟者，已不得从，可轻视哉？省中万不可留，毋为人言。所诳再嘱再嘱，年谱一卷反覆三日，稍有更正；前欲书者，乃合叆曰事，而观纲上言学，心若未安；今已入目，于目中诸书揭标，令人瞩目，亦是提醒人处，入梓日，以白黑地别之；二卷三卷，如举良知说，皆可揭标于目中矣，望增入。不识兄今何在！便风示知之。

正月遣使如吴江迎沈君，曾附年谱稿，并小简上，想已即达龙光之聚，言之使人兴动，弟谬以不肖所谱言之，诸兄是执事，说假譬以兴发之，在诸君或有自得，在不肖闻之愧耳。

供张不烦有司，甚善！只恐往来酬应，亦费时日兼彼此不便，则何如？诸君之意方专诚，不知何以为去留也？年谱续修者，望寄示柏泉公为之序，极善，俟人至，当促之。

来简"精诣力究"四字，真吾辈猛省处；千载圣人不数数，只为次此四字。近读《击壤》之集，亦觉此老收手太早；

要住在鲁江那儿,什么都会很方便的,如果鲁江兄有朋友前来聚会,你可以暂住在邻居家,这样宾主都可相安而不受干扰。

不这样的话,如柏泉公有食宿可以为你安排,那么住在怀玉是很合适的,好景好人,好日月,是最为难得的,就像我这样愚钝的人,实在是不能跟随你去那儿了,你能看轻那个地方吗?省城里万万不可停留,不要被他人的话所欺骗,切记!切记!年谱的第一卷,我反复看了三天,稍微有些需要更正的地方;前次想给你写信,是关于先生成婚那天的事,可是看你年谱纲目上是谈论学问,心里好像不安定;如今已经编入纲目,纲目是揭示书中的内容,令人首先看到的,也是最易提醒人的地方。付梓刻印的时候,用白色和黑色加以对映区别;在第二卷和第三卷,像提倡良知学说,都可以在目录中揭示出来,希望你能增加进去。不知道你如今在什么地方!有方便的机会,请转告我。

正月,派人到吴江迎接沈君,曾让他把年谱文稿和一封短信一块捎去,我想大概已经到了你们聚会的龙光了,其中的言语一定能启发人的兴致,这是我愚钝的自我标榜,你们是管理聚会之事的人,可能只是对我的言语加以发挥来启发别人,你们听了之后或许有所感触,可对于我,听了之后就只有惭愧。

聚会的事务不烦劳有司前去掌管,这很好!只是恐怕往来酬应,也浪费很多时间,更兼彼此不方便,怎么办?你们的心意正专一诚笃,不知道是否考虑去留的问题?续修的年谱,望寄来一看,由柏泉公为之作序。很好,等他到了之后,应当催促他早点完成。

来信所说的"精诣力穷"四个字,真正是我们应该猛然省悟的地方;千年以来,圣人有无数,只是把这四个字作为自己的

若是孔子,直是停脚不得也。愿共勉之!

承别简数百言,反覆于仆之称谓;谓仆心师阳明先生,称后学,不称门人,与童时初志不副。称门人于没后,有双江公故事可援;且谬加许可,以为不辱先生门墙,此皆爱仆太过,特为假借推引耳。

在仆固有所不敢,窃意古人之称谓,皆据实不苟焉,以著诚也。昔之愿学孔子者,莫如孟子,孟子尝曰:"予未得为孔子徒也。"盖叹之也。彼其叹之云者,谓未得亲炙见而知之,以庶几于速肖焉耳;固未始即其愿学而遂自谓之徒也。夫得及门,虽互乡童子,亦与其进;不得及门,虽孟子不敢自比于三千;后之师法者,宜如何哉?此仆之所以不敢也。

虽然仆于先生之学,病其未有得耳;如得其门,称谓之门不门,何足轻重?是为仆谋者,在愿学不在及门也。今之称后学者,恒不易易,必其人有足师,焉然后书之,如是则仆之称谓,实与名应,宜不可易。

若故江公与仆两人,一则尝侍坐,一则未纳贽,事体自别,不得引以相例。且使仆有不得及门之叹,将日俛焉,跂

安身立命处。近来读了《击壤集》，也觉得写作这书的前辈，结束得太早；假使是孔子，肯定会一直不停地继续写下去。希望咱们以此共同勉励。

在你来的几百字的信中，反复提到对我的称谓；说我在内心中以阳明先生为师，称为后学，不称为门人，和我儿时的志向不符。并说在先师去世后，没有拜师却称为门人的，有双江公的事可以作为例证；并且对我作为门人，错误地许可，认为这并没有辱没先生的门墙，这都是太抬举我了，才特地用此作例比的。

对我来说实在有所不敢，我私下想古人的称谓，都是以实情为根据，一点也不马虎，以示诚意。从前愿意真心向孔子学习的人，没有人能比得上孟子。可孟子曾经说："我不能成为孔子的门徒呀！"这是用来感叹这件事的。他这样感叹，是说未能亲自接受孔子的教诲，从而尽快地成就学业。他并没有因为他自幼就愿向孔子学习，而称他自己是孔子的门徒。待入了圣学之门，即使乡间少年，也有很大的进步；如果没有入圣学之门，即使像孟子那样的贤人，也不敢把自己和孔子的三千弟子相比。以后的师法承传又该怎样呢？这是我不敢称门人的原因。

即使这样，我对于先生的学问，只是遗憾没有很大的领悟；如果能领悟他的学问，称谓上的门人和不是门人，还有什么意义呢？这是我所想到的，关键在于求学，不在于拜在门下。如今称为后学的人，如果一直坚持不改变先师的学问，那么那个人一定是先师的继承者；像这样那么对于我的后学的称谓，名实相符，应该不能改变。

像双江公和我两个人，一个曾侍坐于先生之旁，一个没有拿拜见师父的礼物，自然有所分别，不能一概而论。况且假使我

而及之，亦足以为私淑之助，未为戚也。惟兄言。

廿六日，吐泄大作，医云内有感冒，五日后方云无事；在五六日中，自分与兄永诀，方见门前光景，未能深入究意，亦无奈何！惟此自知耳，虽父子间不能一语接也。

初四日，复见正月廿日书，始知正月廿四之期决不可留人，为怅怅，盖兄在南浦一日未安，则弟不能安松原一日。今离去太远，此心如何！此心如何！见兄论夜坐诗，中间指先天之病，非谓先天也，谓学也。

记得白沙《夜坐》有云："些儿若问天根处，亥子中间得最真。"又云："吾儒自有中和在，谁会求之未发前？"是白沙无心于言也，信口拈来，自与道合；白沙虽欲靳之，有不可得者也。

不肖正欲反其意，而言不自达，为之愧愧然不敢妄言乃遵兄终身之惠，不敢不敬承，病戒多言，复此喋喋，不任惶恐。附此再呈不次。

前病中承示行期，即力疾具复；未几王使来，复辱惠以年谱，即日命笔裁请，缘其中有当二三人细心商量者；而执事得先生真传，面对口语，不容不才亿度，比别样叙，作用不同；故须再请于执事，务细心端凝，曲尽当时口授大义，使他年无疑于执事可也。自整不妨连下，或至来年，总寄来，不肖不敢不尽其愚，此千载之事，非一时草草；然舍今

也有因不能拜在先师门下的感叹,也只能自己痛悔,当时主动拜师,一定能立于先师门下,这并不是很困难的事。

二十六日,上吐下泻,医生说患有感冒,五日后才说没事了;在其中的五、六天里,自思和你要永诀了,刚刚在学术上有所领悟,还没有探究深奥的道理,也实在是毫无办法呀!这只是自己内心的一些想法,即使是父子之间也不能互相交流。

初四那天,又看了正月二十日的来信,才知道你到二十四日那天,一定不能停留,很是惆怅。如果你在南宁一天不得安宁,那么我在松原也不能有一天的安宁,如今离得太远,我的挂念如何才能停止呢。见你谈论《夜坐》一诗,其中曾指出先天具有的病,那其实不是指先天,而是指学问。

记得陈白沙在《夜坐》诗中有"些儿若问天根处,亥子中间得最真。"又说:"吾儒自有中和在,谁会求之未发前?"这是白沙无心表述自己的想法,只是信口拈来,就和大道相合;白沙即使想掩盖这个说法,也是不可能的。

我正想反其意而用之,可是无法用语言表述出来,因此,内心惭愧,不敢妄言,我终身受到你的帮助,所以不敢不恭敬地说出我的心里话。本来因身体有病,应戒多言,又絮絮叨叨说了这么多话,很感惶恐。要说的话,以后再给你寄过去。

前次在病中,承蒙你告知我你行动的日期,于是忍着病痛给你回信;没多久,王畿派人来,又把年谱的事交付于我,我即日就开始动笔撰写,只是其中有些地方需要两三个人进行商榷核实;你得了先生的真传,先生面对面和你说的话,我不敢私下忖度,这和别种叙述作用不同;所以又得向你请教,一定要细心思考,把当时口授的大意详尽地表述出来,使日后再没有人对你

不为，后一辈人，更不可望矣。峡江胡君知事者，书来托之，断不稽缓。

八月十一日，始得兄六月朔日书，则知弟六月下旬所寄书，未知何日至也？柏泉公七月发年谱来，日夕相对得尽寸长，平生未尝细览文集；今一一详究，始知先生此学进为始末之序，因之颇有警悟。

故于年谱中，手自披校凡三四易稿于兄原本，似失初制，诚为僭妄；弟体兄虚心求益，不复敢有彼我有限隔耳。

如己卯十一日始自京口返江西，游匡庐；庚辰正月，赴召归，重游匡庐，二月九江还南昌；又乙亥年自陈疏，乃己亥年，考察随例进本，不应复有纳忠切谏之语，亦遂举据文集改正之；其原本所载本稿，不敢滥入，岂当时先生有是稿未上欤？愚意此稿只入集，不应遂入年谱，不及请正，今已付新建君入梓，惟兄善教之！草草裁复不尽，请正。

得吴尧山公书，知年谱已刻成，承陆北川公分惠，可以达鄙意矣。绵竹共四十部，此外寄奉龙溪兄十部，伏惟鉴入！虽然，今所传者公之影响耳；至于此学精微，则存乎人自

所说的话进行怀疑。你可以连续地撰写，等明年，再一起寄到我这儿来，我不敢不尽心竭力，这是千年相传的事，不能有一时的马虎，然而如果现在不做这件事，到下一辈人，就更没有希望了。峡江的知事胡君，写信也把这件事托付给我，我决不会拖延的。

八月十一日，才收到你六月底写的信，才知道你六月下旬还寄了一封信，不知道那封信什么时候才能到来。柏泉公七月份给我送来先师的年谱，早晚阅读，受到很大的教益，因为我平生还没有仔细浏览先生的文集；如今一一详细探究，才了解了先生探讨学问的先后渐进次序，于是很有感触。

所以对于年谱，我亲手校订，共三、四次易稿，对于你的原本，基本上改变了原貌，确实是有点不自量力；我自认你诚心求得年谱更完美，所以也就不敢有你我之间的分别了。

到了己卯年十一月，我才开始从京口返回江西，并游历了匡庐山。庚辰年正月，因接受皇上的召见才返回来，途中又游历了匡庐。二月，绕道九江，回到南昌。乙亥年自己曾向皇上上疏言事，己亥年又循惯例向皇上呈递文本，里面不再应有忠谏的劝告了，于是拿出文集进行修订；原本所载的本稿，这次不敢随便地录入，难道是当时先生就有这个文稿却没有收录到文集中吗？我认为这个文稿只应收入文集中，不应该收入年谱中，来不及向你请示，如今就已付梓刻印，望体谅，修订不确实的地方，请指正。

收到吴尧山先生的来信，得知年谱已刻印完毕，承蒙陆北川先生的帮助，我感到很满意。在绵竹那里共有四十部，此外给龙溪兄寄上十部，望你明鉴。即使这样，我们如今传播的只是先

得之，固不在有与无，多与少也。

弟去岁至今，皆在病中，无能复旧，然为学之意，日夕恳恳，始知垂老，惟有此事紧要；若得影响，即可还造化，无他欠事也。兄别去一年，此件自觉如何？前辈凋落，双翁已归土，所赖倡明此学者，却在吾辈；吾辈若不努力，稍觉散漫，即此已矣，无复可望矣。得罪千古，非细事也，悲哉悲哉！千里寄言，不尽缱绻。

答论年谱书

凡十首　　钱德洪

承兄下榻，信宿对默，感教实多。兄三年闭关，焚舟破釜，一战成功，天下之太宇定矣；斯道属兄，后学之庆也。珍重珍重！更得好心消尽，生死毁誉之念忘，则一体万化之情显，尽乎仁矣，如何如何？师谱一经改削，精彩迥别，谢兄点铁成金手也。

东去谱草有继上，乞赐留念！外诗扇二柄，寄令郎以昭并祈赐正！诗曰："我昔游怀玉，而翁方闭关。数年论暌合，岂泥形迹间？今日下翁榻，相对无怍颜。月魄入帘白，松标当户闲。我默镜黯黯，翁言玉珊珊。剑神不费解，调古无庸弹。喜尔侍翁侧，倾听嶷如山。见影思立圭，植根贵删繁。远求忧得门，况乃生宫闑。毋恃守成易，俛惟创业艰。"

生的影响。至于这门学问的精微之处,在于人们的用心体会上,本来不在于这本书的有和无,多和少。

我从去年到现在,一直在病痛中,未能恢复;然而求学的心意,白天晚上仍不敢忘怀,这时才懂得在这垂老之年,这件事是最紧要的;如果能扩大先生的影响,即使去世了,也没有其他遗憾的事了。你离别了一年了,这期间自己感觉怎么样了?前辈日渐离世,双翁也辞世了,倡明先师的学问,只有依靠我们这一辈人了;我们如果不努力,稍微散漫一些,学问就绝灭了,再也没有可期望的了。得罪于千古,可不是一件小事,可悲啊!可悲!从千里之外给你写信,很是想念。

答论年谱书

凡十首　　钱德洪

承蒙你下榻相待,两宿对谈,获教益甚多。仁兄闭关三年,竭心尽力,卓然有成;天下大势已定,先生之道的真传在兄见。是后学者值得庆幸的事。望多珍重身体,如能进一步消尽恋世之心,去掉生死毁誉的念头,那么就会深感天地万化浑然一体,达到了仁的境地,你觉得怎么样呢?先生年谱一经仁兄改削,便特别精彩,感谢你的点石成金的手法。

先生年谱草案,等出继续寄去,请留念。另外有题了诗的两把扇子,寄给你的儿子以昭,请求加以指正。诗为:"我昔游怀玉,而翁方闭关。数年论暌合,岂泥形迹间?今日下翁榻,相对无怍颜。月魄入帘白,松标当户闲。我默镜黯黯,翁言玉珊珊。剑神不费解,调古无庸弹。喜尔侍翁侧,倾听嶷如山。见影思立圭,植根贵删繁。远求忧得门,况乃生宫闱。毋恃守成易,俛惟

又书会语一首,"程门学善静坐,何也?"

曰:"其悯人心不自觉乎?声利百好,扰扰外驰,不知自性之灵,炯然在独也;稍离奔骛,默悟真百感纷纭,而真体常寂;此极深研几之学也。入圣之几,庶其得于斯乎?"

奉读手诏,感惓惓别后之怀,心同道同,不忘尔我,一语不遗,共彻心髓,真所谓"同心之言,其臭如兰"也。

感惕如之何!年来同志凋落,慨师门情事未终,此身怅怅无依;今见兄诞登道岸,此理在天地间,已得人主张,吾身生死短长乌足为世多寡,不觉脱然无系矣。此番相别,夫岂苟然哉?宜兄之临教益切也。师谱得兄改后誊清再上,尚祈必尽兄意无容遗憾,乃可成书。

令郎美质,望奋志以圣人为己任,斯不辜此好岁月耳。乡约成册见兄仁覆一邑,可以推之天下矣。信在言前,不动声色,天载之神也。余惟嗣上,不备。

别后沿途阻风,舟弗能前,至除夜,始得到龙光寺;诸友群聚,提兄"丕显待旦"一语为柄,听者莫不耸然反惕,谓兄三年闭关即与老师居夷处困,动忍熟仁之意同。

创业艰。"

又写了一句名言:"在程氏的师门要人们学习静坐,为什么呢?"

回答说:"他是怜悯人心的不自觉醒吗?声色利欲,具有很大的诱惑力,人们不懂得自己本性的灵明,在于一人独处。稍稍避开奔竞,静默体悟真性,虽然外物纷扰,但是真体常寂;这是极为深刻地研讨几微之学。进入圣人之域的时机,不就在这里吗?"

读你写来的信,深感思念之情,你我心心相印,不需用言语交流,就可意会,正像所说的"同心之言,其臭如兰"一样。

我内心是多么感伤啊,近年来有共同志向的人相继去世,很感慨师门的事情(指编撰年谱)还没有完成,我有种怅然若失的感觉;如今看到你已承继了先师的学问,这天地间的至理,已有人倡导了,那么我的生死短长已无足顾虑,我顿时觉得无所牵挂。这次相别,难道是偶然的吗?这正好是你对我关注最急切的时候。先师的年谱劳你改正以后,誊清再寄上,还希望你能尽心尽力,不要在文字上留下遗憾,就能够刻印成书了。

你的儿子才质俊美,希望他能够树立高远志向,以成就圣人为自己的责任,这才能不辜负他的大好时光。你编写的乡约装订成册以后,你的仁爱之德就能使一个城镇受益,由此也可推广到整个天下。沉静地推行忠信之义,而不动神色,这是上天赐予的德性。以后再谈,就不再赘述了。

离别之后,因大风阻挠,船不能前行,到夜晚的时候才到了龙光寺;各位朋友相聚在一起,提起你静夜悟道的事,听到的人无不肃然起敬。都说你的三年闭关静修,就和先师身处困

盖慨古人之学，必精诣力究，深造独得，而后可以为得，诚非忽慢可承领也。

诸生于是日痛发此意，兄虽在关，示道标的，后学得所趋矣。喜幸喜幸！城中王缉诸生，夙办柴米，为久留计，供应不涉有司，五日一讲会，余时二人轮班，代接宾客，使生得静处了谱。

见其志诚恳，姑与维舟信宿以试之；若果如众计，从之；若终涉分心，必难留矣。二书承示周悉，同体之爱也；今虽久暂未定，必行兄意，不敢如前坚执硬主也。

柏泉公读兄年谱，深喜经手自别，决无可疑，促完其后，昨乞作序冠首，兄有书达，幸督成之！留稿乞付来人，盖欲付人誊真也。

兄于师谱不称门人，而称后学，谓师存日，未获及门委贽也。兄谓古今称门人，其义止于及门委贽乎？子贡谓得其门者或寡矣，孔门之徒三千人，非皆及门委贽者乎？今载籍姓名，七十二人之外无闻焉，岂非委贽而未闻其道者与未及门者同乎？韩子曰："道之所在，师之所在也；夫道之所在，

境，静悟良知的用意相同。

于是我们都很感慨，古人研习学问，一定要用力探究，一直到最精深微妙的境地，然后才算是有收获，确实不是疏忽散漫可以达到的。

诸生在这天透彻地阐发了这个思想，你虽然在闭关之中，但揭示了学问的核心，这是后学应向你学习的。城里的诸生王缉，平时办理柴和米等杂乱事务，为了作长久停留的打算，食宿供应没有依赖有司，每隔五天，聚会讲习一天，其余的时间，由两个人轮流值班，代我迎接宾客，于是我能够躲到静僻之处撰写年谱。

我看到王缉志向坚定，就特地和他在船上一同住宿，来试探他；确实像众人估计的一样为人诚笃，志向坚定；如果他别有二心，一定是很难停留下来的。前边来的两封信，承蒙你的悉心关照，和诚挚爱护；如今虽然没有决定是长住还是暂住，但一定要遵照你的意思，不敢像以前那样自作主张。

柏泉公读了你撰写的年谱，很高兴经你的手修订之后，没有一点可疑虑的地方，催促你早日完成全书；昨天请他作年谱的第一篇序文，今天你又来信督促我早日完成，太感谢了！留存在你那儿的文稿，请交给来这里的人带来，我打算交付别人誊得清清楚楚。

你在先师的年谱里，不称自己是先师的门人，只称自己是后学，并且说在先师活着的时候，没有行拜师的礼节拜在先师门下。你认为古今称作门人，它的意思只在于行弟子礼拜在老师门下吗？子贡说，能够拜在老师门下的人也太少了；孔子门下有三千多门徒，难道都是行弟子礼，拜在孔子门下的吗？如今在文

吾从而师之，师道也，非师其人也；师之所在，吾从而北面之，北面道也，非北面其人也。"

兄尝别周龙岗，其序曰："予年十四时，闻阳明先生讲学于赣，慨然有志就业，父母怜恤，不令出户庭；然每见龙岗从赣回，未尝不愤愤也。"是知有志受业，已在童时，而不获通贽及门者，非兄之心也，父母爱护之过也。

今服膺其学既三纪矣，匪徒得其门，且升其堂，入其室矣；而又奚歉于称门人耶？昔者，方西樵叔贤，与师同部曹僚也；及闻夫子之学，非僚也，师也，遂执弟子礼焉。黄久庵宗贤，见师于京师友也，再闻师学于越师也，非友也，遂退执弟子礼。聂双江文蔚见先生于存日，晚生也，师没而刻二书于苏，曰："吾昔未称门生，冀再见也；今不可得矣。"

时洪与汝中游苏设香案告师，称门生，引予二人以为证。汪周潭尚宁始未信师学，及提督南赣亲见师遗政，乃顿悟师学悔未及门，而形于梦遂谒师祠，称弟子，遗书于洪、

籍中记载下来有名有姓的门生，除七十二人外，没有听到过其他人，那些行弟子礼拜在孔子门下，却没有明白孔子大道的门生和那些没有拜为门生的人，难道不是相同的吗？韩愈说："因为有学问的存在"，才有老师的存在；因为老师有学问，我才跟随他，而不是把他的人本身看作老师；只要有老师，我就跟随着他，并用对待老师的礼貌来对待他，我只是对他的学问表示尊敬，并不是尊敬他人本身。"

你曾经在和周龙岗告别的时候，文章说："我在十四岁的时候，听到阳明先生在江西讲习学问，兴致勃勃地打算跟随他修习学业，可父母疼爱我，不让远离家门；然而每次看到周龙岗从江西回来，总是遗憾不已。"由此可知你在童年的时候，就有志于跟随阳明先生求学，而没有行弟子礼拜在先生门下，不是你自己的缘故，是父母爱护儿子的过错。

如今你研究先师的学问已经三十年了，不只是得其门，而是已经登堂入室了；称为先师的门生还有什么可感到歉意的呢？从前，方西樵叔贤，和先师在同一个部里为官；等听了先师的学问之后，就不再把先师看作是同僚了，而是看作老师了，于是行了弟子礼。黄久庵在京师和先师相见，只是朋友，第二次在浙江听了先师的讲学，就拜作老师了，于是行了弟子礼。聂双江在先生活的时候见到先生，属于晚生了，先生去世之后，在江苏刻印了先师的两本书，并说："我从前没有成为先生的门生，希望还能见到先生；如今再也见不到了。"

当时我和汝（王畿的字）中正在江苏游历，他摆设了香案把自己的想法告诉先师，称自己为先师的门生，让我们二人为他作证。汪周潭起初不相信先师的学问，等到做了南赣提督以后，亲

汝中，以为证。

夫始未有闻，僚也，友也，既得所闻从而师事之表所闻也；始而未信师学于存日，晚生也，师没而学明证于友，形于梦，称弟子焉，表所信也；吾兄初拟吾党承颜本体太易，并疑吾师之教，年来禽聚精神，穷深极微，且闭关三年，而始信古人之学，丕显待旦通昼夜，合显微而无间，试与里人定图徭册，终日纷嚣，自谓无异密室；乃见吾师进学次第，每于忧患颠沛，百炼纯钢，而自征三年所得，始洞然无疑。夫始之疑吾师者，非疑吾师也，疑吾党之语而未详也；今信吾师者，非信吾师也，自信所得而征师之先得也；则兄于吾师之门，一启关钥，宗庙百官，皆故物矣。

称入室弟子，又何疑乎？谱草承兄改削编述师学，惟兄与同；今谱中称门人，以表兄信心，且从童时初志也，其无辞。

南浦之留，见诸友相期恳切，中亦有八九辈，肯向里求入，可与共学矣；亦见其中有一种异说，为不羁少年，助其愚狂，故愿与有志者，反覆论正，指明师旨，庶几望其适道。诸生留此，约束颇严，但无端应酬，终不出兄所料；已与柏泉公论别，决二十日发舟登怀玉矣。

眼看到先师治理下的政绩，才领悟到先师学问的高深，后悔没有拜在先师门下，而且在梦中也出现这样的情形，于是拜谒了先师的祠堂，称为弟子，给我和汝中写信，要我们作为证人。

起初没有听到先师的学问，只是同僚和朋友；听到以后，就马上拜为老师，为了证明他对先师学问的尊敬；起初，在先师活的时候不相信他的学问，只是称作晚生，先师去世以后，才明白了他的学问，让朋友作证，在梦中出现，称为弟子，以此表明对先师学问的信任。起初你认为我们接受并谈论的本体太简单了，并且怀疑先生的教诲，多年来聚精会神，细细探索，并且闭关静修三年，才开始相信古人的学问，贯通显微，而无隔碍；试着和乡里的人们制定徭役的图册，整天纷纷扰扰，却自认为和在密室一样不受任何干扰；这时才看到先师求学的先后顺序，每次遇到忧患和颠沛流离之苦，屡经历练，愈发精纯。起初你对先师所抱的怀疑态度，不是怀疑先师本人，而是自己相信自己有所领悟，并在先师那里得到了验证；那么你弘扬了先师的学问，使宗庙百官所倡导的思想，都变得陈旧不堪。

把你称作入室弟子，还有什么可迟疑的呢？草就的年谱初稿承蒙你的修订，只有你和我一同编述了先师的文集；如今在年谱中，称你为先师的门人，来表达你对先师的崇敬之心，并且使你童年时的志向得以实现，请你不要推辞。

在南浦停留的时候，看到各位朋友很踏实用功，其中也有八九个人，愿意进入更深的探讨，我们可以和他们共同学习。也看到其中有一种异端邪说，使浪荡无赖的少年更加狂放愚顽。所以愿意和有志于求学的人，反复讨论，指明先师治学的宗旨，希望他们能够步入正道。停留在这儿的诸生，受到的约束很严，

兄第伍简复至，感一体相成之爱，无穷已也，仰谢仰谢！精诣力究，昨据兄独得之功而言，来简揭出四字以示，更觉反惕；谓康节收的太早，若在孔门，自不容停脚矣。实际之言，真确有味，闻者能无痛切乎？别简谓孟子不得为孔子徒，盖叹己不得亲炙以成速肖也。

涌言及此，尤负惭恐！亲炙而不速肖，此弟为兄罪人也。兄之所执，自有定见，敢不如教！闲中读兄《夜坐》十诗，词句清绝，造悟精深，珍味入口，令人隽永，比之宋儒感兴诸作，加一等矣。

幸教幸教！然中有愿正者，与兄更详之，吾觉见得此意，正宜藏蓄，默修默证，未宜轻以示人；恐学者以知解承功未至，而知先及本体，作一景象，非徒无益，是障之也。

盖古人立言，皆为学者设法，非以自尽其得也。

故引而不发，更觉意味深长；然其所未发者，亦已跃如，何也？至道非以言传，至德非以言入也。

只是有些无端应酬，和你预料的一样；我已经和柏泉公商量了告别的事，决定在二十日乘船前往怀玉。

你的第五封信我已经收到了，非常感激你对我的关心爱护。十分感谢。我殚精竭力地想，昨天据兄独得之功来说，来信向我揭示了"精诣力究"四字，这四个字从你个人的亲自体会而来，更使我深受启发。你说康节（邵雍的谥号）的《击壤集》结尾收手太早，如果在孔门弟子那里，自然不会早早收笔。这都是实际之言，真确而有味，听到的人能无动于衷吗？另外一封信说，孟子不能成为孔子的门徒，是因为他没有拜在孔子门下，亲自接受教诲，尽快地成就学业。.

信读到这儿，我很感到惭愧！亲自接受先师的教诲却不能早日成才，这是我对不起兄长你的地方。你的看法，自然有一定的道理，敢不听从你的教导。在空闲的时候，读你十首《夜坐》诗，深感词句清丽，立意很高，品读起来，意味隽永，和宋代儒者所写的感兴作品相比，要高出一等。

然而其中也有需要和你商榷的地方，给你详细地指出来，我们体悟到你所体悟的道理，正应该含蓄地隐藏起来，默默地修持，不应该轻易地说给别人；恐怕学者只是把它当作一种知识，体悟的功夫还没有做到，就已先掌握了知识，把本体只是作为一种供观赏的景象，不只没有益处，而且还容易遮住人们求学的视线。

古人倡立言论，都是教给学者求学的办法，并不把自己的体会全都说出来。

所以引而不发，使人更觉得意味深长；然而那些没有说出来的，已经存在于内心之中了，为什么呢？因为至深的道理不是

故历勘古训，凡为愚夫愚妇立法者，皆圣人之言也。为圣人说道妙发性真者，皆贤人之言也。与富家翁言，惟闻创业之艰；与富家子弟言，惟闻享用之乐。

言享用之乐，非不足以歆听闻，而起动作也；然终不如创业者之言近而实也。

此圣贤之辩也。调息、杀机、亥子诸说，知兄寓言，然亦宜藏默。

盖学贵精最忌驳，道家说性命与圣人所闻毫厘耳；圣人于家、国、天下，同为一体，岂独自遗其身哉？彼所谓术，皆吾修身中之实功，特不以微躯系念，辄起绝俗之想耳。

关尹子曰："圣人知之而不为"。圣人既知矣，又何不为耶？但圣人为道，至易至简，不必别立炉灶，只致良知人已俱得矣；知而不为者非不为也，不必如此为也。

夫自吾师去后，茫无印正；今幸兄主张斯道，慨同志凋落，四方讲会虽殷，可与言者亦非不多；但炉中火旺会见有融释时，毫厘滓化未尽，火力一去，滓复凝矣；更望其成金足色，永无变动难也；而况庸一言之杂其耳乎？兄为后学启口容声，关系匪细，立言之间不可不慎也！故敢为兄妄言之，幸详述以进我！情关血脉，不避喋喋，惟兄其谅之！

靠言语来传播的，至高的德性不是能通过语言就具备的。

所以详细地考察古人的遗训，凡是为愚夫愚妇立法，都是用圣人的言论；为圣人阐述大道精微的，都是用贤人的言论。和富贵人家的老一辈交谈，听到的只有创业的艰难；和富贵人家的子弟交谈，听到的只有享受的乐趣。

谈论享受的乐趣，并不是不足以听一听，有所感受；而是终究比不上创业的人的话更切近而平实。

这是圣人和贤人的区别。去掉杀生的念头等说法，我知道你是在言语中寄托着你的真实想法，然而也应该含蓄静默。

做学问以精深为贵，最忌讳驳杂，道家说性命之学，和圣人的说法只有毫厘之间的差别，圣人把家庭、国家、天下看作是浑然一体的，难道唯独把自己的身体遗留在外吗？他们道家所说的养身术，都是我们修身中的切实功夫，只不过是不把自己的身体当回事，就起了超脱凡俗的想法而已。

关尹子说："圣人懂得某个方面的道理，却不去实际地做。"圣人既然已经懂得，又为什么不去实际地做呢？只是因为圣人所治的学问，极其简易，不必另做其他工夫，只是推广自己内心的良知而已，人们都能领悟得了。懂得了却不去做，并不是不愿去做，是没有必要这样做。

自从我们的先师去世以后，再没有人能深切体悟他的学问；如今有幸你来倡导这门学问，同志者相继去世，很使人感伤，四面八方聚会讲习的风气虽然很盛，可以一块交谈的人，也不算少。但是正像炉中的火在旺的时候，可以看到金属全部融化，只有一些细小的渣滓还存在，可是等烈火消失之后，渣滓就又凝结成块了；希望那些足色的成金，永远没有变化也是困难

前月二十五日，舟发章江，南昌诸友追送，阻风樵舍；五日入抚州，吊明水兄；又十日而始出其境，舟中特喜无事，得安静构思，谱草有可了之期矣。乏人抄写，先录庚辰八月，至癸未二月稿奉上，亟祈改润即付来手。到广信再续上，出月中旬，计可脱稿也。

龙溪兄玉山遗书，谓"初以念庵兄之学，偏于枯槁；今极耐心，无有厌烦，可谓得手；但恐不厌烦处落见，略存一毫知解；虽无知解，略着一些影子，尚须有针线可商量处，兄以为何如？"不肖复之曰："吾党学问，特患不得手；若真得手，良知自能针线，自能商量，苟又依人商量而脱，则恐又落商量知解，终不若良知自照刷之为真也。"云云。

昨接兄回书云："好心指摘，感骨肉爱。"只此一言，知兄真得手矣，真能尽性尽仁，致践履之实，以务求于自慊矣。沧海虞下，尽纳百川，而不自知其深也；泰山盘旋，凌出霄汉，而不自知其高也；良知得手，更复奚疑？故不肖不以

的。更何况还有一些平庸的话在向他们灌输呢？你为后来求学的人开创一种风气，关系重大，在言语之间，不能不慎重。所以敢于大胆地向你说出我的想法，只是希望你再言语恳切地提携我。这些都关系到学问的流传和继承，所以絮絮叨叨说了这么多，请你谅解。

上月的二十五日，船从章江出发，南昌的朋友赶来相送，后来因大风所阻，停宿在樵舍；这月的初五，到了抚州，凭吊了明水先生；又过了十天才离开那个地方，船里没有杂事干扰，正好能够安静构思，年谱的草稿不多久就可望完成。因没有人抄写，先把从庚辰年八月到癸未年二月的文稿呈送给你，希望你修订润色之后，就托人送来。到广信之后，再继续给你送去文稿，到这月的中旬，估计可以完稿。

龙溪兄在玉山给我写信说："起初认为念庵兄的学问，偏于枯燥；如今看到他极有耐心，没有厌烦，可以说是深入其境。只是恐怕他在不厌烦中求得学问，会稍有一些利害念头。即使没有利害念头，也会略有一些影子，还必须再经过一番功夫，你以为怎么样呢？"我给他回信说："对我们的学问，只是恐怕不能深刻领会。如果真正地领会了，内心的良知自然能够贯通一切，自然能够有所主张，如果依靠别人的意见使自己有所体悟，恐怕又要落入外物的缠绕之中了，终究比不上内心的良知自己体悟更为纯真。"

昨天接到你的回信说："你好心的帮助，使我感受到骨肉般的爱护。"就从这一句话，就知道你真正体悟了大道，如果要真正地使自己内心的仁爱之意全部地发挥出来，并且在实践中奉行，必须要求自己虚怀若谷。沧海处在下位，全部地容纳了河流

龙溪之疑，而复疑兄也。

兄幸教焉！何如？舟中诸生，问："如何是知解？如何是影子？"洪应之曰："念翁悯吉水徭赋不均，穷民无告，量己之智足与周旋，而又得当道相知，信在言前，势又足以完此。故集一邑贤大夫、贤士友，开局以共成此事。此诚出于万物一体，诚爱恻怛之至情，非有一毫外念参于其中也；若斯时有一毫是非毁誉，利害人我，相参于其中，必不能自信之真，而自为之力矣。

此非尽性尽仁，良知真自得手乌足与语？此或有一毫影子，曰：我闭关日久，姑假此以自试，即是不倚静知解；终日与人纷纷，而自觉无异密室，此即是不厌动知解；谓我虽自信，而同事者或未可以尽信不信在人，于我无污，此即是不污其身之知解；谓我之首事，本以利民，若不耐心，是遗其害矣；我之首事，本以宜民，若不耐心，是不尽人情矣；我之首事，本承当道之托，若不耐心；无以慰知己，此又落在不耐心之知解也。

良知自无是非毁誉，利害人我之间自能动静合一，自能

的水量，却不知道自己到底有多深；泰山高耸入云，却不知道自己有多高，由此可知，你体悟了内心的良知，对这点还有什么可怀疑的呢？所以我不因对龙溪的怀疑，而对你有所怀疑。

我希望得到你的教诲！你认为呢？船里的诸生问："怎样才是知解？怎样才是影子？"我回答他们说："念翁怜悯吉水那个地方因徭役和赋税不均，使贫苦的老百姓无法生活，考虑到凭自己的能力，足以办理这件事，又得吉水当道的支持，我言未出已被相信，这又为完成这个事业提供了方便。所以召集一邑的贤士大夫，开始共同完成这件事。这是出万物一体真正的爱和恻隐之心，没有一丝毫杂念掺杂其中。假如这时有一丝毫是非毁誉之心，利我害人，杂入其中，一定不能信以为真，而自己努力不懈。

如果不是充分发挥自己内心的仁爱之义，对良知有所体悟，怎能这样做呢？如果有一点自私的影子，说自己闭关时间久了，如果这样做，就是没有能够通过静心思虑来理解圣人之学；整天和别人交往，却自我感觉到和独处密室没有差别，这就是不因行动而荒废掉对圣人之学的理解；并且说我虽然自信，但是同事中有人却不完全相信，不相信是别人的原因，对我并没有影响，这就是不影响自我的认识和理解；我认为我最首要的事，是以利民为本，如果不耐心去做，就会给他们遗留下祸害；我首要的事，应该以顺应老百姓为本，如果不耐心去做，就是不近人情；我首要的事，本来是承蒙当道者的重托来处理政事的，如果不耐心去办理，就没办法安慰别人对自己的知遇之情，这又落在不耐心的错误之中了。

良知自身没有是非毁誉，在利害人我之间，自然能够动静

人我同过，自能尽人之情，慰知己之遇，特不由外入，起此知解，毫厘影子，与良知本体，尚隔一尘，一尘之隔，千里之间也。"诸生闻之，俱觉惕然有警。并附以奉陈左右，亦与局中同事诸君一照刷，可以发一笑也。幸教幸教。

连日与水洲兄共榻，见其气定神清，真肯全体脱落，猛火炉煅，有得手矣，自是当无退转也。但中有一种宿惑，信梦为真，未易与破耳。久之，当望殊效同归。然窥其微，终有师门遗意在也。

师门之学，未有究极根抵者，苟能一路精透，始信圣人之道，至广大，至精微。

儒、佛、老、庄，更无剩语矣。世之学者，逐逐世累，固无足与论；有志者，又不能纯然归一，此适道之所以难也。吾师开悟后学，汲汲求人，终未有与之敌体承领者；临别之时，稍承剖悉，但得老师一期望而已，未尝满其心而去也。

数十年来，因循岁月，姑负此翁；所幸吾兄得手，今又得水洲共学，师道尚有赖也。但愿简易直截，于人伦日用间无事拣择便入神圣，师门之嘱也。

合一，自然能够人我同过，自然能够尽人之情，慰知己之遇，只是不是从外边进入的，是每个人内心固有的。如果只是一种认识和理解，那么就和本体还隔着一点距离，这一点距离，扩展出去就是千里之远的距离。"诸生听了这话，都深受感染和启发。所以一同附在这里，让各位读者，和一同共事的朋友们加以指正，引大家一笑。希望得到教诲，希望得到教诲。

连日来和水洲兄同榻共眠，看到他气定神清，真像身心全体脱落于外物诱蔽，烈火炉中锻炼得到了先生学问的神髓。从这以后他的思想上应当不会再退转了吧；但是其中早有一种迷惑，即信梦为真，不容易勘破其中的虚幻。时间久了，应当盼望他会殊途同归的。然而看他的细微之处，终究有师门的遗意在其中。

师门的学问，对于那些有恒心探究根底的人来说，如果能够一路探究下去，才会相信圣人之道，极其博大、精微的境界了。

儒、佛、老、庄之学，探究无余。世上的学者，追逐外物，被世俗所累，固然不足称道；有志做学问的人，又不能心境纯净，归于浑然，这确实是难以成就大道的原因。先师启示后学，尽心尽力地寻求能够承继他的学问的人，可最终也没有人能够完全体会和继承他的学问；我和先师临别的时候，稍稍得到先师的指点，只是对我寄予了一定的期望而已，并没有使他对我很满意地离去。

几十年来，我只是庸庸碌碌地虚度岁月，辜负了先师对我的期望；所庆幸的是你专心研究学问有所收获，如今又有水洲和你一同学习，先师学问的流传就全依靠你们了。先师学问只愿简易直截，在人伦日用间不拣择便可入于神圣，这是师门的嘱

《大学》一书，此是千古圣学宗要。望兄更加详究！略涉疑议，便易入躐等径约之病也。慎之慎之！即日上怀玉，期完谱尾，以承批教。归日当卜出月终旬也。

谱草苟完，方自怀玉下七盘岭，忽接手教，开缄宛如见兄于少华峰下，清洒殊绝，感赐深也！四卷所批种种，皆至意；先师千百年精神，同门逡巡数十年，且日凋落，不肖学非夙悟，安敢辄承？非兄极力主裁，慨然举笔，许与同事，不敢完也。又非柏泉公极力主裁，名山胜地，深居廪食，不能完也。

岂先师精神，前此久未就者，时有所待耶？伸理冀元亨一段，如兄数言，简而核，后当俱如此下笔也。闻老师遣冀行，为刘养正来，致濠殷勤；故冀有此行，答其礼也。

兄所闻核，幸即裁之，铺张二字，最切病端，此贫子见金而喜也。

平时稍有得，每与师意会，便起赞叹称羡，富家子只作如常茶饭，见金而起喜心者，贫子态也。此非老成持重如兄巨眼，安能觑破？兄即任意尽削之，不肖得兄举笔，无不快

托。

　　《大学》一书是千古圣学的宗要，望你更加详细探究！稍有疑虑，就容易误入越等走捷径的歧途。一定要谨慎！再谨慎！近日就将去怀玉，等完成了年谱的最后部分，再请求得到你的批示和指教！回来的日子估计在下个月的月底了。

　　年谱的草稿刚刚完毕，正从怀玉走到七盘岭，忽然接到你的来信，打开信以后，就像看到你在少华峰下的样子，清秀洒脱，给我的印象特别深。你在四卷文稿中的种种批示，都很有深意。先师千百年的精神，我们几个同门弟子跟随先师求学几十年，都快到凋落的年龄了，还因资质愚钝，没有很深的体悟，怎么敢说继承了先师的学问呢？如果不是你极力主张，慨然提笔，答应和我们一同完成年谱的编定，我们是无法完成的。又如果不是柏泉公极力主张，在名山胜地，提供住宿和食物，也是不能完成的。

　　难道先师的精神，在这以前很久没有得到整理，在当时就有所期待吗？有关冀元亨的一段，像你的几句话，就简朴地把握了核心，以后的文稿都应当像这样下笔写作。听说老师派遣冀元亨前去，是因为刘养正曾前来，表达朱宸濠的诚恳求学之意；所以冀元亨才有这次行动，是出于礼貌性地答复。

　　你根据情况加以核对，很庆幸对有些地方加以裁减，铺张二字，最切中了其中的病端，这好比是贫穷人家的孩子突然看到金子而欣喜万分。

　　平时稍稍有所体悟，总是和先师的心意相合，这时就起来赞叹称美。富家子弟只把它当作如常茶饭，看到金子而欣喜万分的，是穷人家子弟的心态。这如果不是像你这样老成持重，有

意，决无护持疼痛也。信之信之！

教学三变诸处，俱如此例，若不可改尽削去之；其余所批，要收不可少处，此弟之见，正窃比于兄者。自古圣贤，未有不由忧勤惕励，而能成其德业；今之学者只要说微妙玄通，凌躐超顿，在言语见解上转。殊不知老师与人为善之心，只要实地用功，其言自谦逊卑抑。《大学》诚意章，惟不自欺者，其心自谦，非欲谦也，心常不自足也。

况所批教处，正见近来实得与师意同也。舒国裳在师门《文录》无所见，惟《行福建市舶司取至军门》一牌，《传习继录》则与陈维濬、夏于中，同时在坐问答，语颇多。

且有一段，持纸乞写，拱把桐梓一章，欲时读以省，师写至"至于身而不知所以养之"句，因与座中诸友笑曰："国裳中过状元来，岂尚不知所以养，时读以自警耶？"在座者闻之，皆竦然汗背，此东廓语也。

又丙午年游安福复古书院，诸友说张石盘初不信师学，人有辩者，张曰："岂有好人及其门耶？"辩者曰："及门皆好人也。"张曰："东廓岂及门乎？"辩者曰："已在赣及门

锐利的眼光，怎么能看破这一点呢？你尽管任意地削改，我能够得到你的提笔指教，没有不高兴的时候，绝没有自我护持和感到疼痛的想法。请你一定要相信。

在谈到先师教学三变的地方，都可以像这样改动，如没有办法改动，把它全部去掉也可以；要对不可少的地方着重加以批示，这是我的看法，需要你的指正。自古的圣贤，没有人没有经历了忧虑、勤苦、谨慎、自励、然后才能成就他们自己的道德和事业。当今的学者，只是在说微妙玄通和一些虚浮的言论，局限在言语的见解上。殊不知老师的与人为善的用心，只是注重实地用功，他们的言语却谦逊柔和。《大学》诚意章，只讲人的不自欺，内心的自谦，这并不是说人想谦逊，而是说人的心永远不能满足。

况且从你的批教中，可以看到你的内心体会，和先师的意思完全相同。舒国裳在先师门下的时候，对《文录》没有什么见解。只有《行福建市舶司取至军门》一牌，和陈维濬、夏于中拿着《传习续录》与先师坐在一起，一同问答，说了很多话。

在《传习续录》中有一段，舒国裳拿纸请求把"拱把桐梓"一章写下来，打算在平时经常阅读并反省自己，当先师写道："自己有身体却不懂得保养的办法。"这一句的时候，就有人笑着对在座的朋友说："国裳中过状元，难道还不懂得保养自己的办法，需要经常读书来提醒自己吗？"在座的人听了这话，都惊慌得流出了汗，这是东廓说的话。

又有一次，在丙午年游历安福的复古书院，众人谈起张石盘起初并不相信先师的学问，有人为此争辩，张石盘说："难道有好人到阳明先生门下的吗？"争辩的人说："到阳明先生门

矣。"

又曰:"舒国裳岂及门乎?"曰:"国裳在南昌及门矣。"张始默然俯首,后亦及门。是年石盘携其子会复古,其子举人□□,至今常在会,未有及门之说。

昨南昌闻之诸友,相传因问律吕元声,乃心服而拜;盖其子侄辈,叙其及门之端也。昨见兄疑,又检中离《续同志》考,"舒芬名在列,则其诸所相传者,不诬也"。

如兄之教,去前不欲一段,存后问元声语可矣。徐珊尝为师刻《居夷集》,盖在癸未年,及门则辛巳年九月,非龙场时也。

继后,可商量处甚多,兄有所见,任举笔裁之!兹遣徐生时举持全集面正门下,弟心力已竭,虽闻指教,更不能再著思矣。惟兄爱谅之!
不肖五月季旬到舍下,又逾月十日,始接兄二月四日峡江书,一隔千里,片纸之通,遂难若此,感慨又何深也。

玉体久平复,在怀玉已得之柏泉兄,兹读来谕,更觉相警之情也。深入究竟,虽父子之间,不能一语接,诚然诚然!此可与千古相感,而不可与对面相传,在有志者自究自竟

下的学子都是好人。"张石盘说:"东廊难道也到了先生门下了吗?"争辩的人说:"在赣州的时候就已经到了先生门下了。"

又说:"舒国裳难道也到了先生门下了吗?"回答说:"国裳在南昌的时候就到了先生的门下。"这时张石盘才开始默默地低头不语,后来也拜在了先师门下。这年,张石盘带着他的儿子到复古书院聚会,他的儿子是个举人,到现在仍常常参加聚会,没有听人提到过他拜在先师门下。

昨天在南昌听朋友们说,相传张石盘的儿子因问律吕元声,内心十分佩服先师而拜到先师门下;大概是他的子侄辈记述了他拜在先师门下的起由。昨天看到你有所疑虑,就又找出中离的《续同志》考,其中说:"舒芬的名字列于先师的同门之中,那么关于他的传闻就不会有所谬误。"

根据你的想法,去掉前边张石盘不想拜师的一段,保留后边问元声的话就可以了。徐珊曾经为先师刻印了《居夷集》,大概在癸未年,他拜在先师门下却在辛巳年九月,不是在龙场的时候。

以后可以商量的地方很多,你有什么看法,可以任意拿笔删改。这次派遣徐时举带着全集当面向你请教,也再不能用心思索了。只是希望你能体谅我。

我五月下旬到了你那儿,又过了一个月多十天,才接到你二月四日在峡江写来的信。千里相隔,只有通过一纸书信相互联系,却这样困难,是多么令人感慨啊!

身体渐渐恢复,在怀玉已见到柏泉兄,这次读到你的来信,更加感觉到你对我的关切之情。从思想深处来说,即使是父子之间,也不能用语言来沟通,确实如此啊!在这方面可以和

之耳。

天根亥子，白沙诗中，亦泄此意，达性命之微者，信口拈来，自与道合；但我阳明先师，全部文集，无非此意，特无一言搀入者，为圣学立大防也。

兄之明教究悉，然于此处，幸再详之！兄卧处卑湿，早晚亦须开关径行登跳，以舒泄蔽郁之气，此亦去病之一端也。徐时举来，师谱当已出稿，乞早遣发，远仰远仰！

春来与王敬所为赤城会，归天真，始接兄峡江书，兼读师谱考订，感一体相成之心，庆师教之有传也。

中间题纲整洁，增录数语，皆师门精义，匪徒庆师教之有传，亦以验兄闭关所得，默与师契，不疑其所行也。去年归自怀玉，黄沧溪读谱草，与见吾肖溪二公，互相校正，亟谋梓行，未几，沧溪物故，见吾闽去，刻将半矣，六卷已后尚得证兄考订，然前刻，已定，不得尽如所拟；俟番刻，当以兄考订本为正也。

中间增采《文录外集》《传习续录》数十条，弟前不及录者，是有说，愿兄详之。先师始学，求之宋儒不得入，因学养生，而沉酣于二氏，恍若得所入焉。至龙场再经忧患，

千古的人互相感知，却不能和坐在对面的人表达，这在于有志者自己勤苦钻研。

在岁末，陈白沙的诗中也表达了这个想法。通达了性命精微处的人，信口拈来，就自然地和大道相合；阳明先师在全部文集中也无非是表达了这个想法，只是没有把这样的话掺入进去，是为圣学设立防备。

你对我的教诲，请在这个地方，更加详细地予以指教。你居住在低洼潮湿的地方，早晚也应当出去活动活动，散散步，登登高，以抒泄闷郁之气，这也是去除疾病的一种方法。徐时举已经回来了，先师的年谱应当已经完稿，请求早点送来文稿。从远方表达对你的敬仰之情。

春季时，和王敬所在赤城聚会，回到天真书院，接到你从峡江写来的书信，并且读到你对先师年谱的考订，深感你对先师学问的一脉相承，我庆幸先师的学问有人继承了。

中间提纲整洁，增入收录的几句话，都是先师的精深大义，不只庆幸先师的学问有人继承了，而且也证明你闭关之后颇有收获，暗暗地和先师的学问相契合，不再对你的行为有所怀疑。去年从怀玉回来，黄沧溪读了年谱的草稿，和见吾、肖溪二位先生，一同加以校正，并多次谋划付梓刻印。没多久，沧溪去世了，见吾去了福建，刻印了只有将近一半，六卷以后，还需要你加以考订，然而前边的部分已经刻印下来，不能再加以修改；等到再一次刻印时，应当以你的考订本为正本。

中间增录了《文录外集》《传习续录》的几十条内容，我以前没有来得及收录的，希望你详细地指出来。先师开始求学的时候，曾向宋代的儒者学习，但没有什么收获，接着学习养生，

而始豁然大悟良知之旨；自是出与学者言，皆发诚意格物之教。病学者未易得所入也，每谈二氏，犹若津津有味；盖将假前日之所入，以为学者入门路径。

辛巳以后，经宁藩之变，则独信良知，单头直入，虽百家异术，无不具足；自是指发道要，不必假途傍引，无不曲畅旁通。故不肖刻《文录》，取其指发道要者为《正录》，其涉假借者，则厘为《外集》谱中所载，无非此意；盖欲学者志专归一，而不疑其所往也。

师在越时，同门有用功恳切而泥于旧见，郁而不化者，时出一险语以激之，如水投石，于烈焰之中，一击尽碎，纤滓不留，亦千古一大快也。

听者于此等处，多好传诵，而不究其发言之端；譬之用药对症，虽芒硝大黄，立见奇效，若不得症，未有不因药杀人者，故圣人立教，只指揭学问大端，使人自证自悟；不欲以峻言隐语立偏胜之剂，以快一时听闻，防其后之足以杀人也。

师没后吾党之教，日多岐矣；洪居吴时，见吾党喜为高论，立异说，以为亲得师传，而不本其言之有自，不得已因

沉溺于佛、道两派，好像有所领悟。到了贵州龙场的时候，因历经忧患，才恍然大悟了良知学说的宗旨；从这时出去和学者谈话，都是在讲述诚意格物的学说。因为担心学者不能轻易地进入良知学说，所以每次谈到佛、道两派，好像仍津津有味；大概打算把自己以前进入良知学说的方法，作为其他学者求学的入门路径。

正德十六年以后，经过宁王的叛乱，先师就只信奉良知，直切入里，即使是百家异术，也没有不完备的。从这以后揭示大道的内涵，不必再假借别的途径，直接发挥，也没有不通达的。所以我在刻印《文录》的时候，把他阐发大道内涵的部分作为《正录》，把那些通过其他方面加以阐述的部分整理为《外集》，年谱中所记载的，没有不是这个意思的。想使学者志向专一，对他所追求的东西没有怀疑。

先师在绍兴的时候，同门之中有人用功勤苦，却拘泥于旧日的见解，不能加以领悟，先师经常说一些警戒的话来激发他们，如水投石，于烈焰之中，一击尽碎，一点滓子不留，也是千古的一大快事。

听讲的人在这些地方，大多喜欢传诵，却不探究他说话的原因。就像对症下药一样，即使是芒硝大黄，可立见奇效。但如果没有相对应的症状，未尝没有因用错药而杀人的情况。所以圣人倡立教化，只是揭示学问的根本，使人们自己验证自己体悟；不愿意用过激的语言，猛烈的药剂，以图闻见上一时的痛快，是为了防备以后会出现杀人的现象。

先师去世以后，我们同一师门，有越来越多的分歧。我在江苏的时候，看到有我们的同门喜欢高谈阔论，倡立异说，自认

其所举而指示立言之端。

私录数条，未敢示人，不意为好事者窃录；甲午主试广东，其录已入岭表，故归而删正，刻《传习续录》于水西，实以破传者之疑，非好为多述，以耸学者之听也。故谱中俱不欲采入，而兄今节取而增述焉；然删刻苦心，亦不敢不谓兄一论破也。

愿更详之！室远书札往复甚难，何时合并，再图面证，以了未尽之私。

德教在思，寤寐如见，惟不惜遐音，仰切仰切！（是书复去，念庵随以讣报，竟不及一见，痛哉痛哉！）

为是得了先师的亲传，却不探究先生的话都是有所出处的，我在不得已的时候就给他指出来，并告诉他先师原来的意思。

私下记录的几条，不敢让别人看，没想到被好事者偷偷地抄录出去；嘉靖十三年，我在广东主试，关于这几条的记录已经传入到岭南，所以我回来之后就加以删正，在水西刻印《传习续录》，实在是为了破传言者的疑惑，并非是为了多加记述，耸人听闻。所以在年谱中就都不打算采入，可是你却部分地加以增述；然而你删刻也颇费苦心，不敢不为你破例了。

希望你更加详细地陈述，因住处遥远，书信往来很不方便，什么时候才能住在一起，当面向你请教，以表达我对你的思念之情。

你的教诲常常可以想到，只可惜不能当面请教，非常思念。（这封信刚发出去，接着就传来念庵去世的消息，竟然来不及见上一面，太令人悲痛了！）

卷之三十七　附录六　世德纪

传

王性常先生传

张壹民撰

王纲，字性常，一字德常，弟秉常敬常，并以文学知名。性常尤善识鉴，有文武长才。少与永嘉高则诚、族人元章相友善，往来山水间，时人莫测也。元末尝奉母避兵五泄山中，有道士夜投宿，性常异其气貌，礼敬之曰："君必有道者，愿闻姓字。"道士曰："吾终南隐士赵缘督也。"与语达旦，因授以筮法。且为性常筮之，曰："公后当有名世者矣，然公不克终牖下，今能从吾出游乎？"性常以母老有难色，道士笑曰："公俗缘未断，吾固知之。"遂去。诚意伯刘伯温微时，常造焉。性常谓之曰："子真王佐才，然貌微不称其心，宜厚施而薄受之。老夫性在丘壑，异时得志，幸勿以世缘见累则善矣。"后伯温竟荐性常于朝。

洪武四年，以文学征至京师，时性常年已七十而齿发精神如少壮，上问而异之，亲策治道，嘉悦其对，拜兵部郎中。未几，潮民弗靖，遂擢广东参议，往督兵粮。谓所亲曰："吾

王性常先生传

张壹民撰

王纲,字性常,还有一字为德常。弟秉常、敬常,都因文学而闻名于世。性常尤其擅长相面识人,文武双全,年少的时候,和永嘉的高则诚,同族的元章关系非常好,经常寄情于山水之间,当时的人们都不知道性常的才能。元末的时候,曾带着母亲到五泄山去逃避兵祸,有一次,一位道士晚上前来投宿,性常对他的气质和面貌很惊异,很尊敬地对他说:"先生一定是得道的高人,请把你的姓名告诉我。"道士说:"我是终南山的隐士赵缘督。"和他说到第二天天亮,于是道士传授给他卜筮的方法。并为性常算了一卦,说:"你的后代一定会闻名于世的,然而却不能正常地死在自己的家中,现在你能跟随我一同出去游历吗?"性常因为有老母需要赡养,脸上露出为难的表情,道士笑着说:"你和凡俗的缘分还没有了断,我很清楚。"于是就离开了。诚意伯刘伯温地位低微的时候,常常去拜访他。性常对他说:"你确实是辅佐帝王成就大业的人才,然而看你的面貌稍有不称心如意的地方,应该宽厚待人,严于律己。我的爱好在于山水之间,以后你成功了,千万不要用世俗的事来牵累我,那样就很好了。"后来刘伯温终究还是在朝廷上举荐了性常。

洪武四年因为文学的才能招到京师。当时,性常已经七十多岁了,可是牙齿、头发和他的精神面貌就像少壮年一般,皇上向他询问了一些情况,感到很奇异,亲自又向他询问治理国家的办

命尽兹行乎?"致书与家人诀,携其子彦达以行。至则单舸往谕,潮民感悦,咸扣首服罪,威信大张。回至增城,遇海寇曹真窃发,鼓噪突至,截舟罗拜愿得性常为帅。性常谕以逆顺祸福,不从,则厉声叱骂之。遂共扶舁之而去。贼为坛坐性常,日罗拜,请不已。性常亦骂不绝声,遂遇害。时彦达亦随入贼中,从傍哭骂,求死。贼欲并杀之,其酋曰:"父忠而子孝,杀之不祥。"与之食,不顾,贼悯其诚孝,容令缀羊革裹尸负之而出,得归葬禾山。

洪武二十四年,御史郭纯始备上其事,得立庙死所,录用彦达。彦达痛父以忠死,躬耕养母,粗衣恶食,终身不仕。性常之殁,彦达时年十六云。

遁石先生传

祭酒胡俨撰

翁姓王氏,讳与准,字公度,浙之余姚人。晋右军将军羲之之裔也。父彦达,有隐操。祖广东参议性常,以忠死

法，对他的回答很满意，拜他为兵部郎中。没多久，潮州老百姓的叛乱没有被平定，于是提升他为广东参议前去督办兵粮。他对自己的亲人们说："我的性命就在这次远行中终结了吗？"于是写信和家人告别，带着他的儿子一同远行。到了之后就驾着一只小船前去劝降，潮州老百姓都深受感动，都低头认罪，他从此树立了很高的威信。回到增城以后，遇到海寇曹真前来偷袭，海寇突然赶到，拦住性常乘坐的船只，一起下拜请求性常做他们的统帅。性常向他们讲明其中的祸福利害，可海寇不听从，于是先生厉声训骂他们，海寇把先生用木杖抬着离开了增城。贼寇专门为性常设立了位子让他坐，每天前来参拜，不停地请求他做他们的统帅。性常大骂不已，于是遭到贼寇的杀害。当时彦达也跟随着来到海寇的营中，他在旁边哭骂着，只求一死。贼寇打算把他一块杀掉，可贼首说："父亲忠诚儿子孝顺，如果杀了他，不吉祥。"后来给他饭吃，他看都不看，贼寇同情他的孝心，准许他用羊皮缝起来包裹着他父亲的尸体回去。彦达背着他父亲的尸体回来后，埋葬在禾山。

洪武二十四年，御史郭纯才详细地把这件事呈报给朝廷，朝廷在他死去的地方建立了祠庙，并把彦达录用为官。彦达为父亲因忠诚而死感到悲痛，一直亲自种地来养活母亲，粗衣淡食，终生没有做官。性常去世的时候，彦达当时才十六岁。

遁石先生传

祭酒胡俨撰

先生姓王，讳与准，字公度，是浙江余姚人，晋代右军将军王羲之的后代。父亲彦达，有很高洁的情操。祖父广东参议性

难，朝廷旌录彦达，而彦达痛父之死，终身不仕，悉取其先世所遗书付翁，曰："但毋废先业而已，不以仕进望尔也。"翁闭门力学，尽读所遗书。乡里后进，或来从学者辄辞曰："吾无师承，不足相授。"因去从四明赵先生学易，赵先生奇其志节，妻以族妹，而劝之仕。翁曰："昨闻先生遁世无闷之诲，与准请终身事斯语矣。"赵先生愧谢之。

先世尝得筮书于异人，翁暇试取而究其术，为人筮，无不奇中，远近辐辏。县令亦遣人来邀筮，后益数，数日或二三至。翁厌苦之，取其书，对使者焚之，曰："王与准不能为术士，终日奔走公门，谈祸福。"令大衔之，翁因逃入四明山石室中，不归者年余。时朝廷督有司访求遗逸甚严，部使者至县欲起翁，令因言曰："王与准以其先世尝死忠，朝廷待之薄，遂父子誓不出仕，有怨望之心。"

使者怒拘翁三子使人督押，入山求之。翁闻益深遁，坠崖伤足，求者得之以出部使见翁创甚，且视其言貌坦直无

常，因为忠于朝廷在潮民变乱时去世，朝廷嘉奖祖父的功德，录用彦达为官，可是彦达因对他父亲的惨害深感悲痛，终生没有出去做官，把先世遗留下来的书都取出来交给遁石先生说："只是让你不要废弃了先世流传下来的学问而已，并不希望你出去做官。"遁石先生关起门来勤奋苦读，把先世遗留下来的书都读完了。乡里的少年，有的想跟随他求学，他推辞说："我没有老师的传授，不值得教授你们。"于是离家跟随四明的赵先生学习《易》。赵先生对他的志向和气节很钦佩，把他同族的妹妹许给遁石先生为妻，并鼓励他出去做官。遁石先生说："昨天听了先生遁世无闷的教诲，我决心终生奉行这句话。"赵先生很是惭愧地向他陪礼。

先世曾经从得道异人那里得到关于卜筮的书，遁石先生有空就取出来，探究其中的道理，给人们占卜，竟然没有不符合的，远近的人都赶来求他给算卦。县令也常常派人来邀请他去占卜，后来次数越来越多，几天内就有两三次的邀请。遁石先生很厌烦，对此深以为苦，于是拿出卜筮的书，当着前来邀请他的使者的面烧掉了，并说："我不能做一个术士，整天在公门之间奔走，谈论祸福。"县令对此很记恨，遁石先生于是逃进四明山的石室中，有一年多不回家。当时朝廷很严格地派有司寻访散失在民间的高人，有司派来的使者打算起用先生，县令趁机进谗言说："王与准因为他的祖父曾经因忠于朝廷而遭到惨死，可朝廷并没有加恩于他，于是他们父子发誓不出来做官，并对朝廷有怨恨之心。"

使者非常恼怒，拘捕了他的三个儿子，派人押解着上山寻找他。遁石先生听到这个消息后逃得更远了，因为掉在山崖下伤

他,翁亦备言其焚书逃遁之故,使者悟,始释翁。见翁次子世杰之贤,因谓翁曰:"足下不仕,终恐及罪,宁能以子代行乎?"不得已,遂补世杰邑庠弟子员,而翁竟以足疾得免。

翁谓人曰:"吾非恶富贵而乐贫贱,顾吾命甚薄,且先人之志,不忍渝也。"又曰:"吾非伤于石,将不能遂栖遁之计,石有德于吾,不敢忘也。"因自号遁石翁云。

翁伟貌修髯,精究礼、易,著易微数千言。尝筮居秘图湖阴,遇大有之震,谓其子曰:"吾先世盛极而衰,今衰极当复矣,然必吾后再世而始兴乎?兴必盛且久。"至是,翁没且十年,而世杰以名儒宿学膺贡,来游南雍,大司成陈公,一见待以友礼,使毋就弟子列,命六堂之士,成师资之。俨忝与同舍,受世杰教益为最多,而相知为最深,因得备闻翁之隐德,乃私为志之若此。

昔人有言,"公侯子孙,必复其始,"王氏自汉吉祥至祥览,皆以令德孝友,垂裕江左,联绵数百祀,门第之盛,天下莫敢望。中微百余年,天道未为无意也。

了脚，使者把他押解出山，有司派来的使者看到他伤得很严重，并且见他言语相貌平和闲适，遁石先生也详细地诉说了他焚烧筮书逃入山中的原因，使者明白以后，就释放了他。使者看到遁石先生的次子世杰很贤明，就对先生说："你不愿出去做官，恐怕最终也会获罪，能够使你的儿子代替你出去做官吗？"先生没有办法，就让世杰称为城中学校的弟子员，而先生最终因为脚伤得以免去做官。

先生对人们说："我并不是厌恶富贵，而喜欢贫贱，只是我命薄福浅，无法承担得起，而且对于先人的志向，我不忍心背叛。"又说："如果不是石头使我的脚摔伤，我就不能实现逃避做官的计划，石头对我有很大的功德，我不敢忘记。"于是自称为遁石翁。

遁石翁外貌奇伟，长髯飘飘，对礼、易有很深的研究，写了几千言的《易微》一书。曾经居住在秘图湖畔，卜筮，得到大有卦之震卦，对他的儿子说："我的前辈很兴盛，如今却衰落了，如今衰落到极点了，应该复兴了，然而一定在我的后代那里才开始复兴吗？而且兴盛一定会很持久。"到如今，遁石翁去世将近十年的时候，世杰以名儒宿学的声誉被举为贡生，来南雍游学，大司成陈公，一见到他就用对待朋友的礼节对待他，让他不与弟子并列，而是让六堂之上的学子，都拜他为师。我很庆幸和世杰住在一起，受到他的教益最多，相互了解得也最深，因此能详细地听到遁石翁的事迹，于是私下记述了这些情况。

古人曾说过："公等待其子孙，复兴前辈的事业。"王氏家族从汉代以来，一直都因品德高尚，讲求礼节，而在江左驰名，并延续了几百代，门第的兴盛，天下没有敢望其项背的，中间有一百

元末时，其先世尝遇异人，谓其后必有名世者出，而翁亦尝再世而兴之筮，令世杰于翁亦再世矣，充世杰之道真足以弘济天下，而能淡然爵禄，不入其心，古所谓富贵不能淫，贫贱不能移，威武不能屈者，吾诚于世杰见之。异时求当天下之大任者，非世杰而谁乎？则异人之言与翁之筮于是始可验矣。

槐里先生传

编修戚澜撰

先生姓王，名杰，字世杰，居秘图湖之后，其先世尝植三槐于门，自号槐里子，学者因称曰槐里先生。始祖为晋右将军王羲之，曾祖纲性常，与其弟秉常、敬常，俱以文学，显名国初，而性常以广东参议死于苗之难。祖秘湖渔隐彦达，父遁石翁与准，皆以德学为世隐儒。先生自为童子，即有志圣贤之学，年十四，尽通四书五经及宋诸大儒之说。时朝廷方督有司求遗逸，部使者闻遁石翁之名，及门迫起之，不可得。见先生奇焉，谓遁石翁曰："足下不屑就罪且及身，宁能以子代行乎？"不得已，乃遣先生备邑庠弟子员。时教谕程晶，负才倨傲，奴视诸生，见先生辄敬服，语人曰："此今之黄叔度也，岁当大比"。邑有司，首以先生应荐，比入试，众皆散发祖衣，先生叹曰："吾宁曳履衡门矣。"遂归，不复应试。

多年,略显沉寂,但天道并没有遗忘他们。

元代末年的时候,他的先辈曾经遇到得道异人,说他的后代一定会出现能在世上扬名的能人,遁石翁曾卜筮其后代显名,世杰也是能人出世,按世杰的学问,确实足以安邦治国,然而他对官爵禄位,淡然不入其怀,正是古人所说的,富贵不骄奢,贫贱不移志,威武不能使他屈服,它些品质确实可以在世杰身上见到。以后寻找能承当天下大任的人,除了世杰还有谁呢?得道异人的预言,遁石翁的占卜,得到了验证。

槐里先生传

编修戚澜撰

先生姓王,名杰,字世杰,住在秘图湖的后边。他的先辈曾在门前种植了三棵槐树,因此他自称为槐里子,学者于是称他为槐里先生。他的始祖是晋代右将军王羲之,曾祖是王纲,字性常,和他的弟弟秉常、敬常,都因文学才华,在建国初期扬名,而性常以广东参议的职位死于叛乱。祖父是称为秘湖渔隐的彦达,父亲是遁石翁与准,都因德性和才学被称为当时的隐儒。先生在年幼的时候,就有志于圣贤之学,十四岁的时候就读遍了四书五经,以及宋代大儒的学说。当时,朝廷正派有司寻求散失在民间的有才之士,使者听到遁石翁的名声,就亲自登门,迫使他出来做官,没有得逞。看到先生相貌奇伟,就对遁石翁说:"你不愿意出来做官,恐怕将要获罪,让你的儿子代替你可以吗?"没办法,遁石翁就派先生做了城里学校的弟子员。当时的教谕是程晶,恃才自傲,很看不起在那里的学生;见到先生以后却非常恭敬佩服,对人们说:"这是当今的黄叔度。"到了科举考试的时

宣德间，诏中外举异才堪风宪者，破常调任使之。时先生次当贡邑令黄维，雅重先生，为之具行李，戒仆从，强之应诏。先生固以亲老辞，乃让其友汪生叔昂。既而遁石翁殁，又当贡，复以母老辞，让其友李生文昭，而躬耕受徒，以养其母，饔飧不继休如也。母且殁，谓先生曰："尔贫日益甚，吾死，尔必仕，毋忘吾言。"已终丧，先生乃应贡，入南雍。祭酒陈公敬宗，闻先生至，待以友礼，使毋就弟子列。

明年，荐先生于朝，未报，而先生殁。先生仪观玉立，秀目修髯，望之以为神人，无贤愚戚疏，皆知敬而爱之，言行一以古圣贤为法。尝谓其门人曰："学者能见得曾点意思，将洒然无入而不自得，爵禄之无动于中，不足言也。"先生与先君冷川先生友，先君每称先生所著《易》《春秋说》《周礼考正》，以为近世儒者，皆所不及，与人论人物，必以先生为称首。

澜时为童子，窃志之，然从先君宦游于外，无因及门也。今兹之归，先生殁已久矣。就其家求所著述、仅存《槐

候,有司首先荐举先生去应试。在入试的时候,众人都披头散发,敞开着衣襟,先生叹口气说:"我宁愿在家,也不与他们为伍。"于是就回到家里,不再前去应试。

宣德年间,下诏对有特殊才能的人破格录用。当时先生只是个贡生,邑令黄维很器重先生,为他准备了行李,让仆人跟随着他,强迫他前去应诏。先生坚持以父母亲年老为理由相推辞,于是让他的朋友汪叔昂前去应诏。不久遁石翁去世以后,又值选拔贡生的时候,他又以母亲年老为理由相推辞,把机会让给他的朋友李文昭,而自己亲自种田,教授弟子,来养活自己的母亲,常常连吃饭都发生困难,可依然不移其志。母亲将死的时候,对先生说:"你越来越贫穷了,我死以后,你一定要出去做官,千万不要忘了我说的话。"办完丧事以后,先生就做了贡生,到南雍游学。祭酒陈敬宗先生听说槐里先生来了,用对待朋友的礼节对待他,让他不要到在弟子之中。

第二年,在朝廷上又举荐他,没有答复,可先生却去世了。先生仪貌非凡,远远看去就像神人一般,无论贤明愚钝亲近疏远的人,都知道尊敬他,他的言行一致,都效法古代的圣贤。他曾经对门人说:"学者能够领会孔子的弟子曾点的所意所思,即使不能应对洒扫,也能自得其乐。不因官爵禄位使自己的内心摇动,这是不值得一提的。先生是我父亲冷川先生的朋友,父亲每次提起先生所著的《易》《春秋说》《周礼考正》,总认为近代的儒者都比不上他,和人谈论起当今的人物,一定把先生看作是最有才能的。

我当时还年幼,暗里记下了这些情况。然而一直跟随父亲在外边宦游,没有机会拜在先生门下。如今回来之后,先生去

里杂稿》数卷,而所谓《易》《春秋说》《周礼考正》者,则先生之殁于南雍,其二子皆不在侍,为其同舍生所取,已尽亡之矣。

呜呼惜哉!先君幼时,尝闻乡父老相传,谓王氏自东晋来,盛江左,中微且百数年。元时有隐士善筮者,与其先世游,尝言其后当有大儒名世者出,意其在先生,而先生亦竟不及用,岂尚在其子孙耶?

竹轩先生传

布政魏瀚撰

先生名伦,字天叙,以字行,性爱竹,所居轩外,环植之,日啸咏其间,视纷华势利,泊如也。客有造竹所者,辄指告之曰:"此吾直谅多闻之友,何可一日相舍耶?"学者因称曰竹轩先生。

早承厥考槐里先生庭训,德业夙成,甫冠,浙东西大家争延聘为子弟师;凡及门经指授者,德业率多可观。槐里先生蚤世,环堵萧然,所遗惟书史数箧。先生每启箧,辄挥涕曰"此吾先世之所殖也。我后人不殖,则将落矣。"乃穷年口诵心惟,于书无所不读,而尤好观《仪礼》、《左氏传》、司马迁《史》。

世已经很久了,到他家寻找他所著述的文稿,只有几卷《槐里杂稿》,而父亲所说的《易》《春秋说》《周礼考正》等书,却因先生在南雍去世,当时他的二个儿子都不在身边,被他住在一块的诸生拿走了,都已经找不到了。

哎,真可惜呀!父亲年幼的时候,曾经听乡里的父老相传,说王氏家族从东晋以来,一直在江左很兴盛,只是中间一百多年,有所沉寂。元代的时候,有一个善于卜筮的隐士和他们的先辈一起游历,曾经说,他的后代将有闻名于世的大儒出现,我们怀疑是指先生,可先生最终也没有被重用,难道还在他的子孙中间吗?

竹轩先生传

布政魏瀚撰

先生名伦,字天叙,人们都以字来称呼他,本性喜欢竹子,在他所住的屋子外边。四周都种上了竹子,每天在竹丛之间吟咏诗词,把荣华富贵看得很淡泊。有客人到他遍植竹子的居所拜访时,他就指着竹子对他们说:"这是我正直、有信、多闻的朋友,怎么能一日相离呢?"学者于是称他为竹轩先生。

早年接受槐里先生的教诲,德业早成,到了成年,浙江有名望的家庭,争着聘请他做子弟们的老师。凡是拜在他的门下,经他指点传授的弟子,大多在德性和学业上有成就。槐里先生早年,家里清贫如洗,只有几箱子书籍,先生每次打开书箱,总是流着泪说:"这是我的先辈遗留下来的,如果我不继承下来,就败落了。"于是他一年四季用心记诵,对遗留下来的书无所不读,但尤其喜欢《仪礼》《左传》《史记》。

雅善鼓琴，每风月清朗，则焚香操弄数曲，弄罢，复歌古诗词，而使子弟和之。识者谓其胸次洒落，方之陶靖节、林和靖，无不及焉。

居贫，躬授徒以养母，母性素严重，而于外家诸孤弟妹怜爱甚切。至先生每先意承志，解衣推食，惟恐弗及，而于妻孥之寒馁，弗遑恤焉。

弟粲幼孤，为母所钟爱，先生少则教之于家塾，长则挈之游江湖，有无欣戚，罔不与居。迨子华官翰林，请于朝，分禄以为先生养，先生复推其半以赡弟。乡人有萁豆相煎者，闻先生风，多愧悔，更为敦睦之行。先生容貌环伟，细目美髯与人交际，和乐之气，蔼然可掬，而对门人弟子，则矩范严肃，凛乎不可犯。

为文章好简古，而厌浮靡，赋诗援笔立就，若不介意，而亦未尝逸于法律之外。

所著有《竹轩稿》，及《江湖杂稿》若干卷，藏于家。先生与先君菊庄翁，订盟吟社，有莫逆好。瀚自致政归，每月旦，亦获陪先生仗履游，且辱知于先生仲子龙山学士，学士之子守仁，又与吾儿朝端同举于乡，累世通家，知先生之深者，固莫如瀚，因节其行之大者于此，以备太史氏之采择焉。

他善于弹琴，每当月白风清之夜，就点燃香火，弹奏几曲，弹完之后，又歌吟古诗词，并且让子弟们和他唱和。了解他的人都说他心胸豁达，就是陶渊明、林和靖也比不上。

生活清贫，他亲自收授弟子来养活母亲，他的母亲本性严肃庄重，可是对别人家的孤儿很是同情。先生也顺从他母亲的心意，解衣衣人，推食食人，唯恐不及，而对自己的妻子儿女遭受寒冷和饥饿，来不及救济。

弟弟粲自幼父亲就去世了，很受母亲钟爱，先生在他年少时带他到家塾接受教育，长大以后带他到江湖游历，总和他同甘共苦。等到先生的儿子华官至翰林，向朝廷请求，把俸禄分一部分奉养先生，先生又分一半养活弟弟。乡里有兄弟之间闹矛盾的人，听了先生的做法以后，大多惭愧后悔，变得友好起来。先生容貌清秀，和人交往态度和蔼，可是对门人弟子，就严格要求，不准违反原则，为人凛然不可犯。

做文章喜欢简洁古朴，厌烦浮华无实，写诗，提起笔来马上就能完成，好像很随意的样子，可是也未曾不讲究声韵格律。

所著的书有几卷《竹轩稿》以及《江湖杂稿》，藏在家中。先生和我的父亲菊庄翁，一同结社吟咏诗词，是莫逆之交。我自从退职归家以后，每月月初也陪着先生步行游历，并且曾教诲先生的儿子龙山学士，龙山学士的儿子守仁，又和我的儿子朝端一同在乡试中举，几代相交，对先生的了解，没有比我更深的了，因此在这里记述他的主要事迹，供以后编撰历史人物的人进行选择。

海日先生墓志铭

大学士杨一清撰

正德己卯,宁濠称乱江西,鸠集群盗发数千艘而东,远近震动。巡抚南赣都御史王守仁伯安,传檄邻境,举兵讨贼。时其父南京吏部尚书王公,致仕居会稽,有传伯安遇害者,人谓公曰:"盍避诸?"公曰:"吾儿方举大义吾避安之?"或曰:"伯安既仇贼,贼必阴使人行不利于公,避之是也。"公笑曰:"吾儿能弃家讨贼,吾何可先去,以为民望。祖宗功泽在天下,贼行且自毙,吾为国大臣,恨老不能荷戈首敌,即有不幸,犹将与乡里子弟共死此城耳。"

因使人趣郡县,宜急调兵粮为备,禁讹言,勿令动摇人心。乡人窃视公,宴然如常时,众志亦稍稍定,盖不旬月,而伯安之捷报至矣。

初,贼濠东下,将趋南都,伯安引兵入南昌,夺其巢。贼闻大恐,急旋舟,伯安帅吉安知府,今都宪伍君文定等,大战于鄱阳湖,贼兵风靡,遂擒濠,并其党与数千人,献俘于阙。呜呼!自古奸雄构乱,虽有忠臣义士,必假以岁月,乃能削平祸难。伯安奋戈一呼,以身临不测之渊,呼吸之间,地方大定。

海日先生墓志铭

大学士杨一清撰

正德己卯年，宁王朱宸濠在江西叛乱，聚集了各路盗贼，派出了几千艘战船向东进攻，远近的人们很受震动。巡抚南赣的都御史王守仁，向周围地区传布檄文，起兵讨伐叛贼。当时他的父亲，南京吏部尚书王公，退职居住在会稽，有消息传来说，守仁遇害了，人们对王公说："何不赶快躲避呢？"王公说："我的儿子正倡导大义平定叛贼，我躲避什么呢？"有的人说："守仁既然已经成为叛贼的仇敌，叛贼必定要暗中派人来谋害你，躲避是对的。"王公笑着说："我的儿子能够放弃家庭讨伐叛贼，我怎么能率先离开，失掉民心呢？祖宗的功德泽及天下，叛贼不久将自取灭亡，我作为朝廷的大臣自恨因年老不能亲自上战场消灭叛贼，即使遭遇不幸，我决心和乡里的子弟死在此城。"

接着派人快速赶到郡县，劝他们应该紧急调遣兵马粮草作应战准备，禁止传播谣言，以防人心摇动。乡里的百姓暗中观察王公，看到他像平时一样心境平和，众人的心情也稍稍安定了一些。过了不到一个月，守仁平定叛贼胜利的消息就传来了。

起初，叛贼朱宸濠向东进攻，打算攻占南都，守仁带兵攻入南昌，夺下了他的巢穴。叛贼听到这个消息非常惊恐，急忙掉转船头往回赶，守仁率领吉安知府，今都宪伍文定等人，在鄱阳湖与敌大战，叛贼的军队兵败而逃，于是擒获了朱宸濠和他的同党几千人，把俘获的叛贼献给朝廷。令人赞叹！自古奸雄作乱，即使是忠臣义士也一定要经过长时间的征战才能平定叛乱，王守仁率领军队，亲临作战，其险境不可测，然而没多久，就平定了战乱。

公闻变从容，群嚚众惑，屹然不为动。伯安得直前徇国，不婴怀回顾，以成懋绩。公之雅量，伯安之忠义，求之载籍，可多见哉？及是武庙南巡，权奸妒功，构飞语陷伯安，迹甚危，众虑祸且及家，公寂若无闻。

辛巳，今皇帝入嗣大统，始下诏表扬伯安之功，召还京师。因得便道归省，寻论功封奉天翊运，推诚宣力，守正文臣，特进光禄大夫，柱国新建伯。又以廷推，兼南京兵部尚书，参赞机务，锡之诰券，封公勋阶爵邑如子，俾子孙世其爵。适公诞辰，伯安捧觞为寿，公蹙然曰："吾父子乃得复相见耶？贼濠之乱，皆以汝为死矣而不死，以为事难猝平而平之。然此仗宗社神灵，朝廷威德，岂汝一书生所能办？比谗构横行，祸机四发，赖武庙英明保全。今国是既定，吾父子之荣极矣，然福者祸之基，能无惧乎？古云：'知足不辱，知止不殆，'吾老矣，得父子相保牖下，孰与犯盈满之戒，覆成功而毁令名者耶？"伯安跪曰："谨受教。"

公自是日与姻党置酒宴乐，岁墓旧疾作，嘉靖壬午，春二月十二日，终于正寝，得年七十有七。

王公听到变乱的消息，从容不迫，众人不知所措，可他一点也不为所动。守仁因此才能奋勇向前报效国家，不必顾及家中的安危，从而成就了很大的功绩，王公的雅量，守仁的忠义，从有史节记载中寻找，能看到很多吗？等到武宗皇帝到南方巡视，掌握大权的奸邪小人忌妒守仁的功绩，编造类似岳飞的谣言陷害守仁，情况很危急，众人担心他的家中也会遭受灾祸，王公很平静，就像没有听到一样。

辛巳年，当今的圣上继承了皇位，才下诏表扬守仁的功绩，召他回到京师。于是能够顺路回家探亲，不久根据他的功绩，封他为光禄大夫，柱国新建伯。又因朝廷的推荐，兼任南京兵部尚书，并让子孙后代世袭他的爵位。恰逢王公的诞辰，守仁捧着酒杯为他祝寿，王公面有忧色地说："咱们父子能够再相见吗？叛贼朱宸濠叛乱的时候，人们都认为你要死了却没有死掉，人们认为那场叛乱很难马上平定，可你却平定了。然而这些都是仰仗宗庙里祖先神灵的保佑，以及朝廷的威严和恩德，哪里是你一介书生所能办到的呢？'在你遭受谗言陷害的时候，幸赖武宗英明才保全了你。如今国家安定以后，咱们父子的荣华富贵到了极点，然而福是祸的基础，能不畏惧吗？古人说：'懂得满足的人不会遭受到侮辱，懂得停止的人不会遭受危险，我年纪大了，能使父子在自家的屋檐下平平安安就行了，何必冒犯满招损的戒条，毁灭已取得的成功和好的名声呢？"守仁跪下说："一定接受你的教导。"

王公从这以后，每天和亲戚朋友饮酒宴乐，年底的时候，旧日的疾病又发作了。在嘉靖壬午年，春季的二月十二日去世，享年七十七岁。

未属纩时，使者以部咨将新命至，公尚能言，趣诸子曰："不可以吾疾废礼，宜急出迎。"

既成礼，偃然而逝。讣闻上赐谕祭，命有司治葬事。伯安偕诸弟卜以卒之明年秋八月某日，葬公郡东天柱峰之南之原，具书戒使者诣镇江，请子铭公墓。

予曩官外制官太常，接公班行不鄙，谓子以知言见待。予迁南京太常，辱赠以文，公校文南畿，道旧故甚洽。正德丁卯，取嫉权奸，归致仕。予亦避谗构，谢病归，杜门不接宾客，公直造内室，慰语久之。伯安又予掌铨时，首引置曹属，号知己。公铭当予属，顾以江西之变，关系公父子大节，特先书之。

乃按公门人国子司业陆君深所著状，摘而叙之曰："公姓王氏，讳华，字德辉，号实庵，晚号海日翁。尝读书龙泉山中，学者称为龙山先生。上世自琅琊徙君会稽之山阴，又自山阴徙余姚。

四世祖讳性常，有文武才，国初为诚意伯所荐，仕至广东参议，峒苗为乱死之。

高祖讳彦达，号秘湖渔隐，年十六，裹父尸自苗壤归葬，痛父死忠，布蔬终其身，人称孝子。曾祖讳与准号遁石

在弥留的时候，使者持吏部的公文前来，有新的委命，王公还能说话，催赶子弟们说："不能因我的疾病而废掉大礼，应该赶快出去迎接。"

完成了迎接的礼仪后，他溘然长逝。他去世的消息传出去以后，皇上赐他公祭，命令有司专门负责安葬事宜。守仁和他的几个弟弟经过占卜出葬日期，在王公去世后的第二年秋季八月份某日，选择墓地，把王公埋葬在郡县东面的天柱峰南边的平原地区。守仁写信派使者送到镇江，请我给王公作墓志铭。

我从前做太常官，和王公接触，觉得他品行高洁，实可敬佩，并且常常和我谈知心话。我后来迁任为南京太常，曾赠送给我诗文，当时王公正在南畿校对文稿，和我谈论旧事谈得很融洽。正德丁卯年，因受当权的奸邪小人忌恨。王公退职回家，我也因躲避谗言的陷害回到家中，闭门谢绝宾客，王公一直走入内室前来拜访，说了很多安慰我的话。守仁在我在朝廷做官时，就结为知己。王公的墓志铭应该当由我来写，只是因为江西的叛乱关系到他们父子的大节，所以特地在前边加以叙述。

根据王公的门人国子司业陆深先生所著的王公行状，我摘取了一部分，其中说："公姓王，讳华，字德辉，号实庵，晚年时号为海日翁。曾经在龙泉山中读书，学者称他为龙山先生。上代人从山东琅琊迁移到王公生前居住的会稽山的南麓，又从会稽山南麓迁移到浙江余姚。

四世祖讳性常，是文武全才，开国之初，被诚意伯刘伯温举荐，做官到广东参议的职位，峒苗叛乱，他遇害。

高祖讳彦达，号秘湖渔隐，十六岁的时候，包裹着他父亲的尸体从苗族居住的地方背回家中安葬，对父亲因忠于朝廷而

翁,学精于易,尝筮得震之大有,谓其子曰:"吾后再世其兴,兴其久乎?"祖讳世杰,号槐里子,以明经贡为太学生卒。

父讳天叙,号竹轩,初以公贵,封修撰,后与槐里公俱赠嘉议大夫,礼部右侍郎。今以伯安功,俱追封新建伯。祖妣孟氏封淑人,妣岑氏累封太淑人,进封太夫人。

公生正统丙寅九月,孟淑人梦其姑抱绯衣玉带,一童子授之,曰:"妇事吾孝,孙妇亦事汝孝。吾与若祖丐于上帝,以此孙畀汝,世世荣华无替。"

故公生以今名名,长兄以荣名,符梦也。公生而警敏,始能言,槐里公口授以诗歌,经耳辄成诵。稍长,读书过目不忘。六岁,与群儿戏水滨,见一客来濯足,已大醉去,遗其所提囊取视之,数十金也。公度其醒必复来,恐人持去,以投水中,坐守之。少顷,其人果号而至,公迎谓曰:"求尔金邪?"为指其处,其人喜,以一锭为谢,却不受。

年十一,从里师授业,日异而月不同,岁终,里师无所

遇害非常悲痛，终生为一介布衣，人们称他是个孝子。曾祖讳与准，号遁石翁，精于易学，曾经占卜，得到震卦之大有卦，对他的儿子说："我们的后代将要兴盛，兴盛很长久。"祖父讳世杰，号槐里子，因对经学的研究被任命为太学生，后来以太学生的职位去世。

父亲讳天叙，号竹轩，起初因公而显贵，被封为修撰，后来和槐里公一起被赠封为嘉议大夫，礼部右侍郎。如今因守仁的功绩，都被追封为新建伯。祖母孟氏被封为淑人，母亲岑氏被多次封为太淑人、太夫人。

王公出生在正统丙寅年九月，孟淑人梦见他的婆婆抱着绯衣玉带，一个童子对他说：'儿媳妇对我孝敬，孙媳妇对我也很孝敬。我和你们的祖先一起向上帝请求，把这个孙儿给你们，让你们世代荣华富贵。'

所以公一生下来取名为华，长兄取名为荣，和梦中的情况相符。一生下来就聪明机警，刚能说话，槐里公就亲口教给他诗歌，他听过一遍之后就能背诵。又长大一点后，读书就能过目不忘。六岁的时候，和小孩子们在水边玩耍，看到一个过路客人在河边洗脚，已经大醉，后醉意朦胧地离开了，把他所提的袋子丢失在那里，王公拿过来一看，里边有几十金。王公考虑那个人酒醒之后一定会再来，又恐怕别人拿走，于是把它投放在水中，并坐在那里守护着。过了一会儿，那个人果然号啕大哭着前来寻找，王公迎上去对他说："是找你的金子吗？"指点给他放金子的地方，那个人很高兴，要拿出一锭金子酬谢他，可王公推辞不接受。

十一岁的时候，跟随乡里的塾师修习课业，他的学业日益精

施其教。

年十四,尝与诸子弟读书龙泉山寺,寺故有妖物为祟,解伤人,寺僧复张皇其事,诸生皆丧气走归。公独留居,妖亦寝灭,僧以为异,假妖势恐,且试之百方,不色动。僧谢曰:"君天人也,异时福德何可量?"

弱冠,提学张公时敏试其文,与少傅木斋谢先生相甲乙,并以状元及第奇之,名遂起,故家世族,争礼聘为子弟师。浙江方伯祁阳宁君良,择师于张公,张公曰:"必欲学行兼优无如王某者。"宁亲造其馆,宾礼之请为子师,延至祁阳湖湘之士,闻而来从者踵相接。居宁之梅庄别墅,墅中积书数千卷,日夕讽诵其间,学益进。祁俗好妓饮,公峻绝之,三年如一日。祁士有化服者。归,连举不利。成化庚子发解浙江第二人。明年,辛丑廷试第一甲,第一人,授翰林院修撰。

甲辰,充廷试弥封官。丁未,同考会试。弘治改元,戊申,与修《宪庙实录》,充经筵官。己酉,满九载,以竹轩公忧去。癸丑,服阕迁右春坊,右谕德。

进,有很大进步,到年终,塾师就再也没有能教给他的内容了。

　　十四岁的时候,曾经和同族的子弟们在龙泉山寺读书,寺里原来有妖怪作乱,伤害客人,寺院里的僧人又没有办法镇妖,一块学习的人都因此回到家里。只有王公还独自留在那里,接着妖怪也消弭了声迹,寺中的僧人对此感到很奇怪,假装妖怪的各种形态去吓唬他,可他一点也不为所动。寺中的僧人向他告罪说:"你是上天降下的人,以后你的福德不可估量。"

　　成年以后,提学张时敏测试他的才能,和如今的少傅谢木斋先生分别名列第一和第二,并且期望他状元及第,他的名声从此就传播出去了,因此那些富家世族,争着给他送礼物,聘请他做子弟们的老师。浙江的方伯,祁阳的宁君敦厚善良,让张时敏先生给他选择子弟们的老师,张先生说:"如果一定要求学问、品德都优秀的人,那么没有人能比得上王实庵。"祁阳的宁君亲自到他居住的地方拜访他,用对待贵宾的礼节对待他,请他做子弟们的老师,把他邀请到祁阳以后,湖湘地区的读书人,听到这个消息前来跟随求学的人接踵而至。居住在宁君的梅庄别墅,别墅里有几千卷藏书,早晚他都在那里读书,学问于是有了更大的进步。祁阳地区的风俗是喜欢狎妓饮酒,王公坚决地抵制这种风俗,三年如一日地刻苦读书。祁阳的读书人有被感化的。归来后,有的经过多次考试都考不中。成化庚子年,王公在浙江的省试中考取了第二名。第二年,辛丑年,廷试中得了第一名,被授予翰林院编修。

　　甲辰年,任廷试弥封官。丁未年,主持会试,弘治元年,戊申年,参与编撰《宪庙实录》,任经筵官。己酉年,做官已满九年,因竹轩公守丧而去职。癸丑年,三年守丧结束,升迁为右春坊,

丙辰，命为日讲官，赐金带，四品服。公讲筵音吐明畅，词多切直，每以勤圣学，戒逸豫，亲仁贤，远邪佞为劝，孝庙嘉纳焉。内侍李广方贵幸，尝讲大学衍义至唐李辅国结张后，表里用事，众以事颇涉嫌欲讳之。公朗然诵说无少避忌，左右皆缩头吐舌，上乐闻之不厌，罢讲，遣中官赐尚食。

皇太子出阁，诏选正人辅导，用端国本，公卿多荐公。

自是日侍东宫讲读，眷赐加隆。戊午，命主顺天乡试。辛酉，再主乡试应天，得士为多。壬戌，迁翰林院学士，食从四品禄，命授庶吉士业，修《大明会典》，为纂修官。书成，迁詹事府少詹事，兼学士掌院事，与编纂《通鉴纂要》。是岁迁礼部右侍郎，仍兼日讲。

武庙嗣位，遣祭江淮诸神，乞便道归省，以岑太夫人年高乞归便养，不允。

明年改元，丙寅，瑾贼窃柄，士夫侧足立，争奔走其门，求免祸。公独不往，瑾衔之。时伯安为兵部主事，疏瑾罪恶，瑾矫诏执之，几毙廷杖，窜南荒以去。瑾复移怒于公，寻知为微时所闻名士，意稍解冀公一见，且将柄用焉，公竟

右逾德。

丙辰年，被任命为日讲官，为皇上讲学，赐给金带和四品官服。王公在宫廷中讲授学问时，声音洪亮，言辞恳切，每次都鼓励皇帝勤奋地钻研圣人之学，戒除贪逸懒惰，亲近贤人，远避小人。皇上听讲后，嘉奖王公，并采纳其建议。内侍李广正受皇上宠幸，王公曾经讲授《大学衍义》，讲到唐代的李辅国勾结张皇后，阴谋策划变乱的时候，众人认为这件事怕涉嫌疑，应避讳过去。可是王公仍然高声论述，没有一点避讳的意思，左右的人都惊吓得缩颈吐舌。皇上听了很高兴，派中官赏赐给他皇宫的食物。

皇太子出阁主政，下诏选拔方正之士辅导，用以立正国家之本，公卿中有很多人都举荐王公。

自从此，每天陪侍东宫皇太子讲读，受到的赏赐越来越多。戊午年，派他去主持顺天的乡试。辛酉年，又主持应天的乡试，选拔了很多有学识的读书人。壬戌年，迁任为翰林院学士，接受四品官的俸禄，被授予庶吉士业，编撰《大明会典》，任纂修官。书编成以后，迁升詹事府少詹事，兼任学士院掌事，参与编撰《通鉴纂要》。这年又迁任礼部右侍郎，仍然兼任日讲官。

武宗继承皇位以后，派他祭祀江淮的各路神灵，他请求顺路回家省亲，因岑太夫人年事已高，又请求让他回家侍养，没有得到准许。

第二年，丙寅年，乱贼刘瑾窃取了权柄，士大夫都倾向于刘瑾，争着到刘瑾府上奔走，以求免掉灾祸。只有王公不去，刘瑾很记恨他。当时守仁是兵部主事，上疏陈述刘瑾所犯的罪恶，刘瑾假托皇帝诏书拘捕了他，几乎死于廷杖之下，守仁逃到南方的

不往，瑾益怒。

丁卯，迁南京吏部尚书，犹以旧故慰言，冀必往谢，公复不行。遂推寻礼部旧事与公本不相涉者，勒令致仕。既归，有以其同年友事诬毁之者，人谓公当速白，不然且及罪。公曰："是焉能浼我？我何忍评吾友？"后伯安复官京师，闻士夫论反此，将疏辨于朝，公驰书止之曰："汝将重吾过邪？"公性至孝，初，竹轩公病报至，当道以不受当迁官，宜出受新命。公卧家不出，日忧惧不知所为。逾月讣始至，恸绝几丧生。襄葬穴湖山，遂庐墓下，墓故虎穴，虎时群至不为害，久且益驯，人谓孝感。

比致仕，岑太夫人年近百岁，公寿逾七十，犹朝夕为童子嬉戏以悦亲，左右扶掖不忍斯须去侧。太夫人卒，块苫擗踊，过毁致疾。及葬，徒跣数十里疾益甚，竟以是不起。

虞诸昆弟笃友爱，禄食赢余，恒与共之。视其子，若己出。气质醇厚，坦坦自信，不立边幅，议论风生，由衷而发。

蛮荒之地。刘瑾又迁怒于王公，不久他得知王公是在他地位低微时听到过的名士，怨恨才稍缓和了一些，希望王公去看望他，并且打算重用王公，可王公最终也没有去。刘瑾更加恼怒了。

丁卯年，迁任南京吏部尚书。刘瑾还让他旧日的朋友传言，希望他前去致谢，王公没有理睬。于是找借口以本和他无关的吏部旧事让他辞职。回家以后，有人用和他同岁科考的朋友的事证陷他，人们对王公说，他应该赶快解释清楚，不这样将会获罪。王公说："这件事怎能污我清白了呢？我怎么能忍心攻击我的朋友呢？"后来守仁到京师恢复了官职，听到士大夫议论这件事，打算上疏在朝廷上辩论清楚，王公赶忙给他去信制止，并说："你打算加重我的过失吗？"王公很孝敬父母，起初，得到竹轩公病重的消息，正赶上他的上司因故离职，他应该接受新的任命。王公卧床不起，每天内心很担忧，不知道该怎么办。过了一个月听到竹轩公去世的消息，他悲痛欲绝。在他人的帮助下，竹轩公被埋葬在穴湖山，于是王公在坟墓边搭了一间小房守孝。这块墓地原来曾是虎穴，有老虎不时地到来，却没有伤害他，时间久了老虎变得更加温顺，人们都说这是受到了王公孝心的感动。

等到他退职的时候，岑太夫人已经近一百岁了，王公自己也已经过了七十了，还每天做一些孩童的游戏使母亲开心，左右的人搀扶他离开，他也不忍心离开母亲身边一会儿。岑太夫人去世以后，他蓬头垢面，因过分悲伤而得了疾病。埋葬以后，他赤脚走了几十里，病得更加厉害，最后竟然因此卧床不起。

他和同族兄弟相处，非常友爱，把自己的俸禄常分给他们。对待他们的儿子就像自己的一样。他胸怀坦荡，说话都是

广廷之论,入对妻孥,无异语。人有片善,亟称之;有急,恻然赴之;至人有过恶,则尽言规斥,不少回曲;坐是多遭嫉忌,然人谅其无他,则亦无深怨之者。

识宏而守固,百务纷沓,应之如流;至临危疑震荡,众披靡惶惑,独卓立毅然不为变,若是盖有人不及知者矣。公之学一出于正,书非正不读。客有以仙家长生之术来说者,则峻拒之曰:"修身以俟命,吾儒家法,长生奚为?"俭素自持,货利得丧,不屑为意。楼居厄于火,赀积一空,亲朋来救焚者,款语如常。

为诗文取达意,不以雕刻为工,而自合程度,所著有《龙山稿》《垣南草堂稿》《礼经大义》诸书,《杂录》《进讲余抄》等稿,共四十六卷,藏于家。初配夫人郑氏,渊静孝慈,与公起微寒,同贫苦,躬纺绩,以奉舅姑。既贵,恭俭不衰,寿四十一,先公三十六年卒。

继室赵氏,封夫人;侧室杨氏。子男四:长即伯安,守仁名,别号阳明子,其学邃于理性,中外士争师之,称阳明先生。

次守俭,太学生;次守文,郡庠生;次守章;女一,适南京工部都水郎中,同邑徐爱。初郑夫人祔葬穴湖,已而改殡

直抒胸臆，在大庭广众之下说的话和在家中对妻子儿女说的话没有两样。看到别人有一点优点，也多次称赞；别人有急事，他很同情地去帮助；看到别人做了恶事，就直言指责，没有一点掩饰。因此也遭到别人的记恨，然而人们谅解他没有别的用意，也就没有深怨了。

　　王公见识深广有操守，处理繁杂事务井井有条；面临危险处境，众人都惶惑不安，可他能卓然独立，毫不畏惧，这些都是一般人所不了解的。王公的学问以正为本，不读邪僻怪异类的书。有用仙家长生不老的道术来游说的客人，他坚决地拒绝，并说："修身，等待天命的安排，这是儒家的法则，长生不老有什么用呢？"他平时过着俭朴的生活，对于财物的得失从不放在心上。他所居住的房屋发生火灾，家中的积蓄都付之大火，亲戚朋友都赶来救火，他还是以平常的心情和他们交谈。

　　他做诗歌文章，只注重思想的表达，不专门刻意修饰，自然合乎法度，所著的书有《龙山稿》《垣南草堂稿》《礼经大义》《诸书杂录》《进讲余抄》等，共四十六卷，珍藏在家中。原配的夫人郑氏，性格文静慈善，和王公一起于寒微，过着贫寒的生活，亲自纺线织布，奉养公婆。富贵以后，对人恭敬，持家俭朴的作风仍没有改变，活了四十一岁，比王公早三十六年去世。

　　继室赵氏，被封为夫人；侧室是杨氏。有四个儿子：长子就是伯安，名守仁，别号阳明子，他的学问在天理和心性上很有研究，四面八方的人们争着拜他为师，称他为阳明先生。

　　次子守俭，是太学生；次子守文，是郡中的庠生；还有一个次子是守章；有一个女儿，许配于南京工部都水中，同城的徐

郡南石泉山，石泉近有水患，乃卜今地葬公云。惟古贤人君子未遇之时，每以天下国家为己任，出而登仕，其所遭际不同，而其志有遂有不遂，非人之所能为也。公少负奇气壮强，志存用世，顾其职业，恒在文字间，而未能达之于政，际遇孝宗，讲筵启沃，圣心简在，柄用有期，不幸龙驭上宾，弗究厥用，晚登八座，旋见沮于权奸，偃蹇而归，岂非天哉？然有子如伯安，所建立宏伟卓荦，凡公之所欲为，噤而不得施用者，皆于其子之身而显施大发之，公又亲及见之。较之峻登大受，既久且专而泯然无闻于世者，其高下荣辱，宜何如也？王氏之先，有植槐于庭，荫后三公者，遁石翁大有之占，其类是乎？铭曰：孰不有母？孰如公母寿？七十之叟，偕偕拜舞，百岁而终归得其所。孰不有子，公子天下士，亶其忠勤，以事其事，不有其身，惟徇之义。是子是父，允文允武，勋在册府，帝锡之爵土。其生不负，而殁不朽，铭以要诸久。

爱。起初，郑夫人埋葬在穴湖，后来改葬在郡南的石泉山，石泉山附近遭受洪水侵袭，于是选择了如今的墓地埋葬王公。古代的贤人君子没有受到重用时，常常把天下的安定作为自己的重大责任，出去做官以后，他们的遭际各有不同，这个志向能否实现，那不是人力所能掌握的。王公年少的时候就胸怀大志，希图积极用世，建立功业，可是回顾他一生所从事的职业，都是在文字之间，不能在政治上施展他的才能。后来有机会逢与到孝宗之世，为皇上讲习学问，使用他的机会马上就要到了，可是不幸，皇上只是待他如上宾，并没有重用他，到晚年时才有了实现自己抱负的职位，可是又遭受到当权的奸邪小人的陷害，心情抑郁而归，难道这不是上天的安排吗？然而他的儿子守仁，建立了宏伟的功绩，这正是王公自己图谋实现的，他的没有施展的抱负都在他儿子身上体现了出来，而王公又亲眼看到了。和那些占据高位既长久又专权却一事无成的人们相比，其高低荣辱，又怎么样呢？王公的祖先，在庭院里种植了三棵槐树，意思是庇荫后三代人功业有成，遁石翁占卜中得到震卦之大有卦，后辈将成就大业，就是指这件事吧？铭文是：谁没有母亲呢？谁的母亲能比得上王公的母亲寿命长？七十多的老翁了，还为了使母亲高兴而做儿童游戏。一百岁才去世，死得其所。谁没有儿子，可王公的儿子守仁，为天下士，能忠诚、勤奋地谋事，不把个人的私利看得很重，只是拘执于大义。儿和父亲都能文能武，功绩永记史册，皇上封赏爵位。活的时候不负此生，去世后也将永垂不朽，作此铭文使他的英名一直流传下去。

海日先生行状

国子司业门人陆深撰

先生姓王氏,讳华,字德辉,别号实庵,晚复号海日翁。尝读书龙泉山中,学者又称为龙山先生。其先出自晋光禄大夫览之曾孙,右军将军羲之,由琅琊徙居会稽之山阴,后二十三代孙迪功寿,又自山阴徙余姚,至先生之四世祖广东参议性常又五世矣。

参议博学善识鉴,有文武长才,与永嘉高则诚族人元章相友善,往来山水间时人莫测也。诚意伯刘伯温微时尝造焉,参议谓曰:"子真王佐才,然异时勿累老夫则善矣。"

伯温既贵,遂荐以为兵部郎中,擢广东参议,卒死于苗难。高祖讳彦建,号秘湖渔隐。

渔隐年十六自苗中裹父尸归葬,朝夕哭墓下,痛父以忠死,粗衣恶食,终身不仕,乡里以孝称之。

曾祖讳与准,号遁石翁,伟貌修髯,精究《礼》《易》,著《易微》数千言。居秘湖阴,尝筮得大有之震,谓其子曰:"吾先世,盛极而衰,今衰极当复矣。然必吾后再世而始兴乎?兴必盛且久,尔虽不及显身,没亦与有焉。"祖讳世杰,号槐里子,以明经贡为太学生,卒赠嘉议大夫,礼部右侍郎,祖妣孟氏,赠淑人。

海日先生行状

国子司业门人陆深撰

先生姓王,讳华,字德辉,别号实庵,晚年又称海日翁。曾经在龙泉山中读书,学者又称他为龙山先生。他的祖先是晋代的光禄大夫览的曾孙右军将军王羲之,从山东琅琊迁居到会稽山的北边,后来二十三代孙迪功寿,又从会稽山的北边迁移到浙江余姚,到了先生的四世祖,广东参议性常那一代,已经又过去五代了。

广东参议性常学识渊博,善于识鉴,有文韬武略,和永嘉的高则诚、族人元章关系处得很好,经常在山水之间游历,当时的人们都不知道其才能。诚意伯刘伯温未显达的时候,常常来拜访他,性常对他说:"你确实是辅佐皇上的大才,然而以后只要你不牵累我就好了。"

刘伯温富贵以后,就把性常举荐为兵部郎中,后提拔为广东参议,最后在苗民的叛乱中遇害。高祖讳彦达,号秘湖渔隐。

秘湖渔隐十六岁的时候,从苗人的地方包裹着父亲的尸体背回来安葬,每天早晚在墓下痛哭,痛惜父亲因忠于朝廷而遇难,他宁愿粗衣恶食地生活,也终生没有出去做官,乡里的人们都称赞他是个孝子。

曾祖讳与准,号遁石翁,相貌俊伟,长髯飘飘,对《礼》《易》很有研究,著述了几千言的《易微》一书。他居住在秘湖岸边,曾经占卜到自己家族的大事,得到震卦之大有卦,他对他的儿子说:"我们的祖先非常兴盛,可如今却衰落了,如今衰落到极点了当又复兴了。然而一定得到我们的后代时才能兴盛吗?兴盛起来并且还很长久。你们即使赶不上,等你们去世之后也一

父讳天叙，别号竹轩，封翰林院修撰，赠礼部右侍郎，妣岑氏，封太淑人。正统丙寅九月甲午，先生生。先夕，孟淑人梦其姑赵，抱一童子，绯衣玉带授之曰："新妇平日事吾孝，今孙妇事汝亦孝。吾与若祖丐于上帝，以此孙畀汝，子孙世世荣华无替。"

故先生生而以今名名，先生之长兄半岩先生以荣名，梦故也。先生生而警敏绝人，始能言，槐里先生抱弄之，因口授以古诗歌，经耳辄成诵。稍长，使读书，过目不忘。

六岁时，与群儿戏水滨，见一客来濯足，已大醉，遗其所提囊而去，取视之，数十金也。先生度其人酒醒必复来，恐人持去，投水中，坐守之。有顷，其人果号泣而至。

先生迎谓曰："求尔金邪？"为指其处，其人喜跃，以一金谢。先生笑却之，曰："不取尔数十金，乃取尔一金乎？"客且惭且谢，随至先生家无少长，咸遍拜而去。

岑太夫人，尝绩窗下，先生从旁坐读书。时邑中迎春，里儿皆竞乎出观，先生独安读书不辍。

定会出现。"祖父讳世杰,号槐里子,从明经贡被举荐为太学生,最后被封为嘉议大夫,礼部右侍郎,祖母孟氏被圣上赠封为淑人。

父亲讳天叙,别号竹轩,被封为翰林院修撰,礼部右侍郎。母亲岑氏,被封为太淑人。正统丙寅年九月甲午日,先生出生了。前天晚上,孟氏梦见她的婆婆,抱着一个小男孩子,把绯衣玉带送给他说:"你平日对我很孝顺,如今孙媳妇对我也很孝顺,我和你的祖先向上帝请求,把这个孙儿交给你,让你的子子孙孙永享富贵。"

所以先生出生以后就用如今的名字命名,先生的长兄半岩先生用荣作为自己的名,都是因为那个梦的缘故。先生一生下来就异常聪明,刚开始能说话的时候,槐里先生抱着他,亲口教给他古代的诗歌,他一听到后就能背诵出来。长得稍大一点后,就让他读书,他却能过目不忘。

六岁的时候,和一群小孩儿在水边玩耍,看到一个客人过来洗脚,一副大醉的样子,走时忘拿袋子,先生拿过来一看,里面有几十金。先生考虑到那个人在酒醒之后一定还会返回来,又恐怕别人拿走,于是把它投到水中,坐在那儿守护着。过了一会儿,那个人果然号啕大哭着来到这里。

先生迎上前去说:"是找你的金子吗?"并指给他放金子的地方,那个人非常高兴,用一锭金子来酬谢他。先生笑着推却道:"我不拿你几十金,却拿你这一金吗?"客人很惭愧地向他致谢,后来跟随着到了先生的家中,不管老少,都行过礼才离开。

有一次,岑太夫人在窗下织布,先生坐在旁边读书,当时城里举行迎春活动,街道上的孩子们都争着出去看,先生独自安

太夫人谓曰："若亦暂往观乎？"先生曰："大人误矣，观春何若观书。"太夫人喜曰："儿是也，吾言误矣。"

年十一，从里师钱希宠学，初习对句，月余习诗；又两月余，请习文；数月之后，学中诸生，尽出其下。

钱公叹异之曰："岁终吾无以教尔矣。"县令呵从到塾，同学皆废业拥观。先生据案朗诵，若无睹。钱奇之戏谓曰："尔独不顾令，即谓尔倨傲，呵责及尔，且奈何！"先生曰："令亦人耳，视之奚为？若诵书不辍，彼亦便奈呵责也。"钱因语竹轩公曰："公子德器如是，断非凡儿"

十四岁时，尝与亲朋数人读书龙泉山寺，寺旧有妖为祟，数人者，皆富家子，素豪侠自负，莫之信，又多侵侮寺僧，僧甚苦之。信宿妖作，数人果有伤者，寺僧因复张皇其事，众皆失气，狼狈走归。先生独留居如常，妖亦遂止。僧咸以为异，每夜分，辄众登屋号笑，或瓦石撼卧榻，或乘风雨雷电之夕，奋击门障，僧从壁隙中窥，先生方正襟危坐，神气自若，辄又私相叹异。

下心来不停地读书。

太夫人对他说:"你也去看看热闹吧。"先生说:"母亲你错了,看热闹哪里能比得上看书呢?"太夫人高兴地说:"你说得对,是我的话说错了。"

十一岁的时候,跟着乡里的塾师钱希宠学习,起初学习对句,一个月以后学习诗歌;又过了两个多月,请求教他做文章;几个月之后,一起学习的人都比不上他。

钱先生惊叹地说:"到了年底,我就再没有什么东西可以教给你了。"县令带领着手下人到了私塾,一块学习的人都废弃学业前去围观。先生坐在书桌前高声朗读诗书,好像什么都没看见一样。钱先生很奇怪,故意开玩笑地对他说:"只有你一个人不去看望县令,县令一定认为你傲慢,责怪你的时候,你可就没办法了。"先生说:"县令也是人吧,看他干什么呢?我只是专心地读书,随便他责怪吧"。钱先生因此对竹轩公说:"公子器宇道德这样高,一定是个非凡的孩子"。

十四岁的时候,曾经和几个亲戚朋友在龙泉山寺读书,寺里原先有妖怪作乱,和他一块来学习的几个人,都是富家子弟,平时行为放荡,又经常侮辱寺中僧人,僧人深以为苦。在他们睡觉的时候,就有妖怪前来作乱,而且还伤害了几个人,寺中僧人接着又大肆渲染这事,众人都很害怕,狼狈地逃回家中。只有先生独自一个还像平常那样住在那儿,妖怪也就没有再作乱。寺中僧人都感到很奇怪,每到晚上的时候,就一起登上屋顶,有的号叫怪笑,有的搬弄瓦石,有的在风雨雷电大作的晚上,用手猛地敲打门边,僧人从墙壁的缝隙偷偷窥探,看到先生正在那儿正襟危坐,神定气闲,在私下就更加惊奇。

然益多方试之，技殚因从容问曰："向妖为祟，诸人皆被伤，君能独无恐乎？"先生曰："吾何恐？"僧曰："诸人去后，君更有所见乎？"先生曰："吾何见？"僧曰："此妖但触犯之，无得遂已者，君安得独无所见乎？"先生笑曰："吾见数沙弥为祟耳。"诸僧相顾色动，疑先生已觉其事，因佯谓曰："此岂吾寺中亡过诸师兄为祟邪？"先生笑曰："非亡过诸师兄，乃见在诸师弟耳。"

僧曰："君岂亲见吾侪为之，但臆说耳。"先生曰："吾虽非亲见，若非尔辈亲为，何以知吾之必有见邪？"寺僧因具言其情，且叹且谢曰："吾侪实欲以此试君耳，君天人也，异时福德何可量？"至今寺僧犹传其事。

天顺壬午，先生年十七，以三礼投试邑中，邑令奇其文；后数日，复特试之，题下，一挥而就；令疑其偶遇宿构，连三命题，其应益捷。因大奇赏，谓曰："吾子异日必大魁天下。"

远迩争礼聘为子弟师。提学松江张公时敏，考校姚士，以先生与木斋谢公为首。

并称之曰："二子皆当状元及第，福德不可量也。"方伯

又通过许多方法来威吓先生,办法都用尽了,先生却一点也不为所动,于是假装从容地问先生说:"以前妖怪作乱,许多人都被伤害,你却一点也不害怕吗?"先生说:"我害怕什么呢?"僧人说:"其他人离开之后,你又看到什么了吗?"先生说:"我能看到什么呢?"僧人说:"这些妖怪只要人触犯了他们,就会不停地作乱,怎么能只有你一个人什么都没看见呢?"先生笑着说:"我只是看见几个人僧人在作乱。"几个僧人面面相觑,有点惊慌,接着假装对他说:"这难道是我们的几个已去世的师兄作乱吗?"先生笑道:"不是已经去世的师兄,而是几个活着的师弟。"

僧人说:"你难道亲眼看到我们的所为?只不过是胡说而已"。先生说:"我虽然不是亲眼所见,但如果不是你们干的,你们怎么知道我亲眼看到了呢?"寺中僧人于是把详细情况都告诉了他,并且感叹地谢罪说:"其实我们只是打算用这个来试一试你,你是上天降下来的人,以后的福德怎么能够估量呢?"至今寺中的僧人还传这件事。

天顺壬午年,先生十七岁,在城里考试中,县令很惊奇他的文采;几日以后,又特地测试他,题目出来后,他一挥而就;县令怀疑是偶然地遇到了他平时准备好的题目,又接连三次测试他,他的答卷更快。于是县令很赞赏他,对他说:"你以后一定会在科举夺魁,名扬天下。"

远近的都争着给他送礼物聘请他做子弟们的老师。松江提学张时敏,在余姚主持的考试中,把先生和谢木斋列为榜首。

并称赞他们说:"你们二位都应当状元及弟,前途不可限

祁阳宁公良，择师于张公，张曰："但求举业高等，则如某某者皆可，必欲学行兼优，惟王某耳。"

时先生甫逾弱冠，宁亲至馆舍，讲宾主礼，请为其子师延至家，湖湘之士，翕然来从者以数十。在祁居梅庄别墅，墅中积书数千卷，先生昼夜讽诵其间，不入城市者三年。永士有陈姓者，闻先生笃学，特至梅庄请益，间取所积书叩之，先生皆默诵如流。陈叹曰："昔闻《五经笥》，今乃见之。"祁俗好妓饮，先生峻绝之。

比告归，祁士以先生客居三年矣，乃秘两妓于水次，因饯先生于亭上宿焉。客散，妓从秘中出，先生呼舟不得，撤门为桴而渡，众始叹服其难。始，先生在梅庄，尝一夕梦迎春归其家，煎后鼓吹旛节中导白土牛，其后一人，舆以从，则方伯杜公谦也。

既觉，先生以竹轩公岑太夫人皆生于辛丑，谓白为凶色，心恶之，遂语诸生欲归，诸生坚留之。

宁生曰："以纮占是梦，先生且大魁天下矣。夫牛，丑属也，谓之一元大武；辛金属，其色白；春者，一岁之首也；

量。"祁阳的方伯宁先生很贤良,让张时敏给他子弟挑选一位老师,张时敏说:"只求学业高超的人,就像某某就可胜任,如一定要学识品行都优秀的人,那么只有王某才可以胜任。"

当时先生刚过二十岁,宁先生亲自到他居住的地方,很礼貌地请他做他的儿子的老师,把他邀请到家里,湖湘地区的读书人,有几十个纷纷来跟随他学习。在祁阳,他住在梅庄别墅,别墅里有几千卷藏书,先生白天晚上在那里读书,有三年时间没有到过城市。有一个姓陈的读书人,听说先生学习很刻苦,特地到梅庄别墅请教,从别墅的藏书中随便抽出几本向先生请教,先生都能背诵如流,那个姓陈的读书人感叹地说:"从前听说有熟读《五经》的人,现在才真正见到了"。按祁阳的风俗,人们喜欢狎妓饮酒,先生却坚决地抵制这样做。

在准备告别这个的方回家的时候,祁阳的读书人认为先生已经住在这个地方三年了,可能已接受了这儿的风俗,就暗中在亭子里安排了两个妓女,于是在亭上给他举行送别宴会,并让他在亭上留宿。客人散去之后,两个妓女走了出来,先生喊船却没有回音,只好把门板摘下来当作船渡过河去,众人这时才佩服他的意志坚强。起初,先生住在梅庄别墅的时候,曾在一天晚上梦见春节时回家,看到前后吹打相拥,中间走着一条白土牛,后边有一个人坐着轿跟随着,那人是方伯杜谦。

梦醒以后,先生认为竹轩公和岑太夫人都出生于辛丑年,而且白色是表示白虎,灾祸的颜色,因此他心里很厌恶这个梦,于是对他的学生们说,自己想回家,学生们都很挽留他。

姓宁的学生说:"要是让我来解释这个梦的话,先生将要状元及第了。牛按天干地支来说,属于丑,称作一元真武;辛,

世以状元为春元，先生之登，其在辛丑乎？故事送状元归第者，京兆尹也。其时杜公，殆为京兆乎？"

先生以亲故，遂力辞而归，舟过洞庭，阻风君山祠下，因入祠谒，祝者迎问曰："公岂王状元邪？"先生曰："何从知之？"祝者曰！"畴昔之夕梦山神曰：'后日薄暮，有王状元来，'吾以是知之。"

先生异其言，与梅庄之梦适相协，因备纪其事。自是先生连举不利，至成化庚子，始以第二人发解，明年辛丑，果状元及第。杜公为京兆，悉如其占云。

是岁，授官翰林院修撰。甲辰，廷试进士，为弥封官。丁未，充会试同考官。弘治改元，与修《宪庙实录》，充经筵官。

己酉，秩满，九载当迁，闻竹轩疾，即移病不出。当道使人来趋，亲友亦交劝之，且出迁官，若凶闻果至，不出未晚也。

先生曰："亲有疾，己不能，匍匐归侍汤药，又逐逐奔走为迁官之图，须家信至，幸而无恙出，岂晚乎？"竟不出。

庚戌正月下旬，竹轩之讣始至，号恸屡绝。即日南奔葬

五行属金，他的颜色是白色的；春季是一年的开始，世上把状元也称作春元，先生及第的时间，恐怕是在辛丑年吧？在梦中见到的送状元回家的，是京兆尹。到那时杜谦，恐怕已是京兆尹了吧？"

先生因为关系到父母亲的缘故，就坚持要告辞回家，船经过洞庭湖，因大风在君山祠下受阻，于是到祠庙里去拜谒，庙祝迎上前来问："先生难道是王状元吗？"先生说："从哪里知道这个情况的呢？"庙祝说："有天晚上，梦到山神说：'后日傍晚，将有王状元要来'，我因此知道这件事。"

先生对这些话很感到奇怪，这些情况和他在梅庄别墅梦到的相符合，于是详细地记录了这件事。从这以后，先生连续的考试都不顺利，到成化庚子年，才以第二名中了解元，第二年，辛丑年，果然状元及第，杜谦是京兆尹，这些情况都和以前梦到的相符合。

这年，授官为翰林院修撰。甲辰年，任弥封官。丁未年，又任命为会试同考官。弘治元年，参与编撰《宪庙实录》，任经筵官。

己酉年，做官已满九年，应当易地做官，先生听到竹轩公得病的消息，就以侍奉父亲不去做官。上司派人前来催促他，亲朋好友也都鼓励他出去做官，并说如竹轩公果真去世，你再辞职回家也不晚。

先生说："父亲病重，本来应该赶回去侍奉汤药，怎么能为迁移做官而到处奔走谋划呢？必须等家信到了之后，说父亲身体好转，再出去做官，难道还晚吗？"最终也没有出去做官。

庚戌年正月下旬，竹轩公去世的消息才传来，他悲痛欲绝。

竹轩于穴湖山，遂庐墓下。

墓故虎穴，虎时时群至，先生昼夜哭其傍，若无睹者，久之益驯，或傍庐卧，人畜一不犯，人以为异。

癸丑服满，升右春坊、右谕德，充经筵讲官。尝进《劝学疏》，其略谓："贵缉熙于光明，今每岁经筵不过三四御，而日讲之设，或间旬月而始一二行，则缉熙之功，无亦有间欤？虽圣德天健，自能乾乾不息，而宋儒程颐所谓涵养本原，薰陶德性者，必接贤士大夫之时多，而后可免于一暴十寒之患也。"上然其言，御讲日数。
丙辰，三月特命为日讲官，赐金带四品服。

四月，以选正人，端国本，公卿会推为东宫辅导。戊午三月，又命兼东宫讲读，眷赐日隆。是岁，奉命主顺天府乡试。辛酉，又奉命主应天乡试。壬戌年，翰林院学士，从四品俸，寻命教庶吉士鲁铎等，继又命与纂修《大明会典》。逾年书成，升詹事府少詹事，兼翰林院学士。

五月，复命与编《通鉴纂要》。六月，升礼部右侍郎，仍兼日讲，上以先生讲释明赡故，特久任。是岁冬，命祭江淮诸神，乞便道归省，还朝，以岑太夫人年迈，屡疏乞休，以便色养，不允，寻升礼部左侍郎。

当天就赶回家去，后来把竹轩人安葬在穴湖山，接着在墓边结庐守孝。

墓地原来是老虎的巢穴，一群群的老虎经常到来，先生白天黑夜在旁边痛哭，像什么都没看见一样，时间长了，老虎变得温顺了，有的就在他的房子边躺卧，对人和畜生一个也不伤害，人们都很奇怪。

癸丑年，孝期已满，升任为右春坊、右谕德，并兼任经筵讲官。曾经上疏《劝学疏》，大概说："时光很珍贵，如今每年的讲习不过三四次，每讲一次总要隔十天一个月，时光的流逝，是不可停留的吧？虽然圣上英明无比，可是宋儒所说的涵养本原，熏陶德性，必须得多和贤明的大臣接触，才可避免一暴十寒"。皇上很赞同他的话，讲习次数有很大增加。

丙辰年三月，特地任命他为日讲官，赐给他金带和四品官服。

四月，朝廷选拔刚正之士，以便教育诸君，端正国本，公卿一致推举他任东宫辅导。戊午年三月，又让他兼任东宫讲读，赏赐日益增多。这年，奉命主持顺天府的乡试。辛酉年，又奉命主持应天府的乡试。壬戌年，又升任为翰林院学士，领四品官的俸禄，不久又让他教授庶吉士鲁铎等人，接着又让他参与编撰《大明会典》，过了一年多，书编撰完毕，升任詹事府少詹事，兼任翰林院学士。

五月，又让他参与编撰《通鉴纂要》。六月，升任礼部右侍郎，仍兼任日讲官，皇上因为他讲习得很明白透彻，所以特地让他长久担任这个官职。这年冬天，皇上委派他祭祀江淮的各路神祇，他请求顺路回家省亲，回到朝廷以后，以岑太夫人已年迈

明年，武宗皇帝改元，贼瑾用事，呼吸成祸福，士大夫奔走其门者如市，先生独不之顾。时先生元子，今封新建伯方为兵部主事，上疏论瑾罪恶，瑾大怒既逐新建，复移怒于先生。然瑾微时，尝从先生乡人方正习书史，备闻先生平日处家孝友忠信之详，心敬慕之，先生盖不知也。瑾后知为先生，怒稍解，尝语阴使人谓于先生有旧，若一见，可立跻相位，先生不可，瑾意渐拂。

丁卯，升南京吏部尚书。瑾犹以旧故，使人慰之曰："不久将大召。"冀必往谢，先生又不行，瑾复大怒。然先生乃无可加之罪，遂推寻礼部时旧事，与先生无干者，传旨令致仕。

先生闻命，忻然束装而归曰："吾自此可免于祸矣。"既而有以同年友事，诬毁先生于朝者，人咸劝先生一白。
先生曰："某吾同年友若白之，是我讦其友矣，是焉能浼我哉？"竟不辨。后新建复官京师，闻士夫之论，具本奏辨先生闻之，即驰书止之曰："是以为吾平生之大耻乎？吾本无可耻，今乃无故而攻发其友之阴私，是反为吾求一大耻矣。人谓汝智于吾，吾不信也。"乃不复辨。

为理由，多次上疏请求退职回家，侍养母亲，但没有得到准许，不久又升任为礼部左侍郎。

第二年，即武宗元年，奸贼刘瑾执掌朝中大权，一举一动都关系到祸福大事，士大夫争着投靠刘瑾，唯独先生不加理睬。当时先生的长子，如今的新建伯，当时正是兵部主事，上疏陈述刘瑾的罪恶，刘瑾非常恼怒，于是驱逐了守仁，又迁怒于先生。然而刘瑾在地位低微的时候，曾经跟随先生的同乡方正学习史书，很了解先生平日在家忠孝义礼的品德，心里很尊敬他，先生一点也不知道这些情况。刘瑾后来知道守仁的父亲是先生，怒气才稍有舒缓，曾在暗中派人说和先生有旧情，如果先生前去拜见，马上就委任他为丞相，先生没有答应，刘瑾渐渐有点不高兴。

丁卯年，升任为南京吏部尚书。刘瑾还因旧情的缘故，派人安慰他说："过不了多久将会召你大用。"原希望先生一定去他那儿致谢，可先生又没有去，刘瑾又非常恼怒，然而他没有可给先生加的罪名，于是寻找出和先生没有关系的礼部旧事，传下圣旨让先生去职离任。先生听到这个命令，高兴地整理行装准备回家，并且说："我从此就可免掉灾祸了。"

不久又有人用和先生同年的一个朋友的事，在朝廷上诬陷先生，人们都劝先生解释清楚。

先生说："某某人，是我的同年朋友，如果我为了辩解自己而去解释清楚，这只是攻击了那位朋友，这件事怎么能污我清白呢？"最终也不去辩解。后来新建伯王守仁在京师恢复官职，听到士大夫议论这件事，就上疏辩解这件事，先生听到这个消息，就当即给他写信，劝止他说："你以为这是我平生的莫大耻辱吗？我本来没做什么可耻的事，如今无缘无故地攻击揭发朋友历事三朝，惟孝庙最知，末年尤加眷注，屡因进讲，劝上勤圣学，戒逸豫，亲仁贤，远邪佞，上皆虚心嘉纳。

故事，讲官数人，当直者必先期演习；至上前，犹或螯张失措；先生未尝豫习，及进讲，又甚条畅。

一日，上已幸讲筵，直讲者忽风眩仆地，众皆遑遽，共推先生代；先生从容就案，展卷敷析，尤极整暇，众咸服其器度。内侍李广者，方贵幸，尝于文华殿讲《大学衍义》，至唐李辅国与张后表里用事，诸学士欲讳不敢言，先生特诵说朗然，开讽明切，左右闻者皆缩头吐舌，而上乐闻不厌。明日，罢讲，命中官赐食，中官密语先生云："连日先生讲书明白，圣心甚喜，甚加眷念。"

先生自庆知遇，益用剀切，上亦精勤弥励，讵意孝庙升遐，先生志未及行，亦偃蹇，而归矣。天道如斯，呜呼悲夫！先生气质醇厚，平生无矫言饰行，仁恕坦直，不立边幅，与人无众寡大小，待之如一。谈笑言议，由衷而发广，庭之论入对妻孥，曾无两语。

人有片善，称之不容口；有急难来控者，恻然若身陷于

的隐私，这反而才是我的一大耻辱。人们都说你比我聪明，我不相信。"后来王守仁就不再辩解了。

先生经历了三个朝代的皇帝，只有孝庙最知心，对他最关注。屡次在讲学中，劝皇上勤奋地钻研圣人之学，戒除懒惰，亲近贤者，疏远小人，皇上都虚心地接受了。

按以前的惯例，几个讲官，轮到谁当值谁就一定得先预习。到了圣上面前，有的人还张皇失措。先生没有预习过，却在讲习中，特别条理清楚。

一天，皇上已经到了讲习的地方，正赶上讲习的人却昏倒在地，众人都很惊慌害怕，一起推举由先生来替代那人。先生从从容容地走到讲桌前，展开书细致地分析，讲得特别流畅，众人都很佩服先生的气度。内侍李广，正受到宠幸，先生曾经在文华殿讲习《大学衍义》，讲到唐代李辅国和张后相互勾结，图谋不轨的事时，在座的各位学士都想避讳，不敢说下去，只有先生仍然大加阐述，左右听讲的人们都缩颈吐舌，十分害怕，可是皇上听得津津有味。第二天，不讲习时，皇上派中官赐给他食物，并悄悄对他说："连日来先生讲得很明白透彻，皇上很高兴，对你很眷顾和思念。"

先生暗中庆幸遇到了圣明的皇上，更加用功，皇上也十分勤奋，没想到孝庙皇帝没多久就去世了，先生的志向还没有实现就心情抑郁地回到家里了。天道如此，太令人悲伤了！先生平易近人，从来不虚伪做作，为人坦诚宽厚，不以高位自居，对人不管职位高低、年纪大小都很和善。他说话直爽，在大庭广众之下说的话和在内室中对妻子说的话没有两样。

别人有一点优点，他也赞不绝口；对待向他求助的人，就

沟阱，忘己拯救之。虽以此招谤取嫌，亦不恤。然于人有过恶，亦直言规切，不肯少回曲，以是往往反遭嫉忌。然人亦知其实心无他，则亦无有深怨之者。

先生才识宏达，无所不可，而操持坚的，屹不可动，百务纷沓，应之沛然，未尝见其有难处之事。至临危疑震荡，众多披靡惶惑，而先生毅然卓立，然未尝以此自表见，故人之知者罕矣。为诗文皆信笔立就，不事雕刻，但取词达而止。所著有《龙山稿》《垣南草堂稿》《礼经大义》《诸书杂录》《进讲余抄》等稿共四十六卷。

先生孝友出于天性，禄食盈余，皆与诸昆弟共之。视诸昆弟之子，不啻己出。竹轩公及岑太夫人色爱之养，无所不至。

太夫人已百岁，先生亦寿逾七十矣，朝夕为童子色，嬉戏左右，抚摩扶掖，未尝少离。或时为亲朋山水之邀，乘舟暂出，忽念太夫人，即蹙然反棹。及太夫人之殁，寝苫蔬食，哀毁逾节，因以得疾。逮葬，跣足随号行数十里，于是病势愈增，病卧逾年，始渐瘳然，自是气益衰。

先生素闻宁濠之恶，疑其乱，尝私谓所亲曰："异时天下之祸，必自兹人始矣。"

像自己的困难一样总是给以热情的帮助，完全不顾及个人的安危；虽然因此而招来别人的诽谤和怨恨，但他也在所不辞。然而对别人所犯的过失，他也直言规劝，没有一点回旋的余地，因此往往反而遭到别人的忌恨；可是人们也懂得他的真实用心，并没有恶意，也就没有结下很深的仇恨。

先生的才能确实很大，没有办不到的事，可是操守坚定，对于纷纷而至的琐事，应付自如，未曾见到他有难以办理的事。到面临危险的时候，众人都很惊慌，可先生傲然独立，然而先生从来没有为此而表现自己，所以人们很少了解他这方面的才能。先生做文作诗，信笔写来，不注重雕饰，只取意思深刻详尽，所著的书有《龙山稿》《坦南草堂稿》《礼经大义》《诸书杂录》《进讲余抄》等，共四十六卷。

先生孝敬父母，友爱他人都是出于天性，俸禄、食物有所节余，都和同族兄弟一同分享。对待兄弟们的儿子，就像自己的一样。对竹轩公和岑太夫人的孝顺，十分周到。

太夫人已经一百多岁了，先生也已超过七十了，可是先生在早晚，像孩童一样在太夫人的左右嬉戏，使太夫人高兴，并扶持陪侍着太夫人，一刻也不离开。有时亲戚朋友邀请他去游历山水，他乘着船刚走开，忽然又挂念着太夫人，马上很担忧地把船划回来。等太夫人去世之后，他寝食不安，悲痛不已，因此而得了重病。太夫人被埋葬之时，他赤着脚哭泣着步行了几十里，于是他的病情更加恶化，卧床达一年多才有所好转，然而从此气力渐渐衰竭。

先生平时就听到过朱宸濠的险恶用心，怀疑他要叛乱，曾经私下对他的亲人说："以后给天下百姓造成灾祸的人，一定是

令家人卜地于上虞之龙溪,使其族人之居溪傍者,买田筑室,潜为栖遁之计。

至是正德己卯,宁濠果发兵为变,远近传闻骇愕,且谓新建公亦以遇害,尽室惊惶,请徙龙溪。

先生曰:"吾往岁为龙溪之卜,以有老母在耳。今老母已入土,使吾儿果不幸遇害,吾何所逃于天地乎?"饬家人勿轻语动。

已而新建起兵之檄至,亲朋皆来贺,益劝先生宜速逃龙溪,咸谓新建既与濠为敌,其势必阴使奸人来,不利于公。

先生笑曰:"吾儿能弃家杀贼,吾乃独先去以为民望乎?祖宗德泽在天下,必不使残贼覆乱宗国,行见其败也。吾为国大臣恨已老,不能荷戈首敌,倘不幸胜负之算不可期,犹将与乡里子弟,共死此城耳。"

因使趋郡县宜急调兵粮,且禁讹言,勿令摇动。乡人来窥视,先生方晏然如平居,亦皆稍稍复定。不旬月,新建捷至,果如先生所料,亲朋皆携酒交庆。先生曰:"此祖宗深仁厚泽,渐渍人心,纪纲法度,维持周密,朝廷威灵震慑,四海苍生,不当罹此荼毒,故旬月之间,罪人斯得,皆天意也。岂吾一书生所能办此哉?然吾以垂尽之年,幸免委填沟壑,家门无夷僇之惨,乡里子弟,又皆得免于征输调发,吾儿幸

他了。"

让家人在上虞的龙溪选择地方，派族人居住龙溪岸边，购买田地修筑房屋，暗中作逃避的打算。

到正德己卯年的时候，朱宸濠果然兴兵叛乱，远近的人们听到这个消息后都很害怕，并且听说新建公也遇害，全家的人都很惊慌，请求迁移到龙溪。

先生说："吾前几年在龙溪购买田地，是因为老母亲活着。如今老母亲已入土，假使我的儿子不幸遇害，在天地之间我能逃到哪里呢？"告诫家里的人不要轻易乱动。

不久新建伯起兵抗贼的文书传来，亲戚朋友都祝贺，更加鼓励先生应该赶快逃到龙溪，都说既然新建公和朱宸濠为敌，敌人一定会暗中派人来谋害，对先生不利。

先生笑着说："我的儿子能够弃家杀贼，我能够独自率先离去，使民心动摇吗？祖宗的恩德保佑天下平安，一定不会使贼寇扰乱国家社稷，他们不久就会失败的。我是国家的大臣，可惜已经年老了，不能拿起武器抗击敌人，倘使战败，我也将和这个城镇一起灭亡。"

接着派人到郡县里劝县令应该紧急调集兵马粮草，并且禁止谣言的传播，不要使人心摇动。乡里的人们偷偷地来观察先生，看到先生正心情平定，和平日无事一样，也就渐渐安定下来了。过了没有一个月，新建公得胜的消息传来，果真和先生所预料的一样。亲朋好友都提着酒前来庆贺。先生说："这是由于祖宗的深厚仁德，渐渐地感化了人心，朝廷的纲纪法度，严厉周密，致使四海之内的苍生，没有遭受荼毒，所以不到一个月，贼首就被擒获，这是天意。我们一介书生怎么能处理了这样的大

全首领,父子相见有日,凡此皆足以稍慰目前者也。"诸亲友咸喜,极饮尽欢而罢。

已而武庙南巡,奸党害新建之功,飞语构陷,危疑汹汹,旦夕不可测。群小慎伺,旁午于道,或来先生家,私籍其产宇丁畜,若将抄没之为。姻族皆震撼,莫知所出,先生寂若无闻,日休田野间,惟戒家人谨出入,慎言语而已。

辛巳,今上龙飞,始下诏宣白新建之功,召还京师,新建因得便道归省。

寻进南京兵部尚书,封新建伯,遣行人赍白金文绮,慰劳新建,遂下温旨存问先生于家,兼有羊酒之赐。适先生诞辰,亲朋咸集,新建捧觞为寿,先生蹙然曰:"吾父子不相见者几年矣。始汝平寇南赣,日夜劳瘁,吾虽忧汝之疾,然臣职宜尔,不敢为汝忧也。宁濠之变,皆以汝为死矣而不死,皆以事为难平矣而卒平,吾虽幸汝之成,然此实天意,非人力可及,吾不敢为汝幸也。谗构朋兴,祸机四发,前后二年岌乎知不免矣,人皆为汝危,吾能无危乎?然于此时,惟有致命遂志,动心忍性,不为无益,虽为汝危,又复为汝嘉也。

天开日月,显忠遂良,穹官高爵,滥冒封赏,父子复相见

事呢？然而我能够在垂老之年保全性命，全家没有受到灾难，乡里的子弟又都免于征调之苦。我的儿子没有遇难，父子不久就能相见，所有这些都足以给我安慰。"各位亲戚朋友都很高兴，在一块痛饮了一场。

后来武宗到南方巡视，奸党图谋抢夺新建的功绩，诬陷岳飞的谣言四起，危在旦夕。一些小人在旁边作乱，有的来到先生家里，私下记载先生的家产人丁，好像有抄家的打算。亲戚都很恐慌，不知该怎么办，先生却很镇静，像什么也没有听到一样，每天在田野里消闲，只是告诫家人出入要谨慎，说话做事要注意而已。

辛巳年，新的皇帝继位，这时才下诏宣布了新建的功绩，并把他召回京师，新建伯因此能顺路回家省亲。

不久，晋升为南京兵部尚书，并赐封为新建伯，派专人奖赏了白金和带花纹的锦缎来慰劳新建伯，接着还下旨对先生表示慰问，并且还赐给了羊和酒。恰逢是先生的诞辰，亲戚朋友都聚集在一块，新建伯捧起酒杯为先生祝寿，先生忧愁地说："咱们父子有好几年没有相见了。起初你在南赣平定贼寇，日夜辛劳。虽然我很为你的疾病担心，然而做大臣的应该如此，我不敢为你担忧。朱宸濠叛乱的时候，众人都以为你死了，可你却没死，都以为这次叛乱难以平定，可你却也平定了，我虽然很为你的成功庆幸，可是这确实是天意，不是人力所能达到的，我不敢为你庆幸。后来谣言四起，都想加害于你，人们都以为你面临危难，我能不危险吗？然而在这时只有俟命以遂志，动心忍性，才是有益无害的。虽然为你担忧，也为你能不为谣言所惑而高兴。

接着圣上英明，使贤良得以重见天日，给了你很高的爵位

于一堂，人皆以为荣，吾谓非荣乎？然盛者衰之始，福者祸之基，虽以为荣，复以为惧也。夫知足不辱，知止不殆，吾老矣，得父子相保于牖下，孰与犯盈满之戒，覆成功而毁令名者邪？"

新建洗而跽曰："大人之教，儿所日夜切心者也。"闻者皆叹息感动，于是会其乡党亲友，置酒燕乐者月余。

岁且暮，疾复作，新建率其诸弟，日夜侍汤药。壬午正月，势转剧；二月十二日己丑，终于正寝，享年七十有七。

临绝神识精明，略无昏愦，时朝廷推论新建之功，进封先生，及竹轩槐里皆为新建伯。是日，部咨适至，属疾且革，先生闻使者已在门，促新建及诸弟曰："虽仓遽，乌可以废礼，尔辈必皆出迎。"

闻已成礼，然后偃然瞑目而逝。先生始致政归，客有以神仙之术来说者，先生谢之曰："人所以乐生于天地之间，以内有父母、昆弟、妻子、宗族之亲，外有君臣、朋友、姻戚之懿，从游聚乐，无相离也。今皆去此，而槁然独往于深山绝谷，此与死者何异？夫清心寡欲，以怡神定志，此圣贤之学所自有，吾但安乐委顺，听尽于天而已，奚以长生为乎？

官职，父子又能在一起相见，人们都以为这很荣耀，我能说这不是荣耀的事吗？然而兴盛是衰败的开始，福是祸的根基，虽然认为很荣耀，可又恐惧之心。常言道，懂得满足就不会受到侮辱，懂得适可而止就不会遇到危险，我已经年老了，父子在自己家里保全性命，何必触犯盈满的戒条，使成功毁灭美名扫地吗？"

新建伯流着泪跪下说："父亲的教诲，正是我日夜考虑的事。"听到的人都深受感动，于是和山乡里的亲戚朋友聚会在一起，饮酒宴达一个多月。

将近年终，先生疾病又发作，新建伯又率领他的弟弟们，日夜在旁边侍候汤药。壬午年正月，病情急剧恶化；二月十二日己丑时去世，享年七十七岁。

先生临死的时候，神智清醒，一点也不糊涂，当时朝廷根据新建伯的功绩，追封先生，及竹轩公、槐里先生都为新建伯。这天吏部的文书正好下传到，当时先生的病正严重，可先生听说使者已到了门外，忙催促新建伯和他的几个弟弟说："虽然很仓促，但怎么能废掉大礼呢，你们都必须得出去迎接。"

听说礼节已经完毕，才闭上了眼睛溘然而逝。先生起初辞职回到家里，有的人用神仙的方术来劝说他，先生向他们致谢说："人在天地之间能够快乐的原因，是因为内有父母、兄弟、妻子、宗族的亲情，外有君臣、朋友、亲戚的大义，一同游乐，永不相离；如今把这些都放弃就像枯槁似的独自走向深山绝谷，这和死去的人有什么差别呢？清心寡欲，使心神宁静，这本来是圣人之学里固有的，我只是安居乐业，听凭天意而已，长生有什么用呢？"

客谢曰:"神仙之学,正谓世人悦生恶死,故其所欲而渐次导之。今公已无恶死悦生之心,固以默契神仙之妙,吾术无所用矣。"先生于异道外术,一切奇诡之说,廓然皆无所入。惟岑太夫人,稍崇佛教,则又时时曲意顺从之,亦复不以为累也。

先生既归,即息意丘园。或时与田夫野老同游,共谈笑,萧然形迹之外。人有功之宜且闭门养威重者,先生笑曰:"汝岂欲我更求作好官邪?"性喜节俭,然于货利得丧,曾不以介意,尝构楼居十数楹,甫成而火,赀积为之一荡。亲友来救焚者,先生皆一一从容款接,谈笑衎衎如平时,略不见有仓遽之色,人以是咸叹服其德量云。

先生元配赠夫人郑氏,渊靖孝慈,与先生共甘贫苦,起微寒,躬操井臼,勤纺绩以奉舅姑。既贵,而恭俭益至寿四十九,先先生三十六年卒。继室赵氏封夫人;侧室杨氏。

子四人:长守仁,郑出,南京兵部尚书,封新建伯;次守俭杨出,太学生;次守文,赵出,郡庠生;次守章,杨出;一女赵出,适南京工部都水郎中同邑徐爱。始,郑夫人殡郡南之石泉山,已而有水患,乃卜地于天柱峰之阳,而葬先生焉。

深先生南畿所录士也,暨于登朝,获从班行之末,受教

客人说:"关于神仙的学问,正是认为世上的人们喜欢活着厌恶死亡,所以从他们所喜欢的事情上逐渐引导他们。如今你已经没有对生死喜欢厌恶的念头了,本来已经领悟了关于神仙的学问的关键,我们的方术对你没有用处了。"先生对于异道外术,一切奇怪的学说都没有涉及,只是岑太夫人稍微有点信奉佛教,先生只好曲意顺从她,也没有陷入佛教之中。

先生回家以后,心寄田园。有时和田夫野老一同游乐,一起谈笑,一派超然于物外的样子。有的人劝他应该关起门来示自己的威严稳重,先生笑着说:"你难道想让我再去做官吗?"先生崇尚节俭,然而他对于财物的得失,一点也不介意。曾经建了十几间房,刚建成就遭受了火灾,被烧得一无所有。对前来救火的亲友们,先生都从从容容地一一款待他们,谈笑也自然如平日,没有一点惊慌的样子,人们因此而佩服他的胸怀。

先生的原配郑氏,被赠封为夫人,她孝顺慈祥,和先生一同度过了艰难的岁月,亲自干各种活,侍奉公婆。显贵以后,也对人恭敬,生活俭朴,享年四十九岁,比先生早三十六年去世。继室赵氏,被封为夫人;侧室是杨氏。

有四个儿子:长子是守仁,是郑氏所生,是南京兵部尚书,被封为新建伯;次子守俭,是杨氏所生,是太学生;再次子是守文,是赵氏所生,是郡中的庠生;再次子是守章,是杨氏所生;有一个女儿,是赵氏所生,嫁给了南京工部都水郎中,同一个城邑的徐爱。起初,郑夫人被埋葬在郡南的石泉山,后来因遭受水患后卜葬地,就在天柱峰的南麓另择了一块墓地,和先生埋葬在一块。

我是先生在南畿时录取的读书人,后来在朝廷做官,官职

最深，又辱与新建公游处，出入门墙最久，每当侍侧讲道之际，观法者多矣。

正德壬申秋，以使事之余，迂道拜先生于龙山里第，扁舟载酒，相与游南镇诸山，乃休于阳明洞天之下，执手命之曰："此吾儿之志也，大业日远，子必勉之！"临望而别。呜呼！深鄙陋无状，不足以窥见高深，然不敢谓之不知先生也。谨按王君琥所录行实，泣而叙之，将以上于史官，告于当世之司文柄者，伏惟采择焉！

阳明先生墓志铭

甘泉湛若水撰

甘泉子挈家闭关于西樵烟霞之洞，故友新建伯阳明王先生之子正亿，以其岳舅礼部尚书久庵黄公之状及书，来请墓铭曰："公知阳明公者也，非公莫能铭。"

甘泉子曰："吾又何辞焉？公知阳明公者也，非公莫能状。公状之，吾铭之，公状其详，吾铭其大，吾又何义之辞焉？"

乃发状而谨按之，读世系状云云曰："公出于龙山状元大宗伯公华，大宗伯公出于赠礼部侍郎竹轩公天叙，竹轩公出于太学生赠礼部侍郎槐里公杰，槐里公出于遁石公与

不高，受到先生的深刻教诲，又和新建公曾一同游历，交往的时间最长，每当侍立在旁边听先生讲习学问的时候，前来听讲的人真是太多了。

正德壬申年秋季，因受派遣办事到了余姚，绕道去龙山拜访了先生，用一叶小船载着酒，一同到南镇的山中游历，在阳明洞天的下边休息时，先生握着我的手对我说："这是我儿时的志向，我游历山水的日子不多了，你一定要多加勉励。"最后望着我离别。哎！我知识浅薄，不能窥见先生的高深之处，然而不敢说对先生一无所知。这里据王琥记录的先生行迹，哭泣着把它记述下来，把它交付给史官，告知那些当代掌握权柄的人，让他们从中摘取可传后世的内容。

阳明先生墓志铭

甘泉湛若水撰

甘泉子带领全家在西樵的烟霞洞闭关，旧日的朋友新建伯王阳明先生的儿子正亿，带着他的岳舅礼部尚书黄久庵的行状和信前来请我做墓志铭，说："你是最了解阳明先生的人，除你以外没有人能做这个墓志铭。"

甘泉子说："我又何必要推辞呢？你很了解阳明先生，除了你没有人能够把先生的行状记述得清清楚楚。你作了行状，我来作墓志铭，你描述他详细的行迹，我评述他的功与学之大端，我有什么道理推辞呢？"

于是看了黄久庵写的先生行状，其中有先生的身世家谱。行状里说："阴明先生是龙山状元、大宗伯公华的儿子，大宗伯公的父亲是礼部侍郎竹轩公天叙，竹轩公是太学生礼部侍郎槐

准,厥有《礼》《易》之传,遁石公出于秘湖渔隐公彦达,秘湖出于性常公纲,有文武长才,与括苍刘伯温友善,仕为广东参议,死难也。推其华胄遥遥,远派于晋高士羲之,光禄大夫览焉。"曰:"公其有所本之矣。夫水土之积也厚,其生物必蕃,有以也夫!"

读诞年状云云曰:"祖妣岑太淑人,有赤子乘云下畀,天乐导之之梦,公乃诞焉,是名曰云,盖征之矣。神僧言之,遂改今名。"曰:"然则阳明公殆神授欤?其异人矣。"六年乃言,十一年有金山之诗,十七年闻一斋圣人可学之语,曰:"其有所启之矣。"

读学术状云云曰:"初溺于任侠之习,再溺于骑射之习,三溺于辞章之习,四溺于神仙之习,五溺于佛氏之习。正德丙寅,始归正于圣贤之学。"会甘泉子于京师,语人曰:"守仁从宦三十年,未见此人。"甘泉子语人亦曰:"若水泛观于四方,未见此人。"

遂相与定交讲学,一宗程氏仁者,浑然与天地万物同体之指。故阳明公初主格物之说,后主良知之说。甘泉子一主随处体认天理之说,然皆圣贤宗指也。而人或舍其精义,各滞执于彼此言语,盖失之矣。故甘泉子尝为之语曰:"良知

里公杰的儿子，槐里公的父亲是遁石公与准，著有《礼》《易》之传，是秘湖渔隐公彦达的儿子，秘湖渔隐公的父亲是性常公纲，有文韬武略，和括苍的刘伯温关系很好，官职是广东参议，后来在苗民叛乱中遇害。再往上推他的祖辈，是晋代的高士王羲之，光禄大夫览。"其中说："先生是有良好的家世，正像水土肥沃，则植物繁茂一样。"

读到记述他出生时的情况的文章，里边说："祖母岑太淑人，梦到有一小孩乘着云彩来到她家，这是天上神灵对她的启示。于是先生出世了，因此取名为云，是对梦中情境的验证；后来接受僧人的劝告，改为如今的名字。"又说："既然这样，那么阳明先生是神灵送到人间的吗？他确实是不同寻常的人。六岁的时候，才开始说话，十一岁就作了一首《金山》诗，十七岁听了一斋对他教诲圣人可以通过学习达到，他说："这对我很有启发。"

读了关于先生的学术的记述，其中说："起初先生追求侠义忠勇，后来专心练习骑马射箭，再后来致力于研究文辞章句，紧接着沉溺在成仙求生的方术之中，又后来孜孜探求佛学的虚无空寂。正德丙寅年，才开始回到研习圣贤之学的正路上。"先生和我在京师相会，对人说："我走入仕途三十年了，没看到像甘泉子这样的人。"我也对人说："我游历了四方，没有见过像阳明先生这样的人。"

于是约定共同讲学，倡明程灏的"仁者和天地万物浑然一体"的宗旨。所以阳明先生起初主张格物致知的学说，后来专门主张致良知的学说。我主张随处体认天理的学说，然而这都是圣贤之学的宗旨。可是有些人舍弃掉其中的精妙内涵，各自停

必用天理,天理莫非良知,以言其交用,则同也。"

读仕进状云云曰:"初举己未,礼闱第一,徐穆争之落第二。"然益有声。登进士,试工部,差督造王威宁坟。辞却金币,独受军中佩剑之赠,适符少时梦,盖兆之矣。

疏边务朝政之失,有声;授刑部主事,审囚淮甸,有声;告病归养,起补兵部主事,上疏乞宥南京所执谏官戴铣等,毋使远道致死,朝廷有杀谏官之名,刘瑾怒,矫诏廷杖之,不死,谪贵州龙场驿万里矣,而公不少怵。

甘泉子赠之九章,其七章云:"皇天常无私,日月常盈亏;圣人常无为,万物常往来;何名为无为,自然无安排;勿忘与勿助,此中有天机。"

其九章云:"天地我一体,宇宙本同家;与君心已通,别离何怨嗟?浮云去不停,游子路转赊;愿言崇明德,浩浩同无涯。"及居夷,端居默坐,而夷人化恶为善,有声;人或告曰:"阳明公至浙,沉于江矣,至福建始起矣。"登鼓山之诗曰:"海上曾为沧水使,山中又拜武夷君。"

留在言语的理解上，没有很深的体会，所以我曾经说："良知一定出于天理，天理无不是良知，良知与天理，体用相交，是相同的"。

读先生在仕途上的沉浮的记述，其中说："本来他在己未年的会考中考取了第一名，可因徐穆和他争夺，他成了第二名。"然而获得了很高的声誉。后来考取了进士，在工部任职，受命督造王威宁的坟墓，推辞掉了王威宁后代给他金币的赠礼，只是接受了一把佩剑，恰好和他少年时梦到的情况相符，这是他以后兵马生涯的预兆。

上疏陈述朝廷在边防事务中的失策，有功绩；后来又授予他刑部主事，审讯淮甸的囚徒，有功绩；因病回家休养一段时间后，又起任为兵部主事，上疏请求饶恕在南京拘捕的谏官戴原等人，不要使他们在流放的途中去世，而使朝廷背负杀害谏官的罪名，刘瑾为此大为恼怒，假托诏书对他施以杖刑，后贬官到万里之远的贵州龙场驿，可是先生毫不畏惧。

我赠送了他九首诗，其中第七首诗为："朗朗皇天公正无私，日月也有圆的时候；圣人常常顺应自然，无所作为，可天下万物自有运动变化；无为是指什么呢？自然而没有人为造作。不要忘却自我的本心和不要轻举妄动，这里面就隐含着天机。"

第九首诗为："天地和我浑然一体，宇宙是天地和我共同的家；既然已经和你心灵相通，在离别的时候还有什么可埋怨嗟叹的呢？天上的浮云飘来飘去，将游历远方的人路途艰险；只是想告诉你只要具备崇高的品德，就和浩浩长空一样永存天地之间。"到了夷人居住的地方以后，先生独处静坐，可夷人受先生感化变恶为善，有功绩；有人对我说："阳明先生到了浙江以

有征矣。甘泉子闻之，笑曰："此佯狂避世也，故为之作诗，有云：'佯狂欲浮海，说梦痴人前。'及后数年，会于滁，乃吐实，彼夸虚执有以为神奇者，乌足以知公者哉？"复起尹庐陵，卧治六月，而百务具理，有声。取入南京刑部主事，留为吏部验封主事，有声；阳明公谓甘泉子曰："乃今可卜邻矣。"

遂就甘泉子长安灰厂右邻居之，时讲于大兴隆寺，而久庵黄公宗贤会焉，三人相欢语合意。久庵曰："他日天台雁荡，当为二公作两草亭矣。"

后合两为一焉，明道一也。明年，甘泉子使安南。后二年，阳明公迁贰南太仆，聚徒讲学，有声；甘泉子还期会于滁阳之间，夜论儒释之道。

又明年，甘泉子丁忧，扶母柩南归。阳明公时为南大鸿胪，逆吊于龙江关，寻迁南赣都宪矣。

读平赣之状云云曰："夫倡三广夹攻之策，收横水、左溪、桶冈、浰头之功，用兵如神矣。"甘泉子曰："虽有大司马王晋豁之知，请授之便宜旗牌，以备他用，亦以阳明公素养

后,沉于江底,到了福建之后才又浮出江面。"有一首《登鼓山》诗说:"到了海上曾想起关于浪之水的吟咏,到了山中又想拜见武夷君。"

这就是沉江的证据。我听了这个消息,就笑着说:"这是假作狂放逃避世事。"所以为此而作了一首诗。其中有:"假作狂放,想乘桴游于海,这只是不可实现的梦想而已。"又过了几年,在滁州我和先生相遇,先生才吐露了实情。那些夸大先生神奇灵异的人,怎么能真正了解先生呢?后来又被起用为庐陵尹,经过先生六个月的治理,政务十分清明,有功绩;后调任为南京刑部主事,并兼任吏部验封主事,很有政绩;阳明先生对我说:"如今咱们可以成为邻居了。"

于是在我居住的长安灰厂的右边住了下来,经常在大兴隆寺讲习学问,这时黄久庵先生也经常聚会,三个人情投意合。黄久庵说:"日后的天台山和雁荡山势必会成为两位先生讲学的草亭。"

后来合二为一,两人一起讲学,意思是指天下大道为一。第二年,我出使到安南,又过了两年,阳明先生迁任为南太仆,聚集生徒讲习学问,很有声望;我出使完毕返回的时候,曾在滁阳之间相会,晚上谈论儒学和佛学的大道。

又过了一年,我服母丧,安顿母亲的灵柩回归老家。阳明先生当时是南大鸿胪,他曾迎接到龙江关凭吊。不久就迁任为南赣都宪了。

读关于先生平定南赣的事迹,其中说:"倡导广东、广西、湖广三省兵力夹攻贼寇的策略,收复横水、左溪、桶冈、利头的功绩,用兵如神。"我认为:"虽然大司马王晋溪对他很了解,向皇

锐士于营,以待不时之出也,迅雷呼吸之间也,又以身先士卒,以作军气也。"

读平江西之状云云曰:"甘泉子先是在忧,致书于公,幸因闽行之使以去也。盖公前有宰相之隙,后有江西未萌之祸,不去必为楚人所钤,两不报。

未几,有宁府之变,公几陷于虎口,然而赣兵素振既足,为之牵制而倡义,檄诸府县,兴兵会丰城,誓师分攻七门,七门大开,遂除留守之党,封府库之财,收劫取之印,安胁从之民,释被执之囚,表死难之忠,据省城绝其归路,直趋樵舍,因成擒贼之功。"

是水也,以浅见测渊谋也。然始而翕然,称为掀天揭地之功矣,既而大吏妒焉,内幸争功者附焉,辗转殚力竭精矣,仅乃得免,或未尝不思前虑也。所以危而不死者,内臣张永护之也,于大吏同列,不亦愧乎?由是遂流为先与后擒之言,上下腾沸,是不足辩也。

夫阳明逆知宸濠有异志,刘养正来说,必得公乃发,公

上请求授予他便宜行事的旗牌，让他备用。但也是因为阳明先生平日就在军中培养了精锐的士兵，准备需要时加以利用，而且在作战关键的时候，又能身先士卒，鼓舞士气。"

读关于先生平定江西的记述，其中说："甘泉子以前在服母丧期间，就给先生写信，因此很庆幸地有赴闽之行，使他离开了原先任职的地方。先生前有宰相对他的不满，后有在江西即将爆发的祸乱，不离开那儿，一定会受到楚地人的陷害，这样就免去了这两方面的麻烦。

没多久，发生了宁王朱宸濠的叛乱，先生差点陷在虎口之中，然而江西的兵马平日就训练有素，足以牵制敌人，接着倡导大义，向各个府县发放文告，都兴兵在丰城聚会，鼓动队伍攻打南昌的七座城门；七座城门攻下之后，就消灭留守在那儿的叛党，封闭了府库中的财物，收回了叛党劫取的官印，安定了盲目跟随叛党的老百姓，释放了受叛党关押的囚徒，表彰死难的忠诚之士。占据省城断绝了叛党的归路以后，直捣叛党盘踞的樵舍地区，于是擒获了叛贼头目朱宸濠。

从这些方面，可以看到先生深远的谋略。然而起初被称为盖世的功绩，后来竟遭到权臣的忌妒，企图争夺功绩的奸佞小人也争相附和，他辗转千里，竭尽全力，最终只保全了性命，免受朝廷的诛杀而已，这大概是他以前所没有想到的。面临危难却没有被杀掉的原因，只是因有内臣张永保护了他，那些高居重位的大臣，不感到惭愧吗？从此就有流言诽谤他，说他是起初和叛党勾结，后来才反过来擒获了朱宸濠，朝野上下，流言四起，这些都不值得进行辩驳。

阳明先生早就察觉朱宸濠图谋叛乱，刘养正前来劝说先生

应之曰:"时非桀纣,世无汤武,臣有伏节死义耳。"其犹使冀生元亨,往与之语者,实欲诱为善,不动干戈,潜消莫大之祸也。

使阳明公而实许养正,则宸濠杀孙都宪、许副使,必待阳明至乃发。阳明未至而发者,知绝意于阳明之与己矣。使阳明实许之,必乘风直抵南昌,必不与丰城闻顾泌告变,即谋南奔以倡大义,夺渔艇使如渔人然,以奔吉安矣。

其宸濠兵校追公者,非迎公也,将胁公也。且宸濠之上不能直趋中原以北,中不能攻陷金陵以据者,以阳明为之制其尾,兵威足以累之,使不前也。又取据省城,绝其资重与归路也,功莫大焉。

若夫百年之后,忌妒者尽死,天理在人心者复明,则公论定矣。已而该部果题赐敕锡劳,封新建伯,奉天翊卫,推诚宣力,守正文臣,特进光禄大夫,柱国,兼南京兵部尚书,参赞机务,岁支米一千石。

于时,天其将定矣,而置之南者有人焉,以参乎其间矣。公丁父忧,而四方从学者日众,有迎忌者意,致有伪学之劾者,人其胜天乎?或以浮语沮公,六年不召,寻以论荐命为两广总制军务,平岑猛之乱。或曰:"其且进且沮,使公不得

跟随朱宸濠一起作乱，并说只有先生投靠他们，他们才发动叛乱，先生回答他说："当今既不是桀纣那样的时代，也没有汤武那样的明主，我准备以死来保全自己的名节。"先生还派冀元亨前去劝说，他的目的确实是想引诱他们归于正道，不要兴兵作乱，悄悄地平息了这场大祸。

假使阳明先生答应了刘养正对他的劝说，那么朱宸濠在杀了孙都宪、许副使之后，一定等待阳明先生到了他那儿才发动叛乱。可是朱宸濠在阳明先生未到时就发动了叛乱，朱宸濠很明白，阳明先生投靠他毫无希望。假使阳明先生确实答应投靠朱宸濠，他一定会乘机直抵南昌，一定不会在丰城听到顾泌报告朱宸濠叛乱的消息后，就谋划奔赴南方，倡导大义，也不会划着渔船把自己打扮成渔人的样子，赶到吉安。

朱宸濠派兵追赶阳明先生，并不是欢迎先生，而是要胁迫先生投靠他们。况且朱宸濠向北不能占据中原以北，在右边不能攻下金陵，因为有阳明先生牵制着他的后方，阳明先生的兵力足以抵抗他们，使他们不能再扩展地盘，而且阳明先生攻取省城南昌，断绝了他们的粮道和归路，功劳是非常大的。

如果一百年以后，忌妒他的人都死掉了，天理又昭明于天下，那么对先生的评价就会很正确了。不久朝廷果然对他进行了加奖赏赐，封他为新建伯，守正文臣，光禄大夫，柱国，兼任南京兵部尚书，每年支给他米一千石。

在这天下即将安定的时候，留守南方的一部分人又乘机叛乱。先生在为父亲服丧期间，四面八方前来跟随他求学的人渐渐增多，有人为了迎合忌妒他的权臣的心意，上书弹劾他的学问是伪学，天命如此，人又能怎么样呢？有的人用虚浮不实的语言

入辅乎?"读思田之状云云曰:"公奏行剿之患十,行抚之善十,乃撤防兵,解战甲,谕威信,受来降,杖土目,复岑后,设流守,而思田平。

夫阳明公不革岑猛之后之土官,以夷治夷也;卢苏等杖之百而释之,置流守以制焉,仁义之术也;人知杀伐之为功,而不知神武不杀者,功之上也,仁义两全之道也。"读八寨之状云云曰:"檄参将,会守巡,命指挥马文瑞、永顺宣慰彭明辅、保靖宣慰彭九霄,分兵布哨,擒靳贼酋党与,遂破诸巢,移卫所,制诸蛮贯八寨之中,扼道路之冲,设县治,增城堡,皆保治安民之要。"

或曰:"八峒掩袭村落以为功,无破巢之功也,无功以为有功也何?"则辩之曰:"夫阳明之贪功,当取岑猛卢苏之大功,而不取焉,不宜舍其大者,取其小者,其亦不智不武也。谓阳明公为之乎?夫宣慰诸哨之兵,可袭则袭出其不

攻击先生，使先生在长达六年的时间里没有被召用，这以后不久因别人上疏举荐，才委任他去总督两广的军务，平定岑猛举行的叛乱。"有的人说："先生在将要有所作为的时候就遭到别人的陷害，这不正是他没有成为朝廷的宰相的原因吗？"读关于先生平定思田叛乱的记述，其中说："先生上奏了对贼寇进行剿灭的十种祸患，对贼寇实行安抚的十种益处，于是就撤除了防守的军队，使那里的士兵解甲归田，宣告朝廷的威信，接受前来投降的土兵，对土人的头目施以杖刑，恢复岑猛后人的统治地位，设立流守官驻守那里，因而思田得以平定。

阳明先生没有废除岑猛的后代继续做当地土官的制度，是用夷人的办法治理夷人；卢苏等土人的头目施以一百杖刑以后就释放了他们，设立流守官来治理那个地方，都是采用了仁义两全策略；人们只懂得杀戮讨伐贼寇的是功劳，却不懂得策略英明不需杀戮贼寇，就可以征服他们，是最伟大的功绩，这是保持仁义两全的方法。"读关于先生平定八寨的贼寇的记述，其中说："向参将发布作战檄文，让守巡的官员前来聚会，命令指挥马文瑞、永顺郡的宣慰彭明辅、保请郡的宣慰彭九霄，各自带兵到指定地点埋伏，擒获或斩杀了贼寇的酋长和党羽，于是就攻破了各路贼寇的巢穴，迁移了防卫的治所，制服了各路蛮贼，在八寨的中心，道路汇集的地方，设置了郡县的治所，增修了大量的城堡，这都是治理地方、安定百姓的关键。"

有的人说："先生在八峒只有袭击了村落里的贼寇的功劳，并没有攻破贼寇巢穴的功劳，把没有建立的功绩说成是已经建立的功绩，这是为什么呢？"我为此辩论说："如果阳明先生贪图功劳，应当把擒获岑猛、卢苏那样的大功作为自己的功绩，可

意，兵法之奇，不可预授者也。而以病阳明焉，将使为宋襄陈儒之愚已耶？非驭戎不测之威矣。事竣而请归，告病危矣；不待报而遽行，且行且候命，其卒于南安途次，而不及命下，亦命也。江西辅臣进帖以谮公，上革之恤典，人众之胜天也，亦命也。百年之后，天定将不胜人矣乎？"甘泉子始召入礼部，面叩辅臣曰："外人皆云阳明之事，乃公为之乎？"辅臣默然，然亦不以作怒加祸。犹为有君子度量焉，可尚也。公卒之日，两广江西之民，相与吊于途，曰："哲人其痿矣。"士夫之知者，相与语于朝曰："忠良其逝矣。"四方同志者，且与吊于家，曰："斯文其丧矣。"

久庵公为之状，六年而后就，慎重也。甘泉子曰："吾志其大义，铭诸墓，将使观厥详于状也。"

铭曰：南镇嶙嶙，在浙之滨；奇气郁积，是生异人。生

他并没有这样做。先生不应该舍弃大的功绩,只占有小的功绩,这说明先生在这点上并不比前边提问的人聪明神武。难道是阳明先生只知道袭击村落里的贼寇吗?他只是告知驻守处的军队,有袭击的机会就袭击,一切行动出乎敌人的意料之外,这是兵法中所讲的奇巧谋略,不可预先详细传授的。可是有些人却用这个来指责阳明先生,这不是要使阳明先生看作和宋襄公那样的愚蠢腐儒者一样了吗?这并不是征服西部边区少数民族的强有力措施,战事胜利以后先生请求回家,那时他的病情已很危急;来不及等待皇上的答复先生就匆忙上路了,一边走一边等待皇上的准许命令,最后先生在途经南安时的驻扎地去世,也没有等得上准许命令的下达,这确实是命运的安排。江西辅臣上疏陷害先生,皇上废除了对先生的各种奖赏,这是小人战胜了天理,也是命运的安排。一百年之后,天理还不能战胜小人的胡作非为吗?"我刚被召入礼部的时候,曾当面责问辅臣说:"外边的人都说阳明先生遭受陷害的事,是你干的吗?"辅臣没有作声,然而也没有因我对他的愤怒而对我进行报复陷害。还是有点君子度量的,这值得赞扬。先生去世的那一天,两广和江西的老百姓,一起在路途上凭吊他,并且说:"一个智慧的人去世了。"对先生了解的士大夫,在朝廷上一块评论说:"一个忠正贤良的大臣去世了。"四面八方和先生有共同志向的人,在家里设祭凭吊,并且说:"从今以后文化的脉络断绝了。"

久庵先生为阳明先生的行迹作了记述,历经六年以后才完成,是很慎重的。我说:"我陈述了先生的大义,并铭刻于墓碑之上,人们要详细了解先生事迹可看行状。"

铭文为:南镇山峰秀丽奇绝,位于浙水的岸边;这地方山川

而气灵，乘云降精；十一金山，诗成鬼惊。志学逾二，广信馆次；娄公一言，圣学可至。

长而任侠，未脱旧习；驰马试剑，古文出入。变化屡迁，逃仙逃禅；一变至道，丙寅之年。

邂逅语契，相期共诣；天地为体，物莫非己。抗疏廷杖，龙场烟瘴；居夷何陋？诸蛮归向。起尹卢陵，卧治不庭；六月之间，百废具兴。入司验封，众志皆通；孚子同朝，执经相从。转南太仆，鸿胪太畜；遂巡南赣，乃展骥足。

浰头桶冈，三广夹攻；身先士卒，屡收奇功。蓄勇养锐，隐然有待；云胡养正？阴谋来说。诈言尊师，公明灼知；冀子往化，消变无为。

闽道丰城，及变未萌；闻变遄返，心事以明。旌旗蔽空，声义下江；尾兵累之，北趋不从，乃擒巨贼，乃亲献馘；

灵秀，因此出生了先生这样非凡的人物。一生下来，就颇具灵气，他是乘着祥云驾临到人间的；十一岁的时候就做了关于金山的诗，诗写成以后连鬼神都惊叹不已。在广信的私塾，他的求学跨越了十个阶段；娄公的一番话，启发了他立志做圣人的念头。

稍微年长以后就任侠尚义，没有改变他多年来养成的习惯；后来练习骑马之术，刀剑之法，并也入于古文辞章。思想经过多次的迁移变化，摆脱了仙术和佛禅的信仰，在丙寅年体悟了圣贤大道。

和我相遇之后，话谈得很投机，相互约定一同成就圣人之学；圣人之学认为天地万物和我浑然一体。因上疏抗议权奸而遭受廷杖之刑。贬官所到的龙场蛮荒之地，虽然常和夷人居住在一块，但因先生的到来，有什么可称为简陋的呢？蛮族百姓都受到感化。后来被起用为庐陵县令，先生很轻松地处理着政务；但是只有六个月的时间，就把那个地治理得一片兴盛繁荣的景象。做了验封官之后有许多人跟着他求学；同朝为官的人都很信服他，纷纷拜为门生跟随他求学。后来转任为南太仆，鸿胪寺卿，巡守南赣的时候，才使他的抱负得以施展。

平定涮头、桶冈的贼寇的时候，湖广、广东、广西三省的兵力一同夹攻，先生身先士卒，多次立了奇功。先生暗中收养精锐士卒，为日后的变乱作了细致的准备；刘养正来了要干什么呢？是阴谋劝说先生投靠他们的。假装说是尊先生为自己的老师，先生聪明睿智，一眼就看出了他们的用心；先生派门生冀元亨前去感化他们，希望变乱不要发生。

奔赴福建经过丰城时，变乱还没有露出端倪；先生听到叛乱的消息后，马上赶了回去，从这可以看出先生忠君爱民之心。

争功欲杀，永也护翊。

彼同袍者，反戈不怩；隐之于心，以莫不戚。忧居六年，起治思田；抚而不戮，夷情晏然。武文兼资，仁义并行；神武不杀，是称天兵。凡厥操纵，圣学妙用；一以贯之，同静异动。

阳明先生行状

门人黄绾撰

阳明先生王公讳守仁，字伯安，其先琅琊人，晋光禄大夫览之后，鉴曾孙羲之，少随父旷渡江，家建康，不乐，徙会稽。其后复徙剡之华塘自华塘徙石堰，又徙达溪，有曰寿者，仕至迪功郎，乃徙居余姚。

六世祖讳纲，字性常，博学善识鉴有文武长才，与永嘉高则诚、宗人高元章、括苍刘伯温友善，仕国朝为广东参议，死苗难。五世祖讳彦达，号秘湖渔隐有孝行。高祖讳与准，号遁石翁精究《礼》《易》，著《易微》数千言。曾祖讳

朱震濠声势浩大，气势汹汹，但因先生在他后边的牵制，使敌人的势力没办法向北扩展。后来先生终于擒获了叛乱的宁王朱震濠，并亲自押解，献给朝廷；有权奸小人想争夺他的功绩，图谋陷害他，可因张永的保护才免除杀身之祸。

原本共同对敌的朋友，如今反戈一击陷害先生，可他们一点都不惭愧；先生只有把这份悲凉的情感埋藏在自己的心里。在郁郁寡欢的家居生活中先生度过了六个春秋，后来才被起用平定思田的贼寇；先生对他们只是安抚并不杀戮，夷人对先生非常感激。文武皆备，仁义并行；英明神武，却不轻易杀人，这被称为是天兵。一切具体的行动都是圣人之学的绝妙应用；用一个根本的道理把万事万物贯通起来，但实施的具体行动是各不相同的。

阳明先生行状

门人黄绾撰

王阳明先生，讳守仁，字伯安，他的祖先本是山东琅琊人，是晋代光禄大夫览的后代，览的曾孙王羲之，年少的时候，跟随父亲旷渡过长江，在建康安家，不喜欢那个地方，就又迁移到浙江的会稽。他的后代又迁移到剡县的华塘，后来又从华塘迁移到石堰，从石堰迁移到达溪，有个叫寿的人，做官到迪功郎，他移居到余姚。

六世祖讳纲，字性常，学识渊博，善于相面识人，是个文武全才，和永嘉高则诚、宗人高元章、括苍的刘伯温相处得很好，做官到广东参议，在苗人叛乱时遇害。五世祖讳彦达，号为秘湖渔隐，因孝顺父母而很有名声。高祖讳与准，号为遁石翁，对《礼

杰，号槐里子，以明经贡为太学生，赠礼部右侍郎，曾祖妣孟氏，赠淑人。祖讳天叙，号竹轩，封翰林院编修，赠礼部右侍郎，祖妣岑氏，封太淑人。父讳华，成化辛丑状元及第，仕至南京吏部尚书，封新建伯，妣郑氏，封孺人，赠夫人；继母赵氏，封夫人。郑氏氏孕十四月而生公，诞夕，岑太淑人，梦天神抱一赤子，乘云而来导以鼓乐，与岑。

岑寤而公生，名曰云，六岁不言。一日，有僧过之，摩其顶曰："有此宁馨儿，却叫坏了。"龙山公悟，改今名，遂言，颖异顿发。年十一，竹轩翁携之上京，过金山，作诗曰："金山一点大如拳，打破维扬水底天；醉倚妙高台上月，玉箫吹彻洞龙眠。"有相者谓塾师曰："此子他日官至极品，当立异等功名。"年十三，侍龙山公为考官，入场评卷，高下皆当。性豪迈不羁，喜任侠，畿内石英、王勇，湖广石和尚之乱，为书将献于朝，请往征之，龙山公力止之。年十七，至江西，成婚于外舅养和诸公官舍。

明年，还广信，谒一斋娄先生，异其质，语以所当学，而又期以圣人为可学而至，遂深契之。领弘治壬子年乡荐。已

记》和《周易》很有研究，曾著述了几千言的《易微》一书。曾祖讳杰，号为槐里子，因对经学有研究，从贡生拔为太学生。后来封为礼部右侍郎，曾祖母孟氏被赠封为淑人。祖父讳天叙，号为竹轩，封为翰林院编修，礼部右侍郎，祖母岑氏，被封为太淑人。父亲讳华，在成化辛丑年状元及第，做官到南京吏部尚书，后来封为新建伯，母亲郑氏，封为孺人，并赠夫人的称号，继母赵氏，被封为夫人。母亲郑氏怀胎十四个月才生下先生，出生的前天晚上，祖母岑太淑人，梦中见到天神抱着一个小孩，乘着云向他走来。在鼓乐声中把小孩送给她。

岑太淑人睡醒以后，先生就出生了，起名为云。六岁的时候还不会说话，一天，有一个僧人路过他家门口，用手抚摸着他的头顶说："这样好的一个小孩，只可惜让名字给叫坏了。"龙山公明白了其中的原因，于是改为今天这个名字，从此先生开始说话，聪颖异常的潜力也都发挥了出来。十一岁的时候，竹轩翁带着他去京师，经过金山的时候，作诗道："金山一点大如拳，打破维扬水底天；醉倚妙高台上月，玉箫吹彻洞龙眠。"有一个会看面相的人对私塾里的老师说："这个孩子日后会做很高的官，会建立很大的功勋。"十三岁的时候，陪侍着龙山公去做考官，先生进入考场评判，考生的试卷，水平高下评判得都很恰当。先生性情豪放，不愿受到约束，喜欢任侠尚义，在京郊的石英、王勇、湖广的石和尚叛乱的时候，先生打算给朝廷写信，自荐抗敌，龙山公坚决地制止他这样做。十七岁的时候，到了江西，在外舅养和等人的官舍里举行了婚礼。

第二年，回到广信，拜访了娄一斋先生，娄一斋先生惊异他的资质，把他应当学习的东西告诉了他，并期望他通过学习成为

未，登进士，观政工部，与太原乔宇，广信汪俊，河南李梦阳，何景明，姑苏顾璘，徐祯卿，山东边贡诸公，以才名争驰骋，学古诗文。

钦差督造威宁伯王公坟于河间，驭役夫以十五之法，暇即演八阵图，识者已知其有远志。少日，尝梦威宁伯授以宝剑，既竣事，威宁家以金币为谢，辞不受，乃出威宁军中佩剑赠之，适符其梦，受焉。

时有慧星，及觃房猖獗，上疏论边务，因言朝政之失，辞极剀切。

明年，授刑部主事，差往淮甸审囚，多所平反，复命。日事案牍，夜归必燃灯读五经，及先秦两汉书，为文字益工。

龙山公恐过劳成疾，禁家人不许置灯书室，俟龙山公寝，复燃，必至夜分。

因得呕血疾，养病归越，辟阳明书院，究极仙经秘旨，静坐为长生久视乏道，久能预知。其友王思裕等四人，欲访公，方出五云门，即命仆要于路，历语其故，四人惊以为神。

圣人，这些对先生很有启发。弘治壬子年，乡里对他的举荐。弘治己未年，先生考取了进士，在工部任职期间，和太原的乔宇、广信的江俊、河南的李梦阳和何景明、姑苏的顾磷和徐祯卿、山东的边贡等各位先生，因文才卓越而名噪一时，并学习了古代的诗词文章。

在这期间还受皇上的委派在河间督造威宁伯王公的坟墓，他用十五之法编制服役的老百姓干活，空闲的时候就演习八卦阵图，有见识的人已经懂得他有高远的志向。先生年少的时候，曾经梦到威宁伯把一把宝剑交给他，营造坟墓的事情完成之后，威宁伯家里的人用金币来酬谢他，先生坚决推辞，没有接受，当拿出威宁伯曾在军队中佩挂的宝剑赠送他的时候，正好和以前梦到的完全一样，就接受了。

当时有彗星出现，并且靼虏日益猖獗，先生上疏论述边防事务，接着指出朝廷对此的失误，用词极为恳切。

第二年，授予他刑部主事的官职，派他前去淮甸审理囚犯，有很多冤案被平反，顺利地完成了任务。先生每天都沉浸在官府公文之中，夜晚回到家里还一定要点灯阅读《五经》，以及先秦两汉时的书籍，他的文字功夫更加纯熟。

龙山公恐怕他会因过度劳累而染上疾病，给家人下了禁令，不允许在书室里放置灯盏，可先生等龙山公睡觉以后，又点亮了灯读书，一定到半夜才休息。

于是得了呕血的病症，因养病回到浙江，开辟了阳明书院，先生深刻地探究了仙家的秘传宗旨，即静坐是长生久视的方法，时间长了就能预知事物。先生的朋友王思裕等四人，打算拜访先生，他们刚走出五云门，先生就派仆人在路上迎接，后来说

甲子，聘为山东乡试考官，至今海内所称重者，皆所取士也，改兵部武库司主事。明年，白沙陈先生高第甘泉湛公若水一会而定交，共明圣学。

明年，丙寅正德改元，宦官刘瑾窃国柄，作威福，差官校至南京挐给事中戴铣等下狱。公上疏乞宥之，瑾怒，矫诏廷杖五十，毙而复苏，谪贵州龙场驿丞。瑾怒未释，公行至钱塘，度或不免，乃托为投江，潜入武夷山中，决意远遁。

夜至一山庵，投宿不纳，行半里许，见一古庙，遂据香案卧。黎明，道士特往视之，方熟睡，乃推醒曰："此虎狼穴也，何得无恙？"因诘公出处，公乃吐实。道士曰："如公所志，将来必有赤族之祸。"

公问："何以至此？"道士曰："公既有名朝野，若果由此匿迹，将来之徒假名以鼓舞人心，朝廷寻究汝家，岂不致赤族之祸？"公深然其言，尝有诗云："海上曾为沧水使，山中又拜武夷君。"遂由武夷至广信、溯彭蠡、历沅湘、至龙场。

始至，无屋可居，芝于丛棘间，迁于东峰，就石穴而居。夷俗于中土人至，必蛊杀之。及卜公于蛊，神不协，于是日来

明这其中的缘故，四个人都很惊奇，以为他是神灵。

甲子年，先生被聘任为山东的乡试考官，到如今四海之内有很大名声和很高地位的人，都是他那时录取的读书人。后改任兵部武库司主事。第二年，陈白沙先生的得意门生甘泉湛一见面之后就结为知己，约定共同倡明圣人之学。

第二年，丙寅年，正德元年，宦官刘瑾窃取朝中大权，胡作非为，派遣官吏到南京把给事中戴铣拘捕下狱。先生上疏请求释放戴铣，刘瑾非常恼怒，假托诏书对先生施以五十廷杖的酷刑，先生死而复苏，后来贬官到贵州龙场驿。刘瑾的怒气还没有全消，先生行到钱塘，考虑到灾祸并不因贬官而免掉，就假托投江之名，暗中潜武夷山中，拿定主意向远方逃遁。

深夜赶到山中的一个小道观，前去投宿却没有被接收，又走了半里多路，看到一座古庙，于是就靠着香案睡下了。黎明时，一个道士特意前去看他，先生正熟睡着，于是推醒他说："这里是虎狼的巢穴，你怎么能没有受到一点伤害呢？"接着询问先生的出处，先生就如实地告诉了他。那个道士说："像你打算的那样做，将来一定有灭族的大祸。"

先生问："怎么能到了那种地步呢？"道士说："先生既然已经在朝野都很有名声，如果确定从此而销声匿迹，将来图谋不轨的人们，一定借用这个情况来鼓动民心，朝廷追查到你家的罪过，难道不是招致了灭族的大祸吗？"先生很同意他的看法，曾经写诗道："海上曾为沧水使，山中又拜武夷君。"于是从武夷赶到广信，历经彭蠡、沅湘，赶到龙场。

刚到那儿没有房屋可以居住，于是经过荆棘丛生的地方，迁移到东峰，在石穴中住了下来。按照夷人的风俗，当内地人来

亲附，以所居阴湿，乃相与伐木为何陋轩、君子亭、宾阳堂、玩易窝以居之。

三仆历险冒瘴，皆病，公日夕躬为汤糜调护之。

瑾欲害公之意未已，公于一切得失荣辱皆能超脱，惟生死一念，尚不能遣于心，乃为石廓，自誓曰："吾今惟俟死而已，他复何计？"日夜端居默坐，澄心精虑，以求诸静一之中。一夕忽大悟，踊跃若狂者，以所记忆《五经》之言证之，一一相契，独与晦庵注疏若相抵牾，恒往来于心，因著《五经臆说》。

时元山席公官贵阳，闻其言论，谓为圣学复睹。公因取《朱子大全》阅之，见其晚年论议，自知其所学之非，至有诳己诳人之说，曰："晦翁亦已自悔矣。"日与学者讲究体察，愈益精明，而从游者众。

时思州守遣人，至龙场稍侮慢公，诸役夫咸愤惋，辄相与殴辱之，守大怒曰："宪副毛公科令公请谢，"且喻以祸福，公致书于守，遂释然，愈敬重公。安宣慰闻公名，使人馈米肉，给使令，辞不受，既又重以金帛鞍马，复固辞不受。

到这里时，必定用毒蛊来杀害他们，可是在用毒蛊占卜先生的命运时，神灵不相协，从此前来归附先生的人渐渐增多，他们看到先生居住的地方阴暗潮湿，就一起砍伐树木建造了何陋轩、君子亭、宾阳堂、玩易窝让先生居住。

跟随先生的三个仆人，因经历艰险，遭受了瘴气的侵袭，都身染重病，先生白天晚上亲自煮汤送药，护理他们。

刘瑾打算陷害先生的念头还没有消除，先生对于一切的得失荣辱，都能超脱出来，只是生死这个念头，还不能从心中排挤出去，于是制作了一个石棺，自己发誓说："我如今只有等死而已，还有什么可挂虑的呢？"先生日夜静坐，心神宁定，精心思索，希望在静寂中有所体悟。一天晚上，忽然大悟，像狂人一样欢喜跳跃，用自己所记忆中的《五经》的话来验证自己的体悟，都一一相符，只是和朱晦庵的注疏好像有所冲突，为此常常在心中盘桓不去，接着著述了《五经臆说》。

当时，元山的席先生在贵阳做官，听到他的言论，认为是圣人之学又复现了。先生又取出《朱子大全》来阅读，看到他晚年的论述，也察觉到自己学术的过失，有欺骗自己欺骗他人的毛病，先生说："朱晦翁也已经有自悔之意了。"每天和前来求学的人精心探究，细致体察，学问更加精深明白，前来跟随游学的人也越来越多。

当时的思州太守派人到龙场时，稍微侮辱了先生，跟随先生的役夫都非常气愤，就一起殴打了他们，太守非常恼怒地说："宪副毛公让你前去请罪。"并且明白地把祸福告诉了他，先生给太守写信解释了真实的情况后，太守心中的疑虑就全都消释了，并且更加敬重先生。安宣慰听说了先生的名声，派人给先生

乃议减驿事，则力折之，且申说朝廷威信令甲，其议遂寝。已而僮酋有阿贾阿札者，剽掠为地方患，公复以书诋讽之，安悚然操切所部，民赖以宁。庚午，升庐陵知县，比至，稽国初旧制，慎选里正三老，委以词讼，公坐视其成，囹圄清虚。

是岁冬，以朝觐入京，调南京刑部主事，馆于大兴隆寺。予时为后军都事，少尝有志圣学，求之紫阳濂洛象山之书，日事静坐，虽与公有通家之旧，实未尝深知其学。

执友柴墟储公罐与予书曰："近日士夫，如王君伯安，趋向正，造诣深，不专文字之学，足下肯出与之游，丽泽之益，未必不多。"予因而慕公，即夕趋见，适湛公共坐室中，公出与语，喜曰："此学久绝，子何所闻而遽至此也？"予曰："虽粗有志，实未用功。"

公曰："人惟患无志，不患无功。"即问："曾识湛原明否？来日请会，以订我三人终身共学之盟。"明日，公令人邀

赠送了米和肉，先生坚决推辞，没有接受，后来又赠给他金帛鞍马等重礼，先生也推辞掉了。

有人商议减少对龙场驿的治理时，先生竭力反对，并且反复说明驿站令甲朝廷威信，这才使人们停止了那个想法。后来，有阿贾、阿札两个酋长，四处掠夺百姓财物，是地方上的一大祸患，先生又去信指责他们，安县的宣慰也急忙调集军队，老百姓才得以安宁。庚午年，先生升任庐陵知县，等上任之后，考察立国之初的旧制，慎重挑选里正、三老，让他们处理乡间发生的纠纷，先生没有费多大的力气，整个县里就治理得很好，没有作奸犯科的人出现。

这年冬天，入京朝见皇上以后，调任为南京刑部主事，住宿在大兴隆寺。我当时是后军都事，年少的时候，曾有志于圣人之学，研究了张紫阳、周敦颐、程颢、程颐和陆象山的书籍，每天做静坐的功夫，我虽然和阳明先生旧日就有交情，但确实没有深刻地领会了他的学问。

柴墟的朋友储公嵯给我来信说："最近，有士大夫王伯安，做学问走向了圣学的正路，而且造诣很深，没有局限于文字辞章的研究之中，你如果愿意走出去跟随他游学，一定会收到很多的益处。"我因此很敬慕阳明先生，当晚就去拜访了先生，恰好赶上先生和甘泉湛先生共坐在一室之中，先生出来和我交谈，高兴地说："这门学很久没有人继承了，你听到什么了，忽然对这门学问如此有兴趣？"我说："虽然有这方面的志向，但确实没有下多少功夫。"

先生说："做人只是害怕没有志向，并不害怕没有成功。"就问："你是否和湛原明相识？过几天咱们聚会在一起，三个人

予至公馆中，会湛公，共拜而盟。

又数日，湛公与予语，欲谋白岩乔公转告冢宰邃庵杨公，留公北曹，杨公乃擢公为吏部验封主事。予三人者，自职事之外，稍暇必会讲，饮食起居，日必共之，各相砥砺。

未几，升文选员外郎，升考功郎中，而学益不懈，士大夫之有志者，皆相率从游。如此二年，而湛公使安南。予与公又居一年。

壬申冬，予以疾告归，公为文及诗送予，且托予结庐天台雁荡之间，而共老焉。湛公又欲买地萧山湘湖之间结庐，与予三人共之。

明年癸酉，升南京太仆寺少卿，从游者日益众。甲戌，升南京鸿胪寺卿，始专以良知之旨，训学者。

乙亥，朝廷举考察之典，为疏自劾，力乞休致，以践前言，不允。八月，又上疏力以疾甚乞养病，又不允。明年丙子，十月，升都察院左佥都御史，抚镇南赣汀漳等处。先是，南赣抚镇，屡用非人，山谷凶民，初为攘窃；渐至劫掠州县，肆无忌惮，远近视效。凡在虔楚闽广接壤山谷，无非贼巢；小大有司，束手无策，皆谓终不可除。兵部尚书王公琼独知公，特荐而用之，又恳疏以辞，亦不允，督旨益严，公遂受

约定终生共同探明圣学。"第二天，先生派人把我邀请到先生住宿的地方，和湛原明（即甘泉湛）相会，一起相拜并缔结终生倡明圣学的盟约。

又过了几天，甘泉湛先生对我说，打算请乔白崖先生转告杨邃庵先生，把阳明先生留在京师，杨先生就擢拔先生为吏部验封主事。我们三个人，除政务之外，稍有余暇就一定聚会在一处，讲习学问。饮食起居，都在一块，只是以圣学相互砥砺。

没多久，先生又升任文选员外郎，考功郎中，可对学问的探索一点也没有松懈，士大夫中有志于圣学的人都跟随着他游学。就这样过了两年，甘泉湛先生出使到安南；我和先生在一块又居住了一年。

壬申年冬天，我因身染病痛辞职回家，先生作了文章和诗词送别我，并且嘱我在天台、雁荡之间的僻静地方盖几间草舍，等我们年老时，一块在那儿居住。甘泉湛先生又打算在萧山、湖湘之间购置田地，建造房屋，让我们三个人一同居住。

第二年，即癸酉年，阳明先生升任为南京太仆寺少卿，跟随他游学的人渐渐增多。甲戌年，先生又升任为南京鸿胪寺卿，开始专门向学者讲述良知之学。

乙亥年，朝廷举行考察官吏的大典，先生上疏自我弹劾过错，竭力请求回家休养，实现自己先前的志向，结果没有得到允许。八月份，又上疏竭力陈述自己的病情，请求回家养病，又没有得到准许。第二年，即丙子年十月份，升任为都察院左佥都御史，巡抚南赣、汀漳等处。这以前，南赣的巡抚多次任用品行不端的人，隐藏在山谷中的贼寇，起初只是偷窃百姓财物，渐渐发展到劫掠州县，肆无忌惮的地步。凡是在虔、楚、闽、广接壤

命。既至南赣，先严战御之法，时龙南贼二千余，突至信丰，又纠合广东龙川浰头诸贼酋，分队以进势甚猖獗。

公于未战之先，令兵备官调兵，断贼归路，又委官统领，前后夹击，又曰："此贼既离巢穴，利在速战。"又令乘险设伏，厚集以待，及各乡村往来路径，多张疑兵，使进无所获，退无所据，不过旬日，可以坐擒；一违节制，以军法从事。

先时在官吏、书、门、皂及在门军民、阴阳、占卜，皆与贼通，日在官府左右訽覸；不惟言出于口，贼必先知，凡意向颜色之间，贼亦知之。公知其然，在此则示以彼，在彼则示以此；每令阴阳择日，日者占卜，或已吉而不用，或欲用而中止，每励兵蓐食，令俟期而发，兵竟不出。

贼各依险自固，四路设伏，公潜令三省兵备官，各率兵从径道与贼交锋，前后大战数合，擒斩首俘获无算，余党奔聚象湖山拒守；谕令佯言犒军退师，俟秋再举。密探虚实，乘贼懈驰，以护送广东布政使邵蕡为名，选精兵一千五百当先，重兵四千二百继后，夜半自率数十骑至，密招前军来，

的山谷地带，无不是贼寇占据的巢穴，大大小小的官吏对此都束手无策，都认为最终也消灭不了。兵部尚书王琼很了解先生，特地举荐并加以重用，先生又恳切地上疏推辞，可没有得到允许，并更严厉地让他按圣旨任职，先生只有接受了委派。先生到了南赣之后，先精心研究了作战和防御的办法，当时龙南的二千余名贼寇突然赶到信丰，又纠集广东、龙川、利头等各路贼寇的头目，分队进攻，气势很猖獗。

先生在作战之前，就命令兵备官调集军队，首先断绝贼寇的退路，又委派统领官在前后夹击，又说："这些贼寇离开巢穴以后，利在速战。"又派兵在险要处设下埋伏，以优势兵力等待贼寇的到来。并在各个乡村来往的路上，布置了疑兵，使敌人进无所获，退无所据，过不了十几天，就可以擒获他们。一旦有人违抗命令，不听调遣，马上以军法从事。

以前在官府服役的人员军人、百姓、阴阳占卜的相士，都与贼寇相通，每天在官府的左右打探，说出口的话，贼寇都能够知道了，就是一种想法流露在意向颜色，贼寇也能知晓。先生了解了这种情况以后，就故意虚虚实实，言行不一来迷惑敌人，每次让阴阳先生选择出兵的日期，日期选定以后，虽大吉也不用，有时打算用，却突然中止，每次整顿兵马，打算候期出发，可最终也没有发兵。

贼寇各自占据险要的地方坚守，并在各个路口都设下了埋伏，先生暗中命令三省的兵备官，各自率领军队从小道和敌人交锋，前前后后经过几个回合的交战，擒获和斩杀贼寇无数，残余的党徒奔赴象湖山坚守不出；先生传下命令让部下都假装说，先生准备犒劳军队，班师回朝了，等秋后再来作战。暗

令分三路，各衔枚直趋象湖山，捣其巢穴，我兵夺据隘口，贼犹不知。贼虽失险，其间骁悍，犹能凌绝谷，超距如飞，复据上层峻险，四面飞打滚木礌石，以死拒敌。我兵奋勇鏖战，自辰至午，三省所发奇兵，复从间道鼓噪突登，始惊溃大败，我兵乘胜追杀，擒斩俘获无算，坠崖壑而死者，不可胜计。

余党复入流恩、山冈等巢，与诸贼合势，明日复战，贼又不利，遁入广东界上。黄蜡、樟溪、大山贼酋詹师富等，恃居可塘洞山寨，聚粮守险，势甚强固。公命分兵五路攻击，与贼连战，令知府锺湘破长富村等巢三十余处，擒斩俘获益多。其胁从余党，悉愿携家以听抚安；公委官招抚，复业者四千余人。又令佥事顾应祥等，委官统领军兵，会同福建，克期进剿，扬言班师，出其不意，从牛皮石岭脚等处，分为三哨鼓噪并进，贼瞻顾不暇，望风瓦解。攻破古村、拓林、白土村、赤石岩等巢，直捣箭灌，及攻破水竹、大重玩、苦宅溪、清泉溪、曰罗、南山等巢，直捣洋竹洞、三角湖等处，前后大战十余，俘获四千人有奇，牛马货物无算。

中派人打探了象湖山贼寇的虚实，乘贼寇戒备松弛的时候，以护送广东布政使邵蕡为名，挑选了一千五百名精兵开路，又派四千二百多名兵士在后边接应，半夜时分，自己亲率几十名骑兵赶到，秘密地让前队兵马分成三路，衔着枚管奔赴象湖山，直捣贼寇的巢穴，官兵已经占据了险要隘口的时候，贼寇还没有察觉。贼寇虽然丧失了险要，但因熟悉地形，骁悍善战，又很快地占据了山的上层险要的地方，用滚木垒石从四面八方袭击官兵，死命抗拒进攻。官兵奋勇作战，从早上到中午，三省的兵马，从小路突然登山，这才使贼寇溃散，官兵乘胜追杀，斩杀和擒获了很多敌人，堕入山谷摔死的贼寇不计其数。

残余的党徒又逃入流恩山冈等处的巢穴，势力合并起来，第二天又和官兵作战，贼寇又失利，逃入广东边界地区。黄蜡、樟溪、大山等处的贼寇首领詹师富等人，凭借可塘洞山寨的地势，聚集粮草，把守险要，势力很强盛。先生命令兵分五路进行攻击，和贼寇连续作战，并命令知府钟汀攻破长富村等三十多处贼寇的巢穴，斩杀和擒获了大量的贼寇。那些被迫成为贼寇的残余党徒，都愿意带着全家听凭官府招安，先生派官吏前去招抚他们，有四千多人改良从业。又命令签事顾应祥等人，委派官吏带领军队会同福建的军队，限期攻下贼寇的巢穴，并假装扬言班师，出其不意地从牛皮、石岭脚等处，分三路鼓噪并进，贼寇来不及作出反应就望风而逃。于是攻破了古村、柘林、白土村、赤石岩等处的巢穴，直捣箭灌。攻破了水竹、大重玩、苦宅溪、清泉溪、日罗南山等处的巢穴以后，直捣洋竹洞、三角湖等处，前后大战十余次，俘获了四千多名贼寇，收缴了大量的牛马货物。

尝上疏申明赏罚，以励人心，因请勑便宜行事，及请令旗令牌，不报；及是大庾、南康、上犹三县崒贼，房掠居民，广东浰头等处，强池大鬐等三千余徒，突围南康县，杀损官兵，与湖广桂阳、广东乐昌等巢相联盘据，流劫三省，时兵备筹官，请调三省狼达等兵，与官兵夹剿。

又上疏论"狼兵所过，不减于盗，转输之苦，重困于民，仍请便宜行事，期于成功，不限以时，则兵众既练，号令既明，人知激劝，事无掣肘，可以伸缩自由，相机而动，日剪月削，可使澌尽。"

复请添设清平县治，通盐法以足兵食，会湖广巡抚都御史秦公金，奏请夹剿，疏下复上疏议处兵粮事宜。六月，召知府季敩、县丞舒富等，密授方略，领兵分剿，生擒贼酋陈曰能等，捣其巢，俘获贼党无算。又上疏，论三省交剿方略。先是屡请勑便宜行事，众皆笑公为迂，惟尚书王公慨然曰："朝廷此等权柄，不与此等人用，又与谁用？我必与之。"

故因公疏覆议，奉旨改公提督南赣、汀漳等处军务，赐

先生曾经上疏请求朝廷对此给以奖罚，以鼓舞人心，并请求皇上发给他令旗令牌，让他在军中便宜行事，没有得到答复。这时，大庾、南康、上犹三个县的贼寇又大肆抢劫居民的财物，广东、利头等处的贼寇和强池大鬓等人率领的三千多党徒，突然围攻了南康县，杀害了大量的官兵，并且和湖广的桂阳、广东的乐昌等处的贼寇相互呼应，盘踞一方，不断骚扰三省的百姓和官府。当时的兵备官等官吏，都请求调遣三省的狼达兵，来和官兵一起夹击贼寇。

先生又上疏论述道："调遣狼达兵所需的费用，并不比贼寇抢劫的财物少，粮草的筹备，又使老百姓苦不堪言。仍旧请求皇上赐我令旗令牌，使我便宜行事，必须成功。但不要在时间上有所限制，那么兵力经过演练更加精壮，号令更加严明，人心得以鼓舞，办事没有人牵制，我就可以伸缩自由，伺机而动，每天每月消灭敌人的力量，渐渐地全部消灭贼寇。"

又请求增设清平县治，制定食盐流通的法规来保证军队的需要，这时正值湖广巡抚、都御史秦公金上奏朝廷请求夹攻贼寇，这个上疏批复下来之后，先生又上疏商议筹集兵粮的事宜。六月份，又召集知府季敦、县丞舒富等人，秘密地传授给他们作战方略，派他们各自领兵分头进击，生擒了贼寇首领陈日能等人，捣毁了他们的巢穴，俘获了许多贼寇。先生再次上疏，论述了三省兵力合击的作战方略。这以前，先生多次请求皇上赐给他令旗令牌，让他便宜行事，众人都嘲笑先生的迂腐，只有尚书王琼感叹地说："朝廷的权柄，不给这种有能力的用，还能给谁用呢？我一定要想办法给他。"

所以当先生的再次上疏请求，皇上下旨改派阳明先生提督南

勅书,及前所请旗牌,便宜行事。

廷议以公前攻破长富村、象湖山、可塘洞诸处,擒斩首从贼级数多,降勅奖励,升俸一级,赏银二十两,紵丝二表里。

时汀漳、左溪贼酋蓝天凤、与赣南、上新、稳下等峒贼酋雷鸣聪、高文辉等相结盘据千里,荼毒三省,公与诸从事议曰:"诸巢为患虽同,事势各异,以湖广言之,则桶冈诸巢为贼之咽喉,而横水左溪诸巢,为之腹心;以江西言之,则横水左溪诸巢为贼之腹心,而桶冈诸巢,为之羽翼。今不先去横水左溪腹心之患,而欲与湖广夹攻桶冈,进兵两寇之间腹背受敌,势必不利。今我出其不意,进兵速击,可以得志;已破横水左溪,移兵而临桶冈,势如破竹矣。"

议既决命指挥郏文,帅兵千余,自大庾县义安入。知府唐淳,帅兵千余,自大庾县聂都入,知府季斅帅兵千余,自大庾县稳下入。县丞舒富,帅兵千余,自上犹县金坑入。亲帅兵千余,自南康进屯至坪,期直捣横水与诸军会;命副使杨璋,参议黄宏,监督各营官兵往来给饷,以促其后。

是月初七日,各哨齐发,初十日进兵至坪,会间谍詗知各险隘皆设滚木礌石,公度此时贼已据险,势未可近。

赣、汀漳等处的军务，并赐给他诏书，令旗令牌，让他便宜行事。

经朝廷商议，认为先生前几次攻破长富村、象湖山、可塘洞各处的贼寇巢穴，擒获和斩杀了许多贼寇，下旨奖励，提升了一级俸禄，赏给二十两白银，二匹宁丝。

当时，汀漳、左溪的贼寇首领蓝天凤和赣南、上新、稳下等处的贼寇首领雷鸣聪、高文辉等人相勾结，盘踞地面达千里之广，使三省的老百姓遭受荼毒。先生和一同共事的部下商议说："各路贼寇造成的祸患虽然相同，可各自的情形却很不相同，就拿湖广来说，那么在桶冈的贼寇巢穴就是它的咽喉，而横水、左溪的各路贼寇的巢穴就是它的腹心；拿江西来说，那么横水、左溪的巢穴就是贼寇的腹心，而桶冈的巢穴，就是它的羽翼。如今不率先去掉横水、左溪这样的心腹大患，却想和湖广一同夹攻桶冈，在两路贼寇之间进兵，势必会腹背受敌，大为不利。如今我们出其不意，神速进兵，就一定会取得胜利。横水、左溪攻破以后，移兵逼近桶冈，就会势如破竹了。"

策略确定以后，就派指挥郏文，率领一千多士兵，从大庾县的义安进发。知府唐淳率领一千多士兵，从大庾县的聂都进发。知府季牧率领一千多人马，从大庾县的稳下进发。县丞舒富率领一千多人马，从上犹县的金坑进发。先生亲自带兵一千多，从南康进发，驻扎到至坪，图谋在直捣横水以后和其他各路军马会合；派副使杨璋，参议黄铉监督各营的官兵领取军饷，因此在军队后边跟随。

当月初七那一天，各路官兵一齐进发，在初十那一天进兵到至坪，从间谍那里得知在各个险要隘口都设有滚木、擂石，先生考虑到这时贼寇已经占据险要，根据形势，不可轻易接

乃自率兵乘夜遂进,未至贼巢三十里止舍,使人伐木立栅,开堑设堠,示以久屯之形。复遣官分帅乡兵,及樵竖善登山者四百人,各与一旗,赍锐炮钩镰,使由间道攀崖壁而上,分列远近极高山顶以觇贼,张立旗帜,热茅为数千灶,度我兵至险,则举炮燃火相应。

十二日黎明,公进兵至十八面隘,贼方据险迎敌,骤闻远近山顶,炮声如雷,烟焰四起,我兵复呼哨分逼,铳箭齐放;贼皆惊溃失措,以为官兵尽破其巢,遂弃险退走。公预遗千户陈伟、高睿分帅壮士数十,缘崖上夺贼险,尽发其滚木礌石,我兵乘胜骤进;指挥谢泉、马廷瑞兵,由间道先入,悉焚贼巢;贼退无所据,乃大败奔溃。

横水既破,遂乘胜进攻左溪,擒斩首级无算,俘获男妇牛马什物,不可胜算。

会雾雨,连日,公令休兵犒劳。是月二十七日,官兵乘胜进攻桶冈,公复议桶冈天险,四山壁立万仞,中盘百余里,连峰参天,深林绝谷,不睹日月。

因询访乡导,贼所由入,惟锁匙龙、葫萝洞、茶坑、十八磊、新地五处,皆假栈梯壑,夤悬绝壁而上。惟上章一路稍

近。

于是自己率领军队乘着夜色，进逼到离贼寇巢穴三十里的地方，安营下寨，派人砍伐树木，设立栅栏，开辟堑沟，设置障碍，作出长久驻扎的样子。又派官吏率领乡兵和善于登山的百姓四百多人，各自拿一面旗以及作战用的炮火钩镰，从小路攀登山崖峭壁而上，分别排列在远近高山的山顶上观察贼寇的动向，并遍立旗帜，准备了很多茅草，观测到官兵到了险要的地方，就一齐发炮相应。

十二日的黎明，先生进兵到十八面隘。贼寇正占据险要地方准备迎战，突然听到远近的山顶上炮声如雷。看到烟焰四起，官兵又分队并进，各种火铳和弓箭一齐攻击；贼寇都惊慌得不知所措，以为官兵已经把他们的巢穴都攻破了，于是都放弃险要逃跑退却。先生预先就派遣千户陈伟、高睿各自带领几十个壮士，攀着山崖上去抢夺险要，把敌人设置的滚木、擂石都破坏掉了，官兵乘胜追击；指挥谢昶、马廷曹的军队从小路率先攻入，把贼寇的巢穴都放火烧掉了；贼寇败退以后，没有地方可以占据，就四处逃散。

横水被攻破以后，就乘胜进攻左溪，斩杀了许多贼寇，俘获了大量的敌人和财物。

恰逢阴雨连绵，先生命令士兵休息，并犒劳了他们。这月的二十七日，官兵乘胜进攻桶冈，先生又和众人商议时认为，桶冈是天然的险要之地，四面环山，山势陡峭，耸入云端，周围方圆一百里山峰连绵，森林茂密，难见天日。

经询问向导得知，贼寇只从锁匙龙、葫芦洞、茶坑、十八磊、新地五处地方进入，都是凭借栈道和悬梯，攀援而上的，只有

平,然深入湖广迂回取道,半月始至。令移屯近地,休兵养锐,振扬威声,使人谕以祸福,彼必惧而请服,其或不从,乘其犹豫,袭而击之,乃可以逞。

纵所获桶冈贼锺景,缒入贼营期以翼日早,使人于锁匙龙受降。贼方恐集众会议,又遣县丞舒富,帅数百人,屯锁匙龙促使出降,遣知府邢珣入茶坑,伍文定入西山界、唐淳入十八磊,知县张戬入葫萝洞,皆于是月晦日,乘夜各至分地,遇大雨,不得进。明早冒雨疾登,贼酋蓝天凤,方就锁匙龙聚议,闻各兵已入险,皆惊愕散乱,犹驱其男妇千余人,据内隘绝险,隔水为阵以拒。

我兵渡水前击,复分部左右夹攻,贼不能支,且战且却;及午雨霁,各兵鼓奋而前,贼乃败走,桶冈诸巢悉平。亲行相视,形势据险之隘,议以其地请建县治,控制三省诸瑶,断其往来之路。又进兵攻稳下朱坑等巢,悉平;又以湖广二省之兵方合,虽近境之贼,悉以扫荡,而四远奔突之虞,难保必无,乃留兵二千余,分屯茶寮诸隘。

经由上章的一条路较为平坦,然而要深入湖广境内,道路迂回曲折,要经过半个月才能到达。先生命令把营地移到逼近巢穴的地方,使士兵休整以养精蓄锐,并弘扬官兵的雄壮威风,只要派人向敌人晓以祸福利害,他们一定因害怕而前来归降,对于那些还处于犹豫不决的人,官兵正好乘机袭击,就可以大获全胜。

先生故意让从桶冈擒获的贼寇钟景攀援着索道进入贼营,希望第二天早上在锁匙龙派人接受归降;贼寇正因害怕而在一起商议,先生又派遣县丞舒富,带领几百人驻扎在锁匙龙,促使贼寇出来归降,并派遣知府邢珣进入茶坑地区,伍文定进入西山界,唐淳进入十八磊,知县张戬进入葫芦洞,都在这月月底的那一天,乘着夜色各自赶到各自应到的地方,因遇上大雨,当日无法前进;第二天早上冒着雨快速登山,贼寇的酋长蓝天凤正在锁匙龙聚众商议,听说各路官兵都已占据险要地区,都十分惊慌,驱赶一千多男子妇女,占据了山中最深处的险要地区,隔着水和官兵抗拒。

官兵渡过水去向前攻击,并分兵从左右夹击,贼寇力量不支,一边抵抗一边退却;到中午的时候,雨停了,各路官兵奋勇向前,贼寇败退而逃,盘踞桶冈的各路贼寇都被平定。先生亲自去察看地形,商议在那个地方建立县治,控制三省境内的猺民,断绝他们交通往来的道路。又进兵平定了稳下、朱坑的贼寇;又因为湖广二省的兵力刚刚会合,即使是邻近地方的贼寇,也受到大规模的扫荡,可是对于四面较远的贼寇藏身之处,并不能保证没有隐患,于是留下二千多士兵,分别屯扎在茶寮等各个关隘。

余兵令回近县休息,候二省夹攻尽绝,然后班师。驱卒不过万余,用费不满三万,两月之间,俘斩六千有奇,破巢八十有四,渠魁授首,噍类无遗。又疏请三县适中之处,立崇义县,移置小溪驿于大庾县城内,使督兵防遏。浰头贼酋池大鬓等,闻横水诸巢皆破,始惧加兵,乃遣其弟池仲安等,率老弱二百余徒,赴军门投降,随众立效,意在缓兵,因窥虚实,乘间内应。公逆知其谋,乃阳许之。

乃进攻桶冈,使领其众截路于上新地,以远其归途。十一月,池大鬓等闻复破桶冈,益惧,为战守备;公使人赐各酋长牛酒,以察其变,觇度不可隐,诈称龙川新民卢珂等将掩袭之,是以密为之防,非虞官兵也。亦阳信其言,因复阳怒卢珂等擅兵仇杀,移檄龙川,使谦其实,且趣伐木开道,将回兵浰头,取道往征之。

贼闻之,且喜,且惧卢珂、郑志高、陈英者皆龙川旧招新民,有众三千余,为池大鬓所胁,而三人者,独深忌之,乃来告变云:池大鬓僭号设官,及以伪授卢珂等金龙霸王官爵印信来首。

公先已谍知其事,乃复阳怒不信,遂械系卢珂,而使人

其余的士兵回到邻近的县里休整，等二省夹击，消灭尽贼寇以后，一同班师回朝。先生用兵不过一万多人，费用不足三万，在两个月的时间内，就俘获斩杀了六千多名贼寇，攻破敌人八十四座巢穴，确实是战功显赫。又上疏请求在相邻的三县最适中的地方，设立崇义县，并把小溪驿移置到大变县城内，便于派兵控制。利头的贼寇酋长池大鬐等人，听到横水的各个巢穴都被攻破的消息，开始害怕官兵前来扫荡，于是派他的弟弟池仲安等，带领了二百多老弱病残前去投降，用意在于延缓官兵作战的时间，同时窥探官兵的虚实，作战时做他们自己的内应。先生暗中得知这个计谋，就故意答应接受了他们的投降。

在官兵进攻桶冈的时候，先生派池仲安带领他的部下在上新地的路上截击贼寇，实际上意在使人们回归的路途更加遥远。十一月份，池大鬐等人听到官兵又攻破桶冈的消息，就更加害怕，做了战守的准备。先生派人给他们的酋长送去了牛和酒，并暗中察看他们的变化，贼寇考虑到无法隐瞒，就诈称龙川的卢珂等人将要袭击他们，因此秘密地做了准备，并不是准备对付官兵的。先生假装相信了他们的话，并做出对卢珂擅自用兵处仇杀装作愤怒的样子，并向卢珂传达了檄文，让他们不要轻易乱动，并且派兵伐木开道，准备借道利头，去征伐卢珂。

池大鬐听到这个消息，又高兴又害怕。卢珂、郑志高、陈英都是先生在龙川招抚的贼寇，有三千多兵马，受到池大鬐的胁迫，可是这三个人都对池大鬐非常忌恨，就前来向阳明先生告知池大鬐图谋变乱的情况。他们说，池大鬐违背名号，自己设置官吏，并且带着池大鬐授予卢珂的金龙霸王官爵印信前来自首。

先生事先已侦探到这件事情，就又假装恼怒，对他们的话

密谕其意，珂遂遣人归集其众，待时而发。又使人往谕池大鬓，且密购其所亲信头目二十人，阴说之同部下百八十人，使自来投诉。还赣，乃张乐大享将士，下令城中散兵，使各归农，示不复用。贼众皆喜，遂弛其备。

池大鬓等乃谓其众曰："若要伸，先用屈，赣州伎俩，亦须亲往勘破。"率其麾下四十人，自诣赣，公使人探知池大鬓已就道，密遣人先行属县，勒兵分哨，候报而发，又使人督集卢珂等兵俱至，令所属官寮，以次设羊酒，日犒池大鬓等，以缓其归。

会正旦之明日，复设犒于庭，先伏甲士，引池大鬓入，并其党悉擒之，出卢珂等所告状，讯鞫皆伏，置于狱，斩之。

夜使人趋发属县兵，期以初七日入巢，诸哨兵皆从各径道以入，自率帐下官兵，从龙南县令水直捣下浰大巢，与各哨兵会于三浰。先是贼徒得池大鬓报，谓赣州兵已罢归，皆已驰备，散处各巢；至是骤闻官兵四路并进，皆惊惧，分投出御，悉其精锐千余，据险设伏，并势迎敌于龙子岭。

不相信，并对卢珂施以刑罚，可是暗中派人告知先生这样做的用意，于是卢珂派人集合起他的人马，回到原地等待时机；又派人前去告知池大鬓对待卢珂的惩治，并且暗中买通了他亲信的头目十人，让他们秘密劝说自己的百八十个部下，主动地到阳明先生那里投诉。先生回到江西，就大张旗鼓地犒劳作战将士，下令让城里散失的士兵，各自回家务农，并表示不再用他们去打仗；贼寇听到这个消息后都很高兴，于是戒备就渐渐地松弛了下来。

　　池大鬓等人对他们的部下说："如果要伸，那么就必须先曲，赣州的王阳明在使用什么伎俩，也必须亲自去察看识破它。"率领他的部下四十多人，亲自奔赴赣州。先生派人打探到池大鬓已经上路了，就暗中派人先行赶到所属的各县，让我们整顿兵马，严密驻守，等待命令；又派人把卢珂的兵马会集到赣州，命令自己所属的官僚，按次序摆设羊肉和好酒，每天犒劳池大鬓等人，以延缓他们的归期。

　　恰逢正月元旦的第二天，在大庭里摆设酒席犒劳他们，事先在大庭里埋伏了带甲的士兵，把池大鬓引到这里以后，就和他的党徒一起被擒获了；拿出卢珂等人告发他的状子，使他不得不承认了全部罪状，先生起初把他拘捕在监狱中，后来就斩杀了他。

　　夜里，派人到所属各县调遣兵马，约定在初七那一天攻入贼寇巢穴，各路兵马都从山中的小路分头进发，先生率领帐下官兵，从龙南县的令水直捣下巢穴，后来是各路兵在三浰相会。最开始贼寇得到池大鬓的报告，说赣州的兵马已经回去了，所以贼寇的防备极为松弛，纷纷散处在各个巢穴之中；到这时突然

我兵聚为三冲掎角而前,大战良久,贼败,复奋击数十合,遂克上中下三浰。各哨官兵,遥闻三浰大巢已破,皆奋勇齐进,各贼溃败,遂进攻九连山。于是选精锐七百余人,皆衣所得贼衣,佯若奔溃者,乘暮直冲贼所据崖下涧道而过,贼以为各巢败散之党,皆从崖下招呼,我兵亦佯应之,贼疑不敢击,已度险遂断其后路。

次日,贼始知为我兵,并势冲敌,我兵已据险,从上下击,贼不能支。公度其必溃,预令各哨官兵,四路设伏以待,贼果潜遁邀击而悉俘之。前后擒斩首级无算,俘获男妇牛马器仗什物,不可胜计。余党张仲全等二百余人,及远近村寨一时为贼所驱,从恶未久者,势穷计迫,聚于九连谷口,呼号痛哭,诚心投降;遣邢珣验实,量加责治,籍其名数,悉安插于白沙;相视险易,经理立县设隘,可以久安长治之策,留兵防守而归。

赣人皆戴香遮道而迎,为立生祠,又家肖其像,而岁时祭祷。上疏乞休致,不允。

听到官兵四路并进，都十分惊慌害怕，分头出去抵御，把他们的一千多人的精锐部队全部调了出来，占据险要地区，并设下了埋伏，集合全部力量在龙子岭迎战官兵。

官兵聚集为三冲掎角之势进行攻击，大战了很长时间，贼寇才败退，又奋勇激战了几十个回合，才攻占了上、中、下三浰。各队官兵，在遥远的地方听到三浰大巢已被攻破的消息，都奋勇向前，各路贼寇都溃败而去，于是官兵又进攻九连山。在贼寇溃败的这个时候，先生挑选了七百多精壮士卒，让他们都穿着缴获了的贼寇的衣服，假装为崩溃的贼寇，乘着暮色一直冲到贼寇占据的山崖下，贼寇误以为他们是败散的各个巢穴的贼寇，都向崖下招呼他们，官兵也假装地应答他们，贼寇有所怀疑但不敢攻击，官兵就已度过险要隘口，切断了他们的后路。

第二天，贼寇才知道是官兵前来，集合兵力去攻击，官兵已经占据险要地理，从上下夹击，贼寇力时渐渐不支。先生估计贼寇一定会溃败，就预先命令各队官兵，在四处埋伏，截击逃跑的溃贼，贼寇果然没多久就逃遁而来，官兵四下攻击，把他们擒获了。前前后后斩杀了许多贼寇，收缴了许多财物。余党张仲全等二百多人，以及远近村寨一时被贼寇所驱使，从恶时间很短的人，在这山穷水尽的时候，一起聚集在九连谷口，呼号痛哭，诚心投降。先生派遣知府邢珣前去查验实情，酌量加以惩治，把他们的名字和人数都记录下来，然后安插在白沙地区；先生察看地形的平坦和险要，分别设立县治、把守关隘，先生认为这是长治久安的策略，留兵防守以后就撤回了赣州。

南赣的百姓都戴香冠在路途上迎接先生，并建立了生祠，又在家中供设了先生的画像，每年的春秋两季举行祭祀。先生

又以龙川诸处，系山林险阻之所，盗贼屯聚之乡，当四县交界之隙，乃三省闰余之地，政教不及，人迹罕到，其间接连闽广，反覆贼巢，动以百数，据而守之，真足控诸贼之往来，杜奸宄之潜匿。

遂疏请于和平地方，建设和平县治，以扼其要害。又以大贼酋龚福全、高仲仁、李斌、吴玤等，邀路劫杀军民，攻掠郡县，命三省将官剿平。

上三省夹剿捷音疏，朝廷论功行赏，升右副都御史，荫子一人锦衣卫，世袭百户，写勅奖励。恳疏辞免，乞原职致仕，温旨慰留。

因奏平定广东韶州府乐昌县等贼捷音，查例加升子本卫世袭副千户。在赣虽军旅扰扰，四方从游日众，而讲学不废，褒崇象山陆子之后，以扶正学。赣人初与贼通，俗多鄙野，为立保甲十家牌法，于是作业出入皆有纪。又行乡约，教劝礼让，又亲书教诫四章，使之家喻户晓，而赣俗丕变；赣人多为良善，而问学君子亦多矣。

十四年正月，再疏乞放归田里，当路忌公，欲从其请。

上疏请求辞职回家休养,没有得到准许。

龙川境内,到处山林茂密,常常有贼寇隐藏在那儿,而且它是四个县的交界地带,是三省教化不及的地方,政教达不到,那儿人迹罕至,其地接连闽广,贼巢遍地,数以百计,如果官兵占据并把守着那个地方,一定会控制贼寇的往来,奸邪之徒也将无处藏身。

于是先生上疏请求在和平地区,建设和平县治,以便控制那儿的要害。又因为贼首龚福全、高仲仁、李斌、吴巩等人,占据路口,抢劫杀害军人百姓,并攻打郡县为害甚烈,先生命令三省的将官前去剿灭。

先生上疏呈报了三省夹攻,剿灭贼寇的胜利消息。朝廷论功行赏,升任先生为右副都御史,照顾一个儿子可以入锦衣卫,世代承袭一百户的领地,并亲自下旨,予以奖励。先生恳切地上疏请求免去这些赏赐,请求按原来的职位辞职,回家休养,皇上下旨安慰和挽留他。

因上奏了平定广东韶州府乐昌县等地贼寇的胜利消息,朝廷按惯例加封他为副千户。先生在江右的时候,虽然军务繁忙,但四面八方跟随他游学的人也渐渐增多,先生的讲学从来没有停止过,先生褒奖了陆象山先生的后代,借以扶持圣人之学。江西的老百姓起初的时候,和贼寇相通,风俗野蛮鄙陋,先生为他们设立了保甲十家牌法,又推行乡规民约,鼓励老百姓要互相礼让,并亲自书写了四章教试文告,让老百姓家喻户晓,从而江西的风俗有了明显的改善;江西老百姓大多良善知礼以后,前来向他求学的君子也渐渐多起来。

嘉靖十四年正月,先生再次上疏请求放归田里,执掌朝廷

王公琼逆知宸濠必将为变。一日，召其属主事应典曰："我置王某于江西，与之便宜行事者，不但为溪洞诸贼而已，或有他变，若无便宜行事敕书旗牌，将何施用？"时福建有军人进贵等之变，王公曰："此小事，不足烦王某，但假此以牵便宜，敕书在彼手中，以待他变尔，可为我做一题稿来看。"稿成具题，降敕与公曰："福州三卫军人进贵等，协众谋反，特命尔暂去彼处地方，会同查议处置，参奏定夺。"时濠阴谋不轨，亦已有年，一日，令安福举人刘养正往说公云："宁王尊师重道，有汤武之资，欲从公讲明正学。"

公笑曰："殿下能舍去王爵否？"既而令门人冀元亨先往，与濠讲学，以探其诚否，元亨与语矛盾，濠怒，遣还，密使人杀于途，不果。公以六月初九日，自赣往福建勘事，十五日，至丰城县界，典史郐人报濠反状，继而知县顾佖具言之。

公度单旅仓猝，兵力未集，难即勤王，亟欲溯流趋吉安；南风方盛，舟人闻宸濠发千余人来劫公，畏不敢发，乃以逆流无风为辞。公密祷于舟中，誓死报国，无何北风大

大权的人忌恨先生，打算听从他的请求。王琼先生暗中得知朱宸濠一定要叛乱。一天，他召见自己所属的主事应典说："我把阳明先生安置在江西，并且为他请求到便宜行事的令旗和令牌，不只是为了剿灭溪洞的各路贼寇而已，或许有其他的叛乱，如果没有皇上亲赐的可便宜行事的令旗令牌，那么将如何处置呢？"当时福建发生了军人进贵等领导的叛乱，王琼先生说："这是件小事，本来不应该以此去麻烦阳明先生，但是他可以借此机会，继续把持便宜行事的令旗令牌，只要有令旗令牌在手，就可以有准备地等待朱宸濠的叛乱。请你替我作一篇文稿。"文稿写成之后，题签了朝廷印信，降旨给先生说："福州的军人进贵等人，聚众谋反，今特地命令你暂时到那个地方，会同本地官吏商议处置，有情况及时上奏。"当时，朱宸濠暗中谋划叛乱已经一年多了，有一天，他派安福举人刘养正前去劝说先生，其中说道："宁王尊师重道，有商汤、武王那样俊秀的才能，打算跟随先生一同倡明圣学。"

先生笑着说："你能舍去王爵吗？"不久，先生派门人冀元亨先去和朱宸濠讲习学问，借以打探朱宸濠是否有意倡明圣学，冀元亨和他交谈，问得他矛盾百出，朱宸濠非常恼怒，把冀元亨遣送回去，暗中却派人在路途上截杀，可没有得逞。先生在六月初九那一天，从江西前往福建考查事务，于十五日到了丰城县境内，典史鄢人向他报告了朱宸濠叛乱的事情，接着，知县顾佖详细地对他叙述了那件事的情况。

先生考虑到自己只是独自在旅途，且时间仓促，难以一下子调整集合兵力，勤王平叛，所以急切地想乘船逆流而上吉安；当时南风刮得正厉害，船上的人听说朱宸濠派了一千多人来劫

作，舟人犹不肯行，拔剑馘其耳，遂发舟；薄暮，度势不可前，潜觅渔舟，以微服行，留麾下一人，服己冠服在舟中。

濠兵果犯舟，而公不在，欲杀其代者。一人曰："何益？"遂舍之，故追不及。是夜至临江，知府戴德孺喜甚，留公入城调度。

曰："临江，居大江之滨，与省城相近，且当道路之冲，莫若吉安为宜。"又以三策筹之曰："濠若出上策，直趋京师，出其不意，则宗社危矣；若出中策，则趋南都，大江南北亦被其害；若出下策，但据江西省城则勤王之事，尚易为也。"

行至中途，恐其速出，乃为间谍，假奉朝廷密旨，先知宁府将反，行令两广湖襄都御史杨旦秦金，及两京兵部，各命将出师，暗伏要害地方，以俟宁府兵至袭杀。复取优人数辈，各与数百金，以全其家。令至伏兵处所，飞报窃发日期，将公文各缝置裕衣絮中；将发间，又捕捉伪大师李士实家属至舟尾，令其觇知，公即佯怒，牵之上岸处斩，已而故纵之，令其奔报。宸濠罗获优人，果于袷衣絮中搜得公文，遂疑不

取先生,因害怕而不敢开船,却假托到吉安是逆流而上且没有顺风相助,所以无法开船。先生在船中暗暗祈祷,并表明自己誓死报国的决心,突然北风呼呼大作,可船上的人还不肯前行,先生拔出剑来削掉他的耳朵,才发船前行傍晚,先生考虑到船无法前行,就暗中寻觅了一只小渔船,换下官服乘渔船继续前行,让自己的一名部下穿上自己的官服坐在先前乘坐的那只船上。

朱宸濠派来的士兵果然堵截了那条船,可先生早已不在,他们打算杀掉替代先生的那个人,可其中的一个人说:"这样做有什么好处呢?"就释放了他。所以他们最终也没能追得上先生。这天晚上,先生到了临江,知府戴德孺非常高兴,挽留先生进入城中叙话。

先生说:"临江位于大江的岸边,和省城十分接近,并且正值道路的汇集地区,不如吉安更适合调集兵马。"又告诉戴德孺三种推测,其中说:"朱宸濠如果拿出最上等的策略,就会出其不意地直奔京师,那么宗庙社稷就很危险了;如果拿出中等的策略,就会直奔南都,那么大江南北就都遭荼毒了;如果拿出下等策略,只是占据江西的省城,那么勤王平叛的事,我们还是容易做到的。"

当先生行到中途的时候,恐怕朱宸濠快速地出兵攻击,就筹划了一个间谍计。即假称接到朝廷的密旨,预先得知宁王府要反叛,命令两广、湖襄的都御史杨旦、秦金,以及两京的兵部,各自派出军队,埋伏在要害的地方,等宁王府的叛军一到就进行袭击。又找了一些优人,给他们每人几百金以保全他的家庭,派他们到埋伏士兵的地方。飞速告知袭击的日期,把公文缝置在他们每个人的衣缝中;派他们出发的时候,又捕捉了宁王府的太

发。

十八日,至吉安,知府伍文定甚喜,军民皆遮首呼号。公入城抚慰,两上疏告变,请命将征讨以解东南倒悬。奏至,王公琼扬言于朝曰:"王某在南赣,必能擒之,不久当有捷报至。"但朝廷不命将出师,则无以壮其军威。时濠畜养死士二万,招诱四方盗贼渠魁亦万数,举事之日,复驱其护卫党与,并胁从之人,又六七万,虐焰张炽,公以百数从卒,退保吉安遥为牵制之图,远近军民,劫于濠积威,道路以目,莫敢出声。

公率知府伍文定、戴德孺、邢珣、徐琏等,调集军民兵快,召募四方报效义勇,会计应解留钱粮,支给粮赏,造作军器战船;奏留公差回任御史谢源、伍希儒,分职任事,约会乡官致仕右副都御史王懋忠,养病编修邹守益,郎中曾直评事罗侨、丁忧,御史张鳌山,赴部调用佥事刘蓝依亲进士郭持平,致仕副使刘逊,参政黄绣,闲住知府刘昭等相与激劝忠义晓谕祸福;调度已定,移檄远近,宣布朝廷仁德,暴濠罪恶。濠始觉为公所欺,亟欲引兵而出,公谓急冲其锋,

师李士实的家属,并押解到船尾,让他们占卜吉祥,先生假装非常愤怒的样子,把他们拉上河岸处斩,可后来故意放跑了他们,让他们把这儿的一些消息告知给朱宸濠。朱宸濠很快就擒获了那几个优人,果真在他们的衣缝中搜出了公文,于是心有疑虑,没有马上发兵攻击。

十八日,先生到了吉安,知府伍文定非常高兴,军民也都夹道欢呼,先生入城抚慰百姓,并两次上疏告知变乱,请求皇上派兵征伐,以解救东南的危急。奏折到了朝廷之后,王琼先生在朝廷上说:"只要王阳明在南赣,一定能够擒获朱宸濠,过不了多久,就会有胜利的消息传来;但如果朝廷不派兵出征,那么就没有人替他壮军威。"当时,朱宸濠蓄养了效死力的武士二万多人,招抚引诱了四面八方的盗贼,也有一万多人,在叛乱的那一天,又驱使他手下的厂卫党徒和胁迫跟随他的人一起出动,又有六七万人,气势汹汹。阳明先生只带了跟随他的一百多士卒,退守吉安,遥作牵制敌人的谋划,远近的军民迫于朱宸濠的势力,在道路上相遇,也只是以目示意,不敢说话。

阳明先生率领知府伍文定、戴德孺、邢珣、徐琏等人,调集军队,招募四方侠义报国之士,算计钱粮供应,制作军械战船;上奏留下了完成公差即将回任的御史谢源、伍希儒,并让他们分职任事,并拜访了辞职休养在家的原右副都御史王懋忠,在家养病的编修邹守益,郎中曾直,评事罗侨,在家服母丧的御史张鳌山,赴部调用佥事刘蓝,依亲进士郭持平,辞职休养的副使刘逊,参政黄绣,闲居在家的知府刘昭等人,让他们一起激励忠义之士,并告诉老百姓平叛的意义。兵马调集完毕,向远近各地发布檄文,宣布朝廷的大仁大德,历数朱宸濠的罪恶。朱宸濠

攻其有备，皆非计之得也。

始示以自守不出之形，必俟其出，然后尾而图之；先复省城，以捣其巢穴，彼闻必回兵来援，我则出兵邀而击之。此全胜之策也。濠果使人探公未出，先发兵出次南康九江，自居省城以御公。

七月初二日，濠又使人探公兵果不出，乃留兵万余，属其腹心宗室，及仪宾内官，并伪都督都指挥等官，使守省城自引兵向安庆；公知其出，遂急促各府兵，期以本月十五日，会于临江樟树镇，身督伍文定等兵径下。于是知府戴德孺引兵自临江来，知府徐琏引兵自袁州来，知府邢珣引兵自赣州来，通判胡尧元、童琦引兵自瑞州来，通判谈储，推官王暐、徐文英，新淦知县李美，太和知县李楫，宁都知县王天与，万安知县王冕，亦各以兵来赴。

十八日，遂至丰城，分布哨道，使伍文定攻广润门，邢珣攻顺化门，徐琏攻惠民门，戴德孺攻永和门，胡尧元童琦攻章江门，李美攻德胜门。都指挥余恩攻进贤门，谈储、王暐、李楫、王天与、王冕等，各以其兵，乘七门之衅，从旁夹击，以佐其势。

又探得濠伏兵千余于新旧坟厂，以备省城之援，乃遣奉新知县刘守绪、典史徐诚，领兵四百，从间道夜袭破之，以

这时才觉察到是被阳明先生欺骗了，打算马上带兵出击，先生认为，和敌人的前锋交战，攻其有备，都不是好的策略。

开始的时候表现出守城不出的样子，必定等敌军出动，然后在敌人的尾部袭击；首先夺回省城，捣毁敌人的巢穴，敌人听到这个消息后，一定回兵前来救援，官兵则四面出击，击败他们，这是使官兵能大获全胜的策略。朱宸濠果然派兵打探到先生没有出击的情况，首先发兵占据了南康和九江，自己驻守省城防御先生的袭击。

七月初二日，朱宸濠又派人打探到先生果然没有出兵，就留下一万多兵马，托付他的心腹同宗，仪宾内官以及都督、都指挥等人把守省城，自己亲自带兵奔向安庆；先生得知朱宸濠亲自出击以后，就急忙督促各府的兵马，务必在本月的十五日，在临江的樟树镇聚会，亲自督促伍文定等人带兵直下。于是，知府戴德孺带兵从临江赶来，知府徐琏带兵从袁州赶来，知府邢珣带兵从赣州赶来，通判胡尧元、童琦带兵从瑞州赶来，通判谈储，推官王玮、徐文英，新淦知县李美，太和知县李楫，宁都知县王天与，万安知县王冕，也各自带兵赶来。

十八日，一起赶到丰城，先生安排了各自的进攻任务，派伍文定带兵攻打广润门，邢珣攻打顺化门，徐琏攻打惠民门，戴德孺攻打永和门，胡尧元、童琦攻打章江门，李美攻打德胜门，都指挥余恩攻打进贤门，谈储、王玮、李楫、王天与、王冕等人，各自带兵乘其他人攻打七座城门的时机，从两旁夹击，协助对城门的攻击。

又打探到朱宸濠在新旧坟厂埋伏了一千多人马，准备对省城救援，于是先生派奉新知县刘守绪、典史徐诚带四百多人马，

摇城中。十九日，登市汉誓师，且申布朝廷之威，再暴濠恶，约诸将"一鼓而附城，再鼓而登城，三鼓不克，诛其伍，四鼓不克，斩其将。"

誓已，莫不切齿痛心，踊跃激奋，薄暮徐发。二十日黎明，各至信地，城中为备甚严，滚木、灰瓶、火炮、石弩、机毒之械，无不毕具，及我兵已破新旧坟厂，败溃之卒，皆奔告城中，城中闻我师四面骤集，莫不震骇。

我师呼噪并进，梯絙而登，城中倒戈而奔，遂破。擒其居守宜春王枅檨，及伪太监万锐等千余人，宫眷纵火自焚，延烧居民房屋，公令各官分道捄火，抚定居民，释其胁从，封其府库，搜出原收大小衙门印信九十六颗，其胁从布政使胡廉，参政刘斐，参议许效廉，副使唐锦，佥事赖凤，都指挥王玘，皆自上江西捷音疏，仍分兵四路追蹑。

是时，濠攻安庆未下，亲自督兵，运土填堑，期在必克，及闻我兵至丰城，大恐，即欲回舟，李士实阻劝，以为必须径往南京，既登大实，则江西自服。濠不应，次日遂解安庆之围，移兵泊阮子江，会议归援。

先是兵至丰城，众议安庆被围，宜引兵直趋安庆；公以

从小道夜袭他们，以动摇城中的军心。十九日，誓师，并且重新讲明了朝廷的威严，历数朱宸濠的罪恶，和将领们相约："第一次击鼓就必须赶到城墙下，第二次击鼓的时候，就登上城去，如第三次击鼓还不能攻下城，就诛杀带兵的小头目，如果第四次击鼓仍旧不能胜利，就斩杀带兵的将领。"

誓师完毕，士卒无不激奋难已。在薄暮时分向南昌城进发。二十日的黎明，各自到了预定地点，城里敌军防备很严，滚木、灰瓶、火炮、石弩、机毒等各类器械无不具备，在官兵攻破新旧坟厂以后，败溃的士卒都奔回城中，城中的驻守军队听到官兵已四面围困的消息后，都十分惊慌害怕。

官兵在呼喊声中一齐进发，架上云梯，降下绳索，士兵都踊跃登城，城中也有倒戈的，南昌城终于被攻下了。擒获了守城的王拱，以及伪太监万锐等一千多人，宁王的宫眷在绝望中纵火自焚，烧着了居民的房屋，先生派官吏分头去救火，接着安抚城中百姓，释放被迫叛乱的士卒，封锁了钱粮府库，搜出了大小衙门印信九十六颗，跟随宁王叛乱的布政使胡廉，参政列斐，参议许效廉，副使唐锦，佥事赖凤，都指挥王王巳，皆从小道逃走。先生仍旧派兵追击。

这时朱宸濠正对安庆城久攻不下，他亲自带兵，运送土方填平堑壕，决心要攻下安庆，等听到官兵已到丰城的消息后，非常害怕，打算马上乘船赶回，李士实劝阻他这样做，认为必须径直赶到南京。登上皇位以后，江西自然就会安定。朱宸濠没有接受他的建议，第二天，解除了对安庆城的围困，把军队转移到阮子江岸边，商议救援南昌城。

这以前，在先生带兵到临江以后，众人认为安庆正被围困，

"九江南康,皆以为贼所据,而南昌城中数万之众,精悍亦且万余食货充积;我兵若抵安庆,贼必回军死斗,安庆之兵仅仅自守,必不能援我于湖中,南昌之兵,绝我粮道,而九江南康之贼合势挠蹑,而四方之援又不可望,事难图矣。

今我师骤集,先声所加,城中必已震慑,因而并力急攻,其势必下。已破南昌,贼先破胆夺气,失其本根,势必归救,则安庆之围可解,濠亦可以坐擒。"果如公料。

及议所以御之之策,众谓宜敛兵入城坚壁自守,以待四方援兵,公独谓"宜先出锐卒,乘其惰归,要迎掩击,一挫其锋,众将不战自溃,所谓先人有夺人之气,攻瑕则坚者瑕矣。"是日,抚州知府陈槐引兵亦至,公遣伍文定、邢珣、徐琏、戴德孺共领精兵五百,分道并进,击其不意。

濠亦先使精悍千余人,从间道欲出公不意,攻收省城,偶遇于某处,遂交战,我兵失利。

报至,公怒甚,欲以军法斩取伍文定、邢珣、戴德孺、徐琏等首,乃自帅兵亲战。或以敌锋方交,若即斩其首,兵无统领而乱,俟各奋励,以图后效。

明日各帅兵奋死以战,大败之。又遣余恩以兵四百,

应该带兵直奔安庆去解围;先生认为:"九江、南康都已经被叛贼占据,而且南昌城里也有几万人马,精锐部队也达一万多人,而且粮草充足;官兵如果抵达安庆,叛军一定会回过头来和我们死战,而且安庆的兵马只可以自卫,一定不能出来援救我们,南昌的叛军会乘机断绝我们的粮道,九江、南康的叛军会一起来骚扰我们,而我们又没有四面八方赶来的援兵,事情就难办了。

如今我们骤然会集一处,威势传播出去,城里的叛军一定会非常惊慌,我们合力猛攻,一定会攻下城来;南昌城被攻破以后,叛军首先就丧失了精锐之气,因失掉了老巢,他们一定会赶回去救援,那么安庆城的围困也就解除了,朱宸濠也可以被轻松地擒获。"果然和先生预料的一样。

在商议如何防御敌军的策略时,众人认为应该把军队带入城中,然后坚壁自守,等待援兵的到来;先生却独自认为:"应该首先让精锐部队出击,乘敌人正疲惫惰息的归来,猛力袭击,挫败了他们的锋芒之后,敌人将不战自溃,这正是兵法上所说的;先人有夺人之气,攻瑕则坚者瑕矣。"这天,抚州知府陈槐也带兵赶到。先生派遣伍文定、邢玛、徐琏、戴德孺,领兵五百,分道并进,出其不意地攻击敌人

朱宸濠也派了一千多精壮士卒,打算从小道出其不意地收复南昌城,两支军队偶然相遇,经过激烈的交战,官兵失利。

消息传回来以后,先生大怒,打算按军法把伍文定、邢殉、戴德孺、徐琏等人斩首,自己亲自带兵前去作战,又考虑到刚刚交战,就斩将领首级,军队没有统领必定会大乱,就又鼓励他们奋勇杀敌,以观后效。

第二天,他们几个各自带兵死战,大败了朱宸濠。又派余

往来湖上，诱致贼兵。陈槐、胡尧元、童琦、谈储、王昈、徐文英、李美、李楫、王冕、王轼、刘守绪、刘源清等，各领百余，四面张疑设伏，候伍文定等兵交，然后四起合击。分布既定，大赈城中军民，虑宗室郡王将军，或为内应生变，亲慰谕之，以安其心，出给告示："凡胁从皆不问，虽尝受贼官爵，能逃归者，皆免死，能斩贼徒归降者，皆给赏。"

使内外居民及乡导人等，四路传布，以解散其党。二十三日，濠先锋已至樵舍，风帆蔽江，前后数十里。公乃分督各兵，乘夜趋进，使伍文定以正兵当其前，余恩继其后，邢珣引兵绕出贼背，徐琎戴德孺张两翼以分其势。二十四日早，贼兵鼓噪乘风而前，逼黄家渡其气骄甚，伍文定余恩之兵，佯北以致之，贼争进趋利，前后不相及，邢珣之兵从后横击，直贯其中，贼败走；伍文定余恩督兵乘之，徐琎戴德孺合势夹攻，呼噪并起，贼不知所为，遂大溃，奔走十余里。擒斩二千余级，落水死者以万数，贼势大沮，引兵退保八字脑。

众稍遁散，濠震惧，身自激励将士，赏其当先者以千金，被伤者银百两，尽发九江南康守城之兵，以益师。是日，建昌知府曾玙引兵至，公以九江不破，则湖兵终不敢越九江以援我；南康不复，则我兵亦不能逾南康以蹑贼。乃遣知府陈槐领兵四百，合饶州知府林城之兵，乘间以攻九江；知府曾

恩带四百多个士兵,在湖上往来,引诱贼军追击。派陈槐、胡尧元、童琦、谈储、王晡、徐文英、李美、李楫、王冕、王轼、刘守绪、刘源清等人,各自带领一百多个士兵,到四百埋伏,等候伍文定等人一交战,然后就一起夹击敌人。安排妥当以后,先生大规模地救济城里的军人百姓,考虑到宗室、郡王、将军,有的人可能给朱宸濠做内应引发变乱,就亲自前去安慰他们,借以安定他们的心神,发布告示说:"凡是被迫跟随叛军的人都不问罪,即使曾经接受了叛贼的官爵的人,只要能逃回来,就免去死罪,如果能斩杀叛贼前来归降,那么发给奖赏。"

并派城内外的居民以及乡村百姓,四处传播来瓦解敌军。二十三日,朱宸濠的先锋已经赶到樵舍,船上的风帆遮江蔽日,前后达数十里。先生督促各路兵马,乘着夜色快速推进,派伍文定从正面抵挡敌军,余恩紧跟其后,邢珣带兵绕到叛贼的背后,徐琏、戴德孺从两边分散敌人的兵力。二十四日早晨,叛贼鼓噪着乘风进攻,一直逼近黄家渡,气焰十分嚣张;伍文定、余恩带领军队,假装向北败逃引诱敌人,叛军争着立功取利,首尾不能兼顾,邢珣带兵从后方插入,叛军败逃而去;伍文定、余恩督兵追杀,徐琏、戴德孺从两边夹击,叛贼惊慌失措,四散逃命,官兵追杀了十几里地,斩杀了二千多人,落水而死的有一万多人,叛军势力大为削弱,朱宸濠只好带兵退守到八字脑。

叛军中有人逃散,朱宸濠非常害怕,亲自激励奖赏将士,奖赏奋勇向前的人一千金,受伤的人一百两白银,把九江、南康守城的军队都调来,增加防卫力量。这天,建昌知府曾琦带兵赶到。先生认为,如果不攻下九江,那么湖襄的军队就不敢越过九江前来支援,如果不收复南康,那么官兵也不能跨过南康追

玙领兵四百，合广信知府周朝佐之兵，乘间以取南康。

二十五日，贼复并力，盛气挑战，时风势不便，我兵少却，死者数十人，公急令人斩取先却者。知府伍文定等，立于铳炮之间，火燎其须，不敢退，奋督各兵殊死并进。炮及宁王舟，宁王退走，遂大败，擒斩二千余级，溺水死者不计其数。贼复退兵保樵舍，连舟为方阵，尽出其金银以赏士；公乃夜督伍文定等，为火攻之具，邢珣击其左，徐琏戴德孺出其右，余恩等各官，分兵四伏，期火发而合。

二十六日，宁王方朝，群臣拘集，所执三司各官，责其间以不致死力坐观成败者，将引出斩之，争论未决，而我兵已奋击，四面而集，火及宁王副舟，众遂奔散，宁王与妃嫔泣别，妃嫔宫人，皆赴水死，我兵遂执宁王，并其世子、郡王、将军、仪宾，及伪太师国师李士实、刘养正，元帅、参赞、尚书、都督、指挥、千百户等官，数百余人，被执胁从官太监王宏，御史王金，主事金山，按察使杨璋，佥事王畴、潘鹏，参政程果，布政使梁辰，都指挥郏文、马骥、白昂等，擒斩贼党三千余级，落水死者约三万余，弃其衣甲器仗财物，与浮尸积聚，横亘若洲。

余贼数百艘，四散逃溃，公复遣官分路追剿，毋令逸入他境为患。二十七日，及之于樵舍，大破之，于吴城又破之，

杀叛贼。于是派遣知府陈槐带领四百多士卒，配合饶州知府林成的军队，乘机攻打九江；派遣知府曾玙带领四百多士卒，配合广信知府周朝佐的军队，乘机夺取南康。

　　二十五日，叛军又前来挑战，当时因风势不利，官兵稍有退却，战死了几十人，先生急忙下令斩杀率先退却的人。知府伍文定等人，站立在铳炮之间，炮火燃着了他的胡须，他都不敢退却，奋力督率军队殊死决战。炮火逼近宁王乘坐的船只，宁王退走，于是叛军大败，斩杀了二千多人，溺水而死的更是不计其数。叛贼又退守樵舍，把船串联起来，结成方阵，把所有的金银都拿出来犒赏将士；先生派伍文定等人在夜里赶制火攻的器械，安排邢珣带兵从左边进攻，徐琏、戴德孺带兵从右边袭击，余恩等人分头带兵在四面埋伏，等火一发就一起合击。

　　二十六日，宁王正举行早朝，群臣聚集在一起，商议把作战时不尽力的官吏推出斩首，在争论还没有完毕时，官兵已猛力进攻，四面一起出击，炮火击中了宁王的副船，众人都四处奔逃，宁王在凄凉之中和妃嫔饮泣告别，妃嫔宫人都投水而死，官兵拘捕了宁王和他的世子、郡王、将军、仪宾，以及他的太师、国师李士实、刘养正，元帅、参赞、尚书、都督、指挥等几百人，在跟随叛贼的官吏中，太监王宏，御史王金，主事金山，按察使杨璋，佥事王畴、潘鹏，参政程果，布政使梁辰，都指挥郑文、马骥、白昂等人也都被擒获。斩杀了三千多叛贼，落水而死的大约有三万多人，丢弃的衣甲器仗财物，和堆积在一起的尸体，就像水中的沙洲一样。

　　残余的叛贼分乘几百艘船只，四处逃散，先生又派遣官吏分路追杀，不要让他们逃入其他地区，继续为害。二十七日，追

擒斩复千余级,落水死者殆尽。濠既擒,众执见公呼曰:"王先生,我欲尽削护卫所有,请降为庶民可乎?"对曰:"有国法在。"遂令送至囚所。

公既擒濠,欲令人献俘,虑有余党沿途窃发,欲亲解赴阙,因在吉安上疏,乞命将出师,朝廷差安边伯许泰为总督军务,充总兵官,平虏伯江彬为提督等官,左都督刘𪸩为总兵官,太监张忠为提督军务,张永为提督,赞画机密军务,并体勘濠反逆事情,及查理库藏宫眷等事,太监魏彬为提督等官,兵部侍郎王宪为督理粮饷,往江西征讨。

至中途闻捷报,计欲夺功,乃密请上亲征,上遂自称为总督军务、威武大将军、总兵官、后军都督府、太师镇国公,往江西亲征,廷臣力谏,不听,有被杖而死者。江彬、许泰、刘𪸩、张忠、张永、魏彬等,先领兵由大江至,入居城中,人马填溢衢巷,至不可行,乃倡言诬公始同濠谋反,因见天兵猝临征讨,始擒濠以脱罪,欲并擒公为己功。

公于官军,慰劳有加,病者为之医药,死者为之棺敛,间自行抚,众心皆悦。初见彬辈,皆设席于傍,令公坐,公乃佯为不知,遂坐上席,转傍席于下,以坐彬辈,彬辈衔之,出

到樵舍，大败叛军，追到吴城，又大败敌军，斩杀了一千多人，落水而死者也不计其数，叛军差不多都被消灭尽了。朱宸濠被擒获之后，众人押着他去见先生，他大呼道："王先生，我想舍弃一切爵位和财物，请求让我当一个老百姓，可以吗？"先生回答说："有国法在。"于是派人把他押送到囚所。

　　先生擒获朱宸濠以后，打算派人把他押送给朝廷，但又恐怕沿途的残余贼党劫取，想自己亲自押解，因为先生在吉安的时候，曾经上疏请求朝廷派遣官兵前来征讨宁王朱宸濠，所以朝廷派安边伯许泰总督军务，任总兵官，平虏伯江彬为提督官，左都督刘军为总兵官，太监张忠为提督军务，张永为提督，并筹划机密军务，并调查朱宸濠叛乱的事情，以及查理库藏、宫眷等事务，太监魏彬为提督官，兵部侍郎王宪督理粮饷，前往江西征讨叛乱。

　　走到中途，就传来了胜利的消息，可他们谋划着抢夺功劳，就秘密地请求皇上亲自出征，皇上听信了他们的话，自称为总督军务、威武大将军、总兵官、后军都督府、太师镇国公，亲自出征江西，有的朝廷大臣竭力劝谏，可皇上不听，甚至有人因此而被杖死。江彬、许泰、刘军、张忠、张永、魏彬等人，率先带兵从大江到达南昌，驻扎在城里，士兵和马匹填满了街巷，到了水泄不通的地步，他们大肆地诬蔑先生，说先生起初和朱宸濠一同谋反，因看到朝廷大军亲自前来征讨，才擒获了朱宸濠，开脱自己的罪责，他们打算把先生也拘捕起来作为自己的功劳。

　　先生对于朝廷来的官军，辛勤慰劳，对有病的给他医药，对死亡的给以棺木入殓，为此，朝廷来的官兵大都很高兴。先生初次见到魏彬等人，他们都是把先生的席位安设在旁边，先生

语诮公,公以常行交际事体谕之,左右皆为公解,遂无言。公非争一坐也,恐一受节制,则事机皆将听彼,而不可为矣。

又欲置濠湖中,待驾至,列阵擒之,然后奏凯论功;公竟发南昌,数遣人追至广信,不听,戴星趋玉山,度草萍,上疏力止,以为"濠睥睨神器,阴谋久蓄,招纳叛亡,探辇毂之动静;日无停迹,广置奸细,臣下之奏白,百不一通;发谋之始,逆料大驾必将亲征,先于沿途伏有奸党,为博浪荆轲之谋。

今逆不旋踵,遂已成擒,法宜解赴阙下,式昭天讨;欲付部下各官押解,恐旧所潜布,乘隙窃发,或致意外之虞,臣死有余憾。况平贼献俘固国家常典,亦臣子职分,臣谨于九月十一日,亲自量带官军,将濠并宫眷,逆贼情重人犯,督解赴阙,行至广信闻报。"

疏上,不听。既抵杭,谓张永曰:"西民久遭濠毒,经大乱,继旱灾,困苦既极,必逃聚山谷为乱,奸党群应,土崩之势成矣,然后兴兵平之,不已难乎?"永深然之,徐曰:"吾此出,为君侧群小,欲调护而默辅之,非掩功也,但将顺天意,犹可挽回万一,苟逆之,徒激群小之怒,何救于大事?"

假装不知，主动地坐在上座，魏彬等人还讥讽先生，用言语侮辱先生，先生只是按平常的行事办法对待他们，左右的人都替先生说好话，他们才没有什么可说的。

先生并不是要去争夺一个座位，只是恐怕一旦受到节制，什么事情都得听从他们，就将坏了国家大事。他们又谋划把朱宸濠放置在湖中，等皇上驾到，再列阵擒获，然后报功领赏，先生独自带兵押解朱宸濠从南昌出发，他们多次派人追赶到广信，先生没有听从他们，先生连夜经过玉山、草萍，并上疏竭力劝阻皇上亲征，他认为："朱宸濠图谋篡夺皇位，图谋已久，他招纳亡命之徒，打听朝廷的动静，从来都没有停止过，我多次对他劝告，他一点也不接受；他起兵叛乱的时候，就肯定预料到皇上会御驾亲征，先在沿途埋伏了死党，企图像张良在博浪沙椎击秦皇、荆轲刺秦王一样刺杀皇上。

如今叛贼的阴谋没有施展多久，就被擒获，应当把叛贼朱宸濠押解到朝廷，以表明上天对他为惩罚；本来打算交付我的部下押解，可是害怕旧日潜藏的叛贼余党，乘机劫取，出现意外情况，如果那样，我将死有余憾了。况且平定叛乱以后，押解俘虏献于朝廷，这是国家的惯常法规，也是我的职分，臣下谨于九月十一日，酌量带了一部分官军，亲自把朱宸濠及其宫眷，和情节严重的叛贼一起押解到朝廷，如今走到广信，特地上疏告知。"

疏文呈上，皇上没有听从，先生抵达杭州以后，对张永说："江西的老百姓长久地遭受朱宸濠的荼毒，又经此战乱，如再遭受旱灾，困苦到极点的时候，他们一定会逃聚在山中，发动叛乱，再加上奸党和他们相呼应，社稷土崩瓦解的形势就造成了，到那时再兴兵平叛，不是已经很困难了吗？"张永很赞同他的看

公始深信，以濠付之，复上捷音："以为宸濠不轨之谋，已一纪，今旬月之间，遂克坚城，俘擒元恶，是皆饮差总督威德，指示方略所致。"

以此归功总督军门，以止上江西之行，称病净慈寺。张永在上前备言公尽心为国之忠之功，及彬等欲加害之意。既而彬等果诬公无君欲叛，上不信，又言此既不信，试召之，必不来，则可知其无君矣。

上乃召公，公即奔南京龙江关，将进见，忠等皆失意，又从中阻之，使不见，公乃以纶巾野服，入九华山。永闻知，又力言于上曰："王守仁实忠臣，今闻众欲争功，欲并弃其官，入山修道。"由是上益信公之忠。

公复还江西视事，西人皆家肖公像，岁时报祀，犹夫赣焉。十五年闰八月四乞省葬，节奉旨："王守仁奉命巡视福建，行至丰城，一闻宸濠反叛，忠愤激烈，即便倡率所在官司，起集义兵，合谋剿杀，气节可嘉。已有旨着督兵讨贼，兼巡抚江西地方，所奏省亲事情，待贼平之日来说。"故复领

法，最后说："我这次跟随皇上出来，只是想陪侍皇上左右，并没有想抢夺别人的功劳。但是只有顺天意而行，才可以有所效用，如果和权奸小人作对，激发他们的愤怒，能解决了什么大事呢？"先生也很相信这个道理，把朱宸濠交给他，并上疏呈报胜利消息说："朱宸濠阴谋篡位已经十几年了，可如今在一月内，就攻破了敌人的城垒，擒获了贼首朱宸濠，这些成功的取得都是因为钦差总督威严仁德，传授了作战方略的缘故。"

先生的意思是把功劳归于总督军门，以图阻止皇上到江西来巡行。后来先生就称病到净慈寺休养。张永在皇上面前，详尽地陈述了阳明先生尽心为国，忠于朝廷的功绩，以及江彬等人想加害先生。不久，江彬等人果然诬陷先生目无君王，意欲叛乱，皇上没有相信他们的话，他们又说，皇上如果不信，可以试着召见阳明，阳明一定不会来，那么就可以得知先生目无君王了。

于是皇上就下诏召见先生，阳明先生见到诏书后马上就奔赴南京的龙江关，将要觐见皇上，忠泰等人的打算落空了，又从中阻止先生，不让他去觐见皇上，先生深感愤愤不平，就带纶巾穿百姓服装，入九华山修道去了。张永听到这个消息后，又竭力向皇上进言说："王守仁确实是一个忠臣，如今听说众人想和他争夺功劳，他打算辞去官职，入山修道。"从此皇上更加相信先生的一片忠心。

先生又回到江西省察事务，江西的老百姓都在家里张贴先生的画像，在每年的春秋两季祭祀他，和南赣的老百姓一样。正德十五年，闰八月，先生四次请求回家祭奠祖先，后接到朝廷的圣旨说："王守仁奉命巡视福建，行到丰城时，一听到朱宸濠反叛，就义愤填膺，马上率领所部兵马，招募义兵，奋力灭贼，

巡抚事。

江西兵残之余，宗室人民凋敝之甚，官府衙门居民房屋，烧毁殆尽；公为之赈恤，绥劳抚定，奏免租税，又将城中没官房屋，及濠违制宫室，与革毁一应衙门，皆修改为公廨；濠占夺民间田地山塘房屋，遵奉诏书，给还原主管业。其余照依时估，变卖价银入官，先尽拨补南新二县兑军；淮安京军折银粮米，及王府禄米余羡，收贮布政司，用备缓急。

是年□月，上晏驾，今上皇帝登极，特降玺书曰："尔昔能剿平乱贼安靖地方，朝廷新政之初，特兹召用，敕至，尔可驰驿来京，毋或稽迟。"于二十日，公驰驿起程，为辅臣所忌，僭讽科道建言，以为"朝廷新政，武宗国丧，资费浩繁，不宜行宴赏之事。"

行至中途而返，道经钱塘，上疏恳乞便道归省，制曰："可。"

升南京兵部尚书，参赞机务；又具疏辞免，慰旨益勤。本年十二月内，该部题："为捷音事，议封公伯爵，给与诰券，子孙世世承袭赐敕，遣官奖劳慰谕，锡以银币，犒以羊酒，乃封公新建伯，奉天翊卫，推诚宣力守正文臣，特进光禄大夫柱国，兼南京兵部尚书，参赞机务，岁支禄米一千

气节实为可嘉。已经下旨派守仁带兵讨便利贼寇,兼任江西巡抚。守仁上奏的省亲一事,等贼寇平定以后再说。"所以先生又领了巡抚一事。

　　江西刚刚遭受战乱,民生凋敝,官府衙门和居民房屋差不多都让烧光了;先生大力救济他们,尽量安抚,并上奏请求免去租税;又把在城里缴收的房屋,以及朱宸濠兴建的宫室,和已遭毁坏的原来的衙门,都修改为公廨;朱宸濠侵占掠夺的民间田地、山塘房屋,都依据诏书的规定,退还给原主。其余的财产按现时的价格,变卖为银两,充入官府银库,首先拨给南、新二县作为军饷;驻扎在淮安的京军,把军饷折合成粮米,供给他们,宁王府的剩余粮米,都让布政司掌管,以便防备将来的缓急。

　　这年某月,武宗去世,当今圣上继位,特降玺书说:"念你以前平定贼寇安靖地方的功绩,在朝廷新政之初,特地召用你。一接到诏书,就即刻赴京,不可拖延。"在二十日,先生快速起程。可辅臣很忌恨他,暗中指使科道上奏说:"朝廷新政,武宗国丧,耗费了大量钱财,不适宜在这时实行封赏宴饮这一类事。"

　　于是先生行到中途时就返回去了,经过钱塘时,上疏请求顺路回家省亲,朝廷下旨说:"同意。"

　　后来升任为南京兵部尚书,参赞机务;先生又上疏请求辞免,可朝廷更是安慰他任职。这年十二月,吏部议定:"因你平定叛贼的功绩,决定封你为伯爵,赐给你诰券,使子孙后代都可承袭,并亲自派人前去表示慰问,赠给你银两、羊酒,这次封你为新建伯,守正文臣,特进光禄大夫柱国,兼任南京兵部尚书,参赞机务,每年支给禄米一千石,对你的前三代也一并加以追封。"

石,三代并要,一体追封。"

累疏辞免,欲朝廷普恩赏于报效诸臣,又极言举人冀元亨,因说宸濠,反为奸党构陷狱中,以忠受祸,为贼报仇,抱冤赍恨,愿尽削己官,移报元亨,以赎此痛。

先是,元亨在狱,又为移咨六部,申理其冤,及元亨死,又为移文湖广两司,优恤其家属。元年,丁父海日翁忧,四方来游其门益众,科道官迎当路意,以伪学举劾。

服阕,辅臣忌公才高望重,六载不召,御史石金等交章论荐,礼部尚书席公书为疏,特荐公及石淙杨公曰:"生在臣前,见一人曰杨一清;生在臣后,见一人曰王守仁。"皆不报。

丁亥,田州土知府岑猛之乱,提督都御史姚镆不克成功,张公孚敬拉桂公萼同荐,桂公不得已,勉从荐公。得俞旨,兵部奉钦依,差官持檄,授公"总制军务,督同都御史姚镆,勘处彼中事情。"

上疏辞免,举尚书胡世宁李承勋自代,不允。上与杨公一清曰:"若姚镆不去,王守仁决不肯来。"

遂令镆致仕,又降旨督趣赴任,旨云:"卿识敏才高,忠

先生多次上疏辞免，希望朝廷把赏赐分给其他的有功之臣，又极力陈说举人冀元亨的事，冀元亨因劝止朱宸濠反叛，却遭到奸邪小人的陷害，拘捕在狱中，因为忠直而受害，是为贼报仇，先生愿意把自己的官职全部削掉，来报答冀元亨的忠贞报国，以缓解自己的痛苦。

这以前，冀元亨被关押在狱中的时候，先生就多次向六部递交咨文，申诉其中的冤屈，冀元亨去世以后，又向湖广两司递交移文，请求救济他的家属。嘉靖元年，先生为父亲海日翁服丧，四面八方前来跟随他求学的人越来越多，科道官为了迎合当权者的用意，弹劾先生的学问是伪学。

服丧期满后，辅臣忌妒先生才高望重，过了六年都没有召用，御史石金等人多次上疏举荐，礼部尚书席书先生上疏特地举荐了阳明先生和杨一清先生，其中说："生在我前，我认为有才能的，只有一人，是杨一清，生在我后，我认为才德兼具的，只有一人，是王守仁。"这些都没有结果。

丁亥年，田州土知府岑猛发动叛乱，提督都御史姚镆不能平定，张孚敬拉着桂萼一同举荐先生，桂萼不得已，只得跟随张孚敬去举荐先生。圣旨下达以后，兵部奉命派官吏亲自呈交先生，让先生命你总制军务，和都御史姚镆一起处理那里的事情。

先生上疏辞免，并举荐尚书胡世宁、李承勋替代自己，朝廷没有答应。皇上对杨一清说："如果姚镆不离开，王守仁一定不肯前去赴任。"

于是命令姚镆做官，下旨督促阳明先生赴任。圣旨中说：

诚体国，今两广多事，方借卿威望抚定地方，用舒朕南顾之怀。姚镆已致仕了，卿宜星夜前去，节制诸司，调度军马，抚剿贼寇，安戢兵民，勿再迟疑推诿，以负朕望！还差官铺马里，赍文前去，敦取赴任行事，该部知道！"予时为光禄寺少卿，具疏论江西军功，及荐公才德，堪任辅弼，上喜，亲书御札，并疏付内阁议。

杨公一清，忌公入阁，与之同列，乃与张公孚敬具揭帖对曰："王守仁才固可用，但好服古衣冠，喜谈新学，人颇以此异之，不宜入阁，但可用为兵部尚书。"桂公知，遂大怒詈予，潜进揭帖毁公，上意遂止。

公遂扶病莅任，沿途涉历，访诸士夫，询诸行旅，皆云："岑猛父子固有可诛之罪，然所以为乱者，皆当事诸人，不能推诚抚安以致之。"上疏谢恩，极言致乱之由，平复之策。

十二月，杨公一清与桂公萼谋，恐事完回京，复命见上，予与张公又荐之，上必留用，又题命公兼理巡抚，奉圣旨："王守仁暂令兼理巡抚两广等处地方，写敕与他。"

咨到，又力疏辞免，举致仕都御史伍文定，刑部左侍郎梁才自代，不允。建议大约以为"进兵行剿之患十，罢兵行

"你才识敏锐,忠诚体国,如今两广发生了变乱,正需要依靠你的威望才能去安定那个地方,以免我的挂虑。姚镆已经辞职了,你应当星夜兼程赶赴那儿,节制那儿的地方官,调集兵马,安抚剿灭贼寇,安定老百姓,请不要再推诿迟疑,辜负我对你的期望。还派遣了专人带着文书前去,敦促你尽快赴任,这种心情就应该明白!"我当时是光禄寺少卿,上疏陈述了阳明先生在江西的军功,并举荐依先生的才德可以任辅臣的要职,皇上非常高兴,亲自写了文书,送内阁商议。

杨一清忌恨先生进入内阁,和他位居同列,就和张孚敬一同写了揭贴,回答皇上说:"依王守仁才能固然可以任用,但他喜好穿戴古代的衣冠,喜欢谈论新学,人们对他这些都很奇怪,不应选拔他进入内阁,但可以任用为兵部尚书。"桂萼先生知道这件事以后,痛骂了我一顿,暗中写了揭贴向皇上诋毁先生,皇上中止了重用先生的想法。

于是先生就拖着病躯前去赴任,凡沿途经过的地方,他都要拜访士大夫,向行人询问,人们都说:"岑猛父子固然犯了可以诛杀的大罪,然而他们发生变乱的原因,都是因为当权的人不能诚心地安抚他们。"先生上疏感谢皇上的知用之恩,并详细地分析了变乱的原因,平定变乱的策略。

十二月,杨一清和桂萼谋划,阳明先生平定贼寇以后,一定回京复命,进见皇上,那时我和张永又会尽力举荐,皇上必定要把阳明先生留用在朝廷,于是又提议任命先生兼任巡抚一职。圣旨传下来,其中说:"任命王守仁暂时兼任两广的巡抚。"

先生又上疏请求辞免,并举荐辞职在家的都御史伍文定,邢部左侍郎梁才替代自己,没有得到准许。先生上疏认为:"进

抚之善十，与夫二幸四毁之弊。"

时布政使林富，纪功御史石金，皆以为然。至南宁府，乃下令尽撤调集防守之兵，数日之内，解散而归者数万有余；湖兵数千，道阻且远，不易即归，仍使分留南宁宾州，解甲休养，待间而发。

初思田二府，目民卢苏王受等闻公来，知无必杀之心，皆有投生之念，日夜悬望，惟恐公至之不速；既至，又见防守之兵尽撤，投生之念益坚，乃遣其头目黄富等十余人，先赴军门诉告，公谕以朝廷威信，及开示更生之路。

明日苏受等皆囚首自缚，各与其头目数百人投见，号哀控诉。公复谕以朝廷恩德，下苏受于军门，各杖一百，众皆合辞扣首，为之请命，乃解其缚曰："今日宥尔一死者，是朝廷好生之仁，杖尔一百者，乃我等人臣执法之义。"于是众皆扣首悦服。

公随至其营，抚定余众，莫不感泣，欢呼感恩，誓以死报，杀贼立功，以赎前罪。公复谕以"朝廷惟愿生全尔等，今尔方来投生，岂忍又驱之兵刃之下？尔等逃窜日久，家业破荡，且宜速归，完尔室家，及时耕种修复生理；至于各处盗贼，军门自有区处，不须尔等剿除，待尔等家事稍定，徐当

兵剿灭贼寇有十大害处，罢兵安抚有十大好处。

当时的布政使林富，纪功御史石金，都非常赞同他的看法。先生到了南宁府之后，就下令把防守的军队都撤调别处，几天之内，撤调回去的有几万人；来自湖襄的几千兵马，因路途坎坷遥远，不容易很快赶回去，仍旧派他们分头驻守南宁、滨州，解甲休养，特待机会行动。

起初思州、田州二府贼寇卢苏、王受等人，听到先生要来的消息，知道先生没有一定要杀害他们的用心，都有投降求生的想法，日夜盼望先生只怕先生不早点到来；先生到来以后，他们又看到先生把防守的军队都撤调回去，投降求生的念头更加坚定，于是派遣他们的头目黄富等十多个人，先赶赴军门诉说他们的想法，先生明白地告诉他们朝廷的威信，并指给他们再生的道路。

第二天，苏受等贼都把自己捆缚起来，和他们的几百个头目一起来求见，他们都哀号痛哭，忏悔不已；先生又明白地讲述了朝廷的恩德，把苏受押到军门，施杖刑一百，众人都同声叩头为他请求宽恕，先生于是解开捆缚他的绳索说："今天饶你一死，是因为朝廷有好生之仁，打你一百刑杖，是我们作为人臣执法应该做的。"这时众人都叩首表示感谢。

先生跟随他们赶到他们驻扎的营地，安抚了其他的余党，无不感激得掉下眼泪，表示愿誓死相报，杀贼立功，来赎回以前所犯的罪恶。先生又向他们讲明："朝廷只是愿意让你们活下来，如今你们正好来这儿投降求生，我哪里忍心又把你们驱赶到刀剑之下呢？你们在外边逃窜的时间很久了，家里产业已经衰败，应该迅速回家，和你们家人团聚，并及时地耕种，使生活渐

调发。"

于是又皆感泣欢呼。遂委布政林富,总兵官张祐,分投安插,督令各归复业。既而上疏:"处置平复地方,以图久安,宜仍立土官,以顾其情,分土目以散其党,设流官以制其势。"

犹以为土夷之心未必尽得,而穷山僻壤,或有隐情,则又备历田州思恩村落,而经理其城堡。因以所以处之之道,询诸其长目率皆以为善;又询诸父老子弟,又皆以为善;然后信其可以久行,而反覆其辞,更互其说请田州仍立岑氏后为土官知州,以顺土夷之情;特设流官知府,以制土官之势;分设土官巡检,以散各夷之党。

又以田州既设流官,宜更其府名为田宁,盖取"田石倾,田州兵,田石平,田州宁"之谣。至于思恩,则岑濬之后已绝,不必复有土官之设矣。又按视断藤峡诸处猺贼,上连八寨,下通仙台花相诸洞,连络数十余巢,盘亘三百余里,彼此犄角,结聚凭险,流动郡县。

檄参将张经会同守巡各官集议;于是命浔州卫指挥马文瑞,永顺统兵宣慰彭明辅男彭宗舜,保靖统兵宣慰彭九霄,辰州等卫指挥彭飞等,分兵布哨,以永顺土兵进剿牛肠等贼巢,保靖土兵进剿六寺等贼巢。

渐美满起来；至于其他各处的盗贼，我们自有办法处理，不需要你们前去剿灭，等你们家中生活稍稍安定以后，再慢慢调用。"

于是，众人又都感泣欢呼。于是，先生委派布政林富，总兵官张佑，分头安插，让他们各自回家恢复家业。后来，又上疏道："对于这个地方，为了图谋长治久安，应该仍旧设立土官，顺应当地的民情，设立土官能成分散当地百姓的力量，设立流官来控制他们势力的发展。"

先生还认为并没有把当地百姓的心都感化了，可能还有隐藏未知的情况，先生又亲自走访了田州、思恩二府的村落，提出管理他们的城堡的办法。并把自己治理当地百姓的办法，向他们的酋长请教，他们都称赞是好办法，并向父老子弟询问请教，也都认为是好办法；然后确信这个办法可以长久实行，就反复向朝廷说明，请求田州仍旧立岑猛的后代做土官知州，来顺应当地的民情；特地设立流官知府，来控制土官的势力；分别设立土官巡检，来分散各地夷人的力量。

又认为田州既然已经设立流官，就应该变换它的府名，变为田宁，取自于这样一首民谣："田石倾，田州兵，田石平，田州宁。"至于思恩府，因岑浚的后代已经灭绝，不必再设立土官了。又观察到断藤峡的各路贼寇，北边和八寨相连，南边和仙台、花相各洞贯通，几十个巢穴前后相接，连绵三百多里，彼此结为掎角之势，结伙聚集，凭借险要多次劫掠郡县。

先生向参将张经下达文书，让他会同守巡各官前来集会商议；然后，先生委派浔州指挥马文瑞，永顺统兵宣慰彭明辅以及他的儿子彭宗舜，保靖统兵宣慰彭九霄，辰州指挥彭飞等人，分头带兵行动。又委派永顺土兵进剿牛肠等处的贼巢，保靖土

先是贼酋詗知公住札南宁，寂无征剿消息，又不见调兵集粮，遂皆怠驰，不以为意；至是突遇官兵四面攻围，仓惶失措，擒斩贼酋及党与颇多。余贼退败，复据仙女大山，我兵追围，拔大缘崖。仰攻，复大破之，乘胜攻破油榨石壁，大陂等巢。

余贼奔至断藤峡横石江边，我兵追急，争渡溺死者无算，斩获首从，俘获男妇牛畜器械等项，不可胜计。还兵浔州府住札，复进剿仙台诸贼巢，诸军吏各率永顺保靖壮兵，争先陷阵，贼又大败；奔入永安边界立山，将险结寨，乃摘调指挥王良辅，并目兵彭恺等，分路并进，四面仰攻，贼败散，命林富张祐分投密调各目兵卢苏王受等，分道进剿，前后生擒斩获，并俘获男妇头畜器械殆尽。

以八寨之地据其要害，欲移设卫所，控制诸蛮，复于三里设县，迭相引带，亲临视思恩府基景定卫县规则。盖南丹卫僻在广西极边之地，非中土之人所可居者；于是移筑于周安堡，当八寨之中以阻扼其道路之冲，则柳庆诸贼，不必征剿，皆将效顺服化，思恩旧在寨城山内，尚历高山数十余里，令移于荒田地方，四野宽衍之处，开图立里，用汉法以治武缘之众，夷夏交和，公私两便。

兵进剿六寺等处的贼巢。

这以前，贼寇的酋长探知先生驻扎在南宁，没有兴兵征剿的消息，又不见调集兵马，运送粮草，就都放松了警惕；到这时，突然让官兵四面包围起来，都惊慌失措，官兵乘机斩杀了贼寇酋长和许多头目。残余的贼寇纷纷败退，又占据了仙女大山，官兵穷追不舍，先攻下了大缘崖；然后向上攻击，打败了仙女大山的贼寇，又乘胜攻破了油、石壁、大陂等处的贼寇巢穴。

残余的残寇又奔向断藤峡横石江边，因官兵追得紧急，贼寇溺水而死的不计其数，后来斩杀了贼寇的头目，俘获了许多男女、牛畜、器械。退兵到浔州府驻扎时，又进剿了仙台的各路贼寇，将领们各自率领永顺、保靖的精壮士卒，争着冲锋陷阵，贼寇又大败；残余的贼寇又奔八永安国界的立山，占据险要，安营扎寨，先生调遣指挥王良辅和彭恺等人，各路并进，四面围攻，贼寇败散逃命。先生又派林富、张坊分头秘密调遣卢苏、王受等人的兵马，分道进剿擒获和斩杀了大量的贼寇，并俘获了大量器械财物。经过前前后后的征战，贼寇差不多被消灭尽了。

因为八寨这个地方是整个山区的要害，先生打算在那儿移设卫所，借以控制各路夷人蛮族，又在三里设立县治，使它们之间相互呼应，先生亲自视察思恩府制定建设卫所和县治的规则。南丹卫所位于广西最边远的偏僻地区，不是中原人能够居住的地方，于是先生把它迁移到周安堡，这个地方位于八寨的中心，是道路汇集之处。从此，柳庆的各路贼寇就都不必征剿，将自然归化。思恩府署旧日在寨城山内，还需要跋涉几十里山路才能到达，先生命令迁移到平坦开阔的地方，并划区管理，用汉人的法规治理蛮夷之众，使双人和蛮夷和平相处，公私两便。

移凤化县治于虞乡，为立廨宇，属之思恩；于宣化思龙地方，添设流官县治，是皆保治安民之要。究筑守镇城堡于五屯，以壮威设险，仍选取协守诸兵，及附近土寨目兵，智略忠勇官一员，重任而专责之，使之训练抚摩；令参将兵备等官，时至其地，经理而振作之，则贼势自摧。

将思田分设九土巡检司，各立土目众所信服者管之。节疏奏请定夺，奉旨："王守仁受命堤督军务，莅任未久，乃能开诚宣恩，处置得宜，致令叛夷畏服，率众归降，罢兵息民，奇功可加！写敕差行人赍去奖励，还赏银五十两，紵丝四表里，布政司买办羊酒送用。"

九月八日，行人冯恩赍至广城。是时公已卧病月余，扶病疏谢，而病势日笃，犹力疾视事。年十五岁时，梦中尝得句云："卷甲归来马伏波，早年兵法鬓毛皤。"

莫知其谓，至是舟至乌蛮滩，舟人指曰："此伏波庙前滩也。"公呀然登拜，如梦中所见，因诵梦中诗，叹人生行止之不偶云。十月初十日，复上疏乞骸骨，就医养病，因荐林富自代。

又一月，乃班师至大庾岭，谓布政使王公大用曰："尔知孔明之所以付托姜维乎？"大用遂领兵拥护，为敦匠事。廿

先生又把凤化县治迁移到虞乡，为他们建立了办公住宿处所，隶属于思恩府；在宣化、思龙两处地方，添设了流官的治所，这都是安定百姓的重要措施。先生又命令在五屯修筑守镇城堡，以壮大威风和加强防守，仍旧从守卫的士卒和土寨中的兵士中选取一名智力超凡、忠勇卫国的官员，让他担负重任，专门训练军队，守卫地方。命令参将、兵备等官吏，经常到那个地方对他们训导和鼓励，那么贼寇的力量自然会削减。

在思恩府和田州府分别设立九土巡检司，各自选拔本地人民信任的人去担任。先生上疏陈述了自己的意见，请求朝廷定夺。过不久圣旨传了下来，其中说："王守仁受命提督军务，到任不久，就能够广施仁义，办事合理，使叛乱的夷人信服，率众前去归降，那里的老百姓得以安宁，确实功劳卓著，值得嘉奖！特地写下圣旨，派专人送去以示奖励，并赠送赏银五十两，宁丝四表里，布政司置办羊和酒送王守仁享用。"

九月八日，使者冯恩赍到达广城。这时，先生卧病已一个多月，强扶病体表示谢意。虽然先生的病情渐渐加重，可他仍然尽力处理公务。先生在十五岁的时候，曾经在梦里吟了几句诗，其中有"卷甲归来马伏波，早年兵法鬓毛皤。"

当时不知道是什么意思，到这时，当船行到乌蛮滩，船上的人指着乌蛮滩说："这里是伏波庙的前滩"时，先生才恍然大悟。先生登上岸去拜访那个地方，和梦中见到的情况一模一样，于是背诵了梦中所吟的诗，感叹人生的命运完全由天意决定。十月初十日，又上疏请求辞职回家就医养病，并推荐林富替代自己。

又过了一个月，才回师到大庾岭，他对布政使王大用先生说："你知道孔明把蜀中大事托付给姜维的原因吗？"于是王大

九日，至南康县，将属纩，家童问："何所嘱？"公曰："他无所念平生学问，方才见得数分，未能舆吾党共成之，为可恨耳！"遂逝。

昇至南安府公馆而敛，枢经南赣虽深山穷谷，男女老弱，皆缟素，匍匐哀迎，若丧考妣。凡所过江西地方，行道之人，无不流涕者。

讣至，桂公萼欲因公乞养病疏，参驳害公令该司匿不举，乃参其擅离职役，及处置广西思田八寨恩威倒置，又诋其擒濠军功冒滥乞命多官会议。先此张公孚敬见公所处岑猛诸子，及卢苏王受得宜，征剿八寨有方，奏至甚喜，极口称叹谓予知人之明。又述在南京时与言，惓惓欲公之意曰："我今日方知王公之不可及，即荐于朝，取来作辅，共成天下之治。"

桂公杨公闻之，皆不乐，乃嗾锦衣卫都指挥聂能迁，诬奏公用金银百万，托余送舆张公，故荐公于两广。余疏辩其诬奉旨："黄绾学行才识，众所共知；王守仁功高望隆，舆论推重。聂能迁这厮，捏词妄奏，伤害正类，都察院便照前旨，严加审问，务要追究与他代做奏词，并帮助奸恶人犯来说。

用就带兵护卫先生,并督促工匠准备棺木。二十九日,到了南康县,将要做棉絮丝织衣服,家童问:"先生有什么要嘱咐的吗?"先生说:"别的事情不值得挂念,只是平生的学问,刚有所体悟,还没能和朋友们共同完成,这是我最遗恨的事!"就这样,先生去世了。

先生的遗体抬到南安府公馆以后才装敛。灵柩经过南赣时,那地方虽然是深山穷谷,可是男女老幼,都身穿白色的孝衣,跪倒在地上迎接,就像死去了父母亲一样悲痛。

凡是在经过江西各地时,路途上行走的人,他们无不痛哭流涕。先生去世的消息传送到朝廷,桂萼本来打算用先生请求回家养病的疏文,上奏皇上陷害先生,故意让官吏隐匿这个消息,不向皇上报告,并弹劾先生擅离职守,以及在处置广西思田、八寨的贼寇时恩威倒置,又诋毁先生擒获朱宸濠时,滥赏军功,请求皇上让众官商议。这以前,张孚敬先生见阳明先生处理岑猛、卢苏、王受等人的事处理得很合适,并且征剿八寨也很有策略,就上奏皇上,皇上也很高兴,极口称赞我懂得用人之道。皇上也讲了和阳明先生在南京时的交谈,很有意重用先生,并且说:"我今天才知道王阳明先生是别人比不上的,应该马上把他举荐到朝廷作辅臣,治理天下。"

桂萼、杨一清听到这个消息,都很不高兴,就暗中指使锦衣卫都指挥聂能迁,上奏诬告先生动用一百万两金银,托我送给张孚敬先生,所以张孚敬先生举荐阳明先生担任两广巡抚。我上疏对这个诬告进行辩驳,皇上传下圣旨道:"黄绾的学行才识,都是众人所共知的;王守仁功高望隆,很受舆论推重。聂能迁这厮,捏造事实胡乱上奏,企图陷害忠良,请都察院参照

黄绾安心供职，不必引嫌辞避。"

下能迁于狱杖之死。时予为詹事，桂公杨公计欲害公，恐予在朝，适南礼侍缺，即推予补之。

明年春，上将出郊，桂公密具揭帖奏云云，上遂允命多官会议削公世袭公爵，并朝廷常行恤典赠谥，至今人以为恨。

公生而天资绝伦，读书过目成诵，少喜任侠，长好词章仙释，既而以斯道为己任，以圣人为必可学而至，实心改过，以去己之疵奋不顾身，以当天下之难，上欲以其学辅吾君，下以其学淑吾民，倦倦欲人同归于善，欲以仁覆天下苍生，人有宿怨深仇，皆置不较；虽处富贵，常有烟霞物表之思，视弃千金犹如土芥，藜羹珍鼎，锦衣缊袍，大厦穷庐，视之如一；真所谓天生豪杰，挺然特立于世，求之近古诚所未有者也。配诸氏，参议养和公讳某女，不育，抚养族子曰正宪。诸氏卒，继张氏，举一子正亿，适予女仅二周而公卒，遂鞠于余，以恩荫授国子生。

孙男曰承勋，承学，□□□□，孙女五。所著有《阳明集》、《居夷集》、《抚夷节略》、《五经臆说》、《大学古本

先前所发圣旨，严加审问，务必要追究给他代做奏词的奸邪小人。黄绾要安心供职，不必引嫌辞避。"

后来把聂能迁拘捕下狱，并用杖刑处死。当时我正任詹事，桂萼和杨一清设计陷害先生，恐怕有我在朝廷，有所不便，恰逢南礼侍有空缺，就举荐我前去补缺。

第二年春天，皇上到郊外游幸，桂萼秘密地写了揭帖上奏皇上，诬陷先生，皇上于是准许让百官聚会商议，免除了先生的世袭伯爵和按惯例赠送的谥号，到现在人们对此仍深感愤愤不平。

先生一生下来就天资绝伦，读书过目成诵，年少的时候喜欢任侠尚义，稍长，爱好诗词章句和仙释之道，后来把成就圣人之道作为自己的重任，认为圣人一定得通过学习才能达到。先生实心改过，去掉自己身上的瑕疵，奋不顾身，以赴天下之难。向上先生向上打算用自己的学问辅佐皇上，向下用自己的学问救助百姓，尽心竭力图谋使人们归于善道。先生以仁爱之心对待天下苍生，别人对他有宿怨深仇，他都不加以计较；即使在富贵的时候，也常怀山林之思，视千金犹如土芥，对藜羹玺鼎，锦衣缦袍，大厦穷庐都视之如一；真所谓天生豪杰，挺然特立于世，这样人是近古以来所没有的。原配诸氏，是参议养和先生的女儿，不能生育，抚养了同族人的一个孩子，起名为正宪。诸氏去世以后，娶继室张氏，生下一个儿子，取名为正亿，生下的女儿仅两岁，先生就去世了，于是由我来供养他们，后来以朝廷对阳明先生后代的关照被授为国子生。

孙子叫承勋、承学，有五个孙女。先生所著述的书有《阳明集》《居夷集》《抚夷节略》《五经臆说》《大学古本旁注》，由

旁注》,及门人所记《传习录》所纂,则言诵而习者,可知其造诣矣。濠之变盖非一日,其烝淫奸暴,腥秽彰闻,贼杀善类,剥害细民,招亡纳叛,诱致剧贼,召募四方骁勇,力能拔树排关者,万有余徒,又使其党王春等,分赍金银数百万造奇功器玩,贿结内外大小臣僚,至有奏保其仁孝者,有复其护卫者,有备其官僚者,有为潜布腹心于各镇,及畿内各要地,复阴置奸徒于沧州淮扬山东河南之间,起事之日,号称一十八万,从之东下者,实八九万;非公忠义智勇,誓不与贼俱生,奚旬月之间,遂得克复坚城,俘擒元恶,以成宗社无疆之休哉?不特此也。

南赣等处,贼巢蟠居三省,积数十年,如池大鬓之俦,皆勇力机智绝人者,非先计除之,则宸濠一呼,风从乌合,其为天下祸,当何如也?且八寨为害,积几百年,思田扰攘,亦既数年,一旦除而安之,文武并用,处置经画,皆久远之图。惜当路忌之既深,而南北臣,又皆承望风旨,反肆弹劾,虽平日雅好公者,方公成功时,亦心害其能考察之岁,承辅臣意,有功如邢珣、徐琏、陈槐、谢源等皆黜之,则国典之所以议功议能者安在哉?予以女许公之子,盖悯其孤而抚之。汪公鋐因予诤张公大同之征,当别其善恶,不当玉石俱焚,张公怒汪迎其意,劾予回护属官邹守益,难居大臣,调予边方参政,赖圣明复职;汪又为疏论公伪学,及指予皆为党邪不忠,予又为疏明诤大同之心,又明公学术之忠国,

门人所记的书有《传习录》那些用阅读的人，可以从书中了解到先生在学术上的造诣。朱宸濠图谋叛乱，绝非一日，他烧杀掳掠，无恶不作，谋害忠良，欺压百姓，招纳亡命之徒、山中盗贼，并招募四方骁勇之士，力能拔树排关的人一万多名，又派他的党徒王春等人分头用几百万银两和无数的珍奇古玩，勾结朝廷内外的大小官吏，以便有人上奏保荐他为仁孝双全之士，有人甘心做他的护卫，有人甘心做他的官僚，有人为他在各镇以及京畿要地安插心腹之人，又暗中在沧州、潍扬、山东、河南之间安置奸邪小人，发动叛乱的时候，号称十八万，跟随他向东进发的，实际上足有八九万；如果不是阳明先生忠义智勇，誓不与叛贼同生，哪里能在几个月之内攻克敌人的坚固城池，俘获元凶，使宗庙社稷永保安宁呢？先生的功绩远远不只这些。

在南赣等地，贼寇的巢穴遍布广东、广西、湖湘三省境内，已盘踞了几十年，象池大鬓那类人，都是勇力机智绝人的人，不率先用计除掉他们，那么只要朱宸濠一招呼，肯定会投奔而去，那时对天下的祸害会怎么样呢？而且八寨那个地方的贼寇为害百姓已经一百多了，思州府遭受侵扰，也已经好几年了，先生文武并用，很快地消灭了他们，而且对那儿的处置谋划，都是作了长久深远的考虑的。只可惜在朝廷执掌大权的人对先生非常忌恨，而且南北各地的进谏大臣，又都附和他们，大肆地弹劾先生。即使那些平日对先生很尊敬的人，在先生成功的时候也妒忌先生的才能，在考察官吏的时候，根据辅臣的心意把建立功勋的邢珣、徐琏、陈槐、谢源等人都罢黜不用，那么国家法典评议功绩和才能的职责，在哪里呢？我把女儿许配给先生的儿子，是怜悯他年少丧父而打算抚养他的。江宏先生因为我曾经进谏

及予所以悯子许婚携抚,皆非得已;疏上,亦赖圣明拔之窨阱,因察公与守益之无辜。

於乎!公既困屈没齿,尚尤不免,则公与予平生所期何如,而皆仅止此者,岂非天与命也?悲夫!子正宪、正亿,将以是年仲冬十一日,奉公柩葬于洪溪之高村,为次其世行功爵,及所以致谤者,乞铭于宗工,并怜而属笔焉,以备他日太史氏之择谨状。

祭文

亲友祭文　九篇

一　**石潭汪俊**　礼部尚书

惟公豪杰之才,经纶之业;习坎心亨,穷标峻揭。勋

张永先生，应当分别开善恶，不应一概而论，玉石俱焚，张永先生对此十分恼怒，汪宏迎合张永的心意，弹劾我回护属官邹守益，难以居大臣之位，调任我为边方参政，后来幸赖圣上英明，才官复原职；汪宏又上疏评论先生的学问是伪学，并指责我结党立派，不忠于皇上，我又上疏表明与朝廷同心，又说阳明先生的学问都是忠于国家的良善之言，以及我把女儿许配给阳明先生的儿子是为了抚养他，这都是不得已才这样做的，疏文呈递上去，也幸赖圣上英明把我从困境中解脱出来，并查出先生和邹守益是无辜的。

哎！先生已经在困境之中去世了，还不能免除别人对他的诽谤，那么我和先生平生所希望的是什么呢？大概都也只能到这个地步了，难道不是天命吗？太悲惨了！先生的儿子正宪、正亿，将在这年仲冬的十一日，把先生的灵柩埋葬在洪溪的高村，为了记录他的世行功爵以及遭到诽谤的原因，要请工匠在墓碑上镌刻铭文，我就写下了这些，以备日后史官选择记载！很谨慎地写下了这篇行状。

一 石潭汪俊　礼部尚书

只有像先生这样的雄才大略，才能建立经纶天地的大业；

名既懋，德誉亦隆；阳明之称，走卒儿童。维吾兄弟，投分最早；坐或达旦，何幽不讨？忽谪万里，执手赠言；誓将结茅，待子云烟。公兹东来，曰："予无乐，乐见故人，来践旧约。"

旗旆央央，流水弥弥；公私皇皇，或卧或起。乃重订约，其待子归；归将从容，山遨水嬉。公既奏凯，吾治吾馆；忽闻讣音，乃以丧返。呜呼！公有大劳，国史辉煌；公有心学，传者四方。公何以没？吾何以伤？交情未竟，公进此觞。呜呼哀哉！

二　北原熊浃　吏部尚书南昌人

於乎！公有安危，朝廷重轻；公有进退，世道升降；公有存亡，圣学晦明。

公之生也，士如寐觉，民如醉醒；吏振循良之化，将知仁义之兵；寇贼奸宄，逆节不敢以复萌；譬如祥麟威凤，一见于海岳，群鸟百兽，率快睹以飞鸣。

公之死也。士迷向往，民坏长城；吏肆贪残之虐，将无纪律之冯。不逞余孽，四方啸聚而横行。譬如山崩梁折，物

专门研究学问,创立了继千年绝学的学问。既有功名显赫,也有品德传世;阳明先生被称赞,连贩夫走卒,没齿儿童也都知晓。只有我们兄弟俩,缘分相投得最早;坐在一块交谈常常通宵达旦,能有什么事情不是我们交谈的内容呢?先生忽然被贬官到万里之远,我们只有相互牵着手赠言告别;我发誓在山中结茅而居,等待先生的归来。先生从东边来了之后说:"我没有别的乐趣,只是想看看旧日的朋友,并实现旧日的约定。"

旌旗蔽日,气魄宏大,流水潺潺,浅吟低唱;先生公私都很繁忙,有时兴起,有时归卧。于是重新订立盟约,等待我的归来;归来时一定心境从容,游历于山水之间。先生平定贼寇胜利以后,我正在书院讲习;我忽然听到先生去世的消息,接着就见到先生灵柩的返回。先生为国立了很大的功劳,这在国史中有辉煌的记载;先生倡立了精深博大的心学,传播到四面八方。先生怎么能这么早就去世呢?我为什么如此悲伤呢?我们的友情将永存,请先生饮了我这杯酒吧!呜呼哀哉!

二 北原熊浃 _{吏部尚书南昌人}

呜呼!先生的安危,关系到朝廷的安危;先生的进退,标志着世道的升降;先生的存亡,关系到圣学的晦明。

先生的在世,使读书人就像从梦中觉醒,老百姓就像从沉醉中苏醒;使官吏懂得应守的本分,将知仁义之兵的力量;使那贼寇叛逆,不敢再萌生非分之想;先生就像祥麟威凤一样,一出现在海岛上,就有群鸟百兽争相亲眼目睹而飞鸣。

先生去世以后,读书人不知所措,老百姓风俗渐坏;官吏贪婪残暴,将无纪律准绳;叛贼余孽,又在四方啸聚横行;就像

害民殃，徒奔走而无宁。

在昔江藩不轨，荷义举兵，谈笑而清。今几何年？元恶大憝，已湮没而无形；旷恩厚德，尚尔如生。

方公之归也，幸其鳣堂载启，木铎扬声；斯文未丧，庶几有兴。其再出也，意其入秉钧衡，辅成圣德，岂期伏钺，不得一日立乎朝廷！翛然长逝，岂厌世浊之不可撄？抑天不愁遗，俾我民之失典刑。

虽然，可尽者，公五十七年之身；其不可尽者，与天地相为终始之令名。豫章为公过化之地，浹等遥瞻灵椽，匍匐往迎；岂无昭假，以慰微诚？此又不得以天下哀，而夺吾党私公之情。呜呼哀哉！

三　诚斋汪鋐　兵部尚书

惟公擅华国之文，奋匡君之节；怀希圣之心，彰伐叛之烈；一代之英，万夫之杰；追韩、范以驱驰，兼周、程而教设。夫何梁木忽倾，台星俄折？章水咽而不流，楚云愁而四结；岂物理之乘除有数，抑造化之无常者不可以臆决？鋐叨继公后，亦惟遵公之辙；辱公深知，大惧累公之哲，不敢以公所不屑者而自屑也。旅椽摇摇，泻椒浆以荐洁；陈词未竟，自贻无穷之咽。

山崩梁折一样，老百姓倍受祸害，四处奔走而永无宁日。

昔日宁王叛乱，先生为了大义兴兵平叛，在谈笑之间就剿灭了他们；如今又度过了多少岁月？昔日作乱的元凶，已湮没无形；可先生的大恩厚德，还永存人们心间。

先生归卧在家时，门生盈门，学问传于四方；圣学的传承，大有希望。先生出去做官的时候，我想他一定会执掌朝廷大权，辅助皇上成就圣人之德，哪里能够想到先生戎马生涯，没有一天入辅朝廷！先生溘然长逝，难道是痛感世道浑浊，无法挽回了吗？还是上天有意迁怒于我们，使老百姓失去了可以依托的良臣。

即使这样，永远逝去的，是先生五十七年的身体；而永远不可磨灭的是先生和天地永存的高尚情操。豫章是先生灵柩经过的地方，我们远远看到，就匍匐前迎；难道先生不显现点什么，来安慰我们？这又是因为不能因天下人的悲哀而掩盖了我们私下的交情，才有这种想法。呜呼哀哉！

三 诚斋汪铉　兵部尚书

先生有绝世的文采，辅佐君王的大节；心怀成就圣人之念，建立了讨伐叛乱的功绩；真正是一代英豪，万人之中的杰出者；继承韩氏范氏的遗风而驰骋疆场，继承周公、程氏的学问而设立教化。为什么梁木忽倾，巨星降殒？先生遽逝，章水为此呜咽而断流，楚云悲愁而四面汇集；难道是天下万物都有定理，还是造化无常不是人的心智所能揣测的呢？我跟随在先生后边，也只有遵循先生的遗教了；庆幸先生对我有很深的了解，可我常常害怕因我的愚钝而拖累先生的圣哲，我不敢把先生看轻

四　胡东皋　四川廉使

呜呼哀哉！公其可死乎？母太夫人，孰为之养？茕茕遗孤，孰为之抚而成之乎？其大者，圣明尧、舜，方倚公为皋、夔，四方未甚迪乱，正倚公神武之功以镇定之；而公其忍死乎？又其大者，圣学不明，几千百年于兹，赖公良知之学以昭揭之；虽有妙契独得，亦天之有意于斯世斯人，故属公以先知先觉之责；公之门人满天下，固不无如颜、如闵、如参、如赐者出于其间，足以继往开来，永公之传于不朽；然公不及亲见其道之大明、大行于天下，公其忍死矣乎？呜呼哀哉，虽然，功在社稷，道在人心，文章在遗书；母老子幼而有二仲之贤为可恃；且死王事，公复何憾？予又安得戚戚于生死之间乎？独相去万里，不得执手永诀，亲视含襚，为可恨耳！兹以兵事就道，临风一奠，以寄吾哀，而万一之私，曷其有涯也邪？

的东西，自己去却去看重。先生的灵柩路途坎坷，我只有在这儿洒冯椒浆来举荐他的亡灵了。话还没有说完，自己竟先呜咽起来了。

四　胡东皋　四川廉使

呜呼哀哉！先生能这时去世吗？母亲、太夫人，谁替他赡养？形单影只的遗孤，谁替他抚养培育成人？从大的方面说，圣明的尧舜，正等待先生实现皋夔之业，天下四方的变乱还没有完全平定下来，正需要依赖先生的神武之功来完成，先生难道能忍心离世而去吗？再从大的方面说，千百年来圣学没有得以倡明，正需要依赖先生的良知之学来明白地向天下揭示出来；虽然是先生独自体悟到了圣人之学和良知之学的精妙契合，但也是上天有意的昭示，所示把先知先觉的重任托付给先生；先生的门人满天下，固然会有像颜回、闵子骞、子贡、曾子那样的杰出弟子出于先生的门下，足以继往开来，把先生的学问一直传下去；然而先生没有来得及亲眼看到他的学问大明、大行于天下，先生忍心这样去世吗？呜呼哀哉！虽然，先生功在社稷，道在人心，文章在遗书；年迈的母亲、年幼的儿子，有二位贤良的弟弟可以依靠；况且先生是为君王的天下大事而死，又有什么可遗憾的呢？我又怎么能在先生的生死之间悲悲戚戚呢？只是遥隔万里，不能握手告别，亲自看着先生辞世，这是令人痛心的！我因军队的事情正奔走在路途上，只有临风一奠，以寄托我的哀念之情，可私下的怀念哪里能有个边际呢？

五　徐玺

呜呼！先生有汲长孺之直，而辞不至于戆；有张晋公之忠，而谋不至于疏；有朱晦庵陆象山之读书穷理，颖悟直截，而存心致知，不至于偏废。方其夷江左之大难也，浩然归志，自谓得所欲矣；及闻百粤之乱也，应召而起，履险若夷，功以时建，大彰德威，中道而殒舆榇以归。

呜呼！先生而止于斯耶？吾子日爱，受教门下，先生爱重，匪特亲故；先十年而卒，先生哭之恸，孰谓吾今之哭先生，犹先生之哭吾子也？呜呼痛哉！寿夭天也，生顺死安，吾岂为先生憾？然朝廷失重臣，斯文失宗主，幼子失所怙。呜呼痛哉！敬陈薄奠，聊寄痛哀；魂兮耿耿，鉴兹永怀！

六　储良材　巡按御史

呜呼！先生勋业文章，声光荣遇，夫人能知之，亦能道之，夫复何言？客岁云暮，柩临南浦；良材等载奠载奔，小大莫处。想其道玉山，历草萍，东望会稽，先生故里也；摇摇旅魂，庶其宁止。呜呼！异土之殒，数也；首丘之敦，仁也；数以任其适然，仁以归于至当，君子也；尚何言哉？

五　徐玺

　　呜呼先生！有汲长孺的忠直，可言辞上一点都不愚憨；有张晋公的忠诚，可谋略上一点都不疏忽；朱晦庵、陆象山读书穷理，而先生聪颖敏慧直接就体悟到圣人之学的宗旨，没有一点偏废。在他平定了江左的叛乱以后，浩然退居山林，是他自己请求过一种自己喜欢的生活；听到百粤的变乱后，应召而起，历经艰险却毫不畏惧，建立了不朽的功勋，威德大显，可是在奔波的路途上溘然长逝，只有棺木回归故里。

　　呜呼！先生就这样去世了吗？我的儿子叫徐爱，受教于先生门下，先生非常器重他，不只是因亲近的缘故；可徐爱前十年就去世了，先生为此痛哭不已，哪知道我今天对先生的痛哭，就像先生对我儿子的痛哭一样呢？呜呼痛哉！寿夭是由上天决定的，人应当生顺死安，我难道能为先生的去世而感到遗憾吗？然而朝廷丧失了重臣，圣人之学丧失了宗主，幼子失去了依靠。呜呼痛哉！敬陈薄奠，聊寄哀痛之情；先生英魂尚在，会明白我永远怀念的心情！

六　储良材　　*巡按御史*

　　呜呼先生！功业文章，道德名声，这都是人们早已知晓，和传颂的，我还能说些什么呢？岁末的一个傍晚，先生的灵柩到达南浦；我们又是祭奠又是奔忙，对于小大之事，无不细心处置。可以想见，先生的灵柩取道玉山，经历草萍，向会稽而去，因为会稽是先生的故里呀。路途坎坷，英魂难宁。呜呼！先生客死异乡，这是天数所定；为国而奔走，是仁道所驱。因为是天数所定，所以应任其自然；因为是仁道所驱，所以是天地正气之当

七　储良材

呜呼！濂洛云逝，斯道攸卬。公启绝学，允协于中。钥蔽发蒙，我知孔良。允文允武，绥我四方。四方既同，公归江东。童冠二三，春风融融。岑寇匪茹，跳梁三纪；维公来止，载櫜弓矢。南夷底绩，公既弥留。人百其哀，况我同俦。小人靡悱，君子曷宗？羞我黄流为天下恸。呜呼哀哉！

八　王尧封　右副都御史

呜呼！先生以纯粹之资，刚毅之气，通达之才，雄浑之文，心得之学，今焉已哉！方其抗逆竖也，而奸党息；歼叛宗也，而天下安；化瑶僮也，而边夷格；帝念厥勋，爵位载锡；声光洋洋，簪缨奕奕，今焉已哉！方今圣明在上，励精唐虞之治，天奚夺之速，而顾不慭遗，以共弼厥成耶？呜呼！天宇茫茫，至难谌也。寒螀唧唧于月砌，鸾凤沦没于岑丘；蕙兰靡靡于蔓草，薋菉蕃盛于道周；慨物运之不齐，于天道乎奚尤？於乎先生！其已焉哉！尧封等竟陈词兮酌醴；灵仿佛兮淹留。

然，先生确实是君子；还有什么话可说呢？

七 储良材

呜呼！周濂溪和二程去世，他们的学问仍为人们所景仰；先生使绝学开启，在内心里有真切的体会。发蔽启蒙，我们才知道心学的广大。先生文武皆备，安定了四方。四方安定以后，先生就回到江东。带童子二三人，在融融春风中畅游和乐。岑猛这个贼寇，作乱了几十年；可先生带兵一到，马上投降求生。在征伐南蛮的时候，先生已经处于弥留之际了。去世之后，天下同悲，况且我这个先生的朋友呢。普通老百姓心有所感却无法表述出来，君子应该向先生学习什么呢？这使我辈深感羞愧，为天下失却这样一位宗师而悲痛。呜呼哀哉！

八 王尧封　右副都御史

呜呼！先生以俊秀的资质，刚毅的气魄，通达的才识，雄浑的文章，深刻的学问卓然挺立于世，而如今，一切都成为过去了！在他奋力反抗权奸小人的时候，奸邪之徒就销声匿迹了。平息叛乱的时候，天下就得以安宁。教化蛮夷之族的时候，边远地方的民风就渐趋淳厚。皇上感念他的功德，赐给他爵位和厚禄；当时载誉归来，是多么的喜气洋洋，而如今，一切都成为过去了！当今圣明在上，正像唐虞时代一样打算励精图治，上天为什么这么快就夺去了先生的性命，一点也不体谅民情，让先生辅助圣上共同成就大业呢？呜呼！天宇茫茫，人类的命运是很难把握的。寒蛰在岁末唧唧哀鸣，鸾凤在岑丘沦没。蕙兰在蔓草中枯萎，万物的生长就是这样参差不齐，这和天道有什么关系呢？哎！先生，一切都消逝而去，我们吟诵文辞，斟满酒杯祭奠先

九　王畤

呜呼！先生排奸触忌，忠则烈矣；蒙难考贞，节则甘矣；戡乱靖戎，功则懋矣；修辞立教，文则崇矣；执谦下士，德则允矣；明诚合一，道则章矣。忠足以名世，而孤忠谀簸弄之党；节足以名世，而夺循资固宠之习；功足以名世，而基社稷无疆之休；文足以名世，而洗杜撰凿空之陋；德足以名世，而动凌高厉空之志；道足以名世，而破支离偏曲之学。

然则先生之生也，虽谓其随之以存；先生之死也，孰谓其随之以灭？如有作者，其不可及已？夫呜呼先生！

有司祭文　三篇

一　吉安府知府张汉等

於乎！先生弘毅刚大，履险涉崎。忠孝文武，为学者师。任崇正黜邪之责，而功同孟氏；合知行动静之一，而道传子思。

问罪兴思，堂堂豫章之阵；而怀来安辑，正正百粤之旗。方南仲奏春风之凯，而武侯星殒乃龙蛇遘。

生,先生的英灵似乎就和我们停留在一起。

九 王晡

呜呼,先生!因排斥奸党而遭受忌恨,算得上是忠烈刚直了;蒙受冤屈,而气节依然;平定叛乱,安定边防,也算得上功勋卓著了;研习辞章,倡立教化,也算得上是文名远播了;对待一般人也彬彬有礼,可算是很有德行了;明智、诚笃合于一身,可算是大道彰明了。忠诚足以名世,使那些拨弄是非之徒为之惭愧;气节足以名世,可以改变那些居功争宠的陋习;功劳足以名世,可以永保社稷的安宁;文章足以名世,可以一洗杜撰虚浮的文风;品德足以名世,使那些志大才疏的人物深感羞愧;学问足以名世,使那些支离偏曲的学问不攻自破。

既然这样,那么先生出生的时候,虽然可以说是自然地出生,可先生去世以后,谁还认为是自然地消逝呢?如果有这样做的,大概赶不上他吧。呜呼先生!

一 吉安府知府张汉等

呜呼!阳明先生!您志向远大,意志顽强。历经坎坷,遍尝辛苦。忠君、孝亲,能文能武,堪称学者导师。您以弘扬正义、抑制邪恶为己任,功绩几同孟子。您倡知行合一、动静合一,源流传于子思。

将兵征战,在江西布下威武军队;在怀来和安辑,收抚少数民族。可惜呀,正当您在江西下仲得胜凯旋时,却像诸葛亮仙

康成之梦，而学者兴悲。《六经》之迷途谁指？明堂之梁栋谁支？谁作万里之长城？谁窥一贯之藩篱？岂非天夺朝廷之杨绾，与吾党之濂溪？汉等晚生末学，敬仰光休；矧庐陵望邑，为先生过化旧邦；而流风余韵，为先生之山斗门墙。

溯姚江而源流滚滚，瞻五岭而云树苍苍；讣闻螺浦，悲伤旁皇；徒使吾党德铏道范之望，付之于无何有之乡。有奠椒浆，有泪淋浪，临风载拜，先生其来尝。

二 南昌府儒学教授廖廷臣等

惟公以心会道，倡学东南；以义兴师，讨平逆藩。天子曰都，爰锡公爵；四方景之，泰山乔岳。公方东归，江汉龙飞；冀公凭翼，道与时熙；固天下之延颈，实我公之优为。

讵意百粤群丑，弄兵潢池；金曰平之匪，公弗宜拜命南征，蛮方丕叙；经略弥年，委身劳瘁。连章乞归，公疾乃革；天不慭遗，斯文之厄。呜呼！公之功业，似若未竟；公之道德，曷系存亡？盖功虽以存而建，道不以死而弗彰，公无憾矣！

逝!

于是龙蛇传梦,无数学者顿涌悲伤。唉! 六经中的艰难,还有谁来指点? 皇朝的大厦,又有谁能支承? 更有谁可担当国防重任,洞察边地形势? 难道是上苍发怒吗,夺走朝廷的栋梁、学者的导师? 张流等晚辈后学,对先生高山仰止,防幸庐陵福地,曾得先生化育。先生虽去,但您的风骨气魄,永如山石屹立,可睹可感!

想溯姚江而上,江水却涛涛悠长;引颈遥望五岭,云雾又浓重苍茫。噩耗传来,我们悲恸彷徨。我等学圣学智的期望,也付诸了无何有乡。洒一杯醇酒,泪堕入波浪,迎江风长拜,盼先生来尝。呜呼!

二 南昌府儒学教授廖廷臣等

只有阳明先生才用心探求真知,弘扬学问于东南;用仁义来提师讨逆,平靖叛匪。天子赞赏,晋官奖励;四方崇敬,如岱抑止。当您从东方凯旋之时,江汉上龙蛇飞舞,希望您来乘驭,学问与时代同时昌盛,百姓们翘首而望,这都是先生功劳卓著,利在当时,泽被后世。

人们怕边地逆贼,再捉刀起事,讨伐安抚,非公弗宜。您受命南征,蛮地立即平定;您又经略数年,身心憔悴。多次上书乞归,才因病派回。可惜呀,上天不让人长久,学者也因此罹厄。先生已仙去,您的功业的似乎没有完成;可您的道德文章,又怎会磨灭消亡,功业浩存续而显现,风骨却不因人去而不昭彰。先生无憾了!

三　玉山知县吕应阳

呜呼哀哉！铜柱标伏波之勋，岘碑堕羊公之泪。呜呼哀哉！明堂遗栋石之思，稽山还英灵之气。呜呼哀哉！边陲罢锁钥之防，章缝夺蓍龟之恃。歼我哲人，岂其躬瘁？应阳等窃尝淑公绪论，恨未登其庭也；来吏兹土，闻诸异时，逆藩拂经，丕曰是膺；伊豪杰之奋义，实夫子之先声；不然，虽竭西江之水，未足以洗数年之兵。是则公之泽在天下，而西人再造于公，世世德也。

灵輀何来，载疑戴惊；今也号咷，昔也欢迎；我尊我奔，愿百其身；公乘白云，厥鉴孔神；而阳耿耿于平日者，犹未能尽鸣也。

门人祭文　十五篇

一　顾应祥应良

呜呼夫子！天其悯俗学之卑陋，而生此真儒耶？何栽培之独厚也？其眷圣上之中兴，而生此贤佐邪？又何遽夺而使之不寿也？呜呼夫子！今不可作矣；斯道斯民，真不幸矣；夫复何言，夫复何言？尤所私痛者，妙道精义，不可复闻；霁月光风，不可复见矣；将使末学伥伥，可受而不可传邪？呜呼哀哉！敬陈远奠，封寄潺湲；盛德大业，言莫能名；至痛深悲，辞莫能宣！

三　玉山知县吕应阳

呜呼！铜柱标志水波的颤动羊公看到岘碑而落泪。明亮的殿堂里弥漫栋石的思念，稽山脚下蒙回英灵的正气。呜呼！边陲放松了城关的防守，百姓也放开了手中的活计。普天下哀悼伟大的哲人，不只因为他鞠躬尽瘁，我们曾私下学习先生的大作，恨未能亲聆教诲；到此方上任时，传闻边邑叛乱，成日该罚平定，伊豪杰先起义师，实为先生的先锋不然的话，就是取尽西江水也洗不尽连年的刀兵。所以先生恩泽天下，于边人蛮族更是不啻再造，功德不可臆测。

灵车驶来了，我心疑虑又吃惊；现在号啕痛哭，昔日要到路上欢迎。我祭奠我狂奔如能使先生回转，我愿献一万次身。先生坐上白云去见上苍的天神了。我平日所思所敬仰的，刚说出十之一二呀！

一　顾应祥应良

呜呼！上天怜悯俗学的浅陋，才降生了先生这样真正的大儒？为什么他的根基资质那般得天独厚？难道是上天眷顾皇朝的中兴事业，因而生就先生这样力挽狂澜的人物？可是为什么又把他带走，让先生不能长寿？呜乎！先生现在仙逝了，我们的道学，我们老百姓真是不幸啊！还说它干啥呀！还说它干啥呀！而我私下犹为悲伤的，是妙道精微，从此再也听不到了；气骨风范，再也沐浴不着了；这叫我等末学惆怅，先生的真论，可以受教但未必能得真传了。呜呼！我心怀崇敬奉上祭奠，付之流水而

二　黄宗明

自道术为天下裂，而人不知其有己；忘内逐外，夸多斗靡；搜罗训诂，立世赤帜；孔孟既远，濂洛亦逝；岂无豪杰，如草庐氏；觉彼暮年，精力随弊；金溪之学，为世大忌。惟我夫子，丰神凛异；少也雄杰，出入亦几：鬼神通思，精识径诣；泛扫支离，收功一致。哀我人斯，开关启闭。

良知之说，直截简易；无俟推求，无不该具；顺我良知，行罔或悖。逆瑾扇惑，言官尽系；公触危机，从容就理；谪官蛮貊，艰难罔踬。汀赣贼起，公握兵符；犷狡既殄，老稚歌呼。

藩王称乱，海内忧虞；夫子倡义，一鼓献俘。岑氏构祸，东南驿骚；五六年间，财耗兵逃；公抚循之，鞭笞其豪；事适机宜，畏威怀德；出其死力，裹粮灭贼。八寨奇功，神武难名。

十年命将，手提重兵；人日劳止，驰驱靡宁；先生再至，寂无军声；讲学其间，朝夕靡停；运筹决策，贼以计平；出入两广，瘴疠伤生；积成疾疢，中道殒倾。

流水涯援；您的盛德伟业，真言语不可形容，我无限的悲伤，亦辞语所不能达宣。

二 黄宗明

自从天下学问分立，熙熙攘攘，莫衷一是，人们亦不知内有本心，抛开自我追功逐利。训诂学风大盛，孔孟之道日无，濂溪、伊洛的学问也不见流传了。但也不是没有真学问、真学人，如草卢氏暮年耕耘，精思入理；金溪反独树一帜，招世人猜忌。但只有阳明先生，神采飞扬，气禀特异，是少有的雄才大杰，堪当匡扶世风的重任。您思可通神，熟悉经籍，收拾学问的残破，使思想归于统一。您悲悯我等凡夫俗子，开启我们的心智。

创立良知之说，简单又容易。不用向外推求，良知无不能攻，只有顺从良知，行为就不会出错。贼人瑾扇动蛊惑，掀起大的争论，您从容进行辩驳，不做丝毫躲避。您被贬到蛮荒之地，艰辛痛苦备至。汀赣叛乱蜂起，您身拥重兵平暴，恢复安定。人民欢呼雀跃。

藩王作乱，国人忧虑，又是您提出倡导，只一战就破城俘敌。岑反制造祸端，东南部的驿站骚乱，五六年内，财物损失巨大，兵卒多有败逃。您危难中受命，严惩强豪，处理得当，威震天下，泽被四海，兵士愿出死力，争先恐后去灭贼。在八寨您屡立奇功，用兵之神，打仗之能不可形容。

十几载戎马生涯，您提将命兵；人都说勋劳可止，您却驰骋不停。先生再入边地，已烽息南宁。您又在此讲学，日夜不息，运筹帷幄，计出贼平。出入两广，身染重病，积劳成疾，中岁殒倾。

於乎痛哉！夫子之教，如揭日月；人方瞻仰，斯文遽绝。夫子之忠，功在社稷；身死未几，谗谤交集。世路险巇，人言易讹；命也如何！忧患实多。某自服膺，十有余年；奔走畏途，旧学就捐。

　　孤负教育，谁执其咎？今兹矢心，昕日勉旃；启夕跽奠，号呼旻天；明发赴官，敢附告焉。呜呼哀哉！

三　魏良器

　　呜呼先生！遽止于斯邪！振千年之绝学，发吾人之良知；靡用志以安排，曷思索而议拟？自知柔而知刚，自知显而知微；挽人心于根本，洗末学之支离；真韩子所谓功不在禹下，障百川而东之；使天假先生以年，大明此道，斯世殆将皞皞而熙熙；於乎！曾谓先生而遽止于斯邪？壬癸甲乙之岁，坐春风于会稽；先生携某于阳明之麓，放舟于若耶之溪；徘徊晨夕，以砭其愚，而指其迷；已而已而，今不可得而复矣。呜呼天果有意于斯道耶？何啬我先生之期颐？天果无意于斯道耶？则二三子在焉，苟不忘先生之教，其传犹或可期；洋洋如在之灵，尚其阴隲而默相之。

　　於乎章江之水，其流汤汤；既羞我殽，爰荐我觞；睹灵輀而之既驾，怆予衷之皇皇！

呜呼痛哉！先生的教诲，如指明日月；人们正仰视时，您却仙逝了。先生的忠诚与功绩，安邦定国自是明证，可您尸骨未寒，诽谤谗言便已丛生。立道艰险，人心不可测啊！先生的一辈子，真是命途多舛，忧患太多！我对先生景仰备至，此心此念已十年有余，可奔走在歧路上，所学之道已差不多全忘了。

但如此辜负先生的教诲，错处终究要怨谁呢？从现在起我重下决心，要勉励学习。傍晚出来祭奠您，我呼天抢地。明晨我要上路赴官了，特禀告先生。呜呼哀哉！

三 魏良器

呜呼！先生骤然于此仙逝了！您重振千年的绝学，启发我的良知；如不是用心于教诲，怎会殚思竭虑为我等排难解疑？您从柔知刚，从柔知微，拯救人心的根本，清理末学的琐碎，这真同韩愈所言，功绩不在禹下，起了阻挡百川、使之东流的作用。假如上苍让先生长寿，大大地倡明此道，世界的清明、人心的纯洁就指日可待了。呜呼！谁说先生骤然仙逝于此地？想壬癸甲乙年，您还坐在会稽山畔，与弟子春风满面。您携我等畅游阳明山麓，放舟在若耶之溪，晨曦里、晚霞中，谆谆教诲，指迷解愚。不说罢，不说罢，良辰美景，永逝如斯！呜呼！上苍真有意弘扬我的学问吗？可为何又夺走先生的生命？上苍果然无意于弘扬我们的学问吗？可我的若干弟子不忘先生教诲，自会让学统源流不绝！先生啊，望您恢宏的灵明，在天保佑我们吧！

呜呼！章江的水呀，悠长浩荡；我们没有美酒佳肴，略摆杯浊酒语恩师品尝。见灵车启动，我们悲伤彷徨。

四 应典

维公学承千圣之传,道阐诸儒之秘;立言垂训,体本良知,功归格致;修齐治平,一言以蔽;将刊末学之支离,订二教之同异;总摄万殊,归之一致;进以觉夫当时,退以淑诸来裔。彼忠谏之动朝廷,勋业之铭鼎彝;文章之被金石,世之君子,或以为难,在公则为余事耳;方奉命以南征,为朝野之毘倚,胡天命之不延?乃一朝而云痿。典等受教有年,卒业无恃;恸候江干,泪无从止。

呜呼公虽已矣,神其在天;文未坠地,庶几有传。握椒兰以荐心,指江流而誓焉;惟逊志以无负,庶歆格乎斯筵!

五 栾惠等

呜呼!乾坤孕秀,哲人降生;睿智间出,忠教天成;多材多艺,天纵其能;精一之学,尧舜是承;良知重教,如梦得醒。

四方风动,豪杰奋兴;云集鱼贯,日萃讲庭。岂其徒学,为国柱石,忠鲠立朝,不避权逆,窜逐夷方,优游自适;世态浮华,无能损益;玉蕴山辉,珠沉光溢。

宸濠倡乱,人心虩虩;祸自萧墙,谁敢为敌?惟师威武,

生威武刚正，旗开得胜。功勋显著，人们就交口诽谤。先生于是隐去，清静自处，对荣辱浮沉，无著于意。只是对道学不昌明，深感忧虑。因此与若干弟子，研讨学问，以风月为朋友，游览山水以自娱。学生们鼓瑟抚琴，歌唱吟诗于先生之侧，皇帝圣明，根据国家奖惩常典，记载了先生的功绩。但西部的跳梁小丑与绿林强盗，日费国家千万仓粮草。胜利没有到来，皇帝忧心难释，先生于是奉诏出征，应时翱翔。既然担起了重任，您的德声便四海传扬。您先是安抚，弓矢后出场，德威并重、刚柔相济，蛮夷归顺之人浩浩荡荡。他们都说，从今以后，我等不再起事，不做妄想。先生于是开导道："兵刃只投向不轨的人，投降者我们宽大。你们已归顺朝廷教化，我岂能再杀害你们？让你们过好日子，全家团聚，经营农活去吧！"

更有八寨地方，盗贼极盛，一日受其害，就会朝不保夕。从国朝建立，虽屡征伐却未平息，不停选将调兵，从未间歇，遗留下的祸害很大，一直威胁国体。它们窥视中原寻机待发，危险日大，已如火上眉。先生体恤百姓忧愁，不计个人得失，定议已出，全体同意，神机应变，旬日内便出兵剿贼。贼子窜逃，贼穴已空，您便召抚流民，恢复他们的田宅，令其安居乐业。您从长计议，抱病在外奔波，治理蛮夷之地，随俗做些改革。

您设立了土官，分地授职，令其与流宸相间互相，世代保卫疆域。保甲制度已严，部队已整齐，两者归于朝廷命官，两相配合毫无间隙。于是您修整文教，开办学馆，同化蛮族，移风易习，实为创造了优秀的范例。

像您这样的学者，是国家的光荣，黎长的父母，后学的阶梯。您实在该得福祉，享寿无疆。可为什么上天不从人愿，让

斯道之贵，孰能担当？呜呼已矣！朝野悲伤。知夫子者，和气春阳；昧夫子者，如刺如铤。呜呼！道大难容，古今之常；爱有公论，孰能泯藏？惠等闻讣惊悼，涕泣沾裳；匪天丧师，二三子殃；百拜荐奠，聊泄悲肠；灵其不昧，庶几鉴尝！

六　王良知

呜呼已矣，自夫子没而乾坤无粹气矣，山岳无英灵矣，国家无柱石矣，弟子无依归矣。

呜呼已矣！讵谓广南之役，遂为永诀矣乎？夫子以道殉身，以身殉国，超然于寿夭之间，则亦何憾？而二三子之悲伤，则固无以自赎于今日也。

呜呼哀哉！薄奠一觞，摛词伸忱，神其不昧，庶几来歆！

七　薛侃翁万达

呜呼！世有一长一善，皆足以自章明；而吾夫子学，继往圣功，在生民，顾不能安于有位以大其与人为善之心；岂非浅近易知，而精微难悟，劣己者容，而胜己者难为让耶？且。自精一之传，岐而为二，学者沦无滞有，见小遗大茫无所入。吾夫子发明良知之说，真切简易，广大悉备。漫汗者疑其约，而不知随遇功成，无施不可，非枯寂也；拘曲者疑其泛，而不知方员无滞，动出规矩非率略也；袭古者疑其背经，考

您死在穷乡僻壤？您对王事尽忠了，可遗孤谁来抚养？道学的责任，又由何人担当？呜呼！朝野无限悲伤。孰知先生的人，都知您像春风和煦，恨先生的人，却视您为针刺麦芒。唉！道大难容，古今一样。但天下自有公论，非人可匿藏。我们惊闻噩讯，涕泣满裳。不仅是天丧先生，也是我们的灾祸呀！一次又一次地祭拜，略表悲伤吧。先生英灵有眼，恳请把祭品尝尝。

六 王良知

呜呼！自先生过世，乾坤间就没有精气，山岳失去了英灵，国家丧失了柱石，弟子失去了归依。

呜呼！谁说广南之战是永别？夫子以道殉身，以身殉国，实超越于生死之间，死又有何遗憾！但两三弟子的悲伤，今天却无法解脱。

呜呼痛哉！置杯薄酒，略抒胸臆。先生神灵有知，请求品尝吧！

七 薛侃翁万达

呜呼！世人有一点长处好处，都足以自我彰明。而先生，学问继承以往圣贤，功业惠及黎民百姓，只因不能安定于职位上，才未光大他的良知理论。这个理论难道不是既浅显易知又深奥精微的吗？先生对比他差的人容纳，对比他强的人勉力学。古传的"精一"之学，已为裂为两派，学者或沦于无，滞于有，或见小遗大，茫茫然找不到真谛。先生发明了良知之说，真切简易，广大完备。爱烦琐的人怀疑其简约，而不懂它随遇功成，无处不可用，并非是枯静寂之学；狭隘的人怀疑它太宽泛，而不懂它方

之孔孟，质诸周程盖无一字一意之弗合；尚同者疑其立异，然即乎人情，通乎物理，未尝有一事一言之或迕；是大有功于世教圣门之宗旨也。

盖其求之也，备尝艰难；故其得之也，资之深，若渊泉之莫测；应之妙，若鬼神之不可知；教之有序，若时雨之施，弗先弗后；而言易入，若春风煦物，一沾一长。其平居收敛，若山林之叟，了无闻识；其发大论，临大难，断大事，则沛然若河海之倾，确然若蓍龟之信，而莫知其以也。

世之议夫子者，非晏婴之知，则彭更之疑；非互乡之惑，则子路之不悦；非沮溺荷蒉之讥，则武叔淳于髡之诋；用是纷纭，非夫子之不幸，世之不幸也已。

侃也不肖，久立门墙而无闻，顷年以来，知切淬励，夫子逝矣，慨依归之无从，虑身世之弗立，郁郁如痴，奄奄在告，盖一年于兹矣。方将矢证同志，期奉遗训，尚赖在天之灵，昭鉴启牖，使斯道大明于天下，传之来世，以永芘于无穷，是固夫子未尽之志也。灵輀将驾，薄奠一觞，衷怀耿耿，天高地长。於乎哀哉！

八　应大桂

呜呼！人知有先生之道，而或未尽得先生之教；人阴荷先生之功，而或未尽白先生之忠。己卯之变，吾不知其何如

圆无滞，运动中显规矩，并非简略也；好古的人怀疑它违背古经，考证于孔孟，对质于周程，却无一字一意不符合；爱趋同的人怀疑它标新立异，然而合乎人情，循乎物理，没有一事一言是迂腐的。这个学说，是对儒教及学者大有裨益的。

先生在探求良知时，备尝艰辛，所以得到后，理解之深如渊泉不可测，应用时的奇妙，如鬼神之不可知。先生教诲有时有序，像时雨般及时，既不先也不后，而言语浅近，又如春风拂物，化育滋长。先生平居时极谦虚，如山中老叟毫无见识；但发宏论，遇大难，断大事，又沛然如河水决堤，准确得如卦言可信，不知其由来呀。

社会上评价先生，不是像晏婴般明智，就是像彭更般多疑；不是像互乡之疑惑，就是像子路不高兴；不是像沮溺荷蒉样多讥，就是像武叔淳于髡般诋毁。这样纷绘，既是先生的不幸，也是社会的不幸。

我等不肖，跟随先生受教多年，而没学到什么，近年已来，才知道努力，而先生逝去了，慨叹以后无从依归了，想自身学不足立，郁郁乎如得沉疾。心中默悼，已一年有余了。我们正要邀同志盟誓，谨奉遗训，还盼先生在天之灵，开届卜学，使大道明达于天下，传于来学永远庇护人民，这是先生禾霓之志。灵车就要启动了，奉上一杯薄酒，衷心无限，如天高地长。呜呼！

八　应大桂

呜呼！人们知道有先生的道学，但不一定尽数得到先生的教诲。人们不知不觉中得到先生的恩泽，但未必都了解先生的

也?而谤固以随;交广之难,吾又不知其何如也?而死竟以俱。呜呼!外吾教者斯仇,晦吾忠者斯妒,岂瘴疠之足尤,实气运之不扶。

虎豹委于空山,豺狼号于当路;风雨嗟其何及?家园惨而谁顾?吾念先生之悟道也,以良知为扃;钥其收功也以格致为实际;体常秘于玄默用实粲于经济。

桂等犹及见先生之面,复密迩先生之居,虽未稔于耳提口授之下,或少得于神交契悟之余;方有待于卒业,而先生竟以若斯;痛先觉之早逝,怅末学其何依?幸门墙之无恙,或斯文之在兹。

九　刘魁

呜呼!夫子已矣,后学失所宗矣,生民失所望矣,吾道一脉之传,将复付之谁矣?虽然,人心有觉,德音未亡;俨门墙之在望,顾堂室之非遥;去意见之私,而必于向往;扫安排之障,而果于先登;是在二三子,后死者不得辞其责矣。归葬有日,筑室无期;临风遣使,有泪涟洏;嗟何及矣?矢志靡他,庶其慰矣!

十　万潮

呜呼!古所谓豪杰之才,圣贤之学,社稷之臣,非先生其人耶?曩哭先生之柩于钱塘之浒,今拜先生之墓于兰亭之阳。吾道终天之恸其何能已耶?潮早岁受知,不徒文字,循

忠诚。己卯年的祸变，我不知是怎么来的，但其后毁谤跟随来。交广之难，我不知情形到底怎样，但先生却跟来了。呜呼！排斥我们学派是仇视，抹杀吾党忠诚的是嫉妒；不只是瘴疠地可怕，实在是命运不济呀！

贤才被弃置于空山，小人却布满当路。风雨骤来而未绸缪，家园破落而无人修。想先生悟道，以良知说为钥匙，以格致说为实际，根本常隐于玄远静默，达用常显于处事经济。

我们见了先生之面，又来往于先生之居，虽没得耳提面授的教谕，却也有心神的交融契悟。正期待着完成学业，没想到先生却过早仙逝。痛哉！先觉者早逝！痛哉，我后学何依！所幸学派还在，或者斯文还存在于斯。

九 刘魁

呜呼！夫子逝去以后在学上就没有宗师了，老百姓失去了希望，我们心学一派的传承，不知应托付给谁。但是人心都有自觉，道德未尽消亡，威严的学府就在跟前，明亮的堂室并不遥远。要排除人们的私念，一定要靠善心；要扫除行为上的障碍，必须先整理思想。这个责任肯定要由我派某些弟子承当，愿长寿的人莫推卸呀！马上要归葬了，但入土还不知在何时，临风抒怀，泪水涟涟。叹息是没用的，我的志向不改变，愿先生宽慰。

十 万潮

呜呼！古人所说的豪杰之才、圣贤之学、社稷之臣，不是先生还是谁呢？前些天我哭先生的灵柩于钱塘江畔，今天参拜先生之墓在兰亭之南。我们这一学派无限的悲伤何能止息呀！我

循善诱、孔孟我师；剖障决藩，直指本体，良知是致，一以贯之；谨服膺以周旋，若饮渴而食饥，悟大道之易简，信精一而无私；顾虽有觉而即在，实惟念兹而在兹；夙夜战兢，深惧无以奉扬先生之教，惟先生在天之灵，阴启予而终成兮！

十一　张津等

惟我夫子，德本诚明，才兼文武；以践履为实，而厌俗学之支离；以广大为心，而陋专门之训诂；功夫启易简之规，指授辟良知之户。惟所立之甚高，故随在而有补；以之讲道，则化洽时雨之施；以之立朝，则仪渐鸿羽之楚；以之承诏奏，则右尹祈招之诗，以献君谟，则宣公独对之语。

至于名振华夷，勋迈今古；季札观鲁，方陈南籥之仪；山甫徂齐，复正东方之旗；元恶之首既歼，丑类之俦咸抚；此则勇夫悍士，犹以为难，而夫子独谈笑于指顾。夫何中山之功甫就，俄盈谤箧之书；武侯之恨有余，辄动英雄之忾；一老不遗，万民何怃？天轴西驰，江声东吐；草正芳兮鵁鸣，日未斜兮鹏舞；叫台城兮云悲，抚锺阜兮烟锁。

吁嗟夫子兮，固无所憾，而辱倚门墙者，不能不为终身之苦；学未传心，言徒在耳，忍观绝笔之铭，式奠临棺之祖；怅吾道之已穷，盖不知涕洒长空之雨；呜呼哀哉！

早年受教，不搞文字小技，循循善诱，亦得孔孟真髓。解惑释疑，您为我指明本体，良知一说，一以贯之。我兢兢业业随从恩师，您的教诲如渴时甘泉，饥时美食，体悟大道如此简易，"精一"之说毫无错误。虽人人皆有良知，但要用心在此啊。我昼夜战兢，深恐无法弘扬先生的心学，望先生在天之灵，启发我能终有所成。

十一 张津等

只有先生，道德本于诚明，才能兼备文武，重视实践，厌弃俗学的支离。倡导心学，鄙陋训诂。学问从浅显处入手，传授良知的奥秘。正因为理论立足高处，对所有事功都有指导。因此来讲道，则如时雨化育草木；用之来施政，威仪盛鸿羽之楚；用之应答上问，则强于右尹析的诗赋；用之来撰写君谟，可媲美于宣公的言语。

先生名震华夷，功劳超迈古今。季札观鲁国阵列南伦的威仪，山甫征伐齐地，解放东方的奴役。恶首全歼，蛮夷皆招抚。先生这件功业，勇士强将都以为难，而您却谈笑之间功成。可是，为什么中山之功刚完成，谗言诽谤就跟至？诸葛亮的不平尚在，天下英雄为之痛惜。一个老人都不容，又会如何对待天下百姓呢！天宇西倾，江水东流，草芳鹅鸣，日下鹏舞，台城之云悲泣，钟阜之烟低回。

呜乎先生！您固无所撼，但门下弟子，却终身遇到凄苦。学未传心，言辞只在耳畔。不忍看您绝笔之作，祭奠在安放您棺椁的庙前。怅然的是我们学派已衰落，不知涕泪可引发长空云雨？呜呼哀哉！

十二　王时柯等

呜呼！天惟纯佑，材生文武；学本诚明，道宗邹鲁；羽翼程朱，颉颃申甫。早掇巍科，筮仕天部；始谪龙场，直言忤主；九死不回，孤忠自许，继迁庐陵，人思召父。

再擢鸿胪，荐登枢府；专阃分符，衣绣持斧；机密虑周，战胜攻取；芟夷洞寇，四民安堵；蠢兹逆藩，束身就房；勤在王家，爵封南浦。瑶僮相攻，赖公柔抚；茕独无告，赖公哺乳。

民昔干戈，今豆且俎；民昔呻吟，今歌且舞；式遏寇攘，孰敢予侮；忧无西顾，殿有南土；丽日祥云，和风甘雨；山斗仰瞻，凤凰快睹；厥德斯懋，厥施斯普；人怀至今公竟作古。意公神灵，翱翔天宇；在帝左右，为帝夹辅；降为河岳，庙食籩簋。柯等亲炙至教，恩沾肺腑；忆昔请益，期以振旅；云胡背弃？使我心苦；敬奠一觞，痛深谈虎。

十三　邹守益

圣学绵绵，嘻其微矣；贸然末俗，纷交驰矣；矧兹寡陋莫知所之矣；谓考究遗经，可自得矣；旁搜远勘，亦孔之疲矣；将摹仿而效，千古可期矣；外貌或似，精神非矣；不遇口口，孰醒我迷矣？良知匪外铄，自秉彝矣；戒慎恐惧，通昼

十二 王时柯等

呜呼！上天对您保佑，生就一身文武之才。学问本自诚明，道理传承孔孟，弘扬程朱之学，与申甫抗衡。早年中科，任职天都，因忠诚直言，招主贬黜。初始贬谪龙场，虽九死不回之地，仍忠诚不变，继而迁至庐陵，心中仍效仿召父。

接着重新起用，升为鸿胪，官登枢府。先生秉公执法，刚正而严肃。您计谋周密，攻战有度，蛮寇敬畏，人民安居乐土。愚蠢的逆藩叛郡，亦自缚其身做俘虏。先生屡建大功，利在王室，受封南浦。瑶侗两族相攻，有赖先生安抚，鳏寡孤独之人，有赖先生照顾。

百姓息烽止战，现已安居乐业；过去痛苦呻吟，现今载歌载舞。回击外寇侵扰，谁敢再欺负百姓？西顾无忧，国家又有了南边疆土。日丽云祥，风和雨甘，山岚景仰，凤凰钦羡。您功德之大，恩泽之广，人们讴歌至今；没想到，先生却作了古！您的英灵已翱翔天宇。或许就在天帝左右，为帝的辅弼。或许降为河岳，受人们的朝拜。我等后学，亲得先生教诲，一想起就激动不已。昔日向先生请教，学思渗透肺腑。回忆以前先生的教诲，多么期望振兴我们的学派呀。怎奈先生早去，徒让我等悲苦。谨献薄酒一杯，望先生来尝。痛哉！

十三 邹守益

圣学绵绵，可惜势微了。蒙蒙末俗，纷纷驰逞。因此孤陋之人，不知所从。有人说只要考究古往，自可得道，旁搜博引，孔学可见，模仿圣贤，成圣可期。其实这只是外貌相似，精神实在不同。若不是先生临世，谁来开释我们的迷惑？良知不是外在所

夜而知矣；酬酢万化，口我规规矣；声应气求四方其随矣；譬彼昏曀，庆口矣；霜雾忽乘之，众安归矣？将民之无禄，罹此菑矣；百世之恸，岂独予私矣？

十四　叶溥

呜呼先生！乾坤间气。呜呼先生！夷夏重名。谓孔孟学，必可成也；谓周召功，必可立也；故以心觉天下，不罔以生也；以身翰天下，力尽而毙也。竟虚天子之注，日深吾党之思。将造物者忌功，抑忌德也？何遽止此，而不究所志也？呜呼先生！繄谁无福？

十五　阳克慎

呜呼！天胡夺我先生之速耶？有濂溪之学，而能自强；有武侯之忠，而能自将；有子仪之功，而能自忘；有良平之智，而能自藏；真所谓文武兼资，乾坤间气，领袖后学，柱石明堂者也。天胡夺之速耶？抚灵輀兮，涕泗淋浪，泰山颓兮莫知向往；絮酒为仪兮，荐此衷肠；神尚不昧兮，来格洋洋！

师服问

钱德洪

夫子既没于南安，宽几奔丧广信，拟所服于竹锋邵子。

赋,是我们心中自有的本性。小心谨慎,经昼夜而可知;变化屈伸,心中自有原则。良知说出,声应气求,四方追随,开释人们的昏惑,赐予民众福祉。但不幸先生一朝归去,百姓们找何做依托啊?如使人民无食,深临巨渊。百年悲伤,不知是我自己的感情吧?

十四 叶溥

呜呼先生!乾坤间的清气,呜呼先生!夷夏扬名。孔孟之学一定能弘扬,周召之功一定能够建立,您倡心学觉悟天下,不虚此生;您竭忠尽力保卫社稷,鞠躬尽瘁死而后已。您的学说,更改了钦定的学统,加深了学人的思索。造物者忌妒成功还是忌妒品德?为什么骤然带走先生,不让它完成所志?呜呼,先生之逝,到底是谁人无福?

十五 阳克慎

呜呼!为什么上苍这么快地把先生带走?您有濂溪的学问又能发扬光大,有武侯诸葛亮的韬略会带兵打仗,有子仪般的功勋却能淡忘,有张良陈平般的智慧却能隐藏,真所谓文才武略,大地英灵,后学的领袖,朝廷的柱石呀。上苍为什么这么快地把先生带走啊?手扶灵柩,涕泪横流。泰山颓倾,人们不知去往那里。备杯薄酒,略表衷肠,先生有灵,请来品尝。

师服问

钱德洪

夫子过世于南安,宽憼去广信奔丧。但担心穿着不合适,于

邵子曰："昔者孔子没，子贡若丧父而无服，制也。"宽畿曰："然。然则今日若有间也，夫子没于道路，执丧者弗从；宽也父母在，麻衣布絰，弗敢有加焉。畿请服斩以从，至越，则释麻衣布絰终葬则释；宽居越则絰，归姚则否，何如？"邵子曰："亦宜。"于是畿也服斩以行。

讣告同门

去年季冬十九日，宽畿西渡钱塘，将北趋殿对；二十二日，有人自广来，传"夫子以病告，将还庾岭，"闻之且喜且疑；即日舟迎至兰溪，传言夫子已逝，相顾骇怖，不知所出；且相慰曰："天为吾道，必无此事。"兼程夜抵龙游，驿吏曰："信矣，于十一月二十九日午时，终于江西之南安。"闻之昏殒愤绝，不知所答。及旦，反风且雨，舟弗能前，望南而哭，天乎！何至此极邪？吾生如偃草棘薪，何益于世，胡不使我百身以赎，而顾萎吾夫子邪？日夜痛哭，病不能兴。除夕，至常山，又相与自解曰："命也已矣，天实为之，奈之何哉？斯道晦冥几千百年，而昭明灵觉之体，终古不磨；至吾夫子，始尽发其秘，同志相承，日孚以博，乃有今日，亦云兆矣。

是去请教邵子。邵子说:"以前孔子死了,子贡像丧父一样不穿衣服,这是定制。"宽钀说:"是这样。但今天情况有所不同。先生死于道路,该执丧的人还没到。我的父亲还在,总穿麻衣戴孝,不合适吧。我想我披麻戴孝到越地,然后脱下来,葬完后就不再穿。我在越则穿孝服,回到姚则不穿,怎么样?"邵子说:"好吧。"于是宽钀穿着丧服跟去了。

讣告同门

去年腊月十九日,我(宽钀)向西渡过钱塘,打算北上参加殿对;二十二日,有人从广西来,传言道:"先生因病告退回家,将要到达庾岭了。"我听到这个消息,既高兴又怀疑;当日就乘船到兰溪迎接,又传来话说,先生已经去世,我们相顾无言,惊慌得不知所措,只有互相安慰道:"上天一定会体恤我们,肯定没有这么一回事。"我们日夜兼程抵达龙游,驿吏对我们说:"消息很确实,先生在十一月二十九日午时,在江西的南安去世。"我们听了之后,悲痛欲绝,不知道该说什么。到了天明,因遇逆风暴雨,船不能前行,我们望南痛哭,天啊!为何这么残酷呢?我活着就像野外的荆棘杂草一样,对社会有什么益处,为什么不让我以百身相赎,却使先生离世而去呢?我们日夜痛哭,身体病痛不能起床。除夕,到了常山,又一起自我宽慰说:"命运就这样,是上天的安排,又有什么办法呢?大道的晦暗不显,已经有几千年了,可是它昭明灵觉得本体,却终古不废;到了阳明先生这儿,才开始揭示其中的宗旨,有共同志向的人一同研习探讨,才有了今天这个学问昌明的盛况,也可以说是圣学复兴的预兆。

天子圣明，注眷日殷，在朝诸老，又更相引汲，使其得遂同心，则其未尽之志，当更展矣。今若此，天意若将何哉？或者三代以降，气数薄蚀，天道之秘既以其人而发泄之，又旋而扑灭之乎？溯观孔孟，已莫不然。

夫孔孟之不得身行其学者，上无君也；今有君矣，而夫子又若此，果何谓邪？前年秋，夫子将有广行，宽畿各以所见未一，惧远离之无正也，因夜侍天泉桥而请质焉；夫子两是之，且进之以相益之义。冬初追送于严滩请益，夫子又为究极之说；由是退与四方同志，更相切磨，一年之别，颇得所省；冀足见复得遂请益也，何遽有是邪？呜呼！别次严滩逾年而闻讣，复于是焉；云何一日判手，遂为终身永决已乎。

夫子！勤劳王家，殉身以道，古固有勤事而野死者，则亦何憾？特吾二三子，不能以为生耳。向使吾人懵然无闻，如梦如醉，以生于世，则亦已矣；闻道及此，而遽使我止此焉，吾何以生为哉？人生不闻道，犹不生也；闻道而未见其止，犹不闻也；夫子教我发我，引我翼我，循循拳拳而不倦者几十年，而吾所闻止此，是夫子之没，亦吾没也。

当今天子圣明聪慧，而且日益关注圣学的发展，在朝廷任职的阁老又互相倡导，那么先生生前的未竟之志，将得以实现。像今天这个情况，上天的意图是什么呢？可能是从三代以后，气数渐衰，隐藏在人自身之内的天道良知，时而显现，又旋即扑灭吗？追溯孔子和孟子，所处的时代无不是这样。

孔子和孟子不能够亲自推行他们的学说，是因为没有贤明的君主；如今，有贤明的君主，可先生又早早地去世，这是怎么回事呢？前年秋天，先生打算去广东，我和先生的看法没有统一起来，我恐怕先生远离之后，没有人来指正把两方面的观点都给以肯定，并且启发我说，这两者是相互验证的。初冬，我又追送先生到严滩，向先生请教，先生又给我讲了探究天道本体的学说；从此，回去和各地有共同志向的人相互切磋砥砺，一年之后，很有收获；本来希望再次见到先生后，秘他请教，哪里能想到突然发生这样的情况呢？呜呼！自从上次在严滩分别以后，过了一年就听到先生去世的消息，没想到一时的分手，竟成了终生的永诀了。

先生就这样去世了，勤劳的王氏家族，以身殉道者不乏前例，古代本来就有因勤于政事而死于荒野的人，那又有什么可遗憾的呢？只是我们几个门生，永远地失去了向我们传授学问的阳明先生了。假使我们一开始就浑浑噩噩，如梦如醉地在世界上生存，那么也就罢了。可是学习大道到了这个地步，却使我突然停止到这儿，我该怎么样活下去呢？人活着却不学习大道，就像没有活一样；学习大道却没有达到最高境界，就像没有学习一样；先生教导我，启发我，指引我，保护我，勤勤恳恳、永无倦怠地坚持了几十年，可我的学习到了这儿就终止了，这既是先生

吾何以生为哉？呜呼！命也已矣，天实为之，为之何哉？所幸四方同志，信道日众，夫子遗书之存，《五经》有删正，《四书》有傍注，传习有录，文有文录，诗有诗录，政事有政事录，亦足恃矣；是夫子虽没，其心在宇宙，其言在遗书，百世以俟圣人，断断乎知其不可易也。明发逾玉山，水陆兼程，以寻吾夫子游魂，收其遗书；归襄大事于稽山之麓，与其弟侄子姓及我书院同志筑室于场，相勉不懈，以冀成吾夫子之志！尚望我四方同志，爰念根本之地，勿为遐遗，乃大慰也。

昔者孔子之道，不能身见于行，没乃光于万世者，亦以其门人子弟相守不变耳。三年之外，门人治任将归，入揖子贡，相向失声，是非儿女之情也；三年之聚，亦以精其学也。子贡反筑室独居三年则粹于进矣。凡我同志，远者、仕者，虽不必居三年，其亦肯间相一聚，以庶几相期于成乎？逾月之外，丧事少舒，将遣人遍采夫子遗言及朋友私录，以续成书；凡我同志，幸于夫子片纸只语，备录以示。

的去世，也是我的衰亡。

　　我为什么要活下来呢？呜呼！这是人的命运，是上天的安排，上天为什么要这样做呢？庆幸的是，四面八方有共同志向的人越来越多，而且还有先生遗书的存在，其中对《五经》有删正，《四书》有旁注，传习有录，文有文录，诗有诗录，政事有政事录，这些都足以依赖和凭借；因此，虽然先生去世了，但他的心永存于宇宙中，他的言论收录在遗书里，即使一百年以后有圣人出现，也肯定不能改变先生的学说。以后应越过玉山，水陆兼程地去寻觅先生的游魂，收集他的遗书；回来以后，在稽山的山麓帮助他人成就大的事业，和先生的弟弟、侄子、以及书院的同志者，在书院建筑房屋，互相勉励，期望继承和发扬先生的遗志！还希望我的各地朋友，能够牢记先生的教诲，不要流入异端邪说，这是我最大的安慰。

　　从前，孔子的学问，在他活着的时候没有被实行，他去世以后，却受到万世的敬仰，也是因为他的门人子弟坚持和继承的结果。为孔子守丧三年之后，门人因在各地任职要回去了，一起进去拜见子贡，门人在一块都失声痛哭，这并不是儿女私情的缘故。他们三年的聚会，也确实在学问上大有长进。子贡返回去又建筑房屋独自居住了三年，学问就更加精深了。凡是和我有共同志向的人，因有路途遥远的，要出去做官的人，所以不必为先生守丧而居住三年。虽然如此，但是隔一段时间聚会一次，不是对我们各自学问的成就很有好处吗？过了一个月之后，对先生的丧事，在心情上稍为平静了一点。就打算派人四处搜集先生遗留下来的言论，以及他的朋友私下记录的先生的生平事迹，编辑成书；凡是和我有共同志向的人，希望能够把先生的片纸只语，完

嗣是而后，每三年则复遣人，一以哀吾夫子之教言，不至漫逸；一以验朋友之进，足为吾不肖者私淑也。荒悖恍惚，不知所云，水陆茫茫，预以陈告，惟吾同志，怜念怜念！

遇丧于贵溪书哀感

嘉靖戊子八月，夫子既定思田宾浔之乱，疾作，二十六日，旋师广州。十一月己亥，疾亟，乃疏请骸骨；二十一日，逾大庾岭，方伯王君大用，密遣人备棺后载；二十九日，疾将革，问侍者曰："至南康几何？"对曰："距三邮。"曰："恐不及矣。"侍者曰："王方伯以寿木随弗敢告。"夫子时尚衣冠，倚童子危坐，乃张目曰："渠能是念邪？"须臾气息，次南安之青田，实十一月二十九日丁卯午时也。

是日赣州兵备张君思聪，太守王君世芳，节推陆君府奔自赣，节推周君积奔自南安，皆弗及诀，哭之恸。明日，张敦匠事，饰附设披，积请沐浴于南埜驿，亲进含，玉陆同殓禭。又明日，南赣巡抚汪公鋐来莅丧纪，士民拥途哀号，汪为之挥涕慰劳。

整地收集起来，交给我们。

从这以后，每隔三年专门派人取出先生的文录加以整理，不至散失；同时检验朋友们学问的长进，使我这样不聪慧的人私下学习。恍恍惚惚地下笔到这儿、不知道说了些什么，朋友们天各一方，水陆茫茫，预先向大家通告一下，希望有共同志向的人们，能够体谅我们的用心。

遇丧于贵溪书哀感

嘉靖戊子年八月，先生平定了思恩府、田州府、宾州、浔州的叛乱之后，疾病发作。二十六日，回师到广州。十一月己亥日，病情加剧，于是先生上疏请求回家；二十一日，过了大庾岭之后，方伯王大用暗中派人准备棺木；二十九日，已经到了病危的时候，先生问侍者："到南康还有多远？"回答说："还有三个邮亭的距离。"先生说："恐怕来不及到那儿了。"侍者说："王方伯为先生带着寿木相随，我不敢把这个消息告诉给先生。"先生当时还穿着官衣，戴着官帽，正倚着童子端坐在那儿，听了这话以后就睁大眼说："他怎么能有这个念头？"过了一会儿，先生就停止了呼吸，当时正驻扎在南安县的青田，是十一月二十九日丁卯午时。

这天，赣州兵备张思聪，太守王世芳，节推陆府从江西赶来，节推周积从南安赶来，都没有来得及和先生诀别，悲痛欲绝。第二天，张大用督促工匠制作棺柩，周积请求在南野驿给先生沐浴，亲自给先生嘴里放着含玉，后来陆府和他一同给先生装殓和含玉。又过了一天，南赣巡抚汪铉先生亲自前来主持丧事，老百姓都拥在道路上痛哭哀号，江宏流着眼泪安慰他

十二月二十日，丧至南昌，有司分道而迎，巡按御史储君良材，提学副使赵君渊哭，士民皆哭声载于道；乃挽丧留于南浦，请改岁而行，以尽士民之哀。赵日至，三踊哭，有问之曰："吾岂为乃公哭邪？"己丑，改岁六日，将发舟，北风厉甚；储焚香虔祝于柩曰："公弗行，岂为士民留邪？公觉有子嗣门人，亦望公久矣。"

即时反风，不四日，直抵信州。呜呼！夫子没而诸大夫之周旋者至矣，是固夫子盛德所感，亦诸大夫好德之诚也。二三子弗身承其劳，闻其事，能弗以为思乎？详述之，用以告吾同门者。

书稽山感别卷

人有异常之恩于我者，君子感乎？异常之恩，不可恩也，不可恩，不可感也。是故稽颡再拜，颂言烦悉，报之微也；适馆受飨，左右以贶，惠之微也。

其遭也无自，其合也不媒，其聚弗亲，其离弗违，无致而至，莫知其以，此恩之至也，感之极也。

今夫龙兴而云从，云非恩乎龙而从也；嘘吸为变，莫之

们。

十二月二十日，灵柩到了南昌，有司夹路相迎，巡按御史储良材，提学副使赵渊都痛哭失声，老百姓更是哭声载道，于是他们都挽留先生的灵柩停在南浦，等过了年之后再前行，以便老百姓祭奠、哀悼。赵渊每天到先生灵柩前痛哭三次，有人问他说："你是在哭你的父亲吗？"己丑年正月六日，将要开船起行的时候，刮起了猛烈的北风；储良材点着香虔诚地向先生的灵柩祈祷说："先生不愿意前行，难道是很留恋这里的老百姓吗？您的故乡有你的儿子和门人也正盼望着你的归来。

即刻风向就发生了变化，不到四天，就直抵信州。先生去世以后，各位士大夫马上就赶到这里追吊，这固然是因为先生德高望重，但各位士大夫确实是诚心好德。那些没有亲自前来料理治丧事务的人，能不挂念这事吗？我详细地记述了先生灵柩经过南浦时情况，以告知我的同门学子。

书稽山感别卷

别人对自己有不同寻常的恩惠，君子会感激他吗？因为是不同寻常的恩惠，所以就不能把它看作一般恩惠，因为不能把它看作一般恩惠，所以就不能一般的形式来感激。因此叩头再拜，并写一些很详尽的颂词，只是对先生很微小的报答；教授先生的子弟却受到饭食的招待，财物的奉养，这也是对先生家施以很小的恩惠。

不期而遇，不谋而合，聚会在一起，不过分亲热，离开之后，不互相背叛，这才是最大的恩惠，最衷心的感激。

龙兴而云从，并不是因为云接受了龙的恩惠而跟随它，龙在

致也。计功量者，孰为恩？孰为感？悉悉而数之，则薄矣。吾于赣城杨君竹溪之于夫子，何以异？吾固不能忘情于恩感，固亦无以为恩感也。

昔者夫子奉命南征，以不杀之仁，绥思田之顽民；维时荷戈持戟之士，其孙谋吴略，勇力拔众者，为不少矣。及成功之日，乃皆一时归散，环视诸庭，依依不忍去，若左广之武和斋，吉水之龙北山，赣之刘易斋及君者，乃皆退然若弗胜衣之士。是四君者，岂有意而相遭邪？必其所存有，以近吾夫子不杀之仁，故不谋而自合。

至夫子待命北巡，忽为南安之变也，君皇皇然亲含襚，扶舆梓，行则与蒸徒共楫，止则与二三同门麻衣布绖，并就哭位，是固何自而然哉？夫仁人心也，通幽明。忘物我，不以生而亲，不以死而忘，无致而致，虽四君亦莫之知也；四君且莫之知，吾又得而恩感乎哉？故我欲稽颡再拜，颂言烦悉，以报其情，而其情终不可报；吾欲适馆受飧，左右以赆，以惠其去，而其去终不可惠；故相率归于无言。

呼吸之间就变化万端，云是永远也无法达到的。对于那些斤斤计较的人来说，哪些是恩惠？哪些是回报的感激？都能够清清楚楚地算计出来，那么做，未免淡薄了人情。我和赣城杨竹溪先生对于阳明先生的态度有什么不同呢？我一直不能忘记先生对我的恩德和我应对先生的感激，可杨竹溪先生好像本来就没有恩德和感激这种提法。

从前，先生奉命到南方征伐贼寇，先生以不杀人的仁爱之心，安抚了思恩和田州叛乱的顽民；当时，荷戈持戟的武士中，具有孙子吴起那样的谋略，勇力超群的人，确实很不少。平定贼寇胜利的时候，他们都将各自回去，这时环视和先生相处一起的家院，依依不舍，像左广的武和斋、吉水的龙北山、江西的刘易斋以及赣城的杨竹溪，都心情惆怅，不忍离去。这四个君子，难道是有意要跟随先生吗？一定是在他们的内心之中有和先生不杀人的仁爱之心相近的地方，所以不谋而合。

在先生等待命令向北巡视的时候，忽然有了南安的变故，杨竹溪先生亲自给先生装敛，并扶着灵柩前行，在船行走的时候，就和船夫一同把桨共摇，停留的时候，就和几个同门身穿麻衣布磋，在先生灵位前痛哭，竹溪先生是出于什么动机这样做呢？仁人的用心，通于幽明，相忘于物我的分别，不因为人活着的时候就去亲近，人去世以后就忘记，没有刻意的追求却能达到仁义的道德境界，虽四位君子也不能自知这些，四君子尚且都没有人能懂得这些，我能真正理解对先生应怎样感激吗？所以当我打算到先生故里去拜谒，书写颂词来报答先生的时候，最终却没有报答先生；当我打算到书院去传授先生的学问，表示对先生去世的追念时，可对先生的追念最终也不能消失，所以我只

噫！无言之感，洞彻千古，吾亦无如之何也已！虽然君去而能益笃吾夫子不杀之仁，则吾之无言者，尚有无穷之言也；因其去，吾复能已于言乎？是为书。

谢江广诸当道书

冬暮，宽畿渡钱塘，将趋北上，适广中有人至，报父师阳明先生以病告，沿途待命，将逾庾岭矣；即具舟南迎，至兰溪，忽闻南安之变，慌怖三问三疑；奔至龙游，传果实矣；天乎！何至此极邪？吾师以王事驰驱，尽心宣力，今果勤事而野死矣乎？在吾师以身许国，死复何憾？独不肖二三子，哀恨之私，有不能一日解诸怀耳。夫自讲学四十余年，从之游者遍海内，没乃无一人亲含襚殓手足，以供二三子之职，哀恨何堪？宽畿北面有年矣，教我抚我，诱我翼我，实有罔极之恩；而今若此，无涯之戚，谁则任之？兼程至贵溪，始得冯哭其棺；间乃询之厮吏，始知临终之地，长途空寂，前后弗及，幸我大人先生，有预事之谋，载棺相随，使永诀之晨，得以时殓襚；是虽子嗣门人，亲临其事，当无逾此；诚死生而骨肉者也，恩孰大焉？夫吾师有罔极之恩，而没则贻我以无涯之戚；今赖大人得少慰焉，是大人之恩于二三子，寔有无涯之感矣。夫野死而无悔者，夫子之忠也；无归而殡者，大人之仁也。斯二者，固皆天下之公义，而区区之恩戚

能归于无言。

噫！无言这种情感，能够洞彻千古，我也无能为力。即使这样，受先生不杀之仁四君子离开以后，更加肯定了先生具有不杀人的仁爱之心，那么我所说的无言，就是有无穷的意思在里边了。因为他们马上就要离开了，我能什么都不说吗？所以写了这么多。

谢江广诸当道书

冬末，我渡过钱塘江，打算北上京师，恰逢有人从广东来，传言先生因病告退，正在返回的途中等待皇上的命令，将要越讨庾岭了；我随即准备了船只到南方去迎接，当我到了兰溪的时候，忽然听到先生在南安去世的消息，我惊慌害怕多次向人询问而怀疑；当我奔赴龙游的时候，传来先生逝世的确切消息；天啊，为什么要到了这种悲惨的地步呢？先生为天下的事四处奔走，尽心竭力，如今果然因勤于政事而死在异乡了吗？我的先师是以身许国，虽然去世了，但又有什么遗憾的呢？只是我们几个愚钝的门生，因惦记于先生谆谆教诲的私情，不能有一天心情舒畅。先生自从开始讲学以来，已经四十多年了，跟随他游学的人遍布四海之内，去世以后竟然没有一个门生前去亲自给他装敛，来尽作为门生的职责，这种哀痛和悔恨怎么能承受得了呢？我拜先生为师已经很多年了，先生教诲我，安慰我，引导我，爱护我，确实无边的恩情；可如今先生就这样地离我而去了，谁能承受了这种打击呢？我日夜兼程赶到贵溪，才能够扶着先生的灵柩痛哭；其间向当地的小吏询问，才得知先生去世时的地方，偏僻蛮荒，前后都无村落相连，幸亏王大用先生有预知事情变

不与焉；特吾二三子儿女之情，至此皆不能已于无言耳。剖心刻骨，有言莫尽。诗云："中心藏之，何日忘之。"荒悖布情不悉，惟怜而终教之！

再谢汪诚斋书

　　父师之丧颇德庇，于二月四日奠于堂矣；感公之私，与日俱积。乃弟乃子，颇能承袭遗规，弗至逾礼；四方同门，亦日来奔颇具执事；是皆先生倡厚德于前，故子弟门人知激劝于后，不敢以薄自处，重获罪于大君子之门也。所谕父师军中羡余银两，责其官赍送嗣子；是执事哀死之情，推及遗孤，此恩此德，悲恃其子弟知感，在门人小子佩刻亦殊深矣。

化的谋略，带了一只棺木相随，才使先生去世的当天早晨，就能够及时地入殓；王大用先生的这种做法，即使是那些先师的门人弟子，亲临当时的情况，也不会做得更完美；确实是在生死交关之际的骨肉深情，谁的恩情能有这么深呢？先师对我有无法回报的大恩，先师去世以后，给我留下了无法愈合的伤痛；如今幸赖王大用先生的帮助，才使我得以稍稍的安慰，王大用先生对我们几个门生的恩情确实难以用语言表达。先生客死异乡却毫不后悔，是因为先生对皇上有赤胆忠心；先生客死异乡却在装敛等事上受到妥善安排，这是因为王大用先生有仁爱之心。这两个方面，本来都是天下流行的大义，是我的一点哀痛之情永远也比不上的；只是因为我们几个门生都有儿女之情，情动于衷，无法控制自己保持沉默。刻骨铭心的恩情，是永远无法用语言表达完的。《诗经》里边说："在内心里边深深埋藏的情感，什么时候都忘记不掉。"笔力困竭，无法把自己的全部想法表达出来，只是希望先生们能够不断地教诲我！

再谢汪诚斋书

先师的去世，受到您很盛情的帮助，终于在二月四日我们在灵堂祭奠了先师的亡灵；对先生的感激之情与日俱增。先生的弟弟和儿子，很遵守先师的遗规，一点也没有越礼的举动；来自四面八方的同门弟子，也每天前来帮忙，办事的人员很充足；这都是由于先师在生前极力倡导宽厚仁德的结果，使得他身后的门人弟子都懂得自己以仁德相激励，不敢妄自菲薄，以致有辱先师门风。先生告知的先师在军中时积存的银两，已经让专人负责呈送给了先生的儿子；这些都是先生对死者的哀痛之情推

但父师嗣子，方及四龄，未有知识，亲弟守俭、守文、守章，继子正宪欲代之言，顾其中有愿言而不敢尽者；生辈恃在旧爱，敢代为之言，惟执事其终听焉！父师两广事宜，间尝询之幕士矣，颇有能悉其概者；谓"奏凯之日，礼有太平筵宴，及庆贺赆送之仪，水夫门子供具中，有情不得却，与例不必却者，收贮赏功，所谓之羡余，以作公赏之费，成功之后，将归，乃总其赏功正数，所给公帑，不过一万余两，皆发梧州矣；正数之外，有此羡余，仍命并发梧州从者；又以沿途待命，恐迟留日久，尚有不时之需，姑携附以行，俟随地遣发；不意未至南安，罹此凶变，病革之晨，亲命仆隶检遗书，治行箧，命赏功官劳其勤劳而归羡余于公。"

此实父师之治命也。当事者，既匿其情不以告夫先生，而先生又切哀死之情，笃遗孤之爱，案官吏之请，从合得之议，谓大臣驱驰王事，身殒边陲，痛有余哀，礼当厚报；况物出羡余，受之不为伤义故直以事断，而不疑其为私，其恩可谓厚矣。

及到了死者遗孤的身上了，您的大恩大德，不只是先师的子女感激，在我们门人中间也记忆非常深刻。

但是先师的儿子，才刚满四岁，还没有多少认识能力，先师的亲弟弟守俭、守文、守文以及继子正宪，都打算代替他说话，只是先前先师有遗言，他们都不敢这样做；我们几个门生辈自恃是先生旧日的知己，敢代替他说话，只是希望您能不厌其烦地听一听。先师在处理两广事宜的时候，有时曾经向幕僚询问，有的人很清楚其中的大概情况，他们说："平定叛乱胜利的时候，有太平筵宴以及庆贺赠送的礼仪，水夫和门子送给的礼物，在情理上不得推却的和按惯例不得推却的，就收下来作为奖赏功绩的用度，这就是所说的美余，即用作奖赏的费用。"平定贼寇胜利以后，先生打算回去，就核算了一下可以用于奖赏功绩的大体数字，国家所给的银两，不过一万多两，后去都发到梧州去了，除了国家所给的银两之外，还有这份美余，先生仍旧让一道发往梧州；又因为先生在回家时要沿途待命，恐怕要拖延很长时间，还有一些考虑不到的花费，所以先生带了一部分银两回家，在用不完的时候随地遣发；没想到先生还没有到达南安，就去世了。在先生将要去世的那天早上，亲自让仆人和军隶整理遗书，收拾所带的东西，并且命令赏功官把美余交给王大用先生。"

这确实是先师生前的真实想法，而办理这事的人，隐匿这个情况不告诉您，而您又对先生的去世深感哀痛，对遗孤倍加爱护、体贴，根据官吏的请求和众人的商议，认为大臣为社稷的事四处奔走，最后死于边陲之地，确实令人痛心，按照礼节也应当受到厚报；况且银两属于美余，接受了也并不伤害大义，所以

特弟子登受之余，尚不免于惶惑；盖以父师既有成命，前日之归是，则今日之受非矣；苟不度义而私受之恐拂死者之情，终无以白于地下也。且子弟之事亲，平时一言，罔敢逾越；况军旅之事，易箦之言，顾忍违忘而私受乎？夫可以与者大人之赐，可以无取者父师之心；取之惟恐违死者之命，而重生者之罪，则又其子弟衷由之情用是不避呵叱，谨勒手状，代为先生布；并原银五百三十二两，托参随州判龙光原义男添贵送复台下。伏望验发公帑，使存殁之心，可以质诸天地鬼神，是则先生无穷之赐，幽明共戴之恩也。不胜冒犯殒悼之至！

再谢储谷泉书

宽畿不率，弗佑于天，遽夺吾师之速，黄发乳口，失所保哺，皇皇然无所归；时闻凶讣，又恨未及相随，以趋曳杖之歌，天丧斯文，后死者终弗与闻矣乎？

既而奔丧贵溪，冯哭之余，水浆不入于口，奄奄气息，若无复可生于人世矣；间及询其后事，乃知诸君子弹心瘁

直接地按事情本身决断，而不怀疑这种行为是私心所致，您的恩德可以说是非常深厚了。

只是先师的弟弟和儿子在接受之余，还不免内心惶惑；因为先师已经有既成的安排，让把银两交付于你，可你却没有接收到，如果不考虑大义私下接受了这笔钱，恐怕有悖于死者的心情，最终无法向死者交代。而且先师的儿子和弟弟特别孝顺，平时连一句话，都不敢越过父子、兄弟的大礼，况且这是军队中的事情，先师临终的遗言，怎么忍心违背而私下接受这笔钱呢？给予，是大人的恩赐，不接受，是先师的想法；接受了之后只是恐怕要违背死者的愿望，使活着的人的罪过加重，先师的儿子和弟弟从由衷之情出发而不避您的呵斥。特地让我写这封信向您交代清楚，和原银五百三十二两一并托付给随州判龙光原的义子添贵送到你那儿。希望你能够验收这笔钱，这样的话，使死者的心质之于天地鬼神，而坦然无私，这是您莫大的恩赐，是活着的人和死去的人所共同感激的，真是太冒犯你对先生的哀悼之情了。

再谢储谷泉书

我命运不好，没有受到上天的保佑，使上天这么早就夺去了我先师的命，就像黄发小孩，因失去了赡养和爱护，内心惶惶而不知所措，当时听了先师去世的消息，又痛恨自己没有跟随先生，服侍先生左右，上天灭绝了文道，后死的人恐怕最终也听不到这种声音了吧？

后来奔丧到贵溪，扶灵柩痛哭之余，一点东西都吃不进去，好像没有活下去的希望了；这期间曾询问先师后事的办理情况，

力，送死无憾，而先生左右维持之力居多；愚以为相知之情至此，亦云足矣。

及凡所经历，舟未入境，而执事之戒命已先；哭奠虔恳，虽有司好德之同，而激劝之机，不无所自，哀感何言？仆且私告曰："公虑吾主君家事也云云，"曰："公虑吾主君勋业未著云云；"已而朋友又私相语曰："公恸吾夫子者，悼其教未明于天下也云云。"生辈矍然而起曰："有是哉？何公信爱之至，有如此也？

噫！天下之爱吾夫子者有矣，叹之而已矣；信吾夫子者有矣，感之而已矣"。

孰有如吾执事，精神心思周旋、曲折、实以见之行事者乎？必其平日相孚默契，有甚不得已者藏于其中，是未可声音笑貌为也。

吾侪小人，自失所恃，遽恐吾道终底于厄塞，不知天下大君子有如先生者出于其间斯道虽重，主盟得人，吾何以惧乎哉？

孟子曰："然而无有乎尔，则亦无有乎尔。"今兹有乎尔矣，今兹有乎尔矣。"

于是自衢以下，流而归，慷慨激亢，无复为儿女之情；是先生不言之教，起我跛蹩于颠跻之中，吾当何以为报哉？二月四日，已妥灵于堂，乃弟乃子，颇知自植；四方同门，又日来至，丧事聊此议处，不复敢远婴先生之怀矣。

得知各位君子尽心竭力,没有缺憾的地方,而且你在左右忙乱的辛苦最大,我认为相知的感情到了这个地步,也足够了。

后来您的言传身教一直伴随着我,您虔诚地在我先师的灵前痛哭,虽然和尊崇先师品德的有司表现相同,但有发自内心的真切体会,哀伤的感情又有什么值得言说的呢?我在私下告诉别人说:"储谷泉先生是顾虑先师的家事呢。"又说:"储谷泉先生是顾虑先师功业还没有很卓著呢。"后来朋友们在私下又地我们说:"储谷泉先生痛哭先师,是痛哭先师的教化没有在天下倡明。"我们几个门生激奋地站起来说:"有这种情况吗?为什么储谷泉先生对先师崇奉、尊敬到了如此的地步?

噫!天下对先师尊敬的人,不少,可只是感叹而已,崇奉先师的人也有,可只是有所感触而已。

哪里有像储谷泉这样的,用尽心思,周旋、曲折,可实际上在办理事情上表现出来呢?一定是他平日和先师相交默契,有些不甚满意的地方隐藏在心中,没有在音容笑貌上表现出来。

我们都是些才力平庸的一般人,因失去对先师的依赖,恐怕我们的学问因遭受别人的攻击而灭绝。却不知道在这期间有大君子像储谷泉先生这样的人出现,先生之道主盟得人,还有什么可害怕的呢?

孟子说"然而无有乎尔,则亦无有乎尔",我们则是,既然有这种情况,就承认这种情况。

于是我们从衢州出发,顺流而归,一路上慷慨激昂,不再纠缠于儿女之情;这是您的不言之教,使我们从困顿之中振作起来,我应当怎样报答呢?二月四日,已经妥善地把灵位安置在中堂之上,先师的弟弟和儿子,很懂得自立;四面八方的同门弟子,

萧尚贤事略,具汪公别纸,并奉请教!小厮辈以小嫌构辞,致烦案牍,在先生宽仁之下,当必有处然是人亦无足过责者。

夫子用之,所谓略其全体之陋,以用其一肢之能,故其报死之情,亦如是而已矣。今欲望之大过,是又若以其一肢之得,而复责其全体之失也,难矣。恃在推爱,妄敢喋喋荒悖不恭,万罪万罪!

丧纪

程 烨

我师绪山先生,编次阳明夫子家乘成,辉受而读之,作而叹曰:"嗟乎!天道报施善人,抑何其不可测邪?方夫子之生也,苦心妙悟,以续如线之道脉矣,乃伪学之谤不能弭;倡义兴师,以歼谋畔之独夫矣;乃君侧之恶不能去;开诚布公,不烦一旅,以格数百年负固之党矣,乃当轴之忌不能回;使其身一日立乎朝廷之上,何其与世之落落也;及其没也,哭者尽哀,祭者尽诚;至今有吊其墓,谒其祠,拜其家庙,为之太息流涕而不置者,又何其得众之鼎鼎也?窃惑焉。"

又每天前来，丧事就依靠他们商议办理，不再敢让远方的您挂虑了。

关于尚贤的事迹，都详细地记述在给汪先生的信中，请求得到您的指教。我们这些小辈说了一些不礼貌的话，在你公务繁忙之中给你增添了烦扰，好在先生有宽厚仁德，自然有所决断，然而这也不值得过分责备。

先师常说，放弃整个身体的陋病，专用某一肢体的功能，对死者的报答，也应当是像这样的。如今打算有过多的奢望，又好像是用身体一部分的获得，来责备身体的无所收获，这是很难以做到的。自恃你对我的爱护，我才敢喋喋不休地妄言，其中有许多荒谬和不恭敬的地方，望你恕罪。

丧纪

程　辉

我的老师绪山先生，编定完阳明先生的家谱以后，我拿来阅读，读完后我站起来感叹地说："哎！常言说，天道报施善人，不过也有许多不可预测的地方吗？在阳明先生活着的时候，苦心体悟大道，以延续濒临灭绝的道统，可是把他的学问称作伪学的诽谤却不能消除；阳明先生倡导大义，兴兵讨贼，歼灭了谋划叛乱的元凶，可那些在君王身边的权奸小人却总是不能去除；阳明先生开诚布公，没有调动一支军队，就平定了盘踞已达几百年的叛党，可因当权者的忌恨，不能使他回到朝廷；假使让他在朝廷任职，怎么会使他和世界落落寡合呢？等到他去世以后，痛哭的人极尽悲哀，祭奠的人极尽忠诚；到现在还有人凭吊他的墓地，拜谒他的祠庙，寻访他的家庙，为之痛哭流涕、心

先生进而教之曰："是不可以观天人贞胜之机矣乎？夫子之所不能者，时之艰也，人之胜也；其所能者，德之孚也，天之定也。而又何惑哉？吾方哀祭文之不能尽录者，属子以终事焉；盖文固有略者矣，将人之祭于地，与就其家而祭焉者，皆其实德所感，而人情之所不能已者，顾可略而不书乎？子其揭日月为序。凡显而公卿，微而庶人，有举必书，庶乎定者可考而见；且使我后之人，知夫子有不待生而存，不随死而灭者，良在此而不在彼也。"辉避席曰："敬闻命矣。"作丧纪。

夫子以戊子仲冬之丁卯，卒于南安府青龙铺。舆止南埜驿；越四日，为季冬庚午，门人广东布政王大用，推官周积，举人刘邦采，寔敦后事；副使张思聪率属吏知府王世芳，同知何瑶，大庾知县叶章，府学训导杨登玉、王圭、陈守道、庠生张绂、李节、王辂、王辅等，哭奠乃殓；殓已，署上犹县事，经历许同朝，崇义知县祝澍，南康教谕管辅，训导刘森，庠生刘爵等，千户刘环、俞春、周祥，门人知府王釜、阳克慎，乡约王秉言，各就位哭奠。

壬申，榇抵赣州府水西驿，提督都御史汪鋐，同知何

情沉痛，又为什么获得众多人的最大同情？这是我私下深感困惑的事。

绪山先生走过来教诲我说："从这儿不正可以看出天人之间的相互关系吗？阳明先生所不能改变的是时势的艰难，这是人力能做到的；他能够有所作为的是自身品德的涵养，这是上天决定的。这又有什么可困惑的呢？我正准备指出在祭文里没有全部记录的地方，嘱托你来完成这件事。祭文本来就应该有省略的地方，可对于人们到他的墓地祭奠和到他的故居拜访这样的事，都是由于被阳明先生的仁德所感动，情不自已，这些内容怎么能被省略掉而不加记述呢？你可以按时间的先后来记述。从显贵的公卿到低微的庶民，凡是对阳明先生祭奠过的都记述下来，这些都可以通过考证发现，而且使我们以后的人，懂得阳明先生不因他的活着而存在，不因他的去世而消亡的原因就在于这些，而不在于其他方面。"我说："我愿意承担这件事。"于是我写了《丧纪》。

阳明先生于戊子年仲冬丁卯日，在南安府青龙铺去世，后来把灵柩停息在南野驿；过了四天，即季冬的庚午日，门人、广东布政王大用、推官周积、举人刘邦采料理了后事；副使张思聪率领所属的官吏，知府王世芳，同知何瑶，大庾知县叶章，府学训导杨登玉、王圭、陈守道、庠生张绂、李节、王辂、王辅等人哭奠之后就入殓了；入殓完毕，署上犹县事、经历许同朝，崇义知县祝澍，南康教谕管辅，训导刘森，庠生刘爵等人，千户刘环、俞春、周祥、门人知府王鎏、阳克慎、乡约王秉言，各自到先生灵前哭奠。

壬申日，灵柩抵达赣州府水西驿，提督、都御史汪宏，同知瑶，推官陆府，检校唐本，乡宦宋元，指挥钱堂，知事郭钺，千百户何涌江、马昂、吴伦、谭景受、卜福、严述、王宁、王宪、潘钰、余洪、毕祥、杨守、武昌千户所指挥陈伟，门人郎中刘寅，都指挥同知余恩，庠生易绍宣、李乔崇、李挺、李宪、何进隆、何进德、曾廷珂、曾廷琏、黄谱、黎教、王槐密、王振朝、刘凤月、刘天锡、刘瞬、彭遇贵、谢天表、谢天眷、桂士元、桂薰、袁泰、张镗、汪梅、周兰、宋金、雷锐、雷兑、应辰、锺振、俞鹗、汤伟、杜相、黄鳌，各就位哭奠，张思聪、周积又各特举焉。

丁丑，榇抵吉安府螺川驿，佥事陈璧，知府张汉，同知张烈，通判蒋英、林春泽，推官周在，庐陵知县常序，署泰和县事知事汪仲，县丞刘纶，主簿庄伯瑶，典史李江，教谕林文焯，训导金玥、张旦，吉水县丞杨伯谦，主簿辛仲实，万安主簿杨廷兰，信丰指挥同知林节，乡宦尚书罗钦顺，副使罗钦德，副都御史罗钦，门人御史王时柯，庠生萧宠、肃荣、王舜鹏、袁登应、罗绱、谢廷昭、周文甫、王惠迪、刘德、蓝瑜、龙潢、龙渐，幕吏龙光，各就位哭奠。

戊子，榇抵临江府蒲滩驿，同知宇宾，通判休元，推官俞振强，靖江知县陈府，新淦县丞唐和，主簿王纶，教谕向钦，训导从介，各就位哭奠。

辛卯，榇抵南昌府南浦驿，建安府镇国将军宸洪，太监黎鉴，御史储良材，参政叶溥、李绯，参议锺云瑞，副使赵渊，佥事陈璧、王日昕、吴瀚、陈端甫，都指挥佥事刘玺、何瑶，推官陆府，检校唐本，乡宦宋元，指挥钱堂，知事郭钱，千百户何涌江、马昂、吴伦、谭景受、卜福、严述、王宁、王宪、潘钰、余洪、毕祥、杨守、武昌千户所指挥陈伟，门人、郎中刘寅，都指挥、同知余恩，庠生易绍宣、李乔崇、李挺、李宪、何进隆、何进德、曾廷珂、曾廷琏、黄谱、黎教、王槐密、王振朝、刘凤月、刘天锡、刘瞬、彭遇贵、谢天表、谢天眷、桂士元、桂薰、袁泰、张镗、汪梅、周兰、宋金、雷锐、雷兑、应辰、钟振、俞鹗、汤伟、杜相、黄鳌，各自到阳明先生的灵位前哭奠，张思聪、周积又各自到灵位前祭奠了一番。

丁丑日，灵柩抵达吉安府螺川驿，佥事陈璧，知府张汉，同知张烈，通判蒋英、林春泽，推官周在，庐陵知县常序，署泰和县事、知事汪仲，县丞刘纶，主簿庄伯瑶，典史李江，教谕林文焯，训导金钥、张旦，吉水县丞杨伯谦，主簿辛仲实，万安主簿杨廷兰，信丰指挥、同知林节，乡宦、尚书罗钦顺，副使罗钦德，副都御史罗钦忠，门人、御史王时柯，庠生萧宠、萧荣、王舜鹏、袁登应、罗纲、谢廷昭、周文甫、王惠迪、刘德、蓝瑜、龙潢、龙渐，幕吏龙光，各自到先生灵位前哭奠。

戊子日，先生的灵柩抵达临江府蒲难驿，同知宇宾，通判林元，推官俞振强，靖江知县陈府，新淦县承唐和，主簿王纶，教谕向钦，训导从介，各自到先生灵位前哭奠。

辛卯日，灵柩抵达南昌府南浦驿，建安府镇国将军宸洪、太监黎鉴、御史储良材、参政叶溥、李绯，参议钟云瑞，副使赵渊，佥事陈璧、王日韦、吴瀚、陈端甫，都指挥、佥事刘玺、王宁、

王宁、崔昂、府学教授廖廷臣，训导范昌期、张琚、谭倬、廖金，新建县学教谕刘环，训导梁子锺、何乐，南昌县学训导邢宽，庠生崔嵩、陶潮、刘伯盛、舒泰、武进、邹輗，乡宦副都御史熊浃，布政胡训，副使刘伯秀，知府张元春，御史涂相，郎中张钦，主事张鏊，进士熊汲，检校张默，通判万奎、闵鲁，知县余琪、聂仪、杨璋、甘柏、胡大化，举人丁蘷，门人裘衍、张良才、张召、魏良器、魏价、万世芳、邹宾、齐升，周麟、黄锺、锺文奎、艾铎，安仁县桂宸、桂宫、桂容、桂軏、孙錂、孙钧，吉安府曾伟器，报效生员陈文荣，承差刘昂，乡民萧华、李延祥、程玉石、陈本道、高显彰、刘珏、杨文、严洪、徐桤、杜秉文、王钦，各就位哭奠。叶溥、赵渊、王昈、张元春、齐升又各特举焉。

岁己丑，正月庚子，槠发南昌府，自储大夫以下，凡百有位，越百姓里居，市儿巷妇，哭而送者载道，风迅不可帆，又不可缆而前也。储大夫抚之曰："先生岂有怀邪？越中子弟门人，泣而迎者，延首跂足而徯至者，盖有日矣。"

须臾反风，若或使之，遂行。丙午，余干县主簿陈瑢，教谕林秀，训导赵珊、傅咨万年县主簿龙光、相安，仁和县主簿邹耕，训导周铎、黄选，庠生桂舆，薄田县廖大璧，贵溪知县方克，主簿钱珊，典史冯璁，教谕谢炯，庠生丘民节、宋廷豸、叶可久、叶可大、许文明，铅山主簿戚铿，乡宦大学士费宏，尚书汪俊各就位哭奠。

崔昂，府学教授廖廷臣，训导范昌期、张琚、谭卓、廖金，新建县学教谕刘环，训导梁子钟、何乐，南昌县学训导邢宽，痒生崔嵩、陶潮、刘伯盛、舒泰、武进、邹蟆，乡宦、副都御史熊浃，布政胡训，副使刘伯秀，知府张元春，御史涂相，郎中张钦，主事张鳌，进士熊汲，检校张默，通判万奎、闵鲁，知县余琪、聂仪、杨璋、甘柏、胡大化，举人丁夔，门人裘衍、张良才、张召、魏良器、魏价、万世芳、邹宾、齐升、周麟、黄钟、钟文奎、艾铎，安仁县的任宸、桂宫、桂容、桂辄、孙钧，吉安府的曾伟器，报效生员陈文荣，承差刘昂，乡民萧华、李延祥、程玉石、陈本道、高显彰、刘珏、杨文、严洪、徐楷、杜秉文、王钦，各自到先生的灵位前哭奠，叶溥、赵渊、王晡、张元春、齐升又各自祭奠了一番。

己丑年正月庚子日，灵柩从南昌府出发，前来送别的，从储大夫以下有一百多位官吏，城乡的老百姓也都赶来送别，一时间哭声载道。因为大风猛烈，船既不能张帆，又不能拉缆前行，储大夫抚摸着阳明先生的棺木说：“先生难道有什么留恋的吗？故里的儿子、弟弟和门人，正哭泣着等候您呢？他们翘首盼望了许多天，也没有迎接到您。”

过了不大一会儿，风向发生了变化，好像有人在操纵的样子，于是船出发了。丙午日，余干县主簿陈璐，教谕林秀，训导赵珊、传谐，万年县主簿龙光、相安，仁和县主簿邹耕，训导周铎、黄选、痒生桂奥，蒲正县廖大璧，贵溪知县方克，主簿钱珊，典史冯璁，教谕谢炯，痒生丘民节，宋廷豹、叶可久、叶可大、许文明，铅山主簿戚镗，乡宦大学士费宏，尚书汪俊，各自到先生灵位前哭奠。

先是绪山、龙溪二先生，将赴廷对，闻先生将还，逆之严滩，忽得讣音，相向恸哭，疑于服制，作《师服问》；厥既成服，兼程趋广信，讣告同门，会先生嗣子正宪至自越；至是同遇先生之榇于贵溪，哭之几绝书《遇丧哀感》以寄怀云。

癸丑，榇抵广信府葛阳驿，知府赵烨，同知卢元恺，通判曾大有、龙纲，举人刘伟，玉山知县吕应阳，教谕霍重，庠生郑世迁、李材、程松、叶廷秀、徐森，常山县丞殷学夔各就位哭奠；储良材又檄吕应阳而特举焉。夫子弟守俭守文，门人栾惠、黄洪、李洪、范引年、柴凤，会榇于玉山。

辛酉，榇抵衢州府，上杭驿，同知阳文奎，通判简阅，推官李翔，西安知县林锺，门人乐惠、黄昫、何伦、王修、林文琼、徐霈、蒋兰，金华府通判高凤，兰溪县主簿高禹，教谕朱骥，训导胡弈、口辉门人应典，严州府推官程淳，桐庐县主簿屠继祖，各就位哭奠。

丁卯，榇抵杭州府浙江驿。布政潘旦、刘节，参政胡缵宗、叶宽，参议万廷彩、庞浩，按察使叶溥，副使傅钥、万潮、党以平、何鳌、汪金，佥事孙元、巴思明、梁世骠、江良材、林茂竹，都指挥使刘宗伟，都指挥佥事李节、刘翱、孙仁、王佐，杭州府推官刘望之，府学教授陶贺，仁和县主簿曹官，富阳县主簿李珍，教谕黄宁，训导程大有、王裕，莆人知县黄铭介，子黄中，百户施经，各就位哭奠。

这以前，绪山、龙溪二位先生正准备赴廷对考试的时候，忽然听到先生将要返回的消息，于是，他们俩赶到严滩去迎接，可是又突然听到先生去世的消息，他们俩都痛哭失声，因不明白服先师丧的规定，就写了《师服问》，明白了以后，就日夜兼程赶赴广信，把先师去世的消息告诉了同门学子，恰逢阳明先生的儿子正宪也从家乡赶到那儿，于是一同在贵溪遇上了先生的灵柩，他们都悲痛欲绝，写了《遇丧哀感》来抒发自己的情感。

癸丑日，灵柩抵达广信府葛阳驿，知府赵烨，同知卢元凯，通判曾大有、龙纲，举人刘伟，玉山知县吕应阳，教谕霍重，庠生郑世迁、李材、程松、叶廷秀、徐森，常山县丞殷学夔各自到先生的灵位前哭奠，储良材又写信给吕应阳相约一同祭奠阳明先生。先生的弟弟守俭、守文，门人惠乐、黄洪、李洪、范引年，柴凤，在玉山和先生的灵柩相遇。

辛酉日，灵柩抵达衢州府上杭驿，同知杨文奎，通判简阅，推官李翔，西安知县林钟，门人乐惠、黄王句、何伦、王修、林文琼、徐沛、蒋兰，金华府高凤，兰溪县主簿高禹，教谕朱骥，训导胡弈、范辉，门人应典，严州府推官程淳，桐庐县主簿屠继祖，各自到先生灵位前哭奠。

丁卯日，灵柩抵达杭州府浙江驿，布政潘且、刘节，参政胡续宗、叶宽，参议万廷彩、庞浩，按察使叶溥，副使傅钥、万潮、党以平、何鳌、汪金，佥事孙元，巴思明、梁世骠、江良材、林茂竹，都指挥使刘宗伟，都指挥、佥事李节、刘翔、孙仁、王佐，杭州府推官刘望之，府学教授陶贺，仁和县主簿曹官，富阳县主簿李玺，教谕黄宁，训导程大有、王裕，莆人知县黄铭介以及他的

庚午，榇既越城，奠于明堂，御史陈世辅、王化，分守庞浩，绍兴知府洪珠，同知孔庭训，通判陆远、洪晢推官喻希礼，府学训导舒哲、陈箴、林文斌、曾升，会稽知县王文儒，教谕张概，训导詹诏，山阴知县杨行中，教谕林斌，训导王升，广西布政李寅，参政沈良佐，参议汪必东，按察使钱宏，副使李中、翁素、张挺、伍箕，佥事张邦信、王世爵，都指挥佥事高松，金华府同知刘业，友人侍郎湛若水，副都御史刘节，门人侍郎黄绾，给事中毛宪，员外郎王臣，主事石简、陆澄，按察使顾应祥，副使郭持平、萧璆、应良，知州王直、刘魁，训导周桐、周衢，教授周冲、陈炳、陈焞、陈炼、李敬、应佐，监丞周仲、周浩、周甸，辨印生钱君泽，私淑门人知县戚贤，武林驿丞何图，赣州卫指挥同知刘镗，指挥佥事杨基，广州府右卫指挥佥事武銮，南昌卫指挥佥事赵升，广州府前卫舍人孙绍英，各就位哭奠，洪珠、栾惠，又各特举焉。刘镗、杨基、武銮、龙光，咸以营护至越，时将告归，绪山先生书《稽山感别卷》赠之；因寓书江广诸当道，盖德其虔于襄大事也。

仲冬癸卯，奉夫子榇窆于越城南三十里之高村，会葬者数千人，副都御史王尧封，御史端廷赦、陈世辅、梁尚德、万潮、黄卿、万廷彩庞浩、傅钥、党以平、汪金、区越、梁世骠、江良材、林茂竹、王臣、刘宗仁、李节、刘翱、孙仁、洪珠、孔庭训、洪晢，杭州知府娄世德，同知杨文升，通判周

儿子黄中,百户施经,各自到先生灵位前哭奠。

庚午日,灵柩抵达越城,在明堂设奠,御史陈世辅、王化,分守庞浩,绍兴知府洪珠,同知孔庭训,通判陆远、洪晰,推官喻希礼,府学训导舒晰、陈箴、林文斌、曾升,会稽知县王文儒,教谕张概,训导詹诏,山阴知县杨行中,教谕林斌,训导王升,广西布政李寅,参政沈良佐,参议汪必东,按察使钱宠,副使李中、翁素、张瑶、伍箕,佥事张邦信、王世爵、都指挥、佥事高松,金华府同知刘业,友人、侍郎湛若水,副都御史刘节,门人、侍郎黄绾,给事中毛宪,员外郎王臣,主事石简、陆澄,按察使顾应祥,副使郭持平、萧踢、应良,知州王直、刘魁,训导周桐、周衢,教授周冲、陈焱、陈魺、陈炼、李敬、应佐,监丞周仲、周浩、周甸、辨印生钱君泽,私淑门人、知县戚贤,武林驿丞何图赣州卫指挥、同知刘镗,指挥佥事杨基,广州府右卫指挥佥事武銮,南昌卫指挥佥事赵升,广州府前卫舍人孙绍英,各自到先生灵位前哭奠。洪珠、乐惠又各自到灵位前祭奠了一番。刘堂、杨基武、乐龙光,都带领人马扩送到阳明先生的故里,在要告别返回的时候,绪山先生写了《稽山感别卷》赠送他们,并托他们给江广的一些官吏带了信,感谢他们帮助先生成就了大的事业。

仲冬癸卯日,把先生的灵柩抬到越城南三十里远的高村安葬,参加葬礼的有几千人,副都御史王尧封,御史端廷赦、陈世辅、梁尚德、万潮、黄卿、万廷彩、庞浩、传钥、党以平汪金、区越、梁世骠、江良材、林茂竹、王臣、刘宗仁、李节、刘翔、孙仁、洪珠、孔庭训、洪晰,杭州知府娄世德,同知杨文升,通判周忠、刘坎浚,推官刘望之,运同钱澜,副使李信,叛官林同、方禾,钱

忠、刘坎濬，推官刘望之，运同钱澜，副使李信，叛官林同、方禾，钱塘知县王桥，会稽知县王文儒，山阴县丞应佐，余姚主簿彭英，典史刘文聪，教谕徐锐，训导谢贤、陈元，广东御史何麟，布政邵锐，姻人大学士谢迁，尚书韩邦问，编修周文烛，御史毛凤，都御史胡东皋，参政汪惇，副使吴便、司马公轾，佥事汪克章、沈钦、司马相、韩明，知府陆宁、金椿，运同徐冕，知县宋溥、金谧、陶天佑、刘瀚、田惟立、徐玺、徐俊民、吴昊、叶信、汪侣毅、周大经、周文煤、胡瀛、陈廷华，知县王轼，乡生钱继先、王廷辅、王文轩、夏文琳、何炫、徐应、周大赉、高隆，友生尚书伍文定，侍郎杨大章、陈筐、严毅、杨霓、杨誉，知府吴叙，廉使韩廉、邵蕡、徐彬、邹鹄，员外郎张璿、施信、史伯敏、王代、于震、朱梁，晚生佥事汪应轸，知府朱衮、李节，郎中胡廷禄、陈良谟，主事叶良佩、田汝成、王度、王渐逵、王一和、王文训、王文鞠、王文辂、王文鞍、良直、费思义，门人大学士方献夫，侍郎黄绾，编修欧阳德，给事中魏良弼、李逢，行人薛侃、应大桂，郎中邹守益，员外郎蓝渠，主事潘颖、黄宗明、翁万达、石简、胡经，参政万潮，副使萧鸣凤，参议王洙，博士马明衡，监丞赵显荣，助教王昆、薛侨，知县薛宗铠、周桐、孙琪、刘本、刘樽、诸训、诸阳、诸守忠，举人诸大纲、杨汝荣、金佩、金克厚，佥事韩柱，主事顾敦复、胡冲、徐沂、徐楷、徐潞、叶锴、徐霈、张津、钱翀、钱翱、钱祚诏、凌世华、朱箎、龚溥、龚渐，员外郎龚芝、杜应豸，县丞朱绂、周应损、秦塘知县王桥，会稽知县王文儒，山阴县丞应佐，余姚主簿彭英，典史刘文聪，教谕徐锐，训导谢贤、陈元，广东御史何齮，布政邵锐，大学士谢迁，尚书韩邦问，编修周文烛，御史毛凤，都御史胡东皋，参政汪悼，副使吴便，司马公轾，佥事汪克章、沈钦、司马相、韩明，知府陆宁、金椿，运同徐冕，知县宋溥、金谥、陶天佑、刘瀚、田惟立、徐玺、徐俊民、吴吴、叶信、汪似谷、周大经、周文蝶、胡瀛、陈廷华，知县王轼，乡生钱继先、王廷辅、王文轩、夏文琳、何炫、徐应、周大贲、高隆，友生、尚书伍文定，侍郎杨大章、陈筐、严毅、杨霓、杨誉，知府吴叙，廉使韩廉、邵贲、徐彬、邹鹄，员外郎张璐、施信、史伯每、王代、于震、朱梁、晚生、佥事汪应轸，知府朱衮、李节，郎中胡廷禄、陈良谟，主事叶良佩、田汝成、王度、王渐逵、上一和、王文训、王文辅、王文辂、王文福、良直、费思义，门人、大学士方献夫，侍郎黄绾，编修欧阳德，给事中魏良弼、李逢，行人薛侃、应大桂，郎中邹守益，员外郎兰渠，主事潘颖、黄宗明、翁万达、石简、胡经、参政方潮，副使萧鸣凤，参议王洙，博士马明衡，监丞赵显荣，助教王昆、薛侨，知县薛宗铠、周桐、孙琨、刘本、刘樽、诸训、诸阳、诸守忠，举人诸大纲、杨浙荣、金佩、金克厚、佥事韩柱，主事顾敦复、胡冲、徐沂、徐楷、徐潞、叶剑、徐沛、张津、钱肿、钱种、钱祚诏、凌世华、朱麕、龚溥、龚渐，员外郎龚芝、杜应豸、县丞朱绽、周应损、秦辊、章乾、杨柱，从弟王守第，各自到先生灵位前哭奠。呜呼！我写作这篇记述阳明先生丧事的文章，凡是使我信服，且使我道德涵养提高的事迹，都一定要加以赞扬并记述下来，而且使我信服，让我内心激励的事迹，也一定详细地为之立传；读到这篇文章的人，千万不要只是说这是

锐、章干、杨柱,从弟王守第,各就位哭奠。呜呼!丧纪作,则有孚惠我德者,固美而必章;而有孚惠我心者,亦盛而必传;读是编者,毋但曰雷阳寇公之竹而已也。

雷阳寇公之竹只有虚名而已。

卷之三十八 附录七 世德纪附录

辩忠谗以定国是疏

门人陆澄 刑部主事时上

臣切见巡按江西监察御史程启充、户科给事中毛玉，各论劾丁忧新建伯王守仁，似若心迹未明，功罪未当者。此论一倡，一二嫉贤妒功之徒，固有和者，而在朝在市，冤愤不平；臣系守仁门生，知之最详，冤愤特甚，敢昧死一言。

谨按守仁学本诚明，才兼文武，抗言时事，致忤逆瑾，杖之几死，谪居龙场，居夷处困，动心忍性，独悟道真。荷先帝收用，屡迁至于巡抚，其在南赣，四征而福建、湖广、广东、江西数十年之巨寇，为之荡平；因奉敕勘事福建，道由江西，至于丰城，适遇贼变，拜天转风，舟返吉安倡义督兵，不旬月而贼灭。人但见其处变之从容，而不知其忠诚之激切；人但见其成功之迅速，而不知其谋略之渊微；人但见其遭非常之构陷，而祸莫能中，而不知其守身无毫发之可疵。

当时张锐、钱宁辈以不遂卖国之计而恨之，张忠江彬辈，以不遂冒功之私而恨之，宸濠刘吉辈，以不遂篡逆之谋而恨之，凡可以杀其身而赤其族者，诛求搜剔，何所不至。

辩忠谗以定国是疏

门人陆澄　刑部主事时上

　　我确切地看到巡按江西的监察御史程启充、户科给事中毛玉，各自上疏弹劾正在服父丧的新建伯王守仁，似乎别有用心，对王守仁的功罪评价得很不恰当。他们这种说法一提出来，固然会有几个嫉贤妒能之徒前来附和，可是在朝在市的正义之士，对此怨愤不平。我是守仁的门生，对他了解得特别清楚，尤其感到特别气愤，所以敢于冒死向皇上进言。

　　王守仁的学问以内心诚明为本，有文武全才，因上疏反对权奸，触犯了刘瑾，受到杖刑的拷打，差点死去，后被贬官到龙场，守仁居住在艰苦的蛮荒之地，动心忍性，体悟到了大道之真。幸赖先帝的任用，经过多次升迁，做官到巡抚，他在南赣任职的时候，经过四次举兵讨伐，就使福建、湖广、广东、江西盘踞了几十年的巨寇被扫荡平定。因受皇上的委派到福建处理事务，从江西出发，走到丰城的时候，恰逢叛贼发生变乱，守仁在情急之忠，仰拜苍天，使风向发生变转，才乘船返回吉安，守仁在那里倡导大义、集合兵马，没过一月就把叛贼消灭掉了。人们只是看到他能够从容地处置变乱，却不知道他内心忠诚的激切；人们只是看到他迅速地取得平叛的胜利，却不懂得他谋略上的深刻独到；人们只是看到他虽然遭受不同寻常的陷害，但是没有被灾祸所压倒，却不懂得他洁身自重，没有一丝一毫错失的地方。

　　当时，张锐、钱甫等人因没有使他们自己的卖国诡计得逞而痛恨守仁；张忠、江彬等人因没有满足了他们冒领功绩的私欲而忌恨他；朱宸濠、刘吉等人因图谋篡位的筹划不能实现而怀恨

使守仁而初有交好之情，中有犹豫之意，后有贪冒之为，诸人其肯隐忍而不发乎？迨皇上龙飞，而褒慰殊恩，形于诏旨，天下方快朝廷之清明，不意功罪既白，赏罚既定，乃复有此怪僻颠倒之论，欲以暧昧不明之事，而掩其显著不世之功，天理人心安在哉？论者之意，大略有六：一谓"宸濠私书，有王守仁亦好一语；"二谓"守仁曾遣冀元亨往见宸濠；"三谓"守仁亦因贺宸濠生辰而来；"四谓"守仁起兵，由于致仕都御史王懋中，知府伍文定攀激；"五谓"守仁破城之时，纵兵焚掠，而杀人太多；"六谓"宸濠本无能为，一知县之力可擒，守仁之功不足多，而其捷本所陈，妆点过实；"然究其本心，不过忌其功名而已。

宸濠私书"王守仁亦好"之说，乃启充得于湖口知县章玄梅者，切惟邢部节奉钦依"原搜簿籍，既未送官封记收掌，又事发日久，别生事端，委的真伪难辨，无凭查究；着原搜获之人，尽行烧毁。钦此！"今玄梅之书，从何而来？使有之，何足凭据？且出于宸濠之口，尤其不足取信者。

他，凡是可以用来杀害他和灭他家族的办法，都无所不用。假使守仁起初就有交好权奸的想法，后来又犹豫不决，最后为谋求个人私利而为权奸办事，那么那些人会把这事隐藏在心中不说出来吗？等到皇上继位以后，亲自下诏书对守仁进行了奖赏，天下的人都为朝廷的清明而激奋，没想到功绩和罪过已经明白，奖赏和惩罚已经确定，才又有这种怪僻颠倒的言论，打算用一些无法说清楚的事来掩盖守仁卓著的功勋，天理人心到底在哪里呢？持怪论的人的意见，大概地有六个方面：第一种说："在朱宸濠的私人信件中，有'王守仁亦好'这样一句话"；第二种说："守仁曾经派遣冀元亨前去拜见朱宸濠"；第三种说："守仁也因庆贺朱宸濠的生辰而前去拜见过朱宸濠"；第四种说："守仁兴兵讨贼，是因为受到了退职回家的原都御史王懋中和知府伍文定的激励"；第五种说："守仁攻破城池的时候，纵兵烧杀掠夺，杀人太多"；第六种说："朱宸濠本来就没有多大的能力，凭一个知县的力量就可以擒获他，守仁的功劳并不是很大，可是在他的奏本里却大加渲染，以致言过其实。"然而探究他们的用心，不过都是忌恨守仁的功名而已。

在朱宸濠的私人信件中有"王守仁亦好"一句话的说法，是程启充从湖口知县章玄梅那得到的，如今在刑部还存有圣上的圣旨，其中说："原先搜集来的文簿书籍，既然没有送交官府验封收藏，事情发生又很久了，容易生发事端，而且真伪难辨，没有查证的凭据，命令原来搜集这些东西的人，全部把它烧毁掉。"如今章玄梅所说的私人信件从何而来？假使有这样的信件，又拿什么来证实它的真伪呢？况且这话是出于朱宸濠之口，尤其不值得相信。

夫豪杰用意，类非寻常可测，守仁虽有防宸濠而图之之意，使几事不密，则亦不过如孙燧许逵之一死以报国而已，其何以成功，以贻皇上今日之安哉？设使守仁略有交通宸濠之迹，而卒以灭之其心事亦可以自白，况可以不足凭信之迹，遂疑其心，而舍其讨贼之大功哉？其遣冀元亨往见者，是守仁知宸濠素蓄逆谋，而元亨素怀忠孝，欲使启其良心，而因以探其密计尔。

元亨一见，不合而归，使言合志投，当留信宿，何反逆之日，反在千里之外乎？今元亨之冤魂既伸，而守仁之心事不白，天理人心何在乎？毛玉疑守仁因贺宸濠生辰而偶尔遇变，殊不知守仁奉敕将往福建，而瑞金会昌等县，瘴气生发，不敢经行，故道出丰城，且宸濠生日在十三，而守仁十五方抵丰城，若贺生辰，何独后期而至乎？其谓守仁由王懋中等攀激起兵，尤为乖谬，守仁近丰城五里而闻变，即刻伪写两广都御史杨旦大兵将临火牌于知县顾佖接见之时，令人诈为驿夫入递，守仁佯喜，以为大兵既至，贼必易图，当令顾佖传牌入城，以疑宸濠，又令顾佖守城，诈与拨兵助守。

英雄豪杰的用意，确实不是一般人可以揣测的，守仁虽然有提防并图谋消灭朱宸濠的想法，假使泄露了机密，对于他自己来说，也不过是就像孙燧、许逵一样以死报国而已，不如此，他怎么能建立了后来的功勋，使皇上今日的天下得以安宁呢？假设王守仁略有和朱宸濠相通的迹象，最后王守仁灭掉朱宸濠的叛乱，也可以表明他的真实心理，况且能够用不值得相信的事情，来怀疑守仁的用心，而舍弃他平定叛贼的大功吗？他派遣冀元亨去拜见朱宸濠，是因为王守仁知道朱宸濠蓄谋叛乱，而冀元亨素怀忠孝，所以打算派他前去唤起朱宸濠的良知，打探叛贼的秘密动向。

冀元亨一见面，就因意见不相合回来了，假使他们言语相合，志气相投，朱宸濠应当留他长住，为什么冀元亨仅仅停留了一天，就从千里之外赶回来呢？如今已逝的冀元亨的冤屈得以伸展，而守仁的心事却不能表白，还有天理人心吗？毛玉怀疑守仁本来是去参加朱宸濠生日庆贺的，只是偶尔遇到叛贼的变乱才改变了主意，殊不知守仁是奉皇上的命令前往福建，可是路途上的瑞金、会昌等县，弥漫着瘴气，不敢贸然前行，所以绕道丰城，而且朱宸濠的生日在十三日，而守仁在十五日才抵达丰城，如果是庆贺生日，为什么偏偏期限过后才到达呢？他们说，守仁因王懋中等人的激励才兴兵平定叛乱，这就更加荒谬了，守仁在离丰城五里的时候才听到变乱的消息，可他马上就虚假地写了两广都御史杨旦大兵将临的火牌，在知县顾似接见他的时候，派人扮作驿夫呈递了进去，守仁假装很高兴的样子，认为大量的兵马已经到来，叛贼一定容易被制服，于是派顾似把火牌传到城里，来疑惑朱宸濠，又派顾似坚守城池，并答应派兵帮助

时有报称宸濠遣贼六百,追虏王都者,守仁回船而南风大逆,乃恸哭告天,而顷刻反风,守仁又恐贼兵追至,急乘渔舟脱身,此时王懋中安在?次日奔至蛇河,遇临江知府戴德孺,即议起兵,因不足恃,又奔入新淦城,欲与知县李美集兵,度不可居,复奔至吉安,见仓库充实,遂乃驻札,传檄各处,起调军民,一面榜募忠义之士,方令伍文定以书请各乡官王懋中等盟誓勤王,而懋中又迟疑二日,乃始同盟。

夫各府及万之兵,若非提督军门,以便宜起调,其肯听致仕乡官而集乎?今乃颠倒其说,至谓守仁掩懋中之功,天理人心安在乎?至于破城之时,焚者、宫中自焚,故内室毁而外宇存,官兵但救而无焚也。掠者,伍文定之兵,乘胜夺贼衣资,众兵不然也。杀人者,知县刘守绪所领奉新之兵,以守仁号令"闭门者生,迎敌者死,"故杀迎敌者百余人,及守仁至,斩官兵杀掠者四十六人,遂无犯者矣。

且省城之人,名受宸濠银二两,米一石,与之拒守,是贼也,杀之何罪?又宫为贼巢,财皆贼赃,焚之掠之,亦何罪哉?今舍其大功,而摘其小过,几何而不为逆贼报仇乎?

他守卫。

当时有人向守仁报告说，朱宸濠派遣了六百多个贼寇追来，想俘获他。守仁赶忙乘船往回返，可是当风刮得正猛，使船无法前行，可是，守仁痛哭流涕地向上天祈祷，过了一会儿，风向就发生了变化，守仁又恐怕贼兵追来，急忙乘着渔船离去，这时王懋中在哪里呢？第二天，他奔走到蛇河，遇到了临江知府戴德孺，就商议起兵平叛，因兵马不足，又奔赴新淦城，打算和知县李美一起调集兵马，考虑到那儿不可久居，就又赶到吉安，看到这个地方粮草充足，于是就驻扎下来，向各处传送檄文，调集兵马，另一方面张榜招募忠义之士，这时才派伍文定写信请各位回乡的官吏王懋中等人结盟，宣誓平定叛乱，然而王懋中又迟疑了两天，才加入同盟。

各个府县将近一万的兵马，如果不是守仁亲自筹划，用便宜行事的令牌调集，单凭一个已辞职回乡的乡官能调集起来吗？如今却颠倒是非，甚至说守仁夺走了懋中的功绩，天理人心在哪里呢？至于攻破城门的时候，放火是宫里的人自己放的火，所以宫内的房屋都被烧毁了，而外边的建筑依然保存完好，官兵只是救火而并没有放火。抢劫，是伍文定所带领的士卒，乘胜抢夺贼寇的衣服用品，众多的官兵并不是那样的。杀人，是知县刘守绪带领的从奉新调来的官队，因为守仁有号令为"闭门者生，迎敌者死"，所以杀了前来迎战的一百多个敌寇，等守仁赶到以后，斩杀了曾杀人、抢劫的四十六个官兵，于是没有再敢这样的人了。

况且省城的人，都是接受了朱宸濠二两银、一石米的亡命之徒，他们为朱宸濠固守城门，这样的叛贼，杀了他们又有什么罪呢？再者，南昌城的宫廷是叛贼的巢穴，财物都是叛贼赃物，

且宸濠势焰薰天，触者万死，人皆望风奔靡而已，及守仁调兵四集，捣其巢穴，散其党与，数败之余，羽翼俱尽，妻妾赴水，乃穷寇尔，夫然后知县王冕得以近之。

今乃以为一知县可擒，甚无据也。果若所言，则孙燧、许逵，何为被杀？而三司众官，何为被缚耶？杨锐、张文锦何为守之一月，不敢出战，必待省城破而贼自解围耶？伍文定何以一败而被杀者八百人？其余诸将又何以战之三日而后擒灭耶？至若捷本所陈，若作伪牌以疑贼心，行反间以解贼党之类，所不载者尤多，而谓以无为有可乎？夫宸濠积谋有年，一旦大发，震撼两京，而守仁以一书生，谈笑平之于数日之内，功亦奇矣。使不即灭，而贻先帝亲征之劳，臣不知卖国之徒，计安出也？使不即灭，先帝崩，臣又不知圣驾之来，能高枕无忧否也？今建不世之功，而遭不明之谤，天理人心安在哉？臣知守仁之心决非荣辱死生所能动者，但恐公论不昭，而忠臣义士解体尔，此万世忠义之冤，而国是之大不定者，宜乎天变之叠见也。

烧掉、抢夺了它，又有什么罪过呢？如今舍弃他的大功，专门挑拣他的小过，难道不是替叛贼报仇了吗？而且起初的时候，朱宸濠气焰嚣张，凡是抵抗他的人都难逃一死，人们都一听到风声马上就逃跑，等到王守仁从四面八方调集来兵马以后，捣毁叛贼的巢穴，分散他的同党。经过几次大败宸濠，朱宸濠的势力才削弱，以至于妻妾都赴水自尽，他们已经是到了山穷水尽的地步了，然后知县王冕才能够和他们作战。

如今却认为单凭一个知县就可以擒获朱宸濠，是很没有根据的。如果果真像有些人所说的那样，那么孙燧、许逵，为什么被杀害呢？而三司的众多官吏，为什么被俘获呢？杨锐、张文锦为什么坚守了一个月，不敢出去作战，一定得等待省城被攻破而叛贼自行解除围困呢？为什么伍文定一次失败就被杀掉八百多人呢？其余的各路将领，又为什么只作战了三天就被擒获斩杀了呢？至于像告捷文本所记述的，假造火牌来迷惑叛贼，运用计谋解除叛贼的围困这类事，没有记载的很多，可是却总把没有发生的事当作发生的事记载，能这样做吗？朱宸濠图谋叛乱已经许多年了，一旦发动叛乱，就震动了朝野，可王守仁以一介书生，在谈笑之间没用多久就平定了这场叛乱，功绩也可以算是很卓著的了；假使贼寇没有被很快地消灭，而是让先帝亲自带兵征伐，我不知道那些图谋卖国求荣的贼徒，又会想出什么更为阴险毒辣的计谋呢？假使叛贼没有被很快地消灭掉，而先帝又去世了，我又不知道皇上继承皇位以后，能否高枕无忧呢？如今守仁建立了卓著的功勋，却遭到不明不白的毁谤，天理人心到底在哪里呢？我了解守仁这个人，他绝不是那种荣辱死生能动摇得了的人，只是恐怕公理不明，忠臣义士会纷纷离去，这是万代相

臣与守仁，分系师生，义均生死，前之所辩，天下公言。伏愿圣明详察，乞降纶音，慰安守仁，仍戒饬言官勿为异论，庶几国是以定，而亦消天变之一端也。臣干冒天威，不胜战栗，待罪之至！

明军功以励忠勤疏

门人黄绾　光禄寺少卿时上

臣闻赏罚者，人主御天下之操柄也，得其操柄，死命可致，天下可运之掌，不得其操柄，百事具废，欲治得乎？故明主慎之。

至亲不可移，至仇不可夺，有功必赏，有罪必诛，然必称天以命之，示非私也。臣下视之，不饰虚誉，不结援党，不思贿托，惟勉忠勤，死不敢易，欲不治得乎？

今或不然，凡饰誉援党贿托，讥谗不及，必获显擢，无不如意；凡尽忠勤职，即讥谗蜎集，黜辱随至，无不失意；以此操柄失御，人皆以奸结巧避为贤，孰肯身任国家事哉？臣不能枚举，姑以先朝末年，陛下初政一事论之。

传的忠义之气蒙受的冤屈，是国家不安定的原因，应该上天的变乱多次出现。

我和守仁是师生关系，是生死之交，但前边所辩解的是天下人都想说的话。希望圣上英明详加考察，请求给一个正确的答复，以安慰守仁，仍旧劝诫言官不要讲一些怪异荒诞的言论。差不多国家就安定，也就自然消除了上天的变乱。我言语不当，冒犯了圣上，不胜恐慌，待罪之至！

明军功以励忠勤疏

门人黄绾　光禄寺少卿时上

我听说，赏罚是君王控制天下的权力，有了这种权力，命令就可以坚定地推行下去，治理天下就是很容易的事了，如果不能把握这种权力，许多事情都不能做，想治理好天下，能吗？所以英明的君王总是对这件事很慎重。

对于最亲近的人不能滥施，对于自己的仇人不能不给予，应该是有了功绩就一定要奖赏，有了罪过就一定要诛杀，然而一定要以上天的名义来颁发，表示不是自己私下的决断。在臣下看来，只要大臣不虚伪作假获取声誉，不结党营私，不收受贿赂，只是勤勤恳恳忠于王事，至死也敢改变自己的志向，就是不想让天下得到治理，能吗？

如今有些人却不是这样，沽名钓誉，结党营私，收受贿赂，想着法子陷害别人犹恐不及，可是却被提拔到显要的位置上，没有办不到的事；凡是勤勤恳恳、忠于职守的人，都会遭受大量谗言的陷害，接着就是罢职还乡，没有不失意的。以这种赏罚失当的情况，人们都把奸诈和明哲保身的人作为贤者，谁肯亲自担

如宸濠构逆，虐焰吞天，藩郡震动，宗亲慑忧，陛下尝身见之矣；腹心应援，布满中外，鼎卿近幸，贿赂交驰，卖国奸臣，待时发动，两京乏备，四路无人，方镇远近，莫之如何，握兵观望，滔滔皆是。

惟镇守南赣都御史王守仁，领敕福建勘事，道经南昌，中途闻变，指心吁天，誓不与贼俱生，赤身孤走，设奇运谋。乃遣优人赍谍，假与天兵约征，方镇会战，俾其邀获，以示有备，牵疑贼谋，以俟四路设备，中执叛臣家属，缪托腹心，又示无为，以安其心，然后激众以义，纠集乌合，待兵成虑审，发书骂贼使觉悔，既出摄兵，收复南昌，按甲待之；贼至安庆，攻城方锐，警闻使还，算其归途，水陆邀击，大溃贼众，遂擒宸濠于樵舍；兵法有先胜而后求战者，非此谓也。

成功之后，江右疮痍未复，武宗皇帝南巡，奸权攘功，

负国家的重任呢？我不能列举当今的情况，姑且用先朝末年，陛下刚执政时的一件事，来论述这个道理。

像朱宸濠叛乱的时候，气焰嚣张，各地都受到很大的震动，皇室宗亲也忧虑重重，陛下曾亲自见到过这些情况；叛贼的心腹到处都是，一些重臣和皇上身边的人，都争着向叛贼送贿赂，那些卖国的奸臣也等待时机。蠢蠢欲动，京师和南京两地都没有坚固的防备，远近的大臣都不知道该怎么办，掌握兵权却持观望态度的人倒是非常多。

只有镇守南赣的都御史王守仁，正奉旨到福建处理事务，在经过南昌的时候，听到朱宸濠叛乱的消息，他指天发誓，不和叛贼共生存，只身一人四处奔走，设立奇巧的智谋来对付敌人。于是派遣优人给叛贼送了消息，说已经和朝廷的大军约定，要一同会战，只等叛贼前来，王守仁用这个计谋向敌人表示他已经有防备了，从而牵制和迷惑了敌人，有足够的时间等待各路兵马的调集，在这中间又拘捕了叛臣的家属，借他们是叛贼的心腹，让他们向叛贼表示官兵没有什么作为，以此来安定贼寇的心情，然后用大义激励众多士卒，奋勇杀敌，待时机成熟以后，给叛贼写信告知他们真实情况，使他们发觉后悔匆忙发兵进攻安庆，在叛贼出兵攻打安庆的时候，收复了南昌，并把军队驻守下来等待时机再痛击敌人；叛贼到达安庆的时候，对城池的攻击非常猛烈，他们听到南昌被攻下的消息，非常恐慌，急忙派兵回去救援，守仁算计好敌人回来的路途，水陆夹击，大败了叛贼，于是在樵舍擒获了朱宸濠；兵法上说，首先兵力占绝对优势然后才能作战，守仁属于这种情况。

胜利以后，江右的战争创伤还没有恢复，武宗皇帝到南方

嫉谮百端，危疑莫测；守仁恭勤曲致，方靖地方，仅获身免，守仁为忠，可谓艰贞竭尽者矣。

使时无守仁倡义统众，谋获机宜，战取有方，安庆卒破，金陵不保，长驱北上，应援蜂起，腹心阴助，京师存亡，未可知也？虽毕竟天命有在，终必歼夷，旷日持久，士夫戮辱，苍生荼毒，可胜言也。

守仁南赣镇守，地方之责，初无所与；今受责地方者，遇事不敢担当，不过告变待命而已。守仁家于浙之山阴，浙乃江右通衢，兵力素弱，长驱或下，父兄宗族，有噍类乎？此时守仁夫岂不思，但忘私奉公，以为社稷不幸或败，夷灭何悔？守仁之志，可谓精贯白日者矣。

幸而成功，宇内太平，所谓徙薪曲突，人不为功，亦不致思其忠。又守仁于武宗初年，刘瑾为奸，人莫敢言，守仁斥之触恨，选杖毒决，碎尻折髀，死而复苏，流窜瘴裔，久方赦还，始获录用。

巡视，权奸小人为了抢夺功绩，大肆地进谗言毁谤他，守仁处在不可预测的危险境地中；守仁恭敬勤劳忠于职守，又刚平定了地方上的叛乱，只是免于被治罪而已，没有任何奖赏；守仁尽忠守义，可以说是尽心竭力了。

假使当时没有守仁倡导大义，调集兵马，采取的策略合宜，安庆被攻破以后，金陵也难以保全，如果叛贼长驱北上，又有投靠的奸邪小人蜂起相拥，心腹之徒的暗中帮助，京师的存亡确实是难以预言的。虽然毕竟有天命所定，最终必定会消灭叛贼，但是如果战争旷日持久，老百姓将遭受莫大的灾难，这样的后果实在是难以用语言表达的。

守仁镇守南赣，负有管理那个地方的责任，叛乱开始发生的时候，他就没有推卸平定叛乱的责任，可是如今负责某一个地方的官吏，遇到事情不敢担当，只不过是报告了变乱的消息，等待上边的命令而已。守仁的家位于浙江的群山北麓，而浙江是江右的交通要道，那儿布置的兵力平时就很弱小，假使叛贼朱宸濠派兵长驱直下，那么守仁的父兄宗族，有能活上来的吗？当时的守仁，并不是没有思考过这些事，只不过他忘掉了私事，一心奉公。他认为，假使社稷能够安定态度平，宗族即使被灭绝了，又有什么可后悔的呢？守仁的志气可以说是可与日月同辉了。

后来有幸取得了平定叛贼的胜利，使天下太平，正是常言所说的，人如果不是为了立功，也不会尽力想着效忠朝廷的。又有一次，在武宗初年，刘瑾执掌朝政胡作非为，没有人敢说些什么，守仁指斥他遭到怀恨，刘瑾对他施以杖刑，打得他伤痕累累，死而复苏，最后贬官到万里之远的蛮荒之地，很久以后才奉召回来，开始被朝廷录用。

乃者南赣之镇，豁谷凶民，聚党为盗，视效虐劫，肆无忌惮；凡在虔楚闽广接壤山泽，无非贼巢，大小有司，束手无策，皆谓终不可理。守仁镇守未及三年，兵威武略，奇变如神；以故茶寮桶冈诸寨，大冒浰头诸寨，次第擒灭，增县置逻，立明约，遂为治境，视古名将，何以过此？江右之民，为立生祠，岁时祝祭，民心不忘，亦可见矣。曩者，陛下登极，命取来京宴赏，封之新建伯，而升南京兵部尚书。

言者又谓不当来京宴赏，以致奢费，夫陛下大官之厨，日用无纪，较诸一飧之宴，所费几何？犹烦论之，北京岂无一职？必欲置之南京，此乃邪比蔽贤嫉功之所为也。守仁后丁父忧，服满，遂不起用，反时造言排论，然虽蒙拜爵升官，铁券未给，禄米未颁，朝事无与，迹此樵渔，纵使有过，何庸论之？况有功无过哉？其意尤可知矣。

不独守仁，凡共勤王大小臣工，亦废黜殆尽；臣不能枚举，姑以一二论之。彼时领兵知府，惟伍文定得升副都御史，得荫一子千户；邢珣、徐琏但升布政，即令闲住，彼亦何过？

后来守仁镇守南赣。南赣那个地区地势险恶，民风彪悍，盗匪时常出没，肆无忌惮地抢夺财物，凡在虔、楚、闽、广接壤的山泽，没有一处没有贼寇的巢穴，大大小小的官吏对此都束手无策，都说实在无法处理。可是，守仁镇守那个地方不到三年就兵力强壮，再加上他智谋如神，因此，茶寮、桶冈的各个盘踞贼寇的山寨，大冒、浰头的各个山寨，相继被消灭，并且还增设县治，设立哨所，订立了明确的约定，于是那个地方成为治理得很好的地方，查找古代的名将，谁的功绩能超过他呢？江右的老百姓为他建立了生祠，每年在春秋两季加以祭祀，这表明老百姓在心里没有忘记他。从前，陛下登上皇位以后，下命令让他来京接受宴赏，并封他为新建伯，升任为南京兵部尚书。

进谗言的人又说，不应当让守仁来京接受宴赏，这样做会很浪费，其实陛下和朝廷的重臣在平时的日用消费上要花费很多的银两，和一顿宴赏相比较，花费到底差别有多大呢？犹有人不厌其烦地谈论此事，在北京难道就没有一个官职可供王守仁施展才能的吗？却一定要把他放置在南京，这些都是那些忌妒守仁的权奸小人故意干的。守仁后来为父亲守丧，守丧期满后，就不再起用他了，反而经常在言论上排斥他，守仁虽然接受了封爵升官的诏书，但是什么相应的东西都没给他，而且让他朝廷上的什么事都不参与，和樵渔一样放任自流，纵使他有什么过错，为什么一定要加以评论呢？况且他是有功无过的呢？这里面的用意就可以了解得很清楚。

不只是守仁，凡是参加了平叛的大小官吏，也都被罢黜得差不多完了，我不能一一加以列举，姑且举以一二个例子平论述这件事，那时带兵平叛的知府中只有伍文定能够升任为副都御史，

纵使有过，八议恶在？戴德孺虽升布政，即死于水，皆无荫子；副使陈槐，因劝宰臣进贤致怒，雠人希意诬之，独黜为民；御史伍希儒、谢源，辄以考察去官。

且陈槐、邢珣等，皆抱用世之才，秉捐躯之义，因功废黜，深可太息！然在今日，陛下操柄之失，莫此为甚！他日无事则可，万一有事，将谁效用哉？况守仁学原性命，德由忠恕，才优经济，使之事君处物，必能曲尽其诚，尤足以当薰陶，备顾问，以陛下不世出明圣之资，与之浃洽讲明，天下之治，生民之福，岂易言哉？

前者言官屡荐，故尚书席书、吴廷举，今侍郎张璁、桂萼，皆荐之，曾蒙简命，用为两广总制。臣谓总制，寄止一方，何若用之庙堂，可以赞襄谋议，转移人心，所济天下矣。

伏惟陛下，念明良遭遇之难，亟召守仁，令与大学士杨一清等，共图至治，另推才能为两广总制，仍敕该部给与守仁应得铁券禄米，将陈槐、邢珣、徐琏等起用，伍希儒、谢源等，查酌军功事例议录，戴德孺量与荫袭，此实陛下奉天所操之大柄，不可毫发移夺者，宜早收之，以为使人宣忠效

荫庇一个儿子承继他的千户之职；邢珣、徐琏只是升任为布政，就让他们闲住在那儿，他们也有什么过错吗？纵使他们有过错，八个条目的实在内容在哪里呢？戴德孺虽然被升为布政，却溺死在水中，没有荫庇他的子孙；副使陈槐因鼓励宰相任用贤人，使宰相非常恼怒，又加上仇人故意地诬陷他，被罢官为民；御史伍希儒、谢源，就因为外出考察丢了官职。

而且陈槐、邢珣等人都抱用世之才，具有为国捐躯的气节，现在却因有功绩而遭到罢黜，这实在令人叹息不已！然而在今天，陛下执掌权柄的过失，没有比这个更大的了，以后如不发生什么大事倒也罢了，如发生什么大事，谁将为您效力呢？况且守仁懂性命之学，有忠恕之德，有经营事务的能力，假使让他帮助皇上处理事务，一定能够尽心诚意把事情办得很妥帖，他尤其足以承担讲习学问，顾问国事的职责，以陛下这样英明俊秀的资质，只要和他在一块交谈讲习学问，那么天下的治理，福泽百姓，难道不是很容易达到的吗？

以前言官多次举荐守仁，前任尚书席书、吴廷举，现在的侍郎张璁、桂萼都举荐他，后来曾蒙皇上的诏书，任用他为两广总制。我认为总制这个职位，只能使他在一个地方发挥才能，如果任用他到朝廷上来，就可以让他帮助谋划天下大事，使天下人心归善，他所能救助的就是整个天下。

请求陛下，念他忠正诚笃却又屡次遭受灾难，早日召回守仁，让他和大学士杨一清等人，共同图谋治理国家，另外推举有才能的人做两广总制，仍旧下诏让吏部给予守仁应得的铁券和禄米，将陈槐、邢珣、徐琏等人起用，伍希儒、谢源等人则按他们的军功商议决定，戴德孺酌量给予荫袭，这确实是陛下从上

力之权。臣不胜恳悃之至!

地方疏

霍韬

窃见新建伯南京兵部尚书,兼都察院左都御史王守仁,奉命巡抚两广,已将田州、思恩抚处停当,随复剿平八寨及断藤峡等贼。臣等皆广东人,与贼邻壤,备知各贼为患实迹。

尝窃切齿蹙额而叹曰:"两广良民,何其不幸!生邻恶境,妻子何日宁也?"又尝窃计曰:"两广何日得一好官员,剿平各贼,俾良民各安其生,而顽民染患未深者,亦得格心向化也。"

乃今恭遇圣明,特起王守仁抚剿田州、思恩地方,臣等窃谋曰:"两广自是有底宁之期也,圣天子知人之泽也。"是役也,臣等为王守仁计曰:"前巡抚动调三省兵若千万,梧州三府,积年储畜军饷费用,不知若千万,复从广东布政司支去库银若千万,米不知支去若千万,杀死疫死狼兵乡兵民壮打手不知若千万,仅得田州安靖五十日耳。

自是而思恩叛矣,吊岩贼出围肇庆府矣,杀数千家矣,

天那里接受来的最大权柄，不能有一丝一毫的迁移变化，应当早早使用它，把它作为使人宣忠效力的手段。我非常诚恳地讲这么多话。

地方疏

霍韬

我看到新建伯南京兵部尚书兼都察院左都御史王守仁，奉命巡抚两广，已将田州、思恩安抚知处置完毕，随后又剿灭平定了八寨及断藤峡等处的贼寇。我们几个上言官吏都是广东人，都和贼寇的巢穴为邻接壤，详细地了解各处贼寇胡作非为的情况。

我曾经在私下切齿皱眉头感叹地说："两广的老百姓是多么的不幸！生活在如此险恶的环境中，妻子儿女什么时候才能安宁呢？"又曾经在私下筹划说："两广什么时候能有一位好的官员，前来剿灭平定各路贼寇，使老百姓各自安心地生活，而那些沾染恶习不深的顽民，也能够洗心革面，重新做人。"

如今幸遇圣明时代，特地起用王守仁去安抚、剿灭田州、思恩地方的贼寇，我们私下商议说："两广从这以后就有了安宁的日子了？确实是受到了圣天子知人之明的恩惠。"这次作战，我们替守仁算计了一下说："前任巡抚调集了三省几万的兵力，梧州的三个府县，多年来储蓄了不知多少万的军饷费用，又从广东布政司那儿支去了几万库银，米支去了不知多少万，杀死、疫死狼兵、乡民、民壮、打手不知道有多少万，可是，仅仅使田州安定了五十天。

从这以后，思恩也发生了叛乱，吊岩的贼寇出去围困肇庆

此贼并时同出，盖与田州、思恩东西相应和者也。若王守仁者，乘此大败极敝之后，仰承圣明特擢之恩，虽合四省兵力，再支库银百余万，支米数百万，剿平田州，报功级数万人，亦且曰："天下大功也。"然而守仁不役一卒，不费斗粮，只宣扬陛下圣德，遂致思恩、田州两府顽民，稽首来服，其奉扬圣化，以来远人，虽舜格有苗，何以过此？臣等是以叹服王守仁，不惟能肃将天威，实能诞敷天德也。若八寨之贼、断藤峡之贼，又非田州、思恩可比也。

天下十二省，俱多平壤，惟广西独在万山之丛，其土险，其水迅，其山之高，有猿猴不度，飞鸟不越者，故谚语曰："广西民三而贼七；"由山高土恶，气习凶悍，虽良民至者，亦化为贼也。

八寨贼，洪武年间所不能平，断藤峡，成化八年，都御史韩雍仅得讨平，及今五十余年，遗孽复炽。故广西贼巢，柳州、庆远、郁林、府江诸贼，虽时出劫掠，官兵亦屡请征之，若八寨贼，则自国初至今，未有轻议征剿者。

盖谓山水凶恶，进兵无路，消息少动，贼已先知，一夫控险，万兵莫敌，故百六十年，未有敢征八寨贼者也。贼亦恃险肆恶，时出攻围城堡，杀掠良民，何啻万计。

府，杀了几千家人，这些贼寇同时的杀出，和田州、思恩的贼寇互相应和。像王守仁这样雄才大略的人，在这样险恶的环境下，受皇上提拔任用之恩，即使调集四省的兵力，再支库银一百多万，支米几百万，剿平田州，上报杀敌几万人，也将会使人们说："这是天下的大功。"然而守仁没有役使一个兵卒，没有浪费一斗粮，只是宣扬了陛下的圣德，就使思恩、田州两府做贼寇的老百姓，叩首服从，守仁宣扬圣人的教化，使远方的人前来归顺的这种能力，即使在舜平定有苗族叛乱的时候，又怎么能超过他呢？我们因此非常叹服王守仁，他不只能够宣示天威，而实际上还能扩展天德。像八寨的贼寇、断藤峡的贼寇，又不是田州、思恩两地的贼寇可比的。

天下十二省，都是以平原为主，只有广西在万山丛中，山高沟险，水流迅急，所以谚语说："广西那个地方有三个老百姓就有七个贼寇；"由于那个地方山高土恶，习气凶悍，即使良民到了这儿也会被沾染成贼寇。

八寨的贼寇，洪武年间没有平定了，断藤峡的贼寇，在成化八年的时候，都御史韩雍仅仅加以讨伐而平定，到如今五十多年了，遗存下来的贼寇力量又大起来了。所以在广西的贼寇巢穴中，柳州、庆远、郁林、府江的各路贼寇，即使常常出来抢劫、掠夺，但官兵也多次请求征讨他们，可是像八寨的贼寇，却从立国之初到现在，还没有人敢轻易地商议征讨他们。

因为人们认为那儿山水险恶，进兵无路，而且稍有消息动作，贼寇就已经预先知道了，真是"一夫控险，万兵莫敌"。所以一百六十年来，没有人敢于征讨八寨的贼寇。贼寇也凭借险要，肆意作恶，经常出去围攻城堡，杀掠良民，遭受残害的何止

四方顽民，犯罪脱逃，投入八寨，则有司不敢追摄矣；邻近流贼避兵追剿，投入八寨，则官兵不敢谁何矣。是八寨者，实四方寇贼渊薮也；断藤峡，又八寨之羽翼也；广西有八寨诸贼，犹人有心腹疾也；八寨不平，则两广无安枕期也。今王守仁沉机不露，掩贼不备，一举而平之；百数十年豺虎窟穴，扫而清之，如拂尘然，非仰借圣人神武不杀之威，何以致此？臣等是以叹服王守仁能体陛下之仁，以怀绥田州、思恩向化之民，又能体陛下之义，以讨服八寨、断藤峡梗化之贼也；仁义之用，两得之也。"

谨按王守仁之成功，有八善焉：乘湖兵归路之便，则兵不调而自集，一也；因田州、思恩效命之助，则劳而不怨，二也；机出意外，贼不及遁，所诛者真积年渠恶，非往年滥杀报功者比，三也；因归师讨逆贼，无粮运之费，四也；不役民兵不募民马，一举成功，民不知扰，五也；平八寨，平断藤峡，则极恶者先诛，其细小巢穴，可渐施德化，使去贼从良，得抚剿之宜，六也；八寨不平，则西而柳庆，东而罗旁、绿水、新宁、恩平之贼，合数千里，共为窟穴，虽调兵数十万，费粮数百万，未易平伏，今八寨平定，则诸贼可以渐次抚剿，两广良民，可渐安生业，纾圣明南顾之忧，七也；韩雍虽平断藤峡贼矣，旋复有贼者，实当尔时未及区画其地，为经

数万呢?

四面八方品行恶劣的老百姓,犯罪逃脱之后,就投入了山寨,那么当地的官吏就不敢再追捕了;邻近地方的流贼,为了躲避官兵的追剿,也都投入八寨,那么官兵就不敢再追剿了。这个八寨,确实是四面八方贼寇的汇聚地;断藤峡又是八寨的羽翼;广西有八寨等各路贼寇,就像人有心腹大患一样;八寨没有平定,那么两广就永远没有安定的时候。如今王守仁沉着稳健,乘贼不备,一举平定了他们;贼寇盘踞了一百几十年的巢穴,被清除得干干净净,就像打扫尘土一样,如果不是依靠圣人不杀之威,怎么能到这种地步呢?我们因此叹服王守仁能够体会陛下的仁爱之心,去安抚田州、思恩可以感化的老百姓,又能体会陛下的威严,讨伐了八寨、断藤峡顽固不化的贼寇,仁爱和威严的运用,恰到好处。

考察王守仁的成功,有八个方面值得称道:利用了湖兵在回去路途上的便利,那么部队没有调集就自己组织起来了,这是一个方面;因田州、思恩官兵效命朝廷,他们虽然非常辛苦,但没有怨言,这是第二个方面;出其不意,使贼寇来不及逃遁,所诛杀的都是那些多年来作恶多端的贼首,不是往年滥杀报功的人可以比拟的,这是第三个方面;因为是顺路回去的军队讨便利贼寇,所以没有粮草运送的花费,这是第四个方面;没有从百姓之中征兵,没有招募老百姓的马匹,老百姓没有觉得被骚扰,这是第五个方面;平定八寨,平定断藤峡,首先诛杀了那些作恶多端的贼寇,而那些小的巢穴,可以渐渐地施以德化,使他们离开贼寇,重新做人,这样使得安抚和剿灭各得其宜,这是第六个方面;如果八寨没有被平定,那么西边的柳庆、东边的罗旁、绿

久图,俾余贼复据为巢穴故也,今五十年生聚,则贼复炽盛也,亦宜若八寨,乃百六十年所不能诛之剧贼,山川天险,尤难为功,今守仁既平其巢窟,即徙建城邑以镇定之,则恶贼失险,后日固不能为变,逋贼来归,不日且化为良民矣,诛恶绥良,得民父母之体,八也。

或者议王守仁,则曰:"所奉命,抚剿田州、思恩也,乃不剿田州,则亦已矣,遂剿八寨可乎?"臣则曰:"昔吴、楚反攻梁,景帝诏周亚夫救梁,亚夫不奉诏,而绝吴、楚粮道,遂破吴楚而平七国,安汉社稷。夫不奉诏,大罪也,景帝不以罪亚夫何也?"传曰:"阃以内,寡人制之;阃以外,将军制之。"又曰:"大夫出疆,有可以安国家,利社稷,专之可也。"古之道也。

是故周亚夫知制吴、楚在绝其食道,而不在于救梁也,是故虽有诏命,犹不受也;惟明君则以为功,若腐儒则以为罪。今王守仁知田州、思恩可以德怀也,遂约其降而安定之;知八寨诸贼,百六十年未易服也,遂因时仗义而讨平之;仁义之用,达天德者也虽无诏命先发后闻,可也,况有

水、新宁、恩平的贼寇,有几千里相连的贼巢,即使调集几十万的兵力,几百万的粮草,也不能够轻易地平伏,如今八寨的贼寇被平定了,那么其他各路贼寇可以慢慢地安抚和剿灭,两广的老百姓从此可以渐渐安居乐业,使圣上对南方的忧虑得以消除,这是第七个方面;韩雍当时虽然平定了断藤峡的贼寇,但不久又有贼寇出现,确实是因当时没有很好地筹划长久的办法,以致使贼寇又占据了原来的巢穴,守仁当即就建立城邑来镇定那个地方,那么凶恶的贼寇就失去了可以凭借的险要,以后再无法占据险要做贼寇,用不了多久就会训化为良民,诛杀恶贼,安抚良民,体现为民父母的本色,这是第八个方面。

有的人评议王守仁,却说:"王守仁是奉命去安抚、剿灭田州、思恩的贼寇,可是他没剿灭田州的贼寇倒也罢了,却剿灭了八寨的贼寇,能这样做吗?"我则说:"从前吴国和楚国反攻梁国的时候,景帝下诏让周亚夫去救援梁国,可是周亚夫没有奉诏行事,只是断绝了吴国和楚国的粮道,于是攻破了吴国和楚国并平定了其他七国,安定了汉朝的社稷。没有奉诏行事,是很大的罪过,可景帝并没有因此而给周亚夫定罪,这是为什么呢?"传记中记载说:"都城以内,由皇上掌握治理;都城以外,由将军来治理。"又说:"大夫出征边疆,有可以安国家、利社稷的事,进行专断决定是可以的。"这是自古以来的道理。

因此周仁夫懂得制服吴国和楚国在于断绝他们的粮道,而不在于直接去救援梁国,因此即使有皇上的诏命,像没有接受一样;只不过明智的君主把这作为功劳,像迂腐的儒生却认为这是罪过。如今王守仁懂得对田州和思恩,可以用仁德安抚,于是让他们约定日期前来投降,从而安定了他们;他了解在八寨的

便宜从事之旨乎？"或者又曰："建置城邑，大事也；区处钱粮，户部职也；不先奏闻，而辄兴功，可乎？"臣则曰："古者帝王千里之内自治，千里之外附之侯伯而已，是岂尧、舜、汤、武圣智，反后世不如哉？"盖虑舆图既广，则智力不及，与其役一己耳目之力，而无益于事，孰若以天下贤才，理天下事，为逸而有功也。

是故帝王之职，在于知人而已，既知其人之贤而委任之矣，则事之举错，一以付之，而责其成功，若功效不孚，乃制其罪可也。

今既任之，又从而牵制之，则豪杰何所措手足乎？是故王守仁之平八寨也，所杀者贼之渠魁耳，若逋逃者，固未及杀也。

乘此时机，建置城邑，遂招逋逃之贼复业焉；则积年之贼，皆可化为良民也。失此机会，撤兵而归，俟奏得旨，乃兴版筑，则贼渐来归，又渐生聚，据险结寨，以抗我师，虽欲筑城，亦不能矣。

昔者范仲淹之守西边也，欲筑大顺城，虑敌人争之，乃先具版筑，然后巡边，急速兴工，一月成城，西夏觉而争之，已不及矣。尔时范仲淹若俟奏报，岂不败乃事哉？王守仁于

各路贼寇,已经盘踞了一百六十多年,不能轻易制服,于是利用一个时机讨便利平定了他们;仁义的应用,是达于天德的大事,即使没有皇上的命令,也可以先做后再告知,况且守仁还有便宜从事的圣旨呢?有的人又说:"建置城邑是件大事;调拨钱粮是户部的职责;不在事先向皇上奏知,就自作主张,行吗?"我却说:"古代的帝王在千里之内由自己治理,千里之外的地方则托付给侯伯去办理,这是尧舜汤武那时的智者所采取的办法,难道后代反而比不上前代吗?"考虑国家版图的广泛了以后,智力就无法达到,与其利用自己一个人的能力。对事情没有什么帮助,不如让天下的贤能之才,处理天下的事情,这就使得自己轻闲而又有功效。

因此,帝王的职责在于懂得人才的使用而已,了解到一个人贤能以后,就把重任委派给他,那么事情的办理,就一并由他主张,使其做事成功,如果不胜任,就可以治他的罪。

如今既任用他,又牵制他,豪杰能放手处理吗?因此王守仁平定八寨的时候,杀死的都是贼寇中的头目,像刚逃跑的,都是本来就不准杀死的。

守仁是想乘此机会,建置城邑,从而招集逃跑的贼寇恢复旧日的产业;那么多年的贼寇,都能转化为良民。丧失了这个机会,当时撤兵回去,等到上奏得到皇上的准许,才开始建置城邑,那么贼寇渐渐回来,聚集在一起,凭借险要,结成山寨来抗击官兵,即使想建置城邑,恐怕也不能了。

从前,范仲淹守西部边防的时候,打算修筑一个大顺城,他考虑到敌人会来争夺这个地方;就事先装备好了筑城用的版筑,然后在巡视边防的时候,急速兴工,一个月就完成了,西夏

建置城邑之役，盖计之熟矣；钱粮夫役，固不仰足户部，而后有处也。其以一肩而分圣明南顾之忧，可谓贤矣；不以为功，反以为过，可乎？先是，正德十四年，宸濠谋反，江西两司，俯首从贼，惟王守仁同御史伍希儒、谢源，誓心效忠。

不幸奸臣张忠，许泰等，欲掩王守仁之功，以为己有，乃扬诸人曰："王守仁同贼谋，"及公论难掩，乃又曰："宸濠金帛，俱王守仁、伍希儒、谢源，满载以去。"当时大学士杨廷和、尚书乔宇，亦忌王守仁之功，遂不与辩白，而黜伍希儒、谢源，俾落仕籍；王守仁不辩之谤，至今未雪，可谓黯哑之冤矣。

夫国家论功，有二道焉：有开国效功之臣焉，有定乱拯危之臣焉。开国之臣，成则侯也，败则虏也，虽勿口焉可也。惟祸变倏起，社稷安危，凛乎一发，效忠定乱之臣，则不忘也。何也？所以卫社稷也。昔者，王守仁之执宸濠也，可谓定乱拯危之功矣，奸人犹或忌之，而谤其短；夫如是，则后有事变，谁肯效忠乎？甚矣小人忌功，足以误国也。

臣等是以叹曰："王守仁等江西之功不白，无以劝励忠之臣；若广西之功不白，又无以劝策勋之臣；是皆天下地方

发觉了之后,前去争夺,已经来不及了。那时范仲淹如果等候朝廷的音讯,难道不是坏了事了吗?王守仁在建置城邑的事务上,考虑得特别详细,钱粮和夫役,不依靠户部就处置得很妥帖。他一个人就分担了圣上对南方的忧虑,可以说是很贤明的了。不把这些作为功绩,反而作为过错,可以吗?这以前,在正德十四年,朱宸濠图谋叛乱,江西的二位官吏投靠了他,只有王守仁同御史伍希儒、谢源发誓效忠朝廷。

不幸的是,奸臣张忠、许泰等人,想抢夺王守仁的功绩,上为已有,就向别人宣扬说:"王守仁起初和叛贼是同谋,"后来见公论难以掩盖,就又说:"朱宸濠的金帛,都让王守仁、伍希儒、谢源满载而去。"当时的大学士杨廷和、尚书乔宇,也忌恨王守仁的功绩,于是不加分辨地罢黜了伍希儒、谢源,并取消了他们的仕籍;对王守仁的诽谤,到如今还没有昭雪,可以说是沉冤很久了。国家评论功绩,有两个方面:"有开国效功的大臣,有定乱拯危的大臣。

开国之臣,成功之后就封侯拜爵,失败之后就成为敌人的俘虏,即使不考虑他的功绩也是可以的;只有在灾祸突然发生,关系到社稷安危的时候,效忠定乱的大臣就不能被忘记,为什么呢?因为他们是保卫社稷的人。从前,王守仁擒获朱宸濠的时候,可以说是建立了平定叛乱拯救危难的功劳,可有的奸邪小人还忌恨他,诽谤他;像这样的话,以后再发生变乱,还有谁愿意效忠朝廷呢?小人忌恨别人的功绩危害太大了,足以贻误国家大事。

我们因此感叹说:"王守仁等人在江西的功勋如不能奖赏,就没办法鼓励那些想效忠朝廷的大臣;如果他们在广西建立的

大虑也。王守仁，大臣也，岂以功赏有无重轻哉？第恐当时有功之人，及土官立功之人，视此解体，则在外抚臣，遂无所激劝，以为建功之地耳。

臣等广人也。目击八寨之贼，为地方大患百数十年，一旦仰赖圣明，任用守任，以底平定，不胜庆忭；今兵部功赏未见施行，户部覆题，又复再勘，臣恐机会一失，大功遂沮，城堡不得修筑，逋贼复据巢穴，地方不胜可虑也。

是故冒昧建言，惟圣明察焉！乞早裁断，俾官僚早得激劝，城寨早得修筑，逋贼早得招安，良民早得复业，岭海之外，歌咏太平，祝颂圣德，实臣等所以报陛下知遇一节也，亦臣等自为地方大虑也。不得已也，为此具奏。

征宸濠反间遗事

钱德洪

龙光云："是年六月十五日，公于丰城闻宸濠之变，时参谋雷济、萧禹在侍，相与拜天，誓死起兵讨贼，欲趋还吉安，南风正急，舟不能动，又痛哭告天，顷之，得北风，宸濠追兵将及，潜入小渔船，与济等同载得脱免。

功勋不能被奖赏，又没办法鼓励那些巡守边防的大臣；这都是天下地方值得考虑的大事。王守仁是个大臣，难道不是根据功赏的有无来评价他吗？我恐怕当时建立功勋的人，以及土官之中立功的人，看到这种情况都会纷纷离去，那么在外边巡抚的大臣，就没有可激励的原因，也不会建立功勋。

我们都是广东人，亲眼看到八寨的贼寇，成为地方的祸患达一百几十年，一旦仰仗圣上的英明，任用了王守仁之后，马上就平定下来，我们都不胜欢喜；如今兵部的奖赏还没有看到施行，户部又上疏请求查证他的问题，我恐怕机会一失去，大功就不可能实现，城堡不能得以修筑，逃跑的贼寇又占据巢穴，那个地方的安定就十分令人担忧了。

因此冒昧地向皇上进言，希望圣上能够详加审察，请求圣上早日对此事加以决断，使官僚早日受到鼓舞和激励，城寨早日得以修筑，逃跑的贼寇尽早得到招安，老百姓早日恢复生产，使得岭海之外，歌咏太平，祝颂圣德，这些建议确实是我们用来报答陛下知遇之恩的一种方法，也是我们对地方的最大忧虑。我们不得已，所以写了这个详细的奏文。

征宸濠反间遗事

钱德洪

龙光说："这年六月十五日，阳明先生在丰城听到朱宸濠变乱的消息，当时参谋雷济、萧禹陪侍在旁边，他们一起拜天发誓效死力，起兵讨贼，想赶回吉安的时候，南风正急，船不能行动，先生又痛哭流涕向上天祷告，过了一会儿，就刮起了北风，因朱宸濠的追兵将要赶到，他潜入小渔船，和雷济等人一同乘舟中计议，恐宸濠径袭南京，进犯北京，两京仓卒无备，图欲沮挠，使迟留半月，远近闻知，自然有备无患。

乃假写两广都御史火牌云："提督两广军务，都御史杨，为机密军务事，准兵部咨及都察院右副都御史颜咨，俱为前事，本院带领狼达官兵四十八万，齐往江西公干，的于五月初三日，在广州府起马前进，仰沿途军卫有司等衙门，即便照数预备粮草，伺侯官兵到日支应，若临期缺乏误事，定行照依军法斩首"等因。

意示朝廷先差颜等勘事，已密于两广各处起调兵马，潜来袭取宸濠，使之恐惧，迟疑观望，不敢轻进。

使济等密遣乖觉人役，持火牌设法打入省城，宸濠见火牌，果生疑惧。

十八日，回至吉安又令济等假写南雄、南安、赣州等府报帖，日遂飞报府城，打入省下，一以动摇省城人心，一以鼓励吉安效义之士。

又与济等谋，假写迎接京军文书云："提督军务，都御史王，为机密军务事，准兵部咨，该本部题奉圣旨：'许泰、郤永分领边军四万，从凤阳等处陆路，径扑南昌；刘晖、桂勇分领京边官军四万，从徐州、淮安等处，水陆并进，分袭南昌；王守仁领兵二万，杨旦等领兵八万，秦金等领兵六万，各从信地，分道并进；刻期夹攻南昌，务要遵照方略，并心船脱离了危险。

他们在船中计议，恐怕朱宸濠径直袭取南京，进犯北京，而这两座京城仓促之中没有防备，他们打算想办法阻挠他这样做，使其推迟停留上半个月，远近地方都听到朱宸濠叛乱的消息，自然就有备无患了。

于是虚假地写了两广都御史火牌，其中说："提督两广军务都御史杨，为机密军务事，准兵部咨及都察院右副都御史颜咨，俱为前事，本院带领狼达官兵四十八万，齐往江西公干，定于四月初三日，在广州府起马前进，仰沿途军卫有司等衙门，即便照数预备粮草，伺候官兵到日支应，若临期缺乏误事，定依照依军法斩首。"

意图是要表明朝廷先派颜氏等人查知了朱宸濠要叛乱的事，已经秘密地在两广的各处起调兵马，暗中来袭取朱宸濠，使他恐惧不安，迟疑观望，不敢轻易进兵。

让雷济等人暗中派遣乖觉人役，持着火牌，设法打入省城，朱宸濠看到火牌，果然生了疑惧。

十八日，先生回到吉安，又令雷济等人假写了南雄、南安、赣州等府的报帖，当日就飞报府城，打入省城，一方面为了动摇省城的人心，另一方面鼓励吉安的效义之士。

又和雷济等人谋划，假写了迎接京军的文书，其中说："提督军务都御史王，为机密军务事，准兵部咨，该本部题，奉圣旨：'许泰、郁永，分领边军四万，从凤阳等处陆路，直扑南昌；刘晖、桂勇分领京边官军三万，从徐州、淮安等处，水陆并进，分袭南昌；王守仁领兵二万，杨旦等领兵八万，泰金等领兵六万，各从信地，分道并进；克期夹攻南昌，务要遵照方略，并心协

协谋,依期速进,毋得彼此先后,致误事机!钦此!'等因。

"咨到,职除钦遵外,照得本职。先因奉敕前往福建公干,行至丰城地方,卒遇宁王之变,见已退住吉安府起兵。

"今准前因遵奉教旨,候两广兵齐,依期前进外,看得兵部咨到缘由系奉朝廷机密敕旨,皆是掩其不备,先发制人之谋,其时必以宁王之兵,尚未举动。

"今宁王之兵已出,约亦有二三十万,若北来官兵,不知的实消息,未免有误事机;以本职计之,若宁王坚守南昌,拥兵不出,京边官军远来,天时地利,两皆不便,一时恐亦难图;须是按兵徐行,或分兵先守南都,候宁王已离江西,然后或遮其前,或击其后,使之首尾不救,破之必矣。

"今宁王主谋李士实、刘养正等,各有书密寄本职,其贼将凌十一、闵廿四,亦各密差心腹前来本职递状,皆要反戈,立功报效,可见宁王已是众叛亲离之人,其败必不久矣。

"今闻两广共起兵四十八万,其先锋八万,系遵敕旨之数,今已到赣州地方;湖广起兵二十万,其先锋六万,系遵敕旨之数,今闻已到黄州府地方,本职起兵十万,遵照敕旨,先领二万,屯吉安府地方;各府知府等官,各起兵快约亦不下一万之数;共计亦有十一二万人马,尽已觳用。

"但得宁王早离江西,其中必有内变,因而乘机夹功,为力甚易。为此今用手本,备开缘由前去,烦请查照裁处,并将一应进止机宜,计议停当,选差乖觉晓事人员,与同差

谋，依期速进，不得彼先此后，致误事机！钦此！'

"咨文传到，除了遵守之外，还要做好自己的本职工作。起先守仁因奉敕前往福建公干，行到丰城地方的时候，突然遇到宁王的变乱，后来退住到吉安府起兵平叛。

"如今遵照前边下发的敕旨，等候两广的兵齐之后，依期前进，兵部下发的咨文也是遵照朝廷的机密敕旨，都是掩其一备，先发制人的谋略，那时一定以为，宁王的军队还没有什么举动。

"如今宁王的军队已经有所举动，大约也有二三十万，如果北来的官兵，不知道确实的消息，未免有误事机。按我的谋划，如果宁王坚守南昌，拥兵不出，京边官军远来，天时地利，两者都不方便，一时恐怕也难以制贼，必须先按兵徐行，或者分兵先守南都，等候宁王已离开江西的时候，或者从前边拦截，或者从后边攻击，使他们首尾不能相救，就一定会攻破他们。

"如今宁王主谋李士实、刘养正等人，各自有书信秘密地寄给我，叛贼将领凌十一、闵廿四，也各自秘密地派遣心腹向我呈递反状，都要反戈，立功报效，可见宁王已经是众叛亲离的人了，他不久一定会遭到失败。

"如今听到两广共起兵四十八万，其先锋八万，是遵照敕旨所说的数目，如今已到赣州地方；湖广起兵二十万，它的先锋六万，也是敕旨上所说的数目，听说如今已到黄州府地方；我起兵十万，遵照敕旨，先领兵二万，驻扎在吉安府地方；各府知府等官，各自起兵，大约也不会少于一万人；共计也有十一二万人马。

"只要宁王早早离开江西，其中一定有内变，因而乘机夹攻，很容易取胜。为此今天用这个手本，详细地把其中的缘由说清楚，烦请查照裁处，并将一应进止机宜，计议停当，选派乖

去人役，星夜回报施行，须至手本者。"

既已写成手本，令济等选差惯能走递家人，重与盘费，以前事机，阳作实情，备细密切说与，令渠潜踪隐迹，星夜前来南京及淮扬等处，迎接官兵。

又令济等寻访素舆宸濠交通之人，厚加结纳，令渠密去报知宁府，宸濠闻知，大加赏赐，差人四路跟捉，既见手本，愈加疑惧，将差人备细拷问详悉，当时杀死，因此宸濠又疑李士实、刘养正，不信其谋。

又与龙光计议，假写回报李士实书，内云："承手教密示，足见老先生精忠报国之本心，始知近日之事，迫于势不得已而然，身虽陷于罗网，乃心罔不在王室也。
所喻密谋，非老先生断不能及此，今又得子吉同心协力，当万万无一失矣。然几事不密则害成，务须乘时待机而发乃可，不然，恐无益于国，而徒为老先生与子吉之累，又区区心所不忍也。

况今兵势，四路已合，只待此公一出，便可下手，但恐未肯轻出耳。昨凌、闵诸将，遣人密传消息亦皆出于老先生与子吉开导激发而然。

但恐此三四人者，皆是粗汉，易有漏泄，须戒令慎密，又曲为之防可也。目毕，即付丙丁，知名不具。"

觉晓事人员和一同派去的差役，星夜回报施行，必须传到写手本的人那儿。"

手本写成之后，让雷济等人选派惯于走递公文的家人，重重地给他盘缠路费，把以前的机宜，扮作成实情，详细地把情况说给他，让他潜踪隐迹，星夜前来南京以及淮扬等处，迎接官兵。

又让雷济等人寻访平日和朱宸濠有交往的人，用厚礼结纳，让他暗中去报知宁府，朱宸濠听到这个消息以后，对他大加赏赐，派人四路跟踪追捕，看到手本以后，更加疑惧，把带着文本的差人详细地拷问，当时就杀死了，因此，朱宸濠又怀疑李士实、刘养正，不相信他们的计谋。

阳明先生又和龙光计议，假写回报李士实的书信，里边说："承蒙手教密示，足见老先生精忠报国之本心，始知近日之事，形势不得已才这样，身虽陷于罗网之中，可心却无时不在王室。

所说的密谋，没有老先生断不能到这种绝妙的地步，今又得子吉同心协力，当万万无一失了。然而如这事不保密将一事无成，务必要等待时机才可以行动，不这样的话，恐怕对国家没有什么益处，只给老先生和子吉添些麻烦，这是我们内心不忍的。

况且如今的情势是四路兵马已汇合齐了，只待朱宸濠一出，就可下手，只是恐怕他不肯轻易出来。昨天凌十一，闵廿四等各路将领，也派人秘密地传来消息，这些都是依靠老先生和子吉的开导激发才这样的；

只是恐怕这三四个人，都是粗汉，容易漏泄出去，必须劝诫他们谨慎严密，你也可以暗中保护他们。看完之后，就付给丙

与刘养正亦同。两书既就，遣雷济设法差递李士实，龙光设法差递刘养正，各差递人，皆被宸濠杀死。

宸濠由是愈疑刘、李，刘、李亦各自相疑惧，不肯出身任事，以故上下人心，互生疑惧，兵势日衰。又遣素与刘养正交厚指挥高睿，致书刘养正，及遣雷济、萧禹，引诱内官万锐等，私写书信与内官陈贤、刘吉、喻木等，俱皆反间之谋，又多写告示及招降旗号，开谕逆顺祸福；及写木牌等项，动以千计分，遣雷济、肃禹、龙光、王佐等，分役经行贼垒，潜地将告示粘贴，及旗号木牌，四路标插。

又先张疑兵于丰城，示以欲攻之势，又遣雷济、龙光将刘养正家属在吉安者，厚加看养；阴遣其家人密至刘养正处传递消息，亦皆反间之谋。

初时，宸濠谋定六月十七日出兵，自己于二十二日在江西起马，径趋南京，谒陵即位，遂直犯北京；因闻前项反间疑沮之谋，遂不敢轻出。

故十七等日，先遣兵出攻南康、九江，而自留省城；贼兵等候宸濠不出，亦各疑惧退沮，久驻江湖之上，师老气衰；又见四路所贴告示，及插旗号木牌，人人解体，日渐离散，以故无心攻斗。

其后宸濠探知四路无兵，前项事机已失，兵势已阻，人马已散，多有潜来投降者；我师一候宸濠出城，即统伍知府

丁二人，知名不具。"给刘养正的信也具有相同的内容。

两封书信写成以后，派雷济设法差人送给李士实；龙光设法派人呈送刘养正，各个送信的人都被朱宸濠杀死。

朱宸濠由此更加怀疑刘养正和李士实，他们两个也各自非常怀疑和害怕，不肯出身任事，因此上下人心，互生疑惧，兵势日渐衰落。又派平时和刘养正交情很深厚的指挥高睿，给刘养正写信；又派遣雷济、萧禹，引诱内官万锐等人，私下给内官陈贤、刘吉、喻木等人写信，这些都是反间计，又多写了一些告示，以及招降的旗号，并阐述了逆顺祸福；写木牌等项事务，动以千计，分头派遣雷济、箫禹、龙光、王佐等人，派人进入敌人营垒，暗中将告示粘贴，旗号木牌，四路标插。

又事先在丰城张设疑兵，做出要攻打的样子；又派遣雷济、龙光，将住在吉安的刘养正的家属，厚加看养；暗中派遣他的家人秘密地到刘养正处传递消息，这也都是用以反间敌人的计谋。

起初，朱宸濠原定于六月十七日出兵，自己于二十二日在江西驱马直奔南京，拜谒了祖先灵位之后就即皇上之位，然后直接进犯北京；因为听到前边所述的反间计谋，就不敢轻易出动。

所以在十七日那几天，先派兵出去进攻南康、九江，而自己却留在省城；贼兵等候朱宸濠不出，也各自疑惧后退而沮丧，久驻江湖之上，师老气衰；又看到四路所贴的告示，以及插着的旗号木牌，人心涣散，纷纷离去，因此没有心思攻打城门。

再以后朱宸濠探知四路无兵，可前边打算出击南京的机会已经丧失，已经受到官兵的牵制，人马也已分散，而且有很多人

等官兵，疾趋攻破省城，度宸濠顾念根本之地，势必归救，遂预发兵迎击于鄱阳湖，大战三日，罪人斯得。

右反间始末，尝闻诸吉水致仕县丞龙光。

光谓德洪曰："昔夫子写杨公火牌将发时，雷济问曰：'宁王见此恐未必信。'"
曰："不信，可疑否？"对曰："疑则不免。"

夫子笑曰："得渠一疑，彼之大事去矣。"既而叹曰："宸濠素行无道，残害百姓，今虽一时从逆者众必非本心，徒以威劫利诱，苟一时之合耳。纵使奋兵前去，我以问罪之师，徐蹑其后，顺逆之势既判，胜负预可知也。但贼兵早越一方，遂破残一方民命，虎兕出柙，收之遂难；为今之计，只是迟留宸濠，一日不出，则天下实受一日之福。"

光又言："夫子捷疏，虑繁文太多，一切反间之计，俱不言及；亦以设谋用诡，非君子得已之事，不欲明言示人。当时若使不行间计，迟留宁王，宁王必即时拥兵前进，正所谓迅雷不及掩耳，两京各路，何恃为备？所以破败宁王使之坐失事机，全是迟留宁王一着；所以迟留宁王；全是谋行反间一事。今人读奏册所报，皆是可书之功，而不知书不能尽者，十倍于奏册。"

暗中前来投降官兵，官兵等朱宸濠一出城，就和知府伍文定所统率的官兵一道，快速地攻破了省城，考虑到朱宸濠挂念根本之地，一定会回来救援，就预先发兵在鄱阳湖迎击，大战了三天，最后擒获了罪犯朱宸濠。"

关于反间敌人的始末，我曾经从致仕的县丞龙光那儿听说过。

龙光对我说："从前，阳明先生写了杨公火牌，并打算发出去的时候，雷济问道：'宁王看到这个，恐怕不一定相信。'

先生说：'即使不相信，有所怀疑吗？'回答说：'怀疑则不可免。'

先生笑着说：'只要他一怀疑，他就要失败了。'接着感叹说：'朱宸濠素行无道，残害百姓，今天虽然一时跟随他的人不少，但一定不是出于本心，只是威劫利诱，一时的苟合而已。纵使他们奋兵前去，我以问罪之师，在他的后边慢慢跟随，顺逆的情势已经很明白，胜负也就可以预知了。只是贼兵早日越过一方，就残害一方百姓，老虎出了笼子之后，收拾起来就很困难；所以今天的谋划，只是让朱宸濠停留在南昌城里，他们一天不出来，那么天下就实实在在地享受一天的幸福。'

龙光又说："先生上呈报告胜利消息的疏文，考虑到繁文太多，一切反间之计都没有提到，也因为设谋用诡是君子不得已才做的事，不想明明白白地告诉别人。当时如果不实行反间计，迟留住宁王，宁王一定及时地拥兵前进，正所谓的迅雷不及掩耳。两京各路，能有什么防备？之所以能破败宁王，使他坐失时机，全靠迟留宁王一招，之所以能够迟留宁王，全是因为谋划使用了反间计。如今的人读奏册所报的，都是可以记述的功绩，

又言:"宁藩事平之后,京边官军南来,失其奸计,由是痛恨夫子,百计搜寻罗织,无所泄毒;挤怒门人,冀元亨舆济、禹、光等,俱欲置之死地。冀元亨被执,光等四窜逃匿,家破人亡,妻子离散;直伺官军离却省城,方敢出身回家。当时光等粘贴告示,标插旗号木牌,皆是半夜昏黑,冲风冒雨,涉险破浪出入贼垒,万死中得一生;所差行间人役,被宸濠要杀者,俱是亲信家人;今当事平之后,议者不究始原,并将在册功次,亦尽削去。此光等走役微劳,虽皆臣子本分,不足深惜,但赏罚若此,继后天下倘或再有事变,人皆以光等为鉴戒矣,谁肯复效死力哉?"

又言:"夫子应变之神,真不可测,时官兵方破省城,忽传令造免死木牌数十万,莫知所用;及发兵迎击宸濠于湖上,取木牌顺流放下,时贼兵既闻省城已破,胁从之众,俱欲逃窜无路,见水浮木牌,一时争取散去,不计其数。二十五日,贼势尚锐,值风不便,我兵少挫,夫子急令斩取先却者头;知府伍文定等,立于锐炮之间,方奋督各兵殊死抵战,贼兵忽见一大牌,书:'宁王已擒,我军毋得纵杀。'一时惊扰,遂大溃。次日,贼兵既穷促,宸濠思欲潜遁,见一渔船,隐在芦苇之中,宸濠大声叫渡,渔人移棹请渡,竟送中军,诸将尚未知也。其神运每如此。"

却不懂得没有记述的是奏册所报的十倍。"

又说:"宁藩叛乱平定之时,京边官军到南方来,因为一些权奸小人的阴谋没有得逞,所以非常痛恨阳明先生,用尽计谋搜寻罗织罪名,想尽办法发泄他们的仇恨;同时也迁怒于门人冀元亨与济禹光等人,想把他们都置于死地,冀元亨被拘捕,济禹光等人四窜逃匿,家破人亡,妻子离散。一直等到官军离开省城,才敢出来回家。当时济禹光等人粘贴告示,标插旗号木牌,都是在半夜昏黑的时候,冲风冒雨,涉险破浪,出入贼垒,万死之中才求得一生;所派遣去实行反间计的人役,被朱宸濠追杀的,都是他们自己的亲信家人;如今在叛乱平定之后,有异议的人不追究他们原来的功绩,却把已经记录在册的功绩也都削减掉。虽然这些都是济禹光等人的小功劳,是做臣子的本分,不值得过分可惜,但是像这样对人进行赏罚,以后天下倘若再有事变,人们都会把济禹光等人作为鉴戒,谁肯再效死力呢?"

又说:"阳明先生应变的神奇,真是不可预测,当时官兵刚攻破省城,忽然传令让制造几十万免死木牌,没有人知道将有什么用处;等到发兵在湖上迎击朱宸濠的时候,取出木牌送流放下,当时贼兵已经听到省城被攻破的消息,被迫跟随朱宸濠叛乱的士卒,都想逃窜,但无路可走,看到水上浮着木牌,一时争着去取来,靠着木牌浮水逃去,逃去的人不计其数。二十五日,贼寇的势力还很强大,正赶上风向对官兵不利,官兵受到一点挫折,阳明先生急忙下令斩杀了先逃跑的人;知府伍文定等人,站立在炮火之中,奋勇督促士兵殊死抵抗,贼兵忽然看到一大牌,写着'宁王已被擒获,官兵不会杀害你们'。贼兵一时惊慌不已,于是都溃散了。第二天,贼兵已经处于山穷水尽之中,

又言："尝闻雷济云：夫子昔在丰城闻变，南风正急，拜受哭告曰：'天若悯恻百万民命，幸假我一帆风。'须臾，风稍定；顷之，舟人欢噪回风，济、禹取香烟试之舟上，果然。久之，北风大作，宸濠追兵将及，时夫人公子在舟，夫子呼一小渔船自缚，敕令济、禹持米二斗，脔鱼五寸，与夫人为别。将发，问济曰：'行备否？'济禹对曰：'已备。'夫子笑曰：'还少一物。'济、禹思之不得，夫子指船头罗盖曰：'到地方，无此何以示信？'于是，又取罗盖以行。明日，至吉安城下，城门方戒严，舟不得泊岸；济禹揭罗盖以示，城中遂欢庆曰：'王爷爷还矣。'乃开门，罗拜迎入。于是，济禹心叹危迫之时，暇裕乃如此。"

德洪昔在师门，或问"用兵有术否？"夫子曰："用兵何术？但学问纯笃，养得此心不动，乃术尔。凡人智能，相去不甚远；胜负之决，不待卜诸临阵，只在此心动与不动之间。昔与宁王逆战于湖上时，南风转急，面命某某为火攻之具；是时前军正挫却，某某对立矍视，三四申告，耳如弗闻；此辈皆有大名于时者，平时智术，岂有不足，临事忙失若此，智术

朱宸濠打算偷偷逃跑，看到一只渔船，隐藏在芦苇之中，朱宸濠大声喊叫着摆渡的人，渔人划过船去请他上船渡河，后来却一直把他送到阳明先生那儿，其他将领还不知道这回事。先生常常是这样的神机妙算。"

又说曾经听雷济说："阳明先生从前在丰城听到变乱的消息，当时南风刮得正猛，先生仰拜上天哭告说：'上天如果怜悯百万老百姓的生命，那么就让我一帆风顺。'过了一会儿，风稍稍平静了一些；过了一会儿，船上的人吵嚷着要求转变风向，济禹点燃香在船上试着祈祷，果然如愿以偿。过了一会，北风越刮越猛，朱宸濠的追兵将要赶到，当时夫人和公子正在船上，先生呼来一个小渔船，让济禹拿着二斗米，五寸长的小鱼，和夫人告别。将要出发的时候，问雷济说：'行动准备好了吗？'济禹回答说：'已经准备好了。'先生笑着说：'还少一件东西。'济禹怎么也想不起来，先生指着船头的罗盖说：'到了其他地方，没有这个拿什么作凭证呢？'于是，又拿了罗盖才前行。第二天，到了吉安城下，城门正在戒严，船不能靠岸；济禹拿出罗盖让他们看，城里的人们欢呼地说：'王爷爷回来了。'于是打开城门，环拜着把他们迎接进去。从此，济禹内心叹服先生在危急的时候，能够心境从容不迫。"

德洪从前在先师门下的时候，有人问先生："用兵有策略吗？"先生说："用兵有什么策略？只是学问纯笃，养得此心不动，就是策略。凡是人的智能，相差并不是很远；决定胜负的关键，不在于临阵对敌的筹划，只在于内心的摇动与不摇动。从前和宁王在湖上决战的时候，南风越来越急，我当面命令某某制作火攻的器具；这时，这边的军队正遭受挫折，某某两眼发直，

将安所施？"

又尝闻邹谦之曰："昔先生与宁王交战时，与二三同志坐中军讲学，谍者走报前军失利，坐中皆有怖色，先生出见谍者，退而就坐，复接绪言，神色自若。顷之谍者走报，贼兵大溃，坐中皆有喜色，先生出见谍者，退而就坐，复接绪言，神色亦自若。"

又尝闻陈惟濬曰："惟濬尝闻之尚谦矣，尚谦言'昔见有待于先生者，自称"可与行师。"先生问之。对曰："某能不动心。"曰："不动心，可易言耶？"对曰："某得制动之方。"先生笑曰："此心当对敌时，且要制动，又谁与发谋出虑耶？"又问："今人有不知学问者，尽能履险不惧，是亦可与行师否？"

先生曰："人之性气刚者亦能履险不惧，但其心必待强持而后能，即强持，便是本体之蔽，便不能宰割庶事，孟施舍之所谓守气者也。若人真肯在良知上用功，时时精明，不蔽于欲，自能临事不动，不动真体，自能应变无言，此曾子之所谓守约，自反而缩，虽千万人吾往者也。'"

又尝闻刘邦采曰："昔有问：'人能养得此心不动，即可与行师否？'先生曰：'也须学过，此是对刀杀人事，岂意想

虽经三四申告，耳朵还像没有听到一样；这个人在当时是很有名的，平时的智谋，哪里有不足的地方，可是面临大事却这样的慌乱；他的智术施展在哪里了呢？"

又曾经听邹谦之说："从前先生和宁王交战的时候，先生和二三个同志坐在军营中讲学，报信的士卒报告前军失利，在座的人都呈现出恐怖的样子，先生出去见了报信的士卒，回来以后坐下来继续讲学，神色自若。过了一会儿，报信的士卒又来报告，说敌兵溃败，在座的人都面露喜色；先生出去见了报信的士卒，回来之后继续讲习学问，仍旧神色自若。"

又曾经听陈惟浚说："我曾经听尚谦说了一件事，尚谦说：'从前看到和先生在一块的人，自称'可以带兵打仗了'，先生问他原因。他回答说："我能够不动心。"先生又问："对于不动心，可以再进一步解释吗？"回答说："我掌握了制动之方。"先生笑着说："这个心在对敌的时候，要制动，谁又给出谋划策呢？"又问：'如今有的人不懂得学问，只是能够履险不惧，也可以带兵打仗了吗？'

先生说："性气刚直的人，也能够履险不惧，只不过他的心一定顽强地固执一个方面才能达到，这其实是对心体的掩蔽，并不能很精妙地处理一些事务，这就是孟子所说的善于守气的人。如果人们真的肯在良知上用功，时时精明，不受私欲的蒙蔽，自然能够临事不摇动，不使内心的真体摇动，自然能够静静地应对事物的变化，这就是曾子所说的守约，自己采取行动，在万人之中可以独来独往。'"

又曾经听刘邦采说："从前，有人问：'人只要把自己的内心涵养得不摇动，就可以带兵打仗了吗？'先生说：'也必须得学过

可得？必须身习其事，斯节制渐明，智慧渐周，方可信行；天下未有不履其事，而能造其理者，此后世格物之学，所以为谬也。

孔子自谓军旅之事未之学，此亦不是谦言；但圣人得位行志，自有消变未形之道，不须用此。后世论治，根源上全不讲及，每事只在半中截做起，故犯手脚；若在根源上讲求，岂有必事杀人，而后安得人之理？某自征赣以来，朝廷使我日以杀人为事，心岂割忍？但事势至此，譬之既病之人，且须治其外邪，方可扶回元气，病后施药，犹胜立视其死故耳。可惜平生精神，俱用此等没紧要事上去了。'"

昔者，德洪事先生八年，在侍同门，每有问兵事者，皆默而不答，以故南、赣、宁、藩始末，俱不与闻。先生殁后，搜录遗书七年，而奏疏文移始集，及查对月日，而后五征始末具见。

独于用间一事，昔尝概闻，奏疏文移，俱无所见；去年德洪主试广东，道经江西，访问龙光，始获间书问牌诸稿，并所闻于诸同门者，归以附录云。时嘉靖乙未八月，书于姑苏之郡学。

军事，这是对刀杀人的事，哪里能通过臆想就懂得呢？必须亲自演习这件事，渐渐明白了其中的办法，考虑问题周到了，才能够去实行；天下没有不经历事情，却能懂得道理的人，这是后世格物之学谬误的原因。

孔子自己说没有学习过军旅之事，这也不是自谦的话，但是圣人有了位来推行自己志向的时候，自然有应付变化的方法，不必一定要专门学习过。后世谈论到治理，在根源上一点也不讲，每件事情只从半中截做起，所以常犯错误。如果只从根源上讲求，难道还有必先杀人，才能明白杀人的道理这种说法吗？我自己从征伐南赣以来，朝廷派我每天干一些杀人的事，我哪里能忍心常这样做呢？只是事势到了这个地步，就像已经得病的人，必须治理他的病痛，才能扶回他的元气，如果在他一病后就给他施行扶回元气的药剂，就像站在那儿看着他死去。可惜我平生的精神，都用在此等没紧要的事上去了。'

从前，德洪在先生门下八年，侍立在侧的同门学子，每次向先生询问兵事的时候，先生都保持沉默，不作回答，因此先生平定南赣贼寇和宁藩叛乱的前后经过，都没有听说过。先生去世后，我们花费了七年的时间搜罗遗书，并把奏疏文移汇集起来。又详细查对了月日，然后先生五次征讨的情况才有所了解。

只是对于使用反间计一事，从前只听了个大概，而在奏疏文移中都找不到。去年，德洪主试广东，路途中经过江西，访问了龙光，才得到了间书问牌以及各种文稿，并把从各位同门职听到的，一起安排在附录里。嘉靖乙未年八月，书于姑苏郡学。

阳明先生平浰头记

大学士湖东费宏

惠之龙川,北抵赣,其山谷贼巢,亡虑数百,而浰头最大。浰之贼,肆恶以毒吾民者,亡虑数千,而池仲容最著。仲容之放兵四劫,亡虑数十年,而龙川、翁源、始兴、龙南、信丰、安远、会昌,以迩巢受毒尤数。

正德丁丑之春,信丰复告急于巡抚都御史王公伯安,召诸县苦贼者数十人,问何以攻之?皆谓"非多集狼兵弗济。"又谓"狼兵亦尝再用矣,竟以招而后定。"

公曰:"盗以招蔓,此顷年大弊也,吾方惩之。且兵无常势,奚必狼而后济耶?若等能为吾用,独非兵乎?"乃与巡按御史屠君安卿、毛君鸣冈合疏以剿请,又请重兵权,肃军法,以一士心。"

诏加公提督军务,赐之旗牌,听以便宜区画,惟功之有成,不限以时。时横水、桶冈盗亦起,而视浰为急;公议先攻二峒,乃会兵以图浰。凡军中筹画,多咨之兵备副使杨君廷宜,请募诸县机兵,而以其佣募新民之任战者,取赎金储穀、盐课以饷之,而兵与食足焉。

二峒之攻,虑仲容乘虚以扰我也,谋伐其交,使辨士周祥等谕其党黄金巢等,得降者五百人,借以为兵,仲容独愤

阳明先生平浰头记

大学士湖东费宏

惠州的龙川，北边和赣州相接，隐藏在那里山谷中的贼寇巢穴约有几百个，其中以浰头为最大；在浰头残害百姓的贼寇，约有几千人，可以池仲容为首；池仲容派兵四处抢劫，约有几十年了，龙川、翁源、始兴、龙南、信丰、安远、会昌，因为离贼巢最近，所以受害最多。

正德丁丑年春，信丰又向巡抚、都御史王伯安告急，先生召集了各个县里受害最深的几十个人，问他们如何攻击贼寇他们都说："不大量地调集狼兵就没有什么用处。"

又说："狼兵也曾用过，招来以后就平定了贼寇。"先生说："盗贼日益横行，这是多年来最大的忧虑，我正准备惩治他们。而且军队没有固定的组织形式，何必一定要等待调集来狼兵才能平定他们呢？你们如果能听我调遣，不也是很强壮的士兵吗？"就和巡按御史屠安卿、毛鸣冈，一同上疏请求剿灭贼寇，又请求给以兵权，严肃军法，来统一官兵的心。"

下诏让先生提督军务，赐给他旗牌，让他便宜行事，只希望早日成功，不在时间上有所限制。当时横水、桶冈的盗贼也在变乱，可浰头的情势最为紧急；先生经过商议决定先攻二峒，然后再汇集兵马攻击浰头。凡是军中的筹划，大多要向兵备副使杨廷宜请教，请求向各个县招募精壮的士卒，而且招募改过自新的贼寇中善于作战的人，取出储存的金银、盐、谷作为军饷，兵马和粮草都充足了。

在进攻二峒的时候，考虑到仲容会乘官兵内部空虚前来骚扰，筹划和他们友好交往，派辩士周祥等人向他的同党黄金

不从；冬初，闻横水破，始惧，使弟仲安率老弱三百人来图缓兵，且我觇之。公阳许之，使据上新地，以遏桶冈之贼，而实迟其归图；阅月，仲容闻桶冈破，益惧，为备益严；严公使以牛酒诇之，贼度不可隐，则曰："卢珂、郑志高、陈英，吾雠也，恐其见袭而备之耳。"

珂等皆龙川归顺之民，有众三千，仲容胁之不可，故深雠之。公方欲以计生致仲容，乃阳檄龙川卢珂等构兵之实，若甚恐焉；趣利刊木。且假道以诛珂党。十二月望，珂等各来，告仲容必反，公复怒其诬构，叱收之，阴谕意向，使遣人先归集众，时兵还自桶冈，公合乐大飨，散之归农，示不复用，使仲安亦领众归，又遣指挥余恩，谕仲容毋撤备，以防珂党，仲容益喜。

前所辨士，因说之亲诣公谢，且曰："往则我公信尔无他，而诛珂等必矣。"仲容然，率四十人来见。公闻其就道也，密饬诸县，勒兵分哨，又使千户孟俊，伪持一檄经浰巢，宣言将拘珂党，实督集其兵也。贼导俊出境，不复疑。闰十二月下弦，仲容既至赣，是夕释珂等，驰归縻仲容，令官属以次

巢等人多次劝说，有五百人前来投降，把他们改编在官兵之中，只池仲容非常愤怒地拒绝；初冬，他听到横水被攻破的消息才开始害怕，派弟弟仲安率领老弱三百多人前来投降，以图缓兵之计，并且偷窥官兵的虚实。先生假装接受了他们，派他们守卫上新地，来遏制桶冈的贼寇，而实际上是想推迟他们回去的时间；过了一个月，仲容听到桶冈被攻破的消息，更加害怕，防备也更加严密；先生派人带牛和酒去慰劳他，贼寇考虑到这个情况不可再隐瞒下去了，就说："卢珂、郑志高、陈英，是我的仇人，我恐怕遭到他们的袭击而加固了防备。"

卢珂等人都是龙川已经归顺的老百姓，有三千多人，仲容试图胁迫他们为寇却没有得逞，所以很仇恨他们。先生正打算活捉仲容，就传达檄文假装说：龙川卢珂等纠集部队图谋叛乱是真实的情况，好像很恐慌的样子，并且做也要派兵征伐卢珂的样子。十二月中旬，卢珂等人各自都来到先生这儿，告诉先生池仲容一定会谋反，先生又非常愤怒他们的诬陷，喝令把他们拘捕起来，暗中把真实的想法告诉给他们，派人回去召集卢珂的兵马时，官兵从桶冈得胜回来了，先生很高兴地大摆宴席，犒赏士卒，把卢珂等人发配回去务农，表示不再录用，让仲安也带兵回去，又派指挥余恩，告诉仲容不要撤去防备，以防备卢珂等人，仲容更加高兴。

先前曾派遣前来的辩士，又劝说仲容亲自去向阳明先生致谢，并且说："去了以后，阳明先生肯定没有其他，只是必定要诛杀卢珂等人。"仲容同意了的话，率领了四十多个人前来拜见。先生听说他已经上路了，暗中通知各县，必须整顿兵马，严加防守，又派千户孟俊，假装拿着檄文经过浰头的贼巢，说将要拘捕

饔犒。

明年，正月癸卯朒，公度诸兵已集引仲容入，并其党擒之，出珂等所告，讯鞫具状，亟使人约诸兵入巢。越四日丁未，同时并进，其军于龙川者，惠州知府陈祥，率通判徐玑，从和平都入；指挥姚玺，率新民梅南春等，从乌龙镇入；孟俊率珂等，从平地水入；军于龙南者，赣州知府邢珣率同知夏克义、知县王天与等，从太平保入；推官危寿，率义民叶方等，从南平入；守备指挥郏文，率义民孙洪舜等，从冷水迳入；余恩率百长王受等，从高砂保入；军于信丰者，南安知府季斅，率训导蓝铎等，从黄田冈入；县丞舒富，率义民赵志标等，从乌迳入；公自率中坚，督文捣下浰大巢；副使君督余哨，会于三浰。

贼党自仲容至赣，备已驰矣；至是，闻官兵骤入，皆惊失措，乃分投出御，而悉其精锐千余，迎敌于龙子岭。我兵列为三冲，犄角而前，恩以受兵，首与贼战，却之；奋追里许，贼伏四起击受后，寿乃以方兵鼓噪往援，俊复以珂等兵从旁冲击，呼声震山谷，贼大败而溃，遂并上、中二浰克之。

各哨兵乘胜奋击，是日遂破巢十一：曰热水，曰五花

卢珂等人，实际上是查看他们的情况。贼寇把孟俊送出境来，不再怀疑。闰十二月下弦，仲容已经到了赣州，这天晚上释放了卢珂等，派官吏按次序犒劳仲容。

第二年正月，先生考虑到各路兵马已经会集，就把池仲容引进来，把他和他的党徒一同擒获了，拿出卢珂等对他的告发证据，他只有承认了，先生又急忙派人带领各路兵马攻入贼寇的巢穴。过了四天，丁未日，各路兵马同时并进，在龙川的军队，由惠州知府陈祥，率领通判徐几，从平都攻入；指挥姚玺，率领新民梅南春等人，从乌龙镇攻入；孟俊率领卢珂等人，从平地水攻入；驻扎在龙南的军队，由赣州知府邢珣，率领同知夏克义、知县王天与等人，从太平保攻入；推官危寿，率领义民叶方等人，从南平攻入；守备指挥郏文，率领义民孙洪舜等人，从冷水攻入；余恩率领百长王受等，从高砂保攻入；驻扎在信奉的军队，由南安知府季激，率领训导蓝铎等人，从黄田冈攻入；县丞舒富，率领义民赵志标等人，从乌迳攻入；先生自己率领主力部队直捣下利大巢，副使督促各路军队，在三浰聚会。

贼党自从仲容赶到赣州以后，防备已经松弛了；到这时，听到官兵突然闯入的消息，都惊慌失措，于是分头出去抵御，把他们的一千多精锐士卒调集到龙子岭迎战官军。官军分列为三队，结成犄角前行，余恩用王受带领的军队首先和贼寇作战，击退了他们；奋勇追赶了一里多，贼寇伏兵四起从后边攻击王受，危寿就派叶方的军队鼓噪着前去救援，孟俊又派卢珂等人的军队从旁边冲击，呼声震动山谷，贼寇大败，都溃散而逃，于是连上、中二浰一同攻了下来。

各路军队乘胜追击，这天攻破了敌人的十一个巢穴：热

障，曰淡方，曰石门，曰上下陵，曰芳竹湖，曰白沙，曰曲潭，曰赤塘，曰古坑，曰三坑。明日，探贼所奔，分道急击。己酉，破巢凡六：曰铁石障，曰羊角山，曰黄田坳，曰岭冈，曰塘含冈，曰溪尾。庚戌，破巢凡二：曰大门山，曰镇里寨。辛亥，破巢凡九：曰中村，曰半迳，曰都坑，曰尺八岭，曰新田迳，曰古地，曰空背，曰旗岭，曰顿冈。癸丑，破巢凡四：曰狗脚坳，曰水晶洞，曰五洞，曰蓝州。

丙辰，破巢凡二：曰风盘，曰茶山。其奔者尚八百余徒，聚于九连山，山峻而袤广，舆龙门山后诸巢接，公虑以兵进逼其势必合，合难制矣；乃选锐士七百余人，衣所得贼衣，若溃而奔，取贼所据厓下涧道，乘暮而入；贼以为其党也，从厓下招呼，我兵亦佯与和应，已度险，扼其后路。

明日，贼始觉，并力求敌，我兵从高临下，击败之。公度其必溃也，预戒各哨，设伏以待。

乙丑，覆之于五花障，于白沙，于银坑水；丁卯，覆之于乌龙镇，于中村，于北山，于风门奥。分逃余孽，尚三百余徒，各哨乃会兵追之。二月辛未，复兴战于和平；甲戌，战于上坪下坪；丁丑，战于黄田坳；辛巳，战于铁障山；癸未，战于乾村于梨树；乙酉，战于芳竹；壬辰，战于百顺，于和峒；乙未，战于水源，于长吉，于天堂寨。

水，五花障，淡方，石门，上下陵，另竹湖，白沙，曲潭，赤塘，古坑，三坑。第二天，打探到贼寇所奔赴的地区，分路追击。己酉日，攻破了贼寇的六个巢穴：铁石障，羊角山，黄田坳，岭冈，塘合冈，溪尾。庚戌日，攻破了贼的两座巢穴大门山，镇里寨。辛亥日，攻破了九座：中村，半坑，都坑，天八岭，新田坳，古地，空背，旗岭，顿冈。癸丑日，攻破了四座：狗脚坳，水晶洞，五洞，蓝州。

丙辰日，攻破了贼寇的两座巢穴：风盘，茶山。逃散的还有八面多贼寇，聚集在九连山，山势高峻，地域宽广，和龙门山后的贼巢相连接，先生考虑到进兵相逼，敌人的势力就会汇合在一起，汇合在一起就难以制服了；于是挑选了七百多精锐士卒，穿着缴获的贼寇的衣服，像溃散逃奔的样子，从贼寇所占据的山崖的下边小涧，乘着暮色进入；贼寇以为是他们的同党，从岸下招呼，官兵也假装着和他们接应，度过险要，控制了贼寇的后路。

第二天，贼寇才发觉，一起用力去攻打，官兵居高临下击败了他们。先生考虑到他们一定会溃败，就预先告诫各路军队，设埋伏以待敌。

乙丑，歼灭敌人于五花障，于白沙，于银坑水等地；丁卯，歼灭敌人于乌龙镇，于中村、于北山、于风门奥等地，分头逃窜的余孽，还有三百余人，各个哨所于是合兵在一起追剿他们。二月辛未日，又在和平发生战斗；甲戌日，战于上坪、下坪；丁丑日，战于黄田坳；辛巳日，战于铁障山；癸未日，战于乾村，于梨树；乙酉日战于芳竹，壬辰，战于百顺，于和峒；乙未日，战于水源于长吉、于天堂寨。

谍报各巢之稔恶者，盖几尽矣；惟胁从二百余徒，聚九连谷山呼号乞降，公遣珣往抚之，籍其处之白沙。公率副使君，乃即祥应和平，相其险易，经理立县设隘，庶几永宁，遂班师而归。盖戊寅三月丁未也。凡所捣贼巢三十八，所擒斩贼酋二十九人，中酋三十八人，从贼三千六十八人，俘贼属男妇八百九十人，卤获马牛器仗称是。

是役也，以力则兵仅数千，以时则旬仅六夹，遂能灭此凶狡稽诛之虏，以除三徽数十年之大患，其功伟矣。捷闻，有诏褒赏，官公之子世锦衣百户；副使君加俸一秩。

于是邢侯、夏侯、危侯，偕通判文侯运、吴侯昌，谓"公兹举，足以威不轨而昭文德，不可以无传也，"使人自赣来，请予书其事。嗟乎！惟兵者，不祥之器，王公用儒者谋谟之业，而乃躬擐甲胄，率先将士，下上山谷，与死寇角胜争利，出于万死；而公平日岂习杀伐之事，而贪取摧陷之功以为快哉？顾盗之于民，不容并育，譬则莠骄害稼，而养之弗薅；从虎狼之狂噬，而听孽牧之衰耗；此不仁者所不忍为，而公亦必不以不仁自处也。

公之心，予知之；公之功，则播之天下，传之后世，何俟予之书也？然而人，知渠魁之坐缚，凶孽之荡平，以为成功如此其易，而不知公之筹虑如此其密，建请如此其忠，上

谍报说各处巢穴最坏的头子大约已经被消灭殆尽了,只有被胁从的二百多人还聚集在九连、谷山两地,呼号乞降。分派邢珂前去招抚他们,把他们列籍收编于白沙、分率领副使君,来到祥应、和平等地,观察地形的险易,据此设立关隘,庶几可以永保安宁了。于是班师而归。这时已是戊寅年三月丁未日了。这次战役,一共捣毁贼巢三十八个,擒杀贼首领二十九人,中等头目三十九人,从贼三千零六十八人,俘获贼的眷属男人、女人八百九十人,还缴获了许多马、牛和兵器。

这次战役,从力量上看,我方兵力仅有数千人,从时间上看,仅用了两个月,就能歼灭如此凶顽的强贼,而铲除了为患数十年的大患,这功绩是非常伟大的,捷报上闻,朝廷有旨加以褒奖,让公的儿子做世袭锦衣卫百户,致使君加俸一级。

于是邢侯、夏侯、危侯、与通判文侯运、吴侯昌一起议论说:"王公这次行动,咸慑了不轨之徒,昭明了文德,不可以没有记载啊!"派者自江西来,请求我书写他的事迹。啊!兵,是一种不祥的工具,王公本来从事于儒者文治的事业,这次却亲自穿上甲胄,身先士卒,上山下谷,与亡命的贼寇争夺胜负,出生入死,然而王公哪里是平日里研习杀伐之事,而以得到推陷敌人的战功为快乐的人呢?只是由于强盗之于人民,不能并育于天地之间,这就像杂草疯长而为害庄稼,却听之任之不加铲除,又如同虎狼疯狂地吞噬自己的牲畜,却听任后者衰耗,这些事连不仁的人也不忍心做啊,何况王公又肯定不会以不仁自处。

王公的用心,我很清楚的知道,王公的功业,誉满天下并能传播于后世,哪里还用我来为他记载呢?但是人们往往只知道强盗头子坐而待缚,凶顽的贼寇被一举荡平,就因此以为成

之所以委任如此其专，副使君之所赞佐如此其勤，文武将吏之所以奔走御侮如此其劳，而功之成所以如此其不易，是则不可以不书也。予故为备书之，以昭示赣人，庶其无忘，且有考焉。

移置阳明先生石刻记

昔阳明王先生督兵于赣也，与学士大夫切劘于圣贤之学，自搢绅至于闾阎，以及四方之过宾，皆得受业问道；盖濂洛之传，至是复明，而先生治兵料敌，卒有以平奸宄者，皆原于切劘之力。于是深信人心本善，无不可复；其不然者，由倡之不力，辅之不周，而为学之志未立故也。既以责志为教，肄其子弟，复取《大学》《中庸》古本，序其大端，与濂溪《太极图说》，联书石于郁孤山之上，使登览而游息于此者，出埃墙之表，动高明旷远之志，庶几见所书而兴起其志，不使至于懈惰；盖所以为倡而辅之之虑切也。

先生去赣二十余年，石为风雨之所摧剥者，日就缺坏；而是山复为公廨所拘，观者出入不便。嘉靖壬寅，宪副江阴薛君应登，备兵之暇，访先生故迹，睹斯石悲慨焉；既移置

就这次战功是很容易的，却不知道，王公的筹划是如此的严密，请求此任时是如此的忠心，圣上委任王公时是如此地信任，副使君作为助手是如此的勤勉，文武将士奔走杀敌，是如此的不辞劳苦，而这次的成功是如此的不容易，这些却不可不记载。所以我才写了这些作为备忘，以昭示江西人，庶几可以使他们不忘记，而有据可考。

移置阳明先生石刻记

过去阳明先生在江西带兵的时候，与学者，士大夫切磋圣贤的学问，从上层绅士到下层百姓，以至四方的过往宾客，都可以来跟从先生受业问道。周程理学的传承，至此才又昌明来，而先生治理军队歼灭敌人到最后终于平灭的贼寇，这些都是与切磋圣贤的学问分不开的。于是先生深信人心本是至善，而且每个人都可以回复到原初的至善状态。之所以没有回复至善，是由于提倡圣贤之学不得力，辅助不周到，以及学者从事圣贤之学的志向没有树立的缘故。既以督责学者立志作为教法，以此来检查他的弟子们，又择取《大学》《中庸》的古本，讲明其主要旨意，与周敦颐先生的《太极图说》一起书写了刻于郁孤的石头上，使登临此山高于此驻足的人，已经兴起超尘拨俗的气概的人，向立下高明旷远的志向的人，能够见到这些石刻而又兴起他的志向，不使之至于懈忘荒惰，这些足见先生倡导此学而辅助学者的考虑是多么深切啊！

先生离开江西已二十余年，这些石刻被风雨所摧剥，日见缺损，而这座山又被官家所占用，游观者出入很不方便。嘉靖壬寅年，宪副江阴人薛应先生来到此地，在操练兵马的余暇，访求

于先生祠中,复求榻本之善者,补刻其缺坏,而托记于予。

予尝观先生所书,恨其学之不俱传也!自孔、孟以后,明其学者濂溪耳,故《图说》原天所以生人者,本于无极,而求复其原,则以无欲为主;舍无欲而言中正仁义,皆不可以合德而反终。故《大学》言致知,《中庸》言慎独,独知之地,欲所由辨,求其寡而无焉,此至易而难者也。

先生数百年之下,处困而后自得,恍然悔既往之非,真若脱溷淖而御冷风,故既自以切劘,而尤不敢有隐于天下,于是择其辞书之石,冀来者之自得犹夫已也。

今先生之言遍天下,天下之人,多易其言,而不知其处困之功,与责志之教,故深于解悟者,每不屑于持守,而意见所至,即皆自是而不疑,哓哓然方且以议论相持竞。譬则石已缺坏,而犹不蔽风雨;顾以为崇获之严贸焉,莫知其所出入,岂不失哉?夫欲之易炽,速于风雨,而志之难立,有甚于石,其积习之久,非一日可移置也;然使精神凝聚,即独知之地,以从事焉,则又不易地,不由人,而足以自反。

先生的遗迹，看到这些石刻的状况很悲哀，于是把它们移到了先生的祠堂中，又寻求好的拓本，把缺损的字加以补刻，而委托我依此记。

我曾经看到先生所书写的碑文，而很遗憾先生的学问没有很好的完全的传承下来！从孔孟之后，能复兴圣贤之学的是周敦颐先生，所以《太极图说》中把天所以生人的本源归结为无极，而寻求如何回复到本原的方法，则以无欲为主。舍弃无欲而言中正仁义，却不可能与天合德而复归本原。所以《大学》中言致知，《中庸》中言慎独，在人不知而己独知的地方，才是天际人理的分别所在，寻求减少人欲以至净尽，是最易也最难的事啊！

先生生于周死数百年之后，经历了许多艰难困苦而后才于此学有所得，明确地认识到了以前为学方法的错误，就像摆脱污泥臭水，而得到了冷风而清醒一样。

先生既然自以为这很重要，因此更不敢对天下学者有所隐瞒，于是选择了《中庸》《大学》古本以及《太极图说》，书写了刻在石上，希望后人能够像自己一样于此学而自得啊！现在先生的言论已经传遍了天下，天下之人多数以为这些很容易，却不知他为此而经受的诸多的困苦的工夫以及责志的教化，所以对于解悟钻研很深的人每步不屑于日常的持守，而对于自己的意见，就自以为是而没有疑惑，喧闹地以议论互争。这就好像这些石刻已经缺坏了，可是还不为之遮风挡雨，只是表面上看到它现在还似乎较坚固，较完整就不管他的发展变化了，难道不终将失去吗？欲望的容易燃起，它比风雨还快，志向的难以确定，也比在石头上刻字难得多。积累养成的习气已经很久了，不是一日两

譬则石之摧剥于风雨者，复庇之以廈屋；虽失于昔，不犹何以保其终乎？今石存，则升先生之堂者，宜有待矣。薛君有志于学，其完此石，盖亦辅世之意；而余之困而不学，则有愧于切劘之助也；书之石阴，亦以为久要云。

阳明王先生报功祠记

经世保民之道，济其变而后显其功，厚其施而后食其报。传曰："太上有立德，其次有立功；"时而至于立功，则去太上远矣。士君子遭时遇主，处常尽变，不得已而立功，固不望其报之久近；人之思报，自不能已，故昌黎祀潮，子厚祀柳，张咏绘像而祀于蜀，羊祜建碑而祀于襄阳，其致一也。

赣之牙境，万山盘互，群盗纵横，土酋跳梁于东南，逆藩窥伺于西北。正德丙子春，阳明王公以大中丞秉钺来镇，纲纪号令，朝发夕新。

凡四省、五道、九府州、六十九县、二十五卫所之奔命

日能够改变的。然而如果精神能够凝聚起来，在独知之地做工夫，那么又可以不换地方，不依靠别人，就是可以自我反省，回归本原。

这就好像在风雨中被摧剥的石头一样，如果重新把它们移到屋内，虽然在过去有所损失，但还可以保持它的终了啊！现在石头保存下来了，那么来到先生的堂下的人，应该有所待了。薛君有志于学，他保存这些石头，大约也是辅世的意思，而我遇到困难却仍不知学习，是有愧于切磋的辅助的，把这些写在石的背面，也是要长久的保存的意思。

阳明王先生报功祠记

经理世务保护民众的途径与道理，是先帮助他的应变然后才取得成功，先厚厚地施舍才得到他的报答。古书说："最上等的是立德，其次才是立功。"只是遇到了时势而立功，离太上立德的要求还是很远啊！士君子遭到了时变，遇到了明主，以常自处、以权应变，不得已而立下功名，本来就没有想到回报的是迟还是速啊！人立了功，想要求报答自己，自然不能没有，所以韩愈被祭礼于潮州，柳宗元在柳州被祭祀，张咏在四川被画了像并享受祭祀，羊祜在襄阳建了石碑并被祭祀，这道理却是一样的。

江西边境，万山盘互，地势显要，群盗纵横，异常猖獗，而任有不归附的少数民族首领在东南闹事，怀有叛逆之心的藩王在西北窥测。正德丙寅年的春天，王阴明先生以大中丞的官职秉钺来镇守江西，纲纪号令，早晨才发出去，晚上局面就为之一新。

大凡四省，五道、九府州、六十九县、三十五卫的在先生的

者，皇皇汲汲，恐于后至之诛；又卓见大本，广集众思，张施操纵，不出庭户，而遥制黜陟于江山数千里之外，英声义烈，肃于雷霆。

今年平南靖，明年平桶冈，又明年平浰头，又明年平逆藩。如虔，如楚，如闽，如粤，四郊力穑，清夜絃歌，而边圉之患除；如豫州，如江州，如桐城，如淮甸，千里肃清，万夫解甲，而社稷之忧释。夫公以文儒之资，生承平之世，蹈疏逖之踪，当盘错之会，天枢全斗极之光，地维扫豺狼之穴，玺书频奖，茅土加封，一时遭际，可以风励群工矣。

公之去赣久矣，而人犹思之，复建祠以祀之，富者输财，贫者效力，巧思者摸像，善计者纠工，虚堂香火，无替岁时，报施之道，不于其存，而于其亡；身后之事，未定于天下，而私于一方，吾是以知赣人之重义也。

孔子曰："斯民也，三代之所以直道而行也。"
兹非三代之遗民欤？公继其父龙山公之学，且与孙忠烈同年同官，忠烈死逆潘之难，而公成靖难之功，浩然之气，充塞两间，增光皇国，幸与不幸，易地则皆然者。然则公之立功，虽有先后大小，要皆以忠输君，以孝成亲，以信许友者欤，公讳守仁字伯安，别号阳明；龙山公讳华，以大魁冢

镇下用命的人，都汲汲皇皇，诚惶诚恐，唯恐晚到了误事遭到先生的责罚。先生把握住大本大源，又能广集众思，欲运筹帷幄之中，不出庭户而能远远地制服敌人于数千里外的地方，先生的英名与壮烈的事业，令人如雷贯耳，肃然起敬。

第一年平南靖，第二年平桶岗，第三年平浰头，第四年平逆藩。先生到贵州、到湖北、到福建、到广东，使各地的百姓安于耕作，在夜里则弹琴唱歌，而边远地区的祸患就除去了。先生又到豫州、到江州、到桐城、到淮甸，千里的地面上的匪患都得以肃清，许多兵士得以解甲归田，而江山社稷的大患得以解除。先生以文人儒士的资质，生于和平的年代，在如此复杂的形势下，跟踪追击狡猾的敌人，而能够发扬朝廷的威力保全天下的统一，扫除豺狼的巢穴，屡次受到通报嘉奖，频频地加官进爵，先生的事迹，可以做百官的榜样了。

先生离开江西已经很久了，而人民还依然思念地，又建立了祠堂以纪念他，富裕的人献出钱财，贫穷的人献出劳力，心灵手巧的塑像，善于计划的人负责施工，堂前的香火常有，没有一时的间断，报恩的道理，不在人在的时候，而在他死后施行；先生身后的评价，在天下还没有论定，却已在这里享受祭祀，我从这里看出了江西人的重义啊！

孔子说："这些百姓，在三代是以直道立身行事的啊！"

这难道不是三代的遗民吗？先生继承了他的父亲龙山公的学问，而且与孙忠烈同年做官，忠烈在平定宁王叛乱的战斗中死去了，而先生却完成了拥戴朝廷保全社稷的功业。浩然正气，充塞于天地之间，为皇上国家增光，他幸运还是不幸运，如果换个位置，也还是一样的啊！先生的功业，虽有先后大小之别，但都

宰；孙忠烈讳燧，以中丞赠宗伯；皆吾乡先达也。呜呼！望雷阳而思新竹，按营垒而叹奇才，高山仰止，景行行止，谨纪其实，以备野史之拾遗云。

田石平记

　　田江之滨，有怪石焉，状若一龟，卧于衍石之上，长倍寻，厚广可寻之半。境土宁静，则偃卧维平；有眚，则倾欹潜浮，以离故处，故俗传有"平宁倾兵"之谶。岁乙酉，岑氏猛食采日殷，恣横构兵，守臣方上疏议讨；一夕石忽浮去数百武，猛惧，乃使力士复之，向夕，殷祀之以潜弭其变。明年，大兵至，猛竟失利以灭，人益异焉。

　　猛党卢王二酋，胁众连兵，据思田，以重烦我师。朝议特起今新建伯阳明王公来平，比至，集众告曰："蠢兹二酋，岂惮一擒？维疮痍未瘳，而重罹锋刃，为可哀也，"即日下令，解十万之甲，掣四省之兵，推赤二酋，俾自善计；二酋惮公威德，且知大信不杀，遂率众自缚泣降。公如初令，谕而遣之；单车诣田，经画建制，以训奠有众。田父老望风观德，如堵如墙，罗拜泣下曰："大兵不加，明公再生之赐也，田丑

不外以忠的态度对待君上，以孝的态度对待双亲，以信的态度对待朋友。先生的名字叫作守仁，字伯安，别号阳明；龙山公名华，以状元的出身而做至宰相的官位。孙忠烈、名燧，官至中丞又被赠以宗伯的爵位。他们都是我的故乡的先达之士啊！唉！得到雷阳就思念新竹，按营垒而叹奇才，高山仰止，景行行止，在此我谨慎地记下这段事实，以备将来写野史的人采用。

田石平记

田江的江边，有一块怪石，形状像是一只乌龟，卧在乱石的上面，长两寻，宽与厚都有半寻的样子。如果当地和平无事，它就平平地安静地俯卧着，一旦当地发生了事变动乱，它就倾斜潜浮，离开它原来的地方，所以当地有谚语说"平宁倾兵"。乙酉年，岑猛盘剥百姓越来越厉害，骄恣蛮横，又私自招兵买马，当地的守官将要上书请求征讨他，一天傍晚，石头忽然离开它的原处数百步的距离，岑猛害怕了，于是叫大力士把它抬回了原处，殷勤地祭祀它，以求暗地里能够消除事变。第二年，大兵来了，岑猛战斗失利，最后被灭了，当地人就更加感到诧异了。

岑猛的党徒姓卢与姓王的两个贼首，胁从群众与兵士，占据思田又重新与我们的军队开战。朝廷上议论让新建伯阳明先生来平定他们，当先生到达后，集合众人告诉他们说："这两个贼长，并不值得一擒，只是战争的创伤还没有平复，而又将重开战事，这才是可哀痛的啊！"于是就在当日下令撤去了四省的兵马十万人对二贼的周围，使他们好好谋划，二贼都惧怕先生的威德，而又知道先生很讲信义不会杀害他们，于是就率领部众自己绑缚了哭着来请求投降。先生按照当初的命令，对他们晓

何以为报？"维田始祸，石实衅之，具以怪状闻，且曰："自王师未旋，石靡有宁，田人惴惴，守之如婴；今则亡是恐矣，愿公毁此，以宁我田。"公曰："其然与？若等往观之。"既观，曰："汝能怪乎？吾不汝毁而与决。"

取笔大书其下，曰："田石平，田州宁；千万世，巩皇明。"

明年春，公使匠氏镌之，遂以为田镇；田人无远近老稚，咸讴歌于道以相庆焉。嗟夫！维石在阿，赋性不那，孰使之行，岂民之讹？维妖维祥，肇是兴亡，天实变幻，而莫知其方；维邪则泄，维正则灭，亦存乎其人而已矣。公忠诚纯正，其静一之学，浩然之气，见于勤王靖难者，可以格神明而贯金石，天下已信之，有弗灵于是石乎？田人宝兹石文，盖不啻交人之累铜柱也已。

公车将旋，田人趋必东曰："兹不可无述，以告于世

谕了一番就把他们放了，然后又亲自到田州去，为他们经划建置，以训诫教化田州的民众。田州的父老乡亲听到先生的德行，都来观看先生的风采，人多的像墙一样，大家再拜泣下说："大兵不加，这是先生再生的赐予啊！我们田州的人何以为报呢？"田开始有祸患，这块怪石首先觉察，以异状显示了征兆，田人还说："自从王家的军队还没有凯旋以来，这块石头就一直没有安宁过。田人惴惴不安，守护它就像守护婴儿一样，现在则可以消除这种恐惧了，愿王公毁掉这块石头，来使田地永保安宁。"先生说："是这样吗？我们一起去看看吧！"看了后，先生对石头说："你能够很怪吗？我不毁掉你，我将使你成为田人的守护之石。"

于是取笔在石上写下几个大字："田石平，田州宁；千万世，巩皇明。"

第二年春天，先生让匠人凿刻以作为田州的镇守之石，田州无论远近老少，都对此讴歌于道路以相庆贺。啊！这块石头生于此地上天赋予它灵异的禀性，谁让它自己移动呢？难道是人民以讹传讹吗？是妖孽还是祥瑞，依靠它能显示兴亡的征兆，天意变幻莫测，没有人能够清楚地知道。如果是妖邪，所示的灾祸，就会泄露成为现实，如果是正道，灾祸就会自己消灭，这些都存在其人而已。先生忠诚纯正，他的静一之学，浩然正气，显示于勤于王事拯救危难的，可以上对神明而无愧，书于金石而不朽。天下对先生已经非常地尊信了，还有比这块石更加灵异的吗？田州人宝贵这块石上先生书写的文字，就像交州人宝贵他们的桐柱一样啊！

先生将要离开田州，田人趋必东说："这些事不能不记下

世,"作田石平记。

阳明先生画像记

少师徐阶

阳明先生像一幅,水墨写。嘉靖己亥,予督学江西,就士人家,摹得先生燕居像二,朝衣冠像一。明年庚子夏,以燕居之一,赠吕生舒,此幅是也。先生在正德间,以都御史巡抚南赣,督兵败宸濠,平定大乱,拜南京兵部尚书,封新建伯;其后以论学为世所忌,竟夺爵。

予往来吉赣间,问其父老,云:"濠之未叛也,先生奉命按事福州,乞归省其亲,乘单舸下南昌;至丰城闻变,将走还幕府,为讨贼计,而吉安太守松月伍公议适合,郡又有积谷可养士,因留吉安,征诸郡兵,与濠战湖中,败擒之。"

其事皆有日月可按覆,而忌者谓"先生始赴濠之约,后持两端遁归,为伍所强;会濠攻安庆不克,乘其沮丧,幸成功。"夫人情苟有约,其败征未见,必不遁;凡攻讨之事,胜则侯,不胜则族,苟持两端,虽强之,必不留。

武皇帝之在御也,政由嬖幸,濠悉与结纳,至或许为内

来,告诉世人。"于是我就作了这篇《田石平记》。

阳明先生画像记

少师徐阶

这是阳明先生的画像一幅,是水墨画。嘉靖己亥年,我任江西督学,在当地士人的家里临摹得到先生闲居像两幅,朝服衣冠像一幅,第二年,即庚子年的夏天,把闲居像中的一幅送给吕舒,就是这一幅。先生在正德年间以都御史任南赣巡抚,率领军队大败宸濠,平定了宁藩的叛乱,于是提升为南京兵部尚书,封新建伯,其后因为讲论圣贤的学问被世人所猜忌,被夺去了爵位。

我往来吉安与南赣之间,听到当地的父老说:"宸濠还未反叛的时候,先生奉命镇守福州,请求回家省亲,乘船南下南昌,到丰城听到了宸濠叛变的消息,于是为了讨贼,回到吉安幕府,正好吉安太守任松月与先生的意见一致,又有积存的粮食可养军队,于是留在吉安,征召诸郡的兵力,与宸濠在湖中大战,最后终于生擒了宸濠。"

这些事迹都有确切日月可考,但是猜忌先生的人说:"先生一开始是来赴宸濠的约会一起谋反的,后来又耍两面派想逃走回家,被伍太守所强迫才起义,正巧遇到宸濠攻安庆攻不下来,先生乘着他沮丧的时机,侥幸才获得成功。"从人情来讲,如果双方相约起事,而失败的征兆还没有显出来,一定不会事先逃遁。凡是攻战讨伐的事,胜利了就被封侯,失败了就会被株连九族,如果持着三心二意的态度,即使是被强迫,也不会留下。

武宗皇帝在位的时候,政事皆由宠幸的劈臣所专断,宸濠与

应；方其崛起，天下皆不敢意其遽亡。先生引兵而西，留其家吉安之公署，聚薪环之，戒守者曰："兵败即纵火，毋为贼辱！"呜呼！此其功，岂可谓幸成，而其心事，岂不皭然如日月哉？忌者不与其功足矣，又举其心事诬之；甚矣，小人之不乐成人善也。

自古君子为小人所诬者多矣，要其终必自暴白，乃予所深慨者，今世士大夫，高者谈玄理，其大为柔愿，下者直以贪黩奔竞，谋自利其身，有一人焉，出死力为国家平定大乱，而以忌厚诬之，其势不尽驱士类入。于三者之途不止。

凡为治，不患无事功，患无赏罚；议论者，赏罚所从出也。
今天下渐以多事，庶几得人焉，驰驱其间，而平时所谓议论者如此；虽在上智，不以赏罚为劝惩，彼其激励中才之具，不已疏乎？此予所深慨也。濠之乱，孙许二公死于前，先生平定之于后。其迹不同，同有功于名教。江西会城，孙许皆庙食，而先生无祠。予督学之二年，始祀先生于射圃，未几被召，因摹像以归，将示同志者，而首以赠吕生。

予尝见人言，"此像于先生极似，"以今观之，貌殊不

他们却已相互勾结,以至有人许诺作为宸濠的内应。当他们崛起谋反时,天下人却不敢想象他会很快灭亡,先生带兵西行时,把他的家眷留在吉安的分署,用柴禾包围了公署,训诫守城的人说:"兵败此城失守,就纵火焚烧,不要让他们被叛贼所侮辱。"呜呼!从此可见,先生的成功岂是侥幸成就的,而先生的用心,岂不如日月之明昭然若揭吗?猜忌的人不赞赏他的功业也就罢了,却还诬蔑先生用心不良,小人不乐于成人之善是多么厉害啊!

自古以来,君子被小人所诬陷的事已经很多了,到最后一定会得以昭雪,我所深深感慨的是,当今的士大夫们,在高位的就高谈玄理,中间的做乡愿,最下等的就径直贪波贪婪以求自私自利。一旦有一个人出来效死力为国家平定大乱,于是就猜忌诬蔑他,他们不把天下之士都纳入上面的三类人中就誓不肯罢休。

大凡治理天下,不担心没有做出事功,而是担心没有赏罚,议论是赏罚所由实行的依据。

当今天下渐渐多事起来,而好不容易有一个人出来驰驱奔波、救天下之急,而现在的所谓议论却是如此。虽然上智之人不由于赏罚而有所努力或懈怠,但是这些议论,对激励中中之士所起的作用不是很疏略呢?这才是我所深深感慨的,宸濠的叛乱,孙许二位死难在先,而先生平乱在后,他们的行迹不同,但却同样有功于名教。在江西省城,孙许二位先生都被供在庙里享受祭祀,但是先生却没有祠,我任督学的第二年,才在射圃祭祀先生,没有多久就被征召,于是就临摹了先生的画像带了回去,想要叫同志们看看,事先赠了一幅给吕生。

我曾听见人说道:"这幅画像与先生极其相似。"现在观

武；然独以武功显，于此见儒者之作用矣，吕生诚有慕乎？尚于其学求之。

重修阳明王先生祠记

大学士李春芳

阳明先生祠，少师存翁徐公，督学江右时所创建也。公二十及第，宏辞博学，烨然称首词林，一时词林宿学，皆自以为不及，而公则曰："学岂文词已也？"日与文庄欧阳公，穷究心学，闻阳明先生良知之说而深契焉。

江右为阳明先生过化地，公既阐明其学，以训诸生而又谓崇祀无所，不足以系众志，乃于省城营建祠宇，肖先生像祀之；遴选诸生之俊茂者，乐群其中，名曰龙沙会，公课艺暇，每以心得开示诸生，而一时诸生，多所兴起云。

既公召还，荐跻纶阁，为上所亲信，盖去江右几三十年矣；有告以祠宇倾圮者，公则愀然动心，捐赐金九十，属新建钱令修葺之，侍御甘斋成君闻之曰："此予责也。"

遂身任其事，鸠工庀材，饰其所已敝，增其所未备，堂宇斋舍，焕然改观；不惟妥祀允称，而诸生之兴起者，益勃

看先生的画像，先生的相貌很不威武，但是却独独以武功显扬其名，从此处可以看到儒者的作用了。吕生真的倾慕先生吗？那么就从他的学问里寻求吧！

重修阳明王先生祠记

大学士李青芳

阳明先生的祠庙，是少师徐阶在江右任督学时所建立的。徐阶先生二十岁就考中了进士，宏辞博学，在文坛为一时的领袖，当时词林宿学，都自以为不及。但是先生却说："学问难道仅仅是文辞而已吗？"于是天天与欧阳文庄先生穷究心学，听说了王阳明先生所提倡的良知学说，情感与之契合。

江右为王阳明先生曾经传播过他教化的地方，徐先生提倡阐明阳明先生的学说，以良知之学教训诸生，又认为阳明先生没有专门的祭祀的场所，就不足以集合大家的志向，于是就在江西省城营建祠宇，临摹修建了先生的像来祭礼他。选择诸生中聪明俊秀的，在其讲学论道，命名叫作龙沙会，徐先生在检查督责诸生的学业的闲暇，每每把自己的心得体会，讲给诸生听，一时，诸生有许多人都感奋兴发，立下了成圣成贤的大志。

后来徐先生被召还朝，进入跻纶阁，为圣上所亲近信任，这时先生已经离开江右有三十年了。有人告诉先生阳明先生的祠宇已倒塌了，先生听见后愀然动心，感到非常难过，于是捐资九十金，嘱咐薪建的姓钱的县令重新整修，侍御甘斋成先生听说后说："这是我的责任啊！"

于是亲自办这件事。监督施工选择建材，修饰整饬已经坏的地方，增加扩建原来不完备的地方，堂宇斋舍，焕然一新，改

勃不可御矣。噫！公当枢筦之任，受心膂之寄，无论几务丛委，即宸翰咨答，日三四至，而犹惓惓于崇先哲，兴后学如此，诚以学之不可以已也。夫致知之学，发自孔门；而孟子良知之说，则又发所未发。阳明先生合而言之曰"致良知，"则好善恶恶之意诚，推其极，家国天下，可坐而理矣。公笃信先生之学，而日以体之身心，施之政事，秉钧之初，即发私馈，屏贪墨示以好恶，四海向风，不数年，而人心吏治，翕然丕变，此岂有异术哉？好善恶恶之意诚于中也。

故学非不明之患，患不诚耳。知善知恶，良知具存；譬之大明当天，无微不照，当好当恶，当赏当罚，当进当退，锱铢不爽，各当天则；循其则而应之，则平平荡荡，无有作好无有作恶，而天下平矣。

故诚而自慊，则好人所好，恶人所恶，而为仁；不诚而自欺，则好人所恶，恶人所好，而为不仁；苟为不仁，生于其心，害于其事，蠹治戕民，有不可胜言者矣。公为此惧，又举明道《定性》《识仁》二书，发明其义，以示海内学者，而致知之学，益明以切；诸生能心惟其义，而体诸身，则于阳明先生之学几矣。业斯舍者，其尚体公之意，而殚力于诚，以为

换了样子。不仅仅是又能够很安稳地祭祀先生了,而且诸生因此而兴起立志的,也奋然发动不可阻挡了。啊!公担任着公务的任务,却一心致力于圣贤的学问,无论公务多么繁忙,宸翰咨答,日三四至,但却还是不倦的从事于崇先哲,兴后学的事业,这实在因为学是不可停止的啊!致知的学问,发源于孔门,孟子的良知学说,又发前人所未发,阳明先生合而言之曰"致良知",那么好善恶恶的意志就可以诚而不欺,推广到极致,那么家、国、天下可以坐着就治理得很好了。公深信阳明先生的良知之学,而每时每刻都把它体证于自己的身心之间,施于政事之中,到任之初,揭发私下的贿赂,屏绝贪婪的风气,示人以自己好恶,然后四海闻风,没有几年,人心与吏治都大大地改善了,这难道是由于有什么别的异常灵妙的方术吗?这只是由于好善恶恶的意志在自己心中已很诚恳了的缘故啊!

所以学非不明之患,只是患在意不诚实了。知善知恶,良知有这种充分的能力,这就譬如,太阳明朗地照耀在天空中,所有微小的东西都得到照耀,当好当恶,当进当退,当赏当罚,丝毫不差,各有一定的不易的天理。循天理以应事理物,那么就坦坦荡荡,无有很好、无有很恶,而天下可以平定了。

所以意诚后自己内心就感到很自得,则可爱好大家所爱好的,厌恶大家所厌恶的,这就是仁啊!意不诚而自欺,就会爱好大家所厌恶的,厌恶大家所爱好的,这就是不仁啊!如果变得不仁了,不仁在心里产生出来,接着就会妨害做事,社会贪赃枉法残害人民,不仁的危害是不可胜言的啊!公因此感到恐惧,于是又推举程明道先生的《定性书》与《识仁篇》,阐发讲明它的义旨,以昭示海内的学者,所以致良知的学说就更加明朗切当。

他日致用之地哉？成君守节，曹州人，癸丑进士，按治江右，饬纪布惠，卓有贤声，盖有志于学者。

平宁藩事略

敬斋蔡文　见使廉使

阳明先生，道德功业，冠绝古今，无容议矣；独宁藩一事，不理于谗口者有二：曰始舆宁府交通，后知事不可成，因人之力，从而剪之，以成厥功；又曰宁府财宝山积，兵入其宫，悉取以归。此二者，当时谗口嗷嗷，至形诸章奏，播诸远近；缙绅有识，皆知其为必无，而莫悉其无之故；皆知其绝无可疑，而无以破人之疑。

余甚恨之！足迹半天下，访之莫有知者；迨移官入赣，赣故先生开府之地，当时故老，尚有存者，咨访累月，乃得其详。

于是跃然以喜，疾谗口之无根，且知先生计虑之深，规模之远，有非常情之所能测识也。自古建非常之功，必待非

诸生如果能够一心只照着他的义旨去做，而体贴于身心之间，那么于阳明先生的学说，就可以差不多掌握了。在这个祠舍里授业的人，能够体察公的用意，而竭尽自己的力气去致力于诚意的工夫以为他日做致用的准备吗？成守节君，曹州人，癸丑年的进士，治理江右，整饬风纪，施惠于民，很有贤明的名声，也是有志于圣贤之学的人啊！

平宁藩事略

敬斋蔡文　见使廉使

阳明先生的道德与功业，都是古今之冠，没有能够超过的，这都是不容置疑的。只有平宁藩一事，遭到小人谗言有两条，其中一种说，开始与宁王相互勾结，后来知道谋反的事不可能成功，凭借着别人的力量，去翦灭宁王，才成就了这次事功；另外一种说，宁王府的财宝堆积如山，攻入王宫时，全都拿了带回家去。这两种谗言，当时煞有介事，气势汹汹，甚至还写在奏章上上奏朝廷，又传播得远近皆知，士绅中的有识之士都知道一定没有这些事，但又没有人能详细地说出为什么没有的道理。都知道先生的用心绝没有可怀疑之处，但又没有办法去摧破别人的怀疑。

我对此感到很烦恼！我的足迹行遍了半个中国，寻访这件事却没有人能够知道。后来转移剡江西做官，江西是先生开府的地方，故人元老，还有活着的，我咨求访查了好几个月，然后才得到这件事的详细经过。

于是高兴得手舞足蹈，恨谗言的没有根据，而且知道了先生计划考虑的深刻，规模的宏远伟大，是常人很难测度知道的。自

常之人，逆藩之积虑，非一日矣；当时所惮，独先生在耳。

杀之不得，必欲致之，事乃可成，故致惓惓于先生；而先生亦示不绝于彼者，力有所为，机有所待；峒酋叶芳等，有众万人，感不杀之恩，乐为我用；先生推诚抚之，间示以意，芳叩首踊跃，待报而发；逆藩招集无赖，亦属意于叶芳，尝以厚赞啗之，芳受不却。有以闻于先生者，先生怃然有失，久之，搏案起曰："吾今日视义当为事之成败，身之祸福，不计也！"会逆藩起，遂部所属民卒，督知府邢王旬伍文定等以行。叶芳密使人告曰："吾以疑彼也，今日之事，生死惟命。"

先生大喜，即携以往，鄱湖之战，逆藩觊望芳来，芳乘之，遂就擒。大难之平，芳与有力；不然，逆兵众且强，独以民卒之脆弱涣散，安能当其锋哉？兵入南昌，先生召芳语之曰："吾请于朝，以官偿若劳，如何？"芳叩首曰："芳土人，不乐拘束；愿得金帛，作富家翁耳。"

遂入宫，藉所有以献；余以予芳，满其欲焉。由前观之，

古以来，建立不平常的功业，一定要等待不平常的人。宁王的处心积虑，已经不是一天两天了，当时他所畏惧的，只是畏惧先生还在啊！

宁王想杀害先生，却不能够，那么就一定要收买先生，谋反的事才能成功，于是屡次向先生表示亲近、拉拢先生，而先生也表面上不弃绝他，这是为了等待时机然后有所作为啊！峒酋叶芳，有部属一万多人，感念先生的不杀之恩，愿意为我所用，先生以推心置腹的诚意安抚他，又不失时机地表示了自己的心意，叶芳磕头叩首，跃跃欲试，待报而发，宁王招集无赖之徒，也曾经属意于叶芳，以重金收买他，叶芳接受了钱物并不推辞，有人把这件事告诉先生，先生怅然若失，过了很久，才拍案而起说道："我今日只是按照道义去做，至于事情的成功与失败，自身的祸与福，我是不考虑的。"当宁王叛乱起事后，先生就招集所属的军民，让知府邢珣、伍文定等人率领，出发征付叛军，叶芳秘密的派人来告诉先生说："以前的事是我要敌人对我放心，今日之事，我愿出生入死效力。"

先生大喜，就与叶芳一起去征讨叛军，鄱阳湖战役，叛军看到叶芳来了以为是来帮助自己的，叶芳乘着这个机会，才捉住了宸濠。这次大难的平定，叶芳实是出了大力的，不然，叛军兵力众多而日强盛，如果单以脆弱涣散的民兵去对付，是不可能与叛军的锋芒相对抗的，大兵攻入南昌，先生叫叶芳来对他说："我向朝廷请求，根据你的功劳赏赐你做官，好吗？"叶芳磕头拜谢说："我是乡土之人，不喜欢被拘束，愿意得到一些金银钱帛，做一个富家翁。"

于是就进入宁王宫，登记了所有的财物，上报给朝廷后，剩

先生所以阳示不绝于彼者，阴欲有为于此，使当时积谷练兵，宁不启彼之疑，而厚其毒？法曰："藏于九地之下，奋于九天之上"是也。

其后以赀委叶芳者，则以夷治夷之法。故先生心事，如青天白日，用兵若风雨雷霆，本无可疑，何疑者之纷纷也？故表而出之。

荫子咨呈

正德十六年七月十八日，奉到兵部凤字二千八百八十号勘合，内开一件捷音事。准武选司，付奉本部，连送该本部题送，准浙江布政司咨呈，据绍兴府申，据余姚县申：蒙本府纸牌，"仰县速将都御史王，承荫子侄，应该之人，取具无碍亲供，并官吏里邻人等，不扶结状，缴报"等因。

依蒙行据该隅里老吕时进等，勘得右副都御史王，任江西南赣等处，剿贼成功，钦承荫子一人，世袭锦衣卫百户，行县取具里老，并本族亲供。今据前因，合将缴到王冕等供状一纸，系"本县东北隅五里民籍，有侄王守仁，任江西南赣等处右副都御史，为剿贼成功，钦承荫子王正宪，世袭锦衣卫百户。行县取具里老，并本族亲供，呈缴到部。查得先该提督南赣都御史王，奉称征剿江西南赣等处贼寇，驱卒

下的全部给了叶芳，满足了他的愿望，从前面的叙述看，先生之所以在表面上不弃绝宁王，是为了在此时有所依为啊！如果要在当时就屯粮练兵，怎么能不让宁王疑心而更增加了他的罪行呢？古语说："藏在九地之下，才能奋飞于九天之上。"就是这个意思啊！

后来把王宫里的钱物赐给叶芳，是以夷制夷的办法啊！所的先生的用心，光明磊落，如同青天白日，用兵神机妙算，像是风雨雷霆，本无可怀疑，为什么却纷纷加以怀疑呢？所以我才写了这篇文字。

荫子咨呈

正德十六年七月十八日，收到兵部凤宇二千八百八十号勘合，里面说："一件捷音事，准武选司，付奉本部，本送该本部题送，批准浙江布政司的咨呈，据绍兴府申，据'余姚县申：蒙本府纸牌'你县请快速地把都御史王守仁的承蒙荫庇的子孙亲属，应该的人等，取具无碍亲供，以及官吏和乡邻等，不扶结状上报。'等因。

依蒙行据那个地方的父老吕时进等，勘得右副御史王守仁，任江西南赣等处的职务，剿匪成功，蒙受圣恩得以荫庇儿子王正宪，世袭锦衣卫百户，行县取具于乡于里的父老以及本族的亲人的证明。现在根据前面的因，一起将得到的王冕等人的供状一张，系'本县东北角五里处的籍贯，有侄子叫王守仁，担任江西南赣等处的太副都御史，因为剿匪成功，蒙受圣恩得以荫庇儿子王正宪，做世袭锦衣卫百户。'行县取具乡里父老，以及本族亲属的证明，都呈交到了部里。"查得先前该提督南赣副都使王守不过万余，用费不满三万，两月之间，俘斩六千有奇，破巢八十有四，渠魁授首，噍类无遗。

该本部查议得都御史王，躬亲督战，获有军功，所当先录。伏望圣明俯照节年平寇升荫有功官员事例，将王照例升职荫子，以酬其功"等因。具题正德十三年四月十八日，节该奉圣旨："是。各官既剿贼成功，地方有赖，升右副都御史，荫子侄一人做锦衣卫世袭百户。钦此！"查无本官应袭子侄姓名，已经备行原籍官司查取去后。

又该提督南赣军务，右副都御史王奏报广东韶州府乐昌等县，平贼捷音，内开"擒斩首从贼人首级，共二千八百九名颗，俘获贼属，并夺回被掳男妇五百名口"等，因该本部查议得本官分兵设策，一旦剿平，厥功非细，本部议将王量加升级，于先荫子百户上，再加升荫，以酬其功。伏蒙钦依："王守仁已因功升职，还赏银四十两，纻丝二表里。"

臣等以为"王守仁累建奇功，各不相掩，今止给赏，似不足酬其功，合无王守仁量升俸给，于先荫子百户上，量加升荫"等因。

本年十二月初三日具题，本月二十六日，奉圣旨："王守仁累有成功，他男先荫职事上，还加升一级。钦此！"又经备仁，奉旨征讨江西南赣等处的贼寇，用兵不过一万余人，使用军费不过三万，在两三个月中间，俘虏斩杀贼寇六千多人，摧破贼巢八十四个，贼寇的首领都擒拿到歼灭了，剩下的从属也一网打尽。

该本部查议，访得都御史王守仁，身先士卒，亲自上前线督战，获得很大的军功，应该给以先录，希望依照以前升荫有功官吏的惯例，将王守仁照例晋升他的官职，荫庇他的儿子，以表彰他的功勋。"正德十三年四月十八日，传达圣旨："各官已经剿贼成功，地方有了，升右副都御史，荫庇他的子侄一人做锦衣卫世袭百户。钦此！"经查没有这位官员应荫庇子孙的姓名，已经叫原籍的官员去查取了。

又该提督南赣军务右副御史王守仁奏报，广东韶州府乐昌等县，平贼捷音，里面说："擒到并斩首的贼人的首级，一共二千八百零九颗，俘获贼人的家属以及夺回被掳去的男人女人一共五百口。"该本部查诉得到这位官员分部兵力，设计策略，很快就把贼寇剿平了，他的功绩是很大的，本部计划将王守仁酌量晋升官级，在他的儿子以前荫庇的百户上，再加升荫，以奖赏他的功劳，根据圣意"王守仁已因功晋升了官职，还赏赐他银子四十两，宁丝两表里。"

臣等以为"王守仁累建奇功，各次功劳不能相互掩没，现在只给他一些赏赐的东西，似乎不足以奖励他的功劳，为什么不给王守仁酌量增加俸禄供给，在先前荫庇他的儿子做百户的基础上酌量再加以升荫呢？"

本年十二月初三日具题，本月二十六日，奉圣旨："王守仁屡次建立战功，在他的儿子先前荫得的职务上，再加升一级。钦

行钦遵讫。今据前因，久查升级事例，实授百户上，加一级，该副千户，通查案呈到部，欲将都御史王，应荫子王正宪，查照先奉钦依，加荫子侄一人做锦衣卫，世袭百户，再加续奉钦依，加升一级，与做副千户，填注锦衣卫左所支俸。缘系查录恩荫，节奉钦依"王守仁荫子侄一人，做锦衣卫世袭百户；及他男先荫职上，还加升一级'事理等因。

正德十五年三月初四日，少师兼太子太师，本部尚书王等具题，次年四月二十五日，奉圣旨："是。钦此：钦遵！"拟合通行，为此合行浙江布政司，转行绍兴府余姚县，着落当该官吏，照依本部题奉钦依内事理，即便查取王正宪，作速起程前来赴任，仍将本官起程日期，缴报施行。

处分家务题册　门人黄宗明书

　　先师阳明先生，夫人诸氏，诸无出，先生立从侄正宪为继。嘉靖丙戌，继室张氏，生子名正聪，未及一岁，辄有两广之命，当将大小家务，处分详明，托人经理；殁几一载，家众童仆，不能遵守，在他日能保无悔乎，宗明等因送先生葬回，太夫人及亲疏宗族子弟，四方门人俱在，将先生一应。所遗家务，逐一禀请太夫人与众人从长计处，分析区画，以为闲家正始，防微杜渐之原。写立一样五本，请于按察司佥事王，绍兴府知府洪，用印钤记，一本留府，一本留太夫人，正宪、正聪，各留一本，同志一本，永为照守。先生功在社稷，泽被生民，道在宇宙，人所瞻仰。其遗孤嫠室，识与不识，无

此。"又经备行钦遵讫。现在根据前因,考查升级的例子,在实际授予的百户上再加一级,应该是副千户,通察案呈都送到了部里,所以欲将都御史王守仁的应荫庇的儿子王正宪,经考察按照先例奉圣旨"加升一级",让他做副千户,把他的名字填注在锦衣卫左所,在那儿领取俸禄。缘系查录恩荫,节奉钦依"王守仁荫庇子侄一人做锦衣卫世袭百户;及他的儿子在先前荫得的官职上,再加升一级。

正德十五年三月初四日,少师兼太子太师,本部尚书王等具题,次年四月二十五日,奉圣旨:"是,钦此,钦遵!"拟合通行,为此合行浙江布政司,转行绍兴府余姚县,请他们派主管的官吏按照本部题奉圣旨依内事办理此事,快点查取玉正宪,赶忙起程,前来赴任,仍将他的起程日期,缴报施行。

处分家务题册　　门人黄宗明书

先生阳明先生,夫人诸氏,诸氏没生育,先生立从侄正宪作为继承人。嘉靖丙戌年,续娶的夫人张氏,生子名正聪,正聪还没有一岁,先生将要赴两广的王命,应当把大小家务,处理分付详明,然后托人经营管理。先生死去几乎一年了,家里的人以及童仆不能遵守先生的嘱咐,在以后能保证不发生什么懊悔吗?宗明等人在给先生送葬回来后,由于太夫人以及亲疏的宗族子弟,四方的门人都在,于是将先生所遗留下来的家务,逐一禀请太夫人,与众人从长计议,分析计划,作为闲家正始,防微杜渐的根据。写立一式五本,请按察司王金事,绍兴府洪知府盖印公证后,一本留在绍兴府,一本留在太夫人那里,正宪、正聪各留一本,同门的同志保留一本,永远照着这上面的规定遵守

不哀痛；况骨肉亲戚，门生故旧，何忍弃之负之哉？凡我同事，自今处分之后，如有异议，人得举正，毋或轻贷。

同门轮年抚孤题单

门人薛侃书

先师阳明先生，同祖兄弟五人；伯父之子，曰守义、守智；叔父之子，曰守礼、守信、守恭。同父兄弟四人：长为先师，次守俭、守文、守章。先师年逾四十，未有嗣子，择守信第五男正宪为嗣，抚育婚娶。

嘉靖丙戌，生子正聪；明年，奉命之广，身入瘴乡，削平反乱，遂婴奇疾，座于江西之南安。凡百家务，维预处分；而家众欺正聪年幼，不知遵守。吾侪自千里会葬，痛思先师平生忧君体国，拳拳与人为善之心；今日之事，宜以保孤安寡为先，区区田业，非其所重；若后人不体，见小失大，甚非所以承先志也。

乃禀太夫人及宗族同门戚里，佥事汪克章，太守朱裒，酌之情礼，参以律令，恤遗孤以弘本，严内外以别嫌，分爨

去做。先生的功业在于江山社稷,恩德给天下人民,与宇宙同样的重要,为所有的人所崇敬仰慕,对于先生遗留下来的孤儿寡母,不管是认识的人还是不认识的人,都为他们感到哀痛,何况是骨肉亲戚,门生故旧,怎能忍心辜负先生抛弃他的遗孤呢?所以凡是我们的同事,从今天处理分付以后,如果有不遵守的,所有的人都可能检举他让他改正,一定不要轻忽怠慢。

同门轮年抚孤题单

门人薛侃书

先师阳明先生,同一个祖父的兄弟有五人:他的伯父的儿子,分别叫守义、守智;他的叔父的儿子分别叫守礼、守信、守恭。同一个父亲的兄弟有四人,这就先师守仁以及下面的守俭、守文、守章。先师年过四十,还没有儿子,于是选择守信的第五个儿子正宪作为继子,把他抚育长大,并为他娶了妻子。

嘉靖丙戌,先师的继室张氏夫人生子名正聪。第二年,先师奉命到两广,身入瘴气遍布的地区,去削平叛乱,因此得了重病,死于江西的南安,先师赴广之前,已经把家务做了预先交待,但是家里的众人却欺负正聪年幼,不加以遵守,我们这些同人从千里外集合到这里参加先师的葬礼,沉痛地念及先师生前忠君体国,拳拳与人为善的良苦用心,所以今日之事,应该以保全安抚孤儿寡母为先务,区区的田地事务,不是最重要的,如果后人不体念及此,因小失大,这样就不是秉承先师的遗志所应当做的了。

于是禀告太夫人以及宗族、同门、亲戚、邻里、佥事汪克章,太守朱衮,以情理为依据,又参去了律令,抚恤孤儿以弘扬

食以防微，一应所有，会众分析，具有成议；日后倘复恩典承袭，亦有成法。正聪年幼，家事立亲人管理，每年轮取同志二人，兼同扶助；诸叔侄不得参挠。

为兄者，务以总家爱弟为心，以副恩育付托之重；为弟者，务以嗣宗爱兄为心，以尽继志述事之美；为旁亲者，亦愿公心扶植孤寡，以为家门之光，则先师在天之灵，庶乎其少慰矣。倘有疏虞，执此闻官，轮年之友，亦具报四方同门，感为转达；明有宪典，典有师灵，尚冀不爽，所有条宜。开具于后。

请恤典赠谥疏

礼科等科都给事中等官辛自脩等题："为开读事，伏睹诏书内一款：'近年病故大臣，有应得恤典而未得，亦有不应得而得者，科道官举奏定夺。钦此！'臣等公同面议，举得大学士杨廷和、蒋冕、石瑶，尚书王守仁、王廷相、毛澄、汪俊、乔宇、梁材、湛若水、喻茂坚、刘訒、聂豹，侍郎吕柟、周广、江晓、程文德、少彦事王伟、祭酒王云凤、魏校、邹守益，二十一人。奇勋大节，茂著于生前；令望高风，愈隆于身后；俱应得恤典而未得者。中间如吕柟有祭葬而无谥；石瑶

本分，严分内外以别嫌，分釜食以防微杜渐，所有的一切，到会的众人都已分析处理，形成的决议；以后如果想要按照旧典去遵循沿袭，也已经有了成法可依，正聪年纪尚幼，家事让亲人管理，每年轮流派两位同门来扶助管理。所有的叔侄不得参议扰乱。

为兄者，务必应以治家爱护幼弟为要，来完成长辈嘱托的抚育幼弟的重任，为弟者，务必以承嗣宗统，热爱兄长为仁，来完成继承先人遗志转述他们的伟大事业的美好使命。作为旁系亲属的，也愿你们以大公之心扶植他们孤儿寡母，以此成就家族门庭的光荣，如此，那么先师的在天之灵就可稍稍感到安慰了。如果有疏忽的地方，可以根据此单报告官府，轮在此年扶助管理家务的朋友，也要把此事报告四方的同门，详细地加以转达。在明处有规矩条文，在暗处有先师的在天之灵，这些都是丝毫不可欺的，所有的条文，都开列于后。

请恤典赠谥疏

礼科等科都给事中等官辛自修等人上奏："为开读事。我们看到诏书内有一条：'近年来病故的大臣，有的人应该得到抚恤却没有得到，有的人不应该得到抚恤却得到了，请科道官把这些人的情况都上奏然后决定、钦此！'"臣等在一起商量后，举得大学士杨廷和、蒋冕、石瑶，尚书王守仁、王廷相、毛澄、汪俊、乔宇、梁材、湛若水、喻茂坚、刘訒、聂豹，侍郎吕柟、周广、江晓、程文德。乡詹事王伟，祭酒王云凤、魏校、邹守益二十一人。这些人都禀赋奇才，修得大节，在生前就明显地表现出来，都有美好的声望、高洁的风骨，在死后显得更加令人敬仰，他们

有谥而不足以尽其平生；俱应改拟补赐。又访得文臣中，如曾铣、杨守谦、商大节、程鹏、朱方、张汉、王杲、孙继鲁八人，或志在立功，身遭重辟；或事存体国，罪累流亡；至今无问知与不知，皆痛惜之。臣等仰惟恩诏，既恤得罪之臣，复举原终之典，而诸臣独以一时负罪，遂不得沾被洪慈，人心咸为悯恻，似应查复原官，量加优恤，以示褒答，等因。"奉圣旨："礼部看议来说。钦此！"

浙江等道监察御史王等题："为开读事。伏睹诏书内一款，'近年病故大臣，有应得恤典而未得，亦有不应得而得者，科道官举奏定夺。钦此！钦遵！'臣等备行礼部祠祭司，查取节年给过大臣恤典，并有请未给缘由，随行浙江等道，各公举所知，以奉明诏，续行祠祭司及各道手本，开具各臣前来，臣等逐一会同详议，举得原任大学士杨廷和、蒋冕、石瑶，尚书王守仁、王廷相、湛若水、毛澄、汪俊、乔宇、梁材、喻茂坚、刘韵、聂豹，侍郎吕柟、周广、江晓、程文德，少詹事黄佐，祭酒魏校、王云凤、邹守益等，即其立朝，则大节不亏；溯其居身，则制行无议；公是在人，不容泯没，俱应得恤典而未得者也。

中间如吕柟，虽有恤典而未得赠谥；石瑶，已有赠谥而

都是应得恤典而没有得到的。这中间如吕槠，有祭葬却没有得到谥号。石瑶虽然有谥号，但谥号却不足以概括他平生的功业。这些都应该拟谥号或补加。又访得文臣中如曾铣、杨守谦、商大节、程鹏、朱方、张汉、王杲、孙继鲁八人，他们有的志在立功却被杀头，有的人做了许多精忠体国的事，却获罪而被流放，至今没有人问知道还是不知道，这些都很令人悲痛惋惜。臣等请求陛下抚恤以上八人中获罪的，对被杀的则给以谥号，而这些臣子只是因为一时获罪，就不能够沐浴陛下的洪恩，人们心里都为此而怜悯恻怛，我们以为似乎应该让他们官复原职，酌量加以优待抚恤，以显示褒奖报答的意思。"奉圣旨："让礼部商议后再说、钦此！"

浙江等道监察御史王等题："为开读事。臣等看到诏书内有一条，'近年来病故大臣中，有的人应该得到恤典却没有得到，有的人不应得到却得到了，请科道官把这些人的情况都上奏，然后决定，钦此！钦遵！'臣等备行礼部祠祭司、查取近年来已经给了的大臣的恤典，以及请求却未给的缘由，告诉浙江苏等道，让他们都举报自己听知道的，以执行圣上的诏令，对于续行祠祭司，以及各道的手本所开列举荐的各位大臣，我们在一起逐个地进行了商议，举得原任大学士杨廷和、蒋冕、石瑶，尚书王守仁、王廷相、湛若水、毛澄、汪俊、乔宇、梁材、喻茂坚、聂豹，侍郎吕槠、周广、江晓、程文德，少詹事黄佐，祭酒魏校、王云凤、邹守益等人，他们这些人在朝为官，大节不亏，居家立身，行为无可非议，公是公非的天理存在于人心之中，不容泯灭，这都是应该得到恤典却没有得到的。

其中如吕槠，虽然有恤典却没有得到赠给的谥号，石瑶，虽

未尽其人；似应得补赐改拟者也。

又查得节年给过恤典，如尚书邵元节、陶仲文、顾可学、徐可成、甘为霖，侍郎郭文英、张电、朱隆僖等，或秽迹昭彰，人所共指；或杂流冒滥，法所不容；俱不应得而得者也。伏望敕下该部，再加详议。将杨廷和、王守仁等，应复官荫者，复其官荫，仍给祭葬赠谥；吕柟准赐赠谥，以成恩礼；石瑶如法改拟以符名实。

其滥叨恩典，如邵元节、陶仲文，先经刑部议处外；其顾可学等，均为冒滥，名器可惜，合当追夺，以昭明法者也。再照录忠恤罪，圣朝厚下之典也；观过而知仁，明主鉴物之公也；臣等又访得如文臣之中，如曾铣、杨守谦、商大节、翟鹏、朱方、张汉、王杲、孙继鲁等，究其罹祸之迹，原其为国之忠；生则未雪，死而益明。

武臣之中，如周尚文者，出谋宣力，功在边疆；恤典未给，人心称屈。兹当圣仁湛濡之时，正烦冤洗濯之会，诸臣之恤典，似当应给，以广殊恩者也。

再乞敕下该部，一并酌议，请自上裁；仍通行各该抚按，遵照诏书，广求博访。凡大臣恤典，果有应得而未得，及不应得者，各宜悉心甄别，以宣上德，亦不得曲意徇物，滥

然已经得到谥号，但他的谥号却不是以概括他生前的事业与为人，这些似乎是应该补赐或改拟谥号的。

又经查阅近年来给过的恤典，如尚书邵元节、陶仲文、顾可学、徐可成、甘为霖、侍郎敦文英、张电、朱隆僖等，污秽的行迹十分明显，是人所有目共睹，人皆知之；有的人依靠异端邪术，冒领恩赏是国法所不容的；这些都是不应当得到赏赐却得到了。希望圣上再给吏部下诏，让重新详细商议，把杨廷和、王守仁等应该恢复官荫的人，恢复官荫，仍旧给予祭葬赠谥；应给吕槽赏赐赠谥，以成就皇上圣恩的礼仪；石瑶按照商定的办法改拟，使名实相符。

那些滥领恩典的人，像邵元节、陶仲文等人，先经刑部进行议处；像顾可学等人，都是冒领恩赏，对他们来说，所加的赏赐实在可惜，应当追回，以昭明法典。再比照记录的忠诚和罪过，以及圣朝的法典加以处置；看到过去就懂得仁爱之义，这是圣明君主观察物事的收获；我们又查访到，在文臣中，像曾铣、杨守谦、商大节、翟鹏、朱方、张汉、王杲、孙继鲁等人，探究他们遭受祸患的原因，都是出于对国家的忠诚，活着的时候，没有得到昭雪，死了之后就更应该给他们个明白。

在武臣之中，像周尚文，运用智谋，尽心尽力，在边疆建立了功勋，可是没有给他抚恤，这是人心为他抱屈的原因。在这圣上仁爱之心广布的时候，正是清洗冤屈的机会，各位大臣的恤典，应当给予，以推广圣上的隆恩。

再次请求圣上下诏给礼部，一同商议，请求圣上对此裁决。仍旧让各地的巡按，遵照诏书，进行广泛的寻访。凡是大臣的恤典，果真有应得而未得，以及不应得的，各自应该用心辨别，以

及庸劣。庶几恩之所敷，潜晦不遗；义之所抑，回慝莫逃；劝惩之典行，而风世之道备矣。等因。奉圣旨："礼部看议来说。钦此！"

辨明功罚疏

南京户科给事中岑用宾一本，开读事，臣惟国家之礼大臣，其生也，固重其爵禄，以宠异之；其殁也，亦必优其恤典，以旌褒之；所以示君臣一体之义，终始存殁无间也。然是恩宠之泽，予夺出自朝廷之上，忠良之臣，固在所必加；其匪人恶德，亦不使得以幸及焉。

盖加于忠良则为公，及于匪人则为僭；公而不僭，则君子以劝，小人以惩；此固人君奉天而不私，而实默寓劝惩之机于其间也。臣伏读皇上登极之诏，内一款有曰："一、近年病故大臣，有应得恤典而未得，亦有不应得而得者，科道官举奏定夺。钦此！"臣有以仰见皇上之新政，固将欲使朝廷恩宠之大典，昭大公于天下万世也。臣备员南垣，敢不祗承德意哉？臣谨咨之缙绅，参之闻见，查得：已故原任刑部尚书林俊，福建兴化府莆田县人，举成化戊戌科进士，历官四十余年，屡陈谠言，忠诚剀切，抗犯颜敢谏之节，尚简素清约之风，迭仆迭起朝野推重；在四川，则抚剿蓝、鄢之剧

宣示圣上的恩德,也不能拘泥于规定专门曲意扶持,使庸劣之人冒领恩赏。圣上隆恩到达的地方,没有因情况不甚明白而遗漏的;大义所要惩处的,没有什么能逃避得了;鼓励和惩戒的典令实行以后,端正民风的大道就具备了。"接到圣旨说:"礼部看议来说。钦此!"

辨明功罚疏

南京户科给事中岑用宾奏本为:"我只是想说,国家对大臣的礼遇,在他活着的时候,固然应该加重他的爵位和俸禄,来表示对他的宠爱;在他去世以后,也必须使他抚恤的礼仪隆重一点,来表彰他的功绩。这都是用来表达君臣一体的大义,生死存亡的没有区别。然而这种恩惠,掌握在朝廷之上,忠诚贤良的大臣,固然必须给他的恩惠;那些品德恶劣的人,不能因为他们是近臣就给予他们。

给忠诚贤良的人以恩惠是出于公心,而给那些品德恶劣的人是僭滥;出于公心而不僭冒,那么君子就得到鼓励,小人就得以惩罚。这本来是君王奉天为公而不应有私念的行动,实际上在其中暗暗隐含着鼓励和惩罚的内涵。我拜读了皇上登极时的诏书。其中有一条说:'一、近年来因病去世的大臣,有应得到抚恤却没有得到的人,也有不应当得到却得到的人,科道官上奏商议定夺。钦此!"我很敬仰地看到了皇上新政的清明,所以打算使皇上的恩宠大典,昭明于天下万世。我在朝廷任职,哪敢不接受皇上的仁德之意呢?我慎重地向有名望的人询问,并参考自己听到的和见到的,查到已故的原任刑部尚书林俊,是福建兴化府莆县田人,举成化戊戌科进士,做官达四十多年,屡次上

寇，在江西，则裁制宁藩之逆萌，功尤不泯；暮年遭际，保终完名，居家构疾，具疏预辞，身从恤典；竟为不合者所忌，乘机排阻，至今公论惜之。

已故原任南京兵部尚书，新建伯王守仁，浙江绍兴府余姚县人，举弘治己未科进士，筮仕三十余年，敭历中外，所至有声；而讨江西宸濠之叛，平广西思恩、田州及断藤八寨之贼，功烈尤著；且博极经史，究心理学，倡明良知之训，洞畅本源，至今为人士所宗；不幸其殁也，遽为忌者疏论，遂削去伯爵，并恤典赠谥，迄今人以为恨。

已故原任南京兵部尚书湛若水，广东广州府增城县人，举弘治乙丑科进士，历官三十余年，立朝正大重厚，有休休有容之风；治事经纬详明，有济世匡时之略；尤倡明正学，以接引后进为己任，自始至终，孜孜忘倦凡所造就，多为时名流；致仕家居，逾二十载，寿考而终；其子孙曾陈乞恤典赠谥，未蒙先帝俞允，至今众论，咸以为歉。

已故原任南京工部尚书吴廷举，广西横州府千户所人，举成化丁未科进士，历官四十余年，机略优长，节操素励，

陈刚直之言，忠诚无私，有犯颜抗上敢于进谏的气节，崇尚素清简约的古朴之风，屡次遭受陷害，屡次被起用，很受朝野的推重；在四川、安抚剿灭了蓝鄢的巨寇，在江西，制约宁王叛乱的谋划，功绩尤其不能泯灭；晚年的行动，也保持了很好的名声，在家中生了疾病，预先写了疏文，请求辞去朝廷对他的抚恤；竟然后来被和他平日不合的人所忌恨，乘机阻止对他的抚恤，到如今人们评论起来还为之可惜。

已经去世的原任南京兵部尚书，新建伯王守仁，是浙江绍兴府余姚县人，举弘治己未年进士，做官三十多年，勤于政事，很有名声；讨伐江西朱宸濠的叛乱，平定广西思恩、田州，以及断藤峡、八寨的贼寇，功勋更加卓著；并且对经史有极广博深刻的研究，专心于理学的探究，倡明良知学说，使人们内心的本源得以清醒明白，到现在还受到读书人的崇仰；不幸在他去世以后，就马上遭到忌恨他的人的诬陷，于是削去了伯爵和恤典赠谥，到现在人们还为之而愤愤不平。

已经去世的原任南京兵部尚书湛若水，是广东广州府增城县人，举弘治乙丑科进士，做官三十多年，办事正大光明，为人忠厚诚笃，宽厚仁慈有长者的风貌；处理事务精细明白，有济世匡时的谋略；尤其倡明了圣人之学，以接引后进为己任，自始至终，孜孜不倦，凡受到他启发和培养的人，大多成为当时的名流；后来辞职回家居住，过了二十多年，去世。他的子孙曾经向朝廷请求恤典赠谥，没有得到先帝的允许，到现在众人议论起来，还认为是一件遗憾的事。

已经去世的原任南京工部尚书吴廷举，是广西横州府千户所人，举成化丁未科进士，做官四十多年，很有谋略，也很有操

犯逆瑾之怒，而刚正不回；谕桃源之寇，而诚信久布；且始终一介不取，殁后殡殓无资，廉洁高风，古今鲜俪；访其赠谥，尚亦未与云。

已故原任户部侍郎唐胄，广东琼州府琼山县人，举弘治壬戌科进士，历官四十余年，始终正直，不少变易；迭任藩臬巡抚，劳代最多；在部建议陈言，忠说更切；后以忤旨，被杖削籍，众皆惜之。昨吏部题请，虽以复职赠官，而祭葬并谥未议，犹为缺典。

以上五臣，其任职先后，虽稍不同；而负忠良重望，则无二致；明诏所谓'应得恤典，而未得者，'此其最也。

又查得已故原任礼部尚书顾可学，其先后居官，臣无暇论已；独其晚年，挟持邪淫诞术，干求进用，因而滥叨恩赏，秽浊清曹，迄今舆论，咸羞称之。

其始而炼合秋石，继而炼制红铅，妄行进御，至使方士人等，踵迹效尤。皇上所谓'王金、陶仿等，妄进药物，'致损圣躬；臣愚以为若诛求首恶，则顾可学尤不容逭矣。其存日既幸逃刑宪，不与方士人等，同就诛夷；则其死也，宁可复使之冒滥朝廷恩赉于泉下也哉？明诏所谓'有不应得而得者，'此诚其最也。

夫表扬善类，则天下皆知为善之利；排斥奸谀，则天下

守，即使遭到权奸刘瑾的忌恨，也刚正不回；安抚桃源的贼寇，忠诚可信的名声永久地传播；而且始终不贪取一点私利，在他死后连殡殓都没有钱财来安置，清廉的气节，是古今罕有的；可查访得知，他的赠谥还没有给予。

已经去世的原任户部侍郎唐胄，广东琼州府琼山县人，举弘治壬戌科进士，做官四十多年，始终正直刚烈，没有什么变化；历任藩臬巡抚，建立了许多功勋；每有建议，都忠正直言；后来因为冒犯圣旨，被施以杖刑削去仕籍，众人都非常惋惜。昨日吏部的题请，虽然提到复职赠官，可是祭葬和谥号并没有提议，还是一个缺陷。

以上提到的五位大臣，他们的任职先后，虽然稍有不同；可是担负了忠良的重望，却没有什么差别；诏书上所说的"应得恤典，而未得者"，以这五人为最。

又查访到，已经去世的原任礼部尚书顾可学，他先后做官的行迹，我没有时间加以论述；只是在他晚年的时候，挟持邪淫诞术，以求被皇上进一步提拔，因而骗取了皇上的恩赏，而他行为污浊，至今人们还羞于称道他。

他开始的时候，炼合秋石，接着炼制红铅，狂妄地进献皇上，致使那些方士接踵而至，纷纷仿效。皇上所说的"王金陶仿，妄进药物，"损坏了皇上的身体；我认为如果诛杀首恶，顾可学是不可饶恕的。他活着的时候侥幸地逃脱了刑法的惩治，没有和其他方士一同被诛杀；在他死后，怎么能使他仍旧在九泉之下污辱圣上的恩赏呢？正像诏书中所说的"有不应得而得者"以其为最。

如果表扬善行，那么天下都知道为善的好处；如果排斥奸

皆知肆恶之非；乃治世所不容缓者。伏乞敕下该部查议，如果臣言不谬，即将林俊、王守仁、湛若水、吴廷举、唐胄五臣，查照旧例，一体追补赠谥、祭葬、荫子等项；顾可学前后所冒官职、赠荫等项，尽行削夺；其王守仁伯爵，应否承袭，并行集议题请，取自上裁。

如此庶乎予夺明而恩威不忒，赏罚当而劝惩以昭矣。

再照臣子冤抑，久当获伸；殊恩滥窃，终宜厘正。如已故原任吏部尚书李默，生平博雅能文，清修鲠介，居官守职，茂著风猷；止缘入柄铨曹，不阿权势，遂致奸人乘望风旨，竟尔挤排，含冤囹圄赍志而死。

今际遇昌时，彼泉壤之下，宁无昭雪之望乎？已故原任江西副使汪一中，在昔统兵征剿，始而无料敌之明，继而无御敌之策，坐使狂寇冲突，命殒兵歼，较之守备不设，诚为一律；倘若悯其死事，姑不追论，存其官职，犹或可也；乃隆忠赠荫，崇之貌祀，其为冒滥，不已甚乎？当时与一中同事者，佥事王应时也，应时被虏赎回，寻冒升秩，旋被参论落职；观应时不当冒升，则一中不应赠荫明矣。

再乞敕下该部查议，将李默一臣，此照遗诏恤录之典，复其官职，加之赠祭，少雪冤魂；将一中一臣，遵照明诏不

谀，那么人们都知道为非作歹的惩罚；这是治世不可松懈的法则。请求皇上下诏让吏部查对商议，如果我的话属实，可以将林俊、王守仁、湛若水、吴廷举、唐胄五位大臣，查照旧日的惯例，一同追补赠谥、祭葬、荫子等项；顾可学前后所冒领的官职、赠荫等项，全部削掉；王守仁的伯爵封号，应否让他的子孙承袭，一并商议，请皇上裁决。

这样的话，赏罚分明，处置得当。遭受冤屈的大臣，早就应当获得伸张；滥领赏赐的人，最终得以纠正。像已经去世的原任吏部尚书李默，生平博雅能文，清高鲠介，做官时勤于职守，很受人们推崇；只因奸邪小人执掌大权时，不阿权势，于是使奸人假托圣旨对他加以排挤，在监狱中含冤受曲，最后抑郁而死。

如今天下昌明，他在九泉之下，没有得到昭雪的希望吗？已经去世的原任江西副使汪一中，在从前带兵征剿贼寇的时候，开始没有预料敌人的才智，接着又没有抗击敌人的策略，束手无策地使狂妄的贼寇攻击，最后他自己也死在兵乱之中，这和没有设立守备官，效果是一样的；倘若怜悯他的去世，姑且不追究他的罪过，保留他的官职，还是可以的；可是隆重地对他赠荫，崇敬地祭祀他，这样地使他冒领恩赏，不也有点太过分了吗？当时和一中共同办事的人，是佥事王应时，王应时当时被敌人俘虏，后来被赎回，不久被升了官职，又不久因众人的参奏，才使他落职；看了应时不应当升职，那么一中不应当受到赠荫的原因就很明白了。

再次请求下诏让吏部查对商议，把大臣李默，比照遗诏临录的惯例，恢复他的官职，赠给他祭葬之礼，使他的冤魂得以

当得之旨，夺其赠荫祠祀，俾毋终辱明典；则予夺益彰而淑慝益著，未必不为圣朝平明之治少裨也。"奉圣旨："该部知道。"

请从祀疏

钦差提督学校，巡按直隶监察御史，臣耿定向谨题：为应明诏，乞褒殊勋，以光圣治事。恭惟皇上御极之初，诏下中外，搜剔幽滞，恤录往忠，鼓动寰宇；凡有血气者，靡不竞劝矣。伏思原封新建伯南京兵部尚书王守仁者，虽经科臣烈举，题请，顾其功在社稷，道启群蒙，是犹未可以概凡论也。

臣敢特为陛下言之。臣伏闻武宗初年，旧邸宦官，有马永成、刘瑾等，时号"八虎"；置造淫巧，蛊惑上心，日进走马飞鹰，导为娱乐；不令亲近儒臣，讲学修德，耽废万几。时科道官谏，不听；户部尚书韩文泣血苦谏，不听；左右辅臣，时时密谏，不听；以致海内汹汹思乱，盗贼蜂起，天下骚动；江藩宸濠，由此乘机窃发，谋危宗社；时非守仁在赣，倡义擒灭，今日之域中，殆有不忍言者矣。

此其功在国论，章章较著，人所共明也。及宸濠既擒，太监张忠及许泰等，复又诱惑武宗，以亲征为名，巡幸南都；其实阴怀异志，欲逞不轨，时宗社之危，益如累卵矣。全赖守仁握兵上游，随机运变。各恶潜自震慑，武宗因得还京厚终；于以启先皇帝，逮我皇上今日万世无疆之业。此其

稍稍昭雪；把大臣汪一中，遵照诏书中所说的不应当加以封赠的话，削夺去赠荫祠祀，不要辱没了圣明的法典；那么赠予和削夺越是分明，忠诚和奸邪的区别就越是显著，这对圣上治理天下的清明是有帮助。接到圣旨说："吏部已经知道这件事了。"

请从祀疏

钦差大臣、提督学校、巡按直隶监察御史耿定向谨题：为皇上英明远播，臣伏乞皇上褒奖功勋卓著之人，以显示圣治。皇上在登极之初，曾诏令中外，进选忠臣，别除杂鞠，激励亿众，因此凡上进之人都勤勉不已。臣窃恩原新建伯南京兵部尚书王守仁，虽有各大臣推荐褒扬，但考虑到他功劳之大，保卫国家，启迪群蒙，功绩尚没有得到相应的评价。

臣胆敢为陛下说明。臣曾听说武宗初年，故旧宦官马永成刘瑾等，号称八虎。他们拉帮结派，蛊惑皇上，每天贡些走马飞鹰，纵皇上享乐；阻止亲近的儒臣为皇上讲学修德，耽误万岁。当时谏官进谏，皇上不听。户部尚书韩文泣血苦谏，仍不听。左右辅臣，时时密谏，仍不听。因此导致海内沸腾，人心思乱，盗贼蜂起，天下骚动。江藩宸濠，因此乘机发难，思谋窃取皇权。如不是阳明在江西倡导平叛，今天国家的情况，就不堪设想了。

这份功劳对国家之大之著，昭明显著。等到宸濠被擒，太监张忠、许泰等人，又诱惑武宗，以南征为名，巡幸南京。其实这是心怀叵测，图谋不轨。当时朝廷的危机，真如累卵。全赖王守仁陪同皇帝巡游，握有重兵，随机应变，各路恶贼俱，武宗因此得以返京终天年。并使先皇帝肇启之业及到吾皇万世无疆。

功甚巨，而为力尤难，其迹则甚隐矣。

至其倡明道术，默赞化理，未易言述；即举所著《拔本塞源》一论，开示人心，犹为明切；如使中外大小臣工，实是体究，则所以翊我皇上太平无疆之治者，尤非浅小，此其功则百千世可颂者也。

在昔先皇帝入继大统，首议锡爵进秩，遗官存问，即欲召入密勿，以咨启沃；维时辅臣桂萼者，始其轧已，阴肆挤排，故荐令督师两广，竟使赍志以殁；寻复构煽，致削封爵，智士忠臣，至今扼腕悼叹而不置矣。伏惟皇上储垂轸念，敕下廷臣，虚心集议；特赐复爵赠谥，从祀孔庙，万代瞻仰，甚盛举也。

臣窃又伏思为此请，在国家诏功彝典，当如此耳。乃若笃忠效知之臣，其心惟愿国家永灵长之庆，而不愿有建功之赏；惟愿朝端协一德之交，而不乐有倡道之名。伏惟皇上省览及此，深惟往事之鉴，益弘保大之图，而左右臣工，共明一体之学，顿清有我之私，则守仁之道，即已表章于今日，而守仁之志，即已获伸于九原矣。

即今弈世厄穷，永言销灭，亦其所安，此守仁之心，亦微臣之心也。

臣无任祝望激切陨越之至！为此专差舍人丁宪，赍捧谨题请旨！奉圣旨："礼部知道。"

题赠谥疏

吏部一本为开读等事，节该本部验封清吏司案呈：奉本

此功甚大，所用努力更难，可这一切又很难看清啊。

王阳明又倡明道术，默默地教化百姓，不容易讲述。譬如说他所作的《拔本塞源》一文，对于开示人心尤为重要，如果天下大臣百工实心体察，实为国家急务，对于我皇天下大治的基业，实是作用不小，这件大功是百年以后仍可赞颂的。

以前先皇帝登基之时，首次商议封爵晋级之事，谴官询诉，召人密问，以备咨询启迪。那时周辅臣桂萼等心存嫉妒，怕守仁超过自己，于是阴谋排挤陷害，推荐守仁督师两广，竟使他怀着壮志而去世。不久这些人又煽风点火，致使削去了守仁的封号、爵位，志士忠臣，至今为之扼腕哀叹不已。我伏请皇上存垂念之恩，诏谕廷臣，共同会议，特赐恢复爵位和谥号，使入孔庙从祀，永远为后人瞻仰，这是件盛举。

臣下还觉得，这件事对于国家招募人才，也该如此。况且忠诚重学的大臣，均能愿国家长治永安，但不愿受建功的封赏；盼望朝廷同心同德，不想得倡道的功名。深望皇上明白这层道理，以往事做借鉴，发扬保国长治久安的办法，如为左右大臣，都明达"精一"之学，祛除一己之私，那么守仁的道学，就会在今天大明，守仁的志向，在九泉之下可得到伸张了。

即遭到极大的厄运，永言被泯灭，人心能安，这是守仁的愿望，也是微臣的愿望，臣激切之至。

祝愿之至。为此专派舍人丁宪捧送，请求皇上题旨。奉圣旨："通知礼部。"

题赠谥疏

吏部的一本《本部验清吏司呈文》说："送本部并转礼部的

部送准礼部咨该科道等官，会举已故原任新建伯南京兵部尚书，兼都察院左都御史王守仁等官，各应得恤典等因。除祭葬照例给与外，据赠官备咨前来。

本部俱经照例题奉钦依外，准吏部咨"该翰林院，接出揭帖某人"等因，开咨送司案呈到部，查得赠谥官员，例应给与诰命，本部欲行翰林院撰文中书舍人，关轴书写。臣等未敢擅便，开坐谨题请旨！计撰述官员，诰命轴。

原任新建伯南京兵部尚书，兼都察院左都御史王守仁，今赠新建侯，谥文成。

原任少师，兼太子太师，吏部尚书，华盖殿大学士杨廷和，今赠太保，谥文忠。

原任少傅，兼太子太傅，户部尚书，谨身殿大学士蒋冕，今赠少师，谥文定。

原任太子太保，吏部尚书，兼武英殿大学士石瑶，今赠少保。

原任少保，兼太子太保，吏部尚书，乔宇，今赠少傅，谥庄简。

原任太子太保，兵部尚书，兼都察院左都御史王廷相，今赠少保，谥肃敏。

原任太子太保，兵部尚书聂豹，今赠少保，谥贞襄。

原任太子太保，兵部尚书彭泽，今赠少保，谥襄毅。

原任太子少保，户部尚书王杲，今赠少保。

原任太子少保，户部尚书梁材，今赠太子太保，谥端肃。

原任礼部尚书汪俊，今赠太子少保，谥文庄。

咨文：'本部各科道的官员，共同推举已故的原新建伯南京兵部尚书都察院左都御史王守仁等官，应按典抚恤，除祭葬照例外，还应追认原职。'

本部同意依例抚恤，并批准吏部的建议，"从翰林院接出写告示的某人"，呈文送到本部，经查，赠谥的官员应给与诰命封号，本部欲遣翰林院撰文中书舍人开轴书写。臣等未敢擅作主张，开列如下，谨请题旨。

原任新建伯南京兵部尚书，兼都察院左都御史王守仁，今赠新建候，谥文成。

原任少傅，兼太子太傅，吏部尚书，华盖殿大学士杨庭和，今赠太保，谥文忠。

原任少傅，兼太子太傅，户部尚书，谨身殿大学士蒋冕，今赠少师，谥号文定。

原任太子太保，吏部尚书兼武英殿大学士石瑶，今赠少保。

原任少保，兼太子太保，吏部尚书乔宇，今赠少傅，谥庄简。

原任太子太保，兵部尚书，兼都察院左都御史王廷相，今赠少保，谥肃敏。

原任太子太保，兵部尚书聂豹，今赠少保，谥贞襄。

原任太子太保，兵部尚书彭泽，今赠少保，谥襄毅。

原任太子少保，户部尚书王晬，今赠少保。

原任太子少保，户部尚书梁材，今赠太子太保谥端肃。

原任礼部尚书汪俊，今赠太子太保，谥文庄。

原任刑部尚书喻茂坚，今赠太子少保。

原任刑部尚书刘䚮，今赠太子少保。

原任刑部尚书林俊，今赠太子少保，谥贞肃。

原任南京工部尚书吴廷举，今赠太子少保，谥清惠。

原任南京兵部尚书湛若水，今赠太子少保。

原任兵部左侍郎张汉，今赠兵部尚书。

原任南京工部左侍郎程文德，今赠礼部尚书。

原任南京工部左侍郎何孟春，今赠礼部尚书，谥文简。

原任南京礼部右侍郎吕柟，今赠礼部尚书，谥文简。

原任兵部右侍郎，兼都察院左副都御史曾铣，今赠兵部尚书，谥襄愍。

原任兵部右侍郎，兼都察院右副都御史杨守谦，今赠兵部尚书，谥恪愍。

原任兵部右侍郎，兼都察院右佥都御史商大节，今赠兵部尚书，谥端愍。

原任南京刑部右侍郎江晓，今赠工部尚书。

原任都察院右副都御史孙继鲁，今赠兵部左侍郎，谥清愍。

原任詹事府少詹事，兼翰林院侍读学士黄佐，今赠礼部右侍郎。

原任都察院右佥都御史朱方，今赠都察院右副都御史。

原任南京国子监祭酒邹守益，今赠礼部右侍郎，谥文庄。

原任刑部左侍郎刘玉，今赠刑部尚书，谥端毅。

原任刑部尚书喻茂坚，今赠太子少保。

原任刑部尚书刘讱，今赠太子少保。

原任刑部尚书林俊，今赠太子少保，谥贞肃。

原任南京工部尚书吴诞举，今赠太子少保，谥清惠。

原任南京兵部尚书湛若水，今赠太子少保。

原任兵部左侍郎张汉，今赠兵部尚书。

原任南京工部左侍郎程文德，今赠礼部尚书。

原任南京工部左侍郎何禹春，今赠礼部尚书，谥文简。

原任南京礼部右侍郎吕楠，今赠礼部尚书，谥文简。

原任兵部右侍郎，兼都察院左副都御吏曾铣，今赠兵部尚书，谥襄愍。

原任兵部右侍郎，兼都察院右副都察御史杨守谦今赠兵部尚书，谥恪愍。

原任兵部右侍郎，兼都察院右佥都御史商大节，今赠兵部尚书，谥端愍。

原任南京刑部事侍郎江晓，今赠工部尚书。

原任都察院右副都察御史孙继鲁，今赠兵部左侍郎，谥清愍。

原任詹事府少詹事，兼翰林院侍读学士黄佐，今赠礼部右侍郎。

原任都察院右佥都史朱方，今赠都察院右副都察史。

原任南京国子监祭酒邹守益，今赠社部右侍郎，谥文庄。

原任刑部左侍郎刘玉，今赠刑部尚书，谥端毅。

原任太子太保，吏部尚书熊浃，今赠少保，谥恭肃。

原任太仆寺卿杨勗，今赠石副都御史，谥忠节。

原任左春坊左赞善罗洪先，今赠光禄寺少卿，谥文恭。

原任兵部员外郎杨继盛，今赠太常寺少卿，谥忠愍。

题遣官造葬照会

工部为开读事，书填"堂"字一千八百二十号勘合照会浙江布政司，仰比号相同，照依后开事件，作速完报施行，须至照会者。计开一件开读事。屯田清吏司，奉本部连送该本部题本司案呈，奉本部送，准礼部咨："该礼科等科都给事中等官辛自修等题前事，该本部看得大学士蒋冕，性行朴忠；学识雅正，当武朝南巡之日，而协谋靖乱，其成康定之功；遇先皇继统之初，而秉正立朝，克效赞襄之职；乞身远引，似得进退之宜；洁己令终，无损平生之誉。新建伯兵部尚书王守仁，具文武之全才，阐圣贤之绝学；筮官郎署，而抗疏以犯中当，甘受炎荒之谪；建台江右，而提兵以平巨逆，亲收社稷之功；伟节奇勋久已见推于舆论，封盟恤典，岂宜遽夺于身终？尚书汪俊，秉刚介之性，持廉慎之操；筮仕词林，而再蹶复起，生平之制行可知；继司邦礼；而百折不回，立朝之节概具见；洁已无惭于古道，归田见重于乡评。尚书乔宇，才猷博达，德量宏深，预计伐叛濠之谋，而留都赖之以不耸；持法落逆彬之胆，而奸萌借此以潜消；入掌铨衡，原任太子太保,吏部尚书熊浃,今赠少保,谥恭肃。
原任太仆寺卿扬勖,今赠右副都察御史,谥忠节。
原任左春坊左赞善罗洪先,今赠光禄寺少卿,谥文恭。

原任兵员外朗杨继盛,今赠太常寺少卿,谥忠愍。

题遗官造葬照会

工部转来"堂"字一八三〇号勘合通知浙江省布政司,依下列通知迅速施工,并照会照会者。呈文说:屯田清吏司送本部吴文言:"科都给事中等官员辛自修等议起前事,认为大学士蒋冕性情忠厚,行为端正,学识博渊,当武朝南巡之时,协助皇帝平定叛乱,有助于平叛成功;先帝继位之初,立秉正当朝,克赞辅弼之责。又自动要求引退,很得进退之宜。洁身自好,全名而终,一生无可指责。新建伯兵部尚书王守仁,文才武略兼备,圣贤之学尽得,为官耿直,当堂抗疏,得罪权贵,受谪远区,深受其苦。在江右建堡垒,帅兵讨贼逆,为社稷立下奇功。高尚的人格,伟大的业绩,久以为舆论共识,钦定的封典,怎么可在死后突然剥夺呢?尚书汪俊,刚正耿直,廉洁谨慎,初任职词林,贬后又再起,一生的言行人们尽知。掌管礼仪,百折不回,在朝廷中气节凛凛,自己廉洁无愧古道,归隐之后名声重于乡间。尚书乔宇,才学渊博,德量宏大,平叛匪宸濠时出谋划策,南京仰赖他才未受偷袭。又持法公正,逆贼彬畏惧,奸党不敢嚣张。掌管官员的评价,公正光明,晚年归隐乡间,名望更著。后都督周尚文,品质忠诚,才学宏大,谋略出奇,志向高远,竭力保护云中安全,威名才华震关外。近年优秀的将领,首先要数周尚文,对他死后的恤公明懋著；晚归田里，誉望弥隆。左都督周尚文，志本忠勤，才尤清耿；深谋秘略，克成保障于云中；锐干强才，久震威名于阃外；近年良将，在所首称；身后恤典，委难报罢。

"以上诸臣，论其职任才猷，不无差等之别；要其官常人品，均为贤硕之俦，所当厚加恤典，以优异者也。尚书喻茂坚，历官中外，积有年劳；守己始终，并无訾论。尚书王杲，持身清慎，任事刚方；谪死本无非罪，大节委有可嘉。

"以上二臣，所当照例给与祭葬者也。相应题请，合无将大学士蒋冕，尚书乔宇，左都督周尚文，各照例与祭九坛；新建伯王守仁，与祭七坛；尚书汪俊，与祭二坛；尚书喻茂坚，与祭二坛；尚书王杲，与祭四坛；移咨工部，照依品级，造坟安葬，及行各该布政使，备办祭物香烛纸，就遣本司堂上官致祭等因。"

题奉圣旨："蒋冕、乔宇、周尚文、王守仁、汪俊，各照例与祭葬，还同吕柟，俱与他谥；石瑶准改谥；其余都依拟行。钦此！"钦遵！咨部送司。

查得先该本部为："审时省礼，以宽民力事，议得病故大臣，照依今定后开价值，转行有司措办，给付丧家，自行造葬，不必差官；中间果有功德昭彰，闻望素著，公私无过，或曾历边务，建立奇功，及经帏纂修，效劳年久，此等官员，合照旧例差官造葬，俱听本部临时斟酌，奏请定夺等因。"

题奉武宗皇帝圣旨："是。造坟开圹，工料价银，则例抚，不能免除。

"以上各位官员，考虑到职务、才气、贡献，存在区别，但其官位人品，却均属贤人之列，因此应厚加抚恤，以激励他人。尚书喻茂坚，在内地边夷都做过官，积劳多年，克己谨慎，没有差错和诋毁，尚书王杲，清廉端正，做事讲原则，被贬黜后身死，原无罪过，所以气节尤为可嘉。

"以上两大臣，也应是按例给予祭祀和葬礼的。依据原则提议，应让大学士蒋冕，尚书乔宇，左都督周尚文按惯例享祭九坛；新建伯王阳明，享祭七坛；尚书汪俊，享祭二坛，尚书喻茂坚，享祭四坛。尚书王杲，享祭四坛。此文移行工部，请该部依官员品级造坟安葬，并送交各省布政使，请其备办祭品香烛纸钱，本司遣堂上官去主祭。"

皇上在后批示："蒋冕、乔宇、周尚文、王守仁、汪俊等各人按例予祭葬，加上吕柟，均赠谥号。石瑶准奏改谥号，其余均依计划处置。钦此。"

又查出本部呈文："为适时省礼，解除百姓劳役，决定对病故大臣，依照下列定出的等级发放银两，请相关官员速办，发付丧家，令其自行造葬不必派官协助。其间功德卓著，声望极大，公私事上毫无疵瑕的人，或历任边防，建立奇功，对编纂经学多年者，仍按例派官造。上为本部临时计议，请皇上定夺。"

武宗皇帝批旨："就这么办吧。造坟起穴，工料价银同意所准拟。钦此！"已经通行钦遵去后。今该前因，通查案逞到部。

看得大学士蒋冕、尚书乔宇、王守仁、汪俊、喻茂坚、王杲、都督周尚文，俱功德昭彰，闻望素著，及效劳经帷纂修，并建立边功，俱应差官造葬。查得本部司属官员，各有差占，及查见今行人司，并中书等衙门，俱缺官不敷委用，合候命下之日，容职等查顺便省分，行移事简衙门，查有应差官员，或一人兼差二三省，本部照例各给批文定限；仍行兵部应付各官前去，各该布政司比号相同，著落当该官吏，照依后开拟定价值派办，各该布政司，仍委堂上官一员，会同本部委官，前去造坟处，依式造葬，各毕日，备将夫匠价银数目，各该布政司类造黄册奏缴，青册送部查考等因。

隆庆元年六月初八日，少傅本部尚书雷等具题。本月初十日，奉圣旨："是。钦此！"钦遵。

拟合通行，为此合连送司，仰类行各该布政司，著落当该官吏，照依本部题奉钦依，内事例，钦遵造葬施行等因。连送到司，各付前去，类填施行。计开浙江布政司，派办已故原任新建伯兼南京兵部尚书王守仁，系京二品文官，造坟工料价银二百五十两，夫匠一百五十名，每名出银一两，通共该银四百两正。右照会浙江等处承宣布政使司准此。隆庆元年六月十七日，对同都吏王宜开读事，右照会浙江布政司当堂开拆。

议。钦此。"此文批旨后已通知各处，并转示本部。

考虑到大学士蒋冕、尚书乔宇、王守仁、喻茂坚、王晡、都督周尚文等，均功劳卓著，德行高尚，素有声名，久孚众望，以及有益经学，建立边功，故应派官造墓。又查得本部所属官员，缺额严重，及查行人司、并中书等衙门，亦缺官难以委用。正当皇帝命令颁下之时，我等臣下又查看了相关省份，发现应派出监造的官员，或一人管两三省。本部照例吩咐批文限定日期，望兵部派各官前去。各省布政司应接应这些官吏，并依后列价目办理。各省部政司应派出一官一员，协同本部派官前去造坟，并严守规定式样。完工之目，应将工匠价目造黄册上奏，造青册送本部查考。

隆庆元年六月初八日，少传本部尚书雷等奏题。六月初十日得圣旨："钦此，望照办。"

本文送呈各官，转达各布政司，速派官吏依计照办，完成钦定造墓事宜。本文送到各官，各派员前去施行。浙江布政司承办已故新建伯兼南京兵部尚书王守仁事，他是京二品文官，造坟价二百五十两，工匠一百五十名，每名银价一两，总共四百两整。以上照会浙江等处承宣布政司承办。隆庆元年六月十七日，封同都吏王宜。

祭葬札付

浙江等处承宣布政使司：为开读事。礼房准户部勘合科付，承准礼部以字四千二百五十二号勘合照会前事，准祠祭清吏司，付奉本部，连送该本部题本司案呈：奉本部送礼科都给事中等官辛自脩等题钦奉诏书内一款："近年病故大臣，有应得恤典而未得，亦有不应得而得者，科道官举奏定夺。钦此！"

臣等会同科道官，复加询访，公同面议，举得尚书王守仁，奇勋大节，茂著于生前；令望高风，愈隆于身后；应得恤典而未得者。

伏乞敕下该部，再加查议，如果恤典未给，将王守仁应复官荫者，先复其官荫，仍给以祭葬赠谥等因。奉圣旨："礼部看议来说。钦此！"钦遵！钞出送司，行准吏部文选清吏司，回称"王守仁原任新建伯，兼南京兵部尚书"。及准考功清吏司手本，回称"王守仁病故"。各回报到司。查得大明会典，并见行事例，文官见任并致仕者，二品病故，祭二坛。又查得凡伯爵管事有军功者，祭七坛，工部造坟安葬。又查得先为比例，乞恩赠谥事，节奉孝宗皇帝圣旨："今后有乞恩赠的，恁部里还要斟酌可否来说。

务合公论，不许一概监情，比例滥请，该科记着。钦此！"今该前因案呈到部，看得恤典一节，朝是所以崇奖贤哲，褒答忠劳；表章于既往，激劝于将来；其典至重，其法至严者也。

祭葬札剳付

　　浙江等处承宣布政使司：礼部批准由户部勘合科通知。礼部第四二五二号动议照会前事，批准祠祭清吏司并转奉本部呈文：本部送礼科都给事中等官辛自修等题钦章诏书内一款："近年来病故大臣，有应得优抚的却未得到，也有不应得而得之人，科道官举奏。钦此。"

　　臣等会同科道官重加询访，一起商议，认为尚书王守仁，奇功大节，著作于生前，人望其高风，隆名于身后，应得抚恤而未得。

　　复请陛下指示本部，若恤典未给，则将王守仁家应享官荫者，先授其官，并予祭葬，追赠谥号。皇上题旨："让礼部议议。钦此。"上文抄报吏部文选清吏司，回复说："王守仁原任新建伯兼南京兵部尚书。"又抄报准考功清吏司，回复说："王守仁病故。"各回报已到。查阅大明会典，参照先例，文官改二品者病故，祭两坛。又查得凡伯爵管事有军功者，祭七坛，由工部造坟安葬。又查得先前乞求赠谥号一事，孝宗皇帝批旨道：'今后乞赠谥号的，各部还要斟酌可否再报。

　　各求合乎公论，不可循情作假，否则该科记过。钦此。'考虑到恤典一事，是朝廷用来褒奖贤哲，鼓励忠诚劳绩，表彰过去，勉励未来的，所以极为重要，应是极为严格的。

若使有当得而不得，有不应得而滥得者，又何以示教戒于天下，而公是非，于后世耶？兹者躬遇我皇上嗣承大统，典礼鼎新，正人心争自濯磨之始，而明诏所及，特开厘正恤典一款。

言官奉诏咨询，陈列上请，无非祇承明命，以公劝惩之意。相应议拟为照新建伯兵部尚书王守仁，具文武之全才，阐圣贤之绝学；筮官郎署，而抗疏以犯中当，甘受炎荒之谪；建台江右，而提兵以平巨逆，亲收社稷之功；伟节奇勋，久已见推于舆论；封盟恤典，岂宜遽夺于身终？所当厚加恤典，以示优异者也。

臣等参稽公论，查照事例明白相应题请，合无将新建伯王守仁与祭七坛，照依品级造葬；仍乞赐谥易名，以表潜懿。其爵荫移咨吏部查议外，合候命下，行翰林院撰祭文，并拟谥号；工部差官造坟安葬，及行该布政司，买办祭物、香、烛、纸，就遣本布政司堂上官致祭。恩典出自朝廷，臣等不敢定拟，伏乞圣裁等因。隆庆元年，四月二十七日，本部尚书，兼翰林院学士高等具题。

二十九日，节奉圣旨："王守仁照例与祭葬，还与他谥。钦此！"钦遵！拟合就行，为此合就连送，仰付该司，类行浙江布政司，转属支给官钱，买办祭物、香、烛、纸，就遣本布政司堂上官政祭。仍将用过官钱，开报户部知数，毋得因而科扰不便，连送到司，合付前去，烦为类填施行等因到司。

案呈到部，拟合就行浙江布政司照依勘合内事理，一而使该得恤典的人得不到，不该得的人而获得，又怎么能彰示敦戒于天下，而公论是非于后世啊！现在恰逢皇上新承大业，典礼鼎新，正是人人争做良臣之始，所以明诏天下，严肃恤典是十分重要的。

言官奉诏查询，陈达上请，无非是为承皇命，还臣子的公正。为此提议新建伯兵部尚书王守仁，文韬武略，继圣贤之绝学；仕官即署，抗疏触怒权贵，被谪边地，受尽劳苦。建台江右，领兵平定巨祸，身立社稷之功，伟节奇勋，早已为舆论推重，封盟恤典，怎可以在其身死后遽然剥夺呢？应该厚加恤典，以示优异有嘉。

臣等参考人们议论，对照惯例，明确提出，新建伯王守仁应受祭七坛，依照他的品级修墓。并请求对赠谥改名，表彰他的德行，一待上旨降下，即召翰院撰写祭文并拟谥号，令工部造坟安葬，通知布政司，置办香烛纸钱祭品，派本布政司官员去致敬。恩典命令由朝廷颁布，臣等不敢擅作主张，伏乞皇上做主。隆庆元年四月二十七日，本部尚书兼翰林院学士高等题奏。

二十九日，得圣旨，日"王守仁照例给予祭葬，赠还谥号。钦此。"建议立即执行。送付该司、浙江布政使司，支付官钱，置办祭品香火烛纸，并派本布政司官员督办。如用度超额，仍望开具上报户部，不可因此拘谨从简。之后户部派员前去，一并施行。

呈文上报部里，拟立即执行。浙江省布的司依礼议诸事，体遵奉施行等因。备承移付，准此，拟合就行，为此除外札付本官照札备承照会内事理，即便转行该县，支给官钱，买办祭物、香、烛、纸完备。择日申请本司，分守该道亲诣致祭，施行毕日，将用过官钱，行过日期，明开动支何项银数，备造青黄文册三本申报，以凭转缴施行，毋得违错不便，须至札付者。

江西奏复封爵咨

任士凭

钦差巡抚江西等处地方，兼理军务，兵部右侍郎，兼都察院右佥都御史任，为开读事。据江西布政司呈：奉职按验准吏部咨前事，内开："会同巡按御史，即查新建伯王守仁，当宸濠倡乱之时，仗义勤王，奋身率众，中间分兵遣将，料敌设谋，斩获功次，擒缚渠魁等项，是否的有实迹可据；地方荡平之后，群情果否诵功；爵荫削除以来，群情果否称枉；即今应否准其子孙世袭，逐一备查明白，作速会奏施行"等因。备咨前来，案行本司，会同司道查议详报，并蒙巡按江西监察御史苏案验，奉都察院勘札同前事，依奉行。据南昌府呈，据南昌县申称"故牒府县儒师生，及唤通县耆民坊里陈一鸣等，并质之乡宦原任侍郎等官曾钧、丁以忠、刘伯跃、胡植等，逐一查结得宸濠阴谋不轨，已将十年，蓄养死士，招集盗贼，一旦举事，势焰熏灼。于时本爵方任南赣都御史，往闽勘事，正德十四年，六月十五日，行至丰城闻变即旋吉安，督率知府伍文定等，调集军民兵快，约会该府一并执行。命令吩咐诸事,下达各县,由县中支付官钱,买办祭物香烛冥纸等物,择日上报本司。吩咐相应的道官亲自致祭,完事之后,将所用官钱数额,施行日期,钱用于何种项目及准确数月,造表上报,勿得违命,报至命令颁布者。

江西奏复封爵咨

任士凭

　　钦差巡抚江西等处地方,兼管理军务的兵部右侍郎,兼都察院右佥都御史任士凭:为办事呈文。根据江西布政司上书说:"奉职按验准吏部征询以往的事实,其中有:'与巡按御史一起,前去检查新建伯王守仁在宸濠反叛作乱的时候,为国家社稷的安危着想,正气凛然,身先士卒,率领三军,平定叛乱。在这期间,分配兵力派遣将领,并且分析敌我情况巧设计谋,杀敌立功,活捉叛敌首领宁王宸濠等各项功绩,是不是都有真凭实据;平定叛乱,恢复太平以后,官兵百姓是不是真的歌颂他的功绩;废除他的爵位以来,官兵百姓是不是真的都为他鸣冤喊屈;也就是现在是不是应该批准让他的子孙世袭爵。一项一项地都要检查清楚,迅速一起上报皇帝。'准备好的查询报告带来,尽我江西布政司的职责,与司道查询的结果一起详细报告,并且接受了巡按江西监察御史苏的检验;接到都察院要求核实前面所述事项的信件,依照这个要求,根据南昌府报上来的南昌县的报告中说:'从前的文书中本府县的儒学师生,以及叫来通县耆民坊里的陈一鸣等,和询问本地乡宦也就是过去曾任职

乡官王懋中等，相与激发忠义，移檄远近，暴扬逆濠罪恶。于是豪杰响应，人始思奋，士民知有所恃而壮胆，逆党知有所畏而落魄。夫本爵官非守土，而讨逆之命又未下，一旦举大事，定大谋，此非忠愤激切，克惇大义者，不能也。

至七月初二日，逆濠留兵万余守江西省城，而自引兵向阙；本爵昼夜促兵。十五日，会临江之樟树；十八日，分布督遣知府伍文定等攻广闰七门；二十二日，破贼，尽擒逆恶，二十四日，逼黄家渡；二十六日，逆濠就擒；不延时日，江省底定，此非谋略素定，料敌若神者，不能也。夫逆濠一大变也，以六月十四日起事，以七月二十六日荡平，兵不血刃，民不易市，即本爵之勋烈，诚与开国同称。迨先帝登极大定公典，论江西首功，封本爵为新建伯，给券世袭，此固报功之盛典，而江右咸称快焉。继因平蛮病故，朝议南宁之事，霍韬、黄绾诸臣，奏疏甚明，竟扼于众忌，而天下咸称枉焉。

侍郎等官的曾钧、丁以忠、刘伯跃、胡植等人，逐个查询总结起来知道，宁王宸濠阴谋叛乱已经将近十年了，他招集蓄养了一大批叛乱的死党贼子，突然之间发动反叛，气焰嚣张，飞扬跋扈。正在这个时候王守仁官任南赣都御史，前往福建检查工作事务。正德十四年六月十五日，到达丰城得到消息知道宸濠已经叛国。立刻返回吉安，率领知府伍文定等众人，调集军民百姓，并且约会该府乡官王懋中等众人，互相鼓舞忠心报国的雄心壮志，随后在各地张贴讨伐叛国逆贼的檄文，充分揭露逆贼宸濠的叛国罪恶。于是四方豪杰纷纷响应，群情激奋讨贼报国的声势由此激昂振奋。百姓因为知道有所依靠而胆气豪壮，叛贼因为畏惧形势而丧魂落魄。然而王守仁并不是当地官员，并且皇上还没有下达讨伐逆贼的命令，毅然率众奋起抗敌，如果不是忠心耿耿，刚正大义而又对叛贼义愤填膺的忠臣义士，则绝对不会作出这样行动的。

到七月初二日，逆贼濠留下一万多士兵坚守江西省城，自己却带兵向南进发，王守仁昼夜急急地调集军兵。到十五日，军兵会集临江的樟树；十八日，分派部署知府伍文定等人攻击广闰七门；二十二日，大破反叛贼军，活捉叛贼；二十四日，带军进逼黄家渡；二十六日，活捉宸濠这个祸国殃民的叛臣贼子。仅仅三十五天迅速平定江西叛乱事件，如果不是谋略成熟在胸，神机妙算是绝对不能做到的。逆贼宸濠，突然起兵造反，只从六月十四日到七月二十六日就被平定。可以说兵不血刃，民不易市，这也就是王守仁先生建立的奇功，实在可以与开国定邦的丰功伟绩相媲美。等到先帝即位，评论这次平定叛乱，以为江西方面的官员功劳最大，因比封授王守仁为新建伯，并且批准子孙世代

迩者为开读事，科道等官疏欲复其世袭，此公道之在人心，不容泯也。昔开国文臣刘基，以武功封诚意伯，停袭百余年；嘉靖初，特取其的裔世袭。夫本爵学贯天人，才兼文武，忠揭日月，功维社稷，恩庇生民，拟之刘诚意，不相伯仲。傥蒙覆奏，准其世袭，扶植崇德报功之公道，兴起忠臣义士之世教"等因。并据本县儒学生员王缉等，结报相同，备申本府，转申到司。

据此，随该本司左布政使曹三旸，右布政使程瑶，会同按察使张柱，都司署都指挥佥事耿文光，分守南昌道左参政方弘静，分巡南昌道佥事严大纪，会看得原封新建伯王守仁，正德十四年，督抚南赣之时，于六月初九日，自赣起行，往福建勘事，时宸濠谋为不轨，欲图社稷，本月十四日，擅杀都御史孙燧，副使许逵，并执缚都布按三司官及府县等衙门大小官员，俱囚之，尽收在城各衙门印信，及搬抢各库藏一空，释放在城各司府县见监重囚，舟楫蔽江而下，声言

承袭爵位，这本是赏功盛典，听到这个消息江西的官兵百姓一片欢腾，群情振奋。接着因到两广平定贼寇而病死归途，朝廷廷议南宁平寇的事情霍韬、黄绾等，奏此事甚为明白，却为忌妒者谗言困厄，致使天下之人都称先生冤枉。近来科道等几位官员曾经上疏皇帝，希望恢复王守仁的世袭新建伯爵位，这毕竟是天下忠诚刚正的人都认为公正合理的事情，不可容许泯灭。昔日的开国文臣刘基刘伯温，由于军事政治方面的丰功伟绩被封为诚意伯，以后竟被停止世袭继承一百多年。嘉靖初年，皇帝特别恩准刘基的直系后代世袭爵位。至于王守仁学识思想博大精深，文韬武略样样精通，忠心耿耿可与日月同辉，保卫江山社稷可谓功勋卓著，爱惜黎民百姓恩泽四方，完全可以与诚意伯刘基相媲美。倘若真能蒙受皇上的恩准，恢复王守仁的世袭爵位，这样培养扶植起崇敬高尚品行，人人都渴望建功立业的社会风气，那就会振奋忠臣义士竭忠报国的正气。'基于以上原因，并且还根据本县儒生生员王缉等人的报告，综合起来都是这样的。归结这些报告送给江西府，再转总到江西布政司。

根据这些报告，与江西布政司的左布政使曹三阳，右布政使程瑶一起，会同按察使张柱，都司署指挥佥事耿文光，分守南昌道左参政方弘静，分巡南昌道佥事严大纪，一起核查知道，原封新建伯王守仁，在正德十四年督抚南赣的时候，于六月初九日，从江西起程去福建考察工作，恰巧赶上宁王宸濠图谋不轨竟然打算夺取国家政权，在六月十四日公然杀害都御史孙燧和副使许达，并且绑架都布按三司的官员以及江西府县等衙门的大小官员都被投入监狱关押，强行收缴了南昌城中各个衙门的官印凭证，搬抢各个库房，洗劫一空，公然释放南昌城中各司府县

直取南京。次日，本爵在于丰城舟中闻变，疾趋吉安，集兵勤王，行至中途，尤恐兵力未集，若宸濠速出，难以遽支，乃间谍扬言朝廷先知宁府将叛，行令两广湖襄都御史杨旦、秦金，准兵部咨，调遣各处兵马，暗伏要害地方，以伺宁府兵出袭杀。

复取优人数辈，将公文各缝衣絮中，各与数百金，以全其家，令其至伏兵处所，飞报窃发日期。将发间，又捕捉伪太师李士实家属至舟尾，令其觇知，本爵佯怒，令牵之上岸处斩，已而故纵之，令其奔报。

宸濠逻獭优人，果于衣絮中搜得公文，宸濠遂疑惧不敢即发。十八日，至吉安，督率本府知府伍文定、临江知府戴德孺、赣州知府邢珣、袁州知府徐琏等，调集军民，召募义勇，会计一应解留钱粮，支给粮饷，造作虞船，奏留公差回任御史谢源、伍希儒，分职任事。

约会致仕、养病、丁忧、闲住及赴部调用等项，一应乡官，相与激劝忠义，晓谕祸福。又恐宸濠知其调度，觉其间谍，发兵速出，乃密使伪国师刘养正家属，及平日与宸濠往来乡官，阴致归附之意，以缓其出。直伺调度已定，乃移檄远近，宣布朝廷威惠，暴露宸濠罪恶。又度兵家决胜之机，不宜焦冲其锋，须先复省城，捣其巢穴，贼闻必回兵来援，

监狱的在押重刑罪犯，大批叛军的船只沿江顺流而下，扬言攻克南京。第二天，王守仁正处丰城，在船中得到宸濠叛乱的消息，便火速赶往吉安，集结军兵准备为国除贼。走到半路途中，又担心兵力集结尚未完成，如果叛臣宸濠迅速出兵，恐怕难以应付，便设计让人四处放出声势说，朝廷早就知道宁王宸濠阴谋造反，已经命令两广湖襄都御史杨旦，秦金准兵部咨等官员调遣各处兵马，埋伏在要害地方，只等宁王的叛军出动立刻出兵袭击。

此后又找来许多伶优之人把公文各自缝在衣服之中，为保全家庭生活每人再给几百金的财物，让他们去那些扬言有伏兵的地方，火速报告突发伏兵的日期，将要行动时又抓到了伪太师李士实的家属，押到船尾，使他们偷偷地知道王守仁对那些报告的人非常气愤，非要推到岸上斩首，然后又故意放跑那几个家属，使他们逃回去报告。

宁王宸濠抓到了几个伶优，在他们的衣服中果然搜出了公文，于是宸濠不知虚实真假，竟不敢立刻出兵发动全面的叛乱。十八日王守仁到达吉安，亲自率领吉安知府伍文定，临江知府戴德孺，赣州知府邢王句，袁州知府徐琏等官员，调集军民，招募义勇，计算调济给军民所需钱粮物资，开工制造战船，奏请皇上留下公差回任御史谢源，伍希儒分别任职担负事务。

邀集致士在家养病丁忧者，赴部调用及一些乡官劝以忠义，跟他们分析利害关系，激励鼓舞大家平定叛乱，尽忠报国。又担心叛臣宸濠了解到这里的调兵遣将，对所用缓兵计谋有所察觉，进而迅速出兵全面叛乱。便秘密地让伪国师刘养正的家属以及平时与宸濠有来往的乡官，到宸濠那里表达王守仁等人愿意归附宸濠的意思，用来麻痹对手，这是缓兵之计。一直等到

则出兵邀而击之，此全胜之策；于是佯示以自守不出之计。

七月初二日，宸濠留兵万余，使守江西省城，乃自引兵向安庆。本爵探知其出，遂星驰促各守兵，期以本月十五日会于临江之樟树镇，身督知府伍文定等兵径下；戴德孺等兵，各依期奔集。十八日，遂至丰城，分布哨道，约会齐攻省城广闰等七门。是日，又探得宸濠伏兵于新旧坟厂，以备省城之援，乃密遣兵从间道袭破之，以摇城中。

十九日，发市汊；二十日，各兵俱至信地，我师鼓噪并进，绨絙而登，一时七门齐入，城遂破，擒其居守宜春王拱樤，及伪太监万锐等千余人，宸濠宫中眷属，纵火自焚。遂封府库，搜出原收大小衙门印信九十六颗。先上江西捷音疏，仍分兵四路追蹑。

宸濠攻围安庆未下，至是果解围，归援省城，卒如本爵所料。于是议御寇之策，本爵断以宜先出锐卒，乘其惰归，

各处兵马调集完成,才四处张贴讨贼檄文,宣布朝廷的决定和政策法制,充分揭露宸濠阴谋叛乱的险恶罪行。又斟酌思考作为一个军事家如何才能出兵取胜的谋略,决定首先不宜与叛军正面交锋而是去攻打收复省城南昌,捣毁叛贼的巢穴,宸濠得到消息后必定立刻回兵支援,到这个时候再出兵迎敌,这才该是大获全胜的用兵策略。于是给部下详细地分析了这个自守不出的计谋。

七月初二日,宸濠在南昌留下一万多守兵,自己带兵进攻安庆。王守仁打探到消息知道宸濠已经带兵出城,于是连夜派人火速告知各府军兵,约定在七月十五日会集临江的樟树镇,亲自率领吉安知府伍文定等人的军兵出发,戴德孺等人的军兵迅速依照约定的期限集结。十八日,便到达了丰城,安排哨卫安营扎寨,商量好所有兵力同时攻打省城南昌的广闰等七座城门。这一天又探知宸濠在新旧坟场设有伏兵,作为支援省城的后备力量。于是派出一队军兵从小道袭击,解除了这里的伏兵,此时叛军盘踞的南昌城因失去外援而摇摇欲坠。

十九日,发布公文通告安民,二十日各路军兵都如约到达集结地点,我军擂鼓喧天全军齐攻,士兵攀援云梯登城攻敌,一时间我军迅速攻开所有七座城门,南昌城便回到了我方的控制中,抓获驻守城中的宜春王拱樤,伪太监万锐等千余人,宁王宸濠宫中的眷属纵火自焚。于是查封各处府库,搜出原来收集的大小衙门的官信凭证九十六颗。首先上疏皇帝报告捷音,再兵分四路追踪。

宸濠合兵包围安庆的贼军,此时仍久攻不下,便放弃对安庆的包围,回兵支援省城南昌,果然在王守仁先生的预料之中。

邀击以挫其锋，众将不战而自溃。遂遣知府伍文定等分道并进，击其不意，奋死殊战，贼大溃；因傍谕城中军民，虽尝受贼官爵，能逃归者皆免死，能斩贼徒归降者皆给赏，使内外居民及向导人四路传布，以解散其党。

二十三日，宸濠先锋至樵舍，风帆蔽江，本爵亲督伍文定等，四面分布，以张其势。二十四日，贼逼黄家渡，乃合兵交击，噪呼并进，贼大溃而奔，擒斩二千余级，落水死者以万数；贼气大沮，退保八字脑。

二十五日，伍文定等奋督各兵并进，炮及宸濠舟，贼又大溃，擒斩二千余级，溺水死者莫计其数。乃夜督伍文定等，为火攻之具；邢珣等分兵四伏，期火发而合。

二十六日，宸濠方召群臣，责其间不致死力者，将引出斩之，争论未决；我兵已四面而集，火及宸濠副舟，众遂奔散，宸濠与妃泣别，宫人皆皆赴水死；宸濠并其母子、郡王、将军、仪宾，及伪太师、国师、元帅、参赞、尚书、都督、都指挥、千百户等官数百人，皆就擒矣。擒斩贼党，凡三千余级，

于是商议对付叛军的策略，最后王守仁决定，乘其远路回来士兵疲惫的机会，用我军精锐兵力迎头痛击，势必挫伤叛军的锐气，由此叛军将会不战而溃败。于是派遣知府伍文定等人带军分路并进，出其不意，攻其不备，我军将士奋勇杀敌，群情激昂，叛军终于被打得溃不成军。因为战前曾出榜告知城中军民，虽然曾经接受过叛贼宸濠的官爵，但如果能够脱离叛军回归的人都可以免去死罪，如果能够杀死贼军军官并且归降的人，还可以得到重赏。这样就使得省城内外的居民等人四处传播这个消息，进而涣散了叛贼的军心。

二十三日宸濠叛军的先锋到达樵舍，沿江布满叛军战船一眼望不到边际，王守仁亲自率领伍文定等人在四周布置兵力，形成御敌战斗的形势。二十四日叛军逼近黄家渡，于是双方军队正面冲突，我军官兵喊杀振天，又有擂鼓助威叛军溃散逃窜，活捉或杀敌二千多人，落入江中淹死的敌军有万余人。这样叛军再无嚣张气焰，撤退军队进八字脑。

二十五日伍文定等人又率领各自的军队一同进发攻击叛军，其间发炮击中宸濠所乘战船，叛军再次溃退，活捉或杀敌二千多人，落入江中溺水而死的不计其数。这天夜里伍文定等人火速制造火攻的器具，邢珣等人分兵在四周埋伏，只等火攻开始便出击杀敌。

二十六日宸濠正召集了各处将领，责怪那些没有舍生忘死投入战斗的官员，刚要推到外面斩掉首级，大家还在争论未定时，我军已经从四面包围过来，战斗打响，大火烧着了宸濠的副舟，贼军再次溃散逃跑，宸濠心知大势已去便与他的妃子痛哭诀别，宫人们都跳入江中溺水而死。宸濠与他的母亲、儿子、郡

落水死者约三万余；所弃衣甲、器仗、财物，与浮尸积聚，横亘若洲；余贼数百艘，四散逃溃。

二十七日，复遣官分兵，追剿殆尽。计先后擒斩首从贼人贼级，并获宫人贼属，夺回被胁、被虏招抚畏服官民、男妇等项，共一万一千五百九十六名、颗、口，功成而事定矣。先是，本爵起兵吉安时，两上疏乞命将出师，蒙朝廷差安远伯朱泰即许泰，平虏伯朱彬即江彬，左都督朱晖即刘晖，太监张忠、张永等，为总督军务，赞画机密等官，体勘宸濠叛逆事情，前往江西；至中途，闻宸濠受擒，报捷至京，计欲夺功，乃密请驾亲征，江彬、许泰等，乃倡言本爵"始同宸濠谋叛，因见天兵亲讨，始擒宸濠，以功脱罪；"欲并擒本爵，以为己功。

又谕本爵，欲将宸濠放至城中，待驾至，列阵重擒；本爵不可，遂各引兵至南京候驾，本爵乃力 疏请止亲征。九月十一日，亲自谅带官军，将宸濠并宫眷逆情重犯，督解赴阙，扶病前进，行止浙江杭州府，又遇奏差太监张永赍驾帖开称"宸濠等待亲临地方，覆审明白，具奏定夺"。

王、将军、仪宾以及伪太师、国师、元帅、参赞、尚书、都督、都指挥,千百户等等官员数百人,都被我军捉获。活捉或杀敌有三千多人,落入江水淹死的人超过三万。叛贼舍弃的衣服铠甲,器仗、财物等与浮在江面的死尸聚集在一起,竟完全像是江水中的一座岛屿。剩余的叛贼驾起数百艘战船,四散逃命去了。

　　二十七日又派遣军兵追击溃逃的那些叛贼,终于全部消灭。前后总计活捉或杀死叛军并且抓获宫人,逆贼眷属、被俘虏的官民、男妇等等共有一万一千五百九十六名,大功告成叛乱平定。事情开始时,王守仁从吉安起兵曾两次上疏请求皇帝授命讨贼,后来有朝廷派遣的安远伯朱泰也就是许泰、平虏伯朱彬也就是江彬、左都督朱翠也就是刘军、太监张忠张永等人为总督军务,赞画机密等官职,具体地核实宸濠的叛逆事实,来到江西省。行到半路时,就得到消息知道宸濠已经束手就擒,平定叛乱的捷报已经到达京城,就打算谋划窃取平定叛乱的功绩。于是秘密地请求皇帝御驾亲征,江彬许泰等人就又制造声势扬言说王守仁'开始时与宁王宸濠共同谋反,因为得知御驾亲征讨伐逆贼,才把宸濠抓获,只不过是想立功以逃脱罪名'。

　　并打算抓住王守仁为自己邀功请赏,又命令王守仁把宸濠释放回南昌城中,等到皇帝到达时排列阵势重新抓获。王守仁认为这样做绝对不可以,就带领军兵前往南京迎接皇帝,同时又上疏皇帝极力劝说皇帝停止御驾亲征。九月十一日带领军兵亲自押解宸濠及其宫人亲眷,以及叛乱逆党等重要犯人前往京城,这次行军中的王守仁已是重病在身,到达浙江杭州府时遇到奏差太监张永带来的驾贴中说:'等待御驾到达后,再把宸濠的叛逆事实审查一遍,然后决定如何处理。'

本爵遂按行浙江按察司转呈太监张永，会同监军御史，公同该省都布按三司等官，将见解逆首宸濠，并宫眷等项，逐一交付明白转解。于是江彬等，日夕谋欲夺功，欲反坐本爵，并擒为功，赖张永极力辩护得免；时本爵功高望重，颇为当路所忌。正德十六年，十二月内，该部题"为捷音事，议封公伯爵，给与诰券，子孙世世承袭；赐敕遣官奖劳，锡以银币，犒以羊酒，封新建伯，奉天翊卫、推诚宣力、守正文臣，特进光禄大夫柱国，兼南京兵部尚书，参赞机务，岁支禄米一千石，三代并妻一体追封"。本爵累疏辞免。

明年，嘉靖改元，本爵丁父忧，四方来游其门，讲学益众；科道官迎当路意，劾公伪学。服阕，例该起复，六年不召；江西辅臣有私憾本爵者，密为进谗，以阻其进。嘉靖六年，广西岑猛倡乱，兵部论荐本爵总督四省军务，前去荡平，又成大功。

时本部力参其擅离职役，及参其处置广西思、田、八寨事，恩威倒置，又诋其擒宸濠时军功冒滥，乞命多官会议。明年，江西辅臣复进密揭，命多官会议，遂削世袭伯爵，并当行恤典，皆不沾被矣。等因到职。据此卷，查先准吏部咨王守仁便派浙江按察司转呈给太监张永，会同监军御史和江西省都布按三司等官员把正在押解中的反叛首领宸濠，以及他的宫人眷属等人一一交代清楚，由他们继续押解。于是江彬等人整日阴谋窃取平乱的功劳，甚至打算替代王守仁的爵，位并且将他抓住给皇帝请功求赏，终因张永极力辩解才幸免于这次劫难。当时王守仁德高望重功勋卓著，当权的大臣对他非常忌恨。正德十六年十二月中，朝廷中决定'由于平定叛乱出师大捷，经讨论封王守仁为伯爵，给予诰券使其子孙世代承袭爵位。皇帝发布命令派官员前去奖赏慰劳，赐给金银财物，用牛羊美酒犒劳，官封为新建伯，接受皇帝命令辅佐天子保卫江山社稷，为国家竭忠尽力，令节坚定而高尚，因此再封为光禄大夫柱国兼南京兵部尚书、参赞机务，每年俸禄为一千石米，三辈与各妻子夫人一同追封。'王守仁多次上疏皇帝辞谢免赏。

　　第二年即嘉靖元年，王守仁父亲死，丁忧归家，四方八面到先生家求学的人越来越多，先生讲学日多。科道官为了迎合当朝权贵，竟然弹劾先生的学术思想为伪学。丁忧毕，应赴京师，按照常规本该复官起用，却在长达六年的时间里不能应召为国出力。其中还有江西某位大臣对先生不满，为泄私愤竟向皇帝进谗言诬陷，致使先生不能进爵。嘉靖六年，广西发生岑猛领导的少数民族起义，朝廷兵部起用王守仁总督四省军务前去镇压起义，结果又是大功告成。

　　这时朝廷中又有权贵诬陷先生擅离职守并在处理广西思、田、八寨一事有所不当，真是黑白颠倒功过倒置。还有人诋毁先生在抓获宸濠平定叛乱的时候，冒用滥给军功等罪名。第二年，江西的那位对先生有私恨的大臣，再次向皇帝秘密揭发一些莫

前事，已经案行该司会同查议去后。今据前因，该职会同巡按江西监察御史苏朝宗，参看得原任新建伯王守仁，当宸濠叛逆之日，正督抚南赣之时。宸濠之未发也，若非剿平浰头等巢，则勇智绝伦之徒，皆为贼所用，必大肆蔓延之祸。

及宸濠之既发也，若非行间以缓其出，则四方大兵之众，非朝夕可集，必难为扑灭之功。督伍文定，督戴德孺，督邢珣等，饱歌协力，足见分兵遣将之能；系省城，系黄家渡，系樵舍，决胜若神，信有料敌设谋之智。斩获功次，具载于纪功之册；而擒缚渠魁，甚明于交割之文。

且奋身率众之劳，皆历历可据，仗义勤王之举，尚昭昭在人。先与后擒，乃濠党利己之诬，本不足辩，而其中原以北，终不能攻陷金陵以据者，要皆本爵至微之谋。论之今日，江西死节，皆蒙赠恤，生存皆获抚安，孰非本爵勤劳之举？地方荡平之后，诵功者载在口碑，爵荫削除以来，称枉者孚于士论。

盖较之开国元勋，若非同事，而拟其奠安社稷，则与同

须有的罪名。皇帝都命令各方官员一起讨论，终于削除了世袭伯爵，本应该实行的抚恤，典礼都不再提及了。"基于这些原因，核查先前的批准吏部所查询的事情，已经备案到达江西布政司并在一起检查讨论之后。现在根据以前的原因，与巡接江西监察御史苏朝宗一起参看后知道，原任新建伯王守仁在宸濠发动叛乱的时候，正值先生督抚南赣。宸濠叛乱尚未发动，如果不是剿平浰头等的乱贼巢穴，勇智无双的人才成为贼首的同党，国家之大难将因此而肆意蔓延难以收拾。

宸濠叛乱已经发动，如果不是巧用缓兵之计，那么因为各路兵马不能在短期集结，必然不能成就在短短三十五天时间内平定叛乱的奇功。率领伍文定、戴德孺、邢询等将士，都能欣然听命竭忠尽力，足可以看到先生调兵遣将的才能。进军省城江西南昌、黄家渡、樵舍，神机妙算决胜帷幄之中，当然具有分析敌我形势巧设计谋的才智。卓越的功绩一一都被记载于史册，而且擒获叛乱贼首的事实明确记载于转交押解罪犯的文书中。

身先士卒领兵杀敌的功劳都有据可查，刚正真诚为国除贼的行动已是尽人皆知。先给再抓获只是濠党之人为一己的利益而诬陷别人清白的手段，这本来不必评论，然而其中原以北最终也不能攻陷金陵南京，这其中的根据关键完全是王守仁细致入微的用兵谋略。再考虑到现在江西死难的烈士都得到了应有的抚恤，活着的仁人志士都受到了合理的抚慰，这些难道不是新建伯王守仁辛勤劳苦的作为吗？江西地方扫平叛乱之后王守仁的功绩尽人皆知，有口皆碑。先生的爵位因人诬陷被剥夺以来，真诚刚正的有识之士无不为之鸣冤喊屈。

与开国元勋的功劳相比，当然不是一回事，但其中在奠定

功。但世袭之典，事体重大，出自朝廷，非臣下所敢轻议。为此除具题外，今备前由，理合移咨贵部，烦请查照施行。须至咨者。右咨吏部，隆庆元年十月十一日行，说堂。十一月十三日到。

浙江巡抚奏复封爵疏

王得春

巡按浙江监察御史王题，为恳乞，鉴忠义，复袭爵，以光圣政事。臣惟人臣报国之忠，致身之义，虽得之天性，然其所以鼓舞而激励之者，实赖君父在上，有以握其机也。

臣会同提督军门赵，窃见原任新建伯王守仁，为浙江余姚人。方正德己卯，宁庶人宸濠谋反时，守仁以南赣巡抚，提督军务，奉旨前往福建勘处叛军，道经丰城闻变，乃潜回吉安，遂与知府伍文定等，誓死讨贼。

当是时也，宸濠以数十年逆谋，发之一旦远迩骇震。内而武宗皇帝，左右近习，多昏酣，宸濠赂遗，甚有与之交通者；外而孙燧、许逵，同时被害，三司而下，多就拘囚。又遣其党，分收诸郡邑印信，逆焰所薰，视湖、湘、闽、浙，不复在目中。帆樯东下，日蔽江塞，遂破南康、九江，如摧枯拉朽，急攻安庆，直瞰留都，东南事势，亦孔棘矣。

国家社稷安然永固的基础功绩相同，完全可以说具有同样卓著的功勋。但是为其恢复世袭爵位的典礼，因为出于国家的决定，事关重大，不是为臣我敢随便议论的。因此除了详细上报以外，现在综合以上的原因，理应交给贵处继续查询，烦请你们查照施行。必须详细查询才好。右咨吏部，隆庆元年十月十一日去说堂，十一月十三日到。

浙江抚巡奏复封爵疏

王得春

巡按浙江监察御史王得春题："为了恳请皇上，为鉴别忠心报国的仁人志士，恢复先生的世袭爵位，从而使得圣上的恩政发扬光大。

我以为臣民报国的忠心，致以身行义，虽然这些都来自天赋，然而用来鼓舞激励，却仰赖于皇上，因为他掌握了激劝的权机。我与提督军门赵窃一起查得，原任新建伯王守仁，是浙江余姚人。恰逢正德年己卯时，宁庶人即原宁王宸濠，阴谋造反，王守仁作为南赣巡抚，提督军务，接受皇帝命令前往福建考察处理反叛军队，途中经过丰城听说宸濠叛乱，便暗暗返回吉安，与吉安知府伍文定等人誓死讨伐逆贼。

那个时候，宸濠将阴谋叛乱已经数十年的计划，一时间突然发动，举国上下无不为之震惊。朝廷里的武宗皇帝及身边的近臣大多昏庸无能，宸濠反贼仅小施贿赂就有了为他提供消息的人；朝廷外的孙燧，许达同时被杀害，三司以下的官员大多被他囚禁在监狱之中。宸濠又派出他的同党分别收回各个郡邑的官印凭证，逆贼宸濠气焰嚣张，根本不把湖湘闽浙地方的力量看

守仁以书生，民非素属，地非统辖，兵非素练，饷非素具，徒以区区忠义，号召豪杰，仓卒调度，誓死讨贼。

其报宸濠谋反，疏曰："臣以区区之命，诚为讨贼之举，务使牵其举动，而使进不得前；捣其巢穴，而使退无所据。"夫观守仁血诚之言，其忠义根诸天性者，固将昭日月而贵金石矣。

而其牵举动捣巢穴之见，智勇殊绝，视宸濠真为囊中物耳。宸濠固凶狡，竟莫能逃；继之南昌破，而巢穴平矣；宸濠返而渠魁执矣。

不两月间，地方底宁，朝廷无征兵遣将之烦，地方臻反乱为治之效，此功在社稷，甚为奇伟；乃天祐国家，生此伟人，而其诚与才合，盖有追踪乎百代之上者矣。

使是时而非遇守仁，使守仁以南昌非故属，不以讨贼为己任；即使讨贼，张虚声，待奏报，而不速为扑灭之计；臣等知东南安危，未可必也。即使朝廷之上，闻变急图，遣将得

在眼中。率领叛军战船沿江东下，遮天塞江，攻陷南康、九江等地，如同摧枯拉朽，易如反掌。继而迅速进攻安庆，直接紧逼南都，国家东南部的局势危在旦夕。

王守仁仅凭自己一介书生的凛然正气，民众素来属于他管辖，统管地区也不在江西，所用军兵不是自己平日训练，粮饷也不是他所有，只是凭借自己忠心报国的正义之气，号召各方豪杰，在仓促之中调集各路军兵，仍然誓死讨伐反叛逆贼。

他上疏皇帝报告宸濠谋反情况，说："臣下仅以此区区之命，竭诚讨伐反叛逆贼，务必牵扯逆贼行动，从而使他不能继续进犯其他地方。然后捣毁逆贼盘踞的巢穴，从而使他退回来也没有地方可以依赖。"看到王守仁这字字滴血的忠诚言辞，可以知道他的忠诚正义是基于天性，其心与日月同辉，贵于金石！

由他所说牵扯逆贼举动，捣毁敌的巢穴的识见可以看到王守仁智勇绝伦，在王守仁看来逆贼宸濠只不过是囊中之物罢了。宸濠尽管非常凶残狡猾，但毕竟也没能逃脱束手就擒的应有下场。紧接着收复南昌，从而使逆贼失去了根据和依赖的地方，宸濠返回援救，从而贼魁被执。

前后不超过两个月的时间，叛乱终于平定。朝廷没有征兵派将的烦劳，地方开始由乱转治，对国家社稷来说，这样的功绩完全可以称得上特别伟大。这是上天保佑我国，降下这样的伟人，而他的忠诚与才能交相辉映，只有追溯到百代之上大概才有人可与之媲美吧！

假如在当时没有恰恰遇到王守仁，假如王守仁认为南昌并不是自己所管辖的地域，而不以讨伐逆贼作为自己的责任。即使讨贼为等待皇帝的命令而虚张声势，而不立刻作出迅速扑灭叛

人，供饷得人，调度得人，未免延缓日时；及其戡定，又不知所伤人命几何，所费粮饷几何，所费爵赏几何，所损国家元气几何，此守仁之功，所以为大也。

奈何功虽成矣，而奸党忌嫉，不惟爵赏不及，抑且媒孽多方；又赖天祐我国家，不使忠义抱屈终身，幸遇世宗皇帝入继大统，即位未几，首录守仁之功，封新建伯世袭，部下伍文定等，升赏有差。当是之时，海内之人，又莫不以世宗皇帝能赏忠义之勋，亦莫不以守仁之功为足以当封爵而不愧也。

是时守仁虽膺封爵，徒淹家居，未尝一日柄用。嘉靖六年间始起，奉敕讨两广叛目卢苏、王受等；既平，以冲冒炎瘴病笃，具疏辞官，不待报而归，至江西南康地方病故。夫以守仁江西之功论之，诚已竭夫报国之忠；以两广之还迹之，又未失夫致身之义，俱无可以议焉者。只以当时大臣，有忌其两广功成，疏中未叙己者，乃从中主议，谓"其不俟命而行，非大臣体"，遂有旨削袭爵，臣等尝为守仁冤之。何则？假使守仁诈病而归，与地方未平而急身谋，诚为可罪；然地方已平矣，即不病亦当听其辞归，以彰朝廷均劳大臣之义。矧地方已平而又病，病又笃，卒死于道路，而人犹执其迹以罪之，冤亦甚矣。兹幸我皇上御极，即位一诏将使天下

乱的计划。臣下可以知道东南局势危急，是否可救无从知道。即使朝廷得到叛乱的消息，急速谋划，遣兵派将得到适当的人才，供应粮草得到适当的人才，调集布置兵力得到适当的人才，未免耽误了太多的时间，终会贻误战机。等到战事平定，又不知道会死伤多少人命，花费多少粮饷，行功授赏又要多少，国家又会损伤多少元气，这就是王守仁的功绩之所以重大的原因吧。

虽然大功告成，当权奸党忌妒憎恨，不仅爵位奖赏没到获得，却还连累了多方志士。幸好上天保佑我国，不会使忠义之士含冤抱屈而死，幸好有世宗皇帝继承皇位，即位不久首先评价王守仁的功绩，封他为新建伯，子孙世袭继承，王守仁的部下伍文定等人也都获得了不同的奖赏。这个时候，天下的黎民百姓无不认为世宗皇帝能够奖赏忠义之士的功绩是英明的，也无不认为王守仁功勋卓著无愧于所受爵位。

这时候王守仁虽然荣获爵位，但从未使用过一天。嘉靖六年又被起用接受皇帝命令，讨伐两广地区叛贼卢苏、王受等。叛乱平定以后，因为冲冒炎炎瘴气病情重危，便上疏皇帝请求辞去官职回家养病，尚未得到回告就起程回家，到达江西南康地方的时候病故。仅凭王守仁在江西平定宸濠叛乱的功绩，实际上已经竭尽了报国的耿耿忠心。从两广返回来看，他又没有失去竭忠尽力的正义气节，两方面都是无可非议的。只是有位官员忌恨王守仁平定两个叛乱大功告成，在给皇帝报告的文章中并没有提到他的情况，一直怀恨在心，并蓄意陷害说道："他不等待皇帝的命令而擅自行动，这不是国家臣民的作为。"于是就有圣旨剥夺了王守仁的爵位，臣下等人曾经替王守仁感到冤枉。为什么呢？如果王守仁假称有病回家，或叛乱没有平定而急忙为自己

无一物不得其所；故凡平日内外大小臣工，或一言有益于国家，一行有益于生民者，无不恤录。

若守仁者，其伯爵之袭，臣等固谓其为皇上新政第一事也。况经言官疏请，往复行勘，海内臣工，万口一词，咸以守仁伯爵当袭。臣等谬膺抚按浙江，为守仁桑梓地，其得之公论，稽之群情，揆之国典，察诸守仁讨贼之心之功，其伯爵诚宜使袭而不可泯者。

且方今南北多事，北虏尤甚，皇上宵旰九重，内外大小臣工，非不兢兢①图谋，思以陈见伐虏悃诚；而犁廷扫穴之绩，尚未有能奏者。臣等诚谓皇上宜籍守仁报国之忠，致身之义，皇上俯采公议，复其袭爵，将见内外大小臣工，莫以守仁忠义不白于正德之季，我世宗皇帝能白之；又稍抑于嘉靖六七年间，我皇上今日又独能察而伸之；莫不相率激励于守仁之忠义，以报皇上矣。

做打算，这确实是有罪的。但事实上是地方叛乱已经被他平息，即使没病也应当允许他辞官回家，借此也可以表现朝廷慰劳有功大臣的大义。然而他平定了地方叛乱又病了，并且病情十分严重，最终死在归途之中，有的人却仍然坚持以他的某些行为而加罪给他，这个冤枉也太大了吧！现在幸好皇上登基继承皇位，将会让普天之下不再有谁不得其所。所以凡是平日里朝廷内外大小臣民，有一句话对国家有益，一个行为对百姓有好处的人，都能得到应有的抚恤安慰。

像王守仁恢复世袭的伯爵，臣下等人认为这本来是皇上开始新政的第一件事。何况各处官员上疏请求，来回进行检查核实，天下臣民百姓，万口一致，都以为王守仁伯爵之位应该世代承袭。臣下等人惭愧地受官抚按浙江，浙江是王守仁桑梓之地。那样的结论是从大臣的评论得来，在群情中核查，在国典中揣测，体察王守仁讨伐逆贼的卓越功绩和耿耿忠心，他的伯爵确实应该让其子孙继续承袭而不应该被废除。

并且当今南北边疆都有多事之秋，尤其北方的虏人更为严重。皇上恩德宵旰九重之天，朝廷内外的所有臣民百姓无不诚心规划，真心实意希望看到讨伐虏人而大功告成，但即使犁廷扫穴的功劳都还没人作出。臣下等人真心希望皇上能够慰藉王守仁报国的耿耿忠心，竭尽全力的正节义气，皇上采纳大家的意见。如果恢复他的世袭爵位，必将看到朝廷内外臣民百姓无不认为王守仁的忠心诚意在正德年间蒙受不白之冤，而世宗皇帝就能够为他平反昭雪。又有在嘉靖六七年间稍稍被压抑的忠诚，在世宗皇帝这里就能得到审核并使之冤情得伸。人人都会由于王守仁的忠义功绩而倍感激动，从而报答皇上的恩泽。

其为圣政之光岂小哉？伏乞敕下吏部，再加查议节次言官奏疏，亟为上请，守仁幸甚！天下幸甚，缘系恳乞鉴忠义，复袭爵，以光圣政事理，为此具题。奉圣旨："吏部知道。"

题请会议复爵疏

吏部题为开读事。验封清吏司案呈，奉本部送吏科，钞出巡抚江西等处地方，兼理军务，兵部右侍郎，兼都察院右佥都御史任题云云等因。又该巡按江西监察御史苏等，题同前事，俱奉圣旨："该部知道。钦此！"钦尊！按查先奉本部送，准礼部咨，内开：原任新建伯兼南京兵部尚书王守仁，具文武之全才，阐圣贤之绝学；筮官郎署，而抗疏以犯中当，甘受炎荒之谪；建台江右，而提兵以平巨逆，亲收社稷之功；伟节奇勋，久已见推于舆论；封盟恤典，岂宜遽夺于身终。爵荫仍咨吏部查议施行等因到部。除新建伯王守仁，照例追赠新建侯，已该本部具题，奉有谕旨外；所据世袭一节，当武庙之未造，江西宸濠，突然称变，事关社稷。本爵亲调官兵一鼓擒之，不动声色，措天下于太山之安，较之靖远、威宁之功，良亦伟矣。但因南宁之事，停袭岁久，一旦议复事体重大，相应就彼，再行查勘，以昭公论，已经备行移咨去后。

成就圣政的希望之间还小吗？请求皇上给吏部下诏，再次核查讨论，然后报告皇上，真的为王守仁感到幸运呵，天下人也会感到幸运。都是恳请皇上鉴别忠义大臣，恢复王守仁的世袭爵位，从而发扬光大圣政的事理，因此详细记述。'得到圣旨称："吏部知道。"

题请会议复爵疏

吏部题：为开读事。验封清吏司案报告："接受吏部命令送到吏科，抄写出来巡抚江西等处地方、兼理军务，兵部右侍郎，兼都察院右佥都御史任士凭的记述。"又有巡抚江西监察御史苏等记述的同一件事，都得到了圣旨称："该部知道。钦此！"钦遵！依照检查首先接受本部送出的报告，准许礼部颁布："原任新建伯兼南京兵部尚书王守仁，兼备文武的全才，继续圣贤的失传绝学。任官职为郎中时，就抗疏而冒犯了当朝权贵，甘愿被贬官到蛮荒的地方。后受任为南赣佥都御史，率军平定大规模的叛乱，建立了稳定国家社稷的伟大功绩。伟岸高尚的气节与卓越显著的功勋，早已经被众人所承认敬佩。应有的讨盟恤典，怎么能在死后遭受剥夺呢？爵位之事仍查询吏部讨论施行。"送达吏部。新建旧按照常规追封新建侯，其他已应该本部详细记述，且已接到皇上谕旨，那世袭爵位一事，按照武宗的追封。江西宸濠突然之间发动叛乱，此事关系到江山社稷的安危，王守仁亲自调兵遣将一鼓作气，便把叛贼擒获，安定天下如太山一样稳定，同靖远、威宁的功绩比较，也确实非常的卓越。但是由于镇压广西少数民族起义之后的一些事情，被剥夺世袭爵位时间已经很久了。一旦讨论恢复，事情关系重大，应该到地方上再

今该前因,续该奉本部送,吏科钞出提督军务,巡抚浙江等处地方,兵部右侍郎,都察院右佥都御史赵题云云等因;又该巡按浙江监察御史王,题同前事俱奉圣旨:"吏部知道。钦此!"钦遵,抄送到司,通查按呈到部。查得王守仁,以正德十四年,讨平逆藩宸濠之乱,该本部题奉世宗皇帝圣旨:"王守仁封新建伯,奉天翊卫,推诚宣力,守正文臣,特进光禄大夫柱国,还兼南京兵部尚书,照旧参赞机务;岁支禄米一千石,三代并妻,一体追封。钦此!"

嘉靖八年正月内,为推举才望大臣,以安地方事,该本部会题,节奉钦依,王守仁伯爵,姑终其本身。

除通行钦遵外,今该前因案呈到部。看得爵人于朝,赏延于世,昔圣王所不能废。即如王守仁削平宸濠之变,功在社稷,岂有仅封伯爵,止终其身之理?所据南北两京科道官,江浙两省抚按官,交章论荐于四十年之后,寔惟天下人心之公是。但事体重大,必须广延众论,本部难以独拟,合候命下,容臣等会同五府九卿科道等官,从公详议。如果新建伯应该世袭,具实奏请,恭候宸断!缘系开读事理,谨题请旨!奉圣旨:"是。"

做核实，从而昭示天下公平的评价，已经准备好去询查。

现在基于前面的原因，继续由吏部送出报告，吏科抄写出来提督军务、巡抚浙江等处地方都察院地方，都察院右佥都御史赵某的上疏。又有巡按浙江监察御史王某，上疏同一事情，都得到皇帝圣旨称："吏部知道。钦此！钦遵！抄送到司，检查后报告到吏部。核查知道王守仁在正德十四年，讨伐并且平定宸濠的叛乱，又有吏部得到皇帝圣旨称：王守仁受封新建伯，接受皇帝命令、辅佐天子保卫江山社稷，为国家竭忠尽力，全节坚定而高尚，因此再封为光禄大夫柱国，兼南京兵部尚书，照旧参赞机务，每年俸禄为一千石米，三辈以来连同各自妻子夫人一起追封。钦此！"

嘉靖八年正月里，为了推举有才能有名望的大臣，以此安定地方动荡，吏部会同记述，得到圣旨称："王守仁伯爵，暂且恢复自己的爵位。'

除了完全施行皇上命令外，现在又有前面的报告送到吏部。看到获得爵位的人在朝堂之上，奖赏应该涉及到后世子孙，这是昔日圣明的君王都不能废除的。也就像王守仁平定宸濠的叛乱，功劳在于江山社稷的安危，怎么能有只封他一个人伯爵的道理呢。依据南北两京科道官，江浙两省抚按官评论这事奏折，所发于四十年以后，实在是为了天下人心中的公是公非。但是事情毕竟关系重大，必须广泛听取大家的意见，吏部实在难以单独决定，还是等候皇帝命令下来，让我们会同五府九卿科道等官员依照公平原则彻底讨论。如果新建伯应该世袭继承，就完全把实际情况上报皇帝，我们大家就在这里恭候圣上的决定吧。本来是由于开读事理，恭敬地记述下来请皇上指示。"得

会议复爵疏

吏部尚书杨博

少傅兼太子太傅，吏部尚书杨博题为开读事，验封清吏司案呈，奉本部送吏科抄出巡抚江西等处，都察院右佥都御史任，题为开读事，据江西布政司呈奉职案验，准吏部咨前事内开会同巡按御史，即查新建伯王守仁云云。臣等会同太师兼太子太师，后军都督府掌府事成国公臣朱等，户部等衙门尚书等官马等议得戡乱讨逆者，固人臣效忠之常；崇功懋赏者，实国家激劝之典。已故新建伯王守仁，本以豪杰命世之才，雅负文武济时之略。方逆濠称兵南下也，正值武宗巡幸之时，虐焰熏灼，所至瓦解，天下之事，盖已岌岌矣。本爵闻变丰城，不以非其职守，急还吉安，倡义勤王，用敌间张疑兵，得跋胡疐尾之算；攻南昌击樵舍，中批亢捣虚之机；未逾旬朔，而元凶授首，立消东南尾大之忧；不动声色，而奸宄荡平，坐绍宗社石磐之固。较之开国佐命，时虽不同；拟之靖远、威宁，其功尤伟。仰蒙先帝知眷，圭符剖锡之赏，已荣于生前，不幸后被中伤，山河砺带之盟，尚靳于身后；此诚四十年未备之缺典，海内人心，兴灭继绝，所望于皇上者诚不浅也。先该南北科道官，交章腾荐，公论益明；近该江浙抚按官，勘报相符，功次甚确。所据新建伯爵，臣等稽之令典，质之舆情，委应补给诰券，容其子孙承袭，以

到皇上圣旨称："是。"

会议复爵疏

吏部尚书杨博

少傅兼太子太傅，吏部尚书杨博写道："为开读事。查验封清吏司案报告说：'送上本部交由吏科抄写出来的巡抚江西等处，都察院右佥都御史任某的上疏，为开读事，据江西布政司送来的案卷推断，准许吏部查询以前事情的内幕，与巡按御史一起，前去查访新建伯王守仁。臣下会同太师兼太子太师，后军都督府掌府事成国公臣朱等，户部等衙门尚书等官员马某等人共同商议结果为"平定叛乱、讨伐逆贼，本来是身为臣子之人的应尽责任。给予建立丰功伟绩的人丰厚的奖赏，是国家激励众志尽忠报国的典规。已故新建伯王守仁拥有豪杰命世的才能，兼有文韬武略救济世难的智谋。叛贼宸濠率兵南下时，恰好武宗在外巡察，叛军令焰嚣张，不可一世，所到几处都纷纷陷落，国家存亡已危在旦夕。王守仁在丰城听说宸濠叛乱，并不因为江西并非自己管辖地域，急忙回到吉安，伸张正义气节报效国家，离间敌人，张设疑兵，收到敌人进退两难之效。攻占南昌，进攻樵舍，其中却又处处妙算。还未超过一月，叛贼首领俯首就擒，东南方的尾大不掉之患，立即消除。不动声色，就能彻底平定反叛贼党，祖宗的江山社稷像磐石一样稳固。与开国元勋的功绩相比，虽然时间不同，但与靖远、咸宁的功绩比较，或许还要超出一点呢。承蒙先帝赏以主符剖锡等等，这已经是生前莫大的荣耀了。不幸后来竟被谗言恶语攻击中伤，山河砺带的盟约，死去而尚且不吝惜。这是四十年来没有进行追封，普天之下四海彰与国咸休，永世无穷之报。但爵封重大，系干特恩，臣等擅难定拟，伏乞圣裁！奉圣旨："你每既说王守仁有擒逆之功，著遵先帝原封伯爵与世袭。钦此！"钦遵！

已经查取应袭见男去后。今据浙江布政使司咨呈，据绍兴府申，据余姚县申内开勘，据该图里邻吕本隆等结称：王正亿见年四十三岁，原系南京兵部尚书，都察院左都御史，新建伯王守仁继妻张氏，于嘉靖五年，十二月十二日所生嫡长亲男。向因伊父先年节次剿平南、赣、乐昌等处山贼，恩荫一子，世袭锦衣卫副千户。本官见任前职，并非旁枝过继，亦无别项违碍，相应承袭伯爵等因，给文起送到司。拟合起送，为此除给批付本官，亲赍赴部告投外，今将前项缘由，同原来结状，理合备送，咨呈施行等因，到部送司案呈到部，看得浙江布政使司查勘过，见在锦衣卫副千户王正亿，委系新建伯王守仁嫡长亲男，并无违碍，相应承袭一节。

既经奉有前项明旨，合无将王正亿，准其承袭新建伯伯爵，以后子孙世袭。但恩典出自朝廷，未敢擅便等因。隆

之内，众人重新追封王守仁之心，期待皇上为其平反昭雪寄予厚望。先是南北科道官递交上来的材料，对此事的看法已经表述得非常清楚。最近又有江浙巡抚按官员，他们核实的报告也相符一致，王守仁功绩已经非常明确。所受封的新建伯爵位，我们从典章上差的规定，确实应该补给诰券，并允许子孙世代承袭，从而表彰能与国家休戚与共的功绩，进行回报。但毕竟封受爵位事关重大，需要皇帝特别加以恩典，臣下等人不能擅自决定，请求圣上决定此事！"得到圣旨称："你每次都提过王守仁有擒获叛贼的奇功，就先遵照先帝的原封伯爵，准许他的子孙世代承袭。钦此！"钦遵！

已经核查找到应该继承爵位的儿男。现在又有浙江布政使司查询报告说：根据绍兴府报告，以及余姚县报告，其中有调查，根据乡村中邻人吕本隆等人所说：王正亿现年四十三岁，原来是南京兵部尚书都察院左都御史、新建伯王守仁继妻张氏，在嘉靖五年十二月十二日所生的嫡系长子。后来因为王守仁剿平南赣、乐昌等地方山贼，皇帝恩赐这个孩子锦衣卫副千户世代承袭。我曾见过，并不是其他亲戚过继来的孩子，也没有其他疑问，应该承袭伯爵爵位。作出报告送到浙江布政司，为此除批付本官，亲自去告投以外，现在把前面那些理由，连同原有的调查结论归纳在一起，报告并请求给予施行这些情况送到吏部，又送布政司的报告到吏部。看到浙江布政使司已经调查核实，现在锦衣卫副千户王正亿确实是新建伯王守仁亲生长子，没有疑问，应该承袭爵位。

已经得到前面皇帝明确的批付，是否批准王正亿承袭新建伯伯爵爵位，并且以后子孙世代承袭。毕竟是要由朝廷恩典作

庆二年，十月二十五日，少傅兼太子太傅，吏部尚书杨博等具题。本月二十七日，奉圣旨："是。王正亿准袭伯爵。钦此！"

再议世袭大典

吏部等衙门，少傅兼太子太傅尚书等官杨博等题，为恳乞圣明，再议世袭大典，以服人心，以重名器等因。

奉圣旨："该部知道。钦此。"钦遵，抄出到部送司。

案查先为开读事，该科道等官，都给事中辛自修等，及南京户科给事中岑用宾等，各奏荐原任新建伯王守仁应复爵荫等因，该本部题奉钦依，备行江西抚按衙门，查勘去后，续该江西抚按官任士凭等，查勘得原任新建伯王守仁应复伯爵等因。

又该浙江抚按官赵孔昭等，会荐前来，随该本部题奉钦依，会同太师，兼太子太师，后军都督府，掌府事成国公朱希忠等，户部等衙门尚书等官马森等，议得，本爵一闻逆濠之变，不以非其职守，急还吉安，倡义勤王，未逾旬朔，而元凶授首，立消东南尾大之忧；不动声色，而奸宄荡平，坐贻宗社磐石之固。较之开国佐命，时虽不同；拟之靖远、咸宁，其功尤伟。委应补给诰券，容其子孙承袭，以彰与国咸休，永世无穷之报等因。

出决定,我等不敢擅自决定。隆庆二年十月二十五日,少傅兼太子傅,吏部尚书杨博等都已详细记述。本月二十七日得到圣旨,称:"可以。王正亿被批准世袭伯爵。钦此!"

再议世袭大典

吏部等衙门,少傅兼太子太傅尚书等位官员杨博等人说:为了恳请皇帝圣明,再次讨论新建伯世袭的大事,用以使人心归服,以此重振国家名器。

得到圣旨:"吏部知道。钦此!遵照执行!"抄写出来报送吏部和布政司。

调查资料中先是为开读事,又有科道等官员,都给事中辛自修等人,以及南京户科给事中岑用宾等官员,各有上奏皇上应该恢复原任新建伯王守仁的伯爵世袭爵,吏部的报告经皇帝批付施行,经过江西抚按衙门调查核实之后,再有就是江西抚按官员任士凭等人调查核实原任新建伯王守仁应该恢复爵爵位世代承袭。

又有浙江抚按官员赵孔昭等人,与吏部一同去执行圣上批付,会同太师,兼太子太师,后军都督府掌府事成国公朱希忠等人,以及户部衙门尚书等官员马森等人一起商议为,新建伯王守仁得到逆臣宸濠叛乱的消息,并不因为江西不在自己管辖范围之内,而是火速返回吉安,伸张忠诚报效国家的正气义节,没有超过四十天就使反叛元凶俯首就擒,迅速消除了东南地方动荡的大患。不动声色就平定了这次大规模的阴谋叛乱,使江山社稷固若磐石。与开国元勋的功绩比较,只是时间不同,与靖远、威宁的功绩比较,有过之而无不及。确实应该补给诰券,批准他

奉圣旨："你每既说王守仁有擒逆之功，遵着先帝原封伯爵，与世袭。钦此！"钦遵！案呈到部，看得新建伯王守仁一事，始而江西抚按勘议，继而府部科道会议，揆之公论，似亦允协。

乃今南京十三道官，复有此奏，系干赏延重典，臣等难以独拟，合候命下，容本部仍照例会同在京应议各官覆议明白，具奏定夺，未敢擅便，伏乞圣裁等因。

五月十五日奏，奉圣旨："是。钦此！"钦遵，查得诚意伯刘基，食粮七百石，乃太祖钦定靖远伯王骥一千石，新建伯王守仁一千石，系累朝钦定，多寡不同。

今该前因，臣等会同太师兼太子太师，后军都督府掌府事，成国公朱希忠等，户部尚书刘体乾等，议得，国家封爵之典，论功有六：曰开国，曰靖难，曰御胡，曰平番，曰征蛮，曰擒反，而守臣死绥，兵枢宣猷，督府剿寇，咸不与焉。盖六功者，关社稷之重轻，系四方之安危，自非茅土之封不足报之；至于死绥宣猷剿寇，则皆一身一时之事，锡以锦衣之荫则可，概欲剖符，则未可也。

窃照新建伯王守仁，乃正德十四年，亲捕反贼宸濠之

的子孙承袭伯爵爵位，从而表彰他与国家安危休戚与共的耿耿忠心，作为回报。"

得到圣旨批付："你每次提到王守仁立下平定叛乱抓获贼首的奇功，应该遵照先帝原先封授的伯爵爵位，并准允世代承袭，钦此！"钦遵！以上资料送到吏部，看到新建伯王守仁的这些事情。开始是江西抚按调查讨论，后来有府部科一同商议，各方协助给予公正的评价。

现在南京十三道官员，又有这方面的报告，关系到国家行功授赏的重大事情，臣下等人不敢擅自决定，应该等待皇上命令，再允许吏部依照贯例会同现在京城有资格参加商议的各位官员，重新讨论清楚，然后详细报告皇上，请皇上决定如何执行，不敢擅自决定，敬请圣上裁决。

五月十五日报告皇帝，得到圣旨称："可以。钦此！"钦遵！资料送到吏部，查找从前记载诚意伯刘基俸禄为七百石粮食，这是太祖钦定的。靖远伯王骥俸禄一千石，新建伯王守仁俸禄一千石，这是几代皇帝的钦定，俸禄的多少不同。

由于前述原因，臣下等人会同太师兼太子太师，后军都督府掌府事，成国公朱希忠等官员，以及户部尚书刘体乾等官员一起商议，结论为"国家封授爵位，应该论及六项功绩：为开国安邦之功，平定叛乱之功，抵御西北少数民族胡人进攻，平定外邦，远征南方民族暴动，擒获反叛逆贼。然而守卫的官员若战死在平定叛乱之中，军事参谋的官员拿出谋略计划，都督知府等官员围剿贼寇，进封官职尚还可以，但分封爵位就是不行的了。

臣等私下里认为新建伯王守仁，在正德十四年，建立平定

功。南昌、南赣等府,虽同邦域,分土分民,各有专责,提募兵而平邻贼,不可不谓之倡义。南康、九江等处,首罹荼毒,且进且攻,人心摇动,以藩府而叛朝廷,不可不谓之劲敌。出其不意,故俘献于旬月之间;若稍怀迟疑,则贼谋益审,将不知其所终;攻其必救,故绩收乎万全之略,若少有疏虞,则贼党益繁,自难保其必济。

肤功本自无前,奇计可以范后,靖远、咸宁,姑置不论;即如宁夏、安化之变,比之江西难易迥绝。游击仇钺,于时得封咸宁伯,人无间言,同一藩服捕反,何独于新建伯而疑之乎?所据南京各道御史,欲要改荫锦衣卫;于报功之典未尽,激劝攸关,难以轻拟,合无将王守仁男袭新建伯王正亿,不必改议,以后子孙,仍照臣等先次会题,明旨许其世袭。

但予夺出自朝廷,臣等未敢定拟,伏乞圣裁!奉圣旨:"王守仁封爵,你每既再议明白,准照旧世袭。"

叛乱抓获贼首的奇功。南昌、南赣等府，虽是国家同一地区，但土地和居民百姓都是分开治理的，都有各自的知府全权负责，率领招募来的兵勇去平定邻近地区的叛乱，不能不认为是伸张了正义。南康、九江等地方，刚刚因为少数民族起义而使臣民百姓生灵遭受毒害，边进边攻，地方人心必然动摇不定，藩府叛离朝廷而割据，不能不说反贼确是劲敌。能够出其不意突发奇兵，平定战乱俘虏贼，首仅有十几天之内，如果稍有迟疑延误了战机，反贼的谋略计划肯定会更加详细周密，那将无法预计最终的结果了。攻其必救，由此得到了迅速全胜的收效。如果稍微疏忽大意，那么反贼军兵就会更加增多，必定难于保证获得胜利。

仅仅提及这表面的功劳，就已经是史无前例，其中调兵遣将的神机妙算，还可以作为后人学习的典范，在这里靖远、威宁的功绩姑且不提。就说宁夏、安化发生变乱的情况，与南昌变乱其难易程度，根本无法比较。进军攻击仇钺，在那时便授封为威宁伯，大家都没有挑拨离间的言辞，同样是在国内平定叛乱收服反贼，为什么单单对新建伯王守仁心存疑虑而致使蒙冤呢？这里有南京各道御史，打算更改已经继承的锦衣卫官职，只在报告王守仁丰功伟绩的典礼尚未完成的时候，勉励大局攸关的事情，不敢轻易决定，不如让王守仁亲生长子承袭新建伯世袭爵位，不再商议，就按照臣下等人一同先后讨论的报告，皇上圣明批准其子孙世代承袭伯爵爵位。

但给不给决定毕竟出自朝廷，臣下等人也不敢擅自决定，敬请圣上裁决！"接到圣旨说："王守仁封受伯爵并子孙世袭的事情，你已经讨论清楚，批准其子孙依照规定世代承袭。"